U0936429

国家“八五”重点图书

中华饮食文库

中国餐饮服务大典

陈光新　主编

青岛出版社

本书编撰人员

主　编： 陈光新

撰　稿： （按词条多少顺序）

陈光新　曾凡琪　魏　峰

向家方　姚　禔　文　枫

自　序

1993年7月，我们将《餐厅服务指南》书稿送交湖北科技出版社时，曾在《代序》中写过这样几段话：

我们是武汉商业服务学院长期从事烹饪专业（含餐厅服务）教学、研究、培训、考核工作的教师，在与烹饪行业和餐厅服务人员的接触中，经常遇到一些耐人深思的问题：

——有些餐厅招收新职工，只注重长相和身高，极少进行文化测试；他们对服务员的要求，多是注重"应会"而忽略了"应知"。有些女孩子只满足于如何摆台、上菜、倒茶、斟酒，而对相关的饮食文化知识一知半解，经常闹出一些不应有的笑话。

——不少地方的餐厅服务教学，低、中、高级都用一本资料，授课者大多数仅有高中文化程度；服务人员晋级考核的项目，低、中、高级也没有明显区别，而且试题很不规范，答案的游移性较大。由于文化程度和身体素质上的差异，还经常出现老师傅考不赢新徒弟的尴尬局面。

——关于晋级标准，国家虽早有明文规定，但一些地区执行时常打折扣。特别是晋升特一、特二级宴会设计师时，调酒、瓜果切雕、席单与宴会设计、外语、经营管理等项目，或是免考，或是走过场，标准降得很低、很低。

——餐饮服务中专统编教材中，没有餐厅服务教材。烹饪大专教学计划中，未列餐厅服务课程。权威性的《中国烹饪辞典》和《中国烹饪百科全书》，不设餐厅服务辞条。4次全国烹饪大赛，也没有餐厅服务的比赛项目……

这些现象说明：

1.餐厅服务人员文化素质普遍偏低。

2.餐厅服务教育远远落后于形势。

3.餐厅服务考核与晋级很不规范。

4.社会与行业对此还未引起足够的重视。

作为烹饪教育工作者，由于没有尽到应尽的责任，我们也深感内疚。

所以，1995年12月，青岛出版社决定在"中华饮食文库"丛书中增出《中国餐饮服务大典》，并约请我们编写此书时，尽管时间紧、要求高、难度大，我们还是义无反顾地签定了出版合同。此无它，可以为餐饮服务人员聊尽一份绵力，了却我们一桩多年的心愿。

说实话，很早以前我们就为编写此书做准备工作了。1982年，我们编写过湖北省特级宴会设计师考核复习的全套资料，后来辑成《厨师（含宴会设计师）考核问答》，由湖北科技出版社出版。1988年，我们承担湖北省金牌服务员考核培训任务，为此曾编出《烹饪概述》、《烹饪原料》、《营养卫生》、《烹饪工艺美术》、《餐厅服务工艺》、《筵席设计》、《餐饮心理》、《食俗礼节》、《餐饮服务英语》、《餐饮管理》等一整套教材。后来这套教材经过充实、修改、加工，又以《烹饪专业（含面点、餐饮服务）高级工技术培训教材》（共5本、16种）的名义，于 1994 年由中国商业出版社出版(其中 3 种由四川烹专组织编写)。这 15 年中，我们还陆续编写出版过《饮食企业管理学》、《中国烹饪史话》、《中国筵席八百例》、《菜篮子与全家福》、《中华淡水鱼鲜谱》、《餐饮服务技艺》、《餐厅服务指南》等书籍，发表过与之有关的数十篇论文，从不同的角度收集和积累了资料与经验。所以，5 年前在《餐厅服务指南》的后记中公开说出心愿："我们还有个打算，两三年之后在本书的基础上编一部《餐厅服务百科全书》，进一步使餐厅服务工作科学化、规范化。"

天遂人愿，机遇幸运地降临。但是，从签约到交稿的 780 多个日夜里，我们并不轻松。首先，我们想尽一切方法，基本上搜齐了解放后出版的与翻译的 300 多种餐饮服务书籍和其它有关著述，从头至尾认真翻阅，尽量吸收其中的长处，并按照出版社对《大典》的要求和我们的设想，重新构筑全书的框架。中间历时 4 个月，5 易其稿，方才形成现今的结构模式。其次，用了 15 个月时间分头整理资料、撰写词条、设计表格、筛选插图和编排附录。有些章节，资料丰富，写起来比较顺手；有些章节，相当生疏，只有先学、先领悟，然后才能下笔。一部分词条反复修改过多次，其中的酸辣苦甜，写过书的朋友都是深有体会的。最后又用 7 个月时间会稿、誊抄、整理、复印和装订，更为忙碌与操劳。有的累病了，有的春节不休息，有的推掉了出差和会议，有的放弃了外出讲课挣钱的机会。大家心朝一处想、劲朝一处使，终于在 1998 年 9 月 16 日完成了书稿。

明天，"女儿"就要"出嫁"了，抚今追昔，心中更不平静。在即将交邮的前夕，大家想得很多很多。这里面既有欣喜，更多担忧："丑媳妇能通过公婆这一关吗？""她能得到三亲六眷的认同吗？"人们常说：影视是遗憾的艺术，编书亦然。所幸的是，我们对这部《大典》确确实实尽了心，也尽了力；如果说，她仍有不尽人意之处，那只能怪我们的水平和功力不够。非不为也，实不能矣！但是，我们坚信，专家、学者和本行业的朋友们，会爱护她、关心她、帮助她的，会矫正她的差错，会辅导她的成长，会指引她沿着正确的道路一步一步稳健地向前走去。

编 著 者

1998 年 9 月 18 日于武汉市墨水湖畔

导论:餐饮服务

在经济学中,将提供活劳动(劳务)的形式满足他人的某种特殊需要,称为服务;将为他人服务、使他人生活上得到方便的行业,称为服务行业。餐饮业属于服务行业,餐饮服务是服务中的一种类型,即在宾馆、饭店、酒楼、茶肆、小吃摊群或招待所中,服务人员接待宾客宴饮就餐的具体服务性工作。由于餐厅及其设施是提供这种服务的主要场所,故而亦称餐厅服务。

餐饮服务是随着筵宴和饮食行业的产生而出现的,在中国有着悠久的历史。它的特征、要素、地位与作用,在国民经济和社会生活中具有重要的意义。作为本书的导论,这里首先解析餐饮服务的沿革、餐饮服务的意义、餐饮服务现代化等3大问题,以便对餐饮服务形成一个明晰的认识。

一、餐饮服务的沿革

(一)餐饮业的缘起和繁盛

我国早期集市萌芽于夏代。从大禹至夏桀的500余年间,原始商业的轮廓逐渐分明。到商代,在贵族聚居的政治中心和军事据点里,有了买卖活动的场所"肆"。商汤的宰相伊尹年轻时做过"酒保";相传姜太公发迹之前,也曾"负饭于朝歌"、"卖饮于孟津"。进入周代,诸侯重视经商。齐桓、晋文谋求霸业,均以通商作为经济支柱;名相管仲也是商贾出身。《论语》中讲:"沽酒市脯不食",这说明集市上的酒肉供应已较为充裕。战国时期,临淄、大梁、洛阳、郢都,商贾云集,"屠狗、卖浆之徒"甚多。处士薛公曾在邯郸"卖醪"者家隐居,剑客荆轲也"日与狗屠及高渐离饮于燕市",当时的餐饮业已初具规模。

秦始皇统一中国后,加快了城镇的发展。汉初,饮食市场日趋活跃。就连刘邦的家乡——一个并不显眼的小邑,也拥有屠贩、沽酒、卖饼、斗鸡、蹴踘等餐饮游乐业。文景之治后,大江南北"熟食遍地,殽旅成市","酒家开肆,待客设酒垆",出现正规的酒楼。大将栾布穷困时"赁佣于齐,为酒家保";辞赋家司马相如也在临邛开过"酒舍",夫妻双双"与保庸杂作"。魏晋南北朝时洛阳大市"周回八里",其中的通商、达货二里,"尽皆工巧、屠贩为生";延酤、治觞二里,"多酿酒为业"。在其宾馆区的高级酒店里,"洛鲤伊鲂,贵于牛羊",还有殊风别韵的"胡姬酒肆",以西域的食肴、歌舞和少女迎候宾客。至于其它地方,也是"舟车所通,足迹所履,莫不商贩焉",不仅广集四乡名馔,还有了专卖冷饮的"冰室"。

降及隋唐宋元,由于驿道的普遍开通,"夹路列店肆,待客酒馔丰溢,以供商旅"。隋炀帝为了宣扬声威,下令商人整修市容,接待"胡客",外域客商逢店则饮,醉饱出门,不收分文。《国史补》还记载,唐德宗任命吴凑为京兆尹,要求立即上任。等他会齐同僚,酒席早已摆好,原来是"两市日有礼席,举铛釜而取之,故三五百人之馔可立办也"。这都反映出隋唐酒肆的规模之大和应变能力之强。到了宋辽金元,更是"集四海之珍奇,皆归市易,会寰区之异味，悉在庖厨”了。像汴京（今开封）的72家“正店”（高级酒楼），多为2～3层楼房，使用银质餐具，可同时开出近百桌筵席；临安（今杭州）的西湖上游船如织，每个画舫都是一座浮动的酒楼，大者可容纳100人酣宴；而在大都（今北京）的酒肆中，汉、兀吾尔、回回、西夏、女真、高丽、南蕃、西天的美食琳琅山积，成为当时世界名食的汇展橱窗。

明清两代，随着封建经济的发展，许多城镇出现壮观的食街。这些地方，小商食贩蜂攒蚁聚，茶楼酒肆鳞次栉比，“一客已开十丈筵，客客对列成肆市”，并且饮食业与运输业、娱乐业、旅游业紧密结合。不仅深山古刹有众多“香积厨”接待斋客，租界内外出现咖啡厅和西餐馆，水上风景区船宴大盛，鲁、苏、川、粤等风味流派崛起；而且苏州虎丘有旺季开业、淡季歇工的旅游餐馆，镇江城外有可容千人的剧场酒楼，南北码头开设了难以数计的茶社，旅舍、驿站、邸店、客馆等同时提供食宿服务的行业大兴。当时的杭州是“五步一楼，十步一阁。卖酒的青帘高扬，卖茶的红炭满炉，仕女游人，络绎不绝，真是三十六家花酒店，七十二家管弦楼”。当时的南京是“大街小巷，合共起来，大小酒楼有六七百座，茶社有一千余处；当年说每日进来有百牛千猪万担粮，到这时候，何止一千头牛、一万头猪，粮食更无其数”。

有了如此繁华的众多都会，有了如此兴旺的饮食市场，中国烹饪自然风云际会，餐饮服务势必龙腾虎跃了。

（二）古代餐饮市场的构成

古代餐饮市场的构成，有广狭二义。狭义的饮食市场仅只提供餐饮宴会服务，如酒楼、茶社、面摊、食贩之类；广义的饮食市场，除膳食外，还提供住宿、车马、仓储和迎宾服务，如旅舍、驿站、邸店、客馆之类。这些行业的分工尽管有所不同，但是都以服务为宗旨，互相配合，构成一个比较完整的饮食市场网络。

1.酒楼。

自古以来，为了祭祀神祖和观赏风景，先民就有在悬岩峭壁或岛屿高台上修造亭台楼阁的习惯。黄帝曾盖“五城十二楼”，恭候神人光临；殷纣王曾建“摘星楼”，企望羽化登仙。后来人们发现，视野开扩的高楼不仅可以礼拜神祇、远眺河山，还能愉情悦志、饮酒高歌，于是筑楼宴客渐成风气，出现了姑苏台、章华台、歌风台、柏梁台等景观。到了魏晋南北朝，不少高楼开始以“青楼”的形式参与饮食市场的经营；进入唐宋，许多餐馆便以楼命名了，如唐代的“红楼”和“张家楼”，宋代的“樊楼”和“和丰楼”等。由元至清，私营酒楼大量兴办，“杏花楼”、“莲香楼”、“松鹤楼”、“楼外楼”等层出不穷，它们成为高级餐厅的泛称，在社会上享有盛誉。举凡楼者，大多有宏伟的门面、一流的装修、精美的饭菜和优质的服务，是古代餐饮市场中的主体。这一传统延续至今，仍在发挥作用。

2.茶社。

茶社亦称茶肆、茶馆、茶坊或茶铺，始萌于晋，当时有“芳茶冠六情，溢味播九区”之说。南北朝时，品茗清谈之风兴起，那时的“茶寮”便是后世茶社的雏型。正式记述茶社的是唐代的《封氏闻见记》：“自邹、齐、沧、棣，渐至京邑城市，多开店铺，煎茶卖之，不问道俗，投钱取饮。其茶自江淮而来，舟车相继，所在山积，色额甚多。”入宋，茶肆繁胜，《梦粱录》等书说，“今之茶肆，刻花架，安顿奇松异桧等物于其上，装饰店面，敲打响盏歌卖”，“夜市于大街，有车担设浮铺点茶汤以便游观之人”。到了明清，茶社日趋精致，不仅“有好事者开茶馆，泉实玉带，茶实兰雪，汤以旋煮，无老汤，器以时涤，无秽器，其火候、汤候亦时有天合之者",而且出现"二荤铺"、"二厘馆"、"清茶馆"、"野茶馆"等名目,形成京津、苏杭、巴蜀、闽粤4大茶肆中心,成为饮食市场上一支活跃的生力军。

3. 面摊。

面摊即小食店,大多以出售地方风味小吃为主,兼营大路酒菜,遍及南北城乡。它的历史比酒楼早,数量比酒楼大,分布比酒楼广,客流比酒楼多,在饮食市场上有着举足轻重的地位。特别是在早市和夜市中,它占据着更大的份额,是城镇居民和流动人口吃早餐和宵夜的主要处所。面摊的档次较低,主要面向平民百姓,在集镇、边陲、驿道、郊野发挥出重要的作用,现今星罗棋布的私营小餐馆,大多也具有面摊的属性。

4. 食贩。

食贩是指饮食市场上的流动网点。他们或是就地设摊,高声叫卖,或是挑担推车,串街走巷,能够做到"市食点心,四时皆有,任便索唤,不误主顾"。根据《东京梦华录》、《燕京岁时记》等书的记载,古代的食贩经营有4个与众不同的特色:(1)供应的品种充足,特别爱做娃娃们的生意;(2)节令食品推销及时,善于组织货源和精细加工;(3)网点密布,全天候营业,早市、夜市尤为兴隆;(4)服务态度主动热情,其高亢悠扬的吟叫,形成特殊的"市声"。他们"装饰车担盘盒器皿,新洁精巧","寒宵担卖,锣声铿然"。我国许多著名的小吃,都是通过他们而声名远播的。

5. 旅舍。

旅舍即旅馆,古代别名甚多,如传舍、客舍、客栈、客店、火房、旅社、骡马大店、鸡毛小店之类,主要解决过路客人的食宿问题,店址多选在闹市或水陆交通要道。

不少旅舍都以精美的食馔招徕主顾,尤其是接待应试秀才的"连升店"、安寓巨商大贾的"兴隆店",一日三餐,不敢懈怠。古时旅舍住宿要验行凭证,进行登记,并向政府纳税;它的店小二,"眼观六路,耳听八方",嘴甜心细,善于应对,在礼貌服务方面常有许多"绝活",受到赞扬。

6. 驿站。

驿站是古代专供传递公文的信差或来往官员途中歇宿或换马的地方,大多备有较好的酒食。投宿驿站,需要官方凭证,战国时期用的是"龙节"或"铜虎节",汉代是"木牍"和"符卷",唐代改为"过所"与"驿卷"。与私营旅舍不同的是,驿站是官办的,免费的,组织严密,并备有车、马、轿、船等交通工具。它常以京城为中心,呈辐射状向全国散开,连结各州府郡县。西周时期是沿路十里有庐,备有酒食;三十里有宿,筑有路室;五十里有市,设有候馆。唐代,全国有官驿1587所,遍布天涯海角;还出现与之竞争的收费的"民驿","备驴供客租用"。那时从长安到西域,虽然万里迢迢,也是逢站有驿,可供行人食宿。元代的水陆驿站有1300余处,也甚方便,根据来者的身份,提供不同等级的服务。到了清末,驿站方才一分为二,接待官宦多由宾馆承担,传送信函便改为邮局办理了。

7. 邸店。

又称邸舍或邸阁,起源于汉代,是城镇中供客商堆货、寓居和进行交易的场所。唐代长安等大的都邑中,市场四周都设有邸店,少则几十处,多则数百处。邸店为客商说合买卖,还兼营旅馆、酒楼与堆栈,附设寄存钱财的"柜房",获利甚丰。邸店的住客,或同乡,或同宗,或故旧好友,或多年客户,因此店主接待他们分外热情。他们亦愿意以大事相托,有时一住便是数月。邸店发展到明代,有一些演变为"会馆"——同业或同乡组成的封建性团体,其目的是团结内部,共同对外。会馆多设在京城或行省首府,内有不少精致客房,供来往人等居住。其服务项目周全,经常客满。光绪年间,仅北京便有17个省所设的会馆367所。各地名流进京,大都愿在这里下榻,一则利于熟悉情况,二则遇事有人相帮,三则可以吃到家乡的美食。

8.客馆。

客馆是专门接待使节、外商和贵宾的政府招待所,出现在周,这便是"主国待客,出入三积,饩客于舍"之说。后来的蔺相如带着和氏璧到秦国谈判,所住的"广成传";汉代的"平津侯自以布衣为相,乃开东阁,营客馆,以召天下之士";唐宋时期,广州、泉州、明州、扬州等地为外商专营的"蕃坊",都具有客馆的性质。到了元代,又在南北朝的"四夷馆"、金国"四方馆"的基础上,创设了分民族、分国籍居住的"会同馆"。它不仅有官员和士兵列队迎宾,住所舒适,饮馔精致,而且还提供翻译、导游和警卫人员,并负责点收贡品,组织外商在馆内进行贸易。对此,马可·波罗在《东方见闻录》中多有记载。会同馆延续600余年,直到光绪二十九年(1903年)才被废除。

酒楼、茶社、面摊、食贩和旅舍、驿站、邸店、客馆,每朝每代不知接待过多少客人!它们既是名厨巧师的演武之地,又是培育餐饮服务技艺的肥沃土壤。

(三)古代餐饮服务人员和服务方式

1.古代餐饮服务人员。

古代餐饮服务人员的称谓甚多。先秦时期大多叫做"膳夫"(兼管做菜与服务)、"酒人"(专管奉酒)、"浆人"(专管奉送调味品)、"幂人"(专管食品和食具的罩护)或"酒保"(从事各项服务工作)。汉魏六朝时期,改称"酒官"、"汤官"(专门奉汤)或"佣"、"佣保"、"酒家保"、"酒家胡"(专指胡姬酒肆中侍宴的西域少女)。隋唐宋元时期,则叫"行菜"(传菜者)、"下番人"(下等人)、"茶饭量酒博士"(打酒送菜者)、"焌糟"(上汤斟酒者)、"闲汉"(跑腿取物者)、"撒暂"(推销小食者)、"香婆"(供应炉香者)、"厮波"(唱曲助兴者)、"赶趁"(同前)、"劄客"(陪客谈笑者)、"擦坐"(陪客宴乐者)或"卖客"(应召的娼妓)。明清时期,多叫"店小二"、"店伙"、"小伙计"、"堂倌"、"幺师"(四川等地的叫法)、"斗户"(同前)或"坐柜"(兼管收银)。民国时期,习称"茶房"、"糟房"、"招待"、"侍者"、"包艾"(英语Boy的音译,意为听使唤的小子)或"苦力"。

古代餐饮服务人员,同"官私奴婢、娼优乞丐"一样,历来被看作"贱民"而备受歧视。由汉至唐,他们只准穿未经染色的本色粗麻裁制的衣服;宋代起,只准穿白、皂二色;明清两代,只准穿皂色,禁止使用绫罗和锦纱。历代法律中,还有不准他们"越级"通婚、参加科举考试和当官的规定;甚至他们的子孙也不准入考捐监出仕,一经发现,不但革除功名,甚至"杖一百"(打100大棍)。尽管他们每天辛劳14个小时以上,笑脸承迎食客,还不时受到责骂、鞭笞,乃至丢掉饭碗。在历史上,他们和厨师被肆意虐杀者,也屡见不鲜,像殷纣王、晋灵公、晋平公、鱼赞等权贵,都曾有过这样的暴行。尤其是石崇为了与晋武帝的舅父王恺斗富,常用美女劝酒,如果客人饮酒不尽,当场就将美女砍死,残忍至极。同时,古代的服务人员中,只有极少数侍宴是由老板发一点相当微薄的工资;而绝大多数人维持生计仅靠食客的"赏赐",故而他(她)们不但出卖劳力和技艺,有时还得出卖肉体和灵魂,境遇相当悲苦。

2.古代的餐厅设施和装潢布局。

古代餐厅多为砖木结构,1～5个开间,简陋的为平房,中高档的为楼房,最豪华的大概是北宋汴京的“樊楼”,站在3楼顶的眺台上,连御花园也尽收眼底。关于古代餐厅的设施和装潢布局情况,《水浒传》中有详尽的描绘,很有代表性,下面摘选4例:

一是高档的九江“浔阳楼”:“雕檐外一面牌额,上有苏东坡大书‘浔阳楼’三字……只见门边朱红华表上,两面白粉牌,各有五个大字,写道:‘世间无比酒,天下有名楼。’……雕檐映日,画栋飞云。碧阑干低接轩窗,翠帘幕高悬户牖……消磨醉眼,倚青天万叠云山(指庐山);勾惹吟魂,翻瑞雪一江烟水(指长江)……整齐肴馔,济楚器皿。”

二是中等的孟州东门外“快活林酒店”:“丁字路口一个大酒店,檐前立着望竿,上面挂着一个酒望子,写着四个大字道:‘河阳风月’……门前一带绿油栏干,插着两把销金旗,每把上五个金字,写道:‘醉里乾坤大,壶中日月长。’一壁厢肉案、砧头、操刀的家生,一壁厢蒸着馒头烧柴的厨灶;去里面一字摆着三只大酒缸,半截埋在地里,缸里面各有大半缸酒;正中间装列着柜身子,里面坐着一个年纪小的妇人。”

三是再低一级的“青州山镇酒肆”:“门迎溪涧,山映茅茨。疏篱畔梅开玉蕊,小窗前松偃苍龙。乌皮桌椅,尽列着瓦钵瓷瓯;黄土墙垣,都画着诗仙酒客。一条青旗舞寒风,两句诗词招过客。端的是走骠骑闻香须住马,使风帆知味也停舟。”

最差的是“五台山村酒店”:“傍村酒肆已多年,斜插桑麻古道边。白板凳铺宾客坐,矮篱笆用棘荆编。破瓮榨成黄米酒,柴门挑出布青帘。更有一般堪笑处,牛屎泥墙画醉仙。”

规格如此不同,价位自然悬殊。据《东京梦华录》等书记载,宋代的“造羹”每碗10文,“血羹”、“粉羹”和“鳝鱼包子”每份不到15文,“粥饭”加一两件小点心只要20文。这算是“下里巴人”。如果领略“阳春白雪”,到“遇仙正店”小酌,那么“银瓶酒”一杯72文,“羊羔酒”一杯81文;若是品尝名菜,银子少则一二两,多则七八两;十多石谷“不足供一筵”的情况比比皆是,“一饭千金”在古代也不稀罕。

3.古代的摆台艺术。

摆台艺术源自先秦祭仪中的摆供。早期的供品除了整齐排放的整畜、整禽、整鱼、瓜果、酒水和“礼器”(瓦制的祭器)之外;还有相当数量的“饤”,即是将“五色小饼,作花卉禽珍宝形,按抑盛之盒中累积”。夏商周宫廷将此略加改造,便出现摆台艺术的雏型:“王日一举,鼎十有二,物皆有俎”,“食前方丈,罗致珍馐,陈馈八簋,味列九鼎”,并且“以乐侑食”。由于当时没有桌椅,只有竹草编织的“筵”(直接铺在地上)和“席”(铺在筵上),故而酒菜用鼎、簋、壶、杯盛装分门别类地摆放在一丈见方的筵席上,王侯们都只能“跽坐”(两膝跪地、臀部落在脚后跟上)就餐。因为“手长莫及”,所以一人吃饭常要数名奴隶侍候,为其取酒取菜。对此,《管子·弟子职》中有详尽介绍,参阅“重教养老食礼”条。

进入汉魏六朝,出现了食案、食几。它们类似现代的长方形茶几,高矮宽窄不一。再加上较为小巧的漆质餐具逐步取代高大而笨重的陶质、铜质餐具,这样,饭菜就可以摆到几案上,宾主们正坐在圆形厚座垫上,能够比较舒服地用餐。此时除了讲究盘碗筷匙的摆放位置外,还习惯在高堂上敷设帷帐,酒筵摆在锦幕之中,形成一个祥和、温暖的“人造空间”。降及南北朝,几案的制作更为考究,漆质餐具多为盖、盘(碗)配套,座垫常由锦缎包裹或绣花镶边,帷帐也系多层掩映,并且夏置冰盆(或由仕女打扇),冬备火箱(或配毛皮座垫),金银玉牙餐具日见增多,摆台技艺便更上一层楼了。还值得一提的是,这时的游宴很注重山水景物的烘托,如北魏宝光寺的游宴就是凭借石塔、古井或清池,“葭菼被岸,菱荷覆水,青松翠竹,箩生其旁",颇得大自然的真趣。

隋唐宋元时期,摆台艺术发展很快,增添了许多新的内容。一是出现了高桌(多为长方形或正方形)和交椅,铺桌帷,垫椅单,人们可以凭桌而食,符合人体工程学的原理,不仅舒适,而且有利于身体健康。对此,《韩熙载夜宴图》中提供了生动的例证。二是餐具更为精美。唐代的邢窑白瓷和越窑青瓷,宋代的官窑纹片青釉瓷、钧窑红紫斑瓷、景窑影青瓷和哥窑水裂纹黑胎青瓷,元代的北窑釉里红瓷和南窑釉下彩瓷先后问世,为摆台提供了更为精美的餐具。特别是宋代的高级酒楼普遍使用银质餐具,使得席面银光闪烁,富丽堂皇。三是宫廷大宴很重铺排,如唐代御厨进膳,则以"牙盘九枚装食味于其间,置上前",直接将祭神的"饤"转化为享人的"香食"。而宋宫大宴,仅摆设便有仰尘、徽壁、单帏、搭席、帘幕、屏风、绣额、书画等10多种,而且红木桌上围着青色桌幔,配黑漆坐凳,皇帝用弯把的玉杯,使节和大臣用镂花的金杯,其它人等用古朴的银杯,餐具全系名窑精品和高雅的漆器,别具一格。四是在胡姬酒肆中特别突出异域情调,地面铺设产自西域的猩红毛毯,墙上挂着伊斯兰教风情的壁毯和西域乐器及弓箭,座墩上铺着珍贵毛皮,使用回民工匠制作的金壶玉杯与银盘牙筷,还有镶嵌珠宝的兀吾尔式餐刀以及朱红大漆盘,颇有魅力。五是元代酒楼中出现"可置酒数石"的玉质大"酒海",台面上增设小果盒、大香炉、花瓶、毛翎等饰物,注意显示草原气息和游牧生活色彩,迎合"蒙古人"和"色目人"的审美需要。六是更为讲究"借景为用",如唐宫的临光宴,官衙的争春宴,水上的游篓宴,中秋的高阁宴,或观灯,或赏花,或泛舟,或玩月,注重台面与自然景观的调适,追求一种高雅的情调。至于用铜钱串成长龙悬挂组成帘幔的"钱龙宴",长安贵家女眷解下花裙在野外围成幕帐的"裙幄宴",更是别开生面了。七是在筵宴承办中,饮食市场上有了专司餐厅美化与台面美化的"帐设司"与"排办局",有人集中精力研究和负责摆台艺术,出现专业化的迹象,这是一个可喜的开端。

摆台艺术发展到明清,一方面追求华丽、高雅,一方面又强调方便、实用。从承具看,这时时兴红木八仙桌、大圆桌、太师椅与鼓形凳,桌披椅套缝制讲究,不少都是丝绸锦缎绣品。明代有对号入座的"席图";清代在主宾席位背后陈放雕漆或螺钿屏风,其对面摆放大穿衣镜,以示尊重。从餐具看,此时盛行成龙配套的全席餐具(即型制、颜色、花饰、风格、生产厂家都一样,仅只是大小与用途不同),如山东孔府的"满汉宴·银质点铜锡仿古象形水火餐具",全套共计404件,可上196道菜品。从器物排放看,明代出现"看席",饰物有糖果山和糖"五老"各5座,4色水果,以及上百枝高顶花、双插花、肘件花、果罩花、定胜插花、绒戴花等。清代使用八仙桌时,多用一字排开的"高装4扎碟",内放瓜果、点心等物,堆叠成宝塔状,置于首座对面的桌沿上,以壮观瞻。所以《清稗类钞》说:"今俗燕会,黏果列席前,曰看席饤坐,古称饤坐,谓饤而不食……俗且谓宴享大宾,一吃席,一看席也。"至于乾隆四十一年的清宫除夕宴,花台的摆设更令人叹为观止,共计松棚果罩4座、花瓶1对、一字高头点心和圆肩高头点心各9品、雕漆看果盒2副、苏糕鲍螺4座以及各色膳品40道,还有众多的金银玉牙雕漆餐具及筷套、手布、纸花等等,一派富丽堂皇的大宴风光。从饮宴环境的选择看,大多是春在花榭、夏在乔林、秋在高阁,冬在温室,有防暑御寒和人工通风换气设备,追求"开琼筵以坐花、飞羽觞而醉月"的情趣。像当时的"钱塘观潮宴"、"布衣浪游宴"、"竹林精舍宴"、"柳荫赏莲宴"、"木兰秋狝宴"和"秦淮河船宴",在摆台上都有精心的设计。

摆台常与席位的多少与宾客的主次相关,在这方面,古今变化亦大。

首先从席位的多少看,大体上可分为3个阶段。第一阶段是从先秦到两汉,基本上是一人一席,采取分食制,菜点相对较少,但由于餐具的体积大,席面显得较大,摆放的饰物一般不多。第二阶段是从魏晋到宋元,基本上是2～6人一席,以2～3人居多,采用小合餐制,菜点相对增加,但由于餐具较多,又多使用长方条台,须空出一面以便临台服务,所以席面较为紧凑,仅能摆放少许饰物。第三阶段是明清,基本上是6～12人一席,以8～10人居多,采用的是大合餐制,菜点常在8～20道之间,因为使用的是大圆台和大八仙桌,又往往采取"流水上菜法",吃完一道再上一道,台面上有较大的空隙,这时每客便可配备小餐具5～15种,席上能容纳较多的饰物,使摆台技艺日益精细与复杂。

其次从宾客的主次看,主宾、随从、陪客和主人的尊卑定位历来都有讲究。首先是定桌次,即坐第几席;然后是定位次,即坐在什么地方。对此,社交礼仪中称为"次序礼"(参见"次序礼"条);个人食礼修养中称为"谦让入座"(参阅"谦让入座"条)。从古代席位主次的传统习俗看,基本上是两种类型。一种是"奉席如桥衡,所奉席头,令左昂右低","南乡(即向,下同)以西为右,北乡以西为左,东乡以南为右,西乡以南为左,布席无常以其顺之也"。这种左尊右卑的席礼,至今仍在民间流行。(不过,现今的国宴和专宴,则是右上左下,主人在左,主宾在右。)另一种是为了体现"客大主小"或"礼贤下士",常请主宾坐上首席,主人坐下首席,形成宾主正面相对的格局,其它人等则散布两侧。这种礼序也被一些地方所承袭。

由于席位的多少和宾客的主次不同,摆台上便有种种讲究。如第一席的桌面应大于其它桌面,并置于宴会厅最主要、最醒目的位置;同时台上饰物要多一些,花台要更气派一些,甚至承具与餐具、布巾都要高出一等。又如每一桌的首席花饰要特别突出,上菜、分菜、敬酒、奉茶都应从其开始,"依尊卑而献";"凡头牲各分面前、头尾,胸肤献于长者,腿翼净肉献于中者,所剩者并散于支应等人。"

4.古代值台服务。

古代的值台服务,集中表现在分阁坐席、摆器点菜、传菜巡台和其它服务等4个方面,下面仍以两宋为例,分别说明。

分阁坐席。宋代的酒楼大多辟为两个部分,前厅或楼下散置台位,称为"门床马道",主要接待零客;后厅或楼上分隔成许多包厢,称为"小阁子"、"暖阁"或"座次",相当于雅座。其设施通常是"店门首彩画欢门,设红绿杈子,绯绿帘幕,贴金红纱栀子灯,装饰厅院廊庑,花木森茂,酒座潇洒……入其门,一直主廊,约一二十步,分南北两廊,皆济楚阁儿、稳便坐席。向晚灯烛荧煌,上下相照,浓妆妓女数十,聚于主廊槏面上,以待酒客呼唤,望之宛如神仙"。故"大凡入店,不可轻易登楼上阁,恐饮燕浅短。如买酒不多,则只就楼下散坐"。分阁坐席的目的实质上是分档服务,"门床马道"一般只提供酒食和曲艺;而"暖阁"中往往"暗藏卧床","有娼妓在内,可以就欢"。还有些大店的暖阁,亦以"一山"、"二山"、"三山"分等次,此处的"山"是酒的代称,也含有肴馔的品位和服务的级别之意。

摆器点菜。宋代的高级酒楼(通称"正店")一般都有百十个餐位,"动使各各足备,不尚少阙一件"。它们通常是客人坐定后,再摆餐具,而且气魄很大:"凡酒店中不问何人,止两人对坐饮酒,亦须用注碗一副,盘盏两副,果菜碟各五片,水菜碗三五只,即银近百两矣。虽一人独饮,碗遂亦用银盂之类。"这是说,仅小件餐具便有十多种,价值近百两银子。

摆器完毕,“酒家人先下看菜(只供观赏的花色冷拼),问买多少,然后别换菜蔬(用客人点的菜换下‘看菜’)。亦有生疏不惯人,便忽下箸(指品尝看菜),被笑多矣!”当时的酒楼常常是“自有食牌(即菜品目录),以便点供”。由于消费水平不同,点菜情况也不一样:“大抵店肆饮酒,在人出著如何,只如食次,谓之下汤水。其钱少,止百钱五千者,谓之小分下酒。若命妓,则此辈多是虚驾骄贵;索唤高价细食,全要出著经贯,不被所侮也。如煮酒,或有先索到十瓶,逐旋开饮,少顷只饮五六瓶佳者,其余退回,亦是搜弊之一诀。”这里面提到低消费、高消费和酒店欺客等情形,反映出当时的消费风尚和经营风尚。

传菜巡台。此乃古代餐饮服务人员的过硬功夫。《东京梦华录》中有一段生动的描述:“客坐,则一人(堂倌)执箸(筷)、纸遍问坐客。都(京城)人侈纵,百端呼索,或冷或热,或温或整,或绝冷、精浇、膘浇之类。人人索唤(点菜)不同。行菜得之,近局(厨房)次立,从头唱念,报与局内(此称“喊堂”)。当局者谓之铛头(掌作厨师),又曰着案(红白两案)。须臾,行菜者左手杈三碗,右臂自手至肩驮叠约二十碗,散下尽合各人呼索,不容差错。一有差错,坐客白(告)之主人,必加叱骂,或罚工价(工资),甚至逐之。”从这段文字看,那时的堂倌兢兢业业,技艺娴熟。不仅能将数百种菜名背得滚瓜烂熟,一经点定,传唱如流,而且左手能端3碗,右臂可以托起20碗,分送毫无错乱。这种水平现今也极罕见。在客人就餐时,堂倌还须小心侍候,不时敬茶、斟酒、上菜、撤盘,来回跑动,一方面应对老客人,一方面迎接新客人,相当辛劳。因为古代酒楼的专职服务员甚少,通常是一人负责一个大厅或七八个包间,工作量很大。

其它服务。古代酒楼的其它服务范围极广;客人需要什么就得干什么,这通常由一批社会闲杂人员充当。他们的报酬由客人随意赏付,酒店老板仅是准其“上门打工”而已。如街坊妇人腰系青花布手巾,绾危髻,为酒客换汤斟酒,称为“焌糟”;百姓入酒肆见子弟少辈饮酒,近前小心供过,使令买物命妓,取送钱物,称为“闲汉”;又有人向前换汤斟酒歌唱,或献果子香药之类,客散得钱,称为“厮波”;还有下等妓女,不呼自来,筵前歌唱,临时给点小钱物谢之而去,称为“札客”;也有卖药或果实萝卜之类,不问酒客买与不买,散与坐客,然后得钱,称为“撒暂”;更有老妪以小炉炷香为供者,称为“香婆”;还有吹箫、弹唱、杂耍的民间艺人(此称“赶趁”),以及时妆艳服的青楼女子(此称“卖客”)等等。凡此种种,构成了封建时代饮食市场的特殊“风情画”,反映出人世间的不平。

5.古代出堂服务。

古代出堂服务有流动推销、送菜上门、承包筵席和水上餐船等多种形式,都带有鲜明的时代特征。

在流动推销方面,有的是酒楼运作,有的是食贩打点,有的是酒楼与食贩相配合。例如入伏之后,街市上大量出售消暑食品,“皆用青布伞当街列床凳堆垛”,出售冰雪者“悉用银器”。由于冰雪是从高山取来或前冬贮存的,故“价等金璧”,牟利亦丰。其所以能赚钱,是因为“都人最重三伏”,往往“风亭水榭,峻宇高楼,雪槛冰盘,浮瓜沉李,流杯曲诏,苞鲊新荷,远迩笙歌,通夕而罢。”

在送菜上门方面,不仅讲究质地,而且更重盛器。《东京梦华录》说:“其正酒店户(指大酒店),见脚店(指小酒店)三两次打酒(指批发),便敢借于三五百两银器(指餐具)。以至贫下人家,就店呼酒,亦用银器供送。有连夜饮者,次日取之。诸妓馆只就店呼酒而已,银器供送,亦复如是。其阔略大量,天下无之也。”这一传统被承袭下来,直到民国年间,许多高级酒楼不仅送菜上门,还送服务上门,直接侍候客人吃喝。

在承包筵席方面,宋代有专门的机构叫“四司六局”。四司,是指布置厅堂、设计席面的“帐设司”;迎接宾客、供应茶酒的“茶酒司”;安排菜单、烹制肴馔的”厨司”;端酒上茶、清洗盘碗的“台盘司”。六局,包括筹办瓜果的“果子局”,供应蜜饯的“蜜煎局”,采购蔬菜的“蔬菜局”,掌管照明的“油烛局”,提供醒酒料物的“香药局”,负责桌椅用具的“排办局”。有了这四司六局,“便省宾主一半力”,“虽广席盛设,亦可咄嗟办也”。这类人员由于常年经办“筵会假赁”业务,“支应惯熟”。“凡民间吉凶筵会,椅桌陈设,器皿盒盘,酒檐动使之类,自有茶酒司管赁。吃食下酒,自有厨师”。人们“欲就园馆亭榭寺院游赏命客之类,举意便办;亦各有地分,承揽排备,自有例则,亦不敢过越取钱。虽百十份,厅馆整肃,主人只出钱而已,不用费力”。可惜的是,这种服务方式后世未能很好发扬,现今酒楼办席多是等客上门了。

在水上餐船方面,我国历史久远(参见“旅游观光宴会接待礼仪”条)。它的盛行在明清。那时杭州西湖、无锡太湖、扬州瘦西湖、南京秦淮河、苏州野芳浜等地,有一种专供游客酒食的“沙飞船”。这种船陈设雅丽,大小不一,大者可以载客,摆两三桌酒席;小者不过丈余,艄舱有灶,牵引在画舫后面供应酒食。关于餐船,古代留下不少诗词,如朱彝尊《虹桥》:“行到虹桥转深曲,绿阳如荠酒船来”;沈朝初《忆江南》:“苏州好,载酒卷艄船。几上博山香篆细,筵前水碗五侯鲜,稳坐到山前”。餐船酒馔精美,它可预订筵席,也可现点酒菜。除了鸡猪鱼肉、时鲜蔬菜,还有风味浓郁的“船点”。但最能吸引食客的还是现捕捞现烹制的食品,如湖蟹、母油船鸭、馄饨菱、蓑衣饼之类,“家庖为之,皆不可及”。至于服务人员,多由渔姑、船嫂或水上老妪充当。她们在风波上行走自如,以朴实的乡情和体察入微的照应给游客留下深刻的印象。

6. 古代服务规范。

古代服务规范可以归纳成5个方面:

第一,重视餐室的美化。按照清代学者张文瑞的主张,便是“冬则温密之室,焚名香,燃兽炭;春则柳堂花榭;夏则或临水,或依竹,或荫乔林之阴,或坐片石之上;秋则晴窗高阁。皆所以顺四时之序,又必远尘埃,避风日。帘幙当施,则围坐斗室;轩窗当启,则远见林壑”。

第二,讲究餐桌的布局。应当均衡持中,构成规整的对称图案;尽量坐北朝南,做到左尊右卑;突出首席和主宾的位置,造成众星捧月之势;各桌之间留有相应的过道,互不干扰,便于筵间服务。

第三,强调台面的装饰。普通台面要求清洁整齐,餐具完备;艺术台面应当利用餐具、台布、花卉、果点等物巧妙点缀,要有民族文化情味,突出喜庆色彩,符合筵宴主旨,寓意吉祥。

第四,注意上菜的程序。通常是先茶后巾、先酒后菜、先冷后热、先咸后甜、先干后湿、先浓后淡、先荤后素、先菜后饭、先果后茶;同时还须讲究分菜和斟酒的顺序、方法以及巡回照应、相机处置等。

第五,突出服务的礼节。要求服务人员把顾客当做“衣食父母”,无条件地满足他们进餐中的各种要求;对不同的客人采用不同的接待方法;对不同的酒宴,在服务礼仪上各有侧重;以客人满意为宗旨,以酒楼盈利为归宿。

以上这些,对于搞好今天的餐饮服务工作,应当说是有一定的借鉴意义的。

二、餐饮服务的意义

餐饮服务隶属于服务的范畴。而在国际旅游界和餐饮界,通常将“服务”一词写成英语SERVICE,并且认为这7个字母的不同含义,实际上就是服务的全部要求。其中第一个字母S,即Smile,指微笑,意为服务员应当对每位顾客都提供微笑服务;第二个字母E,即Excelent,指出色,意为服务程序和服务质量应当是第一流的,无可挑剔;第三个字母R,即Ready,指准备充分,意为服务场所应当随时待命,一有接待任务便可立即启动;第四个字母V,即Viewing,指看待,意为服务员应当把每个客人都看作是“上帝”;第五个字母I,即Inviting,指邀请,意为每次服务结束后服务员应该用敬意和诚意邀请宾客再次光临;第六个字母C,即Creating,指创造,意为在服务设施、服务项目与服务方式上都应该不断改进,推陈出新;第七个字母E,即Eye,指目光,意为服务员要通过和善的眼神与顾客进行感情交流与心灵沟通,使之感受到温馨及关怀。这7个字母确实概括了服务工作的精髓,它启发人们应对餐饮服务的意义(含特征、要素、作用、地位等)进行深入的探讨和深刻的认识。

(一)餐饮服务的特征

马克思曾经指出:“服务这个名词,一般地说,不过是指这种劳动所提供的特殊使用价值,就像其他一切商品也提供自己的特殊使用价值一样;但是,这种劳动的特殊使用价值在这里取得了‘服务’这个特殊名称,是因为劳动不是作为物,而是作为活动提供服务的。”(《马克思恩格斯全集》,第26卷,第435页)由此而来,服务劳动就必然会具有下述4个本质的属性:

第一,服务劳动是一种生产性劳动,是一种可以为社会创造积累的劳动。

这首先是因为从事服务劳动的人员为消费者所提供的任何服务活动,都要支付出一定的物质消耗与活劳动消耗。这两种消耗,它们对消费者的作用或效用,都是物质的,都具有使用价值,能满足消费者的某种需要。从这个意义上讲,服务劳动与其它劳动一样也是生产性劳动,能够为社会创造积累。

第二,服务劳动必须以相应的设施、设备和产品质量为依托,并由一系列的劳务生产活动所构成。

客人前来酒楼、饭店消费,同时追求物质享受和精神享受。前者主要依赖设施、设备和产品质量,后者主要凭借服务劳动。更重要的是,服务劳动经常要有“物质”作为依托,如敬茶要有名茶、斟酒要有好酒、调温要有空调、照明要有灯具之类;而摆台、折花、调酒、插花等服务技艺,如果离开相应的工具和用物,更是无法施展。所以,没有一定的物质条件作为保证,服务劳动就难以体现。

与此同时,服务劳动作为一种特殊的商品,它是由一系列的具体劳务生产活动构成的。这些生产活动体现在酒楼、饭店的各个部门、各个环节、各个岗位上,贯穿于业务经营过程的始终,要由广大服务人员(如领班员、迎宾员、导引员、值台员、传菜员、酒水员、收银员等等)一次又一次的具体服务活动来完成。这些活动尽管是分散的、零星的、琐碎的,但可以汇成一个整体,就像由许许多多的零部件构合成为一个庞大的机器一样。因此,只有每一个服务人员都将自身的本职工作做好,餐厅服务的总体效益才能完美地展示出来。

第三,服务劳动是一种特殊的商品,同样具有价值和使用价值。

对此,马克思也早有论述。他说,有一种劳动,“购买它和购买那些商品一样,是为了消费。换句话说,仅仅是由于这种劳动所固有的物质规定性,由于这种劳动的使用价值,由于这种劳动以自已的物质规定性给自已的购买者和消费者提供服务。对于提供这些服务的生产者来说,服务就是商品。服务有一定的使用价值(想象的或现实的)和一定的交换价值。但对购买者来说,这些服务只是使用价值,只是他借以消费自已收入的对象。”(见《剩余价值理论》第一册第146页)

服务劳动的商品属性和使用价值,看似空泛,实则具体。它的价值量的大小,同样由劳动时间和劳动质量来决定,自然可以成为买卖(交换)的对象。酒楼、饭店提供优质服务的目的,是为了实现其价值;服务劳动和企业的设施、设备、产品(菜点)价值组合在一起,共同构成餐饮业价格和收费标准的依据。

第四,服务劳动不是凝固在一定的有形的物质产品中,而是存在于行动、语言、文字、音响或造型之中,有其特殊的消费品属性。

马克思说:“任何时候,在消费品中,除了以商品形式存在的消费品以外,还包括一定量的以服务形式存在的消费品。”(《马克思恩格斯全集》第26卷第160页)。这里,马克思是将商品的消费与服务的消费并提,同时又加以区别的。为什么要这样呢?主要在于服务劳动是一种特殊的消费品。

诚如前述,服务劳动可以满足消费者精神享受的需要。从其属性分析,它不像工农业生产,提供十分具体的物质消费品,如汽车、住房、粮食、蔬菜,能满足人们物质生活的需要;而是主要通过行动、语言、文字、音响或造型,满足人们精神生活的需要。换言之,其使用价值的特点在于消费和生产同时发生,一经提供马上就会消失,服务的提供和消费的感受都带有主观性,虽然不可贮藏,却看似“无形”实则“有形”,却可以感受与体会。像服务人员一个舒心的微笑、一句得体的问候、一个礼貌的手势,都是如此。

由服务劳动的4大本质属性所决定,餐饮服务的4大特点也就显而易见了.其一是无形性。餐饮服务不同于一般的物质产品,不能进行体积、重量、式样、色彩、质感、性能等等方面的描述,而是通过它的提供者——餐饮服务人员的一系列具体劳动过程体现的,其中包括服务项目、服务技能、服务态度、服务人员素质等等。由于就餐过程就是餐饮服务这一“产品”的实际使用消费过程,所以餐饮服务有其自身的价值和使用价值,是一种特殊的“无形产品”。

其二是同步性。一般商品的生产、交换和消费,是在不同的时间、不同的空间进行的,有一个较长的过程。而餐饮服务的生产、交换和消费,则是在同一时空中同步进行的,不仅短暂,而且只能享受一次。这一特点决定了餐饮服务不能像一般的物质产品那样,可以返工、挑选和退换;而且必须是一步到位、一定成功。例如服务员上菜时如果不小心将汤汁泼洒到客人身上,即使重新正确地做上十遍、百遍、千遍,也难以挽回“这一遍”顾客的损失与企业声誉的伤害。

其三是不可贮藏性。其它的物质产品可以贮存,分批生产,集中供应;而餐饮服务则不能。它的“生产”还很不平衡,一天之中有忙、闲之分,一年之中有淡、旺季之别,不可能

"以闲补忙"、"淡旺调剂"。故而,餐饮服务劳动具有"突击式"或"爆发式"的特征。故而"养兵千日,用在一时",对服务劳动也是符合的。这就要求服务人员素质好、基本功扎实、有很强的应变能力,能打"硬仗"、"苦仗"、"恶仗","战则必胜"。

其四是主观性。餐饮服务必须通过人与人之间的直接交往。作为生物的"人"和社会的"人",不会是从一个"模子"中铸出,各有性格、气质与德性,这就使餐饮服务在一定客观条件基础上具有主观性的特征。它主要表现在两个方面。首先由于餐饮服务提供者的素质存在差异,致使餐饮服务很难达到完全一致的标准。而且同一个服务员因不同因素的影响,在不同的时间与场合也会有不同的表现。所以服务质量的好坏在一定程度上取决于服务人员的主观因素。另一方面,顾客也是"人上一百,形形色色"的。由于餐饮服务接受者的差异,同一种服务项目或服务方式,在顾客中往往会给予不同的评价。因此,服务质量的好坏难以有具体的模式,而常以宾客个人的感受作为评价标准。这就要求餐饮服务应当原则性与灵活性兼顾,具体情况具体分析并灵活处理,在不违反原则的前提下,把顾客当做"上帝",尽量使其满意。

(二)餐饮服务的要素

弄清餐饮服务要素相当重要,它直接牵涉到餐饮服务项目的设置和餐饮服务人员的培训问题。我们接到编写《中国餐饮服务大典》的任务时,重点考虑的便是它的框架结构与条目设置,其实质仍是餐饮服务的要素问题。经过反复酝酿、推敲、征求意见和修订,我们采用了目前的方案,即全书包括 4 个部分:

1. 导论:餐饮服务。含餐饮服务的沿革、餐饮服务的意义、餐饮服务现代化 3 个论题,作为总论统摄全书。

2. 上编:技艺素质篇。含餐饮服务设施、餐饮服务人员、餐饮服务道德、餐饮服务语言、餐饮服务技能、餐饮服务规程、宴会接待、餐饮服务心理、餐饮服务礼仪、餐饮企业管理等 10 个专题;集中解决餐饮服务人员"应会"的问题,主要满足当前一般餐厅的实际需要,以初、中级服务人员为主要读者对象。

3. 下编:知识修养篇。含中餐烹调、西餐烹调、菜品审美、风味流派、酒茶饮料、筵席菜单、营养卫生、膳补食疗、饮食民俗、饮食文化等 10 个专题;集中解决餐饮服务人员"应知"的问题,主要满足未来高档餐厅的发展需要,以高级服务人员为主要读者对象。

4. 附录:有关资料汇编。涉及到食品和餐饮法令及标准,中国居民食物消费指南,名特物产和各地名食,中国菜系构成简况,名酒名茶,国内外著名节日,少数民族饮食生活梗概,世界宗教仪轨与食规,主要国家和地区的美称、吉祥物及食忌,世界通行礼节,星级饭店与二级企业标准,餐饮服务人员考评等等内容,有 24 种,弥补上下两编的不足,以便随时查询,争取做到一书多用。

之所以这样编排,主要基于 4 个原因:

1. 从表面上看,餐饮服务工作似乎比较简单,只需要迎迎送送、搬搬拿拿、斟斟倒倒、清清扫扫而已,只要年轻、好看、听话就可以承担,有没有文化或文化高低无关紧要。故而现今许多酒楼、饭店大量招聘"打工妹",强化训练 2～4 周就上岗,不满意便撤换,服务人员的队伍很不稳定。这是认识上的一大误区。实际上餐饮服务工作是一门很大的学问,里面不仅包含众多的技能,需要较好的体质和较强的悟性,要经过半年以上的基本功培训和 3 年左右的实践锻炼;而且包含丰富的知识,需要较高的文化和较深的社会阅历,要了解各国的习俗和各种宗教的食规。仅以摆台为例,掌握一些技巧和花式并不难,难就难在“因席而异”4个字上。如果用荷花台面接待日本客人、用墨绿色茶具接待法国客人,那就大大地触犯了忌讳。因此,将餐饮服务的要素仅仅缩小到某几个方面,显然是不妥的。

2.编书前,我们曾找过不少餐厅服务人员(其中有宴会设计师、服务技师和金牌服务员)座谈,征询她们对此书的建议。其中比较一致的看法是,希望知识面宽一些,条目多一些,内容尽量丰富一些。她们反映,现今出版的餐饮服务教材和书籍并不少,自己大都买过或读过,普遍感到比较肤浅,只能适应初级工和中级工的需要,而不太适应高级工和技师的需要。我们在查阅一些地方的餐饮服务考核试卷中也发现,初级工、中级工与高级工、技师的档次并未拉开,试卷的差别不大。有一位颇有名气的宴会设计师甚至这样说,十多年来她前后考过3次,试题大同小异,都不外乎端托、摆台、折花、分菜这些内容;有一次她与徒弟的考卷8个题中仅有1题不同。而许多高级工和技师应当考核的内容,如调酒、插花、绘制宴会设计图、英语会话,在很多地区都“免了”。这固然是出于某种“照顾”,但也反映出主管部门对高级餐饮服务人才素质要求的降低。

3.从目前餐饮服务人员的实际水平看,高档酒楼和三星级以上的饭店稍好,其它餐饮企业普遍较低,老总或老板们只要求她们“五会”(会笑、会走、会端菜、会收款、会道谢)便成。这显然是不利于餐饮服务工作的发展和总体水平的提高的。相当多的服务技师不知道“蛤士蟆”是什么东西,读不出洋酒上的外文商标,不了解“春节”的来历,不懂得“罗宋菜”是怎么回事;有时一开口就出错,这便大失水准了。特别是在介绍菜名典故时,有些老技师竟出现“苏东坡同志被四人帮迫害下放到黄州”、“慈禧太后非常喜欢番茄酱与味精”等历史笑话,令人叹息!从事餐饮服务工作20余年而对祖国饮食文化知之甚少,责任不全在他们身上,而与行业主管降低要求、放松培养有直接的关系。从这个角度上讲,我们也应当按照劳动部、国内贸易部和国家旅游局制定的标准,将餐饮服务的要素扩大到必须扩大的适当范围。

4.目前,世界餐饮业发展很快,许多先进的国家(如法国、日本)对餐饮服务工作提出更多更高的要求,像高级酒楼和星级饭店的服务人员直接从大学毕业生中选拔就是一例。为了与国际接轨,更好地接待外宾与归侨,我国一些著名的宾馆和饭店也开始这样做。实践证明,这不仅必须而且有利。但是,这些宾馆与饭店都遇到一个同样的难题:缺乏层次较高的餐饮培训教材和参考资料。这是因为:(1)我国的普通高校和职业高校中没有设置这方面的专业;(2)目前国内还无专家对此进行比较深入系统的研究;(3)从国外引进的类似教材和专著也极少;(4)由于文化基础较差,一些资深的服务技师也难于将丰富的实践经验提炼成为文字。因此本书试图在这方面做点工作,“趟趟路子”,提出一些设想,收集一些资料,为后来的开路者垫上几块砖石。

所以,我们认为餐饮服务要素的界定似应考虑以下几个原则:

其一,既要考虑目前的状况和短期需要,又要考虑将来的发展和长远需要;

其二,既要考虑为内宾服务的需要,又要考虑为外宾服务的需要;

其三,既要考虑一般餐厅和普通宾客的需要,又要考虑高级餐厅和特殊宾客的需要;

其四,既要考虑初级工和中级工的需要,又要考虑高级工和技师的需要;

其五,既要考虑物的要素,又要考虑人的要素;

其六,既要考虑服务人员的“应会”,又要考虑服务人员的“应知”。

从这些原则出发,在2020年以前中国现代化餐饮服务的要素,似乎就应当是本书框架圈定的大致范围。可能它的要求是高了一些,但从餐饮业的发展趋势和餐饮业职工队伍整体素质的提高来看,这个“提前量”不仅是必要的,而且经过努力也是可以实现的。

(三)餐饮服务的作用和地位

餐饮服务的作用和地位表现在许多方面,可以从不同的角度进行归纳与总结。

1.对消费者来说,它可以提供方便、优质、文明、礼貌的进餐服务和筵宴服务,满足社会各阶层的物质生活需要和精神生活需要,促使家务劳动社会化。

餐厅是消费者就餐的场所,而餐饮服务工作即是为就餐者提供舒适的环境、整洁的用具、可口的饭菜、礼仪的接待和众多的服务项目。它可以满足消费者多方面的需要(如饮食、休闲、娱乐、社交、公务活动、商务活动、聚会亲朋、疏通关系等等),使人们的物质生活与精神生活显得有张有弛、丰富多彩。通过餐饮服务,不仅能使消费者从“小家”步入“大家”,获得身心方面的愉快享受;还能使消费者接触社会,了解信息,增进知识,锻炼才干,完美自己的情操与德行。

与此同时,餐饮服务还可促进家务劳动的社会化,将消费者从繁重的家务劳动中解放出来。我国现有12亿人,约3.5亿个家庭。每个家庭每天做3餐饭一般需要3小时。为此全国每天要用10.5亿小时,可以折合成1.3亿个工作日;全国每年要用3832.5亿小时,可以折合成479.06亿个工作日。这是一个惊人的数字。为了做饭,许多主妇、主男和老人疲于奔命,休息、娱乐、业余进修和锻炼身体的时间都被占用了。而绝大多数美国家庭,每天大约有一餐饭是在餐厅吃的,再加上大量推行家用方便食品,因此其家务劳动量仅只有中国的1/2甚至1/3。所以在经济发达的国家,国民的消费结构都在发生一种共同的变化——服务消费的比重显著增长。以日本为例,服务消费开支在家庭消费开支中所占的比例,70年代为27%,80年代为40%左右,90年代则超过50%。这种现象被称为“消费的服务化”。随着我国经济体制改革的深入进行和商品经济的迅猛发展,目前大多数家庭封闭式自我服务型的消费方式,也将逐步向“消费的服务化”演变,从而会对餐厅和餐饮服务工作提出更多更新的要求。因此,从家务劳动社会化的角度看,餐饮服务对于广大消费者是又一次的“大解放”,它将直接造福于每一个公民。

2.对餐饮企业来说,通过餐饮服务,可以了解与满足消费者的欲望及要求,密切企业同顾客的关系,促进企业经营活动的开展,获取经济效益与社会效益。

著名经济学家德拉卡说过:“企业的宗旨就是创造顾客。市场销售和使市场销售获得成功的改革,是企业活动的基本职能。”餐饮业亦是如此。由于它的消费是一次性消费,所以不仅注意“创造顾客”,而且更为重视“回头客”,因此了解消费者的心理及需要十分重要。这一工作既不能由主管全面业务的经理来做,更不能由封闭在厨房的厨师来做,只能由餐饮服务人员来做。因为餐饮服务直接面对消费者,随时可以把握消费“脉搏”。例如企业的经营方向是否正确,经营项目是否对路,销售品种是否受欢迎等等,都应在餐饮服务中观察、分析,将有关信息及时上报,以便企业的决策者改进工作。

餐饮业能否生存,决定因素之一是它的社会声誉。这声誉通常又取决于设备设施、菜食质量、安全卫生和服务水平等4大要素,并由此而建立起一个稳定的、不断扩大的消费群。餐饮业的生命力,在于它与顾客的关系,而维系这种关系的纽带,常常是餐饮服务和餐饮服务人员。如果餐饮服务工作做得好,服务人员取得了顾客的好评和信任,顾客便会自觉自愿地四处为餐厅“做广告”。当某一餐厅“好评如潮”时，门口自然车水马龙，火爆兴旺。更重要的是，优质服务还能缓解许多矛盾，可以“以俊遮丑”，消除事端。

在餐饮企业中，服务人员的素质和水准又占有举足轻重的地位。没有“人”的因素，“物”的因素是很难发挥作用的。可以设想，在五星级饭店和豪华酒楼中，如果服务人员浅薄、粗俗，什么不会干，什么也不懂，那将是一种怎样的情景？故而服务人员水平高，服务态度好，服务质量高，服务能力强，都对销售有着直接的推动作用。旧社会餐饮业中的“一堂、二柜、三灶”之说，新社会餐饮业中的“服务是窗口”的比喻，均是由此而来的。

3. 对社会来说，餐饮服务既是社会主义精神文明的窗口，又能安排较多的城乡劳动力就业，促进稳定。

近20年来，餐饮服务业是我国城乡发展最快的行业之一，餐厅、饭馆、酒楼、食摊鳞次栉比。据国内贸易部的统计，到1996年底，全国的饮食服务网点已达539万个(平均每千人拥有4.5个)，从业人员1520万人，年营业额达3894亿元。如果加上旅游系统、交通系统和其它系统的资料，饮食服务网点可达700万个左右，从业人员超过2000万，年营业额至少也有5500亿元。这数千万的饮食服务大军，每天又向十几倍甚至几十倍于他们的顾客提供餐饮服务，与几亿人口打交道。因此，服务态度的好与坏，服务质量的高与低，直接关系到整个社会的风气，反映出整个社会精神文明的程度。

还值得注意的是，餐饮业是一种劳动力相当密集的服务行业，可以大量安置城乡劳动力就业。以餐厅为例，一个台位(以10客计)通常可安置劳动人数1.5～1.8人。换句话说，每增建一个40张台位的餐厅，可以解决直接就业者60～72人，间接就业者150人，两项合计，则为220人左右。而在国外，台位配额通常是1∶2～3(人)，直接就业者与间接就业者的比例通常是1∶5，有的甚至高达1∶20，更为可观。这些餐饮从业人员是第三产业中的主力军；而在发达国家中，第三产业的从业人数又往往占从业总人数的60%～70%，故而有“无烟工业”或“无形贸易”之称。这样一个投资少、收益快、成本低、创汇多的行业，可以解决我国目前“劳动力相对过剩”的尖锐矛盾，是安排下岗人员、扩大就业门路、实现稳定、维持社会秩序的一条重要途径。更可喜的是，许多从事餐饮服务工作的人员，不仅有活干，有饭吃，而且“先富起来”。现今不少高级宾馆、饭店的服务员月收入都在千元左右，远远高于同一年龄段和文化段的其他职业者，就是一个明证。

4. 对国家来说，餐饮服务是构成第三产业的要素，可以为国家经济建设提供积累，可以为改革开放做出贡献，可以提高中国的国际地位，可以为全世界人民服务。

所谓第三产业，是国民经济的三大部类之一，专指为第一产业(如农业、矿业)和第二产业(如制造业、建筑业)服务的部门，包括公用事业、金融保险业、商业、维修业、饮食服务行业、文教卫生、科研事业等。在第三产业中，饮食服务行业又是主体要素之一，占有突出的地位。它直接为工农业生产服务，为人民生活服务，为改革开放服务，可以促进生产、方便消费、保障供应、繁荣经济、满足人们日益增长的多层次的物质和文化生活的需要。

首先，能为国家提供积累。目前在一些发达国家中，服务业在国民生产总值中的比重，已经达到40%～50%，有的甚至高达70%。特别是以餐饮服务作为主要支撑点的旅游业，从60年代以来，平均以10%左右的年率迅猛增长。1950到1980的30年间，国际间的旅游人数增加了10倍，旅游收入增加了44.5倍。1983年，参加旅游的有35亿人次，旅游业总收入达1万亿美元，约占世界总产值的8%，可以说是世界上产值最大的行业之一。

我国的旅游业虽然起步较迟，但餐饮服务收入也在旅游总收入中占到了20%～30%的份额，亦相当可观。至于纯粹经营餐饮的酒楼，在为国家提供积累上也多有贡献。现今我国餐饮业的营业税一般定为5%，各种附加税大约是2%，还有盈利后的所得税33%。像北京的全聚德烤鸭店、广州的泮溪酒家等大型酒楼，每天的营业额多在10万元左右，有时高达数十万乃至近百万，其税金不菲。

其次，能为改革开放服务。改革开放以来，国内人口流动频繁，国外来访人数剧增。不论是开展商贸活动，举办合资企业，还是进行学术交流，洽谈科技协作，乃至召开各种会议、筹办各种活动，这都需要餐饮服务作为保证。至于像三峡工程这样大的会战、香港百年回归这样大的庆典，还有数万人参加的八运会、数千万民工春节前夕的“回乡潮”，更需要餐饮服务作为后盾。

再次，中国烹饪举世闻名，被视为人类传统文化宝库中一颗璀璨的明珠。但是，中国烹饪如果没有餐饮服务作为依托，它的风采与魅力就要大打折扣。这是因为，中国烹饪是吃的文化、吃的艺术，吃的美学；历来重视美食、美名、美情、美景、美趣、美韵的协调；讲究餐室装潢、台面美化、餐具配套、酒水助兴、接待礼仪与服务规程；用这些“绿叶”烘托“红花”。只有餐饮服务跟上去了，外国友人才能全面领略中国烹饪的精髓，多方面地鉴赏中国的这一“国宝”，从而提高我国的国际地位，为全世界人民服务。

三、餐饮服务现代化

(一)晚清以来餐饮业的巨变

鸦片战争前后，中国餐饮业开始出现一些新的变化——西式饭店和餐馆逐步增多。由1820年至今的180年间，这一变化基本上可以分为3个时期，并呈现出不同的特点。

第一时期是1820年至1911年，主要是出现了一批外资独立经营的西式饭店与餐馆。它们的建筑式样与风格、设备设施与装潢、经营方式与服务对象，都与中国传统的客店、酒楼不同，是中国近代餐饮业中的外来成分。

关于早期西餐的情况，《清稗类钞·饮食》有详尽介绍：“国人食西式之饭，曰西餐，一曰大餐，一曰番菜，一曰大菜。席具刀、叉、瓢三事，不设箸。光绪朝，都会商埠已有之。至宣统时，尤为盛行。席之陈设，男女主人必坐于席之两端，客坐两旁，以最近女主人之右手者为最上，最近女主人左手者次之，最近男主人右手者又次之，最近男主人左手者又次之，其在两旁之中间者则更次之。若仅有一主人，则最近主人之右手者为首座，最近主人之左手者为二座，自右而出，为三座、五座、七座、九座，自左而出，为四座、六座、八座、十座，其与主人相对居中者为末座。既入席，先进汤。及进酒，主人执杯起立(西俗先致颂词，而后主客碰杯起饮，我国颇少)，客亦起执杯，相让而饮。于是继进肴，三肴、四肴、五肴、六肴均可，终之以点心或米饭，点心与饭亦或同用。饮食之时，左手按盆，右手取匙。用刀者，须以右手切之，以左手执叉，叉而食之。事毕，匙仰向于盆之右面，刀在右向内放，叉在右，俯向盆右。欲加牛油或糖酱于面包，可以刀取之。一品毕，以瓢或刀或叉置于盘，役人即知其此品食毕，可进他品，即取已用之瓢刀叉而易以洁者。食时，勿使食具相触作响，勿咀嚼有声，勿剔牙。进点后，可饮咖啡，食果物，吸烟(有妇女在席则不可，我国普通西餐之宴会，女主人之入席者百不一觏)。并取席上所设之巾，揩拭手指、唇、面，向主人鞠躬致谢。”

“我国之设肆售西餐者，始于上海福州路之一品香，其价每人大餐一元，坐茶七角，小食五角，外加堂彩（指小费）、烟酒之费。当时人鲜过问，其后渐有趋之者，于是有海天春、一家春、江南春、万长春、吉祥春等继起，且分室设座焉。”

第二时期是1912年至1949年，主要是出现了一大批具有“半中半西”风格的新式饭店与酒家，其建筑式样多为中型西式楼房，投资者多系民族资本家，里面有高级套间、卫生间、电灯、电话和餐厅、舞厅、高档菜肴等，较为新颖。其中的名店有北京的“醉琼林”、“裕珍间”、“得利”等。到1939年，据北京、上海、广州等23个城市的统计，已有高档的西式酒店近80家。

这类酒店中的最大变化之一，是大量吸收欧美的餐饮服务技艺，如使用长餐桌和西式椅，按西方礼俗定位入座；使用白台布、桌裙及餐巾，采用分食制或派菜；用金属小推车巡回送菜，用高脚玻璃杯或大杯盛装酒水；端托菜肴使用金属圆托盘，讲究身姿、步伐及节奏；服务员用笔、纸上桌开票，使用横排式菜单；有了簪花、献花等西式礼仪，设置衣帽间和卫生间等。这样，一些传统的服务方式（如响堂报菜、双臂端托）逐渐被取代。

第三时期是1950年至今，主要的变化是：(1)饭店和酒楼建设投资多样化。充分利用国家资金、集体资金、私人资金和外来资金，以多种形式改建、扩建和兴建了一大批较高档次和用途的现代化餐饮服务企业，形成国营企业、私营企业、三资企业“三足鼎立”的新格局。

(2)在经营管理上日趋先进。大胆吸取其它行业和国外餐饮业的先进理论和经验，逐步走上科学管理的道路，不仅提高了经济效益，还开始形成独特的企业风格，如“锦江饭店管理模式”、“渤海饭店管理模式”、“集贤大酒家管理模式”、“广州酒家管理模式”等。

(3)由事业型向企业型转轨，强化市场观念。这主要是大量的政府（或部门）招待所，经过改制与改造，面向市场，独立核算，自负盈亏，实现了由事业到企业，由经验管理到科学管理的转变。不仅地方宾馆（如上海西郊宾馆，武汉东湖宾馆）是如此，就是钓鱼台国宾馆和人民大会堂宴会厅也按照商品经济规律，敞开大门迎接非官方的宾客。

(4)加强硬件和软件建设，依靠优质服务竞争。现今许多酒楼、饭店，都向“星级标准”攀升。在修造、装修、设备的现代化方面，与国外的差距越来越小，有一些甚至超过了国外。至于服务接待，也都制订了相应的程序、规范和标准，从业人员的素质明显提高，大量使用职高毕业生，还有些企业使用大专生乃至研究生，硬、软件都步入新的台阶。

180年间中国餐饮业和餐饮服务的巨变，显然是世界上“餐饮服务现代化”潮流冲击的结果。它说明传统的餐饮服务体制应当改革，而且是在国家必须大力发展第三产业、实现经济飞跃的今天。

(二)第三产业的发展为餐饮服务现代化提供了契机

1992年6月16日，中共中央和国务院发布了《关于加快发展第三产业的决定》。文中指出，为了抓住当前有利时机，加快改革开放步伐，集中精力把经济建设搞上去，按照国民经济和社会发展十年规划以及第八个五年计划的要求，必须使第三产业有一个全面快速的发展。这一决定及其相应的措施，为我国餐饮服务现代化提供了契机。

第一，第三产业的加快发展，是生产力提高和社会进步的必然结果。

当今世界上，第三产业的水平高低，通常是衡量一个国家或地区社会经济发达程度的重要标志。目前，在发达国家、中等发达国家、不发达国家中，第三产业在国民生产总值中的比重,分别约占55%～70%、35%～50%、15%～30%。我国属于不发达国家,第三产业发展缓慢,水平较低,不适应国民经济发展的需要。从许多国家经济发展的规律来看,当经济发展到一定水平时,第三产业的发展速度普遍会高于第一、二产业,并对国民经济的振兴有着明显的促进作用。我国现今正在进入这一阶段。为了顺利实现社会主义现代化建设的宏伟目标,必须紧紧抓住机遇,大力发展第三产业,将餐饮服务提高到一个新的水平。

第二,加快发展第三产业,可以促进市场充分发育,提高服务的社会化、专业化水平,增强社会保障能力。

第三产业包括的行业甚多,覆盖面很大,直接关系到国计民生,而且其中的大部分部门,投资少,收益快,成本低,创汇多,易于启动。加快它的发展,有利于劳动、工资、价格、企业经营机制和流动体制等一系列改革的顺利实施;有利于进一步扩大开放,更多地吸引外资和民间资金;有利于精简机构,提高效率,逐步改变机关、企事业单位及社会的状况,为改革开放在更广阔的领域向纵深发展创造更好的条件。

第三,我国工业经济效益较差,农业的商品率也低,流通环节不畅,财政困难,已经严重障碍国民经济的进一步发展。

产生这些问题的一个重要原因是经济结构不合理。农业、林业、畜牧业、渔业、矿业等第一产业和制造业、建筑业等第二产业的比重过大;而商业、物资业、对外贸易业、金融业、保险业、旅游业、房地产业、仓储业、居民服务业、饮食业、文化卫生事业、咨询业、信息业、技术服务业、交通运输业、邮电通讯业、科研事业、教育事业、公共事业等第三产业的比重则相对较小。因此,第三产业不适应第一产业、第二产业发展的需要。只有加快发展第三产业,才能调整三大产业的比例关系,优化国民经济结构,缓解经济生活中深层次的矛盾,促进国民经济更快发展。所以,当前提出餐饮服务现代化,适逢其时。

第四,90年代以来,我国每年都有一大批新成长的劳动力和从第一产业、第二产业中转移出来的劳动力需要安置。

据有关部门统计,我国每年的待业青年和下岗职工总数已达数百万,需要合理安置;而第三产业在吸纳劳动力方面具有独特的优势。它不仅行业多,门类广,遍布都会与集镇,而且劳动密集、技术密集、知识密集的行业并存,能够吸纳大量的和不同层次的各类人员,特别是可以容纳大量科技人才与专业人才,替国家分忧,替社会谋利。第三产业中,餐饮服务业的吸纳能量更大。像武汉市近5年来由于4万多个各类饮食网点的增设,就为近20万人提供了就业机会,便是一例。

第五,到20世纪末,我国人民的生活将普遍达到小康水平。这也要求加快餐饮服务现代化的进程。

因为同温饱水平相比,小康水平不仅表现在居民收入所达到的标准,更重要的是要看社会服务水平的高低和城乡居民生活质量的好坏。随着经济的发展和收入的提高,人民群众不仅会在衣、食、住、行、通讯、卫生和生活环境等物质生活的各个方面提出更多、更高的要求,而且在文化娱乐、广播影视、图书出版、体育康复、旅游服务等精神生活方面也会提出更多、更高的要求。以餐饮为例,过去一般只是要求吃饱、吃好、吃巧,现今则要求吃得有文化、吃得有营养、吃得有礼貌,将音响、图像、歌舞、花卉、服饰、灯彩、工艺品、旅游纪念品、诗词掌故、民间传说等等,都搬进了餐室,以乐侑食、以情侑食。如果餐饮服务不能现代化,不增加文化、科学、艺术、技能的含量,就会落后于时代的节拍。

所以,由上述5种因素所决定的,餐饮服务现代化势在必行。

(三)餐饮服务现代化的要点

第二次世界大战以后,由于经济逐步繁荣,交通更为便利,人们手中余钱较多,从而引起对饭店、酒楼需要的剧增。欧美各国一度处于困境的餐饮业不仅迅速复苏,而且先后转入“现代新型饭店时期”。

所谓“现代新型饭店”,大多面向大众旅游市场,一般建在闹市、风景区或交通枢纽,类型多样化,服务综合化,形成经营集团,呈现出餐饮服务现代化的鲜明特色,其要点主要集中体现在以下8个方面:

1.强化硬件建设,高档化。

即尽量采用新材料、新技术和新工艺,修建豪华的3~5星级饭店或高档酒楼,装修富丽堂皇,设备与设施都力争一流。有停车场、计程车、喷泉、花园、绿化带、中央空调、电梯与自动扶梯、各种规格的舒适客房、最好的皮质或木质家具、各种家用电器、程控电话、闭路电视、咖啡厅、酒吧、西餐厅、牛扒房、民族餐厅、多功能大厅、快餐厅、夜总会、会议室、商务中心、货币兑换处、订票处、摄影冲印、商品部、游泳池、桑拿浴、按摩室、健身房、台球室、保龄球室、网球场、电影院、迪斯科舞厅、阅览室、卡拉OK厅、电子游戏室、美容厅、医疗室、残疾人设施、保安系统、导游项目等等,无所不包,尽善尽美,以最舒适、最方便的环境招徕客人。

2.提高科技含量,智能化。

上述众多硬件中,有相当一部分是由电脑控制,自动操作。如中央空调系统、火灾报警系统、账目结算系统、程控电话系统、货币兑换系统、超市购物系统、电脑排菜系统、预约订餐系统、闭路电视系统、点歌演唱系统、喷泉控制系统、车辆调动系统等等,现代科学技术的含量高,许多服务项目具有智能化的特征。这不但大大地减轻了服务人员的劳动和服务工作中可能出现的差错,而且更使顾客感到方便和舒适,还有利于管理与营运,提高经济效益。因此有人讲,一座5星级的豪华酒店,就是一个高科技的博览会。它能展示一个国家(或地区)的经济实力,增强在餐饮市场中的竞争能力,提高国家的威望。

3.突出名牌意识,特色化。

所谓特色,是人无我有,人有我优的东西。特色可以表现在许多方面。以饭店、酒楼的建筑格调来分,或典雅,或古朴,或豪华,或新潮,都应出奇致胜。像广州4家5星级饭店(中国大酒店、白天鹅宾馆、花园酒店、东方宾馆),都有自己的鲜明的“个性”。以饭店、酒楼的经营品种来分,或法国大菜,或东洋料理,或清真美食,或中国烹饪,都应有所专长。像北京全聚德的烤鸭,新疆伊斯兰大酒店的烤全羊,武汉老通城的三鲜豆皮,昆明德鑫园的过桥米线,就是这样的“拳头产品”。以饭店、酒楼的服务方式来分,或美式,或俄式,或南韩式,或中华式,从服务项目、接待程式到人员着装、礼仪规范,都应不同凡响。像北京仿膳饭庄用清宫礼仪,西安曲江春酒楼用唐宫礼仪,一些傣族饭店用傣家礼仪,海南的一些度假村酒店用黎寨礼仪,都是一种创造。凡是有特色的东西,才能加深顾客的印象,经过千锤百炼,就可以成为自己的“名牌”。

4.面向工薪阶层,大众化。

不论在任何社会、任何国家中,富豪和大款总是极少数,而占国家主体的则是中产阶层和低薪阶层。有钱人的生意应当做,钱不多的人的生意更要做。将目光瞅准工薪阶层的荷包,可以说是世界上所有餐饮业业主发财致富的一个共同经验。工薪阶层虽然不太富裕,毕竟还有一定的消费能力。他们每一次的消费额可能数不大,但是,积少成多,饭店和酒楼就会有一笔相当可观的收入。更重要的是,工薪阶层人数多,可以凝结成饭店、酒楼最需要的"人气",形成"车水马龙"的繁胜景象;既然是面向工薪阶层,无疑应当采用"大众化"的价格策略。如果"大众化"能与"优质服务"完美结合,餐饮业主便可以在商海大潮中自由搏击,无风险之虞。

5.改革筵宴程式,方便化。

中国的传统筵宴是几千年封建社会文化的积淀。它固然保留着许多的精华,但也有不少应当扬弃的糟粕,因此必须进行改革。改革的指导思想应当是"小"(控制筵宴的规模与格局)、"精"(适当减少菜品数量、使食肴精益求精)、"全"(用料广博、营养平衡、膳食结构合理)、"特"(有地方风情和民族特色)、"雅"(讲究卫生、注重礼仪、优质服务、文明就餐),向现代化、方便化的方向发展,强化科学内涵与时代气息(参阅"筵席改革"条)。改革筵席,不仅是社会主义精神文明建设的需要,也是整个世界饮食文明进步之必然。当今兴起的冷餐会、瓶酒会、茶会、自助餐、工作餐、快餐等等,实际上是欧美各国对传统筵席加以改造的成果。唯有方便、自然、清新、脱俗,才能适应现代人快节奏的生活方式,才能与时代的步伐合拍。

6.规范接待礼仪,国际化。

世界各国的餐饮服务方式和接待礼仪多种多样,都具有各自不同的文化背景与民族特色。这些东西应当保留,并在新时期中继续完善。但是仅此还不够,还应吸收其它国家的长处,逐步与国际惯例"接轨"。这是因为,随着科学技术的进步,随着全球经济的振兴,随着21世纪的到来,在"和平"、"发展"这一共同愿望的驱使下,各国人民之间的交流往来将日益频繁,大家都要求相互了解与沟通,彼此适应与宽谅。尤其是中国,封闭的时间太久、太长,更需要认识世界、接受现代文明。作为各国人民交往的媒介之一的餐饮服务,应当先行一步,在接待礼仪方面尽快与国际惯例一致起来。这样做只有好处,对优质服务必将有很大的促进作用。日本、韩国、新加坡、菲律宾等亚洲国家,都已经这样做过了,而且收效显著;我国的台湾、香港、澳门,也都有这方面成功的先例,可以借鉴。

7.扩大经营规模,集团化。

我国现今的餐饮服务企业,规模大都较小,财力、物力、人力普遍显得单薄,有的仅能维持简单再生产,在激烈的市场竞争中缺乏抗御风险的能力。再加上管理层的素质偏低,许多现代化的先进管理经验无法应用,因而应变能力差,经济效益低。所以,很有必要将一些条件成熟的企业,组建成集团化的公司,聘用高层次的管理人员,用科学的模式统一管理。集团内的各企业可以互通信息,互相扶持,最大限度地减少经营风险,从而发展壮大起来。这种集团,可以是欧美式的"麦当劳"、"肯德基",也可以是中国式的"上海东亚集团"、"广州泮溪集团",或者是实行股份合作制乃至破产、兼并、改造、重组。总之,必须形成"规模效应",增强生存活力。

8.实施现代管理,网络化。

所谓现代管理,就是按照现代市场经济的客观规律,采用现代最新的科学技术成果,依据先进的原则、程序及方法,对餐饮企业的人力、物力、财力及其经营服务活动,进行科学的计划、组织、指挥、控制与协调,并要求网络化(参阅“餐饮企业管理”等相关条目)。这一管理中包含系统原理、整分合原理、封闭原理、能级原理、控制原理、反馈原理、弹性原理、动力原理等众多原理(参阅“餐饮企业管理的原理”条),要大量运用信息论与控制论的知识,并以电脑作为重要手段。只有这样管理,才能充分发挥计划职能、组织职能、指挥职能、控制职能与协调职能;使政治领导与经济领导相统一,社会效益与经济效益相统一,集中领导与民主管理相结合,责、权、利相结合。至于具体管理方法,应当是经济管理方法、行政管理方法、法律管理方法、科技管理方法并举,加强经济核算,重视激励机制。为了实现这一目标,一要树立以市场为中心的观念,使管理思想现代化;二要依靠信息和数据分析,使管理方法现代化;三要形成电脑网络,使管理手段现代化;四要强调知识化与专业化,使管理人员现代化。凡此种种,都要花费很大的气力。不论如何困难,这条路必须坚定不移地走下去!

高档化、智能化、特色化、大众化、方便化、国际化、集团化和网络化,不仅对欧美各国餐饮服务现代化适用,而且对中国餐饮服务现代化也是完全适用的。唯有现代化,我国的餐饮服务才能开创新局面,步入新世纪。

(四)餐饮服务现代化的核心是优质服务

餐饮服务现代化的核心是优质服务。这种优质服务的概念,是以现代化的设施、设备和特色化、方便化、大众化的产品为依托所提供的劳务活动,在使用价值方面适合并满足客人需要的物质满足程度及心理满足程度。简言之,服务质量的优劣是以客人的满足程度为标准的;客人的满足程度越高,服务质量越好。

第一,优质服务的观念。必须强调 4 点,即:

(1)餐饮服务必须以宾客为中心;

(2)餐饮服务必须不断适应宾客;

(3)要有宾客至上、服务第一的意识;

(4)要有“来者都是客”、一视同仁的意识。

这是因为,作为一种商品,餐饮服务必须适合市场的需求,以此来取得饭店、酒楼的社会效益与经济效益。没有市场,就没有客源;没有客源,饭店与酒楼就会名存实亡。餐饮行业欲在市场上站稳脚跟,就得“抓住”客源;欲使客源旺盛、“人气”鼎沸,就得以宾客为中心,不断适应其需要,一视同仁,服务第一,真正把宾客当做“上帝”。这便是优质服务中首先应当树立的基本观念。

这种基本观念,一是由现代社会分工,社会的商品生产和交换决定的;二是从餐饮服务人员自我尊重、尊重宾客、被人尊重的角度出发的;三是由酒楼、饭店的生存,餐饮服务人员的生存来考虑的。其重要性不言而喻。所以在欧洲,许多餐饮业中都有这样的店规:“(1)顾客永远是对的。(2)如果顾客错了,请参阅第一条。”在国内,不少高级宾馆则将管理标准“定格”成 3 条:(1)凡是给客人提供使用的设施设备必须全部是完整有效的;(2)凡是让客人看到的地方必须全部是整洁卫生的;(3)凡是供客人食用的食品必须全部是优质安全的。”这些店规与标准,正是“顾客是一切、一切为顾客”优质服务观念的准确反映。

第二,优质服务的特征。它表现在 4 个方面,即:

1.质量构成的综合性。要求优质服务应当具有整体观念,能够进行多维评价;重视学习与运用心理学、民俗学、礼仪学等知识，在设施设备质量、食品质量、劳务质量3大方面都达到全优。

2.质量显现的短暂性。优质服务是由一次又一次的具体劳务活动构成的，每一次具体服务的显现时间又是短暂的。这就要求服务人员重视并做好每一个服务细节，具有多方面的服务知识与才能，使宾客产生良好而又深刻的总体印象。

3.质量内容的关联性。优质服务包括设备完好、食品精美、接待热情、服务周全等等内容。它们以客人的活动规律为线索，互相联系，互相依存，互为条件，形成一个"服务链"。因此要有系统观念，重视"服务链"内部的衔接与协调，特别不要在薄弱环节上出现差错。

4.对人员素质的依赖性。优质服务是依赖服务人员实现的，故而"人"的素质至关重要。必须重视服务人员素质的全面培养，充分调动服务人员的主动性、积极性和首创精神，强化服务人员的自我管理能力，从而保证优质服务的顺利落实。

总之，优质服务是一个动态的过程，是一种无形的服务效用，是由人来实施的。充分认识到它的4大特征，是提供高质量、高效率的服务的重要前提。

第三，优质服务的条件。

实施优质服务，必须有相关的条件作为基础。这些条件中既包括人，又包括物，还包括健全的管理制度与服务规程。没有这些条件来保证，优质服务便是一句空话。

1.设备与设施必须先进、科学、舒适、完善，且随时处于完好的技术状态中。其中，设备配置还应当和酒楼、饭店的等级规格相适应，做到数量合理、质地优异、服务项目齐全、能随时给予客人愉快的享受。

2.食品质量优良，品种多样，价格合理。不论是自制的饭菜，还是采购的食品饮料，都应当安全卫生、富于营养、感官良好；要有不同的档次和花色，要有突出的特色和风味，要有合理的价位和毛利率。

3.有一支优良的能打硬仗的服务人员队伍。他们必须具备"七良"，即良好的身体素质，良好的智力条件，良好的职业道德修养，良好的组织纪律观念，良好的自我管理能力，良好的精神风貌，良好的服务态度。

4.服务人员应当具备广博的服务知识。诸如家用电器知识、语言文字知识、心理学知识、社会学知识、民俗学知识、礼仪知识，经营管理知识、中西餐烹调知识、菜品知识、菜系知识、酒水饮料知识、筵席知识、营养卫生和膳补食疗知识、饮食文化知识等等。

5.要有健全的管理制度和服务规程。前者如员工守则、店容店规、劳动纪律和奖罚制度之类；后者如接待程序、摆台程序、服务程序、结账程序、卫生程序之类。没有规矩，不成方圆；有了制度，才便于检查、执行。

第四，优质服务的要求。

优质服务的要求很多，从劳务活动方面归纳，基本上是5个方面：

1.主动热情，始终坚持"宾客至上"。所谓主动，须有热爱本职的思想基础，严格的组织纪律和良好的工作习惯；所谓热情，系指诚恳真挚的关怀，热烈饱满的情绪，以及一视同仁的态度。唯有这样，方能视顾客为亲人、为贵宾，心甘情愿为之服务。

2.耐心周到，处处做到体察入微。耐心是要给终保持平静和冷静，要有恒心与勇气，任劳任怨，忍耐力强；周到是指全面细致，完全彻底，表里如一，处处为客人着想，尊重客人人格。有此二者,客人就会如沐春风,如饮甘霖。

3. 礼貌服务,发扬中华民族美德。礼貌包含服务人员的仪容仪表、语言艺术、身姿手势和表情以及待人接物;还要求尊重客人的生活习惯,不歧视客人的生理缺陷,不衣貌取人。这都体现出对客人的人格尊重,是优质服务的前提。

4. 清洁卫生,保证客人进餐安全。安全的含义也较广,如食品安全、财物安全、人身安全,以及防止突发事故,处理意外情况等。这都要求制度化、标准化、程序化、经常化,有专人负责,并且确保不发生重大事件。

5. 讲究技巧,提高服务工作效率。技巧、效率和质量是密切相关的。由于餐厅的客流高峰相对集中,这一点更显得重要。如果服务人员动作慢,不灵敏,致使顾客久等,其意见必然很大。所以,"迎一看二接待三",应是服务人员的一项基本功。

第五,优质服务的标志。

实践是检验客观真理的唯一标准。优质服务也应当通过"五看"来对照:

一看经营方向和服务思想是否正确。其中包括是否全面和正确地贯彻执行了党和国家的相关方针政策,是否坚持了经济效益和社会效益一起抓的原则,是否树立了企业的一切活动都是为了满足广大消费者需要的思想,服务态度是否优良,服务项目是否齐全,服务方式和价格定位是否合理,是否讲究商业道德,是否用黄色的东西招徕顾客等。

二看企业职工是否具有强烈的服务意识。这表现在主人翁的责任感如何,爱店如家的思想如何,遵守组织纪律的自觉性如何,主观能动作用如何,客人的反馈如何,回头客的效应如何等等方面。

三看服务质量的基础工作是否做得深入具体。它要求:(1)标准化。包括有形的标准化(指设备设施)和无形的标准化(指劳务活动),一般可以归结为设备设施质量、食品质量、接待服务质量、卫生质量、安全服务、操作服务、礼节礼貌、语言动作、形体语言等9个系列。(2)程序化。这是指向顾客提供优质服务的先后次序,要求合理地制定,并组织学习、严格执行、经常检查。(3)制度化。即将优质服务的标准和程序固定下来,形成制度。它分为两类,一是直接为客人服务的各种规章制度,二是加强内部管理的各项规章制度,这都为优质服务提供保证。(4)原始记录。要注意收集、整理、分析,从中发现动向、特点、问题及经验。

四看客人的需求是否得到充分满足。这是优质服务的最终评价标准,通常是通过调查研究来了解。调查一般采取问卷方式,调查面力求广泛,要注意百分比率(包括总体印象和各个项目),并分析原因,寻求对策。

五看企业经济效益是否显著提高。优质服务与经济效益通常是成正比的,经济效益好一般能反映出服务质量高。因此,优质服务的标志大多可以从营业额、毛利、纯利、创汇等等方面来验证。

第六,优质服务的实施。

这是一个落实的问题。从各地一些名优企业的经验来看,大都采用过以下的方法:

1. 提高全体员工对服务工作的认识,扫除思想障碍,树立敬业观念;

2. 提出明确的奋斗目标,向国际上先进的餐饮业看齐,力争冒尖;

3. 建立岗位责任制,分段分片承包任务,并与晋升,提薪等挂勾;

4. 将得力的干部派到服务第一线,限期整改,限期改变面貌;

5. 上下结合,建立严格的服务程序、规范和标准,督促执行;
6. 加强对全体员工的培训,努力提高企业的整体素质;
7. 建立新型的用工制度,对不适应工作者坚决清退,保持"活水常清";
8. 多方面征询顾客和社会的意见,抓住典型事例教育员工;
9. 管理要严、勤、细,不放过有损企业信誉的任何一件小事;
10. 学习各地先进经验,走出去,请进来,使优质服务不断迈上新台阶,等。

凡　例

一、本书是一部系统介绍中国古今餐饮服务知识的专科工具书。全书由导论、上编、下编、附录4部分构成，含83目，共收录词条2910个、图表500余幅、资料汇编24则，约计220万字。导论为餐饮服务综述，介绍其沿革、意义和发展趋势；上编为“技艺素质篇”，包括餐饮服务设施、餐饮服务人员、餐饮服务道德、餐饮服务语言、餐饮服务技能、餐饮服务规程、宴会接待、餐饮服务心理、餐饮服务礼仪和餐饮企业管理，共10类、42目、1080条；下编为“知识修养篇”，包括中餐烹调、西餐烹调、菜品审美、风味流派、酒茶饮料、筵席菜单、营养卫生、膳补食疗、饮食民俗和饮食文化，共10类，41目、1830条；附录为“资料汇编”，内容涉及各地名产与名食、少数民族和宗教食规、年节食俗、星级饭店要求、培训考核规范、世界各国饮食风情简介等，共计24则，以补充词目和图表的不足，供查询用。

二、本书采取分类编目法。导论为总纲，上、下两编为主体，附录为补充，构成一个比较完整的知识体系。在主体部分，又将有关内容分作编、类、目、条4个层次，以便检索。其中，可以交叉分类的，一般归于主要类别；可以互相参见的，则在词条后注明。正文前有“辞条分类目录”，正文后附“笔画检索目录”。

三、词条的古称、雅称、别称、俗称、简称、谑称、民族译音名称、外语译音名称等，仅视需要选其一种，其它的则排列在词目之后或在文中予以介绍，不再另列子条或参见条，以节省篇幅。

四、本书引用的汉语古籍文字，原则上都改为简化字或正体字；只有极少数含义特殊、容易引起混淆者，仍用繁体字或异体字排印。

五、本书涉及古籍的数字、日期及计量单位，仍按原文编写。其它地方的数字、日期及计量单位，则按现今规范的要求排印。

六、由于内容需要，本书引用了少量的英文、日文、拉丁文或其它国家的文字，它们均按现今通行的规范排印。

七、本书原则上是重点介绍中国餐饮服务知识。但为了反映中外饮食文化交流的成果，结合现今中国餐饮服务演变的趋势，增强涵盖面和实用性，书中还适当介绍了海外饮食文化方面（如西餐宴会、西餐服务、西方礼节、西餐烹调、海外酒茶饮料、海外食俗、海外饮食文化体系等）的相关知识。

八、本书对目前尚有争议或不同看法的问题，采纳主流派的观点或论据比较充足的提法；但这并不意味着否定或排斥其它的观点。

九、本书所附的插图多为“示意图”，以能说明问题为基准。

十、本书收录条目和征引的文献或参考书目，一律截至1997年12月底。

凡 例

目 录

上编 技艺素质篇

(一)餐饮服务设施

餐厅格局

养护保安

(二)餐饮服务人员

素质要求

定岗配备

培训考核

(三)餐饮服务道德

道德概述

主要的外国语

特殊象征语言

服务用语规范

(五)餐饮服务技能

端托

餐巾折花

餐室插花

调酒

(六)餐饮服务规程

服务环节与方法

西餐服务

（七）餐饮宴会接待

宴会种类

宴会预订与组织

宴会设计

餐厅服务心理

广告推销与投诉

(九)餐饮服务礼仪

社交礼仪

古今食礼

礼宴接待

（十）餐饮企业管理

餐饮管理概述

餐饮经营管理

餐饮生产管理

餐饮成本效益

下编　知识修养篇

(十一)中餐烹调

中餐原料

中餐炊具

中菜制作

中点制作

(十二)西餐烹调

西餐原料

西餐炊具

西菜制作

西点制作

(十三)菜品审美

菜品构成

菜品鉴赏

菜品掌故

菜品流行潮

(十四)风味流派

风味流派概述

中菜流派

中点流派

海外菜点流派

(十五)酒茶饮料

中国名酒

外国名酒

三大名饮

其他饮品

(十六)筵席菜单

筵席概述

筵席结构

菜单编制

古今名席

(十七)营养卫生

营养与配膳

食品污染与中毒

食品及烹调卫生

餐饮卫生管理

（十八）膳补食疗

中医基础理论

药膳调治要则

因人因时进补

对症配方食疗

(十九)饮食民俗

民俗与食俗

年节文化食俗

地方风情食俗

宗教信仰食俗

少数民族食俗

海外食俗

(二十)饮食文化

饮食文化类型

烹饪文化遗产

饮食文化研究

附 录

上编 技艺素质篇

(一)餐饮服务设施

餐厅格局

餐厅

餐厅是生产和销售烹饪产品,并为顾客提供筵宴服务的进餐场所。

餐厅种类甚多。有的仅经营菜点,是个独立的经济实体;有的附设在宾馆、饭店、酒店之中,食、住、游、乐一体化,属于综合性企业的一部分。按功能划分,有零点餐厅、包餐厅、娱乐餐厅、沙龙餐厅、快餐厅、自助餐厅、多功能餐厅、酒吧、咖啡厅、茶座等等。按供应品种划分,有中餐厅、西餐厅、特色餐厅、清真餐厅、日本式餐厅、素餐厅、牛扒房之类。按消费档次划分,有普通餐厅、中档餐厅、高级餐厅和豪华餐厅。按装饰风格划分,有宫殿式餐厅、园林式餐厅、榭坊式餐厅、回廊式餐厅、楼阁式餐厅、轩斋式餐厅、庭院式餐厅、民居式餐厅、乡村式餐厅、民族式餐厅、庙观式餐厅、现代式餐厅、综合式餐厅。

餐厅一般由3部分构成。一是前堂,系客人的进餐场所,乃餐厅的主体;二是后堂,包括备餐间、生产间和洗涤间,是菜点的生产场所;三是辅助部分,如来宾衣帽间、员工更衣室、卫生间、仓库、办公室、财务室、值班室等。餐厅大小不一,小的仅有几十平方米,大的可达几千乃至上万平方米,能同时容纳数千宾客。

餐厅在我国有近5000年的发展历史,它有餐馆、菜馆、饭庄、饭馆、酒店、酒家、酒楼、食铺、食府、食店、正店、脚户、柏户、分茶、包席馆、燕蒸业、直卖店、二荤铺、厨行、南堂等百余种别称。作为一种特殊的企业,它具有4大属性:

第一,向社会提供多种形式的具有使用价值和交换价值的商品,同时具有物质生产劳动和服务性劳动;兼有生产加工、商品销售、消费服务3种职能,经营服务过程与消费过程统一,并且在同一时间、同一空间内进行。

第二,具有手工作坊的特征,分为红案、白案、服务3个彼此独立又互相协同的工种;从业人员各有专长,技艺带有传承性并形成门派;花色品种丰富,多系单件或小批量生产,档次差别较大;常以名店、名师、名料、名菜、名小吃、名席和优质服务作为标识,在激烈的市场竞争中招徕顾客。

第三,服务对象主要是流动人口和城镇居民,产品具有鲜明的地方色彩和民族情韵,经营方式与项目常按市场需要而变换;注重选用土特原料,就地生产和就地消费,提供进餐场所和消费服务,直接接受顾客检验,一般不存在商品的流通、运输和储存问题。

第四,有众多的服务人员,并尽可能凭借其拥有的餐饮服务设施(包括房舍、家具、餐具、电器设备、花木、工艺摆件等),为客人进餐提供优质服务,使消费者得到精神享受和物质享受。

餐厅的沿革

我国的餐饮业滥觞于夏商,发展在汉魏,兴盛于唐宋,成熟在明清,蓬勃进步于当代。随着饮食市场的兴起和繁盛,餐厅也从无到有、从小到大、从少到多,不断变化和完善。

自古以来，为了祭祀神祖和观赏风景，先民就有在悬崖峭壁或岛屿高坡上修造亭台楼阁的习惯。《史记》载，黄帝曾大兴土木，盖起“五城十二楼”，恭候神人光临；《广舆记》说，殷纣王希望羽化成仙，也曾建过巍峨的“摘星楼”，企图作为上天的阶梯。后来人们发现，视野开阔、清静凉爽的高楼，不仅可以礼拜神祗，远眺河山，还能够悦志愉情，豪饮高歌，于是上行下效，筑楼饮宴渐成风气。春秋时期，吴王夫差得到西施，就筑过一座“高三百丈”的姑苏台，成年累月游宴于上；战国时期，楚王为了会盟诸侯，大展雄风，也建成必须歇息3次方能登顶的章华台。西汉伊始，国力强盛，高祖和武帝也分别盖起歌风台和柏梁台，欢宴父老和大享群臣，以纪太平盛世。这都是餐厅的先声和始源，但其使用范围较狭窄，也不具备商业属性。

至于先秦时期的民营餐厅，因历史条件和财力所限，大都简陋，一般仅是几间小屋，高悬酒旗，搁置酒坛，张挂鱼肉或野味来吸引过客，以之替代招牌，作为装饰。尽管是这样，它具有商业属性，面向流动人口或城镇居民，是现代餐厅的前身。

降及魏晋南北朝，餐厅的发展有了新的契机，官营餐厅发展很快。由于官府财大力雄，餐厅往往盖得颇有气势。它们大多采用两三层的砖木结构，外涂朱漆，内敷帷帐，酒筵摆在锦幔之中，相当讲究。宋明帝刘彧大宴将士的新亭楼，梁武帝萧衍举办文会的景阳楼，北齐人邢邵聚亲招友的明月楼，基本上都属于官办餐厅。里面陈设女乐，使用朱墨相间的漆质杯盘，侍应人员着特制的服饰，进餐环境较前舒适多了。

入唐，私营餐厅逐步增多。其中知名度较大的有长安长乐坊的红楼、张家楼，宝鸡陈仓城内的卖酒楼。唐代著名的新科进士的“曲江宴”，也多是私营餐厅承办的。不过由于财力有限，私营餐厅的规模、设施与气派，都赶不上官办或权贵开设的酒楼。因为权贵们可以占据闹市，在重要都会广设分店，少纳赋税，使经营带有某种程度上的垄断性。

两宋，是餐厅大发展的黄金时代，官营与私营平分秋色，其建筑水平、装饰技巧和社交功能都显著增强。它们或是依山临水，或是跻身长街闹市，或是占据水陆要冲，各擅一方之胜。(1)注重外观的气势。像汴京(今开封)的72家“正店”(高级酒楼)，多为“三层相高，五层相向，各有飞桥栏槛，明暗相通”的建筑格局，登上“樊楼”的最高处，连御花园也尽收眼底，非同凡响。(2)讲究餐厅的陈设。“吊窗花竹”，“装饰字画”，夏有冰盆，冬有火箱，而且实行“分阁坐席”，互不干扰。(3)加强台面的美化。这时不仅有了供观赏的工艺菜和“看盘”(彩拼)，而且时兴金银玉瓷的套装餐具，“香焚宝鼎，花插金瓶”，“玳瑁盘堆仙瓜异果，玻璃碗供熊掌驼蹄”。(4)良好的服务态度。出现了“四司六局”的筵宴服务机构，人们“欲就园馆亭榭寺院游赏命客之类，举意便办”。而且这时的酒楼也多，如临安(今杭州)，官办大餐厅就有和乐楼、和丰楼等8家，私营大酒楼也有三元楼、五间楼等8家；再如洛阳的集贤楼和礼乐楼，相州的秦楼和翠楼，咸阳的宝钗楼，成都的芳华楼，武昌的黄鹤楼，岳阳的岳阳楼，九江的浔阳楼，安徽的怀嵩楼等处的酒店，都鼎鼎有名。

元代，由于蒙古王公和色目贵族的生活习性所致，除了少数权贵效法唐代太平公主大开餐厅敛财之外，官营酒楼不是太多，而私营餐厅仍在发展。像通州的糟房酒楼，每年用米粮一万多石；大都午门之外餐厅林立，各店供应的品种常是百余。马可·波罗描述杭州的酒肆是：“开办婚丧寿庆的筵席，同一时间内多达一百来起”；西湖中还有可容100多人恒舞酣歌的游动餐船。元代的餐厅装饰比较重视突出北方草原的粗犷气息，室内常置可装数百斤乃至千余斤烈酒的玉质“酒海”，杯用大斗，肉上整块，一次大宴往往长达4～6个小时，并辅以唱歌、比武等游戏；有时干脆将酒筵设于野外的帐幕中，骑射奔逐，不醉不休。

朱元璋定鼎南京后，袭用南宋旧例，在秦淮河等处两次建起大型餐厅16座，用“鹤鸣”、“醉仙”等雅词命名。这位和尚皇帝的高明之处，在于“官建民营”，用以接待来京官吏、各族贡使、四方举人和举办文会。至于其它都会，民营餐厅更如雨后春笋，如江陵的仲宣楼，成都的望江楼，苏州的虎丘馆，嘉兴的烟雨楼，都颇具规模。至于装潢，普遍使用红木家具，配置螺钿屏风，出现壮观的“看席”和谨严的摆台程序，令人耳目一新。

清代餐厅最盛，基本上都是私营。北京的都一处和全聚德，上海的老正兴和乔家栅食府，江苏的松鹤楼和富春茶社，浙江的五柳居和楼外楼，广东的陶陶居和蛇王满，湖北的聚珍园和老会宾，湖南的玉楼东和曲园，四川的长盛园和正兴园，福建的聚春园和南轩楼，山西的清和元，天津的聚乐城，辽宁的群英楼，黑龙江的福泰楼等，均系其中的佼佼者。《京尘杂录》说："（北京）寻常折柬招客者，必赴酒庄，庄多以堂名，陈馈八簋，羜肥酒兴，夏屋渠渠，静无哗者。同人招邀，率而命酌者，多在酒馆，馆以居名，亦以楼名，凡馆皆壶觞清话，珍错毕陈，无歌舞也。"这便是本世纪初北京"八大居"、"八大楼"、"八大堂"、"八大春"，以及"斋"、"轩"、"园"、"坊"等餐厅名称的由来。清季的餐饮业多与娱乐业、旅游业、交通业结合，设宴讲究春在花榭、夏在乔林、秋在高阁、冬在温室，追求"开琼筵以坐花，飞羽觞而醉月"的情趣。并且盛行全席餐具，餐室设置大穿衣镜和席卡，陈放名人字画和珍宝古玩。服务人员着装整洁，装修突出地方特色和民族特色。更重要的是，餐厅的选点布局和建筑风格，主要考虑的不再是雄峻挺拔的气势和依山傍水的情韵，而是如何占据"码头"，拥有"人气"，如何别出心裁地装修和显现经营特色，在激烈的市场竞争中谋求生存了。这一风貌延续至今，所不同者，只是现代化的气氛更浓，装修更为华美，对菜品质量和餐饮服务更加重视罢了。

餐厅命名

餐厅名称（简称店名）是饮食市场上的字号招牌，其功能是介绍店铺性质、装潢门面，便于识别和吸引顾客。自古以来，饮食企业都很注意店名的使用，使之成为一种特殊的行业标志。我国餐厅名称的变化，基本上是从姓氏定名、商品定名向诗文定名发展，逐步脱俗为雅，崇尚一种修辞美。

先秦时期的饮食店，多叫酒肆、酒家、卖醪、卖浆、卖饮或屠宰，只有泛称而无专名。汉唐时期，多取自店主的姓氏，或者是开业场所与经营品种，如"庾家粽子"、"韩约樱桃饆饠"、"张家楼饭店"、"永昌坊茶点"之类，比较朴实。进入宋元，则向3个方向演化，或是显示等级（高级的叫"正店"，中档的叫"分茶"，普通的叫"脚店"），或是突出环境（如"园宅正店"、"庵酒店"、"快活林酒家"），或是选用吉言（如"长庆楼"、"丰乐楼"、"熙春楼"）。降及明清，店名日趋艳丽或火爆，前者像"玉壶春"、"陶陶居"、"楼外楼"、"辇止坡"；后者像"大三元"、"小洞天"、"都一处"、"蛇王满"。发展到近代，则是注重广告宣传，出奇致胜，如"姑姑筵"、"哥哥传"、"三六九"、"好公道"，均系庄谐雅俗结合，更具魅力。不仅如此，许多店牌都是重金延聘社会名流或书法大师精心题写，目的在于增添知名度和艺术观赏价值，有较强的吸引力。

现今的餐厅命名，则偏向吉庆、夸张，如"集贤大酒店"、"亚洲大酒店"、"四海美食城"、"福寿康乐厅"之类。在每个餐厅内部，各个餐室亦有专名。像零点餐厅，多是以经营品种的地方特色命名，如"蓬莱阁"、"峨眉轩"、"秦淮斋"、"越秀坊"；高档包间则突出环境、气氛或情趣，如"知味观"、"望月亭"、"芳兰楼"、"龙凤厅"等。

不少餐厅名称还有陪衬之物，这就是极富文学色彩的匾额和楹联。匾额有"杜康故里"、"太白遗风"、"杏花在望"、"河阳风月"、"对酒当歌"、"千金买醉"、"闻香下马"、"知味停车"之类的隽语。楹联有"座上客常满，杯中酒不空"，"铁汉三杯软脚，金刚一盏摇头"，"画栋前临杨柳岸，青帘高挂杏花村"，"有同嗜焉从吾所好，不多食也点尔如何"，"远客来沽只因开坛香千里，近邻不饮原为洗杯醉三家"，"美酒可销愁入座应为愁里客，好山真似画倚栏都是画中人"等美词。这都像一幅幅绝妙的饮馔广告，在饮食心理和筵宴审美方面有着独特的作用。

在许多餐厅中，还讲究店名、餐室名与楹联配套，形成一种总体风格。武汉市璇宫饭店是一座有着80余年历史的三星级名店，"璇宫"二字出自晋人王嘉的《拾遗记》，乃"饰玉之宫"的意思。为了与之协调，它的7个餐室名都带一个"玉"字，并配一幅相称的楹联，显得文质彬彬，映衬生辉。如：

多功能大厅叫"百珍苑"，联语是"美酒佳肴迎仙客，名师雅座待高朋"；

特色小厅叫"环瑛廊"，联语是"食分四方调鼎鼐，味列八珍协阴阳"；

鄂菜包厅叫"楚琦轩"，联语是"芳留千载鄂馔史，辉映半部江南食"；

川菜包厅叫"川珠阁"，联语是"春游巴山坡仙赋，秋渡蜀水杜老诗"；

粤菜包厅叫"粤瑞馆"，联语是"炉列麒麟祝福寿，筵开玳瑁歌康乐"；

西餐包厅叫“欧瑶台”，联语是“四海风味开琼宴，一片冰心藏玉壶”；

茶座叫“引玉庐”，联语是“山径摘花晨酿酒，竹窗留月夜品茶”。

因此，凡是到璇宫饭店食宿的客人，无不被其所倾倒，璇宫饭店的“文化品味”也在中南地区享有盛誉。

店徽

店徽是企业的形象标志，近年来比较流行。许多星级饭店和高档酒楼专门请人精心设计店徽或向社会重金征求店徽，取得了良好的广告效果。下看4例：

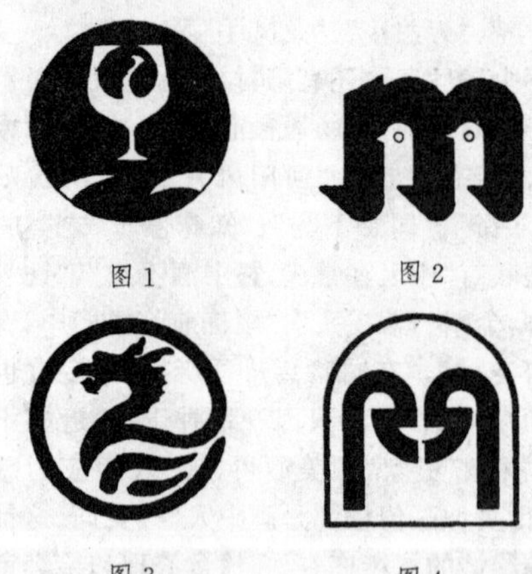

图1　图2

图3　图4

图1是南昌鄱阳湖大酒店的店徽。其主体造型为天鹅和酒杯的共同形。它以鄱阳湖的珍禽——天鹅变形成为酒杯图案，下面是湖水的波涛，点明该酒店主要经营淡水鱼鲜菜式；同时天鹅张开双翅作欢迎状，表示酒店热情迎待四方宾客；整个图案为圆形，又表示团团圆圆，和和美美。不仅寓意深邃，而且充满动感与活力，富有朝气。

图2是武汉麦香居快餐厅的店徽。外形为英文字母m的变体，它也是麦香居3字汉语拼音的缩写字头；而空隙处反衬出两只可爱的阳雀，暗寓着快餐食品的可口和小鸟对它的渴求心态。整个图案别致新颖，黑白虚实相间，动静互涵，使人忍俊不禁，回味无穷。

图3是广州华厦大酒店的店徽。它以我国人民喜爱的龙为设计元素，寓意吉祥如意；两条波浪线表示海洋，以龙身和龙尾蟠卷成一个流畅的圆弧，象征着台湾、香港、澳门的回归和四海侨胞对故土的依恋，与店名紧扣。整个图案富有东方文化色彩，洗练明快，舒展自然，含义隽永。

图4是上海百乐门大酒店的店徽。它由繁体字的“门”巧妙变形成为中国传统拱门的基本图形，又像一个笑口常开的胖脸，嘴形状如高脚酒杯，而眯笑的“双眼”则代表优质服务，其中隐含着“进我店门、百事快乐”的店名含义。整个图案创意奇巧，言简意赅，既有中国传统文化的丰富底蕴，又有上海大都会的现代气息，令人过目不忘。

以上4例说明，好的店徽具有独特的装饰功能，能给店铺建筑和门面平添一种美的艺术情趣。它是一种视觉导向，有着奇妙的促销作用，可以构成企业文化的要素，装饰街景，美化城市。

餐厅的构成

餐厅大都由前堂、后堂、辅助部分构成，各有不同的功用。

1.前堂。是接纳客人用餐并进行餐饮服务的场所，为餐厅的主体部分。它一般包括下面一些主要厅室：

(1)迎客厅。布置华丽，供客人休息用。

(2)多功能大厅。可以开会、聚餐、跳舞等。

(3)主餐厅。举办中小型宴会。

(4)雅座。有若干个，一室一种风格。

(5)茶室。饮茶、饮咖啡处。

(6)字画廊。烘托气氛，供客人观赏。

(7)小卖部。出售烟、酒、小食品、杂物。

2.后堂。直接为前堂经营服务的场所，一般由备餐间、生产间、洗涤间组成。

(1)备餐间。是厨房与餐室之间的过渡环节，用以陈放餐具、菜点或其它用物。

(2)生产间。菜点加工场所，包括碟子房、案子房、炉子房、白案房、糕饼房、豆腐房、西菜间等等。

(3)洗涤间。有清洗原料处、清洗餐具处、清洗织物处、清洗炊具处。

3.辅助部分。主要指办公和后勤人员使用的地方，一般设置有：

(1)经理室、财务室、业务联系室；

(2)来宾衣帽间和员工更衣室；

(3)卫生间、浴室；

(4)仓库、保管室、冷库；

(5)员工食堂、员工休息处；

(6)托儿所、医务室等。

餐厅功能

餐厅是个“小社会”，具有许多功能。

第一，提供进餐场所。

餐饮业属性特殊，具有加工生产、商品销售、消费服务3大职能。为了更好地推销菜品和筵席，就必须有一个设施完善的餐厅。只有在餐厅中，顾客才能进行消费，从而完成劳动成果的转换，将菜品和筵宴变作商品，获取经济效益和社会效益。

第二，展开社交活动。

社会交往是人际生活中不可缺少的一个重要方面，它需要在适宜的机会和场所中进行。餐厅是开展社交活动的理想地点之一，人们可以在此惬意地吃喝与自由地交谈，增加了解，深化情谊。尤其是宴会，社交活动更为频繁，故宾客常利用它进行公关业务。

第三，了解饮食文化。

中国饮食文化博大精深，餐厅常是饮食文化汇展的橱窗。里面的匾额、楹联、装潢、肴馔、接待、服务乃至茶礼酒令，都能增长知识，培养情操。经常光顾餐厅的人，易于受到饮食文化的熏陶，开扩自己的眼界。

第四，愉悦思想情绪。

人类社会是紧张奋斗的社会，个人生活是辛勤劳累的生活。但是生活的节奏应有张弛，个人也需劳逸结合。装饰漂亮的餐厅，丰美可口的酒菜，三五知己的相聚，往往可以愉悦情绪，使人精神舒展，消除疲劳。正因如此，餐厅的休闲作用也很突出。

中餐厅

中餐厅是指供应中国菜式的餐厅。它的类型很多，如中式多功能大厅、中式宴会厅、高档包间餐厅（雅座、包房）、包餐餐厅、零点餐厅、过点餐厅、小吃厅、特色餐厅等。

中餐厅一般具有3个特征：

1. 建筑与装潢都是中国民族风格；

2. 供应的菜品都是中国烹饪各个流派中的名珍玉食，饮料亦是中国的名酒名茶；

3. 就餐形式和服务礼仪显示出博大精深的中国传统饮食文化。

目前，中餐厅约占全国餐厅总数的85%左右（另有10%的中西结合餐厅，5%的西餐厅），是餐饮业中的主流。此外，在世界各国，还有30万家左右的中餐厅，多为中小型私营企业。

多功能餐厅

多功能餐厅即是能根据客人的需要而变化，能作多种用途的餐厅，既可接待零星散客，也可供应集体包餐，还能作为会议厅、展览厅、舞厅、演出厅使用。厅内设有活动档板，可以将厅堂空间按需要自由分合，做到一厅多用。

多功能餐厅的入口和通道较多，配有公共贮藏间。其餐桌多为80厘米×80厘米、90厘米×90厘米的折叠方桌，40厘米×80厘米、45厘米×90厘米的长条桌，以及若干规格的活动圆台面，以便相机组合使用。其餐椅也系折叠靠椅，可以收藏。窗户上有多层窗帘，便于遮光或采光；同时还有固定的舞台设施，以及先进的音响设施、通讯设施、光电设施、录像放映设施、同声传译系统等。

中式宴会厅

中式宴会厅主要供举办宴会用。小型的可置放4～8个台面，容纳数十人；中型的可置放10～16个台面，容纳百余人；大型的可置放18～40个台面，容纳数百人，相当于多功能餐厅。其布局多是餐台集中在中间，迎宾台和酒水台在大门两侧，备餐柜、接菜台等服务设施多在四边，尽量留宽出入通道，参见附图：

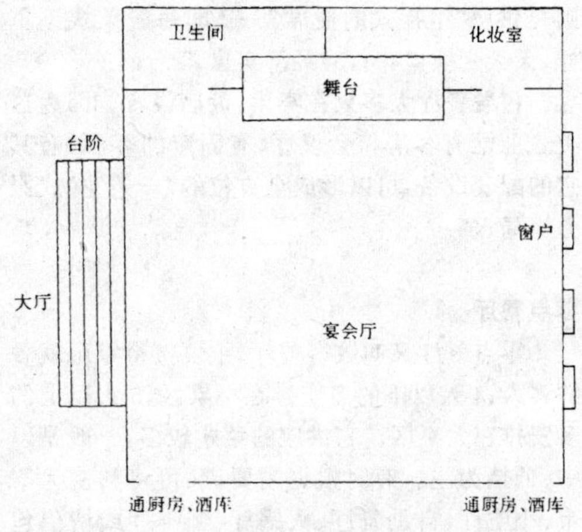

中式宴会厅布局图

高档包间餐厅

高档包间餐厅习称雅座、包房或小厅，面积大小不等。小的12～15平方米，仅放一个餐台、一个备餐柜、一部电视机，档次较低。大的30～40平方米，实系双套间，一间作为客厅，配备沙发、茶几、衣架、花木、工艺品；另一间作为餐厅，置放餐台、备餐柜、电视机等物。两个厅之间搁置活动屏风。客人进来，先在客厅小坐，再进餐厅进餐，餐毕又回客厅休息，可以免受任何干扰，相当舒适。参见附图：

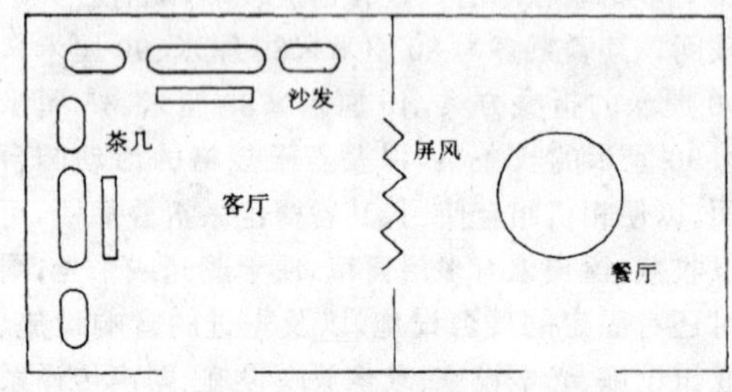

高档包间餐厅布局图

包餐餐厅

专为旅游团队或会议代表准备的餐厅。其特点是：(1)厅堂面积较大，一般可摆放4～8桌，容纳数十人；(2)提前预订，有若干种不同的消费标准可供选择；(3)席面采用"和菜"(即因价灵活配菜的便席)的形式，由厨房根据进餐标准配菜，照顾到荤素、冷热、菜点、酒水各个方面；(4)可包1餐，也可包一日乃至3～5天，若包餐时间较长，则是供应"组接式的便席"——即每餐菜式不重样，天天变换口味；(5)经济实惠。

包餐餐厅大多只在宾馆、饭店设置。因为这类企业配有客房和会议厅，有固定的客源，有其它的配套设备，可以形成全方位的"一条龙"式服务格局。

零点餐厅

零点餐厅又叫散客餐厅，主要接待零星就餐的客人，4人以下的多安排在小桌区，5人以上的多安排在大桌区。它供应的菜式较多，一般是以中、低档为主。有时根据需要，又可将其变为茶市、小吃厅、自助餐厅、火锅厅、咖啡厅或情侣包厢，乃至包餐餐厅、宴会厅，做到一厅多用。零点餐厅布局可参见附图：

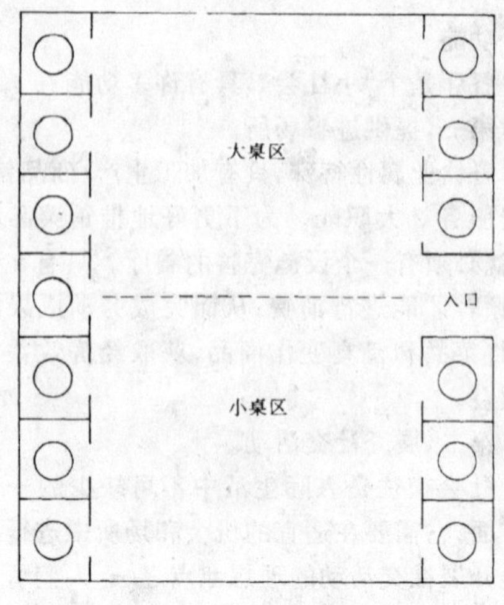

零点餐厅布局图

过点餐厅

许多餐厅都有一定的营业时间，如早上7～10时为早市，中午11～14时为午市，夜间17～21时为晚市，这都统称"饭口"；厨师和服务人员的上班时间都集中在"饭口"，过了"饭口"，则安排休息。

但是，为了接待非"饭口"时间前来进餐的零星顾客，许多酒楼专门留下少数厨师和服务人员集中在一个餐厅中加班，这就是"过点餐厅"，又叫"不限时餐厅"。通常情况是，其它餐厅营业时，过点餐厅关门；其它餐厅不营业时，过点餐厅开门。它可以填平补缺，既为顾客提供方便的服务，又可以保证大多数员工的正常休息，还可以为酒楼增加一些收入。

小吃厅

小吃厅是专门供应小吃(含卤菜、烧烤、甜食、冷饮等)的餐厅，一般都设在酒楼的底层，面积较大，多用80厘米×80厘米的方桌或80厘米×160厘米的条桌，按规整的几何图形摆放，每个餐桌四周置放8～12个方凳，一次可容纳百余人乃至几百人用餐。

小吃厅供应的品种较多，档次偏低，通常都是先购票，后取货，自行择位就食。为了方便顾客，许多小吃厅还推行"3元小吃系列"或"5元小吃系列"，凭票可以任选食品。

现今还有些酒楼将小吃厅扩充成为“小吃城”乃至“小吃一条街”,系统推出数十种乃至百余种地方风味小吃,颇有吸引力,形成都市新的风景线。

特色餐厅

特色餐厅系指经营某种特色菜品或有特别情韵的餐厅,例如风味餐厅、海鲜餐厅、野味餐厅、药膳餐厅、火锅厅、烧烤厅、水上餐厅、旋转餐厅、林荫餐厅、垂钓餐厅、球迷餐厅、票友餐厅、鹊桥餐厅、书画餐厅、演示餐厅、农家餐厅等等。

1.风味餐厅。专门销售地方风味名菜、名点或名饮,食肴大多精细,以专扬名,以特取胜,档次偏高。

2.海鲜餐厅。一般设在水滨,主要供应鲜活的江鲜或海鲜,餐厅四周陈列水箱或水池,养着活鱼活虾,顾客任选几种,现杀现烹,档次较高,风味别具。

3.野味餐厅。主要供应牦牛、野兔、驼鸟、孔雀、袋鼠、火鸡、王鸽、鹌鹑等名贵野味,供客人尝新。其档次也高,多聘用名厨主理,大多开设在比较富裕的都会。

4.药膳餐厅。主要提供各类药膳,由著名的中药店和酒楼联合经营,并有名医“坐堂”咨询。其食肴以补为主,以治为辅,消费档次也是偏高的。

5.火锅厅。类型很多,包括北京涮羊肉、东北白肉火锅、四川牛肚火锅、广东打边炉,以及各式“洋火锅”等,基本上分为自助火锅与筵席火锅两大类型,近年来相当红火。

6.烧烤厅。类型亦多,有南韩烧烤、日本烧烤、台湾烧烤、香港烧烤、东北烧烤、清真烧烤种种,或由自己动手,或由厨师操作,近年来也较时兴。

7.水上餐厅。餐厅建立在水面上或设置在游船上,以山光水色相映衬,环境特别幽静,其食馔亦以水鲜为主,兼顾其它。这类餐厅进餐时间较长,带有休闲性质。

8.旋转餐厅。多设在高层建筑的顶层,餐厅可以旋转观景,60分钟轮巡一周。它供应的多系自助餐、早晚茶或饮品。由于视野开阔,空气清新,令人极目天际,心旷神怡。

9.林荫餐厅。一般设在公园的林荫道两侧或野外茂密的树丛之下,灶台、餐桌与店标多是临时安置,早放晚收,雨雪天则停业。它强调的是野趣,主要接待游客。

10.垂钓餐厅。设置在钓鱼场附近,特点是自钓自烹,返归自然,带有渔猎生活的真趣。在这类餐厅中,服务人员多为钓者提供某些器具和服务,而不越俎代庖。

11.球迷餐厅。实乃球迷俱乐部,餐厅四周布置与足球相关的饰物,张挂球星照片,播放球赛录像,球迷们边吃边喝边侃足球,寻找一种精神寄托。

12.票友餐厅。实乃戏曲爱好者的聚会点,大多在公园内。票友们三五相聚,吹拉弹唱,中途点上几个菜,小酌一番;有时邀请名角参加,欢乐休闲。

13.鹊桥餐厅。多为婚姻介绍所举办,邀约条件相当的征婚者参加,通过跳舞、吃饭、谈心,彼此增进了解,加深情谊,为谈婚论嫁创造一些条件。

14.书画餐厅。多由书社、画廊主办,邀请书画家、书画商和书画爱好者、书画鉴赏家参加,其目的是研究书画、推销书画,餐饮只是作为一种媒介,基本上是薄利经营。

15.演示餐厅。即将厨房移至宴会厅中,四周围以玻璃幕墙,让客人直接观看烹饪操作表演。有兴趣的客人还可以亲自下厨,露一两手“绝活”,以之增加宴饮的乐趣。

16.农家餐厅。即从乡下聘请擅长制作农家饭菜的妇女到餐厅烧菜做饭,以此招徕怀乡恋旧的顾客。它的特点是“礼失求诸野”,带有泥土的芳香,显现肴馔的质朴本色。

此外,特色餐厅还有:知青餐厅、火炕餐厅、帐篷餐厅、野炊餐厅、茅屋餐厅、童话餐厅、昆虫餐厅、花卉餐厅、仿古餐厅、民族餐厅、探险餐厅、烛光餐厅等等。

中式传统茶坊

中式传统茶坊又称茶馆、茶社、茶铺、茶室、茶寮、茶座、茶店、茶肆、茶楼或茶亭,是人们饮茶、小食、休闲、娱乐、交易、问讯、议事的场所,多由小私营主经营,遍及东西南北,以北京、上海、扬州、成都、广州等地最为兴盛。

据史籍记载,南北朝时期已有供客人吃喝住

宿的食寮，入唐逐渐普遍。《封氏闻见记》说："自邹、齐、沧、棣，渐至京邑城市，多开店铺，煎茶卖之，不问道俗，投钱取饮。其茶自江淮而来，舟车相继，所在山积，色额甚多。"及宋，茶坊业兴盛。《梦粱录》载："汴京熟食店，张挂名画，所以勾引观者，留连食客。今杭城茶肆亦如之，插四时花，挂名人画，装点门面。四时卖奇茶异汤。"当时的茶坊可分3类：一为文士官吏聚会的"车儿茶肆"，二为交易买卖的"市头"，三为妓院性质的"花茶坊"。元明之时，茶坊精巧。《陶庵梦忆》云："崇祯癸酉，有好事者开茶馆。泉实玉带，茶实兰雪；汤以旋煮，无老汤；器以时涤，无秽器。其火候、汤候，亦时有天合之者。"清季，茶坊的经营特色大体上是4种不同的风格。(1)北方茶坊以北京为代表，包括茶饭兼营的"天字号"(如天福、天禄、天泰、天德)；可以进行手谈(下棋)、笔谈(猜谜)、说书、唱曲的市民茶馆；设于郊外、路边、树下、亭中的"野茶馆"等。大多是方桌长凳，简朴无华，坐客常系公干完毕的旗员和无所事事、提笼玩鸟、捧角狎妓的贵家子弟。老舍先生的名作《茶馆》，对此亦有反映。(2)东方茶坊以上海、杭州、南京、扬州为代表，多设在风景区和闹市中。当时的南京，"茶社有一千余处"；杭州是"卖酒的青帘高扬，卖茶的红炭满炉，仕女游人，络绎不绝"。这一带的茶坊和茶具都较讲究，茶叶亦分多品，其中既有生意人、青红帮、"拆白党"(行骗者)，也有文士与市民，喝茶时有精美的点心佐饮，文化气质较浓。现今扬州的百年老店"富春茶社"，就是因茶而彰的。(3)西方茶坊以成都为代表，清一色的竹靠椅、小木桌、盖碗茶，以茉莉花茶为主，上茶续水有一整套绝活(如"雪花盖顶"、"海底捞月"、"二龙戏珠"、"韩信点兵"之类)。其茶客除了江湖上的袍哥，主要是城镇平民，他们三五相聚"摆龙门阵"(谈天)，有一股宁静的市井生活色彩。李劼人先生的《死水微澜》，对清末民初的四川茶坊多有生动的描绘。(4)南方茶坊以广州为代表，多为市民吃早点和吃夜餐的处所，不少生意人也经常光顾。它主要供应粤式红茶和粤式点心，也出售不少花色大菜，酒楼的成分比较重。如光绪六年(1880年)开业的"陶陶居"，原系清朝官员的别墅——霜华书院，清雅而秀美。它早期便是以经营茶点为主，尤以山水名茶著称；饭市则推出"中式全餐"和"随意小酌"。直至现今，它的早茶、晚茶和月饼，在羊城仍是独领风骚。

现在保留的传统茶坊主要见于四川、广东和浙江等地，其经营方式大体上同于清末民初。北京近年创设的"老舍茶馆"，仿古上也有许多高招，在文化人中颇有好评。

中式现代茶楼

中式现代茶楼是本世纪80～90年代出现的新式茶坊，有人将其称为"中式咖啡厅"。它较为特异，可以说是古今中外茶文化"融合"的产物。其特色是：

1. 外部装修多为民族风格，内部装修带有一些咖啡厅的情韵，中西合璧。

2. 设施、茶具、茶叶、服务都是一流的，价格不菲，有一股"贵族气息"。

3. 打着"弘扬中华茶文化"的旗号促销，满足部分人的"文化饥渴心态"。

4. 主要供富商、明星洽谈事务，偶尔也有文化人、公务员光临，是一种新的社交场所。

5. 文化格调较高，环境整洁清新，社会污染较少。

西餐厅

西餐厅是经营西式菜点、酒水和筵宴的餐饮企业，主要集中在我国的滨海城市、特大都会或经济特区、游览胜地。

从规模大小、供应对象和经营品种区分，它有大型西餐厅、夜总会、中型西餐馆、牛扒房、咖啡厅、酒吧、快餐厅、自助餐厅、沙龙餐厅、歌舞餐厅、卡拉OK厅、西式茶室等多种类型。

从风味特色区分，主要有西欧和东欧两大流派，西欧以法式大菜为主，还有英式、德式、意大利式；东欧以俄国的罗宋菜为主，还有捷克式、波兰式、南斯拉夫式。此外，美洲的美国菜、加拿大菜、墨西哥菜、巴西菜、阿根廷菜和智利菜；大洋洲的澳大利亚菜和新西兰菜；亚洲的日本菜、南韩菜、印度菜、泰国菜、土耳其菜和伊朗菜；非洲的埃及菜和南非菜，人们也习惯上将其归入西餐的范畴。

从经营者区分，也有3种不同的情况：一是纯粹由外国人经营的，如北京的马克西姆餐厅和莫斯科餐厅；二是中外合资经营的，如哈尔滨、上海、广州、香港的一部分西菜馆；三是由中方独资经营的，主要见于天津、南京、武汉、重庆等地。

西餐厅大多带有浓郁的欧陆风情，摆西式台面，用西式餐具，上西式菜点与酒水，用西式礼仪。它大约出现在鸦片战争前后，由沿海向内地推移。目前发展较快，约占全国餐厅总数的5%，受到文化界、知识界和白领阶层的欢迎。

快餐厅

快餐厅是销售欧美方便食品的餐饮企业，目前在我国已有千余家，以肯德鸡、麦当劳、碧莎饼、加州牛肉面、麦香居等为代表，几乎遍布各省会和大中城市，营业额和利润率都相当可观。

快餐厅大都具有科学配方、机械生产、连锁经营的3大基本特征；其主要服务对象是青少年和儿童。为了促销，它们大多用“玩乐”刺激“吃喝”，实行“有奖消费”，因此较为火爆。特别是节假日期间，门庭若市，成为中国餐饮业中一大新的景观。

此外，在店堂装饰和餐台布局上，快餐厅比较新颖；而且销售快捷、服务良好、清洁卫生，这都是很可取的。

自助餐厅

自助餐厅是一种客人自我服务的新型餐厅，它得名于欧美的自助餐宴会。这种餐厅一般不供应晚餐，只供应早、午两次的正餐。它的特点主要有4个：

1. 食品款式多，事先准备好，按照冷菜、热菜、瓜果、点心、冷饮、酒水6个大类，分别整齐摆放在长台上，由客人自取，没有服务员传递和分菜的环节。

2. 按人计价，可以先付款后进餐，也可以先进餐后付款，吃饱为止，但不准将食品带走。

3. 有的配有餐桌餐椅，有的不配，站立进食，因此容纳的客人多，进食的速度快。

4. 方便，迅捷，安全，卫生，物美价廉，适应广大工薪族的消费水平。

酒吧

酒吧是以销售各种酒类和软饮料为主、兼营部分佐酒食品（如冷菜、点心、小吃、果品）的小型西餐散座餐厅，它可以供客人洽谈商务、聊天休息和消遣娱乐。

酒吧包括大堂吧、街头吧、亭子吧、林荫吧、泳池吧、服务吧、迪斯科吧、宴会吧、空中吧、地窖吧种种；要求装修别致，设施一流，酒水供应充分，服务方式灵活，做好开瓶服务，配酒技术熟练，操作规范，讲究气氛，给客人以轻松、愉悦感。

酒吧的服务方式有3种类型：(1)内部供应酒吧。服务员送酒上桌，开票结账。(2)外部供应酒吧。客人直接坐在吧台前的高椅上，服务员面对面地调酒斟酒，饮完结账。(3)综合供应酒吧。设在咖啡厅、卡拉OK厅、音乐茶座或舞厅内，由服务员临桌服务，费用单独结算。

酒吧的服务人员，西方习称“吧女”或“吧仔”，我国称为“酒吧小姐”或“酒吧先生”。

下面介绍一些不同风格的酒吧：

1. 站立式酒吧。即供应酒品饮料的服务台，台前有可以转动的酒吧椅和蘑菇状的酒吧凳，吧台的酒橱中陈列各式洋酒，客人或坐或立，饮上一杯啤酒（或葡萄酒、鸡尾酒）便惬意地付款离开，轻松而又便当。

2. 前厅酒吧。吧台的面积约为1.8～2平方米，呈直线、L形、U形或环形；四周设置吧座，有车厢式、小方桌和小圆桌、组合式沙发等形式。灯光柔和，色调幽暗，伴有轻音乐，点缀花卉，可供客人长时间啜酒谈心。

3. 泳池吧。设在酒店内的游泳池旁，主要为游泳的客人供应饮品和小食。这类酒吧的装饰性很强，有的像鲸鱼，有的像海豚，有的像帆船，有的像冲浪板。它们与池水、蓝天相辉映，富有自然的情韵。

4. 迪斯科吧。通常设在宾馆的顶层花园内，故又叫空中吧。它的色彩明快，光照强烈，大理石、金属管和各类玻璃造型展示给人一种现代气派。这种酒吧主要接待青年人，自唱自饮自跳自乐，气氛欢快活泼。

5. 窖吧。大多设在宾馆底层的地下室内，仿西欧中世纪的酒窖设计，吧台和桌椅均用深色木条镶嵌，照明采用烛光或古老的灯具。其突出特点是安静典雅，比较适合怀旧念古的中老年顾客。

6. 客房吧。一般设在客房饮食部内，由房客电话预约，服务员将酒水送至房间，24小时全天候服务。还有些高级客房中，直接配有装置各种饮品的小冷柜，客人随意取用，离店时一并结账。

7.街头吧。设在大街两侧,好似精巧的电话亭或书报亭,造型千奇百怪,艳丽夺目。行人路过时可以顺便沽饮。

8.鸡尾酒吧。大都设在西餐厅或牛扒房,以供应各式鸡尾酒为主,客人在用餐前或用餐时饮用;或在客人暂时没有餐位时,作为临时小憩的场所。

咖啡厅

咖啡厅是西餐中一种方便、低廉的零点餐厅,又称咖啡室、咖啡间、咖啡廊。它一般都设在宾馆、饭店一楼与大厅的相连结处,可供客人作早餐间使用。此外,来访的客人大多也是在此与被访者见面,其服务时间常从早晨6时到深夜1时,有时甚至通宵。

早期的咖啡厅以供应咖啡为主,类似茶馆,后来发展成以供应小食品为主。它多采用比较简便的"美式服务",餐桌上不铺台布,仅用纸垫;餐具也大多低廉;食品款式较多,以中低档为主;客人即来即食,供应快捷。为了满足高消费者的要求,有些咖啡厅还供应"特餐",每天更换品种和口味。

在西餐厅中,咖啡厅的特色较为突出:

1.装饰简洁、明快、开朗,给人以轻松、自由的感觉。如墙面多为森林、海洋、天空、原野等大自然壁画,上面用波浪式吊顶,餐桌较小,以方为主,地毯色调偏深。

2.菜牌设计美观,多为立体造型的纸卡,取用方便。服务员只起导引作用,客人自由选座,点菜快,送菜也快,中途不须更换餐具,结账也由服务员代办。

3.经济、实惠,价钱比其它西餐厅便宜。但由于成本低、客人多、营业时间长,所以又是饭店、宾馆中一个利润高的部门,几乎是每家必设,只要设了就有客人,而且很少亏本。

沙龙餐厅

"沙龙"一词源于法语,原意指会客室或客厅,后来引申为17~18世纪西欧贵族社会谈论文学、艺术、政治、社会问题的家庭社交集会。沙龙餐厅借用这一名词,将其改造成为夜总会或俱乐部性质的聚宴场所。

从功能看,沙龙餐厅有两种类型:

一种是某一系统某一行业某一财团某一公司的定期聚餐,旨在交流信息,分析市场形势,商议经营大计,带有一定的隐秘性,如"星期聚餐会"之类。它往往设在私人别墅或公馆内,有时也长期包租一家餐厅,只接待有关的人员,不对外营业,如解放前上海工商界巨子专用的"莫有财厨房"。

另一种是某一组织某一团体某一协会某一民间机构的不定期聚餐,举办时装表演、诗歌朗诵、歌咏比赛、信息发布、慈善义演、欢迎名流等活动,全部向外公开。它往往选用一家设施较好、文化氛围较浓的西餐厅作为固定会址,并用"沙龙"二字命名。如北京的"文化沙龙"、深圳的"期货沙龙"。

沙龙餐厅的食肴大多精细,宴会档次也偏高,并突出某种风味,如法式大菜、日本料理。它对环境、设施、器具和厨师、餐饮服务人员的要求都比较严格,常有一批固定的客源。

歌舞餐厅

包括音乐茶座、卡拉OK厅、KTV包房、舞厅等等,是以欣赏乐曲和歌手演唱以及跳舞为主,品尝果点饮料为辅,为宾客提供艺术享受、自我娱乐和公关社交场所的一种西餐营业方式,现已遍及大江南北。

歌舞餐厅通常要具备4个条件:(1)较为宽敞的活动空间,精美的装潢,一流的灯光及音响,舒适的软座及空调等。(2)素质较好的音乐艺术人才,如歌手、乐手、舞女之类。(3)高级调酒师、点心师、瓜果切雕师和技艺娴熟的服务人员。(4)设置在闹市、风景区、水陆交通枢纽或大型宾馆、饭店之内。作为食品,主要要求品种齐全、制作精细、式样小巧和具有特殊风味、中档偏上。

卡拉OK餐厅

歌舞餐厅之一。"卡拉OK"的意思是指"只有伴奏没有歌声的录音",起源于70年代的日本。它的最大优点是有一个庞大的乐队随时为你伴奏,使你能够大展歌喉、显示自我。这既是一种欢快、健康的娱乐形式,又是一种自我推销的社交形式,很快受到普遍的欢迎,并被酒楼餐厅广泛采用。

卡拉OK厅的设置,一般有5种形式:一是

与酒吧结合，在吧台前上方设电视机，客人坐在吧椅上边饮边唱，仅收很低的点歌费和酒水费；二是与餐厅结合，在餐桌四周上方设置大屏幕电视机，由总台操纵影碟机，供客人点唱，为了招徕进餐者，点歌大都免费；三是与舞厅结合，一人主唱，其它人伴随乐曲起舞，它一般是出售门票，点歌者另外收费；四是与包厢结合，即 KTV 包房，条件舒适，供应茶水，客人可以不受任何干扰，纵情娱乐，它多按钟点计费；五是与多功能厅演出相结合，场面大，人数多，节目丰富多彩，点歌者可以充分展示艺术才华，它一般是只购门票。

卡拉 OK 厅有视（电视屏幕）、听（音响效果）、嗅（清新空气）、乐（自唱共乐）、食（饮料果点）5 大要素，必须有机配合；特别是环境应当高雅，色彩应当柔和，装饰应当富丽堂皇，有较高的艺术氛围。

卡拉 OK 厅的服务主要是迎宾、导引、安位、上巾、点单、送食、点歌、伴唱、献花、鼓掌、结算、送别等程序，要求服务员灵活、主动，彬彬有礼。

夜总会

夜总会又称 Supperclub，是一种饮宴与歌舞相结合的高档西餐厅，往往设在星级饭店、高级宾馆的顶层。其主要特点是：肴馔精致，餐厅内必定设有舞池，并有乐队伴奏。客人可以边饮宴、边听音乐、边跳舞，纵情享乐。

夜总会多为包厢，营业时间一般是下午 6 时半至凌晨 2 时；也有些地方加开午间服务，由上午 11 时至下午 3 时，为客人提供精美的自助餐。

夜总会很注意突出欧陆风情，装饰多为中世纪的法、英、意、德建筑风格，音乐也是和谐、浪漫的欧洲古典名曲。再加上正宗的高档西菜，典雅周全的礼貌服务，因此消费水平甚高，一般人不敢问津。

牛扒房

又叫扒房，是酒店、宾馆、饭店中最为正规的高级西餐厅，因经营牛扒类菜式而得名。它的位置、设计、设备、装潢、色彩、灯光、食品、服务，都特别讲究，是西餐厅水平的标杆。

牛扒房供应的品种多为牛扒、羊扒、猪扒等烧烤类西餐大菜或高级西餐宴会；一般使用名贵的法式餐具和典范的“法式服务”；菜点制作也是直观性的，利用精湛的技术表演增加客人的食欲；其服务时间只限午餐与晚餐，并需预约登记房间。

光顾牛扒房的多为企业家、金融家或政界显要、文艺明星，一次的消费额常是数千元乃至上万元。

西式茶室

西式茶室又称茶座，是一种比较高雅的西餐厅，通常设在正门大堂附近，供客人约会、休息和进行社交活动。

西式茶室主要供应英国红茶、印度大吉岭茶和斯里兰卡高山茶，辅以各式小点心；有时也供应一些咖啡厅的食品，但不提供中式餐饮。其营业时间比咖啡厅略短。

西式茶室亦可代替普通西餐厅使用，早市提供高级的西式自助餐，中午和晚上接待吃西餐的零客。

西式茶室通常安排钢琴和小乐队，为客人伴奏，从而展示酒店的格调和水准。

餐厅风格

餐厅风格是指餐厅建筑样式和装饰风情中所体现出来的思想特征和艺术韵味。

中国餐厅的风格以中华民族历史文化为基调，同时也吸收了其它国家实用建筑艺术中的精华和现代先进的科学技术，显得博大精深。既有古色古香的宫殿式餐厅、园林式餐厅、山泉式餐厅、楼阁式餐厅、回廊式餐厅、轩斋式餐厅、厅堂式餐厅、庙观式餐厅、榭舫式餐厅、漂游式餐厅、庭院式餐厅、乡村式餐厅、民族式餐厅和原野式餐厅；又有异域情调的伞亭式餐厅、童话式餐厅、烧烤式餐厅、日本式餐厅、清真式餐厅、现代式餐厅、综合式餐厅，兼容并蓄，美不胜收。

餐厅风格是文化风格的体现。它展示出当代中国的社会风貌和精神风貌，反映出中国烹饪的崭新成就，透射出中国人民的审美格调、气派与作风。研究餐厅风格，对于餐饮服务业的建设很有帮助。

首先，餐厅风格是与餐饮业的经营方向相一致的。换言之，经营什么样的食馔，就必须有相应的餐厅作为“外部包装”。经营仿膳菜就须建筑宫殿式餐厅，经营素菜就须建筑庙观式餐厅，经营清真菜就须建筑伊斯兰式餐厅，经营烧烤菜就须建筑烧烤式餐厅。只有内容与形式统一，才能取得较好的审美效果。因此，选用什么样的建筑样式和装饰风情，不能随心所欲、盲目地追赶潮流。

其次，餐厅风格是与餐饮业的服务规范相一致的。这是讲，餐厅风格和经营方向制约着服务方式。宫殿式餐厅中服务人员就应着古装，按“宫中规矩”服务；日本式餐厅中服务人员就应穿和服，按大和民族的礼仪迎待客人；童话式餐厅中服务人员也应“童话化”，扮演假设场景中的人物；乡村式餐厅中服务人员应成为“村姑”，用居家方式服务。所以，在确定餐厅风格的同时，也要相应地培训服务人员，使之进入“角色”。

第三，餐厅风格是与餐饮业的服务对象相一致的。也就是说，要因销定产、按需定位，有什么样的客源就建造什么式样的餐厅。你那个地方外宾多，归侨多，富商多，高消费层多，当然可以大兴土木建造豪华的园林式餐厅或现代式餐厅；你那个地方比较闭塞、落后，甚至还未脱贫，那就不可贪大求洋、东施效颦。同样的道理，没有或很少有穆斯林的地方，不可贸然建造清真式餐厅；一个巴掌大的集镇，也不应建造与之不相应的综合式餐厅。因为举凡开办餐饮业都要进行市场调查，没有客源等于是无米之炊。

最后，餐厅风格是与餐饮业的管理水平相一致的，必须要有人才。不少装饰华美的餐厅，常常变得不伦不类，最后乃至停业倒闭，很重要的一个原因就是管理水平差。日本式餐厅的经理不会日语，不懂日本的风土人情；庙观式餐厅的经理不了解佛教和道教，不清楚出家人的戒律，是很难办出特色来的。

总之，餐厅风格的背后需要很多硬件、软件去支撑。它是一个“综合工程”。

宫殿式餐厅

宫殿式餐厅有中国式、欧美式多种，基本上都是仿古建筑，或利用古代宫殿遗址进行维修、复原。

在中国式的宫殿餐厅中，多是以清宫的建筑风格为主旋律，朱墙碧瓦，雕梁画栋，宫灯高悬，龙凤飞腾，有一股超凡脱俗的气质，像北京市北海公园内的仿膳饭庄和颐和园中的听鹂馆餐厅，就是这一格局。

在欧美式的宫殿餐厅中，多是以法国王宫装潢为摹本，大量选用中世纪的绘画、雕塑、家具和纹饰，色调明快，富于浪漫色彩，杭州楼外楼餐厅和山外山餐厅的雅厅即是如此。

宫殿式餐厅之美主要表现在庄严雄伟、富丽堂皇上，可以提高酒楼的档次。

园林式餐厅

园林式餐厅大多在风景区内“借景”而建，也有在长街闹市大兴土木“再现园林”的。其特点是餐厅内外山石杂陈，悬泉飞瀑，亭台楼阁和榭坊轩斋掩映在森茂的花草树木之中，可以边饮宴边观景，陶然自乐。如广州的泮溪酒家、武汉东湖的听涛餐厅、北京大观园中的荣宁堂餐厅、桂林的八桂饭店，基本上都是属于这一种类型。

园林式餐厅是自然美的提炼和升华，也是“人化”了的大自然。它充满生机，有着诗的情韵、画的意境和乐的旋律。在这类餐厅聚餐，一则清静、少干扰，二则有清风明月、奇石异水相伴，可以使人平添几分返归自然的真趣。

山泉式餐厅

山泉式餐厅是利用叠石堆山、理水造瀑技巧而建造的野趣餐厅。它是在一块比较小的境地里布置出千山万壑和流泉飞瀑，追求山水画中那种“竖画三寸当千仞之高，横墨数尺体百里之回”的意趣，突现冷洁、超脱、秀逸、空灵的主题风格。像广州白天鹅酒家大堂、武汉祁万顺酒楼主厅，均有这种情味。

在山泉式餐厅中，或适当点缀亭台楼阁、花草树木，或穿插太阳伞、折叠椅与小石桌，餐台三五错落、高低有致地杂置其间，极易造成一种吟风弄月、野径寻芳的意境，有助于饮酒赋诗和净化心灵。

山泉式餐厅由于是“人工置景”，因此耗费巨大，装修不易。

楼阁式餐厅

楼与阁都是重层相叠的民族式建筑物，是园林中的主要景观。楼较大，大多建在园林的边侧或后部，既保证中部园林空间的完整，又便于俯览全园的景色。阁稍小，平面多系方形或正多边形，立面以槅扇取代墙壁，四面开窗，平座斗拱出挑，上部常为重檐，造型高耸凌空，常处于建筑群的中轴线上，气势磅礴。

利用楼阁建造餐厅，多见于苏杭一带。像留园、拙政园、沧浪亭等名园中，就有不少这样的餐厅。宾客凭栏远眺，“悠悠烟水，澹澹云山，泛泛渔舟，闲闲鸥鸟”，能构成“漏层险而藏阁，迎先月以登台”的意境，有着“重楼起雾、飞馆生风”的气势，增添筵宴的情致，引发豪饮的逸兴。

回廊式餐厅

廊是指上有覆盖，两侧饰以护栏或花窗，比较宽敞的园林中的通道，用以连接各个建筑物，有避雨遮风、浏览风景、点缀空间的作用。因建筑格局的不同，廊又有长廊、半廊、回廊、圆廊、空廊、复廊(即里外双廊)、山廊、水廊、楼廊、桥廊、暖廊(全封闭)、林廊、碑廊、花廊、波形廊、垂虹廊之分，百态千姿，各具妍色。

许多园林式酒家都在廊中巧布餐桌，倚石借景，三五错落，构建成别有风韵的回廊餐厅，如南宁、无锡、扬州、承德等地便是如此。这类餐厅视野开阔，空气清新，有花香鸟语相伴，如同仙境。宾客们常常是飞觞醉月，乐不思归。

轩斋式餐厅

轩与斋都是园林建筑中闹中取静的处所。其中，轩指地处高旷、环境清幽的住室，其建造高敞飘逸，轻灵机巧；斋指绿荫掩映、幽深安谧的学舍，其建造清雅绝俗，古朴无华。我国著名的园林中都有这样的建筑，如保定莲池园的寒绿轩，苏州留园的揖峰轩，北京香山公园的见心斋，承德避暑山庄的松鹤斋等。它们都有清心养性、修身明志的作用，历来为读书人所景慕。

现今有些大型的园林式酒楼在规划设计时也有意构筑几处轩斋式的雅厅，供文化人聚饮。这类餐厅在装修时很注重“书卷气”和“翰墨香”，遍置文房四宝和琴棋书画，点缀奇石异草和钟鼎金鱼，文化内涵较高。

厅堂式餐厅

厅堂式餐厅是当今中餐厅中比较常见的一种建筑格局。其特点是间架多，较高且深，其规模和装修较一般房屋复杂华丽；一般面阔三五开间乃至七八开间，正中明间较大，次间较小。按建筑形式分，有四面厅、鸳鸯厅、船厅之类；按使用性质分，有大厅、雅厅、套厅等。

厅堂式餐厅大多安排在便于四面观景而又能总揽全局的位置，或是布置在与其它建筑物通联便利的部位，以形成轴心。这类餐厅有的是一层平面布局，有的是2～4层立体布局，比较壮观，有一种稳重协调的对称美。开封、天津、长沙、昆明等地的一些仿古式酒楼，大多具有这种特色的餐厅。

庙观式餐厅

庙观式餐厅是仿照佛寺、道观建筑风格而修造的餐厅，它主要供应佛、道斋菜，接待善男信女和海外游客。

庙观寺餐厅有的是在佛寺、道观中腾出几间殿堂开办，有的是在佛寺、道观外面建造，一般都系砖木结构，以青、黄为主色调。内里大都不配现代化的器物(如沙发、音响)，不聘用女性服务人员，保持庙观“清修”的本色。

我国著名的庙观式餐厅较多，如北京广济寺、苏州灵岩寺、兴化上方寺、南京鸡鸣寺、杭州灵隐寺、武昌宝通寺、镇江焦山寺、厦门南普陀寺、安庆迎江寺、新都宝光寺、重庆罗汉寺、泰山斗姆宫、南阳玄妙观、湖北武当山紫霄宫、沈阳太清宫等地，均有素净的斋堂。

榭舫式餐厅

榭与舫都是临水的建筑物。其中，榭是水边的敞屋，通常是在水边坐一平台，一半伸入水中，一半架立于岸边，上建长方形围栏或鹅颈靠椅，立面空透畅达，屋顶则为卷棚歇山式样。舫是水边或水中的船形石屋，但不能移动，所以又称“不系舟”。它包括前、中、后3舱，前舱类似亭榭，中舱好像回廊，后舱如同楼阁。既可临水观鱼，又可登高远眺，别有兴味。北京昆明湖中的清宴舫、广州荔湾公园中的荔湾舫、杭州白堤的平湖秋月水榭、潍坊十笏园里的四照亭水榭，均系如此。

榭舫辟为水上餐厅后，一举多得。它可以将良辰美景与珍馐佳肴巧妙地构合，体现出“烟波钓徒”般的诗情画意。

漂游式餐厅

漂游式餐厅即水上餐船，吴王阖闾时代即已

有之。后蜀主孟昶之妃花蕊夫人写过“厨船进食簇时新”的宫词,唐代大诗人白居易操办过“悬酒炙于水中,随船而行”的船宴。到了宋代,西湖游船长达20丈,可容百余人歌舞宴聚。降及明清,杭州西湖、无锡太湖、扬州瘦西湖、南京秦淮河、苏州野芳浜等水上景区,都有专供船菜、船点的餐船,供游客玩乐。

现今的漂游式餐厅大多建成龙舟模样,前舱观景,中舱开宴,后舱备炊。可以按客人的需要在水上开行数小时,游览许多景点。如遇节假日,还可以夜游通宵。届时,湖光山色与火树银花辉映,疏星朗月与乐曲舞姿伴随,如临仙境。

庭院式餐厅

庭院式餐厅一般是仿照传统民居的格局建筑,素雅质朴,生活气息浓厚。如山东曲阜的孔府餐厅、东北各地的临街小酒店、安徽屯溪的淮南民居酒家、北京的大杂院饭馆之类。

它们一般不尚奢华,注意展示当地的房屋构造特点,略加改造或修饰,以朴实的乡风民俗吸引顾客,在平凡之中表现新异。

这类餐厅人们易于亲近。一方面进去后举止自然,好像探亲访友一般,能很快缩短宾客与餐厅之间的距离,吃得安稳,坐得舒心,玩得高兴;另一方面它容易获取顾客的信任,没有“店大压客”的自卑感,也不担心餐厅从顾客身上回收巨额装修投资的成本,不会挨上“温柔的一刀”。

乡村式餐厅

乡村式餐厅大多开设在集镇、湖区或山乡、林原,多为砖房茅屋、竹寮木棚,设备较为简陋,门脸一般不大,只有4～6个餐台,最多只能容纳数十人。还有些餐厅保留着“白板凳铺宾客坐、须篱笆用棘荆编”的古风,甚至鸡鸣狗吠、牛嘶马叫,带有几分农家生活的情趣。它易于满足人们思念家乡的“复归心理”,以纯朴粗犷取胜。像江西井冈山区的路旁小店、湖南洞庭湖边的渔家小店,都有这些特色。

现今有些都会中的豪华饭店,也有意腾出几间餐室“改造”成为乡村式餐厅。由于人工雕琢的痕迹太重,总有些不伦不类之感。与此同时,其费用同样高昂,许多客人大叫“不值”,回头客甚少。

民族式餐厅

民族式餐厅类型较多,如蒙古族帐篷餐厅、鄂温克族马架子餐厅、锡伯族土坯房餐厅、撒拉族庄窠餐厅、羌族碉楼餐厅、布依族石屋餐厅、纳西族木楞房餐厅、彝族叉叉房餐厅、侗族风雨楼餐厅、珞巴族草棚餐厅、傣族竹楼餐厅、壮族干栏餐厅、土家族吊脚楼餐厅、高山族田寮餐厅、陕北汉人的窑洞餐厅等。

随着民俗旅游的开展,这类餐厅当今甚为吃香。其最大特点是民族风情浓郁,装饰手法特异,打破了一般餐厅的美化格局,个性鲜明。民族式餐厅之美还在于特有的景致及器物,与“独此一家”的食馔、食俗、服务方式相结合,这对于搜奇猎异的宾客无疑具有很大的魅力。现今这类餐厅不少已被“搬进”城市,相当醒目。

原野式餐厅

原野式餐厅有两种形式。一种是利用天然的草地、空旷的水滨或岸边的柳林建造的小木屋餐厅或小竹棚餐厅,它们往往是一排数间,有序地隔开,分别拥有一片绿荫或水面,环境清幽而又互不干扰,很适宜休憩小酌。它们大都见于近年来新开辟的森林公园或城市郊区的游览点中,很受都市人的欢迎。

另一种是利用城区中宽达16米以上的游憩林荫带,在其间散置各类茶室或小餐厅。这些餐厅的造型多取法于自然,有的是蘑菇状,有的是卧牛状,有的是和平鸽、大白象、水磨房、大风车,都较别致。哈尔滨市松花江畔的斯大林公园,上海外滩的黄浦公园,一度曾有这样的餐厅。

伞亭式餐厅

伞亭式餐厅是一种早装晚收的活动餐厅,大多见于都会中宽敞的人行道或林荫带内侧,以紧邻的宾馆、饭店为依托。它常是支起一个高约3米、直径也近3米的五色遮阳伞,下置一个75厘米×75厘米的折叠餐桌和4把纳凉椅,远远望去,如同一座供人歇息的小亭。若干个“伞亭”组合起来,便构成露天餐厅。这种餐厅主要供应冷饮、茶点和小吃,一般是开夜市,有的也开早市或午市,乃至从早上7时到深夜2时不间断地营业。其食肴由宾馆、饭店预先备好,届时用流动小车送出。北京市东长安街北京饭店门前的林荫带上，就有过这种伞亭式餐厅。它既方便了行人，又点缀了街景、美化了市容，显示出现代大都会的风采。

童话式餐厅

童话式餐厅大都设在各种游乐园中，其特点是餐厅建筑和装潢取材于古今中外著名的童话故事中的人物或“卡通漫画”中的主角，如孙悟空、猪八戒、哪吒、阿凡提、阿诗玛、刘三姐、七仙女、铁拐李、唐老鸭、米老鼠、一休、圣诞老人、美人鱼、白雪公主、小矮人、铁臂阿童木之类，充满神秘、浪漫、新奇、怪异的色彩，很受儿童欢迎。

童话式餐厅供应的食品多为中西快餐或各式冷饮、小吃，偶而也有烧烤，每个餐厅经营的品种不多，往往采用自助餐或快餐的形式，服务便捷。为了适应儿童的心理，餐台、桌椅和餐具也都极富童趣，有时还举行“有奖销售”，强调寓乐于食。

烧烤式餐厅

烧烤式餐厅是一种式样全新的餐厅，其外观大多别致，或仿南韩、日本的民居，或仿西班牙、意大利的洋房，或仿印第安人、黑人的土屋，在视觉上给人强烈的冲击感，有很大的诱惑力。

其内部装修亦是五花八门。目前比较流行的是一种“凹式餐台”。即整个餐室用木板垫高40厘米左右，中部凹进一块200厘米×200厘米的空地，空地中放一张高约80厘米、长宽均为120厘米的方桌，方桌中部镂空设置烤炉或烤盘。客人进屋脱鞋，围坐在放有软垫的坑沿四周(每桌可容8人)，脚放在坑底，甚为舒适。餐室四周饰以兽皮、牛头、鱼网、弓箭，有几分野趣，然后自己动手烤食各类美味。

日本式餐厅

日本式餐厅又名东洋料理店，专门出售日本菜品。它的建筑样式比较特异。

日式餐厅多系平房，外有庄院、围墙或水车，内部全用木结构装修。门窗和板壁都是原茬的，不上油漆，以便吸潮和散潮，调节室内空气湿度。厅内屋脊很高，空间很大，常悬挂纸制灯笼和日式风铃或吉祥偶。入口处迎面饰以“少字书法”，侧边竹篱内，卵石铺地，斜卧一截发出新芽的枯树干。厅内除散座外，并辟有数间铺有“蹋蹋咪”席地而坐的雅厅，还有专售“寿司”的柜台。其餐桌多为方形或长方形，既矮且小，仅可供4～6人就餐。餐具多为深色陶器，口径小，筒径深。日本侍女膝行、跪式服务，面朝客人进、退。

清真式餐厅

清真式餐厅又叫阿拉伯式厨房，主要见于东南亚、西亚、北非的穆斯林国家中；我国的银川、乌鲁木齐、北京、天津、沈阳、西安等地亦有开设。其主要特色是：

1.建筑系阿拉伯式风格，空间高耸，顶部中央天窗用彩色玻璃装饰吉祥图案，形成视觉中心，餐室基调为白、绿两色，新月的宗教徽记突出，陈设器物简洁明快，没有人物头像。

2.只供应清真食品，“戒血生，忌外荤”。门前有阿拉伯文书写，并经阿訇认同的“清真”标识木牌。严格遵循伊斯兰教食规。

3.清洁卫生，一尘不染。不用左手接触食品，饭前净手3次；餐具和台布多为白、绿色，只以花卉作图案；用餐宁静，服务虔诚。

现代式餐厅

现代式餐厅以几何形体和直线条为倾向性特征，突出抽象性艺术雕塑，大胆采用玻璃幕墙、铝合金门窗、大理石墙饰、新型涂料等现代化器材，厅堂高大雄伟，流动着时代的韵律。上海的西郊饭店、南京的金陵饭店、成都的锦江宾馆，西安的秦都宾馆，都是这样的风格。

现代式餐厅洋气、时髦、华丽、壮美、方便、舒适，比较符合现代人的审美心理。这种餐厅的建筑和装饰目前愈来愈讲究，基建投入常是数千万乃至上亿。而且互相攀比，已经供大于求，应当加以控制。

综合式餐厅

综合式餐厅是兼取上述各类餐厅之长而建造的新式餐厅。其特点是古今辉映，土洋并存，充分利用地理环境和建筑空间，尽可能地满足不同人群的审美需求，将几种风格不同的餐厅优点相结合，一室一景，一景一韵。如北京的香山饭店和广州的白天鹅宾馆，便是这类餐厅中的翘楚。由于它们广集了人类创造的文明成果，因而得到中外建筑师和美学家的好评。

综合式餐厅也是多功能的。它可以供应中餐、西餐、清真餐和素餐;可以供应大菜、小吃、快餐和冷饮;可以接待会议、旅游团队和散客;可以举办宴会、茶会和歌舞晚会;还可以举办画展、书展、贸易洽谈会等等。灵活性大,效益可观。

饭店

饭店又称宾馆、酒店,由古时的"旅舍"(供流动人员住宿的场所)、"驿站"(供传递公文的信差和来往官员歇宿及换马的场所)、"邸店"(供客商堆货、寓居及交易的场所)、"客馆"(古代接待国宾、外使的场所)等演变而来。它是向宾客同时提供饮食、住宿以及相应的服务项目(如娱乐、交通、导游、医疗、购物、通讯、健身、咨询)的综合服务体,还可以召开会议、举办展览、进行商贸洽谈、开展社交公关,是餐饮业和旅游业的重要组成部分,国家经济收入的来源之一。

我国饭店甚多,根据其地点、设备、功能与经营方式,可从不同的角度予以分类:

按生产资料所有制划分,有国有饭店、合资饭店、外资饭店、集体所有制饭店、私营饭店和饭店联合体(饭店集团);

按规模划分,有小型饭店(客房数在300间以下)、中型饭店(客房数在300~600间之间)、大型饭店(客房数在600间以上);

按用途划分,有旅游饭店、商务饭店、度假饭店、住宅式饭店、政府宾馆、各级政府驻外办事处、会议饭店、内部招待所、贸易货栈、采购员饭店、同乡会馆、华侨宾馆、外籍专家公寓、留学生宿舍、写字楼、高尔夫球俱乐部、汽车旅馆、机场饭店、观光山庄;

按特色划分,有水上饭店、园林饭店、帐篷饭店、竹楼饭店、古堡饭店、草原饭店、农舍饭店、庙观饭店、宫殿饭店、山泉饭店、榭舫饭店、民族饭店;

按档次划分,有一星级饭店、二星级饭店、三星级饭店、四星级饭店、五星级饭店等。

举凡饭店,都设置餐厅。其规模、设施、饭菜质量和服务水准,往往都高于市场上仅只提供饮食服务的一般餐厅。这是由饭店的档次和客人的消费水平决定的。饭店内的餐厅,在经营管理、菜品制作、接待服务程序方面,大体上与市场上的一般餐厅相同。

星级饭店

星级饭店是根据客房设备、管理水平和服务质量等指标,给大型宾馆、酒店评定的级别。按照国际惯例,多是实行五星制。其中,一星代表经济型;二星是一定程度的舒适型;三星是平均水平的舒适型;四星是高水平的舒适型;五星代表豪华型。

1988年国家旅游局制订和颁布了《中华人民共和国涉外旅游宾馆、饭店星级划分标准》(参见本书附录16),从中国的实际情况出发,参照国外的标准,将饭店的星级按建筑、装潢、设备、设施条件和维修保养情况,管理水平和服务质量的高低,服务项目的多少,进行全面考核,综合平衡确定。据此标准,1991年我国共评出五星级饭店16个,四星级饭店38个,三星级饭店191个,二星级饭店313个,一星级饭店122个,共计680个,获取了很好的社会效益和经济效益,大大促进了中国旅游事业的发展。

星级饭店实际上就是"名牌饭店",享有较高的知名度。1991年至今,各地都在抓紧星级饭店的建设。新建的特大型饭店(特别是三资企业),大多按照三星、四星甚至五星的标准建造;原有的饭店在改造过程中也努力升级,未上星的争取上星,已上星的争取再跨一级。截止1997年6月,据不完全统计,我国的星级饭店总数已超过2800家。

一星级饭店

一星级饭店是经济型,其主要指标是:

1.饭店建筑物结构良好,内外装修采用普通建筑材料。

2.有一定面积的前厅,设有与饭店规模、星级相适应的总服务台。

3.至少有20间可供出租的客房;标准间装修良好;75%的客房有卫生间;12小时供应冷热水;有冷暖气和通风设备,装有窗帘。

4.有与客房接待能力相适应的餐厅。

5.厨房冷菜间与热菜间分开,备有冷库,排风措施充足;墙面瓷砖高于2米,地面铺防滑砖;厨房与餐厅之间有隔音、隔热、隔气味的弹簧门。

6.公共设施:有回车线和停车场;配电梯;设

中央空调;装公用电话;有公共卫生间;有照明应急措施;设小卖部。

7.服务项目:有行李推车和小件寄存处;总服务台 24 小时值班,可分次结账,能兑换外币;值班经理 16 小时接待客人;可提供英语服务;有各类宣传资料和价目表;客房每天清扫,隔日更换床单,24 小时冷热饮水供应,有住宿规章和饭店服务指南;餐饮质量良好,咖啡厅 12 小时营业,主管和领班能用英语服务;代售邮票,代发信函。

二星级饭店

二星级饭店是一定程度的舒适型,其主要指标是:

1.饭店建筑物结构良好,内外装修用较好的材料,布局基本合理。

2.前厅较大,有饭店气氛,设有比较规范的总服务台。

3.至少有 20 间可供出租的客房;标准间装修良好,有软垫床和配套家具,照明充足;95%的客房有卫生间,16 小时供应冷热水;有冷暖气设备,通风良好;配电视,一半客房安电话;可以隔音和防噪音,装窗帘;配有相应的文具用品。

4.有与客房接待能力相适应的餐厅和咖啡厅(或西餐为主的便餐厅)。

5.可以提供酒吧服务。

6.厨房设施高于一星级饭店的标准。

7.公共设施:在一星级饭店的基础上,增设话务员、理发室等。

8.服务项目:在一星级饭店的基础上,增加:(1)服务员送行李到客房;(2)总服务台有中英文标志,提供留言服务;(3)预订客房、餐饮服务;(4)贵重物品保存;(5)开通长途电话服务;(6)提供一般洗衣服务;(7)提供房间送餐服务;(8)提供西式早餐服务;(9)出售旅游日常用品;(10)代办国内行李托运等。

三星级饭店

三星级饭店是平均水平的舒适型。它要求在二星级饭店的基础上,增加下述主要的服务设施和服务项目:

1.饭店用较高档的材料装修,外观具有一定的特色或地方、民族风格。

2.前厅宽大、美观、别致,总服务台与三星级要求相适应。

3.至少有 50 间可供出租的客房;标准间内有梳妆台、写字台、衣橱、沙发、床头控制柜;铺地毯,采用区域照明;有较大的空间;每间客房都有卫生间,设备齐全,有排风系统,色调柔和,昼夜供应冷热水,安全防滑;可打国际长途电话;有彩电和音响设备;有一定数量的套房。

4.有中餐厅、西餐厅、咖啡厅、宴会厅和多功能大厅。

5.有正式酒吧,配调酒师。

6.厨房墙面满铺瓷砖,设置现代化的炊具,无油污、无灰尘、无垃圾、无杂物。

7.公共设施。增加(1)应急供电专用线和应急照明灯;(2)有残疾人设施;(3)有舞厅、按摩室、小商场、公共休息阅览室、售书柜台、会议场所等。

8.服务项目增加:(1)门卫应接员,16 小时迎客,24 小时搬运行李;(2)总服务台分区设置接待、问讯、预订、结账服务,24 小时候命服务,可接受国际客房预订,设置贵重物品保险箱;(3)值班经理 24 小时服务,大堂经理 18 小时服务;(4)提供寻人服务,出租汽车,为残疾人提供特殊服务;(5)能用 1 种以上的外语服务,接受信用卡;(6)客房每天全面清扫,更换褥具,补充消耗品,开夜床服务;(7)客房设微型酒吧,提供充足饮料和冰块,免费供应茶叶,为来访者提供茶水服务;(8)能用 2 种外语为客人接通国内外电话,提供干洗、湿洗、熨烫和擦鞋服务;(9)18 小时为客房送餐,提供叫醒服务;(10)有 2 个闭路电视频道,备有各类文字宣传品;(11)酒吧营业到零时,咖啡厅 16 小时开放,可提供中餐、西餐、自助早餐、风味餐和宴会服务;(12)餐厅提供 2 种外语服务;(13)提供就医方便;(14)出售工艺品和旅游纪念品;(15)代发电报、电传,冲印胶卷,负责旅客日常用品的修理等。

四星级饭店

四星级饭店是高水平的舒适型。它要求在三星级饭店的基础上,增加下述主要的服务设施和服务项目:

1.建筑华美,布局合理,外观独具风格,有鲜明的地方、民族风格。

2.前厅装修高雅,有四星级饭店的气派和氛围,令人心旷神怡。

3.至少有50间可供出租的客房;标准间装修豪华,电器设备先进,使用高级家具和地毯,面积宽敞;卫生间更为舒适和方便,配电话副机;客人可自行调节室温;有较多的套房和具备特色的豪华套房。

4.餐厅类型更多,设施更为先进。

5.具有装饰高雅、特色鲜明的酒吧。

6.厨房设备更加现代化。

7.公共设施增加:(1)有多部不同用途的电梯,轿箱装修高雅;(2)公共区域有背景音乐系统和存衣处;(3)有残疾人出入坡道和专用客房;(4)配备健身房、桑拿浴室、游泳池、美容室、商务中心、鲜花店。

8.服务项目增加:(1)门卫接应员24小时迎客;(2)提供一次性总账单结账服务,16小时兑换外币;(3)有高级全套的预订系统;(4)值班经理和大堂经理昼夜值班;(5)应客人要求随时整理房间,补充用品;(6)用3种外语服务;(7)24小时洗衣和送餐,品种应达到30种左右;(8)酒吧营业到夜间1时,咖啡厅昼夜开门,可提供自助正餐;(9)设小型医务室,提供复印、打字、翻译服务;(10)票务服务,旅游服务,照管儿童等。

五星级饭店

五星级饭店是豪华型,它要求在四星级饭店的基础上更上一层楼,具有接待国家元首等要人的能力,其主要指标是:

1.饭店建筑豪华,装修超一流。

2.前厅雅丽、高大,各项设施齐全。

3.配备有总统套房。

4.各式餐厅具备,能供应各种中外名菜。

5.酒吧豪华,供应各国名酒。

6.厨房无烟、无菌、无尘,设施自动化、电器化,配备高级烹调师和营养师。

7.公共设施增加:(1)有网球场和保龄球室;(2)可以接待大型国际会议的各种设备。

8.服务项目:在四星级饭店基础上更为完备,更为优异。

设备用具

餐饮器物

餐饮器物指餐厅中需用的设备和器具,包括5大类别,各有不同的使用功能:

1.餐室家具。含承具、座具、柜具、架具和屏具,如红木桌椅、沙发茶几之类。

2.餐室用具。含织物用具、台上用具、服务用具、记录用具和清洁工具,如椅套、台布、服务车、保温锅、吸尘器、洗碗机。

3.各式食具。含中式餐具、西式餐具、常用餐具、特异餐具、全席餐具、酒具、茶具和水具,如酒席担子、银质托盘、咖啡壶、高脚杯、象牙筷、调味瓶等。

4.工艺摆设。含地毯、窗帘、墙饰、根雕、盆景、鱼缸、花篮、古玩和小纪念品种种。

5.电器设备。含照明设备、调温设备、通风设备、除潮设备、音像设备、储藏设备、消毒设备和清洁设备等。

餐室、餐饮器物和食品,是构成餐饮和筵席的三大物质要素。它们都是物化劳动的体现。这三大要素与服务人员的活劳动结合在一起,就能将菜点变成一种特殊的商品,创造社会价值。所以,餐饮企业对餐饮器物的投资往往很大,力求展示餐厅的档次,跟上时代发展的需要,最大限度地满足顾客多方面的消费要求,并且在与同行的竞争中保持“硬件”上的优势,从而掌握市场上的主动权。

人体工程学

人体工程学是近年来新兴的一门综合性学科。它要运用人体测量学、生理学、心理学和生物力学等研究手段和方法,综合地进行人体结构、功能、心理以及力学等问题的研讨,用以设计使操纵者能发挥最大效能的机械、仪器和控制装置,并要研究控制台上各个仪表的最佳位置。人体工程学不仅在国防工业、交通工具方面有显著的效应,而且在住房设计、家具设计、用具设计中都有广泛的用途。

餐厅中的器物设备甚多,设计成多大的尺寸,采用什么样的材质,安装或放置在哪个位置,都有学问，都与人体工程学相关。只有家具的尺寸和人体骨架的结构成比例，设备安装的高度和人体运动的空间相吻合，器物的材质和人体肌肉的适应力比较接近，客人在餐厅中才能感到舒适，服务人员在工作中才能减轻劳动强度。还有餐位（客人进餐时占用的面积）问题，也与人体工程学有关。餐位过小，人体各部分舒展不开，必然受累；餐位过大，客人舒展了，餐厅的利用率又会降低；只有餐位适中，才能二者兼顾。餐位怎样才算"适中"呢？这就牵涉到桌椅等器具的高矮大小——进入到人体工程学的研究范畴了。

现今许多餐厅选用家具，都考虑到这一问题。如欧美人体型高大，西餐厅的座椅相对就大一些；中国人体型较小，中餐厅的座椅相对就小一些；高级餐厅用软椅，是为了延长客人的就餐时间；快餐厅用硬椅，是为了加快餐位的周转率，无不都是着眼于经济效益。

餐室家具

餐室家具包括承具（餐桌、备餐台、接菜台、小茶桌、沙发几、花几、条案）、座具（餐椅、餐凳、吧椅、吧凳、特殊餐椅、扶手椅、沙发）、柜具（餐具柜、备餐柜、服务台、吧台、陈列橱）、架具（古玩架、酒水架、衣帽架）、屏具（折屏、座屏、门屏）等5大系列。它们在满足人们进餐需要的同时，又作为室内重要的陈设物，可以美化室内环境，显示筵宴规格，营造典雅气氛。餐室家具要求坚固、舒适、卫生、美观；艺术风格应当是精巧挺拔，装饰简约，色调明快，具有地方特色和民族特色，体现东方实用工艺美术的风格；其尺寸要依据人体工程学的原理，较为科学地满足宾客进餐习惯的需要。

明式家具

即明代家具，汉族木器家具制作格式之一，著名的实用工艺美术品，也是明清筵席和现代仿古筵席中常用的高级承具、座具、柜具、架具和屏具。其中的太师椅、鼓形凳、八仙桌和长条桌，对于中国筵席席位的变化有直接的影响，4人席、6人席、8人席在明代的兴盛，与此相关。

明式家具是在宋元家具的基础上发展起来最具民族风格的家具样式，以"苏作"（苏州制造）为典型代表，还有"广作"（广东制造）、"京作"（北京制造）等多种类型。它们擅长于将选材、制作、使用和审美有机地结合起来，以造型见长著称；其款式秀美大方，结构单纯凝练，不用繁琐的装饰，充分显露木料的天生丽质，庄重中不失典雅，古朴中透射灵秀。它的材质多为质地坚硬、纹理致密、色泽自然光润、柔和而又富于弹性的紫檀木、红木、花梨木、铁梨木、楠木、樟木、杞梓木或其它优质硬杂木，故而成品不加髹饰也能呈现光滑柔润的质感和自然美。在制作工艺上，它构图洗练，结构合理，打磨精细，能够做到方中有圆、线脚匀挺、滋润柔滑、拼接无缝，充分体现出构件下料的准确和使用卯榫的合理。现今保留下来的明式椅凳、几案、橱柜、床榻、台架和围屏，无不具有很高的文物价值，不少人高价收购，精心珍藏。一些高档宴会使用明式家具（或仿明家具），不加粉饰也能使席面生辉。

红木家具

用热带地区所产的豆科紫檀属木材制成的仿古（多为明式）家具，价值高昂，极富工艺观赏价值和收藏价值。

红木是一个大类，包括紫檀木、泰国红木、海南檀木、格木等等。多产于东南亚一带，我国广东、海南、广西、云南、福建、台湾亦引种栽培。其木材心和边材区别明显，边材狭，灰白色；心材淡黄红色至赤色，暴露于空气中时久则变为紫红色。木材花纹美观，材质坚硬，扣之作金石声，柔韧而且富于弹性，为木材中质地最优异者。

现今的红木家具，少数系用真红木制作；多数系用楠木、铁梨木仿制；还有不少是赝品，但其外观可以乱真。

承具

承具主要用于陈放餐饮器皿和食品，包括餐桌、备餐台、接菜台、小茶桌、沙发几、花几、条案等。它们大多是木制品，高档的用水曲柳、银杏木、枣木、梨木、檀木、榆木制，其它的用红松、泡桐木、杂木等制。也有少量的铝合金、大理石制品。由于用途不同，设计和制作也不尽相同。

1.餐桌。有圆桌、方桌、长条桌、椭圆桌、多边桌、折叠桌、拼接桌等，一般高72～76厘米，酒吧所用的小桌高35～50厘米。

圆桌。有整体型、面架分离型和折叠形3类。

直径在130厘米以下的多用于零餐、酒吧或咖啡厅;直径在135～155厘米之间的多用于团体包餐;直径在160厘米以上的多用于中餐宴会;直径在180～240厘米之间的多用于国宴或专宴。直径超过150厘米者,大多要配置直径为60～120厘米的转盘,以便于取菜。

圆桌所坐的人数与其最小直径的关系为:圆桌最小直径=50×座位数/3.14厘米(其中的50厘米为一客所占用的弧长)。通常情况下,是以圆桌直径确定客位,如直径80～90厘米的可坐4客,105～115厘米的可坐5客,115～125厘米的可坐6客,125～135厘米的可坐8客,145～160厘米的可坐10客,170～180厘米的可坐12客,210～240厘米的可坐14～16客。

方桌。有固定型和折叠型两种,其边长为50、70、75、80、85、90、100厘米不等,一般小的用于酒吧,较大的用于西餐宴会,其他的用于零点。实际上许多方桌常拼成长桌使用,这在西餐宴会中甚为普遍。小的方桌多用独腿支撑,为的是使客人入座后双腿活动自如。

长方桌。多见于西餐厅。小的常是固定式,大的则用数个拼接。长方桌的宽度一般在75～120厘米之间,每客占用的边线多按60～70厘米计算。长桌可以摆成西餐宴会中的“T形台”、“山形台”、“凵形台”、“工形台”、“口形台”、“田形台”、“一形台”或“皿形台”,构图美观。中式长方桌的长宽比例多用黄金分割法,西式长方桌则较瘦长。

椭圆桌。近年来新出现的一种餐桌,形似会议桌或运动场上的800米跑道,系两个半圆夹一至数个正方形,多用于分餐制宴会。

多边桌。正多边形,5边、6边、8边不等,每边设一客位,比较新颖。

2.备餐台和接菜台(接手桌)。形长方,规格有40厘米×80厘米、50厘米×100厘米等多种,主要用于临时搁放小件餐用具或菜盘、食品,是服务人员的工作台。它有时做成柜状,有时也可用小方桌替代。

3.小茶桌(茶几)。用于接待厅或休息厅,常与沙发、扶手椅配套,有方、圆、长方、方边圆角、椭圆、多边等不同式样,其直径或边长一般都不超过110厘米,高度在60～65厘米之间,主要摆放茶具、烟具或瓶花、小型饰物。

4.沙发几。与沙发配套,功能同于小茶桌。大的面宽多为40～60厘米,长110～150厘米,高50～55厘米;小的面宽38～45厘米,长58～60厘米,高与沙发扶手持平或略低1～2厘米。沙发几的质地要与沙发相称,款式也应协调。

5.花几。放置盆植、盆栽、盆景、插花、根雕或其它艺术摆件,一般高110厘米,长与宽在15～25厘米之间;如陈设悬垂式花木盆景,高度可升至150～220厘米,若摆放较大的饰物,长与宽也相应增大。

6.条案。供奉福禄寿三仙或财神,陈放大型牙雕或黄杨木雕,摆放舰船模型或花篮,陈列古瓶或钟鼎等物件时使用。案面多做成长方形、多边形或圆弧形,高度在90～120厘米之间,做工考究,实为工艺品展台。

座具

供宾客就坐进餐使用,包括餐椅、餐凳、吧椅、吧凳、特殊餐椅、扶手椅、沙发等,材质与型制均多,各有不同功能。

1.餐椅。可用木、竹、藤、塑料、金属、皮革等制作,其形状千姿百态,最常见者为靠背椅,有整体型、折叠型、围栏型等式样;其规格多为座高42～45厘米,座深38～45厘米,座宽38～45厘米,背高40～55厘米或80～90厘米,为使坐者舒适,还有适度的座倾角及背倾角,或配软靠、软垫以及椅套。

2.餐凳。材质同前。不带靠背,座面稍小,或圆,或方,或长方,或椭圆,规格基本同于餐椅。

3.吧椅、吧凳。用于酒吧,软皮面,有方、圆各型,或者是模拟动物形态;其规格为座高60～80厘米,附有踏脚处,方形吧椅边长为35～40厘米,圆形吧椅直径为28～35厘米,背高多为30厘米左右。此外还有一种塑料浇注的可以旋转的独脚吧椅或吧凳,颇有曲线美。

4.特殊餐椅。如供残疾人坐的轮椅,供儿童坐的高腿带靠背扶手椅之类。

5.扶手椅。多用于接待厅、休息厅、会议厅、咖啡厅、酒吧等处,带有靠背及扶手,宽大,造型庄重、稳实或明快、流畅。

6.沙发。有单人型、双人型、三人型、组合转角型多种,分为日式、印式、欧美式或澳式,多用于接待厅或休息室;其常见规格为座高38厘米,座宽55厘米,座深53厘米,背高90厘米,面料有真皮、仿皮、呢绒、锦缎、装饰布、塑料、红木、竹藤等不同质地。

柜具

用来陈放餐具、用具、食品、佐料、酒水、玩物和地方特产,包括餐具柜、备餐柜、服务台、吧台、陈列橱之类,每间餐室多有1～2件,式样精巧别致。

1. 餐具柜。用于陈放大小餐具,多设于餐室、厨房或洗涤间内,有立式、卧式、吊式之别,分高柜、中柜、矮柜等类型。高者一般多为160～180厘米×50～60厘米×80～120厘米;矮者常与案板、工作台组合。其材质有木、不锈钢、铝合金加玻璃等。

2. 备餐柜。用于陈放小件餐具及服务用具,柜面可作服务桌使用,设有抽屉、隔架或小门,以便分类归置食品。其规格通常为80～105厘米×90～180厘米×42～50厘米,材质同于餐具柜。

3. 服务台。用于存放票据、现金,也可用于结账台或销售酒水,通常设有多层抽屉。其外高90～110厘米,内高72～76厘米,宽50～70厘米,长度不等。服务台大多设在宴会大厅入口处,为了美观,其式样多设计成弓形、半月形、半梯形、波浪形或花瓣形,装饰考究。

4. 吧台。置于酒吧内,与吧椅、吧凳配套,作为调酒师调酒、顾客饮酒之用。其外观比服务台更具装饰性,突出欧陆风情。

5. 陈列橱。用于陈列古玩、文物、地方特产、酒水、精美餐具或小件工艺品。有上陈列、下贮物、一面观赏的;也有上存物、下架空、四面观赏的。多设于休息厅或餐厅门口,起一种广告展示作用。

架具

陈放工艺品或名酒,包括古玩架与酒水架等。其式样多为框架结构,四面镶以玻璃,造型大多别致,重视艺术装饰功能。

1. 古玩架。系陈放古董或仿古工艺品、特色纪念品的橱架,又称"博古架"或"花格架",型制大小不一,隔板设计多选用民间的艺术纹样,折曲往复,宽窄交错,古色古香。还有些餐室将古玩架作为房间的分隔板架,一边存放玩物,一边有门通行,艺术情调颇浓。

2. 酒水架。陈放中外名酒或酒瓶,多为书橱式,但也注意高低错落、疏密均衡。橱架中有的分格,有的不分格,一般置于服务台或吧台之后作为装饰背景。

3. 衣帽架。存放衣帽用。

屏具

屏具是餐室的装饰物,主要用于分隔空间、遮掩视线、美化环境,包括折屏、座屏和门屏3种,各有不同要求。

1. 折屏。有2扇、4扇、6扇、8扇、10扇、12扇多种,易于搬动,伸展方便,使用灵活。多用竹木或薄壁钢管作为骨架,屏心使用绢、纱、绸、纺,绘有山水景物、人物或书法,每扇折屏高170～200厘米,宽30～45厘米。

2. 座屏。即单扇屏,一般高160～180厘米,宽120～300厘米,常设于餐厅大门的正中位置,座屏也须艺术描画,可单扇陈列或双扇对立。

3. 门屏。即活动折叠门,常见于多功能大厅,高大至顶,下装滑轮,实为一道可以移动的隔墙,能视需要将大厅分隔成多个空间。

餐室用具

这是餐饮中的辅助器物,包括织物用具(口布、台布、台裙、转盘套、台布垫、小台布、餐垫)、台上用具(味具、烟具、识具、插具、卫生用具)、服务用具(夹子、托盘、起子、火柴或打火机、推车)、记录用具(单据、表格、记录簿、圆珠笔、复写纸)、清洁工具(拖把、扫帚、窗刷、地刷)等5大类型。

它们的作用主要是:(1)便于进餐;(2)便于服务;(3)便于结算;(4)便于做清洁卫生。

餐室用具大都要求小巧、精美,除了实用价值外,还应有一定的观赏价值。其材质多为丝棉织品、不锈钢制品、精木制品以及塑料制品,要求结实耐用,不易腐蚀,易于保洁。

织物用具

织物用具主要用于装饰餐台或保洁,包括口布、台布、台裙、转盘套、台布垫、小台布、餐垫等,多按规定的尺寸缝制。

1. 口布。又叫餐巾,多为正方形,边长45～55厘米。它要求厚实,吸水性好,常用亚麻布、纯棉布、麻棉混纺布制作；有奶白、桔黄、粉红、翠绿各色，巾角可绣花、印花或点缀店徽。口布可折叠成口布花，系摆台的常用饰物；开餐后多别在胸前或搁放腿上，防止汤汁污染衣物。

2.台布。其质地、色彩与口布相同，有方台布、长台布、圆台布、花边台布多种。其尺寸规格应与餐桌大小相称，最佳的情况是台布均匀铺好后下垂长度在30～40厘米之间。方桌多用方台布，斜铺时台布的边长应略大于方桌的对角线长，正铺时台布的边长为方桌的边长加70厘米；条桌宜用长台布，台布的长宽均是在条桌长宽的基础上各加60～80厘米；圆桌可用方台布，台布的边长是圆桌的直径加40厘米，也可用圆台布，台布的直径是圆桌的直径加80厘米。

3.台裙。也称桌围，多用坠性较好的织物（如金丝绒）制作，围在餐桌四边，显得华贵、气派，并有遮掩效用。台裙多为百折型或自然折型，下部缝有花边或拉成细须，其长度应稍大于餐桌的周长，宽度有40厘米、70厘米两种，用时可以组接，并以图钉等物固定在桌沿上。它在高档中西餐宴会和冷餐酒会中应用普遍。

4.转盘套。即将转盘朝上的一面包起的套布，可以减少噪音，美化餐桌。其直径比转盘直径长10～15厘米，四周用束带收紧。其面料多为平绒、金丝绒，以深红色居多。

5.台布垫。即台布底下的衬垫，可使桌面柔软丰满，同时消除餐台上的杂音，故又称"消音台布"。它多用呢绒、棉毡、软橡皮制成，尺寸略大于餐桌，多固定在餐桌上以防滑动。

6.小台布。即铺在正规台布上面的台布，尺寸较小，多系斜铺法，颜色与大台布有所区别。它是为了防止正规台布污染，并加快台布周转。现今多用易洗易干的织物制作或以一次性使用的塑料台布替代。

7.餐垫。放在每客小餐具下的长方形衬垫，西餐使用较多。可用织物或纸张制作，上面通常印有店名、店徽或供应品种。

此外，尚有地毯、窗帘、椅套、毛巾、盘垫、清洁巾等。

地毯

地毯是餐厅的高级设施之一，大多铺设在宴会厅或雅厅中。常见的有羊毛制品和化纤制品两种，多系红色，有的织成花边图案，有的是净面。其作用是吸尘、吸水、吸音，美化餐室，提高档次。同时在其映衬下，整个餐室（包括家具和其它器物）都笼罩着暖溶溶的红光，使人心情愉悦、食欲大增。

此外，在西北地区的一些民族式餐厅中，除了铺设地毯，还悬挂更为精美的壁毯。它全系纯羊毛制品，呈长方形，图案多为天山牧场、绿洲沃野、白杨雪松、碧波祥云，有极浓的塞外风情。它不仅可以突现当地的环境特色和民俗特色，展示少数民族兄弟的慧心巧手和审美观念，还有保暖作用，可抗御风寒。

台上用具

台上用具指小件餐具之外的其它摆台物品，包括味具、烟具、识具、插具、卫生用具之类。它们大多精致、小巧，富于装饰性，并有各自不能替代的使用功能。

1.味具。盛装调味料，有味瓶、味壶、味盒、味碟、味皿、味架种种，常用陶瓷、不锈钢、有机玻璃、彩塑等制作，造型别致。可预先置于餐台上，可随菜品跟上，也可根据客人需要临时摆放。

2.烟具。承接烟灰、烟头、火柴杆用，有烟碟、烟缸、烟厅等，多为瓷、不锈钢或玻璃制品，需要及时更换。

3.识具。主要有台号牌及席位卡，用于区别桌号和座位，多系有机玻璃制品，用红色阿拉伯字标明台号，用黑色汉字或英文标明宾客姓名。

4.插具。即放置鲜花的各种花插、放置蜡烛的烛台、放置席单的席单架等物，多系铝合金或陶瓷制品，工艺考究，时常模仿各种吉祥物（如龙、凤、梅、竹）造型。

5.卫生用具。含牙签、牙签筒、筷套、餐巾纸、小毛巾之类。近年来亦有配套的席上卫生用具，内装消过毒的筷子、牙签、湿餐巾纸等物，外用塑料袋封严，更为方便。

服务用具

服务用具系指服务人员的工作器具，包括夹子、托盘、起子、火柴与打火机、小推车等，多为不锈钢制品，型制不一。

1.夹子。用以挟取食品或器物，有方糖夹、冰块夹、食品夹、毛巾夹多种。

2.托盘。运送物品的小型工具，以漆木、合成纤维、硬塑、不锈钢等材质制成。圆托盘按直径分，有15、28、31、36、40厘米等多种规格；超过40厘米的多作餐巾折花的操作板。长方托盘有10×15厘米、15×25厘米、30×40厘米的不同尺寸。此外还有方边圆角托盘、月牙形托盘、椭圆形托盘、梅花形托盘、六边形托盘、八角形托盘等异形盘，新颖美观。

3.起子。开启酒水瓶或罐头盒用。常用的是皇冠盖启、螺丝启、罐头启、钥匙启和万能启。

4.火柴与打火机。为客人点烟用。火柴多系长杆粗枝，每盒20～30支，印制精美，有餐厅、饭店的徽记，客人可留作纪念。打火机多为防风型，大多小巧别致。

5.小推车。是运送物品和菜点的较大型工具。包括普通餐车、保温餐车、酒水车、酥点车、煎炸车、熟笼车、粥品车、客房送餐车等。多系不锈钢制品，上有推柄，下装万向轮，推送省力，移动方便而平稳，式样也甚讲究，多为传菜员使用。

餐厅服务车

餐厅服务车既可运送餐具及菜肴，又能当众进行烹饪表演，展示厨艺。它都用不锈钢制成，银光铮亮，上下2～3层，敞开式，有柄有轮，可推可拉，迅捷方便。

1.工作车。主要用途是在餐前摆台时盛放必需器物，开餐后摆放撤换下来的餐具。其规格多为高80～85厘米，宽45厘米左右，长80厘米左右，两层者居多。

2.牛排车。多在西餐厅或自助餐厅使用，带有保温盖，因厨师多在此车上现场为顾客切牛排而得名。牛排车的规格大体上同于工作车，但质地考究，外部一般镀银，相当豪华、气派，有显示餐厅等级的作用。

3.烹调车。大小近似于工作车，但配有小型液化气炉和锅具以及原料、调味品，可以在餐厅进行烹调表演，主要用于西餐厅，近年来也在中餐厅推广。

4.甜品车。型制大体上同于工作车，只是专门陈列甜食、蛋糕、水果或饮品，多在零点餐厅、歌舞餐厅流动兜售。一些供应粤式早茶的餐厅，通常也使用这种车具。

5.片割车。型制大体上同于工作车，只是专门用来片割烤好的乳猪、全羊、整鸭或大鱼。先将烤件推进餐室，巡展一周，请客人观赏，然后由片割师在现场操刀分割装盘，以之激发食兴。

此外，还有粥品车、酥点车、煎炸车、熟笼车、客房送餐车等，均是以用途命名。

餐室保温锅

餐室保温锅多系不锈钢制品，常见的规格有3种，一是80厘米×45厘米的长方形保温锅，二是45厘米×45厘米的方形保温锅，三是直径为40厘米的圆形保温锅。

保温锅有3层，下层放燃料（包括酒精燃料和固体燃料），中层装水，上层放做好的菜肴，利用热水蒸汽使食物保温。近年来又推出电保温锅，取代了燃料，更为卫生、方便，容易操纵。

保温锅多用于自助餐厅，在宾客进餐时间分散的情况下使用；也可用于冬令的宴会，替代暖锅、涮锅或火锅。

西餐服务用具

西餐服务用具较之中餐复杂，常见的有糖夹、蜗牛夹、冰夹、蛋糕托、糕饼夹、通心粉夹、蛋糕刀、蔬菜斗、坚果捏碎器、桔子模、盅等。其型制大致如下图所示，用途各别：

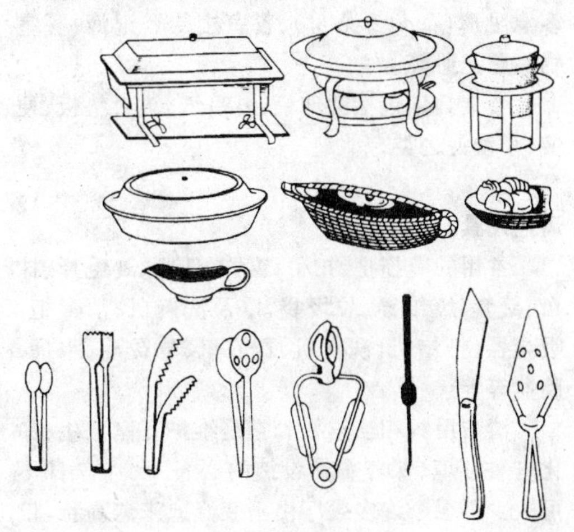

西餐服务用具

其中：

糖夹。夹取糖或椒盐等佐料。

蜗牛夹。与蜗牛叉配套，吃蜗牛菜用。

冰夹。镊取碎冰块，夹面较大。

蛋糕托。形似尖铲,铲取蛋糕等点心。

糕饼夹。与糖夹近似,夹取糕饼。

通心粉夹。夹边带锯齿,夹取通心粉时不会滑漏。

蛋糕刀。类似餐叉,切蛋糕用。

蔬菜斗。即沙司斗,是一种带耳的船形盛器,盛放沙司等物,服务员派菜时使用。

坚果捏碎器。是一种弓形钳具,弹力较大,可以夹碎核桃等硬果。

桔子模。玻璃质,底部有突齿,可榨汁。

盅。形似小糖缸,有果酱盅、蛋盅、盐盅、洗手盅、白脱盅、糖盅之分。

此外,还有方暖锅、椭圆形暖锅、大汤锅、食物盆、酒篮、面包篮等。

记录用具

记录用具是服务人员的记事工具和餐室中的有关凭据,包括单据、表格、记录簿、文具等,既备查询,又作为结账的原始依据。

1.单据。包括点菜单、点酒单、点歌单、点曲单、购花单、茶点价单、账单等。

2.表格。有定餐表、宴会受理单、宴会通知单以及各种营业报表。

3.记录簿。含餐牌(即菜品目录及单价)、顾客意见簿(征询意见用)、餐室接待登记簿、餐室物品登记册等。

4.文具。包括圆珠笔、复写纸、塑料垫板、便笺、小铁夹之类。

清洁用具

常用的有拖把、扫帚、窗刷、地刷、鸡毛掸、抹布、簸箕、废纸篓、垃圾袋,以及洗碗机、消毒柜、吸尘器、打蜡机、洗衣机、烫衣机、电烫斗、水桶、脸盆等等。

清洁用具相当重要。它是维护餐室卫生、净化进餐环境、保养餐饮设施的必备工具,一日不可缺少。现今许多餐厅由于装修愈来愈高雅,设备愈来愈先进,客人对卫生要求愈来愈严格,因此,只有勤于打扫,注意保洁,加强养护,才能延长设备的使用年限,满足客人的愿望。

餐室餐具

餐室餐具种类繁多,流光溢彩。按质地分,有竹木器、漆器、陶瓷器、金属器、玻璃器、塑料器、玉牙器、搪瓷器、景泰蓝器以及特异的石器、骨器、藤器、果壳器。按形状分,有碟、盘、锅、盆、碗、盅、杯、匙、壶、罐、筷、叉、刀、勺、瓶、瓮。按时代分,有古代餐具、现代餐具。按地域分,有中式餐具、西式餐具。按档次分,有低档餐具、中档餐具、高档餐具、特档餐具。按品类分,有零点散用餐具、全席套装餐具。按型制分,有普通常用餐具、特异艺术餐具。按用途分,有食具(含盛食公用的大件餐具与取食自用的小件餐具)、饮具(含酒具、茶具、咖啡具、水具)等等。

在中国餐具史上,影响最大的是陶质餐具、铜质餐具、漆质餐具和瓷质餐具,它们可以分别称为我国的第一代(10000年前)、第二代(4000年前)、第三代(2000年前)、第四代(1700年前)的代表性食具,各具风姿。尤其是瓷器,至今光华不减,尽管不锈钢器、塑料器、玻璃器、纸器制品层出不穷,也难取代它的位置。

餐室餐具的地位是十分突出的。一方面,餐具受生产力发展程度的影响,手工业和现代工业水平的高低,直接决定着餐具的数量与质量;社会越进步,烹调技术越发达,餐具就越精美。另一方面,作为一种盛器、工具和饰物,餐具又促进餐饮和筵宴的变革及发展;餐饮与筵宴的档次愈高,对餐具的要求也愈高,餐具愈美,饮食的审美价值愈强。

此外,从餐饮服务来看,许多服务项目、服务技艺和服务礼仪,都是通过餐具来实施的。失去餐具,服务人员往往便无法工作,顾客也无法文明就餐。因此,从古至今,从中到外,人们都重视餐具,研制餐具,广泛利用餐具,使它的使用价值和装饰价值都能得到完美的体现。

下面,将列"中式餐具"、"西式餐具"、"常用餐具"、"特异餐具"、"全席餐具"、"古今酒具"、"古今茶具"、"水具"、"酒席担子"、"餐具配用原则"等10个条目,分别加以解说。

中式餐具

中式餐具供吃中餐时使用,主要包括7大系列:(1)盘(平盘、汤盘、腰圆盘、长方盘、高脚盘);(2)碟;(3)碗(汤碗、面碗、饭碗、口汤碗);(4)勺(小汤勺、大汤勺);(5)筷(圆筷、方筷、尖筷);(6)锅(火锅、酒锅、砂锅、品锅、汽锅、煸锅、烤锅、铁板锅、保温锅);(7)其它类(筷架、匙架、牙签、烟缸、佐料瓶、餐巾篮,以及食蟹时专用的小砧、小锹头、剔签、镊子等)。

中式餐具的特征是:(1)与中式菜点羹汤配套,在中式餐厅中使用,为中国人所熟悉;(2)材质、型制与规格都带有鲜明的中华民族作风和民族气派,展示中国饮食文化;(3)历史悠久,品类繁多。

西式餐具

西式餐具供吃西餐时使用,主要包括5个大类:(1)餐刀(鱼刀、正餐刀、白脱刀、牛排刀);(2)匙(冻糕匙、清汤匙、奶油汤匙、茶匙、点心匙、小杯咖啡匙、服务用匙);(3)餐叉(海鲜叉、鱼叉、正餐叉、龙虾叉、蜗牛叉、服务用叉、切肉用叉);(4)服务用具(糖夹、蜗牛夹、冰夹、蛋糕托、糕饼夹、通心粉夹、蛋糕刀、蔬菜斗、坚果捏碎器、桔子模、盅、方暖锅、椭圆形暖锅、大汤锅、食物盆、酒篮、面包篮);(5)碟盘。其中,餐刀、餐匙、餐叉的常见型制如下图所示:

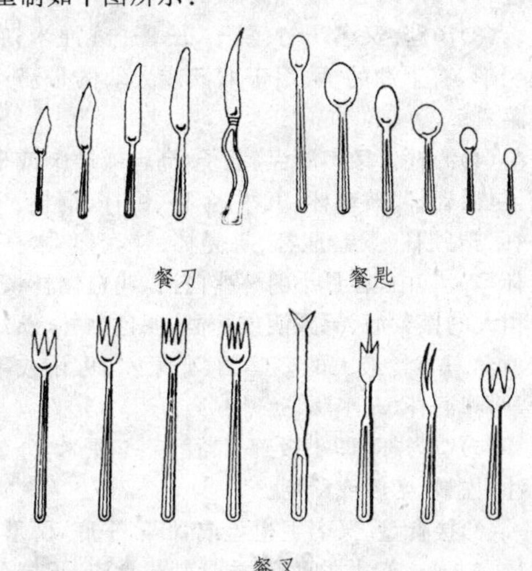

餐刀　　餐匙

餐叉

西式餐具的特征是:(1)与西式菜点羹汤配套,在西式餐厅中使用,为欧美人所熟悉;(2)材质、型制与规格都带有鲜明的欧陆风情,展示西方饮食文化;(3)由于文化背景和生活习俗的差异,西式餐具中有许多流派,其品目、样式不尽一致,目前多以法式餐具和俄式餐具为典型代表。

常用餐具

中式常用餐具中,以瓷器最为普遍。瓷器是用高岭土、正长石和石英等原料制坯,外涂釉彩,在1200℃高温的瓷窑中焙烧而成的。它在我国已沿用1700余年,至今盛誉不衰。其特点是:成品吸水率很低,质地坚硬,造型艳丽,花色品种众多,一般不含铅毒,易于清洗保洁,使用寿命较长。

瓷质餐具的形状有盘、碟、杯、碗、勺、壶、盅、匙、盆、锅;釉色有白、青、黄、绿、紫、橙、蓝和红。此外,按花卉图案的浅满程度分,有边花瓷和满花瓷;按边形分,有平边、绳边与荷叶边;按边色分,有镀金边、镀银边、孔雀蓝边、电边(即黄边)、兰边和白口边等。

我国著名的陶瓷器餐具有:宜兴紫砂陶、宁国紫砂陶、荣昌工艺陶、会理绿陶、牙舟陶器、宜昌彩陶、坭兴陶器、合埔砂煲、洛阳唐三彩、界首陶瓷、织金彩瓷、景德镇精瓷、淄博鲁玉瓷、佛山工艺瓷、醴陵青花瓷、唐山白玉瓷、德化瓷器、枫溪瓷器、杭州瓷器、武汉瓷器,以及仿制的古定窑瓷、古钧窑瓷、古耀州窑瓷,古景窑瓷等。

陶瓷业和餐饮业中习惯于将餐具的品名、形状与规格联系起来定名。其中常用的是以下10种:

1.条盘。又称鱼盘、腰圆盘、长条盘,有深底和浅底、平圆边与荷叶边的区别。规格从6英寸(指直径,下同)到32英寸,共15种型号(10英寸以下,每隔1英寸是一个档,10英寸以上,每隔2英寸是一个档)。其用途是:7英寸以下多作单碟;9英寸的可盛热炒或双拼、三相;12英寸的可装全鱼、全鸭;14～18英寸的多装大型冷拼;20英寸以上的多装烤乳猪、烤羊或作托盘。

2.圆盘。分为平盘和窝盘、圆边或荷叶边。平盘边浅底平,从5英寸到32英寸,共16种型号;窝盘边高底深,从5英寸到12英寸,共7种型号。平盘的用途是:5英寸的作骨盘;6～7英寸的作围碟或装点心;7～9英寸的作独碟或装热炒;10英寸以上的作什锦拼盘、装烧烤菜或盛放席点;16英寸以上的作垫盘或拼装花色冷盘。窝盘主要盛装烧、焖、烩、扒、熘等带汤汁的菜;5～6英寸的装卤汁;8英寸左右的盛散座菜;10英寸以上的盛装大菜。

3.高脚盘。底平口直,下面有脚,圆边或荷叶边，形似高脚酒杯。2.7英寸的多作味碟；3～4英寸的多装蜜饯；8～16英寸的盛装干果、鲜果、点心或水饺类的食品。

4.长方盘。形状方长，四角圆弧而腹深。宜于盛装扒菜或造型菜，也可充当冷碟。

5.碗。型制甚多。按碗口大小划分，有直径约25厘米的品碗、直径约23厘米的顶碗、直径约20厘米的二大碗、直径约18厘米的三大碗、直径约14厘米的汤碗、直径约11厘米的加大碗、直径约9厘米的饭碗、直径约7厘米的小饭碗、直径约5厘米的干碗。按用途划分，有汤碗（即品碗、顶碗）、面碗（即二大碗、三大碗）、饭碗（即加大碗、饭碗、小饭碗）、口汤碗（即汤碗、干碗）。按形状划分，有形似喇叭的庆口碗、趋似桶形的直口碗、鼓似葫芦的罗汉碗。其中，直径23厘米以上的多装二汤或果羹；18～20厘米的多装宽汤菜肴或面食小吃；11～15厘米的多装饭、粥或作为扣碗；5～9厘米的多装佐料、口汤或替代接食盘。

6.品锅。其形似盆，但有耳有盖，边壁比碗厚实，有4种型号：一号品锅口径25厘米，二号品锅口径23厘米，三号品锅口径21厘米，四号品锅口径19厘米，一般用来盛装座汤，保暖性能好，多在冬令使用。

7.火锅。又称暖锅、砂锅、涮锅、酒锅或边炉，是炊具与餐具合一的食具，质地有铜、铝、铝合金、锡、不锈钢、搪瓷、强化玻璃、陶、瓦等等，常以石蜡、板炭、酒精、液化气、煤油或电能作为燃料。有5种型号，特号和一号为大型，二号和三号为中型，四号为小型。合餐制多用大型锅或中型锅，分餐制多用小型锅。有的火锅有隔档，名曰“鸳鸯火锅”、“三星火锅”或“四喜火锅”。火锅多在冬季使用，用以盛装砂锅狮子头、酒锅元鱼、涮羊肉、牛肚火锅等菜，有的是烹好后保温加热食用，有的是边烹边调边保温边食用。

8.汽锅。形似砂钵，带盖，底部有向上隆起的尖形孔管。烹制菜肴时，另备一锅煎熬中草药配料，将汽锅盛装全鸡、全鸭、全鸽、全鳖之类，放在药锅中隔水炖熟，让药味通过孔管沁入菜中。此类菜肴（如黄芪汽锅鸡、四物水鱼）既有药香，又有菜香，重在滋补。

9.烤锅。状似火锅但顶部是块圆凸形的铁板，中间部分为火源，铁板四周有凹槽，供烧烤出的肉汁流淌。烧烤时先在铁板上刷油，然后将肉片（可上浆糊）平贴于上煎熟，蘸佐料食用。这种自烹自调的炊餐具近年来甚为流行。

此外，还有一种铁板，与烤锅近似。

10.小件餐具。又称进食器，系指为每位客人单独配置的餐具。它通常是数件组合，展示不同的规格。4件（筷子、托碟、调匙、白酒杯）一组的，称为“四件头”，多用于低档筵席；7件（4件之外再加饮料杯、接食盘、口汤杯）一组的，称为“七件头”，多用于中档筵席；8～15件（7件之外再加筷架，匙架、红酒杯、席卡、牙签、口布、味碟、味匙等）一组的，称为“八至十五件头”，多用于高档筵席或特档筵席。

小件餐具中，最常见的是以下6种：

(1)筷。夹食器，可用金、银、象牙、红木、乌木、塑胶、竹、漆等制作，有方头与圆头、尖筷与平筷之分。

(2)托碟。又名搁碟、叶碟，似平盘，边高，圆边或荷叶边，有2.7英寸、3英寸、4英寸数种，陈列佐料，搁放汤匙与筷子。

(3)汤匙。又名汤勺、瓢子，长8～14厘米，底呈船形，有上翘的柄，用于取汤或大块的带汤汁的菜肴。

(4)酒杯。又名酒盅、盏子，高脚或矮脚或平底，包括瓷杯、玻璃杯、玉杯、金杯、银杯、铜杯、牛角杯、塑胶杯、景泰蓝杯、果壳杯、蚌壳杯、木杯、竹杯等。其中，客量小的杯盛白酒，叫白酒杯；容量稍大的盛黄酒、果露酒或药酒，叫色酒杯（或红绿酒杯）；容量最大的盛啤酒、矿泉水、可乐或果汁，叫啤酒杯（或水杯、饮料杯）。

(5)口汤杯。即小饭碗，口径5～9厘米，分装汤汁、佐料、米饭或稀粥。

(6)接食盘。又名卫生盘或骨碟，平底，圆形，口径在5～7英寸之间，陈放骨刺或食渣，承接剩物、杂物或汤汁。

特异餐具

除了常用的瓷质餐具、木质餐具、不锈钢餐具之外，我国还有不少材质、型制和装饰用途都比较特异的辅佐餐具。归纳起来，它们主要有12个大类：

1.竹编餐具。如四川竹编、浙江竹编、武穴竹编、铅山竹编、傣族竹编、毛南族竹编。

2. 藤编餐具。如岚皋藤编、恩施藤编。

3. 草编餐具。如烟台草编、福建草编。

4. 柳编餐具。如固安柳编、青铜峡柳编。

5. 蒿编餐具。如桂林蒿编、青海蒿编。

6. 漆质餐具。如福州脱胎漆器、宜春脱胎漆器、成都漆器、扬州漆器、荆州仿汉漆器、长沙仿汉漆器、大方漆器、彝族漆器。

7. 骨牙餐具。如北京牙雕、广州牙雕、内蒙古骨器、西藏骨器。

8. 玉石餐具。如抚顺琥珀杯、侯马蝴蝶杯、酒泉夜光杯、腾冲玉杯、鞍山黑玉盘、西藏软石锅。

9. 玻璃餐具。如博山美术玻璃器、沙市美术玻璃器、上海玻璃水具、大连玻璃水具、香港玻璃水具、台湾玻璃水具。

10. 塑纸餐具。如台湾塑料餐具、香港塑料餐具、北京塑料餐具、福建塑料餐具、武汉纸质餐具、天津纸质餐具。

11. 铜锡餐具。如大同铜火锅、武汉铜火锅、东川斑铜器、个旧锡器。

12. 金银餐具。如广州金银器、北京金银器、南京金银器、香港金银器等。

此外,还有木节制的瘿木杯、竹根制的虬龙盅、古藤制的卧虎盏、桐疤制的琵琶碟,以及葫芦壶、椰壳碗、蚌珠盘、海螺爵、虾壳斛、鲎鱼斗、芭蕉盒、核桃盂,乃至少数民族地区的竹筒包、桦皮碗、兽骨叉、皮囊桶等。

这些餐具大都是凭借材料的天生丽质,通过借形传神的独特设计和巧夺天工的精细打磨,将无限情趣寓于质朴无华的本色之中,具有很浓的民族文化色彩和很高的艺术收藏价值。厨师和餐厅服务人员若能巧妙地利用这一类餐具,对菜点的形色和台面加以烘托,无疑会收到奇效,使宴饮古朴、高雅起来。

1983年举行的全国烹饪名师技术表演鉴定会,也是中国精美餐具的大汇展。首先,它打破了"建国瓷"(在青花瓷基础上改制)一统天下34年的局面,在餐具的使用上"改革开放",古的、洋的、少数民族的、私人收藏的各式名特餐具纷纷"亮相",带给食坛蓬勃的朝气。其次,除了习用的圆盘、腰盘外,在型制上增加了桃叶碟、如意托、龙凤皿、鼎形钵、红木座、菱花盘、蛋壳碗、髹漆盒,五光十色。它开拓眼界,启迪了餐具设计者的思路。第三,仿膳的宫廷餐具,四川的清式食盒,山东的鲁玉瓷,江苏的工艺陶,湖北的仿古铜火锅,浙江的抛光大钢匾,海南的椰壳盅,辽宁的墨玉盘,都展示出中国餐具文化的光华,标志着餐饮业设备更新的大潮即将到来。

1983年至今,15年过去了,"美食不如美器"的古训进一步得到印证。特异餐具愈来愈多,餐室更加美仑美奂。

全席餐具

全席餐具又叫套装餐具,它的材质、色泽、花边、纹饰完全一致,大小型制各别,可以盛装高档全席中的各类食肴。从件数看,有32件一组的,48件一组的,64件一组的,80件一组的,96件一组的,128件一组的,依席面的规格而不同。我国最大的全席餐具,是乾隆年间御制的"满汉宴·银质点铜锡镶配珠玉仿古象形水火餐具",共计404件,可以盛装196道菜点。

现今的餐厅大多使用印有本店徽标的全席餐具。它们一般分为3个档次:

1. 低档全席配套餐具。如普通白釉配套瓷质餐具、普通彩绘配套瓷质餐具、普通青花配套瓷质餐具、普通红花配套瓷质餐具、图案印花配套瓷质餐具、粉彩绣边配套瓷质餐具、七星件搪瓷组合餐具、10盘1碟全家福餐具、塑胶配套餐具、玻璃配套餐具、陶质配套餐具、木质配套餐具、竹质配套餐具、各地传统的民间配套餐具、纸质配套餐具。

2. 中档全席配套餐具。如白釉冰裂纹配套餐具、黄釉璎珞结配套餐具、蓝釉满庭芳配套餐具、红釉醉海棠配套餐具、瓜瓞玲珑瓷配套餐具、莲荷绣花瓷配套餐具、龙凤粉彩瓷配套餐具、五子明黄瓷配套餐具、吴越莲花青瓷配套餐具、河南纹片青釉配套餐具、佛山工艺陶配套餐具、淄博鲁玉瓷配套餐具、宝石红一道釉配套餐具、孔雀蓝一道釉配套餐具、珐琅彩百蝶瓷质配套餐具、淡青彩万花瓷质配套餐具、不锈钢配套餐具、仿牙塑配套餐具、椰壳配套餐具、髹漆配套餐具、雕花竹器配套餐具、螺钿镶字配套餐具、梨木旋刻配套餐具、红铜压模配套餐具。

3. 高档全席配套餐具。如仿商蛋壳陶配套餐具、仿唐三彩禽兽造型配套餐具、仿周九鼎八簋青铜配套餐具、仿汉朱墨纹饰髹漆配套餐具、玉杯牙箸银盘套装餐具、仿明官窑套装餐具、仿宋钧窑套装餐具、仿清景泰蓝套装餐具、仿膳万寿无疆明黄瓷套装餐具、雕花水晶玻璃套装餐具、宜兴工艺陶特制套装餐具、金陵十二钗红楼宴餐具、景德镇精瓷套装餐具等。这类餐具气势恢弘，阵容齐整，可以衬出全席特有的“全”、“精”、“雅”风采。

古今酒具

酒具是盛酒器皿的通称，酒文化的重要组成部分。其历史悠久，多彩多姿。

酒具至迟诞生在夏代，许多新石器时代文化遗存中都发现过饮酒用的陶皿。后来随着酿酒技术的发展，还出现了专门制作酒具的氏族——长勺氏和尾勺氏。到了商代，青铜餐具兴盛，有了酿酒用的罍；贮酒用的壶、瓿、方彝；盛酒备饮的樽；专门盛放名酒并可移动的卣；盛酒与饮酒兼用的觥；盛酒与煮酒兼用的斝、盉；饮酒与温酒兼用的角、觚、觯、爵、杯；以及注酒的勺等，分工精细，为后世酒具的发展奠定了良好的基础。

春秋战国，酒具的款式继续充实。这时创制出圆腹、小口、带喙、三足的“镳”；圆身、大腹、有盖、四环的“缶”；大腹、小口、宽肩、饰兽的“罐”；椭圆、平底、带环、似船的“舟”。它们花纹瑰丽，轻薄精巧，反映出当时青铜制品的高超工艺水平。

汉魏六朝时期，漆质酒具上了餐桌。圆形的“钟”，方形的“钫”，扁腹圈足的“区”，筒状带柄的“卮”，弧形带耳的“羽觞”，似鼎有环的“樽”，无不型制新颖，秀色可餐。巴蜀产的“蜀杯”名扬天下，马王堆汉墓和江陵汉墓的漆质酒具虽然掩埋近两千年，出土时仍闪射出朱墨相间的夺目光华。

由唐至清，酒具的形体变化虽不显著，但质地更为名贵，做工更为精细。这1300余年的酒具以瓷质为主，辅以金银玉牙器，造型多为壶、盅、杯、碗。像色泽温润、晶莹如玉的瓷质酒具；小巧玲珑、仪态万千的玉质酒具；明亮庄重、镂饰精工的银质酒具；富丽堂皇、蟠龙舞凤的金质酒具；以及奇形异状、天然成趣的木质、竹质、漆质、角质、贝质、牙质酒具等，五彩纷呈。

我国古代酒具中还有不少珍品和奇品。前者如商代镶嵌绿松石的兽面夔龙纹象牙杯，安阳妇好墓出土的鸮尊；战国时期的天父乙觥、三羊罍、戈卣和龙爵；魏晋时期的琉璃碗、赤玉卮、赤霞瑛盏和水晶杯；唐宋时期的九龙杯、夜光杯、兽形犀角玛瑙杯、白瓷天鸡壶和青瓷莲花盏；元明清三代的青玉雕螭凹觥、朱漆描金丹凤碗、画珐琅牡丹壶和双龙戏珠金爵杯等。后者如硫磺杯、海川螺、瓠子卮、栗壳盏、杏圆杯、漫卷荷等。其中，“抵鹊杯”盛酒冬暖夏凉，“鱼英盏”可以显现仕女头像，“鹊尾勺”能够随声音转动方向，“铜鹤樽”可视盛酒之多少控制平衡，工艺堪称奇巧。

现今的酒具多为瓷制或玻璃制，造型雅致大方，讲究质地轻薄、线条明快和光洁平滑。它包括酒壶(普通酒壶、计量酒壶、烫酒壶、小斟酒壶)、酒杯(烈性酒杯、果露酒杯、啤酒杯)、冰酒桶(亦称香槟酒桶)、酒篮(藤条编成，沉淀酒用)等4大类别，花色款式繁多。至于少数民族地区，仍使用民族酒具，如哈萨克族的马皮酒袋、蒙古族的刻花银碗、彝族的漆木杯、苗族的竹筒、藏族的镶银木碗、黎族的椰子壳等。

现代酒具中，中式酒杯主要有汉酒杯、虎酒杯、云南酒杯、石榴酒杯、玉兰酒杯、深筒玻璃大杯等型制，大都为平底、筒形，比较容易识别，这里不再赘述。下面着重介绍西洋传入的西餐酒杯和我国的黄酒杯，它们的型制大致上如下图所示：

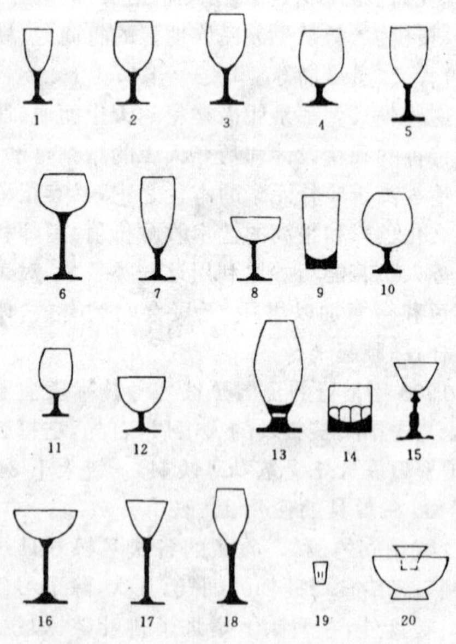

各种西餐酒具和黄酒杯

1. 专饮各种白葡萄酒的白葡萄酒杯。

2. 专饮各种红葡萄酒及玫瑰葡萄酒的红葡萄酒杯。

3. 专饮冰水的水杯。

4. 可饮各种葡萄酒的通用葡萄酒杯。

5. 同上。

6. 同上。

7. 专饮香槟酒的新式香槟杯。

8. 专饮香槟酒的老式香槟杯。

9. 可饮各种饮料的汁水杯。

10. 专饮各种白兰地的白兰地杯。

11. 饮用葡萄酒的郁金香杯。

12. 专饮西餐餐前酒的开胃酒杯。

13. 专饮各种啤酒的啤酒杯。

14. 专饮威士忌酒的老式威士忌杯。

15. 饮用各式鸡尾酒的鸡尾酒杯。

16. 饮用鸡尾酒的客普杯。

17. 饮用双份鸡尾酒的特型鸡尾酒杯。

18. 饮用鸡尾酒的笛杯。

19. 专饮各种利口酒的利口杯。

20. 专饮中国黄酒的温酒碗和黄酒杯。

古今茶具

茶具有广狭二义:广义的茶具包括植茶器、采茶器、制茶器、贮茶器和饮茶器;狭义的茶具仅指饮茶器。这里介绍的是狭义的茶具,如茶壶、茶杯、茶盘、茶盒等。

在我国,茶具是随着植茶业的扩展、饮茶风习的普及而不断变化的;它又与手工业(尤其是陶瓷业)的兴盛密切相关。茶具发展的过程,表现为由粗趋精、由大趋小、由简趋繁,复而返朴归真,从简行事;同时又深受不同的时代风气所影响,具有时代化、地方化、民族化、艺术化、文人化的诸多特质。

从西汉至南北朝,茶具多与餐具混用。《僮约》中所说的"烹茶尽具",《四王起事》中所说的"持瓦盂承茶",都是指盛饭菜的碗;而孙皓对韦曜"密赐茶荈代酒",则明显是用大酒杯。到了唐代,茶具才从餐具中分化出来。陆羽在《茶经》中将茶具分为8类28种,即生火用具(风炉、灰承、筥、炭楇、火筴)、煮茶用具(鍑、交床)、烤碾与量茶用具(夹、纸囊、碾、拂末、罗合、则)、水具(水方、漉水囊、瓢、竹夹、熟盂)、盐具(鹾簋、揭)、饮茶用具(碗、札)、清洁用具(涤方、滓中、巾)、藏陈用具(畚、具列、都篮)。这套茶具的设计古朴典雅,分别用木、纸、绸、瓷、铜、竹制作,配套而又壮观,曾经风靡一时,"远近倾慕,好事者家藏一副"。当时的邢窑、越州窑、鼎州窑、婺州窑,因精于制作茶具而四海闻名。在唐代茶具中,主要的是壶(又名注子、茶注)和碗(又名盏),还有崔宁之女发明的茶托(托碟)。

宋元茶具承沿隋唐,主要变化是煎水具改为茶瓶,增加了"茶筅"(即搅拌用的小竹帚)。宋代的金银铫瓶和黑釉建盏,元代的青白釉茶壶,比较名贵。其盏呈翻转斗笠状,可容纳更多的"汤花",壁厚,适于保温;其壶由饱满变为瘦长,由莲瓣纹变为瓜棱纹。这都与当时盛行"斗茶"有关。

明清茶具追求返朴归真。其特征是:由崇尚金银转为推尚陶瓷,紫砂茶具勃兴并艺术化;茶盏习用白色,景德镇所产的白胎薄壳珐琅彩瓷茶具成为精品;出现"盖碗"(又名盖盏);文人对茶具的优劣多加臧否,《茶疏》、《岕茶笺》、《阳羡茗壶系》对此多有记述。至于《红楼梦》中妙玉珍藏的3套奇妙茶具——"𤓖瓟斝"、"杏犀盉"、"九曲十杯一百二十节蟠虬整雕竹根盒",那又反映出"世外高人"的审美情趣。

现代茶具除嗜茶者所用外,一般不是十分讲究。它有中式茶具和西式茶具之别,多用陶瓷、玻璃、塑胶、不锈钢、真空杯等制作,造型明快大方,色泽淡雅清丽,适于广大群众选用。

下面介绍7种餐厅常用的茶具:

1. 茶壶。型号繁多,按其体积大小有5件、10件、15件、20件、30件、50件、60件、70件、80件、100件10种(所谓"件",即单位体积的瓷窑内所能容纳茶壶坯的件数,件数越多,茶壶越小);餐厅多用30件、50件两种白釉净面扁南瓜形茶壶。

2. 盖碗。一种带盖的瓷茶杯,并配有托盘。一套3件,又名"三件头",宁夏回族同胞称为"三炮台"。杯如小号庆口碗,盖与托类似小碟,多为白色、淡绿色或大红色,有的有花草、龙凤图案。用之上茶,含有敬客之意。

3. 直筒形茶杯。有耳、带盖、瓷质,色彩与纹饰各个不同,上面经常印有诗文,容量较大,往往是单泡独饮,也有敬客之意。

4. 耳盅。有耳无盖的中号茶杯,半球形或筒形,较小,白、黑色居多,多与茶壶配套使用。

5. 直盅。无耳无盖的小号茶杯，直口或敞口，多用于饮大众茶。

6. 茶盘。搁置茶壶和茶杯用，有方形、圆形、长方形、椭圆形多种。

7. 茶叶盒。白铁制或竹制，上面饰有花纹图案或诗词，形态各异，装茶叶用。

水具

水具系指盛装饮料的器皿，主要是咖啡壶和咖啡杯，其次是水杯、求司杯（果汁杯）、冰淇淋杯、茄克壶。

1. 咖啡具。是水具中最为讲究的一种，在国外使用相当普遍。它除了盛放咖啡外，还装牛奶、红茶和糖，以便调兑冲饮。咖啡具每组通常是 6 大件，包括咖啡杯和托碟（有 4～6 套）、牛奶壶、糖缸、咖啡壶、咖啡过滤器。其型制多样，最常见者如下图所示：

咖啡具

其中，(1)是咖啡杯和托碟，配套作为饮具，有大、中、小 3 种型号，分别用于早、中、晚餐，可以盛装咖啡、牛奶、红茶或柠檬汁。(2)是牛奶壶，主要盛装煮沸的牛奶。(3)是糖缸，带盖，盛放方糖块或白糖粉。(4)是咖啡壶，盛放煮沸过滤后的咖啡。(5)是咖啡过滤器，主要用于过滤咖啡中的残渣。

2. 水杯。多为直筒大玻璃杯，主要用于饮水（包括矿泉水、纯净水、蒸馏水、太空水、冰水等），一般容量为 250 毫升。水杯有时也可替代茶杯、果汁杯或啤酒杯。

3. 果汁杯。又名求司杯，通常在西餐早餐上供应第一道饮料时用。其容量多为 125 毫升，可以盛装桔子汁、菠萝汁、番茄汁、苹果汁、柠檬汁、芒果汁、甘蔗汁、山楂汁等。在大型招待会上，也可以用来装可口可乐、矿泉水或桔子水。中餐宴会时，也能用来派送饮料。求司杯美观、气派，特别适用于夏天。

4. 冰淇淋杯。多为玻璃器皿，容量较鸡尾杯大，脚座比鸡尾杯粗矮，一般用于盛装冰淇淋，也可以综合利用。如西餐宴会时，可以作为水果杯、明虾杯、虾仁杯、海味杯；中餐宴会时，可以盛装杏仁豆腐、冰汁百合、莲子羹或小点心。

5. 茄克壶。主要用来盛放各种果汁、冰水、矿泉水。

酒席担子

从前“包席馆”（承包筵席为主的餐馆，内部一般不设餐厅，只是提前预约，上门服务制作菜肴）和“南堂馆”（以上只是门承包筵席为主的江浙餐馆）出堂服务时所用的担子，内装餐具、用具、调料、汤水以及菜肴的半成品，往往有一担或几担，由伙计挑着到客人家去办酒席或现场表演。

与此相关，过去还有一种“抬盒”（或“食篮”），它用木、篾制作，里面分格盛装菜肴和点心，由餐馆伙计抬着（或提着），送到定席人家中，请客品尝。“抬盒”与“食篮”多用于贺寿或吊丧，也可作赠礼，送到亲友家中，名为“送席面”。人们在家宴客时，餐馆也常用“抬盒”、“食篮”送菜。

餐具配用和选购

餐饮和筵宴中需用的餐具甚多，大大小小相加，每桌通常是在 40～200 件之间（其中，零餐散客 4～6 人相聚约为 40 件，低档筵席约为 60～80 件，中档筵席约为 80～120 件，高档筵席约为 120～160 件，特档筵席约为 160～200 件）。这些餐具的配用，必须注意相关法则。

1. 餐具类别要根据菜点属性来决定。即不同的菜式应配用不同的餐具。如烤、炸菜用盘、碟；汤、羹菜用钵、碗；烧烩菜用窝盘；爆炒菜用平盘。如果乱用，会影响菜点的盛装和美观，也给服务和进餐造成种种不便。

2. 餐具形状要与菜点造型相称。中国菜式历来重视形态美，有的圆润饱满，有的高耸挺拔，有的丝条均匀，有的块片齐整，有的是保持飞潜动植的自然形态，有的是加工成各种几何图案。餐具除了盛放食品，还须映衬食品，因此应当“因形选器”，使绿叶烘托红花。如球面状的菜多配圆盘，全鱼和整禽多用条盘，水饺多用高脚盘，瓜果切雕多用龙舟木盘，便是这个道理。

3.餐具大小应与菜点分量适应。量多的须配大餐具，量小的须配小餐具，装菜不可过满，装汤不能超过“汤线”，其容量宜占容积的75%～85%，一则好看，二则也便于运送端放。装鱼或其它整件菜时，要前不露头，后不露尾，留有适当空间，使视觉舒畅。

4.餐具色彩须与菜点色彩相辉映。盛器的色调与菜肴的色调可以是“顺色”(两者比较接近)，也可以是“错色”(两者调开进行对比)。前者较少，后者较多。如白底餐具可装红、绿等深色菜；青花或红花餐具可装白、黄等浅色菜。目的是在盛器色彩反衬下使菜品更为鲜丽爽目。

5.餐具质量要与菜点档次吻合。即高档酒席和名贵菜肴要用高级餐具，必要时可带银托、金托、红木座或髹漆盒，以示珍贵；普通酒席和低档菜肴应配一般餐具，使其名实相符。不论何等质量的餐具，都要擦洗干净，不可有破损(包括缺口和裂纹在内)，不可有污斑。

6.小件餐具的数量要依据筵宴规格和进餐需要确定。零餐散客和普通酒席宜配4～5件，中档酒席宜配6～7件，高档酒席宜配8～11件，特级酒席宜配12～15件。这可以显示等级，体现接待礼仪。

下面是餐具配用的两个实例。

其一，中餐酒席的餐具配用：

(1)冷菜类。造型彩拼多用14～18英寸的平盘；围碟多用4～8个6英寸的腰盘；独碟多用4～5个8英寸的平盘；拼装花碟多用4个9英寸的腰盘或4个10英寸的圆平盘；双拼多用4个8英寸的腰盘；三相多用4个9英寸的腰盘。

(2)热菜类。热炒多用4～5个8～9英寸的腰盘；大菜多用5～8个10～16英寸的平盘、汤盘或方盘；汤羹多用中汤碗(装甜汤)和大汤碗(装咸汤)；炖盆多用1～3号炖盆。

(3)果点类。干点多用8～10英寸的平盘；水点多用小汤碗或中汤碗；蜜脯多用4～6英寸的高脚盘；水果多用16英寸的平盘或异形餐具；米饭多用12英寸的窝盘；面条多用大号汤钵。

其二，特色西餐的餐具配用：

龙虾类菜配热盆(或冷盆)、鱼叉、鱼刀、鱼虾叉、龙虾签、白脱盆、白脱刀和净手盅。

咸鱼子类菜配冷盆、鱼叉、鱼刀、茶匙、白脱盆和白脱刀。

牡蛎类菜配冷盆、牡蛎叉、白脱盆、白脱刀和净手盅。

蜗牛类菜配热菜盆、蜗牛叉、蜗牛夹、白脱盆、白脱刀和净手盅。

水果类菜配甜点盆、水果叉、水果刀、剪刀、盛冰水的透明碗、香槟酒杯和净手盅。

至于西餐中各类正餐大小餐具的具体摆放情况，可以参阅以下数图。

1.西餐早餐摆位图：

1.面包盘 2.黄油刀 3.餐叉 4.餐盘、餐巾 5.餐刀 6.咖啡碟 7.咖啡杯 8.咖啡匙 9.糖罐 10.奶罐 11.咖啡壶 12.水杯 13.盐、椒瓶 14.烟缸 15.花瓶

2.西餐午、晚餐摆位图：

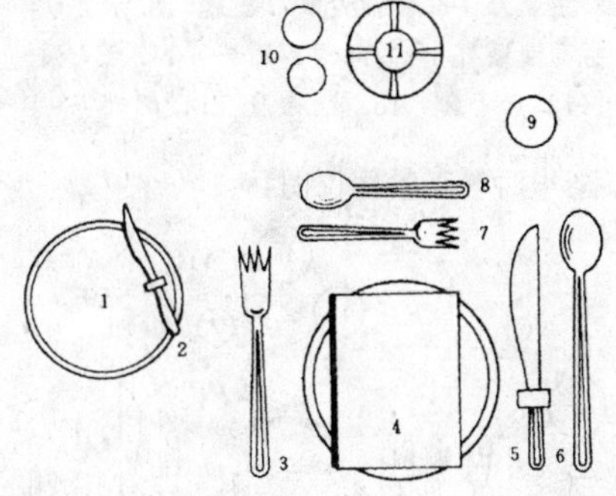

1.面包盘 2.黄油刀 3.餐叉 4.餐盘、餐巾 5.餐刀 6.汤匙 7.点心叉 8.点心匙 9.水杯 10.盐、椒瓶 11.烟缸

3.国际式正餐摆位图：

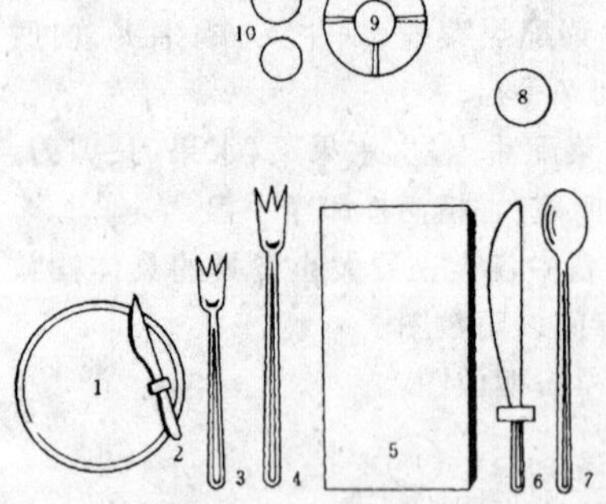

1.面包盘　2.黄油刀　3.色拉叉　4.主菜叉　5.餐巾　6.主菜刀　7.汤匙　8.水杯　9.烟缸　10.盐、椒瓶

4.法式正餐摆位图：

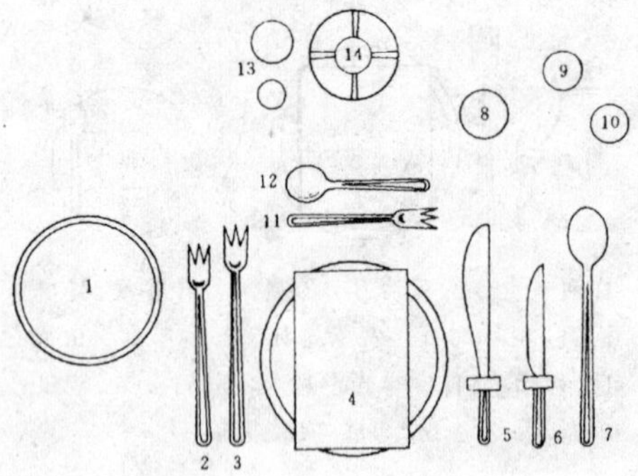

1.面包盘　2.色拉叉　3.主菜叉　4.餐盘、餐巾　5.主菜刀　6.黄油刀　7.汤匙　8.水杯　9.白葡萄酒杯　10.红葡萄酒杯　11.点心叉　12.点心匙　13.盐、椒瓶　14.烟缸

5.豪华西餐正餐摆位图：

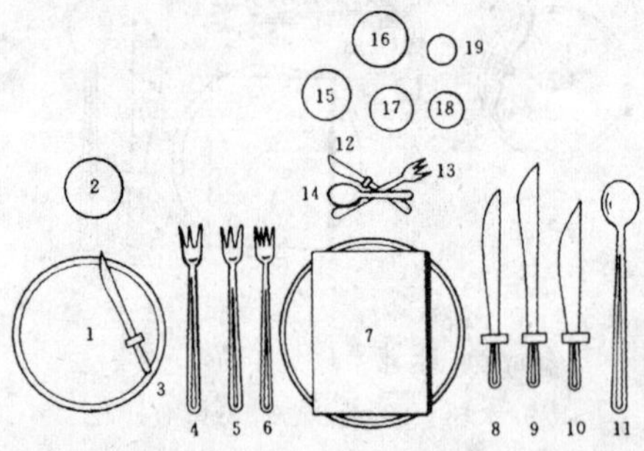

1.面包盘　2.黄油盘　3.黄油刀　4.开胃品叉　5.鱼叉　6.主菜叉　7.餐盘、餐巾　8.主菜刀　9.鱼刀　10.开胃品刀　11.汤匙　12.水果刀　13.水果叉　14.点心匙　15.水杯　16.香槟杯　17.红葡萄酒杯　18.白葡萄酒杯　19.烈性酒杯

最后说说餐具的选购。

选购餐具是为了实用，因此需要注意：(1)量力而行，与餐厅的规格档次和经济实力相称。(2)实惠耐用，应当价廉物美，使用期限较长。(3)易于清洗保管，不要花费较多的时间和劳力，不容易损坏。(4)应当考虑更新换代问题。即一次不要选购太多，够用则行，然后两三年淘汰一次，以免落伍。

工艺摆件

餐厅工艺摆件包括地毯、窗帘、墙饰、小工艺品与花木等。其作用主要是装饰、美化餐室，显现乡风民俗与文化气质，提高筵宴档次，营造高雅气氛。

1.地毯。作用是保暖、吸音、防尘，显示餐室规格，以供宾客鉴赏。它能烘托空间气氛，集聚组合餐室的陈设，形成完美的构图中心，给人以高贵感和亲切感。地毯的艺术质量，一取决于自身的工艺水平，二取决于它和其它陈设物在色彩、纹样上的调配和谐。

选用地毯作摆件应注意几个问题：(1)是否必需。如果餐室规格低，人流多，顾客杂，周围环境差，就大可不必配置。(2)色彩与纹样不宜太花太杂，以深沉的中性色和沉稳的对称图案为好。(3)要考虑满铺、散铺还是满散结合。若满铺，宜选用四方连续的散花图案，它可掩饰餐桌遗落的少许食渣。(4)质量应当较好。那种极薄的化纤地毯至多能用半年，时间一长变形难看，还不如不用。(5)定期清洗，防霉防虫，保持整洁。

2.窗帘。作用是调节光线，避免干扰，调温隔音，还可以丰富餐室空间的构图，增加装饰美。窗帘的面料，宜选用坠性强的丝绸、呢绒、麻纱或摩力克，也可以用精编的竹帘、珠帘或软百叶；单层或是双层、三层，视餐室的需要而定。

窗帘的图案、色彩应与墙面、地面保持和谐，忌讳繁杂和深浓。较矮的餐室选用线条纹样；如果窗上摆有花盆，窗帘最好是净面；为了使餐室有宽敞感，则米色、奶黄色为好。而且其幅宽应是窗宽的 1.2～1.5 倍，帘长应与踢脚线上沿取齐。

3.墙饰。作用是点缀空间、烘托气氛、调整构图和增添情趣，包括书画、壁挂、壁画之类。(1)书画。应系名家之作，按规矩裱装和悬挂。其位置宜选在光线明亮而开阔的主墙面上，同时书画的艺术风格要与房屋建筑风格、餐室装饰基调协调。(2)壁画。包括重彩画、丙烯画、马赛克镶嵌画、瓷砖画种种，其题材应当优美、抒情，画面富于朦胧美，气派要大，色彩应鲜亮。一般来说，表现神话故事、传奇人物、自然风光和历史事件的作品，容易受到欢迎。好的壁画不仅耐看耐琢磨，韵味悠长，还能收到闹中取静、增加谈资的作用。(3)壁挂。包括挂屏、挂盘、挂毯、浮雕、图腾徽记、吉祥物及其它工艺品。它们应有民族特色或地方特色，格调高雅，制作精细，少而精，适宜，有较高的审美价值。

4. 小工艺品。这是相对墙饰而言的平面安放的摆件，功用亦同于墙饰。包括古玩、毛翎、珍奇生物标本、金鱼、小花龟、热带鱼、圣诞节礼物、卡通人物、雕塑、瓷像、纪念品、金杯等。属于实用性质的摆件，要依其功能效用来布置，归放整齐；属于观赏性质的摆件，要考虑品种的选择、形状的处理、色泽和质地的搭配以及在空间形成的构思效果等。小工艺品点缀有4忌：一忌造型粗劣，二忌不伦不类，三忌多而混杂，四忌格调低下。

5. 花木。这是餐室装饰中最具生态美的因素。它能给餐室带来浓郁的春意，使宾客心旷神怡。花木的种类有盆草、盆树、盆果、盆景、盆花和插花，其中以插花的美最能写形传神。它们应置于特制的几架上，放在餐室入口处、墙角或窗前；花须名花，盆用好盆，经常浇水、施肥、修剪和晒晒太阳，保持其盎然的生机。在摆设花木时，要尊重外宾、归侨、宗教信徒和少数民族的风俗习惯，不可触犯宾客的忌讳。现今有些餐室常用纸花、塑料花、绢花、绒花替代鲜花，很不可取，效果甚差。一盆用过多年的塑料花摆上餐桌，死气沉沉，经常败坏客人的清兴，弄巧成拙。

吉祥图饰

吉祥图饰是指餐室美化和菜点造型中蕴含吉庆、祥和、幸福、美好等特定寓意的饰物、纹样或文字，包括吉祥物、吉祥神、吉祥图画、吉祥语等。它是传统饮食文化的重要组成部分，是中华民族热爱生活、创造幸福、向往未来的积极心态的外在反映。

吉祥图饰出现很早。古人认为："吉者福善之事，祥者嘉庆之征"，并把"人臻五福(福、禄、寿、喜、财)，花满三春(仲春、季春、孟春)"，作为理想的寄托。餐室是个敦亲睦谊、畅神悦情的场所，不少人生仪礼筵席又寄寓着亲友热情的祝愿，故吉祥图饰甚多，使用效果甚好。它能激扬欢腾的气氛，点明燕饮的主旨，使宾主聊欢共乐、达到交流思想感情的目的。

汉族地区经常使用的餐室吉祥图饰大致上可分为5类：

1. 动物类。如龙、凤、龟、麟、虎、豹、狮、象、鹿、羊、牛、鸡、孔雀、金丝猴、大熊猫、白鳍豚、蝴蝶、蝙蝠、鸳鸯、蟾蜍、鸿雁、喜鹊、仙鹤、金鱼、鲤鱼、奔马、骆驼、雄鹰、鸽子、白兔。

2. 植物类。如松、柏、梅、竹、桂、兰、枣、栗、桃、李、桔、莲、荷、梧桐、银杏、合欢、石榴、佛手、木瓜、玫瑰、水仙、萱草、茱萸、葫芦、红豆、荔枝、桂圆、牡丹、山茶、月季、百合、万年青。

3. 器物类。如瓶、镜、鼎、笏、爵、戟、古钱、元宝、如意、珍珠、琥珀、玛瑙、银锁、宝石、琴瑟、书画、寿石、玉磬、宝剑、宫灯、花篮、文房四宝(笔、墨、纸、砚)、洞箫、毛翎、弓箭、古玩。

4. 符图类。如喜、寿、卐、福、方胜、祥云、回纹、盘长、宝相花、缠枝纹、太极图、八卦图、护身符、红兜兜、绣荷包。

5. 神人类。如天官、寿星、喜神、财神、福神、门神、灶神、文曲星、武曲星、八仙、麻姑、飞天、观音、如来、罗汉、钟馗、玉帝、西王母、月下老人、和合二圣、牛郎、织女、孙悟空、太上老君、济公等等。

少数民族地区经常使用的餐室吉祥图饰则各个不同，多与其民族起源的传说、生活方式的影响、宗教礼俗的约制、文化心理的熏陶有关。例如：蒙古族的白骏马，回族的滩羊，藏族的卓索切玛(斗)，维吾尔族的百灵鸟，苗族的芦笙，彝族的子摩格理(漆器)，壮族的绣球，布依族的花包，朝鲜族的长鼓，满族的玉如意，侗族的五十六角鼓楼，瑶族的乐鼓，白族的金鸡，土家族的阳雀图案织锦，哈尼族的白鹇鸟，哈萨克族的白天鹅，傣族的金孔雀，黎族的人龙织锦，傈僳族的弩，佤族的木鼓，畲族的凤，高山族的双联杯，拉祜族的陶葫芦，水族的拐(银压颈)，东乡族的少女服装，纳西族的东巴挂毯，景颇族的吉祥目脑牌，柯尔克孜族的白鹿，土族的吉祥如意刺绣，达斡尔族的曲棍球，仫佬族的锡角乐器，羌族的羊头壁挂，布朗族的三弦琴，撒拉族的白骆驼，毛南族的顶卡花

(花竹帽),仡佬族的睦福(葫芦雄鹰画),锡伯族的麒麟,阿昌族的白象,普米族的笃笆(蔑盒),塔吉克族的雄鹰,怒族的乐器和挂包,乌孜别克族的白斑鸠,俄罗斯族的鸽子,鄂温克族的驯鹿,德昂族的老虎,保安族的腰刀,裕固族的图饰,京族的珍珠,塔塔尔族的白额大羊,独龙族的织毯,鄂伦春族的鹿角,赫哲族的白天鹅,门巴族的切玛(麦粒、黄豆、糌粑、人参果、酥油混制),珞巴族的吉加阿纳(塔形彩石),基诺族的牛皮大鼓等。

此外,还有众多的吉祥语在餐室和筵宴中广泛使用。如:

庆婚。有龙凤呈祥、并蒂莲开、鸳鸯戏水、花好月圆、鸾凤和鸣、心心相印、鹊度银河、洞房花烛、天作之合、麒麟送子、金鱼闹莲、喜鹊登梅、比翼双飞、凤栖梧桐、孔雀牡丹、连理双枝、白头偕老、玉女才郎、金屋藏娇、夫唱妇随、百子千孙、福寿康乐。

贺寿。有龙舟赴会、蟠桃献寿、寿星罗汉、双龙抱柱、鹿鹤同春、鹤寿龟龄、福如东海、寿比南山、五子献寿、四世同堂、东海红日、麻姑献寿、锦鸡腊梅、彭祖再世、天伦之乐、长命百岁、玉盘托珠、老骥伏枥、夕阳似火、老当益壮、百鸟朝凤、虎鸣九皋。

欢聚。有青松迎宾、琴台知音、岁寒三友、桃李芬芳、金葵向阳、福星临门、彩凤还巢、荣归故里、莺歌燕舞、琴瑟和鸣、金杯闪光、鹏程万里、龙腾虎跃、骏马飞奔、鱼跃龙门、蟾宫折桂、五谷丰登、欢享升平、中秋月明、蓬筚生辉、海内知已、天涯比邻。

年节。有一元复始、万象更新、三阳开泰、四季见喜、金鸡报晓、锦绣山河、大地春回、柳浪闻莺、白云黄鹤、故乡月明、恭喜发财、年年有余、金菊送爽、雪照红梅、蟾宫玉兔、火树银花、龙舟竞渡、重阳赏蟹、莲塘荷露、国色天香、举国腾欢。

其它。有满庭芳、一剪梅、凯旋门、庆功酒、迎客松、八骏图、蝶双飞、三结义、林海鹿童、熊猫嬉竹、椰林象仔、白菜蝈蝈、瀚海驼铃、南海晨航、翠岗立鹤、花猫绒球、雏鸡黄菊、蛟龙闹海、游鱼戏虾、水仙倩影、金桔满篮、麦浪滚滚、琴棋书画、笔墨纸砚等等。

电器设备

餐室电器设备是改善进餐条件、提高服务质量、为顾客提供娱乐雅兴、增添筵宴气氛的现代化装置,包括照明设备、调温设备、音像设备、储藏设备和清洁设备5大系列,因其都以电能作动力,故名。它们多是在餐厅装修时就已配备齐全,并有专人管理与维护;服务人员只要求懂得相关的性能,能熟练地使用,并经常注意其运转是否正常就可以了。

1.照明设备。

主要指各种灯具,包括顶棚灯具(吸顶灯、吊灯、镶嵌灯、路轨灯、发光天棚)、墙壁灯具(壁灯、窗灯、檐灯、穹灯)、便携式灯具(立灯、台灯、应急灯)等。由于光源有自然光源和人工光源两种;照明方式分为直接照明、间接照明、漫射照明和混合照明;光色有冷、暖之别;室内照明须保持足够的照度、适当的色温和消除光学缺陷;所以,服务人员应当根据餐室的格调、空间的布局以及饮宴的主题,科学地使用照明设备,以便达到最佳的采光效果。

例如:多功能大厅宜用高强度的普通光,设置可调节亮度的多层次照明系统,配备发光天棚,开启典雅大方的华丽吊灯或水晶玻璃灯,以增添热烈的气氛。

中式宴会厅宜用金黄或橙黄的光色,突出金漆、朱红、橙黄的色调,灯具要有民族风格,适当使用暴露光源或有意造成轻度眩光,以渲染华丽的风格。

西式宴会厅的照度宜于偏暗,光色要温暖,光线要柔和,创造一种宁静、温馨的情调,必要时可辅以烛光、筒灯或照墙灯,以便符合欧美人的生活习俗。

酒吧的照度应该更暗一些,以利于表现情人幽会的隐密心理和挚友交谈的休闲情怀。

2.调温设备。

主要指各种电扇、取暖器、暖气管道、空调机、空气净化器、排气通风设备或中央空调系统。依照常规,餐室温度以18~25℃较为合宜,高于或低于此限者就需要通过调温设备来调节。一般来讲,冬天的室温不能调得过高,如25℃以上;夏天的室温不能调得过低,如16℃以下。这是因为客人从室外进入室内如果突然变温(而且温差太大)会很不适应,再从室内走到室外时更难适应,甚至还会招致伤风感冒;同时这样做耗电量亦大,也是浪费。

调节室温时还须考虑色温与通风的问题。所谓“色温”，系指颜色造成的温感，如在同一气温条件下，白、蓝等色使人感到“冷”，红、橙等色使人感到“热”，这便是“冷色”与“暖色”之说。故在餐室中，春天宜突出绿色，夏天宜突出白色，秋天宜突出黄色，冬天宜突出红色，使环境温度与心理视角温度协调，容易收到好的效果。

所谓“通风”，指空气的流通和新鲜。由于餐室的活动空间较小，人员较多，而大多数餐室又是封闭的，若是使用调温设备则封闭更严。时间一长，内部空气就比较混浊，会使客人感到压抑、窒闷，这就是“空调病”。所以在调温的同时也应注意通风和净化空气，确保宾客的身体健康。

3. 音像设备。

主要指各种音响、卡拉OK设备、电视机、录像机、放像机等。它们具有娱乐功能，可为餐饮增添雅兴。

使用音像设备有一个量的控制和音的控制问题。量的控制，指播放时间不宜太长，次数不宜过多；如果过长、过多，就会喧宾夺主，影响客人之间的交谈和对佳肴的品尝，冲淡聚宴的气氛。音的控制，指播放音量不可太大；如果过大，强烈震荡耳膜，不啻于是噪音，不仅没有美感，还会使人厌烦，留下遗患。

4. 储藏设备。

主要指冷柜、冰箱、制冰机、刨冰机、炒冰机、冰淇淋机等。它们一方面储藏食品，另一方面可以制作冷饮和冰块。

储藏设备的使用，主要是经常清理、擦拭，保持清洁卫生；必要时还须辅以保鲜膜，并用消毒药物消毒。

5. 清洁设备。

主要指洗碗机、消毒柜、吸尘器、打蜡机、洗衣机、熨烫机之类。

装潢绿化

餐厅景观

餐厅景观包括两大类型：

一是自然景观。即对未经人为加工改变的一切自然景物所感知的景象，如日月星辰、风霜雨雪、山丘林原、河海泉瀑、花卉草木、鱼虫鸟兽，以及日出、云海、潮汐、异石、溶洞、峡谷之类。它们大多见于原野式餐厅、漂游式餐厅、山泉式餐厅、乡村式餐厅、民族式餐厅或园林式餐厅，以质朴的本色取胜。

二是人文景观。即对人工建造的实物与社会现象所感知的景象，如城镇、街市、房屋、道路、桥梁、田园、楼阁、厅堂、雕刻、古迹等等。它们大多见于宫殿式餐厅、榭舫式餐厅、庙观式餐厅、伞亭式餐厅、童话式餐厅或现代式餐厅，以文化的衬缀见长。

现今的餐厅景观美化，主要是在装潢、绿化方面下功夫。从前者看，一是注意餐厅的空间布局，二是注意餐厅的配色与采光照明，三是注意餐厅中家具的选用及摆放，四是注意餐厅小工艺品的陈设点缀。从后者看，则包括整个餐厅的绿化设计，以及如何造景、砌石、理水、植树、养花、设置花坛与草坪、布置盆景与根雕、错落安置装饰物与抽象雕塑等。从这个角度上讲，现今的餐厅景观基本上是以人文景观为主，以自然景观为辅。

企业家之所以不遗余力对餐厅景观加以美化，主要是用美景烘托美食，增添饮宴时的情趣，使客人精神愉悦，将饮食鉴赏提到一个更高的层次。同时，优美的进餐环境，可以吸引顾客，换取效益。

餐厅环境艺术

餐厅环境艺术指餐厅内外和四周创造性地装潢和美化，要求优雅、大方、洁净和舒适。它既是体现餐厅等级规格和个性格调，提供优质服务的基本条件；又是反映餐厅礼遇规格，满足客人心理需求的客观要求，同时还是展示民族风貌和地方特色的重要因素。

餐厅环境艺术应当把握5个基本原则：(1)适用、经济、美观；(2)表现民族风貌和地方特色；(3)东西方文化艺术相结合；(4)有强烈的时代感；(5)有独创性。只有这样，它才能兼具实用性、可行性、审美性、民族性、通融性、时代性、新颖性等特征，取得最为理想的效果。

餐厅形象

餐厅形象是餐厅环境艺术的最后体现，是空间结构、空间布局、室内陈设、装饰效果、色彩灯光、绿化点缀等的综合反映。

好的餐厅形象主要表现在：

1. 卫生：包括内外环境、食品、器皿、设备以及服务人员的仪容等；

2. 雅致：主要指装修、陈设、气氛、意境等方面的清丽、秀美、文雅；

3. 舒适：即视、听、嗅、味、触诸感觉上的惬意和满足；

4. 自由：便是不受任何干扰，身心松弛，自由自在，无拘无束，精神上彻底放松。

餐厅形象中，既有物的因素（建筑、设施、花木之类），又有人的因素（服务人员的美学修养与聪明才智）。物质设备是死的，人的创造力是活的，只有二者完美结合，才能使餐厅形象高大、靓丽，富有魅力。

餐厅空间象征语言

餐厅空间是指餐室的立体几何形状，如长方体、正方体、多面体、半圆体、梯状体、三棱体、圆柱体、菱柱体之类。这是建筑形式中最重要的因素，直接关系到房屋的使用价值。千百年来，各种空间形象能形成它们特有的造型象征语言。例如在空间的大小上，大意味豪华、高贵，小意味亲密、压抑；在空间的高低上，高表示神秘、威严、深奥或恐怖，低表示温暖、和谐、委曲或平易；在空间的轴线上，直线象征庄重、尊严、集中或纪律，曲线象征活泼、变幻、情趣或亲切；在空间的虚实上，实体现坚固、力量、隔离或停止，虚体现欢迎、进入，连续或贯通。此外，空间的分隔，是秩序、保密、安全与清静的象征；空间的复合，有团结、合作、开明、坦率的意味；空间的上升，使人感到热情、追求、趣味与等级；空间的外延，使人感到愉快、开朗、探索及期望；空间的韵律，又有高雅、智慧、艺术与规律的联想，等等。

餐厅空间的象征语言，是通过室内建筑形式结构（含天棚、立柱、墙壁、地坪等建筑构件以及家具、灯具、帷幔、地毯等陈设摆件）的形色、体面、量感、质感、空间感、布局之类来表述的。所以，设计师在设计餐室、服务人员在布置餐室时，都应考虑它的“象征语言”问题，使之与筵宴目的、筵宴气氛更为融洽地凝聚在一起。

餐厅的分割

餐厅的分割系指餐厅空间的综合利用，即将一个大的餐厅按照需要与可能分割成不同的餐室，派上不同的用场。

从装饰美化的角度来看，餐室空间存在着许多类型。例如下面的几种情况：

从建造情况分，有固定空间和可变空间。前者是指框架结构定型后，由墙壁、顶棚和地坪圈成的空间，它在装饰布置中一般是无法改变形状的；后者是指在这固定的空间内，用家具、屏风、帷幔和其它器件临时分隔出来的空间，它在装饰布置中则可随人的意愿而调整大小及方圆。

从虚实隐现分，有实体空间和虚拟空间。前者的空间范围明确，点线面体实实在在，私密性较好，给人以稳固感；后者带有人为的性质，仅只用帷幔、屏风、花木、雕塑、古瓶、灯具等巧妙围成，似有若无，具有浪漫气氛。

从几何形体分，有正方形、长方形、多边形、十字形、三角形、菱形、梯形、圆形、弧形、扇形、半月形、刀把形、凸形、凹形等空间，它们对人的行动和心理会产生完全不同的导向。如长形空间有向前的导向和纵深感，圆形空间有向心的导向和凝聚感，十字形空间有交叉中心的导向集中感，三角形空间有三足鼎立的导向和稳固感。

从使用功能分，有餐饮空间、销售空间、展示空间、办公空间、娱乐空间、生产空间、仓储空间、备餐空间、特种技术空间等小的空间。它们按需分割，可多可少，可小可大，没有固定不变的格局。

了解了餐室空间的类型，筵宴设计人员和服务人员就可以在有限的范围内，依据需要对餐厅加以分割和利用。例如，规则的长方形、正方形餐厅，便于将餐桌整齐地横竖排放，有行有角，大方气派；不规则的多边形餐厅，则可沿墙、沿窗摆放车厢式小餐桌，既有一定的隐密性，又充分利用了面积；梯形餐厅，可利用花篮、台阶、柱子、屏风，设置大小不一、形状不同的餐台，在纵观餐厅全貌的同时又享有一个小的私人空间，宾客会感到安全、自在；至于凹形、凸形、刀把形、菱形、弧形、扇形、半月形等餐厅，则可因地制宜地分割出一大一小的套房，作为高档包间餐厅，专供高消费层举办小型宴会使用。

餐厅的动线

餐厅的动线是指餐厅中人流运动(包括客人和内部员工)所形成的轨迹。它主要通过餐桌餐椅的摆列及其它设施的布置安放而体现出来,其表现形式便是主通道和支通道。合理的动线,可以缩短客人待餐时间,减轻服务劳动,提高餐厅周转率,保证宾客顺利用餐。

1.客人动线。即客人进出和在餐厅中走动的各种通道。它应当能让宾客顺利地入座就餐,走动没有障碍,餐厅出入口处不出现拥挤现象。因此,出入口通向大厅的主通道必须宽敞,能明确引向两边的座位区;座位的布置应有适当的间隔,并背向走道。客人动线的安排,可以采用直线型(狭长型)、分散型(点式型)、分割型(块状型)、综合型等不同的布局方法,各取其长。

2.员工动线。即服务人员接待客人的工作通道。它主要包括迎宾引台动线、上菜动线和其它服务动线;在设计时一要尽量避免与客人动线不必要的逆行和交叉,以免妨碍客人进餐;二要与客人的主通道错开,以免造成不必要的拥挤;三要削减不必要的运动,以免服务人员过分劳累;四要尽量缩短餐厅与厨房的距离,保证饭菜及时顺利地传送。

此外,动线与餐厅的利用率是有矛盾的。动线多,则摆放餐台的面积少;动线少,餐台可以多摆,但又会影响客人活动和服务员工作。所以,正确而合理地设置动线,也是餐厅装潢中重要的一环。

餐厅空间布局

餐厅空间布局即餐桌、器物、饰件的摆放形式以及人流通道的设置等。这是宴会设计和餐厅装潢中的重要组成部分,它直接影响到宾客的容量、进餐的环境、装潢的风格以及接待服务的便捷,历来受到重视。

制约餐厅空间布局的,主要有两大要素。第一是建筑空间。由于它的大小、高低、形状都已成定势,因此服务人员只能"按房施艺",找出固定空间与美化空间之间的矛盾,采取有效的装饰手法使之达到所需要的艺术效果。如悬挂垂直的帘幔有使空间"增高"的感觉,油漆卫生墙面有使空间"降低"的感觉;大的花饰能使空间"变小",小的花饰能使空间"变大";使用吊灯能使空间"压矮",使用吸顶灯能使空间"拔高";张贴或镶嵌大幅山水画、瓷砖画或油画,会使餐室产生开阔的纵深感等。

第二是空间流动关系。客人进了餐厅就会活动,服务人员也会不停地走动、忙碌,这都是空间流动关系。美化餐室时必须考虑空间容量、空间系列以及动线通道等问题。其中,一是要保证每一餐座(即一客)的最小空间;二是确定2餐座组合、3餐座组合乃至多餐座组合所需要的空间大小;三是要规划出最佳的客人动线和员工动线。

餐厅空间布局的手法多种多样,较为常见的是如下5种:

1.餐桌整齐排放、竖看成行、横看成线、大方气派的"几何形"空间布局;

2.充分利用边墙、花窗、立柱、台阶的厢座式"人情味"空间布局;

3.以花木、山泉、亭台、护栏为背景、三五错置的"林野式"空间布局;

4.曲径通幽、回廊掩映、花架悬垂、倚凭楼阁的"技术美"空间布局;

5.打破对称格局,注意各局部空间的有机配合,使客人在移动过程中先后获取总体印象的"现代化"空间布局等。

近年来由于新材料、新结构、新技术的运用,使餐室空间出现了形体上的灵活性、适应性与可变性,这便大大丰富了餐室空间处理的形式和手段。像空间围护体(如活动板壁、折叠门窗、开合帷幔、升降平台之类)的穿插错落,就出现隔扇、漏窗、花墙、家具、盆栽等分隔与联系的室内空间;而通过绿化、理水、砌石、造景促使内景与外景的相互延伸及交融,又造成了空间的变异、扩张及流动。

还因为在餐室空间中,可以采用围与透、扬与抑、动与静、虚与实、节奏与韵律、对比与调和等多种艺术手段加以调适,故而各地的餐厅格局也是五彩缤纷、气象万千的。如:

1.对称式布局。即以一条中轴线为中心,餐桌摆放与器物陈设前后左右上下内外对称。其特点是安静、稳定、规整、大方,并能突出中心,使主宾台置于最显要的位置,故而适用于礼仪隆重的大型宴会。

2.自由式布局。即由一条不明显的空间轴线支配餐室内的各个部分,好似长藤牵瓜,这属于既有变化又有规律的不对称、不均衡的布局。它给人的感受是活泼、轻松、亲切、舒适，因此适用于“沙龙式”的小型宴会。

3.分隔式布局。即将餐室隔成许多小块，使各席均有相对独立的空间，互不干扰。它适合于零点餐厅、咖啡厅或酒吧，利于客人交谈，并有一定的私密性。这一布局要注意充分利用有限的面积，灵活分割，“隔而不死”，并应匀称。

4.对比式布局。即利用地坪高低所造成的空间层次感，高高低低摆放餐桌，好似“梯田”、“台地”。它的正面是敞开的，从上到下，从左到右，也有一个中心点。但在观感上起伏错落，显得空间深广、充实，有立体感，如同多级飞瀑跌宕生姿。

餐厅布置装饰

餐厅布置装饰中应当把握布置的原则和装饰的要点，现分述如下：

1.餐厅布置的原则。

(1)统一均衡。即餐厅名称、风格、色调与器物尽量一致。如中式餐厅一般应用中式家具，西式酒吧一般应用西式酒具；如果中餐厅中摆放一尊维娜斯石膏像，西式酒吧中高挂《竹林七贤图》，那就弄巧成拙，不伦不类了。若是在龙凤厅中，顶棚饰龙凤藻井，墙上挂牡丹花国画，餐桌用明式红木家具，餐具用桔黄色万寿无疆细瓷，照明用宫灯，降温用冰盆，那就可以充分展现宫廷宴享的氛围。

(2)错落疏密。餐室中的器物应当高低相间，错落有致。其中，餐桌是中心，花架与几案可以稍高，茶几与扶手椅必须略矮。这样既符合人体工程学(详见该条)的原理，又能使视觉舒适。至于疏密，应当在“宽绰为佳”的前提下，将器物以餐桌为中心适当集中，余者摆放在墙角，这是密；至于大门口、餐桌与墙壁之间，则应疏。再如四堵墙，最好在迎门的主墙上悬挂大型壁画，构成视觉中心；其它3面墙只要稍事点缀即可，有的可隔成花窗，有的可垂挂帘幔，有的可安装花式壁灯。

(3)适时变化。餐厅布置要因时令季节而异，不能一成不变。如窗帘，四季就应有别；墙饰在条件许可时也应变化。大厅中，旺季时可撤掉一些不必要的摆设，多放桌椅；淡季时可在中央摆一花坛或食品展示台，使之不显空旷。室内养的花草鸟鱼，也要具有季节特征，如春天置放鲜花，夏天养热带鱼，秋天培置瓜果藤蔓，冬天养金鱼和常绿乔木。

(4)返归自然。随着科学技术的发展和都市的日益现代化，现今的城里人大多有一种强烈的依恋田园感。所以，在餐室中适当地点缀一些农家器物(如鱼网、弓箭、斗笠、蓑衣、包谷、辣椒、瓜果、小农具)，往往能收到奇效。特别是在乡村式餐厅和民族式餐厅中，宜“土”忌“洋”，力求朴实无华。现今知青餐厅、“老家”餐厅之所以吃香，在很大程度上就是抓住了人们“返归自然”的心态。

2.餐厅装饰的要点。

(1)选用一个文雅得体的餐室名称，配上相应的匾额和楹联，最好请书法家或社会名流题写，以之提高餐室的文化档次(详见“餐厅命名”条)。

(2)装饰中应有主题风格。或古，或今，或洋，或土，体现不同的情韵。如宫殿餐厅应有雕梁画栋、飞檐斗拱；西式牛扒房应设壁炉、红铜茶饮、中世纪雕塑或烛台；现代式餐厅可设计成卫星厅、宇宙厅、机器人厅或电脑厅；古典式餐厅可设计成福字厅、寿字厅、龙凤厅或岁寒三友厅等。

(3)装饰中要讲究色调(详见“餐厅配色”条)，以清新淡雅为主，注意天棚、墙面、地毯、家具、窗帘、花木、灯光等的有机配合，主色调突出，辅色调少而精，不要花里胡哨。

(4)餐台选择和台形排列要有艺术性，并讲求实用；其它的服务用具忌杂忌滥，力求一器多用，尽量少占地方(详见“餐台摆设”)。

(5)餐厅的艺术品陈设(包括字画、灯具、壁饰、鱼缸、小摆件等)必须要有艺术品位，有一定的观赏价值。与此同时，要辅以室内绿化，点缀花草，使之充满生命力(详见“艺术品陈设”)。

(6)餐具务必整齐配套，台布与口布也须注意质地，既要清新淡雅，又要洁净卫生(参阅“餐室餐具”、“中式餐具”、“西式餐具”、“常用餐具”、“特异餐具”、“全席餐具”、“古今酒具”、“古今茶具”、“水具”、“织物用具”等条)。

餐台摆设

餐台的类型较多，常见的有长桌、方桌、圆桌、椭圆桌、厢式桌等。从材质分，有普通型(一般木料制作或在木坯上用塑料贴面)与工艺型(用海南红木、泰国红木、根雕、大理石等制作)之别，分别用于不同档次的餐室,展现不同的气质。

餐椅(凳)则与餐台配套,要求质地、色泽、规格相一致。

餐台和餐椅要视餐室的等级、面积、经营特色而配置。通常的情况是,较大的餐厅宜用88厘米见方、高78厘米的方桌,或直径为150厘米的圆桌,或方圆两用桌,配木制靠椅(带套垫)或铁制镀铬折叠椅。方桌多配4把椅子,圆桌多配8～10把椅子。若是高级筵席,则须用直径200厘米的大圆桌,上设直径为60～100厘米的玻璃转盘,四周摆放12～14张座椅。若是快餐厅,多用90厘米见方的方桌,配8个方凳。若是西餐厅,一般选用可坐2、4、6、8、10人大小不等的方台或长条台,配木制靠椅或高背餐桌椅。至于特殊的火锅餐厅、烧烤餐厅,则配较矮的餐台和相宜的凳椅。还有一种车厢座,是桌座合一,桌高72～76厘米,长110～130厘米,宽75～85厘米,一边靠墙,另一边靠通道,其它两边各坐1～2人,比较新颖。此外,中式长方台近年也较流行,其长宽多为70厘米×140厘米或80厘米×160厘米,可坐6～10人。

餐台摆设主要考虑5个因素:(1)尽量提高店堂的利用率;(2)宾客舒适;(3)服务人员工作方便;(4)排列上有一定的艺术性;(5)与餐厅的特点相一致。

现今餐厅利用率的计算方法多以餐位(一个客人所应占用的面积)来测定。例如经济型餐厅每个餐位为0.9～1.1平方米,中档型餐厅每个餐位为1.3～1.5平方米,豪华型餐厅每个餐位为1.7～1.9平方米,咖啡厅每个餐位为1.5～1.8平方米,酒吧每个餐位为2平方米,特色风味厅每个餐位为1.5～1.8平方米。用此数除餐厅总面积则是可以容纳的客人数,然后再按餐椅与餐台的配比摆放适量的餐台。如果餐台过多,则人均餐位面积会减少,致使餐厅拥挤,带来诸多不便;如果餐台过少,则人均餐位面积会增大,致使餐厅空旷,在经营上便不合算。

目前我国的大多数餐厅在餐台摆设中都是采用纵横排列法。桌与桌之间的纵距一般为1.6～2.2米,横距一般为1.3～1.6米。大的厅堂一般是将靠墙的餐台摆成正方形,中间的餐台摆成斜方形,或采用正斜相间的摆法;小的厅堂一般是四边摆长台或厢式台,中间摆小方台。还有些餐厅是固定的餐台与活动的餐台相结合,随着季节的变化和客人的多少而适时调整,比较主动、灵活。

其它家具摆设

餐室中的其它家具包括工作台、酒柜、餐具柜、屏风、衣帽架等。它们的摆设也要求定位合适,既大方美观,尽量腾开通道,便于工作,又与餐台椅凳彼此呼应,构成一个完整的布局,错落有致,疏密相宜。

1.工作台的摆放。工作台又称服务台、落菜台或小物品储藏柜。其高约72～76厘米,长约80～120厘米,宽约50～70厘米,有的是木制,有的是不锈钢或铝合金制,下面设柜或抽屉。如果是雅厅,大多设置在大门的左侧;如果是大厅,则设置在两头或两边的靠墙处,并且紧邻通向厨房的大门边,平均8～15个餐台配一个稍大的工作台为宜。

2.酒柜的摆放。酒柜有长条式、壁柜式、立式多种,多配玻璃窗,设计讲究。它一般陈放在餐厅的醒目处,或与冷菜柜并列,以便客人观赏和挑选。

3.餐具柜的摆放。餐具柜大多较低,里面分格分层,置放小餐具、牙签、餐巾等物。在大厅中它常与工作台并列,在雅厅中它常置于墙角,或与工作台合二为一。

4.屏风的摆放。屏风有多种,其中,折屏由4～12扇组成,可自由开合,控制宽窄;座屏大小固定,仅只1扇或2扇。由于屏风多系工艺美术品,是餐厅的衬景,因而大多置放在餐厅大门的正中,一则隔断视线,防止干扰,二则作为饮宴的背景,烘托气氛。

5.衣帽架的摆放。通常放置在墙角或安装在不显眼的墙壁上。

工艺品陈列

餐室中的工艺品主要有绘画、条幅、雕塑、挂屏、壁饰、毛翎、大折扇、绒绣、瓷瓶、宝剑、宫灯、吉祥动物造型、香炉、牛头骨架、民族图腾、徽记、盆景、盆花、插花、古雅的餐具、玲珑的酒具和茶具,以及某些特殊餐厅中配置的兽皮、鱼网、小帆船、弓箭、包谷串或辣椒串、斗笠、蓑衣、农家提篮等等。

这些物品的陈列要注意4点:(1)筛选时要少而精,并与餐厅的风格、氛围相吻合;(2)质地要好,民族特色或地方特色浓郁,有较高的观赏价值;(3)大多数应穿插布置在顶棚、壁面、墙角或古玩架上,尽量少占地面空间;(4)应以若干件为一组,构成一个主题意境。

鱼缸点缀

餐厅中养的鱼有两种类型:即可供食用的海鲜、江鲜、湖鲜与仅供观赏的金鱼、锦鲤、水晶鲫鱼、热带鱼。

食用鱼多用大型的分格水箱饲养,包括甲鱼、乌龟、螃蟹、大虾、鳟鱼、鳜鱼、鲫鱼、石斑鱼、鲈鱼和各种贝类,内有充气供氧装置,一般置于大厅入口处两侧或楼道间,供客人观赏和选用。

观赏鱼多用精致的鱼缸喂养,内置水草、彩石和喷水装置,一般都系名贵品种,搁置在雅厅的入口处或古玩架上,替代屏风和工艺品,供客人鉴赏和玩乐。

餐厅点缀鱼缸,可使环境充满生机,强化艺术氛围,赏心悦目。

餐厅配色

色彩是构成餐厅环境气氛的重要因素。不同的色彩,对客人的心理和行为有着不同的影响。餐室美化水平的高低,在很大程度上取决于色彩运用的正确与否。因为宾客进入餐室,视野中首先感知的即是色彩,其次才是材料的质感和空间的形象。而且空间布局、器物配置、采光照明等,也都与色彩密切相关。尤为重要的是,色彩对食欲的影响较大。实验证明,暖色(黄、乳白、淡咖啡色、大块黄配小块红等)易于激发食欲;而冷色,往往会使食欲衰退。所以,餐厅配色相当重要。

1.色彩的基本属性。

色彩本是无生命的东西,但它经常被人格化,赋予特定的涵义。在通常情况下,7种主要色彩的感情象征性,可如下表所示:

色彩	正面寓意	反面寓意
白	象征光明、纯洁、幸福、坦率	代表凶恶、低贱、穷困、反动
黑	表示庄严、沉稳、隆重、谦逊	意味死亡、罪恶、封闭、压迫
黄	代表崇高、辉煌、高贵、明朗、爱情、欢乐、期待、知识、智慧、光明、虔诚和土地、金钱、权力	有叛逆、嫉妒、奸淫、色情、疑虑、忧郁等内涵
红	象征庄严、热烈、热情、兴奋、勇敢或太阳、烈火、鲜血、王权、革命	表示恐怖、专横、暴躁、傲慢、危险、停止
棕	象征健美、勤劳、美味	邪恶、衰亡、憎恶、不道德
蓝	代表宁静、安定、纯洁、清白、积极、向上、信仰、素雅、宇宙、海洋、河流	意味抑郁、悲哀、空虚、阴冷、迷信、畏惧、痛苦、灭亡、渺茫、空旷
绿	象征生命、青春、春天、田野、希望、新生、丰饶、充实、平静、安全、美好、通畅	表示绝望、堕落、悲伤、衰退、侵略、不吉祥、羞辱

与此同时,色彩还具有时间性和季节性。即在不同的时间和季节,由于气温的变化和喜新厌旧心情的影响,人们对某一种色彩常有偏爱。如春爱绿,夏爱白,秋爱黄,冬爱红。此外还有某一时期的流行色。这是指一定时期内人们对某些色彩所组成的色彩情调的普遍爱好,如流行色服装、流行色家具、流行色背包、流行色墙饰。当前流行色已形成一种消费潮流,并且波及到餐室,如流行色餐具、流行色台布、流行色菜式、流行色饮品等。

色彩也有民族性和地方性。这是不同国家、不同民族、不同地区对于色彩的不同理解及爱好。在一些宗教和行业中也存在着类似的现象。如汉族尚黄,彝族尚黑,蒙古族尚白,俄罗斯族尚蓝，佛教徒尚黄，伊斯兰教徒尚绿；日本人忌绿，法国人忌墨绿，伊斯兰教徒忌蓝，医务人员忌黑等。这都是历史文化、生活环境、风俗人情的反映。

2.餐厅配色的原则。

(1)同一性原则。即组成色调的各种颜色应有相同的色相(或相同的纯度、相同的明度)。这样配成的色朴素、单纯、雅致。不过，同一性配色也有沉闷、单调的不足，但是可以利用器物的质地、纹理、光影的差别程度来弥补。

(2)连续性原则。即将饰物色彩的明度、纯度或色相，依照光谱的顺序形成连续的变化关系，依次展开。这样可以达到在统一中求变化的目的，使餐厅色彩富于层次变化。

(3)对比性原则。即色相性质相反或明暗相距悬殊的色彩对比。其中，色彩的明度对比效果最佳。

在整个餐厅的色彩调配中，同一性原则是起点，可依据它来确定餐室环境色调的基本色相、纯度及明度。连续性原则是第二步，通过它来确定几种主要颜色的对应关系。对比性原则则殿后，画龙点睛，赋予环境色调以生气。

此外，还须处理好饰物及背景的关系，解决整体色调、配色平衡、配色重点诸问题。

3.主要部位的色彩处理。

餐厅配色通常有7个步骤：(1)根据餐厅建筑风格和饮宴目的，选好主题色调；(2)结合四周环境定出主色，联络其它色彩作为组织媒介，并确定背景部位色彩及前景内容；(3)光暗的选择；(4)依次定出地坪、墙面、天棚材料的色彩；(5)决定台布和窗帘的色彩；(6)选好色泽鲜艳的工艺小摆件；(7)摹拟试验，适当调整。其中，色彩处理的主要部位是地面、墙面和天棚。

地面色彩。多选用与家具(或墙面)颜色相近而明度较低的颜色，以期获得一种稳定感。它还要与餐室空间大小、地坪材料质感相结合，使客人感到自然舒畅。

墙面色彩。应当柔和，并着重考虑它与餐台、器物色彩的协调和反衬。同时墙面色彩的选定还须注意餐室朝向的影响，力求与室外环境色调相调和。

天棚色彩。一般是利用明亮的白色反射光线，使餐厅明亮；酒吧间则多用深色，突出稳重、宁静。若是空间低矮，天棚与墙面宜用同一色调，或者缀加明显的彩色垂直线条；若是空间高狭，则须将天棚色调沿墙面适度扩展，这可以造成天棚下降之感。

4.注意主色调的心理效应。

在上述主要部位的色彩处理中，都应突出餐厅的主色调。依据巴甫洛夫的条件反射学说以及颜色对食欲的心理影响，餐厅主色调宜为黄色或橙色。在这个总前提下，不同餐室允许适度变化。像中式餐厅可用金黄、朱红、橙黄等色；西式餐厅可用茶色、褐色、咖啡色或白色；酒吧可用茶色、古铜色或浅黑色；咖啡厅可用金黄色、粉红色、奶黄色、咖啡色或白色。此外，绿色调充满生机，接近大自然，一些清真式餐厅和园林式餐厅也偏爱它。

现今有不少餐厅在选用主色调时，常常出奇致胜。例如出售海鲜的餐厅，如果是在气候炎热的地区，餐厅主色调多为蓝色或白色，墙上张贴帆船航海图，悬挂船灯和救生圈作点缀，它可以“顿生凉意”，使顾客静下心来品尝。出售野味的餐厅，如果是在气候严寒的地区，餐厅主色调多为红色或紫色，墙上张贴山民捕兽图，悬挂弓箭和猎枪作点缀，它可以“顿生暖意”，使顾客如沐春风。欲想挽留客人，不妨以柔和的乳白色、淡绿色、粉红色等作为主色调，配以柔软宽大的沙发椅，播放轻悠的小夜曲，客人自然“宾至如归”，产生依恋之感。欲想加快餐厅的周转率，可以使用五彩斑驳的亮丽色彩作主色调，配以窄小而坚硬的塑料桌椅，采用明亮的灯光，播放快节奏的乐曲，这样客人就无暇缓缓地交谈和品味，有一股向上的微动力驱使他们就餐后尽快离去，而把餐位让给新来的客人。

餐厅配乐

音乐是餐厅的神韵所在。它常根据不同的需要而采用不同的配置方法。

在高级餐厅中，由于客人的身份和地位所致，往往强调要“保持绝对的安静”，注意环境的清雅。但是，过于宁静，则会使客人感到沉寂、郁闷。因此就应根据“蝉噪林愈静，鸟鸣山更幽”的原理，适当配置小音量的舒缓的钢琴名曲或二胡名曲，增添雅韵。

在中低档餐厅中，则应当用热闹来“聚合人

气”。它不但需要高谈阔论、吆三喝四、猜拳行令、欢声笑语来展示餐厅平易随和、宾客豪侠仗义的风骨，而且说书、唱戏、放电视、开音响，更受顾客的欢迎。因为音乐可以将客人的欢乐“互相传染”，筵间娱兴可以频频掀起聚宴祝酒的高潮，获取精神上的最大满足。

现今的餐厅配乐一般采用3种方法：

1. 零点餐厅。通常是播放流行音乐或受大众喜爱的电视节目，音量适中；或者是表演歌舞节目，请客人点歌，尽量使场景活跃、乐音环绕，使宾客陶然。

2. 小型雅座。通常是设置卡拉OK设备，先是小声播放镭射唱片，当宴饮进程过半时则由客人自唱自乐。它的音量较大，可以凭借酒兴尽情宣泄满腔的激情，展示艺术才华，将自己“介绍”给大众。

3. 礼仪宴会。通常是注意“筵宴乐设计”，按照宴会主旨和宾主喜好精选名曲，并在合适的时间用相应的音量播送，发挥“以乐示礼”的功能。

餐厅配光

餐厅配光即采光照明，含自然光源的采集与人造光源的选用。这是获得室内空间的良好视野并产生舒适感、安全感的必备条件。巧妙利用不同的光色、照度以及同一空间的明暗对比，可使餐厅环境多彩多姿。

1. 光源及其特点。

阳光通过门窗引进室内，直射或扩散到所需的空间，称为自然采光。它节约能源，可给人生理上的愉悦，同时还能引进外界环境的视觉景象，扩大视野。像北京建国饭店咖啡厅顶部就开了天窗，再配上垂吊的花草与风景墙纸，气氛显得活泼生动，富有室外感。

利用电灯光、烛光等人造光源，按使用要求使室内达到一定的照度，称为人工照明。其电源灯又分两类，一是偏于红黄、属于暖色的白炽灯；二是白色、属于冷色的荧光灯。由于餐厅要求有亲切感和温暖感，所以应是白炽灯为主，荧光灯、彩灯或高照度的碘钨灯为辅。

从餐厅照明方式看，又分直接照明、间接照明、漫射照明、混合照明数种。直接照明发光强烈，投影清楚，物体轮廓鲜明，但刺激眼睛；间接照明投影少，不刺激眼睛，易产生天棚与墙面变高的幻觉；漫射照明光束能射到各个角落，亮度大致相等，感觉柔和；混合照明是依据需要，运用不同的照明方式，以取得最佳的照明效果。

2. 灯具的选择。

(1)顶棚灯具。包括吸顶灯、吊灯、镶嵌灯、路轨灯、发光天棚等。吸顶灯安装在天棚上，适于空间较矮的餐室；吊灯通过吊件悬垂在适宜高度，以光线能够覆盖整个餐桌为限，可选用艺术装饰灯具；镶嵌灯光源设在顶棚内，与建筑部件浑然一体；路轨灯可以按需要移动，多照射墙面或餐室重要部位；发光天棚是将整个天棚作为灯具处理，多用化学材料制成，光线柔和，恍如梦境。

(2)墙壁灯具。包括壁灯、窗灯、檐灯、穹灯。壁灯花式繁多，造型讲究，属于间接照明或漫射照明，使人感到恬适、舒心。它主要是加强墙面的光照，高度应在1.70米以上；有时也可以作为“脚灯”，嵌于墙板中，并尽量降低照度。至于窗灯、檐灯和穹灯，只用在特殊场所，餐厅少见。

(3)便携灯具。包括立灯和台灯，均可自由移动，其款式多样，有良好的装饰效果，餐厅偶尔使用也是为了点缀。此外，星灯也系便携式，此乃典型的点光源，个体小，发光点多，可随意固定在引线上，组合成文字或图案，悬挂在餐厅门口或花木上面，有一种朦胧美。

3. 光线的运用。

此乃餐厅装潢的关键因素之一，它可决定餐厅的情调和档次，并构成光照系统。

(1)自然光运用。自然光常有一种亲切感，透明度高，使眼睛舒适。为了节省能源，餐厅应尽可能多开门窗或用大玻璃屏幕隔离，使内外光线充足。为了采光，可在餐厅外的大阳台或草坪、太阳伞下设置餐台，供客人在大自然光线下悠闲就餐。由于夏日和晴天的自然光较为强烈，易于使人烦燥，所以餐厅大窗上应配置厚薄不同的窗帘，适当加以掩映。

(2)烛光运用。烛光是一种传统光源，其火焰红黄透白，能使顾客和食物都显得真实、漂亮。它常用在特定的场所，可以激发怀旧情绪，使宴聚更为温馨，因此在生日聚会、情人幽会、节日盛会时甚受欢迎。用烛光的餐厅，如果配上“今夕复何夕，秉烛两相对”，“何当共剪西窗烛，却话巴山夜雨时”等诗词条幅，效果更佳。

(3)荧光运用。荧光光线经济、大方、明亮，气氛好，有召唤作用，在餐厅中运用得较为普遍。不过，荧光中的蓝色和绿色强于红色和橙色，容易使皮肤显白、食品发灰，在视觉感上较差。如果以荧光为主，适当辅以红、橙色彩灯，就可以弥补。通常情况下，中低档餐厅的零点餐厅和高级餐厅的多功能大厅，宜于使用荧光；高档包间餐厅与情侣座，则不宜于单独使用荧光。

(4)白炽灯光运用。它在餐厅中使用最多，食品和人在这种光线的照射下不失真，形态自然。如果是使用高档白炽灯，餐厅会显得气派豪华；调暗光线后，还有一种舒适感与朦胧感，可以延长客人的就餐时间，增加营业收入。特别是雅座、情侣座中，微暗的白炽灯在窗帘的遮护中能增强私密性，更受欢迎。

(5)彩光运用。彩光主要是通过彩色灯泡来调配，色泽不同，效果亦不同。如红光使人精神，橙光使食品增添魅力，桃红色光和琥珀色光能增添热烈气氛，绿光和蓝光能加强稳定感(注意：它不可以直接照射顾客，而应当先照射墙壁再反射到餐室中)。至于如何运用彩光，要因情因景因人因事而定。像婚宴大庆就可多用，朋友惜别就尽量少用。

4.配光设计。

首先，配光设计应当遵循室内光学原理。(1)须有足够的照度。可使眼睛舒适而清晰地看清室内物件；同时考虑器物及环境的亮度，器物与背景的亮度对比，器物尺寸与环境亮度的均匀性，暗光程度等多重因素。(2)须有适当的色温。色温是在光源照射下物体呈现出的颜色或温感，光源不同色温亦不同。如白炽灯下的物体偏红，有温热感；高压汞灯下的物体偏紫，有清冷感。餐厅的色调应略高于自然光，即偏红偏暖；酒吧及夜总会宜使用不断变幻的彩光，使环境气氛激荡欢悦，加强刺激性和兴奋感。(3)须消除光学缺欠。当物体亮度超过一定限量时，会损害视觉，这种情形称为“眩光”。降低光源的表面亮度，改善光源背景的亮度比，调整灯具位置或照明方式，都可以消除眩光，弥补光学缺欠。

其次，配光设计还应服从于餐厅的格调。像多功能大厅光照应当绚丽，中餐厅光照应有华彩，西餐厅光照应当柔和，酒吧光照应当幽静。还要通过配光设计来组织空间、改造空间或渲染空间，使餐厅空间的色、光达到理想的效果。如酒吧的吧台和酒格等处用照度较强的装饰灯，走道上用脚灯，餐台上用小筒灯，天棚上用星灯，这就可以造成空间的幽深感，宜于客人啜饮、聊天，消磨时日。

最后，介绍一下几种主要餐厅的配光设计要点及其注意事项。

1.多功能大厅配光设计。要有足够的照度，满足各种使用功能要求。选用典雅大方的灯具，材质宜用透明水晶玻璃或白色磨砂玻璃。采用端庄而又明亮的古典照明手法，展示恢弘大度的气质。安装调光装置，使之有较大的灵活性。除大吊灯外，适当安插筒灯、壁灯、星灯或碘钨灯，既使光照均匀，又可使餐厅能派上更多的用场。

2.中餐厅配光设计。宜用金黄或红黄光源，使餐厅灯火辉煌，兴高采烈。灯具要有民族风格，体现传统文化的魅力。采用暴露光源和有意造成的轻度眩光，增添欢乐、华丽的气氛。有些灯具可以掩映在花木丛中，造成“火树银花”之势。不宜采用闪烁变幻的光照系统，这会使客人心旌浮荡，坐立不安。

3.西餐厅配光设计。光照要突出情调，并且因国而异(如英式餐厅宜古典庄重，法国餐厅宜活泼明朗，美式餐厅宜潇洒自由)。灯具造型与装修格调吻合，灯具与家具配套。突出筒灯与照墙灯的功能，烘托和谐的艺术氛围。照度宜偏暗，光线要柔和，光色应温暖，创造宁静温馨的感觉。必要时全部采用烛光，渲染传统韵味。酒柜用点射灯集中投射，强化装饰与广告效果。

4.酒吧配光设计。有时可以近乎暗黑，形同古堡；有的可以一片明亮，近似烈日；有的可以烛光摇曳，表现幽情；有的可以星灯散缀，象征夜空。总之，因情调而异，突出酒吧自身的风格与特色。

餐厅调温调湿

适宜的温度与湿度，也是优质餐厅服务中的必备条件之一。尤其是在寒冷而干旱的冬天与炎热而潮湿的夏天，餐厅调温和调湿就显得更为重要，因为它直接影响到顾客就餐时的身体感受和心态变化。

古代餐厅调温与调湿，大多是采用冰盆降温、打扇降温、火炉升温、棉帘保暖、喷洒水雾、木炭吸潮、石灰吸潮等方法，比较落后，如今大都已被淘汰。

现在餐厅调温与调湿，大多选用电扇、空调器、中央空调、负离子加湿器、空气净化器、取暖器、暖气管道等先进设备，既卫生，又简便，易于操作。调温调湿设备的完善与否，常是衡量一个餐厅档次的重要因素，普遍受到重视。

餐厅通风换气

餐厅是一个公共场所，活动空间较小，出入人员甚多，空气往往比较混浊，常常弥漫浓厚的烟味、酒味、菜肴味和汗味，使人呼吸不畅快。再加上大多数调温、调湿设备又需要局部空间的封闭，时间一长，室内空气极不新鲜，使人感到压抑、窒闷，易于染上“空调病”。因此，餐厅通风换气问题不可忽视。

餐厅通风换气，首先要多开门窗。有客人时适当关闭，没有客人时，每天应打开 2～3 次，每次 30～60 分钟，让污浊空气排出，新鲜空气进来。其次要装设空气净化器、排气扇和通风机，视客流的多少而掌握开放时间，使内外空气流动，室内保持足够的新鲜氧气。必要时餐厅还须安装吸尘设备，减少空气中的灰尘杂物。

餐厅绿化

餐厅绿化是利用植物的种植改善和美化餐厅内外环境的活动。它属于城市园林绿化的范畴，包括绿地建设和对原有植被的保护。其重要意义是可以改善餐厅的环境条件，促进能量转换和物质循环，净化城市空气，维持生态平衡，提供游憩场地，美化餐厅景观，给宾客以美的享受。

餐厅绿化有外部绿化和内庭绿化两个方面，主要方法是植树、造园、造景、叠山、理水和栽培观赏植物。它要求形成构图形象，变作园林艺术，兼收园林观赏、减弱阳光辐射、降低气温、增加湿度、净化空气、减少噪音之效，提高餐厅品位，成为优质服务中的重要“硬件”，对客人有较大的吸引力。

造园艺术

造园艺术是园林艺术的传统称呼。它既指园林创作的艺术理论，包括园林的立意、选材、构思、造型、形象和意境塑造等，其中涉及到园林的本质与特征、内容与形式、传统与革新、风格与流派等问题；又指园林艺术的创作技巧，涵盖园林艺术中的相地立基、规划布局、地貌创作、掇山理水、种植配置、园林建筑、园林工程诸方面。

由于造园艺术是建筑艺术的一个分支，应当统筹规划，所以许多餐厅在兴建时，都将餐厅绿化列入工程项目，预留出适当的地面和资金进行配套建设，其效果大都较好。还有一些餐厅在初建时没有考虑到绿化，只好后来“补课”，虽经多方努力，也难尽如人意。

庭园设计

庭园设计系指建筑内外庭院的小空间园景设计，其中包括餐厅绿化。庭园设计的区段尽管较小，但它仍和大面积的园林设计一样，要求以创造游憩场地和园林艺术形象为宗旨，突出中国古典园林中“模山范水、飞红点翠”的传统风格，展现“虽由人作、宛自天开、曲折幽深、小中见大”的特色。特别是在餐厅内外有限空间的处理上，应当是片石多致，寸绿生情，以达到“一峰则太华千寻、一勺则江湖万里”的艺术效果。

目前的餐厅绿化和庭园设计平庸的多，出类拔萃的少。其间原因甚多，除了受制于四周环境、空地面积和资金之外，很重要的一点就是缺乏“庭园意识”。

餐厅园林布局

餐厅园林布局是餐厅绿化设计总体规划的骨架。它要求按照庭园餐厅的性质、主题、内容和空间进行总体的立意构思，对构成庭园的各个要素作综合的全面安排，确定它们的位置和相互关系。如庭园绿化内容与形式的选择，山水位置及其大小轮廓的确定，不同功能用地的分隔与联系，以及主要入口、干道和主景的安排等。此外还要综合考虑平面与立面之间的关系，使整个餐厅成为一个多功能的统一体，美食、美境、美情、美韵相得益彰。

餐厅园林布局通常有 3 种形式：

1. 规则式布局。也叫整形式或几何式布局，即整个平面布置、立体造型，以及建筑物、停车场、道路、水面、花草树木等都要求严整对称，追求几何图案美。它可以给人以端庄、雄伟、堂皇、富丽的感受，适宜于宫殿式餐厅、庙观式餐厅、园林式餐厅、厅堂式餐厅选用。

2.自然式布局。又叫风景式布局,即整个平面布置、立体造型,以及建筑物、停车场、道路、水面、花草树木等都随地形作自然分布,追求朴素的自然美。它可以给人以轻松、活泼、安宁、自由的感受,适宜于原野式餐厅、榭舫式餐厅、乡村式餐厅、民族式餐厅选用。

3.混合式布局。即规则式布局与自然式布局并用,建筑群(餐厅)是规则的,绿化带(山水)是自然的,兼取众美,端庄、雄伟和活泼、自由同在。它适宜于现代式餐厅、综合式餐厅、童话式餐厅、伞亭式餐厅、庭院式餐厅、漂游式餐厅选用。

造园

造园即构造人工庭园,适用于有内庭花园或适当空余场地的餐厅饭店。造园应以园林建筑为主,通过地形改造来进行园林布局。如哪里堆山,哪里开渠,哪里建池,哪里置景,何处宜修小亭,何处宜造喷泉,何处宜围花坛,何处宜植林带,都应坚持因地制宜、因势利导的原则,并且突出艺术特色和构图中心,与餐厅饭店建筑风格相协调。

北京长城饭店的“艺园”是一个成功的范例。它独出心裁地用仿制的“长城”作为园林围护体,里面建有小型烽火台,内部形成几种分区构图形象。楼前再建喷水池,设浮桥,通道尺度合理,然后用松柏花草点缀其间,分外壮美、雄奇。

造景

造景即建造景点,这是在造园的基础上,通过叠山、理水、花木栽培等方法形成内庭绿化的若干个观赏区,使之具有山石嶙峋、碧潭清流、古树葱翠、藤蔓盘绕、宛然如画的意境。

造景中的“景”,又有主景、配景、近景、中景、远景、引景、分景、对景、借景、夹景、框景、隔景、障景、漏景、天景、影景、朦景、色景、声景、香景、题景之别,各有妙趣:

1.主景。指庭园绿化中的主要景物,它往往是高峰或山上的楼亭,有统率全局的性质,多系序列空间的高潮所在。

2.配景。陪衬、烘托、突出主景的其它辅助景观,如小石桥、大松树、莲花池、半月廊、竹栏、女儿墙、盆栽、假山之类。

3.近景。又称前景,比较接近观赏点的景物,通常设在通道两侧,如篱笆、门洞。

4.中景。距观赏点位置适中的景物,一般以主景替代,较为醒目。

5.远景。又称背景,距观赏点较远的景物,它可以是城市的远山、大湖、河流或林带,也可以是天空、草坪、云海及现代化高大建筑群。

6.引景。引导游客或视线的景观,通常是牌坊、碑碣和设计别致的路标。

7.分景。即庭园绿化区的各个组成部分,如山泉区、亭阁区、花木区、草坪区。

8.对景。指中轴线两侧互相对称的景点,如遥相呼应的双亭、双松之类。

9.借景。指将庭园之外的景观用巧妙的方式“借入”园内,如引水看影、种竹听风、种花招蝶、植树盘云之类,取“采菊东篱下,悠然见南山”的真趣。

10.夹景。用行道树、篱笆墙、小街、小桥等作为“夹边”,将观赏者的视线导引至主景的手法,好似仪仗队一般。

11.框景。设置门窗洞框使观赏者在一定位置用“框”来透视景点,即杜甫诗中“窗含西岭千秋雪”的意境,圆门和回廊多有此功效。

12.隔景。用围墙、山石或疏林、花架、雕塑、亭廊将景区隔开,似断若续,虚实恍惚,各成一个天地。

13.障景。有意设置路障(如叠山、砌墙、引水、筑篱)导引客人改变游览方向的造景手法,和大门口树立屏风的作用相似。

14.天景。又称时景或气象景,即利用自然的天象烘托庭园景物,如“云淡风轻雁成阵”。

15.影景。由光影变幻生成的景象,包括水中倒影和光影、墙地面阴影、镜中影像等。

16.朦景。又称朦胧景,多指月夜清景、水月倒影、云海雾潮、烟雨飞雪之类。

17.色景。利用色彩产生的景观效果,如“春游芳草地,夏赏绿荷池,秋饮黄花酒,冬吟白雪诗”的情韵。

18.声景。有意识地在庭园中组织各种声音以产生“景观”效果,有天籁与人籁之别,以天籁为佳。如鸟啼、蝉鸣、莺歌、水声。

19.香景。利用芳香气味产生景效的构景手法,如桂花香、茉莉香、檀香、龙涎香。

20.题景。即用景观题名或诗词联语描绘景观的意境,如沧浪亭、立雪堂,"四面荷花三面柳,一城山色半城湖"等。

建筑小品

建筑小品是在餐厅、饭店的庭园绿化中,根据需要在通道、回廊、山石、景观周围建造的墙垣、漏窗、坐椅、小桥、飞亭、花架诸物,要求造型轻巧通透,玲珑活泼,色彩淡雅秀逸,并有一定的使用价值。

建筑小品的设计虽无定制,但其重点是:必须有利于突出景致,起点缀作用,形成景色构图的联结和渗透。如门洞、窗洞,可有圆月、宝瓶、如意、八角、莲瓣、梅花等式样;漏窗的设置,应在封闭中有开放,或隐或藏,似隔非隔;而座椅、灯具、花架、垃圾箱的造型,更须别致;还要坚持园圃突出栏干、叠山突出石径、理水突出小桥、楼台突出亭阁之类,与建筑小品呼应,跌宕生姿。

掇山

又称叠山,即人工堆造假山。它可以是"石包土",也可以是"土包石";造出的山多以背景物命名,如园山、厅山、楼山、阁山、池山、峭壁山(靠墙而掇)、内室山、书房山之类。

庭园内造山,一要师法自然,二要借用传统画论。从师法自然看,它讲究"山局",如山潭局、壁潭局、岩洞局、蹲兽局、一峰独秀局之类,是模山范水的产物,大自然中山形的微缩。从借用传统画论看,它讲究"山无云则不秀,无水则不媚,无道路则不活,无林木则不生,无深远则浅,无平远则近,无高远则下",好似制作山石盆景,强调"以粉壁为纸,以石为绘",以小见大,以假见真。

砌石

又称置石,即选用各种名石(如太湖石、宜兴石、龙潭石、青龙山石、湖口石、散兵石、英石、岘山石、蜡石、黄石、钟乳石、石笋、灵璧石、锦川石、昆山石、宣石等),适当布置在庭园各处,使绿化的景观显得气韵生动。其要素有:(1)选石。要从形状及轮廓线,质感及色泽,肌理及脉络,大小比例和重量等方面挑选出与园景相适应的石材。(2)确定主景石和劈峰(配石)以及峰石(单独置放观赏的立石),及其置砌的位置。(3)根据庭园的特征和造景的需要,分别采用特置(孤置)、群置(密置)和散置(点置)的方法,将石定位。(4)在砌石中要掌握"松下之石宜拙、梅边之石宜古、竹旁之石宜瘦"的原则,使树石呼应,增添奇趣。

理水

理水指庭园中各种水景的设计修造,其中有动水(喷泉、瀑布、溪涧、沟渠),也有静水(水塘、水池、鱼池、莲池)。理水的原则是:水面大则分,小则聚;分则萦回,聚则浩渺;分而不乱,聚而不死;分聚结合,相得益彰。水有源头,流随山转;穿花渡柳,悄然逝去。瀑布落泉,回湾深潭,动静相兼,活泼自然。分隔水体的手段有堤、埂、岛屿、洲渚、滩浦、矶、岸、汀、闸、桥、建筑物及花木等。理水要师法自然,切忌生硬造作。无论分、隔、破、绕、掩,还是映、近、静、声、活,都得遵循"水局"的法则,并同造园、造景、掇山、砌石、植树、栽花结合起来,形成整体的美。

悬瀑

悬瀑即人工造瀑。方法是用自来水或水管引水入贮水池,然后利用地形的高差顺着陡峭的石山倾泻而下。它虽然不如自然瀑那么壮观,但也有一波三叠、浪花飞溅、喷金吐玉、水声喧腾的情味,能给久居城市的人们(特别是儿童)几分惊喜,取得比较好的观赏效果。

与悬瀑相似的,还有人工喷泉。它大多是以自来水通过水泵汲压而成。人工喷泉不仅可以根据需要组成各种水型,有规则地加以变化,使图景生动活泼;而且还能与雕塑艺术、五彩灯光、美妙音乐相结合,使声、光、水、色交相辉映,如入仙境。

悬瀑和喷泉在餐厅庭园绿化中也较普遍。

观赏植物配置

观赏植物配置是指餐厅庭园绿化中对各类园林观赏植物(包括乔木、灌木、花卉、草皮与地被植物)的选择与调配。它是庭院设计中的又一主要内容,如果配置恰当,可以突出餐厅庭园风格,丰富空间层次,表现自然美的艺术感受,加强餐厅装饰的功能效果。

由于园林植物有一定的生物学习性与观赏特性,对光、温、水、土、肥、酸碱度等生态环境有一定的要求,具有色、香、形态及物候季节的变化；有的植物经过神话、民俗、诗词的加工，还具有“岁寒三友”、“花中君子”等拟人的色彩；因此，应根据不同园林绿地功能与景观要求、不同生态条件与环境特点，结合地理位置、地形地貌、建筑管线、山石雕塑及水体，充分考虑平面布局、空间效果、林冠线、透视线和季相景观，因时、因地、因景、因材制宜，对观赏植物配置进行科学的设计，力求达到“五性”（科学性、艺术性、地方性、民族性、综合性）。

中国庭园中观赏植物的配置，大多采用自然式，少有规则的图形，通常是三五成丛，林中穿路，竹中求径，花中取道，水边植柳；小园以花草为主，中园花树并重，大园则是以茂林见胜；同时在轮廓线上有高有低，有曲有直，变化多样。其要点是：(1)观赏植物要有地方特色；(2)配置有利于突出分区构图，便于观赏；(3)多选用寓意吉祥，有象征性的名花名树；(4)注意季节变换，设置花房，以盆花、盆景、盆树等弥补野置花木的不足。

植树

植树包括散植的单株和密植的林带。树种多选高大的乔木，尤以常绿乔木为佳，如阔叶的白兰花、广玉兰、桂花、枇杷、山茶、榕树、菩提树、印度橡皮树，针叶的南洋松、雪松、白皮松、油松、侧柏、桧柏、云杉，半常绿的迎春、金丝桃、大花卫矛、锦绣杜鹃，以及梅、竹、藤类。

散植的单株树要求树形优美（如奇特的姿态、丰富的线条、浓艳的花朵、硕大的果实），能成为主景，有“一冠撑天”之势。密植的林带，可以是对植、丛植或群植，或是单纯密林，或是混交密林，几株、十几株、几十株组合在一起，错落有致，相互掩映，构成一片绿荫，成为一道风景线。

营竹

竹是禾木科竹亚科的常绿乔木、灌木或藤本状植物的通称，我国有250余种，包括方形竹、实心竹、佛肚竹、斑竹、紫竹、金竹、毛竹、桂竹、慈竹，笤竹、刚竹、淡竹、凤凰竹、茶秆竹、箭竹、水竹等等，大者可营林，小者可盆栽，是著名的观赏植物之一。

竹有飘逸秀美的形象，青翠葱茏的色彩，坚韧顽强的生命力和挺拔刚健的气质，历来是高风亮节的象征，墨客和丹青妙手吟咏的对象。它的观赏价值亦高，无论晴、雨、雾、露、霜、雪，观赏均有清趣，如日出有清阴，月照有清影，风来有清声，雨来有清韵，露凝有清光，雪停有清姿，将其植入餐厅四周，幽篁环绕，万玉森森，意态潇然。

修篱

篱指篱笆，又称绿篱，是用灌木或小乔木单行或双行沿直线或曲线等距离密植的规则林带。其高度在1.60米以下的，叫篱栏；在1.60米以上的，叫篱墙。由于选用树种的不同，它又有花篱、果篱、刺篱与蔓篱之分，可以观花、观果、观刺或观蔓。筑篱的观赏植物主要有冬青、含笑、海桐、枸骨、大叶黄杨、火棘、月季、夹竹桃、珊瑚树、凤尾兰等。

餐厅庭园修篱，功用很多。一可以作为餐厅外部的边界，二可以作为花坛或草坪的边线，三可以充实雕塑、喷泉或建筑小品的绿色背景，四可以分隔餐厅内部空间，屏障视线。篱笆剪修后还可以成为球形、塔形、龙形、凤形等等，千姿万态，美不胜收。

绕藤

绕藤即种植藤本植物。所谓藤本植物，是指具有细长茎蔓，借助卷须、缠绕茎、吸盘或吸附根等特殊器官，依附于其它物体之上才能使自身攀援上升的植物，如依附于栅栏上的龙吐珠，依附于山石上的金银花，依附于墙垣的爬墙虎，依附于树桩的麒麟尾，以及龟背竹、猕猴桃、葡萄、凌霄之类。

绕藤可以美化无装饰的墙面，提供季节性的叶色、花果和光影图案，统一协调没有联系的建筑物；还能提供绿荫，屏蔽视线，净化空气，减少眩光和辐射热，防止水土流失。在餐厅装饰中，将其用于棚架、绿廊、拱门、围篱或山墙，冬暖夏凉，披拂摇曳，很有一种艺术情味。

育花

花卉是餐厅庭园绿化中的主体，可供选用的品种甚多，如雏菊、芍药、水仙、芭蕉、百合、文竹、春兰、睡莲、天竺葵、美女樱、百日草、一串红、吊竹梅、唐菖蒲、郁金香、铁线蕨、羽衣甘蓝、令箭荷花、倒挂金钟、蟆叶秋海棠、广东万年青、大花君子兰、锥花福禄寿，等等。

由于花卉优美、艳丽、香气馥郁，因而在餐厅绿化中占有重要的位置。它可以用于布置花坛、花镜、花缘、切花瓶插、扎结花篮或花束、盆栽观赏，或作为地被植物使用。除了观赏、缀景、烘托筵宴气氛外，它还能防尘、吸收雨水、减少地表径流、防止水土流失。此外，在餐厅服务摆台上，它更能大展英姿。

种草

种草是指种植草坪植物，如狗牙根、结缕草、假俭草、地毯草、野牛草、羊胡子草、细叶结缕草之类。它们密植长高后经过刈剪可以成为毯状绿地，供游客休憩、观赏；还能固土、防尘、降温、吸潮，改善小气候环境，促进氧气和二氧化碳的平衡。

中国园林中的草坪，大多选在台地、坡地、阶前或路旁，餐厅绿化中亦是如此。它可以给整个庭园景观提供优美而协调的绿色底色，衬托不同色彩、不同形态的乔木、灌木、爬藤、花卉、山石、建筑、雕塑与水泉，形成缤纷的园林画面，给客人以多种多样的艺术感受。此外，大片的绿地还可以静心宁神，这对于吸引顾客也有好处。

盆景艺术

盆景艺术简称盆景，是用植物、山石及其它构件为材料，运用咫尺千里、缩龙成寸的手法，将大自然的优美景色形象地浓缩于盆具中的一种造型艺术，向有“微观园林”之誉。盆景是中国独有的园林艺术遗产，出现在东汉；在其发展过程中，曾广泛受到造园艺术和绘画、雕塑、诗词、书法的影响，是形、神、意、趣兼具的艺术珍品，在国际上评价甚高。

盆景制作经常运用小中见大、以少胜多、对比夸张、摹拟象征的艺术手法，通过艺术处理和精心培育，集中而典型地再现自然，给人以“盆里寻春春自在、窗明几净看多娇”的美的陶冶。它可用来美化环境、净化空气、点缀园林、装饰会堂，丰富人们的精神生活，提高人们的艺术修养，培养人们的高尚情操。

根据制作材料、创作过程和造型特征的不同，中国盆景一般可分为树桩盆景、山水盆景、树石盆景、竹石盆景、花草盆景、风致盆景数个大类。每个大类又可细分，如树桩盆景，便有直干式、斜干式、卧干式、曲干式、悬崖式、连根式、垂枝式、提根式、枯峰式、藤蔓式、吊挂式、贴木式、单干式、双干式、三干式、多干式、合栽式、丛林式等等差异。

餐厅庭园绿化中的盆景，各种形态均有，以树桩盆景、山水盆景、花草盆景较为多见。它们有的置于大门内或大堂口，有的置于隔窗上或水池旁，有的置于亭阁侧或花坛中，大者几尺，小者数寸，常使顾客留连忘返。

盆栽

盆栽是中国园林艺术中一种传统的园艺形式。它是将自然形态的树木或花草经过剪载加工、调整树形等艺术处理，控制它的生长，成为盆中艺术化的植物。如盆栽白榆、盆栽腊梅、盆栽塔松、盆栽紫荆、盆栽龟背竹、盆栽栀子花、盆栽悬铃木、盆栽鱼尾葵等等。

盆栽与花草盆景的区别是，仅有修饰的树木花草，而无山石等小配件作为点缀；它们的共同点是，都可以陈放于几案、厅室或花架、回廊之中，作为庭园绿化中的“小品”，有装饰、观赏价值。

盆栽在一些高级餐厅、饭店中较为多见，它们有的是从园圃中采购，有的是由店中花工自已培植。

盆植

盆植是展现植物、花卉自在状态和自然之美的一种种植方式。它是用移植、接木、播种等方法直接在花盆中栽培花木，任其自然生长，一般不作大的修剪。其好处是：(1)可以年年选育，按花季推出不同的品种，四时都可观赏；(2)成本较低，花费的时间较短，一般不需要很复杂的整形技术；(3)可以较大批量地选购，集中布置成一个景区，组成花坛、花镜或花缘，给人以满园春色、姹紫嫣红的美感；(4)带有自然的活力，无粉妆玉琢之痕迹，显得跳脱、真实，富于野趣。

可以盆植的花木有菊花、芍药、牡丹、月季、米兰、金桔、木槿、迎春、杜鹃花、一串红、牵牛花、彩叶草、大丽花、夜来香等。

插花

插花是将合适的花卉连枝带叶剪下，通过巧妙的组配和艺术的点缀插入各种特色盛器中，以供人们观赏。它分为桌花和花篮两个大类，在餐厅庭园绿化中可以作为餐台的饰物或大厅的点缀品，气韵生动。

插花应注意：(1)依据季节特点、节日习惯和接待对象确定花种，突出礼仪，符合民俗。(2)应有特定的主题、寓意和名称，表达某种感情、理念或祝愿，将其拟人化，成为“花语”。(3)突出1～2种主花，在形、色上恰当搭配，有统一协调感和动态美。(4)注意花器与花形的配合，做到弯曲有致、挺而不僵、婀娜多姿、柔中带刚、相互映衬，顾盼生辉(参阅“餐室插花”各条)。

雕塑艺术

雕塑艺术是造型艺术之一，包括雕、刻、塑3种制作方式。它以各种合适的材料(如砖、石、木、金属、粘土)进行艺术创作，制作出各种形态的具有实在体积的艺术形象，供人观赏，表现某种特定的主题。

雕塑艺术包括众多的门类。从材质分，有砖雕、石雕、木雕、根雕、泥塑、彩塑、水泥雕塑、金属雕塑、玉雕、牙雕、沙雕、冰雕；从形式分，有圆雕、浮雕、线雕、透雕；从内容分，有纪念雕塑、装饰雕塑、寓言雕塑、象征雕塑、宗教雕塑、墓葬雕塑、城市雕塑、建筑雕塑、园林雕塑、小品雕塑、抽象雕塑；从造象分，有动物雕塑、人物雕塑、肖像雕塑、花木雕塑等。其中有一些用于餐厅庭园绿化中。

根雕

根雕是以树根的各种自然形态为基础，进行加工所制作出来的艺术作品。这类作品出现在餐厅中，一是作为古玩架上陈列的工艺品，一是作为花架、椅凳等用具。它们通常仿拟人物或动植物的形态，盘根错节，古色古香，既有装饰性，又有实用性，近年来甚受欢迎。

根雕的美学特点是：将已经结束了自然生命的枯木朽根赋予新的艺术生命，出自天然又在更高的意义上回归天然。它不能像纯粹的雕塑那样完全隶属于人的主观意志，而是受树根的自在状态的限制，并体现出其韵味，通过偶然来展现必然，借题发挥，借根抒情。其创作过程是：发现根材——产生联想——展开想象——巧妙加工——命名定型。

园林雕塑

园林雕塑属于室外雕塑。它要依据园林环境的需要而配置，一般耸立在草坪间、道路汇合处、水边池畔或树丛前，成为一种协调的绿化景观，给人以美的享受。

餐厅中的园林雕塑取材广泛，或是在喷泉边雕塑戏水儿童，或是在草坪上雕塑起舞少女，或是在树丛前雕塑奔跑的群鹿，或是在大门口雕塑本店的店徽，各呈妙处。尤其是童话式餐厅中的童话人物雕塑，宫殿式餐厅中的青铜器皿雕塑，伞亭式餐厅中的抽象意味雕塑，民族式餐厅中的吉祥图腾雕塑，还有乡村式餐厅中的牧耕生活雕塑等，对于点明餐厅风格、深化主题思想、激发客人思绪、丰富绿化内涵，都有积极的作用。

养护保安

餐厅设施养护

餐厅设施养护指的是餐厅中各类器材的正确使用、科学管理、及时保养与维修。它涉及到许多方面，归纳起来基本上是8个方面：

1. 房屋养护(含地面养护、墙面养护)；
2. 饰品养护(含灯具养护、花木养护、工艺品养护)；
3. 织物养护(含地毯养护、窗帘养护)；
4. 家具养护(含木器养护、沙发养护)；
5. 餐具用具养护(含陶瓷器养护、玻璃器养护、保暖瓶养护、不锈钢用品养护、铝合金用品养护、金银玉牙用品养护、搪瓷用品养护、服务车养护)；
6. 电器设备养护(含净水器养护、保温锅养护、微波炉养护、电冰箱养护、空调器养护)；
7. 音像设备养护(含电视机养护、卡拉OK机养护、音响设备养护)；
8. 清洁设备养护(含洗碗机养护、洗地机养护、玻璃清洁器养护、清洁剂养护)等。

为此，本书拟对近50种器材的养护方法进行简明扼要的介绍。所以如此，是因为餐厅设施养护意义重大，必须对餐厅服务人员进行这方面的培训。

首先，餐厅设施养护能给宾客提供一个文明、舒适的进餐环境，体现餐厅的规格、档次和管理水平，给人以整洁、卫生的感受。

其次，餐厅设施养护与顾客的生命财产安全、与餐厅的设备完好率及社会声誉息息相关。它可以杜绝许多隐患，将突发事故的苗头消灭在萌芽状态。

再次，餐厅设施养护可以延长器物的使用寿命，减少更新设备的开支，降低餐厅费用的成本，增强它在激烈的市场竞争中的活力，展示企业家的才能。

第四，餐厅设施养护有利于培养一专多能的职工队伍，拓宽服务人员的知识面，提高他们的文化科学素质，适应时代发展和社会进步的需要。

总之，餐厅设施养护是餐厅正常运转、确保服务质量、进行安全生产教育、实现经济效益和社会效益的必备条件。现今有些餐厅“一年开张、二年装修、三年倒闭”，虽然原因很多，但不抓设施养护不能不是其中之一。因此对于这一问题应有足够的重视，并且在行动上认真落实。

房屋养护

餐厅中的房屋建筑大多是框架式结构，形成了定局。不是彻底改建翻修的时候，切勿四处打墙、开门、钻洞、立窗，因为这会破坏房屋的稳固，缩短使用年限。

许多建筑物(特别是其墙面)怕潮，所以特别要防止因水管的泄漏而造成的积水、渗水现象。

许多装饰材料怕火，因此要注意防火，特别是安全用电问题，时时应当警觉。

房屋年限一长，会自然老化。每隔一段时间，应当维修一次。

对于危房、险房，一旦认定，要坚决停止营业，进行修复或重建。决不能凑合使用，以免造成恶性事故。

地面养护

地面养护系指餐厅内各种地面(含地坪、地板)的科学使用与定期维护保养。地面材质的选择、装修与质量，是餐厅等级的重要标志；地面的使用、清扫和保养，则能反映出餐厅的管理水平。

1. 树脂地面的类型和养护。

所谓树脂地面，又称胶地面，多以树脂作主料，配加纤维、颜料、增塑剂、稳定剂、有机溶剂或填充物构成。其种类较多，如沥青地面、亚麻仁油地面、无缝地面、塑料地面(以聚氯乙烯为主料制成，有软胶、半硬胶、硬胶等类型)、过氯乙烯涂料地面、苯乙烯涂料地面等等。

树脂地面的养护，一般应注意5点：(1)避免用油类(如汽油、煤油、挥发油、松节油)或有溶解力的溶剂来清洗，防止地面褪色或软化。(2)不可使用碱性太强的清洁液，防止地面损伤。(3)不要用过量的热水冲洗，防止地面脱裂。(4)不可用温度过高或过低的其它混合液清洗，防止地面软化或硬碎。(5)避免放置过重的物品，防止地面受压变形。

树脂地面的日常保养方法主要有：(1)用洗地机、扫帚、拖把、吸尘器等除去地面杂尘；(2)用温清水清洗地面后，用吸水机吸干；(3)对地面进行打蜡、磨光。

下面着重介绍一下塑料地板的养护方法。

塑料地板是一种新型的地面装饰材料，多用聚氯乙烯和矿物石棉等原料压制而成，色泽鲜艳，图案美丽，具有耐磨、耐酸、耐热、防潮、易清洗、成本较低等优点，近年来在餐厅中应用普遍。它的清洗主要是用起蜡机及适量的起渍水、起蜡水洗擦，吸干水分后起掉两层封蜡，再喷磨上两层面蜡。由于这种地板是用粘结剂粘合的，因此接缝处不能有积水；还由于这种地板表面多印有仿木纹、仿大理石纹的图案，因此不可以用硬刷擦，不可以接触带钉的鞋，不可以乱扔燃烧的烟蒂和火柴。

2. 非树脂地面的类型和养护。

所谓非树脂地面，又称硬地面，多用砖、石、水泥、沙、土、陶瓷、木材等制成，如水泥地面、水泥油漆地面、大理石地面、人造大理石地面、石砖地面、瓷砖地面、木板地面、水松木地面、木板油漆地面、竹条镶嵌地面等等。其特点是大多保留着建材的天生丽质，带有自然的风韵，具有一定的弹性，走路舒适，还可以隔音、隔热，化学污染较少；除水泥地面外，其造价大都较高，目前只有一些中高级餐厅采用。

非树脂地面的养护，一般应注意4点：(1)避免使用无抑制剂的酸性清洁液或过强的碱性清洁液，防止损伤材质。(2)避免使用粗糙的清洁工具和清洁剂，防止磨坏地面的花纹。(3)水泥地面和大理石地面年久会起沙尘，应当经常打蜡护封。(4)避免使用粉状清洁剂，防止干燥后形成晶体将地面迫裂。

非树脂地面日常的养护方法常因材质的不同而不同，例如：

(1)水泥地面。一般是用洗地机和适宜的清洁剂冲洗，用吸水机吸干水分后，使用混凝土封蜡(或氯化橡胶、聚脂类保护物、液体蜡、膏状蜡)养护。

(2)大理石地面。一般是用洗地机加尼龙垫以及适当分量的起渍水洗擦，用吸水机吸干地面后，起掉两层封蜡，然后再用打蜡机以喷磨法加上两层面蜡。

(3)瓷砖地面。一般是用洗地机及适量的碱性清洁剂洗擦地面，过1～2次清水，然后用吸水机将水吸干，再在已清洁的地面上加上封蜡或用喷磨方法打蜡磨光。

(4)木板地面。一般是首先用打蜡机及适量的清洁剂溶剂清洗地面，让其自然风干；然后在已清洁的地面上磨光、打蜡；最后用蘸有少许煤油的拖布将地面拖净。

墙面养护

餐厅的墙面包括四方的边墙和顶部，面积要比地面大得多。墙面的装饰和养护，应和地面协调配套。它的材质、装修与质量，同样是餐厅等级的重要标志；它的使用、清扫和养护，也同样反映出餐厅的管理水平。

不同的餐厅墙面有不同的性能和养护方法。

1.砖墙面(包括外抹水泥的水泥墙面、外镶瓷砖的瓷砖墙面)。其造价成本较低，使用时间较长，还有耐酸、耐碱、防潮、防火的优良性能。它们大多用于楼梯间、洗手间或餐厅员工工作、出入的地方。其养护主要是用各种清洁剂刷擦，亦可用水抹洗，较为方便。

2.塑料装饰物墙面(包括塑料花纹纸、塑料壁纸和塑料装饰板、硬聚氯乙烯塑料装饰板两类)。从塑料墙纸看，大多是用特殊的原纸经涂布、喷塑、印花制成。它有一定的伸缩性与耐裂性，易于粘贴，表面不吸水，绝缘，能耐一般的酸、碱、酒精、油脂的腐蚀，墨水、红汞水、紫药水、碘酒对它也不起作用；而且色泽靓丽，清秀大方，多在餐室内使用。其养护只是用一般的清洁剂擦洗，也较方便；但使用中要避免高温曝晒和雨淋，还须防止烟蒂灼烧和硬物擦划。从塑料装饰板看，多用聚氯乙烯树脂等材料制成，硬度大，强度高，质轻，耐磨，耐湿，耐温，耐化学腐蚀，防燃，吸水性小，并且表面光滑，花纹漂亮。塑料装饰板多是粘贴在墙上，比较牢固，能显示高雅的格调，大多用于高级餐厅；其养护方法基本上同于塑料墙纸。

3.粉墙面。多是在砖墙(或水泥墙)外刷上一层墙粉。常用的墙粉有3种：(1)可赛银。用碳酸钙、滑石粉、颜料、胶料配制而成，品种较多，有一定的耐酸碱能力，色泽鲜亮，光滑细腻，经久耐用。(2)立德粉。用硫化锌和硫酸钡混合制成，耐热，不溶于水，与硫化氢及碱溶液不起反应，但遇酸溶液后会分解产生硫化氢气体，日光曝晒后易由白泛黄，一般只用在室内。(3)钛白粉。化学性质稳定，遮盖力强，能较长时间保持纯白的色彩，无毒害，适宜于墙内外粉刷。粉墙面的养护切忌水洗或湿布擦拭，只能经常用鸡毛掸子清扫面层的灰土和蛛丝等物。此外，粉墙面也不可用钢刷硬擦，那样会缩短使用期限。

4.胶漆墙面。主要有4种：(1)乳胶漆墙面。这是用聚醋酸乙烯乳胶、颜料、填料加水调制而成，并加有少量的防冷剂、防锈剂、防霉剂、消泡剂、分散剂和增稠剂。它的漆膜坚硬，附着力强，耐酸，耐曝晒，抗水，不易燃，色彩柔和。(2)聚乙烯醇缩丁醛墙面。用聚乙烯醇缩丁醛塑料的边角废料溶液和树脂配制而成。它粘结牢固，快干，耐曝晒，耐氧化，耐磨，耐稀酸，耐碱，耐寒，无反射光，色泽鲜艳。(3)“106”涂料墙面。用聚乙烯醇树脂、水玻璃、钛白粉、锌钡白、颜料、填料、辅助剂等研磨制成。它干燥快，附着力较强，表面平滑，无毒，无有机溶剂的气味，色调典雅美观，适宜于内墙装饰。(4)“171”涂料墙面。这是较好的一种涂料，不仅无味、无毒，而且快干、耐磨，防湿度高，光洁度不亚于油漆。前面3种胶漆墙面的养护方法大体上同于粉墙面；而“171”涂料墙面还可以用水擦洗表面污迹。

5.油漆墙面。即在水泥墙面或砖墙面上再涂上一层厚油漆。其优点是色彩鲜亮，可随意变化；手感光滑，易于除尘；使用年限较长，对墙体有一定的保护作用。它的养护，只能用温清水或肥皂水擦拭斑迹,而忌用碱水;因为油漆遇碱后便会脱落。

6.石头墙面。即用水泥将大小形态不一的石块砌成墙壁。它往往较厚,中间有不规则的水泥线斑纹,带有野趣。这种墙面结实,隔音,隔温,隔潮,防火,无污染,多在高级餐厅中使用。其养护最为便易,可以干扫、水洗,并且不怕虫蛀。

灯具养护

餐厅的灯具甚多,如吸顶灯、吊灯、镶嵌灯、路轨灯、发光天棚、壁灯、窗灯、檐灯、穹灯、筒灯、烛灯、立灯、台灯、星灯等等,是一个繁杂多变的完整照明系统,既需要科学而艺术地进行设计,又需要精心而持久地进行保养。

灯具养护的要点有四:(1)经常检查电路,使之畅通,发现损坏,立即修复,将隐患消灭在萌芽状态,确保用电安全。(2)经常检查开关、插头和灯泡,该加固的加固,该掉换的掉换,使之能够正常使用。(3)对于电线、灯罩、灯泡上的灰尘和蛛网,要用鸡毛掸子和干布经常擦拭(擦拭时务必切断电源),使之明亮光洁。(4)不要随意更移线路,更不可乱拆灯具。

花木养护

餐厅中的花木包括各种园林观赏植物,如常绿乔木、植篱灌木、人工草皮、地被植物、秀竹古藤、观赏花卉、盆景盆栽之类。它们都是"有生命的活物",养护更显得重要。

首先,应当爱护花木,不可任意攀折、跨越和践踏;不可以在绿化区内倾倒垃圾、乱搭乱盖临时房舍,破坏它的整体美观。

其次,要依据不同花木的习性,及时除草、剪枝、浇水和施肥;尤其是室内的花木,要注意晒太阳、接露水、除虫害,保持其旺盛的生机和自然的活力。

最后,大型餐厅应配备专职的花工,或由园林公司承包管理花木,经常更换品种,做到四季皆绿、月月花香。

工艺品养护

餐厅的工艺品(如绘画、条幅、雕塑、挂屏、壁饰、毛钢、古玩、绒绣、瓷瓶、宝剑、宫灯、金杯、香炉、折扇、根雕、珍奇生物标本、名贵观赏鱼等)大都贵重,需要精心养护,尽可能地延长使用年限。

1.可以加框、加玻璃罩的工艺品,尽量配置框、罩,防止积灰,不使色彩暗淡。

2.可以擦拭的工艺品,要经常小心擦拭,使之明亮光洁,闪闪生辉。

3.害怕强光照射和高温烤晒的工艺品,要避开强光和热源,防止枯焦、老化。

4.特别名贵的工艺品,应有特殊保护措施。

5.对于观赏鱼,要进行科学饲养。

6.工艺品如有破损,应尽量设法修复。

织物用品养护

餐厅织物用品包括口布、台布、台裙、转盘套、台布垫、小台布、餐垫,以及地毯、窗帘、椅套、毛巾、盘垫、清洁巾等。

织物用品的养护,主要有4个环节:(1)专物专用,按操作规程摆放定位;(2)用后及时清洗、熨烫、消毒,按类分别存放;(3)清理出残破的织物,补充新的织物,建立领用与回收登记制度;(4)经常检查,防鼠、防虫、防霉、防火,保持用品的完好率。

大型饭店的织物养护,多由管家部负责;高级餐厅的织物养护,多由特设的洗衣房负责;一般餐厅的织物养护,多由餐厅服务人员兼管,并配有洗衣机、清毒柜、熨烫机等设备。

地毯养护

地毯是餐厅中的高档设备之一。为了延长其使用寿命,正确养护相当重要。

1.地毯的种类、结构和用料。

地毯主要有动物纤维地毯(如羊毛地毯)、植物纤维地毯(如棉麻混织地毯)、人造纤维地毯(如丙烯酸地毯、尼龙地毯、聚脂地毯、聚丙烯地毯)3种。目前的中高级餐厅大多使用植物纤维地毯,3～5星级饭店一般使用动物纤维地毯。

地毯的结构通常分为3层,即面层、第一支持层和第二支持层。其中,面层又叫线层,有多种形式。一为纤维密度较高、易于吸尘、比较耐用的环层结构,它多用在电梯里或楼梯间。二为将环层的尾部剪去、让纤维独立上挺的断层结构,它的耐磨性稍差,但感觉柔软,多用于豪华包间中的休息室。三为环层结构与断层结构相结合的混合层结构,兼具二者之长,多用于雅厅或多功能大厅。至于支持层，又叫毯坯，即面层的依附物，有点像粗纤维织成的厚实麻袋。钩织的地毯常将面层与支持层一次完成；植毛的地毯是将两块厚布料粘牢，再在上面植满羊毛。

地毯的用料甚多，最贵重的是羊毛，其次是棉、麻，较低廉的是丙烯酸、尼龙、聚脂、聚丙烯等化纤。即便是化纤地毯，现今每平方米的售价也高达数十元，如果装饰一个小餐室，也需近千元，其值不菲。

2.地毯的保养和清洗。

地毯的保养主要应注意5点：(1)防止锐利的物品割断地毯面层和支持层的纤维，使之掉毛、脱茸。(2)防止烟蒂和燃烧的火柴头烧坏面层，出现凹孔。(3)防止虫蛀、鼠咬和受潮霉烂，缩短使用年限。(4)防止灰尘和杂物积满纤维的空间，使地毯变色和失去弹性。(5)防止各种污迹污染地毯，侵袭纤维，影响美观。

因此，除了每天用吸尘器将地毯吸尘一次之外，经常在其底部放置樟脑灭虫、消灭鼠害、餐室通风保持地毯干燥，也很重要。至于一些污渍，也应及时采取相应的方法清除。如咖啡渍可用苏打水清洗；圆珠笔油和口唇膏渍可用酒精清洗；红酒渍可用盐粉清除；烟痕可用刀片将烧焦部分轻轻刮去；蜡渍可垫上白湿布后用电熨斗吸附；口香糖胶渍可先用干冰使之硬化后拔出，然后再用酒精擦洗迹印等。

地毯应当每季度彻底清洗一次，方法亦多，如干粉洗法、手泵喷洗法、干泡洗法、盘形干泡洗法、盘形湿洗法、冷水抽洗法、热水抽洗法、旋转刷洗法等等。如果地毯数量较少，每块面积较小，可由餐厅自己组织力量进行；如果地毯数量较多，每块面积又大，则应委托给清洁服务公司清洗。

此外，暂时不用的地毯，务必要在清洗晒干后卷成圆筒形，中间放些樟脑丸，两端用纸包扎好，存放在干燥通风处，防止虫蛀和霉烂。

窗帘养护

绝大多数餐厅都装有窗帘，质地有厚有薄，颜色有深有浅。它们均系织物用品，也应注意使用与养护方法。

1.纱质窗帘的下垂贴边处要用较重的代用品坠住，防止飘动后撕裂。

2.窗帘拉开时两边的幅度要对称，使之美观；忌讳拉一幅、关一幅。

3.窗帘带的长短，要依照窗帘质料的厚薄和幅度宽窄而定；窗户两边窗帘带的高低和松紧必须对称。

4.不可用窗帘带将窗帘打结。

5.内层的纱窗帘不可长于外层的呢绒窗帘，两者都不可以拖在地上，以免弄脏。

6.用中性洗涤剂每半年清洗1次。

木器用品养护

餐厅中的木器用品较多，如承具、座具、柜具、屏具、架具等等，应当依据它们的特性，掌握科学的养护方法。

1.防潮与防水。木器受潮后易于膨胀，如被水浸泡，则会扭曲变形乃至散架。因此放置时不宜紧靠墙壁，下面应有橡胶脚垫；不可在木器上晾放湿毛巾和湿工作服；有水迹立即擦干；做清洁时宜用略湿的抹布；发现受潮后要马上通风排潮。

2.防热与防火。木器受热后容易收缩，如果长期靠近炉火、暖气或被太阳曝晒，则会破裂、变形、褪色，影响使用寿命。木器又是易燃物，油漆更是怕烫怕火。因此，它应远离炉火与暖气，防止骄阳烤晒；抽烟时更须注意火星，防止火灾发生。

3.防虫及防蛀。木器的主要成分是木质纤维，极易招致白蚁和虫子的蛀蚀；特别是餐厅中常有浓厚的食品香味和较多的食物残渣，这又是老鼠经常光顾之地，如果木柜中放有食物，饥饿的虫鼠便会啃啮。所以餐厅不宜存放食物，应当定期灭鼠灭蚁灭虫，做好清洁卫生。

4.调温和通风。餐厅中久闭门窗不通风，木器易于失去鲜亮的色泽，或受潮霉烂，或干化枯裂。因此应使餐室经常保持适宜的温度、湿度和新鲜空气，以利于家具的保养。

5.定期打蜡上光。许多家具都刷有油漆，名贵的还要刷上蜡光。这不仅是为了色泽光亮，还有保护作用。时间一长，蜡光脱落后油漆会老化，势必影响木器的使用寿命。所以对硬木（枣木、梨木、檀木等）家具要经常擦拭核桃油，并且打蜡上光，防止干裂。

6.巧搬轻放。餐厅的家具经常需要挪动，以便调整空间布局。由于木器多是以榫连接，如果生拉硬拖，则会造成脱榫、开胶、散架，因此一定要巧搬轻放。如果发现铰链脱落、把手失灵、抽屉不合、框架松动，还须及时修理加固，提高其完好率。

7.避免磕、碰、刮、刻。木器的硬度较金属、石头等都软得多，因此要严禁用重物锤砸、用硬器刻划，并且避免与其它物品碰撞，不使油漆层和基架受伤。在搁放菜肴时要轻拿轻放，在搬移过程中不可野蛮作业。一件好的木器家具，价值上千元乃至数千元，务必爱惜。

沙发养护

现今许多高级餐厅的休息室中都配有单人沙发、双人沙发、长沙发或组合沙发，显得优雅、舒适。它们的养护应当注意：

1.配上沙发套，以保证沙发面层的清洁和少受磨损。

2.沙发靠背顶部和两侧的扶手处放置比例相符的花垫，可起到装饰作用与保护作用。

3.经常用洗涤剂擦洗沙发面层的污迹。

4.不可蹬踩沙发坐垫，防止损坏弹簧。

5.经常翻转沙发坐垫，使之承受压力均匀。

6.每周吸尘一次，保持清洁。

7.防潮、防虫、防晒、防化学物品的污染，延长使用寿命。

8.轻移活搬，防止损伤下部的滑轮。

陶瓷用品养护

陶瓷用品是餐具中的主体，量多，型号复杂，性脆，体重，养护的工作量很大。

1.使用。要轻拿轻放，避免碰撞；冬季用来盛装拔丝之类的高温菜前，应先用温热水浸泡一会，这可防止冷瓷突遇高温而炸裂；夏季用来盛装冰淇淋之类的冷饮前，应先用凉水浸泡一会，这可防止热瓷突遇低温而炸裂；发现有缺口、裂纹的餐具，要立即剔出，以免割伤客人的手、口。

2.洗涤。先倒掉盘碗中的残汤剩菜，将大件餐具与小件餐具分开，分别用人工或洗碗机清洗。水温是夏天40℃～50℃、冬天60℃～70℃，分别加入适量的洗涤剂；初洗完毕，用清水冲淋一遍，沥干，码放整齐。

3.消毒。可用消毒柜消毒或人工消毒，消毒方法主要是紫外线照射或药液浸泡，按有关规定进行（参见“餐具洗涤与消毒”等条）。

4.存放。消毒后擦干水迹，分类分档整理，10件一垛，整齐存放在特制的碗橱中，然后关严橱门，防止沾染灰尘。

5.新购置的餐具和长期存放的餐具，使用前都必须清洗和消毒。

玻璃用品养护

玻璃用品（含高档的水晶器具、玉石器具）均系易碎品，只宜单独存放，不可和其它质地的餐具堆在一起。

它们用过后先放在冷水中浸泡，除掉酒味，然后用肥皂洗刷，用清水冲净，用新洁尔灭或漂白精片清毒。接着用消过毒的揩布揩干水渍，干后再以净纱布或毛巾揩擦，使其透明光亮，没有水渍、油污、指印、唇膏印和布纤维。

存放时不可套叠，防止压伤，应当是分类倒扣在垫有毛巾的格盘内。大水杯和高脚杯应放在专用的木格或塑料格子中，小杯具可以并排放在小格盘中，外面均应用洁净的纱布罩护，并关好存放格盘的柜门。

如有破裂的杯子，应淘汰不用。

保暖瓶养护

保暖瓶是餐厅的常备器皿，数量较多，使用率高，也应注意养护。

1.新瓶使用前应当以温水洗涮几次，并进行消毒处理。

2.冲开水前，要将里面的冷水倒净，再用温水略荡，防止瓶胆炸裂。

3.瓶中的积垢，要常用热醋除去。

4.开水冲满后，不能将木塞塞得过紧，否则会使瓶胆爆破，以致伤人。

5.刚装过沸水的瓶中，切忌立即放入冷饮制品，以防瓶胆炸裂。

6.开水只能灌到离瓶口7～10厘米处，这比灌满瓶口可延长保温时间6小时。

7.瓶外要擦拭干净，防止积水生锈。

不锈钢用品养护

不锈钢用品有两种，一是含铬量为14％的铬钢制品；二是含铬量为18％、含镍量为8％的铬镍钢制品。后者的质地优于前者。它们的区分方法是看制品上的标记：铬镍钢制品通常刻有18/8字样，而铬钢制品只称为“不锈钢”。

不锈钢用品的养护法主要有：

1. 使用后及时清洗，不可长时间浸泡水中，清洗后要擦净，不可任其自行晾干。

2. 不用钢刷和金属丝球擦洗。如有洗不净的污迹，可涂不锈钢蜡去之。

3. 不能在洗碗机中洗涤带有木柄、胶柄的不锈钢餐具；也不宜用沸水烫洗这类餐具。

4. 每隔一段时间，应用食油擦拭一次不锈钢餐具，这样可以延长使用寿命。

铝合金用品养护

铝合金用品是在铝中添加有关金属制成，其最大优点是质轻、银亮、永不生锈。

购置铝制品时，先须检查各部位结构是否牢固，有无麻点和砂眼。

首次使用时，最好不要烧水或蒸馒头，以免发黑。而应先煮带油的汤，使油塞满器皿中的细小凹孔，增强防腐能力。

使用时间久了，里面会有黑色斑痕或白色沉淀物，用少许醋液洗刷一下便可去掉。

暂时不用时，应当洗净烘干，置于干燥通风处。

一旦铝制品有了小的破洞眼，可剪一段同样粗细的铝条塞进去，两面用小锤轻轻锤平，则可照常使用。

金银玉牙用品养护

现今不少高级餐厅都在使用金、银、玉、牙器皿。它们均系贵重用物，比较“娇嫩”，因此养护尤需精心。

金银器皿一般是以其它金属作坯，在外面镀上一层金膜或银膜。由于这层膜较薄，经常摩擦便容易“露胎”；如果有硬物刻划，其“伤痕”则更明显。不仅难看，而且也失去使用意义。因此，金银器皿的养护，首先忌讳磨擦、摔磕和刻划。

其次是洗涤。洗涤前先应清点小匙、小叉是否齐全，防止它们和剩菜一起倒进杂物桶中。然后用温水冲净油污，再用不含酸和高碱的去污剂略泡，清水吐净，用软棉布轻轻擦干，加垫隔档，在专柜中妥善存放。

金银器长期不用时会发乌变黑，因此要注意保养。通常的方法是将其浸水后，用刷子沾上金粉或银粉轻轻擦拭，或者是用洗金液或洗银液浸泡，接着用清水冲净，擦干后用柔软的棉纸包好。如果餐厅没有这些粉、液，也可委托金银器保洁公司代为养护。

至于玉石象牙制品，多为酒壶、酒杯、筷架、筷子之类。它们的洗涤方法基本上同于金银器，只是象牙筷忌用50℃以上的热水泡，玉石器最怕碰撞，这都会使其弯曲或断裂。

金银玉牙器皿必须有专人保管，要单独建账，分类分档登记造册，由专人专柜保管，实行领出、收回登记制度，宴会结束收台时要逐一清点核对，防止丢失。

搪瓷用品养护

搪瓷用品是用石英、长石、硝石、碳酸钠等原料烧炼成像釉液的物质，涂在铁质坯具上再烧制而成的器皿，其表面多有色泽鲜亮的花纹图案，可以防锈。目前餐厅中使用的主要是搪瓷烧锅。

搪瓷烧锅的养护，一是正确使用，使之受热均匀，切忌空烧；二是洗涤，不可用钢丝球硬擦，洗净后锅盖不要翻转放在潮湿的锅口上，防止焊接的螺纹边缘生锈；三是除污，对于污垢，可将牙膏挤在软布上轻轻擦拭；四是保管，要轻拿轻放，避免碰撞，不用时置于干燥通风处，防止积尘。

服务车养护

餐厅服务车有工作车、牛排车、烹调车与甜品车多种，其养护要领主要是：

1. 使用时不能装载过重的物品，防止受压而变形；

2. 专车专用，不可一车多用；

3. 推进的速度不能过快，遇到上坡、下坡、沟坎或有异物挡道时，应当谨慎控制，防止翻车后损坏部件；

4. 每次使用后，务必用蘸有洗涤剂的布巾擦拭干净；镀银的车辆则需用银粉擦净；

5. 定期检查螺钉的紧固程度和万向轮的灵活程度，如有损坏及时修理；

6. 不用时放在干燥通风处，用洁净的塑料膜盖严，防止积尘。

备餐电器设备养护

餐厅备餐电器设备主要有制冰机、电开水器、电煮咖啡壶、电饭煲、电热盘器、毛巾保温箱等,它们的功用各各不同。

1.制冰机。主要用于制作小冰块,供冷饮和西餐客人使用。

2.电开水器。主要是烧开水,用于泡茶、烫酒或洗涤物品。

3.电煮咖啡壶。主要是煮咖啡、冲咖啡。

4.电饭煲。主要是煮米饭、煮粥品,冬令还可给一些食品保温。

5.电热盘器。主要是盛放热盘。它呈长桶状,下安弹簧,菜盘逐个顺序码入,通电半小时后,可达45℃,一次可装盘30个,拿走1个,会自动顶上1个,相当方便。

6.毛巾保温箱。主要用于毛巾保温。

上述电器设备的养护,主要有7点:

1.使用前认真阅读使用说明书,掌握要点后按要求规范地操作;

2.这类电器的功率都比较大,应配备专用电线和牢固的插座,安在合适的位置;

3.清洗前务必拔掉插头,使之冷却,防止爆裂伤人;

4.清洗时电气部位不能沾水,其它部位也不能用水猛冲,宜用干布蘸清洁剂小心擦拭;

5.清洗后必须让其完全干燥方可使用;

6.平常不用时应置入柜内,防止积尘;

7.使用一段时间后,要消毒一次。

净水器养护

餐厅使用的净水器有多种,如单纯净水器、矿化净水器、磁化净水器、三化(净化、矿化、磁化)净水器、紫外线消毒净水器、银离子金属膜净水器等。它们的使用与养护应当注意以下一些问题:

磁化水不宜久煮长沸;

一般净水器材的使用寿命为4吨水左右,3口之家大约使用一年即需要更换瓶胆,餐厅使用4～6月即需要更换瓶胆;

首次使用时,要通过水流3～5分钟,使瓶中的“黑水”脱净;用毕后应松开排水螺栓,排出剩水,次日再用时,则将螺栓拧紧;使用时流速不宜太大,要防止出水口的第二次污染;

不可随意打开帽盖,防止安全阀和密封圈的损坏等。

保温锅养护

餐厅中的保温锅在使用时多由固体燃料或酒精燃料加热,因此操作中要小心谨慎。其程序是:先在锅中添上足够的开水──→放入装有菜肴的瓷盘──→盖好锅盖──→放入燃料──→小心点火──→随时观察燃烧情况──→熄火(固体燃料要用盖子迅速而准确地盖严,酒精燃料则用浸湿透的布巾盖在燃料碗上)──→揭开锅盖──→用毛巾将菜盘取出平稳地放在餐桌上(为了保护桌面,事先应放一个垫盘)。

保温锅用过后要用洗涤剂清洗干净,特别是盛放开水的那一层中常有水垢,要及时地认真用醋液清除。

微波炉养护

目前餐厅中使用的微波炉多在1200瓦以上,其正常使用寿命可达5000小时(若每天使用2小时,可使用6～8年)。如果使用、保养不当,则会影响其正常功能。

1.微波炉应放置在平稳、牢固的桌面上,四周应留出10厘米以上的空隙,并避开高温和潮湿的环境,电源线不可紧靠发热的外壳。

2.微波炉只能使用陶瓷、耐热玻璃、微晶玻璃、硬纸质、耐高温塑料制成的容器;炉内不可放入普通的水银温度计,不可使用金属餐具或密胺材料制成的餐具。

3.微波炉的使用程序应当是:接通电源──→开门放入转盘架和玻璃托盘──→将装有食品的餐具放在托盘上──→可靠地关上炉门──→选择加热功率──→预置加热时间──→按启动按钮──→工作一段时间后开门检查食品成熟情况,并调整加热时间──→食物成熟后,铃响──→开门取出食物──→拔下电源插头──→用干净的搌布擦净炉膛,以备下次再用。

4.注意事项:(1)炉内没有食物时不可空开,以免损坏磁控管;(2)不宜加热带壳的鸡蛋、板栗等物,防止炸裂炉膛;(3)解冻食品不可用强功率,否则外熟内生;(4)不能放在磁性材料周围,这会影响工作效率;(5)不能与耗电量较大的电器(如电冰箱)共用一只电源插头;(6)不要碰撞炉门,不慎碰撞后要请专业维修部门修理测试后，方能继续使用；(7)清洗时忌用强洗涤剂、香蕉水、汽油、研磨粉与金属刷；(8)切忌滥卸机壳，防止高压电击和微波外泄。

电冰箱养护

电冰箱是餐厅中的重要设备之一，其使用与养护必须注意以下一些问题：

1. 冰箱应放置在通风良好的场所，背部离墙面10厘米以外，以便散热。

2. 必须“立式搬运”，倾斜角应小于45度；正在使用的冰箱搬动前，一定要拉下电源插头，倒掉蒸发器中的余水。

3. 冰箱门的开闭尽量少一些，并且速度快。室温为30℃时，冰箱若打开10秒钟，箱内温度则会上升5～6℃。

4. 热的食品应晾凉后再放入箱内；如果箱内存放食品过多，会使冷却力下降。

5. 香蕉、凉薯等食品不宜冷藏。

6. 冰箱内不可贮存乙醚、汽油、油漆、涂料、酒精等易挥发、易燃烧的物品。

7. 预告停电时，要将温度调节器调到“最强点”，使食品充分冷却；暂时不要放入新食品，尽量减少开门的次数。

8. 电冰箱长期不用时，要拔下电源插头，取出食品，清理干净。

9. 擦拭电冰箱宜用中性洗涤剂和温水；要及时清扫箱中的汁液和脏物；沾上油迹后要立即擦掉；不可使用酸、石油精等化学药品擦拭塑料部件(这容易变形和变质)。

10. 冰箱中要经常置放除臭剂，半年一换。

11. 冰箱顶部不可放置重物。

12. 冰箱应与其它大型电器保持2米以上的距离。

13. 出现故障后应请维修人员检查。

空调器养护

空调器目前已进入许多餐厅，服务人员应当科学地使用它与养护它。

1. 正确调节室温。使用冷气时最好控制在比室外温度低4～5℃为佳；使用暖气时应掌握在22～24℃之间。换句话说，室外气温在10～28℃之间时，可以不开空调；如果低于10℃或高于28℃，则开空调，室温控制在24～28℃之间为宜。因为这不仅可以节省电力，而且能使客人感到舒适；如果室温调得过高(冬天)或过低(夏天)，反而会招致伤风感冒。

2. 正确调整风向。冬天风向宜向下，夏天风向宜向上，无论冷、暖风，都不要直接射向客人或长时间地吹向皮肤。因为这都对健康不利。

3. 为了使室内温度保持恒定，应当配用双层(一厚一薄)窗帘。

4. 为了使室内空气新鲜，应当配用空气清新器，并注意通风换气。

5. 空调器耗电量大，应有专线供电；同时插头要紧固，防止漏电和过度发热。

6. 不要利用电源的接通或切断来控制机器的运转，而是应当通电后再开启或关闭空调器上的开关(或遥控器)，防止漏电和过度发热。

7. 不要堵塞吸风口和送风口，不要过分靠近正在运转的机器。

8. 不可将杀虫剂、油漆等易燃性物质对着空调器喷洒，否则可能引发火灾。

9. 空调器与电视机应有2米以上的距离。

10. 如果发现意外情况，立即断电关机，并请维修人员检查。

电视机养护

餐厅中的电视机有大小两种：25英寸以上的大多悬于半空，便于照顾所有客人抬头便能观看；22英寸以下的大多以竖架支撑，与台面同高，可以移动。它除了播放新闻和专场晚会外，主要是为卡拉OK和放录像服务。

使用电视机前应仔细阅读说明书，掌握每个按钮的功能；调整好比度、亮度、色度、音量和频道，以达到最佳的视听效果。电视机应放在背光通风的位置，距离墙壁5厘米以上；开机时不要放置在箱体内，勿将散热孔堵住；雷雨天气应当关机。机壳及前面的操作部分，经常要用干布擦拭或以中性洗涤剂蘸洗；背盖不可随意打开。长期不用时，应装箱保管，每月通电一次，约2～4小时。此外，要经常检查支架，搁放牢固。

卡拉OK机养护

卡拉OK机是既可以放送磁带或唱片的伴唱乐曲，又具有放送话筒输入的演唱歌曲功能的音响设备，主要由话筒、录音座、音箱、卡拉OK

磁带等组成。它的价值较高，应当正确地使用与保管。

1. 开机前，应检查所有的接线是否准确，并将音量开关调至最小位置，以防损坏音箱。

2. 将混响、延时开关调至适中的位置。在通常情况下，混响、延时开关的深度与声调高低成正比，女声的高音可略长，男声的低音可略短。

3. 伴唱音乐的音量与话筒音频的音量比例应适当，话筒音量应大于伴唱音乐的音量，其比率一般是5∶3。

4. 使用完毕应及时切断电源。

5. 卡拉OK设备应注意防尘、防潮、防火、防震、防晒、防雷电、防热、防化学物品的腐蚀。

6. 经常清洗磁头及转动部分，定期给主轴、电动机、按键、磁头滑板注油。

7. 用洁净的干布每星期擦拭机壳、音箱一次(擦拭前必须关机)。

8. 长期搁置不用时应当装箱保存，并且至少每半年通电运转一次，以驱除潮气，防止电容器等元件的损坏。

9. 不要让儿童操纵机具；当客人点唱卡拉OK时，服务人员应在一旁监护。

音响设备养护

餐厅的音响设备多由立体声调谐器、立体声唱机、立体声盒式录音座、立体声功率放大器和高保真度音箱等构成；有的还带有激光唱机(即镭射唱机)，并与其它音像设备(如大屏幕彩电)配合，组成相当先进的视听唱乐系统，供客人消遣。

音响设备的养护要注意：

1. 电压必须稳定，防止烧坏唱机；

2. 注意唱机开关操作顺序，先按弹跳EJECT开关，装好CD唱片，再按EJECT开关复位。

3. 装唱片时只能按拿圆边，光亮面向下；不慎弄污唱片后，只能用专用液清洗。

4. 注意防尘、防潮、防热、防火、防震、防晒、防雷电、防化学物品污染。

清洁设备养护

餐厅清洁设备主要有洗碗机、洗杯器、吸尘器和地板磨光机，其养护方法各各不同。

1. 洗碗机养护。使用前应检查转动带轴是否松动，是否有异物，转送齿是否垂直；并对各注油孔加油。搬动电器开关前应把手擦干，使用前先启动机器运转10秒钟；工作中不可将手伸进送齿中或随着传送带移动。使用中发现异常状况应立即停电关机，并通知维修部门检查；操作人员不得随意拆卸。冲洗机器时必须切断电源，严禁用水冲洗整件及电气部件。

2. 洗杯器养护。要严格按照使用说明书进行操作；用毕后擦拭干净，置于干燥通风处；防止各个部件的破损。

3. 吸尘器养护。使用时不可吸入带火的烟头、挥发油、溶化剂、酒精等易燃品，针与刮胡刀等锐器，以及可能堵塞管道的昆虫与含水垃圾物。使用后切断电源，倒掉脏物，清洗集尘袋；紧固松动的螺钉，定期更换轴承和润滑油；将外部擦净。安放时机身上不可搁置重物，不可将软管硬性扭曲、抻拉或践踏，不要离火与热源过近。

4. 地板磨光机养护。使用时发现异常情况应立即切断电源，请维修人员排除故障；使用后应及时除去残蜡，清理棕刷；放置时要远离火源，防止受潮和积灰；每半年应当请维修人员保养一次。

洗碗机养护

洗碗机可以减轻服务人员的繁重劳动，已逐步在餐厅中推广，应掌握它的养护方法。

首先，要倒尽餐具中的残汤剩渣，用过即洗，这可提高洗涤功效。

其次，应选用低泡、无毒的餐具专用洗涤剂或洗洁精，忌用洗衣粉。

第三，注意待洗餐具的整齐排列，一般是小餐具放在上网架，大餐具放在下网架，餐具之间应留有适当空隙。

第四，使用完毕后及时清理滤网上的污物。

最后，安装时应有良好的电线接地；面板上的电气控制部分防止进水；停机后要切断电源，擦干水渍，将操作开关复位；每月加洗涤剂空转一次，彻底清洗机身。

洗地机养护

洗地机是大型擦洗机和吸水机相结合的清洁设备，可以同时自动完成洗地和吸水的工作；

目前已在一部分高档餐厅和星级饭店中配置,应了解其性能和养护方法。

洗地机主要由控制杆(上面有马达安全开关、清洁剂活门、手柄调节控制杆和橡皮拖把控制杆)和机身(内装剩余清洁剂吸嘴、吸管接头、吸管、吸嘴、支座、污水箱、自动关闭系统、刷子、垫子、防撞轮、清洁箱、清洁液调节器、方向调节旋钮、吸水机、吸水机开关等部件)两大部分组成。

使用前应检查各个部件是否完好,污水箱是否密封。使用时要按程序操作,符合规范。使用后要将剩余清洁液抽至污水箱中倒掉,清洗各种配件,晾干后再准确组装起来。

玻璃清洁器养护

玻璃清洁器是近年来引进的一种先进、科学、高效而安全的擦拭窗户玻璃的设备。它可以除去 13 米高度处的玻璃灰尘,一人替代十余人的工作量,深受服务人员的欢迎。

玻璃清洁器通常由 3 部分配件构成:

1. 铝合金(或尼龙)制的伸缩长竿。2～3 节,可有 9 个长度的变化,最大“摸高”达 11～13 米。其顶部呈锯齿状,可以用螺钉固定刷子、橡皮刮或刀子。全竿质量轻,强度高,挥洒自如,能站在地面进行高空作业。

2. 不锈钢制的“T”形手柄。手柄能紧紧卡住橡皮扫帚或刮削器。它可以装入任何长度的竿子,对玻璃上的污迹进行清理。

3. 其它附件。主要有:(1)拐角插头:用来调整橡皮扫帚或刮削器的角度,便于清理“死角”处。(2)水枪:通过输水管固定在长竿上,冲洗高处的污物。(3)注射器:即调节清洁剂流量的金属喷射泵(清洁剂储存于附在长竿上的塑料瓶中)。(4)大海绵夹:可以固定在竿头擦拭玻璃。(5)短手柄刮削器:可以固定在竿头刮铲污物。(6)硬鬃毛刷和软鬃毛刷:可以刷净玻璃。

玻璃清洁器的最大优点,是可以按照清理的需要而灵活组装不同的工具。因此必须熟悉它的性能,正确组装。使用前要检查各部件是否完好;使用时要按规定操作;使用后要及时清洗各个部件,擦干后放置在一起,以便下次使用;对于损耗的部件,应及时补充更换。

清洁剂养护

餐厅中常用的清洁剂甚多,基本上可以分为药剂与蜡粉两个大类。

1. 清洁药剂类。

(1)酸性清洁剂。如盐酸、磷酸、硫酸、醋酸或其它有机酸,可除去锈渍和碱性污迹。

(2)碱性清洁剂。如氢氧化钠或其它碱类,可除去油渍和酸性污迹。

(3)中性清洁剂。如各种合成洗涤剂,可以擦拭各种餐具、木器。

(4)溶剂。大多含有三氯乙烯或异丙醇,可以清洁部分电器零件。

(5)香味剂。可以增香除臭,用以清洗洗手间等处。

以上 5 种清洁剂中,还大多含有各式添加剂(如酸性抑制剂、表面张力减除剂、化泡剂、起泡剂、乳化剂、色料、香料等),目的是增强洗涤效果,令物品美观。

目前餐厅中使用较多的清洁药剂主要是:化油剂、去锈剂、消毒剂、杀虫剂、空气清新剂、玻璃清洁剂、洁厕剂、起渍水、擦铜水、擦钢水、苏打水、天拿水、松节水、漂白水、地毯水、酒精、液体沙粉、洗洁精、润滑油、万能清洁剂等。

2. 清洁蜡粉类。

(1)蜡类。是高碳脂肪酸和高碳一元脂肪醇(或二元醇)构成的脂所组成的物质。餐厅使用较多的是家具蜡、地蜡、蜡水。

(2)粉类。分子构成各个不同,餐厅使用较多的是银粉(擦拭银器)、牙粉(擦拭银器、铜器、不锈钢制品)、去污粉(擦拭瓷砖、洗碗池、面盆)、洗衣粉(洗涤织物)、力奇涤(去油污)、通渠粉(打通下水道)等。

由于各种清洁剂的配方、性能和作用各不相同,因此它们的保管方法与注意事项也不一样。一般来说,应当做到以下 5 点:

(1)仔细阅读使用说明书,按厂方的要求使用与保管。

(2)不少清洁剂易于挥发,要盖紧、封严。

(3)不少清洁剂易燃,要避免高温或阳光曝晒,更须防火。

(4)瓶、袋上的说明文字务必保留,以便于识别与使用、保管。

(5)和食品严格分开,另设一专柜指定专人登记加锁保管。

餐厅保安工作

餐厅保安(安全保卫)工作,直接关系到企业的生存和发展。宾客就餐的舒适与愉快,都是以安全作为前提的。服务接待也应注意安全;只有安全,优质服务才能更好地体现。如果宾客的人身安全和财物安全得不到保障,餐厅就会“门前冷落车马稀”,社会声誉一败涂地。这样的事例在国内外屡见不鲜。

餐厅保安工作的内容主要有两个方面:

一是餐厅内部的安全,包括如下要点:建立和健全各种安全保卫制度,将“四防”(防特、防盗、防火、防事故)责任制落实到基层;建立定期检查制度,发现问题,采取措施,防患于未然;对职工进行安全服务教育,严格执行操作规程;加强设备的维修管理,发现隐患,及时排除;注意饮食卫生,防止食物中毒;经常检查消防设施,保证良好状态。

二是顾客的安全,力争不出现下述情况:物品失窃;染上疾病;酒醉滋事;不慎摔伤;突然死亡;其它突发事故等。

餐厅保安工作应当是预防为主,救治为辅,思想警觉,消除隐患,并且在日常接待事务中要抓好四个彼此依存的环节:

第一,把好“四道关”。

一为接待默记关。即对进餐的客人在热情接待的同时,暗中默记他们的体貌特征和言行举止,发现可疑情况后要重点“照看”。

二为服务观察关。尤其是“饭口”高峰时人流拥挤,更须勤加巡台,通过服务接近顾客,对可疑者仔细观察。

三为离店提醒关。如提醒客人走路小心,不要遗忘物品;及时询问收银台,是否结清进餐费用。

四为出入大门关。要注意宾客是否带有易燃易爆物品,是否有“应召女郎”陪同,是否有疾病先兆,是否醉酒等等。

第二,妥善保管宾客财物。

宾客存取衣帽时,要注意对准号牌。

宾客存放贵重物品或现金时,应当当面点清或原包封存后盖印,并开具存据。

宾客存放武器或重要保密文件时,可联系公安部门处置。

第三,注意发现疑点。

例如,可从言谈中注意,对神态犹豫、支吾其词、说话内容与身份不符者,多加观察;

可从举止神情中注意,对神色慌张、行动鬼祟、表现沉默、举止隐蔽、言行与气质不符、小恩小惠拉拢服务员者,应特别留意;

可从交往活动中注意,对乱拉关系者、酗酒逞凶者、频繁进出者、吹毛求疵者、对服务员动手动脚者,都须警觉。

第四,突发事故的处理。

主要是救助伤员,疏散人群,保护现场,认准目击者,注意保密,及时汇报,总结教训,认真防范。

至于具体的处理方法,可参阅“餐厅不安全因素”、“突然事故处理”、“预防自然事故”、“餐厅伤害急救”、“防火器材的使用”、“餐厅防盗”、“餐厅防特”、“餐厅防毒”、“餐厅扫黄”等条目。

餐厅不安全因素

餐厅(饭店)是人群密集的公共场所,其中存在着一些不安全的因素。这些因素,有的来自餐厅与饭店内部,有的来自流动不息的客源,需要重视。

1.餐厅饭店内部的不安全因素。

(1)由于机器、设备、水电、热力、煤气等系统管理不严、维修不及时或操作不当而出现的跑水、跑气、漏电乃至火灾事故。

(2)由于房屋建筑质量较差或维护保养不好而出现的天花板掉落、墙壁倾斜、观赏台倒塌、门窗损坏等工程事故。

(3)由于设施不良(如地板太滑、楼梯太陡、灯光太暗)而造成的跌伤事故。

(4)由于财务、商品、餐室、仓储部门缺乏防范措施或人员擅离职守而造成的盗窃事故。

(5)餐厅饭店职工的偷盗、赌博行为。

(6)食物中毒事故。

(7)各种工伤事故。

(8)传染病流行事故等。

2.客人自身存在的不安全因素。

(1)客人将各种易燃易爆、剧毒、放射性等危险物品带进餐厅饭店而造成的各种事故或隐患。

(2)客人违反有关规定,擅自使用餐厅饭店各项设施而造成的各种事故。

(3)客人因醉酒、争吵、斗殴而造成的人身伤害事故。

(4)客人因参与黄色淫秽活动而触犯法纪等。

餐厅饭店中的不安全因素特别容易出现在一些要害部位,如财务部金库、工艺品库、棉织用品库、汽油库、液化气站、建材库、高压变电房、电话机务室、电脑计算机房、电梯间、冷冻机房、闭路电视中心,以及餐室、厨房、存衣间、收银处等地。因此,除了教育员工和顾客树立安全观念外,应对这些部位加强安全防范措施,一旦发现事故苗头或隐患,就立即采取果断措施予以消除。

预防自然事故

自然事故多指由于行动不慎或操作失误而造成的工伤,其中80%来自服务人员的粗心大意,20%是因设备不安全引发的。绝大多数自然事故可以预防,关键是上岗时认真、细心,对设备勤检查、勤维修、勤验收,忙中不乱。例如:

打过蜡的地面,要及时铺上报纸防滑;发现地毯鼓起、卷边时,要及时拉平,这都可以避免行人摔倒、跌伤;

擦拭室外玻璃和清除高处的灰尘时,一定要系好安全带;操作时精神集中,不能东张西望,聊天说笑;

经常检查天花板上的悬挂物是否牢固,检查各种电器设备的插头、插座有无破损或松动,电源线是否破裂或老化;

使用吸尘器、磨光机、洗地毯机、空调机、电视机、电风扇、卡拉OK机、保温锅、工作车等设备时,要遵守操作规程;

严禁在室内明火作业;确需明火作业时,应有防范措施,事后彻底清理现场;

餐厅服务中,应遵循“向右走”的原则,避免与其它人碰撞;上菜时尽量走墙边线,一次端物不可过重,并使用托盘防止烫伤;

清洗餐具时,特别要小心陶瓷器和玻璃器,防止裂口、裂纹割伤手指;

地面泼洒汤水后,立即在上面搁放一把椅子,提醒客人注意,然后迅即用拖把搌干等。

若能在这些细小隐患上加以注意,许多自然事故就可以避免。

突发事故处理

在餐厅、饭店中由于各种不安全因素的潜伏,突发事故出现的可能性是客观存在的。对此,一方面应有思想准备,不要惊慌失措,应当镇定从容;另一方面要依据不同的情况,果断地进行处理,尽量减少事故的危害,并认真做好善后事宜。

1.客人被盗的处理。

首先是认真听取客人的陈述,做好记录,并向公安部门报告。如果怀疑对象涉及本店职工,在未掌握确凿证据之前,不可妄下结论,而应当内紧外松地查寻。同时要对客人表示同情或安慰,但不可随意开具证明,或草率地答应赔偿。

2.客人被关在电梯中的处理。

首先安慰客人,保持情绪镇定,然后用紧急制动开关将客人送到最近楼层,迅即通知有关人员前来修理。如若是因停电造成,应接通临时电源,立即将客人接出,并表示歉意;如果原因不详,也要通过电梯天窗接出客人。与此同时,要疏散围观的人群,阻止职工议论,尽量减少不良影响。

3.客人携带易燃易爆物品的处理。

要动员客人交出,并妥善地代为保管。如果数量较大,要立即报告公安部门,采取紧急防范措施。事后要对客人批评教育。

4.客人进行淫秽活动的处理。

首先应弄清事实,看管好有关人员。然后报告公安部门,进行处理。如果涉及到本店职工,应立即进行教育,马上派人顶替其工作,不使正常服务受到影响。

5.客人醉酒、斗殴的处理。

客人醉酒后要尽快扶至一旁休息,服用醒酒汤剂或药物,清除污秽,并有专人照看,直到酒醒后再平安送走。客人斗殴时首先应加阻止,防止事态继续扩大,然后迅即报告公安部门,开列损坏物品清单或职工受伤情况,由肇事者承担责任并赔偿损失。

6.客人意外受伤或死亡的处理。

客人意外受伤后应立即救护,并通知医院(或送到医院)疗治。对于突然死亡者,要注意保护现场,做好记录,并留下同行者或目击者,以便了解情况。同时报告公安部门和医疗部门,通知其家属，尽量做好善后工作。

7.客人食物中毒的处理。

如果部分客人先后出现呕吐、恶心、腹泻等症状，要立即判断是否食物中毒。若是，立即用车将客人送至医院抢救，并通知卫生防疫部门，迅即查明中毒原因。病人住院期间，餐厅（饭店）应派专人护理，并承担医疗费和索赔费以及相关的法律责任。如果导致死亡，有关问题更须认真解决。

8.火灾事故的处理。

发现失火后立即用消防器材扑救，并向消防部门报警。与此同时，迅速打开所有门窗，组织客人有秩序地疏散。并且切断电源，关闭煤气管道。火灾扑灭后，保护好现场，报告公安部门查明起火原因，追究责任。还要登记财产损失情况，向保险公司呈报。其中，最主要的是餐厅负责人必须亲临现场指挥，不可脱逃。至于相关损失的赔偿及事后的处理办法，则按有关规定办理。

9.煤气泄漏的处理。

基本原则同上。关键是迅即关闭煤气管道，切断火源与电源，开启所有门窗，组织人员及时疏散到户外，并尽快报告有关主管部门。

10.房屋突然倒塌的处理。

如果是局部损坏，应立即将人员撤离危险地带，并且抢救出受伤者和死亡者，送往医院急救或太平间存放，等候处理。如果是整座楼房倒塌，则应学会自救与呼救，积极配合救护人员救护，切切不可惊慌失措。

为了预防突发事故，餐厅在平时应加强这方面的教育，进行必要的演练，从最坏处着想，向最好处努力。

餐厅伤病急救

餐厅伤病急救指的是对意外生病、受伤的顾客与员工的及时救治和护理，包括摔伤、烫伤、刀伤、挤伤、骨刺卡喉、中暑、中风、醉酒、胃扩张、触电、煤气中毒、食物中毒等等情况的相应处置及其善后事宜。

大的餐厅和饭店，都应配备专职或兼职的卫生员，设有急救箱和一些应急的药品。一旦发生伤病事故，可以及时地进行一些处理。然后报告医疗急救站或就近的医院，用车将伤病人员及时送走抢救，不可延误。与此同时，对与事故有关的人员要进行调查，了解伤病原因，取得旁证材料，作为善后处理的依据。餐厅负责人还要将情况及时上报有关部门，等候调查处理。

安全用电

餐厅中的电器设备甚多，安全用电尤为紧要。因为不慎遭到电击，轻者受伤，重者死亡，后果不堪设想。

安全用电必须注意 6 个问题：

1.按规定要求铺设电路，所有插座都要接上地线，有专人定期检查、维修和养护。

2.任何电器设备，均须按使用说明书由电工负责安装，其他人不准随意拆动。

3.使用电器设备时，不可站在有水的地方，手指不可触碰灯座，接插头时必须擦干手。

4.发现电线包皮破损、插座和插头爆裂时，应立即通知电工更换，不能凑合使用。

5.专线专用，专座专用。

6.雷雨天气应当立即切断电源。

安全使用煤气

现今不少餐厅都配有煤气，火锅餐厅中的煤气罐更多。它为客人进餐提供了方便，同时也存在着隐患，需要安全使用。

1.应选用检验合格的燃具，不可将液化气、天然气灶具用于人工煤气。

2.煤气用具和设备应由煤气公司派专人安装，餐厅不得私自添加、移动和改装煤气设备。

3.在煤气管道和设备上不要吊挂重物，更不可连结电气设备的接地线，以免因煤气管道受损、漏电而引发火灾、爆炸等事故。

4.不可在装有煤气管道和设备的地方睡觉或堆放易燃物品，以防煤气泄漏时酿成中毒或火灾。

5.使用煤气时应有专人照看，防止有风将火吹灭或汤水将火溢灭，致使煤气散逸在室内，造成隐患。

6.客人走后，服务员应认真检查灶前的开关是否关闭，并将其拧紧。停业后应将表开关一并关闭。

7.在冬季和夜间，在室内密不通风的情况下，煤气燃具使用一段时间后，应当开启门窗 5～10 分钟，换入新鲜空气。

8.经常检查橡胶软管是否压扁或老化,接头是否紧固,减压阀是否功能正常。

9.对待儿童、老人和农村顾客,服务员应帮助其开启、调节、关闭煤气。

10.一旦煤气泄漏,应立即关闭表开关、打开门窗、疏散室内人员、严禁火种、关闭所有电器、设置危险警戒线,并火速通知煤气公司赶来抢修。

餐厅防火

餐厅防火是餐厅安全工作的"重中之重",必须百倍警惕,不能有丝毫的懈怠。

1.值班员要坚守岗位,勤巡逻,细检查,认真做到"四勤":勤听有无异常声响,勤看有无异常现象,勤闻有无异常气味,勤查有无异常情况;并特别注意要害部位,如油库、配电房、液化气管道等处。还要做好记录,认真履行交接班制度。

2.建立防火安全组织和防火责任制,每个服务人员都须经过防火知识培训,懂得多种灭火器材的性能,掌握各种灭火器材的保管与使用方法;一旦发生火警,应有初步的自救能力和组织客人脱险的能力。

3.保证各种防火设施处于良好的状态,有专人负责检查与保养防火器材,经常检查防火报警器是否失灵,及时清理堆放在太平门和安全疏散通道上的物品;各个餐室及楼道处应张贴防火安全通道示意图。

4.餐厅饭店内严禁客人带入易燃易爆物品、剧毒物品、放射性物品和充压受压容器;婚寿喜庆大宴时,不准在餐厅内燃放烟火鞭炮;对于火锅自助餐,要严格管理,不允许客人随意震荡煤气瓶;在上铁板烧、响淋锅巴等菜式时,要按规范操作。

5.举行"烛光晚宴"时,必须有安全保卫人员在场检查;蜡烛只能点在特制的烛台上,并且远离织物;客人不可举起烛台四处走动(尤其是醉酒者);除服务人员外,餐厅四角应设防火员监护。

防火器材的使用

餐厅常备的防火器材主要有消防栓、泡沫灭火器、二氧化碳灭火器、干粉灭火器、1211灭火器、四氯化碳灭火器等。要学会正确使用这些器材,以防不测。

1.消防栓的使用。打开消防柜的门,卸下出水口的堵头,安上消火栓接扣,接出消防水带(接口要拧紧),平直地将水带甩开,拧开闸门,对准火焰喷射。

2.泡沫灭火器的使用。站在距火焰2～3米的距离将灭火器倒过来,摇动几下,然后打开开关,药液即自行喷出形成泡沫层,阻止火焰与氧气接触,使火熄灭。

3.二氧化碳灭火器的使用。接近着火点(约3米距离),一手拿好喇叭筒对准火源,另一手打开开关即可。它可以稀释空气,当二氧化碳的含量达到30%～35%时,燃烧就会停止。

4.干粉灭火器的使用。一手拿起喷嘴胶管,对准燃烧的物体,另一手握住提把,拉起提环,粉雾即喷出。它特别适用于不宜用水扑救的火灾,但不可用于扑灭电器着火。

5.1211灭火器的使用。1211的学名叫二氟一氯溴甲烷,适用于扑灭高压电及油类、有机溶剂的火灾,效果甚好。使用方法是拆除铅封,拨动灭火器上部喷射体,用力紧握压把打开阀门,储压在钢瓶内的灭火剂即从喷嘴猛力喷出。

6.四氯化碳灭火器的使用。将喷嘴对准火焰,拧开梅花轮,灭火剂即自动喷出。此灭火剂不导电,适宜扑灭电器火灾;但其雾气有毒,须用湿毛巾捂住嘴、鼻再操作。

餐厅防盗

餐厅往来人员复杂,流动性大,偶尔也有盗窃案件发生,会造成不良影响,应当重视,加以防范。

餐厅盗案比较容易发生在收银台、衣帽间、洗手间和零点餐厅、歌舞餐厅、自助餐厅中,故而这应是防范的重点。至于财务部金库、工艺品库和雅厅等处,发案多在夜间。被盗的东西主要是钱财、电器设备、贵重的工艺品和织物,有时也有价昂的山珍海味原料。

餐厅防盗应抓3点:(1)注意观察客流,对形迹可疑者要严加注意,不使其四处窜动;(2)夜间关好门窗,一一上锁,关键部位应有防盗装置和报警器;(3)严格值班制度,有人巡视检查,不给作案者以可乘之机。

餐厅防特

餐厅人流如织，在众多的就餐者中，也有可能隐藏着极少数敌特分子，在此刺探情报，进行破坏活动，危及国家安全。每个服务人员应当提高警惕，严防其阴谋得逞。

餐厅防特工作的主要要求是：

1. 劝阻客人不要在餐厅议论党和国家的机密，提醒客人保管好随身携带的秘密文件和重要的科技资料。

2. 各岗位的人员坚守职责，发现可疑人后，有礼貌地加以询问并及时报告有关部门。

3. 密切配合公安机关和保卫部门缉拿正在通缉的国际恐怖组织分子和敌特分子，严防他们利用餐厅继续作案。

餐厅保密

餐厅保密是餐厅防特的一项重要措施，其要点是以下4个方面：

1. 注意保存好上级发放的各类文件，尤其是中央文件；内部机密和绝密文件严禁带入工作岗位，更不可在餐室传阅和乱放。

2. 服务人员不可将进店就餐的特殊客人（如首长、高级军官、有突出贡献的专家、外交使节）的身份和情况转告给他人。

3. 服务人员上岗时不可随意议论党和国家机密；客人若谈及此类话题时，应当委婉地进行劝阻。

4. 严格遵守外事纪律，不可随意与外宾交朋友、拉关系，不可承办与服务接待无关的事务，应当维护国格与人格。

餐厅扫黄

近年来少数餐厅（饭店）不时发现客人进行黄色淫秽活动，扰乱了社会治安，败坏了社会风气，影响极坏，应当坚决扫除与打击。

首先，任何餐厅饭店都不许播放黄色下流的音像制品，不许出售低级淫秽的非法书刊，不许“应召女郎”出入，不许进行“三陪”活动，不许服务人员出卖色相，不许职工与顾客疯打逗闹。一经发现，立即扭送公安机关惩处。

其次，夜总会、卡拉OK包房、歌舞餐厅、酒吧等特殊餐厅，应配置保安人员，制订相应的防范措施，将隐患消灭在萌芽状态。这类餐厅还不可用变相的色情广告招徕顾客，更不允许招聘年轻女性在门前“拉客”。如有违规者，首先处理餐厅负责人。

餐厅防毒

这里的“毒”，既指毒药、毒物，又指食物中毒，还指毒品，如海洛因、摇头丸之类。其具体措施必须得力，能见成效。

1. 严格执行食品加工、销售的卫生制度，防止食物中毒的恶性事故发生。

2. 专人保管好“除四害”的药品和餐厅消毒的药剂，严格领用发放制度，未用完的药品要清点上交，不许遗留在餐室和备餐室中。

3. 不允许客人在餐厅（饭店）中贩毒、卖毒和吸毒，一经发现，要连人带毒品、毒资扣留，迅即移送公安机关。

4. 教育服务人员自觉抗毒，发现有吸毒行为者立即解雇，并交由公安部门强制戒除。

餐厅除害灭菌

餐厅（含饭店）除害灭菌，主要指消灭老鼠、蟑螂、蚊、蝇、黄棕蚁、白蚁以及各种有害的病菌。因为这些害虫及细菌会危及餐厅（饭店）的设施，蛀蚀有关的物件，传播疾病，妨碍顾客的健康，造成不应有的损失，影响餐厅（饭店）的信誉和经营。

餐厅（饭店）的除害灭菌，属于卫生防疫的范畴，必须依照“食品卫生五·四制”的要求和各地卫生防疫部门的有关规定严格执行。至于具体的除害灭菌方法，可参阅本书“营养卫生”部分的“灭鼠”、“灭蟑螂”、“灭蚊蝇”、“灭黄棕蚁”、“灭白蚁”和“餐厅消毒”、“餐具消毒”各条。

(二)餐饮服务人员

素质要求

餐饮服务人员素质要求

餐饮服务人员的素质要求,指他们在从事餐饮服务工作时,所必须具备的一些基本条件,包括身体要求、文化要求、智能要求、语言要求、业务要求、品德要求、纪律要求、性格要求、气质要求、仪态要求、仪表要求、着装要求、系领带要求、佩戴饰物要求、发型要求、美容要求、化妆要求、食禁要求等等。这些要求,有的列入服务员的招聘条件,要求在上岗前就具备;有的列入培训计划,要求通过集训在短期内就能达到;有的列入晋级考核目标,通过若干年的实践锻炼逐步实现。不论时间长短、年龄大小,这些条件都是不能降低的,因为没有必须的素质要求,服务人员就不能做好餐厅接待工作。

服务人员的素质要求,既有先天因素,又有后天因素,关键在于定准标竿,严格要求,把好招聘选材、入职培训、岗位练兵和晋级考核4道关口。这是餐饮业经营中人事劳动管理的主要内容之一,它不仅与社会生产、顾客消费联系密切,而且有利于人力资源的开发,可以为企业培养造就合格的人才,提高企业管理水平和服务质量,转化为物质及精神财富。

身体要求

身体素质是从事餐厅服务工作的基础。从餐厅特殊的职业要求出发,服务人员在性别、年龄、体质、容貌上应具备以下的基本条件:

1.性别。应以女性为主,适当配备男性。现今绝大多数餐厅服务人员的男女配比是2:8,也有些餐厅为3:7或1:9;至于大型宾馆和星级饭店,一般为4:6或3:7。

2.年龄。男性一般控制在20～45岁,25岁左右的最好;女性一般控制在18～40岁,22岁左右的最好。不论男女,年龄过大都不太适于继续从事餐厅服务工作。

3.体质。由于服务人员在8小时内(通常都要超过)都是站立服务,而且是"日行百里不出门",站立、行走、端托等都需要持久的腿力、腰力和臂力,因此身体必须健康、结实,有良好的耐力。过于肥胖或瘦弱,不适于从事这一工作。还由于服务员经常接触食品与餐具,频繁地与顾客对话,因此肝炎、肺结核、狐臭、手癣、平足、关节炎、色盲、近视、聋哑、口吃,以及各种传染病、化脓性和渗出性皮肤病患者,也不能从事这一工作。服务人员还必须每年进行一次体格检查,取得健康合格证后方能上岗。

4.容貌。要求五官端正,体态匀称,面容亲切,无明显的生理缺陷。不允许纹身。这是因为服务人员天天要与顾客直接见面,基于人们对美的偏爱,服务员的自身条件也常成为评价服务质量的一个因素,所以在体态、容貌、气质等方面有着较高的要求。

文化要求

现代餐厅是一种文化含量较高的公关场所和休闲娱乐场所。作为一名称职的服务人员,必须具备高中(或中专、技校)文化程度,掌握广博的知识。这些知识大体上包括32类:

(1)中餐知识; (2)西餐知识;
(3)菜品知识; (4)菜系知识;
(5)酒水知识; (6)筵席知识;
(7)营养卫生知识; (8)膳补食疗知识;
(9)饮食民俗知识; (10)饮食文化知识;
(11)餐具知识; (12)家用电器知识;
(13)装潢知识; (14)语言知识;
(15)心理知识; (16)礼仪知识;
(17)经营管理知识; (18)社交公关知识;
(19)旅游知识; (20)中外历史知识;
(21)中外地理知识; (22)宗教信仰知识;
(23)民族知识; (24)年节文化知识;
(25)人生仪礼知识; (26)服饰化妆知识;
(27)美容美发知识; (28)货币知识;

(29)市场经济知识；(30)改革开放知识；

(31)政策法令知识；(32)职业道德知识。

上述知识，有的可以在中小学阶段(或职中、职业中专)学到，有的则需要在岗位上自学。因此，没有一定的文化基础，掌握起来就比较困难。

目前随着餐饮业竞争的日益激烈，许多餐厅在招聘服务员时也“水涨船高”：大中型餐厅都将文化条件定为高中毕业；合资企业和星级饭店则定为大专以上文化程度，并且要求英语至少达到3级。

智能要求

智能即智慧和能力，在餐厅服务工作中它多指服务人员的工作能力，包括领悟能力、表达能力、组织能力、判断能力、应变能力、观察能力等等。

从观察能力看，要求敏锐、细致、准确，能通过顾客的举止言谈和表情变化，迅速发现其心理状态，及时满足其要求。

从判断能力看，要求有预见性，即能通过顾客的衣着、风度、年龄、性别等的综合分析，能基本上推断其身份、进餐动机与要求。

从领悟能力看，要求“一点即透”，心领神会，通过简短交谈很快就明白顾客之所想、顾客之所急，能针对性地予以接待。

从表达能力看，要求口齿清楚，能说会道，要言不烦，善于运用语言技巧，声音亲切，有一股吸引人的“磁力”。

从组织能力看，要求善于指挥、善于组织、忙中不乱，面面俱到，“干一看二心想三”，巧于运用“优选法”，干活有节奏感。

从应变能力看，要求遇事不慌，胆大心细，善于化解矛盾，正确处置投诉，始终和顾客建立良好的公共关系。

为了确保智能方面的要求，现今有些高级宾馆招聘服务人员时还进行“智商测试”。智商即智力商数，其公式为：智商＝智龄÷实足年龄×100。如果一个人的智龄与实足年龄相等，则智商为100，说明其智力中等，可以选聘；智商在120以上的叫做“聪明”，无疑更好；智商低于80的则较愚笨，不宜任用。

语言要求

由于餐厅是一个特殊的公关场所，筵宴中要进行各种社交活动，服务人员经常与各种人群接触，故而在语言上的要求也比较严格。

首先，下列人员不可从事餐厅服务工作：

1.聋哑人和盲人；

2.严重口吃者；

3.鼻咽部动过手术而发音不清者；

4.方言过于浓重而又纠正不力者；

5.习惯于说脏话、粗话、丑话的人等。

其次，要重视语言艺术。包括：

1.文明礼貌，亲切柔和。多用敬语，忌用命令语和训斥语；语词应有分寸，不可轻佻、媚俗；多以建议、请求、协商、劝告的口吻与顾客交谈；客到有请，客问必答，客走致谢。

2.吐字清晰，言简意明。用词要准确，不引起歧义和误解；尽量避免使用“或许”、“可能”、“大概”、“差不多”等含糊不清的语汇；不可多言饶舌，啰啰嗦嗦。

3.真诚朴实，表情自然。话语应真实，态度应诚恳，表情应谦恭，手势应自然；少用行话，防止“官话”和“套话”；注意增强语言的人情味和感召力。

4.音量适中，速度平稳。音量以对方能听清为限，速度以对方能听准为好；注意掌握音调和声调，男须刚健，女须柔美。

5.慎择语词，巧妙答对。多用尊敬语和委婉语，说话留有余地；易答的问题正面回答，难答的问题不急于回答，可以用微笑替代；适当运用幽默语，活跃气氛。

业务要求

餐厅服务人员的业务要求，主要体现在应知、应会和文明礼貌3个方面。

从应知看，一要求有比较扎实的文化基础，二要求有比较广博的社会知识。例如，服务人员应当会说一口好话(普通话、方言和外语)；会写一手好字；懂得与餐饮有关的食料、菜点、筵席、风味、酒水、餐具、菜名、掌故知识；了解社交公关中的伦理学、民俗学、民族学、宗教学的基本常识；懂得营养卫生和膳补食疗；熟悉历史、地理、交通、旅游、市场知识等。

从应会看，一要求掌握餐厅服务所需要的各种技能；二要求操作熟练、准确而快捷；三要求有创造性，能依据时代发展的要求而不断充实、变化。例如，多少分钟能摆好一个花台，一个人能照看几个台面，分菜的标准如何，斟酒的动作怎样，会插多少花型，会调多少酒水，结算是否准确，清场是否麻利等等，都体现出基本功。它的一招一式，都靠长期的规范化、标准化的训练。

从文明礼貌看，反映在问候、称呼、迎送、应答、仪表、语言诸方面，甚至在操作服务中都不可忽视。如说话轻、走路轻、动作轻；眼勤、嘴勤、手勤、脚勤；会走常步、疾步、碎步、跨步和垫步；按序上茶、上酒、上菜、上饭和上果，这都能够体现礼仪。

应知、应会和文明礼貌相结合之后，就可以将单纯的业务技能转化为有感情、有生命的接待规范，变无形的资产为有形的资产，展示出它的意义和作用。

品德要求

餐厅内顾客的流动性大，环境比较复杂。服务员一方面要能很快进入“角色”，与各色人等交往，另一方面又要有良好的思想基础，能够抵御“腐蚀”，所以品德上的严格要求也不能忽视。

1.有正确的世界观和人生观。树立共产主义远大理想，全心全意为人民服务，处理好国家、集体与个人的关系，在平凡岗位上创造不平凡的业绩。

2.专业思想巩固，热爱服务工作，敬业乐业。不可见异思迁，频频“跳槽”；不可挑肥拣瘦，拒绝分配；不可怨天尤人，敷衍应付；不可消极怠工，酿出事故。

3.团结协作，有集体荣誉感。顾客享受到的文明礼貌服务，是由整个餐厅不同岗位上的服务人员共同提供的。因此各部门之间应当加强联系，互相支持，填平补缺，有整体观念。扯皮拉筋、以邻为壑之事，不允许发生。

4.遵守职业道德。主要包括满腔热忱的服务精神、文明礼貌的职业风尚、诚信无欺的经营作风、廉洁奉公的优良品质、维护消费者合法权益的高尚品德等。详情可参阅“餐饮服务道德”一章中所列的各条。

5.有严格的组织观念和法制观念，遵守纪律。要服从安排和调动，遵守规章制度和员工守则，严守外事纪律，严守国家机密，不触犯刑律，不做任何有损于国格和人格的事情，“堂堂正正谋职，清清白白做人”。

纪律要求

目前，不少餐厅、宾馆、饭店、酒楼都制定了《员工守则》或《服务公约》，从职业道德的角度对餐厅服务人员上岗时的言行进行规范。其中，少则七八条，多则二三十条，一般都有十余条，在纪律方面的要求主要集中在下述问题上：

1.遵守上下班时间，不得无故迟到和早退，不许擅离职守；

2.迅速清楚地做好交接班手续及班前准备工作；

3.按规定要求着装或化妆；

4.上班前不吃葱、姜、蒜等带有异味的食物，不许喝酒；

5.上班时不会客，不打私人电话，不做私事，不聚众聊天和打闹；

6.私用杂物不许带进工作间，餐厅的物品和食品不准随意拿走；

7.不准为朋友、亲戚、熟人“开后门”，少收或不收菜款；

8.不准打听顾客的身份及家世，不准托顾客代购任何物品，不准接受顾客的馈赠，不准强行索要礼品或小费；

9.不准陪顾客在餐厅内吃喝玩乐，不准陪顾客外出闲逛；

10.不准与顾客发生争吵，甚至打骂，不准用任何方式侮辱顾客等。

比较而言，三资企业对服务人员的管理更严，并将有关条款写于合同中，常用罚款直至除名来强制执行纪律。

性格要求

人的心理行为反映在性格上，一般有独立型、被动型、活跃型、沉静型、顺从型、精细型、急躁型种种，他们分别适于从事不同的工作。从餐厅服务的特殊环境考虑，独立型、沉静型、精细型的性格，更能适应工作。

这是因为性格是在待人处事的态度和行为上所表现出来的较为稳定的心理特征，独立型、沉静型、精细型性格的人大都温柔开朗,使人易于接近,而且观察力和记忆力强,反应快,善于同各种人群交往,能较好地控制自我的情绪,灵活处置突发事件。凡此种种,又都是餐厅服务工作中最为需要的。

服务人员的良好性格,至少应当表现在如下4个方面:

1. 在对人的态度上,应当是关心他人,爱护他人,成人之美,助人为乐,富有同情心,尊重他人人格;

2. 在个人的修养上,应当是自尊、自信、自爱、自立,谦虚谨慎,任劳任怨,有自知之明,既不狂妄自大,目空一 切,又不自卑自馁,畏缩不前;

3. 在敬业的精神上,应当是热情、主动、周到、耐心,勤奋向上,持之以恒,有创造性;懒散糊涂、粗心大意、见异思迁、忽冷忽热的人,不适合做服务员;

4. 在主导的心境上,应当是开朗大方,欢乐愉快,精神饱满,荣辱不惊;那种忧心忡忡、沉默寡言、落落寡欢、斤斤计较的人,也不适合做服务员。

气质要求

气质是人的心灵、性格、修养、情操的外露。它依附于形体,是精神风貌的自然显现。气质往往只能感受,不能触摸,可以意会,难以言传,像秀气、灵气、洋气、土气、呆气、傻气便是如此。同时气质也是一种风范,它规范着人的行动,制约着人的举态,约束着人的感情,给人的个性涂上光泽,从而使其品格产生美的诱惑,放出善的异彩。

服务人员的气质应当是质朴、自然、灵秀、清丽,通过环境、修养、阅历、学识等因素加以培养,用时代精神和职业道德来熔铸。在这方面,服务人员要忌讳酸气、腐气、俗气、娇气、骄气、媚气和铜臭气,养成正直、纯善、温柔、文静的品格,独具特有的职业魅力。

与气质相关的,还有风度。风度是指在精神因素作用下,人的举止和装束合乎审美标准的一种体现。它是思想、性格、年龄、气质、修养的自然流露,也与职业、性别、年龄、文化、民族、个性有着直接的关连。一个人的风度虽然不完全取决于相貌、衣着和打扮,但是可以通过带有艺术创造的巧妙修饰,使之更趋完善,求得自然美与艺术美的统一。

风度贵在自然,并且具有职业特征,如大将风度、学者风度。餐厅服务人员的风度应当是:自然潇洒的举止,稳重大方的姿态,简洁亲近的言辞,整洁合体的衣着,彬彬有礼的手势 ,以及合乎分寸的待人接物等等。狂放粗野、点头哈腰、猥琐庸俗、骚首弄姿、慌乱傲慢等习性,都应在改正之列。

仪态要求

餐厅服务人员的仪态,包括神态和动姿两个方面,无论动、静,都要求有美感。

神态中的"神"指精神,"态"指筋骨,二者合指健壮的体魄、旺盛的活力、奕奕的神采与充沛的感情。其中,精神、气势和目光,又占据主导地位。如果形体中没有精神贯注,则同蜡像木雕没有两样。神态可以显美遮丑。焕发的精神,炯炯的目光,动势的力感,都可以使人虎虎而有生气。

服务人员神态的显示,一靠健美的体形,二靠轻盈的步姿,三靠灵巧的动作,四靠青春的活力,五靠晶亮的眼神,六靠愉悦的情绪。这六者融注一身,就能做到"仪态俊秀"、"神气十足"和"气韵生动"。如果懒散、疲倦、痴呆、迟钝、无精打采、少气无力,就会影响服务质量,使客人感到"阴冷"。

动姿又称态势,包括站姿、走姿、坐姿、卧姿、手姿、身姿等。人是一个运动的实体,动姿是人在运动中正确的方式方法,应当具有规范性。它不仅是个性的表现形式,反映气质修养,同时还是文明程度的标尺,包含审美功能。像舞蹈演员、时装模特和健美力士,都是通过动姿来展示艺术才华的。动姿尽管不等同于力量、速度、柔韧等身体素质,但与健美相关,一旦形成,可以长期保持。

服务人员的动姿,讲究站如松,行如舟,脚要稳,手要轻。男性应有阳刚之美,强劲、稳健、利落、有力,如同屹立的山峦;女性应有阴柔之美,以曲线的柔和及身姿的婉约,表达出端庄、娴静、秀雅、轻捷的韵律美。

餐厅服务人员的仪态中,最讲究立态规范与步态规范。所谓"立态规范",即身体站立时重心自然地落在两腿中间,挺胸收腹收腭,腰直肩平,目光平视,面带自然的微笑,双臂下垂或在胸前、体后交叉。两脚跟并拢,其夹角为45～60度;也可以双足并立,相距一拳间隔,脚尖略向外。站立时双手不得卡腰、抱胸或插入衣袋;脚尖不可随着音乐打拍子,身体不可摇晃或东倒西歪倚靠他物。所谓"步态规范",要求步伐轻灵而稳健。上体正直,身体重心落在脚掌前部,头正微抬,目光平视,面带微笑。脚尖应对正前方,两脚的轨迹为两条紧邻的平行线;两脚之间的跨度为一个脚足距离,并且正确使用不同的"堂步"(参见该条)。

仪表要求

仪表主要指人的容貌、身材、服饰、化妆等外部形象。在餐饮业中,人们通常把酒店的门面招牌称为"第一印象",把服务人员的仪表称为"第二印象"。这是因为,服务人员的仪表,既是餐厅接待规格、服务水平的形象体现,又是尊重顾客、文明礼貌的重要标志。所以许多餐厅在招聘服务员时,在仪表方面要求得相当严格。

服务员的仪表结构主要有5个方面:

1.体质体形。首先要求健康、壮实,无生理缺陷、无传染病和相关疾病。其次,男性身高为1.65～1.80米,体重60～70公斤,女性身高为1.58～1.70米,体重50～60公斤,要求匀称、轻灵、健美。

2.容貌容颜。容貌指五官端正,皮肤光润;容颜指青春焕发,色泽靓丽。要求无病态和倦态,"精"、"气"、"神"三者兼备且突出,蓬勃而富于朝气。面部常有自然的微笑,散发出活力。

3.神态动姿。清新、自然、端庄、含蓄、稳重、秀美。具体内容请参阅上面的"仪态要求"条。

4.着装饰物。总的要求是整齐统一、清洁平整、符合规范、新颖醒目、便于工作。详情请参阅后面的"着装要求"、"系领带要求"和"佩戴饰物要求"各条。

5.美容化妆。总的要求是清丽、大方,反对追奇猎异、怪模怪样。详情可参阅后面的"发型要求"、"美容要求"和"化妆要求"各条。

着装要求

中华民族的服饰包括衣饰、头饰(首饰)、手饰与足饰4个大类;在着装上,主要是指巾帽、上衣、裤裙与鞋袜。

服饰的原始功能是遮羞和护体;服饰的现代功能是防寒避暑,美化仪表,显示身份地位与文化教养,进行社交活动。

服饰习俗表现在年龄、性别、职业、地位、时令、地域、色彩、信仰、民族、宗教、个性、质料、工艺、用途、审美诸方面,既有趋同性,又有立异性,还具有浓郁的文化气质和商品属性。选择什么服饰,不仅能反映出一个人的生活习惯,而且能表现出其个性特征和审美倾向。通过服饰,可以对一个人进行初步的了解和表层的评价。

服务员着装也有3大功能:(1)美化自身的形象(衬托外在形体美,折射内在心灵美);(2)增强和提高职业荣誉感(与企业同呼吸、共命运);(3)便于工作。因此,他们的服饰应当是真(合情、合理、适度,与仪表仪态相一致)、善(蔽体御寒、免受侵害、有实用性)、美(款式富于时代气息、格调显现个性特征)的和谐统一;与人体、自然、社会互相协调,以"称体"、"入时"和"从俗"为好。并且应有餐饮服务工作的特征,以便于操作、不分散顾客的注意力为前提。

从上述要求出发,一般来说服务人员上岗时,不宜穿质地贵重、颜色鲜丽、款式复杂的大礼服;不宜穿牛仔裤、喇叭裤、超短裙、迷你裙、拖地长裙、大摆裙、短背心、露脐或露背的上衣、泳装、旧式长袍、练功服、运动衣和带水袖的戏装;不宜穿溜冰鞋、练功鞋、响钉鞋、特高跟鞋、拖鞋、塑料底鞋、长筒靴和笨重的大头鞋;不宜戴礼帽、草帽、凉帽、花帽、风雪帽、遮阳帽和有色眼镜;不宜围纱巾、大披巾和长围巾;不宜穿过于臃肿、过于暗淡、过于简陋、过于陈旧、影响男青年和少女少妇体态美的落伍服装。

餐厅服务员的最佳服饰应当是统一设计、制作的系列工作服。其要求是:(1)具有明显的职业特征;(2)上衣、下裳和鞋、帽配套,春、秋和夏、冬各有变化,并且在统一格式下不同的工种还应有色泽、款式上的差异,便于识别;(3)轻盈,灵便,有动感,易于体现中青年男女的朝气与活力;(4)印有本企业的名称或徽记,有广告效应。

目前各地的服务员工作服,大致上是5种风格类型:(1)中式传统礼服,包括清代的"旗服"和民国年间的"中山服";(2)民间服装,包括地方服装和民族服装,如傣族服饰、蒙古族服饰、陕北服饰、苏杭服饰;(3)舞台服装,如秧歌舞服装 、古代仕女服装;(4)西式传统礼服,多系上衣、长裤或短裙、领带、领结、皮鞋配套;(5)流行的轻便服装等。要说明的是,这些服装都不是原封不动地照搬,而是有改动,有变化,有新意,注重古为今用和洋为中用。特别是流行的轻便服装,五光十色,争奇斗艳,既有强烈的时代感和“新潮味”,又有各个餐厅不同的情调和魅力。

不论何种工作服,穿戴起来都应规范。如西装,要系领带或扎领结,穿皮鞋,上装、衬衣、领带、裤子、短裙、鞋袜的式样、花纹、色调要协调;如穿连衣裙式工作服,则可扎宽荷叶边式的围裙,戴头巾和发套,但不能戴袖套,更不准将袖筒高高挽起。

穿工作服还须注意保洁。要经常洗涤、熨烫,使之平整、挺刮,不带异味和污垢。皮鞋也须天天擦拭,保持光洁度和亮度。

最后还有一个时装问题。时装有两个含义,一是指式样新奇或古朴,追求某种艺术情味或思想内涵的展示服装,如模特服装;二是指款式新颖、色彩艳丽、质料考究、魅力独特、流行于某一时期或地区的新潮服装,如文化衫、健美裤。时装再美,均不能作为工作服,因为它与餐厅的环境不相适应。

系领带要求

西装工作服中,最引人注目的是由翻领组成的“V”字型区域,它的中心部位则是有“西服灵魂”之称的领带。如何选择领带和结系领带,学问很多,服务人员应当掌握。

从选配原则看,要注意3条:

1. 领带颜色应与制服、衬衣颜色相协调。其一是同色调和,即三者颜色相同,仅只在深浅上搭配。如藏青色制服和蛋青色衬衣配青绿色领带为好。其二是关系色调和,即制衣是两种类似色组成的间色,领带则选其中一色,如绿制服配黄领带(或蓝领带)就较美。其三是衬色调和,即穿间色制服,配间色之外的色调领带,如灰制服配红领带则十分鲜亮。

2. 领带花纹应与制服、衬衣花纹相协调。领带花纹甚多,选用时要因衣而异。一般来说,单色的制服和衬衣宜配单色、斜条花纹或点子花纹的领带;直条花纹的制服和衬衣宜配斜条花纹的领带;夏季的浅色衬衣宜配印花的轻薄型领带等。

3. 领带质地应与制服、衬衣质地相符。高级厚实面料的制服宜配呢绒或锦缎的宽厚领带,单薄的制服宜配轻软的丝绸领带。

佩戴饰物要求

餐厅服务人员的饰物包括两类:一类是店徽、工号或胸卡式的工作证(上面有姓名、职务、工号和照片),这是服务员的上岗凭证,可供顾客监督或批评,必须佩戴在指定的部位上,不可遗忘。

另一类是装饰用的工艺品,如头饰、手饰。一般情况下,可以戴手镯或戒指;不宜戴项链、耳环、头花或胸花,因为后者有时会影响操作,影响服务。

此外,为了便于掌握时间,服务员应当配戴比较小巧的手表。

允许服务员选用适当的佩饰,是近年来的一项新规定。其原则是照顾年轻服务员爱美的天性,而又不妨碍工作。

发型要求

发型即头发修理的样式。俗话说:“老爱胡须少爱发”,修理得美观、大方、富有个性特征的须发,能展示老年人的风韵和青年人的光彩,是容貌美的“门面”,人体美的“上层建筑”,历来为爱美者所重视。一个好的发型,能弥补脸型、头型和肤色上的某些缺欠,使人平添几分秀色、减少几岁年纪,还可以显示其外在修养和精神风貌。所以民间历来有“去垢涤污换面目,整容净发识英雄”;“修边幅顿添瑞色,整华容骤起春风”;“理面美容,男子汉轩昂仪表,烫发添艳,女儿家飒爽英姿”;“整顿乌云,男换新貌女添俏,修刮白髭,少葆青春老还童”等等美词。

至于餐厅服务人员的发型,既要考虑自身的生理遗传因素、时代审美因素和季节转换因素,更需考虑环境因素和工作需要。一般来说,男性适合华然式、波然式、丰便式或小平头;青年女性要简洁、微曲、稍短,中年女性可选择波浪卷发型或卷曲盘旋发型。男性发不盖耳,不可留胡须、蓄狮子头、大披发、梳小辫、满脸须发丛生如野人或变作女性化;女性前发不遮眼,后发不过肩,不可梳长辫、披长发、做钢丝头或鸡冠头。

此外,现今有些青年喜欢将头发染成黄色、褐色、红色、蓝色、紫色,引为时髦,但这不宜于在餐厅服务员中提倡。

不论何种发型，都要勤洗勤梳理，保持整洁。头皮屑多的人和油性发质者，尤需注意这一点。

美容要求

美容即是通过一定的方法使容貌变得美丽。现代美容包括两类：一类是生活美容，即通过化妆品、染发剂或修剪工具、电器设备对面部进行整理、修饰，使之俊美、协调、年轻、精神，如理发、烫发、染发、焗油、做面膜、化妆之类；另一类是手术美容，即通过手术或药物使面容发生变化，弥补一些生理缺陷或衰老现象，如纹眉、纹眼线、割双眼皮、除皱、矫正鼻梁、补牙等等。

爱美之心，人皆有之。服务人员进行美容是可以的，但要因人而异。生活美容人人可做，手术美容则不必强行要求。因为，"浓妆不如淡抹，粉饰不如天成"，过分雕琢，反而会失去清秀的美，得不偿失。

化妆要求

化妆有浓淡之分。浓妆者，重涂厚抹，旨在"遮盖"；淡妆者，轻施粉黛，旨在"衬托"。餐厅服务人员一般多在18～40岁之间，无论肤色、容貌，基础都较好，应当是以淡妆为宜。因为"风流不在脂膏多"，"天生丽质最可贵"。而且，淡妆只需要粉底、粉扑、唇膏、胭脂与眉笔即可，它只是在容貌自然美的基础上，略加修饰，使红的更红、白的更白、黑的更黑，能展示中青年妇女蓬勃朝气与年龄特征。同时，化淡妆较为简易，花时不多，易于清洗，又很少伤害皮肤。因此，淡妆是当今化妆潮流的主格调，为现代女性所欢迎。

更重要的是，餐厅服务人员淡妆上岗，也是工作需要。如果满脸脂膏，遍身香水，指甲涂得红红的，眉毛纹得弯弯的，又是胸花，又是头饰，外加手镯、项链与戒指，那就不是上班劳动而是赴宴作客了。同时，浓烈的化妆品气味会干扰食品的气味，打扮得花枝招展会分散顾客的注意力，这都容易产生负面效应，应予戒除。

所以，不少餐厅对服务人员化妆也有一些限制。如男性不许化妆；女性不许化浓妆；不许留长指甲，涂指甲油；不许使用过浓的香水（宜用清香而味淡的薄荷型香水）；不许染黄发、蓝发与紫发；不许戴薄纱面罩上岗，等等。

食禁要求

餐厅服务人员的食禁要求，主要包括3个方面：

1.上岗前和工作中不许吸烟、饮酒。因为叼着烟卷操作，有失仪表，有碍卫生，影响说话，污染环境，不利于工作，同时还会被客人看作举止不文明和行为不礼貌，破坏餐厅的美好形象。不许饮酒是因为酒是一种兴奋剂，不少人饮酒后面红耳赤，酒气熏人，甚至头脑发热，说话含混，脚步踉跄，手势僵硬，经常出现差错，有时耍起酒疯来，易与顾客发生冲撞，影响极坏。

2.上岗前不许吃葱、姜、蒜（特别是生大蒜）、韭菜、洋葱、蒜苗等辛香类菜蔬。因为这些食物会长时间在口腔中留下一股强烈的异味，客人闻后会有讨厌之感，影响进餐情绪和食欲。

3.上岗前和工作中不吃某些会触犯顾客生活忌讳的食物，这主要是一些民族餐厅或宗教餐厅的规定。例如，如果你在清真餐厅工作，不论是否是穆斯林，都不许食用猪、狗、蛇、虫之类的禁物；如果你在庙观的素餐馆工作，不论是否是大乘佛教徒和全真派道教徒，都不许食用动物类食品和辛香类菜蔬；如果你在满族餐厅工作，不论是否是旗人，都不可食用狗肉；如果你在藏族餐厅工作，不论是否信奉喇嘛教，都不可食用奇蹄动物（马、驴、狗、兔）、尖嘴动物（乌鸦、喜鹊、麻雀、野鸡）、有爪动物（猫、狼）和水生动物（鱼、虾）之类，这主要是尊重宾客的风俗习惯。

定岗配备

餐厅劳动组织

餐厅劳动组织主要包括餐服人员的劳动分工与协作，确定先进而合理的定员及定额，以及合理安排工作班次等3个方面。

首先，在餐厅劳动组织中应当做到4结合，即餐饮服务人员的劳动与物质要素（包括操作技能、设备设施）相结合；餐饮服务人员的劳动与服务对象（包括就餐时间、消费层次）相结合；餐饮服务人员的劳动与现场组织工作（包括人、财、物的合理布局和安排）相结合；餐饮服务人员中专业技术人员（如宴会设计师、调酒师）与职能人员

(如餐厅经理、酒吧经理)相结合。

其次,在餐厅服务人员的劳动分工与协作中,既要注意领导职能专业化、按工作性质分工、按业务环节分工、按产品种类或劳务种类分工;又要加强同工种之间的协作、不同工种之间的协作、前后工序之间的协作、上下级之间的协作。与此同时,还须做好3件事:(1)组织好班次,抓好班组承包;(2)抓好班组劳动过程的组织和劳动效果检查;(3)合理评定和分配奖金,实现多劳多得、优劳优得。

再次,在确定先进而合理的定员及定额上,一方面要准确核定劳动定额指标和责任指标,有一定的工作量标准,如生产数量、销售数量、责任制度、服务规程之类,另一方面应当运用经验估工法、类推比较法、实际测定法、统计分析法或技术测定法,使劳动定额合理,即大多数职工可以达到,部分职工可以超过,以之调动主观能动性。其中,岗位定员法(根据岗位工作量确定职工人数)、比例定员法(按餐台数以一定比例确定职工人数)都可以相机采用。

第四,在合理安排工作班次方面,可以实行一班到底、同时上下班的"一班制",固定倒班形式的"两班制",或者是服务员分多次交叉上班的"串班制",乃至根据需要机动灵活排班的"弹性上班制"等。与此同时,应当采用计时工资、计件工资、提成工资、津贴、奖金等适当的形式,发放劳动报酬,并注意职工的劳动福利(含劳动保险、集体福利)以及劳动保护。

我国目前餐饮业所有制中存在着国营、合资、私营3种主要形式;主管单位有商业部门、供销部门、旅游部门、乡镇企业以及其它各种涉足餐饮的企事业;同时餐厅规模有大有小,档次有高有低,客流有多有少;而且在经营管理方面存在着多种模式,所以各地各店在餐饮服务人员的定岗配备上也是多种形式并存的。本书所列的26个岗位(餐饮部经理、餐厅经理、餐厅副经理、餐厅主管、餐厅总领班、餐厅领班、服务班长、迎宾员、衣帽间值班员、领位员、酒水员、传菜员、值台员、销售员、收银员、宴会部经理、宴会预订员、酒吧经理、调酒师、酒吧服务员、卡拉OK服务员、卧房用膳服务员、管事部经理、采购员、保管员、勤杂人员),并非所有的餐厅都设置。像餐厅经理(含副经理)、主管、总领班(含领班)3个岗位,通常是只取其一;宴会部经理和酒吧经理,需要则设,不需要则不设;迎宾员与领位员,酒水员与调酒师,通常是合二为一;值台员、酒吧服务员、卡拉OK服务员和卧房用膳服务员,往往统称服务员,根据需要临时调配;而收银员、衣帽间值班员、销售员、采购员、保管员和勤杂人员等,又常常指定某些服务员兼任。总之,是因需定岗,统一调配。本书之所以将26个岗位分别列出,主要是为了介绍它们不同的岗位职务标准,以供餐饮业负责人在安排餐饮服务人员时心中有数,综合考虑。

餐饮部经理

餐饮部经理属于管理层人员,其岗位职务标准主要是:

1.职业道德。要求:(1)热爱餐饮事业,有事业心和责任感,富于献身精神;(2)对工作认真负责,讲究效率,勇于开拓和创新;(3)顾全大局,团结协作,能搞好与下属的关系;(4)严格管理,以身作则,坚持原则;(5)作风正派,秉公办事,不谋私利。

2.岗位职责。在总经理直接领导下,全面负责餐饮部的经营管理工作。(1)确定餐饮部的经营对策,制定和调整全部的短期计划和长远规划,并定期检查;(2)制订服务标准和操作规程,督导各岗位主管实施,确保服务质量、食品质量和卫生工作达到规定的水准;(3)掌握市场行情,确定菜点成本标准,善于分析经营状况,完成销售和利润指标;(4)拟定每年预算,研究新菜点推销计划,增加销售,降低成本;(5)与人事部配合负责招聘与培训人员工作,对本部门员工的奖励、处罚、晋升和调动有主要建议权;(6)有效使用人、财、物,协调本部门各单位的关系,保持高效率的通畅运转;(7)对餐厅和厨房的装潢设计、设备的维修与更新提出建议;(8)主持日常和定期的餐饮部会议;(9)与饭店或餐厅其它部门密切联系,与顾客建立良好关系;(10)亲自组织团体就餐和重要宴会,加强巡视、督导;(11)定期向总经理报告工作和人员情况。

3.知识要求。(1)具有旅游或餐饮、烹饪等专业的大专以上学历;(2)掌握餐饮业经营管理知识,了解原料、烹饪、酒水、炊饮设备情况,熟悉餐厅接待和宴会进程,懂得价格、会计、成本控制原理，通晓心理、公关、销售、营养卫生要求；(3)了解各国各地各民族的风俗习惯，熟悉防火、保安、防止食物中毒知识；(4)懂得企业法、食品卫生法和物价、税收条例以及有关的涉外法规。

4. 能力要求。(1)组织、管理、协调能力较强，能充分调动员工的积极性；(2)有一定的开拓、创新能力，能及时调整经营方向，更新服务项目和菜点品种；(3)应变能力较强，能妥善处置特殊情况；(4)有一定的社交能力，善于同不同的人交往；(5)语言文字能力较强，能拟写文稿，准确下达指令；(6)掌握一门外语，能笔译专业资料，进行口语会话。

5. 资历要求。从事餐饮管理工作3年以上。

餐厅经理

餐厅经理属于管理层人员，对分管餐饮的餐饮部经理或饭店副总经理负责，全面负责餐厅各部门的工作，其岗位职务标准主要是：

1. 职业道德。(1)热爱餐饮工作，有事业心和责任感；(2)对工作认真负责，注重实效，严格管理；(3)办事公道，严于律已，不图私利。

2. 岗位职责。(1)完成各项经营指标；(2)制定经营策略、预算方案和经营计划，协调主管、领班、会计等人员的关系；(3)制定经营管理方案，确定合理毛利率，对成本核算和财务活动进行监督；(4)制订设备更新和员工培训计划，保证餐厅业务正常运行；(5)根据季节、货源和技术优势，定期审核并调整菜单；(6)定期进行经营情况分析，保持优势，改进不足；(7)执行食品卫生法，严格把好质量关；(8)合理调配与使用员工，制定奖金分配方案，并审定发放；(9)贯彻安全责任制，做好保安工作；(10)搞好劳动保护、业务培训及考核、思想教育等。

3. 知识要求。在文化程度、专业知识、相关知识、法律知识等方面，要求略低于餐饮部经理而高于餐厅副经理和主管。

4. 能力要求。(1)有较强的组织管理能力，合理使用人、财、物；(2)有一定的协调能力，能使餐厅与厨房密切配合；(3)有一定的应变能力，遇事不慌，处置果断；(4)有一定的语言表达能力，能用简明的中、外文和方言向客人介绍菜式及其特色。

5. 资历要求。有从事餐厅管理工作2年以上的工作经历。

餐厅副经理

餐厅副经理属于管理层人员，协助餐厅经理或在餐厅经理授权的情况下，具体负责某一业务领域的工作。

餐厅副经理主要的工作内容是：

1. 协助餐厅经理完成餐厅的经营指标，督导员工推销食品及饮品；

2. 与厨师长及其它各部门进行沟通与合作，协调内部关系；

3. 协助餐厅经理做好人事工作，调动员工积极性，对出现的问题(如员工纪律问题、菜品质量问题)及时给予解决；

4. 协助经理完成培训工作，确保员工的专业素质良好；

5. 每日检查餐厅各项设备的运转情况，如发现问题，及时通知工程部进行维修；

6. 每日开餐前，安排各项工作任务及员工岗位；

7. 营业时间内，全面控制餐厅的服务工作，对特殊客人和重要客人及宴会给予特殊关照；

8. 处理客人投诉，解决客人问题；

9. 确保餐厅用具、餐具的质量及适用量，及时给予补充；

10. 每日停止营业后，全面检查餐厅，并填写营业报告；

11. 完成餐厅经理交付的其它工作；

12. 在餐厅经理外出或离岗时，依据餐饮部经理或餐厅经理的指令，临时代行餐厅经理的某些职权等。

餐厅主管

餐厅主管属于管理层人员，其地位略次于餐厅经理或餐厅副经理，归餐饮部经理或分管餐厅的副总经理领导，其主要的岗位职责是：

1. 协助餐厅经理和副经理完成各项经营管理任务；

2. 在餐厅经理和副经理离岗时，根据指令代行某些职权；

3. 配合餐厅经理和副经理拟定各项计划，并负责具体实施；

4. 具体调配全餐厅的人力；

5.督导员工服务规程、仪容仪表、清洁卫生、工作纪律的落实；

6.对违犯服务规程和店规店纪的人与事进行纠正和处理，为宾客提供优质服务。

7.具体负责员工的培训工作；

8.负责将餐厅的经营情况、客源结构、宾客反映、菜点质量等综合性营业信息反馈给餐厅经理（或副经理）及厨师长，以便适时进行必要的调整；

9.在营业时间内巡视餐厅，征询客人的意见与要求，处理客人投诉；

10.负责餐厅服务用品、消耗用品及固定资产的管理、维修和控制；

11.负责对辖区内安全设施和安全措施等实行检查与布置，确保餐厅安全；

12.协调各餐室之间、餐厅与厨房之间的业务关系；

13.负责餐厅系统的正常管理及考核评定，以及员工奖金分配的审核等。

餐厅总领班

餐厅总领班属于管理层人员，归餐厅主管领导，其岗位职责是，督导各领班的工作，全面负责为客人提供各项优质服务。

总领班主要的工作任务是：

1.营业时，向各领班布置任务，督导工作；

2.沟通餐厅、传菜部及厨房的关系；

3.参与餐厅的服务接待工作；

4.对特殊的及重要的客人给予关注；

5.介绍菜单内容，推荐特色食品，回答客人询问；

6.处理客人投诉；

7.检查台位、卫生、设施、用具等情况；

8.定期对领班和服务员进行效绩评估，向主管汇报，提出奖惩建议等。

餐厅领班

餐厅领班属于员工层人员，受餐厅主管和总领班领导，具体负责所属班组的各项工作。其岗位职务标准主要是：

1.职业道德。(1)有良好的服务意识和责任感；(2)对工作认真负责，团结协作，以身作则，爱护餐厅财物；(3)对客人文明礼貌，态度热情，服务周到，助人为乐。

2.岗位职责。在餐厅经理（或副经理、主管、总领班）领导下，带领班组服务人员做好接待工作。(1)班前检查服务员的仪容仪表；(2)了解进餐人数及要求，督促服务员做好清洁卫生和餐酒具的准备工作；(3)注意餐厅动态，现场进行指挥，遇有重要客人和重要宴会，要亲自上台服务，确保服务的高水准；(4)熟悉各种宴会的标准、格局、规则和服务程序；(5)征询宾客意见，及时向上反馈；(6)检查餐厅设施及用具，发现问题立即汇报；(2)作好考勤记录，填好工作报表，掌握服务员动态。

3.知识要求。(1)职业高中餐饮服务专业毕业或同等学历；(2)熟悉餐饮服务接待知识，具有一定的餐厅管理知识，懂得服务程序，了解烹饪常规和菜点名称及特色，了解食具的使用方法和保养常识；(3)了解营养卫生、服务心理、饮食民俗常识，懂得餐饮推销技巧；(4)懂得食品卫生法，了解本店的规章制度。

4.能力要求。(1)有娴熟的技术操作能力，胜任餐厅的各种服务接待工作，动作迅速，姿态优美，准确完善；(2)有一定的应变能力，遇事头脑冷静，反应敏捷，处理果断，能够应对不同的客人；(3)有一定的协调能力，能处理好本班服务员之间以及与其它班组之间的关系；(4)具有一定的组织管理能力，能灵活自如地指挥本班服务员有条不紊地进行服务；(5)具有一定的语言文字表达能力，能写好本班的工作总结和报告，在班务会上即席发言；(6)具有一定的外语水平，能用一种外语进行简单的接待服务会话。

5.资历要求。有从事餐厅接待服务工作2年以上的工作经历。

服务班长

服务班长又称服务主任或服务组长，属于员工层，地位大致上与餐厅领班相当。有些中小餐厅不设餐厅主管或总领班，由服务班长直接对餐厅经理负责。其岗位职责主要是：

1.负责餐厅服务的具体组织领导工作；

2.合理调配服务人员，及时安排零餐和酒席的接待任务；

3.参与某个环节的服务工作，特别是参与门庭的迎宾，亲自接待重要的和特殊的顾客。

4. 协调供应与生产的关系，调解处理纠纷，倾听顾客意见，及时改进工作；

5. 组织服务人员学习政治和业务技术，不断提高基本素质；

6. 关心职工疾苦，调动积极因素。

迎宾员

迎宾员又称门庭服务员、礼仪小姐，属于员工层，归餐厅主管、总领班或服务班长领导，大多由仪表、气质较好，声音甜美的青年服务员充当。

迎宾员的工作岗位在大门口、楼梯口或宴会厅入口处，主要是站立服务，其基本任务是：

1. 向宾客致意问好，开门打帘，表示欢迎；

2. 简单询问宾客进餐要求后，分别导入衣帽间或相关的餐室；

3. 向领位员交待顾客的需求和情况；

4. 按照东道主的嘱托，引领后到的宾客到指定的餐室入座就餐；

5. 向宾客道别致谢，送行到大门口等。

迎宾员重在"形象"，是餐厅的"门面"，必须认真负责。

衣帽间值班员

衣帽间值班员又称衣物保管员，属于员工层，归餐厅主管、总领班或服务班长领导，大多由细心负责的男性服务员充当，一般只在星级饭店、高档餐厅中设置。

衣帽间值班员的主要职责是：

1. 暂时保管宾客寄存的衣帽或其它物品；

2. 帮助宾客脱衣、穿衣或脱帽、戴帽；

3. 按照号牌挂放衣帽和物品，并注意看管；

4. 凭借号牌发还衣帽和物品；

5. 承办顾客委托的其它相关事宜等。

衣帽间值班员直接代管客人衣物，责任重大，不可丢失或发生差错。代管提包之类的物品时，应要求顾客上锁；至于现金和贵重衣饰，应当协同保安人员一起查验。

领位员

领位员又称引座员，属于员工层，归餐厅主管、总领班或服务班长领导，大多由反应敏捷、灵活稳重、文明礼貌的服务人员充当，其主要的岗位职务标准是：

1. 职业道德。(1)热爱本职工作，有较强的服务意识；(2)仪表端庄，面带微笑，礼貌待客，不卑不亢；(3)观察敏锐，体贴入微，助人为乐，宾客至上。

2. 岗位职责。在餐厅主管或总领班的领导下，负责进餐宾客的迎送接待工作。(1)掌握餐厅当天餐桌的安排情况，接受零星客人的电话预订，保存客人订餐单；(2)热情礼貌地迎候客人，将其引领到适当的就餐位置，拉椅让坐；(3)熟记常客及重要客人的姓名，编写就餐客人资料；(4)参加餐前准备和餐后整理工作，统计当班就餐人数。

3. 知识要求。(1)旅游职中餐饮服务专业毕业或同等学历；(2)熟悉餐饮服务程序以及应接服务的技巧技能，了解本店菜品、饮料的品种、风味及价格，了解本店各部门的服务设施、项目与营业时间，懂得外事礼仪；(3)了解营养卫生、饮食民俗、服务心理、美容服饰知识；(4)懂得食品卫生法和本店的规章制度。

4. 能力要求。(1)有较强的应接服务能力，能迅速引领并安排客人在合适的地方入座；(2)有一定的应变能力，能妥善处理引领过程中出现的问题，使客人满意；(3)具有一定的语言文字表达能力，能写工作记录，谈话口齿清楚；(4)具有一定的外语会话能力，能用一种外语较流利地对客人进行接待服务。

5. 资历要求。有从事餐厅服务工作2年以上的工作经历。

酒水员

酒水员又称酒柜值班员，属于员工层，归餐厅主管、总领班或服务班长领导；其岗位在酒水台，主要任务是酒水服务和推销：

1. 开餐前准备酒水车和酒水展示台；

2. 检查酒单是否完备、正确；

3. 检查和擦拭酒杯；

4. 为客人订饮料，进行饮料服务；

5. 准备酒篮和冰桶；

6. 向客人展示和介绍酒单；

7. 为客人介绍餐前酒、餐间酒、餐后酒、雪茄烟及咖啡，并进行服务；

8. 调节酒水冰箱的温度，保持冰箱清洁；

9. 账物相符，每天核对，半月一小点，月终总盘点。

传菜员

传菜员又称走菜员，属于员工层，归领班或服务班长领导，其主要任务是迅速准确地完成传菜和撤盘工作，岗位职责主要是：

1. 着装朴素，整洁大方，守时，快捷，服从指挥；

2. 持订菜单，按上菜顺序准确传菜；

3. 开餐前备好调料及走菜用具；

4. 协助餐厅服务员将用过的餐具及时撤回洗碗间，并分类摆放；

5. 负责小毛巾的洗涤、清毒或领用、折叠；

6. 负责传菜间和规定地段的清洁卫生；

7. 保管传菜用具，掌握特殊器皿的使用和端放方法；

8. 保管出菜单，以备检查。

值台员

值台员又称餐厅服务员，属于员工层，是餐厅接待服务中直接为宾客服务的人员，一般配置的人数较多(在大餐厅中，1人负责2～4个台面，在小雅厅中1～3人负责1个台面)，多以女性为主，归领班或服务班长领导，其岗位职务标准主要是：

1. 职业道德。(1)宾客至上，优质服务，有较强的服务意识；(2)待客礼貌、热情、周到，助人为乐，不卑不亢；(3)仪表端庄，讲究卫生，爱护公共财物；(4)自尊自爱，不贪小利。

2. 岗位职责。在领班指挥下，具体负责餐台的接待服务工作。(1)负责开餐前的准备工作，布置餐厅和餐台，补充各种所需物品；(2)熟悉各种服务方式，随时密切注视客人的需求；(3)为客人提供拉椅入座、送毛巾、上茶、递菜单、介绍菜单和饮料等服务项目，做好进餐前的准备；(4)接受点菜和点酒，按操作程序进行；(5)及时上菜和撤盘，更换碟具和烟灰缸，递送香巾；(6)及时分菜和斟酒，注意察看客人就餐情况；(7)随时回答客人的询问，满足客人的需要；(8)礼貌而适时地协助客人办理付款手续，清楚交结钱款和账单；(9)热情地送别客人；(10)迅速清理餐台，做好清洁卫生；(11)清理各种用具，以备急用。

3. 知识要求。(1)旅游职高餐饮服务专业毕业或同等学历；(2)掌握餐厅服务的基本知识和技能，了解原料、工艺、菜品、风味、酒水、营养卫生、膳补食疗等知识，熟悉本店的特色菜肴和各种服务设施与项目，知道餐厅各种设备和用具的功能与使用、保管方法；(3)了解主要客源国的饮食民俗，懂得多种结账方法；(4)懂得食品卫生法和本店的规章制度。

4. 能力要求。(1)有熟练的技术操作能力，可以按操作程序与规范独立完成餐台的接待服务工作；(2)具有一定的应变能力，能妥善处理服务过程中出现的一般性问题；(3)有一定的语言文字表达能力，口齿清晰，说话流利，能迅速准确地书写菜单；(4)有一定的外语会话能力，能较熟练地运用一种外语为客人服务。

5. 资历要求。有从事餐饮服务工作1年以上的工作经历，或经过专业培训。

销售员

销售员又称小食品营业员，属于员工层，主要负责各类零散食品的销售，归领班或服务班长领导，其主要职责是：

1. 负责各种面点、小吃、冷碟、酒水、果品、烟茶、味料、餐纸等的领取、保管与销售，并按照顾客需要，介绍适宜的品种，严把食品质量关和卫生关；

2. 负责领取、保管各种销货用的盛器、量具、夹具和其它设备用具；

3. 准确回收票证，按规定销售；

4. 下班前与财务部门核对销售款项，做到票、账、物一致；

5. 负责本柜、本区域内的环境卫生与设备卫生等。

收银员

收银员又称收款员、账台服务员，属于员工层，归领班或服务班长领导(有些餐厅归财会部门管理)，其主要职责是：

1. 负责办理包餐、酒席、宴会的预约手续；

2. 在餐厅经理和厨师长的指导下，会同有关部门制订包餐、酒席、宴会和当日供应的散座食谱及价格；

3. 负责开单(售票)、结账(收款)，收取票款要唱收唱付，准确迅速，防止错账、漏账、跑账；

4. 严格遵守财会制度和财经纪律，按时结算，填报各种表格，及时上缴票款，不准挪用或贪污；

5. 领取和保管票证与单据等。

宴会部经理

宴会部经理属于管理层人员，对分管餐饮的餐饮部经理或饭店副总经理负责，独自主管宴会厅或宴会包厢的接待服务工作，其岗位职务标准主要是：

1. 职业道德。(1)热爱餐饮事业，一心一意为宾客服务，有较强的经营观念；(2)勇于开拓，善于团结协作；(3)严格管理，作风正派，以身作则，不谋私利。

2. 岗位职责。受饭店指派，全面负责宴会业务及宴会部全体员工的管理工作。(1)负责与主办宴会的单位商洽宴会业务；(2)负责宴会的准备、服务及善后工作，如制订席单、厅堂装饰、台面摆设、服务人员分工、规范化服务之类；(3)制订宴会部营业计划，组织宴会推销业务；(4)与餐饮部等其它部门协作，疏通各方面的关系；(5)与总厨师长、采购经理、餐饮成本控制员一起筹划宴会菜单；(6)负责向餐饮部经理汇报当日的宴会情况；(7)处理宴会期间的突发情况以及客人的投诉；(8)召开宴会部全体员工的例会；(9)负责培训宴会部的服务人员；(10)督导宴会部员工按规定程序工作，保证宴会部的正常运转；(11)参加餐饮部的例会，对宴会业务提出合理化建议，对本职工作进行评估等。

3. 知识要求。在文化程度、专业知识、相关知识、法律知识等方面，与餐厅经理基本相当。

4. 能力要求。(1)有组织协调能力，能有效组织本部员工完成大型宴会的接待业务，沟通与兄弟部门之间的关系；(2)有一定的应变能力，能及时而妥善地处理突发事件，化解各种矛盾；(3)有较强的口头表达能力，口齿清楚，谈吐文雅；(4)有较强的公关能力，能不断拓展业务，与社会各界联系密切；(5)能用一种外语与客人流畅交谈，并可以用外语书写菜单。

5. 资历要求。有从事餐饮管理工作3年以上的工作经历。

宴会预订员

宴会预订员又称宴会业务员，属于员工层，直接受宴会部经理领导，具体负责宴会的推销和预订业务，多由男性担任，其主要职责是：

1. 了解社会各界的宴会需求动态，广泛联系各种宴会业务；

2. 负责接待各种形式的宴会预订业务，登记电话或信函，接待来访者；

3. 认真填写宴会预订单，做到“六知”(国籍、人数、时间、身份、标准、接待单位)、“三了解”(风俗习惯、饮食嗜好、用餐禁忌)，收取预订费用；

4. 根据预订单，报告宴会部经理、总厨师长和饭店有关部门；

5. 建立宴会档案，记录重要客人、大型活动及各式宴会的日期、人数、规格、席谱、消费水平和经验教训；

6. 与客户保持良好的信誉关系，争取回头客，不断扩大客源；

7. 具有较强的社会活动能力，能熟练使用普通话、方言和一种外语；

8. 了解经济合同法、食品卫生法和有关涉外法规；

9. 社会阅历丰富，善于待人接物；

10. 廉洁奉公，一尘不染等。

酒吧经理

酒吧经理属于管理层，对分管餐饮的餐饮部经理或饭店副总经理负责，主管酒吧的经营业务，其岗位职务标准主要是：

1. 职业道德。(1)一心一意为宾客服务，有乐于助人的精神；(2)认真负责，善于经营，勇于开拓；(3)注重质量，讲求信誉；(4)严格管理，以身作则，不谋私利。

2. 岗位职责。(1)制订酒吧销售计划并组织实施；(2)安排员工任务，负责人员调配；(3)督导员工进行标准化服务，确保服务质量；(4)参与宴会、酒会的酒水服务工作；(5)处理客人投诉；(6)签署酒品饮料单，管理控制酒水成本；(7)检查酒吧设备、器皿、酒水的标准库存量，使之正常运转；(8)主持酒吧员工例会，负责评估员工表现；(9)培训新员工等。

3. 知识要求。在文化程度、专业知识、相关知识、法律知识诸方面，与餐厅经理、宴会部经理大致相同。

4.能力要求。(1)有管理酒吧、安排业务、控制成本的组织实施能力;(2)有一定的创新能力,能对酒吧的布局、装饰、气氛、酒吧设备提出建议;(3)熟悉各种酒水,会调鸡尾酒;(4)有一定的应变及协调能力,能处理醉酒客人,协调各种关系;(5)能流利地用外语与客人进行交谈,可以把国外有关酒水的书刊资料译成中文。

5.资历要求。有从事酒吧管理工作2年以上的工作经历。

调酒师

调酒师属于员工层,归酒吧经理领导,大多由"帅气"的青年男性充任,这一岗位的技术性很强,主要要求如下:

1.着装整洁,仪容英俊,风度潇洒;

2.有较高的外语水平,能看懂外国酒的商标,并能与外宾流畅地对话;

3.了解各国名酒的产地和风味特点;

4.会调制多种西洋鸡尾酒、中华鸡尾酒和其它著名饮品;

5.有较强的应变能力,既能满足客人需要,又能防止客人醉酒;

6.有开拓创新精神,能不断推出新饮品;

7.熟悉各种调酒器具和酒具的性能和作用,善于保管;

8.有一定的财务知识等。

酒吧服务员

酒吧服务员又称"吧仔"或"吧妹",属于员工层,归酒吧经理领导,主要是为"吧客"提供各种服务,要求具备迎宾员、领位员、传菜员、酒水员、调酒师和服务员的多项专长,独当一面地照应数十名客人。其主要任务是:

1.保证酒吧设施的完备和环境的雅致卫生;

2.为客人调制普通混合酒或饮品;

3.准确传送酒水或饮料;

4.为客人灵活地安位,并巡视服务;

5.做好酒水、果料的验收、保管工作;

6.每天做好进、销、存记录,款账清楚;

7.保养吧台设施、设备、工具及用具;

8.做好酒吧的保安工作等。

卡拉OK服务员

卡拉OK服务员属于员工层,一般多由酒吧经理领导,常由懂得电器知识、有一定音乐素养的年轻女性充任,其主要职责是:

1.营业前做好KTV室或卡拉OK厅的清洁卫生工作,调拭好所有的音响设备和灯光设备;

2.准备好各种饮品及果料;

3.文明礼貌地迎接客人,并灵活安位;

4.按顺序进行点歌和送饮料服务;

5.记好各个台位的消费单据,以便结账;

6.熟悉本店的唱片目录,能准确地操作各类音响设备,对小的故障能及时排除;

7.准确结账,礼貌送客;

8.仪容端庄,大方稳重,应对自如,遵守纪律等。

卧房用膳服务员

卧房用膳服务员属于员工层,一般只在星级宾馆或豪华饭店中设置,由房内用膳主管或餐厅经理领导,负责为住店客人提供送膳和进餐服务。其主要任务是:

1.做好房内用膳服务的准备工作,及时补充餐具及其它必用物品;

2.将客人所需的食品准确、及时地送到房间,并按客人要求提供标准化服务;

3.及时清理收回使用过的餐具,迅速做好房内的清洁卫生;

4.餐毕向客人结账,包括现金、信用卡和签账单形式等。

卧房用膳服务员的职业道德、知识要求、能力要求和资历要求等,基本上同于餐厅服务员。

管事部经理

管事部经理属于管理层人员,在餐饮部经理或分管此业务的副总经理领导下,负责餐饮部各类器具和日用品的管理工作,其岗位职务标准主要是:

1.职业道德。(1)对工作认真负责,严格管理;(2)团结协作,顾全大局;(3)以身作则,不谋私利;(4)吃苦耐劳,兢兢业业。

2.岗位职责。(1)检查和管理餐厅的所有用具;(2)根据需要,及时发、收各类餐具、器皿或布件;(3)与采购部、财务部合作,提出器物购置计划，及时补充缺、损；(4)负责控制餐厅、厨房器物的损耗，制定报表；(5)负责管事部的人员安排与培训；(6)参加餐饮部经理召开的例会，提出合理化建议，评估本部职工的工作表现。

3.知识要求。(1)相应的大专学历；(2)懂得餐饮器具的分类方法、使用及保管知识，了解各种宴会和服务程序对器具的要求；(3)知道餐厅和厨房管理的一般常识，了解烹饪、营养卫生及财务方面的基本知识；(4)了解食品卫生法规和财经纪律。

4.能力要求。(1)有组织协调能力，能同餐厅、厨房、财务、采购等部门保持良好关系；(2)有一定的业务实施能力，有重大接待任务时能忙而不乱、供应有序；(3)有一定的语言文字表达能力，能起草报告，制订表格；(4)能看懂各种进口器皿的使用说明书。

5.资历要求。有从事餐厅管理工作2年以上的工作经历。

采购员

采购员属于员工层，归管事部经理或采购部经理领导，主要负责餐厅(或厨房)零星用物的采购业务，其具体职责主要是：

1.根据采购单，及时而准确地采购所需的各种物品；

2.了解这些物品的质量和性能、规格，不采购“水货”或残次品；

3.做好付款、提货、运输、验收、入库、调拨各个环节的工作；

4.严格合同管理，不搞非法协作和经营；

5.熟悉工商行政管理和财务、外汇知识；

6.有一定的语言文字能力，能看懂各类物品的说明书以及外文商标；

7.廉洁奉公，一尘不染等。

保管员

保管员属于员工层，归管事部经理领导，主要负责餐厅(或厨房)易耗物品的保管与发放工作。其具体职责主要是：

1.负责有关物品的入库、验收、保管、提领工作；

2.熟悉各种物品的性能、用途和保管方法，防止霉烂和损耗；

3.坚持出、入库手续，清点、记卡、入账，账目清楚，账物相符；

4.搞好仓库的清洁卫生工作；

5.严格执行仓库的防火、防盗、防潮制度，不出现责任事故；

6.廉洁奉公，一尘不染等。

勤杂人员

勤杂人员属于员工层，包括洗碗员、花工、电工、水管工等等，受管事部经理或其它主管人员领导，其主要职责是：

1.负责餐具和用具的洗涤与消毒；

2.维护电路和电器设备的正常运转；

3.保证各种管道(冷水管道、热水管道、蒸汽管道等)的畅通，不出现滴漏；

4.栽培花木，绿化环境，随时提供各类盆景、盆花、插花或鲜花；

5.清理餐厅和厨房的杂物与垃圾，搞好环境卫生；

6.保养家具、地毯，搬送大型物件；

7.其他勤杂工作等。

培训考核

餐饮服务人员培训

餐饮服务人员培训是一种系统的有计划的业务进修活动，它可以不断扩充餐服人员的知识，提高餐服人员的技能，增强餐服人员的职业道德，发展餐服人员的工作能力，从而更好地为顾客服务。

世界各国的餐饮行业为了保持声誉，提高服务质量，都普遍重视餐饮服务人员的培训；还专门设置培训部(或训导部、人事劳资部)负责这一工作。

餐饮服务人员培训，一般分为6种情况：

1.学校培训。即在职业高校、普通中专、职业中专、职业高中或技工学校中设置餐饮服务专业，从初中毕业生或高中毕业生中选拔学生，入校进行3～4年的正规职业教育，毕业后对口分配到相关的餐饮行业中，作为管理层或员工层的后备力量。凡是经过学校系统培训过的人员，一般都可以直接上岗。

2. 岗前培训。即企业直接从社会上招收基本条件合格的人员，集中一段时间（一般为4～12周），按照本企业的要求，学习有关的服务知识和服务技能，然后在老职工带领下上岗，边干边学6～12月，便基本上可以“放单飞”了。这种培训多系突出性质，只抓一些重点，缺乏系统性。

3. 在岗培训。大多采用“以师带徒”的方式，在某些单项（如餐巾折花、调酒、摆台、宴会设计）上努力提高。它一般不采用上课方式，而是偏重于示范、观摩和自己练习，其时间有长有短，其人数可少可多，比较灵活、主动，而且省钱、省物，能做到工作、培训两不误，目前使用这种方法的比较多。

4. 脱产培训。即短期离开工作岗位外出进修提高，可以是去培训站集中学习数月，也可以是去先进企业跟班见习一段时间。其学习内容往往有所侧重（如普通话、插花技术、分餐制宴会接待规程、自助餐服务等），它多是为培养企业骨干力量而安排的。目前，许多培训站都开设有这样的短班；北京、上海、广州、香港等地也常接受外地委培的餐服人员。

5. 晋级培训。即结合餐饮服务人员考核定级而举办的培训班，时间一般是7～30天，按照考核定级标准讲授有关的知识，规范有关的服务程序，教学完毕便进行考核，然后依据成绩定级。参加这类培训的人员，一般都须有相应的资历（即符合晋级考核的报名条件），经领导批准。

6. 突击培训。即企业接受某项临时任务后而进行的培训。例如，从来不做清真菜的饭店突然要住进一批穆斯林客人；某工厂为十多位日本专家包租两个月的客房，并安排食饮；有个宾馆要接待一个黑人歌舞团；一个餐厅要为回国祭祖扫墓的华侨团队准备几桌素宴之类。这类业务过去都未接触过，所以需要突击培训，以便掌握他们的风俗习惯、语言文字、口味嗜好、饮食禁忌等，从而保证服务到位，接待成功。

此外，有些餐厅还针对服务中存在的问题，进行一些专题培训，如粤语培训、早茶服务培训、信用卡使用知识培训、珍稀动物保护法培训等等。

培训部

或称训导部、人事劳资部，大型宾馆、饭店、酒家中专门设置的主管员工培训的机构。它一般配备主任（或经理、部长、主管）1～2名，工作人员若干名。其主要职责是：

1. 掌握本企业职工（包括餐厅服务人员在内）的基本状况（含素质、技能等），经常进行培训需求分析，提供领导参考；

2. 根据领导指示和各部门要求，制订培训计划（含目标、方法、进程、时间、师资聘用、经费、地点、参训人员等）；

3. 实施培训方案，进行一系列的组织工作，加以督导、检查、考核、评估、记录、公布，使之见到成效；

4. 与上级主管部门、对口协作单位、培训教育机关保持密切联系，及时了解各地培训动态，争取培训指标，扩大培训渠道；

5. 按照主管领导要求，做好新服务人员的招聘选拔工作（含职校学生和社会青年），以及岗前培训和定岗配备；

6. 根据企业发展需要，选聘一部分学有专长、术有专攻的人才作为兼职教师或编外训导师，保证培训计划的落实。

培训部责任重大，在餐饮业中素有“充电器”之称。它是全面提高餐饮服务人员素质的保证，必须选任得力的人员负责。

培训要求

餐饮服务人员的培训，带有成人教育和职业教育的双重属性，一般应按“干什么、学什么”、“缺什么、补什么”、“要什么、加什么”的原则进行，注意实用性、针对性和持续性，讲求实效。

1. 培训的实用性。培训成年人的过程，实际是知识更新的过程，即用新的知识和技艺取代旧的知识和技艺。而成年人往往有一种不需要重新学习的想法，因此应当通过培训的实用性来激发他们的学习愿望和热情。一方面要讲清时代的发展需要新本领，一方面要强调不学习就会被淘汰；与此同时，在培训内容的安排上也应当突出“学以致用”原则。

2. 培训的针对性。这是指培训方法要适合成年人的特点，少讲多做，少背多看，生动形象，扼要简明。例如，每节课时不宜过长，讲课力戒空洞说教，努力采用直观教学，多留给学员一些练习时间，操作规范分阶段传授，教师要有耐心等等。

必要时还可按年龄的大小分班上课，分别采用与此相适应的教学方法；或者是按文化程度与岗位分班教学。

3.培训的持续性。餐饮服务人员的培训不可能一劳永逸，因此应当注意反复性、渐进性和逐步加深性。培训一次，巩固一次，检查一次，接着又培训、又巩固、又检查、再培训、再巩固、再检查，持之以恒。像普通话、方言和外语的培训，更须如此。

为了促进培训，还应辅之以相应的精神表彰和物质鼓励。

训导师条件

训导师即培训教师，包括有关方面的专家，服务院校和培训站、鉴定所的教师，餐厅经理，服务技师和1～2级服务师等。他们中有的是专职，有的是兼职，有的精通一个单项，有的则是多面手。举凡训导师，大都应当具备以下条件：

1.要有良好的师德。热爱餐饮培训工作，以身作则，诲人不倦，忠于职守，敬业乐业，认真负责，一丝不苟。

2.要有较高的知识素养和操作技能。教什么应当懂什么、会什么，知识面广，基本功扎实，在学识和能力上确实“高人一头”。与此同时，还须掌握较大的信息量，熟悉本行业的动态，以及社会发展的需求。

3.要有较强的表达能力，包括语言文字和形体动作。话语生动、幽默，动作干净、规范，有吸引力，有示范性。

4.要有丰富的教学经验。善于组织教学和安排时间，善于区分对象和选用教学法，善于辅导、答疑和指导练习。

5.要有一定的公关能力。能很快与学员打成一片，取得他们的信任和敬爱，能关心学员、爱护学员、尊重学员。

6.要有较好的身体素质。能适应繁忙而紧张的培训工作，承担较大的工作量。

从我国目前的情况看，餐厅服务训导师的队伍相当薄弱，一是人数很少，二是总体素质不高，需要尽快地加强。

理论培训内容

理论培训即是扩充知识，增大“应知”的面。从餐饮服务工作的需要看，它通常集中在下述6个方面：

1.礼节礼貌知识。特别是社会上流行的新的礼仪风尚，如献花、献歌、献词之类。

2.中西菜点知识。特别是食品流行潮，如绿色食品、黑色食品、花卉食品、昆虫食品、药膳、补品、引进原料、新型工艺、新型味料、新型食具、新式筵席、新式菜点等。

3.酒水饮料知识。特别是刚刚走红的新饮品、新口味、新调制法、新饮法、新名称。

4.饮食民俗知识。特别是新客源(包括国内的和国外的)的饮食忌宜与生活习惯。

5.语言知识。特别是一些流行语汇的准确理解与使用。

6.营养卫生知识。特别是新的营养风潮和卫生法规，等等。

上述这些方面，都应有简明扼要的教材，做到人手一册，以便复习、记忆。

在理论培训中，要建立目标(让学员知道学什么)、领悟意义(让学员知道学了有什么用)、精讲要点、鼓励提问、加强复习，并辅以必要的考试，将成绩记入培训档案，作为其工作业绩之一，与劳动报酬挂钩。这样就可以较好地调动每个人参加培训的积极性。

技能培训内容

技能培训即是提高本领，增大“应会”的面。从餐饮服务工作的需要看，它通常集中在下述6个方面：

1.服饰装扮技能。特别是适合餐服人员的新服装、新发型、新饰物、新化妆法，要尽快掌握并利用，以突出时代感。

2.餐厅装饰技能。特别是新的装饰风格、装饰材料、装饰手法、装饰主题，要很好地吸收并借鉴，使餐厅有新意、有朝气。

3.折花摆台技能。特别是新的折花方法与摆台方法，要勇于实践，使多、快、好、省与新、美、变、巧兼具。

4.端托传菜技能。特别是新设备、新工具启用后，会带来上菜方式的变革，要勤于探索和总结，使之定型，并日益规范。

5.筵间服务技能。特别是一些新的宴会形式出现后，会带来服务规程的变革，同样要探索和总结,并形成新规程。

6.配套服务技能。特别是餐厅功能多样化之后,会增加一些新的服务项目,如卡拉OK、生日聚会、婚礼服务、团年宴席之类,也要尽快研究它们的服务规范,使顾客满意。

在技能培训中,同样要建立目标(学什么)、领悟意义(为什么学),还须强调现场教学、模拟教学、"实战"教学,真刀真枪地干。只有这样,才能印象深刻,学得扎实。培训结束,同样要考核和记档,并给予精神、物质奖励,以便形成好的风气。

培训步骤

餐饮服务人员的培训,一般分为需求分析、计划制定、培训实施、成绩评估、辅导巩固5个步骤,顺序进行:

1.需求分析。依据客人意见反馈表、市场营销调查、回头客率、员工代表会议记录、经营利润报表、成本损耗报告、卫生检查记录等方面的资料来预测。换言之,当客人意见多、员工士气低落、高消耗、低效率、卫生状况差时,就意味着需要培训了。

2.计划制定。(1)分析情况,寻求对策,提出总体构想;(2)确定培训目标和具体要求及任务,有的放矢;(3)选择合适的培训方法;(4)准备必需的物品;(5)确定培训的场地、时间、训导师、参训人员以及负责人等。

3.培训实施。包括人员集中、场地布置、教材发放、课表安排、每节课的教学、后勤保障(食、住等)、质量检查诸环节,一一均需落到实处。其中,训导师的选聘大多采用高带低、老带新的原则,即专家培训技师、技师培训1～3级服务师、1～3级服务师培训1～4级服务员;必要时也可请专业教师、经理或其他方面的高级人员前来任教。

4.成绩评估。一是开展教学情况调查,广泛征求意见,边培训边改进,务求见到实效;二是理论知识和操作技能考核,通过实际成绩检验培训效果。

5.辅导巩固。培训结束后通过多种形式反复巩固培训的成果,使之发挥出效益。

培训方法

餐饮服务人员的培训,方法较多,从实践情况看,效果较好的主要有以下4种:

1.教师讲授法。即利用课堂教学在较短时间内,将特定的知识信息简明扼要地传递给全体学员。它首先要求有一本通俗易懂、提纲挈领的好教材;其次要求教师有丰富的教学经验,思辩清晰,语言生动,善于启发;再次要求有一个安静的环境,教室四周没有干扰,能使学员专心学习。

2.课堂讨论法。即选择一个合适的专题,经过充分准备后发动全体学员讨论,大家各抒己见,畅所欲言,开展争辩。在教师引导下,逐步加深对问题的理解,澄清一些模糊观念,得出正确结论。

3.情景表演法。又叫角色扮演法,即设想出一个特定的进餐环境,布置成一个"现场",让学员分别"扮演"不同的客人和服务员,设身处地地演一场戏。其间,"客人"可以"制造"种种难题,让"服务员"接受考验,依据所学的知识,妥善加以解决。"表演"结束后,教师和学员一起进行总结,肯定成绩,指出不足。

4.模拟操作法。又叫实物示教法,即将所学到的技能,搬到餐厅现场去演练,规定内容、要求与时间,各自独立完成。然后予以评估,判定优劣,使之真正被学员掌握。

此外,还有实例研究法、视听训练法、心理测试法、操作示范法、咨询答疑法、口试答辩法等,都可以灵活选用。

院校培训

包括大专系列的旅游、餐饮、烹饪、服务等专业,以及中专、中技系列的餐饮服务专业,这都是正规的职业教育,学制一般为3～4年。

院校培训都是通过统一的中考或高考从下一级学校中招收学员,除文化课外,往往还要目测,在身体素质方面有一些特殊要求。学员进校后,按照规范的教学计划学习16～28门不同的课程,先在校内演练基本功,然后去社会上跟班实习。通过毕业考试后,由用人单位前来选聘录用,直接上岗。

院校培训的效果较好,特别是一些办得好的职中,毕业生往往供不应求,深受企业欢迎。

岗前培训

岗前培训是一种培训餐饮服务人员的速成

方法。其对象多是在劳务市场上招聘的社会青年或下岗职工，年龄在35岁以下，大都具有初中以上文化程度，身体素质较好。

这批人员报到之后，往往要短期(4～12周)强化培训，只讲授最基本的服务知识和最常用的服务方法，以及相关的规章制度，然后便在老职工带领下上岗顶班，边干边学一段时间后就让其独当一面工作。

这种培训法目前在一些合资企业和国营餐厅中比较普遍。其好处是见效早，省财力，而且服务员队伍更新快，总是生气蓬勃的；缺欠是基本队伍不巩固，基本知识不系统，基本功不扎实，后劲差，发展前途不大。

在岗培训

在岗培训又称不脱产培训，即是在岗位上边干边学，不断扩充服务知识，不断提高服务技能。其方式主要是“以老带新”、“以高带低”，偶尔也请训导师讲授几节课；它偏重于示范、观摩和练习，是在“游泳中学习游泳”，在实践中增长才干。

这一方法的优点是主动、灵活、省钱、省物，能做到学习、工作两不误，比较适合中、小餐厅，因而使用普遍。

在岗培训也有不足：一是缺乏长远目标，不系统；二是难于长期坚持，抓得不紧便会放任自流，名存实亡；三是有相当大的局限性，是一种“近亲繁殖”现象，如果老职工水平不高，餐厅整体的服务质量便很难上去。

脱产培训

脱产培训也称进修培训，即短期离开工作岗位外出学习某种知识或技能，目的是培训企业的骨干技术力量，收效往往显著。

脱产培训有两种常见的方式：

一是去培训站或学校参加某种培训班的学习，用1～4月时间掌握一至几门新知识或新技术(如粤语对话、茶道、自助餐服务、宴会设计)。这些站、校师资力量强，信息资料多，教学规范，管理严格，加之学员来自四面八方，可以交流提高，所以很受欢迎。

二是去京、沪、穗、港等地的大宾馆、饭店跟班见习1～3月。由于这些企业信誉好，服务上乘，有自己一套比较新颖的接待规程，因此也能够学到不少东西。

晋级培训

晋级培训又叫考前集训，即结合餐饮服务人员考核定级而举办的培训班，时间一般是10～30天，按报考的级别分班，依据晋级标准讲授有关的知识，规范有关的服务程序，指明考核的要点和难点，组织复习或准备。培训结业便进行考核，然后按照成绩定级。这种培训，多由省、市、县劳动部门主持，委托职业技能鉴定所(站)筹办，授课班子往往即是考核班子，学员须有相当的资历，符合晋级的报名条件，管理比较严格。

此外，在一些大型比赛前也常举办类似的培训班，如“金牌服务员赛前集训班”之类。所不同的是，它是按比赛项目确定集训重点，集训中注重现场练兵。

突击培训

突击培训指餐厅接受某项重大的临时性的接待任务后，为了适应新客源或新情况而举办的强化培训。如为了接待日本客人而突击学习日语，为了接待穆斯林而讲授伊斯兰教饮食民俗，为了接待大批记者而增加24小时营业的自助餐，为了接待人大代表而加强礼仪训练等。

突击培训的特点是针对性强，要求学以致用，立竿见影。因此，培训内容集中，时间集中，人员也集中，“差什么，补什么”，“学多少，用多少”，目的相当明确。

由于所需培训的内容原来都是本店的“弱项”，因此突击培训的训导师或由上级指派，或在社会上聘请，要求一般较高。此外，培训大纲还须经有关部门审定。

餐饮服务人员考核

餐饮服务人员考核是一种检验餐饮服务人员知识水平和操作能力的方法，通常是培训结束后或若干年间进行一次，按等级标准出题、评分并定级，并依据等级提升工资或岗位。由于它能比较准确地测定餐饮服务人员的综合素质和业务水平，又与薪金和职务挂钩，因此普遍受到重视。

餐饮服务人员考核包括两种类型。一种是培训考核，一种是晋级考核。培训考核比较简单，一般只按培训目标要求进行，属于单项考试或“小考”，考核成绩记入档案，供以后晋级时参考。晋级考核则比较复杂，多是按晋级标准的要求进行，由低到高通常分为四级服务员、三级服务员、二级服务员、一级服务员、三级服务师、二级服务师、一级服务师、服务技师 8 个层次（西餐服务人员只分为 6 个层次），考核内容比较多，属于综合考试或“大考”，考核成绩作为晋级依据，并在薪金和职务上体现。

餐饮服务人员考核有 3 种形式：书面考试、操作考试和实绩评估。前两种有试卷、有标准答案、有评分原则，比较具体，易于操作；后一种是只评不考，组织若干专家或领导对少数有突出贡献的服务员的工作综合地进行评价，然后认定，情况复杂，不易把握。

餐饮服务人员考核通常由省、市、县劳动部门主持。临时抽调有关负责人组成考核领导小组，选聘一些专家和技师担任评委，事先准备好考核复习大纲、组织参考人员分级集训，制定考卷和评分标准，排出考核时间表，借用教室与场地，还要选聘一批考务工作人员，申请若干经费，工作量甚大，前后往往要忙碌数月。至于各个餐厅，则由培训部或人事劳资部组织参考人员报名，填写表格，审查资历及条件，并负责将考生送到指定地点，做好后勤保障工作。

有时候，一些大型宾馆、饭店、餐厅也可以在征得地方劳动部门同意后，单独举行考核。其组织方法与程序与前者基本相似，所不同的只是企业要承担更多的义务和责任。

目前，有些地区将考核权授予劳动部门认定的职业技能鉴定所（站），分期分批定时定点举行，可以节省一些精力。但评委必须由获得评判员（分一、二、三级）证书的人担任，由试题库中抽题编卷，要求规范。

书面考试

书面考试又称笔试、理论考核，主要是考察服务人员对相关知识的掌握程度，它一般包括 5 个环节：

1. 制定试卷和标准答案、评分标准。试题的范围和难度应由晋级标准而定，要恰如其分。题型中应当包括填空题、解释题、判断题、改错题、简答题、论述题等；其中，基础知识应占 50%～60%，另外还应有一定量的“爬坡题”和“高难题”。试题内容需要涵盖烹饪知识、菜点知识、原料知识、筵席知识、食俗知识、营养卫生知识、经营管理知识、礼仪礼貌知识、茶酒饮料知识、外语知识等等方面，依据级别各有侧重。标准答案必须准确，评分标准应当科学合理。试卷的拟定、印刷和保管，都要保密。

2. 组织考试。一般应在教室中进行，单人单桌，闭卷考试，时间控制在 90～120 分钟之内，有 2～4 名监考人员，防止舞弊作假。

3. 试卷评分。严格按标准答案和评分标准评分，评分人必须公正。对于疑难答卷，也可以采用集体讨论定分的方法。

4. 试卷分析和讲评。一方面对试卷进行分类统计，从中发现问题，以便今后纠正；一方面对考生进行讲评，分析考试情况，逐题讲授要点，再次加深印象。

5. 依据考试成绩划定晋级标准。通常的做法是：不及格者不予晋级，及格者或达到一定分数线者准予晋级，成绩特别突出者可以越级晋升。

抽签口试

这是书面考试的又一种形式，主要也是考核理论知识。它的难度较大，一般只用于一级服务师和服务技师的考核之中。

口试的方法是，先拟定 80～120 个分量和难度大致相当的题目，分别写在纸条上制成考签，由学员任意抓取 1～2 题，准备 5～10 分钟后进入考场单独答题。评委一般由 3～7 人组成，包括各方面的专家。考生答完所抽的题目后，评委还可以随机提问，有点“论文答辩”的味道。由于提问具有“突发性”，这便增大了考试的难度，要求学员有较好的文化知识基础和较强的临场应变能力。

口试多半是由评委集体讨论定分，或取评委评分的平均分，比较合理。

操作考试

操作考试又称技能考核，主要是考察服务人员对相关技能的掌握程度，它通常包括以下 6 个环节：

1. 确定考试项目和数量、质量要求。其项目大体上有堂步、端托、折花、摆台、插花、调酒、配味碟、瓜果切雕、分菜、结算等项,依据晋级等级确定多少和难易程度。每个项目还有数量、质量、完成时间方面的要求,明确具体,以便评分。

2.准备场地、器材和餐具。包括餐室、餐桌、餐椅、台布、口布、餐具、酒具、花卉和其它装饰物件等。一般都须准备4~8套,便于多人同时参加考核,以节约时间。

3.选聘3~7名评委,大多由一级服务师或服务技师充当,每人分别记分,然后交汇分员统计汇总,取平均分。

4.抽签决定考号、考位、考点与考时,依次顺序参加。

5.考核完毕,进行分析小结。

6.依据成绩,决定不晋级、晋级和越级晋升的人选。

与书面考试、抽签口试相比,操作考试的工作量甚大,组织与准备工作更为繁杂,时间较长。现在为了节省精力,突出重点,许多地方都将考试项目从6~8个压缩到3~4个;并将参考人员分成若干小组在指定的店中考试,评委巡回评分,这样可以减少工作量,又能考出真水平。

实绩评估

实绩评估即是以评代考,这是近年来出现的一种新的考试方法。它主要适用于某些劳模和先进工作者,以及因某些特殊情况(如公派出国、临时生病)而无法参加正式考试的一级服务师或服务技师。实绩评估的对象必须经由上级劳动部门审查批准。

实绩评估的具体做法是:

1.本人撰写一篇3000~5000字的论文(包含心得体会或某种先进服务程序介绍),依此替代书面考试成绩。

2.评委深入其工作岗位,观看本人指挥或参与具体服务工作的情况,用现场操作示范替代操作考试。

3.评委与应考者谈话,从中了解他(她)的工作经历、知识结构、文化素质和精神面貌,以此替代抽签口试。

4.召开职工座谈会,了解应考者各方面的情况(如职业道德、应知应会能力、个人仪表、组织指挥才干等),看其群众威望如何。

5.由应考者所在单位的领导为其出具一张综合鉴定书,并附上相关的证明材料(如劳模证书、获奖证书等)。

6.上述工作完成后,评委开会对其实绩加以评估,并按晋级标准确定应晋升的职务。2/3以上评委同意者,即可晋级。

实绩评估是高级技术人才职称评选办法在餐饮业中的试用,效果大都较好。它虽然没有考试,但实际上比考试更为严格,更能全面反映应考者的实际水平。

四级服务员等级标准

1.熟悉餐厅的一般服务规程和服务礼节,会使用常用的餐具,通晓一般菜点的配料和口味特点,能独立接待2~3桌散座顾客。

2.熟悉本店日常出售的菜点名称、规格、价格以及主要原料的配置、技法和口味特点;一般能根据不同顾客的需要介绍适宜的饭菜品种,了解上菜、上酒的程序和方法;服务周到热情,算账准确。

3.懂得餐具维护和一般的卫生常识,经常保持个人和餐厅的整洁。

4.能用一种外语进行比较简单的餐饮会话。

三级服务员等级标准

1.掌握普通筵席和零点餐厅的摆台程序和方法,熟悉上菜规则,能照应3~4个桌面的散座顾客,提供优质服务。

2.熟悉本店中档菜点的规格质量,菜品配料,食用方法与烹调特色。

3.熟悉零点餐厅的服务方法,能帮助不同需要的顾客点菜配菜,算账准确、迅速。

4.能用一种外语进行一般的餐饮会话。

二级服务员等级标准

1.熟悉中档筵席的摆设程序和服务礼节,懂得上菜、上酒规程和各类餐具的使用方法;了解主要少数民族的用膳习惯以及美、英、法、日等国客人的口味嗜好。

2.能独立掌握一般宴会和风味餐厅的服务程序和方法,周到而热情地提供优质服务;可以处置接待中的一般问题,善后情况好;算账迅速、准确。

3.具有服务心理学知识,能区分消费对象,体会顾客心意，针对性地开展服务；熟悉部分高档菜品的配料、制法、质量与风味特色，善于向客人推销。

4.能用一种外语进行熟练的日常餐饮会话，有辅导徒工的一般能力。

一级服务员等级标准

1.熟悉餐厅服务工作的主要业务，个人服务技艺较高，有领导一个服务小组的能力。

2.熟知本店的经营品种、原料配置和风味特色；能完成小型宴会、酒会和冷餐会的餐室布置和摆台工作；可以编排一般的筵席菜单；有较为丰富的产品推销能力和经验。

3.善于揣摩顾客心理，有一定的社交公关能力；懂得主要客源国和主要少数民族的饮食民俗，能妥善地及时处理接待中的问题和投诉。

4.能帮助厨师改进烹调技术，增加花色品种；能协调餐厅与厨房的关系，化解一些矛盾；能培养3、4两级餐厅服务员；能用一门外语进行流畅的日常餐饮会话。

三级服务师等级标准

1.熟悉餐厅服务工作的全面业务，个人服务技艺熟练，有领导一个班组独立开展服务工作的能力。

2.了解鲁、苏、川、粤4大菜系和本地菜的历史沿革、支系构成、风味特色和代表菜点；能准确介绍本店风味名菜的掌故和特色，可以编排乡土风味席谱。

3.能够担任部分筵席、酒会的组织接待工作，在一、二级服务师指导下顺利接待外宾、归侨、港澳台同胞和少数民族客人。

4.餐厅服务经验比较丰富，能够处理突发事故；能与厨房有机地配合，可以培养2～3级服务员；普通话较为流畅，会讲1种方言，能用一种外语接待宾客。

二级服务师等级标准

1.精通餐厅服务工作的全面业务，具有较强的组织领导餐厅服务工作的能力；熟悉各种筵席的摆台程序、上菜规则以及各种酒水、餐具的使用方法。

2.能够担任多种筵席、酒会的组织接待工作，可以根据进餐人数及标准合理调配器材与人力，使接待服务程序有条不紊。

3.能编排各类菜单和进行小型的宴会设计，较好地独立接待外宾、归侨、港澳台同胞以及少数民族客人和宗教界人士。

4.餐厅服务经验丰富，善于处理突发事故；了解厨房业务，能对菜点供应提出合理化建议；可以培养1～2级服务员，能编写讲义；普通话纯熟，会讲2种方言和1种外语。

一级服务师等级标准

1.精通餐厅服务的全面业务，能够担任大型的涉外宴会、酒会的组织接待工作。

2.精通各类筵席的摆台方法、上菜配酒规则、各种餐具的使用方法；服务心理学、饮食民俗学、社交公关学、营养卫生学的知识丰富，个人修养好，有气质。

3.能进行大、中型的宴会设计，出色地接待外宾、归侨、港澳台同胞以及少数民族客人和宗教界、上层文化界人士。

4.能系统地总结工作经验，文字能力较强；可以担任餐厅副经理职务，领导全餐厅的业务工作；有讲课能力，可以培养一级服务员及二级服务师；精通第一外语，粗通第二外语，掌握3～5种方言。

服务技师等级标准

1.在服务知识和服务技能方面，要全面超过一级服务师的水平。

2.有较强的指挥组织能力，能全面负责餐厅的业务工作，可以担任餐厅经理的职务。

3.文化程度达到大专以上，熟悉餐厅的经营管理常规，有开拓进取精神。

4.能够起草文件，编写教材，培养1～2级服务师，在行业中有威望。

5.口头表达能力强，普通话、方言和外语精熟。

6.仪表端庄，举止文雅，风度翩翩，身体健康。

二级西餐服务员等级标准

1.熟悉西餐餐厅服务规范，能独立接待散座宾客，并能较熟练地进行服务。

2.熟悉本店一般菜点、饮料的名称、规格和价格,能向宾客作口头介绍。

3.熟练进行铺台、摆位、上菜、斟酒、撤盘、收台、结帐等服务工作,能折简单的餐巾花。

4.懂得一般餐具、酒具的名称和用途,能根据菜单选用相应餐具,并正确摆放。

5.掌握本店供应品种的外文名称,能用简单的外语为宾客点配菜点。

6.熟悉并执行食品卫生制度和《食品卫生法》,卫生工作符合规范。

一级西餐服务员等级标准

1.熟悉西餐餐厅服务基本知识,能按服务规范要求迅速准确地进行服务。

2.熟悉本店供应菜点的风味特色,了解主、副配料的口味特点和规格质量。

3.能按不同菜单要求铺设各种台面,正确配置和摆放餐具,能熟练地为2～3桌宾客进行全方位服务。

4.掌握多种餐巾折花技艺,能折20～40种花型。

5.了解外国常用酒的名称、产地、度数、特点和价格,懂得西餐菜酒搭配常规和斟酒方法。

6.能用较熟练的外语接待外宾。

三级西餐服务师等级标准

1.熟悉西餐餐厅服务知识、能按照服务规范要求为宾客服务,可以妥善处理服务工作中出现的问题。

2.熟悉本店菜式品种的制作过程及风味特色,能根据宾客需要选配菜点,并掌握不同品种的核算方法。

3.有一定的酒类知识,了解一般鸡尾酒和混合饮料的调制主料和主酒。

4.熟悉高级餐具、酒具和设备的使用、保管及维护方法。

5.能用较流畅的外语接待外宾。有全面辅导二级西餐服务员进行工作的能力。

二级西餐服务师等级标准

1.有较全面的西餐服务知识和操作技艺,有组织餐厅服务工作和协助企业改善经营管理的能力,可以担任西餐厅领班。

2.掌握一般宴会及餐前酒会的台型布局、摆台方法和宾客座次,能摆设大型花台,熟悉服务规程,并进行规范性服务。

3.掌握西餐主要菜式的制作工艺和特色,并能按照不同的消费标准开列早、午、晚餐的外文菜单。

4.掌握中档菜肴的分菜方法,落刀部位正确,动作干净利落,分量均匀。

5.能用一种外语顺利接待宾客。

6.胜任一级西餐服务员的培训工作。

一级西餐服务师等级标准

1.通晓西餐服务的全部业务和相关知识,服务技艺高,能设计和组织各种宴会、酒会和冷餐会,可以担任西餐厅副经理职务。

2.熟悉西餐的不同体系,能够鉴别菜点质量,会用一种外文编制宴会菜单。

3.掌握酒类知识,懂得名贵鸡尾酒和混合饮料的调制主料和主酒。熟悉酒吧、咖啡厅的服务程序及操作规程。

4.掌握大型菜肴(如火鸡、整羊)的分菜方法和切割技艺,速度、动作、质量、分量均符合要求。

5.熟悉主要客源国的饮食民俗,能用一种外语熟练地接待外宾。

6.可以主持中级西餐店的服务接待工作。

西餐服务技师等级标准

1.精通西餐代表菜式的原料、技法与风味,能根据欧美各国的饮食习惯用外文编制高级筵席菜单,设计多种西式宴会。

2.掌握法、英、美、俄、德、意式服务程序,了解古典式和现代式摆台要求,服务经验丰富。

3.具有系统的专业理论和相关科学知识,能熟练设计各种规格的大型国际性宴会及酒会;领导高级西餐店的业务,担任西餐厅经理。

4.胜任中专以上学校西餐服务专业的教学和研究工作,可以培养1～3级西餐服务师,有论文发表或专著出版。

5.精通第一外语,粗通第二或第三外语。

6.在行业中享有较高的威望。

(三)餐饮服务道德

道德概述

道德

道德是社会意识形态之一,指人们共同生活及其行为的准则和规范;它也指一种依靠社会舆论、传统习俗和内心信念维系的特殊的社会现象,以及以善恶评价的方式调整人与人、个人与社会之间相互关系的标准、原则和规范的总和。

道德包括客观和主观两个方面的内容。

在客观方面,它指一定的社会关系对社会成员的客观要求,包括道德关系、道德理想、道德标准、道德原则和道德规范等。它贯彻到社会生活的各个领域,表现为政治道德、职业道德、婚姻家庭道德以及社会公共生活准则(即社会公德)等等。

在主观方面,道德包括道德行为或道德活动主体的道德意识、道德判断、道德信念、道德情感、道德意志、道德修养和道德品质等。这方面的内容构成了道德原则和规范,它要求转化为个人道德的实践;而实现这个转化,需要通过道德教育和社会舆论,提高个人对道德理想、道德原则、道德规范的认识,从而逐渐形成个人的道德信念、道德习惯和道德风格。

"道德"一词最早出现在《荀子·劝学》中,有行为规范和个人品性修养的含义;后来加进了人伦关系,并与宗教有着密切的联系。所以在道德起源论中,有"神意说"、"人性说"等观点。马克思主义的唯物史观,则认为道德是在人类社会的一定生产方式或经济关系中产生的,它受人们物质生活条件的制约,并随着社会经济关系的变革而发生变化。

在阶级社会中,道德总是有阶级性的。它是一个历史的范畴,并且有着原始社会道德、奴隶社会道德、封建社会道德、资产阶级道德、无产阶级道德、社会主义社会道德和共产主义道德等道德历史类型。这些道德,都是在一定的经济基础和社会阶层中产生并发展的,同时又为一定的经济基础和一定的阶级利益服务。而当社会经济基础改变时,道德也随之改变。不过,在阶级社会中,由于统治阶级社会地位的优越,统治阶级的道德观始终占据着统治地位。剥削阶级被推翻后,道德不会像经济基础的变革那样随之立即改变,因此,清除旧道德和建立新道德,需要很长的时间。

道德与政治、法律、艺术、宗教等其它意识形态既有区别,又有联系。

1.道德与政治。其区别是:政治是通过强制性的国家制度和政策、政令起作用;道德是通过社会舆论和说服教育起作用。其联系是,一定的政治制度和政治思想,会直接影响着人们的道德关系、道德理想、道德信念和道德实践;道德为政治服务,政治制度又可以强化统治阶级的道德威力。

2.道德与法律。其区别是:法律只存在于阶级社会里,道德存在于任何社会中;法律是强制性的他律规范,道德是教育性的自律规范;法律有具体的量罪条文,道德只有一般性的善恶、美丑、是非、荣辱观念。其联系是:国家宪法中包含社会道德的基本原则,遵纪守法是道德规范之一;道德可以弥补法律的不足,是一种有很强约束力的"道德法纪"。

3.道德与艺术。其区别是:艺术主要用形象反映自然环境和社会生活的真实情况,用美丑范畴表述艺术价值;道德是用概念和原则来判定道德理想和准则,用善恶范畴表述道德价值。其联系是:艺术反映生活时同时也反映道德关系,道德问题常成为艺术作品的中心内容,它们的美丑观与善恶观经常是一致的。

4.道德与宗教。其区别是:宗教是超世俗、超自然的信仰,道德是现实生活中的行为规范;宗教精神是消极弃世的,宣扬忍耐、禁欲和屈从,道德精神是积极进取的,鼓励为理想而奋斗;宗教的作用将会随社会的发展而日益削弱,道德的作用则是不断增强。其联系是:原始道德往往带有浓厚的宗教色彩,现代世俗道德规范经常也被纳入宗教的戒律之中。

人在社会中生活,既受道德准则的约束,同时也受道德准则这种约束力的保护。其中的关键便是有"道德法纪"之称的社会舆论。在任何时候,高尚的道德都会受到社会舆论的赞誉,不道德的言行都会受到社会舆论的谴责,这便是"人言可畏"的威力。正因为道德的特殊性在于它是依靠人的内心信念而起作用,所以一定要重视"良心省悟"的功能。

道德的核心是正确处理人与人之间的关系,不仅"己所不欲,勿施于人",而且还要爱护他人、关心他人、帮助他人,从而形成一种融洽的社会关系和愉快的社会环境。这一点在餐饮服务工作中相当重要。人们常将它作为职业(服务)道德来要求,列为检验服务质量的主要标尺。

道德的构成

在现实社会中,道德的内涵极为丰富。它大致上可以分为3类:

1.道德活动。即围绕着一定善恶而进行、并可以用善恶观念评价的群体活动和个体行为,如道德行为、道德选择、道德品质、道德评价、道德教育、道德修养等。

2.道德意识。指在道德活动中形成并影响道德活动的各种具有善恶评价标准的思想、观点和理论体系。

3.道德规范。即评价和指导人们行为的准则。符合它的思想行为即是善、美、荣,不符合它的思想行为即是恶、丑、辱。道德规范包括道德原则、道德要求、道德戒律等。

道德活动、道德意识和道德规范既有区别,又有联系。道德活动在道德意识指导下产生,道德意识又是通过道德活动而形成,道德规范则是道德活动与道德意识的统一。

道德还可以分为社会公德、家庭婚姻道德和职业道德3个部分:

1.社会公德。即在公共生活中大家都应当遵循的思想行为准则。其主要内容有:集体主义、助人为乐、敬老爱幼、忠诚有信、文明礼貌、遵纪守法、维护公共秩序、爱护公物、维护公共卫生等。

2.家庭婚姻道德。即恋爱、婚姻、家庭生活中,在处理夫妻之间、父子之间、兄弟姐妹之间、亲戚关系之间的各项矛盾时,所应遵循的思想行为准则。家庭方面的基本要求是夫妻平等、终身扶助、教育子女和赡养父母;婚姻方面的基本要求是双方要忠贞,行为要高尚文明。

3.职业道德。指从事一定正当社会职业的人们,在工作和劳动过程中,处理个人与社会、个人与集体、个人与单位,以及个人与他人的关系时,所应遵循的与其职业特点相适应的思想行为准则。

职业道德是社会道德的重要组成部分,又是社会道德在职业生活中的具体体现。由于各行各业甚多,故其职业道德既有共性——遵守社会公德;又有个性——侧重点不同。如师德突出为人师表、诲人不倦;医德突出救死扶伤,实行革命的人道主义;干部突出廉洁奉公、俯首甘为孺子牛;餐饮服务员突出顾客至上、诚信无欺等。

道德的特征

道德是一种上层建筑,但又和政治、法律、宗教、艺术、哲学等其它上层建筑不同,存在着自身的个性特征。

1.自律性。即自我约束、自我节制。因为它的调节作用不是通过强制手段,而是依赖舆论、教育、习俗以及内心信念的力量,自觉规范个人的行动。其中,道德觉悟、牺牲精神、高尚信念和正直的良心,常是关键。

2.广泛性。道德广泛地存在于社会关系的各个方面,如经济领域、政治领域、文化领域、军事领域乃至恋爱、婚姻、家庭、宗族领域等等。因为这些方面的各种利益关系,都需要道德来调节。其广泛程度,远远超过法律、宗教。

3.多层次性。这取决于社会关系的多样性和多层次性。大到国家、集体,小到家庭、个人,还有上下级关系、上下辈关系、同事关系、朋友关系、邻里关系、亲属关系、买卖关系等,道德规范几乎是无处不在、无时不在的。

4.阶级性。道德带有很深的阶级"烙印",原始社会的道德、奴隶社会的道德、封建社会的道德、资本主义社会的道德、共产主义社会的道德,均各个不同。其中的各个阶级,都有自己的道德标准,以及立身处世的原则。

5.继承性。道德是一种相对独立的社会上层建筑,有着自身的发展过程。后一种社会道德往往是在前一种社会基础上建立和发展的，因而道德具有继承性。但是这种继承，不是简单的移用，而是一种批判的继承、有选择的吸纳或创造性的重建。

道德品质

简称品德，即体现一定社会或阶级的道德要求，并具有稳定性倾向的个人道德意识和行为的特点。

道德品质表现在两个方面：

1.道德意识。包括道德认识、道德情感、道德意志、道德信念等；

2.道德行为。包括道德言语、道德行动、道德习惯、道德作风等。

道德意识和道德行为构合成一个人的道德品质状况。其特征是综合体现一定社会或阶级的道德要求，高度凝结着个人自觉的意志和信念，并表现为道德行为总体的稳定倾向。

社会舆论

社会舆论是一定社会、阶级或集团对社会生活中的某些事件（包括人们的思想、行为以及相互关系等各个方面）带有某种倾向性的议论。在道德领域中，社会舆论是道德评价的一种重要形式，也是道德发挥作用的一条重要途径。

社会舆论是一种强大的精神力量，影响人们的思想及行为，能起到抑恶扬善、调整人与人之间关系的作用。这种作用进步还是反动，取决于它所依据的道德标准及其发挥作用的社会基础和条件。

社会舆论经常以自觉或自发两种形式出现。任何社会、任何阶级都要利用社会舆论来完善自己的道德规范。

社会公德

社会公德是人们在履行社会整体的义务或涉及社会整体利益的活动中应当遵守的道德行为准则。如《中华人民共和国宪法》中提倡的“五爱”（爱祖国、爱人民、爱劳动、爱科学、爱社会主义）之类。

同社会公德相对应的是私德，即指人们在不直接涉及对社会整体的义务和责任的某些私人生活及私人交往中应当遵守的道德准则，如个人起居方式、待人接物礼仪等。

公德与私德关系密切，二者相互影响、相互促进。因此，个人应当在注重公德修养的同时，也要注重私德的修养，以达到公德与私德双美。

中国传统伦理道德

中国传统伦理道德受中国古代文化的影响很深。它吸收了儒家、墨家、道家、法家诸学派理论的精华，又接纳了佛教、道教等宗教的一些戒律，内涵相当丰富。其要点主要是：

1.重视人性。注意剖析人的本性与人欲，人性的善恶，人性的形成与改变，人性与兽性的是非，人的美德与良知。

2.强调人伦。要求孝悌、亲贤、尊老爱幼、敦亲睦邻、团结友爱、同甘共苦、恩怨报偿、信任、理解、利他与薄己。

3.注重修养。表现为自知自爱、节欲慎独、廉洁自律、知足常乐、宽容积怨、知礼守节、爱护操守、达观明智，完善私德。

4.区分善恶。明辨是非、正邪、美丑、荣辱、真伪、虚实、利害、进退。

5.善待生死。鼓励惜时如金、建功立业、安贫乐道、造福社会、为民请命、宁死不屈、守孝死节、尽忠报国。

6.承担义务。提倡社会公德、忠于职守、信守承诺、见义勇为、惜孤助残、修桥铺路、锄强扶弱、解困济贫、完成历史使命。

7.珍惜荣誉。看重名气、声望、光荣、信誉、自尊自爱、无私忘我、社会舆论、人际关系、死后的褒贬。

8.其它方面。如追求幸福、忠于爱情、中庸处世、韬晦持正、反省思过、诚实谦逊、刻苦学习、钻研技艺等。

资产阶级道德

资产阶级道德是反映和表达资产阶级利益要求，并在资本主义社会中居于支配地位的道德理论和规范体系。它是剥削阶级道德的最后一个历史类型。

资产阶级道德主要有3大特征：

1.公开推崇利己主义和拜金主义。它从“自私是人的本性”的观点出发，把贪欲和致富欲看作人的绝对欲望，把人与人之间的一切关系最终归结为金钱关系，并由此引申出道德理论和规范体系。

2.道德与现实生活的固有矛盾随着资本主义的发展日益深化，甚至出现二者的严重分离和脱节。资产阶级道德以自由、平等、博爱、尊重人的价值等具有普遍形式的道德原则，表达资产阶级狭隘、自私的利益要求。随着历史的推移，它所担负的道德使命与资产者的私人利益乃至整个社会发展的利益之间的冲突会愈演愈烈；它所正式表达或公开倡导的道德要求与资产阶级实际通行的道德准则之间的脱节也会日益严重。

3.道德调节功能不断削弱。在资本主义上升时期，资产阶级道德尚具有一定的感召力。随着资本主义社会的发展，特别是进入垄断阶段以后，资产阶级道德的危机日益加深。它不但难于积极地干预社会的经济、政治生活，有力调节阶级内部个人和整体间的利益关系，而且连对个人日常行为和私人间的日常交往，也难以充分发挥其有效的作用。随着整个资本主义制度的消灭，它最终将会退出历史舞台。

共产主义道德

共产主义道德是在共产主义思想指导下，处理个人与个人、个人与集体、个人与社会之间关系的道德原则和规范体系；是社会主义、共产主义社会中占主导地位的道德形态。共产主义道德同时还是无产阶级意识形态的重要组成部分，它根源于无产阶级的阶级地位和经济条件，反映了无产阶级和劳动人民的根本利益。

共产主义道德萌发于无产阶级在自发斗争中表现出来的朴素道德观念中，其孕育是与无产阶级本身的成熟和科学社会主义理论的建立联系在一起的。无产阶级革命胜利以后，在生产资料公有制的基础上，共产主义道德得以继续发展和巩固，并逐渐形成为全体劳动人民的共有道德。

共产主义道德原则和规范体系的基本精神是集体主义。它区别于一切旧道德的最显著标志是全心全意为人民服务。共产主义道德的社会作用表现在：

1.为社会主义的经济基础服务，为迅速提高生产力水平创造良好的精神条件；

2.提出了正确处理人与人之间关系的原则和一系列行为规范，用以调整人与人之间、个人与社会之间的全新关系；

3.以崇高的道德理想，引导人们做一个高尚而有道德的人，这有利于培养一大批社会主义新人；

4.是反对和批判一切剥削阶级道德的有力武器，可以逐步缩小旧传统和习惯势力对人们心灵的腐蚀。

社会主义商业道德

社会主义商业道德，是社会主义道德风尚在商业经营思想和经营作风上的具体反映。它要求商业工作者在商业活动中，模范地遵守党和国家的方针政策与法令纪律，正确处理好商业企业同厂家、消费者的关系，处理好商业职工同国家、企业的关系，并充分体现出全心全意为工农业生产和人民生活服务的本色。

社会主义商业道德的主要内容是：

1.在营业服务上，要遵守商业信用，坚持买卖公平，文明经商；

2.在品质行为上，要全心全意为顾客服务，切实维护消费者的合法权益；

3.在遵纪守法上，要反对以权谋私，反对拜金主义，反对行业的不正之风等。

职业道德

职业道德

职业道德是职业伦理学的主要研究对象。即从事某种工作、某种职业的人们在长期的职业生活实践中所形成的道德风尚。它是调节职业集团内部人们之间的关系以及职业集团与社会各方面关系的思想行为准则，评价从业人员职业行为善恶、美丑、荣辱的标准。

人类的职业生活实践是职业道德产生的基础。职业道德随着社会的发展和进步而发展、进步。原始社会末期，由于生产和交换的发展，出现农业、手工业、畜牧业的分工，职业道德开始萌芽。奴隶社会和封建社会中，有了商业、军事、教育、医疗等职业，职业道德逐步形成行业特征。资本主义社会，行业分工进一步细致，相继产生商业道德、律师道德、作家道德、体育道德等不同要求。社会主义社会，职业道德被强化，“商业服务公约”、“军人誓词”、“科学道德规范”、“工厂职工条例”等随之产生。

职业道德与社会道德是个性与共性的关系。由于在阶级社会中，一般形式的社会道德总是一定阶级的道德，所以，作为意识形态特殊形式的职业道德，也总是一定社会的经济关系的反映，并体现一定阶级的要求和愿望，为一定阶级的利益服务的。消灭了压迫与剥削之后，职业道德不再具有阶级性，但会继续存在并发展，并体现出社会主义物质文明和精神文明建设的成果。

职业道德的内容主要包括职业道德规范和从业人员的职业道德观念、情感与品质。其中，职业道德规范集中体现了社会的或阶级的利益以及职业集团的利益，是职业道德的核心。而从业人员的职业道德品质等，则是职业道德规范的生动体现。

社会上有“三百六十行”，因此职业道德也有许多种类型，并且每一种类型中都带有该职业的特殊属性。如医生道德强调救死扶伤，实行革命的人道主义；教师道德强调忠诚人民的教育事业，为人师表，甘当人梯。而商业道德的基本原则是全心全意为顾客服务。其主要规范是买卖公平、诚信无欺、尊重顾客、优质服务。与此同时还要求营业员(服务员)举止文雅，说话和气，主动、热情、耐心、周到，树立职业责任感和荣誉感。

职业道德的特点

职业道德作为职业生活领域中特殊的行为调节手段，具有自己的一些特点。

1.行业性。职业道德反映着特定的职业关系，具有特定职业的业务特征，因而它的作用范围仅仅局限于特定的职业活动中，只对从事特定职业的人们具有约束力。所以，行业不同，职业道德的要求也不尽相同。

2.继承性。职业道德是在历史上形成的，并在特定的职业环境中产生和发展起来的。它常常形成世代相袭的职业传统和比较稳定的职业心理与习惯，因此具有较强的稳定性和连续性。其主要表现形式是职业心态、职业语言、职业品质等的世代传承。

3.适用性和明确性。各种职业道德规范，是人们在长期职业活动中总结、概括、提炼出来的。为了使之明确具体和简便易行，它常常以规章制度、工作守则、服务公约、劳动规程、行为须知等形式表现出来，有很强的实用性和针对性，既生动活泼，又易于为广大从业人员理解、接受、掌握和践行，也易于为社会道德所认同。

此外，职业道德还具有道德意识的自觉性、道德行为的规范性和作用范围的广泛性等特征，可以集中体现它的道德观念、道德准绳和道德情操。

职业道德的要旨

职业道德的要旨是指它的道德原则和道德核心。职业道德的原则是坚持集体主义，职业道德的核心是全心全意为人民服务。

坚持集体主义包括3个方面：(1)承认集体利益和个人利益在根本上是一致的。(2)强调集体利益高于个人利益，强调社会整体利益至上。(3)集体利益必须体现集体中每个成员的利益，并保障个人正当利益的满足，促使个人价值的实现。

全心全意为人民服务包括4个方面：(1)一切从人民的利益出发，有崇高的责任感和强烈的事业心。(2)想人民之所想，急人民之所急，满足人民群众的需要。(3)以主人翁的劳动态度，充分发挥积极性和创造性，在更高层次上为人民服务。(4)同违背人民利益的思想行为、同坏人坏事作坚决的斗争。

为了实现职业道德的要旨，行业从业人员还需要在3个问题上旗帜鲜明：

第一，反对以权谋私。包括权钱交易、索贿受贿、浪费、挥霍公款、公款私用等等。

第二，反对行业不正之风。包括以业谋私、服务态度差、服务质量差、吃、拿、卡、要、贪财受礼等等。

第三，反对拜金主义。包括金钱万能、金钱至上、不顾廉耻、不顾法律、享乐腐化、为非作歹等等。

只有把握职业道德的要旨，解决好大的方向问题，举纲张目，各种具体的职业道德规范才易于实施。

职业道德的作用

职业道德既是一种精神力量和企业文化，企

业精神的重要表现形式；又是一种行为规范，可以在优质服务中发挥积极的作用。

1. 职业道德是指导和约束职工行为，提供优质服务的思想基础。

2. 职业道德是培养和造就职工队伍，提供优质服务的思想准则。

3. 职业道德是调节职工关系，培养企业精神，提供优质服务的行为规范。

有了良好的职业道德，服务员就能够热爱餐饮行业，具有牺牲精神；坚持“宾客至上，服务第一”；坚持克己奉公，不谋私利；爱护企业财物，珍惜企业荣誉；诚信无欺，处处维护消费者的合法权益。

职业理想

职业理想（含职业选择）是与道德理想（含道德选择）密不可分的。

道德理想是道德意识的内容之一，是指人们基于对一定社会或阶级基本道德要求的认识，而自觉追求和向往的某种理想人格及理想社会中的道德关系。它是历史发展的产物和现实社会关系的反映，能激励人们为追求的崇高道德而努力奋斗，并从中取得无穷的乐趣。

道德选择是人们依据一定的道德标准及其认识，在多种可能的道德行为方式中，自觉地抉择自己行为方式的一种精神活动。其中，正确认识自由和必然以及个人利益和整体利益的关系，是解决道德选择问题的基础；承担道德责任，是道德选择的应尽义务。

与此相关联，职业理想是人们向往和追求的、由衷爱好并愿为之终身奋斗的美好职业；不同的人由于所受教育、个人专长和性格爱好的不同，他们所景慕的职业理想也是不相同的。再加上职业中包含维持生活、发展个性、承担社会义务3大要素，个人的愿望和社会的需求之间经常存在着矛盾；因此人们既可以选择自己的职业，同时又要听从社会的分配。有时候，个人的理想与社会的需要一致，这时的选择就比较容易；有时候，个人的理想与社会的需要不一致，这时的选择就比较困难。作为一个社会的人，应当正确对待这一问题：两者一致时要好好工作，不一致时更要好好工作。因为这是国家的需要、人民的需要，应当以个人利益服从整体利益；而且只要是“金子”，在任何情况下都会闪闪发光。

职业态度

职业态度即劳动态度，这是从业者对社会、对职业、对他人履行职业义务的基础。职业态度具有伦理学和经济学的双重意义，它不仅可以揭示从业者在职业活动中的客观状态、参加职业生活的方式，同时也可以揭示他们的主观态度。从中还能看出职业的性质和内容、职业群体的社会心理和价值观念、从业者的心理特点（性别、年龄、能力、爱好等）、从业者受制于社会的情况（个人素质、文化程度、技术水平等）。

人们对劳动的态度，及其所具有的道德意义，取决于人们进行劳动时所处的社会关系的性质和他们的社会地位，特别是生产资料所有制的性质。如果他们感受到劳动的可贵，就会愉快、自觉而豪迈；反之，则是压抑、负担和诅咒。

社会主义职业道德要求从业人员树立主人翁的劳动态度，努力做到5点：

1. 要有远大的理想。树立坚定的精神支柱，不可只顾眼前的“小惠”。

2. 要有艰苦奋斗的创业精神。用智慧和勤劳的双手干出一个美好的未来。

3. 要做到爱企业如家。经常关心、操心和用心，与企业同命运、共呼吸。

4. 要热爱本职工作。干一行，爱一行、钻一行，在平凡工作中做出不平凡的业绩。

5. 要树立共产主义的劳动态度。公而忘私，处处以人民的利益为重，愿意为共产主义事业奋斗终身。

职业义务

所谓职业义务，就是特定的职业对从业者赋予的职权、职责以及规定的责任和义务要求。如《人民警察法》中对警察职业义务的规定，《教师法》中对教师职业义务的规定等。职业义务的突出特点是它的客观性，以及在一定意义上具有的强制性；就是说，无论从业者是否意识到，职业义务是客观存在的，而且要求从业者必须履行。

职业义务是从道德义务而来，但要求没有道德义务那么高。

道德义务是指一定社会关系中个人应该对社会或对他人所应承担的道德责任；它同时表明

一定社会或阶级、集团对人们行为的道德要求；也指个人在实践道德原则和规范时所产生的一种强烈的责任心。它有两大特征：(1)道德义务是在人们内心信念的驱使下，自觉自愿履行的；(2)履行道德义务不是为了得到权利或好处，相反，它总是以或多或少的自我牺牲为前提的。

职业义务与道德义务尽管有所不同，但从职业道德来要求，职业义务中应当有道德关系和道德要求，从业者应当把职业责任变为自觉履行的道德义务。这种职业道德义务虽然不像政治义务、法律义务那样，有外界的强制力发生作用，拒绝履行时会受到相应的纪律或法律的追究；但是，职业道德义务仍有强大的社会舆论约束，仍受人们内心自觉信念的控制。从业者在"人言"和"良心"的双重支配下，也可尽到应尽的职责。

职业良心

良心是伦理学的基本范畴之一，它是指人们对自己言行的是非、善恶和应负的道德责任的一种稳定的自觉意识；是一定的道德认识、道德情感和道德意志在个人意识中的统一。

良心既不是"理念"、"天理"和神的启示，先天的"仁爱的情感"的表现，也不是"人的自然本性"，无阶级性无历史性的道德知识；而是一定社会生活和社会关系的反映，是人们在实践过程中根据自己所接受的教育逐渐形成的。来源于普通人性的抽象良心并不存在。

所谓职业良心，即职业劳动者对职业责任的自觉意识。它在社会道德生活中具有重大的意义，对于从业者的言行具有判断、指导和监督的作用。

首先，在从业者行为之前，职业良心能帮助和指导个人进行道德判断，作出符合一定道德准则的抉择。其中"设身处地、将心比心"的联想，往往更有帮助。现今开展的"假如我是一个顾客"的活动，正是由此而来。

其次，在从业者的行为过程中，职业良心能激励人们自觉自愿地按照一定的道德准则去行动，并及时纠正偏离道德准则的思想和行为。其中，当出现某种误导时，也会由于"良心的发现"而避免造成不良的后果。

第三，在从业者的行为之后，职业良心能对自己行为的结果及影响作出一定的评价，对履行道德义务所产生的良好效果，会感到欣慰，对不良的后果，会感到内疚和羞愧，从而能避免下次再犯类似的错误。

职业荣誉

荣誉是伦理学的基本范畴之一，它是指一定社会和阶级对人们履行社会义务的道德行为的肯定和褒奖；同时也包含因个人意识到这种肯定和褒奖所产生的道德情感——荣誉感。

在不同的时代、社会、阶级和职业中，荣誉常常有不同的内容和表现形式。荣誉还包括阶级、民族、行业等的集体荣誉和个人荣誉；并与道德义务密切联系。忠实履行对社会、对阶级、对他人的义务是获得荣誉的前提。无产阶级的荣誉感以集体主义为基础，与诚实、谦逊相结合，而同虚荣心有着本质的区别。

所谓职业荣誉，即是对职业行为的社会价值所做出的公认和客观评价以及正确的主观认识。它包含两个方面的内容：(1)社会用以评价劳动者行为的社会价值的尺度（即对劳动者履行职业责任的道德行为的赞扬）；(2)劳动者对自己职业活动所具有的社会价值的自我意识（即职业良心中的自爱与自尊）。它们是互相联系和影响的。从主观看，职业荣誉是职业良心中知耻心、自尊心、自爱心的表现；从客观看，职业荣誉是职业行为的价值体现或价值尺度。所以，对于高尚的职业荣誉，从业者应当用辛勤的劳动去创造。

在职业荣誉中，人们更为重视"名牌战略"。具体到餐饮行业来讲，它就是"6名"（名店、名师、名料、名菜、名点、名席）和"1优"（优质服务）的综合效应。6名1优相辅相成，既有经济效益，更有社会效益，是企业荣誉的完美体现。

职业技能

应用知识的能力，叫做技能；经过反复运用而可以熟能生巧的技能，叫做技巧。技能和技巧的掌握，一靠知识，二靠实践。

职业技能则是从业人员在职业活动中应用知识的能力及其熟练程度，它是做好职业工作、实现职业道德的基本保证。

不同的职业中，职业技能的范畴是不相同的。如司机要求会开车，护士要求会打针，公安人员要求会破案，文秘人员要求会操纵电脑，目标及任务、数量与质量，都相当具体而明确。餐饮服务人员的职业技能更多，诸如神态动姿与端托、餐桌布局与安位、口布造型与摆台、艺术插花与切雕、佐料配制与调酒、敬茶斟酒与上菜、分菜撤盘与巡台、结账送别与清场等等，每一项都有技术规范，需要通过反复的实践方能掌握。

如果把职业道德看作是“为人民服务的思想”，那么，职业技能就是“为人民服务的本领”。光有“思想”，而无“本领”，为人民服务就不能落在实处，职业理想、职业态度、职业义务、职业良心、职业荣誉等等都是空谈。因此，鼓励从业者学知识、学技能是十分重要，不可忽视。

提高职业技能的关键，是大力加强科学技术的普及工作，把它真正视为推动经济和社会发展的“第一生产力”。我们必须从科学知识、科学方法、科学思想的教育普及入手，努力培养从业人员的思维能力、动手能力和创造能力，将职业技能提高到新的水平。

职业纪律

职业纪律是一种道德行为规范。它要求从业者在职业生活中遵守秩序、执行命令和履行自己的职责，并以此调节从业者和他人、和企业、和社会，以及职业生活中局部与全局的各种关系。

社会主义职业纪律有着深刻的道德意义。它是广大从业人员在利益、信念、目标完全一致的基础上所形成的高度自觉的新型纪律；同时也是社会主义的法规性与道德性的统一，是职业道德的重要组成部分。

这是因为，(1)社会主义职业纪律保障劳动者的根本利益，故而能够转化为劳动者自觉的道德观念；(2)社会主义职业纪律保障劳动者之间互相尊重的同志式关系，故而能够为广大从业者自觉遵守；(3)社会主义职业纪律保障广大劳动者的自由，保障广大劳动群众充分发挥主动性和创造性，故而从业者乐于用它来约束自己的言行。

社会主义职业纪律的含义很广，它主要表现为劳动纪律，包括遵守作息制度、遵守操作规程、按时完成任务、坚决听从分配、爱护公共财物、实行安全生产、注意劳动保护等等。只有认真执行这些纪律，才能调整个人与国家、局部与整体的关系，保证改革开放的社会主义方向；才能调整企业集体内部的关系，保证每个部门、单位在改革开放中步调一致；才能调整个人与集体的关系，保证改革开放的领导者正确地履行应负的责任。

职业作风

作风系指待人接物、处理事情时所表现的方法和态度。如是否正派、严肃、诚恳、和善、平等、细致、认真、务实等等。一个人的作风，和他的思想意识、思想方法密不可分，并且还有其社会根源。不同的人作风不一，但就一个阶级而言，其作风是相同的。

职业作风，是指从业者在其职业实践和职业生活中所表现的一贯态度。它是职业道德在从业者职业行为中的习惯性表现，是一种带有职业特征的习惯势力。如铁路工人守时，裱画工人精细，医务人员爱好整洁，部队官兵说话干脆，教师办事有条有理，餐厅人员敏捷灵活等等，都是不同的职业属性长期熏陶、潜移默化的产物。

社会主义职业作风具有深刻的道德意义，在一定程度上讲，它可以说成是“职业道德的代名词”。

这是因为，职业道德的特殊本质，就是职业道德“他律”和职业道德“自律”的高度统一，也即是职业义务和职业良心的高度统一，并用职业荣誉的价值尺度来衡量，表现为全心全意为人民服务的职业理想。如果将职业理想、职业态度、职业义务、职业良心、职业荣誉、职业技能、职业纪律和职业作风联系起来表述，则是——从业者在职业理想指引下，通过树立社会主义的职业态度，履行社会主义的职业义务，完善社会主义的职业良心，提高社会主义职业技能，遵守社会主义职业纪律，锤炼社会主义职业作风，创造社会主义职业荣誉，形成社会主义的新型职业道德。

服务道德

服务道德规范

服务道德规范指的是餐厅服务道德的内容、标准和要求，它包括下述要点：

1. 忠于职守的服务精神；

2. 满腔热忱的服务态度；

3. 文明礼貌的服务修养；

4. 诚信无欺的服务作风；

5. 灵巧熟练的服务技艺；

6. 开拓创新的服务观念；

7. 团结协作的服务关系；

8. 廉洁奉公的服务品质；

9. 爱店如家的服务荣誉；

10. 维护消费者权益的服务要求。

以上10条便是餐饮业从业人员职业道德行为和职业道德关系的普遍规律的反映，也是当今社会和广大群众对餐厅服务人员行为及关系的基本要求的概括，是餐厅服务人员在职业活动中应该普遍遵循的行为善恶的准则。

确立餐厅服务道德规范中的这些要点，有利于指导餐厅服务员的职业道德生活和职业道德行为，培养他们的良好的道德品质，建设社会主义的物质文明和精神文明。这是因为，服务道德规范中凝集着社会主义的道德观念、道德准绳和道德情操，体现一种精神力量和企业文化，能够树立一代新风，将职工造就成“一个高尚的人，一个纯粹的人，一个有道德的人，一个脱离了低级趣味的人，一个有益于人民的人”。

忠于职守的服务精神

忠于职守，就是坚守工作岗位，尽心竭力地履行职业责任，敬业、乐业，具有强烈的职业责任感、义务感、荣誉感和自豪感，能充分激发高度的工作热情和创造性，在平凡的岗位上做出不平凡的成绩。

要求餐饮服务人员忠于职守，主要出于两个方面的考虑：

第一，只有忠于职守，餐饮业才能健康发展，整个社会生活才能有条不紊地进行。因为职业分工不仅是社会发展程度的标志，也是人类社会生活得以稳定的客观要求；只有包括餐饮业在内的第三产业搞上去了，才能充分满足广大人民群众日益增长的物质文化需求。

第二，只有忠于职守，餐饮服务人员才能脚踏实地地辛勤劳动，为改革开放贡献力量。人活着都有精神支柱和理想追求。劳动者只有沉醉在所热爱的事业中，才能充分发挥聪明才智，体现人生的价值，从而也给社会以回报，成为推动历史前进的动力。

忠于职守，首先应树立正确的职业观念。认识到劳动是光荣豪迈的事情，工作是人生的第一需要；同时也应明白：社会只有分工的不同，职业并无高低贵贱之分。餐厅服务工作也有出息，更利于发挥中青年女性的优势。

忠于职守，其次应忠实履行岗位职责，反对玩忽职守、渎职失责的行为。餐厅虽小，却关系到每一位客人的健康；任何一个环节出了差错，都可能会造成重大的损失。因此必须兢兢业业，认真负责地去对待。

满腔热忱的服务态度

满腔热忱的服务态度，是餐厅服务人员高尚道德情感的具体体现。所谓道德情感，是个人道德意识的构成要素，具有3大作用：(1)评价作用。即能以某种情绪状态，表明某种道德关系或道德行为是否具有正当性和合宜性。(2)调节作用。即能以某种情绪倾向，强化或削弱个人对某种道德义务的认识和实践。(3)信号作用。即能以特有的情绪形式（如表情、动作），向他人传递其道德行为价值的信息。由此可见，“情绪”好坏是服务态度中的核心问题。

“情绪”的最佳状态，即是“满腔热忱”，将顾客当作“国家的主人、餐厅的客人、自己的亲人”，在主动、热情、耐心、周到8个字上好好地下一番功夫。

1. 主动。应在整个服务工作中，做到眼勤、口勤、脚勤、手勤，按照服务规程，自觉而主动地做好各项接待工作。

2. 热情。要求笑脸迎送，态度和蔼，语气亲切、体贴关心。同时还要一视同仁，神情专注，有问必答，有求必应，对于病残老幼和外乡客以及农村人，更应当关怀备至。

3. 耐心。应当是问多不烦，求多不厌，生人与熟人一个样，忙时与闲时一个样，小生意与大生意一个样，交班打烊与平时一个样。发生矛盾时，严于责己，恭谨谦让，不计较对方言语的轻重及态度的好坏。

4. 周到。注意研究顾客的心理，及时满足顾客的需要，增设方便顾客的服务项目，多做顾客需要的“份外”工作。

文明礼貌的服务修养

文明是人类社会进步的标志，礼貌是餐饮服务中的要则。文明礼貌的服务修养即是讲文明、讲礼貌、讲卫生、讲秩序、讲道德，以及心灵美、语言美、行为美、环境美；在遵章守纪的基础上，创造出一个整洁、安全、舒适、优美的进餐环境，让客人真正领略到高雅、文明的物质享受和精神享受。

文明礼貌的服务修养主要表现在：

1.要有端庄文雅的仪表。包括服饰整洁而统一、手脸干净、发式大方、动作规范、语言文雅、笑容可掬、行为稳重等等，能给客人一种清纯美。

2.使用准确、生动、简练、亲切而得体的规范服务用语。不说粗话、脏话、丑话、凶话，不说讽刺语、忌讳语和训斥语，以之美化餐厅"空气"，协调宾客与服务员的关系。

3.讲究礼节、礼貌、礼俗和礼仪。这既能反映服务人员的文化素养和待人接物的诚意，又能体现对顾客的尊重，"塑造"餐厅的"形象"，突出文明经商的特色。

4.严格遵守服务纪律。餐厅服务员一接触顾客，二接触食品，三接触货币，因此必须严于自律，自觉地遵守各项规章制度，服从命令听指挥，维护餐厅的正常秩序。

5.保证餐厅、食具和菜品的清洁卫生。一切都应按食品卫生法的要求去办，不可以掉以轻心。

6.抵制不良习气，不做有损于国格、人格之事，堂堂正正地做人。

诚信无欺的服务作风

经营(服务)作风，是指商业人员在经营活动中所表现出来的思想、态度和行为。诚信无欺(含买卖公平、讲求商业信誉)，则是它的本质要求。它是坚持社会主义经营方向的重要内容，也是服务员良好道德品质的体现。

商业信誉要求：

1.实事求是进行商品介绍和广告宣传。不夸大优点，不隐瞒缺点，不有意误导，不欺哄客人。

2.政策落实，承诺兑现。不可言而无信，朝令夕改，不可出尔反尔，尽说空话。

3.允许商品的合理退换。真正实行"三包"，做好售前、售中、售后服务。

4.维持合同的严肃性，认真履行。发生纠纷时，先调解，后裁决。

买卖公平要求：

1.坚持明码实价，不变相涨价。

2.按质论价，分等定价。不许以次充好、以劣充优、掺杂使假和串级抬价。

3.计量准确，秤平、提满、尺码足。

4.不符合质量要求的菜品要退回厨房处理。

5.严把卫生质量关，不出售不符合卫生标准的食品。

6.不得硬性将畅销的和滞销的商品搭配、质量好的和质量差的商品搭配销售。

7.定量供应商品和必需供应商品要坚持制度，执行规定，按牌价供应。不得随意扩大议价范围，暗中提价。

8.买卖公平，一视同仁，不喜大厌小，不厚此薄彼，杜断"后门"。

灵巧熟练的服务技艺

服务技艺即餐饮服务工作中的职业能力，包括处理接待业务的能力、实际操作能力、技术能力以及相关的理论知识等。例如，在"应知"方面，餐饮服务员应当了解中餐烹调、西餐烹调、菜品审美、风味流派、酒茶饮料、筵席菜单、营养卫生、膳补食疗、饮食民俗和饮食文化等方面有关的知识；在"应会"方面，餐饮服务员应当掌握服务设施、人员配备、服务道德、服务语言、服务技能、服务规程、宴会接待、服务心理、服务礼仪和服务管理等方面必备的专长。这不仅仅是一个钻研业务、熟练技能的问题，也是餐饮服务员对社会应尽的道德义务。

掌握服务技艺相当重要。首先，它是完成工作任务和为人民服务的基本条件。如果一个服务员既不会布置餐室，又不会斟酒敬茶，对于菜品知识"一问三不知"，甚至连什么是文明礼貌、服务道德都迷迷糊糊，站在那儿如同一个呆子、傻子，那么，又有什么用呢？只能是被"炒鱿鱼"。

其次，它是科学技术发展和市场竞争的需要。一个餐厅欲想在市场经济的大潮中站稳脚跟，必须具备一流的"硬件"和"软件"。硬件多指新设备、新工艺、新产品，软件则是优质服务。如果硬件超前而软件滞后，必然会影响客流量和营业额，导致"人气"不旺的结果，最后也会被淘汰。

所以，服务道德要求每一个服务员都要勤奋学习，积极实践，精益求精，永攀高峰，有一手过硬的服务技艺。

开拓创新的服务观念

开拓创新也是服务道德的重要内容之一。它要求餐饮服务人员在服务接待工作中要具有改革和创新的意识，勇于冲破各种习惯势力的束缚，敢于走前人未曾走过的路，不断开创餐饮服务工作的新局面。

例如，过去宴会摆台，老师傅都习惯于用五彩纸屑或染过色的米粒在桌面上镶摆出祝颂文字，它虽然美观，有民族特色，但是费工费时，而且不易清扫。后来人们大胆地用盆景、剪纸或艺术插花取代它，不仅迅捷实用，而且更有艺术情韵。这便是一种创新、一种进步。再如现今的餐巾折花多是构图复杂的立式“杯花”，因其有碍卫生，顾客多有反映。有些餐厅大胆引进欧美的卧式“盘花”，经消毒后再摆放桌上，不仅新颖简洁，而且更符合时代潮流，这又是一种创新。

这都说明，许多传统的服务程式不应当是一成不变的，而应当趋时而变，适应现代人的审美观念和生活习俗。只有锐意改革、开拓创新，才能加快餐饮业现代化的进程，迎接新科技革命的挑战，参与激烈的市场竞争，使餐厅服务工作永远充满朝气与活力。

当然，开拓创新不等于蛮干。它既需要解放思想，又需要实事求是。现今有些服务新招(如跪式服务、滑行上菜)之所以受到批评，或者是有损人格，或者是忽视安全，都是在指导思想上出了偏差。所以，开拓创新必须坚持正确的方向，符合国情与民情。

团结协作的服务关系

团结协作是指从业人员之间为了达到一定的职业目的，有计划地相互配合，协同劳动，共同完成工作任务。它具有计划性、目的性和自觉性的特点，也是服务道德规范的重要内容之一，里面生动地体现出社会主义的集体主义道德原则和新型的人际关系。

餐饮服务行业是一个比较特殊的行业。它的岗位职责分工十分明确，每个服务人员基本上都是“单兵作战”，一人负责一个小厅或一个工种，彼此之间存在着相对的独立性。但是，整个服务接待工作又是一个完整的运转网络，需要一环套一环，一岗联一岗，任何一个环节出了差错，都可能导致服务工作的停顿。在这种情况下，在发挥个人主观能动性的同时，必须强调团结协作、互助互爱、彼此提供方便，相互弥补缺欠，形成点菜——传菜——上菜——撤盘——结算一条龙。这中间，有人是直接为顾客服务，出头露面；有人是间接为顾客服务，默默无闻。这就需要发挥集体主义精神，共同唱好“一台戏”。

为了搞好团结协作，应当解决3个问题。(1)顾全大局，以诚相待。各个岗位都应积极配合，交换信息，彼此主动地排难解忧，尽量为他人减少负担。(2)互相尊重，谦虚谨慎。遇事互相体谅，不要猜疑，要取人之长补己之短，反对“老子天下第一”，居功自傲。(3)发扬风格，主动合作。把困难留给自己，把方便让给别人，不允许损人利己，以邻为壑，更反对弄虚作假，落井下石。

廉洁奉公的服务品质

所谓廉洁，就是不损公肥私，不巧取豪夺，不占他人便宜，不侵占企业的财产；所谓奉公，就是一心为公，遵纪守法，维护企业的利益，多做贡献。餐饮业服务人员廉洁奉公，是餐厅服务工作正常进行的基本保证，是发展社会主义市场经济的客观要求。它关系到企业的发展和社会主义现代化建设的顺利进行，也关系到精神文明的进步和职业道德的完善。

餐饮服务人员廉洁奉公的主要要求是：

1.从我做起，自觉地遵守法纪，履行应尽的义务，不做违禁违规的事情。

2.正确认识职业权利和职业义务的关系，坚决同违法乱纪现象和行业不正之风做斗争，不贪不沾。

3.艰苦奋斗，厉行节约，勤俭办企业，爱护酒店的财产，降低经营的成本。

4.严格执行有关的规章制度，如资金管理制度、票证管理制度、财产管理制度。

5.在接待服务过程中，不允许丧失原则私下和客人作交易，索取财物或金钱。

6.防止资本主义生活方式的侵袭，防止精神污染，防止丧失国格和人格。

廉洁奉公事关党风、店风，必须从每一件小

事抓起，经常从正反两个方面进行教育，将隐患消灭在萌芽状态之中。对于违规者，要大胆揭发，严肃处理，不可姑息养奸。企业管理人员要以身作则，言传身教；对于服务人员中涌现出来的先进典型，要扶植、鼓励、培养、表彰，使大家学有榜样。

爱店如家的服务荣誉

爱店如家的服务荣誉主要指餐厅服务人员应当具有强烈的主人翁意识，与餐厅同呼吸，共命运，店兴我兴，店衰我衰，对企业有着深厚的感情，为企业的发展不遗余力地奋斗，贡献出全部的光热。

这种服务荣誉，建立在崇高的职业理想的基础之上，既是集体主义道德原则的具体体现，又是全心全意为人民服务道德精神的核心。有了这种荣誉感，就会关心企业，热爱企业，想企业之所想，急企业之所急，把企业当作自己的小家一样看待，时时、处处、事事都主动出面，积极性与创造性会异常高涨。

爱店如家的服务荣誉要求每一个服务人员坚持做到：

1. 关心企业的生存和发展，主动提建议，当参谋，献计献策；

2. 体谅企业的处境和困难，自觉地为企业分忧解难，必要时放弃个人的某些利益；

3. 不利于企业的话不说，不利于企业的事不做，时刻维护企业的声誉；

4. 爱护企业的财产，遵守企业的制度，加强企业的凝聚力，扩大企业的知名度；

5. 团结周围的同事，协助企业领导人员抓好经营管理工作；

6. 以店为家，忠于职守，不随意“跳槽”，不消极怠工等。

爱店如家是职业道德中的一种高尚的精神境界，是职业品质中融小我为大公的一种完美修养，应当提倡。

维护消费者权益的服务要求

维护消费者的合法权益，是社会主义商业道德中的一条重要原则，也是检验饮食服务业是否执行党的方针政策的一条重要标准。其基本要求如下：

1. 在道德观念上要树立对所有的顾客都负责的思想。不论是谁，只要上门进餐，都是“上帝”，在服务态度上应一视同仁，坚持热情、主动、耐心、周到的服务。这是维护消费者合法权益的思想基础。

2. 在道德感情上要反对“店大压客”、衣貌取人、“看人下菜碟”的不道德行为，做到买卖公平、诚信无欺、货真价实、质量上乘。其中的要旨是尊重顾客的人格，设身处地，将心比心，怀有深厚的真情。

3. 在道德行为上要信守合同，兑现承诺，不说废话、大话、空话，不卖假货、次货、水货。特别要杜绝乱收费、乱涨价、乱搭配的现象，更不允许向消费者转嫁企业的亏损，侵害其权益。

4. 在道德义务上要自觉执行《消费者权益保护法》，信守“三包”，允许退换商品，并负责赔偿因商品的质量问题而给消费者带来的损失，承担销售残次、伪劣商品所引起的一系列法律责任。

5. 在道德情操和道德风尚上要敢于严格要求自己，不徇私情，敢于同损害消费者权益的行为做斗争，坚持社会主义的经营方向，把对消费者负责，同对国家负责、对企业负责、对自己良心负责统一起来。

道德培养

道德培养目标

道德培养又称道德养成。养指培育、修养，成指完成、成就。道德培养即是指良好道德的培育、修养及其完成。

就职业道德（含服务道德）而言，培育属于他律性的范畴，系指从外部的社会需要和岗位的职业要求出发，对从业人员进行道德教育的“强制性”灌输，主要包括职业道德教育和职业道德训练两方面的内容。修养则属于自律性的范畴，系指从业人员按照社会主义道德的理想、原则和规范，主动而自觉地进行锻炼和改造，主要包括修养的内容、方法（见读书学习、躬行实干、反省思过、慎独自律各条）及其所要达到的境界。

由于职业道德培养的根本任务是推动社会的全面进步，促进从业人员的全面发展，激励他们去追求理想的社会和理想的人格，达到崇高的职业道德理想的境界，故而道德培养的主要目标应当有二：一是职业道德境界，二是职业道德品质。前者有自私自利、公私兼顾、先公后私、大公无私4个层次；后者包括职业道德认识、职业道德情感、职业道德信念、职业道德意志、职业道德习惯5个内容。

至于职业道德培养的途径，主要是教育、训练和修养；培养的方法，则有学习、实践、反省和慎独。下面列出9个条目(职业道德境界、职业道德品质、职业道德教育、职业道德训练、职业道德修养、读书学习、躬行实干、反省思过、慎独自律)，对职业道德培养分别进行解说。

职业道德境界

境界是指事物所达到的程度或表现出来的状况。职业道德境界是指从业人员在职业道德品质程度的支配下，在职业活动中所表现出来的精神状况和行为动态。它一般可以分为由低到高4个不同的层次：

1.自私自利、以职谋私的境界。

具有这种低级境界的从业人员，信奉“人不为己，天诛地灭”的信条，认为自私自利是人的本性。因此一方面在谋求职业时挑肥拣瘦，“这山望见那山高”，另一方面利用职业、职务的方便牟取私利，损公肥私。

2.公私兼顾、求职谋生的境界。

具有这种境界的从业人员，较前进了一步：既有集体主义的思想，又有个人主义的成分。他们求职主要是为了生存；当公私利益发生矛盾时，有时是集体利益第一，有时是个人利益第一，有时力图公私兼顾，两不吃亏。

3.先公后私、守职尽责的境界。

具有这种境界的从业人员，较前又进了一步：能够忠于职守，认真履行岗位责任，以主人翁的态度对待工作。因此当公私利益发生矛盾时，他们往往可以先人后己，因公舍私，以企业利益为重，放弃个人的某些得失。

4.大公无私、就职为公的境界。

具有这种高级境界的从业人员，求职和工作都是为了报效社会，实现个人的价值。因此对工作极端负责任，一丝不苟，能够一心为公，自觉奉献。这种境界，正是职业道德培养的最终目标，应当使更多的从业者达到。

职业道德品质

职业道德品质是一个社会的职业道德原则和职业道德规范在从业者的思想上和行为中的体现，它具有相对稳定的特征和倾向，是从业者职业道德行为和职业道德意识的统一。

职业道德品质由5个内容构成：

1.职业道德认识。即个人对客观存在的职业道德现象、职业道德关系以及处理这种关系的原则和规范的认识。其中包括对职业道德的判断识别能力和情感陶冶。

2.职业道德情感。即从业者对于职业道德行为的感情。包括爱憎、好恶、信任、同情、痛苦等内心体验和主观态度，如荣辱感、责任感、义务感、使命感、个人自尊感等。

3.职业道德信念。即从业者对职业道德的坚定、深固、深信不疑的认识。包括职业原则、规范、理想、人生观之类。它是职业道德品质形成的核心和主导。

4.职业道德意志。即人们在履行职业道德义务的过程中所表现出来的自觉克服困难的顽强毅力和坚韧不拔的精神。包括独立性、果断性、坚韧性、自控性诸方面。

5.职业道德习惯。即从业者在职业活动中不断实践，坚持经常性的职业行为的惯制。如战士擦枪、司机洗车、会计练习算盘、运动员赛前做准备工作等。

上述5方面各有各的地位和作用，它们相互联系，缺一不可。培养良好的职业道德必须从培养职业道德品质入手，方能使之持久、稳固。

职业道德教育

职业道德教育是指一定的社会组织结合各自行业的特点，把职业道德原则和规范等渗透到生产、业务、工作的各个环节中去，建立具有职业特点的道德规范，培养人们良好的职业道德意识和道德行为的活动。通过它的实施，从业者可以将掌握的职业道德知识运用到职业行为中去，形成良好的职业道德氛围，培养出理想的人格。

职业道德教育的重点是形成职业道德品质的5大要素(认识、情感、信念、意志、习惯)。职业道德教育的过程，是学校、家庭和社会多方面教育和影响的过程。它贯穿于从业者一生的职业活动中,需要反复进行、反复深化、反复巩固。

职业道德训练

职业道德训练是职业道德教育中的一种方法,其特点是偏重于实践,带有强制性,注意职业道德的情感、意志、信念和习惯的培养,颇具“实战练兵”的特色。

像大庆人“三老四严”的作风、“四个一样”的精神、坚持“四个大干”的道德风范,便是在长期磨练中形成的。还有天安门国旗卫队的正步、芭蕾舞演员的“站步”,也是天天“走”出来的。

职业道德训练往往是既单调,又辛苦,没有坚定的信念和吃苦的精神,很难持之以恒。因此,必须严格要求,规范训练,一点一滴做起,直至收到成效。

职业道德修养

修养一般是指一个人的涵养功夫,“修犹切磋琢磨,养犹涵育熏陶”。它的范围很广,如政治修养、文化修养、科学修养、艺术修养等。至于道德修养,是指人们在道德品质、思想意识方面的自我锻炼、自我改造的功力,既包括遵循一定道德原则和规范而进行的反省活动,又包括通过反省自律而形成的道德情操和达到的道德境界。

职业道德修养是个人在职业活动中自觉按照社会主义职业道德的理想、原则和规范进行自我锻炼的过程和所形成的职业道德境界。其实质是个人自觉地接受职业道德教育,提高职业道德的选择能力,清除消极道德的影响,对心灵进行净化与美化。

与职业道德教育和职业道德训练相比,职业道德修养具有3大特点:

1.职业道德修养的主体和对象是统一的,换言之,即“自己修养自己”,而很少借助外界的帮助,自律性强。

2.职业道德修养一般不是灌输性或强制性的,而是自我教育、自我陶冶、自我改造、自我锻炼,比较主动和自觉。

3.职业道德修养是一个认识与实践相统一的过程,自觉改造与锻炼的过程,层次较深,境界较高,收效也明显。

此外,职业道德修养还很强调社会实践。

职业道德修养是提高职业道德水平的必由之路,也是餐饮服务人员进步和成长的必由之路。

读书学习

培养职业道德的方法之一。

读书学习主要是为了获取形成良好职业道德品质所必须具备的知识。其要点是:

1.从理论上弄清社会主义职业道德的原则、范畴、规范的提法及要求,弄清职业道德行为选择和评价的意义,明确职业道德养成的目标,把握职业道德养成的途径和方法。

2.在实践中结合自己所从事的职业,学习具体的行业道德规范。

3.为使自己的职业道德品质完美高尚,应当运用多种知识(如文学、历史、艺术、政治、经济、法律)充实自己。

因此,普希金说:“读书是最好的学习,追随伟大人物的思想,是最富有趣味的一门科学。”

赫尔岑说:“不去读书就没有真正的教养,同时也不可能有什么鉴别力”;“别忘记,读书是取得多方面知识的最重要的手段。”

培根说:“阅读使人充实,会谈使人敏捷,写作与笔记使人精确”;“史鉴使人明智,诗歌使人巧慧,数学使人精细,博物使人深沉,伦理学使人庄重,逻辑与修辞使人善辩”;“学问变化气质”;“读书在于造成一个完全的人格”。

只有读书学习,方能立志成才。目前我国的绝大多数餐厅服务人员都在30岁上下,仅有中学文化程度,知识面十分狭窄,许多应当知道的事情都不知道,因此,读书学习相当重要,相当紧迫。

躬行实干

培养职业道德的方法之二。

由于职业道德主要体现在从业者的职业活动中,带有很强的“直观性”,因此,职业道德的培养和良好品质作风的形成也必须通过实践锻炼。餐厅服务人员只有在餐厅这个“小社会”中经风雨、见世面,才能逐步完美自己的情操与德行。

躬行实干应从3个方面入手:

1.上岗顶班,面对面地为顾客服务,从中体会职业道德的真谛。

“纸上得来终觉浅,绝知此事要躬行。”例如维护消费者合法权益的问题，如果不在餐厅工作一年半载，不接待数百桌酒席，不倾听成千上万顾客的申诉，就很难有深切的体会，也很难明白“温柔的一刀”是怎么回事。

2.知行结合，言行一致和表里一致，从中进行职业道德的实践。

尊重顾客的生活习惯是服务员准则之一。仅凭书本上所了解的各地区、各民族、各国家的饮食民俗，是远远不够的，还必须通过现场服务而加深领会。西北地区餐厅的服务员在尊重穆斯林习俗方面普遍做得比较好，正是因为她们接触穆斯林较多，时刻注意宗教政策所致。

3.反复实践，持之以恒，积小善成大德，从中强化职业道德的观念。

例如扶老携幼、照顾伤残、尊重女士等服务工作，做一次比较容易，做一千次、一万次就比较困难了。如果长期坚持下去，就能“习惯成自然”，形成良性循环的“定势”，并保持一辈子。

反省思过

培养职业道德的方法之三。

反省又称内省、自省、自我省察，是儒家学派创始人孔子首先提出的一种自我解剖、自我评价的道德修养方法。后来中国共产党人把它发展成为自我批评，将反省同道德实践相结合，使之从空疏中和迂腐中摆脱出来，更具有社会意义与实效。

反省思过包括3方面的含义：

1.自镜。即在职业道德反省中为自己树立一个正面的典型，即“镜”，“人”与“己”相对照，进行“自我审判”。其中，“原告”是职业道德规范，“被告”是自己的道德行为，“法官”是道德良心。通过自镜，“见贤思齐”，“见不贤而内自省”，从而达到“以人为镜，可以知得失”的目的。其首创者是唐代贤臣魏征。

2.谦虚。即虚怀若谷，接纳八面来风，虚心听取不同的意见，乐于接受批评，严于解剖自己，在道德修养上永不满足。不少服务人员工作稍有点成绩时，便会受到一些表扬。能否正确对待顾客的鼓励，对她们是个严峻的考验。有的人得意忘形，便会连栽跟斗；有的人谦虚谨慎，便能有更大的进步。

3.改过。古人早就说过：“人谁无过，过而能改，善莫大焉。”还有句名言，叫“闻过则喜”，更说明改过的重要。现在的社会是一个震荡、变革的社会，各种思潮蜂起，国外一些腐朽的东西也乘虚而入，餐厅也是良莠并存。在这种情势下，餐厅服务人员及时检讨自己，改正一些不好的言行，就显得更为紧要。

慎独自律

培养职业道德的方法之四。

慎独是中国儒家的道德修养术语，出自《中庸》，由子思首次提出。其意是，有修养的人在无人监督下的闲居独处时，对自己的言行尤须谨慎。后来又由此引申出“君子不欺暗室”、“若想人不知、除非己莫为”等警句，要求人们不论在明处、暗处，都不可放松对自己的严格要求。

慎独意味着一个人对他所追求的道德，应当具有崇高的信念、坚强的毅力、自觉的“定力”和完美的操守。它既是一种道德修养的方法，又是一种道德水平的体现，更是一种道德境界的标志。许多仁人志士、先烈英模在慎独方面，都是我们的表率。

慎独的第一步是遇事谨慎。“事后掩饰，不如慎始。”“最有学问和最有见识的人总是很谨慎的”（卢梭语）。只有谨慎，才能冷静地作出判断，小心地采取行动，避免一些可能出现的过失。餐厅虽小，环境却很复杂，服务人员谨慎处事，相当重要。

慎独的第二步是加强自律。自律就是自己提出要求、自己管理自己。特别是在金钱、美色、物欲的引诱下，在“天知、地知、人不知”的环境中，自律的作用便更为明显。服务人员大多是独自工作，存在着一个相对封闭的空间，因此更应当做到“有人在场与不在场一个样”，严格规范自己的言行。

总之，从细微处做起，从无人处做起，加强慎独，严于自律，就能使道德日臻完美。

(四)餐饮服务语言

普通话和方言

语言

语言是一种特殊的社会现象,是一种音、义相结合的符号系统,是人类的思维工具和交际工具。

语言是劳动的产物,和人类社会一起诞生。在人类社会中,语言是作为社会的交际工具而行使其职能的。由于语言在使用上的轻便性、负载语义信息的无限性以及表义传情的准确细腻性,所以使它成为人类社会最重要的交际工具。手势、体态、花木、鸟兽、宝石、旗徽、烽火、号角、图画、色彩、数字、方位和其它器物,虽然有时因其象征意义也可以起到某种交际作用,但根本不能与语言相提并论。

思维是人的大脑对事物的抽象反映活动。思维必须依靠语言来进行。没有语言,人类就无法进行思维,也无法发展思想。思想是思维的成果,思想的形成、表述和交流,更必须仰仗语言。所以语言思维工具的职能是语言交际工具的职能派生的;如果某一种语言不再作为交际工具了,那么它也不再成为人们的思维工具。

语言还是在一定社会群体中产生出来的,并为这个社会群体所共有。单独一个人不可能创造出一种语言,因此语言是全民的集体财富。语言随着社会的发展,自产生之日起就始终是一视同仁地为整个社会服务的。它只具有全民性,而没有阶级性。在历史长河中,尽管有许多阶级对它施加影响,出现过某些阶级习惯语,但毕竟是微小的,丝毫也不能影响到语言的全民性质。

从自然属性看,语言是一种符号系统。符号是事物的标记,语言用声音形式标记事物或思想。各个语言要素和各种语言单位,形成一个既互相对立、互相区别,又互相联系、互相制约的语言系统。在这个系统中,语音是物质外壳,语义是内容实质,语法和词汇是基本要素并决定着一种语言的基本风貌。

记录语言的书写符号是文字。文字能打破口语所受的时间和空间的限制,将人类的认识和经验广泛传播开去,并长期保存下来。用文字记录下来的语言叫书面语。在有文字的社会中,语言都有口语和书面语两种形式。口语是基础,是书面语得以产生和发展的依据;而书面语对口语的统一和发展又起着积极的促进作用。

书面语的高级形式是文学语言(又称标准语言)。文学语言是经过加工和规范化的书面语言,它比一般的书面语更丰富、更有表现力。文学语言不仅包括文艺作品的语言,社会科学和自然科学著作的语言,也包括餐厅服务语言;换句话说,餐厅服务用语必须规范,能在全社会通用。

语言的表述,既与口齿是否清晰、思维是否敏捷、词汇是否丰富、语法是否准确、读音是否标准有关,又与一个人的知识是否宽广、修养是否深厚、见解是否精当有关。餐厅服务工作中尽管有许许多多的技巧,但一时一刻也离不开与宾客沟通的语言。因此,学好语言、用好语言是餐厅服务人员的一项重要的基本功。

语言的结构

语言由语音、词汇和语法构成,它们称作“语言的三要素”。

1. 语音。

语音是从人的发音器官发出的表达一定意义的声音,它是语言的物质外壳和表现形式。语音具有3种属性,一为社会属性,即为社会群体所公认;二为物理属性,即具有一定的音色(音质)、音高、音强与音长;三为生理属性,即依靠人体的发音器官发出。

语音的单位是音素和音节。音素是构成语音的元素,在汉语中它包括10个元音和22个辅音,由此构成无穷无尽的语音;音节是从听觉上能够区别开来的语音的自然单位、最小的语言使用单位或音素联合的一种形式,在汉语中基本上是一个汉字一个音节。

语音中还有一个语调问题。它主要是由语音的高低、轻重、快慢、长短、停顿的变化形成的，包括平直调、高升调、曲折调、低降调 4 种，可以充分表达说话人的态度和感情。如在餐厅服务工作中，介绍菜点、说明问题、解释原因，一般都用平稳正常的平直调；或者是能体现信心、松弛的低降调；而很少用紧张、激动的高升调以及含有惊讶、讽刺、厌恶、迟疑意味的曲折调。

2. 词汇。

词汇由许多语词组成，是语言的结构材料，某种语言中词语的总汇。其中，词是语言中具有固定声音和特定意义的最小造句单位；而组成词的词素是具有一定意义的最小的构词单位。

词汇包括 3 类：一是使用历史悠久、能不断构成新词、并为全社会所熟悉的基本词汇，如天、地、人、物之类，它具有稳固性、能产性、全民性 3 大特征。基本词汇的基础是词根，即历史最长、构词最多、社会最熟悉的词，如衣、食、住、行。二是非基本词汇，包括新词、古词、方言词、外来词种种，它们的使用频率相对较小，使用面也较窄。三是只能整体运用（即大于词的固定词组）的特殊词汇，包括成语、谚语、惯用语、歇后语等。它们含义丰富，精练生动，形象幽默。

词汇的功能一方面是给予大千世界的各种事物和现象以名称，另一方面是形成概念和表达概念的工具。为了更好地表述感情，进行交际，服务人员应当学会选择词汇与运用词汇，特别要求会用成语、谚语等特殊词汇，准确而规范的常用语和方言词，以及巧妙的代用词（如用“洗手间”代替“厕所”、用“用醋”代替“吃醋”之类）。

3. 语法。

语法是用词和造句的方式，是语言的结构规则。它是从许许多多具体的词和句子里抽象概括出来的，带有普遍的规律性。

语法成分包括：(1)各种语法单位，即词素、词、词组、句子。(2)各语法单位内部的类别，如词分实词（名词、动词等）和虚词（介词、副词等），词组分主谓词组和偏正词组等，句子分单句和复句等。(3)各语法单位的结构方式。这是构成词序、附加、重叠等语法结构的手段，包含着不同的语法意义和语法形式。掌握了它，就可以正确地交际了。

汉语

汉语是中国汉民族使用的语言，使用人口约 11 亿。它是世界上使用人口最多的语言，也是联合国 6 种正式语言和工作语言之一，在国际上具有重大的影响。

汉语属于汉藏语系汉语族，与我国境内的藏语、壮语、傣语、侗语、黎语、彝语、苗语、瑶语，与我国境外的泰语、缅甸语等，是亲属语言。在历史上，它曾被日本、朝鲜、越南等邻国借用，至今还留下很深的烙印。

汉语的发展分为 4 个时期，各有不同：(1)上古时期（公元 3 世纪以前），有复辅音声母，四声不全，无系词，否定句和疑问句里的宾语在动词之前。(2)中古时期（公元 4～12 世纪），有舌面前塞音和唇齿音声母，四声齐全，各分阴阳，产生系词，形成被动、处置和使动句式。(3)近代时期（公元 13～19 世纪），浊塞音、浊塞擦音和浊擦音声母消失，有卷舌音声母，辅音韵尾简化，声调合并。(4)现代时期（公元 20 世纪），吸收外来词和语法，大量增加复音词，部分词素的后缀化。

汉语的特点是：

第一，在语音方面元音占优势，以声调为重要的语音表达手段之一，音节结构形式比较固定。普通话的语音中有 21 个声母（含 6 个塞音、6 个塞擦音、6 个擦音、2 个鼻音、1 个边音），35 个韵母（含 6 个单元音韵母、13 个复元音韵母、16 个带辅音韵尾的韵母），4 个声调（阴平、阳平、上声、去声），有连续变调现象，自成一体。

第二，在语法方面主要以虚词和词序表示各种语法关系。如在动词后面加时间助词表示时态，用结构助词表示句子成分间的领属、趋向等关系；以及主语在谓语之前，宾语和补语在动词之后，间接宾语在直接宾语之前，修饰语在中心词之前等。

第三，在词汇方面单音素词占绝对优势，即绝大多数音节都有相对的意义和功能。主要是通过主谓、动宾、动补、修饰、并列等关系的合成方法构成新词，有双音化的趋势。

汉语现有 8 个方言。它们是北方方言、吴方言、湘方言、赣方言、客家方言、闽南方言、闽北方言和粤方言。各种方言之间的差异，主要表现在语音上，其次是词汇，语法的差别最小。而语音的差异，又集中表现在浊塞音、浊塞擦音和浊擦音声母；卷舌音声母；鼻音声母；撮口韵母；塞音韵尾；鼻音韵尾以及声调上。

汉语使用方块汉字。汉字是世界上历史最悠久的文字之一，目前认为它的最早形态是5000年前莒县陵阳河遗址出土陶器上的陶文。汉字体系独特，起源于象形，现今已发展成为以形声体制为主的表音兼表意的文字。它的演变情况是夏代的陶文——夏商周三代的甲骨文和金石文字——秦代的篆书——秦至西汉的隶书——东汉至今的楷书。楷书呈正方形，是汉字称“方块字”的来源。楷书还有草书与行书两种变体，都是为了实现快速书写而产生的。

1958年我国公布《汉语拼音方案》，目的是帮助识字，统一读音，促进普通话的推广。

现代汉语

现代汉语一词，有广、狭二义。广义指现代汉民族的共同语和方言；狭义仅指现代汉民族的共同语，即以北京语音为标准音、以北方方言为基础方言、以典范的现代白话文著作为语法规范的普通话。《中华人民共和国宪法》第19条曾明确规定：“国家推广全国通用的普通话。”

现代汉语的特点是：

第一，同印欧语言相比较，在语音方面，现代汉语有声调，元音占优势；在语汇方面，现代汉语的构词单位一般是单音节的实语素，由实语素和实语素构成的合成词特别多；在语法方面，现代汉语缺乏形态变化，词类和句子成分不是简单对应，句子和短语的构造基本一致，并拥有丰富的量词和语气词。

第二，同古代汉语相比较，在语音方面，现代汉语普通话只有平声、上声和去声，没有入声；在语汇方面，现代汉语里双音节词占优势，外来词和简缩词也占有一定的比例；在语法方面，现代汉语里有一些类似形态变化的现象，词类活用的情况有所减少，句子连带成分比较多，结构日趋复杂化。

现代汉语的地位很突出。在国内，不仅汉族使用它，许多少数民族也使用它，它成为应用得最为普遍的交际工具；在国外，不仅联合国将其定为正式语言和工作语言，不仅朝、日、越3国曾借用它，而且英、俄、意等语言都向它汲取过营养，学习汉语已形成一种风潮，它已与英语并称为“两大世界语言”。

现代汉语规范化

现代汉语规范化就是树立并推广现代汉民族共同语明确的、一致的标准。它主要是根据汉语的历史发展规律，结合汉语在社会中的习惯用法，对普通话内部(包括语音、语汇、语法各方面)所存在的少数分歧和混乱现象进行研究和抉择。选择其中的一些读法和用法作为规范，并加以推广；确定其中的另一些读法和用法是不规范的，并加以舍弃，从而使现代汉语沿着纯洁和健康的道路向前发展。

现代汉语规范化主要包括3个要求：

1.语音以北京语音为标准音；

2.词汇以北方话词汇为基础；

3.语法以典范的现代白话文著作为语法规范。

汉语拼音方案

汉语拼音方案为汉字注音和拼写普通话语音的方案。1958年2月11日中华人民共和国第一届全国人民代表大会第5次会议批准推行。这一方案主要用于帮助识字，统一读音，推广普通话，改进语文教学，编制目录、索引和现代化通讯。方案采用26个拉丁字母，字母表规定字母名称，声母表和韵母表规定拼法，对声调符号和隔音符号也作了规定。可参见《现代汉语词典》等工具书的附录。

普通话

又名共同语、通用语、标准话，即一个社会中全体成员通用的语言，或普遍共同使用的标准语言。中国普通话，是中国汉民族的共同语；它以北京语音为标准音，以北方话为基础方言，以典范的现代白话文著作为语法规范，同时又扬弃了北方话中过于特殊的成分，吸收了其它方言中的有用成分，因此比任何方言都更为丰富完善。1958年2月11日中华人民共和国第一届全国人民代表大会第5次会议批准推行《汉语拼音方案》以后，普通话得到迅速推广。

任何民族的共同语，都是在一种方言的基础上形成的，同时也与一个国家经济、政治、文化的高度集中密不可分。如果某一地区在比较长的历史时期内是整个国家的经济、政治、文化中心，而且人口也较多，那么这一地区的方言就有可能成为民族共同语的基础方言。这一规律，在中国、在世界都是如此。

从历史上看，中国民族共同语的基础方言主要出自两个地区。从夏到宋的4000多年间，历代的都城大多设置在秦、豫两地，所以这一时期的陕西方言和河南方言就成为全国通用的“雅言”和“通语”的基础方言。像孔子在山东就是用“雅言”讲学，苏轼贬居海南便是用“通语”执教，唐宋两朝还将雅言、通语称为“正音”，里面含有对民族共同语进行“规范化”的寓义。

从辽至今的近1000年间，历代的都城主要设置在北京，所以这一时期的北方方言就成为全国通用的“官话”、“国语”、“普通话”或“华语”的基础方言。清廷曾规定，读书的人都要说“官话”，不用“官话”办公的官员立即免职。这都是强制推行民族共同语的得力措施，目的是便于准确地交际。

至于普通话一词，首先由清末学者熊文岳提出。它在1906年所著的《江苏新字母》中，把汉语分为3类，其一即“普通话”，并解释为“各省通用之话”，与现今的语义十分接近。民国初年定名为“国语”，被当时的教育部规定为“法定教学语言”；目前台湾省仍称“国语”。在新加坡、马来西亚和欧洲的华侨中则称“华语”，目的是与所在国的语言相区别，并表示自己是“炎黄的华夏子孙”。到了1958年，新中国将自己的民族共同语正式定名为“普通话”，并加以科学的界定。

普通话的特征

普通话的特征表现在3个方面。

第一，它以北方方言为基础方言。其所以如此，首先是因为5000年来，北方历来是我国的经济、政治、文化中心，有5个驰名的古都（安阳、西安、洛阳、开封、北京），从夏到清一直是中华民族的主要文化摇篮。其次，北方方言使用的人口多，占说汉语总人数的70%以上，通行面积也占全国总面积的50%以上，说北方话，全国各地识汉语的人基本上都能听懂。再次，我国许多著名的文学作品（如《西游记》、《红楼梦》）都是用北方方言写成的，现代白话文也是以北方方言为基础发展起来的，北方方言承受了古代文学语言的丰富遗产，在政治生活中、商业运输中和民间文艺中都被广泛使用。北方方言的这种优越性，是吴方言、闽方言、湘方言、粤方言、赣方言、客家方言等其它方言所不具备的。

第二，它以北京语音为标准音。北京话、天津话、沈阳话、西安话、南京话、武汉话、重庆话等，同属北方方言，但在语音方面，彼此之间有很大的差异，因此，必须从中选定一个地方的语音为标准音。比较起来，北京话最为合适。一方面北京话明朗、高扬、舒展，节奏分明，具有音乐美，具有雄浑朴直的阳刚之气，不仅好听，而且简单易学；另一方面，近1000年来，北京是辽、金、元、明、清的都城，乃“首善之区”，往来的人流多，能听懂北京话的人也最多，群众基础最为深厚。当然，以北京音为标准音，是就整体而言的，并不是讲北京话中每个词的读音都是标准音。北京话中的一些土音，如果没有代表性，也不能作为标准音。同样，其它方言中语音方面好的成分，也会被吸收到普通话中来。

第三，它以典范的现代白话文著作为语法规范。所谓典范的现代白话文著作，是指以标准的口语作为素材，经过语言大师们提炼、加工而形成的书面文学语言。这种书面语遣词造句规范，语法清晰明白，在社会上享有盛誉，不仅便于学习，也容易流传。用它作为普通话的语法规范，有利于人们进行交际，准确表述思想感情。现今许多优秀的文学作品，许多严谨的政论文章，在语法方面都是规范的，应当认真加以学习，从中提高驾驭语言的能力，以便更快地掌握普通话。

普通话语音系统

普通话语音系统包括声母、韵母和声调，弄清它们的分类和辨正，是学好普通话的关键。下面作些简单介绍。

一、声母。

按发音部位分类，有双唇音（b、p、m）、唇齿音（f）、舌尖前音（z、c、s）、舌尖中音（d、t、n、l）、舌尖后音（zh、ch、sh、r）、舌面音（j、q、x）和舌根音（g、k、h）。

按发音方法分类，有塞音（b、p、d、t、g、k）、擦音（f、s、sh、r、h、x）、塞擦音（z、c、zh、ch、j、q）、鼻音（m、n）和边音（l）。

按声带是否颤动分类，有清音（b、p、f、d、t、

g、k、h、j、q、x、zh、ch、sh、z、c、s)和浊音(m、n、l、r)。

按除阻气流的强弱将塞音、塞擦音分类，有送气音(p、t、k、c、ch、q)和不送气音(b、d、g、z、zh、j)。

在声母辨正方面应当掌握如下要点：

1. 分辨舌尖后音(zh、ch、sh)、舌尖前音(z、c、s)和舌面音(j、q、x)；

2. 分辨鼻音(n)和边音(l)；

3. 分辨舌根音(h)和唇齿音(f)；

4. 分辨送气音(p、t、k、c、ch、q)和不送气音(b、d、g、z、zh、j)；

5. 将其它方言中的浊音改为普通话中的清音；

6. 将尖音改为团音；

7. 念准零声母字等。

二、韵母。

按内部结构分类，有舌面元音韵母(ɑ、o、e、ê、i、u、ü)、舌尖元音韵母(ɿ、ʅ)、卷舌元音韵母(er)、二合复元音韵母(ɑi、ei、ɑo、ou、iɑ、ie、uɑ、uo、üe)、三合复元音韵母(iɑo、iou、uɑi、uei)、前鼻音韵母(ɑn、en、in、ün、iɑn、üɑn、uɑn、uen)和后鼻音韵母(ɑng、eng、ing、ong、iong、iɑng、uɑng、ueng)。

按发音性质分类，有开口呼韵母(如o、ɑi、en等)、齐齿呼韵母(如i、iɑn、ing等)、合口呼韵母(如u、uɑ、ueng等)和撮口呼韵母(如ü、üe、ün等)。

在韵母辨正方面应当掌握如下要点：

1. 分辨前鼻音韵母和后鼻音韵母；

2. 分辨齐齿呼和撮口呼；

3. 分辨u和ou；

4. 分辨o和e；

5. 分辨单韵母和复韵母；

6. 防止丢失韵头等。

三、声调。

声调包括调值与调类。

调值是语言里各种声调的实际读法，即指语言高低、升降、曲直、长短的具体型式。在现代汉语各个方言里，基本的调值类型有4种，即平、升、降、曲，描写具体的调值一般采用5度标记法。

调类是声调的分类，即是按调值归纳出来的类别。一种语言的声调分多少类，由其基本调值的多少来决定。如河北滦县话有3个调类，南京话有5个调类，广西玉林话有10个调类，普通话有4个调类。

现代汉语的声调系统是由古代汉语的声调系统演变而成的。古代汉语的声调有平、上、去、入四声，这四声又按声母的清、浊再分阴调和阳调，所以实际上是阴平、阳平、阴上、阳上、阴去、阳去、阴入、阳入8类声调。现代汉语普通话仅保留4类声调，其调类、调值和调号可见下表：

普通话声调表

调　类	阴　平	阳　平	上　声	去　声
调　值	55	35	214	51
调　号	ˉ	ˊ	ˇ	ˋ

在声调辨正方面应当掌握如下要点：

1. 改变调值。即将方言的某一调类的调值改念为跟普通话相应的某一调类的调值，如汉口话的工(gong[55])农(nong[313])到普通话中则应念为工(gong[55])农(nong[35])。

2. 合并调类。即将多于4个的方言调类合并为普通话中的4个。如绍兴话、广州话中的上声都分阴阳，“古”字念阴上55调，“老”字念阳上22调，而在普通话中这两字都念上声214调。

3. 记入声字。古代的入声字现今分别归于了普通话中的4声，它们没有规律可循，只有死记。好在常用的古入声字仅400个左右，其中半数已归进了去声，1/3已归进阳平，极少数归进了上声。如果记住了归进去声的200多个，那么问题就解决了一半。

普通话学习与推广

认真学习与大力推广普通话，是社会主义新时期语言文字工作的首要任务，必须贯彻“大力推行、积极普及、逐步提高”的12字方针。根据国家的统一部署，到本世纪末，普通话应当成为：(1)各类学校的校园用语；(2)机关事业团体和各种行业的工作用语；(3)不同方言区公共场合的交际用语；(4)广播影视部门的宣传用语。

其中，推广普通话的重点，从部门来看，首先是教育部门；从学校来看，首先是师范、小学、幼儿园；从行业来看，首先是影视、商业、交通、邮电与服务业;从对象来看,首先是青少年;从地区来看,首先是大中城市和沿海的经济地区。

要求通过8～10年的努力,按3个标准使不同的人群分别“达标”:第一级标准是会说标准的普通话,语音、词汇和语法很少出现差错;第二级标准是会说比较标准的普通话,方音不是太重,词汇和语法的差错较少;第三级标准是会说一般的普通话,不同方言区的人基本上能够听懂。

按照劳动部、国内贸易部和国家旅游局的要求,餐饮服务人员在普通话方面都必须“达标”,初级服务员要达到三级,中级服务员要达到二级,高级服务员要达到一级,并将其列入考核晋级内容,分别有着不同的考试方法和评比方法,以适应“窗口”行业和特殊工作环境的需要。

因此,必须在餐饮行业中掀起一个学习普通话的热潮,尽快提高所有服务人员的普通话水平。

第一,提高认识,明确掌握普通话的重要性,克服怕困难、怕议论、怕讥笑的思想障碍,增强学习和推广普通话的自觉性和责任心,以会讲普通话为荣。

第二,掌握《汉语拼音方案》,熟悉普通话的语音系统,以拼音字母作为工具,至少应掌握2500～3500个常用汉字的标准音,必须闯过“正音关”。

第三,普通话是“口耳之学”,实践性强,应当勤学多练,反复揣摩,不断提高发音、听音、辨音、拼读、拼写、会话和朗诵的能力。特别是长江流域、珠江流域和闽江流域的人,一定要在这方面花费更多的气力。

方言

方言是语言的变体,即局部地区的人们使用的语言。其词义来源于古希腊语 dialects(地区的言语)和 dialegesthai(谈话),中国古代将它称作“四方异谈”。

方言主要有3种:(1)地域方言(某一地区的人们使用的语言);(2)个人方言(某些人使用的语言);(3)社会方言(某个阶层、某个行业使用的语言)。目前研究的重点主要是地域方言。

我国是个方言非常复杂的国家。秦汉以前就有汉语方言存在,“五方之民,言语不通”(《礼记·王制》)。秦统一天下,出现“车同轨、书同文”的局面,但“乡音异语”仍然存在。入汉,方言分歧较为突出,扬雄专门写成《方言》一书。魏晋南北朝时,由于匈奴、鲜卑的入侵,中原的汉民纷纷南迁,汉语的方言化现象继续扩大。隋唐宋辽时期,陆续编出不少韵书,人们试图对方言加以规范。由元至清,我国正式形成8大方言区(北方、吴、湘、赣、客家、闽北、闽南、粤),并在北方方言的基础上出现“官话”,汉民族共同语初见雏型,为普通话的问世奠定了基础。

从某种意义上讲,民族共同语也是一种方言——规范的、标准的、使用范围更大和人数更多的一种方言。共同语是方言的高级形式,是各种方言所环绕的中心。它不仅对方言的语音、词汇、语法有一定的影响,而且还制约着方言的发展。社会愈统一,交通愈发达,文化交流愈频繁的时期,共同语的制约能力就愈强,方言的影响面就愈小,方言还会向共同语积极靠拢,让出自己的“地盘”。目前我国共同语与方言的变化情况正是如此。

方言与共同语的差异,主要是语音,其次是词汇及语法。由于方言的长期存在,并在社会生活中频繁出现,所以19世纪前期便形成一门学科——方言学。人们通过对方言的研究,可以获取大众文化的珍贵资料,了解一个民族伦理及文化的历史,并为共同语的发展和完善提供借鉴。

现今在餐饮服务工作中,偶尔也有意识地使用一些方言,目的是强化饮馔的地方色彩,使宾客感到新奇和韵味,从而活跃筵席气氛,加深印象。所以,本书适当介绍一些方言知识,供服务人员参考。

方言的成因与特征

方言是语言随着社会的分化而分化的产物。其成因主要来自3个方面:(1)政治割据。在奴隶社会和封建社会中,统治者各霸一方,经济上相对独立,各地区的群众过着自给自足的生活,彼此很少往来,经过长时期的相对独立的社会发展,语言便带上了浓郁的地方色彩。(2)集体迁徙。由于战争或自然灾害等原因,有时成千上万的人群远离故土,迁往他乡,因为长期(几十年、几百年乃至上千年)与故土隔离,往往在一个特定的区域内保留下来自己的乡音,从而形成某种方言(如闽粤山区的中原客家话)。(3)山川阻隔,交通不便。不容易接受民族共同语的影响，也会形成某些方言，如赣方言、湘方言之类。

至于方言的特征，也表现在3个方面：(1)方言虽是民族共同语的地方分支，但它永远从属于全民语。方言只是在语音上与共同语有较大的分歧，而在词汇及语法上同共同语则比较接近。(2)在一种语言内，方言与方言之间既有相同的一面，又有相异的一面。其相同主要是词汇及语法，其相异主要还是语音。相异的一面往往是不同方言区别的标志。(3)一种方言内部也往往互有差异，由此可以再划分出许多次方言。如北方方言，就可分出北方话、江淮话、西南话等次方言。每支次方言内部又可以再划分出若干种土语。如江淮话，便可分出镇江话、南京话等。土语之下仍可以再划分出次土语，有时即使是一个市、县、乡，在语音上也有不少差异。

汉语方言分类

我国地域辽阔，人口众多，历史悠久，方言的情况比较复杂。从目前汉语方言调查的初步结果看，它主要有7种类型：

1. 北方方言(含华北与东北、西北、西南、江淮4个次方言区)，约占汉族总人口的70%；

2. 吴方言，约占汉族总人口的8.4%；

3. 湘方言，约占汉族总人口的5%；

4. 赣方言，约占汉族总人口的2.4%；

5. 客家方言，约占汉族总人口的4%；

6. 闽方言(含闽北、闽东、闽南3个次方言区)，约占汉族总人口的4.2%；

7. 粤方言，约占汉族总人口的5%。

此外还有特殊的晋语、徽语、平话等。

北方方言

又称官话、北方话，分布在我国长江以北地区和西南数省，使用人口66224万，约占汉语使用人口的70%，内部主要差异是声调，其它方面一致性较强。北方方言包括华北与东北、西北、西南、江淮4个次方言区，或者是北京、东北、冀鲁、胶辽、中原、兰银、西南、江淮等8种官话。

1. 北京官话。分布在北京市及其郊县以及附近的河北、辽宁与内蒙古的部分地区，包括北京、密云、怀柔、多伦、承德、朝阳、克什克腾、赤峰等33个市旗县，以及新疆北部的石河子、布尔津、克拉玛依等11个市县使用汉语的部分地区。总人口1082万，约占汉语人口的1.03%，其中以北京话最具代表性。

2. 东北官话。分布在黑龙江、吉林、辽宁以及内蒙古与东北毗邻的地区，包括吉林、延吉、沈阳、哈尔滨、长春、阜新、黑河、齐齐哈尔、佳木斯等172个市旗县，人口8200万，约占汉语人口的8.39%。东北官话与北京官话比较接近，但上声字比北京话多，很多地方将声母r发成零声母，如在读音上“如＝鱼”、“柔＝油”、“人＝银”、“热＝夜”。近年由于东北话小品的走红，很多经营满族菜或东北菜的餐馆都用东北话招徕顾客。

3. 冀鲁官话。分布在河北南部、天津和山东的西北部地区，包括保定、天津、唐山、石家庄、邢台、济南、沧州、惠民等164个市县，人口8363万，约占汉语总人口的8.55%，其中的天津话影响较大。

4. 胶辽官话。分布在山东的胶州半岛和辽宁的辽东半岛，包括青岛、胶州、文登、烟台、大连等44个市县，人口2883万，约占汉语总人口的2.95%。

5. 中原官话。分布在江苏、安徽、山东、河北、河南、山西、陕西、甘肃、宁夏、青海、新疆等11个省和自治区，包括郑州、商丘、菏泽、上蔡、曲阜、洛阳、兰考、徐州、信阳、淮南、蚌埠、临汾、西安、铜川、宝鸡、延安、汉中、伊宁、吐鲁番等390个市县，人口16941万，约占汉语总人口的17.3%。其中，河南话、陕西话的知名度较高。

6. 兰银官话。分布在西北的甘肃和宁夏地区，包括兰州、金昌、银川、玉门、酒泉、张掖等34个市县，新疆的塔城、乌鲁木齐、哈密等22个县市，人口1173万，约占汉语总人口的1.2%。

7. 西南官话。分布在四川、云南、贵州3省和毗邻的湖北、湖南、广西、陕西、甘肃等省的部分地区，包括成都、绵阳、重庆、保山、大理、遵义、金沙、昆明、贵阳、泸州、赤水、襄阳、钟祥、武汉、京山、天门、三穗、榕江、凯里、都匀、郴州、零陵、江永、桂林、柳州、常德、石门、鹤峰等517个市县区镇，总人口20000万左右，约占汉语总人口的20.46%。其中，重庆话、武汉话为公众所熟悉。

8. 江淮官话。分布在湖北(应山、安陆、应城及其以东)、安徽、江苏3省长江以北的沿江地带(包括合肥、巢县、扬州、泰州、泰兴、如皋、黄冈、应山、孝感等市县),江苏省长江南岸的南京、镇江、江宁、句容、溧水,江西的九江、瑞昌等,共计108个市县,人口6725万,约占汉语总人口的6.88%。江淮官话是民族共同语和其它方言的过渡地带,其中的南京话有较大的影响。

北方方言的语音特征是:(1)全浊声母清化。(2)平分阴阳,全浊上声变去声,绝大部分地区是4个调类,即阴平、阳平、上声、去声。(3)辅音韵尾少,没有-p、-t、-k和-m。

吴方言

又称吴语、江南话、下江话,主要分布在上海市、浙江省的大部分和江苏省镇江(不包括镇江)以东的地区,还波及到赣东北、皖南和闽北,有苏州、南通、上海、杭州、天台、金华、兰溪、武义、丽水、上饶、铜陵、太平、泾县等128个市县,人口6975万,约占汉语总人口的7.13%。

吴语区的主要特点是塞音、塞擦音声母有3套,古全浊声母仍读浊音。

典型的吴方言以苏州话为代表;杭州因为作过南宋都城,其语音中则带有浓厚的"官话"色彩;扬州话属"下江官话",介于北方方言和吴方言之间;特异的上海话近年来甚为风行,不少餐厅都要求服务人员掌握。

吴方言的语音特征是:(1)比较完整地保留了古浊音声母。(2)绝大多数地方z、c、s和zh、ch、sh没有分别。(3)单元音丰富,鼻音韵尾没有-n,只有一个-ng。4.声调的主要类型是7个或8个,古入声的韵尾-p、-t、-k一律变为喉塞音(ʔ)。

湘方言

又称湘语、湖南话,分布在湖南中部的湘江、资江、沅江流域,以及湘江上游广西的东北角,包括长沙、湘潭、益阳、娄底、湘乡、邵阳、吉首、溆浦等60个市县,人口3085万,约占汉语总人口的3.15%。

湘方言内部还存在着老湘语与新湘语的差别。新湘语通行在长沙等大中城市,受北方方言的影响较大;老湘语保留在小集镇和农村,依然固守原有的本色。

湘方言的语音特征是:(1)古浊音系统保存得比较完整。(2)声母h和f大都不分。(3)声母n和l跟齐齿呼、撮口呼以外的韵母相拼时不分。(4)声母大都没有zh、ch、sh。(5)鼻音尾韵一般多是-n。(6)元音鼻化现象相当普遍。(7)有入声,声调一般是5~6个。

赣方言

又称赣语、江西话,主要分布在江西西部和北部、湖南东部和西南部,湖北东南部、安徽南部和福建西南部的部分地区,包括南昌、永修、靖安、宜春、萍乡、浏阳、吉安、莲花、抚州、临川、广昌、余江、大冶、通城、耒阳、安仁、资兴、洞口、绥宁、岳西等111个市县,3127万人,约占汉语总人口的3.19%。

赣方言有3点值得注意:(1)它以南昌话为代表,比较活跃;(2)由于历史上这里介于荆、扬二州之间,是"楚尾吴头",因此赣方言受江淮话、湘语和北方话的影响较深;(3)客家人南迁时曾经过江西,故而赣方言和客家话也有不少相似之处。

赣方言的语音特征是:(1)古浊塞音和浊塞擦音都变成了相应的清音。(2)声母n和l,同今天的齐齿呼和撮口呼以外的韵母相拼时一律读l;n和l跟齐齿呼、嘬口呼韵母相拼时,n、l不混。(3)声调一般有6个,即阴平、阳平、上声、阴去、阳去、入声。入声韵尾逐步简化。

客家方言

又称客家话、麻介话;主要分布在广东的东部、南部和北部,广西的东南部,江西的南部,福建的西部,以及湖南、四川、台湾、海南的少数山区,包括梅县、兴宁、上杭、宁都、瑞金、龙南、于都、赣县、桂东、铜鼓等200多个市县,人口3500万,约占汉语总人口的3.58%。

所谓"客家",是相对"土著"而言的。客家人本是古代中原一带的汉民,由于匈奴及其他外族入侵等历史原因,自东晋始,逐渐南移。南宋后,数量大增。直到明朝中叶,才稍稍停歇。至于四川的客家人,是清代从广东迁去的。

客家方言有如下的特色:(1)"客家"二字出现在宋代,现今的中心是广东省梅县;(2)客家人南迁后,不仅保留了原有的"中原古音",同时还保留了众多其它方面的中原古文化习俗;(3)客家人虽然居住分散,但客家方言仍自成系统,内部差别不大，四川客家人与广东客家人尽管相隔千山万水，彼此仍然可以融洽地交谈；(4)四川的客家话受北方方言中的西南次方言影响较大，略显特异；(5)由于有一部分客家人流落海外，现今东南亚和欧美的华侨中仍以此语作为"乡音"；(6)台湾的客家人，大多是明清之际从福建迁去的；(7)由于北方方言的强大影响，现今的中原地带已很少留下客家方言的"遗痕"；(8)从某种意义上讲，客家方言是中原古音与南方山区特殊生活环境相结合的产物，它反映出古代的中原移民及其后裔怀恋故土的深深"情结"。

客家方言的语音特征是：(1)声母中的送气音比较丰富。(2)古全浊声母不分平仄，一律变为送气清音。(3)z、c、s 和 zh、ch、sh 大都不分。(4)g、k、h 和 z、c、s 两组声母，可以同今天的齐齿呼韵母相拼，相当于普通话声母 j、q、x。(5)鼻音声母比较丰富，不少地方除 m、n 外，还有 ng。(6)韵母中没有撮口呼。(7)声调一般有 6 个，平声和入声各分阴阳，再加上声和去声，一般都有入声韵尾 b、d、g。

闽方言

又称闽语、福建话，主要包括闽北次方言和闽南次方言。它分布在福建、台湾、海南的大部分地区，广东东部的潮汕地区和雷州半岛，以及广西、浙江南部、安徽南部、江西东北部和四川的局部地区，包括福建、厦门、漳州、泉州、莆田、仙游、闽侯、寿临、建瓯、政和、三明、永安、沙县、琼山、文昌、海康、湛江、邵武、光泽、将乐等 111 个市县，人口 5507 万，约占汉语总人口的 5.63%。

闽方言也有 4 个特征：(1)闽北次方言以福州话为代表，闽南次方言以厦门话为代表，这两支次方言的内部差异很大，彼此之间难以进行交际。所以过去将它们各自独立列出，与北方方言、吴方言等并列，因有"汉语 8 大方言区"之说。(2)还有人因其语音系统的特殊性，将其一分为三：以厦门话为代表的闽南次方言，以福州话为代表的包括福安山区和闽江下游北南两片的闽东次方言，以建瓯话为代表的闽北次方言。(3)散居在南洋群岛中的好几百万华侨及华裔，也都祖祖辈辈以闽方言作为自己的"母语"。(4)台湾省的大多数汉人居住区，也是说的闽方言。他们讲的"国语"，很多是北方方言与闽方言的"杂合体"。

近年来由于福建辟为经济特区和来大陆投资的台胞、南洋群岛的侨胞日益增多，为了便于接待这些宾客，许多高级酒店和宾馆也要求服务人员会说和能听懂福建话。

闽方言的语音特点是：(1)没有唇齿清擦音 f。(2)普通话中声母是 zh、ch 的一部分字，在闽方言中声母是 d、t。(3)声母没有 zh、ch、sh 和 z、c、s 之分；只有 z 组声母，没有 zh 组声母。(4)古浊塞音、浊塞擦音多数变为不送气的相应的清音。(5)辅音韵尾变化复杂，厦门话完整地保留了 m、n、ng 和 b、d、g 两套韵尾，福州话只有 ng 韵尾和(?)韵尾。(6)声调一般有 7 个，而广东潮州话则有 8 个。

粤方言

又称粤语、广东话、白话、广府话，主要分布在广东、广西、海南、香港和澳门，以珠江三角洲为中心，包括广州、深圳、珠海、海口、梧州、南宁、宁明、高州、茂名、阳江、江门、台山、四会、罗定、玉林、吴川、钦州、合埔等 88 个市县和香港、澳门 2 个特别行政区，人口 4021 万，约占汉语总人口的 4.11%。

粤方言的特色是：(1)以广州话、香港话、南宁话、澳门话为代表，各次方言之间的内部分歧不大，但四邑(台山、新会、开平、恩平)粤语和桂南(南宁、凭祥、北海、玉林等地)粤语，同广州粤语在语音上有些差别，不过仍然可以进行交谈。(2)香港、澳门以及东南亚、北美洲、澳大利亚、新西兰的华侨多数也说粤语，但语音不似广州话那般纯正，夹杂有异域他邦的某些影响。(3)近年来内地有一部分人(主要是文艺界、企业界和打工族)仿学粤语，其中的多数发音不准，"形似神离"。既不能将此看作是"正宗的粤语"，更不能认为这是粤方言向北方方言区的拓展。

近年来，粤语十分吃香，在青年中和商界的影响更大。因此不少著名酒楼和饭店要求服务人员在语言方面"一主三从二兼顾"："一主"是指掌握普通话；"三从"是指会说能听一些上海话、广东话和福建话；"二兼顾"是指能用简单的英语和日语接待外宾。

粤方言的语音特征是：(1)韵母和声调比较复杂。(2)韵母有 53 个，比普通话多 1/3。(3)声母 h 和 f 在今音合口呼前混读，一般读作 f。(4)

声母 zh、ch、sh 和 z、c、s 一般不分，两组合并读舌叶音。(5)g、k、h 可以同今音齐齿呼或撮口呼韵母相拼。(6)鼻音韵尾除 n、ng 外，还有 m；入声韵尾有 b、d、g。(7)声调共为 8 个。

晋语

又称山西话，实际上是北方方言中的一个特殊分支。它分布在山西及其毗连的河北、河南、内蒙古、陕西的部分地区。山西除西南的 28 个市县属中原官话，西北角的广灵县属冀鲁官话外，其余的 77 个市县均属于晋语区。河北西部的张家口等地，河南的黄河以北地区，内蒙古中部的黄河以东地区，陕西的延川以北地区，也均属于晋语区。它具体包括太原、交城、平遥、汾阳、临县、兴县、长治、武乡、忻州、五台、府谷、大同、榆林、包头、张家口、商都、呼和浩特、邯郸、安阳、新乡、志丹、吴旗、延川等 175 个市县，人口 4570 万，约占汉语总人口的 4.67%。

晋语的最大特色是有入声。

徽语

又称徽州话，实际上是北方方言、湘方言、赣方言、吴方言等 4 大方言夹缝区形成的一种特殊的方言区。它分布在安徽南部的旧徽州府，浙江西部的旧严州府和江西东北怀玉山以北地区的一个三角地带中，包括绩溪、宁国、休宁、屯溪、祁门、德兴、建德、淳安等 16 个市县，人口 312 万，约占汉语总人口的 0.32%。

徽语在语音方面受北方、湘、赣、吴 4 大方言区的影响，又有着自己的特点，自成一个体系。

平话

又称桂语，实际上是粤方言区中的一个特殊地段，它分布在桂林、柳州、南宁、百色之间的交通要道附近，在广西中北部呈半圆形展开，包括融水、融安、百色、龙州、横县、阳朔、平乐、钟山、富川、贺县等地，柳州以下为桂南平话，柳州以上为桂北平话，人口 200 余万，约占汉语总人口的 0.2%。

平话是与“白话”(粤语)相对而言的，由于它靠近北方方言区的西南官话区域，语音中受北方方言的影响大一些，平话中的“平”字似与北京的旧称——北平，也有点关连。

中国少数民族语言

中国有 55 个少数民族，他们的语言和汉语一起分属于 5 个大的语系。

中国最大的语系是汉藏语系，包括汉语族、壮侗语族、藏缅语族和苗瑶语族。其中：

1. 汉语族。汉、回、满等族通用。

2. 壮侗语族。有 3 个语支：壮傣语支包括壮语、布依语和傣语；侗水语支包括侗语、水语、仫佬语和毛南语；黎语支包括黎语。

3. 藏缅语族。有 5 个语支：藏语支包括藏语、羌语、门巴语、珞巴语和特殊的嘉绒语；彝语支包括彝语、傈僳语、纳西语、白语、拉祜语、哈尼语和基诺语；阿昌语支包括阿昌语和载佤语；景颇语支包括景颇语和独龙语；未定语支包括普米语、怒语、土家语和特殊的僜语。

4. 苗瑶语族。有 2 个语支：苗语支包括苗语和畲语；瑶语支包括瑶语(勉语)。

此外，语族未定的仡佬语和京语目前暂时也归于汉藏语系。

汉藏语系使用的区域遍布于全国各地。

中国第二大语系是阿尔泰语系，包括突厥语族、蒙古语族、满・通古斯语族。其中：

1. 突厥语族。有 2 个语支：西匈语支包括维吾尔语、哈萨克语、撒拉语、乌兹别克语和塔塔尔语；东匈语支包括柯尔克孜语和西部裕固语(尧乎尔)。

2. 蒙古语族。包括蒙古语、达斡尔语、土族语、东乡语、保安语和东部裕固语(恩格尔)。

3. 满・通古斯语族。有 2 个语支：通古斯语支包括鄂伦春语和鄂温克语；满语支包括满语、锡伯语和赫哲语。

此外，语族未定的朝鲜语目前暂时也归于阿尔泰语系。

阿尔泰语系主要分布在新疆、内蒙古、甘肃、青海以及东北等地。

中国第三大语系是澳亚语系(亦称南亚语系)。列入这一语系的只有亚高棉语族的佤德昂语支，包括佤语、德昂语和布朗语。

中国第四大语系是马来—波利尼西亚语系(亦称南岛语系)，列入这一语系的只有属于印度尼西亚语族的高山语。

中国第五大语系是印欧语系，包括斯拉夫语

族和伊朗语族。其中：

1.斯拉夫语族。仅有属于东斯拉夫语支的俄罗斯语。

2.伊朗语族。仅有属于东伊朗语支的塔吉克语。

总之，中国的55个少数民族和汉族，共计使用85种语言，这里只介绍了59种。其中的58种是少数民族语言，大都比较复杂，不易掌握。幸好少数民族地区和少数民族兄弟，大多通用汉语；餐厅服务人员只要掌握了普通话，就基本上可以和他们进行交际了。

汉字

文字是记录语言的书写符号系统，其中的每一个字都是形、音、义三者的统一体。文字是在语言的基础上产生的，有了文字才有了语言的第二种形式——书面语言。书面语言能克服口语的时、空限制，使人类的精神财富得以在更大范围内共享和具有更长时间的可继承性。文字依附于语言，语言的发展也离不开文字。文字是书面语的意义载体，是语言理想化和精密化的重要物质力量。文字虽然记录了语言，但不等同于语言。作为书面语的构成要素，文字有自身的形体系统、结构系统和表达系统，具有相对的独立性。

汉字是记录汉语的符号系统，是世界上最古老最发达的文字之一。它产生于5000年前的新石器时代，与著名的古代美索不达米亚（今属伊拉克）楔形文字、古代埃及圣书文字一样悠久、辉煌。但是楔形文字和圣书文字只存在了3000多年便不复使用，惟独汉字一直沿续至今。汉字还被日本、朝鲜、越南等国借用，形成过超越国界的“汉字文化圈”。在文字分类上，汉字既属于“语素文字”，又属于“音节文字”，同时还是“表意文字”，它在维护祖国统一，发挥民族凝聚力方面，有着杰出的贡献。汉字在形体演变上经历过古汉字（含陶文、甲文、金文、大篆、小篆）和现代汉字（含隶书、楷书、行书、草书）两个阶段，并由此而形成中国特有的书法艺术。

现行汉字即现今通用的汉字，是记录现代汉语的书面符号系统。其字数和字体以《简化汉字总表》和《现代汉语通用字表》为代表。其中的形声字超过84%，其次是会意字，象形字与指事字很少；现行汉字的标准形体为楷体，并有印刷体（含正楷、宋体、黑体）与手写体（含楷书、行书、草书）之别。它们是方块字，先由各种特定的点和线形成笔画，继由笔画按一定顺序组成构件，再由构件加构件或笔画组成汉字。其构字方式有独体结构（女）、左右结构（材）、左中右结构（树）、上下结构（音）、上中下结构（意）、全包围结构（国）、上三包孕结构（同）、下三包孕结构（凶）、左三包孕结构（医）、左上包孕结构（历）、左下包孕结构（这）、右上包孕结构（司）等12种。

现行汉字正在进行规范化和标准化。所谓规范化，一是字形规范，即“正字法”，废除了1055个异体字，简化了1264个繁体字，对近7000个通用字予以规范。二是字音规范，解决文白异读、多义异读、羡余异读等问题。三是字体规范。所谓标准化，包括现行汉字的定量、定形、定音和定序。定量是确定现代汉语用字的数量，第一级常用字为3755个（它们占现代汉语出版物上汉字出现率的99.9%），第二级次常用字为3008个（占0.1%）。定形是确定每个现行汉字的形体，包括笔画的数目、形状、结构的布局和笔顺，都有统一规定。定音是指每个现行汉字有明确的标准读音，消除无意义的异读现象。定序是确定现行汉字的排列顺序，规定每个字在汉字系统中的特定位置，这又叫“区位码”。

中国少数民族文字

我国共有56个民族，目前使用着85种语言。但并非每一种语言都有它的相应记录符号——文字。据统计，除汉字外，中国55个少数民族中，共有20个民族有自己的文字。这20个民族是：蒙、藏、维吾尔、满、朝鲜、锡伯、哈萨克、乌兹别克、塔塔尔、柯尔克孜、傣、彝、景颇、拉祜、纳西、傈僳、苗、佤、俄罗斯、壮。在这些民族中，傣、苗、蒙、纳西4族又分别使用两种以上的文字，因此，实际上使用的少数民族文字共有27种，目前经常使用的只有23种。此外，我国还为布依、苗、黎、纳西、侗、哈尼等6个民族制订了新文字方案，目前正在征求意见，准备试用。

中国少数民族使用的文字可分为4个大类：

第一类、象形文字。

纳西族东巴文。

第二类、汉字及其变体。

汉字、方块壮文、方块侗字、水书、白文。

第三类、音节文字。

纳西族哥巴文、彝文。

第四类、拼音文字。

1.印度字母体系：藏文、傣文。

2.阿拉伯字母体系：老维吾尔文、老哈萨克文、乌兹别克文、柯尔克孜文、塔塔尔文。

3.回鹘字母体系：蒙古文、托忒蒙古文、锡伯文。

4.朝鲜文字母体系：朝鲜文。

5.拉丁字母体系：壮文、景颇文、拉祜文、佤文、傈僳文、新维吾尔文、新哈萨克文。

此外还有拉丁字母体系的6种新文字方案，即新布依文、新苗文、新黎文、新纳西文、新侗文、新哈尼文。

6.斯拉夫字母体系：俄罗斯族的俄文。

中国少数民族的文字尽管不是太多，但也相当复杂，不易掌握。幸好少数民族地区和少数民族兄弟大都借用汉文，不少人还可以用汉文书写。这样，只要餐厅服务人员具备一定的汉文知识，能够准确掌握3000个以上的常用汉字的音、形、义，与少数民族沟通并做好接待工作，也不会有太大的困难。

主要的外国语

外国语

外国语是除汉语和中国少数民族语言之外世界各国语言的泛称。它们共有3000～4000种，分布在200多个国家和地区之中；使用历史有的长达数千年，有的仅有几百年；使用人口多的是几亿，最少的只百人（如印第安土著的部分语言）；从使用情况看，有的语言生命力旺盛，有的变成“死语”，有的“死而不僵”，仍然在特定领域中使用，如西医用古拉丁语开药方，天主教仍把古拉丁语作为正统语言等，情况相当复杂。

为了帮助餐厅服务人员了解一些外国语的基本常识，我们从影响较大、使用较普遍的200多种常见外国语中择选出34种，分为5类加以简单介绍，以拓展知识面。

第一类是6种联合国的正式语言和工作语言。其中，汉语是中国国语（见“汉语”条）；另外5种为英语、西班牙语、俄语、法语和阿拉伯语（见“联合国正式语言和工作语言”条）。

第二类是知名度较大的7种语言，即印度斯坦语（含印地语）、孟加拉语、日语、葡萄牙语、德语、印尼语和意大利语。它们的使用人口在6000万至1亿8千万之间与联合国的6种工作语言合称为“世界13大语种”。

第三类是历史悠久、影响面大的古语，包括梵语、希腊语、拉丁语、僧伽罗语和波斯语，其中历史最长的有3800年，最短的也有2500年，深为语言学家所重视。

第四类是各大洲一些较大的语种，如亚洲的蒙古语、朝鲜语、越南语、缅甸语、高棉语、菲律宾语、马来语和土耳其语；欧洲的波兰语、罗马尼亚语、马其顿语、荷兰语、丹麦语和瑞典语；非洲的斯瓦希里语。

第五类是人造语言。包括已经基本得到国际公认的世界语和正在接受实践检测的宇宙语两种。

此外，手势语言、头部语言、花卉语言、色彩语言、数字语言、用具语言等等，也经常作为一种“特殊语言”在许多国家和民族中广泛应用，我们在下一节里也作一些补充介绍。

联合国正式语言和工作语言

成立于1944年10月24日的联合国，目前有近200个会员国。它除了联合国大会、安全理事会、经济与社会理事会、托管理事会、国际法院和秘书处等主要机构外；还有同联合国有关的政府间机构，如国际原子能机构、国际劳工组织、联合国粮食与农业组织、联合国科教文组织、世界卫生组织、世界复兴开发银行、国际民用航空组织、万国邮政联盟、国际电信联盟、世界气象组织等等。为了语言交流的便利，《联合国大会议事规则》第51条规定，汉语、英语、法语、俄语和西班牙语为大会及其委员会和各小组委员会的正式语言和工作语言。后来又增加了阿拉伯语作为联合国的正式语言和工作语言，共为6种。

之所以这样决定，一方面是因为这6种语言使用的人数众多，另一方面是因为它们分布广泛，被其它的国家所熟悉。

1.汉语。使用人数11亿多，不仅中国和新加坡通用，在东南亚和欧美有1000多万华侨与华裔使用，而且深深影响朝鲜、南韩、日本和越南等国，是世界上第一大语言。

2.英语。使用人数3亿多，将它作为主要语言的国家和地区有40个，遍及5大洲。还有不少国家将其作为通用语言。

3.法语。使用人数为8000万，将它作为主要语言的国家和地区有31个，遍及欧洲、美洲和非洲。此外，通用法语的还有意大利、希腊、土耳其、黎巴嫩、叙利亚、伊朗、老挝、柬埔寨、突尼斯、阿尔及利亚、摩洛哥等国。

4.俄语。使用人数为2亿多，既是前苏联(由16个加盟共和国组成)的主要语言，还在波兰、捷克斯洛伐克、匈牙利、罗马尼亚、南斯拉夫、保加利亚、阿尔巴尼亚和蒙古国通用。

5.西班牙语。使用人数为2.5亿。将它作为主要语言的有西班牙、安道尔、古巴、墨西哥、危地马拉、洪都拉斯、萨尔瓦多、尼加拉瓜、哥斯达黎加、巴拿马、多米尼加、秘鲁、玻利维亚、智利、巴拉圭、乌拉圭、阿根廷、撒哈那、赤道几内亚和阿庐塞马斯群岛等；通用它的国家有葡萄牙与菲律宾。

6.阿拉伯语。使用人数为1.25亿。将它作为主要语言的有黎巴嫩、约旦、巴勒斯坦、伊拉克、沙特阿拉伯、科威特、卡塔尔、巴林、阿曼、叙利亚、阿联酋、也门、佐尔法、埃及、苏丹、利比亚、突尼斯、阿尔及利亚、摩洛哥、毛里塔尼亚和科摩罗；通用它的有马尔代夫、赤道几内亚、吉布提和桑给巴尔等国。

此外，也有人认为，世界上6大语言的排序应当是汉语(11亿)、英语(3亿)、西班牙语(2.5亿)、俄语(2亿)、印地语(1.8亿)和葡萄牙语(1.6亿)。其中，印地语是世界上第二人口大国印度的官方语言，不仅使用人数多，而且历史悠久，对人类文化的发展贡献很大；葡萄牙语通行在巴西、葡萄牙、安哥拉、莫桑比克、几内亚比绍、佛得角、圣多美和普林西比等国，比说日语、德语、法语的人数要多，因此有人建议将葡萄牙语也列为联合国的工作语言。

英语

属于印欧语系，它和通行于欧洲及西亚大部分地区的语言都有关联，在各大洲都广泛使用，使用人口约3亿，国家和地区为40个。不仅英、美、加拿大、澳大利亚、新西兰、巴哈马、牙买加、巴巴多斯、格林纳达、圭亚那等国深深受其影响；而且印度、马来西亚、加纳、尼日利亚、塞拉利昂、喀麦隆等国还用它作为官方语言；同时它也是联合国6种正式语言和工作语言之一。

英语有1500余年的历史，经历过古英语、中古英语、中古英语——早期现代英语、王政复辟时期英语4个发展阶段。现代英语是分析型语言，具有功能的灵活性和词汇的开放性两大特征，在读音方面、形态方面、句法方面和词汇方面，都有独自的体系。其权威词典是1933年修订出版的《牛津英语大词典》。

英语还有许多变体。(1)英国英语。有北部、中部、西南3种方言，威尔士一带的英语清晰而有节奏，语调很好听。(2)美国和加拿大英语。有北部、中部、南部等方言，目前在世界上比较流行。(3)澳大利亚和新西兰英语。主要流行于大洋洲。(4)印—巴英语。活跃在印度、巴基斯坦一带。(5)非洲英语。在南非、博茨瓦纳、莱蒙托、斯威士兰、罗得西亚、赞比亚、马拉维、布隆迪、卢旺达、乌干达、肯尼亚、冈比亚、塞拉利昂、加纳、尼日利亚、利比里亚等国作为行政语言或官方语言。

英语是餐厅服务人员应当掌握的第一外语。有了它，就可以与5大洲几十个国家和地区的外宾进行交际。

西班牙语

也叫卡斯提语，属于罗曼语族，有1100余年的历史，流传于西班牙、拉丁美洲和南美洲的绝大多数国家，以及非洲和菲律宾等地，使用人口约2.5亿。它也是联合国6种正式语言和工作语言之一，在世界上有较大的影响。

西班牙语在发展过程中有3个特点：一是它的流传地域过去曾经是西班牙的殖民地或西班牙商人、海盗比较活跃的地区；二是它从古代阿拉伯语或拉丁语中吸收了许多词汇；三是用它曾创作过许多著名的文学作品，如塞万提斯的《堂吉诃德》。

西班牙语多在接待拉丁美洲和南美洲等国的外宾时使用。

俄语

属于印欧语系的东斯拉夫语支，是前苏联的主要语言和文化语言，还影响到东欧各国。使用人口2亿以上，也是联合国6种正式语言和工作语言之一。

俄语的主要流行区是俄罗斯和白俄罗斯，它有北部、中部、南部3大方言群，现代俄语文学语言以莫斯科方言为基础，俄国文学巨匠托尔斯泰、高尔基对俄语的发展都有杰出的贡献。

俄语在历史上曾受到教会斯拉夫语和西欧语言的很大影响。本世纪50～60年代，我国曾将俄语作为第一外语在中学、大学中普遍开设；还由于历史的原因所致，我国的黑龙江和新疆等省区掌握俄语的人较多，一些餐馆也使用俄语。

法语

属于罗曼语族，通行于法国、比利时、瑞士、加拿大（主要在魁北克）、新英格兰北部以及曾是法国殖民地的众多非洲国家，使用人口超过0.8亿，是25个以上国家的官方语言，也是联合国6种正式语言和工作语言之一。

法语的书面文献溯源至公元842年的《斯特拉斯堡誓言》。巴黎方言（又称法兰西岛方言）是标准法语的基础。从16世纪中叶以来，它逐步取代了通用于法国北部和中部的奥依语方言，缩小了通用于法国南部的奥克语方言的地域，成为"正宗法语"。现今的法国上层社会和法语流行区，都以能讲一口纯正的"巴黎话"为荣；法国的名菜，也一律都以古老的"标准法语"命名。

阿拉伯语

即南闪米特语，通行于北非、阿拉伯半岛的大部分地区和中东的部分地区，使用人口超过1.25亿，是联合国6种正式语言和工作语言之一。

已知的最早阿拉伯书面语是公元328年的一个国王的墓志铭，这说明它的使用历史至少也有1600余年。阿拉伯语有阿拉伯、伊拉克、叙利亚、埃及、北非等主要方言群。除阿尔及利亚方言外，它们都受到古典阿拉伯语（文学语言）的强烈影响。古典阿拉伯语是穆斯林的宗教语言和《古兰经》语言，在整个伊斯兰教（约有6亿信徒）社会中享有崇高的威信，流行在40多个信奉伊斯兰教的国家和地区之中。

印度斯坦语

印度和巴基斯坦1947年分治前的现代印度混合语，通行于印度和巴基斯坦等国，使用人口超过2.8亿，是世界上13大语种之一。

印度斯坦语是在克里波利方言的基础上形成的，经蒙兀儿人和商人传布，以后普及全印度。印度斯坦语这一名称出自英国人J.B.吉尔克里斯特（1759～1841）编写的《印度斯坦语词典》和相关的语法书。

现今的印度斯坦语包括两种文学语言：(1)受梵语强烈影响的印地语，使用人口1.8亿，它是印度的官方语言；(2)受阿拉伯语强烈影响、词汇已经波斯化的乌尔都语，使用人口1亿，它是巴基斯坦的官方语言。

孟加拉语

属于印度—雅利安语东部语支，通行于孟加拉国和印度的西孟加拉邦，使用人口超过1.2亿，是世界上13大语种之一。

孟加拉语由梵语演化而来。它有两种重要方言：一是萨都语，包含很多梵语语汇，属于文学语言；一是加利特语，有许多缩写词，是以加尔各答及其附近的方言为基础形成的普通口语。

伟大的印度诗人、诺贝尔文学奖获得者泰戈尔的优美散文诗《草叶集》，便是用孟加拉语写成的。

日语

这是包括琉球群岛在内的日本列岛1.2亿日本人使用的语言。在日本定居的60多万朝鲜人、5万多中国人，以及巴西的49万日侨、美国的47万日侨、还有秘鲁和加拿大的日侨等，也使用这一语言。它也是世界13大语种之一。

日语的谱系关系目前尚未确定。有学者认为，它和朝鲜语、阿尔泰语可能有亲属关系，因为日语和东亚的一些语言（如藏缅语、阿夷努语）在词汇等方面比较相似。还由于早在公元5世纪日本人就开始使用汉字，曾用古汉语书面语作为正式书面语，所以日语在历史上也深受过汉语的影响。

日语的历史可以分为古日语（8世纪以前）、晚期古日语（9～11世纪）、中古日语（12～16世纪）、现代日语（17世纪以后）等4个发展时期。由于用汉字书写日语很不方便，他们分别在9世纪和10世纪创造了两种音节文字,即“平假名”和“片假名”。现在的书写系统是汉字和平假名并用;片假名只书写欧洲语言借词和拟声词,还用于拍发电报及打印文件。明治维新以来,有些人主张“日文罗马化”,但实现起来有许多困难。

日语可分为东部方言(含东京语)、西部方言和九州方言(含关西语)。它属于多音节语言,结构简单;基本词汇虽是本族语,但词汇的大部分是从汉语借来,还有一些是从梵语、葡萄牙语、荷兰语借来。

由于中日关系密切,交往甚多,许多中高级餐厅都把日语作为第二外语,要求服务人员掌握。

葡萄牙语

属于罗曼语族,通行于葡萄牙、巴西以及安哥拉、莫桑比克等葡属现殖民地和原殖民地的一些非洲国家,使用人口1.6亿,是世界上13大语种之一。

葡萄牙语的书面文献可溯源至12世纪末的一份财产协议书,它的文学著作则出现在13～14世纪。它有4种主要方言:(1)北部葡萄牙方言(也称加利西亚方言);(2)中部葡萄牙方言;(3)南部葡萄牙方言(含里斯本方言);(4)海外方言(包括巴西方言和马德里方言)。现今标准的葡萄牙语以里斯本方言为基础。此外,西班牙西北部也流行北部葡萄牙方言。

德语

与英语、弗里西亚语、荷兰语同属于印欧语系中的西日耳曼语支。它是德国和奥地利的官方语言,瑞士的4种国语之一,在列支敦士登、荷兰、卢森堡、法国的阿尔萨斯地区也通用。使用人口超过1亿,是世界上13大语种之一,有一定的影响。

德语有高地德语和低地德语两种变体。南部的高地德语是官方书面语言,1100多年前便通行,后来用它写出了许多著名的文学作品,还翻译过《圣经》。低地德语只是口语,在斯堪的纳维亚地区影响较大。此外,它还有阿勒曼尼语等方言。

印尼语

系印度尼西亚的国语,使用人口超过0.9亿,是世界上13大语种之一。

印尼语以马来语和末罗游语作为基础。其中的马来语一度曾是印度尼西亚的主要商业用语,现在成为各种印尼方言和土语的共同名称。

印尼语是在1945年被宣布为官方语言的。事实上,它的许多使用者都是通晓多种语言的人。他们往往把印尼语作为第二语言、学术语言或职业语言使用,以便与当地人进行思想沟通和公关交际。

意大利语

属于罗曼语族,它是意大利、圣马力诺和瑞士的国语之一,还流行于法国、美国、阿根廷以及原属意大利殖民地的一些非洲国家中,使用人口约0.6亿,是世界上13大语种之一,有一定的影响。

意大利语的书面文献可以溯源到10世纪,用它写成的第一部长篇文学著作是12世纪末期的《劳伦斯之歌》。

意大利语包括北部方言、威尼斯方言、托斯卡纳方言(含科西嘉语)和东西南部的3种方言。它虽有以佛罗伦萨方言为基础的文学标准语,但其普通话却是意大利标准语的各种方言变体或地方话变体,比较特殊。

梵语

即古印度—雅利安语,它既是古印度的文学语言和标准语言,体现印度悠久的历史文化;又是印度婆罗门教的宗教语言,由此产生许多印度教的重要经籍;还是世界上最古老的语言之一,并在其基础上形成了印地语、孟加拉语、马拉蒂语、古吉拉特语、尼泊尔语和僧伽罗语等。

梵语的最古老形式,是公元前18世纪以婆罗门教《吠陀经》命名的“吠陀梵语”,距今已有3800余年。公元前5世纪时,帕尼尼著有语法书,对梵语加以规范,称为“古典梵语”。公元前5世纪至公元10世纪时,梵语与古印度的口语脱节,不再作为日常生活中的交际手段而只使用于文学作品的写作,因此又叫“学术梵语”。直到19世纪时,用梵语写作的文学作品还很多。它作为一种学术语言和研究语言,一直处于兴旺状态。不仅学者使用它,婆罗门教徒使用它,许多平民也学习它；由于它是用“天城体”书写，故而也称“天城梵语”。现在的梵语仍较活跃，既用于学术交流，也用于文艺创作。

此外，18世纪时语言学家们注意到梵语同拉丁语和希腊语之间有明显的相似之处。通过进一步研究，发现了所有印欧语系的相互关系，从而为现代的比较语言学和历史语言学研究奠定了基础。

希腊语

它是一种印欧语系语言，从公元前14世纪一直延续至今，也是世界上最古老、最有影响力的著名语言之一。

希腊语分为5个发展时期。(1)迈锡尼时期。古希腊人根据克里特岛人的米诺斯语和“线形文字甲”，创造出有90多个符号的“线形文字乙”，留存下许多镂刻在公元前14～前12世纪的迈锡尼陶瓶上的音节文字。(2)古代期与古典时期。开始采用字母文字，其时间为公元前8～前4世纪。(3)希腊化与古罗马时期。公元前4世纪～4世纪，亚历山大帝国兴起，随之产生以阿提卡语为基础的“希腊化时期希腊语”，以共同语取代了各地方言。(4)拜占庭时期。公元5～15世纪，共同语中又出现许多变体，在各地流传。(5)现代期。公元16世纪至今，在共同语变体的基础上衍生出现代希腊语。

目前使用希腊语的约有1200万人，包括希腊、塞浦路斯、伊斯坦布尔、意大利南部的卡拉布里亚等地。

现代希腊语包括3种变体。第一是地方方言，如伯罗奔尼撒方言、古雅典方言、克里特方言等，彼此之间差异甚大；第二是希腊语标准口语，流行于都会集镇中，被称为通俗希腊语；第三是纯正希腊语，属于严格的文学语言，1967年以来一直在学校教育中使用。

现代希腊语的词汇大多承袭于古希腊语，但也从意大利语、土耳其语、拉丁语、法语、英语中引入过不少借词。

现在世界上的大部分文字系统都以希腊字母作为基础，特别是拉丁字母更是从它直接或间接模仿而来。

拉丁语

属于印欧语系意大利语族，是现代罗曼诸语言的古老的原始母语，在世界上影响巨大。

最初使用此语的是台伯河下游的几个小居民集团。后来随着罗马人版图的扩大，拉丁语首先传遍整个意大利，后又扩及到西欧、南欧的大部分地区以及非洲、地中海沿岸的中部与西部，风靡过好几个世纪。

拉丁语的最早文献是公元前6世纪用希腊字母雕成的4字铭文。以后，书面用古典拉丁语、演说用古典拉丁语和普通的拉丁语口语并传。3世纪以后，许多文献都用民间拉丁语书写。整个中世纪期间，标准拉丁语都曾作为宗教语言和学术语言而存在，并对西欧的各种语言产生过深远的影响。

此外，中南美洲和加勒比海地区，由于绝大部分居民使用拉丁语系的语言，因而被称为“拉丁美洲”。

在西方殖民者入侵之前，这一地区的主人是使用上千种部族语言的印第安人。15世纪末至16世纪初，随着西班牙、葡萄牙移民的大量涌入，殖民者强行推广属于拉丁语系的西班牙语和葡萄牙语，同化土著的印第安语。到了17～18世纪，加勒比海地区被法国夺去并成为法属殖民地之后，也属于拉丁语系的法语又成为这一带的主要语言。

所以，拉丁语、拉丁字母(罗马字母)同拉丁语系、拉丁美洲之间，不完全是一回事。

僧伽罗语

即印度—雅利安语，通行于斯里兰卡，使用人口约1700万。这一古语是公元前5世纪，随着印度殖民者传入锡兰岛的，因与印度本土的古印度—雅利安语隔绝，遂发展成为独立语言。

僧伽罗语受过巴利语和梵语的影响，并从达罗毗荼诸语言尤其是泰米尔语中吸收大量借词。它最早的文献是公元前200年石刻的波罗米字母铭文，文学语言到1250年才出现。此后，用这种语言出版过许多佛教文学作品，深受佛教徒的重视。

现代僧伽罗语有自己的音节文字。

波斯语

属于印度—伊朗语族伊朗语支，是伊朗的官

方语言，阿富汗也普遍使用，使用人口约5千万，是西亚的重要语种之一。

古代波斯语使用到公元前3世纪左右，曾留下许多著名的楔形文字碑铭（如大流士一世的贝希斯教铭文），是有世界影响的文化遗产。中古波斯语通行于公元前3世纪至公元9世纪，以阿拉米字母书写，保留着萨珊王朝和袄教、摩尼教的重要文献。现代波斯语用阿拉伯字母书写，有许多阿拉伯语的借词。

波斯语也是一种古老的语言，向为世界上的史学家所重视。

蒙古语

属于阿尔泰语系蒙古语族，通行于蒙古人民共和国和我国的内蒙古自治区，使用人口约520万，是北亚的重要语种之一。

蒙古语有9种方言。其中，喀尔喀语是蒙古国的官方语言，也是文学语言的基础；中国境内的方言则有察哈尔语、乌拉特语、喀喇沁—土默特语、科尔沁语、乌珠穆沁语、鄂尔多斯语等。

蒙古语和达斡尔语、土族语等同属蒙古语族东部语支，比较接近。

蒙古文字从上至下书写，源于旧维吾尔文字。而维吾尔字母则源于粟特字母（系阿拉米字母的变体）。

朝鲜语

通用于朝鲜半岛及其沿岸诸岛，使用者有朝鲜、南韩、日本的朝侨和中国的朝鲜族，人口约计4500万，是东亚的重要语族之一。

朝鲜语的隶属关系未定，由于它是一种粘着型语言，有学者认为应属阿尔泰语系。它经历过古朝鲜语（12世纪以前）、中古朝鲜语（12～16世纪）、现代朝鲜语（17世纪以后）3个发展时期，有中部、东北、西北、东南、西南和济州岛6种方言。

对朝鲜语影响最深刻的外部因素是汉语，它的重要文学作品直到19世纪末主要仍是用汉文写成的。目前朝鲜语的词汇，用汉字构成的约占一半以上，其中既有日常用语，也有众多的文言词。

越南语

属于澳斯特罗—亚细亚语系孟—高棉语族越—芒语支；为越南的官方语言，20世纪80年代初期它的使用人口约5000万。

越南标准语以河内及其附近受过教育的人的语言为基础，其词汇的很大一部分来源于汉语，还受到泰语较深的影响。

越南语目前在中越边境一带比较流行。很多中国商人以它同越南人做生意，不少边地的酒楼饭馆也用此语接待越南客人。

缅甸语

属于汉藏语系藏缅语族，是缅甸的官方语言和民族语言，也是该国操其它语言的居民的第二语言，主要通行于缅甸，使用人口约3700万。

现代标准缅甸语与古缅甸语已有很大的差别。现存缅甸语的最早文献可以追溯到11世纪的中叶，它是用一种源于印度和斯里兰卡的巴利文字母书写的。

高棉语

又叫孟—高棉语、柬埔寨语，是柬埔寨的官方语言，也通行在其邻国中，使用人口超过700万，是南亚的重要语种之一。

高棉语的文献记载始于公元7世纪，采用源于印度的文字，留下的作品较多。

高棉语中有大量的借词，主要来自梵语、巴利语、泰语、汉语和越南语。

菲律宾语

属于澳斯特罗尼西亚语系，是他加禄语的标准语，也是菲律宾的两种官方语言之一（另一种是英语）。

在菲律宾，以他加禄语作为母语者，约占人口总数的25%；以他加禄语作为第一语言或第二语言使用者，约占人口总数的一半以上。从1973年起，政府明令规定在公立学校中开设菲律宾语课程；并且在文学著作和新闻宣传中，也越来越多地使用菲律宾语。

马来语

属于澳斯特罗尼西亚（马来—波利尼西亚）语系西部语族或印度尼西亚语族，通用于马来半岛、苏门答腊、婆罗州以及这个地区的许多小岛，也是马来西亚和印度尼西亚的第二语言，使用人口有1300多万，是南亚重要语种之一。

马来语有多种方言，最重要的是马来半岛南部方言，它是标准马来语和印尼语(印度尼西亚官方语)的基础。现代马来语有两种拉丁字母文字，分别用于印度尼西亚和马来西亚。此外它还有一种阿拉伯字母(查维字母)，通用于马来亚和苏门答腊地区。

马来语的最早文献记载是7世纪末用拔罗婆字母刻写的苏门答腊碑铭。

土耳其语

属于阿尔泰语系突厥语族，通行于土耳其、塞浦路斯、前苏联和东南欧以及近东的某些地区，使用人口约7000万。它与阿塞拜疆语、土库曼语以及加告兹语共同组成突厥语西南语支或乌古思语支。

现代土耳其语来源于奥斯曼土耳其语以及“古安纳托利亚”土耳其语(塞尔柱突厥人借用阿拉伯语创造的)。1923年土耳其共和国成立后不久，便用拉丁字母代替了阿拉伯字母。土耳其语在13～20世纪的发展历史中，与奥斯曼帝国有着密切的关系，因此它又被称为“奥斯曼土耳其语”。

波兰语

属于西斯拉夫语支的莱克西特语分支，与捷克语、斯洛伐克语和东德的索布语关系较为密切。它是波兰的官方语言，使用人口约3500万，是东欧重要的语种之一。

最早的波兰书面语是公元1136年教皇训令中的一份名单。波兰的文学语言可以追溯到16世纪，其基础是波兰西部波兹南地区的各种方言。现代波兰的文学语言，则用罗马(拉丁)字母书写。

波兰语中含有大量的拉丁语、捷克语、德语、白俄罗斯语、乌克兰语以及意大利语、法语、英语的借词，比较繁杂。

罗马尼亚语

属于罗曼语族，主要通行于罗马尼亚，使用人口约2300万。

罗马尼亚语有4种方言，其中的达西亚——罗马尼亚语，是标准语的基础，以数种变体的形式通行于全国。阿罗马尼亚语，通行在散居于希腊、南斯拉夫、阿尔巴尼亚和保加利亚的罗侨中，另外两种方言几近消亡。

达西亚——罗马尼亚语的最早文献可以追溯到1521年，阿罗马尼亚语的最早铭文出现在1731年。罗马尼亚语的词汇则以拉丁语作基础。由于罗马尼亚语处于孤立状态，所以非罗曼语借词出现得比较多。

马其顿语

属于南斯拉夫语支，与保加利亚语关系密切，使用西里尔字母。20世纪40年代，南斯拉夫马其顿人民共和国建立时，马其顿语就被指定为官方语言。它还通行于毗邻的保加利亚及希腊的一些地区，使用人口约1000万。

虽然包含马其顿语因素的古教会斯拉夫语手稿早在10世纪就已出现，但接近马其顿语口语的文献却是迟在1790年才问世。

马其顿语有北部、东部和西部3个各具特色的方言群。

荷兰语

它是荷兰的国语；比利时两大官方语言之一(另一种是法语)；苏里南与荷属安第列斯群岛的行政用语。由它衍生出来的阿非利堪语(也叫南非荷兰语)，也是南非共和国的两大官方语言之一(另一种是英语)。它主要通行于荷兰的大部分地区、比利时北部、法国北海沿岸与南非，使用人口超过1000万。

荷兰语同英语、弗里西亚语、德语同属西日耳曼语，主要是从萨利克法兰克人的语言发展而来，其最早的文献可以追溯到12世纪。荷兰语除标准语外，还有多种方言。其中，阿姆斯特丹、海牙、鹿特丹的方言同标准语比较接近。

丹麦语

属于北日耳曼语支东斯堪的纳维亚语分支，系丹麦的官方语言，使用人口约500万，是北欧的重要语种之一。

丹麦语的最古文字记载是发现于日德兰半岛至瑞典南部的如尼文字铭文(约250～800个)，最早的手稿可以追溯到13世纪。

由于丹麦对整个斯堪的纳维亚和冰岛所起

的巨大政治作用和影响，丹麦语对瑞典语和冰岛语也有一定的影响，而且从基督教改革运动起直到19世纪，丹麦语还一直是挪威的官方文牍及行政用语。

瑞典语

属于北日耳曼语支东斯堪的纳维亚语分支，是瑞典的国语，也是芬兰的官方语言之一，使用人口约1300万，是北欧重要语种之一。

古代瑞典语流传在6～15世纪。现代瑞典语通常溯源至1526年刊印的《新约圣经》译本。它在斯维亚诸方言(流行于斯德哥尔摩及梅拉伦湖一带)基础上形成的标准语，则出现于17世纪。

瑞典语中也有很多借词，如低地德语、高地德语、法语、英语等。

瑞典语因从1901年开始颁发的诺贝尔奖金而为国际科学界所熟悉。

斯瓦希里语

属于班图语言，主要通行于非洲东海岸和各岛屿(北起拉穆岛和肯尼亚，南到坦桑尼亚的南部边界)，是坦桑尼亚、肯尼亚、扎伊尔和乌干达的通用语，以它作为母语和第二语言的人口已超过1亿。

斯瓦希里语受阿拉伯语的影响很大，"斯瓦希里"一词就源自阿拉伯语，意为"海岸"。现存的最早的斯瓦希里语文献出现在18世纪初，也是用阿拉伯文字书写的。

斯瓦希里语中的基庸古加方言是标准语的基础；另外还有基姆维塔方言和基阿穆方言。

世界语

世界语是人造的国际交际语言。它的语词是Esperanto，源自拉丁语，含义为"希望"。

目前世界上大约有3000～4000多种民族语言，分别通行于不同的国家和地区，彼此之间差异很大，这是人们相互了解、相互交往的严重障碍。于是创造一种中介语言(国际通用的第二语言)的愿望，17世纪就已出现。第一个主张创造合理人造语言的人是法国哲学家勒·笛卡尔；另一个是唯理主义的代表人物莱布尼茨。此后的300年间，各国科学家便提出过600种左右的人造语言方案，如1880年提出的"沃拉普克语言"，1907年提出的"依多语言"，但它们都因难于学会而中途夭折。

1887年，波兰眼科医生柴门霍夫创造了一种世界语。他在1905年出版的《世界语基础》中，提出了这种语言的结构和构词的基本原则。它采用28个拉丁字母，确定了900个词根(现代的《世界语词典》已将词根发展成为25000个)，其中60%取自拉丁语，30%取自日耳曼语，10%取自斯拉夫语；其语法很简单，仅有16条规则。由于容易掌握(特别是欧洲人容易掌握)，很快在国际上得到某种程度的认可和推广。目前使用它的人数在10万以上；1908年创立的国际世界语协会已在83个国家中拥有会员；"国际世界语年会"一直定期举行；用世界语发行的期刊在100种以上，出版的书籍超过了3万种。

其它的人造语言还有"西方人语"和"交际语"，但都只用于科技方面。

宇宙语

这是语言学家根据全宇宙统一的数学规律，用数学符号设计并创造的一种语言；即把数学符号编排成不同长度的信号发射到宇宙空间，与可能存在的外星人取得联系，并进行思想感情交流。这些符号如$1<2$，$2>1$，$1+1=2$，$1-1=0$等。在交际时，甲若提问$1+1=?$，乙答为2，丙答为3，这便有了正确与错误之分；如果都答为2，但丁是抢答，而戊没有抢答，这便有了文明与粗俗之分，据此可以判断外星人的智商与道德规范等情况。

宇宙语相当复杂，但它是宇宙间的普遍规律，可能能被外星人所理解，因此引起语言学界的重视。荷兰学者弗罗登塞尔已于1974年出版了专著《宇宙语言学》，并向太空发射了信号。波多黎各人也于1974年用宇宙语向太空中的30多万颗星球发出了问候。这些信号虽然至今还未得到回音，但只要外星人确实存在，地球人的这些幻想和为这些幻想所作出的努力，终究会变为现实的。

特殊象征语言

象征语言

象征语言也称“辅助语言”、“暗示语言”或“器物形体语言”，它是借助手势、花木、鸟兽、宝石、旗徽、色彩、数字、方位或其它物件的象征意义，表述某种情感或语意，彼此沟通思想，进行交际，以弥补语言文字上的不足。这种象征语言，古今中外都很风行，大体上包括以下类型：

1. 手势象征语言（又叫手势语，含哑语）；

2. 体态象征语言（又叫头语、体态语）；

3. 花木象征语言（又叫花语，并有国花、国树等特殊表现形式）；

4. 鸟兽象征语言（又叫动物象征语，并有国鸟、国兽等特殊表现形式）；

5. 宝石象征语言（又叫石语，并有国石等特殊表现形式）；

6. 旗徽象征语言（又叫旗语、徽语，并有国旗、国徽、社团徽记、手旗通信、灯语等特殊表现形式）；

7. 色彩象征语言（又叫色彩语，同时兼有识别作用、示警作用和指令作用）；

8. 数字象征语言（又叫数字语）；

9. 方位象征语言（又叫方位语，包括东西南北、上下内外、左右前后）；

10. 其它象征语言（通称器物语，包括帽语、头饰语、戒指语、手帕语、扇语、烽火语、号角语、图画语、茶语、酒语、筷语、刀叉语、食品语等等）。

象征语言一般具有5个特征：

第一，虽不具备语言的纯粹属性，但可以替代语言起到一定的交际作用。

第二，象征意味十分突出，内涵比较丰富，易于产生联想，情韵甚浓。

第三，使用范围往往局限在特定的时间和空间中，带有较强的地域倾向性。

第四，是传统文化的积淀，里面包含着深厚而复杂的民族感情和宗教感情。

第五，在餐饮服务行业中运用得比较普遍，是服务员应当掌握的一种文化基础知识和接待技能。

手势象征语言

又称“手势”或“手势语”，这是当人们不能或不便于用口语交流思想感情时，借用手臂、手掌或手指的某些动作，表述一些特定的意思。它起源很早（许多学者认为早于语言），流行很广（遍及世界各国、各民族），是语言的重要辅佐形式。

手势语通常在4种情况下使用。(1)交谈的双方存在语言障碍时，往往比划手势进行交际。像彼此不懂对方语言的中国人和外国人见面，就习惯于使用手势。(2)丧失语言功能的聋哑人常用手势（参见“哑语”条）进行交际。像埃佩隐修道院米歇尔院长18世纪中叶整理的一套手语字母，就一直沿用迄今。(3)立誓保持沉默的宗教信徒也常用手势语表述思想。印第安宗教人士M.巴巴晚年虽然沉默不语，仍可以用手势语进行布道活动。(4)不愿意讲话或在特殊情况下不能讲话的人，也可以用手势语表达某些愿望或要求。如录音棚工作人员便常用手语交流。

相传，手势语是印第安人最早发明的，被称为世界文明中的一块瑰宝。他们的手势语有几百个基本的示意动作，可以将任何信息都表达得清清楚楚。印第安人手势语不仅生动形象，有多义性，甚至还有“乡音”、“土话”与“缩略词”，而且简略迅速，英语中需要用1000多个词语表达的小故事，他们仅用169个动作便可以“讲”完，因而有“手势诗”的美称。

各地的手势语，有的含义是一致的，有的含义并不一致，甚至出入很大。下面是世界上常见的一些手势语言，可供参考：

手势动作	动作的含义
向上伸大姆指	中国表示夸奖；日本表示男人、父亲和最高；美国和澳大利亚等地表示祈祷幸运；法国和印度是想搭顺路车；尼日利亚是问候
向上伸食指	中国表示“1”；东南亚表示一次；缅甸是请求；法国是请求回答问题；新加坡表示重要；澳大利亚则表示“请来一杯啤酒”
向上伸中指	中国表示胡扯；菲律宾表示诅咒；法国表示愤怒；突尼斯表示侮辱；沙特阿拉伯则表示非常恶劣
向上伸小指	中国表示最小或最差；日本表示妇女；泰国表示交朋友；缅甸表示上厕所；美国表示打赌；香港和澳门多表示贫穷

手势动作	动作的含义
大姆指向下	中国代表下面；英国代表输了；墨西哥代表无用；尼日利亚代表拒绝；突尼斯代表倒水；澳大利亚则代表讥笑
伸出弯曲的食指	中国代表“9”；日本代表小偷；斯里兰卡代表钥匙；印度尼西亚代表吝啬；马来西亚代表死亡；墨西哥却是表示询问
伸出食指和中指	中国象征“2”；英国手掌朝向对方表示胜利，手背朝向对方表示侮辱；其它国家这一手势大都象征胜利
伸出中指压在伸出的食指上	中国象征“10”；新加坡代表祈祷幸运；斯里兰卡象征邪恶；荷兰表示发誓；澳大利亚是指期待；香港和澳门象征关系密切
小指伸出，大姆指与食指合成一个圈	中国代表“0”或“3；南朝鲜表示金钱；印度表示正确；荷兰表示微妙；日本表示懂了；英国表示同意
用手指打一个响	英美等国是招呼侍者前来服务
两个大姆指不停地互相绕转	英美等国表示无聊、无事可干、无话可说
食指向对方摇动	英美等国意味着不同意或者是警告
手指放在喉咙上	俄国人表示吃饱了；日本人表示炒鱿鱼
食指和大姆指搭成圈，其它3指分开向上伸直	美国表示“OK”(好)；巴西表示肛门
手心向下	拉丁美洲多指动物的高度
左手食指放在下脸睑上往外一抽	西班牙是提醒；澳大利亚是蔑视
用手指击拍	日本意味欢迎；英国表示演出失败
手掌向下一挥	阿根廷象征好样的；秘鲁表示错了；智利意味出了事
两臂交叉置于胸前	说英语的国家都表示旁观，不介入
双手交叉放在脖子后	多数国家表示真诚
摩拳擦掌	多数国家象征着努力去完成任务
手掌平衡下翻几次	多数国家表示差不多
伸臂指向前方	一是指示方向；二是表示前进；三是象征着敬意
手掌上伸掌心向后摇动	招呼前方的人过来；指示方向
握紧拳头	大都表示反抗、决心、有力量和有信心、同意、支持等

餐厅服务人员掌握一些手势语言(包括哑语)很有必要。它可以弥补外语知识的欠缺，了解特殊客人的心理活动，更好地进行公关交际，将服务工作做得更好。

哑语

又称手语，即聋哑人使用的手势语言，18世纪中叶由埃佩隐修道院院长C.米歇尔首创。它是利用一套规范的手语字母，使聋哑人能够拼字，并以此进行交际。这种手势语言沿用至今，使用时能达到接近正常说话的速度。一个世纪以后，A.G.贝尔又发明一种手势语，他称之为“视觉语言”，其手势同发音器官发出各种声音时的位置相似，又进了一步。现今我国已有规范的哑语教材，在聋哑学校中使用；非聋哑人只要掌握了这种“手语”，便可以与聋哑人进行思想沟通，彼此传递信息。

在聋哑人顾客比较多(如聋哑学校附近)的餐厅，服务人员也应当掌握哑语，以便更好地了解聋哑人的需求，为他们热忱服务。

体态象征语言

又称“头语”或“体态语”；其性质和作用都与“手势语”相同，所不同者只是它表达思想感情和行为要求的方式是运用头部的动作或形体的运动。下举数例：

形体动作	动作的含义
摇头	许多国家表示不同意、不知道;印度人则是表示同意或肯定
抚摸小孩的头	许多国家表示喜爱或打招呼; 印度和印尼则认为是不友好的行为,很反感
头自下而上再自上而下地摇动	非洲人表示对某一事物的赞美
两手按住头部	意味着遇上了不愉快的事情
右手食指刮自己的鼻子	表示极度轻蔑
右手指反复地刮右耳廓	表示坚决反对某人的意见
面部表情悲伤,头偏向右边	表明正处于极度痛苦之中
耸动肩膀和摇头	拒绝送给对方所要之物;或拒绝其要求
耸动肩膀并伸开双手	表示爱莫能助、无可奈何或十分遗憾,多见于美国人
咬牙闭嘴,用力吹气	表示交了恶运,很倒霉
左手摇左耳,并咂嘴	表示将要吃到好东西
摇动耳尖	暗示同伴不要轻信
挺直胸膛	表示坦率、直爽,不想听废话
弯腰驼背	表示疲倦,想要休息
膝盖来回地晃动	表示不耐烦、不高兴
手指关节捏得直响	表示不耐烦,讨厌这种场合,希望尽早离开
双臂交叉在胸前	表示"防御";不喜欢谈话的内容
手在口袋中玩零钱	表示焦虑,不自在
手臂指着对方	表示气愤,心烦意乱;或者是前进
眯着眼睛	表示冷淡、不在乎、注意力分散
翘起二郎腿闪动	表示瞧不起对方,不值得与之交谈
倾听时扬起眉毛	表示不喜欢或不相信对方的话;有时也表示惊忌或有兴趣
边听边踱步	表示闲散、随和、不慌不忙;或者正在思考
歪着头倾听	表示注意力集中,很感兴趣
玩弄辫梢或手帕	表示羞怯,娇憨
玩弄烟卷或打火机	表示动脑筋思索
东张西望	表示对环境有好奇心,或心不在焉
在室内大步走动	表示思虑已经成熟,即将下决心
张开双臂	表示欢迎来客,心情愉悦
亲自起身为客人续茶水	表示希望对方多呆一会,把话讲完
手指在桌面轻轻敲击	表示对对方人品、风度、口才的欣赏;或招呼服务员、感谢服务员
观察菜单久久不表态	表示犹豫或没有自己喜爱的食品
点菜后慢慢品茶	表示时间宽裕,心情松弛
不停地注视服务员	表示焦急,希望饭菜早点上桌
筷子在菜盘中来回拨动	表示对饭菜的质量不信任;或者是没有好胃口

形体动作	动作的含义
乐于观察他人吃喝	表示自己胃口不好
吃毕匆匆付账	表示这一餐饭吃得不舒服,又不想多说
热情地与服务员告别	表示进餐满意等

体态象征语言是看得见、摸得着的。只要设身处地地细加揣摩,就可以把握对方的心态,进行"无语的交流"。

花木象征语言

花木象征语言又称"花语"或"花木语言"。它的使用情况在象征语言中最为复杂。既有全世界通行的花语,如刺玫瑰表示优美,紫丁香表示初恋,白菊表示纯真,豆蔻表示别离;又有部分国家特有的花语,如美国用白色康乃馨表示子女对母亲的祝福,日本用樱花象征青春,埃及用莲花代表忠贞、爱情、智慧和典雅,中国用银杏象征古老、长寿、清高和文明。还有些花语的内涵因国而异,如荷花在中国被视作花中君子,日本却认为是不祥之物;郁金香在法国表示绝交,而土耳其则看作是朋友间的信物。此外,有些国家对某些花木有所忌讳,如英国忌讳百合花,法国忌讳杜鹃花,西班牙忌讳大丽花,巴西忌讳紫色花等。

为了比较细致而全面地说明花语的象征意义,下面从4个方面列表进行介绍:

(一)世界上通行的花语

花卉	含义	花卉	含义
刺玫瑰	优美	紫丁香	初恋
红茶花	天生丽质	白丁香	想念我
白茶花	一片真美	四叶丁香	属于我
红菊	我爱你	豆蔻	别离
白菊	纯真	红康乃馨	伤心
黄菊	微爱	黄康乃馨	轻蔑
翠菊	追念	条纹康乃馨	拒绝
万寿菊	嫉妒与悲哀	杏花	疑惑
鸡冠花	爱情	白百合花	纯洁
红郁金香	宣布爱恋	黑桑	生死与共
黄郁金香	爱的绝望	蓝紫罗兰	诚实
野葡萄	慈善	桦	繁荣
紫藤	欢迎	榛	希望和解
薄荷	有道德	桂	光荣
杜鹃花	节制	枳	希望
大丽花	不坚实	蓟	严肃
野丁香	谦逊	橄榄枝	和平
柠檬	挚爱	梅	坚贞
水仙	尊敬	樱花	热烈执着
白桑	智慧	金合欢	信赖
黄毛茛	忘恩的人	凌霄花	自立或母爱
松	哀怜	石竹	幻想
垂柳	悲哀	仙人掌	顽强
竹	刚直	白栎	独立

(二)部分国家特有的花语

国家或地区	花的特殊含义
欧洲	1.玫瑰是花中之王,爱情的象征;橄榄是和平的信使;蔷薇、柠檬和鸡冠花均表示真诚的爱;柳条代表离情;年代久远的树木会兴妖作怪 2.红花表示爱情,粉红花表示友谊,白色花表示纯真,黄花表示嫉妒,橙色花表示希望,浅色花表示温柔,深色花表示坚毅
美国	白色康乃馨寄寓着子女对母亲的祝福
法国	玫瑰象征美丽,兰花象征热情,郁金香象征爱慕,金盏花象征悲伤,百合花象征庄重,金合欢象征信赖,金鱼草象征自信,石竹象征幻想,水仙象征自爱,大丽花象征新颖
土耳其	白石竹代表纯洁,红石竹代表友爱,黄石竹代表忧伤;白美人蕉代表情谊,红美人蕉代表企求,紫美人蕉代表信任,黄美人蕉代表嫉妒;白郁金香代表纯朴,红郁金香代表爱你,粉红郁金香代表谅解,黄郁金香代表紧张;白菊代表忠诚,黄菊代表单恋,粉红菊代表企求,紫菊代表恼怒
日本	凌霄意味母爱,僧鞋菊意味保护,樱草意味青春,金钱花意味天真,冬青意味喜悦;樱花代表纯洁、高雅、勤劳、善良、爱情、希望、勇敢和豪爽
印度	荷花代表美、美人、力量、吉祥、平安、光明、神异和佛喻;玫瑰代表英雄的泰姬;罂粟代表美好、善良、和平、友爱及公主的化身
荷兰	红郁金香代表奥林匹克火炬与英雄斯巴达克,以及皇权、领袖、太阳、珍贵的友谊和美丽的妇女等

国家或地区	花的特殊含义
澳大利亚	金合欢代表大洋洲、富饶的田野、宁静的村落和盛大的节日
墨西哥	仙人掌代表顽强的生命力、绿色的卫士、国家和民族的象征
埃及	莲花代表忠贞、爱情、智慧、典雅和埃及精神
意大利	雏菊代表娇小、玲珑、艳丽、古朴和君子之风；玫瑰代表尊贵、富有、功勋、吉祥和最高的奖赏；紫罗兰代表繁茂、活力、青春与沸腾的生活
中国	松柏象征永葆青春；银杏象征古老与文明；牡丹象征富丽；竹象征正直、坚韧和虚心；梅花象征坚贞不屈；铁树象征庄严；木棉象征英雄；佛手象征神异；兰花象征高洁；荷花象征纯洁；菊花象征清高；红枫象征真诚；萱草象征忘忧；杜鹃象征思乡；红豆象征怀恋；万年青象征情谊；杨柳枝象征惜别；合欢象征爱情；吉祥草象征祥瑞；百合花象征多子多福；桂花象征高中榜首；寿星草象征长寿；金盏菊象征健康；王母杖象征延年；梧桐象征佳境；芙蓉象征荣华；灵芝象征仙圣等

(三)内涵迥异的花语

花卉	不同的内涵
荷花	在中国评价甚高，被誉为花中君子；日本视作不祥之物，只能用于祭奠
菊花	日本人十分珍爱，一般多供皇室专用；意大利与墨西哥认为是妖花，人人避而远之
郁金香	在德国表示无情，象征绝交；在土耳其表示友情，是朋友间的信物
玫瑰花 百合花	欧洲是赠礼佳品，几乎适用于一切喜庆的场所；印度通常用于表示哀思，敬献亡灵
紫罗兰	有些国家表示天才、自尊与敬重；有些国家意味着诚实
凌霄花	中国表示人贵自立，要奋发向上，不屈不挠，直达目的；日本象征慈母之爱，寸草春晖
水仙花	中国表示纯洁高雅、吉祥如意，具有兰香惠质；土耳其表示勿忘我；有些国家还表示对长辈的尊重
兰花	中国表示清雅；波兰视为激情；土耳其是自豪而又自信的象征
石竹花	法国表示富于幻想或天真；土耳其则是纯洁、友爱或忧伤的标志

(四)部分国家的花木忌讳

国家	花木忌讳
日本	探视病人忌用根花、盆栽、山茶、仙客来、淡黄色花或白花
波兰	赠花喜奇数，忌偶数；必须是鲜花，不可用干花或枯萎的花
法国	忌讳菊花、杜鹃花、黄花、纸扎的花与塑料花、绢花
英国	送礼忌讳百合花、黄玫瑰或凋零的花
西班牙	送礼忌讳大丽花和菊花，因为这象征着死亡、不吉利
巴西	社交场所忌讳紫色花、棕色花或黄色花
墨西哥	赠花不可用意味死亡的黄色花或象征晦气的红花
国际惯例	献花都不能用菊花、杜鹃花、山竹花、黄色花、双数花或纸花、塑料花

此外，为了表述某种特定的感情，许多国家都将本民族特别喜爱的花木视为吉祥物，分别定为"国花"或"国树"，将其装饰在国旗、国徽、重要建筑物或奖章、勋章、军功章中，对人民进行民族传统教育和爱国主义教育，其象征意义更为深厚和广博。

下面是一部分国家和地区的国花(或准国花)与国树(或准国树)名录：

中国(牡丹花、荷花、梅花和银杏)；

日本(樱花和冬青)；

朝鲜(木槿花);
老挝(塔树花和安息香木);
柬埔寨(水稻花和白莲花);
泰国(睡莲、水稻花和桂花树、菩提树);
缅甸(东亚兰花和柚木);
马来西亚(扶桑、朱槿和橡胶树);
新加坡(卓锦、万代兰);
菲律宾(茉莉花);
印度尼西亚(茉莉花);
东帝汶(紫檀木);
印度(荷花、罂粟花和菩提树);
巴基斯坦(素馨花和巴旦杏树);
孟加拉国(睡莲和悬铃木);
尼泊尔(杜鹃花);
斯里兰卡(兰花、荷花和菩提树);
阿富汗(小麦花);
伊朗(玫瑰花);
土耳其(康乃馨、郁金香);
叙利亚(玫瑰花);
伊拉克(玫瑰花和椰枣树);
黎巴嫩(雪松);
巴勒斯坦(柑桔);
沙特阿拉伯(乌丹玫瑰和海枣树);
阿曼(茉莉花);
埃及(白莲花和草棉);
苏丹(橡胶树);
利比亚(红石榴);
突尼斯(金合欢和油橄榄树);
摩洛哥(橄榄果和栓皮槠);
埃塞俄比亚(马蹄莲);
肯尼亚(肯山兰和剑麻树);
坦桑尼亚(丁香花和腰果树);
塞舌尔(凤尾兰和海底椰);
冈比亚(花生果);
尼日利亚(红白坚木);
几内亚(可乐树);
赤道几内亚(芭蕉树);
几内亚比绍(棕榈树);
圣多美和普林西比(可可树);
多哥(木薯);
加纳(海枣花和可可树);
科特迪瓦(红木);
利比里亚(龙葵花和胡椒树);
佛得角(香蕉树);
扎伊尔(乌木);
刚果(香桃花心木、红檀木);
加蓬(苞萼木、奥堪美木);
莫桑比克(铁木);
津巴布韦(烟草叶);
马达加斯加(旅人蕉);
毛里求斯(甘蔗);
俄罗斯(前苏联)(葵花和白桦树);
波兰(三色堇);
捷克斯洛伐克(玫瑰花、石竹花和欧洲椴木);
匈牙利(郁金香);
德国(矢车菊和爱支栎);
卢森堡(玫瑰花);
奥地利(火绒草、椿花);
瑞士(火绒草和红杜鹃树);
芬兰(铃兰、绣球菊);
瑞典(白菊、睡莲、孪生花和林奈木);
挪威(帚石南和挪威云杉);
丹麦(红三叶草和冬青树、山毛榉);
阿尔巴尼亚(胭脂虫栎);
罗马尼亚(白玫瑰、圣灵花);
南斯拉夫(铃兰、桃花和欧洲椴木);
保加利亚(玫瑰花和玫瑰油);
希腊(橄榄花和橄榄树);
意大利(雏菊、紫罗兰和五针树);
梵蒂冈(白百合花);
圣马力诺(仙客来);
西班牙(石榴花、玫瑰和油橄榄树);
葡萄牙(熏衣草、雁来红和栓皮栎);
安道尔公国(石楠);
英国(玫瑰花、蔷薇花);
爱尔兰(萨姆劳克花);
荷兰(郁金香);
比利时(虞美人);
法国(百合、玫瑰、鸢尾花);
摩纳哥(石竹);
加拿大(糖槭和大枫树);
美国(玫瑰花、山月桂树);
墨西哥(仙人掌、大丽菊和龙舌兰,还有辣椒);
危地马拉(五月兰和红木);

洪都拉斯(康乃馨和香蕉树);
萨尔瓦多(丝兰花);
尼加拉瓜(白兰花);
哥斯达黎加(卡特兰);
巴拿马(鸽子兰花和巴拿马草);
古巴(姜黄色百合花和甘蔗);
海地(王棕);
多米尼加(桃花心木);
牙买加(生命之木花);
瓜德罗普岛(甘蔗);
马提尼克岛(红木);
巴巴多斯(无花果树);
格林纳达(肉豆蔻);
圣文森特和格林纳丁斯(葛木);
苏里南(法贯鲁比花);
委内瑞拉(五月兰);
哥伦比亚(卡特莱兰花和咖啡树);
厄瓜多尔(白兰花和香膏木);
巴西(卡特兰和咖啡树);
秘鲁(印加魔花、向日葵和金鸡纳树);
玻利维亚(印加魔花和巴尔萨木);
巴拉圭(茉莉花和硬木);
乌拉圭(桃红山楂花和海红豆);
阿根廷(赛波花和海红豆);
智利(可比爱花);
澳大利亚(金合欢花和桉树);
新西兰(银蕨和四翅槐);
西萨摩亚(椰子树);
斐济(扶桑、木槿花和香蕉、杏树);
瓦努阿图(白檀木),等。

花木象征语言现今在国外、国内都很流行,餐厅摆台与折花中也运用得十分普遍。它作为一种交际手段和礼仪形式,常常与现代文明联系在一起,应当为服务人员所重视。折什么花一般并不难,难就难在为什么折这种花、折给谁用。必须因人而异、因国而异、因时间场所而异,否则便会事与愿违,不仅劳而无功,还会“劳而有错”。

鸟兽象征语言

禽兽象征语言即是利用某些珍禽异兽或深受人类喜爱的家畜家禽以及水产品来替代语言,表示某种特定的情感或意思。这些动物虽然不是语言,但它起到了语言的某种暗示作用,其表述的效果有时还比语言简练、含蓄、传神,所以在国内外使用较为普遍。

禽兽象征语言中有几种不同的情况:

第一种是“宠物”。如观赏狗、观赏猫、观赏鸟(鹦鹉、八哥、黄鹂、画眉之类),观赏鱼(金鱼、锦鲤、热带鱼、水晶鲫鱼)等。还有些外国人饲养象、狮、虎、熊等猛兽,作为宠物。至于和平鸽,在一些都会的广场上更是生活得自由自在。对于鸟兽,人们都寄寓着一片挚爱,如和平鸽是和平的象征,画眉是灵巧的寓意,雄狮体现出英武,狗则是人类忠实的伙伴等。人与这些宠物的交往中充满着“人情味”,甚至把他们当作“家庭成员”对待,其间“微妙的感情”,不是一般的语言文字所能描绘和传达出来的。

第二种是对于同一种动物,在不同的国家中往往有不同的寓意。例如蝙蝠在中国是福气的象征,但在美国人眼中则变成凶神恶煞;仙鹤在日本代表长寿,而法国却是蠢汉和淫妇的代称;大象在印度是吉祥动物,英国常视其为蠢笨;孔雀在中国兆示着喜庆,英国却将它当作是淫鸟与祸根;熊猫是中国的国宝,而伊斯兰世界对其则是回避;北非的许多国家都厌恶狗,但欧美人(特别是女士)往往宠爱有加,形影不离;东亚的许多国家视猫为灵物,匈牙利常常把黑猫看成灾星。此外,尼泊尔人敬牛,索马里人钟爱骆驼,日本人讨厌狐狸和獾,也都出自于不同的宗教传承或民族心理。

第三种是不少国家将自己喜爱的动物定为“国鸟”或“国兽”,视为吉祥的征兆,将其形象装饰在国旗、国徽、奖章或标志性的建筑物中,引为骄傲和光荣。在这种情形下,国鸟和国兽变成为“国家的象征”,其地位更为崇高。

下面是一部分国家和地区的“国鸟”(准国鸟)、“国兽”(准国兽)名录:

中国(孔雀和大熊猫、白鳍豚、金丝猴、虎);
日本(绿雉);
朝鲜(鸡、鹤);
蒙古(雄鹰和苍狼、白鹿、白马、白骆驼);
老挝(大象);
柬埔寨(大象);
泰国(大象和鳄鱼);
缅甸(妙声鸟);
新加坡(雄狮);

印度尼西亚(鹰);
印度(蓝孔雀和黄牛);
尼泊尔(黄牛);
斯里兰卡(黑色原鸡和大象);
伊朗(骏马);
土耳其(大鹏鸟和安哥拉羊);
伊拉克(雄鹰);
沙特阿拉伯(单峰驼);
阿联酋(羚羊);
阿曼(牛);
阿拉伯也门(雄鹰);
埃及(猫);
苏丹(野牛);
阿尔及利亚(水蛇);
肯尼亚(雄鸡和雄狮);
乌干达(皇冠鹤);
塞舌尔(大海龟);
冈比亚(雄狮);
喀麦隆(大龙虾);
科特迪瓦(大象);
马里(骆驼);
塞拉利昂(雄狮);
扎伊尔(大象);
赞比亚(雄鹰);
安哥拉(良种兔);
津巴布韦(津巴布韦鸟和羚羊);
马达加斯加(狐猴);
毛里求斯(多多鸟);
波兰(雄鹰和美人鱼);
德国(白鹳);
卢森堡(戴菊莺);
奥地利(家燕);
瑞典(乌鸫);
挪威(河鸟);
丹麦(云雀);
法罗群岛(绵羊);
冰岛(白隼和驯鹿);
阿尔巴尼亚(山鹰);
保加利亚(黄狮);
希腊(蛇);
意大利(苍狼);
西班牙(苍鹰和白兔);
英国(红胸鸲、知更鸟和独角兽);
爱尔兰(蛎鹬);
荷兰(琵鹭和黑白花奶牛);
比利时(红隼);
法兰西(大公鸡和良种狗);
加拿大(驯鹿);
格陵兰(北极熊和海狗);
美国(白头海鹏和兔);
百慕大(大龙虾);
墨西哥(长脚鹰);
危地马拉(克沙木鸟);
巴拿马(大蝴蝶);
多米尼加(美洲鹦鹉);
开曼群岛(大海龟);
牙买加(大龙虾);
巴巴多斯(鹈鹕);
巴哈马(红鹳);
特立尼达和多巴哥(蜂鸟);
委内瑞拉(拟椋鸟);
厄瓜多尔(大秃鹰和大蜥蜴);
秘鲁(骆马);
阿根廷(棕灶鸟);
智利(山鹰);
澳大利亚(琴鸟、鸵鸟、鸸鹋和袋鼠、树袋熊);
新西兰(几维鸟);
巴布亚新几内亚(极乐鸟和鳄鱼);
西萨摩亚(鸵鸟),等。

了解鸟兽象征语言方面的知识,对于做好餐饮服务工作也是颇有帮助的。首先,可以尊重宾客所在国的风俗习惯,使客人感到愉悦。其次,不会在摆台、上菜和服务用语中触犯宾客所在国的忌讳,减少一些不必要的纠纷或麻烦。第三,容易与宾客之间寻找到一些“共同语言”,很快缩短心理感情上的距离。第四,能够显示餐厅服务人员的文化品位和知识教养,容易取得宾客的信任和敬爱。

宝石象征语言

宝石象征语言又称“石语”。它是通过某些贵重的或奇异的珠宝矿石来传递感情、交流思想或体现象征意义,借此起到类似于语言的作用,作为某种标志物。

“石语”一般用在4个方面:一是先民们刻在

石头上的某些特异符号，作为表述语言的“原始文字”；二是先民们用石块堆砌的一些奇特图案，试图破译自然界的某种奥秘；三是情人、夫妇、亲属、朋友之间互相赠送的一些宝石首饰，寄托着不同的情思；四是与国花、国树、国鸟、国兽有着相同功能的“国石”，作为民族精神或国家气质的象征。

据说，目前世界上已有40多个国家和地区选出了自己的国石，获此殊荣的珠宝多达近30种，各有不同的寓意。下面是一部分国家和地区的“国石”（准国石）名录，前面是珠宝的种类，括号内是选定这种珠宝作为国石的国家或地区：

珍珠（中国、菲律宾、印度、卡塔尔、法国、委内瑞拉、土阿莫土群岛）；

珍珠贝（库尔群岛）；

琥珀（德国、罗马尼亚）；

红玉（泰国）；

青玉（泰国、缅甸）；

玉石（新西兰）；

钻石（印度、博茨瓦纳、纳米比亚、南非、英国、荷兰）；

宝石（斯里兰卡）；

水晶石（日本、瑞士、瑞典、乌拉圭）；

青金石（阿富汗、智利）；

金刚石（坦桑尼亚、几内亚、加纳、科特迪瓦、利比里亚、安哥拉、英国、荷兰、圭亚那）；

金红石（塞拉利昂、澳大利亚）；

绿柱石（中非）；

蓝晶石（马拉维）；

孔雀石（马达加斯加）；

贵蛋白石（奥地利）；

蓝宝石（希腊、美国）；

绿宝石（西班牙、哥伦比亚）；

冰晶石（格陵兰）；

橄榄石（埃及）；

珊瑚石（阿尔及利亚、摩洛哥、意大利、南斯拉夫、摩纳哥、巴拿马、马里亚纳群岛）；

黑石（墨西哥）；

黑陨石（巴勒斯坦、伊拉克等）；

镍石（新喀里多尼亚）；

黄金（中国、斐济），等。

此外，从古到今，许多中国人（特别是文人和艺术家）都把奇石作为赏玩之物。宋代大画家米芾称石为“兄”，明代太仆米万钟因石败家，自号“败家石”。我国著名的太湖石（产于太湖洞庭山）、灵璧石（产于灵璧县磬山）、龙潭石（产于南京龙潭）、湖口石（产于九江湖口），以及雨花石、菊花石、三峡石、钟乳石、锦川石等，无不都是色彩奇艳、形态别致，令人爱不释手。人们将它或点缀于园林中，或错置在盆景间，或清养在碧水里，或供奉在书案上，起上一些妙趣天成的雅名，寄托诗情画意或抱负情操。

旗徽象征语言

旗徽象征语言又叫“旗语”、“徽语”。它有时是一个国家主权与尊严的标志或象征，如国旗、国徽；有时是一个团体与组织的标志，如党旗、团徽；有时又作为一种交通联络工具，如海上舰船使用的“手旗通信”等。

第一，国旗的意蕴。

国旗代表着国家，是主权和尊严的象征。在一个国家的领土上，除有特殊规定者外，一般不能随意悬挂他国的国旗。在一个国家内，日出升旗，日落降旗，遇有国丧降半旗，都有通例；护卫国旗的标兵，都是威武雄壮的七尺男儿。人们敬爱国旗，首先它是民族意志的缩影。如日本的太阳旗表示大和民族自强不息的精神，土耳其的新月白五星旗是伊斯兰教吉祥的象征，塞浦路斯的版图旗代表着它对9251平方公里领土的主权，丹麦的白十字旗有上帝永远赐福的深刻含义。此外，国旗的颜色也多有象征性，如红表示欢乐、胜利和革命，绿表示生命、田园和丰收，白表示纯洁、和平和公正，蓝表示天宇、海洋和宁静，黄表示阳光、矿藏和财富等。至于国旗中的图案，也反映地域色彩、宗教感情和民族性格。如斯里兰卡国旗中的狮子象征勇敢、威严和力量，黎巴嫩国旗中的雪松象征坚定、自由和高洁等。

第二，国徽的寓义。

国徽也是一个国家主权和尊严的标志；与国旗一样，它的图案和颜色都有特定的含义。其中，有的表现地域风貌，如尼日利亚国徽盾面上的“丫”字波线形图案，就是象征汹涌澎湃的尼日尔河及其支流贝努埃河；有的表现文化积淀，如印度国徽中的“雄狮柱顶”图案中，4只雄狮象征力量、勇气和信心，象、马、牛、狮4个守兽代表四方的守护神，法轮表示真理和进步，荷花象征生命的源泉和创造的灵感，梵文刻写的“真理能战胜一切”7个字则点明文化底蕴；有的表现神话色彩，如法国国徽上的鸢尾花，则相传是法兰西王国第一个王朝第一代国王克洛维接受洗礼时，上帝专程送来的礼物，有纯洁、庄严和光明的含义；有的表现革命斗争，如巴拉圭国徽上的五角星，则是纪念1811年5月14日巴拉圭摆脱西班牙殖民统治而获得独立的日子；有的表现民族精神，如圣马力诺国徽图案中的3座古堡表示悠久的历史，3根羽毛象征着祖国、信仰与自由。

第三，社团徽记的内涵。

社团徽记包括党徽、军徽、团徽、队徽、社徽乃至企业徽记、职业徽记等等，各有不同的内涵。如中国共产党的党徽是交叉的榔头和镰刀，表明它是优秀工农大众及其知识分子的组织；中国人民解放军的军徽是榔头、镰刀加“八一”二字，表明它是中国共产党领导的人民军队，建军时间在1927年8月1日；中国烹饪协会的会徽是一个大鼎和一尾鱼的变形图案，表明中国烹饪是优秀的文化遗产，永远为子孙万代造福；教师的教徽是一口古朴的大钟，表示“人类灵魂工程师”的工作特点和默默无闻的奉献精神。

第四，用于通信联络的“手旗通信”。

它经常使用于航海、军事或勘测、登山等野外作业中。其方法是：彼此双手各拿一面小旗，用各种不同的姿势代表字母，把信息传递给对方，进行通信联络。它一般都是按照国际上的统一规定，以一个动作表示一个数码或单字，以许多动作合成“语言”；有时也可以用一个动作直接表示一个简单的意义。

如果是在晚间，这种“旗语”通常便由“灯语”替代，即用不同颜色、不同数量的灯光的明灭次数和间歇时间表示一些特定的“语意”，交换信息。像灯塔与舰船夜间的联系便是如此。

色彩象征语言

色彩象征语言又叫“视觉语”或“色彩语”，即是通过颜色来“说话”或传递信息。它已经成为人类生产和生活中的一种重要工具，可以进行辅助交际或起到某种特殊作用。

色彩象征语言通常有两种表现形式。

第一，将色彩人格化，赋于其特定的情感或特定的含义。这叫做“色彩的感情倾向”，例如白、黑、黄、红、棕、蓝、绿各色，均有各自不同的象征意义，见表所示：

色彩	感情倾向
白色	1.象征光明、纯洁、幸福和坦率，日本人崇白，蒙古族以白马奶为贵，欧洲人穿白婚纱，还有白衣天使、白衣战士(医生)等称谓 2.与祭仪有关，如日本神社铺白沙，神官穿白衣 3.代表凶丧，如中国以白为孝服，戴白花 4.代表低贱，如白丁、白房子(下等妓院)、白痴 5.代表反动或罪恶，如白匪、拆白党
黑色	1.表示庄严、隆重、谦逊和稳重，如欧洲流行黑色大礼服、小礼服和常礼服，彝族尚黑；电话机与汽车也多是黑色 2.表示朴素或苦行，如黑色便服，修士服 3.表示运气，如西欧人宠爱黑猫 4.与丧事相关，如葬礼时佩黑纱，遗像挂黑绸，棺木漆黑色 5.意味罪恶与死亡，如黑手党、黑道人物、黑色幽灵
黄色	1.表示崇高、辉煌、高贵、明朗、爱情、欢乐、期待、知识、智慧、光明和宁静等，如金苹果、黄土地、黄金时代、黄绶带 2.表示皇权，如黄袍、黄墙、黄帝、黄绢圣旨 3.表示期待、怀念和思慕，如黄手帕、黄玫瑰 4.意味叛逆、嫉妒、怀疑、不信任、奸淫、色情、忧郁、羞辱和缺乏理智，如黄色工会、黄色书刊、黄牌警告 5.表示哀悼，如黄挽联、黄表纸

色彩	感情倾向
红色	1.象征庄严、热烈、热情、兴奋、勇敢和宽宏,使人联想到太阳、烈火、鲜血、王权与革命,如红旗、赤卫队 2.表示恐怖、专横、暴躁和傲慢,如朱笔判死刑、大红人 3.表示慈善,如红十字 4.表示警告,如亮红牌、挂红灯
棕色	1.意味邪恶和不道德,世界各地普遍含有贬义,没有好感 2.代表衰落与死亡,如枯枝、败叶和凋萎的花 3.不美,许多人不喜欢棕红色头发 4.给人以窒息感和憎恶感 5.表示健美、质实和勤劳 6.表示美味和食欲
蓝色	1.意味内向和收缩,有宁静、安定、纯洁、清白及和平的感受 2.象征不朽,中山陵即以此色作基调 3.象征信仰和生命力,如蓝色革命、牛仔服 4.表示抑郁、悲哀、空虚、阴冷、迷信、恐惧、痛苦与灭亡,给人一种阴影感,吉庆的场合多予以回避
绿色	1.象征生命、春天、青春、希望、新生、饶、充实和平静,如穆斯林崇奉绿色,绿灯表示安全,绿化意味环境美好 2.代表绝望、堕落、悲伤与衰退,舞台上多打绿光照射反面人物 3.日本人认为是不祥之兆 4.法国以此代表侵略,因为纳粹德国的军服是墨绿色

此外,一些中间色、混合色(如紫、灰、果绿、艳蓝、曙红、淡黄),也都有着不同的象征意义。

第二,在科学技术和现代社会中,不同的颜色还被赋于特殊的功能,广泛地用于工业生产、科学实验、交通运输等部门中,有明显的识别作用、示警作用或指令作用。

1.识别作用。一些现代化大工厂的许多管道、阀门、线路,常用不同的颜色标明各自的功能。如红色管道和阀门表示蒸汽,深蓝色表示压缩空气,黄色表示氨气,天蓝色表示氧气,黑色表示氮气,绿色表示水管,棕色表示输油管。红色电源线表示正极,黄色电源线表示负极,黑色线表示地线。在化学试剂中,绿色标签表示极纯,红色标签表示分析纯,蓝色标签表示化学纯,黄色标签表示实验试剂。此外,无线电技术中使用的色环电阻器,也是用涂在上面的各种色环表示电阻大小的,一看色环,就可以知道电阻的数值。

2.示警作用。目前许多企业都用红色表示“火”或“停”,用于消防设施和机械快速制动杆;同样,铁道上的禁止通行线和正在维修的公路路面上,白天悬挂小红旗,夜间燃点红灯。橙色、黄色或黄黑相间的条纹,一般表示“危险”或“当心”,多用于电源、煤气管道、起重机摇臂、电瓶运输机以及楼梯开始与结束的步级。城市清洁工人和公路道班工人多着黄色工作服,也是提醒来往车辆注意他们的安全。至于绿色,大多表示“安全”,用于太平门、急救站或无污染食品的标签。“绿色通道”、“绿色和平组织”也有这一含义。

3.指令作用。即用色彩和图形作为传达指令的信号。如城市马路交叉口上的红灯、黄灯和绿灯,分别表示停车、缓行与通行;铁道上指挥机车运行的红绿信号旗(或信号灯),也有同样的作用。在法国,有些自动线生产工厂也是用不同的色彩指令牌,代表“启动”、“下料”、“转换”、“停车”等动作,用来指挥生产。

由于色彩的象征意义已被绝大多数人认可,故而它也变成一种“约定俗成的语言”。为了使餐饮环境更温馨、更具安全感,因此不少心理学家建议:餐厅中应当尽量少用红灯,适当地多用一些绿灯或桔黄色灯。

数字象征语言

数字象征语言又称“数字语”,即是在数词的准确概念之外,赋于它们丰富的内涵与外延。在数字象征语言中,数字不再是严谨的科学语汇,而被染上了浓郁的民俗色彩,不同的国家与民族对它有着不同的忌宜。

例如“十”字,就是匀称、和美、吉祥的象征,其内涵至少有如下5个方面:(1)表示多的极度,如十恶不赦、十面埋伏。(2)表示无比的美好,如十全十美、十全命老人。(3)表示最高级别,如十大元帅、十佳影片。(4)表示济人匡世,如红十字会、红十字勋章。(5)表示太阳的光热,古代史学家考证出“十”字是太阳形象的简化。它反映出中国人在运用语言方面的睿智、硕德和创造力。

不仅是“十”,其它常用数字的含义也相当丰富,详见下表:

数字(星期)	象征意义
零	印度表示积极进取;中国意味穷困
一	中国表示一元复始或为首、负责的人
二	中国表示成双成对,还表示事物的对立面
三	基督教与佛教中视为神圣;贝宁和英国意味巫术和凶兆
四	朝鲜和日本预示厄运;泰国和阿拉伯人十分喜爱,中国也十分喜欢
五	中国认为五月是恶月,主张避邪;日本和泰国的佛寺多为5层,象征至高无上
六	日本表示无赖;中国表示大顺、方位(如六合)
七	表示神秘、奇诡,使人崇拜、敬畏,与世界主要宗教都有不解之缘;在中国则常与鬼连在一起,如死人要“停七”,七月十五是鬼节
八	在东南亚象征好运,门牌号、电话号、车号、房间号都求取此数;中国认为是结婚的吉日,并有“要得发,不离八”之说
九	阳数、吉数、天数,与“久”同音,为老人所喜爱,中国有重阳节;在日本语中,它与“死”同音,人们多是回避
十	十全十美,大吉大利,圆圆满满,在中国是个吉数;欧美各国对此也喜爱
十一	瑞士人喜爱此数;日本在喜庆节日也多用奇数祝福
十三	在基督教和西方世界,此数代表叛逆、凶险和灾难;因为在《最后的晚餐》中,第十三位进入餐厅的正是叛徒犹大
十八	在佛教中这指魔鬼的住所,如 十八层地狱;又指护法神,如十八罗汉
三十六	在佛教中指神仙的天堂,如三十六天,三十六天罡星
七十二	中国人表示多、丰富,像七十二行,七十二贤人;也意味着长寿健康
一百零八	在海内外都是神秘之数,和尚敲钟108下,满汉全席有108道菜
星期五	犹太教中,星期五日落至星期六日落为不务俗事的安息日;伊斯兰教中,这一天是做祈祷的主麻日,意味吉利;基督教中,这一天代表凶险,因为“最后的晚餐”那天正是星期五

方位象征语言

方位象征语言又称“方位语”,即是对于东西南北、上下内外、左右前后这些方位,不同的国家和民族历来有着自己的尊卑贵贱观念。不仅从哲学、宗教、生死等方面对其进行解说,而且在建筑、礼仪、生活等方面广为运用,赋于其特定的“情感语汇”,并在某一个集团内得到认同。

例如东西南北,便有种种看法。古代泰国人认为:南方象征生命,西方象征死亡,东方是太阳的故乡,北方是灵魂的居所;故而僧院多朝向南方,佛像朝向东方,西边的舍利塔收藏骨灰,北边一般作为火化场。再如,中国人盖房一般是坐北朝南,回避门窗正对西方;日本人不论在家还是在外面,睡觉都回避头朝北方,而停放尸体时头则必须朝北。

又如上下内外,大多是重上轻下,重内轻外。许多宗教都将宇宙分为上、中、下三界,上界有九重天,住着神仙;中界有三层 ,住着不同的凡人;下界有十八层地狱,住着魔鬼,界限鲜明。在中国的词汇中,也有“上行下效”、“上呼下应”、“上传下达”、“上禁下止”等说法。不少国家的宫殿有内廷与外廷之分,不少庄园的建筑有内院与外院之别,亲戚分成内亲与外亲,警署分成内勤与外勤,层次井然。

再如左右前后,则更复杂。在欧洲社会的公关活动中,贵宾一般都坐在男女主人的右侧,握手都用右手,在法院起誓也是将右手放在圣经上,这都表示慎重、尊敬。新西兰的毛利人还认为,右代表神灵,左代表魔鬼;伊斯兰教则视右为洁净,视左为恶浊;古代还有些民族专门惩罚"左撇子"。但也有例外,像哥伦比亚的"麻袋教"则认为右是罪恶的渊源,必须用麻袋片将信徒右部身体裹起来。还有前后,一般是前为尊,后为卑,但又允许灵活运用。如国外的"女士优先"法则中,上楼梯是女士在前,下楼梯是女士在后,这样,她们一旦摔倒,都会有男士保护。

方位观念通常都体现着礼仪,如楚人尚左、南面称王;有时又是暗示,如巴西拿坚斯妇女戴帽,左倾表示未婚,右倾表示已婚,前倾表示寡居;有时还是避忌,如结婚戒指戴在左手则可避开外界的诱惑和人性的弱点等。因此每到一地,必须弄清方位习俗,力求避免言行举止上的出现差错。

其它象征语言

包括帽语、头饰语、戒指语、手帕语、扇语、烽火语、号角语、图画语、茶语、酒语、筷语、刀叉语、食品语等等。它们都是通过某些特定的器物或摆弄这些器物的动作,曲折隐晦地表达某种情感或语意。如旧社会富贵人家主人端起茶盅,表示"送客";现代小青年将戒指戴在小手指上,表示"独身";西餐中客人将刀叉摆作不同的形状,表示"继续上菜"或"已经吃饱";中国解放前江湖上的"茶阵"则是用茶壶、茶杯的排列方式,作为交际的"秘密语言"等。

西班牙少女习惯用小巧的折扇向男子传情达意,此为"扇语"。如用扇子遮住脸的下部,则暗示:"我喜欢你,你也喜欢我吗?"若将扇子打开又合上,是表示"我太想你了!"用打开的扇子支着下巴,是暗示"渴望你下次早点来看我"。假若快速扇扇子,等于说:"请你快走!"要是翻来覆去玩扇子,那就是:"我讨厌你!"若把扇子扔桌上,则是表态:"我爱的是别人,绝不是你。"

我国贵州清水江畔苗寨少女的"包语"与西班牙少女的"扇语"异曲同工。当她们和小伙子盛春在野外"游方"时,各自带上许多饭团。这些饭团外观完全一样,里面却包着五花八门的物件。如包松针和玉米,表示"可以经常往来";包木钩,表示"希望结成眷属";包蒜薹和树杈,表示"彼此无缘"。男女在一起相处3天后,彼此都有了解。这时小伙子讨饭团,打听信息;少女便"有的放矢"发饭团,表明自己的心愿。

服务用语规范

餐厅服务语言要素

餐厅服务语言是服务人员在餐厅服务过程中,与顾客交流思想、表达感情、接待联系事务、展现礼仪礼貌时所使用的语言。它是服务人员做好服务工作的特殊手段和工具,也是体现服务态度、服务质量好坏的重要标志。

餐厅服务语言由下列要素构成:

第一,要求使用敬语和礼貌语,包括规范的迎接语、问候语、称呼语、介绍语、祈使语、询问语、应答语、致歉语、致谢语、道别语等等,突出"文明"二字。

第二,使用语言必须"五要",即一要文雅、礼貌;二要明确、简练;三要语调平稳,语气和蔼、热情而亲切;四要委婉,尊重客人的自尊心;五要回避忌讳。

第三,掌握正确的方法,即要根据接待过程中的不同阶段使用不同的语言,根据不同的对象使用不同的语言,根据不同的环境气氛使用不同的语言等。

上述内容归结起来,便是语言艺术。所谓语言艺术,就是指人们在运用语言交流思想感情时,选用准确而得体的词汇,运用规范而明白的语法,赋予带有感情色彩的语调,把意思表达得相当精确,使人容易理解,乐于接受,感到快意,并表现出说话者良好的文化修养和清丽的精神风貌。

餐厅服务语言的掌握,不是一朝一夕之事,必须经过认真的学习和长期的锻炼。这是服务人员的第一基本功,千万不可忽视。

服务语言的构成

餐厅服务语言的范围及内容,通常由迎接语、问候语、称呼语、介绍语、祈使语、询问语、应答语、致歉语、致谢语、道别语等10个方面构成,它们各有不同的用词、语气、使用环境与作用,应当熟悉。

1.迎接语。

这是服务人员对进餐的顾客表示欢迎时所说的话，如"欢迎光临"、"欢迎您来进餐"、"很高兴地为您服务"等。迎接语直接而敏感地体现餐厅和餐厅人员对顾客的态度。主动地说好迎接语，对稳住顾客（特别是犹豫的顾客），建立良好的第一印象，顺利完成接待工作具有重要的作用，因此有人将它称为"定心语"。

2.问候语。

即服务员与顾客刚见面时表示问安、致敬的语言。如"您好"、"各位客人好"、"您辛苦了"、"早安"、"午安"、"晚安"、"周末快乐"、"全家幸福"等。问候语可以体现餐厅和餐厅人员对顾客的关心、关切和关怀。说好问候语，对于联络感情、开展服务工作，帮助很大。因此有人称它为"贴心语"。

3.称呼语。

即服务员对顾客的称呼。通常情况下是男称"先生"，女称"小姐"，老称"老人家"，小称"小朋友"。如果对顾客的国籍、族别、年龄、辈份、职业、职务、信仰、习俗等等有所了解，称呼语则应具体化。如"经理"、"老总"、"处长"、"主任"、"某工"、"某老"、"首长"、"师傅"、"法师"、"道长"、"神父"、"阿訇"、"教授"、"院士"、"部长阁下"、"领事先生"、"技师"、"医生"、"大伯"、"大娘"、"大姐"、"小弟"之类，其前都应冠上对方的姓氏，一律用敬称或爱称。称呼语可以使顾客的自尊心得到满足，也可以很快缩短他们与服务人员的距离，有"宾至如归"之感，心情轻松、欢快。如果称呼语误用或者是不使用，往往会给顾客心灵上留下阴影，产生思想隔阂，带来许多"后遗症"。

4.祈使语。

即请求顾客做什么事或不做什么事的语句。如"请进"、"请上楼"、"请坐"、"请用茶"、"请擦擦汗"、"请点菜"、"请用餐"、"请结账"、"请带好衣物"、"请不要随地吐痰"、"请将烟头丢进烟灰缸中"、"请支持我们的工作"、"请多指正批评"等。说祈使语时，语调一定要温和，尤其是对顾客某些不文明行为进行规劝时，语气更须委婉。在这方面若不注意，难免不发生争吵，会直接影响餐厅中的和睦气氛。

5.介绍语。

即服务员向顾客介绍自己，或者是介绍餐厅情况、经营品种、菜点风味与掌故以及其它情况时所用的语言。如"我叫陈英妮，是这个小厅的领班"、"本店经营土家族菜，有60多个品种"、"刺猬汤是长阳土家族的食疗名菜，以咸、酸、辣、香著称"、"土家族咂酒已有近2000年的历史，被写进许多诗词之中"等。说好介绍语的关键有四：一是实事求是，二是简明扼要，三是力求形象生动，四是语调平稳、口齿清晰。

6.询问语。

即服务员了解顾客的需要、嗜好和其它情况时所使用的语言。如"您想吃些什么菜？""需要喝点饮料吗？""是吃饺子还是吃米饭？""还有什么事要我代办吗"等。询问语要详略适当，对于外向型顾客尽量少一点，因为他有什么要求会立即说出来；对于内向型顾客不妨多一些，因为他有什么想法往往藏在心里。询问语是打开顾客心扉的钥匙，适当使用可以使人春意满怀。

7.应答语。

即服务员回答顾客询问时所使用的语言。如"红烧地龙是用蚯蚓做的"、"鱼香肉丝略带酸甜味"、"稻花香酒是42度"、"汽锅甲鱼售价180元"等。应答语要有针对性，简洁明白，切忌罗嗦、重复、绕圈子；对于不了解的事，就老老实实承认不知道，万万不可瞎编，胡说一气；对于不便于回答的问题，可以灵巧地回避，"以笑代言"；对于醉酒者的不礼貌发问，可以"以问代答"："先生，我给您上盘水果好吗？"总之，应答语中有许多技巧，要因人而施、因问而答。

8.致歉语。

即不能满足顾客的某种要求，或因菜点质量、服务设施、接待礼仪上的某些缺欠而表示歉意时所用的语言。如"请原谅"、"对不起"、"让您久等了"、"多多包涵"、"这是我的失职"、"希望能得到您的批评"、"下次一定改正"、"真不好意思"等。说致歉语时，态度务必诚恳，语调务必柔和，脸上应带微笑，还须辅以鞠躬等动作。这样才能挽回顾客的不快，减轻所造成的损失。

9.致谢语。

即受到顾客表扬或接受顾客小费时所使用的语言。如"谢谢"、"您太客气了"、"这是我们应当做的"、"让您破费"、"感谢您的鼓励"、"愿意为您再次效劳"等。说致谢语时应当是真情的流露，不可矫揉造作；表情不能过分夸张，语调更忌失常；应当是大大方方、堂堂正正。

10.道别语。

即与顾客告别时所说的话。它通常包括4类：(1)提醒语。如“请带好物品”、“请穿好衣服”、“请慢走”、“小心楼梯”。(2)指示语。如“餐厅门口有出租车”、“璇宫饭店在江汉路”、“明早9时有飞往西安的班机”、“万圣泉可以坐28路车去”。(3)祝颂语。如“恭喜发财”、“一路平安”、“圣诞快乐”、“心想事成”。(4)希企语。如“再见”、“欢迎您与夫人再次光临”、“这里永远是您温馨的家”、“愿上帝赐福给您”等。说好道别语，是整个餐厅服务工作“画龙点睛”的一笔，它可以给顾客留下美好的忆念，从而成为“回头客”。

服务语言的要求

由于特殊的工作环境和工作性质所决定，餐厅服务语言的要求比较严格，具体体现在以下5个方面。

第一，文明、礼貌。

这是感情和态度方面的要求，详言之即是：

1.称呼要恰当，多使用尊称、敬称；

2.祈使句前须加“请”字，以和缓语气；

3.服务不周或无法满足顾客某种要求时，要以致歉语表示歉意，化解矛盾；

4.与顾客说话时，应保持1米左右的距离，克服吐唾沫星子和咬嘴唇的毛病；

5.选好说话时机，当顾客之间正在交谈时不要轻易打断，必须打断时，先应致歉；

6.说话时，手势与表情要恰当，动作幅度不可大，表情不能夸张；

7.应答及时，用词准确，不可有不耐烦的情绪和敷衍的态度；

8.用语文雅，力戒粗俗。

第二，明确、简练。

这是语言内容方面的要求，也包含几点：

1.选词恰当，不要因概念上的模糊而造成顾客的误解，或者是产生歧义；

2.语法要规范，不能语无伦次，颠三倒四，使人听了不得要领；

3.具体而又形象，避免抽象和笼统，特别是介绍情况、回答问题时应如此；

4.内容要有针对性，不绕圈子，不顾左右而言它，应当清楚明白；

5.语句的深浅度要适应听众对象，分别采用文学语言或书面语言。

第三，平稳、和蔼、热情、亲切。

这是语调和语气方面的要求，应当是：

1.控制说话的速度，不宜太快或太慢，中速为好，容易使人听清楚；

2.多用平调和低降调，舒缓自然，如同清风拂面，给客人以舒适感；

3.禁止使用命令式的口吻，更不准对顾客训斥、吼叫、指责；

4.语音要甜美、亲切，有一股“磁性”，能体现出女性的温柔。

第四，委婉、含蓄。

这是从语言艺术的角度提出的要求，以便于顾客接受，达到交际的目的。例如：

1.当顾客做错事时，不要简单生硬地去制止或指责，而要用诱导方式进行纠正。如“这里有烟缸，请您使用”就比“不要乱丢烟头”的表达效果好。

2.要求顾客去做不想做的事情时，不宜直说，而应当暗示或提醒。如顾客用餐完毕长时间聊天不走时，不要直说“请您快点结账”，而应送上香巾后说“请您揩揩手”。

3.不能满足顾客某种要求时，不可生硬回绝，而应加以解释后换一种方式作补充。如“您要的香酥鸭已经卖完了，真对不起。现在还有香酥鸽，风味差不多，您看可以吗？”

4.顾客损坏餐厅物件时，不要强令赔偿，而应是先安慰：“没关系”，待结账时客气地说明酒店的规章制度后，再说：“这茶杯原价12元，已用过两年，现在只赔付4元行吗？”

第五，注意避忌。

这是从尊重顾客风俗习惯的角度上提出的要求，也包括许多方面，例如：

1.恶性刺激语。如“死”、“脏”之类的话语，特别是“粪”、“臭”等字。

2.不吉利语。如上完菜后不能说“你们的都完了”，而应说“您要的菜全齐了”。

3.粗俗语。上内脏菜时，不可说“这是您的肠子”等话，而应报规范的菜名。

4.生活忌讳语。不说“您要饭吗”、“您吃醋吗”，应说“您用饭吗”、“您用醋吗”。

5.宗教忌讳语。对伊斯兰教徒不说“血”、

"杀",对欧美人不说"十三"、"星期五"。

6.生理忌讳语。如"秃子"、"驼子"等。

服务语言的使用

餐厅虽小,却包容着大千世界。由于进餐的人群不同、进餐的目的不同、进餐的气氛不同,因此,服务语言的使用不能千篇一律,应当随机处置,灵活变通。

第一,要根据接待过程的不同阶段来使用不同的语言。当顾客刚进店时,应多用迎接语、问候语、称呼语;当顾客就餐时,应多用介绍语、询问语、祈使语;当顾客离店时,应多用致歉语、致谢语、道别语。

第二,要根据不同的顾客对象来使用不同的语言。如文化层次高的,多用文学语言,文化层次低的,多用口头语言;对老人,多用传统语言,对青年人,多用流行的时髦语言;对外宾,多用英语或日语,对外地的客人,可适当选用他们的方言;对宗教信徒,可以配用一些宗教语言或手势对一般群众,可以多用普通的祝颂语等。

第三,要根据不同的环境气氛来使用不同的语言,如婚嫁寿庆酒席,宜多用红火吉祥的欢快语言;承包丧葬便席,应选用肃穆低沉的哀悼语言;商务洽谈筵会,要尽量不去分散宾主的注意力,话语宜少而精;远方亲友相聚,可以适当代行"半个主人"之劳,多用乡音土语表示欢迎等。

此外,对于大型的自助餐宴会、情人包厢火锅、二三知己小酌、青年生日聚餐等不同场合,也应分别使用不同的服务语言。

餐厅服务语言示例

餐厅服务工作,往往是通过说话开始、又通过说话结束的,因此,服务用语的规范十分重要。"良言一句三冬暖,恶语伤人六月寒"。服务人员是否会说话,关系极大。为使服务用语简洁、明确、健康、谦恭而优美,服务人员说话时诚恳、和蔼、大方、文雅而轻柔,各地都在服务用语的规范化上做了不少工作,并列出许多例句,下面辑录一部分于后,供参阅:

一、迎接顾客阶段的规范用语。

1.顾客进门时,应说"您好"、"欢迎"、"请上楼"、"请右边走"等敬语。

2.为顾客安坐时,应说"请上坐"、"请宽衣"、"请放好物品"、"请休息一下"等关照语。

3.如果顾客对座位不满意,可用下列询问语征求意见:"您看,靠窗口那个小桌怎样?""是不是改在假山上的凉亭内?""回廊中比较凉爽,行么?""雅厅暖和一些,是不是挪过去?"

4.送上茶水和毛巾时,应说"请用茶"、"请揩揩手"、"这里有烟缸,可以抽烟"、"需要开空调吗"、"调成这个档次行不行"、"可以打开窗户吗"以示关心。

5.顾客开始点菜时,应简明介绍本店的经营特色、拿手名菜和销售价位,然后当好参谋。当客人已点部分菜后,应说:"你们点的菜已经不少了,是否先吃着,不够时再加?""想喝点什么饮料?大瓶还是小瓶?""那种酒度数比较高,可以吗?""这位小朋友,是否上一罐椰奶?"要使客人明确感受到服务员的坦诚。

6.点菜完毕要复述一遍,并问"是这些菜吗?"使之落实。然后应说:"请先休息一会儿,大约10分钟就可以上菜"、"还有什么要求,请随时呼唤"、"我们大厅前的长廊上有一些书法作品,您若有兴趣不妨去看看"、"左边平台上养了许多热带鱼和花草,您可带孩子去玩玩"等,以此消释顾客等菜时的烦躁情绪,并且加深顾客对餐厅的总体印象。

二、顾客就餐阶段的规范用语。

1.陆续上菜时,应当准确地报菜名,并适当介绍风味特色或传说掌故,并说明应当如何吃(或卷饼、或蘸何种味料之类)。然后询问:"味口合适吗?""质量满意吗?"

2.开始上酒时,先应展示商标,随后启封,顺序斟倒。如果客人要求自斟自饮,则应回答"谢谢了"。对于某些特殊酒水(如黄酒、洋酒),要简明介绍饮用方法。

3.如果走菜较慢,应说"快了,就来"、"请稍候,我去催一下"、"对不起,炉灶上出了点小毛病"、"今天客人太多,耽误您的时间了"等,对客人进行道歉或安慰。

4.如果菜上错了,应当道歉并声明:"这是我们的失误。按照酒店规定,此菜不计入账单,欢迎各位品尝一下,多提意见";如果客人不愿品尝,则应立即撤走。

5.如果菜做坏了,应当马上道歉:"这道菜不合质量要求,是我们的差错。已经通知厨房,另做一盘”;如果客人不愿再等,也应声明:“真抱歉,这道菜不计账,请放心!”

6.如果客人需要米饭和调味醋,不能说“您要的饭来了”、“您吃的醋来了”,应说“请用饭”、“请用醋”;如果客人的小餐具落地,应说“没关系,请换一个”。

7.如果客人不小心摔坏器物,通常情况是10元以下的旧器皿不作赔偿,10元以上的折价赔偿。这时应说“真不好意思,按酒店规定,这件器物折价后应付××元”。

8.如果客人中途要掉换或撤下某些菜,当原料尚未下锅时,应尽量满足;倘若原料已经下锅,应立即说明情况,并说:“对不起,菜已经下锅了,请原谅。”

9.如果客人需要剩菜打包或再点几道菜带走,应表示感谢,并按规范要求装好,并说:“感谢您的厚爱,我们十分高兴”,还要告诉客人回家后加热的方法。

10.如果客人询问某道菜点的烹制方法,属于技术保密的,则应说:“这是本店的专利,原谅我不能公开”;不保密的,则应如实相告,并说:“您若愿学,我们保证免费教会。”

三、送别顾客阶段的规范用语。

1.顾客结账时,应送上清单,并说:“请您审阅”;顾客付款后,应说“谢谢!一共××元,收您××元,应退××元,请稍候”,然后将收据和余款一并交给顾客。

2.当顾客对菜价有所疑问时,应一一说清原料的成本价、附加费和毛利率,并说明:“我们的菜价是经过××部门审核同意的,欢迎您查询。”

3.若是顾客给了小费,如果允许接受的,应表示感谢;如果不允许接受的,则应说:“您的盛情我们心领,但是本店不收小费,请您谅解并支持。”

4.客人离坐时,应说“请带好物品”、“请穿好衣服,外面风大”、“请小心,这段路有点窄”、“我给您带路,请这边走”,从细小处体现真情。

5.当客人询问有关问题时,应准确相告。如“酒店门前有出租车”、“星期五下午4点钟后机关大都下班了”,“凤县离这里120公里”、“本地的土特产是麻糖”等。

6.和客人告别时,应说“再见”、“请走好”、“欢迎您再次光临”、“祝您一路平安”等等,并且应在大门口伫立1～3分钟,等客人从视线中消失后再离开。

餐厅服务用语的风格

语言风格是指语言中所表现出来的思想特点和艺术特点,它主要反映在语体风格(包括口头语体和事务、科技、政论、艺术等书面语体)、表现风格(包括藻丽和平实、含蓄和明快、庄重和幽默、繁丰和简洁、豪放和柔婉等)两个方面。不同的语言有着不同的风格,餐厅服务用语亦是如此。

餐厅服务用语的风格是:(1)以口头语体为主,以书面语中的事务语体为辅;(2)以平实、明快、庄重、简洁为主,以含蓄、幽默为辅;(3)重实践性,强调效果,“应用”的色彩较为浓烈。

从语体风格看,餐厅服务用语既有口头语的平易、自然、通俗和生动,又有事务语的准确、简明、朴素与严谨。在词汇上,它常用敬语、俚俗语、带感情的词和形象性的词,亦庄亦谐,雅俗结合;在句法上,它常用独语句、省略句、短句,而复句与欧化句法极少,体现出“对话语境”的特色;在语音上,声调和语调变化多端,叠音和儿化音较多,比较舒畅、轻柔,给人以甜美之感;在修辞上,它虽然是消极修辞多于积极修辞,但也经常巧妙运用富于表现力的各种语言因素和非语言因素(如手势、体态、表情),使语意能够得到比较完美的表达。

从表现风格看,餐厅服务用语兼收平实、明快、庄重、简洁和含蓄、幽默之长,相得益彰。所谓平实,又叫平易、质朴或朴实,即尽量少用形容词之类的附加成分,很少用比喻、夸张、比拟等增强形象类的辞格。所谓明快,就是有话直说,不加隐瞒,明明白白地表达思想,使人感到明朗舒畅。所谓庄重,即注意选用严肃的规范化的语汇,慎用土语及方言,准确把握句子间的逻辑关系。所谓简洁,又叫简练或简约,就是惜语如金,使人感到干净利索,通畅自然。所谓含蓄,就是有时不把话直说出来,而用增强形象类、增添情趣类的辞格,委婉曲折地表达思想,使人感到回味无穷。所谓幽默,即用词轻松活泼,句式灵活,使人感到话语有趣、可笑而又意味深长。

从实践效果看,餐厅服务用语追求明显的功利性,这是由餐厅的特殊环境所决定的。其一,顾客与服务员之间的关系是一种与"交易"有关的承应关系,他们的语言交际仅仅局限在菜点的销售及服务上,而不可能有其它方面的更进一步的了解,因此很难有心灵上的真正沟通。其二,顾客与服务员的交谈时间极其有限。有人统计过,如果顾客在餐厅进餐用1小时,那么他们与服务员交谈的时间累计起来也只有5分钟左右,双方使用的语句大多不超过80句。故而服务员的每一句话都须落在实处。其三,餐厅是流动的,顾客来了一批又一批,服务员接触的大多是陌生的面孔,交谈带有"例行公事"性质,确实有点"相逢开口笑,过后不思量"的味道,要求"立竿见影"。其四,餐厅有严格的职业纪律,不允许服务员与顾客"谈笑风生",而应当是以工作为重,话语适可而止,这样"应用"的色彩自然就突出了。

正确使用普通话

普通话是公关活动中的规范用语,也是餐厅服务工作中的"母语",服务员必须掌握的基本功。有不少顺口溜,如"吃海鲜,游三亚,不知海南人叽咕的啥"、"闽江话夹普通话,到了福建头发麻"、"天不怕,地不怕,就怕老广讲的普通话",形象说明方言对餐饮服务带来的影响。

还有一种情形更可怕:就是东南部有些都会的餐厅服务员,对讲本地话的顾客和讲普通话的顾客态度明显不同,前者亲,后者疏,甚至歧视。前几年新闻媒体为此对上海和广州的一些"窗口行业"多有批评。近年来沪、穗两地的"欺生"情况有了好转,但未绝迹,消费者的投诉依然不少,应当引起重视。

推广和使用普通话,30年前就已经作为基本国策。现今饮食行业开业、达标有种种指标,应当将使用规范的普通话也作为一个"硬指标"开列进去。达不到要求者或者不准开业,或者吊销执照,歧视说普通话者要课以罚款,用经济手段制裁。只有采取强硬措施,才能使服务用语规范,为一些地区餐饮业的真正繁荣创造条件。

正确使用方言

方言是民族共同语的地域分支或地方变体,是某个社会内某一地区的人们祖祖辈辈使用的语言。方言具有两重性,从消极的一面看,它可能发展成为一种语言歧视,即过分偏爱土语,而对别的方言、别的民族语言一味地排斥抵制。从积极的一面看,它体现了人们对家乡的依恋,对祖国、对民族的热爱。因此,在与跨民族、跨方言的公众交往中,公关从业人员完全可以利用其积极的一面,艺术地发挥"方言的亲和力"的作用。

在餐厅服务用语中,也应正确对待方言。具体来说就是:(1)在一般情况下不用方言,在特殊情况下要用方言;(2)服务人员不用自己所在地的方言,而应用顾客所在地的方言;(3)对待多年离乡的客人和海外归来的台胞、侨胞,要主动使用本地方言;(4)使用方言时要选择最有代表性的"乡音"或语词,并辅以普通话解释。这样,可以很快缩短顾客与服务员之间的距离,使顾客有一种"宾至如归"的温馨感和依恋情。

例如,一句"侬上海人",一句"您家好",一句"硬是要得",一句"扎喜德来",就可以很快博得上海人、武汉人、四川人、西藏人的好感。如果你是他的同乡,乡音就是粘合剂,彼此容易亲近;如果你不是他的同乡而又能纯熟流利地说他的乡音,他会觉得你聪明,并且对他很尊重,他就愿意与你交往,建立友情。这便是方言亲和力的"奥秘"所在。

正确使用行业语

行业语指某个专业(或职业)范围内通行的语汇,餐饮业中称它为"行话"。它是一种拟称,即是把需要表达的意思不明说出来,而是借用别的词语代替,具有专业性、特指性、隐蔽性的属性。

餐饮业行话各地大同小异,基本上可分两类。一类为象形会意,如桨(筷子)、划子(汤匙)、随手(抹布)、天牌(扣肉)、弯腰(饺子)、忌讳(醋)、甜头(糖)、吼子(盐)、马前(快一点)、借光(请让一让);另一类为借词点尾,如牛头马(面)、胭脂花(粉)、穿绸摆(蛋)、年年有(鱼)、金生利(水)、佛家需(油)、六七八(酒)、闯王造(饭)、天兵天(酱)、开堂大(鸡)等。

餐饮业行话的出现主要是由于餐饮人员在繁重体力劳动中调适身心的一种"幽默",同时也出于某种语言忌讳或吉庆心理,带有文学语言的特殊魅力。使用行话较多的是"老字号"店铺和年岁较大的职工,现今它也在一些新餐馆和小青年中流行。

使用行业语是一种传统习惯,餐饮业人员凭

借它可以沟通信息、交流技艺、表述感情。但它毕竟是“隐语”，颇似“密电码”，在社会上没有得到公认。因此，一般不适于在接待顾客时使用。其原因是，顾客们绝大多数不了解这些行话的特殊含义，弄得不好会产生误解，甚至引起纠纷。像“牛头马”、“胭脂花”之类，就有可能被误认为“侮辱人格”，造成麻烦。

正确使用时尚语

时尚语即流行语，即某一时期内在经济、政治、文化、习俗诸因素影响下，迅速传遍广大地区，被许多人使用并引为时髦的一些特殊语汇。其特征有三：(1)时尚语的“酝酿源”多在某些政治敏感、经济昌盛、多元文化交织、民风开放的大都会中；(2)时尚语的词汇相当新异，读音带有浓厚的方言色彩，但语法、修辞与逻辑同民族共同语没有多大的差别；(3)时尚语首先在一个阶层(如文化界、商界、市民)里出现，然后传播到全社会，它最受“新潮一族”的年青人青睐，并随着人口流动潮的流动而兴盛起来。

我国现今的时尚语有两个“风源”。一个出现在北京的“新文化界”，其代表性词语是“侃”、“嘬”、“海”、“酷”之类；另一个出现在广州的“新企业界”，其代表性词语是“哇”、“靓”、“睇”、“仔”之类。但前者的影响面没有后者大。其原因是：(1)由于改革开放，深圳、珠海等地列为经济特区，珠江三角洲先富起来后，促使一部分人产生“崇粤”心理，会说闽粤一带的时尚语被认为“够威”、“有派”，虚荣心理能得到满足。(2)闽粤毗邻港澳，当地的许多时尚语是从港澳直接“贩运”过来的，“原汁原味”。所以“崇粤”心理实质上是“崇港”，反映出国民关注香港、渴望了解香港的一种情愫。(3)闽粤一带有来自全国的几千万打工族和生意人，随着他们在闽粤与内地之间的频繁往来，便使这种时尚语由港澳传到闽粤、再经闽粤传向全国。像“打的”、“早茶”、“发廊”、“饼屋”、“傢俬”、“买单”、“楼花”、“水货”等流行词很快风靡全国，便是有力的例证。

所谓时尚语，从语言学的角度看，实质上是被吸纳到民族共同语中的一些新方言词。这种情况在历史上曾多次出现过，不足为怪。现在的问题是，它既然活跃在社会上，也必然会进入餐厅，我们的服务人员应当如何对待。第一，对此应有一种“平常心”，承认既成的事实。因为它对于祖国语言的丰富多少总有些好处。第二，餐厅接待东西南北客，而且爱用时尚语的还不少。为了便于交际，服务员应当掌握一些时尚语。第三，为了紧跟时代潮流，便于接待粤港客人和赶时髦的内地人，服务员应能正确使用时尚语，防止出现语言隔阂。第四，使用时尚语必须掌握分寸。该用时则用，不该用时则不必勉强。因为并非所有的人群都对时尚语有兴趣，有些偏僻的地区和固守传统的人甚至对它很反感。

正确使用外语

目前我国餐饮业从业人员的外语水平普遍不高。相对而言，星级饭店高于非星级饭店，旅游业高于餐饮业，东南部高于西北部，大中城市高于县城集镇，年轻的服务员高于年老的服务员，职高毕业生高于临时工。据调查，能达到英语3级以上的服务员，在服务员总数中所占的比例还不到1%。

这一状况显然是与中国当前的改革开放形势、我国每年接待上千万的海外游客、提高餐饮业从业人员的文化素质的要求极不相符的，必须尽快改变。

餐饮业外语滞后的原因很多，主要是：(1)在全国的数千个工种中，餐厅服务员的文化水平历来比较低；(2)近几年招收服务员时，许多地方只重视身体和年龄条件，而忽视其它；(3)不少餐厅的外语培训，多是“突击式”、“速成式”，只要求记住一些日常会话或简单的食品名称；(4)餐厅服务人员的晋级考核，或者是降低外语标准，或者干脆免试；(5)不少餐饮业的负责人对此不重视，有的认为“本店从无外宾光顾”，有的则寄希望于陪同的导游或翻译身上。

正确使用象征语言

象征语言在社会各阶层中使用普遍，餐厅服务也不例外。除了常见的手势、体态、表情之外，花木语言、旗徽语言、数字语言、方位语言也用得较多，如赠送吉祥花束、张挂特殊标志、将数字编入筵宴、按方位确定座席之类，这都是可喜的迹象，说明我国餐厅服务工作中的文化品位正在不断地提高。

正确使用象征语言，还有许多工作要做。

一是准确弄清一些象征语言的含义，在使用中防止出现“张冠李戴”、“指鹿为马”的情况。应当本着“宁缺勿滥”的原则，不要闹出不应有的笑话，造成不好的社会影响。

二是象征语言毕竟只是一种“点缀”，要适可而止。这正如同味精，少量施用可以提鲜助味，如果以之代盐，那就会又苦又涩了。目前这样的事例不少，需要警觉。

三是体态语言也须掌握好“度”。服务人员的手势过多、面部表情过于丰富、体态动作幅度过大，往往会适得其反。因为餐厅服务与舞台表演毕竟不是一回事。

四是要加强这方面的培训辅导，要多请有关专家讲课，按规范的要求操作，不可人云亦云，随意为之。

公关语言学

公关语言学是研究公关实务领域语言运用规律的一门学科。它既是公共关系学、语言学、传播学相结合的交叉科学，又是信息传播、思想沟通、语言交际的应用科学。从静态的角度看，公关语言学中包含组织、传播、公众等要素，其中，“传播”是联系“组织”与“公众”这两极的纽带，必须借助语言来实现，表现为彼此之间的“对话”。从传播学的角度看，公关活动中的传播方式，主要有大众媒介传播（如报刊、广播、电视）和面对面的人际沟通传播两种，这也都需要通过语言（含书面语和口语）来塑造“形象”，完成交际任务。

由此所决定，餐厅服务语言艺术也应属于公关语言学的研究范畴。一方面，餐厅服务要注意掌握信息，选择语言的表述形式，了解公众对服务语言的接受情况，研究公众反馈语言中的心态；另一方面，餐厅服务语言也必须遵循形象定位准确、言语得体而有艺术性、建立“互应性”对话关系的“公关语言三原则”。并且正确对待“言语时尚”（即流行语汇的恰当运用），发挥方言土语的“亲和力”，熟练使用普通话与外语，巧妙使用特殊的“象征语言”（手势、体态、花语之类），运用公关语言的魅力来“征服”宾客。

所以，通晓服务语言艺术的前提，是选修公关语言学的课程。从中了解公关语言理论、公关语言运用、公关从业人员语言素质培养、公关语言学史等方面的知识，厚积而薄发，从而更好地掌握餐厅语言交际中的主动权。

聆听艺术

在公关语言学中，相当重视聆听艺术。因为它有两个重要的作用：(1)聆听是搞好人际关系的需要。由于聆听是褒奖对方谈话的一种好方式，及时了解对方需要、期待和性格的好方法。你能够静心倾听对方的谈话，这就是对他的尊重，自然可以加深彼此之间的感情。(2)聆听是捕捉信息、处理信息、信息反馈的手段。谈话是传播信息，聆听是接受信息。一个聪明的聆听者，总是善于从一大堆废话中发现有用的东西，从别人无意的闲聊中获取有价值的信息。所以，是否善于聆听是一个公关人员基本素质的检验。

聆听的艺术首先表现在方法上：

第一，全神贯注，不可分心。这就必须两眼凝视讲话者，采用赞许性的点头或者用催促的手势，鼓励他把话说完。如果态度谦恭，举措得体，这就等于是架起了友谊的桥梁，打开了信息渠道的闸门。

第二，尊重他人，甘当听众。即是要少说多听，尽量将谈话的机会让给别人。因为在社交场所，一个忠实的听众难能可贵，并且最受欢迎。他的强大感染力，会使发言者精神振奋，尽量展示自己的知识、才华和信息。

第三，适时插话，有所反应。为了鼓励对方畅所欲言，聆听者应当适当提问或稍加评论，表示自己对此有浓厚的兴趣。这就可以防止谈话者因反应平平而中断话语，导致尴尬的场面出现，破坏了祥和的气氛。

第四，察颜观色，提高敏感。即是要通过发言者的体态语言（手势、表情）和声调、语调，仔细琢磨其话语中的微妙感情，咀嚼品味，从而深入到他的内心世界，弄清其真实意图。所谓“言为心声”，即是此意。

第五，听话之时，不抱成见。这是讲，一切结论只能出现在聆听之后，而不是在聆听之前。如果先有一个成见，武断地判定对方不会讲出什么有价值的话语，那就不会认真聆听，从而也割断了交流的线索，妨碍深入的了解。

聆听的艺术其次表现在需要克服一些障碍，如分心忘神、急于发言、固执己见、不愿听逆耳之言或不感兴趣的事情等等。

善于聆听，应当是餐厅服务员的起码要求。

询问艺术

公关语言学中有一个形象的说法："询问是交际王国的敲门砖。"只有学会询问，才能破解五色斑斓的现代社会的"密码"，达到人们心灵上的真正沟通。餐厅服务应当满足不同顾客的饮食需求；善于询问的服务员，便可以了解到客人的进餐欲望，有的放矢地使之满怀期待而来、心满意足而去。

1. 看清对象，掌握时机，问得适宜。

(1)注意因人而异。

人有男女老幼之分，性格色彩千差万别，知识水平和所处的社会环境均各个不同，对问题的承受力和理解力也有较大的差异，因此提问的方式和内容应当具有针对性。

(2)必须掌握最佳时机。

所谓最佳时机，是指对方比较松闲、心情愉快、渴望与人交谈的时刻。这个时机可能长达数小时，也可能短到几分钟，要通过全面观察和冷静判断后，立即抓住。如果错过时机，答话者便不愿交谈，询问便不会有什么结果。

(3)发问要巧妙而合分寸。

该问什么，不该问什么，怎样问，问到什么程度，什么地方要追问，什么地方不要追问，哪些问题当众问，哪些问题私下问，在什么地点问，在什么时间问，都需要周密策划，把握好尺度。只有这样，对方才能在轻松自然的气氛中，把思想深处的东西和盘托出。

2. 抓住关键，讲究方式，问得合理。

(1)抓住要害，目标具体。大而广泛，不着边际，是询问的大忌。

(2)讲究逻辑顺序，便于对方理解回答。即应当由小到大、由表及里、由易到难地提问。

(3)保持灵活的态度。要根据对方的思维方式，从不同的角度发问；并随着答话的深入，逐步提出关键性的问题；对方企图回避的重要内容，应当巧妙地追问到底。

(4)同一问题，必须准备多种发问方式，如正问、反问、侧问、设问、诘问、追问等等，以便在不同的情况下选用。

(5)措词要审慎斟酌。既要表明自己的意图，又应避免造成麻烦和误解。

(6)保持自然亲切的语气和语调，使答话者易于接受。如果是以生硬的或审讯性的口气发问，结果必然是不欢而散。

应答艺术

从信息论的观点看，应答是对提问的反馈。在公关语言学中，同样讲究应答艺术。所谓应答，不仅仅只是要求有问必答、问啥答啥，还应当答得巧妙、答得有水平。

1. 弄准提问的症结，使应答具有针对性。

(1)有的问话是话中有话，弦外有音。如顾客若问："小姐，我的钱包哪儿去了?"提问本身就带有怀疑。这时服务员若是回答"不知道"，则会加重对方的怀疑；如果改作反问："您什么时候将钱包交给我保管的?"就轻松地跳脱出来了。

(2)有的问话是一种心理需要所驱使。如顾客问："红烧甲鱼什么价?"这时服务员与其答"180元一盘"，不如答："还是两年前定的价，每盘180元，下料为甲鱼750克。"因为顾客问价的心理是害怕餐厅抬价宰客，后一种回答则明确说清两个问题，一是两年之间未涨价，二是货真价实(因为750克甲鱼售价90元，加上其它配料，成本约为120元，此菜的毛利率仅为35%左右，是相当低廉的了)。

(3)有的提问暗设圈套。如问"你们餐厅还在被卫生防疫站罚款吗?"不论回答"是"或"否"，都等于是承认本餐厅的食品卫生工作做得差。巧妙的回答是绕个小圈子："我们这里是市里的'十佳卫生企业'之一。"

2. 突破问句的控制，使答话具有灵活性。

(1)突破疑问词语的控制。如顾客问"你们餐厅什么东西最著名?"这里的"什么"显然是指菜品，如果服务员罗列一大堆菜名就显得平淡，若只是回答"口味"二字，那就不仅幽默，而且充满了自豪与自信。

(2)突破疑问句式的控制。如顾客问"你们餐厅的名菜是田鸡?还是禾花雀?"答话只能是二者必居其一，但不论答前者还是答后者，都违犯了国家的野生动物保护法令。灵敏的服务员会从提问的陷阱上绕开："乳鸽。"

3. 掌握接引方法，使应答具有艺术性。

(1)词语结构改动。如有位男顾客轻佻，喜欢拿服务员开心，便说："小姐，你很泼辣。如果不介意的话，我就叫你牛牛。这是我小时候放牛伙伴的名字，我觉得很有意思。”对待这种挑衅，服务员可以其人之道还治其人之身：“先生，您很幽默。如果不介意的话，我就称您丫丫。这也是我小时候挑菜伙伴的名字，我觉得更有意思。”

(2)是非问句反答。如果顾客问：“你们的大厅和雅厅在待遇上有什么区别吗？”其中的区别肯定存在，但不便于一一说明。这时最好的答话是：“我们都尽力为顾客服务。”

(3)设定条件断定。如顾客问“你们餐厅最贵的菜卖多少钱？”服务员答：“如果你出1万元，就可以吃到两只极品海王鲍；如果你出3万元，就可以吃到1公斤豪华天九翅制成的玉皇大排翅。”这样的回答既灵活、风趣，又显示出餐厅的档次和技术实力。

(4)以问代答反问。如果顾客问“明天你就要提前退休了，今天为什么还要上班呢？”服务员答：“正因为明天我要提前退休，今天不来上最后一次班，以后还会有机会吗？”回答深沉有力，体现出老服务员的敬业精神。

(5)言此义彼双关。一次某餐厅来了一群公款吃喝者，吆五喝六，闹得乌烟瘴气。邻座有位散客看了十分不满，便问服务员：“小姐，那边是些什么人？”服务员灵机一动，轻声应答：“先生，都是画家，齐白石的弟子。”这里用“齐白石”谐音“吃白食”，讽刺得入木三分。

(6)委婉曲折含蓄。有位求子心切的客人来到餐厅，要求品尝一种壮阳菜。服务员听了又好笑又好气，便给他端上来红枣花生桂圆莲子汤。客人一看双眉紧皱，抱怨餐厅欺骗他。服务员不卑不亢地说：“这不就是‘早生贵子’汤么？”委婉含蓄地对其进行了教育。

此外还有语义指向曲解、欲擒故纵抑扬、歧义利用误会等答话技巧。

交谈艺术

从公关语言学的角度来看，交谈是一门高超的艺术。因为语言是社会交际的工具，在正常的人际交往和社会活动中，谈话更是表情达意、增进了解、体现礼节的重要方式。如何谈话，讲究多多。同是一种意思，话有三说(正面说、反面说、委婉说)，不同的说法有不同的效果；语言还有雅俗、文野、美丑、真假之分，直接表露出说话者的修养和心态。所以，谈话时应注意礼节，把握好交谈的时机、场所及对象，斟酌词语、语气和语调，拿准深浅与分寸，把话说到意思明白而又恰到好处的程度，讲究艺术性。

第一，注意姿态与表情。

与人交谈时，态度要诚恳、自然、真切、大方；正眼凝视，认真倾听，注意力集中；同时要以耐心鼓励的眼神让对方把想说的话全部说出来，并不时用点头示意或“噢”、“唔”、“是吗”、“后来呢”等词语呼应。当对方欲言又止时，要谆谆善诱；当对方因激动而表述紊乱时，要加以疏导。交谈中可以适当插话，但目的是帮助对方把话说完而不是取而代之。听人讲话时不可以左顾右盼，交头接耳或随便打断对方的话头；不可以在别人的话尚未说完时就转移视线或干其它的事情；不可以出现看手表、吹烟圈、玩指甲、叠手帕、摆衣角、梳头发、搔痒痒、抓头皮、伸懒腰、打哈欠、脱鞋袜或其它不礼貌的动作；更不可以来回走动和频繁进进出出，以及随意打电话与接电话，这都是轻贱谈话者的表现。

交谈时可以辅以适当的表情或手势。表情可有多种，如议论重大问题时要严肃，议论轻松问题时可微笑，议论急切问题时要表现出关注，议论悲伤问题时须寄寓同情和安慰等。这都是用心灵感应与对方交流，常可博得谈话者的信赖与好感。有时还可以做些手势，但次数不宜过多，动作不宜过大，更忌手舞足蹈和用手指指人。在社交场所，大惊小怪，失言失态，口沫四溅，指手划脚，拉拉扯扯，拍拍打打，坐没个坐相，站没个站相，都被视作缺乏教养的不文明行为，应予纠正。

第二，注意语气和措词。

与人交谈，言语要和气亲切，表达得体。对待前辈、师长和上级，要使用敬词，以示尊重，但不可谀媚；对待平辈、朋友和同事，要免除俗套，以示亲近，但不可油滑；对待下辈、学生和部属，要有长者风度，以示关怀，但不可傲气。不论与谁交谈，都应开门见山地说明来意和交谈目的，或者是寒暄几句马上就转入正题，节约自己和别人的时间与精力。东扯西拉地闲聊，漫无边际地绕圈子，“王顾左右而言他”，尽出些“哑谜”让人“猜”，都会使交谈者厌倦。同时还要善于坦率地表露自己的观点，对一件事要么不讲，要讲就讲清楚，藏头露尾，吞吞吐吐，欲言又止，最容易使人生疑，破坏交谈情绪。

如果交谈时发生争执，只要亮明自己的观点便够了，一般不应过多纠缠。有时可以把问题放一放，留待以后再议；有时可以作一些必要的解释，或由另一个人换一种方式再说。出现争执时有3忌：一忌自己把话说得太死，不留回旋的余地；二忌蔑视他人，体无完肤地对其进行批驳；三忌正面交锋，舌剑唇枪，甚至大吵大闹，不赢决不罢手。因为社交场合不是正式开会议决某一问题，非有一个结论不可，毫无必要因喋喋不休的争论而伤害彼此之间的感情。为了结束一些不愉快的争吵，不妨通过"幽默"转移话题，或者是在非原则问题上作点"让步"。特别应当注意的是，争执要控制语气，谨慎措词，多用委婉语，显示出涵养和风度，这一点至关重要。

第三，注意忌讳和分寸。

在社交场合谈话，大都应当掌握"三不涉及"和"三回避"的原则。所谓三不涉及，是不涉及疾病、死亡、恐怖、阴森等不愉快的事情；不涉及荒诞离奇和淫秽丑陋的传闻；不涉及他人的私有财产和私生活。所谓三回避，是回避对前辈、师长和领导的胡乱评价；回避议论当事者所在国的王室、内政及外交；回避评介宗教问题与民族问题。与此同时，还须忌讳五种语言：一是脏话和骂人的话（包括各地一些不文明的"话把子"和方言土语）；二是粗话、丑话和野蛮霸道的话、不堪入耳的话；三是伤人的恶语和训斥词、讽刺语、挖苦话以及刁钻的怪话；四是强词夺理的"穷搅和"和无油无盐的废话；五是民族忌讳语、宗教忌讳语、生理忌讳语和隐私忌讳语。这些语言一旦出现，便大煞风景，会破坏社交场上祥和的气氛，对人造成伤害。

在社交场所，如无必要，男子一般不要参与妇女圈内的议论（被邀请者除外），也不要与女性无休止地交谈。与妇女谈话时要注意文雅、谦让、谨慎与分寸，争论应有节制；不可与不熟悉的异性开过分的玩笑，不可有过于亲昵的称谓及动作，不可议论对方配偶的长短，不可干预对方的恋爱、婚姻与家庭，不可向对方赠送首饰、化妆品、领带、服装及自己的照片等。因为这都容易引来非议，造成一些不必要的误会或后患。

与人交谈时，褒贬都应掌握分寸，夸奖与谦虚均要适度；讨论问题多用协商的口吻，留有余地。如遇到对方不愿回答的问题不要追问，无意中提及对方反感的问题应立即表示歉意。倘若对方已流露出倦意要尽快结束谈话；而自己不想再谈、对方又谈兴正浓时，要巧妙抓住对方说话停顿的空隙，立即接过话茬，灵活地应对几句之后有礼貌地起身告辞。

此外，与人交谈时还须处理好点与面的关系，使各方面都能得到照应。自己是中心发言人时，要注意与大家情感交流；旁听他人谈话时，要表现出浓厚的兴趣。参与他人谈话时要先打招呼，征得同意后方可加入进去；别人正在个别交谈时，不要趋前旁听，更不可随意插嘴；有人欲与自己谈话时，要主动相见，表示谢意；第三者参与谈话时，要以点头、微笑或握手、让座表示欢迎。在宴会上更应与邻座热情攀谈，为使气氛轻松，切勿用官场上的应酬语调；在舞池中与舞伴交谈，应是简洁、自然、轻松为好。

总之，谈话艺术是待人接物的表现形式之一，它包含着自我性情陶冶、注意仪表仪态、尊重他人人格、熟悉交际常规种种方面。只有待人以诚、肝胆相见，谦虚随和、求同存异，设身处地、宽容理解，热情有度、不卑不亢，默契善思、审慎表态，言而有信、注重声誉，才能展示个人的教养，坦露个人的风度，树立良好的个人"公关形象"。

餐厅也是一种特殊的社交场合，服务人员在此都带有"公关"的任务，有时也会参加宾客之间的谈话。所以，上面所述的谈话艺术，服务人员也应当掌握，并且从中学会运用公关语言学，将本职工作干得更为出色。

(五)餐饮服务技能

端 托

端托的作用

端托是餐饮服务的基本技能之一,系指服务人员在为客人提供食品、饮料及其它物品的过程中所采用的运送方式的总称;有时亦指整个运送过程。餐厅服务在摆台、斟酒、上菜、上餐具等操作过程中都要用它。

端托的作用在于:(1)使顾客能在座位上准确、迅速地得到所需物品,顺利进行饮食消费。(2)端托操作快捷卫生,显得文明礼貌。(3)端托要求姿势优美与动作规范,它能使顾客在闲谈与等待中,欣赏服务人员的高超技艺,从而增添进餐乐趣。

端托种类

端托方式可分为三大类:徒手式、托盘式、推车式。

徒手式,即直接用手端托需要运送的物品提供给顾客,这是运用较早的一种端托方式。

托盘式,即先将物品集中放入一盘中,再用手掌承着将其送给顾客。在使用徒手端托的服务中,人们感到不同类型的物品或某些较小、易碎的物品运送较困难,于是就用木制的长方形菜盘将它们集中一起托送,因而产生了托盘式端托方式。这种端托方式必须借助托盘来完成。托盘发展到现在有大、中、小几种类别,能满足不同的搬运需要。其形状通常是圆形或长方形,用金属(如不锈钢、镀银、铝合金等)、木材、合成纤维等材料制成。托盘式端托方式按其所托物品的重量又分为轻托、重托两种。轻托在客前服务时使用;重托常用于将不同客人点要的食品从生产间送至餐厅。它具有一次运送物品数量多的特点,特别方便跑菜送菜,但所需的操作空间较大,不适于在餐厅频繁穿行,故多在后方使用。需要在前堂使用重托时,宜选择中、小号托盘;跑楼送菜用重托时要设计专用楼梯,不要与客人的行走楼梯共用,以免不雅和造成事故。

推车式,也称餐车式,即用小推车运送食品或收捡餐具。它是现代餐饮业发展的产物。餐车多用不锈钢、硬木、塑料制成,有不同的规格、形状和使用范围,如普通餐车、粥品车、客房送餐车、酒水车等。推车式端托具有速度快、贮物多、美观新颖的特点,大大加快了餐饮服务效率,如团体餐传菜、展示食品、收捡餐具等,被广泛运用于茶市服务、大型聚餐服务及其它场所。缺点是推车占用的餐室空间较大,费用高,且要求地面平整,餐位都在同一平面上。

端托的三种方式各有优势与局限性,在餐饮服务中应依具体情况灵活选用。

徒手端托

徒手端托,即上文所谓“徒手式”,这是餐饮服务中运用较早的一种端托方式。《东京梦华录》卷四《食店》中有“行菜者左手杈三碗,右臂自手至肩驮叠约二十碗”的描述,形象地再现了古代服务接待中的高超端托水平。直到80年代初期,仍有不少饭店、餐馆是以这种端托方式为主,如端8个凉碟盘,端4菜1汤盘,端汤碗饭碗等。徒手式端托具有快捷性和观赏性,但也有不卫生、不文明、易压型等缺点,且有一定难度,易造成失误。80年代以后不再提倡使用;仅在菜品上台时用它单独地端(或撤),或在抢时间上筵席凉菜等情况下使用。

徒手端托一般是用左手端盘,右手做其它工作(如上菜)或端少量盘。根据盘子的不同其端法也有差异,但均需要体质好,能巧妙运用指力、腕力和臂力,掌握一定的端托技巧。

轻托

托盘式端托的一种方法,指所托送的物品重量在5公斤以内,也称“胸前托”。它是服务人员运送菜品等的主要端托方式。轻托多使用直径35厘米左右的圆形托盘,操作时用左手。其手法要领是：左手向前伸出，小臂垂直于左胸前与地面保持平行，肘部离腰部约有一拳距离；掌心向上，五指分开，置于盘底中间，以大拇指端和手掌根部支撑盘的左侧，其余4指指端支撑盘的右侧；手掌自然呈凹形，掌心不与盘底接触；平托于左胸前。轻托的全部操作过程有理盘、装盘、起盘、走盘、卸盘5道工序，其具体细节要求如下：

1.理盘。

(1)清理净托盘内外的油迹、水迹、脏物，以免污染所托物品和手掌。注意：不要忘记清理托盘底部。

(2)不锈钢等光滑托盘，要在其上面铺上一层垫布，以减少盘内物品滑动。垫布要与客用毛巾、抹布分开。

(3)垫布应打湿拧干，平铺在盘底，以增加摩擦，保持盘内平整。垫布不要太大或太小。

2.装盘。

(1)将托盘放在工作台上，使托盘平稳。不要直接用手托盘装物品。

(2)将物品重心落在托盘中间偏后的地方，防止因重心不稳，托盘失去支撑而翻落。

(3)将高物、重物放在托盘里档；轻物、矮物放在托盘外档；同时也要视具体情况灵活摆放，以符合重心要求。

(4)将先用的物品放在外档或其它物品上面；后用的物品放在里档或其它物品下面，以方便为客人输送。

(5)物品之间的距离要适当，使托盘重心相对集中，不要使物品太分散。

(6)有商标的物品其商标尽量朝向外面，方便客人观赏。

(7)听装饮料的开口朝向易于开启的方位，便于服务员斟酒时开罐，开启时不要对着客人。

3.起盘。

(1)用右手拉住托盘边沿，拖出台面，使其2/3部分离开台面，便于左手托盘，并使盘内物品平稳。不要直接用右手将托盘向上端离台面。

(2)伸出左手置于托盘底部中间。当台面高度低于1米时，应左脚向前半步，身体适当下弯，使小手臂与台面平行且处于同一高度，再按轻托手法要领操作。

(3)将托盘从台面上托起，置于左胸前。右手可扶盘相助，保持托盘平稳，身体要站稳，注意防止盘内物品晃动。

4.走盘。

(1)头正，肩平，上身直，步伐轻快，面带微笑，目光平视。优美的姿势可给人以美的享受。

(2)随着步伐托盘在左胸前自然晃动，右手自然摆动，使体态协调。

(3)行走时，根据具体情况可将托盘向上高举，移至右胸前，或移至身体左侧，以免与其它物品和行人相撞。转弯、推门时要小心。

(4)运用适当的端托步伐(如常步、快步、碎步、垫步、跑楼步等)。

5.卸盘。

(1)侧身站在客人的右侧，右脚上前半步，插入两个座椅之间，尽量不干扰客人。

(2)左手肘向左转动，使托盘移至身体左侧，这样更安全，可防止客人碰翻托盘。注意不要将托盘靠在客人身后太近。

(3)右手依次从托盘中取下物品，放在客人餐位的空档，同时适当说明，如“请用饮料”等，使礼貌到位。盘中物品不能从客人头上越过。

(4)若所送的酒水品种较多，需客人选择时，应先弯腰将托盘置于客人右边，高度在其视平线稍下，使客人能清楚地看清商标。同时可问：“请问您需要什么酒水？”“先生(小姐)，这里有×××，您要哪一种？”“您是要烈酒还是葡萄酒？”这样可方便客人选择。

(5)待客人选好后即可送上或为其斟倒在杯中。

(6)在工作台上卸盘时，可先将托盘平放于台面上，再将盘中物品拿出摆好。卸盘完毕要放好托盘。

重托

托盘式端托的方法之一，因其所托送的物品多在5～10公斤而得名，也称“肩上托”。它是餐厅中运送多盘菜品或重物时使用的端托方式。重托多使用木制长方形托盘。重托时应用左手，右手起辅助作用。其托盘要领是：左手五指自然分开，手腕向正前方，全掌托住盘底中央，重心落在手掌上，托盘位置在身体左侧的肩部与耳部之间，右手加以护持。

重托的操作程序与要求如下：

1.理盘(同轻托)。

2.装盘。

(1)将物品在托盘上顺序摆好,重心落在托盘中心,使托盘平稳。

(2)菜盘呈“金字塔”形摆放,便于重心落在中间。注意:架叠在上面的菜盘底一定要干净。

(3)尽量将同一类型的菜盘装在一个托盘里,便于摆放和架叠。注意:不要将上面的菜盘压住下面的食物,以防形成凹陷和不美观。

3.起盘。

(1)将装好菜品的托盘从操作台转移到左手上并托起。先将左脚向前一步,弯腰下蹲成弓步形站立,上身向左、向前倾斜。左手臂弯曲且小手臂与台面相平。弓步形下蹲便于用力,且不易造成腰部扭伤。

(2)右手扶助托盘一角,将托盘拉出台面1/2,左手按重托托盘手法伸入盘底中央,掌握好重心后,手臂向上用力,同时手腕向后、向上旋转180度,左脚渐收,上身逐步直立,将托盘擎托于左臂上方,使托盘的较长一边与人体垂直。稳妥后,右手亦可松开,身体呈站立姿态。为便于左手托住盘底,手腕旋转时,身体应同时由下蹲逐渐站起,这有利于帮助手臂用力,且不易扭伤腰。

4.走盘。

(1)左手托盘行走至操作台前。应保持正确的步态,目光平视,托盘平稳,肩不倾斜,右手臂扶住托盘一角或自然摆动。优美规范的姿势会给人以美的享受。

(2)托盘不搁肩,不靠发,手肘不靠身。以免姿势不雅或发屑掉进菜盘里。

(3)表情轻松,潇洒自如。

5.落盘。

(1)将托盘直接落在备餐台上,左脚向前一步,身体微蹲,右手扶住托盘一角,左手腕向下,向前旋转180度,至台面高度。重托托盘位置较高,且物品较重,不宜在客人面前分送。整体落盘后,再用轻托将菜盘逐个取出,送给客人。落盘时托盘极易歪斜,应多加注意。

(2)将托盘底部的一角或一边落在台面上,然后用双手将其推进即成。托盘向里推进时不能用力过度,否则会使菜肴汤汁溢出。

托盘方法

在托盘式端托方式中,左手掌在盘底的位置与用力特别重要,必须掌握一定的托盘方法。轻托时,左手臂弯曲,使小手臂与地面平行,掌心向上,五指分开托于盘底,并用大拇指指端到大鱼肌关节,支撑盘的左侧,其余四指分开支撑盘的右侧,手掌自然呈凹形,利用手指的不同力度掌握盘面的平稳,平托于左胸前,装盘后其重心应在托盘的中心稍后处。重托时,左手五指自然分开,手腕向正前方,全掌托住盘底中央,装盘后,重心落在手掌上,托盘的位置在身体左侧的肩部与耳部之间。

理盘

即选择和清理托盘,根据所托物品的多少,选择一个大小合适的托盘,并将其洗擦干净。若是不锈钢等质地光滑的托盘,则还应铺上一层专用垫布(俗称盘布)。方法是将一块干净的垫布打湿拧干,平铺在托盘上,四边与盘底相齐。其主要作用是:第一,能避免盘内物品的滑动;第二,能吸收不慎溢出的菜汁,避免不洁之感;第三,能清洁菜盘底部,保持台布干净。餐饮业中一般多选用防滑托盘。理好的托盘应放在适当的操作台上,准备装运物品。

装盘

将需要托送的物品在托盘上排放整齐,摆成弧形或横竖成行,整个物品的重心应落在托盘中心偏手臂方向的位置。不同类的物品混装时,应根据物品的形状、体积和使用的先后次序合理装盘,一般是重物、高物放在托盘的里档,轻物、低物放在外档;先上桌的物品在上、在前,后上桌的物品在下、在后。饮料瓶装盘时,由于物品较高,不要紧靠在一起,应有1～2指的间距;也不能装得太松散,使手失去重心控制。

重托装盘时,其重心应落在整个托盘的中间,物品呈“金字塔”型摆放。

起盘

将装好物品的托盘从操作台转送到左手,先将左脚向前一步,呈弓步形站立,上身向左、向前倾斜,左手臂弯曲且小手臂与托盘相平,右手将托盘拉出桌面1/2,然后将左手按托盘方法伸进盘底并托起,这时右手可扶住盘边,待左手掌握好重心后即松开,同时左脚收回一步,使身体还原成站立姿势。

重托的起盘方法是：左脚向前一步，弯腰成弓步形站立。上身向左、向前倾斜，右手将托盘拉出桌面 1/2，左手按重托方法伸入盘底中央，掌握好重心后，用右手协助，将托盘向上托起，这时左脚渐收，上身逐步直立，同时手腕自左后旋转，擎托于左肩上方，使托盘较长一边与人体垂直，稳妥后，右手随之松开呈站立姿态。

走盘

指托盘行走。轻托走盘要求步态正确，目光平视。托盘不贴腹，随着步伐可轻微摆动。左手肘不靠身，手腕轻松灵活，能随时改变托盘位置。右手臂自然摆动，发生特殊情况时即护住托盘，为防止突然停下引起酒水外溢，遇障碍物时应是身体让开而脚步不停。

重托走盘时应步态正确，目光平视，托盘不搁肩，不靠发，左手肘不靠身，右手臂自然摆动，达到托盘平稳、肩不倾斜、表情轻松。

卸盘

为轻托操作步骤之一，指将托盘内的物品分送顾客。其方法是侧身站在客人右侧，右脚上前一步，左手将托盘移至身体左侧(切不可将托盘紧靠顾客身后或头部上方)，右手将物品依次分送给顾客。这时要注意盘内重心的平衡，先拿外档、上面的，再拿左右两侧的，最后拿中间、里档的，同时左手指应随时调整力度，保持托盘平衡。

落盘

为重托操作步骤之一。重托不宜将物品直接在顾客面前分送，一般是将托盘先落在备餐台上。落盘时左脚向前一步，身体微蹲，利用左手臂、腕的旋转将托盘的一边落在台上，然后用双手将其推入即成。

堂步

堂步是指餐饮服务中服务人员的行走步伐，特别是端托时的步伐。主要有 5 种：

1. 常步。即正常情况下的行进步伐。要求上身自然挺拔，立腰、收腹。头正，目光平视。肩平，肩峰稍后张，双手臂自然前后摆动。脚步干净利索，有节奏感，其行走轨迹为近似重叠的两条平行线。步距均匀，快慢适宜，男性步伐频率每分钟约 100 步，女性步伐频率每分钟约 90 步。

2. 快步。是端送热食菜肴所使用的步伐。基本要求与常步相同，但步幅稍大，步速也稍快。但不能跑，以免泼洒菜肴或影响菜形。

3. 碎步。是端汤时的常用步伐。即用较小的步幅、较快的步速行进。此种步伐速度虽快，但因步幅小，可以保持上身平稳，避免汤汁荡出。

4. 垫步。垫步即是一只脚在前，一只脚在后，前脚进一步，后脚跟上一步的行进步伐。多用于穿行狭窄的过道，或在行进时突然遇到障碍，或在靠近餐桌需要减速时。

5. 跑楼步。是在端托上楼时所使用的一种特殊步伐。其姿势与步伐要求是：身体向前弯曲，重心前倾，用较大的步幅(一般一步跨两级台阶)一步紧跟一步上楼。前进速度要快而均匀，不可上一步停一下。此种步伐是利用身体和托盘运动时的惯性上楼，可以既快又省力。

餐巾折花

餐巾折花的作用

餐巾折花指运用各种折叠技巧，摹拟自然形态，将餐巾折叠成多种形状的方法。餐巾的模拟物，通常叫做“餐巾花”。餐巾开始出现时，只是进餐时的一种卫生用品，放在双膝上或系在胸前，以防菜卤汤汁污染衣物或备擦手之用；后来逐步发展到将其折叠成花鸟虫鱼等各种形态，使之有了美化台面、表达心声的作用。在宴会摆台中，常将主位的餐巾花叠得较高、较大、较气派，或者是形状不同，以示突出，因此餐巾花还有标志席位的作用。

现代餐巾花品种纷繁，有 200 多种。按其摆放工具不同，可分为杯花和盘花 2 类；按其造型的物象不同，又分为植物、动物、器物、图案、组合 5 类。

餐巾折花的成型主要以手工为主，辅以少量的工具，如餐巾、穿钎、挑钎、水杯、衬盘、操作板等。

餐巾花的造型经历了由简到繁，又由繁到简的变化过程。现今餐饮业多选择简单美观、折制容易、拆用方便的花型，复杂的餐巾花型则多用于橱窗、展台或专业技能比赛。

餐巾花种类

餐巾花目前有200多种,常用的仅50种左右。

餐巾花按其摆放工具的不同,分为杯花和盘花两类。杯花一般需插入水杯中方能完成造型,离开杯子即松开。杯花由于可借助水杯的帮助而定型,因而具有很大的灵活性,其形态也多,约占餐巾花形总数的80%。盘花造型完整,成型后不会自行散开,可放入盘中或其它盛器及桌面上。盘花多在西餐中使用,但现今盘花也常出现在中餐台面上。

按造型物象分类,餐巾花又可分为5类。(1)植物类。以植物的花、叶、茎、果为造型特征,如月季花、荷叶、仙人球、寿桃、姜芽等,其变化多,造型美,是餐巾花品种的主体。(2)动物类。如禽兽、昆虫、鱼虾等。动物造型有的是塑其整体,有的是取其局部,形态生动,是餐巾花品种的重要一类。(3)器物类。摹仿日常生活中的各种实物折成,如花篮、宫灯、帽子等,多为盘花,品种较少。(4)图案类。不以某种物象为特征,但是通过折叠成形,能形成协调美观的抽象形态,可给人不同的视觉感受,产生丰富的联想,如亭亭玉立、凌波仙子等。(5)组合类。即综合两种以上的造型特征,构成表现力更加丰富的形态,如鸟语花香、益鸟啄木等。此类花形的折叠有很大的难度,其品种较少,使用也不普遍。

餐巾折花操作要求

准备充分。先按要求备好折花工具。餐巾不洁、打皱,水杯口大小不适等,都会影响成型效果。

清洁卫生。操作时双手要擦洗干净,折叠时不能用嘴咬餐巾,也不能多讲话,以免溅入唾沫。

一次折成。事先要对造型胸有成竹,操作时掌握好距离、角度,一次折成,以免一再返工,使餐巾留下痕迹,影响花形美观。

摆设适当。杯花插入杯中时,要慢慢顺势插入,不要硬性塞入,以防杯口破裂。插入的深度应恰当,插好后应保持杯内部分线条清晰,杯外部分花形完整。盘花摆设应端正稳妥,以防倒伏。摆上餐桌时,应将其观赏面朝向宾客席位,且不妨碍台上用品的摆放,不影响服务操作。主花要摆在主位,不同形状的花形摆放时,应注意高低协调,错落有致。

餐巾花成型技法

叠。就是将餐巾一叠为二、二叠为四、单层叠为多层,形成正方形、矩形、梯形等几何形体。这是餐巾折花的最基本技能。

折。亦称“打折”、“捏褶”。即将餐巾叠面折成一裥一裥的形状,使花型层次丰富、紧凑、美观。折又分平行折、弧形折、重叠折3种。

卷。将餐巾叠面卷成圆筒形,按其卷成的形态可分为直卷、斜卷、螺旋卷3种。

穿。将穿钎从叠好的餐巾夹层中穿过,并借助手的推力形成皱折。

挑。用挑钎将折叠的餐巾巾边或巾角向一边挑起,形成折曲。

翻。将折叠的餐巾按内外、上下、前后、左右等不同方向翻折,主要用于翻花蕊、花瓣、鸟翅等。

拉。将折叠的餐巾的巾边或巾角,朝一个方向向外拉出,形成折曲。

捏。将餐巾的巾角或巾边折成各种动物的头、嘴。通常有上翘嘴形、平尖嘴形、弯角嘴形、海鸥嘴形、特殊嘴形等。

以上这些折叠技能,是餐巾造型的基础和主要手段。它们的不同组合与变化,便可构成形态各异的餐巾花型。但从实用的角度来看,餐巾花造型不宜过于复杂,一来费时费力,二来由于折痕较多,顾客使用时也影响美观。所以餐巾花型的发展趋势将会以简洁美观为主流。

叠

餐巾折花需要先将餐巾由大叠小,如一叠为二、二叠为四、单层叠为多层,并形成一定的几何形状,如长方形、三角形等。叠是形成餐巾花型的基础。常用的叠法有:长方叠、长方折角叠、条形叠、正方叠、正方折角叠、三角叠、锯齿叠、菱形叠、尖角叠、梯形叠、巾角叠、提取叠、混合叠等多种。其要领是:熟悉基本造型,看准角度,一次叠成。否则餐巾留下皱痕,会影响造型的挺括美观。常用叠法如下图所示:

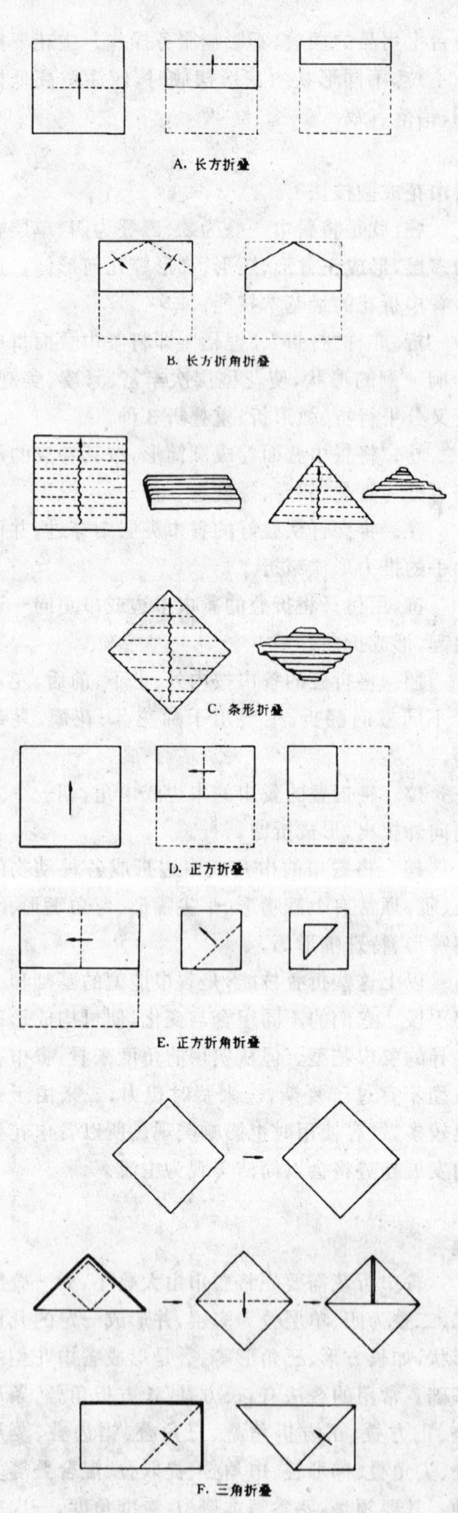

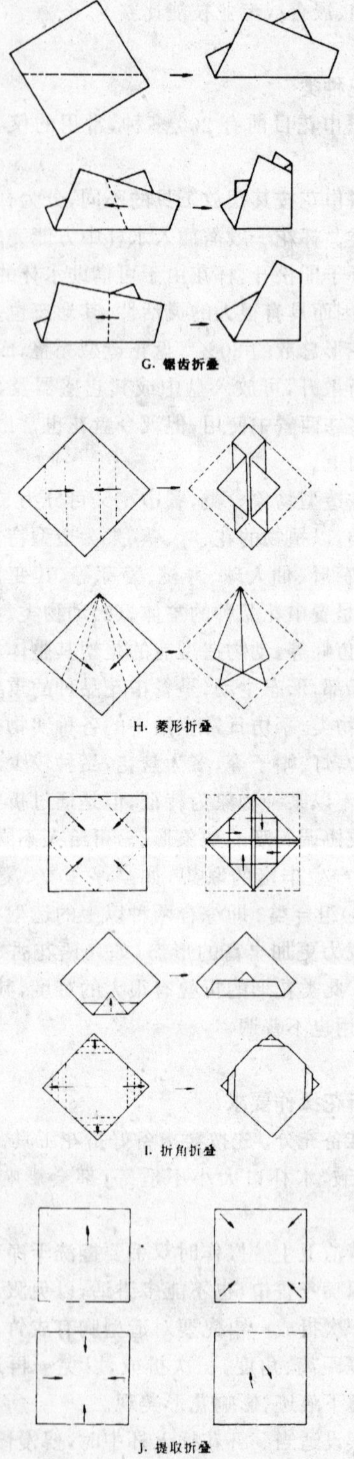

折

餐巾折花的基本技法。就是“打折”、“捏褶”，即将餐巾叠面折成一裥一裥的形状，使花型层次丰富、紧凑、美观。这是餐巾折花的重要造型技法。按其折褶的形态,又分为平行折、弧形折、重叠折3种。

平行折。即折褶距离相等,高低、大小一致,呈相互平行状态。操作时,用双手的拇指、食指紧握餐巾,二个大拇指相对成一线,指面向外,中指控制好下一个折褶的距离(其距离依具体花型而定),拇指、食指的指面握紧餐巾向前推折到中指处,中指再腾出控制下一个折褶的距离,双手三指互相配合,向前推折。要求两边对称的折褶,一般应从叠面中间线起向两边折开。

弧形折。即以餐巾叠面的某一点为中心折褶,形成弧形,折痕为放射状。操作时,一手固定于餐巾叠面的某一点,另一手按平行折的方法围绕中心点沿圆弧折褶。"仙人掌"等均用此法。

重叠折。操作方法同平行折,但折褶不竖起,从第一折开始就将其倒伏于操作板上,然后依数打折,一折一折叠压在一起,叠压时每折只要求部分重叠,以形成一定的层次和厚度。"金丝鸟"、"凤凰"等均用此法。

卷

将餐巾叠面卷成圆筒形。按其卷成的形状,可分为直卷、斜卷、螺旋卷3种。

直卷。将餐巾叠面卷成圆柱形。要求两手一起卷动,速度一致,用力均匀,以保持餐巾两边形状一样。

斜卷。将餐巾一头固定而卷另一头,或者是一头少卷而另一头多卷的卷法。卷时要按所卷角度的大小互相配合。

螺旋卷。将左手指固定于餐巾中心,右手拨动巾边,巾角围绕中心转动几周,即成螺旋状效果。

不管采用哪种卷法,都要卷紧,并使造型层次清楚。

穿

将穿钎从叠好的餐巾夹层中穿过,并借助手的推力形成皱折,使其造型饱满美观,层次丰富。根据造型的需要,可用1～3根穿钎不等。其操作方法有3种:

1.平面穿法。将穿钎穿入餐巾夹层,置于操作板上,用右手大拇指、中指捏(按)住穿钎的一头,左手四指分开,靠近右手一头抵于穿钎下方,先左手向左移动一段距离,紧接着右手向左推进,反复进行直至餐巾夹层一边全部穿在穿钎上或达所需长度,然后将其它部分整理成形,插入杯中后再抽出穿钎。此法形成的皱折细密、整齐。

2.立面穿法。穿之前,先将餐巾面打折,操作时,左手握住折好的餐巾,右手将穿钎的一头穿进餐巾的夹层中,另一头顶在自己身上或桌子上,然后用右手的拇指和食指将餐巾逐步往里(或往下)拉,使穿钎穿过去。此法形成的皱折粗犷、层次清晰。

3.挤压穿法。将穿钎直接穿入餐巾夹层中,或将巾角包转入穿钎上,双手持穿钎两头将餐巾向中间挤压,形成皱折。它多用于装饰花叶。

翻

将折叠的餐巾按内外、上下、前后、左右等改变形状或部位的手法,均可称之为"翻"。它是餐巾花最后定型的常用技法,多用于翻花蕊,折制叶子、花瓣、花朵和鸟的翅膀、头、尾等。

翻的手法较多,仅用于翻花蕊的就有单层翻(如桃花)、双层翻(如月季花)、多层翻(如牡丹花)等。

翻时两手必须配合好,其左手虎口握住餐巾,右手翻折。握餐巾的左手要根据右手翻的需要,该紧则紧,该松则松,否则会翻坏拉散布巾,影响成型。在翻花瓣、叶子、鸟的翅膀时,一定要注意左右前后大小一致,距离对称,花瓣与花蕊大小的协调。

捏

主要用于捏鸟或其它动物的头、嘴。按捏的方式不同,有直接捏法、折叠捏法两种。

直接捏法。用右手的拇指、食指、中指三个指头进行操作,将所折餐巾的巾面向上端拉挺,然后用食指将巾角尖端向里压下,中指与拇指将压下的巾角捏紧,捏成一个尖形。

折叠捏法。先借助左手将巾角或巾边折成箭头形,再用右手按直接捏法捏出尖形。

捏成的鸟头形状有:上翘嘴形、平尖嘴形、向下嘴形、弯角嘴形、海鸥嘴形、特殊嘴形等。如图所示:

拉

将折叠的餐巾巾边或巾角,朝一个方向向外拉出,形成折曲,如"皇冠"。若将巾角、巾边拉成花瓣、花叶、鸟翅等,也属此法。

餐巾花形选择

1.根据主位选择花形。主位指宴会台面中主人的席位,主位的花形应较特别并略高于其它餐巾花。其它席位的餐巾花可选用同一花型,以求整齐效果。

2.根据聚餐的性质选择花形。按不同性质的聚餐,选择与之相适应的花形,以起到锦上添花的作用。如接待国外友人,可选用"和平鸽"、"友谊花篮";婚嫁喜宴,可选用"鸳鸯"、"喜鹊";生日祝寿,可选用"仙鹤"、"寿桃";商务洽谈,可选用"一帆风顺"、"如意蝙蝠"等。

3.根据季节选用花形。春季可选择迎春、月季,表现满园春色;夏季可选择荷花、折扇,令来宾感到清爽;秋季可选择菊花、枫叶,展示金风萧瑟的情韵;冬季可选择梅花、冬笋,给人以蓬勃旺盛的生机。

4.根据接待对象选择花形。接待对象包括不同国家和民族的来宾。他们在宗教信仰、风俗习惯及性别、年龄等方面都存在差异,这就需要根据实际情况区别对待,尽可能选择来宾喜欢的花形。如日本来宾喜爱樱花,埃及来宾喜爱莲花。接待女宾选择孔雀、凤凰和各种花卉,接待小朋友宜选择小动物、花卉等。

5.根据花色冷盘及菜肴特色选择花形。中式宴会往往是冷盘先上桌,宾客再入席。因此根据花色冷盘的形意选择花形,可以收到整体美的效果。如蝴蝶冷盘配花卉造型,则形成"蝴蝶戏花"的画面;凤凰冷盘配飞禽造型,则形成"百鸟朝凤"的意境。此外鱼宴可选择鱼虾形,鳖宴可配以鳖形盘花等。

6.花形选择要注意来宾的禁忌。如日本人忌荷花,它大多用在丧事上面。英国人忌用大象图案,认为是蠢笨的象征,还视孔雀为淫鸟与祸鸟,连孔雀开屏也被认为是炫耀吹嘘。法国人认为仙鹤是蠢汉和淫妇的代称。美国人讨厌蝙蝠,认为它是凶神恶煞的象征。意大利人忌用菊花,因为菊花盛开的季节是人们扫墓的时间。埃及人因熊猫形体上有些像猪则厌弃之这都应当回避。

餐巾花摆设

1.摆插恰当。杯花应慢慢顺势插入水杯中,不可用力过猛,否则会造成水杯破裂,插入的深度应恰当,其杯外的观赏部分应注意保持花形完整,杯内部分应线条清楚整齐;不能乱插乱塞。盘花放在衬盘上或餐位中间,要摆正摆稳,使之挺立不倒。

2.突出看面。摆放时要将餐巾花的观赏面对着来宾席位。

3.搭配协调。不同品种的花形同桌摆放时,要将品种形状相似,高低、大小相近的花形错开并对称摆放。"主花"摆在主人席位上,借以标志主席位。

4.自助餐摆法。自助餐中,餐巾花往往包裹餐叉、餐刀等进餐餐具,直接摆在餐位上,有时也可不摆餐巾。

餐巾浆洗与熨烫

为使餐巾造型挺括,餐巾洗净后一般要上浆,较薄的餐巾尤需如此,即将洗净的餐巾直接放在浆水里,浸泡充分后取出晒干;其浆水可用煮过饭的米汤,也可用淀粉制成。方法为:将适量淀粉放入冷水中溶解,然后冲入开水,溶液由白变成半透明色时,即成为浆糊,再据所需的粘度,将其用热水稀释,则为浆水。上好浆的餐巾晒至八成干,然后用电熨斗熨烫平整。机器操作时,则按说明书进行。

餐巾折花工艺特征

表现在6个方面:(1)手工技巧为主,辅助工具有限。不受时间、地点的限制,有个餐台便能操作。(2)折叠材料有一定要求,必须是易折叠、耐拉扯、上浆熨烫过的棉麻织品。(3)餐巾花折叠中餐巾不能随意剪裁,以便多次使用。(4)成型时间短。简单者不到20秒,复杂者不超过2分钟。(5)有一定的成型规律,可在基本手法的基础上变化花样，举一反三。(6)借助酒杯或小碟作为底座控制形态，达到成型效果。

餐巾造型审美意义

对于一个台面来说，餐具和用具(如筷、匙、碟、烟灰缸)的形态基本固定，花色品种有限，摆放均是以平面布局为主。这种单一的构图，难以引起食客更多的美感。餐巾造型则可弥补它的不足。(1)餐巾可选用不同的材质，如丝巾、棉巾、萱麻巾等，其大小、厚薄、色泽纹样皆可变化。(2)餐巾造型能因人、因事、因时、因地变化出不同形态，或动或静，或高或矮，使台面充满生机。(3)餐巾花形属于一种象征语言，蕴含某种寓意，可使宾客产生丰富联想。(4)餐巾造型成本低廉，快捷方便，既适用又美观。餐巾造型的这种装饰功能、审美效果及其简便的造型方式，使它成为台面装饰美化设计中的重要组成部分。

餐巾花图谱

指用于表现餐巾花折叠步骤及形态的示意图。它常由一组连续的图形组成，标有特定的示意符号和简要的文字说明。下面从各地常用的餐巾花图谱中，挑选出55种作为条目加以介绍，其中杯花有动物类餐巾花图谱20种，植物类20种，实物类5种，另有各种盘花类图谱10种。它们在折叠技法、形态、寓意及实用性等方面，分别具有一定的代表性，能大致反映我国目前餐巾折花的常规和水平。

发财树

1. 名称、类别：发财树(杯花、植物类)。
2. 成型技法：三角折叠，平行折。
3. 用途：中餐。商务宴会，开业大庆。
4. 操作步骤图解：

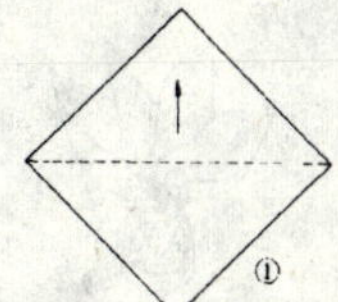

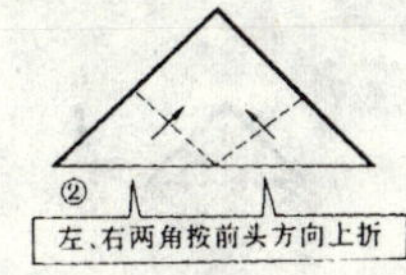

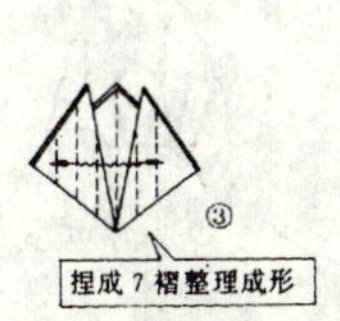

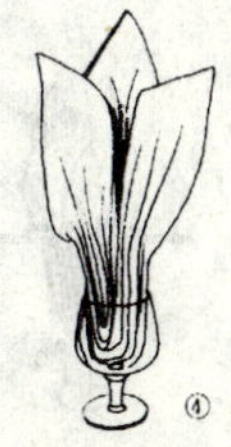

翠叶

1. 名称、类别：翠叶(杯花、植物类)。
2. 成型技法：三角折叠，直卷，平行折。
3. 用途：中餐。主位，适用于女主人或女主宾。
4. 操作步骤图解：

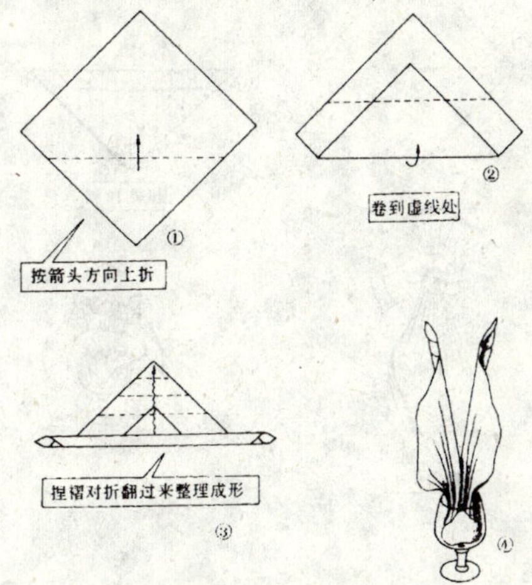

鸡芯花

1. 名称、类别：鸡芯花(杯花、植物类)。
2. 成型技法：三角折叠，平行折，穿。
3. 用途：中餐。主位，粉红餐巾折叠尤美。
4. 操作步骤图解：

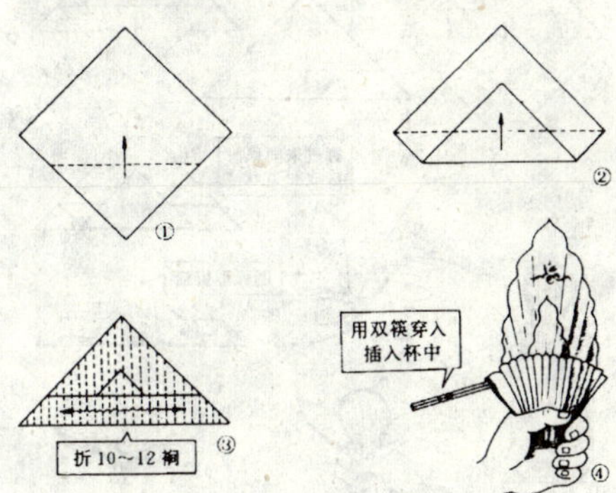

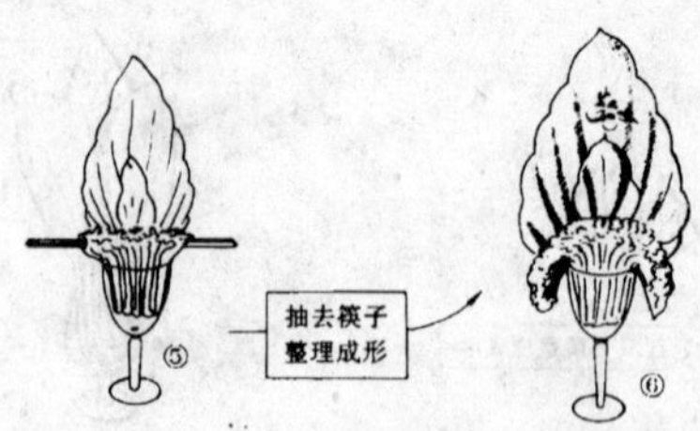

槐树花

1.名称、类别:槐树花(杯花、植物类)。

2.成型技法:三角折叠,平行折,拉。

3.用途:中餐。用于庆丰宴或游宴。

4.操作步骤图解:

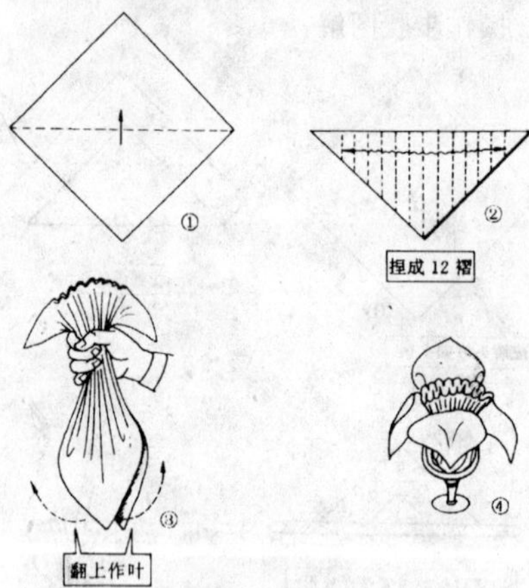

蟠桃

1.名称、类别:蟠桃(杯花、植物类)。

2.成型技法:三角折叠,弧行折,拉。

3.用途:中餐。寿宴或敬师宴。

4.操作步骤图解:

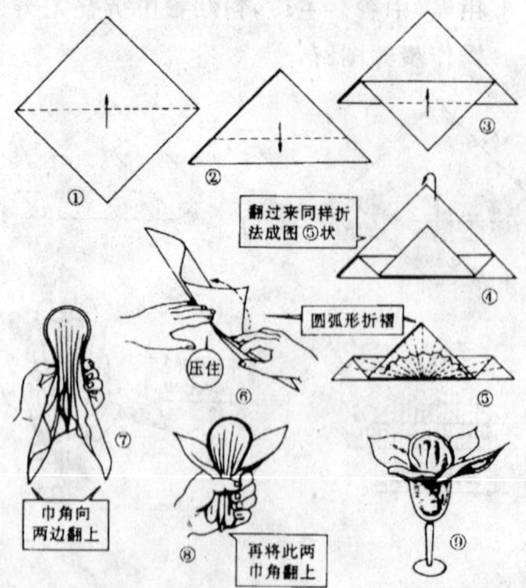

竹林新苗

1.名称、类别:竹林新苗(杯花、植物类)。

2.成型技法:三角折叠,斜卷,拉。

3.用途:中餐。周岁宴、十岁宴、儿童聚餐或颁发学位证书后的聚餐。

4.操作步骤图解:

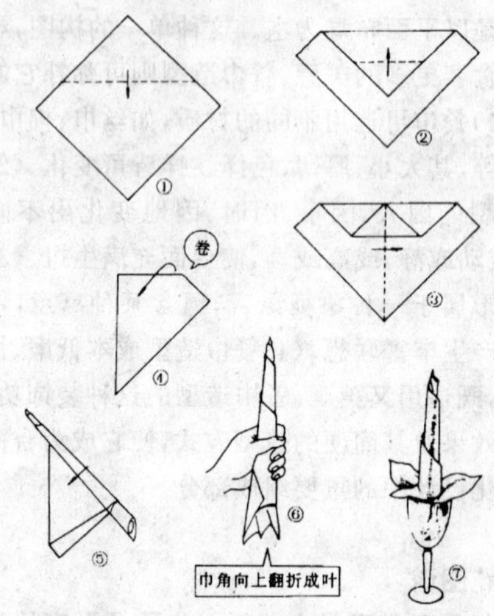

荷花

1.名称、类别:荷花(杯花、植物类)。

2.成型技法:正方折叠,平行折。

3.用途:中餐。各种宴会(对日本客人不宜)。

4.操作步骤图解:

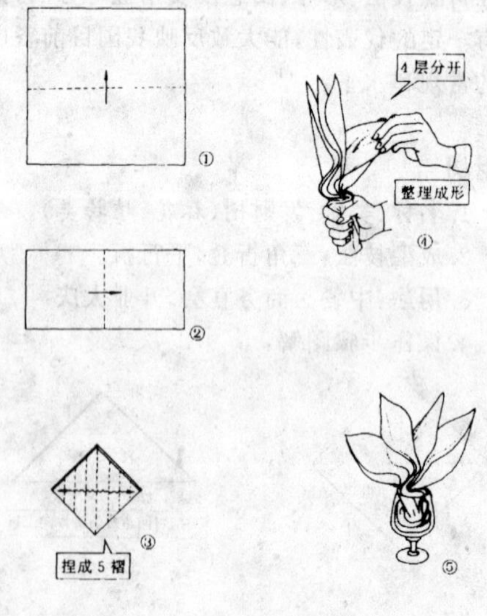

桃花

1.名称、类别:桃花(杯花、植物类)。

2.成型技法:正方折角折叠,平行折,翻(单层),拉。

3.用途:中餐。谢师宴或订婚宴。

4.操作步骤图解:

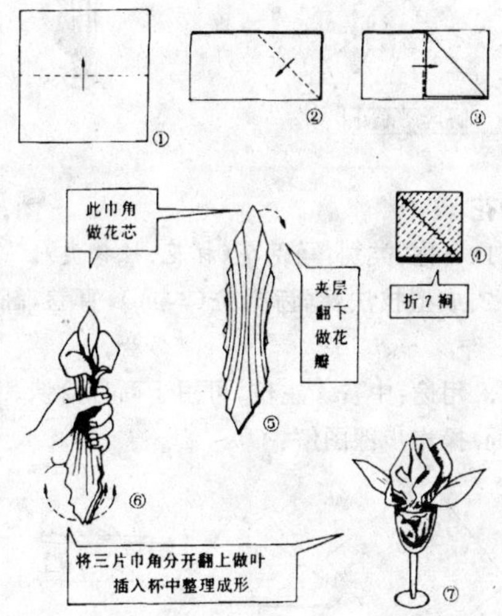

双芯花

1.名称、类别:双芯花(杯花、植物类)。

2.成型技法:正方折角折叠,平行折,翻(单层),拉。

3.用途:中餐。婚宴或双胞胎姐妹生日宴。

4.操作步骤图解:

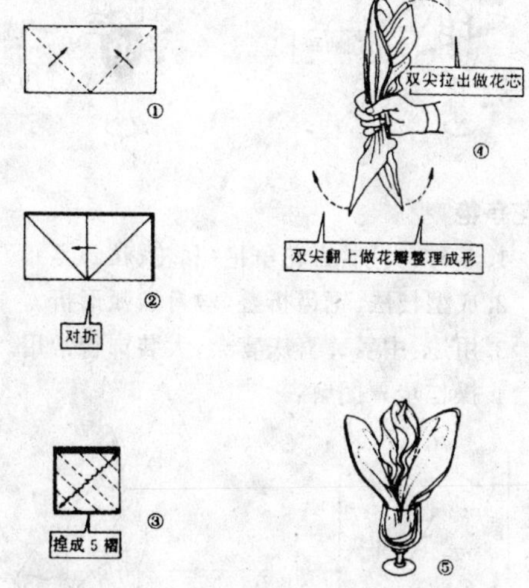

寿桃

1.名称、类别:寿桃(杯花、植物类)。

2.成型技法:正方折叠,三角折叠,平行折。

3.用途:中餐。寿宴(宜于中老年人使用)。

4.操作步骤图解:

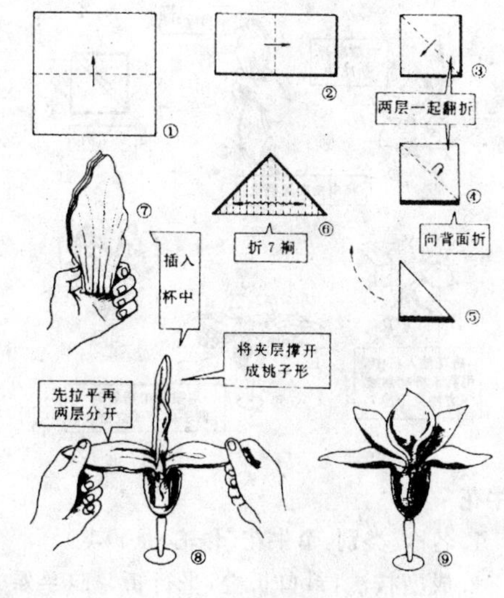

牡丹花

1.名称、类别:牡丹花(杯花、植物类)。

2.成型技法:正方折叠,平行折,翻(多层)。

3.用途:中餐。宜于文化节庆或观光宴会。

4.操作步骤图解:

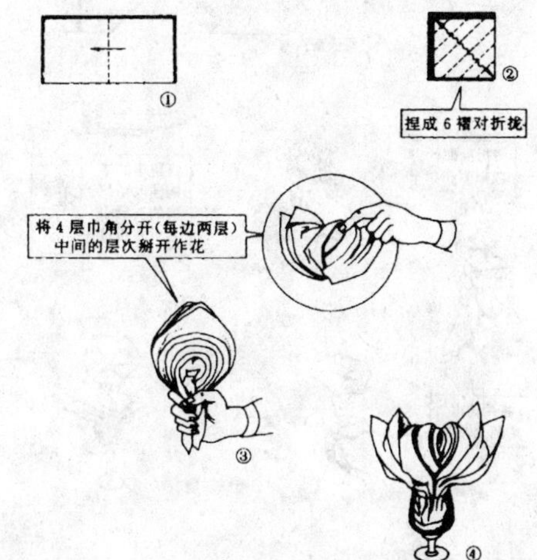

卷叶花

1.名称、类别:卷叶花(杯花、植物类)。

2.成型技法:正方折角折叠,翻(双层),穿,包卷,拉。

3.用途:中餐。宜于青年聚餐或火锅宴。

4.操作步骤图解:

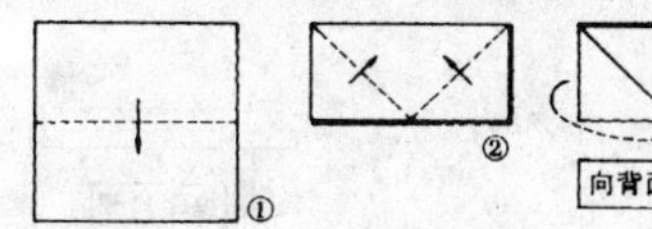

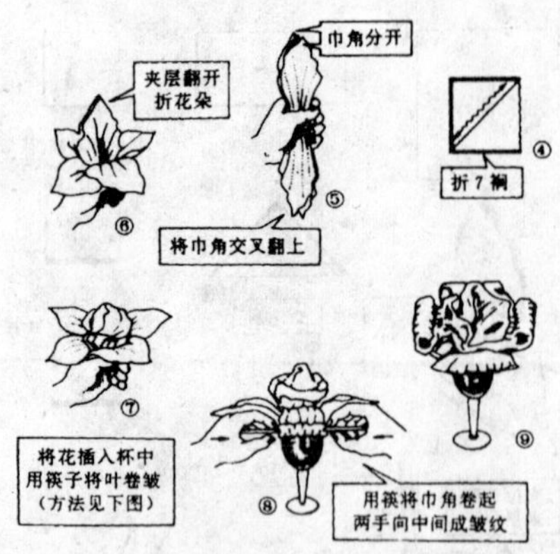

牵牛花

1. 名称、类别:牵牛花(杯花、植物类)。

2. 成型技法:封口折叠,平行折,翻(单层),拉。

3. 用途:中餐。多用于野宴或乡土宴。

4. 操作步骤图解:

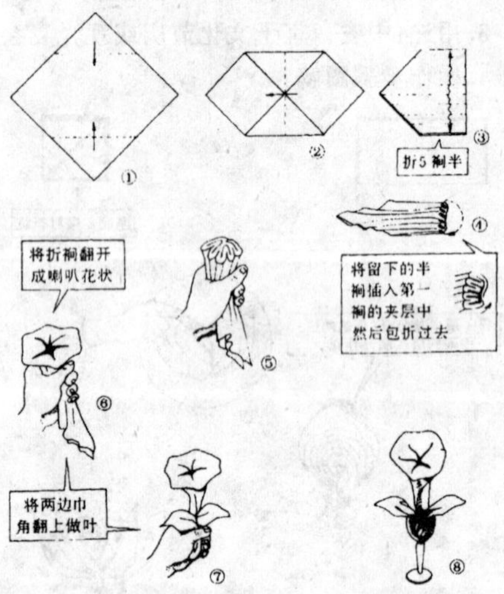

双树叶

1. 名称、类别:双树叶(杯花、植物类)。

2. 成型技法:锯齿折叠(二角),平行折。

3. 用途:中餐。也称"握手",用于欢迎宴会或工作餐。

4. 操作步骤图解:

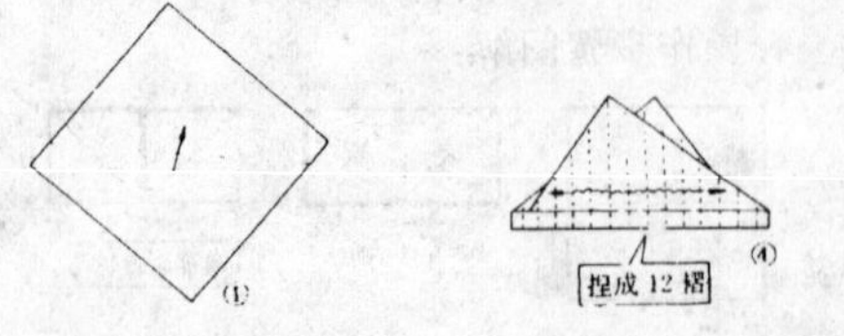

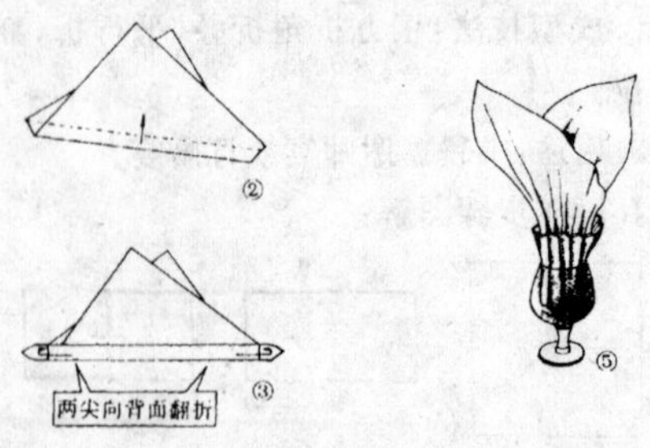

马蹄花

1. 名称、类别:马蹄花(杯花、植物类)。

2. 成型技法:锯齿折叠(二角),直卷,翻(单层)。

3. 用途:中餐。主位,可用于商务洽谈。

4. 操作步骤图解:

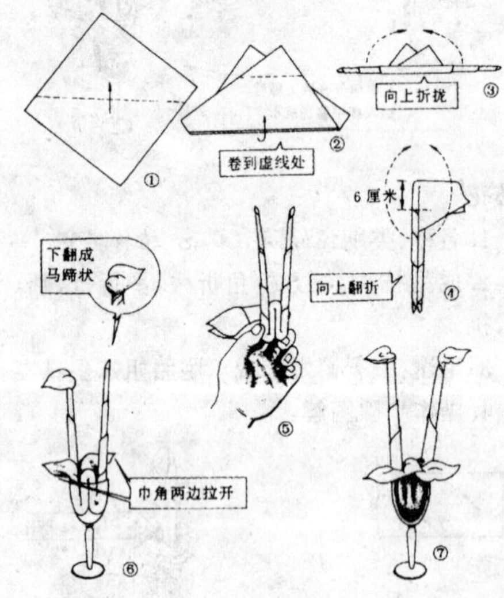

百花争艳

1. 名称、类别:百花争艳(杯花、植物类)。

2. 成型技法:锯齿折叠(四角),弧形折。

3. 用途:中餐。喜庆宴会,大装饰台常用。

4. 操作步骤图解:

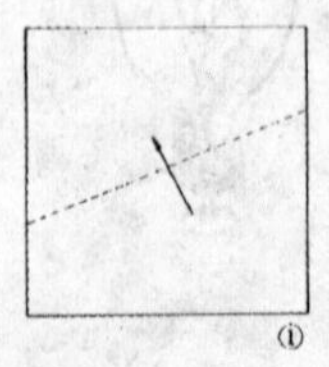

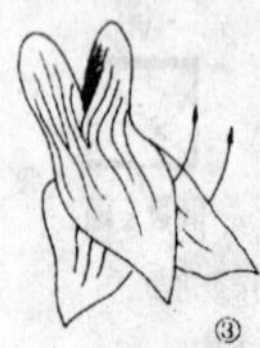

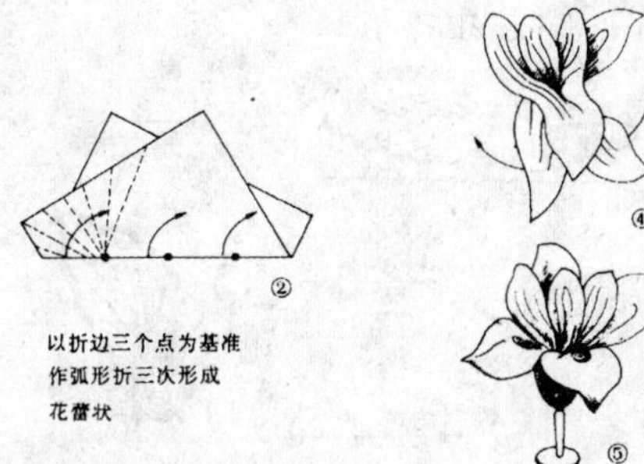

双叶鸡冠花

1. 名称、类别：双叶鸡冠花（杯花、植物类）。
2. 成型技法：菱形折叠，穿。
3. 用途：中餐。适用于一般宴请或接风宴。
4. 操作步骤图解：

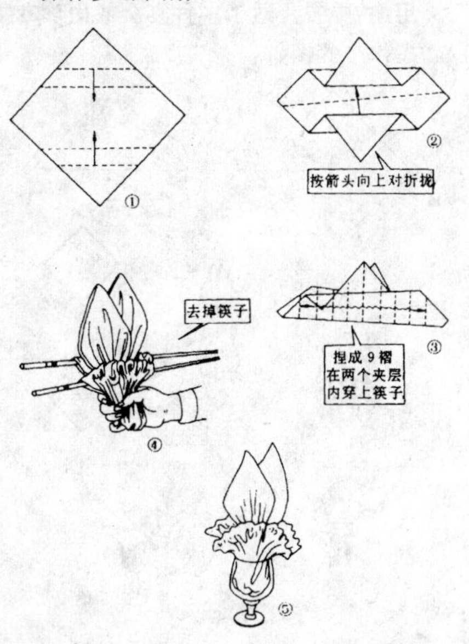

迎春花

1. 名称、类别：迎春花（杯花、植物类）。
2. 成型技法：折角折叠（一角），重叠折，平行折，拉。
3. 用途：中餐。主位，用于接风宴或团年宴。
4. 操作步骤图解：

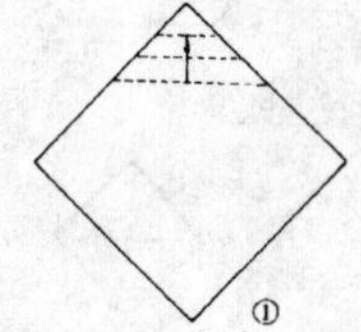

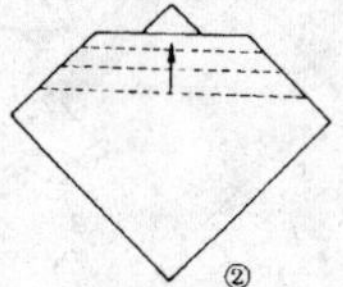

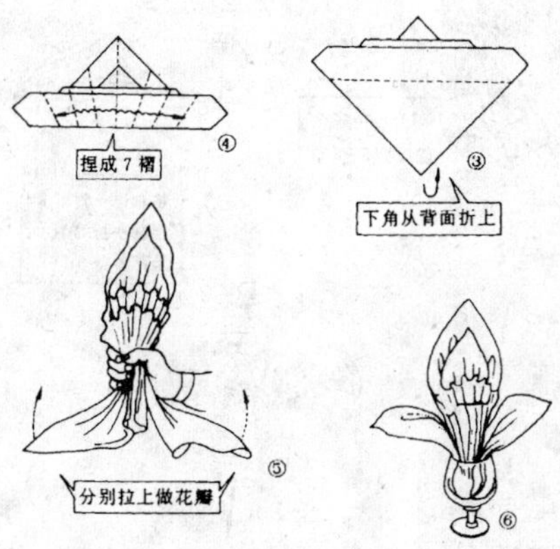

美人蕉

1. 名称、类别：美人蕉（杯花、植物类）。
2. 成型技法：尖角折叠，斜卷，拉。
3. 用途：中餐。主位，适于女性宴会。
4. 操作步骤图解：

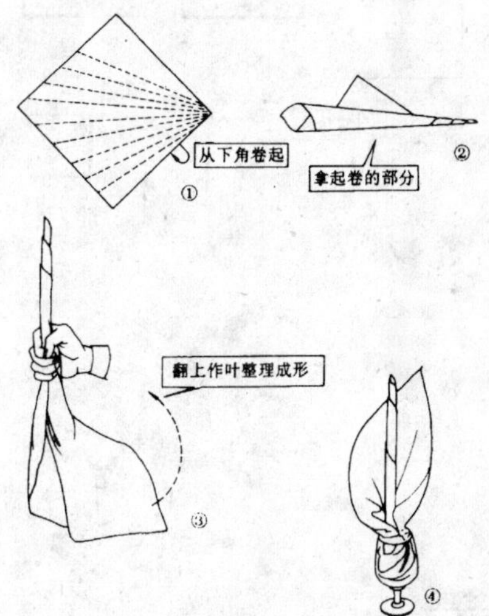

丛林牡丹

1. 名称、类别：丛林牡丹（杯花、植物类）。
2. 成型技法：长方折叠，平行折，翻（多层、单层）。
3. 用途：中餐。装饰台面或好友聚餐。
4. 操作步骤图解：

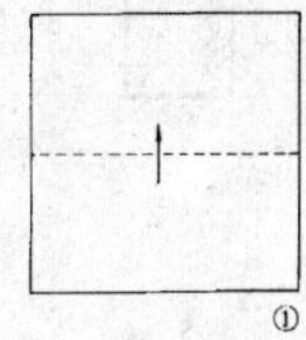

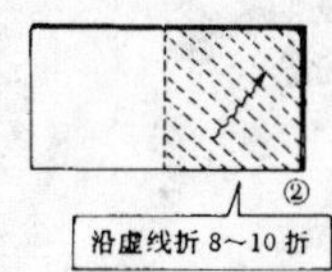

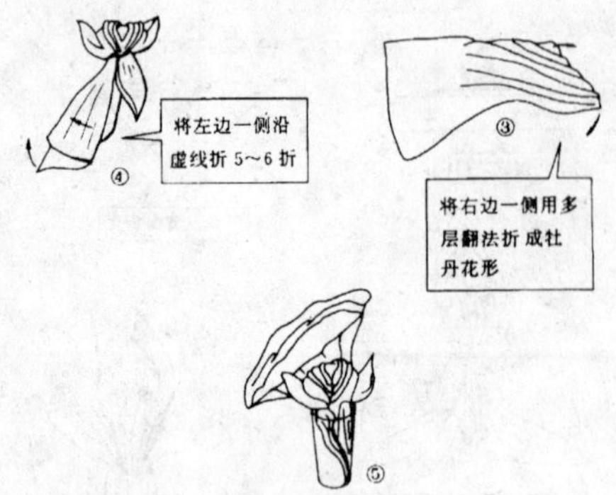

和平鸽

1. 名称、类别：和平鸽（杯花、动物类）。

2. 成型技法：正方折角折叠，平行折，捏，拉。

3. 用途：中餐。交往宴会，迎接外宾最好。

4. 操作步骤图解：

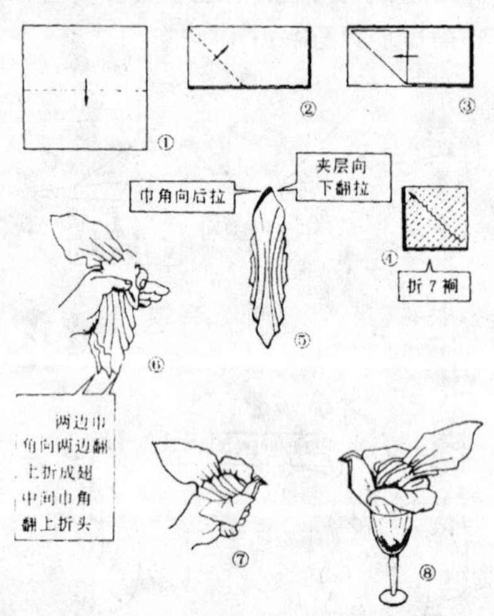

四尾金鱼

1. 名称、类别：四尾金鱼（杯花、动物类）。

2. 成型技法：正方折叠，平行折，翻（单层）。

3. 用途：中餐。鱼宴或喜庆大宴用。

4. 操作步骤图解：

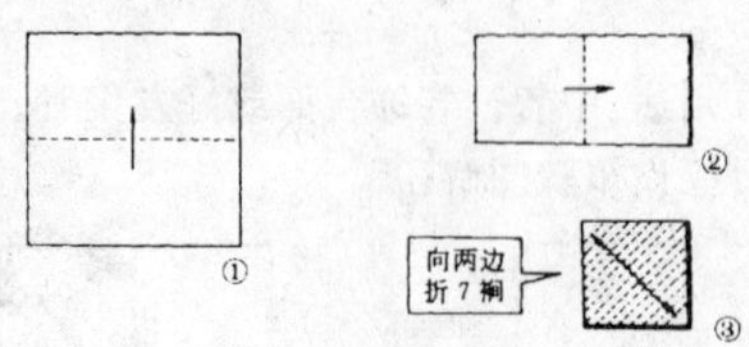

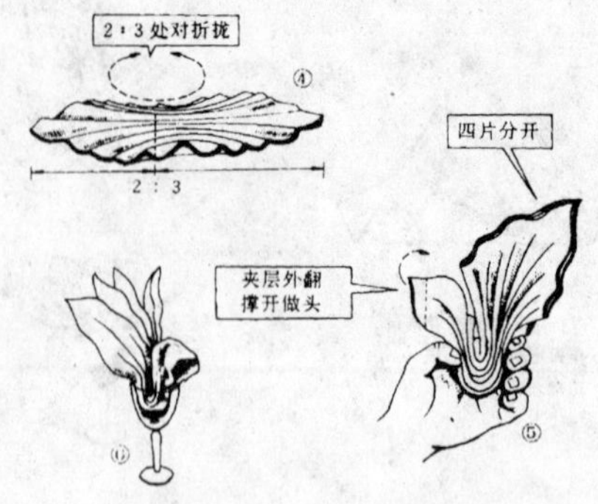

单尾鸟

1. 名称、类别：单尾鸟（杯花、动物类）。

2. 成型技法：菱形折叠（内插），平行折，捏，拉。

3. 用途：中餐。适于多种宴会或山珍专宴。

4. 操作步骤图解：

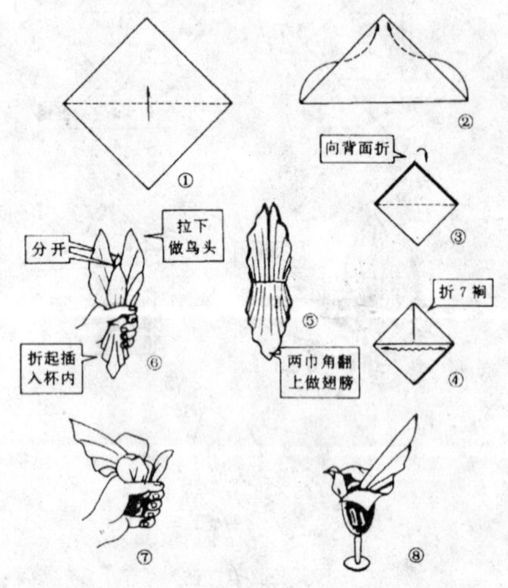

大鹏展翅

1. 名称、类别：大鹏展翅（杯花、动物类）。

2. 成型技法：菱形折叠（内插），平行折，捏。

3. 用途：中餐。多用于英模宴或庆功宴。

4. 操作步骤图解：

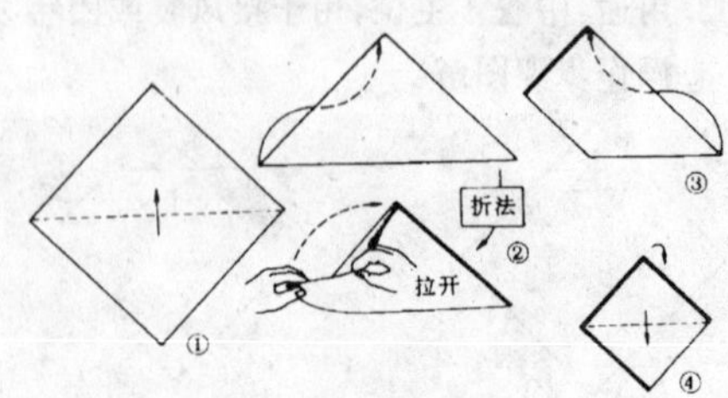

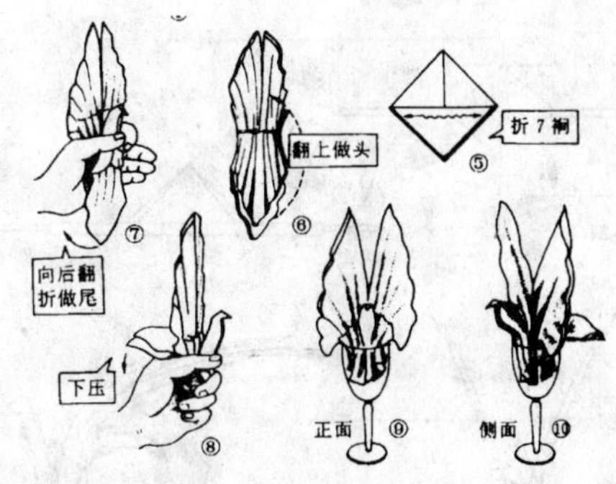

兔耳

1. 名称、类别:兔耳(杯花、动物类)。
2. 成型技法:三角折叠、菱形折叠,平行折。
3. 用途:中餐。主位,适于儿童就餐。
4. 操作步骤图解:

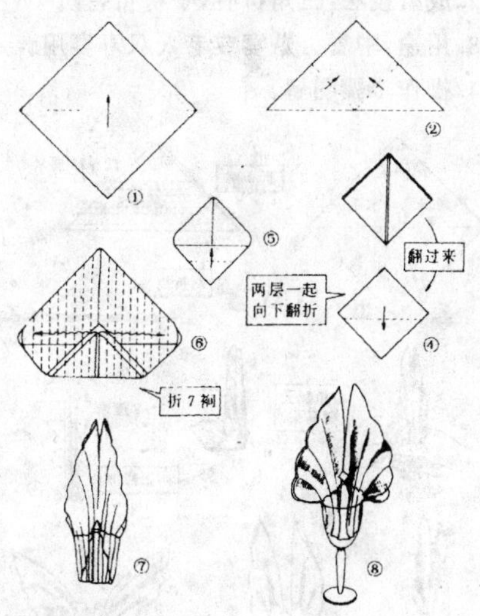

彩凤

1. 名称、类别:彩凤(杯花、动物类)。
2. 成型技法:锯齿折叠(四角),平行折,捏。
3. 用途:中餐。一般宴请,但欧美客人不宜。
4. 操作步骤图解:

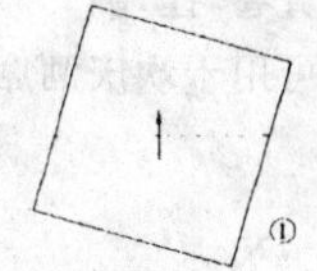
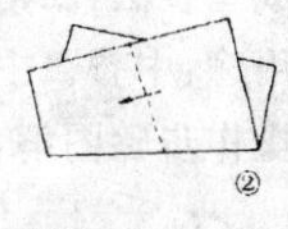

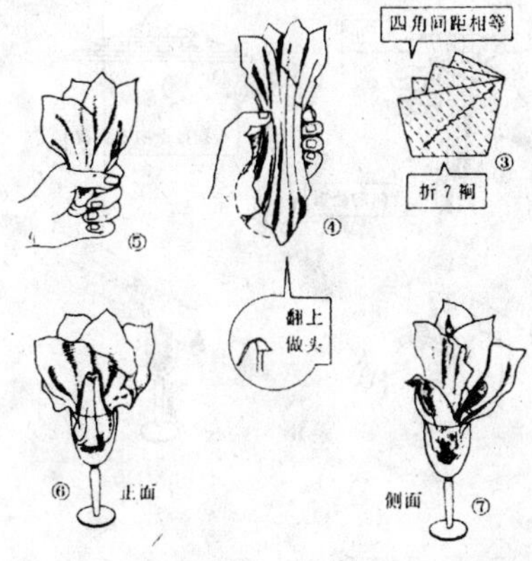

鸳鸯戏水

1. 名称、类别:鸳鸯戏水(杯花、动物类)。
2. 成型技法:锯齿折叠(二角),穿,捏。
3. 用途:中餐。婚宴或春游宴用。
4. 操作步骤图解:

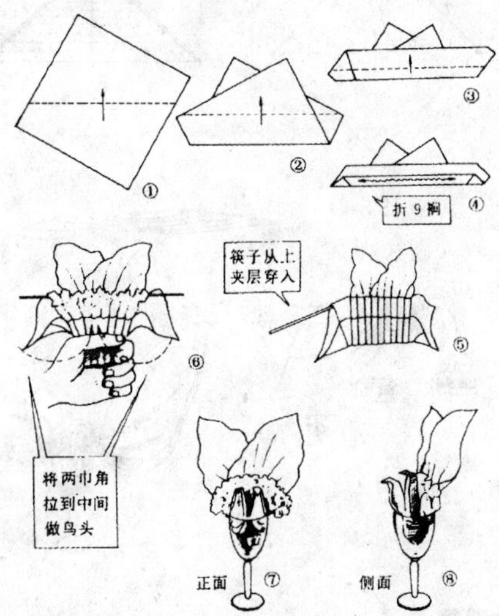

游虾

1. 名称、类别:游虾(杯花、动物类)。
2. 成型技法:三角折叠,平行折,拉。
3. 用途:中餐。水鲜宴或毕业庆典宴用。
4. 操作步骤图解:

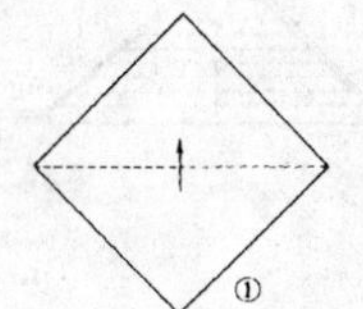
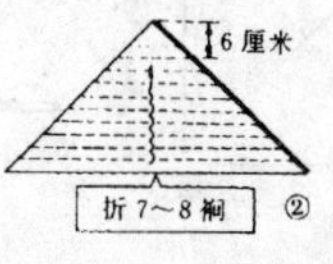

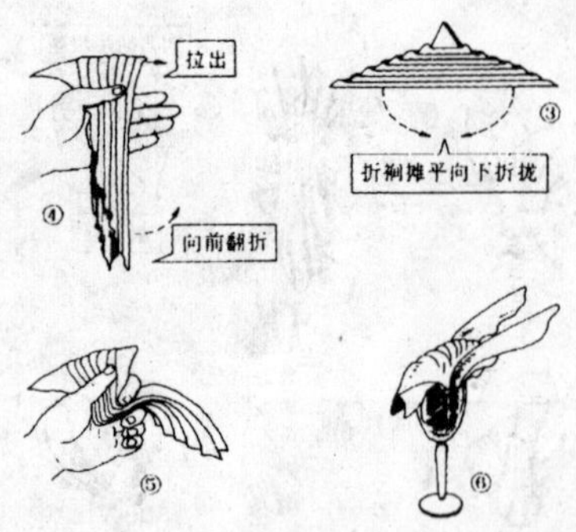

松鼠

1. 名称、类别：松鼠(杯花、动物类)。

2. 成型技法：三角折叠，平行折，捏，拉。

3. 用途：中餐。主位，野味席用为佳。

4. 操作步骤图解：

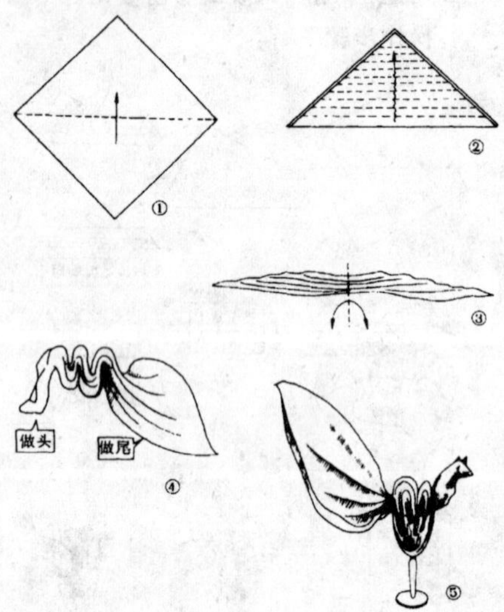

柳林燕舞

1. 名称、类别：柳林燕舞(杯花、动物类)。

2. 成型技法：三角折叠，卷，捏。

3. 用途：中餐。主位，园林宴或春游宴用。

4. 操作步骤图解：

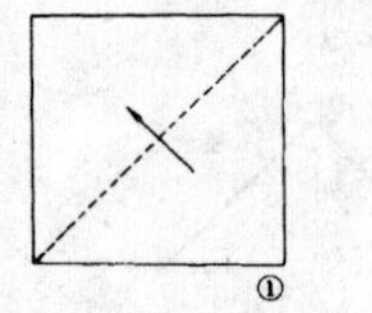

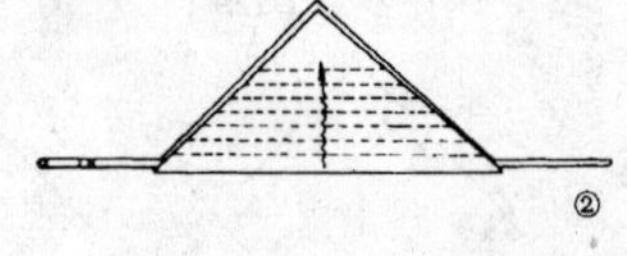

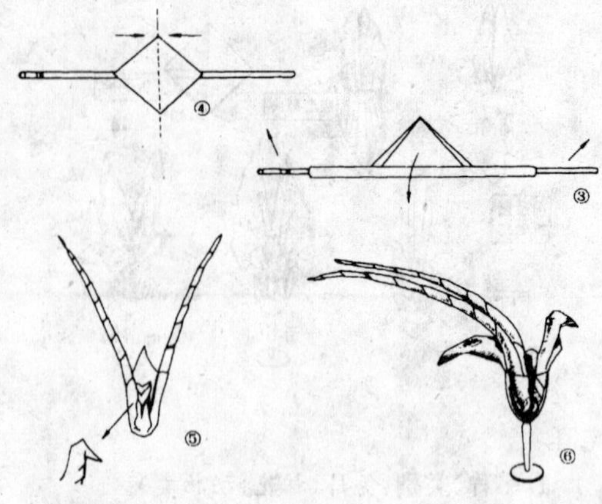

比翼双飞

1. 名称、类别：比翼双飞(杯花、动物类)。

2. 成型技法：三角折叠，平行折，捏。

3. 用途：中餐。婚宴或老人双寿宴用。

4. 操作步骤图解：

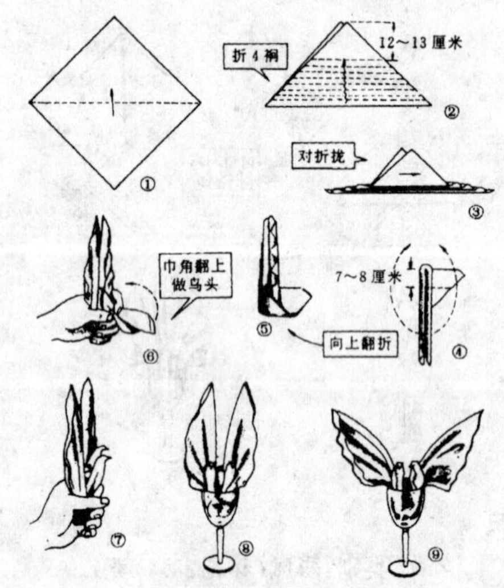

长尾鸟

1. 名称、类别：长尾鸟(杯花、动物类)。

2. 成型技法：三角折叠，直卷，捏，翻。

3. 用途：中餐。主位，也可用于欢庆酒席。

4. 操作步骤图解：

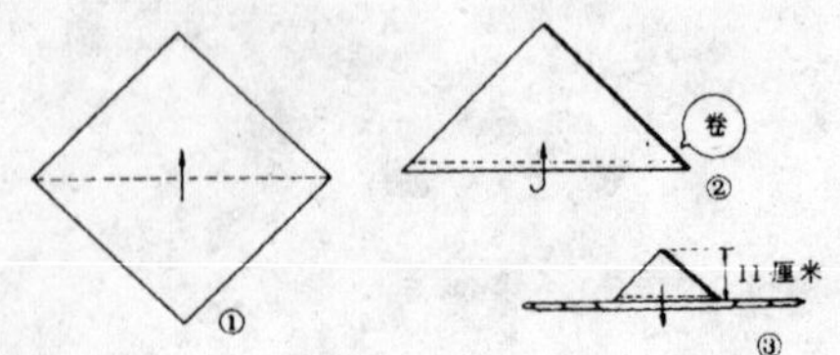

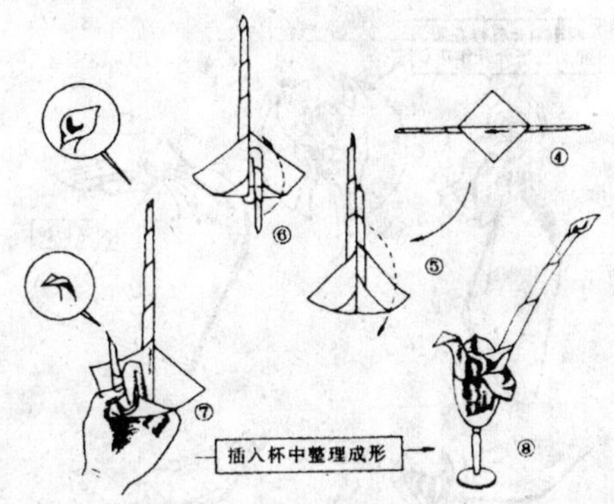

孔雀开屏

1. 名称、类别：孔雀开屏（杯花、动物类）。

2. 成型技法：三角折叠，穿、捏。

3. 用途：中餐。主位，文化节庆适用，但欧美客人不宜。

4. 操作步骤图解：

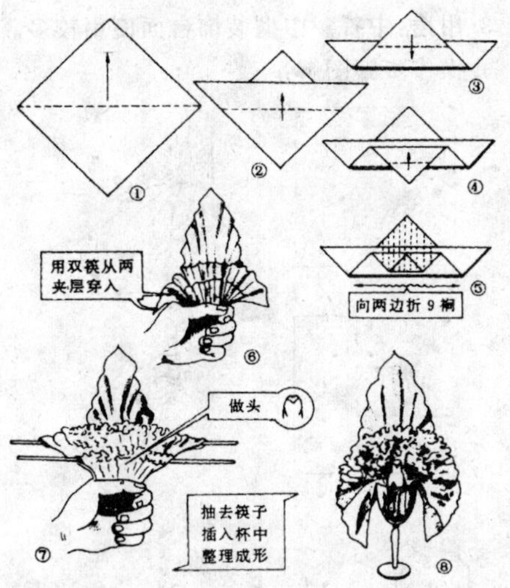

白鹤

1. 名称、类别：白鹤（杯花、动物类）。

2. 成型技法：尖角折叠，斜卷，捏。

3. 用途：中餐。主位，欧美外宾大都不宜。

4. 操作步骤图解：

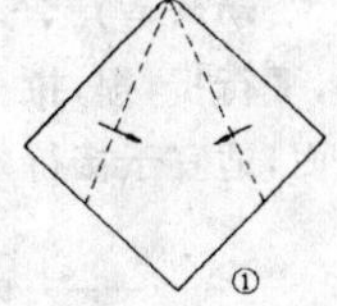
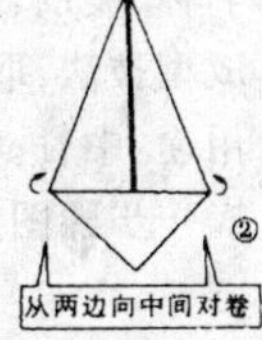

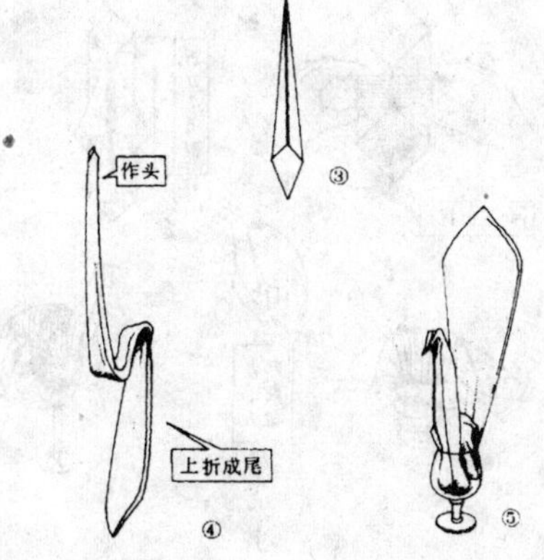

凤凰

1. 名称、类别：凤凰（杯花、动物类）。

2. 成型技法：尖角折叠，重叠折，捏，拉。

3. 用途：中餐。各类喜庆大宴用，但欧美客人不宜。

4. 操作步骤图解：

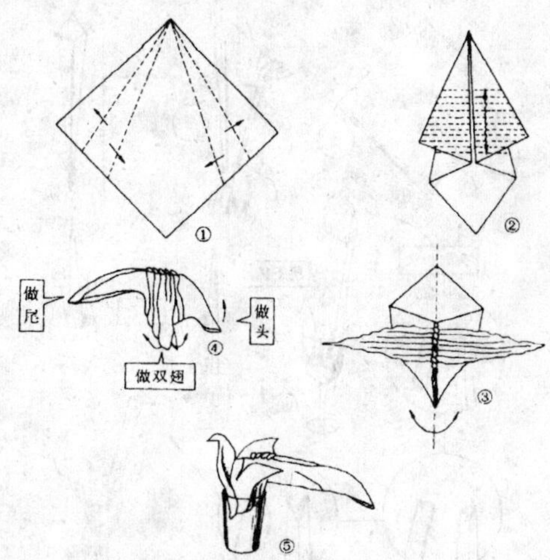

仙鹤

1. 名称、类别：仙鹤（杯花、动物类）。

2. 成型技法：菱形折叠，重叠折，捏，拉。

3. 用途：中餐。寿宴，欧美外宾大都不宜。

4. 操作步骤图解：

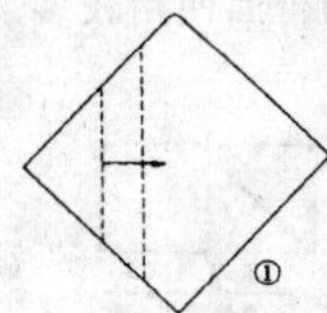
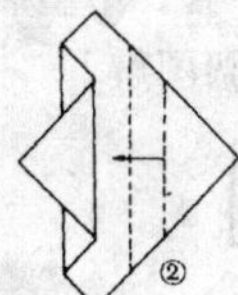
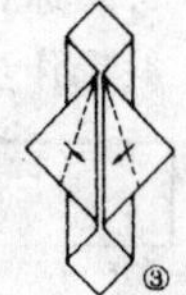

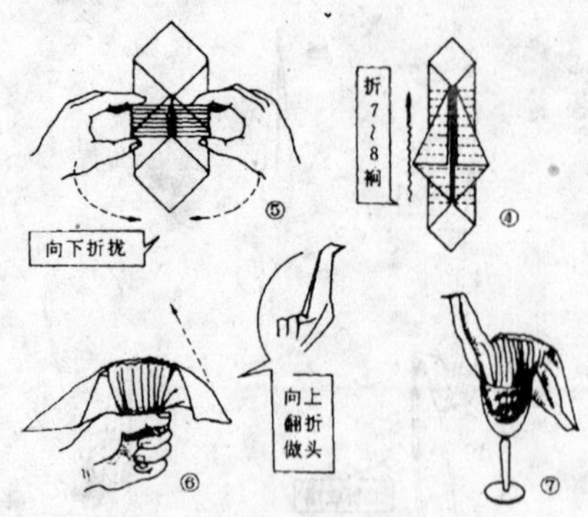

长颈鹿

1. 名称、类别：长颈鹿。

2. 成型技法：尖角折叠，斜卷，捏。

3. 用途：中餐。主位，儿童贺寿或聚餐用。

4. 操作步骤图解：

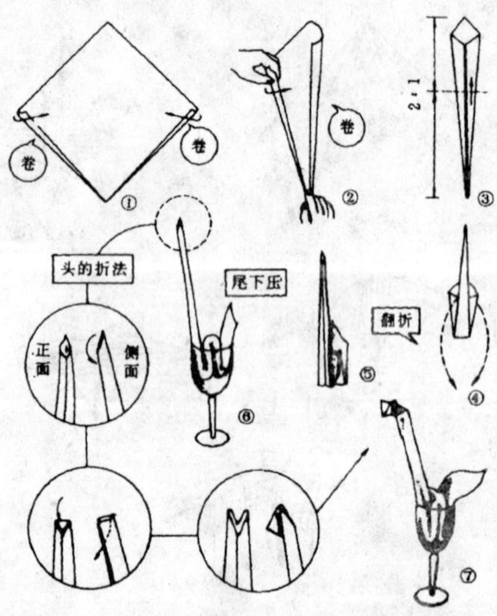

鸟语花香

1. 名称、类别：鸟语花香（杯花、综合类）。

2. 成型技法：长方折叠，平行折，翻（多层），捏。

3. 用途：中餐。中型装饰台面使用较多。

4. 操作步骤图解：

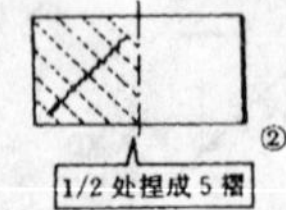

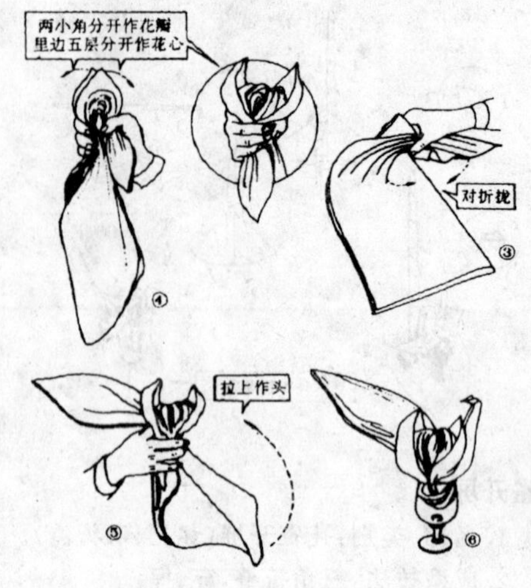

丹凤朝阳

1. 名称、类别：丹凤朝阳（杯花、综合类）。

2. 成型技法：折角折叠，弧形折，捏，拉。

3. 用途：中餐。中型装饰台面使用较多。

4. 操作步骤图解：

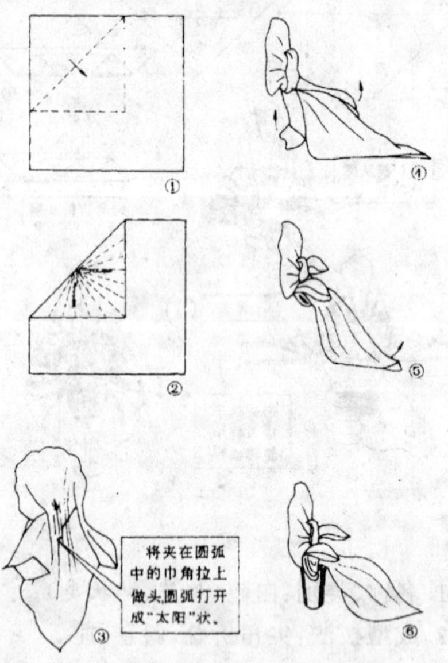

夜莺

1. 名称、类别：夜莺（杯花、动物类）。

2. 成型技法：取中折叠，平行折，捏，拉。

3. 用途：中餐。装饰台面，适宜于接待外宾。

4. 操作步骤图解：

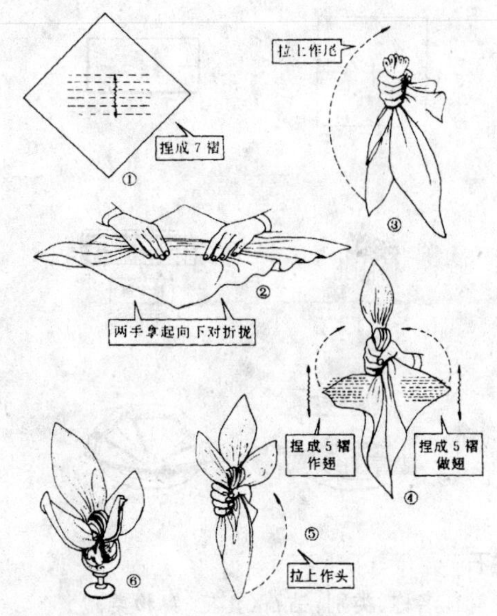

鹅毛扇

1. 名称、类别：鹅毛扇（杯花、实物类）。

2. 成型技法：长方条形折叠，平行折，穿。

3. 用途：中餐。夏季的西餐也适用，尤适于接待西班牙客人和文化人。

4. 操作步骤图解：

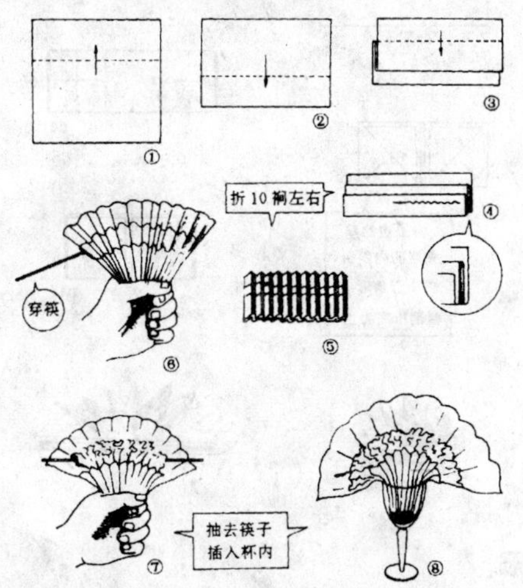

花篮

1. 名称、类别：花篮（杯花，实物类）。

2. 成型技法：三角折叠，直卷，拉。

3. 用途：中餐。主位，大型欢迎宴会，也适用于各式西餐零客。

4. 操作步骤图解：

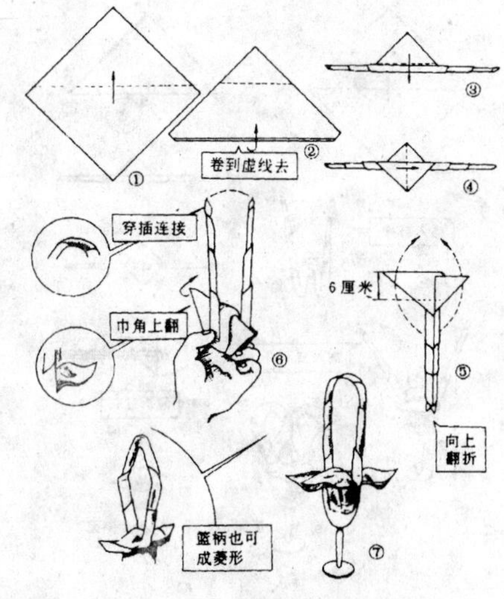

红缨枪

1. 名称、类别：红缨枪（杯花、实物类）。

2. 成型技法：正方折角折叠，平行折，拉。

3. 用途：中餐。最好用大红餐巾折叠。

4. 操作步骤图解：

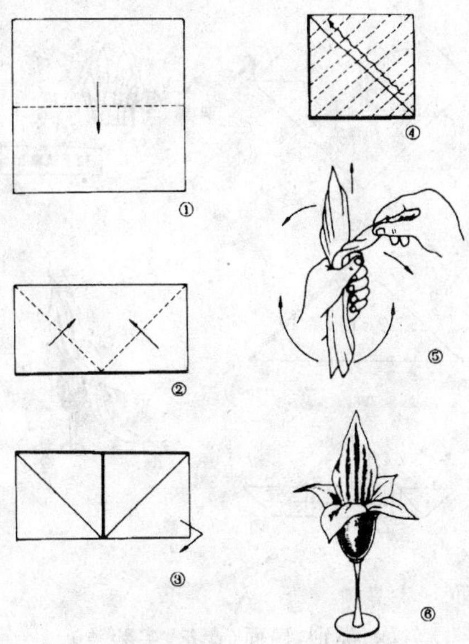

友谊环

1. 名称、类别：友谊环（杯花、实物类）。

2. 成型技法：三角折叠，直卷，拉。

3. 用途：中餐。宜于商务宴会、欢迎宴会、体育比赛宴会等。

4. 操作步骤图解：

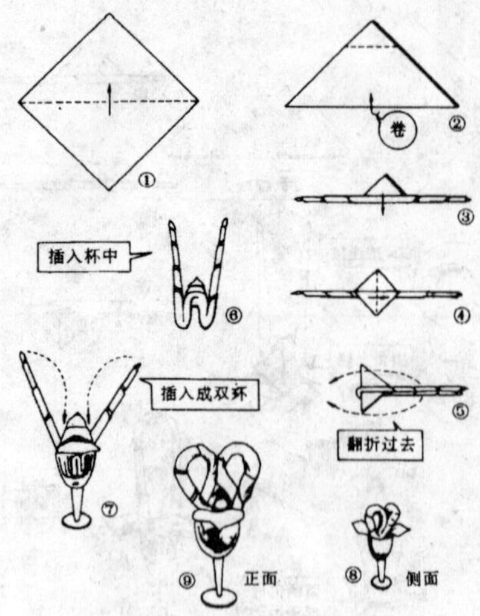

瀑布

1. 名称、类别：瀑布(杯花、实物类)。

2. 成型技法：三角折叠，平行折，拉。

3. 用途：中餐。用于旅游观光宴或山水宴。

4. 操作步骤图解：

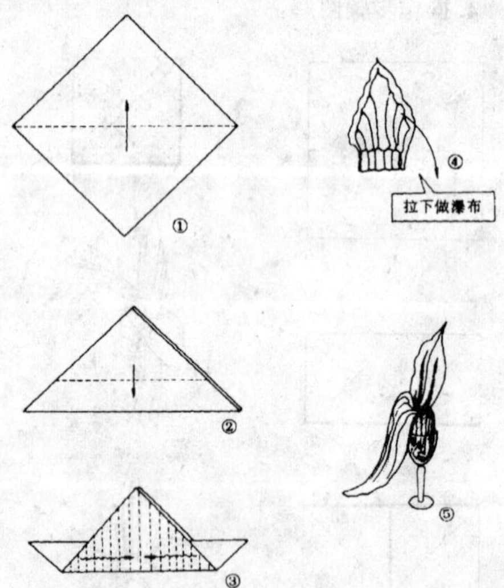

扇面

1. 名称、类别：扇面(盘花、实物类)。

2. 成型技法：长方折叠，平行折。

3. 用途：西餐。适用于招待会、酒会、茶话会、瓶酒会等。

4. 操作步骤图解：

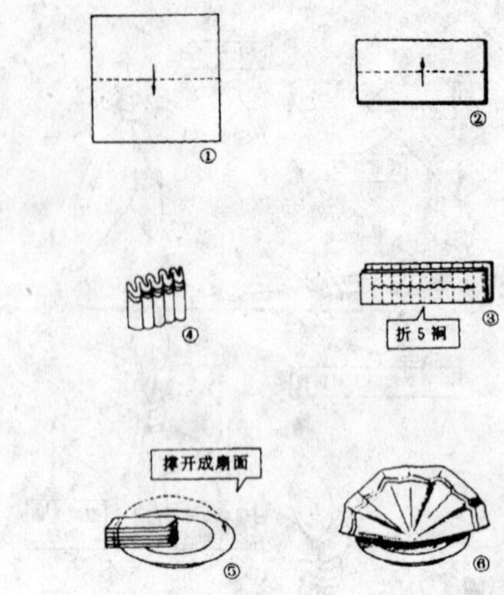

钻石

1. 名称、类别：钻石(盘花、实物类)。

2. 成型技法：长方折叠，三角折叠。

3. 用途：西餐。适用于圣诞宴、金婚宴。

4. 操作步骤图解：

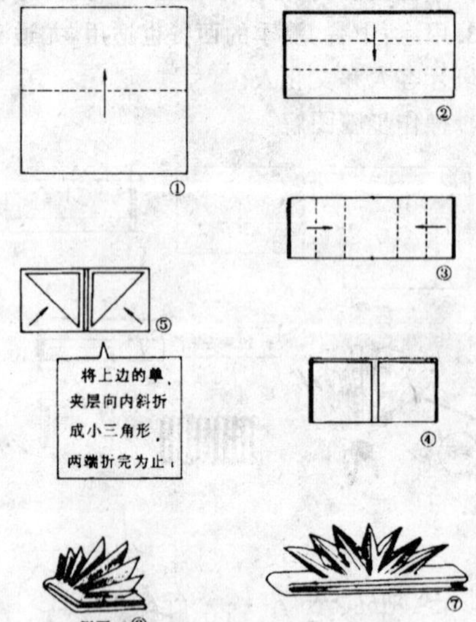

皇冠

1. 名称、类别：皇冠(盘花、实物类)。

2. 成型技法：长方条形折叠，平行折，拉。

3. 用途：西餐。主位，适用于接待名流、冠军和影星、歌星。

4. 操作步骤图解：

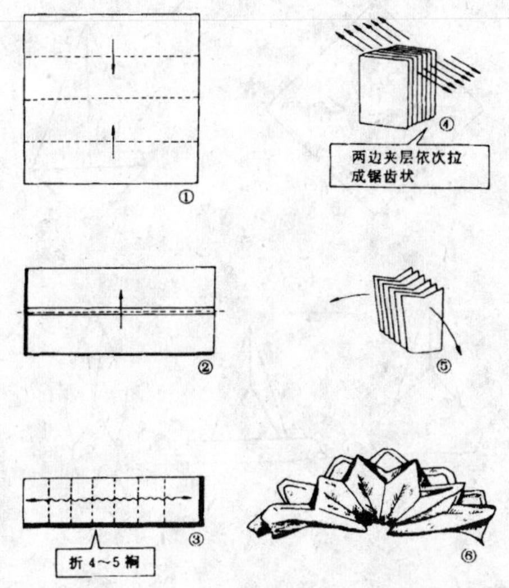

帆船

1. 名称、类别：帆船（盘花、实物类）。

2. 成型技法：小三角折叠，尖角折叠，拉。

3. 用途：西餐。适用于海鲜宴、散座或牛扒房。

4. 操作步骤图解：

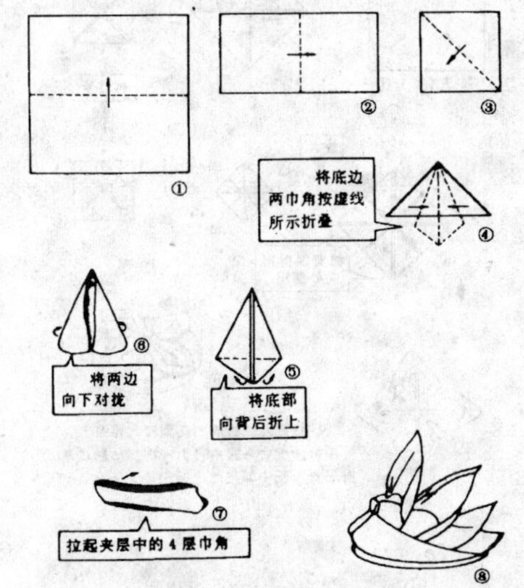

生日蜡烛

1. 名称、类别：生日蜡烛（盘花、实物类）。

2. 成型技法：三角折叠，直卷，翻。

3. 用途：西餐。主位，慰劳父母以及寿宴或敬师宴。

4. 操作步骤图解：

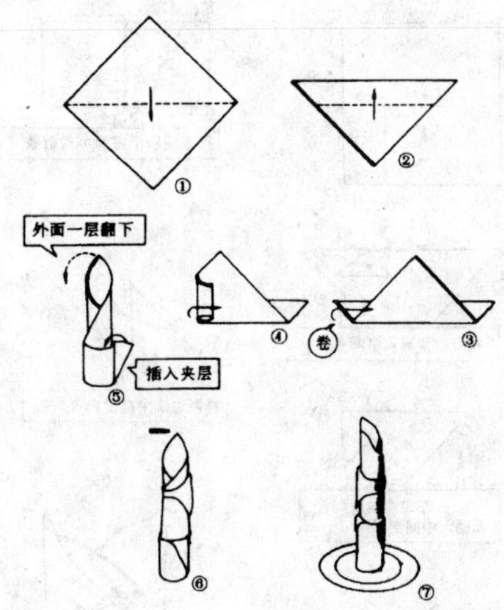

春笋

1. 名称、类别：春笋（盘花、植物类）。

2. 成型技法：小三角折叠，斜卷。

3. 用途：西餐。主位，商务宴或入学宴。

4. 操作步骤图解：

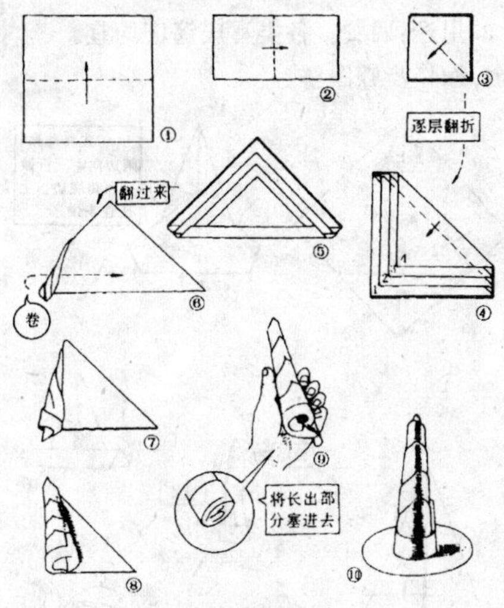

僧帽

1. 名称、类别：僧帽（盘花、实物类）。

2. 成型技法：长方折叠。

3. 用途：中餐。适用于佛道斋席或敬老宴。

4. 操作步骤图解：

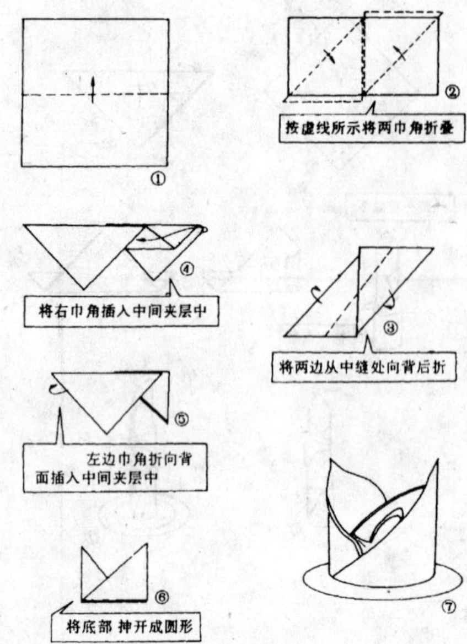

小鸟卧巢

1. 名称、类别:小鸟卧巢(盘花,动物类)。
2. 成型技法:尖角折叠,捏,卷。
3. 用途:西餐。各类喜庆筵庆均宜。
4. 操作步骤图解:

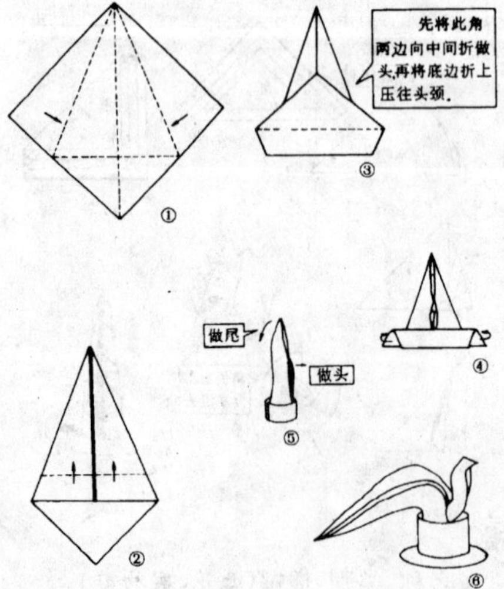

火焰

1. 名称、类别:火焰(盘花,实物类)。
2. 成型技法:尖角折叠,卷。
3. 用途:西餐。主位,各类宴会均可使用。
4. 操作步骤图解:

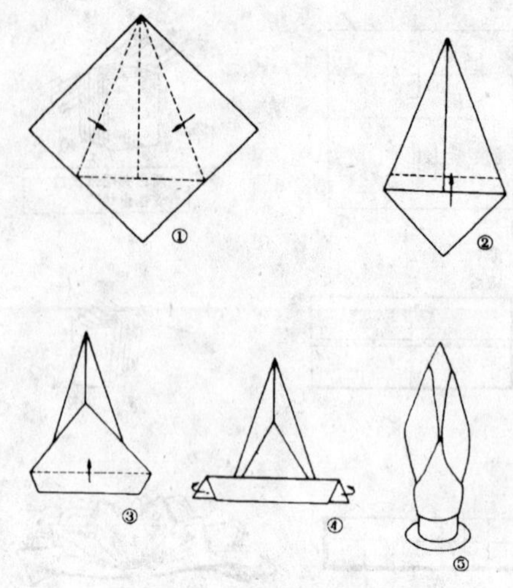

莲花

1. 名称、类别:莲花(盘花、植物类)。
2. 成型技法:折角折叠,拉。
3. 用途:中餐或西餐可用于素席或清真席(不宜接待日本客人)。
4. 操作步骤图解:

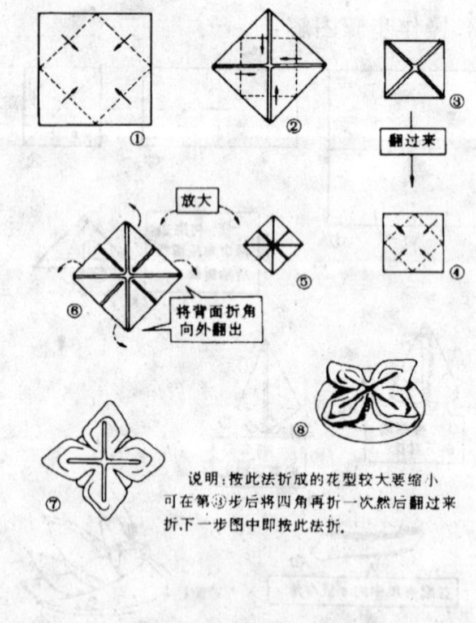

摆　台

摆台技术

即餐桌布置方法,是餐饮服务的基本技能之一。它是将餐饮活动中所需要的餐具、用具及其它物品按一定要求摆放于餐桌上的工作过程,亦称“铺台”。若是仅摆放每位顾客的进餐餐具,则称之为“摆位”。

因不同的使用要求，餐桌布置有多种形式。这些按一定要求布置、装饰的餐桌，习称为“台面”，包括普通台、花台和装饰台等。

摆台还有广、狭二义。狭义的摆台仅指台面的摆设；广义的摆台除此而外，还包括餐台（指餐桌椅、备餐台等）的排列，以及席次的安排。

摆台有一定的质量要求，操作时要遵循一定的工作程序，符合规范要求。

中餐摆位

摆位指每一餐位（即一客）所占桌面部分的餐具布局，即艺术地摆放每位宾客进餐所需要的自用餐具。不同的进餐方式和不同的服务特点，有着不同的摆位方式，并形成不同的台面特点。常见的中餐摆位方式如下图所示：

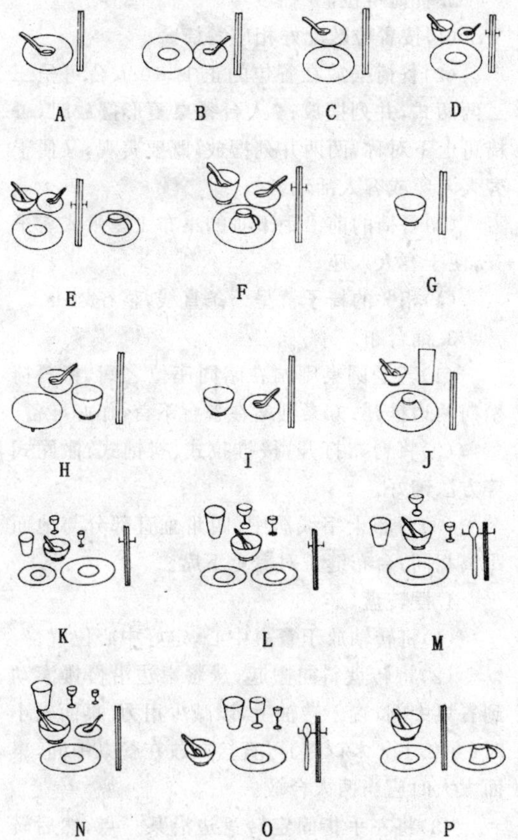

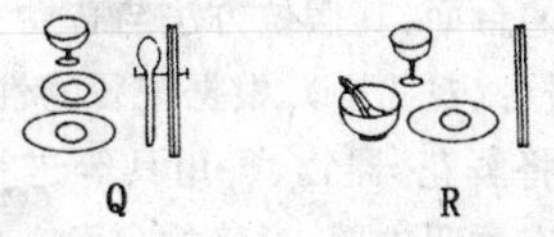

餐位的摆放形式

说明：零点餐位——A～F　宴会餐位——K～O
包餐餐位——G～J　茶市餐位——E、P
风味餐餐位（生片餐）——Q～R

台面

台面指适合某一进餐方式，按一定要求布置、装饰的餐桌，它一般由餐位餐具、公用器具、中心装饰构成。台面的种类，按餐食类别，可分为中餐台面和西餐台面；按进餐特点，可分为零点台面、茶市台面、包餐台面、风味餐台面（如蟹餐、民族餐等）和宴会台面；按餐次，可分为早餐台面和午晚餐台面；按每一餐位所摆放的餐具件数，可分为二件头台面、三件头台面、四件头台面、五件头台面直到十五件头台面；按餐桌装饰布置情况，可分为普通台（“食台”，“正摆式台”）、花台（装饰台）和看台（观赏台）等。另外考虑到许多外宾不会使用筷子，还有中餐西吃台面。台面摆设应符合清洁卫生、餐具完整、距离恰当、图案对称、整齐美观、便于使用、装饰美观的要求。

台面布局特点

为客人就餐而铺设的台面，种类较多，它们应按所供应的菜式特点布局。餐厅具体选用何种台面，要依餐厅的具体情况而定，一般多用零点台面，包房则用普通宴会台面。特殊进餐或预定的包席、宴会等，则应按特殊要求摆设。

台面的布局特点及适用范围如下：

1. 餐食类别。

(1)中餐台面。全部用中式餐具摆放的台面，适合中餐厅。

(2)西餐台面。全部用西式餐具摆放的台面，适合西餐厅。

2. 装饰布置。

(1)普通台（正摆式台）。使用最基本的进餐用具摆放的台面，且餐位布局以客人使用方便为目的，兼顾协调美观等因素，台面中间只摆少许公用器具。

(2)花台（装饰台）。餐桌中心用鲜花及其它物品装饰的台面，其摆位方法与普台相同。

(3)看台(观赏台)。根据进餐的性质，通过设计，构思，将鲜花、器物、餐用具等进行组合搭配而形成的有鲜明主题、意境的台面。

3.餐别。

(1)早餐台面。分中式、西式。根据早餐供应的品种特点而铺设台面。

(2)午、晚餐台面。亦分中式、西式。根据午、晚餐供应的品种特点而铺设的台面。

4.餐位的餐具件数。

2件头台面～15件头台面。以每一餐位作为标准，有几件餐具就称之为“几件头台面”。

5.进餐特点。

(1)零点台面。分中餐、西餐。指为接待散客而摆放的台面。中餐一般只摆使用频率高的餐具，西餐则摆一份菜式的餐具，客人就餐时要根据其点要的菜点、酒水再适当增补餐具。

(2)团队餐台面。分中餐、西餐。指为接待团体进餐客人而摆放的台面，一般较为简单，只按指定的菜式摆设必备的餐用具。

(3)茶市台面。为接待喝早晚茶的客人而摆设的台面。

(4)火锅餐台面。为品尝火锅风味的客人进餐而铺设的台面，需有特别的餐桌，必须能放置卡式炉、煤气瓶、火锅。

(5)自助餐台面。分中式、西式。

(6)中餐西吃台面。指为不便使用筷子的外国客人吃中餐而摆设的台面。

(7)风味餐台面。根据不同的风味特色而摆放的台面，如烧烤风味。

(8)宴会台面。根据某一宴会的性质、特点及服务方式而摆放的台面，台面豪华餐具较多。

台面摆设基本要求

台面主要是为客人就餐而摆设的，因此摆好的台面必须符合以下4点要求：(1)餐具卫生、完整无缺。上台的餐具应无污迹、油迹和水迹，消毒指标达到规定标准。无缺口、裂缝或其它破损。品种无遗漏，花色一致或搭配协调。(2)距离规范、整齐美观。每组餐具之间应距离相等，餐盘边沿距桌边为1.5厘米，碟碗之间的间隙为0.5～3厘米；酒具之间的距离为1～1.5厘米。筷子与桌边垂直或平行或朝向圆桌中心，其后端距桌边1.5厘米，筷头超出筷架的部分为筷长的1/5。筷套的图案向上。每组餐具相对集中，不能太零散，整体摆设协调、搭配匀称、花纹端正。台布铺设平整，中线方向一致，四角下垂部分相等。(3)便于进餐和席间服务。应根据不同的进餐方式、菜式风格和服务特点，确定餐具的类别和数量，以避免不够用或多余堆砌。(4)装饰恰当，要符合餐厅环境和宴会主旨的特点。

中餐摆台操作工序与规范如下：

1.餐桌定位。

(1)按规定的位置及间距摆放，留出一定的活动空间及服务空间。餐厅较大时可用尺丈量定位，也可利用餐厅地面固有的装饰线条定位。

(2)桌子脚放正，横竖成一直线，整齐美观。

(3)分离式桌面应在脚架上固定好，以免重心不稳或进餐时移动。

2.餐椅定位。

(1)按餐位数配好相应餐椅。

(2)餐椅摆放在餐位的正中，10人台可呈三三两两式，并列摆放；4人台餐桌菱形摆放时，餐椅可上下对称，两两并列摆放。既要美观，又便于客人入座或客人活动。

(3)餐椅的前沿距下垂的桌布1厘米或者平齐，便于客人入座。

(4)相关的椅子背呈一条直线，整齐划一。

3.铺台布。

(1)若是圆桌则站在陪同座位之间，将餐椅稍向两边推开；方桌则站在餐台下首，作好准备。

(2)将台布打开，按推拉式、抖铺式、撒网式等方法铺好。

(3)台布十字线居中，四角垂直部分与地面距离相同；台布缝正对着上下席。

4.摆转盘。

(1)将转轴放于餐桌中心，定好中心位置。

(2)将转盘斜向搬起，从餐桌边沿慢慢滚动到餐桌中间，置于转轴上，以减少用力。桌面较小时(直径1.4米以下)可直接搁放在餐桌中间，桌面太大时应当两人合放。

(3)将左手指固定转盘边沿某一点，然后转动转盘一周，检查转盘是否放正。

(4)调整转盘。

5.装饰餐桌中心。

(1)按设计构思将备好的花草、器物及其它艺术造型等布置在餐桌中心。点明主题,创造气氛,给客人以美的享受。有时可不用转盘;转盘套多用于宴会主台,一般台面可免。

6.摆花瓶、台号牌(席次牌)、烟缸等。

(1)花瓶放在台面中心位置。此步骤也可移到摆位后。

(2)台号牌放在花瓶左边或右边,其底座距花瓶5~8厘米。

(3)烟缸放在正副主人餐位的右上角,其前端与酒具平行。也可摆3个、4个,或每两个餐位之间摆一个。

(4)方台的烟缸摆在花瓶的左边或右边,距花瓶5~8厘米,使花瓶、台号牌、烟缸成一直线。

7.摆位。

(1)用餐盘定位,餐盘边沿距桌边1.5厘米,每组餐具距离基本相等。熟练后可直接摆位。

(2)口汤碗摆在餐盘正上方的左边,距餐盘0.5厘米,汤匙放在汤碗内,匙把向左。根据需要口汤碗也可摆在餐盘的正上方或左边;有时口汤碗也可换成餐匙垫。

(3)根据台面的布局情况,餐具之间的距离可在0.5~3厘米之间。味碟摆在口汤碗的右边,距碗边与盘边各0.5厘米。此为广式摆法,因粤菜常需跟酱料;根据情况也可不摆味碟。

(4)筷架摆在餐盘的右上方,筷子放在筷架上,其后端距桌边1.5厘米,筷头超出筷架的部分占筷长的1/5,筷套图案向上。

(5)酒杯放在餐盘的正上方,将水杯、葡萄酒杯、烈酒杯,按从左到右的顺序呈一字形排列,杯具之间相距1~1.5厘米。只有一种杯具时,则放于餐盘上方的正中间;多种酒杯排列时,也可呈斜线、弧线或三角形。

(6)茶碟可摆在餐碟上,其上倒扣茶杯,还可取消茶碟,将茶杯直接倒扣在餐碟上。也可摆在餐碟右边或筷子右边。大型宴会可按具体情况摆或不摆茶杯。

(7)口布折成一定的花型,插入水杯中或摆在餐盘上。

8.摆公用餐具。

(1)在正副主人酒具的前方,摆两用筷架,上面横放一双公筷或一个公匙。匙把向右,筷子上端的大头向右,便于主人布菜。方桌可不摆;分餐制可不摆。

(2)10人以上的餐台可根据人数摆2至4套公用餐具,以示清洁卫生。

9.摆牙签。

(1)将牙签放在牙签筒里,牙签筒摆在公用餐具的左侧。

(2)不用牙签筒时也可直接将袋装牙签摆在筷子的左端或右端。

10摆菜单。

(1)十人台放两张菜单,摆在正副主人筷子的右边,菜单下端距桌边1.5厘米。主台可一人一张菜单。

(2)菜单也可竖放在水杯旁。

11.摆席位卡(席签)。

(1)摆在餐位的正前方或左侧或右侧。席卡与餐位要对应,易于识认。

(2)也可摆在餐盘中或餐盘下端。

12.摆正餐椅。

按餐椅定位进行。

铺台布方法

铺方桌有正铺法和斜铺法(对角铺)两种。长条桌一般用正铺,若一床台布不够铺时,可用几条台布拼接,这时要将重叠部分压好、拉平。铺圆桌时,其台布四角与桌沿呈直线下垂,四角垂直部分与地面距离相等。具体铺法有:(1)推拉式。铺时站在陪同席中间或餐桌下首,靠近桌边,将台布在桌面上抖开,用双手平行打折,然后沿着桌面用力向前推出,同时手指松开,反捏住台布的一边再轻轻拉回铺正。(2)抖铺式。用双手将台布抖开,平行打折,手腕用劲。将台布一次性展开,铺在台面上。(3)撒网式。用双手将台布抖开,平行打折,右脚在前,左脚在后,动作自然潇洒,斜着向前方抛洒呈渔网状,再拉匀铺正。

在高档的餐厅,铺台布讲究动作轻盈、动作幅度小、替换脏台布时要求不能露出桌面原色。此种铺台布的程序、方法如下:

1.把折叠好的台布放在餐桌中央(台布正面在外)。

2.将台布打开,使其均衡地横过台面,此时台布成3层,中折在上,上下两边在下,台布的中折折痕朝着自己。

3.用食指和中指将台布的中折和上一层用力掀起。

4.稍举手腕,将台布的下一层展开并将台布推至餐桌的远端边缘。

5.用食指和大拇指将中折的折痕同下层的边提住。

6.放下中折,将底边拉向餐桌的靠近身体的这一边。

7.铺开台布。

8.将台布四边铺平,铺正。不让它起皱,歪斜。

替换脏台布的方法是:

1.将一块清洁的叠好的台布放在餐桌中央偏向身体对面的台面上。

2.将用脏的台布稍稍地拉进来,使脏桌布的远端边齐餐桌桌面。

3.将身边脏台布下坠的一边稍稍折起。

4.将清洁的台布向左右拉开,横跨桌面。此时清洁的台布仍分3折,中折在上,上下层两边在下,中折朝着自己。

5.用中指和食指夹住中折折痕,用食指和大拇指夹住台布的上一层边。

6.稍稍抬起手腕,此时台布的下一层应铺过餐桌的远端边缘。

7.将清洁的台布轻轻地朝身体拉过来,此时,下面的脏桌布也同时带了过来。

8.当放开清洁台布后,将脏台布及时抓住,乘势拖出台面。此时,清洁台布已替换好,铺在桌面之上,而脏台布已在自己的手中。

9.调整台布,铺平放正。

翻台

翻台包含收台和摆台两部分。餐厅在营业高峰时间内,为了提高餐位的周转率,接待更多的顾客,将第一轮用餐完毕的餐台收拾整理,重新摆设好,以接待下一轮宾客的工作,称为翻台。若有候位的宾客等待进餐,翻台时要快捷轻巧,不影响邻桌客人进餐。

一个餐厅的翻台次数越多,其接待的宾客数相对就越多,餐位的利用率亦高。零点、团队餐、会议餐、快餐、自助餐翻台次数较多,正式宴会一般不翻台。

翻台程序如下(翻台时可用餐盒、餐车、杯篓等工具):

1.收齐贵重餐具,如银器、金器等。

2.收口布,10条一扎扎好。

3.收玻璃器皿或易碎物品,可用杯篓。

4.收菜盘(或称大件餐具)。

5.收小件餐具(即摆位餐具)。

6.收转盘、转轴。转盘可斜竖放在餐椅上,或用两个餐椅的并列支撑。

7.收台布。将台布四周包起,收走。

8.重新摆台。

以上1~7项的工作称为收台。收台时应先后站在圆桌相对的两个点(方桌只站一个点),两手同时配合操作,不要围着餐桌绕来绕去花费时间。收台时要将餐具按要求分类,以便于洗涤和减少破损。

至于摆台,则请参阅“台面摆设基本要求”等条。

席次

指宴会中餐桌礼仪顺序的排列,也称桌次。二桌以上的正式宴会均要排桌次。桌次有主台(或称“首席”)、副主台、普通台之分。以主台为“1”顺次编排。席次的排列要以突出主台、符合礼仪、方便进餐为原则。一般主台要摆在中心突出,能纵览全场的位置;其它桌次则以主台为中心,按右高左低、近高远低的顺序排列;桌与桌之间的距离要适当。如有席间演出,宴会座次、席次,则以舞台为中心,略有变化。

席位

席位也称座次、位次。即宴会中宾主在餐桌上所占居的位置。按古代沿袭下来的礼仪礼节习惯,席位有“上首”、“下首”之分,还有“首席”、“陪席”、“主位”、“席口”等区别。一般宴请时,主人面对正厅门而坐,对面坐副主人。主人的右侧为上座(即主宾席)。根据不同情况,席位的排列也各不相同。参见“宴会座次”和“方位象征语言”等条。

西餐服务常规摆位

西餐服务的常规摆位是指早餐、午晚餐、宴会的通常摆位方法。在具体的服务过程中,还应根据客人所点的菜式或进餐特点,进行适当的补充或删减。

西餐摆位的基本原则是:

1.垫盘(或称服务盘)居中,对准餐椅中线。圆桌则按顺时针方向按人数等距离定位摆盘。

2.餐巾叠好放在垫盘上,若不摆垫盘,则餐巾可直接放在餐位的正中。

3.餐叉放在垫盘的左边,叉尖朝上。摆两副以上的餐叉时,按上菜顺序由左向右排列,即最先使用的餐叉摆在最外边。

4.餐刀和汤匙放在垫盘的右边,刃口向左,汤匙凹面朝上。按上菜的先后顺序由右向左排列。

5.面包盘放在餐叉的左边,黄油刀斜放(或竖放)在面包盘上,刀刃向内。黄油盅摆在面包盘上方(也可在客人就餐时再送上)。

6.甜品叉、甜品匙横放在垫盘的上方,呈平行状或交叉状。

7.水杯放在餐刀尖的上方,其它酒杯沿水杯右下侧依次排列。

8.各餐具间的距离应适度(参见"餐具配用和选购"条)。

西餐常规摆位的示意图如下:

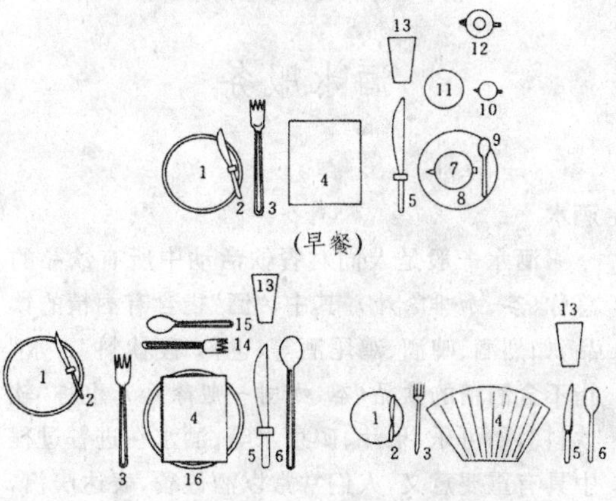

(早餐)

(午、晚餐)　(咖啡厅午、晚餐)

1.面包盘　2.黄油刀　3.餐叉　4.口布　5.餐刀　6.汤匙　7.咖啡杯　8.咖啡杯碟　9.咖啡匙　10.奶盅　11.糖盅　12.咖啡壶　13.水杯　14.甜品叉　15.甜品匙　16.垫盘

法式服务摆位

法式服务为西餐的一种传统服务方式。它在台面布置上,由于不同的进餐特点和菜式要求,其摆位往往也有所区别,主要有便餐摆位、正餐摆位、特色菜摆位、宴会摆位等类别,其中特色菜摆位又有多种形式。有些摆位规则是统一的,如玻璃杯不能倒放在桌上,以免给人一种餐厅未准备就绪的印象。咖啡杯只有在需要时才摆放,咖啡匙放在杯的右边小垫盘之上等。

1.法式午、晚餐摆位图:

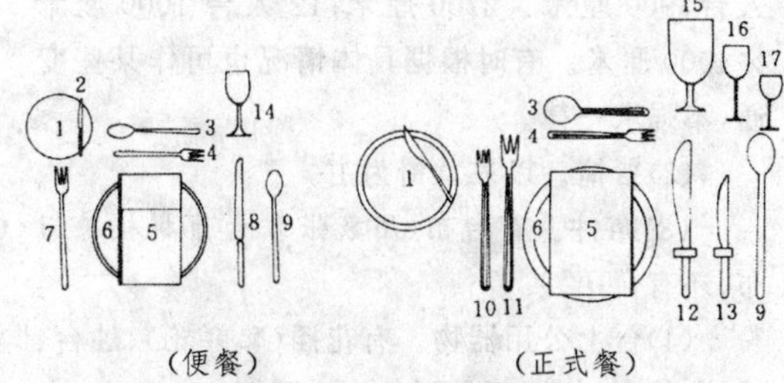

(便餐)　(正式餐)

1.面包盘　2.黄油刀　3.甜品匙　4.甜品叉　5.口布　6.垫盘　7.餐叉　8.餐刀　9.汤匙　10.色拉叉　11.主菜叉　12.主菜刀　13.色拉刀　14.餐酒杯　15.水杯　16.白葡萄酒杯　17.红葡萄酒杯

2.法式特色菜摆位图:

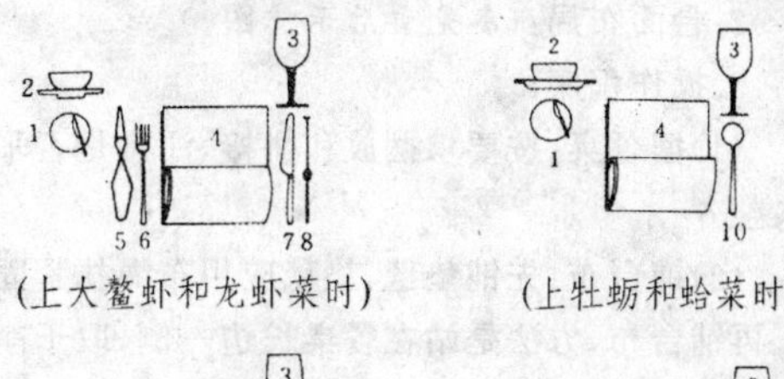

(上大鳌虾和龙虾菜时)　(上牡蛎和蛤菜时)

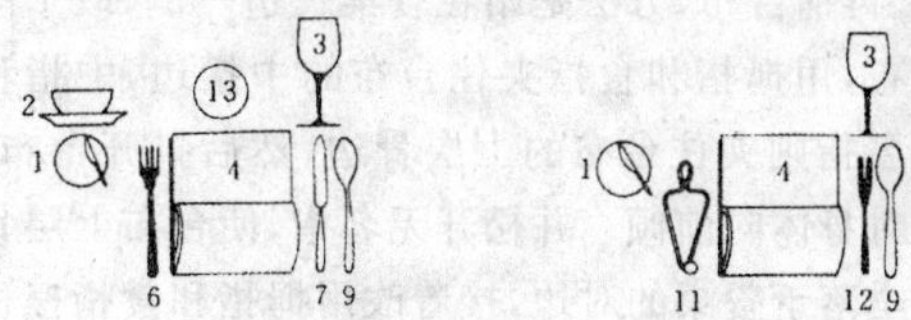

(上贻贝菜时)　(上烤全蜗牛菜时)

1.面包盘和黄油刀　2.洗手盅　3.高脚杯　4.口布　5.轧钳　6.鱼叉　7.鱼刀　8.鳌虾叉　9.小匙　10.牡蛎叉　11.蜗牛钳　12.蜗牛叉　13.骨盘

美式服务摆位

美式服务为西餐的一种服务方式。其摆位方法分早、午餐和晚餐。至于宴会摆位则与西餐服务常规摆法相同。以下为美式服务摆位示意图:

(早、午餐)　(晚餐)

1.面包盘　2.黄油刀　3.高脚杯　4.餐叉　5.口布　6.餐刀　7.茶匙　8.垫盘

西餐宴会摆台规范

1.物品配置。

(1)餐桌。以长方台为主,亦可用方台拼接,一般规格为:8人台,2400厘米×1200厘米;10人台,900厘米×2700厘米;12人台1000厘米×4000厘米。有时根据具体情况也可作某些变通,不强求一律。

(2)餐椅。以靠背椅为主。

(3)布件。有台布(用数张方台布拼接)、口布,还有台裙。

(4)台上公用器物。有花插(配鲜花)、烛台、蜡烛、盐瓶、胡椒瓶、烟灰缸、牙签筒。

(5)摆位餐具。包括展示盘(或称装饰盘、碟)、面包盘;主菜刀、头盘刀、鱼刀、黄油刀;主菜叉、头盘叉、甜品叉;汤匙、甜品匙;菜单、水杯、红酒杯、白酒杯;名签、口布等。

2.台面布局:(参见文后示意图。)

3.操作程序:

(1)摆餐桌。按要求摆放和拼接,注意是否平稳、整齐。

(2)铺台布。先铺垫毯,垫毯应用布绳扎紧固定。再铺台布,方法是站在餐桌长边一侧,取干净台布,用拇指和食指夹住台布的中摺边,中指和无名指则夹住台布的上层骨边,然后抖开台布,同时身体向前倾。并松开无名指,使台布上层骨边垂落于餐桌的对边,接着改用拇指和食指捏住台布的下层骨边,拉至适当位置,使台布中摺居中,台布边垂下30～40厘米,如法接铺第二张台布,直至将桌面铺完。

(3)摆餐椅。按每餐位60厘米宽度控制餐椅间距,餐椅的前沿碰接到下垂台布处并正对餐台。

(4)摆位。①摆展示盘定位;②摆刀、叉、匙等;③摆面包盘、黄油刀;④摆甜品叉、匙;⑤摆酒水杯;⑥摆口布、菜单。

(5)摆台上公用品。按鲜花、烛台、调料、烟缸的顺序整齐对称地摆放于长条桌中线部分,调味料和烟缸按每4人一组摆放。

(6)全面检查。

4.摆台标准:

(1)清洁卫生。上台的餐用具要符合卫生要求;摆放时,注意餐盘、刀、叉、匙及杯具的拿法;刀叉等小件餐具要用用托盘摆放。

(2)配套统一。使用质地相同,颜色、花纹、装饰一致的配套用品,无破损。

(3)布局规范。台面餐位及公用具的摆放适合规范要求,餐具与菜单的菜肴相符。

(4)台形端正。如图示:

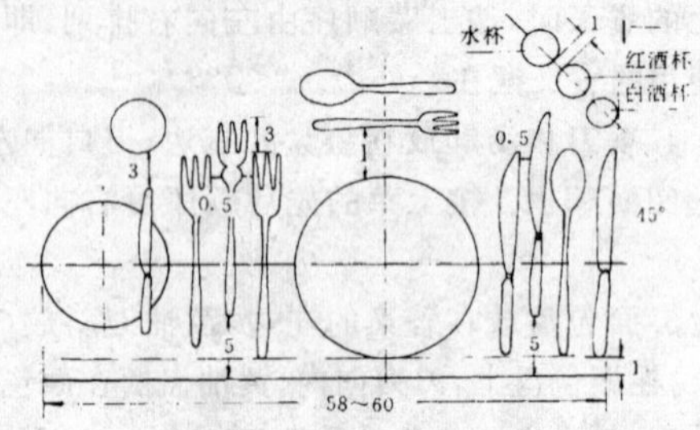

(1)摆位间矩示意图(单位:厘米)

蜡烛座　椒盐瓶　烟盅　盆花

(2)台面中间公用具摆放示意图

酒水服务

酒水

酒水一般是人们对餐饮活动中所有饮品的总称(茶、咖啡除外)。其中,"酒"指含有酒精的饮品,如烈酒、啤酒、鸡尾酒等,也称"硬饮料";"水"指不含酒精的饮品(茶、咖啡一般除外),也称"软饮料",如可乐、果汁、矿泉水等。酒水在进餐过程中具有重要意义,人们常常以酒佐餐,表达庆祝,增加交往,不擅喝酒的人则以水代酒。

酒水服务程序

酒水服务是指餐饮服务人员为帮助客人品饮酒水所做的一系列服务工作。这些工作大多结合菜肴服务同时进行,如各种中西餐厅中的酒水服务。特殊场所也可独立进行,如酒吧中的酒水服务。其主要内容有:

1.推介。即帮助客人选择好适合进餐菜式的餐酒;或根据客人要求与特点推荐一款使其满意的酒水品种。这些都需要较强的专业知识和推销技巧。

2.展示。即提供整瓶酒水给客人观赏或鉴别,常用"示瓶"、酒水车陈列等方法。

3.饮前处置。为使酒水达到最佳的饮用效果,依据不同酒水的特性,在饮用前使其达到一定温度或更加清澈。主要有冰镇、温烫、静置、滗析等方法。

4.开瓶。

5.斟倒。将酒水倒入专用的饮用杯中。

6.续酒。即把握时机为客人添加酒水,不使客人空杯而冷场。

示瓶

亦称"验酒",当客人点用整瓶酒时,在开启之前,展示给点酒人验看。其操作方法是:服务员立于点酒人或男主人右侧,左手用干净的口布(或毛巾)托住瓶底,右手扶瓶颈,瓶身略向自身倾斜,酒标面向客人,请其辨认,并辅以适当的介绍:"某先生,这是您点的飞天牌茅台酒,请过目。"这种让客人验看的方式,一来可以避免差错,以免造成损失;二来可证明商品的可靠性;三来表示对客人的尊敬。即使客人并不懂酒,也可以增添餐厅的气氛。

酒水温烫

酒水温烫是指将酒加温饮用的方法。喝热酒不易醉人,并且能减轻其中有害物质对身体的毒害。因为酒中的主要成分是乙醇(酒精)以及少量的甲醇、乙醛、杂醇油等物质,这些成分对人体健康有一定的危害。如甲醇对视神经有害;乙醛摄入过多会引起头晕、头痛等。甲醇的沸点是64℃,乙醛的沸点是21℃,当酒加热到一定温度时,它们就会转变成气体挥发掉,从而能消除或减少酒中这类有害物质对人体的危害。同时,酒在加热过程中,乙醇也会挥发一些,使酒的浓度稍有降低,而且热酒喝到肚里容易排泄。与此同时,黄酒热饮,酒中的一些芳香成分会随温度的提高而挥发出来,饮时更心旷神怡。啤酒热饮能增加啤酒花中的啤酒素,对肺病、淋巴结核病有较好的辅助治疗作用,并且可使血液循环加快,改善末梢循环,防治冻疮。所以在冬季更宜于饮热酒。饮热酒的温度可随个人的饮用习惯而定,一般黄酒为40～60℃。啤酒为12～15℃,中国白酒为50～60℃。酒水温烫的具体方法有水烫、火烫、燃烧、冲泡等。

酒水冰镇

指将酒水冰镇之后再饮用的方法。不同的酒品,因其性质、特点的差异,其最佳饮用温度不尽相同,当室温高于酒品的最佳饮用温度时,就要进行冰镇降温处理。冰镇的方法主要有:

1.冰桶冰镇。在冰桶中放入3/5的冰块,用一盘子(或支架)托住桶底,酒瓶斜插入冰块中,酒标向上,随后用一块口布搭在瓶身上,连桶送至客人的餐桌上(或餐桌旁),15分钟后,酒温可以下降8～15℃。它适于白葡萄酒、玫瑰葡萄酒、香槟酒的冰镇。

2.冰柜冷藏。将罐装、瓶装酒水直接放入冰柜或冰箱冷藏,可自由调节冷藏温度。其方法简单,冷藏量大。它适用于果汁、汽水、矿泉水、啤酒等的冰镇。

3.冰块冰镇。将2～3块小食用冰放入饮用杯内,再斟倒酒水,使酒液逐渐降温并稀释。它适用于烈酒的冰镇,如威士忌、金酒等。

4.溜杯。对杯具进行降温处理,使倒入杯中的酒液温度不至升高太快。方法是:服务员手持杯脚(或杯的底部),杯中放入一小块食用冰,然后连续摇转杯子数次,使冰块产生离心力在杯壁上溜滑,直至凝附一层薄霜,再将多余的冰倒出,注入酒水。也可以在检查和开瓶过程中将碎冰放入杯中,在斟酒前把冰倒入冰桶,还可用冰箱冷藏杯具,其效果大致相同。

滗酒

滗酒是将酒中沉淀物质分离出来使酒液澄清的一种方法。一些葡萄酒,特别是红葡萄酒,经过较长时间的贮存后,很难避免会在瓶内产生一些沉淀物,所以在饮用前必须先除去沉淀物。其分离的方法有两种:(1)滗析法。也称倾泻法,酒从酒窖取出后静置一段时间(这时应避免冲撞和摇晃),在饮用之前开始进行滗析,可保证葡萄酒的酒香和果香。操作时应在一个蜡烛或电灯的光源前进行,以观察沉淀物的移动情况,先将葡萄酒拿到清洁干燥的玻璃酒瓶旁,两瓶口相互对准,空瓶直放在下,酒瓶斜放在上,然后缓缓地、小心地将酒瓶提起,使酒液流入空瓶内,直到沉淀物快要进入空瓶时，就停止翻倒，改为直放，使沉淀物全部留在原来的瓶中。滗析操作还可利用专门的工具，如虹吸管、斜面翻板、滗酒器、玻璃滗析斗等。(2)翻篮法。即借助酒篮澄酒。酒篮是一种用柳条或铁丝做成的船形盛器，其篮身大小刚好能使一瓶酒斜卧其中，使酒瓶维持适当的倾斜度，酒篮一端留有一个小凹口，专为承受瓶颈之用。操作前要先将酒瓶在篮内静置一段时间，然后对着烛光滗析或直接为客人斟倒，直接斟倒时注意不要激起沉淀物。

择酒

又称验酒，是指正式为进餐客人斟酒前先斟少许酒给主人品尝，待主人认可后，再从主宾开始为来宾逐一斟倒。在古代这是主人向来宾验证此酒无毒的一种方式，现已演变为主人先品尝鉴别酒质，经肯定后再请来宾品尝，以示对客人的尊重，同时也可以渲染宴会的气氛。择酒多用于西餐宴会。

酒水斟倒要求

1.斟前检查。酒水上台斟倒前，须将瓶口瓶身擦干净，并检查瓶子有无破裂，酒水有无变质，发现问题应及时调换。

2.开启有序。开启时瓶口一律朝上，并用手握遮，开启声音要小以示礼貌。开启含有气体的酒水时要注意把握瓶体，使之平稳，以免出现冲冒现象。葡萄酒开瓶时，先用刀将瓶口下的箔片切开，擦拭干净后再将开塞钻垂直钻入；红葡萄酒如果用酒篮服务，应在酒篮中开瓶，并尽量减少震动；纯果汁饮料、清爽类饮料或其它浓郁型饮料开瓶前要先将瓶(罐)体上下摇晃，使其浓度均匀，再打开；开启后要检查瓶中是否有掉渣或污物，然后再用洁布擦拭瓶口。

3.按需斟倒。在给每位客人斟酒前，要持酒瓶先示意(商标朝向宾客)一下，待认可后再斟倒。如发现客人有不同意的表示，应即根据客人的意见及时更换。采用托盘斟酒时，可先将托盘送至客人面前，并询问需要何种酒水，待其选定后再为其斟倒。

4.握瓶正确。右手握住酒瓶中、下部，商标朝向客人，食指指向瓶口方向。异型酒瓶握法，应根据斟倒时的重心灵活掌握。使用酒篮斟酒，瓶颈下应衬垫一块布巾或纸巾；使用冰桶的酒，从冰桶取出时，应以一块洁布包住瓶身，以免瓶外水滴弄脏台布和客人的衣服；斟倒香槟酒时，也应将瓶身用洁布包好。

5.不碰杯口，旋转酒瓶，点滴不洒。斟酒时，酒瓶与手臂成一直线，瓶口不可碰上杯口，以防将杯口碰毛、碰碎或将杯碰翻，但也不要拿得太高，以免酒水溅出。由于啤酒泡沫丰富，可将瓶口轻扣杯子边沿，使酒液顺着杯壁缓缓流下。要注意酒的出口速度，手腕灵活掌握好酒瓶的倾斜角，使酒液徐徐注入杯中。斟好后旋转瓶身，抬起瓶口，使最后一滴酒随着瓶身的转动，分布在瓶口边沿上，从而做到点滴不洒。

6.讲究礼仪。斟倒酒水要侧身站在客人身后右边，每斟一位，就要换一下位置，站到下一位宾客的右侧。酒瓶不能从客人头上越过；正对宾客、手臂横越宾客视线以及左右开弓斟倒，都是不礼貌的。斟酒要先从主宾开始，然后按顺时针方向绕桌进行。有主宾夫人或女主宾时，先夫人(或女主宾)，次主宾(或男主宾)，后主人，再按顺时针方向绕桌一圈。两个服务员斟酒时，一个从主宾开始，另一个从副主宾开始，按座次绕台进行。

7.斟量适当。中餐斟酒一般应斟至杯子容量的八成，客人要求斟满杯时也应予以满足。西餐则有所不同，斟白酒为杯容的3/4，红酒为杯容的2/3。香槟酒分两次斟，第一次先斟1/3，待泡沫平息，再斟至杯容的2/3或3/4。啤酒有丰富的泡沫，可斟至杯容的3/4或4/5，其余为泡沫，泡沫应与杯口相齐，不能溢出杯外。其它饮料斟倒时均可至杯容的八成。

8.续酒及时。进餐过程中不能出现空杯现象，使客人有受冷落之感，所以要随时注意每位客人的酒杯，当杯中酒水饮至1/3左右时，应随时添加，干杯后更要尽快续斟。若客人不愿意添加酒精饮料时，应建议改用其它饮料品种，并撤出酒杯换上相应的饮料杯。

斟酒方法

斟酒是侍酒过程中的主要环节。即将酒倒入客人的杯中。不同的酒由于特性不同，往往采用不同的斟酒方法。常用的有：徒手斟法、托盘斟法、酒壶斟法、酒篮斟法、捧斟法、双手斟法等多种。

徒手斟法：持酒者站在每位客人的右边，侧身将右脚插入两个座位之间的空档，右手拿酒瓶，用手掌握住瓶身下半部，食指指向瓶口方向，酒瓶的商标朝外。左手拿一块干净的口布或毛巾，用来擦拭瓶口。这时保持瓶与手臂呈一直线，酒瓶停在杯口上方1～2厘米处。开始斟倒时，将酒瓶向下徐徐倾斜，使酒液缓缓流入杯中；待酒液分量快达到斟倒要求时，即将酒瓶轻轻上扬，手同时使之向左旋转45度，以确保酒液不至滴下；然后将右手收回，用左手上的口布擦拭瓶口，准备为下一位斟酒。也可在斟酒前，先倒少许(以一口为宜)请主人品尝，称之为“择酒”。徒手斟法主要用于斟倒葡萄酒、香槟酒、席间续酒或斟倒单一品种的酒。至于白葡萄酒、香槟酒，多在饮前冰镇，斟倒时再从冰桶取出，所以瓶身有较多水迹，因此斟倒前要将一块口布折成长条形包住瓶身。

托盘斟法：即将几种不同的酒水放入托盘中，托至客人的右边，询问需要哪种酒水，待客人选定后，再用右手采取徒手斟法斟倒，但此时左手仍托住托盘。托盘斟酒能迅速满足客人对酒水的不同需求，但对服务技能要求较高。适用于中国白酒、啤酒、软饮料的斟倒以及就餐服务中的第一次派酒水。

酒壶斟法：将客人点要的酒开瓶后倒入小酒壶中，再用酒壶为每位客人斟酒。这样斟倒容易，且不易滴洒，但要注意壶盖是否盖紧。此法多用于斟倒中国白酒。

酒篮斟法：将酒瓶放入特制的酒篮中为客人斟酒。适用于斟红葡萄酒。红葡萄酒因酿造工艺的原因，会有些正常的沉淀，这系自然现象，也说明瓶中的酒已酿成熟；为避免搅浑，特别设计了酒篮。因此，其送酒、开瓶、斟倒都应将酒瓶放在酒篮里进行，瓶颈下还要垫上一块口布。斟倒时要极小心，以防激起沉淀物，所以也可以先滗酒再斟倒。

捧斟法：先将客人空杯撤下来，站在客人的右后方，一手拿酒瓶一手拿酒杯斟倒，斟好后再送至客人面前。此法一般适用于酒会和酒吧服务，在座位较为拥挤的便餐中也偶尔用之。

双手斟法：有些酒瓶很粗，瓶身长，右手握瓶不堪重负，这时可将左手腕衬在瓶身的某一部位辅助斟倒，如斟香槟酒。

斟酒还有一定的分量要求和顺序要求。一般斟至杯容的八成，但白葡萄酒斟3/4，香槟酒、红葡萄酒斟2/3，啤酒斟4/5(留1/5为泡沫)，烈性洋酒斟1/5。斟倒顺序可从主宾开始顺时针绕桌一圈。要求每斟一杯，就换一下位置，站到下一位宾客的右侧。正对宾客、手臂横越宾客视线以及左右开弓斟倒，都是不礼貌的。

敬酒

“敬酒”指餐饮服务人员根据酒的不同特性，按一定规程为客人饮酒需要而提供的礼貌服务。另外，客人之间的相互斟酒、劝酒等，也通称敬酒。餐饮服务人员为宾客敬酒时，要根据不同的酒品，采用不同的处理方法。这是因为不同的酒由于其外部包装、贮藏年份、饮用温度以及自身特性存在着差异，故而服务方法也应各有不同。特别是在西餐中，十分讲究酒与菜的搭配。如白葡萄酒要用冰桶冰镇，常配鱼、海鲜或白色的肉类饮用；红葡萄酒有时在常温下饮用，有时也要稍加冰镇，常配深色家禽肉、牛排和煎炸食物饮用；香槟酒适于配食任何菜肴，饮前也需作冰镇处理。黄酒饮前要加热或加话梅等。从客人点酒完毕到酒水上台斟至杯中、直至餐中的饮酒服务，都可视为敬酒过程。敬酒包括：(1)示瓶；(2)温度处理(冰镇或温烫或使酒液吸入新鲜空气，提高酒质)；(3)开瓶；(4)择酒；(5)斟酒；(6)续酒等几个步骤。不同酒品的敬酒服务在这几个步骤中有一定的差异。

敬黄酒

客人饮用黄酒时的服务。其主要程序有：(1)示瓶。(2)开瓶。黄酒的封口有瓶装黄冠盖、坛装泥封或蜡封等，可用普通的启子或小刀开启。开瓶后要将瓶(坛)口抹干净。(3)温烫。黄酒的饮用温度一般以50℃左右为宜，可随个人的饮用习惯而定。方法是先将黄酒倒入烧杯中，再依客人喜好放入适量的话梅(一般是500克酒放12粒话梅)，然后插上电源或直接用明火加热，待温度适宜时即可饮用，甜话梅也可以在斟酒时再放入各个客人的酒杯中，每客1粒。(4)冰镇。夏天饮用黄酒可以冷饮，其方法是将酒放入冰箱直接冰镇或在酒中加冰块，以降低酒的温度。(5)斟倒。黄酒要斟在专用的瓷质酒杯中。(6)续酒。温烫过的黄酒最好一次斟完，续酒时若已冷却应重新加热后再给客人添加。

敬红葡萄酒

客人饮用红葡萄酒时所提供的服务。

1.客人确定酒名后，服务员随即从酒窖取出酒瓶放入酒篮，酒标朝上。红葡萄酒因其酿造工艺的原因，会有沉淀，这纯属自然现象，对酒质并无影响，而酒篮的作用则可使沉淀物集中于瓶底一角。

2.将酒篮小心地放在餐桌上，一般放在主位右边或餐桌空档一角处，并介绍说："某先生（小姐），这是您点的某某红葡萄酒，请过目。"如此可避免差错，也能渲染气氛，表示对客人的尊敬。

3.经客人认可后即可开瓶。这时酒瓶不能从酒篮中拿出。开瓶时先用刀将瓶口的箔片切开，用清洁口布擦净瓶颈上部，然后将开塞钻从瓶塞中间垂直地钻入，到启子的螺丝部分刚刚没顶为止，不能斜钻或钻穿，以免木塞碎粒落入瓶内。再利用杠杆原理，将瓶塞慢慢拉出，用口布将瓶口抹干净。拔出的瓶塞放在一个干净的骨盘里给主人（或点酒人）鉴定，然后放在酒篮旁。这时不要马上盖上瓶盖，要使红葡萄酒在饮用前呼吸一些新鲜空气，提高酒质。

4.滗酒。当瓶中沉淀物基本集中于瓶底后，采用滗析法或翻篮法将沉淀物分离出来使酒液澄清。此程序视具体情况也可省略。

5.择酒。菜上桌后，先给主人或点酒人斟上少许酒，供品尝以取得认可，这也是为了渲染气氛，尊敬客人。直接用酒篮斟倒时要小心，勿使瓶底沉淀泛起。如事先已经过滗酒程序，则可使用专门的酒瓶（壶）斟倒。

6.斟酒。主人认可后即可为其它宾客斟酒。其斟倒顺序有二：一为先从主人右边的第一位女士开始斟酒，然后按逆时针方向斟第二位、第三位女士，再按顺时针方向依次为男士斟酒，最后才斟主人。二为从主宾开始顺时针绕桌一圈斟倒。餐厅服务时多采用后一种方法。其斟倒分量一般为杯容的2/3。

7.斟完所有的杯子后，将酒瓶（或酒篮）放入原处，并盖好瓶盖。

8.续酒。客人杯中剩酒不多时要及时添加。

习惯上红葡萄酒常与红色的肉类食物，如牛肉、猪肉、鸭、野味以及乳酪等搭配。

敬白葡萄酒

客人饮用白葡萄酒时所提供的服务。

1.取酒。客人确定酒品后，服务员应从酒窖或仓库内将冰冻过的瓶酒取出，斜放于盛有2/3冰块的冰桶内，盖上一块折好的清洁口布送进餐厅。

2.送酒。将冰桶放在点酒客人右边的支架上；没有支架时可用一垫盘托于冰桶下，放在餐桌空处档或备餐台上。

3.验酒。从冰桶中将酒瓶拿出来送给客人验看，使客人有机会证实这正是他所点的酒，这称为"示瓶"。其目的一是可以避免差错造成的损失；二来表示对客人的尊敬；第三可以增添餐厅气氛。操作时服务员立于点酒人或男主人右侧，左手用干净的口布托住瓶底，右手扶瓶颈，瓶身略向自身倾斜，酒标面向客人，使其辨认，并辅以适当的介绍："某先生，这是您点的王朝干白葡萄酒，请过目。"也可用右手托口布将酒瓶斜躺在右手上，左手示意瓶标并作介绍。客人肯定后再将酒瓶按原样放回冰桶。

4.冰杯。将白葡萄酒杯加以冷冻。可将杯子插入碎冰中，也可以在检查或开瓶过程中将碎冰放入杯中，待斟酒前再将冰倒入冰桶。

5.开瓶。快上菜时即可开瓶。开瓶时先用刀将瓶口下的箔片切开，用清洁口布擦净瓶颈上部，然后将开塞钻从瓶塞中间垂直地钻入，到启子螺丝钻部分刚刚没顶为止，不能斜钻或钻穿，以免木塞碎粒落入瓶内。再利用杠杆原理，将瓶塞慢慢拔出，用口布把瓶口抹干净，拔出的瓶塞放在一个骨盘里，给主人（或点酒人）鉴定，认可后即收回。

6.择酒。菜上桌后将酒瓶从冰桶中取出，用冰桶上的口布包住瓶身（注意商标朝外），以防水珠滴在台布或客人身上，先给主人（或点酒人）斟少许酒，供品尝以取得认可（此谓之"择酒"），这同样也是渲染气氛，尊敬客人。切不可用手拿杯子倒，以免手温使杯子变热而影响冰镇效果。

7.斟酒。主人认可后随即为其它宾客斟酒。其斟倒顺序为：先从主人右边的第一位女士开始斟酒，然后按逆时针方向斟第二位、第三位女士；再按顺时针方向依次为男士斟酒，最后才斟主人。也可以从主宾开始，顺时针绕桌一圈斟倒。斟倒分量一般为杯容的 3/4。斟完所有杯子后，将酒瓶按原样放入冰桶中。

8. 续酒。客人杯中剩酒不多时及时续斟。

玫瑰酒的敬酒程序亦可依此进行。

习惯上与白葡萄酒、玫瑰酒配用的菜式有：鱼、海鲜、白色的肉类（鸡）、火鸡、奶油以及容易消化的食物。

敬香槟酒

客人饮用香槟酒时所提供的服务。其操作程序与方法同于敬白葡萄酒；仅开瓶的方法和斟倒分量不同。其要求是：香槟酒瓶从桶中取出，用餐巾抹去瓶外表的水，先将安全金属丝罩住瓶塞的金属箔拿掉，这时要用左手大拇指牢牢按住瓶塞，以免它自动被气体推出，再将瓶子倾斜 45 度，然后用右手转动瓶身让压力轻轻地把塞子推出来。为防止开瓶时不慎使瓶塞冲出击伤顾客，开瓶时不应摇晃，瓶口更不可对着客人。还应用餐巾包裹着瓶塞，最后将瓶口抹干净。

香槟酒斟倒前要将瓶子外表的水分抹干净，不要用餐巾包裹着瓶子，因为香槟酒高贵漂亮，应让客人很好地欣赏。为防止斟香槟酒时泡沫溢出杯外，应分两次斟倒（每次各斟 1/4），共斟半杯左右。

香槟酒几乎可以同所有食物的搭配，并可以在整个用餐过程中饮用。

菜点服务

菜点服务程式

菜点服务是指为客人品尝菜肴点心及主食而进行的一系列服务工作。它是整个就餐服务的主要部分，时间长，要求高。客人对就餐服务是否满意，很大程度上取决于菜点服务的质量。菜点服务包含点菜、上菜、分菜、征求意见等服务内容，其中点菜最难，它是相关知识的综合运用，必须具备一定的经验。上菜、分菜也有相应的规范与要求。菜点服务还要在餐后征求客人意见，并感谢客人的合作，然后将获得的信息反馈给有关人员。菜点服务的一般工作程序包括点菜、上菜、分菜及征询、反馈等。

点菜

点菜多指在零点进餐中，服务员为客人推销介绍餐厅食品，听取客人进餐需求，并逐一记录下来的工作，也称“订菜”、“听单”、“接受点菜”。它是零点服务中的核心，服务员必须掌握的技能。与餐厅服务八大基本技能（托盘、折花、摆台、斟酒、上菜、分菜、插花、调酒）相比，点菜的难度要大得多。只有通过这一环节，厨房生产才成为可行，客人享受才得以实现，服务才随之产生，最终才使餐厅获得经济效益。点菜中的介绍与推销，不具备相关知识和经验是做不好的。如必须懂得菜点知识（包括其味型、制作、价格）、原料知识、营养知识、进餐心理、饮食民俗、当日供应品种、推销技巧等。从餐饮业营销的角度看，点菜属于个人推销的一种方式，而且是一种非常直接和有效的方式。有些服务员点菜时一言不发，仅将客人点的菜记录下来，这只是在作记录，而不是真正意义上的点菜。许多饭店不让新手点菜，而由领班或资深服务员来做，正是因为其重要。

1. 准备。

(1)备好点菜垫板、点菜单、圆珠笔、供应菜单。点菜单要事先在点菜垫板上排好夹稳，还要检查供应菜单是否整洁，有无破损。客人人数较多（10 人以上）时，须准备多份菜单。(2)出示菜单。原则上菜单要出示给主宾、女士或年长者。操作时右手拿菜单的上部（小菜单可将首页打开），在客人的右边出示，并说“先生（小姐），请您先看看今天的菜单。”或“晚上好，先生（小姐），这是菜单，请您过目。”然后退出，在其斜后方侍立，约相距 60 厘米。出示菜单多数情况下是由迎宾员来做，即迎宾员将客人带位安座后，随即送上菜单。但送完后即离开，不具体为客人点菜。(3)掌握点菜时机。下列情景都可视为点菜时机：客人已坐好平静下来、客人看菜单已有一会儿、客人的视线从菜单上移开并寻找服务员、客人主动招呼服务员、客人说要赶时间、客人等候的主要宾客已到达、客人只顾交谈而忘记点菜等。

2. 推销菜点。

(1)征询。先征询客人是否准备好点菜，“请问先生（小姐），您现在可以点菜吗？”然后视客人的反应而决定是作记录或介绍菜点或暂时离开。(2)介绍。当顾客对菜点不熟，或不能很快决定点什么品种时，就要当好客人的参谋，帮助其点菜。应先介绍餐厅的特色风味菜和时令菜，再询问客人的口味爱好，并根据客人的表象特征判断其需求，有针对性地选择一些合适菜点加以介绍。一般先介绍中档菜，再根据客人的谈吐和表情介绍相应的档次。要注意不同原料、不同口味、不同制法、不同色泽、不同次的菜点搭配介绍；同时要掌握不同菜式的推销技巧，提高推销的成功率；还要考虑客人的人数，数量以够吃略有剩余为原则。当客人确定某几个品种后就应当迅速记录。(3)当客人十分熟悉地点要菜点时，服务员就不要作过多介绍，仅在客人疑惑或询问时给予恰当回答。(4)酒水推销。酒水推销的时机比较灵活，但一般是在点菜后接着进行，推销的方式有：①直接征询。如"请问您需要什么酒水？""请问您喜欢喝什么饮料？"②托盘展示。选择不同规格品种的酒水摆在托盘上向每位客人征询。③推车展示。由专职的酒水推销员将不同酒水陈列在餐车上，推到客人桌边供客人选择并作介绍。客人选定后即为其送上并提供相关的服务，这适合于高档的零点餐厅。

3.开单。

开单即记录客人点要的食品。这一工作贯穿于点菜过程的始终。在正式点菜之前就可将点菜单的表头填好，如日期、台位、人数、服务员姓名等；在推销过程中，客人每确定一个菜品就可即时记下。开单时要求按餐厅的规定分单；要注明菜式的分量；要标明特殊的菜式与客人要求，字迹清楚。开单完毕，要向客人复述一遍，让其最后认同，以免搞错。

4.落单。

落单即将填好的点菜单分送餐厅各有关部门。其程序是：先将开好的点菜单一起交于收银员，待收银员审核盖验后，再将传菜联、厨房联送交传菜部。传菜员将其中的一联留作划单上菜，另一联交厨房配菜。

在点菜过程中，如发现客人的订菜过多、过少、雷同或不全面时，应委婉地向客人建议，但最终还是应以客人意见为主；如果客人所点菜品制作时间较长，也要向客人先作说明。若客人请服务人员代为订菜，则要考虑进餐人数，进餐时间，进餐目的，客人性别、年龄、籍贯、职业和消费水平，以及是否常客等诸多因素。

客前推销

餐厅的菜点推销有多种方式，这里介绍的是服务员进行点菜服务时的客前推销。它属于对内推销中的个人推销方式，其效果在很大程度上取决于服务人员本身的业务知识水平和推销技巧。这是一种较为直接而有效的推销方式，服务人员不能仅仅将自已看作是一名推销员，而要将自已视为顾客的朋友；如果你是在真心实意地帮助他选择进餐食品，这样你将获得更多的回头客。

1.掌握相关知识。

餐厅供应品种繁多，要使客人接受你的建议，你必须十分熟悉推销的品种以及顾客。(1)菜点知识。要熟悉菜点的味型、制作方法、价格及品尝方式，以便更好满足客人的口味及消费档次。客人中不乏烹饪爱好者，他们往往对某些菜的制法感兴趣，如能作些简明的介绍会引起消费者兴致，并增加进餐气氛。(2)原料知识。要了解食品原料的名称、产地及特点。食物原料有很多，客人不一定都熟悉，有些原料在不同地区有不同叫法。客人对不了解的原料往往要斟酌考虑。这时如作适当介绍往往会使推销成功。(3)营养知识。即每道菜点所含的主要营养成分及热量，它有哪些功效，分别适合什么人食用。现代人进餐，吃饱不是唯一目的，更讲究科学的膳食和进补。所以突出营养知识，将对推销有益。(4)进餐心理与需求。不同客人往往带有不同的目的来进餐，如聚会、祝贺、品尝风味、商务请客等。其饮食消费需求是不一样的，这就需要注意分析判断客人的进餐心理与欲求。如家宴聚餐求实惠、商务宴请求豪华、祝贺聚餐求气氛等。了解这些，推销时就会有的放矢，提高效果。(5)饮食民俗。要掌握不同地域、不同民族、不同宗教信仰的人群饮食习惯及食物禁忌，如山西人喜吃醋、湖南人喜吃辣、回族不吃猪肉、佛教徒不沾荤腥等。(6)当日供应品种。餐厅菜单上的供应品种不一定天天都有，因季节、进货等因素的影响，每天都会有一些不能供应的菜点，这在行业上称为"沽清"。客人十分反感订菜后，又被告之某某菜没有。所以服务员要熟悉每日的供应品种，即使客人点了没有的菜也要委婉向客人说明，并介绍相近菜式和其它特色菜式。如"对不起先生，水煮牛肉刚刚卖完，您来个水煮鳝片好吗？小暑鳝鱼赛人参，现在正是吃鳝鱼的最好季节。”

2. 考虑具体因素。

(1)进餐人数。进餐人数是确定菜式数量及分量的主要因素,中式的计量单位有例盘、中盘、大盘、市斤、克、只、打、碟(窝)等。一般 4 人以下建议上例盘,分只供应的菜式要点清人数。菜式的多少可与就餐人数相当或略多,如 1 人 1 菜 1 汤,3 人 4 菜 1 汤、10 人 8~12 菜 2 汤等。(2)进餐性质或目的。普通便餐介绍家常菜式,价格不宜过高;家宴尽量介绍家庭不易制作而又适口的菜式,价格适中;商务宴可介绍高中档菜式,如活鲜、炖品,并注意品种多样;婚庆节日宴宜介绍吉祥菜式,以渲染气氛;对品尝风味的客人可介绍特色菜式,以满足其好奇心。(3)客人特点,如客人的年龄、职业、性别、籍贯等。(4)消费水平。(5)饮食禁忌。(6)进餐时间是否充裕。如客人说要赶时间,则应介绍制作快速的菜式。

3. 掌握推销技巧。

进餐客人的需求及特点各不相同,为达到推销目的,服务员必须掌握一定的语言技巧,使客人易于接受。推销的语言技巧虽无定法,但仍有规律可循,如“加法术”、“转折术”、“名人效应”等。有关这部分的内容可详见“餐厅服务语言示例”和“推销”等条。

开单与落单

“开单”是指将客人进餐所点要的菜点酒水等记录在餐厅规定的单据上。将填好的单据分送给餐厅有关部门则称为“落单”。记录客人点菜的单据称为“点菜单”,又称“订菜单”、“生产通知单”、“供应单”。开单的要求有:(1)准备好点菜板、点菜簿、圆珠笔等,立于点菜人的斜后方,与之相距 60 厘米左右。(2)先准确填好客人的台位号码、进餐人数、点菜时间及服务员姓名。(3)对不同类别的食品要按餐厅规定分别开单,如热菜、冷菜、点心、酒水等不能写在一起,有些小餐厅规定可以写在一起,但要写在不同的位置或用符号作出标记。(4)要注明菜式的分量,如例盘、半打、X 只等,活鲜要写明重量。(5)如果客人所点的菜是菜谱上没有的,应在点菜单上注明符号,以便收款问价。(6)如客人分开两台点同样的菜,应在订单上注明“双上”字样。(7)客人有特殊要求的应在订单上写清楚。(8)字迹要清楚,要用通用的缩写。(9)未写完的空白部分要划线,此为“封单”。(10)全部写完后向客人复述一遍。开单要一式 3 份,即收银员、传菜员、厨房各 1 份。也有一式 4 联的,则服务员再留 1 份。落单要及时,其程序是:先将开好的点菜单一起交于收银员,待收银员审核盖验后,再将传菜联、厨房联送交传菜部,传菜员将一联留作划单上菜的依据,另一联交由厨房配菜制作。

分单

通常指服务人员在点菜开单时将同一类别的食物记在一起;而不可将不同类别的食物菜式混记于同一份订单中。餐厅为加强食物原料的成本控制,根据供应菜式的类别特点,要划分出不同的生产间,其饮料、出品、核算均各自独立,一般分为热菜部、烧腊部(或凉菜部)、点心部等;所以服务人员在开订单时要按食物类别分别开单。小型的餐厅厨房则不要求分单,但要在凉菜前标上相应的符号,以方便厨房配菜。

此外,客人结账时实行“AA 制”,也有些地方叫做“分单”。

上菜

上菜是服务员将菜肴按规格和一定程序托送上桌的一种服务方式,它包括菜点的检测、上台、摆放、介绍、撤盘(或挪盘)5 个步骤。(1)检测控制。上菜前要观察菜肴色泽和新鲜程度,注意有无异常气味;检查菜肴有无灰尘、飞虫等不洁之物;严把质量关。同时还要核对一下品种是否有误,盘边是否洁净等。(2)上台。菜点上台首先要选好上菜的位置。一般大盘菜是在副主位之右边上,或在陪同人员之间上;各份菜在每位客人的右边依顺时针方向上。然后要采用正确的上菜姿势,即右脚插入两个餐座之间,侧身,右手上菜(较大容器的菜用双手)。同时还要注意上菜的顺序,一般按凉菜→头菜→热菜→汤菜→甜菜(随上点心)→水果的顺序上,特殊情况除外。(3)摆放。摆菜盘应做到布局美观、方便进餐、符合礼仪要求;它往往与撤盘结合在一起操作。(4)介绍。一般以报菜名为主,但不能边上菜边报菜名,要将菜盘摆好后再退出报菜名,声音应清晰,使一桌客人都能听到。特色风味菜应向客人作简要介绍,以 1~2 分钟为宜,时间不能太长。(5)撤(挪)

盘。调整餐桌上菜盘的位置，撤出空盘，做到无空盘、无摞盘、布局美观。

上菜方法

上菜要按预备、上菜、摆菜、撤菜的程序进行。中餐多用大盘上菜，客人围圆桌而座，所以上菜首先要选好上菜的位置（习称“上菜口”）。零点餐、团队餐可选在桌的下首和其它方便位置，宴会餐则在副主位右边或陪同与翻译人员之间。不能在来宾之间进行，特别忌讳在主宾旁边上菜。上菜位置一旦定好就不再改变，以免给许多人都造成不便。上“各份菜”时则从主宾开始，顺时针在每位客人的右边进行。上菜前要先观察有否空位。需先清好台面再上菜，这叫分步上菜法。当台面摆盘容易时，也可左手托盘（托盘中放菜盘），然后侧身向前先用右手稍作整理留出空档后，再用右手将菜送上。这时左手一定要用托盘，以防菜盘歪斜滑出汤汁，污染客人衣物。菜上桌后应按要求摆好，对于有转盘的圆台，先摆在转盘一边（以不超出转盘外沿为限），然后轻轻转动转盘，使菜盘转在主宾与主人之间。无转盘或方桌上菜时，则将菜盘放在餐台中间或主宾面前。上妥后，退出一步并报菜名。至此，一道菜的上菜过程即告完成。

上菜顺序

上菜顺序是指将一组餐食中的菜肴上桌以供宾客品尝的先后次序。由于人们在进餐时往往还要享用点心、水果、茶食之类，所以上菜顺序包含所有的进餐食品。中餐上菜程序自古就很讲究，清人袁枚在《随园食单》中说：“上菜之法：咸者宜先，淡者宜后；浓者宜先，薄者宜后；无汤者宜先，有汤者宜后。……度客食饱则脾困矣，须用辛辣以振动之；虑客酒多则胃疲矣，须用酸甘以提醒之。”这些原则仍为今天所用。由于生理、心理等因素以及生活习惯的影响，上菜顺序已形成了一定的规律。但它也不是绝对的，不同的地区、不同的场合以及不同的客源，其上菜顺序也有差异。如同样是汤，粤菜服务要先上汤，但湖北人却喜欢最后喝汤；甜菜在正式宴会中一般最后上，但也可在中间上，名之曰“调剂口味”；一般主菜紧跟着凉菜后上，但全鸭席中的北京烤鸭则是最后上，这叫“千呼万唤始出来”，“名角压大轴”；零点服务上菜的随意性更大，往往与当时的营业状况有关；而宴会服务的上菜顺序则比较认真，要事先排好，严格执行。现将上菜顺序的基本原则以及不同地区上菜顺序之差别简要介绍如下。

1. 上菜顺序的基本原则。

(1)先冷后热。先上冷菜，后上热菜。冷菜从口味上看，具有干香脆嫩、爽口不腻、味入其骨、香透肌里的特点，故可作为佐酒开胃之先驱。从另一方面看，冷菜造型美观，可提前预制；它对食用温度无明显要求的特点更是适宜先上。由于可以提前预制，所以开餐后能很快上桌，填补了热菜熟制过程中的时间差，不使客人感到等菜太久；由于对食用温度无明显要求，所以宴会中往往提前上桌，借以烘托台面气氛，宾主讲话时间稍长也不会影响菜的质量；又由于冷碟装盘较为整齐美观，其中彩拼、立雕等常常紧扣宴会主题，给人以美的感受和联想，所以无论上菜顺序差异如何，先上冷碟几乎是普遍的。当冷菜吃了一半时，就应及时上热菜；因为凉菜的分量一般都较少，如不及时跟上热菜就会使客人感到招待不周或无菜下箸。

(2)先主后次，先优质后一般。热菜中，先上重点菜，后上一般菜。重点菜一般是指用料讲究、制作精美、口味怡人的菜肴，其中最好的称为主菜（主菜之最又称头菜）。重点菜先上会给客人留下一个美好的印象，但这也不是绝对的，如果一般菜全部安排在后又会使人感到虎头蛇尾，所以应穿插着上，并在前半部分重点菜略多一些。

(3)先炒后烧。先上炒菜，后上大菜。热炒菜系指炒、爆、熘、炸等旺火热油急炒速成方法制作的菜肴，大多较为清淡；它们在主菜的前面上，发挥其成熟时间简短的特点，以免因大菜烹制时间过长而影响进餐速度。在有些地区（如东北）则是热炒菜、大菜间隔搭配着上。或上了头菜后再上热炒菜。这一上法又称“先清淡、后肥厚”。

(4)先荤后素。先上动物菜，后上植物菜；先上酒菜，后上饭菜。席间进餐往往先饮酒水后吃主食。所以先上酒菜其道理不言而喻。饭菜，又称“小菜”、“香食”，系指饮酒后用以下饭的菜肴，多为味重的炒菜或由酱菜、泡菜、腌菜组成。这类菜有刺激食欲的作用，所以也常作为开味菜在餐前上席，供宾客在整个进餐进程中随意品尝，以调剂口味。

(5)先咸后甜。先上咸味菜,后上甜味菜。咸味和甜味对味觉的刺激性均很大,但比较之下,甜味在味觉器官上滞留的时间要相对长一些,宾客吃了甜味菜点后,再食用咸味菜点,会出现减味和泛味的感觉,破坏了味觉器官的感应平衡。所以正式宴会上,甜味菜都是最后上的。然而许多民间的普通宴请中,常将甜味菜穿插在中间上,目的是调剂客人口味。

(6)先上浓味菜,后上淡味菜。滋味浓厚的菜先上,可给予宾客的味觉器官以强烈的刺激,味中枢神经处于兴奋状态,呈现出旺盛的食欲。如先上淡味菜,宾客会有"寡而无味"的感觉,形成兴趣索然的心理,难以出现食欲高潮。这一规律对以酒佐餐的客人则不然,刚开始饮酒佐餐时,一般适宜清淡的菜,滋味太过浓厚的菜,会使人难以下咽。

(7)汤菜及汤汁多的菜肴排列要适宜。传统进餐汤多在最后才上。这从人体生理学观点来看,显然不太科学。最好是在进餐伊始,先上一碗清鲜的汤菜,吃饭时再上一道座汤,并在菜中,适当穿插一些汤汁略多的烩、煮、烧菜等,以补充因消化液大量分泌而减少的水分,使宾客保持旺盛的食欲,促进食物的消化与吸收。

(8)上点心的顺序。上点心的顺序各地习惯有所不同,有跟汤上的,有穿插上的,也有最后上的。可因点心种类的多少及口味适当安排。

(9)水果最后上。水果多在进餐完毕时送上。在宴会中,上水果前要清台、换碟,以示宴会即将结束。

(10)需蘸取佐料而食的菜要先上随菜佐料,然后上菜。随菜佐料也称菜肴的"跟味",是调味的一种补充方式。先上跟味,可给客人以明确的暗示,以免因不了解其食用方法而影响对菜肴的品尝。

综上所述,上菜顺序既有其规律性又具备较大的灵活性,多因具体情况而定。目前采用较广泛的顺序是:凉菜→主菜→其它热菜(数量较多)→汤菜→甜菜(随上点心)→水果。

2.上菜顺序的四种主要类型。

(1)北方型:冷荤(有时也带果碟)→热菜(以大件带热炒的形式组合)→汤点(面食为主体,有时也跟在大件之后)。

(2)西南型:冷菜(彩盘带单碟)→热菜(一般不分热炒与大菜)→小吃(1~4道)→饭菜(以小炒和泡菜为主)→水果。

(3)华东型:冷碟→热炒→大菜(含头菜、二汤、荤素大菜、甜品与座汤)→饭点(米、面兼备)→茶果。

(4)华南型:开席汤→冷盘→热荤→大菜→饭点→时果。

摆撤菜盘

摆撤菜盘为上菜中的一道程序。中餐上菜多以大盘为主,如不注意摆放并及时清理空盘,便会使台面极不美观,宾客用餐也不方便。摆菜撤盘应以无空盘、无摞盘、布局美观、方便进餐、符合礼仪要求为原则。(1)无空盘。菜盘中的菜用完应及时撤下,为下道菜留下摆放空间,并不使台面看起来像"残席"。(2)无摞盘。由于菜式较多或上菜速度太快,或客人进餐速度太慢,这时餐台上会出现菜盘堆积现象,这叫"摞盘"。它会造成既无空档摆菜,也无空盘可撤的局面。这时可将台上剩菜不多的大盘撤下改装小盘;或经客人同意将类似的菜合在一起;或将点心、干菜、汤菜直接分派给客人。实在无计可施时,则可将新菜暂时搁于备餐台上,并立即通知传菜部放慢上菜速度。切忌将菜盘胡乱堆积摞叠,这样不美观、不卫生、进餐也不方便。在宴会服务中,通常要求桌面上保留两个左右的大菜盘,超过一定的数量便会影响食欲,影响桌面的整齐美观。所以必须控制好上菜速度。(3)布局美观,方便进餐。传统的摆菜格局为"一中心、二平放、三三角、四四方、五梅花"。即上一道菜时将其摆放在餐桌中心位置,上两道菜时将其并排摆放,上3道菜时摆成三角形,上4道菜时摆成正方形,上5道菜时摆成十字交叉形(即梅花形)。此种布局较适合方台的摆菜,或无转盘的圆台摆菜。当就餐人数较多,使用直径1.6米以上的大圆台时,菜盘放在中间会对每个人进餐都造成不便,所以往往沿着转盘的边沿摆放。摆菜时先将菜盘放在上菜口一边的转盘边沿,再轻轻旋转转盘,使其停在主宾与主人的座位之间。当转盘边缘摆满后,可将剩菜不多的菜盘向转盘中间移动,以腾出边沿空档继续上菜。这种摆菜采取的是边缘摆盘、对称布局的方法。无论圆桌多大,而转盘边沿总是宾客伸手可及之处,取食相当方便。当几种菜同时上席时,要注意其荤素、颜色、口味、盛器等的协调搭配，以求最好效果。(4)符合礼仪要求。首先要遵循主宾优先的原则。即所有的菜均先摆在主宾面前。菜肴的看面要朝向餐位，以便客人欣赏。对于整形菜的摆放，中国的传统礼貌习惯是“鸡不献头、鸭不献掌、鱼不献脊”，上菜时将其头部一律向右，胸脯部朝向主宾，表示对客人的尊重。但这些传统现今也有些改变，许多餐厅反而规定上整形菜要将其头部正对主宾，其寓意是以“头”为首，以“首”为荣。

摆菜撤盘还要兼顾当地的习惯及民俗风情，如在婚宴时，有些客人不喜欢撤盘，哪怕是空盘宁可压在新菜盘下也不让人撤下，以示菜肴丰盛；有些请客的主人希望将转盘摆满，而不愿意只留2～3个菜显得尴尬。这些，在服务时应因席因人灵活掌握。

鱼不献脊

为中国传统的上菜习惯，据说来源于“鱼腹藏剑”的典故。春秋时期，吴国的公子光为了除掉吴王僚，谋夺王位，请来猛士专诸相助。专诸善于烤鱼，“尝者皆以为美”，公子光便请吴王僚来尝专诸的烤鱼。专诸在做好的鱼的腹中暗藏锋利的鱼肠短剑，乘进鱼之机，从鱼腹中抽出短剑将吴王僚刺死。而当时专诸为了取剑方便，正是将鱼脊朝向吴王僚、鱼腹朝向自己的。从此便流传开“献鱼不献脊”的说法，目的是给宾主一个“安全感”，表示此宴并非“鸿门宴”。

分菜

分菜又称让菜、派菜，是指服务人员将一大盘菜均分成若干份敬给每位客人；它是餐厅服务的基本技能之一。中餐多用大盘盛菜，就餐时客人用各自的餐具在同一个菜盘中取菜，这从卫生角度来看是极不妥当的。所以餐桌上一般摆有公筷、公勺；个别餐厅甚至给每位客人配两双筷子，其中一双专为取菜之用。如此改变后客人进餐深感不便，还常常会混淆公筷与自己的食用筷，甚至习惯性地仍用自己的筷子取食菜肴。如果将所有的菜都分成若干份制成“小件”上桌，则又缺乏进餐气氛，也失去了圆桌的意义，而且菜中许多造型客人无法欣赏。所以需要寻求一种既符合卫生、又易于观赏，而且进餐气氛浓郁的服务方法，分菜服务恰可满足这一要求。分菜必须借助一定的工具，如餐叉、勺、筷、刀等，其分派方式有4种，即托盘分菜、台上分菜、旁桌分菜、厨房分菜。其中台上分菜又可分为循环分菜、定点分菜两种，而定点分菜又有1人分菜和2人分菜两种方式。服务员采取何种方式，要因菜、因时、因具体情况而灵活运用。分菜的具体要求有：(1)手法卫生。分菜是当着客人的面进行的，手法是否卫生，直接影响宾客食欲，所以要注意用具清洁，可戴白手套操作。分派时不能将卤汁弄出盘外，一勺一叉都要稳，不要在盘子上刮出响声。(2)动作利索。要在保证分菜质量的前提下，以最快的速度、最短的时间完成分菜工作。切不可在分到最后一位时，菜已冰凉。(3)分量均匀。分菜前要先计划好一盘菜应分掉多少、留下多少、做到心中有数。一般不要求分完，应剩余1/10左右，以示菜的宽裕和以备宾客添加。有件数的菜点，如各式点心、棒棒鸡翅等，可按每人1只分完。每位宾客的分量要大致相同。有两种以上原料的菜，要搭配均匀，有主有副，有菜有汤，有头、尾、残骨等不宜分给宾客。菜肴的优质部位要分给主宾。(4)分派准确。力争做到一勺准，切勿将同一勺、同一叉的菜肴分派给两个来宾，更不能从已分派得多的盆(或碗)中匀一些给分派得少的。这对于托盘分菜法、台上分菜法尤为重要。(5)跟上佐料。对于需要佐料的菜肴，分菜时，要跟上佐料，并可略加说明。有许多种佐料供选择时，应先征求客人意见或略作介绍后再让宾客自行添加。(6)不洒菜汁。不可拖带菜汁，将菜汁滴落在桌面或溅到客人衣袖上，是很不礼貌的。

分菜方式

分菜方式按菜所放置的位置，可分为托盘分菜、台上分菜、旁桌分菜、厨房分菜4种。

1.托盘分菜。即服务员先将左手垫上口布或毛巾或比菜盘稍大的垫盘，然后将菜盘托起，右手拿分菜的叉、勺进行分菜。由于要用叉、勺为客人取食分派，所以又称“叉勺分菜法”。

2.台上分菜。即将大盘菜直接摆放在餐桌上，然后为客人逐一分派，此法又分为定点分菜和循环分菜两种方式。定点分菜指服务员站在餐桌的一个点上为客人分派，有一人分菜和二人分菜两种方法。循环分菜指服务人员分别站在每位客人的右边按顺时针方向为其分派。

3.旁桌分菜。即先将大盘菜摆上餐桌,经展示和介绍后再撤下来放在餐桌旁边的备餐台或小餐车上,然后按人数均等分派到餐碟或口汤碗中,再逐一送给客人。分派时也可略有剩余,以备客人添加。

4.厨房分菜。即菜肴直接在厨房里按每人一碟(或一小碗)分好,服务员直接送到每位客人面前。这适合于名贵菜、炖品菜等。其方法与飞盆相同(详见“飞盆”条)。

托盘分菜

分菜的一种方法。也称“叉勺分菜”。程序是:(1)托菜盘。即服务员先将左手垫上口布或毛巾或比菜盘稍大的垫盘。然后将菜盘托起。(2)拿叉勺。先将勺把固定在手指上,其方法是中指支撑在勺(叉)把的中部,小指在下,无名指在上,勺(叉)把插入其间,勺(叉)心向上。然后用食指和拇指捏住另一个勺(叉)把,勺(叉)面朝上或朝下,依不同的菜肴形状而定。叉的前端比勺的前端略向后。(3)站位。从主宾开始,站在客人左侧,左脚向前,腰部稍弯,左手向前伸出,使菜盘正好在客人餐碟的上方边缘,脸斜侧与菜盘成一直线,右手持叉勺,将其放在菜肴旁边,准备分派。(4)分派。先将叉移开,露出勺面,然后手心向左向下使勺面垂直于菜肴,将勺面插入菜肴底部。同时翻转手腕,使勺面向上,随即用叉按住,再移至客人的餐碟上方,松开叉勺,菜肴落下后随即收回。报菜名后,整个身体退出,并按逆时针方向为下一位分派。(5)整理。退出后将分乱的菜肴稍作整理,并将要分的菜肴预先夹好,待走到下一位客人左边时,能迅速分派。托盘分菜法适宜于点心、干菜或汤汁较少的菜的分派,采用此法一般都要求站在客人的左边。但有些酒店规定要站在客人的右边。其理由是许多服务如斟酒、换餐碟等都是在客人右边进行的;如果分菜在左边,会两边都影响客人,使客人避让不及,影响进餐。

台上分菜

分菜的一种方法,也称“桌面分菜”。即将大盘菜直接摆放在餐桌上,然后为客人逐一分派。它适合于汤菜、烩菜、大菜以及某些汤汁较多的菜的分派。台上分菜有循环分菜和定点分菜两种形式。

1.循环分菜。先为客人换上干净的餐碟、口汤碗,然后将菜盘摆好。分派时从主宾开始,站在客人右边。用左手将客人面前的干净餐碟拿至菜盘旁边,再用右手持叉勺将菜分到餐碟里,最后将餐碟送还客人面前,如此按顺时针方向循环绕桌进行。分汤亦可照此操作,但要将餐碟换成口汤碗,叉勺换成长柄大汤匙。

2.定点分菜。即服务员站在上菜口为一桌的客人分菜。可1人分,也可2人分。(1)一人分法。①将宾客面前用过的餐碟(或口汤碗)收下。②从副主位右边或陪同之间,用托盘送上干净的餐碟(或口汤碗),并将它们摆在转盘靠边沿的位置(呈圆弧形或马蹄形)。餐碟(或口汤碗)按客人实际人数准备。③将要分的菜品上至餐碟(或口汤碗)的中间位置,报菜名,造型菜要转动转盘一圈。④将公用筷架上的长柄汤勺持于左手,右手持公筷或叉勺,均等地将菜肴逐份分入碟内(或口汤碗内)。⑤全部分完后,轻拨转盘,使菜盘停至主宾位置。⑥侧身站在客人的右侧,从主宾开始,逐一将分好的餐碟(或口汤碗)送至客人面前。(2)两人分法。①为客人换上干净的餐碟(或口汤碗)。②一名服务员从规定的上菜口将大盘菜摆至转盘边沿,报菜名,造型菜旋转一周展示。③上菜的那名服务员左手持公用筷架上的长柄汤匙,右手持公筷或叉勺,从大盘菜中取出一份集中放在长柄汤匙里。④另一名服务员站在客人的右边,从主宾开始,将客人面前的餐碟(或口汤碗)向分菜服务员所站方向递过去,送至所持长柄汤勺的下方。⑤分菜服务员翻转长柄汤勺,使菜肴落在餐碟(或口汤碗)里。⑥持盘的服务员将已分好菜肴的餐碟(或口汤碗)送还客人面前。

旁桌分菜

分菜的一种方法,也称“异台分菜”或“服务车分菜”。即先将大盘菜摆上餐桌,经展示和介绍后再撤下来,放在餐桌旁的备餐台(或服务车)上,然后按就餐人数均等分派到各餐碟(或口汤碗)中,再逐一送给客人。它适宜于造型菜、整形菜、大菜的分派。其具体程序是:(1)准备。根据就餐人数,事先在备餐台(或小餐车)上摆好餐碟(或口汤碗),口汤碗下要放垫盘。同时留出放大盘菜的空档,准备好分菜的叉勺等工具。然后将客人面前的脏餐碟(或口汤碗)撤下,留出空档以便上菜。(2)上菜。将大盘菜按上菜要求上至餐桌的转盘边沿。(3)展示。拨动转盘,使菜旋转一周回到原位置,随即报菜名。(4)介绍。向客人介绍本菜的特点以及相关制作方法,一般菜可不作介绍。(5)下菜。将菜盘暂时先撤下来,放在餐桌旁的备餐台和服务桌上的预留位置。(6)用叉、勺、刀等工具将菜均匀地分派到各个餐碟(或口汤碗)中。可剩余1/10的菜,并装入小盘中待用。(7)各份上菜。将分好菜的餐碟(或口汤碗)依次送给客人,从主宾开始,在每位客人的右边依次派送。(8)摆上余菜。将未分完的余菜装入小盘中,重新摆上餐桌,以便客人随意添加。

整形菜切割与分派

1.整鱼。首先要剔除鱼骨。方法为:鱼头朝左边,左手持分叉压住鱼头,右手持餐刀把附在鱼身表面的配料拨下,再沿鱼脊骨向下划刀,并将鱼身与鱼尾、鱼头割开。然后将上层的鱼肉向两边轻拨,露出鱼骨,将鱼骨与鱼肉分开并剔出,放在随上的空碟上(菜盘较大时可将鱼骨直接摆在旁边,以供客人鉴赏)。再将佐料浇淋于鱼肉上,然后将上层鱼肉及配料按原样整理成形。分派时的用刀方法是:将下层鱼肉也沿鱼脊方向划刀,再将整鱼从上层鱼肉开始按与鱼脊的垂直方向纵切4～5刀,即可分成10～12份,然后逐一分派给客人的餐碟中,鱼肚等优质部位分给主宾,鱼头鱼尾不分给任何客人,分后将鱼刺等杂物撤下。

2.整鸡。左手持叉,右手持刀,先将鸡的各个关节断开,如腿、翅、脖、脯等,再用刀将脯肉划割成若干块。最后用叉勺逐一分派,分派到餐碟中的鸡肉要使鸡皮朝下。鸡头、鸡尾一般不分,留在盘内,随宾客自取。

3.冬瓜盅。冬瓜盅是带皮的炖品。由于瓜身较高,一般要做两次分派,第一次先用公勺将上段冬瓜肉和盅内配料汤汁均匀分派给客人;第二次先用餐叉叉住瓜皮,而后用餐刀从上向下切,横削去皮,一般分4刀削完。切下的瓜皮放入空盘上,然后在剩下的盅内适量加入精盐等佐料。稍作搅拌,再逐一分派。

4.肘子。用叉压住肘子,用刀将肘子切成若干块,再按宾主次序分派。

5.鸽吞燕。鸽吞燕即燕窝炖酿白鸽,这道菜的分派应保持汤清鸽整。其方法是:先将汤分进各位宾客的碗中;待汤分完,鸽子露出时。再按鸽子的不同部位分拆并分入每个碗内;最后将盛器内的燕窝均等地分进客人的汤碗内。

另外,炒面、斩蛋等菜也要适当分割,以便取食和分派,其方法与分割肘子相似。

飞盆

指菜肴服务的一种方式,其叫法源于西餐,中餐则称“各份”。即厨房将菜肴烹制好以后,按就餐人数分别装盘,再由服务人员逐一送给客人。它多用于汤菜以及较名贵的炖品菜。

报菜名

报菜名即上菜时告诉客人菜名。报菜名一定要在菜摆妥以后再进行。不能一边上一边报名称。这是因为客人一般在专注进餐或交谈,不一定知道你在上新菜,所以这时报菜名客人往往不会留意听,而菜摆好后再报菜名就会留下较深的印象。同时,边上菜边报菜名也不符合卫生要求,会有唾沫等溅入菜内。报菜名要与餐台保持适当距离,掌握好量与速度,以客人能听清楚为标准。对一些特色菜,报完菜名后可对其掌故作简要介绍,引起客人食欲,增添进餐乐趣。

右上右撤

为现今广泛采用的上菜服务方式。指在上“各份”菜以及采用托盘式分菜时,均在每位客人的右边操作,脏盘也从客人的右边撤下,按顺时针方向依次进行。餐厅中的菜点服务最先是遵循左上右撤的规则,后因其左右交叉服务影响客人进餐而改之。但单就托盘式派菜而言,左上操作要便利一些,因为中餐客人往往右手拿筷、右手举杯,所以从客人右边派菜常常不便操作,同时菜、汁等也易滴在客人身上,会出现差错。

左上右撤

原为西餐中的美式服务方法。美式上菜多采用“飞盆”,即厨房将菜肴烹制好后,按就餐人数分别装盘,再由服务人员逐一送给客人。由于同时规定用左手从客人左边送上所有的食物(不包括酒水),用右手从客人的右边撤走脏盘,即“左上右撤"。由于中餐上大盘菜供多人共食不太卫生，所以在宴会中提倡使用"飞盆"方式，并遵循"左上右撤"的原则。不过目前这一规则也有所改变，中餐用圆桌，餐座之间的空档较小，上菜服务时一会儿在客人左边，一会儿在客人右边，会对客人干扰过大，不利进餐。因此许多酒店规定"右上右撤"，即用右手从客人右边上菜，同时从右边撤下脏盘，并按顺时针方向绕桌进行。

客前烹制

指将菜肴原料在客人餐桌旁的小推车上进行切割或熟制。这是一种能够渲染气氛，引人注目，促进销售的服务方式，西餐扒房尤重此道。茶市服务中的煎炸车就是采用这种服务方式，先向客人展示所供应的品种，如鸡蛋、锅贴饺、豆皮等，客人点要后即现场烹制成熟。客前烹制需要进行必要的投资；还需要训练有素的服务人员；操作时小推车及服务人员要占用一定空间，会使同面积餐厅的餐位减少；而且服务速度会减慢，要求客人有时间和心情等待。但在高档餐厅或宴会中，选择部分菜肴作客前烹制表演，无疑会使客人获得一种独特的就餐经历，并留下美好的印象。如客前切割烤鸭、电烤肉串、拔丝水果等。餐厅客前烹制表演，对服务人员的素质要求较高，他们要符合处理食物的卫生要求，学会菜肴食品的陈列方式，掌握烹制表演的技能并达到规定的技术标准；同时还要注意自己的仪表，使动作行为符合规范。因此优秀的客前烹制服务员常有"半个厨师"之称。

拔丝菜服务

拔丝类菜肴，品种很多，如拔丝苹果、拔丝山药等，其糖浆易冷，会结成大硬块，所以要快速服务。(1)换餐盘。拔丝菜为甜菜，为了不影响串味，应在上菜前先为客人换上干净的餐盘。(2)垫热水汤盆。由于糖汁易凝固，故冬天要在菜盘下垫一个盛有热水的汤盆，使菜肴保持一定的温度。(3)送上小碗。拔丝菜要趁热吃，为了不致烫嘴并达到外脆里嫩的口感，品尝时要先在凉开水里面沾一下。所以应备好数碗凉开水(正、副主人面前应各有一碗)，先于拔丝菜上桌。(4)迅速分派。服务员站在主宾的身后右侧，然后按顺时针方向依次尽快分派，分派后应将菜肴先在凉开水中蘸一下，再逐个放于客人的餐碟。

基围虾菜服务

1.征询。客人点了基围虾后，要征询客人对烹制的要求，如白灼、清蒸、椒盐等。并问清楚需要的分量以及烹前是否需要检验虾的成活情况，如："某先生，我们的基围虾都是鲜活的，您需要看一下吗？"

2.展示。基围虾一般要鲜活的，如果客人要求烹前验看，应将虾捞出称好后，用网兜和小盆装好全部向客人展示："某先生，这是活虾，请您过目。"随即立刻交传菜员送至厨房，切勿过多耽搁。

3.准备洗手盅。将温茶水倒入洗手盅(五分满)备用。洗手盅下要用垫盘，规格高的可在垫盘上放一花垫或折成莲花状的餐巾；盅内还可放些鲜花瓣或泡开的绿叶茶。

4.上台。上台时要先上佐料，再上虾，最后上洗手盅。上洗手盅时要边上边向客人讲明："这是洗手盅。"(防止某些不明情况的客人误饮) 然后将菜盘转至主宾位置。

5.分派。从主宾开始，按顺时针方向在每位客人右边依次为客人分派，可采用台上分菜之循环分菜法。由于基围虾是一只只的，直接用手剥食，所以也可以不分，但要拨动转盘一周，并在每位客人餐位前暂停，示意客人取用。

6.上毛巾。基围虾因要用手剥食，所以还须上道热毛巾，以便食后擦手。

带跟味菜服务

有些菜肴食用时，要跟配一些佐料，以弥补熟制过程中不便调味之处，或满足客人的不同嗜好，此为"跟味"。这类菜肴上桌时其"跟味"的处理，通常有3种方式：(1)自助式。即将几种常用跟味佐料分别放入味瓶(或碟)中，事先摆在餐桌上，客人进餐时自取、自配、自用。它适合于供应品种单一的餐厅，如烧烤餐厅、小吃餐厅、规格不高的零点餐厅；有些大众化快餐厅也可使用这类方式。例如，专门供应汤包的餐厅可摆醋和姜丝；零点餐厅可摆酱油和醋。(2)随上式。将"跟味"分别盛装到小味碟(或口汤碗)中，随同菜肴一同摆上餐桌，上菜时要先上佐料后上菜。也可以将味碟放在菜盘的中间或一边，其余地方放菜。随上式的适用范围最广，特别适合“跟味”成本高、品种多的菜肴。(3)拌入式。跟味和菜肴上桌后，服务人员随即将“跟味”拌撒在菜肴中。这适合于汤菜或清蒸类菜。

快速上桌菜服务

快速上桌菜指由于菜品的自身特点，必须快速上桌食用，否则会影响菜品形状及口感的菜。这类菜式主要有：(1)易变形的油炸菜，如软拖鱼条、高丽虾仁、炸虾球等，此类菜品只有上台快，才能保持菜肴的形状和风味，时间长了则瘪凹变形。(2)焦熘糖醋菜，如糖醋鳜鱼、焦熘里脊等，如果上慢了，就会使菜肴的焦熘风味逊色。(3)用蛋白打泡后制成的菜品，如峡口明珠汤，慢了就会泻水变形。(4)拔丝类菜，如拔丝香蕉，由于其糖汁易凝固，会结成硬块无法拔丝，所以也要快速上桌。(5)有声响的锅巴类菜或铁板类菜，如锅巴肉片、铁板牛肉等，时间长了会使温度下降，影响浇汁效果。

快速上桌菜的服务，即是在安全、卫生、方便的前提下，尽量提高上菜速度，并告知客人及时食用。

包装菜服务

菜式的包装有泥包、纸包和荷叶包种种，如叫化鸡(泥包)、纸包鸡(纸包)、荷香鸡(荷叶包)等。这类菜要先上台让客人观赏后再拿到操作台上当着客人的面打破或撕破包皮，这样可以保持菜肴的香味和温度。去掉包皮后，再用刀叉将整菜撕开，并按分菜要求分派给各位宾客。

原盅炖品菜，往往都有封签，如冬瓜盅，上台后要当着客人的面撕去封签纸，以便保持炖品的原味，并向宾客表明炖品是原盅炖的。撕出纱纸后要快速揭盖，并将盖翻转拿开。拿盖时注意不要把盖上的蒸馏水滴在客人身上。

油炸响堂菜服务

油炸响堂菜(如锅巴海参、锅巴肉片)，是指上桌后浇淋汤汁即发出爆裂声响的菜肴，因其声音动听、响彻餐室而得名。这些菜一出锅就要以最快速度端上台，随即将汤汁烧在锅巴上，使之发出“嚓嚓”的诱人声响。做这一系列动作要连贯、迅速，否则会失去应有的效果。此类菜过去被称为“平地一声雷”、“轰炸侵略者”、“天下第一菜”或“响堂炮”，能给餐厅增添热烈的气氛。

与此相类似的菜还有铁板类菜，上台时应先用厚木垫盘将铁板在餐桌上摆好，然后浇上汤汁随即迅速盖好菜盘盖，否则汤汁会溅到客人身上；待响声基本平息以后，方可以揭开盘盖就食。

火锅服务

火锅菜肴可分为生片火锅、涮汤火锅、什锦火锅、自助火锅4类。

1.生片火锅的服务方法：(1)舀汤。火锅拿到备餐台后，在上席前用大汤勺舀出适量的汤汁。盛于大汤碗内，以防止上席后加进主、配料会使汤汁溢出。(2)上火锅。上火锅时先上底座，底座下放一个盛水的垫盘，防止烤焦台布。底座摆稳后，即点燃火源。然后摆上盛满汤料的火锅。这时如果汤汁未开，则暂时不要揭盖。专用的火锅餐桌可直接将餐桌上固定的卡式炉开关打开，再放上火锅。(3)摆生片。将装好各式生片的菜盘摆在火锅周围。(4)下料。汤开后，先将配料放入火锅，如白菜、粉丝，再按各主料烹熟所需时间之长短，依次用筷拨进火锅，随即用筷子搅散，盖上盖子，煮熟。(5)分派。生片煮熟后用漏勺和筷子将生片及其它原料依次分派给客人。(6)第二次下料。

2.涮羊肉的服务方法：(1)上火锅。可参见生片火锅服务的相关程序。(2)上调料。涮羊肉的调料有芝麻酱、干辣椒油、酱豆腐、酱油、料酒、韭菜花、细葱花、虾油、香菜末等。服务时将各种调料放在一个托盘上，然后从主宾开始，征询客人意见做涮羊肉汁。余下的调料稍作补充，摆在火锅周围。(3)上涮料。如羊肉片、白菜、粉丝、冻豆腐等，摆在火锅周围。(4)下主料。待汤开后，先将羊肉片放入，羊肉片变色后即可捞出，一一放入客人的汁碗中。(5)下辅料。吃完羊肉，将白菜、粉丝、冻豆腐倒入锅内，煮透后连汤带菜一齐盛放在客人的碗中。

3.什锦火锅服务方法。什锦火锅有荤素多种原料，在厨房就已下料并摆放整齐，加热后再送至客人餐桌。这时可以按上火锅的程序操作，不一会汤料烧开，即可用漏勺、筷子等为客人逐一分派。分派时要保证每种原料都有一点。

4.自助火锅的服务方法。自助火锅是由客人自选原料、自行调味下料的，一般不提供专门的菜肴服务。

跟味

“跟味”指菜点上桌食用时所蘸沾的调味料的总称。也称“随菜佐料”。菜肴的调味,大多在烹调过程中完成,但有些菜肴食用时,需要跟配一些佐料,以弥补烹调过程中不便调味或调味不足之处,使得菜肴更为适口并利于人体健康。如涮羊肉就必须蘸佐料而食才会入味;螃蟹味腥,且凉性大,食用时就必须佐以姜醋。因此,跟味是某些菜点食用时的必备之品,能起到调味、去腥、提香、解腻、开胃等多种功效。跟味分别由葱、姜、蒜、酱油、芝麻酱等佐料调和配制而成,分作辛香类、汁水类、糊酱类3个类别。其中,辛香类有葱(葱粒、葱球、葱花)、姜(姜丝、姜末、姜汁)、蒜(蒜白、蒜瓣、蒜泥)、芫荽、花椒、花椒盐等;汁水类有葱姜汁、醋姜汁、喼汁、OK汁、辣椒油、辣椒酱以及为某些特殊菜式专门调制的混合味汁等;糊酱类有芥末糊、甜面酱、芝麻酱、豆瓣酱、番茄酱、虾酱、沙茶酱等。其中的许多复合调味品可以在市场上直接购买。

跟味的一般规律是:(1)烧烤类菜肴要跟大葱段、甜面酱,并带有荷叶夹或薄饼等面食以及用骨头熬制的清汤。如烤鸭、香酥鸡。(2)以鱼肉为原料的炸制菜肴,要跟花椒盐、辣酱油。但属于干炸、脆炸、软炸一类的,只跟花椒盐;属于面拖、上糊、拍面包粉后再煎炸的,只跟辣酱油。(3)海鲜、河鲜类菜肴,以及带有肉皮冻的菜点,要跟姜、醋等佐料,以去腥解腻。(4)性凉、油重、味淡一类的凉菜,如白切鸡等,要跟芥末、芝麻酱。(5)鱼虾类的炸制菜要跟番茄酱。(6)脆炸菜品要配喼汁、淮盐。(7)丝状的肉类菜一般要跟薄饼。跟味的内容并不是一成不变的,最终还要依客人的爱好而定。而且随着食品工业的发展,很多新型复合调料的问世,跟味品种会大大丰富起来。

带跟味的菜肴可以采用下列方式服务:(1)自助式。即将不同佐料分别放入味瓶(或碟)中,在上菜之前就摆在餐桌上,客人进食时自取自配自用。这适合于供应品种单一的餐厅,零点餐厅,预定进餐等。(2)随上式。将跟味分别盛装小碟(或小碗),随同菜肴一同摆上餐桌。上菜时要先上佐料后上菜。它适应的范围最广,特别是跟味制作复杂,或跟味品种多的菜肴,大多采用这一方式。(3)拌入式。跟味和菜肴上桌后,再由服务员随手将跟味拌撒在菜肴中。这适合于汤菜、清蒸菜。

跟味种类

跟味佐料的种类繁多,一般分为4大类。

1.辛香类。有大葱、小葱、姜、蒜、芫荽、花椒、胡椒等,既可单独作为菜肴的跟味,又可与其它佐料调配使用。

2.汁水类。用几种佐料混合调制而成的液状跟味,现今有许多工业生产的成品调味汁,可以直接使用。汁水类的跟味主要有葱姜汁水、醋姜汁水、辣椒油、辣酱油以及专为某些特殊菜式而调制的味碟,如凉菜味碟、炝虾味碟、全蟹味碟、白斩鸡味碟、基围虾味碟、火锅味碟等。

3.糊酱类。指呈稠浓状态的跟味,如芥末糊,甜面酱、芝麻酱、豆瓣酱、番茄酱、虾酱。

4.面食类,以面粉为原料制成,有簿饼、荷叶夹等,进餐时将菜肴卷起或夹起食之。烤鸭、炒里脊丝等菜都要带薄饼或荷叶夹上桌。

跟味配制

跟味上桌时,须加工成末状、粒状、丝状、花状、茸状、汁状、糊状等等,而且许多菜肴的跟味由几种佐料复合组成,也要经过调配、加热或烹制,所以为菜点制作跟味成了一项专门工作。过去它是由服务人员在备餐间制作,现今则由厨师来完成。随着食品工业的发展,许多成品复合调料可以直接使用,免去了烹制的麻烦,所以本书不再介绍这些跟味的制作方法。

餐室插花

餐室插花

插花系指将剪切下来的植物之枝、叶、花、果作为素材,经过一定的技术处理和艺术构思,插制成的一种室内装饰品。

插花艺术源远流长,现已形成多种风格和流派,广泛运用于人们的装饰美化及日常生活之中。在餐厅服务中,常用它美化餐室,装饰餐台,烘托宴请气氛,从而形成餐室插花艺术这一特殊形式。

餐室插花以桌花为主体，其它另有挂花、吊花、捧花、胸花等类型。

1. 桌花。是指摆在餐桌和台面上的插花作品。桌花一般处于桌面的中心位置，其造型要达到五方均能观赏的效果，即从前后左右和上面观看均能享受美感；但又不能插得太高，以免挡住视线和妨碍交谈；也不宜太大，以免影响客人在桌面上的活动。其花材应尽量避免挑选香味过浓的、带刺的、花粉容易散落的，以及过分华丽和僵硬的枝条。

桌花可分为4种类型：(1)中餐餐桌插花。中餐使用多人围坐的圆桌进餐。宜用盆、钵、扁篮等作花器。花型大小要与桌面大小相宜，一般采用均齐式插花造型。如倒T型、三角型、金字塔型、水平线型、圆型、椭圆型、球型、半球型、扇型等。若选用平衡式插花造型，则要控制好花型高度和大小。采用分餐形式服务的餐室桌面，可将花、叶等组合成一定图案铺摆在餐桌中间。(2)西餐餐桌插花。西餐聚餐多使用长条桌，客人相向对面而坐，可采用瓶花、盛花（将花盛于浅水盆中）或摆花（直接将花材摆于餐桌中部），置于桌中心或对称置于餐位空档处，也可以烛台为花器，装饰烛台，美化席面。(3)小型餐桌插花。指用于小圆桌、小方桌上的插花。由于餐桌面积小，插花造型以轻盈小巧、玲珑精致为佳，花型高度在10～20厘米之间，适用于零点餐台及狭小环境的点缀（如吧台、公用电话旁等）。选用的花材要求花枝细小且枝条不多，一两枝即可，必要时可以再加少许辅枝衬托。(4)自助餐酒会插花。自助餐酒会一般设有装饰台、食品台、签名礼品台等，上列的几种插花形式都可用于它的不同台面。这主要依台型大小和场地气氛而定，可以与其它餐室装饰手法共同使用，如盆景、雕塑等。

2. 挂花。在餐桌的墙壁上或柱子上挂上花器，里面的插花称为“挂花”。挂花形式多样，不拘场所，又能充分利用空间，如果巧妙设计，能造成美丽优雅的效果。其花器选择应具有轻快感，如竹编的篮、笼、筐、篓、筒之类，也可使用轻巧的陶瓷和玻璃器皿。花材不要采用太大的花和太重的枝条，以枝头下垂的藤蔓、袅娜的花枝和柔软的纤叶等为好。若作为一件固定的墙饰，则可选用干花、绢花等插放。花材的配合不宜超过2～3种。挂花在墙上的高度应该大致相当于人体站立时眼睛的高度，即高160～180厘米。

3. 吊花。是指将花器悬吊在天花板上的插花。它可放置在餐室空间的一角，以不妨碍人的活动为准。其造型要能从两个方向或三个方向观赏，其主枝采用横斜或下垂插法，以供人仰望或横侧赏玩。吊花多用篮篓或月牙形、船形等花器。其花器花材的选择与挂花相同，但要注意与空间以及背景的协调。

4. 礼仪插花。餐室除主要供人们进餐外，也可作为社交礼仪活动的场所，如庆典、会议、会见等。用于这类活动中的插花统称为“礼仪插花”，主要有花篮、花环、花束、花钵以及来宾的捧花、胸花、头饰花等形式。若是烘托气氛，通常体形较大，花材较多，插作紧密，要求造型整齐简洁，色形鲜丽明快，大小要与摆放的台面及环境相适宜。若是装饰点缀，如胸花、头饰花等，则应小巧玲珑，重点突出，组合别致，并要适当固定，以便于摘取佩戴。礼仪插花的花材运用还要考虑各国、各地、各民族的用花爱好和忌讳等习俗，以免失礼（参见“花木象征语言”条）。

插花分类

插花艺术的品目很多，现从不同的角度归类如下：

1. 按所用花材性质类别的不同分，有鲜花插花、干花插花、人造插花以及器物插花。

2. 按所用容器样式的不同分，有瓶花、盘花、篮花、钵花、壁花、束花。

3. 按使用目的不同分，有生活插花、礼仪插花、装饰插花和艺术插花。

4. 按艺术风格的不同分，有东方式插花、西方式插花和自由式插花。

5. 按艺术表现手法的不同分，有写景式插花（盆景式）、写意式插花与装饰性（抽象式）插花。

6. 按其自身发展时期的不同分，有古典插花、传统插花和现代插花。

7. 按插花作品摆放位置的不同分，有餐桌插花、案几插花和空间插花。

8. 按插花作品所处环境的不同分，有家庭插花、公共场所插花和室外插花等。

插花流派

插花艺术源远流长。在其发展过程中，由于

各地区、各民族的地理环境、风俗习惯、宗教信仰、文化传统等不同而表现出不同的风格特点，形成了众多流派。最大的两个流派是以中国和日本插花为代表的东方式插花和以传统欧洲插花为代表的西方式插花。在这两个大的流派之内，又分出很多小的流派。现摘要简介如下：

1.中国式插花。传统的中国式插花以古代的哲学思想为灵魂，以自然山水、国画和书法的构图方式为其造型形式。视自然平和为美，喜爱温和淡雅的意境，构图多含蓄、有寓意而很少见外露手法。它们造型生动、色调自然，与中国的园林、盆景艺术一样，是大自然的缩影。它采用自然界中优美生动的材料，如花枝、草木、果实等，或将干枯的树头、树根、树叶等进行加工利用，赋予其再生的意义，使之富于画意而又不露人工斧痕，富有装饰美而又不失自然风韵。这类插花取材简洁，一枝一叶都具有高度概括力，使人们从中感受一种平和、雅淡的野趣，渐渐升华至一种更高的境界。其表现技法多用线条、写意、写实等形式。构图严谨、讲究主次、比例、呼应、对比、留空白等，并尤为注重花材特定的品性和寓意。

2.日本式插花。日本式插花起源于中国，最初是由唐代的佛前供花随同佛教一起传入日本的，被称之为“花道”。日本花道流派众多，且各具特色，在世界各地都有一定影响，已成为大和民族特有的传统文化艺术之一。日本式的插花，其造型原则上以3主枝为骨干构成。最长的花枝称为第一枝，次长的花枝称为第二枝，最短的花枝称为第三枝。3主枝高低不一，分别作用于上段、下段和中段，然后加上装饰的枝条，达到造型上的立体化。3主枝分别代表着“天地人三才”。因3主枝的位置和作用不同，又将插花造型分为真、行、草3种：“真”取立姿形态，表示端正静肃的美感；“草”取潦草形态，表示自由奔放的美感；“行”取“真”与“草”的中间形态，表示宽舒快畅的美感。日本式插花的主要流派有：(1)池坊流。池坊流是日本最古老的插花流派，已有500多年历史，它恪守日本插花艺术传统，以“立花”(即竖立的花)为代表花型。通常是由7～9支(多取剪切)花材构图，分上、中、下3段插作而成，花型左右对称而竖立，插时各枝有一定的顺序、长度、位置和伸展方向，不能前后倒置；总体垂直并稍呈圆柱形，讲究线条美。(2)草目流。草目流是日本式插花现代化、大从化的代表，着意于使插花艺术和现实生活相结合，特别讲究心正意诚的精神。草目流插花一般也以3个主枝为构图中心，每一主枝朝一个方向，其它花材作为从枝衬托。形成“立真型”(纵长插法)、倾真型(横长插法)、“平真型”(水平插法)、垂真型(低于水平插法)等形态。插花者可在此基础上变化花枝的位置与角度，并考虑花材、花器、摆放位置以及装饰环境的调和，达到较高的艺术境界。(3)小原流。小原流以色彩插花和写景插花为主。在色彩插花中，又分写实与非写实两种，写实手法注意花材的季节性，形式上有较严密的约束；非写实手法则不受花材季节的限制，形式自由，取材广泛，一些非植物的东西也可以配合使用。写景插花则表现插花者在描写风景方面的主观愿望，常常以石头、花木、青苔来表现。小原流的表现手法是以“盛花”为主，即把花“盛”于浅水盆中，表现出面的扩展。(4)此外日本式插花还有古流、实道流、远洲流、松目堂古流、未生流等派别。

3.西方式插花。西方式插花起源于古埃及，讲究几何图案造型，如三角形、倒T形、月牙形、扇形、球形、S形等。追求群体的表现力，构图上多采用均衡对称手法，以数学协调为主流，使花材表现出装饰性，以人工美取胜。它使用色块的堆积，表现各种构思的内涵，追求艳丽的色彩和雍容华贵的美，着意渲染浓郁的气氛。西方式插花经过长期的发展演变形成了传统式和现代式两种流派。(1)传统式西方式插花。它以欧洲为代表，其插法特点是色彩浓烈，用大量不同颜色和不同质感的花组合而成，以几何形构图，讲究对称与平衡。作品色彩斑斓，绚丽耀目，讲究杂而不乱，浑然一体，花与花之间、叶与叶之间层次分明，有深度，有节奏，表现出很好的章法。(2)现代式西方式插花。是将东方式插花和传统西方式插花相结合，经过分解，构成设计，插出的作品更能表现出色彩及花朵的美感。其花材选择广泛，款式趋于自由，还吸收了现代雕塑、装潢工艺等造型艺术的原理，使表现力更为丰富，更能表达现代人的感情、愿望，具有一种时代的美。

古典式插花

早期的古典插花，只限于瓶插。插花者随便用一些花草树枝，凭着自己喜欢的形态和长度，插入瓶内，注入清水浸润即成。当时由于人们生活朴素、崇尚自然，因此，插花的形式也就比较简单，大多只是保持花材的自然形态，不施以艺术技巧加工，也没有花针、花泥等辅助工具，多以陶瓷器皿为花器。中国式古典插花所选的花形稍大，花枝之间留有适当空隙，有清雅脱俗的韵味。日本式古典插花比较善于利用简单的几枝花材，鲜明地表现每枝花独特的优美线条。西洋式古典插花则喜欢用大陶瓷瓶作器皿，插入一大堆鲜花和绿叶，并配以水果，形成鲜艳夺目的图画，颇具气势。

花材

花材即插花用的素材。它是插花材料的主要组成部分，作者用以表达情感、意图的传递者，能反映创作者的精神面貌和艺术风格。花材分为鲜切花材、干花花材、器物花材等。

1.鲜切花材。鲜切花材指从植物体上剪切下来的花朵、花枝、果枝、叶片以及干枯枝条等的总称。是插花花材的主体。鲜切花按其观赏部位，又分：(1)观花切花。如月季、菊花、康乃馨(香石竹)、唐昌蒲，称为四大切花；此外还有非洲菊、大丽菊、萱草、风信子、百合、鹤望兰、紫罗兰、兰花、天竺葵、仙客来、芍药、水仙、荷花、睡莲等。(2)观叶切花。有肾蕨(蜈蚣草)、文竹、天门冬(又名天冬草、武竹)、凤尾葵、铁树叶、红叶、棕榈等。此外，还有松、柏、竹、芭蕉、吊兰以及长春藤、凌霄等藤蔓材料。(3)观枝切花。也称切枝花，是指带花枝剪切下来的木本植物的花枝，其观赏性的木本花枝在东方式插花中运用得极为普遍，主要有梅花、樱花、杜鹃花、一品红、桂花、茉莉花、牡丹、白兰花等。(4)观果切花。即以鲜艳美丽的果实为观赏对象而用于插花创作的花材。如南天竹、火棘(红果)、紫珠石榴、金银茄、冬珊瑚等。按鲜切花的形态，又有线形花材、块状花材、定型花材、散状花材之别。

2.干花花材。干花是由鲜切花经自然干燥或化学法脱水加工而成的。它们既不失原有植物的自然形态美，又可随意染色，插作后经久耐用，管理方便，且不受季节和采光限制，多用于宾馆饭店的走廊、底楼及灯光较暗的环境。但在潮湿的环境中不宜用干花。干花种类较多，大部分鲜切花材都可以制成干花。干花既可单独插，也可与鲜切花搭配插，还可装饰匾、画和其它美术工艺品。

3.人造花材。人造花是指人工仿制的各种植物材料，有绢花、涤纶花、塑料花、水晶花等。用人造花插花在唐朝时即已盛行(如绢花插花)。它经久耐用、清洗简便，宜于做大型舞台、橱窗的装饰。

4.器物花材。现代插花尊重个人创作意念，只要有想像力，无生命的材料也可以用来创作插花作品，如金属丝、绢带、铁片、彩纸、贝壳、胶管、小塑像、日常用具等，统称为“器物花材”。它们通过与其它类别花材的巧妙组合，别有一番新意，但切忌喧宾夺主，失去插花的本意。

花材选择原则

花材是指插花用的素材，此乃插花的灵魂。挑选花材就意味着创作的开始，不能盲目地、毫无思索地拿上几支花材就插，而必须考虑下面5个要素和原则：

1.花材应符合插花的目的和用途。许多花材都具有一定的象征意义，故有“花语”之说(参见“花木象征语言”条)。而且花材自身的性质也会给人以不同联想。所以应根据插花使用的场合和目的，选择代表一定主题的花材。如新娘捧花，宜用玫瑰、百合；母亲节献花宜用康乃馨(香石竹)。同时还要考虑花材所表达的气氛效果，如喜庆宴会宜选用花繁、色艳、叶茂的花材；庄重场合宜选用观叶类朴实大方的大型花材等。

2.选择应时花材。不同的季节生长着不同的植物，其季相景观也随时会变化，如春花、秋实、夏叶绿之类。所以根据季节运用不同花材插花，会使人感到大自然的清新、亲切与变化。就春季而言，早春有腊梅、迎春、银牙柳，春分以后有碧桃、榆叶梅，暮春时节有牡丹、芍药等。盛夏炎热，清水、绿叶、浓荫最有凉意，选用浅色调的花朵、绿叶及水生植物(睡莲、荷花、菖蒲)，会产生宁静、清凉的气氛。秋天选用红果、秋叶、黄菊，可造成金秋景象。冬天巧妙地选用残荷、梅枝，也能表现峥嵘劲直的气氛。时下由于花卉大多是广泛利用温室栽种，可以全年生产切花，故而香石竹、月季、菊花、唐菖蒲、丝石竹(满天星)等优质花材一年四季皆可选用。

3.根据植物的形态和发育状态选择花材。如松宜选用姿态苍劲、横斜扶疏的枝条；竹宜选用直立不曲的枝条；幽静的厢座宜选用含苞待放的枝条；庆典场合宜选用盛开状态的枝条。

4.注意花材搭配。花材配置是否得体，将直接影响到插花创作水平的发挥。一般说来，以木本花材为中心枝时，宜采用草本花材配饰；当中心枝上叶片繁茂或花形较大时，则配饰枝宜选用叶细花小的花材。另外还可借物寓意，托物抒怀，将花材配置组合成意境深远的插花作品。

5.选择鲜花的要点：(1)花枝切口新鲜，叶片挺拔者为好。若切口变色，粘糊糊的或是拖拉水丝的，说明花材已不新鲜。(2)含苞的花材为好。一般按照使用要求确定花开的程度，多选择1/3开或半开，花朵早已盛开、而且稍一摇动花瓣就掉落的花枝不能再用，花瓣松散、外层呈疲软状的也不能用。花朵的茎过细，柔软无力，花形不整齐者，则为劣品。对于一枝多花的情况，应选其中一些花已开放3/5，一部分半开，还有一部分花蕾已现者为佳品。

线形花

线形花是鲜切花材的一个类别，指外形呈长条状和线状的花材，也称线状花。他们有的枝干呈长条状，如银芽柳、竹、迎春、连翘；有的花序呈长条状，如唐菖蒲、蛇鞭菊；还有的枝叶或花朵虽然簇生在一起，但它们布满枝上，形成整体的条状或线状轮廓，如天门冬等。这都给人以修长的感觉。线形花表现力丰富，在构图中常起骨架作用，是构成花型轮廓的基本要素，也常是决定作品比例高度的主要花材。插大型盆花、大型花篮、下垂式作品时若缺乏线型花材，就难以达到一定的高度和长度，气势与韵律也要受到影响。

线形花

块状花

块状花是鲜切花材的一个类别，也称簇形花。它是指外形呈较整齐的圆团状、块状的花材。多为单枝，花形固定而厚实，有月季、香石竹、菊花、非洲菊、鸡冠花、八仙花等。它们是插花构图中的主要花材，在线形花构成的支架中，块状花常被用在焦点的附近。当它们单独使用在一个作品中时，越近焦点的地方，就要插越大的块状花，以增加安定感；而花苞或较小的花则只能插在外缘或离中心较远的位置。但不可以将两枝块状花放在同一层次和平面上，以免显得呆板、阻滞。

块状花

定形花

定形花为鲜切花材的一个类别，也称造型花、特殊形花或畸异形花。其花形不规整但结构奇特别致，十分耐看。常用的有鹤望兰(整个花序形如仙鹤)、红鹤芋、百合花、帝王花等。在插花构图中，它们多作为焦点花用，成为观赏的主体部分。在其周围要留出适当空隙，以突出和保持其独特的形状。

定形花

散状花

为鲜切花材的一个类型，也称填空花、装填花。是指由许多简单的小花朵构成星点状蓬松轻盈的大花序状的花材。如满天星、小球菊花、补血草、霞草等。由于它们形如云雾或轻纱，常散插在主要花材之表面或空隙中，起烘托、陪衬和填空作用，以增加层次感，还可赋予作品迷朦、细致以及女性化的外观，颇具诗意。

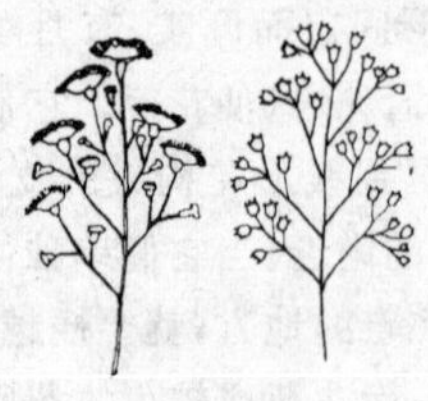

散状花

花器

插花使用的容器称为花器。花器既起储水供养花材的作用,又是插花造型的依托之物。花器的种类,按形态分有阔口浅盆型(包括浅水盆、高脚盆、碗、舟形花器等)、狭口花瓶型(包括高颈瓶、壶、桶、筒、杯等)、半月型、圆月型及异形等;按材质分有金属花器、陶瓷花器、竹藤花器、玻璃花器。另外许多生活日用品和某些动物骨壳等,均可做为花器使用,如酒杯、茶壶、罐头盒、贝壳、笔筒之类。

花器选择原则

花器是对插花容器的简称。它本身就是插花作品构思、造型的一个部分。花器在插花作品中虽处于配角地位,但如果花器选用得当,可使作品立意新颖、形象生动。花器的形、色及质地等,常常决定作品的主题思想、体量大小和色调氛围。花器的选择应当考虑如下几个方面:

1.花器与花材要协调。在欣赏一件插花作品时,不可能将花器与花材截然分开,仅只欣赏花材的效果,而不欣赏花材与花器的整体美。花材与花器之间是表里一体,相辅相成的关系。所以选择花器要考虑花材的形态、多少、颜色及性质等。一般而言,线条优美的花材宜配花瓶,短小花材宜配矮盆,细幼花材宜配窄的花器,粗大或数量较多的花材宜配阔口盆或瓶。从色形的配合来讲,花器的色彩应与花材颜色不同,浅色花器,花材宜选深色;反之花材宜选浅色。中性色的花器适用较广。

2.花器与环境场合相配合。一般情况下,低矮、窄小的房间不可使用高大花器;中式餐桌不宜摆设西式花器;茶几面小,上面只能摆放碟、盂等小型花器;餐桌上宜用浅水盆、钵等花器;博物架等靠屋角的地方宜用各式花瓶;入门的走廊可用悬挂式花器。

3.花器应能增加插花的艺术效果。花器的选择不一定要追求名贵,以能增加艺术效果为宜。同样的花只要讲究艺术、剪切适当、搭配得法,即使是使用普通花器也会别有情趣。

4.花器应平稳且易于花材保鲜。花器要选择底部平整、摆放稳定、不易倒伏的。瓶类容器的开口要大小适宜,开口太小,插入花材后易堵塞瓶口,使容器内的水因空气不畅、闷热而导致腐败,影响插花寿命及观赏效果;开口过大,则不易固定花材。盆类容器的深浅也要适宜,如果过浅,水不能浸漫花插,花材会因吸不上水而早凋。

花具

花具指插花用的工具,作用是对花材进行修剪、固定和保鲜。它们主要有8种:

1.花剪。用于修剪花枝线条及长短。有无臂剪刀和有臂剪刀两种,其手柄和剪头有各种不同的形状。剪刀的刀口每次用过以后都要清理擦干,涂上防锈油,防止生锈。

2.剑山。也称花针、花插、定枝器、水龟等,它可将花枝固定在盘内或其它广口花器中的任意位置和任意角度上。剑山多用铅和铁合金做成。上面布满尖头向上的鳞状铜尖针;有长方形、圆形等多种形状,按面积可分为大、中、小三种;同时针的长短粗细及针与针之间的间隔也各不相同。木本花枝可用粗针,草本细枝可用细针。剑山还起配重作用,花材过重时可在插花剑山上再压上另一只剑山或铅块增重,以求重心平稳。目前剑山规格有:圆形直径为8.5厘米、6厘米或3厘米;长方形的长9.5厘米,宽7厘米。

3.直针器。剑山的针长期使用以后可能变曲,这时可用直针器校直。直针器是一个比剑山针略粗一些的金属管,把它套在铜针的弯曲部分,便能容易地把针扳直。

4.花泥。也称插花泥。属于现代插花工具,用泡沫塑料加工制成。它是用来固定花材的;分为鲜花花泥(湿花泥)和干花泥两种,形状有砖形、球形、半圆形和四方形等,可根据插花的需要而定。干花泥,重量较轻,不能吸入水分;鲜花泥需要将花泥浸在水中才能使用,其大小可根据需要切割。

5.注水器、喷水器。注水器是把水和药液注射到花茎的输水管内的用具,如此可延长花的寿命。喷水器则将水雾喷洒在花朵和花枝上，在水分渗透的过程中，部分在空气中则蒸发掉。使用喷水器喷水，可以掌握水的分量，不伤花叶。当插花完成后，也应当在花材上喷上适量的水，使花材更有生气。

6.盛水器。是插花时将花枝放在水中剪切时用的盛器。

7.各种衬饰。如丝带、彩带、节日签、蜡烛台及垫板等，适当使用它们，会使整个插花生色。

8.其它花具。除以上7类之外，插花还需用一些辅助的工具或用品，主要起稳固花型或改变花型的作用，如大头针、胶贴、花贴、铁丝、订书机、铁网、卵石、粘合胶、竹签、牙签、棉花、厚纸、花袋等。

插花造型

插花属于造型艺术。它是运用色彩和线条等造型手段，创作出可见的、具体的花木形象，通过视觉器官直接将人们引入充满诗情画意的佳境中去。插花造型取决于它的题材、内容和花卉、器皿等的形状与大小，以及插花所处的环境等诸方面因素。插花造型一般可分为两类，即均齐式构图法和平衡式构图法。均齐式是在假定的中轴线两侧上下左右对称布局，为同形同量，呈完全相等的状态。其作品外形轮廓整齐而对称，多为各种规则的几何图形，如球形、扇面形、等腰三角形等。平衡式是异形同量，呈等量不等形的状态，依主要花材在容器中的位置和姿态确定构图形式，主要有直立型、倾斜型、下垂型、水平型4种。具体构图形式的选用，要视情况而定。一般在庆典活动和迎送、宴请宾客等社交礼仪中，多选用对称式图形；在办公、生活场合，多选用不对称式图形。

均齐式插花造型

均齐式插花是欧美插花的基本形式，又称图案式插花造型、西方式插花造型。其作品外部轮廓整齐而对称，插花位置以轴心为界，两边相等，通常是上小下大，上轻下重，给人以平稳、规则的印象；它常用于餐桌插花、迎宾花束、新娘捧花、庆典花篮等。均齐插花不太讲究花体与花器之间的比例，有三角型、放射型、曲线型、平行线型、圆型等基本格式，其构图造型方式多种多样。如：

1.垂直造型。也称火炬形插花，插花造型呈直立而窄长、向上伸展的姿态，气势雄伟。插花时，花的大小要富有变化，在尖端处配置尚未开放的花苞，或配置小花以及花形细长的花。而在视线中心位置，应使用开得鲜艳的大花。如果花的大小缺乏变化，则尖端的花间隔要大，视线中心部分的花要密，以使整体协调。花器以插口细小，或简单细长的器皿为宜。垂直造型不宜于四面观赏，只适合放在墙角柜边等有竖立直线衬托的环境，或窄小的房间内。

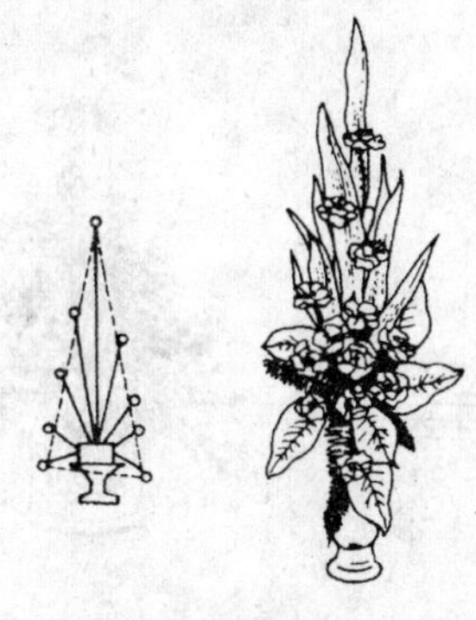

垂直型

2.L造型。亦属于直线型结构，是在垂直线一侧加了一条横线构成的。也可以插成反L型，为单面花型。制作时要依据花器的高度和宽度来决定竖线和横线的比例，如花器是矮宽形，则横线要长些；若是细高的花器，则应将横线缩短。L造型适合于装饰绘画作品和镜框，也可用在壁炉、签名台等处作为摆设。

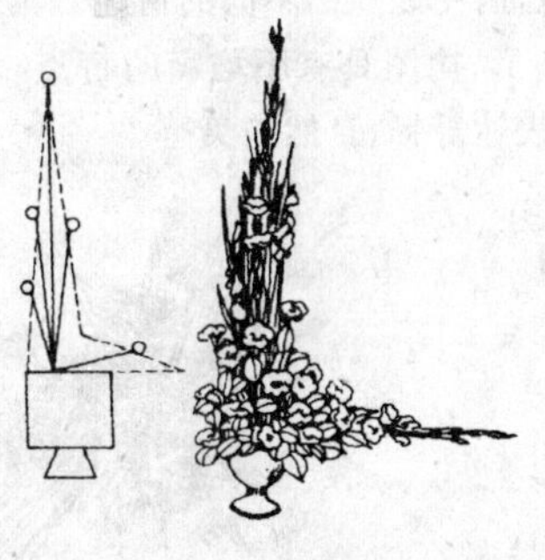

L 型

3.倒T型。即在L型的另一边再加一条横线。西欧称之为“洛可可型”。据说是从喷泉中得到灵感而定型的，表现了向上喷溅的水花和飞沫四射的优美线条。它讲究对称，插时须注意焦点和美感，其两侧横花的长度，应为竖线花长度的

1/2以下,以使整体均衡。

4.三角形。这是最常采用的基本形式之一,其结构匀称、优美、庄重,适于会场、大厅装饰。三角形的底边为水平线,具有稳定和均衡感。其角如楔形,有向外冲击的力感,尤其是斜边的夹角,这种力度更为强烈。它可插成等边三角形、等腰三角形(金字塔造型)和不等边三角形。制作时花材宜选多种枝条和草花,花器常采用广口的钵、盂、盆等。先插直立顶点的花,与横向插入插座的叶子构成三角形框架,然后再配铺枝,填补花朵,完成构图。

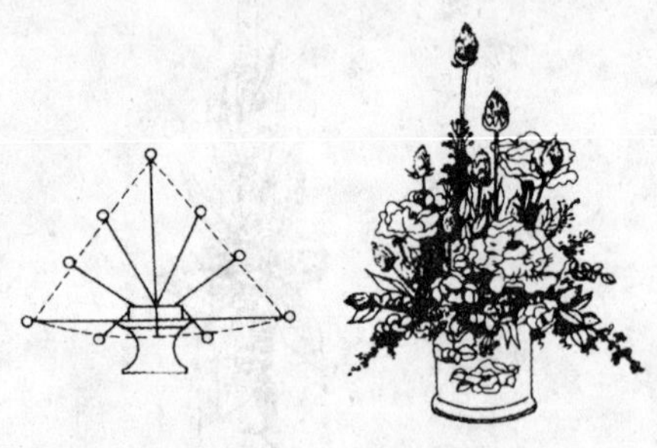

三角型

5.金字塔造型。这是三角形的主体构成,与圆锥式造型有点近似。其特点是将斜横的线条伸向三个方向,改横线左右伸展的L形平面造型为立体造型,使花朵沿竖线簇拥其上,成为金字塔的样式,它可用于装饰圆桌中心。

6.对角线造型。也称倾斜形。这是在钻石形中构成对角的形式。只要变换花体的角度,或改变倾斜位置,便能显出不同的情趣。其外形为不等边三角形,构图具有不均衡的特点,多选用线状花材,表达舒畅、自然的美感。

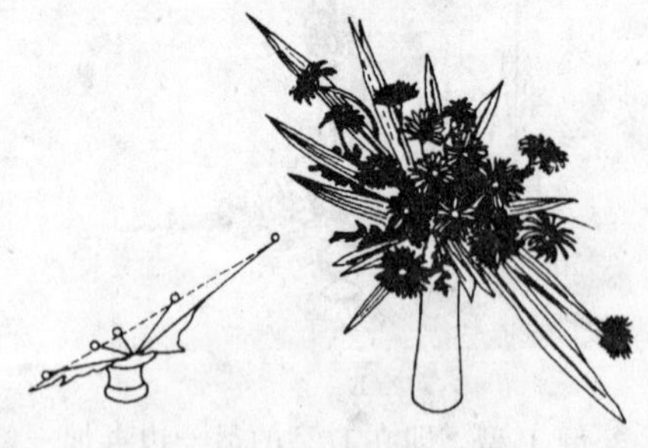

对角线型

7.水平线造型。水平线排列有平面和立体两类。在插花时,中央部分要自然鼓起,然后又逐渐下降。其横线宽度和竖线高度的比例,以2:1～3:1最为适当,且花面的弧度应柔和。这是立体的水平型插花,四面均可观赏,常广泛用于茶几、餐桌、会议桌、主席台等处。

水平型

8.球形造型。也称圆环型,这种形式从任何一个角度看,都是一个球体,有丰满、完整、稳定、对称的特点。若制作花球,则应将花泥用金属网包起来作为基础,插上绿叶,做成球状,最后插花成型,可以悬吊或自然摆放于台面上。

9.半球形造型。也称球面型。多用短茎的花材插成,它从四面看起来都是相同的,适合装饰餐桌。其花材应选择表面圆滑的,不能凹凸不平,花器则以低矮平盆最为合适。插制时要讲究色彩搭配,注意调和以及用色不相邻。

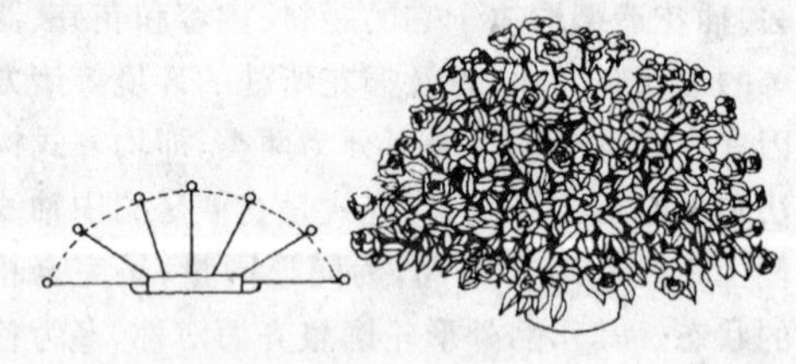

半球型

10.椭圆形造型。椭圆形是圆形的变化,是一种华丽而庄重的复合型花组,具有古典情调。它采用集团式插法,对结构、对比的要求较低;而注重自然美,强调气氛,配古典花瓶或容器最为适合,可以装饰较为宽敞的室内空间。

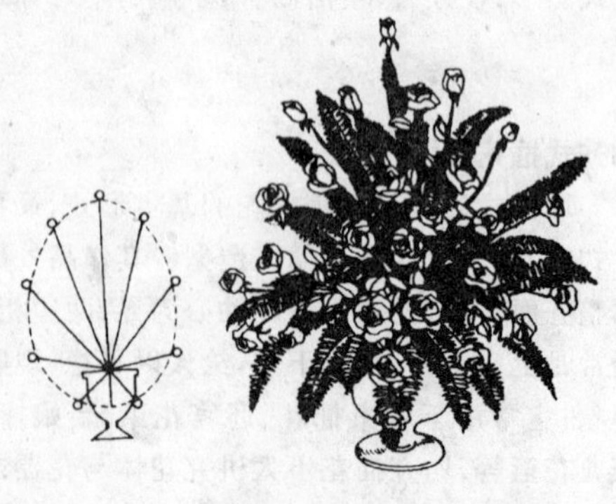

椭圆型

11.圆锥形造型。从半球形造型中演变而来，即将半球形插花上端的花隆高而成。其基本结构与金字塔型相似。可从四方观赏，显得华丽高贵。插制时要先决定高度和低边，然后再配置插花。它适合装饰宽敞的厅房。

12.扇形造型。这种造型，酷似打开的折扇。插制时多利用线形花材，先设定出骨架，每一枝等长，模仿折扇的肋骨构成半圆型作出整体架构；再以块状花和叶来填充空间，使造型显出立体感。扇骨决不可以使用两种不同的线形花交替，不同颜色也不要交替使用，否则会造成一种不自然的外观。它适宜摆放在柱位、三角位、转角等处，也可以摆放在酒店大堂上。

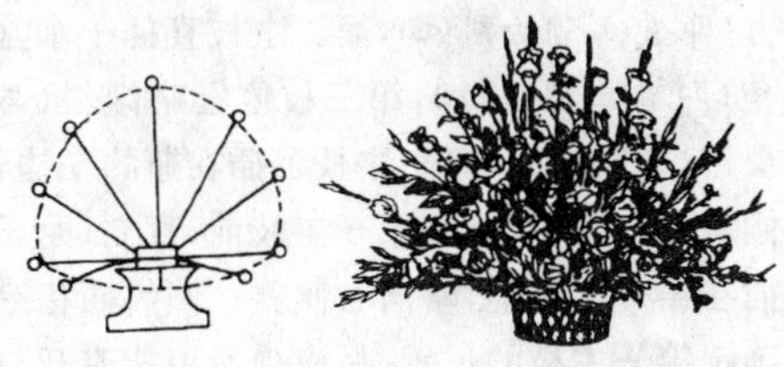

扇 形

13.新月形造型。也称“弯月型”、“半月型”。新月形可以视作圆的一个部分，不论其如何变化，均由两个尖端互相吸引而成曲线，这都和圆有关。它的形状伸展飘逸，具有强烈的曲线美和观赏性，是一种实体和空间的均衡美。其花形轮廓常以柔软易弯的禾本科草枝、沼生花草以及木本枝条为骨干构成。枝条不可以交叉盘结。上面饰以百合、唐菖蒲等长形花朵，大型花朵置于中下侧肥厚部位，小型花朵和花蕾置于两端尖细部位；两尖枝条可以剪掉部分花朵，不一定使用整个花序。花器宜用扁平浅盘，花形重心不宜超出花器，不宜置于花器中央。它适合于放在背面有圆镜或圆盘的地方。

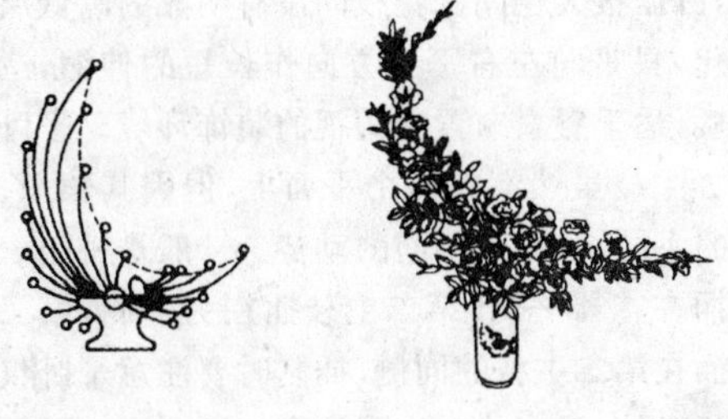

新 月 型

14.S型造型。这是从螺线变化产生出来的造型，因与英文字母“S”的形状相同而命名。它又有“荷加斯线”之称，这与英国的画家荷加斯因螺线的启发而喜用S曲线作画有关。也有人称其为“蛇形造型”，具有流动感，非常美丽。其插法与新月形类似，宜用细瘦花材与小型花朵，以弯曲柔软的枝条为主干，花器宜选窄腰身的高瓶。S型的曲线，上半弯与下半弯可以有大小之别，通常情况是花器低矮的上半弯大于下半弯，花器高大的则上半弯小于下半弯。

S 型

15.菱形造型。这是餐桌插花最基本的造型之一，插法简单，应用范围广，为西洋插花的基础造型。它类似水平形插法，以强调“四个菱角”作为特征。菱形造型因花器完全被花所遮盖，所以用较矮的花器为佳，如平盆、扁篮等。它适于放在会议桌讲台、茶几等较平整和宽敞的位置。

16.放射线形造型。放射线形很少作成平面的，一般都呈立体放射的形状，由中心的一点向四周作放射线伸展，花器宜选用直立的并具相当高度的器皿；若是放在餐桌上，则选较矮的水盆。在欧美国家，放射线形插花大多用于葬礼，有时也可用于门口、陈列装饰或在桌上摆放。

17.堆积造型。堆积形是将花朵枝叶收集堆砌在一起，构成五彩缤纷的图案。插制时首先设计颜色及其配合，然后选择花材。选定主枝之后，以圆形花朵作为中心点，再选某些花材作为陪衬。色彩配合应当和谐对比，避免繁冗驳杂。中心可用大型的丰腴的鲜艳夺目的花朵，衬花则应细小，以加强整体效果。花器选用质重色深者，以求平稳。也可以放入卵石压住花材，使之稳重。

平衡式插花造型

平衡形式的插花，一般是以不等边三角形构图方式确定造型，运用线条变化来完成的。也称东方式或自然式插花造型。它的特点是以不失重心为原则，倾向于变化，能够取得活泼自然的效果,特别适合居室布置,运用十分广泛。这类插花,依花器的不同,可分为盆插(盆花)和瓶插(瓶花、投入式插花)两种。但无论使用哪种花器,其基本形式都是一致的,即以三个枝条构成不等边三角形的外轮廓线;不同的插花流派给这三根枝条分别起了不同的名字,有的叫它天、人、地;有的叫它真、副、控;有的叫它A、B、C;有的直接称之为第一主枝、第二主枝、第三主枝。

在三个主枝中,第一主枝是三个主枝中的核心,是决定作品尺寸大小的基准,应选择生长健壮、姿态优美的长枝,或花朵硕大、色彩醒目的花枝。第二主枝为第一主枝服务,是为了使第一主枝更为完美,二者角度和位置的交替,是决定花型的根本。第三主枝起均衡作用,位置距一、二主枝较远,长度最短,在选材上常使用与第一、二主枝不同的花材,以强调花型的特点和起稳定作用。所以在插制前,要根据花卉与花器的大小、高低,大致构思出一个图案,并挑选出三枝花卉作为主枝,确定好各主枝的最佳长度,以得到理想的艺术造型效果。

三枝主枝的长度计算方法为:

第一主枝=花器尺寸(高+宽)×(1.5～2)

第二主枝=第一主枝的2/3

第三主枝=第二主枝的2/3

这个长度也不是死板的硬性规定,熟练的插花者常根据叶子的大小、花朵的颜色、枝条的长势或造型艺术的需要,随机决定三枝的比例。

围绕这三个主枝所补充的花材称为“从枝”(或辅枝),起着陪衬作用,是用来充实整个构图的。其数量没有限定,要视作品的需要、场合的大小而自由增减;但有一个原则:每一从枝的高度都不能超越各自从属的主枝。在这里,主枝好比“骨架”,从枝好比“血肉”,它们是有机的统一体。主枝可用尺度去量,而从枝只能按各人审美观及自身艺术修养去体会。所以,插入的任何花卉都应是整体中的一个部分,要各具特色,互相呼应,并有“忌满、忌平、忌散、忌杂”之说。

根据主枝位置变化的特点,可以将平衡式插花造型归纳为直立形、倾斜形、平卧形、下垂形、对称形等5种基本形式。

1.直立形。直立形插花是以第一主枝基本呈直立状为基准的,仅在垂直线周围30度范围内进行变化。所有花卉都自然向上,走势基本趋向于一个方向,能够表现出伸展、舒张、挺拔、端庄的美。如盆插时,第一主枝可立在盆的左右角,第二主枝插在第一主枝的左前方,向前倾斜50～60度;第三主枝插在第一主枝的右前方,向前倾斜45～50度。瓶插时,第一主枝直插在中央;第二主枝插在第一主枝后,向左倾斜伸出;第三主枝插在第一主枝前,略向右倾斜。它们的变化都在垂直线两边30度的范围内,比较紧凑。

2.倾斜型。倾斜形插花是以第一主枝倾斜于花器一侧为标志的,具有一定的自然韵味。第一主枝的位置是在垂直线左右各30度之外,至水平线以下30度为止的两个90度范围里。如盆插时,第一主枝可以70度倾斜插在水盆花器的左前方(即直立型的副位),第二主枝直插于水盆左后角(即直立型主位),第三枝位置略倾斜(与直立型同)。瓶插时,第一主枝可插在瓶的左边,向左倾斜;第二主枝插在第一主枝前,直立;第三主枝插在第一主枝前,略向右倾斜。倾斜插花造型在确定第一主枝的位置时,应当尽可能避开与花器口水平线相交的位置,更忌讳两主枝插在同一水平层次上,与平卧形混同。

3.下垂型。也称垂挂形,是以第一主枝在花器上向下垂悬作为主要特征的,形如高山流水、瀑布倾泻。插制时,第一主枝位置如是倾斜型,但方向由上垂下,其长度不限;第二、三主枝位置与倾斜型相同,这就可以起到稳定重心和增强作品整体效果完美的作用。花材最好有适当柔软的弯曲能力(如藤蔓性花材),使作品充满曲线的美感。如果使用的是花枝,花头可以向上,亦可略向外弯曲,即花的最佳观赏面应对着人的视点。这类造型的插花适合放在墙角的较高处。

4.平卧型。也称水平型,是以第一主枝以近于水平的大倾斜插制为特征,其整体呈现横长形态,占据很大空间。花枝间没有明显的高低层次变化,只是向左右平行方向作长短的伸缩,造型低矮,适于餐桌布置和俯视的装饰环境。平卧型的3主枝虽然都在一个平面上,但因其长短、远近的不同,会形成不同的动势。一般是将第一主枝插在花器一侧,第二主枝插在另一侧,第三主枝插在第二主枝的同侧。插制时要注意平卧仅只是相对的,没有绝对水平造型的插花。一般情况下,花枝在水平线的上下各15度范围里进行变化都允许。

5.对称型。以第一主枝和第二主枝的方向不同但高低近似对称为特征。如盆插时，第一主枝插在水盆花器中央，向左前方倾斜；第二主枝插在第一主枝前向右倾斜；第三主枝插在第一主枝前方居中直立。瓶插时，第一主枝由中央向左倾斜而上，第二主枝由中央向右倾斜而上，第三主枝插在中央直立。

平衡式插花造型主枝变化及示意图如下：

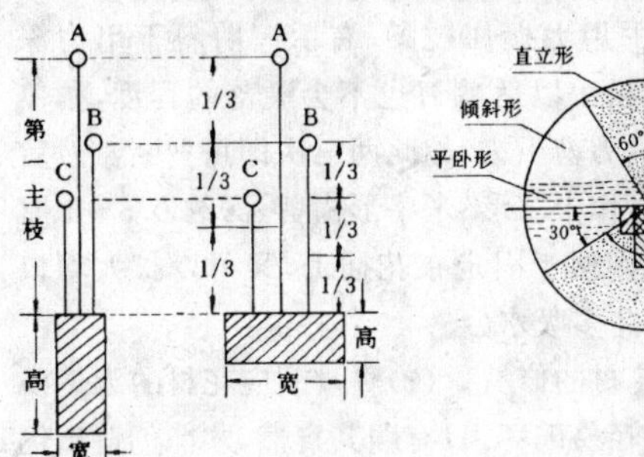

插花主枝的比例关系示意图（A:第一主枝　B:第二主枝　C:第三主枝）

几种基本形式的第一主枝定位示意图

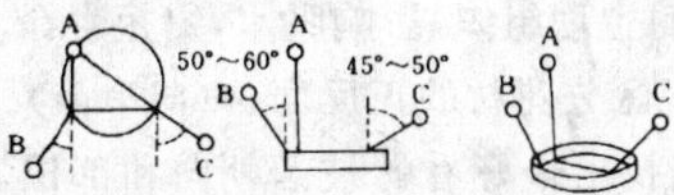

直立型盛花基本花型示意图

1.平面图　2.正面图　3.立体图

（A.第一主枝　B.第二主枝　C.第三主枝）

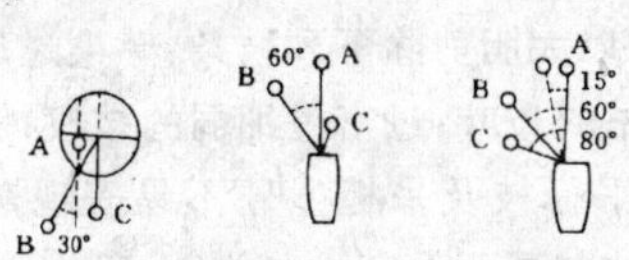

直立型瓶花基本花型示意图

1.平面图　2.正面图　3.侧面图

（A.第一主枝　B.第二主枝　C.第三主枝）

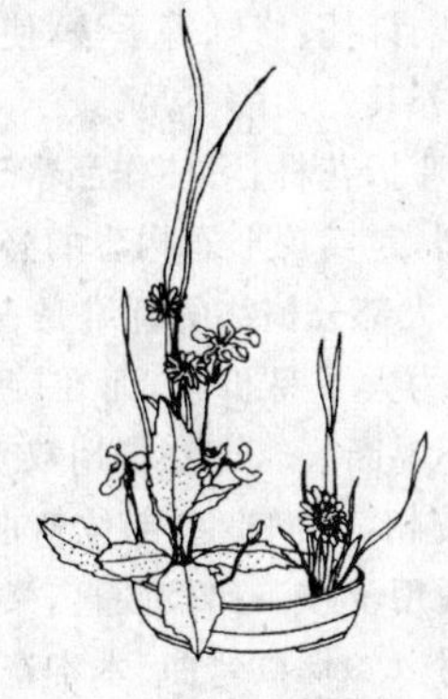

直立型插花示例

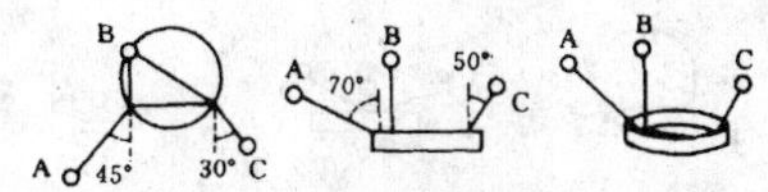

倾斜型盛花基本花型示意图

1.平面图　2.正面图　3.立体图

（A.第一主枝　B.第二主枝　C.第三主枝）

倾斜型瓶花基本花型示意图

1.平面图　2.正面图　3.侧面图

（A.第一主枝　B.第二主枝　C.第三主枝）

倾斜型插花示例

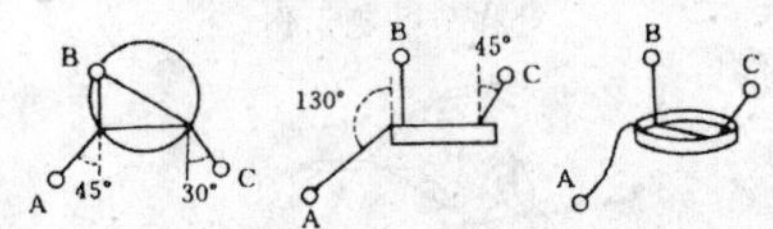

下垂型盛花基本花型示意图

1.平面图　2.正面图　3.立体图

（A.第一主枝　B.第二主枝　C.第三主枝）

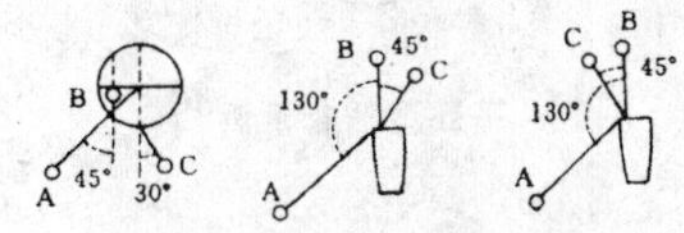

下垂型瓶花基本花型示意图

1.平面图　2.正面图　3.侧面图

（A.第一主枝　B.第二主枝　C.第三主枝）

下垂型插花示例

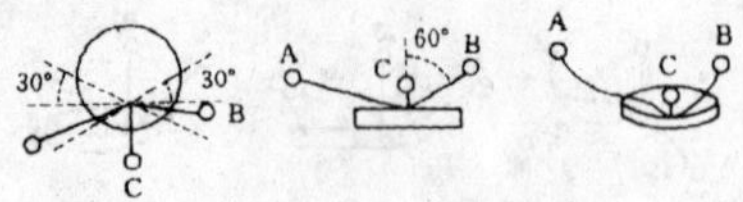

对称型盛花基本花型示意图

1. 平面图　2. 正面图　3. 立体图

(A. 第一主枝　B. 第二主枝　C. 第三主枝)

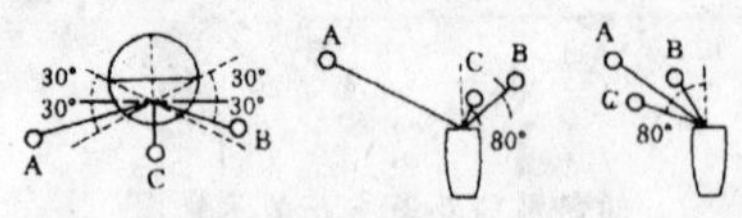

对称型瓶花基本花型示意图

1. 平面图　2. 正面图　3. 侧面图

(A. 第一主枝　B. 第二主枝　C. 第三主枝)

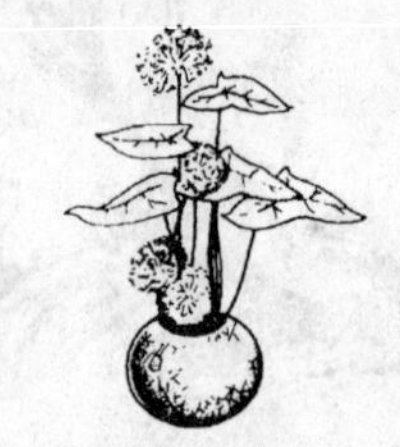

对称型插花示例

平卧型插花示例

插花技术

插花技术是指插花过程中的操作技能和方法,属于非艺术性因素。它需要以独立的花材为对象,研究它们的剪切、整形、固定、保鲜等方法和规律。这是插花的基本功,要求能做到善于剪切、精于整形,巧于固定、科学保鲜。

花材剪切

花材剪切是插花中很重要的一项技术措施。自然形态的花枝只是植物素材。将它用于插花则需要进行加工整理,即洗掉泥土,摘除黄叶,运用剪切技术将花材截成适当尺寸,去掉多余的小枝、断枝、叶片,作成所需要的形状,为插制花型创造条件。这是插花过程中的关键一步。

1. 花材基部的剪切。(1)草本花材一般都平剪,即剪刀垂直于枝条,一次剪下,切口呈平面形。这是因为草本花材容易固定,若斜剪插在剑山的铜针上,容易豁开倾倒。(2)木本花材要按45度斜切,最好是一剪剪好。如果直切,枝干强硬的纤维组织不易切断,还容易损坏工具。斜切还有增加截面面积,使花材吸收较多水分的作用。(3)过粗、过硬的枝条,可以分做两三次剪完,先以左手用力握住枝条,右手握剪斜下用力深切,切到松手以后剪刀也不会脱落的程度,稍停一会再用力剪下去,如此两三次即可剪断。然后再将斜面作十字形、米字形横剪,深约0.5～1厘米,如此则便于固定在花插上,又可以扩大切口面积,使之多吸水分。

2. 花材的修剪。(1)尽量顺应花材的天然姿态,不要轻易破坏。只有顺其自然,才能创造出优美的艺术造型。尤其是在东方式插花中,其自然弯曲、流畅的线条,天然的姿容,是构图优美成功的主要因素,要尽量保留。过分的修剪反而会破坏花材的生理组织,影响吸水,缩短寿命。(2)仔细观察。区分花材的正反面(即阴阳面)。从正面修剪,先找出最好看的枝条朝向和部位,然后以其为中心,取舍其它枝叶。(3)对枝叶的去留拿不定主意时,可不急于剪除或暂时少减一部分,待构图过程中,反复权衡后再作取舍,以免无法补救。(4)可以大胆剪除下列枝条:感染过病虫害的枝条、干枯的枝叶;过密过细弱的枝杈;不必要的交叉枝、平行枝及呆板生硬不易表现美感的枝条;生硬地与画面垂直或向前、向后伸出的枝条。

花材整形

指插花时为改变花材的某些形态而施用弯折、卷揉、撕裂、订托、修叶等手法,使之达到预想的形态,以弥补其先天的不足。

1. 弯折。弯折花材,可使作品富于变化,创造出更多的造型,是实现形态构思的必要手法。(1)旋扭弯枝法。大部分植物的纤维是直线状的。若直接弯枝,用力大了易折断,而在旋扭过程中作适当弯曲就不易断裂。方法是用双手握枝,像绞干衣物那样旋扭,并向造型部位弯曲,直至定位为止。此法适用于枝条比较硬直,又不宜用金属丝捆绑的花材。(2)切口弯曲。木本花卉的枝条整形时,如果所需弯曲的角度不够大时,可以用剪刀或小锯对花茎作斜向切口。切口斜位在30～45度。切口深度不宜超过花木直径的2/3,然后,用双手紧握切口两侧,慢慢弯曲枝条。注意不能用力过猛,否则枝条会断裂。枝条粗硬的,可在紧邻处多切几个口子。若是切口后花枝仍然复原,可在切口内卡入小木片等物,此为"镶锲造型"。(3)直接弯形。弯曲较细的枝条,可直接用手握住慢慢弯曲;弯曲柔软细小的枝条,可一手紧紧握住根部,另一手用力弯曲即可;容易折断的小枝可用手指轻轻地慢慢地挠弯;弯曲铅笔粗细的枝条,可用两手拇指相对靠在需要弯曲的地方,两手靠近腹部缓缓用力弯曲。如果枝条不易弯曲,还可放在水里浸泡一段时间,或将手和枝条润湿,然后再弯,如此既能增加韧性不易折断,还能避免外皮爆裂。

2.卷揉。叶片整形常用方法,以形成卷曲或弯曲。卷叶时要将叶片从叶尖处卷起,并放在手掌心内揉搓。揉搓时双手压紧、反复搓实,直至放开手后叶片仍具备一定的卷曲度为止。若需表现螺旋状造型,可以将叶片作斜向卷曲,定型后就呈螺旋状。弯曲时,用大拇指压住中央叶脉,略用力,从需要弯曲的部位开始处理。

3.撕裂。叶片整形的常用方法,即将叶片的某一部分打孔、撕缝形成圈叶,或将宽大叶片的中段撕成许多细条。(1)打孔圈叶:先将叶片的前端打一个小孔,然后把叶片弯曲,并让叶柄穿入孔内。(2)撕裂圈叶:将叶片近尖处撕一个裂口,再把叶柄插入缝中。(3)缠绕圈叶:利用某些叶子的柔软性,弯圈起来,并让叶尖部分缠绕在原木的茎干上,形成圈形图案。

4.订托。利用外力来扶持叶片的造型方法。常用的有:(1)缠。为了支撑某些柔软的花枝和克服花卉形态上的缺陷,可以用硬度足以使枝条弯曲成型的金属丝缠绕枝上,按照需要进行弯曲。金属丝不能太粗,否则影响插花的观赏效果。通常在金属丝上包一层绿色棉纸,或涂上绿色油漆。(2)贴。即将铅丝粘贴在叶片上。制作时将叶片放平,叶面朝下,找到中央叶脉,将铅丝附在中央叶脉旁,并用透明胶纸粘贴在叶上。然后可根据需要随意弯曲造型。(3)订。指用订书机、大头针等使叶片形成一定形态,应尽量不露出人工痕迹。(4)穿。有些花柄空心的花卉在剪切后易于脱水垂头,可以选用粗细适中的金属丝,从切口处插进去,或从花心处由下插入。在金属丝穿入花心的进程中,如果碰到花枝上部过细,或近花朵的实心部分很难穿过,可以用部分穿心和部分缠绕的方法处理。但此法不能用于非中空的花枝。(5)锁。即用铅丝控制花朵开放程度并防止花瓣脱落。一是穿刺锁花,即用金属丝从花的托片处扎入,穿进花萼,直达子房。二是圈花固定,即用一根金属丝弯曲成一个圆环,箍紧花托,托起花瓣,抽紧金属丝,余下的金属丝绕于花茎上。

5.修叶。是在插花过程中对叶形的再创造,从而改变原来的形体,使其符合观赏要求。适用于叶子展面宽广,质地硬实的花材,如苏铁叶、棕榈树叶、蒲葵叶、一叶兰、八角金盘叶、伞草叶等。

花材整形常用方法参见下面6图所示:

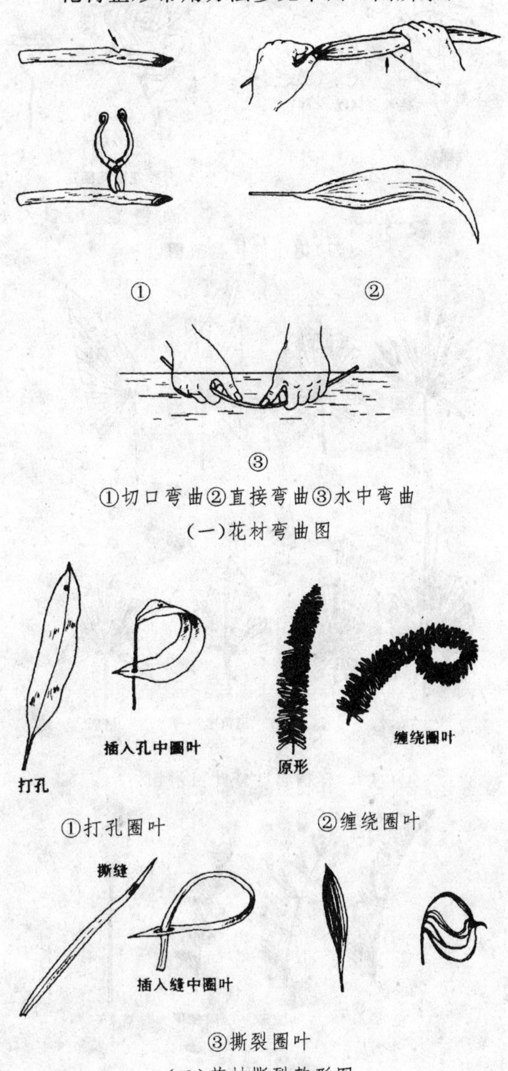

①切口弯曲②直接弯曲③水中弯曲

(一)花材弯曲图

①打孔圈叶 ②缠绕圈叶

③撕裂圈叶

(二)花材撕裂整形图

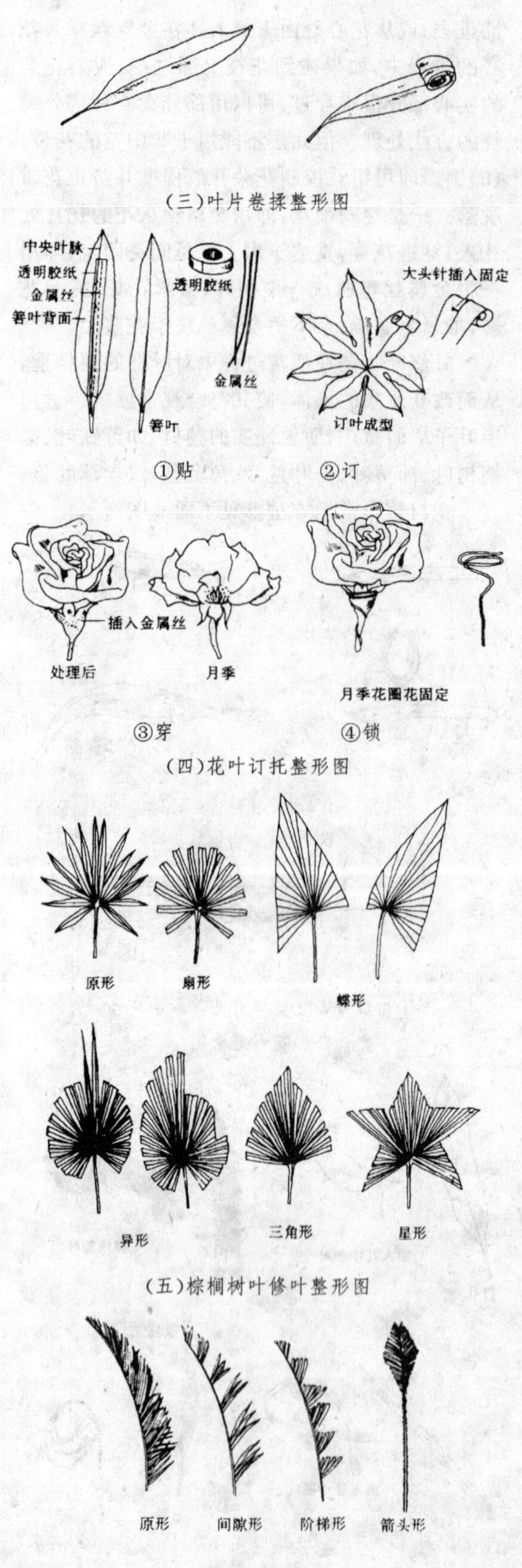

(三)叶片卷揉整形图

①贴　②订

③穿　④锁

(四)花叶订托整形图

(五)棕榈树叶修叶整形图

①苏铁叶修叶

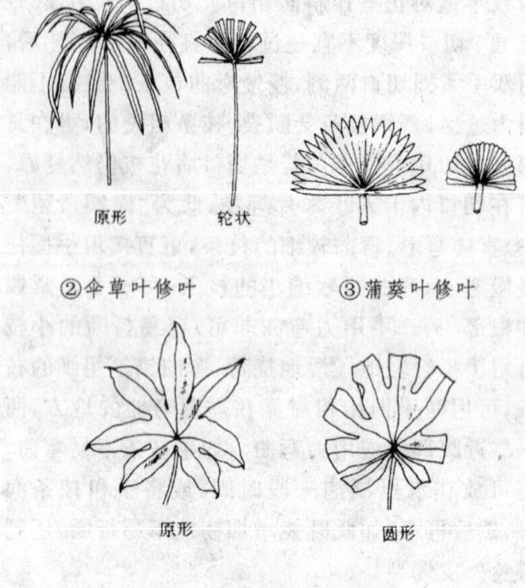

②伞草叶修叶　③蒲葵叶修叶

④八角金盘叶修叶

(六)其它树叶修叶整形图

花材固定

花材固定又叫定值、扎根或插立，是指将枝条插在花器里并保持位置的稳定不变。花材经过剪切、整形之后，必需加以固定，方能保持完整；否则轻碰或移动，均易改变其造型，会破坏美感。花材固定主要有下列7种方法：

1. 花插固定法。常用的花插有剑山、花泥等。因花材的性状各不相同，固定方法也因材而异。一般草花只要由上往下插到剑山上即可。插粗硬的木本花枝时，可以用剪刀将花枝顶端横竖切上几刀，或将其末端击碎，有利于插到剑山上。想要倾斜固定的木本花枝，可先垂直插入，然后再扳到需要的角度。粗的枝条不能用剑山固定时，可以把它的根部固定在方块木板上，连同木板一起放入花器，然后用卵石压住覆盖。花头较重、花茎容易劈裂的花材，可以在根部绑上一段植物茎加固，扩大与花插的接触面。插集束花时，可以将其捆在一起插入。细茎草花和小枝，可在花材根部1～2厘米的部位，卷上浸润的纸或麦秆后插入。竖而细的枝条，可截短以后插到别的草花的茎里，然后再一起插入。茎组织中空的花茎，可选用长约10厘米的细枝，按所需角度预先插在剑山上，然后将花材套在它的上面紧紧插入。粗大的枝茎，插在剑山上不容易稳定，可多加一个剑山压在上面，或者换用大型剑山。

2.直接固定法。为瓶花的固定方法之一，有弯枝固定和斜口固定两种。弯枝固定是用弯曲花枝的技巧，把花枝直接投入花器内，让花枝与花枝相互交叉固定。斜口固定是将花材斜切，使切口和花器内壁紧贴，依靠瓶口支撑花枝。

3.添木固定法。也称劈叉固定法，选择一枝不用的枝条，在上端剪开，再把要插的花枝尾部剪开，与上端剪开的枝条锲紧，再夹一木条紧固，然后插入花瓶。这适于口细肚大的花瓶。

4.十字固定法。也称支架固定，剪两枝较花器口稍长的花枝，交叉安置在瓶口部呈“十”字形，再把要插的花枝插进“十”字形直角内。

5.绑扎固定。在花枝上用细绳、铁丝绑扎短木棍或枝条作为支架，插到瓶里即可固定。此法适于细小花枝、草本花枝和小口花瓶。

6.集束固定。用泡湿的麦秆或细线将几根花枝捆扎起来，再按所需角度张开，然后插入花器，再适当调整即可。这适于内壁光滑和造型曲折的弯形花器。

7.铁丝网固定。用细铁丝网按照花器的形状、大小缠绕成团，放进花器，把花枝插到铁丝网之间即可。这适于玻璃花器、变形花器或花枝数量较多的情况。

花材固定的常见方法参见下图：

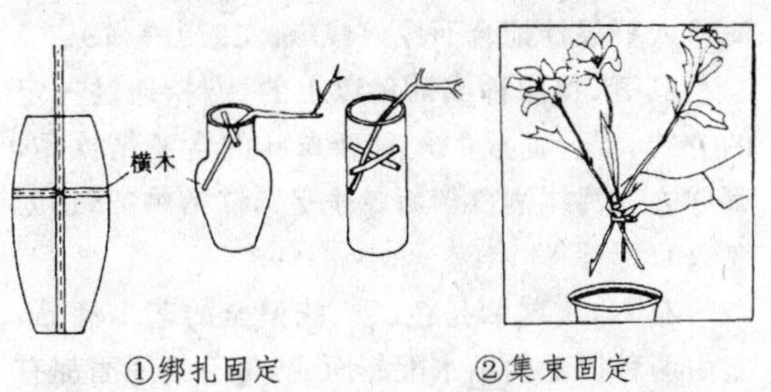

①绑扎固定　②集束固定

花材固定图

花材保鲜

花材保鲜即争取在较长时间内保持花材新鲜的方法。花枝从母体切离后，由于缺营养、缺水分和微生物侵袭等原因，会使花枝日趋凋谢，缩短插花艺术作品的欣赏时间。所以应当采取相应的保鲜措施。

1.保持水分。切花因为无根，吸水较为困难，再加上温度和空气流动的影响，会不断地蒸发水分，这就要求枝干能继续补充水分。具体方法有：(1)适时采摘。摘花宜在早晨露水未蒸发之前，或太阳刚出来之时，傍晚也行。中午采摘的应立即插入水中，且放置阴凉处，待其冷却后才可带走。(2)水中浸湿和剪裁。插花之前，把花枝插在深水里约20分钟，使花枝细胞吸足水分。剪裁在水中进行，避免空气侵入枝茎导管内而妨碍吸水，剪裁的切口应切成斜面或作十字剪切，以增大切口面积。(3)使萎蔫花枝复苏。发现枝条有萎蔫现象时，应立即摊开铺在阴凉处，喷些清水，再插入水中保养。或采用“倒淋法”，即将花头朝下，根部朝上，用水反复冲淋，然后用报纸松松包上，在阴暗潮湿处静置1小时左右便可复苏。(4)人工注水。荷花、睡莲等水生植物，茎内有较大的海绵样空隙，容易进入空气，可用注水器将水注入茎中供给水分排除空气。也可注入尼古丁汁液或醋酸溶液，效果基本相同。(5)注意花材的吸水性。插花截取花枝的高低要和花材的吸水能力相适应，吸水力强的可裁得长些，吸水力弱的要裁得短些。(6)合理贮水。贮花器中贮水的多少，应以器中水与空气保持最大的接触面积为原则，并不是水位越高越好。插花所用的水，最好使用井水、澄清的江河水、无菌水等；若是用自来水，最好放置1天再用，使水中的有害物质沉淀，从而减少对花的损害。(7)勤于换水。花器中的贮水应每天更换一次，以保持水质清洁，换水的方法有倾倒法、虹吸法等。

2.防止感染。花枝的根部浸入水中后，细菌繁殖，切口可能腐烂，阻碍导管吸水。所以花枝剪切之后可对切口采取一定的消毒措施，主要有：(1)切口涂盐。将少许食盐涂在花枝的切口上，利用盐的药理作用杀灭细菌，并刺激花茎增强吸水能力。这适于夏季草花，但不能在贮水中直接放盐。(2)切口浸醋或煤油，将花枝切口浸在食用醋里几秒钟，其作用与涂盐相同。像水芋那样柔软膨松的茎，则用浸煤油法灭菌最有效果。普通花材还可将切口浸泡入酒精中两三秒，同样有杀菌之效。(3)火炙法。将枝条下端2～3厘米的茎条放在蜡烛、酒精灯上烧炙片刻，待外皮发黑则迅速放入水中，以清除切口上的细菌(为了不让热气烤到花材，这时应将其它部分用湿毛巾包好)。(4)水烫法。将花枝末端切口浸入热水盆中约2～3分钟，如此既可消除切口细菌，又可将导管内的空气排出(注意不要让热水蒸气上升时灼伤花朵及叶片)。

3.药物保鲜。用化学药物进行处理。能促进和刺激植物的吸收机能、杀菌防腐，如高锰酸钾、福尔马林以及专为插花研制的鲜花保鲜剂等。这些药物按一定比例，放入贮水中，便可达到保鲜效果。

4.择位保鲜。插花作品不宜放在风吹、日晒或暖气、煤烟熏灼之处；而应放在阴凉、避风之处，这样也可以减少水分蒸发。

调　酒

调酒技术

调酒即是将两种以上的酒水材料按比例加以组合，添加适当配料，从而调出颜色、香味、味道俱佳的新饮品的技术。调酒技术源于酿酒工艺中的勾兑工艺。哪怕是酿造同一种酒，甚至是同一个牌子的酒，由于酿酒原料质量的不稳定，气候、温度等生产条件的不同，操作工人技术的差别，都会影响到酒品的质量。因此在酿酒的最后阶段，必须将不同质量的酒液按比例加以混合，从而调出口味一致，颜色、香味、浓度都符合标准的酒液。这一步骤称为“酒的勾兑”，实施这一操作的人员称为“勾兑师”。勾兑的配方和方法是保密的，而且勾兑质量在很大程度上取决于勾兑师的经验；一个优秀的勾兑师能分辨出几百种不同酒品的味道，这些勾兑师也可以说是最早的调酒师。至于真正的酒吧调酒，则是在美国的禁酒时代。当时人们为了逃避政府检查，将酒混在软饮料中，如把金酒倒在番茄汁里，装着只是在喝番茄汁。而且禁酒令使得地下酒店蓬勃兴起，私酒、劣酒充斥酒吧，其口味令人难以接受。因此，饮用前就要加上其它材料混合调制一番，以缓解恶劣的味道。渐渐地这种调饮法受到更多人士的喜爱，种类也不断增多，花样层出不穷，并取名为“鸡尾酒”。后来，虽然酒的质量已大大改善，但人们已习惯了这种方式，使得在酒吧欣赏调酒、品尝鸡尾酒成为时尚，调酒技术也得以进一步发展。至今调酒已成为一项专业性、技术性都很强的专门职业。而且服务内容也不仅限于调酒，还包括制作鲜果饮料、花色茶、花色咖啡、冰淇淋甜品、水果拼盘、小甜点心等。

调酒所用的原料有酒类、软饮料、调味品、水果等。调制时要运用摇晃、搅动、兑和搅拌、飘浮、拧绞、调香、螺旋果皮、洒霜、榨汁、切薄片、追水等不同方法，熟悉一定的调酒规则。这些规则不太容易掌握，必须经过扎实的基本功训练和较长时间的操作演练。

鸡尾酒的定义

目前关于鸡尾酒的定义，五花八门，现将几种主要说法罗列于后：

其一，美国《韦氏辞典》称：鸡尾酒是一种量少而冰镇的酒。它以朗姆酒、威士忌、其他烈酒或葡萄酒为基酒，再配以其他材料，如果汁、蛋、香精、糖等，以搅拌法或摇荡法调制而成，最后再饰以柠檬片或薄荷叶。

其二，《汉语词典》称：鸡尾酒是用几种酒加果汁、香料等混合起来的酒，多在饮用前临时调制。

其三，鸡尾酒是混合酒的一种，是一种色、香、味、形俱佳的艺术酒品。它是由两种或两种以上的酒或以酒和其它饮料（如各类果汁、汽水、鲜奶等）调制而成，也可以添加水果或其它辅助材料以增色调香（《酒水与酒吧》，南京金陵旅游管理干部学院主编，1993年版）。

其四，鸡尾酒是由两种或两种以上的酒或由酒掺入鲜果汁配合而成（《辞海》，1979年版）。

其五，将两种或两种以上的饮料，通过一定的方式，混合而成的一种新口味的含酒精饮品，都称之为鸡尾酒（《调酒师手册》，陈浩编著，1994年版）。

其六，鸡尾酒是色、香、味俱全的艺术酒品，它由两种以上的酒水配制而成，每种鸡尾酒都有名称（《调酒》，麦保尔编写，1993年版）。

我们认为，美国《韦氏辞典》的解释比较全面、准确。同时还应加上美国酒品鉴定专家厄思勃的观点作为补充，即好的鸡尾酒应当具备如下特色：(1)增添食欲，有滋补作用；(2)使人兴奋，创造热烈气氛，恢复疲劳，增进友情；(3)口味卓绝，风韵特异，一朝品尝，终身难忘（详见本书“酒茶饮料·外国名酒·外国鸡尾酒”条）。

鸡尾酒的由来

鸡尾酒的由来，历来众说纷纭，颇难一致。到底何种说法为源，现已无从考证。下面将12种主要的传说及记载汇集如下，供作参考：

1.据国际调酒协会(IBM)的出版物介绍，很早以前，有一艘英国帆船停泊在犹加敦半岛的坎贝杰镇，船员们都到镇上的酒吧小饮，酒吧柜台内有个少年用树枝为他们搅拌混合酒。一位海员饮后，感到此酒醇香可口，是有生以来从未喝过的，于是便问："这种酒叫什么名字？"少年以为他问的是树枝的名字，便回答说："可拉·捷·卡杰。"这是一句西班牙语，即"鸡尾巴"的意思。少年的本意是以树枝类似鸡尾巴而戏谑作答，而船员则误认为是"鸡尾巴酒"。从此混合酒便有了"鸡尾酒"的别名，逐步在世界各地传播开来。

2.相传1775年，移居美国纽阿连治的彼列斯奇在闹市中心开了一间药店，制造各种酒招徕酒客。有一天，他把鸡蛋调合到饮料中出售，获得嘉许，从此宾客盈门，生意兴隆。当时纽阿连治的人多说法语。他们用法国口音称此酒为"科克本"，后来演变成英语的"鸡尾"。从此，鸡尾酒成为人们喜爱的混合饮料。

3.传说是19世纪时，美国人克里福德在美国哈德逊河旁经营一家酒店。他有3件引以自豪的事，人称"克氏三绝"。一是他有一只孔武有力、器宇轩昂的大雄鸡，是斗鸡场上的名角；二是他的酒窖据称拥有世界上最优良的美酒；三是他夸耀自己的女儿艾思米莉是全市第一美人。镇上有个名叫阿普鲁思的年青男子，每晚必到酒店小坐。他是哈德逊河上的船员，年深日久，和艾思米莉双双堕入爱河。这小伙工作踏实，性情又好。克老头打心眼里喜欢他，但又总是捉弄他："小伙子，你想吃天鹅肉吧？赶快努力当个船长。"小伙子很有恒心，果然努力工作，几年后终于当上船长，和艾思米莉高兴地举行了婚礼。克老头为了庆贺女儿出嫁，翻遍酒窖，把最好的陈年佳酿全拿出来，调成"绝代美酒"，在酒杯边饰以雄鸡的鸡尾羽毛，美艳至极。然后为二位新人干杯，高呼："鸡尾万岁！"此后，鸡尾酒便风靡四海。

4.根据美国小说作家柯柏先生的叙述：鸡尾酒源自美国独立战争末期，有一个移民美国的爱尔兰少女，名叫蓓丝，在约克镇附近开了一家客栈，兼营酒吧生意。1779年美法联军到客栈集会，品尝蓓丝发明的一种名叫"臂章"的饮料，饮后可以提神解乏，养精蓄锐，激励士气，所以深受欢迎。只不过，蓓丝的邻居，是一个擅长养鸡的保守派，敌视美法联军。尽管他饲养的鸡肥美无比，却不被爱国人士一顾；军士们还嘲笑蓓丝与其为邻，是"最美丽的小母鸡。"蓓丝对此耿耿于怀，趁夜将邻居饲养的鸡全都宰了，烹制成"全鸡大餐"，招待那些军士。不仅如此，她还将鸡毛拔掉，装饰供饮的"臂章"，军士们兴奋无比。一位法国军官激动地举杯高喊："鸡尾酒万岁！"从此，凡是蓓丝调制的酒，都被称为鸡尾酒。它一哄而起，风行不衰。

5.据说早在伊莉莎白一世时期(16世纪)，鸡尾酒即在伦敦普遍流传。原因是当时英国海盗横行四海。在美洲及加勒比海，他们喝过一种不知名的酒，这种酒乃土法蒸馏而成，用一根长的像当地"鸡尾巴树"的树枝来搅和，味道令人难忘。海盗回到英伦三岛时，也捞回这种混合酒，进而流传市井，兴起了鸡尾酒。

6.据说远在荷兰殖民地时期的纽约，各个酒店在早晨都特别提供一种叫"挑选我"(pick-me-up)的含酒精饮料，以供清晨发酒瘾的先生小姐们解馋。而当时荷兰酒店的女侍，习惯用公鸡尾巴扎成的扫帚清扫柜台。两者相连，便流行开"鸡尾酒"一词。

7.传说18世纪之前，英国人斗鸡赌博成风，为了战胜对手，斗鸡者惯用混合烈酒灌饮公鸡，使其凶猛异常，常常获胜。得胜的公鸡鸡尾高翘，毛羽发亮，雄风英武，人们遂称那些灌鸡用的混合酒为"鸡尾酒"。后来斗鸡者为了庆贺，也养成饮用这种混合酒的习惯，并发展到社交场合，鸡尾酒随之兴盛。

8.是说过去在纽约州的埃尔姆斯特，经常有斗鸡比赛。酒店服务员用参加过斗鸡比赛的雄鸡的毛翎把酒吧装饰一新，然后，在不同的酒杯内也都插入一根鸡毛。入席的人点酒时就说："我要这根鸡尾。"由此产生鸡尾酒的说法。

9.相传在美国南北战争时期，盛行斗鸡风俗。有个小酒店的老板养着一只"鸡王"，号称所向无敌，每斗必赢。老板的女儿长得非常漂亮，北军中有一年轻军官钟情于她。可是酒店老板偏叫女儿终日小心看护"鸡王"作为摇钱树，这样军官便无机会接近姑娘了。军官十分生气，想办法弄死了那只"鸡王"。酒店老板一气之下说："你要是不能使我的'鸡王'复活，就别想再见我的女儿。"军官听后十分烦恼，整天闷闷不乐。后来终于想办法弄回一只“战绩”相当的公鸡送给酒店老板，老板非常高兴，许诺将女儿嫁与军官。新婚之夜，贺喜的客人把酒窖里的酒喝光后，有几个酒鬼叫闹着还要喝。酒店老板只好将所有瓶底的余酒倒入一瓶之中并用水加满，拿出来斟给客人。客人一喝连称佳酿，问起酒名，老板不好意思说明原委，便灵机一动，脱口而出“鸡尾酒”3字，从此鸡尾酒便风行于世。

10.传说鸡尾酒一词与马有关。从前美国西部的马贩们，为了使马能竖起尾巴，显得雄纠纠气昂昂，常在卖马的当日喂点酒给马喝，以求卖个好价钱。

11.法国人认为，英文的“鸡尾”一词源于法文的“coguetel”，原意是指法国波尔多市特有的一种优质混合酒。

12.说是古罗马时代，雅典的绅士们常常在饭前带着用羊皮囊装的酒到邻居家串门，邻居端上一些下酒小菜，他们边聊天边喝上几杯，然后吃饭。这种饭前的饮品，即是鸡尾酒。

鸡尾酒简史

神秘而又闻名于世的鸡尾酒，虽然至今无法准确地考证它起源于何时；但是自人类文明出现以来，人们一直在饮用着各种混合饮料。公元2世纪，一种柠檬汁加香粉添加剂的饮料，被康白多斯皇帝推崇为上等开胃饮料。有人认为这是第一个鸡尾酒配方。至于第一部关于鸡尾酒的书，据说是17世纪经查尔斯一世特准，由伦敦酿酒公司出版的。书中描述了许多著名的含酒精混合饮料，它们大都具有药疗功效；而现在的混合饮料却不大注意医疗价值。另据考古学家论证，中国在2000多年前的先秦时期就知道酒冰镇后会格外清凉可口，沁人肺腑；我国历代出版的书籍中，也有许多混合酒的记载。鸡尾酒名称的由来，现今有许多传说，颇难一致。但是，鸡尾酒的普遍流行和推广始于19世纪初的美国，则是确定无疑的。经过不断的发展变化，其定义演变成“将两种或两种以上的饮料，通过一定的方式，混合而成的一种新口味的含酒精饮品，都可称之为鸡尾酒”。如今，鸡尾酒已成为所有混合饮料的通称。1951年成立的国际调酒师协会，为鸡尾酒的推广、发展以及调酒技艺的提高，起到了很大的推动作用；定期举办的国际调酒比赛，也使得新配方不断涌现。所以，100多年来，由于人们对鸡尾酒的不断改良和发展，使其成为一个拥有数千品种的庞大家族。它的变幻万千的色彩和口味，使人耳目一新的饮法，绚丽的装饰，形形色色的载杯，无不吸引着人们在这个神秘的酒世界里猎奇、留连和探索。

鸡尾酒的特点

鸡尾酒虽然有数千个品种，但归纳起来它们都具有如下4个特征：(1)配方固定。每款鸡尾酒必须经过客人长时间的品饮才能定型。其配方具有一定的指导性，能保证口味标准。所以调制时要按配方备料。不过，配方也并不是一成不变的，随着时间的推移和人们口味习惯的变化，配方有时也会改动。如“马天尼”至少就有4种以上的配方。(2)刺激食欲。鸡尾酒是增进食欲的滋润剂，亦能使人兴奋，创造热烈的气氛。所以无论如何调配都应保持这种酒的风格，如果过多地掺水则会失去这种功效。(3)口味卓绝。鸡尾酒必须有使人留恋的口味，其甜度、酸度、香度等都要恰到好处，任何一项过了头都会降低其品质。(4)充分冰冻。调制鸡尾酒一般要加冰，大部分材料要冰冻后使用；但热饮鸡尾酒不在此列。

中华鸡尾酒

即以中国酒水为主要原料调制的鸡尾酒。早在2000多年前的先秦时代，中国人就对酒的混合、酒的冰镇以及酒的配佐有了一定的认识。到1200多年前，又出现了“荷静莲池脍，冰寒郢水醪”(唐《述梦诗》)；“柳花好为酒，淮伴醉如泥”(《齐野语》)；“研雄末、屑蒲根和酒以饮”(《唐书·林邑传》)等记载。但这些方法未能得到流传和推广，且与现代鸡尾酒的制作有较大的区别。本世纪80年代，港澳地区的调酒师们运用西洋鸡尾酒的调制方法，以中国酒为主要原料逐步创造出许多新的鸡尾酒配方，当时称为“中式鸡尾酒”。其中有一部分深受客人喜爱并得到流传。仅据香港饮食天地出版社1988年11月出版、文丽莲编著的《怡情冷饮》所录，中式鸡尾酒就有18种；到1996年，中式鸡尾酒的配方便超过200种。1988年初，中华鸡尾酒研究中心提出了“中华鸡尾酒”这一具体概念，并通过研究、实践，确认它与外国鸡尾酒有着截然不同的特色，很有进一步开拓、推广的价值。而后在众多酒厂的大力支持和参与下，相继开发出“洋河系列”、“汾酒系列”、“茅台系列”等中华鸡尾酒，已初步形成可以进军世界的能力。目前，中华鸡尾酒正通过多种渠道打入国内外宾馆，逐步被各方人士接受并喜爱，进入了一些阶层和家庭。

鸡尾酒及混合饮料种类

鸡尾酒种类繁多，已见记载的达 3000 多种，分属几十个类别；并且每年不断涌现出优秀的创新鸡尾酒，有些混合饮料也因约定成俗的原因而归为鸡尾酒的范畴。鸡尾酒有多种分类方法，如按饮用时间和地点，可分为餐前鸡尾酒、餐后鸡尾酒、晚餐鸡尾酒、睡前鸡尾酒、俱乐部鸡尾酒；按基酒不同，可分为白兰地类、金酒类、威士忌类、朗姆酒类、伏特加类、葡萄酒类以及中华鸡尾酒；按酒精含量的多少，可分为短饮、长饮；按季节，可分为春季、夏季、秋季、冬季的鸡尾酒；此外，还有冷饮，热饮之分。至于调酒行业，通常是按鸡尾酒的配料及调制特点来分类的，有 30 多个类别；但有些类别之间界限比较模糊，使用不太方便。因此，也可将其归分为 3 个大类。第一大类为一种基本酒，配兑一种果汁或汽水。这一类酒的命名比较简单，大多直接将酒水的名称叠加起来，如“金汤尼”、“威士忌可乐”。第二大类为纯粹酒与酒的掺和，一般比例为 2：1，这一类酒含酒精成分较高，通常称为“短饮”。第三大类是以一种或多种酒配上多种果汁或汽水，或摇晃或搅拌，或用果汁机打匀，调配成五颜六色的鸡尾酒；其品种最多，约占鸡尾酒的 50%～60%。

中华鸡尾酒的种类，则按基酒的香型分为浓香型鸡尾酒、清香型鸡尾酒、酱香型鸡尾酒、米香型鸡尾酒、兼香型鸡尾酒、果香型鸡尾酒和配制型鸡尾酒、宾治鸡尾酒等。按主要的基酒分，又有洋河系列鸡尾酒、汾酒系列鸡尾酒、西凤系列鸡尾酒、茅台系列鸡尾酒等。

混合酒的分类与特点详见下表：

类别名称	品种举例	特点摘要
亚力山大	①亚力山大 ②金酒亚力山大 ③亚力山大姊妹	多以烈酒、利口酒（咖啡利乔、可可利乔）、鲜奶油调配而成，用摇荡法调制
开胃酒类	①芬诺 ②香台	多以酒性较温和的开胃酒或葡萄酒调制而成，许多配方中加有金酒、白兰地等烈酒，用摇荡法、搅拌法调制
霸克酒	①金霸克 ②苹果霸克	基本配方是烈酒与姜汁、汽水，其烈酒多用金酒，有些配方也加入果汁、甜酒等，多用摇荡法，装饰时习惯将水果去皮之后，投入杯内
鸡尾酒	①白兰地鸡尾酒 ②金酒鸡尾酒 ③威士忌鸡尾酒 ④朗姆鸡尾酒 ⑤伏特加鸡尾酒 ⑥特基拉鸡尾酒 ⑦开胃酒鸡尾酒 ⑧利口酒鸡尾酒 ⑨香槟鸡尾酒 ⑩葡萄鸡尾酒 ⑪饭后鸡尾酒	指严格定义下的鸡尾酒，其配方较为固定，且流传甚广，许多配方有一定的来历，一般按基酒分类，调制方法多样，原料广泛
高百乐 （也称柯布勒）	①波提柯布勒 ②白兰地高百乐	以烈酒或葡萄酒为基酒，配以果汁、碎冰，直接在载杯内调制，以鲜果一片点缀而成
哥林酒 （也称卡伦士）	①汤姆·哥林 ②波本·哥林	将烈酒、柠檬汁、清糖浆及碎冰在调酒壶内摇匀，滤入载杯内，注入冰镇过的苏打水，用柠檬等水果片装饰而成
冷饮酒 （也称库勒酒）	①佛罗里多拉 ②夏里布库勒	多以利口酒为基酒，用有气泡的饮料（苏打水或姜汁汽水）来冲调，有些也加入烈酒、糖浆或红石榴汁糖浆，载杯内要加碎冰，用水果片装饰而成 在美国，冷饮酒是人们对冰块调制的无名饮料的统称

类别名称	品种举例	特点摘要
考地亚酒（也称香甜酒）	①敏德考地亚 ②圣勃卡考地亚	以利口酒加碎冰，或少量果汁调配而成
瓶酒	①朗姆巴布 ②香料酒	将酒水、饮料按一定配方混合后装入瓶中，约经三天至六周时间，待其成熟进入佳境后再饮用，饮时加冰，常以烈酒、桔柑汁、糖浆、香料等为主要原料
可斯塔酒		先用柠檬汁湿润酒杯边，并蘸以砂糖使之成一白圈，投柠檬皮于载杯中，然后将酒类、糖浆、柠檬汁所调成的混合饮料注入
杯	①西打杯 ②红酒杯	用酒类、甜味散酒、鲜果及汽水调成的一种清凉饮料
戴可丽酒	菠萝德贵丽	多将酒类、果汁或水果、糖浆加冰放入搅拌机内搅拌而成
戴兹酒（也称达士美）	①亲亲戴兹 ②威士忌戴兹	多以烈酒配以红石榴糖浆或草莓糖浆，混以柠檬汁、苏打水、水果等而成
蛋酒（也称蛋诺）	①白兰地蛋诺 ②波傍蛋诺	由鲜奶、鲜蛋、白兰地或其他烈酒混合调制而成
费克斯	①金茗费克斯 ②德国朗姆费克斯	将材料直接放入载杯内，然后加入碎冰，轻搅，此酒不用苏打水稀释，也不必摇荡和过滤
费斯酒（也称飞喷）	①金费斯 ②朗姆费斯	以烈酒、果汁和糖摇荡混合后，倒进盛有冰块的载杯中，注入苏打水或香槟酒，多在午前午后饮用
弗力普		以全蛋、白糖加酒摇荡，酒面洒上豆蔻粉，以前多为热饮，现以冷饮为主，具有镇静之效，宜于睡前或起床后饮用
漂漂酒	①B加B ②白兰地漂漂	以利口酒或白兰地作基酒，装至3/4杯容，继之用茶匙漂上一层牛奶，也可不用牛奶而直接将白兰地漂在基酒面上
佛来佩	①派尔诺佛来佩	在杯内先加满刨冰（或碎冰），然后将酒淋入其上，可用任何一种烈酒或利口酒制，用薄荷酒调制的可代替饭后甜点
福赞酒（也称冰冻酒）	①冰冻苹果 ②福赞日落	以新鲜水果、碎冰、酒、糖等放入搅拌机内搅拌而成
占烈酒（也称吉姆勒）	①占烈 ②雪利占烈	以烈酒或雪利酒加青柠汁调制而成
高杯混合酒	①金汤力 ②威士忌苏打	将碎冰放入高杯内，加入所需酒类，然后注入苏打水或干姜水等，饰以柠檬皮而成
热饮酒	①蓝焰 ②黑条NO.2	以烈酒或葡萄酒作基酒，加入糖、香料、水果、蜂蜜等调制，用火煮、燃烧、烤杯、冲开水等方法加热而成
朱丽浦	①薄荷朱丽浦 ②香槟朱丽浦	以波本威士忌和薄荷叶、糖调制，也可用其他烈酒调制
密斯特	加拿大密斯特	类似“佛来佩”，但载杯要大一些，用威士忌作基酒。刚喝过咖啡后宜用白兰地或利口酒来调，用高级烈酒调制的宜晚餐后饮用
提神酒	①雪利蛋酒 ②香槟提神酒	为晨起者宿醉未醒而调饮。多以烈酒、派尔诺酒、果汁、蛋黄等为原料
帕弗酒	白兰地帕弗	以烈酒加牛奶各半直接在有冰的载杯中调配，然后注入苏打水，以白兰地作基酒较普遍，是午饭前的提神酒
彩虹酒（也称普氏咖啡）	①安琪儿之吻 ②彩虹4号	以利口酒、白兰地等调成，有的加入糖浆，由于各酒比重不同，将浓的（比重大的）先倒入酒杯，然后按飘浮法依次倒入其他酒类，即得到层次分明的多色饮料
宾治酒（也称潘趣）	①种植者宾治 ②茶宾治	以酒类、糖浆、水果、果汁等调制，按载杯分为单杯宾治、大盆宾治；按温度分为冷饮宾治、热饮宾治；按基酒分为香槟宾治、葡萄酒宾治等
瑞奎酒	①金瑞奎 ②芬诺瑞奎	以基酒、青柠檬和苏打水调制，不加糖，适合夏季饮用

类别名称	品种举例	特点摘要
姗格瑞（也称新加瑞）	①啤酒姗格瑞 ②苏格兰姗格瑞	以烈酒、葡萄酒、啤酒作基酒，加糖、豆蔻粉调配，用大载杯时再加入苏打水，并漂上一层波提(port)甜葡萄酒
席拉布		即调配好的瓶酒
司令酒	新加坡司令	以烈酒、利口酒和果汁调配，装杯后注入苏打水或纯净水，类似瑞奎酒
酸酒	①救火员酸酒 ②旧金山酸酒	以威士忌或其他烈酒为基酒，混合糖、果汁或苏打水调配，口味较酸，是一种饭前鸡尾酒
四维索	金四维索	以烈酒作基酒，加甜料、苏打水等调配，用四维索搅棒搅拌而成
特迪酒	①威士忌特迪一冷 ②热金特迪	以烈酒、糖、丁香粉等调配，再加入冰水或温开水，热特迪酒一般列入热饮酒类，冷特迪酒也可列入"佛来佩"类
攒升酒	威士忌攒升	以任何一种烈酒加蜂蜜、浓牛乳及碎冰摇荡而成
无酒精饮料		种类繁多，依各人爱好而定

调酒员

指在酒吧或餐厅专门从事配制酒水和销售酒水的人员。按调酒员的技术水平或从业时间长短，习惯上将其分为吧仔（或吧妹）和调酒师两类；调酒师又有初、中、高三个技术等级。调酒员的主要工作任务包括酒吧清洁、酒吧摆设、调制酒水、酒水补充、应酬客人和日常管理等；有的还兼做水果拼盘、甜品及热饮。其中，中餐厅的调酒员主要从事整瓶（罐）酒水的销售，几乎不做调酒工作，所以称为酒水员或销售员。许多国家都有专门的调酒师培训学校，我国许多地方也办有调酒师培训班，所以调酒师一般需要专门职业培训，并领有技术执照。调酒师最早的国际组织是"英国调酒师协会"。1951年2月24日在英格兰特乐奎的格林大饭店成立了"国际调酒师协会"，至今已有30多个国家的调酒师组织成为其会员。我国早在1949年，就有酒吧调酒师这一职业，但一直鲜为人知，且主要集中于上海、北京等城市。80年代后期，随着我国改革开放和旅游事业的发展，调酒师逐渐形成了自己的职业特色。1992年全国旅游行业职工服务技能大赛及1993年中国第一届奥林匹克青工大赛中，均设有调酒比赛项目，并涌现出一批技艺精湛的优秀调酒师。

餐酒推销员

特指在西餐厅中专门向客人推销各种佐餐酒的人员。其工作类似调酒师。但必须具备专业性很强的餐酒（葡萄酒）知识和鉴定技术，必须通晓各类酒的酿造技术、过程、产区和特征，以及存放年限和方法，饮用和配餐方式等；并能够为客人提供餐酒介绍、餐酒与食物的搭配、餐酒质量鉴定、餐酒开瓶等服务。

现今许多星级饭店和西餐厅，都有专职的餐酒推销员数名。

国际调酒师协会

为调酒师的国际组织，简称I. B. A，于1951年2月24日在英格兰特乐奎的格林大饭店成立。1951年2月。U. K. B. G在英国举办鸡尾酒调制大赛时，曾发柬邀请世界各国调酒师参加，并提议组织一个国际性的组织以保障会员的权益和交流经验，有20人出席会议，大家一致赞同成立"国际调酒师协会"，并选出了7个代表国，即英格兰、意大利、法国、瑞典、丹麦、荷兰和瑞士。以后I. B. A每年秋季定期召开成员国会议，并在全球稳固地吸收会员，现今已发展到32个国家。1965年，I. B. A成立了I. B. A培训中心；专门培训I. B. A成员国中的年轻调酒师。1955年I. B. A在荷兰举办了首届国际鸡尾酒调酒大赛（简称I. C. C）；从1976年开始，这种大赛每三年举行一次。每一个I. B. A成员国都有权参加，其比赛包括三个内容，即餐前鸡尾酒、餐后鸡尾酒、长饮。1966年，I. B. A开始向与其有关系的商业机构授予荣誉成员的奖牌，至今已产生了

15个I.B.A荣誉成员。1975年至1977年间,I.B.A设立若干名副总裁分管欧洲、北美、南美、远东地区的工作。1980年曾修改过规程并一直沿用至今。自从1951年国际调酒师协会成立起,共有8位人士出任过总裁。他们是英国的Mr. W. J. Tarling(1951年),瑞士的Mr. G. Sievi(1954年)。意大利的Mr. P. Grandi(1957年),意大利的Mr. A. Zola(1959年),丹麦的Mr. K. Soerensen(1960年),意大利的Mr. A. Zola(1963年),意大利的Mr. S. Preti(1977年),法国的Mr. M. Bigot(1981年至1987年)。

国际鸡尾酒调酒大赛

为国际调酒师协会举办的世界性大赛,简称I.C.C。第一届I.C.C于1955年由荷兰调酒师俱乐部组织发起,并在其首都阿姆斯特丹举行,优胜者是来自意大利的吉西·奈瑞先生。从1976年开始,每三年举行一次,参加者为I.B.A成员国成员,比赛设三个项目,餐前鸡尾酒、餐后鸡尾酒和长饮。

马天尼格林披治调酒大奖赛

大赛起始于1968年,专为28岁以下的年轻调酒师而设立,并且尽可能是加入I.B.A成员国的选手参加。当时称"The Pensiero Paissa Prize",它是被总部设在意大利都灵的Martini & Rossi公司所设立,旨在纪念皮尔路·培撒先生(Mr. Pierluigi Paissa)——一个英年早逝的马天尼公司销售智囊集团的杰出成员。培撒先生曾对年轻调酒师的成长作出过贡献。以后在I.B.A和意大利调酒师协会的协作下,此比赛成为一个非常重要的、一年一度的各国年轻调酒师学习、交流和展现技艺的大赛事。参加比赛的选手先完成一款传统鸡尾酒的调制,一式两份,送给评委评定。然后调制两份自创的富有丰富想象力的鸡尾酒;其所选基酒必须是马天尼公司的产品,而且必须使用摇荡法调制;自创的鸡尾酒配方必须要在至少距大赛结束30天以前提供给大赛秘书处,以供另外的评委打分鉴定。大赛结束时选手和其协会均将收到有关马天尼产品的有价值的参考资料。

比赛时选手必须穿调酒师规定服装或本协会的选定服装,由本人按时出席参加检录,并按下列规则进行考核和选拔:(1)笔试。其内容是有关I.B.A历史及20道有关自然界的问题;(2)实际操作。仲裁组将根据选手的调酒姿势,熟练程度及准确性予以评分。(3)口试,首先测试选手的业务技术和与之有关的多方面知识,然后选手在短时间内用英语将其创造的那款鸡尾酒的命名、创意等作一个简要说明。

大赛按得分选出优胜者,前4名将被邀请参观全部的马天尼公司;冠军获得者同时还被邀参加当年的I.B.A年会。自创的最富有丰富想象力的鸡尾酒,将得到最高评分,其选手授予"最富想象力鸡尾酒奖"。参赛选手中,21岁以下的被称为最年轻调酒师,在此行列中谁获分最高,谁就被授予"年轻奖"。

混合酒

用二种以上的酒水调配出的饮品均可称为混合酒或混合饮料。鸡尾酒属于混合酒的一个类别,但并不是所有的混合饮料都是鸡尾酒。鸡尾酒往往有固定的配方,而混合饮料的随意性就大一些。许多混合饮料没有名称,只是简单地把酒水名称叠加起来。混合酒与鸡尾酒也没有十分明确的区分,有些受人喜爱、流传甚广的混合酒,往往会约定俗成地归入鸡尾酒中。混合酒的分类有霸克酒、费克斯、密斯特、四维索等30多个类别(参见"鸡尾酒及混合饮料种类"条)。

宾治酒

宾治酒是混合饮料中的一个重要类别,多以葡萄酒、香槟酒、糖浆、果汁、水果等或全部用不含酒精的材料调制。宾治酒可分为单杯宾治、大盆宾治;或冷饮宾治、热饮宾治;或含酒精宾治、无酒精宾治;或香槟宾治、葡萄酒宾治等,是酒会、集会和喜庆场合常用的饮品。

宾治酒的历史比鸡尾酒的历史要早。在英国的维多利亚女王时代,宾治酒就十分风行。凡是较具规模的大型集会都必有之。人们创造了许多新配方以及调酒缸、耳杯等器具,讲究美观高雅。那时候,宾治酒是一种最高级的饮料;鸡尾酒流行以后,宾治酒才失去混合饮料的领先位置。现今的酒会上仍要准备几款宾治酒供客人选择;在许多家庭宴会上,主人也常用宾治酒招待客人。

短饮与长饮

指依鸡尾酒所含酒精的多少而将鸡尾酒划分的两大类别。长饮是用烈酒、果汁、汽水等混合调制，酒精含量较低，是一种较为温和的饮品，可放置较长时间不变质，因而消费者可长时间饮用，故称为“长饮”。“短饮”是一种酒精含量高、分量较少的鸡尾酒，饮用时通常可以一饮而尽，不必耗费太多时间，也无需贮存。

调制鸡尾酒材料

调制鸡尾酒的食物材料主要有基酒、副料、稀释料、装饰料 4 个大类；但不一定每款鸡尾酒和混合饮料都会用到这些类别。

1. 基酒。是调酒的主要材料，用以确定鸡尾酒的特色与品味。主要品种有白兰地、金酒、朗姆酒、威士忌酒、伏特加酒、特基拉酒、中国白酒、香槟酒、葡萄酒、利口酒、开胃酒等。

2. 副料。是形成鸡尾酒色、香、味的重要因素。主要包括：(1)糖浆。用于缓减基酒的辣味和稀释后的淡味，增加甜度或色泽，如石榴糖浆、普通糖浆、草莓糖浆。(2)苦汁。也称苦精，通称“必打士”，如安哥斯特拉苦汁，一般在调酒需要时仅用二三滴即可。(3)调味品。即饮食用的调料，若选用恰当，可以多层次地增添鸡尾酒的色彩与品味。常用的有盐、糖粉、辣椒汁、喼汁、鲜奶、鲜奶油、鲜鸡蛋等。(4)香料。用于增强鸡尾酒的特殊香味，通常撒放于酒面，如豆蔻粉、丁香粉。(5)利口酒和开胃酒。

3. 稀释料。对于高酒精浓度烈酒，有极其重要的调缓作用，也能调和鸡尾酒的色彩与口味。主要有：(1)果汁。如山楂汁、苹果汁、柠檬片、青柠汁、橙汁、雪梨汁、草莓汁、菠萝汁、椰子汁、葡萄汁、桃汁、甘蔗汁、芒果汁、黄梅汁等。(2)汽水。如柠檬汽水、橙汁汽水、干姜汽水、可乐汽水、苏打汽水、汤力汽水、甘柠汽水等。(3)饮水。如冰水、温开水、矿泉水。(4)姜啤。即掺有生姜味的苏打水。(5)冰块。

4. 装饰料。多用各种鲜果(或生蔬菜)充当，主要是提高鸡尾酒的观赏性，其中有些装饰也具有调味功能。通常选用樱桃、橄榄、柠檬、草莓、菠萝、黄瓜、荔枝、鲜薄荷叶、芫荽、椰蓉丝、香蕉、苹果、芒果、洋葱、丁香、葡萄、西瓜等。

调酒器皿与工具

调酒器皿与工具主要有：

1. 调酒壶：调酒壶由壶盖、滤冰器及壶体 3 部分组成，以银铬合金或不锈钢等金属材料制造。用手摇匀投放壶中的调酒材料和冰块，可使其充分混合并冷却。其型号有大、中、小三类，用于不同分量的调酒。

2. 调酒杯：又称吧杯、混合皿，一般以玻璃器材制造，其杯身较厚，通常印有容量的刻度，使用时将所需的材料按比例放入杯中，用调酒匙轻轻搅匀调和。

3. 调酒匙：亦称酒吧匙，其柄较长，中间呈螺丝状，适合作旋转用。调酒匙的两头分别为一小匙和一小叉。用于搅拌调酒材料或叉取果品。鸡尾酒配方中的“×茶匙”，则以此为计量单位量取。

4. 调酒棒：用于在高筒杯中将各种调酒材料搅混。它形似短棒，多为塑料材质。其手持的一头常饰有酒店标志，另一头有一实心圆头，以利于搅动冰块。调配长饮类鸡尾酒时，则将其插入载杯中，供顾客搅拌用。

5. 滤冰器：是一种不锈钢制成的勺状物体，边旁缠绕着一圈螺旋状的细丝，并附有把手，其细丝部分能嵌在调酒杯的上部，用于倒酒时留住冰块。

6. 冰桶：装冰的容器，为不锈钢或玻璃制品，其底部加有底垫的装置，可以除去溶水。它也可用大口保温瓶代替。

7. 冰夹：为两端有锯齿的不锈钢夹，用于夹取冰块。

8. 冰椎：可将冰块敲击成适当的大小，以供稀释。在外形上，有的前端有分叉，分二叉或三叉；也有前端不分叉的，可以任意将冰块敲成需要的大小冰块。

9. 量酒杯：亦称计量杯。调酒时作为调酒分量的标准，为不锈钢制品，形似两个圆台体上下相连，有多种规格，以 30 毫升与 45 毫升的杯状物背贴在一起的最常见，也有 30 毫升与 60 毫升一组或 15 毫升与 30 毫升一组等。

10. 量酒器：控制酒液出瓶分量的器具，俗称葫芦头，有不同容量的型号。使用时，将量酒器前端的钢管插入有软木塞的瓶装酒内，再倒置酒瓶，酒便会按标准容量进入量酒器，拔出后，将量酒器内的酒倒出来即可调酒。

11.压汁器:用于压取柠檬、柑橘等水分较多的鲜果原汁。其中间为一山形榨汁头,四周有槽,使用时将切开的水果放在榨汁头,用手向下按拧即可出汁。

12.榨汁机:为电动工具,用于榨取水分较少的苹果汁、雪梨汁等。

13.雪糕壳:亦称雪糕勺。用于量取雪糕球。

14.果叉:亦称果签。将橄榄、樱桃、柠檬等装饰在鸡尾酒杯中时使用,多为塑料制品。

15.果刀:切生果用的小刀,通常带有锯齿。

16.俎板:用于切生果或制做装饰品用的搁板。

17.开瓶器:用于开启汽水、啤酒或软木塞酒瓶、金属盒等的工具。有单一功能的刀具,也有多种功能的万用刀。

18.无纤维的毛巾:用于包裹冰块,敲打成碎冰。

19.装饰器具:有杯垫、小伞、彩带、吸管等。

基酒

指调制鸡尾酒的主要酒材料,是构成鸡尾酒的主体,其用量一般不少于鸡尾酒总量的1/2,甚至可高达75%以上。常用的有白兰地、金酒、朗姆酒、威士忌酒、伏特加酒、特基拉酒、中国白酒、开胃酒、利口酒、香槟酒、葡萄酒等。基酒的选择以物美、价廉为原则,价格昂贵的高级酒品不太适宜。鸡尾酒的配方中如有两种以上的含酒精饮料时,一般烈酒为基酒,或以分量多的酒为基酒。鸡尾酒的基酒在一般情况下,多为单一烈性酒,并用以决定鸡尾酒的品种;但有时也可允许用两种烈性酒类混合为基本酒料;但决不能用四五种不同的烈性酒类混合配制,否则会导致不同气味的混乱,破坏酒味。

下面介绍一些常用的基酒。(1)白兰地。由葡萄或水果发酵后蒸馏而成,均须放在橡木桶中陈酿一段时间(2~50年不等),酒度40%,多为淡黄或棕黄色,以法国格涅克区(COGNAC)所产的为最好,称为干邑白兰地。(2)金酒。以玉米、麦芽和其他谷物为原料酿造的含酒精度高的酒,需要添加上杜松莓和其他香料一起蒸馏。大部分酒液无色透明,含酒精量为40%,分为伦敦干(DRY)金酒、金色金酒、荷兰金酒、老汤姆金酒、加味金酒等。其中伦敦干金酒是选用较广的基酒之一。(3)威士忌。用几种谷类经发酵蒸馏而成,并在橡木桶内陈酿数年。酒液是琥珀色,含酒精40%以上,按产地分为苏格兰酒、爱尔兰酒、美国酒、加拿大酒等。其中以苏格兰威士忌最为著名。(4)朗姆酒。由甘蔗糖蜜发酵后蒸馏再经木桶陈酿而成。酒液有淡茶色、棕色等,因而也分为淡质朗姆和浓质朗姆两类,含酒精40%,产地以西班牙语系和英语系的岛国为主,如牙买加、波多黎各。(5)伏特加酒。以马铃薯或多种谷物为原料发酵,用重复蒸馏精炼过滤的方法制成。它无色无味,瓶装酒含酒精40%~50%,以俄罗斯的产品较为著名。(6)特基拉酒。为墨西哥所独有,是用码圭(Maquey)龙舌兰酿造蒸馏而成。龙舌兰是指生长在墨西哥的一种植物。此酒大多无色透明,但也有陈酿多年后呈金黄色的,含酒精45%,纯饮时要配盐和柠檬,十分适合调配鸡尾酒。(7)中国白酒。即中国酒中以谷物为原料酿造的蒸馏酒,酒液无色透明,含酒精40%以上,高的达60%。有各种不同的香型。作基酒时多选用国家级名优白酒。(8)葡萄酒。以葡萄为原料,经发酵制成,分红酒、白酒、玫瑰酒3类,有干型、甜型、半干型、半甜型几种区别;有的含有二氧化碳气体,含酒精14%以下。(9)香槟酒。以特殊工艺制成的含有气体的白葡萄酒,酒液淡黄色,味甜,含酒精14%以下。主要在法国香槟地区生产,是调制宾治酒的常用基酒。(10)开胃酒。以葡萄酒、烈酒和几十种植物的根、茎、芽、叶、花配制而成,宜于饭前饮用,含酒精20%左右,常用作基酒的有味美思、茴香酒等。有时也用作鸡尾酒的副料。(11)利口酒。是一种用蒸馏法重新提取的中性烈酒,酿造时配加水果、花卉、香草、种子、植物根或其它甜的带色的汁液,然后制成的高浓度甜味香酒,常用的有橙皮酒、咖啡酒、可可酒等;它也可作为鸡尾酒的副料。

参阅“外国名酒”中的相关条目。

鸡尾酒载杯

指盛装每款鸡尾酒的杯,多为玻璃质地,且不带任何花纹和色彩。各种形态的鸡尾酒载杯及其它酒水杯的杯型如下表所示:

酒杯名称	形态示意图	容量(毫升)	用途及特点
吉格杯		40	饮烈酒,也称烈酒杯
古典杯		200～400	①烈酒加冰,也称老式杯 ②装古典鸡尾酒,又称为托地杯(T_0day)、欧非醒杯
鸡尾酒杯		60～90	装短饮鸡尾酒
香槟酒杯		90～180	①装香槟酒 ②装香槟鸡尾酒
白兰地杯		200～600	装白兰地酒,一般每杯仅倒30毫升左右
葡萄酒杯		150～240(白) 180～300(红)	装红白葡萄酒及用其制作的鸡尾酒。白葡萄酒杯的容量比红葡萄酒杯少
雪利酒杯		50 90～120	装雪利酒。杯身细长而精致,形似鸡尾酒杯
甜酒杯		60 120～140	①装甜葡萄酒,杯的上身略长 ②装利口酒,小型的可装钵酒
钵酒杯		50	装钵酒
利口酒杯		30～60	①装利口酒,也称利乔杯 ②装彩虹酒
酸酒杯		120～200	①装混饮中的酸酒,也称酸味杯 ②装部分短饮
啤酒杯		①200～300 ②400 ③600	①装啤酒 ②装长饮和其他混饮 ③带柄啤酒杯用于盛装生啤酒
平底杯		250～300	①装果汁,也称冷饮杯(Cooler Glass)、坦布勒杯、水杯 ②装其他软饮料 ③装长饮或其他混饮 ④装啤酒

酒杯名称	形态示意图	容量(毫升)	用途及特点
高脚杯		250～300	①为正式场合使用的水杯,也称高脚水杯,多用于豪华西餐厅 ②装矿泉水、冰水
高筒杯		250～450 (8～14盎司)	①杯身细长,杯口窄,也称直身杯、哥林士杯、(Gollins Glass)、海波杯(Highball Glass) ②装长饮、软饮料
高长汽泡酒杯		200～270	①装有气泡性材料的混饮 ②装其他混饮
汤姆和泽里杯		多少不等	①瓷质 ②装汤姆酒和泽里热饮
耳杯		240	①装宾治酒 ②装探迪酒 ③装热饮酒
金属耳杯		300	①装啤酒,也称高级啤酒杯 ②装热饮酒
宾治杯		多少不等	①装宾治酒,也称新地杯 ②装新地冰淇淋混饮
宾治酒缸		1000～10000	①用于调制和盛装多人份的宾治酒 ②常和耳杯配用
小罐		多少不等	装混饮中的瓶酒类酒水
果冻杯		150～200	①装果冻 ②装各色冰淇淋

调酒配方

鸡尾酒多由两种以上的酒水材料相混合,材料的搭配及用量各不相同,调配方法也不一样。但每款鸡尾酒都有固定的配方,以保持味道的纯正。配方的书写方式有的很简单,仅列出材料的名称和份量;有的则较复杂,还要写出调酒方法、使用载杯、酒品特点。各种配方使用的计量单位也不一样,分别有毫升、盎司、份等。而且同名的鸡尾酒,其配方也常随着时间或地区有所改变,甚至依客人的喜好而定。现以“马天或地区尼”为例,将其4种配方的格式介绍如下:

格式一: 普通马天尼

15份 金酒

1份 白色味美思

1片 柠檬皮(或橄榄1枚)

这一格式仅列出调酒原料及计量,不作任何说明,适用于专业调酒师。因为作为一名专业调酒师,只需看一下原料配方,就能大致明白所应采取的调制方法及载杯种类。

格式二: 干马天尼

8/10 金酒

2/10 马天尼(干)

搅拌。鸡尾酒杯。

装饰：拧绞柠檬皮或加入橄榄(根据口味而定)。

格式三：　马天尼(苦型)

1.5盎司　金酒

1/2盎司　干味美思

1 滴　苦精

在调酒杯中滴一滴苦精，然后依次放入上述材料，搅拌均匀后倒入鸡尾酒杯，并放入一颗橄榄和一片柠檬，其味略苦。

格式四：　马天尼(特型)

酒液配方：　金酒4/5份，味美思1/5份，柠檬片1片，鲜橄榄1粒。

盛酒器皿：　鸡尾酒杯

调配方法：将金酒和味美思搅兑在一起，注入鸡尾酒杯，杯边挂一小片柠檬，杯中用橄榄点缀。

酒液特征：有金酒香气，口味谐调。

注意事项：这是世界最著名的鸡尾酒之一。如果喜欢辣味，可相应减少味美思，增加金酒。适合春秋季饮用。

调酒计量

在鸡尾酒调配中，计量准确是很重要的一环。国外多使用英、美制或以用具计量。在国内多使用公制。计量单位有液量和干量两类，液量用于酒、果汁、糖浆、矿泉水等液体的计量；干量用于砂糖、浓稠物质等固体的计量。为保证计量准确，要运用一定的计量工具，如量杯、药物天平等。现将各种计量单位的换算关系列表如下：

调酒计量单位换算关系表

	毫升	少许	吧匙	茶匙	餐匙	盎司	公勺	酒杯	耳杯	吉格尔	斯普力	盖尔	品脱	夸脱	加仑	英文拼法
1毫升		1.25		0.2												millilicer(ml)也可用c.c
1点(少许)	0.8			1/6												Dash
1吧匙		3	1	1/2	1/6	1/12	0.25									Barspoon　也称酒匙
1茶匙	5	6	2	1	1/3	1/6	0.50									Teaspoon
1餐匙	14.8	18	6	3	1	1/2	0.66			1/3						Tablespoon
1盎司	29.6		12	6	2	1	2.8	1/4	1/8	2/3	1/6					Ounce或Pony
1公勺		12	4	2	2/3	1/3	1			2/9						Cencilliter
1酒杯	120				8	4	11.2	1	1/2	$2\frac{2}{3}$	2/3					Wineglass
1耳杯					16	8	22.4	2	1	$5\frac{1}{3}$	$1\frac{1}{3}$					Cup
1吉格尔			18	9	3	1.5	4.2	3/8		1	1/4					Jigger
1斯普力					12	6	16.8	1.5	3/4	4	1					Spilt
1盖尔	118.3				8	4		1					1/4	1/8	1/32	Gill
1品脱	473.2					16		4				4	1	1/2	1/8	Pint(pt)
1夸脱	946.3					32		8				8	2	1	1/4	Quart(qt)
1加仑	3785.4					128		32				32	8	4	1	Gallon(gal)

注：此表使用法有两种：①由左至右而上　②由上至下而左或右

例：①1盎司=12吧匙、6茶匙、2餐匙、2/3吉格尔、1/4酒杯；　②1/8耳杯=1盎司　1耳杯=8盎司

调酒步骤

1. 备好工具、酒杯、香料与装饰品。

2. 按配方将所需酒水从酒柜中找出，放在工作台上调酒的专用位置。

3. 按规则调配制作。

4. 出品，送给客人或服务人员。

5. 酒水放回原处，空瓶及垃圾入桶。

6. 清洗工具。

7. 清洗工作台。

调酒技法

1. 摇晃法：也称摇动、摇荡。将酒水、冰块按配方比例倒进调酒壶中摇晃，摇匀后过滤冰块，将酒水倒入载杯中。有单手摇、双手摇等多种方法。当鸡尾酒成分中含有奶、糖、蛋和浓度较高的酒时，必须借调酒壶摇晃使其充分混合，但不能混入苏打水等气体饮料摇晃，因为大量的气体能将壶盖顶开，溢出饮料。

2. 搅动法：也称搅拌、调和。将调酒材料倒入已放置冰块的调酒杯内，用调酒匙在杯内沿一定方向旋转搅动，然后用滤冰器卡在杯口，将酒滤入载杯中。

3. 兑和法：也称直接混合、直接倒入、搅和。首先在载杯中放入适量冰块，然后直接将所需原料倒入，用调酒棒轻轻搅动。出品时杯中常附带搅棒、吸管。

4. 搅拌法：在电动搅拌器中放入碎冰和所需原料。搅拌至所要求的程度，倒入载杯中(极少数要将冰滤掉)。

5. 飘浮法：用匙背将材料依次沿杯壁慢慢倒入杯中，也可直接将载杯倾斜，依次慢慢倒入，此法用于调制色彩分明的鸡尾酒，如彩虹酒等。要掌握酒的不同比重，以免层次混淆。

6. 拧绞法：将宽约1厘米、长约5厘米的柠檬片拧绞，装饰于鸡尾酒载杯中。

7. 调香法：将柠檬皮中的香味油挤入鸡尾酒中，皮可投入酒中装饰，也可弃之不用。

8. 螺旋果皮法：将削成螺旋状的整个果皮垂于杯中，这也是鸡尾酒的装饰方式之一。

9. 酒霜法：也称雪糖杯法，用柠檬片把玻璃杯口沾湿，然后再将杯口倒扣，浸入精制细白糖或细盐中，形成一个白色的雾带。

10. 切薄片法：将水果切成薄片用于装饰，如柠檬片、橙片等。

11. 榨汁法：使用压汁器或榨汁机榨出新鲜水果的汁液。柠檬、橙等水分多的水果多用此法制作饮料。

以上技法中，前三项为最基本的技法。

调酒操作规则

调酒操作中遵循的原则和注意事项如下：

1. 准备充分。调酒前要将酒杯和所用材料等预先准备好，放在工作台上调酒操作的专用位置，避免用一样取一样，浪费时间。若酒瓶快空时应开启一瓶新酒，不要在客人面前显示出一只空瓶，更不要用两个瓶里的同一酒品来为客人调制一份鸡尾酒。

2. 器皿清洁。调酒器皿要经常保持干净、清洁，以便随时取用而不影响连续操作。酒杯要擦干净，透明光亮，调制时手只能拿酒杯的下部。量杯、酒吧匙要浸泡在水中，水要经常更换。

3. 材料新鲜。(1)果汁一定要取自新鲜水果，而不要用罐装的。柠檬、橙等在榨汁前最好用热水泡过，以产生较多的汁，长时间(超过24小时)放置的压榨汁，其维生素C会损失，不能再用。(2)装饰用的水果切片不宜太薄，切好后用保鲜膜封好或用清洁的湿布覆盖放入冰箱中备用，但隔天的就不能再用。罐装的装饰水果，如樱桃等，要根据当天的使用量提前用清水冲洗干净，包好放入冰箱。(3)配方中的蛋黄、蛋白，均要取自新鲜生鸡蛋。蛋白也称蛋清，用以增加酒的泡沫和调节酒的颜色，对酒的味道没有影响。打鸡蛋时要在单独的杯中进行，以检查其新鲜程度。(4)鲜奶、奶油也要用新鲜的。

4. 选择酒水。基酒以物美、价廉的为原则，价格昂贵的高级酒品会增加成本。辅助饮料如苏打水、汤力水、姜汁等，一定要选择优质合格的，劣质配料只能使好酒变坏。

5. 双手洁净。调酒人员必须保持一双非常干净的手，因为许多情况下是需要用手来直接制作，手常是客人注视的焦点。

6. 遵循配方。原则上，调制任何酒，都应按配方实施，以保证鸡尾酒的口味标准。但也有例外，如依照顾客的意见更动配方，或斟酌情况，调制一些客人喜欢喝的新酒，以增加营业额。

7. 计量准确。配酒量拿不准时，要用量酒器、量杯等计量工具，不要随意将酒斟入杯中。

8.投料有序。调酒时应先放冰块，然后放基酒，最后放置配料。有汽泡的酒水最后直接倒入载杯中。也有按辅料→基酒→冰块顺序下料的。其理由是基酒一般较贵，如果在调制过程中出了什么差错，能挽回部分损失，而且冰块后放，能将冰块的溶化程度缩小到最低点，以免冲淡酒味。

9.正确用冰。调酒用冰一定要保证新鲜和纯净。有大小不同规格的冰块以及碎冰、刨冰等可供选择。一般是冰块适宜摇晃法和搅动法，碎冰适宜电动搅拌法和兑和法，刨冰适宜直接盖在酒面上。

10.固体配料先溶化。在调酒中使用的糖块、糖粉等，要先在调酒器或酒杯中用少量水将其溶化，然后再加入其它材料进行调制。

11.装料不要太满。调酒壶不要装得太满(1/2以下)，否则会影响摇晃的效果，材料较多时应选用大号调酒壶。

12.加水适量。在调酒配方中“加满苏打水或矿泉水”之意，是针对容量适宜的载杯而言的。对于容量较大的酒杯，则应酌情掌握用量。一味地“加满”只会使酒味变淡。调酒中将专为稀释高酒精度的酒而追加的饮用水，称为“追水”。

13.处理剩酒。调酒器中如果剩有多余的酒，不可长时间地在壶中放置。应尽快滤入干净的杯中，以备它用。在调酒时要尽量避免出现剩酒现象。

14.杯具降温。载杯在使用前最好先冷冻一下，以保证冰凉。在使用调酒杯时，若当时室温较高，使用前应先将冷水倒入杯中，然后加入冰块，将水滤掉，再加入调酒材料进行调制。以防止冰块直接进入调酒杯中，产生骤冷骤热变化而使玻璃炸裂。

15.减少接触。尽量少用手去接触酒水、冰块、杯边或装饰物。

16.注意装杯。应将载杯置于吧台上，一杯以上者，可将杯子排成一排，杯缘相接，尽量让客人看见你的倒酒动作。倒入载杯时，不要太满，应留出离杯口0.5厘米的空间用于装饰。一杯以上的相同鸡尾酒，不论是一次调制完成还是几次完成，不能倒完第一杯再倒第二杯，而应将酒杯排开，杯缘相连，从左到右再从右至左平均倾倒。这样可以保证几杯酒的品味完全相同(同时也避免了由于手温使调酒器中的冰块溶化而出现成品酒前后浓度不均等情况)。

17.装饰适度。鸡尾酒的装饰只是一种陪衬或者是一种辅料，不可使其喧宾夺主。置于酒中起调味作用的装饰材料必须按配方配备，宁缺勿滥。

18.“On the rocks”的含义。是指杯中预先放入冰块，再将酒淋在冰块上。

19.调毕整理。调酒结束必须将酒瓶盖紧，归于原位。搅拌机、调酒壶及其它用具要清洗、擦净，准备下次再用。

20.热饮酒温度适当。调制热饮酒时，酒温不能超过78℃，因为酒精的蒸发点是78℃。

21.冰酒方法。冰冻酒的方法有两种，其一是将酒放入电冰箱内进行冷却；其二是将酒瓶放入碎冰中冷却。

22.果皮规格。削柠檬、橙子和青柠皮时，注意只削下有颜色的外皮，不要连带白色的肉皮。每条宽度约为1.7～2.5厘米。

23.轻巧快捷。调酒动作应轻巧、协调、迅速。因手忙脚乱而产生的酒杯咣啷声和酒瓶碰撞声，只能使客人对你的调酒产生不信任感。

24.即时饮用。绝大多数鸡尾酒要现调现喝，调完之后不可放置太长时间，否则将失去其应有的韵味。

25.糖浆制作。制作糖浆时，糖浆(糖粉)与水的比例一般为3∶1。

26.虚心求教。对于比较陌生或模棱两可的鸡尾酒，可以虚心向客人请教，普通常用的鸡尾酒要记熟，避免调制时再翻看配方。

27.不断创新。创新配方要简单、易记、实用性强，口味以客人能接受并喜欢为佳，可在酒吧以“特饮”方式推出。

摇晃法

调制鸡尾酒的主要方法之一，也称摇动、摇荡等。主要用于将调酒材料混合，特别适宜含糖、奶、蛋、利口酒等不易混合的材料。操作时将材料、冰块按配方倒进调酒壶中，盖好后持壶摇晃，摇匀后滤于载杯中。调酒壶的摇晃方法有单手摇和双手摇两种。单手摇是右手食指按卡住壶盖，其余四指抓紧滤冰器和壶身，依靠手腕的力量用力左右摇晃，同时小臂在胸前上下摆动，使酒液得到多方位的充分混合。这时左手放于背后或自然下垂(也有贴于腹部的)。这种摇法一般只适用于小号调酒壶,如使用中号或大号调酒壶就必须用双手摇。双手摇的方法是:左手中指托住壶底,食指、无名指及小指夹住壶身,拇指压住滤冰器;右手食指压住壶盖,其余手指扶住壶身,双手协调用力将调酒壶抱起,在胸前呈45度上下摇晃。一般来回摇晃五六次,手指感到冰凉,且调酒壶表面出现雾气或霜状物时即可。若有鸡蛋或奶油等不易混合的材料,则必须多摇几次。摇好后立即打开壶盖,让饮料隔着滤冰器滤入载杯中。

含有气泡的饮料(如苏打水等)不能放入调酒壶摇晃,因其在摇晃时会产生大量泡沫,有可能将调酒壶盖顶开,溢出酒液。持壶时手掌不要接触壶身,以免手温使冰块溶化过快影响酒的味道。摇晃的姿势虽有一定要求但并没有严格限制,一般以方便、大方、美观为原则;摇晃的时间要掌握准确,太慢或太快都会对酒质有所影响。

搅动法

调制鸡尾酒的主要方法之一。也称搅拌法、调和法,主要用于调酒材料的混合。其操作方法是:先在调酒杯中放入冰块,继而加入调酒材料,然后用左手的拇指和食指抵住调酒杯底部,右手拿着吧匙,用中指和无名指控制吧匙(将其背部贴着杯壁),按顺时针方向旋转搅拌,大约旋转五六圈后,左手指感到冰凉,调酒杯外有水汽析出时即停止。这时将滤水器卡在杯口,将酒滤入载杯中。搅动时的速度不能太快,以免酒液溢出杯外。搅动法适宜于用料简单、酒液清淡的鸡尾酒。

飘浮法

主要用于调制色彩层次分明的鸡尾酒。如"彩虹"、"天使之吻"等。左手将调酒匙倒扣于杯口(但不要贴在酒面而且挨着一边内壁),右手将酒沿着匙背慢慢滑入杯中,尽量降低酒液的冲击力,避免不同颜色的酒液混合,应使后倒的酒浮于酒面上。要注意掌握酒的比重,一般含糖量大的比重也大,可放在下面,含糖量小的比重也小,可放在上面,依次按顺序倒入。

鸡尾酒装饰

艺术装饰是调酒的最后一道工序,其材料多用鲜果、生蔬菜、樱桃、果签等,装饰方式五花八门。鸡尾酒配方中往往都要附上装饰要求,但具体操作时可因时因地适当改变,只要给人以美感,便可通行。有些特定的鸡尾酒款式,其装饰有装饰和调味的双重功效,那是不能轻易改动的,如"马天尼"中的柠檬片或橄榄等。鸡尾酒装饰方法按其装饰的载杯部位可分为:(1)杯口装饰。即将水果切成小形装饰于载杯口,这是鸡尾酒的主要装饰方法。具有直观、漂亮、赏心悦目的特点。(2)杯围装饰。即杯口一圈沾上糖粉或精盐,使载杯口形成一圈美丽的白霜。这在调酒技法中称为"酒霜",客人品酒时,酒液经过"白霜"入口,所以此装饰兼有调味的作用。(3)杯中装饰。即将水果直接投入酒液中,这适用于清亮的酒体,普遍具有装饰和调味的双重作用。此外还有器物装饰,即选用形态各异的花签、果签、调酒棒等装饰;载杯装饰,即选用合适的载杯,以达到酒名、酒杯与色彩、风格的完美组合。现将常用的装饰材料及装饰方法列表如下:

装饰材料	装饰方法	装饰示意图
樱桃(红、绿)	①将樱桃下端切开一小口,插在杯口一边	
	②将樱桃投入杯中	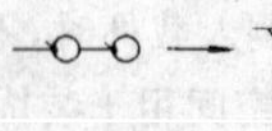
	③果签穿樱桃横架于杯口上	
	④樱桃切碎投入酒中,多用于长饮	

装饰材料	装饰方法	装饰示意图
柠檬、青柠或橙	①横切薄片，投入杯中	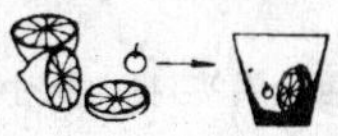
	②纵切1/8，两头去掉，将果肉与果皮分开(不要切完)，再让果皮悬在杯外，果肉留在杯内	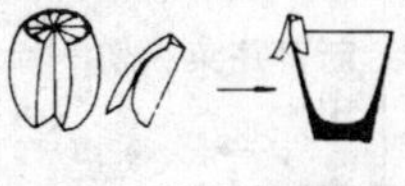
	③纵切1/8，两头去掉，果肉一边切一斜口，插于杯沿	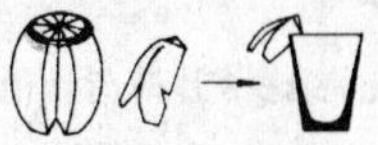
	④横切1/2圆片，挂于杯沿，有两种开口方式	
	⑤横切一圆片，挂于杯沿	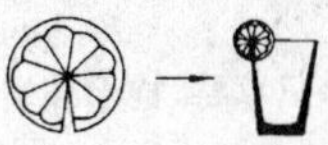
	⑥横切一块圆片，将果肉与果皮分开，只留最上面的不分切，然后让果皮悬在杯外，果肉留在杯内	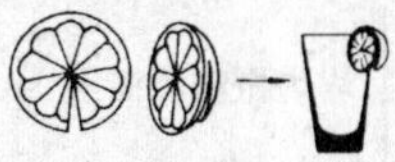
	⑦横切圆片，果肉挖空穿于果签上，果签横卧于杯口(可与樱桃等一同穿于果签)	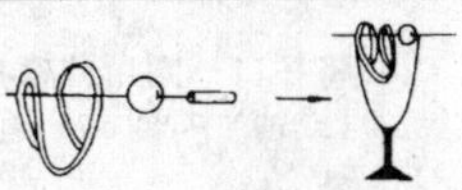
	⑧横切1/2圆片，插上果签，投入杯内	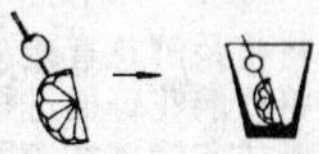
	⑨整只果皮划成螺旋状，一头挂在杯边，其余垂入杯内或杯外(多用柠檬皮)	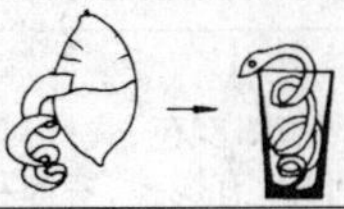
	⑩将果皮削成1.7～2.5厘米的长条(不要带果肉)投入杯中	
菠萝	①纵切1/4，再纵切成细长形，并除去外皮，切成适当的厚度，用果签连同樱桃串起	
	②去皮后，横切1圆片，再切1/8，用果签连同樱桃串起	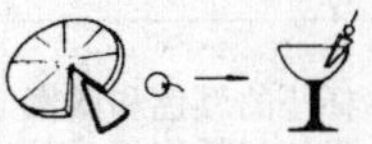
	③横切1/2，去皮，再纵切1/8，用果签连同樱桃串起	
	④去皮，纵切1/4，改成扇形小块，置入杯中	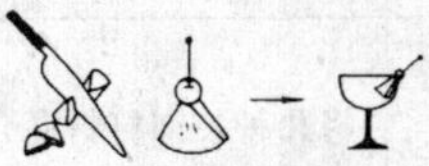
	⑤切成丁状，直接放入杯中	

装饰材料	装饰方法	装饰示意图
橄榄	插上果签,投入杯中	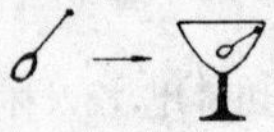
芹菜	新鲜芹菜纵切一片,除去多余的叶子,插入杯中	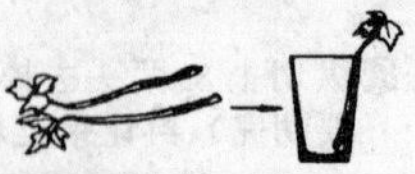
薄荷叶	将2～3片薄荷叶稍作修剪,放入酒面	
小黄瓜	将皮切成长条形,投入杯中	
草莓	整只草莓,挂于杯沿,也可用半只装饰	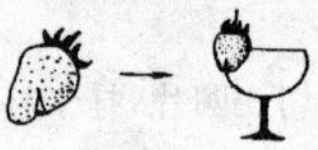
豆蔻粉	均匀撒于酒面上	
盐、糖	将杯口一圈用柠檬皮擦湿,再将载杯倒扣于盐(或糖)中,即成一道白圈	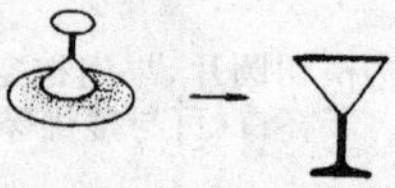
鲜花(菊花、玫瑰花、杜鹃花、兰花)	①将整朵鲜花直接放在酒面上 ②将杜鹃花等插进樱桃,置于杯口 ③撕成花瓣撒在酒面	
调酒棒	调酒棒颜色、式样繁多,做工精细,可直接放入杯中,有搅拌、装饰双重作用,多用于长饮	
果签 牙签	插上水果或串起几种水果,饰于杯中	
花纤	有小伞、小丑、动物等不同造型,可插在水果上,一般在鸡尾酒装饰中用的不多,常用于甜品和水果拼盘	
杯垫	杯垫的颜色和图案丰富多彩,垫于载杯底有较强的衬托作用,要注意色彩的对比	
彩带	系于载杯外部起渲染作用,彩带有不同颜色和规格,要注意与酒色的调配	
混合装饰	将几种装饰材料混合在一起装饰	

(六)餐饮服务规程

服务环节与方法

餐厅日常服务工作

指每一班次或每一天内的服务工作内容。按工作顺序分为餐前准备、接待服务、结束收尾3个主要部分,每个部分都有自身的工作环节与程序要求。任何形式的餐厅服务都由这3个部分构成;但由于餐厅的供应品种不同,风格档次不一以及进餐方式、客人特征的差异,有时会在具体细节上有所区别。

餐前准备

也称"市前准备",指餐厅服务人员和管理人员在每天正式开业前所做的一切准备工作,包括整理餐厅、掌握情况、准备物品、铺设补充餐台、餐前检查、员工进餐、餐前例会等。它一环扣一环,既可分步进行,也能交叉安排。

1.整理餐厅。主要有调节空气与温度、检查设施设备、排列家具及其他物品、打扫清洁卫生等。

2.掌握情况。包括掌握预定情况、客源情况、当日供应情况、VIP客人情况及特殊任务等,以此做好进餐区域的划分及服务人员的分工。

3.准备物品。即备齐各种餐具、用具、调料及易耗品或一次性用品,补充酒水、茶叶,备好各种单据、表格、菜谱,打好开水。

4.铺设补充餐台。即按规范摆好进餐台面,并根据需要将台面作适当调整,将扣放的杯具放正。

5.餐前检查。即检查餐厅卫生(店容店貌)状况、检查设施设备运转情况、检查服务人员的仪表仪容。

6.员工进餐。要求员工在指定的时间、地点进工作餐,餐毕整理个人仪表仪容。

7.餐前例会。这是餐厅主管在餐前集合服务人员召开的短小会议。其主要内容有:(1)清点出勤人数;(2)检查仪表仪容;(3)检查服务用具;(4)进行表扬与批评;(5)分派工作;(6)宣读沽清单;(7)个别提问等。

餐厅整理

餐厅整理是餐前准备的重要部分。指全面打扫整理餐厅,使其一切均处于完好状况。它包括调节餐厅空气与温度、检查设施设备、排列家具、摆设物品、打扫清洁卫生等;有餐前大整、餐中随整、餐后小整之别。其中,打扫卫生是餐厅整理的重点。餐厅整理要求快速有序,全体服务人员必须协作配合。

餐厅卫生

餐厅卫生工作至关重要。整洁、干净的餐厅是客人进餐的基本条件,显示服务质量的重要方面,也是保证客人饮食安全的基本要素。餐厅卫生涉及到各个方面。按清洁对象分包括:环境卫生、设备设施卫生、餐具卫生、服务人员卫生、食品卫生;按清洁区域分包括:前台卫生(包括进餐场所卫生、洗手间卫生、备餐间卫生、洗涤间卫生及其他客用场所卫生)、后方卫生(指厨房、仓贮场所等地的卫生)、公共卫生等;按清洁时间则分为:日常卫生(餐前、餐中、餐后的常规卫生)、周期卫生(计划清理)、临时卫生(临时性的突击清理)等。

每个清洁项目都要制定具体的操作程序、方法与标准,制定检查制度,定人定时检查。

餐厅日常卫生

餐厅日常卫生也称餐厅清洁,系指服务人员每天必做的卫生项目;有些项目甚至在一天之中要做许多次,多为重复性的工作,而且比较琐碎,有些不易注意到的地方很容易忽视,所以要加强检查手段。餐厅日常卫生贯穿于每天营业过程的始终,分为餐前卫生、餐中卫生、餐后卫生3部分。其中,餐前卫生的工作量最大,并要求在规定时间内做完,达到质量标准;餐中卫生在整个客人进餐进程中随脏随做，以保证餐厅的各个方面始终整洁干净；餐后卫生要求快速，动作轻巧，以免影响其他客人就餐，同时也为翻台做好充分准备。餐厅的日常卫生要求是：

1.地面卫生。应保证每日4次(午餐前后、晚餐前后各1次)。做到无垃圾、杂物，无水迹脚印。具体做法是：(1)地面扫净；(2)墩布清洗干净；(3)配制清洁溶液(用药剂、温水)倒入专用桶中(带滤水网)；(4)墩布浸入桶中片刻，滤干水分；(5)拖地(先里后外，先左后右)；(6)墩布清洗干净再拖一遍；(7)收水(打开门窗自然收水或用电扇、空调等吹干，也可用干墩布收水)。

2.可洗墙壁卫生。应保证每天营业前清洗1次，用抹布，做到无污迹、无油迹、无灰尘。具体做法是：(1)抹布洗净拧干；(2)按从左到右、从上到下的顺序抹墙；(3)抹到一定的面积要将抹布清洗干净后再抹其它；(4)特别油腻之处要用药剂溶液先擦净；(5)伸手能及之处都要抹到。

3.地毯清扫。应保证每日3次(营业前、午餐后、晚餐后)，用软质扫帚，做到无脏物。具体做法是按顺序清扫干净(局部进行)。

4.地毯吸尘。应保证每日1次(营业前)，用吸尘器按操作规范进行，做到无脏物，无灰尘。

5.不可洗墙面卫生。应保证每日1次(营业前)，用半湿抹布，做到无灰尘。具体做法是：(1)头天收市前将抹布洗净晾好；(2)用抹布将伸手可及之处擦拭一遍。

6.门窗卫生。每日1次，用抹布。具体方法及要求参见“可洗墙壁卫生”。

7.花栏花架卫生。每日1次，参见第6。

8.镜子、玻璃卫生。每日1次或随时，用软性干抹布擦或玻璃刮，做到无污迹、无灰尘、无指纹，光洁明亮。具体方法是：(1)用专用的软性清洁干抹布按顺序擦拭；(2)特别脏时用洗涤溶液和玻璃刮去除。

9.餐椅(可洗椅面)卫生。每日1次(营业前)，用抹布，做到无污迹、无灰尘。具体方法是：(1)用清洁布按椅面、椅背、椅脚的顺序擦拭；(2)擦木质椅时不是很脏不要用力太大，以免损坏油漆。

10.字画卫生。每日1次(营业前)，用鸡毛掸子，做到无灰尘。具体方法是：(1)顺势清扫；(2)不要用力抖动，以免灰尘泛起。

11.电器(空调、电视、矮处灯具)卫生。每日1次(营业前)，用干抹布、荧屏清洁布，做到无灰尘。

12.备餐柜卫生。每日1次或随时。用抹布做到无水迹、无油迹、无污迹、备料充分、摆放整齐。具体方法是：(1)擦拭干净；(2)营业中随时清理；(3)按规定摆设柜上物品和准备柜内餐用具。

13.台上用具(台号牌、花瓶、味瓶)。每日1次。用抹布，做到无油迹、无污迹。

14.餐桌卫生。每日1次或随时。用抹布，做到无油迹、无污迹。具体方法是：(1)擦拭桌面，用台布的可视情况而定；(2)抹桌子脚。

15.转盘卫生。每日3次(午餐前后，晚餐后)或随时。用抹布、热水或洗涤溶液，做到光洁明亮，无指纹。具体方法是：(1)准备一盆清水；(2)抹净转盘脏物；(3)倒少许热水或洗涤溶液于其上；(4)用抹布擦净；(5)用清水抹布再擦一次。

16.台上用具卫生。随时清理，做到无油迹、无污迹、无水迹、无破损、玻璃器上无指纹。

17.吧台、收银台、陈列台、迎宾台卫生。参看以上有关内容。

18.台布、口布卫生。每日餐后清洗，做到无污迹、烫平整。

19.小毛巾卫生。随时清洗，做到无污迹、清洁如新。具体方法是：(1)洗涤溶液浸泡洗涤；(2)漂洗；(3)高温或蒸汽消毒(可用毛巾车)。

餐厅周期卫生

餐厅周期卫生是指间隔一段时间做一次即可达到卫生要求的清洁项目，其间隔时间从2天～1年不等，可依具体的内容、餐厅环境及自身条件而定，不同的餐厅各有不同的要求。周期卫生因有时间间隔，往往容易忽视或忘记，所以要提前安排好，明确责任人。餐厅的周期卫生项目一般包括：

1.地面砖刷洗。每月1次。用地刷、清洁药剂桶墩布等，做到整洁如新。方法是：(1)扫地；(2)洒清洁药剂溶液，特别脏的地方要多洒；(3)用地刷刷洗除污，要特别注意墙角及地面与墙面的交接处；(4)用清水墩布拖地吸干水分；(5)再用清水墩布拖一遍；(6)自然吸水或用电扇、空调吹干；(7)大理石等高档地面要上蜡抛光。

2.地毯干洗。6～12个月1次。用专用设备和药剂，做到地毯由表及里均无灰尘，整洁如新。具体方法是：(1)将所有物品搬走；(2)按规范操作(参见"地毯养护"条)。

3.椅套卫生。每月1次，做到无污迹、无脱线、无掉带(扣)、平整。

4.软椅面吸尘(固定式)。3天1次。用小型吸尘器，做到无灰尘。

5.软椅面干洗(固定式)。1～3个月1次(酌情而定)。用专用设备和用具，做到无油迹、无污迹。具体方法按规范操作。

6.茶杯、茶垢清洗。两天1次或随脏随清。用百洁布、洗涤药剂，做到无茶垢。具体方法是：(1)洗涤药剂浸泡；(2)百洁布擦拭；(3)漂洗干净；(4)消毒；(5)自然滤干或用消毒布擦干。

7.踏脚板卫生。每周1次，用抹布(洗涤药剂)，做到无油迹、污迹。

8.地板打蜡、抛光。1年1次，用专用设备。

9.高层墙壁。3月1次。用软刷、抹布等(视情况而定)，做到无灰尘与蜘蛛网。

10.天花板卫生。1年1次，做到无灰尘、蜘蛛网。

11.高层灯具卫生。6个月1次。用干抹布，做到无尘、无污迹。

12.高层玻璃镜面卫生。每周1次。用玻璃刮和清洁药剂，做到无尘、明亮。

13.陈列品卫生。每周1次。用软性干抹布或湿抹布，做到无尘。

14.冰箱内部卫生。每月1次。用抹布，做到无污迹、无不良气味、无杂物。具体方法是：(1)切断电源；(2)取出全部物品；(3)湿抹布擦两遍；(4)干抹布擦干。

餐前物品准备

1.准备布件类。检查留存的台布、口布是否够用；若差，应上报说明情况，并迅速到洗衣房、库房领取。

2.备足餐具、擦拭干净。银器、不锈钢器、玻璃器均要擦拭干净，保持光亮。瓷器若有水迹也要擦干。

3.准备跟味。检查餐桌上是否需要添加酱醋汁或精盐、胡椒等。将常用菜点随菜佐料调配妥当，装碟备好。

4.准备餐巾纸、筷套、牙签。这些均为一次性消耗品，应准备充足，筷套应套在筷子外面。

5.蒸热小毛巾。小毛巾要洗净消毒，冷热适宜，叠放于盘中或毛巾盆中。

6.准备服务用具。如各种推车、托盘、火柴、开瓶器、夹子、圆珠笔等。

7.整理烟灰缸及牙签盒。

8.清理菜单。点清需要数量，除去污迹，剔除破损。

9.准备茶水。备好开水、茶叶和茶具。

10.补充酒水。

11.备好各种单据、表格、零钞。

以上各项一般都由相应岗位的工作人员各自完成，依循例则。

餐前检查

餐前检查指正式营业前对服务人员的准备工作进行检查。其检查内容为餐厅卫生、设施设备、仪表服饰3个方面。具体实施时分为服务人员自查、领班逐项检查、主管经理抽查3个层次。"良好的准备是成功的一半"，餐厅要高度重视餐前检查工作。因为其一，它能为进餐顺利打下基础。在餐前检查中，如发现不妥就可以及时改正，能减少服务中的忙乱现象。其二，它能给客人留下良好的第一印象。客人一走进整洁有序、准备充分的餐厅，无疑会精神振奋，并感到舒适安全。其三，通过检查，不仅能使管理人员了解每个服务人员的工作态度，而且可起到监督促进服务人员的作用。所以例行不变的餐前检查，能培养服务人员认真细致的良好作风。

餐前检查要有规定时间，一般自查时间可由个人灵活掌握，但最迟要在领班检查前完成。领班检查的时间可根据所管理员工的数量及场地大小来确定，但最迟要在服务人员进工作餐的前5分钟内完成，以便有时间改正不足。主管的抽查多安排在领班检查完毕以后。但最迟也要在餐前例会前做完。管理人员对检查出的错误及好的方面要做详细记录，以之作为员工评估的重要依据之一。

餐厅设施设备检查

餐厅的设施设备必须符合标准、运转正常，才能保证顺利营业。其检查分为餐前检查、收市检查、周期检查、维修保养4个方面；服务人员主要是做前两个方面的工作，及时做好餐前设备检查，可将营业中的故障减少到最低限度；认真做好收市检查，则可消灭事故隐患，及早发现问题，并为有关部门的善后工作留下充裕的时间。餐厅设施设备检查项目包括：

1.门窗检查。确保开关自如，清洁卫生，无破损，推手等无脱落、不松动。

2.窗帘检查。确保开关灵活，无脱落，清洁卫生。

3.照明灯具检查。确保照明正常，无坏灯泡、灯管；灯泡或灯管无脱落；灯罩无脱落；灯罩无破损；灯具擦拭干净；开关能正常使用。

4.应急灯检查。确保能正常工作，放置妥当。

5.指示灯检查。确保无熄灭，无破损。

6.电源插座检查。确保能正常工作，无松动，并擦拭干净。

7.冷藏柜检查。确保插座插好，制冷正常，达到制冷要求；无噪音；摆放平稳；内外干净、无污迹。

8.生啤机检查。确保能正常工作，桶内啤酒无变质，干净、整洁，无酒迹、污迹。

9.电视机检查。确保声音清晰、无噪音，色彩协调，规定频道均能正常工作，调频器灵敏，干净、无灰尘。

10.空调器检查。确保各项工作性能指标正常，干净，无灰尘，调控器灵敏。

11.电扇、排风扇检查。确保运转正常；扇叶干净；扇架无破损，不松动。

12.开水器检查。贮水后才接通电源；指示灯完好；干净，无污迹。

13.毛巾车检查。确保贮水适量；加热温度符合要求；毛巾码放整齐；内外干净，无污迹。

14.洗碗机检查(详见“洗碗机养护”条)。

15.餐桌椅检查。确保无松动，无断裂，干净整洁，排放整齐。

16.坐垫检查。确保无掉扣、掉带和脱线，无破损，弹性完好，干净整洁。

17.备餐柜检查。确保抽屉使用灵活，柜门能关严，摆放位置得当，无破损，干净整洁。

18.服务用具(托盘、起子、夹子、推车、餐盘、杯篓、菜单等)检查。确保干净整洁，无破损，能正常工作，准备充分。

19.其他检查按有关规定进行。

餐厅日常卫生检查

餐厅日常卫生检查是一项经常性的工作，包括餐前固定检查、餐中随时检查和餐后例行检查等。由于餐厅的清洁卫生项目多，工作细致繁杂，所以可以制定“检查一览表”来帮助检查，以便符合规范，无一遗漏。

餐前卫生检查包括以下内容：

1.蹭鞋垫检查。确保放于指定位置，清洁、无明显泥迹。

2.门窗、玻璃及镜子检查。确保窗框、门框无灰尘、污斑；拉手清洁；每个角落清洁无灰；玻璃光洁明亮，无灰尘、无指纹；镜子光洁明亮，无灰、无指纹。

3.盆景、花草检查。确保花草不枯萎；盆景上无灰尘；花盆清洁，外部无泥土；浇水适度。

4.地面检查。确保清扫彻底，无纸屑及污迹；无水迹。

5.墙面检查。无灰尘；无污迹、油迹；墙上装饰洁净，无破损。

6.柜台检查。确保上下、里外清洁无尘、无污迹；物品排列整齐；陈列柜清洁干净；玻璃拉门轨道清洁、轨道无脏物；照明灯具无灰尘。

7.备餐台检查。确保上下、里外清洁无尘，无油迹、无水迹；柜内、柜外的物品摆放整齐，取拿方便；贮物数量符合标准；柜内餐具清洁；柜内无私人用品。

8.垃圾筒、痰盂检查。确保外部干净，无污迹，痰迹；里面无杂物、痰迹；放水适量。

9.餐桌检查。确保台面擦拭干净，无灰尘、污迹、油迹、水迹；台布洗烫平整，清洁干净；桌脚干净无污迹；不晃动。

10.餐椅检查。确保椅面擦拭干净，无灰尘、污迹；椅面软垫清洁无破损；椅背擦拭干净，无灰尘、污迹；椅脚干净、无污迹；不晃动。

11.桌花检查。确保人造花洁净、无尘埃；插花无褪色、不枯萎；鲜花无损枝、掉叶；花盆按时浇水。

12.台上公用具检查。确保花瓶擦拭干净；台号牌及其它标识物擦拭干净；味瓶、烟缸、烛台等擦拭干净。

13.台上餐具检查。确保无水迹、油迹、污迹；无破损；摆放整齐，符合要求。

14.菜单、酒水单检查。确保干净清洁,无污迹;无缺页,破损。

15.服务用具检查。确保托盘里外干净清洁、无油迹;启子、夹子清洁干净;服务用车干净清洁,车轮牢固而灵便;收餐盒、杯篓等干净清洁。

16.卫生间检查。确保门擦拭整洁;门把手干净;地面清扫干净;地面保持干燥;无臭气、异味;喷洒空气清新剂;洗脸台擦拭干净、明亮;洗脸台无水迹;洗脸盆干净,无污垢;洗脸盆无水迹;物品盛器干净;肥皂准备充分,补充及时;镜面光洁、明亮;垃圾筒内无存积;坐便器内干净无污物;卫生纸准备充分;卫生纸盒干净,无破损;排水管通畅;墙面及档板清洁干净。

餐中卫生检查包括以下内容:

1.桌面检查。确保餐桌中间无空盘;餐桌中间无滴洒汤汁、残料、点心渣;骨碟中的脏物不超过 1/3;烟灰缸里不超过 3 个烟头;餐位前无用脏的餐纸及其它杂物;餐位前无用完或不用的碟、碗、杯等物品。

2.备餐台检查.确保物品摆放有序,不零乱;无菜汁及其它脏物;无油迹;无水迹。

3.地面检查。确保无脏物,无污迹。

4.收餐盒检查。脏盘不要装得太满。

5.餐车检查。确保无汤汁、水迹,无脏物,餐盘摆放适度。

6.服务操作检查。确保取拿餐具手法正确,上菜、分菜符合卫生规范。

7.托盘检查。确保其内外干净,无油迹。

8.抹布检查。确保用脏即洗,按规定位置放置。

9.玻璃门检查。确保其清洁光亮,无指纹。

餐后卫生检查的内容包括:

1.地面检查。确保其清扫干净,无脏物。

2.桌面检查。确保无用过的脏餐具;无污迹、水迹、脏物;台布干净、熨烫平整;按规定摆台;台上用具无遗漏;台上餐用具无污迹、油迹、水迹;台上餐用具无破损;转盘干净。

3.备餐柜检查。确保无脏物;无油迹、水迹、污迹;物品摆放整齐,符合要求。

4.柜台检查。确保台上无杂物,台上无污迹,柜内物品摆放整齐。

服务人员仪表仪容检查

餐厅服务是服务人员与客人面对面地进行,因而服务人员的仪表仪容也是服务产品的重要组成部分。它是服务人员气质修养的外在表现,能给客人以鲜明的直观印象,从一个侧面体现出餐厅的服务水平。所以在营业前必须对服务人员的仪表仪容进行检查,其具体检查项目和要求一般是:

1.制服检查。确保穿规定制服,保持清洁,挺括、无皱折,无掉扣、掉带,无脱落、开线,工作牌挂于胸前的指定位置。

2.工作袜检查。确保规定的颜色,无破损、抽线,无污迹、异味。

3.工作鞋检查。确保穿规定的式样和颜色;鞋面无灰尘、污迹、油迹;皮鞋上油抛光;无破损;大小合适;鞋底无铁掌。

4.头发检查。确保女性发不过肩;男性发不过衬衣领;男性不留大鬓角;不染发;刘海不挡住视线;梳理整齐、无乱发;干净清洁,无污垢和头屑。

5.面容检查。确保干净清洁、无污物;女性化淡妆;男性不留胡须。

6.手的检查。确保干净;指甲修剪整齐,不露出指头以外;指甲内无污垢;不涂指甲油。

7.装饰品检查。确保不戴戒指(结婚戒指除外);不戴耳环、耳钉、项链、手链、手镯;不戴假睫毛;不浓妆艳抹;不戴醒目、怪异的头饰;香水气味淡雅。

8.个人卫生检查。确保衬衣领口和袖口干净;身体无异味;口腔味清新;精神振奋。

餐前例会

也称"班前会"、"餐前集合",是餐厅主管在餐前集合服务人员召开的短小会议。多安排在准备工作就绪、正式上岗之前,一般为 5~15 分钟,全体人员站在餐厅某一指定位置,排列整齐,由主管或领班主持,必要时可请餐厅经理及其它有关人员参加。餐前例会的主要内容是:(1)清点出勤人数。可采取目视或报数的方法,对照签到本,无故未到的要作记载,开例会迟到者要喊报告,经允许方可入列。(2)检查仪表服饰。检查头发、制服、个人卫生等是否符合要求,不合格的限时改正,且在改正时间内算旷工。(3)检查值台员的基本服务工具。如托盘、起子、夹子、火柴(打火机)是否准备妥当,并是否符合卫生要求。(4)表扬与批评。主要针对头天的工作及当天的餐前准备作小结。(5)交待预定客人及分派工作。交待预定客人的姓名、单位、人数、台位、进餐标准及其它要求,对VIP客人要做特殊安排。讲明更改的服务人员工作分工情况及工作区域,其它按常规进行。(6)交待当日供应情况。根据沽清单向服务人员宣读当日的"特别介绍"、"大量推出"、时令品种及活鲜;创新菜式要讲明其原料、味型、烹制方法与特色;讲明不能供应的原料及菜式。(7)其它的提问及交换意见。服务员提问时要先举手,经允许后方可发言。例会结束后,值台服务员、迎宾员、传菜员等前台服务人员迅速进入工作岗位,准备开门迎宾。

餐前例会是明确服务职责、组织沟通情况的重要措施,是培养服务人员组织纪律性的重要环节。它能使员工在意识上进入工作状态,形成营业气氛;同时也是对餐前工作的最后检查,以保证餐厅营业的顺利进行。

沽清单

也称供应单,是指对餐厅当日供应品种的记载。"沽"有买或卖两个含义。"清"有明晰、无余、一点不留的意思。餐厅的出品部门如厨房、吧台等,每天都需将供应的品种,或菜单上有但今天无法供应的品种,告之餐厅服务部门,以便前台人员能针对性地作好推销工作或解释工作。为保证这一沟通的顺畅准确,特设计了沽清单。出品部门一定要认真填写沽清单,并按时送交餐厅有关人员。对不易制作的品种或活鲜要注明预存量,如基围虾2.5公斤、乌龙摆尾2份等。"沽清"也指"某某没有"或"某某已卖完"或"某某暂不供应"之意,如"今日豆皮沽清"(营业前)、"现在糖醋排骨沽清"(营业中)等。

餐厅接待服务基本环节

餐厅接待服务也称"市中服务",是整个餐厅服务工作的重要组成部分。它直接面对客人,充分体现了服务产品的4个特点(即无形性、同步性、一次性、主观性)。接待服务分为迎宾服务、开餐服务、就餐服务、餐后服务4个基本环节。迎宾服务指将客人迎进餐厅安排就餐座位的工作,它包含热情迎宾、引座安席、呈送餐牌等内容。开餐服务指从客人坐下后到正式就餐前这段时间内,服务人员为客人提供的服务,它包含送茶奉巾、接受点菜、开单落单、就餐准备等内容。就餐服务是指将客人点要的食品、酒水送到餐桌,并在整个进餐过程中照料客人的需要,它包含上菜分菜、勤续酒水、清整台面、撤盘换碟、回答询问、处理投诉等内容。餐后服务指在客人享受食物完毕之后所提供的服务,它包含结账收款、征求意见、拉椅送别、迅速翻台等内容。

中餐服务方式

服务方式是一个地区、一个民族在长期的餐饮发展过程中逐步形成的饮食侍应习惯,并以约定俗成的相对固定的形式得到人们的认同。中餐在长期的发展过程中,也逐步形成了自己的服务方式,并和中餐菜肴的特点相适应。同时,随着人们对卫生要求的提高和就餐方式多样化的需求,又不断出现许多新的服务方式。将其归纳起来,按上菜特点可分为共餐式、派餐式、分餐式、自助式、现卖式或外卖式;按客人结账方式可分为餐后结账式和餐前结账式;按提供服务内容可分为全服务式、半服务式、自我服务式;按进餐过程的整体风格可分为中式、日式、韩式、印式、美式、法式、俄式、英式等。另外,按进餐的种类还可分为零点服务、团队服务、宴会服务、自助餐服务多种。其中,(1)共餐式。即多人共用几大盘菜,各人用自己的餐具取食,此乃中国的传统饮食方式。它具有进餐气氛热烈融洽、服务效率高的特点,但在卫生方面、服务的周到规范方面则明显不足。(2)派餐式。即每道菜上桌后,由服务人员逐一分派给客人。它能使进餐卫生,为客人提供更多服务,并能让客人欣赏服务人员娴熟的操作技艺,但它对服务人员要求较高,且会对客人造成一定的干扰。(3)分餐式。即所有菜式均在厨房中按进餐人数分别装盘,或将几种菜式合装在一个托盘中,然后由服务人员分送给每位客人。其服务简便、效率高,但是可以提供的菜式品种有限。(4)餐前结账式。即客人必须先付清全部款项后,才能得到所点要的食物。它有两种形式,钱货直接交换和凭票取菜。具有不会跑账,可接待较多客人等优势,且节省人力;但许多事情得由客人自己去做,也不利于餐厅的促销工作。所以仅适合于快餐厅、外卖和客流量较大的中低档餐厅。(5)餐后结账式。即服务人员先将客人需要的食物送上餐桌,待客人进餐完毕后再结账。它能使客人享受到热情而周到的服务,便于服务人员推销餐厅食品,但这需要一定数量的训练有素的服务人员,生意繁忙时还可能会造成跑单现象。(6)全服务方式。即从客人进店直至最后离开,服务人员为客人提供所有的服务项目,如迎宾、安座、点菜、结账等,一切杂务都由服务员代劳,客人不必为进餐活动费神费力,真正使客人感到服务人员的主动、热情、耐心、周到,有受到尊重和奉为上宾的满足感。目前这种服务方式已成为大多数餐厅对服务工作的基本要求。(7)半服务方式。即餐厅只负责为客人提供进餐过程中的部分服务。如服务人员只管凭票上菜,但并不负责结账;或只提供点菜、上菜但不负责迎宾和分派;再或只将菜肴送上桌,酒水等需客人自行去吧台购买等。这适合于服务人员不够或消费档次较低的餐厅。(8)自助服务方式。即餐厅除提供进餐的场所、必要的餐用具和食物外,不再提供其他服务,许多事情都由客人自己办理,如找座位、买票、取食物、买酒水等,客人有较大的自由。这适合于快餐和客流量较大的中、低档消费场所。(9)限额自助式。餐厅将所能提供的食品事先摆出(热菜采取保温措施),规定一个统一价格,按人计费。客人进餐时自己选菜,多少不限,但不能带走或浪费。其服务简便迅速,服务员少,客人进餐也感到自由轻松。这类方式的准备工作量大,适于冷餐会、自助餐等。(10)现卖式。即现买现卖,不提供进餐场地,能立刻体现买卖关系,有购买方便、迅速、节省空间的特点,但客人不能享受服务,也没有选择余地。(11)外卖式。指应客人要求上门提供食品服务,这种方式能使餐厅获得计划外的收入,也方便了客人,但运送有一定困难,服务费用大,服务质量有时难以控制。

以上这些都是目前餐饮业中普遍使用的中餐服务方式。它们虽然各有特点,但也互相渗透。各个餐厅往往会根据自己的实际情况采用不同的服务方式,或将某几种方式结合起来。由于进餐是以菜肴为中心的,所以目前用得较多的中餐服务方式主要是:共餐式、派餐式和分餐式。

共餐式服务

共餐式是中国的传统饮食方式,共餐式服务则是中餐的主要服务方式之一;即多人共用几大盘菜,各人用自己的餐具取食,其气氛热烈,虽然不太符合卫生要求,然而中国人比较偏爱这种方式中浓郁的家庭情调。现在的共餐式服务在传统的基础上作了一些改进,不再是各人用自己的筷子去挟菜,而采用附加公勺、公筷的办法取菜。其具体服务方法为:(1)摆台时,根据台子大小和就餐人数多少摆上1～2副公共筷、匙,10～12人以上的圆台可摆4副公筷、匙,其中有一副要摆在主人面前。(2)上菜时服务员站在副主位右边(或翻译旁边或餐桌下首)的位置。将大盘菜摆在餐桌中间,有转盘的圆台则借助转盘将菜先上至主宾位置,待主宾取食后,然后转动转盘请其他客人依次取食。(3)大盘菜上桌时,将叉或匙放在菜盘边沿,汤类菜则放一副汤勺入盆中,供客人取食用。(4)摆好后,报出菜名,并向客人介绍风味特色。(5)保持一定数量的菜盘在餐桌上,以便于客人选择,并显示丰盛,但不能将菜盘叠放使台面看起来不雅。它还要注意不同菜式在桌上的摆放和搭配,如荤素、颜色、口味等。可参见“上菜”条。(6)所有的菜上完后应明确告之客人:“您要的菜都上齐了。”

共餐式的优点是:(1)客人进餐自由,主人可为其它客人挟菜,能体现出主人的盛情,气氛融洽。(2)保存了中国传统的家庭式用餐方式和待客传统,具有鲜明的民族特色。(3)所需服务人员较少,同时对服务人员的技术要求不高。(4)这种方式简单、快速、人力投入不大。适合于团队包餐、零点便餐以及一般的民间宴请;更适合于某些风味餐,如吃火锅、涮锅等。

共餐式的缺点是:(1)客人得到的服务和个别照顾相对较少。(2)拘于礼节的客人对一盘菜首先下箸有所顾忌,第一次试用中餐的外国客人会对装饰精美的菜不知所措,有些整形菜更是不便夹食。(3)虽然桌上和菜盘中都摆了公用餐具,但由于习惯使然,有些客人会不自觉地仍用自己的餐具夹菜,一旦发觉便备感尴尬,也不能符合卫生的要求。所以很多接待内宾为主的中餐厅,仅摆上一副公用餐具备用,不少客人仍按传统方式取食。(4)由于讲求菜的丰盛,所以上菜较快,到后来台上容易出现杯盘狼藉的现象。

所以共餐式服务时,服务人员要注意观察客人有否特殊的要求,台面上摆不下菜盘时要注意控制上菜速度或对台面作适当调整。一些整形的鱼、肘子、鸡等菜，要为客人作适当分割。

派餐式服务

餐厅服务的一种方式。即每道菜上桌后，由服务人员逐一分派送给客人。这种方式是在吸收西餐服务方式的优点后，结合中国人的用餐习惯而形成的。其分派菜肴的方法有多种，如托盘分菜、台上分菜、旁桌分菜等，根据不同的菜式特点而采用不同的方法(参见“分菜”条)。它特别适合用中餐圆桌(有转盘)的情况，所以也称“转盘式服务”。具体服务方法为：(1)上菜前先为每位客人准备好骨碟(食盘)或口汤碗，以便分派菜肴。(2)按上菜要求将大盘菜摆上餐桌，然后选择相应的分派方法为每位客人分派食物。有些简单的菜式可以直接分派给客人，不必先上餐台展示。(3)剩余的菜要摆在餐桌上供客人添加。所以摆台时也要根据进餐人数摆上相应的公筷、公匙。(4)勤换骨碟、口汤碗，以免菜肴串味。

派餐式的优点是：(1)符合卫生要求。每道菜都是由服务人员用公用餐具分派，能避免进餐时可能发生的交叉感染。(2)取菜方便。中餐用大圆桌进餐时，客人自取菜肴往往不方便，服务员派菜则解决了这一问题，而且也使客人感受到了特别服务。(3)服务人员熟练的分派技巧颇具表演性，能增加客人进餐时的精神享受。(4)由于服务人员的作用，免去了主人为其客人挟菜、让菜等事宜，能使宾主能更畅快地交谈。

派餐式服务的缺点是：(1)当服务人员在台上分菜时，常常会干扰客人的谈话，影响餐桌气氛。(2)派菜需要一定的时间，所以上菜是一盘盘地有间隔地上，客人有时不得不接受一些自己并不喜欢的食物，或干脆谢绝服务人员的分派而坐等下一道菜。(3)派菜最先是从主宾开始的，有时出于礼节需要，往往要等所有客人的菜派完以后大家再一起享用。这种等待常使进餐显得过于正规，客人受到拘束，而且到最后一位客人的菜分完时，主宾的那份菜已开始变凉。所以目前多是菜一分到客人面前的盘(或碗)中即可食用，并不视为失礼。(4)需要准备较多的小件餐具。(5)服务劳动的投入较多，对服务人员的技术要求较高，需要更多的时间培训。

分餐式服务

餐厅服务的一种方式，是在吸收西式快餐服务和美式服务的基础上形成的。即将所有菜式均在厨房中按进餐人数分别装盘，或将几种菜式合装在一个大盘中，然后由服务人员分送每位客人。具体服务方法为：(1)摆台时，为每位客人摆上骨碟、筷子、杯具等，正对餐位的地方空出，为上菜作好准备。(2)从每位客人的右边将菜盘依次送给客人，并报菜名。(3)收掉客人用过的脏盘，准备上下一道菜。采用大盘集中一次装菜的，则等客人离座后，再收脏盘。(4)席间要为客人增添酒水，或补充调味品、配料等。这一方式特别适合于快餐厅和一般的工作餐、会议餐以及欧美客人。

分餐式的优点是：(1)服务简洁、迅速；(2)符合卫生要求；(3)进餐时间短，能提高餐位利用率；(4)对服务人员的技能要求不高；(5)较少的服务人员可以为更多的客人服务。

分餐式的缺点是：(1)客人各自埋头进餐，缺少中餐所特有的气氛与聚餐时的融洽感受。(2)增加了厨房的工作量；(3)只能提供给客人有限的菜式品种。

迎宾服务

迎宾服务是餐厅接待服务的第一个基本环节。也称“应接服务”。专职从事迎宾工作的服务人员称为“迎宾员”、“带位员”、“咨客”或“接待员”等。除此以外，餐厅的管理人员和值台服务人员在适当的时候都可以做迎宾工作。迎宾服务的主要工作是：热情迎宾、引座安席、呈送餐牌。经营粤式早晚茶的餐厅，迎宾员还负责问菜、填点心卡等。迎宾服务规范一般包括：

1. 站位。

(1)身正肩平，精神抖擞，双手前握，面带微笑；(2)站在餐厅玻璃门内，伸手可及门扶手，目光环视门内外；(3)或站在迎宾台后，目光环视餐厅入口内外。迎宾台要干净整洁。

2. 问候。

(1)见客人向餐厅走来，即进入准备状态，微笑，目光关注客人。尽量熟悉客人的姓名与相貌，称呼要妥当，问候要及时。

(2)待客人离门还有两步远即拉门问候(人数多时可事先将两边门拉开)。“欢迎光临。”“×先生(小姐)，晚上好。”“×经理，欢迎您来就餐。”

(3)或待客人走近餐厅入口时,即走出迎宾台,热情问候。

3.询问人数,问是否预订或客人单位。

(1)紧接着问候后进行。“请问您有几位?”“您是三位吗?”“请问,您是哪个旅行社的?”“请问先生(小姐),您是经贸厅的客人吗?”“您是来参加王府婚宴的吗?”“您预定了吗?”“请问您贵姓?”

(2)客人停下时则站立在和客人对面相距一臂远的地方。

(3)客人不停时则走向客人的左(或右)前方,边引客人入厅,边侧身询问。

4.引领。

(1)走在客人的左(或右)前方,相距1米左右,先用手指示方向。

(2)可以边引领边向客人作有关询问。“请问您是要包房还是大厅?”“请往这边走。”“里面请。”“请上楼。”

(3)引领路线应方便行走,不打扰其他客人。

(4)遇到台阶、拐弯处要向客人提示。“请注意,脚下有台阶。”“我们已为您安排好了位子,请这边走。”(对预定客人。)

5.安座。

(1)将预定客人带到指定台位或厅房。“这二桌是特意为您准备的,大家请坐。”

(2)将客人安排在适当台位或厅房。这时需考虑营业时间、座位朝向、客人特征、服务员工作区域、服务人员技术水平、客人习惯及客人要求等因素。

(3)临时来的客人可视具体情况征求一下对座位的意见。“您喜欢这个位置吗?”“这里可以看到花园景色,您坐这里行吗?”

(4)将主宾位的座椅轻轻拖出,请首客入座,客人在座椅前站稳后,再将椅子轻轻推进一点,随即请客人坐下。“先生,请这边坐。”“请坐下。”(客人站稳后。)

(5)拉餐椅要用双手,推进餐椅时可借助大腿的帮助。

(6)招呼其他客人入座。这时值台员可协助客人入座。

注意没有收拾好的餐桌不要安排客人。实在没有空位时可先请客人稍候,并通知有关服务员尽快清理好台面。

6.呈餐牌。

(1)右手拿餐牌的上部,从客人右边呈上(菜牌与酒水牌或其他)。

(2)餐牌送给主宾,女士或长辈。

(3)餐牌要打开后送给客人,同时询问。“先生(小姐),这是今天的菜单,请您过目,祝晚餐愉快。”“先生(小姐),请您先看看菜单,服务员马上就来为您服务。”“请稍候,服务员马上就来。”

(4)10人以上同坐一桌的可送两份餐牌。

有些餐厅规定由值台员送餐牌。

7.问茶并填写台卡(或点心卡)。

(1)问客人喝何种茶。“请问先生(小姐),您喝什么茶?”“我们有红茶、绿茶、菊花茶,您要哪一种?”

(2)填好的点心卡插入台号牌上。

(3)点心卡要写清台号、人数、时间。

(4)请客人稍候。“好的,先生(小姐),请您稍候。”(当客人告之何种茶后。)

注意午、晚餐的零点服务员不填写点心卡。宴会服务也不需要。

8.交待值台员。

(1)告诉值台员(或领班)客人人数及其他有关情况。“×位。”

(2)知道客人喝何种茶也一并告之。例如:“喝菊花茶加糖。”

当值台员没注意到客人或因忙不过来不能及时招待客人时,可暂时不做这道程序。

迎宾礼遇规格

迎宾礼遇规格指欢迎进餐客人的形式与方法。针对不同的进餐对象和宴会形式,其迎宾的礼遇规格有多种,依次为:

1.1～2名迎宾员在门口迎宾。

2.宴会主管或领班(部长)和迎宾员在门口迎宾。

3.服务人员列队迎宾,或中层以上经理、主管率服务人员列队迎宾。

4.列队迎宾,并为来宾献花。

5.乐队奏乐迎宾。

引台服务

指服务人员为客人指示方向,并带客人到合适餐桌旁(或餐室中)就座的过程。一般由专职人员担任,特殊情况下餐厅管理人员、值台员都可以做引台工作。在引台前要问清客人是否预订、客人人数等基本情况。引台时要走在客人的左(或右)前方,与之相距1米左右,并随时斜侧身环顾客人,可以边引台边与客人交谈。遇到改变方向、上台阶、转弯处要向客人说明并辅以相应的手势。引台的过程中要很快想好应当把客人带到什么地方,不能带着客人像游行似的乱窜,也不能只顾自己走而使客人走散。引台时要考虑如下几个因素:

1. 预订情况。将已预订的客人带到准备好的餐桌,要确认无误,以免搞错。当客人预订的位置已坐上其他客人时,要作解释工作,并迅速安排其他餐台,征求客人意见,尽量使客人满意。

2. 空位情况。即要了解哪些餐台已被预订,哪些厅室没有客人,哪些餐桌可以接待临时客人,哪些餐台还未收拾好等,同时还要清楚各餐台所能容纳的客人人数、所处位置的特点等,以便针对性的安排。

3. 客人人数。根据进餐人数安排不同大小的餐桌。太空、太挤、或将两批客人安排在一起都是不妥当的。

4. 能否招徕其他客人。在餐厅刚开始营业时,尽量把客人安排在窗外或门口易被观察到的位子,以之吸引过往行人。

5. 服务工作区域。不要在同一时间段内将几批客人安排在同一服务区域,以减少服务人员的工作压力。

6. 客人特征。(1)年轻情侣宜安排在安静的角落或景色优美的餐桌旁;(2)老年人或残疾人尽可能安排在靠门口的地方,以避免多走动;(3)热闹的大批客人宜安排在单间或餐厅靠里面的地方;(4)服饰漂亮的客人宜安排在餐厅引人注目的位置,以渲染餐厅气氛;(5)服饰和行为不太雅观的客人宜带到不引人注目的餐桌;(6)旅游客人宜安排在观景较佳的位置;(7)谈生意的客人宜安排在单间;(8)习惯坐老地方的客人要尽量满足,若有难处则向客人作些解释,如:"对不起,×先生(小姐),非常抱歉,您习惯的座位已经预订出去了,给您换个位子行吗?"

7. 服务人员技术能力。VIP客人(贵宾、要人)、挑剔的客人不要带到新手的工作区域。

8. 客人要求。当餐厅的座位充裕时,尽量满足客人提出的要求。

开餐服务

开餐服务系指从客人坐下后到正式就餐前这一阶段中,服务人员为客人提供的所有服务,它是餐厅接待服务的第二个基本环节。开餐服务的工作内容较琐碎,不一定完全遵循某一规定模式,不同餐厅提供的开餐服务也有一些差异。其中主要的工作有:送茶奉巾,接受点菜,开单落单,就餐准备等,以点菜为其重点和难点。开餐服务规范包括:

1. 问候、问茶(视情况而定,若迎宾员已告之详情则可省略)。

(1)在客人餐桌旁站好,微笑问候:"晚上好。""欢迎光临。"

(2)问客人喝什么茶。"请问各位喜欢什么茶?""我们有……,您喜欢哪一种?""菊花茶需加糖吗?""好的,请稍候。"

(3)若茶杯已装好茶叶摆在餐桌上,则可先打开杯盖,准备冲茶。

2. 泡茶、送茶。

(1)按客人点的品种泡茶,用茶壶。注意不要用手抓茶叶。

(2)将茶稍焖片刻,以免未泡好;常用的茶可提前泡制,则可免此项。

(3)茶壶下放一垫盘,用托盘送至客人桌旁。

(4)有专人冲茶的,马上通知茶博士倒茶。

3. 斟茶。

(1)从主宾(女士、长辈)开始,在每位客人右边,为客人斟茶。

(2)茶盅倒扣的要先翻转过来。

(3)每杯斟七成满。

(4)斟毕向客人示意:"请用茶。"

(5)全部为客人斟茶完毕,可将茶壶放于餐桌适当位置或备餐台上;注意壶嘴不能正对某一客人。

(6)客人吸烟要送上烟缸。

4. 奉香巾。

(1)将毛巾托从客人右边送上(也有用毛巾盘的),同时示意:"先生(小姐),请用香巾。"

(2)没有毛巾托,可用毛巾夹。

(3)毛巾要干净,带有清香。

(4)冬天要热,夏天要凉。

(5)不要含水分过多。

5.接受点菜。

(1)准备好点菜用具。

(2)呈送餐牌(参见“迎宾服务”条)。

(3)征询客人是否点菜。“请问先生(小姐),您现在可以点菜吗?”“请问先生(小姐),我可以为您记录点菜吗?”

(4)客人熟练地点菜时,可直接做记录,然后再视情况推销。

(5)客人不熟悉菜单或是拿不定主意时,可做适当介绍,推销餐厅供应品种。但不要使客人感到受强迫。

(6)回答客人询问。

点菜可由迎宾员先做,也可让领班、高级服务员专职做,以保证推销效果。具体要求参见“点菜”条。

6.开单。

(1)先按要求填好表头。

(2)按顺序记下客人所点的品种。注意菜式品种与分量。

(3)开单要一式4联(或3联)。字迹清楚,写清客人要求。

(4)复述一遍,使客人认同。

(5)征询酒水品种,并作介绍。

(6)收回餐牌。“先生,菜单您还用吗?”“谢谢。”(客人递过来时)“请大家稍候。”

7.落单。

(1)将4联单送交收银处验单。

(2)收银员盖章后,将入厨、传菜二联交传菜部,留一联备查。

8.铺席巾、抽筷套、撤花瓶、台号牌等。

(1)从主宾开始,在客人右边操作。

(2)全部做完后随即撤下花瓶、台号牌等。也可在客人安坐后,撤下公共用具。

9.送餐前物品。

(1)送开胃碟。

(2)送餐巾纸。

(3)送冰冻(或热)的甜品汤。

各个餐厅餐前物品不完全一样,有些属于免费赠送。

10.送酒水。

(1)送上客人需要的酒水品种。

(2)有些酒要做餐前处理。

(3)按“酒水服务”各条的程序操作。

(4)斟酒水。名优烈酒也可等菜来后再斟。

11.撤位或补位。

(1)根据实际人数补位或撤掉多余餐具、餐椅。可提前做此项工作,以免客人频频叫唤服务员。

(2)清理台面中心,为上菜做好准备。

就餐服务

也称“台面服务”,系指将客人点的食品、酒水送到餐桌,并在整个进餐过程中照料客人的需要。这是餐厅接待服务的第三个基本环节,也是与顾客接触时间最长的环节。其主要工作有:上菜分菜、勤续酒水、清整台面、撤盘换碟、回答询问、处理投诉。就餐服务规范具体如下:

1.准备。(1)酒水是否斟好;(2)客人是否缺少或多余餐具;(3)备餐台是否准备妥当;(4)台面中心是否空出;(5)客人候菜20分钟后要告之领班或其他有关人员;(6)检查常用的服务用具,如托盘、启子、夹子、公用刀、叉、匙、备用餐具等。

2.上菜。(1)按顺序上菜。上菜顺序不妥时,可自行作调整,严重的情况应上报有关人员;(2)按规定摆好;(3)报菜名;(4)需分派的菜要做好准备;(5)撤盘适当;(6)上最后一个菜时要向客人讲明。

3.分菜。(1)确定何种分菜方式;(2)按要求分派;(3)余菜处理。

4.续酒水。(1)不使客人空杯;(2)酒水喝完后要征询是否添加;(3)适时建议客人品尝其他酒水。

5.席间服务。(1)骨碟装满1/3时应撤换;(2)烟缸有3个以上烟头时,应撤换;(3)随时用夹子清理台上脏物;(4)清理餐位周围脏物;(5)上毛巾(上海鲜之后、客人手脏之后、客人要求之后、上甜品后、其他适合时间);(6)观察上菜速度;(7)观察客人需求;(8)回答客人问询。

6.处理投诉。(1)仔细聆听;(2)表示明白;(3)道歉;(4)找出解决办法;(5)征求客人意见;(6)与有关人员沟通;(7)及时按协商意见处理;(8)向客人致谢;(9)无法解决的则报告上级。

7.主动征询。(1)最后一道菜上桌时应向客人说明:“先生(小姐),您要的菜上齐了。”(2)征询主食:“您需要来点什么主食。”(3)上主食;(4)

视进餐情况适当作些提议;(5)忙不过来时,对客人照顾不周时,主动道歉。

8.处理其他事件。视具体情况而定。

划单

指传菜人员或服务人员,在菜肴送出或送到后,将此菜名在相应的订单上划掉。划单要在确认菜肴无误后进行,它是保证上菜准确的措施之一,大中型餐厅的传菜部一般都配备有专门的划单员。

餐后服务

指客人进餐完毕后的服务,也是餐厅接待服务的最后一个基本环节。它是使餐厅获得利润,标志整个服务有始有终的重要手段。其主要工作有:结账收款、征求意见、拉椅送别、迅速翻台等。餐后服务规范如下:

1.通知收银员结账。

(1)客人基本进餐完毕,即清点酒水数量,多余退回吧台。

(2)客人提出结账时,即可通知账台核算。

(3)审核账单并签上全名。不妥之处要指出。

2.送账单。

(1)账单送给主人或接洽人。

(2)用收银夹(或盘)送,账单一般应反放,不使其它客人看见。

(3)主人询问时要细心解释。注意声音不要太大,不使其它客人听见。

3.收款。

(1)收款时应致谢。

(2)轻声说出现金数目。如:"这是500元。"

(3)如要找钱,请客人稍候。

4.交款、退余款。

向收银员交待清楚。将余款退给客人。

5.征求意见。

(1)征询进餐意见。如:"非常感谢您的光临,请您为我们的工作提出宝贵意见。"

(2)客人提出批评与表扬时应感谢客人。如:"感谢您的合作,我们一定改进。""谢谢您的夸奖,这是应该做的。"

6.送别客人。

(1)将客人的餐椅拉开。

(2)递上客人的行李和其他物品,并告别。

7.检查。

注意有无客人遗留物品。如有应及时送还客人,并再次告别。

8.翻台。

应以最快的速度进行,轻声有序,做到符合摆放要求。

埋单

香港地区对客人结账的另一种叫法。从心理学角度分析,如果账款数目不大,东道主会认为在朋友面前丢失面子;如果账款很大,也许同桌的亲朋会感到不安。所以餐后结账时,服务员应默默地把账单递给东道主,尽可能不惊扰同桌者。为此常把账单悄悄埋在茶杯或餐巾下面,或者是反放,以不让旁人看见。"埋单"的称呼即由此而来。也有些地方因谐音而转化为"买单"。

飞单

也称"跑单"、"赖单"。指客人进餐完毕后不知去向,也未办理任何结账手续的情况。餐厅一般多采用餐后结账的方式,即客人在全部享用完食品与服务以后,在离开餐厅之前结算所有消费。有少数人利用这一特点,趁服务人员未注意或忙乱之际,有意赖账跑单。出现飞单且又无法追回时,一般是由值台员、区域领班(或部长)各赔偿一半。也有些飞单可能是客人因其它事情忘记结账而引起(如出外打个电话后就匆匆走了),所以服务人员要留意客人的动向,客人离开餐桌时要确认是否结账。对有飞单嫌疑的客人要上报领班,并多加注意。

餐桌收盘

即将桌上的脏盘集中收移到一个容器或盘中,以便送到洗涤间。收盘的方法主要有:

1.随空随收随送,也称零点收盘。在客人的进餐过程中,服务人员随时用托盘收下桌上空盘,并及时送到洗涤间,或由传菜员带至洗涤间。这种方式适合于餐位不多的小型餐厅,并且到洗涤间十分方便。其优点是脏餐具能得到及时洗涤,便于餐具的补充和平衡洗涤间工作量。缺点是:(1)不易将餐具分类;(2)服务人员频繁地往返洗涤间,对餐厅地面卫生有一定影响;(3)易造成值台员离开时客人得不到服务的现象;(4)服务员没空时，收下的脏盘会集中于备餐台，使人感觉不雅，并影响服务人员工作。因此，采用这一方式的餐厅要确定做这项工作的主要人员，如可由新手或服务员助手负责。

2.集中定期送。在餐厅备餐柜旁或其他隐蔽处放置不同的塑料餐盒，从桌上收下脏盘后按不同的类别分放于各餐盒中，待装满后再送往洗涤间。一般30～50个餐位要备一套餐盒。其优点是：(1)能及时将餐具分类，为洗涤间提供方便；(2)能及时收下空盘，保证上菜顺利；(3)值台员能有更多的时间在进餐现场为客人提供服务。缺点有：(1)摆放餐盒需占用一定的地方空间，为节省占地，现今多用带隔层的餐车来放置餐盒；(2)餐具周转不快，若是生意好需要频繁翻台而餐具贮备又不够时，不能及时布置好台面；(3)餐盒装满脏餐具后，比较沉重，需安排人力来搬送。因此如果餐厅到洗涤间之间没有台阶或陡坡，则应尽量使用餐车搬送。

3.餐后一次运送。即在客人用餐完毕离开后，一次性地将台上所有餐具收齐，送往洗涤间。可按小件餐具、大件餐具、玻璃器、贵重物品(如金银器等)、布件等分类放入不同的餐盒、杯篓中。这时如用餐车，就更为迅速方便。这种方式的特点是：(1)能更快清理出干净台面，加快翻台速度；(2)收盘时不需用托盘作过渡，可直接将脏餐具放入餐盒中；(3)若使用餐车，需要较宽松的场所，使用受到一定限制；(4)集中收盘可能会产生较大响声，影响其他客人。所以它宜于在餐后操作或急需翻台的情况下使用。

收盘采用何种方式，要依据餐厅具体情况而定，一般是几种方式兼用。收盘时还要注意脏盘的码放，尽量减少破损。金银器、不锈钢器等可以收在放有洗涤溶液的餐盒里，以减少沾染，便于清洗。

餐具清洗程序

餐具清洗是餐厅的日常工作，且工作量较大，并要达到一定的卫生标准。餐具清洗方法有人工洗涤和机器洗涤两种；不同的洗碗机虽然在操作上有一些差异，但其基本程序是10个步骤。只有每一步骤都按正确方法有效地进行，才能保证整个洗碗间运转正常，效果理想。这10道程序是：收盘、搬送、倒刮、分类、装架、冲刷、清洗、卸架、分捡、存放。

1.收盘。收盘一般由餐厅前台服务人员负责，可采用随空随收随送、集中定期送、餐后一次性送等多种方式。洗涤间应做到脏餐具送到即进行处理，以保证前堂所需。

2.搬送。正确的餐具搬送要符合以下要求：减少破损、节省人力、优选路线。同时要将可能干扰客人谈话、引起顾客不快的噪音降低到最小程度。洗涤间也要为暂时搁放脏餐具而留有充分余地。

3.倒刮。倒刮即将餐盘(碗)中的剩余食物等初步清除下来，并将这些剩余食物集中收集到泔水缸中。没有经过倒刮的餐具，会增加清洗难度、污染水源、堵塞管道。倒刮的工具有许多，如百洁布、弹性刷子、软质橡皮海棉等，不能使用对餐具表面有损伤的倒刮工具，如酸性布垫、金属清洁球刷等。手工倒刮也不失为一种迅速而又有效的倒刮方法。

4.分类。分类是指将各种餐具用品，根据其存放的要求区别开来，如玻璃水杯类、金属器皿类或骨碟、大号鱼盘等。分类可以在收台时就要求服务员严格进行，也可以在倒刮的同时完成。如果在客人进餐过程中临时收下来的餐具每类都很少，也可在洗涤后再分类。

5.装架。使用大型洗碗机洗餐具时都必须有这一程序，机器上的容量是有一定的规定的，容量不足会使机器空转，造成浪费；装架应注意一定的方法，否则会使污迹不易洗去。(1)盘子、碟子、刀叉等依大小种类分别装架，以避免小碟子被大盘遮档，同时也方便分类。通常是将小餐具正面朝上装架，而不是从旁边插进去。(2)杯、碗等凹形餐具应倒装在平底的筐架上，而不要重叠或随意乱放，杯柄须朝向一个方向。(3)刀、叉、勺的尖部朝上，装入篮中或筒中，但不要装的太满，否则不易清洗。

6.冲刷。要保证有足够的水压来冲掉所有的污物。冲刷水温要适度。

7.清洗。在清洗过程中，洗涤物受到来自上、下、左、右、前、后几方热的清洁剂溶液的来回循环冲洗，然后被干净热水冲净。

8.卸架。餐具洗净后要从洗碗机上卸下来，这时要注意操作卫生，只能拿盘、碗的边沿，杯具、刃叉的下部。原则上所有洗涤过的餐具都不能用手接触，所以常规定戴手套卸架。刀叉匙的卸架可用一个干净的插筒将洗过的刀叉倒进去，使刀柄朝上，以便取放。

9.分检。餐具卸架后要将同类型的分检在一起，并使其自然风干。

10.存放。洁净的餐具按不同类别存放在货架上，货架应保持干燥和卫生、不妨碍交通。服务人员再从货架上将它们取用。

手工洗涤餐具时要遵循一洗、二清、三消毒、四保洁的原则。要选配适当的洗涤剂并保持一定的水温，清水池要勤换水，洗净的餐具一定要经过消毒程序，有水迹的餐具要用消毒布擦干。

瓷器洗涤使用与保养

瓷器可用洗碗机或人工洗涤，难洗的瓷器可以加入专用的餐具清洁剂，采用煮沸消毒、蒸气消毒、高锰酸钾或漂白粉消毒等各种方法。消毒后要用专用消毒布擦干，并分类存放在特定的餐厨（柜）中；暂时存放于贮物架上的要分类装入餐盒，用消毒布盖好，防止灰尘污染。表面洗不掉的顽渍，可用百洁布清洁剂擦掉，切不可用去污粉、金属清洁球、硬毛刷等对釉面有损伤的东西硬擦。在具体操作时要做到：平稳搬运，轻拿轻放，堆叠有序（参阅“陶瓷用品养好”条）。

餐具消毒方法

1.煮沸消毒法。将洗净的餐具装入筐内，放在开水中，煮沸15～30分钟，将筐提起，然后滤干水分或用消毒布擦干。

2.蒸气消毒法。将洗净的餐具放置在密封的蒸笼或蒸柜中，蒸15～30分钟取出。

3.高锰酸钾溶液消毒法。按1∶1000的比例配备消毒液，餐具在其中浸泡5～15分钟即可（水果则只须浸泡3分钟），然后用清水冲净。消毒液应现用现配，才能起消毒作用，当溶液变浅时即需更换。它适用于瓷器、玻璃器的小批量消毒。

4.漂白粉溶液消毒法。漂白粉为高效消毒药品，加水后，产生次氯酸。它能破坏维持生命活动的酶，从而产生杀菌作用。其溶液需按1∶2000的比例配备，餐具在其中浸泡5～10分钟，再用清水洗净，即可达到消毒效果。

5.红外线消毒法。是目前常见的一种餐具消毒方法，消毒柜温度要求在20℃，持续照射30分钟。此法消毒后餐具已无水迹，可免去消毒布擦拭的工序。

6.“84”消毒液法。“84”消毒液是目前使用方便、效果显著的消毒液，它按1∶200的比例配置，餐具、瓜果在其中浸泡5分钟后，再用清水冲净。

无论使用哪种消毒法，凡是消毒后餐具残留有水迹的，一定要让其自然风干或用消毒布擦干（参阅“食具洗涤与消毒”条）。

收市

也称“结束收尾”、“市后工作”，指全部进餐客人已离开或绝大部分客人已离开后，服务人员所做的工作。收市对下一阶段或第二天的营业至关重要，其主要工作有餐具清洗、打扫卫生、清台铺台、安全检查等。

1.餐具清洗。餐具清洗有机器洗和人工洗两种，在营业过程中可根据需要随时进行，但收市时的清洗工作量最大。首先要将餐具按布件、金银器、不锈钢器、玻璃器、大件瓷器、小件瓷器逐一分类，经过倒刮程序后，再进行机器洗涤或人工洗涤，达到干净卫生、无水迹、无油迹、无污迹的要求。清洗好的餐具应由服务员及时补充到餐厅餐桌上或备餐柜中，从库房借出的餐具也要及时清点归还，大批量洗好的餐具不能存放在洗涤间至下一餐营业开始。收市完毕洗涤间中也不允许还有未洗的餐具。

2.打扫卫生。打扫餐厅的地面、台面、柜面卫生，打扫备餐间、洗涤间、卫生间等区域的卫生。要求做到桌上无残盘剩菜，地面无垃圾，物品摆放整齐。

3.清台铺台。收市时要将客人用过的餐台收拾好，摆好所有台面，不能留待下一班，这一点在中午收市时尤为重要。晚间收市应将摆好的台面罩好，以防灰尘污染。

4.安全检查。收市前负责安全的领班要检查：(1)所有的电源开关是否关闭（预留照明的除外）；(2)空调器、开水器、毛巾车等电器是否按要求关闭；(3)门窗是否关好；(4)下水道是否畅通；(5)有无火灾隐患；(6)收银台、陈列柜是否锁好，收拾好；(7)值班或保卫人员是否到岗。

餐厅收市检查

餐厅收市检查是指一天营业后的检查工作，其检查项目与细节要求如下：

1.餐厅卫生。（参见“餐厅日常卫生检查”条）。

2.柜台。确保：(1)柜台抽屉已锁好；(2)柜台上无计算器、账单、小型验钞机等设备用具。

3.开水器、毛巾车。确保：(1)电源插座已拔下；(2)贮水适当。

4.洗涤间。确保：(1)无未洗的脏餐具；(2)无污水；(3)物品摆放整齐；(4)无积存垃圾；(5)无剩余食品；(6)用过布件按规定放好。

5.卫生间。确保：(1)便器内干净无污物；(2)洗脸台整洁无杂物；(3)垃圾筒或筐内无积存；(4)地面干净无污迹。

6.照明设备。确保：(1)所有照明灯关掉；(2)保留规定的光源。

7.门窗。确保：(1)窗户关严锁好；(2)窗帘拉上；(3)所有的门锁好。

处理投诉

投诉是指消费者因不满意于服务而向供货方提出的正式申诉。由于餐饮服务的特殊性，完全杜绝宾客投诉几乎是不可能的，重要的是要搞好质量管理，提高员工技能，采取相应的预防措施，尽量使投诉控制在很小很小的比率内。同时还要正确对待投诉，使餐厅知道不足并有改正错误的机会。客人将不满向你申诉，也是对餐厅的关心；如果客人带着不满再也不来光顾，或将他的遭遇传播开来，那会影响更坏。投诉一旦发生，服务人员如何处理显得尤为重要，坏则加剧矛盾，好则握手言和，甚至还可能对餐厅产生好感。所以处理投诉要冷静、理智，以诚相待，多为客人着想，并有适当的处理技巧。

处理客人投诉时应注意：

1.耐心聆听。不打断客人的叙述，必要时认真记录。

2.表示明白。保持礼貌、冷静，简要复述客人的意见及要求。

3.表示歉意。告诉客人你对发生的一切非常抱歉。态度诚恳，显示出为客人排忧解难的愿望。

4.提出解决办法。迅速通知厨房或其它部门，使其有足够的时间准备；解决不了的可先征求客人意见，再向上汇报。决不能指责客人，疑难问题可先安慰客人，再请示上级解决。

5.告慰客人。告诉客人解决的办法和计划，征求客人对处理结果是否满意，要讲究效率。

6.感谢客人。态度诚恳，感谢客人向酒店反映问题。

7.向上汇报。向大堂经理汇报此事。

参阅“投诉”、“餐饮投诉”等条目。

零点与包餐服务

零点服务

零点服务是指为临时进餐的点菜客人提供的服务。不同餐厅的零点服务区别较大，具有较大的灵活性。几乎所有类型的服务方式都可用于零点餐厅；零点服务能较全面地体现出餐厅服务的各个环节，点菜与推销是零点服务的核心。零点服务可归结为如下程序：(1)餐前准备；(2)热情迎宾；(3)引座安席；(4)呈送餐牌；(5)递茶送巾；(6)接受点菜；(7)开单落单；(8)送上酒水；(9)按顺序上菜；(10)席间服务；(11)结账收款；(12)拉椅送客等。

零点进餐特点

零点也称“散餐”、“散座”，是指零星而来的顾客根据餐牌自由点菜的进餐方式。它在餐饮业中最为常见，一般的中西餐厅、酒吧、茶市等都提供这种进餐方式。零点进餐具有如下特点：

1.顺时进餐，人数不等。除非特殊情况，零星顾客往往较少预定，一般是到了进餐时间或因工作需要而在餐厅用餐；时间或早或晚而且同一批进餐客人的人数各不相同，少则一二人，多则十几人。因此餐厅要提供能满足不同人数一起用餐的大小餐桌，不可将两批客人安排在一张餐桌上，同一批客人人数较多时可以安排在几个餐台上。这就要求适当调整餐位，以便最大限度地提高餐厅利用率。服务人员要坚守自己的服务区域，随时做好为客人服务的准备，无论客人人数多少，都应一视同仁。

2.口味不一，要求各异。零点客人来至四面八方的不同社会群体，其口味爱好自然各不相同；又因不同的进餐目的等因素所致，其消费能力也有很大差异。而自由点菜的方式正好能适应这一特点。为此餐厅必须向客人提供选择食品的依据——餐牌。餐牌记录了餐厅供应品种的名称、价格以及有关信息,以供客人参考。餐牌根据其所录食物的类别,可分为菜单(或称菜谱)、酒水单、点心单等。菜式要多样化而且定期更换,给人以新鲜感。服务人员要善于分析和判断客人的进餐需求,不失时机地为客人推销、介绍餐厅的供应品种。

3.流动性大,灵活性较强。在营业高峰和生意繁忙的情况下,零星客人来来去去流动很快,有时一张餐桌在同一供应时间内需要接待好几批客人。这就要求餐厅有足够的餐具、用具和食品储备,或能保证很快的清洗、补充;服务人员要能做到忙而不乱,有条不紊,"接一、问二、顾三",保证服务质量不打折扣。而且翻台要快,以使后来的客人能在洁净餐台上迅速用餐。同时对零点进餐客人的服务一定要灵活,随机应对,不必局限于某一形式。如客人点了菜单上没有的菜,但只要有原料能制作就应予以满足,而不能简单地回绝了事。发现可能引起客人投诉的事情,要想在客人之先予以解决或先做些解释工作,如菜上得太慢、点的菜式已卖完等。一旦客人投诉,则要根据实际情况及时解决或给予相应补偿,不能纠缠不休,影响餐厅的正常营业。

4.要求服务周到迅速。零点不同于快餐,纯粹为饱腹之需;这类客人还希望有舒适的服务享受,但又不像宴会那样有充裕的时间。所以能否针对每一位客人提供相应的服务,并提高效率就显得十分重要。零点服务是对餐厅服务人员技能及知识的全面检查,零点餐厅是服务人员锻炼服务技能、提高服务效率、培养观察问题处理问题能力的理想场所。

服务人员必须要在零点服务中得到锻炼,真正做到能使每一位顾客都成为常客,每一位老顾客都成为朋友。

零点餐前准备

1.餐厅整理(参见"餐厅整理"条)。

2.准备用品。

(1)摆台用品:①骨碟、口汤碗、汤匙、筷子、筷架、筷套、茶杯、水杯;②台布、口布;③台号牌、花瓶、烟缸、牙签;④公用筷架、公筷、公匙。

(2)服务用品:托盘、启子、夹子、推车、清洁布。

(3)调味用品:胡椒瓶、盐瓶、酱油壶、醋壶以及其他佐料。

(4)点菜用品:餐牌(含菜单、酒水单、点心单等)、点心卡、点菜单、点菜板、复写纸、圆珠笔。

(5)吧台用品:①各种酒水、香烟及其他供应品种;②各种特殊杯具、黄酒杯、葡萄酒杯、生啤杯;③酒水服务用品、冰桶、冰夹、螺丝启、黄酒烧杯。

(6)传菜用品:大托盘、汤勺、餐台夹、洗手盅、小味碟、随菜佐料。

(7)开餐用品:暖瓶、开水、各类茶叶、茶壶、茶匙、香巾。

(8)备用品:备用的摆台用品,其中骨碟、口汤碗、烟缸要多备一些,以便翻台或为客人及时更换、添加。

(9)结账用品。

3.了解供应情况。

(1)活鲜的品种、数量、价格。

(2)沽清原料或菜式。

(3)特别介绍或最新推出菜式。

(4)大量推出菜式。

(5)可供应的凉菜、小吃及其它品种。

4.了解订餐。

(1)订餐客人的姓名、单位、人数、进餐时间及特殊要求。

(2)VIP客人(贵宾、要人)的情况。

5.摆台。

按中餐零点的摆台规格摆台,已摆好餐台的则检查一遍。

6.整理个人仪容仪表。

7.全面检查。

撤位

零点服务时,当一张餐台的客人人数少于准备的餐位数时,则要将多余的餐具和餐椅撤掉,这称为撤位。撤位的操作方法如下:

1.确定人数。相约一同来进餐的客人,到达餐厅的时间有时不尽相同,有的先到,有的后到。迎宾员在为客人安座后,值台员要向其询问准确的来宾人数,一般情况下迎宾员会自动告知。所以撤位时要注意预留后到客人的餐位。

2.撤餐具。左手托盘,右手将多余餐位的餐具收入托盘中。撤位的数量较多时,可将收下的餐具按不同类别置于托盘;撤位的数量较少时,可将一个餐位的所有餐具合理叠加在一起收入托盘,水杯则单独收入托盘中。撤下的餐具要及时收入备餐柜中。

3.撤餐椅。将多余的餐椅撤至一边放置,以不干扰客人进餐,也可将餐椅推入餐桌下,以留出过道或空间。撤餐椅的顺序也可在撤餐具之前进行,或在拿开托盘的同时带走(或推进)一张餐椅。

4.调整餐位。将台上餐具作适当调整,以使各餐位之间距离基本均等,同时将餐椅也作相应调整,使每位客人都舒适。

加位

零点服务时,当一张餐台的客人人数多于准备的餐位数时,则要补充相应数量的餐具和餐椅,这称之为加位。加位的操作方法如下:

1.确定人数。当迎宾员为客人安座后,值台员要向其询问准确的来宾人数,一般情况下迎宾员会主动告之。

2.调整餐位。将台上餐位之间的距离作适当调整,留出加位空间,一般情况下加位多安排在陪席或下席。

3.摆餐具。从备餐柜中取出需要的餐具,放入托盘中,然后按零点摆台要求摆在预留的空位上。加位的数量较少时,可将“调整餐位”与“摆餐具”同时进行。

4.摆餐椅。取出备用的餐椅摆好。

零点传菜服务

1.准备工作。做好传菜间的清洁卫生,整理好各种设备用具,备好味碟、汤勺、洗手盅、开胃菜、菜肴跟味、传菜托盘、清洁布、圆珠笔等。检查餐台夹是否够用。

2.接受订单。餐厅前堂的值台人员将客人订单的入厨联、传菜联送到传菜部。在大型餐厅,传菜部安排有专人接订单。无论谁下的定单都要到此汇集。小型餐厅则直接由传菜员收订单。

3.审核订单。①订单是否有入厨、传菜二联;②订单上是否有收银员签字或收讫章;③订单填写是否规范(参见“开单与落单”条),字迹是否清楚;④是否记下订单时间,若没有则记下当时的时间;⑤订单是否有沽清类,若有,应及时通知值台员或告之区域领班;⑥分单是否符合要求;⑦客人的特殊要求是否记录清楚。

4.订单入厨。点清订单上的菜式数量,然后根据订单上的台号(或厅号)从餐夹架中取出相应数量的餐台夹,注意检查每个餐台夹上标志的台位数是否与订单的台位相符,然后连同订单的入厨联一起送至传菜口。

5.排订单。将订单的传菜联贴在餐位板上,或按台位顺序在传菜工作台上的适当位置排放整齐。

6.接菜。及时将传菜口的成熟菜肴取出,放入传菜托盘中。

7.检查。①台位、菜式是否与订单相符,可依据菜盘上的餐台夹标志,核对相应台位的订单;②菜盘周边是否有卤汁、油迹、污物,若有则及时用一干净清洁布擦拭干净;③菜肴分量是否符合标准;④有否明显的腐烂异味或鲜活程度不符合定单要求的情况;⑤该由厨房制作的跟味是否配妥;⑥出菜顺序是否正确。

8.划单。确认无误后,则在相应的订单上将此菜划掉。

9.送菜。按台号用托盘将菜肴送入餐厅并告之相应的值台服务人员,需配汤勺、洗手盅和跟味的不要遗漏。送菜时要报清菜肴的台号并取下餐台夹,对新手还要告之菜肴的名称。当值台员正忙时,可将菜卸在备餐台上(不要取下餐台夹),并用目光或手势向值台员示意。有时备餐台上没有放菜的空位,可直接帮值台员上菜(有的餐厅规定不允许传菜员上菜),并告诉值台员自己刚才上了什么菜。

10.返回。返回时顺手带下备餐台上的脏餐具。

11.沟通。①发现出菜顺序与订单先后次序不符时,要及时提醒厨房人员;②营业中的沽清要及时通知值台领班;③活鲜的分量要通知收银员;④向值台领班了解订餐客人的上菜时间,以便通知厨房走菜。

12.回收订单。订单上的菜肴全部送出后,则将此订单放入规定位置,营业结束后,按餐厅要求处置。

零点上菜服务

1.基本遵循上菜的顺序要求,有时根据实际情况也可作些非原则性的变动。零点上菜要求快速,有时由于厨房赶锅、错排、匆忙等原因造成的误差,只要不是原则性的,可照上并向客人解释致歉。实在是不恰当的,则应退还厨房重做,并向客人说明情况,请求谅解。

2.菜到后要检查是否与订单相符,进行最后的质量、卫生把关并作相应处理。确认无误后,应在订单上划掉此菜。

3.采用餐厅规定的上菜服务方式,但特殊情况下可灵活处理。如客人指定某一方式,或规定的方式给客人带来不便时。

4.要在尽量不影响客人进餐的地方上菜,且上菜口基本上始终如一。

5.所有菜盘要按规范在餐台上摆好,及时清除空盘、剩菜。

6.每上一个菜都要报准菜名。

7.需要分派的菜式按要求进行。

8.最后一个菜上桌时要向客人交待清楚。

9.在适当的时候向客人征询主食需求。

10.把握菜式质量,明显的不合格的应返回厨房重做。

11.密切注意上菜动向及客人进餐速度,发现上菜太快、太慢、错菜、漏菜时都要及时与传菜部取得联系,每盘菜上桌后要及时划单。

12.感到客人菜式不够时要轻声征询客人是否添加,并同时提供几种成熟快的菜式以便选择。

13.为客人提供相应的附加服务,如菜肴加热、加味、加汤汁等。

14.客人点了菜单上没有的菜时,若厨房备有原料且加工并不复杂时应尽量满足。在不能确定的情况下,可与厨房取得联系后再回复客人。并向主管等有关人员说明情况以确定价格。

零点酒水服务

1.在点菜的同时即可向客人询问酒水。

2.当客人对酒水拿不定主意时,可先从吧台暂借出各类不同品种1～2瓶,用托盘托至客人面前,向其展示,并作适当的介绍,帮助客人选择。此法特别适合向女士推销各种饮料。

3.到吧台领取酒水时要报清台号和酒水名称、数量,或按餐厅规定填写酒水供应单,以便吧台拿货和收银员记账。

4.要记住不同客人点要的品牌,避免送错或斟错酒水,所以外形非常相似的饮料尽量不要推荐给同一批客人。

5.客人确定酒水后要送上相应的杯具,多余的杯具要撤下。

6.斟酒按规范操作。

7.特殊酒要按其要求服务,如红、白葡萄酒、香槟酒、黄酒等。

8.进餐中途如酒水已斟完,应先征求主人意见再决定是否添加,这对高档酒水尤为重要,价格较低的饮料则可直接续斟。

9.同一批进餐的客人分坐不同的餐台时,可根据酒水的消耗情况在各餐台之间调剂,以避免浪费。单桌的客人在进餐尾声也尽量不再开瓶。

10.席间要随时注意为客人续酒,不能使客人空杯或因此而频频呼唤服务人员斟酒。

11.客人醉酒时应婉言谢绝继续提供酒品。

12.未用完而又可继续出售的整瓶酒应在结账时退还吧台,以免多收客人的费用。

13.开启的瓶盖、标签、包装盒等要集中放置,不能胡乱堆在备餐台上。

14.斟完的空瓶不要马上拿走,以防止客人结账时要求清点数量。

15.客人离开后将所有空瓶及包装盒送至指定位置,剩余的少量烈酒可倒在转盘上做清洁用。

16.已经结账但未开启的酒水,要按餐厅有关规定处理。

零点全服务程序

1.迎宾服务。

(1)迎宾。微笑拉门并问候,致欢迎辞。问清人数及是否预订。站姿标准,尽量用客人的姓氏和职务相称。服务语言可以是:“晚上好,先生(小姐),欢迎光临!”“请问您有几位?”“您已经预订了吗?”“您是坐大厅还是坐包房?”

(2)带位。走在客人左前方或右前方,相距一臂远,注意回顾客人。若客人进包房,先请客人入内,随后紧接着入内。包房门口没有服务员时,则先打开房门,开灯后再请客人入内。注意及时向包房服务员示意。服务语言如下:“请这边走。”

“里面请。”“请进。”“请稍等。”

(3)安座。拉开上首的餐椅，示意客人入座。待客人在椅前站好后，再轻轻将餐椅向前推进。需用双手，以示尊重。值台员若在场，应协助安座工作。服务语言是：“请上边座。”“请坐下，先生(小姐)。”

(4)呈菜谱。右手拿菜谱上部，从主宾或女士、长辈的右边呈上。客人如果不便接菜谱，则可放在餐桌中间或餐位的空档。要欠身、微笑并看着客人。服务语言是：“请您先看看菜谱。”“这是菜谱，请您过目。”“祝您进餐愉快！”

(5)退回。退后一步再转身离开。若值台员暂时不能到位，应向客人说明，“请大家稍候，服务员马上会进来。”再离开。通知领班或有关值台员，迎宾员回到迎宾的岗位上。

2.开餐服务。

(1)问候。站在餐桌旁适当地方，向客人微笑行礼问候。“欢迎光临。”或“对不起，让各位久等了。”当客人等候时间超过质量标准时，要致歉。

(2)问茶。可顺便做一些翻茶杯等工作，必要时向客人介绍茶品种。“请问用什么茶。”“您需要上茶吗？”“您还是喝菊花茶？”若发现茶具不够，要及时补充。

(3)斟茶。从主宾开始，在每位客人的右边倒茶。壶嘴滴茶时，可在壶底托一垫盘，盘内铺垫巾。并说“请用茶。”

(4)送香巾。用毛巾托，从每位客人右边上。随手带走多余的餐用具。毛巾要热、带清香。同时要说：“先生(小姐)，请用香巾。”

(5)征询点菜。估计客人想点菜时即上前询问：“请问，现在可以点菜吗？”“对不起，打扰了，我可以为您记录点菜吗？”

若客人主动要求点菜时，应先答应客人，随即迅速安排好手中的工作，并做好点菜准备。如：“好的，马上就来。”“请稍等，马上就来。”

若客人暂时不点菜，则可先做其他工作。如上开味碟，抽筷套，铺席巾等。

在该过程中要准备好点菜单、笔等。注意观察谁是主要的点菜人。也可设专人点菜，以提高开餐服务效率，做好推销工作。

(6)推销。

将点菜单的已知栏填好，如台位，人数，时间等。介绍菜式，询问需要：“我们今天的特式菜有……”“您喜欢什么口味的菜？”“今天新上市的……您需要吗？”“基围虾是要500克吗？”“对不起，×××已卖完，您来个×××行吗？”

询问酒水：“您需要什么酒？”“您喜欢喝什么饮料？”“这里有……”

最后复述点菜单：“您点了……，是这些吗？”请客人认同。注意按要求填写点菜单。

(7)落单。将点菜单先交给收银员盖章，将入厨、传菜二联交给传菜员。

(8)抽筷套、铺席巾。在每位客人的右边服务，也可将餐巾的一角压在骨碟下。同时有服务语言：“请用餐巾。”

(9)上开味碟、餐巾纸及酒店赠菜。上开胃碟并摆好，餐巾纸放在每位客人的右手边，若上餐厅送给客人的食品，要告之客人(餐厅不一定都给进餐客人送赠品)。服务语言是：“请用开味菜。”或“这是餐厅送给您的×××。”

(10)送酒水。名酒要先向客人展示：“先生，这是您点的××，请过目。”

摆好杯具，斟上啤酒、饮料等，斟毕放回备餐台。如用托盘，则将要上的酒水向客人展示。同时问：“先生(小姐)，请问您用什么饮料？”

(11)清台。清理用过的毛巾、餐纸及脏物；收掉多余的餐具或补充餐具；换掉用脏的烟缸(3个烟头)；斟茶；撤下花瓶(或花盆)，准备上菜。

3.就餐服务。

(1)上菜。

确定是否正确(品种，数量等)，如不符合，立刻核实。

注意上菜程序。注意特殊菜的上法：如带佐料的菜，洗手盅，铁板，汤，水果拼盘等。

在下席客人右边侧身上菜。“对不起，请让一下。”菜不能从客人头上过，并按要求摆好。

报菜名，“这是×××菜。”注意报菜名的声音与时机。

留意客人对菜品的意见。

(2)分菜。

分汤，桌上分或旁桌分；分干菜、点心，用叉勺分；分整形菜，用刀叉；切割，用刀叉等。如全鱼、全鸡，炒面、蹄膀。

(3)续酒。

干杯后要续酒；杯中酒剩1/3时要续酒；酒已用完要询问客人是否添加，“先生(小姐)，再来一瓶(听)×××,好吗?"

(4)席间服务。

换骨碟,骨碟1/3脏时;上香巾,客人点了基围虾等菜时;换烟缸,有3个烟头时;清台,保持台面整齐美观;续茶,客人需要时;处理问题。

(5)上菜完毕。

向客人说明:"您要的菜上齐了,您还需要什么?"或者询问主食:"您的菜上齐了,您需要什么主食?我们有……""请问先生(小姐),您喜欢吃什么主食,我们有……""请问先生(小姐),现在可以上主食吗?"

(6)餐毕送牙签。

(7)续茶。

(8)送香巾。

4.餐后服务。

客人要求结账:

(1)礼貌应答。"好的,请稍候。""马上就来。"并停下或迅速完成手中的工作,向收银员报清台号,"×台(厅)结账。"

(2)核对账单。核查菜品品种、数量;核查酒水数量;其他费用的检查。

(3)送账单。用收银夹,从结账人右边送上;不知是谁结账时要询问;回答客人对账单的问询。服务语言是,"先生(小姐),这是您的账单,请过目。""对不起,请问哪位结账?"

客人付款:

(4)致谢。轻声复述现金数目:"非常感谢,这是××元,请稍候。"将现金、支票夹进收银夹。

(5)交款。与收银员交接清楚,并注意不同的结帐方式——支票、签单、信用卡等。

(6)找余款。用收银夹。"先生(小姐),找您零钱××元。""再次感谢您的光临。"并征求意见,"您今天进餐满意吗?""希望您提出宝贵意见。"征求意见也可在上完最后一个菜时进行。

客人离席:

(7)拉椅送客。为主要客人拉椅。然后站在包房门口,致告别辞:"您走好,欢迎下次再来。"

(8)检查遗留物品。注意检查桌布下,椅背上,备餐台上等。如有则及时追还客人。同时检查客人是否带走酒店的物品。

(9)收台。

团体包餐

团队包餐指因某种共同原因组织在一起的人群,按每人相同的标准同时在餐厅中进餐。团体种类有很多。按团体的性质,分为会议团体、旅游团体和其他团体。而会议团体中又有学术会、研究会、商业洽谈会、总结表彰会之别;旅游团体也可以分为观光团、访问团、考察团等,还可依标准分为经济团、豪华团。若按团体人员的构成,则可分为内宾团、外宾团、港、澳、台胞团。

团体包餐的特点是:(1)以便餐为主。团体客人有明确的活动主体,进餐主要为满足人的基本生理需要,不追求豪华与享受。(2)提前预订进餐。提前预订好进餐的时间、人数、进餐标准和要求,以得到餐位和食品供应保证,使活动安排不受影响。(3)进餐时间短。团体客人的活动时间安排较紧,进餐速度较快。故餐厅要做好充分的餐前准备,服务时宜采用共餐式、分餐式或自助式。(4)进餐标准统一。菜式一样,每人的进餐标准相同,以适应快速、大批量的进餐需求。(5)进餐时间集中。多集中在进餐高峰,同来同走。

会议包餐

为团体包餐的一种,指因参加某个会议而在餐厅集体进餐的客人。进餐标准较低,以日常便餐为主。会议期少则一、二天,多则十几天,所以应尽量做到菜式不同样或周期循环。它的进餐标准虽不高,但要求菜式适口,服务迅速。大型的会议餐服务还要为会务组人员准备夜宵等。

团队

多指由旅行社将参加同一旅游项目的人员组织在一起的旅游团体。一个团队一般由领队、导游、司机、保安、旅游者等人员构成;团体的总人数少则二三人,多则几十人。他们是旅游饭店客源的主流,白天在外游览,晚上回饭店留宿,多在餐厅用早餐、晚餐,并根据与旅行社的协议,享用团体包餐或自行担负进餐费用。

团队陪同

旅游团队中的领队、导游、司机及随队的其他旅行社人员统称为团队"陪同";狭义的陪同仅指导游而言。这类陪同又分"地陪"、"全陪"两种。"地陪"负责某一城市或某一组景点的导游工作;"全陪"则负责客人全部旅游过程,即从始到终与客人在一起。陪同带团队到餐厅进餐时,均可享受免费或一定的折扣,称为“陪同餐”。

团体包餐预订

团体包餐都需要预订,其预订的主要方式有:(1)电话预订。适合于与餐厅订有长期进餐协议的旅行社和其他社会团体。餐厅一般都熟悉预订人。对不熟悉客人的电话预订,要向其交待留位的最后时间,以减少预订突然取消后造成的损失。(2)信函预订。适合于外地客人,即客人通过信函、传真等,讲明预订的各项基本要求。餐厅据此填写订餐协议书回返给对方,待对方在协议书上签字盖章并付足订金后,此预订方才生效。这种方法的预订要提前一周以上办理,且在订餐的前一二天还需再次与对方联系,以便进一步确认。(3)上门预订。适合于社区内的企事业单位或其他社会团体,一般要预付订金,但对熟悉的老主顾可以灵活掌握。

在接受预订时,必须确认:

1.预订人的身份。如单位、姓名、职务、联系电话、单位地址。

2.团体名称及人数。

3.进餐时间。具体进餐的日期、餐次(早、午、晚等)、钟点。

4.进餐标准。若连续几天进餐,可按×元/人(天)计价,然后再划分早餐、午晚餐两个标准;临时需要的夜宵、午点等标准另计。若是一餐的预订则可按×元/人,或×元/桌计价。

5.进餐人员特征。包括进餐对象的国籍、籍贯、民族、年龄、职业、宗教信仰、风俗习惯等,以便安排菜式并提供特殊服务。

6.服务方式。即选择共餐式、分餐式、自助式,还是其他方式。

7.结账方式。如凭餐券结账、按签单结账、餐后立刻结账等。

8.特殊要求。如有否病号饭,是否设清真席或素席,口味上有何特殊要求等。

以上的预订确认以后,即填写任务单分发餐厅、厨房等有关部门,提前进行准备。

团体包餐餐前准备

由于团体包餐的进餐人数多,时间短,所以一定要做好餐前准备工作,否则便会引起混乱。

1.餐厅整理。除清洁卫生工作外,还要排好餐桌椅,注意过道的畅通,以方便上菜和大批宾客同时进出,必要时要增设一些备餐台,以摆放免费提供的主食、例汤等。

2.安排餐位。根据当日下达的团体包餐任务要求,合理安排进餐区域或台位。对一些较差的餐位,如靠近洗手间的,不要连续多次安排给同一订餐单位。餐位排不下时,可将订餐时间相距较长的两个团队安排在同一区域,中间翻台接待。团队的陪同餐与旅游者餐要分开安排。

3.准备物品。不同服务方式的物品准备略有不同,这里仅按共餐式服务方式列出。(1)摆台用品:①骨碟、饭碗、汤匙、筷子(带筷套)、水杯、餐巾纸。②台号牌、花瓶、烟缸、牙签筒、团体名称指示牌。(2)服务用品:托盘、启子、夹子、清洁布、推车、收餐盒。(3)调味用品:备好盐、胡椒、酱油、醋等基本佐料。(4)吧台用品:①各种软饮料、啤酒、冰水;②冰桶、冰块、冰夹、开瓶启。(5)传菜用品:大托盘、推车、公用汤勺、随菜佐料。(6)开餐用品:暖瓶、开水、茶叶、茶壶。(7)备用餐具:以便翻台或为客人递换、添加。

4.了解情况。(1)预订的团体人数,进餐时间;(2)用餐标准,包括是否配备酒水饮料;(3)菜式品种或数量。

5.铺设餐台。按预订的人数摆台,规定的酒水饮料等可提前摆上。

6.提前开单。根据下达的团体订餐任务单,各值台员可事先将点菜单(或专门为团体包餐而设计的起菜通知单)填好,要写清团体名称、人数、台位、标准。对于旅游团队来说,由于陪同餐是免费的,所以陪同人数应加在客人人数之后,如30+3(人),则表示30位客人,3位陪同。其台位也如此表示,如1,2,3+10(台),则表示客人坐1、2、3号餐台,陪同坐10号台。团体餐的开单也可由区域领班完成,再分发给各值台员。

7.整理个人仪容仪表。

8.全面检查。

会议包餐服务特点

1.会议包餐的客人流量大,进餐时间准时,务必提前做好所有的准备工作。

2.凭票进餐的客人按共餐方式进餐时,一定要等到人数坐满、收齐餐券后再上菜,以免给餐厅造成损失。进餐尾声进来的零星客人则可灵活处理,但要对菜肴分量作适当调整。

3.由于客人开会时已有茶水供应,所以进餐时一般不再斟茶,但应上香巾。

4.主食不限量,由客人自取。

5.上菜要快,最好一次上齐,或相距时间很短。

6.由于有开会任务,所以会议包餐一般不供应酒水,但有时晚餐也提供饮料或啤酒等。会议结束前往往有一次较丰盛的加餐,则提供酒水。

7.对病号餐、清真席要安排专门位置并有明显标志,指定专人负责。

8.对因故不能来餐厅就餐的客人,应留餐或送餐。

旅游团队包餐服务特点

1.旅游团队客人的时间性较强,多乘同一辆车到达,所以客人是一批批地来,一批批地走。因此在安排客人入座及开餐工作时,其指定的服务人员有时会忙不过来,这时应做好人员调配,提倡协作精神,使客人不感受冷落。

2.团队客人坐下后,有的会去洗手间或要求洗脸擦手,以消除旅途的风尘,所以要为客人指示方向。对入座的客人则迅速送上茶水或冰水,豪华团的客人还要送上毛巾。

3.客人到来后,一般会有饥饿感,所以可将点菜单事先填写,客人来后即可送入厨房。

4.有酒水饮料的,服务人员负责开瓶等工作,但可以不斟倒,由客人自行选用。提供酒水较多时则应有酒水服务。

5.上菜速度要快,共餐式的要先上汤和主食,其他菜式紧接着跟上。整形菜可适当切割,但一般不负责分派。

6.客人点要标准以外的食品时要付现金,这一点应先向客人解释清楚。在送给客人时要带上餐厅收据,如:“先生,您要的矿泉水。这是收据,请付×元人民币。”客人付款后要致谢,余款要找给客人。

7.旅游团队客人多随带皮包、照相机及其他物品,由于行踪匆忙,容易造成丢失。所以客人离开时要提醒,离开后若发现有遗留物品,要迅速追还。

8.团队客人一般标准低,用餐时间短,所以要迅速清台、翻台,以提高餐位利用率和增加销售。

9.要掌握一些本地区有关旅游、交通、购物、风土人情方面的基本知识,以回答客人的问询。

团体包餐结账方式

1.凭餐券结账。适于各类会议包餐,即会务组工作人员向与会代表分发进餐券,客人凭票进餐,餐厅将回笼的餐票集中整理、清点、汇总登记,封包后交收银员。待整个会议结束后,按回收的餐券与订餐者统一结账。

2.按签单结账。适于旅游团队餐,即餐厅按与旅行社签定的进餐协议提供服务,餐毕将用餐的账单整理好,并请定餐单位的有关人员(陪同或负责人等)审核签字,经收银员核对无误后转入该单位在餐厅所设的总账中,以备定期统一结账。

3.餐后即刻结账。进餐完毕即按预订的标准付清款项,适合于社会团体的临时包餐。要注意查明是否付有定金以及标准外的其他消费。

茶楼与酒吧服务

茶艺

指茶的泡饮艺术是中国茶文化的重要表现形式之一。茶艺类似于茶道,但又不等同。茶道重在心境高雅、精神升华;而茶艺重在技艺。茶艺来源于生活又高于生活,它是将解渴式的粗放饮茶,升华为一种显示高雅素养、寄托感情、表达自我的艺术活动。茶艺常以身体的动作为媒介体现出来,它兼容了诗词歌赋、琴棋书画、工艺雕刻、花鸟虫鱼等文化特征,是一种特殊的综合艺术形式。茶艺在选水、火候、冲泡、品饮以及茶室建筑布置等方面,都有一定的讲究,极富特色与魅力。茶艺不能由个人或单方面独自完成,需要茶客的共同参与,他们相互之间的举止、修养,对表现茶艺的美感与精髓有着重要的影响。

茶艺的表演形式与内容大体如下:

1.奏乐。以江南丝竹为主。

2.梵香。礼拜茶圣陆羽,抛弃杂念,净化心灵。

3.备器。准备各种茶具。

4.汲泉。即取水，对水质的要求极严。

5.生火。可用炭炉、酒精炉或电炉。

6.定汤。煎水(烧水)。

7.说茶。由专人介绍茶品的特点、历史掌故及逸闻趣事。

8.涤器。将茶具等清洗干净。

9.投茶。取茶叶投入茶壶(杯)中，使用专门的工具，此之为“茶则”、“茶荷”。

10.洗茶。用温水将茶叶略洗，除去灰尘及杂物后迅即沥干。

11.冲注。用沸水高冲泡茶。

12.斟茶。将茶低斟分注于各个茶盏中。

13.奉茶。双手献茶于客人。

14.闻香。将杯由远而近，作深呼吸状品闻香气。

15.观色。欣赏茶汤的色泽，或翠绿清澈，或红艳明亮。

16.赏形。观赏茶叶在茶汤中的形状或动态。如冲泡君山银针茶时，茶芽在杯中会出现三起三落的美丽景观。

17.品味。小口喝入，转舌细品，体会后味与香气。

18.心境。由各位茶客自己体会。

高级绿茶冲泡

1.取茶。用茶匙取，切忌直接用手抓，以免手中气味影响茶汤的味道。茶叶的量要掌握好，其与水的比例通常为1∶50。

2.备水。高级绿茶特别忌讳水温过高，应以80℃左右为宜。因为沸水会将细嫩的芽茶泡熟，破坏茶中的有益成分。

3.浸润。将80℃左右的水冲入茶杯中，先少量冲入(能浸没茶叶)，使茶叶吸水膨胀，便于内含物的浸出，此为“浸润泡”。

4.冲水。浸润约20～30秒钟后，冲水至七成满，其方法为手提水壶忽高忽低缓冲，如此反复3次，谓之“凤凰三点头”。它可使茶叶在杯中上下翻腾，令茶汤上下浓度一致。待一两分钟后，即可品尝。喝完再续水，可续水2～3次。

普通红茶、绿茶、花茶冲泡

1.取茶。用茶匙，控制分量，使其与水的比例为1∶75左右。

2.备水。取95℃左右的水。

3.浸润。先冲入适量的水加盖焖半分钟。

4.冲水。采用“凤凰三点头”的方法。

若用茶壶泡茶，则先注水半壶浸润，随后再冲满，盖上壶盖三四分钟后即可饮用。

乌龙茶冲泡

1.备水。要用100℃的水。

2.烫壶烫盏。此名“孟臣沐浴”，系用开水将壶、盏烫热，使其具有一定的温度，然后将烫过的水倒掉。品饮乌龙茶须使用专门的茶具，壶名“孟臣”，杯名“若琛”，皆用紫砂陶土烧制，大都出自名家之手。其形状小巧，盏只够小半口，壶有两杯壶、三杯壶、四杯壶之分，一起放在一个小茶盘中，盘子底部有均匀的漏眼，下配一容器可承接泡茶时滴漏下来的茶汤。

3.置茶。雅称“乌龙入瓮”，其投放茶叶量应占茶壶容积六七成。乌龙茶要求浓度高，茶叶与水之比通常为1∶25。

4.冲茶。雅称“春风拂面”，将沸水从茶壶上方约16～26厘米的高处，对准茶壶直冲下去，此为“高冲”。使壶里的每片茶叶都能在滚水里翻动，充分受热，较快地将茶叶表面的杂质冲激上水面，并溢出壶外，这时可用盖刮剔去表面的泡沫，而后仍旧将茶盖盖好。

5.再次烫壶。雅称“重洗仙颜”，即再次用开水冲烫壶身，然后再给壶口敷上干净毛巾，约3分钟后，掀去毛巾，即可注入茶盏。

6.斟茶。用茶壶贴着盏面斟茶，此为“低酌”，如此，可避免发出响声，不会使茶汤起泡沫，还可减少茶的香气飘散。斟茶时不能斟满了一盏再斟另一盏，而应按盏数多少轮转着斟，此名“关公巡城”，目的是使茶汤均匀地斟到每一盏中，不致于厚此薄彼。当茶汤快斟完时，剩下少许从壶嘴一滴滴外滴的时候，不要停手，仍继续旋转着斟进盏中，直到滴完为止，此名“韩信点兵”。这时要用食指将壶盖轻轻地稍微推开，使茶汤滴净。

7.品尝。品尝时，不能一饮而尽，应当拿起茶盏，由远及近，由近再远，先闻其香，然后品尝，此名“衔杯玩味”。

8.再泡。将盏中的茶饮完后，放回原处，续水入壶，饮第二泡和第三泡。好的乌龙茶可以冲泡8次，仍不失香味。

早茶

特指早上以品茶、尝点心为主的进餐类型。它并不限于早晨，中午、晚上也可进行，所以又称“早晚茶”或“茶市”。

早茶兴盛于广州、扬州、苏州一带。广东人一般都习惯早上喝茶，饮一杯茶、吃二件点心极为普通，俗称“一盅两件”。至于扬州、苏州的早茶，也使食客们为之倾心，有“早上皮包水，晚上水包皮”(早上吃茶点，晚上泡浴池)之说。各地早茶大多由中餐厅兼营，以便充分利用两餐之间的空档，提高餐位利用率。也有专门经营早、中、晚茶的茶楼和茶座，从6时到24时不停地接待顾客。

早茶的品种由茶水、茶食、茶点、茶菜4部分组成。(1)茶水。可选用多种不同的茶叶冲泡，如绿茶、红茶、乌龙茶、菊花茶、普洱茶等，尽依各人之喜好。(2)茶食。指佐茶的零食，有各式蜜饯、炒货(如瓜子)及糖食等。其特点是甜酸香咸、味感鲜明、形小量少、颇耐咀嚼，以便佐茶谈话，生津开胃。它们多与茶水同时上席。(3)茶点。是早茶中必不可少的内容，以富含淀粉质的米面等为主料制作，辅料则选材广泛。茶点不同于早点，早点以果腹充饥为主，而茶点则要求小巧精致、口味多样，可以供人观赏，能够引起美感。茶点若按烹调方法分类，有炸、煎、煮、蒸、焖、烘、烤、氽等；按销售价格分类，有小点、中点、大点、特点、顶点、超点等；按食用时的温度分类，有凉点(如酥点类、胶冻类、蛋糕)、热点；按存在状态分类，有干点、湿点、稀点。目前餐饮业中习惯将其混合分类，如凉点类、煎炸类、熟笼类、粥类等。(4)茶菜。是用以佐茶，以资谈兴的各种菜肴，每款分量较少，用6吋左右的小盘盛装。由于它主要是对茶与点心起佐助作用而非主角，所以在整组早茶中所占的比例较小。但对于以茶肴作为正餐的人来说则另有不同。茶菜冷热均有，以无腥少腻、口味清淡、酥烂软嫩、色彩素雅、食用方便为特征，它与一般的菜肴有一定区别。

早茶的这种进餐形式，具有供人饮茶、小食、休闲、交易、娱乐、议事、会客等多种功能，所以现今已遍及全国各地，尤以南方为甚。

茶点价单

指反映客人茶市消费情况的记录卡，同时也是结账的依据。茶市的供应品种繁多，且形小、单份、量少，用小碟、小碗、小笼盛装，客人所点少则三四样，多则几十样。为便于结算，餐厅按其制作成本将它们分为小点、中点、大点、特点、顶点、超点等几个价位档次，并为每个档次核定一个平均价格。这样若客人选用不同的茶点，服务人员只需在茶点价单的相应类别中做上记载即可，省去了写品种名称的麻烦，也使结帐时更为清楚方便。由于茶点价单是作为账单使用的，所以每一张都有编号和存根。其材质宜用硬卡片，以方便服务人员进行销售记载和插入餐桌上的台号牌中，避免丢失或损坏。

茶市服务程序

茶市一般服务程序与方法如下：

1. 宾客进入茶市大厅，应热情欢迎，询问人数，引领到适当的餐桌旁，并拉椅让座。

2. 宾客入座后，送上茶点单。可将茶点单填好台号、人数，放于桌面或插在台号牌上。

3. 问茶。询问客人所想品饮的茶品，一般由值台员来做，也可由迎宾员问清之后再转告值台员。

4. 开茶。泡好壶茶，送至餐桌，先将茶杯正过来，再逐一斟倒，斟毕，茶壶放于桌上。并随时准备续水。

5. 展示茶点，介绍品种，为宾客把茶点送上餐桌，并及时将宾客选用的茶点品种及数量记录在点心单上。

6. 注意周到的席间服务，包括续开水，续点心，换烟缸，整理餐台等。

7. 结账。客人有结账要求时，把茶点单送到账台结算，同时送上香巾。账单算清后用小圆盘或账单夹送给客人过目，一般应反放。接收客人款项时要点清数额，并及时上交，找回余款。

8. 客人离席时要拉椅送客，同时检查有无客人的遗留物品。

9. 送走客人后及时收台、铺台，以备接待下一批客人。

酒吧的属性

酒吧是专为客人提供酒水及其饮用服务的场所。主要供应含酒精饮料(特别是鸡尾酒)，也供应不含酒精的饮料及一些小吃，但无用餐服务。

酒吧的英文为"BAR",原意为栅栏或障碍物。传说早期的酒吧经营者习惯在吧台外放一横栏,这一方面起护隔作用,另一方面又可以为骑马而来的饮酒者提供拴马或搁脚的方便,久而久之,人们就把"有横栏杆的地方"专指成饮酒的酒吧。随着社会的发展,酒吧由乡村进入城市。19世纪中叶,伴随着旅游业的出现,酒吧逐步作为一项特殊的服务项目进入酒店服务业,并越来越显示出重要性,成为客人消遣娱乐、喝酒聊天的社交场所。目前,几乎所有的酒店都设有酒吧,甚至不止一个,而且正朝着多功能、多样化的方向发展,设施设备越来越先进,酒水品种也越来越多。

酒吧必须具备一些约定俗成的特征,如别致的格调,豪华的吧台,小圆桌及圈椅;各种制冷设备、清洁设备;品种齐全、陈列醒目的酒水;各种用途的酒杯及调酒工具等。其设计布局要考虑酒吧的类别、供应品种、设备摆放、调酒操作及客人观赏品尝诸要素。酒吧按其设计布局和服务特点,主要分为4个类别:(1)主酒吧(Main Bar)是饭店的正式酒吧,英语也称"Open Bar"或"Cash Bar",供应各类烈酒、鸡尾酒和混饮。客人可与调酒师直接接触并观赏其调酒操作。(2)酒廊(Lounge),是一种与咖啡厅融为一体的酒吧,供应各种冷热饮品为主,兼有各种酒类及小吃,但不供应主食。多设于饭店大堂和音乐厅、歌舞厅等娱乐场所。(3)服务酒吧(Service Bar),即设置于中、西餐厅中的酒吧,按酒单供应佐餐酒水,调酒师不与客人直接接触。(4)宴会酒吧(Banguet Bar),根据宴会形式和人数多少临时摆投的酒吧,常见于冷餐会或鸡尾酒会。根据需要也可设于庆典活动的现场,称为"外卖酒吧"(Catering Bar)。酒吧还可根据主要供应品种的不同,分为葡萄酒吧(Wine Bar)、果汁吧(Juice Bar)、水吧(Soda Bar)、小酒坊吧(Pub Bar)等。酒吧一般按地点场所命名。如游泳池酒吧、大堂吧、屋顶花园吧之类;也可按饮客对象命名,如男子酒吧、会员制酒吧、青年酒吧等。

酒吧的类别

酒吧按其设计布局和服务特点主要有4个大类:

1. 主酒吧(Main Bar 或 Open Bar)。也称"English Pub"或"Cash Bar"。早期的这类酒吧一般不设桌椅,所以又称"站立式酒吧"(The Stand-up Bar)或"前台吧"(Front Bar),专门供应各类烈酒、鸡尾酒和混饮。其特点是客人直接面对调酒师坐在吧台前,当面欣赏调酒师操作;即调酒师从准备材料到酒水调制以及服务全过程都在客人的注视下完成。因此它对调酒师要求较高。首先必须注重仪表,动作规范准确;其次要保持清醒的头脑和敏捷的思维,如记住老顾客的常用饮料,并给予及时周到的服务,使其有宾至如归之感;再次应分析客源对象及流行饮料行情,及时反馈有关信息;最后还必须具有友好、灵活的交际能力,以适应这种面对面的服务方式。主酒吧要求装修高雅、美观、格调别致,酒水陈列与杯具摆设讲究。这类酒吧往往客流量大,周转快,多作为饭店中的正式酒吧。

2. 酒廊(The Cocktail Lounge)。这多是一种与咖啡厅融为一体的酒吧,供应各种冷热饮品为主,兼有各种酒类及小吃,但不供应主食。设在门厅、大堂的称为"大堂吧"(Lobby Lounge),用矮墙、花架、简易围栏等隔开,敞开对客人服务,客人常借此休息、会客、等人、等车,它也可作为小型饭店的主酒吧。至于设在音乐厅、歌舞厅、健身房等场所的酒吧,则依地点命名,主要是为娱乐的客人提供饮用、小食服务,有些要付门票。这类酒吧的吧台前也设有座位,但坐的人很少,所以有专职服务员服务。

3. 服务酒吧(Service Bar)。即设于中、西餐厅中的酒吧,又称"餐厅酒吧"。它主要为就餐客人提供饮料服务,所以要根据餐厅的种类和经营特色贮存和提供酒水。设在中餐厅的酒吧较为简单,以供应中国酒为主,兼有软饮料、烟等供应,有的还供应水果拼盘。由于中国人大多不习惯混饮,所以调酒师很少调酒,也不和客人接触;酒水饮料以瓶、听为单位销售。调酒师按餐厅服务员的开单发货。因此中餐厅这一岗位的工作人员只称为"销售员"或"酒水员"。设在西餐厅中的"服务酒吧"则要求较高。由于西餐讲究酒肴的配置,其餐前、餐中、餐后以及不同的菜点该配用哪些酒水,都有一套传统的规范,特别是对餐酒(葡萄酒)最为讲究,故而调酒师要熟悉品种繁多的葡萄酒以及它们不同的存放温度和方法,需要配备餐酒库和专门的酒冷库。为搞好餐酒的销售，西餐厅往往设"餐酒推销员"(Wine stewed)一职，可由专职调酒师担任。其工作是向就餐客人推销各种餐酒并提供相应服务。他要通晓各类餐酒的酿造技术、过程、产区和特征，存放年限和方法，饮用和配餐方式等。

4. 宴会酒吧(Banguet Bar)。又称"临时性酒吧"。是为各种宴会而设的，其特点是临时性强，品种供应随意性大，组织设计要求高，营业时间短，客人集中，服务工作量大，要求迅速等。调酒师在营业前要做大量的准备工作，营业中每小时要能接待 50～100 名宾客，结束后还要进行许多收尾工作。宴会酒吧的结账方式有 3 种：①包干结帐，即品种费用事先谈好，餐后不论消费多少不再增减。②餐后结账，宴会结束后按实际消耗计算。③客人自付，即除主人提供的免费饮料外，客人可以根据自己的口味和需求点要其他饮料，自己付账，这多见于鸡尾酒会。宴会酒吧也可以根据需要而设在庆典活动的现场，称为"外卖酒吧"(Catering Bar)。

酒吧按所处地点还可分为"游泳池酒吧"(Poolside Bar)、"池内酒吧"(In-pool Bar)、"房内用膳酒吧"(Room Service Bar)、"迪斯科舞厅酒吧"(Disco Bar)等。若按经营品种类别又可分为"小酒坊吧"(Pub Bar)、"葡萄酒吧"(Wine Bar)、"果汁吧"(Juice Bar)、"水吧"(Soda Bar)等，还可按装饰风格、客人对象来划分，如"花园酒吧"、"青年酒吧"、"会员制酒吧"等。

酒水牌

指记载有酒吧供应品种的印制品，也称酒单，是酒吧促销的重要手段之一。此牌一般按类别和系列排列酒水，其鸡尾酒的品种不必列很长的一串，熟悉的客人通过罗列的酒水品种，就可以知道能否调出他想要的鸡尾酒。供应餐酒的酒吧要列出餐酒的贮藏编号、酿造年份。酒吧供应的水果、香烟、冷饮、小食等可附于其后。

吧妹

对酒吧中女调酒员的雅称，且一般多指从事酒吧工作不久的青年女性。她主要协助调酒师工作，并从中学习调酒技术。

吧仔

对酒吧中男调酒员的昵称，且一般多指从事酒吧工作不久的青年男性。他主要协助调酒师工作，并从中学习调酒技术。

开吧

对酒吧业前准备工作的俗称，参见"酒吧业前准备"专条。

酒吧业前准备

酒吧营业前的准备工作俗称"开吧"，主要工作有：清洁卫生、清点物品、酒吧摆设、调酒准备、服务准备和设备设施检查等。

1. 清洁卫生。

(1)"前吧"卫生。吧台的表面、侧面及台前座椅部分统称为前吧，主要为顾客使用。由于吧台表面在营业时会被各种酒水污染，故而它一般是用优质硬木和磨光石料制成，而且擦抹干净后，要喷上蜡光剂以保持光滑。吧台侧面多为软质材料，要根据其材料的不同特点做清洁。台前座椅清洁时要注意踏脚前部分。若吧台上方设有杯架，也要擦拭干净。

(2)"中吧"卫生。中吧由调酒操作台、清洁台、若干水池、常用酒酒栏以及吧员的活动空间组成。其工作台多为不锈钢制成，可用抹布、清洁剂擦洗干净，再用干布擦亮。

(3)"后吧"卫生。后吧主要由陈列柜(含贮藏柜)及制冰柜、冷藏柜等设备组成。陈列柜可用抹布擦净灰尘污垢，冰箱等电器设备则按其清洁保养要求操作。(参见"电冰箱养护"等条)

(4)酒瓶(或饮料罐)表面清洁。各种酒瓶在调酒或零售倒酒时，会因流出酒液而变得黏滑，特别是各类甜酒、糖浆往往挂在瓶外，影响美观，所以要用湿毛巾擦干净。瓶装啤酒、汽水及饮料罐则要擦去上面的灰尘。

(5)地面与环境清洁。酒吧柜台内的地面多用地砖或石材铺设，每日要多次用拖把擦洗。柜台外的地面及环境一般由服务员负责，清洁方法可参见"餐厅卫生"条。

(6)各种工具、杯具清洁。参见"餐具清洗与保养"等条。特别要注意的是，没有使用的酒杯，每天也要重新消毒。

(7)更换棉织品。将用脏的餐巾、垫巾送到洗衣房更换干净的。清洁用的毛巾抹布要洗涤干净。

2.清点物品。查看头天或上一班的销售记录;清点酒水、食品、杯具、调酒用具等物品。

3.领取货物。

(1)领酒水、食品。根据酒吧每日所需酒水数量和食品数量,填写酒水等领货单,送主管签名后,去仓库或厨房领货。领货时要一一核对,并在收货人一栏上签名。

(2)领酒杯及瓷器。酒杯及瓷器均属易碎品,每日损耗要作记载,并及时给予补充(或定期补充)。先填写领货单,经主管签字后,再去管事部仓库领货,领回后要洗净消毒才能使用。

(3)领日用品。这里指各种表格(酒水供应单、领货单、调拨单、酒水记录簿等)、笔、记录本、棉织品;可以在每月的固定时间去领取。

(4)领调酒用具。如补充或更换调酒、售酒工具,领取杯垫、餐纸、花纤、鸡尾酒签、吸管等一次性消耗品。每周定期领取。

4.酒吧摆设。

(1)瓶装酒摆设。将瓶装酒从贮藏柜取出摆放在陈列架上,要按品种、价格分类摆设,瓶与瓶之间要有间隙,"酒店专用"散卖酒和常用酒要放在工作台前伸手可及的位置,以方便工作,不常用的酒则放在酒架的高处。

(2)酒杯摆放。酒杯可悬挂或平摆,悬挂的酒杯主要是装饰酒吧气氛,因为拿取不方便,一般较少使用;平摆于工作台上的酒杯则要方便操作,啤酒杯、鸡尾酒杯可以放在冰柜中冷冻,多余的或不常用的酒杯可摆在陈列柜中。

(3)工具摆设。调酒工具用餐巾垫底排放在工作台上;酒吧匙、冰夹、量杯要浸没在盛有干净水的杯中;吸管、调酒棒和鸡尾酒签可以用杯子盛放。

5.调酒准备。

(1)取放冰块。用桶从制冰机中取出冰块,放进工作台上的冰块池中,将冰块放满;或用保温桶装满冰块盖上盖子放在工作台上。

(2)放调配料。将喼汁、辣椒油、胡椒粉、盐、糖、豆蔻粉、鲜鸡蛋等放在工作台前面或台上的适当位置。罐装的鲜牛奶、果汁等开罐后装入玻璃容器中,存放入冰箱。浓缩的果汁要先稀释一部分倒入瓶中备用(存放在冰箱中)。

(3)冷藏酒水。将适量瓶装(或罐装)的啤酒、汽水、矿泉水等放入冷藏柜中,分类放好。

(4)预制水果装饰。切好柠檬片、柠檬角;橙角与樱桃穿在一起,分别放入碟中,用保鲜纸封好;樱桃取出适量,用清水冲洗后放入杯中(要洗去樱桃表面的糖水);取出少量咸橄榄放入杯中备用;供应水果拼盘的,可先将瓜皮花型雕好,浸泡在清水中备用等。

6.服务准备。

(1)备好酒水牌、酒水供应单、笔、小电筒等。

(2)备好托盘、夹子、清洁抹布等。

(3)排列餐台餐椅,摆正放好。

(4)摆台。在吧台上摆放几个烟缸,餐台上摆台号牌、小花瓶、烟缸等。

7.设施设备检查。

仔细检查各类电器,如灯光、空调、音响;各类设备,如冰箱、制冰机、咖啡炉等;检查所有家具、吧台、椅、桌、墙纸及装修有无损坏。如有问题要马上填写维修单,交主管签字后送工程部。以上工作均可提前进行。

酒吧调酒规范

调酒员负责酒吧的酒水供应并应根据客人的需要调配鸡尾酒或混饮,有时还要做水果拼盘。除了服务性酒吧外,调酒师与客人只隔着吧台,调酒员的任何动作都在客人目光之下,所以不但要注意调制的方法和步骤,还要留意操作姿势及卫生标准。其具体服务规范如下:

1.客人走近吧台,调酒服务员应站立,注视客人,面带微笑致意,表示欢迎。对熟悉的客人可适当聊天。

2.问酒水。可直接询问或递上酒水牌。客人询问酒水品种或鸡尾酒配方时,要作简要介绍。

3.开单与落单。按要求填写酒水供应单(根据当时情况也可调制后再开单)。酒水单通常一式3份,交收银员。收银员核查无误后,在供应联上盖章,再交调酒员,并自留一联,以备立账。调酒员将供应联和存根分别放好。

4.调配酒水。调配酒水时应注意:(1)按配方(或客人要求)调制,尽可能使用计量工具。(2)姿势端正,不要弯腰或蹲下调制,做到动作潇洒,轻松自然。(3)尽量面向客人,取酒瓶时可侧身,拿酒杯时不要接触杯口,注意操作卫生。(4)物品、工具用毕后及时归还原位。(5)调酒速度:软饮料1分钟,混合饮料1～2分钟,鸡尾酒2～4分钟。(6)调错或翻倒、浪费的酒水需填写损耗单,经主管签名认可后送成本会计。

5.在调酒过程中,若有新客人到来,应打招呼或送上酒水牌;几个客人同时点酒水时,应先答应下来,再按次序调配。

6.倒酒水。(1)酒水调好后,将杯垫、载杯放在客人的吧台上。(2)将酒水倒入载杯,两杯以上分量的,要先各倒上少许,再逐一倒完。(3)装饰复杂的品种,可在工作台上做好后,再端给客人。(4)酒吧为客人提供的免费小食品,要同时送给客人。

7.及时清理工作台。用完的酒瓶放回原处;用过的工具清洗干净放回原处;工作台上的污迹或洒落在上面的酒水及时抹掉;专用的清洁毛巾叠成方形放好。

8.客人品饮酒水时调酒员应注意观察客人的需求;(1)发现客人快喝完时询问是否添加;客人抽烟时可为其点火;工作不忙时,可与客人适当聊天。(2)客人饮完时要及时清洗吧台;收下用完的空杯、空罐;换上烟缸;擦抹酒水残迹;把酒水牌、酒水供应单清理整齐放好。

9.接收服务员送来的订单并调配酒水,注意看清是否有收银员的印章。调好后放入服务员的托盘中,并附上相应的杯垫、吸管等。尽量先满足吧台上的客人,但也不能让订单拖得太久。有多名调酒师时,可以适当分工。

10.酒水调拨。客人要的酒水卖完时,可考虑从别的酒吧调拨,并填写调拨单。

11.结账。

酒吧服务规范

进酒吧消费的同一批客人常常喜欢到吧台四周的小台、沙发上入座,这时一般有专职的服务员上来服务,其服务规范可参见“中餐零点服务”条,但在供应品种等方面有一些区别。下面是酒吧服务程序提要:(1)迎客;(2)引台;(3)安座;(4)递上酒水牌;(5)请客人点酒水;(6)开单;(7)落单;(8)取酒水;(9)送酒水及小食;(10)席间服务(包括换烟缸、斟酒水、撤空罐空杯、为客人点烟、询问是否添加酒水、清理台面等);(11)结账;(12)送客;(13)清台。

收吧

指酒吧每天营业后的清洁整理工作,参见“酒吧业后工作”条。

酒吧业后工作

也称“收吧”,其主要任务有:清理酒吧间、清点酒水、填写有关报表、安全检查。

1.清理酒吧间。

(1)待客人全部离开后,才能清理酒吧间。

(2)将用脏的酒杯送到清洗间,待清洗消毒后全部取回放好。

(3)未用完的水果装饰物用保鲜纸封好,放回冰箱。

(4)开了罐的汽水、啤酒等要处理掉,不能放到第二天再用。

(5)清理酒吧台、工作室、水池。

(6)清洁吧台内的地面。

(7)清洁小餐台、沙发及地面。

(8)垃圾桶送入垃圾间倒空,清洗干净。

2.清点酒水

(1)统计当天的酒水销售量,清点酒水存货,核查是否账物相符。

(2)将所有陈列的酒水取下,放入柜中,散卖的和有剩酒的酒瓶外要用湿毛巾擦干净,再放入柜中,并锁好以防失窃。

3.填写有关报表。

(1)每日酒水销售记录(或分类销售记录)。

(2)每日工作报告。

(3)整理有关单据,分类上交或存放。

4.安全检查。

(1)火警隐患。有否未熄灭的烟头等。

(2)关闭电器开关。

(3)锁好门窗。

娱乐与会议服务

康乐服务

“康乐”即健康与娱乐之意,一般包含体育、健身、美容、声像、文艺、娱乐等几个大类。康乐服务除提供相应的专业服务外,也提供一些饮食服务,如酒水饮料、小吃甜品、烟类水果等,但均属辅助服务部分。它可实行会员制经营，也可对散客开放。

康乐内容的具体项目有：(1)运动类。如游泳、健身、台球、保龄球、乒乓球、网球、壁球、高尔夫球等。(2)娱乐类。如下棋、打牌、电子游戏、跳舞、卡拉OK、文艺演出、音乐茶座等。(3)美容健身类。如理发、美容、桑拿浴、足浴、保健按摩等。(4)文化休闲类。如阅览室、画廊、演播厅等。其中娱乐类项目中含有较多的餐饮服务内容。如歌舞厅服务、卡拉OK(或KTV包房)服务、音乐茶座服务、夜总会服务等。

营业舞厅

也称歌舞厅，指供客人欣赏音乐歌曲和自行起舞的场所。它常配有专门的乐队、歌手、主持人以及其他形式的表演人员；有小茶几、舒适的沙发或座椅、舞池、小舞台旋转灯光及其他视听设备；供应饮料、水果、点心和零食；出售门票或设最低消费标准。

歌舞厅可以分为交谊舞厅和迪斯科舞厅两个大类，服务要求大致相同。

舞厅业前准备

1.舞厅卫生。开窗通气或打开换气设备，清扫舞池，将桌、椅、沙发清理干净并摆放整齐，软包装椅面要定期吸尘。清洁吧台及酒水用具，以及各种音像电器设备的保洁等。

2.准备物品。(1)台号牌、蜡烛、烛台(或灯杯)、烟缸、特别介绍牌、酒水牌。(2)咖啡具(或茶具)、各色饮料杯、鲜花及其他酒吧用品。(3)供应的酒水饮料、香烟小食、新鲜水果等。

3.设备检查。由专职技术人员负责。

4.摆台。舞厅的台面一般为小圆桌或长条茶几，无需摆位，仅摆公共用具即可，如台号牌、烛台、烟缸等，高档的也可摆鲜花。

5.整理个人仪容仪表。

舞厅服务规范

由于舞厅是以满足客人欣赏音乐、跳舞娱乐为主，饮食需要为辅，故而服务程序比进餐服务简单一些，其具体规范要求如下：

1.验收门票。

(1)在离舞厅正式入口处的适当距离位置，设专人验票。服务语言是："欢迎光临，请您出示舞票。""晚上好，先生(小姐)，请问能看看您的舞票吗？"

(2)将舞票点清回收，或将副券撕下，其余退还客人。服务语言是："请进，先生(小姐)，祝您今晚愉快！"

(3)持赠券的客人按舞厅有关规定处理。服务语言是："非常对不起，先生(小姐)，您持的是赠券，欢迎您在规定的星期一至星期四光临我们舞厅。"

(4)不设门票的舞厅，可直接由舞厅门口的迎宾员接待。

(5)若备有衣帽间应设明显标志，以便客人存放衣物。

2.热情迎宾。

(1)待客人走进舞厅时即上前问候："晚上好，欢迎各位光临。"

(2)问清客人的人数："请问你们有几位？"

低档舞厅一般不设迎宾员，客人可以自由入座。

3.带位。

(1)向客人指示方向，请客人入内。

(2)光线较暗时，要用小手电为客人照路。

(3)依客人人数将其带到适当位置。

(4)若舞厅设有包房，可视具体情况征询客人意见。"先生(小姐)，您是坐大厅还是坐包房？"或者，"先生(小姐)，您需要包房吗？"

4.安座。

(1)引领客人进厢座时，由于沙发是固定的，所以可直接用手示意客人入座。

(2)引领客人到可移动的椅子旁就座时，应拉开椅子，再请客人入座。

5.点蜡上台。

(1)将餐台上的蜡烛点燃，迎宾员即可回岗。

(2)告诉值台员或领班客人人数。

6.送舞厅赠品、酒水单、香巾(此时客人已入座)。

(1)值台员首先要问候客人，表示欢迎。

(2)门票中含有一杯饮料的，要随问候时按人数送上，并向客人说明："这是舞厅送给您的柠檬茶，请慢用。"

(3)为客人逐一送上毛巾或将毛巾叠放在一平盘中，置于餐台中间，请客人自取。低档舞厅可以无此程序。

(4)将酒水单送给女士或贵宾。同时可问:"先生(小姐),这是酒水单,请您看看还需要什么?"

以上必须在客人坐下2分钟以内完成。

7.听单。

(1)记清每个客人的需求。一般是当场记录;因舞厅品种较简单,且光线较暗,有时也可用脑强记。要注意适时介绍与推销。

(2)客人拒绝点食品,而舞厅又设有最低消费线时,应婉转向客人说明。如:"您,来杯(份)……好吗?舞厅设最低消费线,希望您能喜欢我们为您准备的一切。"

(3)客人浏览酒水牌时,应打开小手电筒或专用的台灯,或调节顶灯亮度,为客人照明。

(4)点单完毕可简要复述,请客人确认,并收回酒水牌。如:"好的,您要一杯咖啡,二听可乐,一个水果拼盘,是这些吗?"

(5)请客人稍候,并收下用过的毛巾。"请您稍候,马上就来。"

8.开单。

(1)到吧台填写酒水单,写清台号、人数、品种及数量。

(2)酒水单一式两份,一份交收银员记帐,一份交酒吧员发货。

9.送食品。

(1)将客人的食品集中放入托盘内,并核对是否正确。注意带上相应的杯具、吸管、杯垫、牙签、餐巾纸等。

(2)到客人餐台前半蹲下,将饮料、食品逐一摆在客人面前。听装饮料要倒入杯中。并使用服务语言,"这是您点的……请慢用。"

(3)舞厅要求客人随点随结账的,送上食品时需带上账单;也可全部食品上完再请客人付账。前一方式易引起客人反感,现在多数舞厅已不采用。按结账要求,可使用如下服务语言:"您要的食品已上齐,很抱歉,请问哪一位结账?""这是账单,一共是××元(轻声)。"

(4)客人自己到吧台点食品时,要求现付款。

(5)告退时要向客人作必要交待,并带走空罐等杂物。服务语言是:"请各位慢用,需要我时可按这个按钮。""祝今晚愉快。"

10.送点歌单。

(1)将点歌单送给客人以便点歌或曲目。点歌单可先插在号牌上。服务语言是:"您需要点歌时,请填写点歌单。"

11.巡台(此时客人已入舞池)。

(1)巡查自己的服务区域,观察客人要求。

(2)换烟缸。

(3)清理餐台。

(4)添加饮料食品。"请问先生(小姐),还需要什么吗?""小姐,您还需要一杯咖啡吗?"

(5)客人入舞池后,将其燃着的烟头熄掉。

(6)客人跳舞,座位空出时,注意是否有可疑人员来往。

(7)一曲终了,注意观察客人是否回到原座位或向门口走去。同时,防止不法分子偷窃。

12.收点歌单。

(1)将客人填写的点歌单交给舞厅主持,并通知收银员记账。

(2)客人想在座位上演唱时,要将话筒递给客人。

13.灭烛光。

"快乐时光"开始时,要逐一将餐台上的烛光熄灭,营造神秘气氛。结束后再点燃烛光。

14.送香巾。

(1)当营业时间已过2/3时,可送一道毛巾,并再征询一次有无食品需求,为结账作准备。服务语言是:"请用香巾。""请问还需要什么?"

15.到吧台取账单。

(1)当客人已不再需要什么了,即可告之收银员。

(2)账单核对准确后,签上自己的姓名。

16.送账单。

(1)待一曲终了,客人回到座位上时再送账单。

(2)不知是谁结账时要问一下,"对不起,请问哪位结账?"

(3)将账单递给结账人,并轻声报出总额。

(4)回答客人对账单的疑问。

17.接受款项。

(1)要交待客人所付的款项。"先生,您给了××元"(轻声)。

(2)表示感谢。"多谢,马上找您零钱。"

18.交款。注意有无伪钞。

19.找余款。"先生(小姐),找您×元,请收好。”

20. 检查遗留物品(此时客人正离开)。

(1)当发现已结账的客人离开时,要迅速检查是否有客人的遗留物品,有则及时归还客人。“对不起,请留步,这是哪位的皮包?……不用谢,欢迎您下次再来。”

(2)若是营业结束,则打开照明灯光。

21. 清台。

(1)灭掉烛光。

(2)将客人用过的餐台清理干净。

(3)营业结束,客人全部离开时,则做好收市工作。

舞厅收市工作

1. 清理台面。灭掉未熄灭的烟头,撤走用过的餐具以及未燃尽的蜡烛。

2. 打扫地面卫生,倒掉垃圾。

3. 整理桌椅、排放整齐。

4. 洗涤餐具,并按规定分类放好。

5. 整理吧台。清点酒水、食品等消耗情况,填写销售记录,整理鲜花、单据、各种餐用具。

6. 检查有关设施设备、关掉电器开关。

7. 锁门离岗。

沙龙

“沙龙”一词源于法语,有会客室、“客厅”之意。原指17～18世纪西欧贵族、资产阶级社会中谈论文学、艺术或政治问题的社交集会,多为私人举办。现代沙龙则指有一定主题特色的公共进餐场所。它除了提供有特色的饮食外,还定期或不定期地举办各种文艺集会,如时装展示、信息发布、演唱比赛、文学欣赏等,并要求有一定的水准,所以一般都有专人组织策划这些活动。

沙龙对于餐饮服务要求较严,详情可参阅“沙龙餐厅”和“沙龙聚会接待礼仪”条。

音乐茶座

这是以歌手的演唱和乐队的伴奏,并配以茶点饮料,为宾客提供艺术享受和社交场所的一种休闲形式;在国外和港澳台地区有的称为“夜总会”。它设有舞台,以演唱世界名曲、流行曲、抒情歌曲、现代音乐作品和劲歌为主要内容;对歌手、乐队、伴舞、灯光、效果、舞台设计、幻灯和录像背景都非常讲究。舞台前有小型舞池,可供客人随乐曲起舞。

音乐茶座场地常以舞台为中心,呈辐射状展开。四周排放桌椅,以小桌为宜,所有的座位都要能看到舞台,且留有人行走道,餐桌按顺号编排。设有吧台,可供应饮料茶水、香烟小食、水果等。它具有集休息、娱乐与社交于一体的多元化功能特色。

音乐茶座服务规范

音乐茶座以听音乐、欣赏歌舞为主,客人自娱为辅,饮食需求大多简单。其服务方法和规范可参见营业“舞厅”和“卡拉OK歌厅”等条所述。

音乐厅

饭店中的音乐厅是一种较为高级的小型歌厅。它要求设备豪华、环境幽静,以演唱世界名曲、抒情曲为主,适合有一定文化素养的人士在此进行娱乐活动。

音乐厅中有时也供应一些酒水或果点,大多简易。其服务程序与方法基本上同于营业舞厅或卡拉OK歌厅,可参阅相关条目。

卡拉OK

卡拉OK指用音乐带伴奏,自行演唱的一种娱乐形式。它起源于本世纪70年代的日本。“卡拉”在日语中是“空”的意思。OK是日语外来语Orchas-tra(英语:乐队)的中译谐音,“卡拉OK”即为演唱者的空伴奏,如同有一个庞大的乐队随时伴随着你,为你的歌声伴奏。卡拉OK娱乐场所,习称为“卡拉OK歌厅”,它配有相应的视听设备,例如电视机、点歌器(或电脑点歌设备)、歌曲目录本、点歌单、激光视盘、话筒等。服务人员根据客人的选曲放入相应的激光视盘,客人便可根据荧屏上出现的歌词与画面,跟着伴奏唱歌了。根据不同的需要,激光视盘还可进行各种特殊放送,如程序选曲、自动预约、反复播放任何一段;还可根据客人嗓音高低、演唱快慢来变化音调和节奏;乃至配上各种美声、回声、高低音等音响效果。这些都为演唱者提供了极大的方便,从而达到自娱自乐、共同欢乐的目的。因此,这种娱乐形式日益受到人们的欢迎,现在卡拉OK已成为餐饮业中重要的配套服务设施,时常可为光顾餐厅、酒吧、舞厅的客人助兴添欢。

卡拉OK歌厅

配有卡拉OK设施，顾客可以自娱自唱的娱乐场所称为卡拉OK歌厅。卡拉OK歌厅有大厅和包房（称为KTV包房）之别，用以满足不同层次消费者的需求。目前卡拉OK多与餐厅、酒吧、舞厅及其他娱乐形式相结合，以使餐饮活动丰富多彩，提高客人的兴致。专一的卡拉OK歌厅常设于购物商场或旅游点等处。

卡拉OK歌厅的基本设施有：电视机、影碟机、点歌器（或电脑点歌设备）、激光视盘、话筒、音响、歌曲目录本、点歌单等，要保证良好的音响效果。另外还有供客人就座和品尝饮料小吃的餐具、沙发、茶几，以及专门的音控室。

卡拉OK活动形式

在卡拉OK的发源地日本，卡拉OK主要设在酒吧内。人们一边喝酒，一边吟歌，以消除一天的疲劳。它一般按点歌的数量和食品计费。

在台湾，卡拉OK的形式主要以包厢（KTV）为主，每个包厢内设有卡拉OK的音响设备，可以自由选择歌曲，封闭性能好，互不干扰。其消费较高，一般按小时计费。

在香港，卡拉OK厅一般是场面大、功能全者居多，不同台位的客人按点歌的顺序演唱，设有舞地，其场面气氛热烈。一般售门票，另收服务费，消费水准比较高。

在我国大陆，卡拉OK形式兼具以上数种，各有特色，可以适应不同的消费要求。例如：

1.与酒吧相结合。

在吧台的前上方（或几个主要位置）设置电视机，客人可坐于吧台前面边喝酒边演唱。按客人的酒水消耗和点歌数量收费；或设最低消费标准，超出另计，点歌再按数量收费。

2.与餐厅相结合。

在餐厅的四周上方悬挂大屏幕电视机（要以每个座位的客人都能看清画面为宜），准备有无线话筒。客人进餐时可告之服务人员要点的歌目（或代号），然后由D.J在音控室操纵播放，客人可以一边吃饭一边演唱或者是欣赏别人的歌声，按点歌数量计价。这种形式的特点是可以增加客人的进餐乐趣，提高餐厅的营业额；但它有时会对其他客人造成干扰，而且有些客人的演唱水平太差，也常引起其他人的反感。所以它适合于某一团体的包场进餐。目前大型餐厅一般不提倡客人唱歌，但仍播放音乐并控制音量，以作为背景音乐，还能使客人欣赏到优美的画面。许多设有卡拉OK的餐厅仅将它作为餐饮促销的手段，客人点歌如在规定的营业时间内则免费。

3.与舞厅相结合。

在舞厅的正前方设置大屏幕投影机，舞厅四周的适当位置悬挂大屏幕彩电，以方便不同座位的客人观赏；舞台前也设置一台电视机，专供歌手看清歌词。客人可以自由点歌，也可以随着他人的演唱起舞。一般售门票（门票中常含1杯饮料的费用），点歌和其他消费另收。它设有专门主持人，其场面大，气氛热烈；但客人之间的点与唱易于产生矛盾，有时甚至发生治安问题，给管理带来一定的困难。

4.与包房相结合

包房指为一同进餐（或娱乐）的顾客而设置的独立空间，其种类较多，服务项目与食品供应也有较大区别，如KTV包房、RTV包房、豪华包房、套间包房等。收费方式视具体情况而定，但相对大厅消费来说要高一些。卡拉OK与包房相结合，可使客人舒适地在小范围内唱歌自乐，增加客人的勇气和自信心，而且也不会影响他人。这是深受客人喜爱的一种形式。

卡拉OK歌厅服务规范

卡拉OK歌厅一般不售门票，但设最低消费标准，点歌费另收，包房则按小时收费。食品供应与舞厅相同，晚间营业时也有供应点心小吃的，以充作夜宵。其具体服务规范如下：

1.热情迎宾（客人入厅）。

(1)仪表整洁，站立规范，注视客人到来。

(2)微笑拉门，并致以问候欢迎语。“晚上好，先生（小姐）。”“欢迎光临，里边请。”

(3)询问人数。“请问您有几位？”

2.带位。

(1)依据客人人数，带到适合餐台。“请这边走。”

(2)视具体情况询问是否需要包房。“请问您是坐大厅还是包房？”

(3)歌厅只有包房时，要根据客人人数，带到大小合适的包房，但需事先征求客人的意见。

(4)带小舞池的豪华包房可适时推荐。“如果各位喜欢跳舞，可以去带舞池的包房。”

3. 安座。

(1)引领客人到餐台旁，拉椅请其入座。“您请坐。”

(2)厢座、卡座是固定的椅子，可直接用手示意客人入内。“请里边坐。”

(3)带至包房时，若包房门口没有服务员，应先进包房，打开照明开关，再站在门口，请客人入内，并安排坐下。服务语言是：“各位请坐。”“请稍等。”

(4)餐台上有蜡烛的要点燃。

(5)告退。“服务员马上就来，祝各位玩得愉快！”

(6)通知D.J包房开机。

(7)告诉区域领班或值台员。

4. 送歌目单、点歌卡、圆珠笔、酒水牌等(此时客人已入座)。

(1)将歌目单呈送女士或主宾。“这是歌单，请您点歌。”

(2)将点歌卡插在台号牌上，圆珠笔挂于其上，或置于台号牌旁。

(3)将酒水牌呈送主人或其他客人。“先生(小姐)，这是酒水牌，请您看看需要些什么？”

5. 开单。

(1)歌厅不像舞厅光线很暗，所以开单可在客人餐桌旁进行，但也可听清后记住，再到吧台开单，具体方法参见“舞厅服务规范”有关条款。服务语言是：“好的，您要……”、“请稍候，马上就来。”

6. 送食品。

参见“舞厅服务规范”有关条款。

7. 收点歌卡(单)

(1)检查点歌卡是否写清台号，歌(曲)名或编号，不清楚的字迹需问清楚。“对不起，先生(小姐)，请问这个字是……吗？”

(2)将客人填好的点歌卡及时送给音控室或主持人，并了解编排情况。

(3)告诉客人大致的等候时间，并补充点歌卡。“先生(小姐)，您点的歌将在5分钟后播放。”

(4)客人点的歌目不能播放时，要及时向客人说明，“对不起，小姐，我们没有您点的……，您愿意换一首吗？”

8. 送话筒。(客人演唱)

(1)在客人演唱前要作简短说明。“下面请×号台的×先生(小姐)演唱……。”由主持人宣布。

(2)将话筒调好，递给客人。

(3)客人在座位上演唱时，需递上无线话筒。

9. 巡台。

(1)换烟缸。

(2)清台。

(3)征询食品需求。

10. 鼓掌(客人唱毕)。

(1)礼貌鼓掌，以示对客人的尊重。

(2)若下一首歌不是这位客人点的，则接下话筒，并交给另一位客人。

11. 收点歌卡(客人要求结账)。

(1)到音控室，收取客人的点歌卡，并核对数量。

(2)将点歌卡交于收银员记账。

12. 取账单。

核对收银员开的账单，无误后，签上自己的名字。

13. 送账单并为客人结账。

参见“餐后服务”有关条款。

14. 道别。(客人离开)(参见“餐后服务”条)

15. 清台。(参见“餐后服务”条)

16. 摆台。(参见“餐后服务”条)

包房

包房也称“包厢”，指为一同进餐(或娱乐)的顾客而设置的独立空间。它具有舒适、隔音、风格独特、客人活动自由、不受外界干扰等优点。

包房按其提供服务的内容，又可分为：(1)KTV包房。即房内设有卡拉OK设备、茶几、软沙发等，客人可以娱乐唱歌，按小时收费。另有各种饮料、茶水、小吃和水果拼盘供应，按实际消耗收费。(2)RTV包房。除备有卡拉OK的基本设施外，还有进餐用的圆桌、餐椅、餐用具，为客人提供各种正餐菜式、酒水和点心。客人可以边进餐边娱乐，设有最低消费标准，按食品消耗计价，点歌不再收费；但客人使用包房若超过规定的进餐时间则另收包房费(按小时或半小时计)。RTV包房也可按客人的实际消费额加收服务费。(3)雅座包房。设有娱乐设施，专为客人单独进餐或品菜提供服务，包括不同的装饰格调和等级，可根据情况设最低消费、服务费或只按食品的实际消耗计费。

按面积的大小，包房又可分为小包房，供2～6人活动；中包房，供4～8人活动；大包房，供10～20人活动；豪华包房，供10人左右活动，另外辟有小舞池等活动场地。

按空间结构，包房可分为单间包房、套间包房两种。套房中常将不同的活动内容划分在不同的空间，如按摩、冲浪、舞池、餐厅等，以满足客人多方位的需求。

KTV包房

指为同一批客人唱歌自娱而设置的独立空间，参见“包房”条。

KTV包房服务规范

KTV包房的服务规范可参见“卡拉OK歌厅服务规范”条。其中应注意的是：

1.要采取合适的方式告之顾客包房的消费要求，如按钟点收费，或按实际人数设最低消费标准，以免结账时引起客人的不愉快。其告之顾客的方法可以是：(1)包房门后贴上醒目的告示；(2)写在歌目单的首页；(3)由服务人员适当介绍。

2.包房的卡拉OK设备比较先进，成本高，服务人员要掌握其使用和保养方法。必要时可以帮助或指导客人使用，尽量减少因操作不当而引起的设备损坏。

3.包房点歌一般选用点歌器或电脑，所以不必让客人填点歌卡，但服务人员应帮助客人查找曲目。

4.包房作为客人享用的单独空间，服务人员进出要遵循一定的礼仪规范，如进房要事先敲门，出房要面向客人退出并随手关上房门。客人暂不需要服务时，服务人员应站在门口或附近，透过视窗观察，随时准备客人呼唤。

5.发现客人有不法行为时，要迅即通知有关管理人员。

RTV包房

RTV即Restaurant TV，指集进餐和卡拉OK演唱为一体的活动形式，参见“包房”条。

RTV包房服务规范

RTV包房服务由KTV包房服务和零点服务结合构成。客人往往习惯在餐前和餐后唱歌；餐中以欣赏音乐为主，这时服务人员应调低音量。客人进包房后可以不必通知D.J开机，待客人要求唱歌时再提供相应服务。其具体服务方法可参见“KTV包房服务规范”和“零点服务”等条。

茶话会的特点

又称“茶会”、“茶点会”，是一种经济简便的宴请招待形式。它以茶、咖啡、点心小吃和水果为主，席间有讲话或多种形式的文艺演出。多为团体举行纪念、庆祝、团拜等活动时所采用。其特点有：

1.设有座位和主宾席，有时悬挂横幅会标。

2.席间安排有多位客人讲话。

3.每位宾客有茶(或咖啡)一杯，服务员随时添加。

4.其他食品分组间隔摆放在客人面前的餐台上，供客人自取，但一般不下座选取食物。

5.席间可安排文艺演出或其他娱乐节目。

6.整个场面既简单隆重、又轻松愉快，花费不大，却能达到交流感情、增加友谊、密切关系的目的。

茶话会场景设计

1.场地面积。茶话会少则十来人，多则几百人、上千人，所以要根据到会人数和客人要求选择与之相适应的场地，一般须按每一座位占用面积0.7～1平方米考虑。安排有文艺演出或其他活动的，要另留出一定空间。

2.台形布局。茶话会的座位安排可用圆桌式，也可用长桌式，或二者合用，如主宾席用长桌，其他则用圆桌。其具体布局形式，可参考中西餐宴会的台形布局。但由于茶话会不须提供较大台面摆放食品饮料，也没有复杂的值台服务，所以座位的排列可以紧凑些，圆桌、长条桌也可以比宴会用的稍小。人数较少的茶话会，只设沙发座和茶几即可。

3.主宾台设置。若客人要求设主宾台，应了解确切人数，将主宾台放在厅室上首的地方，其桌边离邻墙至少应有120厘米，以方便客人出进。主宾台多用长条桌，其长度依具体人数而定，一般应按每人占用边长50厘米计算。主宾台要铺台布、围台裙、布置鲜花(可用几件插花作品)，有时要摆席签、排座次，面对上席的一边不设座位，但可摆放花盆花钵。

4.摆位设计。每位客座前摆一套茶杯(带杯托)，西式茶话会则用咖啡杯(带杯托、匙)。将食品分装于平盘内，摆在圆桌中间，长条桌则每间隔2～3个客座摆一个平盘放置食品；若食品种类较多，应按类别间隔分摆，也可以几种合装在一起。提供带壳食品的(如瓜子)，则每二个座位之间须摆一个骨盘。烟缸每5个座位设一个，若吸烟人数较多，可临时酌量增加。根据需要，每人摆设水果刀、点心叉等，以方便取用食品。

5.环境设计。若挂横幅或标志，应挂在上首的正墙上，高度适宜，照明度好，厅室的其他地方可适当布置花草，显示蓬勃的生机。

6.其他活动空间。若有文艺演出等其他活动，则要借用舞台或搭临时舞台；中小型茶话会可辟出一块空地，铺上地毯供使用，但要尽量使每位来宾都能看到演出。

整个茶话会的场景布局考虑成熟后，应画出平面示意图，标出尺寸规格，征得主办者同意，并让服务人员按图布置。

茶话会准备

1.场地布置。根据设计要求进行：(1)环境卫生。(2)挂横幅、会标，加辅助光源。(3)摆台形、座椅。(4)室内绿化，鲜花摆设。(5)调试音响及其他设备，保证符合要求、无故障。

2.物品准备。(1)茶具准备。根据人数备齐茶托、茶杯、茶壶等，洗净消毒，码放整齐，并盖好待用。大型茶话会为方便摆台，可将餐具直接备在小推车上。(2)布件准备。备齐摆台用的台布、台裙。(3)用具准备。备齐餐巾纸、牙签筒、烟缸(带托碟)、花瓶(或插花作品)、水果刀、点心叉、台号牌等。服务员工作用的托盘、夹子、打火机、开水瓶等，也应一一备齐。

3.摆台。参照设计要求。(1)摆位，提前30分钟做完。(2)摆食品，提前20分钟做完。(3)焖茶，即在客人茶杯(或茶壶)内放入茶叶，加入少许开水，将茶叶焖泡，待宾客到达后加水就可为宾客斟倒(或饮用)。焖茶应提前10分钟做完。

4.人员分工。一般设迎宾员、主宾台服务员、其他台位(或区域)服务员、电工(以便处理临时故障)、勤杂人员等。

5.全面检查。

茶话会服务程序规范

1.迎宾带位(参见“迎宾服务”条)。

2.斟茶。待客人入座后，即站在客人的右侧用茶壶为其倒茶至七成满，然后请客人用茶并告之茶叶名称：“先生，请用龙井茶。”注意不要将茶水滴洒在餐台或客人身上。

3.送香巾。是否上毛巾视客人事先的要求而定，但主宾台的客人必上。上香巾的方法与中餐宴会相同。

4.茶话会开始，宾主讲话时，服务员应尽量减少走动，在会场的两侧驻足站立。

5.席间服务。(1)续茶。要注意随时续斟茶水，茶水过淡时要重新更换茶叶。(2)清台。随时巡视，收掉餐桌上的皮、壳、废纸等，保持台面整齐美观。勤换烟缸，客人吸烟及时送上打火机。(3)拉椅。客人起座时，及时上前拉椅。(4)添加食品。发现食品盘内空了，应及时补充食品。

6.送客。茶话会结束时，由专职咨客或服务员在门口欢送道别，这时要留意客人的物品是否遗忘。

7.收市。(1)检查是否有客人的遗留物品。(2)收台。(3)桌椅按要求还原。(4)整理清扫场地。(5)清洗餐具用具。(6)清点物品或归还。(7)安全检查后离开。

会议服务

会议有很多种，如学习交流会、讨论会、洽谈会、新闻发布会等，它们一般不属于餐饮服务的范畴。但是有些客户往往借用饭店的会议室、餐厅、多功能厅召开这些会议，所以也是饭店的经济收入来源之一。会议服务具有如下特点：

1.不提供食物，但须提供茶水饮料。主要进行上茶水、毛巾等方面的服务。

2.要为每位客人准备笔、纸、文件夹(袋)等文具用品。

3.厅室需具备充足的光照或采光效果好，以便客人做记录或阅览文件。

4. 会议座位排列紧密，人数众多，时间较长，故对室温和空气质量有较高要求。

5. 需配备必要的会议设施。如话筒、音响、录像设施、同声传译系统及其他现代化设施。

6. 有与会议接待能力相适应的洗手间、更衣室等。

7. 会议客人要求在会议中干扰较少，所以提供的服务应较简洁，需要的服务员也较少。

8. 会议收费主要以场租费的形式按小时计价。

会议场景布局

会议的场景布局，按其桌椅的类型及排列方式可分为：

1. 座谈式。其桌椅以某一中心为基准，围绕排列，多为圆形(或椭圆形)、方形(或长方形)，气氛和谐、融洽。这适合于座谈会、讨论会。

2. 课堂式。设有讲台，桌椅按上课形式整齐排列。这适合于学术报告会、总结会。

3. 会谈式。台面摆成长方形或椭圆形，双方分边而坐。这适合于洽谈会或双边谈判。

4. 会见式。台面多摆作弧形或梯形，一面敞开；座椅采用沙发或扶手椅，配茶几；室内有壁画或其他大型墙饰，装饰讲究。这适合于两国政府官员的会见，以及主人欢迎重要的客人。

会议服务准备

1. 了解会议基本情况。如使用会议室的单位、人员、参加人数、时间及要求等。

2. 布置会场。按预先的设计要求进行。

3. 搞好清洁卫生(包括洗手间)。

4. 摆台。(见下图)

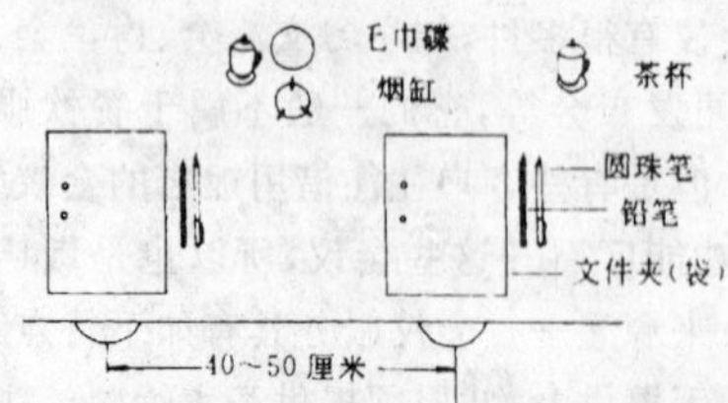

5. 备好开水、茶叶或其他备用物品。国际会议多备冰镇矿泉水、冰水等。

6. 调节室内空气和温度、湿度。

7. 检查电源，调试扩音设备、检查灯光效果等。

8. 全面检查。

会议服务程序规范

1. 迎宾带位。站在会议室门口迎接客人，将年老体弱者搀扶进门，帮助客人挂好衣、帽(参见“迎宾服务”条)。

2. 倒茶。客人坐定后，迅速倒茶。若客人自带杯具，则可将桌上摆放的茶杯收下。

3. 入场完毕，关闭会议室的门，并留意会议工作人员的位置，以便有事时联系。

4. 会议开始后，注意观察和控制会议室的大门，维护秩序，防止闲杂人员进出。传接电话可小声通过会议工作人员，不得大声呼喊。

5. 适时续水。第一次续水在会议开始后20分钟左右进行，第二次以后每隔30～40分钟续水一次。讲话人每换一位应换一个杯子。续水时动作要轻，不要干扰会议的进行。

6. 适时送毛巾。会议中间送1～2次毛巾，也可以在摆台时顺便摆在桌面上。

7. 会议结束时的工作。

(1)及时打开会议室的门。站在门口欢送客人，并帮助年老体弱的客人取衣帽和穿戴。

(2)检查会场有无客人丢失的文件、物品。

(3)清点物品用具，检查设施设备有无短缺和损坏。如有，应填写物品赔偿单，请会议工作人员签字并交结账处。

(4)清扫会议室卫生。必要时进行消毒。

(5)进行安全检查。

西餐服务

西餐进餐类别

西餐进餐类别系指西餐中的餐饮时间及形式。它包括多种，如普通西餐早餐、英式早餐、美式早餐、欧陆式早餐、大陆式早餐、自助式早餐、普通西餐正餐(含午、晚餐，下同)、法式正餐、德式正餐、俄式正餐、意大利式正餐、澳式正餐、南非式正餐、下午茶、晚茶等等，各有不同的特点与要求。它们一方面与欧美各国的餐制有关，一方面又受民族生活方式与膳食习惯的影响，呈现出不同的风情。

在西餐进餐类别中,相对来说,"正餐"的区别并不十分明显;而"早餐"与"下午茶"的差异却很大。

西餐早餐的内容

西餐早餐最早分为两大类,即英式早餐和欧陆式早餐。英式早餐也称"肉类早餐",是英国、美国、意大利等国的早餐,现今亦称"美式早餐"。欧陆式早餐也称"大陆式早餐",是一种内容简便的早餐,基本上无蛋无肉。在19世纪美国淘金时代,一位美国人发明了自助餐,后被广泛地运用于早餐,因此又形成了"自助餐式早餐"。这三种早餐均按套餐形式配备食品,统一定价,属于套餐外的食品则另外收费,客人有少量的选择自由;其中,自助餐式早餐的选择余地则较大,现被许多饭店餐厅采用。有些饭店将早餐包括在房价之中,住店客人住宿一晚,可免费享用一顿早餐,不吃早餐的也不退钱。来华旅游的欧美客人喜欢在午、晚餐吃中国菜,但早餐一般习惯吃西餐,所以涉外旅游饭店多提供有西餐早餐服务,并安排在咖啡厅供应。

西餐早餐的主要菜式内容有:

1.果汁及水果。

果汁主要有桔子汁、菠萝汁、西柚汁、番茄汁,以新鲜的为主,但也有罐装的浓缩果汁。果汁用6~8盎司水杯盛装,是早餐第一道食品。水果主要有桔子、草莓、葡萄、西瓜等;一般是草莓、葡萄、配茶匙,其他水果配刀、叉,桔子不配餐具。也有些早餐供应煮水果,即煮熟的水果,主要有洋梨、杏、桔子等。

2.面包、黄油、果酱。

面包也称"多士"、"吐司"。早餐面包多是烤制的,主要有(1)烤面包。不加任何辅料而烤制的普通面包,以黑面包为贵。(2)法式烤面包。将面包裹匀鸡蛋、牛奶、糖的混合液,用煎锅烤制。(3)肉精烤面包。面包上抹奶油,加上肉精和糖烤制。(4)薄脆面包片。切成薄片而烤香的面包。(5)奶油烤面包。抹上奶油的烤面包。除以上品种外,还有法式牛角包、奶油卷、甜面包卷、硬面包卷、月牙面包、薄煎饼、烤饼等。烤面包通常包上餐巾,装在面包篮中上桌,以保持热度;也可直接分派到客人的面包盘中。法国烤面包、薄煎饼之类要使用餐盘,配刀叉。

面包习配黄油、果酱食用。黄油又称牛油;果酱有苹果酱、草莓酱、桔子酱多种。它们或用黄油盅盛装,或系一次性的袋装品,配黄油刀。

3.鸡蛋类。

早餐中的蛋类菜肴较多,其地位相当于午、晚餐中的主菜。主要品种有:(1)煎蛋。有一面煎蛋、两面煎嫩蛋、两面煎老蛋之别,服务时要注意询问客人的要求。煎蛋用餐盘盛装,配刀叉进食。煎蛋可配肉类。(2)炒蛋,也称溜糊蛋、搅鸡蛋,将蛋与牛奶、奶油一起快速炒制;可配肉类,用餐盘、刀、叉进食。(3)蛋卷。也称"奄列蛋",是以乳酪作调味料、包有馅心的煎蛋卷,常跟配肉类,用餐盘、刀、叉进食。(4)煮蛋,即带壳水煮蛋。有3分钟蛋(蛋黄呈流汁状)、5分钟蛋(蛋黄开始凝固)、10分钟蛋(蛋黄发硬)之分,服务时要问清客人的要求。配蛋盅、垫盘、茶匙,进食时用餐刀敲开或削掉鸡蛋顶端,一边撒盐,一边用茶匙舀着吃。(5)水波蛋,也称"水文蛋"、"水卧鸡蛋",即中式的荷包蛋。用餐盘与刀叉进食,蛋下可垫一小块面包。

4.谷类。

早餐的谷类食品主要有:(1)麦片粥,将麦片先加水煮成糊状,客人要时,再将其放入汤盘,加上热牛奶和糖送上,用餐匙舀着吃。(2)玉米片粥,多为冷食,加冷牛奶和糖(或蜂蜜),用汤盆、垫盘、餐匙进食。

5.肉类。

早餐的肉类食品一般与蛋同食,主要有:(1)火腿肉,为熟肉制品,稍煎一下即可。(2)小泥肠,又称"香肠"、"肠仔",也为熟肉制品。若客人吃煎小泥肠则须配炸土豆条,吃煮小泥肠则须配土豆泥和芥末。(3)咸猪肉,也称"腌肉",稍煎即可。

6.热饮类。

热饮品种主要有咖啡、红茶、牛奶、可可。用咖啡杯盛装,用垫盘、咖啡匙进食。饮用时咖啡可配淡奶及糖,红茶可配牛奶和柠檬,故要跟上相应的奶盅、糖盅等。有些客人喜欢喝淡茶,可以备一壶开水待用。早餐热饮一般可以免费添加。

英式早餐

英式早餐是西餐早餐中的传统方式,为英国、美国、意大利等国的早餐。其菜单内容丰富,有蛋有肉，所以也称“肉类早餐”。这是因为英国在殖民主义时期相当富裕，且英国的正餐通常安排在晚间，因此对早餐特别重视。英式早餐的内容包括：(1)果汁或蕃茄汁或蔬菜汁；(2)各式面包；(3)黄油、果酱或蜂蜜；(4)鸡蛋及鱼类；(5)肉类(熏肉、火腿、香肠等)；(6)冷或热的谷物食品；(7)咖啡、红茶、可可、牛奶。现今，英式早餐被作为饭店的零点餐，有丰富的种类和数量供客人选择，消费水平则因人而异。从英式早餐后来又逐渐演变出“美式早餐”，其菜式内容略有减少，但人们常常将这两种早餐归为同一早餐类别，并且多称其为“美式早餐”。

美式早餐

美式早餐是西餐早餐中的一个类别，最早称为“英式早餐”。其菜单内容丰富，主要由果汁、面包、黄油果酱、鸡蛋(配熏肉、火腿、香肠等)、咖啡或茶等组成。是现今各国饭店西餐厅提供的主要早餐方式之一。参见上条。

欧陆式早餐

欧陆式早餐是西餐早餐的一个类别，也称“大陆式早餐”、“庄稼人早餐”，其菜单内容简单，基本上无蛋无肉。这是因为欧洲大陆以前普遍贫穷，又习惯把午餐作为正餐，因此对早餐不太讲究。现今欧洲许多国家的早餐还是只吃冷食。欧陆式早餐由果汁、面包、黄油果酱、咖啡或茶等组成，所以又称“全咖啡面包早餐”。饭店常将欧陆式早餐免费提供给住宿的客人。

大陆式早餐

大陆式早餐也称“欧陆式早餐”，或“庄稼人早餐”、“全咖啡面包早餐”，是西餐早餐的传统类别之一。参阅上条。

自助餐式早餐

自助餐式早餐为现代西餐早餐的一个类别，即将自助餐的形式运用于早餐。其供应品种丰富，主要由果汁、鸡蛋、肉类、面包、谷物食品、鲜水果、罐头水果、甜食、热饮等组成。客人可以自由搭配选择，当今国内许多饭店的咖啡厅在早上多采用这种早餐形式接待宾客。

下午茶

喝下午茶是英国人的传统饮食方式，时间一般在下午3～5时，以喝各种茶类，品尝蛋糕、点心为主。它是午餐和晚餐之间的补充，因为英国人的晚餐多安排在晚上8时左右，与午餐的间隔时间较长。人们常利用下午茶的时间休息、聊天和会客，绅士阶层尤为喜好。

饭店一般在咖啡厅中提供下午茶服务，以茶水车服务的形式进行。首先由准备间服务员备妥茶水车，推进餐厅，茶水车上备有开水炉、各种名茶、开水壶和各种服务用具。客人入座后，首先向客人呈递茶点单，服务员随即将茶水车推近客人餐桌，当场煮茶，同时为客人上甜品。现今许多提供下午茶服务的咖啡厅，则采用更简捷的方式，即在吧台或备餐间中煮茶、泡茶，然后用托盘端送给客人。送上桌的开水壶、红茶壶均用保温罩罩好，以保持热度。在客人饮茶期间，服务员要随时注意客人是否需要添加点心和茶水。

西餐服务方式

西餐作为人类的一种饮食方式，其历史悠久。但进餐服务进入餐厅，并作为一种专业技能广泛传播，却要晚得多。在19世纪的欧洲，即使有钱的人，一般也不到外面去吃饭，而是喜欢在自己家里或别人家里用餐。当时，餐饮服务通常具有“私宅”服务的性质，佣人在管家的监督下认真准备各种饭菜，调配相应的饮料，从清晨一直服务到深夜。所以有人说西餐起源于欧洲的贵族家庭。1880年，瑞士人西查·李兹与时称“厨师之王”的埃斯科菲尔合伙开设了一个公共餐馆。他们将精美的烹饪技术和周到时髦的餐饮服务完美结合，奠定了欧洲饮食风气改变的局面；之后公共宴饮不断改进，声誉日隆。到了本世纪初，就连清高蛰居的伦敦上流社会也趋附风雅，绅士们带着家眷在公共餐馆就餐已经司空见惯了。经过数十年的演变，终于形成了各具风格的西餐服务方式，主要有法式、俄式、英式、美式等。现代的西餐服务，为了适应社会的发展需要，往往还根据自身的特点，综合几种服务方式，或对传统的服务方式作些创新，如大陆式服务、自助餐式服务，使之更为适用。

法式服务

法式服务是西餐中的主要服务方式，也称“李兹服务”，由瑞士人西查·李兹发明。菜肴在厨房内先准备好，由服务员助手放在一只精美的银座大浅盘中送进餐厅，放在特制的餐车上；再经服务员切割、焰烧、调汁、配菜后分别装盘，由服务员助手逐一分送给客人。这种由服务员用餐车在餐桌旁调配食品的服务，也称“桌旁服务”、“手推车服务”或“餐车服务”。

1.服务人员分工。

法式服务至少需要两个餐饮服务员，共同配合为一桌客人服务。其中一名为经验丰富的主服务员，称之为服务员或餐饮厨师，负责安排客人入座、接受点菜、客前烹制或分割装盘、结账收款等，必要时还提供酒水服务。这对服务员的要求较高。所以法式西餐厅的主服务员有“半个厨师”之誉。另一名称为服务员助手或餐饮招待，听从服务员的指挥，主要负责落单、运送成品、协助装盘并分送客人，以及撤餐具、收台等工作。此外，典型的法式服务还配备专职的斟酒服务员或调酒师，负责介绍、推销餐酒，并提供相关服务。

2.上菜服务程序。

(1)出品，即将食品用银质大盘从厨房端到餐厅，放在一个叫“小圆桌”的餐车上，小餐车置于客人餐桌的旁边。(2)客前烹制。小餐车上备有酒精烤炉、调料及其他烹制工具，服务人员在此将菜肴食品进行烹调、剔骨、切片和必要的装饰、加工。客前烹制的代表菜品有“凯撒色拉”、“黑椒牛柳”和“桔汁煎饼”等。它们均能在较短时间内完成烹制、装盘和服务过程。(3)装盘上桌。将烹制好的菜肴装在盘子里，分别送给每位客人，热菜用热盘，冷菜用冷盘。菜品上桌时，服务员助手用右手从客人右侧送上每一道菜；但面包、黄油、包拉之类则从客人左侧上。因为它们不属于一道单独的菜肴，而总是跟配某一道菜上桌的，因为餐位正中已摆了一道菜，右边又摆了酒杯，所以就只能上在餐位的左前方，才不影响客人就餐。至于所有的酒水服务，都在每位客人的右侧进行；空盘也从客人右侧撤下。

3.特点。

从客人的感受看，它是一种讲究礼节的豪华服务。(1)座位宽松舒适，餐室气氛高雅，用品豪华高档，服务周到，技术精湛。(2)客前烹制表演颇具观赏性，能吸引客人的注意力。(3)几名服务员同时为一桌客人服务，使每个客人都能得到充分照顾，客人感到受重视。(4)进餐时间充裕，可以从容不迫地享受服务和美味。

从企业的角度看，它则是一种成本较高的服务。(1)需要较多的就餐空地，如150个餐位就需要额外增加约45平方米的面积，以供服务方便。(2)需要大量的高档设备，如可以保温、加热的手推车，大银盘。(3)需要较多的服务人员，而且客前烹制专业性较强，需投入一定的培训费用，人工成本较大。(4)餐位利用率低。法式服务讲究舒适，从容不迫，所以节奏较慢，翻台较少。

英式服务

英式服务是西餐服务中的古老方式，也称“家庭式服务”、“管家式服务”。它源于古老的维多利亚式贵族家庭，一家老小围坐在一张餐桌旁，先由一家之主切开和分配菜肴，将其派放在一个个盘子中，再由仆人分送给家庭的各个成员。或将服务盘、服务汤碗绕桌相传，各人自取食物。配菜、调味的沙司等则放在桌上，由家人自取。这种方式至今仍在俱乐部或餐馆宴会厅举行的私人宴席上采用。

1.服务人员分工。

请客的主人参与部分服务过程，如切割，分派装盘等。每桌仅有一名服务人员负责菜肴出品，并将主人分装好的菜肴送给每位客人，同时也提供酒水服务、清台服务等。一名服务员可以服务几桌客人。

2.上菜服务程序。

(1)上空菜盘。根据客人人数，服务员先将加过温的热空盘放到主人面前，叠放摆好。冷菜则上冷空盘。(2)出品。服务员将装满整块食物的大盘从厨房拿到餐桌上，置于主人面前，并配上相应的餐具(如刀、叉或汤勺等)。(3)主人按人数均分切割菜肴，必要时配上蔬菜。(4)服务员将分好装盘的菜肴依次端送给每一位客人，从右侧送上。(5)调味品、沙司、配菜等由服务员直接摆在餐桌中间，客人自取或相互传递。

3.特点。

英式服务的“家庭情味”较浓，显得既正规大方又轻松随意。由于每道菜都要经过主人亲自切割装盘，因而进餐节奏较慢。另外有些工作还必须每位客人自己动手，由此可节省服务人工，但客人享受的服务却较少。所以不太适合在饭店接待客人，现今也很少采用。

俄式服务

俄式服务是西餐中的主要服务方式之一。起源于俄国沙皇时代，拿破仑战争期间才传到整个欧洲。其方法是客人的全部菜肴都是厨师在厨房中准备，并预先切好，整整齐齐地放在银质大浅盘中，由服务员端到餐厅，再从盘中逐一分派给客人。因而也称“大盘服务”。

1.服务人员分工。

通常由一名服务员为一桌客人服务，负责从点菜、就餐到结账的所有工作。这与法式服务相比，节省人力，且服务效率较高。

2.上菜服务程序。

(1)上空盘。在厨房出菜前，服务员先用右手从客人右侧按顺时针方向送上空盘(热菜用热盘，冷菜用冷盘)。(2)出品。将厨师准备好的、放在大银盘中的菜送到餐厅，空盘也可同菜盘一起送出，都放在备餐台上；先逐一上空盘，然后再准备分派大盘中的菜。(3)分派菜品。服务员左手托着装有菜肴的大银盘，站立于客人左侧，右手拿叉和匙依次从客人左边将盘内菜肴分派到客人面前的空盘上。分派菜品之前，先向客人介绍盘内的菜肴，使客人有机会看到厨师精湛的装盘手艺；分派中，要灵活掌握其数量，所派多少应符合客人的需要；分派后，剩余的菜品应送还厨房。由于分派菜品是在客人左边，所以服务员应按逆时针方向绕桌，这样可以避免倒退行走。(4)待客人盘中菜品用完后，即从右边收下空盘，再开始下一道菜的上菜服务。(5)斟酒、上饮料和撤盘都在客人右边进行。

3.特点。

俄式服务在许多方面和法式相似，从客人的感受看，它是一种讲究礼节、风格雅致、对客人照顾周到的服务方式。(1)餐室布置豪华讲究，餐具讲究，要用大量的银器或水晶器。(2)每道菜肴都由服务员向客人逐一介绍展示，然后根据各自需要而分派，使客人感受到特别的关照。(3)菜肴集中放在一个大银盘中，客人可根据自己的需要决定品种和分量，避免了不必要的浪费。(4)当服务到最后几位客人时，看到大银盘中的菜所剩无几，不太雅观，且总有一些分剩的感觉，故而其选择也受到一定的限制。

从企业的角度看，俄式服务是一种高效、节省却又不失周到、豪华的服务方式。(1)空间利用率高，因为没有客前烹制，节省了小餐车的占用空间，可安排更多的餐位。(2)服务速度快。所有菜品都在厨房事先分割好，服务员采用派菜方法能很快将食物分送给客人。(3)人员投资少。只需一名服务员就可以为一桌客人服务。但需要掌握一定的分派技巧。(4)银器投资大。几乎所有的菜肴都要放在银质的大浅盘中送出。(5)尤适宜于宴会服务。由于零点客人常点不同口味的菜肴，所以装在一个大银盘中同上就较为困难；而在宴会中，每位客人的食物相同，便可充分体现出快捷的优势。

美式服务

美式服务是西餐中的主要服务方式之一，又称“小盘服务”。方法为食物事先在厨房内由厨师按份额逐一装盘妥当，然后服务员再将这一盘盘的菜肴分送每位客人。它不太拘泥形式，被广泛运用于普通餐厅、咖啡厅服务中。

1.服务人员分工。

由于省出了服务人员对菜品的切割、分派或上空盘，所以服务员的工作较为简单，因此一名服务员可以服务于多人(通常一人看管20个餐位)，并且客人全部就餐过程中的接待服务工作都可由一人完成。

2.上菜服务程序。

(1)出品。将厨房中厨师分装好的菜盘直接端出(注意要盖上保温盖)，可徒手一次端许多餐盘，或借助托盘、餐车将更多的菜盘端出(注意不要将菜肴压形)。(2)上桌。菜盘端出后可直接分送给每位客人。在每位客人的右边用右手按顺时针方向绕桌一周送上，摆在客人餐位正中的空档处(或垫盘上)。(3)收空盘。客人用餐完毕，依次从右边收走空盘，为下一道菜做好准备。

3.特点。

从客人的感受看，它是一种不拘形式的便捷服务方式。(1)菜肴在厨房事先分装好，服务员端出后即可送给客人，简易迅速。(2)服务人员在客人进餐过程中，除上盘撤盘、上酒水、清台之外，没有其他客前工作，客人受干扰较少，所以进餐不拘形式，可以自由交谈，显得轻松活泼。(3)菜肴的分量按每客计算,由餐厅事先核定,厨师按要求烹制,菜品质量相对稳定。客人一般不能自行决定菜品分量。(4)对客人的个别服务较少,使客人感到不能始终受到特别关照。

从企业的角度看,与其他几种传统西餐服务方式相比,它是一种最为简单、快速而廉价的服务方式。(1)餐具成本低,不需配置大量银器和设备。(2)人工成本低。一名服务员可以服务于更多的客人,且技术性要求不是太强,培训费用不高。(3)餐位周转率快。由于服务速度加快,可为翻台创造有利条件。(4)空间利用率高。每餐位的使用面积小,可摆设更多餐位。

总之,美式服务除了缺乏表演性服务及餐厅气氛不足之外,是一种较为理想的服务方式,因此广泛流行于西餐厅和咖啡厅中,也可用于西餐宴会服务中。在宴会服务中,它一般由相邻餐桌的两个服务员配合上菜,以保证坐在一个餐桌上的客人能同时得到菜肴。

大陆式服务

大陆式服务是西餐中的一种综合服务方式,它没有统一的固定程式,而是融合法式、英式、俄式和美式服务的特点,根据不同的菜肴选择不同的服务方法。如在宴会中用美式服务上开胃品和色拉,用俄式服务上汤或主菜,用法式服务上主菜或甜点。在服务过程中,遵循方便客人就餐,方便员工操作的原则;由餐厅事先确定出组合方式及程序要求,然后培训员工,按统一确定的标准方法服务。

大陆式服务是我国当前西餐服务中普遍采用的服务方式。

自助餐服务

自助餐服务是近年来出现的一种新服务方式。随着社会的发展,现代人的生活节奏越来越快。人们希望进入餐厅后就能得到菜肴,自助餐服务随即应运而生。其方法是:餐厅将事先准备好的食物陈列在食品台上,客人进入餐厅后支付一餐的费用(有的餐厅是餐后结账),便可自己动手选择符合口味的菜点,然后拿到餐桌上用餐。由于需要客人"自我服务",故而称为自助餐。它比较适用于早餐、会议用餐、团队用餐和各种大型会议用餐。

1.服务人员分工。

自助餐有很多工作是"自我服务",所以需要的服务人员相对较少,平均一名服务员可看管30~50个餐位。但必须在餐前准备好食品台。进餐时主要为客人提供酒水服务、清台服务以及补充食品台上的食物。

2.上菜服务程序。

所有菜品均在餐前摆好,其食品的装潢要讲究艺术性,凉菜水果须用保鲜纸封好。食品的排列可选择不同方式。①以西餐菜式为主的,按客人的取食顺序排列,如冷盆、汤、热菜、甜品等。②以中餐菜式为主的,可按食品类别分类,集中摆放,要注意搭配恰当、醒目、方便客人取食。

3.服务特点。

从客人的感受看,自助餐是一种花钱少却能品尝到多种食品的进餐方式。①菜肴品种丰富。自助餐所提供的菜式一般都在十几种以上,且品类齐全。②具有品尝性。可以自由选择,且分量不限,打破了菜肴按份出售的传统模式。③进餐时无需等候。客人一进餐厅就可立刻得到食品,省去了餐前点菜、菜肴烹制的环节,节省了客人的进餐时间。④客人得到的个别服务较少,以自我服务为主,服务员仅提供基本的进餐服务,如送酒水、清台等,但客人却自由、便捷,不受传统进餐习惯的约束。

从企业的角度看,自助餐是一种省时、省力、简单、快捷的服务方式;具有成本低、速度快、人力投资少的特点。但它必须保持一个最低的客流量。客源太少则无法准备品种丰富的菜肴;或者备好的菜肴销售不完而影响下一餐的新鲜度。

西餐早餐服务程序规范

西餐早餐服务程序规范如下:

1.客人入厅时要热情迎接。问清人数,若事先订座则带到已准备好的餐位;若是临时散客亦应尽量及时安排。

2.客人入座后应及时上餐牌:(1)散客每人一份餐牌,依次从右边送上。若摆位的餐台上印有早餐菜单,可免去这道程序。(2)团队套餐告诉客人早餐的类别,请客人稍候。(3)迎宾员回位时留意值台员是否注意到客人到来,应交待有关人员关照。

3.值台员向客人问候,询问热饮品种,如咖啡、茶、牛奶等，及时送上，再询问其他食品。

4.点餐。客人点餐时要注意介绍套餐类别，推销今日鲜果和供应菜式。要仔细询问客人的进餐要求，如：(1)需要哪种果汁或水果；(2)需要何种面包和果酱；(3)煎蛋要问明种类、老嫩；(4)煮蛋要问清烹制时间；(5)煎蛋、炒蛋、蛋卷等要问明跟何种肉类。客人点完餐后，应根据所点的菜式品种增减餐具，调整摆位。(6)开单知厨。

5.用餐。(1)按菜式上菜：面包放在用餐巾或花纸装饰好的藤篮里，然后视客人需要夹于面包盘中，给客人上小包装的黄油和果酱；上果汁时先放杯垫，再放果汁杯；上煎蛋时最好盖好，以保持温度；上其他菜式则按有关规定服务。(2)席间服务：每上一道菜式之前撤下用过的杯、碟等餐具；随时清台，保持台面干净；注意续热饮；快结束时问客人还需要加些什么食品。

6.结账与付款。(1)核对账单，通知收银员结账；客人要求分单的，要向收银员说明。(2)用收银夹把账单呈送给主人；分单则逐一呈送。(3)接受款项要点清数目，若要找零，则请客人稍候，并尽快找回余款。

7.客人离席时要拉椅道别，欢迎客人再来，并及时收台，迎接下一批客人。

西餐正餐服务程序规范

西餐正餐是对西餐午餐和晚餐的统称。由于现代社会生活节奏的加快，其午餐大多趋于简便，所以西餐正餐的概念多指晚餐。西餐正餐通常在饭店的西餐厅供应，西餐厅一般不供应早餐。有些饭店将咖啡厅和西餐厅合并在一起，所以有些咖啡厅也可提供较为正式的西餐正餐服务。其具体服务程序如下：

1.迎宾服务。

与西餐早餐服务基本相同。客人入厅时要面带微笑，热情问候，问清客人是否预订及人数，并依据情况把客人带到适当的餐桌。引领时可有指示动作，在客人稍前侧行。到指定座位时要拉椅让座，招呼客人坐下。

2.餐前服务。

(1)递餐牌。翻开餐牌，从客人右边递上，先女后男，每人1份。(2)铺餐巾。将餐巾打开，为客人平铺好。(3)问饮品。同时收走多余餐具和公用具。(4)出饮品。用托盘托出，从客人右边送上，注意斟倒分量，未点饮料者则斟倒冰水。(5)点菜。备好纸笔，注明编号；依次征询，先女后男；同时注意介绍与推销，并问清要求，如：牛肉几成熟，用何种沙司，何种配菜等。客人点菜名时，要注意复述，以免搞错。(6)问餐酒。此时可以根据所点菜式加以介绍。(7)落单与调整摆位。落单时注意饮品与菜品分开。(8)调整摆位，即根据点菜情况减增餐具、酒具、用具或配料。

3.用餐服务。

(1)派面包。用垫托（口布或餐纸）备好面包篮、牛油篮；分别装上硬面包、软面包、牛油盅数个；征询客人所需面包品种；按客人要求派入面包碟。(2)准备餐酒。(3)上菜。按顺序从右边上菜，沙律汁从左边上；记住每位客人所点之菜，无差错；热菜加盖碟保温，上台前揭开；注意上菜礼仪顺序，先女后男等；跟齐配料、汁酱。(4)添酒水，与所上菜式相配。(5)收碟清台。客人表示不再吃时撤下餐碟；不用的餐具、用具、佐料也撤下；保持台面干净。(6)继续上菜。按客人所点菜式，反复(3)～(5)步骤操作。(7)上牙签，问甜品、咖啡或茶。客人用完菜后送上牙签，送上餐牌，翻至甜品栏，征询餐后甜品，建议餐后甜酒、茶或咖啡。(8)按客人所点品种重新摆位，从客人右边逐一上甜品与咖啡等。

4.餐后服务。

(1)收碟、清台。将客人用完的甜品碟、叉、匙、杯等收去，留下饮料杯或咖啡杯。(2)准备账单。客人甜品快吃完时征询还需要什么；通知收银员结账，需分单结账的要告之收银员。(3)结账。(4)送客。(5)收台摆台。

咖啡厅服务

咖啡厅的营业时间较长，一般为十几个小时，有的甚至是全天候营业。咖啡厅可以为客人提供早餐、下午茶和简便的午、晚餐服务。其基本服务要点有：

1.餐前准备。(1)环境卫生。(2)准备好清洁的咖啡杯、茶杯、水杯、盘、碟、刀、叉、匙、面包篮等。(3)准备好咖啡、鲜奶、牛油、果酱、盐盅、胡椒盅等。(4)餐桌排列与台面摆设。按不同餐式的要求准备。(5)准备好服务用具，如点菜单、笔、托盘等。

2.迎宾服务。(1)礼貌问候欢迎。咖啡厅大都不要求预订座位，所以迎宾员不一定知道客人的姓名。一般可采用“下午好，欢迎您光临”或“很高兴又见到您”、“欢迎您再次光临”等，与客人打招呼。若知道姓氏最好用姓氏相称。(2)根据客人人数带到适当餐桌旁。咖啡厅讲究服务迅速，所以要将客人安排在不太忙的服务区域。有些咖啡厅设有“禁止吸烟”区，可作介绍并询问客人是否愿意入坐。(3)向客人示坐，拉椅请其坐下。(4)向入座客人呈上餐牌。(5)值台员暂时没空时，迎宾员可为客人倒上冰水或咖啡(先倒咖啡在早餐尤为重要)，或把分管这张台子的服务员姓名告诉客人，并向客人保证服务员很快就会过来招待服务。

3.开餐服务。(1)招呼客人，值台员应尽快走到新到的客人面前，先倒上冰水，如正忙着，应说：“晚上好，我马上就来为您服务。”(2)接受点菜与推销食品。首先询问客人是否需要马上点菜，在供应酒精饮料的咖啡厅里，还可问上一句“要上鸡尾酒吗?”(3)开单。填好表头，记下台号，记下客人点的食品名称与特殊要求。写完后要复述一遍。烹制费时的菜要告诉客人稍等；餐厅提供的免费食品饮料要向客人讲明。(4)落单。(5)整理餐台、补充餐具。

4.就餐服务。(1)菜肴服务。(2)酒水服务。(3)甜品服务。以上均按规定的菜式服务要求操作。

5.席间服务。(1)“不让客人闲着”，这是咖啡厅的一条经营规则。为此常采取以下做法：客人就座后立刻端上热的咖啡；给没带报纸的客人拿一份报纸；选用印上游戏题或智力测验题的纸餐垫供小孩或全家人一起玩；给等候主菜的客人送上面包、小饼、色拉等配餐食品；给候餐的客人续斟冰水，送上果汁等。(2)对于消费数额低、逗留时间长的客人，要多征询几次，“您还要加点什么吗?”但无论客人是否接受，待客同样热情周到。(3)勤于巡台，及时观察客人需求，随时保持台面整洁。(4)及时翻台。

6.餐后服务。(1)结账，应迅速，准确，客人要求分单时应满足。(2)找余款。(3)拉椅与客人道别。(4)收拾餐台。

7.班次交接。咖啡厅由于营业时间长，所以常分为几个班次，每个班次都应按餐厅规定做完自己的工作，并将所属区域内的客人情况交待给接班人员。

以上为咖啡厅的基本服务要求，带有一定的共性特征。具体到早餐、午晚餐以及下午茶的服务，则可参见相关条目。

咖啡厅午晚餐服务程序规范

午、晚餐统称正餐，咖啡厅所提供的西餐午、晚餐一般都较为简单，其菜式品种有限，服务迅速。在欧美、香港等地区，对午餐要求不高，简单吃点三明治、点心等即可；但对晚餐的要求则较高，所以晚餐除了正式餐牌外，还有“厨师特选”等供应，食品较午餐丰盛。特别是许多饭店将咖啡厅与西餐厅的功能合为一体后，晚餐服务更为讲究，服务程序同于正餐。

西餐扒房服务程序规范

扒房又称牛扒房，专指高级的西餐厅。其设计布置、菜单、服务方式等均有独特之处。一般只提供午、晚餐。采用法式服务，许多特色菜都在餐厅客前烹制、燃焰与切割，所以服务的空间大，对服务员技术要求也较高。

1.接受预订。

客人在扒房用餐，表现出对正餐的重视，往往打电话预订餐位，以免餐厅客满时没有座位。接受客人预订餐位的工作，一般由餐厅的迎宾员或餐厅预订部负责，通常为电话预订，有时客人也当面预订。

接受预订必须问清以下内容：

(1)客人姓名，订座人数；(2)住店的客人要问清客房号；(3)就餐日期、时间(或具体讲到几点几分)；(4)客人有无特殊要求，如要求留座的位置，选订的菜式，预备生日蛋糕等。

预订受理后，要立即在餐位预订登记本上作记录，每日一页，以便查找，每天开餐前迎宾员要认真查阅预订登记。通知有关人员布置好餐台，放上“留位”或“已预订”字样的标志牌。

2.服务程序与西餐正餐基本相同，可参考。

餐厅烹制表演

餐厅烹制表演是西餐菜点服务的一种特殊方式，导源于法式服务。它是将餐厅所供应的部分菜肴的部分烹制工序在客人面前展示，既烘托了进餐气氛，又能使客人观赏到高超的烹饪技巧,提高进餐兴致。餐厅烹制表演主要分为4类:(1)客前烹制。如烹制主菜、开胃品、色拉、甜品等。(2)客前燃焰。即让食品在客人面前燃烧,可以燃焰主菜、甜品和饮料等。(3)客前分切。菜肴在厨房里先烹制成熟,整块装在大盘里,然后由服务员在客前分切装盘后逐一送给客人。这适于肉类、奶酪、蛋糕等食品。(4)客前展示。将有关食品布置到小推车上,向客人介绍推销并作相应的服务,如酒水车、甜品车等。

餐厅烹制表演需选择适合的菜点,即客观条件允许,操作简便,能渲染餐室气氛,且对空气无较大污染者。要有技术熟练的服务人员,能快速准确服务并给客人以美的享受。餐厅烹制表演不能过分渲染,否则会失去应有的效果。

餐厅客前烹制

客前烹制源于西餐法式服务,即由餐厅服务员当着客人的面将菜肴或甜点加工完毕,是一项表演性极强的服务项目。客前烹制可用于主菜、开胃品、色拉或甜品等,旨在通过食物由生到熟的变化营造进餐气氛,增加美的感受。其操作时间较长,包括烹制、切割、燃焰等几大工序。由于切割、燃焰更具表演性,所以又常单独作为餐厅烹制表演的项目,而熟制则主要在厨房中完成。

客前烹制的用具可参见“餐厅客前燃焰”条。

餐厅客前燃焰

客前燃焰源于西餐法式服务,是餐厅烹制表演中的一个类别,即让食物等在客人面前燃烧出火焰,以取悦客人,增加餐室气氛。食物燃焰通常不会影响食物的质量。客前燃焰还可以说是客前烹制中的一道工序,但由于其更具表演性,所以常独立作为餐厅烹制表演项目。和客前烹制相比,客前燃焰具有如下优点:①由于食物是在厨房里由厨师烹制的,显然会比服务员做的技高一筹。②燃焰表演的技能较为简单,服务员不需要经过特别的专业训练。③准备的时间短,实际表演时间也不长,适应更多的场合。

客前燃焰需要的用具有:(1)烹制车;(2)炉头。若仅作燃焰用,其火头和热源不需太强,通常的热源有酒精、石蜡、煤气等。(3)平锅。有多种规格和形状。(4)除上述设备外,通常还用一些附加设备起渲染和点缀作用,加强燃焰的效果,如标志剑、烤肉针、火锅等。

客前燃焰的方法主要有5种:

1.双锅燃焰,主要用于燃焰液体食物,其程序是:(1)将液体食物在一个锅内加热保温;(2)另一边准备燃焰的锅,如炒菜、溶糖等,然后加入烈酒并点燃;(3)将液体食品倒入燃焰中,或将燃焰倒入液体食品中。

2.单锅燃焰。用于汁少或不含汤汁的食物。其程序为:(1)点燃炉火;(2)向客人展示装好的菜盘;(3)在平底锅中放二块黄油,烧出吱吱声响,加入砂糖焦化,随后再将食物倒入;(4)加1盎司烈酒在平锅的旁边,从炉头上点火,并向客人展示;(5)用勺将已不含酒精的汁浇到食物上;(6)火苗熄灭后,为客人分派食物。

3.无锅燃焰。无锅燃焰需要一套铁板烧设备。其程序是:(1)厨房先将铁板烧得火热;(2)将物品装在铁板上送进餐厅,若食品怕烫则另盘盛装;(3)向客人展示食物;(4)将25克烈酒迅速浇在铁板上,用火柴将酒液点燃;(5)火焰熄灭后,将菜分派给客人。

4.长剑燃焰。常用于烧、烤、扒类的肉食和可以串在剑上的固体食物。即先点燃特制的“标志剑”,然后再将食物点燃。

5.无食燃焰。适用于不易点燃的食品,即点燃一些非食用的东西,如将棉花浸上酒精塞入烤乳猪的嘴中后点燃,客人可看到烤乳猪的嘴里喷出火丝。

餐厅客前分切

客前分切源于西餐法式服务,是餐厅烹制表演中的一个类别。即由服务员当着客人的面将整块菜肴分切装盘,再由服务员助手送给每位客人。它也称“客前切割”,是一项表演性较强的服务方式。

客前分切具有如下特点:(1)为展示菜肴的整体效果提供了良好的机会,如烤鸡、大马哈鱼、生日蛋糕等。它们只有整体上台时,才能显得更诱人。(2)使客人感到食品新鲜,他可以放心地看到他(她)的那份食品是刚刚切割下来的新鲜菜,而不是早就切好随意丢在厨房里的。(3)具有表演性,能烘托餐室气氛,提高客人兴致。(4)可根据客人需要分切,浪费较少。

客前分切要求服务人员掌握一定的切割技

巧。所以传统的客前分切常由领班和侍应长负责，有许多餐厅里，切肉者实际上是厨师。在切割服务的组织中，要制定明确的切割职责书，统一切割标准，明确质量控制办法，尤其是对卫生、切割规格、分量大小、服务程序方面的严格控制。经过严格培训考核后方可准予从事切割操作。

客前分切需要的用具有：切割台（服务柜台或小推车）、保温加热设备、阔口长刀（30厘米）、切割刀叉、餐盘以及各种配料、沙司和调味品等。

适合于客前分切的菜肴主要有以下几类：(1)购进时便已分份的菜肴，如西冷牛扒、猪排、牛肉肋条等。(2)必须分食的菜肴，如整条鲈鱼、松鸡等。(3)供整盘展示的菜肴，如嫩牛肉、野味肉饼、炖肝等。(4)必须整盘客前分切的菜肴，如烤乳猪、整鹅、新鲜火腿等。

客前分切的一般程序是：

1.接受订单。

2.做好切割准备。(1)清点切割用具，如盘碟、推车、切割板等；将用品安放在适当位置，从厨房取出蔬菜和各种配菜等。

3.点火、加热。点燃切割台上保温的热源；将蔬菜和配菜放在保温的地方；餐盘加热。

4.展示菜肴。从左边向客人展示。

5.征询需要。切割前征询客人对切割部位的要求。

6.切割。骨头、插签、绳子等先在厨房里去除；在服务浅盘中进行；手不要接触食物。

7.装盘。装盘要吸引人；肉、配菜、装饰物要分区摆放餐盘中，手不要伸进餐盘里。

8.上桌。

中餐里北京烤鸭的片切，与此异曲同工。

（七）餐饮宴会接待

宴会种类

宴会的特征

宴会是指有一定的社交目的，程式严谨，服务礼仪要求严格的聚餐活动；它也是政府机关、企业团体或个人等，用酒菜宴请众多宾客的一种礼仪形式或公关手段。

举办宴会的目的常常多种多样，喜庆类的如婚嫁、祝寿、庆贺；交往类的如欢迎、答谢、告别、洽谈、慰问；另外还有以节日欢庆、纪念某人某事、游乐欣赏为主题的各种聚餐。因此宴会大都有一个鲜明的社交宗旨，一切宴庆活动都以此作为中心。

程式严谨，是指宴会无论是在菜式编排、场景布置上，还是在桌次排列、席位安排、进行程序上，都有严格的要求。餐厅一般要针对具体的宴会，进行专门设计与组织准备。

宴会是在普通餐食基础上发展起来的高规格进餐形式，在服务及礼仪方面亦有较高的要求。因此从它的受理预订到膳后工作，每一环节都要认真对待，确保无误。

宴会一般具有如下特征：

1.为一定目的而举办，一般是提前预订。

2.多人参加的聚餐形式。

3.注重就餐场所的布置，讲求气氛。

4.席间有讲话、致辞或音乐伴奏、文艺演出。

5.菜式标准统一，菜点搭配合理。

6.讲究礼仪。

7.服务工作周到细致。

参阅“宴会”条。

宴会的类别

宴会名目繁多，分类标准多样，大体如下：

1.按菜式特点与饮膳风格可分为中餐宴会、西餐宴会。中餐宴会遵循中国的饮食习惯，饮中国酒，吃中国菜，用中国餐具，行中国传统礼节；其菜式例由冷菜、热菜、大菜、汤菜、点心等5个基本部分组成，菜肴一般为12～24件，多的可达100余件。西餐宴会摆西餐台，吃西菜西点，用西式餐具，讲究酒水与菜肴搭配；其菜式例由冷盆、汤、主菜、副菜、甜品、咖啡等组成，一席的菜肴件数一般3～7件，多则可达9～12件。

2.按礼仪规格可分为国宴、专宴、正式宴会、便宴、招待会等。招待会又包括酒会(冷餐会、鸡尾酒会)和茶会。

3.按举办目的可分为喜庆宴会(包括婚宴、寿宴、庆贺宴等)、交往宴会(包括欢迎宴会、答谢宴会、告别宴会、饯行宴会等)、节日宴会(既包括为各国、各民族的民间节日而举办的宴会，又包括为国家或政府法定节日而举办的宴会)、纪念宴会、游乐宴会、商务宴会、主题宴会等。

4.按进餐方式可分为设座式宴会与站立式宴会。

5.按菜式与服务规格可分为豪华宴会(按目前标准，每桌多在5000元以上)、高级宴会(每桌在2000～5000元之间)、中档宴会(每桌在800～2000元之间)、普通宴会(每桌在800元以下)。

6.按人数规模则可分为小型宴会(10～100人)、中型宴会(100～300人)、大型宴会(300～800人)、超大型宴会(800人以上)。

宴会厅

宴会厅是供宾客举办各种宴请活动的场所。既有仅供数十人使用的小型宴会厅，也有可以容纳几百人乃至上千人的大型宴会厅。其中，若是配备相应设备，能满足宴会、会议、展览、歌舞、小型演出等多种需要的，则称为“多功能餐厅”。

宴会厅中一般设有前厅或宴会门厅，是宴会前的活动场所，里面备有衣帽间、电话、休息椅、卫生间等。宴会前厅和正式宴会厅可以采用活动门扇隔断分开，必要时也能打通以便组织大型宴会。

宴会厅附近还设有一定容量的家具库，贮存暂时不用的座椅、桌子和各种尺寸的圆台面等。

多功能餐厅的使用

多功能餐厅指饭店中可以供众多客人聚餐、开会、展览或娱乐的宽敞场所，也称“大宴会厅”、“集会厅”。它一般隶属于饭店的餐饮部或宴会部。多功能餐厅面积较大，设备齐全，舒适美观。厅内有较好的活动板墙，可以根据需要调节大小空间，将大厅分隔成许多小厅；同时还有活动舞台，视听设备，会议设备，灯光、音响设备等。故能开展多种多样的经营项目。从经营服务内容看，现代多功能餐厅的业务项目主要有4大类：(1)以饮食为主的宴会活动，如中西餐宴会、酒会等；(2)以会议为主的活动，如国际会议、团体会议、学术会议、讨论会、企业会议。(3)以娱乐为主的活动，如舞会、文艺演出等。(4)其它集会。如展览会、展销会、新闻发布会、介绍说明会、时装表演会、讲演会、记者招待会等。

在会议和集会等活动中，多功能餐厅并不是仅仅提供会议等服务。而是在开会等活动的同时，它还要提供茶果、咖啡、西式点心，或者是餐宴服务。

多功能餐厅除配备必需的进餐设施用品外，还需配置下列设施：(1)4～6国的同声传译系统。(2)录像设施(投影电视设备和电视摄像机)。(3)幻灯、书写投影仪，大型多功能餐厅还应配备35毫米和16毫米的电影放映机。(4)独立的音响系统，以满足扩音、录音、播放音乐或放映录像、电影之用。(5)调光系统，以满足不同的照明要求。(6)舞台，可选用固定式或活动式。(7)搬运展品的设备，如推车、大轿厢电梯、起吊机械等。(8)灵活隔断设施，可根据需要选用帷幕式、折叠式、手风琴式、翻板式。(9)辅助或设备用房，设于多功能餐厅旁，作为贮物之用。

国宴

国宴是最高规格、最为隆重的一种宴会形式，它是国家元首或政府首脑为国家庆典活动或者是欢迎外国元首、政府首脑来访而举办的正式宴会。常有国家其它领导人以及各界名流出席作陪，并邀请外国使节和有关人士参加。

国宴具有如下几个特点：

1.出席者身份高，礼仪重，服务规格高。

2.宴会厅内的布置要求豪华、庄严、隆重。

3.设乐队、演奏国歌，请柬和席卡上有国徽标志，有席间致辞或祝酒内容。

4.桌面设计具有本国的民族特色，按照本国宴会的特点铺台摆位。

5.菜肴、点心、酒、饮料以及水果等食品具有本国的特点，而且档次较高。

6.与宴宾客和宴会服务人员都必须以落落大方的风度、彬彬有礼的举止出现在宴会厅中。

正式宴会

规格次于国宴的一种宴会形式。通常是政府和团体等有关部门为欢迎来访的宾客,或来访的宾客为答谢主人而举行的。其特点是:

1. 宾主按身份排列席次和座次。

2. 席间有致辞或祝酒,有时也设乐队演奏席间乐。

3. 讲究礼仪和排场,并在请柬上注明对客人服饰的要求;对服务员的装束、仪态也有相应的规定。

4. 对餐具、酒水、菜肴、陈设等有较高要求。

5. 不挂国旗,不演奏国歌,菜单和席卡上均不使用国徽标志。

便宴

便宴即非正式的宴会。一般是指有特定的主题和较为重要的原因,以招待熟识的亲友或生意上的伙伴等为主要目的的宴会。其特点是:

1. 不拘烦琐的礼仪,宾主之间比较随便、亲切。

2. 不排座次,没有正式讲话,席间可随意交谈。

3. 菜点的数量和饮料的品种也不作具体规定,可以酌情增减。

4. 场景不需要过多的装饰,餐厅可以按照常规礼仪接待。

家宴

家宴是指以私人(个人)的名义宴请宾客的一种形式,其主要目的在于畅叙友情,一般多在家中举行,由主妇亲自下厨做菜,家人共同出面招待,以示亲切、友好。整个气氛融洽、随意。其接待规格、菜式多少没有一定的要求。也有在饭店、餐厅举办家宴的,除地点改变且主妇不下厨外,其余方面与在家举行基本无异。

招待会

是宴请宾客的一种形式,以进餐形式活泼自由、餐食经济简便为主要特点。通常分为酒会和茶会两类。详情可以参见“茶话会接待礼仪”、“招待会接待礼仪”等条目。

各式酒会

酒会是对冷餐酒会和鸡尾酒会的总称。也是一种灵活便利、经济实惠的宴请形式,通常不排席次和座次,宾主可自由活动,随意交谈,广泛交际。它的菜点酒水品种丰富,可由宾客自取或服务员派送。详情请参阅“冷餐酒会接待礼仪”和“鸡尾酒会接待礼仪”等条目。

自助餐的特点

自助餐是一种由宾客自行挑选食物或自己烹制食物的一种就餐格局。它打破了传统的就餐形式,迎合了现代人喜爱自己动手、自理生活的新时尚。自助餐适用于会议用餐、团队用餐和各种大型活动。目前早餐使用自助餐的较为普遍;以自助餐形式举办的宴会则称为“冷餐会”。

自助餐有如下优点:(1)菜肴丰富、陈列精美,能诱发人们的食欲;(2)具有品赏性,可以花少量的钱品尝多种美味佳肴;(3)就餐速度较快,客人进餐厅后无需等候,故餐位周转率高;(4)人力投入少。由于可以提前准备,所以能减少厨师人数,缓和高峰时厨房忙碌及人员紧张的矛盾。更由于是宾客自我服务,所以服务人员的使用也比较节省。

开办自助餐也有一定的局限性。首先必须保持一个最低的客流量,否则是不合算的。其次进餐客人若过多取食而吃不完,会造成很大浪费。

冷餐会的特点

冷餐会是宴会中的一种形式,它源于西餐中的自助餐,食品以凉菜为主,配有少量的热菜,还有较多的饮料、点心和水果等,宾客自取食物,自由就餐。其气氛活跃,常用于庆典、纪念、节日、商务活动和招待大型团队。有设座、不设座或贵宾设座其它人不设座等3种方式。目前,随着食品保温设备的不断发展,冷餐会中的热菜已占有越来越大的比例,但人们仍沿用冷餐会这一叫法,也有人将其改称为“自助宴会”或“自助餐”。

冷餐会的特点是:

1. 进餐时间没有严格规定。可以迟到、早退,甚至缺席而不必向主人道歉。

2. 通常不排席次和座次,宾主自由活动,随意交谈,广泛交际。

3. 冷热菜肴、点心、酒水、水果等均提前摆放在食品台上。客人可以多次取用。

4.餐具集中摆放在几个餐台上，由客人自取；设座的冷餐会在餐座上事先摆好骨碟、烟缸等物。

5.有席间致辞的，一般在宴会开始后的15～30分钟内举行。

6.举办的时间一般在12～14时或18～20时。每次的时间大多控制在75分钟左右。

7.室内室外均可举行。

8.由某一团体或个人出面组织，未获请柬者不得进入。

9.整个场景设计类似于自助餐，但比自助餐规模大，要求布置华丽，气氛热烈，环境高雅，给人以舒适、自由感。

鸡尾酒会的特点

鸡尾酒会是欧美上层社会传统的集会宴请活动形式。它以酒水(多为混合饮料)为主，略备小吃食品，如三明治、甜品、炸薯条等，用牙签取食。不设座椅，宾客站着进餐，可随意走动。多用于招待社会名流、商务代表，或是举行庆贺、典礼、欢迎会时采用。在正式宴会开始前举行的鸡尾酒会，又称为“餐前酒会”。

鸡尾酒会的特点是：

1.举行的时间灵活，一般与正餐的时间错开或安排在正式宴会之前，请柬上往往注明整个活动延续的时间。

2.宾客来去自由，可以迟到、早退，不受约束。

3.鸡尾酒和小吃由服务员用托盘端上敬让，或部分置于小桌上。

4.大多不用烈性酒。

进程简单，大多控制在30分钟左右。

西餐宴会

西餐宴会是宴会的种类之一，通常指按照欧美国家传统的进餐方式而举行的聚餐形式，它具有以下特点：

1.以食用西餐风味的菜点为主，其菜式按开胃品、汤、副菜、主菜、甜品的顺序排列，体现出西餐的传统特色。

2.酒水的选用依菜而定，有一套传统的配置规则。

3.餐桌一般用长条台或腰圆台，有时也用圆台。

4.摆位时按事先定好的菜单，摆上相应的刀叉、酒杯等餐具。

5.用餐方法采用分餐制，一人一份。

6.用完一道菜，换一套餐具，收盘时连同用过的刀叉一起收走。

7.遵循西方的进餐礼仪。

8.辅助烛光照明，特别温馨。

9.高档的西餐宴会上，常有钢琴或小乐队伴奏。

10.与宴者和服务员通常要穿西式大礼服或小礼服。

大型宴会

大型宴会是从规模和档次上划分的一种宴会类别，它主要包括以下3种类型：

1.花费大、规格高的宴会。即主办单位和主办人用于宴会的费用开支很大，每人用餐标准常常高达数百元以上。故亦称“豪华宴会”或“高标准宴会”。要求吃到名菜佳肴，得到高质量的服务。这类宴会通常能体现出餐厅举办宴会的最高水平。

2.宾客身份高、礼仪规格高的宴会。有些宴会虽然费用开支并不大，但宾客中有党和政府的领导人或国外贵宾，所以在宴请规格和服务礼仪方面有较高的要求。这类宴会对提高餐厅的声誉有重要意义，并能起到活广告的作用。故而有些餐厅宁愿不赢利，也要将此类宴会办好。

3.进餐标准适中、人数众多的宴会。这类宴会以进餐人数众多为主要特点，一般都在300人以上。其宴会标准多为中、低档次。在接待规格和礼仪方面均依循常规，但比较注重宴会的环境与气氛。它常用于私入的婚宴、生日宴，各单位的表彰会、主题宴会，政府机关的专题招待会等。这种宴会是餐厅博得更多宾客赏识的一次大好机会，故应在菜式质量、服务规范、快捷有序等方面努力体现出餐厅的整体水平。

宴会预订与组织

宴会预订

宴会预订是宴会举办的第一项工作,即东道主拟要举办宴聚活动时提前与饭店(餐厅)联系,并商定聚餐的相关事宜(如时间、标准、人数、要求等)。宴会预订的受理,常由企业的专职人员(如宴会预订员、公关销售人员)担任,也可由餐厅经理、主管等兼管。宴会预订的种类主要有:(1)按其联络方式,可分为电话预订、面谈预订、书面预订以及以上3种形式兼用的综合预订。(2)按预订人的身份,可分为个人预订、团体预订、内部预订、特殊预订。(3)按预订的保证程度,可分为临时预订、保证预订、无担保预订、确认预订、销售预订等。

宴会预订具有十分重要的意义。由于宴会人数较多,菜点规格质量及服务接待水平要求较高,所以通过预订,可以合理地安排餐厅,了解来宾的要求和爱好,并及时与有关部门取得联系,准备好配套服务。宴会预订是一项专业性很强的工作,它是饭店(餐厅)与外界洽谈和推销宴会的一项业务。因此宴会预订人员应当熟悉宴会场所的面积、设施情况并懂得如何适应客户要求而作出调整;应当了解各类菜肴的加工过程与口味特点,了解菜单与酒水的搭配,并考虑到季节和人数的因素,对菜单进行相应的调整;需要熟悉各个档次的宴会标准和同类饭店的价格情况,具有讨价还价的技巧;还要了解本饭店宴会服务人员的专业素质和技术水平,并有解答客户各种询问的能力。

面谈预订

面谈预订为宴会预订中的一种联络方式,也是较为有效的方法。它常用于大中型宴会、重要宴会和贵宾宴会的预订,预订员与联系人讨论宴会的细节安排时也多采用此种方式。洽谈时要将客人安排在适当的地方,坐下交谈,必要时可引领客人参观宴会场地,或介绍菜点、服务项目等相关资料。即使未能达成预订协议也要感谢客人的光临,礼貌地送别客人,并向客人表示酒店将随时欢迎其再次光临。

电话预订

电话预订为宴会预定的一种联络方式,也是较为普遍的方法。它常用于小型宴会预订、查询和核实细节、促进销售等。中、大型宴会需要面谈时也常通过电话来约定会面的时间、地点等。电话预订绝不能让对方久等,因此预订员必须熟悉本餐厅的宴会安排计划及其它相关资料。如果因为某种原因暂时不能准确告诉客人,则请求客人留下电话号码并约定下一次的通话时间。为避免在回答电话时忘掉一些重要的细节,预订员手头应放置好专用的预订表格,以便及时记录或询问。促进销售的预订应先询问客户当时是否有时间听电话,如:“下午好,××先生,我是××饭店宴会部的王锋,很冒昧打扰了。如果您现在有空,我想询问一下:本月15日是您的60岁大寿,您愿意在我们酒店举办生日宴会吗?我们很高兴能为您效劳。”

信函预订

信函预订为宴会预订的一种方式,主要有书信、明信片、电报、电传等。它常用于提前较长时间的宴会预订;客人因故不能面谈,而又必须说明某些较为复杂的事情、要求等。信函也是饭店向客人推销宴会业务的重要方式之一。饭店接到客人的预订信函后要及时回复,因为客人可能同时会向好几家饭店提出了宴会预订的要求,他最先收到的那封报价信件,对他所作的选择影响也会最大。回复时尽可能汇集客人可能想要得到的信息,以免造成信函的多次反复,延续时间;若客人的信函中留有联系电话,则可先考虑用电话回复。

宴会预订受理程序

第一,接受预订。

1. 热情礼貌地接待每位前来预订宴会的客人,使客人感到亲切可信,乐于在饭店订宴席。

2. 洽谈时,先送上迎宾茶,主动与客人交换名片,或报出自己的姓名、职务,再询问客人的姓氏与单位。

3. 当客人讲述宴会要求时,一定要认真倾听,作好记录,不可随意打断客人的讲话。

4.客人未提到的细节，则须按照宴会预订表的内容了解清楚，并在以下10方面做好预订记录：

(1)宴请人的单位名称、个人姓名和职务、联系电话。

(2)宴会的时间、目的、标准和人数（或桌数），对宴会地点的选择，对主台的特别要求。

(3)被宴请人的单位、身份、国籍、宗教信仰及生活习俗；需设席卡的宴会，还应了解其姓名、性别、职务，以及主人与宴请对象的关系。

(4)对灯光、音响、麦克风、舞台、横幅、徽标、花草、演出及其它布置的要求。

(5)饮食要求。包括菜式、酒水、自备食品、禁忌食品与饮料以及特殊爱好。

(6)是否需要会见场所和休息室，是否举办餐前酒会和注意事项。

(7)是否需要提供请柬、席次卡。

(8)其它要求，如用车、摄像、仪式、安全等。

(9)付款方式。

(10)工作餐的安排。

5.必要时可引领客人参观餐厅。

6.电话预订要依据预订表，逐一向客人询问清楚。

7.信函预订安排妥当后，要及时回复，并提供照片或宣传资料。

第二，签订宴会合约。

1.查阅宴会预订日程表，并考虑饭店是否有条件承办。

2.接受或拒绝。在拒绝前要提出其它方案与客人协商。

3.预订谈妥后，与客人签订宴会合约（一式4份）。第一联顾客保存，第二联顾客签名后回收作依据存档备查，第三联交宴会主管，第四联交宴会销售主管。

4.向客人说明有关的预订制度，主要有4方面：

(1)订金制度。为了保证宴会预订的确认，饭店可要求已确定日期的顾客预付一定数量的订金，一般为菜肴金额的50%。如果顾客超过饭店规定的限期而取消预订，订金将不退还；如果对方与饭店有良好的信用关系，则不必付订金或少收一些订金。

(2)预订人必须在宴会活动前一个星期提供参加宴会的确切人数（或桌数）；对于确认后届时不到的客人，例按全价收费。

(3)预订取消要在宴会前两周通知饭店，这样可以不收任何费用；若是在宴会前一周通知取消宴会，订金将不退还。

(4)双方若对宴会事宜有所变动，应立即彼此通告，经协商后再另行确定。无法更改的，以签定的合约为主。

5.预订处理

(1)将宴会预订表的第一联和宴会合约订在一起，按日期存入相应的宴会活动预订夹。第二联交宴会主管（或宴会经理）。

(2)填写宴会预订日记簿，以便日后查对。

(3)定期主动与预订者保持联系，查询是否最后确定。

(4)宴会更改时要填写宴会更改通知单。

(5)公布宴请活动预测报告，按每周和每月归类分发有关部门。

(6)填写每日宴请活动单，头天晚上制作，在第二天晨会上发送。

(7)宴会举办后的次日，要依具体情况编制宴会档案或宴请活动记录，以利总结分析和促销。

宴会预订取消

指客人在预订的宴会日期之前决定不举办这次宴会活动。预订的宴会不能保证都会如期举行，特别是暂订的预订。所以要对预订进行密切的跟踪检查，以保证不要失去生意，并尽快得到确认。若接到客人取消预订的通知，应按下列程序处理。

1.礼貌而巧妙地询问客人取消预订的原因。若是饭店方面条件不具备，不能达到客人要求的，可立即通知宴会主管，看能否可作一些努力，加以改善，将客人留住。

2.将本宴会预订的有关资料提出，并归入取消档。

3.填写“取消宴会预订报告”，报送有关部门备查。

4.以宴会经理的名义给顾客去函，对不能为其服务表示遗憾，希望以后有机会再进行合作。

宴会预订确认

指在宴会正式举办前的一定时间内,客人对预订的宴会所作的最后答复,即保证宴会将如期举行。预订部可主动与客人联系,以尽早使预订得到确认;一旦得到确认后,即应做以下一系列工作:

1.妥善保存确认后的宴会预订表,并按不同日期、时间及时登记在“宴会厅房安排表”上。

2.根据预订表上的要求编排菜单(有些宴会在预订时已确定菜单)。

3.重要的宴会由专人作出书面宴会设计,或由各有关部门讨论整个宴会接待计划。

4.填写宴会通知单,详细说明各项要求,核对无误后送餐厅、厨房、财务、总经理办公室等。大型或重要宴会的通知单,还要分送安全、工程、总务等部门。

5.各部门接到宴会通知单后,即按各自的业务范围作好一切准备。疑问之处要向预订人员或宴会主管询问。

宴会服务人员配备

宴会进餐是宴会活动的主要部分,其服务人员的分工应当考虑以下因素:

1.宴会的人数、规模。在同等条件下,人数越多,服务人员也越多。但具体比例还要依宴会的其它特点而定。

2.宴会的档次。宴会的档次等级与所需要的服务人员数成正比关系。如高档豪华宴会一席需要3名服务员,即一人让菜,一人斟酒清台,一人传菜;若需要补充餐具、上毛巾等,还需一人做后勤工作。低档的如普通婚宴,服务员仅负责上菜,所以1名服务员可以同时服务3～5桌。

3.宴会的进餐方式与礼仪规格。如国宴和便宴所需要的服务人员就有所不同。设座式宴会和站立式宴会所需要的服务人员也有较大差异。

4.宴会的特殊要求。如宴会是否设休息室、衣帽间,是否有餐前酒会、席间致词等,如有,可将服务人员穿插安排,以节省人力。

5.服务人员的特长。如值台员需要细心周到,且身材不能太矮;传菜员的托盘基本功要好,必须有体力;主台服务员要具备熟练的专业技能和应变能力;各区域负责人员要有丰富的工作经验,精通宴会的全部工作。确定宴会人选时,还应将新手与熟手搭配安排,以便做好服务技术的传、帮、带。

6.餐厅的具体条件。对于同一个餐厅来说,其服务人员数量和技术力量具有相对的稳定性。当餐厅服务人员的条件不能适应宴会需求时,也可采取从各部门抽调人员的办法,还可以直接争取外援(暂时向外借用人员)。

中餐宴会服务分工

宴会服务人员主要是指为宴会客人直接提供服务的前台人员,和与前台服务工作联系紧密的某些后勤人员(如餐具清洗员、备餐员等)。宴会各岗位服务人员的配备,主要应依据宴会的规模、档次、客人特点与要求、还有服务人员自身素质等因素综合考虑。一般是先通过参阅宴会的有关信息资料,了解宴会的总体规模和进行计划,明确接待等级和要求,接着确定宴会服务的各个工作岗位。然后再根据现在服务人员的情况,确定各岗位人选和人数,必要时可争取外援。

1.现场指挥。现场指挥的作用主要是贯彻宴会意图,并根据宴会过程及客人要求搞好各部门之间的协调工作;随时掌握宴会动态,督导并保证各部门的工作按要求进行。重要的、大型的宴会活动,应由经理亲自指挥;中小型及一般性质的宴会,可由主管、领班等出面指挥;10～20人的小型宴会则可由一名技术熟练的值台员负责,管理人员仅负责督导。

2.区域督导。大中型宴会场面大、人数多,可根据台形布局情况,划分成几个区域,每个区域设一名负责人。区域划分时,主席台要专门划为一个区域,以保证对主要客人的服务接待无任何差错;其它台面则可按地势、数量或重要程度划分。

3.迎宾。迎宾员的设置要根据宴会的礼遇规格而定,如:是部门经理出迎,还是列队欢迎等。迎宾、带位可同时进行,也可将迎宾员与带位员分设。一般是200人以内的宴会设迎宾带位员1～2人,300～400人的宴会设2～3人。如果宴会规格高或同时有几批不同宴会在餐厅举行,迎宾带位人员可适当多设一些。餐厅专职迎宾员不够时,可抽掉部分值台员在客人入进高峰时协助迎宾带位工作。

4.值台。值台人数因不同的宴会而区别较大。首先要保证主台的服务到位,一般主台安排

2名值台员；若主台坐16人，可安排3人值台。有副主台的，每台可安排值台员1～2人，或1人1台；同时每2台另配1名助手。其它台位的值台人数视具体情况而定，可1人1台，或1人2台，或另配若干助手。民间普通婚寿宴席可以1人负责3～5台。

5.传菜。宴会的传菜工作应安排专人负责，并事先作好传送台位的分工，以保证传菜迅速准确、无差错。主台区域的传菜可专门安排1人，其它台位按每人2～3桌安排，普通低档宴会可按每人传菜4～6桌安排。

6.洗手间服务。男、女洗手间各设1名服务人员，大型宴会应适当增加人手。

7.勤杂。这是负责清洗餐具、搬运杂物及完成其它临时工作的人员。档次高的大型宴会，餐具使用量也大，要求周转快，所以要安排一定数量的勤杂人员。

8.其它岗位。如收银、酒水销售。有的宴会还要设休息室（或衣帽间）服务人员、礼仪服务人员等。必要时还应安排一定的机动人员，以备临时所需。另外，宴会的场地布置可能会涉及到电工、调音师、美工、花匠等专业技术人员。这属于跨部门的人员调动，应事先计划并做好协调工作。

人员确定后，应迅速通知到人，小型宴会可口头直接传达或逐级传达。大型的或重要的宴会，为了便于管理，可将宴会服务人员的分工情况填于专用表格，印发各有关部门，以便明确职守。

例如：现有一次410人的中餐宴会，要求主宾台安排16人；副主台设2个，每桌安排12人；工作席设5桌。请问应如何安排服务人员？

根据以上的已知条件，其宴会服务人员的安排可作如下考虑：

现场总指挥1名。

宴会厅划分成5个区，各区设1名负责人，共5名。贵宾席为1个区，其中主台1个，副台2个；其它可分为4个区，其中3个区为来宾席，1个区为工作人员餐席（工作人员约50人）。

第一桌，主台，坐16位宾客；配4名服务人员（1人上菜派菜，1人斟酒水，1人做辅助工作，1人传菜）。

第二三桌，副台，各坐12位宾客，计24人；共配4名服务员（2人各负责一桌，1人为2桌做辅助工作，1人传菜）。

其它来宾席32桌，每桌坐10人，共320人；每2桌配1名服务员，需16人，3个区每区配2名传菜员。需6人，共计22人。

工作人员席5桌，每桌坐10人，计50人；共配3名服务员（2名值台，1名传菜）。

由此计算出，值台服务员24名，走菜服务员9名，共计33名。

此外，后台清理及小餐具清理人员各5名，迎宾员2名，以上共计需配各类人员51名。

冷餐会服务人员配备

冷餐会所需要的服务人数，一般为宴请人数的1/30，即每30名宾客应配备1名服务人员。200人以上的要配备专职主管，负责整个宴会的协调和组织工作。

1.酒水台服务。冷餐会的酒水台一般应按每60～80人设一个，配一名专职酒水员，负责为宾客调配或斟倒其所需要的酒水饮料，并做好酒水台的整理及空瓶的清点工作。

2.食品台服务。食品台包括菜品台、点心台、水果台等，可分设，也可组合在一起。视台形布局和进餐人数来配置服务人员。一般是每80～100位客人配一名服务员，主要负责向客人介绍食物的名称、特点，并帮助宾客取用，做好食品台的清洁整理工作，必要时补充食品。食品台为服务重点。食品台上的自助餐炉要随时注意观察，增补燃料或贮水，以防熄火或水被烧干。80人以下的冷餐会，可以不设专职食品服务员，由巡视服务员兼任。

3.现场烹制服务员。冷餐会菜点大都提前摆上餐桌，热菜也是在厨房做好以后放在自助餐炉上保温。有时为了增添宴会的气氛或增加宾客兴趣，也可在进餐场所安排现场烹制表演，由厨师亲自操作，如烤羊肉串、炸春卷、煎馅饼、切烤肉等。可根据需要安排2～4人。

4.巡视服务员。冷餐会不设固定的值台服务员，但要有一定数量的巡视服务员，通常按80～100位客人设1名，负责协助迎送宾客，为宾客派酒，收掉用过的餐具，整理收餐台和餐台，补充餐具及物品等工作。宴会人数较多时，可划出各自的服务区域，这样可以避免因场面大、宾客多而造成巡视观察的不便。

5.餐用具清洁服务员。宴会若是人数较多或餐具不足时,需要随时收走用过的餐具,清洗干净后重新摆上餐台。所以需要配备几名清洗人员,具体人数可酌情而定。

宴会设计

宴会设计要旨

宴会设计是承办宴会活动的重要步骤。即是根据宴会的具体特点,遵循一定的审美规律和礼仪规范,为全部宴请活动的场景布置、食品构成、服务接待、进程仪式等方面作出设想计划。它是宴会的总体蓝图,设计主要包括6个方面:(1)场景设计。指就餐场所的装饰布置、桌椅排列等方面的设计。(2)菜单设计。指宴会菜肴、点心、酒水及其他食品的组成方案,摆桌菜单的式样与书写等。(3)台面设计。指主台、副主台、一般餐台、备餐台上的装饰美化与餐用具摆放图谱。(4)程序设计。是对宴会食序与节奏、宴会仪式与进程、服务程序、席间乐的曲目与演奏时间等方面的安排。(5)礼仪设计。指对宴会客人的迎送形式、席位座次的排列、特殊的服务接待礼仪,服务人员仪表服饰等方面的要求。(6)安全设计。是对食品卫生,餐具卫生,客人进出通道以及进餐场所安全等方面的考虑与规定。

宴会设计应当遵循"主题明确、富于意境;美观舒适、符合礼仪;程式严谨、方便实用"的原则,融美学、民俗学、心理学、园林艺术、音乐等多方面的知识为一体,是综合艺术的体现。一次成功的宴会设计,要通过充分调动宾客的视、听、嗅、触等各种感觉器官,结合精美的食品和优质的服务,使宾客在宴请活动中不仅从物质上,而且从精神上得到愉悦和享受。

宴会场景设计

特指针对宴会进餐场地的布置、装饰以及餐桌椅排列而制定的方案或图样。宴会场地是宾客的主要活动场所,人们可以从它的布置上感受到宴会的主题与气氛,故而其设计好坏直接影响到宴会的效果。

场景设计的原则:(1)符合主题,富于美感。由于举办宴会的目的不同,其所表现的主题也有差异,设计时必须依据其主题来确定环境气氛的基调,如庄重、热烈、隆重、典雅、豪华等;或具有某一地方特色与民族特色。这可利用花卉盆景、地方或民族名特工艺品、墙饰标志、色调灯光、设备器物等手段来体现。(2)中心突出,方便实用。宴会的讲台、主台等中心位置要明显突出,桌椅之间的排列要整齐美观,方便客人进餐出入和服务人员服务。设计时还要考虑餐厅内的客观条件和具体情况,不可千篇一律。

场景设计步骤与方法主要是:

1.确定餐台。即定好餐台的类别、形状、数量及规格。

(1)主台。宴会主台指供宴会主宾、主人或其它重要客人就餐的餐台,通称为"1号台",是宴请活动的中心部分。主台一般只设1个,安排8～20人就座,用圆台或条形台。中餐宴会以圆形主台为多。主台的规格为:圆台直径最小为180厘米,且要比其它餐台大。长台规格至少为240厘米×120厘米,根据所坐人数,再相应增大。

(2)副主台。参加宴会的贵宾较多时,可设若干副主台。它以圆台为主,设2～4个,每席坐8～12人。其大小应在主台和普通台之间,一般是直径为160～180厘米。

(3)一般餐台。多选用圆台,每席坐10人,一般餐台的数量可用下列方式计算:

普通台数=(宴会总人数-主台人数-副台人数×副台数量)÷10

一般餐台的直径规格至少应为160厘米,但对于中低档大型宴会,由于场地面积的限制,也可选用相应略小的规格。

(4)备餐台。多为长条形,根据餐桌数量和服务要求而设。一般是1餐台配1个或2～4餐台配1个,用小条桌、活动折叠桌或小方桌拼接。有多种规格,不作统一要求,视具体情况而定,如40厘米×80厘米、45厘米×90厘米、80厘米×160厘米等。

(5)临时酒水台。宴会规模较大时,可设若干临时酒水台,以方便值台员取用。精心布置的酒水台还具有一定的装饰效果。在有充足备餐台的情况下,亦可不设酒水台,而直接将酒水摆在备餐台上。酒水台的形状、规格不作统一要求。

2.确定餐椅。

宴会餐椅以靠背椅为主，主台的餐椅可以特殊一些；场地较小时还可选用餐凳。同时还要考虑预备一定数量的备用餐椅。餐椅排列的方式有两种，见下图。其中，图2的排列形式多用于主台餐椅和较大的场地空间。

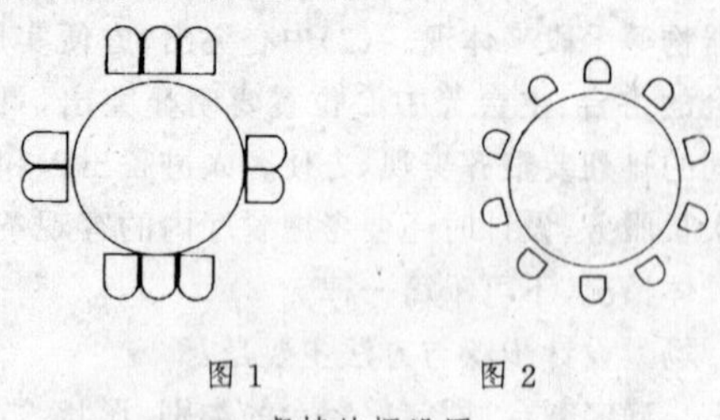

图1　　图2

餐椅的摆设图

3.确定绿化装饰。

(1)绿化装饰区域，一般是在厅外两旁、厅室入口、楼梯进出口、厅内的边角或隔断处、话筒前、花架上、舞台边沿等，宴会餐台上也要布置鲜花，参见“宴会台面设计”条。

(2)盆栽品种。盆栽品种可供选用的有如下多种：

盆花。如月季、牡丹、秋菊等，一年四季应有变化。

盆果。如石梅、金钱桔、佛手等。

盆草。如立草、垂盆草、文竹等。

盆树。如苍松、翠柏、君子兰、棕榈、葵树、铁树等。

盆景。如各种山亭水榭等。

一般说来，喜庆宴会可选用盆花，以季节的代表品种为主，形成百花争艳的意境，以示热烈欢快的气氛。如求典雅则可多用观赏植物，如文竹、君子兰。至于阔叶植物棕榈、葵树以及苍松、翠柏之类，其树形开阔雄伟，点缀或排列在醒目之处，亦能增加庄重的效果。宴会餐台排列较松散时，可用盆栽点缀。选用盆花时还要考虑各国各地习俗对花的忌讳，如日本忌荷花、意大利忌菊花、法国忌黄色花等(参阅“花木象征语言”条)。

4.确定标志与墙饰。

标志指宴会厅中使用的横幅、徽章、标语、旗帜等。这是表现宴会主题的最直接方式，要根据宴会的性质、目的及承办者的要求来设置。如国宴，就要悬挂主客双方的国旗、菜单上要印国徽；婚宴可悬挂大红喜字或龙凤呈祥图案。其他可悬挂横幅，如“长江三峡大坝截流庆功宴会”之类。

墙饰指宴会厅内四周的字画、匾额、壁毯及其他类型的工艺装饰品，它对整个宴会的环境起着衬托和美化作用。在一般情况下，它是相对固定的，非特殊要求可不作更改。

5.确定色彩与灯光。

宴会厅内各部分的色彩必须依据一定美学原理合理搭配，注意色调的和谐及统一。因此要注意对地毯、窗帘、台布、口布、台裙、椅套、服务人员制服等色彩的选择。对于一般的宴会厅来说，这方面的选择余地不会太大。

中餐宴会的灯光应设计得明亮、辉煌，在讲台、主台、舞台所处的区域，其光线应当更强一些，以显示其重要。席间演出时，餐台区域的光线要调暗些。可以通过调整灯光的亮度、色彩，增减灯光的数量等方式使灯光适合宴会要求，必要时也可辅以烛光，以增加特殊情调。

6. 画出餐台排列平面布局图。

(1)突出主台。主台应处于宴会场地的正中，且能纵观全场。

(2)整齐划一。桌椅排列应整齐，形成一定的几何图案，不能太零散、太杂乱，至少应保持横竖成行。

(3)出入方便。餐桌之间要留出适当的空间，以最小座空40厘米为基准。大规模的宴会要留出主行道，主台四周的空间也应适当地大一些。宴会标准较低且场地面积有限时，可酌情缩小餐桌之间的距离，但要保证客人能够坐下。

(4)标上台号。以主台为1号，副主台为2、3号，然后以主位面朝全场的方向为基准，按右高左低、近高远低的原则确定后续的台号。

(5)合理安排其他餐台。备餐台多靠边、靠柱而设，且与相应的餐台较近。酒水台的位置视情况而定，一般宜在各区域的靠边位置。它们均不能影响整体布局。

(6)合理安排其他活动区域。

签名台、礼品台区域。签名台一般设在靠近宴会厅大门外的地方。签名台多选用长条形餐桌，并配备签名簿、钢笔、毛笔等文具。有的还备有西服礼花赠送给每位宾客。礼品台可与签名台设在一起，也可单独设在签名台旁边或后面。

讲话致辞区域。设在餐台整体布局的正前方，或主台的右上方。配有立式话筒或简易讲台。必要时设台板以便讲话人更加醒目，并用鲜花盆栽簇围。盆栽高度一般不要超过1米。

伴宴乐队区域。有正规舞台的宴会厅,可设于舞台的左侧或右侧,一般不适于设在舞台正中,除非伴宴后有文艺演出或其他活动。无正规舞台的宴会厅,伴宴乐队可安排在距宾客座席3～4米处的厅内后侧或左右两侧,太近会影响交流,太远又达不到应有的效果。

席间演出区域。无舞台的宴会厅其席间演出场地可设于餐台布局的正前方,或餐台布局的中间,并铺上地毯,场地四周用花木围起或点缀。如下图所示:

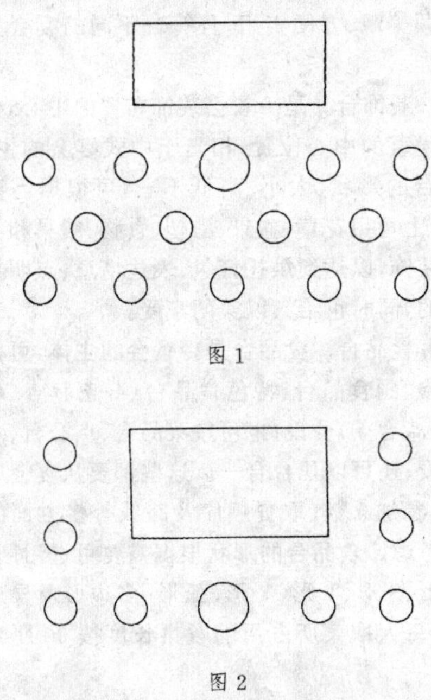

图1

图2

演出场地与餐桌布局图

(7)画出宴会的整个场景示意图,并写出图示说明。

7. 列出宴会场景布置的物品配置清单。

较为简单的物品配置可直接在场景布局示意图上标出,复杂情况下则须另列清单,以便有关人员逐一落实。

自助餐场景设计与布置

自助餐厅的场景设计与布置应该具有独特的个性,并能以其鲜明的形象给顾客留下深刻的印象;同时也要与精美的菜肴相映生辉,它是食品与装饰物的一种综合性艺术造型展示。

1. 装饰中心。

自助餐一般要布置一个装饰中心,以显示特色并给客人以艺术的美感。它大多与食品台合在一起。有时也可单独设置。

(1)主题设计。应选择一定的主题进行设计布置,并将该主题作为指导思想贯穿于餐厅装潢、背景布置、餐台装饰和食品推销中去。有可能成为自助餐厅的主题主要有:①节庆主题。根据节日的特点设计布置,增加节日气氛。如春节、元宵节、端午节、中秋节、国庆节、重阳节、圣诞节、情人节、复活节、母亲节、教师节、感恩节等。②活动主题。根据当地(或国内、国际)举行的活动、根据公众感兴趣的话题设计布置。如体育活动(体育比赛)、文艺活动(音乐会)、以及食品节、龙舟节、植树节、风筝节。③事件主题。如“香港回归”、“抗洪祝捷”、“97中国旅游年”等。

(2)装饰布置。

中心装饰可广泛地选择装饰物件,如工艺折扇、字画、舞龙、舞狮、毛翎、鲜花、盆景、人造牛油雕、冰雕及其他雕塑等。要考虑与墙壁背景、屏幕、旗帜徽标的有机结合,还可运用现代化的光、声手段,以达到有声有色、栩栩如生的效果。

2. 台形排列。

(1)食品台。食品台也称自助餐台,用于陈列所提供的各类食品。①根据接待能力确定自助餐台的大小,一般按平均一个人取一种食品所需约30厘米长度计算。选择不当会造成客人取食排队或占用空间过多等现象。大型自助餐为保证客人迅速顺利地取菜,可设一个中心食品陈列桌和几个分散的食品陈列桌,如将色拉、甜品、烧烤台分设,以便分区域疏散客人。②根据场地情况确定自助餐台的形状。自助餐台有多种基本形状,如长方形、圆形、环形、螺旋形、椭圆形、扇形等。据此可拼接组合出各种雅致的台形(参见第275页图示)。③自助餐台上要铺台布,围台裙。

(2)就餐台。围绕着自助餐台,设置若干餐桌(圆桌、方桌均可),但要有供2人、4人和多人就餐的不同餐位。

(3)其他台。如烧烤台、吧台、备餐台等,可因需而设,吧台可直接使用餐厅现有的吧台。

3. 食品陈列。

(1)食品的装盘。菜肴的拼摆要美观,按不同的类别分装。凉菜装大盘,用保鲜膜包好。热菜用自助餐炉,配备取食用的公勺、公叉。汤用汤炉,配公用大汤勺和一定数量的汤碗(或汤盅)、小汤匙。

(2)食品的排列。食品的排列一般按进餐顺序摆放,使客人围绕自助餐台可以有序地取菜。接待人数较多的自助餐,可将冷菜、色拉和甜品、水果分别设台陈列。

(3)酒水的摆设。需要单独收费的酒水饮料,应当说明可利用餐厅现存的吧台供应酒水,由服务员提供服务。不收费的酒水也可摆在吧台上或另设一临时吧台,由客人自取。

自助餐的场景设计可参见下图:

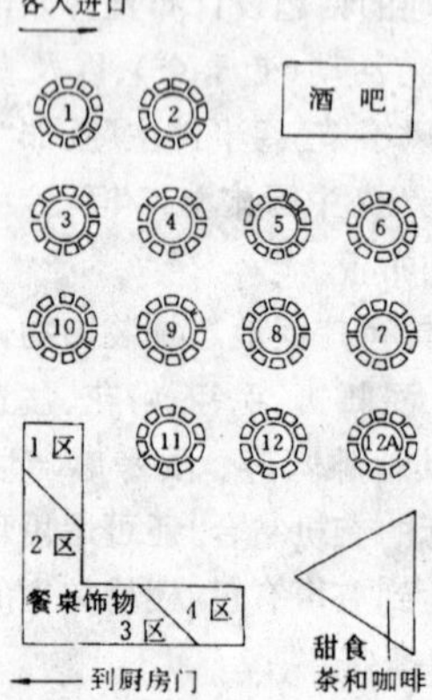

自助餐厅整体布局图示例

中西宴会台形布局

宴会台形布局指宴会所需的餐桌、备餐台或其他台面的选用及其排列方式。它主要依据宴会厅的大小、形状和参加人数的多少等因素而定。中西餐宴会和自助餐宴会的台形布局,有一定差异。

中餐宴会的台形布局要求为:(1)主台明显突出。首先其位置要设在与正门相对的宴会厅内侧的正中、能够纵览整个场面的地方,并可用花台、屏风、壁画等物装饰衬托;其次主桌的桌面一般要大于其他的席桌,以示突出。另外主桌形状不一定拘泥于圆形,可用长条桌布置成一字形、马蹄形等。(2)其他台面以圆桌为主,宴席桌次的排列要整齐、有序,家具摆放要对称、平稳,使整个宴会厅的布局均衡。(3)客人进出的通道要顺畅、宽敞。(4)符合礼仪要求。席次顺序的排列以主桌为基准,靠近主桌右手边餐台的客人身份高于靠近主桌左手边餐台的,仅次于主桌;其他的则按右高左低,近高远低的顺序排列。

西餐宴会的台形布局要求。西餐宴会通常用长台,可根据宴会厅的面积和出席人数拼接成一定的形状,如"一"字形、"T"字形、马蹄形、"山"字形、中空形等。

冷餐会台形布局

冷餐会是自助餐的宴会形式,其所有的食品、饮料均需提前摆放于餐台之上,由客人自行挑选食用。所以需要摆设的台面主要有:中心装饰台、食品台、酒水台(吧台)、收餐台、进餐台、致辞或祝酒台、签名台、礼品台、贵宾台等。要布置得新颖美观、方便实用,且符合不同的宴会主旨要求。

1.装饰台。是冷餐会装饰布置的中心,处于全场显著的中心位置,相当于中式宴会的主台。装饰台的形状、大小、高低不一,可根据需要选择。台上可用花草、盆景、雕塑、食物、餐具和其他物品装饰,以达到烘托气氛、表达情意、点明主题之目的,同时也给人以美的享受。

2.食品台。食品台是冷餐会的主体,可按主食品台、副食品台、特色食品台(如色拉台、烧烤台、甜品台等)分设;也可按菜品台、点心台、水果台分设;还可以几台合一。这些都要从宴会厅的形状、参加人数、取餐顺序及路线等多方面的因素来考虑。食品台的形状根据需要可选用圆形、长条形、S形、T形、Y形、弧形、多边形及异形等多种,每人取菜所占用的餐桌长度按30厘米计算。

3.吧台(酒水台)。酒水台根据参加宴会的人数而定,一般是50～80人设一个,用于摆放酒杯,陈列饮品;有条件的可配冷藏柜,使客人品尝到温度适合的冰水或冰镇酒水。

4.收餐台。不设座的冷餐会必须设收餐台,以小方桌、小圆桌为好,可按20～40人设一个,供客人放置用过的餐具及杂物。

5.进餐台。座式的冷餐会要根据宴会人数摆好宾客用的餐桌、餐椅,并配上餐具用具。

6.致辞台或祝酒台。由话筒、讲台、踏脚台组成,布置在靠墙一边的中间,使主人能关注到宴会的每一个角落。为了调动酒会气氛,最好用盆花围起或点缀。

7.签名台。设在宴会厅的前厅或门口,备有笔墨纸张,供宾客签到或题词。

8.礼品台。可与签名台放在一起，也可以在签名台旁边单设。主要用于接收赠礼，或餐前分发礼花和餐后分发纪念品。

9.贵宾台。有些立式冷餐会，主人和主办单位要求为贵宾、重要领导、年纪大的宾客设立贵宾台。为此应在宴会厅靠主墙一边的醒目位置，按西餐摆台方式布置好贵宾餐台。

冷餐会台形的整体布局应以中心装饰台和食品台为主体，其他餐台则靠边或穿插摆放。常见的排列形式有一侧式、对称式（轴对称或中心对称）、中心式、环绕式、排列式以及综合式等，参见下图：

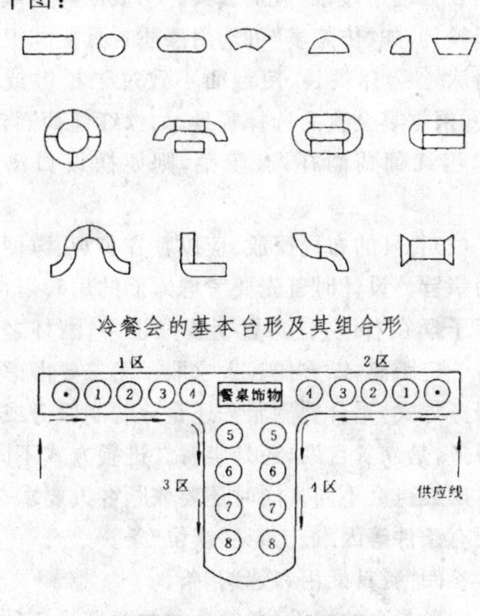

冷餐会的基本台形及其组合形

冷餐会T形食品台图示

宴会台面设计

指宴会餐台上装饰品与用品摆放图案与方法的构思。客人入座后，往往会将对宴会的总体观察转移到具体的餐桌上来；在整个宴请活动中，台面始终都在宾客的直接视觉范围之内。一个好的台面设计，可以触发客人情感，并产生生动的想象和联想。台面设计应当有衬托主题、渲染气氛的效果，以美观大方，方便实用为原则，切忌过多堆砌或为装饰而装饰。

1.台面中心设计。专指进餐台面中间部位的装饰，多用于主台，以达到突出主台的目的。其装饰材料可选用鲜花、枝叶、立雕、插花艺术品、雕塑、食品等。其装饰原则是：美化席面、占地合理、不挡视线，符合礼仪。

台面中心装饰的主要方法有：

（1）花坛式。将台面中心部位用松柏、天门冬等铺摆作为底衬，上面用鲜花装饰点缀，再用花材、枝叶等围边。花坛式装饰具有华丽而不失雅致，热烈而不失庄重之感，需要较多的鲜花和枝叶。它适合于国宴和各种正式宴会。

（2）花围式。用鲜花、枝叶等按花边图案造型摆放，在台面中心围出一块空地。这适合于便宴和采用合餐制方式进餐的宴会。

（3）花盘式。或称点缀式。即将鲜花、绿叶按一定造型插摆于平盘里，间隔摆放在餐桌上。也可不用盘子，直接搁放在餐桌上。

（4）造型艺术品装饰。即选择一两件适合的造型艺术品摆放于台面中心，相当简洁，适用性较广。主要有艺术插花、雕塑、花木盆景等形式。艺术插花是以鲜活的花枝作素材，通过艺术构思，插到适当的瓶中或盆中而制成的一种室内装饰物。它可以通过不同的花材组合造型来表达某种美的意念，用于餐桌中心，显得清雅、脱俗，别有一番情趣。雕塑艺术品可选用食雕（如果蔬雕、黄油雕、冰雕等）或艺术雕塑，使厨师技艺为餐桌装饰生辉。花木盆景浓缩大自然的景色为一体，向人们展示野趣和生意，其形态万千，使用时可根据宴会主题与餐室环境加以选择。

（5）祝颂文字或剪纸装饰，如喜字、寿字。

（6）综合式。即综合以上两种或两种以上的方法，装饰布置台面。对规格较低的普通宴请，或限于某些客观条件，也可用亮丽的人工花枝代替鲜花，以减少成本费用（但对外宾不宜使用）。

台面中心装饰的设计应当适合进餐方式，如共食制和分餐制需用的餐桌中心面积各有不同，所以要考虑台面中心装饰对空间的占用情况，以及摆撤是否方便。并且要与餐桌大小相适应，切忌过高过大；否则会挡住客人的视线，影响对面客人的交谈，使人感到拥挤不堪，并影响到餐具摆放，不便于客人用餐。

2.餐巾花型设计。餐巾是宴会中的必备用品，有白、红、黄、条纹等不同花色、且可折叠成数百种形状，因而在美化装饰台面中具有很大的作用。餐巾花型多以简洁高大、挺拔为美，衬在台面上，显得生气蓬勃，很有气派。对于一桌席面来说，要将主人餐位的花型有别于其他，其他餐位则用同一种花型，既突出主位又整齐美观。对具体花型的确定，可以从以下方面考虑：

(1)根据主题设计花型。如宴请国际友人,可用“花篮”、“和平鸽”造型;婚嫁喜事可用“鸳鸯”、“玫瑰”造型;生日祝寿可用“寿桃”、“仙鹤”造型;商务洽谈可用“一帆风顺”、“春笋”造型;贺子升学可用“大鹏展翅”、“万象更新”造型。

(2)根据接待对象设计花型。即根据宾客在国籍、宗教信仰、风俗习惯以及年龄、性别上的特点选择适当的造型。如日本人可用“樱花”花,信仰佛教的可用“僧帽”花,儿童可选用小动物花,女士可用“孔雀”花等。

(3)根据季节设计花型。如春天可选用“桃花”、“春笋”造型,夏天可选用“荷花”、“扇面”造型,秋天可选用“枫叶”、“玉米”造型,冬天可选用“梅花”、“松柏”造型。

(4)根据宴会规模设计花型。大型宴会的花型应简洁,种类不宜过多,以整齐统一、折叠方便为好,只在主位的花型上变化。小型和单桌宴会可酌情而定,灵活掌握。

(5)根据餐式类别设计花型。一般情况是中餐宴会多选用杯花,西餐宴会多选用盘花。

(6)根据花色冷盘设计花型。有些中餐宴会设有造型冷盘,因此可以按照冷盘的形意来确定花型。如“蝴蝶”冷盘配各种花卉造型,可形成“花丛彩蝶”;“凤凰”冷盘配合各种鸟类造型;可形成“百鸟朝凤”;“荷花”冷盘配“荷叶”、“青蛙”造型,可形成“荷塘夏景”之类。

(7)根据席位安排设计花型。一般主位花型应选用高出其他花型的造型,以示区别。

(8)根据菜式特点设计花型。如“湖北鱼席”可选用各种鱼虾造型;“灵隐斋席”可选用各种植物造型等。

3.附件装饰设计。这里所指的附件主要是台裙、菜单、席签、礼花等。它们是高档宴会不可缺少的物件。应根据宴会的性质、档次设计得精巧、美观、新颖,令宾客由衷赞叹、爱不释手。

台裙应选择适合宴会气氛和餐室环境的色调,主台台裙可单独用色,备餐台的台裙色调应与进餐台有所区别。

菜单的式样、大小和书写等,要设计得有特色、且与宴会主题相适应。如婚宴菜单可制成心形对折式,参阅“菜单设计”条。

席签、礼花也要设计得别致、小巧,具有较强的装饰效果。有席间演出时,还应设计节目单。

4.餐具设计。指餐具的择用与布局摆放。

(1)餐具的择用原则

餐厅的餐具为了便于使用管理,一般都是批量采购,且色调较为统一。不可能每次宴会都去重新采购,所以在花色品种上可供选择的余地并不大。目前大多以白瓷餐具为主。有条件时,可从下面几个方面考虑宴会餐具的择用:

①根据宴会的类别选择餐具。如中餐宴会选用中式餐具为宜。②根据宴会主题选择餐具。如好友聚会可用“松竹梅”花纹餐具,寿宴可用“万寿无疆”花纹餐具。③根据宴会档次选择餐具。如高档宴会选用镀银、镀金餐具。④根据宴会风格选择餐具,如“仿楚宴”可选用漆质餐具。⑤根据餐台大小选择餐具,使台面不致过于松散或拥挤。⑥根据宴会食品选择餐具。如饮红葡萄酒,则要选用红葡萄酒杯;有汤菜,则要摆设口汤碗等。

(2)餐具的布局摆放。应以整齐美观、方便实用为宗旨。设计时首先要考虑人们的用餐习惯,如筷子摆在右边,骨碟置于餐位正中,酒杯之间应有一定距离,以方便客人拿取。第二要考虑进餐服务方式。是合餐制服务还是分餐制服务或份饭服务,是立餐自助,还是坐餐。进餐方式不同,餐具摆放也会不同。同时还要兼顾客人要求、企业现有条件等因素。参见“摆位”条。

参阅“餐具配用和选购”条。

5.备餐台的摆设。备餐台往往要摆设各种酒水、备用餐具、服务用具(如刀叉、托盘、启子、毛巾)等,以便为值台服务提供方便。所以要整齐有序地摆放妥当,且全场统一。一般可按酒水、餐用具分类摆设,并留有一定的空档。备餐台可选用柜式、台式或车式。柜式备餐台要充分利用其抽屉和柜门内的空间;台式备餐台要围台裙,并可将备用的酒水、杂物等置于台下;车式备餐台可灵活推动,一般有二三层置物空间,可将物品分层摆放,多用于客前服务。

宴会座次

指座餐宴会中宾主座次的安排。它是礼宾程序的一个重要方面。宴会的主办者为某一目的而邀请一定的客人聚餐,由于宴请对象的身份不同,代表着不同的方面,他们在一次宴会中的作用也不相同,因此餐桌上有主宾、随员、其他来宾、主人、副主人、陪同、翻译、司机和其他工作人员之分。为了体现对来宾的尊重，便于宾主之间的交谈沟通，就必须事先对宾主的座位作出适当的安排，将宾主的姓名写于席签上，摆放在每位餐具旁边。重要的正式宴会在来宾的请柬上都注明有台次和座次，所以入席时来宾能很快对号入座，同时也方便了迎宾员的引座带位。

宴会座次安排现今多以国际礼宾惯例为依据，同时要考虑来宾和当地的风俗习惯及其他特殊因素。一般遵照下列原则安排：(1)主人位居上席的正中位置，其它客人的座位以主人座位为基准，按"右高左低，近高远低"的原则排列。(2)职务的排列，首先是国家元首、议长、总理、部长，然后是法院院长、检察长、高级将领、教会领袖等；如果两个客人地位相当，则应把年长者排在年轻者的前面。(3)来宾对象主要为外国客人时，应当是男女座位穿插安排。(4)有主宾夫人和女主人出席时，可将二人的座位排在一起或将主宾夫人排在主人左边，女主人坐副主人的席位。(5)副主人或主人的代表一般安排在主人对面下席的正中位置。(6)身份大体相同，专业相同，语言相同者，应排在一起。(7)关系紧张、意见分歧者，应当排开。(8)家庭节庆活动中，按年龄和血缘关系排列。(9)特殊情况下灵活处理。

中西宴会座次的具体安排可以参见下列各图所示：

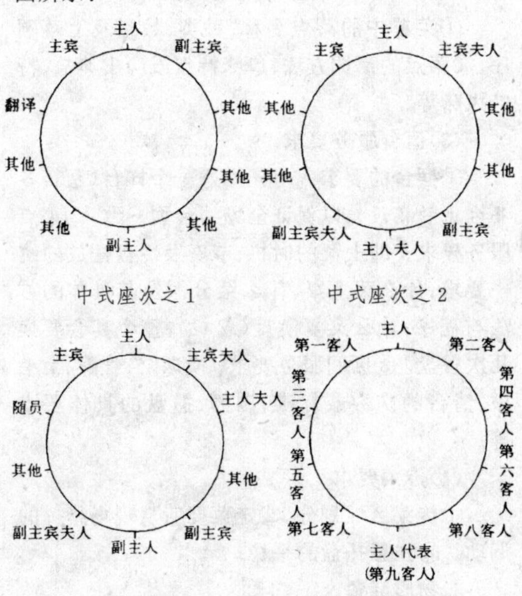

中式座次之1　中式座次之2

中式座次之3　中式座次之4

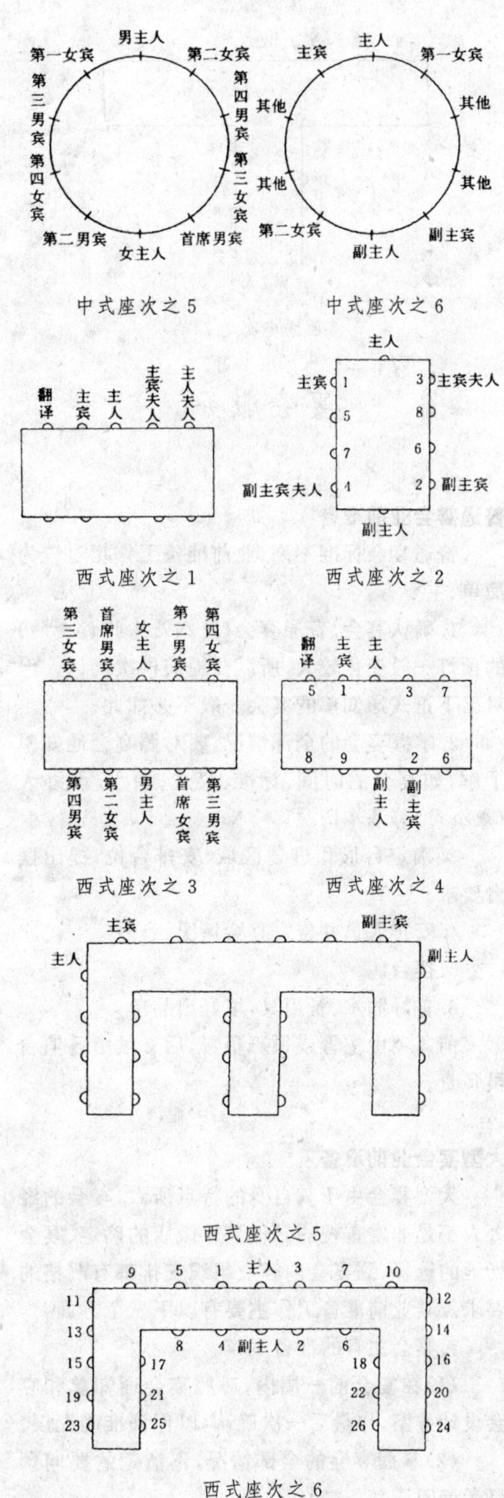

中式座次之5　中式座次之6

西式座次之1　西式座次之2

西式座次之3　西式座次之4

西式座次之5

西式座次之6

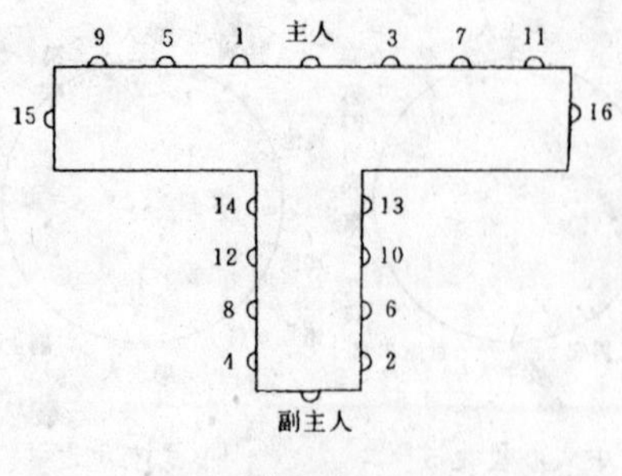

西式座次之7

宴会服务

普通宴会业前准备

普通宴会标准不高，业前准备工作相对较为简单，主要有：

1. 确认宴会。普通宴会（特别是未收订金的）的预订一般变化较大，所以要提前再次确认。但对已下正式通知单的宴会一般不必如此。

2. 掌握宴会的全部情况。要对照宴会通知单了解，如宴会的时间、标准、菜式、酒水、承办人（或公司）等基本情况。

3. 确定台形和进餐区域，安排台位，提出摆台要求。

4. 安排人员并告之宴会情况。

5. 摆台。

6. 备好酒水、餐用具，填好出品单。

前4项由主管或领班负责，后2项由各值台员负责。

大型宴会业前准备

大型宴会由于其自身的特点所致，宴会的经办人都是非常重视的。他们从饭店的确定、宴会场地的选择、到宴会内容及组织安排都有严格的要求。其业前准备工作主要有以下三个方面：

1. 宴会主管的准备工作。

(1)在宴会前一周内，对照宴会通知单和宴会设计方案，作最后一次确认，以保证准确无误。

(2)掌握宴会的全部情况，不清楚的要向预订者询问清楚。

(3)认真审阅宴会菜单。对菜单要熟悉，并了解每一道菜式的特点。

(4)拟定并完成该宴会的组织方案和具体服务措施，使各个环节做到周密、无误。

(5)根据主办单位或宴会设计方案的要求，确定宴会场地的布置形式、布置时间并安排服务员完成。

(6)与有关部门协作配合，如保安部、设备部、工程部、花卉部、衣帽间、厨房等。

(7)拟定宴会的费用清单，包酒水的宴会要拟定酒水的名称及数量。

(8)筹备宴会需要的餐具、酒具及其他用品，计算出需要的数量和备用的数量。

(9)计算宴会所需服务人员的数量，确定各区域负责人及各岗位的服务人员（参见“宴会服务人员配备”条）。

(10)确定宴会前各项准备工作的具体时间。

(11)填写《宴会活动计划书》，并向上一级领导汇报。

2. 召开宴会工作落实会。最迟要提前3小时召开。要使有关员工明确以下问题：

(1)有关宴会的基本情况。

①宴会的意义和要求。②宴会的形式。③宴会的程序。④台面的布置与要求。⑤上菜的节奏与随菜佐料。⑥每桌的酒水、烟茶及其他食品的配备情况。⑦每桌备用餐用具的配备情况。⑧主台有何特殊要求。⑨服务人员的分工。⑩应注意的事项。⑪宴会后的清场工作分工。

(2)菜单及上菜服务的情况。

①菜单中的菜点名称、种类、数量及上菜顺序。②菜点的烹调方法、口味特点或历史典故、特殊风味等。

(3)值台服务要求。

①摆台的要求。可先摆好一个样台（包括备餐台上的摆设），以保证全场的台型一致。②菜点服务要求。即上菜的时机、节奏及冷盘摆放的统一要求；什么菜上桌，什么菜分派及其具体的方法与程序；什么菜要换盘（或碗），整个宴会要换几次餐盘。③席间服务要求。换烟缸、骨碟、上毛巾、清台的次数或标准；斟酒、撤盘的具体要求等。

(4)传菜要求

①传菜区域划分。②走菜要听从现场指挥的调动。③注意托盘的平稳。

3. 物质准备。

(1)布置与装饰宴会场地。营造宴会气氛，使客人有清新、舒适和美的感受。

(2)排列和布置餐桌、餐椅、备餐台、装饰陈列台等。

(3)备齐台面用具、摆台用具、备用器具、服务用具等。

(4)摆台。按要求进行,主台要适当装饰。

(5)备酒水。按要求提取每桌的酒水,将瓶、罐擦干净,摆放在备餐台上。

(6)整理个人仪容仪表、进工作餐。

(7)全面检查(参见“宴会前的检查”条)。

宴会前的检查

宴会的各项准备工作就绪后,应在正式开始前1小时进行全面检查,以保证宴会的顺利进行。由于宴会有不同的形式,所以宴会前检查的具体内容也有所不同,但主要的检查范围是相似的。它包括台面检查、卫生检查、安全检查、设备检查、人员检查等。

1.台面检查。检查台面是否符合规格标准,每桌应有的备用餐具及用具是否齐全。可对照宴会设计报告逐一落实。

(1)主台检查:①台面中心是否装饰完毕,是否符合设计要求;②各种摆设是否完整,有无遗漏;③座次安排是否正确;④餐具是否卫生,是否缺少;⑤餐桌是否平稳,餐椅是否有松动等不安全因素;⑥备餐台上的用品、酒水是否配备齐全,摆设是否整齐、规范。

(2)副主台及其他台面检查:参照主台进行。

(3)冷餐会要分别检查食品台、酒水台、收餐台以及餐位等是否布置妥当。

(4)多桌宴会要检查桌椅排列是否整齐划一,间距是否符合设计要求。

2.卫生检查。卫生检查包括环境卫生、食品卫生、餐具卫生、人员卫生4个方面。

(1)环境卫生检查。指环境的清洁卫生、室内温度、空气湿度及清新状况等。先按照客人的行进路线,从外到里逐一检查;然后再检查休息室、客用洗手间及后堂部分。

(2)食品卫生检查。餐厅所提供的食品,从原料进货到最后制熟送上餐桌,应有一套完整的卫生质量保证体系。在严格、规范的管理下生产的食物,一般是符合食用卫生要求的。但对那些安全保卫要求极高的宴会(如国宴)来说,还必须在餐前和食品上台前进行一次更严格的检查,由指定的专业技术人员、保安人员采用动物尝试和科学检测等方法进行。

(3)餐具卫生检查。此项检查与台面检查同时进行。要求无污迹、无油迹、无水迹,玻璃杯光亮无指纹。

(4)人员卫生检查。在餐前例会上进行此项工作。检查发式、面容、淡妆、手指甲、制服、鞋袜、饰物等(具体要求参见“仪表要求”条)。

3.安全检查。安全检查是为了保证宴会的顺利进行和参加宴会宾客的安全,检查时要特别注意以下问题:

(1)宴会厅的各个出、入口有无障碍物,太平门标志是否清晰,以上检查可在检查环境卫生时同时进行。

(2)各种灭火器材是否按规定位置摆放,灭火器材周围有无障碍物。

(3)地面有无水迹、油迹,地毯接缝处的对接是否平整,新打的地板蜡是否磨光。

(4)宴会场地内的用具是否牢固、可靠。这可在台面检查时进行。

(5)宴会所需用的酒精和固体燃料等易燃品是否有专人负责,放置的地方是否安全。

(6)室外交通和保安措施是否落实。

4.设备检查。

(1)电器设备检查。检查各种灯具是否完好,电线有无破损,插头、电源有无漏电。所有开关应全部开启检查,以保证宴会安全用电。

(2)空调设备检查。宴会前半小时,宴会厅内就应达到所需的温度,一般是冬天18~24度,夏天20~24度,人多时不能超过28度。厅堂越大,空调设备开启的时间也越应提前。

(3)音响设备检查。是否装好扩音器,其音量、音质如何;使用有线设备的,电线是否铺埋固定好。

(4)其他设备及用品检查等。

5.人员检查。

(1)宴会服务的各个岗位是否安排妥当,人员配备是否合理。

(2)在规定时间内,所有服务人员是否到岗。

(3)各岗位服务人员是否明确各自的职责,宴会客人的特殊要求是否牢记。以上可在餐前例会时提问抽查。

(4)所有服务人员的仪表服饰、个人卫生是否符合规范要求。

中餐宴会服务程序规范

中餐宴会的服务可分为餐前准备、迎宾服务、开餐服务、就餐服务、餐后服务等5个环节；同时还要针对宴会的进程或仪式提供相应的其它服务。由于每个宴会的要求、特点不一，服务规范也相应有所变化，通常情况是：

1.餐前准备。

(1)宴会前1小时，摆好餐台桌椅，摆好备餐台。

(2)宴会餐前30分钟，整理好个人仪表服饰；进岗，作全面检查。

(3)宴会前15分钟，摆好冷菜。冷菜盘最好包上保鲜膜，按一定的格局摆好，注意颜色、荤素的搭配。

(4)宴前10分钟(小型宴会可等客人到齐坐下后再进行)为客人斟好低度酒。这时可同时斟上烈性酒。

(5)斟完酒后，即可准备好热毛巾。毛巾叠好放在毛巾托中，并在托盘上摆好，毛巾夹也放入托盘。

2.迎宾服务。

(1)迎宾。当宾客入厅时应热情迎宾。可按事先设计的迎宾礼仪规格进行，向客人致欢迎词，并微笑致意。

(2)引领。将客人引领至休息厅(或会议厅、鸡尾酒会厅、宴会厅)，其具体服务方法可参见相关辞条。此时要注意观察，区分宾主。

(3)安座。面带笑容招呼客人，拉椅引请入席，安座的顺序是先主宾后一般宾客，先女宾后男宾，年老和行动不便的客人要优先照顾。

(4)存放衣帽。接过客人的衣帽放在衣帽架上(须告知客人放在何处)，有的可放在餐椅后背上；大型宴会设有衣帽间，客人可在入厅后即存放。没有衣帽间的可在客人进入休息间后，由服务人员代为存放，可配一名服务员协助。

3.开餐服务。

(1)上茶。根据预订要求，可上茶或不上茶。大型的正式宴会一般不上茶，设有休息厅的也可不上茶。民间的喜庆宴会、各种小型宴会一般要上茶。

(2)铺席巾、抽筷套、收席卡。

(3)撤掉冷盘上的保鲜膜，收台号牌，收小毛巾。

(4)敬让啤酒、烈酒和饮料。

4.就餐服务。

(1)宾主致辞时，值台员应暂时停止工作，站立一边面向致辞人，但目光要经常环视值台区域。

(2)为致辞人送上葡萄酒或香槟酒。应按致辞人的数量准备相应的酒杯，倒入香槟酒。当宾主致辞时即用托盘装好，侍立在离致辞人不远处。规格高的宴会要戴白手套，托盘上要铺一块白口布，宾主讲话一完，即刻送上。干杯后致辞人的酒杯随即用托盘收下。

(3)客人起立干杯时，值台服务员应为客人拉椅，待坐下时再向前推。

(4)干杯完毕后应继续敬让酒水或续酒。

(5)按顺序上菜。各类宴会上菜顺序略有差别(具体参见“上菜顺序”条)。

(6)撤换餐具。服务人员应及时为顾客撤换餐具。具体要求是：上头菜前换一次餐盘；吃完带骨壳的菜后换餐盘；吃完汤汁多的菜后换餐盘；喝完汤后，撤掉用汤的餐具，换上干净的餐盘；宾客餐盘中有杂物(烟灰、牙签等)，应立即更换餐盘；上甜菜前撤掉桌上菜盘和餐具，换上吃甜食的餐具；若摆有骨碟，到1/3脏时即换掉；重要的宴会每道菜都要换餐盘，一般宴会换餐盘应不少于3次，普通的低档宴会可不换或少换；客人餐具不慎落地，应先送上干净餐具，再收拾地上的餐具。

(7)席间上毛巾。上毛巾的次数依具体要求而定，一般情况是：吃完汤送一次，吃完海鲜类菜肴送一次；吃完水果后再送一次。

(8)换烟缸或点烟。烟缸中有2～3个烟头即换，方法是先用干净的烟缸盖住桌上的烟缸，一起拿下后再把干净的放在餐桌上；客人抽烟时，应主动点烟。

(9)席间清台。将餐桌上的脏物(用过的餐巾纸，掉在桌上的菜肴、骨头等)用小夹子夹走；客人暂时离席将口布叠成三角放于餐位右边；台面被酒水或菜肴弄脏后，要迅速用餐纸吸干，并铺上干净口布。

(10)上甜品。先收掉桌上餐盘、餐具，再送上甜品的餐具,如餐盘、叉等,然后再上甜品,撤下所有桌上物品,只留下酒杯。此时可开始清退多余酒水。

(11)上牙签、上茶、上水果,摆上鲜花。

5.餐后服务。

(1)餐毕应上毛巾,同时开始清台,撤掉水果盘、餐盘和水果刀叉;给每位宾客上一杯漱口茶(有时也可不上)。

(2)客人离席时应为其拉椅、取递衣帽,并送别。

(3)客人离开后应检查客人有无遗留物品,若有,应及时追还;同时检查餐厅用品是否缺少。

(4)大清台。

西餐宴会服务程序规范

1.餐前鸡尾酒服务。

在西餐宴会前,通常在宴会厅的一侧或门前设置餐前鸡尾酒会,时间约半小时,以便客人交谈或候客。全体宾客到达后,由主人介绍相互会面,随后进入宴会厅,开始宴会。餐前鸡尾酒会只为客人提供开胃鸡尾酒和什锦面包、炸薯条、干果等小吃。此时服务人员应提供以下服务:

(1)客人到达时应热情迎宾,致欢迎词和问候语,并引领客人到休息室、酒廊或指定位置。

(2)用托盘巡回托送酒水饮料。应注意介绍酒水并询问需要。坐饮的客人应先在茶几前放上杯垫,再放酒水杯;立饮的客人要先递餐巾纸,然后再递酒水。

(3)客人到齐后应征询主人是否可以入席;主人示意入席后,则打开宴会厅,指示方向,引宾入席。

2.席间服务。

(1)宴会前20分钟做好酒水的餐前准备,如冰镇、滗酒等。

(2)宴会前10分钟,上齐开胃品,每人一盘;有时也将开胃品集中摆放在餐桌上,由宾客自取或由服务员分让。

(3)宴会前5分钟,上齐面包与黄油。面包放在面包盘中;客人的面包数量应一致;黄油盅摆在面包盘上方。

(4)客人进入宴会区域,要热情相迎,微笑问候,并拉椅让座。让座时应注意按女士、贵宾、行动不便的客人、一般客人的顺序服务。

(5)客人入坐后应收下名卡,为其打开席巾并铺好,同时上饮料(矿泉水或冰水及其他饮料)。

(6)客人用开胃品时上烈性酒,用毕后撤盘与刀叉。撤时注意从主宾开始,在每位客人右侧撤下。

(7)上汤。可分别盛装,每人1份,汤盘下要加垫盘,从客人右侧上;也可用汤斗斟派,从客人左侧服务。上汤一般不配酒。用毕后撤下汤盘、汤勺。

(8)上副菜。上副菜前应斟好佐餐酒。副菜品种以海鲜、鱼类为多(有些宴会不安排副菜)。用毕后撤盘、刀、叉、杯。

(9)上主菜。上主菜前斟好佐餐酒。主菜若配色拉,将色拉摆在客人餐位左边的位置;用托盘提供几种沙司,供客人选择。

(10)用毕主菜后撤盘清台。撤掉不用之餐具,换上干净烟缸,扫净面包屑等。接着摆好甜品叉、匙。

(11)上甜品。若甜品为水果,则先上水果盘和洗手盅。洗手盅应置于宾客的左侧。若安排有干酪,则由服务员分派。

(12)上咖啡(有些宴会将此道程序安排在休息室进行)。上咖啡前应询问客人需要(咖啡或茶)。若要则在客人面前摆上咖啡具。餐台中间摆好糖盅、奶盅。用咖啡壶斟倒咖啡。西餐通常还同时配用小饼干或巧克力。

(13)餐毕,客人离席时应拉椅送客并欢迎下次光临。

(14)席间服务还必须注意巡台,及时满足客人的特别要求,如添加酒水、换烟缸、点烟、撤餐具等。

3.餐后工作。

基本与中餐服务规程相同。

冷餐会服务程序规范

冷餐会的服务程序和方法如下表所示:

宾客动向	服务环节	巡视员工作内容	酒台服务员工作内容	食品台服务员工作内容
入厅	迎宾服务	①请其签名 ②送上毛巾和迎宾酒 ③将宾客向里面敬让,并示意餐具的位置	①斟倒迎宾酒 ②斟倒其它酒水于杯中	待命
取食物			③介绍特点; ④请宾客按需自取或重新斟倒调配	①介绍特点 ②请宾客自取或协助其取用
就餐	就餐服务	④分派酒水 ⑤清洁餐台(收掉用过的餐具、用具,撤换烟灰缸等) ⑥补充餐具和用品 ⑦将后来的宾客引领到主人面前	⑤清洁酒台 ⑥斟倒酒水	③清洁食品台,检查保温炉 ④整理或补充食品
餐毕 离开	餐后服务	⑧分送纪念品 ⑨请宾客留言 ⑩礼貌道别 ⑪收台 ⑫清洁整理餐厅	⑦清点酒水际消实耗	

冷餐会服务时还要注意以下几点:

1.随时清理餐台,保持进餐场所的卫生和台面整洁,使后到的宾客不感到零乱;

2.巡视员服务时不要影响宾客交谈,更不能从正在谈话的客人中间穿过;

3.宴会接近尾声时,要控制酒水(特别是中、高度酒)的开瓶数量,以减少浪费;

4.宴会完毕主人要求带走剩菜时,应酌情提供方便,但原则上点心、水果不可带走;

5.结账时酒水消耗要统计准确。

(八)餐饮服务心理

心理与食欲

心理

心理一词来自希腊语 psyche,原意为灵魂,现则指感知、记忆、思维、情感、意志、能力、性格等心理现象的总体。人的心理的表现形式,基本上分为3类:(1)心理过程。包括许多动作,即迅速产生的心理现象,如感觉、记忆、想象和思维之类。(2)心理状态。即长时间的复杂心理现象,如疲劳、亢奋、聚精会神、漫不经心等。(3)心理特征。指稳定的、恒常的心理品质或智慧特征,如机敏、镇静、坚毅、自制力等。

唯心主义认为:人的心理是不依赖于物质(人脑和客观现实)而独立存在的虚无缥缈的东西。心理是第一性的,物质是第二性的(即由心理派生出来),这完全颠倒了心理与物质的关系。

朴素唯物主义认为:人的心理是人体的正常机能。这便是荀子所讲的"形(身体)具而神(心理)生",肯定了身体是心理的基础。

机械唯物主义认为:人的心理是客观事物作用于感官和神经系统所产生的;但它们没有结合人类的社会存在和社会实践去解释心理现象的产生及发展,有很大的缺陷。

辩证唯物主义认为:人的心理是人脑对客观现实能动的反映;离开人脑,离开社会现实,人的心理既不能产生也不能发展,立论最为科学。

心理过程

心理过程是心理学的基本概念之一,系指感

觉、知觉、记忆、想象、思维、注意、情绪与情感、意志等心理活动而言。它们都是心理现象的不同形式对现实世界的动态反映;并且包括认识过程、情感过程和意志过程的产生及活动的规律,以及这三个方面的相互关系,是心理学研究的一个重要方面。

举凡心理过程,都具有动力的性质,有一个发生、发展和完成的过程。如记忆,便须经过识记、认知、回忆等过程。它们不是机械地反映现实,而是带有鲜明的主观意识特征。

与此同时,心理过程与个性心理特征(见该条)不可分割地联系在一起,构成人的完整的心理。

感觉

感觉是人脑对客观事物的个别属性的主观反映。按照性质,它可分为视觉、听觉、嗅觉、味觉、肤觉(包括触觉、温度觉、痛觉等)、运动觉、平衡觉和机体觉。

感觉是认识过程的开端,属于认识的感性阶段,既是知识的源泉,又是各种心理活动的基础。如果感觉性障碍,不仅影响认识活动,也会影响情感和运行。但是,感觉仅能反映直接作用于感觉器官的物体的个别属性(如菜肴的色、香、味、形、质),范围有限,常有一定的片面性和表面性;过分强调它,会走向狭隘的经验论。人类的感觉,只有在复杂的社会生活条件下和丰富的社会实践活动中,才能得到高度的发展。

知觉

知觉是人脑对直接作用于感觉器官的客观事物的整体反映,大脑形成整体性映象的认识过程。它的反映结果,叫"知觉映象"。

知觉与感觉关系密切。感觉反映个别属性,知觉反映整体印象;感觉是知觉的基础,知觉是感觉的综合。它们都具有现实性,都受一定的时间和空间的限制。知觉不同于感觉的是,它具有整体性、选择性、理解性、恒常性和错觉性等5大特征:

1.整体性。即知觉是感觉的综合。如餐厅、器物、菜品、风味、服务、礼仪等等,都是酒店某一个方面的感觉;它们集中起来后形成知觉,则是一个酒店的整体形象。

2.选择性。在任何情况下,知觉所反映的事物(客体)有主(知觉对象)、有次(知觉的背景),二者可以变换。如服务员为先来的第一个客人上菜时,即为"主";同时又对后来的第二个客人打招呼,即为"次"。过了一段时间,服务的重点是第二个客人了,后者便由"次"变"主";这时对第一个客人仅是照应一下,前者便由"主"变"次"。选择性可以扩大感知面,有很大的作用。

3.理解性。就是借助于理解把感知对象归入到某一范畴中去。如客人呼叫服务员,往往有多种情况(或催菜,或结账,或询问,或投诉),这便需要善于理解,善于归纳,善于对待,而不能千篇一律。

4.恒常性。即心理上对感知对象的固定形态有储存性。如麻婆豆腐是辣的,莲蓉月饼是甜的,鲫鱼汆汤是鲜的,朝鲜族泡菜是酸的。这类感知恒久不变,印象深刻。

5.错觉性。如横条纹的物品显得矮,竖条纹的物品显得长,近的物品显得大,远的物品显得小,都是错觉造成的。餐厅服务中"以衣貌取人",往往也是错觉。错觉常会导致感知的偏差,应注意纠正。

由于感觉和知觉联系紧密,因此有时候又被合称为"感知";但从心理学的角度去看,二者是有严格的区分的。

记忆

记忆是人脑对过去经历过的事物的反映。它是人脑的重要机能之一,其生理基础是大脑神经中枢对某些印迹的建立和巩固。

记忆包括:(1)运动记忆。即对各种动作的记忆,如学习堂步、学习折花。(2)情绪记忆。它能促使人们重视美好的感受,回避某些不愉快的情绪。(3)形象记忆。即通过感知的回忆重现某一事物的形象,如清蒸武昌鱼的造型和口味。(4)语言逻辑记忆。即对思想的记忆和对推理过程的记忆,如学习英语文法、学习数学公式。(5)长期记忆。能保证信息久存,如回忆童年生活的有趣片断。(6)短期记忆。又叫操作记忆或强记,即解决各种任务的中间手段过程,如记账单、记菜名之类。

各种记忆都要通过4个过程来实现:

1.识记。通过新感知与旧感知相联系的方

法，使新感知得到巩固的记忆过程。它又分目的识记（有意识）和自然识记（无意识）两种，都是“捕捉”有特点的事物。识记的方法也有机械识记（多次重复观察）和意义识记（从多方面加深理解）两种，前者比较吃力，后者比较轻松。

2. 保持和遗忘。即是将识记的现象系统化地存入记忆中而不被遗忘。它能使记忆久远，以便随时可从“大脑银行”中提取使用。

3. 再现。即回忆，包括再认（对事物重新出现的感知）和重现（使过去的记忆材料重新呈现）。它也有两种，一为随意愿的（有目的的回忆），二为不随意愿的（自然想起来的）。如果是有意识的再现，则叫追忆。

4. 再认识。就是把现在发生的现象同过去出现过的表象加以对比的结果。利用这种记忆功能，可以防止过去出现过的错误再重复出现，即“温故而知新”。

记忆品质表现在如下方面：一是记忆的广度，愈多愈好；二是记忆的速度，愈快愈好；三是记忆的持久性，愈长愈好；四是记忆的准确性，愈准愈好。餐厅服务员记人、记桌、记菜、记账单等，都有赖于此。

从信息论的观点来看，记忆过程就是信息的输入、编码加工、存贮和提取的过程。如果没有记忆，人的一切智能活动都是不可设想的。

想象

想象是人脑在改造记忆表象的基础上创建新形象的心理过程，又称“想象表象”。这是一个人从未亲身感知过的事物的形象，其由来有“粘合”、“夸张”、“强调”、“典型化”等不同形式。人类的想象是在社会实践中（首先是在劳动中）产生和发展起来的，它可以充实丰富心理生活、推动人们去改造世界、鼓起人的信心和力量。

想象可以分为无意想象和有意想象、再造想象和创造想象、憧憬和幻想（含理想与空想）等。

餐厅服务中的“设身处地”、“将心比心”、“假若我是一个顾客”，也是一种积极的想象，有利于搞好接待工作。

思维

思维是人们认识客观事物的理性认识阶段，它需要对事物进行分析、综合和高度的抽象、概括。

思维的形式是：(1)概念。即对一组事物或现象，一般的和本质的特征的反映，它常通过词汇来表现，如“酒杯”、“茶壶”。(2)判断。即对事物和现象之间联系的一种确定，如“酒杯装酒”、“茶壶泡茶”。(3)推理。即从一个或几个判断中得出一个新判断的思维形式，从一般到个别的，叫演绎推理；从个别到一般的，叫归纳推理。如“热在三伏，冷在三九”（归纳推理）；“所有的茶壶都能泡茶，紫砂茶壶当然也可以泡茶”（演绎推理）。

思维的方法是：(1)分析。或将整体分解成部分，或将部分综合成整体，从中分析事物的属性，得出完整的概念。(2)比较。将两种或多种事物进行对比，以之鉴别它们之间的相同或相异。(3)抽象。撇开具体事物或现象，从中抽出本质性的东西加以突出，如“服务周到”就是从众多服务细节中抽象出来的一个概念。(4)概括。把类似的事物或现象，按某些特征集合起来，如“婚席”、“主宾”就是一种概括。(5)具体化。即把一般知识运用到具体场合，如向顾客介绍某一名菜的风味特色，按顾客的籍贯推荐相应的菜点等。

思维的种类有：(1)直观动作思维；(2)直观形象思维；(3)抽象（理论）思维。

思维的特征是：(1)间接性。就是对感知得到的现象不满足，进一步思考它的原因和道理，间接地了解事物的本质。(2)概括性。即在分析过程中找出事物的本质或关键所在，它反映的不是个别的事物或其个别属性，而是事物的一般特性以及事物之间有规律性的联系。(3)目的性。人的思维活动总是为了解决某一理论的或实践的问题。(4)对语言的密切依附性。思维活动的进行及其结果的记载与巩固，都离不开语言。

在思维活动中，每个人思维能力的大小，都取决于每个人所拥有的知识、经验和个性心理特征等。

注意

注意是心理活动对一定对象的指向和集中。注意的指向性是指每一瞬间，心理活动都是有选择地指向一定的对象，而同时离开其余的对象；注意的集中性则是把心理活动贯注于某一事物，使活动不断深入，以获得对某一事物鲜明而清晰的反映。指向性和集中性，都能使头脑清晰地反映现实中的特定事物，而对其他事物反映甚少或者完全不反映。

注意包括3种：(1)不随意愿的注意。这是预先未意识到而产生的注意。如服务员上菜时突然从侧面跑来一个小孩，她会注意避免碰撞。产生这种注意的因素主要是强度的新异性、运动性和断续性。(2)随意愿的注意。这是意识控制下的注意，是人为地迫使自己把注意力集中起来以便达到预期目的。如服务员燃点火锅。(3)随意愿后的注意。这是继随意愿的注意以后产生的注意。如服务员在餐具消毒时力求不碰坏每一个玻璃杯。这种注意不需要意志上的努力就可以达到目的，并且能保持很长时间也不感到疲劳。

注意的特点表现在5个方面：一是集中。注意力越集中，动作就越精确。二是分配。即是"眼观六路，耳听八方"。三是稳定。注意力集中后要保持持久，力戒浮躁、游移。四是转移。即将注意从甲转移到乙，因需要而变换。五是分散。主要表现为缺乏自控力，或是因疲劳、紧张而使注意减弱(人们常称之为"分神")，或是过分地把注意集中在某一点上而不会灵活调度。它常与人的个性散漫有直接关系。

要明确的是，注意本身并不是一种独立的心理过程，而是感觉、知觉、记忆、思维等心理过程的一种共同特性。因为每一种心理过程都总是程度不同地指向和集中于一定的对象的，只有注意，才能使之深入。

注意还是一种"定向反射"和随之发生的"适应性反射"。它的生理机制主要是大脑皮层的优势兴奋中心和相互诱导的作用。引起注意的原因虽然有时是事物本身的特点，但是主观因素对选择对象和维持注意有决定性的作用。

情绪与情感

情绪与情感是人脑对客观事物的一种特殊反映形式，是人们对于客观事物是否符合自己的需要而产生的态度的体验。

1.情绪。通常指有机体的天然生物需要是否获得满足而产生的暂时性的剧烈情感，如忿怒、恐惧、欢喜、悲伤等，为人与动物所共有。它具有较大的情景性、激动性和短暂性，常见于情感过程的表现形式。人在产生情绪的时候，一般都会表现出相当强烈而"暴乱"的反映，是一种比较短暂的心理激动状态。

2.情感。一个人眼前面临的事物，常常与自己已形成的思想意识(如需要、观念、信念、态度、习惯等)之间发生关系，对这种关系的切身体验或反映就是情感。引起这种切身体验的心理过程则是情感过程。因此，体验是情感的基本特点，体验不同，情感也不同。情感具有较大的稳定性和深刻性，反映人们的社会关系和社会生活状况，对人的社会行为起积极的或消极的作用。

3.感情。情绪和情感的总称。中国习惯把情感过程的外露叫做情绪，情感过程的产物叫做感情。在心理学上，感情又常分为5种：(1)心境。即自我情感，它或长或短，常由某些原因造成，一般不易外露。(2)激情。即情感的急促暴发，如惊恐、盛怒，往往难以控制。(3)热情。是一种能够自制的稳定情感，常表现为坚定的意志。(4)应激。在困难条件下为完成某一活动而产生的情绪。(5)挫折。遇到困难又无法克服时产生的心理状态，表现为懊丧、怨恨或消沉。

意志

意志是人自觉地确定目的、支配行动、克服困难以实现预定目的的心理过程。其特征是：(1)与人的思维活动紧密联系在一起；(2)非常明显地表现在对待困难的态度上面；(3)为着既定的目标而自强不息的奋斗。

意志是人类所特有的一种极其复杂的心理过程，是和人类所独有的"第二信号系统"(即语词和在它影响下所建立起来的条件反射)的作用分不开的。依靠意志，人不仅可以积极地认识世界，还可以能动地改造世界。

良好的意志品质包括：

1.自觉性。表现在自觉自愿的行动，而不是听从他人的驱使或逼迫，有毅力，有恒心，有目标，有动力，无怨无悔。

2.自控性。表现在任何复杂环境中都能保持冷静的头脑，善于同各种各样的人和事打交道，而不丧失原则。

3.顽强性。表现在对待工作有百折不挠的精神，失败时不灰心，而能从中汲取经验教训，屡败屡战，直至胜利。

4.果断性。表现在正确的判断和执行纪律的严肃性，不见利忘义，不犹豫徘徊，一旦认准就坚持到底，不为任何压力所左右。

5. 自主性。表现在敢于对自己的正确行动负责，有独当一面的能力，遇事可以决断，而不是依赖他人或盲从。

人的意志和人的认识、人的情感，始终密不可分地联系在一起，并且互相促进，彼此推动。

个性心理特征

个性心理特征是指在个人身上表现出来的本质的、经常的、稳定的心理特征，包括兴趣、能力、气质、性格等，而以性格为核心。这些特征影响着个体的言行举止，反映出一个人的基本精神面貌和意识倾向，集中地体现出人的心理活动的特殊性。

个性心理特征与心理过程是心理现象的两个不同侧面，彼此既有区别又有联系。个性心理特征在心理过程的基础上形成和发展，同时又影响着心理过程的进行。

好的个性心理品质应当是：坚定的目的性；高尚的劳动态度；集体主义和人道主义；爱国主义和国际主义以及广泛的兴趣与爱好，坚毅的信念与性格，良好的才能与气质等。

兴趣

兴趣是人们对某些事物特别具有吸引力的一种倾向。它往往与人从事的活动有着密切的关系。兴趣是引起和维持注意的一个重要的内部因素，是推动人们去寻求知识和从事某种活动的一种精神力量。由兴趣而产生的爱好，则是对一定事物所持的积极倾向的体验。

兴趣有专业兴趣、生活兴趣、业余兴趣多种；还可以分为直接兴趣（当前需要）和间接兴趣（未来需要）两种类型。人的兴趣是不断发展变化的，也是可以培养的，还是多种多样的；它与能力、气质、性格密切相关。

服务员接触面广，需要涉猎的知识甚多。因此应当围绕专业需要培养多方面的兴趣，成为知识渊博、见多识广之人。

能力

能力是进行一些活动和从事某种工作时必须具备的条件，又是影响活动效率和工作质量的基本因素。能力对于每个人来说，存在着一定的差异性。

能力包括两种：一是一般能力，如观察力、注意力、记忆力、思维力、想象力、语言表达能力、交际能力、组织安排能力、随机应变能力等，这便是通常所说的“智力”，它适用于人们广泛的活动范围，可以保证人们较容易和有效地掌握知识。

二是特殊能力，如色彩鉴别能力、音乐感悟能力、操作能力、运动能力、写作能力、品味能力、嗅觉感知能力、预见力等。它们一般只在特殊活动领域内发生作用。特殊能力是在一般能力的基础上形成、发展并提高的，同时又能促进一般能力的发展。

制约能力发展的条件，主要有两个方面：(1)先天遗传。即个体生来具有的某些解剖生理特点，特别是神经系统、大脑、感觉器官和运动器官的解剖生理特点，它们是能力形成和发展的自然前提。(2)环境、教育和实践活动，即后天因素。后天因素在能力的形成与发展中起决定作用，后天因素不同，人的能力便有很大的差异。尽管如此，每个人有其长，也有其短，在能力上可以“互补”。

服务员的文化修养和操作技术，都是能力的反映。能力可以培养，关键在于接受教育培训和参加社会实践。

气质

气质是一个人在他的心理活动和外部动作中所表现出的某些关于强度、灵活性、稳定性和敏捷性等等方面的心理特征的综合。它突出地表现在情绪和情感的发生速度、向外表现的强度以及动作的速度和稳定性等方面。气质与脾气、性情相似，是情感活动的反映形式。

公元前5世纪，古希腊医学家希波克拉特根据人体中4种体液所占比例的不同，将气质分为4种类型：即在体液混合比例中，血液占优势的为“多血质型”；黄胆汁占优势的为“胆汁质型”；黏液占优势的为“粘液质型”；黑胆汁占优势的为“抑郁质型”。后来俄国的巴甫洛夫又用高级神经活动类型学说对气质的自然基础进行了正确的解释，并认为：多血质型属于神经活动“强而均衡型”；胆汁质型属于神经活动“强而不均衡型”；黏液质型属于神经活动“强而均衡惰性型”；抑郁质型属于神经活动“强而不均衡惰性型”。

由此所决定，不同气质的人有不同的个性心

理特征，它们表现在：

1. 多血质型。活泼好动，聪明伶俐，思想敏锐，善于交际，兴趣较广，反应迅速，喜欢与人交往，热情开朗，注意力能很快地集中和分散，具有外倾性。这种气质的人比较上进，热爱生活，喜欢思索，应变力强。

2. 胆汁质型。精力旺盛，爽快耿直，脾气暴躁，情绪容易冲动，心境变化剧烈，工作起来紧张，举止迅捷，说话快，情绪激发性大，忍耐性差，易发火也易息怒，具有外倾性。这种气质的人热情，欢快，但是情绪不稳定。

3. 黏液质型。安稳，沉着，少言寡语，能忍耐，坚韧不拔，比较保守，反映缓慢，表情不明显，做事周密，有条有理，注意力稳定但难于转移，具有内倾性。这种气质的人遇事常有主见，一般不被他人所左右，喜欢沉思。

4. 抑郁质型。敏感，多疑，孤僻愁闷，感情脆弱，胆小心细，行动迟缓，内心体验深刻，不爱交际并且腼腆，说话声小，面部很少有表情，具有内倾性。这种气质的人谨慎，仔细，遇事一丝不苟，较难接近。

以上4型，各有长短，并无好坏之分。在生活中，仅有极少数人是某一气质类型的典型代表；而绝大多数人是中间类型，即两种、3种或4种兼而有之。

性格

性格是个性的核心，是一个人最鲜明、最重要的区别于他人的个性心理特征；具体指人对客观现实的态度和行为方式中经常表现出来的稳定倾向，如需求、兴趣、信念、理想等。

人的性格包括许多类型。如按心理机能优势划分，有理智型、情绪型、意志型、混合型（像理智、意志混合型）；按行为倾向划分，有外倾向型、内倾向型；按心理活动的独立程度划分，有顺从型、独立型等。

人的性格是千差万别的。例如：

社会生活态度方面，或热情上进、勤俭朴实、正直谦虚、善良自律，或懒惰懈怠、虚假冷漠、苛刻粗暴、丑恶放荡；

意志特征方面，或自觉主动、控制力强、勇敢刚毅、严谨守恒，或被动拖拉、随便马虎、懦弱犹豫、松散飘浮；

情绪特征方面，或愉快饱满、稳定持久、心境开朗、笑口常开，或沮丧悲观、忽冷忽热、心境抑郁、落落寡欢；

认识特征方面，或精细敏锐、富于想象、独立思考、善于表述，或粗心迟钝、缺乏联想、人云亦云、拙于言辞等。

其中，个性的意志品质，如果断、顽强、自制力、自主精神之类，在性格特征中占有很重要的地位；稳健、活泼、积极、沉闷等性格，又多是在气质的影响下形成的。

性格取决于两大要素。(1)个人对现实的态度。个体对某些事物的态度和反映，在其生活经验中如果得以巩固，就会成为他习惯了的行为方式，从而构成个体的性格特征。如热爱生活者勇于奉献，尊敬他人者礼貌迎宾。(2)认识、情绪、意志等心理过程的不同。它们会分别构成人性格中的理智特点、情绪特点和意志特点。如情绪兴奋性高的人活泼好动，情绪抑制性强的人沉默爱静等。

性格还与人的世界观密不可分。性格的塑造是一个长期的过程，不是一朝一夕的事。性格一经形成，就比较稳定，从而能展示一个人的心理面貌和风格。如果环境发生变化，性格也可以逐步改变，特别是青少年，性格上具有较大的“可塑性”。所以，教育和实践锻炼在人性格的形成和变异过程中作用甚大。

心理学

心理学是应用客观的方法研究心理现象的特点、本质、机制及其发生发展规律的科学。它的具体研究内容，可如下图所示：

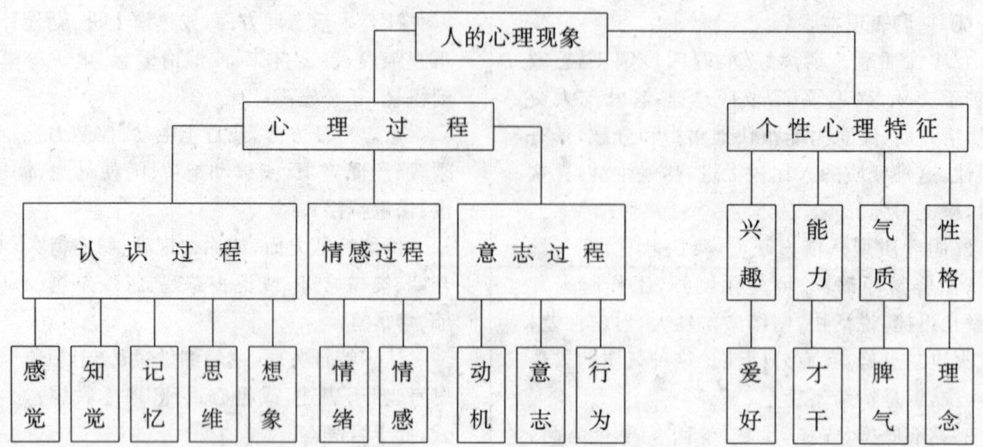

心理现象不同于周围的事物,它属于人的内部世界,是与物质世界相对立的精神生活领域;但又与物质世界不可分割,必须依赖于物质世界。从本质上看,人的心理是人脑对客观现实的反映,具有一定的规律性。人体的心理活动,实质上是通过整个大脑的视觉中枢、运动中枢、语言运动中枢、嗅觉中枢、味觉中枢等神经中枢以及起联络作用的联合区的综合活动来实现的。所以,心理是大脑的机能。大脑通过控制和调节反射作用(先天遗传的本能行为),通过对条件反射活动(后天学习的灵活反应)的分析综合,反映和认识外界事物,方能产生各种心理活动。

另一方面,客观现实是心理活动的源泉。心理是客观现实的主观映象,人脑只有在客观现实的作用下才能产生心理。人的心理是客观现实在大脑中的反映,即是物质在相互联系和相互作用的运动变化中留下的过程。人是生物的人,也是社会的人。人的心理活动会随着人的实践活动不断发展和变化;人在认识、反映的基础上,还要求进一步探索和改造客观世界。故而社会实践是检验人的心理反映是否正确的唯一标准。

心理学的分支甚多,如普通心理学、儿童心理学、教育心理学、艺术心理学、工程心理学、军事心理学、体育心理学、医学心理学、劳动心理学、法律心理学、社会心理学等。其中,与餐饮服务相关的,是商业心理学、消费心理学、服务心理学和饮食心理学,它们涉及到生理学、生物物理学、生物化学、神经生理学等方面的众多知识,关系到餐饮服务的质量和水准,需要广泛、深入的研究和掌握。

商业心理学

商业心理学是研究消费者的心理现象及其规律性的科学;其研究重点是商品生产、商品流通和商业劳务过程中现实的和潜在的消费者的心态及其规律性。

商业心理学是心理学的一门分支学科,起源于社会经济发展和心理科学发展的20世纪初期的美国,形成在第一次世界大战之后。现今我们研究它,一是更好地实现社会主义生产目的,二是更好地为工农业生产、为人民群众服务。

餐厅服务中经常涉及到商业心理学中的有关知识,如菜品推销、讲求信誉、礼貌接待、顾客至上等等。

消费心理学

消费心理学是一门研究消费者心理和行为及其规律的科学。它研究的内容主要是:消费者究竟需求什么?有什么样的动机驱使他们采取某些购买行为?不同类型的消费者在心理活动和购买行为方面各自有些什么特点?他们所处的经济环境、社会环境和信息环境会给他们的心理活动和购买行为带来一些什么影响?他们对不同特点的商品和不同的购买环境会有什么样的感觉并由此会作出什么样的行为反应?在商品交换过程中他们的心理活动和行为会有些什么特点,等等。

消费心理学中融汇了普通心理学、社会学、文化人类学、消费经济学、市场学、广告学的有关成果,愈来愈受到企业界的重视。

服务心理学

服务心理学是研究社会服务工作中人们的心理、行为及其规律性的一门科学。

它的研究对象是：在经营活动中“服务与被服务”的矛盾，人与人之间的关系，服务者与被服务者的心理特点、行为模式及其变化规律，从而更好地从事服务工作。

服务心理学中的餐厅服务心理学，则是从探索餐厅接待服务工作的特点、就餐顾客的心理和服务员的心理入手，进而揭示：(1)就餐顾客的心理特点及其规律性，讲究接待艺术，提高服务质量；(2)服务交往中的矛盾、特点及其应当遵循的原则，真正做到“顾客至上”；(3)餐厅接待工作的特点以及服务员应当具备的心理品质，爱岗敬业，完美“服务形象”。

饮食心理学

饮食心理学是研究人们的饮食心理及现象、支配饮食心理的各种因素、探讨饮食心理发展变化规律的一门科学。它在实践方面的主要任务是：(1)确立科学的饮食意识；(2)研究社会各方面的饮食问题；(3)为餐饮服务业提供指导服务；(4)引导饮食消费潮流。

饮食心理学的研究方法一般有4种。一是观察法。即注意观察不同顾客的就餐行为，从中归纳出不同人群的饮食消费规律。二是应用实践法。即是在供餐业务中，对某些条件作必要的控制和改变，进而观察其效果，精确分析新的饮食心态。三是比较法。即对不同人群的饮食行为加以比较，有的放矢地进行服务。四是调查统计法。即利用数据剖析问题，并得出结论。

饮食消费的特点

饮食消费的特点主要表现在：

1.明确的目的性。即消费动机坚定不移；随机性、冲动性、偶然性的情况较少。

2.消费的直接性。消费者本人亲临餐厅，不像购买其它商品那样可由别人替代。

3.消费的及时性。即时间性强，要求及时、准时和省时。菜点是现做现卖，顾客是现买现吃，不存在运输、储存等环节。

4.消费的综合性。饮食消费中既有物质享受，又有精神享受，需要环境氛围、接待服务、温气光色诸因素的有机配合。

5.消费的重复性。一日三餐，一年四季都要进行，存在着周期性和连续性。消费一次便须服务一次，劳动量大。

食物与饮食心理的关系

这种关系表现在：(1)食物对饮食心理的决定作用；(2)饮食心理对食物的反作用。

从前者看，食物是产生饮食心理的诱因，是一个不断变化着的刺激物。食物的供给状况会影响人的情绪，食物构成的调整可以改变人的情绪。这都可以从食物的营养成分、制作方法、风味特色、造型装饰、规格花色、销售价格等等方面反映出来。

从后者看，表现在人们对某些食物的喜爱或厌恶，质价相等时对食物的选择，以及对某些名特(或奇异)食物的追求。这取决于不同的经济收入、食品外观、情感因素和时代风尚。就餐形式的变化，就餐环境的修饰，四季食谱的调配，三餐食肴的安排，均是它的产物。

饮食心理的演变阶段

人类饮食心理的演变，经历过低、中、高3个发展阶段。

低级阶段存在于猿人时期。其饮食方式与内容、食物获取方法，同灵长目类动物没有多大区别，饮食心理多受本能的驱使。

中级阶段存在于学会用火和发明生产工具之后，特别是语言的出现，沟通了人类的饮食内容及形式，使其饮食心理逐步理智化，为了饮食而有计划地利用自然、改造自然。

高级阶段存在于文明社会。特征为：(1)既寻找食物，又创造食物；(2)由盲目性进化到目的性、计划性和自觉性；(3)饮食是果腹充饥与品味审美相结合；(4)重视营养卫生和养老益寿；(5)讲究食物的花色品种和档次。

饮食心理的一般特征

1.饮食的盲目性。主要出自食物的刺激及生理需要，还有饮食动机和不随意行为。它会影响身体健康，必须进行心理矫治。

2.饮食的习惯性。常受客观环境和民族习俗的影响，形成某种规律，如南米北面、东淡西浓，应当注意把握。

3.饮食的目的性。多由自然与文化、物质与精神的需要而引起，具有方向性。其中包含食物的诱惑、保健的需要、社交的应酬、美味的鉴赏等方面，感情色彩浓厚。

4.饮食的选择性。乃社会生产力发展、生活水平提高的产物。其标志是比较判断，择优而取，由高级的饮食意识所支配。

这4种情况在餐厅中均能见到，服务员应当加以正确引导。

研究饮食心理的方法

第一，客观事物是心理活动的源泉，了解食客心理必须从客观事物出发。餐厅的客观事物包括建筑装潢、饭菜质量、服务态度等等，这都会直接影响食客心态。故而菜点和餐厅服务是顾客心理活动的源泉，食客心态即菜点和服务工作在其头脑中的反映。换言之，欲测知食客怎么想，先应看餐厅工作怎么做。

第二，供求矛盾是食客心理变化的主导因素，研究饮食心理应抓住这一要害问题。所谓供求矛盾，即是顾客欲望与餐厅能否满足之间的差异。其中的关键是要弄清顾客究竟需要什么。它的方法很多，如通过服饰判断顾客的职业和经济条件；通过外貌判断顾客的年龄、性别和健康状况；通过口音及语词判断顾客的籍贯、民族和宗教信仰；通过言谈举止判断顾客的文化层次和进餐目的。有了这些“初步印象”，顾客饮食欲望便能大致地呈现出来。再经过征询订正，就比较准确了。当“求”与“供”能够统一时，则努力办好；如果不能统一时，则耐心解释，说明原委。只要这样处理，一般情况下就能化解矛盾，皆大欢喜。

第三，“人上一百，形形色色”。必须具体问题具体分析，为不同的顾客提供相应的服务。因为人的心理往往带有浓厚的个人色彩，对于饮食的需求也是千差万别的。这就要求服务员在研究顾客心理时，要因人、因事、因具体条件的不同而进行具体的分析，作出恰当的判断，切不可主观臆断，生搬硬套。

第四，同类型的顾客常常具有相同的心理特征；一定的服务手段也会引起顾客一定的心理活动。因此研究顾客心理又要注意摸索规律，寻求共性，并用于指导服务。如知识界人士进餐，一般选择僻静的席位，点些精细、清淡的菜品，重视卫生，比较文明，大多尊重服务员，就是一例。

第五，要依照顾客的表情、举止、言谈等外部现象，深入了解其内心世界，抓住他们心理活动的实质，并采用相应的服务方式与方法，尽量满足其要求。如顾客摇头，一般表示否定；皱眉毛，一般表示不满意；斜眼看人，一般表示有情绪；微笑，一般表示赞赏，等等。这均是一些“征兆”，要善于察觉和把握。接触的顾客多了，阅历丰富了，服务员就可以成为“知心人”。

研究饮食心理的意义

饮食消费是人类一切消费行为中最重要的组成部分，研究它的心理规律和特点将会加深我们对人类整个消费行为规律的了解。通过对饮食消费中需要与动机、欲望与现实、态度与变化、层次与标准、人际关系与饮食礼节、年节消费与日常消费等等的剖析，可以：(1)指导食物资源的开发利用；(2)为餐饮业预测饮食需求并提供信息服务；(3)为政府部门制订保护消费者权益的政策和法律提供科学依据；(4)为引导人们的饮食消费服务；(5)为促进餐饮业的发展服务；(6)促进餐厅服务人员更新观念，提高服务质量。因此，饮食心理研究对国计民生都有重要的作用，有其不可磨灭的实用价值。

食客心理特征

食客心理特征表现在许多方面。从基本特征看，女性手紧，男性手松；青年求新奇，中年较稳重，老年很谨慎；病残者自尊，健康者自信；条件好的讲质量，条件差的重实惠；体力劳动者喜荤，脑力劳动者爱素。

从气质特征看，急躁型的直爽、粗心、点菜快；活泼型的灵敏、热情、兴趣大，喜爱多方询问；稳重型的寡言、内向、沉静，吃什么有主见；忧郁型的多疑、迟缓，担心受骗。

从心理特征看，意志表现在进餐的果断性、坚毅性上，说吃就吃；情绪表现在冲动、愉悦上，边吃边发议论；性格表现在主动观察或被动感知上，有理智地选择食物，评语外露或深藏，注意思索原因，等等。

食欲

食欲是由于人的肠胃运动而产生的对食物的需求愿望。这种机体感觉是人的本能，受客观条件——食物诱惑的制约。食物诱惑在心理学上称为“第一信号系统”，即是食物以其特有的属性(如色、香、味、形、器、名、时、养)引起人的注意。食欲与食物的诱惑结合之后，人们就会有强烈的饮食愿望和心理选择。

影响食欲的因素很多，如食品的外观及味道、食品中碳水化合物的含量、人对饮食的敏感程度、进食前的情绪、饥与饱、体育锻炼、身体素质、有无疾病、进餐的环境气氛、陪餐者的形象、食物由谁制作、消费水平高低等。只有消除不利诱因，增强有利诱因，人的食欲才会旺盛。

视觉与食欲

视觉是人体辨别外界事物的形状、明暗和颜色特性的感觉，包括光觉和色觉两种。它是整个光分析器(包括眼睛中的视网膜、视神经和大脑皮层枕叶区)的功能。视觉不仅仅是脑的机能，而且是光分析器对客观事物光、色特性的反映，所以也属于一种心理过程，视觉过程的产物叫做“视觉映象”。

视觉在饮食中的作用是：

1. 鉴别食品优劣的前提条件；

2. 视觉的范围大小决定人们对食品认识的深浅程度；

3. 视觉的好坏直接影响食欲；

4. 通过视觉会连带性地产生人们对食物的主观评价。

视觉的感受重在色泽，它直接影响着饮食心理。如白色给人整洁、软嫩、清淡、素雅之感。红色给人华贵、富有、振奋之感。黄色给人清香不腻或酥糯、干香之感。绿色给人鲜活、自然之感，还有益于消化吸收，可起镇静作用；当今流行“绿色食品”，则是注重安全、卫生和没有污染。橙色给人质实之感，还可诱发食欲，有助于钙的吸收，使人精力充沛。紫色给人艳丽之感，还可维持体内钾的平衡。黑色给人沉着、力度之感；当今流行“黑色食品”，则是追求某些特殊的营养物质(如黑色素)，企求健康长寿。

所以，科学家从视觉的角度研究出一种“彩色营养学”，号召人们选食多种颜色的食品并巧妙搭配，以利于膳食平衡。

听觉与食欲

听觉是人体辨别外界物体的振动而产生的声音特性的感觉。声音经由外耳、中耳到达内耳，由耳蜗中的科蒂氏器官将声波振动的能量转化为神经冲动，再经听神经传入大脑皮层颞叶，引起听觉。听觉是一种心理过程，其结果是在脑中产生主观上能意识到的“听觉映象”。人的听觉水平很高，可以分辨34万多个不同的音，尤其是对1000～4000赫兹(周/秒)频率的声音听觉敏感性更高。听觉在人的生活中的作用仅仅次于视觉。

听觉在饮食中的作用是：

1. 帮助人们间接地认识食品；

2. 容易促使食客之间产生共鸣；

3. 对食品的议论有时可以左右食欲。

例如，啤酒开瓶的嗤啦声，“响淋锅巴”的爆裂声，锅勺撞击的叮当声，搁置碗筷的碰撞声，都能给人以愉悦的感受。尤其是一些美食家绘声绘色地谈讲食品之美时，更使人胃口大开，垂涎三尺，这更是听觉的妙用所在。至于小贩推销食品的吆喝声，人们吞食美味的咂嘴声，也常具有难以抗拒的魅力。

在餐厅服务工作中，服务人员的声音则通过训练有素的职业语言(标准的发音、清晰的吐字、柔和的音调、谦逊的语气、适中的速度、礼貌的措词、简洁的答问、委婉的解说)发出，它往往能够博得顾客的好感；若是用乡音接待远方归来的游子，还会使客人感触良深，激动不已。在这个时刻进餐，食欲必然旺盛。

嗅觉与食欲

嗅觉是人体辨别气味的感觉，它的适宜刺激物是挥发性物质的微粒。固体或液体的气味，由少量发散于空气中的微粒进入鼻腔嗅区，嗅区中的嗅细胞是嗅觉的感受器，嗅神经和三叉神经传导嗅觉兴奋，再经嗅球、嗅束到达大脑皮层颞叶区的嗅觉中枢就引起嗅觉。气味有6万余种，大体上分为花香、果香、松脂香、香料香、恶臭、焦臭等类型。科学研究证明，环境条件(含温度、湿度、清洁度)和身体状况对嗅觉影响明显，37～38℃是嗅觉的最适宜温度。嗅觉的适应性显著，这便是“入芝兰之室久而不闻其香”之说。嗅觉的适应性还有选择，如适应碘酒气味仅需 4 分钟，而适应大蒜气味则需 40～45 分钟。

嗅觉在饮食中的作用是：

1. 对食物的强烈诱惑性；

2. 对食物的准确选择性；

3. 对异味的自觉排斥性；

4. 对美食的执着追求性。

所谓香、臭、腥、膻等食品的评价概念，都源自嗅觉。烹调菜点时经常使用添香调味剂（如酒、醋、姜、葱），也是为了满足人们在饮食心理上的一种需求。

人的嗅觉感受性很高。法国的评酒专家可以区分数千种酒类的不同香味；女性的嗅觉能力往往比男性强。由于嗅觉产生适应性后会变得迟钝，所以餐厅中空气的纯净非常重要。它可使食客对食物的嗅觉保持灵敏，从而激发旺盛的食欲。

味觉与食欲

味觉是人体对化学刺激物的一种感觉，它影响着唾液和胃液的成分数量，形成对不同食物的不同食欲。味觉分析器中的感觉器是味蕾，传入神经有迷走神经、舌咽神经、舌下神经和面神经，还包括大脑中的味觉中枢。凡能溶于水的呈味物质都可以成为味觉的刺激物。现今一般认为基本味觉是酸、咸、苦、甜；有人认为要加上辣；还有人认为要加上涩和淡。舌尖对甜、咸味敏感，舌根对苦味敏感，舌侧面的中部对酸味敏感。人可以分辨 5000 多种不同的味道，厨师和善于品茶、品酒、品菜者的味觉比一般人更为精细。味觉常受温度和生理、心理因素的影响，经常出现“变异”现象（参阅“调味”条）。

味觉在饮食中的作用是：

1. 准确分辨不同滋味的食物；

2. 有利于形成积极摄取食物的神经反射；

3. 是鉴别中菜质量优劣的第一指标；

4. 构成地方风味和民族风味的重要因素；

5. 对身体机能和个性特征有积极的影响。如日本学者认为：爱吃冷食者，大都性格稳健，意志坚强；爱吃烤食者，大都性情急躁，勇于进取；爱吃甜食者，大都禀性柔和，乐于助人。

需要注意的是，味觉易受外部环境因素、内部身体因素、感受时间因素、呈味物质浓度的左右；对不同的味的喜好程度，还往往因地而异、因时而异、因职业而异、因人而异。凡此种种，都是餐饮服务心理中的重要研究课题。

肤觉与食欲

肤觉即皮肤感觉，它主要是辨别物体的机械特性和温度特性，包括触压觉（含口腔触觉）、温度觉、皮肤痛觉和振动觉等。肤觉源自皮肤的触点（每平方厘米 25 个）、冷点（每平方厘米 10～15 个）、热点（每平方厘米 1～2 个）以及痛点（每平方厘米 100～200 个）；它们在身体的不同部位分布也各不相同。其中，指尖、嘴唇和口腔中的舌面，最为敏感。

肤觉与烹调的关系亦密切。像厨师用手感知火候，便是一例。与此同时，肤觉也能刺激食欲。如手拿馒头时的柔韧感、嘴唇接触食物时的舒适感，就是如此。它可以感受到食物的软或硬、松或糯、滑或润、绵或黏、酥或脆、老或嫩，从而产生强烈的进食欲望。

口腔触觉与食欲

口腔触觉是肤觉中触压觉的一种，主要指口腔中的牙齿、舌头、口颊等接触食物后感知到的多种质感（如酥、脆、松、软、硬、韧、柔、糯、烂、腐、老、嫩、滑、润、爽、绵、焦、黏、沙之类），通常称为“口感”。它的作用是利牙齿、适口腔、生美感、合心理、诱食欲、满足生理需要。

科学实验证明，人们在饮食中对于“口感”的要求是不一样的。如山东人喜欢脆、爽、硬、酥，江苏人喜欢软、烂、绵、糯，广东人喜欢滑、松、柔、腐等。还有儿童爱酥脆，中年人爱筋韧，老年人爱软烂，也是如此。符合口感时，食欲旺盛；反之，则厌食弃食。所以，现今有人专门研究口感，探寻食欲中的奥秘。

联觉与食欲

联觉是一种感觉引起另一种感觉后，联合形成的比较完整的知觉。在联觉中，视觉往往是导因，随后形成视～听，视～嗅、视～味、视～肤等不同的联觉。这是不同的感知觉互相作用时产生的奇妙心理行为，并会对食欲产生积极的影响。

例如，许多颜色都带有“温感”。红、橙、黄等色使人联想到太阳和火花，故称暖色；蓝、青、绿等色使人联想到海洋和森林，故称冷色。餐厅冬季以红、橙色为主色调，夏季以蓝、绿色为主色调，就是为了调适顾客的心境，使之精神振奋，食欲大盛。

又如，鸟儿的鸣叫声可以陶冶性灵，给人们带来欢乐。如果在餐厅播放百鸟啼鸣的原声带，就可以使顾客联想到清纯而美好的大自然和盎然的生机，从而情绪欢悦、杂虑尽去、劳累顿消、胃口大增。

再如，人们品尝“东坡肉”时会联想到苏东坡，品尝“大千鸡”时会联想到张大千，品尝“油条”、“光饼”时会联想到民间传说中的秦桧和戚继光，这又是一种“文化联觉”。它可以增添谈资，使筵宴的情韵更为雅致。

还如，蒙古人和英国人在酒店进餐时，总希望从始至终是同一个服务员为自己服务。以后再度光临这个酒店时，仍希望那个服务员出现。这种在信任的基础上建立起来的联觉，会使他们放心吃喝、齿颊留香。

此外，“一热三鲜”、“要得甜，加点盐”等厨谚，也是联觉的产物。

情绪与食欲

人的不同情绪属于情感心理的范畴，它对食欲也有着较大的影响。

从激情方面看，愤怒时会拒绝进食或暴饮烈酒；悲哀时会不思饮食或没有胃口；绝望时会忘掉饥饿或机械地吞咽；恐怖时会失去饮食意识或厌弃饭菜；狂欢时会暴食暴饮而从不考虑胃纳的容量。

从心境方面看，喜爱某一食品会造成偏嗜；憎恶某一食品会造成神经性厌食；忧虑时饮食心理有所变化会对某些食物产生怀疑；爽朗时饮食心理稳定正常而满口生津。

从热情方面看，热爱的人重视食物的质，表现为鉴赏型倾向；倾注的人重视食物的量，表现为求实惠心态。

性格与食欲

心理学家认为，一个人的食欲和饮食方式，常可反映他的某些个性特征。例如：

1. 浅尝辄止型。这类人食量较少，行为谨慎，稳重有余而闯劲不足，偏于保守。

2. 风卷残云型。这类人进食很快，豪放泼辣，精力旺盛，办事果断，竞争意识强烈。

3. 细嚼慢咽型。这类人进食极慢，周详严谨，无把握的事不去干，有时爱挑剔他人。

4. 饮食过量型。这类人食量甚大，性格直爽，喜怒溢于言表，能团结人、关心人。

5. 独食难肥型。这类人多不愿与人共餐，孤芳自赏，但坚毅沉着，言行一致，重视然诺。

6. 来者不拒型。这类人口味驳杂，不拘小节，生命力旺盛，多才多艺，工作能力强。

意志与食欲

所谓意志，就是为了实现某种预期的目的，根据自我对客观规律性的认识，能动地通过克服各种困难去改变某一客观过程的实践活动。它反映在饮食上即是：想吃什么就要吃到什么，想如何吃便如何吃；为了满足生理需要、保健需要、审美需要、猎奇需要、扬名需要、显富需要、尝新需要或者是节俭需要，会不顾一切地去追求某种食馔，直到按照个人的设想吃到口中为止。

这种饮食心态有时虽然带有一定的盲目性，但其进取精神颇强。换言之，它是主动求食，而非被动就食。持这种心态的人一多，并有共同的追求目标时，在饮食市场上就会形成一股潮流，如“早茶热”、“火锅热”、“海鲜热”、“洋快餐热”等。

理智与食欲

理智是客观事物是否满足人的认识活动需要而产生的一种情感体验；它是人类特有的一种高级情感，主要表现在认识现实、追求真理、维护信念等方面。

由于理智型的人是思维活动占据优势，能理智地审察一切，根据理智去判断行动，极少受情绪波动的影响，故而他们多能控制食欲、支配食欲。其主要表现是：(1)在饮食开支上，量入而出，一般没有铺张浪费现象；(2)在食品筛选上，大多注重实惠，不追求新异，不随波逐流；(3)在美食的评价上，注重自我“体验”，常能讲出不少道理，令人钦佩；(4)在营养卫生上，注重进补和食疗，不盲目“跟潮流”，而讲究实事求是。

气候与食欲

气候是一定地区里经过多年观察所得到的

概括性的气象(大气的状态和现象)情况;它与气流、纬度、海拔高度、地形等因素有关,通常用气温(空气的温度)、湿度(空气中含水分的多少)以及阴、晴、雨、雪、雷、电、雾、雹等天象来表示。

气候对食欲的影响十分明显。通常情况下,冬天的食欲最为旺盛,春、秋二季次之,夏天最差;晴朗的天气食欲好,阴雨的天气食欲差;湿度低时食欲好,湿度高时食欲差;干凉时食欲好,湿热时食欲差。这多是人的生理、心理状况因气候的影响而发生变异所致;也与寒冷时消耗的热量多、炎热时消耗的热量少有关。所以自古就强调"四时进补",要求灵活调配饮食。

环境与食欲

环境系指周围的地貌、生态或生存条件;餐厅环境则包括地理区域、民族分布、生活水平、卫生条件、消费层次以及经营方式、餐厅装潢、电器设备、服务水准等等。它们对顾客的食欲有着直接的影响。

就餐环境即饮食心理环境。如果餐厅装潢典雅大方、电器设备完善先进、经营方式灵活多变、服务接待水准一流,再加上清洁卫生、富有异域风情或民族风情、消费层次合宜,顾客的食欲无疑会旺盛;反之,或者是如坐针毡,或者是麻木不仁,其食欲便无从提起。就餐环境好对顾客而言,有一种条件反射的作用,它可以刺激感官、愉悦身心、活跃情绪、振奋食欲,使人欢快地进食。

气氛与食欲

气氛是一定环境中给人某种强烈感觉的精神表现或景象;餐厅中的气氛则指声光音色、陪餐人员、社交言谈以及娱乐雅兴等等。欢乐的气氛常常是进餐中的兴奋剂,它有利于消化系统的运转,使食欲亢奋。

例如一年一度的团年饭,通常是在祥和、欢乐的气氛中进行的。一家人有说有笑,充满着亲情;再加上祖传的乡土食馔,丰盛的酒水果点,天伦之乐融融,这餐饭必定吃的时间很长,吃得很饱,吃得男女老少笑逐颜开。

又如公关聚会,不同的人群汇集在一起,经过一番交谈,便会出现三三两两的对饮,此时则是"酒逢知己千杯少,话不投机半句多",气氛直接支配着就餐者的情绪。

劳动与食欲

重体力劳动者(如农民、矿工、伐木工、炼钢工、建筑工、潜水员、运动员、集训的新兵等),一般都是运动量大,呼吸急促,耗氧多,肌肉和心脏耗热量大,流汗多,每天需要供给 3200～3800 千卡的热量,相当于平常人食量的 1.2～1.5倍,因此他们特别"能吃",食欲相当旺盛。还有些资料介绍,有些习武者一餐可吃 1～2 公斤肉,有些大力士一天能吃 2～4 公斤米饭,这都是运动生理和运动心理所致,即多劳者多食。

所以,一个人食欲是否旺盛,取决于多方面的因素,其中消耗能量的及时补给,也是生物"本能"的需要,是生理机能与心理共同作用的结果。

健康与食欲

人的健康状况对食欲的影响很大。一般来说,身体健康者食欲旺盛,身体虚弱者口味不佳;身体在正常状况下食欲较好,身体有疾病时食欲较差;50 岁以前进食的欲望强烈,50 岁以后进食的兴趣减弱;夏季生理活动受到影响时缺乏食欲,春秋冬三季生理活动正常时胃口大开。凡此种种,都是健康因素在其中发生作用。

举凡健康者,身体各部分的机能都正常,新陈代谢也旺盛,每天都有一定的运动量,要消耗不少热能,故而需要食物源源不断地进行补给。每到吃饭时间,唾液、胃液、肠液会大量分泌,激发出食欲,因此能够吃得美、吃得香、吃得有滋有味。

长寿与食欲

古今中外都有许多百岁老人,探寻他们的"长寿之道",可以归纳为"心宽、气爽、常动、节食"8 个字。其中,"心宽"是指精神开朗、襟怀坦荡、遇事不怒、知足常乐;"气爽"是指有一个适宜养生的环境,包括气候、居室、休息各个方面,以便蓄养体力,陶冶性灵;"常动"是指经常劳动、经常运动、经常活动,促进新陈代谢,诱发生理活力;"节食"是指"量腹节所受"、"淡泊甘蔬糗",要求食物"火化"(烂煮)、"口化"(细嚼)、"腹化"(吸收)。

其中的"节食"不是指少吃,而是指适当地吃、有节制地吃(即根据需要吃)、有节奏地吃(即餐必定时之意)。许多调查报告表明,很多百岁老人的“胃口”甚好,每天能吃300～400克粮食、400～600克果蔬,以及一定数量的肉类、豆类、奶类,其食量与60～70岁的老人基本相当。这说明“长寿者食欲好”应是一条普遍规律。

国外还有句名言:“健康是吃出来的。”由于长寿是健康的主要标志之一,所以,食欲是否旺盛也是检验一个人能否长寿的一个标志。“长寿者食欲好”是建立在“心宽”、“气爽”、“常动”的基础上的,即良好的生理机能、良好的心理状况、良好的生活环境综合作用的产物。

神经性厌食

神经性厌食是中枢植物神经系统功能紊乱或抑制减退的一种现象;其表现为消化液分泌减少、胃平滑肌张力变弱、胃壁供血不足和食欲衰退。它的主要特点是:

1. 长期胃口不好,对食品浅尝辄止;

2. 对饭菜百般挑剔,缺乏食欲;

3. 对劝食常有反感或抵触情绪;

4. 尤为厌恶蛋白质和脂肪含量高的食物;

5. 面容苍白,身体消瘦,毛发脱落,精神萎靡不振,并伴有多种疾病发生。

引起神经性厌食的主要原因是受了精神刺激后而产生的病态饮食心理活动,其次是爱美减肥的误导、生活环境的重压、不良的情绪、古怪的性格以及不科学的饮食习惯。所以,神经性厌食既是生理上的疾病,更是心理上的疾病,餐厅服务中如果遇上这类顾客,往往极难接待。

对于神经性厌食,要重在心理矫治,即:

1. 多方解除患者的紧张情绪和思想顾虑,使之从精神负担中解脱出来;

2. 指出厌食的危害,晓以大义,鼓励病人循序渐进地增加进食量;

3. 调整进餐环境,利用场景、气氛等的刺激逐步调动患者的情绪,诱发其食欲;

4. 精心烹调饭菜,经常变换花样,并在“饥不择食”的情况下促使其食用。

减肥的心理变异

减肥的饮食心理变异是由于不正确的人体审美观而产生的饮食心理病态,大多见于45岁以下的女性,其表现形式为“畏肉如虎”、“视糖为敌”、严格控制饮水、尽量减少食量,久而久之,体质下降,百病滋生。这种情况在当今社会中已成为一种“怪癖的风潮”,后遗症甚多,应当引起足够的重视和教育,并加以心理矫治。

首先,要对人体美有正确的理解与评价,美与不美关键不在胖或瘦,而在于匀称协调,柔韧健康。在人类历史上,有时崇尚女性的“苗条美”,有时也崇尚女性的“健壮美”,由此可见,瘦与胖并不是美与丑的永恒标志,问题在于人们怎样去评价。事实上真正的女性美是健壮与苗条的结合,即胖瘦适中。什么是胖瘦适中呢?医学界常见的说法是,身高减去100(或105)即为标准的体重(以公斤计);在此基础上增减10%都属正常。那么身高160厘米的女性,她的标准体重应是55～60公斤,如果增减10%,49.5～55公斤不算瘦,60.5～66公斤也不算胖。这才是科学的审美观——因其对女性的健康有利。

第二,要了解一些人体生理知识,明确脂肪的来源及功用,不可因噎废食。科学家认为,身体中脂肪细胞的数量是不定的,但是人一旦获得这种细胞后就不会再失去,所以减肥不是减掉脂肪细胞的数量,而是控制它们的大小。更重要的是,脂肪不仅是人体中的高效能源,可以生成细胞膜、运载脂溶性维生素、保护内脏器官、隔热保温,为人体所必需的营养物质;而且它还是形成“三围”(胸围、腰围、臀围)的重要条件,可以充分展示女性的魅力和身体的弹性、柔韧性。当然,脂肪过多也不好,既使体型难看,还会导致高血压、冠心病等疾病。因此,脂肪应当是多少适度,不能盲目地减了又减,致使“国库空虚”,遗患无穷。

第三,“喝水也能胖”的说法是不科学的。水是人体中最大的组成部分(约占成人体重的60%),也是维持生理活性和进行新陈代谢不可缺少的物质。水能帮助营养物质的消化、吸收、运输和代谢;能帮助酶的催化和渗透压调节;能保持体温的平衡和各器官的滑润。如果缺食,人能存活40天左右;如果缺水,人仅能存活7天左右。更重要的是,人体饮用的水,经常通过排泄、呼吸、出汗将多余的部分排出,它对肥胖并不起多大的作用;相反,医生还认为水是一种能减肥的饮料,多饮水则会少进食,可以减轻体重。

第四,要加强锻炼,提高运动量,维系体内正常的生理代谢,保持青春的活力。许多实验证明,最安全、最有效的减肥方法，是每天坚持适度的锻炼。因为它可以活动身体、消耗热量与脂肪，加速新陈代谢，保持体型的匀称和健美。民间常说的“动则瘦、静则胖”，便是出于这一道理。运动员坚持训练时瘦、停止训练后胖，也是如此。

第五，科学地修订食谱。在保证营养全面供给的前提下，适当控制进食量，适当减少脂肪的摄入，多安排一些果蔬，将饮食安排得清淡、鲜美，也有利于减轻体重，保持身材的匀称协调。

偏食

偏食是一种不良的摄食习性和心理状况，一般多发生在孩童时期。其突出的表现是，只嗜爱某一类食品而拒绝其它食品。由于长期偏食，往往会因某种营养素的缺乏或某种营养素的过剩，从而导致疾病，如夜盲症、坏血病、软骨病、肥胖症、小儿多动症等。

偏食亦是一种病态心理，其客观原因多是家庭对孩子的不良抚育方式与过分迁就所致。预防偏食，重在引导孩子饮食和示范介绍食物；矫治偏食，则需采取有效措施：(1)说教法。向孩子讲清偏食的危害。(2)奖励法。鼓励孩子全面摄取食物。(3)惩罚法。暂时停止孩子喜爱的某种游戏。(4)脱敏法。偷偷使孩子进食他不喜爱的食物(如将肉剁碎后炒入青菜中)，逐步扩大摄食面。

暴食

暴食也是一种病态的饮食心理现象，即过分地摄取食物(尤其是喜爱的食物)，超过了肠胃的容量和身体正常的需要，致使肠胃病或肥胖症的产生。

凡是暴食(包括暴饮)之人，大都具有一种贪馋的心理，恨不能将所有的食物一下子都据为己有。因此，能吃时大吃，不能再吃时也要硬撑，其进食量往往是胃纳量的1.5～2倍，饭后肠胃充塞，大腹便便，不断地打着饱嗝，形象十分难看，往往被人议论。

对于暴食者主要是进行心理教育，讲清摄食过量的危害；同时对他们要适当控制供食量，以饱为度。必要时要进行身体检查，防止某些部位的病变，如糖尿病等。

顾客就餐心理

就餐需求的层次

顾客的就餐需求是饮食心理活动的动力。按照美国心理学家马斯洛的分析，这种需求可以分为5个不同的层次：

1.生理需求(生存型)。饥则求食、渴则求饮、乏则求息，是人类生存发展的基本需求；不少顾客来店就餐也主要是为了满足口腹之需。这是就餐动机的第一层次，亦是最基本、最普遍的物质上的欲望。

2.安全需求(安全型)。即希望在就餐中人身安全有保障，其中包括食品卫生、身体和财物不受意外事故的损害等。安全需求出自一种自我保护的心理活动，如能满足，就可以消除就餐时的紧张、恐慌情绪。

3.社交需求(社交型)。即把餐饮当作社交公关的一种形式，企盼通过宴请获取友情、信任与支持，并且洽谈事务、疏通关系、了解情况、完成某种任务。因此，他们要求进餐中多一些人情味，多一些方便，以便从容地交流思想、增进感情。在社交需求中，口腹之欲已退居第二位，美食变成了“媒介物”。

4.尊重需求(尊重型)。尊重包括自尊和他尊。它反映出顾客对人格和权力的心理要求，希望得到服务人员的热情接待和敬重，希望受到他人的注意和赏识。这里突出的是“礼遇”，是“人的地位和价值”，精神上的满足已升到主要位置。有人认为这种需求实质上是“自我实现的需要”，里面含有充分发挥个人才能，自我奋斗，实现远大理想的积极成分，是心理需求的最高层次。

5.享受需求(享受型)。这便是“花钱买享受”之说。此类顾客进店就餐有双重目的：既追求物质享受(品尝美味)，又追求精神享受(受人尊重)，并要求一切都是高标准的，任何环节都不可简慢、马虎。随着社会文明的进步和生活水平的提高，这一心态的就餐者会越来越多。

综上可以看出，人们的就餐心态，既有物质需要，又有精神需要，还有物质需要与精神需要的结合，其层次不等，欲望各殊。所以，不论是接待旅游者、出差者、因公务而就餐者，还是办喜事者、办丧事者、三口之家，乃至各阶层各方面的顾客，服务人员都应了解和把握他们的就餐心态，“投其所好”地热情接待，使其愿望得到满足。

影响就餐心理的因素

影响顾客就餐心理的因素甚多，可以概括为社会因素与自然因素两大类型。

(一)社会因素。主要是政治因素、经济因素、文化因素、风俗因素、集团因素和宗教因素。

1. 政治因素。

主要表现在：(1)政治制度对消费内容、方式和程度等方面的制约与影响。如我国现今不许捕食珍稀动物，严禁“吃花酒”(指狎妓行为)等。(2)国家对消费潮流的引导。如改革筵席，发展地方小吃，提倡“绿色食品”和“黑色食品”，开发海洋食品与昆虫食品等。

2. 经济因素。

主要表现在社会的生产力发展水平、生产关系、消费者的经济收入 3 个方面。它们直接影响消费的数量、质量、结构及方式，从而引起就餐心理的变化。如私营业主上餐馆的多，工薪阶层上餐馆的少；特大都会高级酒楼云集，边远集镇小吃摊点分散；年前的奖金多，餐饮业比较红火，年后的荷包紧，餐饮业比较萧条，均系如此。

3. 文化因素。

主要表现在：(1)文化背景(即文化传统和价值观念)对消费行为和心理的影响。如中国人和欧洲人在进餐方式上就存在着明显差异。(2)教育水平的不同会影响人们的消费观念、习惯及兴趣。如医生大多追求饭食中的营养平衡，码头工人则希望提供高脂肪、高热量的食品。(3)家庭内外关系的影响。如 3 口之家的饮食，多以孩子为中心；四代同堂的饮食，则偏重于照顾老寿星的口味。

4. 风俗因素。

主要表现在年节食俗、地方食俗、宗教食俗、民族食俗对就餐方式与内容的约制。如山东人喜欢鲜咸纯正，江苏人喜欢清鲜平和，四川人喜欢麻辣香浓，广东人喜欢生嫩清淡；过年吃饺子，端午吃粽子，中秋吃月饼，腊八吃香粥。

5. 集团因素。

集团系指人们在社会的生活和劳动中相互结合而成的集体。在从众效应的支配下，集团成员的消费心态必然会受其他成员的左右。如要吃盒饭都吃盒饭，要吃火锅都吃火锅。这种“趋同感”，常常反映出集团的凝聚力和成员的向心力。

6. 宗教因素。

主要表现在宗教教义、教规对教徒们饮食心理和消费行为的制约。如绝大多数大乘佛教徒和全真派道人茹素，穆斯林“忌血生、戒外荤”，天主教徒和东正教徒“守大斋”和“守小斋”，喇嘛们禁食飞禽鱼虾之类。

(二)自然因素。主要是民族因素、地理因素、职业因素、年龄因素、性别因素、健康因素、嗜好因素。

1. 民族因素。

主要表现在民族的生存环境、生活方式、膳食习惯和烹调技法对就餐心态的影响。如朝鲜族喜爱山菜和海鱼，蒙古族喜爱“白食”与“红食”，维吾尔族喜爱抓饭及烤包子，傣族喜爱虫馔和菌菜，藏族喜爱酥油茶同糌粑，黎族喜爱山栏酒和酸菜。

2. 地理因素。

主要表现在物产对食源的制约和气候对食性的制约上。如北方人多吃面制品，南方人多吃米制品，西北迎宾用牛羊，东南待客上鱼虾；还有北咸、南甜、东淡、西浓、中和的地区调味规律，以及春酸、夏苦、秋辣、冬咸、配鲜的季节偏嗜现象。

3. 职业因素。

主要表现为职业习惯和职业修养在就餐心理上留下的烙印。如歌唱家为了保护嗓子，一般不吃过咸的和辣味的菜品；舞蹈家为了保持体型，一般不吃高蛋白、高脂肪的食物；军人为了体现豪情，常是大碗喝酒；司机为了行车安全，常是滴酒不沾等。

4. 年龄因素。

主要表现在对食品的不同爱好上面，这多与身体发育情况及健康情况有关。通常的情形是，儿童喜欢酥脆的食品，少年喜欢干香的食品，青壮年喜欢硬韧的食品，中老年喜欢软烂的食品。与此同时，年轻一代大多喜欢猎奇逐异的饮食，老年一代大多崇尚自然朴实的饮食。

5. 性别因素。

主要表现在生理构造和性激素等对饮食心态的支配。例如，女性偏爱零食、小吃、带酸甜味或香辣味的食品，点菜时主见少，易被服务员的宣传所左右,但比较节俭;男性偏爱大菜、酒水、带鲜咸味熏腊味的食品,点菜时有主见,比较大方和爽快。

6.健康因素。

主要表现在体质的强弱对于膳食的不同选择上;另外他们对营养食品和药膳的兴趣亦有明显的差异。

7.嗜好因素。

这里面的情况就比较复杂。大体上是爱好什么就吃什么,爱吃多少就吃多少。只要经济状况允许,决不吝啬。

还须说明的是,影响就餐心理的因素,往往不是单一的,而是多元的。也就是说,一个人在就餐时,常常有几种因素在左右他。这些因素在构合时,有主有次,有多有少,形成"复杂的诱因"。这是客观世界的多重矛盾性在就餐心理中的反映。

膳食结构与就餐心理

膳食结构系指各种食品原料在饮食中所占的比例及其编排组合状况;它与食源的开发利用密切相关,其核心是营养供给平衡。一个地区、一个民族、一个家庭的膳食结构一旦形成,便会左右其就餐心理,支配其饮食需求,在主食的偏好、副食的择用、饮料的佐配、餐制的确立上面展示出来。

1.主食的偏好。它在心理学上多属于情感范畴。例如,北京人喜食炸酱打卤面,天津人喜食炒菜盖浇面,山西人喜食香菜刀削面,扬州人喜食鸡蛋炒米饭,广州人喜食海鲜煲仔饭,东北人喜食高粱米饭,西藏人喜食青稞粉,云南人喜食米线。

2.副食的择用。它在心理学上多属于兴趣范畴。如广西人偏爱狗肉,河南人偏爱鲤鱼,宁夏人偏爱羊肉,辽宁人偏爱海参,上海人偏爱猪蹄,湖南人偏爱熏腊,新疆人偏爱瓜果,吉林人偏爱山菜。

3.饮料的佐配。它在心理学上多与气质有关。如绍兴人习饮黄酒,哈尔滨人习饮扎啤,成都人习饮白酒,福建人习饮乌龙茶,内蒙古人习饮奶茶,杭州人习饮绿茶,朝鲜族习饮山泉水,鄂伦春族习饮桦树汁。

4.餐制的确立。它在心理学上多与感觉有关。虽然餐制上有2餐、3餐、4餐或茶、饭调配之别,但通常的规律是早餐要吃饱(以主食为主),午餐要吃好(比较丰盛),晚餐要吃巧(勤变花样)。只有这样,才感到舒适,并同生活、劳作、亲情等等相吻合。

饮食民俗与就餐心理

饮食民俗对就餐心理的影响也是多方面的,而且无处不在,痕印异常鲜明。

从年节食俗来看,几乎是12个月中月月有节,文化的积淀上千年。其表现是:节令、节日食品与食品掌故相结合。其心理是:祭祀祖宗神灵,播扬故事传说,调适农事活动,开展社交游乐,充实生活情趣,憧憬美好未来。

从居家食俗来看,波及到3亿多个家庭,涉及12亿人。其表现是:日定3餐,以素为主;主妇操持,全家协同;洁净精细,统筹兼顾;天伦之乐,情文稠叠。其心理是:节俭与丰盛兼顾,养生与品味结合,敦亲与睦谊并重,和美与安宁相融。

从礼仪食俗来看,这属于人生纪念日的庆典,大都要求红火、风光与欢乐。其表现是:集中在出生、成年、婚嫁、寿诞、辞世之日举行。其心理是:遍邀至亲好友参加,宾客须带盛礼祝贺,主家大张筵宴款待,举行相应仪式纪念,目的在于光宗耀祖,社会认同。

从餐馆食俗来看,常与餐饮业的经营方式与经营策略相结合,上下五千年,方圆数万里,大大小小的店铺都不例外。其表现是:有特殊的行业标志,有独特的推销手段,以地方风味作为旗帜,以名菜美点作为竞争武器。其心理是:菜点商品化,促成交易;设宴重礼节,讲究编排;席单有格局,展示情味;相聚为交往,实现功利。

从民族食俗来看,是56个民族传统文化汇展的橱窗,具有很强的认识功能。其表现是:就近取食,广辟食源;秉承祖训,各有食忌;因地制宜,巧定餐制;烹调风味,各有所喜;炊具食器,千姿百态;茶酒奶汤,各有奇品;年节饮食,传承久远;宴宾待客,各有理性。其心理是:对民族起源的追思,对英雄人物的膜拜,受生产方式的制约,受生活习惯的左右,热爱本民族的礼俗,信仰本民族的宗教,是文化艺术的熏陶,是思想情感的沟通。

从宗教食俗来看,虽有自然宗教和人为宗教的区别,但都体现为一种精神信仰。其表现是:自然崇拜、生物崇拜、图腾崇拜、祖灵崇拜，以及佛教、道教、伊斯兰教、基督教等不同的食戒。其心理是：群体性与民族性，自发性与自觉性，神秘性与法规性，祭祀性与禁忌性，功利性与选择性，复杂性与渗透性，等等。

餐厅装潢与就餐心理

餐厅是顾客的就餐环境。它的陈设与装潢，可以对就餐者直接产生“条件反射”作用，使其心境平和、稳定，情绪饱满、欢悦。因此，餐厅的器物、装饰和采光照明，都应符合心理学的原则，有利于顾客积极地进餐。

例如，在器物方面，宜于使用圆桌圆凳(易消除紧张、拘谨的心态)，宽大的桌披椅套(有舒适感)，金银托盘(有贵宾感)，小巧的碗筷刀叉(能激发菜点精美的联想)，名贵的茶具、酒具或水具(可显示主人的真诚和餐厅的品位)，温热洁白的餐巾(能体现卫生与温馨)，一流的通风、保暖、音像设备(可以展示餐厅的档次与现代气息)。

在装潢方面，花卉应选鲜活的，盆景应选高雅的，壁挂要大方气派，字画须出自名家之手，工艺观赏摆件要配当地的精品，窗格和门饰应有地方风情，匾额要切合景物并且古色古香，所有的饰物都应当忌杂乱，求协调，少而精。这样，就可以展现餐厅的规格，突出饮宴中的文化色彩，使顾客赏心悦目，获得精神上的高级享受。

在采光照明方面，门窗要尽可能开多一些、开大一些，多用淡绿色或乳白色的纱质窗帘，上方装吸顶白炽灯，灯泡不宜过大，墙壁可贴明黄色的墙纸，地面宜铺深红色的地毯，上浅下深，整个餐室以橙色作为主色调。此外，还须调配好适宜的温度与湿度。这不仅可使餐厅气氛活跃，宾主心情平稳，而且还有利于形成良好的条件反射，增进食欲。

饭菜质量与就餐心理

餐厅中的饭菜是顾客的消费品。它们的质量如何，直接左右着就餐心理，并且影响到消费行为的进行。在一般情况下，消费者对饭菜质量的心理要求集中反映到以下5个方面：

1.安全性和富于营养。

原料的安全性，主要是要求鲜活、洁净、无毒、无异味、无污染、不霉烂、不变质、不腥臭等。这是消费者对食品最基本的要求。否则，不但影响顾客的身体健康，也会影响餐厅的声誉和形象，还可能触犯法律。与此同时，餐具应按规定认真清洗和消毒，餐厅也要灭害除虫，防止疾病传染，使顾客放心与安心。

饭菜中的营养物质也应全面、质量高、搭配合理，能构成一组合理的膳食，易于消化和吸收，符合人的生理和生活需要。如果饭菜中还有一定的滋补和医疗保健功能，更会受到消费者的青睐，满足他们的心理欲望。

2.工艺性和品类丰富。

许多消费者都很看重烹调工艺，这主要体现在(1)色泽美，和谐悦目，观感良好，能激发食欲；(2)形态美，高雅大方，展示精妙的刀工，给人以美的享受；(3)气息美，芳香扑鼻，纯正长久，使嗅觉分外舒适；(4)滋味美，一菜一格，百菜百味，甘神怡口，大快朵颐；(5)质感美，齿牙咀嚼爽利，舌颚搅拌滑柔，能增强就餐者的兴趣与欲望。

至于品类丰富，则是要求菜式有变换、档次有变换、工艺有变换、味型有变换、组合有变换、装饰有变换、季节有变换、吃法有变换等等，不枯躁，不雷同，不死气沉沉。顾客不论何时就餐，都是生机盎然。

3.乡土性和知名度高。

消费者多有强烈的求新、求异心理；他们对乡土食肴往往“情有独钟”，并且希望通过食饮亲身体会一下乡风土俗。所以餐厅应在“乡土性”上大作文章，重点突出：当地的名特原料，当地的饮食口味，当地的名菜、名点、名小吃，当地擅长的烹调方法，当地的食规食礼，当地的筵宴格局，当地的菜品掌故，当地的饮食文化传统等。

所谓知名度高，这则与就餐者的崇名心理相呼应。北京烤鸭、湖北清蒸武昌鱼、天津狗不理包子、广东艇仔粥等名牌食品，本身就是一个活广告。它可以“近悦远来”，使就餐者获得最大的心理满足。

4.方便性和经济实惠。

求便是当代人的一种新心态。它体现在食饮上则是：餐具配置齐全；大件食料易于分割；汤菜不宜过烫；冷菜不宜过凉；能按客人意愿及时上菜；对残疾人给予适当帮助；简化某些服务程序；加快筵宴节奏等。其中最重要的是，不能让顾客久等、傻等、“望穿秋水”，乃至食欲全无、败兴而归。

求廉是大多数工薪阶层的一种心理愿望,故而真正经济实惠的饭菜有很大的吸引力。现今火锅畅销,小吃风行即为一例。廉并不等于粗制滥造,而应注重质量、讲究风味,使就餐者感到"物有所值"、"钱花得不冤枉"。

5.情趣性和精神满足。

此乃就餐者精神方面的心理需求,包括餐厅的格调、餐室的品位、菜品的命名、品尝的方式、时空间的选择、食饮的氛围、音乐的配合、余兴的穿插等等,都要体现出一种情趣、一种精神追求、一种文化品味。

现今不少餐厅比较"俗气"。要么是除了吃,还是吃,别的东西什么也没有;要么是除了吃,就是"闹",闹得乌烟瘴气、粗俗不堪;要么是除了吃,就是"唱",卡拉OK无休无止,满耳都是噪音,几乎到了难以忍受的程度。凡此种种,都是缺乏健康的情趣所致,不能给人以任何美感。真正的善于品味的有高尚追求的食客,是不会"光顾"这种场所的。

接待服务与就餐心理

这是餐厅形象、服务设施形象、菜品形象、特色风味形象、服务人员形象等等,对就餐者消费心理的影响,具体可参阅后面的"餐厅服务心理形象"等条目。

接待服务对就餐心理的制约,还与服务人员的心理品质、气质类型、性格类型、服务模式、接待技巧、情绪状态等等相关。对此,后面的"服务人员心理品质"、"服务人员气质类型"、"服务人员性格类型"、"优质服务模式"、"接待技巧"、"保持最佳情绪状态"等条,分别也有所介绍。

不同人群的就餐心理

就餐心理经常取决于人的气质与性格,而气质与性格的形成,又多与遗传因素、生活环境、所受的教育以及从事的职业活动相关。因此,人群不同,就餐心理也有差异。例如:

1.工人就餐心理。一般情形是:在职的要求迅速、口味浓厚,花色宜简单,要质价相符;退休的要求经济实惠、受到尊重、口味清淡,进餐速度慢,喜欢边吃边同人聊天。

2.农民就餐心理。大多是希望"物有所值",讨厌花架子,盼望一分钱一分货,人格受到尊重;很少浪费,要求账目清楚,接待热情,并能协助解决一些问题,如问路之类。

3.军人就餐心理。战士假日上街吃饭,大都要求快捷、便宜、简单、有风味特色;军官在外就餐,喜欢明快、自然,饭菜档次中等偏上,注重饮料的搭配,时间略长。

4.公务员就餐心理。比较讲究菜点的风味与质地,单人就餐常选中上品种,合伙聚餐常选中下品种,注重服务程序和环境清洁,喜欢坐在比较僻静的地方,从容不迫。

5.医务人员就餐心理。十分注重饮食的营养和卫生,要求菜品清淡而有特色,一般不抽烟、不饮白酒,就餐时间略长,消费水平居于中上档次,要求环境清幽,餐具洁净。

6.文艺工作者就餐心理。大都选在雅厅,对饭食比较挑剔,不爱油腻和麻辣的菜,很少饮酒,重视花色品种,追求名特食品,要求接待热情,并爱与服务员进行情感交流。

7.教师就餐心理。重视餐厅的环境气氛,喜欢研究菜点的风味特色,食量一般不大,希望少而精;对服务人员谦逊有礼,注重品味时的"自我体验"。

8.学生就餐心理。喜欢热闹,追求火爆,要求上菜快、量大、有情趣,常是"自我服务";因经济条件所限,其就餐多为"凑份子"性质,常是普通饭食,进餐速度快,边吃边玩。

9.运动员就餐心理。崇尚高蛋白、高脂肪、高热量的食品,喜爱酒水与瓜果,要求量大、新鲜、有一定的知名度,聚餐时情绪热烈,精神饱满,比较豪爽大方。

10.飞行员就餐心理。对饭菜的质量要求很高,喜爱既有营养又较清淡的名食,企盼多变花样,经常掉换口味,消费水平偏高,比较容易接爱西餐洋食。

11.海员就餐心理。由于常年在大海航行,接触鲜活食品较少,一般对稀罕的果蔬很感兴趣;又由于走南闯北见识多、薪金高,所以品味水平也高,追求异食和名特菜点。

12.司机就餐心理。大都要求饭热、菜热、口味多变、富于营养、热量较高;同时还要求有热水、热茶,上菜较快。他们开车时不饮酒,开车后通常爱喝几杯,以消除疲劳。

13.特殊工种人员就餐心理。主要指高温作业者、潜水员、经常接触有毒物质或放射性物质的人员,他们大多希望饮食清淡而有热量,环境舒适,饭菜花样多,滋补食品多,服务周全。

14.私营业主就餐心理。出手一般大方,爱点名菜和好菜,喜欢奇珍异味和洋酒,饭菜丰盛;对于服务接待要求亦高,希望受到敬重,只要吃喝满意,不惜破费金钱。

15.企业家就餐心理。大多选择名店名楼,独包高级雅厅,要求菜品精细济楚,设施和服务也上档次;进餐中讨厌干扰,比较注重品位和氛围,花销大,气派足。

16.居民就餐心理。大多带有调剂生活的性质,点菜虽然不多但是注重调配,进餐不慌不忙,多是全家同往,要求餐厅小巧、精洁,饭菜实惠大方,地方风味突出。

17.出差人员就餐心理。一般要求方便、迅捷、经济,服务态度良好;由于口音等方面的隔阂,他们的询问较多,心态拘谨,往往是匆匆来去,求饱则安。

18.旅游者就餐心理。通常表现是好奇心大,态度主动而热情,希望品尝当地名馔,多了解一些饮食文化方面的知识,因而话多,渴望与异乡人交流,以增长见识。

19.少数民族就餐心理。首先是希望受到尊重和理解,点菜时乐于听从服务员的安排,膳食求实,比较节俭,付账大多爽快,对人礼貌,态度诚恳、朴实。

20.宗教信徒就餐心理。都是严格遵循教规,不吃犯禁的食品,对菜单仔细审查,并常在配料与烹制上提出许多要求;他们大多好静,台位多选在不被人注意的角落,极少用酒。

21.台胞归侨就餐心理。通常是怀有很大的热望,渴盼一尝多年未见的故土美食,要求肴馔精洁,品味高,文化含量大;大多不胜酒力,但重茶,要求接待热情而细腻。

22.外宾就餐心理。好奇心大,喜欢热闹,爱用筷子,偏好地方风味小吃,对造型菜和掌故菜感兴趣,频繁拍照或记录,不希望"特殊",愿意坐在大厅,体验一下中国老百姓的日常生活。

23.三口之家就餐心理。通常是孩子为主、夫人次之、先生置于最后,一般多为3菜1汤,荤素搭配,档次不高;但是要求接待热情、公平实在,不喜欢花架子。

24.少女就餐心理。大都要求清淡、量少、有特色,偏爱鲜淡、酸甜、微辣口味,注重餐室的雅丽和餐具的整洁,进餐时间较长,常是小声说笑,不喜欢服务员过多地干扰。

25.情侣就餐心理。一般爱选僻静的台位,点菜以女方为主,数量不多,讲求精细,要求有好的"彩头",上菜不宜过快,服务员不宜频繁进出,希望有个相对独立的"小天地"。

26.老弱病残就餐心理。希盼尊重、希望有较多的照顾,饭菜要求经济实惠,够吃则可;要求账目清楚,服务周到而温和,有人迎送,并帮助解决就餐中的一些困难。

27.婚嫁寿庆就餐心理。要求红火、风光,突出当事人;忌讳冷漠,忌讳不吉利的话语、动作和菜品,忌讳打碎餐具;要求菜品丰盛,上菜及时,服务员主动配合。

28.好友欢聚就餐心理。大都喜爱热闹,一般挑选有特色的大餐室,饭菜冷热荤素兼备,重视酒水,进餐时间长,服务员要热情、细心,必要时播放舒缓的乐曲,使宾主尽兴而散。

就餐消费动机

心理学家认为,人们的就餐消费动机多达数十种,归纳起来,基本上是实惠、健康、犹豫、猎奇和鉴赏5大类型(详见"实惠型就餐动机"、"健康型就餐动机"、"犹豫型就餐动机"、"猎奇型就餐动机"、"鉴赏型就餐动机"各条),各有不同的特征。

就餐消费动机是一种心理活动,它直接影响到就餐消费水平、就餐消费类型、就餐消费态度和就餐心理的阶段变化性,在顾客就餐行为中有着举足轻重的地位。不同人群的就餐心理在很大程度上也是由它来决定。

因此,应当研究顾客就餐中的基础心理、生理渴望、心理压力、兴趣冲动和高级心态,将餐厅服务工作做准、做仔细。

实惠型就餐动机

实惠型就餐动机包括求实心理、求廉心理、求准心理、求信心理、求近心理、求便心理、求快心理、求及时心理、求满足心理、求理想心理等等。它的突出特征有三:

1.以使用价值为主要的购买动机,要求饭菜经济实惠,物有所值,不太注重外形的装潢,对花架子比较反感;

2.要求质价相当,老少无欺,毛利率较低,不乱宰客人,能保持餐厅的信誉,不使慕名而来者失望;

3.希望便利、快速,尽量节省时间和排队等候的精力,能较快、较好地解决腹中之需,以适应快节奏生活的需要。

这种情况又称"就餐基础心理"。

健康型就餐动机

健康型就餐动机包括求健康心理、求疗疾心理、求滋补心理、求长寿心理、求卫生心理、求安全心理、求吉庆心理、求温饱心理、求和乐心理等等。它的突出特征有三:

1.希望饭菜安全、卫生,对原料的鲜活度要求较高,拒绝腐败、变质的东西,出自一种"身体自卫"的心理本能;

2.从养生、疗疾的需要出发,希望通过饮食增进健康、获取长寿,因而对药膳、对补品很感兴趣,舍得花钱和耗费精力及时间;

3.吃了有滋补作用的饭食后,有一种"被保险"的心态,情绪平稳而欢欣,自我感觉吉庆而和乐,怡然自得。

这种情况又称"就餐生理渴望"。

犹豫型就餐动机

犹豫型就餐动机包括犹豫心理、怀疑心理、紧张心理、反感心理、厌倦心理、盲从心理、择地心地、念旧心理、从众心理、被迫心理等等。它的突出特征有三:

1.左右摇摆,把握不住,观望徘徊。其原因一是对菜品不信任,二是经济不宽裕,三是不买有压力,四是买了不情愿;

2.对餐厅的虚假广告和服务人员的矜持不满,从而产生抵触情绪;或者曾经上当受骗,现今仍然心有余悸;

3.万不得已时为了顾全面子,只好从众,但内心并不舒坦,进餐时情绪低落,缺乏胃口,常有难言之隐,后悔不迭。

这种情况又称"就餐心理压力"。

猎奇型就餐动机

猎奇型就餐动机包括求新心理、好奇心理、立异心理、占有心理、好胜心理、嗜癖心理、显耀心理、自尊心理、夸富心理、冒险心理,等等。它的突出特征有3:

1.追求时尚和新颖,喜欢参与或领导"饮食新潮流",既有求知探奇的欲望,又有品味人生乐趣的追求和强烈刺激;

2.顽强地表现自我,通过搜奇猎异展示自己的身份、地位和财力,希望获得社会敬重和他人羡慕,实现"人生价值";

3.消费往往带有盲目性和冲动性,行为往往一反常态,只要自我感觉"良好",常常不惜金钱和敢冒风险。

这种情况又称"就餐兴趣冲动"。

鉴赏型就餐动机

鉴赏型就餐动机包括求名心理、求鲜心理、求美心理、求好心理、求知心理、欣赏心理、自信心理、舒适心理、品味心理、愉悦心理等等。它的突出特征有三:

1.追求高尚的精神享受,将饮食作为生活审美的主要对象,从中获取知识和乐趣,从而修身养性,陶冶情操;

2.要求食物精美、特异、鲜香、有品味,要求食境高雅、清丽、和乐、有情趣,要求食伴清新脱俗,与自己有共同的语言;

3.这类顾客的文化修养高,经济实力强,社会阅历丰富,理念情智高雅,并且充满自信,生活态度达观而积极。

这种情况又称"就餐高级心态"。

就餐消费态度

就餐消费态度系指消费者就餐时的情感反应和决策情况。由于消费者的个性心理特征不同,其表现也就多种多样了:

1.按就餐目标的选定程度区分,有确定型(无论贵贱好坏,非吃不可),调查型(虽有目标但不明确,走一走、看一看、想一想再说),随意型(合适者就吃,不合适者就不吃,没有一定之规)。

2.按就餐态度与要求区分,有习惯型(即经验型,爱去常去的餐厅),慎重型(即理智型,通过调查认可后再行动),价格型(即经济型,希望价廉物美、得到实惠),冲动型(即兴趣型,多受传媒的驱使,有猎奇心态),感情型(即审美型,追求某种情味,带有鉴赏性质),疑虑型(即犹豫型,徘徊观望,取舍皆难),不定型(即从众型,没有自己的主见,随大流)。

3. 按就餐现场的情感反应区分,有沉实型(决策缓慢而稳重,不为广告所左右),温顺型(就餐温存而顺从,乐于听从同行者或服务员的安排),健谈型(性情活泼而开朗,对菜品爱发议论,喜欢同人交流),反抗型(对于推销反感而厌倦,认为都是"王婆卖瓜",存在着逆反心理),激动型(态度傲慢而急躁,俨然以"上帝"自居,挑剔多,脾气大,很难接待)。

消费态度是客观存在的现实,不可回避。唯一正确的方法是"因人而异",主动、灵活、多变地予以接待。

就餐消费差异

就餐消费差异是消费者的个性心理特征在饮食消费行为上的反映。由于顾客自身的能力不同、气质不同和性格不同,他们的消费态度和消费类型也有明显的差异。详见"消费者能力差异"、"消费者气质差异"和"消费者性格差异"各条。

这种差异有着很大的取向性。它对于饮食消费的档次、节奏以及服务接待的要求,有着直接的制约。其影响的程度有时比经济能力、文化素养、职业爱好与就餐目的还要明显。因此,掌握就餐者的个性心理特征,便可以加强菜品推销和服务方式的针对性,有助于很快同顾客建立"心灵沟通"关系,将生意"盘活",并提高餐厅的威信。

消费者能力差异

这主要表现在他们的识别能力、评价能力、决策能力和语言表达能力的不同上面。

例如,有的消费者具备较为丰富的饮食知识和经验;对有关餐馆的历史、名师、特色菜品、服务风格比较熟悉,对不同菜系的渊源、技术专长和代表食肴了若指掌;在选择就餐场所、时间以及菜点上具有较强的独立性;不易受广告或舆论的影响;消费目的明确,决策迅速果断,对饭菜质量和服务水平要求较高。

有的消费者则缺乏相应的能力,受情感因素的影响较大,对于餐厅或菜品的选择犹豫不决,难以较快地作出决策,常常是"走了一家又一家",空费许多口舌,其"成交率"往往很低。

消费者气质差异

这主要表现为胆汁质型、抑郁质型、多血质型、粘液质型的人就餐态度的不同。

胆汁质型的人点菜时兴奋激烈,表情丰富,行动迅速,但挑剔较多,脾气急躁;接待中应冷静仔细,避免差错。

抑郁质型的人进餐馆情感变化缓慢,体验深刻,反应迟钝,多疑怯懦;接待中不可操之过急,关键是逐步取得其信任。

多血质型的人就餐时活泼好动,热情奔放,情感易于交流,故而提问甚多;接待中需要全面介绍餐厅和菜肴的特点,满足其好奇心。

粘液质型的人吃饭情感稳定不外露,沉默寡言,冷漠拘谨,自制力很强;接待中要"一把钥匙开一把锁",使之消除"戒心"。

消费者性格差异

这主要表现在他们对各种事物的态度和习惯化的行为方式上面。例如:

外倾型的人喜欢与服务人员攀谈,购买心理易受外界触媒的影响;

内倾型的人多依凭自己的观察与思考,再对菜点作出判断,从而决定取舍;

理智型的人常对餐厅及其经营品种全面评价,权衡轻重后再稳健地点菜;

情绪型的人容易受广告等诱因的影响,就餐大多顺应饮食消费潮流;

意志型的人目标明确,态度主动,想吃什么就吃什么,相当爽快、果断。

上述种种性格特征都是可以察知的,其线索主要是消费者的表情和语言。

就餐消费类型

就餐消费类型系指消费的标准。它通常取决于消费者的社会身份、经济收入和需要程度,以及某些社交公关活动的性质。

就餐消费类型一般可分为三种:即出于生存本能的习惯性消费类型,因为"心血来潮"的冲动性消费类型,根据社交需要的"计划性消费类型

(详见以下3个专条)。了解和掌握这三种类型的饮食消费活动,餐饮业就可以采取灵活性、层次性、多样性的经营服务方式,为就餐者提供不同的服务。从而普遍抓好习惯性饮食消费,想方设法促成冲动性饮食消费,努力搞好计划性饮食消费。

消费类型同时也是一种就餐心理——一种功利心强烈、消费欲旺盛的心理活动。

习惯性消费类型

习惯性饮食消费也称必需性饮食消费,指的是食品、饮料和餐馆提供的能直接食用的菜点。它大多是以果腹充饥为目的,属于低层次、不由自主的自动消费类型。

习惯性饮食消费行为的通常表现有二:一是到菜场、副食店不间断地购买价格较低、数量较多的食品原料,回家自已烹调,解决一日三餐之需;二是偶尔去餐馆吃一餐便饭,或者是早上在外用早点、中午在单位吃盒饭,省去动手之劳。在第二种情况中,尽管每一次的个体消费水平都不高,但是人数多,累计的营业收入可观,很值得餐饮业重视。

习惯型消费类型是维系生命本能的饮食消费活动。目前绝大多数私营餐馆(含摊点)都在这方面巧作文章,效益奇佳。

冲动性消费类型

冲动性消费类型往往是突然决定的饮食消费活动,包括老友久别重逢、全家假日出游、同事们"打平伙"、意外得到一笔奖金、新餐馆开业酬宾、食品潮猛然袭来、家中临时来客、液化气用完不能做饭等等"特殊情况"下,去餐厅改善一下生活的消费。

冲动性饮食消费的最大特点是偶然性而非必然性。它对消费者来讲是可有可无的,具有"心血来潮"的属性。这种消费还有一个特点,人们往往在"难得有这么一次"的理由遮掩下,尽量吃点好的,将充饥同品味相结合,费用往往可观。而许多中小型餐厅,日常接待的顾客正是这样的一批人。他们了解顾客心态,推波助澜,生意也相当红火。

计划性消费类型

计划性消费类型系指有目的、有准备的饮食消费行为,例如婚宴、寿宴、生日宴、乔迁宴、团年宴、开业宴、升学宴、出国宴、迎宾宴、商务宴、毕业宴、接风宴、饯行宴、校庆宴等等。其特征是:(1)人数较多,规格较高;(2)预先定餐,约好时间;(3)大多在厅堂面积较大、设施中等、饭菜质量较好的餐厅中举行;(4)收费较为低廉。

计划性饮食消费目前在大中型国营餐馆中占有很大的份额,甚至可以说是它们维持经营的"生命线"。因为这类生意,个体户餐厅因厅堂面积小而做不了,星级饭店与合资宾馆因利润较低而不愿做。故而抓住计划性消费,可以盘活大批国营餐馆。这便是"抓住初八十八二十八,工资奖金照样拿"之说。

就餐心态的阶段变化性

饮食消费行为是指消费者寻找、购买、食用和评价饭菜(包含餐厅设施与劳务)而呈现出来的心理活动。它是一个过程,由若干行为阶段所构成,每个阶段之间有联系,又有变化,由感性认识到理性认识,由低级阶段到高级阶段,很有研究价值。

1.渴盼食物阶段。

饮食消费既包括群体又包括个体,个体消费中又分自身需要和为了他人需要。对食物的渴望是由饥饿感而引起的,从而产生消费动机。除此而外,食物的诱引和人们的价值取向、占有欲望、攀比风气和从众心理等,也会促成消费动机的实现。消费动机可以分成生理需要型、营养保健型、享乐体面型、亮富自诩型、社交公关型、审美鉴赏型、精神寄托型、增进知识型种种,不同的人群有不同的追求。

2.了解食物阶段。

有了强烈的饮食欲望之后,随之便会产生如何满足它的心理活动。其形式通常有二:一是极力通过记忆使以往接触过的美食"形象地再现";二是通过他人的介绍或餐厅的菜单获取美食的新信息。这两者常会形成"重叠的影象",将体验过的和虽未体验过但向往的食物揉合在一起,变得"似真似幻,扑朔迷离"。了解食物阶段的心理状态大多甚佳,一般都带有"理想化的色彩"和较高的"期望值"。

3.选择食物阶段。

当消费者掌握了一定数量的“食物信息”之后，由于消费水平的限制很自然地会加以筛选。要筛选，首先须定标准。标准常有多种，如价格、口味、原料、营养、数量、分量、嗜好、忌讳等。人们选择食物的标准往往不是单一的，而是多元的；在几种确定的标准中，又常是一个为主、其他为辅，力求兼顾。这样，他的心理活动就异常复杂，反反复复有好多个来回，并将感觉、知觉、记忆、想象、思维、注意、情绪、情感和意志等心理过程都调动起来，将兴趣、能力、气质、性格等个性特征都展示出来，最后才能形成一个“购买意向”。

4.购买食物阶段。

这就是“点菜”——心理活动的决策。其间会受到两个方面的影响：一个方面是就餐者的饮食欲望、支付能力、以及担心上当受骗“挨宰”等等；另一方面是服务员的推销，她们总是企盼客人能多点菜、点好菜、扩大销售额、为餐厅增加盈利。这样，“求”与“供”之间就存在着一定的矛盾，促使进餐者进一步筛选食品。这一次选择与以前不同的是，多了一个外因——服务人员的言行举止和表情。就餐者购买食物阶段比较看重服务人员是否诚恳、是否在讲真话，因此他们常常是一眼看菜单，一眼看服务员的眼神，企图通过这个“心灵的窗户”摸清虚实，从而最后下定决心。

5.品尝食物阶段。

这才进入真正意义上的消费。就餐者眼、耳、鼻、舌、身、手、脑、嘴、肠、胃并用，对食物由表及里、从浅入深地进行“体验”。由于存在着“口之于味、有同嗜焉”的矛盾的普遍性，食客对饭菜质量的感受常有一致的一面；又由于存在着“物无定味、适口者珍”的矛盾的特殊性，食客对饭菜质量的感受又有相异的一面。不论怎样，人们都会得出是否“物有所值”的结论，并与了解食物、选择食物、购买食物等阶段的心态相印证。

6.评价食物阶段。

此乃认识的理性阶段，属于高级的心理活动。其结论不外乎4种：非常满意、比较满意、不太满意、很不满意。就餐者除了给餐厅作出不同评价、并反馈给服务员以外，还往往要“自省”，总结经验教训，检查自己心理活动的正确或错误，从而为下一次就餐提供借鉴。有趣的是，就餐者还喜欢将自我体验告知他人，从而形成“舆论”。一些餐馆是否“人气”兴旺，其奥秘正在这里。

餐厅服务心理

服务工作的特殊性

服务接待是餐饮业经营活动中的重要组成部分之一，其突出特点是以服务场所和服务设施为依托，通过服务人员规范化的劳动程序，向就餐者提供服务消费。这便是“以服务形式存在的消费品”（马克思语，见《马克思恩格斯全集》第26卷第1册），即以“服务”的形式去满足就餐者的消费需要。

服务工作的特殊性表现在：

1.以劳务为主向社会提供消费。“服务”不是以物质产品的形式，而是以劳务去满足人们的需要。在商品经济的条件下，服务是一种“特殊的商品”，同样具有使用价值和交换价值。

2.服务的直接性和不可触知性。所谓直接性，是指服务人员必须在与就餐者“面对面”的接触中“出售”其劳务，展示出“使用价值”；所谓不可触知性，是指这种劳务消费是“无形”的，不像其他商品那样具体。

3.服务的技艺性与劳务质量的差异性。服务的技艺性是指服务工作中包含着知识与技术，需要长时间地认真培训；劳务质量的差异性是指由于服务人员技艺、修养和心理品质的不同，服务有好坏之分与优劣之别。

4.服务的综合性及其对服务员素质的依赖性。服务的综合性指餐厅接待工作包括方方面面，既琐细具体，又有“综合效应”，就餐者可以同时获得物质享受与精神享受；而这种享受，除了仰仗服务场所和服务设施之外，在很大程度上还取决于服务人员的服务态度及工作热情，这便是心理素质问题。

5.服务的不可储存性与餐饮市场环境的影响。其他商品一般都是可以储存的，而“服务”这一特殊的商品是不可以“储存”待用的。例如当一个服务员休假时，她的“服务”就不存在了。与此同时，服务劳动还受淡旺季、客流高峰和低峰、餐厅地理位置、菜点质量、营业额和毛利率大小等市场环境因素的影响；它的“使用价值”能否体现主要取决于是不是有顾客前来消费，以及有多少顾客前来消费。如果顾客很少或没有，其“交换价值”便难以实现。

凡此种种都说明，服务工作不同于其他的工作。只有把握住它的特殊性，才能领悟餐厅服务心理的实质。

餐厅服务员的特殊要求

由服务工作的特殊性所决定，餐厅服务员也有许多特殊要求：

1. 服务工作的直接性，要求餐厅服务员必须主动、热情、耐心、周到、文明、礼貌地为就餐者提供面对面的优质服务。

2. 服务工作的“使用价值”，要求餐厅服务员必须为就餐者提供“实质性”的服务，使之能够“体察”出来。

3. 服务工作的综合性，要求餐厅服务员必须为就餐者提供方便、简洁、全面、满意的服务，不允许有任何疏漏。

4. 服务工作的及时性，要求餐厅服务员必须为就餐者提供及时、迅速的服务，不可以慢待客人，冷落了“上帝”。

5. 服务工作的整体性，要求餐厅服务员必须顾全大局、协调配合、发挥集体主义精神，主动灵活地互相“填平补缺”。

6. 服务工作的消费性，要求餐厅服务员必须尽一切努力去满足就餐者的需要，使自己的劳务更好地成为“消费品”。

7. 服务工作的依附性，要求餐厅服务员必须将就餐者视作“上帝”，通过他们的认同来实现自己的人生价值。

8. 服务工作的技艺性，要求餐厅服务员必须掌握广博的知识，具有纯熟的技能，可以胜任难度高、工作量大、操作规范的工作。

9. 服务工作的复杂性，要求餐厅服务员必须加强心理品质的修养，不断提高自身的素质，能适应餐厅的特殊社交环境。

服务行业的普遍心态

服务行业属于第三产业，其从业人员以提供服务性劳动为主体，常常掌握着某种技能，并具有“个体劳动”的特征。由于几千年封建社会遗留下来的陈腐观念和当今一些人的偏见，这一行业时常受到歧视，从业人员多有心理压力。由以上两方面的因素所决定，服务行业人员中普遍存在着以下几种心态：

1. 不安心工作，“这山望着那山高”，不少人“身在曹营心在汉”，一有机会就“跳槽”；暂时无法改行者，多抱“当一天和尚撞一天钟”的态度，消极应付。这不仅影响服务质量，也造成餐厅服务员队伍的不稳定。致使不少餐厅大量启用“打工妹”，采取“以流动对流动”的策略。

2. 社会上“高薪争夺人才”的风潮，造成了专业技术人员的心态浮动。目前不少国营餐厅的服务技师纷纷转向私营餐厅和三资企业，便是这一心态的反映。其中，除了工资低、住房差、福利条件不好等因素外，一部分国营餐厅的领导者不重视人才、不关心人才、不爱惜人才，也是重要的诱因之一。

3. 在“一招鲜、吃遍天”的心理支配下，也有不少餐厅服务员刻苦钻研业务技术，希望在平凡的岗位上创造不平凡的业绩，实现自己的人生价值。这一心理在年轻的、有文化的、现今在经济效益较好的餐厅工作、受到领导器重的服务员中表现得尤为明显，她们的心理状况也比较平稳。

4. 还有些餐厅服务员由于年龄、文化等条件的限制，安于现状，对自己由“工匠型”向“科技型”转变缺乏信心和决心，技术上比较保守，不思进取。还由于“教会徒弟、饿死师傅”的旧观念没有彻底根除，不少富于实践经验的服务员不愿带徒传艺，或者是只教一般技能而不传“绝活”。

5. 几千年流传下来的“师傅带徒弟”的传艺方式，使许多餐厅服务员中具有行帮思想，形成大大小小的门派。各门派之间，往往容易互相实行技术封锁或者是互不服气，限制了服务理论的研究和科技型服务人员的培养，造成思想隔阂，影响团结，并使一些人心情不舒畅，积极性难以发挥。

6. 不少服务人员重技术、轻文化、将主要精力放在端托、折花、摆台、上菜等操作技能的掌握上，而对于学习文化知识、扩大科技视野、增长社会阅历、培养文明精神则兴趣不大，缺乏长远的奋斗目标。这种短期的功利行为，是惰性心理的反映，不利于提高服务员队伍的整体素质。

上述种种心态，虽然不是主流，但具有相当大的普遍性，其副作用不可小视，需要从多方面（特别是心理矫治）入手，进行引导，使之逐步转入健康的思想轨道。

女性服务员的心理特征

餐厅服务员中,以中青年女性居多。为了有效地实施管理,调动她们的主观能动性,分析与掌握其心理特征相当重要。

1.大多心细,观察力往往强于男性。

女性服务员观察力较强,这对于看台、值台、接待顾客是十分有利的。加之她们心细,在繁忙琐碎的服务工作中能够从容不迫、面面俱到,因此特别适宜于从事餐厅接待工作。

2.性格一般温顺,注重感情,有同情心。

女性服务员一般温柔善良,容易被别人的情绪或环境的气氛所感染,富有同情心,愿意帮助人,这是做好服务接待工作有利的条件,要善于利用。与此同时,她们也有感情用事、情绪易于波动、比较任性的缺欠,应注意防止。

3.愿意从事标准化、定型化的工作,一般喜欢维持现状,缺乏创新精神。

女性服务员大都细致、认真、有较强的忍耐力,习惯于从事标准化、定型化的工作,这与餐厅接待服务的要求相吻合,值得珍惜。但是,有一利就有一弊,这容易造成因循守旧,产生惰性,不愿接受新的服务程序和方法,偏于保守。

4.依赖性较强,比较缺乏独立自主精神。

这是几千年封建社会的余毒在女性服务员身上的反映。它与餐厅"单兵作战"为主的劳动特征不相协调,致使部分服务员不能"独当一面",不能果断地处置突发事故。要注意教育,并培养独立自主的能力。

5.注重细微小事,自尊心和虚荣心强。

这是女性普遍的弱点,往往会导致斤斤计较、嫉妒猜疑、私下议论、彼此不和的弊端,影响人事关系和工作热情。应当注意开导,使她们胸怀广阔,同事之间求大同存小异,和善待人,克服自由主义的毛病。

6.家务负担重,心理压力大,容易分散工作精力。

女性服务员多系家庭主妇,上有老,下有小,还有丈夫,都得照应,难处甚多。因此,要注意"感情投资",切实解决她们的"后顾之忧",必要时应给予适当的照顾,特别是在生育期尤需关怀,给予爱心。

餐厅服务的心理形象

餐厅服务的心理形象属于环境心理策略。它包括"餐厅的形象"、"服务设施的形象"、"菜品的形象"、"特色风味的形象"、"服务人员的形象"、"文化品味的形象"等等(详见下列各专条),这些都会引起就餐者不同的感受和联想,产生积极或消极的"心理效应",刺激或抑制消费欲望,带来不同的社会效益与经济效益。

餐厅服务的心理形象,是由众多的"硬件"和"软件"构成的。如同文学艺术作品一样,这一形象贵在"创建",要塑造出"典型环境中的典型性格"。本书"餐饮服务设施"中所列的20余种餐厅格局,即是如此。它们都可以愉悦顾客的心理,有广告宣传功能。

餐厅的形象

餐厅的形象包括外在美和内在美。前者应是整洁大方,有一种高雅的气质与秀雅的格调;后者应是舒适温馨,有一股"宾至如归"的感受和吸引人就餐的魅力。

餐厅的形象是顾客视、听、嗅、触诸方面感知觉的综合,以及随之而产生的联想。例如,清洁使人感到安全,高雅使人感到名贵,豪华常使人感到多花钱,简朴则使人感到划算。再如餐厅大门口有人迎宾导引,最容易获取就餐者的好感;餐厅内陈设各种奖牌、奖状,可以使就餐者感到信赖。

人与任何事物接触,"第一印象"至关重要。它往往可以形成一个基本的概念,而导致人采取下一步的行动。

服务设施的形象

服务设施问题,本书在"餐饮服务设施"一节的"设备用具"中已列出34条逐一介绍,它们都是餐饮业开展经营活动的必备物质条件。从其特征看,具有"四性",即:(1)适用性(供顾客消费使用和服务员服务使用);(2)附属性(为餐饮业主要的业务项目服务);(3)相对性(在档次质量上因需配备,可高可低,可多可少);(4)整体性(要求配套、统一、一物多用、尽量降低成本)。

由此所决定,服务设施应当美观大方、整齐洁净、完好配套、方便适用。唯有这样,才能给就餐者一个良好的形象,既感到完备、舒适,又没有

“花架子”的累赘，置身其中，有“鱼水合欢”般的体验。

菜品的形象

菜品的形象属于品种经营的心理策略。它大多表现在4个方面：(1)按质论价，公平合理；(2)操作认真，确保质量；(3)清洁安全，令人放心；(4)餐具雅丽，烘云托月。

仅有这些，还远远不够，为了适应不断变化的饮食潮流和顾客的口味，更应注意安排适销的经营品种。例如，繁华的闹市和旅游区，可以高、中档菜品为主；车船码头和集镇，重点应是快餐；工厂区、机关区与居民区，宜安排经济小炒与便餐；医院或疗养区，则需安排清淡而有营养的补品之类。

菜品的供应须从市场调查而来。如果品种、价位、时间都合宜，也能取悦于顾客，使其心理需求得到满足。

特色风味的形象

所谓“特色”，系指“人无我有、人有我优”的东西，它是相比较而存在、以隐显分短长的。凡是新鲜、奇异的事物，总会引人注目，产生兴趣，故而特色风味可以成为餐厅的商招和广告，增强竞争能力。

餐厅的特色风味主要表现为：(1)历史悠久、誉满四海的名店；(2)身怀绝技、桃李芳菲的名厨；(3)工艺奇绝、大快朵颐的名菜；(4)价廉物美、殊风别韵的名点；(5)自成一格、颇耐品尝的名席；(6)主动热情、宾至如归的服务。所谓“酒好不怕巷子深”、“一把铜壶煮三江”，正是特色风味的吸引力。

特色风味是有意识引导、积极营造的产物，更是餐厅的“无形资本”，往往口碑良佳。

服务人员的形象

服务人员的形象包括身材、仪容、气质、修养、服饰、表情、言谈、动作、步态、妆扮等等，应当是尽可能地完美。因为她们是餐厅中“流动的模特”和档次的代表，对就餐者的心理有着直接的影响。

为了保持“形象”，服务人员应当做到：全面照应顾客，不要顾此失彼；观察顾客心态，接待恰如其分；操作技艺精熟，服务井然有序；态度彬彬有礼，举止从容大方。最重要的是，尊重顾客的人格，善于化解矛盾，设身处地地体察顾客心境，将心比心地尽可能满足顾客的要求。

服务员最忌讳高傲、轻浮、饶舌、怠慢、贪图小利和一切都满不在乎。

文化品味的形象

所谓文化品味，系指从文化方面展示出来的情韵及其层次；餐厅的文化品味，则指它透射的饮食文化色彩及其对人的精神熏陶。近年来许多有头脑的企业家十分看重这一点，力求使自己掌管的餐厅文彩焕灿，招引食客。

与前述的五种餐厅形象相比，文化品位则属于更高层次的心理感受。例如游客参观大雁塔后，都想去“曲江春”品尝一番“仿唐菜”；华侨从恭王府出来，常渴望到“大观园”领略一下“红楼宴”。此无它，是因为这两座餐厅的文化品味甚高，传遍了五湖四海。人们去那里，不仅仅是咀嚼珍馐，而且还要“吞咽文化”。

文化品位形似易，神似难，关键在于设计者自身的文化水准如何以及餐厅的正确定位。

服务人员心理品质

服务人员的心理品质包括能力品质、情感品质和意志品质3个方面。其中，能力品质主要反映在敏锐的观察能力、稳定的注意能力和准确的表达能力上面；情感品质主要反映在正确的情感倾向性、深厚而持久的积极情感、有促进作用的情感效能上面；意志品质主要反映在有明确行动的自觉性、有决定行动的果断性、有执行行动的自制性、有保持行动的坚韧性上面(详见“能力品质”、“情感品质”、“意志品质”各条)。

这些心理品质对服务行为有着直接的影响，也对服务人员自身素质的提高有着很大的帮助；还是餐厅选用和培训服务人员的重要标杆，评价服务质量的具体尺度。

能力品质

能力是进行一些活动或从事某种工作必须具备的条件，又是影响效率的基本因素。能力对于每个人而言，存在着一定的差异。一个优秀的餐厅服务人员，应当具备较强的观察能力、注意能力和表达能力。

1.敏锐的观察能力。

这是指发现事物典型特征的能力。餐厅服务人员的观察力一般有3种类型：

一是综合型，即是对事物能进行概括性和整体性的观察，重视其本质，注意寻找内部原因；

二是分析型，即是观察具体而细致，细节感知清晰，重视事物的外部反映，可进行一定的分析判断；

三是分析综合型，即是兼具以上两方面之长，能客观说明事物真象，结论可靠。这一类型者，最为理想。

表现在服务接待中，服务人员应当学会：从外貌判断客人的年龄和职业；从风度判断客人的文化素养和嗜好；从衣着判断客人的经济条件和兴趣；从语音判断客人的籍贯和民族；从神态判断客人的点菜趋向和消费要求；从谈话判断客人的心态特征和鉴赏能力等。这都是观察的结果，凭借它们可以进行针对性的服务。

实践证明，敏锐的观察力是做好服务工作的前提。观察时要充分运用自己的智能；同时要明确观察任务，注意观察的多方位性，重视细节，并有一定的知识积累。

2.稳定的注意能力。

注意力是把意识指向和集中于一定对象上的心理活动，其显著特征是人的认识活动有集中的目标。其表现是：能较长时间地注意一个特定的目标；相应扩大范围，兼顾其他方面；可以迅速地从一个目标转移到另一个目标上。

餐厅服务员的注意力应主要集中于顾客。它包括：顾客对菜点的态度；顾客对菜点的评价；顾客就餐后的感觉等。要强调的是，服务员注意的不仅是“点”，还应有“面”，即巡视所有桌面，照应所有客人。所以它既有稳定性，又有灵活性。这直接关系到工作效率和服务质量。

因此，应当使注意力成为为消费者服务的工具。要排除各种干扰，强制意念集中，稳定而灵活地用注意力控制一定的区域，使“有意注意”和“无意注意”相互交替，以保证服务工作的顺利进行。

欲达此目的，培养对服务工作的兴趣，培养注意力集中的能力，培养注意力的稳定性，都相当重要。

3.准确的表达能力。

表达能力是运用语言、表情和动作传递有关信息的能力。它有利于创造和谐的消费气氛，促使顾客的消费行为，满足顾客的消费要求。

餐厅服务员的表达能力表现在：一是文明性，文雅而委婉；二是针对性，要区别对待；三是简洁性，不拖泥带水；四是情感性，有较强的内在感染力；五是幽默性，显露出机智和风趣；六是说服性，以诚取信于人。

所以，餐厅服务员在语言修养上应当做到：(1)有动听宜人的声调；(2)掌握广博的知识和丰富的词汇；(3)善于运用逻辑推理；(4)熟练驾驭一些修辞手法；(5)口齿清晰；(6)普通话纯熟；(7)通晓一些地区的方言；(8)可以使用一至数种外语与外宾进行日常对话。

准确的表达能力是餐厅服务人员知识、技能、阅历、修养、思维能力、记忆能力、想象能力、鉴别能力等品质的综合反映，也是她们必须掌握的一项基本功。

情感品质

情感是人对客观现实中的事物和现象是否符合其需要而产生的态度体验。欲使自己的服务行为符合就餐者的心理需要，服务人员应当具备3种健康的情感品质。

1.有正确的情感倾向性。

情感倾向性指人的情感指向，即爱谁、恨谁的问题。它有崇高与卑微两种可能性。正确的情感倾向应当是：

道德感——这是人的言论、行动、思想、意图是否符合道德需要而产生的情感，它受社会生活条件和阶级道德的制约。服务员的道德感，一应维护国格和人格，不出卖灵魂和色相；二应爱岗敬业，忠于人民，严格遵循职业道德，不欺骗和坑害消费者；三应具有责任感和荣誉感，尊重和体贴顾客，不有损餐厅荣誉。

美感——这是客观事物是否符合个人审美的需要而产生的情感，它亦受社会生活条件的制约，与生活情调和思想修养相关，不同的人审美标准也不同。服务员的美感，是通过衣着、举止、风度、谈吐展示出来的，要求健康、文明、向上。奇装异服、骚首弄姿、矫揉造作、言语放荡，都应坚决摒弃。

理智感——这是人在对客观事物的认识过程中和智力活动过程中所产生的情感体验,它与求知欲、知识兴趣、解决问题的需要等的满足与否相关联。服务员的理智感,应表现在对业务知识的追求、对是非的明断、对偏见和迷信的厌弃上面;要反对不学习、不动脑筋、不相信科学的不良作风。

2.有深厚而持久的积极情感。

深厚是指有一片爱心,视顾客如亲人,关怀备至,情意挚诚。

持久是指有一股毅力,热爱本职工作,不见异思迁、三天打鱼两天晒网。

这种积极情感具有增力作用,它可以影响消费行为和社会风貌,有利于餐饮业经营活动的开展,联系顾客群,提高"回头率",使服务保持高质量。

深厚而持久的积极情感,应当像地热、光能一样,长盛不衰,而不会轻易地被主体(服务员)、客体(就餐者)的某种因素所左右。

3.有促进作用的情感效能。

这是指情感在人的实践活动中所发生作用的程度。情感效能的高低程度不同,对人的行为可造成或大或小的推进作用。因此,情感是服务行为的动力,它常因人而异,可以是积极的,也可以是消极的,要善于引导。

有促进作用的情感效能,应当与服务行为相结合。如果对客人热情,就具有行动的力量和深厚的情意,就能给就餐者有益的心理感受,发挥出最佳的服务效益。

意志品质

个人心理上所形成的意志特点,称为意志品质。服务人员良好的意志品质,在她们的意志活动过程中,主要有以下反映:

1.有明确行动的自觉性。

它表现为行动的目的明确,并认识到行动的社会意义,使自己的服务行为服从于整个社会利益的需要。这具体体现在:

能明确餐厅服务工作的社会意义,意识到自己的服务质量与祖国荣誉、人民期待、社会风尚息息相关;

能排除各种干扰和诱惑,与影响情绪的消极因素作斗争,不依赖,不推诿,自觉遵守服务纪律,出色地干好工作;

能正确认识自己,虚心听取意见,努力改进不足,争取成为金牌服务员。

2.有决定行动的果断性。

果断性是指人辨别是非以及迅速采取决策的能力。它应当是通过科学分析,根据事物的发展态势而作出的。

决定行动的果断性包括:客人的合理要求应当尽快满足;客人的不合理要求应当婉言拒绝;职权范围内的事当机立断;非职权范围内的事迅速向上反映;对于误解,应明确说明;对于矛盾,要及早处理;发现不良迹象,立即采取措施;面临特殊情况,从容不迫等。

要反对优柔寡断、踌躇不前和草率从事、患得患失。

3.有执行行动的自制性。

自制性是善于控制和支配自己情绪和行动的一种能力。它是依靠自觉克服内部障碍来体现的,即应战胜徘徊、犹豫、恐惧、羞怯、懒惰、诱惑、冲动等与执行决定有妨碍的一切因素,善于抑制情感的反常状态等。

执行行动的自制性主要表现在:抑制一切违反既定意愿的动机或杂念;不受物质、金钱、美色和权力的诱惑;有忍耐性,不感情用事;注意克制消极的激情发生;坚决避免与客人发生正面冲突等。

良好的自制力对餐厅服务接待工作尤为重要。它可以坚定信念、坚守节操、严明纪律、化解矛盾、取得顾客信任、提高服务水平、光大餐厅形象。

4.有保持行动的坚韧性。

坚韧性即为毅力,它表现为不畏艰险、不怕挫折、持之以恒、一往无前。

餐厅服务人员的坚韧性应当包括:坚守岗位,坚持较长时间的工作;任务加重时,能够全力承担;顽强地学会应当掌握的知识与技能;在特殊情况下,有连续作战的作风;安心本职工作,不随便跳槽;一定要创出一番业绩、不达目的决不罢休等。

其中,始终如一地对所有客人都保持主动、热情、耐心、周到的服务态度,是对餐厅服务员坚韧性的最好检验。

坚韧的服务员,是最佳的服务员。

服务人员气质类型

气质是人的高级神经活动类型特点在行为方式上的表现，它可使服务人员的性格表现形式具有鲜明的个人色彩。

服务人员的气质类型同常人一样，基本上也分为多血质型、胆汁质型、粘液质型、抑郁质型4类，其表现形式可参阅“气质”条。

这里需要注意的是：(1)在现实的服务工作中，具有某种典型的气质类型的人并不多见，绝大多数服务员是属于多种气质的混合型。(2)气质的特点表现在人的多种活动中，但它并不影响人的行动的方向和内容。(3)各种气质类型都有长或短，都能从事餐饮服务工作，并做出出色的成绩。关键是要用其之长、避其之短，将不同的人安排在合适的岗位上。

服务人员性格类型

性格是人的个性心理特征的主要表现方式。由于服务人员的个人素质(包括思想素质、文化素质、业务素质、身体素质)不同，对服务工作的态度不同，所受的影响和教育不同，故而其性格多种多样，各有利弊。

1.独立自主型。

这类服务员情感外露，性格外倾，接受能力强，决断能力较好，肯负责任，有较强的事业心和进取心。她们能主动迎候顾客，精神集中，态度良好，情绪饱满，勤快利索，基本功熟练，还善于研究顾客心态。

其缺欠是：有时偏于固执，经受不住委曲，个性过于倔强，不容易听取不同的意见。

2.理智温和型。

这类服务员性格温和，处事冷静，爱动脑子，言词谨慎，热爱本职工作，有较好的个人修养，能团结群众。她们可以主动、热情地为顾客服务，有较强的应变能力，有条不紊，周到细致，常常赢得顾客的赞扬。

其缺欠是：有时不够果断，缺乏相应的魄力，该说话时不多说，该焦急时不焦急。

3.冲动活跃型。

这类服务员性格外向，感情丰富，精力旺盛，活泼好动，富有朝气和想象力，善于交际，同时思路敏捷，办事利索，易于取得顾客的好感。她们长于应付较大的场面，从不怯阵，可以“眼观六路，耳听八方”。

其缺欠是：有时不够细心，忙中出错，一旦情绪冲动起来后，自制力较弱。

4.沉静稳重型。

这类服务员性格内向，性情孤僻，反应缓慢，不爱交际，经常沉默寡言，情感不外露，多用动作回答顾客的提问。她们能任劳任怨，肯吃苦，不叫累，较少计较名利得失，比较听从安排，一般不与顾客发生冲突，差错少。

其缺欠是：主动精神差，工作速度慢，面部表情“冷”，不善于应付较大的场面。

5.顺从软弱型。

这类服务员独立性差，性格软弱，情绪稳定，说话实在，待人温和诚恳，干活不慌不忙，四平八稳。她们大多能关心、体贴顾客，极少闹情绪，常对一些过分的要求迁就，宁可自己吃点亏，不让宾客受委曲。

其缺欠是：遇事往往束手无策，企求他人帮助解决，不能独当一面、单兵作战。

6.精细敏感型。

这类服务员思维细密，沉着冷静，观察力敏锐，注意力集中，工作有条不紊，耐心周到，细致入微。她们善于揣摩顾客的心理，遇事多有主见，显得机灵、聪慧，很容易获取顾客的好感，在大众场合比较“醒目”。

其缺欠是：多愁善感，往往控制不住自己的激情，有时锋芒太“露”，容易得罪人。

7.情绪浮动型。

这类服务员对待工作和顾客，常受个人思想情绪的影响和控制，突出表现是：工作热情忽高忽低，待人处事时冷时热。当其情绪高涨时，欢乐愉快，忙里忙外，对顾客礼貌耐心，展示出自觉的理智，屡受表扬；当其情绪低落时，则急躁、沉默、消极、被动，服务质量明显下降，前后判若两人。

8.刚直急躁型。

这类服务员性情刚直，为人爽快，内心坦荡，不存介蒂，动作迅速，干活麻利，说风见雨，干脆利落。她们对待顾客，喜怒溢于言表，人敬我敬，人贱我贱，天真纯朴得可爱，很受北方顾客和中老年人的敬重。

其缺欠是：说话没有遮拦，不太注意时间和场合，有时快中易粗，粗中出错。

9.谨慎被动型。

这类服务员性情不开朗,谨小慎微,工作特别认真负责,几无差错。能服从分配,到处调动,不讲条件,不计报酬。她们对待顾客十分尊重,有求必应,很少出现争执,服务态度好,人事关系也良佳。

其缺欠是:推推动动,问问答答,喜欢随大流,害怕担风险。

10.消极应付型。

这类服务员往往未能树立正确的职业动机,只满足于一般地完成任务和不与顾客发生冲突,通常的表现是消极、冷漠、被动、应付。她们往往视上班为"例行公事",缺乏应有的热情和欢欣,故而内心体验也是苦恼的,渴盼与人交流,并寻求解脱。这类服务员还大多具有一定的才华和天赋,只是被"明珠暗投"的包袱所困扰,若能很好地诱导,往往能有异常突出的表现。

制约服务心理的因素

服务人员心理品质的形成,会受到多种因素的制约。其中较为常见的、影响作用明显的,主要是以下5种:

1.主体生理因素。

包括服务人员的性别、年龄、身体素质等。生理因素不同,心理特征也相异。例如,男性对服务工作的适应性往往比女性差;身体条件不好的对服务工作的适应性往往比身体条件好的差;年轻的女孩子(特别是独生女)由于娇气,情绪不易稳定,易于与顾客发生一些小"摩擦";年长一些的女性由于社会阅历比较丰富,有一定的处事经验,对于餐厅的复杂环境大多能从容应付。

2.主体心理因素。

包括服务人员的智能、兴趣、情感、意志、气质、性格等等。例如,由观察力、注意力、记忆力、表达力、思维能力等形成的人的智能,在服务人员的心理品质中就占有很重要的地位,它的高低,直接影响着服务质量。又如服务人员中的多种性格(独立自主型、理智温和型、冲动活跃型、沉静稳重型、顺从软弱型、精细敏感型、情绪浮动型、刚直急躁型、谨慎被动型、消极应付型等),也会在服务接待中产生不同的效应。

3.营业环境因素。

包括店堂装饰、服务设施、服务方式、环境卫生、工作条件等。它们都对服务人员的心理活动变化有着明显的影响。一份统计数据表明:在高档宾馆、星级饭店、名特餐厅工作的服务人员,大都比较安心,并有较强的荣誉感,工作起来也是尽职尽责、任劳任怨;其主要原因是工作环境好、福利待遇高。与此相反,有些营业环境差的餐厅,服务人员的工作状况就难尽如人意,其心理状态也不平衡,稍有波动便想"挪窝"。

4.组织管理因素。

包括餐厅的劳动组织、管理方式、工资福利、奖罚制度、人事关系等。组织管理因素的差别,也会在服务人员的心理上留下烙印。一些用现代化科学方法管理的餐厅,由于注重"人气",强调"内部的凝聚力",将职工视为"企业的主人",既有严格的规章制度,又有很浓的"人情味",故而绝大多数服务人员心情舒畅,爱岗敬业,力求有所作为。而一些用陈腐落后的"家长式"方法管理的餐厅,人际关系就显得紧张,服务人员的主观能动性往往不容易发挥。

5.社会环境因素。

包括社会消费现象、社会政治与文化背景、宾客的消费行为和态度、家庭环境、社会交际变化等。这些因素对服务人员心理品质的形成,也有着很大的影响。其中,最突出的是整个社会对服务行业的评价问题、对服务人员的尊重问题。社会尊重服务业和服务人员,她们就感到光荣和自豪,不感到"低人一等",干起活来就理直气壮、全身心地投入。如果社会轻贱服务业和服务人员,她们就感到羞辱和自卑,处处提不起精神,心理压力大,才能也会被埋没。

服务员心理品质的培养

服务人员心理品质的形成与发展,虽然有赖于大脑结构和机能的特点,但主要取决于人们后天的社会实践活动。心理品质存在较大的可塑性与可变性,可以通过内外的积极因素对其施加影响,进行培养。

1.分析心理欲求,正确引导。

心理品质与心理欲求关系密切。心理欲求主要是指服务人员在物质生活和精神生活两方面的需要。如有的希望得到满意的经济收入,有的希望身心安全得到保障,有的希望获得一定的社会地位,有的希望建立幸福美满的家庭,有的希望受到别人的尊重和赞赏，有的希望充分发挥个人的潜能，有的希望干出一番事业。在人们的众多欲求中，必有一个或几个为主，对人的言行起直接推动作用；这也是正确引导的关键所在。为此，应当帮助服务人员树立正确的社会观和人生观，明确本职工作的社会涵义，激发积极的专业兴趣，并获得生活与工作条件一定程度的满足。

2.掌握个性特征，发挥所长。

服务人员在工作中的心理表露，会受到定势因素（气质、能力、性格）和动势因素（品德、情感、注意）的影响，呈现出巨大的个体差异。心理品质的培养，应努力增强其自我意识（人脑对周边关系及其所处的社会地位的反映）的能力；即借助思维，以自我分析、自我批评、自我体验、自我监督、自我修养的方式，认识到个体的存在和力量，认识到自己的责任和义务。这一能力增强了，人们就会关心自己品德素养和情感素养的提高；并且通过建立正确的社会评论和集体舆论、发挥良好品德面貌的榜样力量、利用情感对个体活动的影响力，促使自我意识能力的完善。

与此同时，还要善于用人，扬长避短。不论独立型、理智型、活跃型、沉静型、顺从型，还是精细型、情绪型、急躁型、被动型、应付型，都可以分别安排适当的工作，使之易于看见自己的价值，增强自信心。当然，对于明显不能胜任工作者，也要相机调整岗位或淘汰。

3.置于复杂环境，加强锻炼。

为了培养服务人员良好的心理品质，特别是刚刚上岗的青工，应将她们经常置于复杂环境（如工作量大且脏的岗位、服务水平要求高的部门、客流复杂的大厅、临时性的突击任务），“经风雨，见世面”，增强其能力品质、情感品质和意志品质，促使她们的成长。这是因为，复杂环境意味着困难、磨练、挑战与机遇，会有多种多样的考验。它可以激发人的忍耐力、抗争力、应变力与适应力，使心理活动经历剧烈的变化，从而完善起来、坚强起来、成熟起来。

4.宣传职业道德，启迪觉悟。

对服务人员心理品质的培养，还要重视正面的思想教育。其中，尤应加强职业道德的宣传，使她们明确服务工作的社会效果，了解自己的服务态度与服务质量对社会所产生的影响，了解同事们的劳动效率与企业成就，在工作中自觉地按社会公德和职业道德来约束、指导自己的言行，提高对服务工作重大意义的认识，从而诚恳待客、热情服务，在平凡的岗位上充分发挥出个人的全部光与热（参阅“职业道德”、“服务道德”部分的有关条目）。

5.改善工作环境，舒畅心境。

心境是一种较微弱的、能长期影响言行和心理的情绪状态；服务员常会因心境而形成某种态度倾向，并表现在服务行为中。因此，熟悉服务人员的心境背景，有的放矢地改善客观环境（含建筑环境、服务设施、人际关系），可以为形成舒畅的心境创造良好的条件。

其具体措施可以是：适时装修门面，美化营业场所，提高设备水平，减轻劳动强度，搞好劳动组织，协调成员关系，开展文体活动，调整心理状态等。如果认真抓好了这些工作，服务人员的精神面貌就会焕然一新。

6.提高福利待遇，按劳付酬。

福利待遇问题，与服务人员切身的物质利益息息相关，是她们能够和其它人一样正常生活和工作的基本保障。餐饮企业应当在经济条件许可的情况下，多关心工作在第一线的服务人员的切身利益，逐年增加她们的经济收入，尽量解除“后顾之忧”。这样做还可以增强企业的凝聚力，激发服务员的向心力和工作热情，产生良好的情感效应。

与此同时，还须加强奖金分配的管理，按劳付酬，真正使“多劳者多得、少劳者少得、不劳者不得”。这可以体现对服务人员辛勤劳动的尊重，形成比技术，比贡献的气氛，使多劳多得者成为大家学习的榜样。

自我情绪调节

自我情绪调节又叫自我情绪控制，它要求服务人员在餐厅接待工作中努力运用“形象控制法”、“联想矫正法”、“想象训练法”、“自我暗示法”或“补偿调节法”（均见下列各专条），将自己的情绪调整到“最佳状态”之中，以便更好地树立自己的心理形象。

在心理学中，常将人的情绪状态用颜色来表示，这便是情绪的“颜色变化表”。如图：

由好至坏 ↓		由坏至好 ↑
	红色表示激动兴奋	
	橙色表示快乐满意	
	黄色表示愉悦欣慰	
	绿色表示安静沉着	
	蓝色表示忧郁悲伤	
	紫色表示焦虑不安	
	黑色表示沮丧颓废	

其中，餐厅服务人员的情绪状态应当保持在“橙色”和“绿色”之间。一般情况下，接待客人时的情绪应以“黄色”为基调，给人一种精神饱满、工作熟练、愉悦欣慰、安详大方的印象。向上可以浮动到“橙色”，即快乐满意、朝气蓬勃；向下可以浮动到“绿色”，即安静沉着、平稳舒展；同时掌握好“橙”、“黄”、“绿”的区别，在适当的时候把自己的情绪状态由“安静”变为“愉悦”，由“愉悦”变为“快乐”，从而恰到好处地表现出对客人的热情，避免冒犯客人和忙中出差。

此外，“蓝色”、“紫色”和“黑色”太“冷”，拒人于千里之外；“红色”又过“热”，容易忘乎所以，故而都不能算作是情绪的“最佳状态”，应当调节适度。

形象控制法

形象控制法就是利用头脑中浮现的美好形象来控制自己的情绪，使之处于最佳的状态。

一个人的情绪状态常常以他头脑里所浮现的形象为转移。当服务员在工作中遇到某种情况时，如果头脑里浮现出过去在类似情况下获得成功的情景，就会自然而然地进入良好的情绪状态中；如果头脑里浮现出过去在类似情况下遭遇失败的情景，就会不由自主地进入不良的情绪状态中。

形象控制法的关键是将过去工作中的各种美好形象深深印在自己的脑海中，使之成为自我情绪调节的宝贵财富。

联想矫正法

从事某种活动的情绪体验，常会随着这一活动所引起的联想的改变而改变。用此联想换成彼联想的方法来调节自己的情绪，叫联想矫正法。

例如，服务员如果一提到“客人永远是对的”，就想到“我总是错的”，则会感到委曲。要是将这种联想换成“我把‘对’让给客人是正确的”，则会感到自己胸怀坦荡，从而就能使情绪开朗，心无愧疚。

所以，联想矫正法的实质是“换一个角度看问题，换一种心态想事情”。这种“角度”的转换可以将人从“思维”的死胡同中拉出来，自己给自己解开“疙瘩”，从而进入最佳的情绪状态中。

想象训练法

想象训练法是通过想象一些十分困难的处境、十分尴尬的局面，从而磨练自己的意志、调节自己情绪的思维方法。其实质是用假想的事态来不断增强自己的“抵抗力”，使自己的心理逐步变得健康、坚强。

例如，当顾客对自己说了一些“不中听”的话时，就可以想象一下，如果他说出的是“更难听”的话又怎么办？倘若自己的心理能够承受，这“不中听”的话就算不得什么了。如此不断地提高“难度”，训练自己的忍耐力，久而久之，情绪就不会因外界的“刺激”而波动。这和坚持“冷水浴”的道理是一样的。先是 7、8 月洗，继而是 9、10 月洗，再 11、12 月洗，最后 1、2 月洗，习惯之后，气温再低，亦能坚持如常。

自我暗示法

人的心理包括有批判能力的意识和没有批判能力的潜意识，如果意识不加批判地向潜意识输送某种信息，潜意识就会全盘接受，并直接支配情绪状态。依据这一原理，可以运用对大脑施加影响的方法——暗示（特别是本人的“自我暗示”），躲过意识的“批判能力”，从而使人保持平稳的情绪状态。

例如，当一个“难伺候”的客人第二次上门后，服务员的意识往往是“真倒霉，这家伙又来了”，随之的潜意识则是厌烦他，产生抵触情绪，这样接待工作便很难做下去。如果采用自我暗示法，躲开对这个“刺头客人”的批判，心中想到“他过去不讲理只是在气头上，一时糊涂，这次会通情达理的”，潜意识的感受就会变为“别生气，不发火，好好接待他”，随之情绪也能由“抵触”变成“不抵触”，笑脸相迎。这时客人会受到服务员大度的胸怀和热诚的态度的影响，反省前次进餐时的无礼表现而感到内疚，也努力调节自己的情绪，以笑容答谢笑容。这样，无形中便化解了过去的隔阂,使气氛变得融洽。

自我暗示法的核心是不持成见、不加怀疑、不要批判,尽量从好的方面想,以宽谅的态度待人,“以火去点燃火,以情去感动情,以心去温暖心”。

补偿调节法

餐厅服务人员为了达到优质服务的要求,在身心两方面都必须付出一定的代价。运用“补偿调节法”就是使自己在工作中付出的代价在8小时之外得到适当的补偿,从而保持心理上的平衡。

例如,上班时太紧张,下班后就轻松一下;在餐厅把客人当“上帝”,逛商场时自己也当一次“上帝”;接待工作单调,业余生活可以丰满;在单位说话轻声细语,回家后不妨大声谈笑甚至又跳又唱等。

心理学告诉我们,任何一种情绪“过了头”对心理健康都是有害的,因此要让相对立的情绪状态交替出现,互相补偿。放松是为了紧张,紧张后必须放松,这就是情绪自我调节的辩证法。

餐厅接待技巧

餐厅接待技巧既重具体的方法和程序,更重就餐者心理的探索和把握。一方面要学会了解和掌握就餐者的饮食欲求,使用因人而异的语言揽客,不怠慢任何客人,努力营造一种和谐而热情的气氛,避免与客人争执呕气;另一方面还要擅于接待不同类型的客人(如急躁型、活泼型、稳重型、忧郁型、精细型、实惠型、猎奇型、鉴赏型等,详见下列各专条),“具体情况具体对待”。

接待技巧问题的核心是灵活性,它没有一成不变的模式。关键在于正确把握就餐者的饮食欲求,千方百计努力满足。这里,心灵上的“沟通”相当重要,必须一把钥匙开一把锁,将接待工作做到顾客的心上。

急躁型顾客的接待

急躁型顾客大都要求快捷、方便、有问必答;喜欢使用定性的语言和加强语气的手势;不满意时会异常生气并大声喝斥;同时也心直口快、处事大意、事过即忘;他们的投诉只要能及时解决,往往便转怒为喜,连声称谢。

为此,服务人员在接待工作中应注意:(1)行走迅速,手脚麻利,语言简练,准确回答,不可带有糊弄性的口吻,注意提供时间信息。如“您要七成熟的小件牛排一份,20分钟内保证送到,请稍候。”(2)主动为客人提供一些额外的服务,如帮助挂大衣、送上需用的纸笔、协助查询电话号码、为其存放未饮完的酒水、播放舒缓的轻音乐唱片之类。这样,可缓解其急躁心态,获得好评。

活泼型顾客的接待

活泼型顾客就餐时谈吐诙谐、性格开朗、为人随和、处事果断,对服务员文明有礼,给人一种舒展、温顺的感觉;他们又通常心无介蒂,有话就说,渴盼与人交流,直率发表对食品的看法,易于投诉,并且四处宣扬。

对于此类顾客,(1)主动与之攀谈,积极推销菜品,尤其应讲清原料、技法、风味或掌故,满足其求知欲和好奇心。(2)对于外地的客人,还应适当介绍一些本城的风景名胜、名特物产或交通概况,为其提供旅游的方便。(3)对于他们的投诉,应当认真处理,不仅妥善解决问题,还要表示出诚意,使之感动,力求减少负面影响。(4)尤应注重服务质量和清洁卫生,展示餐厅的文明素质。

稳重型顾客的接待

稳重型顾客就餐时大都老成持重、矜持冷静、少言寡语、喜怒不溢于言表;而且讲究“绅士”风度,善于自控情感,凡事都能拿准分寸;即使有意见,一般都能宽容;但如果有过分失礼的言行,他们往往会穷究到底。

由于这类客人对服务工作的要求甚高,又很少“明示”,故而预先把握他们的需求,主动提供全面而周到的优质服务,显得更为重要。与此同时,还应多尊重他们的人格,多征询他们的意见,多观察他们的表情,而不要饶舌、轻慢、过分地“殷勤”,造成其反感。对于这类人的投诉,务必谨慎小心从事;因为他们不是忍无可忍,决不胡乱指责;一旦提出,事态就比较严重,往往会抓住餐厅工作中的致命伤。

忧郁型顾客的接待

忧郁型顾客就餐时通常是心境冷漠、表情木讷、不想说话、带有消极情绪、内心深处常处于自我责备状态；一方面他们避免与人接触，企求“尘封”自己，另一方面又处处怀疑、挑剔、充满牢骚，动辄生气，难于接近。

忧郁型顾客或者是心理遭受创伤，或者是患有抑郁症。故而对他们首先应当是宽谅、同情、爱抚、大度，不可与之斤斤计较。其次要耐心、温和、真诚，无微不至地关心，帮助他们从容地进餐。对于猜疑、指责，应平心静气地解释说明；确实属于工作失误的，要主动承认错误、赔礼道歉、并相应补偿损失。最忌讳的是“对着干”，或者是轻蔑、鄙视，这往往会刺伤其自尊，把事情闹得更僵。

精细型顾客的接待

精细型顾客就餐时往往“耳听六路、眼观八方”，对餐厅的陈设、菜品和服务水准观察得十分仔细，对价位、质地也了如指掌，显示出“精明过人”的心理特征；他们还极易发现一般人所疏忽的问题，有时也很“较真”。

对于这类客人，首要的一条是“真佛面前不烧假香”，开诚布公地与之沟通；并且在服务程序、服务细节、菜品质量、买单结帐方面力求精确，使之满意。对于他们的询问，要实事求是地予以解答；对于他们的批评，要诚恳接受。这类顾客大多阅历丰富，思路开扩，会出点子，所以餐后应多征询他们的建议，洗耳恭听。这不但可以改进接待工作，还能博得他们的好感。

实惠型顾客的接待

实惠型顾客就餐时最为重视“物有所值”，对菜品的质量和价位相当重视；他们往往不喜欢“花架子”，讨厌加收服务费，比较注意毛利率，不愿意花“冤枉钱”。故而他们的投诉较多，常向四处反映。

实惠型顾客中有不少是低收入者或勤俭过日子的人，一分一文来之不易，相当珍惜。对于他们关键是做到“诚信无欺”，一分钱一分货，不可糊弄。必要时还须讲清每盘菜的用料及成本，还有国家规定的有关收费项目，使他们通过“算帐”而心服口服。至于他们的投诉，更应耐心听取，不能腻烦，更忌讳轻贱的态度，把他们当作“守财奴”；如果意见正确，该认错的认错，该退款时退款。

猎奇型顾客的接待

猎奇型顾客就餐大多带有求新、求名、求异的心理，喜欢追逐饮食潮流，寻求刺激；他们往往舍得花钱，但希盼吃好、吃美、吃得痛快，并借此增长知识，享受情味；所以看重餐饮的档次，要求一流的服务。

这一类宾客多系高消费者，对餐厅设施与服务的期望值也高；他们同时也是许多高档餐厅的常客，对餐饮业的经营情况精熟。接待他们必须有过硬的基本功和丰富的经验，特别是对刚刚推出的新菜应有透彻的了解，对某些新开发原料的产地、性能、养营功效及风味应有准确的把握。唯有这样，方能有问必答，一语中的。此外，这类客人大多不拘小节，崇尚个性自由，要善于与之相处。

鉴赏型顾客的接待

鉴赏型顾客多系一些美食家，见多识广，在饮馔方面有比较深厚的修养，其文化程度也高于其他食客。他们进餐时求精、求名，很注重菜品风味和质量，强调“自我体验”，追求物质与精神方面的双重享受。

接待这一类客人时，不仅服务人员要突出自己的气质、风度和文化素养，而且要注意谈吐、文雅大方。特别要忌讳不懂装懂、信口开河，说一些“外行话”；还要不过多地干扰客人，给他们留下一个相对独立的“自由空间”。如果菜点不符合质量要求，应主动撤换；如果操作违反程序，应迅即纠正。当客人索取有关资料（如菜单、席谱）时，要尽量满足。“甘当小学生”，是为上策。

餐厅接待规范

按照餐饮服务心理的要求，餐厅服务人员的接待规范应当是：

1. 说好第一句话。

这句话要简练、亲切、自然、得体，如“您来了”、“请上坐”、“您想用些什么”、“随时听候您的吩咐”之类。这句话说得好，不亚于宣传广告的作用，它可以稳定住就餐者的心理，给人以“宾至如归”的感受，留下相当美好的“第一印象”。

2. 擅于洞察心态。

即是从动态言词上判断顾客属于什么样的就餐类型，了解他们在进餐目的、菜品风味、消费档次方面的需求。其中尤应弄准谁是东道主，他的意愿往往起主导作用。举凡东道主，大多是第一个进餐厅、首先与服务员洽谈、居于主座或次座、言语较多、请人点菜的男性。

3.高效准确轻灵。

这是指很高的工作效率。从迎宾、导引、安座、献茶，到上菜、斟酒、撤盘、结帐，都应迅捷、利索、便当，从而保证客人尽快地顺利就餐，而不产生焦躁、烦闷的情绪。其中，服务人员的身态、动作都应规范，有一种美的旋律，这可以使顾客情绪愉悦。

4.积极引导消费。

积极引导消费系指做好推销菜品的工作。这一方面是介绍本店的名菜名点名席，扩大销售额和知名度，创造社会效益和经济效益，另一方面也是尽量满足客人的饮食需求，使他们能吃到好的菜点，获取物质与精神上的双重享受，乘兴而来，尽兴而去。

5.文明礼貌服务。

文明礼貌服务表现在语言、行为、情感诸方面，而以仪表、礼节为重点。这既是服务人员的完美形象，又是餐厅的声誉标志。其要求是整洁大方、温文尔雅、端庄稳重、言词规范。它可以给客人以信赖、亲近、喜悦的心理感受，从而消除许多心理隔阂。

6.顾客至上原则。

所谓“顾客至上”，是指尊重顾客、敬爱顾客，以顾客的需要为需要，以顾客的满足为满足。古代称顾客为“衣食父母”，外国称顾客为“上帝”，都是这一意思。必须明确，服务员侍候客人是工作需要、是经营需要、也是谋生需要，这一点不可含糊。

优质服务模式

优质服务模式系指在积极、健康的服务心理支配下最佳的餐厅接待工作样式，行业中对此有“九要九不要”之说，即：

九　要	九　不　要
1.顾客临门，热情接待；	1.不冷落人；
2.接待方法，符合礼仪；	2.不怠慢人；
3.主动服务，保质保量；	3.不糊弄人；
4.顾客询问，耐心回答；	4.不厌烦人；
5.顾客要求，尽量满足；	5.不欺骗人；
6.顾客意见，虚心接受；	6.不报复人；
7.顾客有错，宽厚相待；	7.不奚落人；
8.顾客身残，热情帮助；	8.不取笑人；
9.顾客离店，礼貌相送。	9.不催促人。

还有些地区将优质服务模式与劣质服务模式相比，列出截然不同的举止和心态：

优质服务	劣质服务
举止文雅，服饰整洁	举止粗俗，服饰肮脏
态度热情，面带微笑	态度淡漠，冷若冰霜
语言亲切，文明礼貌	语言粗暴，没有修养
业务精熟，操作规范	业务生疏，操作杂乱
质价相符，诚信无欺	质价不符，快刀宰客
服务认真，嘘寒问暖	服务马虎，虚情假意
勤勤恳恳，周到细心	懒懒散散，敷衍粗心
明堂亮灶，清洁卫生	灰尘扑面，蚊蝇乱飞
宾至如归，一视同仁	店大压客，衣帽取人
弘扬新风，堂堂正气	藏污纳垢，黄毒泛滥

广告推销与投诉

公共关系

公共关系简称“公关”，是英语 public relations 的意译，系指政府、组织或企事业单位公众之间的双向沟通关系。一些企业单位专设的负责处理公众对本企业的投诉和本企业与外企业之间的纠纷等问题的机构，叫“公关部”；专职从事公共关系工作的年轻男子和年轻女子，则分别雅称为“公关先生”和“公关小姐”。

研究公共关系的科学，叫“公共关系学”。这是一门研究部门之间、个人之间如何互相了解、保持协调合作关系的一门科学；其研究内容包括广告宣传、民意测验、管理咨询、协作网络、社会资助、市场销售等等方面，与一般的“关系学”并不相同。

目前，不少高档宾馆、星级饭店、名特餐厅都设有公关部，配置公关先生和公关小姐，专门开展公关工作。它的主要任务是：

1.进行市场调查和民意测验，了解餐饮动态以及社会对本企业的反映，从而制定经营决策和服务项目；

2.进行广告宣传，利用大众媒体树立本企业的形象，开展各种促销活动，在激烈的市场竞争中主动出击；

3.密切上下级关系，与各有关部门联络感情，扩大“集体客户”的阵容，争取“回头客”，使本企业“人气”旺盛；

4.研究顾客饮食心理，处理各种投诉，做好善后事宜，维护企业声誉，并对服务人员进行相关的教育等。

餐厅服务中的公共关系

餐厅公共关系是餐厅与顾客(含潜在顾客)之间的联系。其职责是通过公共关系计划的实施，最大可能地提高餐厅地位、餐饮服务及服务人员的声誉，并对公共关系计划加以发展和贯彻执行。

餐厅公共关系的特性是：

1.客我双向沟通，而不是广告和宣传的单向性传播。服务人员从接待顾客开始，就已着手建立这种沟通关系。它要求从体察顾客的心理入手，坚持真诚合作，以感情投资促进理解，以追求餐厅在顾客中的美好形象为基本原则，每个服务员都有出色的公关才能。

2.长期促销效应。虽然公关本身不能产生一笔生意，但它可以在公众中创造这样一种概念：餐厅环境舒适、菜品货真价实、服务人员训练有素等。当顾客和潜在顾客接受这一概念后，也就意味着他们认可了这个餐厅，从而将信息互相传播，使得车马盈门、生意兴隆。

3.服务员也是公关人员，应处在双向沟通的第一线。她们要善于理解顾客的消费兴趣，向顾客传递有关菜品的信息，态度诚恳地进行推销活动，回答问题迅速、简洁、明白、准确，充分考虑并满足顾客的需要，保持餐厅的尊严，奉行顾客至上的原则，时时、处处、事事以自己的完美形象取信于人。

如果餐厅公共关系的三大特性能够全面地经常地体现，那么它就可以促进内部推销、建立稳固的客我关系、帮助餐厅传播企业形象，在市场上力拔头筹。

广告

广告一词源于拉丁语，原意是注意诱导，即唤起人们的注意力并将其引导到某些消费上来。现今对广告的解释，一般是指为了某种特定的需要，通过一定形式的媒介物，公开而广泛地向社会传递商品或服务信息的一种手段。

广告分为三类。一是语言广告，包括叫卖、广播、电视、口头宣传等；二是文字广告，包括报纸、杂志、邮品、匾额、广告牌等；三是实物广告，包括橱窗、展销会、销售和服务现场广告等。

在现代社会和商品经济中，广告的作用愈来愈明显。从实际效用看，它可以传递经济信息，沟通买卖者之间的关系；可以刺激需求，增加商品销售或促进服务消费；可以吸引顾客，促进竞争；可以介绍商品或服务知识，指导消费；可以美化环境，丰富人们的文化生活。从心理功能看，广告能够诱发人们的感情，强化消费者对某种商品或服务的偏爱，激发人的消费欲望和购买热情；能够强化人们的记忆，帮助人们进行比较、判断，最终采取消费行动，有积极的导向功能。

在广告宣传中，必须坚持政治性、真实性、艺术性、民族性四项基本原则。要注意广告主题思想的健康、表现形式的鲜明；坚持实事求是，不欺哄消费者；必须生动活泼，有新意，有情韵，有品位；具备东方文明古国的民族特点，为中国人民所喜闻乐见。

广告四媒体

广告四媒体系指广告形式中使用最普遍、最经常和影响最大的四种形式——报纸、杂志、广播、电视。它们的特点各不相同：

1.报纸广告。

其特点是：覆盖率高，影响广泛；印象深刻，便于查阅；制作简便，运用灵活；费用较低，经济实惠。缺欠是：持续性短，时间性强，分散、零星，针对性较差。在农村、乡镇和边远地区效果不甚理想。

2.杂志广告。

其特点是：对象明确，针对性强；选择性大，效率更高；保存期长，效果持久。缺欠是：阅读范围有限制，影响不及报纸广泛，出版周期长，不够灵活及时。

3.广播广告。

其特点是：迅速及时，机动灵活；听众广泛，覆盖面大；选择性强，针对性强。缺欠是：时间短暂，听众分散，不便于保存和查阅，缺乏“视觉形象”。但花费较少。

4.电视广告。

其特点是：表现力强，效果良好；形象生动，灵活多样；范围广泛，影响深远。缺欠是：宣传印象易于消失，广告费用较多，缺乏选择性，不能深入到没有普及电视的农村。

目前，广告四媒体在餐饮业中都有不同程度的利用，相比之下，电视广告效果较佳，报纸广告和杂志广告次之，广播广告又次之；其原因是前三种都有“视觉形象”，而后者仅有“听觉形象”。

餐饮广告

餐饮广告是运用“广告四媒体”(报纸、杂志、广播、电视)和现场向社会传达菜品和服务信息的一种经济宣传手段，具有认识功能、心理功能、美学功能和教育功能。它可以传播餐饮业的经济信息，加速菜品的推销，推动市场竞争，满足社会多方面的需求。

与其他广告相比，餐饮广告更为注重“视觉形象”的设计和环境气氛的渲染，常常是在顾客的饮食心理上巧做文章，显得活泼生动。如电视广告中展示的餐厅设施、菜品形象、服务程序和欢乐聚餐镜头；现场广告中菜品色、香、味、形对人感官的刺激，都是“立竿见影”的。它的诱惑力很强，能够直接驱使顾客去实施消费行为。

餐饮广告的要求

餐饮广告属于商业广告的范畴，它应当遵从广告规则，进行正确、健康的舆论导向。

1.突出思想性。

餐饮广告不仅要注意经济效果，还要注意社会效果，要自觉地抵制低级趣味和不健康的东西，禁止刊载和传播有损国格和民族尊严、反动、淫秽、丑恶、迷信、诽谤性宣传以及违反国家保密规定的内容。一些容易滋长不良社会风气的镜头(如酗酒、豪华婚宴)，也不可大肆宣扬。

2.加强政策性。

餐饮广告必须符合社会主义法制和政策的要求，不能“认钱不认事”。对有问题的食品，对不值得向社会提倡消费的食品(如烈性白酒)，对似是而非的药膳和毫无依据的“宫廷补品”，对国家明令保护的珍稀动植物(如熊掌)，对不符合营养卫生要求的烹调方法，对有损人格尊严的服务方式(如跪式服务)，对庸俗陈腐的筵间娱乐活动(如不雅的酒令)之类，都不可作为广告内容推出，因为它们有害无益。对一些有争议的食品原料的宣传，也须慎重。

3.坚持真实性。

真实性是任何广告的灵魂，餐饮广告也概莫例外。餐饮广告中介绍的菜品和服务项目，必须以事实为依据，体现出餐厅经营的本来面目，向消费者提供经得起检验的证据。还有菜品的分量、质量与价位，也必须实事求是；获奖的菜品和厨师，应有有关部门的证明。不允许夸大优点、掩饰缺点、弄虚作假。只有真实地、准确地向社会传播信息，才是对消费者负责，才能取信于民。

4.讲求艺术性。

餐饮广告的最佳效果，在于它完美的艺术性。唯有艺术性的广告，方能激发消费者的感觉、知觉、记忆、想象、思维、注意、情绪、情感、意志和兴趣，取得良好的心理效应，获得美的享受，刺激消费欲望。艺术性中还要求新，出奇制胜，制造“悬念”，有吸引力。目前不少餐饮广告比较“平庸”，策划者功力较差，拍摄者也流于形式，难以形成“轰动效应”，急需改进。

餐饮广告的心理学运用

欲使餐饮广告深入人心，必须重视心理学知识的运用。要让广告触及人们的心理活动，调动人们的心理因素，顺利地流入人们的潜意识中，促使人们不知不觉地进入“注意——兴趣——联想——愿望——比较——偏爱——信念——决断——购买”的过程。运用心理学原理，按照人的心理过程进行广告宣传的具体方法甚多，例如：

1.诱发情感。主要是通过菜品的色彩、图案、声响、美味、雅称、营养、餐具等等去刺激人们的感官，诱发人们的情绪，对其产生好感，形成购买欲望。

2.引起注意。即在诱发情感的基础上，反复展示菜品的“形象”，促使人们对它从“无意注意”变成“有意注意”，并进而“集中注意”，使其在脑海中的“烙印”愈来愈深。

3.启发想象。即调动一切艺术手段,使顾客从一些互相接近的、相似的、相反的以及相关联的事物中对宣传的菜品和服务方式产生美好的想象,从而促进消费行为。

4.赋予美感。这是指餐饮广告要遵从美学的要求,运用整齐一律、平衡对称、符合规律、和谐协调等手法,将宣传对象创造成一件供人欣赏的艺术品,使消费者流连忘返。

5.注重情调。情调是一幅广告思想性和艺术性的总和,它往往反映出一定的思想、道德和情操。举凡情调健康的餐饮广告,大都能够受到消费者的青睐。

6.锤炼语言。餐饮广告最忌讳晦涩难懂、冗长枯燥、生硬呆板,而必须准确、鲜明、生动。清新活泼的语言,富于情趣的文字,往往可以使餐饮广告摇曳生辉。

7.争取信赖。争取信赖的前提是诚实,因此餐饮广告切忌浮夸、虚幻和说谎。越是“纯朴”、“憨厚”的东西,越会使人信赖。餐饮广告也应“返朴归真”,展现“天生丽质”。

8.促进决断。餐饮广告经常起到“菜品导购”的作用,只有在广告中详细说明某一菜品能在经济上、生活上、精神上带来何种实惠与享受,才能使消费者下决心购买。

9.指导消费。餐饮广告还必须告诉消费者在何时何地用何种方法与价格购买何种菜品、享受何种服务,越清楚越好。这样,消费者才能在其指导下顺利完成消费过程。

餐饮广告效果测定

餐饮广告的效果包括两方面:一是经济效果,通常由广告发布后的经营状况和经营成果来反映,如销售额是否增加、资金周转是否加快、盈利是否上升;二是社会效果,通常指消费者对菜品和服务认识程度及信赖程度的提高,它最终表现为吸引力和对销售的促进,也要落实到经济效果上来。

餐饮广告效果的测定一般有两种方法:一是销售量测定法,即通过销售量的增长幅度来审视效果,其公式是,广告后的平均销售量减去广告前的平均销售量,再除以广告费用;二是试验测定法,即选择同一类型的餐厅,将做过广告的和没有做过广告的进行对比,以此判断广告效果。

推销策略

推销是指推广货物的销售渠道;研究推销员心理与消费者心理的相互变化及其发展规律的学科,则叫“推销心理学”。

推销有时又称作“促销”;把企业的产品及其服务向消费者进行报道与说服,促进和影响消费者的购买行为及消费方式,则是企业的“促销策略”。

推销(或促销)大多是用证据、道理或企业的信誉说服消费者。从推动销售策略看,主要有应用销售法、送货销售法、巡回展销法、服务销售法、网点销售法、访问销售法等;从拉引销售策略看,主要有广告销售法、邀请销售法、信誉销售法等。

推销在餐饮业中也占有很重要的地位。

环境心理策略

环境心理策略是餐厅促销策略中的一个重要部分。它是通过餐厅地理位置、建筑装潢、服务设施、清洁卫生、安全保卫等条件的改善,创造一种良好的就餐环境,“优化”消费者的进餐心态,达到刺激饮食消费的目的。

环境心理策略的要点是:(1)选择好开业的地点和时间,聚合“人气”,突出经营特色,展示“拳头产品”;(2)亮出企业的“金字招牌”,在装潢上应有与众不同的风格;(3)做好现场广告,扩大餐厅的正面影响;(4)服务设施美观、适用、配套、整齐,能够“留住”顾客;(5)清洁、卫生、安全,使进餐者有一种“平安感”,愿意经常光顾。凡此种种,都是餐厅促销的物质基础和前提条件。

品种心理策略

品种心理策略是餐厅促销的又一手段,它不仅牵涉到餐厅的经营方向,还是餐厅效益命脉所系。

品种心理策略的要点是:(1)根据市场行情和饮食潮流,及时推出适销对路的品种;(2)讲究烹调方法,重视质感和口味,展示出肴馔的个性特色;(3)注意营养功效和药用价值,满足当今社会人们企求健康长寿的普遍心态。(4)将不同的品种巧妙搭配,形成套点、套餐或套席,形成“系列”和声势。

其中，经营特色尤为重要。有些餐厅集中经营某一地方风味（如川菜）、某一特色菜品（如烤鸭）、某一名特原料（如蛇肉）、某一风味小吃（如饺子），均系如此。

价格心理策略

价格心理策略在餐厅促销策略中也运用得较为普遍。它主要是针对消费者的求廉心理和务实心理，通过固定价格、浮动价格、自由价格的变换来增强餐厅的吸引力，从而提高销售额和经济效益。

从政治经济学的角度来看，价格是商品价值的货币表现，价值又是由生产该商品所需的社会平均劳动量所决定的。从市场学的角度来看，商品的价格时常受市场供求关系和竞争需要的支配，被商品的价值规律所制约。从商业心理学的角度来看，商品的价格又是以消费者在心理上能否承受作为出发点的。再从我国现行的价格管理制度来看，又有计划价格（含固定价格和浮动价格）与非计划价格（含议购议销价格和集市贸易价格）的不同，情况相当复杂，不易把握。

餐饮业的价格中，还多了收费标准不固定、淡旺季差异以及灵活的弹性等因素，往往出现“固定价格难固定、浮动价格少浮动、自由价格不自由”的局面，不容易随心所欲地调控。与此同时，它的价格“定位”，还对生产、分配、交换、消费有着重大的影响，直接涉及到国家税收、职工福利和顾客的权益。而且有的顾客为了猎奇求新不计较价格，有的顾客为了经济实惠而计较价格。再加上同行之间对价格的“异动”十分敏感，社会舆论和新闻媒体对价格时时刻刻进行监督，致使企业的经营者“左右两难”、“进退维谷”。因此有人讲，价格心理策略是餐饮业中“最难玩的一套魔术”。

在商品经济中，价格心理策略终究是要实施的。目前餐饮业大多采用“明调”与“暗调”相结合的方法，使价格的“杠杆”在饮食消费心理中产生积极的推动作用。

所谓“明调”，就是在有关政策允许和顾客能够承受的前提下，适当调整固定价格、浮动价格或自由价格，其幅度一般不是太大，不像服装业那样暴涨暴跌。

所谓“暗调”，就是在价格基本不变的情况下，充实或提高它的价值。通过现代化管理、综合经营、优质服务、降低费用等等，使顾客获得更多的实惠。如增开空调、辟建雅厅、不收服务费、惠赠酒水、派送纪念品、对回头客人打九折、无偿提供婚宴中的非饮食消费服务项目等，它们也能赢得人心。

接待心理策略

接待心理策略是餐厅促销策略中的“软件”，它主要体现在语言艺术（含用语、声调、手势、表情）、服务方式及方法、服务技能、礼仪规范四个方面，各个餐厅都有“绝招”。

由于接待服务是“以服务形式存在的消费品”，具有以劳务为主向社会提供消费、服务的直接性和不可触知性、服务的技艺性和劳务质量的差异性、服务的综合性及其对服务员素质的依赖性、服务的不可储存性以及餐饮市场环境的制约性等五大特性（参阅“服务工作的特殊性”），所以在推行中很难有具体的指标。它完全凭借餐厅服务人员的思想觉悟、职业道德、心理素质和操作水平，一旦充分发挥出来，往往能收到奇效。

推销心理策略

无论品种心理策略、价格心理策略，还是环境心理策略、接待心理策略，它们的推出都有两种可供选择的方式。

一为渐进式。即是先点后面、分期分批地展开，使顾客的心理逐步适应它、接受它。其好处是比较稳妥，可以边推广、边总结、边改进，风险小，失败了损失也不会太大。

二为急进式。即是在充分调查研究的基础上，一下子将新招全盘托出，给顾客一个“惊喜”。其好处是有轰动效应，捷足先登，收益大，见效快，但必须承担较大的风险。

这两种方式都应有周密的计划，并且与本餐厅的实际生产能力、经营能力相协调，不可打无准备、无把握之仗。

餐饮推销要诀

餐饮推销包括对外推销（将尽可能多的宾客吸引到餐厅）和对内推销（鼓励就餐者最大限度地消费）两个方面，推销的主角是服务人员，其要诀主要有7点：

1.自我推销。即完美服务员自身的形象，注重清丽的仪表、坦诚的微笑、安详的神态和得体的语言，使顾客感到可亲、可爱、可信。当她彬彬有礼地自我介绍时："您好，先生，我是×××，工号为××，您的晚餐将由我负责，您有什么要求尽管提出，我将竭诚提供服务。"顾客就会在信赖心理的支配下，愉快地开始消费活动。

2.抓住机会推销。这主要是指顾客看菜单或观察其他餐桌的就餐情况时，服务人员应巧妙地"介入"，与之进行必要的沟通，有针对性地推荐合适的菜品，但语气要委婉，不可带有指令性的口吻，以利于顾客接受。这时不但要说清这道菜的用料、制法、口味与特色，还应同相似的菜进行比较，以便客人选择。可以使用吸引人的语言，但切忌浮夸和臆造；因为客人一旦察觉有假，整个推销便会前功尽弃。

3.有针对性地推销。这是指顾客对象而言。当通过观察初步弄清顾客的性别、年龄、籍贯、职业、经济条件、进餐目的和口味嗜好之后，就可以"投其所好"地提出一组食品供其考虑；再通过神态和语言观察客人能否接受，如果客人犹豫，必定其中有某些不合宜的地方（如口味、价格），再提出新方案以供选择。这里有三忌：忌讳一味推销高档菜、忌讳强行推销客人否定了食品，忌讳推销过多的食品。如果是这样，只能弄巧成拙。

4.使用好推销语言。即委婉、贴切、有选择性。例如"您看这道菜可以吗？"就不如"这两道菜您看哪一道合适？"因为前者，客人可以轻而易举地否决；而后者，客人不太可能直接拒绝，而必须想出一个既能够成立又不失风度的理由婉辞，如果这理由一下子想不出来而对这两道菜又不是太反感，客人便会任选一种或者很大度地说："小姐，我信任你，请你安排好了。"

5.不放弃餐后推销的机会。客人就餐后往往会有不同的消费需求，如中餐客人要茶、要水果、要甜食，西餐客人要餐后酒、要咖啡、要冷饮之类。如果"顺水推舟"，又可以推销出一部分食品，既满足了顾客的欲望，又增加了餐厅的营业额。此外，对于客人赞赏的菜品，还可以进行"连续推销"："您刚才吃的'楚天第一鲂'，我店有真空包装的出售，回家后一蒸就可以吃，挺方便的，您看要不要给老人和孩子带上一包？"在这种情况下，许多客人会欣然允诺。

6.进行预约推销。客人如果吃得满意了，常常会询问餐厅的设施情况及接待能力，流露出再次光临的愿望。聪明的服务员则应抓住机遇，简明扼要地加以介绍，这可能就是十几桌团体餐或婚宴的"引线"。倘若价格合适，客人会表示出一种"意向"，这时服务员应当告知本店的电话号码和联系人，做好筵席预约的准备工作。还有一些人家在操办婚寿大宴前，常去知名餐厅"侦察式的消费"。接待这种客人更为重要，因为几千元的营业额往往会"尾随"着几十元的营业额而来。

7.注重"拳头产品"的推销。各个餐厅一般都有自己的"名牌菜点"，服务员应当将它作为"重头戏"演好。首先，各餐室都应有这类产品的详细资料，以备查询和赠阅，发挥文字广告的作用。其次，应向顾客介绍这类产品的研制过程及演变历史，以及人们（特别是名人）品尝后的评价，增加其声望。第三，必要时还可以采用先观看后购买的方法，使顾客放心。最后，要请客人品尝后留下意见，以便不断改进。"拳头产品"的推销一旦成功，往往会引起"链锁反应"，连带地扩大销售额，进一步提高知名度。

销售组合

销售组合又称连带推销或配套推销。即推销某一商品时，同时推销它的配套商品，使之具有完整的使用价值。如电视机和电视机罩、电冰箱和电冰箱搁架之类。

销售组合在餐厅推销中尤为明显。因为任何一个客人就餐，都是要求饭菜酒水配套的，其食品一般均有2～5种，很少是"单打一"。所以，销售组合大有文章可做。它要求：(1)组合合理。如客人饮白酒，就可以推荐1～2盘冷碟，并配上一道热汤；客人饮啤酒，就可以推荐1～2道小炒，再配一碗水饺。这样，吃起来比较舒服。(2)组合适当。即饭菜的量与客人的食量基本相当，最好是能全部吃完，或者是略有剩余，切勿堆盘叠碗，满桌狼藉。食肴过多，表面上看是增加了销售额，实际上是加重了客人的负担，造成浪费，带来反感。(3)组合实惠。这一方面须从经济上考虑，一方面须从营养上考虑，还有一方面是须从进食的快感上考虑。应当是有荤有素、有干有湿、有冷有热、有甜有咸、有酒有菜、有饭有果、有贵有贱、有多有少，必须全面筹划。(4)组合有特色、有情趣、有韵味。这属于更高的饮食需求层次，要讲究传统和章法。如上烤鸭时配薄饼、大葱、甜面酱；上三鲜豆皮时配瓦罐鸡汤之类。现今各地推出的“风味套餐”，正是由此而来。许多菜品组合是餐厅经过深思熟虑而确定的；也有一些菜品组合是客人“心血来潮”的产物。在这种情况下，服务人员就应当好参谋，起到“导食”的作用。

顾客接受推销的规律

顾客接受新产品的推销，一般要经历5个由浅入深的认识阶段，有规律可循：

一是知晓阶段。从广告或他人介绍中、自己观察中发现新产品。

二是兴趣阶段。知道新产品的性能和使用价值后发生兴趣，产生购买动机。

三是评价阶段。根据已有的知识或经验对其评价，判断它的利弊及功过。

四是试用阶段。或自己少量试用，或观察他人试用，以之验证“评价”的正确与否。

五是采用阶段。试用后如果满意，就正式购买或重复购买，变成它的消费者。

顾客接受菜品推销的规律也大致如此，只是评价阶段在试用阶段之后。

交往

交往是人与人之间交流思想感情、相互往来的社会活动。它包括直接交往(面对面)、间接交往(打电话、写信)、互相交往(交谈情况)、单面交往(播音员主持节目)、小范围交往(开小会)、群众性交往(开大会)、经济交往(订合同)、政治交往(国事访问)、生活交往(朋友聚会)、服务交往(为客人提供劳务)等。

交往的主要工具是语言，辅助工具是表情、姿态和手势。交往是一个沟通思想、交流感情、相互施加各种影响的积极过程，是一种“心灵感应”的活动，是生理和心理中的正常欲望。

如何与顾客交往，也是餐厅服务人员的必修科目之一。

服务交往

服务交往是人们为了实现服务消费目的，在同服务人员“面对面”的直接接触中，服务人员进行服务、顾客接受服务，并获得相应的心理感受的过程。

服务交往的主要对象是人，服务人员的气质修养和服务质量直接影响着服务交往的效果，影响企业的信誉和效益。

在服务交往中，服务人员始终是经营活动的主体，服务设施和顾客等是经营活动的客体。它有与其他交往所不同的3大特征：

其一，纯业务性交往的性质。

这是指服务交往是出自工作目的而不是出自感情目的，是为了业务需要而不是交友需要。当一次就餐活动结束后，这种交往便自然终止；当另一次就餐活动开始时，这种交往又重复出现。对此，有一种生动的说法，即“相逢开口笑，背后不思量”，“人一走，茶就凉”。由于它不是以建立感情为基础，带有某种“逢场做戏”的性质，因此常有“虚幻”的成分，容易在服务人员和顾客之间引起冲突。

其二，服务人员与顾客的地位不平等。

这里所说的不平等，不是指人的经济地位和政治地位，而是指在服务交往中“顾客是上帝”、“客人总是对的”。这是因为，在商品经济中，顾客有选择餐厅、菜品的权力，有选择服务人员为其服务的权力，这权力是用“钱”买来的。如果服务人员拒绝服务，就会失去生意，实现不了商品交换，企业就会倒闭。由于是“花钱买享受”，故而顾客享受服务时往往心安理得，稍不如意就可以提意见，服务人员始终处于被动从属的地位。假若不能正确理解和对待，则会引起冲突。

其三，服务交往的结果，主要取决于服务人员的工作，要求她们主动、热情、耐心、周到、文明、礼貌。与此同时，服务人员在这种交往中，也能得到锻炼和乐趣。锻炼是指观察能力、自制能力、应变能力等的提高；乐趣是指实现人生价值，为社会谋取福利，为顾客带来了方便、欢乐，其劳动受到尊重，并获得应有的报偿。从这个意义上讲，服务人员在服务交往中的贡献，平凡而又伟大、辛苦而又光荣。

由上述特性所决定，服务人员在服务交往中必须遵循8项原则，即：

满足餐饮心理需要、处处方便顾客的原则；

尊重、爱护、体谅、理解顾客的原则；

热情主动、文明礼貌的原则；

讲究工作效率、实行优质服务的原则；

诚信无欺、维护消费者权益的原则；

因人而异、区别对待的原则；

服饰端庄、举止文雅、自尊自爱的原则；

协调配合、全局一盘棋的原则。

这些原则的提出，既考虑了餐饮业和服务工作的特殊属性，兼顾企业的经济效益与社会效益，促进商品经济发展，满足全社会物质文化生活的需要；又考虑了顾客就餐时的心理活动和服务人员服务时的心理活动，尊重服务交往中的客观规律和特点，建立互相理解的人际关系，推动精神文明的建设，因此，它应当是服务工作中的准绳。

服务交往中的矛盾冲突

服务交往中的矛盾冲突，系指餐厅服务人员与就餐者的接触中，由于某种原因相互之间发生的语言攻击或行为对抗等不愉快的事件。它常会造成不好的后果，使服务人员和就餐者的心理都受到损害，使餐厅形象和声誉也受到影响。

服务交往中的矛盾冲突主要表现在：餐饮业经营状况与顾客需求的矛盾；顾客对服务人员的期望与服务质量的矛盾；服务人员的接待方式与顾客个性特征的矛盾；服务人员提供的实质性服务与顾客满意程度的矛盾；服务人员与顾客的语言、行为的矛盾；菜品的质量、数量与价格的矛盾；餐厅经营管理的落后与时代的进步、餐饮要求的提高的矛盾等。它们往往以顾客为一方，以餐厅和服务人员为另一方而展开；不论矛盾的表现形式如何，站在冲突对立面总是顾客和服务人员。

服务交往中产生矛盾冲突的原因很多，应当从对立面双方的心理和行动中去找寻。

从服务人员分析，主要根源有：(1)对顾客在服务交往中享有的特殊权力不理解，从而引起反感情绪；(2)对服务交往中由于缺乏真正的感情沟通而产生的“互不信任”心理特征认识不足，总觉得顾客“难于侍候”；(3)对自己服务质量的自我评价不恰当，往往满足于“走过场”；(4)以貌取人，对顾客厚此薄彼，伤害了对方的人格和尊严；(5)工作极不负责任，带来许多失误和差错，又不虚心接受意见、认真赔礼道歉并立即改正等。

从顾客分析，主要根源有：(1)不尊重服务人员的人格和劳动，颐指气使，损害了对方的尊严；(2)就餐消费行为中不文明、不礼貌，言辞粗俗，行为放荡，文化道德水平低下；(3)对餐厅和服务人员不信任，猜疑心重，过分挑剔，不恰当地使用“上帝的权力”，提出一些不合理的要求，说了一些有失分寸的话；(4)对服务人员的心理活动缺乏了解和体谅，对她们的辛勤劳动缺乏同情心；(5)由于知识和阅历的贫乏，加上对市场经济和价值规律的不熟悉，产生了认识上的误区等。

从餐厅经营管理上分析，主要根源有：(1)餐厅经营者未能加强管理，制定必要的措施，防患于未然；(2)平时对职工(包括厨师和服务人员等)教育不严，缺乏“质量第一”、“信誉至上”的观念，留下了许多漏洞；(3)餐厅服务设施差，环境卫生不好，饭菜质量难以保证，服务水平低下，不能满足顾客正当、合理的消费需要；(4)片面追求毛利率，违反价格政策，有“宰客”的行为，侵犯了消费者的合法权益；(5)冲突发生后，领导不及时赶赴现场予以制止或平息，致使事态严重，不可收拾等。

由于上述3方面因素的交叉影响，服务交往中的矛盾冲突时而发生。从冲突双方的心理特点分析，它往往要经历4个阶段：

1.冲突的潜在阶段。其表现主要是产生感情抵触，或生硬冷漠，或烦躁不安，或彼此怒视，或愤然离去；

2.冲突的爆发阶段。其表现主要是感情失去自控，伴随以过激的言辞或动作，正面“交锋”，不少旁观者“介入”，形成“两派”或“多派”；

3.冲突的发展阶段。其主要表现是顾客愤愤不平，找领导投诉或对服务人员报复；服务人员哭闹，倾诉满怀委曲；

4.冲突的平息阶段。其主要表现是领导出面调停、解释，或认错、道歉，对服务人员进行批评或安慰，使事态得以解决。

从矛盾论的观点来看，服务交往中的矛盾冲突是一种客观存在，很难杜绝。关键不是回避矛盾而是正视矛盾、分析矛盾、探求解决矛盾的方法。应当认识到，在服务交往的诸矛盾中，服务质量与顾客需要的矛盾是最基本、最主要的矛盾；服务人员的工作态度和服务水平又是矛盾的主要方面。只有从这些方面入手，才能将服务交往中的冲突加以化解。

冲突处理

服务交往中的矛盾冲突一旦发生，必须迅即处理。不论主要责任在哪一方，处理冲突的基本原则都应当是：

1.尽量避免冲突。因为餐厅中的矛盾冲突，对任何一方都是有百害而无一利，所以作为矛盾主导方面的服务人员来说，应当尽量避免，以礼相待，使冲突化解在萌发状态。

2.努力克制激情。餐厅是个复杂的“小社会”，什么样的人和事都有可能出现。服务人员受到指责和委曲时，一定要克制冲动，平息激情，严格把握自己，切不可以正面顶撞。

3.宽容理解顾客。“人上一百，形形色色”，在众多的消费者中，难免有几个“刺头”，我们应当宽容、理解和体谅，凡事“退一步”。主动避让，这有利于维系餐厅的正常秩序。

4.敢于承担责任，主动道歉。承担责任是正视过去的表现，主动道歉是对顾客人格的尊重。有此二者，许多冲突就可烟消云散，也能赢得其它顾客的支持与同情。

至于处理矛盾冲突的方法，一般是：

1.使冲突双方尽快地脱离接触；

2.不要使“看热闹者”围观；

3.不要使“打抱不平者”“介入”；

4.请第三者出面调解；

5.多作自我批评，而不要轻易批评顾客；

6.赔礼道歉，并视情况补偿一定的损失；

7.对蓄意闹事者，移交公安部门处理；

8.对服务人员进行批评、教育或安慰；

9.使全体职工接受教训，等。

投诉

投诉原指向法院申诉，现泛指向有关部门或有关人员诉说情况，反映问题。有关投诉的书面材料，叫投诉信；由于产品不合格而向有关部门或生产单位投寄反映情况的信的比率，叫做投诉率。

投诉一般分作3类：司法投诉、公务投诉和商品投诉。在商品投诉中，主要受领部门是工商局、商检局、消费者协会、新闻媒体或有关部门。餐饮业中的质量投诉(含菜品质量与服务质量)，也属于商品投诉的范畴。它有时是用投诉信的形式反映给有关部门，有时是以口头形式在进餐过程中直接反映给餐厅领导。餐饮业投诉的比率一般较高，多由餐厅领导人现场解决。

餐饮投诉

餐饮投诉是餐厅接待服务工作中经常会遇到的情况，它主要由食品或饮料服务不及时或过快、食品或饮料质量不佳、质价不符、服务态度不好、卫生状况很糟等原因所引起；如果按其性质归分，大体上是8种类型：

1.环境卫生投诉；

2.食品卫生(含餐具)投诉；

3.饭菜质量投诉；

4.饭菜价格投诉；

5.服务态度投诉；

6.服务差错投诉；

7.器物赔偿投诉；

8.自尊损害投诉等。

投诉也是服务交往中的一种矛盾冲突，但其表现形式一般比较“平缓”，没有形成激烈的“对抗”(争吵、打闹)。顾客投诉的方式一般有以下数种：

1.直接向服务人员口头反映，带有“提意见”的性质，语调大部分平和；

2.将投诉的情况写在《意见簿》上，并建议如何改正，态度比较诚恳；

3.直接找到经理室，向主管人员陈述意见，希望引起重视，并有一个答复；

4.如果餐厅对投诉置之不理或不予解决，而且事件较大，性质恶劣，受侵害的顾客则往往反映给新闻媒体或政府有关部门，在社会上“曝光”，迫使餐厅赔礼、认错、改正。

投诉是消费者维护自身合法权益的一个有力武器，目前已被普遍运用。

投诉处理的方法

一个餐厅出现投诉是很正常的，只要投诉能够妥善的解决，不仅不会对餐厅产生过多的影响，还能改善餐厅的经营管理，锻炼全体职工，提高社会声誉。

处理投诉的方法主要是：

1.耐心倾听，了解事实，查清真象。这是一个确定问题性质的过程，关键是对事实的认定。有没有？有多大？起因如何？结果如何？危害怎样？都必须弄得一清二楚。然后对其性质加以区分，确定责任人，以便处理。

2.对客人的遭遇表示同情。因为客人不是感情受到伤害、一般不会投诉的，所以处理问题的第一步应当是对其心理进行安慰，表示道歉或赔礼，使其精神上得到补偿。如能这样，客人就可以心平气和，余下问题便不难解决。

3.采取行动。包括向客人讲述解决方法、争取客人同意、给予承诺3个环节，不能只用“我们解决”4个字来应付。如果一个方案行不通，还应当有两个、三个。这实质上是个艰苦的“谈判过程”，应有心理准备。

4.进一步落实。一方面应向有关负责人了解并检查问题的解决情况，一方面要询问投诉者这样解决是否满意。如果不满意，则要采取一些额外措施。

5.修正。就是采用补救办法，彻底将问题解决，不留隐患，使客人满意而去。

投诉处理方法的实施，还应当对全体职工辅以信心训练、处理危机训练和纠错训练，使之相辅相成。

意外事故处置

除了菜品质量和服务质量引起顾客的投诉之外，餐厅在经营活动中有时也会出现某些意想不到的突发事件，会产生较大的“冲击波”，更应审慎对待和处理。

这一类的突发事件主要有：

1.突然停电、电器发生故障、电器走火、电器漏电伤人之类；

2.突然失火、客人吸烟烧着布件、煤气泄漏、火锅喷溅伤人之类；

3.客人突然发病、客人不慎摔倒或被砸伤、客人醉酒倒地、客人食物过敏或中毒之类；

4.某些客人酗酒闹事或聚众斗殴、某些客人偷盗抢劫、某些客人进行黄色下流活动、某些客人赖帐扯皮之类；

5.客人不慎摔碎餐具、损坏设施之类；

6.汤汁酒水溅污客人衣物、骨刺刺伤客人口腔之类等。

面对突然事件，首先必须镇静，然后先将客人救出险境，再分别情况采取措施：或通知消防队，或通知急救站，或通知公安局，或通知电业所，或组织专业人员抢修，或指定专人加强监护，或注意保护现场，或照价赔偿损失。其具体方法可以参阅“餐饮服务设施·养护保安”中所列的各条。

餐厅突发事件的损害程度往往较大，不可掉以轻心。它虽然是突发性的、不可预知性的，但是如果平时加强检查和防范，严格规章制度和纪律，还是可以使事故减少、使损害程度降低。

(九)餐饮服务礼仪

社交礼仪

礼

礼是指特定的民族、人群或国家基于客观历史传统而形成的、以确立与维护社会等级为核心内容的价值观念、道德规范以及与之相适应的典章制度的行为方式。在不同的历史时期，礼的含义亦不相同：最早礼是指祭神的器物和仪式，目的是求神赐福；后来礼成为奴隶社会与封建社会贵族等级制度的社会规范及道德规范，是儒家伦理思想的基本概念之一；现代的礼则是表示敬意的通称，专指人们在长期生活实践中约定俗成的行为规范。

礼是在人们的社会生产、生存环境、生活形态的基础上产生的，同时也是构成民族文化的要素，是社会演进的产物。由于礼主要出现于国家形成之后，体现和反映着等级秩序的历史与现实，并且通过社会制度、国家法律等特殊途径，对社会价值的各个方面作出权威的分配，以维护其产生与存在的基础，故而任何一个群体或民族的礼，就其主要内容都不外乎以下3个方面：

第一，要求人们承认现存社会在政治、伦理、利益等各个方面的等级划分，以及与之相适应的秩序系列，承认具有不同社会地位的人享有不同的权力、荣誉与利益；

第二，要求人们根据自己的社会等级地位，承担相应的社会责任与义务；如要改变自己的社会地位，应该按社会普遍接受的合法的方式进行；

第三，所有的人都应该维护、遵循与社会等级秩序、历史文化传统相适应的道德规范与法律制度，对非礼的言行进行抵制、谴责和惩罚。

在实际社会生活中，观念化、价值化的“礼”，往往表现为程式化、名物化的“仪”(参见“礼仪”条)；而就其在历史上出现的次序来看，则是“仪”在先，“礼”在后。这种仪——礼——仪的演变说明，“仪”是“礼”的形式，“礼”是“仪”的内核。为了全面地看待它们，又往往合称“礼仪”。礼仪表现在许多方面，其中的“社交礼仪”、“饮食礼仪”则与餐厅接待服务工作关系密切。

礼是人的社会化的基本内容之一。学习礼、掌握礼、运用礼，有利于人们正常学习、工作和生活，有利于维护民族团结、社会稳定和国家进步。

礼的沿革

中国是世界上的四大文明古国之一，素有“礼义之邦”的美称。尊礼守节是中华民族优良传统，礼的沿革至少也有5000余年。

关于礼的起源，古代有多种说法，如“始于正确处理夫妇之义”、“始于冠(成年礼)”、“始于圣人的制作”等。如果按照“礼”字的本义来理解，它应当萌芽于远古的祭祀。因为礼的繁体字是“禮”，右边的“豊”表示一个盛器中放着两只羊，左边的“示”表示祭祀。从字面讲，用丰盛的美食祭祀天地神祖即成为“礼”。还有人认为礼始于饮食，即“夫礼之初，始诸饮食”的说法；也有人讲，礼始于谦让，依据是“辞让之心，礼之端也”这句古话。

实际上礼作为一种文化现象，最早产生于人与人的交往之中。原始社会时期的氏族成员在共同采集、狩猎、饮食、祭祀的生活中所形成的习惯性语言和动作；不同民族之间为求得信任、谅解与协作而普遍使用的语言、表情及姿势，应当是“礼”的最初形态。到了母系社会和父系社会，则在日常生活中形成了能协调社会关系、反映等级权威的“礼仪”与形式。国家出现之后，完全意义上的礼仪才随之诞生。

礼在中国的演变可分为5个阶段：

第一阶段是夏朝以前，即礼仪起源时期。其突出标志是有了原始的政治礼仪、敬神礼仪和婚姻礼仪。

第二阶段是夏商周三代，此时出现比较完整的国家礼仪与制度，提出“五礼”等重要概念，确立了崇古重礼的文化传统。

第三阶段是春秋战国，学术界百家争鸣，以孔子、孟子、荀子为代表的学者系统阐述了礼的起源、本质与功能，整理出一批典籍，在社会等级秩序、礼仪规范、道德义务方面为礼奠定基石。

第四阶段是由秦至清，此乃以儒学为基础的封建礼仪的形成、强化及衰落时期。其特点是尊君抑臣、尊夫抑妇、尊父抑子、尊神抑人，礼逐步变成阻挠平等、窒息自由的精神枷锁。

第五阶段是当代，即随着科学的进步和时代的发展，民主、自由、平等等概念深入人心，新的礼仪标准、价值观念得以传播，人们努力建立新的人际关系和社会关系，礼成为表示敬意的通称、社会主义制度下约定俗成的思想、行为规范。

礼的本质

礼的本质表现在：它既是社会生活中人与人之间表示尊敬的仪式，有一整套严格规定的典章、制度、规矩和仪节；更是处理国家、社会和人们之间关系的一种必要手段和条件，是约束人们社会行为的道德规范，是社会伦理思想、社会意识形态的组成部分，它反映着某种道德原则，反映着人与人的社会地位及社会关系。

在阶级社会中，礼所表示的尊重与友爱仅仅是表象，礼实际上是统治阶级维护阶级差别和压迫、剥削的一种手段。在社会主义社会中，礼才能体现人们之间真正的尊敬与友善，是建设物质文明与精神文明的支柱，是共产主义道德的重要组成部分。

礼在餐厅服务中的作用

礼在餐厅优质服务中具有十分重要的作用，其主要表现是：

1. 礼是社会主义精神文明和道德风尚的重要体现，它直接影响国家声誉和企业形象。

2.礼是餐饮业优质服务的重要表现形式，能具体反映餐厅的管理水平、服务态度、服务方式、清洁卫生、语言动作、安全保卫和劳动纪律等等。

3.礼是餐厅服务人员基本素质的具体展示，通过它可以看出餐饮职工队伍的知识结构、文明素养、培训状况与实战能力。

4.礼是满足消费者心理欲望的客观要求，它能体现对顾客的尊重与敬爱，能为顾客提供完美的服务。

5.礼可以弥补某些方面的不足，使餐饮服务工作增辉。因为任何餐厅的物质条件都是有限的，不可能都是十全十美；而礼——优质服务是无限的，它可以温暖顾客的心，使顾客能愉快地扮演"上帝"的角色。

所以，一个餐厅服务水平的高低和服务质量的好坏，在很大程度上取决于服务员是否知礼、守礼、行礼上面。一个精明的管理者，必须坚持不懈地、认真地抓"礼"，抓出实效，抓出店风。

礼教

礼教是中国古代关于各个等级的行为规范、权力义务的礼法条规与道德标准，以及与之相适应的礼仪教育。

传统礼教的中心内容是：按照儒家学派的价值标准和道德规范，处理人与人的关系以及个人与社会的关系。其中，君臣关系、父子关系和夫妻关系又具有特别突出的地位，要求做到"三纲"（君为臣纲、父为子纲、夫为妻纲）和"五常"（仁、义、礼、智、信）；希望"父义、母慈、兄友、弟恭、子孝"，"父子有亲、君臣有义、夫妇有别、长幼有序、朋友有信"，以之教化百姓。

古代礼教具有维护现存等级秩序、整肃社会风俗的功能。

礼数

礼数是中国古代根据名位而确立的礼仪等级制度；其中心内容是，具有不同名位的人，享有不同的礼仪待遇。

传统礼数在实际生活中常以儒家的"三纲五常"为基础，遵循以下4条原则：

1.政治、经济地位高者，礼仪从尊，低者礼仪从简；

2.辈份较高、年龄较长者，礼仪从尊，辈份较低、年纪较轻者礼仪从简；

3.缙绅士人礼仪从尊，庶民工商礼仪从简；

4.主子名流礼仪从尊，奴婢佣夫礼仪从简。

正因如此，礼数也可以作"礼节"（礼仪的节制）理解，带有鲜明的阶级烙印和功利色彩。

礼法

又称礼防，即礼仪体系中一些根本性的原则制度。它最根本的内容是确立社会等级秩序，整齐风俗，统一人心，即"定亲疏，决嫌疑，别同异，明是非"。

在传统政治条件下，礼所规定的基本法则受到法律的严格保护；而它本身在社会实践中又具有防止反传统、反道德现象发生的作用，因而又有"礼防"之称。其防范者，主要是被视为"天下之大过也"的"君不君、臣不臣、父不父、子不子"，这都与正心与仁爱、秩序与义务相悖。

此外，在古代文献中，礼法有时也作为"礼仪"的代名词，或与"礼仪"通用，要注意分辨。

礼治

礼治是与"法治"相对应的概念，其中心内容是以德、礼作为治理国家的工具，此乃儒家基本政治主张之一。

早在周代，就有"夫礼，所以整民也"的说法，希盼它能"经国家、定社稷、序民人、利后嗣"。不久孔子又提出："道之以政，齐之以刑，民免而无耻；道之以德，齐之以礼，有耻且格"，以为法治不如礼治。后世的统治者更从政治实践的角度，形成以礼教为核心的教化思想。但是，儒家礼治并不排斥法治，而主张礼治为主、法治为辅，"宽以济猛，猛以济宽，政是以和"。

礼治思想长期存在于封建社会中，曾起过一定的历史作用。

礼仪

礼仪是礼在社会生活中程式化或名物化的体现，主要指各种符合礼的精神、要求、规范的交往方式、行为方式、社会活动、典礼程序，以及与之相适应的器物、标志、服饰、象征等等。

语言、行为表情、服饰器物是构成礼仪的3大要素；它既受礼的基本原则的制约，也受着物质水平、历史传统、文化心态、民族习俗等众多因素的影响,以有形的仪式存在于社会化的人的一切交往活动之中。

现今,人们对礼仪的理解是"为表示某种敬意而隆重举行的仪式";饮食礼仪则是"筵宴和餐饮活动中为表示某种敬意而隆重举行的仪式或礼节礼貌"。

礼俗

礼俗是古代对礼仪、风俗的合称,如嫁婚礼俗、寿庆礼俗之类。现今人们对礼俗的理解是"与礼有关的各种风俗习惯";而饮食礼俗则是"与礼义、礼制、礼仪相关,并且在民间流传已久的饮食风习"。

礼仪与风俗虽有联系,但存在着区别:礼仪主要指一个民族基于文化传统、道德观念、社会等级秩序形成的规范化、程式化的思维模式与行为模式;而风俗,则更多地强调 一个民族的生活习俗与社会风貌。

还有人认为,礼仪用"成文法"拟定,强制推行;风俗以"习惯法"作基础,约定俗成。两者的关系是"下以风刺上,上以礼化下",彼此影响和参照、借鉴与融合。

礼节

礼节是指社会生活中,人们借以表示尊重、敬意的仪式。它首见于《荀子》:"遇友则修礼节辞让之意。"

在礼学体系中,礼节处于表层,或多或少地反映着一个民族的文化传统、等级秩序、精神面貌和道德风尚。而在封建时代,礼节实乃社会伦理等级的派生物,直接体现着社会 不平等的现实。现代,礼节则成为一种纯粹的交往方式,是"礼仪的节度和礼貌的综合评价",常从仪表、气质、风范上面体现出来,传统文化的内涵相对减少,更多的是以新型的人际关系作为前提。

至于饮食礼节,亦是如此,主要指饮食方面的礼仪节度和礼貌评价。

礼貌

礼貌是指通过言谈、表情、姿势对人表示尊重之意。它出自《孟子·告子下》:"虽未行其言也,迎之,致敬以有礼,则就之。礼貌衰,则去之。"

现今的礼貌一词,基本上是秉承古意,是指表示敬重与友好的日常行为规范,包括握手、鞠躬、致意、注目等礼貌行动,以及请安、问候、道谢、致歉等礼貌语言。此外,待人接物、仪容仪表、身姿体态、态度表情之类,也常列入礼貌的范畴。

至于饮食礼貌,是指餐饮活动中表示敬重与友情的日常行为规范,如让坐、敬酒、布菜、碰杯、上烟、上茶以及坐姿、吃相、应对、谈吐等等。

常见社交礼仪

社交礼仪系指社会上人与人交际往来中的礼节和仪式。它包容的内容较多,常见的有迎候礼、致意礼、介绍礼、名片礼、称谓礼、应酬礼、注目礼、颔首礼、脱帽礼、鞠躬礼、握手礼、鼓掌礼、举手礼、抱拳礼、手势礼、挽臂礼、提裙礼、合十礼、抚胸礼、叩指礼、马步礼、吻手礼、亲吻礼、拥抱礼、跪拜礼、引见礼、次序礼、会见礼、拜访礼、会谈礼、邀请礼、护航礼、鸣炮礼、升旗礼、献花礼、检阅礼、红毯礼、陪车礼、宴请礼、谒墓礼、演出礼、约会礼、舞会礼、参观礼、演讲礼、授勋礼、馈赠礼、红包礼、送别礼、致谢礼等50余种,适用在不同的时候和场所,各有特定的功能(详见下述各专条)。

举凡社交礼仪,大都具有4性。

一是针对性。即针对具体的人或事。什么人什么事该适用什么样的社交礼仪,大体上有个范围。如鸣炮礼、升旗礼、检阅礼之类,就只能适用国宾或重要的社会名流。

二是民族性。即具有民族文化色彩和历史传统。像东方的鞠躬礼、抱拳礼和西方的亲吻礼、拥抱礼就有明显不同的底蕴。

三是程式性。每一种社交礼仪都有与之相应的程式,如何行礼,如何答礼,都有约定俗成的身姿、表情及语言,通行于全社会。

四是功利性。举凡社交礼仪,都是表达某种敬意,符合礼的基本原则,要展示一定的价值观念、道德规范以及与之相适应的典章制度及行为方式,特别重在实效。

迎候礼

常见社交礼仪之一,即主人提前到达聚会的地点迎候客人。提前到达的时间与约会时间的时差称"提前量";提前量愈大,愈能表示出对客人的尊重。

迎候礼中的“提前量”，常因人因事而异。例如，去机场、车站、码头迎接远方的客人，一般是提前30分钟左右；在餐厅迎候赴宴的客人，一般是提前15分钟左右；邀约朋友会见，一般是提前5分钟左右。提前的目的除了表示敬意之外，还在于留出一些时间检查一下各项准备工作，弥补某些疏漏，以便使礼仪的表达更为完美。

如果主人迟于客人到达或误时，则是最大的失礼，时常会受到舆论的批评。

致意礼

常见社交礼仪之一，包括问候礼、招呼礼、挥手礼、微笑礼、颔首礼、请安礼等等。

致意礼通常是相识的人在社交场所偶遇时采用的一种礼节，俗称“熟人见面打招呼”。由于致意礼的“随机性”和“短暂性”，因此它应注意掌握好一些分寸：(1)适用于比较熟悉的同事、朋友之间；不太熟悉的人则不必要。(2)打招呼的时间不宜过长，动作不宜过大，语词不宜过多；一旦过火，易于给人留下鲁莽、轻浮的印象。(3)打招呼应看场所，在拥挤的公共场所(如大街、影院)或肃穆的地方(如灵堂、会议)，只须略微示意一下即可；否则会引起他人的反感。(4)对方打招呼后要有相应的回应，做到礼尚往来。

介绍礼

常见社交礼仪之一，包括他人介绍、自我介绍、正式介绍、非正式介绍等等。在介绍礼中十分注重“介绍规则”，其主要内容是：

1.注意介绍的顺序。在中国，一般是将年幼者介绍给年长者，职位低的介绍给职位高的，男士介绍给女士，客人介绍给主人。

2.注意场所、对象和礼貌。首先要了解双方是否有结识的愿望，不可贸然行事、强加于人。其次要选择双方都比较方便、自然的时刻与地点，不能莽撞。再次是注意措词、语气、手势与身姿，要求潇洒、得体。

3.注意介绍内容的尺度。主要是姓名、职位、称谓、随行者等，应当准确、简洁；至于被介绍者的年龄、家庭、财产、专长、爱好、信仰等等，一般可以省略。如果被介绍者需要进一步了解对方，他们之间可以通过交谈而获取所需的资料。

4.注意介绍的范围。如果聚会的人不多，彼此又都有一定的身份，应当逐一介绍；如果聚会的人很多，则要有所选择——只介绍重要的、有代表性的人物；如果聚会的人有生有熟，一般只须介绍刚加入这一社交圈子的新人；如果新来的客人身份显耀，则需将与会者都介绍给他。

5.自我介绍时应谦虚，说清姓名与供职单位即可，切忌轻狂与傲慢。

6.被介绍者应当起立、颔首，表示谢意。

7.迟到者应当向主人和其他客人道歉后，再自我介绍，幽默一些为佳。

名片礼

常见社交礼仪之一。名片古代叫“帖”；现今是拜访人或与人联系时所用的印有自己姓名、身份、职务、住址、电话号码的长方形硬纸片。

名片主要是在社交中作为自我介绍之用，同时还可替代礼函，表示祝贺、感谢、介绍、辞行、慰问、吊唁等。此外：(1)送礼时附上名片，可以替代礼单，等于是亲自前往；(2)拜访生人或长辈时先递名片，作为通报身份；(3)进行业务往来时，名片有广告的作用；(4)调任或迁移后递送新名片，意谓向亲友打招呼。

递送名片时应双手呈上，表示恭敬；受领名片时也应双手捧接，表示感谢。同时还须认真察看，读出对方的姓名与职务，然后小心放入名片盒或上衣装中。

称谓礼

常见社交礼仪之一，包括姓氏称、性别称、职务称、职业称、代词称、亲属称、一般称等。它既表示对人的尊敬，反映人们之间的关系，体现一个人的修养，影响社会风尚，又是给人的第一印象，交谈前的“敲门砖”，社交成功的保证。

通常情况下，大多是男称“先生”，女称“女士”、“小姐”、“太太”或“夫人”；都可以冠以姓氏、职称或职衔，如“张先生”、“罗教授”、“刘处长”、“唐夫人”。官员可加“阁下”，国王与王后加“陛下”，亲王、王子和公主加“殿下”，有爵位者加“公爵”、“侯爵”和“男爵”。军人加军衔(如师长、参座、上校、将军)，学者加学位(如博士、院士)，社会主义国家加“同志”，商界与企业界加职务(如厂长、经理、董事长)。老人可在姓氏后面缀一“老”字(如郭老、董老)，小孩子可叫“小朋友”；教师可通称“老师”，司机可通称“师傅”；年尊者可通称“大伯”、“大婶”，平辈者可通称“阿哥”、“阿嫂”等。

此外，还有许多特殊称谓。如日本不分男女都称“先生”或职务；俄罗斯称服务员和空姐为“姑娘”；阿拉伯地区称老者为“阿蒙”（大叔）；德国普遍称“您”；美国人喜欢直呼其名或昵称；法国人相当重视职衔；芬兰人喜欢以“经理”自居；基督教中多称教职（如神父、牧师）；佛教中多称“大师”或“长老”，伊斯兰教中多称“哈吉”（朝圣者）等。

应酬礼

常见社交礼仪之一，又称“寒暄”、“应对”或“应答”，主要体现在8个方面：

1. 与人见面时的攀谈；
2. 招待来访的客人；
3. 拜访亲戚、朋友、师长；
4. 参加宴会、酒会、音乐会、舞会；
5. 陪同客人参观、游览、购物；
6. 在机场、车站、码头接送客人；
7. 出席纪念会、展览会、座谈会、追悼会；
8. 看望病人、慰问老人等。

应酬礼的场面有大有小，方式多种多样。应酬者应当知书达礼，有敏锐的观察力和丰富的社会阅历，始终保持旺盛的精力，注意把握言辞的分寸，热情大方。

注目礼

常见社交礼仪之一，即在迎送贵宾或上级领导时，立正面向受礼者，两目凝视，并随受礼者位置的移动而移动视线，待受礼者走远后才收回目光。

注目礼是一种严肃、庄重的礼节。行礼时要脱帽、立正、挺胸、抬头，目光平直地注视前方或指向受礼者，注意力集中。

在奏国歌、升国旗和接受检阅时，要行注目礼（军人和少先队员则行举手注目礼）。教师上课走进教室时，学生要行注目礼。被领导接见时，要行注目礼。餐厅服务人员列队欢迎贵宾时，也要行注目礼。

注目礼中应有阳刚之美，要静如山、站如松，整齐、挺拔，展示出力度。

颔首礼

常见社交礼仪之一，又称点头礼，即熟悉的人相见时，彼此微微点头致意，以此表示友好，联络感情。

颔首礼通常见于：(1)路上碰见熟人、并且相距较远时；(2)上下级之间、长晚辈之间、师生之间见面时；(3)外事活动中遇见高级领导人时；(4)女士初次与男士见面时；(5)路遇街坊邻居时；(6)去医院看望病人时；(7)餐厅服务人员欢迎顾客时，等等。

亚洲地区的颔首礼，大多是在比较熟悉的人之间进行。而欧洲地区则相反，颔首礼一般是在不太熟悉的人之间进行的。

颔首礼是浅层次的，仅只表示敬意，而无太深的情感交流。

脱帽礼

常见社交礼仪之一，广泛流传于欧美。此礼源自中世纪，当时武士对妇女讲话时，必须将头盔举起以示敬重；武士相见时，也掀开头盔露出真面以示友好。现今行此礼，只须摘下帽子点头致意；若相识者侧身已过，双方亦可回身补问“您好”，并将帽子略掀一下即可；进入主人房间时，客人必须脱帽，以示敬重；在庄严场合，也应自觉脱帽。

脱帽礼要求动作潇洒、刚劲，有男子汉的气质与风度。

还有一种“握帽礼”，与此相近。它要求右手握住帽沿，左手下垂立正，上身前倾15度，呈恭肃的姿式。这也是古代武士的遗风，在社交场所颇有韵味。

鞠躬礼

常见社交礼仪之一，包括一般敬意的一鞠躬和深度敬意的三鞠躬，行礼时，身体上部向前倾斜15度，随即恢复原态。平辈之间，是互相鞠躬；上辈对下辈鞠躬的回应，只须欠身点头即可。

鞠躬礼适用于下述场合：演员谢幕、新婚典礼、祭奠死者、上台领奖、演讲后表示对听众的敬意、餐厅服务员送别顾客等。

日本是盛行鞠躬礼的国家，其礼有15度、45度和90度3种，分别表示敬意的程度。他们的鞠躬礼动作规范，有时还伴以刚劲的呼喊声或“感谢”之类的敬词。有人统计过，日本电梯女司机每天向乘客鞠躬 2500 余次，繁华商场迎宾员每天向乘客鞠躬超过 4000 次。

握手礼

常见社交礼仪之一，有友好、祝贺、感谢或互相鼓励的多重含义。相传握手礼始于原始社会，猎人见面时彼此放下武器，让对方抚摸掌心，以示亲善，后来沿续至今。

握手是门艺术，讲究姿势、仪表、动作及表情。正确的方式是：在相当于手掌的高度，认真而短暂地一握，身体微微前倾，面带微笑，两眼愉快地凝视对方，以示温和、诚恳、友善之意。握手的主动权在于主人、年长者、身份高的或妇女，只有他们伸出手后，客人、年轻者、身份低的或男士才能相握。握手时必须摘下手套，否则便是对对方的不敬。

握手时还须掌握好力度、握度与时间。好友久别重逢，可以用力满握，上下摇晃数次，表示亲密无间。青年人拜见长者，可用双手轻轻满握对方的右手，表示极度敬仰。男性与女性握手，只须轻轻握住 4 指，时间不宜长，更不可重捏或拍打，不然就有挑逗之嫌。

此外，握手中有 12 忌：一忌坐，二忌左手插在口袋中，三忌口中吃东西，四忌东张西望，五忌使用蛮劲，六忌有气无力，七忌死死拉住不放，八忌敷衍了事，九忌一次握住多人，十忌见人就贸然相握，十一忌插在正在握手的他人中握，十二忌握手后用手帕揩擦。

在尼日利亚，还有一种“弹手礼”，即一边握手，一边用另一只手的拇指在对方的手背上轻弹几下，表示友好。这一礼仪近年来也传到国内，只是改弹为拍或改弹为抚摸，含有思念之意。

鼓掌礼

常见社交礼仪之一，多表示高兴、赞成、支持、敬佩等心情，一般见于文艺演出、体育比赛、学术报告、迎接贵宾、颁发奖状、即兴致词等场合，容易形成热闹的气氛，掀起社交活动的高潮。

鼓掌时要有一定的力度，保持一定的节奏，表情应热烈，风度应优雅。但是忌讳吹口哨、发嘘声、跺脚、捶桌椅、起哄、疯闹、喝倒彩、反拍掌背等不文明的行为。

此外，中非有种“拍手礼”，与鼓掌形同实异。它是先将两手紧握，再置于胸前点头，最后互相拍掌，表示请安问好。此礼也源于原始的狩猎之风，系由亲善友好的本义转化而来，目前流传在非洲。

举手礼

常见社交礼仪之一，表现形式较多。

1.致敬礼。如少先队员举手礼（右手 5 指并拢伸直，举过头顶，指尖位置与鼻梁、眉心在一条直线上），解放军军礼（右手 5 指并拢，拇指略略压住食指，手举至帽沿右端）。在国外，军礼还有直伸、上伸、斜上伸以及举两指、举三指、举五指等不同的形式。

2.招手礼。右手高举过头顶，上下摇晃，用目光热情示意，面带笑容；对方亦以同样的方式予以回礼。

3.挥手礼。右手高举过头顶，左右摆动，用目光热情示意，面带笑容，表示送别；对方亦以同样的方式回礼，表示感谢。挥手礼也可用于见面，大多是在距离较远时。在有些场合，为了表示心情的激动，可以两手轮流挥动或同时挥动，频率较快，力度较大。

4.摇手礼。这是招手礼和挥手礼的变异，将右手（或左手）轻轻举至胸前或头前，小幅度地前后左右摇动，多见于老人和女士，表达的感情比较含蓄，可以用于欢迎、送别或其他场合。

关于举手礼，还有个美丽的传说。中世纪的欧洲骑士们，喜欢在贵族和公主面前比武。当骏马经过公主的座位时，骑士们要高唱赞歌，将公主比成光芒四射的太阳，并用手举到额头作出遮挡太阳的姿势。久而久之，它演变成为欧美的军礼，并在其他国家中流传开来。

抱拳礼

常见社交礼仪之一，又称拱手礼、作揖礼，在中国已有悠久历史。古代抱拳礼十分讲究。双手互握合于胸前，若行吉拜礼，则右手握拳在内，左手在外，叫“尚左手”；女子正好相反，是“尚右手”。若行凶拜礼，就左手握拳在内，右手在外，叫“尚右手”；女子也是相反，是“尚左手”。

现今的抱拳礼，可以是“左抱右”，也可以是

“右抱左”，一般没有男女、吉凶之分。它通常适用于比较熟悉的朋友之间，或表示祝贺、道喜；或表示拜托、关照；或表示欢迎、亲近；或表示惜别、珍贵。抱拳礼中多有江湖豪情和侠士义气，显得飘逸、挥洒、雍容、大度，甚受民间喜爱。

手势礼

常见社交礼仪之一，又称手势语，即是用不同的手势语言表达不同的礼仪或情感。例如：

高举双手或右手，伸出张开的食指与中指，表示“庆贺胜利”或“必定成功”；

聊天时，用手轻拍对方的肩膀，表示“友好”、“信任”或“期待”；

伸出右手，竖起中指、无名指和小指，将食指和拇指捏作一个圈，表示“行吗”和“行”；

双手相互弹几下，再向外亮出手掌，表示“此事与我无关”；

两手来回搓动，表示对某种事物的“渴望”；

将右手提至肩高，来回用劲甩动，表示对某人或某事的“赞美”；

将手握成拳，伸出食指不断弯曲，表示招呼某个人到他面前去；

坐时将手放在扶手上，用中指叠在食指上交叉，表示“上帝保佑一帆风顺”；

大拇指朝下指，表示“反对”或“拒绝”；

两个大拇指有规律地不停相互绕转，表示“无事可做”、“闲极无聊”；

食指对人不停摆动，表示“反感”、“否认”或“警告”；

大拇指顶住鼻尖，其余4指张开晃动，表示“嘲笑”或“羞辱”；

用手指打一个响声，表示希望别人“服务”；

捻动拇指、食指和中指，表示“钞票”；

用手作刀状向脖子上砍，表示“死亡”等。

手势礼在欧美相当普遍，餐厅服务人员对此应有正确的了解。

挽臂礼

常见社交礼议之一，流行于世界各地，主要适用于夫妻、异性之间和老幼之间。它的姿势甚多(见附图)，最优雅的姿势是：女士站在男士的左侧，伸出右手，轻轻挽住男士左臂的臂弯。此时男士的左臂应有一定幅度的弯曲，而不宜伸直或过度弯曲。如果太直，女士右手难于把握；如果过弯，女士则会紧紧地贴在身上，极不雅观。挽臂礼除了表示亲昵之外，还有雄健的男士(或健壮的姑娘)扶持娇柔的女性(或衰弱的老人)的含义。

挽臂的姿势很多，常见者是以下11种：

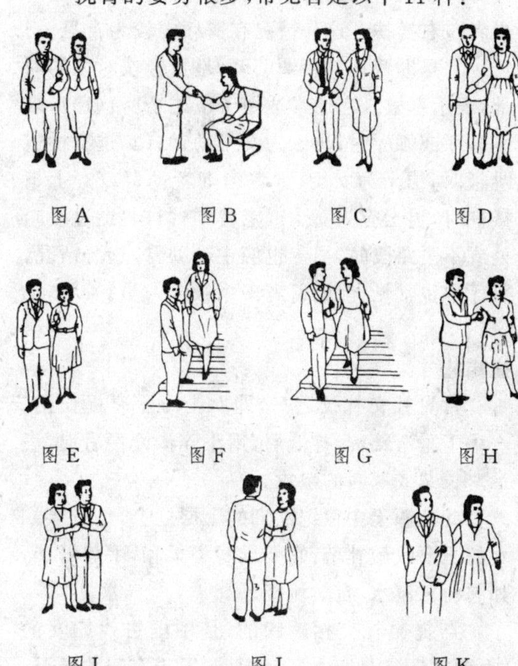

图A 图B 图C 图D

图E 图F 图G 图H

图I 图J 图K

其中，图A是夫妇或情侣的挽臂方式；图B是邀请女士起立时的牵手动作；图C是朋友之间的挽臂情况，身体保持适当的距离；图D是兄弟姐妹之间的挽臂姿势，比较亲密；图E是横过马路时的男女交臂动作，男士紧挽女士手臂，旨在保护；图F是楼梯较窄时的牵手姿态，男士先下两步，以便照应；图G是楼梯较宽时的挽臂动作，因为较为平稳，故基本上是并肩行进；图H是搀扶女士跨过积水地方的情况；图I是热恋的情侣在僻静处行走的亲昵姿势，男士的一只手与女士相握，另一只手搂住她的腰部；图J是男女挽臂面对面交谈的方式，比较活泼；图K是男女疾行时手挽手的动作，比较潇洒。

总之，挽臂应看对象和场所，中规中矩，不可失体。夫妇和情侣之间可以适当靠近，但不应扭作一团，有伤大雅；一般的异性朋友相挽则应保持适当的距离，既不过于庄严又不失于捡点，还要给女士以安定感，看起来美丽、大方、飘逸。

与挽臂礼相近的礼仪，还有两种：

一是搀扶礼。多是少者牵引、扶持年迈的老

人。此时老人处于被动地位,是在少者的帮助、保护下向前行进。老人的身体重心一半落在自己的脚下,另一半全靠少者的臂膀支撑。由于老人身体比较虚弱,少者应尽量靠近一些,多花费一些气力。如果老人腿脚不够灵便,有时还需要两个少者左右搀扶。这一情况在餐厅中较为常见。

二是助臂礼。所谓助臂,是指轻扶对方的肘部,表示尊敬。它通常适用于下述场所:(1)步入宴会厅或舞厅时,男士为女士助臂;(2)过窄桥或跳板时,男士为女士、少者为老者助臂;(3)上下楼梯时,男士应为女士或老者助臂;(4)经过黑暗处或不平路段时,男士也应主动助臂。这一情况,餐厅中也常见,但助臂者多系服务人员。

提裙礼

常见社交礼仪之一,即女士一手牵提长裙,一手下垂弯腰,凝神低眉,用小碎步慢慢后退,表示对长辈或尊者的敬意。

此礼源于中世纪欧洲的上层社会,是贵族妇女的主要致敬礼节。它要求身姿柔和,手势舒展,如同行云流水,自然流畅。

与提裙礼交相辉映的,是中国古代妇女的“万福礼”。它是双手轻轻相握,置于右部的腰下,两腿半蹲,头部低垂,表示对长辈或尊者的敬意。

万福礼要求身姿婀娜舒展,动作连贯自如,能体现出“大家闺秀”的气质和修养,与提裙礼异曲同工。

这两种礼仪在电视剧中经常可以看到。

合十礼

常见社交礼仪之一,又称合掌礼。它原是印度的一种古礼,后演变成各国佛教徒的通行礼节。行礼时两掌合于胸前,十指并拢,以示对佛祖的虔敬或对施主的感谢。

1.跪式合十礼。即右腿跪地,双手合掌于两眉中间,头部微俯,以示对佛祖或高僧的恭敬或虔诚。

2.蹲式合十礼。即双腿下蹲,并将合十的掌尖举至两眉之间,以示对父母或师长的敬爱或感激。

3.站式合十礼。即站立端正,将合十的掌尖置于胸部或口部,以示尊敬。它多见于东南亚各国的平民之间或官员之间;僧侣与施主会见时也多采用这一礼节。

抚胸礼

常见社交礼仪之一,又称祝福礼,通行于西南亚各国,是伊斯兰教徒主要的礼仪之一。

此礼的动作规范是:右手半握拳举于额前,左手伸开抚胸,上身前倾至45度左右,保持1分钟,以示敬意。

施行此礼时,还需辅以各种祝福语,如“真主保佑您”、“感谢胡大的恩赐”、“欢迎贵客光临”、“牛羊兴旺”、“全家安好”、“一路平安”之类。

抚胸礼属于一种见面礼,它要求庄重、虔诚、平缓、舒展,动作规范,神思集中,能反映出穆斯林的理念和情操。

叩指礼

常见社交礼仪之一,流行于香港、澳门、台湾等地,近年来传入大陆,在餐饮业和企业界中使用普遍。

叩指礼的规范动作是:弯曲右手,用食指、中指和无名指轻轻叩响桌面,表示对献茶上菜的服务人员的感谢,以之替代语言。

行此礼时要注意:(1)必须是在服务人员上茶后还没有离开之前,使她们“现场受领”;(2)叩击声不可过大,一般连续两下即可,否则会影响他人;(3)施礼要面带微笑,用赞许的目光注视服务人员,进行情感交流。

马步礼

常见社交礼仪之一,主要流行于信奉喇嘛教的我国藏、蒙古、土、裕固、纳西、怒、羌、普米、锡伯、柯尔克孜、鄂温克、达斡尔等民族之中,历史古老。

马步礼的规范动作是:双脚分开,一前一后,上身下垂,两臂一前一后自然张开,表示虔诚的敬意。如果同时敬献哈达,则是两臂向前平展,托起哈达,上身前倾的角度增加,垂首致意。

马步礼要求稳重、刚韧,身弯如硬弓,臂展如鹰翅,展示出草原牧民的矫健,有较大的力度,宛如一尊青铜雕塑。

吻手礼

常见社交礼仪之一,在欧美各国的上层人士

之间较为流行。其程式为：上层社会的贵族妇女遇见有身份的男士时，稍稍倾其前身，把手伸出，作下垂状，男士谦恭地执其手指，略略上提，在手背上轻轻一吻。

行吻手礼时，有许多规矩：

1.主动权在女士，若女士未先伸手表示，男士不可强行执手吻之；

2.吻手时，口不能太接近，也不要离得过远，吻的时间不可长，一碰即止为好；

3.陌生的男士一般不能对未婚的女士行此礼；

4.若女士的身份显赫（如王妃、伯爵夫人之类），男士须先支屈一膝（即单腿跪式）后，再握其手行礼；

5.行礼时男士应摘下帽子和手套，取下香烟，女士则不必取下帽子和手套；

6.此礼只在正式酬酢场合使用，一般的公共场所和大街上不行吻手礼；

7.如果行礼的男士较多，则须按长幼尊卑次序排队等候，一一施行。

这一礼仪是欧美各国中世纪的“贵族风范”和“女士优先”礼俗的积淀。

近代的欧美社交中又兴起一种“飞吻礼”，即伸出右手，轻贴自己的嘴唇，然后向外作抛洒状，意谓“将吻飞送给他人”，以示感谢或敬爱。飞吻礼多在演员、运动员、获奖者中使用，男女不限，意思是感谢观众的鼓励与支持。行飞吻礼后，观众也可以用飞吻礼或热烈的掌声回报。

亲吻礼

常见社交礼仪之一，在西方国家比较流行。亲朋好友及家人相见或离别时，多是通过拥抱、亲吻、贴面颊，表示亲热、友好。此礼源自古罗马，据说当时严禁妇女饮酒，男子回家后要检查，常常凑到妻子嘴边闻一闻，此后沿习下来，便成为夫妻（或情人）的见面礼。现今此礼的应用范围扩大，不仅仅局限于夫妻、情人之间和闺房，在社交场所，许多人可以先握手，后拥抱，再亲吻。

亲吻礼很重“部位”，因关系的疏密而有区别。一般是：父母子女之间是吻脸；兄弟姐妹和平辈朋友是贴面颊；长辈对下辈是吻额头；下辈对长辈是吻下颌；夫妻与情人之间是吻嘴唇；陌生男女是吻手背。其时间可长可短，次数的多少也视双方的感情而定。

与亲吻礼相近的，还有贴面礼、擦鼻礼、碰额礼、嗅气礼。

1.贴面礼。主要见于欧美，男女之间或老幼之间用脸颊互相轻贴，左右各一次，常用于朋友见面或运动员颁奖等场合。

2.擦鼻孔。主要见于新西兰，至亲好友或熟人见面，互相碰擦鼻子，以示问候。与此相伴随的还有“抬头礼”，表示敬意。

3.碰额礼。主要见于沙特阿拉伯，男子见面时相互以鼻子触碰对方的额头，然后紧紧拥抱，以示诚挚。

4.嗅气礼。主要见于印度，好朋友久别重逢，双方把嘴和鼻子紧贴在彼此的脸颊上，用力吸气，表示深深的思念。

拥抱礼

常见社交礼仪之一，主要流行在欧美和外交场所。其制式是：两人相对而立，右手扶在对方左后肩，左手扶在对方后腰，两人的头部及上身先向左相互拥抱，再向右相互拥抱，最后又向左相互拥抱，连续进行3次。在拥抱的同时可以亲脸、贴面颊、擦鼻、碰额乃至吸气；情侣和夫妇之间则往往伴之以亲吻。

拥抱也有一些规矩，如熟人稍紧，生人稍松，同性稍紧，异性稍松，女性之间可以说一两句悄悄话，男性之间可以伴随捶背、拍肩等动作，甚至互相抱起来旋转。

中国不太时兴此礼。如外宾欲行此礼时，受礼者可视具体情况灵活对待，以“不卑不亢、热中有冷”为妥。

跪拜礼

常见社交礼仪之一，源自中国古代，有多种形式：(1)互跪礼。又称单跪礼，双腿轮换下跪，左腿跪则右手撑地，右腿跪则左手撑地，头下垂。(2)长跪礼。又称双跪礼，两腿久跪于地，上身挺立，头下垂。(3)膜拜礼。双手加于额上双膝跪拜，头下垂。(4)匍匐礼。双手、双肘、双膝均落于地上，头亦触地。(5)顶礼。五体投地呈十字形，额、鼻、唇均触地。上述5礼或用于祭祖敬神，或用于朝拜君王及上司，或用于晋见奴隶主与官长，或用于叩拜爷奶及父母，表示深沉的敬意。其中，互跪礼较轻，长跪礼与膜拜礼较重，匍匐礼更重，顶礼最重。此礼现今仍有保留，如敬神、上坟时多见之；在西藏和内蒙古、青海等地，喇嘛教徒拜佛许愿，多行匍匐礼与顶礼，并有“五步一叩、十步一拜”之说。几里、几十里乃至上百里、数百里路，都是这样跪拜着走完，由于身体与地面的频繁摩擦，许多人衣衫成为碎片，肘、掌、额、膝血迹斑斑，可见其态度之虔诚。

国外亦有类似的礼节。如：

1. 膝行礼。主要见于泰国，即在叩见国王或尊长时，先跪下，双膝爬行几步，然后膝行后退。此礼与小乘佛教有关。

2. 跪吻礼。主要见于也门，下辈长跪于地上，频繁地亲吻长辈的大腿、小腿或脚背，表示依恋和孝心。

3. 吻脚礼。印度教传留下来的礼节，丈夫出门，妻子双手合十，弯腰吻其脚面，表示尊敬和祝福。

引见礼

常见社交礼仪之一，多见于外交、谈判、拜访、会见等场所，一般是在两个团队之间进行。当双方的领队见面握手、拥抱致意后，随即分别介绍自己的随从人员（或前来欢迎的外交使节及相关人员），使他们彼此认识，互表敬意或谢意。

引见礼也常用于聚会中，当客人陆续到齐后，主人按尊卑长幼顺序逐一向大家引见（简单介绍各自的姓名、单位、职务或某些专长），使客人们互相熟悉，以便攀谈。

有时拜访尊长、学者，带一至数个慕名者前往，介绍他们认识并建立某种关系，这也叫做“引见”。但慕名者须执“弟子礼”，事先应征得尊长、学者的同意。

次序礼

常见社交礼仪之一，又称礼宾次序，即国际交往中对出席活动的国家、团体、各国人士的位次按照某些规律和惯例进行排列的次序。其方法主要有：(1)按身份和职务的高低顺序排列；(2)按国名或人名的英文字母（或姓氏笔划）顺序排列；(3)按派遣国通知代表团组成的日期排列；(4)按贡献大小、资历深浅、得奖名次、关系亲疏等因素排列等。它能体现东道国对各国宾客所给予的礼遇，表示各国主权平等的地位。对此，《维也纳外交关系公约》中有许多具体的规定，并形成为“国际惯例”。如果礼宾次序安排不当或不符合“国际惯例”，轻者会引起许多不必要的争执，重者会影响国与国之间的关系。

在国内的社交生活中，同样存在着礼宾次序的问题。如政界官员的排名次序、英雄模范的排名次序、企业赞助的排名次序、集体编书的排名次序、联合倡议的排名次序、祝贺单位的排名次序，以及席位、座次、入场先后、发言先后、敬酒顺序、坐车级别等等，都是如此。通常的处理办法是：能排则排，或按职务大小，或按贡献大小，或按年岁高低，或按关系远近；不能排或“难于摆平”时，则注明是“按姓氏笔划排列”或“排名不分先后”，目的是减少矛盾，“皆大欢喜”。

餐厅服务工作中经常接触到“十分棘手”的次序礼问题。最高明的办法是由东道主决定。因为他们对邀请的客人情况熟悉，谁该坐在哪里，早就心中有数。服务员不可越俎代庖。

会见礼

常见社交礼仪之一，依据情况的不同，有多种叫法。双方地位相当者，称为“接见”或“拜会”；身份高的会见身份低的，或主人会见客人，称为“召见”或“接见”；身份低的会见身份高的，或客人会见主人，称为“拜见”或“拜会”；拜见君主或贵胄，称为“觐见”或“谒见”；接见和拜会后的回访，称为“回拜”。这些会见，有的出自礼节，有的出自政治或事务，有的兼而有之。

举凡会见，多在大厅进行。我国的礼仪程序是：来宾坐在主人右侧，主宾席紧靠主人席，译员和记录员坐在其后，主人的陪见人按身份高低在主 人左侧依次就座。如果人数较多，则在后排加设若干座位。

拜访礼

常见社交礼仪之一，它是会见礼的一种，现今多用于公务或商贸之中，形成了一套比较完整的礼仪规范：

1. 先打电话或写信约定时间，列入日程表；

2. 按时到达约定地点，向秘书或接待员通报姓名、职务和约见之人；

3. 耐心等候召见，切勿发火；

4.会见约定人,自我介绍,互相问候并握手致意;

5.简明扼要地说明来意,提出要求,冷静地倾听对方意见,力争达到目的;

6.及时结束谈话,约定下次会谈内容;

7.礼貌地向主人和秘书等告辞;

8.次日写封感谢信,重申下一步行动。

会谈礼

常见社交礼仪之一,一般是指双方或多方就某些重大的政治、军事、经济、文化问题以及其它共同关心的问题交换意见;有时也用于公务谈判或商贸谈判中。现今许多座谈会、见面会、学术讨论会,也可列入这一范畴。其特点是,内容较为严肃,政治性或专业性强,有人作记录,作为正式发言依据。

会谈礼多用长方桌、椭圆桌或圆桌,宾主相对而坐;主人背靠正门,来宾面向正门;双方主谈人居中,译员多在其右,记录员多在其后;其他人等按礼宾顺序入座。

如果是座谈会或学术讨论会,通常是采用随意入座的椭圆桌式,有时也安排成课堂式,发言人上台宣讲,其他人等在下面听。

邀请礼

常见社交礼仪之一,即邀请客人到自己的住所(或单位)来或者是到选定的地方去。正式邀请须发请柬,比较庄重,多系大事;非正式邀请可打电话或口述,比较随便,多系聚会玩乐。

举凡邀请,在礼仪上都应做到:(1)明确时间、地点、内容,告知对方其他参加人员;(2)在可能情况下,尽量征求对方的意见,使彼此都乐意;(3)提前做好准备,或打扫房间,操办物品,或安排车辆,预先巡视;(4)提前5～10分钟到达,还要求衣冠整洁;(5)在门前迎候客人,热情接待;(6)按计划开展有关活动;(7)活动结束送别客人;(8)估计客人到家后打电话询问路上情况,表示关心。

护航礼

常见社交礼仪之一,多出现在盛大的外事活动中,即派出战斗机或炮舰迎送国宾的专机或专舰至领空线或领海线。派出的机、舰多为双数(2或4或8),在贵宾的专机(或专舰)两侧巡行,有导航与护卫的双重作用。它是一种规格极高的礼仪,一般只对国家元首使用。

与此相关的还有一种“郊迎礼”,即贵宾抵达国境线时,外交部礼宾司的官员提前到达,恭候迎接,然后陪同贵宾前往首都。此礼源自古代,被视为一种殊荣。

郊迎礼在其他场合也可使用。如指派专人专车去迎送远方的客人;坐火车、轮船或飞机迎送远方的贵宾;去车站、码头、机场接送客人等。

鸣炮礼

常见社交礼仪之一,即在贵宾抵达时鸣放礼炮(或鸣枪、放鞭)表示隆重的欢迎,这也是一种规格很高的礼仪。

鸣炮礼的起源有多种说法,如公海上舰船相遇鸣炮表示友好,殖民者要求殖民地鸣炮表示臣服等。现今鸣炮多是接待国宾,常例是迎接国家元首鸣21响,迎接政府首脑鸣19响,还有鸣3响、7响、17响、28响乃至62响的。

部队接待贵宾,多是鸣枪。猎人和一些少数民族接待贵宾,多是鸣铳、鸣鼓、鸣号。汉族地区接待贵宾,多是放鞭、放烟火。其性质与鸣炮相似,多是表达诚挚的敬意和欢快的心情,努力营造火爆的气氛,给予贵宾最高的礼遇。

升旗礼

常见社交礼仪之一,即升挂国旗、区旗、会旗或彩旗,向来访的国宾或贵宾表示敬意与尊重。如何升旗,已有公认的惯例。

按照国际关系准则,国家元首或首脑在他国访问时,其下榻处和座车上应当悬挂本国的国旗,这是一种外交特权和特殊的礼遇。

同样,驻外使馆也有权在办公处、官邸和交通工具上悬挂本国的国旗。

在国际会议上,会场上应悬挂与会国的国旗,外宾所到的场所和使用的车辆也如是。一些国际体育比赛和展览会亦照此办理,在给一、二、三名运动员颁奖时,也要升其所在国国旗,奏冠军所在国的国歌。

如果是国事访问,应同时悬挂双方国旗。规则是,右挂客方国旗,左挂主方国旗(汽车则以行进方向为准,驾驶员右方挂客旗,左方挂主旗)。

若是对方举行答谢告别宴会,则是对方为主我为客,挂旗位置相应也调整。

至于本国的国旗,一般挂在政府办公楼(如新华门、国务院各部委),出入境的机场、港口、海关、边防哨所,以及学校、舰船等处;有的是每天挂,有的是节假日挂,有的是纪念日或国丧日挂;还有升满旗与降半旗之分。我国在天安门广场每天有升降旗仪式;香港回归祖国时也有升国旗仪式,它代表行使全权。

民间的喜庆活动,多是挂五颜六色的彩旗,旗呈三角形或长方形,上面写有祝颂字句。它除了表示敬意、祝贺、纪念之外,还有热闹、欢腾的目的。彩旗可挂多面,组成图案,形成一种饰物。

献花礼

常见社交礼仪之一,即向宾客献上花枝、花束或花环,表示敬意。根据国际惯例,献花有以下要求:(1)白花为礼花,喜事用红缎带,丧事用白缎带。(2)忌讳纸花、绢花和塑料花,花枝和花朵都不能是13。(3)紫花为丧花,其他场所不宜用。(4)男子佩戴的胸花以白色康乃馨为佳。(5)妇女参加宴会的佩花,白天常是1朵,夜间常是2朵。(6)庆婚宜用百日红;迎宾宜用兰花;生日宜用万寿花或玫瑰;祝贺生子宜用玫瑰;看望病人宜用玫瑰或苍兰花;吊唁死者宜用喇叭花、栀子花、白玫瑰、夜来香或鲜花扎成的花圈;祝贺就职宜用各色盆花;祝贺开业宜用大型花篮。此外,各国还有不同的“花语”,应当尊重其习俗。

检阅礼

常见社交礼仪之一,迎接国宾多是请其检阅三军仪仗队,仪仗队的人数由国宾的身份而定,如国家元首和政府首脑级为151~178人,国防部长级是127人,军种司令级是104人等。其程序是:(1)宾主登上检阅台,奏两国国歌;(2)仪仗队长发令举枪,向贵宾致敬报告;(3)双方领导踏上红地毯行进检阅仪仗队;(4)仪仗队举行分列式(这条有时可省去)。检阅礼威武、雄壮,不仅是最高的外交礼仪之一,还可展示所在国的国威和军威。我国收回香港的盛典上,就有检阅礼。

至于民间迎接贵宾,也有类似的检阅礼,即手持鲜花和彩旗的盛装人群,列成长队,夹道欢迎,同时鸣放鞭炮、击打锣鼓。

红毯礼

常见社交礼仪之一,又称红地毯待遇,即在国宾(或贵宾)经过的地方铺放红地毯,以示尊敬和热烈的欢迎。

铺放红地毯的主要场所是:国宾专机的舷梯处至座车处,国宾检阅三军仪仗队的检阅台至检阅线路,国宾下榻处的主要通道,国宾参加会谈或会见的场所,国宾出席招待会或宴会的主要通道,国宾参加授勋仪式或签字仪式的场所等等。

红地毯一般宽约两米,需铺放数十米长乃至几百米长,必须贵重、厚实、洁净,除国宾(或贵宾)、陪同的主人和有关人员外,其他人等原则上不可使用。铺放红地毯还有安全、清洁等寓意,在国际上比较流行。

陪车礼

常见社交礼仪之一,即宾客抵达或离开时,由主人乘车陪同。其程式通常是:应请来宾坐在主人的右侧。如果是两排座的轿车,翻译坐在司机旁;如果是三排座的轿车,翻译应坐在主人前面的加座上。上车时要请来宾从右侧门先上,主人走到左侧门上车;车门应由服务接待人员开关,并用手置于车门的顶端,防止碰撞客人的头部。

如果客人偕同夫人前来,则应由主人的夫人陪同乘坐另一辆车,座次同上。如果客人带有重要的随员,主人的一方也应有相应的人员陪同乘坐其他车辆,座次同前。

如果是国宾抵达,须向欢迎的人群致意,也可乘坐敞篷轿车,并站立招手答谢。

宴请礼

常见社交礼仪之一,包括宴会(含国宴、正式宴会、便宴、家宴)、招待会(含冷餐会、酒会、茶会、工作进餐)等类型,有早餐、午宴和晚宴之别。

宴请礼的组织与安排,应当注意:(1)确定宴请的目的、名义、对象、范围、形式、时间和地点。(2)提前一周左右发送请柬或邀请卡,告知有关事项(如事由、日期、地点、活动项目、其他客人等);并注上席次号和“请答复”(通常是用法文缩写R.S.V.P)。(3)制订菜单,须在主办者经费预算标准内运作,选用的食品饮料要依主宾的喜好而定。(4)宴会席位和桌次的编排。按照国际惯例,桌次的高低以离主桌位置的远近而定,近者高,远者低,主桌的右手为上,左手为下;席位的排位通常是主桌上男女穿插,以女主人为准,主宾在其右上方,主宾夫人在男主人右上方(我国习惯是按职务高低排列,即主宾坐在男主人右上方,主宾夫人坐在女主人右上方);此外还须考虑身份大体相当、专业相同、语言相同等;关系紧张、意见分歧者,应尽可能避免排在一起。(5)宴会厅的布置要与活动目的相称,一般多系悬挂彩灯、置放鲜花之类,要求宽敞整洁、庄重大方、空气清爽、设备齐全、布局合理。(6)宴会的程序通常是:主人在大厅门口迎候——引导客人到休息室宽衣——宾主与其他客人见面——依次序入桌就位——宾主致辞——祝酒用餐——主持人宣告宴会结束——全体起立顺序告别等。

谒墓礼

常见社交礼仪之一,即拜谒访问国已故领导人陵墓或无名英雄(革命烈士)纪念碑,表示友好亲善和对先烈的敬意。

谒墓礼的常规是:军乐队奏乐,东道国礼兵抬着花圈走在前列,仪仗队分列两旁,向来客致意。谒墓人随行于后,稳步走近花圈,整理好上面的飘带;然后稍退几步,肃立默哀,绕陵一周。信仰宗教的谒墓人,有时还要为死者祈祷。

谒墓礼须注意:(1)弄清墓碑的政治背景;(2)谒墓气氛应庄严肃穆;(3)事先征求访问国的同意;(4)花圈上的题词要准确、恰当;(5)须尊重访问国的风俗习惯;(6)应有对方的高级官员陪同前往等。

演出礼

常见社交礼仪之一,即举行专场的电影、音乐会或文艺演出接待来访的贵宾,多是为国宾或知名人士举行。

演出礼的要点是:

1.选择一流的剧场和一流的演员,节目要认真审查,不能有政治错误;

2.由身份相当的人员陪同,其他观众都应举止大方,彬彬有礼;

3.演出的节目应是高水平的,演出时间一般应控制在两小时左右;

4.演出中间要适当控制记者的采访活动,以免过多干扰宾主的兴致;

5.演出结束,主人应陪同客人上台接见演员,敬献花篮并合影留念。

约会礼

常见社交礼仪之一,指人们通过事先约定然后见面、从而加深了解、增进感情的一种交往方式,包括情人间的约会、朋友间的约会、业务上的约会、公务上的约会等等;约会的地点一般选在舞厅、公园、餐馆、茶室、私人住宅或办公场所等。

约会礼应当注意:(1)事先订妥订准会见的时间、地点、人数及内容,不能模糊不清或遗漏。(2)双方都应准时赴会,如因故迟到或要求改期必须事先通知对方,并表示歉意。(3)仪容整洁,举止大方,保持稳重和礼貌。(4)话题应当围绕预定的内容而展开,不可随意提出新问题,使对方措手不及。(5)结束时有礼貌地告别,互致安好。

舞会礼

常见社交礼仪之一,指应邀参加家庭舞会或社会上的交谊舞会,目前较为流行。

参加舞会除了衣着整洁,发式大方,言辞有礼,动作规范,事先不吃葱、姜、蒜等食品,不可大声喧哗、吵闹之外,还应注意:

1.不要在舞场上学跳舞,以免影响他人;

2.不要带病进舞场,以免发生意外;

3.不要强邀女方共舞,应有男子汉的风度;

4.不要生硬拒绝男方的邀请,应有礼貌地委婉辞谢;

5.不可有耸腰摇臂、搂抱紧贴等粗鲁动作;

6.不可乱扔果皮和高声谈笑;

7.不可穿越舞场寻人、呼人;

8.不可争抢舞伴或同性共舞。

参观礼

常见社交礼仪之一,即陪同客人参观工厂、农村、部队、学校、革命圣地、风景名胜、博物馆、美术馆、科学实验室或客人希望参观的其他地方,以示礼貌和接待的热情。

参观礼的组织工作很重要,应当注意:

1.根据访问的目的、性质和客人的意愿、兴趣,选好参观的景点或场所;

2.事先安排好全部日程表；

3.由身份相应的人员陪同；

4.简明扼要地介绍参观的内容（一般应有文字资料），解说员要善于回答提问；

5.一般都应当允许摄影或录像；

6.做好中途用餐的准备；

7.车辆养护和安全保卫等。

演讲礼

常见社交礼仪之一，又称报告礼，即邀请来访的国家元首、社会名流、专家教授、英雄模范或其他人士举行专场报告会，由贵宾发表演讲，这也是一种隆重的礼节。

举行演讲礼时，主方要选准报告人，安排好会场、组织好听众、注意“对话”的方式、进行新闻报道。客方（即演讲者）要有充分的准备，使用标准的语言，具有脱离讲稿的能力，时间应紧凑，仪容整洁，精神饱满，洒脱大方，话语幽默，善于与听众交流，诚恳谦逊，彬彬有礼，给人留下完美的印象。

演讲礼可由政府举行，也可由民间社团和机关、企业、学校举行，一定要使听众有所收获。

授勋礼

常见社交礼仪之一，即向尊贵的客人授予勋章（或向军人授予军衔、向学者授予学位、向知名人士授予荣誉市民称号、向英雄模范授予荣誉证书、表彰功臣、奖励先进人物或先进单位），是一种很高的礼遇。

授勋礼多由领导人或高级官员主持，悬挂国旗，设仪仗队和乐队，授勋人宣读授勋决定，然后将勋章佩带在受勋人胸前，再递交授勋证书，接着双方致词，观礼者鼓掌祝贺。有些重大的授勋仪式还要奏国歌，以示庄重。

授衔、授学位、授荣誉市民和荣誉证书、表彰功臣和奖励先进的仪式，与此大同小异。现今有些企业和组织也借鉴此礼，颁授“名誉理事”、“名誉教授”等职衔。

馈赠礼

常见社交礼仪之一，即为了沟通感情、保持联系，向他人表达友情、敬重和感激而赠送礼品。它通常选择在婚嫁寿庆、传统节日、亲友远行、探视病人、酬谢他人、拜访作客等时机，多在事前亲自赠送或请人代赠，一般不可以事后补礼（这被认为是失敬）。有时受赠后须有回赠，体现“来而不往非礼也”之意。

馈赠礼有种种讲究，主要是：

1.选准送礼对象和时机。对象主要是至亲好友，时机前文已述。对象和时机把握得好，送出的礼品方有意义。向不该送礼的人送礼，在不该送礼的时机送机，不仅于事无补，反而使人产生疑虑。

2.礼品应有特点，不可过于贵重。礼品有纪念性礼品、鼓励性礼品、慰问性礼品、赞助性礼品之别；可以是物（工艺品、食品、衣物、首饰之类），可以是钱，也可是自己写的字、画的画之类，应有针对性、实用性和纪念性，让对方满意。如果关系一般，而又送礼很重，则会使对方不安，且有受贿之嫌。

3.礼品应注意包装，避免忌讳。包装系指礼品的外观，应当讲究一些。至于忌讳，民间讲究甚多。在中国，一般不可以馈赠钟、鞋、药品、白布、龟形工艺品、刀具、梨子、橙子、扇子、鱼品等物；如果不是夫妇或情人，男不可向女赠送首饰、化妆品、照片，女不可向男赠送内衣、剃须刀、烟斗等物。

此外，送礼时应附名片或贺卡，写上几句得体的话。

红包礼

常见社交礼仪之一，有两种形式。

一种是用红纸包扎的礼金，或是朋友送给新婚夫妇，或是长辈送给拜年的儿孙及小辈，或是分发给出力、帮忙的人，或是单位奖给先进模范人物，或是企业赞助贫困地区，或是社会救济孤寡老人。这是中国传统的送礼方式之一，用红纸包裹的目的是图一点“喜气”。

另一种是国外的老板给雇员发的奖金。为了隐秘，故用红纸包扎。其数目有多有少，根据员工的表现和老板的印象而定。目的是刺激员工的积极性。目前我国有些三资企业或民营企业发奖金也采用这种形式。

两种红包形式相似，性质不同。前者属于馈赠，后者只是支付工资的一种形式。

送别礼

常见社交礼仪之一，包括客人的告辞礼和主人的送行礼两个方面。

告辞通常是客人在适当的时机提出，然后姿态优雅地起立，向主人道谢，并同其他客人打招呼，从容大方地离去。

主人送行时先要婉言相留，然后表示“招待不周”，再起身导引，为客人开门、开灯、指路，送到大门口或街口，握手致意。

送别礼中有几忌：一忌凳子没有坐热就走；二忌无话可谈而又迟迟不想离开；三忌主人借看表、打哈欠、频繁进出等动作变相逐客；四忌告辞匆忙，未等主人回应已经步出大门；五忌口送脚不送，主人端坐原地不动；六忌分别时冷冰冰，恍如路人。

致谢礼

常见社交礼仪之一，即对主人的款待表示谢意。其方式甚多，主要有口头致谢、电话致谢、书函致谢、电报致谢、鲜花致谢、名片致谢、邮卡致谢、专人致谢种种。

致谢礼较为隆重，可在当天告辞时、次日或三天后进行，依据彼此之间距离的远近而采用适当的方式，或亲自道谢，或托人道谢，或经邮政、电信部门表示道谢，或赠送鲜花、名片表示道谢，可以择善而从。

在致谢礼中，最关键的是措辞得体，要谦恭真诚，而非虚伪、客套、做作，使主人感到宽慰。致谢辞一忌冰冷如霜，二忌过分夸大，三忌不着边际。此外，如果是在主人家中做客，特别应当注意向女主人致谢。

餐厅社交礼仪

在上面介绍的50种社交礼仪中，许多都在餐厅中有所应用，如迎候礼、致意礼、称谓礼、注目礼、鞠躬礼、握手礼、鼓掌礼、手势礼、次序礼、宴请礼、送别礼、致谢礼等30余种，它既表现在客人与客人之间，又表现在客人与服务员之间，是人们在就餐消费和接待服务中的日常行为规范。又由于这些礼仪时常围绕着饮食进行，故而又泛称为“食礼”或“饮食礼仪”。

餐厅社交礼仪同样具有针对性、民族性、程式性、功利性的特征，都有约定俗成的身姿、表情、动作和词语。掌握了这些礼仪，就能更好地接待顾客，进行优质服务，展示新型的人际关系，促进精神文明建设。

古今食礼

食礼

食礼是饮食礼义、饮食礼制、饮食礼仪、饮食礼俗、饮食礼貌、饮食礼节等的通称。其中，“饮食礼义”是人们在饮食活动中应当遵循的社会规范与道德规范；“饮食礼制”指的是有关饮食的典章制度与经籍；“饮食礼仪”是餐饮时为表示敬意而举行的仪式；“饮食礼俗”是与前三者相关并在民间广泛流传的饮食风习；“饮食礼貌”是餐饮中表示敬重与友情的行为规范；“饮食礼节”是饮食礼仪的节度和饮食礼貌的综合评价。总之，作为礼的重要组成部分，食礼是餐饮活动中的社会规范、典章制度、文明教养和交际准则，一个人仪表、风度、气质、神态的生动体现。

食礼的涵盖面很广，可按多种方法分类。如按时代分，有原始社会食礼、奴隶社会食礼、封建社会食礼、资本主义社会食礼和社会主义社会食礼；按民族分，有汉族食礼和满、蒙、回、藏、壮、黎、苗、瑶等少数民族食礼；按阶层分，有皇家食礼、缙绅食礼、商贾食礼、将士食礼、学人食礼、居民食礼、耕夫食礼和工匠食礼；按地域分，有东北食礼、华北食礼、西北食礼、华东食礼、华中食礼和西南食礼；按用途分，有祭神祀祖食礼、重教尊师食礼、敬贤养老食礼、生寿婚丧食礼、贺年馈节食礼、接风饯行食礼、诗文欢会食礼、社交游乐食礼、百业帮会食礼和民间应酬食礼种种，内容极为丰富。上自帝王将相，下至黎民百姓，无不与之发生联系，无不借此进行交际。

自古以来，中国就是礼仪之邦、崇尚食礼。《礼记·礼运》说：“夫礼之初，始诸饮食。”这是讲，一切礼义、礼制、礼仪和礼俗，都源自人们的饮食生活。而最早出现的食礼，又与远古祭神仪式直接相关。这便是“其燔黍捭豚，汙尊而抔饮，蒉桴而土鼓，犹若可以致其敬于鬼神”之说。后来食礼由人与神的沟通扩展到人与人的交际，以便调节日益复杂的社会关系。

如周代，周公提出“明德”、“敬德”的主张，通过“制礼作乐”，对皇家和诸侯的礼宴作出若干规定。后来，儒家学派继续对食礼加以规范，并补充仁、义、礼、法等内涵，《周礼》、《仪礼》、《礼记》三部论礼典籍中，食礼都占有十分重要的地位。

辛亥革命之后，随着封建政权的解体，现代食礼在急剧的时代变革中应运而生。首先是神鬼观念淡化，祭祀色彩不复存在，脱下了神秘怪异的迷信面纱，变成实实在在的道德风尚。第二是革除了维护尊卑等级的没落形式，代之以人格一律平等的饮食礼节。第三是食礼程式由烦琐趋向简化，节省了大量人力、物力与财力，展示出典雅、隆重、小而精的全新风格。第四是在继承与发扬古代优秀食礼的同时，不断充实富有时代气息、适应快节奏生活需要的礼仪。第五是吸收世界各民族的食礼之长，洋为中用，创造一些中西结合的食礼，与国际惯例接轨。第六是突出餐饮业的“中介”作用，绝大部分食礼的举办场所由家庭转向市场，餐厅宾馆成为现代食礼的主渠道(详见“现代食礼”)。

食礼通常表现在祭祀、筵宴、食品馈赠和个人餐饮修养等诸多方面。“祭祀”是用酒食声乐礼拜鬼神，以求庇护和降福的活动。“筵宴”是因民间习俗和社交礼仪的需要而举行的聚餐形式，其核心是台面陈设、成套肴馔和服务接待。“食品馈赠”是用食品作为礼物，表示敬重与友情。“个人餐饮修养”是一个人在饮宴场所立身处事的基本素质，包括仪容服饰、待人接物、谈话艺术、文明就餐等等方面。总之，食礼要围绕“吃喝”二字来展开，食中藏教、食中藏乐、食中藏情、食中藏礼；其中包含礼宴的筹划、宾客的邀请、场景的布置、器物的准备、菜点的制作、席间的接待、作客的修养、待客的礼仪诸项内容，都有约定俗成的要求以及丰富的物质产品和精神产品，它们共同构成中国饮食文化的深刻内涵。

食礼的地位和作用，古今不完全相同。古代食礼首先是“治乱之本”，既是区分君臣、树立君的绝对权威的政治制度，又是区分父子、树立父的绝对权威的宗法制度，可以维护封建统治。其次是一种道德修养，旨在使人“居处恭”、“执事敬”、“与人忠”、“贵者敬”、“贱者惠”、“老者孝”、“幼者慈”、“隆师而亲友”、“完善德行”。再次是可以形成许多重大的仪典，如敬鬼神的“吉礼”、哀邦国的“凶礼”、亲诸侯的“宾礼”、诛不虔的“军礼”、合婚好的“嘉礼”，使政事规范化。第四是部分食礼演变为食俗，成为不成文的法律和无形的道义力量，一方面左右老百姓日常生活，一方面又为其社会交际提供方便，并且在调节人际关系、规范个人行为、净化社会风气中有一定的作用。

现代食礼的功能主要表现在建设社会主义物质文明与精神文明上面。这是因为，现代食礼不仅是人际交往中互相尊重、联络感情、增进了解、合作共事的行为；还是一个国家和民族文明程度的标志、一个人和集团道德水准高低和文化教养深浅的尺度。饮食文明依赖于道德修养，也关系到整个社会的风化。每个人在餐饮活动中的表现，显然要受到文化教育、品行修养等道德观念的约制。

古代食礼

古代食礼是指古代社会各阶层人士在餐饮、筵宴活动中，因文化熏陶和风俗习惯影响而形成、被朝廷礼法和社会道德所承认、为大众共同遵守的礼仪制度；它主要反映在祭神祀祖、重教养老、宫廷宴享、官场酬酢、行帮聚会和民间交际诸方面。

古代食礼是封建宗法制度与传统饮食文化相结合的产物。一方面它与礼的起源及规范有关，融进了神、鬼、分、德、仁、义、和、中、让、法、术等神学要素和儒学要素，载入《周礼》、《仪礼》、《礼记》等重要经籍，成为历代统治者治国平天下的思想武器；另一方面它又与筵宴的起源及功能有关，受到祭祀、礼俗、宫室、起居的影响，展示出聚餐式的形式、规格化的内容、社交性的作用等特色，被上自王侯公卿、下至工商士农充分利用，成为他们享乐腐化或改善生活的“理由”。因此，古代食礼就是礼中有食、食中有礼、因礼而食、食中示礼，礼制与餐饮、筵宴的和谐统一。

礼起源于远古的祭神仪式。随着社会的发展，人类对于自然界的变化，对于社会的复杂关系有了进一步的认识，仅以祭祀神鬼祖先为礼，已不能满足他们日益发展的精神需要，不能调节日益复杂的社会关系，于是，仪节的范围和内容就从各种“神事”逐步扩展到各种“人事”。

在人与神沟通、人与人交际的过程中，讲礼，还需要一个美丽的“躯壳”作依托，于是人们便想到了同样起源于祭祀的筵宴。因为在先民的想象中,神鬼也和人一样有爱憎、有嗜好,喜爱美食、美居、美声和美色。所以要祭祀,就应当用筵宴、华堂、鼓乐和女巫表示心意,使神鬼愉悦。从礼字的演变看,不论形体如何变化,都有食品、礼品的含义;大量考古资料也证实,远古祭器中十有八九是礼器(即餐具)。这都说明"夫礼之初、始诸饮食"命题的正确;祭祀、礼仪和饮宴本是"三位一体"的。

先民还很聪明,祭祀用过的美食很少浪费,大多是由与祭者分享,并美其名曰"享受神的馂余",或称"纳福",这便将分食祭品"合法化",为以祭神的形式"餉人"开辟了通道。再加上中式宴会的形式是多人围坐畅谈,愉情悦志,飞觞醉月;中式宴会的内容是冷碟、热炒、大菜、羹汤、果点、茶酒配套,餐具济楚,仪程井然;中式宴会的作用是"酒食所以合欢也",沟通交际,敦亲睦谊,这都与礼的要求"不谋而合"。于是,礼制就常以燕饮为形式,燕饮也常以礼制为内容,二者互为依凭,以"食礼"的独特风貌活跃在古代各阶层的社会生活之中,影响中华文化数千年。

再从宗法礼制与饮食文化的融合看,古代食礼也是古代社会发展的需要。就宗法礼制而言,它是贵族等级制度的社会规范与道德规范,协调人际关系和处理社会矛盾的"润滑剂",维护剥削阶级统治和以礼定分的"铁锄头",一般比较"硬"。就饮食文化而言,是中华各族人民在长期的生产、生活实践中,在食源开发,食物制造,营养保健和饮食审美等方面创造、积累并影响周边国家和世界的物质财富与精神财富,一般比较"软"。不论哪朝哪代的统治者,都是既需要"礼经三百、威仪三千",又需要"饮德食和"、"酒食合欢"的。只有礼、食结合,方能共生共荣。

如果只有神、鬼、分、德、仁、义、和、中、让、法、术等神学要素与儒学要素,而没有食,那么,祭神祀祖、重教养老、宫廷宴享、官场酬酢、行帮聚会和民间交际等礼仪,都会显得苍白无力,缺乏生气。同样,如果只有美酒香茗、名肴玉食、奇蔬异果、山珍海错,而没有礼,那么,食的发展便会受到制约,不可能出现各具特色的宫廷菜、官府菜、商贾菜、寺观菜、民间菜和市肆菜,也将是呆板阻窒,没有活力。

所以,中国几千年的封建宗法社会,人民群众不断增长的物质文化要求,饮食上的风俗习惯和文化积淀,促成了这种结合,孕育出百种千名的古代食礼。这是一种很值得研究的人文现象,有待更深入更系统地开掘。

祭神祀祖食礼

古代食礼之一。它是以原始宗教信仰中的自然(含天象、大地、山石、水火)崇拜、生物(含动植物)崇拜、图腾崇拜和祖灵崇拜作基础,以天神、地祇、人鬼、物魅为祭祀对象,通过向神祇鬼魅献纳祭品、祷告祈求的方式,达到"事神以致福"的目的。这一食礼萌芽于几万年前原始公社制社会末期,经过尧、舜、禹、汤数代的演变,到周朝才形成样板,是中国食礼中历史最悠久、形式最纷繁、规模最宏大、仪典最规范的一个部分,历来被视为"生之本"、"类之本"、"治之本"、"教之本"和"国之大节"。

从起源看,祭神祀祖食礼同原始宗教信仰有着直接关系。原始宗教产生于原始社会,是原始人群的一种自发信仰。它相信"万物有灵"和"灵魂不灭",崇拜天象、大地、山石、水火等自然现象,崇拜赖以生存的动植物,崇拜氏族的象征——图腾,崇拜列祖列宗的英魂。这是先民对大自然依附的表现,也是其对自然物、自然力人格化描绘及神话式思考之产物。原始宗教既反映出原始人群理性的脆弱、知识的贫乏、头脑的愚昧和思想的恐惧,又有着孩童般的朴实与自然、幼稚和天真、诚恳及良善。在这一理念的支配下,原始人认为神祇鬼魅也和人一样:有生命,有思维,存在七情六欲,需要衣食住行,人所爱者它们必爱,人所憎者它们必憎。为了表示对神祇鬼魅的敬畏和感戴,他们一方面铭之于心,一方面献之以食。为了让神灵知道,所以要焚香,要祷告;为了让神灵高兴,所以配器乐,配歌舞;为了体现诚意,所以着吉服,重仪程。这样,原始宗教信仰就自然而然地转化为神鬼祭祀,变成最早的一种食礼。

从属性看,祭神祀祖食礼应当属于先秦五礼中吉礼的范畴。所谓先秦五礼,指敬鬼神的"吉礼"、哀邦国的"凶礼"、亲诸侯的"宾礼"、诛不虔的"军礼"与合婚好的"嘉礼"。其中的"吉礼"就是祭祀神祇鬼魅。按照《周礼·春官·大宗伯》的解释,吉礼分为12类,分属天神、地祇、人鬼3门。

(1)祭天神包括3类,一为禋祀,敬昊天上帝;二为实柴,敬日月星辰;三为槱燎,敬司中司命(文昌宫等5星)和风师雨师。这3类均指祭祀方法,即燔柴升烟,烧烤禽兽,供神享用。(2)祭地祇也分3类,一是将牲血滴于地上,祭祀社稷(土地神和五谷神)、五岳和门户诸神;二是将牲畜和玉帛深埋或沉入水中,祭祀山林川泽诸神;三是分裂牲畜的肢体,祭祀四方百物的众神。(3)祭人鬼则列6类,即祫(人死后3年的太庙祭)、禘(人死后次年春的太庙祭和四亲庙祭)、祠(春天祭)、禴(夏天祭)、尝(秋天祭)、烝(冬天祭)。祭祀方法有荐熟(献上煮熟的牲体)、荐血腥(献上宰杀后的牲体)、裸鬯(用香酒洒地)、馈食(用禾稷煮饭供奉在尸身前)4种,分别选用。

还有一类祭祀对象叫"物魅",即恶鬼、厉魂、精怪和妖邪,如狐媚、猴精、蛇魅、蚁幻、树怪、花妖、帚祟、血兆之类。先民将其分为真、善、美和假、恶、丑两类,依其对人类有无好处而决定爱、憎,并采用不同的对待方法,即招魂礼葬、酒肉供奉以求福佑,与门神护卫、法术傩除以示警惩。前者如清代舟山地区九月初二为抗清而捐躯的亡灵举办的"摆屠城羹饭";后者如端午节"辟恶",挂钟馗像、饮雄黄酒、唱傩戏、赛龙舟等。

由上可见,祭神祀祖食礼具有中国鬼神世界尊天敬祖风习的根本特征。

从仪典看,祭神祀祖食礼符合宗法礼制的规范。其中,"祭"的范围较广,层次较低,百姓都可举行;"祀"乃"国之大节",属于盛典,只有皇家才能操办。不论祭或祀,一般都须具备被祭者、主祭者、陪祭者、与祭者、祭品、祭器、祭文、祭服、祭坛、祭仪、祭乐、祭舞等条件。祭祀谁,什么时候祭祀,采用何种祭法,准备哪些物品,按照什么程序,由谁主持,哪些人参加,在什么地点举行,都有严格的规定。被儒家视作"圣经"的"三礼"(《周礼》、《仪礼》、《礼记》),则是它的翔实记录。其所以如此,就因为祭神祀祖是维护宗法制度的手段,体现奴隶社会和封建社会文明礼尚的标志。

至于后世出现的"淫祀"(不按礼制规定祭祀神祖的现象),一方面是因为祭祀者"献媚求私";一方面也是由于某些古老祭仪不适应时代发展的需要而被变革;再一方面是不少祭仪转化为年节(如重阳节、冬至节)后,后人加以改造,增加了社交、娱乐、休整、欢宴等内容,使"神佛色彩"淡化,更加具有"人情味"之故。

重教养老食礼

古代食礼之一,即通过馈赠饮食、歌舞宴乐、礼拜侍奉、定期纪念等方式,展现出来的重教、尊师、敬贤、养老礼仪。它源于氏族社会的元老会议制度,有虞氏时期已见雏型;经过夏、商、周三代的增订,在《周礼》、《礼记》、《仪礼》等儒家经籍中作为"礼"、"乐"的重要部分而被固定下来。秦汉以后,各代王朝按需要不断补充发展,宋代掀起高峰;明朝继续强化,至清蔚为大观。上起天子,下至庶民,公卿将相,士农工商,均将重教养老视作"国之根本"、"人之大伦","不可废之"。其行礼形式尽管不同,但都体现出对师长的敬仰,对老人的爱戴,因此在传统礼制中,这一食礼多系民主性的精华,很有继承价值。

与其他古代食礼相比,重教养老食礼有3个明显的特色,即尊师、敬贤、养老"三位一体";常以国家明文规定的制度出现;学生或下辈须尽"弟子职"。

在古代,尊师、敬贤、养老的含义虽然不尽相同,但其实质是一致的。因为学识渊博、经验丰富、品德高尚的老人,往往就是贤者;贤者被举荐出来,或致仕为官,或从教作师。所以,尊师常是敬贤,敬贤中包含养老,养老又体现出尊师。这种师、贤、老"三位一体"的现象,在中国历史上存在了数千年。故而不论"燕礼"、"飨礼",还是"释奠"、"释菜";不论"赐杖献食",还是"招贤养士";不论"乡饮耆宾",还是"簪花传胪";不论"敬老嘉会",还是"圆烛合木",大多是"一礼三用",兼收尊师、敬贤、养老之效。在古代著名的《九老会》、《高年会》、《敬师宴》、《大风宴》和《花烛重圆宴》中,都可以看到师、贤、老的"交织"现象。

重教养老是儒学文化中最基本的道德规范,由此衍生而出的食礼,也自然具有"明尊长"、"明教化"、"明礼乐"的性质。为了使它家喻户晓,深入人心,历朝在这方面都有明确的制度出台,颁布天下施行。如三代时,"凡养老,有虞氏以燕礼,夏后氏以飨礼,殷人以食礼,周人修而兼用之。五十养于乡,六十养于国,七十养于学。"汉武帝时专门为90岁以上的老人颁布了《受鬻法》,"授之以玉杖,餔之以米粥"。汉文帝即位后,又"赐天下鳏寡孤独穷困及年八十以上者","布帛米肉各有数”。唐代，朝廷规定了教师的“束修之礼”。宋代，对乡饮礼制又进行改定。明代在各郡邑设“养济院”收养孤老，“月给太仓米三斗，岁给甲字库布一匹”。清代，康熙皇帝下令：“凡直省现官、致仕议员暨士庶等，年六十五以上至九十者咸与。”(《千叟宴》)这都说明重教养老食礼在封建社会中已形成一种传统的制度，具有积极的意义。

所谓“弟子职”，是《管子》中的一篇，内容是弟子从师时在受业、作息、进退、应客、洒扫、馔馈等方面的礼节规定。管子指出：“先生施教，弟子是则，温恭自虚，所受是极。见善从之，闻义则服。温柔孝悌，毋骄恃力。志毋虚邪，行必正直。游居有常，必就有德。颜色整齐，中心必式。夙兴夜寐，衣带必饰。朝益暮习，小心翼翼，一此不懈，是谓学则。”按照这一要求，老师吃饭时弟子也应当侍奉：“摄衽盥漱，跪坐而馈，置酱错食，陈膳毋悖。凡置彼食，鸟兽鱼鳖，必先菜羹；羹胾中别，胾在酱前。其食要方，饭是为卒，左酒右浆，告具而礼。陈食既备，奉手而立。”这一整套餐饮服务礼议程序，后来不仅尊师时用，而且敬贤、养老时也用。像汉明帝就为李躬、桓荣两位德高望重的老臣亲自挽袖割肉、奉送肉酱和漱口的酒水。古人明确规定“弟子职”，是使重教养老食礼规范化，从而更能体现“温良恭俭让”的风范。

宫廷燕享食礼

古代食礼之一。它是指帝王后妃、公卿宗室、文武百官和诸侯使节等人，在宫廷内外主持或参加朝会、庆典、祭祀、婚寿等重大国务活动时，必须遵循的饮食礼仪制度与燕饮风俗习惯。这一食礼在中国历史上存在了4000余年，包括敬鬼神的“吉礼”、哀邦国的“凶礼”、亲万民的“宾礼”、诛不虔的“军礼”、合婚好的“嘉礼”等内容；常在朝觐宗遇、赈膰贺庆、会盟巡狩、军旅征伐、登极立储、冠婚册后、万寿千秋、丧葬殇谥时出现。

宫廷一词有广狭二义。狭义的宫廷仅指帝王办事和居住的地方，俗称“皇家”。但这个家的面积之大、人口之多、廷续时间之长，都是无与伦比的。如清代故宫，占地72万多平方米，房屋9900余间，常住人口万余，存在了260余年。广义的宫廷则泛指它的文化、生活、习俗、事件、人物，以及礼仪、教育、财务、宿卫、刑罚、职官等制度，实乃中央政府的代称，领导整个国家的经济、政治、文化、军事和外交活动，是“上层建筑”中主体之主体、核心之核心。既然是这样，依附于它的宫廷燕享食俗，就有与众不同的属性。

第一，体现君权至高无上，处处渗透君尊臣卑的封建等级观念。例如，古代婚礼规定，男家娶亲，新郎亲迎；女家嫁女，父亲主婚。而在宫廷，天子娶亲，从不亲迎；天子嫁女，则由叔父辈的王公主婚。在婚宴大典上，不是新婿拜岳丈、新妇拜公婆；而是岳丈拜皇帝、公婆拜公主。这在民间是有悖伦常，而在宫廷却“合情合理”。又如丧葬，天子之死叫“薨”、“驾崩”，死后称“大行皇帝”，神主供在太庙，须上尊号、谥号和庙号，葬在规模宏大的陵寝中，有玩物、珍宝甚至嫔妃、奴隶殉葬，众臣戴孝，全国举哀，年年月月祭祀。《钦定大清会典》对列圣列后的奠筵规定为：初丧供21席，月祭供11席，百日奠供25席，四时大祭供21～31席，期年供31席。

第二，特别重视祭祀食礼，利用宗教信仰崇拜维护王权。宫廷祭祀有大祀、中祀、群祀3种规格。大祀包括祭祀天地、上帝、太庙、社稷诸典礼，最为隆重；中祀包括祭祀日月、先农、先蚕、前代帝王、太岁诸典礼，规模稍小；群祀包括祭祀群庙、群祠诸典礼，又低一级。按照有关礼制规定，祭祀天地和太庙的大礼须由皇帝亲临主持；其他祀仪则可指定大员代行。但是，不论哪个级别，食礼都不马虎。如清廷的“灶君供”，用福物39品；“太阳供”，用福物125品；“牛女供”，两天内祭祀6次，用福物249品。其目的是企盼灶神、太阳神、牛郎织女神等保佑爱新觉罗氏皇运长久。而且在宫廷燕享食礼中，“神”可以说是无处不在、无时不在，祭祀成了其主旋律，罩上一圈神秘、怪诞、威严、圣洁的光环。

第三，常与歌舞器乐相结合，以乐示礼，以乐侑食。宫廷音乐通常分作雅乐、燕乐、鼓吹乐3类。雅乐是祭祀音乐，多用于朝会，演奏场面很大。燕乐是宴会音乐，包括声乐、器乐、舞蹈、百戏在内，娱乐性强。鼓吹乐是行进音乐，有前后两部，在出巡时演奏。至于宫廷舞蹈，是在民间舞蹈的基础上提炼加工而成。其中，商代的舞雩，周代的云门和大武，秦汉的雅舞和巴伦舞，南北朝的白纻舞，隋代的鞞、铎、巾、拂4舞，唐代的九部伎，宋代的队舞，元代的十六天魔舞，明代的四夷舞，清代的庆隆舞等，多用于朝会宴享。也可以说，在宫廷燕享食礼中，礼、乐、食是三位一体的。其所以如此，一是显示等级，二是展现气派，三是活跃气氛，四是欢悦情绪，烘托皇家饮膳的壮美风光，表现宫廷食礼的独特气质。

第四，从民间食礼中吸取营养，对其加以规范，成为礼制。例如进献肴馔的礼节，《礼记·曲礼上》就依据民间饮食习俗作出如下规定：带肉的菜用俎盛装放在左边，精肉用豆盛装放在右边；饭放有客人左首，汤放在客人右首；细切的肉和烤肉放远些，调味汁和酱放近些；佐料放在手旁，酒水放在右方，以便于进食。至于礼宴，亦分等级，清宫大典中只列万寿宴、千秋宴、宗室宴、外藩宴、凯旋宴、大婚宴、公主下嫁宴、千叟宴等数种，其他筵会则相应降低规格。而在外藩宴、千叟宴中，又有不同的级别。这样，什么情况下举行什么样的食礼，什么人可以享受什么样的饮食待遇，就有法可依、有章可循；使宴、乐、食、礼一体化，直接与封建宗法制度接轨。

官场酬酢食礼

古代食礼之一，这是指古代官场上以饮食酒筵作媒介进行的社交公关活动及其典制礼仪。它的外延甚宽，涉及到大小官吏的政治生涯和家庭生活的许多方面，如科举欢会食礼、诗文雅集食礼、调迁烧尾食礼、接风饯行食礼、私交燕好食礼、丁忧守孝食礼等等。

“酬酢”原为朝聘应享之礼中的主客相互敬酒；后来泛指朋友、同事、亲邻之间的交际应酬。至于官场酬酢，因受政界环境的制约，其食礼不仅要与官制、官秩、官品、官资、官法、官刑、官业、官邸等相吻合，而且还须体现出官衔、官荫、官威、官仪、官礼、官乐、官声、官筵诸内涵，处处与“官”字相适应。所以，它既不像宫廷燕享食礼那样气派而又奢侈、规范而又古板，又不像行帮聚会食礼那样专一而又单纯、定期而又集中，更不像民间交际食礼那样灵活而又简便、朴实而又风趣，而是以“官样文章”的派头出现，并有重在功利、食中显礼、以官府菜争奇斗艳的3大特色。

“饮食男女，人之大欲存焉。”而“千里做官，为了吃穿”，又常是许多读书人入学应试的目的之所在。古代官场重视食礼，除了封建宗法制度的需要之外，还有3个重要原因：(1)自己和家人享乐，摄生娱老；(2)公务应酬和协调人际关系；(3)以珍馐佳肴作敲门砖，谋求升迁，或扩大帮派势力，巩固自身的地位。凡此种种，都可以用“功利”二字来概括。

关于享乐，事例很多。西晋太傅何曾，“帷帐车服，穷极绮丽，厨膳滋味，过于王者。”他每天吃饭花钱一万，还嫌“无下箸处”。其子何邵，“食必尽四方之美，一日之供，以钱二万。”宋代宰相吕蒙正每天必吃鸡舌汤，须杀鸡数十，家中鸡毛堆成了山。尚书左丞蒲宗孟，日杀猪、羊各10头，点烛300根；有人劝他节俭些，他怒冲冲地说：“难道要我关在黑屋中挨饿么？”除了这类饕餮之徒，当然也有雅食进补的。如南宋赐进士出身的朱敦儒，一生重视膳食颐养，经常调制素净小席，安度晚年；并有《朝中措》记其事：“先生馋病老难医，赤米餍晨炊。自种畦中白菜，腌正瓮里黄齑。肥葱细点，香油慢焰，汤饼如丝。早晚一杯无害，神仙九转休痴。”再如77岁的江宁巡抚宋牧仲、年近八旬的刑部尚书徐乾学退休前，康熙将御膳房秘不外传的“八宝豆腐”食方赐予，“为后半世受用”，更是破格的恩宠食礼。

关于公务应酬，多在接风饯行、调迁贺慰的场所。像奸臣秦桧升任右相时，不少权臣趋炎附势，争相宴请；佞臣严嵩擢为首辅时，不仅宴请频仍，还有许多官员上门求认“干爹”，造成“朱明王朝半姓严”的局面。再如苏轼先后出知颖州、扬州、定州，朋友和下属送往迎来，前后都要在酒席上应酬月余。这方面最难处置的是“左迁”——贬官。凡左迁者，不是重大失误，就是受人陷害，或得罪天子、权臣，这种情况下，除了挚友和亲属置酒饯行外，一般官员多是避而远之，不愿惹火烧身，所以酒宴规模尽量减小，唯恐张扬，这种食礼就难免要带几分尴尬。像为迎佛骨之事由刑部侍郎贬为潮州刺史的韩愈，就发出“欲为圣明除弊事，肯将衰朽惜残年”的悲愤。而被贬龙标的王昌龄，则能心平气和地对待，依然是“沅溪夏晚足凉风，春酒相携就竹丛；莫道弦歌愁远谪，青山明月不曾空。”

关于谋求飞黄腾达，也是大有人在的。隋炀帝游江南，一县丞献500台酒席后便官升三级；乾隆途经怀柔，一财主用10万两白银办宴接驾，也是破格录用。还有南宋佞臣张浚用250道菜点的超级大宴接待宋高宗，作为对观文殿大学士、右相兼枢密使等封赏的报答。至于唐代著名的

《烧尾宴》,更是可以作为例证。此宴盛设"九部乐",遍陈"水陆八珍",佳肴玉食多达58道,有专门的经纪人承办。其目的是借此进入权贵的社交圈,既献媚取宠于皇上,又结党营私于同僚,同时也显露自己。

在官场应酬中,食这颗"炮弹"还常常用礼作"糖衣"来包装。其表现形式甚多,如邀约礼中的"名帖";相见礼中的"介"(引见人)和"贽"(礼物);迎送礼中的"揖让";趋行礼中的表情、步伐与身姿;跪拜礼中的"正拜"(稽首、顿首、空首)和适用于不同场合的振拜、吉拜、凶拜、奇拜、褒拜、肃拜与长拜;座次礼中的宾位与主位;谈话礼中的敬称、颂扬与避讳;进食礼中的"献"、"酢"、"酬"、"无算爵"等等。像元代官场上的《大茶饭仪》,礼制就相当讲究,有摆台、把盏、初巡、次巡、三巡、末巡、劝酒、结席、客辞、主送等众多仪程,显得文质彬彬。

在"食中显礼"方面,有的出自客套,有的确是真情流露。如元代国子祭酒虞集,与县令熊昶友善。他在《南乡一剪梅·招熊少府》中这样写道:"南阜小亭台,薄有山花次第开。寄语多情熊少府,晴也须来,雨也须来。随意且衔杯,莫惜春衣坐绿苔。待到明朝风雨过,人在天涯,春在天涯。"拳拳真情,渗透纸背。再如曾任太医院尹的关汉卿,爱与隐士高人交游:"旧酒投,新醅泼,老瓦盆边笑呵呵,共山僧野叟闲吟和。他出一对鸡,我出一个鹅,闲快活。"这更清新洒脱,毫无逢场作戏、繁礼缠身的俗态。

所谓"官府菜",是封建社会官宦之家所制的肴馔,名品有孔府菜、谭家菜、随园菜、红楼菜等。其特色是:(1)多由精通中馈的主妇指挥家厨按祖传食谱制作,工艺独到,是"三代做官、方才学会吃穿"的产物。(2)以民族、乡土风味为旗帜,以巧传名,有显示籍贯、联络乡党的作用。(3)注重摄生,讲求精洁,食谱因时而变,滋补菜式与食疗偏方较多,营养与品味结合,其精品多贡呈皇帝。(4)将美食作为门第家风的标志,用于社交场所,酒筵中文化含量高,礼乐成分重,是官场酬酢的附产品。(5)多有菜谱传之后世,如《宋氏养生部》、《居常饮馔录》,对中国烹饪贡献突出。

行帮聚会食礼

古代食礼之一,即"三百六十行"开帮结社、祭祀宗神、卜吉议事、处理纠纷、进行贸易、招徕顾客、收徒满师、自我宴乐时的饮食礼制。它包罗的范围甚广,可分为4个大类:即农业类的栽秧积麦食礼、植桑养蚕食礼、狩猎散喜食礼、伐木采参食礼和抛舟祭海食礼;手工业类的祭鲁上梁食礼、铁铺敬火食礼、窑工祝福食礼、起槽响水食礼和浇手封缸食礼;商业和服务业类的迎财斋坛食礼、杏林崇圣食礼、皮商占风食礼、厨行拜祖食礼、酒楼谢客食礼、出栏饷屠食礼和薙发沐浴食礼;游乐业、宗教迷信业和帮会社团类的梨园卜吉食礼、放烟试灯食礼、厚待相师食礼、杠花闹丧食礼、茶围开台食礼、入堂讲茶食礼和流丐聚会食礼等等。

"三百六十行,行行皆有神。"这是中国古代特有的民间信仰现象。行业神中又包括祖师神与保护神,或同时供奉,或一主一配。有些行业仅有一神,如制笔业崇拜蒙恬,制饼业崇拜汉宣帝,制鞋业崇拜孙膑,制粉业崇拜西施,金银匠崇拜太上老君,命相家崇拜鬼谷子,假发店崇拜赵五娘,航运业崇拜妈祖之类。有些行业信仰多神,如酿酒业敬仰杜康、仪狄、刘白堕和李白;制茶业敬仰陆羽、卢仝和斐汶;珠宝业敬仰弥勒佛、华光佛和东方朔;养蚕业敬仰嫘祖、蚕丛氏和马鸣王;乐工敬仰孙明、唐明皇和青音童子;中药铺敬仰神农氏、扁鹊和孙思邈;烧窑匠敬仰山神、土地爷和范蠡;商人敬仰赵公明、曹豹和邓九公之类。还有些行业共同祭祀一神,如成衣店、估衣铺、绸缎庄、皮货行、猪肉铺、脚行、海味行都供奉关羽;木匠、泥匠、石匠、铁匠、油漆匠、雕銮匠、席工、车工、皮箱工、模型工都供奉鲁班之类。这都显示出行业神崇拜的多元性和行帮聚会食礼的复杂性。

行帮聚会食礼的产生,主要出自4个原因:

1. 与各行业首创者的神话传说和杰出贡献有关。像东汉的张衡被奉为机神,是因其创造地动仪心思巧密;黄帝史官仓颉被尊为吏胥神,是由于他创造文字有功。又如神农尝百草的传说、太上老君炼金丹的故事,均系如此。因其有功,所以用酒食定期礼祭。

2. 敬奉的偶像往往对本行业构成威胁。如山神之于伐木工,火神之于书商,船神之于船工,窑神之于窑工。为了生命和财产的安全,就要娱神和媚神,不仅频繁地敬献酒食,还须过会、演戏、游乐,进行心理调适。

3.是本行业招揽生意的一种方法。像酒店悬挂“太白遗风”的匾额，茶坊大书“陆羽遗风”的招牌，药行举办“药市”，书行举办“书市”，以及“放烟试灯”、“酒楼谢客”、“祭鲁上梁”、“铁铺敬火”等礼俗，都有这种属性。

4.提高本行业的社会地位，保护团体利益。不少行业神都是选择引人注目和色彩神秘的人物，并尽量与帝王将相、先贤圣哲、文化名人拉上关系，然后将其神化。像汉宣帝、唐明皇、李后主、明太祖等多位帝王都被一些行业“借作祖师”；孔子、关公、蔡伦、李白等历史名人纷纷成为“宗神”，皆由此来。

由此所决定，行帮聚会食礼具有明显的社会功能。一是提高本行业地位，维护本行业利益，疏通关系，促进团结。二是从心理上和信仰上寻求本行业的守护神，谋求行业的安全感和荣誉感。三是从精神上和行动上肯定“师为徒纲”的行会制度，从学艺的角度理顺封建宗法制度。四是人为地给各个行业制造一些“节日”，为他们提供社会交际、娱乐身心的机会。五是通过不同的聚会筵庆活动，改善一下工匠等人的生活，教会他们一些立身处世的礼仪。所以，行帮聚会食礼在历史上有过一定的进步作用，它对于各行各业的发展，对于优秀民族文化的传承，对于中国筵宴的昌盛，都有过好的影响。

民间交际食礼

古代食礼之一，主要是指平民百姓在日常往来应酬方面的饮食礼仪，如贺年馈节食礼、红白喜庆食礼、乔迁新居食礼、集资转磨食礼、牵羊挂红食礼、续谱祭祠食礼、赛神打斋食礼、善会筑坛食礼之类。

“交际”一词，首见于《孟子·万章》：“敢问交际何心也？”其意是指人之间的接触往来。后来又引申为“和洽”，如《乐府诗》中的“九域底平，两仪交际”。古代的民间交际，实际上包含两个方面的内容。第一是与人往来。诸如亲属、宗族、邻里、朋友、同事、同行乃至陌生人或仇敌。要求处理好其间错综复杂的关系，创造一个和谐的人际环境，以便正常地劳作和更好地生活，能得到多方面的谅解、支持与帮助。第二是与“神”沟通。包括它的“代言人”僧侣、道众、巫师、术士之类，以及祖灵、鬼蜮、妖邪、精怪等等。希望能得到神的庇护，少受侵害，可以福禄寿喜、财运亨通。这实际上是处理人与自然的关系，是人际关系的扩大与引申。为了这两种交际，先民必须借重于“礼”表示情真，借重于“食”表示心诚。这便是民间交际食礼产生的基础和广泛传播的原因。

从特征看，民间交际食礼具有4性：

其一为对等性，即“礼尚往来”，不仅人与人的交往要遵循互利互惠的原则，“你敬我一尺，我敬你一丈”，而且人与神的沟通也是要求有回报的，渴盼“有求必应”。这在集资转磨食礼和续谱祭祠食礼中最为明显。

其二为坦诚性，即以情动情，以心换心，光明正大，不含水分。像红白喜庆食礼，来往的双方多为至亲好友，彼此关怀照应，都系真情的流露；而牵羊挂红食礼中，虽然互相有隔阂、有矛盾、有积怨，如果不是开诚布公，化溶冰雪，问题也就难以解决。

其三为娱乐性，即要求喜庆、火爆、欢乐，能给辛劳的生活增添几分“亮色”，调适身心，劳逸结合。无论贺年馈节食礼，还是乔迁新居食礼，都是热气腾腾、喜气洋洋的，反映出平民百姓的这一愿望。

其四为祭祀性，即跳脱不出“礼制源于祭祀”的本质属性。赛神打斋食礼的主旨是祭祀，善会筑坛食礼的主旨还是祭祀，所不同者，一个是媚神，一个是恤鬼而已。祭祀作为一种主旋律，贯串在古代食礼的方方面面，民间交际食礼自然也不例外。

与祭神祀祖食礼、重教养老食礼、宫廷燕享食礼、官场酬酢食礼、行帮聚会食礼相比，民间交际食礼还多一些乡土味和人间情。它不像祭神祀祖食礼那样庄严肃穆、虚无漂渺；不像重教养老食礼那样囿于礼教、规定森严；不像宫廷燕享食礼那样珠光宝气、场景宏大；不像官场酬酢食礼那样讲究形式、虚与委蛇；不像行帮聚会食礼那样注重行规、抬高祖师；而是比较朴直、比较真率、比较坦诚。它的形式多样，因时、因地、因人、因事制宜，内容实在，功利作用更为突出。同时在不影响“礼数”的前提下尽量注意节省，规模和人数都适当控制，酒筵亦是中、低档水平，体现出一种务实精神。由于它更接近民众、接近底层、接近真实的生活，所以生命力旺盛，其中不少饮食礼制(如贺年馈节食礼、红白喜庆食礼、乔迁新居食礼、集资推磨食礼），能够超越时空的界限而流传下来，成为现代食礼的重要组成部分，在人民群众的社会交际生活中继续发挥很好的作用。而其他一些古代食礼则不然，像祭神祀祖食礼、宫廷燕享食礼和官场酬酢食礼，现今已基本消失；重教养老食礼与行帮聚会食礼中保存下来的也不多。从这个角度上讲，民间交际食礼更多了一些民主性的精华，应当认真地继承和发扬，并加以适度的改造，使之与现代生活更好地“合拍”。

现代食礼

现代食礼系指现代社会各阶层的饮食、筵宴生活中，因传统文化熏陶和风俗习惯影响而形成、被社会道德和舆论指向所承认、为大众共同遵守的礼仪行为规范。它主要体现在个人食礼修养、社交礼宴承办、餐饮服务礼节、各式礼宴接待等方面。

现代食礼是古代食礼的继承和发展，其间有许多共同的因子，不少食礼相似或相通，有着历史的延续性和价值取向的一致性，反映出中华食礼“寓教于食”、“寓礼于食”、“寓情于食”、“寓乐于食”的本质特征。另一方面，由于时代的变革、思想观念的转化、物质文化生活的提高、公关活动的频繁、居住环境的制约、第三产业的兴盛以及家务劳动社会化的需求，现代食礼与古代食礼又有明显的差别，呈现出鲜明的个性。

首先，神鬼观念淡化，祭祀色彩不复存在。古代食礼既重人与人的交往，更重人与神、鬼的沟通，不但许多食礼通过祭祀的形式进行，而且还以“享受神的馂余”、“纳福”的名义将饮宴合法化。祭神祀祖食礼是如此，重教养老、宫廷燕享、官场酬酢、行帮聚会、民间交际等食礼也基本如此。现代食礼则不同。它虽然还不能完全排除神鬼观念，但毕竟大胆地脱下了祭祀的神秘外衣，将人与人的交往放在礼宴的首位，突出其聚餐式、规格化、礼仪性的特色。现今的茶礼、酒礼、席礼、烟礼、婚礼、寿礼、乔迁礼、开业礼中，都没有祭祀的色彩，也极少考虑人与神鬼的沟通。这是因为时代进步了，科学技术取代了封建迷信，促使神鬼祭祀退出了食礼的历史舞台。

其次，礼仪程式由烦琐趋向简化，节省了大量的人力、物力与财力。这与前者亦有关联。因为不少古代食礼的目的是“事神以致福”，为了讨取神祇鬼魅的欢心，往往在祭品、祭器、祭乐、祭仪等方面大加铺陈，造成声势，故而钱财的耗费、人力的投入和时间的冗长也就在所难免。这不但使一些食礼流于形式，也使其生命活力受到阻窒。像动用军卒数万人、行程数千里、费时几个月、花钱如流水的“封禅大典”，到了南宋便自然消亡，便是一个典型。现代食礼则注重实效，该繁便繁，该简便简，尽量在不影响礼仪、不影响交际、不影响聚饮的前提下，节约行事。像现今许多礼宴，规格一般是中档，桌次 4～12，宾客百余人，时间控制在 90 分钟左右，宾主都感到轻松、愉快。即便是最高等级的国宴，经过历年来多次改革，以“典雅、隆重、小而精”的风格展示中华食礼的精萃，在国际交往中同样获得好评。

第三，吸收西方食礼中的有益成分，努力与国际惯例接轨。换言之，现代食礼不仅注意“古为今用”，还很注意“洋为中用”，因此它的内涵较之古代食礼更为充实，它的适用面较之古代食礼更为广泛，它的应变性较之古代食礼更为灵便。像港台同胞返乡礼宴，既有普遍适用的吉祥套菜，又有因人而异的专席；旅游观光便宴可以在空调列车、民俗饭店、山水园林和寺观楼阁等场所举行；团体聚餐有会议包餐、团队定餐的分别；零点小酌也有临台集票、服务到桌与按位记卡、餐后结算的方式。至于聚餐形式，还有中餐中吃、西餐西吃、中餐西吃、西餐中吃、古宴古吃、今宴今吃、古宴今吃、今宴古吃、古今相映、中西合璧等等，听凭宾客选用。特别是西方食礼中的穿西服、献花束、切蛋糕、上咖啡、分餐制、用公筷、主人坐首席、女宾列上位、烛光照明、播放乐曲、自助餐、鸡尾酒、沙龙、酒吧、电话致谢、汽车迎宾等等仪程，都很自然地融合到现代食礼中来，不露刀劈斧凿之痕迹。这样，中西食礼之间的一些界限逐渐被打破，有利于接待更多的海外宾客。

第四，餐饮业作为“中介者”，在现代食礼中的作用愈来愈突出。古代食礼大多在宫廷、官府、商家、行会、军营或民宅中举行，主人宴客大多是亲自操办，从采购原料、制作菜点，到布置餐室、服务接待，都系如此，其礼宴往往不具备“商品”的属性，饮食市场发挥的作用较小。现今却不然，主人欲设礼宴，大多是委托餐厅、宾馆代办。这样，东道主与餐饮业是买方与卖方的关系，餐饮业与就餐的宾客是“半个主人”与客人的关系，东道主与宾客通过餐饮业作媒介而进行礼仪交往，礼宴变成商品体现出新的价值观。这种现象的出现，一方面与现代快节奏的生活方式、城市住房面积的狭窄、普通居民烹调水平不高等因素有关，另一方面也是餐饮业的魅力所致。因为许多餐厅、宾馆都有漂亮而宽敞的厅堂，豪华而气派的装饰，丰美而可口的肴馔，礼貌而周全的服务，这是筹办社交礼宴不可缺少的条件。东道主在此宴请宾客，虽然花了一些钱，但他所企求的省力、舒适、红火、风光、礼貌之类，都得到了满足。从这个意义上讲，现代的不少食礼是用钱"租用"餐厅、宾馆进行的。对于餐饮业来说，东道主和宾客皆为"上帝"，受人之托，忠人之事，自然而然地就"扮演"成操办礼宴中的"主角"。

在现代食礼中，本书将着重介绍中国现代食礼、中餐食礼、外国现代食礼、西餐食礼、茶礼、酒礼、席礼、烟礼、买单礼、付小费礼、馈食礼、祭奠礼、餐饮接待礼、餐厅公关礼等内容。

中国现代食礼

中国现代食礼系指现代中国社会各阶层在餐饮、宴聚活动中的道德规范、典章制度、文明修养和交际准则；其主要表现形式是礼节性的宴请、探访时和年节中的食品馈赠、悼念亡灵时的食品供奉，以及餐饮活动中的有关礼节与个人文明修养等。还由于食礼是人与人之间进行沟通、表示友情和敬意的一个社交方式，因此它涉及到主、客两方，涉及到目的动机、时间地点、内容程序、服务接待诸方面，既有基本的原则、格局和模式，又有一定的灵活性与可塑性；因此，各个地区、各个民族、各个阶层、各个场所的食礼，并不完全一样。

中国现代食礼的核心是社会主义制度下人与人之间的新型关系——互相平等，彼此敬重和帮助；中国现代食礼的灵魂是展示社会主义初级阶段物质文明和精神文明建设的成果，展示新的社会风尚和人的精神面貌。宴请、馈赠、悼亡、就餐，都只是一种形式，而"食"中包含的价值观念、道德规范、行为方式，才是其实质。在现代的中国，食礼是构成民族新文化的要素，是培养"四有新人"的手段，是推动社会进步、促进开放改革的一种力量，故而意义重大，影响深远。

由于辛亥革命至今不过 86 年，新中国的建立也只有 48 年，所以中国现代食礼还很不完善。如何古为今用，如何洋为中用，如何构建有社会主义初级阶段特色的食礼体系，尚有一个不断摸索、不断总结、不断修正的过程。

中餐食礼

中餐食礼系指食用中餐时的行为规范和礼仪修养。它主要表现在以下 6 个方面：

1. 如何整洁、守时、礼貌地赴宴，如何与主人、其他宾客见面、问候及谈话；

2. 如何在合适的位置上就坐，如何向同桌的人致意并进行"宴会交际"；

3. 如何使用各式餐具，如何选取食品，如何布菜和受菜，如何答谢服务员的服务；

4. 如何敬烟与受烟、如何让茶与接茶，如何敬酒与饮酒，如何用汤与用饭；

5. 如何照应老人、妇女、儿童与伤残者，如何体谅、支持主人；

6. 如何退席，如何致谢，如何告别，如何离开餐厅，等等。

外国现代食礼

外国现代食礼是海外各国在餐饮、宴聚活动中的道德规范、典章制度、文明修养和交际准则；其主要表现形式亦是礼节性的宴请、探访时和年节中的食品馈赠、悼亡时的食品供奉，以及餐饮礼节和个人食礼修养等。

由于世界上的国家和地区甚多，各国的历史沿革、民族构合、文化传统与经济水平不尽相同，所以彼此之间存在着较大的差异，尤其是亚洲、欧洲、美洲、大洋洲、非洲的区别明显，各有相对独立的模式。

与此同时，各国现代食礼与各国的食俗关系密切，常常互相融合，展示出各有特色的饮食文化，详情可参阅"海外食俗"和"饮食文化类型"中的各个子条。

西餐食礼

西餐食礼的规矩较多，其要点是：

1. 按座次卡从椅子的左方入席就位，离席的时候亦应从椅子的左方退出。

2. 主人摊开餐巾后才能摊开自己的餐巾，收餐巾时也是如此。餐巾应叠成两层铺在腿上，不可塞入腰带或衣服中。暂时离开时餐巾应放在座椅上；如果放在桌上，则意味着你自己不想再吃，侍者便不会继续上菜了。

3.咀嚼食物时要闭上嘴唇，不可发出声响。汤要用勺舀取，不可用嘴啜饮。含着食物时不要同人谈话。如果进口的菜太烫，不能吐出，只可喝凉水冲冷。骨头、鱼刺、肉渣应先吐在手中，再放入菜盘边；不可吐在桌布上，或用手指从嘴中取出。用过的刀叉应放在盘上。

4.进餐时双肘不可搁在桌上。与人谈话时要放下刀叉，忌讳用它指指画画。餐刀只供切割菜点用，万不可接触嘴唇。刀叉掉在地上，不可俯身拾取，只叫服务员换一副干净的便行。吃食物应是切一块吃一块，不能先切作小块，再一一叉食。用餐动作要文雅，餐具之间不要碰撞出响声。

5.吃豆子时，可用叉面拾取。吃面条时，可用汤匙与叉子辅助。吃点心时，可以交替使用叉子或叉面。千万不能用手拿点心或为他人取点心。取菜时，每次应是少许，使碟中“细水长流”。无论自己是主位还是客位，一般都不要给人布菜。如果不慎碰翻水杯、酒杯或汤碗，要镇定自若地收拾。酒水倘若洒在他人身上，应迅速递上餐巾，万不可亲自动手去擦。

6.席间不许抽烟，抽烟只能在上咖啡之后。不可拒绝对方敬酒，或以“不会喝”、“不能喝”为由推辞；即使真的不沾酒，也应端杯回敬对方，轻轻碰杯，将杯子送到嘴边做一个“喝”的假动作。

7.进餐时不可紧靠椅背或紧贴餐桌，不可随意脱下上衣或松开领带，不可将袖子挽得高高，不可狼吞虎咽，不可将酒一饮而尽，不可站起来取菜，不可用嘴去吸手上汤汁。

8.从大托盘中取菜时，必须使用公叉和公匙，绝对不能用自己的餐具。取用较远的菜肴或调味品时，不能越位站立，而应请邻座帮助传递。应当是先尝一下食品再用调味品，不可颠倒次序，否则便意味着对厨师的不信任，主人面上无光。遇上不爱吃的菜，也不要拒绝并解释原因，而应当略尝尝就放在盘中，让服务员撤走。服务员斟酒时，不可端起酒杯；每次饮酒之后，酒杯应放在原处。使用调味酱时，应只倒一点在盘边，将食物切作小块，叉起沾食。

9.发现水杯或菜肴中有脏物，不要大声喧嚷，而应悄悄告诉服务员更换。不要用餐巾擦嘴（应用餐纸），不要移动任何盘子的位置，更不可将盘子摞起来。

10.喝咖啡或茶时，应使用专用夹子取方糖，并端起杯子喝，不要有声响。切切不可一手端茶杯，一手拿点心，边吃边喝交替不停，这常被视作没教养的表现。

总之，西餐食礼琐细，许多地方与中餐食礼不同。初次接受西餐宴请的人应当事先“演习”或查阅资料，防止出错失礼。

茶礼

茶礼系指敬茶、饮茶、赠茶中的各种礼仪。由于茶是中国的“国饮”，有几千年的茶文化积淀，受到十多亿人的喜爱，故而人们对其相当重视，在“小小一杯茶”中溶注进深深的敬意。

有客来访，必待之茶。沏茶前要洗手、洗壶、洗杯，要求茶具无污垢、无茶锈、无破损裂纹，以陶瓷制品为佳。

不可用旧茶或剩茶待客，务需沏新茶。在条件允许时，还应征求客人的喜好，分别沏以绿茶、红茶、乌龙茶或花茶。

茶叶投放应多少适当，使茶汁不浓不淡。沏茶时先用沸水冲泡，1分钟后倒去浮汤，再续以沸水，以七成满为宜，连同茶托、茶盖，双手奉敬客人。这叫“二道茶、七成满、三件套、双手敬”，为敬茶的规范动作。

主人献茶须起立，道声“请”；客人接茶也应起立，回答“谢谢”。如果是服务员上茶，则应按主宾——客人——陪客——主人的顺序一一奉送，不可颠倒。这叫“茶序礼”。

饮茶忌讳大口吞咽、咕咚直响，而应是小口啜吸，细细品味。不可用手在杯中捡茶梗，不可嚼食茶叶。

古代有请茶3遍催客人告辞的习俗，或主人高端茶碗则表示“送客”的习惯，但现今不太流行。不过，斟水次数控制在2～3次为好；如果宾主愿意长谈，则需另沏新茶。

我国还有向长者、老师、亲友赠送茶叶的礼俗；古代男女婚嫁也习以茶叶作聘礼，各地还要向朝廷进贡名茶，这均是礼的表现。

烟礼

即吸烟者在公共场所和社交场所应当遵循

的礼节。

过去，嘴上叼着香烟、雪茄或烟斗，在欧美曾被看作是“绅士风度”；中国也有“烟酒不分家”之说，相互敬烟是一种礼貌。现在不同了，由于吸烟影响身体健康、污染空气，因此反对吸烟、不吸烟成为现代社会文明的标志之一。在公共场所（如影剧院、医院、教室、办公室、候车室、候船室、火车、飞机、轮船）和其他一些“禁烟”的地方不吸烟，则是对社会的负责、对他人的尊重；如违例强行吸烟，便是不道德、不礼貌的行为。

有些社交场所可以吸烟，但也要注意一些相关的礼节：

1. 在开会、谈判等庄重的场所，最好是不吸烟或在休息时到指定的位置吸烟。

2. 进入私人住宅和娱乐场所时需要吸烟，应先征得主人和其他人的同意。如果这些地方未放烟缸，那就是礼貌的拒绝。

3. 允许吸烟时，要先敬其他人，并对不吸烟者表示歉意，尽量不使烟雾熏染老人、妇女和儿童。

4. 对外宾不要敬烟，因为国外没有这一礼节。最好的方法是将烟置于小碟中，由人自便。

5. 宴会上一般不可吸烟。万一要吸，只能是上了咖啡或甜点心之后。

6. 如果在场的人多或同座中身份高的人士都不吸烟时，一般也不要吸烟。

7. 吸烟应有节制。

酒礼

酒礼系指敬酒、饮酒、赠酒中的各种礼仪。古代的酒礼包含筵宴上的举止、敬让以示尊重、回敬以示答谢、适量饮酒以避祸、疏通关系、展现友情等内容，有其积极意义。现代的酒礼多偏重于酒筵上的规矩，诸如怎样斟酒、怎样敬酒、怎样祝酒、怎样举杯、怎样碰杯、怎样饮酒、怎样答谢之类，都有约定成俗的规范。其要点是：

1. 斟酒应按主宾——客人——陪客——主人的顺序，杯具相同，八分满为好。

2. 由主人首先敬酒，并致祝酒词，高举酒杯，与宾客顺序相碰，并且饮尽亮杯。

3. 再将酒逐一斟满，由副主宾或相关人等敬第二杯酒，祝词、碰杯并饮尽。

4. 接下来是主宾回敬，其他宾客回敬，也须致词、碰杯和饮完。

5. 斟酒、敬酒、饮酒都应掌握节奏，不可过频、过急，中间应有停顿，吃些菜肴或者是进行攀谈。

6. 有海量者不可在席上逞英雄，蓄意将人灌醉以取乐。

7. 不善饮者可用饮料替代，但不可东躲西藏、倒置酒杯、偷偷泼酒，造成失礼。

8. 敬酒要适可而止，心意到了就行。至于爱饮者和能饮者，可以随意饮用。

此外，酒还可以作为礼品，赠送老人、亲邻与朋友。赠酒须是好酒，注意包装，选择适当的时机，成双成对地送出。如能针对受礼者的嗜好，效果则更佳。

席礼

席礼系指宴会、聚餐中的社交礼节和个人文明修养，包括修饰仪容、准备礼品、遵时守信、问候致意、尊重女士、敬老爱幼、扶助伤残、待人接物、谦让入座、文明就餐、谈话艺术、应对分寸、适时告退、感谢主人等等方面，都应合于传统的礼仪规范和现代的道德要求。

席礼中有主、客两个方面。主人应当充分准备、热情迎待，客人应当礼貌赴宴、文明就餐，彼此尊重、体谅、配合，都用通行的社交礼仪约束自己的言行，以达到“酒食所以合欢也”的目的。

席礼的核心实质上是见面礼、称谓礼、次序礼和应答礼。注意了这些方面，就可以“以不变应万变”，游刃有余。

买单礼

买单礼即约会聚餐中的付账规则。目前通行的做法是：

男方约请女方，由男方付账；

主人约请客人，由主人付账；

老人约请小辈，由老人付账；

卖方约请买方，由卖方付账；

领导聚会下属，由领导付账；

学生宴请老师，由学生付账；

经济条件好的约请经济条件差的，由经济条件好的付账；

外地朋友来访，由东道主付账；

同事、同学之间聚餐，平均付账；

情人之间小聚，轮流付账；

全家人在外吃饭，由家长付账等。

付小费礼

“小费”源于18世纪的英国，当时在酒店饭桌上放一只碗，碗中放张纸条，上写 to insue prompt service，意为“保证服务迅速”。客人如将零钱置于碗中，就有相应的服务回报，此钱即是感谢服务员的一种馈赠，带有礼节性。后来人们将这组单词缩写成 tips，译为“小费”。

目前在西方，付小费已成为人人应当遵守的社会风俗和社交礼仪。人们接受某种服务后，必须付给小费，否则，不仅是失礼，而且很可能会将要办的事情弄糟。

付小费礼主要适用于出租车、旅馆、餐厅、美容美发等生活服务性行业，支付方式是放在付款盘上或私下交给服务员。

从表面上看，小费的多少悉听尊便，实则不然。世界各国要么有明文规定，要么有不成文的“默契”，其数额一般是相对固定的，多给或少给都不恰当。例如在美国住高级宾馆，每天须给清洁工2美元；而在欧洲，仅只是50美分。又如比利时规定，小费应是消费额的20%，最少不能低于25美分。

到了亚洲，情况又有变化。像新加坡就禁止付小费，如果客人坚持要付，则被认为是表示服务不周。日本只能在进餐厅大门时给女招待少量小费，其他服务人员则不给，如果见人一份，则会遭到拒绝。

任何国家中，对于代表官方的接待人员都不付小费，仅只是送点小纪念品。

目前中国有些餐饮业也在收小费，但不如国外那样规范。

馈食礼

馈食礼即相互赠送食品表示敬意或友情。此礼历史久远，流行在社会的各阶层中。

从送礼的内容看，古代多系节令食品（如粽子、月饼）和土特产品（如火腿、板鸭），现代多系名贵烟酒（如红塔山、五粮液）和保健食品（如人参、天麻）。

从送礼的时机看，一是传统年节，二是红白喜庆，三是探视病人或老人，四是省亲返乡，五是有求于人或答谢于人的时候。

从送礼的对象看，既有师长、亲邻与朋友，又有上司、办事人员或恩人。后者的礼大多重于前者，常常是没有回报的。

送礼之风，绵延不绝，还有愈演愈烈之势。对此，社会舆论多有批评。

祭奠礼

祭奠礼系指用食品供奉死者、寄托思念的一种“人与神鬼沟通”的礼仪。它在古代极为盛行，从王室到百姓无不用之，而且一年多次，连年如此，特别是元旦、清明、中元、冬至和先祖的忌日，更为隆重。

现今，祭奠礼仍有余绪，主要不是祭神鬼，而是祭祖灵。一般选在3个时间：一是亲人的忌日，在家设小灵堂供奉素花、净水、瓜果或糕点；二是清明上坟，在坟前摆放几碟小菜，寄托哀思；三是中元夜烧纸时，同时浇以茶、酒或焚烧死者生前爱吃的食物，聊尽心意。

祭奠礼在民俗学中属于俗信，它从古代封建迷信转化而来，又有合理的成分。对此，大多数人是认同的。

餐饮接待礼

餐饮接待礼主要是就服务人员而言的。它主要体现在以下两个方面：

一为礼仪要求，包括：

1. 服装整洁。仪表端庄，清秀自然，淡妆上岗，忠于职守，精神饱满。

2. 迎送热情。和蔼可亲，客到“四到”（微笑到、敬语到、热茶到、香巾到）。

3. 语言优美。谈吐文雅，语音轻柔，语调甜润，音量适度，答问准确、简明。

4. 行动敏捷。动作轻快，行走规范，筵间服务疾徐适宜，言行举止落落大方。

5. 遵守礼仪。宾客至上，宾至如归，对客人一视同仁，不卑不亢，彬彬有礼。

二为实施原则，包括：

1. 以我为主，尊重客人的风俗习惯。各国各民族各宗教的礼仪甚多，餐厅难以一一兼纳。只能是以中华民族的传统礼仪为主格调，并对特殊客人的特殊礼俗适当加以照顾。

2. 不卑不亢，在客人面前保持平和的心态。

只有既不自贱又不自傲，才能从容应对，与宾客保持人格上的平等和情感的真诚。

3. 内外有别，公私有别，不与客人过于亲密。与客人的交往只能围绕餐饮服务这个主题，而不可逾越“服务与被服务”的关系。

4. “礼亦有度”，不可过分烦琐和殷勤。凡事都是“过犹不及”，服务一旦超出范围，就会使人厌烦、生疑，效果适得其反。

5. 既一视同仁，又区别对待。注意矛盾的普遍性和特殊性，将服务工作做细、做活。

餐厅公关礼

餐厅公关礼是餐厅服务人员在从事公共关系活动中(特别是对外联络交往中)应当注意的行为规范。因为它经常借助筵宴、餐饮来进行，所以可以纳入食礼的范畴。

餐厅公关礼仪的基本行为规范是：注重自身的仪表美和气质美；注重与客人的交往礼和交谈礼；注重筵宴服务的接待礼和操作礼；注重客人的聚会礼和宴请礼；注重涉外礼仪和民族、宗教礼仪。

餐厅公关礼的重要，主要是因为它可以正确处理服务员与顾客的关系。

其一，它要求为顾客提供包括“礼遇”在内的优质服务。宾客关系是由于宾客对服务这一特殊商品的购买欲望和购买行为而产生的，没有适合宾客需要的优质服务和公关礼仪，就不可能有稳固的、良好的宾客关系；没有这种宾客关系，餐厅就没有较多的“回头客”，会因为缺乏“人气”而难以健康生存。

其二，它要求保持各个服务环节的通畅。餐厅如同一座构件复杂的精密钟表，各个环节应当互相协调，彼此照应。如果以邻为壑，互不买帐或者扯皮，它的运转便会受到影响，直接波及到服务质量，影响宾客的消费和餐厅信誉，使之在激烈的市场竞争中失去魅力。

其三，它要求诚恳接受宾客的投诉。本着“顾客是上帝”、“上帝总是对的”这一宗旨去受理，态度诚恳、鲜明，不能护短、惜痛。只有这样，才能化解矛盾，取得宾客的谅解，也使当事者吸取教训，更好改进接待工作，使服务质量更上一层楼。

其四，它要求加强同宾客的感情联络。对那些老客户和回头客除了适当优惠、定期拜访之外，还可以组织一些联谊活动，进行“感情投资”。通过他们的宣传，不断地将“雪球”滚大，从而占据更大的市场份额，使餐厅经营永远朝气蓬勃。

由此可见，餐厅公关礼的本质是——餐厅为了树立良好社会形象、取得顾客信任和获取经济效益，在分析、处理各种内外关系时所采取的指导思想及促销行动。它的外部“包装”是餐厅服务礼仪，它的执行者是餐厅服务人员。

个人食礼修养

个人食礼修养指一个人出入饮宴场所立身处事的基本素质和谈吐应对的活动能力，其中包括整洁赴宴、慎选礼品、遵时守信、待人接物、谦让入座、文明用餐等方面的行为准则和礼仪要求。它与礼宴承办是现代礼宴中的两个对应环节，在人际交往和公共关系中有着重要作用。

“行为心表，言为心声。”个人食礼修养是一个人道德、学问、技艺的外在表现。“诚于中则行于外”，内心具备了高尚的道德情操、广博的学问阅历、丰富的技艺常识，才能有“知书达礼”、“风流儒雅”的风度。而且，礼的简易化、人情化发展得越深入，礼对社会交际行为渗透得越全面，其对道德、学问、技艺的依赖性也就越强。食礼如果不以社会公德、个人文化素养和品格修养作为基础，而只是机械地模仿，就会出现假文明、假斯文等“东施效颦”的笑话。现今宴会上西装革履者敞开裤扣、发型光洁者耳夹香烟、文质彬彬者出口带“脏”、风度翩翩者投手则错的事例，是屡见不鲜的。至于向贺寿的老翁赠送“断臂维纳斯”，向庆婚的新人赠送“八音电子钟”，用荷花型餐台接待日本朋友、用墨绿色茶具敬献法国客商等触犯忌讳的“礼节”，也在一些社交场合频频出现。这都说明，个人食礼修养重在“内涵”，贵在“内秀”，必须以心灵美作为基架，在精神风貌、博学多才方面苦下功夫。

千里之行，始于足下。个人食礼修养还需要长时间、有意识地学习、师法和积累，方能逐步形成。

第一，修礼首先修德，注重陶冶性灵。重点是在社交活动中，时常按照社会主义道德检点个人的言行，遇事反躬自问，“己所不欲，勿施于人”。在无人知晓的情况下，务必“慎独”，“不因善小而不为，不因恶小而为之”。只有善于分辨荣辱，区别礼与非礼，立身处事(包含食礼)才能符合道德规范。

第二，养成良好习惯，改掉不良习气。像衣饰整洁、说话文明、敬老爱幼、尊重妇女等礼节，都不是一蹴而就的，它需要长年累月的熏陶才可形成。一旦“习惯成自然”了，不论在什么时间、什么场合，都能保持自己的“本色”，符合礼的要求。

第三，学习科学文化，掌握广博知识。社交场所是个五光十色的小社会，经常会遇见各种人、各种事、各种话题、各种矛盾。所谓善于应对，就是知识面宽，理解力强，分析问题鞭辟入里，处理矛盾游刃有余。这种能倾倒宾客的魅力源自才华，而才华又仰仗于学习。

第四，熟悉风土人情，领悟礼仪常规。社交就是与人打交道，要在酒筵上结交朋友，一方面应待之以礼，另一方面也要了解他的个性、爱好与习俗，给予尊重。礼仪尽管千变万化，但有“一定之规”，掌握了它，“以不变应万变”，就能进退自如，左右逢源。

第五，加强社会实践，探索食礼规律。实践出真知，实践长才干。经常参加饮宴，有利于克服羞怯症、自卑症和妄自尊大症。经的风雨多了，见的世面广了，食礼的规律便会了然于心，使自己跃上新的台阶。

整洁赴宴

个人食礼修养之一。整洁是指赴宴者的仪表、仪态等“外部形象”，包括身材、容貌、肤色、发质等不变因素和举止、风度、衣着、修饰等可变因素。赴宴者整洁与否不仅仅只是个人的好恶，它还体现出一个人的精神状态和文明程度，以及对主人、对其他宾客的尊重。仪态端庄、衣冠整洁的客人，常显得朝气蓬勃，可以信赖，会给宴会增色，博得主人的欢心。

按照个人食礼修养的要求，赴宴者的整洁主要表现在整齐、清洁、精神、挺拔上；能体现时代风貌、民族色彩、个人气质以及社会认同的审美观念；与宴会主旨、气氛相吻合。

着装是整洁的第一要素，它应遵循：(1)配色原则，既须考虑帽、衣、裙、裤、鞋、包的颜色协调，又要考虑颜色的象征意义是否与宴会主旨一致。如出席婚宴服饰色调宜鲜亮，但不可压盖新郎、新娘；出席寿宴不能是一身白，以免触犯寿星的忌讳。(2)与体型、脸型、肤色、年龄协调的原则。“树无同形，体各有异”。服饰必须因人制宜。如肥胖者忌穿大花纹、宽条纹、大方格服；瘦小者忌穿竖条纹、薄面料、低领口服；圆脸者宜穿V字领、U字领服；长脸者宜穿圆领、高领服；肤白者忌穿浅色服；肤黑者忌穿深色服；少女不宜穿过于华丽的服装，中老年妇女不宜穿色彩太纯的服装等。(3)与季节相配的原则。夏服宜薄，宽大；冬服宜厚，鲜亮；春秋二季适当调配。(4)与职业、气质相配的原则。知识分子宜淡雅，文艺工作者宜俏丽，企业家宜气派，公务员宜俭朴。

不论如何着装，出席宴会都要注意：(1)不可穿牛仔服、健美服、超短裙、灯笼裤、泳装、背心、短裤和拖鞋。(2)着西装者上下应配套，衬衣整齐塞入裤内，袖口不可卷起，必须打领带、插白手帕，穿同色皮鞋。(3)穿中山服时所有扣子都扣紧，配同色皮鞋。(4)女性穿裙子应配长筒丝袜，注意皮带、手套、披巾、帽子和挂包的配套。(5)洗净，烫平；衣领、袖口、裤脚要清洁，不能有破洞或补丁。(6)首饰宜精不宜多，男士可戴戒指；女士可戴项链、耳环与手镯，戒指只戴1枚，并戴在合适的手指上。

美容是整洁的第二要素。就男士而言，主要是洗澡、修面、刮胡子、剪指甲，头发过长者应剪短，发型紊乱者应吹平，并用发蜡等固定、养护。女士则较复杂。一是要注意发式。方脸型者应略蓬松，鬓发稍厚，带有刘海；圆脸型者应略饱满，鬓发稍长，前部多留；菱脸型者不宜采用前分式，波浪应浅淡、柔和。二是要注意化妆。一般来说，淡妆为好；中老年妇女或脸型、肤色有缺陷者可着浓妆。化妆的主要部位是眼部和唇部，要注意浓淡相宜。此外有口臭者、腋臭者，或嚼茶叶、口香糖，或施用香水，尽量掩盖；患有感冒，常流鼻涕、眼泪之人，应当回避宴请。

慎选礼品

个人食礼修养之一。赠送礼品是人际交往和饮食礼仪中表达友情、敬重和感谢的一种形式，包括诞生礼宴馈赠、成年礼宴馈赠、婚嫁礼宴馈赠、寿庆礼宴馈赠、丧葬礼宴馈赠、乔迁礼宴馈赠、留学礼宴馈赠、开业礼宴馈赠等等。其礼品大体上可分为喜礼、贺礼、鼓励性礼品和慰问性礼品4类；有的保存时间较长，如工艺品、书画、首饰，礼重意深；有的保存时间较短，如鲜花、挂历、营养品，经济实惠。

社会交赠是赴宴者对主人深情的回报。为了使礼品更好地表达心意，体现出礼仪，应当注意送礼的对象和时机、礼品的选择和包装、礼笺的用词和书写等问题，这也是送礼者个人修养的反映。

送礼的对象和时机。所谓送礼的对象，指礼品的接受人。这通常应由礼宴的主旨来确定。比如说父母为儿女举办婚宴，贺礼就应当送给儿女而不是他们的父母；夫妻为孩子10岁或老人花甲办寿酒，贺礼就应当送给小寿星或老寿星而不是这对夫妻。再如某商场开业，贺礼应当署名给商场而不是它的董事长或总经理；到朋友家小聚，贺礼应当送给女主人而不是男主人。总之，弄准对象十分重要，这直接关系到礼品的选择和礼笺的用词。送礼还有个时机问题。最好的时机是收到请柬后和赴宴前之间；如有特殊情况，也可以在赴宴时带去；但一般不可以在宴后补送礼品，这不但没有敬意，反而是失礼的表示，许多地方都忌讳。

礼品的选择和包装。礼品重在有特色、有新意、被受礼人所喜爱，而不在于价值的高低和分量的多少。所谓有特色，就是“出人之所未出”，比如说给孩子送部学习机，给老人送块皮褥子，就比送蛋糕、送寿酒好。所谓有新意，就是不落俗套。通常是给新婚夫妇是送床上用具或工艺摆设，你不妨换成一套《辞海》或一个高雅的山石盆景，这样更能“出众”、醒目。所谓受礼人喜爱，就是投其所好。对一位爱海的朋友，可以选择红珊瑚；对一个初出茅庐的商家，可以在电视台为其点几支歌。送礼还不可犯忌，如中国人大多不喜欢别人送钟、送鞋、送药、送白布、送龟形工艺品，因为这都象征不吉利。此外，快要变质的食品、容易引起家庭不和的化妆品、麻将，也不要送。送礼要讲究包装，外观尽量精美些、大方些、气派些，这可提高礼品的档次，讨得主人的欢心。

礼笺的用词和书写。礼笺系指礼品上的留言，大都表达祝贺之意。中国是个重视文化传统的国家，礼笺用词要求文雅而富诗意。如为老人祝寿可写“鹤寿龟龄”，为朋友庆婚可写“鸾凤和鸣”，祝贺同学留洋可写“云程发轫”，祝贺同事乔迁可写“人物荣昌”。现代青年讲新潮，求浪漫，礼笺也可以带点儿“洋味”，如“执着地爱”、“上帝的宠儿”、“献上心香一瓣”、“春和您同在”之类。礼笺最好用毛笔或硬书法笔书写，字体须大，墨迹要浓，注意书写格式，布局疏密得当。如果满纸鬼画桃符，错别字和病句连篇，那就不是送“礼”，而是当众“出丑”了。

遵时守信

个人食礼修养之一。即信守承诺，准时赴宴。这既表明自己是个重然诺、守信义、可以深交的朋友，又是对主人的体谅和尊重，符合现代礼节的规范。

主人备宴，最担心误时，所谓“请客容易等客难”，正是指此。在我国民间，赴宴迟到的现象相当普遍。有的人是行动拖拉，没有时间概念，心想“客人不齐，不会开席”，早到迟到，总会有吃的。有的人是“小心眼”，到早了或准时到害怕别人说自己一幅“吃客相”，有意磨磨蹭蹭，晚到一会。有的人是故意“摆架子”，似乎贵客总是后到，越迟越能显示自己身份的尊贵。还有人是对赴宴不重视，预先没有排进活动日程，临时慌乱，急匆匆赶来，误了时间。凡此种种，都是不礼貌的表现，既辜负了主人的盛情，又暴露出自己缺乏教养，还会在其他宾客中留下不好的印象。

所谓守信，就是接到请柬后，首先要有肯定的承诺。如果能去，应当明确答复；需要带朋友、亲属（如伴侣、子女）或秘书、司机前往，应当征得主人的同意，以便安排座次；如果是请的夫妇而只能去一人，要委婉地解释原因，并致歉意；如果两人都不能去，应当在宴前或宴后亲自打电话或登门说明情况，表示谢意；如果请人代为参加，也要介绍此人和自己的关系，以及派代表的理由。总之，应给主人及时“回话”，尽到“礼数”。这样，不论是否参加，如何参加，都不失礼，能给主人一个安慰。

其所以如此，是因为主人办宴，事先都有详尽安排，请哪些人，办几桌酒，均有计划。若是应到的人未到，没有邀请的人又来了，而主人事先毫无了解，无异于“突然袭击”，会造成十分狼狈的局面：要么席面上空空荡荡，有酒菜没有人吃，这就造成主人“人缘关系不好”、“在社会上很孤立”的错觉；要么餐厅拥挤不堪，一些人没有座位，这又会产生主人“小气”、“请了人不给饭吃”

的误解，会给礼宴蒙上一层阴影。尤其是节假日在酒楼包席时，桌数都是预定的，临时增减相当困难，主人力不从心，常落得“慢待客人”的恶名，同时也影响人际关系，将好事变成坏事。

所谓遵时，就是适当地提前一点时间到达。如果是在家中办宴，可提前1小时左右，留出些时间谈谈心，拉拉家常，或帮助主人做做开席前的准备工作；如果是在酒楼办宴，可提前10分钟左右，以便主人安排席位，同时也向主人表示祝贺与谢意，与宾客中的熟人打打招呼，结识一些新朋友。与家庭赴宴相比，酒楼赴宴的守时更为重要。因为酒楼接待的客人甚多，使用餐厅和开宴的时间都有严格的规定，不允许延误。即便是酒楼可以适当推迟时，让“九人等一人”的场面也十分尴尬：不等吧，对不起误时者；等吧，对不起守时者，主人左右为难，早来的客人也烦燥不安。

所以，每一个应邀赴宴者，都应为主人着想，为其他客人着想，设身处地，将心比心，将自己的“时间表”自觉地纳入礼仪规范的轨道，做一个遵时守信、受欢迎的客人。

待人接物

个人食礼修养之一。主要指餐饮活动中如何与人相处，包括自我性格陶冶、注重仪表仪态、尊重他人人格、遵守交际礼节等方面。在宴会中，凡是温文尔雅、谈吐不俗、从容稳重、风度潇洒的人，都容易得到举止大方、文明礼貌的评价；反之，则被视作缺乏教养，不会受主人和其它宾客的欢迎。

作为食礼来要求，赴宴者的言行举止应当有如下的要求：

第一，待人以诚，肝胆相见。提倡神态自然，心口如一，反对虚伪客套，言不由衷。只有以心换心、以情动情，才能获取他人的信任与尊重，取得一见如故的社交效果。

第二，谦虚随和，求同存异。与人相处有4忌，即目中无人的自我吹嘘；津津乐道自己的一技之长；固执古板的先入之见；落落寡合与郁郁不欢的冷漠态度。这都会使自己脱离公众。正确的做法是虚怀若谷，广交朋友，学会与不同性格、不同志趣的人和睦共处。

第三，设身处地，理解宽容。善于交际的前提是善解人意，善于将心比心，理解他人的处境及难处，对一些不伤大雅、无碍大局的过失不必计较，“能容人处且容人”，这都是历来称颂的“君子之风”。

第四，热情有度，不卑不亢。初次与人在宴会上结识，言辞与感情都应掌握分寸。贵者不谀，贱者不欺，一视同仁，坦荡自然，才有人格的魅力。因为人与人感情的升华有个过程，热情过度不仅于事无补，反而会引起猜疑。

第五，默契善思，审慎表态。默契指心息相通，心领神会；善思指全面分析事物并进行科学推理与论证；审慎表态指不说没有把握的话，瞻前顾后，留有余地。这都有利于在宴会上随机应变地处置各种情况，保持清醒的头脑，不会“因酒误事”。

第六，言而有信，注重“形象”。如准时赴宴、谦让入座、痛快喝酒、答应的事立即去办、尽力帮助朋友等等，都是树立“公关形象”的重要因素。言而无信者，最容易失去支持；不重声誉者，往往丢弃人格。

总之，宴会待人接物既不是死板的机械动作，又不是例行公事，而是内心世界的坦露，被知书达礼的心灵所支配。

在待人接物中，还有一个敬老爱幼、尊重妇女与扶助伤残的问题。

“老吾老以及人之老，幼吾幼以及人之幼”，是世界各国普遍倡导的社交礼节。它主要体现在3个方面：(1)在宴会上给予他们一定的社会地位，把老人当作创业兴邦的前辈予以尊重，把孩子当作继往开来的希望予以关心。(2)照顾好他们的饮食起居，如落座、行走、挟菜、助食等等，使他们和中青年一样享受到宴会的欢乐。(3)适度与之交谈，不要使之成为“被人遗忘的角落”，受到不应有的冷遇。

至于尊重妇女，欧美历来有“女士优先”之说，即在社交场所将女士置于显要的位置上，处处优待。如首先介绍女宾，首先为其安座，首先为其上菜，首先为其斟酒，等等。还有行走时女先男后，上楼时女前男后，帮女士穿大衣，拿物品，向女主人献上花束之类。女士优先，源于母系氏族社会，其实质是对“母亲”的尊重。由封建时代轻视妇女到现代尊重妇女，这既是人类社会质朴本源的回归，又是饮食文明发展的一大进步，更是个人食礼修养中应当着重操修的课题，不可忽视。

还有一个问题是扶助伤残。残疾人由于自身生理上的某些缺欠，一方面行动不便，进餐中存在许多困难，另一方面心理上也有很大的压力，时常自卑。他们能到餐厅赴宴，往往是一件很不寻常的事，我们应当多多地给予关怀。首先是不歧视、不轻贱，充分尊重其人格；其次要主动与之交往、谈心，“送温暖”、“献爱心”；最后应在行动上给予帮助，使其和正常人一样能够吃饱喝好，玩得痛快。

谦让入座

个人食礼修养之一，即社交礼仪中的次序礼在筵宴中的运用。它要求主人按照礼宾次序排定席位，宾客分别在指定的位置上落座就餐。这种座次制度的目的是区分尊卑长幼。作为主人来说，一方面突出主宾，使之享受应有的尊荣；一方面合理而友好地对待其他宾客，使他们各安其所。作为客人来说，如果主人排定的座次靠前，应当谦虚地退让；如果主人排定的座次靠后，应当大度地体谅。因为这或许是主人的疏忽，或许是主人在十分为难的情况下寻求你的支持，对你的信任。所以在许多筵席上是生人坐上首，熟人坐下首。正由于你与主人熟，即使“委曲”了也不会见怪；而生人是初次见面，应有“破格”的礼遇。

顺序入座的食礼古今相承，即“尚左”、“尊东”。古人尚左，基于4种认识：(1)左为吉，右为凶。这便是《老子》中所讲的：“吉事尚左，凶事尚右。”(2)左为阳，右为阴。《礼记·杂记》孔疏云：“左为阳，阳，吉也”；“右为阴，阴，丧所凶也”。(3)左为男，右为女。《礼记·内则》讲：“凡男拜尚左手，凡女拜尚右手。”(4)左为东，右为西。《左传·桓公八年》：“左尊，故昂；右卑，故垂也。”

后来又出现“尊右”的说法，这是以帝王之位坐北朝南作为参照物。由于朝臣之位坐南朝北，面向帝王，朝臣之右即帝王之左，故而位尊。所以“尚左”与“尚右”并不矛盾，尚左是以帝王“南向”为基准，尚右是以朝臣“北向”为基准，只是说法的角度不同。

至于“尊东”，一则与“左为东”有关，再则与宗庙祭祀中神象向东有关。《鸿门宴》中的项羽、项伯就是朝东而坐的，自显其尊；刘邦虽为主宾，但兵少力薄，不为项羽所尊重，故意使其“北向”坐，以示其地位低下，不屑一顾。这虽有悖于古代的宴客常规，带有“西楚霸王”的“霸气”，但也从一个侧面反映出“尊东”的观念。

后来由于居所、餐厅的建筑，不全是坐北朝南，特别是城市中受宅基朝向和街巷走势的限制，更难如此。再加上宴客由一人一席演变为8～12人一席，所以席位的安排又有变化。其主要特点是以面朝大门的方向为上位，以背靠大门的方向为下位，方桌与圆桌的定位均系如此，如下图所示：

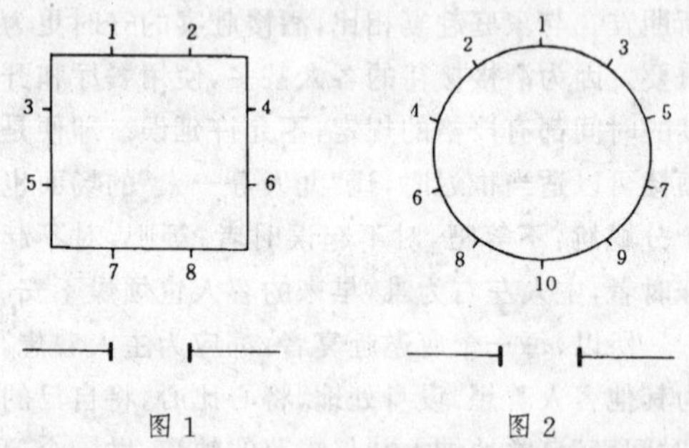

图1　　图2

图1是中式八仙桌，1座为上位，2座为次上位，3～6座为中位，7～8座为下位。图2是中式大圆桌，1座为上位，2～3座为次上位，4～7座为中位，8～9座为次下位，10座为下位。两桌都是以面朝大门的方向为尊。这种传统席位的编排法，现今许多地方都在使用，成为席位次序的定规。

至于主人坐1座还是主宾坐1座，则说法不一。过去，中式酒宴是主宾、副主宾分坐1、2座，主人或坐3座，或坐末座；现在大多是采用国际惯例，主人坐1座，主宾和副主宾分坐2、3座，其他人等依次下排，副主人则坐末座。这一座次目前基本上也被肯定。

由于席位牵涉到礼仪，所以客人赴宴不可乱坐，应听从主人的安排。有些请柬上注明了桌号和座号，客人不妨“对号入座”；有些请柬上没有注明桌号和座号，这就要“临时相机处置”。如果主人有安排，应当听从主人的意见；如果主人示意“随便坐”，则应尽量选择靠后的位置，以示谦让。总之，不可抢位，不可争位，那是不文明、没教养的表现。此外，邻座若是长者或妇女、残疾人，应先协助他们落座。同时入座后身姿要端正，不可以手托腮或将双肘撑在桌上，也不可将脚胡乱移动，影响他人。

文明用餐

个人食礼修养之一，又称进食礼仪，包括如何动筷、如何敬酒、如何吸烟、如何处置意外情况、如何对待服务人员、如何致谢告辞等等。应当有个“文雅的吃相”，通过“吃”，展示个人的风度、气质与涵养，展示文明、礼貌和社会风尚。

不论中餐、西餐，一桌坐满、开始上菜后，主人未说“请”字，客人不可动筷，这是第一条要求。消过毒的碗筷，不必再动手擦拭；他人的餐具，不可随意代为挪动。餐巾不能围在脖颈上，双手不能伸到邻座的台面上。挟菜忌多，舀汤忌满。不许爬在桌上饕餮大嚼，不许嘴含食物与他人讲话。吃饭时尽量减少声响，擦鼻涕和打喷嚏要用自己的手帕掩遮。取菜须用公筷公匙，自己未吃完的食物严禁放回大菜盘中。对于份菜（如一盘10只的香酥鹌鹑、一盘10个的水晶包子），只准食用属于自己的哪一部分（即一只、一个）；对于不合口味的各份菜（如一人一份的小盅汤、小碟点心），不可拒绝服务员端送。用筷不能有游筷（满桌游走）、剔筷（以筷剔牙）等动作，饮酒时不可与人交换酒杯。不要伸舌舐嘴、溢流口水、当众剔牙和用餐巾擦汗。这些方面若不注意，常会露出贪婪的“馋相”，引起同桌者不快，被主人鄙视。

筵宴敬酒，贵在适度。有节制的敬酒，体现礼貌；无休止地硬劝，则是粗鲁。敬酒仅是表达情意，喝不喝，喝多少，要尊重对方的意愿。其中最不文明的是“闹酒”，以酒逞雄、以酒整人者，会受到宾客的轻视，落下个“酒鬼”的臭名。更令人讨厌者，是高擎酒瓶，一桌一桌“打擂台”，不论识与不识，都须“对饮三杯”。宴会上如有这样一人，整个餐厅都会被搅得乌烟瘴气，不欢而散。

宴席一般不应敬烟。非吸不可时，须征得其他客人（尤其是老人、妇女和儿童）的允许。餐桌敬烟也不文明，更忌讳隔座、隔桌抛烟。它会搅乱酒筵秩序，甚至造成一些人为接烟而碰翻餐具的狼狈情景，当众“出洋相”。

宴会难免意外情况，届时要冷静处置，切勿慌乱。如果餐具撞击盘碗，发出较大声响，可说一声“对不起”；如果餐具碰翻落地，可请服务人员另换；如果酒水洒到邻座身上，先致歉并协助擦干（若对方是女士，只可递上干净餐纸，而不可代擦）；如果突然停电，应稳住不动，避免发生新的意外；如果有人不慎摔倒，应由就近者搀扶，并请服务人员临时救治或急送医院。

宴会上礼待服务人员也很重要。一是要用敬称，二是不可随意品头评足，三是不许恶语训斥，四是严禁言词挑逗，五是绝不允许强迫她们陪酒、伴唱。对服务员的过失，可用委婉语提出；对服务员的人格，不准任意侮辱。

还有致谢告辞，应注意分寸。一般仅说“谢谢”、“有劳了”、“度过一个愉快的夜晚”、“再见”便可以了，其他的话留待次日打电话或写信再表述。因为告退时，主人要照应许多的客人；你占用时间过多，会使其他宾客冷落，让主人留下“慢客”的印象，破坏了善始善终的和美气氛。

礼宴接待

礼宴承办

礼宴承办系指饮食市场（含宾馆、饭店、酒楼、餐厅、食府、茶坊）接受东道主委托，以出售商品——筵席的形式，为之提供饮宴场所和礼仪服务，协助主人接待宾客、实现社会交际的一种经营活动。它具有方便、迅速、灵活、应急等优势；适应现代社会生活快节奏、家务劳动社会化的需要；能弥补家庭住房比较狭窄、设施条件较差、人手少、烹调水平不高等缺欠；使饮食礼仪更有情意和韵味地展现出来；因而生命力旺盛，在社交公关活动中越来越被重视。

饮食市场承办社交礼宴古已有之，这取决于餐饮企业的独特属性。其一，餐饮业具有加工生产、商品销售和消费服务三大职能，同时提供物质生产劳动和服务性劳动，经营服务过程与现场消费过程统一，并且常与交通运输业、旅游娱乐业配合经营，是人们进行社交活动的首选场所。其二，餐饮业的技术强，强调师承门派，注重经营之道，常以名店、名师、名料、名菜、名小吃、名席和优质服务作为招牌，讲究服务程序和接待礼仪，地方色彩和民族风情鲜明，对于消费者有很大的吸引力。其三，餐饮业设施好，容量大，进餐环境舒适，可操办大型宴会，接待较多的客人；服务员训练有素，懂得民俗和食礼，能使宾客得到全面的照应；菜肴品种多，风味好，能满足不同人士的需要，表达出主人待客的盛情。由此所决定，在生活日益改善的今天，人们就乐意在餐馆操办省时省力的礼宴，以便取得更好的交际效果。

承办社交礼宴，当前是国营餐饮业的主要财源之一。许多宾馆、饭店、酒楼为此展开激烈的竞争，力求致胜。其中的招术众多，归结起来主要是接待受理、宴会设计、餐室装潢、器物配置、席谱编制、菜点制作、礼仪接待、公关推销等等方面，本书在相关条目中均有介绍。粗看起来，它们似乎与“礼”无关；实则不然，这些正是“食礼”的内含，也即是东道主在餐馆宴客所追求的东西。主人花费大量的钱财，就是为了换取一个优雅舒适的环境，换取一桌丰美可口的饭菜，换取一股宾至如归的亲情。有了这三者，食礼方能落到实处，才有丰富的内容，达到敦亲睦谊的目的。从这个意义上讲，餐饮业承办社交礼宴，在盈利的同时，也要努力扮演好“半个主人”的角色，想东道主之所想，急东道主之所急，真正将宴聚场所变成东道主临时的“家”。

餐饮业承办社交礼宴，是社会发展和形势发展的需要，也是古代食礼和现代食礼的明显区别之一。礼宴由过去的家庭自办到今天的餐饮业承办，应当说是一大进步。它使食礼从家庭走向社会，日趋规范；也将成千上万的主妇、主男从繁琐、劳累的礼宴筹办劳动中解放出来，还给第三产业的发展开辟出一条广阔的通途。这样，新的食礼模式便会在商品经济的大潮中，在快节奏的现代生活秩序中，在新的人际关系和礼节关系中，迅速孕育诞生。

国宴接待礼仪

国宴是以国家名义举行的最高规格的礼宴。它包括两种类型：一种是国家元首或政府首脑为国家庆典、新年贺喜而招待各国使节或各界知名人士的宴会；另一种是国家元首或政府首脑为来访的外国领导人或世界名人而举行的正式欢迎宴会。

国宴多在国家会堂、国宾馆或五星级饭店举行，由国家领导人主持，相关的内阁成员作陪，并邀请各国使节和各界代表人士参加；宴会厅内高悬国旗（如果是欢迎国宾，还要悬挂其所在国国旗），有正规管乐队或军乐队演奏国歌、迎宾曲或欢快的民族乐曲。宴会开始时国家领导人致欢迎词或发表贺词，来访的国宾致答词。双方都要回顾两国友好交往的历史，阐明各自的政治主张，畅谈经济合作与文化交流，展望美好的未来。席间宾主互相祝酒，表示友谊和尊重。国宴的请柬和席卡上印有国徽和菜谱，接待服务要符合高规格的礼仪要求，同时在清洁卫生和安全保卫工作方面也有一系列的严格规定。

从形式看，国宴有欢迎宴、送别宴、午宴、晚宴、国庆招待会、新年招待会、冷餐酒会种种，规格与人数可灵活变化。它往往采用分餐制和大桌面，时间控制在1小时左右。接待服务按外交部礼宾司的规定进行，工作人员是从各地挑选和正规培训的，文化素质高，仪容风度好，具有高度的责任心和娴熟的业务技能，熟悉各国各民族的风土人情，遵守外事纪律，能表现出中华民族的优良风范。

专宴接待礼仪

专宴亦称专席、公宴，是驻外使馆、地方政府、事业单位、社会团体、厂矿企业、科研院校或某些知名人士牵头举办的正式宴会；专门接待外宾（包括政府访问团、商贸代表团、学术交流团、旅游观光团以及出席在华召开的国际会议代表团等），还有回祖国投资、探亲、扶贫、办学的华侨与港、澳、台同胞，海外文化名人及体育名人之类；通常是在接风饯行、签定协议、庆功颁奖、联络友情、酬谢赞助、演出比赛或有关重大活动时举行。

专宴的形式多种多样，有驻外使团的外事活动，迎接外国代表团的访问，社会名流的酬酢交往、大型国际会议的活动安排，侨胞台胞的省亲祭祖、大型项目的奠基落成等。承办这类专宴的，可以是国宾馆或迎宾馆，可以是星级饭店或高级酒楼，还可以是军营、院校、寺庙乃至家庭。其桌次可多可少，等级有低有高，席谱调排千变万化，重在突出中国饭食文化的风采。

专宴的规格低于国宴，但仍注重礼仪，讲究格局。同时由于它的形式较为灵活，场所没有太多的限制，规模一般不大，更便于开展公关活动，因而在社会上应用普遍，很受欢迎。

专宴礼仪接待的要旨是：(1)接待的等级应与主宾的身份相称；(2)陪同人员与服务人员宜精干；(3)国际礼仪与民族礼仪并重；(4)程式不要过于烦琐；(5)应突出小、精、全、特、雅的风格；(6)着意烘托友好的气氛，多给宾主一些活动空间和交谈时间。

外宾宴会接待礼仪

随着我国经济建设的迅速发展,入境进行贸易、旅游、访问、工作的外国朋友越来越多,外宾宴会也日益频繁。

外宾宴会的接待礼仪应当注意:

1. 服饰整洁,仪容大方,要体现出国家的尊严和民族的精神风貌,展示出餐厅的文化底蕴和服务人员的教养。

2. 善于使用礼貌语言,努力使用外宾所在国的语言,按国际惯例称呼宾客,应对有度。

3. 重视礼貌服务,注意接待细节,尊重其风俗习惯和宗教信仰,照顾其特殊饮食需求。

4. 自尊自爱自重,遵守涉外纪律,不做有损于国格、人格的事情,不进行与餐饮无关的其他活动。

华侨宴会接待礼仪

华侨宴会是一种中、高档礼宴,主要用来接待观光旅游、探亲访友、祭扫祖茔、洽谈商务、扶贫助学、学术访问的华侨或华裔。宾馆、饭店、团队、家庭,都可筹办。

华侨的身份比较特殊。一方面他们的根在中国,是中华民族的子孙;另一方面他们生活在海外,拥有外国的国籍。因此对他们的接待,既是"内事",又是"外事",要处理好这种复杂的关系。这种礼宴要特别突出"故园情愫"和乡土气息,须将故乡的山川、风物、名胜、古迹、特产、乡音、亲情、传闻、服饰、器皿、家具、方言一一巧妙"入食",使之产生丰富的联想及其对故土的依恋,达到"开琼筵以坐花、飞羽觞而醉月"的目的。

港澳台胞宴会接待礼仪

港澳台胞宴会近年来大幅度地增加,它主要有两种类型。

一种是普遍适用的吉祥礼宴。它重视席名和菜名的修饰,通过吉语的烘托展示暖溶溶的亲情,使游子受到感染,热血鼎沸。像"回归故土宴"就是这样设计的:烟用"大中华",茶用"碧螺春",酒用"女儿红",果用"子母橙"。冷盘为"喜鹊登梅";4 围碟是"隔海相望(海蜇酿盐水虾)"、"日思夜盼(葵花仁伴夜来香)"、"手足情深(椒盐蹄花)"、"鱼雁传书(芫荽鱼块)"。8 热菜是"骨肉团聚(鸡汁煒鱼骨)"、"天伦之乐(猪网油包炸胡萝卜)"、"故乡月明(鸽蛋烧梅花参)"、"人心思归(人参扒鸭心)"、"炎黄子孙(竹荪烩虾籽)"、"期待三通(通心莲、黄瓜、山楂)"、"携手合作(挂霜龙眼酿红枣、百合)"、"家国昌盛"(果子狸烧元鱼)"一座汤是"拨云观景(紫菜蛋白鸡棕汤)"。二点心是"藕断丝连(莲茸糕)"、"叶落归根(掐菜饺)"。全席 20 道食品都系思念深情的凝结,表现出血浓于水、顺应潮流的至诚襟怀。

另一种是因人而异的专用礼席。它往往是直抒胸臆,不事雕琢,将一腔爱恋坦诚地展露出来,令宾客陶醉其间,受到熏染。如 1989 年夏,台湾作家三毛回到梦魂牵绕的上海,看望"老爸"——漫画家张乐平。"三毛之父"十分高兴,特地开了一坛平时舍不得喝的陈年老酒;张老的小女专程从海盐带回刚出水的鲈鱼、青蟹和鳗鱼;张老的夫人亲手为认亲的干女儿烧制了烤鸭、油焖笋、豌豆苗、薹条花生米等家乡菜;张夫人的表兄、红学家魏绍昌特地赶来作陪。家宴上,父女、母女、姐妹、舅甥轮番互相敬酒,彼此挟菜,热情地询问,倾心地交谈,表现出"不是骨肉、胜似骨肉"的至爱真情。宴后,魏老得知三毛喜欢《红楼梦》,特将一本《红楼梦饮食谱》送给她。三毛如获至宝,表示要带回台湾好好研究,报答舅舅。

以上两例可以看出,港澳台胞宴会接待礼仪应摒弃俗套,注重"创意",要把真情实感熔铸在茶酒菜点中,以情示礼,以情感人。

少数民族宴会接待礼仪

少数民族礼宴都有一个特定的民族生活环境土壤,它们与该民族的历史沿革、生产方式、居住地域、宗教习俗、饮食文化密切相关。其共同点是:平易朴实,不尚奢华;丽质天成,流风远播;好客重礼,歌舞侑食;重视酒水,食馔丰盛。

少数民族宴会接待除了遵从一般的接待礼仪外,还须认真贯彻民族政策,尊重他们的宗教信仰和生活习俗,注意他们的饮食忌讳,照顾他们的饮食特点和特殊要求,支持他们的宴间娱乐活动。

例如从宗教信仰看,满、朝鲜等族信大乘佛教,傣、德昂等族信小乘佛教,藏、蒙古等族信喇嘛教,壮、土家等族信道教,回、维吾尔等族信伊斯兰教，怒、傈僳等族信天主教，纳西等族信东巴教，赫哲等族信萨满教。信教不同，食忌亦不同，食礼上的差异也大。

从饮食习惯看，各有所好。京族爱海鲜，鄂伦春族爱山珍，藏族爱糌粑，黎族爱蛇虫；而且朝鲜族日食四餐，土家族日食三餐，裕固族两茶一饭，藏族餐不定时。与此同时，还有食忌的差别，如高山族不吃羊肉，鄂温克族不吃飞禽，壮族不吃牛肉，回族不吃猪肉。

从茶规酒礼看，也各成体系。像蒙古族重奶茶，俄罗斯族重红茶，土家族重甜酒茶，回族重八宝茶，白族重三道茶，布朗族重竹筒茶；酒礼更是异彩纷呈。

注意这些差异，尊重他们的习俗，便是最大的接待礼仪。

宗教人士宴会接待礼仪

宗教人士礼宴系指在某些宗教教义或戒律制约下形成的社交筵席，如灵隐寺素席、武当山道宴、缅寺赕佛宴、日喀则祭神席、青城山养生宴、银川清真十大碗之类。

这些礼宴的基本特征是“忌”、“宜”二字，即应该吃什么，不应该吃什么，应该怎样吃，不应该怎样吃，都有“说法”，并能从宗教经籍中找到依据。一个教徒是否按教义的宗旨置办礼宴，已成为他对该教是否虔诚的主要标志之一。

既然是这样，宗教人士宴会接待礼仪的基本出发点，就应当是对他们食忌、食宜的尊重，因教而别，因人而别，因时间地点而别，因宗教仪轨而别。

老干部宴会接待礼仪

老干部多系离、退休人员，在位时曾担任过一定的领导职务，为人民做过许多有益的工作，是党和国家的宝贵财富。离、退休后大都在家休息，很少外出参加社交活动。故而每年有数的几次宴聚对他们来说，是较为难得的机会，所以大都珍视。

接待老干部主要应注意 4 点：(1)特别应当热情和尊重，不要使人产生“客走茶凉”的感觉。(2)老干部年事较高，行动不便，要精心照应和搀扶，服务程序要更细腻，必要时还须帮助他们就食。(3)菜点羹汤应当温软，易于消化，高蛋白、高纤维素、低糖、低盐、低脂肪，不可上烈性饮料，适当敬酒。(4)宴毕有专人护送回家，确保安全。

英模宴会接待礼仪

英模宴会多在表彰会或颁发荣誉证书之后举行。英模们手捧奖状、胸戴奖章或光荣花步入大厅，有一股喜气洋洋的气氛。由于接待的对象是国家的有功之臣，对人民做出了杰出的贡献，因此这类礼宴也应突出“表彰”的色彩。首先宴会厅的布置要有表彰的气氛，悬挂大红横幅和彩旗，餐厅员工手持鲜花夹道欢迎，给英模们较高规格的礼遇。其次宴会厅中要播送欢快的《迎宾曲》或《英雄赞》，嘉宾入席时全场热烈鼓掌，一一导引入座，奉上香巾和热茶。然后按照礼仪规范进行筵间服务，每一环节丝丝入扣，让客人吃饱喝好。最好夹道欢送贵宾，热情握手告别，直至英模登车走远，才结束整个仪程。

商务宴会接待礼仪

商务礼宴系指工商企业开张志庆、洽谈业务、推销产品、酬谢客户、进行公关活动、塑造企业形象时筹办的酒筵。其档次大多较高，桌次多少不等，经常在中、高级酒楼、饭庄或宾馆中举行，对于接待礼仪和服务规程有较高要求。

首先，商务礼宴常和商务谈判同时进行。它要求宾馆、酒店除了提供洁净的餐室之外，还能提供宽敞、舒适的谈判会场和签约会场，以及电脑、电传等现代化办公设备和训练有素的文秘人员。因此，高效率、保密性和良好的环境氛围，十分重要。

其次，商务礼宴的参加者大多是一些文化层次较高、餐饮经验丰富、烹饪审美能力较强的人士。作为东道主来说，为了一次商务活动的成功，扩大本企业的影响，在预定礼宴时往往愿意多花一些钱财。这样，宾馆、酒店必须能够拿出一流的设施、一流的饭菜和一流的服务，否则就很难满足这种高消费的需求。

第三，从商者都有一种趋吉避凶的心态，追求好的口彩，期盼“生意兴隆通四海，财源茂盛达三江”。所以承接此类礼宴，要更为注意商业心理学、市场营销学和公共关系学的运用，着意营造一种“和气生财”、“大发大旺”的环境气氛，在菜单的编排和菜名的修饰上多下一些功夫。

此外，商场上鱼龙混杂、良莠不齐。服务人员与之交往中要善于自处，注意大节和小节，保持自尊。

校庆宴会接待礼仪

校庆活动近年来较为时兴。它往往是一些著名的高中、大学在建校若干周年的纪念日，遍邀分布在全国各地的校友回母校团聚，敬谢师恩，交流学艺，对在校学生进行光荣传统教育，扩大学校的知名度。其间，校友对母校多有馈赠，母校亦设宴款待。

这类宴会应以师长为尊，年岁为序，切不可以校友的身份、财力排定座次；那样就会敬重了少数人而冷落了多数人，弄得不欢而散。它的接待服务，基本上同于其他礼宴；只是由于宾客的文化教养普遍较高，因此需要强化文化因素，如餐厅可悬挂大幅欢庆标语，四处点缀鲜花，对来宾使用敬称，赠送有纪念意义的艺术席谱之类。

文化节庆宴会接待礼仪

近年来，文化节庆(如龙舟节、风筝节、服装节、啤酒节、美食节、苹果节、柑桔节、武术节、医药节、电影节、电视节、戏剧节、杂技节、烟火节、图书节、旅游节、森林节、豆腐节、粽子节、登山节、冰灯节、葡萄节、椰子节、龙灯节、花卉节等等)较多。各个省、市、自治区发挥地理优势和特产优势，在自然景观或人文景观上巧做文章，八仙过海，各显神通，将节庆办得有声有色。这类节庆，常邀请许多海内外的知名人士和工商企业代表参加，“文化搭台，经贸唱戏”，宾客往往多达数千乃至万余。除了例行的开幕式、展销会、闭幕式之外，常有大规模的宴请活动，礼仪隆重。

文化节庆宴会的筹办，首要的是营造气势，越红火、越风光越好。故而宴会厅内外要张灯结彩，大动鼓乐，悬挂会旗，张贴节标，满布鲜花与彩旗，烘托出一股十分浓郁的节日景象，以之体现节庆的成功，给宾主们一份欢欣，一份鼓舞。

其次，从餐厅装潢、人员着装，到菜品编排、语言使用，都应突出“乡土特色”，带有“异乡风情”。使客人们感到新鲜、活泼、“有刺激”，能留下终身难忘的印象，感觉到“不虚此行”。

最后，服务人员应以“主人”的身份接待客人，应答周旋。要有本城居民的自豪感与荣誉感，以自己的气质、风度和教养感染客人，为文化节庆活动添砖盖瓦，从而促使客人再度光临。

旅游观光宴会接待礼仪

旅游观光宴的形式多为车宴、路宴、机宴、船宴、山水宴、园林宴、郊野宴、楼阁宴、民俗风情宴、宗教仪式宴、风景名胜宴、人文故事宴等等。它们都是集游乐观光与美食品味于一体，领略大自然或传统文化的真趣，舒展身心。故礼仪接待多要借助名胜古迹做文章，将“食礼”寓于“清玩”之中。

旅游观光宴中最具魅力的当推船宴和野宴。船宴设在游舫中，有数千年历史。从春秋时代的吴王阖闾起始，继后有花蕊夫人的船宴、白居易的船宴、宋代西湖的船宴、清代秦淮河的船宴种种；现今的漓江游宴、小三峡游宴、瘦西湖游宴、太子河冰宴，更有创造。船宴的菜点多取自水鲜，要求小巧精致；其接待注重地方情味，突出鱼米之乡风情。像服务人员的着装和用语，接待的程式和礼节，都应是“船家风格”，清新脱俗。

至于野宴，多在山林川原举行，天作帘幕，地作桌椅，重在“野趣”，强调返归自然。原料宜就地选取，菜肴宜现场烹烧，席面随意铺陈，餐具因陋就简，正规酒宴上的烦琐程式尽皆免去，让宾主放浪形骸，回到“洪荒时代”和“孩提光景”，纵情享受自然美景和“轻松自在”的乐趣。

近年来还推出“西湖十景宴”、“潮州八景宴”、“敦煌宴”、“长城宴”等以地方胜景命名的特席。它们均是利用餐室的方丈之地，将景观“浓缩”于菜盘之中，以雅词命名，用掌故“导食”，也有其迷人之处。

团体聚餐接待礼仪

团体聚餐有会议包餐和团队定餐两种形式。其特点都是人数众多，标准一致，按“和菜”格局编制席谱；用餐时间短而集中，服务人员突击性劳动强度较大；席间不分宾主，众人一律平等，须展示大众化的社交礼仪；并且一连数餐、数天，坚持不懈。

会议包餐又称会议伙食，是按照会议代表的伙食标准(包括自己交的费用和会议补助费用)，由大型饭店、酒楼承包的多人次“和菜”便席。其形式有合餐制、分餐制、自助餐制3种，要求主副搭配、荤素搭配、3餐搭配、每天食谱不重样。还要兼顾不同国家、不同地区、不同民族、不同性别、不同年龄、不同职业、不同宗教的饮食忌宜,注意营养卫生,让每一位代表都吃得舒心满意。其中一些重要的国际会议和国家级会议,还须讲究接待规格与服务礼节,单独设置民族餐台、宗教餐台、残疾人餐台或营养餐台,分别安排相应的食谱,其规格有时接近饮食市场上的中档酒席甚至高档酒席。由于要求高,难度大,人数多,时间长,这种包餐又被称作"组接式筵席"或"流水式筵席",极不容易驾驭。像北京市各大宾馆经常承办的人代会、政协会、党代会、英模会、全运会伙食,便属于这一类型。特别是1990年的亚运会,就排出中餐、西餐、清真餐12个类别的600多品种,一周之内每日3餐饭菜不重样,连续供应33天,每天24小时服务,共接待37个国家和地区的运动员、教练员、体育官员30.7万人次,创造了中国礼宴接待的一个奇迹。

团队定餐又称临时包餐,是有关社团提前预约,按人、按天定价的简易筵席。其形式基本同于会议包餐,比较灵活。合餐制多为8～12人一桌,每桌8菜1汤另加小菜数碟,主食不限量,酒水自理;分餐制是人各一份荤素大拼盘,可以自选,口汤与主食不限量,酒水亦是自理;自助餐有中式、西式、混合式之别,多为涮锅、小吃,每个餐室安排50～100人,吃饱为限,不能带走。团队定餐多供旅游团队或小型的短期会议选用,只按普通服务规程接待,不列高档礼宴中的服务项目。由于经济实惠,也受欢迎。像游览小三峡的中午会餐、游览长城的中途进餐、节假日远郊聚会的中餐、一天会议的午餐安排之类,均系如此。

接风饯行宴会接待礼仪

接风饯行宴会多见于至亲好友之间的送往迎来,是中国重要的社交礼仪之一。

接风,古称"迎风"、"洗泥"或"软脚",即招待远来亲友、宾客的宴会。其历史久远,《水浒传》、《红楼梦》等书多有描绘。

饯行,古称"饯别"、"出饯"或"饮饯",是为远行亲友、宾客送别的一种便宴。古时多在效外凉亭或搭一帐篷举行,《西厢记》、《金瓶梅》等书亦有描绘。

现今,接风和饯行多在客人到达的当日或客人离开的前夜分别举行。其席面大多精致,陪客一般不多,席上免去了许多俗礼,重在宾主之间推心置腹的交谈,有"酒逢知己千杯少"的情味。它要求服务人员尽量减少干扰,给宾主们更多的自由空间。这类宴会酒水的需要量大,服务员事前应做好准备。

接风饯行礼宴流传于各个阶层和地区。在国宴中,接风通常称为欢迎宴会,饯行通常称为送别宴会(或告别宴会)。在文化节庆中,它分别在开幕式和闭幕式后举行。至于普通家庭,则在客人进家后和客人离家前举行。其中,少数民族村寨的接风饯行礼宴最有情采。如瑶族接风,先上"迎宾茶",喝毕,夏为客人打扇,冬请客人烤火。接着是"洗尘澡",春冬用热水盆浴,夏秋用药水桶浴,洗澡水中兑加了山中20多种野生草药熬制的溶液,可以舒筋活络、祛风去湿、提神醒脑。最后吃"接风酒",席间边饮酒边对歌,轮回5～6次,全家老小举杯,表示对客人的尊敬。

红白喜宴接待礼仪

红白喜宴是指各个家庭为其成员举办诞生礼、成年礼、婚嫁礼、寿庆礼或丧葬礼时置办的酒筵。这是古代人生仪礼的继续和发展,一般都有告知亲朋、接受赠礼、举行仪式、酬谢宾客等程序,多在餐馆、酒楼举办,每次2～30桌,接待要求各不相同。

1.诞生礼宴。多在婴儿出世、满月或周岁时举行,赴宴者为至亲好友,一般是2～8桌。它的主角是"小寿星",要求突出"长命百岁、富贵康宁"的主题。贺礼常是衣物、首饰、食品和玩具;筵席上菜重十,须配大蛋糕、长寿面、豆沙包和状元酒,忌讳"腰(其音谐夭)子",菜名要求吉祥和乐,有喜庆气氛。

2.成年礼宴。多在小儿上学、10岁时举行(少数民族地区一般是在5～15岁举行),赴宴者除至亲好友外,尚有孩子的伙伴,一般为4～10桌。它的主角是"红领巾",要求突出"光宗耀祖、后继有人"的主题。贺礼常是玩具、文具、衣物或现金;筵席上菜也须重十,须配什锦菜、什锦羹、什锦果、什锦点之类,以及点上蜡烛的花蛋糕,高唱《祝你生日快乐》,店家还须送一份相应的礼物。这类礼宴也忌上"腰子",勿用"腰盘",多给小主人一些自由,让其尽情玩乐。

3. 婚嫁礼宴。多在相亲、定亲、结婚、回门时举行，赴宴者是亲友、街邻、同事、同学和介绍人，一般是8～30桌。它的主角是新郎新娘，要求突出“白头偕老、儿孙满堂”的主题。贺礼常是衣被、工艺品、电器或现金；筵席排菜应是双数，最好是扣八、扣十，菜名要有“彩头”，风光火爆，寄寓祝愿；餐具宜为红色、金色，用红桌布，配红色果酒。此类礼宴忌讳摔破餐具和饮具，不可上“梨”、“桔”（谐音离或寓意分）等果品，不可用“霸王别姬”、“三姑守节”等不祥菜名；餐厅应提供婚礼仪式服务和录相服务，服务员应簪花上岗。

4. 寿庆礼宴。多在50、60、70、80大寿时举行，赴宴者多系寿星的挚友、亲眷或下辈，一般4～8桌。它的主角是“老寿星”，要求突出“老当益壮、福寿绵绵”的主题。贺礼常为衣物、食品、补品或花束；筵席上菜重九，取“九九上寿”之意，菜点应当温软、易消化、多营养，须配长寿面、寿桃包、大蛋糕和银杏仁；不可上带“盅”（谐音终）字的菜和过多的“鱼”（谐音多余），避开民间忌讳。服务员应簪花上岗，并向老人拜寿。

5. 丧葬礼宴。包括长寿辞世、死时安祥的“吉丧”和短命夭亡、死得惨烈的“凶丧”。前者多称“白喜事”，摆冥席，供清酒，宴宾客，收奠礼，比较热闹；后者一般不加张扬，匆匆安埋了结。它的主角是“走进天国”的死者，要求突出“驾鹤西去、泽被子孙”的主题。筵席上菜重七，有“七星耀空”之说；少荤腥，忌白酒，用素色餐具，无猜拳行令等余兴。至于酬谢办丧人员，则须大鱼大肉，好酒好菜，这叫“冲晦”，有去邪之意。丧葬宴一般是2～6桌，如果是包厅，服务员亦应着素色服装，保持肃静，以示哀悼。

团年宴会接待礼仪

团年宴会包括元旦团拜后的聚餐和除夕、春节的家庭团年饭两种类型，近年来不少事企业单位和家庭都是在酒楼、饭店中预定筵席，力求风光、火爆。

团年宴会的接待首重气氛。餐厅应当张灯结彩，播送欢快的乐曲，并悬挂祝颂标语，向客人敬献贺年卡与鲜花。如有可能，还应组织中小型文艺团体进行演出，讴歌太平盛世、人寿年丰。其次，桌面、餐具、台布乃至服务员的工作服，都宜为红色，充满喜气洋洋的情调。菜品应突出乡土风味，多用“吉语”，力求丰盛大方，使席面多彩多姿。最后要多用“敬词”和“祝颂语”向客人致意，临别时每桌可赠送一包“肉丸”，象征明年更为兴旺。

开业宴会接待礼仪

开业宴会是企业或其他组织宣布正式对外开展业务时酬谢领导、来宾和客户的大型宴请活动，一般都有10～20桌，档次往往偏高。它常租用一些知名的酒楼或饭店举行，接待礼仪要求较严。

通常是餐厅大门要悬挂“热烈祝贺××开业”的大红横幅，门前摆放花篮，有乐队伴随主人迎宾，服务员应佩带有企业名称或标志的绶带，导引每一位客人。入座后一般有简短的仪式，主人致词，主宾祝酒；此时服务人员应将盛满红酒的高脚酒杯用托盘及时送到每位客人手中。上菜以后，更需勤加巡看，全面提供筵间服务，对于老弱妇女要多照应，从始到终都要听从主人的指挥。

竣工宴会接待礼仪

竣工宴会是某个项目或工程完工、通过验收、交付使用时举办的大型宴请活动。它往往带有4个目的：(1)表彰和感谢为之付出辛劳的英模和员工；(2)答谢有关方面的支持与合作；(3)欢迎上级和专家组前来指导；(4)与工程或项目的委托方洽谈某些事宜。

现今的许多竣工宴会习惯于在现场举行自助餐或酒会，委托某一酒楼办理。其优越性是占尽“地利”，可以利用工程及竣工典礼会场作为背景，场面开扩，气氛热烈；困难是餐桌、餐具要就地摆放，菜点要就地制作或用保温箱运来，厨师和服务人员劳动强度大，常常是一人要顶数人用。因此必须统一指挥，有效调度，忙而不乱，从容不迫，礼仪一一到位。

乔迁宴会接待礼仪

乔迁宴会多是普通家庭祝贺新房落成或搬迁新居时举行的答谢亲友、乡邻、领导、同事的中型宴聚活动。这种酒席，南方盛于北方，农村盛于城市，普通居民盛于公务人员。

农村的乔迁喜宴，多是自己操办，请几名乡

间厨师，主人和亲属兼任服务员，往往一开十余桌，较为热闹。其礼仪也来自民间，朴直而富于人情味。

城镇的乔迁喜宴，多在购房、分房、装修完毕、搬进去布置妥当后举行。客人少时则在家中做一些菜，客人多时便要去餐馆包几桌席。乔迁宴会属于喜筵，接待礼仪的要旨是祝贺、欢庆，故而各个服务细节都应当与此相吻合，带上喜气。

零点小酌接待礼仪

零点小酌系指零星顾客三五相邀、临时点菜就餐的便席。它大都设置在餐厅的一、二楼，有临台售票、服务到桌和按位记卡、餐后结算两种接待方式。其特点是：

1. 每桌人数多少不等，所点菜品一般不多，消费层次属于中档偏下。

2. 宾客对象复杂，饮食需求各异，接待任务零散纷繁，工作量大。

3. 要求服务人员具有较强的观察能力、组织能力和应对能力，善于处理各种复杂的关系，维护餐厅的“窗口”形象。

零点小酌接待包括热情迎宾、导引安座、送茶递巾、礼貌询问、介绍菜点、开单下厨、抹桌摆位、上齐酒水、顺序走菜、餐间服务、准确结算、征询意见、致谢送别等十多道环节，通常由迎宾员、引座员、看台员、传菜员、收款员分工协作完成。

在零点小酌接待中，还要做好开堂前的准备工作和打烊后的收尾工作，如清洁卫生、清点用物、查看意见簿、交接班之类，较为琐细和辛劳。

零点小酌接待的关键是，以礼相待，一视同仁，诚信无欺、任劳任怨。这里面有4忌：一忌衣貌取人，二忌以消费数额取人，三忌轻慢外地客和农村客，四忌敷衍了事。零点小酌中的许多矛盾都是由此而起；注意防止这些问题，“礼”也就能展示出来。

大排档接待礼仪

“大排档”是广东方言，专指设在街头巷尾的个体饮食摊群，目前已遍布全国城镇，其早市、午市和夜市都相当兴旺。

大排档经营的特色是：(1)大都分布在商业区、居民区或车船码头、游乐场所，门脸一般不大，仅有餐台数张；(2)主要供应风味小吃和乡土菜肴，档次偏低，经济实惠；(3)当场操作，现做现吃，直观性强；(4)服务简易、迅捷，气氛宽松、自由，人情味浓郁。

大排档的服务员多系四乡来的打工妹和机灵大方的老板娘。她们虽未受过正规培训，但深谙“顾客是衣食父母”的真谛，分外热情，能处处体察客人，不辞辛劳，所以回头客甚多，经济效益可观。

茶坊接待礼仪

茶坊又称茶馆、茶铺、茶室、茶寮、茶座、茶店、茶肆、茶楼或茶亭，是供人们饮茶、小食、休闲、娱乐、交易、问讯、议事的场所，多由小店家经营，遍及南北，以北京、上海、杭州、扬州、成都、广州等地最为兴盛。

据史书记载，茶坊始于南北朝，入唐逐渐普遍。《封氏闻见记》说：“自邹、齐、沧、棣，渐至京邑都市，多开店铺，煎茶卖之，不问道俗，投钱取饮。”及宋，茶坊业兴盛。《梦粱录》载：“汴京熟食店，张挂名画，所以勾引观者，留连食客……四时卖奇茶异汤。”当时的茶坊包括文士官吏聚会的“车儿茶肆”、交易买卖的“市头”以及妓院性质的“花茶坊”。元明之时，茶坊精巧。《陶庵梦忆》云：“有好事者开茶馆。泉实玉带，茶实兰雪；汤以旋煮，无老汤；器以时涤，无秽器。”至清，茶坊经营大体上是4种风格。华北以北京为代表，包括茶饭兼营的“天字号”(如天福、天禄)；可进行手谈(下棋)、笔谈(猜谜)、说书、唱曲的市民茶馆；设于路边、树下的“野茶馆”等。大多是方桌长凳、简单朴素；坐客常系公干完毕的旗员和提笼玩鸟的贵家子弟。华东以上海、杭州、南京、扬州为代表，多设在风景区或闹市，坐具与茶具都较讲究，茶叶亦分多品，其中既有生意人、“拆白党”，也有文士和市民。有精美点心佐饮，文化气氛较浓。华西以成都为代表，清一色地竹靠椅、小方桌、盖碗茶，以茉莉花茶为主，上茶掺水有一套绝活(如雪花盖顶、海底捞月之类)。这里除了江湖上的袍哥，主要是城镇居民，三五相聚摆“龙门阵”，有一股宁静的市井生活色彩。华南以广州为代表，多为市民吃早茶和吃夜茶的处所，不少商家也常光顾。它主要供应红茶和粤式点心，酒楼的成分比重大，人们在此消磨的时间长，茶坊陈设也讲究。

现今的茶坊有新、旧两类。旧的主要见于扬

州、广州和成都，其格局基本上同于晚清或民国，保持着中华传统茶文化的情韵，服务接待方式亦无多大变化，讲究“响堂迎客”（即客到大声欢迎）、“导引安位”（帮助茶客挑选合适的座位）、“选茶配点”（点单）、“冲泡续水”（茶间服务）、“收银送客”等接待程序；其要点是尊重每一位客人，不干扰他们的清谈与雅兴。

新的主要见于北京、武汉和上海，性质与西式咖啡馆相似。装修高雅、豪华，用“茶文化”进行外部包装，里面配置空调和鲜花，环境相当舒适。供应品种除中式名茶名点外，还有西式名茶名点；播放中外古典名曲或请小乐队前来演奏，或是表演中外的茶道艺术。它的消费档次较高，每客多在50～100元之间，经常光顾者是大款、大腕、文教界人士或艺员。其服务方式中西结合，服务小姐素质较好。这种新式茶馆的“私秘性”强，常被商家用来洽谈业务，朋友谈心或情人幽会，有较大的发展势头。

西餐大宴接待礼仪

西餐大宴是仿照欧美国家传统宴会的形式举行的礼筵。其特点是：用长方台和多套刀叉，实行餐盘服务；吃西菜西点，行西方礼仪；不同的菜跟不同的酒，撤一道再上一道；点蜡烛，灯光柔和，气氛轻松；有钢琴（乐队）伴奏或播放轻音乐。

西餐礼宴接待通常有4道程序：

1.宴前准备。要求摆好西式餐台；备齐餐刀、餐叉和餐盘；准备好开胃食品、黄油、面包及冰水；检查着装。

2.迎宾服务。引领客人入室休息，送上饮料及餐前酒，分别按立饮、坐饮的服务规程予以接待。

3.席面服务。包括拉椅让座、配斟酒水、上汤、上鱼虾、上大菜、上点心、上干酪、上水果、上香巾等环节，均按西餐规程进行。

4.休息室服务。主要是上咖啡和上餐后酒，送雪茄烟，以及送客、清场等。

在整个服务程序中，服务人员都要反应敏捷，注意举止，步履轻快，动作准确，讲话轻声，呼吸均匀，身姿端正，仪容大方，与宴会的文明、优雅气氛相协调。

西餐礼宴的接待，还需要宾客的配合，这就是应当懂得吃西餐的礼仪（参阅“西餐食礼”条）。如何吃西餐？目前绝大多数中国人还不适应，他们往往用吃中餐的方法去吃西餐，结果不伦不类，相当尴尬。遇到这种情况时，服务员不能嘲笑，而应用适当的方式提醒客人，帮助其纠正。

西餐散座接待礼仪

西餐散座是指人数不多的中外零星顾客，临时点品西式菜点的简易小席。它的礼仪服务接待规程，大体上同于中餐的零点小酌，但在以下6个方面应当特别注意。

1.事先准备好全套的西餐用具。包括各种叉、各种刀、各种匙、各种盘、各种盆、各种杯、各种碟、各种壶、各种缸、各种锅、各种篮、各种桶、各种瓶、各种夹、各种盖、各种刷等等，大大小小百余件不得遗漏（参阅“西餐烹调”中的“西餐炊具”各条）。

采用西方习用的礼貌语言。如“早安，××先生”，“欢迎您光临”，“希望您能满意”，“乐于为您服务”之类。同时在迎宾服务和筵间答问中，尽量使用准确的英语（或其他外语）和标准的普通话，力图消除交际上的障碍，避免领悟上的歧义。

3.坚持主宾优先、老者优先、女士优先的三优先原则，导引、安位、点菜、上酒均从这些人做起。还要注意斟倒冰水、询问是否需要餐前饮料或开胃酒品，弄清对牛扒、羊扒等菜式成熟度的要求，菜单与酒单同时呈送，客人签单或付款后表示致谢等礼仪。

4.注意上菜顺序。早餐一般是：果汁—→蛋类、烤面包、黄油与果酱—→咖啡或茶—→添咖啡，清理台面，撤换餐具。午、晚餐一般是：面包和黄油—→开胃冷盘—→送汤，撤冷盘—→送鱼虾菜，撤汤盘，斟白葡萄酒—→送主菜的配菜，撤鱼虾盘，斟红葡萄酒—→送主菜和沙拉味汁、肉汁—→撤主菜盘，送点心和水果—→送咖啡、红茶与柠檬片，撤果点盘。总之，始终保持餐台的整洁和简练。

5.注意撤换餐具的礼节。如撤盘前应征询客人的意见；撤餐具按逆时针方向进行，从宾客左侧用左手取走；左手收，右手接，一次不宜端拿过多；撤下的餐具直接放入托盘中；顺手用台刷和干净餐巾、小盘、银制小簸箕清理台面；烟灰缸中有两个烟头就得更换等。以上这些在西餐中都不可忽视。

6.不可硬性索取小费。客人欲付小费时，应双手承接，表示谢意。不可计较多少，更不准流露鄙视情绪或弃之于地。

由于中西方文化教养和礼仪风尚的不同，外宾对西餐散座服务的要求往往很高。他们绝对信奉“顾客是上帝”的真理，哪怕每餐消费仅有几美元，也希望能有帝王般的礼遇。稍一不慎，他们便会投诉，要求赔偿损失。因此承担西餐散座接待的服务人员，思想、品德、气质、性格、能力、知识、技艺、身体等条件，应当更好一些。现今许多星级饭店和豪华酒楼，大多从外语、经贸等专业的大专生或本科生中筛选应聘者定向培养，然后竞争上岗。

冷餐酒会接待礼仪

冷餐酒会又称冷餐会、立餐或自助餐，是本世纪初由欧美传入的一种西餐宴会形式。它以冷菜为主，热菜为辅，配以点心、小吃、酒水、冷饮和瓜果，设公用餐台，无固定座位，由客人随意选用食品。它有两种类型，一种设主宾席和不定座次的小方桌，散置座椅，供客人自由落座；一种另设小桌，不配座椅，客人站立就餐。冷餐酒会与中式宴会相比，有5个明显的特征：

1.所有食馔均按小件制作，一般都在10～25克之间，提前陈放在餐台之上；酒水亦是先斟入不同的杯中，或陈放在酒水台上由客人自取，或由服务员巡回端送；使用西式餐具，每人一盘一叉，餐巾纸任取。

2.开席时间多在12～14时或17～19时，每次60～75分钟，客人凭请柬入场，可以迟到、早退或缺席。行动自由，站立进餐，取食随意，不受拘束。

3.宴会场所可在客厅、礼堂，可在庭院、花园，也可在草坪、旷野。主人只在入口处迎送宾客，不必一陪到底；客人可以自由结识，随意攀谈，开展公关社交活动。

4.人数能多能少，时间能长能短，档次能高能低，规模能大能小。筵间可配歌手及乐队，筵后可举行舞会或篝火晚会。

5.适用于官方正式活动，节假日或纪念日的朋友聚会，新式婚礼及寿庆，以及新闻发布会、记者招待会、商务洽谈会、企业联谊会、庆功祝捷会、社团代表会等多种场合。

由此所决定，冷餐酒会的服务接待工作繁重，包括餐前准备、餐间服务和餐后清场3个阶段。在餐前准备中，需要按规定摆放餐台，美化餐台，整理餐具，备足酒水，分置菜肴，装饰场景。在餐间服务中，有餐台服务员、菜台服务员、巡视服务员、酒水服务员和主宾席服务员的明确分工，各司其责，使宾客在赴宴中能得到很好的照应。在餐台清场中，要做十分繁重的清洁卫生工作，并为下一次的冷餐会做好必要的准备。

还由于冷餐会的宾客一直处于不停的运动状态之中，这给服务工作带来许多不便。因此，又要礼貌接待宾客，又不能影响宾客行走和交谈，需要一些技巧。同时在1个多小时中，服务员都应坚守岗位，严禁闲谈，并互相照应，填平补缺，这又比一人一台的“定位服务”增加了难度，需要更好的体力和素质。

冷餐酒会礼仪的成功与否，在很大程度上还取决于总体设计。例如场景设计如何突出酒会的主旨，台面设计如何体现餐厅的水平，席谱设计如何符合宾客的口味，程序设计如何调适宴会的节奏，礼仪设计如何反映时代的风貌，安全设计如何确保宾主的安全等等方面，都应通盘考虑，展示出服务人员的聪明才智和技术功底。

近年来，我国餐饮业对冷餐会从不熟悉到熟悉，从模仿照搬到有所创造，取得了显著成绩。现今我们不仅能举办800人、1200人、1500人的大型冷餐会，而且还推出了中式冷餐会，将中西礼仪和食馔完美结合在一起。

鸡尾酒会接待礼仪

鸡尾酒会是西餐中一种古典的宴会形式，因其多在正餐前举行、并用“鸡尾酒”和其他饮料招待宾客而得名。这一宴俗也源自欧美，传入我国后渐被改造，现今在一些大都会的上层社交圈中流行。

“鸡尾酒”是一种调配的合成酒，其名称的由来说法很多。可参见“鸡尾酒的由来”条。

鸡尾酒会通常在17～19时举行，一般不超过60分钟。宾主需要着燕尾大礼服；鸡尾酒和果汁、汽水、矿泉水等由服务员用托盘端送；主要食品有三明治、面包托、小香肠、炸春卷等，用牙签取食。它一般用于展览会开幕、工地奠基剪彩、新轮船下水、新飞机试航等典礼上；或是向社会名流介绍某位重要人物。现今欧美重要的颁奖大会或颁发博士证书,也习用鸡尾酒会祝贺;大型贸易协定签字、一些国家领导人就职,亦常以此志庆。至于国内,举办鸡尾酒会大多是增添情趣,变换宴聚方式而取乐,故而一些有条件的家庭也偶而一试。

鸡尾酒会的接待,首先要求会调各式鸡尾酒。要准备多种原料(如各种基酒、汽水果汁、糖浆、调味品、香精、水果 、冰块及饰物);多种器具(如调酒的壶、杯、匙、棒、量具、压榨机、冰桶、刀叉、开瓶器、雪糕模、杯垫、吸管和无纤维毛巾之类);熟悉不同鸡尾酒的配方与工艺流程;掌握摇荡、搅拌、混合、飘浮、洒霜、追水、挂杯、计量诸方法。

由于原料和价格所限,目前我国一般不用“洋式鸡尾酒”而用“中华鸡尾酒”,包括茅台、洋河、晋汾等系列,主要花式有“白晶”、“月夜”、“一剪梅”、“风雪夜归人”等100余种。至于接待外宾,仍以原汁原味的“洋式鸡尾酒”为主,主要花式为“吻”、“彩虹”、“金司令”、“白雪公主”等50余种。

鸡尾酒会的礼仪接待,基本同于冷餐酒会。但服务人员应当着燕尾服,说英语,使用欧美的社交语言,更注重教养与气质。

酒吧接待礼仪

酒吧一词源自英文Bar,原意是在木板做的长条柜台上出售酒品饮料,后演化成小型西式散座餐厅。它遍布欧美各地的繁华街道和偏僻乡镇,高级饭店的顶层和中小旅馆的门前也均有设置。酒吧以销售酒品和软饮料为主,供应冷菜、小吃、点心为辅,是西方市俗文化中极富特色的一个窗口。市民来此饮酒消闲,旅客来此观光市容,情侣来此谈情说爱,家庭来此交往应酬,商人来此洽淡贸易,公司来此举行酒会;音乐、美酒、休闲、娱乐相结合,为社会各阶层所喜爱。本世纪初,酒吧传入中国,它的异域情调逐渐被中国人接受,成为中国餐饮市场上的一种新因素。

酒吧类型众多。按设置场所分,有大堂吧、泳池吧、林阴吧、街道吧、亭子吧、顶楼吧、宴会吧、乡村吧。按饮酒方式分,有在吧台、吧凳前就饮的站立式酒吧;在吧桌、吧椅上就饮的鸡尾式酒吧。按服务方式分,有服务送酒上桌、开票结账的内部供应酒吧;面对面斟酒服务、饮毕付款的外部供应酒吧;设在咖啡厅、卡拉OK厅、音乐茶座或舞厅内,由服务员临桌服务的综合供应酒吧。

不论何种酒吧,设置时都须注意:

1.环境要幽静,设计要新颖,装修要高雅,风格要独特,温度要适宜,空气要清新,吧名要动听,吧仔和吧妹要有灵气。

2.灯具要别致,灯光要柔和,色调要优雅,音响设备要现代化。

3.家具质量要高,式样要小巧,可以分拆与组合。

4.酒具、器物的配置要全、要精细,放置合理,取用方便。

酒吧的礼仪接待,有领台、值台、酒台、账台的分工。其要旨是:(1)笑迎宾客,仔细倾听顾客的吩咐,如酒中是否兑水、须加多少冰块之类。(2)悉心上酒,掌握好持瓶、示酒、开塞、试酒、斟倒、放瓶的规范动作,并辅以“请您看酒”、“请您试酒”、“请您用酒”等礼貌语言。(3)注意言谈举止,讲究仪表仪容。如站立服务、微笑接待、陪单身客人聊天(这在酒吧服务中是应当的)、仔细接传电话,谢收小费、热情送别,都应是文质彬彬的。(4)关心喝醉的客人,善于处置顾客间的冲突,有较强的应变能力。

咖啡厅接待礼仪

咖啡厅一词源自英文的coffee shop,即饮用咖啡为主,类似中国的茶馆,在国外有“方便餐厅”之称。它多是上班族用早餐的处所,也是工余后三五知己闲聊或谈生意的好地方。它所提供的简单膳食和饮品,已成为欧美大部分人士生活必需的一部分。

咖啡厅与西餐厅的经营大致差不多,但也有一些细别。首先,其装饰以清简开朗为主,不宜过于复杂和豪华。其次,柜椅排列整齐,餐桌面积约60厘米×60厘米,以便拼组使用。第三,餐牌中的食肴介绍除成品外,还有一些半制成品,以便按客人之需烹调。第四,炊具先进方便,制菜速度快。第五,服务快捷有效,服务员工作服鲜亮,与频繁的客流量相适应。第六,菜点小型多样,价格低廉,营业时间较长。

咖啡厅服务程序也与西餐厅散座基本相同。只是不采用菜单点菜,而是采用菜牌。菜牌多用硬纸板折叠成立式，摆放餐台中央，客人坐下后即可看牌点菜，能节约时间。菜牌同时也是餐台上的装饰品，要求设计新颖，造型美观，菜名醒目，取拿方便。

此外，客人进咖啡厅多是自由选座，无须服服务人员导引；一般不奉送香巾与茶水，而是直接递上冰水；客人未叫结账前，不可催促结账；报账与唱票时尽量小声，以免损害低消费者的自尊心。

歌舞餐厅接待礼仪

歌舞厅包括音乐茶座、卡拉OK包房、舞厅等。这是以乐曲欣赏、歌手或自我演唱以及跳舞为主，以茶酒点心供应为辅，为宾客提供艺术享受、自我娱乐和公关社交场所的一种西餐散座营业方式。它的设置，通常应当具备4个条件：

1.较为宽敞的活动空间，精美的装潢，一流的灯光及音响设备，小巧的舞台，舒适的软座、包厢以及通风、调温设备等。

2.素质较好的音乐艺术人才，有一批专职或兼职的乐手、歌手或舞女，还有调音师。

3.有高级的调酒师与点心师，以及技术娴熟的服务人员，能提供品种齐全、制作精细、式样小巧、风味独特的茶点，以及一流的文明服务。

4.以闹市、风景区、水陆交通码头或大型宾馆饭店为依托，有一定数量的客源。

我国目前的歌舞餐厅较多，一般都是中、低档次。同国外的歌舞餐厅相比，还有距离。

歌舞餐厅的礼仪接待主要表现在：

在营业前要搞好厅内外环境卫生，整理桌椅，摆好休息台上的烟灰缸与台号牌；检查灯光、音响、空调设备，逐一调试，备好红蜡烛，检查舞池地坪和安全门通道，消除隐患；备齐各种酒水和食品，清洗和消毒食具；服务人员着装，检查仪容；收票员提前5分钟到入口处准备验票，保安人员上岗等。

客人入场后收票员要笑脸迎宾，验明入场券(含赠券)，保安人员维持秩序；迎送员用电筒照看地面，在客人左前方一米处引路，带到软座或包厢，拉椅让座；服务员点燃红烛，呈送酒水单供客人点取食品，并作简要介绍，然后准确记单，分别提取。

在场间服务中，凡是凭入场券免费供应的送酒小食(如饮品、果仁、脆炸小食、纸巾)，从吧台领取后，迅即从右边送到客人的位前；凡是客人另外需要的食品，要说明风味、数量及价格，先收款再到吧台领取，然后准确、及时地从右边送到客人的位前。经常巡视各台，轻声询问客人要求，及时撤走空杯、空罐和空盘，更换烟灰缸。留意客人的动态，防止某些不文明的行为；发现客人争吵、冲突，应当配合保安人员及时制止；发现突发事故，立即开大灯，停止播放音乐或演出，组织客人顺利疏散。此外，还要做好客人点歌、献花的相关服务工作。

收场阶段则是客人离开后及时检查现场，特别要注意台底和卡位死角有无未熄灭的烟头火种，及时扑灭；检查客人是否有遗留的物品，如有，立即追还客人或送保安部门，设法找寻原主归还；收拾食品盛器，清洗消毒，分类入柜存放；没有用完的食品要放入冷柜保藏；结算当天账目，钱款上交，单据入库；小结一天工作，察看顾客留言簿，处理投拆；离开店堂前关好电源和门窗，大门上锁。

茶话会接待礼仪

茶话会又称茶会或茶话招待会，即用茶点小食招待宾客的社交聚会，政府、团体和个人都可举办。其时间多选在10时或16时，通常设置在大厅，仅备茶水、香烟、糕点、蜜脯、果品或地方名特风味小吃，聚会可长可短，人数多少不限。

政府、团体举办的茶话会，大多出于公务或商务，规模一般较大，具有简易礼宴的属性。与会者多为社会知名人士或相关的首要人物，要求注重仪表、服饰、谈吐与礼仪。会上发言常有专题，事先须做充分准备，不可信口开河，随意发挥。其场址多选在会堂、宾馆、饭店的豪华大厅中，四周摆放鲜花，中置茶几、沙发或圆桌、座椅，对号入席，并有正规培训的礼仪小姐迎宾导引，穿巡服务。像国务院在人民大会堂宴会厅举办的新年茶话会，全国政协在政协礼堂举办的中秋茶话会、国家民委在民族文化宫举办的开斋节茶话会、外交部在钓鱼台国宾馆举办的圣诞茶话会，均系如此。

个人和家庭举办的茶话会，大多出于联谊或欢聚，规模虽小，也具有简易礼宴的属性。赴宴者多为老同学、老同事、老朋友或亲属，着装只要整洁、大方即可，不必都穿华贵的礼服。其目的只是聚聚、谈谈、玩玩，通常没有固定的话题。时间长短可视谈兴而定，如果宾主侃侃而谈，情浓兴足，不妨适当延长；如果话不投机，显示倦怠，就应提前结束。家庭茶话会有两忌：一忌带孩童参加，他们的嬉闹常会破坏雅谈的清兴；二忌请“没有共同语言”的人或落落寡合者参加，使大家感到别扭、扫兴。家庭茶话会场景宜清幽、高雅，最忌富贵气和铜臭味。在阳台、客厅或庭院点缀数盆花草，播放几段乐曲，便足矣。赴会者可以轻装简从，只须带一束鲜花献给女主人。

茶话会的接待首重在茶，茶叶、茶具、冲泡水和冲泡方法都应讲究。其他食品贵在精细小巧，能体现规格。就茶叶来说，至少应在中档偏上，如有高档名茶则更佳。至于品种，绿茶中的龙井和碧螺春，黄茶中的蒙顶茶和君山银针，黑茶中的六堡茶和普洱茶，白茶中的寿眉和白云雪芽，乌龙茶中的武夷岩茶和铁观音，红茶中的祁红和宜红，花茶中的茉莉花茶和玳玳花茶，都可考虑。它们虽然较贵，但用量有限，每人不过5克左右，10人聚会，50克足矣，约需数十元，工薪阶层可以承受。茶具也应在中档偏上，以景德镇、淄博、唐山、醴陵、佛山、宜兴等地所产的套装陶瓷茶具为好，要求洁净、无破损、典雅、有古韵。冲泡水贵在纯，无油污，无杂质，无异味，并且要煮沸。如果能取到山泉、甜井水或雪水，无疑更佳。就冲泡方法而言，各地讲究不同，可以入乡随俗。如果礼仪小姐或女主人懂得“茶道”，即兴表演一番，定会博得满堂彩。

总之，“煮茶话旧”、“品茗清谈”、“寒夜客来茶当酒”，是中国的一种传统礼节。要使茶话会更多一些文化内涵，要在“茶韵”、“茶礼”上多下一些功夫。

沙龙聚会接待礼仪

沙龙又称社会沙龙，是法语 Salon 的音译，意为会客室或客厅；原是17世纪以来西欧贵族和资产阶级借用一些私人客厅，谈论文艺或政治问题，进行礼仪 应酬和社会交际的一种形式；后来流传到东方，被我国一些知识分子所接受，成为朋友、同行交往的一种聚会。沙龙的形式很多，如文学性沙龙、艺术性沙龙、学术性沙龙、社交性沙龙、应酬性沙龙、文娱性沙龙等。

目前在我国，沙龙的活动内容有各种讨论会、鉴赏会、茶话会、联谊会、冷餐会、瓶酒会、酒会、舞会和家庭晚宴、星期聚餐等等，多在酒楼、饭店包房进行，人数多在8～20之间。参加沙龙活动者，要求有合体、合时的衣着打扮；稳重大方、谈吐文雅的仪表举止；是非分明、助人为乐的道德观念；宽容理解、谦虚诚恳的社交风度。对于讨论的问题，应有充分准备，言简意赅，有理有据，遇到争论，点到为止；不可哗众取宠，故作惊人之语；不可言不及义，瞎侃一气；不可旁若无人，隐含讽刺；不可扭捏作态，贻笑大方。同时，带新人参加沙龙时，应征得主人同意，并将其礼貌地介绍给大家；大家都应当欢迎。

沙龙活动必有聚餐，或是轮流作东，或是分摊集资，或是交纳会费，或是一人为主、大家带菜。无论何种方式，都当有一名“轮值者”负责。如在家举行，他先须做好有关准备；如在餐厅举行，他亦应指导服务人员安排。赴会者应带酒或鲜花，自由落座，随和交谈。沙龙聚会提倡“自我服务”和“互相服务”，服务人员只要备齐物件、来回巡视和照应、帮助一些年老体弱者，便算尽责尽礼了。

在沙龙聚会中，青年男女的“瓶酒会”较为时兴。这是一种客人自带饮料的聚餐会，其规矩是：(1)男宾赴会必须带酒，男女结伴同往也要带酒，女宾单独赴会可不带酒，女宾结伴同往应当带酒。(2)所带之酒应是中档以上的葡萄酒或香槟，每客1～2瓶，低劣酒绝不可带。(3)酒应交给女主人或轮值者，由与会者共同享用。举办瓶酒会者，多为参加工作后的大学生或青年白领阶层，其目的是加深友谊、提供异性交往的机会，故而男女人数大致相当，在宴聚后通常举办音乐舞会。餐厅接待瓶酒会，主要是提供条件和方便，服务人员略加照应即可，不要过多地进出。

俱乐部接待礼仪

俱乐部是人们为了各自的方便和娱乐而相聚形成的一种“沙龙”组织，如男青年会、女青年会、健康俱乐部、高尔夫球俱乐部、明星俱乐部、私营业主俱乐部、鹊桥俱乐部、乡村俱乐部之类。入会者一般须交纳一定数量的会费，办理申报手续，然后定期参加有关活动，并享受包括宴饮在内的许多服务。

俱乐部的成员一律平等，相互之间都应以社交礼仪作准则进行交往，并遵守俱乐部的有关章程，任何人都不可以特殊。与此同时，一个俱乐部又是一个有共同语言的"社交圈"，在这里人们应当求同存异，探求彼此都关心的事情，回避易于引起争议的话题。至于聚宴，形式多样，仪礼同于常规。

桥牌会接待礼仪

桥牌会是桥牌爱好者的定期聚会，一般都在下午或晚上，地点可以是在俱乐部或娱乐城，可以是在宾馆或饭店的雅座，也可以是在条件较好的家庭之中。

按照欧美惯例，参加每个桥牌会的人数一般不多，并相对固定，不可随意迟到、早退或请假。与会时，大都要穿常礼服或晚礼服，注意仪容的整洁，遵循西方的仪礼规范。

桥牌会的活动主要是打桥牌。其间应当准备充足的饮料(茶、矿泉水之类)，还须供应下午的茶点或晚上的夜宵。其形式多为冷餐会，可在牌桌上吃，也可在小餐室中吃。

桥牌会讲究"绅士风度"，有"贵族气派"，目前仅在中国上层社会中流行。

结婚周年纪念日聚会接待礼仪

结婚周年纪念日聚会是从欧美传入的社交礼仪庆典活动，它包括纸婚(1年)、木婚(5年)、锡婚(10年)、水晶婚(15年)、银婚(25年)、金婚(50年)、钻石婚(60年)种种。这不同的名称表明，在不同的结婚周年纪念日，客人应用不同性质的礼物予以祝贺。

结婚周年纪念日聚会的邀请对象多系至亲好友或相关人士(如证婚人、主婚人)，欢宴一般采用"茶点会"的形式，然后举办小型舞会，度过一个美好的夜晚。

参加此类聚会时，应着礼服，携带鲜花，向当事人表达美好的祝愿。主人夫妇应在门口迎宾，亲自服务接待。食品宜精不宜多，贵在情意的真诚和气氛的欢洽。

招待会接待礼仪

招待会是近年来比较受欢迎的一种聚会形式，可以在家庭、俱乐部、饭店、企事业单位会议室等处举行；时间多在16～18时，一般备有茶、咖啡、三明治、糕点、蜜脯、风味小吃和果品，讲究一些的则上鸡尾酒、火腿、烤牛肉、龙虾、鸡或冷饮之类。

招待会的对象，可以是亲朋好友，可以是往来关系户，可以是各方面的代表人物，还可以是英模、老干部或统战对象，大多带有征询意见、疏通关系、表示慰问、增进感情的性质，交谈自由，礼仪不像正式宴会那样纷繁。

招待会的礼仪接待，环境必须清洁卫生，食品应当小巧多样，座椅要求有聚有散，服务人员要求亲切、文明。

工作餐接待礼仪

工作餐系指公务员或商务人员中午的一餐便饭，有时也指外事活动中招待对方的简单午宴。它的地点多在单位食堂、办公室或饭店小厅，有时是方便盒饭，有时是自助餐，有时是分食制的四菜一汤。

工作餐的时间很短，一般都只有30分钟左右；大家自由落座，没有严格的宾主顺序；饭食简单，服务快捷，许多仪程都可免去；通常是各自付款，消费水平较低。

使用工作餐时主要应注意四点：(1)各取所好，不要干涉他人；(2)一般不要饮酒，选定座位后立即就餐，不要四处走动，与人攀谈；(3)注意自己的"吃相"和风度，勿伤大雅；(4)保持餐台和周边环境的清洁卫生，体谅服务人员。

(十)餐饮企业管理

餐饮管理概述

餐饮业及其特征

凡是通过现场加工、商品销售和服务性劳动等手段,向消费者提供饮料、食品、菜肴、消费场所和设备的经营企业均为餐饮业。它包括各种酒家、酒楼、餐厅、饭庄、饭馆、饭铺、快餐店、西餐馆、面馆、菜馆、酒馆、小吃店、酒吧、咖啡厅以及对外经营的食堂和饮食商亭、车摊等。

餐饮业的基本特征是:

1.提供多种形式的使用价值与交换价值。既有物质生产提供饮食产品;又有非物质生产提供餐饮服务等具有特殊形式的使用价值和交换价值。

2.兼有加工生产、商品销售、消费服务3种职能。餐饮业是以购进原材料,经过加工烹制成各种主、副食品,同时提供消费场所、设备和设施,直接为消费者服务的。因此,它不同于工业,也不同于商业,而是兼有产、销职能,并对顾客进行消费服务的3种职能。

3.主要是手工操作,技术工艺性强。餐饮业中的烹调技术、面点制作、各种各样的造型、食品雕刻等都有其独特的技艺与操作规程。这些都要借助手工操作来发挥,在相当长时期内,并非机器所能完全替代。

4.经营服务过程与消费过程相统一。餐饮业的劳务活动与消费一般是在同一空间、同一时间进行,也就是说经营服务过程与消费过程同时发生。这种面对面的服务和消费的特点,对餐饮业的物质设备和设施条件,工艺流程和产品质量,服务规范和服务人员素质等提出了更高、更直接的要求。

5.具有较强的地方特色。餐饮业的产品和劳务的交换活动,一般不存在时间上和空间上的转移,没有地区间的商品调拨运输,主要是就地服务。同时我国地广人多,是一个多民族国家,各地区、各民族的生活习惯不同,消费方式各异,形成地区间、民族间在饮食和劳务需求上的差别,这就促使餐饮业的经营服务活动具有较强的地方特色。

餐饮企业

餐饮企业是依法自主经营、自负盈亏、独立核算从事餐饮生产、销售、服务活动的经营单位。构成一个餐饮企业必须同时具备以下5个条件。

1.具有法人资格。即指企业依法成立并能独立行使法定权力和承担法律义务,这是餐饮企业独立性的法律保证,也是自主经营和独立核算的必要前提。

2.拥有必需的经营要素。餐饮企业必须具有为保证餐饮产、销、服务活动所必需的各类人员、资金、餐厅、厨房、设施、用具和其他物质技术设备。

3.组织上的完整性。即具有完整的组织体系,科学地设置机构与合理地分工协作,把分散的、个别的劳动组合在一起,凝聚成集体力量,创造出新的生产经营能力,以保证餐饮企业经营活动的正常运行。

4.经营上的独立性。即具有独立地进行经营活动的权力,包括经营的决策权和实施权。餐饮企业必须能够自主地采购原料和生产加工产品,自主地决定服务项目和销售方式,完成餐饮产、销、服务经营的全过程。

5.独立核算。即能独立地以收抵支、自负盈亏,通过正当经营获得合理利润,除按国家规定的税收外,有权支配和使用税后利润,作为企业的扩大经营基金、福利基金和职工奖励基金,以充分调动企业和职工的积极性。

餐饮企业开业条件

餐饮企业开业应具备的专业条件包括:生产服务设施、经营服务场所和经营管理等方面。

1.生产服务设施。

(1)有固定的营业室、厨房车间、库房、消毒室等。

(2)有生产加工食品的厨房设备、用具。

(3)有专用的餐具、酒具及洗刷、消毒设备。

(4)有与经营规模与经营档次相适应的冷藏设备。

(5)有符合标准的计量器具。

(6)上下水条件齐备,饮用水符合质量标准。

2.经营服务场地。

(1)门面装饰美观,字号书写规范,店面橱窗有特色,清真餐馆要悬挂规定的标志。

(2)房屋结构坚固、室内整洁、通风良好、光线充足、温度适宜。

(3)有与经营规模、接待能力相适应的就餐面积和设施。

(4)有与经营档次、经营规模相适应的卫生设备。

(5)防火、灭火设施齐备。

(6)有防蝇、防鼠以及处理垃圾的措施和设备。

3.经营管理。

(1)经营负责人熟知经营管理餐饮企业的基本知识,能正确处理经营服务过程出现的各种矛盾问题。

(2)能严格按政府有关的法律、法令和行业的有关规定组织经营管理。

(3)各项规章制度齐全,实行岗位责任制和服务规范化。

(4)生产加工有成本卡,按成本卡投料生产制作。

(5)公布营业时间、供应品种和服务项目,并严格执行明码标价的规定。

(6)上岗人员一律着工作服、佩带标志。

餐饮企业的种类

根据不同的标志,餐饮企业分为许多种类。

1.按所有制形式划分。

可分为公有制、私有制和三资企业、股份制企业等。

公有制中又可分为全民所有制餐饮企业(国有餐饮企业)、集体所有制餐饮企业(合作餐饮企业);私有制中也可分为私营餐饮企业和个体餐饮户;三资企业即指外资企业、中外合资企业、中外合作企业;股份制企业的经济性质主要取决于控股者的性质。可以具有公有制性质,也可以具有私有制性质。

2.按规模大小划分。

有大型、中型和小型餐饮企业。规模大小主要按职工人数、营业面积、营业额及服务条件来确定。

3.按经营范围划分。

有酒店、饭店、快餐店、小吃店、甜食店、西餐店和冷热饮店等。还可以分为综合经营店和专业经营店等。

4.按营业时间划分。

有早点餐馆、正餐餐馆、夜宵餐馆、早点加正餐的餐馆、正餐加夜宵的餐馆以及昼夜营业的餐馆等。

5.按服务对象划分。

有普通饮食店、民族饮食店、宗教饮食店、旅游饭店以及药膳店等。

6.按隶属关系划分。

有原内贸部系统领导管理的餐饮企业和非内贸部系统领导的餐饮企业;这中间还可以划分为国家旅游局系统的、国家机关管理接待系统的、供销合作社系统的餐饮企业等。

7.按组织形式划分。

有一店企业、多店企业、母子式企业(大店带小店)、连锁经营企业等。

餐饮股份制企业

股份制企业即股份公司,主要有股份有限公司、有限责任公司及股份合作制公司等形式。

股份有限公司是指由法定人数出资设立,全部资本划分为等额的股份,其股票一般可以在社会上公开发行并转让的公司企业。其特点是:股份等额、责任一定、自由转让和财务公开。

有限责任公司是由若干人共同出资组成,股东仅就自己的出资额对公司的债务承担有限责任的公司。不发行股票,具有不公开性,其特点是设立程序简单,股东承担有限责任,风险较小。

股份合作制企业主要是由职工群众参股,既是入股资金的合作,也是职工群众参与劳动的合作,职工的劳动与自身经济利益紧密联系,职工作为参股者还享有民主管理企业的广泛权力。这种企业形式具有很强的生机与活力,是集体所有制中正在发展的新型企业形式。餐饮企业由于网点分散，规模一般较小，故多采用股份合作制。

餐饮行业协会

餐饮行业协会（有些地区称作饮食行业协会或烹饪行业协会），是一种以餐饮企业为单位，自愿联合，实行民主自治的社会团体。作为社团组织，应有挂靠的行政单位和经国家民政部门审查批准。协会的章程由加入的企业共同商定，其领导机构通过选举产生，经费主要依靠会员单位交纳的会费，也可以从自办企业中筹集一部分。

协会以会员单位服务为宗旨，其主要任务是：组织经济信息的收集和交流，传播推广先进技术和管理经验，组织人才的培训和开发，组织产销经营协作，开展竞赛评比活动，举办集体福利事业，推动对外经济技术合作，以及在法律上维护会员单位的合法权益，调解企业之间的纠纷等。与此同时，协会还负责沟通企业与政府之间的联系，提供各种咨询。如政府在制定有关本行业的方针、政策和法令时，可以征询协会的意见。协会也可以主动对政府采取的各种措施进行评议，提出意见和建议，反映会员单位的要求。政府也可以委托协会开展调查研究，起草有关行业的发展规划、价格调整、技术标准、业务考核方案等，以政府的名义颁布，使协会成为政府进行行业管理的参谋和助手。

餐饮企业的职能和作用

餐饮企业具有加工生产、商品销售和消费服务3种职能。这三者是相互联系、相互制约的对立统一体。

餐饮业是国民经济在消费领域中的重要支柱，餐饮企业的基本任务，一方面是通过生产、经营服务活动，提供餐饮产品和劳务，满足人民的生活需要；另一方面，根据对内搞活经济、对外实行改革开放的方针和社会主义现代化建设的要求，满足生产发展和对外交流的需要；同时是以尽可能少的劳动消耗，取得最佳的社会效益和经济效益，为国家提供积累，支持和促进生产建设和经济发展。

餐饮企业作为一个经济组织，在国民经济中具有十分重要的作用。

1. 餐饮企业是国民经济基层单位的一种组织形式，是第三产业的重要组成部分。

2. 餐饮企业是创造社会财富和实现国民收入再分配的重要环节。

3. 餐饮企业对繁荣经济，活跃市场，丰富人民物质文化生活具有重要作用。

4. 餐饮企业是扩大城乡劳动就业的主要途径之一。

5. 餐饮企业对促进企、事业单位餐务劳动社会化和家庭厨务劳动社会化具有重要作用。

6. 餐饮企业是国家有关方针、政策、法令和计划的具体执行者。

餐饮企业管理的定义

餐饮企业管理是指按照客观规律，依据一定的原则、程序和方法，对餐饮企业的人力、财力、物力及其经营服务活动进行计划、组织、指挥、控制和协调；以提供优质服务，满足社会消费需要，实现企业目标，取得最佳社会效益和经济效益的一种有目的的活动。以上概念说明：

1. 餐饮企业管理的依据是客观经济规律。

2. 企业管理的对象是人、财、物、市场和经营服务活动的方法。

3. 企业管理的职能，是对企业的活动进行计划、决策、组织、指挥、监督实施和协调各方面的关系。

4. 企业管理的目的是充分利用企业资源，促使人、财、物的有机结合，实现服务目的，取得最佳社会效益和经济效益。

5. 企业管理过程是包括市场调查、预测和决策，安排人、财、物并组织实施，督察反馈，进行协调等一系列有顺序的活动。

管理在企业的各种活动中起枢纽作用。它使相互分离的劳动者在分工协作的生产、经营服务过程中相互配合，有条不紊地同物质技术设备相结合，成为有效的综合力量。它是一种具有特殊职能的资源，是一种无形的、动态的、永无竭尽的、具有广泛意义的、既经济又需花大力气才能取得的资源。

餐饮企业管理的职能

餐饮企业管理的职能包括计划、组织、指挥、控制、协调等方面。

1. 计划职能。

计划是企业经营决策的具体化，是根据决策

结果确定的行动方案，它应以经营计划为中心，以经济指标来表达。其重要意义在于：为企业经营服务活动指明方向、铺平经营活动运行的轨道，决定着企业的生存与发展。同时，计划又是实行经济核算的必要手段，是国民经济计划的基础。计划能否实现，取决于决策水平和在执行中的努力程度。计划职能是企业管理职能中的关键，是其他职能的基础，其他职能都是为了实现计划服务的。

2. 组织职能。

组织职能是实现计划目标的手段，主要是通过设立合理的职能机构，配备管理人员和组织职工队伍，建立健全分工责任制，紧密衔接各个环节和岗位，并充分利用物质技术设备，合理使用资金，把人、财、物力有效地结合起来。总之，把企业组织成为一个目标一致、指挥统一、权责分明、纪律严明、分工协作的有机整体，为实现企业目标——计划，而进行有节奏的活动。

3. 指挥职能。

指挥是组织的继续，因为，组织尚处于筹划安排阶段，欲在经营服务活动中将安排变为现实，还必须继之以指挥，通过指挥去达到组织安排所要求的目的。指挥又是组织的补充，因为在组织安排中不可能十分具体和绝对完善，在执行过程常会出现一些新情况和新问题，需要更改、调整原有的组织安排，而指挥就补充了这一不足。指挥是建立在集中统一与民主相结合基础之上的，既要保证企业领导者拥有指挥权威，做到令行禁止，又要广泛实行民主，充分发挥下属各职能部门的作用，倾听群众的意见，集中群众的智慧，以防止官僚主义的瞎指挥。

4. 控制职能。

控制分为静态控制（规章、制度等）和动态控制（经营活动、信息等）2种。控制的手段是建立信息反馈系统和建立规章、制度；其方法有监督、检查、纪录、考核、总结和评价等。要有奖有罚、奖罚严明，形成一个既有动力又有压力的生动活泼的局面。控制的目的是发现问题、纠正偏差、推广经验，将生产经营活动引入正确的航道，以促使经营计划的实现。

5. 协调职能。

协调具有调整、衔接的涵义。具体来说是要建立起两个同步关系。

(1)人事同步（协调人事关系）。

由于企业内部结构的职权不同，往往会发生单纯强调本部门利益，造成某些工作不合拍而影响经营和总体目标。从表面上看这是结构之间不协调的问题，但其实质则是人们之间所持的观念不同所造成的。因此必须采取思想沟通、问题讨论、讲求协作等方法以协调人事关系，从而团结一致做好工作。

(2)营运同步（协调营业运转步调）。

企业内部各结构的工作性质不同，要求的角度不同，其工作进展往往快慢不等，这就需要协调，以达到营业运转同步，促进经营合理平衡发展。其内容主要是协调工作量、协调工作程序、协调操作规程和手续制度、协调经营环境等。

以上5种职能循序展开、交替地运用，构成了一个完整的、良性的管理循环，促使企业沿着经营计划的目标前进。

餐饮企业管理的原理

管理原理是管理实践经验的总结和概括，它反映了企业管理活动的客观规律性。主要有以下内容。

1. 系统原理。即对任何管理都把管理对象作为一个系统，从系统整体性的观点出发，对其要素进行系统分析、综合治理，使其从整体上达到最优化目标。

2. 整分合原理。即在整体规划下把整个工作分解为各个部分，按照专业化的原则进行明确分工，然后经过科学地组织，使各部分在分工的基础上有效的综合，以达到协调一致。这一原理首先强调整体观念，不充分了解整体上如何完成管理目标，分工便是盲目的。但是分工又是关键，没有明确的分工，管理必然混乱，不可能提高工作效率。

3. 封闭原理。即在一个系统内部各种管理机构、管理制度、管理方法之间，必须构成一个连续的封闭回路，才能形成有效的管理运动。企业的各种管理机构要形成相互制约的关系，领导体系要实行相对封闭式领导，并按封闭式管理方法建立各项管理制度和管理手段。

4. 能级原理。能级就是对人的才能建立一定的规范和标准。现代管理的任务，就是要建立一个合理的能级，根据人的能量分配相应的工作任务，根据工作岗位的不同安排相适应的人员，使人的才能与职责相对应。这就是企业管理中的能级原理。

5.控制原理。就是研究通过哪些手段，以控制企业的工作情况，保证预定目标的实现。经济控制分为有信息反馈的闭环控制和无信息反馈的开环控制，企业管理中主要是运用闭环控制。经济控制是实现管理目标的重要手段，管理者通过管理以控制工作过程，使管理系统合乎预定目标，所以，控制是管理的本质体现。

6.反馈原理。就是管理系统通过指令、计划等发出各种信息，又根据指令、计划执行情况返送回来的信息，再作出新的指令和调整计划，这就是企业管理上的反馈原理。管理的不断进步和完善，就是决策、执行、反馈，再决策、再执行、再反馈这样一个不断循环、不断上升的过程。

7.弹性原理。管理决策、计划和措施必须保持充分的弹性，即留有余地，以适应客观事物各种可能的变化，实现有效的动态管理，这就是企业管理上的弹性原理。既要重视局部弹性，更要重视整体弹性；而且，要着眼于积极弹性，充分发挥人的积极性，尽可能挖掘潜在能力。

8.动力原理。通过一系列管理方法，充分调动职工的积极性和创造性，推动各项管理活动持续而有效地进行，这就是企业管理上的动力原理。企业管理中最基本的动力为物质动力、精神动力和信息动力，三方面要相互配合、综合运用，并要掌握恰当的刺激量，才能产生巨大的威力。

餐饮企业管理的原则

马克思主义关于企业管理两重性的原理，是制定社会主义餐饮企业管理原则的理论基础。同时，管理原则又来源于管理的实践活动，是对管理实践经验的科学概括和总结。管理原则一经形成，就成为指导管理实践活动的准则，具有普遍的指导意义。

当前我国餐饮企业管理的基本原则是：

1.政治领导与经济领导相统一的原则。

贯彻政治领导与经济领导的统一原则，就是要把政治工作与经济工作有机地结合起来，深化经济体制改革，转换企业经营机制，政、企职责分开，实行经理负责制。餐饮企业中党的组织要积极支持经理行使统一指挥生产经营活动的职权，保证和监督党和国家各项方针政策的贯彻实施，加强企业党的思想建设和组织建设，加强对企业工会和共青团组织的领导，做好职工思想政治工作。企业经理全面负责业务指挥，严格履行经理的职权和义务。要充分发挥职工代表大会、工会组织在审议企业重大决策、监督行政领导和维护职工合法权益等方面的权力和作用。

2.社会效益与经济效益相统一的原则。

餐饮企业是从事饮食产、销、服务活动的经济组织，是进行独立经济核算的企业单位。谋取较好的经济效益，是餐饮企业从事各项经济活动的重要目的，也是企业求得自身生存发展，并为国家提供更多资金积累的基本条件。同时，餐饮企业还与人民生活息息相关，与旅游业联系紧密。作为社会的窗口，还担负着建设社会主义精神文明的任务，在增进各国人民之间的友好往来，提高国际声誉等方面都具有十分重要的作用。

因此，在餐饮企业管理过程中，既要重视经济效益，充分利用企业的各种资源，在努力减少劳动消耗和占用、增加营业收入的基础上，实现合理的盈利；又要注重社会效益，文明生产和经营，积极扩大供应领域，提高产品和服务质量，更好地为生产服务，为人民生活服务。

3.集中领导与民主管理相结合的原则。

企业实行民主管理是现代化管理的要求；没有广泛的民主，就不能充分调动职工群众的积极性和创造性，就不能建立自觉的劳动纪律和良好的服务态度。在我们社会主义国家里，职工群众是企业的主人，由广大职工群众参与对餐饮企业的管理，是职工主人翁地位的具体体现。但是，这种广泛的民主，又离不开集中领导，应在餐饮企业内部建立集中统一的经营管理指挥系统，以便统一意志、统一步调和行动。

当前，我国餐饮企业在管理中实行集中领导与民主管理相结合的原则，主要是通过贯彻实施经理负责制和职工代表大会制度。

4.责、权、利相结合的原则。

责任是由共同劳动引起的，是分工协作的客观要求。具体地说，责，是指企业对国家、员工对企业所应承担的责任，包括完成各项规定的工作任务和经营指标，税利上交任务，增加盈利等。

权力是履行责任的手段和保证，责、权应对

等而相适应。如负责经营业务,就该拥有相应的经营方式、经营策略的选择权,拥有经营资金的使用权等。

利益是指企业和企业职工在完成各项工作任务后应该获取的物质利益。在处理物质利益关系时,必须兼顾国家、企业、职工和消费者的利益,还必须贯彻按劳分配原则,克服平均主义倾向。

在责、权、利三者的关系中,"责"是核心,"权"是履行责任的条件,"利"是履行责任的动力和结果。

餐饮企业管理的方法

管理方法是实现管理意志的客观要求和必要的途径。为了执行管理职能,实现管理任务,必须采取一定的方式和手段去影响被管理对象。通常运用的管理方法有经济方法、行政方法、法律方法和科学技术方法等。

1.经济管理方法。

经济管理方法是企业管理中的主要方法,是指依靠经济组织,运用经济手段,按照客观经济规律的要求管理企业。其特点是以物质利益为动力,利用经济杠杆(价格、成本、利息、税金、工资等)的作用来影响和诱导管理对象的行为,使其按管理目标的要求办事,以促进企业的经营发展。

2.行政管理方法。

行政管理方法是指依靠管理机构和管理者的权力,通过对管理对象下达指示命令及任务,或制订规章、制度、纪律等手段管理企业,它不是对管理对象间接地施加影响,而是具有强制性、直接性和明确性的特点。就一个企业来说,为了有组织、有纪律地进行活动,保持经营服务的正常秩序,也必须运用行政管理方法,否则,企业失去指导原则和约束力,就会形成混乱。当然,在运用行政管理方法时,必须克服官僚主义和防止滥用权力。

3.法律管理方法。

法律管理方法是指将经济管理、企业管理中比较稳定、比较成熟、带有规律性的经验和某些重要的原则、制度,由国家以法律、法令、条例等形式固定下来,形成社会经济法规,作为调整行政领导部门、企业单位和职工个人之间在经济活动中相互关系的规范。法律管理方法具有权威性和强制性,是加强社会法制,保证企业正常经营的客观要求,也是运用经济方法、行政方法管理企业的保障。

4.科学技术管理方法。

科学技术管理方法,是指建立在社会学、管理心理学、组织行为学、信息理论、控制理论、系统理论等基础上的具体管理餐饮企业的方法。

经济、行政、法律和科学技术四种管理方法是相互联系的,应以经济管理方法为基础、以行政管理方法为辅助,以法律管理方法为保障,以科学技术管理方法为手段,相互补充,共同作用。

餐饮经济核算

经济核算就是运用价值的表现形式,通过记帐、算帐,对生产经营中的劳动耗费和经营成果进行对比分析,以寻求合理的经营方法,增收节支,扩大盈利,提高经济效益。

实行经济核算就是要对企业的经营过程实行严格的监督,及时掌握企业人力、财力、物力的使用状况,发现和杜绝企业资源的浪费,为最大限度地发挥餐饮企业的经营能力提供依据。通过经济核算,还能准确了解每个部门、每个环节、每个职工的劳动情况和经营成果,为更好地贯彻按劳分配原则提供依据。

为了更好地实行经济核算原则,应加强基础工作,建立分级核算与分级经济活动分析制度,建立健全各种定额和检查制度;加强资金和费用管理,严格执行国家财经纪律,将各种经济指标层层分解到部室、班组以至职工个人。使经济核算对业务管理起到指挥、督促的作用。要对日常的经济活动实行连续、系统、全面地核算管理。

餐饮管理激励机制

激励机制是指通过满足职工对物质的、精神的各种需求、欲望、爱好和兴趣,以调动职工积极性的一种管理机制。在日常管理活动中,经常采用的激励手段,主要有物质激励和精神激励两种。

1.物质激励。就是将职工的物质利益同职工的劳动成果直接挂钩,将职工的劳动报酬同整个企业的经济效益挂钩。划小核算单位,实行班组核算、单一品种核算;贯彻按劳分配原则,推行提成工资、计件工资、计时工资等，拉开职工工资的差距，充分体现多劳多得、奖勤罚懒、奖优罚劣以及各种不同劳动之间的差别。正确运用物质激励能促使职工群众关心企业、爱护企业、自觉地为企业努力工作。

2.精神激励。是指人们对自尊、成就、荣誉等精神方面的需求。具体地说就是在日常管理中对职工的心理状态等进行分析，掌握职工的心理特征及运动规律，充分运用表扬、批评、评功、摆好、奖励、处分、授予荣誉称号等奖罚手段，以激励职工的奉献精神，充分发挥职工的积极性和创造性。

餐饮管理现代化

随着社会化生产规模的不断扩大，经营服务活动日益复杂，餐饮企业之间的竞争激烈，因此，必须有相应的餐饮管理现代化措施。这主要有以下几方面：

1.管理思想现代化。要树立以市场为中心的观念来开展经营服务活动，由内向型转为外向型，实现经营思想上的根本性转变。

2.管理方法现代化。要从依靠经验和直观判断转移到依靠科学方法管理，将定性分析与定量分析结合起来，充分利用数学方法对企业的经营进行动态分析，将管理活动模式化。

3.管理手段现代化。主要是将电子计算机运用于管理的各个环节，逐步形成管理信息系统。便于管理人员及时掌握企业经营全貌，为经营决策提供详尽、全面、准确的数据资料，并为市场预测和管理方法由定性向定量的发展创造条件。

4.管理人员知识化、专业化。管理人员应具有现代管理理论知识、经济理论知识和其他社会科学知识，要努力学习和运用系统论、控制论、信息论以及电子计算机等方面的基本知识，这是实现餐饮企业管理现代化的前提和关键。

餐饮企业的组织管理

餐饮企业组织管理的主要内容是：根据企业经营目标，科学地确定企业的组织结构。其中包括设立多少部门和管理层次，划分机构的职权范围并明确其权力和责任，规定各机构之间的隶属关系，建立相互之间衔接制约的各项规章制度等等。

要充分发挥企业这一有机整体的作用，必须掌握组织管理的基本原则。从总体上说，要实行集中领导、分级管理的原则，具体来说，还要遵循下列原则：

1.有效性原则(必要性原则)。

就是要求企业的组织结构和规模，坚持少而精，保证其活动富有成效，以有利于管理效率的提高和企业目标的实现。

2.管理幅度原则。

就是在设置机构时要根据企业目标和管理幅度，配备必要的人员，克服因人设事、副职过多、互相推诿、工作拖沓、不注重授权等弊端，使管理幅度的宽窄适应企业经营的需要。

3.统一指挥原则。

它要求一个企业的上下级之间组成一条等级链，反映着上下级的权力、责任和联系渠道。从企业领导到基层员工，这个等级链是连续的，不能中断的。只有这样，才能使企业活动同步运转、协同一致。

4.权、责对等原则。

职权是人们在一定职位上拥有的权力，主要是执行任务时的决定权。职责是完成任务的义务和责任。只有职权与职责相对应，有关机构和人员才能大胆负责，充分发挥各自的作用。

5.协调原则。

就是将各种具体任务或者不同的职能部门有机地相互联系起来，既要有纵向的协调，也要有横向的协调，以保证企业的完整统一。

餐饮企业的组织结构

餐饮企业的组织结构，一般可分为业务经营部门、职能管理部门和行政事务部门。

1.业务经营部门。

业务经营部门是餐饮企业的主体，直接负责加工生产和向顾客提供消费服务，对外建立经济联系，对内从事采购、验收、保管、加工、销售、服务等全部业务工作。业务经营部门是经营服务的第一线，直接决定着企业的经营成果。

2.职能管理部门。

职能管理部门是指不直接从事加工生产或服务活动，但与生产服务活动有直接联系，为业务经营活动服务，担任各种管理职能的机构。如财会、计统、物价、劳资等科室。职能管理部门是企业领导指挥业务活动的助手和参谋,受经理直接领导,是企业管理机构的重要组成部分。

3.行政事务部门。

行政事务部门是指不直接从事加工生产或服务活动,但与生产服务活动有间接联系,为业务经营活动间接服务,担任行政事务工作的机构,如总务、后勤、文秘等部门。

餐饮企业的组织形式

将企业内各部门、各环节间的领导隶属关系固定下来,即形成企业的组织形式。确定了组织形式,上级才能有效地运用权力指挥,下级才有所适从,从而避免组织领导上的混乱,形成一个有权威的、指挥得心应手的管理系统。

餐饮企业一般有以下几种组织形式:

1.直线制。

它是一种最简单的组织形式,即由经理直接指挥或通过一个中间环节指挥基层工作人员,这种自上而下建立起来的垂直的领导关系犹如直线,因此叫作直线制。其优点是从属关系简单,上呈下达迅速,解决问题及时,责任明确。缺点是没有专业的职能机构和职能人员给决策者当助手,这就要求经理通晓各种业务,成为“全能”式的通才,这实际上是难以做到的。

2.职能制。

职能制是将经营管理工作按照职能分解,按职能分工设置若干职能管理机构,由这些职能机构分别指挥业务人员。职能制的优点是分工较细,各职能部门可帮助经理分担一部分工作,专人负责,管理深入。缺点是容易政出多门、领导重叠,指挥不统一,在一定程度上会削弱责任制。

3.直线职能制。

直线职能制是一种复合组织结构形式,它兼有直线制和职能制的优点,是当今最普遍的一种企业组织形式。具体来说,是在经理领导之下,将企业内部划分为业务和职能两大部门,业务部门是垂直领导的执行部门,职能部门是协助经理工作的参谋部门,与业务部门是平行关系,从而杜绝了多头领导的产生。直线职能制的优点是突出了以业务机构为企业的主体,实行自上而下的垂直领导,保证了统一原则的发挥。而职能机构是经理的参谋和咨询部门,能使企业管理工作更细致、更深入。

管理层次

管理层次是指从企业经理到基层工作人员之间隶属关系的数量。有几级隶属关系,就是有几个管理层次。大、中型餐饮企业一般设立三级管理层次。即:

1.上层管理。

是指企业经营服务管理的领导决策层。由经理等高层领导组成,包括企业董事会、管委会、职代会的有关成员。主要负责企业的经营决策,制定经营计划、经营策略和重要的规章制度等。

2.中层管理。

是指各职能部门的管理,亦称职能层管理。由部门经理、主任组成,主要负责各自部门的业务工作和经营管理。具体组织经营活动,协调内部联系,搞好核算和监督工作。

3.基层管理。

是指业务操作层的管理,由各基层班组负责人组成,所以亦称为班组管理。主要是组织本班组的员工,积极执行上级规定的各项工作任务和经营指标,负责班组的日常管理,并定期向主管部门汇报工作。

管理层次的多少与管理效率有着直接联系,一般来说,管理层次少,则管理效率就高。但管理层次的多少又受管理幅度和企业规模的制约。通常是管理幅度大,则管理层次可以减少,反之,管理层次就应该增多;餐饮企业经营规模大,则管理层次便应该增加,反之,就可减少。

管理幅度

管理幅度是指一个管理者直接地指挥、领导、监督和管理的下级人员的数量界限。决定管理幅度的主要因素是:

1.管理者自身的精力、知识、能力、经验等。

2.管理职务的性质和内容。

3.管理职能机构的健全程度和工作效率。

4.下级人员的思想政治、文化、业务素质。

一般来说,基层管理的管理幅度应略大于上层管理的幅度。这是由于基层管理工作,基本属于执行性工作,带有较多的日常重复的工作性质。管理者自身精力、能力等条件好的,管理幅度可以大一些,下级人员思想、文化、业务素质好的,管理幅度也可以大一些,否则,其管理幅度就要缩小。职能机构比较健全有力的，其管理幅度可以大一些，反之，则应该小一些。管理幅度的大小，还与管理层次成反比。管理层次越多，其管理幅度就小；管理层次越少，其管理幅度就大。

从我国当前企业管理的实践情况来看，餐饮企业高层领导的管理幅度一般为5～10人，中层领导的管理幅度一般为10～15人，基层领导的管理幅度一般为15～25人。

餐饮经营管理

餐饮企业的经营

经营是指筹划、开展企业的营销活动，达到预期目标的总称。餐饮企业的经营就是筹划、开展餐饮生产加工和销售服务活动。经营的主体是企业，经营的对象是餐饮食品和相关的服务项目，经营的目的是实现经济效益、满足社会需要。

经营是企业各项经济活动的中心，经营过程是实现企业所创造的多种价值的过程，是实现企业扩大再生产的过程。经营得好，才能获得盈利，创造好的经济效益，才能使企业不断发展和壮大。经营的基本任务包括：

1.研究和确定企业的经营思想、经营目标和经营方针。

2.开展市场调查，搜集整理有关经济信息，通过对经营环境的分析和经济预测，制定企业的经营决策。

3.在企业经营目标和经营决策的基础上，编制各项经营业务计划，制定相关的经营责任制度。

4.运用各种经营要素开展原材料采购、生产加工、销售服务以及与之相关的其他经营活动，实现企业经营计划，完成整个经营活动。

餐饮企业的经营思想

经营思想是企业从事经营活动和处理各方面经济关系的基本指导思想。社会主义经营思想的核心是最大限度地满足社会和人民群众日益增长的物质和文化生活的需要。

餐饮企业是为人民生活服务的，是为对外开放、对内搞活服务的，其目的是要促进生产、方便消费、保障供应、繁荣经济。因此，餐饮企业必须树立正确的经营思想，其基本内容是在坚持社会主义经营方向，维护社会主义生产关系，促进社会生产力发展的前提下，牢固树立企业的一切活动都是为了满足消费者需要的观念，牢固树立质量第一、顾客至上的思想。将为人民服务、为消费者服务和努力提高企业经济效益作为核心。不断改善服务态度、服务方式，提高服务质量，以优质服务在竞争中接受广大消费者的检验。正确处理国家、企业和消费者的关系，以勇于创新、勇于开拓的精神求得企业的发展。

餐饮企业的经营方针

经营方针是决定和引导企业前进的方向和指针，是经营思想在管理中的运用和体现。

在餐饮行业中由于主体对象的不同，关于经营方针常常有不同的表述，归纳起来主要有三种提法。

第一种是全行业(餐饮业)集体经营方针。这就是目前社会上通常的提法，即："面向人民大众，分级划类经营，发扬优良传统特色，适应多种类型消费者的需要。"就是在这一正确方针的指引下，我国的餐饮业有了迅猛发展。餐饮全行业的经营方针，其精神虽然也适用于各餐饮企业，但并不能代替不同企业的经营方针。

第二种是餐饮企业的经营方针。它是根据餐饮行业的经营方针、政策和企业的具体条件来制定的。它包括企业的经营战略、目标、方向和措施等等。

第三种是餐饮企业管理中某一方面的经营方针。如市场开发方针、技术改造方针、产品促销方针、服务质量方针等。

餐饮企业的市场调查

市场调查是通过一定的方法，搜集、整理和分析市场情况，了解市场的过去和现状及其发展趋势，为开拓消费市场，决策经营目标，合理组织经营活动提供科学依据。市场调查也是餐饮企业确定经营方针，制定经营决策和经营计划的依据。

1.市场调查的内容。

餐饮市场调查的内容十分广泛，主要包括以下几方面：

(1)以本地区、本城市为中心的市场供求情况调查。

(2)同业之间的经营动态和竞争调查。

(3)企业内部历史资料调查。

(4)影响市场变化的国家和地方政府有关方针政策的调查。

2.市场调查的步骤。

市场调查一般分为3个阶段、8个步骤。即:

(1)准备调查阶段;分为初步情况分析和非正式调查两个步骤。

(2)正式调查阶段;分为决定搜索资料的来源和方法、准备调查表格、抽样设计、现场实地调查等4个步骤。

(3)结果处理阶段;分为整理分析资料和编调查报告两个步骤。

3.市场调查的方法。

常用的调查方法有:(1)书面调查法。(2)资料搜集法。(3)直接询问法。(4)观察调查法。(5)抽样调查法。

餐饮企业的经济预测

经济预测是在确定经营目标和作出经营决策时,对企业未来的状况和发展趋势所作的科学估计和推测。它是以过去为基础推测未来,是连结过去和未来的桥梁。

经济预测可以帮助餐饮企业管理人员克服盲目性,增强自觉性,防止重大失误和避免严重的经济损失。

1.经济预测的程序。

餐饮企业经济预测的一般程序是:按照决策的需要,确定预测的目标、内容和期限。在市场调查情况和有关数据的基础上选择预测方法,做出预测方案。对预测方案进行检查、分析和评价。

2.经济预测的内容。

餐饮企业经济预测的主要内容是:客源需求预测、产品销售预测、营业收入预测、成本费用消耗预测、经济效益预测等。

3.经济预测的方法。

经济预测的方法很多,一般可归纳为两大类。

(1)定性预测的方法。主要采用的有:经验判断法、调查分析法、集合意见法、专家调查法等。

(2)定量预测的方法。主要采用的有:算术平均法、百分比例法、函数分析法、最小平方法等。

餐饮企业的经营决策

经营决策就是对经济活动进行的决定。一般是指决定企业的经营目标和达到目标的战略和策略。经营决策是企业管理工作的核心,正确的经营决策是企业开拓发展的基础。餐饮企业的经营决策贯穿在整个经营服务过程中,各个环节都存在决策问题,决策种类繁多,都应力求使决策达到科学化要求,并且遵守决策的原则。

1.经营决策的原则。

主要有政策性原则、全局观点原则、可行性原则、合理优化原则、群众性原则等。都应切实遵守执行。

2.经营决策的程序。

经营决策是一个完整的工作过程,餐饮企业决策的程序通常是:(1)确定目标。(2)拟定各种可行的方案。(3)评价和选择最优方案。(4)组织实施方案等。以上4个步骤构成一个科学的系统,是决策的全过程。

3.经营决策的方法。

经营决策主要有定性决策与定量决策两类方法。

(1)定性决策的方法,如根据方针政策决策、根据经验和直观决策、根据多数人意见决策、根据先例和传统习惯决策、根据专家顾问意见决策等。

(2)定量决策的方法,如效益期望值决策法、投资决策法、设备购置决策法、成本效益分析法等。

餐饮企业的经营机制

餐饮企业的经营机制,包括供求机制、价格机制、竞争机制和风险机制等四部分内容。

(1)供求机制。即餐饮企业在采购、生产、销售服务经营中所产生的符合供求规律要求的功能。即供求双方根据市场价格的涨落调剂供需量,保持动态平衡。企业的供求机制,必须产生按照社会需求,组织餐饮经营活动来调节社会稀缺资源倾向的功能。

(2)价格机制。即企业经营餐饮的比价结构,及其运行中所产生的符合价值规律要求的功能。具体表现为企业通过市场关系,自主用好定价权,确定合理的餐饮商品比价,靠价格的涨落和由此带来的利益变动，引导企业作出对社会资源有效利用的决策。

(3)竞争机制。即市场主体之间的关系结构，及其运行中所产生的符合优胜劣汰规律要求的功能。在市场经济体制中，竞争不仅是不可避免的，而且具有全方位的市场性质，以市场为基础配置资源，从劳动者到技术，从设备到管理等等，都需要在竞争中得到优化配置与有效组合。

(4)风险机制。即企业经营活动的成果结构，及其运行之中所产生的随时有破产趋势的功能。在各个市场主体之间展开的自由竞争，凡是能发挥优势的企业将得到生存和发展，处于劣势的企业就会遭至破产、倒闭，这是市场新陈代谢所必然的。正是在这种企业破产、倒闭中，使产业结构得到了迅速、有效的调整。

以上四种企业经营机制是互相联系、互相制约的，构成了一个有机的整体。

餐饮企业的经营策略

经营策略是企业实现经营目标和经营战略的手段。经营策略具有较大的灵活性，在原则许可的范围内，可以随着经营环境的变化而相应地变换。餐饮企业通常采用的经营策略是：

1.信誉策略。

即通过企业的营销服务活动，在餐饮品种、销售方式、服务质量等多方面创立自己的经营特色，在社会上赢得信誉，从而吸引更多的相对固定的顾客，开拓更广阔的市场，使自己在竞争中处于优势地位。

2.领先策略。

即“人无我有、人有我全、人全我新、人新我优”，从经营品种到服务方式都走在同行的前面，独占鳌头，以争取顾客，提高市场占有率。

3.订价策略。

餐饮产品价格直接影响产品在市场上的销路，因此，订价策略是经营策略的重要组成部分。应遵照国家有关价格管理的法令，根据餐饮市场供求变化情况，灵活采用招徕定价、声望定价、弹性定价，习惯定价等策略。

4.宣传策略。

宣传方面包括实物形象宣传和广告宣传两部分。形象宣传主要是突出门面装饰和餐厅的布局与陈设。牌匾要讲究而富有吸引力，餐厅要美观、整洁、安静、舒适。广告宣传主要是运用文字、图片等在报刊、广播电台、电视台开展宣传，显示企业经营品种和服务项目的特色，引起消费者的关注，诱发消费欲望，从而扩大企业的销售收入。

餐饮企业的经营方法

为了适应社会生活方式的变化，餐饮企业必须重视正确运用各种经营方法，主要是：

1.讲究地段效应。

餐饮企业经营的基本形式是坐店服务、就地消费，企业的地理位置至关重要。因为广大顾客的日常生活消费是不会舍近求远的，所以餐饮企业必须讲究地段效应，即要重视“地利”，企业所处的地段应有雄厚的客源，以利于企业的经营发展。

2.重视门面装潢。

企业的门面(包括门、窗、墙壁、牌匾、照明、霓虹灯等)是企业形象的外观展现，具有重要的形象宣传效应，门面装潢要符合企业的类型和等级，同时要反映时代气氛和装潢艺术水平，对广大消费者产生应有的吸引力。

3.塑造企业个性。

企业个性即此企业区别于彼企业的特性，或者称为企业独特的魅力，它是企业与众不同的苦心经营的结晶，所以它能够有力地吸引顾客，得到顾客的偏爱和信赖。当然，构成企业个性(特性)的基本因素仍然是经营品种和服务项目，还有质量、价格、消费环境、文明礼貌、热情周到等方面。实质在于这些方面工作的创造性。

4.把握忙闲规律。

餐饮经营有淡季旺季之分，有节、假日和平日之别；各月、各周之中营业有很大差异，就是一日之内，也有明显的高潮低潮之分。经营者必须把握这种忙闲规律，合理地调配和使用人力、物力，将淡旺季的业务都做好做足。

5.开拓消费领域。

顾客的消费需求多种多样，而且是在不断发展变化着的，企业经营的扩大，就在于努力开拓新的消费需求领域。这主要是通过信息宣传和新产品开发，将理论上的、潜在的需要变为现实的需求，从而使顾客产生消费欲望，挖掘潜在的购买力。

6.开展连带经营。

开展连带经营在餐饮业中历来有优良的传统和丰富的内容,如餐饮企业兼营烟酒、糖果、糕点、旅游、娱乐等,这不仅能增加企业的经营总量,同时也满足了顾客的多种需要,提高了企业的服务质量。

7.方便顾客为本。

在传统经营中"货卖方便"乃是企业取胜之道,餐饮企业是直接为顾客生活服务的,餐饮经营能否处处给顾客以方便,对于企业的成败有其重要意义。要让顾客真正事事感到方便,有赖于全体职工的服务思想和业务素质的提高。

8.坚持顾客至上。

没有顾客也就没有企业的经营,所以在业务经营过程中,必须坚持顾客至上,处处尊重顾客,对来店的顾客,不分民族、不分阶层、不分职业都要以礼相迎、以诚相待、热情周到、文明服务,以之赢得顾客对企业的关照。

餐饮企业的经营计划

餐饮企业的经营计划是企业经营思想、经营方针和经营决策的具体体现,是企业计划管理的主要部分。

1.编制经营计划的原则。

餐饮企业编制经营计划必须遵循以下原则:

(1)遵循客观经济规律,坚持以市场为导向的原则。

(2)统筹兼顾、全面安排的原则。

(3)群众性和严肃性相结合的原则。

2.编制经营计划的方法。

(1)编制计划的基本方法——综合平衡法。就是根据企业内部各部门按比例发展的要求,综合平衡企业内部各种计划指标之间的关系。

(2)编制计划的辅助方法。主要有比例法、动态法、定额法、比较法等。

3.餐饮企业经营计划的指标。

餐饮企业经营计划指标的内容很多,其主要指标是:

(1)营业额指标。营业额即销售额,既包括餐饮食品的销售额,也包括企业兼营其他业务的销售额。是餐饮企业经营计划的综合性指标。

(2)费用指标。包括费用总额指标和费用率指标。

$$\text{费用率}=\frac{\text{费用总额}}{\text{营业收入}}\times 100\%$$

(3)利润指标。包括利润总额指标和利润率指标(营业利润率、资金利润率等)。

$$\text{营业利润率}=\frac{\text{利润总额}}{\text{营业总收入}}\times 100\%$$

$$\text{资金利润率}=\frac{\text{利润总额}}{\text{平均资金占用额}}\times 100\%$$

(4)劳动生产率。劳动生产率的表示方法有两种:

$$\text{全员人均劳效}=\frac{\text{营业总收入}}{\text{平均职工人数}}$$

$$\text{全员人均税利}=\frac{\text{利税总额}}{\text{平均职工人数}}$$

(5)税利指标和百元资金实现税利。这是考核餐饮企业对国家贡献大小的一个重要指标。

(6)百元收入工资含量。这是衡量餐饮企业劳动定额是否先进,人事费用开支是否合理的一个重要指标。

餐饮经营的单纯化与风格化

从长期实践积累的经验来看,古今中外餐饮业发展的成功者,在起步阶段,经营上都十分注重推行单纯化、风格化、标准化和小型化。所谓单纯化是指经营项目单纯,菜点简练、重点突出;风格化是指在经营项目、服务、厅堂装修上有自己明显的个性特征;标准化是指在产品质量、服务、价格、卫生等方面实行规范化管理;小型化是指一般餐厅的座位数在100个以内为宜。

经营项目单纯化,便于集中力量突出自己的风格;企业风格倾向明确、特色突出,也就易于标准化;标准化便能更加有力地取信于顾客;小型化则能积蓄力量,拓展业务,利于稳定发展。

纵观当今世界,许多驰名的餐饮企业大多是从这"四化"起家的。美国的"麦当劳"是由麦氏兄弟1937年在洛杉矶开的一家简陋餐厅制做热狗、奶酪起步的,现在已发展成为风靡世界的"麦当劳快餐王国"。

我们国内一些有名的餐饮企业,如北京全聚德烤鸭店、天津狗不理包子铺、武汉老通城豆皮馆等的成功与发展,也都是从单纯化、风格化、标准化、小型化经营开始的。

餐饮销售业务的管理

销售是企业经营活动的中心环节，要不断扩大销售，必须加强对销售业务的管理。

1. 牢固树立销售观点，提高销售业务人员的素质。餐饮经营具有以销定产的特点，这就是说，即使有再高的技术，再好的产品，如果销不出去，就会没有活做，做了也是无效劳动，这就直接关系着企业的生存与发展。所以必须使企业全体职工都关心销售业务，树立牢固的销售观点。尤其是在销售业务第一线的迎宾员、服务员、开票员、售票员等，都必须努力提高自己的政治思想水平、文化知识和业务技术素质，以适应企业不断扩大销售业务的需要。

2. 建立销售制度，保证销售活动的正常进行。一般应包括以下内容：

(1)文明经商，热忱服务，端正店风，尊重顾客，一视同仁。

(2)切实保护顾客利益，杜绝质次价高、短斤少两和不符合卫生要求的餐饮食品。

(3)严格销售手续，所有现金、票据必须当班结清，做到货、款相符，责任清楚，以防发生差错事故。

(4)正确区分和处理餐饮食品的质量问题，既要使消费者满意，又要维护企业的正当利益。

(5)超额完成销售任务者予以奖励，人为事故影响完成销售任务者予以处罚。

3. 加强销售业务的现场组织与检查，餐饮部门经理应坚持每天例行的现场组织检查工作。

(1)检查销售前的准备工作。包括出售餐饮食品所用容器、夹具、包装品的准备，计算用具、票卡、零钞等的准备，以及销售环境的打扫、整理、布置等。

(2)检查销售服务工作的质量。包括接待顾客的态度，经营品种和服务项目的介绍，收款结帐的程序和速度是否符合要求等。

(3)检查处理在销售过程中所发生的问题。如发现上菜不及时，或上错了菜，或某些品种断档，应立刻采取补救措施；如发生款项差错，应实事求是妥善予以处理；如发生顾客与服务员或顾客与顾客之间争吵，则应及时调解纠纷，以保证销售供应服务的正常秩序。

4. 加强销售凭证的管理。不论是未用的、正在用的都必须妥善保管，以防丢失，以免企业受损。

(1)各种销售凭证(发票、产品定量小票、筹牌等)，要有专人负责管理印制、领发、销号、复核、登记和保存工作，并建立管理制度。

(2)建立销售凭证领用登记簿。按各种类别的销售凭证，开列收、付、存登记帐页，记载各种凭证的印刷日期、起讫号码、共有册数，以及领用日期，领用起讫号码、领用册数和领用人签字。以控制销售凭证的储存量和掌握领用分布情况。

(3)对销售凭证的取货联，生产班组的发货人员发货后应撕角或加盖戳记识别，每日供应结束，应立即清点张数，计算产量与金额，在与销售部门、财会部门核对后，应予以保存，以备必要时查用。

(4)坚持服务(售货)、厨房(发货)、和收款(出纳)三方核对，保证票款相符。还应同时核对生产记录，检查原料耗用是否正常，产、销是否相符；防止多耗少产或多产少销等弊端。

餐饮产品的销售方式

不同等级和类型的餐饮企业可以采用不同的销售方式，各种方式的选择在于是否有利于扩大销售。一般采用的，有以下几种销售方式：

1. 一手钱、一手货。
2. 扯品种定量小票或发筹牌。
3. 出售菜金卷。
4. 开票供应、服务到桌。
5. 临台开票服务。
6. 先进餐后结帐。
7. 一次售票、分次供应。
8. 按月售票(进餐月票)、逐日供应。
9. 一次售票、自主进餐。(自助餐)
10. 预订供应(筵席)。
11. 来料加工。
12. 以生换熟。
13. 走街串巷、流动供应。
14. 出堂下灶、服务上门。

餐饮产品的促销方法

促进产品的销售有各种不同的方式和方法，就促进餐饮产品的销售来说，主要有以下一些方法：

1. 扩大或缩小产品组合。

即根据条件及可能增加餐饮品种，扩大经营

范围。如小吃店扩大经营菜肴,甜食馆扩大经营冷热饮,饭馆扩大经营筵席,中餐馆扩大经营西餐。以本业为主,扩大兼营与餐饮相关的业务,如兼营烟酒、糖果、旅游纪念品等。另外也可根据不同条件,通过缩减产品组合,组织具有餐饮特色的专业化经营,如烤鸭专营店、包子专业店等,这都能促进销售、扩大供应。

2.适应忙闲规律,实行弹性销售。

根据餐饮业的忙闲规律来组织销售活动,可以有效地扩大销售业务。餐饮经营的忙闲规律十分明显,一年之中旺季忙,一月之中节、假日忙,一日之中正午和傍晚忙。依忙闲规律,灵活安排人员班次,平时做好准备,忙时集中力量,高效率地组织突击销售活动,既及时满足顾客需要,又有利于销售的扩大。

3.扩大供应渠道,变换供应方式。

餐饮经营服务的领域广阔,应在传统的供应渠道以外积极拓展新的领域。如扩大向居民家庭供应的渠道,扩大向农村供应的渠道,扩大专业化外向型销售服务的渠道等等。在供应方式上也要变换单一的坐店经营模式,可以组织流动供应、预约供应、上门服务等多种形式。也可在服务中组织歌舞游艺活动,使餐饮与娱乐相结合,以广招徕,扩大销售。

4.优惠供应服务。

这是利用顾客消费心理,通过向顾客让利或提供特殊的优质服务,以扩大餐饮销售的一种方式。如季节性、节日性减价,发行"优惠卡",持卡按优惠折扣作价,供应筵席免费献花、摄影、赠酒、送纪念品等。

餐饮企业为了扩大销售,要注意促销组合,即有计划地将各种促销方式有机结合起来,使之相互配合、综合运用,形成企业完整的促销体系。

经理负责制

经理负责制是由政府将国有企业的经营管理权委托给经理全权负责的一种管理制度。经理是法人代表,也是企业行政工作的最高负责人。

1.经理的职权。

(1)统一指挥权。经理有权对饭店的经营活动与行政管理,进行统一指挥。

(2)干部任免权。经理有权提名和任免副经理以下的各级干部。

(3)经营决策权。经理有权根据实际情况决定有关经营管理的问题。

(4)调度处置权。经理有权在国家规定的范围内,对企业的人力、物力、财力进行调度处置。

(5)奖励惩罚权。经理有权根据国家有关规定,用经济或行政手段对员工实施奖励或处罚。

(6)临时处置权。

(7)对外代表权。

经理在执行国家赋予上述职权的同时,也必须承担相关的责任。

2.经理的责任。

(1)贯彻执行党和国家的方针、政策,执行主管部门的指令,支持职代会、工会和其他群众组织的工作,执行职代会依法作出的决定。

(2)接受企业党组织的全面监督,在坚持维护国家和人民利益的前提下,正确处理好国家、企业和职工三者的关系。

(3)组织设立企业管理委员会,决定企业的重大问题。如企业的经营方针、计划、工资调整方案、重要的规章制度等。

(4)代表企业对外进行业务联系和签订经济合同,履行企业在法律上的权利与义务。

(5)注意改善职工的劳动条件,做好安全工作,在扩大经营的基础上,逐步改善职工生活。

经营责任制

经营责任制又叫经济责任制,就是在国家计划指导下,以提高经营质量和经济效益为目的,明确规定企业、企业内部各环节以及职工个人在经营活动中的责、权、利的一种企业管理制度。是把企业和职工的责、权、利紧密结合起来的一种管理制度。

1.实行经营责任制的基本原则。

餐饮企业实行经营责任制必须遵循以下基本原则:

(1)坚持社会主义经营方向,维护消费者的利益。

(2)正确处理国家、企业、职工三者的经济利益关系。

(3)坚持责、权、利相结合的原则。

2.餐饮企业经营责任制的主要内容。

(1)企业对国家要承担执行方针政策,搞好职工队伍建设,改善经营管理,满足供应需要,完成各项计划，为国家增加积累的责任。

(2)职工对企业要承担遵纪守法，履行岗位职责，坚持质量标准，完成各项任务的责任。

(3)企业和职工要遵守职业道德，保障消费者利益，改善服务态度，提高服务质量，接受群众监督，搞好供应服务工作。

(4)国家赋予企业选择经营方式、制定价格、聘用员工、经济成果分配等自主权。

(5)企业按照国家规定，赋予职工民主管理企业的权利，保障职工主人翁的地位。贯彻按劳分配原则，搞好职工集体福利。

3.餐饮企业经济责任制的基本形式。

经营责任制有租赁经营、承包经营、任期目标经营、资产经营责任制等形式。餐饮企业应因店制宜，从实际出发加以选择。一般采用的承包经营责任制，主要有以下几种具体形式。

(1)利润包干、超额分成责任制。

这种形式可以在保证国家财政收入的基础上，随着利润的超额完成，按照一定的比例，实现国家多收、企业多留、职工个人多得，能较好地兼顾三方面的利益。

(2)全额利润提成责任制。

这种形式可以避免定额指标偏高或偏低带来的副作用，有效地防止先进单位提成少，后进单位提成多，以及企业分成多，国家积累少的弊端。

(3)营业额定额、超额提成责任制。

实行这种责任制，必须订出合理的原材料消耗定额、费用定额、劳动定额，防止单纯追求高营业额而不计成本，不顾国家和企业利益的倾向。

(4)利润大包干、全奖全赔责任制。

这种形式适用于保本微利或时盈时亏的企业，以充分调动这些企业的经营积极性。

(5)“六定、五保、一包”责任制。

即定人员编制、定营业额、定毛利率、定全员劳效、定费用水平、定资金周转；保执行政策、保品种质量、保卫生、保服务质量、保经营生产安全；利润包干的全面包保责任制。这能做到经济指标与服务质量并举，是大、中型餐饮企业普遍采用的经营责任制形式。

岗位责任制

岗位责任制(岗位经济责任制)，是企业内部的一项基础制度。是企业根据市场需要及企业制定的经营目标，按照责、权、利相结合的原则，把总目标分解落实到各部门、各班组和个人，从而建立起来的一种责任制度。

1.岗位责任制的主要内容。

岗位责任制是按照企业内部的工作岗位划分职责任务。一个企业从经理到每个工作人员，都应有各自的岗位，每个人的工作内容、责权范围乃至业务人员的操作规程，都应达到一定的要求，达到一定的标准。这是企业正常经营的客观要求，同时也是企业经济核算和推行经营责任制的前提，具备了这个前提，企业才能真正实行定额管理，指标到组，责任到人和及时考核。

企业实行定额管理所规定的各项经济指标，如营业收入、平均劳效、费用率、利润率、毛利率、净料率、损耗率等等应逐项分解到班组，落实到各个工作岗位和职工个人。将整个企业的经营计划变为企业全体职工共同奋斗的目标，变成每个职工的经济责任。只有这样，企业连续地经营服务过程才能做到事事有人管，人人有守则，工作有标准，检查有依据。

2.岗位责任制的要求。

按岗位责任制要求分解到班组和职工个人的责任指标，亦是相应的考核指标。应坚持做到“全”、“细”、“严”的要求。所谓全，是指对班组和职工个人的考核指标要全面制定，分项确定，要与企业总体指标挂钩。所谓细，是指各工作岗位的考核指标，既有数量标准和质量标准，还要有具体明确的实施细则，以便执行。所谓严，就是要将企业规章、制度、劳动纪律、奖惩条例等公布于众，严格兑现；凡认真执行岗位责任制的要及时奖励，对违犯岗位责任制的应严格处罚。

职工代表大会制度

企业民主管理的主要内容，是让企业全体职工参与企业的经营决策，参加管理，监督领导，切实维护职工的合法权益，体现工人阶级的主人翁地位。其基本形式是实行企业职工代表大会制度。职工代表大会不是一般的群众组织，而是切实维护职工合法权益的企业权力机构，其主要职权是：

1.审议企业的经营方针和决策。

2.讨论重要的规章制度及重大的行动方案。

3.决定职工集体福利事项。

4.监督企业各级领导干部和工作人员的工作。

5.维护职工的合法权益。

在建立民主管理制度的同时,要处理好职代会与企业党组织的关系,职代会必须接受党组织政治思想上的领导。同时,也应处理好与企业行政领导的关系。职代会对以经理为代表的饭店行政领导,既要起监督作用,又要教育职工支持经理行使职权,以维护行政系统的高度权威。职代会与企业工会的工作有着密切联系,职代会闭幕以后,由企业工会承担职代会常设工作机构的任务。

现代企业制度

1993年11月,十四届三中全会通过的《中共中央关于建立社会主义市场经济体制若干问题的决定》,提出了我国企业改革的目标是建立现代企业制度。这是我国为使企业适应社会主义市场经济发展要求,而确定要建立的一种新型的企业制度。它是以公有制为主体、多种经济成分共同发展的企业财产组织形式,突出法人财产制度、有限责任制度和科学组织制度,坚持社会主义基本原则同适应市场经济发展要求结合起来的一种企业制度体系,能够使企业真正成为市场的法人实体和竞争主体。

现代企业制度实际上是现代公司制度,如有限责任公司和股份有限公司两种组织形式,都是符合现代企业制度要求的,因为这两种规范的公司,都能够有效地实现出资者所有权与企业法人财产权的分离,有利于政企分开、转换经营机制;也有利于筹集资金、分散风险;还能有效地提高竞争能力和经营管理水平。

与传统的企业制度相比较,现代企业制度具有以下的诸多特点:

1.产权清晰。即指企业的产权关系清晰,或产权主体多元化的公司的产权清晰。法律为这种组织形式专门构造了一种特殊的法人财产制度,这就是出资者对所形成的财产拥有所有权,而公司则拥有法人财产权,它具有独立于出资者的法律地位,从产权关系来说,它体现了社会经济运行中由法律界定和维护的各种经济当事人对财产的权利关系。

2.责权明确。责权利统一是现代企业制度处理各种关系的基本准则。按规范组建的公司都应当具有一套使所有者和经营者及生产者责权利相互协调、相互制约的组织机构和行为机制。如国际通行的股东大会、董事会、监事会和总经理负责制,就是有效维系责权利制衡关系的现代企业组织制度。有了这种制度,即可避免责权利相互脱节。以彻底改变过去国有企业中有责无权、有权无责等种种弊端。

3.政企分开。按现代企业制度的规范,政企明确分开,两者之间是法律关系,政府依法管理企业,不能直接干预企业活动,政府调控企业主要是用财税金融手段和法律手段,包括对企业经营中某些严格的限制也是如此。而企业则是依法经营、照章纳税,致力于开拓经营,增强自身和国家的经济力量。

4.科学管理。科学管理是指企业的内外部管理,一切都要以市场要求为中心,以发挥人和科学技术的作用为重点,建立一套科学合理的管理制度。这是现代市场经济的特点所决定的。现代企业制度具有促进科学管理的机制,它诱导企业通过横向联合,集聚和优化社会资源,不断开发新产品及新服务项目,选拔、培养干部搞好企业经营,增强企业的竞争能力。

思想政治工作制度

中共中央批转的《国营企业职工思想政治工作纲要》规定:“企业职工思想政治工作的根本任务,是通过对企业全体职工进行共产主义思想体系的教育,提高他们对本阶级所处的历史地位和历史责任的正确认识,增强他们认识世界和改造世界的能力”。

餐饮企业思想政治工作制度应当以促进、推动、保证企业经济任务的顺利完成为原则,将思想政治工作做到业务过程中去,做到群众生活中去,做深、做细、做具体。一般来说,思想政治工作制度的主要内容通常包括:

一是深入开展思想政治教育工作,用邓小平理论教育全体职工,提高他们对市场经济规律的认识和对中国国情的理解,树立全心全意为人民服务的思想;用党的路线、方针、政策教育职工,保证企业法的贯彻执行,增强职工完成党和国家各级政府交给的一切任务的自觉性。

二是结合餐饮企业的实际和每个职工的具体情况，分别组织干部、职工学习经济管理、文化、科学技术，不断提高生产技术水平和经营管理水平，以适应工作发展的需要。

三是贯彻实施经理负责制和职工代表大会制，支持经理对企业经营活动的统一指挥，组织和领导职工参加民主管理。对重大业务活动和措施要做深入细微的思想动员，讲清目的意义、政策界线和具体要求，把任务交给群众，充分发挥每个职工的积极性和创造性，以保证各项任务的顺利完成。

四是做好干部和技术人员的选拔、配备、考核、职称评定和培养工作，加强企业领导班子的思想建设、组织建设、业务建设以及人才建设，同时也要搞好党员教育和基层党组织的建设。

五是把思想政治工作同日常业务、学习、生活等很好地结合起来，坚持不懈地做好经常性的思想政治工作。关心职工学习、工作、生活、家庭、子女、生老病死等切身利益问题，不时表彰好人好事，发现和培养先进典型，做好后进职工的转化工作，掌握职工的思想活动规律，将思想工作做在前头，把矛盾消灭在萌芽状态之中。

六是进行财经纪律教育，揭露经济领域里的犯罪活动，反对滥用职权、损公肥私、走后门等腐败现象和不正之风，坚决反对和抵制一切剥削阶级思想的侵蚀，维护消费者利益，保护社会主义公共财产不受侵犯。

餐饮生产管理

原材料采购的管理

原材料采购是餐饮企业经营活动的起点，直接关系着餐饮生产成本和产品质量，关系着企业的经济效益。

1.必须坚持以销定进、勤进快销、以进促销、储存保销的采购原则。

2.必须注意掌握需求信息，了解市场原材料货源行情的变化，及时编制采购计划。

3.必须广集货源，开展多种渠道、多种方式的采购，应以比质比价为标志，做到价廉物美、择优进货。

4.加强对采购员的业务培训工作。采购员必须精通业务，熟悉各种原料的质量标准、市场价格和淡旺规律，把好质量关，防止腐败变质原料进入企业。

5.加强对采购员的思想政治教育，采购员必须奉公守法，严格遵守财经纪律，杜绝收受贿赂、吃回扣等腐败行为。

6.健全采购手续制度，加强对采购工作的领导，堵塞各种漏洞，积极实施采购工作责任制。

原材料储存的管理

原材料储备是社会进行再生产的保证。做好原材料的保管、储存工作，对餐饮企业经营的正常连续性具有重要意义。

1.必须认真组织进货验收，这是做好保管工作的首要环节。应坚持“先验后收、不验不收”的原则。依照进货单据对实物进行验质、点数或过秤，凡与原始凭证不符或质次价高、腐败变质的原材料都要拒绝接收。

2.必须安排一定的储存场所和必要的保管设备。仓库面积大小应与保管规模相适应，要注意库房的通风与采光，避免使原材料受潮发霉。应有箱、柜、桶、盆、缸、池、货架、冰箱、冷柜等保管设备。

3.必须坚持原材料的科学保管与养护。注意调节库房温湿度，可采用密封、通风、降温、吸潮、倒垛、晾晒、避光、洒水等方法，以适应原材料的需要；做到无霉烂变质，无虫蛀鼠咬，无超额损耗，无责任事故。实施分类划片保管法，提高仓容的利用率。

4.严格领料发货手续，认真做好出库管理工作。发货中既要做到准确、及时、安全，又要坚持“先入库的先出、易霉变的先出、接近失效期的先出、腐烂变质的不出”的原则。

5.认真做好原材料清点盘存工作。这是企业管理中的重要一环，对保证帐货相符和正确核算成本具有重要作用。定期盘存每月一次，应以保管部门为主，组织财会、业务人员共同参加，按品种逐一点数计量，做好盘点记录，防止漏盘、错盘，最后填制原材料盘存表。

6.加强仓库管理的制度建设和提高保管人员的素质。仓库的管理制度应包括：原材料出入库制度、原材料的养护制度、仓库的安全制度，仓库管理的“四禁”制度（禁止无关人员进入仓库、禁止个人存放物品、禁止在库房内吸烟喝酒、禁止将危险品带入库房)等。所有这些制度的贯彻实施,都要求提高保管人员的思想素质和业务素质,要安于职守,一丝不苟地为企业管好物、理好财,成为生产部门的有力后盾。

生产加工的组织与职责

厨房是餐饮企业生产加工的场所,不同规模的餐饮企业有不同的厨房组织。大型餐饮企业设有中餐厨房、西餐厨房、面点厨房等。一般中、小型餐饮企业只设有中餐厨房。其中细分为加工整理组、切配组、炉灶组、冷盘组、面点组等。各组职责如下:

1. 加工整理组:负责原材料的初加工,即原材料第一道加工整理,如畜禽、水产原料的宰杀、剥洗,蔬菜原料的清洗加工等。

2. 切配组:主要是刀工和配菜两个部分。"切"是负责将经过初加工的原材料进行刀工处理,使其形状符合所烹制菜肴的要求。"配"是负责将各种成形原料进行合理的、恰当的搭配,使其成为一份完整的菜肴原料。

3. 炉灶组:负责原料的烹调、制汤、半成品加工以及成品烹制,即是将切配好的生料烹调制成菜肴。根据烹调的需要,有的炉灶组中又分头灶、二灶和笼灶。

4. 冷盘组:负责各种凉菜、冷盘的制作。既包括原料的切配、雕刻、烹制,又包括成品的艺术拼装。

5. 面点组:负责米饭、馒头、包子、花卷等主食生产以及各种精细糕饼、筵席点心的加工制作。

此外,有的企业还设有勤杂组,主要负责厨房的环境卫生、清洗碗碟和物资搬运等工作。

产品生产的决策管理

产品生产的决策管理,是在进行市场调查,了解消费需要及经营预测的基础上,根据消费变化的规律以及餐饮产品按需定产、以产促销、现产现销、日产日清的特点,确定生产目标,及时安排好每一阶段乃至每天的生产品种和生产数量。为了确保产品适销对路,必须注重消费需求信息的搜集和同行业竞争趋势的调查、研究,注重新产品的研制和试销等工作,把产品的生产建立在自觉适应不断增长的人民消费水平的基础上,从而防止生产的盲目性,由于产品是否畅销对企业的再生产有着决定性的作用,所以产品的决策管理,是企业生产管理的首要任务。

决定产品的品种,应坚持以市场为导向,从满足消费者需要出发,根据企业的规模和经营范围,注重时令季节,突出自身的技术优势和风味特色。一般大型餐饮企业日生产可安排200个菜点品种,其中公认的风味特色菜点应在20种左右;中型餐饮企业日生产可安排100个菜点品种,其中公认的风味特色菜点应在10种左右;小型餐饮企业日生产可安排30—50个菜点品种,也应该拥有自己的风味特色品种。

决定产品的数量,主要应依据于销售计划、餐位数、客流量、预订包餐数、季节淡旺规律、节假日客流规律等因素安排。

菜品生产流程的管理

任何产品的生产都是经过很多工序生产出来的。各个工序、工种、工艺的密切配合衔接,即构成生产流程。

菜肴的生产流程一般为:

原料领用→初加工→刀工处理→配菜→烹调→成菜装盘。

面点的生产流程一般为:

和面→下碱→揉面→搓条→下剂→制作→上馅→成型→上笼→成品出笼。

不同种类的产品有其不同的生产流程,这就要求按照生产的自然流程来科学地组织生产活动,以保持生产的连续性,按比例有节奏地进行生产。与此同时,还要注意研究各个工序与产品质量的关系,制定出每道工序的操作要领和应达到的要求标准,即操作工艺规范。对生产进行规范化管理,是提高产品质量和生产效率的关键。

在生产中各工种应严格按照操作程序进行操作,具体要求如下:

1. 厨师长和班组长按照餐厅需求及生产决策要求,合理科学地安排各类人员,做到分工明确,任务具体,标准严格,责任清楚。

2. 各工种、各岗位按照分工和各自的操作规范,按时按质按量完成任务。

3. 厨师长、班组长组织协调各工种生产进度,负责检查验收工作质量,严把餐饮产品和半成品的质量关。

4.各工种、各岗位的关系是互相检查、互相监督的协作关系。即上道工序为下道工序服务并接受下道工序的监督和检查,下道工序对上道工序负责,各工种、各岗位、各道工序围绕生产任务和目标协同作业。

劳动与技术力量的管理

人是生产力中最主要的因素,劳动、技术力量是搞好企业生产的重要条件。凡社会声誉很高的名店是与所经营的名菜、名点分不开的;而名菜、名点又是与名厨师、名点心师分不开的。所以,餐饮企业之间经营上的竞争,实质也是技术上的竞争。为此,必须加强技术力量的培训、提高与管理。可采用岗位练兵、以师带徒、办短期培训班、请进来或送出去等多种形式,提高生产人员的业务技术水平。同时也应加强餐饮职业道德教育,使广大职工真正做到热爱本职工作,钻研烹饪技术,文明生产,认真操作,质优量足,高度负责;不以劣充优,不偷工减料,不优亲厚友等,杜绝各种不正之风。

此外,还应注重研究初加工、切配、烹调、冷菜、面点、服务等各工种技术力量的科学配置,以及高、中、初级不同等级的厨师和厨工的合理构成。技术力量的总体构成,一般以宝塔型为宜,即初级厨师应多于中级厨师,中级厨师应多于高级厨师,逐级向上递减,还应具体拟定各工种不同等级技师和技工的岗位职责,并严格组织实施,以促进餐饮技艺的发展,保证餐饮产品质量的不断提高。根据国家职业技术标准相关工种水平要求,应定期进行技术的全面考核,将考核成绩列入职工技术档案,作为升级调资的重要依据。

各种技术力量要相对稳定,不应随意调动或改行,对已到退休年龄的高级厨师和高级服务技师,应聘请充当技术顾问,以便把他们的优良技艺传授下来,要加强技术管理的领导,有条件的大、中型餐饮企业应成立技术研究小组,挖掘、继承传统的烹饪技艺,改革和创造新的菜点和服务项目,注重表彰技艺突出的技师,奖励贡献卓著的研究人员等。

生产场所和设备管理

餐饮生产场所的条件和生产设备,是保护生产者提高生产效率和产品质量的重要条件。餐饮生产品种繁多,工艺复杂,切配烹调,加热成熟等,都有严格的卫生要求。这就需要有一个与餐饮生产性质和特点相适应的生产环境,包括生产场所的结构与布局、设施与设备、通风照明、排气防尘、进出水道以及温湿度调节等的全面安排;生产场所条件的改善,应与企业经营发展相适应,有计划地逐步进行。

设备管理则要求既注重现有设备的养护,确保设备的完好,提高设备使用率,充分发挥现有设备的使用效能;又要注重新技术、新设备的引进采用。坚持技术上先进,经济上合理,生产上适用的要求。要制定各种设备使用的操作规程,加强检查维修,实行设备管理责任制,提高设备利用率,实现技术进步,促进餐饮生产的发展。

有关设备管理的具体知识,请参阅“餐厅服务设施·养护保安”中的相应条目。

餐饮生产安全管理

为确保职工的生产安全,应建立健全安全生产管理制度,经常对职工进行安全生产教育;进行消防知识和用电知识教育,使每个职工都学会使用消防设备和有关电器。应经常进行对煤火、柴油、电源等的安全检查,严禁随意拉接电线、安装电源插座,严禁用煤油、汽油、酒精点火,每日生产结束,人员离开工作现场之前,要对整个厨房场地进行全面检查。

对锅炉、煤气罐等,要定期进行检修,及时补齐安全配件;对有关的机械设备和电器设备应指定专人使用,注意做好保养和维修工作,其他人员不得随意动用。教育职工切实遵守安全操作规程,保证煤气管道、锅炉、升降机、绞肉机、和面机、各种刀具、油锅等的安全使用,防止技术事故和人身伤害。

消防设施要合理布局,炉火、油锅附近,必须配有灭火器或消防沙。消防设备要有专人负责管理,通向水源的道路,要经常保持畅通,做到随时可以通行。总之,要及时排除各种潜在的不安全因素,把事故消灭在萌芽状态之中,以保证职工的人身安全和厨房设施财产的安全。

餐饮生产卫生管理

餐饮企业是为广大消费者提供餐饮服务的

场所，生产中的卫生管理十分重要；因为产品的卫生是否符合标准，直接关系到人民群众的身体健康。卫生管理要求全面贯彻“食品卫生法”，严格执行食品卫生“五·四制”。生产人员一律应经卫生防疫部门体检合格才能上岗操作，生产中必须穿清洁的工作服、戴工作帽，将手洗净；生产加工的工具、容器、机械设备等也必须保持清洁，合乎操作卫生要求；必须杜绝使用腐烂变质的原材料和不符合卫生标准的添加剂；生熟必须分开；一切食品原材料、半成品、成品都必须与毒物、杂物严格隔离。此外，还应经常打扫、冲洗，保持生产作业环境的卫生。

原料与成品冷藏保管的卫生要求极为严格，应切实分开存放，且堆叠不宜过多，各类不同原料应保持一定间距；熟品应在完全冷却后用保鲜薄膜密封存放；存放时间较长的要经常翻检，发现问题及时处理；冰箱、冷库要定期清理，以免降低冷藏效果及污染食物；对不宜冷藏的原料，应在通风处摊散放置；对鲜活原料要单独隔离活养。

切配、烹调过程中严禁操作人员吸烟，说话切忌将唾液溅在食物上，加工冷餐食品应戴口罩；烹调尝味应用汤匙，尝后的余汁不能倒回锅中；盛配料的水盆要定时换水，抹布要经常搓洗，不能一布多用，避免交叉感染；要随时保持工作台的清洁卫生；对生产人员要定期进行体格检查，加强健康管理。

餐饮质量及其特点

餐饮质量有狭义和广义两个方面的理解：狭义的质量，就是指产品质量；广义的质量则除了产品质量之外，还包括设施质量和服务质量。所以餐饮质量通常表述为：它是以设施和产品为依托所提供的服务，在使用价值方面对顾客的物质和心理上需要的满足程度。满足程度越高，质量就越好。

餐饮质量是一个综合性的概念，除了设施和产品外，主要是无形的服务效用。它是由一项一项的具体服务活动构成的，而服务本身是不能储存的。其质量高低，一方面要取决于服务人员的主动性、积极性和服务态度、服务技巧等，即主要依赖于服务人员的素质；另一方面，又往往因顾客的兴趣、爱好、要求不同而有不同的评价标准。质量总是处于动态过程之中，心理因素对它的影响很大。

餐饮质量管理

餐饮质量管理是指通过质量标准、服务规范和服务控制等一定的措施和方法，对餐饮经营中的设施质量、产品质量、服务质量等进行监督、检查、控制和改进的过程。

餐饮质量管理可分为高、低两个层次。在低层次(基础层次)的管理中，对物的管理可以用各种指标、数据来衡量，对人的管理也可以用程序、步骤、数据等来检查要求。这种管理是把人作为正常运转的企业的一部分，是统一的要求，共性的管理。

高层次的管理，主要是针对服务质量不可储存等脆弱性。除了要求根据情况变化不断修改质量计划、更新服务程序外；就是要求服务人员充分发挥主观能动性，发扬当家作主精神，采用自我审核法。这是难以用仪器或数据来测定检查的。它充分体现出有赖于服务人员自我管理的特点。

抓好餐饮质量管理，应做好以下基础工作：

1. 标准化工作。

标准化是指在经营中向顾客提供各项具体劳动时所必须达到的一定的餐饮质量标准。标准化的建立，既为顾客提供了衡量餐饮质量是否符合价值规律的客观依据，又为保证企业经济效益和工作人员达到质量目标提供了一个尺度。这是餐饮质量管理工作的前提。

制定餐饮质量标准，应坚持按质论价的原则，体现质价相符的经济要求。质量标准的具体制定，依企业等级和规格决定。因为企业的等级和规格，反映了餐饮设施质量、产品质量和服务质量的水平。等级越高，质量标准越高，等级越低，质量标准则相应从低。

2. 程序化工作。

程序化是指根据各项服务质量标准，制定服务规程，确定优选工序排列，并固定为一定的服务程式，使有关工作人员严格按程式工作。

餐饮经营融生产、交换、消费于一体，各项服务工作程序是客观存在的。服务质量标准越高，服务程序制定得越好，它所包含的劳动量就越多、越复杂。程序的编制应从企业的实际出发，扬长避短，切实可行。

程序化亦即规范化，它是服务质量工作的准线，但并不等于是最优良的服务水平。所以不能公式化和绝对化，在实行时应因人、因时、因地、因条件而异，程序化要与灵活性相结合，力争创造最优秀的服务质量水平。

3.制度化工作。

制度化是指用规章制度的形式，把餐饮质量的一系列标准和各项服务规程固定下来，成为企业经营管理中的重要组成部分。它为餐饮质量作出制度保证，使职工有一个相对稳定的权威性的约束。

制度化工作要坚持实事求是、切实可行。制度的合理与否，要以能否调动职工的积极性，确保质量水平的不断提高，促进经营发展，从而提高企业经济效益为检验尺度。

制度一经制定，应具有相对稳定性，但也不能使制度凝固化。在执行一定阶段后，可根据业务经营发展的变化情况，作出有益的修正、补充，以进一步完善制度。

全面质量管理

全面质量管理最早的含义是："全面质量管理是为了能够在最经济的水平上，并考虑到充分满足用户要求的条件下，进行市场研究、设计、生产和服务，把企业内各部门的研制质量、维持质量和提高质量的活动构成为一体的一种有效体系。"

全面质量管理是与传统质量管理相对而言的。它是在引进国外先进经验和总结国内传统质量管理经验的基础上，为适应新的消费趋势而提出来的一种科学的、现代化的管理方法，其中包含一套完整的科学质量管理思想和方法体系。它以产品满足消费者的需要为目标，以科学管理方法为手段，以科学管理的组织为保证，以使用效果和经济效益为最终评价。其特点是以预防为主的方针作指导，从系统观点出发，实行全员、全过程、全方位、全面的质量管理。

把全面质量管理的观点、思想和方法运用于餐饮经营业务，就形成了一套崭新的管理方法——餐饮全面质量管理。

全面质量管理的基本工作必须按照计划、实施、检查、处理4个阶段的顺序来进行，如此循环不已。它是科学工作程序的高度概括和总结。如果将其进一步具体化，可分为以下8个步骤：

(1)分析现状，找出存在的质量问题。

(2)分析产生质量问题的原因。

(3)找出影响质量问题的主要因素。

(4)制订解决质量问题的措施计划。

(5)严格执行计划。

(6)检查计划执行情况。

(7)总结经验教训，实行标准化。

(8)提出遗留问题，以便进一步解决。

质量管理小组

质量管理小组是餐饮全面质量管理中的重要组成部分。

国家经委等部门联合下达《质量管理小组活动管理办法》中，曾明确规定：

"凡在生产或工作岗位上从事各种劳动的职工，围绕企业的方针目标和现场存在的问题，运用质量管理的理论和方法，以改进质量，降低消耗，提高经济效益和人的素质为目的组织起来，并开展活动的小组，可统称为质量管理小组。"这既适用于工交企业等生产性行业的特点，也可满足餐饮服务企业的要求。

质量管理小组以职工自愿参加为基础，在充分尊重群众积极性的前提下，实行自主管理，可以按原业务小组建立，也可以跨班组组建。开展小组活动必须遵循质量管理的理论和方法，严格按照全面质量管理的4个阶段和8个步骤来进行，要做到目标明确，现状清楚，对策具体，措施落实，效果要检查，总结要及时。

质量管理小组活动的过程和取得的成果，应尽可能用数据和事实来加以肯定，以充分体现小组活动所具有的严密的科学性。

餐饮劳动管理

餐饮劳动是社会总劳动的一个部分，是社会必要劳动。餐饮所有生产、经营活动都是通过职工群众的劳动进行的，搞好劳动管理，提高劳动力的素质，充分调动广大员工的积极性和创造性，是改善经营管理，提高餐饮质量，增加经济效益，促进企业发展的前提和关键。

餐饮劳动管理的基本任务是：加强劳动资源开发，为企业培养造就合格人才；做好劳动考核，充分调动职工积极性;制定劳动定额和编制定员,科学地进行劳动组合;合理分配劳动报酬,保持企业的生机与活力;加强职工培训,不断提高职工队伍的素质。

劳动管理的基本目标是提高劳动效率,即劳动者的劳动成果与相应的劳动消耗之间的对比关系,亦为员工在单位时间内所完成的工作量,或完成单位工作量所消耗的时间。它反映了劳动者在一定时间内创造使用价值的能力。

为促使劳动效率的不断提高,必须重视劳动管理,要广招贤人,注重培育,努力造就一支优秀的员工队伍;要通过科学地排列组合,使员工得以最优的有机结合,做到职责分明、各尽所能、才尽其用,形成一个精干、有序、高效的劳动组织;要通过各种有效的激励措施,创造良好的人事环境,使员工的积极性得到最大的发挥。

餐饮劳动管理,应坚持以制度管理为基础,以思想政治工作为主导、以物质刺激为辅助,把制度激励机制、物质激励机制、精神激励机制三者有机地结合起来。

劳动定额和编制定员

劳动定额是指每个员工在一定时期内,在保证工作质量和业务经营活动需要的前提下,平均应该达到的工作量标准。合理制订劳动定额是劳动管理的基础,它对贯彻经营责任制,合理使用劳动力,加强劳动纪律,提高劳动效率和餐饮质量,都有十分重要的作用。

餐饮劳动定额指标,主要有数量指标和责任指标两种。数量指标是以岗位责任制为基础,以工作量为依据而制订的劳动定额。如看管桌面数量定额、生产数量定额、销售数量定额等。责任指标主要适应于一些难以用数量来确定其工作量的部门和工作,如接待人员、保管员、设备维修人员的工作等。

编制定员是指企业用人方面的数量界限。也就是在劳动定额的基础上,配备一定数量的员工。编制定员的作用在于它是企业编制劳动计划,合理调配劳动力的主要依据;是避免人浮于事,提高劳动效率的必要措施。其根本目的在于充分发挥劳动者的积极性,减少活劳动消耗,以尽可能少的人办尽可能多的事。

从餐饮生产经营的实际情况出发,确定合理的定员,主要有按劳动定额定员、按岗位定员、按比例定员等方法。

劳动过程的组织

加强劳动管理,必须认真做好员工劳动过程中的组织工作,特别应做好以下几方面相结合的工作。

一是要做好职工劳动与物质要素相结合,这是合理组织劳动的首要条件,因为只有通过员工的技术和劳动,依靠设备和原材料才能向顾客提供餐饮服务;二是要做好职工劳动与服务对象相结合的工作,因为餐饮生产经营是面对面地直接为顾客服务的;三是职工劳动与现场组织工作相结合,因为餐饮产、销、服务中的劳动者、劳动工具、劳动对象之间的结合是通过工作场所来实现的。工作场所的组织工作就是要把这三者科学地结合起来,正确处理相互间的关系,使人、财、物之间有合理的布局与安排,能充分发挥员工在其工作岗位上的作用。

此外,还应充分发挥专业技术人员和职能管理人员的作用;要抓好班组劳动力的配备和组织,安排好班次,落实班组承包,认真组织班组劳动效果检查,合理评定和分配奖金等。

劳动考核内容与制度

劳动考核是劳动管理的基础工作。建立考核制度,做好工作评定和原始记录以及劳动成果统计分析,既是劳动管理的重要工作,又是按照员工劳动态度与贡献大小,合理分配劳动报酬的客观依据。

劳动考核的主要内容包括:劳动出勤、劳动责任、劳动质量、人际关系等。劳动出勤是员工劳动态度的重要方面;劳动责任主要是考核实际工作中的表现,如工作中的主动性、积极性、工作效率、完成任务与否等;劳动质量则包括工作质量、生产质量、服务质量、差错事故、安全卫生情况等;人际关系,对内应处理好与上级领导和周围员工的关系,要做到作风正派、团结协作,对外应处理好与顾客的关系,应坚持顾客至上,质量第一,具有良好的职业道德。

做好劳动考核工作的关键,是要建立一套适合餐饮企业特点的劳动考核制度。它一般应具有以下 3 个层次:

1.逐级逐日全面考核制。这是根据岗位责任制的要求和员工的实际表现,将劳动考核的内容具体化,由班组长或主管人员对每个员工的工作数量、质量、服务态度、主要贡献或特别事故等作好原始记录。这种记录应当真实可靠,当时填写,本人认可。

2.月终综合评定制。这是根据原始记录将各部所属人员当月劳动表现汇总,填写职工每月工作表现报告书,其内容包括全月出勤、劳动总量与质量、工作表现、仪态仪表、有无重大损失等。按以上项目统计结果评定等级,作为劳动报酬分配和奖罚的客观依据。

3.过失记录制。它主要是针对个别员工违反劳动纪律造成责任事故,不服从指挥造成经济损失或私拿企业财产等所作的原始记录。这种记录要当场填写,内容包括过失情节、损失大小、处罚办法与见证人等,并由本人签字认可。这样,处罚违纪员工就有了充分的依据。

餐饮劳动报酬

劳动报酬通常表现为对一定数量和质量的劳动,支付一定量的工资。餐饮劳动报酬的形式主要有:

1.计时工资。即按劳动者在一定时间内提供的一定数量和质量的劳动而支付的工资。其中,采用等级工资反映员工的劳动差别,时间是劳动的天然尺度。计时工资简单易行,是目前较为广泛采用的报酬形式。

2.计件工资。即根据计件单位,以实际完成的工作量支付报酬的一种形式。劳动报酬同劳动成果直接联系,能较准确地反映员工实际付出的劳动量和所取得的实际劳动效果及其变化情况,它可促使员工从物质利益上关心自己的劳动成果,更好地调动劳动者的积极性。

3.提成工资。即按企业营业额或利润额的多少,根据比例提取的一种工资形式。这种形式比较符合餐饮生产经营的特点,历来是餐饮行业劳动报酬的主要形式。有的按营业额计提,有的按超额利润计提,有的按全额利润计提;一般以全额利润计提为好,这可以避免计划指标偏高偏低带来不公平的副作用。

4.津贴。津贴是对从事艰苦、繁重、复杂以及有损健康的劳动者或有特殊技能的员工所给予的补充劳动报酬。如夜班津贴、岗位津贴、保健津贴、技术津贴等。

5.奖金。奖金是工资的一种补充形式,其实质是对员工超额劳动的报酬。在同一工种、同一级别的劳动过程中,每个人的劳动量是不完全相同的;其中有一部分员工提供了超过平均水平的劳动量,按照“按劳分配”的原则,就应多得报酬,这部分报酬就是奖金。

为了增强企业活力,克服工资分配中的平均主义,更好地贯彻按劳分配原则,许多餐饮企业均实行员工工资总额同企业经济效益按比例浮动的办法:即在考核执行政策和经营质量的基础上,采取工资总额同营业额或上缴利税额挂勾。总之,要使员工的劳动报酬同其劳动贡献密切地联系起来。

餐饮企业劳保福利

1.劳动保险。是企业员工在年老、患病、生育、负伤、残废、死亡的时候,由于丧失劳动能力,国家规定所给予的物质保障。它对减轻员工的特殊生活困难,鼓舞员工的生产积极性,起着重要的作用。

与经济体制改革相适应,建立社会保险制度势在必行。其主要内容是由企业和员工分别按期缴纳养老保险基金(*企业按员工工资总额15%左右缴纳,员工按本人工资的3%缴纳*),并将保险工作转由劳动行政主管部门所属的社会保险专门机构负责。

2.劳动保护。是指企业在劳动中保护职工的安全与健康的一系列经济措施。其主要内容包括:贯彻国家劳保法规,制定符合本行业特定的劳保制度,开展劳保教育,落实劳保具体措施。如按时发放劳保用品,改善劳动条件,防止职业病。根据餐饮生产经营的特点,还应定期组织员工身体健康检查,对孕、产、哺乳期的女员工要特殊保护;加强劳动保护检查。

3.集体福利。是指企业为员工举办的福利设施或对员工实行的某种生活津贴。这为员工提供生活上的方便,解决员工个人难以解决的生活困难,有着重要作用。

集体福利包括为员工提供生活方便的设施,如宿舍、食堂、托儿所、幼儿园、浴室、休息室等;以及活跃员工文化生活的设施,如俱乐部、阅览室等；以及为职工生活困难而提供的各种补助，其他福利性设施等。

餐饮员工培训

加强员工培训是提高企业人员素质的重要途径。这既能适应社会主义现代化建设的需要，也是企业生存发展与兴旺之本。

开展培训工作应贯彻全员培训、突出重点、分级负责的方针，坚持普及与提高相结合的原则，做到多出人才、出好人才。

员工培训的形式应因地制宜，充分利用企业自身的条件和社会各种学校及专业培训基地等条件，采用灵活多样的形式进行。可以是以师带徒、岗位练兵，也可以举办各种短训班、进修班，还可以送到有关学校代培，做到在职教育与学校培养相结合。

员工培训工作应当做到经常化、制度化、正规化。餐饮企业要建立、健全培训机构，分期、分批、分专业、分等级地进行员工培训，应提出要求，制定规划，并组织贯彻实施。应定期进行员工业务技术考核，评定技术职称，以促进培训工作的发展。

有关员工培训的具体要求，请参阅“餐饮服务人员·培训考核”中的相应条目。

餐饮成本效益

成本管理与餐饮成本构成

成本是企业从事生产或经营所发生的各种费用或支出的总和，是企业在经营过程所耗费的全部物化劳动与活劳动的货币形式。成本以价值的形式表现社会劳动的耗费。

成本管理是企业管理的重要组成部分。企业经营的经济目的是取得较好的经济效益，而经济效益是以提高营业收入和降低成本为基础的。因此，所有企业都把成本管理放在十分重要的地位。

成本管理主要包括：成本计划的制定、成本的考核计算、成本控制、成本检查分析等。

餐饮企业具有产、销、服务3大职能，其成本应该是由生产成本、销售成本和服务成本3部分构成。但在实际经营核算过程中却难以精确划分，习惯上历来都以产品成本作为餐饮成本，而将其他的各种支出均列为餐饮费用。国家成本管理条例和价格管理制度，对餐饮成本构成均有明确规定。

餐饮成本构成因素是：

1. 构成餐饮产品的主料、配料和调料的成本。

2. 所耗用原料的合理损耗。

3. 外地采购原料的运输费。

4. 外仓保管原料的储存费。

5. 生产过程中包裹原料的材料费。

6. 生产过程中耗用的燃料费。

餐饮原料净料率及其运用

1. 净料率。

原料的净料率是指净料数量与毛料数量的比率。其计算公式是：

$$净料率=\frac{净料数量}{毛料数量}\times 100\%$$

例如，购进鲜鱼一条重2公斤，经剖杀、去掉鳞、鳃、内脏和洗涤处理，得净鱼1.6公斤，则净料率为$1.6\div 2\times 100\%=80\%$

在餐饮原料中，鲜活原料的净料率均<1；干货原料的净料率均>1；调味品、淀粉制品等原料的净料率大都$=1$。净料率大，净料单位成本就低，净料率小，净料单位成本则高。净料率的大小，直接影响餐饮成本水平。原料的净料率受原料的品种质量和净料受处理技术水平的制约。

与净料率相对应的是损耗率，也就是毛料在加工中损耗的数量与毛料数量的比率。其计算公式是：

$$损耗率=\frac{损耗数量}{毛料数量}\times 100\%$$

2. 净料率的运用。

(1)运用净料率在已知毛料数量的条件下，可以计算出净料数量。其计算公式是：

$$净料数量=毛料数量\times 净料率$$

(2)运用净料率在已知净料数量的条件下，可以计算出所需毛料的数量。其计算公式是：

$$毛料数量=净料数量\div 净料率$$

餐饮成本核算

餐饮成本核算即餐饮产品成本的核算。餐饮

产品有的是单件生产的，有的是批量生产的，按生产方式的不同其成本核算方法亦有区别。

1.菜肴制品(单件生产产品)的成本核算。

菜肴大都是单件制作的产品，核算每份菜肴的成本，只要将其所耗用的主料、配料、调料、燃料的成本，逐一相加就行了。

其计算公式是：

单件产品成本＝主料成本＋配料成本＋调料成本＋燃料成本

例如炸猪排一盘耗用猪肉0.2公斤(每公斤20元)，面粉0.05公斤(每公斤4.8元)、鸡蛋1个(每个0.6元)、食油0.1公斤(每公斤12元)盐、味精等调料少许0.4元，另耗燃料费0.2元。则该盘炸猪排成本为：0.2×20＋0.05×4.8＋1×0.6＋0.1×12＋0.4＋0.2＝6.64(元)。

2.主食、点心(批量生产产品)的成本核算。

批量生产产品的成本计算，采用“先总后分法”，即先求出每批产品的总成本，然后求出其单位产品的平均成本。

其计算公式是：

$$单位产品成本=\frac{本批产品所耗原料成本总值+燃料成本}{本批产品数量}$$

例：鲜肉包每100个的用料是：面粉5公斤(每公斤4.8元)，猪肉1.5公斤(每公斤20元)，酱油0.2公斤(每公斤4元)味精、葱、盐、碱等适量，共计1.6元，另耗燃料费2元。则每个鲜肉包成本为：(5×4.8＋1.5×20＋0.2×4＋1.6＋2)÷100＝0.584(元)。

3.餐饮产品总成本的核算。

餐饮产品总成本，一般是根据所耗用的原材料和燃料每月计算一次。如果厨房领用的原材料当月全部耗费，所领用的原材料总值与所耗燃料总值之和即为当月产品总成本。如有结存原料和半成品、成品(半成品、成品数量应折算成原料数量)，则采用“以存计耗法”计算总成本。

其计算公式是：

本月产品总成本＝月初原料结存总值＋本月领用原料总值－月末原料结存总值＋燃料费

例：某饭店月初原料结存总值为14240元，全月厨房领用原料为164300元，月末盘存时计结存原材料12600元，还存有少数半成品和成品共折合价款1860元，另耗燃料费6200元。则该饭店全月产品总成本为：14240＋164300－(12600＋1860)＋6200＝170280(元)。

在餐饮产品总成本的核算过程中，应十分注重原料结存数量的盘点和计值工作，如结存盘点不准，就会影响成本的真实性。

筵席宴会成本结构

1.中餐筵席的成本结构。

中餐筵席一般由冷盘、热炒、大菜、点心等四大类肴馔组成，其成本结构按筵席规格、等级的不同而有所不同。它们在餐饮经营中大致情况如下：

筵席成本结构表　　单位：元

类别	销售单价	成本率%	成本总值	分类菜点成本比重							
				冷盘	%	热炒	%	大菜	%	点心等	%
普通筵席	500	55	275	33	12	55	20	151	55	36	13
中等筵席	1000	50	500	75	15	100	20	250	50	75	15
高等筵席	3000	40	1200	180	15	240	20	600	50	180	15
特等筵席	8000	30	2400	360	15	480	20	1200	50	360	15

2.西餐宴会的成本结构。

西餐宴会菜点组合比较多，大体也可以归纳为以下四大类：

一是面包小吃，其成本约占成本总值的10%。

二是冷菜，其成本约占成本总值的15%。

三是热菜及汤菜，其成本约占成本总值的60%。

四是水果、点心、饮料等，其成本约占成本总值的15%。

餐饮成本差异分析

成本差异是指实际消耗的成本与标准成本的差异,通过分析以找出差异的原因,为成本控制提供依据。造成餐饮成本差异的环节很多,下面对引起成本差异的主要环节及其原因作概略分析。

1.对库房库存短缺原因的分析。

采购、验收人员对购进原料的质量控制不严,以次充好,会使库存原料损耗率增加;对原料数量控制不严,会使库存原料短缺率增加;对已办好验收手续的原料未及时入库而被偷盗,也会使库房原料消耗量增加。

保管员对贮存条件控制不好,对库存原料的安排和循环使用管理不严,会使原料损耗率增加。对发料控制不严,对未持领料单的人发料或未严格按领料单上的数量发料,使实际发料量超过领料单汇总的数额。另外,库存原料被偷盗或被职工私用等,都会导致库存原料短缺。

2.对厨房成本差异原因的分析。

对直拨厨房或从库房领用的原料,如在数量或质量上控制不严,会使加工生产过程中的折损率增加,这就无形中增加了成本。

厨房库存管理不严,原料被人吃、偷、拿、送,生产成本就会增加;另外,厨房原料管理不善,使用不及时,损坏率增加,也会使原料损耗量人为地提高,从而也增加了生产成本。

厨房生产管理不善,计划不周,预测不准,造成生产数量过剩,更是引起原料浪费的一个重要环节;在加工切配中,不善于综合利用原料,净料率低下;烹调过程不严格按工艺规程操作或受技术水平限制,菜品质量不合格,顾客退菜率增加等等。都会导致厨房成本增加。

3.对销售经营差异原因的分析。

销售结构差异。如果餐厅对高档菜肴和酒水、饮料推销不力,毛利低的大众化菜肴比例过高,就会使餐厅的成本率提高。

客源差异。餐饮成本是随着销售额的扩大而增加的,但并不完全是有规则地成比例变化,高档消费顾客减少,豪华营业厅堂销售额下降,会使整个餐厅成本率提高。

人均消费额差异。人均消费额影响企业营业总收入和毛利。人均消费额低也会导致餐厅成本率提高。

餐饮成本控制

加强餐饮成本控制,节约费用开支,是提高餐饮企业经济效益的重要途径之一。其主要措施是:

1.抓好采购进货。

原料采购是餐饮企业的第一个生产经营环节,为保证生产活动顺利进行,必须有计划地合理地组织原料采购。由于餐饮原料种类多,季节性强,品质差异较大,因此,原料采购对降低餐饮成本有很重要的影响。采购人员必须具有丰富的业务知识和很强的责任感,应具有精打细算的观念,在采购中处处为降低成本着想。在采购过程中必须做到:品种对路、质量优良、价格合理、数量适当、费用节省、凭证齐全。

2.加强贮存保管。

原料的贮存保管,对原料的质量和损耗都有密切的关系。如果保管不善则原料品质下降,损耗增加,就会导致成本升高。加强原料保管工作,应建立和健全贮存保管制度,认真做到严格验收、及时发料、准确记账、科学养护、随时检查、定期盘点。

3.提高切配、烹调技术水平。

切配是决定主、配料成本耗用的重要环节。要提高加工水平、保持先进的原料净料率,坚持节约原则,统筹安排,搞好原料的综合利用。

烹调与餐饮成本密切相关,必须努力钻研烹调技术,做到投料精确,保证菜品质量,提高菜品的合格率,降低生产成本。

4.努力扩大销售。

销售是餐饮企业生产经营的最终目的,企业的一切经营活动都是为了销售。企业采购的原材料,经过加工制作成为菜点,只有把这些菜点销售出去,才能使产品的价值得以实现,才能收回成本和获得盈利,才能扩大再生产。因此,餐饮企业必须加强广告宣传,提高企业的社会声誉,采取各种促销方法,努力扩大销售,以增加营业收入,提高企业的经济效益。

价格管理与餐饮价格构成

价格是重要的经济杠杆,餐饮价格的合理与否,直接影响人民群众的切身利益,影响党和国家价格政策的贯彻;同时,还直接决定着劳动价值能否获得补偿以及补偿的程度。因此,搞好价格管理具有十分重要的意义。

价格管理包括价格的制定、调整、检查、督促执行等一系列工作，既要受国家价格方针、政策的制约和指导，又要结合餐饮生产经营的实际情况合理制定价格，并认真搞好价格的检查和调整工作。

餐饮产品必须伴随一定的服务效用，才能与顾客发生交换关系，这就决定了餐饮价格具有复杂性、灵活性、时令性等诸多特点，而且还决定了餐饮价格的构成要素。

由于餐饮产品在加工和销售过程中，除原材料耗用成本可以单独按品种核算外，其它支出（销售、服务费用等）分开核算有许多实际困难。所以，长时期以来，人们在核定餐饮产品价格时，只把原材料成本和燃料成本作为产品成本要素，把总的生产经营费用、利润、税金合并在一起，称为“毛利”，用来计算餐饮产品价格。所以从计算角度讲，餐饮产品价格是由产品成本和毛利两部分构成的。

即：餐饮产品价格＝产品成本＋毛利

餐饮产品价格＝产品成本＋费用＋利润＋税金

餐饮毛利与毛利率

餐饮的毛利也称为毛利润，是由生产经营费用、营业税金和利润三个部分构成的。毛利与销售额或毛利与成本之间的比率称为毛利率。

毛利与销售额的比率，称为销售毛利率。其计算公式是：

$$销售毛利率=\frac{毛利}{销售额}\times 100\%$$

毛利与成本额的比率，称为成本毛利率。其计算公式是：

$$成本毛利率=\frac{毛利}{成本}\times 100\%$$

例如，某餐厅元月份的销售额为20万元，计耗成本12万元，毛利为8万元。则该餐厅元月份的销售毛利率为：8÷20×100%＝40%；成本毛利率为：8÷12×100%＝66.67%。

综合毛利率与分类毛利率

餐饮的销售毛利率在实际运用中，分为综合毛利率与分类毛利率两类。

1. 综合毛利率。是指某一地区或某一等级、某一类型餐饮企业的平均毛利率。它是按照某一地区或某一等级、某一类型餐饮企业的毛利总额和销售总额来计算的。

其计算公式是：

$$综合毛利率=\frac{销售总额-产品成本总额}{销售总额}\times 100\%$$

综合毛利率是掌握和考核不同地区、不同餐饮企业，在某一时期内销售价格总水平是否符合政策规定、是否合理的综合指标，也是检查各地区、各系统餐饮企业的经营方向是否正确的重要尺度。

2. 分类毛利率。是指某一地区或某一等级、某一类型餐饮企业的各类饮食品的毛利率。（饮食品一般分为：米面主食制品、带馅点心制品、油酥点心制品、普通菜肴、中档菜肴、高档菜肴、冷热饮料共七类）它是按饮食品的不同类别由低到高分别核定的。是企业具体计算和制定各类品种（如具体的某一点心品种和菜肴品种）销售价格的依据。

综合毛利率与分类毛利率是相互联系、相互制约的。在分类毛利率的基础上形成综合毛利率；综合毛利率一经确定，又控制着分类毛利率。

毛利率确定依据与原则

毛利率是反映价格水平的重要指标。合理确定毛利率，是正确贯彻价格政策，促进企业管理，开拓餐饮经营的重要条件。

餐饮行政管理部门与物价管理部门所评定的企业等级、经营的饮食类别、企业的费用水平和经营状况等，是确定餐饮毛利率的主要依据。此外，它还应切实遵循以下具体原则：

1. 凡与人民生活关系密切的大众化饮食品（主食、点心、快餐、小吃等），毛利率应低一些，反之；可适当高一些。

2. 筵席和特色风味名菜、名点心毛利率应高于一般菜点的毛利率。

3. 时令品种的毛利率可以高一些，反之应低一些。

4. 用料质量好，货源紧张，操作过程复杂的精致产品，毛利率可以高一些，反之应低一些。

5. 原料成本价值低，起售点小的产品毛利率可适当高一些，反之应低一些。

6.进餐环境布置豪华，设施齐全，服务程序多，费用开支大的企业，其毛利率应安排高一些，反之应低一些。

餐饮价格核算

餐饮价格核算，具体地说就是餐饮产品的价格核算。价格的核算方法主要有销售毛利率法和成本毛利率法，以及利润率法、分类加价法、定价系数法等。

1.销售毛利率法（内扣法）。

销售毛利率法习惯上又称为“内扣法”，是以产品销售价格为基础，按照毛利与销售价格的比率计算价格的方法。

其计算公式是：

$$产品销售价格=\frac{成本}{1-销售毛利率}$$

例如，红烧鱼1盘，其用料规格是：净鱼0.5公斤（8元）、生油75克（1.5元），葱、姜、蒜、盐、酱油、醋、味精、料酒等适量（0.7元），燃料0.3元。核定这类菜肴的销售毛利率为40%，则红烧鱼1盘的售价应为（8＋1.5＋0.7＋0.3）÷（1－40%）＝17.5（元）。

以销售毛利率法（内扣法）计算餐饮产品价格，是国家物价部门和财务部门统一规定的计价办法，它对毛利在销售额中的比率一目了然，有利于企业核算管理，必须严格执行。

2.成本毛利率法（外加法）。

成本毛利率法，习惯上称为“外加法”，是以产品成本为基数，按确定的成本毛利率加成计算出价格的方法。

其计算公式是：

产品销售价格＝产品成本×（1＋成本毛利率）

例如，每盘甜酸肉用猪肉200克（4.6元）、砂糖75克（0.5元）、生油75克（1.5元）、鸡蛋1个（0.5元）、淀粉、醋等调料少许（0.6元）、耗燃料0.3元。核定这类菜肴的成本毛利率为80%，则每盘甜酸肉的售价应为（4.6＋0.5＋1.5＋0.5＋0.6＋0.3）×（1＋80%）＝14.4（元）。

用成本毛利率法（外加法）计算价格，简单明了，易于掌握，餐饮行业师傅多习惯于运用此法计算价格，但不足的是在财会核算上，不易反映产品销售总额中毛利所占比重，所以财会人员多不采用此法。

3.利润率法。

利润率法是以餐饮产品的成本和费用总额为基数，再加目标利润计算产品价格的一种方法。

其计算公式是：

$$产品销售价格=\frac{成本费用总额\times(1+利润率)}{1-税率}$$

（注：成本费用总额＝产品成本＋费用额）

例某酒店供应的普通筵席，每桌耗用原材料和燃料成本250元，耗用其他费用163元，普通筵席一般利润率为15%，规定营业税率5%，则该筵席每桌售价应为（250＋163）×（1＋15%）÷（1－5%）＝500（元）

运用此方法计算的产品价格，其实际赢利接近于（略低于）目标利润水平，能保证企业的基本利润，既不受物价上涨成本提高的影响，又免却了费用增大带来的困扰。

4.分类加价法。

分类加价法是对不同菜肴分类制订加价率，按加价率进行价格计算的方法。

其计算公式是：

$$产品销售价格=\frac{产品成本}{1-(费用率+加价率)}$$

例：某餐厅平均费用率为35%，该餐厅的高档菜全家福和普通菜烧豆腐的标准成本分别为45元和2.6元，其加价率分别为15%与25%，则全家福售价应为45÷［1－（35%＋15%）］＝90（元）

烧豆腐售价应为2.6÷［1－（35%＋25%）］＝6.5（元）

分类加价法的基本出发点是使各类菜点的获利能力，不仅根据其成本高低，还应根据其销售量的大小来确定。一般原则是：高成本的菜点应适当控制加价率，而低成本的菜点则可适当提高其加价率；销售量多的菜点可以适当控制加价率，而销售量少的菜点则应适当提高其加价率。

5.定价系数法。

定价系数法是按餐饮产品制作繁简程度及人工耗费分类，制定各类产品的定价系数，以系数乘产品标准成本即为产品价格。

其计算公式是：

产品销售价格＝产品成本×定价系数

例如某饭店的鸡块客饭每份成本9.47元，

其定价系数为 1.9，则其每份售价应为 9.47×1.9=18(元)

餐饮产品按加工程度，可分为制作(如烧鱼、烧鸭等)、半制作(如冷菜、汤菜等)、非制作(如水果、饮料等)3大类。一般制作类的定价系数应高于半制作类，而半制作类的定价系数又应高于非制作类的定价系数。将各类菜点的营业收入除以该类菜点的原料、燃料成本，即为各类菜点的定价系数。

餐饮价格的调整

餐饮价格制定以后在实施执行过程中，还应随着社会劳动生产率的发展，随着市场供求关系的变化，根据餐饮价格具有复杂性、灵活性及时令性等特点，进行必要的调整。

根据影响餐饮价格调整的不同因素，主要可以以下几种调价方法：

1.综合比例法。

这种方法一般适用于餐饮业的政策性调价。它往往是国家经济政策、物价政策发生变动时采用，因而价格调整具有综合性、普遍性。这种方法是以原定价格为基数，由物价部门和行业主管部门提出调价幅度，进行价格调整。

其计算公式为：

新调价格=原定价格×(1+调价%)

2.成本比例法。

这是适用于原料成本上升，需要调整价格的一种方法。一般是根据市场农副产品价格与主要消费品比价变动情况，分析餐饮成本变动程度，然后根据综合成本变动率或单件产品成本提高幅度，在国家物价政策许可范围内，进行价格调整。在具体方法上，可根据单件产品成本变动情况进行调价。

其计算公式为：

$$\text{新调价格}=\frac{\text{原产品成本}+\text{新增成本}}{1-\text{销售毛利率}}$$

此外，还有喜爱程度法、销售人员意见法等调整价格的方法。

餐饮财务管理

从事餐饮生产经营活动，必须具有一定数量的原材料、设施设备和物料用品等财产物资。这些财产物资的货币表现，就是企业的经营资金。随着经营活动的展开，企业经营资金也随之不停地循环周转，从而形成企业的资金运动，它包括资金来源、占用、耗费、积累及其分配等全过程。

经营过程中资金运动及其所体现的各种经济关系，就是企业财务。餐饮企业财务管理，就是根据党和国家的方针、政策及有关制度，按照客观经济规律的要求，合理地组织资金运动，正确处理财务关系，实行财务监督等一系列管理工作。其主要内容是：编制和组织执行财务计划，对日常的财务活动进行管理，具体包括资金管理、费用管理和利润管理，搞好财务分析等。

财务管理的主要任务是：

1.组织供应资金。根据经营目标，管好用好资金，合理组织资金运动，使资金运动与企业经营相适应，促进经营目标的实现。

2.加强经济核算。加速资金周转、扩大销售，在保证质量的前提下，降低成本费用，增加合理积累。

3.正确分配利润，及时上交税利，按照规定分配企业留利基金，正确处理各方面的经济关系。

4.实行财务监督，加强法制观念，维护财经纪律，保护企业财产安全。

餐饮流动资金管理

流动资金是各项流动资产的货币表现。流动资金在餐饮企业的资金总额中占有相当大的比重，且其流量很大，对资金的节约或浪费以及经济效益有较大影响，因此，管好流动资金是管好企业资金的关键。

流动资金管理必须做到：既要保证生产供应业务的需要，又要节约使用资金；以制定原材料和物品消耗定额为前提，实行流动资金的定额管理和与固定资金之间的分口管理；流动资金的运用必须同业务经营相结合，坚持钱货两清的原则，要减少结算环节，力求压缩资金占用，以保证企业流动资金正常周转和业务经营顺利进行。

流动资金利用效果的考核指标：

流动资金利用效果主要用流动资金周转速度来考核，一般有3种表示方法。

1.流动资金周转次数。是指一定时期内的餐饮销售额与流动资金平均占用额的比率。它表明单位流动资金平均占用额所完成的销售额。

其计算公式如下：

$$\text{流动资金周转次数}=\frac{\text{餐饮销售额}}{\text{流动资金平均占用额}}$$

流动资金周转次数越多，说明周转速度越快，流动资金利用效果愈好；反之，流动资金利用效果便不好。

2.流动资金周转天数。就是流动资金周转一次所需的天数。

其计算公式如下：

$$\text{流动资金周转天数}=\frac{\text{计算期天数}}{\text{流动资金周转次数}}$$

$$\text{流动资金周转天数}=\frac{\text{流动资金平均占用额}\times\text{计算期天数}}{\text{餐饮销售额}}$$

$$\text{流动资金周转天数}=\frac{\text{流动资金平均占用额}}{\text{平均每天销售额}}$$

3.流动资金占用系数(率)。是指一定时期的流动资金平均占用额与餐饮销售额的比率。它表明单位销售额所需占用的流动资金额。

其计算公式如下：

$$\text{流动资金占用系数(率)}=\frac{\text{流动资金平均占用额}}{\text{餐饮销售额}}\times 100\%$$

流动资金占用系数愈小，说明流动资金周转速度愈快，利用效果愈好；反之，利用效果愈不好。

从以上公式可以看出，流动资金周转天数越少，周转次数则愈多，每一次流动资金完成的销售额就愈大。所以，在一般情况下，流动资金周转速度可以表明流动资金的利用效果。

流动资金周转的快或慢，可以引起资金的节约或者是浪费。

其计算公式如下：

流动资金节约额＝本期平均日销售额×(本期周转天数－上期周转天数)

其中，“－”表示节约，“＋”表示浪费。

餐饮流动资金周转速度受生产、消费季节性变化和客流量大小影响，以及员工素质高低等诸多因素的制约。为加速流动资金周转，必须积极扩大营业额。因为，在流动资金平均占用额一定的情况下，营业额越大，资金周转速度愈快。所以，要大力缩短生产时间，尽快实现销售，保持合理的物资储存，减少资金占用；要勤进快销，缩短采购、运输过程和间隔时间，及时清理资金悬案，催收入库等。

餐饮固定资金管理

固定资金是固定资产价值的货币表现。固定资产是指房屋、厅堂、设施设备以及运输工具等价值较高(不同等级的企业有不同的标准值)、使用年限在一年以上的资产。

固定资金的管理必须正确核定资金需要量，划清资金界线，实行计划管理；要建立和健全固定资产管理制度，保证固定资产的完整性，以充分发挥设备效能；要缩减非业务经营用固定资金的比重，以提高固定资金的利用效果；要正确地计提和使用折旧资金。

固定资金利用效率的考核指标：

1.固定资金占用率。是企业在一定时期内单位销售额所占用的固定资金额。

其计算公式如下：

$$\text{固定资金占用率}=\frac{\text{固定资金平均占用额}}{\text{餐饮销售额}}\times 100\%$$

固定资金占用率越小，即单位销售额所占用的固定资金愈少，表明企业固定资金利用效果愈好。

2.固定资金利用率。是固定资金占用率的倒数。即企业在一定时期内单位固定资金占用额所经营的销售额。

其计算公式如下：

$$\text{固定资金利用率}=\frac{\text{餐饮销售额}}{\text{固定资金平均占用额}}\times 100\%$$

固定资金利用率越高，说明企业固定资金利用的效果愈好。

3.固定资金利润率。是企业在一定时期内单位固定资金占用额所获得的利润额。

其计算公式如下：

$$\text{固定资金利润率}=\frac{\text{利润额}}{\text{固定资金平均占用额}}\times 100\%$$

固定资金利润率越大，单位固定资金所获得的利润愈大，表明企业固定资金利用效果愈好。

餐饮费用管理

餐饮在生产经营过程中，必然发生人力、物力和财力的消耗，这些消耗的货币表现就是费用。搞好费用管理，不断减少费用开支以增加企业盈利，是餐饮企业改善经营管理的又一项重要内容。

加强费用管理，必须坚持勤俭节约的原则，正确执行有关规定，严格遵守费用开支范围和开支标准，合理核定待摊费用，不得人为地扩大支出或缩小开支。实行定额管理和分口、分级管理，实施群众监督费用汇审制度。

费用考核的指标：

1. 费用额。费用额是表示劳动耗费的货币金额，同时也是计算、考核其他各项费用指标的基础。

2. 费用率。费用率即费用水平，它是费用额与餐饮销售额的比率，表示完成每单位销售额所支付的费用额。它是衡量企业经营管理水平的重要指标。

其计算公式如下：

$$\text{费用率(费用水平)}=\frac{\text{费用额}}{\text{餐饮销售额}}\times 100\%$$

3. 费用率升降程度。即本期实际费用率与上期实际费用率之差。它表明每百元营业收入增加或节约的费用额。

其计算公式如下：

费用升降程度＝本期实际费用率－上期实际费用率

计算结果如为正值，表明本期实际费用率上升，费用有所超支；如为负值，表明本期实际费用率下降，费用有所节约。

4. 费用率升降速度(幅度)。即费用升降程度与基期费用率之比。它表明费用率变动的快慢。

其计算公式如下：

$$\text{费用升降速度}=\frac{\text{本期实际费用率}-\text{上期实际费用率}}{\text{上期实际费用率}}\times 100\%$$

说明同一企业费用变动时，可同时应用费用率升降程度和升降速度来表示；说明不同企业的费用变动时，则应以费用率升降速度来表示，因为不同企业的费用率高低不一，不便用升降程度来对比。

5. 费用节约(超支)额。即由于费用率升降所引起的费用节约额或超支额。

其计算公式如下：

费用节约额＝本期销售额×(本期实际费用率－上期实际费用率)

其中，“－”表示节约，“＋”表示超支。

餐饮利润管理

利润是指企业从营业收入中扣除原材料成本、费用和税金后的余额。它反映企业在一定时期内的财务成果，是衡量和评价企业生产经营状况的综合性指标。

餐饮企业的利润管理，必须在坚持社会主义经营方向，保证质量，执行合理价格的前提下，从加强经济核算，改善经营管理入手，建立盈亏责任制，严格执行财经制度，正确计算财务成果，兼顾国家、企业和职工的利益，做好利润分配工作，以调动各方面的积极性。

利润考核的指标：

1. 利润总额。利润总额是企业最基本最重要的经济指标。它反映企业所得与所费的差额。即企业在一定时期内所取得的最终经营成果。

2. 销售利润率。是指一定时期的利润额与餐饮销售额的比率，它表明单位销售额所取得的利润额。

其计算公式如下：

$$\text{销售利润率}=\frac{\text{利润额}}{\text{餐饮销售额}}\times 100\%$$

它反映利润与销售收入的关系，是标志企业经营管理水平的质量指标。

3. 资金利润率。是指一定时期的利润额与资金平均占用额的比率，它表示单位资金占用额所取得的利润额。

其计算公式如下：

$$\text{资金利润率}=\frac{\text{利润额}}{\text{资金平均占用额}}\times 100\%$$

资金利润率反映利润与资金占用的关系，是考核资金利用效果的指标。

4. 费用利润率。是指一定时期的费用额与利润额的比率，它表示支付单位费用额可实现的利润额。

其计算公式如下：

$$\text{费用利润率}=\frac{\text{利润额}}{\text{费用额}}\times 100\%$$

它反映利润与费用的关系，表示劳动耗费的经济效果。

利润是企业积累资金，发展壮大，不断扩大再生产的主要来源。为了增加企业利润，必须积极搞活经营，不断提高质量，努力扩大销售，增加营业收入；切实降低费用开支，合理使用原材料，减少人力、物力和财力的消耗；加速流动资金周转，提高固定资金利用率，严格责任制度，防止财产损失，减少营业外支出等。这都是增加利润的重要因素。

量本利分析与盈亏临界点

量、本、利分析是指从分析成本、利润与产量的相互关系中，确定餐饮企业经营的盈亏临界点，以掌握企业盈亏变化规律，促进餐饮经营的发展。

盈亏临界点是企业营业收入和营业支出正好抵消，不盈也不亏的分界点，也称为盈亏平衡点或保本点，处于保本点时的销售额即为保本销售额。

1.保本销售额的计算。

保本销售额即经营处于盈亏临界点时的销售额。其计算公式如下：

$$保本销售额=\frac{固定费用额}{毛利率-变动费用率-税率}$$

例如，某餐厅原计划全年销售额50万元，固定费用6万元，变动费用6万元，费用额共计为12万元，变动费用率为12%，税率为5%，毛利率为34%。现根据市场激烈竞争情况，拟调整计划保本经营。则计算该餐厅保本销售额应为：60000÷(34%－12%－5%)＝353000(元)。

2.保利销售额的计算。

保利销售额即目标利润销售额，为达到企业规定目标利润所应实现的销售额。

其计算公式如下：

$$保利销售额=\frac{固定费用额+目标利润额}{毛利率-变动费用率-税率}$$

例如，某酒店原计划全年营业额为100万元，毛利率40%，费用率27%(其中固定费用率12%计12万元，变动费用率为15%)，税率5%，利润率8%，计8万元。现根据市场经营情况，拟调低经营档次，相应将利润额调低为3万元，为确保3万元利润的实现，则计算该酒店保利销售额应为：

(120000＋30000)÷40%－15%－5%＝750000(元)。

获利能力分析与投资报酬率

企业获利能力就是赚取利润的能力，传统的利润考核指标有销售利润率、成本费用利润率和资金利润率等。这些指标反映了销售、成本费用、资金与利润之间的比例关系，一般可用来考评企业的获利能力。但在某些需要进一步投资的企业，必须掌握投资与利润之间的比例关系，则应运用投资报酬率进行分析评价。

投资报酬率一般是指企业投资报酬与投资额的比例关系，由于投资额的表示方法不同，投资报酬率相应地分为以下几种：

1.总资产报酬率。

总资产报酬率是指企业运用全部资产的收益率。用来衡量企业管理者运用全部资产所取得的经济效益。

其计算公式如下：

$$总资产报酬率=\frac{税后利润}{平均总资产}\times 100\%$$

2.长期负债及所有者权益报酬率。

就是将长期负债和所有者权益作为计算的基数，与税后利润和长期负债利息费用之和相比。其与总资产报酬率的主要区别，就在于后者剔除了流动负债，因为就经营者来说，流动负债是企业不能长期使用的资金。而长期负债及所有者权益报酬率，主要侧重于考察可作为企业长期资金来源的投资报酬水平。

其计算公式如下：

$$长期负债及所有者权益报酬率=\frac{利润总额}{长期负债+所有者权益}\times 100\%$$

3.资本金利润率。

资本金利润率是企业税后利润与企业实收资本的比例关系，表明投资者法定资本所带来收益的高低，可综合反映企业财务状况的好坏。

其计算公式如下：

$$资本金利润率=\frac{利润总额}{资本金总额}\times 100\%$$

股份制企业的投资报酬率表示方法与计算公式为：

$$股本净利率=\frac{税后利润}{股本总额}\times 100\%$$

$$普通股每股收益额=\frac{税后利润-优先股股利}{外发普通股加权平均数}$$

$$市盈率=\frac{普通股每股市价}{普通股每股收益}\times 100\%$$

餐饮企业经济效益与社会效益

企业经济效益是指企业在经营活动中，一定时期劳动成果与劳动消耗、劳动占用之间的对比关系。讲求经济效益就是要以尽可能少的劳动消耗和劳动占用，取得尽可能多的劳动成果。餐饮企业的劳动消耗，一般可用原材料成本和费用来表示；劳动占用一般只指资金占用，可用流动资金占用和固定资金占用来表示；劳动成果通常用营业收入来表示。

经济效益是一个相对的概念，要确定经济效益的大小，必须以所得与支出，成果与消耗，收入与成本、费用等进行比较。同等规模、同等经营条件的企业之间，在经营成果相近的情况下，劳动消耗和劳动占用少的企业，它的经济效益就大；反之，经济效益就小。

评价经济效益一般常用的指标有：营业收入、毛利率、费用率、劳动效率、利润率、流动资金周转率和资金利润率等。

社会主义企业不仅要重视经济效益，同时还要注重社会效益。餐饮企业的社会效益指使社会消费者受益程度的大小。即菜点品种、质量好坏、卫生状况、价格高低、服务优劣以及满足社会需要程度等。重视经济效益，就是要充分利用企业的内部资源，在努力减少劳动消耗和占用，增加营业收入的基础上，实现合理的经济效益。注重社会效益，就是在扩大供应领域，提高产品和服务质量的基础上，更好地为生产、为人民生活服务。经济效益和社会效益是相辅相成的，同时努力提高两个效益，是餐饮企业的根本任务。

餐饮企业提高经济效益的主要途径是：

1.灵活多样、开拓经营、积极扩大营业额是提高企业经济效益的基础。

2.加强经济核算，努力降低原材料成本和费用水平，提高劳动效率，是提高企业经济效益的关键。

3.加强教育与培训工作，努力造就一个符合四化建设需要的领导班子，建设一支有理想、有道德、有文化、守纪律，具有一定业务技术水平的职工队伍，是提高企业经济效益的根本。

4.贯彻实施经营责任制，在餐饮经营中实行“五定、五保、一包”（即定人员、定营业额、定毛利率、定费用率、定利润；保执行政策、保品种质量、保卫生、保服务质量、保“四防”安全；包完成税利）经营责任制，是提高企业经济效益的保证。

下编　知识修养篇

(十一)中餐烹调

中餐原料

烹调原料

系指含有营养成分，具有食用价值、生食或熟制后可以满足食欲、维持生命机能的各类物质。中国的烹调原料多达3000余种，其中常用原料不下500余种，可以分成食用原料、调味原料和食品添加剂3个大类。

烹调原料是烹调生产的劳动对象。通过它可以制成数以万计的菜点，构成有中国民族特色的菜品体系。与其他国家的烹调原料相比，中国烹调原料具有4个鲜明的特色：

第一，食源广泛，品类多样。在中国，天上飞的，水中游的，田里长的，地上爬的，几乎都可入食；不仅有粮豆、蔬菜、瓜果、肉奶、禽蛋、水鲜、干货、矿物、调料、饮品等类别的常规原料，还有蛇虫、菌草、花卉、药材、红土、丹砂、毛皮、脏器等特异原料，对食源的开发利用相当充分，从而构成中国烹调原料广采博取的格局。

第二，精工再制，特产众多。中国烹饪除了取用天然原料之外，还对其进行精细加工，变作品类繁多的再制品，如粮豆制品、蔬果制品、禽畜制品、蛋奶制品、山珍制品、水鲜制品等等。其中，火腿、腊肠、糟蛋、醉蟹、豆腐、酱油、榨菜、笋干之优异，举世公认，极富东方膳食情韵和中华民族特色。

第三，综合利用，物尽其利。中国厨师聪明、节俭，常将其他国家不食用或很少食用的废弃物巧加利用，变作营养丰富、风味特异的食料。如动物的脏器和皮骨，植物的根茎和花粉，都能制出不少名馔。像全羊大席的108道菜式中，约有一半是用头、尾、爪、骨、皮、血、筋、髓、肝、胃、心、肺、脑、眼、耳、鼻制成的，脍炙人口。

第四，追求美食，讲究养生。中国的营养美食观，与海外有同有异。同者，都注重烹调原料的营养含量和膳食平衡；异者，中国特别强调原料口感、脏器相补和草药入馔，注重美食与养生的统一。而且在膳食结构中，以植物性的食料为主体，三低(糖、盐、脂肪)两高(蛋白质、粗纤维)，符合现代营养科学的要求，有利于健强全民的体质。

总之，这些特点是中国烹饪享誉世界的坚实丰厚的物质基础，也是中国厨师对人类饮食文化的伟大贡献。

附：中国烹调原料分类简表

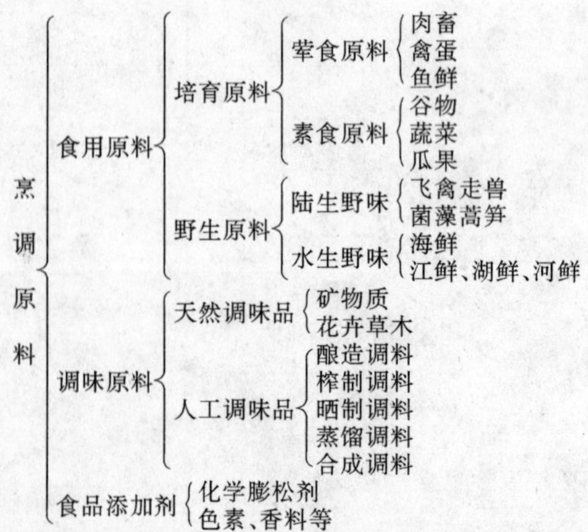

烹调原料学

研究烹调原料的种类、性质、功能及应用价值的科学。其内容包括:(1)烹调原料的品种、数量和分类,以及地理分布、生产状况、名特产品和供应情况;(2)烹调原料的组织结构和性质,烹饪应用的性能、特点、质量以及用途与用法;(3)烹调原料的成分及功能,变作菜点以后的食用效果;(4)烹调原料的发展过程、变化趋势与拓展等。其中,研究重点是烹调原料在烹调过程中所产生的变化机理及其食用价值。

餐厅服务人员在工作中经常要接触到许多菜点和烹调原料,掌握烹调原料学的有关知识,熟悉一些名特原料的产地、属性、功用与掌故,有利于推销菜点,十分重要。

粮食类原料

粮食是我国人民的主食,通常分作细粮、粗粮和杂粮3类,有40多种。主要是稻米、小麦和玉米;其次为甘薯、谷子、高粱及大豆;还有大麦、燕麦、荞麦、青稞、蚕豆、豌豆、以及木薯、土豆、野生蕨根等。

大米包括胀性大的籼米、硬度高的粳米和粘性强的糯米3种。名品有天津小站稻、山西晋祠大米、山东明水香稻、陕西洋县黑米、湖北太子米、云南接骨米、江西贡米、四川桃花米等。小麦是冬麦优于春麦,北产的优于南产的。玉米有黄、白、紫3色,还有嫩玉米笋。小米以陕北所产为优,高粱是东北的好。大麦、荞麦、燕麦多见于北方;青稞乃藏胞的主食。甘薯和土豆在西北、西南较多,许多少数民族喜欢食用。

豆类原料

豆类是指豆科植物的种子,含蛋白质多,有"植物肉"的美称。它包括:(1)大豆(有黄、青、黑、杂色4种)(2)绿豆(又称吉豆);(3)赤豆(亦名红小豆、饭豆、小豆);(4)蚕豆(也叫胡豆、佛豆、倭豆、罗汉豆);(5)豌豆(土名毕豆、淮豆、麦豆、小寒豆);(6)扁豆(即鹊豆、娥眉豆);(7)芸豆(别称云豆、菜豆、洋扁豆、荷包豆);(8)木豆;(9)兵豆(也叫滨豆、冰豆);(10)豇豆(俗称豆角)。

我国的名豆有:黑龙江的黑豆,河北的红小豆,青海的蚕豆和绿色草原豌豆,宁夏的蚕豆,江西的玉山青豆,四川的雪山大白豆,以及浙江的菱湖白扁豆、慈溪大白豆、兰溪大青豆、平湖粗黄豆和元青豆等。

薯芋类原料

薯芋主要指具有可供食用的块根或地下茎的一类陆生植物。它有3类:一是有块根的甘薯(又叫番薯、红薯、白薯、山芋、红苕、地瓜);二是有块茎的马铃薯(即洋芋、阳芋、土豆、地蛋、山药蛋)、薯蓣(山药)、魔芋(又名蒟蒻、蛇六谷)、菊芋(洋姜);三是有球茎的芋头(又名芋艿)。

薯芋类原料大都含有丰富的淀粉和糖分,可作杂粮、蔬菜或饲料,还能提取淀粉,制作酒精,在烹调中应用广泛。像一品红薯泥、拔丝山药、魔芋豆腐、干煸土豆条、酱洋姜、芋头烧肉等,都是其制品。此外,有些地区它还可以替代粮食,用以炊饭、煮粥、烤饼或炸片,食者甚多。

粮豆再制品原料

粮豆再制品系指以粮食、豆类或薯芋类作原料,加工制成的半成品。它们稍加烹调即可食用,是家庭餐桌和酒楼筵席中的常物。

粮豆再制品可以分为两大类8小类。第一大类是碳水化合物含量高的粮制品,其中包括面制品(如挂面、方便面、通心粉、面筋)和米制品(如年糕、元宵、粽子、糍粑、炒米、米粉、锅巴、米豆腐)。第二大类是植物蛋白含量高的豆制品,其中包括豆脑制品(如豆腐、干子、千张、腐乳),油皮制品(如油皮、腐竹),豆粉制品(如粉丝、凉粉),豆芽制品(如绿豆芽、黄豆芽),新型制品(如人造肉、酸豆乳),其他制品(如脱脂大豆、豆沙、豆渣、豆饭菜等)。

叶茎类蔬菜原料

叶茎类蔬菜是以肥嫩、硕大的叶片、叶柄或变态茎作为食用部位的蔬菜的统称,通常包括叶菜和茎菜两个大类。

叶菜类富含维生素与矿物质,生长期短,适应性强,四季上市,售价低廉。代表品种有小白菜、油菜、菠菜、苋菜、荠菜、雪里蕻、瓢儿菜、结球叶菜、大白菜、甘蓝、大葱、韭菜、青蒜、芹菜、香菜、茴香菜、豌豆苗等。

茎菜类富含糖类与蛋白质,含水量较少,适

于贮藏。其中有吃根茎的藕、姜;吃球茎的茨菇、荸荠;吃鳞茎的洋葱、百合;吃筒茎的茭白、竹笋;吃地上茎的莴笋、苤蓝、紫菜薹、蒜苗、芦笋等。

根茎类蔬菜原料

根茎类蔬菜是以变态的地下肥大根茎作为食用部位的蔬菜,主要包括萝卜、胡萝卜、蔓菁、百合等。

其中,萝卜有中国萝卜和四季萝卜两大类型,名品有薛城长红、济南青圆脆、石家庄白萝卜、北京心里美、成都春不老、杭州大红缨、南京五日红、广州蜡烛趸、上海小红头、烟台红丁等。胡萝卜是13世纪由伊朗引进,名品有烟台三寸胡萝卜、内蒙黄胡萝卜、汕头红胡萝卜、湖北棒槌胡萝卜等。蔓菁原产于地中海沿岸,名品有河南焦作蔓菁、浙江温州盘菜、猪尾巴蔓菁、菏泽蔓菁等。百合食、药兼用,可润肺止咳、清心安神,名品有龙牙百合、川百合、兰州百合、卷丹百合等。

花菜类蔬菜原料

花菜类蔬菜是以植物的花部器官作为食用部位的蔬菜,常见的有黄花菜、花椰菜、韭菜花等。这类蔬菜因系植物的精华所在,储蓄的养分特别丰富,而且大都鲜嫩,品位香美,加之净料率高,口感好,故多与高档的动物原料配用,制成名菜。其中的黄花菜除鲜食外,还可制成干货,是制汤的上等配料。

黄花菜与香菇、木耳、冬笋并称为“4大素山珍”,多以产地命名,如丁庄菜、大同菜、大新菜、天门菜等。花椰菜又叫菜花,名品有澄海早花、荷兰雪球、耶学福、鹤洞迟花、喜树晚生、旺心种等。韭菜花美称草钟乳、起阳草,其中的花韭抽苔率高,叶花兼用韭花苔发育亦良好,都富含维生素。

瓜果类蔬菜原料

瓜果类蔬菜是指以果实或种子作为食用部位的蔬菜。有3种类型:(1)茄果菜,如番茄、茄子、辣椒;(2)瓜果菜,如黄瓜、北瓜、南瓜、冬瓜、丝瓜、菜瓜、苦瓜、葫芦、瓠子;(3)荚果菜,如毛豆、四季豆、扁豆、豇豆、荷兰豆、嫩蚕豆、嫩豌豆等。

瓜果类蔬菜大都具有如下4个特点:(1)含有丰富的维生素和矿物质,是人体不可缺乏的营养品。(2)大批量生产,集中在夏令上市,物美价廉,能满足人们在夏天多食蔬菜的需求。(3)净料率高,烹调方便,而且味道清淡,甘神怡口,有些还可生食,故而常是夏令菜中的主角。(4)能够荤素调配,改变筵席的营养比例,在宴会上多能派上用场。

葱蒜类蔬菜原料

葱蒜类蔬菜主要指具有强烈辛香气味的一部分百合料的可食植物。它们既可充当菜肴的主配料,又能作为调味品,用途广泛。其主要品种有:(1)葱。包括南方的分葱、细香葱、龙爪葱和北方的章丘大葱、羊角葱、鸡腿葱等。(2)蒜。蒜头、蒜苗、蒜苔均可食,名品有黑龙江门城大蒜、辽宁开原大蒜、陕西岐山大蒜、河北安固大蒜、成都四六蒜、南京大四蒜等。(3)洋葱。有普通洋葱、分蘖洋葱、顶生洋葱之别。(4)薤。又称薤白、藠头,湖北盛产。

食用此类蔬菜之后,口中会有一股异味,故和尚与道人是忌讳它的。按照服务规程的要求,服务人员上岗之前也不许食用葱蒜等物,以免冲犯客人。

水生类蔬菜原料

水生类蔬菜主要是指一部分生长在水中的可食性植物。其品种有:(1)藕。又称莲藕、莲菜,按上市季节,又分为果藕、鲜藕、老藕3类。它的籽实——莲子,可作甜菜。(2)菱。又称芰、菱角、红菱、紫菱,有四角的野菱和两角的家菱之别。(3)荸荠。也称荜荠、南荠、马蹄、地梨、乌芋、凫茈,可作水果。(3)慈姑。亦名茨菰,富含淀粉。(5)莼菜。别名水葵,系佳蔬之一,常与鲈鱼配制。(6)蒲儿菜。也叫蒲菜、香蒲、甘蒲、蒲草,山东多以它制汤。(7)鱼腥草。味特腥,仅四川食用。

水生蔬菜的档次大都偏高,尤其是在北方更显贵重,一般都上中等以上的酒席,很受欢迎。

菌藻地衣类蔬菜原料

此类蔬菜可分3种类型。一是以无毒菌类的子实体作为食用部位的食用菌,我国有500余种,名贵的是口磨、香菇、草菇、花菇、金针菇、竹荪、猴头、鸡枞、木耳、雪耳,还有大面积养殖的平菇和银耳。二是可食的蓝藻门、褐藻门、红藻门植物，包括陆生的发菜和海生的紫菜及海带等。三是地衣门石耳科为主的可食性地衣，主要是产于皖赣山区的石耳。

菌藻地衣类蔬菜营养价值高，医疗效用好，加之来源稀少，口感特异，部分品种干制后列入山珍海错的范畴。所以古人多将猴头、银耳、竹荪、花菇、黄花菜、云香信、驴窝菌、羊肚菌合称为“草八珍”，编入满汉全席。

野菜类蔬菜原料

我国可食的野菜甚多，名气大者主要有：(1)香椿芽。谷雨前后采摘的最佳，可凉拌、清炒或挂糊炸食。(2)榆钱。榆树在暮春结的果实，可制馅。(3)槐花。常配肉丝拌面条蒸食。(4)橡籽。能制成橡籽豆腐。(5)地菜。作春卷的馅料。(6)蕨菜。炒食、烧肉或做粑。(7)薇菜。腌渍后与肉拌炒。(8)蕨麻籽。又称人参果，青藏高原特产，可制抓饭、五味粥或糕点。(9)菖蒲菜。可以炒虾米、氽鸡粥、炖猪肉。(10)马齿苋。又称长命菜，可拌粉蒸肉，(11)苜蓿。北方多作凉拌小菜。(12)灰灰菜。炒食。(13)鱼腥草。又叫折耳根，多炒食，可抗菌、止血、利尿、镇痛。(14)苦菜。夏令入馔，风味特佳。

目前，野菜在市场上十分抢手，被称为“绿色食品”，价格扶摇直上。

果品类蔬菜原料

我国的果品有300余种，可分为7类：一是鲜果，如苹果、葡萄、山楂、香蕉、柑桔、荔枝、桃、梨、杏、柿等。二是干果，如板栗、核桃、花生。三是果干，如红枣、柿饼、杏干、瓜干。四是果仁、如瓜仁、杏仁、松仁、榄仁。五是瓜果，如西瓜、香瓜、哈密瓜、黄金瓜。六是蜜饯，如七珍梅、九制陈皮。七是果脯，如海棠脯、冬瓜糖等。

举凡果品，都富含水分，糖类、有机酸、纤维素、果胶、单宁和糖苷，是清香可口的滋补食品；加之它们除制作凉菜、果盘、点心和甜汤之外，大都可以生食，故营养成分能有效地被人体吸收。还有些果品，兼具食疗作用，更有开发前途。

花木类蔬菜原料

我国可以入馔的花卉有100余种，主要是菊花、桂花、玉兰花、文官花、鸡冠花、萱草花、金雀花、芭蕉花、茉莉花、栀子花、松花蕊、红花子等。用其制成的菜点有广寒糕、锦带羹、菊花饼、梅花粥、芍药花粥、萱草花粥、松黄饼、风雨梅、茉莉鸡脯、桂花干贝，以及四川为接待“五连冠”的中国女排而巧妙设计的“鸡冠花全席”。

我国可以入馔的树木的籽、芽、叶、茎、皮、根、汁有50余种，主要是柳芽、茶叶、桂皮、桦树汁、芭蕉心、枸杞等。用其制成的菜点有凉拌枸杞尖、水煮椿根面、槐花葱油饼、橡籽豆腐羹、龙井虾仁、松仁鱼米、里脊春笋、樟茶鸭子之类，多为特色肴馔，近年来很受欢迎。

蔬果再制品原料

蔬果制品系指以蔬菜、瓜果、花木作主料，适当添加相应的调配料，经过腌渍、脱水或熬煮、烘烤等工艺而精制出的一类食品。它们有的可以直接食用，有的还须继续烹调，大都有较好的营养功效和较广阔的开发用途。

1.咸味为主的蔬菜制品。包括酱菜、腌菜、渍菜、干菜等。名品有北京六必居酱菜、河北保定酱菜、山东济宁酱菜、陕西潼关酱菜，江苏扬州酱菜、云南玫瑰酱菜、涪陵榨菜、四川芽菜、津冬菜、京冬菜、独山盐酸菜、延边泡菜、四川泡菜、侗族酸菜、天目扁尖、浙江干菜笋、广东梅干菜、湖南玉兰片、沙市藠头等。

2.甜味为主的花果制品。包括北京果脯、广东蜜饯、新疆的各种瓜干以及花酱之类。

家畜类原料

我国的家畜类原料量多质优，可分为10个类别：(1)猪。名品有四川荣昌猪、浙江金华猪、湖南宁乡猪、湖北监利猪、江苏太湖猪、广东梅花猪、云南小耳猪、辽宁新金猪、山东垛山猪、北京黑猪、甘肃土猪、改良瘦肉型猪。(2)牛。名品有秦川牛、南阳牛、鲁西黄牛、延边黄牛、晋南牛、杂交犏牛、温州水牛、德昌水牛、湖南滨湖水牛、四川九龙牦牛、甘肃白牦牛、杂交奶牛。(3)羊。名品有中卫山羊、成都麻羊、内蒙古阿白山羊、新疆哈密山羊、湖北马头山羊、蒙古绵羊、西藏绵羊、哈萨克绵羊。(4)狗。名品有延边狗、华北狗、云南狗、贵州狗。(5)猫。亚洲家猫、广东猫。(6)家兔。改良安哥拉兔、喜马拉雅兔、青紫兰兔、中国白兔。(7)马。伊犁马、塞北马、桂林小马、藏马。(8)驴。

关中驴、晋南驴、德州驴、渤海驴、陕西佳米驴、河南沁阳驴、新疆小毛驴。(9)骆驼。单峰驼、双峰驼。(10)奶。牛奶、羊奶、马奶、鹿奶、骆驼奶等。

这类原料富含脂肪、蛋白质和其他一些人类必须的营养素。它们对人体生长发育、细胞组织的再生和修复、增强体质、发展智力,均是不可缺少的。我国约有60%左右的荤菜,都用它们制成,大多是中、低档次,适合广大工薪阶层和农民群众的需要。

家禽类原料

我国的家禽类原料也是相当丰富的,优良品种众多。(1)鸡。名品有山东九斤黄和寿光鸡、江苏狼山鸡和鹿苑鸡、浙江萧山鸡和仙居鸡、湖北洪山鸡和黄孝鸡、广东惠阳鸡、上海浦东鸡、辽宁大骨鸡、河南固始鸡、北京油鸡,以及白洛克鸡、洛岛红鸡、白科尼什鸡、来航鸡等。(2)乌骨鸡。名品有江西泰和鸡、湖北丝毛鸡。(3)鸭。名品有北京鸭、绍兴鸭、高邮麻鸭、荆江蛋鸭、建昌大肝鸭、樱桃谷鸭、娄门鸭、白洋淀鸭、金定鸭、临武鸭、连城白鸭、番鸭。(4)鹅。名品有中国鹅、太湖鹅、广东狮头鹅、溆浦鹅、奉化鹅、象山白鹅、兴国灰鹅、清远鹅。(5)鹌鹑。名品有东北鹌鹑、华西鹌鹑。(6)鸽。名品有石岐鸽、王鸽。(7)火鸡。名品有引进的青铜色吐绶鸡、白色荷兰吐绶鸡、南美野生吐绶鸡。(8)蛋。鸡蛋、乌鸡蛋、火鸡蛋、鸭蛋、鹅蛋、鸽蛋、鹌鹑蛋等。

在动物原料中,家禽有4个突出的优点:第一,胸肌与腿肌发达,蛋白质含量高;第二,结缔组织少,肉质纤维细嫩;第三,脂肪溶点低,易为人体消化吸收;第四,呈鲜物质多,风味优美。我国的禽肉菜,比例亦大,目前它的档次往往高于畜肉,深受消费者青睐。特别是烤炙菜和汤品,评价很高。

野味类原料

我国是野生动物种群繁多的国家之一,据初步统计,有鸟类1180余种,走兽类450余种,爬行类320余种,两栖类210余种。其中的绝大多数都有食用价值。不过,由于种群、捕获、净料率以及保护珍稀动物等原因,目前制菜的仅是很少的一部分。这主要有:(1)鸟类。如允许食用的野鸡、野鸭、铁雀、松鸡、火鸡、麻雀。(2)兽类。如允许食用的田鼠、野猪、刺猬、狍子、鹿、野兔。(3)爬行类。如允许食用的蛇、龟、鳖。(4)两栖类。如允许食用的石蛙、牛蛙。

为了抢救濒于灭绝的物种,保留世界独有的稀异动物品种,开展科学研究,保持生态平衡,给子孙后代留下更多的财富,国家对一些珍稀动物进行保护,不可捕杀与食用,否则便会触犯法律。这些动物主要有兽纲的蜂猴、猕猴、长臂猿、穿山甲、熊、大熊猫、小熊猫、水獭、猞猁、虎、豹、儒艮、白暨豚、白海豚、象、野马、野骆驼、野驴、麋鹿、麝、野牦牛、雪兔、巨松鼠、河狸;鸟纲的短尾信天翁、白腹军舰鸟、白鹳、黑鹳、朱鹮、中华秋沙鸭、金鹏、细嘴松鸡、斑尾榛鸡、雉鹑、褐马鸡、兰鹇、绿孔雀、白鹤、鸨;爬行纲的四爪陆龟、鼋、鳄蜥、巨蜥、蟒、扬子鳄;两栖纲的大鲵、虎纹蛙;鱼纲的新疆大头鱼、中华鲟、白鲟;以及瓣鳃纲的库克砗磲,头足纲的鹦鹉螺、昆虫纲的中华蛩蠊,肠鳃纲的黄岛长吻虫等。

为了扩大食源,近年来我国还引进了七彩山鸡、白孔雀、鸵鸟、袋鼠、越南甲鱼、古巴牛蛙、海狸鼠、大海虾、福寿螺(蜗牛)、食用蚯蚓等可食的野生原料,加以饲养,供应市场。

昆虫类原料

世界上的昆虫约100多万种,占动物种数的4/5。尽管它们大多数对人类有害,但其干体内富含蛋白质(如蚕蛹含52%,黄蜂含81%)、脂肪、糖类、维生素、微量元素和抗衰老物质,具有特殊的疗效和益智作用。经科学家鉴定,至少有373种昆虫是可以吃的。

我国的昆虫食料主要有蚂蚁、蝗虫、蝉、蝎、蚕蛹、蜂蛹、蜈蚣、蟋蟀、蔗虫、禾虫、蜜虎、龙虱、蜻蜓、蜘蛛等。能调制油炸干蝉、清炒蚕蛹、青州全蝎、香蒴禾虫、烹蝗虫、烩蚂蚁、炙蚱蜢、爆黄蜂等虫菜数百款,多见于东北、华北、华南、西南等地。特别是傣、苗、侗、瑶等少数民族,调制虫菜技艺精工,可与“食虫王国”墨西哥比美。

蛋奶再制品原料

蛋奶再制品在烹调中应用广泛。其中,蛋制品包括鸡蛋再制品(如水蛋、蛋粉、湿蛋)和其他蛋再制品(如皮蛋、咸蛋、糟蛋、腊蛋);奶制品包括炼乳、奶粉、酸奶、奶晶、奶油、干酪、乳糖、麦乳精、干酪素等。高邮双黄蛋、沙湖盐蛋、益阳珠砂盐蛋、兰溪黑桃蛋、黄石松花蛋、廊坊松花蛋、北京彩蛋、宝应皮蛋、中药降压皮蛋、五香皮蛋、平湖糟蛋、四川糟蛋、内蒙奶粉、新疆炼乳、上海奶酪、广东人造白脱,都系蛋奶再制品中的名牌。

这类制品大都含有完全蛋白质、磷脂、磷、铁、碘、维生素、烟酸或乳脂肪、乳蛋白质、乳糖、酶,被称作"生命的泉源",是菜肴、糕点、面食中高档的主配料。

畜禽野味再制品原料

畜禽野味再制品是将新鲜的家畜、家禽和野味原料粗加工之后,用脱水、腌渍、熏烤、酱卤、煸炒等方法制成的半成品或食品。它们粗分,包括畜兽制品和禽鸟制品;细分,有6种生制品和8种熟制品,品类繁多。

生制品即半成品,须经烹调方可食用。其中有:(1)腌制品。如咸猪肉、腌牛肉、板鸭、腌肫肝。(2)腊制品。如腊狗肉、腊野兔、腊鸡、腊鹌鹑。(3)风干制品。如吹肝、老鼠干、马肠子、风鹅、鸡筋、燕窝。(4)生熏制品。如熏牦牛肉、熏羊腿、熏野鸡、熏王鸽。(5)火腿制品。如火腿、月腿、山珍腿、戌腿。(6)灌肠制品。如香肠、腊肠、风干肠、水晶肠等。它们都能调制高档的风味菜肴。

熟制品即成品,可以直接食用。其中有:(1)酱卤制品。如酱肘子、酱驴肉、五香獐肉、烧鸡、盐水鸭、卤鹅掌。(2)烧烤制品。如叉烧肉、化皮烧猪、烤羊肉串、温州电烤鸡、北京烤鸭、广东烧鹅。(3)油炸制品。如炸猪皮、炸丸子、炸乳鸽、炸铁雀。(4)熟熏制品。如熏马肠、熏牛百页、糖熏野鸭、无为熏鸡、樟茶鸭子、毛峰熏果子狸。(5)白切制品。如白切肚、白切羊肉、白斩鸡、白肉。(6)糟制品。如糟猪舌、糟鸭掌、糟鹅、醉鸡。(7)干制品。如五香牛肉干、肉脯、鸡松、鸽松。(8)其他制品。如肉燕皮、皮丝、皮冻、肉豆腐丸等。这些制品,有的是食品厂大批量生产,有的是家庭小量庖治,有的是餐馆碟子房和烧烤房精心调理,有的是食贩加工出售。

鱼类原料

我国的鱼品分为咸水鱼、洄游鱼、淡水鱼3类,共计1500余种。鱼肉中蛋白质含量可达15%~18%,肌肉纤细柔软,消化吸收率高;脂肪中的不饱和脂肪酸高达80%,十分难得;还有较多的钾、钙、镁、磷以及维生素A、D,历来被视作优于畜、禽的高档原料与食疗佳品。

1.咸水鱼。约近千种,主要栖息在海洋和陆封的高原咸水湖中。名品有东海、黄海与渤海的大黄鱼与小黄鱼;胶东湾的带鱼;东海和黄海的鲐鱼;黄海与渤海的鲷鱼;秦皇岛的鲙鱼;辽东半岛的鲳鱼;冀鲁沿海的鲨鱼;黄海的鲅鱼;北戴河的比目鱼;辽宁与山东的海鳗;青岛的藤罗鱼;苏浙等地的鲈鱼;天津的面鱼;渤海的梭鱼;黄海的鲱鱼、马面鲀鱼与条鳎;珠江入海口的鳓鱼;北部湾的石斑鱼;台湾的老鼠斑;青海的湟鱼等。

2.洄游鱼。有百余种,主要是在江海之间回游生殖。名品有长江中游的鮰鱼;镇江的鲥鱼;黑龙江的鲑鱼(含大马哈鱼、哲罗鱼、细鳞鱼、茴鱼、香鱼);长江下游的鲚鱼(含凤尾鱼、刀鲚)等。

3.淡水鱼。有500余种,栖息在江河湖塘之中。名品有松花江白鱼、泰山赤鳞鱼、兴凯湖红鲌、镜泊湖银鲫、黑龙江鳇鱼、黄河鲤鱼、淇河双脊鲫、黑河钱鱼、新疆五道黑、太湖银鱼、贵州鳜鱼、婺源荷包鲤、梁子湖团头鲂、襄阳槎头鳊、庐山石鱼、阳新春鱼、临湘文鱼、四川岩鲤、雅安雅鱼、洱海弓鱼、抚仙湖金线鱼、广东乌鱼、巴马油鱼、台湾南投的虹鳟鱼等。

素有"千湖之省"之称的湖北,从古至今都是我国淡水鱼生产基地和鱼苗供应中心。其淡水鱼产量历来都占全国总产量的12%以上,年产量达70~100万吨;每年还捕获鱼苗400多亿尾,孵化300多亿尾,供应20多个省、市、自治区的需要。它的"10大淡水名鱼"(鮰、鳜、武昌鱼、鳢、鳡、鲶、青鱼、鲫、鳝、春鱼),在海内外享有盛誉;湖北也因此被称为"鱼国"和"鱼馔之乡"。

甲壳类原料

甲壳类动物主要以坚硬的石灰质外壳保护体内的柔软组织为基本特征,包括虾类及蟹类,有淡水产的,也有海水产的。

虾类的名品有:(1)对虾(如广东丰虾、斑节对虾、中国对虾);(2)龙虾(如中国龙虾、锦绣龙虾、波纹龙虾);(3)河虾(如太湖虾、微山湖虾、白洋淀虾);还有基围虾、白虾、青虾、毛虾等。

蟹类的名品有:(1)三疣梭子蟹(如青岛蟹、大连蟹、烟台蟹、蓬莱蟹);(2)中华绒螯蟹(如霸县胜芳蟹、阳澄湖红毛蟹、南京江蟹)。

甲壳类原料除富含蛋白质外,尚有足量的钙、磷、铁、碘与多种微生素,加之味道鲜腴,故多制成高档名菜,风靡南北。

软体动物类原料

可以食用的软体动物分为3类:一是瓣鳃纲的河蚌、牡蛎、蛤蜊、蚶子、竹蛏、扇贝;二是腹足纲的鲍鱼、田螺、海螺、蜗牛;三是头足纲的墨鱼、鱿鱼、八带鱼等。其中的名品有:辽河口的文蛤;大连的鲍鱼、扇贝、贻贝和魁蚶;北部湾的墨鱼;伍佑的醉螺;台湾苗栗的蛲贝;福建的泥蚶;湖北天门的金剑蚶;河南宿鸭湖的褶纹冠蚌;洞庭湖的青螺;闽江口的牡蛎;深圳的鲜蚝等。

软体动物和鱼类、甲壳类的营养含量不相上下,可贵之处在于它含有益智的微量元素——锌,有些贝壳(如鲍鱼壳)还可入药,因此身价往往比甲壳类更高。

水产再制品原料

水产再制品大多是鱼虾蚌贝等水鲜原料的脱水制品,包括5类;(1)海珍制品。如鱼翅、鲍鱼、海参、鱼肚、鱼皮、鱼唇、鱼骨、鱼信、鱼肠、鱼籽、干贝、蚝豉、鱿鱼之类。(2)鱼制品。如海蜓、鱼干、风鱼。(3)虾蟹制品。如虾米、虾籽、干虾、虾粉、蟹干。(4)贝类制品。如淡菜、蛏干、海螺干。(5)其他制品。如蜇皮、蜇头、沙虫干等。

这些制品中的佼佼者,历来名贵,故有"海八珍"(主要由燕窝、鱼翅、鲍鱼、海参、鱼唇、鱼肚、鱼骨、鱼肠等组成)之说。它们营养丰富,风味特异,来源稀少,价格昂贵,多用来调配特档筵席。

八珍

原指美味的食品,后为稀有、珍贵烹调原料的统称;有时又借指某些特色风味的筵席。从古至今,有关"八珍"的提法主要有12种,其含义不尽相同。

1.周代八珍。又名"珍用八物",是指周天子享用过的8种美食,即淳熬(肉酱油浇饭)、淳母(肉酱油浇黄米饭)、炮豚(煨烤炸炖乳猪)、炮牂(煨烤炸炖雌羔)、捣珍(烧牛羊鹿里脊)、渍(酒糟牛羊肉)、熬(类似五香牛肉干)、肝膋(网油烤狗肝)。这是"八珍"的最早出处。

2.迤北八珍。又叫"行帐八珍",这是元代诈马宴上的菜单,系由醍醐(精制奶酪)、麆沆(烤香獐)、野驼蹄、鹿唇、驼乳糜(驼奶粥)、天鹅炙(烤天鹅)、紫玉浆(可能是一种紫羊奶)、玄玉浆(马奶子)组成。

3.龙凤八珍。大约是明代的一份席谱,包括龙肝(多用白马、娃娃鱼或穿山甲替代)、凤髓(多用锦鸡或孔雀替代)、豹胎、鲤尾、鸮炙(烤猫头鹰)、猩唇、熊掌和酥酪蝉(高级酥酪制品)。

4.参翅八珍。清代名贵食料,由参(海参)、翅(鱼翅)、骨(鲨鱼或鲟鱼头部软骨)、肚(鱼肚)、窝(燕窝)、掌(熊掌)、蟆(蛤士蟆)、筋(鹿蹄筋)组成。

5.山八珍。清代名贵食料,包括熊掌、鹿茸、犀牛鼻(或犴鼻)、驼峰、果子狸、豹胎、狮乳和猴头(脑)。

6.水八珍。清代名贵食料,包括鱼翅、鲍鱼、鱼唇(鲨鱼或大黄鱼唇边嫩肉)、海参、鳖裙边(甲鱼盖壳边胶质层)、干贝、鱼脆(鲟鳇鱼鼻骨)和蛤士蟆。

7.禽八珍。清代名贵食料,包括红燕、飞龙、鹌鹑、天鹅、鹧鸪、彩雀、斑鸠和红头鹰。

8.草八珍。清代名贵食料,包括猴头菇、银耳、竹荪、驴窝菌、羊肚菌、花菇、黄花菜和云香信。

9.上八珍。民国年间名贵食料,各地指代不一,主要有猩唇、燕窝、驼峰、熊掌、猴头、豹胎(或凫脯)、鹿筋、蛤士蟆(或黄唇胶)。

10.中八珍。民国年间名贵食料,名地指代不一,主要有鱼翅、广肚、鲥鱼、鱼骨(或鱼唇)、大乌参(或裙边)、龙鱼肠(或蛤士蟆)、鲍鱼(或果子狸)、干贝(或银耳)。

11.下八珍。民国年间名贵食料,各地指代不一,主要有川竹笋、大口蘑、乌鱼蛋、银耳(或龙须菜)、猴头菇(或赤鳞鱼)、裙边(或蛎黄)、鱼唇(或海参)、果子狸(或干贝)。

12.烧烤八珍。满汉全席的系列菜式之一,多由4红烤、4白烤组成,各地编排有别,如:

地区	四红烤	四白烤
山东	烤乳猪、烤填鸭、双烤肉、烤雏鸡	哈尔巴(牛前腿)、肥油鸡、白片肉、扒鹿尾
天津	烧猴头、烧鹿尾、烤鸭、烤全猪	白奶鸡、扒生肚、云片鸭、哈巴肘
山西	烤鸭子、烤乳猪、烤酥方、烤火腿	烤驼峰、烤项圈、哈尔巴、烤白鱼
四川	烧奶猪、烧火腿、烧全鱼、烧全鸭	佛座子、箭头鸡、哈尔巴、项圈肉
河南	烧小猪、烧鸭子、烧鲫鱼、烧胸岔	白片鸡、白片鹅、白片猪、白片羊
北京	烤乳猪、烤果狸、烤填鸭、烤排子	哈尔巴、烤鲑鱼、烤油鸡、烤鹿尾

其他还有扬州八鲜(菱、藕、芋、柿、虾、蟹、蚌蛾、萝卜);苏州水八鲜(莼菜、茭白、芋艿、荸荠、芡实、茨菇、塘藕、红菱);东北陆八珍(蛤士蟆、驼峰、野口蘑、玉皇蘑、凤牙蘑、玉米珍、沙半鸡、松鸡);东北海八珍(鲨鱼翅、辽参、鲜贝、紫鲍、乌鱼蛋、鱼骨、鳘肚、鱼皮);东北山八珍(熊掌、猴头菇、犴鼻、飞龙、虎丹、麋尾、人参、蕨菜);佳味八珍(熊掌、鹿尾、大帘蛤、鱼翅、螃蟹、江珧柱、兰花菇、石斑鱼)等,这都是指的名贵而时鲜的烹调原料。

调味品

在烹调过程中用于调和菜点口味的一类原料的统称。它们可以增添食品的营养,突出和改善食品的风味,消除异味,杀灭病菌,美化食品的色泽,提高食品的质地,增强口感,激发食欲。

调味品可分为9大类型:(1)咸味调料。如自贡井盐、上海酱油、北京面酱、湖南豆豉。(2)甜味调料。如内江白糖、武汉饴糖、江苏蜂蜜、广东冰糖。(3)酸味调料。如山西陈醋、镇江香醋、番茄酱、柠檬汁。(4)辣味调料。如四川干海椒、陕西油泼辣子、安庆豆瓣酱、海南胡椒粉、安徽芥末、上海咖喱粉。(5)麻味调料。如四川花椒。(6)涩味调料。如龙井茶叶。(7)鲜味调料。如周口味精、广州蚝油、湖南菌油、江苏虾籽、河北虾油、广西鱼露、浙江腐乳卤。(8)香味调料。如广西的八角、茴香和桂皮,新疆的孜然,宁夏的小茴香,咸宁的蜜桂花,浙江的蜜玫瑰,广东的丁香,河南的芝麻,云南的糯米草,绍兴的黄酒,福建的香糟,西安的醪糟,武汉的香料粉。(9)苦味调料。如四川陈皮、海南豆蔻、贵州草果等。

此外,葱、姜、蒜等辛香类菜蔬,荷叶、箬叶、香竹、芭蕉叶等植物,也有提味增香的特殊作用。

中国的调味品目前约计600余种。为了使用方便,通常加工成液状、油状、粉状、粒状、稀糊状、酱状或膏状;分属于酿造、腌菜、鲜菜、干货、水产和其他等6个商品系列。

芡粉

又称生粉、团粉或淀粉,是多个葡萄糖分子缩合而成的多糖聚合物,也是碳水化合物主要的存在形式之一。它一般是从植物的块茎、果实中提取的粉状干制品,如绿豆粉、豌豆粉、菱角粉、玉米粉、木薯粉、甘薯粉、马铃薯粉等。如果是加水调制的糊状物,则叫湿淀粉或水淀粉。

在烹调中,淀粉的作用主要是上浆、挂糊、拍粉或勾芡。它可以提高菜品的持水能力,使之油润光滑;并有保持原料的水分、鲜嫩质感和恒定温度的作用;还有利于菜肴入味,增添养分,加强粘合能力,以便定型。因此不论东南西北,做菜都离不开它,并将其划入调味品的范畴之中。

食用油脂

这是从生物体内提取的脂肪,在常温下呈液态的叫油,呈固态或半固态的叫脂。其主要成分是含有多种脂肪酸的甘油三脂,以及游离脂肪酸、磷脂、维生素等。按来源划分,食用油脂包括动物油(如猪油、牛油、羊油、狗油、鸡油、鸭油、鱼油)和植物油(如豆油、棉油、菜油、花生油、芝麻油、葵花籽油、玉米油、椰子油、茶油、漆油、糠油)。

食用油脂能产生较高的热量,是维持人体正常发育的重要物质。它的沸点高,温度变化可以控制,能适应不同烹调技法对火候的要求;并在保温、增色、造型、干货涨发或改善口感方面，还有重要的作用。因此也是制菜必需的调味品之一。

目前使用较多的是精制提纯的色拉油。

食品添加剂

系指食品生产、加工、保藏等过程中，有意识加入的少量天然物质或化学合成物质的总称。

食品添加剂有两种分类方法。一种是按来源分为天然食品添加剂以及化学合成食品添加剂。前者是以动植物或微生物代谢产物为原料提取后精制而成，如腐乳卤；后者是将各种原料人工合成而得来，如色素、香精。另一种是按添加剂性质和使用目的来划分，有许多类：(1)润色剂。如可可粉、苋菜红等。(2)加香剂。如玫瑰花、桔子香精等。(3)调味剂。如味精、鸡精素等。(4)膨松剂。如小苏打、酵母等。(5)乳化剂。如大豆磷脂、单酸甘油脂等。(6)增稠剂。如淀粉、琼脂等。(7)强化剂。如维生素、氨基酸、碳酸钙等。(8)发色剂。如亚硝酸钠、硝酸钾等。(9)抗氧化剂。如生育酚混合浓缩物等。(10)防腐剂。如苯甲酸、山梨酸等。此外还有食品漂白剂、食品用酶制剂、食品加工助剂、食品凝固剂种种。

使用食品添加剂大都有如下的目的：或是改变食物的感官性质；或是增加食品的营养价值；或是控制食品中微生物的繁殖，防止食品腐败；或是防止食品在贮存过程中变质；或是满足食品加工中的某些特殊工艺要求，如漂白、疏松、增稠、润色等。

根据《中华人民共和国食品卫生法》和《食品添加剂使用卫生标准的国家标准》有关规定，食品添加剂的使用必须符合4项要求。第一，食品添加剂中不可含有其他有毒物质，对食品的营养成分不应有破坏作用，使用限度应当控制在规定的范围之内。第二，食品添加剂进入人体后最好能参加正常的代谢过程，或者能被机体解毒后全部排出体外。第三，食品添加剂的使用量应尽可能达到使用目的之最小量。第四，不得使用食品添加剂来掩盖食品的缺陷或作为伪造食品的手段。

自古以来，中国烹饪就注重食品添加剂的运用，并形成了有中国民族特色的5大类传统添加剂，即各种调味料(如盐、糖、酱、醋)；各种佐配料(如花卉、果品、骨髓、茶酒)；一部分中药材(如人参、鹿茸、当归、天麻)；一部分矿物质(如老碱、明矾)；一部分微生物代谢制品(如腐乳卤、泡菜水)。它们可以给无味的干货原料赋予可口的美味；矫除部分食料中的异味；确定肴馔的基本味型；增添菜点的香味；美化菜点的色彩；改变菜点的质地与口感；补充营养成分；起到一定的食疗作用；杀菌、消毒、防腐、抗病；刺激食欲，帮助消化、吸收等。

目前，中国传统的食品添加剂正在向着3个方向发展。其一，复合型调味料备受欢迎。如北京涮羊肉调味料、四川毛肚火锅调味料，都已形成系列。其二，天然食品调味料更受重视。这与当今流行"绿色食品热"、"黑色食品热"、"花卉食品热"、"昆虫食品热"有关。其三，营养强化剂和药膳日益吃香。这与当今人们追求健美、长寿的社会心态相吻合。因此，发展烹饪，必须重视调味品，要请食品添加剂这位"尊神"。

中餐炊具

炊饮器具

烹饪加工和备餐进食所使用的各种工具与设备的统称。我国传统的炊饮器具，包括供热用的炉灶燃料、烧制用的炊制工具和进食用的餐具酒具3大类别，分别简称为灶具、炊具和食具。我国现代的炊饮器具，包括厨用机具(含切削机具、成型机具、加热机具、洗涤机具、消毒机具、冷冻机具、运输机具、通风机具等)、厨用工具(含手工炊具、日用杂具、盛物用具、备餐用具等)两大类型，分别简称为机具和工具。

炊饮器具是人类为了满足口腹之需而用以征服自然的一种生活用具。它是烹调技术发展演变的前提条件，庖治食物不可缺少的物质装备。一方面，炊饮器具受生产力发展程度的影响，手工业和工业水平的高低，直接决定着炊饮器具的数量和质量；社会越进步，烹调技术越发达，炊饮器具就越精美。另一方面，作为一种生产工具，炊饮器具的好坏直接影响到菜品质量；它的变革可以推动烹调技术的进步。其中，特别是炊具和灶具，制约着烹调技法的发展，经常起着举足轻重的作用。

从古至今制作过炊饮器具的材料，有石、土、贝、骨、角、竹、木、砖、瓦、陶、铜、铁、锡、铝、漆、瓷、玉、金、银、钢、象牙、玻璃、塑料等多种物质。中国炊饮器具的演变史，大体上可分为石器、陶器、铜器、铁器、漆器、瓷器、金银玉器和现代金属化工器具等8个阶段。其中，使用最广泛、影响最大的是陶器、铜器、铁器、瓷器和现代金属化工器具，它们可称为我国的第一、二、三、四、五代厨具，在中国烹饪史上具有重要的地位。

从厨具的种类来说，夏初仅有鬲、盆、灶、罐数种；商代推出炊食兼用的鼎、甗，切削的刀、俎，以及10多种酒器。汉代使用漆质餐具后，盛器、托盘与盖碗常配套成龙；唐宋两朝，瓷器又大放光华。明清时期，一次大筵，各种餐具数十件，釉彩一致，式样错杂，富丽堂皇。曲阜孔府的一套满汉全席银质餐具，是乾隆皇帝女儿的嫁妆，共计404件，可上菜196道。而现今的炊饮器具，更是五彩纷呈，其品种花色之多，难以数计。

从厨具的质量来说，先秦的陶器较为粗糙。青铜问世后，由于食具兼作礼器，其式样新颖，纹饰工细，原始风味逐步扬弃，工艺造型古朴、宏伟。汉魏六朝的漆器古色古香，具有很高的艺术水准。瓷器占领餐桌后，更是一派绮丽风光，前人早有“青如天，明如镜，薄如纸，声如磬”的美评。到了明清，仿古的金银餐器，不仅把飞潜动植的形态模拟得维妙维肖，还恰到好处地镶嵌珍宝玉石，有“一器千金”之誉。现代的厨具则运用新材料、新工艺制作，符合科学原理，工效高，式样美，减轻了劳动强度，提高了饭菜质量，更受世人所欢迎。

更有意义的是，中国炊饮器具的演变，基本上与我国历史上的石器时代、陶器时代、铜器时代、铁器时代和电子工业时代相一致。烹调技法中的火烹、水烹、汽烹、油烹、电气烹，又是与炊饮器具的质地和性能紧密联系在一起的。这说明烹饪是经济、文化诸因素直接作用的产物，其成就是人类社会发展水平的标志。

炊饮器具纷繁复杂。在本书中将其分为两大部分。第一大部分是食器，归入上卷的“餐饮服务设施”中；第二大部分是厨具，归入下卷的“中餐烹调”中。这样，纲目体系比较完整，也便于检索和查阅。

灶

用砖、坯或金属等制成的生火做饭菜的设备。它是燃料燃烧的场所，主要起着控制火力和充分利用火力的作用；同时又是炊具的支撑物，以便架放锅、罐、笼等器皿，进行烹调。其型制甚多，按供氧方式分，有吸风灶和吹风灶；按使用燃料分，有有烟煤灶、无烟煤灶、柴草灶、糠壳灶、沼气灶、太阳能灶、煤气灶和电磁灶；按烹制用途分，有炒灶、蒸灶、铁板灶和炮台灶等，是一个相当庞杂的“烹调能源工程系统”。

灶的历史相当悠久。自从人类学会用火，它就在地球上诞生了。最早的灶，应推几十万年前问世的“坪灶”。它多选在背风、干燥的凹地，直接架火烧烤食物。后来，为了利用风力供氧，产生了迎风挖坑的“地灶”，以及杂石垒叠的“石灶”，可以节约能源，调控火力。距今1万年前，随着陶器的问世，先民创造出配套使用、可以移动的“陶灶”，为后来的灶具提供了雏型。进入夏商，由于制瓦工艺兴盛，人们使用耐火材料烧成火砖，与普通砖块配合，开始砌出“砖灶”。这是炉灶演变史上的一次重大突破。它用料简易，成本低廉，起造方便，火力集中，节省燃料，而且还可以按照烹调的需要不断变换“型制”，坏了可以修补，因此一直沿用数千年，至今仍在广大农村发挥着作用。至于一些少数民族使用的“火塘”，实际上是地灶或石灶的变体；后来创造的金属灶，如钢灶、行军灶之类，则是出于某种特殊的需要。举凡是灶，大都配置有风箱(或鼓风机)和烟囱，目的是充分供氧，节约能源，确保安全卫生。古代的“双连地灶”、“一灶五突(眼)”、“曲突灶”，现今北方农村“连炕灶”、“高囱灶”、“风箱灶”等，都展示出劳动人民的智慧。

下面着重介绍4种主要的灶具：炮台灶、大蒸灶、煤气灶和电磁灶。

炮台灶

中国传统灶具之一，因形似古代的炮台而得名。其灶体建在平地上，为砖泥结构，由凸出灶面的数个圆棱形火眼、宽广而腹深的炉膛、通火与通气的火道、滤灰的铁箅、以及储灰的灰膛等五部分构成。其中，火眼有主次之分，主火眼的热量高，多用于煮饭、蒸菜或炒菜；支火眼的热量低，多用于吊汤、烧水或菜肴保温。炮台灶大多在一旁配风箱，在后配鼓风机；灰膛口设置在灶后，并沿灶面边沿砌一道矮墙，以阻挡火灰。在火道的尾部连结高耸的烟囱，以排放废烟废气；北方农村的火道常从睡觉的地炕下穿过，为的是利用余热。此种灶大多烧柴、烧煤，适用于多种烹调方法，能最大限度地利用热能，并且安全卫生。

大蒸灶

中国传统灶具之一，因主要用于蒸、煮、炖、焖等烹调方法而得名。其型制与结构基本上同于炮台灶，相异者有四：(1)将大铁锅固定嵌入灶膛内，锅沿略高于灶面；灶膛甚大，并且其底部须砌成与锅底平行的弧形。(2)灶口大，火眼大，灶膛宽，灶门宽，火道亦粗长，使用的燃料多，火力旺盛并持久。(3)相配套的风箱、鼓风机都较大，烟囱更高更长，以便充分通风送氧，保持灶内高温。(4)经常是几座灶联建，灶膛大小不一，火道相连，共用一个烟囱，分派不同的用场。这种灶可使用煤、柴，体积甚大(如有些火眼的直径可达1米)，锅中能装水一两百公斤，适用于农村办酒席或整煮全羊。

煤气灶

中国现代灶具之一。它以人工煤气或液化石油气作为燃料，具有操作方便、安全卫生的特点，已逐步普及到城镇家庭和大小餐馆。

煤气灶通常由灶体、支架、进气弯管、控制阀旋钮、燃烧器、调风板等部件组成，由专门的工厂成套生产。其型制甚多，有家用单眼灶、家用双眼灶、炮台灶、炒灶、蒸灶、煎饼灶、大锅灶、烘烤灶、煮水灶种种，用途十分广泛。它须配有煤气管道或液化石油气钢瓶、减压阀、橡胶软管等附件，质量要求较高。

使用煤气灶应当注意通风，远离易燃物品，遵守开气、关气的操作规程，经常保持灶具的清洁。出现故障，须请专职人员检修；不要随意拆卸和调换零部件。

电磁灶

中国现代灶具之一。它是利用电磁感应加热原理(涡流加热)研制而成的不出火焰的烹调灶具，具有热效率高、安全性好、控温准确、清洁卫生等优点。

电磁灶外形像一个扁方盒，盒面是架锅的顶板，板下是圆盘状感应线圈。当接通25～30千赫的高频电流时，便产生交变磁场，磁力线穿过锅底产生感应电流，使锅迅速发热升温，将食物烹熟。电磁灶的配套炊具必须是平底的金属器皿，要求导电性能良好。

使用电磁灶要注意空气干燥，远离其他家用电器，和墙壁保持一定的距离；并且经常检查电压和电路，防止尖硬物体碰裂加热板，注意保洁。

炉

灶的同义词，也是砖坯或金属制成的烹调设备。炉与灶并无本质上的区别，仅是式样、材质和用途不同而已。一般来说，灶是固定的，炉可移动；灶附有灶台，占地面积大，炉不设炉台，占地面积小；灶是方形、长方形、椭圆形、半圆形或多边形，炉是圆形；灶一般没有金属框架，炉多半砌在大圆铁筒中；灶主要利用传导热和对流热，火力旺盛，并配有鼓风和抽风的设备，炉主要利用辐射热，火力平稳持久，不配烟囱和风箱；灶上可以开几个火眼，安放几个炊具，并与地炕相连，充分利用余热，炉上仅有一个火眼，多是专炉专用；灶上无盖，多烧柴草，炉可加盖，多烧煤炭。至于使用习惯，大多是乡村爱灶，城镇爱炉，餐馆则兼收并蓄；炒、炸、烧、蒸等“抢火菜”一般用灶，烘、烤、熏、煨等“慢火菜”一般用炉；大锅菜用灶，小锅菜用炉；人多用灶，人少用炉。但是，在实际使用中，炉、灶二字经常不分，统称为“炉灶”。

炉的种类亦很多，按供氧方式分，有两次进风炉、回风炉；按使用热能分，有煤油炉、柴油炉、电炉、煤炉、微波炉；按烹制用途分，有烘炉、烤炉、多用炉等。

下面主要介绍4种主要的炉具，即烘炉、烤炉、电炉、微波炉。

烘炉

中国传统炉具之一，因主要用于烘、焙、熏、炙食品而得名。

烘炉火眼宽大，且与炉面相平，故又称“平炉”。火眼上置一平口铁圈，铁圈外缘留4～8个小气眼疏通空气，铁圈上架平底锅或光洁的铁板，锅与铁板上置放食物。

这种炉的气眼和底部通风口都很小，故而空气的流通量亦小，燃料燃烧较慢，火力分散而均匀，宜于制作炉焙鸡、生熏鱼片、烘蛋、炙虾串等“慢火菜”，还可以用来吊汤、煨汤、炖菜核、焖肉。多见于安徽、浙江、江苏、湖北、湖南、四川、云南、贵州等地。

有时炮炙中药材，也使用此种炉具。

烤炉

中国传统炉具之一，因主要用于烤制食品而得名。型制多样，规格不一。可用砖砌或铁制，使用柴草、煤炭、石油液化气、电能或红外线作为能源。大多呈圆形或鼓形，中空，炉膛上部两侧有双层或迭层的轨道式铁架，上置铁钩，用以悬挂食物。炉膛中部有长方形铁门，门可开闭，以便取放食物。炉膛下部开一长槽，作为上火之用。炉火或生在炉体中间，或生在炉体两侧。为了保温，大型烤炉外壁还砌有空心火墙，供煤烟和热空气均匀流动。

烤炉还有明、暗之分。前者敞口，热能不封闭；后者封闭，防止热能外泄。还有一种明暗结合炉，时敞时闭，如烧饼炉、白薯炉就是这样的，目的是调控火候。

电炉

中国现代炉具之一，因使用电源作热能而得名。它既可取暖，又能烹调，具有体积小、使用方便、热效率高等优点。

电炉有方有圆，包括开启式和密封式两种结构。还有些电炉将炊、灶具合一，如电饭煲、电热火锅、电蒸锅、电砂煲之类，已逐步普及到城乡广大家庭之中。

有些电炉的炉丝暴露在空气中容易氧化，不仅使用寿命较短，而且当加热的汤汁溢出时容易出现危险，所以使用时务必特别注意。一是置放平稳，下垫一块绝缘瓷砖；二是远离易燃易爆物品；三是事先要检查电路；四是容器内不能装满，应留1/3的空间；五是使用中不可无人监护。

微波炉

中国现代炉具之一，因用微电磁波作为热能而得名。这是一种以电为能源，利用微波通过物体时介电损耗所产生的热能对原料进行加热的新型灶具。其构件主要有磁控管、变压器、高压电容器、波导管、风扇等；微波的波长在1毫米到1米之间，使用的频率为915兆赫或2450兆赫。

由于微波炉工作原理的特殊性，所以使用时应注意：(1)原料事先码味，并保持一定的水分；(2)使用能耐高温的非金属制品作为盛器；(3)加热过程中要紧闭炉门；(4)炉体离其他电器稍远；(5)只能烘、烤、炖、煮或解冻、作汤，不能用于其他烹调方法；(6)供电线路安全。

锅

盛装食物进行加热的炊具。多为半球形，中凹空，置于炉灶上接触火焰或热气，使原料受热成熟。有金属制的，也有陶瓷制的，还有石制的(如西藏的石锅)，按用途大体上可分为8类：(1)炒锅。又称炒勺、炒瓢，用生、熟铁制，有耳或柄，便于抓握，多用于炒、爆。(2)烧锅。亦名汤锅、蒸锅，形似炒锅但比炒锅大，多用于煮、蒸。(3)煎锅。也叫平锅，边圆底平，较小，多用于煎、贴、烙。(4)火锅。又叫涮锅、暖锅，金属制品或陶瓷制品，下连加热器，用木炭、酒精、煤气或电能作燃料，多用于涮。(5)高压锅。铝合金或不锈钢制品，密封性好，温度可达120℃，多用于烧、煮、焖。(6)钢精锅。铝合金制，多用于烧、煨、煮。(7)砂锅。陶制，多用于炖、焖、煨。(8)汽锅。陶制，锅底有一翘起的气鼻，蒸汽由此入锅，多用于蒸、煨。

锅是由古代的陶罐演变而来。原始社会末期的陶罐，尽管凹度大，筒径深，不结实，难煎炒，但其型制对后世的锅有所启发。殷商时期的铜鼎，其口径比陶罐大，筒体比陶罐浅，胎壁比陶罐薄，两耳三足，坚实厚重，可在下面架火烧煮食物，已起到了锅的部分作用。特别是轻薄精巧的球面状小鼎，与锅更为接近。我国目前发现的较早的锅，一是陕西宝鸡周代井姬墓出土的“井姬突鼎”，上有圆盘，下置三足，距今2800年；二是河南新郑春秋大墓出土的“王子婴次炉”，呈梯柱体，距今2600年；三是湖北随县战国曾侯乙墓出土的“炙炉”，呈扁圆形，距今2400年。这3件器物均为铜制，与现今的平底微凹锅比较近似，基本上可用于煎炒了。

至于铁锅，古名叫“釜”。《古史考》说：“黄帝始作釜。”《路史》说：“燧人范金合土为釜。”《管子》说：“五钜为釜。”这说明铁锅的孕育时间是相当长的。至于釜的形状，《辞海》解释道：“敛口，圆底，或有两耳。其用如鬲，置于灶口，上置甑以蒸煮，盛行于汉代。有铁制的，也有铜和陶制的。”这与前面的分析相吻合，证实了陶罐——铜鼎——铁锅之间的亲缘承袭关系。

从出土文物看，古代锅釜型制不一。有的叫“铛”，下有三足，大者炒菜，小者温酒；有的叫“镬”，形状似鼎，下面无足，多作汤锅；有的叫“鬵”，大口圆腹，可以炊饭；有的叫“鏊”，边浅底平，可以煎饼。这都是因不同用途而设计的，也说明铁锅的最佳型制尚在对比试验之中。降至汉晋，出现军旅用的“诸葛行锅”，涮菜用的“五熟釜”，别致的“锼”，以及内用竹编、外涂蛎泥、专门煮盐的“竹釜”等。直到隋唐，铁锅才基本定型：圆口、浅腹，薄壁，球面，有耳（或无耳）有足（或无足）。此后的1200余年，铁锅一直就是这个样子，所变的只是材质、大小与铸造工艺。

中国的铁锅科学、实用。从物理学原理来看，铁或铜是热的良导体，黑色又易于吸热，球面可以同时接受传导、对流、辐射3种方式送来的热能，并且受热均匀，升温快速，能充分利用火力，节约能源。从操作需要来看，口大则投料方便，有耳则利于把握，圆边则搁放平稳，壁薄则端举省力，腹浅则容易观察。不论手勺、手铲，在平滑的球面内都易于翻动，能使大火、热油、快炒的菜肴成熟一致，起锅顺利；而且容积不大，通常只炒一份菜，这又是与精细的质量要求相一致的。再从制作工艺看，它原料丰富，铸造方便，成本低廉，经久耐用，适合绝大多数人家的消费水平。此外，铁锅不含铅毒，没有污染，还可以源源不断地给人体补充铁质，防上某些营养缺乏症的发生，对健康也有利。这许多多多的优点集中起来，就构成铁锅这种最佳的设计方案，经受住历史的检验而流传下来，为子孙万代造福。

火锅

中国传统炊具之一，集灶具、炊具、食具为一体，直接放在餐桌上烹煮食物。其材质多为铜、锡、铝合金、不锈钢或陶瓷、搪瓷；由于使用热源的不同，又有木炭火锅、煤油火锅、酒精火锅、石蜡火锅、液化石油气火锅、电火锅之别。绝大多数火锅，主要由锅体、烟囱、火膛、底座、锅盖和托盘等部件构成；少量火锅配置有液化气罐或电热设备。

火锅源于唐宋，现流传南北各地，其特点是先将汤汁烧沸，然后投入食料随烫随吃。它宜于冬令消寒，很受市民欢迎。我国著名的火锅菜有：北京羊肉涮锅、开封八生涮锅、重庆毛肚火锅、东北野意火锅、白肉火锅、全羊锅子、狗肉汤锅、毛驴汤锅、打边炉、神仙炉、拉萨竹叶火锅等。

汽锅

中国传统炊具之一，多用含铁量高的特殊陶土制成；因其质地细腻、光润，不上釉彩而能呈现出天然的红铜色，故又名紫砂锅。它形似底部高高凸起的扁圆南瓜，由球面形的锅盖和凹糟形的锅身组成，锅身底部有一中空的汽鼻向上突起，形态别致而古朴。

汽锅多与深砂锅配套使用，或放在笼屉、大锅内隔水加热，蒸汽通过汽鼻进入汽锅内将食物炊熟。由于是长时间蒸炖，汤汁来自蒸馏水，故而菜品质地软烂，汤汁清彻，滋味香醇。汽锅最适宜制作禽鸟类和鱼鲜菜，调制药膳更能充分发挥药物的功效。我国的云南出产优质的汽锅，当地制作的汽锅鸡、汽锅鹌鹑，用火长达4～5小时，其滋味之美，名冠全国。

鼎锅

又叫“铁牛”、“深锅”、“吊子”、“铁罐”、“汤罐”、“吊锅”或“深底大锅”，系用生铁铸成的中国传统炊具。有大有小，有厚有薄，其型制一般是：(1)圆形，口与底略小，中部略膨出，并起平边，底为球面，可以直接搁在灶上；(2)圆形，上部似桶，下部为锅，筒径深，边有三耳，系铁丝后可悬挂在房梁上，底部靠近火塘，在西南和东南的少数民族山寨普遍使用；(3)圆形，上部似桶，下部尖圆，盛物后可以自动保持平衡，也是悬挂着使用。

鼎锅常是一锅多用，可以烧水、煨汤、卤菜、炒菜、炊饭、熬粥，其容量较大，具有铁锅与陶罐的双重功能，深受民间喜爱。

烤肉炙子

又名炙子、炙网或炙盘，中国传统炊具之一，多用来烤制腌渍过的肉条或肉片。铁制，是一个箅状的圆盘，直径约67厘米，盘面均匀排列宽1.2～1.5厘米，厚0.3厘米的方形铁条，条距约0.3厘米。整个盘面中间略凸，周边稍凹。架于火盆的铁圈上，下燃松枝或木炭，进行烤肉；也可直接搁放在生小火的筒炉上,边烤边食。还有些炙子,尺寸较小,制成方形或长方形,与相应的火盆或火炉配套使用。

北京市"烤肉季"、"烤肉宛"著名的烤羊肉、烤牛肉,都是用这种炙子烤成的。此外,山东、辽宁、河南、新疆、内蒙古等地,也有类似的炙盘。

三扇鏊

中国传统炊具之一,多用于烤制面饼。它由上鏊、中鏊、下鏊3部分构成,故名。下鏊呈圆盘状,周边翘起,高约15厘米,底有三足,下面烧火;中鏊为略大于下鏊的圆铁板,中部稍鼓,置放饼坯;上鏊即罩形铁盖,边系3根铁条,在顶端合拢于一个圆铁环上,环上连一横杆,横杆中部用绳系于梁上,压下横杆另一端,即可将上鏊提起,上鏊顶部也烧炭火。利用上下两鏊的均匀热能,可将糕饼焙熟、烤香。

三扇鏊的前身是流行于汉唐时期的鏊,鏊又叫鏾、饼鏊、烙锅鏊、鏊子、鏊盘、热鏊或云板,仅有一层,铁制、圆形、平底,"三足,高二寸许",仅能单面烤烙。由鏊演变为三扇鏊,是厨师和手工艺人的天才创造。

电烤箱

中国现代炊具之一,包括家用电烤炉和远红外烤炉等,主要用来烤炙食物。

家用电烤炉是借助电热元件发出的辐射热烤炙食品的。它一般由炉体、电热元件、电器控制装置及附件组成,有特定的操作规程,对原料亦有相应的要求。它可烤制鸡、鸭、鱼、肉、面包、糕饼、花生之类,优点是发热均匀,方便齐全,清洁卫生和成品香酥。

远红外烤炉是利用电能将远红外线发热元件加热,使炉内温度升高而烤炙食品的。其构造较前者复杂,但有耗电少、升温快、无异味、无污染、操作简便等优点,因此更受欢迎。它也可烤制多种肉食品和面制品,口感甚佳。

陶罐

又称砂锅、砂煲、砂钵、汤钵、瓦罐、瓦罐、汤吊子、砂浅儿或砂锅浅儿,中国传统炊具之一。系陶土制品,有的上釉,有的不上釉,有的绘纹样,有的不绘,大多呈红、黄、黑色。其型制多种多样,如深筒式、汤锅式、浅盆式等,大者似水桶,小者如汤碗,盖、把、耳、环的设置与否,各地不一。其主要用途是煮汤,还有些地方用来熬粥、煨茶或烫酒。

陶罐是我国使用最早的炊具,大约出现在一万年前的原始社会末期,是先民学会用火后的产物。它经历过瓦陶、彩陶、蛋壳陶、釉陶、瓷陶等发展阶段,是中国烹饪"水烹"时期的主要标志。早期的陶罐,多是炊、食器合一,如陶釜、陶鼎、陶鬲、陶甗之类;也有做成酒器的,如陶尊、陶斝、陶盉、陶壶等。后来出现分化,一部分陶罐保留下来,专司煮煨;一部分陶罐演变成蒸笼,专司蒸炖;一部分陶罐演变成铁锅,专司煎炒,使"水烹"逐步过渡到"汽烹"和"油烹"。所以,在中国炊饮器皿发展史上,古色古香的陶罐被称为一切食具的鼻祖,享有很高的声誉。

用陶罐烹煮食物,有利于食品中营养成分的分解、融合,便于人体消化、吸收。现今的许多名菜(如瓦罐鸡汤、砂钵鱼头、清炖蟹黄狮子头、狗肉煲之类),仍由陶罐制作;著名的徽菜、湘菜、鄂菜、苏菜,也是以煮炖技术之精而取胜的。

蒸笼

又称笼屉、笼格、笼扇或蒸柜,中国特有的传统炊具之一(外国极为少见),主要用来蒸炖食物。大多由竹片、木片制成,也有铝合金、白铁制品。呈圆柱形或方形,中有置物透气的箅,可多层重叠,最上层为笼盖,最下层搁放在汤锅中。大者直径可达50～120厘米,多用来蒸面食,如包子、馒头、米饭;小者直径10～30厘米,常用来蒸点心或菜肴,如烧麦、蒸饺、小笼牛肉之类。它的应用相当广泛,家家必备。

蒸笼是中国特有的炊饮器具。其前身是先秦时期的甑、甗。甑由陶罐变来,形状似盆,口大底小,底部有若干圆形小镂孔,供蒸汽入内将食物炊熟;甑常与三足的陶鬲或釜配合使用,由其提供蒸汽。后来的甑改为铜制,多为方形或圆形双耳,在商周十分有名。甗是甑与鬲的结合体,类似今天带笼屉的蒸锅。初为陶制,后用铜制,有方形、圆形、长方形三联甗等式样。其鬲、甑之间有一镂孔的活动箅子,可以移换。甗的设计精巧,像商代妇女墓出土的青铜三联甗,身呈长方形,上有3个喇叭状的凸出圈口,体腔中空,平底,下附

6足，甗身圈口上有圆形双耳铜甑3个，可以同时蒸制3种食物。

用蒸笼蒸制食物，亦称“汽烹法”，是以蒸汽作传热介质使食物成熟。它可保持食品的原形、原色、原汁、原味，使口感清新。我国用蒸笼制成的名菜甚多，如湖北三蒸中的蒸鱼、蒸肉、蒸菜；以及吉林清蒸白鱼、江苏清蒸鲥鱼、海南清蒸和乐蟹、河南清蒸白鳝等。

高压锅

中国现代炊具之一，是利用密封高温蒸汽使原料快速成熟的新型炊具。它多用高强度的铝合金或不锈钢制成，锅体与锅盖呈伞齿状咬合，其间有一道性能优异的密封胶圈。随着蒸汽的积累，锅壁压力可达1.0±0.05千克/厘米^2，温度可达120℃，因此可以充分利用能源，缩短烹制时间，使食物香软、可口。

高压锅可以炊饭、蒸馒头、烙饼、炖肉和煮汤，宜于家庭使用；有时还可以作为消毒器。购买此锅，必须选择名牌商家的名牌产品；使用前要认真检查各部件的完好程度；使用后要打开限压阀排净蒸汽，并清洗干净。总之，应当特别小心谨慎，防止出现爆裂事故，伤及人身安全。

电饭锅

中国现代炊具之一，是模拟人工煮饭程序、利用磁钢控温调节的新型电热炊具。它有保温式和自动保温式两种，前者可将米饭始终保持在65℃左右的温度；后者装有定时器，可在12小时内任选时间工作。从结构看，又分组合式与整体式两种，前者由锅体与电热座合成；后者混然一体。从规格看，额定功率300～1550瓦不等，容量0.6～4.2升，煮米量0.4～2.4千克，可供1～16人食用。

电饭锅的主要用途是煮饭和炖汤，有时也可替代火锅。使用前须检查电源，擦干内锅与外壁的水渍；饭熟后保温一般不要超过3小时，否则饭粒会发黄干枯。此外，其外壳不可用水冲洗，以免漏电伤人。

厨刀

又称菜刀、餐刀、鸾刀或銮刀，系对烹调原料进行切割、去皮、出骨、雕刻的工具。多为钢、铜制品，分为切削刀（含切刀、批刀、砍刀、前切后砍刀、夹刀等）、专用刀（含剪刀、划鳝刀、刨刀、片鸭刀、羊肉刀等）、食雕刀（见“食雕刀具”条）3个大类。它们可视烹调需要，对原料进行形体分割，使之易烹、好看，便于食用。

巧妙使用厨刀，是烹调师4大基本功（刀功、勺功、味功、火功）之一，相当重要，故又有“好厨一把刀”之说。我国的刀法有直刀法、平刀法、斜刀法、剞刀法、灵活刀法和美术刀法6个大类、数十种，它们各尽其长，各施其妙，在世界上享有盛誉。

食雕刀具

又称雕刻刀，主要用于食品雕刻。多以不锈钢、铜等材质制成，刀刃锋利，小巧灵便，可以镂刻出不同的形状及纹饰，使食品美观。它通常分为6个大类：(1)平口刀。包括尖头平面刻刀和平口平面刻刀，用于起皮、撬块或镂空。(2)斜口刀。包括斜口平面刻刀和斜口弯头刻刀，用于刻花、镂空或浮雕。(3)圆口刀。包括单圆口刀和双圆口刀，用于刻花蕊、波浪或平行槽线。(4)槽口刀。包括方槽刀、尖槽刀和双槽刀，用于刻瓜盅和花卉。(5)模具刀。包括凤尾形刀、圆形刀、秋叶形刀等，可直接按压出飞潜动植图形。(6)辅助刀具。包括刨刀、波浪花刀、挖球刀、勺口刀、水果刀、镊子、剪子、圆规等，各有不同用途。

模具

工艺菜点的造型工具，包括压形模具和翻铸模具两个大类，有金属制品和木制品。

压形模具，是用不锈钢、马口铁或铝合金，按飞禽走兽、花卉叶蔓、喜庆吉言、花边纹样的轮廓，敲打、弯折或焊接成型。使用时先将食物原料开块，再用模具按压出图形，再以刀横切成片，即可。如做糕饼，则是用面团压形，置于烤盘烘熟。

翻铸模具，是预先雕刻好飞潜动植的图形，再用金属翻铸成空心模具。使用时在模具内壁涂匀油脂，再填入各色茸糊，中心放入较硬的火腿、冬笋等作“骨架”，然后将两块模具合拢扣紧，入笼蒸熟。出笼后稍晾，打开模具，取出已“成型”的食品，即可上席。

砧墩

又称砧板、菜墩、俎、脊或梡，切削烹调原料时所用的垫具。古时多用铜制；现今多用木制，圆形或长方形，厚薄大小不一，以银杏木、橄榄木、柳木、红松木为好。此外，目前还有塑料砧板。

砧墩要求色一致，呈微青，树皮完整，树心不烂，不结疤。用之前须在盐水中浸泡数天，使木质纤维收缩，质地坚实，然后用漂白粉消毒，洗净。用过后要及时刮清擦净，用洁布罩好，不可暴晒，防止炸裂。

砧墩常与厨刀配套，是切配师傅的重要工具。久之，人们使用它指代切配工种，有“案子活”、“站墩子的”等说法。

擂钵

中国传统炊具之一，主要用来捣烂糍粑，或研细辣椒、胡椒、花椒。它多用青石雕成，外方，内有光滑的圆锥形凹坑，再配上一枚长圆形鹅卵石或铁制的杵杆，即可使用。根据加工原料的多少，分为大、中、小等不同型号，农村使用普遍。

与擂钵相近的还有“蒜臼”。

蒜臼又名“蒜窝”、“椒钵”、“碓窝”或“舂钵”。形似擂钵，多用于捣蒜泥、擂姜汁、研辣椒粉或胡椒粉。由臼窝和臼棒组成，铁制、石制或木制。精巧一点的还带盖，臼棒由盖中间的圆孔穿过。这样操作时可防止辛辣的粉、汁溢出，能保护眼睛。

白案工具

即面点制作器具，包括常用设备、常用工具和常用机具3个大类，近百个品名。

1.常用设备。主要有炉灶（蒸煮灶、烘烤灶、吊炉、平炉、缸炉、微波炉、烤盘、炙盘），面案（木案、不锈钢案、铝合金案），铁锅（水锅、油锅、高沿锅、平锅、三扇鏊），蒸笼（不同尺寸），燃料（柴、煤、柴油、煤气、电能等）。

2.常用工具。主要有擀面杖（面杖、通心槌、单手杖、双手杖、橄榄杖），粉筛（不同质地和尺寸），清洁用具（面扫板、粉帚、小簸箕、刷子、刮挑），网罩笊篱（含铁筷、锅铲、手勺、食品夹、漏勺），成型工具（模子、刷子、印子、尺板、花钳、骨针、剪子、木梳、裱头、花筒、尖头筷），调馅配料工具（厨刀、砧板、筷子、馅盆、打蛋桶、蛋甩帚、调料钵、盛馅盆），着色抹油工具（色刷、毛笔、排笔），称量工具（盘秤、小磅秤），缸盆（和面缸、米缸、发面盆、醒面盆、发酵缸），其他工具（石磨、簸箕、淘箩等）。

3.常用机具。主要有原料处理机具、成型机具、熟成机具、包装机具，如和面机、磨浆机、切面机、切菜机、绞肉机、上浆拌馅机、饸饹机、馒头机、饺子机、削面机、元宵机、桃酥机、蛋糕机、包馅机、打蛋机、切条机、电炉、蒸制设备、油炸设备等。

白案工具的要求是体积小，工效高，一器多用；无污染，易清洗，清洁卫生；安全可靠，便于操作。

绞肉机

中国现代烹饪加工机具，主要用于制作肉糜或加工豆沙、米粉。它一般由进料斗、铸铁机壳、螺旋纹龙、刀片、圆孔板、机架、电动机、齿轮、皮带等部件构成；分为卧式、立式、简易式、家用式4种。其中，后两种多系手摇，以人工作动力，不配带电动机。使用时先将洗净后切作小块的肉条缓缓放入进料斗，螺旋绞龙在电动机（或人力）的带动下运转并将肉条向前推进，飞速的刀片将肉挤压切削，最后从圆孔板中挤出。若肉糜颗粒较粗，可以再绞一次。使用完毕必须将绞轴、剪切栅、绞刀、孔格栅等拆下洗净，干燥后再安装好，以备下次再用。

加工豆沙、米粉或菜泥时，方法与上基本相同。

切菜机

中国现代烹饪加工机具，主要用于加工根茎类蔬菜，可以拉条、切片、剁块、划丝等。它一般由机座、刀盘、进料口、出料口、电动机、蜗轮蜗杆减速机构和圆柱齿轮变速机构、输送带、皮带等主要部件构成。使用时直接将洗净的瓜果蔬菜投入进料口，调节好操作程序与尺寸要求及刀速，即可在高速运转的圆刀盘的切削作用下，将原料变成所需要的片、丁、丝、条、块、粒、茸。它的效率很高，每小时可切2毫米厚的菜片1000公斤。

使用切菜机，一要检查电源，防止漏电；二要认真观察和操作，确保安全；三要用后清洗干净，注意食品卫生。

磨浆机

中国现代烹饪加工机具，主要用于粮食作物磨浆或切削粉碎。它一般由进料斗、定磨盘、动磨盘、导料盘、皮带传动系统、调整手轮、出料口、电动机等主要部件组成，有大有小，型号与规格多种多样。其工作原理是：通过生铁磨盘相对高速转动的摩擦，使原料变成粉浆或干粉。使用时先调节手轮，使两个生铁磨盘保持一定的距离（距离大则粉浆粗，距离小则粉浆细），然后将浸泡过一定时间的米、麦、豆、薯投入进料口，开动电机，出料口即有粉浆溢出。操作时应勤加观察，根据粉浆的粗细及时调节手轮。此外，谷物必须浸透，这可以提高磨浆速度和粉浆的质量。

和面机

中国现代烹饪加工机具，主要用于和制面团。它一般由进料面斗、面斗搅拌器、传动齿轮、机架、电动机、皮带、减速器等部件构成；有立式、卧式、椭圆式、桨叶式、叶片式、滚龙式、花环式、扭环式等不同型号，以滚龙式的效果最佳。其小者，一次可和面25公斤；大者，一次可和面50～100公斤。使用时先将面粉和清水按规定比例倒入进料面斗，启动电机，经皮带轮和传动齿轮的转动，使面缸与搅拌器产生相对回转运动，完成和面工作。根据不同面团的质地要求，可调节相应的转速，如水调面团宜快速，膨松面团宜慢速。和好后停机，摇动蜗杆手柄，面斗即自动倾斜，再使搅拌器倒转，即可将面团推出。

饺子机

中国现代烹饪加工机具，主要用于包制饺子。它一般由成型模、干面斗、面绞龙、面斗、馅绞龙、馅斗、微调机构、电动机、冷却水管、机架等部件构成，有台式、落地式等不同型号，每分钟可生产饺子120个左右。其工作原理是，利用灌肠式挤压滚切成型。使用时先将和好的面团放入面斗，再将调好的馅心放入馅斗，开动电机，通过面绞龙挤出管状面皮，通过馅绞龙将馅灌入其中，再经成型模滚压成型；同时干面斗中的面刷不断旋转，均匀撒出面粉，防止饺子粘连。饺子机一般要求是：每16个总重不得少于280克（以1000克面粉加水400克、馅1400克计算），破损率不得大于4%，皮厚在0.9～1.5毫米之间。

蔬菜清洗机

中国现代烹饪清洗机具，主要用于根茎类蔬菜的清洗。它一般由机架、长方形工作室、传动装置和执行部件构成。其中，工作室分连装料口和出料口，内分四个间隔区，上装淋水的喷头，下是污水收集槽和沉淀池。传动装置包括电动机、三角皮带和驱动齿轮，主要提供动力。执行部件指平头锥体形的摩擦滚柱，它们连成波平面，以此清洗蔬菜。使用时将块状蔬菜由装料口投入工作室，开动电机，在旋转的摩擦滚柱作用下和水流的冲刷下，菜块互相碰撞、摩擦，逐步被洗净，然后由出料口推出，即可烹调。该机还配有调整拉门，可以控制清洗程度，如强洗、弱洗、快洗、慢洗等。

洗碗机

中国现代烹饪清洗机具，主要用于洗涤厨用器皿和食具、酒具、水具。其洗涤方式主要有3种，一为搅动清洗，利用搅动器运动产生的摩擦力除掉器皿上的污秽；二为喷水冲洗，利用高压水流冲净器皿；三为毛刷刷洗，利用快速旋转的毛刷所产生的机械力去掉油污。

洗碗机有转动式和不动式两种，其中转动式应用普遍。洗涤水温通常为45～60℃，消毒水温通常为80～90℃。使用时先将碱水浸泡过的器皿整齐排放在转盘上，开动电机，器皿在旋转过程中先经热碱水喷射，再用冷清水冲净。洗毕沥干，送入消毒柜消毒，备用。

目前除供大型餐馆使用的大型洗碗机外，还有供家庭使用的小型洗碗机。

冷藏柜

中国现代烹饪储存机具。又称“雪柜”、“冰箱”、“电冰箱”或“袖珍冷库”，主要用于冷藏各种原料、半成品或食品，使之在低温下保鲜，防止腐败变质。它一般由保温箱体、制冷压缩机、冷凝器、截止阀、蒸发器等部件构成，用电能带动其正常工作。冷藏柜有大有小，小者几十立升，大者数百上千立升；还有单门与多门、立式与卧式、高温与低温之分，人们可视需要选购。

使用冷藏柜，一要保持电源畅通，二要经常清理保洁，三要除霉、杀菌与消毒。尤其是后者，相当重要，它可防止食品在冷藏期间的腐败变质，确保食品卫生。

消毒柜

全称是“远红外线餐具消毒柜”，中国现代烹饪保洁机具之一。它一般由带保温层的箱体、辐射加热元件、控温仪、定时器等部件构成，有大小不同的型号，分别供餐馆、集体食堂和家庭选用。其工作原理是，利用电能将远红外线发热元件加热，在局部范围内造成高温，进行辐射灭菌，达到消毒的目的。有的消毒柜是单功能的，仅可消毒；有的消毒柜与远红外烤炉合一，具有多种功能。

此外，还有一种“紫外线消毒柜”，可对生食的果蔬或拼制出的冷盘进行消毒。其原理是利用紫外线杀灭细菌，确保饮食卫生。

中菜制作

烹饪

古代食品加工技术的泛称。此词最早见于2700年前的儒家经典著作《易经·鼎》中，原文为“以木巽火，烹饪也”。其中，鼎指先秦时期的炊、食共用器；木指燃料；巽指顺风点火；烹是烹煮的意思；饪指食物成熟。全句意为：将食物原料置放在炊具中，添加清水和调味料，用柴草顺风点火，将其煮熟。古代烹饪的概念，包括了炊具、燃料、食品原料、调味品及烹调方法诸项内容，反映出奴隶社会时期先民的生活状况及其对饮馔的基本认识。

现今袭用此词，一是因其历史悠久，能反映中国饮食文化的博大精深；二是因其涵盖面宽，包括做菜、炊饭、酿酒、造酱、屠宰、储藏等等，可展示中国食品加工技术的渊源及特色。

烹调

指厨师对于可食原料进行择选、改刀、拼配、炊制、调味、装盘的全部操作美化过程。其中，烹指加热烹炒，调指配料调味。

此词出现在南宋，见于陆游《剑南诗稿》卷八十二《种菜》：“菜把青青间药苗，豉香盐白自烹调。”它是从“烹饪”的词义转化而来，但使用范围较“烹饪”狭窄，一般仅指做菜，而不包括其他方面的食品加工技术。

现今使用烹调一词，大体上同于700多年前的南宋，如做菜的称“烹调师”，做菜技术称“烹调技术”，做菜理论称“烹调工艺学”；而做面点的、面点技术、面点理论，则分别称之为“面点师”、“面点工艺”和“面点工艺学”，界限相当清楚。

烹调技术

指菜肴的制作方法与技能，包括选料、初加工、细加工、临灶成菜等等；细分之，又有冷菜烹调技术和热菜烹调技术两个大类，或碟子工种、案子工种、炉子工种的分工。

“技术”一词原有两个含义：一是泛指根据生产实践经验和自然科学原理而发展成的各种工艺操作方法与技能；二是除操作技能之外，还包括相应的生产工具和其他物质设备，以及生产的工艺过程或作业程序及方法等。“技术”一词是鸦片战争前后随着“西学”的传入而普遍使用的，因此“烹调技术”在厨艺界使用也只有150余年的历史。它反映出古老的中国烹饪开始接受现代文明的信息，并努力与现代科学技术“接轨”。

烹调工艺

指有目的、有计划、有程序地对烹调原料进行切割、组配、调味和烹制，使之成为符合营养卫生科学、能满足人们饮食需要的菜品的规范方法。其中包括合理配膳、科学制作、运用现代化设备、食品质量检测等要素，现代文明的成分更多一些。

“工艺”基本上是个现代术语，它是指人类在生产劳动中利用一定的物质、技术手段，把原材料加工成消费品或生产资料的方法与过程。“工艺”用于烹调，始于20世纪60年代，是在“酿酒工艺”、“制茶工艺”、“食品工艺”等的影响下才出现的。它的使用，反映出中国传统的手工制作菜品的方法正在面临着一场巨大的工艺变革。

烹饪工艺学

研究中国菜品烹调工艺中的法则与规律的科学。它着重探讨料、味、水、火、灶、器、刀、勺诸要素在烹调中的作用，及其对菜品质地的制约和影响；总结各类烹调方法的规程，分清其利弊，使烹调工艺科学化；提出菜品质量检测和考评的理化指标和审美原则，研究如何做菜才能符合时代的需求和中国的国情，以及有利于健强国民的体质；还要分析中菜风味特征的由来，建立科学的中国菜品体系，将其推向世界，为改革开放服务等。

烹饪工艺学是食品学中的一个特异分支，其研究目前刚刚起步，现有的教材还很不完善，需要几代人的奋力开拓。

红案

饮食行业用语，是该行业3大工种（红案、白案、服务）之一，主要负责菜肴的制作。其内部又有水案、笼锅、碟子、墩子（案子）、炉子的分工，以及相应的杂活、大灶、菜杂人员等。

"红案"一词的由来有四说：(1)其作业对象主要是动物性原料，肉与血皆为红色，这与蒙古族将牛羊肉菜称为"红食"的含义接近。(2)在菜肴的烹制过程中，常以炉灶和火作为基本手段，厨房内经常是炉火熊熊，红光闪闪，带有职业象征意味。(3)出自厨师的自豪感，表示红火、风光、欢乐、气派。(4)幸福生活的象征。因为凡能动用大厨调烹鱼肉、宴请宾客者，都是家有喜庆，不愁衣食的人家，是"小康"的标志。

烹饪技术规范

菜肴制作的标准及法式，体现在选料与组配、刀工与造型、施水与调味、加热与烹制4个方面；它有6条基本要求：(1)选择鲜活的物料，(2)提供合理的营养，(3)运用熟练的刀工，(4)确定相应的技法，(5)把握最佳的火候，(6)注意味感的协调。它们都有量的规定，质的检验，度的制约，带有很强的规范性。所以，选用中国培育的丰富烹调原料，采用中国发明的特殊炊饮器皿，遵循中国传统的食医结合理论，依据中国固有的饮食审美标准，生产中国人民喜爱的民族风味食品，组成中国独创的筵宴礼仪格局，符合中国文明的社会生活情趣，便是中国烹饪技术规范的目的所在，也是中国烹饪原理的基本内涵。

烹饪选料

即对烹调原料进行品质鉴定和质量选择的过程。这些原料包括符合营养卫生要求的一部分生物（含植物、动物、微生物），以及某些具有特殊作用的矿物质（如食盐、石膏）和化学合成原料（如味精、色素）。它们都要求含有有益成分，具有食用价值，生食或熟制后可以满足食欲，维持生命机能。

烹饪用料，必须选择。选料有双重任务：一是依照菜品的需要挑选合适的主料、辅料、调料与配料，定类定种；二是从已定的用料品种中再挑选质地优异者，定性定质。相对而言，定类定种对菜品虽有影响，但不很大；因为没有这种原料，可用相近的其他原料替代，届时更换一下菜名即可。而定性定质对菜品的优劣则关系甚大。因为同一类原料，由于生长地区、收获季节、栽培品种和种植方法的不同，品质便有差异。它反映在菜中，质量就有霄壤之别。因此，名师历来把选料谨严、鉴别准确、力争鲜活、处理及时和看料做菜、扬长避短、专料专用、统筹兼顾，作为行厨的基本准则。

选料多从以下4个方面入手：(1)感官检验。即通过原料的品种和产地看其固有品质；通过培育时间和上市季节看其纯净度与成熟度；通过存放时间的长短看其新鲜度；通过运输、保管、储藏诸因素看其是否清洁卫生。(2)理化检验。即通过仪表、机械或化学药剂测量原料的密度、浓度和纯度，并分析其各种营养素的含量。(3)微生物检验。即用显微镜测定原料中微生物的种类及数量，判定其对人体有无危害。(4)生理学检验。即通过动物实验判定原料的消化率、发热量以及维生素的种类与含量，进而推断出人类食用是否适宜的结论。以上4种检验法，都应以国家颁定的相关质量标准作为依据。

为了保证选料的准确和检验的科学，厨师和食品检验人员、餐厅服务人员必须具备一些基本知识，如熟悉原料的生长季节，熟悉原料的产地，熟悉原料的固有品质，熟悉辨别原料真假的要诀，了解名特原料的性状和特征，了解不同原料的卫生要求，了解原料的食用部位和净料率，了解原料市场的物价行情，等。

烹饪原料初加工

又叫烹饪原料粗加工，系指选料后解冻、去杂、洗涤、涨发、分档、出骨等工艺流程，目的是取出净料，为烹饪原料细加工作好准备。

烹饪原料初加工，实际上是进一步精选原料。对于鲜活原料而言，它是"去芜存真"；对于干货原料而言，它是“返朴归真”。这两个“真”(即可食的净料)，才系原料的精华所在(可用于烹调)，烹饪中真正的“作业对象”。从事烹饪原料初加工的人员，一般称为“水案”、“笼锅”或“菜杂”，虽属辅助性工种，地位亦相当重要。可参阅“动物性原料初加工”、“植物性原料初加工”、“分档取料”、“干货涨发”各条。

动物性原料初加工

烹饪原料初加工的内容之一，即是对禽畜、水产、野味等动物性原料进行宰杀、洗涤、去骨、出肉的处理技能。

其中，活禽加工主要有宰杀、煺毛、开膛、洗涤4个步骤；死禽加工多系剥皮、剁爪、清脏和取尽弹头；鸽子是闷杀，鹌鹑是捏杀，然后干煺羽毛。畜类重在洗涤，有翻洗、擦洗、刮洗、冲洗、漂洗诸法；野兽的处理方法大致上同于死禽。水产品加工一般有宰杀、刮鳞、去鳃、剖腹、洗涤等五个步骤，要注意不碰破苦胆，除净腹内的黑膜。水产品中较为特殊的黄鳝、鳖、山瑞、乌龟、对虾、蟹、海螺，也有相应的初加工方法，如鳝鱼钉杀，山瑞斩杀，对虾剪杀，海螺锤杀等。

植物性原料初加工

烹饪原料初加工的内容之一，系指对蔬菜、瓜果、山菜、药材等植物性原料进行剔削、择掐、洗涤、整理的处理技能。要求除净老帮、硬根、黄叶和皮壳，剔除虫卵及污浊，尽量先洗后切，减少养分流失，提高净料率。

其中，需要特别注意的有4点：(1)整理干净、用作生食的叶片类蔬菜，应放在0.03%的高锰酸钾溶液中浸泡5分钟，消毒灭菌。(2)土豆、芋、笋等根茎类蔬菜大都含有单宁，去皮壳后易于氧化变色，应立即洗净，用清水浸护，下锅前再出水改刀。(3)凉拌用的番茄应用沸水稍烫，剥皮后装盘。(4)已经发芽的鲜嫩蚕豆、豌豆和土豆，一般不要食用。

分档取料

烹饪原料初加工的内容之一，即对净化处理过的禽畜、水产、火腿等整只原料按菜肴制作要求，对其肌肉组织的不同部位用不同的刀法进行分割的工艺。其目的是料尽其用，统筹安排，保证菜肴质量，便于成本核算。

畜肉原料的分割，一般按头、尾、前腿、胸腹、后腿等部位；禽肉原料的分割，一般按头、身、腿、翅等部位；大鱼的分割，一般按头、中段、尾等部位；火腿的分割，一般按爪、踵、腰峰、滴油等部位。

分档取料，首先要熟悉原料的各个部位，准确下刀；其次应掌握分档的先后顺序，按部就班；最后须将分档后的原料分类存放，以便取用。

干货涨发

烹饪原料初加工的内容之一，即是使脱水后的干货原料(如海参、鱼肚、黄花菜、苔菜)重新吸收水分而膨胀，达到适宜烹调加工状况的操作过程。其方法主要有：

1. 水发(含冷水发、热水发、碱水发)；
2. 油发(通过油炸使其膨胀松泡后吸水)；
3. 盐发(通过盐炒使其膨胀松泡后吸水)；
4. 烤发(通过烘烤使其膨胀松泡后吸水)；
5. 砂发(通过砂焖使其膨胀松泡后吸水)。

由于各类干货原料的组织结构和理化性能不一，因此涨发方法与注意事项也不尽相同，要分别情况，区别对待。同时有些干货价格昂贵，涨发的技术难度很大，每一环节都应谨慎小心，稍有疏忽，便会失败，造成重大损失。

烹饪原料精加工

又称烹饪原料细加工，是对初加工后的烹饪原料进行切削、雕刻、焯水、汽蒸、过油、走红、挂糊、上浆、拍粉、配菜等一系列精加工工序的总称；详见“刀工”、“刀法”、“刀口”、“花刀”、“食品雕刻”、“茸泥制作”、“初步热处理”、“焯水”、“过油”、“汽蒸”、“走红”、“配菜”、“挂糊”、“上浆”、“拍粉”等条。

烹饪原料精加工，是中菜制作工艺中承上启下的重要环节，一方面它是烹饪原料初加工的深化，使烹调原料更适于烹调；另一方面它又是临灶烹调的前提，便于达到成菜标准。在烹饪原料精加工的过程中，原料进一步进入“角色”，已开始由生到熟的变化，有些已成为半成品了。

刀工

烹饪原料精加工的内容之一，它是根据菜品

属性和烹调需要，结合原料的构造特点，对其进行形体分解的一种物理方法。实施刀工时的用具称刀具；用刀的方法称刀法；分解出来的几何形体（如片、丁、丝、条、块）称刀口；通过切削或雕塑模拟的飞潜动植图案与吉祥物称刀技造型。

刀工的要求是：(1)因料选刀，按切割要求选刀，以便操作。(2)依据原料的组织结构考虑下刀的角度和刀口，因料制宜。(3)恰当用力，轻重适度，快慢灵活掌握，不论是急速加压，巧用猛劲，还是摩擦平推，均匀跳刀，都应符合力学的原理。(4)物料成型整齐规范，刀口一致，做到易烹、好看、便于食用。

刀法

烹饪原料精加工的内容之一，即是将烹调原料切削成一定形状时所用的操刀方法。它一般包括6种：(1)刀面与砧板成直角的直刀法，如切、砍、剁。(2)刀面与砧板基本平行的平刀法，如推刀片、拉刀片、平刀片、抖刀片。(3)刀面与砧板成锐角或钝角的斜刀法，如斜刀片、反刀片。(4)直刀法与斜刀法配合使用的剞刀法，如麦穗花刀、荔枝花刀、凤尾花刀、梳子花刀。(5)按需用刀的灵活刀法，如排、拍、旋、削、挖。(6)雕刻吉祥物或飞潜动植图案的美术刀法等等。

总之，刀法应受原料质地和成菜要求的制约。换言之即是：原料成型遵法则，刀法变换有依据。

刀口

烹饪原料精加工的内容之一，即通过刀工、刀法处理后烹调原料所形成的品状，如丝、片、丁、块、条、段、颗、粒、末、泥、茸、卷等等。在这一过程中，要求：(1)刀路（*刀在原料中运行的线路以及运刀的功力*）正确而娴熟；(2)刀面（*原料的切口或切面*）光滑、整齐、平顺；(3)不可出现使规则的料形受到破坏的"伤刀"现象，如大小及厚薄不均，形状不一，条块不齐之类；(4)各种花刀的刀口应当形似，如箭尾花刀的刀口似箭尾，棋盘花刀的刀口似棋盘，兰草花刀的刀口似兰草，蜈蚣花刀的刀口似蜈蚣；(5)传统的刀口应符合规范，创新的刀口要有实用价值。

花刀

又称剞、锲、剺，烹饪原料精加工的内容之一，即在烹调原料上切出花纹，又不切断的一种刀工技法。它多是片、切等几种刀法的混合使用，其下刀深度常根据原料性质和用途而定，一般为原料厚度的3/5或4/5，常用于腰子、墨鱼、鱿鱼的切割，有时也用于全鱼、方肉、胡萝卜等。

花刀粗分有推刀剞、拉刀剞、直刀剞三类；细分包括核桃花刀、佛手花刀、梳子花刀、鱼鳃花刀、菊花花刀、蓑衣花刀、麦穗花刀、荔枝花刀、玉米花刀、兰草花刀、蜈蚣花刀、让指花刀、棋盘花刀、透窿花刀、回文刀、井文刀、虾腰刀、蚂腿刀、十字形花刀、钉子形花刀、斜十字花刀种种。

食品雕刻

又称食雕、花雕或刀技造型，烹饪原料精加工的内容之一。它是运用切削、雕刻、堆叠、拼摆、组装等等手法，将烹调原料模拟生物的自然形态或民间饰物中的吉祥图案，美化菜肴与装饰筵席，展示厨师的精湛技艺和美学理想的一种才智和技能。

食品雕刻的原料主要有新鲜的瓜果和根茎类蔬菜，以及蛋品肉品等。其制作包括构思、选料、布局、雕刻、修整、命名等环节。类型大致可分整雕、分雕组装、浮雕、镂雕、突环雕数种；常用的刀法有刻、旋、削、镂、模压之类。成品有的是花卉，有的是雀鸟，有的是鱼虫，有的是畜兽，有的是器皿，有的是吉祥物，大都形态肖似，小巧玲珑。

食品雕刻既要技术，更要艺术。首先必须抓住物象的基本特征，把握图案的准确轮廓。其次应掌握物象的生态构造要点和图案的运动变化规律，注意动势与力感、对称及均衡。第三要有艺术创造性，善于采用变形夸张或局部"特写"的方法来塑造"典型"，加深印象。最后应摆脱"匠气"，形似与神似结合，追求高雅大方的审美效果。例如，模拟飞潜动植要自然跳脱，活泼可爱；堆叠几何图案要定弧度，划经纬，确定好点线面体与曲直方圆；勾勒山川风物要注意虚实、隐显、动静和高低，使方寸之中容纳大千世界；仿制器皿玩物、时果花卉与科技徽标，要笔墨简练，并突出神采。总之，应当有新意、有内涵、有功力，能展示民族文化色彩和时代精神。

茸泥制作

烹饪原料精加工的内容之一，即是将原料排剁或挤压成泥糊、调入味料搅拌上劲的操作过程。其用料多系鱼、虾、猪、鸡的肌肉组织或淀粉丰富的山药、土豆、绿豆、红薯之类；成品大都用来制作丸子、鸡片、填酿料、粘接料或糕点馅心。

依据含水量和所加辅料的不同，茸泥一般可分为硬性、软性与嫩性 3 种。以江苏的虾茸为例，硬性者多加熟肥膘丁和干淀粉，宜于炸、煎、贴，成品不变形，鲜嫩油润；软性者多加生肥膘丁和蛋清，宜于烧、蒸、氽，成品粘性大，可塑性强；嫩性者多加蛋清和少许干淀粉，宜于酿、蒸，成品嫩滑，入口即化。

初步热处理

烹饪原料精加工的内容之一，又称初步热加工或“开生货”，即原料在正式烹制前，根据不同的目的和成菜要求所进行的“焯水”、“汽蒸”、“过油”、“走红”的预加热过程。其目的一般有四：(1)排除动物性原料的血污或腥膻异味；(2)排除植物性原料的苦涩或辛辣味；(3)调整或缩短正式烹调的时间，使主辅料成熟时间一致；(4)改善菜品的色香味形，使之色泽鲜艳、香气浓郁、味感纯正、形态美观。

原料初步热处理时，一要把握加热的时间，适可而止；二要注意原料的成熟度，大都控制在半熟或断生状态；三要逐一单独处理，不可将有异味和无异味或有色和无色的原料混同。

焯水

又称出锅、出水、飞水、紧皮、氽、浸、烫、掸、渡、沮、焜、过、泖、笊或紧，烹饪原料精加工的内容之一，即用水作传热介质对治净的原料进行初步热处理的方法。焯水包括两种，一种叫冷水锅，即原料与冷水同时下锅，沸腾后略滚一下便取出，其间须将原料翻动几次，使之受热均匀；另一种叫热水锅，即将原料下入沸水中氽烫一下便取出，其时间不可过长，防止原料老韧、熟烂，影响质感。

焯水的目的是排除原料中的血污或异味，使之色泽鲜艳，进入断生或半熟状态，以便更快地烹调。由于各种原料的属性不同，因此其焯水的技术要领也不同，应当按料施艺，因菜而别。

过油

又称油锅、棱油锅、走膀、滑油、拉油、油滑、划油、走油或跑油，烹饪原料精加工的内容之一，即用油作传热介质对治净的原料进行初步热处理的方法。过油包括两种，一种叫滑油，多用于刀口小、已(挂糊、上浆、拍粉)处理过的原料，或者是全鱼、豆腐、鸽蛋之类，油炸的温度与时间以及次数，要依据原料性能和成菜要求而定；另一种叫走油，多用于方肉或整禽，一般是先焯水(或汽蒸)，控尽汤水后立即入油锅，它往往要求旺火热油，使皮质发脆。过油须注意：油量须多；油温应高；防止挂糊的原料粘连；肉片朝下；当油的爆响声逐渐减弱时，迅即将原料翻动，防止焦糊。

汽蒸

又称蒸锅或屉蒸，烹饪原料精加工的内容之一，即用蒸汽作传热介质对治净的原料进行初步热处理的方法。需要蒸锅预热的原料，大多是体积大、韧性强、不易熟烂的水鲜、家禽、海味或根茎类蔬菜，如全鱼、鸡鸭、鱼翅、山药之类。经过这一工序，不仅可以使它们进入断生或半熟状态、杀菌消毒，而且还能保持原形原色，使营养成分少受损失。

汽蒸大多是扒、烧、炸、扒等烹调法的“前奏曲”。它要求火大、汤涌、笼热、汽足，原料置入后盖严笼盖，一气呵成。至于具体火候的掌握，要视原料属性和成菜要求而异。许多原料同时入笼时，色浅者应置于上，色深者应置于下，防止串色。

走红

又称红锅或酱锅，烹饪原料精加工的内容之一，即用沸腾的酱卤汁作传热介质对治净的生料或焯水、走油、汽蒸后的半熟料进行初步热处理的方法。这种酱卤汁多是用烧开的味汤，加入桂皮、大料、花椒、葱、姜、酱油、盐、糖、红糟汁等调制，其味鲜咸香醇。通过走红，原料可以上色上味，杀菌消毒，清除异味，缩短烹制的时间。

走红适用于较大的动物性原料，如鸡、鸭、蹄膀、方肉等。它大多是烧、蒸、焖、炖等烹调法的“前奏曲”，工序要求严格。如酱卤汁的配比要适当，锅底须加衬垫，卤汁应淹没原料，旺火烧沸后换小火煨㸆，成熟度要准确把握，防止欠火和过火等。

配菜

又称切配、组配、选配或拼配，烹饪原料精加工的内容之一，即将初加工和精加工处理后的原料，按菜品档次及制作要求进行基本调味或挂糊、上浆、拍粉，并且有计划按比例地进行主、辅料组合，装入盘中准备烹制的全套工艺程序。

配菜又分生配和熟配。前者用于制作热菜，是刀工与烹调之间的承接环节；后者用于制作凉菜，是刀工与烹调之后的收束环节。二者的顺序和目的尽管不同，但是都能起到使菜品定量、定质、定级和基本定形的作用。原料怎样组配，就得怎样制作，配什么，做什么，配多少，做多少。所以，配菜的实质是确定一盘菜中各类原料的组合及其比例，完成菜品烹制的设计过程，是决定菜品属性和价位的关键工序。

中国烹饪的特质之一是素食为主，膳食平衡。故而每道中菜的用料往往不是单一的，而是多元的。依据各种原料在菜中的不同地位和作用，人们常将其分为主料、辅料、调料和配料。主料是指烹制一道菜的主要原料，用量较多（一般占70%），档次偏高，菜品的名称一般因它而定，要求醒目。辅料指辅助原料，用量较少（一般占30%），但质量应与主料相称，或以其之长补主料之短，或映衬、烘托主料，星月交辉。调料指制菜所用的调味品，也有主次之分和多寡之别，要求醇正和香鲜，种类和分量都恰到好处。配料指制菜所需要的有关物料（如粉蒸肉中的荷叶，竹香青鱼中的竹筒），一般不直接食用，但有增香、配色、提味、状形、便于施展某种技法、展示乡土情韵、点缀文化气质等特殊意义。主、辅、调、配四料是一主三从的关系，应注意它们之间多元性、多层次性、多变异性的最佳组合。

在具体组配时，还应处理好主副食的配伍、主辅料的配伍、口味的配伍、质感的配伍、品状的配伍、色泽的配伍、营养的配伍、数量的配伍、档次的配伍以及其他方面（地域、气候、食客年龄、性别、体质、职业、民族、宗教）的要求等。而且配菜者还须精通叠、穿、镶、扣、卷、扎、包的成型技巧，掌握配一般菜、配花色菜、配冷盘菜的工艺常规，从而做到"四定（数量质量、形态色泽、营养功效、成本售价）一变（花色品种）"，应对裕如。

挂糊

又称着衣或穿袍，烹饪原料精加工的内容之一，即是在待烹原料的表层均匀裹上一层糊浆的工艺。它多适用于炸、熘、煎、贴等烹调方法，目的有四：(1)保持原料的水分和鲜味，使之外脆内嫩；(2)保持原料的形态，使之光润饱满；(3)保护营养成分，在高温下少受破坏；(4)丰富花色品种，提高原料的利用率。

挂糊的关键是制糊。糊有蛋清糊、全蛋糊、蛋泡糊、水粉糊、发粉糊、脆浆糊、苏打糊、发面糊、乳汁糊、喇嘛糊（也称金衣糊，用鸡蛋加干面粉调制，多见于东北）、硬糊、酥糊种种，各有不同的配方和用途，应注意把握。挂糊还须掌握好稠度与粘性，使糊液均匀，不出现粉粒；挂糊后的原料要立即烹制，时间稍长则会出现"跑糊"现象。

上浆

又称抓浆、吃浆、码芡、喂或着衣，烹饪原料精加工的内容之一，即是将治净的小刀口原料，用鸡蛋、淀粉、盐调成的浆液抓匀，以备烹制的工艺方法。其目的大体上同于挂糊。上过浆的原料，适用于爆、炒、熘、氽等烹调方法，成菜后外柔滑，内鲜嫩，口感醇美。

上浆的关键是制浆。浆有蛋清浆、全蛋浆、苏打浆、水粉浆、脆浆、芙蓉浆、蛋清粉浆种种，配方与用途不尽相同。不少菜肴的制作都须上浆，如清炒虾仁、滑熘鱼片、辣子肉丁、蚝油牛肉之类。特别是蚝油牛肉所用的浆，系鸡蛋清、淀粉、小苏打、水、精盐、白糖等调成，上浆后须冷冻静置2小时，工艺要求较高，不易掌握。

拍粉

又称滚糊、干粉糊、狮子糊或脆皮糊，烹饪原料精加工的内容之一，即是将治净的小刀口原料腌渍码味后，直接滚粘干粉入锅油炸。其方法大致有三：(1)单拍粉。原料腌渍入味后直接滚匀干淀粉油炸，炸后褐黄、干香。如椒盐排骨、香炸胗仁。(2)拍粉拖蛋糊。先在原料表面滚一层干淀粉或干面粉，然后裹匀蛋糊，炸后色泽金黄、外松里嫩。如软炸腰子、锅贴鱼片。(3)拖蛋糊拍面粉。先将原料拖糊，再在表层粘上一层面包粉末，炸后色泽金黄，外脆内鲜，如酥炸猪排、酥炸鱼排。

总之，凡是炸、熘、煎、贴的肉菜，大多可用此法。其粉一般为淀粉、面粉、熟米粉或干面包渣，要求质地较好。

临灶

又称当灶、上灶、值铛、掌勺或站炉子，系菜肴制作的最后一道环节。它包括"烹制"、"勺功"、"火候"、"火力"、"油温"、"制汤"、"调味"、"码味"、"勾芡"、"装盘"等内容，详见后续各条。

饮食行业中向有"刀、勺、味、火"四大基本功之说。其中，除刀功外，其他三功均是在临灶中体现，因此"站炉子"相当重要。根据技术水平的高低，值铛者又有"头炉"、"二炉"、"三炉"之分，分别烹制难易程度不同的高档菜、中档菜和低档菜。与此同时，中菜的烹制虽有一定之规，但"临场发挥"也相当重要。故而要求上灶者技术全面，动作快捷，反应灵活，有较强的"应变"能力。

烹制

运用各种传热介质和加热方法使原料成熟的工艺流程。其作用主要是：(1)去腥、除膻、解腻、增鲜；(2)杀菌、消毒、防腐、抗病；(3)借助高温下的物理化学变化，促使原料中的养分分解，便于人体消化吸收；(4)变单一的味为复合的味，溢出芳香，刺激食欲，增强快感；(5)从色、香、味、形、质等方面美化菜品，提高工艺价值，增添饮食情趣。

烹制中存在着"正格"与"变格"，要求既遵循厨规，又不拘泥于常法。所谓"正格"，即制菜的一般程序，它可以以简驭繁，举一反三，普遍适用。像采购原料审慎挑选，初加工要料尽其材，综合利用；切削配菜注意营养，操作过程讲究卫生；着衣施水恰当均匀，灵活使用炉灶与传热介质；正确控制水温和油温，及时下料、调味与用火；翻勺颠锅轻松自然，点水、用汤、勾芡、淋油恰到好处；出锅及时装盘利索，走菜程序有条不紊；炉案之间密切配合，各司其责又彼此照应，等等。

所谓"变格"，就是在特殊情况下不拘程式而采用的"救急措施"，虽然是"阴错阳差"，有时也可以"歪打正着"。如用料部位有改变，技法相应也改变；原料质地不理想，调味用火来补救；原料组合有出入，味料比例作调整；味料品种不齐全，相近之物可替用；火力不能随心所欲时，不妨临机应变，顺火成菜；炊具不能得心应手时，应当随遇而安，因器变法；浆糊过大或过小，适当调整火力火时来约制；油芡太厚或太薄，酌量增减高汤用量来调匀；季节有春夏秋冬，技法宜加区别；客人分南北东西，味型亦应变通，等等。

所以，"正格"与"变格"的相机使用，就是烹制中的辩证法。它是原则性与灵活性的统一，矛盾的普遍性与矛盾的特殊性的兼顾。只有把握好"不变中有变，变中有不变"的法则，以不变应万变，掌握临灶的主动权，才能使"死手艺"变成"活本领"，确保每一道菜品的烹制成功。

勺功

即运用炒勺的技术，如端勺、晃勺、颠勺、大翻勺、出勺装盘等等。它要求用不同的力度，从不同的方向，正确掌握推、拉、送、扬、晃、颠、举、倒、翻等动作，使炒勺中的原料能够不同程度地前后、左右、上下、正反翻动，从而使菜肴在加热、调味、勾芡、装盘等方面达到应有的质量要求。如原料受热均匀，成熟一致；原料均匀入味，口感一致；菜肴脆嫩爽口，外形漂亮；芡汁分布均匀，色泽明亮等。

我国厨师的勺功中还有许多"绝活"，如飞火走菜、大翻勺、花翻勺、抖勺、转锅、悬翻种种。既有技巧性，又有艺术性，极富观赏价值。它们都是厨师智慧的结晶，深受外国同行的好评。

火候

依据原料的性质和品状，结合成菜要求而确定的加热量。这个加热量能使原料的分子在规定的高温中按规定的时间作高速运动，从而产生一系列的物理变化和化学反应，完成原料从生到熟的质变过程。如果加热量掌握得准确，就能收到排异味、增鲜香、改善原料组织、促进养分分解、味料均匀吸附的效果，制出理想的菜品。

火候是个囊括原料属性、刀工造型、技法运用、火势强弱、传热介质、加热时间和调味方法等要素的综合概念。它通常由四个要素构成。一是火力。即燃料释放的热能。燃料不同，火力的大小也不同，应根据制菜需要慎加选择。二是火度。即炉灶中的温度。它取决于燃料的质量、炉灶的型制以及起火与产生高温的时间。火度不同，热能的供应量亦不同，应对炉灶的效能仔细察知。三是火势。即火焰燃烧范围的广狭和向背投射。火势大，炊具的受热面也大；火势小，炊具的受热面也小。不同的菜品对火势的要求不同，应当依照炊具的型制与传热效能区别对待。四是火时。即热能接触炊具时间的久暂。这一方面要看燃料的耐烧程度，另一方面也要看原料是否是热的良导体。不同的烹调方法有不同的用火时间，应按成菜要求准确地把握。

掌握火候就是科学用火，通晓由炉灶、燃料、炊具、气候等条件决定的火力变化态势，善于识火色，明物性，知调节，察老嫩，为制菜需要服务。掌握火候的规程甚多，如正确地烧火、看火、用火与藏火（封炉子）；注意鉴别油温与水温，适时调节炉温，娴熟运用传热介质（水、蒸汽、热空气、金属、砂石、竹筒等）；善于使用传导、对流、辐射等传热方式；熟悉热能在原料内部的传递规律；了解原料受热后的分散作用、水解作用、凝固作用、酯化作用、氧化作用及其他作用；重视保护营养素，以利于人体消化吸收等。

对于火候，古今都相当重视，不仅有理论阐述，还列为厨技四大基本功之一。我国的鲁菜也正是因为善于用火而扬名天下的。

火力

燃料燃烧时所产生的热能的强度，通常分为旺火、中火、小火、微火4个级别。

中国制菜用火，多系明火，一般由煤、煤气、液化气、天然气、沼气、木材、柴草或电能提供热源；增强火力的方法，一是提高热能，二是加强输氧，三是注意炉膛保温。至于热能的传递，主要是利用炉灶、炊具作传热介质，有传导、对流、辐射等方法。

中菜之长，主要在于火力的运用巧妙。有的菜用大火，有的菜用中火，有的菜用小火，有的菜用微火；有的菜是不同的火轮番运用；有的菜又讲究火力与火时的配合；还有的菜是间隔用火，分阶段成熟。方法林林总总，菜式变化万端。

油温

指烹调时食用油脂经过加热所达到的温度，一般是在30～300℃之间。厨师测定油温，通常不用温度计，而是凭借感觉和经验，习惯于将其分成3个级别，即：(1)温油。在70～100℃之间，俗称三四成热，油面无青烟，无声响，无波纹，下料后会有少许气泡。(2)热油。常在110～170℃之间，俗称五六成热，油面微有青烟，从四周向中间涌动，下料后有大量气泡，无爆烈声。(3)旺油。在180～220℃之间，俗称七八成热，油面青烟上腾，搅动有响声，下料后气泡甚多，有爆烈声。油温高低实质上是火力大小的反映，也是判断火候的重要指标。厨师常依据油温的不同来调制不同的菜肴，成功率很高。

制汤

又称吊汤、熗汤、煮汤、熬汤、坠汤、哨汤、熩白汤、追汤或对汤，即用富含蛋白质的动、植物原料提取鲜汤的工艺。可供制汤的原料主要有母鸡、肥鸭、猪骨、牛肉、活鱼、黄豆芽、鲜蘑之类；制成的汤有头汤、二汤、高汤、毛汤、清汤、奶汤、浓汤、淡汤、荤汤、素汤、红汤、白汤之别。

汤中的呈鲜物质大多来自氨基酸、琥珀酸、核苷酸；其制法有烧、煮、炖、煨种种。其中最难的是“吊汤”，须用文火煨炖三天三夜，不停地打去浮沫和浮油，滤尽渣滓，最后才能“三斤母鸡出五斤汤”。我国的许多名菜（如清汤燕菜、奶汤鸡脯）都讲求原汤原汁，对于制汤有着很高的要求。

调味

又称“咸整”或调和，系指菜肴制作过程中正确施用调味品，使之与主辅料的原味互相协调，从而形成各种风味的工艺方法。它可以除异味、增滋味、定口味、调色彩，助长食欲，提高肴馔的审美价值。

味，一般是指能溶于水的呈味物质作用于舌苔乳头味蕾所引起的知觉反应，俗称味觉。但是，广义的味觉远比这个复杂。它包括纯粹的味觉（咸、甜、苦、酸）、嗅觉（香、臭）、触觉（辣、涩），以及物理、化学、生理、心理等原因对味觉影响后所造成的“变异”（如一热三鲜、若要甜加点盐、吃饱后百味不香、悲伤时食欲不振等等）。

调味包括原料拼配与调料组合两个方面。前者是不同原料巧相配伍，通过加热（或不加热），使其本味彼此扩散、渗透、融合，生出新的美味（如豆腐拌皮蛋、绿豆煮稀饭）。后者是利用调味品中的呈味物质相互作用，协调组合，从而收到除异味、树正味、添滋味、广口味的效果(如鱼香腰花、蚝油牛肉)。后者必须在前者的基础上进行,即先配后调,依据配菜来调味。至于调味的程序,有加热前的基本调味(亦称码味)、加热中的定性调味(亦称定味)和加热后的辅助调味(亦称跟味);调味的方法,有对流、扩散、辐射、渗透和化学分解;调味的要求,有味料宽广、方法细腻、技术熟练、本味突出、复味多样;调味的操作,必须恰当和适时,遵照成菜工艺要求,依据季节调整,依据顾客变通,注意调味料盛器的识别等。

还有些学者认为,调味也有狭义与广义之分,狭义的调味即是原料本味与调味品外来味之间的消长变化与融汇;广义的调味除此而外,还包括调制(调与烹的结合)、调排(菜与菜之间风味的协调,菜与天时、地利、人和等外在因素的适应)、调和(指风味中蕴含的文采、寓意、情趣、雅韵等审美需要)。这便是饮馔美学的研究内容——味的极致。所以,调味是“技之精者近乎道”,不论怎样错综复杂,不论如何提调运筹,都得严而不死,活而不乱,各适其情,各尽其妙;处理好“扬善”(突出原料自身的美味)和“隐恶”(排除原料不好的异味)的关系;灵活采用“文调”(适当润饰,尽量少加调味品,“化淡妆”,不追求过分的刺激)或“武调”(大力盖压,在高温下强行作业,“化浓妆”,刺激强烈);使基本味(咸、甜、酸、苦、鲜、辣、香)和复合味(酸甜、甜咸、鲜咸、辣咸、香辣、香咸等)各展风采,这样才能收到“食取称意”、“衣取适体”的效果。

“中国菜是舌头的菜”,历来把“五味调和”放在菜品制作和质量鉴定的首位。古时强调“时序”、“适口”和“本味”,现今重视“爽口”、“开胃”与“畅神”。根据“口之于味,有同嗜焉”的饮食审美普遍法则,历代名厨主张鲜咸为主,少加粉饰,物尽天然,返朴归真,尽量显现原料的天生丽质,崇尚清淡;根据“物无定味,适口者珍”的饮食审美特殊要求,各地巧师又灵活运用味、料、刀、勺、水、火、器、炉等要素,对菜品的质感施加积极的影响,使之入乡随俗,因人、因事、因时、因地、因席而变,力求达到“一菜一格、百菜百味”的极致。故而,味的用料广;味型的变化多;调味的方法细;味觉的层次感深;注重显现主料之味质朴的内涵;味的丰美性、差异性与独特性的辩证统一;味与乡风民俗、宗教信仰、民族习性的结合;味的因时而异、因地而异、因席而异、因人而异;品味后的悠长余韵以及按风味给菜系定性等等,都是中国调味工艺的精髓,中国菜品魅力之所在。

码味

临灶之前,按成菜要求将待烹的原料用相应的调味品稍加腌渍,使之初步入味的方法。它又称加热前的基本调味,目的是进一步排除异味,使菜肴具有“底味”。码味的方法主要有:(1)浸渍码味。调料多为盐、糖、酱油、料酒或葱、姜,一般用于鱼菜的制作。(2)糊浆码味。原料先浸渍入味,再挂糊上浆,糊浆中也加入所需的味料,如盐、味精之类。它有全口、半口之分。全口者,一次加足味料,下锅后不再调味;半口者,仅加味料少许,下锅后陆续补足。(3)茸泥码味。在调制茸泥时即将味料加齐,下锅只是烹制。(4)腌擦码味。即用酱油、细盐、花椒不断揉擦原料表层,使味料逐步渗入到肌肉之中,如制肴肉。

勾芡

又称拢芡、上芡、挂芡、着腻、着芡、走芡、发芡、打芡、抓汁、勾糊或打献,即是菜肴刚熟时,适当加入淀粉水溶液,使汤汁稠浓、菜色光润的方法。常用的勾芡手法有拌芡、淋芡、浇芡、跑马芡、点芡、包芡、烹汁、卧汁、淋汁、烘汁、瀚汁种种。

勾芡的关键是制芡。芡是淀粉的水溶液,有厚芡、薄芡、炒芡、爆芡、烧芡、熘芡、焖芡、扒芡、烩芡之别。勾芡还有一定的技术难度。一是要把握好下芡的时机,二是要控制准下芡的分量,三是要适当浇淋明油。此外,勾芡必须在菜肴的口味与色泽已调准之后进行。有些清鲜蔬菜和富含胶质蛋白的肉品不宜勾芡,以免影响口感。

装盘

成菜工序之一,即是将制好的菜肴整齐装入盘中的方法。分为两类:

1.热菜装盘法。包括一次倒入法、分次倒入法、堆盘法、拨入法、拖入法、扒入法、摆入法、浇汁法、泼汁法、覆盖法、扣碗法、围边法、盛入法、拼装法等。

2.冷菜装盘法。包括排、叠、围、码、扣、拼(单拼、双拼、三拼、四拼、平面拼、立体拼、图案拼、什锦拼、花色拼)、散堆、盖刀面、盖边等。

装盘要求：(1)注意操作卫生；(2)盘面丰润、饱满、匀称；(3)保持全菜色、形上的和谐美观；(4)分装的菜应当均匀；(5)盛器恰当，品种、大小、色泽与菜肴协调。

烹调法

即中国菜肴的制作方法，可以分为生制法与熟制法两个大类、10多个小类和70余种。

1. 生制法。包括：(1)理化反应的变、醉；(2)微生物发酵的泡、腐、糟；(3)味料渗透的油浸、盐腌、酱拌、醋喷、蜜调与糖渍。

2. 熟制法。包括：(1)火烹。含加热量大的烤、炙与加热量小的熏、焙、烘、炮。(2)水烹。有施水量宽的烫、焯、氽、涮、炝、卤、煮、白煮、煲、炖、煨、汤爆、软熘；施水量窄的烩、扒、熬、炼、冻、焖、蜜汁及糖水。(3)汽烹。包括不造型的蒸和造型的酿。(4)油烹。一是油多、大火、速成的炸、酥；二是油多、中小火、慢制的拔丝、挂霜；三是油少、大火、速成的爆、炒；四是油少、中小火、慢制的煎、贴、煽、燵、煸。(5)油水烹。包括小水量的熘、烹和中水量的烧、焖。(6)矿物质烹。像石块作传热介质的燔，泥团作传热介质的泥烤，盐粒作传热介质的盐焗，砂子作传热介质的炕、焐、砂炒，铁板作传热介质的烙、干煸之类。(7)其他方法烹。如竹筒作传热介质的筒烤，面团作传热介质的面煨。(8)科技新法烹。包括微波震荡(微波炉)、光波穿透(红外线炉)、电子发射(电子灶)、音波利用(音波锅)、冰柜速冻(炒冰机)等。

运用上述烹调方法，可以制出成千上万的菜品。它们是中国烹饪火候神妙、技法细腻、工艺规程严格、烹制体系完备的生动显示。

传热介质

菜肴烹制中传递热能的媒介物，包括锅、盘等炊具以及水、油、蒸汽、热空气、盐、砂石、泥土、竹筒、面团等中介物质。其中，传热的方式，主要有传导、对流、辐射3种；传热的方法，主要有水传热、油传热、蒸汽传热、热空气传热、金属锅具传热、矿物质传热、竹木器具传热等。

由于传热介质、传热方式和传热方法的不同，常常形成许多各有特色的烹制方法，如水传热的煮，油传热的炸，蒸汽传热的蒸，热空气传热的烤，金属锅具传热的烙，矿物质传热的燔，竹木器具传热的竹烤等。烹制方法不同，菜肴的风味亦不同。所以正确选用传热介质，是菜肴成功的保证。

醉

又称酒醉或酒腌，以酒为主要调味汁浸渍、腌泡或炝煮原料的烹调方法。酒多用米酒、露酒、果酒或白酒；原料一般选用鲜活的鸡鸭、禽肝、猪腰、虾蟹、贝蚌或果蔬。或先熟制后醉，如醉鸡、醉腰丝；或用酒加调味料煮制，如醉猪蹄；或用酒将生料直接炝制，如醉虾；或用酒将生料长时间腌制，如醉蟹。凡是醉菜，都有酒香浓郁、鲜爽适口、保持原料本色本味的特点，一般充作冷碟。

按工艺分，醉有生醉(如醉笋)、熟醉(如先焯后醉的醉腰丝、先蒸后醉的青红酒醉鸡、先煮后醉的酒醉黄螺)、活醉(如醉虾、中堡醉蟹)3大类别，工艺要领各各不同。

泡

传统烹调方法，有两种不同的含义。

一是泡食泡饮。即是将预热过的原料用沸水、沸汤或沸茶冲开供食。其一为油泡，原料在文火温油中泡至半熟，再炒制调味起锅，如油泡肚花，多见于广东。其二为汤泡，原料用沸水焯至断生，再煸炒，用带味的热汤浸泡，如上汤泡田鸡扣。其三为水泡，如炒米泡糖开水。其四为茶泡，如泡龙井茶。

二是泡腌。即将瓜蔬放入盐、酒、花椒、中药材和冷开水混合溶液中浸泡，使之成为泡菜，见于四川和延边。由于泡菜溶液的配方不同和浸泡方法、浸泡原料和时间的差异，所以有泡豇豆、泡黄瓜、泡甜子姜、泡甜藠头、珊瑚荷心、珊瑚萝卜卷、洗澡泡菜、沉藏泡菜等不同品种。

糟

又称糟腌，以糟卤为主要调味料，通过腌、浸、渍的程序使原料成菜的烹调方法。它适用于禽蛋、内脏、蔬菜和豆制品，成菜后糟香浓郁，口感清爽，色泽纯净。如糟鱼、糟蟹、糟蛋、糟肚、糟大肠、糟萝卜、糟腐乳等。

糟有生、熟之异。生糟是原料未经热处理而直接糟制，它以四川、浙江的糟鸭蛋为典型代表，时间约需两月。熟糟是将原料热处理后再糟制，如糟凤瓜、糟蹄花之类。

凡糟都重糟卤。它一般由香糟、红糟、料酒、精盐、白糖、葱、姜、陈皮、花椒、八角、茴香、小茴香、桂皮、桂花等配制而成，滤去渣子后就可以供用。

浸

广东等地传统的烹调方法，即将原料下入沸滚的液体中致熟而成菜。适宜于质地鲜嫩易熟的鸡、鱼和水生类蔬菜莲藕与荸荠等，成菜后能保持自然的色泽，香滑鲜甜的口感和软嫩爽脆的质地，如荔枝鸡、油浸乌鱼、油浸鲳鱼、油浸鲈鱼腩等。

浸有4种类型。一是汤浸，即以沸汤作传热介质，其原料大多需要剞花刀；二是油浸，即以沸油为传热介质(或混合的油水作传热介质)，时间稍长；三是水浸，以沸水作传热介质，如五柳鲩鱼；四是酒浸，以沸酒作传热介质，菜品特香。

腌

以盐(或酒、糟)作主要调味料，搓揉涂抹原料，经过一段时间使之入味的烹调方法。它适用于许多原料，可整腌，也可分割后腌；可腌制数小时，也可腌制几日或几月几年。其成品鲜嫩而不腻口；由于在盐的渗透作用下能抑制许多微生物的生长，故而存放时间长，可以作为冬菜。

腌菜的吃法多种多样。有时直接生食，如腌黄瓜、腌萝卜；有的制成待烹的半成品，如码过味的鱼、肉；有的成为腊菜，如腌鸡、腌兔；有的成为风干制品，如板鸭、火腿。

腌菜中的辅助调味品还有花椒、辣椒、料酒、白糖、葱、姜、蒜、五香料等。

腊

将动物性原料及其内脏，用盐、酒、花椒、糖、酱油、葱、姜等腌制后并熏烘晾干的一种烹调方法；因其多在腊月里制作，故名。产品有腊肉、腊鱼、腊鸡、腊鸭、腊肠、腊肚等等，多系生制品，食前须整治干净，或蒸、或炒、或煮、或炖食用。

腊制品外观多呈金黄色或红褐色，切开后肥瘦肉白红分明，吃口爽脆，有特异的腊香。它主要见于江南，苏、鄂、湘、浙、川、滇、粤等地调制较精。名品有广东无皮腊花肉、湖北烘鳊鱼、三湘腊肉、四川腊肉、河南蝴蝶腊猪头、陕西腊羊肉等。

拌

系将可食的生料或晾凉的熟料加工成片、丁、丝、条、粒等小件，直接用调味品拌制食用的烹调方法。成品的特点是清香爽口、鲜嫩柔脆，如拌黄瓜、拌蜇皮等。

拌的方法甚多，依据原料生熟的不同，有生拌、熟拌和生熟拌；依据温度的不同，有凉拌、温拌和热拌；依据调料品种的变化，有净拌、混拌和杂拌；依据拌时技法的变化，有手拌、捶拌、清拌、烫拌和云南特异的锁食拌(鸡蛋加各种调料打成泡糊后再拌菜)等。

拌菜的关键是调味品的选用和比例。其中一是调料要好，口味正宗；二是各种味型调配适宜，突出特色；三是即拌即食，不宜久放，否则会影响色相与口感。

渍

用液体调味料短时间浸泡原料、或用糖腌制原料而成菜的烹调方法。其渍液多用酱油、醋、糖水、蜂蜜等混合兑制，常系冷液；适用的原料主要是蔬果；渍的时间可以是10多分钟、1～3天或更长。其成品大都清淡、爽脆、鲜嫩，如渍酸菜、渍葡萄、渍甜仔姜、渍胡萝卜之类。

渍有生渍、熟渍之分。前者用于可以生食的原料，如珊瑚雪条；后者用于需要预熟的原料，如醋渍胡豆、糖醋豌豆、鱼香黄豆。

渍的关键是渍汁的准确调配。吃时可带原汁，也可以将汁滗掉。

烤

将治净的生料或腌渍加工过的半熟制品，放入烤炉、烤箱或烤盘、烤网上，利用柴草、木炭、煤、可燃气体、太阳能或电能所产生的辐射热，直接将原料制熟的一种烹调方法。

1. 暗炉烤。使用可以封闭的烤炉。烤时将原料挂上烤钩或烤叉，也可置于烤盘上，送入炉中，利用炉内密闭的热空气使原料四周均匀受热，烤熟烤透。北京烤鸭就是这样制成的，成品皮脆肉嫩，肥而不腻。

2. 明炉烤。多用敞口的火炉或火盆，上面置有铁架，搁放原料。它的火力分散，烤制的时间较长，火候便于掌握，如烤酥方、烤牛羊肉等。成品香嫩红润，同样油而不腻。

泥烤

又叫泥煨，系将腌渍过的原料，用猪网油、荷叶等包扎，然后再用粘土密封，放在大火上直接烤制成熟的一种烹调方法。其菜式原味浓郁，清香扑鼻，具有野趣和特殊风味。

泥烤法的代表菜品是叫化童鸡。它是将一只1.5千克的嫩母鸡治净，进行适当的刀工处理（如剁爪、去翅骨、断劲骨），用山奈、八角、绍酒、酱油、白糖等腌渍1刻钟，腹中填入猪肉丝和葱丝。然后用猪网油裹好鸡身，外包荷叶、防渗透明纸和箬叶，以麻绳缠紧；再涂2.5厘米厚的掺有酒渣与粗盐的烂泥，糊上白纸，送入烘箱。先用220℃的高温烤40分钟，续用160℃的中温烤3～4小时；敲开泥皮后带花椒盐蘸食。

涨

江浙民间传统烹调方法之一，多用于蛋类原料。其方法是，将蛋液（一般是用鸭蛋）磕入碗内，加葱花、精盐和味精（也有些地区加韭菜花末、香椿尖末），搅匀。起热油锅，下油少许，徐徐倒入蛋液，先用中火略烧，再移至文火慢慢烘烤；蛋液上扣一大碗（或钵）盖严，焖烘至起金黄色锅巴时即可。然后揭盖，在四面淋熟油少许，铲起蛋块，改刀后装盘。菜品呈半球形，球面淡黄、金黄、焦黄三色相间，缀以点点绿葱，软嫩可口，醇香扑鼻。如韭菜花涨蛋、香椿芽涨蛋之类。

熏

将治净的原料置于密封的容器中，利用燃料不完全燃烧所生成的炽热烟雾使之成熟的烹调方法。它主要用于制作加工性原料（如湖南腊肉、金华熏腿），熏制熟食品（如上海熏鱼、安阳熏大肠），熏制菜肴（如无为熏鸡、四川樟茶鸭子）。熏分生熏、熟熏两种；熏料有锯末、松柏、茶叶、红糖、碎米、香草、樟叶、蔗渣、药材、锅巴等等；方式有敞开的缸熏、封闭的锅熏和置于室中的房熏。还有些菜式先炸后烹熏汁（如五香熏鱼），也习惯以熏命名。举凡熏菜，烟中的蚁醛等成分可以杀灭细菌，这是好的一面；但熏后又常有苯比芘、硫化物与砷的遗存，对健康不利。因此，熏制食品应加控制，不可多吃。

烘

将治净的原料置于无烟的小火上，利用密闭的辐射热使之成熟的烹调方法。如烘白薯、烘田鸡、烘糍粑、烘鱼片。它一般不添加水油或汤汁，用火时间较长，香气多从原料内部溢出，口感甚佳。

烘有2种。(1)无炊具烘。即将原料置于炉壁或烘架上，如烘土豆、烘年糕。此法古老，系由烤法演化而来。(2)有炊具烘。如四川的火腿烘蛋、河南的三鲜铁锅蛋，都须配置铁锅。前者是起油锅，烧熟，下料后转中小火烘；后者是先用小火烘至八成熟，再焐上烧热的铁盖使之全熟，最后连锅上桌。

炮

原料置于传热器（如光滑的薄石板、铁铛或铁锅）上，下用中、小火，将原料不断翻搅使之均匀受热并烘干成熟的一种烹调方法。炮料多系牛羊肉片或牛羊肚丝，可以先腌渍入味再炮制，也可以炮熟后蘸调味料食用。

炮分石板炮、铛炮、锅炮3种。石板炮古称"石燔"，即将食料放在烧热的石板上烘烤，此法现今罕见。铛炮是用直径48～66厘米、厚约1厘米、中间微凹的圆形平铁板作为炮具，如烫春卷皮之类，可自炮自食，或一人炮众人分食。锅炮又称家常炮，即以普通铁锅作炮具，其原料先腌渍，用葱的量很大，因而也叫"葱炮"，如葱炮羊肉。

烙

通过受热的平板炊具（铁盘、石板之类）直接使原料成熟的烹调方法，大多用于制作面点。使用烙法时多为中小火，要不断移动炊具和翻动饼坯，使之受热均匀，成熟一致。

烙分3种。(1)干烙。也称焙，锅中既不刷油，又不洒水，直接烙制。如白皮饼、金银烙饼。(2)油烙。锅底刷油少许或在饼胚上抹油少许，进行烙制，边翻动边刷油。如葱花油饼、徽州饼。(3)水烙。仅烙一面，饼坯焦黄时洒水少许，加盖熥干，使之熟透。如河南油烙馍、北京蝴蝶卷。

用烙法制菜时，又习称"烧"、"烤"、"炙"，如铁板烧、甘肃西夏石烤羊、成吉思汗盔烤肉、铁板炙虾串等。

炕(焙)

原料制成生坯后,置于炕炉或铁锅之上,依靠炉中的辐射热或铁锅的传导热,将食料炊熟。它的火力比较柔和,可使食料受热均匀、成熟一致。其成品大多干香、暄软。如烧饼、锅盔、炕白薯之类。

与炕相近的还有“焙”,即是将食料置于干净的新瓦片或其他传热介质上,用微火慢慢烘至成熟。它多用于制作面食。此法火力甚小,水分蒸发比较充分,成品受热均匀,颜色白亮光洁,口感酥脆。

烫

利用沸水使原料成熟的烹调方法,适用于鲜嫩易熟的动物性原料或瓜菜、豆制品。烫法甚多,包括浸烫、冲烫、淋烫、泡烫等等,反复多次,直至成熟,浇卤汁或蘸味料食用。特点是清利少油,柔脆爽嫩,清新适口。如江苏的烫干丝、山东的烫豆腐、台湾的烫凤螺、福建的鸡汤氽海蚌、广东的白斩鸡、辽宁的烫海蜇等等。

烫法中如用沸滚的卤汁冲淋,则叫卤烫,菜品有广东的桶子鸡之类。

由于烫菜多是断生即食,故而要求原料鲜洁,没有被菌虫所污染。否则会带来病害。

氽

又称浸炸,即以较低油温(150℃左右)用中、小火炊制食物的烹调方法。其原料多系含脂量较高的果仁(如核桃、花生、松子、腰果)或馒头、包子,以及鱿鱼之类。在氽的过程中,有的在油中加入调味料,如上海的油氽排骨年糕;有的不加调味料,如浙江的油氽肉馒头。

涮

用火锅将清水或汤汁烧沸,把切成薄片或细条的生料夹入其中烫煮片刻,随即取出蘸上调味品食用的一种特殊烹调方法。其特点是主料软嫩,汤味鲜美,边涮边吃,由食用者根据各自的嗜好自行掌握火候与口味。

我国主要的涮法菜式有:

1. 涮羊肉(涮锅子),见于北京;
2. 涮九门头(米酒涮牛肉),见于福建;
3. 毛肚火锅,夏令食用,见于重庆;
4. 菊花火锅,配加菊花,见于江浙;
5. 十景(什锦)暖锅,一种涮法,见于香港;
6. 打边炉(神仙钵),见于广东;
7. 野意火锅(涮野味),见于东北;
8. 白肉火锅,见于东北。

冲

将加工处理成液态的原料,放入油锅或沸汤中加热至熟,使之成团成片的一种烹调方法,如冲鸡蛋、冲藕粉、冲炒面、冲奶粉、鸡豆花、芙蓉鸡片之类,成菜后或成糊羹,或成乳糜,质软嫩,味香腴,易于消化。

冲法有汤冲、油冲、沸水冲数种。汤冲是用旺火、宽汤、烧沸后主料入锅,微微搅动,再移至小火,使原料成团,并保持汤清。油冲是用旺火溶化猪油,原料沿锅边缓缓注入油中,待其成片即捞出。以上二法均见于四川。沸水冲即是用适量的沸水急速冲入搅匀的液态原料中,边冲边搅,混匀即可。此法各地皆用,如冲藕粉。

淋

原料不下锅,以沸油或沸汤直接浇淋成菜的烹调方法。它适用于稚嫩易熟的小型禽类,如仔鸡、嫩鸭、乳鸽、鹌鹑,或一些鱼品、蔬菜。烹调前先须码味,然后置于漏勺或笊篱中,浇沸油(或沸汤)淋之,熟后斩块装盘,浇卤汁或蘸味碟食用。菜品特色是鲜香细嫩、爽利适口,如油淋仔鸡、油淋芽白饼。

淋有生淋、熟淋之别。生淋是生料直接淋熟成菜,原料须剞花刀,如生淋鲩鱼、浇油鸡之类;熟淋是原料蒸、煮之后再淋,多挂一层糖浆,如炸脆皮鸡、油淋庄鸡。

淋法主要见于广东,其次是四川、湖南、北京等地。

泼

将沸油或稠浓的调味汁浇洒在原料上,促其成熟或入味的一种烹调方法。它包括油泼和油浸炸两种,各有细则。

油泼。整件或大块荤料挂糊炸熟后,泼以预先兑制好的清红汁(也称油汁),拌匀后改刀装盘，再将余汁浇淋其面。因汁中调味油（如香油、葱椒油）的量较大，故成菜后油大、汁宽、香浓，如油泼豆芽、油泼鸡。至于陕西的"油泼辣子"，则是将干辣椒粉装入小鳖，泼入烧沸的香油，调匀后作为佐料。

油浸炸。先将主料煮熟或蒸熟，码上葱、姜等配料，浇淋调味汁，再以沸油泼之，如油浸鱼、油浸鹌鹑。菜品的香味溢出很快，油而不腻，鲜嫩可口。

炝

将加工成丝、条、片、块的生料用沸水稍烫或过油后，趁热（或晾凉）用挥发性强的调味品（如花椒油、花椒粉、酒、芥末、胡椒粉）强制入味的烹调方法。它又称醃、戗，适用于鲜活的动物性原料或应时蔬菜，如炝虾、炝茄夹、虾籽炝芹菜、炝鸡丝冬笋之类。成品的特色是清利爽口、鲜香脆嫩，多用做冷盘，宜于佐酒。

炝与拌较近似，但前者多系趁热进行，后者多系晾凉后进行，并且调味料的使用也不相同。另外，使用炝法的原料要尽量控干水分，快速操作，并立即食用。如果久放，则水分透出，菜形失真，影响效果。

卤

将原料加卤汁以中、小火长时间煨、煮至熟烂并入味的烹调方法。卤好后，有的即行捞出，晾凉后涂上一层芝麻油，防止其表面发硬或干缩变色；有的依然浸在卤汁中，随吃随取，求其香嫩。它主要适用于肉类、禽类、蛋类或豆制品；成品称为卤货或卤菜，具有醇厚浓郁的鲜香味，易于携带，宜于下酒，可作冷碟或快餐食品，很受欢迎。

卤法的关键是卤汁的配方，它分为南卤（又有红白之别）和北卤两个大类，还有清卤（亦称盐水）之说。有些卤汁是祖传秘方，看得极重。在卤汁中又很强调"老卤"的调理与保存，名贵者可连续使用100多年，久享盛名而不衰。

酱

用事先配好的酱汁以中、小火将原料烧、煮至熟烂的烹调方法。它与"卤法"相近，故经常并称。细分辨，两者仍有差别：(1)酱汁的主体多系豆酱、面酱、酱油或糖色，成菜色泽酱红或褐红。(2)原料酱熟后，多用酱汁收㸆或浸淋。(3)可以先过油后酱，或是先酱后过油，酱香浓郁。其名品多见于北方，如北京天福号酱肘子、月盛斋酱羊肉、太原六味斋酱猪肉、开封长春轩酱兔肉、河北酱驴肉等。

酱法较多，其中的酱汁酱法、蜜汁酱法、糖醋酱法都较特殊。在操作上，它们多是酱汁煮沸后下料；用小火煮，保持汤面微沸；经常撇除汤面污沫；多将原料上下翻动，使其上色和成熟一致。

煮

将治净的原料放入多量的汤汁或清水中，先用旺火煮沸，再用中小火烧熟的一种烹调方法。其特色是汤菜各半，汤宽汁浓，不经勾芡，口感清鲜。

煮，古时称"脰"，福建叫"炡"，主要包括四种。(1)清煮。又名白煮、水煮。原料下入白水中直接煮制，为了除异味，有时酌加葱、姜与料酒。如白片肉、白云猪手。(2)汤煮。原料下入汤中煮制，酌加精盐。如砂锅羊肉、大煮干丝。(3)卤煮。原料下入卤汁中煮制。如夫妻肺片、卤煮鸡鸭腰。(4)糟煮。原料下入红糟汁或白糟汁中煮制，称糟炡或炡糟，如炡糟鸡、炡糟鸭等。

煲（滚）

先将原料稍煎，置于砂锅，随下沸水（或沸汤）与调配料，以文火长时间地炖至软烂，调味供食的一种烹调方法，如冬瓜煲老鸭、猪肉煲菜花。成品酥烂、香腴、爽口。

也有用火时间较短的，如鱼头煲、黑鱼豆腐煲。前者系将鱼头腌渍后拍粉，炸成金黄色，起砂锅下油爆葱、姜后，再下配料略爆，随后下鱼头，烧沸后调准口味，再略炖片刻即可供食。

凡煲都需要特制的带把砂锅，多在冬令食用。此法主要见于岭南。

此外，广东还有一种"滚"法，与煲相似，只是用火时间较短。如煎滚的山斑鱼豆腐汤，清滚的青菜牛肉汤。

炖

将原料加汤水及调味品，旺火烧沸后用中、小火长时间加热的烹调方法，包括清炖和浑炖两种，菜式的特点是汤汁鲜浓、本味突出、滋味醇厚、质地酥软。其中的清炖多以一种原料为主,不加有色调味品,它又分为隔水加热的隔水炖(如清炖鸡)和直接加热的不隔水炖(如炖鳝酥);浑炖的原料大多经过挂糊油炸处理,用有色调味品,又名"侉炖",如坛子肉、侉炖鱼。

举凡炖菜,多有以下要求:(1)原料的肌体组织较粗老,事先经过预热处理;(2)使用陶瓷器皿,水量一次加足;(3)掌握好加热时间与温度;(4)中途不可掀盖,防止香气和热量散失,影响菜品质地。

凹

河南古老的烹调方法之一,适用于蛋类(鸡、鸭、鹅、鸽、鹌鹑的蛋均可)。其法是,锅里下高汤;蛋液磕入碗中,加精盐、味精、虾米屑、葱花、姜末等调匀,徐徐注入温汤中,用文火慢炖,轻轻搅动,待汤沸成羹状即可。食用时,用勺将蛋羹盛入碗中,浇卤汁或缀加烧沸的清汤啜饮,如凹鸡蛋、凹鸽蛋之类。它鲜嫩可口,开胃畅神,如同豆腐脑一样滑润。

煨

将经过炸、煎、煸、炒或白煮的原料放入陶质器皿中,添加适量的葱、姜、料酒、精盐和汤汁,用旺火烧开,小火长时间煮烂的一种烹调方法。它适用于质地粗老的动物性原料,特别注重火候。成菜后主料软糯酥烂,汤汁宽浓,肥厚鲜醇。如排骨煨藕、花菇煨鸡、红煨鳗鱼、黄芽菜煨火腿等。

武汉市小桃园的瓦罐煨鸡汤名闻全国。其特点是:一次加足清水,煨时不加盖,汤汁不沸腾,旺火断生,小火焖透。其汤清而不淡,浓而不滞,肥而不腻,和而不寡,具有醇厚腴美的鱼米之乡特色。

烩

将加工成片、丁、丝、条、粒的多种原料,经过焯水或过油,一起或分批入锅,用旺火烧制成菜的烹调方法。其特点是,汤菜各半,汁宽味浓,口感香醇、鲜嫩。

烩有多种。(1)清烩。热锅加底油,用葱姜炝锅后下料,汤烧沸后撇去浮沫,清澈醇香,如清烩虾仁。(2)白烩。不加有色调味品,勾薄芡,如竹荪烩鸡片。(3)红烩。汤汁中加酱油或糖色,勾浓芡,如红烩牛肉。(4)烧烩。主料过油后再烩制,如烧烩肘子。(5)糟烩。汤料中加入适量的糟汁,如糟烩肥肠。

举凡烩菜,主料不可久煮;汤开后要及时勾芡,芡汁应浓淡适宜,这样才能突出鲜嫩、软滑的风味特色。

扒

将经过初步热处理的大块原料整齐码放入锅,加汤水与调味品,小火烹制收汁,保持原形成菜装盘的烹调方法。其特点是主料软烂、汤汁浓醇、菜汁融合、丰满滑润、色泽美观、菜形漂亮。

扒也分为多种,如炒锅扒(福建扒乌参)和砂锅扒(内蒙古扒驼蹄);蒸后扒(河南扒窝鸡)和煎后扒(煎扒青鱼头尾);大葱扒(宁夏葱扒牛舌)、五香扒(黑龙江五香扒野鸭)和奶油扒(北京奶油扒白蘑);白扒(吉林白扒松茸蘑)和红扒(陕西红扒羊肉)等。

扒菜多系筵席主菜,它的原料高档,装盘气派,尤宜于冬春食用。

熬

小件原件加汤水或调味品用旺火烧沸后,转以中、小火煮至烂熟的烹调方法。多用于蔬菜、豆类和禽畜水鲜原料,或煮粥、熬汤,成菜后连汤带菜,酥烂不腻。

熬法亦多,有红熬、白熬、假熬、润熬、大熬、杂熬、灌熬、罐熬之别。其工艺流程通常是:先用葱姜炝锅,再下原料用旺火煸炒至断生,续加清水或鲜汤(其用量约与原料相等),下调味品,旺火烧开后,转用中、小火慢煮,直至酥烂味浓为止。

熬的代表菜式有白菜熬粉条、豆腐熬肉片、胡萝卜熬羊肉等。

冻

又称水晶法,即是在烹调成熟的菜料原汤中,添加琼脂、肉皮冻等胶质物料,使之冻结成团、然后切片食用的烹调方法。其成品软嫩滑韧,清利润喉,入口而化,凉彻齿舌,别有风味,在夏季多作为冷菜佐酒。

冻菜的原料,夏令多用油脂少的鸡、虾仁,冬令多用油脂多的羊羔、脚爪。其法主要有二:一是直接利用主料所富含的胶质，长时间地熬煮水解，冷却后凝冻，如镇江水晶肴肉、四川绿豆冻肘，以及民间的肉皮冻、鱼冻之类；二是在制作过程中投入胶质添加料（如猪皮、猪皮熬的浓汤、琼脂、食用明胶），使之冷凝成冻，如浙江冻鸭掌、上海冰冻水晶全鸭、西瓜冻、水晶荔枝等。

焗

运用密闭式加热，促使原料自身水分汽化而致熟的烹调方法。它包括五种：

1. 物料焗。即利用盐、石灰、蛎灰焗制，如东江盐焗鸡、桂林无火烹饪鸡（石灰焗）、厦门无火烧鸡（蛎灰焗）。其法都是将鸡治净，焯水后涂酱油晾干，将调味料塞入腹中，外用纱纸、锡纸、荷叶等裹严，或埋入炽热的盐中，或埋入生石灰、蛎壳灰中泼水。成菜后鸡皮软润，髓带血色，肉似象牙，鲜嫩醇香。

2. 炉焗。原料处理同上，装入焗盆，送入烤炉（或微波炉）焗制。成菜后内外成熟一致，质地醇烂，香浓味鲜。如炉焗王鸽。

3. 瓦罐焗（原汁焗）。一种是码味上色装进陶罐，加油焗制，熟后拆件装盘；一种是先焯水后装钵，加汤水味料，炖至断生捞出晾凉，再回钵焖焗。特色是鲜香味不挥发，质地滋润细嫩，滋味浓郁隽永，如原只焗山瑞。

4. 镬上焗（汤焗、烧焗）。原料炒匀后加汤汁味料，直接在锅中加盖焖焗。特色是肉质滑润，鲜美的本味突出，如上汤焗禾花雀、西汁焗乳鸽。

5. 酒焗。如玫瑰酒焗乳鸽。制法是：双鸽治净，俯摊于有两根平行筷子垫底的瓦钵中，其间置玫瑰酒 1 杯（100 克）。瓦钵放入铁锅，以瓦盆作盖盖严，用中火焗 20 分钟至熟，以喼汁与盐佐食。特色是色红褐，皮焦香，肉软嫩，有露酒之芳醇。

焗法很重调味汁，它多由蚝油、陈皮、香葱油、西汁、沙茶、上汤、酱汁、椒盐、香汁与姜葱等合成。

蒸

利用蒸汽传热使原料成熟的烹调方法。它要求火大、水多、时间短，一气呵成。成品富含水分，较为滋润或暄软，能保持原汁、原味、原形、原色，营养成分损失少。

蒸分三种。一是干蒸（旱蒸），即不加汤水，直接蒸制，如干蒸莲子、干蒸山药。二是清蒸，即不用有色调味品，保持菜色清秀，如清蒸武昌鱼、清蒸白鳝。三是粉蒸（裹蒸），即用米粉等物拌匀主料后再蒸，如粉蒸肉、粉蒸鸡。此外还有扣蒸、红蒸、酿蒸等。

蒸菜多用多格蒸笼，应注意：(1)汤水少的菜放上面，汤水多的菜放下面；(2)色淡的菜放上面，色深的菜放下面；(3)不易熟的菜放上面，易熟的菜放下面；(4)笼盖要严丝合缝。

烀

是一种半煮半蒸的烹调方法，因声响得名。水略少于原料，旺火持续大沸，蒸汽沿盖外泄，“呼呼”有声，至成熟时撤火。如烀猪头、烀甘薯之类。其菜品含水量大，软烂香酥。

至于具体操作方法，各地不尽相同。如新疆的烀羊蹄，是将煮熟去骨的熟羊蹄装碗，加肉汤、精盐、味精、酱油、花椒粉、葱、蒜等，入笼，用旺火蒸半小时左右，滗出汤汁，扣于汤盘之中。炒勺放油，下葱丝、蒜片、玉兰片和木耳稍炒，加肉汤，调入精盐、味精、酱油、胡椒粉与湿淀粉等，烧浓后浇在羊蹄上即成。

炸

用明火加热、以食用油作传热介质的烹调方法。其特点是火旺、油多，成品酥、脆、松、香，色泽黄亮。

炸法甚多，主要有：(1)清炸。原料只腌渍，不挂糊上浆，如清炸子鸡。(2)干炸。原料腌渍后挂糊或拍粉炸，如干炸里脊。(3)软炸。小料腌渍后挂薄糊炸，如软炸口蘑。(4)酥炸。原料煮酥或蒸酥后挂全蛋糊（或不挂）炸，如香酥鸭子。此外还有卷炸（炸春卷）、松炸（炸凤尾虾）、包炸（三丝鱼卷）、纸包炸（纸包虾仁）、特殊炸（脆皮鸡）等。

须注意的是，清代以前的沸水焯也叫“炸”（见于翟灏《通俗编·杂字》：“今以食物纳油及汤中，一沸而现曰炸。”），应加以区分。

酥

传统的烹调法之一，即将治净的原料用油炸酥或投入汤内，加入以醋为主的调味品，用小火慢慢焖至酥烂的烹调方法。

它包括两类，一类叫硬酥，要求先炸后焖；一类叫软酥，可以不炸便焖。

酥菜的特点是骨酥肉烂，香爽适口，如安徽的酥鲫鱼、湖北的酥鹌鹑、大连的酥海带、开封的酥莲藕等。

爆

将脆性的小件原料放入中等油量的锅中，用旺火热油快速加热的一种烹调方法。其加热时间一般不超过20秒，为了易熟，原料常切成很小的刀口或大多剞有花刀；事先兑好调味汁。成菜的特点是脆嫩爽口，卤汁紧包原料，清鲜俏利，本味突出。

爆有油爆与汤爆之别。油爆又分生爆、火爆、葱爆、芫爆、酱爆、糟爆、姜爆、盐爆种种，主要取决于生熟料或调味品的差异，其代表菜式有油爆双脆、火爆燎肉、虾爆鳝背、葱爆海贝。汤爆亦称水爆，系用沸水作传热介质，原料的刀口要求更小，它是先焯水，后在沸汤（内加调味料）中调味或带味料上桌，如汤爆肚之类。

燎

原料剞成花刀片，用高档酒（如茅台）加调味料拌匀，用旺火下滚油燎炒，迅即起锅的一种烹调方法。如火爆燎肉、火燎鸭心，成品具有油酒融合的特异香味，焦中透嫩。

使用燎法，要求有极快的速度，料一下锅，烈焰飞腾，稍一迟缓，则会烧糊。

此外，用旺火烧尽动物性原料表皮上的毛茬，或烧糊表皮，再泡软刮净，以供烹调的初加工方法，也称作燎，如燎猪皮、燎脚爪之类。

炒

系将加工成丁、丝、条、粒、球等的小型原料，用少油旺火急速翻拌成熟的一种烹调方法。成菜的特点是汁芡少，并紧包原料，菜品鲜嫩、滑脆或干香。

炒有多种，风味各各不同。(1)滑炒。主料上浆滑油后再炒，如滑炒肉丝。(2)抓炒。主料滑透至焦再炒，如抓炒鱼片。(3)生炒（煸炒）。主料直接入锅炒，如生炒肉末。(4)煸炒。主料煸干水分后再炒，如煸炒鳝丝。(5)熟炒。主料预热后再炒，如回锅肉。(6)水炒（老炒）。多用于蛋类原料，如水炒鸡蛋。(7)软炒（湿炒、推炒、泡炒）。用于液体原料，如大良炒牛奶。(8)小炒（随炒）。原料码味、上浆，但不过油，如鱼香肉丝。

干煸

将加工处理成丝、条状的原料置入锅中用中火加热，不停翻拨，使之脱水、成熟、干香的一种烹调方法。它多用于纤维较长、结构紧密的干鱿鱼、牛肉、猪肉、鳝鱼，以及水分较少、质地鲜脆的冬笋、云豆、黄豆芽、苦瓜等原料。烹制时用中火、热油，入锅后不停地翻拨，至锅中见油不见水时，加调配料继续翻拨至干香而成。成菜后有酥软干香的特色，耐咀嚼，回味长。

干煸的著名菜式有：干煸牛肉丝、干煸鱿鱼丝、干煸鳝丝、干煸肉丝、干煸四季豆、干煸冬笋、干煸土豆条等。

灼

广东传统烹调方法之一，即是将生料氽至九成熟后再取出速炒成菜。菜品脆嫩爽口，清鲜而本味突出。如白灼螺片。

灼分生灼和白灼。生灼是原料预先不调味，熟后带虾酱、蚝油等味碟调食；白灼是原料先用调味品渍拌，再行焯制。

举凡约菜，火力要猛，动作要快，大多无汁、无芡，色泽靓丽。此外，其刀口大都较小，片条要求整齐。

煎

原料平铺锅底，用少量油以小火将两面煎黄并至成熟的烹调方法。成菜特点是外香酥，内软嫩，色黄亮，味鲜美。

因加工方法和调味品的不同，煎有多种：(1)干煎。主料腌渍入味后两面拍粉再煎，如干煎虾碌。(2)糟煎。用糟腌制主料后再煎，如糟煎白鱼。(3)酒煎。先用酒浸渍然后再煎，如酒煎青鱼。(4)香煎。主料腌渍后挂蛋糊、撒芝麻再煎，如香煎鳜鱼。(5)瓤煎。主料夹嵌馅料后挂糊再煎，如煎高丽鸡饼。(6)酥煎（蛋煎）。主料上浆后沾干面包屑再煎，如煎鳢鱼片。(7)水油煎。原料整齐排放平锅内，先洒水焖熟，再用油煎黄，如生煎馒头。

贴

几种原料加工成同样的片状,腌渍入味后合贴在一起挂糊,用少量油以小火只煎一面使之成熟的烹调方法。其特色是一面酥脆,一面香软,鲜嫩可口,黄白相间。

贴既有加工成型的技巧,又有烹调熟制的方法。除了上述的基本要领之外,有时两片原料之间还可夹馅;有时煎得快熟时加汤汁用慢火收干;有时仅用一种原料煎贴,变化较多。其代表菜品有锅贴鱼片、锅贴鱼盒、锅贴鳝鱼、锅贴鸳鸯鱼等。

煽

原料挂糊后先煎后烹入汤汁,使之回软并用小火收干汤汁的一种烹调方法。成菜后色泽金黄,软嫩香鲜。如锅煽豆腐、锅煽菠菜、锅煽鱼扇、锅煽肉片之类。

此法适用于质地软嫩的动植物原料,整料要切割成规矩的片状,挂全蛋糊或拍粉拖蛋糊;先煎至两面金黄,再勾入调味品和少量汤汁,用小火慢烹。为了使两面受热一致,有时还须使用大翻勺的技巧使之翻转。其口味多为鲜咸,略带芡汁。

熘

将烹制好的熘汁浇淋在预熟的主料上,或把已熟的主料投入熘汁中快速翻拌均匀的烹调方法。其步骤有三:烹熟主料,调制熘汁,将主料与熘汁混合。成菜后大多酥脆、软滑或鲜嫩,熘汁紧包主料。

1.脆熘(焦熘、炸熘)。原料拌渍后挂糊或拍粉油炸,然后再浇淋熘汁。如焦熘里脊、脆皮瓦块鱼。

2.滑熘。主料上浆后以温油或沸水滑透,再加熘汁翻拌成菜。如熘鸡肝、熘肉片。

3.软熘。原料多系软性的(如鱼、蛋液),先在温油中浸炸,再与熘汁混匀,如西湖醋鱼、软熘鱼茸。

此外还有醋溜、糖醋熘、糟熘等。

烹

将调味汁泼入预熟的原料中,利用高温使味汁迅速渗入原料中并收干汁水的一种烹调方法。其主料大多加工成小件,事前须"穿衣"油炸,故有"逢烹必炸"之说。制品特点是外香里嫩,爽口不腻,略带卤汁,菜完盘净。

古代的烹多指烧、煮。现在的烹分为炸烹、煎烹、醋烹数种,取决于技法和调料上的差异。代表菜式有炸烹大虾、炸烹鹌鹑、炸烹狗肉、炸烹嫩鸡、煎烹带鱼、煎烹糍粑鱼、醋烹辣椒、醋烹土豆丝等。

烧

将经过炸、煎、煸、炒或白煮的原料,添加适量的汤水和调味品,先用旺火烧开,再用小火烧透入味,最后以旺火收浓卤汁的一种烹调方法。如干烧鲫鱼。其特点是卤汁粘稠,菜品软嫩,口味鲜香滑腴。

烧的方法甚多。以色泽分,有红烧、白烧;以风味分,有葱烧、酱烧、糟烧;以初步热处理方法的不同分,有煸烧、煎烧;以菜肴质感分,有老烧、干烧、软烧等等。

我国烧制的名菜主要有:红烧鮰鱼、白烧白脊鱼、软烧羊肉、干烧岩鲤、葱烧海参、红烧寒菌、烧素四宝、软烧豆腐、干烧冬笋、葱烧蹄筋、仔鸡烧板栗、酱烧野鸭、糟烧珍蚌、大烧鹿筋等。

熓

也写作"独"、"熸"、"渡"或"焘",一种与烧近似的烹调方法,因烹制时锅中咕嘟有声而得名。它适用于质地较为软嫩的原料以及海参、鱼翅之类,事前要处理成条、片、块状,有的还须通过过油等工序预热。然后在热锅中下油,用葱姜等物炝锅,投入高汤及主料,旺火烧沸后转微火慢熓,使之入味,接后以旺火收浓汤汁,勾芡成菜。它所用的时间比熬、炖短,汤汁也较烧烩菜多。成菜后菜形整齐,色泽光亮,质地滑润,口味醇厚。如熓豆腐、熓面筋、熓鱼等。

京津一带尤精于此法。

灴

福建菜常用的烹调方法。它多用动物性原料作主料,先滑油或炸制,再炝锅略炒,随加高汤与调味品,用文火烧煮到熟烂,出锅时略勾薄芡。成品香鲜、酥烂、爽口、畅神。

由于灴法的调味品中重用香糟,所以它又名

“糟炟饤”，代表菜式有炟糟羊肉、炟糟鸡、炟糟狮头鹅等。

焖

将经过初步热处理的原料添加汤水与调味品后盖严密封，旺火烧开后用中、小火长时间烧煮至酥烂而成菜的烹调方法。它有时叫做“炆”，系从烧、煮、炖、煨演变而来；其最大特点是密封加盖，不使热气外泄，保持锅中恒温，促使原料酥烂，故有“千滚不抵一焖”之说。成菜后质地酥烂，醇厚香美，汤汁稠浓，形态完整，吃口软滑，如黄焖圆子、油焖春笋、红炆海参、沙茶焖鸭块等。

焖法很多，以原料的生熟分，有生焖与熟焖；以传热介质分，有水焖与油焖；以调味品分，有酱焖、酒焖或糟焖；以成菜色泽分，有红焖与黄焖；以技法变化分，有干焖、酥焖、大焖、锅焖、家常焖等。

㸆

是在烧煮的基础上将汤直接提浓或收干而成菜的烹调方法。其主料多为大型动物性原料或蔬菜，经煸炒或炸煎后加汤水与佐料，先用微火㸆至烂熟入味，再用旺火收干汤汁，淋油起锅。其菜式色深汁稠、酥烂浓郁，如㸆大虾、㸆裙边等。

㸆有多种。以方法分，有油㸆、大㸆、干㸆、煎㸆、生㸆或熟㸆；以佐料分，有葱㸆、糖㸆、酱㸆、卤汁㸆、奶汁㸆或腐乳汁㸆；以色泽分，有红㸆、白㸆、清㸆等。此外，四川有一种㸆法名曰“炸收”，可以调制陈皮鸡丁、花椒鳝鱼等菜；山东有一种㸆法名曰“煎转”，可以调制煎转大肠。㸆法的名品还有北京的奶油㸆菜心等。

焗

将整料或大块料拌味、过油（或煎、炸）后入锅，下汤水和调配料以文火烧至软烂的一种烹调方法，多见于广东、福建。原料可以上浆或拍粉，出锅前可勾薄芡，装盘时大多需加改刀。如瓦罉焗水鱼。

焗法亦多。(1)锅焗。即用锅作焗具，如蚝油焗鸡。它又称“煎焗”，原料须先煎或炸，起锅前以原汁勾芡成菜。(2)瓦罉焗。即用砂锅作焗具，如瓦罉焗乳鸽。它又称“原汁焗”，成菜后带有少量稠汤汁，可加芝麻油，不另勾芡。(3)洋焗。先煮、后拌、再烤，常以多种主料制作，如福建的洋焗什锦。

焐

粥饭或某些菜肴将熟时，不揭盖，离火，置于保暖器中，利用其余热使饭菜完全成熟的一种烹调方法。因保暖工具的不同，它又有窝焐与沙焐之分。

1. 窝焐。原料置于锅内，加好调味品及汤水，先用旺火烧开，再移至微炭火上，连锅带炉置于窝窠（亦称焐窠）中，上面盖好，慢慢炖焖至酥烂。此法多见于湖南，适用于禽类原料。成菜软烂，口味醇厚。

2. 沙焐。沙土烧热，埋入原料，利用其辐射的余热成熟。如焐鸡蛋、焐土豆、焐面饼（须用纸包）。此法多见于野炊，带有古朴粗扩的情韵。

焐法有时亦写作“焐”。

拔丝

又称拉丝，系将糖、水、油溶液熬成能拉出长丝的浓汁，包裹于炸过的原料上的一种烹调方法。成菜后金丝缠绕，晶莹明亮，外脆里嫩，香甜可口，如拔丝山药、拔丝荸荠。

拔丝的关键是熬糖油汁，有干熬、水熬、油熬、油水混合熬等不同方法。其要领一是掌握好水、油、糖的合适比例；二是注意火候，用中小火加热，观察大、小泡的变化；三是拔丝时动作要快，迅速翻匀起锅。

吃拔丝菜要趁热上席，并预备凉开水一碗，先挟菜在水中蘸一下，一可避免烫嘴，二可使糖衣变脆而不沾牙。

挂霜

将经过油炸的小型原料粘上一层粉霜状的白糖而成菜的烹调方法。其成品外表洁白如霜，食之松脆香甜，多作为筵席中的甜菜。

挂霜法适用于含水量较少的干鲜果品、块根类蔬菜或部分动物性原料；通常须改刀切片、制成丸子或包入馅心。其操作工艺有两种：一是直接粘糖粉，即原料挂糊油炸后装盘洒糖粉，如挂霜香蕉、奶油炸糕；一是间接裹糖霜，即将炸过的原料用熬溶的糖汁拌匀，冷却后便凝结成霜，如白酥肉、挂霜丸子。

蜜汁

又称蜜炙、蜜煨或蜜煮，系以白糖与冰糖(或蜂蜜)加清水将原料煨、煮成带汁甜菜的烹调方法。适用于3种原料：一是白果、百合、莲子、香蕉等含水量较少的干鲜果品及其罐头制品；二是山药、红薯、芋头、菱角等块根蔬菜或银耳之类；三是火腿、果子狸等动物性原料。烹制时多用中小火，成菜后具有香甜软糯、色泽蜜黄的特点。

蜜汁菜的做法较多，有直接煮的，如蜜汁百合；有先预热再蜜汁的，如蜜汁葫芦；有笼蒸后再入锅收浓糖汁的，如蜜汁山药。

糖水(冰糖)

用冰糖(或白糖)熬成浓淡相宜的糖汁，浇在蒸过或者煮过的主料上的烹调方法。它多适用于新鲜的甘甜的瓜果，成菜后清澈香甜，软糯可口。如糖水枇杷、糖水元宵、冰糖银耳、冰糖燕菜。

水果罐头也多用此法制作。

与糖水法相近似的还有“冰糖法”。即将清水加冰糖(或白糖)烧沸，再加鸡蛋清将糖汁清过，放入汆、焯过的干鲜果料中烧沸即成。其菜品清澈爽利，快人朵颐。如冰糖百合、冰糖莲子。

琉璃

又称琥珀，是使原料包裹一层透明糖壳而成菜的烹调方法。它适用于果料、块茎类蔬菜和部分动物性原料，多见于山东、河南。成菜后外壳晶亮似琉璃、如琥珀，外甜硬，里软嫩或酥脆，吃口香甜。

琉璃法的工艺要领是：原料加工成型后，有的须挂糊(如琉璃肉)，有的须拍粉抓浆(如琉璃苹果)，有的须焯水(如琉璃桃仁)，有的直接过油至熟。另备一锅熬糖汁，待稀稠适度时倒入原料炒匀，随即盛于大盘中用筷子拨开晾凉即成。

中点制作

面点

以米、麦、豆、薯等为主料，肉品、蛋奶、蔬果、调味品等作辅料，通过制坯、包馅、成型、熟制等工序制成的食品，如主食(饭、粥、馍、面)、小吃(馄饨、春卷、油条、馓子)、点心(月饼、粽子、元宵、年糕)之类。

中国面点约有万余种，其中名点1000余种，历史名点200余种；中点约占85%，西点约占15%；手工制作的品种约占75%，机械制作的品种约占25%；节令小吃、筵席点心和民族面点均都在千种以上。

面点的体系纷繁，有多种分类方法。按主料分，有米制品、面制品、豆制品、薯制品、肉奶蛋制品和蔬果花制品等。按面团分，有水调面团类、膨松面团类、油酥面团类、米粉面团类和其他面团类。按熟制方法分，有蒸制品、煮制品、炸制品、烤制品、烙制品和其他方法制品。按产品形态分，有饭粥类、糕团类、饼酥类、面羹类、包卷类和其他类。按经营方式分，有主食、面点、糕点、点心和小吃。按用途分，有大路面点、节令面点、祭祀面点、筵宴面点、观赏面点和其他面点。按来源分，有祭祀面点、宫廷面点、官府面点、商家面点、军旅面点、寺观面点、民间面点、民族面点、外来面点、食疗面点和其他面点。按风味流派分，有地方面点(如京式、苏式、粤式)、家族面点(如清宫面点、孔府面点)、宗教面点(如清真面点、佛道面点)、民族面点(如回、满、蒙古、藏、朝、壮等族的面点)。

中国面点具有6大特色。(1)源远流长，兼收并蓄，有着近万年的演变历史，中华饮食文化的积淀异常深厚。(2)用料广泛，做工精细，花色品种极为丰富，四时三餐变化无穷。(3)流派众多，风味别具，乡土色彩和民族情韵浓郁，地域和气候的差异明显。(4)应节合典，宜时当令，寓礼于食，寓情于吃，食俗事象和掌故传闻众多。(5)主副兼备，食用方便，可塑性与适应性强，价廉物美。(6)在世界上享有很高的声誉，直接影响日本、朝鲜、韩国、蒙古、新加坡、意大利等国，有“世界面食在中国”之说。

此外，我国还有许多面点典籍传世，历来受到食品学界的重视。

糕点

糕团饼酥等市肆方便食品的通称，包括蛋糕类、酥层类、单皮类、松酥类、糕团类、油炸类、面包类、糖品类等8大系列。它的用料和制作工艺同面点基本相似，但有3个明显的特征：(1)多在糕点作坊(饼屋)或食品厂里用机械大批量生产，配方固定；(2)含水量小，出售时常有包装，能长途运输，可以短期存放；(3)档次偏高，可作礼品。

糕点与面点同出一源，先秦时不分。汉魏开始，由于手工作坊的兴盛和民间交往的频繁，两者才逐步分离。鸦片战争以后，随着西点的传入和食品工业的昌盛，糕点行业有一个大的发展。现在，由于科学技术的振兴、膳食结构的改革和快餐食品的崛起，糕点与面点又有合流的趋势。其突出标志是：部分面点品种已改由机械进行生产，变作快餐食品；不少面点专业和教材已经古今合流、中西合流，逐步与现代食品工业接轨。

不过，目前糕点与面点的区别还是存在的，主要如下表所示：

	糕点	面点
生产场所	食品厂、手工作坊	餐馆、食堂、家庭
生产工艺	基本使用机械	多系手工操作
生产批量	品种较少，产量高，形成批次	品种较多，产量低，未能形成批次
产品属性	含水量小，档次偏高	干湿兼备，档次多样
产品储存	可包装、存放、运输	即做即食，一般不储存，无包装
主要用途	做礼品，充当副食、零餐	作主食，替代正餐
行业隶属	轻工业、商办工厂	饮食服务业
学科范畴	食品系、食品工艺学	烹饪系、面点工艺学

主食

又称饭食、面食，包括各种饭、粥、面、饼、包、饺、糕、粑等充当正餐的食品。它约占每人每天进食量的60%～85%，向人体提供主要的碳水化合物和热能，在膳食结构中居于主体地位。主食多由集体食堂或家庭制作，工艺简便，价格低廉。其特征有四：

1. 用料大多单一，调配料较少，工艺简便，易于掌握，基本上是人人会做；

2. 品种基本固定，四时三餐变化不大，常与菜肴配套，并且现做现吃；

3. 受经济地理和风土物产的影响大，有明显的地理分布特征和民族生活特征；

4. 物美价廉，经济实惠，有相应的食俗与食礼，历史悠久。

小吃

又称小食、零吃，系指正餐、主食之外，用于充饥、消闲的面点制品或其他食品（如蜜脯、肉品、茶食、饮料）。它们大多作为早点、午点或晚点食用，其提法主要见于北方和四川。小吃一词，始见于《搜神记》和《梁书》，如“吾卯日小食前，必至君家”；“改常膳为小食”，都指简便的饮食之意。

小吃可分两类。一是全国通行的小吃，如油条、烧饼、面条、馄饨之类；二是地区特有的小吃，如武汉豆皮、天津汤包、山西泼鱼、广东艇仔粥等。许多地区经营小吃有方，还形成特异的街市，如上海城隍庙小吃群、北京天桥小吃群、杭州西湖小吃群、湖南火宫殿小吃群等（参阅本书同名词条）。

小吃的特色有四：(1)用料荤素兼备，每份的量较大；(2)多为大路品种，档次偏低；(3)常由摊贩制作，在街头巷尾销售；(4)地方风味浓郁，食客众多。

小吃与点心在使用中易于混淆，实质上二者存在着区别，参见下表：

	小　吃	点　心
名称使用范围	大多见于北方和四川	大多见于华东和华中南
主料选用	荤素兼备，原料普通	以素为主，配料高档
产品档次	一般偏低，价廉	一般偏高，价贵
产品分类	大路品种，大都不造型	精细品种，大都造型，有时还形成某种系列
筵席配套	用得甚少，但可编成小吃席	用得较多，可组成茶宴、点心宴或祭筵
制作场所	街头食摊或集体食堂	宾馆点心房、餐厅白案或饼屋
供应分量	每件多为50～100克，甚至200克	每件多为5～25克

点心

又称细点、花点、席点或茶点，是面点中的一个大类，通常由蒸点、酥点、水点组成。它有北京宫廷御点、山西喜庆礼馍、苏州传统糕团、无锡太湖船点、扬州富春茶食、上海葛派花点、广州星期美点、杭州灵隐斋点、回民开斋节点、满族祭祖饽饽、内蒙草原白食、藏胞标花酥点等12个特色风味系列(均参见本书同名词条)，享誉海内外。

点心一词，始见于《能改斋漫录》和《太平广记》，原作动词，意为"压饥"，后来演变成名词，是精美面点的代称。其特色是：选料谨严，注重款式和档次，讲究造型与配器，玲珑精巧，观赏价值高，多与高档菜肴配套，饮食文化色彩浓郁。

大路点心

又称大众面食、日常面点，系指各地常见、平时食用、档次较低、可作主食的面点品种，如各式面条、各式糕饼、早餐品种、宵夜品种等等。

大路点心是与节令点心、筵席点心相对而言的。其特色有三：(1)流传面广，适应性强，世世代代传承不衰；(2)制作简易，成本低廉，可以替代正餐或主食；(3)一般不受地域、民族、宗教、习俗等因素的制约，有一个庞大的消费群体，贫富皆宜，四时皆宜。

节令点心

又称节点或节食，专指有某种传闻掌故或食疗保健功能、与特定年节相配套的面点品种，如春卷、年糕、饺子、馄饨、元宵、粽子、月饼、花糕、乌饭团、腊八粥等等。

节令点心导源于天文历法的制订、重大的历史事件以及群众的生产劳动和生活习惯；是年节文化食俗的重要表现形式。其特征是：(1)历史久远，有一个世代相袭、传承演变的过程；(2)取决于时序的变化，要求应节应典、宜时宜令；(3)全民食用，自觉自愿，约定俗成；(4)食规食礼多种多样，花色品种百类千名；(5)每一品种都有相关的掌故传闻，有纪念意义或强身作用；(6)最能体现中华饮食文化的风采，可以寓教于食。

筵席点心

又称席点、茶点、花点、细点、配套点心或造型点心，系指用于筵宴、与其他肴馔(茶酒、冷碟、热炒、大菜、羹汤、蜜果)成龙配套的面点品种；通常包括鸟兽点心、时果点心、花草点心、器皿点心、图案蛋糕以及面塑造像6个大类。依据席面规格的不同，少则配1～2道，多则配8～16道，还有24、36、48道的；组配的原则是因席配点、因人配点、因时配点、因价配点、因菜配点和因需配点；组配的形式有系列式、插花式、递进式、缀衬式、妆头饰尾式、茶点和席点分列式、点心与小吃错开式、小吃(或点心)单独成席式种种。

与其他面点品种相比，席点的要求较高：(1)品种力求多样，型制力求小巧，要在工艺和规格上显示出高超的水准。(2)必须选用名点或名小吃(包括历史名点、节令名点、风味小吃和创新名小吃等)，以质优、名气大取胜。(3)按照席面的规格、礼仪和情趣配置，点随菜走，烘云托月，并且讲究套路与章法。(4)突出地方特色和时令特色，尊重民族习惯及宗教信仰,不触犯客人的忌讳。(5)注意餐具的使用,对于特殊席点的特殊吃法要向客人有礼貌地介绍,一些相关的传闻掌故也应扼要地解说。

面塑造像

指挑选合适的坯料,经过造型敷色和拼装美化而制成工艺食品看盘,一般只供观赏而不食用。它包括面塑、粉塑、糖塑、油塑、有座架的彩花大蛋糕、巨型月饼、巨型粽子、巨型饺子、巨型太阳糕等,讲究气势和韵律,并根据图象及寓意各有专名,表现特定的主题。

面塑造像的常见图案和纹饰主要有五类:一为飞潜动植,如虎、马、鹰、鱼、松、竹、梅、菊;二为自然风光,如山、水、泉、石、亭、台、楼、阁;三为神话人物,如福禄寿三仙、八仙过海、七品芝麻官、桃园三结义;四为器皿文物,如钟、鼎、琴、棋、灯、玺、壶、剑;五为吉庆图案,如八卦、万字、方胜、双喜、祥云、吉羊、金鲤、龙凤。它们分别适用于不同的婚席、寿席、庆席和祭席。

面塑造像具有鲜明的主题和吉祥的寓意,是以雕塑为主的小品艺术,应当形似与神似相结合。制作时要忌讳正多边形和过于规整的对称式构图,主体图案应相对集中,饰物和缀件不宜过多,色彩须浓淡相宜,把握准对比色与过渡色的调配,还应突出东方文化风格,符合宾主的审美情调,并展示出制作者的艺术才华与纯熟的基本功。

点心店

主要出售早餐、午点、晚点、茶点或糕点的食品店,属于专业性的饮食服务行业。如广州的陶陶居酒楼、扬州的富春茶社、天津的狗不理包子铺、上海的南翔点心店、武汉的老通城豆皮馆、西安的同盛祥牛羊肉泡馍馆、昆明的德鑫园过桥米线馆、长沙的和记米粉馆、兰州的马保子清汤牛肉面馆、北京的都一处烧梅店等。

举凡点心店,大都具有4个特色:(1)经营品种比较专一;(2)有拳头产品作为招牌;(3)有身怀绝技的名师掌作;(4)历史比较悠久,社会声誉较高。

点心房

专门制作并销售高档中、西名点的场所,它们大多附设在著名的宾馆、饭店中。除了保证住店客人的需要之外,还开辟橱窗对外供应。像北京饭店、上海锦江饭店、天津利顺德大饭店、广州白天鹅宾馆、武汉长江大酒店、大连渤海饭店、吉林长白山宾馆、杭州太子楼酒店、厦门绿岛饭店、桂林八桂宾馆,都设有十分精雅的点心房,各领风骚。

不少点心房都是使用现代化的机具设备,在无菌无尘的车间中进行生产,产品讲究流派(如京点、沪点、粤点、日点、法点、俄点),风味比较地道,尤其是在制作粽子、月饼、蛋糕、面包方面各有所长,深受市场欢迎。

饼屋

近年来流行的糕点生产作坊,多系前店后厂性质,主要生产各式面包、各式酥点、各式蛋糕和各式糕饼。其店堂多在闹市,门面不大,雇有五六位师傅,特别讲究产品的新鲜,往往是“货不过夜”或“现做现卖”。除了门市供应的品种外,它还接受来料加工和预订喜庆蛋糕;有些实力雄厚的饼屋,还在大型食品店或百货商场中设立专柜,有若干个分销点,营业收入可观。

饼屋着眼于工薪阶层,价位也居中。良好的产品质量加上诚挚的服务态度,使之由广东很快风靡全国,成为饮食服务业中的新秀。

白案

饮食行业专用术语,是该行业中的三大工种(红案、白案、服务)之一。主要负责糕团、面点的制作,包括选料、制坯、调馅、成型、熟制的全部工艺流程。因其主料多系白色的面粉或米粉,又在大案板上操作,故名。

白案内部也有分工。一为“小案”,又称“主案”,主要负责席点和精细品种的制作,其领衔者常是整个白案车间的主持人。二为“大案”,又称“副案”或“帮案”;主要负责普通点心的制作,并协助“小案”。三为“面锅”和“饭锅”,主要负责烹制面条和米饭,并兼做一些杂活。此外,还有加工馅料的“拌馅”、负责笼屉的“熟笼”、负责油锅的“煎炸”、负责汤粉的“肠粉”等工种。

白案工艺

制作面点(含糕点、主食、小吃、点心)的方法、程序与技术的总称;一般包括生产前准备、加工、加热成熟3大程序,以及选料、制馅、调和面团、成型、熟制等5个环节,其基本工艺流程大致如下:

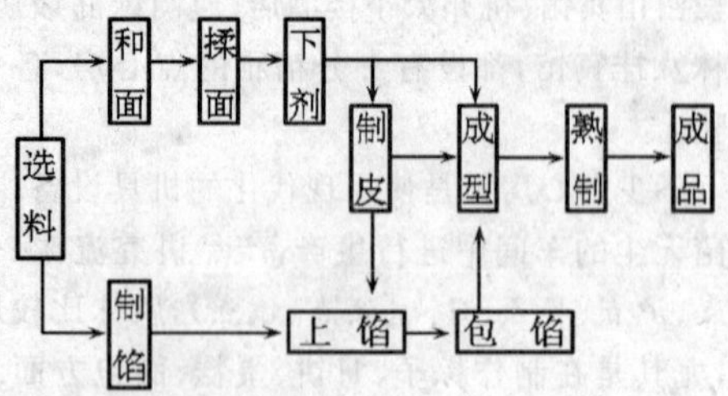

其中,和面、揉面、搓条、下剂与制皮,是面点制作工艺中的5大基本功。

面点工艺学

研究中国面点制作工艺中的法则与规律的科学。它以工具和面点原料为基础,着重研究面团形成原理与性质,以及面团形成过程中所产生的物理、化学和生物学变化对面点产生的影响,各种面团的调制工艺及其条件;馅料的制作工艺、制作原理及产生的不同变化,馅料对面团制品质量的影响;各种成型技法及色彩在面点中的运用与相关的调配方法;面点成熟技术及其面点制品在成熟过程中产生的理化变化,等等。

面点工艺学是由多学科知识构合而成的综合性学科,也是食品工艺学的一个特异分支。它的研究刚刚起步,现有的教材也很不完善,需要几代人奋力开拓。

面点设备与工具

面点设备与工具包括常用设备、常用工具与常用机具3个大类,品种繁多。

常用设备有:炉灶(蒸煮灶、烘烤灶、吊炉、平炉、缸炉、微波炉、电烤箱),面案(大木案、不锈钢案、铝合金案),铁锅(水锅、油锅、高沿锅、平锅、烘盘、烤盘、炙盘、三扇鏊、锅铲、长筷、手勺、漏勺、食品夹),蒸笼(不同尺寸),燃料(煤、炭、柴、草、柴油、液化气、电能)等。

常用工具有:擀面杖(面杖、单手杖、双手杖、通心槌、橄榄杖),粉筛(不同质地和尺寸),清洁用具(面扫板、粉帚、小簸箕),网罩笊篱(不同质地和尺寸),成型工具(模子、刷子、印子、刮挑、尺板、花钳、剪刀、骨针、木梳、裱头、花筒、尖头筷),调馅配料工具(各种刀具、大小砧板、筷子、馅盆、打蛋桶、蛋甩帚、调料钵、盛料盆),着色抹油工具(色刷、毛笔、排笔),称量工具(盘秤、电子秤、大小磅秤),缸盆(和面缸、米缸、发面盆、发酵缸、醒面盆),其他工具(石磨、电磨、簸箩、畚箕、淘箩、提篮、工具柜、工具箱)等。

常用机具有:和面机、切面机、切菜机、绞肉机、磨浆机、饸饹机、馒头机、饺子机、削面机、元宵机、联合磨浆机、上浆拌馅机、桃酥机、蛋糕机、包馅机、打蛋机、出条机、蒸制设备、烘烤设备、油炸设备、消毒柜等等。可分为原料处理机械、成型机械、熟制机械、包装机械4大系列。

这些设备与工具是面点制作工艺的物质基础和不可缺少的装备,工具为技术服务,技术依凭工具发挥。

面点设备与工具的要求是:(1)体积小,工效高,能够一器多用;(2)无污染,易清洗,符合清洁卫生;(3)安全可靠,便于操作,检修容易;(4)价格合理,易于普及。

面点选料

即对面点原料加以品质鉴定和品种选择。这些原料包括主料和辅助料两个大类:

- 面点常用主料
  - 粮
    - 面粉(小麦、大麦、燕麦、荞麦、青稞)
    - 米粉(糯米、粳米、籼米)
    - 豆粉(大豆、赤豆、绿豆、豌豆、扁豆、蚕豆、芸豆)
    - 淀粉(麦粉、米粉、豆粉)
    - 薯粉(土豆、红薯、山药、芋艿、茨菇、魔芋)
  - 油
    - 植物油(色拉油、花生油、芝麻油、豆油、棉油、玉米油)
    - 动物油(猪油、鸡油、黄油)
    - 奶油与人造奶油(麦淇淋)
    - 氢化油与起酥油
  - 糖
    - 白砂糖(甘蔗糖、甜菜糖)
    - 饴糖(米稀)
    - 淀粉糖浆
    - 转化糖浆
    - 果葡糖浆(异构糖)
  - 蛋
    - 鲜蛋
    - 冰蛋、冰蛋白、冰蛋黄
    - 蛋白片
    - 咸蛋
    - 蛋粉
    - 浑蛋黄

- 面点常用辅助料
  - 果料
    - 果仁(花生、芝麻、核桃仁、杏仁、松子、瓜子、葵花子、橄榄仁)
    - 蜜脯(桔饼、冬瓜糖、苹果脯、杏脯、桃脯、梨脯、青梅、桂花)
  - 乳品
    - 乳粉(全脂、脱脂)
    - 炼乳(鲜奶)
    - 食用干酪素
  - 肉类
    - 鲜肉(猪、牛、羊、鸡、鸭、鱼、虾、蟹、肥膘、板油、网油)
    - 再制品(香肠、腊肉、火腿、叉烧肉、肉松、鱼松、烤鸭)
  - 水分(自来水、泉水、雪水、井水、雨水、蒸馏水、矿泉水)
  - 食品添加剂
    - 润色剂
      - 天然(红曲、姜黄粉、可可粉、酱色、菜汁、红辣椒素)
      - 合成(苋菜红、胭脂红、柠檬黄、靛兰)
    - 加香剂
      - 香料
        - 天然(玫瑰花、桂花、梅花、槐花)
        - 合成(香兰素)
      - 香精
        - 油溶性(奶油味、柠檬味)
        - 水溶性(桔子味、杨梅味、菠萝味)
    - 调味剂
      - 甜味(糖精)
      - 咸味(食盐、酱油、豆酱、面酱)
      - 酸味(柠檬酸、醋酸)
      - 鲜味(味精、鸡精)
    - 膨松剂(小苏打、发粉、臭粉、老碱、酵母)
    - 乳化剂(大豆磷脂、单酸甘油脂)
    - 增稠剂(淀粉、琼脂、明胶)
    - 强化剂
      - 维生素(A、B、C等)
      - 氨基酸(赖氨酸)
      - 矿物质(乳酸钙、碳酸钙)

面点选料的作用是:(1)决定制品的营养成分含量;(2)形成制品的不同风味特色;(3)构成制品的不同组织状态;(3)确定制品的成本和销售价格。与此同时,面点选料还与工艺配方相关。所谓"工艺配方",是确定各种面点制品中主料与调配料的合理用量及其比率。它要求能满足消费对象的多种需要,符合各个地区的消费习惯,注意清洁卫生,讲求营养功效,体现制品特色,并且能够就地取材,确保原料的充分供应。

因此,选料者应当熟悉各种坯料的性质与用途,熟悉调配料的特性和使用方法,熟悉原料的加工及处理程序,熟悉不同馅料的风味与制作要求。

面团

各种粮食粉料掺入适量的水、油、蛋、糖和调配料后,经过和、揉均匀而形成的坯料(团或浆)的总称;它主要包括麦粉面团(含水调面团、膨松面团、油酥面团)、米粉面团(含糕类粉团、团类粉团、发酵粉团)、淀粉面团、杂粮面团(含豆粉面团、薯粉面团)、其他面团(含菜类面团、果类面团、全蛋面团、鱼茸面团、虾茸面团等)五个大类。

面团的形成原理主要是蛋白质溶胀作用、淀粉糊化作用、油酥吸附作用和胶体粘结作用;影响面团质量的,有原料(如油、糖、蛋、盐)因素、用水(含水量、水质、水温)因素以及操作(如投料次序、调制时间与速度、静置时间长短)因素等。

调制面团的方法包括和面与揉面,有搅、和、搓、揉、捣、捶、压、揣、扎、摔、擦、拍种种手法。操作时应掌握主要原料的属性(如淀粉、蛋白质的含量),辅助原料(糖、盐、蛋、油、奶、化学膨松剂之类)对面团的制约,还有掺水量、水温以及搅拌程度与饧发时间等等,不同的面点对面团有不同的要求。

调制面团的作用有四:一是便于成型;二是增强粉料的特性;三是丰富面点的品种;四是保证有良好的口感与外观。

面团调好后还要继续加工,如搓条、下剂、制皮、包馅等等,详见后述各条。

麦粉面团

将小麦粉(含富强粉、标准粉、普通粉)与水或油、蛋及其他辅助原料和匀调成的面团,在面点制作中用得最多。它包括3类:

1.水调面团。又称水面、呆面或死面,用水与面粉直接调成,不经发酵。依据水温的不同,它又有冷水面团、温水面团和热水面团之分。

2.膨松面团。统称酵面,包括生物膨松面团、化学膨松面团和物理膨松面团3种;都是在面团中加入适当的膨松剂,并采用相应方法使面团中包裹大量气体,从而形成海绵状结构。

3.油酥面团。面团中加适量的油调成,有层酥面团与混酥面团两种,统称油面,可以制作起酥的面点。

米粉面团

米粉(糯米粉、粳米粉、籼米粉)加水或其他辅助原料调成的面团。可分3类:

1.糕类粉团。包括松质粉团、粘质粉团与加工粉团,主要用于制糕,有粘、韧、软、糯、松等不同质感,常见于苏州、广州等地,以苏州花糕最为著称。

2.团类粉团。有生粉团与熟粉团两类,其制品软糯而富粘性,多用泡心法、煮芡法或拌蒸法制取,常见于苏、杭等地,可以调制元宵、金团等品种。

3.发酵粉团。在米粉面团中加发酵剂制成,其成品松软可口,常见于广东。这种粉团多呈浆状,发酵后须用小苏打中和去酸,并调节好稀稠浓度。

淀粉面团

又称澄粉(洗去面筋质的小麦淀粉)面团或澄面,是淀粉加水调制而成的面团。可分为2类,一是澄面中加入少量糖、油的水粉类面团;二是澄面中加入部分动植物原料(如芋头、土豆、萝卜、莲心、栗子、鱼茸、虾)的复合类面团。

调制澄面多用烫面法,即锅置火上,下水烧沸,徐徐投放淀粉,搅熟起锅,散去热气后加少许猪油和匀揉透即可。

淀粉面团常用于制作精细面点,其成品色泽洁白呈半透明状,细腻柔软,入口滑嫩,多见于京、津、粤、沪等。

杂粮面团

小米粉、高粱粉、豆粉或薯泥等加水与其他辅助原料调成的面团。可分3类:

1.杂品类面团。多用小米粉、高粱粉、玉米粉、燕麦粉、荞麦粉、大麦粉等调制,多用于地方风味小吃的制作,如小窝头、黄米糕、高粱煎饼、玉米煎饼。

2.豆类面团。多用大豆、绿豆、赤豆、豌豆、蚕豆、扁豆、芸豆磨粉调制或煮软擦泥调制,多用于名特小吃或节令点心的制作,如绿豆糕、豌豆黄、芸豆卷。

3.薯类面团。多用土豆、山药、红薯、芋头、茨菇、魔芋等蒸熟后去掉皮筋压泥,加少许熟面粉或阴米(糯米蒸熟后晒干制成)粉揉匀制面,可制成薯糕、番茨茸等特异小吃。

其他面团

1.果类面团。用荸荠、莲子、栗子、山楂、菱果等制粉调制。

2.菜类面团。用藕粉、百合粉等加辅助原料调制。

3.全蛋面团。各种蛋品(鸡蛋、鸭蛋、鹅蛋、鸽蛋等)调散成液,掺入面粉制成。

4.鱼茸面团。用鲮、鳜、青鱼、鳝、鲩、鲌等鱼制茸,加各色调配料和生粉搅匀上劲制成。

5.虾茸面团。用虾肉制茸,配加各色调味品和鸡蛋制成。

搓条

面团加工的程序之一,即将和匀饧透的面团搓成表面光洁、粗细一致的圆柱形长条,为下剂做好准备。

搓条时主要利用掌心之力,双手同时前后推搓,使之滚压成条。条之粗细长短应视品种而定,如馒头、大包的条宜粗,饺子、小包的条宜细。

搓条的工艺要求是:条圆,光洁,粗细一致,长短合宜。

下剂

面团加工的程序之一,即是将搓好的条根据面点制品的规格分割成大小一致的剂子,习称摘坯或揪剂。其法主要是:

1.揪剂。即左手握条,右手向下揪。

2.挖剂。即左手按条,右手向后挖。

3.拉剂。即左手抓条,右手向后拉。

4.切剂。即按平面条,切作方块再擀圆。

5.剁剂。即以目测好间距,用刀快剁。

6.卡剂。即拉出面团,用手卡断。

此外还有器具下剂,如使用馒头分割机等。

无论采用什么方法,都要求剂子只只均匀一致,大小分量准确。

制皮

面团加工的程序之一,即是将剂子制成面

皮。主要方法有：

1.拍皮。将剂子竖立，先用手指按压，再用手掌沿着边缘拍薄拍圆。

2.按皮。将剂子搓成球形，再用右手掌面按成边薄中厚的圆皮。

3.捏皮。将剂子搓圆，再用双手手指捏成圆碗形坯皮，俗称“捏窝”。

4.摊皮。将稀软面团在热锅上顺势烫出极薄的圆形坯皮，多用于制作春卷。

5.压皮。将剂子按扁，再用刀面先右后左旋压，使之成为圆形坯皮，多用于澄面制作。

6.擀皮。即用面棍将剂子擀成薄皮，有单杖擀、双杖擀、橄榄杖擀、通心槌擀种种。

制馅

面点制作工艺之一，即是将各种调配料按需要制成不同口味的馅心。它要求类型多样、营养丰富、味美适口。

馅心与面点的色、香、味、形、质有着直接的关系。其重要性在于：(1)改善制品的口味；(2)影响制品的形态；(3)形成制品的特色；(4)使制品的花色品种多样化。

馅心的种类很多。按口味分，有甜馅(用糖蜜、干果、蜜脯、油奶制)、咸馅(用肉、菜、盐、油等制)、甜咸复合味馅(用糖、盐、香肠、腊肉、叉烧肉、烤鸭等制)。按用料分，有荤馅(动物性原料制)、素馅(植物性原料制)、荤素混合馅(动、植物原料兼用)。按制法分，有生馅(生料)、熟馅(熟料)、生熟混合馅(生、熟料混用)。

我国常见的馅料有：(1)咸馅类：如白菜香干馅、青菜馅、萝卜丝馅、翡翠馅、雪菜冬笋馅、素什锦馅、皮冻馅、鲜猪肉馅、咖喱馅、鸡肉馅、蟹粉馅、虾茸馅、五丁馅、梅干菜肉馅、冬菜肉馅等。(2)甜馅类：如豆沙馅、枣泥馅、莲茸馅、椰蓉馅、五仁馅、豆蓉馅、栗蓉馅、葡萄干馅、白糖馅、麻仁馅、水晶馅、冬蓉馅、山楂馅等。(3)咸甜混合馅类：如叉烧馅、火腿焰、香肠馅、腊肉馅、烤鸭馅等。

至于馅心的制作方法，基本可分两类。一是拌馅法，多为生馅，即将制馅原料加工成丝、丁、粒、末、沙、茸、泥，最后用调味品拌和均匀，如水晶馅、鲜肉馅之类。二是炒馅法，多为熟馅，即将制馅原料刀工处理后，加调味品炒制(或蒸、煮)成熟以备用，如豆沙馅、五丁馅等。

制馅要求严格，应当注意5点：(1)馅料要求新鲜质优，无污染，有营养；(2)初加工时要剔除不可食用的部位，以保持馅料的质地；(3)刀口符合规范，要求整齐匀称，便于包制；(4)调味恰当，浓淡相宜，突出风味特色；(5)控制好水量与油量，增加其干硬性和粘性，便于成型。

包馅

又称上馅、加馅、打馅、夹馅或塌馅，面团加工的程序之一，即是将馅料包入制好的面皮之中，使之成型，以便熟制。

包馅的方法很多，如包上法、拢上法、夹上法、卷上法、滚粘法、注入法等，都要求手法熟练，姿势正确，符合规范，保证质量。如果包馅不好，便会出现糖馅外流、豆馅过偏、肉馅塌底等毛病，影响产品外观。与此同时，包馅还须掌握好馅料的用量，一不能过多或过少，二不能多少不一。因为馅料的准确制约着成本和售价，也是评价面点质量的重要指标。

面点成型

将调制好的面团与馅料，按照制品的要求，通过手工或模具加工成成品(或半成品)的工艺过程。这是面点制作工艺的程序之一，也是决定面点形态、形成面点风味特色的重要环节。它要求技术性和艺术性相结合，并在传统工艺的基础上有所发展和创新。

(一)手工成型。

1.搓。将坯料或夹馅坯料搓成圆球形、蛋形或高桩形，直接定型。

2.卷。分单卷和双卷，前者形成单筒形，后者形成双筒形，其间都铺放味料或辅料。

3.包。如包包子、包烧麦、包馄饨、包汤团、包春卷、包粽子等，手法各不相同。

4.捏。有挤捏、推捏、折捏、叠捏、扭捏、花捏种种，全仗手指的灵活运作。

5.擀。借助各种面仗将坯料滚压成不同形态，大多用于制饼。

6.摺。又称摺摺，即提褶成型，主要用于制作各种花包，或开口，或闭口，或起纹。

7.叠。将面皮折叠成所需的形状，如方形、圆形、扇形、三角形之类。

8. 摊。包括刮摊、手摊与锅摊，适用于稀软的面团造型，像煎饼、豆皮等。

9. 抻。用拉、甩、抖等法将面团加工成细长的丝条，如抻面、拉面。

10. 按。又称压、揿，用手指将坯料按压成所需的形态。

11. 切。将搓、卷、擀过的坯料用刀切割成不同的几何形体，如刀切面。

12. 削。将面团削成窄长条。最常见的是山西刀削面。

13. 拨。用筷子或特制工具将面团拨成两头稍尖的长圆形面条，如拨面鱼。

14. 钳花。用花钳、剪刀等工具在坯料上钳夹出花纹，如刺猬包。

15. 铺撒。将粉粒状的装饰辅料直接撒在已造型的坯料上面，多为缀色用。

16. 沾饰。将半成品坯料先沾上水或蛋液，再粘上果仁、面包屑的装饰方法。

17. 镶嵌。将果仁、蜜脯或新鲜水果等直接缀夹在坯料上，美化面点。

18. 拼摆。将加工成形的辅料，有条理地摆放在制品表面，装饰造型。

19. 立塑。利用糖浆、琼脂、淀粉制成立体假山、楼亭或吉祥生物等形态。

20. 挤注。运用蛋糕裱花技巧造型美化，如挤字、挤花边、挤图饰之类。

(二)模具成型。

1. 印模成型。借用不同的印模将坯料直接磕制成形，如绿豆糕、广式月饼。

2. 卡模成型。用两面镂空呈立体图形的卡模在厚面片上直接按压出图案，如动物饼干。

3. 胎模成型。大多用于小蛋糕、小面包或米蜂糕的制作。

面点着色

面点造型中的装饰手法之一，即利用原料的自然色、食用色素色和工艺敷色，对面团制品加以美化，提高观赏价值与食用价值。

面点色彩的来源主要是3个方面：第一，原料固有色的合理应用。如樱桃和草莓的鲜红色、柠檬的黄色、桔子的橙色、猕猴桃的翠绿色、糖粉的棉白色、咖啡的深褐色、奶油的奶黄色以及粉团、面团的本色等。第二，通过工艺手段着色。包括糖类焦化、刷蛋液、烘烤和油炸后出现的金黄、棕黄、深黄、褐黄、红黄诸色。第三，添加食用色素着色。包括天然色素(如苋菜汁)和人造色素(如柠檬黄)两类，它可满足面点多样的色相要求，增加图案的明度和色度。

面点着色常用的方法有上色法(含生上色与熟上色)、喷色法、卧色法、套色法种种。总的要求是：注意同种色的配合，注意类似色的配合，注意对比色的配合，注意极度色的点缀；讲究对比与调和，突出层次和主调；力求色彩自然、鲜亮，观看舒适；并以暖色调为主体，以符合饮食中的条件反射规律。

面点装饰

主要指面点制品的外观美化，有一般装饰与表层裱花两类手法。

一般装饰包括：(1)涂蛋液(如月饼、面包)，使之黄亮；(2)刷清油(如烧饼、干点)，使之油润；(3)熏糖烟(如老虎脚爪)，使之香醇；(4)撒饰料(如椒桃片)，使之鲜艳；(5)挤酱膏(如羊角酥)，使之增添食欲。

表层裱花多用干点、小蛋糕或大蛋糕。它的用料多是奶油、果酱、蛋白膏或白马糖膏，要求选好合适的裱花嘴子，掌握准角度和高低，把握住速度与轻重，配色协调，构图匀称，有立体感，并且图案与文字有吉祥寓意，符合群众的审美格调。

面点熟制

面点制作工艺中的最后一道工序，即是将成型的面点生坯加热成熟。其作用有二：一是使面团和馅心由生变熟，易于消化吸收，转化成人体内的营养物质；二是通过加热，对制品的色泽、形态、口味进一步美化，使之外观良好，能激发人的食欲。

因此，面点熟制后应达到3个标准：(1)外观：饱满、匀称、整齐、光洁、悦目；(2)内质：味准、质鲜、香正、爽口、有特色；(3)分量：大小和重量符合规范。

面点熟制的方法甚多，大体上可分3类：

1. 辐射传热的烘、烤、烙。如面包、烤饼之类。要求外酥内软、富于弹性、干香诱人、色泽金黄。

2. 对流传热的蒸、煮、氽。如包子、水饺之类。

要求膨松柔软、馅心鲜嫩、形态完整、香美可口。

3. 传导传热的煎、炸、炒、爆。如油条、煎饼、爆米花、糖栗。要求香酥松脆、油感适度、色泽鲜亮、形体美观；或者是干酥松泡、质脆如粉、香气四溢、入口生津。

至于这些成熟方法的具体运作和要求，请参阅本书的同名词条。

(十二)西餐烹调

西餐原料

西餐

西餐一词，《辞源》、《辞海》和《新词新语词典》，都不收载；仅在《现代汉语词典》中有11个字的解说："西洋式的饭食，吃饭用刀、叉。"另外，林承步先生在《西餐烹饪指南》中认为："西餐是中国人对欧美等地饭食、菜点的统称，这个统称是从广义上讲的。"而国家旅游局人事劳动教育司所编的《西餐烹饪》教材，则强调"西餐，一般是指欧美国家的饮食。"李子厚、李京生编著的《西餐烹饪知识》，对西餐的诠释较为详细："西餐通常泛指外国菜。它主要是对西方国家，特别是对欧洲各国菜点的统称。一般是以刀、叉为餐具，以面包为主食，多以长餐桌台为台形的餐桌。"其它十多部介绍西餐的书籍中，对西餐的定义都未超出以上诸说的范畴。

从字面意思看，"西餐"的"西"指方位，即中国以西的国家；"餐"指餐制、饮食、肴馔与食俗，属于饮食文化的领域；连起来解释，则是"西方诸国的饮食体系"。如果据此推论，那么中国以西的西亚各国（如阿富汗、伊朗、土耳其、沙特阿拉伯）、非洲各国（如埃及、阿尔及利亚），都应在此范围之中；而实际上这一带流传的伊斯兰教饮食文化、犹太教饮食文化和黑人饮食文化，同欧美饮食文化之间存在着明显的差异。就是在欧、美两大洲内，除了法、俄、意、德、英、美等风格比较接近的菜式外，还有独具一格的印第安人菜和爱斯基摩人菜，它们之间的区别更是显而易见的。假若用刀叉、面包、长餐台，还有牛肉等，作为西餐的"标志"，那么，位于东亚的日本、南韩，又似乎可以包容进去。因为在这些较为发达的资本主义国家中，包括饮食在内的西方文化的影响很深。

由此可见，把西餐解释成"欧美等地饭菜的统称"、"欧美国家的饮食"，是不十分确切的；将它解释成"通常泛指外国菜"，好像也不完全符合情理。其所以如此，与"西餐"这个词语产生的时代背景有关。

烹饪界的许多专家都认为，西餐一词在中国出现并应用，当是在鸦片战争前后，距今不过150余年。如同"西人"、"西学"、"西方"一样，它最初的概念是朦胧的，外延相当宽泛，并没有确指哪些国家和哪些地区，只是相对于中餐而言。但是，这两个字很简洁，容易记诵，时间一长，便流传开来，以致家喻户晓，深入人心。这便是汉语词汇"模糊性"的一个实例。《辞源》、《辞海》不收录它，一则可能因为是个常用的普通名词，二则可能因为是查不到它的最早出处，三则可能是难以解说得清楚、准确。

本书既然列出"西餐烹调"这个类目，在子条的选录时就不能不考虑它的定义。我们的看法是，西餐应有广、狭二义：狭义的西餐应指欧美和大洋洲主要国家如法国、俄国、英国、德国、意大利、美国、澳大利亚等国的白种人饮食体系，包括菜点及其原料、炊具、技法、风味和食俗；广义的西餐是除中国之外世界上主要国家的风味肴馔及其蕴含的饮食文化，包括膳食结构、营养观念、饮食审美等等。这样，涉猎面会宽得多，可以将五大洲的烹调特色全面而又有重点地予以介绍。

西餐原料的应用

西餐原料的应用，从本质上讲，与中餐大致相同。它们都是含有营养成分、具有食用价值、生食或熟制后可以满足食欲、维持生命机能的各种物质。西餐的烹调原料多达5000余种，其中常用原料不下800种，同样可分成食用原料、调味原料和食品添加剂3个大类。

不过，由于地理气候环境、农业生产布局和民族风俗习惯的不同，西餐在原料的选用上与中餐存在着较大的差异：(1)以动物性食料为主体，肉奶禽蛋在膳食结构中所占的比例较大；(2)植物性食料中鲜蔬与佳果并重，水果直接上餐桌，而不是作为饭后的小食；(3)粮食中除小麦、大米外，尤为珍爱燕麦与土豆，并不以"杂粮"来看待；(4)既爱吃山珍海味，又重视花卉昆虫，有不少名馔传世；(5)努力研制与开发新的食源，不断有新的烹调原料问世，为菜品的翻新创造了条件；(6)重视餐酒的配套；(7)以营养卫生学作为依据，讲究原料的营养功能和卫生保健作用，在检验、保管、运输与销售方面都有相应的措施。

为了不与中餐原料的介绍相重复，本书的"西餐原料"部分只对使用较多的仰光粳稻、通心粉、东欧大麦、燕麦、玉米、蚕豆、土豆、黄瓜、番茄、洋葱、茄子、花椰菜、胡萝卜、芦笋、鲜蘑、辣椒、芫荽、仙人掌、马兰、欧美新蔬菜、柠檬、香蕉、菠萝、葡萄、草莓、芒果、肉肠、仔牛、绵羊、奶酪、火鸡、鹅肝、蛋品、驯鹿、袋鼠、蜗牛、蚯蚓、食用昆虫、西餐常用淡水鱼、鱼籽酱、西餐常用海水鱼、龙虾、椟子蟹、海王鲍、牡蛎、咖喱、芥末、薄荷、槟榔、西餐料酒等单独列条解说；并对著名的"福雄食品店"与"肉商山姆大叔"也予以介绍。

仰光粳稻

是世界上最负盛名的优质大米，含有丰富的蛋白质、脂肪、糖类、酶和维生素，米质洁白，粒大，半透明而有光泽，香气袭人，是西餐烹调中的首选之品。用它可以制作缅甸炒饭、意大利式闵士饭、西班牙式肉饭、鸡汤巴利米、德式菜花大米汤、牛奶大米汤等名馔。

缅甸北部山区的克钦族人，尤其擅长制作"竹筒饭"。这是将大茅竹砍成一节一节，削去外皮后将米与水倒入筒中，用树叶和稀泥封住筒口，放在火塘上烧。待到竹筒烧焦，米饭即熟，劈开竹筒，就可食用。其饭香糯柔口，快人朵颐。它与我国西南和中南地区少数民族的竹筒饭，异曲同工。

通心粉

又称意大利面条，系以小麦粉作主料，添加鸡蛋、番茄、菠菜及其他配料，用机具轧制而成，分为线状、颗粒状、中空和实心花式等四大类别；主要品种有蚬壳粉、蝴蝶结粉、鱼茸螺蛳粉、青豆汤粉、茄酱粉等，花型多达400余种，长的30厘米，短的2厘米，粗的如手指，细的像筷子，外观五色缤纷。

通心粉的吃法多样，大多是先煮后炒，以肉末、奶酪、火腿、蛤蜊、蘑菇、洋葱、辣椒、鲜笋、青豆、番茄酱等作辅料，用计司末拌食；有时则放入圭斗内焗，或是制汤。

意大利人嗜爱通心粉如狂，人均年食用28公斤左右。它也是该国著名的风味小吃，为各大洲游客所喜爱。

东欧大麦

大麦又称倮麦、牟麦或饭麦，禾本科1～2年生草本植物，有二棱大麦、四棱大麦、六棱大麦多种。它富含糖类和粗纤维，但粉质的色、味均不及小麦。

东欧各国盛产大麦，居民们常以其制作黑面包和麦片粥，早、中、晚三餐必备，深受老人和儿童的欢迎。

大麦的再制品亦可制菜，如奶油芹菜黑面包角、红酒什锦丁、黑面包碗托鸡蛋之类。

燕麦

又名皮燕麦，禾本科一年生草本植物，高1米左右，有2～4节，穗轴直立或下垂，颖果腹面具深沟，被稀疏茸毛，成熟时内外稃紧抱子粒，不易分离，这是它与莜麦(裸燕麦)的不同之处。性喜凉爽湿润气候，较不耐寒，欧洲各国均产。

其籽粒虽缺麦胶，但蛋白质与脂肪的含量很高，颇具有食用价值。它可以磨粉，制作黑面包；也可以碾压成粗、中、细3种燕麦片，用于煮粥，系欧洲人喜爱的主食原料之一。

玉米

又称玉蜀黍、包谷、包米、包芦或珍珠米，禾本科一年生草本植物。按籽粒性状，可分为马齿、硬粒、爆裂、蜡质、甜质、甜粉、粉质和有稃等八种类型，主产于北美。

墨西哥是玉米的故乡，也是世界上主要的玉

米生产国和消费国。它可以用玉米制作“托尔蒂利亚”(烤饼)、“塔科”(包子)、“恩奇拉达”(卷饼)、“凯萨迪亚”(油炸馅饼)、“索佩”(油煎饺子)、“托斯塔达”(黄油饼)、“恩布埃尔托”(茄酱鸡蛋饼)、“阿托莱”(糊羹)、“波索莱”(汤)、“波索尔”(冷饮)、“皮诺莱”(炒粉)、“塔马尔”(粽子),以及爆玉米花、玉米啤酒等数百种食品。

蚕豆

又称胡豆、佛豆、倭豆或罗汉豆,豆科一年或二年生草本植物,其籽实可作蔬菜或主食,蛋白质与脂肪含量较为丰富。

蚕豆在埃及人的生活中地位重要,每年的消费量甚大,吃法也颇讲究。一是焖烂后,用黄油、牛奶、鸡蛋、盐、柠檬汁拌匀;二是泡涨捣碎后,加西芹、葱头、薄荷等制饼,用油煎炸;三是与锦葵叶、蒜、奶油一起煨炖;四是泡透出芽后,加番茄、甜菜叶、奶油等炒焖;还有干炒蚕豆与生吃青蚕豆等。

埃及谚语中有许多是关于蚕豆的,如“他就像没加油盐的过夜冷蚕豆”,比喻平淡无味,令人厌烦;“别跟我玩蚕豆了”,意思是不要把我当傻子取笑。

土豆

又称洋芋、地蛋、山药蛋或马铃薯,茄科多年生草本植物。性喜冷凉高燥的肥沃砂质土壤,原产南美洲。其块茎可作粮食、蔬菜,或是提制淀粉与酒精。

白俄罗斯人特别爱吃土豆,称之为“第二面包”,餐餐不离。除了制成土豆薄饼外,还可用来做汤、做冷盘、做色拉、做土豆肉饼,作为炖鱼、焖肉的配菜。制菜时,或将土豆煮熟捣成泥;或将土豆煮熟后剥皮,中间抠洞,塞入肉馅后再烤成金黄色;或与蘑菇配食;或是用之烧牛肉,这便是罗宋菜中的名珍——土豆烧牛肉。在白俄罗斯菜谱上,土豆系列菜品多达百余种。

黄瓜

又称胡瓜、刺瓜或王瓜,葫芦科1～3年生攀援状草本植物。瓠果圆柱形,质地脆嫩,多汁味甘;含有丰富的糖、钾盐、维生素A和C、钙、磷、铁、丙醇二酸与细纤维,既可作为水果,又可以充当菜肴。

黄瓜原产印度,现今亚、欧、美、非、澳各洲普遍种植。它分为刺黄瓜、鞭形黄瓜、短黄瓜和小黄瓜四类,都是理想的冷菜原料。在西餐中,有著名的“黄瓜沙拉子”、“鲜奶油拌黄瓜”、“酸黄瓜”、“泡黄瓜”等菜式,常用于佐酒。

番茄

又称番柿或西红柿,茄科一年或多年生草本植物,原产南美,最初作为观赏花木。16世纪传入欧洲,誉称“爱情的苹果”,明代经丝绸之路传入我国。18世纪末才被食用,很快风靡全球。

番茄富含维生系A、B、C,苹果酸、甲乙酸和柠檬酸,还有葡萄糖、果糖、抗坏血酸酶、果胶溶解酶、钙、磷以及特殊的番茄素,一向有“营养宝库”之称。

西餐中的番茄既作水果,又作蔬菜,可以生食、凉拌、熟烹与制汤,亦可佐食肉类菜肴。用它制成的番茄汁、番茄酱与番茄沙司,是西餐中不可缺少的调料,用途十分广泛。

洋葱

又称玉葱或葱头,百合科多年生草本植物,有普通洋葱、分蘖洋葱、顶生洋葱3类,其鳞茎可供食用,是西餐的重要原料之一。

5000年前的洋葱是永恒、吉祥的标志,被埃及人当作神灵来供奉。中古时期,欧洲人以洋葱支付租金和作为婚礼赠物。美国南北战争时,格兰特将军向陆军总部紧急报告:“没有洋葱,我将按兵不动!”每年11月的第四个星期一,还是瑞士伯尔尼的葱头节。届时大街小巷,无不见洋葱,人们吃洋葱菜,饮洋葱酒,吟洋葱诗,举行洋葱大赛,举城如潮。

百慕大洋葱、西班牙洋葱和意大利洋葱,都系名品。它适用于多种烹调方法,常见于欧美人的餐桌。

茄子

又称酪酥、昆仑瓜或吊菜子,茄科一年生草本植物。原产印度,现今东欧诸国普遍种植,用做蔬菜。

茄分大圆茄、长茄、短性卵茄3类。有黑、紫、绿各色,果肉白净、柔软、清香、细滑。它含有蛋白质、脂肪、糖、磷、钙、铁,维生素A元及B、C、P,还有皂甙;经常食用,可使血液中的肝甾醇降低,少患黄疸、肝脏肿大、痛风及动脉硬化诸症。

茄子是西餐中常用的原料之一。热食以煎、炸、烩为主,如烤西红柿葱头茄子、苏丹式茄子、法式烩茄子;冷食多系红烩,或制成泥,如红烩茄子、茄子泥之类,东欧和阿拉伯地区较为流行。

花椰菜

又称花菜、菜花或花甘蓝,十字花科,系甘蓝的变种,由圆白菜进化而来,原产欧洲,现已移栽各国。

花椰菜的食用部位是花球,有玉白、淡黄、紫红、翠绿各色,包括早熟种、中熟种和晚熟种3类。它的维生素C、核黄素、胡萝卜素、抗坏血酸含量丰富,纤维质少,质地细嫩,易于消化,口感香美。

西餐以之作菜,可拌、可渍、可炒、可煮,四季皆宜。用它制作的"印度咖喱菜花"、"德式鸡肉菜花大米汤"、"俄式奶油菜花汤"、"煮菜"、"美式奶汁计司菜花"、"炸菜花"、"阿拉伯式羊肉菜花饭"、"阿拉伯式柿汁羊肉菜花"等,都耐品尝。

胡萝卜

又称红芦菔,红萝卜、金笋或丁香萝卜,伞形科1～2年生草本植物,原产欧洲,各国均有种植。它有红、黄、紫诸色,以及长圆锥形、长圆柱形、短圆柱形3类,质地细密而脆嫩,肥厚而芳香。

胡萝卜中含有大量的胡萝卜素以及9种氨基酸,还有蛋白质、脂肪、糖类、赤色素与铜、氟、钴、锰等矿物质,有"长寿食品"之称,还可作为水果生食。

西餐中胡萝卜应用广泛,因其可以解腥、除腻,故常与牛羊肉合烹,如胡萝卜洋葱丁羊肉抓饭之类。在荷兰,胡萝卜誉称"国菜",常与土豆、洋葱一起调制炖牛排。

芦笋

又称石刁柏或龙须菜,百合科多年生宿根植物,原产欧洲及西亚,在古罗马帝国时已是著名的蔬食,现今在欧美又有"蔬菜之王"的美誉,多见于高级宴会。

芦笋有白、绿2种,前者更优。它含有维生素A、B_1、B_2、C和胡萝卜素、尼克酸,以及天冬酰胺、芦丁、甘露聚糖、胆碱、精氨酸、硒、钙、磷、铁等营养成分,可以抑制癌细胞的生长,有较高的医疗价值。

西餐中芦笋入馔,多系名品,如黄油龙须菜、奶油烤龙须菜、龙须菜烩猪肉、烤笋鸡、欧式酿笋馅鱼卷、龙须菜通心粉等。

鲜蘑

又称白菌、洋蘑菇或二孢蘑菇,伞菌科栽培植物,子实体群生或丛生,菌盖直径7～12厘米,菌肉厚实,黄白色,可供食用或制取抗生素及草酸。 鲜蘑个头匀称,整齐化一。含有蛋白质、脂肪、碳水化合物、粗纤维、钙、磷、铁、硫胺素、核黄素、尼克酸、维生素C等营养成分,质地细滑,口味鲜香,是西餐中使用得最多的一种食用菌。

鲜蘑制作的名菜有黄油炒鲜蘑、奶油烩鲜蘑、鲜蘑里脊、鲜蘑鸡丝、俄式渍蘑菇、法式土豆鲜蘑沙拉子、鸡汤蘑菇豌豆、蘑菇大米汤、乌克兰式土豆蘑菇馅饺子、鲜蘑馅肉饼等。

辣椒

又称番椒、辣茄、辣角、大椒或辣子,茄科一年生草本植物,原产南美,16世纪传入欧洲,明末传入我国,其茄果可供食用。

辣椒按辣味程度分作两类,一是很辣的圆椎椒、牛角椒、樱桃椒;二是不太辣的柿子椒、灯笼椒、牛心椒。它们都含有胡萝卜素、维生素C、钙、磷、铁,在西餐中应用普遍,或凉拌,或热烹,菜式变化无穷。

北美的墨西哥号称"辣椒王国",嗜辣如命。他们常将辣椒与番茄、洋葱、香菜做成凉菜,卷在玉米饼中食用;有时吃水果也撒辣椒粉,增添滋味;并将辣椒、胡椒、桂皮、巧克力、石竹花苞与玉米粉混合制酱,用来炖制猪、牛、鸡肉。

芫荽

又称胡荽或香菜,伞形科一年或二年生草本植物,原产地中海沿岸,欧、亚各国都有栽培,性温,味辛,功能解表,可用做药物。

芫荽有一种独特的香味,其叶子中含有丰富的胡萝卜素和维生素C,常与葱、蒜一起作为调味料，在中、西餐中都应用普遍，或凉拌，或制汤，或烹炒，菜式较多。

日本宫廷生活和食谱书籍中，屡见芫荽的记载；东南亚各国的风味食品中，常用它作佐料；欧美各国则是选用它的根与种子，处理后作为调味品。

仙人掌

仙人掌科灌丛状肉质植物，高 2～8 米；节片扁平，绿色；卵长椭圆形，有褐色刺；花黄色，直径约 7.5 厘米；果实肉质，紫色。原产巴西至阿根廷一带，可以入食。

墨西哥有仙人掌 1000 余种，号称“仙人掌之国”。该国不仅用此资源酿酒、制作蜜饯，还能调制许多精美肴馔。如叶片及嫩芽，经过去刺、削皮、水煮、切片，可以干炒、油烧或红焖，“炒仙人掌”和“炒仙人球”是其居家常菜。仙人掌果在该国称为“图纳”，形如鹅蛋，在筵席上常与菠萝、西瓜并列，充当水果；它还可浓缩成蜜，做成干酪，或顶替主食。仙人掌汁提炼后冷冻，则是该国的高级饮料。

马兰

又称马菜、马兰头或鸡儿肠，菊科多年生草本植物，高 30～70 厘米。叶互生，长椭圆状披针形，边缘有粗锯齿，主脉 3 条基出。秋季开花，头状花序，黄色。瘦果倒卵状长圆形，极扁，褐色。生长在路边旷野，印度、法国和中国生长普遍。中医学上以全草或根入药，性凉，味辛，可以清热、凉血、解毒，主治咽喉肿痛、痈肿疔疮、痢疾、吐血、鼻血、肝炎等症。

马兰的嫩苗可供食用，在法国被视作名贵的野蔬，其他欧洲国家也多用于制菜。

欧美新蔬菜

近年来许多欧美国家利用现代科学技术，生产了不少新型蔬菜，主要有以下 5 类：

1. 电脑蔬菜。即利用电脑自动控制培育的蔬菜，如金针菇、西芹之类。日本已有一家超级市场专门出售此类蔬菜，甚受欢迎。它不受季节限制，生产周期短，产量高，品质好，无污染，极有开发前途。

2. 清洁蔬菜。又称“无公害蔬菜”，主要采用温室、塑料大棚与无土栽培方法培育，完全与农药及污水“绝缘”。在国际上，这类蔬菜又叫“绿色食品”，近年来十分流行。

3. 彩色蔬菜。如蓝色的马铃薯、粉红色的菜花、紫色的甘芥蓝、里红外白的萝卜等，使得餐桌上的色彩更为丰富。目前还发现，彩色蔬菜还有一定的食疗作用，尤其是黄绿色蔬菜，不仅清嫩可口，还可抗癌。

4. 微型蔬菜。如葡萄大的番茄、拳头大的南瓜、乒乓球大的茄子、钢笔粗细的黄瓜、冰棒杆粗细的辣椒等。随着体型的“苗条化”，这类蔬菜更受人们喜爱，在储藏、运输和加工制作中都提供了不少方便。

5. 减肥蔬菜。它被命名为“吉康菜”，其色嫩黄软白，入口清脆，略带苦味，含有丰富的钙及维生素 A、B_1、B_2、C，并且含热量低。它成为矫治“文明病”的一种良药，给肥胖症、高血压及心脏病患者带来福音。

柠檬

又称柠果、宜母果、黎檬子或里木子，芸香科常绿小乔木，原产马来西亚，现今主要种植在地中海沿岸；其果汁极酸，是欧美餐桌上的珍品，被誉为“西餐之宝”。

柠檬汁的主要成分是橙皮甙、柚皮甙、郄草次甙、郄草酚葡萄糖甙、甲氧基柠檬素、柠檬酸、苹果酸、烟酸、糖类、钙、磷、铁和维生素 B_1、B_2、C 等，气味芳香，略带微苦。它一般不宜生食，但能解腻、除腥、提味、生津、利口与开胃，是西餐中重要的调味品，广泛用于调酒、冷菜、热菜、汤及茶点心中。

在欧美，走进一家高雅的饭店，服务员就会端上一个透明的玻璃碗，清水上飘浮着一片柠檬，供客人洁手消毒，这是一种服务礼节。在红绿间杂的什锦生菜上，在盛有粉红虾仁的高脚盘边，都会插着一两片柠檬，这是供挤汁调味用的。猪排、牛排等主菜，米饭、土豆等配食，也有切作方块的半个柠檬，不仅提味，也助消化。若系鱼虾螺蟹等海味，柠檬亦是必备无疑；尤其是凉盘上的牡蛎、瓷罐里的蜗牛、杏红的薄鲑鱼片，更须柠檬调味缀色。鸡尾酒中，柠檬是常用佐料；开胃酒或其它清凉饮料中，也多加柠檬片或柠檬汁；至于柠檬茶、柠檬甜尾食，也受欧美人欢迎。柠檬还可以制作点心，用它与面粉、鸡蛋、奶油、黄油合烤的金黄色小饼，松软香脆，味美爽口。

香蕉

又称甘蕉或梅花蕉，芭蕉科多年生草本植物，有高型、半高型与矮型，高2～5米不等，果实可食。它原产印度、马来西亚一带；现有板蕉、胆瓶蕉、象牙蕉等100多个品种，主产于巴西、厄尔多尔、洪都拉斯、泰国、澳大利亚等地。年销售总量达4500多万吨，南美占2/3；阿联酋人年平均食用40公斤，美国人年平均食用10公斤，前苏联人年平均食用仅为1只，视为珍物。

香蕉的美称很多，佛门称它是"智果"，基督徒称它是"圣果"，莎士比亚称它是"天堂里的美果"，瑞典植物学家林耐称它是"知识的女神"，古罗马作家普林尼称它是"哲人灵感的泉源"。香蕉中含有丰富的果糖、葡萄糖、蛋白质、脂肪、粗纤维、钙、磷、铁、胡萝卜素、硫胺素、核黄素、尼克酸和抗坏血酸，不仅可以作水果，也能当菜料，非洲和美洲的热带雨林民族还以它替代粮食。

西餐中香蕉的用途主要有六：(1)生食，作为餐间的瓜果。(2)做成沙拉或甜点心，如香蕉沙拉子、炸香蕉、香蕉排。(3)制作饮料，如香蕉啤酒、香蕉汁。(4)替代主食，如香蕉饭、香蕉粥、香蕉饼。(5)作调味料，如香蕉加糖制成的少司。(6)代替乳粉。

乌干达人最善于调理香蕉。他们的"香蕉全席"有10多道菜，冷热、生熟、甜咸、汤点、饮料和水果，全是由香蕉扮演主角。

菠萝

又称凤梨或黄梨，凤梨科多年生常绿草本植物，有金山种、意大利种、巴厘种等等。原产巴西，现广泛种植于热带地区。

其可食部位是松果状的椭圆果球，皮绿黄，肉淡黄，纤维少，细嫩、爽脆而甜香，汁甚多，向有"果王"之誉。但它含有微量的菠萝蛋白酶、甙类，5'-羟色胺，易使人产生过敏反应，故食前须用淡盐水浸泡30分钟。

菠萝在西餐中用途广泛，可生食，可冷拌，可热烹，可制作茶点心。其代表品种是菠萝排、炸菠萝、奶油拌菠萝片、奶油菠萝木斯、蛋糕菠萝冻、英式菠萝酥盒、菠萝奶油蛋糕、奶油菠萝冰淇淋、瑞士菠萝鸭等。

葡萄

又称蒲桃、山葫芦或草龙珠，葡萄科落叶缠绕藤木，原产于欧洲、西亚和北非。有龙眼、水晶、牛奶、马奶、玫瑰香、加里娘、无核白、琐琐葡萄等优良品种，是地中海沿岸著名的果品资源。

葡萄属于浆果，柔软多汁，甘甜味美，含有众多的葡萄糖、果糖、蛋白质、脂肪、钙、磷、铁、氨基酸、酒石酸、苹果酸、枸橼酸、果胶与维生素A元、B_1、B_2、B_6、C、P、PP等，历来视作营养珍品。

西餐重视葡萄，用它酿酒、制成干果、提汁、压浆。除作鲜果上席和点缀彩花蛋糕外，还能调制葡萄酪、炸葡萄干等菜点。

草莓

蔷薇科草莓属植物的泛称，有野草莓、麝香草莓、凤梨草莓等多种，主产于东欧、西欧和东亚。以凤梨草莓质量最佳，果粒大，呈圆形或心脏形，深红色，肉纯白，汁多，酸甜可口，风味别致。

草莓含有较多的葡萄糖、果糖、庶糖、柠檬酸、苹果酸、鞣酸、钙及多种维生素，是西餐中上好的原料之一，逢夏必食。其用途主要有二：一是制菜，如奶油草莓、草莓冻、草莓布丁、草莓饼干；二是制酱，草莓酱甜酸适度，醇香宜人，是西餐果酱中的最佳品，常与面包配食。

芒果

又称杧果、望果、蜜望或庵罗果，系漆树科植物，芒果的果实，原产南亚，现今许多热带地区的国家多有种植，列为世界珍果之一。

芒果呈椭圆形或肾形，微扁，长8～15厘米，色黄，果肉肥厚，汁多、味甜并有清香。其营养成分主要是葡萄糖、果糖、蔗糖，还有一定的叶酸、硫胺素、核黄素和维生素C。

芒果在西餐中除了充当饭间水果外，大多制作甜点心，如芒果蛋糕、芒果排、清酥芒果条、芒果油糕之类。

此外，近年来还开发出芒果饮料系列。

肉肠

西餐常用原料，多用猪(或牛、羊、鸡)的肉、肠制作，主要是五类：

1. 茶肠。糊酱状肉馅加膘丁、蒜末灌入牛大肠中蒸煮而成。长约40厘米,粗约8厘米,味较淡,可冷食,亦可煎、炸。

2. 腊肠(火腿肠)。源于波兰,以七瘦三肥的肉馅灌入猪大肠中熏制而成,硬而咸,横切面的纹路与火腿相似,常作为冷菜。

3. 小泥肠。产于法兰克福,以酱状肉馅灌入鸡肠中制成,细而短,鲜美,多热食。

4. 意大利肠。肉馅中掺鲜豌豆,长约50厘米,粗约15厘米,红绿相间,形美。

5. 沙拉米肠(干肠)。肉肠灌好后置入油中浸泡,靠硝、盐的腌渍而成熟,耐贮藏。

仔牛

又称小牛、乳牛或牛犊,即处于哺乳期的幼牛,一般多在3个月,体重约60～80千克时宰杀,其肉质细嫩,含脂肪少,味道鲜美。

西餐用仔牛做菜,主要取用后腿和牛排。后腿肉厚鲜香,可以调制焖大块牛肉配通心粉、德式焖牛肉配土豆丸子、法式焖牛肉蔬菜丁少司、格瓦斯焖牛肉等名菜。牛排更系精华,可以调制焖丁香牛排、瑞士式牛肉扒、美式炭烤牛肉扒、奥地利式牛肉扒红椒少司等佳肴。至于前腿、胸口、头、蹄、尾与内脏,也都能派上用场,如蔬菜煮牛尾、红酒鲜蘑少司烩牛乳房、煎牛肝串、焖牛舌、奶汁烤牛脑、俄式烩牛腰子片、法式红酒烩牛肚、牛肉茶肠卷等。

绵羊

哺乳纲偶蹄目牛科动物,躯体丰满宽大,雄性大角弯曲呈螺状,雌性无角或角细小,四肢强健,身披绵密的卷毛,臀部肌肉厚实,尾部储有脂肪,肉质肥嫩,味道鲜美。

绵羊是西餐中重要的肉食原料,尤其是在信奉伊斯兰教的40多个国家和地区,更是厨膳中的必备之品。绵羊可以调制数百种名馔,在历史上享有盛誉。例如"巴基斯坦式煎羊排"、"高加索式炸羊肉片"、"叙利亚式烤羊腿"、"巴勒斯坦式羊肉茄子"、"伊朗式羊肉豌豆瓣"、"阿拉伯式羊肉菜花饭"、"阿塞拜疆式葡萄叶羊肉卷"、"土耳其式炸羊肉丸子"、"奥地利式红烩羊肉"、"埃及式羊肉串"、"法式铁扒羊肉"等。

奶酪

又称计司,牛奶发酵后的提纯制品,每10千克牛奶可提制1千克奶酪。它通常分为硬奶酪、半硬奶酪、软奶酪和兰脉纹奶酪四类,有2000多个品种,全世界的年产量已达200亿磅。

奶酪中的蛋白质和脂肪含量各占30%左右,其消化率可达95%以上;另外还含有一定数量的矿物质与多种维生素。它还有殷红、粉红、青铜、灰褐、橙黄、乳白各色,咸、甜、酸、苦、微辣、烟熏各味,所以成为人们喜爱的高级食品,是西餐中的宠物,在欧美各国号称"美食之王"。

奶酪用途广泛。它可制作清酥计司条、计司面包、夹心饼、蛋奶酥、薄脆饼、奶油蛋糕、奶油松饼和苹果计司卷等西式茶点;以及炸计司火腿鸡排、炸计司小牛排、计司馅炒鸡蛋、希腊式计司排、烤计司苏夫利、奶计司烤土豆、奶汁计司烤菜花、奶汁计司烤鲜蘑、奶汁计司烤通心粉等百余种西菜。

法国人最爱奶酪,调制亦精,号称"奶酪王国"。该国食用奶酪的历史有2000余年,目前有3000多个生产区;品种将近400个,分作软干酪、压制干酪、煮熟压制干酪、炼制干酪和霉干酪五类,人年平均消费20公斤。公元774年创制的"布里干酪",获得欧洲奶酪大赛冠军;"罗克福特兰纹干酪"在山洞内制成,它有一种神秘的霉菌,吃时使人喉头发痒而又舍不得吞咽。还有金山奶酪、孔泰奶酪、"羊粪蛋"奶酪,也系名品。该国男女老少都把奶酪当零食吃,如同吃巧克力一样普遍。

火鸡

又称吐绶鸡或七面鸟,原产美洲,最初为印第安人所驯养,现成为观赏与肉用相结合的优良禽种。其名品有美国的尼古拉火鸡、加拿大的海布里德火鸡、荷兰的白种火鸡、法国的贝蒂纳火鸡等。雄鸡重达15～20千克,雌鸡重达9～12千克,肉瘦嫩,味鲜美,低脂肪,高蛋白,在西餐中通常用来烤炙。

相传300多年前,哥伦布发现美洲新大陆时,由于食物缺乏,船员们就猎获火鸡烤食。后来过圣诞节,人们便吃烤火鸡来纪念那段岁月。圣诞夜的火鸡必须烤食,而且在膝囊中还须填入火鸡肝与板栗炒制的馅心,使鸡形态饱满,口味多样，这就是著名的“烤酿馅火鸡”。

鹅肝

西餐中著名的高档烹调原料，即鹅的肥大肝脏。每100克净鹅肝中，蛋白质可达16.6克，脂肪可达15.9克，碳水化合物可达3.7克，热量为224千卡，还有9毫克钙、174毫克磷以及其他营养物质；加之它质地细腻，口感良佳，所以在西餐中独占鳌头，与北京烤鸭、松露菌、俄罗斯黑鱼籽酱一起，并称为“世界美食四绝”。

法国人运用现代科学技术养鹅，可使每只鹅的鹅肝长到5～8磅，用它调制“烤鹅肝”、“春天沙津”、“鹅肝酱焗酿龙脷柳”、“鹅肝酱黑酿鱼”等名馔，为巴黎大菜赢得了更多的声誉。

蛋品

西餐中的常见原料，包括鸡蛋、鸭蛋、鹅蛋、鸽蛋、鹌鹑蛋以及“药蛋”(如碘蛋、硒蛋、鱼油鸡蛋、维生素蛋之类)等等。

蛋品中富含蛋白质、脂肪、无机盐、维生素等营养成分，是人体易于消化吸收的食品之一，为各国烹调所重视。

西餐中蛋品入馔，主要用于3个方面：一是制作西式早点，煎蛋、炒蛋、煮蛋、卧蛋、合拢蛋等，都受欢迎。二是制作茶点心和饭点心，品种有素蛋糕、油花蛋糕、蛋糕菠萝冻、蛋糕卷黄少司等百余种。三是制作冷菜、汤菜与热菜，如鸡蛋青椒沙拉子、蛎黄酿鸡蛋、西红柿鸡蛋汤、鸡蛋菠菜烤通心粉、炒泥肠带蛋、法式板肉鸡蛋排等等。

驯鹿

又称四不像，哺乳纲偶蹄目鹿科动物，肩高1米余，雌雄均有分成许多叉枝的长角，草食，有迁移性，善游泳，性温驯。分布在欧、亚、北美3洲的北极圈附近，有野生的，也有驯化的，可用以驮物和拉雪橇；其肉、乳、脂肪均能食用。

俄罗斯远东地区的科里亚克人，一向以驯鹿为主食，包括煮熟的鲜鹿肉和鲜鹿油、晾晒和熏烤的鹿肉干、捣碎的冻鹿肉以及鹿血调制的干肠。这种干肠较为奇特，是将新鲜鹿血灌入羊肚内，再添加熟鹿油搅拌均匀，静置数日使之发酵，最后在火上熏燎烘干，随食随烤，是一种高热量的保健食品。

袋鼠

哺乳纲有袋目袋鼠科动物的总称。形体大小不一，雌鼠腹部有一育儿袋，因以得名。前肢较小，后肢相当发达，第四趾特别大，适于跳跃，以植物为食。胎儿发育未完全即产出，在育儿袋中哺育。它们主要分布在澳大利亚，有体长2米、尾长1米的大袋鼠，生活在树丛中的树袋鼠和体长不及半米的鼠袋鼠等。

近年来澳洲袋鼠繁殖过盛，破坏草场，影响畜牧业的发展。澳大利亚政府大量捕杀袋鼠，将其肉加工后出口，成为一种新的肉食资源。其肉略粗于牛肉，优于驼肉，口味鲜美，适宜于炸、烩、焖、烤和铁扒，已经走红欧美市场，创造出不少新菜。

蜗牛

又称水牛、天螺、菜螺、花螺、东风螺、福寿螺或褐云玛瑙螺，腹足纲柄眼目蜗牛科动物，也是新走红的肉食资源，主要食用的人工养殖品种有法国蜗牛(盖罩大蜗牛)、散大蜗牛、褐云玛瑙螺(福寿螺)和白玉蜗牛。

这类蜗牛，大者可达200克，食用部位约占体重的75%，肉质洁白、晶莹、细嫩；干体中蛋白质含量可达55%左右，拥有18种氨基酸，营养价值超过了鸡蛋与牛肉。

焗蜗牛作为法国名菜已有数百年历史，蜗牛也是国际食品市场上7种最畅销的野味之一。西菜中制的宫保蜗牛、锅焗蜗牛、晚香玉炒蜗牛丝、蜗牛肉片奶油汤、软炸天螺、珍珠花螺，近年来已风靡东南亚和欧美。

蚯蚓

又称曲蟺、地龙或环毛蚓，环节动物门寡毛纲后孔目巨蚓科动物，是一种新开辟的肉食资源。目前人工养殖供食用的品种有：北星二号、太平二号、赤子爱胜蚓、背暗异唇蚓、威廉环毛蚓等，畅销于欧美。

从营养学的角度看，蚯蚓是一种全价动物蛋白质食料。其干品中，蛋白质占60%，脂肪占10%，含有18种氨基酸，精氨酸为花生的2倍，色氨酸为牛肝的7倍。它还兼有解热、镇痉、定惊、活络、平喘、降压、利尿的功效，可作为药膳。

目前已有香酥地龙、煎烹地龙、干煸地龙等新菜,还出现蚯蚓的粉剂。在不久的将来,它的利用将更充分。

食用昆虫

世界上的昆虫约有100万种,占动物总数的4/5。虽然它们绝大多数都是害虫,但其干体内却含有丰富的营养物质。仅以蛋白质为例,蚂蚁含30%,蚕蛹含52%,蝗虫含58%,蟋蟀含65%,蝉含72%,黄蜂含81%。昆虫体内还含有较多的脂肪、糖类、维生素和微量元素,并有特殊的疗效。据科学家们研究,目前至少有8类373种昆虫可以入馔,它们统称为"食用昆虫"。

不少国家都有吃虫的习惯。如马来西亚人爱吃烤蝗虫,印尼巴厘岛居民爱吃油炸蝴蝶,泰国人爱吃酱油拌蟑螂;坦桑尼亚、津巴布韦和博茨瓦纳人,爱吃蟋蟀和蝉;哥伦比亚人爱吃油炸蚂蚁,中美洲人爱吃蛾子饼,法国人爱吃甲虫蛹等。

墨西歌的印第安人土著,很早就有食用昆虫的风俗。他们吃的昆虫有苍蝇、水蚊、黄蜂、甲虫、蚂蚁、蜻蜓、蝴蝶、蚂蚱、臭虫、白虱、蝗虫、龙舌兰蚜虫等,多达50余种。除了红烩、清炒、油炸、烧焖之外,还制成蜜饯、罐头、饼干或果糖,号称"食虫王国"。他们调制的"红烩龙舌兰蚜虫"、"苍蝇玉米饼"、"蚂蚁炒洋葱"、"油炸水蚊",都系宴席上的佳肴;不仅风行本土,而且还流传到欧美的许多国家,成为世界上的一种食品新潮。

西餐常用淡水鱼

西餐中的淡水鱼,多系大型鱼、肉食鱼、高档鱼,烹调中一般要剔去骨刺,斩掉头尾,只取用净肉。这类鱼品主要有13种:

1.鳜鱼。又称桂鱼或鯚花鱼,可以炸、烩与奶汁烤,或制成鳜鱼冻。

2.鳟鱼。又称红鳟鱼,大多是人工养殖,适宜于水煮、熏烤、锅煎或油炸。

3.美洲鳗。又称鳗鲡,一般都是熏制,如古巴式熏鳗鱼。

4.黑鲈。又称湖鲈或河鲈,主要是烤,如奶油通心粉烤鲈鱼。

5.鲤鱼。又称仁鱼,常是剔出净肉烹制,如马乃司鱼、填馅鲤鱼。

6.鳇鱼。一鱼多用,籽做黑鱼籽酱,骨做少司,鳔做鱼胶,肉做煮鳇鱼。

7.鲟鱼。又称尉鱼或七粒浮子,食用方法基本上同于鳇鱼。

8.大马哈鱼。又称果多鱼,籽做红鱼籽酱,肉做成煮大马哈鱼。

9.鱤鱼。又称鲻鱼或黄鲇鱼,肉质美,可制煎鱼饼、鱼丸子、蒸鱼卜丁。

10.青鱼。又称乌鲩或螺蛳青,可做马乃司鱼、填馅鱼。

11.鲥鱼。又称三黎,先煮熟去刺,然后调制沙拉子。

12.乌鳢。又称黑鱼或文鱼,可烤、可煎、可炸、可烩。

13.鲌鱼。又称白鱼,多系熏、煮。

鱼籽酱

西餐中名贵的烹调原料,包括黑鱼籽酱和红鱼籽酱两种,系分别用鳇鱼、鲟鱼、大马哈鱼等的鱼卵加工制成。它们的营养极为丰富,常作为高档冷吃,用于华贵酒筵。

鳇鱼是多籽的鱼。一尾500公斤重的雌鱼,卵巢可达180公斤,能产卵150万粒。鲟鱼大者可达3米,重至180公斤,能产卵30～43万粒。大马哈鱼稍小,最重者不到5公斤,但产卵甚多,卵径为5～7毫米,如同黄豆。此外,鲑鳟鱼、哲罗鱼、细鳞鱼等大中型冷水鱼的籽,也极有开发利用价值。

其中,黑鱼籽酱多用鳇鱼籽或鲟鱼籽制作,质量最佳,乃世界四大名馔之一;红鱼籽酱多用大马哈鱼籽或鲑鳟鱼籽等制作,档次略低。

西餐常用海水鱼

欧美各国均爱食鱼。在海水鱼中,他们比较偏爱个体大、骨刺少、肉质厚、味鲜美的品种,主要有以下18种:

1.鲈鱼。又称花鲈或板鲈,通常制成软煎鲈鱼、奶汁烤鲈鱼或板炸鲈鱼。

2.鳓鱼。又称鲞鱼或白鳞鱼,通常制成葡萄酒焗鳓鱼、红烩鳓鱼。

3.鳀鱼。又称银鱼或小凤尾鱼,通常制成油浸鳀鱼。

4.沙丁鱼。又称鰛鱼或鰯鱼,通常加工成罐头或用油煎炸。

5.金枪鱼。又称鲔鱼或青干鱼,通常是清煎、铁扒或油炸,如夏威夷铁扒金枪鱼。

6.鲱鱼。又称青条鱼,多见于东欧各国,主要是生食,亦可腌熏或熟烹。

7.鲐鱼。又称油筒鱼,制前须用醋浸泡20分钟以排除组胺,大多调制鱼丸和布丁。

8.鳎目鱼。又称板鱼或比目鱼,可以整鱼填馅煎炸或红烩。

9.鲷鱼。又称加吉鱼或红鳍笛鲷,可以调制奶油菠菜烤鱼或罐焖鱼。

10.鲳鱼。又称银鲳、平鱼,用来做海鲜汤,也可整条煎炸。

11.鲑鱼。又称鲑鳟鱼,籽可做红鱼籽酱,肉适于蒸、煮、煎、炸、焗。

12.石斑鱼。又称青斑鱼或花斑鱼,肉质稍粗但味美,可以烧烩或煎焖。

13.鳘鱼。又称鮸鱼,多剔净肉,调制软煎鳘鱼、奶汁烤鳘鱼、面包粉炸鳘鱼。

14.鲅鱼。又称支鱼,主要见于东亚,适宜于多种烹调方法。

15.偏口鱼。又称牙鲆,主要见于东亚,可以煎、炸、红烩或铁扒。

16.鲅鱼。又称马鲛或鳍鱼,大多是制作鱼丸、鱼饼或鱼布丁。

17.银鱼。又称玉筋鱼或沙钻鱼,制汤为主,亦可软炸可板炸。

18.大黄鱼。又称大王鱼或大黄花鱼,剔净肉后煎炸、奶汁烤或红烩。

龙虾

甲壳纲龙虾科动物的总称,包括大龙虾、小龙虾、扁龙虾等。大者体长30厘米以上,重达数公斤。其名品有南亚锦绣龙虾、美洲龙螯虾、欧洲龙螯虾(真龙虾),以及珊瑚龙虾、挪威海螯虾、西班牙龙虾等。

龙虾营养成分全面,是著名的海珍。加之体大肉肥,质嫩味鲜,虾黄香美无比,所以常上高级酒筵。西餐调制龙虾,大多是取出净肉烹熟后再覆盖甲壳,以保持其威武、美观的外形。它的代表性菜式有:菠萝大龙虾、铁扒大龙虾、马乃司龙虾冻、法式龙虾大冷盘、煮龙虾、烤龙虾、奶油龙虾酥盒等。

梭子蟹

又称海螃蟹或枪蟹,分布在世界各地海域,日本、墨西哥所产较为著名。每只重250～500克,“膏”、“黄”较多,味鲜美,肉细腻。每100克蟹肉中,含蛋白质14克,脂肪2.6克,还有钙、铁及丰富的维生素A、B_1、B_2与烟酸等,食品界评价较高。

西餐制蟹,多用蒸、焗、煮法,名肴有“奶油蟹肉汤”、“奶汁烤蟹肉”、“蟹肉沙拉子”、“烤螃蟹盖”、“烩蟹肉奶油少司”、“蟹肉饼”等。

海王鲍

腹足纲鲍科动物,全世界有100余种,如盘大鲍、皱纹盘鲍、杂色鲍、耳鲍、半纹鲍、羊鲍等。其中,每只体重超过250克的优质明鲍称为“海王鲍”,是西餐桌上的珍品。

每百克鲍鱼鲜品中约含蛋白质19克,还有20余种氨基酸,营养价值很高。它也能养血柔肝、行痹通络,可辅助治疗血枯闭经、乳汁不足与血虚肝硬化等症。

西餐调制鲍鱼,多选墨西哥所产的上等墨鲍,一般是烤和制汤,如“奶汁烤鲍鱼”、“奶油鲍鱼汤”等。

牡蛎

瓣鳃纲牡蛎科动物,全世界已发现100余种,常食者有近江牡蛎、褶牡蛎、大连湾牡蛎、密鳞牡蛎、长牡蛎等。

牡蛎营养丰富。每百克干体中,含蛋白质45～57克,脂肪7～16克,肝糖19～38克,还有牛磺酸、谷胱甘肽、维生素F与碘;蛎肉的提取物中,有的有抑癌作用,有的可缓解忧郁症,因此食用者众多。

牡蛎肉肥嫩而鲜美。西餐中通常是两种吃法,一是生食,洗净、加工、消毒后,加鲜柠檬汁蘸食;二是熟制,如炸海蛎子、熏蛎黄、奶汁烤蛎黄、蛎黄汤之类。

咖喱

泰米尔语“调味”的译音,系用多种香辛料的粉末混合配制的调味品,其主要成分是姜黄根、干椒、枯茗、胡芦巴、芫荽、白胡椒、小茴香、大茴香、桂皮、蒜、盐等等。

咖喱有粉状和酱状两类，其配方和味型常因地而异，因菜而异。印度是生产咖喱的主要国家，其味型便有浓郁、辛香、酸辣、甜辣等多种；泰国的红咖喱和中国上海的黄咖喱，也有各自不同的特色。

咖喱在西餐中运用较广，特别是在东南亚和南亚，更是调味料中的主角。有名的印度咖喱鸡和咖喱饼、泰国咖喱烤山鸡、巴基斯坦咖喱羊肉，都是因其特殊风味而驰名。

芥末

又称芥末粉或芥酱，由十字花科芸薹属一年或两年生草本植物——子芥菜的种子碾磨而成，其味辛辣。它的致辣成分主要是芥子甙酶解后所产生的挥发性芥子油；品种较多，有淡黄、深黄与绿色之分。

芥末中含有较多的芥子甙、芥子碱、芥子酶、芥子酚、芥子油、蛋白质及粘液汁，故而在微苦中辣味冲鼻，可以通利五脏，爽口开胃，刺激食欲。

西餐中使用芥末较多。它可以作为生鱼片的佐料；制成少司用来蘸食煮制的肉品；作为泥肠、火腿等咸味菜的调料；制作通心粉等面食。

薄荷

又称香荷菜、升阳菜、夜香花、南薄荷、野薄荷或猫儿薄荷，系唇形科植物薄荷的全草或叶片，可以提取薄荷油与薄荷脑，供医药、食品及化妆品工业用。

薄荷叶中有一股特异的清香，可以给人以舒适的清凉感。它常作为西餐的调味料，加工成为末、茸，以佐食肉制品，发挥出除膻、解腻、提味、爽口的作用。

西餐中用薄荷调制的菜式有：突尼斯式薄荷蛋白汤、薄荷酥、阿塞拜疆式薄荷烤羊肉饼、桑给巴尔式薄荷牛肉饭等。

槟榔

又称宾门、青仔、马金南或洗瘴丹，棕榈科常绿乔木，高达 17 米以上，其籽实可供食用或入药，主要产于东南亚。

槟榔中富含槟榔油（由月桂酸、肉豆蔻酸、棕榈酸、硬脂酸等组成）、槟榔碱、儿茶素、胆碱等成分，有助消化、解酒毒的功能。其味香馨，略带苦涩，在西餐中主要是作调味料，用于红烩鱼、红烩肉等菜中，使之浓香醇厚、回味悠长。

东南亚的越南等国尤爱嚼食槟榔。其法是将槟榔切作小块，裹上石灰或蚬灰，外用蒌叶包好放入口中咀嚼，咽下红色汁液，吐出渣滓。它使人有一种昏昏然的感觉，久之上瘾，如同抽烟、喝酒一样。

西餐料酒

西餐调味品中，料酒是十分重要的一个大类，不同的菜式常用不同的酒调香，用多少，如何用，都有规程。如：

清汤菜多加雪利酒；

鱼虾菜多加白兰地或干白葡萄酒；

贝类菜多加白兰地；

鸡、鸭、牛、猪肉类菜多加雪利酒或麦台酒；

野味菜多加泡特红葡萄酒或麦色拉酒；

羊肉菜多加泡特红葡萄酒或色拉酒。

小牛肉菜多加麦台酒、雪利酒、白兰地或泡特红葡萄酒；

烤鸡与焗火腿多加香槟酒；

甜点心与水果点心多加朗姆酒或利口酒等。

其中，法国菜在用酒方面尤为出色。

福雄食品店

世界上最负盛名的食品企业，坐落在法国首都——巴黎的的玛德琳广场旁，建于 1886 年。它的主店营业面积仅 470 平方米，但在法国却有 800 余家分店，并在 25 个国家的首都设有 100 多个高级商场。该店经销世界各地的 16500 余种名食，如俄罗斯的黑鱼籽酱、埃及的无花果酱、巴西的木薯面、日本的刺身、加拿大的野稻米、美国的玉米粥、北京的烤鸭、马来西亚的可可牛奶、智利的樱桃、夏威夷的菠萝、法国 1846 年出产的红葡萄酒，等等。

福雄食品店的经营宗旨是："我们出售的不是食品杂货，而是质量和信誉。"它不仅保证每种食品都货真价实，而且包装之美也甲于全球。该店对待市民、游客和名人、阔佬一视同仁。原苏联总理柯西金、希腊船王、英国王室和摩洛哥公主等，都曾派专人开飞机来此选购食品。他们还专门为 4000 公里外的美国顾客专机送过 6 个英式面包圈；为 1000 公里外的北海采油工人专机送过油井式的生日蛋糕。至于巧克力、可口可乐、矿泉水、冰淇淋之类的小食品,也都设有专柜。专门挑选训练有素的中年妇女做服务工作。接待儿童,几分钱的买卖同样认真。

肉商山姆大叔

肉商“山姆大叔”,名叫山姆·威尔逊,美国纽约州人,生活在19世纪初期。他是一个肉商,以诚实、幽默和见闻广博著称;同时又热爱祖国,关心人民生活,四处交结政界人士,所以被誉为“民间的政治活动家”。

英美战争期间,他是美军食品供应的检查官,并与当局签订合同,负责向军营提供优质肉食品。他供应的腌肉,均用特制的椭圆形木桶盛装,上面写有“U·S”字样。一见这种木桶,士兵们就高呼“山姆大叔来了”,情绪顿时高涨。每次运送食品,他都亲自参加,头戴一顶缀有美国国旗图案的高礼帽,蓄着一大把山羊胡子,见了士兵笑眯眯的。他关心询问每个人的生活,鼓励大家为国征战,并且随和地说笑,使得士气大振。

久之,山姆大叔的尊容和风度给人留下深刻的印象;他成为美国和美国军人的代表。漫画家为他作画,文学家为他写书,音乐家为他谱曲,雕塑家为他塑像,博物馆也陈列他的遗物和事迹。后来,“山姆大叔”、“U·S木桶”、“缀有美国国旗图案的高礼帽”和“长长的山羊胡子”,共同成为美国的象征,在世界上流行了180多年。

西餐炊具

西餐设备与工具

西餐设备与工具,从地位与作用上讲,同中餐的炊饮器皿并没有什么不同。它们都是人类为了满足口腹之需而用以征服自然的一种生活用具,是烹调技术发展演变的前提条件,庖治食物不可缺少的物质装备。但是从型制、材质与用途上看,两者有一致的方面,又有不一致的方面。这主要是由于科学技术的发展、饮食习俗的区别而造成的。而且,设备与工具不同,烹调方法往往也不同,从而形成中、西餐的各自风格,以及肴馔上的一些差异。所以,欲了解西餐,除应了解它的特列原料外,还应了解它的特殊炊具和特殊技法。

西餐设备与工具大体上可分作4类:

1.小工具。包括砍骨刀、切蛋器、各式擦板(肉豆蔻擦板、土豆擦板、干酪擦板)、冰淇淋匙、苹果去芯器、烤针、穿心针、黄油刷、骨锯、量杯、花饰管、花饰袋、打蛋器、肉叉、拍刀、炸篱、焖罐、磨刀钢条、焗盅、夹饼机等。

2.小型设备与器皿。主要有长方形不锈钢盘、烤架、烤盘、圆形糕点盘、锥形滤器、柠檬压榨机、罐头起子、测糖温度汁、模盘、食料粉碎机、烤面包器、漏斗、平底锅、有盖圆锅、天平秤、不锈钢盆等。

3.大型机械设备。如西菜灶、烤箱、微波炉、长方形油炸锅、冰箱、冷藏箱、综合烤箱、热食橱、发面橱、糕饼烤板、蒸汽炉、蒸汽汤炉、面火焗炉、铁板炉、扒炉等。

4.机器。有搅拌机、土豆去皮机、锯骨机、冰淇淋机、滚压机、绞肉机、切面包机之类。

总起来看,西餐设备与工具有6个明显的特征:(1)大多是不锈钢制品,易清洗,较卫生;(2)机械化程度高,配置仪表,可以自动控制;(3)工具的性能明确,一物一用,设计科学而合理;(4)不少是由电能带动,能减轻厨师的劳动强度;(5)机具多,厨房面积相应也大;(6)许多厨房卫生条件好,要求无菌无尘,厨师的工作环境也较舒适,劳动保护有所保障。

下面挑选一部分有代表性的西餐设备与工具,分条予以简要介绍。

西菜灶

有煤气灶与电炉灶两种,其构件全部用优质钢铁或不锈钢制成。灶面多系生铁板,光滑平坦,安装有正火眼与支火眼,上置活动铁圈或铁条,可以多用;灶下常配烤箱。

西菜灶中有两种较为特殊:

1.铁板灶。以煤气或电为能源,灶面仅是一块长约70厘米、宽约40厘米、厚约1.5厘米的光面铸铁板,主要用于清煎或铁板炊,其菜式油腻较少,并有一股干煎的糊香味。

2.扒灶。装置与铁板灶大致相同,但灶面是铁条或带渠沟的铁板,专用于制作铁扒式的菜肴。其菜品除具有糊香味外,两面还呈现出明显的规则花纹。

蒸汽炉

分为高压蒸汽炉和低压蒸汽炉，有箱式、柜式和锅式多种。有的是借助管道送气而加热，有的是炉体自身烧煤气或通电而加热，多用来蒸制食物。

此外还有一种蒸汽汤炉，大多为球罐状，容积较大，可以盛汤水几十公斤，一般是以管道送热。由于体积大，不易搬动，经常是固定起来，另设一个摇动装置，便于倾斜，将汤水倒出。此炉适用于煮汤或煮制食品，多在大饭店，大餐馆配用。

咖啡炉

西餐中常用的小型炊具，有的置于厨房，有的置于餐厅柜台或咖啡厅内，还有的置于家庭的客厅之中。其大小、形状各异，质地也不相同，贵贱相差悬殊。

咖啡炉的工作原理都是利用电能加热，煮沸炉中的清水后，再投入颗粒状咖啡，待其稍滚，即用过滤器淋出咖啡汁，装入有保温装置的玻璃壶中，随时可倒入咖啡杯饮用。它的效能很高，大约只需3～5分钟，就可以煮好浓香的咖啡。

俄罗斯茶炊

俄罗斯家庭使用的煮茶金属壶，分为炭火茶炊及电茶炊两类，型制有圆形、筒形、锥形、扇形、以及两头尖中间大、酷似橄榄的桶形。炭火茶炊用木柴作燃料，容积为4.5～7升，也有10升的；电茶炊的能源来自管状电器，功率有0.8、1、1.25、1.6千瓦数种，容积2～4升。茶炊大都用红铜制作，内壁镀锡，外壁镀镍；也有银、铁或陶瓷制品。其中，图拉市制作的茶炊最为著名。

茶炊的炊体固定在底座上，装水的容器内有金属管，先向容器内注水，盖上盖，然后将烧红的木炭放入金属管中或通电，为使氧气供应充分，金属管上端可以接上小烟筒。水烧沸后去掉烟筒，给金属管加盖，将茶炊擦净，就可置于桌上供沏茶用。其工作原理和中国古老的炭火锅相似。现今，又有了保温式茶炊，内分3格，第一格盛茶，第二格盛汤，第三格盛粥，如同暖水瓶。

茶炊是俄罗斯茶文化的重要表现形式。茶炊随着茶叶的输入俄国而出现，约有300多年的历史。俄罗斯族人人嗜茶，故家家备有茶炊。茶炊不仅是种炊具，还是民族工艺美术品。其外观有的像奖杯，有的像钟鼎。能工巧匠们常在茶炊的把手、支脚和龙头（出水口）上，雕铸金鱼、公鸡、海豚或狮子的图像；在壶体上镌刻“火旺茶炊开、茶香客人尝”、“茶炊香飘风迎客，云杉树下有天堂”等文字。

西餐锅

主要有两大类。一类是平底锅，通称煎盘。圆形、浅底、带长柄，用熟铁或不锈钢制成，直径为10～40厘米，有许多规格，适用于煎、烙食品。

另一类是有盖圆锅，亦称桶形锅，大者带双耳，中小型者一端是长柄，一端为耳把，多用不锈钢或铝合金制成。其口径一般在30～80厘米之间，锅深一般在40～80厘米之间，型号多达10余种。主要用来煮汤、制沙司、烩菜或焖菜。

此外还有一种特种玻璃制作的焗盅，型制多样，用于焗菜焗点。它可以经受几百度高温的烤炙，但不能直接用火烧燎。

油炸锅

以电能为热源，形状是长方体，大小规格不一。锅底有过滤板，锅内有两只长方形的钢丝提篮，放置需要炸制的食品；炸好后将提篮取出即成。这种锅还配有精密的油温调节器，可以灵活地调控油温，适宜于炸制不同火候的食品，出锅后老嫩适度，颜色金黄，外观整齐，香气袭人。

它的缺欠是升温较慢，所需时间较长。

西式烤箱

包括煤气烤箱、电烤箱、远红外线烤箱、微波烤箱种种，有隧道式、箱式、拱式等不同型制。其中，煤气烤箱操作卫生洁净，温度高，高低温调节迅速。电烤箱同样洁净卫生，但高低温调节慢，耗电多。远红外线烤箱是利用红外线的辐射产生热能，操作简便，可以调控，并能定时定点，缺欠也是升温慢。微波烤箱是将电能转化为微波，穿透食物时引起分子间的摩擦而产生热能，促使成熟。它烤物极快，但不可使用金属器皿和不能耐高温的塑料餐具。

此外还有一种面热烤箱。它的顶端装有电热装置，热量由上向下施放，特别适宜于仅只需要表面受热的菜肴。

烤面包器

西餐中常用的小型电热器具。其机体内有4～8个夹缝,每次可插入4～8片薄面包片,通电后利用电热丝加热数分钟,即可烤至香酥金黄,然后按动弹簧,面包片即被弹出,在西餐早点中使用普遍。

面包房或大型饭店,则使用大型的烤面包机。其工作原理是由履带带动钢丝网,不停地转动,面包放在钢丝网上,通过炉内电丝均匀加热烘烤,使之成为金黄色。它可以连续工作,不断投料,不断出成品。

西式盘具

多用不锈钢、熟钢板或铝合金制成,分为烤盘、煎盘、盛物盘3类。

1. 烤盘。多为长方形,大小不一,与烤炉配套,烤制食品用。要求表面光滑洁净,能耐高温,受热后不变形、不变色,经得起磕碰,同时不生锈,无污染。

2. 煎盘。又叫煎铛,平底,扁圆形,带长柄,分大、中、小号,直径在15～30厘米之间,供煎、炒、炸制食品之用,有时也可以烙饼或摊鸡蛋。

3. 盛物盘。有长方形、正方形、圆形多种,大小型号不一。主要用于盛装菜品、糕点、水果,相当于中菜盘。

热食橱

又叫保温箱,有箱式和橱式两种。其发热装置多为电热系统,也有使用煤气的;工作原理是用热能将水烧热产生蒸汽,热透间隔的不锈钢板或钢槽,以便使保存在里面的食物保持一定的温度。

使用热食橱,可以使烹制好的热菜存放一段时间,色、香、味、形不受影响;同时还可弥补设备和人手上的不足,使筵宴的准备工作更为充分。

发面橱

又称饧发箱,橱式为主,亦有箱式。橱式的发热装置多为电热系统,即利用电能烧水产生蒸汽;并装有温度调节器和湿度调节器,可按需要选择饧面时的温度与湿度。箱式的发热装置多为管道系统,即利用煤气烧水产生蒸汽而使酵面发饧。

发面橱的作用主要是供酵面或一般面团的饧发以及成型的半成品面点的饧发之用,是制作面包等西点不可缺少的设备。

冷藏室

即组合式大型冷柜,其面积的大小常依据厨房的规模和餐厅承担的任务而定。它的主要部件是电动压缩机(利用氨气制冷或冷风制冷)和储藏室,温度视原料而定。如保存海鲜多在－20℃左右,保存禽畜多在－15℃左右,保存熟食和无需结冰的食品,多在5℃左右。

此外,还有一种冷藏箱,有箱式与柜式两种,以卧体箱式为多。它的体积较小,可以自由移动。其温度可达－20℃左右,主要保存冰淇淋和冷冻奶油冰糕等食物。

至于家庭中的立式冰箱,只要能将温度调节到－18℃左右,也可以作为冷藏箱用,但不宜频繁开启,以防止冷气外泄。

搅拌机

又称多功能机,西餐厨房中的主要设备之一,可以搅拌面粉、肉酱、菜馅和打蛋糕坯。其型制有大有小,大者为坐地式,小者为台式,每次加工的剂量多少不同。

搅拌机的主要部件是由电动机带动的搅拌轴心,底座上装有搅拌锅,机头上可因需换装不同的搅拌器,如打蛋糕坯时用蛋清甩子,和肉馅时用勾形搅拌器,搅拌黄油酱时用戟形搅拌器等。

搅拌机比手工操作既快且好,省时又省力,同时卫生、安全。

滚压机

西点加工机械,专供压轧面团,使之变薄、均匀、成型。它由电动装置与两只滚筒连结而成,两只滚筒之间的距离可以自由调节。通电之后滚筒相对转动,面团从上方进、下方出,即成为所需的面片。

中国也有相似的机械,叫压面机,配有粗细不同的滚筒和滚齿,不仅可以压出薄面皮,还能轧出细面条。

根茎去皮机

又称土豆去皮机或胡萝卜去皮机，其型号、大小不一，一般都为座式，上半部呈桶状。

它的工作原理是：电动机带动立轴，立轴顶装有砂盘，桶内壁沾有砂粒；通电后立轴带动砂盘旋转，桶壁上端的冷水管同时淋水，通过砂盘和桶壁砂粒的撞击磨擦以及流水冲洗，使蔬菜的根茎去掉外皮。

此机速度快，工效高，但是成品外表不光滑，凹坑处的疤眼难以去掉，同时原料损耗率大，净料率低，仍不十分理想。

切面包机

有两种。一为圆刀式，即电动机带动圆片形刀具，通电后圆刀片不停旋转，将放入卡盘中的面包自动地一片片切开；刀具的距离可以视需要调节，故能切出不同厚薄的面包片。二为锯刀式，即机身装有10根细齿锯条，它们之间的距离固定，通电后锯条来回拉动，则将面包切成许多厚薄相同的片。

与锯刀式切面包机工作原理相似的，还有一种锯骨机，一般用来锯牛的大排骨或其他大型动物的骨骼，以之代替手工斩骨。

冰淇淋机

西餐厨房中重要的机械设备之一。全机像一个大橱柜，基本上是全封闭；箱式、柜式、立式、卧式的均有，体积和容量大小不一，功能上也有一些差异。

其工作原理是，通过压缩机使氨水制冷，冷透不锈钢圆桶，先使靠近桶壁的冰淇淋汁液凝硬，经刮板将其刮下；冻一层，刮一层，很快将所有冰淇淋汁液搅拌成膏状，当软硬度适宜时，打开出口盖，使之挤入杯盘中即可食用。如需增加硬度，则在冷藏箱中进一步冷冻。

与此机配套的还有冰淇淋勺。它由半球形带刮片的勺头和装有半圆形齿轮的勺柄组成，可以通过人力使机械转动，将膏状冰淇淋挖成球状，置于杯盘之中。

西餐厨刀

分作菜刀、点心刀、雕刻刀3大系列。

1.菜刀。包括方形砍刀（如牛肉刀、砍骨刀）、椎形分刀（如剔骨刀、尖刀、切肉刀、切菜刀、切熟食刀）、无刃拍刀（如肉拍子、肉榔头）、有齿锯刀（如面包刀）四类。

2.点心刀。包括圆头点心刀（含切刀与抹刀）、鱼鳞花纹刀、铲刀等。

3.雕刻刀。包括斜口刀、圆口刀、三棱口刀、圆弧刀、双口刀、多口刀、弯头刀、刨皮刀、剪刀、镊子。

此外，用于造型的花式模具、花戳子、削刮器等，也属于西餐厨刀的范围。

西餐中的磨刀具除砂轮和磨石外，还有一种形似指挥棒的磨刀钢条。

西餐案板

又称肉板或面板，有木质案板、金属案板、塑料尼龙案板、大理石案板多种。

1.本质案板。多用松木、杨木制作，型制与使用方法同中式传统案板基本相似。

2.塑料尼龙案板。用特殊的塑料压制而成，柔软、轻便、易洗刷。其中的尼龙案板有多层，用脏后可以一层层地揭剥，能长期保持清洁卫生。

3.金属案板。用不锈钢或铝合金制成，大多用于和面；有时也可割划糕点。

4.大理石案板。用整块抛光的大理石制作，不能切剁原料，只可以制作糖活，易清洗，美观大方。

擦板

又称擦床，有计司擦板、土豆擦板、肉豆蔻擦板、干酪擦板多种。它们多用不锈钢或铁片制成，有的是板状，有的呈拱形，有的为凹形。其原理都是从反面冲戳出若干个小孔，正面形成带尖刺的茬口，从而将原料磨成粉末或丝条状、片状、以便烹调。

1.计司擦板。将计司块磨成细末。

2.土豆擦板。将去过皮的土豆在刀槽上擦成片状或丝条状。

3.肉豆蔻擦板。将豆蔻粒磨成粗粉。

4.干酪擦板。将干酪磨成茸状。

花饰管

又称裱花龙头或裱花嘴子，一般用红铜、不锈钢或硬塑料制成。龙头嘴部有各种形状，如齿形、扁形、圆口形、三角形、弧形等，可粗可细，有大有小。龙头后部套上花包布袋(用布或尼龙制成的圆锥形袋子，无锥尖)，花饰袋中装黄油酱、膨松体奶油等膏状原料，通过手腕的运动和手指的加力，将原料从龙头嘴中有规律地挤出，其图案可以是几何纹样，可以是飞潜动植，也可以是祝颂文字。它在彩花蛋糕中用得最多，是西点造型的重要工具。

其它西餐小工具

种类和型制较多，主要有以下 20 种：

1. 测糖温度计。用于测量糖浆与油、汤的温度，以便掌握火候。

2. 磅秤(台秤)。秤量原料或成品重量。

3. 毛刷。即排笔，刷糖浆或蛋液、油脂用，有多种型号。

4. 油纸。供点心裱花和挤马乃司时用。

5. 烤针(肉钎子)。烤肉用。

6. 穿心针。头部有一弯口，用以抽引细肉膘，涂抹在肉面上，使烤肉滋润。

7. 苹果去芯器。提取苹果的核。

8. 柠檬压榨器。挤榨出柠檬的汁液。

9. 切蛋器。将煮熟去壳的蛋切片。

10. 打蛋器。抽打蛋液或奶油。

11. 炸篱。炸食物时的多孔滤油器。

12. 锥形滤汤器。滤净汤中的杂物。

13. 夹饼机。专门制作华夫饼干的印模。

14. 搅板。搅拌少司与烩、焖菜用。

15. 通心面杖。又称走槌，中空，单装轴心，可前后左右任意推拉，应手省力。

16. 面刮板。刮面粉和轧切面剂用。

17. 量杯。计量液体原料。

18. 烤架。搁放烤盘用。

19. 罐头起子。开启罐头用。

20. 开瓶器。开启各种酒瓶用等。

西菜制作

西菜的体系

它有广、狭二义。狭义的西菜，主要指欧洲、美洲、大洋洲诸国的菜式。它以法国菜(巴黎大菜)为主体，俄罗斯菜(罗宋菜)和意大利菜为两翼，还包括英国菜、德国菜以及变异了的美国菜、澳大利亚菜等等。

广义的西菜，是指除了中国之外的世界上主要的烹饪流派。它大致包括：(1)规范的西菜(法、俄、意、英、德等)和变异的西菜(美、澳等)；(2)清真菜(以土耳其菜和埃及菜为代表，传播到 40 多个国家和地区)；(3)东南亚菜(主要是日本、新加坡、印度与南韩)；(4)非洲菜(黑人菜式为主)；(5)印第安人菜(以墨西哥和秘鲁为代表)；(6)犹太菜(主要是以色列)；(7)爱斯基摩人菜(北极圈附近)；(8)其他部落的土著菜等。

西菜的菜式分类

根据调制方法和上菜程序，西菜的菜式通常分为 3 个大类：

1. 冷菜类。包括冷菜调味汁、冷沙司、三味吃、沙拉子、腌菜、胶冻、水产类冷菜、其他类冷菜等。

2. 汤菜类。包括基础汤、清汤、鱼虾汤、肉品蔬菜汤、泥子汤、奶油汤、牛奶汤、冷汤、酱汤等。

3、热菜类。包括热沙司、配菜、煎菜、炸菜、炒菜、烩菜、焖菜、烤菜、铁扒菜、炭烤菜、煮菜、蒸菜等。

日本料理较为特殊，它通常由冷菜、火锅、水产菜、面条、米饭、其他菜、汤与点心构成，另成一个独立系列。

西菜命名方法

西菜的命名方法与中菜的写实性命名法基本相似，即是在菜名中如实反映原料的组配情况、烹调方法或风味特色。它通常由主料和其他因素构成，显得直观、朴实。如：

1. 主料加国名。英式牛排、古巴汤、烟黄鱼印度沙司、意大利碧莎饼。

2. 主料加地名。马赛鱼汤、沙朗牛排西里沙司、芝加哥奶油汤、乌拉尔菜汤。

3. 主料加人名。拿破仑红烩鸡、贝当牛排、诺尔曼猪排、弗吉尼亚史密斯菲尔德农家火腿。

4. 主料加建筑名。意大利公馆鸡、伦敦大楼牛扒、金字塔耶素、红房子熏鱼。

5. 主料加节日名。圣诞大菜、冬至蛋糕、开斋节油香、复活节火鸡。

6. 主料加酒名。白酒沙司、香槟火腿、啤酒焖鱼、麦色拉酒烤野兔。

7. 主料加沙司名。核桃沙司、红菜头辣根沙司、醋油沙司、马乃司沙司。

8. 主料加炊具名。铁扒鸡、铁钎烤羊肉、罐焖猪蹄、焗盅蜗牛。

9. 主料加造型。鸟窠王鸽、树根蛋糕、清汤小气鼓、樱叶点心。

10. 主料加色彩。红沙司、五色全利、黄汁菠菜汤、三色米团。

11. 主料加烹调方法。焗牛仔肉、焗鳜鱼、煎羊脑、炭烤肝串。

12. 主料加其他因素。梯蓬牛排、雀肉全利、鲥鱼色拉、菠萝大虾。

西餐厨房组织结构

厨房组织结构系指厨房内各个工种的设置、技术人员的配备、彼此间的分工与职责、以及相应的管理方法。它应与餐厅(或饭店)的规模及客流量一致,以提高工作效益与饭菜质量为目的。

从工种的设置看,要服从经营品种的范围和顾客的需求,多少应恰如其分。从人员的配备看,既须考虑数量,又须讲求质量,应当是老、中、青搭配,并有一部分一专多能的技术骨干。从分工与职责看,可粗可细,在明确职守的前提下提倡团结协作。从管理方法看,主要是推行目标责任制,奖罚分明。

西餐厨房组织结构较为复杂,不仅有大、中、小之别,而且传统厨房与现代厨房的要求也不相同。下看2例:

例一、西餐大型传统厨房组织结构示意图:

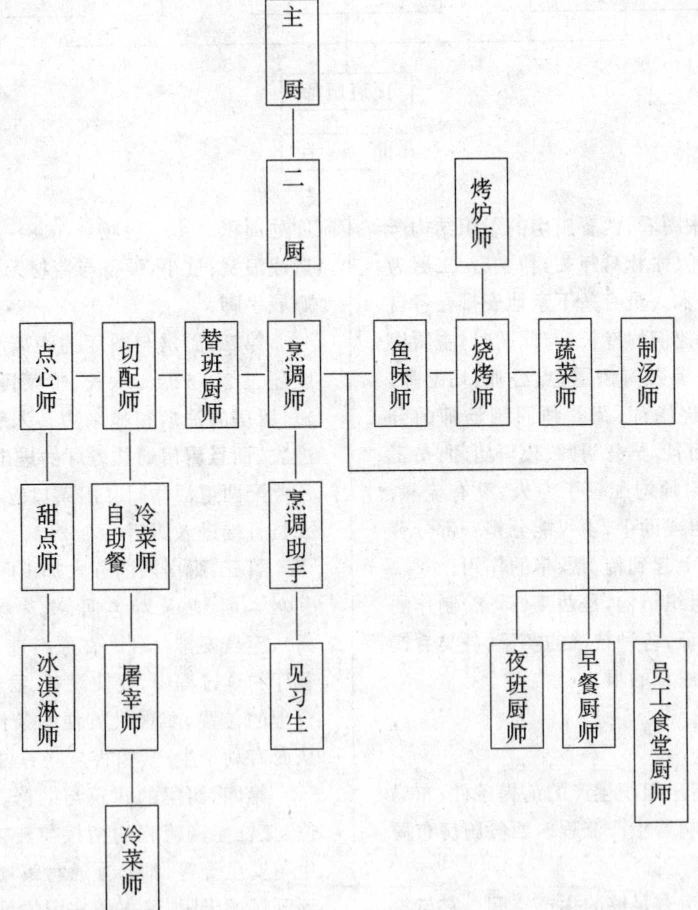

例二、西餐大型现代厨房组织结构示意图：

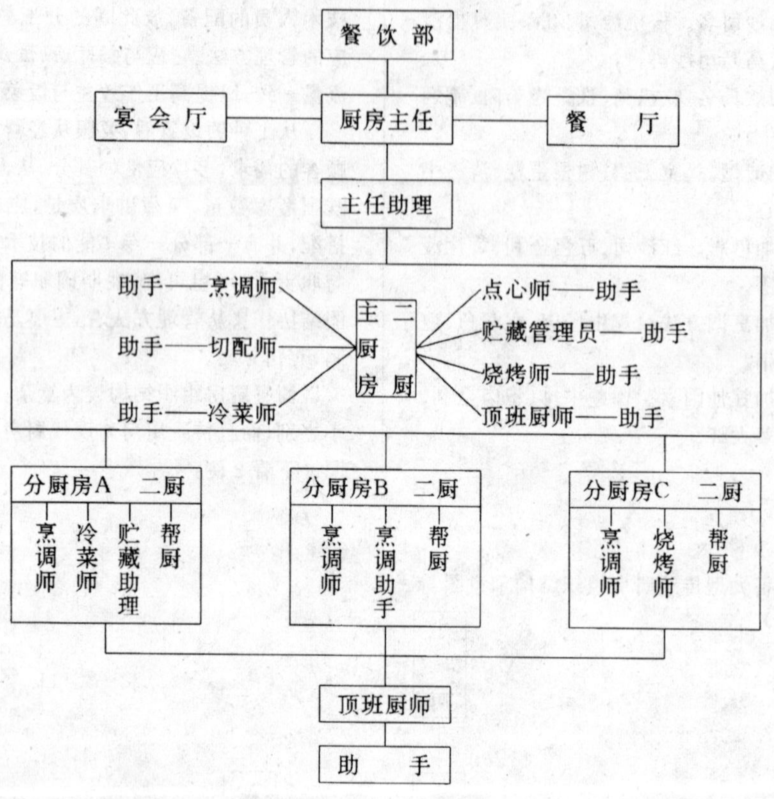

从上面的两张图看，西餐厨房的组织结构严密。它以厨房主任（亦称厨师长）和主厨、二厨为中心，将相应的技术人员有条不紊地安排在各自的岗位上；以发挥他们的专长。与此同时，主厨房和分厨房之间，任务各有侧重；点心师、切配师、烹调师、鱼味师、烧烤师、蔬菜师同制汤师的分工，都相当明确；而且，早餐厨师、夜班厨师、员工食堂厨师和替班厨师均配置了专人，没有疏漏；每名厨师皆有帮厨或助手，不仅能分担一部分劳务，还可以在技术上起到传、帮、带的作用。

合理的厨房组织结构，是西菜（西点）制作的基础。有此作为保证，各种技法的实施、各类肴馔的供应，就是顺理成章的事。

西餐厨房布局

厨房布局是厨房组织生产的前提条件；布局是否合理，直接影响着生产流程。西餐厨房布局大都遵循着5条原则：

第一，保证厨房有足够的生产空间。它与餐厅的面积之比一般应是（0.8～1）：1。过大，则会造成浪费；过小，设备与器材无处搁放，厨师难以施展手脚。

第二，厨房与餐厅的距离尽量缩短，一般不应超过2～5米。太长，传菜慢，联系也不便；太短，厨房的油烟和嘈杂声传入餐厅，会影响客人进餐。而且厨房通往餐厅的进出口应有3～5个，还要配两道活动门。出菜口应在窗口，防止服务人员直接进入厨房。

第三，厨房内的五大加工间（肉品加工间、蔬菜加工间、热菜加工间、冷菜加工间、面点加工间），应当安排合理。在原料进入厨房、菜点进入餐厅的全过程中，要使设备、物质、人员都处在最合理的位置，实现最方便的条件和最短的路线，从而有利于生产、销售与服务，提高工作效率。

第四，厨房的建筑与装修、设备的选购与定位、烹饪生产流程的衔接与转换、各工作间的卫生与安全等等，都必须通盘策划，总体安排，以达到既畅通无阻、又方便实用的目的。

第五，厨房的布局还应与把好五关(采购、验送、加工、储存、出菜)相结合，每道关口都要留出适当的检测台，从而确保饭菜的质量，赢得餐厅(饭店)的声誉。

沙少司制作

沙少司是英文Sauce的音译，有时也叫“沙司”、“少司”，是指西餐的菜点调味汁。它的种类很多，按性质和用途分，有冷少司、热少司和甜食少司；按色泽分，有白少司、红少司、粉少司、黄少司、褐少司和奶油少司；按味道分，有咸少司、酸少司、甜少司、辣少司和复合味少司；按形态分，有流质少司、半流质少司、糊状少司、膏状少司、固体少司等。它可以改善菜肴的外观，增加菜肴的营养，保持菜肴的温度，美化菜肴的口感。

少司是以原料的原汁作基础，以黄油炒面粉调制浓度，加上酒、各种汤(如肉汤、鱼汤、鸡汤、菜汤)、多种调味品和天然香味料等烹制而成。不同的菜常配以不同的少司。

沙拉子制作

沙拉子(沙拉)是英文salad的音译，有时也写成“沙拉”、“色拉”，泛指西餐中的凉拌菜。它有熟料拌与生料拌两种，原料既有动物又有植物，有时是单独作菜，有时是作为配菜(即热菜、大菜的配件)。其制法与中式凉拌菜近似，多是将可食的生料或预热过的熟料切作小件，添加相关的调味料、辅助料，再与少司调拌而成。

西菜中的沙拉子甚多，著名的有法式鸡肉沙拉、美式苹果沙拉、德式鲱鱼沙拉、英式番茄沙拉、大虾沙拉、蟹肉沙拉、鸡蛋黄瓜沙拉、土豆鲜蘑沙拉、菠菜核桃沙拉、米饭沙拉、健康沙拉等。

腌菜制作

西餐冷菜中常用的烹调方法之一。它以瓜果或蔬菜作原料，经过净化处理，添加盐、糖、醋精、丁香、桂皮、香叶、胡椒、干辣椒、青椒、茴香、辣根等不同的调味料，醋渍或酵渍制成。如泡葡萄、泡苹果、泡海棠果、腌西瓜、泡青菜、腌红白菜、酸黄瓜、酸白菜、印度咖喱泡菜、南韩苹果梨泡菜等等。

举凡腌菜制品，既可以独立成菜，开胃生津，也可以配食荤菜，解腻化油。

胶冻制作

胶冻类似于中菜烹调中的水晶法，即将原料调味制熟后添加食用明胶(如胶冻汁)，置于模具中冷冻而成。它的形体美观，色彩鲜艳，晶莹透明如珠宝，清凉沁齿，大快朵颐。

西餐中胶冻的品种很多，如鱼冻、鸡冻、猪肉冻、大虾冻、肉巴代冻、野味排、整只乳猪冻、整条鱼冻、束法鸡冻等。

热制冷吃菜制作

包括的品种很多，如水产品类的俄式咸青鱼、填馅鱼、熏鱼脊、煮鱼核桃少司、英式生菜大虾、小虾米杯、美式螃蟹杯、鲜蛎黄杯；其他类的茄子泥、红烩茄子、红烩白芸豆、填馅青椒、填馅鸡蛋、填馅鸡、蛎黄填鸡蛋、意式冷鸡、英式柠檬鸡、瑞士菠萝鸭、芥末猪肉丝、丁香糖油焗火腿、肉批、野味酥盒、鹅肝酱批、网油肝泥、法式拌牛肉丝、烤牛排、冻鸡卷等等。

它们的共同特点是：先将原料调味制熟，再晾凉或冷冻，然后入席食用。

基础汤制作

又叫底汤，多用富含蛋白质、矿物质、胶质的牛肉、母鸡或鲜鱼熬制。其用途有三：一是添加调味品和辅助原料后直接食用；二是用来调制少司，制成不同的冷热调味汁；三是以其作基础，进一步调制清汤、奶油汤、蔬菜汤、泥子汤或冷汤。

西餐中制作基础汤，不仅需要上等的牛肉、母鸡或鲜鱼，必要的香料(如洋葱、芹菜、香叶、胡萝卜、黑椒粒、百里香)，而且应掌握好原料与净水的比例(一般为1∶3)，注意控制火候，要求达到汤鲜、色正、味和、量准的标准。正是因为技术难度较高，所以西餐中专门设有制汤师负责这项工作。

清汤制作

清汤是西餐汤品中的一种，其特色是汤汁清纯、口感清淡、味道清美。其制法多种多样，下看2例：

1.清沏鸡汤。将用母鸡煮制的基础汤2500克加热到30℃左右，75克鸡蛋清打匀起泡，徐徐注入汤中搅匀，加盖置于温炉板上使之微沸，下盐25克调味，随即将汤滤清则成。

2. 牛肉茶。精瘦牛肉2500克剔净、细切、绞碎，加入同样处理的胡萝卜50克、芹菜50克和葱头50克拌匀，再加3000克净水搅匀后煮沸，然后移锅置微火上焖煮2～3小时，下盐25克调味，滤清后即可使用。

以上二汤都是清澈透明，鲜香爽口的。

鱼虾汤制作

西菜中的汤品之一，多用鱼骨架、鱼皮煮制的鱼清汤（或鸡清汤）配加相关的水产品制成。其中的鲟鱼汤比较典型。其制法是：

1. 将洁净的鲟鱼头、尾、骨2000克入锅煮沸，打去泡沫；下烙糊的胡萝卜200克和葱头150克续煮片刻后，捞出鱼骨剔下净肉和脆骨再切作小块，续煮1～2小时，则成鱼清汤。

2. 胡萝卜切条，葱头切丝，加2片香叶、10粒胡椒和150克黄油同焖，八成熟时下土豆条750克和鱼清汤再煮，土豆断生后下净鱼肉和脆骨烧沸，加盐20克，装盘后撒小茴香末少许，放一片柠檬即成。

肉品蔬菜汤制作

西餐中的汤品之一，一般是利用鸡清汤或牛肉清汤作为“母汤”，配加相关的肉品或蔬菜煮制而成。下面各举一例。

1. 高加索式鸡块汤。300克葱头切丁投入黄油（150克）锅中翻炒，待色泽转黄，撒入25克面粉续炒，透香后倒进2300克清鸡汤搅匀，煮沸放入香叶2片、柠檬汁50克和红花末少许，再煮5分钟后下盐20克和鸡块750克略焖。随后将100克蛋黄和200克冷鸡汤调匀，注入沸鸡汤冲成为蛋黄汁。食用时每盘放4块鸡块、1勺蛋黄汁，上缀香菜末少许。

2. 德式土豆小肠汤。用牛肉清汤、土豆、芹菜、葱头、黄油、面粉、小肠、烤面包丁、猪油、盐、胡椒粉等调制。

泥子汤制作

泥子汤是西餐中的特殊汤品。它们大都是将瓜果、蔬菜或豆品制成茸泥；再用清鸡汤、牛肉清汤或浓汤加调味品烹制而成。如豌豆瓣泥子汤、菠菜泥子汤、番茄菠菜汤、白豆泥子汤以及奶油球番茄汤、番茄牛尾素菜汤、法式烤计司葱头浓汤、咖喱丸子汤等。

土豆泥子汤的制法如下：1000克土豆、100克胡萝卜、100克葱头和适量的水加盐15克煮软，过箩使之成泥；用适量的原汤将菜泥冲开搅匀后，下油炒面粉100克调稠，起锅装盘后撒入50克烤面包丁即成。其汤鲜咸适口，开胃畅神。

奶油汤制作

奶油汤是西餐中的特有品种，它以牛奶作为主料，辅以油炒过的面粉和奶油、鸡清汤、细盐等精制而成。其汤汁洁白光亮，咸鲜香浓。

奶油汤的制法通常是：用不锈钢锅将100克黄油溶化，下面粉100克在温炉板上炒匀，当面粉起沙呈黄色并散发香味时，下500克沸牛奶用劲搅匀，然后又下鲜奶油150克和沸牛奶500克再搅，待汤汁洁白光亮，续下鸡清汤1500克煮沸，加盐20克即成“母汤”。

这种“母汤”，可以添加不同的辅料；添加的辅料是什么，就叫什么名称。如奶油鲜蘑汤、奶油番茄汤、奶油鲍鱼汤、奶油玉米汤等。

冷汤制作

冷汤是西餐中夏季食用的汤品，多用无油的清汤或格瓦斯饮料加辅料、调味品制成。如：

1. 冷菠菜汤。牛肉清汤2500克撇油滤净，晾凉置入冰箱中冷却。750克菠菜煮熟后浸凉控干剁碎，置入牛肉汤中，下奶油200克、盐20克和醋精15克，再放入晾凉的熟牛肉条400克即成。

2. 格瓦斯冷汤。用格瓦斯、土豆、熟牛肉、黄瓜、青葱、水萝卜、茶肠、火腿、熟猪肉、老鸡蛋、牛舌、芥末酱、糖、盐、奶油、小茴香等调制。其中的“格瓦斯”，是将烤焦的薄面包片，添加酒花液、葡萄干、糖、水等原料，经过2次发酵制成的欧洲传统饮料。

日式酱汤制作

日式酱汤以大豆酱作为主要原料，配加蔬菜、香菇、豆腐、紫菜或其他海鲜品煮制而成。它分为红酱汤与白酱汤两种，日本人习惯于配白米饭食用，称之为“母亲的手艺”。

制酱汤的豆酱，以福岛会津面大酱、新泻丸大佐渡土藏酱、宫城仙台山仙酱、长野乡村酱为最佳。它们富含蛋白质与铁质，容易消化。现今日本已生产出各式速成酱汤，开水一冲，即可食用，味道很好。日本人每年平均食用这种酱汤400多杯，折合成酱约6公斤。

热少司制作

热少司系指西餐热菜制作中的汁液、卤水或调味汤汁，其主要作用是突出菜品风味，改善外观色彩。由于西菜原料的刀口往往较大，不易入味，故而全靠热少司弥补。又因为热少司的技术要求甚高，所以西餐中做热少司的厨师的地位仅仅次于厨师长。

热少司包括红汁少司、白少司、原汁少司、荷兰少司、印度少司及水果香料少司等等，以勃朗少司、黄色肉少司、奶油少司、荷兰少司为代表。它们大都由牛肉、仔牛肉、鸡、蛋黄、奶油、牛奶、鸡汁、黄油、柠檬汁、油面酱、番茄酱、辣椒油、葡萄酒、麦台酒、各种香草和香料等，按不同的配方和工序制成。

配菜制作

西餐中的“配菜”，专指辅佐主料食用的蔬菜（或米饭、面条）。它们大多是单独烹调，镶配在盘中主料的旁边，共同组成一道完整的菜肴，如炸铁雀配土豆条、苹果烧鹅配苹果少司、开夫鸡配炸山芋、烤卷筒猪排配煎土豆。其中的土豆条、苹果少司、炸山芋、煎土豆都是单独烹调的配菜。

按照西餐的传统，土豆菜、各种米饭和通心粉是配菜中的三大主角，而土豆菜又最为常见。其所以需要配菜，一是出于营养成分上酸碱平衡的考虑，二是使菜肴的色、香、味、形更趋完美。至于配菜的制作方法，多为烤、煎、炸、焖，详见后续各条。

煎菜制作

西菜的煎与中菜的煎基本相似，都是使用中等火力和六七成油温，用油少许，翻煎两面，使之黄亮（见“煎”条）。其要求有四：(1)原料须是平扁形的片、排之类；(2)事先码味，有的是基础味，有的即是成品味；(3)煎之前多数原料要拍粉、拖糊或上浆；(4)成品应当金黄、香软、鲜嫩。

西菜的煎通常分为4类：一是事先腌渍的清煎，如煎鸡肉串、煎里脊扒；二是拍面粉后煎，如煎仔牛排、煎猪肝；三是拖蛋液后的煎，如软煎大虾、软煎西红柿；四是滚面包粉后再煎，如煎波兰式肉饼、煎猪肉饼。

炸菜制作

西菜的炸与中菜的炸（见“炸”条）差异也不大，均是使用宽油、旺火，制作外焦内嫩、香酥脆口、清干无汁的菜肴；但西菜的炸品习惯浇少司，而中菜的炸品则单配跟味碟。

西菜的炸法主要是3种：

1. 滚面色粉炸或沾面粉炸。如炸大虾、炸S形鱼、炸计司火腿鸡排、面包粉炸牛乳房、炸羊肋、炸菜花。

2. 气鼓炸（裹糊炸）。多用于海鲜或水果。如面糊炸鱼条、面粉炸香蕉。

3. 清炸。如炸土豆丝。

炒菜制作

西菜的炒与中菜的炒（见“炒”条）也没有本质上的区别，都是以少油旺火急速翻拌、使小件原料短时成熟。西餐中的配菜，多用炒法烹制；西餐中的主菜，也常用炒法作为一道工序。

西餐中的炒分为熟炒和生炒。

熟炒的原料多系经过热处理的半成品，成菜后爽口少汁、香鲜素淡。如黄油炒胡萝卜豌豆、火腿炒通心粉、捷克式肉丝炒面条、炒泥汤带蛋、大虾炒米饭、西班牙式炒土豆。

生炒的原料没有经过热处理，但码过味，烹制中须加配料、少司或调味品，成菜后软嫩鲜香、润滑味浓。如炒奶汁鸡肉丝、炒番茄猪肉片、炒羊肉片、炒鸡肝。

烩菜制作

西菜的烩与中菜的烩（见“烩”条）相近，都是将原料过油、上色或焯水后，再用先大后小的火力煮制成菜。其成品香鲜酥软，汤宽色亮。

西餐的烩法重用少司或料酒，并有种种的不同，如：

添加基础红少司和红酒等的红烩。代表菜是孟林哥烩鸡、红酒烩鸡、葡萄牙式烩鸡。

添加奶油少司和白兰地酒等的白烩。代表菜是虾酥盒、奶油烩猪肉条米饭、美式奶汁计司菜花、奶油少司烩玉米。

在白烩基础上添加生鸡蛋黄汁的黄烩。代表

菜是蛋黄少司烩鸡冠子、德式鲜蘑烩鸡丝。

此外,还有清烩,如清烩鳜鱼。

焖菜制作

西餐中的焖是将过油上色后的原料置于焖锅,加原汤或沸水及香料、佐料等,先武火后文火长时间加热的一种烹调方法。成菜的特点是酥软香肥、汤汁醇厚(参见"焖"条)。

一是烤焖。即边烤边焖。如单一烤焖(单一的原料,使用原汤)的烤焖填馅鸡、柑桔烤焖鹧鸪;混合烤焖(主副料同时烤焖)的苹果烤焖猪排、板肉酸黄瓜烤焖猪肉。

二是浓汁焖。焖时多加黄油炒面粉调浓的少司,如丁香焖牛排、焖牛肉茶肠卷、啤酒焖牛肉、红酒焖穿膘家兔。

三是罐焖。即以陶罐作焖具,如罐焖鱼、阿拉伯式罐焖羊肉填茄子。

烤菜制作

西餐中的烤基本上同于中餐(参见"烤"条),只是炉具、调料和工艺上有些差别:

1.生烤。动物性原料居多,成菜后肉质嫩爽、鲜香可口,有的带淡红色汁液,较软,有的汁液无色,较硬。如德式烤猪腿、墨西哥式烤鸡、法式烤牛外脊、叙利亚式烤羊腿、烤填馅火鸡、炸土豆条烤大雁、欧式烤乳猪、美式烤鹅。

2.熟烤。用半成品,加少司,撒干酪粉或面包粉,淋黄油,成菜后金黄香鲜、滑浓爽口。如蔬菜末烤鱼、奶汁烤鸡排、蛋黄少司烤虾、柿汁火腿烤通心粉、烤螃蟹盖、烤板肉玉米、奶汁计司烤鲜蘑、烤酸菜杂拌。

铁扒菜制作

铁扒是西餐烹调中的特有技法,即以金属铁板作为传热介质直接使食物成熟。由于它使用的炊具多系铁箅、扒炉或铸铁板,故名。

举凡铁扒菜,制作中都有如下要求:(1)多系动物性原料,不论带骨否,均须加工成不同厚度的片状,以便扩大受热面积;(2)原料先须用精盐、胡椒粉、柠檬汁、蔬菜香料、植物油等腌渍,使之进味;(3)铁箅等工具要洗净烘干后抹上油脂,再放原料,一面扒黄后再转扒另一面;(4)成菜后大多要浇淋相应的少司。

著名的铁扒菜有:铁板烧、铁扒大虾、铁扒笋鸡、铁扒鱼等(参见"扒"条)。

炭烤菜制作

西餐中的炭烤系将成型的原料加以腌渍,置入以木炭为能源的敞开式炭火炉中,利用明火辐射直接烤熟原料的一种烹调方法。由于烤炙时经常将原料穿在专用的金属钎子上成为一长串,故又叫"串烤"(参见"烤"条)。

炭烤菜的典型代表是埃及式炭烤羊肉串,此外还有阿拉伯式串烤羊肉饼、高加索式炭烤灌肠、哈萨克式炭烤羊肉卷、巴西式炭烤牛肉、南斯拉夫式炭烤猪肉串、拉托维亚式炭烤青鱼、高加索式炭烤填馅笋鸡、美式炭烤牛肉扒、伊拉克式炭烤羊肉串青椒等。

煮菜制作

西菜的煮与中菜的煮大致一样(见"煮"条)。它有生料煮和熟料煮、沸水下料和冷水下料的不同方法;在火候上讲究先武火烧沸、再火文慢煒;在调味上注重少司和料酒的使用。成菜后大都是本色本味,软嫩鲜香、肥而不腻。

西餐中用煮法制作的名菜甚多,如海军式鲟鳇鱼、法式煮鱼白酒鲜蘑少司、酸黄瓜汤煮鱼橄榄少司、柏林式猪肉酸白菜、煮鸡原汁配米饭、蔬菜煮牛尾、普达峰、德式煮咸猪蹄、煮熏猪排酸菜、煮鸡肉丸子、煮鲟鱼黄油、俄式煮大马哈鱼等。

蒸菜制作

西餐中蒸的技法用得很少,其原理与工艺同中菜的蒸近乎一致,区别仅在于蒸具的设计和能源的利用上(详见"蒸"、"蒸汽炉"条)。

西餐的蒸大多是制作甜品布丁,有时也调理水产品和禽畜。其代表菜式有:鸡肉布丁、蒸鸡奶油少司、牛肉腰子布丁、牛肉蛎黄布丁、蒸鱼卷鲜蘑大虾少司等。

烟熏菜制作

西餐的烟熏同中餐的熏亦是异曲同工。它们都是通过密封式熏房或烤炉,利用微燃起烟的木屑、食糖、茶叶、碎米或香料,将原料熏香、熏黄、熏熟的。烟熏有生熏、熟熏之别,主要适用于水鲜原料,成菜后色泽棕褐、烟香浓郁、清淡爽口。

西餐熏菜的代表有熏鱼脊、熏鱼块、熏猪排、熏茶肠等(见“熏”条)。

日本料理的特点

日本料理是日本菜的别称,包括口味较重的关东料理和突出原料本色的关西料理两大部分。其主要特色是:(1)以海鲜和山菜为主要原料,烹调讲究规程。如菜色要求春绿、夏朱、秋白、冬玄、配黄;菜味要求春苦、夏酸、秋滋、冬甜、调涩,尤为注重季节性。(2)进餐有“和定食”、“弁当”、“季节筵席”、“一品料理”、“酒会”等多种形式;季节筵席中又包括先付、前菜、先碗、生鱼片、煮物、烧物、酢物、蒸物、止碗、渍物、御饭、香物和果物等不同菜式,配套成龙。(3)以和食(大和民族菜)为基础,勇于吸收华食(中国菜)和洋食(欧美菜)的长处,融会贯通,显得古朴而又新颖、别致而又和谐。

参阅“日本食俗”条。

南韩菜的特点

南韩菜包括主食、甜点、大菜、汤品、腌菜、饮料6大系列。其特异之处主要有四:(1)食料偏重于海鲜、牛肉、狗肉和禽类,多用药材作配料,如人参鸡、药串炙、药饭之类,受中国食风的影响较大。(2)烹调技法偏重于烤炙与煨煮,口味鲜香脆嫩、辛辣爽口,“南韩烧烤”和该国的“汤文化”素享盛名。(3)腌制泡菜有一套特殊的方法,凡鲜蔬皆可为之,苹果梨泡菜和辣酱南沙参等“沉藏泡菜”风靡世界。(4)家庭厨艺多由主妇操持,并以此作为是否贤德、能干、孝顺的标准。

南韩菜与朝鲜菜同出一源,参阅“朝鲜食俗”条。

印度菜的特点

印度菜的基本特色是“一辣四多”。一辣是指爱用咖喱和辣椒佐味,菜品生鲜、清淡而香辣;四多是指烹调原料中豆品多、蔬菜多、奶品多和香料多,展示出“准素食文化”的风韵,以及印度教信仰色彩和热带特征。

另外,由于该国历史悠久,民族多,宗教多,外来影响也多,食性相当复杂,爱好与忌讳各别。所以各地区、各阶层饮食上的差异很大,菜品的风味不尽相同,又显得五彩缤纷、气象万千。

参阅“印度食俗”条。

印度尼西亚菜的特点

印尼菜是爪哇土著生活习俗、赤道岛国的特异物产与伊斯兰教饮食戒律三结合的产物。

该国多食大米、海鲜、山菜和瓜果,尤爱牛、羊、鸡的内脏,擅长烤、煎、炒、爆,习以咖喱、胡椒、辣椒、虾酱提味,菜式清淡、酸甜而又辣香。

名食有香酥鸡、咖喱羊肉、虾酱牛肉、酥炸胗肝、清蒸大龙虾、红焖全鸭、干烧石斑鱼、椰茸香蕉饭、水果大拼盘等。

参阅“印度尼西亚食俗”条。

土耳其菜的特点

土耳其菜是伊斯兰教清真菜的典型代表,它与中国菜、法国菜一起并称为“世界三大饮食风味流派”。其特色是:(1)植根于农牧结合经济,植物性原料与动物性原料大约各占一半,膳食结构较为平衡,羊肉在肉食品中比例高,重视小麦面粉。(2)长于烤、炸、煎、炖,喜好鲜咸、清香,要求醇烂、爽口,席地围坐抓食,辅以餐刀片割。(3)选择食料和制作菜点严格遵循《古兰经》的规定,“忌血生,戒外荤”,过斋月,食风古朴。(4)影响到中亚、西亚、南亚及北非的40多个国家和12亿人口,以烤全羊、烤羊肉串、柠檬炖鸡、土耳其式烤鸭、鞑靼少司、扁豆大米粥、羊肉小米饭、哈穆特饮料驰誉食坛。

参阅“土耳其食俗”和“伊斯兰教食俗”条。

阿拉伯式厨房的特点

阿拉伯式厨房是阿拉伯半岛上约旦、科威特、伊拉克、沙特阿拉伯、也门、阿拉伯也门、阿联酋、阿曼等国民族食馔的统称。这一带多以米面、豆品、水果为主食,辅以牛羊鸡驼,制菜习用煎、烤、炸法,爱以橄榄油、香料、酸乳酪、柠檬汁提味。名食有阿拉伯大饼,配加桂花、豆蔻、玫瑰汁的浓咖啡,240多种制法的茄子菜,以及多达200余种的餐前开胃小吃——“迈兹”。

阿拉伯半岛是伊斯兰教的主要传播区,所以阿拉伯菜品都严守伊斯兰教的食规,“清真色彩”异常鲜明。参阅“沙特阿拉伯食俗”和“伊斯兰教食俗”条。

阿富汗菜的特点

阿富汗菜基本上属于清真菜的体系，但又带有西亚高原内陆国家的地域特色。

其菜式与土耳其、阿拉伯地区差异不大，美食也是烤全羊、阿富汗大饼、无籽葡萄茶、牛奶粥之类。但最为著名的是抓饭，有数十种花色。如内埋羊肉和鸡肉的奇罗抓饭；加葡萄干、杏仁和阿月浑子的喀布尔抓饭；加菠菜的沙布吉抓饭；加豌豆的马双抓饭；加羊肉丁的雅克尼抓饭；加鸡蛋的利什塔抓饭；加茄丝的磅西亚抓饭；加鸡丝的莫克抓饭；加陈皮和糖的纳兰吉抓饭；加牛肉干的兰迪抓饭；加羊的头蹄与眼珠的卡拉帕切抓饭；加各种咸菜的托尔奇抓饭，等等。

参阅“阿富汗食俗”条。

以色列犹太人菜的特点

犹太人食肴的突出表现是严格遵循犹太教的《膳食法令》，不吃许多禁物，如动物血液与脂肪，自死的动物，牛胴体后部的某些筋腱，不洁之物（包括猪、马、骆驼、带翼昆虫、爬虫、爬行动物、鼠、肉食的禽类、贝、鳗）等；而且一餐饭中不可同时食用肉类与奶品。

他们制菜，重视宰杀。必须飞速一刀，使动物猝死，放尽余血，凉水浸泡，晾干洒盐略腌，然后用水冲净，方能烹调。

制菜方法主要是烤、煮，调味品有盐、蜂蜜、果酱、香料之类。名食如烤牛羊肉、烤鱼、圣约翰面包、干酪、果馅酥饼、马铃薯饼、蛋糕和各式甜味菜等（参阅“犹太教食俗”条）。

埃及菜的特点

埃及菜属于清真菜的体系，影响北非。菜料多为牛羊鸡鸭和蛋奶蔬果，习用盐、胡椒、辣椒、咖喱、番茄酱、柠檬汁和孜然（野茴香）调味，口感偏重，喜爱焦香、麻辣、浓郁与软滑。名食有埃及烤全羊、北非烤鸭、软炸乳鸽、牛肉煮豌豆、荷木司（橄榄豌豆泥）、塔布利（麦粒芹菜番茄泥）、穆塔巴利亚（蒜茸黄油烤茄子）、耶素（配加蜂蜜与维生素的面包）、古斯古斯（炖羊肉浇小米饭）、哈里维亚特（果仁蜜饼）等。

该国大都不吃红烩菜、带汁菜和断生菜。

参阅“埃及食俗”条。

南非黑人菜的特点

南非黑人菜总的特征是古朴、粗放，保留有较多的原始宗教饮食文化色彩和热带雨林风情。

其主食多为木薯粉糊、小米粥和烤玉米，还有喀麦隆的芭蕉果、贝宁的椰子玉米面包、扎伊尔的花生粉面包与尼日利亚的五色混混饭。蔬菜常是木薯叶、高高叶（一种野生爬藤植物）、野菠菜、瓜叶与豆角；肉品为牛、羊、驼、鸡、蛇鼠、爬虫及飞禽。制食多系生烤或混煮，爱用棕榈油、花生酱、辣椒、香料和盐佐味，最著名的肴馔是烤全羊和烤全驼。

此外，埃塞俄比亚黑人有吃生牛肉的习惯；坦桑尼亚有乌伯瓦手抓玉米饭；南非洛奇人有鱼干；苏丹希庐克人有高粱鱼菜粥等。

参阅“中非食俗”条。

法国大菜的特点

法国大菜是在瑞典皇家菜和罗马宫廷菜的基础上发展起来的，现今是西餐中的“台柱”，向有丰盛、典雅、高贵、珍异的评定。它的特色主要体现在以下4个方面：

1. 选料广泛而考究，多用精品或珍品，如鹅肝、鱼籽酱、乳鸽、青蛙、蜗牛、火鸡、仔牛、奶酪之类；按季节及时更换，吃口较生，讲究营养。

2. 以烤、煎、炒、焖、铁扒为主，囊括了西餐中的近20种烹调方法；口味偏淡，色彩偏重于原色和素色，汤菜强调原汁原味；常是以素辅荤，注重蔬菜、水果的合理配用。

3. 讲究少司的制作及香料的运用（如西芹、茴香、迷迭香、塔立刚、百里香、蒜头）。而且因菜选用料酒，量大，依靠香槟酒、红白葡萄酒、雪利酒、朗姆酒、白兰地等提味增香。

4. 菜点多以人名、地名、物名来命名，佳肴典故，相映成趣。如拿破仑红烩鸡、里昂带血鸭子、南特奶油鲛鱼、马赛普鲁旺斯鱼汤、斯特拉斯堡奶油圆蛋糕、罗克福特奶酪等。

法国名菜还有：烤鹅肝、焗蜗牛、烤火鸡、拌蚯蚓、龙虾冻、大花蟹、肺脷米云、柠檬生蚝、海鲜大拼盘、野菌烩牛腰、猪血汤、大棒形面包等。

参阅“法国食俗”条。

罗宋菜的特点

罗宋菜是俄罗斯菜的别称,是西餐的重要分支,影响遍及东欧,由大菜、小吃、汤品和粥品组成。其主料多系禽畜、鱼品和野味,擅长烩、煮、煎、炸,习用酸奶油、鱼籽酱、柠檬汁、酸黄瓜、洋葱、小茴香、香菜、辣椒佐配,口味偏好鲜咸、软烂、油腻和腥酸。

罗宋菜的名食甚多。如大菜有黑鱼籽酱和红鱼籽酱、开夫鸡、土豆烧牛肉、铁钎烤羊肉、奶油色拉黄瓜和醋渍蘑菇;小吃有肉菜菇蛋大馅饼、奶渣饼、抓饺和土豆面疙瘩;汤品有罗宋汤、三鱼汤、牛奶啤酒冷汤和乌拉尔菜汤;粥品有洋葱粥、黑豆粥、栗子粥、奶油粥等。此外,快速的俄罗斯餐厅服务也有较高水准。

参阅"俄罗斯食俗"和"俄式服务"条。

希腊菜的特点

希腊食肴有比较浓郁的东正教饮食文化色彩,对东欧诸国和巴尔干半岛影响较大。

他们的食料多为面粉、玉米、牛羊肉、火鸡和鱼虾,爱用橄榄油调味;主要烹调方法是烤、炸、煮、烩,口味趋向咸、鲜、腥、酸,喜好油腻。名食有希腊式计司排、敲剥羊头、生烤牛羊肉、白煮大虾、炭烤火鸡、炸鱼块、海鲜冷拼等。这些肴馔都是极少使用调料,带血筋的腥膻味较重,火候仅有六七成。

该国重视饮料,爱喝极浓的"起床咖啡";中午与晚上都饮白葡萄酒,微醉稍醺被视作社交场上的风范。

参阅"希腊食俗"和"基督教食俗"条。

英国菜的特点

英国菜奠基于 1066～1154 年的诺曼底王朝,到了 400 多年后的都铎王朝时期,以法、意烹饪为基础的宫廷菜又有了一个很大的发展。此后由于清教徒运动的影响,一度停滞不前。18 世纪开始,因为农业的振兴,大量食用肉品、蛋奶、土豆、蔬果与茶叶,饭食品种日益丰富,逐步形成有"绅士风度"之称的菜品体系。

英国菜配料比较单纯,习惯煎、炸、焗、烩,较少使用油、酒、香料或浓酱,力求清淡、鲜嫩、甜酸、微辣、焦香,少而精,注重花色品种,讲究色、香、味、形、器。名食有伦敦杂扒、左口鱼、煎牛仔肝、约克朗布丁、苏格兰小肚、康瓦尔馅饼、麦片粥等。

参阅"英国食俗"条。

意大利菜的特点

意大利菜直接源自古罗马宫廷,有着浓郁的文艺复兴时代佛罗伦萨的膳食情调,素称"欧洲大陆烹饪之母",享有很高声誉。

它选料多系海鲜,专长炸煎、焖烩与小炒,烧烤不多,爱以蒜茸与干辣椒佐味,六七成熟,以醇浓、香鲜、断生、硬韧、微辣、原汁为特色。名食有佛罗伦萨牛排、罗马魔鬼鸡、那不勒斯烤龙虾、巴里甲鱼、米列斯特通心粉、奥斯勃克牛肘肉、罗马炖羊肉、扎巴格龙沙拉、意式切面条肉末少司、意大利式闵士饭、意大利式红焖茄子、卧鸡蛋肉末少司、意式煎猪肉火腿卷、意式烩大虾等。

参阅"意大利食俗"条。

德国菜的特点

德国菜又称日耳曼菜,特色有三:

1. 重视食料的含热量和营养,特别喜爱肉品,曾创造过每年人平均吃肉 90 公斤的世界记录;汉堡牛排、熏猪扒、腌火腿、日耳曼猪手、诺尔曼猪排、德式青鱼、大豆小肠汤等,都是其主要的大菜。其中,用肉块、香肠、土豆、面片和蔬菜等熬制的"一锅杂烩"与"柏林猪蹄",有"国菜"之誉;多达 1450 余种的灌肠制品系列,在世界上的知名度也很高。

2. 口味偏好甜酸肥浓,不喜咸辣;习以红烧、油焖、煎炒、烘烤、煮炖等法制菜。

3. 重视酒菜配套,特别爱饮啤酒,每人年平均消费啤酒多达 150 升。

参阅"德国食俗"条。

美国菜的特点

美国菜是在英国菜的基础上,融合印第安人乡土菜与法、意、德食馔演化而成。其特色有四:(1)口味清淡,咸中带甜,一般不用大蒜、辣椒和老醋;(2)瓜果佐配肉品,大多使用不带头尾、骨刺、内脏和皮核的净料;(3)讲究营养,追求时髦,饮食赶潮流,多变化,食性兼杂;(4)方便食品甚多,各式快餐店多达数万家,每人年平均消费方便汤 50 余碗、方便餐 100 余顿。

美国名菜甚多。如哥伦比亚牛排、紫葡萄焖

野味、桔子烧野鸭、菠萝焗火腿、苹果烤鸭、花旗大虾、弗吉尼亚史密斯菲尔德农家火腿、烤八宝火鸡、水果沙拉子、美式螃蟹杯、奶汁计司菜花等。

参阅“美国食俗”条。

加拿大菜的特点

加拿大菜基本上属于西餐体系，但又加进了3个特色：(1)因为气候严寒，很强调膳食的热量；(2)因为喜爱剧烈运动，普遍嗜好肉食；(3)因为有一定数量的印第安人和爱斯基摩人，民族乡土食肴也较为突出。

加拿大菜以肉品为主，采用英、法的烹调技法，但口味偏重清淡，喜欢甜酸，菜中极少加佐料，而习惯于各人在餐桌上自行调味。最有名的菜式是烤制的嫩牛排和煮制的鲟鳇鱼；还有苹果排、香桃排、闵士饭、烤火鸡、炸鱼虾、洋葱土豆片、奶油豆菜汤等。至于熏鹿肉、腌海豹等野味，也受欢迎。

参阅“加拿大食俗”条。

北极爱斯基摩人菜的特点

爱斯基摩人自称因努伊特人，是北极地区的土著民族，分别居住在格陵兰(4.7万)、美国(3万)、加拿大(1.8万)和独联体(0.2万)，共9.7万人。他们养狗驾驶雪橇，以陆海狩猎为生，鲸、海豹、海象、北极熊、麋鹿是其主要食源。他们爱吃刚刚宰杀的猎物鲜肉；海豹眼、海象肠、麋鹿角中的汁髓等最为贵重。如果猎物较多，则置于冰窖中自然冷藏，需要食用时，或是刨作冰肉片生食，或是火烤后熟食。其调味品较为简单，主要是盐，还有果酱、香料之类，大多不烹入菜中，而是蘸食(参阅“爱斯基摩人饮食文化体系”条)。

墨西哥印第安人菜的特点

印第安人食肴具有绚丽的北美风情以及玛雅文化、印卡文化的历史烙印，特征鲜明。

其味以辣为主，鲜咸中略带酸甜，较为清淡，专长煎、炒、炸法；玉米、菜豆和辣椒是其3大基本食料，还爱吃特异的仙人掌、龙舌兰和昆虫，菜式奇特。

名肴有墨西哥鱼籽酱(蝇卵制)、墨西哥式烤鸡、墨西哥式焖米饭、苍蝇玉米饼、弗里霍尔(菜豆)酱、辣酱炖火鸡(该国国宴的主菜)、红烩龙舌兰蚜虫、蚂蚁炒洋葱、炒仙人球、凉拌龙舌兰叶、蜜饯爆玉米花、玉米可可茶、香酥沙丁鱼、辣椒粉拌芒果等(参阅“墨西哥食俗”和“印第安人饮食文化体系”条)。

秘鲁菜的特点

秘鲁菜包括以利马为代表的沿海地区辣味菜和以库斯科为代表的山区甜味菜两大系列；是印第安人土著菜与西班牙人的欧洲菜的混合体，民族色彩和外来色彩都较鲜明。

其中最为特异之处有四：(1)以土豆作为“国菜”，花色品种多达百余；(2)视黄色为神圣，多数食肴都以黄为主色；(3)精通古老的“石烹法”，习惯用热卵石焙烤海鲜和牛羊肉；(4)爱嚼古柯叶(内含可卡因)，乐此不疲(参阅“秘鲁古柯茶”条)。

该国名食有：秘鲁式牛奶蛋汤、秘鲁式鸭饭、鳃尾切、椒杯鱼、蒜鸡、丘佩肠、羊头汤、桑科恰多(甘薯香蕉烩牛肉)、土豆烩海鲜、甜包子、栗子饼等。

参阅“秘鲁食俗”条。

阿根廷菜的特点

阿根廷菜是以西班牙食味为主体的南美亚热带菜式，西餐风情与土著风情兼具。

该国特别嗜爱牛肉，人平均食用量位居世界第二位(第一位为美国)。其牛用科学方法饲养，肉嫩味鲜，营养丰富。牛肉按部位分为几十个等级，可调理出桃梨烩牛肉、牛肉南瓜盅、煎牛仔排等众多名肴。

土著菜方面主要特色有二，一是印第安人猎获美洲狮、鸵鸟、驼马、斑鹿之后的篝火烧烤；二是潘帕斯草原高卓人的“马背焐肉”。其法为：牧民清晨将包好的薄肉片垫入马鞍下，经过一天的骑乘摩擦，傍晚即熟，便可蘸调料食用。

参阅“阿根廷食俗”条。

澳大利亚菜的特点

澳大利亚人中95%是英国移民的后裔，因此其肴馔基本上同于英国。他们依然习惯于三餐两茶，菜须清淡，不喜酸辣，偏爱焦香和鲜嫩，多用煎、炸、焗、烩等法调制，通常是厨师只下底味，客人在餐桌上依据自己的嗜好再边割食边调味。

也有两点与英国不同。一是注重丰盛,每日摄取的动物蛋白仅次于美国和新西兰,啤酒的消费量位居世界第二位。二是吸收了中餐、土著菜和其他国家饮馔中的一些有益成分,显得开放而不拘谨。

该国名菜有:牛排、熏鱼、铁扒袋鼠、软煎鸽脯、奶油焗鳜鱼、炸大虾、焗羊肉串、烤番茄等。

参阅“澳大利亚食俗”条。

汤加菜的特点

汤加是南太平洋西部以居民肥胖著称的一个岛国,其膳食结构较为特异。

他们平时并不吃肉,也很少喝牛奶,主食主要是薯类的块茎、椰子和香蕉,或煮、或蒸、或烤,可以单做,也可以掺合其他料物。由于优质淀粉供给充分,所以国民大多肥胖,并且以胖为美、以胖为荣、以胖为贵,从不提倡节食与减肥。

如遇大典,王宫则举行盛大的烤全猪宴,一次要上数百只烤猪、烤鸡以及大螯虾,赴宴者饕餮大嚼,形成一景。

参阅“汤加食俗”条。

星级酒店制

目前世界上采用的酒店分级制度。其中,一星代表经济型,二星代表一定程度的舒适型,三星代表平均水平的舒适型,四星代表高水平的舒适型,五星代表豪华型。各个星级都有相应的硬件设施以及软件服务要求。

据美国酒店业权威杂志的介绍,20 世纪 80 年代末全世界拥有客房 1000 间以上的五星级酒店,共有 69 家,美国占了绝大多数,为 43 家。当时中国进入《龙虎榜》的,仅有广州中国大酒店、白天鹅宾馆、东方宾馆、花园酒店等 4 家。

法国三星名厨

西餐名厨的最高荣誉称号。分为 3 级,其标准分别是:一星,“这类餐馆和厨师烹调甚佳”;二星,“烹调极佳,值得绕道前往”;三星,“法国最好的烹调,值得专程一行”,全国仅评 20 余名。

“三星名厨”是 1900 年创刊,有 8 种外文版,每年销售近百万册的《米希南指南》设置的专项奖。该刊有“世界餐馆(旅馆)的食品权威”之称,聘请许多美食家为秘密调查员,经常去各地鉴赏菜点,并建立有名店名厨档案。它们依据顾客来信和多种指标,定期对名店名厨的星级予以评定或更换,很有说服力。名店名厨一旦上榜,立即身价百倍。像白朗妈餐馆和乔治·布朗首获三星称号后,营业额便猛增 50%。

马克西姆餐厅

世界著名西餐餐厅,位于巴黎皇家大街 3 号,1893 年由店伙马克西姆·加亚尔开设,后来的主人是阿贝尔,现归著名时装大师皮尔·卡丹。他制定了《马克西姆商业网》计划,希望将服装与烹饪结合,使法兰西文化传统继续发扬光大。

马克西姆餐厅由著名建筑家亚历山大·布罗塞设计,著名美术家马尔藤斯和索尼埃绘制壁画,被列入法国《历史文物名册》。它主要供应阿贝尔比目鱼、比利埃牛肉汤、红花圣雅克鲜贝、鲜桃烤鸡、布莱斯小黄瓜烤鸭块、萃冠牛排、鹌鹑蛋红鱼籽等 100 多款高档名菜;其名师多次在世界狂欢节烹饪博览会上获得金质大奖。

该店还藏有 800 余种、20 余万瓶法国名酒,配用著名的巴卡拉特玻璃酒具,每瓶最高售价可达 1400 法郎(约折合人民币 3400 元)。马克西姆餐厅的 300 多个座位通宵达旦无虚席,食客遍及五洲四海。

马克西姆餐厅的前领班阿贝尔是个“明星人物”,他有一句“顾客即是皇帝”的名言。他的蜡像与世界名人一起,陈列在巴黎蜡像博物馆中,成为企业家的楷模。

该店还在数十个国家的繁华都会设有分店,如布鲁塞尔、里约热内卢、新加坡、北京等。名厨由法国国内选派,原料和酒品从法国国内空运。

西点制作

西点

亦称西式点心,它多以面粉、蛋奶和糖油作主料,辅以鲜果、干果、果酱、咖啡、可可、黄油和化学生物添加剂,经和面、制馅与成型等工序烙烤(或用其他加热方法)制成。成品外观漂亮,香甜松软,营养丰富。

西点包括饭点与糕点、甜点与咸点、干点与

湿点等不同类型；又有法式、英美式、苏俄式、德意式、澳新式、日式、印式、清真式、印第安式、犹太式种种流派，花色品种丰富，食用人口多达30多亿。

根据制作工艺和食用情况，现今通常将西点分作两个大类——常点与席点。其中，常点又叫饭点，类似中国的主食，主要有黑白面包、麦片粥、炸土豆、通心粉、面饼、糕团之类。席点又叫糕点或甜食，包括：(1)软点。热吃，如煎饼、吐司，多系早餐供应；(2)干点。冷吃，如果排、哈斗，多作下午茶点；(3)湿点。带汤汁，如烩水果、冰淇淋，多作午、晚餐点心。

西点制作分为半成品制作和成品制作两大工序。前者是制作封糖、果酱、糖渍果料、马斯板、可林姆、柏林那、司司得酱等等；后者是制作蛋糕、油糕、清酥、混酥、酵面、烫面、饼干等等，工艺相当严谨(详见后续各词条)。

目前，知名西点品种有蛋糕、面包、布丁、果排、碧莎饼、冰淇淋、木斯冻、烩水果、沙勿兰、三明治、气鼓、汉堡包、浜格饼等，后文也有介绍。

封糖调制

封糖即翻砂糖，英语译音为“马保子”，是点心挂糖皮的基本坯料。其调制工艺是：每5000克砂糖加250～500克饴糖和1000～1500克清水，用火熬沸后，撇净糖沫，再续熬至110～120℃；如果此时的糖液滴在凉水中能凝结成软糖团，即可。然后倒在撒有一层冷开水的石板上摊平，上面再浇一层冷开水，待糖温降至40℃左右时，用木搅板揉砂揉白，收入容器，盖严供用。

封糖可加少量色素或可可粉调成各种颜色，在“可可球”、“树根蛋糕”、“气鼓”上挂一层“巧克力皮”；还可以装入纸筒内，在糕面上挤一些简单的花纹图样，进行美化。

果酱调制

果酱包括草莓酱、苹果酱、杏酱、樱桃酱、番茄酱、菠萝酱、栗子酱、花生酱种种，主要用作各种糕点的馅心，还可以在糕点表面点缀花纹。

果酱的调制多是水果加糖熬成。如草莓酱是草莓治净后加砂糖熬炒而成；苹果酱和杏酱则是苹果或杏煮烂后过箩，再加砂糖熬炒制成。其中的关键有二：一是果与糖的比例一般应是1∶(1～1.5)；二是火温须控制在130～140℃之间。

还有些果酱在调制时，要加1%的冻粉，火温不得超过120℃。它异常晶莹，分外耐看。

糖渍果料调制

糖渍果料多用瓜皮、桔皮、香桃皮或桃、杏、梨、李等的果肉，加糖腌渍后上火熬制而成。与罐头水果相比，它的含糖度高，易于贮存，但色泽不甚鲜亮。

糖渍果料在西点中大多充当辅料，如油糕类的福禄克克，清酥类的希腊角，酵面类的司都鲁，都要用它配制。

糖渍果料的制作比较细致，一要选好瓜果，二是盐泡糖渍，三要反复煮熬，四要晾放静置。其中配方与火候，还有工序，都应严格掌握，不可疏忽。

马斯板调制

马斯板是用杏仁、砂糖、罗木酒(或白兰地酒)混匀后轧制而成的一种柔软“面团”；它的气味香醇，是制作各种高级西点和巧克力糖馅心的辅助用料。如巧克力皮、封糖皮、糖粉皮，都须先包一层马斯板，然后再挂各种糖皮，这样才能既平整、又美观。

马斯板还可以作为主料，用于制作德式名点“帮口根”、法式名点“北根拉”等。

此外，用马斯板捏扎的花朵，塑造的动物，也都可以乱真。

可林姆调制

可林姆即是黄油酱(或黄油膏)，是制作鲜点心的主要辅料，味道柔软清润，鲜美香醇，同时也靓丽美观。

可林姆由黄油与糖，以及蛋黄、牛奶等调成，制法多样。一是黄油和糖浆合搅；二是黄油和黄酱合搅；三是将蛋黄、牛奶与糖制成的少司搅入黄油中；四是把封糖温热后搅入黄油内；五是把过箩后的糖粉搅入黄油内。其中，第一种工艺最为简便，成本低廉，不易霉变，用得最为普遍；第三种质量最好，香润而清口，但工艺烦琐，成本较高，难于久放。

司司得酱调制

司司得酱是用牛奶、蛋黄、玉米粉、砂糖等共同熬成的。主要用作馅心或辅料。制作混酥排、气鼓(哈斗)、黄油面包等西点时,都少不了它。

司司得酱的调制工艺是:将适当比例的蛋黄、玉米粉和糖搅拌均匀后,注入烧沸的牛奶中再搅,然后上火熬制。边熬边搅,防止糊底。开锅后用微火焖几分钟,使之熟透。离火稍晾,投入香草粉少许搅匀,静置待用。

柏林那调制

柏林那即是西点中的高级馅料——杏仁馅,系用杏仁、糖、鲜奶油、巧克力、可可油等调配而成。常用来制作羊角饼干、蜜咖达或巧克力酥糖,气味清香,口感良佳。

柏林那的工艺流程大致是:(1)砂糖中加10%的水熬沸;(2)投入杏仁续熬,直至起砂;(3)投入鲜奶油再熬,使之成为干砂;(4)投入可可油或黄油接着熬,到不粘锅为止;(5)倒在石案上晾透砸碎,用轧馅机轧3~5遍,用手一捻,看不到黑色的杏仁衣时为好。

蛋糕制作

蛋糕是西点中的主要品种,它是将鸡蛋液、面粉和糖按一定比例打匀后置于模具,或蒸、或烤、或烘制成。蛋糕内加馅料,则可变成水果蛋糕、夹心蛋糕、核桃蛋糕、油花蛋糕;蛋糕外敷粉屑,浇盖或裱花,即成彩花蛋糕,有糖粉蛋糕、蛋白蛋糕、琼脂蛋糕、奶油蛋糕4种类别。

制作蛋糕的关键是调制蛋糕浆,一应掌握配方,二应注意物料投放的程序和时间,三应保持器皿的清洁。不论清打(蛋黄蛋白分开),还是混打(蛋黄蛋白混合);不论做清蛋糕(不加水果、果酱、酒等配料),还是做油蛋糕(保持重油),都须严格遵守操作规程,确保产品质量。

油糕制作

油糕即油蛋糕。它是将黄油与砂糖一起搅拌,松暄发泡以后边加蛋液边搅,待均匀成浆再下面粉和其他辅料又搅,成为油面糊,最后装入模具或烤盘中烤熟。其特点是硬中带软,耐干性好,便于贮存。

油糕的名品较多,如樱桃糕、云石油糕、香蕉油糕、鲜姜汁油糕、可可奶油油糕等。特别是"圣诞糕",采用了马斯板、糖粉等辅料装饰,名贵高雅,是欧美诸国圣诞之夜的美食。

清酥制作

清酥又称清酥面、层酥面或白塔油开面,类似中点里的酥皮,通常是采用包酥的方法制成的。清酥有甜、咸二种,其差异主要在于馅心。清酥的特点是层次分明,酥脆可口;代表品种有清酥羊角、清酥马蹄、奶油三角酥、奶油蝴蝶酥、开面果酱酥、奶油清酥卷、清酥计司条、清酥克司得大饼等。

清酥面的制作方法是:白塔油500克砸软,掺入面粉120克和成油面以后稍冻。用150克水、100克蛋液、10克盐、20克醋精与530克面粉和成水面,稍饧。用水面包住油面,擀干叠成3折后冻硬;再擀开叠为3折,连续擀叠4次(每次都须冷冻,防止油脂渗出),即成为清酥面生坯,然后便可制成不同的品种。

混酥制作

西点中的混酥类似于中点里的松酥,它是将面粉、白塔油、糖、蛋液、发粉与香精等和在一起拌匀制成的。其特点是面团虽然酥松但不起层,宜于贮存,不易霉变。

混酥面团的配方通常是:面粉500克、黄油250克、糖200克、蛋液200克、碳酸5克和香草片1片。面团和好后也须冷藏备用。用其制作点心,可以一气呵成,也可以分步骤完成(即坯料定型成熟后再配加馅心)。

混酥的代表品种有:黄油酥饼、奶油条酥、杏仁混酥饼、麻仁牛舌酥、白塔小饼干、翻砂糖混酥饼、黄油酥苹果卷、混酥底水果冻、混酥底椰子点心、混酥底杏仁点心等。

酵面制作

酵面是采用酵母发酵法调制的膨松面团,它可以调制出众多的西点,咸的、甜的,烤的、炸的均有,都是以膨松绵软、富有弹性、美味可口、易于消化取胜。如圆甜面包、酥皮面包、果仁面包、夹心面包、椒盐面包、棍状面包、法式棒形大面包、羊角面包、斯都鲁、都那司等。

酵面的投料标准通常如下:富强粉5000克,白糖1500克(冬季减为1000克),油750克(猪油、素油均可),鸡蛋750克,鲜酵母120～150克,清水2500克(夏季减500克,冬季加500克),盐、香料、饴糖水等各适量。

烫面制作

西点中的烫面与中点里的烫面基本相同,都是用沸水(有时加油脂)调制的面团,其特点是粘、柔、糯,可塑性强,经过炸、烤以后内部可以出现填放馅心的中空。

烫面在西点中大多用来制作"气鼓"(或称哈斗、空气饼)。它的饼壳松脱,没有味道,主要依靠馅心(如奶油、白塔忌林、香草忌林、巧克力忌林)来调味。

气鼓的品种较多,如气鼓糊、炸气鼓圈、鸭形气鼓、巧克力气鼓、奶油圆哈斗等。

饼干制作

西点中的饼干亦称茶酥、小点心,是一种小巧的干点。它可用多种面团制作,形状、口味和质地也多种多样;代表品种有黄油饼干、牛奶饼干、杏仁饼干、蜂蜜饼干、黑白花饼干、玉米粉饼干,核桃仁饼干、混酥蛋白饼干、蛋白杏仁饼干、椒盐饼干、麻仁饼干等等。

举凡饼干,都有3个特色:(1)形体小巧玲珑,多呈规则的几何图形,每片约2～10克,整齐划一;(2)全部都是干点,含水量甚少,可以较长时间贮存,并包装外运;(3)大多作为茶点使用,特别是在欧美流行的"下午茶"中用得较多,有点缀气氛、烘托环境的作用。

饭点制作

西餐中的饭点属于饭后的甜食,也是正餐最后的一道甜菜。它包括冷、热两类,冷饭点如冰淇淋、木斯、明胶冻、烩水果;热饭点如布丁、炸苹果、果酱煎饼。前者清凉柔软,甜美爽口;后者香热甘醇,大快朵颐。两种饭点都可以采用不同的主料制作,以冻、烩、煎、炸、蒸、烤为主,现吃现做,注重档次,并与宴会和正餐中的其他菜品配套。

饭点中较常见的品种是:苹果布丁、闵士排、奶油木斯、可可冻、巴司克、克司得水果、炸葡萄干、酒汁桔子煎饼、香草冰淇淋、奶酪(酸奶)等。

吐司

在切薄烘烤的淡面包片上放荤料,或者是两片面包夹馅之后煎炸、烤烙而成。其名目繁多。如八宝吐司(8种辅料作馅炸制);柳叶吐司(鱼肉、蛋白、冬菇作馅炸制,面包切作柳叶状);金钱吐司(面包切作铜钱状,夹虾泥、火腿屑、蛋清炸制);鱼子吐司(烤面包片上抹黄油、鱼籽酱);煎鸡肝吐司(烹好鸡肝置于烤面包上);炸虾腰吐司(猪腰、虾茸、蛋液作糊裹面包片炸);煎羊脑吐司(熟羊脑置于烤面包上);沙丁鱼吐司(沙丁鱼置于烤面包上);水波蛋吐司(烤面包片抹黄油后上面搁一个水波蛋)之类。

耶素

又称埃及面包、阿拉伯面饼或清真大饼,系将面团发酵之后,添加蜂蜜、维生素和其他调配料烤制而成。在埃及首都开罗和亚历山大、塞得港、苏伊士、阿斯旺等大中城市中,都有专门的食品厂用机械化的方式生产,由发好的生面制成大饼,一般只需要6～8分钟。

耶素是埃及人民最喜爱的主食,大都不在家中制作而去市场购买。埃及政府对这种面饼的生产给予巨大的财政补贴,其售价常比面粉还低。

碧莎饼

又写作比萨饼、比查饼或皮莎饼,意大利著名的特色风味馅饼。它是将油酥面团置于"碧莎铁盘"中,上面缀加各色馅料煎烤而成。荤馅有猪肉、牛肉、火腿、鸡蛋之类,素馅有黄瓜、茄子、洋葱、青椒等,都要以干酪和番茄酱佐味,并且缀上橄榄仁和鸡蛋丁。讲究的碧莎饼是在洁净的陶瓷砖上用木炭火烤制的,刚出炉时馨香扑鼻、爽脆可口。

碧莎饼不仅在家庭饭桌上随处可见,而且意大利全国还有碧莎饼快餐店2400多家,遍及大街小巷。目前我国的不少都会,也开设了正宗的碧莎饼专卖店。

柠格饼

柠格饼是常见的西点之一,它仅是一片薄薄的圆饼,中间夹有果酱、鲜奶油、黄油、杏仁粉、柠檬、水果、甜酒等不同馅料,并且多以馅料命名。它的制法简单,成本较低,在早、中、晚餐中都可以充当点心。

如栗子泥栎格、巴黎式栎格等。

栎格饼的坯料配方通常是:面粉500克,砂糖100克,牛奶750克,鲜鸡蛋5只,香精1克。调作蛋奶糖粉面团,制成圆坯,用锅煎熟,一切4瓣。

哈斗

又名空心饼或气鼓,用烫面制作。它是用沸水将蛋、奶、粉等调成稠糊,用布袋在烤盘中挤成椭圆形,烤熟后剪破鼓涨的坯皮,灌入奶油、玉米粉糊等馅料制成。

长哈斗为法式,呈指形,内嵌馅料外蘸糖霜,法语叫"爱克兰";圆哈斗为英式,呈马蹄形,内嵌馅料外撒糖粉,英语叫"泡夫"。

参阅"烫面制作"条。

布丁

布丁是西点中的一种饭点,多选用面粉、玉米粉、蛋、奶、水果、黄油、白糖作原料,调匀后置于"布丁模"中蒸成或烤成,甜的多,咸的少,什么风味就叫什么布丁。

布丁的品类丰富,常见的有苹果布丁、黄油布丁、面包布丁、西米布丁、生姜布丁、冬至布丁、新侨布丁、巧克力布丁、葡萄干布丁、鸡蛋布丁(又称可斯得布丁)、栗子布丁、桂皮布丁、杏仁布丁、梨布丁、牛脂布丁、烤黄油大米布丁等。

其中的冬至布丁,配方中除面粉、黄油、葡萄干、蛋奶、糖、盐、苹果、桔皮、豆蔻粉外,还加有白兰地酒与加伦子,比较驰名。

果排

西点中的常见品种,又译作"攀"或"果酱夹",是一种大型的带馅圆饼,类似于中点里的馅饼。它通常用黄油开面(清酥面团)、咸生酥面团或猪油面团作为坯料,分作上下两片,中间或夹咸馅(猪肉、火腿、家禽、鸡肝、海味之类),或夹甜馅(水果、椰子、巧克力、蛋黄、奶酪等),烤制而成。熟后切块分食。

果排中的名品有苹果排、柠檬排、桃排、杏排、芦白排、南瓜排、红果排、杨梅排、鸡蛋排、干酪排、闵士排、巧克力排、倭瓜排、栗子排、香蕉排、菠萝排、葡萄干排、火腿排、茶肠排、肝泥排、虾茸排等。

沙勿兰

沙勿兰是法语"蛋奶酥"的音译,有冷、热两类。冷制沙勿兰相当于"冻",请参阅"木斯冻"条。热制沙勿兰是利用空气受热膨胀的原理,通过搅打蛋奶浆和烘烤,使之甜糯松软、色泽金黄,溢出蛋香和奶香。

它的制作要诀是:蛋白必须搅打成硬性的白雪泡沫状,然后只需要与牛奶等料拌匀而不可继续抽打。否则蛋白沫中的空气溢出,就要影响涨发性与吃口,外形亦不美观。

汉堡包

实为牛肉馅饼,是在圆面包内夹牛肉馅,佐以莴苣、洋葱、番茄、腌菜和芥末混合酱等,用机械制作而成。

汉堡包最早出现在19世纪初叶的汉堡城,因而得名。1884年,它由德国传入美国,由汉堡包发展成"汉堡加配菜"的三明治;除肉馅外,还可加有黄油、芥末、番茄酱、酸黄瓜、奶酪等物。本世纪30年代,汉堡包开始推广;40年代出现麦克唐纳专营公司,50年代出现汉堡大王公司,后来又有闻滴专营公司。特别是闻滴专营公司,拥有2000余家连锁店,深入到40多个国家,年营业额高达10亿美元。目前,汉堡包是国际快餐食品的主角,食用者有10多亿人。

三明治

西点中的快餐品种之一,即两片烤面包抹白脱油后夹一层馅料,然后切去边皮,从中一切为二制成。用什么原料做馅心,就叫什么三明治。如牛肉三明治,火腿三明治、鱼籽三明治、香肠三明治、鸡蛋三明治、沙丁鱼三明治、青生菜三明治、色拉三明治、番茄三明治等。

其中,名声最大的是夜总会三明治,其馅料由鸡蛋片、火腿片、倍根片(咸味熏鱼)、鸡脯片、酸黄瓜、番茄片、青生菜叶和马林少司等合成。

三明治有时也叫"三味吃",可以是一片面包上放一层馅料,也可以是两片面包中夹一层馅料,还可以是3片面包分夹两层馅料。

塔马尔

墨西哥人对玉米粽子的昵称。这种粽子以拌油的玉米面为主料，内夹肉块和其他调配料，外用玉米苞叶或芭蕉叶包扎，隔水蒸或水煮而成。其形状多为长方条，也有方形或包子状的。塔马尔按照配料和做法的不同，在墨西哥有1千多种花式；并能开出粽子大宴，名曰"塔马拉达"。

玉米粽子中，最受欢迎的是"埃洛塔马尔"，这是青玉米粒拌红糖和"奇莱"(辣椒)做的；还有一种"尼斯科科"，则是将玉米面的一半涂染成红色，另一半为白色，剥开粽子后红白相映，分外悦目。

冷面

韩国和朝鲜的风味面点。按制作工艺分，它有切面与压面；按主要原料分，它有小麦面、燕麦面、荞麦面、土豆面等。其中，荞麦冷面最为著称。其制法是：七成荞麦面与三成土豆面用热水和匀，送入轧面机中压条，用沸水煮2～4分钟后捞出，在凉水(最好是井水)中冲两三遍，沥干置于大碗中。先浇一勺牛肉冷汤或鸡冷汤，再酌放肉片、炒鸡蛋、辣白菜、黄瓜丝、梨丝、葱丝、辣椒、味精、细盐等调配料，调匀即可食用。此面条细质韧，汤汁凉爽，酸辣适口，消暑解热，平壤、汉城等地制作最佳。

寿司

又称"日本饭团"，是一种带菜码和调味品的大米饭团，吃时蘸酱油，或佐以醋渍的生姜片。寿司的制法多种多样，有时是将大米、鱼片、海鲜和醋同煮；有时是把醋、盐拌入米饭中，夹裹生鱼片、虾片而食；有时是饭在下，菜在上，外用紫菜包紧。

寿司的历史悠久，10世纪初的日本文献中已见记载；17世纪末，已出现专营的寿司饭店。寿司种类繁多，有很强的地域色彩。其中比较流行的是东京握制寿司、关西压制寿司，还有狐狸寿司等。

药饭

又称"药食"或"养生饭"，是朝鲜和韩国农历正月十五食用的节令食品与滋补食品。它的做法是：先将糯米煮至七成熟，然后放入大枣、栗子、柿饼、松仁、地瓜、蜂蜜、人参、桔梗等药材，用文火焖烂。此饭有健身强体之效，据说食后可以驱灾除病。

药饭之俗，始于新罗照知王时期；现今广泛见于婚寿喜宴。

药饭的配料可多可少，一般不少于8种，与中国的"腊八粥"有些相似。

抓饭

西亚和阿拉伯半岛上伊斯兰教徒的传统美食，它以大米和羊肉作为主料，配加鸡肉、鸡蛋、牛羊肉、菠菜、豌豆、胡萝卜、洋葱、茄子、葡萄干、杏仁、无花果干、羊油、橄榄油、辣椒、柠檬汁、陈皮，阿月浑子、盐、糖等不同辅助料，先煮后炒制成。由于它是盛在大木盘中用右手抓食，故名。

抓国饭以阿富汗做得最好，土耳其、埃及、伊拉克等国也各具特色。特别是在著名的《土耳其苏丹宴》中，抓饭常用银盘盛装，配料多达10余种，令人齿颊留芳。

马托基

这是乌干达人对"香蕉饭"的称呼。此饭选用一种不甜的香蕉作为主料，剥皮后，捣成泥状，或蒸或煮，然后配上红豆汁、花生酱、红烧鸡块或咖喱牛肉食用。它风味独特，营养丰富，在乌干达有"国食"之誉。

除了做饭，乌干达的香蕉还能调制出其他名食。如鲜美可口的香蕉汁，烤得焦黄的香蕉点心，香甜醇厚的香蕉啤酒，配加肉品烧制的香蕉菜等。

烧石烤饭

此乃新西兰毛利族的传统饭食，故又称"毛利饭"。它的炊制方法古朴，先将米麦、芋头、南瓜、白薯、猪肉、牛排、鸡腿、鱼肉等食料进行初加工，然后按上、中、下3层均匀排放在铁丝筐内，用芋头叶盖严备用。再在很大的长方形砖炉内架上几根铁条，铁条上铺满洗净晾干的鹅卵石，石上焚烧几棵散发馨香的塔布树，约3个小时卵石即可烧红，迅即拨一瓢冷水，使热气蒸腾。接着将盛食物的铁筐放在卵石上，上盖树枝和泥土，涂上稀泥封严。约经4个小时饭菜便可成熟。然后铲去干泥，抬出铁筐，众人席地而坐，用手抓出食物洒上盐与胡椒粉食用。席间儿童跳起原始气息浓郁的毛利舞，众人应节而歌之。

烩水果

西餐中常见的饭点之一，即将新鲜水果烩熟后再食用。由于各种水果品质不一，口味也不一样，所以烩制时要“相物而施技”。如过甜的须加柠檬汁；过酸的须加糖；质地松软、易于变形的苹果、李、桃、杏子、无花果、草莓之类，应当沸水下锅，一滚即起；菠萝、梨等硬性水果，煮的时间应略长；而桔子、香蕉之类，只用砂糖、香叶、丁香、柠檬片煮成的沸汤一拌即可。

知名的烩水果有烩樱桃、水果三得、烩香蕉、烩无花果等。

木斯冻

木斯是英语“贻贝”、“壳菜”的音译。中世纪时期欧洲人常用贻贝壳作为模具，酿制其他原料食用，称为“木斯”；后来人们便把模具制成的冻叫作“木斯冻”；现今的制冻原料主要是全利丁（明胶片），所以木斯也叫“全利冻”。

木斯冻多用清的奶油全利冻制成，其模具大小不等，分别可供1～10人食用。这种点心软滑香糯，透明光亮，是夏令的佳品。

常见的木斯冻有奶油全利冻、鸡蛋全利冻、苹果全利冻、巧克力全利冻、白粉冻、西米冻、红饭酒冻、柠檬全利冻、香槟酒全利冻、五色酒全利冻、草莓木斯、咖啡木斯、红果结力木斯、奶油菠萝木斯、可可冻、玉米粉冻等。

冰淇淋冷饮

西点中重要的冷饮制品，呈半固体状，系用玉米粉、牛奶、水、白糖、水果、奶油等原料调制而成。其品种较多，如两色冰淇淋、三色冰淇淋、水果冰淇淋、火烧冰淇淋、冰淇淋菠萝三得、冰淇淋可可三得、巧克力冰淇淋、西瓜冰淇淋、桔子冰淇淋、香草冰淇淋、樱桃冰淇淋等。

一般冰淇淋的制法是：将牛奶和白糖在火上熬开，缓缓倒入搅匀的玉米粉和鸡蛋液，边熬边搅，烧沸后晾凉，盛入搅拌器中边搅拌边冷却，凝结成冰霜状，然后以钢勺或食具定型即可。

（十三）菜品审美

菜品构成

菜品

手工制作的食品的通称，包括菜、点、羹、汤及各种零食。现今许多教材和论文、专著使用“菜品”一词，主要是和天然食品（如苹果、香蕉）、轻工业食品（如罐头、饼干）相区别，本书亦是如此。

与菜品概念近似的，还有菜、菜式、菜种3个词。由于它们都是指通过烹饪制成的肴馔，因此在使用中经常混淆，影响语意的准确表达。实际上，按照餐饮业的语言使用习惯，它们的词义仍有一些细别，需要加以区分。

1.菜。使用频率最高，用途宽泛，有时是单称（如这道菜、那道菜），有时是复称（如荤菜、素菜），其内涵要视具体的语言环境而定。

2.菜式。多指肴馔的花色品种，如烧烤菜式、蒸扣菜式；有时也指菜品的原料系列，如海鲜菜式、花卉菜式。它最早流传在南方，现已通行全国。

3.菜种。主要指肴馔的系列和风味，与“乡土菜”、“民间菜”、“地方菜”、“民族菜”、“宗教菜”的含义接近。具体来说，它是指在选料、组配、烹制、调味、质感、造型、配器和食俗等方面有一定的内在联系，流行在某一区域、阶层或民族、宗教之中，形成共同特色，并为一部分人群所喜爱的日常菜品与宴飨菜品系列，如兰州菜、谭家菜、侗族菜、道观菜等。菜种中的佼佼者，即为“菜系”，也就是中国烹饪的风味流派（参见“菜系”条）。

菜品的属性

菜品的属性表现在3个方面：一是具有食品的共性，二是具有商品的特性，三是具有自身的个性。

1.食品的共性。

食品系指含有一定的营养成分，人体消化吸收后能产生热量，可以促进肌体组织生长、修复或调节的一种物质。它有安全卫生、富于营养、感官良好3大基本要求。人类的食品分为两种，一种是可以直接生食的部分果蔬和少量的动物性原料，一种是需要熟制的绝大多数的飞潜动植。从加工方法看，它又有直接利用的食品、手工制作的食品、机械生产的食品3大门类。

食品的种类甚多，中国菜品仅是其中之一，并具有食品的许多共性。如原料的安全性、营养的丰富性、制作的工艺性、品种的多样性、档次的差异性、食用的方便性、供应的季节性、风味的乡土性、嗜好的民族性、信仰的禁忌性、流传的时代性和审美的教育性等。

2.商品的特性。

商品是指为交换而生产的劳动产品，它具有使用价值和价值的两重性。在不同的社会制度中，商品还体现着不同的生产关系。商品的门类也很多，为满足饮食市场的需要而生产的一部分菜品(主要是市肆菜)，也属于这个范畴。

商品中凝结着人类的劳动，可以在等价的基础上进行交换，并以货币为媒介在市场上销售等特性，在一部分菜品中表现得相当明显。一般来说，餐饮业和旅游饭店生产的菜品，是纯粹的商品；城镇家庭和单位食堂制作的饭菜，因为原料须从市场上购进，也具有商品的某些特性；农民吃的饭食，多是自己生产自己消费，没有进入流通领域，大都不具有商品的属性。既然是这样，许多菜品就要受价值规律的支配，被竞争机制所约束。这便会在生产与消费方面形成许多特点，丰富了它的内涵。

3.自身的个性。

菜品是食品中的一个特异分支，品类繁多，个性也相当鲜明。其一，用手工单件生产，比较精细。其二，虽有配方但不固定，虽有规程但不拘泥。其三，花色品种丰富，四时三餐常变。其四，民族性、地区性、家庭性和个人嗜好性的色彩尤为鲜明。其五，家庭与单位食堂是现烹现吃，餐馆和食贩是生产、销售、服务一条龙，一般没有储藏、包装与运输环节。其六，与乡风民俗紧密结合，饮食文化的情韵浓厚。

基于菜品存在着上述3种属性，所以它便成为中国烹饪学的核心研究对象。从生产到消费的整个过程中，通过菜品可以把原料、炊具、工艺和筵席、菜系、服务接待、食俗礼仪、经营管理等专题全部串通起来，从而形成一个完整的学科体系，从中探讨烹饪的特征与规律。

菜品的构成

粗略估计，我国现有菜品60000余种，其中，菜有50000余种(含名菜5000余种，历史名菜1000余种)；点有10000余种(含名点1000余种，历史名点200余种)，是一个庞大的手工食品家族。

菜品的分布不大均衡。饮食文化昌盛发达的地区(如鲁、苏、川、粤)，约为5000～8000种；饮食文化比较发达的地区(如京、沪、鄂、辽)，约为2000～4000种；饮食文化不太发达的地区(如赣、黔、宁、藏)，约为500～1000种。此外还有少数民族菜品约5000种，宗教风味菜品约1000种，外来菜品约2000种。

这些菜品可以归类。如按时代分，有古代菜与现代菜；按来源分，有传统菜与创新菜；按原料分，有荤菜与素菜；按风味分，有四大菜系菜和其他流派菜；按档次分，有特档菜、高档菜、中档菜与低档菜；按用途分，有家常菜、饮宴菜、祭祀菜与食疗菜；按酒筵分，有冷热、热菜、汤菜与饭点；按技法分，有生制菜与熟制菜(如蒸、烤、煮、炸)等。

这些菜品来自多种渠道，是在不同的社会背景中孕育出来的。它的主要构成成分是：祭祀菜、宫廷菜、官府菜、商贾菜、寺观菜、养生菜、民族菜、民间菜、外来菜、市肆菜等，详见后续各条。了解它们的来龙去脉，掌握其风味特色，不仅有助于加深对中国烹饪总体的认识，而且对餐厅的经营管理、接待服务都有积极的意义。

祭祀菜

即祭祀神祖的菜品。它萌芽于原始公社制社会的末期，起源于原始宗教信仰中的自然崇拜、生物崇拜、图腾崇拜和祖灵崇拜；先民企图通过向天神、地祇、人鬼、物魅献纳美食、祷告祈求的方式，达到“事神以致福”的目的。这一类菜品，经过尧、舜、禹、汤数代的演练，至周形成样板。秦汉开始，它作为古礼被保存下来。唐、宋、元、明、清各朝均按各自的礼法又对它进行过改制，清季最为规范。辛亥革命以后渐趋衰亡，现今只能在部分少数民族地区、寺观以及民间清明、中元、除夕祭祖时，可以见到它的一点踪影。

祭祀菜一般包括3种类型。(1)“福礼三牲”。即经过认真挑选、精心整治的全牛、全羊、全猪，不加烹制调味。(2)“福果净水”。即新鲜的水果和清澈的泉水，多用瓦陶制品(古称豆)盛装。(3)“奠菜祀席”，即精心烹调的菜品和筵席。它们有的是遵循祖制，有的是依照死者生前的嗜好，有的是一桌家宴。其中，祭祀菜常称“福供”，餐具常称“礼器”。

祭祀菜的特点是：(1)多按典章制度的规定制作，工艺严谨，不许任意增减数量，不许乱翻花样。(2)风格素朴，式样典雅，菜名也遵古制，历史积淀深厚。(3)菜品的选用常因神、因鬼而异，带有“媚神”、“悦鬼”的性质。(4)伴随有相应的祭奠仪式，多由祭司、帝王、族长或家长主持，仪典隆重，气氛庄严。(5)菜品用过之后，有的抛洒、深埋，有的由与祭者分享，名曰“纳福”，即享受神鬼的恩赐之意。

古代的祭祀菜和祭祀席甚多。如先秦的“脤膰之礼”，汉魏六朝的“祭灶”，隋唐宋元的“狩猎祭天”，明清的“太庙荐新仪”。像南齐的“祭筵”，就是分别为故去的四个帝、后准备了他们生前爱吃的肉脍、鸭卵、炙鱼、菹羹等12道菜品；而明代的“太庙荐新仪”，则是按月供奉不同的节令食品，全年共计59种。

由于筵宴导源于祭祀，早期的宴飨菜多从祭祀菜转化而来，所以祭祀菜对中国饮食文化的影响较大。现今的不少名菜(如烤乳猪、煮全羊、腊八粥、太阳饼)，都曾用于祭祀；现今的一些筵席格局(如山西的“寒食节冷餐”、广西的“七月半祭祖”)，仍可看到古代祭祀席的痕印。

宫廷菜

宫廷菜是奴隶社会和封建社会王室中帝王、后妃及其世子们专用的菜品。它始源于夏初，延续到清末，前后经历4000余年，各代风格不尽相同。例如，周代讲求“五味调和，烹饪得宜，珍馐宴享，饮膳有序”；汉代重视“尊古合仪”，吸收了不少少数民族菜式和西域菜式；元代提倡“食饮必稽于本草”，在沿用汉制的同时又突出羊馔；清代强调“满汉合璧”，注意健全光禄寺体制，御厨明确分工，要求席、菜、点、茶都有“定式”。

宫廷菜从一开始，就是由食官监办、御厨制作的，相当规范。从食官看，夏有“庖正”，商有“内饔”，周有“膳夫”，秦汉有“少府”，南北朝有“光禄卿”，隋唐有“内侍省”，两宋有“珍馐署”，元有“宣徽院”，明有“尚膳监”，清有“光禄寺”等，从未缺额，官阶大多是4～6品。从御厨看，人数众多，分工细密。像周代便有2100余人，隶属于22个部门，由208名职官管辖；清末有300余人，隶属于荤局、素局、点心局、饭局和包哈局(专做烤菜与腌菜)，而且帝、后、妃和世子的厨房分开，行宫也配备了专厨。

其所以如此，是因为“古之君子善修其身者，动息节宜以养生，饮食衣服以养体，威仪行义以养德。是故周王之制礼也，天子之起居、衣服、饮食各有其官，皆统一冢宰，盖慎之至也”(虞集《饮膳正要序》)。这就说明，历代大兴宫廷菜，不仅仅只是王室成员贪图享乐，更重要的是维系帝王的身体健康，从而使皇统永固，万世齐昌。

宫廷菜的主要特点是：(1)选料广博而精细，重视食养与食治。这是宫廷优裕的物质条件和特权所决定的。既有四方贡物，又可下旨催索，取精用宏，自在其中。同时宫中还有众多的杏林高手，充当“营养保健医生”，故能确保肴馔的调摄作用。(2)管理严格，精烹细制，所出皆为精品。因为御厨都是逐层筛选、保荐出来的，各有“绝活”；加之责任明确，建立有“尝膳”(预先试尝)制度，失职者轻的鞭打，重的杀头，所以人人谨慎，保证了菜品的成功。(3)上承下传，四方借鉴。每朝的宫廷菜既有皇室倡导的主体风格，又可成为当时全国名菜美点的汇展橱窗，显得万象包容，精萃深厚。周、汉、元、清四代即是典范。(4)名宴多，礼仪隆，流光溢彩，气势磅礴。如周的八珍席、汉的大风宴、隋的云中宴、宋的千秋席、元的诈马宴、明的上元宴、清的千叟宴，都在中国烹饪史上留下光辉的一页。

由于菜品精美，不少宫廷菜得以流传。其中的主渠道是北京的仿膳饭庄、御膳饭店和颐和园听鹂馆；辅助渠道是流散在各地的御厨及其传人，以及被帝王赐过菜的大臣及其后代。这里面的代表品种有：北京烤鸭、八宝豆腐、镂金龙凤蟹、金齑玉脍、钟祥蟠龙、散烩八宝、口蘑肥鸭、一品燕菜、鹿头汤、河豚羹、肉末烧饼、小窝头、豌豆黄等(参阅“仿膳菜”和“北京宫廷御点”等条)。

官府菜

亦名“公馆菜”、“缙绅菜”,是封建社会官宦人家所制的肴馔,其值铛者称为“官厨”。此菜始出于周秦的诸侯府第,汉晋隋唐初具规模。刺史石崇以操办“金谷园宴”驰誉,丞相段文昌之家更有“炼珍堂”的美称。降及宋元明清,又相继出现“孔府菜”、“东坡菜”、“随园菜”、“宫保菜”、“谭家菜”等,各据一方之胜。民国时期,“组庵菜”和“帅府菜”的影响也较大。

官府菜的兴盛,主要是下述原因所致。第一,为了享乐和应酬。所谓“千里做官,为了吃穿”,便是如此。再加上古代官办酒楼较少,官场应酬多在家中进行,因此不少官绅广蓄名厨,许多夫人擅长中馈,并有著名的食书(如《中馈录》、《宋氏养生部》)传世。第二,以珍馐作敲门砖,谋求升迁。历朝都有献食之风,不仅须向朝廷、上司进贡乡土特产,还要置办美食。像唐中宗朝大臣封官后,有向天子献食的“烧尾”制度;清代的乾隆皇帝,也常在大臣的府第作客。这种“献食”如果操办得好,便可获得升赏。第三,注重饮食养生。不少官宦人家,文化素质较高,懂得合理饮食与健康长寿的关系,常将中医保健学与营养配膳巧妙结合,调理出不少食、医兼美的饭食,以达到养生延年的目的。像陆游、袁枚,均系如此。这便是“三代做官,方才学会吃穿”的真正含义。

与宫廷菜相比,官府菜具有不同的特色。(1)多以乡土风味为旗帜,重视祖传名菜的调制。各代官员均来自各地的不同家族,厨者也多从家乡的调鼎高手中选聘,代表菜肴亦重视“祖风”的传承。像曲阜的孔府菜、沈阳的帅府菜,都有这样的气质。(2)注重摄生,讲求精洁,一般不追求形式上的华美,而是以“养”为目的,以“味”取胜。像康熙年间京都达官贵人举办的《一品会》,便是各家轮流请客,上的菜仅有一道。王相国家推出的是“八宝酿豆腐”,徐尚书家推出的是“笋筒灌珍错”,由于构思奇妙,京师“一时称绝”。(3)开放进取,善于借鉴创新,生命力强盛。明代的官府菜谱《宋氏养生部》,便是苏、京、鲁、川、粤、湘、鄂、豫、皖,以及汉、满、蒙、回、藏、苗,还有高丽、琉球等众多菜品的荟萃;而清末的“谭家菜”,则是北京风味与广东风味的完美结合,故有“戏界无腔不学谭鑫培、食界无口不夸谭家菜”之说。

现今保存的官府菜较多,主要以孔府菜(山东)、谭家菜(北京)、帅府菜(沈阳)、宫保菜(四川)、组庵菜(湖南)、梁家菜(河南)、李公菜(安徽)、东坡菜(湖北)为代表。名品有:孔府一品锅、怀抱鲤、诗礼银杏、带子上朝、黄焖鱼翅、草菇蒸鸡、煨乌鱼蛋、全壳甲鱼、组庵豆腐、鸭淋粉松、鲤鱼焙面、李鸿章杂烩、白扒玉皇蘑、宫保鸡丁、樟茶鸭子、坛子肉、酸辣鱿鱼、东坡肉、东坡饼、东坡羹等等(参阅“孔府菜”、“谭家菜”、“组庵菜”等条)。

商贾菜

商贾菜出自豪商巨贾之家,特别是古代的茶商、盐商、铁商之家和近代的金融家、实业家之家。它出现稍迟,主要流行在盛唐以后。我国古代著名食书《云林堂饮食制度集》、《随园食单》和《调鼎集》,都收集有众多的商贾菜;民国年间的徽帮会馆菜、山西钱庄菜、广州茶楼菜和上海洋行菜,也是商贾菜的典型代表。

商贾菜的兴盛,也有其特殊的社会、历史背景。自古以来,我国一直奉行着“重农抑商”政策,不许商人当官,不许商人从政。许多商人为了取得某些商品的专卖权,获得暴利,常常利用一切手段勾结官府,其中自然包括酒食。还由于商人在政治上无地位,为了寻求心理上的平衡,也在饮宴上“摆阔”,以之抬高身份。此外,商贾们进行贸易,也须以酒筵作为媒介;他们挥金如土的生活,常体现在宴乐之中。所以连乾隆皇帝也不得不承认,清代的淮扬盐商:“衣服屋宇,穷极华靡;饮食器具,备求工巧;俳优伎乐,恒舞酣歌;宴会嬉游,殆无虚日;金钱珠贝,视为泥沙。”还有人讲过,《金瓶梅》描写的饮食生活,可以看出明代商贾菜的影子;满汉全席的问世,也与江淮巨富的推波助澜有关。

商贾菜的特色主要有二:一是特别崇尚形式,用料名贵,调制奇巧,餐具华艳,筵席奢靡,历来有“耳餐”、“目食”的评语,实用性不是太强。对此,《随园食单》有所评述:“耳餐者,务名之谓也,贪贵物之名,夸敬客之意,是以耳餐非口餐也。”“目食者,贪多之谓也。今人慕食前方丈之名,多盘叠碗,是以目食非口食也。”“余尝过一商家,上菜三撤席,点心十六道,共算食品,将至四十余种。主人自觉欣欣得意，而我散席还家，仍煮粥充饥。可想见其席之丰而不洁矣！”二是部分养生菜品，在懂饮食的主人的督导之下，也做得小巧玲珑，颇有品尝价值。如《金瓶梅》中所记的“西门庆家宴”，上海解放前供上层工商界人士聚餐的“莫有才厨房”，就是如此。现今广州、上海、天津、北京等地的市肆菜，也有一部分是由商贾菜改造而来，很受欢迎。

商贾菜的代表品种亦不少。如金钱酿发菜、鲫鱼肚儿羹、云林鹅、雪盦菜、香螺先生、江鱼假江瑶、水晶蹄髈、白炸猪肉、柳蒸糟鲥鱼、油炸烧骨、干蒸肥鸡、熏鱼籽、鲜蛏、干蒸鸭、台鲞煨肉、大煮干丝、樱桃虾仁、鲜茄鱼丁、芙蓉青蟹、奶油菜心、鸿运当头、发财好市、大鹏展翅、乌龙吐珠等(参见“随园菜”、“明季商界特席”等条)。

寺观菜

寺观菜又称素菜、素食、素馔、释菜、道菜、斋菜、斋食或香积厨，正式出现在东汉。它主要指大乘佛教徒和全真派道人食用的风味菜点；包括清素(禁绝一切荤腥)的寺观素食和宫廷素食，以及花素(适当使用少许荤料)的民间素食和市肆素食等 4 种类型，在中国烹坛上活跃了近 2000 年，被推崇为养生食品，在世界上享有较高的声誉。

素菜古已有之。它的兴盛虽与宗教有关，但不是宗教的直接产物。先秦时期的“素羹”、“菜食”与“茹素”，都指吃素。这导源于中国古代以植物性食品为主体的膳食结构，以及“五谷为养、五果为助、五畜为益、五菜为充”的养营卫生理论。在佛教传入和道教兴盛之前，中国的素食已存在了好几千年。同时根据考证，早期的佛、道经籍中，并无茹素的戒律；现今仍有不少和尚、道人，也是吃荤的。因此，素菜与宗教没有必然的联系。

东汉开始，素菜逐步与宗教挂勾，这可能是出于两个原因。一是释伽牟尼有一弟子名叫提婆达多，为了弘扬佛法，极力提倡修炼苦行，戒绝情欲，主张茹素。这一思想被我国的大多数大乘佛教徒所接受，大约从梁朝起，入寺持斋便成为汉族地区佛寺的戒律之一。二是梁武帝肖衍笃信神佛，三次舍身出家，素食终生。这样，上行下效，礼佛茹斋成为时髦，逐渐形成定则。对此，唐人颜师古在《匡谬正俗》中有一段正确的解释：“素食但谓食蔬果糗饵之属，无酒肉也。……今俗谓桑门(佛门)斋食为素食，盖古之遗语。”清人李渔在《闲情偶记》里讲得更直率：“草衣木食，上古之风，人能疏远肥腻，食蔬蕨而甘之……。所怪于世者，弃美名不居而发异端，其说谓佛法如是，是则谬矣！”

中国素菜尽管不是滥觞于宗教，但是在其演变过程中确实受到过宗教的巨大影响，这可以从 3 个时期的素菜特点来证明。第一时期是魏晋南北朝。此时的素菜夹有荤腥料物，较为粗糙。像《齐民要术·素食》中所列的“瓠羹”、“膏煎紫菜”等 11 个品种，便是如此。与此相应的是，这时期的佛门食禁虽有，但不十分明朗。第二时期是隋唐宋元。此时素菜中荤腥料物逐步减少，但出现“以素托荤”(即素质荤形、素菜荤名)倾向，工艺较前精细，有了花色素筵。如“胜肉夹”、“素蒸鸡”、“两熟鱼”、“素灌肺”之类。这是唐、宋、元 3 代的开放型文化促使佛、道食风的“开放”所致。第三时期是明清。此时的素菜“清素”与“花素”界限分明。宫廷供佛和僧侣进餐严格按“清规”执行，市场销售和民间食用则不强求。还出现北京法源寺、镇江定慧寺、上海白云观、杭州烟霞洞等素菜名刹，以及文思和尚、大庵和尚、刘海泉、李殿元等素菜大师，并刊行了《素食说略》这本专著。显然，这又是佛、道势力强盛，为当权者所利用的结果。

至于现今的素菜，多为“花素”，以市肆素菜为主体，宗教色彩逐步淡化，倾向于食疗养生。由于工艺繁复，其售价往往高于荤菜，食客多为学术文化界的上层人士、台港澳同胞和海内外的旅游团队。

素菜特色鲜明。(1)选料严谨。以三菇(香菇、花菇、草菇)六耳(石耳、黄耳、桂花耳、白背耳、银耳、榆耳)唱主角，配料是时令瓜菜、蔬果与粮豆制品；忌用动物肉、油与蛋、奶，回避“五辛”(大蒜、小蒜、兴蕖、慈葱、茖葱)和“五荤”(韭、薤、蒜、芸薹、胡荽)。还强调就地取材，突出乡土特产。(2)刀工精细。为了“以素托荤”，它讲究“名同、料别、形似、味近”；还有“鸡”吃丝、“鸭”吃块、“肉”吃片、“鱼”吃段之说。为此，十分注意标新立异的巧妙构思，以及包、扎、卷、叠等造型技巧，重视使用模具。(3)烹制考究。素菜分布在各地，它常广集兄弟菜系之长，为己所用。既有多种技法，又有不同味型，一菜一格，花式丰富。在高档工艺素席上，数十个盘碗洋洋洒洒，形神飞腾。(4)健身疗疾。素菜符合当今的营养潮流，植物蛋白、粗纤维、矿物质和维生素都较丰富。特别是广为利用的花卉、药材和食用菌，不仅可以抗病疗疾，还有美容、减肥及益智功能，故而深受老人、妇女、脑力劳动者和演艺界人士的欢迎。

素菜有500余种。名品是罗汉斋、混元大菜、鼎湖上素、雪积银钟、六宝拼盘、半月沉江、鹦鹉衔珠、桑门香、烧春菇、南瓜盅、面筋泡、冰糖白莲、锅贴豆腐、软炸冬笋、水晶苕桃、苡仁银杏、山家三脆、藕丝酥饼、八仙珍汤、桂花荸荠、拔丝山药、滑溜紫菱、魔芋豆腐、金针银耳、萝卜圆子、野菜春卷等(参见“中国佛道素菜”条)。

养生菜

养生菜又称食养菜、食疗菜或药膳(参见“食补”、“食疗”、“药膳”等条)，大约出现在2800年前。广义的养生菜可指一切菜品，因为它们都是安全卫生、富于营养、感观良好，食用后对人体有补养作用。狭义的养生菜即药膳，就是选用既可食用、又可药用的动植物原料，按照中医学的特殊要求而烹成的饭菜羹汤，它除了提供营养之外，还有某些治疗作用，可以使人除病强身、益寿延年。本书所讲的养生菜，取的是狭义。

养生菜在我国历史悠久。《周礼》、《备急千金要方·食治》、《食疗本草》、《饮膳正要》、《本草纲目》、《随息居饮食谱》、《调疾饮食辨录》、《养生随笔》等书，均有翔实的记载，历来受到重视。

养生菜的理论依据是中医学中的阴阳学说、五行学说、藏象学说、性味学说和时序学说。其要点有三：第一，味、形、气、精的五脏相关学说。包括饮食与形体、元气、精气的密切依存关系；五味与五脏的亲和性及排斥性；饮食与大自然的相适性等。第二，饮食有节与五味调和学说。包括饮食数量的节制；饮食质量的调节与五味调和；膳食组成的合理性与完整性；饮食与季节的调适等。第三，医疗与食养相结合的学说。主张药、食一体化，治病与补养并举等。

正因如此，养生菜重视本草学的灵活运用，强调保护“胃气”，体现出综合性营养，注意药与食的调配忌宜，形成了4个特色。(1)以中医药的理论体系作指导，讲究辨证施治，因病配食；并且药膳的配料严格遵循中医方剂学的组方原则，科学性强。(2)药膳是一种特殊的食品，由药物、食物和调味料组成。它是取药物之性，用食物之味和养，发挥调味料之香美的“三合一”。食借药力，药助食威，两者相辅相成。(3)制作方法独特，是中国菜点烹调技术与中国药物炮制加工技术的统一体。它必须具有烹调师(面点师)和中药师两个方面的专长，方能制作。(4)养生菜除了补充营养、调和口味之外，还有治病、强身、抗衰老的作用；特别是它可以扶正固本，增强人体生理功能，促进新陈代谢，激发生命活力。

养生菜多达千余种。名品有茯苓饼、杏仁霜、人参糖、银耳羹、赤豆汤、鹿茸酒、乌鸡粥、豆蔻馒头、山楂肉干、果仁排骨、虫草金龟、茴香鲫鱼、附片腰子、板党姜鸭、冰糖莲子、鸡头拌羊脊、陈皮扒鸭掌、枸杞炖牛鞭、龙马童子鸡、乌梅抗癌茶、秋梨川贝膏、二仙烧羊肉、山海烩双珍等。

民族菜

我国是个统一的多民族国家。长期以来，各民族都创造出灿烂的饮食文化。他们的肴馔闪现出奇光异彩，有着浓郁的民族风情，充实了中国菜品的阵容。

民族菜与民族史是同步发展的，有着近万年的演变历程。秦汉之前，有夏、戎、狄、羌、蛮、九夷、九黎、三苗等民族，此时则出现雉羹、蟹胥、雏烧和鱼脍等菜式。汉魏六朝，有东夷、南蛮、百越、诸戎、匈奴、契丹、突厥、回纥等族，此时的菜式便是羌煮、貊炙、胡饼、犬牒之类。由唐至清，有党项、女真、西夏、大理、吐蕃、乌蛮、大南、维吾尔等族，菜式则演变为蜜唧、虾生、鲎酱、肉鲊等。民国至今，有满、回、蒙古、藏、壮、苗、傣、黎等55个少数民族，菜式又推出抓饭、哈达饼、油煎干蝉、水卵大虾等等了。其中，影响最大的是流传在回、维吾尔等10个少数民族中的中国清真菜；其次是朝鲜、满、蒙古、藏、壮、傣、土家等族的肴馔。

民族菜五彩纷呈，各有千秋。总起来看，具有八大特色。(1)千方百计巧辟食源。如藏民巧用青稞，黎胞善制蛇虫。(2)食物选用各有禁忌。如满族忌狗，壮族忌牛。(3)因地制宜安排餐制。如朝鲜族日食四餐，裕固族三茶一饭。(4)烹调方法各擅其长。如瑶族善于腌制“乌酢”，维吾尔族善于“烤馕”。(5)餐具食器奇特简便。如哈萨克族用马皮缀桶酿酒，傣族用芭蕉叶充当桌布。(6)茶酒奶汤千姿面态。如鄂伦春族的桦树汁,白族的香茅草煮水。(7)民风食俗别具一格。如布依族打猎"见者有份",仫佬族姑娘回娘家以虫子作礼品。(8)宴宾待客情文稠叠。如彝族"喝了转转酒,永远是朋友",蒙古族对于拜年者,除奉酒肉,还送砖茶。凡此种种,都与民族起源和英雄传说的影响、生产方式和生活习惯的制约、宗教信仰和民族礼俗的促使、文化艺术和心理感情的熏陶相关。

民族菜种类繁多,每族仅举一例:如葱花狍子肉(鄂伦春族),烤驯鹿(鄂温克族),杀生鱼(赫哲族),沙半鸡煮荞麦面(达斡尔族),神仙炉(朝鲜族),白肉血肠酸菜(满族),羊背子(蒙古族);苏波汤(俄罗斯族),南瓜饺子(锡伯族),甩头茶(裕固族),生吃北沙参(土族),油香(回族),抓饭(维吾尔族),马肠子(哈萨克族),薄皮羊肉包子(柯尔克孜族),牛奶煮烤饼(塔吉克族),土豆炖羊肉(乌兹别克族),奶酪杏干糕(塔塔尔族),三炮台盖碗茶(东乡族),油搅团(撒拉族),手抓羊肉(保安族);砣砣肉(彝族),熏猪膘(羌族),油炸虫草(藏族),石板烙饼(门巴族),风干牛肉(珞巴族),瓦罐焖狗肉(苗族),鱼包韭菜(水族),青苔冻肉(布依族),辣椒骨(仡佬族),腌龙肉(侗族),河麻芋头(独龙族),麻籽茶(傈僳族),烤竹鼠(布朗族),烧烤花蜘蛛(傣族),砂锅鱼(白族),丽江粑粑(纳西族),螺蛳汤(景颇族),石蛙炖蛋(哈尼族),姜叶炖鱼(德昂族),血鲊(拉祜族),竹筒鸡(基诺族),咕嘟饭(怒族),过手米线(阿昌族),琵琶肉(普米族),五加皮鸡焖饭(佤族);小米年肉(土家族),酸菜蒸鲫鱼(瑶族),甜炒蝶蛹(仫佬族),鲶汁(京族),露蒸红薯(毛南族),盐凤肝(壮族),牛饭(黎族),乌饭团(畲族),长年菜(高山族)(参阅 P568~573 所列的各民族菜条目)。

民间菜

民间菜即广大城乡居民食用的菜肴,已有近万年的历史。这是中国菜品的基础,产生于社会底层,数量很大,档次偏低,多由主妇操持。民间菜又分两类,一类是三餐必备的家常菜,以素为主,荤腥搭配,洁净精细,统筹兼顾,以经济实惠见长;另一类是逢年过节的宴享菜,以荤为主,点缀蔬果,应时当令,讲求口彩,以丰盛大方取胜。

民间菜在古今食谱中多见记载,文人著述中也有涉猎。如庾信《园庭》诗中的"香螺酌美酒",白居易《即事寄微之》诗中的"饭下腥咸白小鱼";以及《居家必用事类全集·饮食》、曾氏《中馈录》等记述的菜谱。

从特色看,民间菜有四点引人注目。(1)靠山吃山,靠水吃水,特别擅长利用本地食源,西北重牛羊,东南多瓜豆,沿海制鱼鲜,内地吃禽蛋,既不寻觅珍错,又不芳饪标奇,处处显得朴实自然,突出乡土情味。(2)重视原料的综合利用和家庭膳食的营养调配,制作方法简易,味美适口,并且能体现出地方风味特色和季节变化规律。如南甜、北咸、东淡、西浓、中和,以及春酸、夏苦、秋辛、冬咸、配鲜。(3)不同人家有不同的祖传菜品,家族气息浓烈。它展示家风和家教,表现家世及家庆,形成一股极强的亲和力与凝聚力,加深着成员们对"家"的眷恋。(4)它是中国菜品的源头活水,为祭祀菜、宫廷菜、官府菜、商贾菜、寺观菜、养生菜、民族菜、市肆菜经常提供借鉴的样品。许多富有特色的民间菜稍经加工改造,立即"身价百倍",成为"市场之珍"。

民间菜是个庞大的家族,多达万余种。其中名品有山东的酥海带,江苏的蛋炒饭,四川的回锅肉,广东的炒田螺,浙江的油焖春笋,福建的沙茶鸭块,安徽的腐乳爆肉,湖南的腊味合蒸,北京的涮羊肉,湖北的烧三合,上海的烟鲳鱼,辽宁的�海虾,河南的炸八块,陕西的腊汁肉,天津的酥鲫鱼,云南的油鸡纵等(参见"地方菜"条)。

外来菜

外来菜即引进的海外菜品,早在秦汉已见端倪,各代食书亦有记载。如《齐民要术》中的"胡炮肉"与"胡饭";《韦巨源食单》中的"婆罗门轻高面"与"曼陀样夹饼";《饮膳正要》中的"咱夫兰"与"八儿不汤";《清稗类钞》中的"面包"与"布丁"等。1909 年出版的《造洋饭书》,介绍了西洋菜点 271 种西餐"厨房条例",这说明外来菜在清末已是相当丰富了。民国至今,外来菜更多,介绍西餐的书籍多达百余种,其中的佼佼者应是北京友谊宾馆编写的《国际菜谱》,里面的近 500 种西菜,我国都可仿制(参见 587~593 页所列的海外菜点流派各条)。

外来菜进入中国,大致有 3 种情况:一是保持原有的风貌,正宗口味不变。这样的菜式不多,仅在少数大都会的著名西菜馆供应,主厨者多为外聘的名师,如北京的马克西姆餐厅和莫斯科餐厅。二是移植改造的产物。其中最常见的方法是“中料西做”或“西料中做”,如玉米羹、煎猪扒、炸吐司、烩水果之类。它的风味介于中、西之间,也有吸引力。三是模仿西菜西点而创制的新品种,如鲈鱼生鱼片、啤酒鸭、奶油番茄汤、圣诞烤火鸡等。这类菜大多使用西餐调味料,采用西式烹饪法,追求的是新颖和刺激,销路看好。

外来菜的特色相当鲜明。(1)依照中国人的食性加以改造,合我者留,违我者弃。目的是照顾食客的口味嗜好,以便能在饮食市场上站稳脚跟。(2)原料和调味品大都保持“洋味”。国内能保证供应的,一般都是积极引进;国内很难保证供应的,则持审慎态度。(3)引进的基本上是国外的名菜名点,知名度高,影响力大。如近年流行的南韩烧烤、碧莎饼、加州牛肉面、焗王鸽之类。(4)主要的播布区域是京、沪、津、渝、粤、鲁、辽、闽、苏、浙、鄂等地的繁华都会和开放特区,食用对象多为企业界、艺术界、文化界人士。

外来菜是中外饮食文化交流的产物,也是中菜中的“新鲜血液”。它的引进,为中菜提供了借鉴的样板,有利于中菜的吐故纳新。从目前的发展趋势看,外来菜的比重还会逐步增大,一方面引起的菜品会增多,另一方面引进的范围会扩充,必将由法、俄、意、德、美、日等少数国家拓展到更多的国家。这是一种可喜的迹象,它兆示着中国菜正在逐步地与世界烹饪“接轨”。

目前的外来菜亦不下千种,主要有面包、蛋糕、沙拉、布丁、奶酪、果排、冰淇淋、通心粉、肯特鸡、汉堡包、南韩泡菜、寿司饭团、烤火鸡、铁板烧、鱼籽酱、生鱼片、焗蜗牛、鹅肝酱、玉米羹、菜泥汤、苹果烤鸭、铁扒笋鸡、咖喱香鸡、炸土豆条、生食河豚、铁钎烤羊肉、汉堡鲜牛排、海鲜大拼盘、奶油焗鳜鱼、芝加哥奶油汤等。

市肆菜

市肆菜又称市场菜、餐馆菜或商品菜,是饮食市场上制作并出售的菜点的总称。它大约出现在5000多年前的夏初,主要食用对象是流动人口和城镇居民,随着餐饮业的兴盛而兴盛。商代,都城朝歌和重镇孟津已有流动食贩;进入西周,“沽酒市脯”相当普遍。战国年间,“屠狗”、“卖浆”之徒比比皆是;入秦,饮食市场便初成规模了。汉代,卖“胃脯”者可以“室致千金”;魏晋,洛阳大市更是“周回八里”。至唐,“夹路列店肆,待客酒馔丰溢,以供商旅”;入宋,“集四海之珍奇,皆归市易,会寰区之异味,悉在庖厨”。元明两朝,官府直接插手餐饮业,更为火爆;到清,出现众多的食街和食城,饮食市场又上层楼。凡此种种,都是市肆菜兴盛的肥沃土壤,大展英姿的广阔天地。

市肆菜是中国菜的正宗和主体,经常引导餐饮的新潮流,蓬勃而有朝气。它的基本特色是:(1)兼收并蓄,广集祭祀菜、宫廷菜、官府菜、商贾菜、寺观菜、养生菜、民族菜、民间菜、外来菜之精华,腾挪变化,锐意创新,具有旺盛的活力。(2)技法多样,品种丰富,分档划类,因时而变,适应面广,应变力强,可以充分满足不同时代、不同地域、不同阶层、不同场所的饮宴需求。(3)流派众多,风格鲜明,以名师、名店、名料、名菜、名点、名席和礼仪服务作为竞争手段,几千年来争奇斗艳,推动着中国烹饪的健康发展。(4)受商品经济的制约,以盈利为目的,重视经营管理,强调社会效益与经济效益,总结出一整套中国菜品生产、销售、现场服务的经验,在零售商业中占据着很重要的地位。(5)为中国培养了一大批名厨,为食坛留下了一大批珍贵的食书,充实了中国的饮食文化,为经济发展和社会进步做出了积极的贡献(参阅第553～564页所列的各种市肆菜条目)。

市肆菜(含点心小吃)多达几万种,下面分省区各举二例:如北京的三元牛头和龙须面,上海的八宝鸭和南翔馒头,天津的官烧目鱼和狗不理包子,重庆的毛肚火锅和涪陵油粽糟,黑龙江的金蟾红油犴鼻和羊肉饸饹,吉林的鹿茸三珍汤和熏肉大饼,辽宁的白肉火锅和老边饺子,内蒙古的扒驼蹄和醍醐,河北的金毛狮子鱼和金丝杂面,河南的黄河鲤鱼焙面和贡馍,山东的葱烧海参和状元饺,山西的过油肉和刀削面,陕西的葫芦鸡和牛羊肉泡馍,甘肃的清蒸鸽子鱼和牛肉拉面,宁夏的丁香肘子和炒胡饽子,青海的虫草雪鸡和马杂碎,新疆的烤全羊和馕,江苏的蟹黄狮子头和三丁包子,浙江的西湖醋鱼和五芳斋粽子,福建的佛跳墙和土笋冻,台湾的火把鱼翅和虱目鱼粥,安徽的毛峰熏鲥鱼和示灯粑粑,江西的石鱼炒蛋和黄元米果,湖北的清蒸武昌鱼和三鲜豆皮,湖南的东安鸡和火宫殿臭豆腐,广东的烤乳猪和沙河粉，广西的南宁狗肉和马肉米粉，海南的琼岛椰子盅和竹筒饭，港澳的一品燕菜和高汤粉果，四川的推纱望月和灌县白菜鲜花饺，贵州的盐酸蒸肉和肠旺面，云南的红烧鸡坳和过桥米线，西藏的野鸡扣山蘑和酥油茶等。

仿古菜

仿古菜是依照古代食书、史籍或文艺作品的记述而研制的菜品，包括3种类型。一是根据古代食谱、农书、医书或笔记小说的资料仿制的菜肴，如仿唐菜、仿宋菜、随园菜、东坡菜之类。二是依据历史档案或老厨师回忆挖掘整理的菜肴，如仿膳菜、孔府菜等。三是依据古典文学作品描述的内容或线索，经考证后试制的菜肴，如红楼梦菜、金瓶梅菜。此外，有些菜也打出“仿古菜”的旗号（如三国菜、水浒菜、西游记菜），但其无所依凭，仅是将现代菜换上个标签，加上些“传闻”，不应列入仿古菜的范畴（参见“仿唐菜”、“仿宋菜”、“红楼菜”、“随园菜”各条）。

仿古菜是在改革开放的大好形势下出现的。它的直接触媒是饮食古籍的整理以及饮食市场的需求。它的研制，大多经历过史料考证、菜品试制、筵席设计、技术鉴定等4道程序，并有一个由领导、文史专家、烹饪研究者、名师、营养师、企业家等人组成的工作班子。时间上短的一两年，长的三五年，由点到面逐步铺开。多数仿古菜是由与此有关连的地区单独立项研制（如山东研制孔府菜、西安研制仿唐菜）；少数仿古菜是由与此相关的几个地区各自立项同时研制（如开封和杭州都研制仿宋菜，北京和扬州都研制红楼菜）。前者的菜谱统一，什么菜用什么原料按什么方法制作比较规范；后者往往出现“同名异菜”的情况，即菜名相同，同料和烹调方法往往差异较大。

仿古菜上市后，总的反响不错。总结他们的经验，成功的原因主要是5条：(1)有较为充分的史料依据；(2)有古今菜品之间亲缘承袭关系的可靠线索；(3)基本上把握住了古菜的用料、技法与独特风味；(4)有专家和厨师相结合的研制小组反复认真地进行试验；(5)适时地推向市场，接受消费者的鉴赏和审核，并不断加以改进。正因如此，它们不仅能够从本地流传到外地，还被介绍到海外，像孔府菜、仿唐菜，便是如此。

但是，也有一些仿古菜，并没有多少历史的烟尘，更缺乏应有的乡土气息和文化韵味，甚至是现代菜品换个古名就粉墨登场了，还闹出一些不应有的笑话（如清宫菜中大用味精、把伪满菜说成是宫廷菜之类）。更不严肃的是，乱编“历史依据”，明明是现代菜，宣传时却把它说得古色古香，甚至“考证”出唐玄宗曾为它“闻香下马”，宋太祖曾为它“知味停车”。还有人为了使现代菜“复古”，杜撰“掌故”，一本本的《古菜掌故》出版，在饮食界和社会上造成混乱。

诚然，古菜不是不可以仿制的（不能说是复制），也不是不可以宣传的。仿制也好，宣传也好，都应从实际出发，比较客观地反映古菜的风貌，才能取信于人。而且“仿”字切不可丢，这既尊重了事实，又留有活动余地。宣传中传说归传说，菜品归菜品，不能信口开河。试制时要注意条件和场所（包括市场环境和技术力量），稳扎稳打，成熟一个推出一个。挂牌供应前，还须经过专家的论证鉴定。这样，仿古菜方能纳入正轨。

菜品鉴赏

菜品命名

菜品与名称的关系，是内容与形式的关系。一方面，内容决定形式，“名从菜来”；另一方面，形式反映内容，“菜因名传”。正因如此，中菜命名大都遵循下述6项基本原则，使之有理、有据、有规范性。

1.力求名实相符，尽量反映菜品的概貌。

2.突出地方色彩和民族风情，便于客人选择和审评。

3.工巧含蓄与朴素明朗兼顾，言简意赅，耐人寻味。

4.运用修辞手法，体现美的情操。

5.音韵和谐，易于念读，记忆和传诵。

6.避用冷僻的方言土语，不用肮脏、血腥的字眼，不要触犯忌讳。

中菜命名有写实性和寓意性两种方法（详见“写实性命名”条和“寓意性命名”条）。从使用范围看，一般来讲，南方菜名擅长寓意，北方菜名偏重写实；官府菜名、商贾菜名追求华美，民间菜名、民族菜名崇尚朴实；高、特档菜定名雅丽，中、低档菜定名简洁；婚寿喜庆菜名喜欢火爆、风趣，日常三餐菜名趋向自然、大方。

厨师给菜品定名，好像作家写书审题，无不经过深思熟虑，反复推敲琢磨。既要工，又要雅，既要巧，又要实；突出特色而兼顾其他，言简意赅而不落俗套，千变万化而避免雷同。正因如此，在“美食不如美器”之外，又常有“美菜不如美名”之说。

写实性命名

即在菜名中如实反映原料的组配情况、烹调方法或风味特色；有时也可以在菜名中冠以创始人或发源地的名字，以作纪念。这类菜名通常由主料和其他因素构成，其格式甚多。如：

主料加配料：洋葱猪排、蚕豆春笋；

主料加盛器：砂钵狗肉、鱼丸火锅；

主料加特色：响刀肉戴帽、过桥米线；

主料加技法：清蒸武昌鱼、泥煨童子鸡；

主料加调味品：咖喱鸡丁、啤酒鸭；

主料加油脂：鸡油菜花、奶油鳜鱼；

主料加质地：脆鳝、酥肉；

主料加色泽：芙蓉蛋、黄金饼；

主料加造型：棋盘肉、松鼠鱼；

主料加药材：鸡头拌羊脊、虫草炖金龟；

主料加店名：老通城豆皮、五芳斋粽子；

主料加创始人：李连贵熏肉大饼、马保子清汤牛肉面；

主料加发源地：东安仔鸡、西湖醋鱼；

主料加辅料和技法：紫菜薹炒腊肉、萝卜丝氽鲫鱼；

主料加技法和特色：蜜汁樱桃肉、露酒盐焗鸡，等等。

写实性命名在中菜里约占70%，大多用于常见菜品。它开门见山，突出主料，适当介绍其他方面，朴素中稍加点缀，素净中蕴含清丽，使人一看，便可大致了解菜品的基本情况与风味特色。

寓意性命名

即针对食客搜奇猎异的心理，抓住菜品的某些特色巧做文章，渲染传奇色彩，引人入胜。其表现手法也有多种，如：

强调造型逼真：孔雀开屏、金鱼闹莲；

夸耀工艺奇特：熟吃活鱼、泥鳅钻豆腐；

表达美好祝愿：全家福、长寿面；

反映厨师爱憎：霸王别姬、轰炸侵略者；

敷演掌故传闻：鲤鱼跳龙门、罗汉斋；

影射政治斗争：贵妃红、西施舌；

借用诗文名句：春风得意、推纱望月；

抒发怀古情思：秦皇鱼骨、沛公狗肉；

讴歌家乡风物：峡口明珠汤、黄山迎客松；

纪念历史名人：光饼、东坡肉；

演绎神话故事：桂花鲜栗羹、鹊桥会；

赞颂名厨巧师：宋五嫂鱼羹、肖美人点心；

标榜原料珍奇：天下第一鲜、舍命豚；

宣扬风味绝妙：怪味鸡、张三口羊肉面，等等。

寓意性命名在中菜里约占30%，大多用于不常见的较为名贵的菜品。它常常撇开菜品的具体内容而另取新意，不仅雅俗共赏，玩味无穷，还能寓教于食，增添品尝时的话题。

菜名修辞

中菜命名典雅得体，文采风流，富于诗情画意，在很大程度上得助于文学修辞。其间的手法亦多，最常见的为以下6种：

1.拟色。爱在菜名中冠以芙蓉、翡翠、琥珀、水晶、金银、珍珠、琉璃、玛瑙等颜色鲜亮的词语，唤起联想。

2.摹形。即是将象形工艺菜套上龙凤、麒麟、牡丹、佛手、棋盘、琵琶、绣球、荷包等吉祥物名称，以假乱真。

3.镶嵌表意力丰富的数量词，如一品、双珍、三元、四喜、五福、六宝、七星、八仙、九色、什锦、百合、千层、万寿、亿宁之类，强化民族文化色彩。

4.从诗情画意上点染，命名为满庭芳、神骏图、瑶池会、醉仙游、岁寒三友、百鸟朝凤、鹏程万里、花好月圆、锦绣山河、龙凤呈祥，烘托吉庆气氛。

5.比喻。讲求口彩，如年糕叫“步步高”、水饺叫“万万顺”、月饼叫“团圆饼”、粽子叫“连心粽”、珍珠丸子叫“左右逢源”、翻烤鲥鱼叫“时来运转”、拔丝马蹄叫“春风得意”、蚝油发菜叫“好事发财”等，或应节令，或求吉祥。

6.移就。借题发挥，如珍错大烩叫“山盟海誓”、桂圆枣羹叫“早生贵子”、油炸花生叫“长生不老”、豆沙挑包叫“五子献寿”、鳜鱼三吃叫“三阳开泰”、响淋锅巴叫“平地一声雷”等，以求火爆、风光。

菜名联语

联语即对联，是指以对偶句为基本特征的有独立意义的文学形式。它由上联和下联组成，讲究平仄和对仗，要求词语精炼，含义丰富，有较高的审美价值。联语用途广泛，餐饮行业每每多见。其中不少联语缀嵌菜名，显得文华纷披，诗意盎然。例如：

1.“餐桌声声雷，锅巴脆脆香。”（内嵌“响淋锅巴”）

2.“红嘴绿鹦哥，金镶白玉版。”（内嵌“菠菜烧豆腐”）

3.“白盐莼菜脍，红酒稻花鸡。”（内嵌“莼菜汤”和“酒香鸡”）

4.“新粟米炊鱼籽饭，嫩冬瓜煮鳖裙羹。”（内嵌“粟米鱼籽饭”和“冬瓜鳖裙羹”）

5.“日吞夹金绞银饭，夜饮龙须虎眼汤。”（内嵌“金银饭”和“龙虎斗”）

6.“坛启荤香飘四邻，佛闻弃禅跳墙来。”（内嵌“佛跳墙”）

7.“堪笑鲈乡垂钓手，武昌鱼好便淹留。”（内嵌“清蒸武昌鱼”）

8.“蒸肉蒸鱼蒸蒸好，罐鸡罐鸭罐罐香。”（内嵌“沔阳三蒸”和“瓦罐鸡汤”）

9.“老而弥佳，大业宏猷财自广；兴犹不浅，鮰鱼脍美客更多。”（内嵌武汉市老大兴园的“红烧鮰鱼”）

10.“葛菜卢鸡，今有客夸长盛馆；潘鱼江豉，更无人问广和居。”（内嵌北京市长盛馆的“卢鸡”和广和居的“潘鱼”）

成语菜名

成语是一种意义完整、结构凝固、修辞简炼、隐含掌故、沿用成习的特殊词组。其中，通过比喻、夸张、借代、象征、摹状、比拟等等修辞方法借用过来充当菜名的，则是“成语菜名”；如“龙凤呈祥”（工艺冷拼）、“花好月圆”（工艺冷拼）、“三阳开泰”（鳜鱼三吃）、“八仙过海”（海味全家福）、“独占鳌头”（鳖裙烩鱼肚）、“六合同春”（炉烤春鱼）、“麻姑献寿”（豆沙桃包）之类。

成语用于菜名后，其本身的语意并未改变；但它会赋于菜名一种传统文化色彩，增加菜品的美感和品尝时的情趣。因此，它也属于寓意性命名的范畴，以工巧取胜。

谚语菜名

谚语是人们口头流传、通俗易懂、含义深刻的固定短语，常常反映阶级斗争、生产斗争、生活经验或人生哲理，有“格言式成语”之称。其中，有些谚语稍加变化，也常用做菜名，这便是“谚语菜名”。

大多数谚语都在五字以上，不少是由两句话合成，所以充当菜名时往往需要删削或改造，如由“冬吃馄饨夏吃面”变来的“冬至馄饨”；由“小葱拌豆腐，一清二白”变来的“小葱拌豆腐”；由“老姜蒸牛，子姜炒鸡”变来的“子姜鸡”；由“狗肉滚三滚，神仙站不稳”变来的“神仙锅”之类。这类菜名多用质朴的语言和形象的比喻，以浅显的事物揭示深刻的道理，能发人深省。

歇后语菜名

歇后语是由近似谜面、谜底两部分组成的带有隐语性质的口头常用语，有喻意歇后语和谐音歇后语两类。它们生动风趣，带有嘲弄和讽刺色彩，深受厨师的喜爱；其中的一部分，有时也借用作为菜名。如：

高高兴兴背米——欢喜驮（欢喜坨）；

芝麻开花——节节高（炒冬笋丝）；

皇帝的脑壳——御头（芋头汤）；

黄米煮红薯——糊里糊涂（糊涂羹）；

假冒福禄寿——混三仙（荤三鲜）；

七夕一相逢——过桥见面（过桥面）等。

这类菜名体现出厨师的聪明才智，也是他们在繁重劳动中的心理调适。

俚语菜名

俚语又称俗语、惯用语或“通俗化的成语”，大多是民间流传的俏皮话。它一般由三字组成，表意简明生动，其表面文字往往是个比喻，而内在含义则需要细加琢磨。饮食行业中的俚语不少，有些也被用来作为菜名。如：

老油条	大杂烩	香饽饽
糊米酒	炒鱿鱼	家常饭
腊骨头	母猪肉	汽锅鸡

烤烧饼　　大锅饭　　泡蘑菇

这类菜名除了指代某一种食品之外，都还另有一些特定的含义，如老油条指圆滑世故、糊米酒指稀里糊涂、泡蘑菇指磨洋工、炒鱿鱼指开除等，均是以其特有的幽默感和形象性而脍炙人口。

谜语菜名

谜语是一种隐语性质的文字游戏。它通常采用比喻、谐音及分合字形的方式，暗射某一事件或文字供人猜测，以此比赛智慧和取乐。制谜者先须用简明通俗的话语或者是古诗词、顺口溜设置“谜面”，然后提示“谜底”的范围让人竞猜。谜语在菜名中也被广泛运用，并有高雅的和粗俗的两类。

高雅的谜语菜名，如：

苏小妹三难新郎——考夫（烤麸）；
赤壁之战——火烧（一种面饼）；
贵妃醉酒——玉环酥（一种酥点）；
出土佳肴——古老肉（咕咾肉）。

粗俗的谜语菜点，如：

阿谀奉承拍马屁——熘三样；
虚胖——肉松；
刮脸失误——刀削面；
百岁老人烫发——银丝卷。

此外，饮食行业中还有一种特殊的拆字谐音谜，它多是跑堂师傅传报菜名时使用。如：

一盘“开张大——吉”（鸡）；
两家“年年有——余”（鱼）；
三位“穿绸摆——缎”（蛋）；
四瓶“天长地——久”（酒）。

吆喝时抑扬顿挫，尾音拖得很长，极富节奏和韵律，是餐厅特有的一种“市声”。客人听后，意趣横生。

行话菜名

行话又称隐语或暗号，在语言学中属于社会习惯语中行业语的范畴，具有专业性、特指胜、隐蔽性的属性。作为一种拟称，行话往往把需要表达的意思不明说出来，而是借用别的词语替代，与谜语有点相似。饮食业中也流行着不少行话，并有一部分充当菜名。如：

顺风（猪耳）　　口条（猪舌）
拱叉（猪嘴）　　天花（猪脑）
金睛（羊眼）　　项圈（羊颈）
百叶（牛胃）　　香肚（膀胱）

再如《全羊席》中，从头至尾都用“龙门角”、“凤头冠”、“百子囊”、“八宝袋”等作为菜品的雅称，始终不露一个“羊”字，立意更是独具匠心。

方言菜名

为了显现原料或肴馔的地方特色，展示当地的饮食民俗，替代通用饮馔术语中缺乏的某些特定语汇，不少菜名还使用了方言土语，带有古朴的情调和粗犷的气息，亦能逗撩起食客的仰慕和思恋的心绪。

这一类的菜名更多。如四川的“担担面”，广东的“艇仔粥”，山东的“杠子头火烧”，江苏的“没底端”，浙江的“猫耳朵”，福建的“土笋冻”，安徽的“深渡包袱”，湖南的“姊妹团子”，湖北的“皮条鳝”，北京的“炒疙瘩”，上海的“南翔馒头”，陕西的“江米甑糕”，辽宁的“子孙饽饽”，河南的“勺子馍”，清真菜的“牛干巴”，素菜的“罗汉斋”等。

菜名的避讳

主要表现在两个方面：

第一，注重心理因素，不要使用肮脏、淫秽、血腥的字眼，避免使人产生恶性刺激，影响进食情绪。如“九转肠腐”、“生拌牛屎虫”、“鸡粑汤”、“混蛋”、“鱼藏剑”、“活吃猴脑”之类的菜名，不应当继续使用。

第二，对于一些易于引起心理反感的原料，最好使用代称或雅称。如将蚯蚓改叫“地龙”，将狗肉改叫“地羊”，将蛇皮改叫“龙衣”，将鳖改叫“甲鱼”，在信仰伊斯兰教的地区则将猪肉改叫“大肉”等。

只有这样，餐桌才比较“洁净”，没有语言文字的“污染”。

菜品的承袭

中菜自诞生之日起，一直处于发展变化之中。从纵的方面看，它前后承接、前后递进、前后更新，是一种继承与创新的关系；从横的方面看，它互相学习、互相引进、互相改造，是一种借鉴与移植的关系。了解中菜中的这种变异现象，有助于掌握菜品演变的规律，做好餐厅服务接待工作。

中国菜品是在继承中发展、在发展中革故鼎新的。一些古菜可以流传下来，一些古菜未能流传下来，都有规律能够探寻。这主要表现在以下4个方面：

第一，菜品的延续要依靠自身的工艺师承。从先秦的“炮豚”、“蛇肴”，到近世的“金龙脆皮乳猪”、“三蛇龙虎凤大会”，无不存在着“遗传基因”；这突出反映在基本用料（尤其是主料）、主要的工艺技法和特色风味的保留上。换句话说，它们之间有一种“血缘关系”，难以割离。从“炙鸭”到“烤鸭”，从“胹鳖”到“红烧甲鱼”，也是如此。

第二，菜品的发展经受了物料筛选和舆论认同的考验。顺应时代潮流者生存，违背时代潮流者消亡。像“乳蒸豚”（蒸制人奶喂肥的小猪）、“烤象鼻”等菜风行一时便消声匿迹；“胡饼”（即今之烧饼）、“腊八粥”等历经百代而不衰，都是明证。“活炙鹅掌”、“活吃猴脑”等菜，因舆论的谴责而不复存在；熊掌、虎丹（雄虎的睾丸）等菜式也会因保护珍稀动物而消失。

第三，菜品的演化受社会因素制约，上层社会或权威人士的喜恶常常支配其发展方向。“北京烤鸭”的日臻完美，与清王室的嗜好直接相关；“清蒸武昌鱼”千载相传，得助于历代墨客骚人的吟咏。现今“新潮粤菜”的走红，“虫草金龟”等药膳的畅销，也是一部分“大腕”、“大款”积极追逐的结果。

第四，菜品的审评是随着科学技术的发展和文化素质的提高而逐步准确的。古代的一些怪菜（如狮乳、豹胎）而今不再擅名；食治与补养功效兼备的“人参乌鸡”、“枸杞牛鞭”之类为世人所珍视，都说明了这一道理。而且还可预料，随着绿色食品、黑色食品、花卉食品和昆虫食品的大力开发，今后肯定又会推出不少新菜。

菜品的借鉴移植

菜品的发展除了纵向的承袭和创新，还有横向的借鉴和移植。之所以要借鉴，是为了求完善，寻找生机；通有无，避短扬长；参与竞争，占领市场。之所以能移植，取决于名菜的吸引性、启迪性、可塑性、亲缘性与适应性。这是因为，凡被借鉴移植的菜，几乎都是好菜，其工艺中有许多可资借鉴的成分；它们既是厨师创造的劳动成果，无疑也可以按照人们的意愿变换“形象”；而且菜与菜之间有“亲缘”关系，可以进行“杂交”，只要它适应异地的乡风食俗，自然就能“存活”，并“繁殖”出健壮的“后代”。

菜品的移植借鉴，在中国烹饪史上屡见不鲜。如北宋时的“南食”北上，南宋时的“北食”南下；抗战前的苏菜西行，抗战后的川菜东进；现今的傣家菜深入京城，东北菜流传岭南，都是如此。菜品的借鉴移植，一般有3种方式：

第一，民族菜品的借鉴移植。

在中菜的发展过程中，汉族菜进入过少数民族地区，少数民族菜也进入过汉族地区。前者明显，不再赘述；这里只说后者。像“烧饼”和“八宝饭”，都源于西北地区的少数民族食馔；广东的猫、狗、蛇、虫菜式，直接受到过壮、苗等族食风的影响；朝鲜族的“冷面”、“神仙炉”，现已风靡东北与华北；满族的“白肉”、“萨其玛”，在京、津一带扎下深根；继粤菜、川菜火爆之后，傣族菜曾一度走红；目前土家族菜也有崛起之势。随着这些民族菜式的流传，不少新菜也脱颖而出。像在烤羊肉串的影响下，武汉地区便出现了烤猪肉串、烤火腿肠、烤鹌鹑、烤鸡翅等，它们都是重用孜然和辣椒，“换药不换汤”。

第二，地方菜品的借鉴移植。

对照一下各省区的菜谱，常会发现不少菜品之间存在着“似是非似”的现象。“似是”者，是亲缘关系；“非似”者，是乡土风味。因此，编写全国性菜谱时，时常遇到“多重省籍”的菜归属划分的问题。像“烤乳猪”，算鲁菜还是算粤菜？“龙园豆腐”，算川菜还是算沪菜？一款“宫保鸡丁”涉及到3个省，一款“东坡肉”至少有6个省区为之“立传”。这都是借鉴移植造成的，实乃大好事。它们不仅繁荣了饮食市场，还为这类菜品提高了知名度。像“红烧甲鱼”、“油爆双脆”、“拔丝苹果”、“四喜烧梅”这类菜式，几乎各地都挂牌供应，内行人士均明白它们不是一个模子铸成。创制者和改造者都有功劳，大家在借鉴移植中创新，有百利而无一害。

第三，中外菜品的借鉴移植。

这也比比皆是。如中国面点传到意大利，菜肴传到新加坡；西餐传入中国东南，清真菜影响中国西北等等。这一借鉴由于物产风俗的差异，困难较多；但它是“远缘杂交”，一旦成功优势则更明显。中外菜品的借鉴移植,应当注意4点:(1)尊重食客食性,食性不同移植的菜品也应不同。(2)分清风味特色,特色不同借取的重点亦应有别。(3)选准试验菜品,可塑性需要大一些,努力提高"成活率"。(4)定好推广场所,经济特区和大中城市较为理想,穷乡僻壤则不相宜。

菜品的创新

菜品的创新就是推出新菜。它的诀窍同一切发明创造一样,主要在于思路的变化和工艺的翻新,即"换一个角度"看问题,"变一种方法"做事情。这样往往可以在"山重水复疑无路"之时,进入"柳暗花明又一村"的境地,获得意外的成功。

关于菜品创新的方法,现已总结出许多,如挖掘法、借鉴法、采集法、仿制法、翻新法、立异法、移植法、变料法、换味法、摹状法、寓意法、偶然法种种,下举数例:

1.古谱新曲,同中见异。如由南宋的临安"炙鸭"变出今天的"北京烤鸭"。

2.触类旁通,举一反三。如由苏州的"松鼠鳜鱼"变出武汉的"珊瑚鳜鱼"。

3.改头换面,推陈出新。如由汉魏六朝的"羊肉灌肠"(烤食)变出后世的"香肠"(猪肉填灌,蒸食)。

4.因袭旧制,移花接木。如由古老的少数民族的"竹筒饭"变出贵州的市肆菜"竹香青鱼"(用竹筒烤)。

5.匠心独运,巧辟新径。如在杭州"龙井虾仁"的启示下变出上海的"松仁鱼米"。

6.力保名牌,精益求精。如浙、鄂、川、赣、粤、琼等省都对"东坡肉"的工艺不断加以改进。

7.中菜西做,西菜中做。前者如"玉米羹",后者如"炸猪排"。

8.南料北烹,北料南烹。前者如"拔丝南荠",后者如"回锅羊肉"。

9.东味西调,西味东调。前者如上海梅龙镇酒家的"龙园豆腐",后者如新疆乌鲁木齐的"曲曲海参"。

10.点心变菜,菜变点心。前者如浙江的"鱼皮馄饨",后者如湖北的"散烩八宝"。

11.两系融合,一菜中出。如谭家菜中的"黄焖鱼翅",四川菜中的"宫保鸡丁"。

12.冷热易换,料同味别。如鲁菜的"凉拌海参",豫菜的"什锦果羹"。

菜品的审定

菜品的审定目前尚无很具体的理化检测指标,而主要是依据其所呈现的美感来判别。

所谓美感,是人们对于美的主观反映、感受、欣赏及评价。广义的美感,包括审美活动中的一系列要素,如审美关系,审美态度、审美能力、审美认识等;狭义的美感,特指审美主体对美所引起的生理——心理——认识这一特殊效应,它常被限定在某一特定的空间、时间与对象之中。美感的基本特点,是形象的直接性与可靠性;而人的美感能力,则是形象性、思想性、社会性的统一。审定菜品,必须依赖美感。它大多是通过感觉和知觉,由表及里、从浅入深地从各个侧面对菜品的形式及内容进行审核和评定,从而得出它是否美、如何美、为什么美的结论。

从这个角度上看,菜品的审定和轻工业食品(如罐头、饼干、饮料)的审定是不大相同的。前者主要是凭借"观感",偏重艺术,好像音乐比赛中的独唱、合奏项目,带有较多的"人的主观感情因素",呈现出"模糊性";后者主要是依靠"数据",偏重科学,好像体育比赛中的球类、棋类项目,带有较多的"物的客观自然因素",呈现出"精确性"。

菜品审定的标准有8条:

1.菜名好,响亮动听,含义隽永;能生动而准确地概括菜品的特色,文学色彩鲜明,教育作用明显,尊重食客的宴饮心理,能体现乡风民俗;并且要朗朗上口,易于记忆和传诵;不触犯忌讳。

2.菜的色彩要因时、因地、因情、因景、因料、因器而异;或浓艳,或清秀,或古朴,或高雅,或庄重,或活泼,呈现出变化的美、和谐的美;能够愉悦心理,活跃气氛,刺激食欲。

3.在菜形的构思和布局上要分宾主,讲虚实,重疏密,有节奏;形似与神似相辅相成,让自然景观、人文景观或几何图案在方寸之地艺术地再现;空、淡、雅、活,情趣天成,有较高的观赏价值。

4.餐具的大小应与菜品的分量相称,型制要与菜品的造型配合,色调要与菜品的色相协调,质地要与菜品的档次一致;并且还要扬菜之长、补菜之短,起好陪衬作用;有民族特色和地方特色；清洁卫生，没有污染。

5.菜品的气息则应是香味纯正，持续长久，给人以快感，能诱发食欲；不论是“内发香”的激散，还是“外铄香”的添加，都须量材使用，不偏不倚；一切不受欢迎的气味，都应排斥。

6.菜品的质感，有焦泡、爽利、酥香、老硬、脆嫩、松软、柔韧、醇烂、绵腴、肥糯、粘稠、油腻、清淡等不同类型，要求因料而定、因法而定、因菜而定；不可胡乱调排，违背工艺准则。

7.对于风味的评价，要兼顾“口之于味，有同嗜焉”和“物无定味，适口者珍”两个方面；按照辛辣、深厚、爽利、和谐的不同格调，定出不同的质量要求，抓住主旨，展示地方特征和民族特征。

8.在菜品的营养上主要是考虑营养素的含量是否丰富、全面、合理；烹调过程中对其有无大的破坏；人体消化吸收是否容易这3条。它取决于选料、组配、烹制的科学。营养美与上述7条有时是统一的，有时也不完全一致，需要综合衡定。

菜品的审定标准，实质上也是菜品的考评原则。目前有关部门先后都制订过一些办法，正在实践中不断改进。

菜品的考评

鉴定中菜，除了品味和赏析之外，经常还由主管部门组织考评和审核，将其作为衡定厨师技术职称等级或比赛夺魁的主要依据。

考评菜品实际上就是考评技艺。它常从两个方面进行。一是考核基本功，包括初加工、发料、去骨、切雕、配菜、初步热处理、着衣，或者是和面、制馅、成型、熟制、面塑等等；二是考核具体的菜，包括必做的本地名菜名点和自选的拿手菜点。有时是考某几个单项，有时是考全部科目。近20年来，各省、市、自治区组织的考评多达数百次，全国性的以大奖赛的形式进行的考评也有6次，积累了丰富的经验，也见到实效。凡是考评工作做得好的地方，大都坚持了下述做法：

1.严格按照部颁标准掌握晋级的尺度；

2.注意对厨技基本功的全面要求；

3.处理好一专与多能的关系，两者兼顾；

4.着重考核有代表性的特色风味菜品；

5.提倡创新菜，其考评标准应灵活制定；

6.晋级考评与工作实绩相结合，不以一菜一点的成败论英雄；

7.既看技术，又看贡献，要注意带徒、教学、科研和著述方面的成果；

8.对德高望重而又年迈体衰的名师，必要时可以通过推荐审查而直接定级。

由于菜品的考评同工农业产品的检测、体育竞技、艺术比赛等有着较大的差异，故其标准往往不易掌握。近年来也常发生考评失误、偏差甚大的情况，造成不好的社会影响。其间原因很多，有不正之风的干扰，有长官意志的支配，还有考题不科学、不规范以及评委素质太差等等。

与其他行业相比，菜品考评之前往往缺乏很重要的一环——评委的资格论证。目前不少评委班子的组成，普遍存在着明显的缺憾：一是人员单一，往往只有名师而没有学者、美食家、餐饮业经理和经验丰富的业务干部，因此意见往往一边倒，且带有一定的片面性；二是有些评委素质低，不仅技术差，文化水平和审美能力更差，还有借考评之机谋私发财者，他们既看不出菜品的优劣，也不敢明确表态，打分常是“随大流”或者“朝钱看”；三是没有回避制度，经常出现“徒弟做菜师傅评”的现象，其他评委碍于情面，违心给分的情况多多有之。这样评出的结果自然有失公允，不仅多数参评者不服，对技术的改进亦无补益。

今后考评菜品，除了严格执行考评纪律外，首先要考评评委，订出若干标准进行测试，合格者充任，不合格者淘汰。这一关若能把牢，考评的质量就能提高一大步。

菜品的录像

中菜的烹调工艺主要依赖手工，技术的精髓常常是在一招一式之中，如使刀的诀窍、用火的久暂、下味的多寡、勾芡的厚薄等。这些精要之处，多是一些名师辛勤摸索数十年所得，所以十分可贵。不同的厨师用同样的原料做同样的菜，差的使人难以下咽，好的上桌一扫而光，其根本原因也在这些“绝活”掌握程度上的差异。

现今有些人按照《菜谱》学手艺，事倍功半者甚多。原因在于：(1)某些工艺流程和操作要领，单用文字很难说清楚，写的人含糊过去，做的人自然不会明白。(2)有些菜谱为了“保密”，关键地方闪烁其词。比如说这道菜的关键是“中火焖烧3分钟”，书上便写成“略焖片刻”；那道菜的诀窍是“只能下盐3克”，书上则来个“下盐少许”。这一闪烁,毫厘之失便有千里之误。(3)如今编菜谱者,不少人是依靠"剪刀加浆糊",东抄西拼;还有不少菜谱是"烹盲"捣鼓出来的。印出来的东西表面上文从字顺,而实际中却对不上号。编者不懂装懂,读者必无收获。

为了有利于烹调技术的普及,今后在改进菜谱编写方法的同时,还须进行名师技艺的录像。菜品录像不仅能把整个工艺流程精确地拍摄下来,而且关键工序还可以分解成长镜头反复放映,再配以准确简明的文字解说,观摩者就可以融会贯通、领悟要旨了。

近年来各地已有了一批烹饪录像带,从质量与效果看,是两头小,中间大,平平者居多。有的太简,有的过繁,还有些镜头分散,在关键工序上一扫而过。此外,对示范表演者挑选不严,表演者的功夫很不到家。还有些录像带,拍的是假镜头(如以生充熟、不是现做的而是预制的等),看起来热热闹闹,实际上全为花架子。

烹饪录像带应当像科教片一样的严谨,必要时可辅以一些图表或数据,文字解说要有针对性和启发性,避免空泛和一般化。录像场景和表演者的选择要慎重,录像前应多次演练,录像后要认真剪辑,确保高质量。

菜谱的编写

菜谱是菜品规范后的文字记录。它要解决好选目、分类、确立重点和表述方式等问题。目前出版的菜谱很多,有的是图片为主的豪华精装本,有的是文字为主的简易普及本,还有的是上述两种形式的结合。在图片式菜谱中,虽然印刷精美,但文字解说很简单,往往只有菜名、主料及基本制作方法,总共不足50字,还有些菜照是假的——不是做出来的,而是"拼装"出来的,难以反映菜品的实况。在文字式菜谱中,内容一般包括菜品出处、原料用量、制作方法和风味特色4大块,而且写法有一定的格式:菜品出处多为传闻掌故,人为杜撰的成分较重;原料用量多是分类列出,注明数量、质量和初加工要求;制作方法一般是按工艺流程介绍,将炊具、火候、调味、装盘逐一排出;风味特色多用四六对偶句,美词堆砌,小异大同。这种格式沿用了几十年,有人戏称之为"菜谱八股"。其弊端很多,一是详略不分,平铺直述;二是紧要之处,虚晃一枪,外行看不出来,内行有时也被瞒过;三是套话多,缺乏中肯的实事求是的评语;四是就菜写菜,知识性、趣味性均感不足。

很显然,这种写法应当改变。

菜谱是介绍菜点烹制方法的书,图需要配,出处、用料、技法与特色都应当写,这是没有疑义的。问题是怎样配,怎样写,要好好研究。首先说图,一须真,二须清晰,三应当是"全景"。如果原料稀异或刀工处理方法特异,还应另配"附图"或"特写放大镜头"。另外,配图的菜应当是重点菜、有价值的菜,不必每菜都配。这可降低印刷成本和书价,有利于销售。

其次说文。应当根据不同的需要编写不同的菜谱,各有侧重。比方说,"广告式菜谱"主要用于宣传,只介绍特异的原料和风味,并注明供应的餐馆、季节和值厨的名师,有掌故的点缀两笔,即可。"提要式菜谱"主要用于客人点菜,它应当勾勒出菜品的风貌,文字要跳脱活泼,30字足矣。"教学式菜谱"主要用于教学,可按技法分类,系统介绍代表菜品,着重写刀、勺、味、火四者如何掌握,并且从理论上加以阐明。"评论式菜谱"主要用于研究,重点是对原料配伍、技术专长和风味成因的探讨,并提出指导性意见。至于"记录式菜谱",则可沿用现今的习惯写法,但必须"实"、"真"、"准",去掉套话。还有"科普式菜谱",主要用于普及烹调知识,编写时不能过分琐细,而应集中介绍某一方面的知识,如"土豆菜谱"、"番茄菜谱"、"黑米菜谱"、"蝎子菜谱"等。

总之,菜谱的编写应当突破僵化的模式,使之发挥更好的作用。

菜品掌故

涉馔掌故

饮馔中的人文掌故甚多,基本上是两种类型:一类是见诸史籍的饮食逸事,一类是民间流传的菜名沿革。这两类掌故都具有一定的文化属性,值得研究。

见诸史籍的饮食逸事,多有真名真姓和文字记述,一般是真实可信的。如陈平分发社肉,均匀公平,被乡亲父老器重;邱嫂猛刮饭锅,变相逐客,讨厌"吃白食"的刘邦;周穆王拿白米换回秕谷，表达对百姓的一片爱心；曹植七步成诗，用煮豆燃豆萁作比喻，规劝其兄不要骨肉相残；殷纣王昏庸荒淫，大搞酒池肉林，自取灭亡；范仲淹安贫好学，经常煮粥划块充饥，最后功成名就；烤鹅香美，酒肉和尚光谦盼望它能长出四只肥掌；甲鱼鲜醇，贪嘴的苏东坡竟渴盼一鳖生出双裙。此外还有“莼鲈之思”、“望梅止渴”、“以字换鹅”、“嗟来之食”、“琼厨金穴”、“染指之试”、“弹铗求鱼”、“庖丁解牛”、“借箸代筹”、“味如鸡肋”、“金谷酒数”、“调鼎之臣”等。

民间流传的菜名沿革，一般没有历史记载，可以称为民间的“菜名文学”。这都是关于某些名菜名点来历的解说，它往往与某些名人的逸闻揉合在一起，故事编得有头有尾，带有民间故事的性质，一旦传开，家喻户晓，便深入人心，大家谈起来津津乐道。像“玉凤还朝”、“红娘自配”、“李公杂碎”、“宫保鸡丁”、“麻婆豆腐”、“太极芋泥”、“东坡肉”、“佛跳墙”、“怀抱鲤”、“叫化鸡”、“水晶肴肉”、“钟祥蟠龙”、“宋嫂鱼羹”、“沔阳三蒸”、“潘鱼”、“烤鸭”、“霸王别姬”、“应山滑肉”、“太爷鸡”、“换心蛋”、“大救驾”、“小窝头”、“散烩八宝”、“老婆月饼”、“油炸桧”、“重阳糕”、“粽子”、“元宵”、“黄桥烧饼”、“黄州烧梅”、“伊府面”、“状元饺”、“狗不理汤包”、“张三口羊肉面”、“荷月”、“煎堆”、“龙抄手”、“土笋冻”、“光饼”、“沈丘贡馍”等等。

涉馔掌故除了介绍菜点风味、教人如何品尝之外，还偏重于饮食教化，宣扬传统伦理道德，培养民族性格和民族心理，以食陶冶情操，美化心灵。因此，它历来受到人们的喜爱。不少菜品都以之作为文化包装，宴会设计师考核中也有这方面的内容。

孔府一品锅

山东曲阜孔府名馔，系用燕窝、海参、鱼肚、鲜笋、鸡脯、虾饼、香菇、套汤等烩制而成，用乾隆御赐的“一品锅”盛装，极其高雅华贵。因为历代“衍圣公”都是官居一品，位列百官之首，享有“带子上朝”的殊荣，孔府的台阶也仅比皇宫的玉阶低矮一尺而得名。

菜肴敢以“一品”相称，实际上是炫耀门第的尊贵。对此，有人羡慕，有人嘲讽。清人赵翼有诗云：“一生忙忙为得饱，刚刚得饱又思衣；衣食则得双足份，家中缺少美貌妻；有了娇妻并美妾，出门无轿少马骑；骡马成群田万顷，无有官职怕受欺；五品四品嫌官小，三品二品也嫌低；当朝一品作宰相，还想面南称皇帝！”文笔也够火辣了。

八仙过海

近年来推出的创新神话菜，取意于明人吴元泰《东游记》中有关“八仙过海”的神话故事，具有喜庆、和乐的色彩。

所谓“八仙”，系指铁拐李、汉钟离、蓝采和、张果老、何仙姑、品洞宾、韩湘子和曹国舅。他们都是道教中的散仙，各有一套神秘莫测的法术；民间流传着许多风趣的传闻，视他们为锄强扶弱、主持正义的英雄。

此菜以海参、鲍鱼、大虾、鲜贝、银耳、猴头菇、鹌鹑蛋、鸡脯肉代表“八仙”（仙谐音鲜），以高汤代表“大海”，通过烧烩，配加火腿、青豆、香菜缀色，五彩斑驳，香美异常，可上高档筵席。

“八仙过海”这道菜有时也叫“山海大会”或“山盟海誓”。

佛跳墙

号称“福建第一菜”，系用黄酒坛子作为炊具，依次码放鸡、鸭、羊肘、猪蹄尖、猪肚、火腿、鱼翅、干贝、鲍鱼、冬菇、冬笋、萝卜、海参、蹄筋、鱼唇、鱼肚等30多种料物，用文火慢炖制成。这一坛之菜等于是一桌佳肴，异常丰盛、香美。它的创始者是清代中叶一位姓周的福建地方官的家厨郑春发。

相传郑春发创出此菜后便离开了周家，在福州东街口开设了一家聚春园餐馆，专门供应这道尚未定名的“坛子菜”。有一次，一群读书人前来品尝，吃得高兴了便吟起诗来。其中有一联是“坛放荤香飘四邻，佛闻弃禅跳墙来”，众人都说好；从此以后，“佛跳墙”这个别致的菜名便流传开来。

组庵鱼翅

“组庵鱼翅”是湖南著名的官府菜，以光绪年间进士、南京国民政府主席谭延闿先生的字——组庵命名。谭先生精通食道，其家厨曹敬臣更是调鼎高手。他将红汤煨制鱼翅的方法，改作嫩鸡、五花肉与鱼翅同煨。不仅使鸡、猪的营养物质渗透到鱼翅之中，而且鱼翅还像面条般的柔软，分外鲜美、香滑。民国初年，谭回湖南任职，组庵鱼翅也被带到长沙，成为高级宴会上的必备佳肴，客人们都以先品为快。

除组庵鱼翅外，曹敬臣还创制了组庵豆腐、红煨熊掌、羔汤鹿筋、鸡汁鱼唇、糖心整鲍、叉烧乳猪、麻仁鸽蛋、鸭淋粉松、油酥银杏等名菜，统称为“组庵特菜系列”，是湘菜中的精华。

李鸿章杂碎

李鸿章杂碎又名“李公杂烩”或“全家福”，最早出在清末的安徽。当时李鸿章经常出使外国，常令随行的家乡名厨治宴招待洋人。由于菜好，来的人数往往超过，厨师无法，只好将剩下的零星料物杂烩在一起凑数应付。谁知这种杂烩菜更对外国人的胃口，久而久之，它便有了这个俗名。

对此，《清稗类钞·饮食》中亦有翔实的记载：“李文忠公鸿章奉使欧美。其在美时，以久厌膻腥，令华人所设餐馆进馔数次。西人问其名，难以具对，统名之曰‘杂碎’。自此杂碎之名大噪。仅美之纽约一埠，已有杂碎馆三四百家。此外东方各埠，如费尔南特、波士顿、华盛顿、芝加哥、必珠卜等，亦无不有之。全美华侨衣食于是者，凡三千余人。所入可银数百万。凡杂碎馆之食单，莫不大书曰‘李鸿章杂碎’、‘李鸿章饭’、‘李鸿章面’等名。”

1968年，泰国总理访问美国。白宫接待官员了解到他爱吃中国菜，便在华盛顿的皇后酒家预订50份杂碎。酒店老板听后，立即说：“杂碎在中国上不了台面，正式宴会从来不用它，更别说是国宴了。”白宫官员不听劝说，他认为在美国都一致公认“杂碎”是中国名菜，只有上它才能表达对贵宾的尊重。老板无法，只有照办，结果美国总统真的用这一中国菜谱不载的名菜来款待泰国贵宾。

海味葫芦头

西安风味名食，由猪大肠、海参、鱿鱼、鸡脯、五香等料精心烩制而成。

相传初唐时期，药王孙思邈到长安行医。他路过一家“杂碎店”，见正在出卖“猪肠肚”，他买了一碗尝尝，发现腥膻味重，油腻也大。临走便留下自己的药葫芦，传给店家一条秘法。后来店主依法庖制，并从葫芦中倒出一些香料制汤，果然鲜美异常，生意火爆。为了感谢药王，店家将葫芦披红挂彩，高悬门首，把猪肠肚改名为“葫芦头”。

相传抗战前夕，东北军退至西安，许多将士不服水土。有位名医建议，每月吃一次“葫芦头”调理腹胃，病情居然好转。这样，葫芦头声誉大振，成为一种食疗新方。

沔阳三蒸

“沔阳三蒸”是湖北名菜中的一个系列菜品，关于“三”字，有6种说法：一是指肉、鱼、菜3种原料；二是指清蒸、粉蒸、红蒸3种技法；三是指粉蒸肉、蒸白肉、珍珠圆子3种菜品；四是指沔阳乡宴中必有3道粉蒸菜；五是指以蒸菜为主体的“三蒸九扣席”；六是指多的意思，即无菜不蒸、无席不蒸。最后一种说法，比较准确。

相传“三蒸”为元末农民起义军首领陈友谅之妻罗娘娘所创。当时沔阳受灾，义军过不惯“一年雨水鱼当粮、螺蛳蚌壳糊肚肠”的生活，战斗力减弱。罗氏便用菱角粉蒸鱼虾去掉水腥气，解决了义军断粮之困。此后“沔阳三蒸”便风靡江汉平原。

腊味合蒸

长沙历史名菜，以腊鸡、腊鱼、腊肉为主料，合蒸而成。其色深红，汁浓多味，口感不腻，烟熏的芳香浓郁。

相传早年的长沙，有个聪明的乞丐刘七，他常将讨来的食物巧相捣鼓，能变出不少美味。一年年关，他讨了一些腊鱼腊肉，精心调配了一番，便在一个财主的屋檐下蒸了起来。这时财主正在宴客，酒菜都已上全，但这些都敌不过门外传来的阵阵香味。财主令家人将刘七的蒸钵强行夺来，换了个古陶餐具呈上，宾主吃了分外高兴。宴后，客人提出要用重金买走这个会做蒸菜的“家厨”，财主顺水推舟，于是刘七摇身一变成了名师。在他精心改进下，“腊味合蒸”很快风靡三湘四水。

辋川小样

“辋川小样”是五代时期的大型风景花色冷盘，由尼姑梵正创制。

据陶谷《清异录》记载，五代时有个心灵手

巧、善于烹调的尼姑，法名梵正。她崇拜唐代的诗画家王维，喜爱王绘制的《輞川图》。她曾用"鲊、臑、脍、脯、醢、酱、瓜、蔬，黄赤杂色斗成景物。若坐及二十人，则人装一景，合成輞川图小样。"这就是说，她在菜盘中艺术地再现了王维《輞川图》中描绘的华子岗、輞口庄、文杏馆、厅竹岭、木兰架、临湖亭、金屑泉、白石滩等景致，表现出非凡的才华与功力。对此，古今的烹饪研究者评价甚高，都说梵正是中国花色冷拼的创始人。

鹿鸣迎宾

近年来推出的创新诗意菜，取意于我国最早一部诗歌总集——《诗经》中的《小雅·鹿鸣》："呦呦鹿鸣，食野之苹；我有嘉宾，鼓瑟吹笙。"《鹿鸣》是周代天子、诸侯燕飨群臣或宾客的乐歌，表现了隆重的礼仪和欢快的心情。

此菜用炝里脊丝垫底做鹿身，上盖蛋松、用火腿做梅花斑，用干肠做鹿腿，用红樱桃做鹿眼；用烧鸡、炝芹菜和菜松做山石与草地，全系冷拼而成。它通常作为高档筵席的工艺大花碟率先上席，烘托喜庆祥和的气氛，起到"开席见彩"、"点明主旨的作用。

沈阳市还有家著名的鹿鸣春餐厅，取的也是"鹿鸣迎宾满园春"之意。

寒门造福

辽宁的寓意菜式，即将豆腐虾仁蒸熟后浇红油芡汁，与走过油的油菜心、炸肥肠等均匀码放在菜盘中，再淋鸡油制成。菜品金红，酥烂鲜嫩，咸甜香辣，醇浓不腻。

相传北魏太武帝拓跋焘讲究吃喝，三天一小宴，五天一大宴。但他牙口不好，热的、凉的、硬的东西都不能吃，这可难坏了又想献媚取宠、又怕进食遭祸的大臣。一次，轮到一个知县献食，他费尽心思做了上述这道菜，拓跋焘一吃，正对胃口，立即传问："此菜何名？有何寓意？"知县道："此菜名曰寒门造福，小人出身贫贱，能有今日，全托万岁的洪福。"这马屁拍得不轻不重，甚得拓跋焘的欢心，于是金口一开："既然是造福，我就人情送到底，赏你个知府吧！"

头脑

又称八珍汤或十全大补汤，太原市著名的传统药膳，系用羊腰窝肉、鲜藕、长山药、面粉、黄芪、良姜、绍酒、糟水、羊油等合制而成的糊汤，可配腌韭菜、烧卖或帽盒子（一种面点）同食；有益气调元、活血健胃、滋补虚亏、延年益寿的疗效，尤宜于老人冬令进补。

此食方系明末清初的三晋名医傅山所创。先用于侍奉老母，后传给太原一位姓朵的回族厨师，让其广济众生。不久他又为这家回民餐馆亲笔书写"头脑杂割清和元"的匾额，表示对元、清两朝残暴统治的愤慨。现今"清和元"饭店仍存，主要还是经销"头脑"。

"头脑"一名有两说：一是用料为杂碎，二是指它有健脑作用。

烤乳猪

中国历史名菜之一，鲁、粤制作甚精。它是将断奶的肥仔猪治净，用铁撑撑起，涂匀酒醋油糖汁液，烤至熟透酥香而成。

烤乳猪的前身是西周时期的"炮豚"（煨烤炸炖乳猪），后来又演化成南北朝时的"炙豚"，它"色同琥珀，又类真金，入口则消，状若凌雪，含酱膏润，特异凡常"。发展到清，更名为"烧小猪"，与北京烤鸭并称"双烤"，是著名的满汉全席中的四大主菜之一（另3个菜是烤鸭、燕窝、鱼翅）。为了突出这四大主菜，满汉全席也叫做满汉燕（燕窝）翅（鱼翅）烧（烧小猪）烤（烤鸭）全席。

现今的烤乳猪以广东的"金龙片皮乳猪"质量最佳。

东坡肉

"东坡肉"是湖北名菜，系用带皮的猪五花肉先焖煮、后红烧精制而成。它创始于北宋时期的黄州，因大文豪苏东坡而得名。

北宋初年，苏轼因"乌台诗案"，贬为黄州团练副使，常和一些名士一起借酒消愁，发泄政治上失意的苦闷。当时，他在黄州西山坡开垦了几十亩荒地补贴家用，并盖了一间草房，自号"东坡居士"，经常煮肉吃，并作歌曰："黄州好猪肉，价贱如粪土，富者不肯吃，贫者不解煮。慢著火，少著水，火候足时它自美。每日起来打一碗，饱得自家君莫管。"由于这首《炖肉歌》在民间广为传颂，黄州又有著名的"东坡赤壁"，后人便将此法烹制的肉菜称之为"东坡肉"。

东坡回赠肉

徐州传统名菜，系将猪五花肋条肉切块，焯水后入砂锅，配以味料及鲜汤，炖焖至烂酥而成。鲜香醇厚，回味无穷。

相传宋神宗熙宁十年(1077 年)，苏轼任徐州知府不久，就碰上黄河缺口，加之天降暴雨，泗水水位猛涨，危及全城百姓安全。苏轼不顾一切，率领军民抗洪救灾，经过一个多月的艰苦奋战，终于保住了城池。他的诗："黄河西来初不觉，但讶清泗奔流浑；夜闻沙岸鸣瓮盎，晓看雪浪浮鹏鲲"；"故道堙灭疮痍存，明年辛苦应更甚"，真实而生动地记述了这次抗洪的情景。

事后，百姓们感激这位爱民的父母官，纷纷杀猪宰牛、牵羊担酒，敲锣打鼓送到衙门。苏轼来者不拒，一一记名收下，并亲自指点厨师将肉、酒下锅同烧，分成若干份，逐一回赠给送礼之人，故后人称此菜为"东坡回赠肉"。对此，民国初年的《大彭烹事录》中，有一首诗追记其事："狂涛淫雨侵彭楼，昼夜辛劳苏知州；敬献三牲黎民意，东坡烹来回赠肉。"

此外，杭州东坡肉的掌故与此类似，但不是抗洪救灾，而是疏浚西湖，以利农桑。事后也是百姓送酒肉，东坡烹熟后回赠。

家乡肉

这是金华火腿的爱称，出自浙江旧金华府所属的金华、兰溪等 8 县，故名。它色红如火，香味独特，在海内外享有盛誉。

相传北宋末年，金兵南侵。在名相李纲的力荐之下，金华勇将宗泽挂帅出征。乡亲们为了慰问子弟兵，给前线送去许多腌制的猪肉，将前后腿分别叫做"风腿"和"露腿"。军士们看见肉质红如烈焰，很像宗元帅一片赤诚爱国心，便将它改称"火腿"；宗泽则谦虚地说："它风餐露宿而来，代表乡亲父老的深情，还是叫家乡肉吧！"

后来金华地区的火腿作坊都尊宗泽为"火腿祖师"，每家都挂上他的肖像，四时焚香祭祀。

狮子头

淮扬名菜，系用蟹粉和猪肉制出肉圆，在砂锅中焖制而成，有河蚌狮子头、鲴鱼狮子头、风鸡狮子头、面筋狮子头等花色，特点是形如狮头，醇香扑鼻，口感鲜腴。

相传隋炀帝下江南时，游览了扬州的万松山、重钱墩、象牙林、葵花岗四大名胜，流连忘返。当即吩咐御厨，要依景做出四道名菜，纪念此次出游。御厨费尽心机，终于做出松鼠鳜鱼、重钱虾饼、象牙鸡条、葵花献肉四道新菜，炀帝品尝后甚感满意。后来唐代的美食家郇国公宴客，也用的是这四道菜。其中的葵花献肉，又叫"葵花大斲肉"，即狮子头的前身；因此，现今扬州人还把狮子头叫做"大斲肉圆"。

黄金肉

清代东北满族地区的乡土名馔，即香菜煎煏猪肉片，其创始者相传为清朝的开国皇帝——努尔哈赤。

据说努尔哈赤未发迹前，曾在一总兵府里当伙夫，干些下手活儿。由于人勤快、聪明，跟着掌勺师傅学了不少手艺。一次，大师傅病了，几个女仆临时上阵，拼拼凑凑总是做不出总兵要求的八个菜。努尔哈赤说："让我试一试。"于是便做了"黄金肉"。总兵一吃连声叫好，赏给他一两银子。后来努尔哈赤带兵打仗，也常做此菜慰劳士卒。清朝建立后，它便作为御膳的"保留节目"。相传慈禧太后曾说过："这是先祖赐予儿孙的珍馐，尔等切莫等闲视之。"

砂锅居白肉

又名福肉，祭神肉、白煮肉或白片肉，即将大块猪肉先用温水浸泡，然后不加任何调料用文火焖至熟烂，再在沸水中浸泡，捞出切作薄片，以酱油、蒜泥、腌韭菜花、酱豆腐汁、辣椒油等佐食。乾隆六年(1741 年)砂锅居初建时，用直径 133 厘米的大锅煮肉，每天只卖一口猪，午前卖完，午后歇业，久之北京便留下一句歇后语："砂锅居的幌子——过午不候。"

白肉实乃满族古老食品。《梵天庐丛录》说："清代新年朝贺，每赐廷臣吃肉。其肉不杂它味，煮极烂，切为大脔，臣下拜受，礼之重也。乃满洲皆尚此俗。"该族还有"食肉大会"，无论旗汉、识与不识，皆可前往，肉皆白煮，自切自食，甚嫩美，食量大者一次可吃 5 公斤。

皱纱肉

福建长汀风味名菜，系将猪肉文火炖熟后捞起，涂料酒下锅猛炸使肉皮脆硬，然后用温汤浸出皱纱制成，风味别具。

相传长汀有个富户子弟名叫胡瞎哩，由于不堪清廷的盘剥，装疯卖傻，将百万家财救济了不少贫民。他死后，子孙照此办理，最后只剩下灶门前灭火炭的一个“火屎罂”。一次胡家请客，在灶台上切肉，有块肉掉入罂中；家人没有发觉，依旧用它灭火炭。谁知不一会传出异香，才发现那块肉在罂中烫得皮似皱纱，分外香美。忙请古董铺的老板鉴定，原来这“火屎罂”乃周代的古陶罂，价值连城。后来凡是名流光临长汀，都要借用此罂制作皱纱肉接待，以作殊菜。

钟祥蟠龙

此系湖北名菜，制法见诸《钟祥县志》：“其质取猪肉之精者，和板油与鱼剁成肉泥，和以绿豆粉、鸡蛋清，后用鸡蛋皮裹之。皮间附以银朱，蒸熟后切成薄片，盘于碗中，红黄相间，宛然成龙形。”

相传明武帝驾崩，诏立堂弟朱厚熜（时在湖北长寿县当兴王）继位。为了防止政敌暗算，他决定扮作囚犯日夜兼程；还令厨师做条粗蛋卷盘在颈上，以供路上充饥。就这样，顺利登上金鸾宝殿，成为在位44年的嘉靖皇帝。后来嘉靖觉得此事有失体面，便说自己是蟠龙附身，能够日行千里，那条蛋卷也就因此而荣获“龙”的美称；还因为长寿县是他的降生之地，于是改名“钟祥”；并将“钟祥蟠龙”这道菜收入御膳房中。

一品南乳肉

“一品南乳肉”是浙江传统名菜。它选用猪五花肉，用特制红腐乳汁和味料精焖而成。其特色是肉红菜翠，交相辉映，肉烂不腻，菜爽乳香。

相传南宋末年，蒙古铁骑南侵，朝廷危在旦夕。奸臣贾似道媚敌求荣，前方告急文书雪片般飞来，他不闻不问，依旧与妻妾斗蟋蟀，寻欢作乐。百姓对其恨之入骨，就把贾的“一品”官衔移到南乳肉上，表示愤恨。不久，众怒难犯，贾被革职流放，监押官郑虎臣将他杀死在漳州木棉庵的厕所之中。此后，每逢紧急的国难关头，老百姓就大吃一品南乳肉，以此表达对卖国贼的愤恨。

腊肉炒菜薹

此乃湖北冬令的风味名菜，已有近千年的流传历史。它之美，在于色、香、味、形四佳，爽口不腻，故《汉口竹枝词》赞道：“不须考究食单方，冬月人家食品良：米酒汤圆宵夜好，鳊鱼肥美菜薹香。”

菜薹亦名菜心，系白菜的变种，冬初抽薹，叶茎紫红，开黄色小花，质地脆嫩，以武汉市洪山宝塔附近所出者为最佳。因其肥美，苏东坡携小妹专程前来品尝，慈禧将其封为“金殿玉菜”。光绪年间，合肥人李勤恪督率湖广，也酷爱此菜。为了使其能在安徽存活，甚至将洪山宝塔下的沃土装了几大船运走，故而在史书中留下“制军刮湖北地皮去也”的笑谈。

荔浦芋扣肉

看过电视连续剧《宰相刘罗锅》的人，大概都不会忘记广西荔浦县特产的大魁芋。它不仅可以单独蒸食；还能与猪五花肉配伍，经过煨、炸、蒸等工序，制成荔浦芋扣肉，抹上桂林豆腐乳上席，其味芬芳、爽口。

相传此菜与明代旅行家徐霞客有关。徐千里迢迢到达桂林后，整日察山看水，废寝忘食。一天，他攀登叠彩峰回来已是月上三更，店家见他还未吃饭，不免心中发愁。因为厨房里只有一块猪五花肉、两个荔浦芋头和一瓶豆腐乳了，办不出什么好席面。徐说：“不要紧，合在一起烧烧就成。”谁知道这一“烧”就烧出了“荔浦芋扣肉”这道名菜，流传400多年而盛誉不衰。

商芝肉

陕西商洛地区历史名菜，即走过油的猪五花肉扣蒸蕨菜，有清热去毒、活血消肿、强胃健脾的功效。

相传西汉初年，东园公、夏黄公、绮里季和角里先生四人，因为逃避战乱而携妻带子隐居商山，采商芝（又名商山芝，即蕨菜）而食。他们年皆八十有余，时称“商山四皓”。汉高祖刘邦听说后，十分敬仰，多次下诏请他们下山做官，四老均不为所动，以歌作答：“有吾商芝风，长寿驻容颜。”依然过着清贫的隐居生活。从此，商芝声名大振，人们争相仿食。商洛地区的厨师便推出这道乡土情调浓郁的特菜，纪念四位先贤。

带子上朝

山东曲阜孔府名菜，系将镶嵌莲子的猪五花肉，用白糖、冰糖文火慢炖，收干芡汁制成。成品酥软香甜，上口即化，不糜不腻，馨香袭人，可以润肠胃、生精液、丰肌肤。

曲阜孔府是孔子直系嫡孙们居住的宅院，系典型的封建大庄园。明清时，“衍圣公”官居一品，班列文官之首，享有“携眷上朝”之殊荣。光绪年间，76代衍圣公孔令贻携子为慈禧太后祝寿之后返回曲阜，族长摆接风大宴为之洗尘。孔府内厨为颂扬孔氏家族的殊荣，特创制出这款新菜表示祝贺，深得孔令贻的欢心。此后，“带子上朝”便成为孔府教育后代弘扬家风的活教材，每逢除夕之夜必上酒席。

小炒肉

杭州历史名菜，以猪里脊丝为主料，适当配加花生米、青椒丝、熟笋丝或鸡蛋清，滑炒而成。色香味形俱佳，已传留200余年。

相传此菜出自清初抚远大将军年羹尧的内厨。1726年，年羹尧功高震主被赐死后，姬妾仆役风吹云散。有一专门制作小炒肉的侍妾，下嫁给一位酸秀才。夫妻们谈起往事，秀才总盼望老婆露露手艺。但老婆告诉他：“小炒肉的原料一头肥猪上只取几两，不是寻常人家所能办到的。”秀才不服，几经纠缠，老婆终于试做了一次。没想到，她刚一转身，秀才已奄奄一息倒在地上。原来是肉太香美，秀才连舌头也咬掉了。此后便有了一个戏谑的说法：“吃小炒肉之前，一定要将舌头用线拴住。”

文山肉丁

江西历史名菜，即猪里脊肉丁煸炒笋丁，兑辣酱糖醋味汁，可以散寒除湿、杀虫解毒。相传其创始人为民族英雄文天祥。

南宋末年，文天祥任右丞相，亲自领兵抵抗元军的南侵，打了不少胜仗，收复许多失地，深得百姓爱戴。一次，他路过家乡江西吉安，父老们携带羊酒劳军。文天祥设家宴答谢众乡邻。席间，他亲自下厨，烹制了一盘笋丁炒肉，乡邻们品尝后交口称赞，要求文丞相教会他们。于是文天祥从选料到刀工，从用火到调味，一一示范，直到大家领会为止。后来，他留下“人生自古谁无死，留取丹心照汗青”的名诗，英勇就义。乡亲们为了纪念他，便用他的号“文山”为这道肴馔命名。

无锡肉骨头

即以酱油、白糖、料酒、葱姜、桂皮、茴香、硝末、红米、精盐等作卤料，添加肥膘肉少许，卤煮出来的猪排骨。它肉质酥烂，咸中带甜，汁浓味醇，香气四溢。

相传700多年前，圣僧济公来到无锡著名的南禅寺。他每天拖着破鞋，摇着葵扇，四处游玩，同时也做一些扶贫救弱的好事。晚上就带回一块狗肉，装进烂罐，埋在炙热的香灰中，然后便在大殿的拜垫上呼呼大睡。一觉醒来，肉已焖熟，饱餐一顿后，他又优哉游哉了。时间一长，济公煨制狗肉的秘法被寺僧发现，由于狗肉很少，他们便用猪排骨替代，久之便形成一套完整的工序。后来此菜由寺庙传到民间，成为江南的美食。

应山滑肉

相传唐初，湖北应山有位詹姓名厨很会用猪奶脯制作滑肉，远近闻名，后来被召入宫当了御厨。一次，唐玄宗患了糖尿病，必须忌糖；奸臣李林甫为了谋害皇帝，花言巧语劝玄宗忌盐。玄宗一时糊涂，便命詹厨制作甜的滑肉。詹厨不肯，激怒了皇上，在八月十三这一天被斩首。

事后，玄宗病情加重，方才悔悟，追封詹厨为“厨王”，并诏令天下厨师在八月十三都要祭祀詹王；次年，忌糖食盐的玄宗也完全康复。从此，厨艺界便留下“有詹无詹，八月十三，封了厨王，明皇平安”的俗谚，以及“盐乃百味之本”、“好厨一把盐”等等说法。

白云猪手

“白云猪手(即蹄膀)”系广东传统名肴，系将猪蹄先煮后泡再煮，冷却后置于醋、糖、盐溶液中浸泡6小时，捞出撒五柳料制成。它酸甜柔韧，爽而不腻，醇香利口。

据说很早以前，广州白云山寺庙中有个小和尚，偷偷弄来一只猪手，在山门外刚用瓦坛煮熟，发现长老归来，慌忙之中将瓦坛扔入溪中。次日，一樵夫路过小溪发现了猪手，一闻异常香醇，便拿回家用糖、醋、盐调食，感到既甜酸又爽脆，大快朵颐。从此用山泉水泡制猪手之法便流传开来，并以“白云”二字命名。此菜之美，主要在于白云山泉中富含矿物质，用之浸泡蹄髈，可解油腻，增添香醇。现今广州市沙河饭店调制猪手，仍然使用古法。

镇江肴肉

“镇江肴肉”乃江苏名菜。它是用盐、硝将猪蹄髈略腌，再加味料煮制而成。成品红润，柔韧浓香，系佐酒佳肴，可上高档筵席。

相传很早以前，镇江有家小酒店。一次妻子买了一包硝，准备带回娘家做鞭炮，不料竟被丈夫误当作盐腌了肉。发觉后两人反复用水冲洗，加味料煮熟后打算自己吃。谁知锅一揭开，香气满屋，正巧参加蟠桃会的张果老路过这里，不容分说抢过便吃。夫妻二人怕他中毒，急忙送上姜丝和香醋，哪知张果老越吃越高兴，一锅肉点滴不剩。临走时嘲哨一声，一头毛驴踏云而来，他大笑三声，扬长而去。由于神仙光顾了此店，从此镇江肴肉便名声大振。

带把肘子

陕西大荔传统风味名菜，即蒸炖猪蹄，因成菜后肉质紧缩露出骨头，形似把柄，故名。其特色是：形整酥烂，胶粘不腻，味道醇厚，尤宜于冬令进补。

相传明朝弘治年间，同州府有个技艺精纯、刚直不阿的名厨李玉山，从不侍奉贪官污吏。一次，知府五十大寿请他去办席，他拒绝了。不久抚台下来视察，他不请自往，做了带把肘子。抚台一看，此菜上面是肉，下面是骨头，便问是怎么回事。李厨答道：“抚台大人有所不知，我们知府老爷不但吃肉，还要啃光骨头。”清廉的抚台听出话外之音，便留下李厨细加察问，后来将贪赃枉法的知府革了职，替老百姓办了件大好事。

凉冻绿豆肘

甘肃乡土名馔，系将绿豆和去骨猪肘加入白矾，用文火煮至透烂后捞起，再加葱段、姜块、精盐和原汤上笼猛蒸，然后撇油晾凉冷冻，切片装盘。它色呈浅绿，酥烂如豆腐，清香醇美，食之沁人心脾，有清热解毒之效。

据北宋僧人文莹所写的《湘山野录》记载，祥符年间(1008～1016)，烈日酷暑，地裂河干，百姓们病死无数。宋真宗听说“西天”(今之印度)有一种“吉豆”(即绿豆)，能退诸热，解百毒，便派人前往求取。取回此豆后，广为散发，令各地名厨创制新菜。结果，有的地方做出“吉豆汤”，有的地方做出“吉豆沙”，甘肃名厨心最巧，做成了“凉冻吉豆肘”，获得奖赏。

油炸油

陕西乾县乡土名馔，相传出自盛唐。

当时有位名厨开了一家餐馆，挂上了“百味珍馐，现点现做”的招牌，由于手艺确实精湛，一时门庭若市。有一天来了一位美食家，指名要吃“油炸油”。厨师一听，知道是行家考手艺来了，不敢怠慢。一方面殷勤接待，一方面快速转动脑子，终于想到好办法：将生板油切丁，挂糊稍炸，外裹蜂蜜，趁热上桌。客人一见，哈哈大笑：“难为师傅了，果真名不虚传，佩服佩服！”

乾县的“油炸油”，实乃“蜜汁水脆油”；湖北也有一种“油炸油”，里面加有蜜桂花，因此则叫“桂花酥板油”。

九转大肠

九转大肠系将熟的猪大肠切段稍烫，入锅炸红捞出，再加味料煨透，淋花椒油、撒香菜末制成。它造型艳美，色泽红润，香烂味醇，是下水菜式中的精品。

此菜系由光绪年间的济南的“九华楼”首创。该店的杜老板是个巨商，一生喜爱“九”字，他在济南开设了39家店铺，每一店名都带九字。此菜问世后，杜老板即在九华楼大宴泉城名士，请大家为它命名。席间一墨客为满足店主的喜九之癖，同时也是赞颂此菜的工艺精湛，便套用道教反复烧炼的仙丹妙药——“九转金丹”之名，将它定为“九转大肠”。其意为品尝此菜，如同服用仙丹，可以颐养天年。

吹肝

云南傣族地区的乡土名食。系将一细长空心竹管，插入治净的猪肝主管内，边吹气边拍打，将花椒、茴香、八角、草果、肉桂等料沿竹管灌入肝内；再注入适量酱油、红醋、料酒和精盐。随后抽出竹管，用线扎牢，风晾半月。食时洗净、煮熟、切片，拌调料吃。其味香美，可以补肝养血。

此菜见于《徐霞客游记》。是崇祯末年徐赴大理考察佛教圣地鸡足山时，当地土司款待他的美味之一。徐霞客盛赞这道“奇食”，天天都要吃它，或在寓所调制，或在野外烹食。后来他逢人必讲此菜，为之传名。

烤全羊

内蒙古、新疆传统风味名菜，蒙古语叫“昭本”、“好尼西日那”，维吾尔语叫“吐鲁儿卡瓦甫”(即馕坑烤肉)。它多选用2龄的肥羊，治净后穿在长木杠上，周身扎满孔眼，涂上用鸡蛋、姜粉、孜然、面粉、料酒、精盐调成的浆糊，以湿布密封，焖炉烤90分钟左右即成。其色金黄，不膻不腻。

烤全羊至少也有近万年的历史，古籍中多见“掘地为坎以燎肉”的记载，相传这是牧民和驼队的发明。他们行走在茫茫瀚海上，腹中饥饿时就掘坑烤羊。元代的“柳蒸羊”(用卵石镶坑，先用炭火烤至石赤，然后置羊于其间，上覆柳枝、草皮和沙土，焖蒸制成)，就曾以殊风别韵饮誉食坛。

过厅羊

“过厅羊”是唐代西北地区的少数民族佳肴，其创始人是唐代官吏熊翽。据《古今图书集成》介绍，熊翽豪饮好客，经常在官邸聚会宾朋。当酒喝到正高兴时，便命厨师牵上一只肥壮的活羊，在大厅的台阶上现杀现剥。然后请客人根据自己的嗜好，在羊身上随意割下一块肉，用不同的彩带系上，并记下各人的名字。厨师迅即将羊肉上笼蒸熟，装盘入席。谁选的肉块就放在谁面前，客人用钢竹刀边片割边蘸调料食用。这种吃法，别有情趣，很快流传起来，人们称它为“过厅羊”。

涮羊肉

北京传统风味名菜，系将羊的腿肉或五花肉切作宽薄的长片，在沸水中略烫，佐酱油、料酒、芝麻酱、辣椒油、葱花、腐乳、香菜末、卤虾油、腌韭菜花等调食。

相传600多年前，元世祖忽必烈率军北伐，忽然想起草原美味——清炖羊肉，急命庖丁烹制。刚刚宰羊剥皮，探马来报：“敌军10万迎面扑来，离此约有20里之遥。”兵贵神速，眼看清炖羊肉吃不上了。聪明的庖丁迅即在羊身片出若干片宽薄的长片，放在沸水锅中一烫，急忙捞入碗中，捏点细盐一拌，呈送给忽必烈。忽必烈饥不择食，饱餐一顿，立即精神抖擞，上马迎敌，获得全胜。事后，他大赏庖丁，用此法欢宴群臣，从此“涮羊肉”便流传开来。

风羊火锅

大别山区的冬令佳肴，系将风干的羊肉剁成大块，泡软以后炖烂拆开骨、肉；再将羊肉煸炒入味，用高汤烧烩，后转入火锅炖食。它鲜中带辣，酥烂油润，有滋阴壮阳之效。

相传此菜乃朱元璋首创。朱年幼时家贫，经常替人放羊。但东家歹毒，从未让他吃饱。他决定想法子报复。一次，他令小伙伴四处放风，说山中有狼；然后偷偷杀了一只羊，藏在山洞风口处；并在自已的身上、脸上涂满羊血与污泥，回村报警。东家一看，不由不信，只好自认晦气，大骂一顿了事。一个月后，朱元璋邀约小伙伴，带上家什，到山洞去大煮肉吃。其肉经过风晾，口味特佳。一传十，十传百，这道美味便在凤阳一带生根落户。

它似蜜

清宫传留的清真风味名馔，系将滑过油的薄羊肉片，勾入酱油、白糖、红醋等卤汁，颠炒而成。其色棕红、油亮，其味鲜香、甜嫩，对阳气不足、畏寒无力者有辅助疗效。

慈禧太后是清代有名的美食家。相传她规定御膳房，每天要拿出一道新菜。吃得若好，有赏，她亲自命名；吃得不好，则罚，或打板子或革职，因而人人不敢怠慢。一次，该做的咸味菜都做完了，难以再翻新花样；有位御厨便大着胆子用羊里脊、白糖、面酱等烹制了一道甜菜献上，胡乱凑个数。没想到歪打正着，正合慈禧的口味。她略一沉思，说：“赏银100两。此菜甜而不膻，就叫‘它似蜜’吧！”

三口羊肉

湖北随州风味名食，系将熟羊肉切块油炸，烹入酱醋高汤卤汁合炒，淋麻油、缀香菜制成。红亮香醇，鲜美爽口。

相传很早以前，普渡众生的铁拐李云游到了随州郧水镇。只见天寒地冻，一个破衣烂衫的汉子还守着一口破锅叫卖羊肉。李铁拐知道这是个孝子，为人忠厚；便对着肉锅吹了一口仙气，顿时炉火熊熊，香气四溢。接着唱道："羊肉鲜又香，大家来尝尝，一口一个味，三口精精光，热汤下肚去，融雪化冰霜。"很快，锅旁围满了人，羊肉卖完。孝子数着钱，对着铁拐李直叫"活神仙"。铁拐李笑道："我再给你一块烂布，每天放在锅中煮煮，保证锅锅羊肉都香。"

烤肉

北京传统清真名菜，系将羊肉片或牛肉片配加大葱、香菜与调料，自烤自食。

烤肉的前身是"牛炙"、"羊炙"，《周礼》、《仪礼》、《礼记》均有记载。入元以后，随着蒙古王公入主中原，此菜大盛。明清两朝，吃烤肉成风。乾隆二十五年(1760)，专营烤牛肉的"烤肉苑"在宣武门内大街开业；同治末年(1874)，专营烤羊肉的"烤肉季"在什刹海北岸开业，又将这一食风推向高潮。诗人杨静亭在《都门杂咏》中曾这样赞道："严冬烤肉味堪饕，大酒缸前围一遭；火炙最宜生嗜嫩，雪天争得醉烧刀。"此外，画坛泰斗张大千、齐白石还都为烤肉苑题写过"清真烤肉苑"的匾额。

玉林牛巴

广西玉林地区的民族风味食馔，系将黄牛坐臀肉切成长条薄片，吹晾或烘烤至硬中带软时，用五香卤汁文火烹成。其色深褐半透明，有浓香，入口酥松，稍嚼即碎。

相传南宋年间，玉林的食盐多靠牛车贩运而来。有位姓邝的商人在贩盐途中，老牛突然暴死。他便割下精肉，用盐腌渍，一路上日晒风吹，回家后用五香卤汁一煮，异香扑鼻。邻人闻香前来，探问究竟；邝望见锅中像牛屎巴巴一样的肉干，戏称为正在烹"牛巴"。从此，这道佐酒美食便流传开来。

牛巴现已成为当地的宴享佳肴，餐馆与民间都精于烹制。

夫妻肺片

四川风味名肴，系将牛肉、牛杂(心、舌、头皮、肚等)煮熟切片，淋以椒辣调味汁，撒上油炸花生米末和芝麻粉等制成。

肺片又叫"废片"或"烩片"，前者是取废物利用、粗料精做之意；后者是指"杂而烩之"、一锅同煮。它们实质上都是"凉拌牛杂碎"的别称，并非纯净的肺片。

相传20世纪30年代，成都少城附近有个叫郭朝华的食贩，能做出一手漂亮的"凉拌牛肺片"。每天夫妻俩人沿街叫卖，食者众多。后来他们开设了一个店铺，在牛肺片中又加进了牛肉和其他内脏，变作"杂碎"。由于风味越来越好，人们仍以老名"夫妻肺片"称之，就这样误传至今。

毛驴汤锅

明代云南白族地区二月十五"庄稼会"上的传统"会菜"，翰林杨慎在《南诏野史》中将其誉为"洱海花"。这是以膘气充足的菜驴肉为主料，爆炒后注入料酒和花椒，用泉水猛煮3小时，再用文火炖烂，配草果、砂仁、茴香、煳辣椒、蒜泥、姜丝、葱花、精盐调味，人各一大碗，辅以米酒，在地头欢宴。

相传早在唐代，南诏王皮罗阁曾以此菜为唐使接风。元世祖忽必烈灭大理国后，也于二月十五在三营坝子用它宴请各地工匠，勉励他们多打造一些好农具。此后它便流行开来。中医认为，毛驴汤锅滋腰补肾，祛风去湿，还对孕妇的蝴蝶斑有显著疗效。

沛县狗肉

此菜系用龟肉与狗肉合炖而成，肉烂汤鲜，出自秦末的江苏沛县。

相传汉高祖刘邦在沛县当亭长时，是个无赖，经常四处骗吃骗喝。当时，樊哙在泗水边上开了个小饭馆专卖狗肉，刘邦每天过桥去吃，从不给钱。樊哙无奈，偷偷将桥拆了。谁知第二天刘邦照样上门。樊哙很奇怪，问他是怎样来的？刘邦说是被一只大龟驮过河的。樊哙一怒，杀了大龟，将它丢在狗肉锅中同煨，没想到汤汁的风味更美，刘邦来得更勤了。樊哙无法，叹道："狗肉滚三滚，神仙坐不稳。何况这个泼皮？"时间长了，刘邦过意不去，便将老妹子嫁给樊哙；后来又带他起兵打天下，封了一个大将军。

伽蓝再取一尊来

"伽蓝再取一尊来"，是料酒、精盐、陈皮、葱姜等料隔水清炖狗肉的谐称，此典出自风流才子冒辟疆所著的《两般秋雨盦随笔》。

相传清初,有一个僧人外出做法事,在佛堂上闻到一股诱人的肉香,一阵又一阵扑鼻而来,禁不住垂涎三尺,经文与法器都乱了方寸。抽身找个借口,顺着香气寻到厨房,原来是主人家正在炖狗肉汤。他便和厨师套起近乎,很快就将做法了解得清清楚楚。回寺后寻一僻静之处,如法庖制,烧着烧着,突然没有木柴了,他便拖来一尊伽蓝(木刻的菩萨),几下劈开,塞进灶中,这便是"锅中狗肉还未烂,伽蓝再取一尊来"的来历。它与民间所说的"狗肉滚三滚,和尚坐不稳",异曲同工。

清蒸武昌鱼

"清蒸武昌鱼"是鄂菜中的领衔菜品,已有1700余年的历史。《三国志》中"宁饮建业水,不食武昌鱼"是它的最早出处;《齐民要术》也介绍过鲂鱼的煎炙方法。因为名贵,"齐高帝求此鱼,刺史张敬儿作陆舻置鱼而献";宋代的毛胜还曾封给它"槎头刺史"的头衔。

历代称颂武昌鱼的诗作甚多。如庾信的"终忆武昌鱼";岑参的"秋来倍忆武昌鱼";杜甫的"鲂鱼肥美知第一";苏轼的"长江绕廓知鱼美";范成大的"武昌鱼好便淹留";马祖常的"南行莫恋武昌鱼";丁鹤年的"仙庖频食武昌鱼"等。1956年,毛泽东又写下"才饮长沙水,又食武昌鱼。万里长江横渡,极目楚天舒"的壮阔词章,使之更添妍色。

莼羹鲈脍

这道鲜美的汤羹是用莼菜和鲈鱼煮制而成,出在魏晋时期的吴国。

《晋书》记载,苏州人张翰在洛阳做官时,"因见秋风起,乃思吴中菰菜、莼羹、鲈鱼脍,曰:'人生贵适志,何能羁官数千里,以要名爵乎?'"于是,便弃官而归。后来,人们就把这道菜叫做"思乡菜"。不论是什么筵席上,只要客人一点"莼羹鲈脍",主人就知道他归心似箭,不再挽留了。

在民间故事中,还说莼菜和鲈鱼是一对殉情的渔家恋人变成的,表示生死不离;又有传说讲,这是吕洞宾创制的美食,专留给人间守贞节、有操守的人食用。

瓦罐淮王鱼

西汉时,淮南王刘安封在寿春,为政清廉。一日黑龙潭边有一财主纳妾,请他赴宴,满桌山珍海味,就是没有他爱吃的八公山豆腐。正为难时,一渔夫送"豆腐"前来,刘安一尝,比豆腐更美,问后才知道是用"龙鱼(即现今的鮰鱼,学名长吻鮠)"的净肉在瓦罐中炖成的。刘安吩咐赏银,谁知渔夫不要银子,只要公道。原来这财主新纳的小妾,却是渔夫被抢的孙女;她的未婚夫几次上门要人,都被财主打得死去活来。渔夫无法,只有借龙鱼羹作状纸上告,求王爷替民做主。刘安一听大怒,当即下令将财主丢进黑龙潭喂龙鱼,让渔夫的孙女和未婚夫成婚,并赏赐纹银一百两,成就了一段美满的姻缘。

清蒸鲥鱼

杭州历史名菜,用不去鳞的富春江鲥鱼,与火腿、春笋、香菇清蒸而成。脂肪肥厚,鱼肉细嫩,香鲜可口,古今擅名。

相传东汉时的余姚有位高士严光(名子陵),帮助老同学刘秀打了天下后,便回富春江隐居。刘秀多次派人寻找他,并到他的陋室求见,他都假装睡觉,不予答理。后来刘秀干脆请他进宫,两人同床而卧。他故意"以足加帝腹上",刘秀为了网络人才也不介意。严光不谈政事,只讲自己江边垂钓鲥鱼、清蒸下酒的乐趣,引得刘秀羡慕不已。严光乘机说:"难道君王忍心让我的乐趣得而复失么?"无奈何,刘秀只好放他归隐。从此,清蒸鲥鱼出了大名,毛泽东和柳亚子的唱和诗中也引用过这一典故。

楚乡鱼圆

又名鱼汆,湖北历史名馔,系将鳡鱼(或鳜鱼、白鱼、青鱼)肉排剁成茸,添加蛋清、猪油、精盐等汆制而成,有桔瓣鱼圆、空心鱼圆、三色鱼圆、水晶鱼圆等数十种花色,以晶莹柔韧、鲜嫩爽滑著称于世。

相传楚文王迁都到郢(今江陵)后,特别爱吃当地的鱼鲜,可他又不会吐刺,每次总须侍女剔肉喂食。于是他想:"要是吃鱼不见刺该有多好",便下令征聘会做"无刺鱼"的厨师。一批批厨师应试,一批批厨师被处死,最后感动上苍,派一位天厨下凡,传授了刮茸去刺的方法和"吃鱼不见鱼"

的绝招，这样便创造出珍珠般的鱼圆。后来各方国的厨师都来楚宫学习，将鱼圆制作技术带到四海九州。

鱼咬羊

皖北风味名菜，系将羊肉片塞入鳜鱼腹中，煎至半熟，用高汤和料物小火煨㸆而成。由于腥味克膻，膻味克腥，故而鱼羊相会，合则为鲜。此菜还有补虚祛寒、温中养血之效，食界评价历来甚高。

相传鱼咬羊出现在秦末。那时陈胜、吴广在宿县大泽乡举事，便是将一条写有“陈胜王”的素绸子塞在鱼腹中，以此发动群众。役夫们以为是“天意”，便拥立陈胜为王，推翻了暴秦。安徽厨师为了纪念伟大的陈胜，便在鱼腹藏帛和“鲜”字的启发下，创造出这道文化内涵深厚的名菜。

五柳鱼

四川传统名菜，见于《成都通览》，系将鳜鱼治净，两侧剞柳叶花刀，稍加腌渍后蒸熟，勾葱姜、辣椒、笋丝混合芡料制成。

相传此菜为寓居成都的唐代诗圣杜甫所创。他在草堂暂住时，一次有客来访，恰好家人钓得一条大鱼回来，他便下厨烹成此菜。客人吃得很高兴，便问菜名。杜甫答：“此鱼背有五彩丝，形似柳叶，就叫‘五柳鱼’吧！昔日陶渊明隐居南山，躬耕谋食，采菊东篱下，寸心无杂尘，自号‘五柳居士’，令人称羡。今日鱼名五柳，也是对先贤的仰慕之情。”客人都道：“鱼好名也好，我们就替你传扬传扬吧！”此后，“五柳鱼”和“少陵诗”不胫而走，享誉巴山蜀水。

宋五嫂鱼羹

此菜又名“叔嫂传珍”，系南宋初年的杭州名馔。

传说宋五嫂是开封人，她逃难到杭州后，丈夫病死，只好拖着一个小叔子靠打鱼摸虾为生。一次，相依为命的小叔子病了，生活穷困的宋嫂不能请医卖药，只好天天用鲜活的鳜鱼，配加生姜、花椒、黄酒和香醋，煮羹给他喝。没想到一个多月下来，硬是将小叔子的病养好了。后来，这种方法传开，四乡的人都上门讨取食方。于是她就在西湖边开了家小店，专卖这种药食兼美的鱼羹。一时门庭若市，生意兴隆，连宋高宗也慕名前来。皇帝吃后，一方面赞赏鱼羹的香美，一方面褒奖宋嫂的人品，特将此菜赐名为“叔嫂传珍”。

方腊鱼

相传北宋时期，东南百姓不堪徽宗赵佶“花石纲”的奴役盘剥，在歙州人方腊的领导下揭竿起义。一次，方与官兵大战后，退守齐云山的独耸峰，相持数月。眼看义军粮尽，突然峰顶裂开一泉，鱼虾滚滚而出。方大喜，迅即让义军生火烤鱼，香闻数十里。山下的官兵十分迷惑，感到义军有天神相助，便纷纷退走。这便是“方腊鱼虾退兵将”的故事。

事后徽州名厨依据这一传说，将鳜鱼蒸、炸、熘后，制成了“方腊鱼”。此菜鱼头高昂，张鳍翘尾，似有乘风破浪之势；且蕴干香、咸鲜、酸甜于一体，回味无穷；它还可以养血、补虚劳，有食疗之效，历来被视作徽菜名珍。

松鼠鳜鱼

又名“鱼藏剑”，江苏风味的中国名菜，将鳜鱼剞花后焦熘而成。它酷似松鼠，浇汁后“吱吱”作响，更为传神，以苏州松鹤楼菜馆制作最精。

此菜系由春秋时期的“全鱼炙”演变而来。相传吴王僚继位后，姬光不服。他知道吴王爱吃鱼肴，便策划了一个阴谋。姬光首先在太湖边找到了善于制作炙鱼（又烧鱼）的太和公，又物色到一位勇猛过人的侠士——专诸；然后在伍子胥的精心设计下，将鱼肉剞花，炸得蓬松竖起，内藏一把小剑。诸事妥贴，姬光宴请吴王，专诸呈上“鱼藏剑”；当吴王高兴地观赏时，专诸迅即抽出小剑刺死了他。这样，姬光夺了王位，他便是后来称霸江南、灭勾践、纳西施的新吴王阖闾。

屯溪臭鳜鱼

鸦片战争以后，皖南山区的名茶和文房四宝等特产大都集中在屯溪，经新安江南下杭州，转上海出口。于是屯溪这个古镇商贾众多，饮食业异常发达。由于山区缺鱼，每年重阳前后贵池、铜陵的鱼贩，便将长江鳜鱼用木桶挑至屯溪出售，名为“桶鱼”。因为行程需要七八天，为了防止腐烂，便用淡盐水将鱼浸泡，上盖一张荷叶。这样，鱼运到时鳃仍红，鳞未脱，质不变，但有一种似臭非臭的气味。洗净后用油一煎，其味特别鲜美，这就是“臭鱼不臭味”之说。140多年来，“屯溪臭鳜鱼”名传遐迩，成为徽菜之珍。现在这道菜更名为“腌鲜鳜鱼”，上了《中国名菜谱》。

小酒鱼

相传明代理学家王阳明任赣州巡抚时，特别爱吃当地的青鱼。他特聘治鱼高手凌厨子来家掌作，变着法儿做鱼吃。一次，凌厨子将鱼肉剁成骨牌块，用精盐、料酒稍加腌渍后，滗去卤汁，再加鸡蛋清和干淀粉拌匀，入锅炸成金黄油亮，准备送去给王大人下酒。没料到装盘时忙中出错，将一瓶“小酒”(当时对香醋的俗你)碰翻，全都淋在鱼块上。凌厨子一个“糟”字还未出口，炸得焦酥的鱼块被醋一浸，一股浓香立即弥漫厨房。凌厨子一阵惊喜，挟块鱼尝了尝，真是从未有过的美。他端起就跑，马上送到王阳明面前。王阳明吃后也是连连叫好。忙问：“此菜何名?”凌厨子灵机一动，说道：“小酒鱼也。”

西湖醋鱼

又称“醋熘鱼”，杭州风味名肴，有近千年的流传历史，楼外楼菜馆烹制最精。它是先将草鱼饿养数日，去掉土腥气，然后在沸水中氽熟，浇糖醋汁制成。其鱼形完整，色泽红润，肉质鲜嫩，醋香扑鼻，迷倒中外游客。

历史上讴歌此菜的诗文甚多。如诗画家陈芷汀的题联：“楼外揽西施，风情最爱花雕酒；坟前拜苏小，拓意难忘醋熘鱼。”著名学者俞平伯写的双调望江南：“西湖忆，三忆池边鸥。楼上酒招堤上柳，柳丝风约水明楼，风紧柳花稠。鱼羹美，佳话昔年留。泼醋烹鲜全带冰，乳莼新翠不须油，芳指动纤柔。”还有台湾电视节目主持人凌峰在《联合晚报》上发表的《西湖醋鱼东坡肉》等。

将军过桥

湖北当阳风味名菜，以号称“龙宫大将军”的乌鳢作为主料，其肉炒片，其骨熬汤，同时上桌。因需要将鱼片挟于汤碗中浸渍上味后才食用，寓意渡河过桥，故名。

相传此菜出自三国时期的长坂坡大战。当时张飞手持丈八蛇矛，虎须倒竖，豹眼环睁，运足气力，猛然一吼，长桥断裂，河水倒流，吓退了曹操的数万人马，保住了当地百姓的安全。傍晚时分，村民们捞起重达十余斤的被震昏的乌鳢，精心制作饭菜，慰劳将士。张飞等腹中饥饿，风卷残云，一扫而光。吃完咂咂嘴才问菜名。乡老说：“鱼因将军来，菜请将军吃，将军食用将军鱼，当阳桥下有根底。如不避嫌，就叫‘将军过桥’吧!”

神仙汤

相传赤壁之战后，孙权设宴论功行赏。因为心情舒畅，不禁多喝了几杯，有些醉眼朦胧。御厨闻讯，忙用黑鱼骨和黑鱼肠做了一碗醒酒汤呈上。孙权喝后，酒意顿消，精神倍增，传召御厨，询问汤名。御厨趁机献媚：“此乃神仙汤，是用‘龙宫大将军’制作的，只有吾王方可享用。”孙权大喜，重赏厨师，又与文武百官痛饮起来。鲁肃等人再三劝诫，孙权道：“曹操老贼进火场，东吴神兵威名扬；吾有龙宫大将军，再饮百杯又何妨?”

这号称“龙宫大将军”的黑鱼，即是乌鳢，性凶猛，专以小鱼虾为食，群鱼见之都退避三舍。其肉质鲜美，有补心养阴、解毒去热之功，民间习惯以之煮汤解酒，确有显效。

无丝藕焖黑鲫

据《孝肃遗事》记载，包公出任庐州知府时，他的个别亲戚仗势欺人。有一次，包公的堂舅犯了法，为了告诫族人，杀一儆百，包公当堂将堂舅打了40大板，深得人心。刚巧，庐州的包河中出产一种鲜鲫，背黑而乌亮；还出产一种肥藕，切断而无丝。人们便用鲜鲫和肥藕合烹出这道“铁面无私菜”，以之纪念刚直不阿的“包青天”。现今在合肥包公祠的流芳亭中，还刻有清朝举人周鹤立的诗句：“淡月藻涵影，晚风送花香；年年春水活，鱼味亦流芳。”亭内有一井，则是著名的“廉泉”，贪官见此，无不畏之。

无丝藕焖黑鲫用砂锅作炊具，须焖5小时方能成菜，味醇无渣，馨香异常。

怀胎鲜鱼

相传唐代开元年间，军旅诗人王昌龄从浙江乘船去马当山，山上有座山神庙，十分灵验。王昌龄准备了酒、菜、肉、马，准备敬奉庙中大王，还有一双桂花草履，专送给大王夫人。并附了一首诗：“青骢一匹昆仑牵，奉上大王不取钱；直为猛风浪里骤，莫怪昌龄不下船。"届时一并抛入江中。事后突然想起，有副金错宝刀上船前插在草履上，也被丢进江中了，懊悔不迭。瞬时间有条三尺大鱼跃入船舱，昌龄不禁大喜："自己送上来的美味，赶快趁鲜烹食。"船夫剖开鱼腹，发现祭品和金错刀都被这鱼吞了。王昌龄取出金错刀，仍将祭品与鱼同烹，结果味道奇佳。后来杭厨便依据这一故事，制成腹中酿馅的"怀胎鲜鱼"。

怀抱鲤

"怀抱鲤"是山东曲阜孔府的祖传名菜。它是选用大小两尾雄鲤，剞花腌渍后炸成殷红色，再用肥膘丝、荸荠片、木耳、鸡清汤将鱼慢炖一刻钟，装盘时小鱼置入大鱼怀中，如同长辈抱携儿孙一般，故名。

此菜的掌故出自孔鲤。他是孔子最喜爱的一个儿子。生他时鲁庄公曾送鲤鱼为贺，所以取名为鲤。孔子对他寄寓厚望，不幸却是英年早逝，孔子十分悲痛。孔子死后，其后人依照他的心愿，将孔鲤移葬在孔子墓的前面一侧，这便是曲阜孔林中"抱子携孙"一大景观。它表现了儒家学派忠孝仁爱的思想感情，这也是中华民族古今传承的一大美德。

潘鱼

北京著名的传统风味大菜，相传是清代翰林潘祖荫所创。潘是老北京"广和居菜馆"的常客，上上下下混得极熟。他爱吃鱼，又懂烹饪，时不时研制出一些新菜，传给厨师。"潘鱼"的做法是，以鲜活的大鲤作为主料，拦腰斜切成两截，用沸水稍烫，置入碗中，上盖香菇块、大虾米、姜片、葱段、料酒、酱油与精盐，淋清鸡汤，入笼旺蒸而成。由于不加油脂，所以分外清鲜爽口，一时成为京师名肴。

1930 年广和居倒闭后，跟随潘祖荫学过此菜的厨师转到了"同和居"，于是"潘鱼"又成为同和居的名菜，传留至今。

脆皮桂花鲤

唐初时兴避讳。因为皇帝姓李，信奉道教，崇拜神仙的座骑——鲤鱼，还与道教的祖师爷——老子(姓李名耳)攀上了"亲戚"，因而全国一度禁食鲤鱼，违令者以"欺君灭祖罪"问斩，毫不宽容。

相传有一年中秋，长安一家富商祭祖。其尊祖又是"嗜鲤如命"之人，这富商便偷偷做了一道焦熘脆皮鲤献祭。为了防止鱼腥气四散，他摘了许多鲜桂花盖在鱼上以掩盖。祭祖完毕，鱼香、花香久久不散，富商食欲大动，竟将一盘鱼吃得精光，最后剩的鱼头和骨架也不放过，还做了一碗"砸鱼汤"。不久，东窗事发，临刑前他悔恨地说："反正都是死，当初何不多吃几条呢？"

金毛狮子鱼

河北传统名菜，系将鲤鱼中段剞花，挂糊炸成"金狮"形状，勾糖醋卤汁制成。其形威猛漂亮，有吉祥和乐的色彩，是当地元宵之夜慰问舞狮艺人的压台佳肴。

相传很早以前，黄河岸边住着一家艺人，父女扎狮、舞狮，苦度光阴。父亲眼看年迈力衰，女儿逐渐长大，便收了一个勤奋厚道的小伙子为徒，教给他全身本领。三年后在"社火"大赛上，女儿要绣球，师徒俩扮狮，获得头奖。当夜，老父将女儿嫁给爱徒，四邻得知，做了一道"金毛狮子鱼"前来祝贺，以示"鱼水合欢、金狮腾飞"之意。从此，这款名菜便流传开来，不少人家的元宵家宴也用它点缀喜庆。

拆烩鲢鱼头

相传清朝末年，镇江有个朱财主，为人刻薄。他招了些工匠盖绣楼，从日出到日落，只准喝点清米汤。工匠们磨洋工，绣楼总是完不了工。一天财主老婆过生日，他买了条 20 多斤的大鲢鱼。鱼肉做了菜，鱼头丢下却可惜。他对家厨说："把鱼头烧烧，给工匠吃。"厨师也恨他吝啬，便将头骨拆去，放足油盐酱醋，还抓了几大把火腿、鸡丝丢进锅中，用上好鸡汤一起烧烩。财主把菜端到工地，高声说："今天请大家吃鱼。"工匠一看，零零碎碎，以为是剩菜，都不动筷。厨师悄悄讲："别傻，快吃。"工匠们一涌而上，很快吃得精光。待到财主发现其中奥秘，那位家厨已经夹着铺盖扬长而去。

鳖啃干

巢湖风味名肴，即以甲鱼作主料，配加火腿、霉干菜、鸡清汤和味料烧制而成，具有肉烂裙滑、汁浓味鲜的特色。

传说100多年前，巢湖边有位农夫的老妻病入膏肓，奄奄一息，但又无钱请医买药。一位名医闻知后，天天上门免费诊治，经过三月，病人终于痊愈。农夫异常感激，便下湖捉了几只大鳖，加上一点腊肉和少许霉干菜，做了一道土菜答谢医生。医生吃得很开心，一问方知菜名叫做"鳖啃千（菜）"。便将此菜谱带入巢县城，将腊肉改成火腿，很快就流传开来。

重庆谈判期间，祖籍巢县的张治中先生曾亲自下厨烹制此菜，招待毛泽东和周恩来。后来记者撰文，将菜名改成了"火腿烧甲鱼"。

霸王别姬

徐州风味名菜，系用甲鱼与母鸡蒸炖而成。它借用了"兵败垓下、四面楚歌"的历史掌故，与梅兰芳演唱的《霸王别姬》异曲同工，都是纪念推翻暴秦的盖世英雄项羽，讴歌大义凛然的绝代佳人虞姬。

相传公元前203年，项羽被刘邦、韩信、彭越的大军团团围困在垓下，英雄穷途末路，不禁哀鸣："力拔山兮气盖世，时不利兮骓不逝；骓不逝兮可奈何，虞兮虞兮奈若何！"他的宠妾虞姬也怆然作歌："汉兵已略地，四方楚歌生，大王意气尽，贱妾何聊生！"随后拔剑自刎，突围不成的项羽也在乌江边自尽。这一悲壮的故事感人肺腑，名菜"霸王别姬"也具有启示作用。

冬瓜鳖裙羹

北宋时期的江陵风味名菜，系用甲鱼裙边和冬瓜调制的高档汤菜。它清鲜相配，荤素互补，醇香滋美，快人朵颐。

据《江陵县志》记载，一次宋仁宗召见荆州府长吏张景，了解民情。仁宗问道："卿在江陵有何景？"张才思敏捷，出口成对："两岸绿杨遮虎渡，一湾芳草护龙洲。"仁宗又问："所食何物？"张不假思索，又是一联："新粟米炊鱼籽饭，嫩冬瓜煮鳖裙羹。"仁宗听后，甚是欣慰，说道："物华天宝，果然鱼米之乡矣！"自此，"粟米鱼籽饭"和"冬瓜鳖裙羹"声名大振，不仅成为过往官员的必供佳肴，而且也上了民间的红白酒席。

虫草八卦汤

湖北传统风味的著名药膳，系用冬虫夏草和蕲春特产的绿毛龟（或随州特产的断板龟）煨炖而成。因为古时常用龟甲卜算八卦，故名。此菜的特色是：汤质白净如玉，龟肉香鲜沾唇，有滋阴壮阳之功，宜于老人进补，对热气湿脾、筋骨疼痛、久咳不愈、虚劳咯血、年久痔瘘诸症疗效显著，所以又美称"万寿羹"。

龟在古代属于"四灵"之一，是长寿的象征，有"千年王八（甲鱼）万年龟"的说法；道教对其相当崇敬，与蛇并称为"玄武"，是北方之神，焚香礼拜。湖北自古爱食、善食乌龟，武汉市的小桃园汤馆就以善烹龟肉著称。除虫草八卦汤外，还有龟鹤延年汤（鸽与龟同煨），虽价格高昂，仍然供不应求。

御笔鳝鱼

相传宋仁宗时，江淮大旱，河枯地裂，庐州灾情尤重，民不聊生。监察御史包拯查访归来，连夜上奏："臣带回庐州鳝鱼一篓，请皇上鉴赏。"仁宗一看，满脸不悦："此鱼又细又小，如同朕之御笔，如何吃得？"包拯道："庐州旱情如火，黎庶尚不保命，何况鱼哉？"仁宗心有所悟，随命包拯为钦差，开仓放粮，赈济灾民。当地百姓闻知此事，遂做了一道"御笔鳝鱼"的名菜呈献包拯，以表感戴之情。

此菜系将小鳝鱼划作细丝，拍粉炸挺，与油焖鞭笋和发菜制成的"御笔"合炒，勾糖醋卤汁，盛入卤牛肉制成的四个"砚台"之中上桌，其形惟妙惟肖，暗合菜名的寓意。从宋至今，该菜在合肥一带广为流传。

皮条鳝鱼

清朝道光八年（1828年），湖北监利人朱才哲就任台湾宜兰县令。接印没几天，就遇上一件"拱界虫案"，原来是黄鳝拱跨田界，造成民事纠纷。朱才哲下令备好刀砧，生起炉火，传原告将"肇事者"抓来，判个"斩"字，交由家厨行刑。不一会，一桌香喷喷的"全龙席"端了上来，乡民吃了交口称赞。从此，不吃鳝鱼的宜兰人纷纷捕食黄鳝，田界案件再也没有发生。

相传当时的"全龙席"上，头菜便是"皮条鳝鱼"。它是荆州府衙一个叫"狗儿"的厨师创制的；当地人戏称狗儿为"皮条"，故而得名。此菜后来传至江浙，改称"脆鳝"、"酥鳝"；还因其形酷似竹节，也叫“竹节鳝鱼”。

皮条鳝鱼系用焦熘方法制作，一重刀工，二重火候，三重味汁。刀工是将粗大的活鳝从中顺直剖开，剔去骨刺，斩作7厘米长的宽段，用精盐反复抓捏，下淀粉拌匀。需要炸四次，第一次用热油炸3分钟，第二次用热油炸1分钟，第三次用温油炸3分钟，第四次用热油炸1分钟，使之外酥内嫩。味汁是用酱油、白醋、砂糖、葱段、姜末、独蒜和肉汤等勾兑，与鱼条拌匀后勾芡，淋绍酒，撒白胡椒粉，最后在盘中堆成盘根错节的古松图案即成。

龙抱凤蛋

辽宁寓意菜式，即烧烩鳝段酿虾茸蛋白。其中，以鳝喻龙，以蛋喻凤；由于鳝、蛋、虾三鲜合一，故滋味醇香，清美适口。

相传乾隆南巡，游罢扬州古刹鱼鳞寺后，顺道逛进了附近的一个农户。生人闯入，鸡群炸飞，但一只肥硕漂亮的母鸡不仅不跑，还对着乾隆咕咕叫唤。乾隆一高兴，便将它抱入怀中，只听得咯咯两声，就下了一个金蛋。这时主人慌忙出来，连说：“好兆头，好兆头！龙抱凤蛋，子孙旺发。”乾隆更高兴了，顺手赏了10两纹银，要在这儿进膳。似乎是早有准备，一下子便端出了鳝段虾茸蛋白，不用说，菜名也是“龙抱凤蛋”。乾隆美餐一顿后兴冲冲上马，他怎么也想不到这是地方官导演的一场喜剧。

龙凤配

古城荆州的传统风味名菜，系将鳝鱼和母鸡吊卤、挂糊、油炸、改刀，摆作龙凤图案，勾糖醋汁制成。它得名于刘备招亲的故事，相传是诸葛亮设计的，已流传千余年。

“周郎妙计安天下，赔了夫人又折兵”之后，刘备在赵云的保护下，偕同娇妻孙尚香，经石首县的绣林镇，喜气洋洋回到荆州。一进城门，街巷结彩，处处挂红，诸葛亮早已摆下接风大席。席上的头菜就是“龙凤配”，只见“金龙”蜿蜒，昂首翘角，腾空欲飞，“玉凤”展翅，辉映云霞，引亢高歌。喜得刘备纳头便拜，诸葛亮急忙扶起，说道：“主公大喜，理当如此。先成家，后立业，还望奋发图强才是。”刘备连连称善，果然建立起蜀汉的基业。

缠丝银鱼

太湖名菜，系将银鱼、鳜鱼茸、猪膘肉、火腿屑等混合制馅，塌在面包片上成缠丝状，以中小火煎熟。白黄相间，香松可口，可以宽中健胃，润肺止咳。

相传很久以前，太湖龙神身边有一对金童玉女，逃到人间私结夫妇。湖神震怒，将他们捉拿回宫，剥掉全身鳞片，变作银鱼。到了春天，有孕的玉女肚腹隆起，湖神令其坠胎，不得留下孽种。玉女不肯，游向浅滩碎石，破腹产卵而死；金童尾随其后，精心照料好卵子，也决然殉情。从此，太湖银鱼都仿效先祖，全都在春季产卵后双双死去。

太湖厨师依据银鱼的生态特征，创制出这道拟人化的名菜，歌颂了至爱真情。

琴鱼茶

安徽泾县琴溪桥名菜，系用琴鱼(学名栉鰕虎鱼，庐山上称石鱼，阳新称春鱼，还有些地方称麦鱼或沙鰛，因系贡物，又称贡鱼)为主料，配加条茶、八角、精盐与白糖，汆煮而成。其味鲜、香、甘、涩，可解毒养生。

相传晋代隐士琴高，在琴溪桥修行炼丹，将药渣弃于溪水之中，久之化为琴鱼。《泾县志》还说，琴鱼三月三始出，在午夜万籁俱寂之时，嬉戏追逐，激起浪花飞溅，好似铮铮的琴声，故有“溪水犹传白玉琴”之说。宋代诗人欧阳修曾在亳州(今安徽亳县)为官，熟知这些故事，写下《和梅公议琴鱼》诗：“琴高一去不复见，神仙虽有亦何为；溪鳞佳味自可爱，何必虚名务好奇。”

香肠鱼

“粗壮油肥五寸长，不用油煎肉味香，葱花姜蒜均可省，世间奇鱼数香肠。”这是流传在湖北兴山县的一首民谣，夸讲的是昭君故乡——香溪河中的奇特香肠鱼。

香肠鱼长不过15厘米，呈梭子形，很像香肠，肉特别嫩，不易保存，俗名叫“出水烂”或“油筒鱼”。每年金秋，渔民摇舟摆橹，船板上烧着木柴小炉，紫砂顶锅中香汤馥郁，待到月上柳梢之时用网捕捞，少则几条，多则十几条，趁鲜活直接下入锅中，一烫即可食用。

其食法更为别致。届时手持鱼头，顺口一勒，只将鱼背的肉吃掉，剩下的鱼刺、鱼腹部位顺手抛于河中，当地称这种吃法为“勒锅子”。由于香肠鱼油多脂厚，所以汤中仅加精盐，另备醋碟、辣酱碟、葱丝碟蘸食。其口味之鲜腴，非一般鱼菜可以比拟。

相传，香肠鱼是王昭君想法儿变出来的。一次，昭君去香溪河洗衣，冷不防“嗖”的一下，一条鱼儿钻进她的袖筒。她高兴地带回家去煮汤给生病的老妈妈喝，但一点滋味也没有。夜间，有位仙人托梦给她：让她用葱姜将吃剩的鱼刺包紧，在油瓶子和盐罐上擦一擦丢入河中，然后把“百里溪、生贵鱼、济贫穷、上宴席”这四句话连念三遍，就有好鱼吃了。次日昭君照办，那“鱼刺”一到水中，刹那间变出许多见风长的香肠鱼。它们游成一排，朝昭君点点头后，都“嗖、嗖”地钻入她的袖筒。她把这些鱼儿叫做“袖筒鱼”，带回村去，分给贫穷的乡亲。每家烹鱼都不用油盐，但味道可香哩！

鲃肺汤

江苏名菜，又称“斑肝汤”，系用 鱼（即太湖特产的斑鱼，素有“小河豚”之称）的肝、肉，配加火腿、春笋、香菇、豌豆苗、猪油、鸡清汤与调味料，烧制而成。特点是鲃肝淡黄似鸡油，汤清无腥味，鱼肉肥嫩，入口即化。

1929年秋，于右任与李根源（朱德元帅之老师）同游太湖，在著名的木渎镇石家饭店就餐，品尝了这道美味。当即李题写了“鲃肺汤馆”的匾额；于作诗一首：“老桂花开天下香，看花走遍太湖旁；归舟木渎犹堪记，多谢石家鲃肺汤。”这一匾一诗见报后，以讹传讹，鲃肝也就变作“鲃肺”了。后来，李宗仁、李济深、沈钧儒、沙千里、史良、邵力子、钱大钧、叶楚伧、蔡廷锴、陈毅、粟裕等名流，也都曾前往品尝。

官烧目鱼

相传清初，乾隆皇帝为了安抚四方，体察民情，曾6次南巡，都要途径天津。当时，“有司奏请建行宫，上不许”，鸾驾便在万寿宫驻跸，膳食由一街之隔的“聚庆成饭庄”供奉。聚庆成是最早的正宗津菜馆“八大成”之一，尤其善于制作烧烤。他们便以渤海湾特产的半滑舌鳎鱼为主料，配加鲜笋、嫩黄瓜和香菇等料，用高汤烧制成一款海鲜菜进奉，深为乾隆赏识。为此，特地召见厨师，赐穿黄马褂，赏五品顶戴花翎，并赐菜名为“官烧目鱼”。此后，它便成为津门名珍流传开来。

“目鱼”（或鳎目鱼）是天津人对半滑舌鳎鱼的俗称，“官烧”是为官府的需要而专门精制之意。

鳅肚藏金

三湘名菜，又名“泥鳅钻豆腐”，系将小泥鳅吸饱蛋液，令其钻入沸水锅里的豆腐块中，略煮，取出后豆腐改切小块炸黄，再加排骨、鸡汤等料文火炖成。此菜技法特异，传闻更为风趣。

相传清代洞庭湖畔，有一姓李的渔夫，打了大鱼则卖掉，捉住小泥鳅则养着自己吃。一次他买回一块豆腐放进锅中，正点火烧煮，不提防小儿子摔倒在地，手中拿的刚下的鸡蛋掉进了养泥鳅的缸中。他扶起儿子后去找鸡蛋，却被饿了多天的泥鳅将蛋液吸尽，只剩空壳。他一怒之下将泥鳅捞起丢进锅中，没想到怕烫的泥鳅都钻进豆腐中了。他干脆撒把盐盖着焖煮，不一会香气扑鼻。捞起切开，只见白豆腐包着黑泥鳅，黑泥鳅肚中裹着黄蛋圈，阴差阳错，变出了一款美味。

龙井虾仁

杭州传统风味名菜，选用鲜活的硕大河虾，与清明前后的龙井新茶烹制，虾仁莹白鲜嫩，龙井碧绿清香，气质高雅，韵味独特。

相传此菜是在历代墨客骚人的诗作启发下创制出来的。最早的是唐代茶圣陆羽，称天竺寺茶和灵隐寺茶为“珍品”。接着是宋代文豪苏东坡，留下“休对故人思故国，且将新火试新茶，诗酒趁年华”的佳句。后来元代学者虞集，又有“烹煎黄金菜，不取谷雨后；同来二三子，三咽不忍嗽”的美誉。明人屠隆，亦有“采取龙井茶，还烹龙井水”的雅词。清季的乾隆，更是将胡公庙前的十八棵茶树封为“御茶”，并有御制诗数首。所以此菜中的文化积淀异常深厚，也是中餐茶肴中的佼佼者。

红娘自配

相传此菜出自同治年间的御厨梁会亭之手，现今流传在沈阳等地。

清宫惯例，每年要补充一批年轻的宫女，淘

汰一批年老的宫女,回家婚配。慈禧太后的四名贴身宫女中,有一名是梁会亭的侄女梁红萍。虽然早已"超龄服役",但因为使用顺手,慈禧始终不放。梁会亭无法,只好用大虾片裹夹里脊茸,挂糊油炸码放四周,中间搁海参丁、香菜、菇笋丁等,勾芡浇淋,用"红娘自配"作菜名进行规劝。慈禧一看知道是影射自己,一怒之下摔了菜盘。三年之后,慈禧有些不忍,梁会亭得知后再做此菜。慈禧吃毕叹口气说:"红萍可随时出宫,选配如意郎君去吧!不要再陪我这个老婆子了。"

娇莺戏蝶

近年来推出的创新诗意菜,取意于唐代"诗圣"——杜甫寓居成都草堂时所写的《江畔独步寻花》:"黄四娘家花满蹊,千朵万朵压枝低;留连戏蝶时时舞,自在娇莺恰恰啼。"

此菜是用大虾做成10个蝴蝶,用鸡脯泥做成10只小黄莺;"蝴蝶虾"摆放菜盘四周,浇上白卤汁,"黄莺鸡泥"摆放菜盘中心,上缀嫩油菜心,菜心上再置4朵水萝卜花,即成。其中,"蝴蝶"是将整虾剖开,用鱼翅做须;"黄莺"是在羹匙中成形,上粘蛋松;主要烹调方法是蒸酿。

它表现出万紫千红、繁花似锦的春景,抒发了厨师对自由美好生活的向往。

芙蓉套蟹

天津传统风味名菜,以蟹黄为主料,配鸡蛋清炒制而成。因蛋清糊如同白色芙蓉,将蟹黄包裹在内,故名。其菜色形靓丽,质地软嫩,鲜咸香醇,多在深秋食用。

相传《白蛇传》中的白素贞为了救出许仙,与老法海在金山寺展开大战。善良的白蛇在南极仙翁的帮助下,打得法海狼狈不堪。最后法海变作小虫躲到一只大蟹的胃内,逃到渤海湾的一个山洞中。白娘子穷追不舍,祭起身披的白色斗篷,将其罩住,令法海化作苦汁溶于蟹胃,永世不得超生。后来津厨依据这一民间传说,制出这道佳肴,以螃蟹比喻法海,以蛋糊象征白色斗篷;并告诫人们,吃蟹时必须剔去有害的胃膜,否则法海的精灵还会继续作祟。

金甲菊花

近年来推出的创新诗意菜,取意唐末农民起义军领袖黄巢所写的《题菊花》和《菊花》:"飒飒西风满院栽,蕊寒香冷蝶难来;他年我若为青帝,报与桃花一处开";"待到秋来九月八,我花开后百花杀;冲天香阵透长安,满城尽带黄金甲!"

此菜将海蟹蒸熟拆开,挂蛋泡糊炸透,按原蟹形拼放于盘中,四周围菠菜心,再浇以菊花、海参片、冬笋片、火腿片、青豆、鸡汤等合烧的卤汁即成。成菜后蟹白、菊黄、菜绿,蟹壳、蟹腿如同金色的甲胄,明油亮芡,口味香鲜,富有诱惑力。

它较好地展示出黄巢诗中的"锐气",充满奋发向上的活力。

清炖义河蚶

湖北天门传统风味名菜,系以天门市特产义河蚶,配火腿、荸荠、冬笋、冬菇和清鸡汤蒸炖而成。特色是汤质玉白,肉质鲜烂。

义河蚶又称金剑蚶,学名车螯,长约16厘米,宽约6厘米,酷似短剑。它生活在水质清沏而肥美的天门河中,初春上市。皮日休在《送从弟归复州》诗中曾赞道:"羡尔优游正少年,竟陵烟月似吴天;车螯近岸无妨取,舟船随风不费牵",可见早在唐代它已出名。相传赵匡胤"千里送京娘"时,路过竟陵天门河,船家见他是条好汉,不仅不收船资,还烹了一碗蚶羹款待他。后来赵当了皇帝,遂封天门河为"义河",并蠲免渔课。但要当地每年进贡义河蚶50公斤,制羹缅怀往事。

鸡泥桃花鱼

这是湖北宜昌一道带有传奇色彩的名贵汤菜,系用鸡脯泥、鳜鱼茸和衍生1.5亿年的珍异桃花水母汆制而成的。

相传昭君出塞之前获准回故乡省亲。三峡的壮美风光,兴山的养育深情,使她无限眷恋。返京时,香溪桃花盛开,父老长途话别。昭君琵琶声声,泪雨纷纷,珠泪洒在溪中桃花上,顿时化作一尾尾桃花鱼围绕凤舟飘行。昭君在夷陵上岸,弦断音绝,桃花鱼黯然沉入桃花潭中。此后每逢桃花现蕾,桃花鱼便浮上水面恭候昭君;桃花凋谢,它又沉入潭中等待。

传说中的桃花鱼即是形若桃花的桃花水母。它的入馔,融进了人们绵绵不断的思古幽情。

贵妃鸡

北京同和居饭庄著名的鲁味菜式,系以京郊特产的油鸡作主料,经过炸、煮、炖三道工序调制而成。它黄润油亮,肥嫩香醇。

此菜出自“杨贵妃醉酒百花亭”的掌故,突出了“环肥燕瘦”体态的特征。故用料必选肥(妃)母鸡(姬),还须多下葡萄酒,要求整只入席,给人以丰硕健壮之感。

相传清末富贵人家唱堂会,只要客人点了京剧《贵妃醉酒》,主人必令家厨调制“贵妃鸡”以应景,增添谈资。若是主人惧内,爱听“枕边风”,客人也习以此菜调笑。再加上鸡、吉同音,有时它也用于喜庆酒筵。

叫化鸡

这是清代江苏常熟地区的风味名菜,将鸡用泥烤法制熟,蘸盐而食。

传说常熟城外有个乞丐,天寒地冻,无食无衣。他便去财主家偷了一只母鸡,小心翼翼带回破庙里。当时既无炊具,又无调料,他就在庙里生了一堆火,将鸡开膛取出内脏后,内外用稀泥一糊,丢在火中烧烤起来。过了一阵子,泥脱鸡熟,羽毛自褪,奇香诱人。乞丐又弄来一碟盐,撕下鸡肉蘸着吃,味道又嫩又鲜又香,分外可口。后来,他把这种方法告诉了一个相好的穷厨师,厨师依法泡制,很快轰动常熟城。后来为了感谢这位乞丐的创造发明,人们便称它为“叫化鸡”。

此菜传到东南亚华侨中,被改名为“富贵鸡”。

东安鸡

东安鸡原名“醋鸡”,出自湖南东安县,它系将母鸡脯肉切条,用黄醋、绍酒和肉汤等烹制而成,色调素雅,口感清新。

此菜始于唐代开元年间,一度名播三湘。北伐战争胜利后,唐生智任南京卫戍司令。为了祝捷庆功,便设宴款待各方人士。酒过三巡,厨师送上此菜,众人吃后无不称赞,便问菜名。唐生智觉得“醋鸡”二字有伤大雅,便灵机一动:“这是我家乡的东安鸡。”东安鸡由此更名,并风靡江浙。

1972年,毛泽东曾用东安鸡接待尼克松,又获好评。后来,华盛顿、洛杉矶等地的中餐馆纷纷经销东安鸡,其声势不亚于“李鸿章杂碎”。

三杯鸡

江西宁都传统风味名菜。它的特异之处在于,仔鸡剁块置砂钵后,不放汤水,仅用一杯甜米酒、一杯芝麻油、一杯好酱油,用文火慢煨而成,故名。其质酥嫩,其香诱人,其味醇厚,其传闻也十分感人。

相传文天祥带兵抗元不幸被俘后,一位老婆婆前往探监。她在狱吏帮助下做成三杯鸡,敬献这位英雄。不久,文天祥慷慨就义,狱吏弃官回到江西。每逢文的忌日(十二月初九),他都坚持制作三杯鸡祭奠英灵,此菜便流传开来,许多人家也用它祭祖和教育儿孙。当地还有这样的谣谚:“三杯鸡,三杯鸡,世世代代牢牢记;做人要学文丞相,忠君报国志不移。”

纸包鸡

广西梧州传统名菜,系以肥嫩鸡肉为主料,腌渍调味后用“玉扣纸”紧包炸制而成。开启时色泽金黄,油润明亮,气味芬芳,入口鲜嫩甘滑,原汁原味。

此菜系桂厨官良在1923年所创,原来只见于官绅、富贾之家,后传入食肆,被人以铁罐焊装带至香港,在东南亚流传开来。相传1931年孙科在南京置宴,曾上此菜,憨厚的冯玉祥夹了一块入口,连纸带肉咽下。后来两广总督陈济棠请客,竟然派飞机将此菜从梧州空运广州,更使它声名大振。

太爷鸡

广州名菜,系以龙门县特产的三黄胡须鸡为主料,用生油、水仙茶、黄糖粉等卤熏而成,因其茶香浓郁,故又称“茶香鸡”。

相传清末,江苏人周桂生曾任新会县令,后来丢官。由于他喜爱美味、擅长烹调,便以炊鸡为生。因为他当过县太爷,人们就雅称此鸡为“太爷鸡”。不久他顺水推舟,也挂出“周生记太爷鸡”的招牌。本世纪20年代,六国饭店用重金学到此鸡的制作方法,使之成为该店的“当家菜”;建国后,六国饭店并入大三元酒家,太爷鸡又在大三元走红。80年代,英国电视台特意来华拍摄了“太爷鸡”系列片,它很快风靡英伦三岛,蜚声欧美。

白露鸡

福建长汀历史名菜，出自明末清初。相传长汀当时有个老饕叫胡一嘴，一辈子吃过无数山珍海味，奇馔异食。一次，他悬榜招贤，说是想吃一种“鸡鸭鱼肉兼备，但又不见原形”的菜；只要能做到“鸡无骨、鱼无刺、肉无皮”，愿意“一两银子买一粒”。不久有位名厨笑着揭榜，做出“白露鸡”；胡一嘴一尝喜出望外，果真付了五十两纹银。

此菜是用无皮肥猪肉和去刺青鱼茸排剁成泥，上味拌匀后置于笼屉，上铺鸡肉皮与水发香菇，蒸熟后切块码成宝塔形，淋芝麻油和鸡油制成。它形似白鹇，隐约可见黑白错杂的“羽毛”，香醇可口。当地习称白鹇为寒鸡、白露鸡，所以来了个冒名顶替。

酒醉鸡

绍兴地区年节风味名菜，系以小母鸡为主料，先用白水炖烂，再用黄酒、精盐、鸡汤浸渍一夜，次日切块凉食。其特点是酒香特浓，回味隽永，能补虚强身。

关于这道菜还有一个民间故事。有个农家，兄弟三人，都已成亲，但不分开过。弟兄三人想选一个媳妇当家理财，便定了一个考题：每人做一只不准带油、也不准用配料的鸡，谁做的好谁就主事。结果，大媳妇做的是清炖鸡，汤虽鲜可是肉却柴；二媳妇做的是白斩鸡，肉很嫩但味太淡；三媳妇做的酒醉鸡，不仅鲜嫩，而且满口生香。三个兄弟都说好，两位嫂子一尝也服气。从此，三媳妇把家管得井井有条，百十里地都有名声。

道口烧鸡

“道口烧鸡”是河南名菜。它是在治净的鸡腹中置上一段秫秸，使之撑开保持原形，双翅插入口内，两腿别进腹中，外皮抹蜂蜜后炸红，然后放入老汤锅中，加入调料和八味中药，武火烧沸后加少许火硝，再用文火焖5小时即成。味透浓香，骨肉分离，酥烂鲜美。

据《滑县志》载，此菜出自顺治十八年，有330余年历史，由“义兴张烧鸡店”所创。到了乾隆五十二年（1787年），店主张炳向御厨求教，掌握了“欲想烧鸡香、八料加老汤”的要诀，工艺更为精细，成品馨香无比。相传嘉庆皇帝南巡时，县令曾以此鸡进奉，博得“色、香、味三绝”的五字评语，此后便年年上贡朝廷。

符离集烧鸡

相传很早以前，皖北有个符离集镇，交通畅达，食市兴旺。镇上有个卖烧鸡的张头，带着女儿莉莉和徒弟邵四过活。但是他们家的鸡烧出后味道不好，无人光顾。邵四心灵手巧，早已摸索出一套制鸡的新手艺，即是先炸后卤再涂红曲；但他不说出来，而是想以此作交换条件，从重利轻义的张头那里，讨来莉莉作媳妇。不久，师徒达成协议：只要生意好，就招上门女婿。于是邵四就用新法制鸡，很快财源滚滚；可是张头反悔了，赶走了邵四，让女儿接着干。其实，爱恋着邵四的莉莉也懂新方法，但她装着不懂，生意又垮了下来。张头无法，只得请回邵四，拜堂成亲。此后他家的烧鸡愈做愈精，红遍了半个中国。

云雾茶蘸鸡

皖南休宁县齐云山道观名菜，系将云雾茶汁浸泡过的熟鸡丝入锅炸黄，随带调味汁和浓茶汁入席食用。其构思妙巧，带有茶乡的浓郁特色和道观养生食品的神韵。

相传明代万历年间，神宗派大臣巡视齐云山，准备大修道观。在紫霄宫用膳时，道总劝菜时不慎将一块素鸡滑入大臣的茶盏中，大臣不悦，道总立即巧作辩解：“此乃大吉大利之兆。鸡、吉同音，滑、华同调；茶乃真武大帝所赐玉种。大人华盖上山，功德感于天帝，即将荣升矣！如若不信，可尝茶中之鸡，是否开胃畅神？”大臣一尝，果真如此，不禁大喜。一方面称此菜为“齐云山岳第一味”，一方面为齐云山道观争来了十万两白银的修建费。

玉凤还朝

“玉凤还朝”原名“豌豆糊浇炖肥鸭”，是清代北京地区的一道乡土菜。

相传李鸿章等人费尽周折，与八国联军签定丧权辱国的《辛丑条约》之后，慈禧太后兴冲冲从西安返回北京。鸾车到了宫门，李连英等赶紧献上此菜，并说：“这是特意为老佛爷凯旋回朝创制的。”慈禧听了大喜，一尝鲜嫩酥烂，豆香诱人，不禁食欲大振，忙问：“此菜何名？”李莲英答道：“禀老佛爷，名为玉凤还朝。”慈禧粲然一笑：“尔等真有孝心，没有白白跟我这多年。来人哪，赏银300两！”从此，这道菜就进了御膳，专门用于接待外国使臣，以之炫耀天朝的“武威”。

三皮丝

“三皮丝”是陕西名菜。它是在葱丝中泼入热花椒油，加熟鸡丝和味料拌匀后置于盘底，上面再搁放熟肉皮丝、海蜇皮丝和肘花丝，浇芝麻油而成。诸丝交汇，各呈其美。

此菜原名“剥豹皮”。相传唐代御史王旭、李嵩和李全交贪赃枉法，无恶不作，被百姓呼之为黑豹、赤黧豹与白额豹。当时长安西市一个姓吕的厨师为民泄愤，特用乌鸡皮、海蜇皮和猪皮制成佐酒小菜，名曰“剥豹皮”。一时传遍京华，人人争尝为快。不久，此事被王旭等得知，吕厨惨遭杀害，一些食客也受牵连。后来，恶有恶报，三豹倒台，万民庆贺；长安厨师遂将“剥豹皮”加工改进成为“三皮丝”，百代流传，风靡至今。

宫保鸡丁

清末四川名菜，由祖籍贵州平远、曾任山东和四川总督、荣获“太子少保”(即宫保)头衔的丁宝桢及其家厨周进臣、刘桂祥等人创制。此菜的名气较大，除了它的麻辣香浓外，还与丁宫保智杀安德海的故事相关。

一次，深得慈禧宠信的大太监安德海，偷偷带人到济南游山玩水、恣意淫乐。当时在山东的丁宫保便将他扣押，上报慈禧，请求处理。由于安德海违背了太监不得私自出京的“祖训”，又有种种把柄被抓住，慈禧只得忍痛下令就地正法。聪明的丁宫保杀了安德海后，“暴尸三天”，任人观看，证实了他确实是个阉人，从而也粉碎了他是慈禧情夫的谣言。慈禧知道后心里感激，此后更加重用丁宝桢了。

生烹仔鸡

安徽芜湖传统名菜，系将治净腌过的小母鸡先烫后抹蜂蜜，再置于铁锅中，添加饭锅巴、花椒、湿茶叶、红糖等料，烧焖而成。它带有茶叶的清香，分外鲜美。

相传明末，有年夏初，芜湖一个农家正在熬麦芽糖。这时，远方的表叔来了，主人赶忙捉鸡备菜。谁知鸡未捆紧，一扑腾将糖罐碰到锅中，鸡被糖浆烫得半死。主人将鸡洗净杀好，又用锅巴和湿茶叶将锅中裂缝塞严，便丢鸡入锅，加盖焖烧。由于锅缝漏水，边烧还得边加水，这样连熏带蒸弄了半个时辰，鸡总算熟了。一看，金黄油亮，鲜嫩异常，表叔吃得眉开眼笑，走后逢人就说这一故事，终于传出了一道美食。

问廉汤

包拯又称包龙图、包待制、包黑子或包青天，是中国封建社会中最著名的清官。他一生平冤狱，抑豪强，杀贪官，除恶吏，为老百姓做了许许多多的好事，死后建祠在故乡合肥包河的香花墩上。祠西有一眼井，俗称“廉泉”。相传贪官喝了其水就头疼，清官喝了其水则目清心明。如今留存的《香花墩井亭记》碑文上仍记有其事。

后人取“不廉者饮此头痛”之寓意，利用“廉”与“莲”的谐音，创制了一道妙趣横生的“问廉汤”。此汤用仔母鸡、鲜莲子、太平猴魅茶和相关调味品精制而成，清香滑嫩、淡雅爽口，有警世作用。近年来此菜风行，顺应民心。

李鸿章清鸡汤

相传李鸿章爱喝鸡汤。他任直隶总督时，经常外出巡视，地方官都要准备上好的鸡汤。一次，有个县令的厨师用三只母鸡熬了一碗浓汤送上去，结果传下话来：“这里伙食太坏，总督大人没有吃饱！”县令将厨师训斥一顿，令他不惜工本再熬好汤。第二次厨师用五只母鸡熬了一碗更浓的汤送上去，结果更糟。县令一打听，才知道前两次送的汤都是在李鸿章的家厨手中被打回的，根本没进总督大人之口。于是送上纹银一千两，请这位家厨“包涵”。后来又送好汤去，家厨将汤喝得只剩几口后再兑点水烧烧，才送给李鸿章吃，县令不解，忙问其故。家厨说：“如果大人喝惯了你们的浓汤，我们回去后连西北风也喝不成了。”

北京烤鸭

北京烤鸭号称中国的“国菜”，世界四大名菜之一。它除了人们熟知的炉烤外，还有一种特异的“镜烤”，这与一段科技逸闻相关。

1894年，中日开战。有位名叫肖开泰的学者向清廷建议：仿照阿基米德的“镜阵”，用镜子的反射光焚烧日舰。据他测算，用许多块大约3平方米、厚1/3米的镜子聚焦，可将15000米以外的敌舰烧成灰烬。

这一建议当即受到许多人的嘲笑。肖开泰不服，便做了一个“镜子聚合光烤鸭”的试验。结果鸭子不仅烤熟了，黄灿灿、香喷喷，而且没有炭火的气味，异常清洁。从此，中国烹调法中就多了一个“太阳能烤”，留下一段佳话。

干菜鸭

浙江淳安历史名菜，系用当年嫩鸭与“九头芥”霉干菜蒸焖而成，鸭有干菜的清香，菜有鸭油的滋润，二美合一。

相传明代嘉靖年间，海瑞任淳安知县。一年农忙季节，太子来新安江游赏风景，需要民夫拉纤。海瑞便换袍脱靴，和家人及衙役背上了纤绳，直磨得两肩出血。有一农妇看见“海青天”爱民如子，珍惜农时，便将家养的肥鸭宰杀，与霉干菜合炖成一碗菜，送去慰劳。海瑞付钱道谢后，便与其他人等大嚼起来。没想到菜香飘进了龙舟，引得太子垂涎三尺，忙打听这是什么好菜。农妇站在岸上高声说：“太子游江误农时，县令背纤为黎民；干菜蒸鸭香喷喷，不敬权贵敬贤臣。”

虫草鸭子

清代北京滋补名菜，系将老雄鸭配加冬虫夏草、精盐、胡椒、葱姜，置于净坛，密封坛口，入笼蒸制而成。它能补虚损、益精气、止咳化痰，疗效甚为显著。

相传京城有一官宦人家，其老父患了“怯弱、汗大泄、虽盛暑仍处密室帐中，畏风犹甚”的怪症。虽然遍请名医，百方诊治，仍不见好转；一年后病情愈重，家人不得不准备筹办后事。正在此时，有人从四川卸任返京的亲眷处要来冬虫夏草，言及此物与老雄鸭同炖可能见效。病者及其家属见了这似虫非虫、似草非草的异物，如获至宝，连服数剂后果然有效，两月后病人便完全康复了。消息传出，京城沸沸扬扬，一时间，“虫草价等金璧”。

云林鹅

江苏传统风味名菜，系用肥嫩的仔鹅为主料，配加福珍酒、蜂蜜、花椒、葱白、精盐、高汤调烹而成，载入《云林堂饮食制度集》。

相传此菜出现在元代，与山水大画家倪瓒(号云林)有关。当时苏州准备建造菩提正宗寺(即现今之狮子林)，特聘请倪瓒设计图纸。经过数月苦思，一座气势恢宏的江浙园林大样便在他笔下涌出。有位菜馆老板仰慕他的才华，便做了这道菜献上，并以其号命名。

狮子林建成后，倪瓒名传遐迩，云林鹅也驰誉四方。清代美食家袁枚还将此菜收入《随园食单》中。现今的苏州新聚丰菜馆也因为擅做此菜而被同行称羡。

掌上明珠

杭州传统名馔，以鹅掌垫底，上置鱼丸，配以众多配料，精烹而成。它菜形别致，清淡鲜嫩，富有文化情趣。

相传晋代大书法家王羲之有一次出游，看见山阴道士养的一群肥鹅，情态生动，十分喜爱，便想索要几只。道士趁机求字，要他写一篇《黄庭经》来交换。书圣爱鹅心切，当即应允。他换鹅回来后，爱如掌上明珠，每天观摩鹅的神态，字写得更为流畅生动。至今，绍兴还保留有一块他手书的“鹅字碑”；李白也为此留下“山阴道士如相见，应写《黄庭》换白鹅”的佳句。在这一故事的启示下，杭州创制出“掌上明珠”，讴歌了艺术家敬业如痴的精神。

母子大会

武汉市著名的筵席大菜，系用鹌鹑和鹌鹑蛋烧烩而成。由于是禽蛋合烹，故喻为“母子相聚”，取吉庆之意。

相传很早以前，云梦大泽涨水，一片汪洋。有一农妇被冲至一湖边高地，由于草藤牵附幸免一死。不久，洪水稍退，她便在芦苇荡中寻找食物，不意与正在捕捉水鸟充饥的儿子相遇。母子相会，惊喜交加，拥抱痛哭。随即两人爬到岸上，将寻到的芦根、嫩笋与捉到的鹌鹑、鹌鹑蛋合烹充饥，度过了一场劫难。

因为鹌鹑又名“安存”，嫩笋又名“节节高”，有“平安生存、蒸蒸日上”的寓意，后来楚厨便创制出这款名肴。

黄山炖鸽

黄山风景区传统名菜，即将野鸽、山药、精

盐、冰糖、料酒、熟鸡油、葱姜等料隔水清炖而成，系延年益寿的大补之品。

相传很早以前，黄山上有一对不肖夫妇，嫌弃老母，欲将她置之死地。他们向一老郎中讨取害人的食方，郎中道："方法很简单，先吃九十九天的山药加白糖，再吃一天的山药炖野鸽。"二人回家急忙照办。谁知一百天后，其母不但没有老死，反而发生青丝，齿换新牙。二人十分惶恐，又找到老郎中，老郎中说："此乃天意，令堂是南极仙君投胎，百药不浸，我亦无法。尔等赶快回家认罪，求其饶恕，否则祸在眉睫矣！"从此二人尽心行孝，老母得以乐享晚年，老郎中也获得"医心圣手"的美誉。

和县炸麻雀

安徽和县传统名菜，系将麻雀炸脆后用五香卤汁煮酥，再以卤汁和麻油浸泡两天制成。其味鲜透骨，可以壮阳益气，暖腰温膝。

此菜也是因济公活佛而出名的。相传济公路过和县，有位善人送了十只酥麻雀给他作干粮。途中送麻雀的仆人因为嘴馋，偷吃了一只翅膀。济公接过麻雀，二话没说，一一丢进口中。然后对仆人说："我给你变个戏法。"只见他"噗"的一声，口中飞出一只活麻雀；连"噗"九声，九只麻雀凌空飞舞。仆人看得目瞪口呆，忙问："还有一只呢？"济公笑道："那一只的翅膀被人偷吃了，正在找哩！"仆人一听，吓得全身筛糠，急叫唤："活佛爷爷，我错了！"济公说："那好，罚你依样做一千只炸麻雀，送给和县的一千位老人尝尝鲜。"

黄鹂鸣翠柳

近年来推出的创新诗意菜，取意于唐代著名诗人杜甫在成都草堂时所写的《绝句四首》："两个黄鹂鸣翠柳，一行白鹭上青天，窗含西岭千秋雪，门泊东吴万里船。"

此菜将两只飞龙鸟（即东北榛鸡）先卤蒸后氽炸，摆在菜盘两边顶替"黄鹂"，盘中用海米滑炒芹菜心摆成两棵"翠柳"；上桌时带甜面酱、芝麻油、大葱丝佐食。"黄鹂"金黄，外酥内烂；"翠柳"碧绿，爽口清香。

它表现出"天府之国"的锦绣风光，寄寓着厨师对祖国山河的深深爱恋。

三不粘

北京传统名菜，以鸡蛋黄为主料，辅以白糖、干淀粉和熟猪油，炒制而成。因成菜后稠不粘盘，软不粘匙，糯不粘牙，清爽利口，故名。它似糕非糕，似粥非粥，黄艳润泽，绵软香甜，流传百年而不衰。

三不粘由老北京"八大居"之一的同和居首创，相传食单源自御厨，深为八旗子弟所喜爱，不少王爷光顾此店，就是为它而来。

同时，三不粘又象征着吉庆，表示生活甘甜似蜜，因此许多婚寿筵席都用它作为甜菜，在年节酒席上它也经常出现。

日本客人特别欣赏三不粘，称之为"精妙绝伦"。除了现场食用外，有时还打包带回国去。

太平蛋

福建长汀历史名菜，系将鸭蛋煮熟，剥壳油炸后，用香菇、黄花菜、蒜丝及味料、高汤等烹烩而成。关于它，也有一段趣闻。

相传乾隆年间，纪晓岚出任福建学台，主持科考，长汀乡绅设宴接待，由举人赵进主持。每一道菜上席，赵进都要请纪大人先品尝。第七道菜"冰糖莲子"上席之前，循例要上一碗净水洗刷箸匙上的咸味，赵进由于紧张，顺口说了声"请"，纪晓岚舀了一匙一尝，寡味无味，正待发作，赵进急中生智："这叫太平汤。现今天下太平，大人又一清如水，因此不敢掺入杂物。"接下来又上了"太平蛋"，纪晓岚挟起一只吃得津津有味，面露喜色。赵进方才放下心来："这一下真太平了。"

醋芹

西安"仿唐菜"之一，系将芹菜发酵后切段，与笋段、鸡丝、泡姜丝混匀，扎成柴把形状，然后在精盐、料酒、胡椒粉、泡菜汁等调成的汤汁中氽熟，码入汤碗，勾进汤汁则成。其味酸而微辣，令人脾胃大开。

相传此菜与唐初著名的谏臣魏征相关。魏征素有"人镜"之称，刚正不阿，终日板着面孔，一旦发现唐太宗有什么差错，立即冒死进言。太宗很喜欢他，总想让他笑笑。听说他爱吃醋芹，便当众赏他三杯醋芹。平时不苟言笑的魏征，一见醋芹，眉飞色舞，如同小孩。太宗笑道："原来爱卿也有口腹之欲，不全是'羊鼻公'（指严肃庄重之貌）

矣！”魏征连连告罪：“臣见醋芹，官仪全无矣！”

洛阳假燕菜

河南历史名菜，是《洛阳水席》中的首道大汤，系以白萝卜为主料，配加熟笋、火腿、海参、鱿鱼、紫菜、猪里脊肉、熟鸡油、鸡清汤等物料烩煮而成。因萝卜细如发丝，吸纳百鲜之味，酷似名贵的燕窝，故名。

相传唐初，洛阳东关一位农民种出了一个特大的白萝卜，人们视为神物，献到宫廷。御厨将其切作细丝，配加陆海珍错制成一道汤，呈给武则天。女皇吃后赞不绝口，赐名为“假燕菜”。上有所好，下必效之，王公大臣也都以吃“假燕菜”为荣。后来此法传到民间，更成为当地婚寿喜庆筵席的必备佳肴；外地游客去洛阳，也有“不吃燕菜，枉走一趟”之说。

匡凤菜

匡凤菜即湖北省当阳县的乡土名肴——粉蒸荠菜，已有近2000年的流传历史。

相传西汉末年，王莽篡政，天灾人祸频仍，民不聊生。公元17年，王匡、王凤在湖北当阳的绿林山聚众起义，人称“绿林军”。不久，官军前来征剿，绿林军被困粮绝。老百姓便将备荒、留种的一点粮食全拿出来支援义军。王匡兄弟下令，将其磨成碎粉，拌和野荠菜蒸食。这样终于度过难关，挥师北上，直指长安。后来，人们便将这种菜叫做“绿林菜”或“匡凤菜”，以兹纪念先贤。现在当阳县每逢初春，家家必做“匡凤菜”。它可用不同的米粉与不同的野菜按不同的方法调制，变出几十种花样。

诸葛菜

诸葛菜即煸炒蔓菁雪里蕻五花肉丝，流传在湖北襄樊、河南南阳和四川成都等地。它与刘备“三顾茅庐”的故事相关。

相传，刘备和关羽、张飞起事后，一直不顺。在高人的点拨下，他们三兄弟亲赴襄阳隆中卧龙岗恭请诸葛亮出山辅佐大业。头两次白跑了，第三次清早又去。家人告知诸葛亮正在睡觉，刘备三人在门外大雪中足足等了一天，傍晚才见上面。诸葛亮出示一菜一汤后说：“菜名蔓菁养生菜，汤名雪里蕻闭门羹。我愿在家清闲度百春。”刘备苦苦哀求，诸葛亮被其诚意感动，终于答应效犬马之劳。后来诸葛亮帮助刘备完成了“鼎足三分”的大业，“诸葛菜”也屡次帮助汉军度过饥荒。

清炒蕹菜

蕹菜又称空心菜、无心菜或藤藤菜，学名蕹菜，旋花科一年生蔓性草本植物，其嫩梢可食，根部入药，清热凉血。湘、鄂、赣、徽、苏、浙等省，夏令多用之作菜，清鲜爽口。

此菜有一个悲怆的传说。一次，殷纣王的叔父——忠臣比干，触犯了妖姬妲己。妲己伪装心痛，要纣王取比干的心来治病。比干无法，只好剖心献上，然后按照仙人的指引，不言不语，骑快马奔驰到两千里以外，准备再长出一颗心来。就在即将跑完全程之际，妲己装扮成一个农妇卖蕹菜，勾引不可说话的比干说话。比干中计了，便问：“这是什么菜？”妲己说：“无心菜。菜无心可长，人无心马上倒下来！”话刚说完，比干便倒地死去。后来人们便做出这道佳肴，纪念憨厚正直的比干。

护国菜

相传南宋最后一个皇帝赵昺和大臣陆秀夫等，在蒙古骑兵追击下逃到潮州的一个寺院时，已经困顿不堪。寺中僧人本想做点好的饭菜款待他们，但搜遍内外，除了番薯叶还是番薯叶。他们只好将薯叶焯去苦味，制成汤肴献上。饥肠辘辘的赵昺，不问三七二十一，大口喝光，然后才问到：“适才那道清香碧绿、软滑鲜美的菜何名？”主持答曰：“山野荒蔬，不敢定名，只求圣上龙体安泰，贫僧之愿足矣！”赵昺倍加感动，即赐此菜为“护国菜”，此庙为“护国寺”。从此，此菜不胫而走，传遍岭南。并在番薯叶中加进新鲜平菇和熟火腿，用高汤、鸡油、猪油、芝麻油等氽制，质量更上几层楼了。

黄豆焖雪里蕻

苏州传统风味乡土名馔，有治水、消肿、下气、制风热、活血解毒等功能，是明末清初著名文学批评家金圣叹的珍爱之物。

相传金圣叹为人怪诞，才华横溢，时称“鬼才”。他曾评《西厢记》、评《水浒传》，引起很大反响。1661年，顺治皇帝驾崩，他召集秀才们到苏州文庙“哭庙”，复又大闹巡抚大堂，被捕入狱，在狱中还上书千言为民请命。有意思的是，临刑前他给妻子写了封信，叹道：“杀头，至痛也。籍没，至惨也。而圣叹以无意得之，不亦异乎？”又说：“黄豆与盐菜合食，其味至美。圣叹可死，此法不可不传。”他临死还恋恋不忘黄豆焖雪里蕻，可谓中国烹饪史上罕见的一段轶闻。

红烧金针翅

安徽著名素菜，用黄花菜、熟笋丝、香菇片合烧而成，因黄花菜是10根一束拖糊油炸过的，形如鱼翅，故名。

此菜的传闻与陈胜有关。据说陈胜发迹之前，一次饿昏倒地，被黄家母女用一碗黄花菜汤救活。滴水之恩，定当涌泉相报。他称王之后，便将黄家母女请来享福，不时为他煮黄花菜汤喝。起初还好，日子一久，陈胜便叫“难吃”。黄婆婆笑道：“饥饿之时菜汤香，吃惯酒肉菜汤苦，乐而不能忘忧啊！”几句话羞得陈胜倒地便拜，便晓谕三军：“此后将黄花菜改名为忘忧草，黄家婆婆叫萱草婆婆，黄家大姐叫金针姑姑。”从此，黄花菜便有了忘忧草、萱草和金针菜这三个美名。

问政山笋

安徽歙县传统风味名菜，系用问政山特产的嫩笋，配加火腿与香菇，酌下精盐及白糖，用文火炖烩而成。其特色是脆嫩鲜甜，保持原汁原味，以火功的精妙著称。

问政山的笋又称“白壳苗”，箨薄肉白，质脆味鲜，其嫩度尤佳，用手指一掐当即出水，落地碰撞便会碎裂。南宋时期，临安的徽商喜食家乡风味，每天开春都令家人挖笋送去。为了保持其鲜嫩，就在船上架好砂锅，将笋切块置入，以炭炉用文火清炖；船经新安江、富春江到杭州，昼夜兼程，炉火不断，船到笋熟，分外香美。这一特异吃法被皇上知道后，诏令地方官照办，从此两江水面一开春便有连绵不断的“舟厨”，如同唐代运送新荔枝的马队一般。

油焖春笋

杭州风味名菜，以初春雨后冒出的嫩笋作主料，用重油、重糖烹制而成。特点是色泽红亮，鲜嫩爽口，略带甜味。

杭州盛产竹子，生活中无处不见竹子。苏东坡曾说过：“庇者竹瓦，载者竹筏，爨者竹薪，衣者竹皮，书者竹纸，履者竹鞋，真不可一日无此君也耶！”特别是竹笋，在“杭四时不乏，味特甲于诸蔬。”由于“秀笋可怜(爱)刀切玉，清香不断鼎烹笼”(秦少游诗)，杭州人用它调制出南肉春笋、春笋炒鲊鱼、凤尾笋、糟烩鞭笋、炒皮笋、八味酿笋、冬菇炒冬笋、兰花春笋、火濛鞭笋、麻辣冬笋、裹烧冬笋、火踵蒸鞭策等百余款名馔，成为“食笋王国”。

抗金菜

江苏淮安历史名馔，即茭白焖虾米。相传是南宋大将韩世忠的夫人梁红玉所创，曾经充当过抗金的军粮，故名。

梁红玉是中国历史上的巾帼英雄。黄天荡一役，她以水师八千阻击了金人的十万大军，被封为“安国夫人”。1136年，她驻军淮安，被金兵围困，粮尽人乏，危在旦夕。她每日在湖边找寻野菜，终于发现大片的茭白，便令士兵掘取代粮，度过困境。稍加休整后，她亲自擂鼓助阵，与金兵决一死战，终于又大败金兵，胜利转移。后来淮安人民为了纪念这位身先士卒、反暴安民的女中豪杰，便创制出这道名菜传之后世。

香菇盒

明代皖南山区名菜，系将荸荠猪肉茸馅覆盖在去蒂的香菇底部，入笼蒸熟后浇流水芡制成。其菜形若灵芝初放，清雅古朴。

话说朱元璋登基后，有一年久旱无雨。这位和尚皇帝素食多日，斋戒求雨，仍然是万里晴空，骄阳高照，愁得一张大麻脸整天阴沉沉的。宠臣刘伯温善识天象，断定近期不会有雨，欲救旱情，惟有开河放水。但他不敢明言，特命家厨做了一款“香菇盒”，寓“盒”为“河”，暗示皇上。皇帝一吃，心中了然，即命掘堤开河，放水救灾；并说：“香菇乃山珍之冠，素中之王，朕甚爱之，尔等可年年贡奉。”从此，皖南便多了一项“皇差”，地方官乐此不疲，拍马升迁者大有人在。

彩云猴蘑

近年来推出的创新诗意菜，取意于唐代“诗

仙”——李白流放夜郎途中获赦时高兴写下的《早发白帝城》:“朝辞白帝彩云间,千里江陵一日还;两岸猿声啼不住,轻舟已过万重山。”

此菜用猴头蘑象征“猿猴”,用鸡茸和银耳象征“彩云”,用火腿和冬菇制作“群山”,用春笋和香菜比喻“江水”。其构图是,菜盘四周摆放“酿猴蘑”,有如白云缭绕、群猴出没在群山;中间点缀“扒什锦”,表现在激流中乘风破浪的轻舟。全菜造型逼真,气韵生动,而且酒香醇郁,颇耐品尝。

它歌颂了祖国的壮美山河,也反映出设计者的艺术才华。

酿金钱发菜

西安历史名菜,以发菜为主料,鸡脯泥和鸡蛋皮作辅料,酿蒸而成。其形似古钱,软滑爽口,多用于商事筵席。

相传盛唐时期,长安有一个富商姓王名元宝,山珍海错全不爱,偏偏相中兆头好的发菜。每餐不仅要吃一盘,还必须做成金钱的形状。他说:“发菜天天吃,生意天天发。”并且四处宣扬:他能暴富,全是沾了“发菜菩萨”的光。其他商人信以为真,纷纷效法;争着到王元宝开的山货店去买发菜,使他从中又大捞了一笔。

后来,由于发菜与“发财”谐音,历代商家都以它为吉祥物。现今广东人将“蚝汁发菜”称为“好事发财”,香港人送礼以发菜为贵,台湾大量进口发菜,据说都是与此有关。

平地一声雷

即响淋锅巴,名目甚多,如福建鱿鱼锅巴、浙江番茄虾仁锅巴、上海茄汁鸭子锅巴、湖北虾仁口蘑锅巴、安徽双脆锅巴等等。

相传明末清初,户部主事黄周星退隐湖州。他百无所好,惟嗜锅巴,人称“锅巴老爷”。他不以为忤,反而赋诗自乐:“灶养幸无将帅号,锅巴尤得老爷名;儿曹相笑非无谓,惭愧西山有此生。”

后来清廷整治黄河,大堤合龙。河工道设宴庆贺,厨师制作了一道精美的锅巴菜。腾腾的烈焰,袅袅的香气,隆隆的响声,使得气氛分外热烈。前来视察的工部大臣问:“这是什么名菜如此火爆?”厨师高声应答:“‘平地一声雷’,庆贺大堤合龙。”

轰炸东京

“轰炸东京”原名“响淋锅巴”或“平地一声雷”,它的改名是在抗战时期的重庆。

当时,国民党政府迁都重庆,党政要员、工商界巨头和文化艺术界人士也都云集山城。日本帝国主义经常派飞机前来狂轰乱炸,市区防空警报频起,人们不得不提心吊胆,随时防备,一次,几位报人聚在一家小餐馆吃饭,“响淋锅巴”刚刚上桌,服务员倒下酒后点着火,“喷”的一声,香味四溢。众人正待举筷,突然响起防空警报,他们不得不放弃美味,钻进防空洞。待到解除警报,他们回来时,小餐馆已炸成一片废墟。几位报人万分愤怒,建议将响淋锅巴改名为“轰炸东京”,将来也让日本鬼子尝尝挨炸的滋味。

八宝豆腐

八宝豆腐是清代康熙年间的宫廷名菜,见于《随园食单》。这是将嫩豆腐切末,加香菇粒、蘑菇粒、松仁屑、瓜仁屑、鸡泥、火腿茸、冬笋丁和虾米末,用浓鸡汤烩制而成。因其鲜嫩滑爽异常,胜过山珍海错,又可延年益寿,故被赐名为“八宝豆腐”,成为清宫秘不外传的养生佳品。

当时,尚书徐健庵年老退休,康熙念他一生勤劳王事,忠贞正直,特命御膳房将此菜的制法传给他,表示慰问。徐去领取食方时,还被御膳房掌膳太监“敲”走1000两纹银。后来徐健庵将食方传给儿孙和学生,辗转流传到民间。现今南北各地的名酒楼都挂牌供应。

鱼头豆腐

“砂锅鱼头炖豆腐”是杭州吴山的传统名菜,为食贩王润兴所创制。

相传有一年乾隆私游吴山,在一家农舍避雨,主人王润兴做了这道菜给他充饥,使他念念不忘。若干年后,乾隆又到吴山,派人传见王润兴,鼓励他开间小饭铺,专做鱼头豆腐谋生。王润兴为难地说:“这是道粗菜,怕的是有钱人不肯吃。”乾隆道:“没关系,我给你写几个字就行了。”说毕,便写了“皇儿饭”三字的条幅,下署“乾隆”,用了玉玺。王润兴这才知道是皇帝降临,忙叩头谢恩。后来,他开了间“王润兴饭铺”,挂上乾隆的墨宝,专卖鱼头豆腐。结果门庭若市,供不应求,名传遐迩。

麻婆豆腐

清代同治初年，成都北郊万福桥下有一个陈兴盛饭铺，店主之妇患过天花，脸有斑痕，人称"麻婆"。过往的挑油脚夫常买些豆腐，舀出点菜油，请麻婆代做小菜，烹出的豆腐麻、辣、烫兼备，不久便出了名。有人赞道："麻婆豆腐尚传名，豆腐烘来味最精，万福桥边帘影动，合沽春酒醉先生。"

李劼人的小说《大波》对此也有描述："陈麻婆饭铺开业80余年，历三代而未衰，40年代虽仍处郊野，依然是门庭若市，掌厨者为其再传弟子薛祥顺。50年代始迁市内，现址在西玉龙街。除经营传统名菜麻婆豆腐外，还以多种豆腐菜饷客。"麻婆豆腐曾被收入国内外的百余种菜谱，四海扬名。

平桥豆腐

据说当年乾隆下江南，路过山阳（今淮安）平桥镇，大财主林百万铺下40里路长的红罗缎，把皇上接到家中。先上"仙鹤茶"，后敬"鱼脑豆腐清鸡汤"，将乾隆侍候得浑身舒坦。乾隆问："这菜你家常吃吗？"林百万答："此乃百代相传的养生美食，我每日必食一碗。"乾隆心想："这土财主比皇帝老倌还会享福，得治治他。"便道："朕给此菜赐名为'平桥豆腐'。既叫此名，平桥镇百姓人人得而食之。你每天必做此菜百碗，沿家沿户散发，以一年为限，不得有误！"林百万一听，心里疼得直掉泪，又哀求道："草民遵旨。但求皇上再给犬子赐个名儿。"乾隆笑道："就叫'平桥豆腐儿'吧，让人人知晓你家做了好事。"

三虾豆腐

苏州传统名菜，出自木渎镇的石家饭店，它用嫩豆腐作主料，配加太湖大虾的虾仁、虾籽与虾脑，炒烩而成。成菜后虾仁如羊脂白玉，虾籽如星星赤玑，虾脑如碎枝珊瑚，味鲜，质嫩，故又有"仙人羹"之美称。

石家饭店的三虾豆腐之绝，在于端上桌时是整整一方乳白色的豆腐，不见它物；待用勺子舀开，里面则是百鲜俱陈，红黄斑驳。因为名贵，分量很少，每个客人最多只能舀三勺，于是又有"三虾豆腐舀三下，勾得馋虫喉管爬"的说法。相传它曾是何仙姑的养颜珍品，因为石家祖上行善积德，故将此方相传，令其子孙凭借这一绝活终身衣食不愁。

瓤豆腐

安徽凤阳名菜，系将豆腐切作铜板大小的片块，撒上生粉，两片之间夹猪肉虾茸馅，外拖蛋泡糊连炸两次，浇糖醋浓汁制成。菜色金黄，味似樱桃，外脆里嫩，鲜美爽口。

相传朱元璋幼年家境贫寒，曾到黄家饭店打工，因为勤快，深得老板喜爱，常吃老板做的瓤豆腐。后来，朱元璋跟随郭子兴从军，对此事念念不忘。登上帝位后，便把黄老板从凤阳召到南京，当了御厨。每当大宴群臣之际，瓤豆腐是必上的佳肴，君臣们一边品尝美味，一边回忆创业的艰辛。

此菜广东、福建、江西、湖南等地均有，做法与安徽大同小异。

霉豆腐

相传古代的黄山深处，住着一位勤劳憨厚的农民。除务农外，还磨豆腐翻山越岭去赶集，换回一些油盐。一个热天，他又挑起豆腐去赶集，忽然迷了路，岔进了仙人岭。只见岭中战云弥漫，杀声震天，原来是两个鹤发童颜、仙风道骨的老翁，正在棋盘上鏖战。农夫对棋道也略知一二，遂上前观战。谁知一看便着魔似的，几个时辰也未挪窝。待到一局下完，他才记住豆腐，回身一看，已生出一层白毛。农夫不禁大哭。老翁安抚道："洞中方七日，世上已千年。这豆腐生霉少说也有几百年了。你回去后用盐、酒、香料腌腌，准保可以卖个好价钱。"农夫回家后依言办理，果然奇香。从此黄山"仙人弈霉豆腐"便名扬天下。

大理砂锅豆腐

云南大理地区白族风味名菜，系将嫩豆腐块煎黄以后，配加鸡脯、火腿、熟笋、香菇、青菜心、白菜叶和高汤、味料，用文火炖成。它古朴典雅，醇正鲜美，营养丰富。

砂锅豆腐又名"孝亲菜"，是当地奉养老人的滋补名食。相传很早以前，大理有个卖豆腐为生的孝子，人虽穷，但总是千方百计调养老人。一次，老人要过七十大寿，小两口思谋了几天几夜，终于想出一道"百样菜"，即砂锅豆腐。经过精烹细调，生日那天端上桌来。老父和亲邻一尝，人人叫好。后来孝子就把食方无偿地传给他人，条件仅有一条："必须对父母孝顺。"

珍珠翡翠白玉饺

淮南传统风味名菜，系以嫩豆腐作皮，内置虾仁、鸡脯、五花肉混合馅料，制成月牙形"饺子"，蒸熟后以豌豆苗和高汤烩制而成。其形酷似珍珠、翡翠和白玉，滑嫩鲜腴，且有益气和中、生津润燥之功效。

相传朱元璋年少时，在八公山一带打过工。结识了一位卖豆腐的老人，两人经常用著名的"八公山豆腐"煮食野菜，感到美不可言，便称其为"珍珠翡翠白玉饺"。登基以后，他很思念这道土菜，几次令御厨仿制，都不是那个味道。于是他返回故乡，下旨招聘善做"珍珠翡翠白玉饺"者；不久，卖豆腐的老人欣然揭榜，朱元璋才了却宿愿。他要颁赏老人，老人笑着说："我不要金不要银，只要一个好皇帝。"

团结圆

广西壮族地区风味小吃，系将豆腐捏碎揉团，内包猪肉、鱼虾、芝麻、花生等馅心，氽炸而成。它酥香、滑嫩、肥美，当地有"过年不吃团结圆，喝酒嚼肉也不甜"的谣谚。

相传很早以前，东兰、巴马一带被诬作"南蛮"，民不聊生。为了反抗暴政，壮民多次起义，终因力量分散而失败。后来他们将举事的信号包在豆腐圆中，用茶油炸脆秘密送到千家万户，约准时间。待到大年初一凌晨，头挂鞭炮一响，各村寨一起行动，终于大败官兵。此后每逢过年，家家都做豆腐圆以资纪念，并将它称作"团结圆"，教育子孙。

恋爱豆腐果

贵州风味名食，系将豆腐切块，用盐碱水泡酥后，置于带小孔的铁板上烤至黄软，配酱油、辣椒、葱花佐食。其味鲜、香、辣、糯，美不可言。

相传抗战时期，苏州玄妙观专卖油炸臭豆腐的张老头和女儿樱樱逃到贵阳，寻亲不遇，张老头又病死，樱樱只好自立门户，做点小饮食生意。当时油价昂贵，制卤也很困难。樱樱绞尽脑汁，终于做出一种物美价廉的"豆腐果"，一上市便征服了顾客。有时她忙不过来，一个名叫黔黔的当地青年便替她打下手，还建议在佐料中加进贵州人爱吃的鱼腥草，这样，风味更为奇绝。随着豆腐果的走红，两个年轻人也结成为夫妇。从此贵阳就有了这道传奇的美食。

火宫殿臭豆腐

湖南长沙传统风味小吃，系将水豆腐加青矾浸泡 2 小时后，再在卤水中浸泡 4 小时使之发黑，炸焦后拌辣椒油、芝麻油、酱油调食。它香辣可口，"闻起来臭，吃起来香"，鼎鼎大名传遍海内外。

臭豆腐的"臭"，源自含硫氨基酸分解出来的硫化氢，它具有特殊的"臭香味"；臭豆腐的"香"，源自蛋白质分解出来的氨基酸，不仅香馨，而且鲜美。

由于它有特殊的魅力，清朝败落后，皇室的阿哥爱新觉罗·溥俊不顾劳累奔波，毅然挑起"八股绳"以卖臭豆腐为终生职业；美国前总统布什也曾专程前往长沙，一尝为快。

闭门羹

此菜出自唐人冯贽《云仙杂记》中的一个典故："史凤，宣城妓也。待客以等差。甚异者，有迷香洞、神鸡枕、锁莲灯；次则交红被、傅香枕、八分羊；下列不相见，以闭门羹待之，使人致语曰：'请公梦中来。'"

这段话的意思是：史凤自恃才高貌美，凡是嫖客上门，都要"考核"。看得中的，殷勤接待；看不中的，只招待一碗羹，便请他走路。这样一来，她的身价更高，嫖客趋之若鹜。

什么是闭门羹呢？原来是豆腐煮鸭肠，因为都是次等原料，隐含不敬之意。现今安徽沿江仍有此菜，多用豆腐、鸭胰、猪肉、芹菜、青蒜、高汤调制，档次高得多了。因原名有伤大雅，所以不少餐馆都改称为"迎客羹"了。

酿豆廷

山东曲阜孔府名馔，即是以掐去根、芽的绿豆芽为主料，在茎孔中塞入鸡脯泥和细火腿丝，煸炒而成。它脆爽清香，白嫩润滑，工巧精细，久享盛誉。

相传乾隆之女下嫁孔府后，乾隆多次去曲阜

游幸。由于终日吃的都是山珍海味,乾隆逐渐食欲不振。衍圣公为此深感不安,遂命内厨精心调制一些清素小菜。于是他们便将绿豆芽掐去根芽,然后油泼,调味装盘。此菜深得乾隆欢心,并赐名为"油泼豆廷"。后来愈做愈精,"镂豆芽菜使空,以鸡丝、火腿满塞之"(徐珂《清稗类钞》),这就是"酿豆廷"了。由于使用量大,孔府在佃农中专门设立了"掐豆芽户",世世代代任此劳役。

金丝挂葫芦

神医华佗故乡亳县的风味甜菜,即拔丝葫芦山芋。它形似葫芦,缠绕着金丝状的糖丝,外香脆,内软糯,可以补中、和血、暖胃、肥五脏,乃冬令的滋补佳品。

此菜是根据华佗一生的业绩创制的。华佗生活在东汉末年,是中国第一个使用"麻沸散"、创造"五禽戏"的名医,为百姓治好过许多疑难病症,最后被心胸狭窄的曹操杀死。相传他不论去到哪里,随身都带一个大葫芦,里面装着各种草药,治病救人。他用膳就寝时,就将葫芦挂在墙上,作为标志,便于人们寻访。他死后,同行为了纪念他,也都在自家门口用黄线牵挂一个大葫芦,称之为"悬葫"(后来又叫"悬壶"),表示效法华佗,行医为善。

济军粮

济军粮又称"得胜粮",即蜜汁红心苕,是粗料精做的一个范例。

相传朱元璋登基以前,在鄱阳湖一带与陈友谅打了18年的仗。一次,朱兵败,退至宿松,已经断粮。他便令士兵寻找野蔬野果充饥,果然在洪家岭上发现一种藤草。一掐,白浆直冒,甜丝丝的;顺手一拉,拱出一个个黄黄的块茎,更为香甜可口。朱元璋称它为"红苕",意谓"宏兆",表示大业将兴。后来朱又教导士兵剪枝插种,很快获得大面积的丰收。从此朱元璋的部队"以苕代粮",不去侵扰百姓;战事也节节胜利,一统全国。当皇帝后他经常让御厨制作这道土菜,用于团年宴,教育儿孙不忘创业的艰辛。

太极芋泥

"太极芋泥"系福建名菜。它是将槟榔芋头捣成泥状,加白糖、猪油与水搅匀,蒸熟后用红枣、冬瓜糖、瓜仁、樱桃缀成太极图案,软润、香甜、光亮、爽口。

相传1839年,林则徐到广州禁烟。英、德等国领事为了奚落他,特备冷饮宴请,让初吃冰淇淋的林则徐狼狈不堪。次日,林则徐用热菜回敬。太极芋泥上席时内烫外温,恍如冰糕。一领事舀起一大勺急忙送进口中,顿时烫得绿眼发直,连连跺脚。另一领事以为同伴是跺脚叫好,也急忙舀一满勺大口吞下,结果嘴唇、舌头都起了血泡。此时,林则徐漫不经心地说:"此乃太极芋泥,和贵国的冰淇淋一样,都是名菜。"

散烩八宝

文化古城江陵著名的风味甜食,系以优质精糯,配加莲子、红枣、薏仁米、蜜樱桃、蜜金桔、蜜桂花、蜜冬瓜条混合蒸坯,再用猪油和白糖散烩而成。它晶莹如玉,芳香赛蜜,在国内大有名气。

相传此羹出自周朝,"八宝"是为纪念辅佐武王灭纣的八位"贤士"。后来作为御膳名珍,一直传留至清。八国联军攻占北京后,满族御厨肖代流落到荆州,与人合开了"辽沈无双味,江陵第一园"的聚珍园,以散烩八宝作为招牌菜品,吸引住了大江南北的众多食客。人们赞颂它:"散烩八宝史悠长,百代相传到楚乡;浅盏小勺细细品,齿颊留芳三日香。"

敬亭绿雪菜

安徽宣城地区传统风味茶菜,即以名茶"敬亭绿雪"为主料,泡湿后沥干挂粉油炸,与挂糊炸酥的荸荠丝摆放在一起,撒绵白糖制成。它香酥甜润,沁人肺腑;远远望去,如雾绕茶林;同时还有止渴生津、化食解腻、杀菌消炎、利尿去毒等疗效。

敬亭绿雪的得名,一是因其产于风水甚好、气候土质条件极佳的敬亭山;二是为了纪念因反抗县太爷的侮辱而跳崖自尽的采茶女绿雪。这种茶叶如兰之馨,如水之碧,泡开后杯中白毫好似雪花纷飞,杯顶似有祥云升腾。所以梅庚《咏绿雪茶报愚山》诗云:"持将绿雪比灵芽,手制还从座客夸;更着敬亭茶德颂,色澄秋水味兰花。"

金雀舌

太湖一带著名的茶肴,即用鸡蛋黄拖炸绿茶

的嫩尖，因其形似雀舌，故名。此菜色泽黄亮如菜花，香气持久似幽兰，鲜咸中略带苦涩，可以开胃畅神，帮助消化。

此菜源于“神农尝百草，日遇七十二毒，得茶而解之”的神话传说；又与古代文士嗜茶、品茶、玩茶的逸闻趣事相关。古代的茶，不仅充当饮料，还可以充当调味品，甚至直接充当食品原料。“茶食”是一个大的系列，包括茶饮、茶酒、茶饼、茶干、茶叶蛋、茶熏肉、樟茶鸭子、芙蓉银毫、铁观音炖鸭、银针蛤蜊汤、龙井虾仁、茶香鳗球，以及茉莉沙拉、碧螺比萨、香茶寿司、滇红月饼等等；“金雀舌”只是这食海中的一朵浪花。

杏花烩三鲜

安徽贵池一带古老的花卉菜肴，系用鲜杏花作为主料，配加青虾仁和嫩豌豆，用蛋清、猪油、精盐、料酒、白胡椒等烩制而成。其特色是高雅、清香，带有几分“仙气”。

相传中唐时期，著名诗人杜牧任池州太守。他经常游景赋诗，倜傥风流。一年清明，他听说城西杏花村花艳如云，村中有一黄公酒垆善制“杏花烩三鲜”，便冒雨欣然前往。果然，方圆十余里的杏林如白雪笼罩，“杏花村名酒”和“杏花烩三鲜”更令他大快朵颐。朦胧之中信口吟出：“清明时节雨纷纷，路上行人欲断魂；借问酒家何处有？牧童遥指杏花村”的诗坛名句，百代传唱至今。

信远斋酸梅汤

北京传统风味名饮，用梅子、白糖、冰块等料精制而成，夏令上市，品位甚高，有“清宫异宝，御制乌梅汤”之说。

相传慈禧逃到西安之后，思念起酸梅汤来，下旨 3 天之内必须进献。这可难坏了御厨，西安夏天从不藏冰，这汤怎么做呢？天无绝人之路，他们终于打听到西安南郊的太白山，有个水晶洞，里面藏有千年不化之冰。于是立即出动数百人的马队，带上瓦坛和棉被，长驱数百里，终于将冰取回。等到慈禧悠闲地品尝酸梅汤时，已有 10 多位军卒为此付出了生命。时人仿照杜牧的《过华清宫绝句》写了一首讽刺诗：“北京回望国成灰，太白山门次第开；军卒累死太后笑，无人知是古冰来！”

西瓜冻

山东德州风味甜菜，系将去籽去皮的西瓜丁、琼脂、白糖、青梅丁、清水等一起熬成浓汁，置入冰箱冷冻，然后切块装盘制成。它清香可口，脆爽汁甜，可以清热解暑、除烦止渴，系夏令的滋补美食。

关于这道菜，德州地区还有一个呆女婿的故事。相传有位呆女婿，一次应邀去岳丈家吃饭。席上鸡鸭鱼肉俱全，还有一盘鲜红晶莹的西瓜冻。呆女婿一尝，觉得特别美，就偷偷拿了几块，用纸包好，打算带回家去给媳妇吃。回家打开一看，西瓜冻不见了，只留下一滩红汁。呆女婿懊恼地说：“早知这样，我会含在口中带回来的！”

月饼

中国年节食品，始萌于隋唐，形成在宋，《武林旧事》首见记载。它有广式、苏式、京式三大类型，还有四川冬瓜月饼、山东海味月饼、湖北三楚月饼、云南火腿月饼、黑龙江三白月饼、清真鸡丝月饼等名品。

月饼的传闻甚多，如嫦娥奔月、吴刚伐桂、玉兔捣药、唐明皇游月宫、刘伯温起事等等。其名称历代也有变化，隋唐时称甜饼、糖饼或麦饼；宋元时称宫饼、月团或小饼；明清时称月饼、丰收饼或团圆饼。许多诗人都有讴歌月饼的诗作，如苏东坡的“小饼如嚼月，中有酥与饴”；吴宽的“画图莫使依寒具，书信何劳送月团”；吴曼云的“粉膏圆影月分光，不是红绫亦饱尝，只恐团圆空说饼，征人多少未还乡”等。

光饼

“光饼”系福建名点，流传在闽东、闽中一带，以洪山桥镇制作最精。此饼用盐、碱调制面团，搓条揪剂，转圆压扁，中穿一孔，以炭火烤熟。饼面光滑，外酥内软，咸香可口，可存放数日不变质。

传说嘉靖年间，日本武士、浪人骚扰闽粤沿海。民族英雄戚继光率军入闽，直捣敌穴，取得了三大战役的胜利。为了神速进兵，戚让军厨多制此饼，用细绳穿好发给每个士兵作为干粮，节省了不少做饭时间。由于它光滑、无馅，又系戚继光首创，故以“光”字命名。此后，八闽的健儿出征，亲人远行，仕子应考，多携带此饼，以求吉庆。

东坡饼

湖北黄州传统名点，系以面粉为主料，辅以蛋清及盐、糖，油余而成。它分赤壁东坡饼和西山东坡饼两种，工艺上略有差异，传闻也不相同。

1.赤壁东坡饼。北宋元丰二年(1079年)，苏轼贬为黄州团练副使，居住在黄冈赤壁睡仙亭。相传亭北的安国寺长老参寥和尚常与苏轼弈棋赋诗，结为莫逆之交。苏轼喜食油酥食品，参寥则以该寺精致的千层油酥饼和白眉茶款待。久之，由于人们对苏轼的景仰，此饼便称为“赤壁东坡饼”。

2.西山东坡饼。黄州对岸的鄂城，有座风景清幽的西山，相传东坡常去游玩。山上灵泉寺的僧人每以灵泉水烹茶、油煎麦面饼拌糖款待诗翁，深得苏轼喜爱。清同治三年(1864年)，湖广总督官文游西山时也吃到了此饼，高兴异常。问及饼名，灵泉寺长老宏儒应曰：“此乃苏轼传下的东坡饼。”

以上二饼工艺上的差别主要是：

类别		赤壁东坡饼	西山东坡饼
配方(以10只计)	上白面粉	1000克	1000克
	鸡蛋清	2只	/
	苏打	3克	/
	白糖	450克	250克
	精盐	8克	3克
	芝麻油	800克	650克
风味特色		饼似花盘，层层翘起，又像荡开的涟漪；油、糖、盐的含量重，起酥好，一触即碎，快人朵颐。	一根根散条好似金丝盘绕；质地松酥爽脆，醇厚香甜；尤宜于以香茶佐食，别具风味。

九黄饼

又称重阳饼、龙山饼或孟嘉饼，湖北江陵传统美食，系以油酥面团作皮，内包果仁油粉馅料，在模具中成型后烘烤而成。

此饼有1000多年的历史，与孟嘉落帽的掌故相关。东晋时期，大将军桓温每逢重阳都要带领幕僚游览江陵城西的龙山，食饼赏菊，饮酒赋诗。一次，参军孟嘉参加龙山野宴，帽子被山风吹落后依然风度翩翩，受人嘲笑时亦能从容应对，其才华气质使四座叹服。于是，孟嘉被视作气度宽宏、风流倜傥、潇洒儒雅之士；李白为之写下“九日龙山饮，黄花笑逐臣，醉看风落帽，舞爱月留人”的名诗。人们便将九黄饼称作“孟嘉饼”，纪念这位注重个人修养德行的名士。

太后饼

陕西富平风味名食，系在长形面皮上抹猪板油泥，卷柱搓条，折叠揪剂，制成饼坯，再刷蛋液和蜂蜜，在铁鏊中烘烤而成。其特点是外皮金黄油润酥脆，内层绵软咸香适口。

相传此饼出自汉初。汉文帝刘恒之母(薄氏皇太后)和外祖母(灵文侯夫人)，都爱吃油酥面饼，文帝便令御膳中专设“饼局”，精心制饼，四时进奉。在所有的面饼中，灵文侯夫人和薄氏皇太后最喜欢的，便是带有富平风味的上述那种面饼。刘恒每次探望母后和外祖母，必携之。久之，人们便称它为“太后饼”。

民国初年，一位富平饼师来西安开店，遂将此饼传至古都，成为享誉关中的名食。

太史饼

南京传统名食，系用面粉、熟猪油和饴糖制饼坯，内包糖粉、面粉、猪板油丁和桂花混合馅料，烘焙而成。饼色金黄，两面粘有芝麻，酥松香口，甜肥油润。

此点的得名相传与西汉太史公司马迁有关。司马迁是陕西韩城人，出身于史官世家，博古通今，才华卓著。天汉二年(公元前99年)，因替李陵投降匈奴之事辩解，被处以宫刑。出狱后发愤编撰《史记》，留下了不朽的业绩。据说他写书时常常废寝忘食，饿了就用一种粘芝麻的圆饼充饥，后人感其坚韧不拔的精神，便称此饼为“太史饼”。后来的史官修史时，纷纷仿效，每人每日在案头上都搁置几枚。

太师饼

有贵州都匀太师饼、湖北荆门太师饼和江苏太仓太师饼3种，大同小异。其主料为面粉，配料有猪油、白糖、蜂蜜、桂花、桔饼、桃仁、芝麻、花生、玫瑰、冬瓜糖等，吞炸或烘烤而成。酥松清香，绵软爽口。

相传此饼典出商周。周武王伐纣时，纣王派闻仲太师领兵迎敌。为了急速进军，闻太师便亲自设计出一种糖饼作为干粮。此后传入民间，人们便称其为“太师饼”，而闻仲也被敬奉为糕饼行业的祖师。南宋理学家陆九渊酷爱“太师饼”，每次由家乡(荆门)返回京师，都要带回许多饼，分赠朋友和学生。大家出于对陆九渊的敬爱，又叫它为“夫子饼”。

车轮饼

江苏洋河风味名点，用面粉、猪油、冰糖、核桃、瓜仁、青红丝等制成，因形圆似车轮，层层起酥，中厚边薄，可以滚动而得名。

相传乾隆南巡来到洋河镇，见一家食铺高悬“三巧店”的招牌，贴有“善做江北面点，巧烹淮南佳肴”的对联，便对店主说：“明日中午来用膳，照我车轮做饼样，金黄酥甜吱吱响，馅分五色喷喷香。做好随你讨封赏，做砸流放到西疆。”店主一听，知道是找岔来了，但皇帝金口玉言，又不敢违抗。当夜全家人一合计，车轮饼果真做出来了。次日乾隆尝后，大加赞许，正待封赏，店主却说：“不要官，不要爵，只要銮驾轮一个。”乾隆无法，只好命侍卫卸下一只车轮，高挂在店门旁边，作为“御幸”的广告。

盲公饼

广东佛山风味名点，用绿豆粉、米粉、白糖、芝麻、花生米、猪油、鸡蛋等精制而成，造型美观，麻香浓郁，甜而不腻。

相传清朝道光年间，佛山有位名叫何合的盲公(瞎子)，以占卦为生。一次，他为一位寡妇算了一个好命，得到许多赏钱，就买了几斤肥猪肉和白糖回家，准备改善一下生活。他煮肉时下糖太多，变成了甜肉；刚巧邻居送来一些锅巴，他便捣碎与甜肉混匀，招待了来看望他的穷亲戚。亲戚一吃，觉得别有风味，便建议他用此法做成饼卖，结果大受欢迎。生意做红以后，盲公娶了老婆，正式挂出“合记饼店”的招牌，并不断改进技艺，终于推出驰誉岭南的“盲公饼”。

小凤饼

广州成珠楼饼屋的风味名食，系以粉、糖、油为皮料，肥猪肉丁、榄仁、瓜仁、芝麻、胡椒、五香粉和精盐作馅，烘烤而成。1946年在成珠楼建店200周年的盛典上，岭南书法家麦华三曾为它题诗一首：“小凤饼，成珠楼，二百年来誉广州；酥脆甘香何所似？品茶细嚼如珍馐。”

小凤饼出自清代咸丰年间，是广州漱珠桥畔伍员外家的婢女小凤所创。由于伍家待人刻薄，下人常吃不饱。小凤便将面案上的剩余的原料收集起来，精心制成小饼送给他们充饥。一次，伍家宴客，匆忙间将这种饼端上席去，谁知获得满堂彩。从此“小凤饼”一举成名，风靡羊城。

桃哩饼

又称喜饼，福建长汀婚寿名点，系以面粉、猪油、白糖等为原料，制皮包馅烘烤而成。成品形如扁桃，色微黄，质松软，味甘香。

相传抗日战争时期，有一对大学生在汀州城教书，时间一长，结为夫妇。他们举办的是新式婚礼，简单的仪式之后，仅以喜饼、杏桃酥等茶点招待宾客。当夜闹房，有位厦门大学的讲师以饼、酥为题，吟出一联：“胸藏喜饼，解纽含羞羞解纽；脸似杏桃，吹灯带笑笑吹灯。”来宾听后，无不赞妙，新郎新娘亦春风满面，忍俊不禁，一时传为佳话。据说做桃哩饼的老板，也将此联印在包装盒上，作为广告。

水晶饼

陕西渭南的家常风味美食，系以面粉作主料，配加生猪板油、白糖、桂花、芝麻作馅，烘烤而成。因其馅心晶莹如冰、透明发亮、酷似水晶石，故名。

水晶饼的传闻与北宋名相寇准有关。一年他从京师汴梁回故乡华州下邽(今渭南)省亲，正值

50大寿,上门送礼者甚多,他都一一婉言谢绝。有位饼师钦佩寇准刚直敢谏,一尘不染,便做了个水晶饼,用一桐木盒子盛装,内夹一首小诗,恭敬呈上。寇准打开一看,上面写的是:"公有水晶目,又有水晶心,能辨忠与奸,清白不染尘。"他很感动,将饼分敬客人,自已只留一饼作为"警镜",还令家厨仿做,不时送给门生故旧和同僚。

罗汉饼

济南风味名点,以精粉、白糖、桂花、猪油等制成,皮酥层薄如纸,多达18层,因与18罗汉的数字相同,故名"罗汉饼",还有人称其为"千层饼"。

相传此饼创自清朝道光年间(1821~1850),是科举考试的"副产品"。当时泉城士子云集,多住贡院前街。离此不远,有一茶食点心铺,因为专售罗汉饼,便在店门上挂了幅大罗汉像作招牌,取平安吉祥之意。店主为了迎合士子"蟾宫折桂"的心愿,又将店名改作"桂馨斋"。由于饼好、名也好,一时间佳宾满座,生意火红,为店主挣来大把大把的钞票。

哈达饼

内蒙古昭乌达草原的传统风味名食,系用面粉、奶油、白糖、瓜仁、桃仁、芝麻仁、青红丝、桂花等原料精制而成。它色似蛋白,层次清晰,其薄如纸,油光闪闪,味美酥香,久贮不坏,是蒙古族同胞常备的干粮之一。

哈达饼的历史可追溯到1800年前,是东胡人在面点技术上的一大创造。关于其名称的来源有两说。一说是以历史的地名"乌兰哈达"命名,乌兰哈达系蒙古语,意为"赤山",即今天的赤峰市。另一说与喇嘛教有关。"哈达"系藏语,指的是喇嘛教徒在迎送、馈赠、敬神和日常交往礼节中使用的白色或彩色丝巾。藏族和蒙古族习用奶饼敬神和待客,便借用"哈达"一词表达诚意。

太阳饼

台湾风味名食,即以麦芽糖为馅心的面饼,外表酥松,馅瓤柔软,食不粘牙,分外香美。最早供应此点的是台中市一家名曰"太阳堂"的老店,后因做出名气,遂以店命名。

实际上,太阳饼源于清宫二月一日的"太阳供",是祭奠日神的福物,但当时不称为饼而叫做"太阳糕"。据记载,养心殿摆设的太阳供,正中是37.4公斤的大糕1个;两侧是套糕,每套11个,共重30公斤;还有"锦辉堆"(上按松柳仙人)二品。御案桌上摆净米、点心、南果、荤高头、太阳糕、干果、鲜果各7品;其中的太阳糕每品一套9个,重11.5公斤。这一祭仪,是萨满教的遗俗,天与日都表示阳,象征光明和兴盛。

香山蜜饼

四川忠县传统风味名点,用面粉、香油、蜂蜜制成发酵面团,加蜂蜜揉匀制坯,抹油烤制而成。饼壳金黄,酥脆焦香,柔软甜美。

相传这一美食是在白居易指导下而成名的。白居易是中唐著名诗人,写有《长恨歌》、《琵琶行》等杰作。由于上书议政,开罪权贵,调任忠州(今忠县)刺史。一次,他微服私访,路过"巴记饼店",便买了两个烤饼充饥,谁知硬涩难吃。白居易问:"巴记烤饼不是很有名么?现在怎么做成这样了?"小老板答:"那是爹娘在世时的事了,如今技艺已失传。"吃遍天下的白居易便帮助他重新做出香甜味美的蜜饼,将一个小店盘活了。后来忠县人民为了纪念此事,就用白居易的雅号"香山"给饼命名。

金华酥饼

浙江金华历史名点,系用精白面粉搓酥,擀叠成纸样的薄皮,包入"三月青"(或雪里蕻)和猪膘馅心,外粘饴糖与芝麻,在陶炉中烤成。它形似蟹壳,久存不坏,即使受潮,一经烘烤依然酥香如故。

相传隋朝末年,卖炭为生的程咬金身犯重案,潜入江南,隐居在金华。他在一个老妇的相助下,以做干菜肉馅麦饼餬口。有一天,饼做多了,没有卖完,他便将其烘在炉中过夜;次日早起,发现饼分外香酥,十分畅销。于是他就专门制作"隔夜饼",不愁衣食。后来程咬金参加起义军,协助李世民建立大唐,被封为卢国公。他死后,金华糕饼业尊他为祖师,将"隔夜饼"叫做"金华酥饼"。

黄桥烧饼

"黄桥烧饼"是江苏泰兴县黄桥镇的风味名点。它师承汉唐胡饼的技法,外扣芝麻内插酥,馅心有龙虎斗、蟹黄、虾仁、火腿、枣泥、豆沙、雪里蕻、豆苗、蘑菇、干菜、香菌、糖油、肉松、五仁等变化，烤熟后色泽嫩黄，层次分明，外酥香，内松软，甜咸适口。

1940年10月，新四军东进苏北，取得黄桥战役的辉煌胜利。当地群众用黄桥烧饼慰问子弟兵，并唱道："黄桥烧饼黄又黄，黄桥烧饼慰劳忙。烧饼要用热火烤，军队要靠百姓帮。同志们呀吃个饱，多打胜仗多缴枪。"从此，这一名点就获得"支前饼"的美称。

河曲大饼

甘、川、青三省交界的河曲地区藏民风味名食。这里，黄河连三省，大水分四州，素称"天下黄河第一曲"，所以如此命名。

此饼系以精白面粉为主料，大量添加牛奶、盐巴和胡麻油，发酵与烤制均有严格的工艺规程，成品金黄，外脆里绵，放上十天半月仍然香软如糕；它多是佐以牛奶、青砖茶食用，入口而化，芳馨扑鼻。

河曲大饼堪称"世界饼王"，每个至少2公斤，常是20～40公斤，最大者可达100公斤之上。藏族妇女回娘家，非带此饼不可。她们头梳3根发辫，身着红绿长裙，外套金线坎肩，下系牛肋巴花围腰，金钏银环，珠玉璎珞，身背大饼（或用牛驮），手牵小儿，俨然一幅斑斓的牧区风俗图。

黄桂柿子饼

陕西临潼历史名点，系以当地特产的火晶柿子和面粉作坯，内包猪板油、核桃仁、青红丝、绵白糖、玫瑰、糖桂花混合馅，用鏊锅烙烤而成。饼面金黄，饼心甜软，桂香浓郁。

相传1644年，李自成在西安称王，随即进军北京。当时关中正闹灾荒，军粮短缺。老百姓就用熟透的火晶柿子拌面粉烙成干饼，供士兵在路上食用。由于此饼味美耐饥，义军食后精神抖擞，终于打到北京，推翻朱明王朝。此后每到金风送爽、柿子成熟的季节，临潼人都要制作黄桂柿子饼，用来纪念李闯王。

按照当地的习俗，此饼是先吃馅、后吃皮；另外它还有一定的疗效，可以润肺、化痰、清热、止咳等。

李连贵熏肉大饼

吉林梨树历史风味小吃，即油酥大饼裹夹熏猪肉片，味道香美，别具一格。

相传清朝道光年间，梨树县城有家"兴盛厚"酒店，专卖下酒菜"熟肉"，以软烂、好吃著名。待到李广忠（乳名连贵）接手店铺时，结识了一位老中医，为他开出九味（肉蔻、桂子、丁香、紫寇、砂仁、肉桂、白芷、山奈、干姜）中药煮肉的秘方，并建议肉煮好后再用蔗糖烟熏烤；同时用煮过肉的汤卤制作大饼，将两者套食。这样一来，李连贵熏肉大饼很快出名。1941年，该店迁至四平，生意越做越大。建国后，李连贵的徒子徒孙遍布东北各地，不约而同地挂出"熏肉大饼"的招牌，成为"白山黑水"的一大连锁名食。

千层酥

山东风味名点，系以精粉、猪油和成酥皮，内包豆沙等馅，油炸而成。其饼心有一红点，酥纹如螺旋状散开，既似"翻毛"，又像"火阵"，相传这种造型与齐国名将田单大破燕赵联军的"火牛阵"故事有关。

春秋时期，燕、赵、秦、韩等国共同进剿齐国，连下70余城。齐王用田单为将，在即墨背水一战。田单先用反间计，使燕王撤掉足智多谋的乐毅而改用骄狂自大的骑劫；再用"火牛阵"（用一千头角扎尖刀、尾包浸油干草的健牛，点火后冲击燕军军营），大败敌军，很快便收复失地，威震群雄。据说田单获胜后，老百姓做了1000只"彩色面牛"慰劳子弟兵，这就是千层酥的始源。

大救驾

淮南历史名点，由酥皮包果料馅心炸制而成。其色泽乳黄，多层花酥叠起，中心向外呈旋涡状，如同金丝盘绕，纹理美观，味美香甜，油而不腻。

相传956年，后周大将赵匡胤带兵攻打南唐，寿州守将刘仁赡率部坚守不出，双方对峙九个多月。最后刘仁赡病危，其部属上表投降；赵匡胤也因劳累过度，进城后不思饮食。军厨特意制作一种圆形酥饼献上，赵吃后才食欲大振。后来陈桥兵变，赵匡胤黄袍加身当了皇帝。当他回忆艰难的寿州之役时，总是说："那次鞍马之劳，战后之疾，多亏了圆酥饼救驾。""大救驾"之名从此就被传开。

吴山酥油饼

杭州传统美点,有"吴山第一点"之誉。系将水油面与油酥面混合,炸制的多层塔形酥饼。其酥层清晰,色泽乳黄,香脆松甜,油而不腻,入口即化。

此点源于宋初名点"大救驾"(参阅"大救驾"条),盛行于南宋。时人纷纷仿制,意在期盼南宋小朝廷勿忘先祖创业的艰难,不要醉生梦死。当时吴山风景区一带制作最精,故而得名。

至清,此点经过改进,酥层松如蓑衣,故又称"蓑衣饼"。清人丁立诚有诗曰:"吴山楼头江湖景,品茶更食酥油饼。酥油转音为蓑衣,如人雅号纷品题。"《儒林外史》和《随园食单》中,也有此饼的描述。

伊府面

中国传统面食,系以鸡蛋和面擀成面条,沸水煮熟后用冷水冲凉控干油炸,然后再加鸡汤、鸡丝、火腿丝、叉烧肉丝、香菇丝等烹食。面条筋抖、配料香鲜,汤汁甘美。

伊府面各地均有制作,以闽、赣、台、晋、鲁、粤、鄂、豫较为知名。其传闻主要有二,一是来自江西大余县,一是来自广东惠州市。据说清代乾隆、嘉庆年间,福建人伊秉绶任惠州知府,他对食道颇有研究,用了一名江西的客家人做家厨。每晚的夜宵,都是鸡蛋和面,先煮后炸再烩五丝;也常以之待客。久之,人们便称其为"伊府面"。

伊府面在日本影响很大。现今的方便面正是在其基础上改制而成的。

臊子面

陕西岐山乡土风味名食,以"薄如纸,细如线,下到锅里莲花转,捞在碗中白艳艳"而著称。其特色是:汤多煎、稀、旺;面少薄、劲、光;进口酸、辣、香。

相传很早以前,岐山有个巧媳妇,会做一手好面条。不仅面擀得飞薄、筋实、光韧,而且用肉、蛋、黄花、木耳、豆腐、蒜苗等做的"臊子"也分外鲜香。她的小叔子餐餐要吃这种"嫂子面",整天围着长嫂转。后来小叔子当了大官,请嫂子前去奉养;如有贵客临门,老嫂子总要露一手,很快扬名关中。据说慈禧逃难到西安后,也尝过岐山名师仿制的"臊子面",赞不绝口,特赐"龙凤旗"一面,世世代代免征税银。

刀鱼面

江苏江阴的传统风味面食,系以面粉和刀鱼肉为主料,添加鸡蛋、料酒、葱姜合制的面条。汤鲜面柔,香美可口。其中的刀鱼即刀鲚,为著名的"长江水产三鲜"之一,宋人刘宰称赞它是"肩耸乍惊雷,腮红新出水,芼以姜桂椒,未熟香浮鼻"。

相传元末,张士诚在高邮起兵,初胜后便立国称霸,忘却根本。为了满足自己的私欲,竟下令老百姓不许捕食刀鱼,致使怨声载道。不久,朱元璋打败张士诚,收复江阴。刚巧这年刀鱼大丰收,老百姓便捕鱼取肉,掺合面粉制成刀鱼面,慰问仁义之师。朱元璋甚为感动,封其为"兴明面",传留至今。

奥灶面

江苏昆山风味名面,系以鳍鱼、红油、面条合烹而成。此处的红油不是川味中的红油(用辣椒油、红糖、酱油调制),而是炸过鱼块后滤清的带酱红色的植物油。该面的特点是汤热、面热、鱼热、油热和碗热,食后碗内无痕迹,异常香滑。

相传此面为清代同治年间一个名叫颜陈氏的老妇所创。因为生意火爆,受到同行妒忌,便中伤它是"懊糟(邋遢之意)面"。不久,一书生来此品尝后愤愤不平,利用谐音,更名为"奥灶面",意为制面技术深奥,巧夺天工。这样,来吃面的人更多了,声名传得更远。那些同行讨了个没趣,纷纷歇业关门。

云梦鱼面

相传清代道光年间,湖北云梦的"府布"四海闻名:"布商辐辏自西来,古驿严关晓市开,三路车声一路桨,绿杨城廓近云台。"当时城内有家许传发布行,专设客栈招待四方客商。一天,客栈的黄厨不小心将准备做鱼圆的鱼茸碰翻在面案上,便顺手和进面中,没想到擀出的面条分外好吃,人称"鱼面"。后来黄厨又不断改进技艺,总结出"要得鱼面美,桂花潭取水,凤凰台上晒,鱼用百鹤咀"的20字要诀,又获得"长寿面"的美誉。1915年,为参加"巴拿马国际商品大赛",云梦面师又精心制出500克装的干鱼面，每盒都切成“梁山刀”(108刀)，色白丝细，从而荣获银奖。

东台鱼汤面

江苏东台风味名面，用刀切面和专门熬制的鱼汤精烹而成。汤白如奶，点滴成珠，色相高雅，鲜美可口。

相传1942年，上海饭店杨经理带着东台师傅和鱼汤面参加巴拿马国际食品博览会。主持人把它误作是牛奶煮面，轻蔑地说：“贵国牛奶宝贵，而在我们这里就不值钱了！”待到一尝，又说成是蘑菇米汤煮面，又讲：“这不稀罕，西方有的是。”等到弄清是鱼汤面时，这才分外惊讶。出于历史的偏见，主持人要东台师傅现场表演，一尝果不其然。主持人提出要办几十桌鱼汤面宴。东台师傅笑着说：“可以。但要中国大运河的水。”主持人听后直吐舌头：“想不到中国的水这么神！”

月牙楼尼姑面

桂林市月牙山的历史名点，相传为北宋时期著名的月牙庵尼姑所创。其面薄软不烂，其汤鲜香不腻，还配有素火腿、面筋、香菇、冬笋、腐竹、金针菜和芝麻油、葱花、胡椒粉等作浇料，清香扑鼻，回味悠长。

建国后，月牙山辟为七星公园，在月牙庵的遗迹建起了月牙楼，专门供应这种著名的素面。1962年，郭沫若来此品玩后，曾题诗一首：“月牙楼是画廊楼，八面奇峰眸远游；丑怪楼中无一画，图画难及自然优。”近年来，随着旅游观光业的发展，月牙楼的名气更大，不少游客慕名而来，专门点食具有“花素”特色的古老尼姑面。

马保子清汤牛肉面

兰州“风味名食四绝”之一，系用牛骨汤、羊肝汤、鸡汤、牛肉片和面条合烹而成。因面条的粗细，分为大宽、二宽、韭叶和一窝丝4种，柔韧滑利，咸酸麻辣。

此面是清代同治年间的回民马保子所创，系从凉面——羊肉肝子肉——刀切面——手拉面逐步变来。它用料讲究“三汤(牛骨汤、羊肝汤、鸡汤)合鲜”，制面重视手法技巧，佐料要求香菜、蒜苗、辣椒油、五香等等俱全，并且使用大号粗瓷碗，带有古朴粗犷的河西风情。

如今此面已风靡全国，南北城乡皆见“金城牛肉拉面”的蓝色幌子。国内贸易部还决定，将它与狗不理包子、五芳斋汤团作为中国的三大名食，进行“中式快餐”的研制。

饺子

中国传统面食，有饺耳、交子、粉角、匾食、饽饽或水饺等异名。它以面粉与冷水和剂，擀成中厚边薄的圆皮，包裹荤素馅料，捏成月牙形或角形，煮制而成。名品有山东状元饺、四川钟水饺、东北老边饺子、扬州蟹黄蒸饺、广东虾饺、西安饺子宴等。

饺子大约起源于南北朝时期，吐鲁番还出土了唐代的月牙饺。明清之际，盛行过年吃饺子，谓之“万万顺”；灵宝地区将饺子与面条同煮，则叫“金线穿元宝”。满族新人入洞房要吃半生半熟的饺子，名曰“子孙饽饽”；华北地区过年则爱在饺子中包进铜钱，谁吃到了谁就是一年吉庆。

馄饨

中国传统面食，广东称云吞，四川称抄手，湖北称包面，安徽称包袱，江西称清汤，福建称扁食，还有些地方称水饺；系以极薄的面皮包肉馅煮熟，佐以调料和高汤而食。

民间早有“冬至馄饨夏至面”之说。这是因为“夫馄饨之形有如鸡卵，颇似天地浑沌之象，故于冬至日食也”。馄饨的名品甚多。唐代有一种“生进二十四气馄饨”，花色与馅心有24种；宋代“贵家求奇，一器凡十余色，谓之百味馄饨”。陆友仁的《砚北杂志》，记有每枚包肉125克的“满楪红”，堪称“馄饨之王”；江苏还有种“鱼泡眼”小馄饨，其皮摊在报纸上能看到字，用火可以点燃。

猫耳朵

山西风味名食，系将面粉(或豆粉、荞粉、莜粉、高粱粉)和成较硬的小面剂，用拇指推卷成猫耳朵的形状，煮熟后配加各色浇头与味料而食。对于这种筋滑利口的乡土美味，老舍先生曾有很高的评价：“驼峰熊掌岂堪夸，猫耳拨鱼实且华。”

相传猫耳朵传到杭州后，还有一段趣话。有年初春，乾隆便装乘船游西湖。驾船者是个古稀老人，做饭者是个稚气未脱的少女。时近中午，乾隆腹饥，便传进膳。少女问他想吃什么？乾隆说，要吃“不曾见”的东西。少女见他是个走南闯北之人，不敢马虎，便精心做了一碗猫耳朵。乾隆一看笑了：“猫耳朵谁没见过？”待到一吃，连称：“不曾见，不曾见！”

苦荞饸饹

华北和西北农村乡土美食，系将饧好的荞麦粉团在特制的“饸饹床”中压制成形，煮熟后配浇头与调料食用。其特色是细腻、溜滑、清爽、筋道，营养价值较高。

饸饹古名“河漏”，问世已有1500余年，《农书》、《水浒传》、《本草纲目》、《长安客话》等书均见记载。因其与“和乐”谐音，许多地方将它作为情爱的象征。陕北民歌中有这样的歌词：“荞面饸饹羊腥汤，死死活活相跟上”；晋西北举行婚礼前一天，新郎新娘都要吃“安朋饸饹”，意谓夫妻白头到老。甘肃与青海山区，除夕必备饸饹，旨在祈求全家和睦，人运亨通。

武陟油茶

河南新乡传统风味名食，用炒面、麻油、芝麻、花生米、核桃仁等熬煮而成。因是浓茶状的稠羹，故名。

相传清代雍正年间(1723～1736)，黄河溃堤，世宗皇帝亲往武陟监工筑坝。地方官员献媚取宠，千方百计进贡美食。武陟县令吴世禄多了一个心眼，不找山珍海味，专选乡土名馔。在他的指导下，家厨调制出“油茶”。世宗见所未见，闻所未闻，吃后龙颜大悦，赏了许多金银财宝。吴县令进一步扩大影响，在县城遍设“油茶铺”，招待过往百官。于是油茶的名声越传越响，本世纪30年代河南籍的留学生还将它带到英法，获得“中华神饮”的美名。

馒头

中华传统面食，异名甚多，如蛮头、蛮首、蒸饼、蒸馍、馍馍或包子等等，系用发酵面团蒸制的半球形面点。自宋代起，北方将有馅者称包子，无馅者称馒头；而南方不论有馅无馅统称馒头，迄今依然。

相传馒头出在三国时期，《事物纪原》载：“诸葛亮南征，将渡泸水，土俗杀人首祭神，亮令以羊、豕代，取面画人头祭之，馒头名始此。”后来不断改进技艺，出现许多精品，如揪尖馒头、荷花馒头、无皮馒头、千层馒头、八宝馒头、麻将馒头等等。馒头不仅松软适口，宜于消化，还能消食、养脾胃、温中化滞、益气和血，经常作为北方群众的主食，有着不可磨灭的贡献。

王婆馍

阜阳风味名食。它大如脸盆，重数十公斤，可以切开分卖，能够贮存，而且越冷越好吃。

相传南宋末年，金兵攻占颍州，杀了王婆全家，王婆决心报仇。一天，岳家军路过这里，王婆教给大家用“和干面、渗少水、揉发汗、蒸开裂”的方法，制作了许多大馍馍，士兵一人一个，可顶一月的干粮。岳飞闻知此事，备加感动，专程前来致谢。只见县城南门口，火光闪耀，水汽蒸腾，一位满头银发的婆婆坐在灶前，手拿火钳，一动也不动。人们说：“她就是王婆，已经连着干了七天七夜，活活累死了。”岳飞肃然起敬，立即下拜，命军士给她盖了个庙，按死前的姿势塑了神像，并题了四句诗：“王婆馍，百姓心，饷将士，杀金兵！”

百子寿桃

河南历史名点，即在一个大石榴包子中包进99个小石榴包子，馅用豆沙，以体现“榴开百子”、“蟠桃献寿”之意。

相传周文王姬昌征服群雄、建都长安后，励精图治，用50多年时间使得民富国强。到了他80大寿的时候，众多的妻妾也足足为他生了100个儿子。儿子们长大了，都纯善至孝，在大哥的策划下，共同为老人准备了一份绝妙的寿礼。拜寿那天，百子鱼贯行礼，用红缎托上一个硕大的“寿桃”，齐呼“父王万寿无疆”。文王十分高兴，用银锤轻轻敲开“桃”壳，里面滴溜溜滚出99个小桃。文王欣慰地说：“好！你弟兄百人团结一心，吾之所愿也！”据说后世用寿桃贺寿之风就是由此而来。

五丁包子

江苏扬州传统风味名点，因馅心是由海参丁、鸡脯丁、肥肉丁、冬笋丁、大虾仁组成，故名。它咸中带甜，油而不腻，味浓可口。

相传五丁包子源自乾隆的一道考题。乾隆久闻扬州富春茶社的包子好吃，便前往品尝。他将大肉包、肉丁包、豆沙包、白玉包、素菜包、蛋黄包、虾仁包、蟹黄包、菜肉包一一尝过以后，都不满意。于是便以“滋养而不过补、美味而不过鲜、油香而不过腻、松脆而不过硬、细嫩而不过软”为题，令店家再做一种包子出来。这时主持面案的丁师傅不慌不忙，挑选海参、鸡脯、肥肉、冬笋、虾仁作馅，制成“五丁包”献上。乾隆一尝，样样符合要求，便亲笔写下“天下一品”四个大字，以示褒扬。

一条龙包子

南北朝时的建康（今南京）风味名点，类似现在的小笼薄皮包饺，个小、皮薄、馅多、肉嫩，卤汁丰富，咸中带甜，褶纹明晰，丰腴油润，驰誉石头城。

相传陈朝的最后一个皇帝陈叔宝（又称陈后主）小时候，十分贪玩。他经常溜出宫门，在秦淮河一带转悠。一次，日近中午，腹中饥饿，看到一家刚出笼的包子，拿起来张嘴就咬，味道很香，便吃了一个又一个，然后扬长而去。店主见他穿着华贵，也没吱声。谁知以后他天天来吃，照例不懂付钱。店家急了，便拉住他。他说：“我是一条龙，付什么钱？”说毕还歪歪扭扭写下“一条龙”三字。店主正待发作，内侍悄悄上前耳语几句。店主转怒为喜，将三字高高挂在店堂，天天恭迎小皇帝。很快，消息传开，包子铺发了大财。

狗不理包子

狗不理包子源于明清之际的“灌汤肉包”，出现在清末的天津卫，是津门小吃“三绝”之首，誉满华夏和海外。

狗不理包子的创始人叫高贵友，自幼学制蒸食，善于制作包子。经过多年实践与琢磨，他摸索出和制汤馅、半发酵面制剂等独特方法，制成的包子外形美观，有咬劲，齿颊留香。他先在天津侯家后南运河三岔口处摆个小摊子，后来生意兴隆，便建成门店扩大经营。由于他耿直倔强，寡言少语，不与人搭腔，又小名“狗子”，故食客戏称其为“狗不理”。这一绰号传扬开以后，他不羞不恼，便成了这一美食的昵称。近百年来，人们怀念憨厚的高贵友，始终未给这种包子改名。

都一处烧梅

北京市前门大街有座烧梅老店，原店主是南方人，衣帽整洁，很会接客。有位算命先生来此吃过饭后，留下两句话：“屋内有土龙，遇乾就腾空。”后来人们就叫它“土龙馆”。

一天深夜，馆里来了两位客人，点了许多菜都没有，不禁恼火，说了句：“土龙馆三杯五盏，无有东西。”店主一笑，顺口答道：“大清国一统万邦，不分南北。”客人一听高兴了：“就凭这一统万邦四个字，我给你添点本钱。”说毕顺手写下“都一处”三字，还交给店主一把折扇，告诉他：“全北京城哪个门最大，你就去那里取钱。”客人走后，店主打开折扇一看，吓得赶忙跪下叩头：“原来是乾隆爷私访，谢主龙恩。”从此，“都一处”的匾额就挂到了如今。

黄州甜烧梅

又称石榴烧梅，是国内惟一的甜馅烧梅，因始于湖北黄州而得名。它用冷水面团做皮，猪膘肉、馒头丁、冰糖、瓜仁、蜜饯等做馅，包成长印章状，高约 6 厘米，蒸制或炸制而成，形态艳丽，油润香甜。

此点出自北宋。由于收口处如梅花，馅中冰糖粒酷似石榴，古人还为它编出一个谜面：“梅呈五福，榴结百子”，象征如意吉祥。到了明代，各县秀才来黄州府应试，都喜欢以它作为考试时的干粮，考棚街上卖烧梅的店家则将它包成“印章状”，上点朱红，祝福秀才们早日中举，得到官印。现今的黄州烧梅，又翻出洞房红烛、高考金笔等花型，更受到情侣和学子们的喜爱。

小窝头

北京宫廷名点，系用新玉米粉、黄豆粉、白糖、糖桂花等和制面团，揉捻成厚约 0.3 厘米、外型似坟包、底部中空的窝窝头，蒸制而成，每个重约 10 克，小巧玲珑。

相传八国联军攻占北京以后，慈禧仓促出逃，沿途受冻挨饿，苦不堪言。看见一些难民在啃杂粮做的窝窝头，她便老着脸讨了一个，没想到吃下去竟然是那么香，于是便留下深刻印象。回京后，她吃山珍海错都没味道，硬要御厨学做那种窝窝头。御厨们绞尽脑汁，才变出“小窝头”来，慈禧不禁大喜，定为清宫常点。

1956 年，我国政府举行国庆招待会，曾用

4000个“宫廷小窝头”招待各国贵宾，获得了满堂喝彩。

驴打滚

承德风味名食，系将大黄米浸泡后磨粉搓团，蒸制而成。由于食用时须滚上黄豆粉，样子颇似毛驴就地打滚撒欢的情状，故名。

驴打滚出自清代。《燕都小食品杂咏》曾有记载：“红糖水馅巧安排，黄面成团豆里埋。何事群呼‘驴打滚’？称名未免近诙谐。”（原注：黄米粘面，蒸熟，裹以红糖水馅，滚于炒豆面中，成球形，置盘售之，取名“驴打滚”，真不可思议之称也。）

实际上，驴打滚的命名，源于民间文学中的幽默。人们喜爱毛驴躺地打滚，恢复体能的憨态，于是就仿制出这种食品。它充满了乡土情味和喜剧色彩，寄寓着农民对役畜的珍爱。

牛羊肉泡馍

“牛羊肉泡馍”是西北地区著名的清真风味小吃。它是将精工烙制的“饦饦馍”掰成碎渣，用牛羊肉片和鲜汤烩制成。由于其味香美，著名作家贾平凹在《陕西小吃小识录》中说，有位老人死前要将它装进棺材，带到阴间去享用。

这一小吃的远祖是商周祭神时所用的“片羊肉羹”，曾被奉为“礼馔”。后在羊羹中添加面饼，变作“细供没忽羊羹”，上了隋炀帝的餐桌。宋代美食家苏东坡有“秦烹惟羊羹”的诗句，将其列为关中名食之首。入元，蒙古王公对它更加宠爱。明代，农民进城卖粮，也要买碗羊肉汤泡馍改善一下生活。清代，随着“老孙家”、“老童家”等专营店的开设，它更是脍炙人口了。

博望锅盔

河南南阳历史名点，系用面筋与酵面和制面团，发酵后加干面揉成硬面，擀出厚圆片，盖出图案，再用麦秸炕熟，成品雪白酥香。

相传诸葛亮初出茅庐之后，巧用计谋，火烧博望坡，直杀得曹兵抱头鼠窜，然后令关羽领1000人马镇守博望，自己与刘备等回师新野。此时正值秋旱，地势高的博望城缺水，士兵造饭相当困难。诸葛亮得知后便授一锦囊妙计：“多用干面，搀水少许，和成硬块，大锅炕之，此饼似盔，以饷将士。”关羽照此办理，果然军心大振。

此后这一锅盔因古城得名。它和诸葛亮的故事也在南阳广为流传。

馕

新疆地区维吾尔族的传统风味美食。它用面粉做成中薄边厚的圆坯，抹上油、盐、芝麻、葱花、五香粉等混合料糊，在馕坑烤制而成，特色是干香酥脆，久贮不坏。“馕”有肉馕、油馕、片馕、芝麻馕、窝窝馕10余种；它源于波斯，流行在阿拉伯半岛、土耳其和中亚、西亚各国。7世纪中叶随着伊斯兰教传入中国，现今系维吾尔等族的主食。

相传唐初，山西名士张明遨游西疆，到吐鲁番时饿得头昏眼花，维族兄弟给了几个馕给他。他狼吞虎咽，全部吃完后突然倒地不起。维族兄弟急忙用浓茶将他灌醒，他第一句话便是：“好饼呀，真香！”这以后，他整整三年再未进食，人称“馕仙”。

萨其玛

北京市著名的满族风味点心，其制法见于《燕京岁时记》：“萨其玛乃满族饽饽，以冰糖、奶油和白面为之，形如糯米，用石灰木烘炉烤熟，遂成方块，甜腻可食。”

萨其玛实际就是“金丝糕”或“芙蓉糕”；若按字义解，则是切开码放的糕饼。因为在满语中，“切”叫“萨其非”，“码”叫“玛拉木壁”；“切”与“码”合在一起，就简称为“萨其玛”。过去，有些人望文生义，对它有种种误解：一是说它是一位姓萨的爱骑马的将军发明的；二是说它是某地人民杀了骑马的入侵者之后为欢庆胜利而制作的；三是说它既松且沙，甘美如母亲的乳汁，使人爱不释口，如同婴儿吃奶一般。因此留下种种笑话。

荞酥

贵州威宁的历史名点。它以荞麦面和红糖为主料，添加鸡蛋和好面坯，内包小豆、芝麻、玫瑰、瓜条，用印模定型烤制而成。油润香甜，酥软可口，有健胃、降压、清火之功效。

相传洪武年间，明太祖朱元璋曾将威宁水西土司的首领奢香夫人认为义女。有一年朱元璋做寿，奢香夫人命家厨创制一种寿点，试验40多次仍未成功。后用重金招聘了重庆名师丁成久，又经反复试验，终于制成荞酥。每块重4公斤，上刻九条金龙围绕一个“寿”字,名曰“九龙奉寿”。朱元璋品尝后大为赞赏,称之为“南方贵物”。

春卷

中华传统面食,以薄面皮包馅油炸制成,立春前后上市。有人讲,其前身是古代的“探春蛋”、“探春茧”,乃蚕农预祝丰收的吉庆食品。有人讲,它始于晋代的“五辛盘”,供人们在初春散发五脏之郁气。后更名“春盘”、“卷煎饼”,作为立春的节物。至于春卷一名,则出现在清初,可能与满人喜食卷饼有关。

荆州春卷久已驰名。它有一个类似于“佛跳墙”的故事。据说唐代有一位高僧来荆州讲经,在寺庙小憩时,突闻隔壁餐馆中炸春卷的香味。他把持不住,越墙而过,美美地饱餐了一顿。消息传开,轰动京师。不少高官也寻机南巡荆州,一了馋欲,并留下赞词:“春到荆州饼异香,无怪高僧曾跳墙!”

油条

中华传统面食,又名油果、馃子、果子,系以小苏打(或碱、矾、盐)和制面团,切作长面片,每两片合拢炸成。因形似棒槌,故又称棒槌油条。

相传油条原名“油炸桧”、“油炸鬼”或“炙鬼”,张林西《琐事闲录》说,这是由南宋奸相秦桧的桧字转音而来。对此,《清稗类钞》介绍得较为详尽:“油炸桧,长可一尺,捶面使薄,以两条绞之为一,如绳,以油炸之。其初则肖人形,上二手,下二足,略如‘×’字,盖宋人恶秦桧之误国,故象形以诛之也。”关于它,还流传着不少诗文,如:“残害忠良(指精忠报国的岳飞)丧天伦,卖国求荣臭万年,油烹奸贼(秦桧)解民恨,口诛恶魔快人心。”

馓子

中华传统面食,系将粉、盐面团揣揉饧好以后搓成细条,盘卷成梳子、扇子、菊花、宝塔等不同形状,炸制而成。它色泽金黄,细如麻线,香酥松脆,入口即化,可单独食用,亦可用汤泡食或佐茶,还能制成菜肴,如酥馓糊蟹、酥馓鱼片之类。

馓子古名膏环、粔籹、细环饼或捻头,相传是为纪念晋国名臣介子推而制作的冷食(参阅“清明节食俗”条),因而又叫“寒具”。古代它还是产妇的补品,也可以作为节食互相馈赠。我国的名馓甚多,如淮安茶馓、荆州金丝馓等。苏轼有首《寒具》诗:“纤手搓来玉数寻,碧油轻蘸嫩黄深;夜来春睡浓于酒,压褊佳人缠臂金”,写活了厨娘制作馓子的情态。

麻花

中华传统面食,制法与馓子基本相似,只是配料较多,丝条较粗,花式也较多,如环束、霸王鞭、蚕蛹、万字扣等。

麻花在古代也称粔籹、膏环或寒具,大都是作为茶点,也能制菜,如麻花鳜鱼、麻花鱼皮、麻花蛋汤、麻花虾条之类。

我国著名的麻花甚多,如北京的蜜麻花,天津的王记剪子股麻花,江苏的伍佑糖麻花,湖北的金牛麻花,河南的十二股麻花、仿膳的发面麻花等。其中,天津桂发祥的“十八街大麻花”,用青梅、糖姜、核桃仁、青红丝、白糖、桂花、芝麻、花生油等10多种原料精制,最大者每个2.5公斤,堪称“中华麻花之王”。

年糕

中华传统美食,以糯米粉(或大米粉)为主料,添加糖和其他辅料,蒸熟后压块或搓条,晾凉以后炒食、烤食或煮食。它在南方多是春节上市,含有“年年高升”、“年高长寿”、“吉庆康乐”等寓意。

相传伍子胥协助吴王阖闾建立霸业、修筑“阖闾大城”之后,渐被新王夫差疏远,后遭谗陷,自刎身亡。死前留下遗言:“以后如遇灾荒,可往阖闾大城下掘地三尺取粮。”不久,越王勾践举兵伐吴,饿殍遍野。人们想起伍子胥的遗嘱,便掘开城池,发现许多“米砖”。原来这是糯米蒸熟后压制而成的,是伍子胥的“屯粮防急”之计。它果真救了不少性命。据说这就是年糕的始源,后来人们筑城用糯米浆灌缝,使其坚固,也与此有关。

粽子

中华传统美食,又称角黍,大多是用芦叶将糯米包成三角状煮制而成。它是端午节的食物,相传与爱国诗人屈原有关。

《续齐谐记》说:“屈原五月五日投汨罗水,楚人哀之。至此日,以竹筒贮米投水以祭之。”又恐屈原遗体为“蛟龙所窃”,故做筒粽时“楝叶塞其上,以彩丝缠之”,吓走蛟龙。唐人文秀又有《端午》诗云:“节分端午自谁言?万古传闻为屈原;堪笑楚江空渺渺,不能洗得直臣冤。”湖北秭归是屈原的故乡,端午食粽的风俗更甚。当地人包粽时还在里面安放一枚红枣,并编唱出一首《粽子歌》:“有棱有角,有心有肝,一身清白,半世煎熬”,以之纪念伟大的屈原。

元宵

中华传统美食,系用糯米粉包裹各种馅心或煮或炸制成。它有汤团、汤丸、汤圆、粉果、团子、圆子或浮圆子种种异名,出现在唐宋,是元宵节的节令食品。

由于元宵有团圆、和乐、吉祥、美满的寓意,所以历来受人喜爱。宋人周必大诗云:“今夕是何夕?团圆事事同”;台湾古老民歌:“一碗汤圆满又满,吃了汤圆好团圆”;清人李调元诗:“元宵争看采莲船,宝马香车拾坠钿;风雨夜深人散尽,孤灯犹唤卖汤圆。”有意思的是,窃国大盗袁世凯当了皇帝以后,因忌讳“元宵”有“袁消(被灭亡)”之嫌,曾下令将元宵改称“汤圆”。名虽改了,但不到83天,他就一命呜呼哉!

青团

江浙民间乡土美食,用艾草与石灰煮汁,揉入糯米粉中,蒸制而成。其色碧绿鲜亮,入口软糯甜香,可壮脚力、强筋骨,是清明节的传统食品。

相传清初的一年清明,浙江海盐的百姓正忙于整田插秧。突然看见一个精壮后生被清兵追赶,大家将他朝水田中一推,就变成了“泥人”。这泥人也真不赖,耕耙犁耖样样在行。等到清兵追到,怎么也分辨不出。清兵不服,硬在田头守候了3天3夜,这泥人和农民一样,吃青团,插飞秧,干得热火朝天。最后清兵无奈退走,泥人才说出他是太平天国的忠王李秀成。他辞别众乡亲后,又四处收集残部,斗争到底。所以海盐人民又将青团叫做“忠王团子”。

过桥米线

云南传统风味名食,系将米线(熟米粉)盛装一碗,油鸡汤、肉片、蔬菜、调料等盛装于另一碗,一起上桌,米线夹入肉汤中烫热而食。其味醇香,清美适口。

此小吃最早出现在滇南。相传建水县东门有座锁龙桥,桥西是商业区。有位告老还乡的官员,每天过桥吃早点。他先到肉铺买里脊肉,再到作坊买米线,最后到饭馆落座。他请师傅将里脊片成薄片,用油鸡汤氽熟,再挑入米线拌食。久而久之,人们对这种吃法发生兴趣,都跟着学,最后感到从桥东到桥西,人过桥米线也过桥,味道特别新鲜,于是人们便称它为“过桥米线”。现今昆明市德鑫园经营此品最为精细。

娥姐粉果

广东风味名食,简称粉果,系以淀粉包裹虾仁、猪肉馅料,做成角形蒸制而成。皮薄,色白,爽软,半透明,鲜美甘香。

明末清初的《广东新语》记载:“广州之俗,……平常则作粉果。以白米浸至半月,入白粳饭其中,乃舂为粉,以猪油润之,鲜明而薄以为外,荼蘼露、竹胎(笋)、肉粒、鹅膏满其中以为内”,“一名曰粉角”。

到了本世纪初叶,广州各酒家纷纷推出名牌菜点。“茶香室”酒楼的女点心师娥姐制作的粉果尤精,人们便称之为“娥姐粉果”。40年代,此点由娥姐的传人带至大同酒家,又风靡一时。现今它已是广东的代表点心之一,在港澳台和东南亚也有很大影响。

绿豆糍粑

绿豆糍粑又名洗沙糍粑或瓮子粑,系将蒸熟的糯米捣成泥状,按成厚皮,内包洗净的绿豆沙,在小瓮中压出饼型,用油炸成。它出现在唐代,是鄂东的年节食品,红安、麻城等地制作最精。

古时鄂东过年有“说春”的习俗。“说春人”身着红袍,手持彩杖,沿家诵念吉词,主人则以此粑酬谢。而且清明扫墓,也要供粑祭祖;款待亲友,更是少不了它。明代,茅棚小店都有瓮子粑出售;大学者李贽来天台书院讲学时,也以吃瓮子粑饮土酒为乐。红安是个“将军县”,每年老英雄回乡省亲,家家必备此粑接待;董必武老人晚年思乡情切,三番五次捎信:“瓮子粑一定不要失传。”

灯芯糕

江西贵溪历史名点,用糯米粉、白糖、肉桂、丁香、当归等30余种滋补药品精制而成;因其色白柔软、清香甜美、顺气健胃、活血补肾、形似灯芯、且点火可燃,故名。

传说明末清初,贵溪有家“兴龙糕饼店”,店主技艺一般,但为人厚道,常用灯芯糕施舍穷人。一天,有个衣衫褴褛、行动蹒跚的跛腿乞丐上门乞讨。店主一如既往,不但给了吃的,送了件旧衣服,还安排在面案上睡了一夜。翌日晨起,叫化子不见踪影,但面案上飘散出一阵阵奇香。从此后,凡在面案上做出的糕饼都分外香美,尤其是灯芯糕更为甜酥利口,提神消疾。人们都说,这是沾了“铁拐李”的仙气,也是店主积善行德所致。

杨村糕干

天津武清传统风味名食,系用小站米、云茯苓、绵白糖等料精制而成。成品雪白如玉,甜香宜人,易于消化吸收,可以滋补强身。

杨村糕干有一个悲怆的传闻。清初有一年的春季,一位王爷带着全家郊游到了杨村,在一个尼庵中住了数日。临走时他的大阿哥(大儿子)给小尼姑留下一条白绫和一只翡翠手镯。不久,小尼姑生下一个男孩。她将孩子生辰和父名写在白绫上,连同手镯,托给一位老和尚,自己便悬梁自尽。老和尚用杨村糕干喂大了孩子,取名和坤,10岁时送还王爷府上。和坤长大后,成了乾隆的宠臣,经常陪皇上到杨村游玩,品尝糕干。乾隆高兴,题写了“妇孺盛品”四字;而蒙在鼓中的和坤,至死也不知道自己的身世和姓名的来历。

龙凤金团

宁波传统风味名食,以豆沙、糖料为馅,外裹米粉蒸成。它圆如月,色似金,面印龙凤纹样,以示吉祥、团圆,当地常作为寿庆、婚嫁的馈赠礼品。

相传北宋末年,康王“泥马渡江”之后,逃到宁波西郊一个农户的晒谷场上。村姑阿凤机灵地将他推倒在地,扣上一只大箩筐,自己就势坐在筐上假装赶鸡,支开了追来的金兵。接着阿凤拿来两个金团给康王充饥,康王留下一块方巾,作为纪念。后来,康王在临安(杭州)登基,派人迎娶阿凤,封为皇后。宁波的赵大有糕铺便利用这一故事做出了“龙凤金团”,并将它说得绘声绘色,此后就成为一种逢凶化吉的喜庆食品。

董糖

江苏如皋风味茶点,即是由红绿纸头包成方块的香油酥糖,多作为春节的节日食物。相传它是秦淮名妓董小宛首创的,故名。

董小宛与陈圆圆、马婉容、卞玉京、寇白门、李香君、顾横波、柳如是并称为“金陵八艳”,是一位才貌双全、爱国重情的奇女子。明末她与如皋才子冒辟疆相识后,二人情意甚笃。她常为冒烹调饮食,“董糖”便是其杰作之一。清兵入关后,冒辟疆不愿做官,而是与董小宛居住在如皋的水绘园中,过了几年恩爱的生活。后来又遭兵乱,传说董小宛被抢入宫,封为妃子,她至死不从,撞柱殉情。为此冒辟疆写了《两般秋雨盦随笔》一书,深深怀念这位女中人杰。

孝感麻糖

湖北孝感风味茶食。它以糯米、芝麻、白糖为主料,经过12道工序和32个环节精制而成,形如半月,白似雪霜,酥脆香甜。

孝感麻糖最初为长方形,后来变成半圆形,这里面还有一段掌故。据说有位皇帝50大寿,孝感县令精制了50片长方形麻糖作为贡品。送到宫中后,那扑鼻的异香使皇上贴身的小太监垂涎三尺,竟情不自禁地拈起一块咬尝了一角,顿觉满口生香,妙不可言。突然,他醒悟到偷吃贡品有杀头之罪,便索性横下心来,将全部麻糖都啃成半圆形,死了也值得。谁知皇帝并未发觉,品尝后还洋洋得意,写了一诗:“形似玉梳白似璧,薄如蝉翼甜如蜜;难得人间一佳品,传于后世莫走移。”

纳溪泡糖

四川纳溪传统风味名食,系用白糖、糯米饴糖和芝麻等料经过20多道工序精制而成。产品光亮微黄,断面有上下对称的大孔8个、小孔2000多个,无塌眼。入口麻香浓郁,松脆泡酥不粘牙。

此点出自清末,系纳溪县桂林斋糖食店老板冷桂林等人,在金瓜糖、麻杆糖的基础上研制而成;在长15厘米、宽5厘米、厚1厘米的泡糖横切面上,细孔多达2320个,堪称一绝。清末举人、同盟会会员、著名的政治活动家黄炎培先生

1939年品尝泡糖后,留下一首颂诗:"风饧揉作玉玲珑,实者虚之美在中;粒粒芝麻涂附着,大含细嚼味无穷。"

乌米饭

又称青精饭、南烛饭或乌饭团,系用南烛树叶之汁液浸泡糯米,使之变黑,然后蒸食。它流传在长江下游一带,是我国古老的食疗方剂,可以强筋骨、益气力、润肤增色。

据说乌米饭源自道教的养生古法。它须经过九蒸九晒,吸取天地灵气之精华。陶渊明、杜甫、陆龟蒙、李时珍对它都有较高评价。后来它又被佛教所利用,与"目连救母"的故事挂上钩来。相传目连是释迦牟尼的爱徒之一,为人至善至孝。其母因罪打入地狱,目连每次送去的饭食都被饿鬼抢走。无奈何,只有将饭染成黑色,饿鬼们不吃,这才能到他母亲的口中。随着这一神话故事的广泛流传,青精饭便成为浴佛节和中元节的著名节物。

荷叶饭

又名荷包饭或荷香饭、广州夏令传统名食。它以丝苗米为主料,辅以鲜肉、鲜虾、鲜菇、鲜笋,用荷叶包好煮熟。既可冷食、野餐,又可馈赠亲友。《羊城竹枝词》赞美它:"泮塘荷叶尽荷塘,姊妹朝来采摘忙;不摘荷花摘荷叶,饭包荷叶比花香。"

相传梁简文帝萧纲在位时期(550~551),侯景作乱,肖绎和陈霸先等起兵讨伐,在京口一带发生激战。梁朝百姓闻知陈军缺粮,便纷纷用荷叶包裹鸭肉、米饭送至前线。陈军食后,士气大振,终于击败侯景。

后来此饭传至广东,因为东莞太平镇盛产优质丝苗米和大荷叶,所以调制此食最为擅名。

五色饭

广西壮族地区三月三"歌节"时的风味名食,系用黑、紫、红、绿、白五色糯米合蒸而成,有时也叫花米饭或花饭团。

相传很久以前,壮乡来了一位包治百病的仙女,受到山民拥戴。人们用五彩香竹为她盖楼,用五色壮锦为她制衣,牵来五色骏马供她乘骑,可惜的是米饭仅有一色。但这难不倒聪明的壮家人,他们便用黄饭花汁把米染黄,用紫香藤汁把米染红,用红节藤汁把米染红,用枫树叶汁把米染黑,再用紫香藤汁和枫树叶汁混匀把米染绿,就做成了艳丽香浓的五色饭。仙女受到这样的接待,特别赞颂壮家人的智慧,临行时她在壮乡撒下五彩花籽,使桂林、南宁的风光美甲天下。

酸米饭

山西河曲的风味名食,系将糜米发酵后用"浆米罐"焖煮而成。它可口、耐饥、生津、润肤,有延年养生的效用。

相传楚汉相争之际,匈奴乘机南下,侵占土地,骚扰边民。西汉建立后,河曲一带仍然常受其害。有一年夏天,匈奴骑兵突然袭来,百姓们拖儿带女弃家逃命。数日后,匈奴兵退走,百姓才返回家园。发现走前所淘的糜米还泡在盆中,变得泡沫四溢,已经发酸。丢掉吧,可惜;大伙只好将就着捞煮成饭,吃得试试。谁知这种米饭酸有酸的味道,入口淳香味美,沁人心脾。此后,河曲人便有意调制酸米饭,千百年来古风不变。

腊八粥

中国著名的节令粥品,用大米、豆类、干果、蔬菜杂煮而成,多在十二月初八食用或祭神,故名(参见"腊八节食俗"条)。

腊八粥又称佛粥,相传与佛祖释迦牟尼的故事有关。释迦牟尼原是古印度迦毗罗卫国的王子。他厌弃宫廷生活,出家苦修,常因劳累饥饿昏倒在地。一次,有位牧羊女以杂粮掺杂野果,用清泉煮粥将他救醒。释迦牟尼食后精神大振,他在菩提树下潜心苦思,终于在十二月初八这一天得道成佛。教徒们称此日为"佛成道节",举行诵经活动,并仿效牧羊女的故事,在佛座前献乳糜粥;还施舍粥品,广结善缘。民间相习,流传成俗。

猫仔粥

福建漳州特色食品,以猫肉和大米为主料,配加鱼片、肉片、鸡脯、虾仁、鱿鱼、青菜、香菇、芫荽、猪骨汤和10余种调味品熬煮而成,鲜香醇糯,营养丰富。

相传南宋末年,小皇帝赵昺被金兵追杀,逃到漳州,到一个渔夫家乞食。渔夫随手把准备喂猫的剩饭残菜递给他,他狼吞虎咽,一扫而光。后来赵昺逃到广东崖山稍得喘息，便思念起那碗香美的剩饭。经过他一番比划，下人方知那是“猫食”。如果原样照搬，肯定就要杀头；于是找了些猫鱼鸡肉配料和大米熬在一起，定名为“猫仔粥”。赵昺一尝，味道真不错，厚赏了下人。赵昺遇难后，那位下人回到家乡漳州，从此便以煮“猫仔粥”作为生计了。

夫妻米凉面

四川广元风味名食，用米浆制面，加调味料凉拌而成。唐代的杜甫曾有“经齿冷于雪”的评语。

相传此面系我国历史上第一位女皇帝武则天年幼时，与小伙伴常剑峰共同创制的。入宫之前，武则天与常剑峰青梅竹马，形影不离。他们一起四处游玩，还爱搞点“小发明”。一次，他们吃了“槐叶冷淘”(唐代的一种凉面)后，感到很可口，就想：“能不能用米粉替代面条呢？”试验了许多次，一种柔软可口、绵韧不沾的米凉面终于制成了。于是他们请来一些小朋友“过家家”，他们自己扮作新郎、新娘吃“结发面”。后来武则天被迫与常剑峰分手，但“夫妻米凉面”却流传下来。

爆米花

江南地区农家风味名食，系将糯米蒸熟后阴干，用砂子爆炒而成。它泡酥、香美，可干嚼，也可加糖水冲泡，多在年节时待客。

爆米花历史悠久，不少诗文都有描述。范成大有诗云：“拈粉团栾意，熬稃腷膊声。”(自注：“炒糯谷以卜，俗名孛娄，北人号糯米花。”)李戒庵诗云：“冬入吴城十万家，家家爆谷卜年华。就锅抛下黄金粟，转手翻成白玉花。红粉佳人占喜事，白头老叟问生涯。晓来装饰诸儿女，数点梅花插鬓斜。”显然，古人爆米花，主要是预卜吉凶，带有原始宗教信仰膜拜的遗痕；但那“毕毕卜卜”的爆裂声，却给新年带来许多喜气，也给平常缺乏零食的农村孩子带来了欢乐。

三鲜豆皮

湖北是个鱼米之乡，历来有用绿豆、大米混匀磨浆调制小吃的食俗。唐代向肃宗李亨进贡的绿豆皮，宋元的炒豆丝，明清的煮豆皮、煎豆皮和卷筒豆皮等，都是三鲜豆皮的先声，其源久矣！

尽管江汉平原农村早就有用绿豆、米面磨浆烙饼，裹以糯米、肉丁、葱花待客的习俗；但是三鲜豆皮作为市食小吃在1929年推出，应当是汉口老通城酒楼的功劳。它是将绿豆和大米按比例泡透后混匀磨浆，在微凹大锅中用蚌壳摊成薄皮，涂匀蛋液翻面，填熟糯米、三鲜肉馅及味料，叠作方形切块，两面煎黄。成品油亮香鲜，柔糯爽口，是中国小吃中绝无仅有的一个名品。

玩月羹

“玩月羹”是中秋节的节令食品，系用莲子、藕粉、桂圆、核桃、松仁、蜜枣、芝麻仁、鹌鹑蛋等烩制而成。它最早出现在五代时期的开封，有个叫“张手美”的食贩制作最精。后来流传大江南北，20世纪30年代的岭南依然风行此节食。

安徽省的合肥，食“玩月羹”之风极盛。每逢中秋，墨客骚人必雅集于包公祠。包河的秋夜，明月朗朗，清风阵阵，金桂飘香。人们一边执饼赏月，一边饮羹“玩月”，追忆先烈之伟绩，抒发思古之幽情。近几年海外的包氏后裔，都要在中秋赶回合肥，一方面祭祖认宗，一方面与亲人团聚，正是：“叶落归根思故土，痴情都在玩月羹。”

桂花鲜栗羹

杭州著名风味小吃，系用西湖藕粉作羹，调入糖炒鲜栗片，撒蜜桂花制成。它是中秋佳节的传统食肴，带有浓郁的文化风情。

相传唐玄宗时，有一年中秋节，月华皎洁，晴空如洗。广寒宫中的嫦娥，望着锦绣的杭州，禁不住翩翩起舞。正在伐桂的吴刚也陶醉起来，操起银斧在树干上击打着节拍。刹那间，“天香桂子落纷纷”，如同流星万点，更加好看。嫦娥思量，何不将桂子撒落杭州，让它在“人间天堂”飘香？于是，她便将桂子一把把抛向西湖。次日灵隐寺的僧厨德明发现，无数桂子落在煮栗子粥的锅中，异香扑鼻。此后该寺便植桂煮粥，款待香客，演化出这道名食。

仙人冻

福建长汀夏令风味小吃，因主料系当地山区特产的仙人草(亦名凉粉草)而得名。它有两种，一种是黑色仙人冻，配白糖、蜂蜜、薄荷等制成甜味；另一种是青色仙人冻，配籼米浆、蒜泥、酱油等制成咸味。都是清润淡爽,能给人“凉入衣襟骨有风”之感。

相传上古时天上有10个太阳,焦禾稼,枯草木,赤地千里。尧有一个勇将叫后羿,一口气射下9个太阳,成为英雄。王母娘娘奖给他不死之药,可是这药却被他老婆嫦娥偷吃了,到月宫里当了神仙。不久,后羿又命人带1000名童男童女到仙人岛求取仙人草,草未取回后羿便已死去。王母得知心中感念,便将仙人草籽撒向长汀,让它世世代代为民造福。

冰糖葫芦

北京传统风味食品,系将山楂、白海棠、荸荠、桔子、山药等时鲜果物,去核串上长竹签,拔丝后裹糖汁制成。它脆如冰凌,色似丹霞,甜而不涩,香美可口。

相传冰糖葫芦出自南宋光宗赵惇的宠妃黄贵人的一张药方:棠球子(山楂)煎红糖,饭前服5～10丸,可治食欲不振、面黄肌瘦诸症。后来药方传入民间,演变成“糖水山楂”、“蜜弹弹”和“糖堆儿”;清初,才成为冰糖葫芦。当时的冰糖葫芦以大著称,有的是“三尺动摇风欲抖,葫芦一串蘸冰糖”,有的是“葫芦声鼓荡,冰柱抽一丈”。慈禧太后经常童心不减,还令御膳房专门制作冰糖葫芦,供她玩尝。

菜品流行潮

食品热

又称食品流行潮或菜品流行潮,专指在某段时间内时髦、兴盛、走红、火爆的食品或菜品;如近年来相继出现的“生猛海鲜热”、“火锅热”、“药膳热”、“小吃热”、“乡土菜热”、“民族菜热”、“洋快餐热”、“绿色食品热”、“黑色食品热”、“花卉食品热”、“昆虫食品热”、“科技食品热”等等。

举凡食品热,大都具有4个特征:

第一,受时代、时尚的强烈影响。像“生猛海鲜热”的出现,就与“对内搞活、对外开放”,以深圳、珠海等地作为改革“特区”,建立社会主义市场经济体制的国策有关;而“药膳热”的兴盛,则是现今人民生活改善、企盼健康长寿,男要健壮,女要苗条,老要年轻,小要聪明的心态及时尚所致。

第二,体现出特定时间和特定情况下的一种观念,如营养卫生观念、求新猎奇观念、返归自然观念、提高生活素质观念等等。因此,每一次食品热的掀起,总有一种舆论导向,总会列出许多理由,对人们加以“诱引”,使“食迷”的队伍不断壮大。像“乡土菜热”中的“知青菜”,就是体现“老三届”的“恋旧情结”;而“民族菜热”中的“傣族菜”,实际上是西双版纳绮丽风情的“物化”。

第三,商家的人为运作。不论何种食品热,在其孕育的过程中都会露出一些“苗头”,精明的商家一旦发现便紧紧抓住,利用各种手段将它“炒”熟,吸引人们务必一尝为快。例如“黑色食品热”,是滥觞于“黑芝麻糊”的广告。由于广告做得好,质量确实也不错,很快,“黑米粥”、“黑米酒”、“黑八珍”、“黑甲鱼汤”等“黑色食品大军”,便排山倒海般地推出,产生“轰动效应”。

第四,都有一定的流行周期。短则2～3年,长则7～8年,而不会永远“火”下去。究其原因,一则是这类食品的“魅力”毕竟有限;二则是人们的口味是需要经常变换的;三则是经济、政治、文化诸多因素的制约;四是新的食品流行潮的“冲击”。这种现象与“家电热”、“服装热”十分相似,乃人们消费需求变化之结果。

食品热在餐饮业经营管理中是个十分重要的课题。每一次食品热的出现,对餐饮企业都是一个发展的机遇。抓住了它,就等于是抓住了客流,抓住了效益。在这方面,迟抓不如早抓,小抓不如大抓,慢抓不如快抓,因为时不我待,稍纵即逝。当然,要抓,就意味着放弃原来的经营品种,重上新的品种,这里有个“快速转轨”的问题,需要投入人力、物力与财力,需要论证、策划与布局。显然,这对经营者的识见与魄力是一个考验。

与此同时,食品热也是餐饮服务工作中的新课题。面对陌生的新食品,服务人员有一个学习、认识、掌握、熟练的过程。只有全面了解他们,才能向顾客宣传、介绍。而且有些新食品的食用,可能还需要一些新的服务方法与接待礼仪(如自助火锅餐服务、傣族迎宾礼俗),这更需要拓宽知识面、苦练基本功、增强“应变”能力。

生猛海鲜热

生猛海鲜的正确说法应为“生猛活鲜”,它系指粤菜的四个特色:“生”指火候不可用老,保持断生、脆嫩、自然的口感;“猛”指重视山珍海错,以凶禽猛兽和贵重的海产品菜式著称;“活”指原料必须是活生生的或绿油油的,有“吃鸡要叫,吃鱼要跳,吃菜要带露水,吃果要带枝叶”之说;“鲜”指味觉上的鲜嫩、鲜淡、鲜美和鲜香,要求低糖、低盐、低脂肪,突出物料的天生丽质。由于粤菜北传的过程中,海鲜菜较多,许多地方便将“生猛活鲜”误作“生猛海鲜”。现今,“生猛海鲜”家喻户晓,“生猛活鲜”竟然知之者不多了。

“生猛海鲜热”兴起于80年代中期,在中国食坛上热闹了将近8年。它的起因,与广东辟为经济特区直接相关。当时,“南风”劲吹,席卷神州。刹那间,粤货、粤语、粤歌、粤菜,都成为时髦。有条件去广东的,要去高第街、沙头角走走看看,领略一下“新潮”;没有条件去广东的,自有精明的广东人“服务”上门,也可以间接开开“眼界”。这样,粤菜便过韶关、入洞庭、进中原、闯关东、直至西疆和塞北。粤菜到了各地,或独资,或联营,很快扎下营盘,择吉开业。那种装饰风格,那种肴馔品位,那种接待方式,都使闭塞多年的内地人耳目一新,迅速被一部分“先富起来”的人(如款哥、星妹以及混水摸鱼的权贵们)所迷恋。他们不惜挥金如土,去领略这种“高档次的享受”。因为有利可图,内地商家也纷纷仿效,使“生猛海鲜”形成“冠压群芳”之势。

举凡生猛海鲜,大多同时亮出“粤式早茶”的招牌,门口摆放水族箱与山兽笼,打着“新潮粤菜”的旗号,用“鸟语”(广东方言)接客,菜式多为基围虾、石斑鱼、烤乳猪、白斩鸡之类,毛利率一般都在60%以上。由于粤菜的功力深厚,初始也较注意质量,餐具华美,服务上乘,筵宴品位高,还有新颖的卡拉OK助兴,一时间社会反响不错,红红火火了好几年。

后来,东施效颦者多了,饭菜质量明显滑坡,再加上某些不伦不类的促销方式,引起了人们的反感。特别是雍容华贵的粤菜(包括一掷千金的新潮粤菜),目前是难于普及的,因为12亿人中的90%现在还不富。它热闹一阵后,由于内外没有强有力的高消费层支撑,便自然会感到难以为继。尤其是中央严令禁止公款吃喝、外商厌弃“酒肉谈判”、“发烧”的个体户冷静下来、“走穴”的流星们光芒锐减之后,粤菜的老主顾日益减少,不少店家便“三十六计,走为上”,关门大吉。

更有意味的是,不仅内地的粤菜馆纷纷偃旗息鼓,就是广东的粤菜馆也有许多“改换门庭”。他们开始经营价廉物美的乡土菜或民族菜,将视线由昂贵的海珍转向“绿色食品”、“黑色食品”、“花卉食品”和“昆虫食品”,掀起新的“营养健身热”。

由此可见,粤菜潮的暴涨是不正常的,粤菜潮的回落则符合国情与社情。这一情景与“股市现象”十分相似,它说明现代人的饮食观念正在逐步趋向成熟。

火锅热

“火锅热”系指以重庆“山城火锅”为代表的川菜的走红,它的流行时间大约与“生猛海鲜热”同步,也是7~8年左右。二者的差别主要在于:“生猛海鲜热”瞅准大款和支票,唱的是《阳春白雪》;“火锅热”面向工薪族与情侣,唱的是《下里巴人》。

川式火锅店大多设置高背包厢,配备液化气炉,采用小包装的方便汤料和机制的小包装原料,以自助餐方式接待客人。在计价上,每客30~50元左右,管饱,有的还免费赠送啤酒等饮料,较为低廉。在环境气氛方面,也是自由、舒适的。每桌可坐2~6人,既无正式宴会那种繁文缛节,又无街头小吃摊那种纷扰喧闹,亲人、朋友或情侣可以随意吃喝、谈笑,更具有人情味和休闲感,因此光顾者甚多。再从经营管理的角度看,此类店铺占地较小,一般不需要很豪华的装修,投资较少;汤料和食料都是现买的,无须聘用名厨,服务程序也简单,招几个打工妹训练数日就能上岗,可节省不少人力,同时也降低了成本。所以老板多系小业主,有几万元便能开业;不想再干时转让出去也方便,相当灵活机动。

火锅热问世后,走向一直平稳,社会舆论基本上都是持欢迎态度。其中,有些火锅店升格为“火锅城”后,自助式火锅餐的特色依然保留,但配加了巴蜀大菜、现代音响和筵宴服务,价格也相应爬高,还是具有一定的吸引力。这多为中小企业的商务宴请或民间操办红白喜事,单位和个人都可以承受。

火锅热的盛行也有一些原因。首先是川菜的声誉和威望。近两千年来,它那百种千名的丰美菜式，它那麻辣香浓的地方风味，它那贴近民众的低廉价位，无疑具有很强的竞争能力，不仅可以北上、南下和东征，还足以与实力雄厚的鲁菜、苏菜、粤菜相抗衡。其次是在生活节奏加快、疲倦的人们纷纷寻求新奇刺激的今天，全世界已“嗜辣如狂”，川味火锅顺应了这一饮食潮流，抓住了机遇。更可贵的是，川味火锅为了赢得更多的食客，还推出不辣的鸡汁汤料以及适应不同需要的“红白鸳鸯火锅”，这是很有商业头脑的。最后是它有一支推销大军——数十万以打工仔身份流向全国的四川民间厨师。尽管他们不是科班出身，没有“特级”、“一级”证书，但制作几道正宗风味的家乡菜还是游刃有余的。更何况汤料、食料可以就地采购，因此主理一个中小型火锅店并不困难。而且他们特别能吃苦，干活很认真，极少“要高价”，故而能够“落地生根”。

近年来，火锅热中出现了一些微妙的变化，这就是“非川味火锅”（如北京的涮羊肉、东北的白肉火锅、湖北的鱼圆火锅、广东的打边炉），也纷纷抢摊登陆。因为火锅并非四川的“专利”，你会做我也会做，为什么白白地放弃市场呢？实质上，有些川味火锅早已“变调”，掺杂进外地的许多东西；涮羊肉之类的强劲对手一上场，川味火锅的地盘必然会缩小。这也是件好事。因为激烈竞争的结果，将会使饮食市场更加繁荣。

药膳热

“药膳热”是指中草药的大量入馔、滋补菜式名目众多以及“药膳堂”的纷纷开设。这一食品流行潮已延续多年，目前最受欢迎的是滋阴壮阳菜、减肥美容菜、抗衰老菜和小儿益智菜；北京、成都、广州、上海、武汉等都会的风头最盛。随着药膳热的火爆，一些补益效果较佳的原料（如甲鱼、乌龟、哈什蚂、飞龙鸟、虫草、野山参、燕窝、对虾之类）的价格也扶摇直上，被不少人孜孜而求。

经过中医学的论证，药膳的作用是没有疑问的。随着经济的发展和生活的改善，人们迷恋药膳也是顺理成章的。一部分餐饮企业把开发经营的重点转移到这方面来，也是很正常的。而且药膳还会“热”一段较长的时间，更是可以预料的。不过，在药膳热的背后，潜伏着许多隐忧，应当引起注意并解决。

首先，对于药膳应当有一个准确的界定，什么药材可以入馔，怎样入馔，国家应有标准的《药膳谱》，严格颁行。不能像现在这样：“中药材＋烹调原料＝药膳”，将其简单化和庸俗化。其次，药膳和药方一样，必须“对症”，要因人而异，因病而异。而现今的药膳是什么人都可以吃，将之与“食补”等同起来，显然是不科学的。如果不加纠正，可能会出问题。人命关天，决不可视为儿戏。最后，药膳堂的开业，必须要有“特别执照”，经过科学论证，具备一定的条件，如配备中医师、中药师等。而现在是“一哄而上”，全无章法。久之，好事也可能会办成坏事。

小吃热

“小吃热”是80年代中期随着旧“小吃街”的整修和新“小吃城”的创建而涌现出来的一股饮食潮流。其著名的网点甚多，如北京东单和天桥小吃街、天津南市小吃街、西安鼓楼和八仙庵小吃街、上海城隍庙小吃街、南京夫子庙小吃街、苏州玄妙观小吃街、杭州西湖小吃街、武汉钟家村和六渡桥小吃街、长沙火宫殿小吃街、广州珠江岸小吃街、重庆朝天门小吃街等等。

小吃热的出现，是一种民族饮食文化的复归。它具有3个鲜明的特色：(1)热烈火爆，人流如潮。或紧傍集市贸易中心，或抢占旅游名胜景点，或包围水陆交通码头，“市声”鼎沸，通宵达旦，形成浓郁的人文景观，展示独特的地方风情。(2)网点高度集中，数十家乃至上百家摊贩大打擂台，竞争异常激烈。所推出的多为历史悠久的乡土名食，按传统的手工方法制作，不加雕饰，返朴归真。(3)是城镇居民的消闲场所，是流动人口的观光窗口，集品味、游赏于一体，群众基础深厚，与日常生活关系密切。

目前，小吃热不仅健康的发展，还有“升温”的迹象，这是很可喜的。美中不足的是，有些“小吃城”过于“现代化”，不像“大排档”，而像“精品屋”；缺乏熙熙攘攘的喧闹，缺乏百店竞争的火爆，缺乏“市民味”，缺乏“乡土情”；人工粉饰的痕迹太重，显示出“洋气”和“酸味”，咀嚼之后，没有余韵。

乡土菜热

“乡土菜热”是近年来以“思亲恋家、怀念故土”为主题的一种饮食潮流，如“大杂院忆苦思甜饭"、"再回首乡宴"、"老三届饭铺"、"东北菜"等。它的策源地多在北京，是一部分事业有成的企业家与文化人"怀古"、"恋旧"、"返归自然"心态的体现。

乡土菜热的基本特征是"乡"、"土"二字。所谓"乡"，指故乡、故居或自己当年生活、工作、战斗过的地方。那里有许多"苦涩而又美好"的故事，有一些"打过滚"的朋友，或者是初恋的挚情与破烂的家。它们深深铭刻在脑海里，如同梦境一样使人缅怀、陶醉。所谓"土"，指民间菜式，如窝窝头、贴饼子、地瓜干、煮老玉米、大碴子粥、捞面条、酱咸菜、晒鱼干、小鸡炖蘑菇、白肉熬粉条、松籽黄瓜丁、鸡丝拌粉皮之类，全依民间做法，不加任何装饰，"土里土气"，以粗俗为上。

此外，乡土菜还需营造特定的气氛，回到"历史的真实"中去。它颇像电影、电视中的场景布置，务必是那么一回事。像知青酒店摆放犁耙、斗笠、军用小书包和毛主席语录；东北菜饭馆盘大炕、贴喜字、挂年画、放爆竹，都出自这一目的。通过这类特定的景物，牵来遥远的思绪，起到"煽情"的作用。

由此可见，乡土菜热既是热在那些久违了的民间肴馔，又是热在那段不可忘却的岁月。它有着"寓教于食"的作用和强盛的生命力，可能会作为一种新的饮食格局而长存。

民族菜热

"民族菜热"是民族食品移植借鉴中的一种新动向，其主要标志是少数民族风味食品被内地大量引进。它基本上可分为3个阶段，第一阶段是引进以"烤羊肉串"和"八宝茶"为代表的维吾尔族和回族食品；第二阶段是引进以"苹果梨泡菜"和"冷面"为代表的朝鲜族食品；第三阶段是引进以"饵丝"和"香茅草烤鱼"为代表的傣族食品；先西北后东北再西南，很有规律性。

从菜式看，民族菜热中的民族菜，绝大多数都不是"原版"，而是按内地人(主要是汉族)的口味嗜好，进行过"加工改造"，如羊肉串改烤为炸、冷面的主料由荞麦粉换成面粉。同时在引进过程中还有创新，如新款傣家菜"菠萝盅"及"酥炸金丝鸟"之类。不论真假，它都给人以一种新的感受，满足了不少食客搜奇猎异的心理，提高了营业额。

从装潢看，民族菜热在"形似"上确实下了功夫。以傣家菜为例，很多店堂都修成竹楼式，命名为"金孔雀"或"金版纳"，厅里陈设大牛头和绣荷包，播放傣家乐曲，甚至招聘傣族姑娘侍宴伴舞，宴毕还赠送小花伞、工艺筒包，好像是去傣寨旅游过一般。这种环境氛围弥补了菜式上的很多不足，对于没有去过西双版纳的人来说还是有吸引力的。

从流行时间看，每一种民族菜约"热"3～5年。待到它缺乏"新奇效应"时，精明的商家又推出一个陌生的面孔，再红火一阵。总起来看，民族菜热的出现是好事，下一步须在菜式的烹调编排上多花一些气力。

洋快餐热

"洋快餐"包括肯德基、麦当劳、碧莎饼、加州牛肉面、热狗、汉堡包等，是80年代初开始相继打入中国饮食市场的。它们首先在北京安营扎寨，然后向上海、广州、天津、武汉、沈阳、南京、西安、成都等繁华都会渗透，目前的总数有大约1000家，已经形成一股劲猛的饮食新潮流，在企业界、文化界、部分时髦青年和少年儿童中产生了一定的影响。

洋快餐的基本特点是：科学化的配方，工厂化的生产，连锁化的经营；对产品质量要求严格，店堂统一装潢，管理方法先进，价位普遍偏高。国人对于洋快餐，大多是一种"好奇"心态。一个新品种推出，偶尔"尝新"一两次是可以的，但很少有人把它当作"正餐"经常食用；与豆浆、油条、大饼、面条之类完全不一样，更与外国人天天吃快餐有着本质的区别。

洋快餐一进口，就受到中式传统快餐的顽强对抗，荣华鸡与肯德基大唱对台戏的故事，已被传媒"炒"得烂熟。看来，这场鏖战还会继续下去。一方面，洋快餐决不会放弃中国这个极具潜力与活力的广大市场，哪怕是一个中国人一生只吃它一次，就有12亿份，经济效益相当可观；另一方面，中式传统快餐更不会轻易让出自己的地盘，它会"以洋制洋"，即走标准化、定量化、程序化、制度化的道路，先借鉴师法，后取而代之。目前有关部门已有一些重大举措，在不久的将来，热起来的会是"现代中式快餐"。

绿色食品热

“绿色食品”又称自然食品、生态食品或有机农业食品，是无污染的安全、优质、营养类食品的统称。它有三个认定标准：其一，它的农业生产环境(如农田、水源和大气)中，不能有工业废弃物及其他有害物质污染；其二，产品生产过程中，不能有化学肥料、化学农药等有害化学物质的污染；其三，加工过程中，也不能有化学色素、添加剂的污染。凡是国家检测认证的绿色食品，都有特殊的圆形图案标帜：上方是太阳，下方是叶片，中心是蓓蕾。因此，将绿色食品等同于“绿色的蔬菜”，是错误的。

根据上述的科学定义，目前我国真正的“绿色食品”是很少的。愈是少，人们就愈珍贵，努力去追求，形成一股热流。它主要表现在野生蔬菜和瓜果的走红上。因为相对而言，它们生长在野外，不用或少用化肥及农药；远离工业集中的市区，生态环境也较洁净；加之很少加工成罐头，不使用化学色素和食品添加剂，所以比较接近绿色食品的法定标准。近几年来，野菜贵于家蔬，其原因也在这里。

除了野菜，我国还在胶东等地建立了一批“无公害蔬菜”生产基地。它们的产品也应属于绿色食品的范畴。但这类蔬菜多是远销韩国和日本、香港，国内上市的也不多。由于成本等因素所致，其价格也较高。

因此，“绿色食品热”只是一个讯号，还未形成“气候”。真正涌成大潮，还需一段时日。

黑色食品热

“黑色食品”是就食品原料的色泽而言的，它有一个庞大的“家族”，如黑米、黑豆、黑麦、黑芝麻、黑木耳、黑枣、香菇、海带、紫菜、发菜、豆豉、乌骨鸡、甲鱼、黑鱼、乌龟、黑色的山禽，等等。

举凡黑色食品，除了碳水化合物、蛋白质、脂肪、常见的维生素和矿物质外，还含有一些特殊的营养物质与抗疾病物质。这是它们走红的主要原因。

首先，黑色食品中都有黑色素。它可以促进人体内自由基的清除，预防不良色素沉积，帮助人体吸收阳光中紫外线的辐射，滋润皮肤和美容，减少胆固醇及防治心血管疾病，提高肾功能的活力，因此有“逢黑必补”的说法。

其次，不同的黑色食品还有不同的功效。如黑米可治少年白发，黑豆能预防动脉硬化，黑麦有健脑补钙之功，黑芝麻可改善记忆力，乌骨鸡能延缓衰老，甲鱼可以滋阴壮阳，海带能够美容，豆豉可以减肥，香菇和黑木耳有一定的抗癌作用等等。

黑色食品热出现在90年代初期。由于可供选择利用的原料较多，来源充沛，价格适中，加工方法简易，所以很快地形成声势，既有轻工业食品系列，又有众多花式的饭菜，人们可以各取所需。其中，特别是黑米制品、甲鱼菜式、黑枣饮料、黑芝麻粉糊、乌骨鸡汤，应用得更为广泛，成为人们餐桌上的宠物。

目前对黑色食品的宣传还应进一步强化，在花色品种上要更多地翻新。

花卉食品热

花是大自然最美丽的馈赠。自古以来，人类与花卉就结下了不解之缘。时下，在回归自然、崇尚田园风情的气候下，鲜花佳肴又成为一道时尚的风景线。

追索起来，中国人爱花吃花并不是什么新鲜事。我国早就有“花卉系日精月华”的说法，相传它是神仙的食品。自从屈原吟出“朝饮木兰之坠露兮，夕餐秋菊之落英”的佳句后，调食花卉便成为文人愉情悦志的雅事。唐代，菊花糕、木香花粥和桂花鲜栗羹，都是席上珍品；宋代食书《山家清供》，也收录了梅、莲、文官花等制作的饭粥点心10余种。继后，《遵生八笺》、《养生随笔》和《清稗类钞》，都介绍了新的花菜。尤其是清人顾仲的《养小录》，专列“餐花谱”一章，汇集了牡丹花、玉兰花、迎春花等数十种花卉的烹调方法，令人叹为观止。不仅如此，我们的先祖还创制了众多的花卉筵席，如“中山菊花宴”、“蓉城鸡冠花宴”、“重九桂花宴”、“愉园花酌”，可以说在吃花方面做出了一篇又一篇的华章。

潮流总是在历史中重复、轮回而后渗进现代的元素，演变为时代的产物。现代人吃花，追求的主要不是情趣，而是健康之道。当今花菜的用料更为广泛，除了古人欣赏的桂花、菊花、牡丹、玉兰等等之外，近年最流行的是夜丁香、玫瑰花、墨兰、荷花、紫荆花、南瓜花种种。主要是摘取盛开的花瓣，一求其香馨，二求其嫩滑，三求其营养。

名菜有"荔荷炖大鸭"、"玫瑰豉油鸡"、"墨兰炒爽肚"、"晚香玉鲟鱼"、"黄花羊肉丝"、"鸡茸百合花"、"海棠花猪爪"、"梨花鱼馄饨"等。还有些花菜是中西合璧,如"杏花莴笋沙拉"、"玉兰茸瓤苹果"、"脆皮槐花蛋夹"、"桃花烩通心粉"之类。

据食品科学家研究,花卉是个神奇的营养宝库。它常含有高达20%以上的蛋白质(其中一半以游离氨基酸形式存在,易于被人体吸收),还有脂肪、无机盐、微量元素、多种维生素以及某些抗衰老激素和抗菌素等。在吃腻了山珍海味之后,转而品尝清鲜的花卉,特能感受一种安宁、温暖的气息,令那颗终日营营役役、躁动不安的心回复平静,这应是花卉食品热的又一个重要原因。

昆虫食品热

"昆虫食品热"是科学家们首先倡议的,其主要目的是为了解决全世界即将面临的"食源短缺"问题。他们的理由主要有四:

1.昆虫营养价值高。尤其是蛋白质的含量不仅远远超过目前的各种粮食,而且较之鸡鸭鱼肉也不逊色。若能广泛利用,可以大大缓解贫穷国家普遍存在的儿童营养不良问题。

2.昆虫的繁殖速度惊人。如蚕在35天内可产卵数千粒;一个蚂蚁群总重可达20公斤;一对苍蝇一年能繁殖12代。哪怕是60亿人都以昆虫为食,它的数量也不会减少。

3.生产成本低。不少昆虫是以人类的垃圾废料为食,有益于改善环境。尤其是昆虫繁殖最快的地区,恰巧又是饥荒最严重的热带和亚热带地区,这有利于"世界性的扶贫"。

4.占地面积小,根据目前的科技水平,昆虫可以实现工业化养殖。它能减少化肥与农药对环境的严重污染,扩大地球上的森林覆盖率,改善人类的生存状态。

我国和墨西哥、日本、哥伦比亚等国,都有食用昆虫的悠久历史,也制出名目众多的虫菜,开发昆虫食品的基础较好。现在有些科研机构已将虫菜列入攻关课题,并取得不少收获。但是,要使昆虫食品像黑色食品、花卉食品那样真正"热"起来,还不是一件很容易的事。一是工业化繁殖,二是科学的加工,三是菜品的试制,四是克服人们心理上的障碍。所以目前除蝗虫、蝎子、蚕蛹、蚂蚁等有数的几种昆虫尚有人少量使用之外,其他的还未能推向市场。

科技食品热

"科技食品"系指运用科学技术知识与手段研制开发出来的新型食品。由于它们的科技含量高,营养功效好,所以一问世便受到热烈的欢迎。

这类食品主要有7类:

1.工程食品。即应用现代科学技术,从农副产品中提取有效的营养成分,然后根据人体的需要重新组合,或添加维生素、氨基酸、矿物质,强化加工配制的新食品。如碘盐、合成奶粉之类。

2.强化食品。工程食品之一,即在食品加工中添加某些营养成分的食品。其添加物多系维生素、无机盐、氨基酸、蛋白质或微量元素,如赖氨酸面条、含钙饼干。

3.金属食品。指含有铁、钙、锗等金属元素的食品。如含钙的骨糊、骨松、骨汁;添加补铁剂(脱乙酰甲壳铁络合物之类)的食品;以及将人参、海藻中提取的可溶性食用锗加入果汁、矿泉水中制成的锗水饮料等。

4.卡片食品。一种卡片状的快餐食品,由含有碳水化合物、维生素、蛋白质、必须氨基酸、纤维素、微量元素、矿物质等的果汁、肉汁、奶料、虾粉、面粉等配制而成。它兼有主副食品的双重特点,设计新颖,便于携带,是比较理想的功能性食品之一。

5.人造食品。指用人工方法仿制天然食品而制成的食物。如人造肉、人造蛋、人造水果、人造海蜇、人造蘑菇等。其中的人造肉,便是用化学方法提取农副产品中的蛋白质和各种营养物,先制成胶状粘液,再像纺织合成纤维那样使粘液由"喷头"中喷出,凝成线状纤维,再把它编织成鲜肉结构一样的肉块。

6.太空食品。指宇航员在宇宙航行中所吃的特制食物。这种食物重量轻,热量高,营养均衡而丰富;包装与进食方式也较为特殊。这一类食品也适用于病人、孕妇、老弱和婴幼儿。

7.速冻食品。用快速冷冻的方法制成的食品,如速冻蔬菜、速冻面食。前者是将新鲜蔬菜清洗、分切、漂烫、脱水后迅速冷冻;后者是将熟面食经过25分钟的速冻变为新型的方便食品等。

（十四）风味流派

风味流派概述

风味流派的沿革

风味流派系指由于地理环境、气候物产、经济结构、历史变迁、文化传统、宗教信仰、民族习俗以及烹调工艺等等因素的影响，长期以来在某一地区（或民族、家庭、宗教）内形成、有一定亲缘承袭关系，菜点口味特色接近，知名度较高，并为一部分人所喜爱的膳食体系。中国烹饪的风味流派，在菜肴方面有帮、帮口、味、风味、地方菜、菜种、菜系种种叫法；在面点方面，有主食类型、面点流派、糕点帮式、小吃系列、小吃群、特色细点的不同系列，内涵相当丰富。

（一）中国烹饪风味流派的成因

风味流派的成因比较复杂，归结起来大致是6大要素所促成：

1.地理环境和气候物产的差异。我国疆域辽阔，分为寒温带、中温带、暖温带、亚热带、热带和青藏高原气候区等6个气候带；加之地形复杂，山川丘原与江河湖海纵横交错，不同的地区生长着不同的动植物。人们择食多是就地取材（即靠山吃山、靠水吃水），久之便出现以乡土原料为主体的地方菜品。换言之，即物产决定食性，并影响烹调，促进风味流派的形成。

2.宗教信仰和风俗习惯的不同。我国人口众多，宗教信仰各异。佛教、道教、伊斯兰教、基督教和其他教派（包括残存的原始宗教）都拥有大批信徒。由于教规教义不同，其信徒的生活方式也有区别。至于食礼、食规、食癖和食忌等习俗，更是千百年的习染熏陶形成的，且有稳固的传承性。它们在膳食体系的形成过程中，经常发生潜移默化的影响，使其“个性”鲜明。

3.历史变迁和政治形势的影响。在历史上，西安、开封、杭州、北京等，都是驰名的都城；上海、广州、武汉、成都等，都是繁华的商埠。它们分别作为各代的政治、经济、文化中心，对菜系的孕育都产生过积极的影响。汉、唐、宋、明的开国皇帝酷爱家乡的美食；辽、金、元、清的统治者提倡本民族的肴馔，这对一些风味流派的形成也有不小的帮助。

4.权威倡导和群众喜爱的促成。各种菜式都是迎合一部分人的嗜好而问世的，人们对某一风味喜恶程度的强弱，往往能决定其生命的长短和威信的高低。还由于烹饪的发展，与权贵追求享乐、民间礼尚往来、医家研究食经、文士评介馔食关系密切，所以任何风味流派的兴衰都有明显的人为因素在左右。特别是群众对乡土菜的热爱，更是菜系稳固扎根的前提。

5.文化气质和美学风格的熏陶。文化气质与美学风格是风味流派的灵魂。像中原文化的雄壮之美，便孕育出宫廷美学风格，形成典雅恢宏的宫廷菜；江南文化的优雅之美，便孕育出文士美学风格，形成小巧精工的苏扬菜；西南文化的质朴之美，便孕育出平民美学风格，形成灵秀实惠的巴蜀菜；塞北文化的粗犷之美，便孕育出牧民美学风格，形成特异的蒙古族红食与白食。

6.烹调工艺和筵宴铺排的升华。这是菜系形成的内因，常常起决定性的作用。只有烹调工艺好、名菜美点多、筵宴铺排精，才能具有强大的实力，可以在激烈的市场竞争中保持优势，获取较高的社会声誉。从古到今，影响大的风味流派无不都是跨越省、市、区界，向四方渗透拓展，朝气蓬勃，这均是雄厚的实力和较高的知名度使然。

（二）中国烹饪风味流派的沿革

中国烹饪的风味流派已有3000余年的演化历史，它孕育于春秋战国，组合在汉魏六朝，成长于唐宋，定型在明清；辛亥革命之后发展很快，不断地升华、壮大，展示出迷人的风采。

1.春秋战国时期。这是中国烹饪史上的初潮，为风味流派的萌发提供了契机。当时的北菜以秦、晋、豫、鲁为中心，活跃在黄河中下游，它以牛羊犬豕为主料，家禽野味共登盘餐，崇尚鲜咸，注重香热，质地软烂，汤汁醇浓，系列菜品是“周代八珍”；南菜则以荆、楚、吴、越为主体，延展到长江中下游，它是淡水鱼鲜辅以异料，鲜蔬拼配花果，调味酸甜，口感鲜嫩，代表肴馔是《楚辞》中描述的楚宫大宴。至此，中国早期地方风味的分野初露端倪。

2.汉魏六朝时期。此时的中国烹饪处于蓄势待变阶段，促使了风味流派的组合。像北菜的中心向东推移，扎根齐鲁大地；南菜逐步一分为三，中南和西南以荆、湘、巴、蜀的美食为主导，在华东则是淮扬与建康食风迅速崛起，而岭南和东南沿海却是浙、闽、粤菜品渐占优势。与此同时，中国传统素食与佛道斋菜开始结合，西域传来的“胡食”在西北已有一定的市场，风味流派的分化日益明显。

3.唐宋元时期。这是中国烹饪史上的第二个高潮，不少餐馆首次挂出风味流派的招牌，招徕顾客。如以豫鲁菜为主体，立足汴京，向江南辐射的“北食”；以江浙菜为主体，立足临安，向中原拓展的“南食”；以巴蜀菜为主体，立足成都，向东方挺进的“川味”；以花素菜为主体，向清素菜过渡，立足于寺庙道观，并进入市场的“素食”；以清真菜为主体，融合西北少数民族肴馔，向东南推进的“胡食”等等。这都是中国菜系的虬枝。

4.明清时期。中国烹饪发展史进入第三个高潮，主要的风味流派基本定型。如地方菜系中的鲁菜、苏菜、川菜、粤菜；宗教菜系中的素菜、清真菜；民族菜系中的蒙古族菜、满族菜；家族菜系中的宫廷菜、孔府菜；面点流派中的京式面点、苏式面点、粤式面点；小吃系列中的山西面饭、四川小吃等等，都崭露头角。而且在饮食市场上，帮、帮口、味、风味的提法甚为普遍，风味流派已经被社会舆论所承认。

5.当代时期。风味流派的变化主要是百花齐放，争夺市场。首先，四大菜系继续保持和进一步强化领先的地位。其次，古老的浙、闽、徽、湘、鄂、秦诸菜系内发外铄，力争上游。第三，京、沪、津、辽、滇、台诸菜系充分利用时代赋予的机遇，颖脱而出，成为“新秀”。第四，民族菜系、宗教菜系和家族菜系稳步发展，在继承中创新，以其固有的特色不断充实、壮大。至于面食流派，情况亦与此相似，都是万卉争荣、各领一方风骚的。

(三)中国烹饪风味流派的构成

中国烹饪风味流派包括菜肴流派和面点流派两个方面，各自的体系都较为复杂。

第一，菜肴流派。从发育的情况和知名度的大小来区分，有菜系和菜种之别；从产生的土壤和特色来分类，又有地方菜、宗教菜、家庭菜、民族菜的不同。

1.地方菜的构成。

“四大菜系”(鲁、苏、川、粤)。

“八大菜系”(四大菜系加浙、闽、徽、湘)。

“十二菜系”(八大菜系加京、鄂、沪、辽)。

其他菜系(陕、豫、津、滇等)。

地方菜种(黑、吉、内蒙、冀、晋、甘、宁、青、新、台、赣、桂、琼、港、澳、贵、藏等)。

2.宗教菜的构成。

中国清真菜、中国佛道素菜。

3.家族菜的构成。

家族菜系(仿膳菜、孔府菜)。

家庭菜种(谭家菜、组庵菜、大千菜等)。

还有仿古创新菜种(仿唐菜、仿宋菜、红楼菜、随园菜等)。

4.民族菜的构成。

民族菜系(满、朝鲜、蒙古、回、藏、傣、壮、土家等)。

民族菜种(赫哲、俄罗斯、维吾尔、彝、苗、侗、白、京、黎、高山等)。

第二，面点流派。包括5种不同的系列，它们之间既有联系又有区别。

1.三大面点流派(京式面点、苏式面点、广式面点)。

2.八大糕点帮式(京式、苏式、广式、川式、闽式、扬式、宁绍式、高桥式)。

3.十六种小吃系列(京、津、鲁、晋、沪、苏、川、粤、鄂、湘、徽、浙、闽、台、豫、陕)。

4.四大小吃群(上海城隍庙、苏州玄妙观、南京夫子庙、长沙火宫殿)。

5.十二种特色细点(北京宫廷御点、山西喜庆礼馍、苏州传统糕团、无锡太湖船点、扬州富春茶食、上海葛派花点、广州星期美点、杭州灵隐斋点、回民开斋节点、满族祭祖饽饽、内蒙草原白食、藏胞标花酥点)。

(四)中国烹饪风味流派的认定标准

中国烹饪的风味流派既然是一个客观存在的事物，就必然有着量的要求与质的规定。从历史变迁和现存状况来考察，举凡社会舆论认同的风味流派，一般都具有如下6个标准：

1.选料突出特异的乡土原料。风味流派的表现形式是菜点，菜点只有依赖原料和调味料才能制成。如果原料和调味料特异，乡土气息浓郁，菜点的风味往往别具一格，颇有吸引力。像北京烤鸭、湖北武昌鱼、广东蚝油牛肉、四川麻婆豆腐的成功，皆得助于此。

2.工艺技法上面确有独到之处。烹调工艺是形成风味的重要手段，不少流派名传遐迩，正是因为在炊具、火功、味型和制法上有某些绝招，并且形成系列菜品。如山东的汤菜、安徽的炖菜、山西的面条、江苏的糕团，都是以“专”擅名，以“独”争先，以“异”取胜。

3.由众多名菜美点组成不同格局的筵席。事物的属性不仅仅取决于质，还需要依靠一定的量。由于筵席是烹调工艺的集中反映和名菜美点的汇展橱窗，所以，能否排出不同规格的众多乡土筵席，应当是衡量风味流派的一项具体指标，这也便于检验。

4.菜品中的乡土气息浓郁鲜明。融注在菜点中的乡土气息，是风味流派的灵魂。乡土气息常通过地方特产、地方风物、地方语汇、地方礼俗等等来显示，带有诱人的魅力。所谓风味，即是乡风土味、地方情韵，它亲切、温馨、舒适，使人久久难以忘怀。如山西面点、苏州糕团。

5.要有深厚广泛的群众基础。如果没有一定人群的支持与热爱，任何风味流派都会变成无源之水、无本之木。四大菜系之所以成名，皆是因为其背后都有亿万张“选票”，都有遍及海内外的“食迷”。风味流派决不能自封，它能否自立，关键在于社会舆论的认可。

6.必须能经受较长时间的考验。认定风味流派，应当有历史的、全面的、辩证的观点，不能仅凭一时一事。因为它的孕育，少则几十年，多则上千年，其间的道路沟沟坎坎、弯弯曲曲，只有久经考验，通过了时代的筛选，才能日臻成熟，逐步定型，并完美起来。

以上6条，并行不悖，应当全面审核。倘若6条基本具备，就可以称为风味流派；如果有所缺欠，那便证明它的发育还不成熟，需要进一步努力了。

(五)中国烹饪风味流派的前瞻

中国烹饪风味流派目前正处于激烈竞争的“战略相持”阶段。这一阶段能稳定多长的时间？谁消谁长，将来的风味流派是“分流”(继续增多)还是“合流”(逐步减少)？按什么形式分？按什么原则合？会不会打破现有的格局而重新“排定座次”？眼下都难断定。但有两点是确定无疑的：中国烹饪风味流派演变的历程决不会停顿；一些经济、文化、交通发达的地区和城市，它的烹饪风味流派必然会占有许多优势。

基于这一点认识，有些专家预测，在下世纪中叶中国很可能出现菜点合一、以特大都会命名的“新八大菜系”：即以山东菜点作基础，融合津、冀、晋、豫风味，展示“首善之区”饮食风情的大北京菜系；以江苏菜点作基础，融合浙味，展示“东亚都会”饮食风情的大上海菜系；以四川菜点作基础，融合云、贵、藏风味，展示“西南特区”饮食风情的大重庆菜系；以广东菜点作基础，融合桂、琼、澳风味，展示“金融中心”饮食风情的大香港菜系；以湖北菜点作基础，融合徽、赣、湘风味，展示“华中枢纽”饮食风情的大武汉菜系；以辽宁菜点作基础，融合黑、吉、内蒙风味，展示“关东基地”饮食风情的大沈阳菜系；以陕西菜点作基础，融合甘、宁、青、新风味，展示“旅游古都”饮食风情的大西安菜系；以福建菜点作基础，融合台湾风味，展示“海峡文化”饮食风情的大台北菜系。其中，北京、上海、重庆和香港，将执北、东、西、南四方食馔之牛耳；沈阳、西安和台北，各以特异的乡土名食取胜；而九省通衢、位居腹心的武汉，将会接受八面来风，成为华夏美食的汇展中心。

这仅只是一个“科学假说”，有待社会实践去证实。不论怎样，中国烹饪风味流派的发展远景，一定会是繁花满枝。

帮

又称帮口、味、风味，中国烹饪风味流派的古称。“京帮”、“苏帮”、“川帮”和“广帮”等词语在清代使用得相当普遍，相当于现今的鲁菜、苏菜、川菜和粤菜。

“帮”始源于唐宋的工商行会制度，由地方性、专业性都很强的手工业同业公会转化而来。古代的餐饮业属于“厨行”，有着严密的组织和帮规，统一进行商业运营。有些地区的酒楼为了市场竞争的需要，便以自己的菜点特色作为招徕主顾的招牌，于是便有“×帮”、“×帮”的说法。它带有封建都会饮食服务业发展的历史烙印，也体现出地方菜系的本质特征。由于"帮"的称呼简洁明了，所以它一直使用到本世纪的五六十年代方才逐渐被新提出的"菜系"二字所替代。

菜种

系指在选料、拼配、烹制、调味、质感、造型、配器和食俗等等方面有一定的内在联系，流行在某一区域，形成基本的口味特色，并为一部分群众所喜爱的菜品系列，如兰州菜、侗族菜、谭家菜、食疗菜、仿唐菜、红楼菜、沔阳三蒸菜等。

菜种有大小之分，大的可指一个省区，小的可指一个地市乃至县乡。每一菜种所包含的菜品数量也多少不等，多的几百上千种，少的几十种。正因如此，有些教材中将它们与地方菜、民族菜、乡土菜、民间菜等同看待。

中国的菜种甚多，涉及到的范围很广，这是中国烹饪博大精深的表现形式之一。

地方菜

又称地方风味、乡土菜、民间菜，中国烹饪风味流派的地方分支，是一个省(直辖市、自治区)、一个地区(省辖市、自治州、盟)、一个县(旗或镇)风味菜点的总称，如黑龙江省菜、广西壮族自治区菜、咸宁地区菜、青岛市菜、兰考县菜、阿拉善左旗菜等。详见后续词条。

地方菜常以行政区划命名，其流传范围一般也在这一行政区划之内。它们在选料、拼配、烹制、调味、装盘和命名方法上大都有一致之处，口味特色也较接近。其最大特色是：乡土情韵浓厚，保持质朴的本色，为当地群众所喜爱，是三餐四季、年节宴宾的主要食品；并且还能编排成各式乡土筵席，进入饮食市场，接待外来的食客。

菜系

中国烹饪的风味流派，系指品类齐全、特色鲜明、在海内外有较高声望的系列化的菜种；包括地方菜系(如鲁菜、苏菜、川菜、粤菜)、宗教菜系(如中国清真菜、中国佛道素菜)、家族菜系(如仿膳菜、孔府菜)、民族菜系(如满族菜、藏族菜)等4大类型以及面点中的各个系列。

菜系与菜种既有联系，又有区别。菜种出现在先，每个地方、每个民族都有，食用面广，具有普遍性；菜系出现在后，部分地区、部分民族才有，食用面窄，具有特殊性。二者的关系是源与流、小与大、普及与提高的关系。菜种是菜系形成的前提和基本条件之一；而菜系则是某些菜种的升华和结晶。这是因为，作为中国烹饪的地方分支、民族分支、宗教饮馔分支和居家饮馔分支中的佼佼者，各路菜系都是由阵容齐整、风味独特、以原料和技法取胜的众多名菜美点组合而成的。从一个个的菜种集结成为一片片的菜系，既是肴馔品种由少到多、从分散到集中的量的扩大过程；又是烹调工艺从粗到精、从零碎到系统的质的提高过程；同时还是膳食体系与乡土特产、民风食俗、文化传统、经济结构、历史变迁、外来影响诸因素相结合并日益完善的通融过程。

中国菜系历史悠久，成因复杂，有其特定的认可标准(参阅"风味流派的沿革"条)。目前学术界正在对菜系问题进行深入广泛的研究，有些看法认识统一，有的观点还存在着分歧，需要通过学术讨论和实践检验才能逐步解决。

主食类型

中国烹饪的风味流派之一，系指中国主食制作工艺中呈现出来的地方风味体系。它主要体现在原料的选用上，如南米，北面，东北的高粱，陕北的小米，华东、华南和华西的薯芋，西北的玉米、土豆与豆类，以及游牧民族的肉品和奶品等。

主食又称面食或饭食，包括各种饭、粥、面、饼、包、饺、糕、粑等充当正餐的食品，主要给人体提供碳水化合物和热量。它一般由家庭和集体食堂制作，其特色也十分鲜明：(1)用料大多单一，调配料较少，每餐食用量大，在膳食结构中居于主导地位。(2)品种基本固定，四时三餐变化不大，世世代代相袭，已形成固定模式。(3)工艺简便，易于掌握，现做现吃，且与菜肴(或浇头、调料)配套。(4)成本低廉，每餐必备，有明显的地区指向性和家族传承性，档次上的差异不是太大。

主食类型的出现，与传统的农业生产结构布局有关。我国地形和气候都很复杂，农作物的栽培品种也是由此而决定的。久之，便出现黄河流域的麦畜作饮食文化、长江流域的稻鱼作饮食文化、辽河流域的豆粱作饮食文化、珠江流域的薯芋作饮食文化、蒙新青藏牧区肉乳作饮食文化、云贵桂粤山区虫菌作饮食文化、东南沿海滩涂海鲜作饮食文化、西北沙丘草原野味作饮食文化等;并产生出不同的膳食结构,展现出各自的主食风貌,构成了特异的风味特色。更重要的是,不同的主食都有不同的辅食相配套,这对菜品流派的孕育也有直接的影响。

面点流派

中国烹饪的风味流派之一,系指中国面点制作工艺中呈现出来的地方风味体系,主要包括黄河流域的京式面点、长江流域的苏式面点以及珠江流域的广式面点 3 大类型。详见后续词条。

面点是以米、麦、豆、薯为主料,肉品、蛋奶、蔬果、调味品为辅料,通过制坯、包馅、成型、熟制等工序制成的食品。它的外延甚宽,包括中点和西点、饭食和糕点、大路点心和筵席点心、日常小吃和节令小吃、通行面点和地方面点、以及历史名点、祭点、礼点、民族点心、军旅干粮等等。其特色是:历史悠久,品种丰富,帮式众多,宜时当令,可塑性强,在海外影响深远。这些特色在三大面点流派中分别都有不同的体现。

糕点帮式

中国烹饪的风味流派之一,系指中国糕点制作工艺中呈现出来的地方风味体系,主要包括京式糕点、苏式糕点、广式糕点、川式糕点、闽式糕点、扬式糕点、宁绍式糕点和高桥式糕点等八大帮式。详见后续词条。

糕点是糕团饼酥等市肆方便食品的通称。其用料与工艺同面点基本相似,但又有 3 个明显的特征:一是它多在糕点作坊(饼屋、点心房)或食品厂用机械大批量地生产;二是含水量少,可以存放和运输,出售时常有包装;三是档次偏高,可作礼品馈赠。糕点亦有中、西之分,风味迥然不同。在中式糕点中,它的八大帮式各有其长,都受到当地群众和外地食客的喜爱。

小吃系列

中国烹饪的风味流派之一,系指中国小吃制作工艺中的地方风味特色,主要包括北京小吃、天津小吃、山东小吃、山西小吃、上海小吃、江苏小吃、四川小吃、广东小吃、湖北小吃、湖南小吃、安徽小吃、浙江小吃、福建小吃、台湾小吃、河南小吃、陕西小吃等 16 个系列。详见后续词条。

小吃又叫小食或零吃,系指正餐和主食之外,用于充饥、消闲的面点、肉食制品,也可作为早餐、午点或夜宵。“小吃”一词最早用于北方和四川,后通行全国。与面点、糕点相比,它有 4 个明显的特色:(1)用料荤素兼备,或以荤为主,或以素为主,或荤素杂陈,每份量大,多在 50~200 克之间。(2)大路品种多,工艺一般不复杂,档次偏低,食客众多,以价廉物美取胜。(3)常由摊贩制作,在街头销售,若干个特色相近的摊贩经常连片经营,形成热闹的食街。(4)不少名小吃都有悠久的历史和风趣的传闻,并形成专业店,名传遐迩,构成中国烹饪史上特异的文化景观。

上述特色在 16 个小吃系列中均有生动的反映。这些小吃系列之间的差异,主要是它们各自不同的地方风味与乡风民情。

小吃群

中国烹饪的风味流派之一,系指中国小吃市场中呈现出来的地方风味特色,主要包括上海城隍庙小吃群、苏州玄妙观小吃群、南京夫子庙小吃群、长沙火宫殿小吃群;以及杭州西湖小吃群、广州珠江小吃群、北京前门小吃群、天津南市小吃群等。详见后续词条。

举凡小吃群,大都具有 4 个特色:(1)小吃网点高度集中,数十家摊点大打擂台,竞争激烈。(2)以若干名店为轴心,以若干名点为龙头,突出一方的饮食风情。(3)与风景名胜旅游相结合,重视文化“包装”,有独特的韵味。(4)知名度高,品尝者多,具有较好的经济效益和社会效益。

特色细点

中国烹饪的风味流派之一,系指中国名面玉点中呈现出来的不同文化特色。它们主要有 12 类,即北京宫廷御点(皇家文化情韵)、山西喜庆礼馍(民间文化情韵)、苏州传统糕团(文士文化情韵)、无锡太湖船点(游客文化情韵)、扬州富春茶食(市民文化情韵)、上海葛派花点(海派文化情韵)、广州星期美点(商埠文化情韵)、杭州灵隐斋点(佛道文化情韵)、回民开斋节点(清真文化情韵)、满族祭祖饽饽(萨满教文化情韵)、内蒙草原白食(牧民文化情韵)、藏胞标花酥点(喇嘛教文化情韵)。详见后续词条。

这些特色细点是从众多主食、面点、糕点、小吃、小吃群中精选出来的。它们不仅具有浓郁的地方特色、民族特色、宗教特色和市场营销特色，还反映出不同阶层、不同职业、不同品位的人的饮食审美风尚，具有更高的认识价值。这些特色细点既是中国白案工艺精华的凝注，又能体现中国饮食文化的民族气质和东方情调，在世界上有着很高的评价。它们将中国烹饪风味流派的内涵进一步深化，对于继承和发扬中国烹饪的优秀传统有着积极的意义。

海外风味流派

即世界上主要的饮膳体系。本书从两百多个国家、地区和民族中，挑选出高丽菜式、日本菜式、印度菜式、印度尼西亚菜式、土耳其菜式、俄国菜式、德国菜式、英国菜式、法国菜式、意大利菜式、希腊菜式、埃及菜式、中非菜式、美国菜式、墨西哥菜式、秘鲁菜式、澳大利亚菜式和爱斯基摩人食馔予以简要介绍。详见后续词条。

海外风味流派的成因与中国风味流派大致相同，只是由于地理环境、物质生产、历史渊源和文化传统方面的差异，而造成不同的特色。再从表现形式看，海外风味流派在食源的利用、炊具的创制、烹调技法的取舍、肴馔风味的展示、席面的铺陈、餐制的安排和年节食品的点缀上，均有各自不同的章程。其中，日本料理、土耳其清真菜式、法英意俄德西餐的影响最大；非洲黑人菜、美洲印第安人菜、大洋洲土著菜和爱斯基摩人菜古朴、纯净，带有原始风情。

研究海外风味流派，有利于对各国人民饮食习俗的了解，有利于增强中外饮食文化的交流，有利于中菜的移植和创新，也有利于做好四海宾朋的接待工作。目前这一课题刚刚起步，急需更多的专家、学者参与，作为烹饪研究中的“系统工程”。

中菜流派

鲁菜

又称山东菜或齐鲁风味，华北地区肴馔的典型代表，我国著名的“四大菜系”之一。

鲁菜起源于春秋时期的齐国和鲁国，从鲁西北平原向胶州湾推进，拓展到鲁中南低山丘陵。现今影响到京、津、沪、华北、关外以及黄河中上游的部分省区，在东南亚和欧美也有一定的知名度。

鲁菜的分支构成有四说：(1)内陆的济南菜和沿海的胶东菜；(2)济南菜、青岛菜和烟台菜；(3)济南风味、胶东风味和孔府风味；(4)由济宁(曲阜)、济南(含德州、泰安)、胶东(含福山、青岛、烟台)3支构成。目前第一说为主流派的观点。

鲁菜主要的风味特色是：(1)鲜咸，纯正，擅用面酱，葱香突出。(2)原料以海鲜、水产与禽畜为主，重视火候，精于爆、炒，擅于制汤和用汤，海鲜菜功力深厚。(3)装盘丰满，造型大方，菜名朴实，敦厚庄重，向有“堂堂正正不走偏锋”之誉。(4)受儒家学派膳食观念的影响较深，具有官府菜的饮馔美学风格。

鲁菜的代表品种有：葱烧海参、德州脱骨扒鸡、清汤燕菜、奶汤鸡脯、九转大肠、油爆双脆、各吃原壳鲍鱼、清蒸加吉鱼、博山烤肉、糖醋鲤鱼、青州全蝎、泰安豆腐、御笔猴头、珊瑚蛎黄、青岛三烤(烤加吉鱼、烤小鸡、烤大排骨)、熗大虾、山东蒸丸、酥海带、黄葱扒鱼唇、甏肉、烧素烩、酿寿星鸭子、黄鱼豆腐羹、奶汤银肺等。

苏菜

又称江苏菜、京苏大菜、苏扬风味或下江风味，华东地区肴馔的典型代表，我国著名的“四大菜系”之一。

苏菜起源于春秋时期的吴国，滥觞在宁镇丘陵和苏南平原，向苏北黄淮平原和徐海丘陵拓展。现今影响到京、津、沪、穗、华东和长江中下游的部分省区，在日本、澳大利亚和欧美、东南亚也有较高的声誉。

苏菜的分支构成有三说：(1)金陵风味(南京)、淮扬风味(含扬州、镇江、淮阴、淮安)、姑苏风味(含苏州、无锡)、徐海风味(含徐州、连云港)；(2)以南京菜为主体，还有淮扬菜、姑苏菜和徐海菜；(3)以淮扬菜为主体，还有南京、苏州、无锡、南通、徐州等分支。目前第一说为主流派的观点。

苏菜主要的风味特色是：(1)清鲜平和，咸甜适中，低盐、低糖、低脂肪。(2)组配谨严，刀法精妙，色调秀雅，菜形清丽，食雕技艺一枝独秀。(3)擅长炖、焖、煨、焐、烤，水鲜菜尤为漂亮，筵宴水平高，节令性强。(4)园林文化和文士饮膳的气质浓郁，餐具济楚。

苏菜的代表品种有：松鼠鳜鱼、大煮干丝、清炖蟹黄狮子头、三套鸭、清蒸鲥鱼、水晶肴蹄、梁溪脆鳝、拆烩鲢鱼头、金陵桂花鸭、将军过桥、炖菜核、镜箱豆腐、天下第一菜、叫化鸡、美人肝、双皮刀鱼、清炖狼山鸡、炒软兜、羊方藏鱼、沛公狗肉、鲃肺汤、无锡肉骨头、元宝斩肉等。

川菜

又称四川菜或巴蜀风味，西南地区肴馔的典型代表，我国著名的"四大菜系"之一。

川菜起源于周秦时期的巴国和蜀国，四川盆地是其基地，向川西高原拓展。现今影响到云贵高原、藏北、甘南、湘鄂陕三省的边界，以及京、津、沪、穗等都会；在美国、加拿大和西欧、日本也占领了部分市场。

川菜的分支构成有四说：(1)成都菜(上河帮)、重庆菜(下河帮)、自贡菜(小河帮)；(2)以成都为代表的传统川菜和以重庆为代表的创新川菜；(3)高级筵席菜式、三蒸九扣菜式、大众便餐菜式、家常便餐菜式、民间小吃菜式；(4)以成都菜为主体，重庆菜是其重要流派，还有自贡、乐山、江津、合川、绵阳、南充、宜宾、泸州、内江、万县等分支。目前第一说为主流派的观点。

川菜主要的风味特色是：(1)"尚滋味，好辛香"，清鲜醇浓并重，以善用麻辣著称。(2)选料广泛，粗料精做，以小煎、小炒、小烧、小㸆、干烧、干煸见长，独创出麻辣、鱼香、陈皮、怪味等20余种味型，有"食在中国，味在四川"的定评。(3)小吃花式繁多，口碑良佳。(4)物美价廉，雅俗共赏，居家饮膳色彩和平民生活气息浓烈。

川菜的代表品种有：毛肚火锅、宫保鸡丁、樟茶鸭子、河水豆花、麻婆豆腐、清蒸江团、干烧岩鲤、开水白菜、家常海参、鱼香腰花、峨嵋雪魔芋、回锅肉、棒棒鸡、水煮牛肉、大蒜鲶鱼、竹荪干膏、豆渣猪头、缠丝兔、枸杞牛鞭汤、泡菜鱼、虫草鸭子、榨菜肉丝、锅巴肉片、八宝素烩等。

粤菜

又称广东菜或岭南风味，华南地区肴馔的典型代表，我国著名的"四大菜系"之一。

粤菜起源于秦汉时期的南越，珠江三角洲和潮汕平原是其根据地，向粤北山区和粤西南台地拓展。现今影响到广西、海南、香港、澳门和京、沪等南北都会，在东南亚、欧美和大洋洲也有较高的知名度。

粤菜的分支构成有三说：(1)广州菜(含韶关、肇庆、湛江)、潮州菜(含汕头、海丰)、东江菜(客家菜)；(2)广州菜、潮州菜、东江菜、港式粤菜(又称新派粤菜或西派粤菜)；(3)广州菜、潮州菜、东江菜、海南菜(琼菜)、新潮粤菜。目前第一说为主流派的观点。

粤菜主要的风味特色是：(1)生猛、鲜淡、清美，具有热带风情和滨海饮膳特色。(2)用料奇特而又广博，技法广集中西之长，趋时而变，勇于创新，饮食市场虎虎而有生气。(3)点心精巧、大菜华贵，一流的设施和服务，有"食在广州"的美誉。(4)肴馔中的商品气息特别浓烈，商贾饮食文化是其灵魂。

粤菜的代表菜品有：三蛇龙虎凤大会、金龙脆皮乳猪、红烧大裙翅、玫瑰酒焗乳鸽、豉汁蟠龙鳝、蒜子瑶柱脯、蚝油网鲍片、红烧果子狸、爽口牛肉丸、东江盐焗鸡、炸禾花雀、烧鹅、鼎湖上素、生炊南海大龙虾、炖禾虫、护国菜、大良炒牛奶、白斩鸡、冬瓜盅、白焯螺片、蒸大红膏蟹、五蛇羹、清蒸鲈鱼、白云猪手等。

浙菜

又称浙江菜或钱塘风味，宋代"南食"的主体，习称的"八大菜系"之一。

浙菜起源于春秋时期的越国，活动中心在杭州湾沿岸，从杭嘉湖平原向浙西、浙南山区和东海滩涂辐射。现今影响京、沪、穗等都会和相邻省区，在海外亦有一定的影响。

浙菜的分支构成有二说：(1)杭州菜(西湖菜为主体)、宁波菜(甬菜)、绍兴菜(绍菜)、温州菜(瓯菜)；(2)以杭州西湖菜为主，还有宁波菜、绍兴菜、温州菜、金华菜、湖州菜、嘉兴菜等重要分支。目前第一说为主流派的观点。

浙菜主要的风味特色是：(1)醇正、鲜嫩、细腻、典雅，注重原味，鲜咸合一。(2)擅长调制海鲜、河鲜与家禽，轻油、轻浆、轻糖，注重香糯、软滑，富有鱼米之乡的风情。(3)主辅料强调"和合之炒"，讲究菜品内在美与外观美的统一，以秀丽雅致著称。(4)掌故传闻多，文化品位高，保留了古越菜的精华，随着旅游业的昌盛而昌盛。

浙菜的代表品种有：西湖醋鱼、龙井虾仁、干菜焖肉、冰糖甲鱼、蜜汁火方、双味蝤蛑、宋嫂鱼羹、干炸响铃、东坡肉、绍虾球、白鲞扣鸡、一品南肉、咸菜大汤黄鱼、砂锅鱼头豆腐、锅烧鳗、糟蛋、油焖春笋、叫化童鸡、冰鲜羹、西湖莼菜汤、宁式鳝丝、清汤越鸡、张一品酱羊肉、清汤鱼圆等。

闽菜

又称福建菜或八闽风味，在台胞和华侨中声誉甚高，习称的"八大菜系"之一。

闽菜起源于秦汉时期的闽江流域，以闽侯县为中心，向闽西山区、闽东山区、漳州平原、福州平原、蒲仙平原、泉州平原、沿海滩涂和岛屿传播。现今影响到台湾、香港、澳门、东南亚和欧美等地。

闽菜的分支构成有二说：(1)福州菜（含闽侯、闽东、闽中、闽北）、闽南菜（含厦门、泉州、漳州）、闽西菜（客家菜）；(2)以福州菜为代表，还有闽南、闽西两支和南普陀素菜。目前第一说为主流派的观点。

闽菜主要的风味特色是：(1)清鲜、醇和、荤香、不腻，重淡爽，尚甜酸，善于调制山珍海错。(2)精于炒、蒸、煨法，习用红糟、虾油、沙茶、桔汁等佐味提鲜，有"糟香扑鼻"的美感。(3)汤路宽广，收放自如，素有"一汤十变"、"百汤百味"之说。(4)餐具玲珑小巧而又古朴大方，展现出八闽髹漆文化的独特风采。

闽菜的代表菜品有：佛跳墙、太极芋泥、龙身凤尾虾、淡糟香螺片、鸡汤氽海蚌、玉兔睡芭蕉、通心河鳗、梅开二度、东壁龙珠、四大金刚、芙蓉鲟、荔枝肉、七星丸、烧桔巴、扒烧四宝开乌参、绿岛百花脯、桔汁加力鱼、香油石鳞腿、吉利鸡、醉糟鸡、沙茶焖鸭块、麒麟象肚、注油鳗鱼、秋水芙蓉、半月沉江等。

徽菜

又称安徽菜或徽皖风味，因商而彰，播布五湖四海，习称的"八大菜系"之一。

徽菜起源于汉魏时期的歙州，中心在歙县、屯溪、绩溪一带，向淮北平原、大别山区、淮南丘陵和皖南山区拓展。它随着徽商的足迹，流传到南北许多重要都会，现今在京、沪、穗、港亦有一定的影响。

徽菜的分支构成有三说：(1)皖南菜（含歙县、屯溪、绩溪）、沿江菜（含安庆、铜陵、芜湖、合肥）、沿淮菜（含蚌埠、宿县、淮北）；(2)以皖南古徽菜为主体，还有合肥等地的长江风味菜和蚌埠等地的淮河风味菜；(3)筵席菜、和菜、五规八碟十大碗菜、大众便菜、家常风味菜。目前第一说为主流派的观点。

徽菜的主要风味特色是：(1)擅长制作山珍野味，精于烧炖、烟熏和糖调，讲究慢功出细活，有"吃徽菜，要能等"的说法。(2)重油、重色、重火功，咸鲜微甜，原汁原味；常用火腿佐味、冰糖提鲜、芫荽和辣椒配色。(3)菜式质朴，筵宴简洁，重茶重酒重情义，反映出山民、耕夫、渔家的诚挚。(4)受徽州文化和徽商气质的影响较大，古朴、凝重、厚实。

徽菜的代表品种有：无为熏鸡、清蒸鹰龟、屯溪臭鳜鱼、八公山豆腐、软炸石鸡、毛峰熏鲥鱼、和县炸麻雀、酥鲫鱼、金雀舌、椿芽拌鸡丝、符离集烧鸡、方腊鱼、云雾肉、红烧划水、腐乳爆肉、李鸿章杂烩、清炖马蹄鳖、鱼咬羊、奶汁肥王鱼、徽州毛豆腐、问政山笋、屯溪醉蟹、石耳炖鸡、黄山炖鸽等。

湘菜

又称湖南菜或潇湘风味，随着楚文化的昌盛而昌盛，习称的"八大菜系"之一。

湘菜起源于春秋时期的楚国，以古长沙为中心，遍及三湘四水，延展到洞庭湖区和湘西山区。现今影响到京、津、沪、穗等都会，还有相邻的省区，在台湾、香港、澳门和东南亚也见其活动的踪迹。

湘菜的分支构成有三说：(1)湘江流域菜（含长沙、湘潭、衡阳）、洞庭湖区菜（含岳阳、益阳、常德）、湘西山区菜（含吉首、怀化、大庸）；(2)以长沙菜为主体，有湘江菜、洞庭菜、湘西山区菜三个分支；(3)筵席菜、婚寿喜庆菜、大众便餐菜、家常风味菜。目前第一说为主流派的观点。

湘菜主要的风味特色是：(1)以水产品和熏腊原料为主体，多用烧、炖、腊、蒸诸法，尤以小炒、滑熘、清蒸见长。(2)味浓色重，咸香酸辣，油润醇和，姜豉突出，肴馔丰盛大方，花色品种众多。(3)民间菜式质朴无华，山林与水乡气质并重，有“只要蒸钵炉子咕咕嘎，不愿入朝当驸马”之说。(4)受楚文化的熏陶很深，以“辣”、“腊”二字驰誉中华食坛。

湘菜的代表品种有：腊味合蒸、潇湘五元龟、翠竹粉蒸鮰鱼、霸王别姬、组庵鱼翅、冰糖湘莲、麻辣仔鸡、红椒酿肉、牛中三杰、发丝牛百页、芙蓉鲫鱼、红烧寒菌、走油豆豉扣肉、花菇无黄蛋、柴把鳜鱼、红煨羊蹄花、粉蒸白鳝、一鸭四吃、宝塔香腰、口蘑汤泡肚、东安鸡、麻仁香酥鱼、洞庭鮰鱼肚、干炸鳅鱼等。

京菜

又称北京菜、京华菜、京朝菜或燕京风味，进入“十二菜系”之林。

京菜起源于金、元、明、清四朝的御厨、官厨和食肆，吸收鲁菜、蒙族菜、满族菜、清真菜和江南菜的精华融汇而成。它以京城为中心，向郊区县市辐射；现今影响天津、华北和部分省市，并逐步推向海外。

京菜的分支构成有三说：(1)宫廷菜、官府菜、清真菜和移植改造的山东菜；(2)齐鲁风味、民族(蒙、满、回)风味、宫廷风味(清宫御膳)、官府风味(谭家菜)、市肆风味、斋食风味；(3)以本地乡土菜作基础，借鉴齐鲁、蒙满、清真、江南诸风味演化而成。目前第一说为主流派的观点。

京菜主要的风味特色是：(1)选料考究，调配和谐，以爆、烤、涮、熘、扒见长，菜式门类齐全。(2)酥脆鲜嫩，汤浓味足，形质并重，名实相符，营养平衡，重视食疗功用。(3)市场大，筵宴品味高，服务上乘，以“烤鸭”和“仿膳菜”为代表，吸收了华夏饮食文化的精萃。(4)文化底蕴深，厨师文化素质高，在继承中发展创新，不断开拓前进。

京菜的代表品种有：北京烤鸭、涮羊肉、三元牛头、黄焖鱼翅、一品燕菜、八宝豆腐、潘鱼、罗汉大虾、三不粘、它似蜜、桃花泛、翡翠羹、核桃酪、炸鹿尾、白肉火锅、糟煨茭白、烩鸭四宝、琥珀莲子、草菇蒸鸡、柴把鸭子、清汤冬瓜燕、炒生鸡丝掐菜、糊肘、烤肉等。

鄂菜

又称湖北菜、荆菜、楚菜或荆楚风味，进入“十二菜系”之林。

鄂菜起源于春秋时期楚国的都城郢都(今江陵)，孕育在荆江河曲，拓展到汉水流域、鄂东南丘陵和鄂西山地。在历史上曾影响整个长江流域和岭南，现今传播到相邻省区和京城，在台湾也有一定的知名度。

鄂菜的分支构成有三说：(1)以武汉菜为代表，包括汉沔、荆南、襄郧、鄂东南、鄂西土家族山乡风味五个分支；(2)武汉菜、荆沙菜、宜昌菜、襄樊菜、黄石菜、恩施菜；(3)武汉菜、荆州菜、黄州菜。目前第一说为主流派的观点。

鄂菜主要的风味特色是：(1)水产为本，鱼菜为主，以团头鲂、鮰、鳜、鳡、鲫、青鱼、鳝、乌鳢、春鱼、甲鱼等十大名贵淡水鱼鲜组成了烹饪原料的主体阵容，并有数百种风味鱼菜，几十种风味鱼席。(2)擅长蒸、煨、炸、烧、炒，习惯于鸡鸭鱼肉蛋奶粮豆蔬果合烹，鱼氽技术冠绝天下。(3)汁浓芡亮，口鲜味醇，重本色，重质地，为四方人士所喜爱。(4)受楚文化的影响深，富于鱼米之乡的风情，反映出“九省通衢”的都市饮馔文化风格。

鄂菜的代表品种有：清蒸武昌鱼、红烧鮰鱼、冬瓜鳖裙羹、珊瑚鳜鱼、桔瓣鱼圆、荆沙鱼糕、清炖蕲龟、鸡泥桃花鱼、皮条鳝鱼、清炖义河蚶、鸡茸笔架鱼肚、云梦鱼面、钟祥蟠龙、沔阳三蒸、紫菜薹炒腊肉、金钱藕夹、红烧野鸭、虫草八卦汤、排骨煨藕、楚天第一髈、江陵千张肉、夹沙肉、金包银、小米年肉等。

沪菜

又称上海菜、海派菜或淞沪风味，进入“十二菜系”之林。

沪菜起源于清代中叶的浦江平原，后受东西南北十五个帮口和西餐的影响，形成独具一格的海派菜式。波及京、津、渝、穗、港和华东，近年来在东南亚和欧美也有较高的声誉。

沪菜的分支构成有二说：(1)海派江南风味、海派北京风味、海派四川风味、海派广东风味、海派西菜、海派点心、功德林素菜、上海点心；(2)上海本帮菜和移植改造的海派菜。目前第一说为主流派的观点。

沪菜主要的风味特色是：(1)选料注重活、生、时、鲜，精于红烧、生煸和糟炸，调味偏重咸、鲜、酸、甜。(2)油浓酱赤，汤醇卤厚，糖重色艳，鲜香适口，重视营养调配与食治功能。(3)文化品味高，清新秀美而又温文尔雅，富于时代气息，有

“大上海”现代化都会的特异风范。(4)紧跟世界饮食潮流,不断吐故纳新,重视现代科学技术的运用,有一股朝气蓬勃的活力。

沪菜的代表品种有:虾籽大乌参、下巴划水、生煸草头、松仁鱼米、八宝鸭、桂花肉、烟鲳鱼、扣三丝、贵妃鸡、清炒鳝糊、红烧圈子、竹笋腌鲜、油酱毛蟹、炒蟹黄油、红烧肚裆、茉莉鱿鱼卷、灌汤虾球、瓜姜鱼丝、红袍登殿、真如羊肉、鱼皮馄饨、葫芦鸭子、清蒸鲥鱼、炒素蟹粉等。

辽菜

又称辽宁菜、关东菜或辽沈风味,进入“十二菜系”之林。

辽菜起源于辽金时期的女真部落,植根在辽河流域,向东部的长白山和千山,以及西部的松岭、黑山和辽西走廊拓展。它在历史上曾受鲁菜很深的影响,现今活跃在东北三省、京、津和日本、韩国、俄罗斯,声誉较高。

辽菜的分支构成有三说:(1)清代宫廷菜、官府菜(含盛京御府菜和张作霖帅府菜)、市肆菜、民间菜;(2)沈阳菜、大连菜、御府菜、帅府菜;(3)在本地汉族菜、满族菜的基础上,借鉴齐鲁风味、清真风味演化而成。目前第一说为主流派的观点。

辽菜主要的风味特色是:(1)就地选用山珍海错,飞潜动植巧入盘餐,菜品档次高,筵宴名贵。(2)注重刀工、勺功和火候,以炖、烧、熘、扒、熗见长,精于围、配、镶、酿,菜形华美。(3)脂滋多咸,汁宽芡亮,香鲜酥烂,口柔色艳,海味菜功力深厚。(4)有满人食风的情采和关东文化的深厚内涵,肴馔古老而又年轻,在市场上有较强的竞争能力。

辽菜的代表品种有:红梅鱼肚、鸡锤海参、猴头飞龙、游龙戏凤、红鲷戏珠、白肉火锅、李记坛肉、鸡丝拉皮、松仁玉米、荷包里脊、桃花香扇、红烧大马哈鱼、小鸡炖蘑菇、珍珠大虾、鲜贝原鲍、扒三白、碧波龙舟、红娘自配、麒麟送子、宫门献鱼、王府八宝酱、炒肉渍菜粉、小葱拌豆腐等。

秦菜

又称陕西菜、秦川菜或秦陇风味,中国重要的地方菜系之一。

秦菜起源于周秦时期的关中平原,活跃在渭水两岸,拓展到陕南和陕北。它随着古长安的兴盛而兴盛,在周、秦、汉、唐时,曾是中国烹饪的轴心地区。现今影响到晋、豫、甘、青、宁、新等省区,其“仿唐菜”在海内也有较好的评价。

秦菜的分支构成有三说:(1)宫廷菜、官府菜、寺观菜、市肆菜、民间家常菜;(2)关中菜、陕南菜、陕北菜;(3)以西安菜为主体,还有汉中、安康、宝鸡、榆林、铜川、清真风味诸流派。目前第一说为主流派的观点。

秦菜主要的风味特色是:(1)取料广泛,对猪、牛、羊肉及其脏器加工利用的深度突出。(2)以香为主,以咸定味,料重味浓,原汤原汁,肥浓酥烂,光滑利口。(3)保留了不少古老的烹调方法,如石烹、汤爆、生炝、火燎,有很高的研究价值。(4)体现了古都长安传统文化的遗风和西北人民憨厚、爽直的个性,与旅游观光业紧密结合。

秦菜的代表品种有:奶汤锅子鱼、遍地锦装鳖、金钱酿发菜、薇菜里脊丝、带把肘子、温拌腰丝、海味葫芦头、清炖牛羊肉、三皮丝、葫芦鸡、商芝肉、樊记腊汁肉、汆双脆、枸杞炖银耳、茄汁牛舌、雪婴鲍鱼、嫫对西子、英公延寿、老童家腊羊肉、寒梅鱼丸、晁衡鱿鱼、酸辣肚吊、鸡米海参、牛羊肉泡馍等。

豫菜

又称河南菜、中原菜或中州风味,中国重要的地方菜系之一。

豫菜起源于商周时期的黄淮平原,以安阳、洛阳、开封三大古都为依托,向华北平原、南阳盆地、豫西山地、豫北山地、豫南山地拓展。汉魏和唐宋时期,它曾是“北食”的台柱,后来影响北京、杭州,现今在台湾也有一定的声誉。

豫菜的分支构成有四说:(1)以郑州菜为主体,还有开封菜、洛阳菜;(2)以洛阳菜为本源,还有开封菜、郑州菜;(3)以开封菜为正宗,还有洛阳菜、郑州菜;(4)宫廷菜、官府菜、市肆菜、寺观菜、民间菜。目前第一说为主流派的观点。

豫菜主要的风味特色是:(1)原料多取自内陆,擅长调制家畜、家禽和野味、菌耳,菜式朴实大方。(2)精于烧烤、白扒和抓炒,历史上曾以“三大烤”、“八大扒”、“四抓炒”闻名全国。(3)烹必适度,不欠火,不过火;调必匀和,无畸形,无异味;鲜咸微辣,四时分明,兼取南北味之长。(4)保留有“中州美食”的古风和黄河流域饮食文化的本色，质朴厚重。

豫菜的代表品种有：软熘黄河鲤鱼焙面、铁锅蛋、清蒸白鳝、试量集狗肉、琥珀冬瓜、烧酿七星蛋、炸八块、固始皮丝、道口义兴张烧鸡、烧臆子、汆芙蓉黄管脊髓、洛阳假燕菜、套四宝、司马怀府鸡、玉珠双珍、酒煎鱼、紫酥肉、八生涮锅、兰花豆腐、无黄彩蛋、蒸酿三鲜淇鲫、煎藕饼、煎扒鲭鱼头尾、烤方肋等。

津菜

又称天津菜或津门风味，中国重要的地方菜系之一。

津菜起源于元明时期，因漕运、盐务、商埠的兴盛而兴盛；后来吸收鲁菜、宫廷菜、官府菜、清真菜和蒙满菜之长，到清代获得“北方食品之乡，以津门为最”的美誉。现今影响北京、华北和关东，在全国历次烹饪大赛中都创造出佳绩。

津菜的分支构成有三说：(1)汉民菜、清真菜、素菜；(2)民间菜、市肆菜、民族菜(满、蒙、回等)、寺观菜、外来菜；(3)津门传统风味菜和移植创新的津派菜。目前第一说为主流派的观点。

津菜主要的风味特色是：(1)靠山吃山，靠海吃海，以燕山所出的野味和渤海所出的珍错为主要原料。(2)烹调工艺卓有创造，以勺扒、软熘、清炒和慢煨见长，重视勺功与火候。(3)咸鲜、清淡为主，又不拘一格，常见味型多达数十种，因料而异；其中，少用酱油与多用糖色，是其一绝。(4)具有北方滨海大都会的饮食文化特色，饮食市场异常繁华。

津菜的代表品种有：官烧目鱼、高丽银鱼、扒海羊、煨羊三样、七星紫蟹、软硬飞禽、软熘鱼扇、扒通天鱼翅、挣蹦鲤鱼、鸡丝银针、炒青虾仁、芙蓉蟹黄、玉兔烧肉、扒全菜、海蟹羹、麻栗野鸡、什锦火锅、金钱鱼腐、煨面筋、煨鱼白、芫爆散丹、红烧牛鞭、白蒸鸡、素琵琶燕菜等。

滇菜

又称云南菜或云贵风味，中国重要的地方菜系之一。

滇菜起源于周秦，发育在汉魏，兴盛于唐宋，定型在明清。它以昆明为中心，向滇西纵谷区和滇东高原辐射。现今影响贵州、西藏、广西和四川，部分菜式流传到京、津、沪、穗，在台湾、香港和日本亦有一定的影响。

滇菜的分支构成有三说：(1)以昆明菜为中心，包括滇东北、滇西、滇南三大分支；(2)汉民菜和西南的24个少数民族菜；(3)云南本土菜和移植改造的外来菜。目前第一说为主流派的观点。

滇菜主要的风味特色是：(1)占尽“植物王国”、“动物王国”之利，烹调原料异常充沛，奇珍名物众多。(2)广集各民族烹饪工艺之精华，尤以烤、腌、冻、舂、焐见长，许多菜式的制法奇特，“虫菜”独步中华食坛。(3)偏好酸辣微麻和鲜香清甜，重视原汁原味；肴馔的地区差异、民族差异很大，千红万紫，琳琅满目。(4)是多民族、多方位、多层次饮食文化的结晶，保留有大理国的古食风和热带雨林的特殊食俗，向有“中华美食博物馆”之称。

滇菜的代表品种有：汽锅鸡、蜜汁云腿、三夹象鼻、清蒸围子、红烧鸡棕、爆炒松茸、酸辣螺黄、太极干巴菌、鸡丝炒草芽、小胖子烧鸡、鲜蚕豆泥、酿小瓜、桃花肉、玫瑰大头菜炒肉丝、乳扇、生炸竹虫、三味蚂蚁蛋、丽江火腿粑粑、香茅草烤鸡、凤羽酸肝、灌血肠、油煎青苔、烤羊肚、骨头糁等。

黑龙江菜

又称龙江菜或松嫩风味，中国主要的地方菜种之一，播布面积46万平方公里，食用人口约3400万。它包括本地传统民族菜和移植嫁接新派菜两大体系，以哈尔滨为中心，活跃在齐齐哈尔、牡丹江、佳木斯、宁安、依兰等地。

黑龙江菜起源于唐代的渤海国。辽金时期胡人、女真、蒙古等部落在野味烧烤和全羊席上有所创造。元明之际，满人食风在此居于主导地位。入清后，鲁菜传入，流亡文士带来关内饮食文化，俄式大菜和英法肴馔也相继引进，最后形成内涵丰富、独具特色的地方大菜。

黑龙江菜主要的风味特色是：(1)传统烹调原料中突出“龙江四珍”(熊掌、犴鼻、飞龙、猴头)、荚果蕨(黄瓜香)、大马哈鱼等，地方特色鲜明。(2)精于炙、熇、扒法，菜式注重奇、鲜、清、补；虽然气候严寒，却嗜食腌拌的凉菜。(3)不同风味的肴馔并存，互相映衬。像哈尔滨菜鲜嫩、清淡，讲究火候，造型美观，注重营养；鄂伦春、赫哲、达斡尔等少数民族菜或煮或烤，技法粗犷，味鲜质嫩；牧民和猎手则是因地制食，火烤脔割，重视本味。

黑龙江菜的代表品种有：冬梅玉掌、酒醉彩云猴头黄瓜香、鸳鸯戏水游巨龙、金蟾红油犴鼻、白扒鹿筋、糖醋蜈蚣大马哈鱼、扒猪脸、玉鸟银丝、金狮鳜鱼、飞龙汤、松子方肉、清炖鲟鱼、棒槌鱼、葱扒飞龙、南烧彩蛋、蒲棒里脊、刹生鱼、鳇鱼籽、脆皮鹿肉、烤鹿方等。

吉林菜

又称吉菜或长白山风味，中国主要的地方菜种之一，播布面积 18 万平方公里，食用人口 2357 万。它以长春、吉林两市的肴馔为主体，流传在四平、辽源、通化、延吉、图们等地，由筵席菜式、便餐菜式、民族（朝鲜、回、蒙古、满）风味菜式 3 大板块组成。

吉林菜起源于 3000 千年前的肃慎部落。15 世纪以来，冀鲁晋豫的移民拥入，促成了中原饮食文化与满人饮食文化的交融。16～19 世纪，当地农业勃兴，禽畜鱼豆菜式有较大的发展，饮食业昌盛。20 世纪初，长春是伪满国都，官绅商贾云集，山珍菜式大兴，吉菜基本定型。

吉林菜主要的风味特色是：(1)选料重用山珍、水鲜和滋补药材，菜品的档次高，营养功效好。(2)刀法细，火候准，勺功硬，以㸆、扒、炖、煮见长，普遍嗜辣，油重，偏咸，热菜居多，有“无辣不成味，一热顶三鲜”之说。(3)满、朝鲜等少数民族饮馔独具风采，“长白山珍宴”、“松花水鲜席”、“参芪药膳筵”等脍炙人口。(4)具有浓郁的渔猎耕牧生活色彩和关东饮食文化风情，在港澳等地评价较高。

吉林菜的代表品种有：白肉血肠、铁锅里脊、神仙炉、补身汤、清蒸白鱼、抽刀白肉、脆皮蕨菜卷、鹿茸三珍汤、白扒松茸蘑、人参炖乌鸡、鸡茸蛤士蟆油、砂锅老豆腐、熟扯鸡、熘肥肠、三鲜飞龙、红烧鹿筋、李连贵熏肉大饼、真不同酱肉、渍菜白肉火锅、酸辣白菜等。

内蒙古菜

又称蒙菜或塞北风味，中国主要的地方菜种之一，播布面积 111 万平方公里，食用人口 2083 万。它以呼和浩特为中心，由阴山以北的草地苏木地区菜以及张家口至包头铁路沿线的城镇菜两个体系构成，包括宴席菜、四四酒席菜、大众便餐菜、民间菜等不同类型。

内蒙古菜始萌于 12 世纪，到元代便创造出铁板烧、锄烧、“塞北三珍”和“迤北八珍席”。明代后期，不少汉人迁居草原；入清，满族士兵和晋、陕移民更多，促进了饮食文化的交流。现今，以蒙古族风味肴馔为主体，吸收内地多种技法的新蒙古菜已经基本定型。

内蒙古菜主要的风味特色是：(1)原料多系豢养的牛羊马驼和采集捕获的山珍野味，水产品甚少，有着草原大漠的特殊情韵。(2)技法以烤、煮、氽、炸、烧为主，多是一次成菜，刀工较为粗放，装盘特别丰满。(3)味型比较单一，偏好咸鲜、糖醋、胡椒、奶香与烟香，习以精盐、蒜泥、葱汁、姜汁佐餐。(4)游牧生活气息浓，延宾待客情意重，常有歌舞侑食，喇嘛教食风的影响较大。

内蒙古菜的代表品种有：烤全羊、奶豆腐两吃、金饺驼掌、滑炒驼峰丝、凤尾扒发菜、乳汁软炸口蘑、烤羊腿、手把羊肉、枸杞菊花牛鞭、清汤牛尾、软熘鱼茸牛蹄筋、大炸羊、炉烤带皮整羊、烤牛肉、酒锅牛三宝、炸果条、炒木樨肉、凤衣穿银翅、草原八鲜、成吉思汗铁板烧等。

河北菜

又称冀菜或燕赵风味，中国主要的地方菜种之一，播布面积 19 万平方公里，食用人口 5791 万。它由保定为代表的冀中南菜（含石家庄、邯郸）、承德为代表的宫廷塞外菜（含张家口和避暑山庄）、唐山为代表的京东沿海菜（含秦皇岛、沧州）3 大支系构成。

河北菜起源于商周时期，经过汉魏六朝与唐宋元明的演化，到清代已日臻成熟，形成了自己的体系，菜式的结构与筵席的编排都有了基本的格局。解放后因为紧靠京、津，易于接受四面来风，又不断充实、提高，进入一个新的发展阶段。

河北菜主要的风味特色是：(1)原料来自山海平川，品种多，质地好，膳食结构较为均衡。(2)技法全面，尤精于熘、炒，讲究“勾芡不见芡”，对于头汤、二汤、套汤、坠汤的运用娴熟。(3)咸鲜、醇香为主，讲究咸淡适度，在咸中求醇，在鲜中求香，善于使用小磨芝麻油、香酱、芫荽、老醋等味料。(4)避暑山庄的名珍保存了清宫膳食的精萃，北戴河海味宴展示出旅游城市的特色，深受食客欢迎。

河北菜的代表品种有：金毛狮子鱼、抓炒鱼、群龙戏珠、白玉鸡脯、王大山爆肚、熘腰花、芙蓉鸡片、扒酿口蘑、蜜汁鲜桃、坛焖肉、肉丝炒如意菜、清蒸圆鱼、叫化子山鸡、烤全鹿、香酥野鸭、改刀肉、京东板栗鸡、酱汁瓦块鱼、葱烹大虾、烤乳猪等。

山西菜

又称晋菜或三晋风味，中国主要的地方菜种之一，播布面积15万平方公里，食用人口约2731万。它由太原为代表的晋中菜、临汾为代表的晋南菜、长治为代表的上党菜、大同为代表的晋北菜等4个分支组成。

山西菜起源于古代的唐国，先秦史籍中多有晋人“善炊”的记载。南北朝时，三晋饮食市场初具规模，隋唐之际，晋菜已有一定的声誉。入清，随着晋商的崛起，大商号的“庄菜”和大酒楼的“行菜”发展极快，并随着晋商的足迹走向南北都会。其中，晋中的寿阳号称“厨师之乡”，为晋菜的兴盛作出过贡献。

山西菜主要的风味特色是：(1)物料多为禽畜、野味和鱼鲜，清徐的老陈醋名闻全国，孕育出特异的糖醋菜系列。(2)注重刀工，技法全面，以烧、炒、熘、焖、燂见长，制作爆菜时常用“飞火”，葱爆尤佳。(3)味重香咸，喜食酸醋，油厚色浓，软嫩酥烂，集中反映出黄土高原的饮膳风格。(4)晋中的“阳曲菜”因山西的大商号、大钱庄而昌盛，是古代商贾菜中的杰出代表，颇有研究价值。

山西菜的代表品种有：头脑、过油肉、捶鸡饼、红焖猴头、黄芪柏子羊肉、焖炉烤鸭、茴香焖羊肉、鹌鹑茄子、栗子烧大葱、长治腊驴肉、糖醋佛手卷、酱汁鸭子、油纳肝、拔丝葫芦、糖醋鸡卷、烤白菜卷、烧大葱、虎头肉丁、白起豆腐、羊肉罐等。

甘肃菜

又称陇菜、甘菜或河西风味，中国主要的地方菜种之一，播布面积39万平方公里，食用人口2135万。它以兰州为中心，活跃在天水、玉门、嘉峪关、平凉、敦煌、金昌等地，由宴会菜式、八大碗(或四碗四盘)菜式、大众菜式组成。

甘肃菜起源于汉唐时期，随着“丝绸之路”的兴盛而兴盛，当时的“胡食”、“素食”都达到了较高的水准。明代，肃靖王朱真淤定居兰州，建万寿宫，官府菜又有发展。清代，陕甘总督府也设在兰州，引入了部分宫廷菜，由此奠定了陇菜的基础，并逐步走向成熟。

甘肃菜主要的风味特色是：(1)食料以牛羊肉奶为主，间有山珍野味和黄河水鲜，并辅以瓜果和菌耳，具有黄土高原的特色。(2)烹调方法中突出煎炒和熟炒，习以香菜、陈醋、辣椒、花椒佐味，蒜香浓郁。(3)汉族食馔和少数民族(主要是藏、东乡、撒拉、保安)食馔融合，喇嘛教食风与伊斯兰教食风并存。(4)自古便是中西饮食文化交流的重要通道，现今随着“欧亚大陆桥”的铺设，这种作用更加明显。

甘肃菜的代表品种有：胡羊肉、捆子肉、紫果羊肝、螃蟹鱼肚、酱渍青海湟鱼、兰草芙蓉扒乳鸽、珊瑚羊肉、百合鸡丝、酿荸荠鼓、金盏玉兔、荷花羊肚菌、白兰瓜羹、靖远焖羊羔、清汤野鸡卷、虎皮豆腐、天水冬瓜、平凉葫芦头、炒半斤、明四喜、东乡鸡等。

宁夏菜

又称宁菜或河套风味，中国主要的地方菜种之一，播布面积6.6万平方公里，食用人口约444万。它以银川为中心，向石嘴山、吴忠、固原、中卫、青铜峡等地辐射，筵席菜和家常菜都有浓郁的伊斯兰教风情。

宁夏菜起源于汉唐时期，也是随“丝绸之路”的昌盛而昌盛的。后来西夏在此建国，发展了“胡食”，并同内地进行烹饪技艺交流。由元至今，宁夏一直是我国穆斯林的聚居中心，传统的清真菜有很大的市场，并形成一整套清纯的膳食体系和饮食戒律。

宁夏菜主要的风味特色是：(1)选料尊重伊斯兰教的食规，除汉民外，大多不吃猪肉和不洁之物、可憎之物。(2)擅长烤、烩。烤时先入味，不上浆，不挂糊，用炭火；烩时用原汤，出本味，求醇香，讲柔美。(3)以酸辣为主，辅以糖醋、五香、酱香和香辣，大多数菜式回味悠长，快人朵颐。(4)具有河套文化色彩和游牧生活风情，在阿拉伯地区评价较高。

宁夏菜的代表品种有：翡翠羊蹄筋、扒驼掌、羊羔美酒、清蒸鸽子鱼、丁香肘子、吴忠白水鸡、清炒驼峰丝、手抓羊肉、糖醋河套金鲤、羊肉炒酸菜、茄子辣椒西红柿、炒糊卜、红烧羊羔肉、桃仁肉串、四方发菜、风雪宝珠、肉菠萝、烩苹果、红炖牛肉、黄袍羊尾等。

青海菜

又称青菜或青藏风味,中国主要的地方菜种之一,播布面积72万平方公里,食用人口约421万。它以西宁为中心,向格尔木、冷湖、大柴旦、玉树、共和、德令哈等地拓展,主要由汉族菜、藏族菜、土族菜、回族菜、撒拉族菜构成。

青海菜起源于汉唐时期,最早是为了满足屯田官兵和来往使节的生活需要。随着南凉国的建立和吐蕃势力的入侵,各民族肴馔在此融汇,逐步形成自己的膳食风格。元、清两朝,蒙、满人加强了对这里的控制,华北与东北食馔又相继传入,充实了烹饪的内容。解放后大批移民来此,使其饮食品位不断提高。

青海菜主要的风味特色是:(1)原料多由本地的农、牧、林、副、渔业提供,以牦牛、藏羊、湟鱼、发菜、虫草、蕨麻为珍。(2)烹调方法侧重于烤、炸、蒸、烧、煮,口味偏于酸、辣、香、咸,重视软烂醇香,兼顾脆嫩爽酥。(3)汉、回、藏、土、满、撒拉、蒙古等多民族饮馔融合,喇嘛教食风在此有较大的影响。(4)保留有许多古朴粗犷的古菜,具有鲜明的高原游牧生活情采,极具美学价值。

青海菜的代表品种有:红蒸湟鱼块、蜂尔里脊、蛋白虫草鸡、香酥岩羊、金鱼发菜、筏子肉团、虫草雪鸡、猴头驼峰、人参羊筋、糖醋鲤鱼、酱鸡、蕨麻籽羹、红烧牦牛、生吃北沙参、发子面肠、烧羊肚、手抓羊肉、野鸡扣蘑菇、油松茸、煎奶渣等。

新疆菜

又称新菜或天山风味,中国主要的地方菜种之一,播布面积160万平方公里,食用人口1426万。它由汉族菜和13个少数民族菜组成,清真风味为主体;并以乌鲁木齐为中心,向伊宁、喀什、哈密、克拉玛依、阿克苏、石河子、和田、库尔勒等地辐射。

新疆菜起源于汉唐时期。“丝绸之路”的开辟,历朝驻军的屯垦,还有佛教和伊斯兰教的传入,使得10世纪中叶建立的哈拉汗王朝在更新“胡食”方面,取得了新的突破。此后由于各民族饮食文化的交流,“口内”(指玉门关以东的汉民聚集区)的烹调技术不断引入,才形成今天以清真风味为主体的复合型饮馔体系。

新疆菜主要的风味特色是:(1)食料以牛羊马驼和土豆瓜果为主体,重视奶品和茶,游牧生活气息浓厚。(2)制菜多用烤、烙、煮、炒、蒸法,工序大都简便,口味偏好咸、鲜、酸、辣,喜爱油润、酥烂。(3)饮食上受伊斯兰教的影响很大,有许多特殊的食规和食礼,“忌血生,禁外荤”。(4)“天山文化”和“丝路风情”浓郁,是我国西北各民族美食汇展的“橱窗”,每年吸引众多的中外游客。

新疆菜的代表品种是:烤全羊、手抓羊肉、带泡生烧肉、香酥羊腿、八宝酿香梨、绣球雪莲、曲曲海参、哈密瓜盅、清炖雪鸡、葡萄干抓饭、烤羊肉串、肉馕、笔管鱼、雪莲鸡、软煸里脊、连锅子、锅烤羊肉块、红烧驼羔肉、盐煮马驹肉、马肉灌肠等。

台湾菜

又称台菜、夷菜或台澎风味,中国主要的地方菜种之一,播布面积3.6万平方公里,食用人口1964万。它由海味菜、家禽菜和甜味菜组成,以台北为中心,向基隆、高雄、台南、台中、新竹、屏东、台东等地辐射。

台湾菜起源于三国时期的夷州。进入隋唐,漳、泉等州的移民带去了大陆的烹调技术,使台岛饮食逐步向清淡、新鲜、略带甜酸的方向发展。17世纪初叶郑成功赶走荷兰人后,更多的大陆人迁入,台菜进入兴盛期。本世纪中叶,又有数百万“外省人”入台,各大菜系和西餐洋食均在此植根,促使了台澎风味的定型。

台湾菜主要的风味特色是:(1)以海鲜原料为主体,兼有禽畜、蔬果和帕来品,富于滨海饮食文化的特色。(2)技法同福州、厦门相似,突出焖、炒、蒸、炖,习用酱、醋、糖、姜和细玉米粉调味,喜爱清淡新鲜、略带甜酸辣的口味。(3)广纳博采,集内陆和海外饮食文化之精华,趋时而变,朝气蓬勃。(4)受热带雨林气候和中华传统文化的影响,既有宝岛自身的特异情采,又体现出大陆食风的遗传基因。

台湾菜的代表品种有:火把鱼翅、五味九孔、四菇临门、东门当归鸭、苦瓜封、全盘烤香蕉、葱油烤鱼、盐酥虾、炒荫豉蚵、蒜炒旗鱼排骨、香甜旗鱼片、糯米八宝鸭、咸菜鸭、烤金枪鱼、烧芦笋、西施舌、红烧河鳗、乌鱼籽、生炒田鸡、鱼翅汤等。

江西菜

又称赣菜或赣江风味，中国主要的地方菜种之一，播布面积 16 万平方公里，食用人口约 3633 万。它包括市场筵席菜、家宴菜、民间聚餐菜和大众菜 4 类，以南昌为中心，向九江、赣州、景德镇、吉安、瑞金等地辐射。

江西菜起源于秦汉时期。进入唐宋，它凭借鄱阳湖、武夷山、幕阜山、南岭和吉安盆地的丰富物产，加之“吴头楚尾、粤户门庭”的地理优势，一方面发展本地菜，一方面积极借取邻省菜，肴馔日益精细。由元至今，赣菜不断充实，最后形成兼取山水之利的独特乡土肴馔体系，自立于中华食坛之林。

江西菜主要的风味特色是：(1)原料中突出淡水鱼鲜和山珍野味，以荷包红鲤、板鸭、乌鸡、庐山三石（*石耳、石鱼、石鸡*）等为贵。(2)技法以烧、焖、蒸、炖、炒见长，味浓，油重，主料突出，偏好鲜咸、香辣。(3)菜式古朴大方，乡情浓郁，较多地保留了中国烹饪的传统，务实而不求虚名。(4)受亚热带湿润气候和“鱼米之乡”的影响，肴馔体现了长江中游稻作文化区的本色。

江西菜的代表品种有：三杯鸡、红烧青鱼肚裆、水浒肉、小炒鱼、小乔炖白鸭、双鱼过江、清炖武山鸡、蝴蝶鱼饺、绣球鱼丸、兴国米粉鱼、炒双层肉、清蒸荷包鲤鱼、永新狗肉、志士肉、黄瓜拌肚尖、四星望月、金狮蹄髈、炒石鸡、石鱼炒蛋、炒三冬等。

广西菜

又称桂菜或八桂风味，中国主要的地方菜种之一，播布面积 23 万平方公里，食用人口约 4088 万。它由桂林、柳州为代表的桂北菜，南宁、梧州、玉林为代表的桂东南菜，北海、钦州为代表的滨海菜，以及由壮、瑶、苗、侗、仫佬、毛南、京、水等民族为代表的少数民族菜等 4 大支系构成。

广西菜起源于秦汉时期。由于多民族杂居，共同构成“蛮食”体系。进入宋元，由于经济重心南移，大量迁入的北人带来了中原烹饪技术，促使了桂菜的革新。1876 年起，随着北海、梧州、南宁、龙州辟为通商口岸，以及西餐的引进，桂菜又多了许多激活的因素。抗战时期，广西异常繁荣，五湖四海名厨云集。饮食市场兴隆，桂菜进入大发展的新时期。

广西菜主要的风味特色是：(1)烹调原料基本上不求于人，有着“山海珍错无不具备”的天然优势。(2)因时而异，粗料细作，经济实惠，贫富咸宜。(3)善于变化，不断翻新花样，在配菜、配味、腌制、勾芡方面，都把香放在首位，菜品鲜嫩、清淡、醇和、秀美。(4)广集 10 多个少数民族饮食文化之精华，以奇珍异食增强旅游市场的竞争活力，深受中外游客青睐。

广西菜的代表品种有：纸包鸡、龙凤荔枝、荔芋扣肉、蚝油柚皮鸭、邕州鱼角、挂绿爽肉果、清蒸豆腐圆、双冬蒸竹鼠、拔丝马蹄、葵花扣鲜鱿、手撕鸡、蛤蚧炖鹰龟、巧酿南瓜花、五彩黄猄丝、花衣趸皮、核桃斑鸠片、芍药虾扇、酸笋炒牛肉、烤香猪、卤马肉等。

海南菜

又称琼菜或琼崖风味，中国主要的地方菜种之一，播布面积 3.4 万平方公里，食用人口约 627 万。它包括筵席菜、便餐菜、家常菜 3 大系列，以海口为中心，向三亚、通什、文昌、昌江等地拓展。

海南菜起源于汉魏时期。唐宋时，大批名臣文人相继贬琼，大批闽南人入迁，带来各地的饮食文化，使琼菜初具雏型。清末民初，琼岛对外开放，烹饪亦随海运和商业的发展而发展。1988 年建省后，由于占尽天时、地利、人和，琼菜逐步从粤菜中分化出来，开始形成独特的亚热带海岛饮食体系。

海南菜主要的风味特色是：(1)以海珍和野味为主要用料，椰子、腰果、菠萝、芒果大量入馔。(2)技法基本上同于粤菜，煲、灼、炆、焗、蒸、炒、烤、炖用得较多，口味以清鲜为主，喜爱原鲜、椰香、糖醋和咸鲜。(3)广集大陆和海外各种肴馔之长，菜式档次高，变化快，科学烹调的意识强烈。(4)五指山区的黎族菜点古朴而又粗放，在开展民俗旅游中有较高的价值。

海南菜的代表品种有：白切文昌鸡、白切加积鸭、白汁东山羊、清蒸和乐蟹、海南椰奶鸡、琼岛椰子盅、火锅狗肉、明炉羊肉、瓦罐煨海龙凤、西沙大龙虾、虾仁烧鱼肚、三丝扣发菜、海蚌冬瓜汤、白灼海虾、鲜炒蚬肉、油泡沙虫、墨鱼苦瓜、蘸醋血蚶、南杀(青蛙、田蟹、蚂蚱、四脚蛇、禽畜合腌)、火烤鹧鸪等。

港澳菜

又称香港菜、澳门菜或港澳风味,中国主要的地方菜种之一,播布面积1078平方公里,食用人口约650万。它包括中英风味融合的香港菜和中葡风味融合的澳门菜,近年来对广东、北京等地的影响较大。

港澳菜是中国半封建半殖民地社会的产物。自从16世纪葡萄牙殖民主义者强占澳门、1842～1898年英帝国主义侵占香港(含九龙半岛)后,这里五方杂处、中外人士云集,以广东菜为主体的中菜与英法菜、葡萄牙菜融合,形成一种独特的饮食文化体系。近年来随着改革开放力度的加剧,各大菜系的肴馔相继在港澳展销,扩大了影响,使港澳菜的内涵更为丰实。

港澳菜主要的风味特色是:(1)原料基本上由大陆和海外提供,注重档次,多系精品。(2)技法广集中西之长,中菜西做和西菜中做的菜式相当多,口味以粤菜为主,亦有欧美风情。(3)点心精细,大菜华贵,餐具典雅,餐室富丽,筵间服务上乘,尤其是香港,有"世界食都"之誉。(4)注意用现代科学技术武装烹饪,重视饮食的营养卫生和食疗保健作用,现代文明的气息强烈。

港澳菜的代表品种有:海鲜大拼盘、麻鲍烤海参、清蒸石斑鱼、太极素菜羹、一品燕菜、鸿运乳猪、圣诞火鸡、红烧鸵鸟、云耳西芹炒肉片、柠香狮子鱼、油泡鲜瑶柱、碧绿白鳝㸆、港式焗蜗牛、菊花五蛇羹、海陆亨通大展翅、孖宝脆皮龙岗鸡、腊田鼠、清蒸鲈鱼、焗美国王鸽、家常煲靓汤、菩提素食等。

贵州菜

又称黔菜或苗岭风味,中国主要的地方菜种之一,播布面积17万平方公里,食用人口约3143万。它由贵阳菜(含安顺)、黔北菜(含遵义)、少数民族菜(含苗、布依、侗、彝、水、回、仡佬、壮、瑶、满、白、土家等族)3个分支所构成,以贵阳菜为杰出代表。

贵州菜起源于周秦时期的牂柯国菜与夜郎国菜,进入汉魏,由于"南抚夷越",沟通了古黔菜与中原菜的交流。降及明清,因为黔人外仕和外人仕黔,宫保菜等官府肴馔得以广泛流传。抗战八年,这里又是大后方,南北名厨荟萃,黔菜更上层楼。

贵州菜主要的风味特色是:(1)原料中多菌耳、多野味、多杂粮、多水鲜,重用辣椒和酸菜,体现出苗岭饮食文化的风格。(2)技法以爆炒、蒸酿、烧烤、煮焖为主,尤为擅长腌、渍、酱、熏,火候多不用老,以鲜脆为佳。(3)辣香适口,酸辣浓郁,淡雅醇厚。特别是苗、侗、瑶、水等族的酸味菜,快人朵颐。(4)受"天无三日晴、地无三里平"的自然环境制约,山区食馔卓有创造,别具一格。

贵州菜的代表品种有:酸汤鱼、腌鱼、捣鱼、奢香玉簪、烘杂烩、金钱肉、软犇鱼、爆竹香、辣子酱、盐酸干烧鱼、酸菜小豆汤、镇远道菜、花江狗肉、鸡棕火腿、黄焖竹鼬、夜郎面鱼、阳明凤翅、拔丝莲米、荔枝风猪、魔芋豆腐等。

西藏菜

又称藏菜或吐蕃风味,中国主要的地方菜种之一,播布面积120万平方公里,食用人口212万。它由藏民风味和汉民风味构成,以拉萨为中心,向日喀则、江孜、昌都、林芝、樟木、噶尔等地拓展。

西藏菜起源于盛唐时期的吐蕃国,以青藏高源游牧部落的饮食文化为基本特色。喇嘛教传入后,其膳食又蒙上一层神佛色彩,产生许多禁忌。由宋到清,西藏与内地交往频繁,接受了一些川、滇菜的影响,菜式逐步丰富。现今援藏的外地人多,出藏学习的本地人亦多,藏菜中不断增加新的养分,多了许多现代气息。

西藏菜主要的风味特色是:(1)选料恪守喇嘛教食规,除少数汉人外,大多不吃奇蹄动物、五爪禽鸟和鱼虾海味。(2)烹调方法古朴粗犷,只以烤、炸、煎、煮为主,火候多不用老,刀工也较简练。(3)喜欢重油、厚味和香、酥、甜、脆,亦爱生食与冷食;炊饮器皿多是就地取材,保留抓食的古风。(4)因为生活在高寒的"世界屋脊",饮食中重肉、奶,含热量大,一日多餐,食量较大,并有"礼佛"的习俗。

西藏菜的代表品种有:火烧蕨麻猪、炸灌肠、蒸牛舌、香煮油脾、夏河蹄筋、吹肝、爆焖羊羔肉、火上烧肝、生食牛脯、油炸虫草、手抓羊肉、人参果拌酥油大米饭、夏草黄芪炖雪鸡、赛夏蘑菇熬羊肉、素拌蒜米辣、竹叶火锅、番茄窝奔、油煎奶渣、煎松茸、野鸡菇耳汤等。

中国清真菜

又称回民菜、教门菜、清真菜或伊斯兰风味，中国著名的宗教菜系之一。它以银川和乌鲁木齐为中心，主要流传在西北五省区，还波及到南北重要都会和水陆交通码头，播布面积约240万平方公里；食用人口近1700万，包括信奉伊斯兰教的回、维吾尔、哈萨克、乌孜别克、塔吉克、塔塔尔、柯尔克孜、撒拉、东乡、保安等10个少数民族。

中国清真菜起源于唐代，最早由来华经商的阿拉伯商人经“丝绸之路”传入，原名“胡食”。元代，“回回遍天下”，清真菜大盛，《居家必用事类全集》和《饮膳正要》中均有反映。降及明清，它将伊斯兰教教义与中国烹饪的特色完美融合，已形成完整的体系。

中国清真菜由西路(含银川、乌鲁木齐、兰州、西安)、北路(含北京、天津、济南、沈阳)、南路(含南京、重庆、广州、昆明)3个分支构成。其共同特色是：(1)严守伊斯兰教清规，“忌血生，禁外荤”；西路和北路习用牛羊粮豆，南路习用鸡鸭蔬果。(2)擅长煎炸、爆熘、煨煮和烤炙，本味为主，清鲜脆嫩与肥浓香醇并重，讲究菜型和配色，餐具多系淡绿彩瓷。(3)生熟严格分开，甜咸互不干扰，冷热各成系列，尤为注重饮食卫生，严禁左手接触食品。(4)餐室明净，习用白色台布，宴会忌酒，不许喧哗，有一股虔诚的宗教气息，展示出伊斯兰教饮食文化的“清”、“真”本色。

中国清真菜的代表品种有：涮羊肉、砂锅羊头、芫爆散丹、瓤馅牛尾、扣麒麟顶、羊蹄哈尔巴、独鸳鸯鱼腐、一品芙蓉虾、白露鸡、它似蜜、清炒驼峰丝、炮糊、牛羊肉泡馍、羊肝排岔、清水爆肚、盐水鸭、红烧鱼、腊马肠、甘肃炒鸡块、麻辣羊羔肉、手抓肉、清炖鹿肉、鸡棕里脊、黄焖牛肉等。

此外，世界上有40多个国家和地区的7亿多人口信奉伊斯兰教，他们的食馔也属于清真系列。中国清真菜既与伊斯兰各国的菜品有相似之处——主要是共同的食源制约；又与伊斯兰各国的菜品存在着差异——主要是具有中国饮食文化的特殊气质。为了区别，我国10个少数民族的清真菜，特用“中国清真菜”命名。

中国佛道素菜

又称素菜、斋菜、释菜、道菜、香积厨或佛道风味，中国著名的宗教菜系之一。它由大乘佛教斋食和道教全真派观菜两部分构成，包括“清素”的寺观素菜和宫廷素菜，“花素”的民间素菜和市肆素菜4大支系，播布面积有数百万平方公里，食用人口多达几百万，以京、沪、渝、穗、苏、浙、皖、闽、鄂、川、滇为中心，在华北、华东、中南和西南占有一定的市场。

中国佛道素菜的基础是先秦时期以粮豆蔬果为主体的膳食传统。汉魏开始，这一膳食传统逐步与大乘佛教、道教全真派的清规戒律相结合，才形成斋菜。唐宋时期的素菜多系“花素”，虽以素料为主，但也掺杂了少量荤食，讲究“以素托荤”，“素质荤形荤名”。明清之际的素菜较为纯净，基本上不用荤腥料物，注重“素质素形素名”，此即“清素”。还由于吃斋目的和茹素程度的不同，近代素菜是寺观、宫廷比较纯，民间次之，餐馆酒楼为了展示工艺和盈利，大都比较“花”。

中国佛道素菜主要的风味特色是：(1)一般禁用动物性原料和辛香类菜蔬，戒杀生，重清素，注重三厌(天厌雁、地厌狗、水厌乌鱼)，回避五辛(韭、薤、蒜、芸薹、胡荽)。(2)刀工精细，善于仿形，技法全面，喜爱清淡鲜香，口味偏好具有明显的地域倾向性。(3)重视养生，强调食疗功效；提倡节俭，用粗饭蔬食修身养性。(4)有着浓郁的大乘佛教饮食文化色彩和道教全真派的道院膳食气质，富于审美价值。

中国佛道素菜的代表品种有：罗汉斋、混元大菜、鼎湖上素、半月沉江、桂花鲜栗羹、蜜汁山药兔、糟烩鞭笋、炒豆腐脑、雪积银钟、冰糖白莲、桑门香、金银藕圆、金针黄花、面筋腐竹、魔芋豆腐、冬笋干丝、芝麻山药、菜叶春卷、六宝拼盘、醋熘素黄鱼、脆皮假烧鸡、素火腿、香椿鱼、笋炒假鳝丝等。

此外，许多崇奉佛教的东南亚国家，如印度、尼泊尔、泰国、缅甸、柬埔寨、日本，也有不少信徒吃斋，流行素菜。但是，他们的素菜与中国的素菜名同实异，有许多明显的不同。为了正本清源、防止混淆，故特将中华斋食以“中国佛道素菜”命名。

仿膳菜

又称皇家菜、御膳菜、宫廷风味，中国著名的家族菜系之一。目前仅有北京的北海公园仿膳饭庄、颐和园听鹂馆餐厅、崇文区御膳饭店等数家仿古情调浓郁的高级酒楼供应，食客多为港澳台同胞、华侨和各国外宾，以及国内商界、文化界的上层人士。

仿膳菜由夏、商、周、秦、汉、唐、宋、元、明、清的宫廷菜演化而来，上下5000年一脉相承。各朝的宫廷菜概由食官督导，御厨分工主理，主要供帝后嫔妃及其子女享用，有时也赏赐来华使节和文武大臣。由于各代王室的背景不同，宫廷菜的风味也不尽一致，如元代以蒙古族的“红食”和“白食”为主，清代则侧重于满族风味、山东风味和江南风味。1925年从清宫遣散的御厨孙绍然、王玉山等人，首次在北海公园开设“仿膳斋”，此后的70多年间，它一直以殊风别韵享誉京华，名闻世界。

仿膳菜主要的风味特色是：(1)对原料的筛选极为严格，古代是用贡品，现今改用各地名珍。(2)配菜遵循传统的规范，力求“仿古象古”，技法多为熘、炒、蒸、炸，注重清、鲜、酥、嫩。(3)造型工巧，图案多系民间喜爱的吉祥物，菜名直观，大都有史可依，有据可查。(4)有着皇家饮膳雍容华贵的气质，融汇了各代各族的饮馔精品，体现出中国烹饪工艺的精华。

仿膳菜的代表品种有：金银鹿肉、凤凰趴窝、罗汉大虾、龙须驼掌、寿星鹌鹑、芙蓉燕菜、燕窝贺字锅烧鸭子、野意火锅、雪花桃泥、金鱼鸭掌、荷花鱼丝、八宝奶猪、明炉烤鸭、熘山鸡片、肉丁黄瓜酱、樱桃野猪肉、攒丝鸽蛋、清汤鱼翅、蒸螃蟹羹、松鸡豆腐、东坡肉、水贝瓮菜、苏州丸子、祭神肉等。

近年来有些城市移植了仿膳菜，但“技术变形”的多，保持原有风味的少。主要原因有三：一是原料方面的限制；二是杜撰附会的东西过多；三是只注重餐厅设计、环境铺陈等外观因素，而忽略了仿膳菜的内在风韵和一流的质地要求。

孔府菜

又称府菜、公馆菜、圣人家菜或曲阜官府风味，中国著名的家族菜系之一。现今在曲阜、济南、北京等地都建有“孔膳堂饭庄”专门供应，食客多为台港澳同胞、华侨、外宾和国内的文化界人士，其影响已达广州、香港、台湾、韩国、日本、新加坡和美国等地。

孔府菜起源于宋代曲阜的孔府，是孔子嫡系后裔——一共77代“衍圣公”家常菜品和宴会菜品的统称。此菜由历代孔府专制家常菜的“内厨”和专制宴会菜的“外厨”所创造，并在《孔府档案》中有翔实记录。1947年厨房停炊，厨师离散。20世纪70年代后期开始挖掘整理，80年代中后期才推向市场。

孔府菜主要的风味特色是：(1)选料名贵，调理精细，烹调技术全面，菜品阵容齐整，堪称中国官府菜的典型代表。(2)肴馔风味以山东为主，兼取宫廷菜、满族菜和江南菜之长，盛器华贵，席面壮观，礼仪隆重，接待规范，表现出“与国戚休”、“同天并老”的“公府第”的饮膳风情。(3)严格遵循儒家“食不厌精、脍不厌细”的指导思想，强调品味、愉情和摄生，营养保健的意识强烈，食疗菜品众多。(4)注意“寓教于食”，膳食中既闪耀出金玉般的光华，又教诲后辈“尊孔读经”、“尽忠报国”。凡此种种，都在流光溢彩的菜名及其掌故中淋漓尽致地表现出来。

孔府菜的代表品种有：孔府一品锅、八仙过海闹罗汉、御笔猴头、诗礼银杏、怀抱鲤、带子上朝、一卵孵双凤、玉带虾仁、神仙鸭子、八宝红鱼、烧秦皇鱼骨、霸王别姬、烤花篮鳜鱼、一品豆腐、烧安南子、油泼豆莛、琼玉海蜇、琥珀莲子、西瓜冻、石榴肉、竹影海参、奶汤玛瑙鱼翅、八宝罗汉斋、百子葫芦等。

谭家菜

北京市著名的官府菜，饮誉海外的中国家族菜种之一。现今主要在北京饭店、人民大会堂和钓鱼台国宾馆等处供应，是国宴菜的重要组成部分之一。

谭家菜诞生于清朝同治年间广东籍翰林谭宗浚、谭瑑青父子之家。谭宗浚一生饱读诗书，酷爱珍馐，虽然督学四川，主考江南，但是不置田产，钱都花在吃喝上面。瑑青秉承家风，更是醉心饮食，广聘名厨来家传艺，博采众长，终于将粤菜与京菜等完美结合，独创出“谭家新菜”，饮誉京华。当时人称："戏界无腔不学谭鑫培，食界无口不夸谭家菜。"后来谭家菜由小妾郭荔凤传给家厨彭长海等人，又由彭长海再传陈玉亮等徒弟，推向社会，成为国宴名珍。

谭家菜主要的风味特色是：(1)选料严，主料比例大，加工细，一丝不苟。如果没有合适物料，宁可不做菜也不滥竽充数。(2)多用烧、烤、焖、烩、蒸、扒、煎、烤诸法，火候很足，质感软烂，易于消化，尤适于老人食用。(3)甜咸适口，南北均宜，重视原汁原味，尽量少用调味品。(4)以燕翅席为代表的各式名宴，调理济楚，官府饮馔风味浓郁，独具一格。

谭家菜的代表品种有：黄焖鱼翅、清汤燕菜、蚝油鱼肚、裙边三鲜、白扒熊掌、草菇蒸鸡、砂锅鱼唇、炉烤鲥鱼、人参雪蛤、红烧鲍鱼、扒大乌参、柴把鸭子、银耳素烩、清蒸鳜鱼、珍珠汤、两色大虾、葵花鸭子、蟹黄鱼翅、叉烧肉、蒜蓉干贝等。

组庵菜

又称组庵特菜或谭家(延闿)公馆菜，湖南省著名的官府菜，中国家族菜种之一，现今在长沙的各大酒楼均有供应。

"组庵"是晚清进士、南京国民政府主席谭延闿先生的字。谭先生精于食道，其家厨曹敬臣更是一位调庖治馔的高手。从本世纪初叶起，数十年来他们通力合作，在湘菜的基础上创制出两百多款风味奇绝的官衙菜，被誉为"组庵特菜"。

组庵菜主要的风味特色是：(1)伴汤煨菜，讲究入味，许多菜都要换两三次高汤煨㸆，最后上桌前还要重新挂汁。(2)举凡大菜，都习用老母鸡作配料，或浇鸡汁，或拌鸡丝，或铺鸡羹，以之提味增鲜。(3)火功深透。鱼翅要煨成面条般的柔软，豆腐要打成碎浆加鸡粥熬得透烂，因此特别适合老人的脾胃。(4)强调慢功出细活，不惜人力、物力与财力。每餐仅上名菜一至二道，细细领略品尝，反映出官宦之家的养生要诀。

组庵菜的代表品种有：组庵鱼翅、红煨熊掌、羔汤鹿筋、鸡汁鱼唇、糖心整鲍、叉烧乳猪、麻仁鸽蛋、虾仁第一、油酥银杏、口蘑素丝、组庵豆腐、鸡油冬菇、鸭淋粉松、清蒸鲫鱼、金钱鸡饼、一鱼三味等。

大千菜

又称大风堂菜或摩耶精舍菜，四川省著名的文士菜，中国家族菜种之一。其菜式现已流传到四川、台湾、香港、日本、巴西和美国，张大千先生的家厨娄海云、杨明先还在纽约和卡麦尔开设"四海饭店"与"青城山川菜馆"，打出"大千菜"的招牌，门庭若市。

大千菜是由我国著名的国画大师张大千先生创制的。张先生一生，健吃、健谈、健步，认真钻研烹饪艺术。在父母精心指点、家厨无私传授和个人揣摩领会下，他以四川内江的家乡菜作基础，广集各大菜系与西餐洋食之长，创造出独具一格的家庭宴飨菜品系列。著名画家谢稚柳回忆说："大千的旁出小技是精于烹饪，且亦待客热诚，每每亲入厨房，弄菜奉客。"国画大师徐悲鸿的评价是："大千蜀人也，能治蜀味，性酣高谈，往往入厨作羹飨客，夜以继日，令失所忧，能忘此世为20世纪。"

大千菜主要的风味特色是：(1)书画与烹饪融为一体，讲究刀工，注重火候，自然配色，镶嵌吉祥图案，食中有画，画中有食。(2)中西肴馔巧妙结合，既有凉拌、烧炖、清蒸，突出中菜的口味，又有生拼、烤烙、煮焖，重视西菜的营养，走的是"中菜西化，西菜中化"之路。(3)不仅有美妙的四川味，还特别欣赏浓郁的内江家乡味；既有传统菜，又有创新菜；不少菜式源自民间，又高于民间，内涵深厚。(4)在家宴客，每每和夫人、儿媳亲自下厨，调排出别致的"大风堂酒席"。其菜单都是亲笔书写两份，题上诗词，缀以花草，往往成为宾客争夺的"墨宝"，价值千金。

大千菜的代表品种有：大千鸡、大千樱桃鸡、魔芋鸡翅、姜汁鸡块、茶熏鸡、大千干烧鱼、干烧鲟鳇翅、泡菜烧鱼、家常鳝鱼、红烧大肉、三味蒸肉、珊瑚肉、俏子胡萝卜茸、冬菜肉末、家常羊肉碎末、烩一品豆腐、清汤鸡膏、清炖牛肉汤、清汤腰脆、大千丸子汤、蜜味蛋泥、六一丝、麻辣侧耳根、相邀、藕饼、清炒龙虾籽、鸭子素烩、清蒸晚菘、绍酒焖笋、汆王瓜肉片等。

仿唐菜

中国近年来推出的仿古创新菜种之一，由西安烹饪研究所在20世纪70年代末期进行研制，现有菜式80余种，已在西安、北京和日本东京等地上市供应。

仿唐菜包括仿制的隋唐五代时期的宫廷菜、官府菜、商贾菜、军旅菜、市肆菜、寺观菜、民间菜和外来菜等。它以隋唐五代的史籍记载和出土文物为依据，结合当时的烹调方法和饮食习俗，运用古今都有的烹调原料研制而成，经过专家论证和科学鉴定之后才投入市场运营。

仿唐菜的标准是：(1)每道菜都有可靠的史料依据，它们分别见于《谢讽食经》、《烧尾宴食单》、《膳夫经手录》、《清异录》等书。(2)制菜的主要原料应是隋唐五代已经具有、现代继续使用的，以禽畜蔬果为主，珍错异物为辅。(2)主辅用料的配伍以史料记述为主，烹调方法则注意古今的衔接，以保持历史的贯通性，可以看出中国烹饪演变的脉络。(4)口味亦是以古为主，古今结合，并且在餐室陈设、器皿选用、筵宴编排、接待服务方面，尽量展示古貌。

仿唐菜的代表品种有：辋川小样、五生盘、玲珑牡丹鲊、遍地锦装鳖、光明虾炙、镂金龙凤蟹、驼峰炙、熊白啖、金齑玉脍、凤凰胎、醋芹、鲵鱼炙、昆仑紫瓜、过门香、同心生结脯、人日鸟、热洛河、族味、驼蹄羹、升平炙、黄金鸡、甲乙膏、学士羹、乳酿鱼等。

仿宋菜

中国近年来推出的仿古创新菜种之一，由杭州和开封在20世纪80年代初期分别组织专家和名厨进行研制，现有菜式百余种，已在杭州、开封和北京等地上市供应。

仿宋菜包括仿制的北宋汴京(今开封)菜和南宋临安(今杭州)菜，有帝王将相食肴和士农工商食肴等不同层次，而且菜、点、羹、汤俱全。它的依据主要是《东京梦华录》、《梦粱录》、《武林旧事》、《山家清供》等笔记小品和古菜谱；研制的主导思想和定型标准大体上同于仿唐菜，上市之前也经过了专家论证和科学鉴定。

仿宋菜与仿唐菜也有一些不同，这主要表现在：(1)坚持不用味精，而以鸡鸭、骨蹄、菇笋、豆芽熬汤调味，力求符合历史真实。(2)突出“南料北烹”和“北料南烹”，体现两宋的饮食风潮，改善菜肴的口感，提高其档次。(3)请营养学家测出每道菜、每组菜、每席菜的营养素含量，指明其营养保健价值，较为科学规范。

仿宋菜的代表品种有：蟹酿橙、莲房鱼包、红熬鸠子、蜜炙鹑子、酒蒸石首、酒蒸鸡、鳖蒸羊、银丝肚、三脆羹、荔枝白腰子、水晶脍、炉焙鸡、抹肉笋签、肫掌粉、螃蟹清羹、虾蒸假奶、炙骨头、姜虾米、瓜齑、虾圆子、山家三脆、拨霞供、两熟鱼、南炒鳝等。

红楼菜

中国近年来推出的仿古创新菜种之一，由北京市来今雨轩餐厅、大观园红楼餐厅，以及扬州市西园饭店等在20世纪80年代初期进行研制，现有菜式70余种，已在北京、扬州、上海、南京、武汉、河北和新加坡等地上市供应。

红楼菜的主要依据是古典文学名著《红楼梦》。具体研制方法有三：一是书中写出具体做法的菜(如茄鲞)，则照法仿制；二是书中仅有菜名或原料名的菜(如鹿茸)，则参照清代和现今的烹调技法加以研制并定名；三是依据曹雪芹名号和个别故事情节而创新的新菜，如雪底芹芽、怡红祝寿等。

红楼菜的主要成果是：(1)把《红楼梦》所载的60余种菜点从书本搬进了厨房，将文字变成了实物，有利于加深人们对清代官府饮膳的了解。(2)红楼菜的风味以现代人的嗜好为基准，既不完全是京味，又不完全是苏味，带有“朦胧”的情调，更具审美价值。(3)将红楼菜作为系统工程统筹安排，配以相应的茶酒，仿照大观园的景致和宴饮推出，突出文化氛围。(4)推向市场后，社会评价较高，获得了良好的经济效益，并为中菜的创新寻求出一条途径。

红楼菜的代表品种有：糟鹅掌、糟鸭信、野鸡瓜齑、蒸螃蟹、山鸡片、炸鹌鹑、烩鸽蛋、茄鲞、风鸡、风鹅、三鲜鹿肉、烧鹿筋、烧海参、乌龙戏珠、火腿炖肘子、红烧肉、酒酿清蒸鸭子、腌胭脂鹅脯、鸡丝蒿子杆儿、火腿鲜笋汤、鸡髓笋、扒驼掌、雪底芹芽、老蚌怀珠、怡红祝寿等。

随园菜

中国近年来推出的仿古创新菜种之一，由南京市金陵饭店在20世纪80年代后期进行研制，现有菜式50余种，已在南京等地上市供应，并受到日本饮食文化专家的关注。

随园菜的主要依据是清代乾隆年间烹饪鉴赏家袁枚所著的《随园食单》。由于《随园食单》是中国古食经中的“扛鼎之作”，所记的326种菜点羹汤不仅工艺详尽，而且还有中肯的评述，因此仿制时的依据更为充分，把握更大。再加上乾隆年间距今仅有200年左右，当时的随园菜与现今的南京菜在工艺与风味上又是一脉相承的，研制的主持人又是闻名全国的苏菜大师薛文龙，所以，“随园菜”一上市就很快得到社会舆论的赞同，口碑甚佳。

随园菜主要的风味特色是：(1)在原料的选用上达到了近乎“苛刻”的程度，一律以原书所记为准，决不降格而求。(2)加工与烹调既精细又卫生，严格按照原书的“二十须知十四戒”去办，决不草率马虎。(3)讲究色香味形器，尽量保持盛清官府菜的风貌，如调色不用糖色，取香不用香料之类，显得端庄明丽。(4)注重筵宴的制作技艺，力戒堆盘叠碗、“目食耳餐”等弊端，突出饮膳的文化气质和乡土情韵。

随园菜的代表品种有：素燕鱼翅、鳆鱼炖鸭、白玉虾圆、八宝豆腐、瓜姜水鸡、台鲞烧肉、芥末菜心、酒煨鳗鱼、鸡松、烧鸭、灼八块、素烧鹅、叉烤山鸡、竹蛏豆腐、糟鸡翅、黄芪蒸鱼脯、酒煨水鱼、雪梨鸡片、栗子烧鸡、醉虾等。

满族菜

中国重要的民族菜系之一，有400余年的历史。主要流传在辽宁、吉林、黑龙江三省和京、津，食用人口约1000万。它由古代的肃慎菜、靺鞨菜、女真菜演变而来，对清宫御膳和清代食风影响较大，现今在日本、韩国和东南亚也有较高的评价。

满族菜的用料多为家畜、家禽、冷水鱼、野味和蜜制品；主要烹调方法是白煮和烧烤，口味偏重于鲜嫩香滑。菜品常是整只或大块，名曰“特牲”，届时端上炕桌，各人用解手刀片割，蘸盐食用，带有萨满教“神祭”的古风。同时重视火锅，四季都吃，以“野意(指野味为主，带有野趣)火锅”为贵。

满族菜有4点特异之处：(1)爱好白肉。它是用清水文火慢煮，不加任何佐料，待肉皮一戮即透时立即起锅，柔润、醇厚而富弹性，古时用以祭祀神祖，叫做“福肉”。(2)重视饽饽。系用各色粮食制成，四季名目不同，讲究一冷二粘，有“越粘越觉情不散，你心我心粘一团”之说。(3)深受萨满教影响，保留有“吃包”、“点面灯”、“请食神”、“木杆挑肉喂喜鹊”、“洞房吃子孙饽饽”等特异食俗。(4)他们的“四红烤”、“四白烤”曾入选著名的满汉全席，在清代十分红火风光，有“国菜”之誉。

满族菜的代表品种有：阿玛尊肉、白肉血肠、烀白肉、酸汤子、烤鹿腿、烤水鸭、手把肉、野意火锅、塔不剌鸭子、小肉饭、白菜包、萨其玛、芥末墩儿、洒糕、苏叶饽饽、豆面饽饽、柿糕、炸饼子、金丝糕、净水饭等。

朝鲜族菜

中国重要的民族菜系之一，有200余年的历史。主要流传在吉林延边、辽宁丹东和京、津一带，食用人口约200万。它与朝鲜和韩国的食馔同出一源，在台湾、日本、东南亚和美国、俄罗斯也有一定的影响。

朝鲜族菜选料多为狗肉、牛肉、瘦猪肉、禽蛋、海鲜、山菜、蔬果与药材；擅长三生(生拌、生渍、生烤)和汤煮；习以大酱、清酱、辣椒、胡椒、麻油、香醋、海盐、大蒜、小葱、生姜调味；风味是鲜香脆嫩、辛辣爽口，菜品较为朴实，注重原形原汁原味。

朝鲜族菜中有4点特别突出：(1)普遍爱吃狗肉，用以清热、祛湿、散瘀、解毒。其中最著名的是加放野苏子的香辣狗肉火锅和烧地羊。(2)生冷菜式众多。不仅有生拌牛肉丝、生渍黄瓜之类，还有冷面、凉糕等，一年四季都饮清泉水。(3)泡菜相当有名。像苹果梨泡菜、辣酱南沙参，都可与四川泡菜比美，一般家庭每年都要腌菜1000公斤左右。(4)菜肴辣味甚重。不亚于云、省、川、湘、鄂等省，这与生活在盆地、多种水稻等因素有关。

朝鲜族菜的代表品种有：辣酱南沙参、苹果梨泡菜、生渍黄瓜、牛拌牛肉丝、生烤鱼片、狗肉火锅、烧地羊、头蹄冻、蒸蛤蜊、水卵大虾、烤牛排、酱牛肉萝卜块、神仙炉、美美汤、冷面、打糕、药饭、豆馅饺子、紫菜饭、莴苣饭等。

蒙古族菜

中国重要的民族菜系之一，有800余年的历史。主要流传在内蒙古、吉林、新疆和云南，食用人口约500万。它与蒙古国的食馔同出一源，在元代曾风行天下，现今在俄罗斯、韩国和西亚地区仍有深远的影响。

蒙古族菜包括红食(肉品)、白食(奶品)和米面食品3大系列。其取料多系牛羊驼马的肉、奶,辅以米面和山菜瓜果,还爱吃黄鼠、铁雀和野兔。一般不剔骨,斩大块,或煮或烤,仅用盐与野生香料调味,重酥烂,喜咸鲜,油多、色深、量足,表现出塞外草原游牧民族粗犷豪放的饮食文化风情。

蒙古族菜的特色有四:(1)红食名曰"乌兰伊德",胴体的各个部位甚有讲究,分给不同的人。其中全羊席最为精美,"迤北八珍席"传誉古今。(2)白食名曰"查干伊德",有圣洁的寓意,年节和宴客必备。醍醐、酥酪、马奶酒号称"塞北三珍",异常名贵。(3)米面食品名曰"蒙古勒巴达",包括奶炒米、哈达饼、面片、稠粥等等。擀面多在缝缀的羊皮上,别有情趣。(4)食馔深受喇嘛教的影响,视奇蹄动物、五爪禽鸟和水鲜等为禁物。食前"�春佛",互赠哈达,多有歌舞侑食。

蒙古菜的代表品种有:手把羊肉、炉烤全羊、烤羊尾、炖羊肉、羊肉火锅、清炒驼峰丝、奶豆腐两吃、烤黄鼠、烤野兔、成吉思汗铁板烧、芹菜炒牛肉、烧茄子、醍醐、酥酪、马奶酒、奶炒米、哈达饼、奶皮子、骆驼乳、酸奶等。

回族菜

中国重要的民族菜系之一,有600余年的历史。主要流传在西北五省和京、津、鲁、辽、苏、滇,食用人口约900万。它是从汉、唐"胡食"的基础上演变而来,目前属于清真菜体系,在西亚、东南亚、北非等地享有较高的声誉,为全世界的穆斯林所喜爱。

回族菜在选料方面严格遵守伊斯兰教的"五禁"(详见"伊斯兰教食俗"条),仅吃教义允许的食草动物、食谷家禽、有鳞有鳃鱼和粮豆蔬果;长于烤炙、煎炸、爆熘和煨煮,清鲜脆嫩与肥浓香醇并重,突出本味;讲究菜型和配色,装盘大方,菜名朴实,有着浓郁的"清真"色彩和大西北风情。

回族菜的特色有四:(1)特别擅长制作羊菜和鸭菜,因此而形成银川、北京为代表的西北路和南京、昆明为代表的南路等流派。(2)注重开斋节、古尔邦节、圣纪节的节食,烹调前沐浴净身,态度极为虔诚。(3)油香、卷果、艾窝窝、豌豆黄等米面食品卓有创造;白水羊肉、牛羊肉泡馍等风味小吃脍炙人口。(4)特别注意饮食卫生,厨房纤尘不染,餐具明净如新,饭单洁白,饭前洗手,忌讳左手接触食物。

回族菜的代表品种有:烤全羊、手把肉、清蒸羊肉、黄焖羊肉、凉拌肚丝、汤爆肚仁、涮羊肉、炸羊尾、滑熘里脊、清炖羊肉、咸水鸭、香酥鸡、糖醋鲤鱼、红烧鹌鹑、油香、卷果、牛肉拉面、牛羊肉泡馍、艾窝窝、豌豆黄等。

藏族菜

中国重要的民族菜系之一,有1400余年的历史。主要流传在西藏、青海、甘肃、四川和云南,食用人口约500万。它从唐代的吐蕃菜演化而来,现今在印度、尼泊尔、锡金等国也有一定的影响。

藏族菜的食料多系牛羊、野味、昆虫和菌菇,重视酥油入馔;习惯于生制、风干、腌食、火烤、油炸和略煮,调味重盐与辣椒,也加野生香料;菜量大,口味偏好咸浓,断生即可。餐具古朴,有石锅、陶罐;常以牛粪饼作为燃料,保持着青藏高原游牧生活的本色。

藏族菜的特色有四:(1)受喇嘛教影响较深,食禁与蒙古族大致相同(参阅"佛教食俗"条)。(2)糌粑和酥油茶的地位重要。它们含热量高,香酥可口,有提神、滋补的功效,被誉为"藏食中的双璧"。(3)爱吃生肉、冻肉、风干肉和灌汤(包括血肠、粉肠、面肠等),还有重达数十公斤的"河曲大饼"和稀异的人参果(蕨麻籽)抓饭。(4)以藏式酥油、糌粑、奶杂子酥糕——"推"为主的筵宴,辅以奶制品"那拉"、酥蛋糖点心"卡布塞"、牦牛肉"夏干布"、人参果抓饭"玛折斯"、酥油茶与青稞酒等,以其殊风别韵,独步中华食坛。

藏族菜的代表品种有:手抓羊肉、生牛肉、火上烧肝、油炸虫草、竹叶火锅、辣子朵勺、红烧琵琶肉、氽灌肠、虫草炖雪鸡、蘑菇炖羊肉、人参果抓饭、推、卡布塞、那拉、夏干布、河曲大饼、糌粑、酥油茶、油松茸、煎奶渣等。

傣族菜

中国重要的民族菜系之一,有800余年的历史。主要流传在云南的西双版纳、德宏一带,食用人口约105万。它由百越菜、南诏菜、大理菜等演化而来,与缅甸菜、泰国菜有一定的亲缘关系,在东南亚较受欢迎。

傣族菜用料广博,飞潜动植皆被利用,像昆

虫、青苔、香茅草、干牛皮、帕哈(野生灌木)、槟榔等,都较罕见。而且制菜精细,煎炒爆熘无所不通;口味偏好酸香清淡,有饭后嚼食野生酸果以助消化的习俗。其中,异古巧样的虫菜多达百余种,足以与“食虫王国”——墨西哥比美,在世界上享有盛誉。

傣族菜还有4个特色:(1)糯米饭现舂现吃,多置于嫩竹筒中烤制,外以鲜芭蕉叶封口,熟后奇香扑鼻。(2)其鱼品多是拌以辣椒、花椒、精盐、白酒密封腌藏,使之发酵数十天,然后或煎或烧,入口酸、辣、咸、甜。(3)特产的普洱茶多用野生的“香糯米草”窨制,冲泡时茶香与糯米香味并陈。(4)著名的“猪顶剁生”,系用鲜嫩的橄榄树皮与猪脖肉合剁成糜,拌上盐与辣椒,撒上芫荽,卷新鲜菜叶生食。

傣族菜的代表品种有:苦汁牛肉、烤煎青苔、五香烤傣鲤、菠萝爆肉片、炒牛皮、鱼虾酱、猪顶剁生、香茅草烧鸡、牛撒撇拼盘、鲊什锦、刺猬酸肉、蚂蚁酱、蜂房子、蛋炒蟒窝、油煎棕蛆、生食竹虫、烧烤花蜘蛛、清炸蜂蛹、田鸡干巴、狗肉火锅等。

壮族菜

中国重要的民族菜系之一,有3000余年的历史。主要流传在广西和粤、滇、湘等地,食用人口约1600万。它从古代的百越菜、僮菜、俍菜等演化而来,现今在越南等国有较大的影响,其中的一些肴馔也被粤菜所吸收。

壮族菜以猫、狗、蛇、虫为珍味,也吃禽畜与蔬果,食源博杂。擅长烤、炸、炖、煮、卤、腌,口味趋向麻辣酸香、酥脆爽口。主食中重视糯米,常加橄榄油与盐制成硕大的壮粽。逢节必有美食,筵宴五彩纷呈,重视食礼,讲究宴乐。

壮族菜还有4个特色:(1)米制品丰富多彩,有五彩糯米饭、乌饭、粉利、年糕、大肉粽、木薯粑粑种种,加工精细。(2)对中草药“三七”的食疗效用卓有研究,善于选用它的花、叶、根、须制菜,如白炒三七花田鸡之类。(3)擅长调制“团结圆(豆腐圆子)”,外皮是豆腐,馅心变化无穷,有“过年不吃团结圆,喝酒嚼肉也不甜”之说。(4)“酒肴”别具一格,包括鸡胆酒、鸡杂酒、猪肝酒等等,皆用内脏泡成,有强身健体的特殊功能。

壮族菜的代表品种有:辣白旺、火把肉、盐风肝、皮肝生、脆熘蜂儿、油炸沙蛆、清炖破脸狗肉、壮乡龙虎斗、洋瓜根夹腊肉、彗星肉、烤辣子水鸡、酿炸麻仁蜂、龙卧金山、白炒三七鸡、酸水煮鲫鱼、马肉米粉、子姜野兔肉、鹌鹑回窠、团结圆、五彩蛋等。

土家族菜

中国重要的民族菜系之一,有2000余年的历史。主要流传在川东、湘西和鄂西,食用人口约580万。它由古代的土丁菜、乌蛮菜等演化而来,对川菜、湘菜、鄂菜的形成曾有过积极的影响,现今的“土家风味”亦受市场欢迎。

土家族菜多用禽畜鱼鲜和粮豆蔬果制作,野味和山菜占有较大的比例。烹调方法较为全面,与川、湘、鄂菜基本相同。嗜好酸辣,有“辣椒当盐”之说。肴馔珍异、丰满而古朴,保留有南国原始山林饮食文化的情韵。重酒、重茶、重祭祀、重年节,歌舞侑食,筵宴朴实、民风淳厚。

土家族菜还有4个特色:(1)重视糯米制成的吉祥食品——团馓,上缀喜庆图案和吉言,或煮或炸,用以待客。(2)宴后送“酢包儿”(酢辣椒炒猪肝,外用红纸包封),作为客人馈赠乡邻的“福物”。(3)爱饮“咂酒”,有“进门三杯酒”之俗,古人形容它是“万颗明珠共一瓯,王侯到此也低头;五龙捧着擎天柱,吸尽长江水倒流”。(4)喜欢多料合烹,如“火锅子嘎”、“坨子肉合菜”之类,稠浓、油润、香鲜,营养丰富。

土家族菜的代表品种有:小米年肉、笼蒸油烤熊掌、煨白猥肉、白猕子汤、凉拌麂丝、红烧螃蟹、清蒸天麻鸡、凤姜鸭、香菇野鸡汤、燕麦粉蒸肉、酸辣魔芋豆腐、血豆腐、酢包儿、团馓、油茶汤、火锅子嘎、坨子肉合菜、连刀肉、酥茶月饼、土腊肉等。

赫哲族菜

中国主要的民族菜种之一,有1000余年的历史。主要流传在黑龙江省的同江、抚远、饶河等地,食用人口近1万。它由古代的黑哲菜、额登菜、鱼皮部菜等演化而来,在俄罗斯的西伯利亚地区有一定影响。

赫哲族菜以调制大型冷水鱼为专长。制鱼多系生拌、清炒、红烧、汤炖、酥炸或蒸酿;贮鱼或晒或炒,排干水分后装坛深埋。口味偏好咸鲜、香浓、腥酸，以名贵的“鳇鱼大宴”驰誉中华食坛。其中的鳇鱼骨、鳇鱼筋、鳇鱼籽号称“赫哲三珍”，其价等同“天九翅”、“海王鲍”、一品官燕和老鼠斑。

赫哲族菜的代表品种有：塔拉卡（杀生鱼）、它斯狠（炒鱼毛）、稍鲁（烤鱼片）、刨花冻鱼、凉拌鱼皮丝、鳇鱼籽酱（即黑鱼籽酱）、红烧鱼骨、白扒鱼筋、生拌鱼肉、鱼丸子、炒鱼片韭菜、蒸鲶鱼、鱼茸饺、鱼肉包、拉拉（鱼松糯米饭）、莫温古（鱼米粥）、额恩必（清拌柳蒿芽）、稠李子饼、草莓蜜饯、野果酱、燕麦饭、荞子饼、桦树汁等。

俄罗斯族菜

中国主要的民族菜种之一，有200年的历史。主要流传在哈尔滨、乌鲁木齐和中俄接壤的边境。它与俄国的罗宋菜同出一源，基本上属于西餐的东欧分支。

俄罗斯族菜以面粉、家畜、禽鸟和冷水鱼为主料，佐以蛋奶、蔬果和薯芋；制菜多用焖、煮、烩、烤、炸、煎、焗等法，习用酸奶油、鱼籽酱和香料调味，口味偏好鲜咸、油腻、醇厚与腥酸。菜品重视发热量，丰满大方。同时冷餐小吃讲究，牛肉菜、鱼菜、汤品、馅饼、稀饭与点心均有特色。

俄罗斯族菜的代表品种有：土豆烧牛肉、比罗什给馅饼、苏波汤、列巴面包、俄式椰菜卷、焗羊排、醋渍蘑菇、凉拌黄瓜、开夫鸡等。

维吾尔族菜

中国主要的民族菜种之一，有1000余年的历史。主要流传在新疆的南部以及伊犁等地，食用人口约750万。它由古代的丁零菜、回纥菜、突厥菜、龟兹菜、于阗菜等演化而来，在中亚和西亚地区有一定的影响。

维吾尔族菜属于中国清真菜系列（参阅“中国清真菜”条），选料严守伊斯兰教的教规（参阅“伊斯兰教食俗”条）。擅长烤、煮、蒸、焖等烹调方法，多用羊油、花椒、胡椒、洋葱、胡萝卜、孜然、大蒜等配制，口味偏好酥烂、醇和、鲜咸、香美。量不求多，但须精致。其中，烤全羊、抓饭名闻中外，被誉为“天山美食”。

维吾尔族菜的代表品种有：吐奴卡瓦甫（烤全羊）、普罗（羊肉葡萄干抓饭）、海买克（薄如虾片的甜馕）、格日代（厚达5厘米的咸馕）、桃喀奇（油奶蛋糖香馕）、格西（手抓羊肉）、兰曼（牛肉抻面）、匹提尔芒达（薄皮包子）、萨木萨（烤包子）、曲曲尔（羊肉馄饨）、胡修（羊油桃仁葡萄干大米粥）、炮仗子（辣椒丝炒面节）、七噶（马奶酒）、哈拉克（沙枣酒）等。

彝族菜

中国主要的民族菜种之一，有800余年的历史。主要流传在川、云、贵、桂等地的山区，食用人口约700万。它由古代的南夷菜、乌蛮菜、南诏菜等等演化而来，对大西南的食肴和食风有一定的影响。

彝族菜多用“两只脚”的鸡鸭和“四只脚”的猪牛羊作为主料，善于调制山禽野兽。制菜多系拌、煮、炸、烤，火候都不用老，以断生为美。调味料有盐、花椒、辣椒和誉称“土味精”的木姜子粉，口味偏好香、辣、咸、麻，但不吃大蒜。其名食有三：一是“食觉拁普”，即撒盐的肉块，俗称“坨坨肉”，用小猪白煮而成，嫩而不腥，肥而不腻，有北京烤鸭般的香美。二是泡水酒，又名“转转酒”，用玉米、高粱、荞子酿制，醇而不烈，甘美爽口，持碗轮饮，如同饮茶。三是盐巴茶。是瓦罐中置茶饼，烤香后冲开水，略煮加盐巴调成。每人每天早、中、晚各一大盅，有“早茶一盅，一天威风；午茶一盅，劳动轻松；晚茶一盅，提神去痛；一日三盅，雷打不动”之说。

彝族菜的代表品种还有：皮干生、麂子干巴、羊皮煮肉、肝胆生、彝味兔、干炸蚂蚱、捶料锅贴乳饼、生炸土海参、巍山焦肝、清汤麂四件、粉蒸羊肉、翡翠脊筋饺等。

苗族菜

中国主要的民族菜种之一，有1000余年的历史。主要流传在贵州以及滇、湘、川、桂、鄂、粤等省区，食用人口约750万。它由古代的三苗菜、南蛮菜、荆蛮菜等演化而来，现今依然保留古朴纯真的风貌。

苗族包括红苗、黑苗、白苗、青苗、花苗等数支，其饮食风味大同小异。他们的食料相当广泛，天上飞的、水中游的、地上爬的，几乎都吃，很少禁忌。主食多是数料合烹，制菜习用甑蒸、锅焖与罐炖，偏好麻辣、鲜咸，尤其爱酸，珍视味厚、软糯之食。嗜酒重菜，特别爱吃狗肉、灌肠粑、五香鱼和五香灌辣椒，逢年过节举办“酸宴”。

苗族菜的代表品种有：瓦罐焖狗肉、清汤狗肉、薏仁米焖猪脚、血肠粑、红烧竹鼠、油炸飞蚂蚁、炖金嘎嘎鸡、辣骨汤、鱼酸、五香鱼、牛肉酸、蚯蚓酸、芋头酸、蕨菜酸、蒜苗酸、萝卜酸、豆酸、乌米饭、姐妹饭、糯米粑、蒸糯米肠、五香灌辣椒、米花、米皮、万花茶、烤酒等。

侗族菜

中国主要的民族菜种之一，有近千年的历史。主要流传在贵州以及黔、湘、桂三省毗邻的山区，食用人口约260万。它由古代的洞蛮菜、骆越菜、僚菜等演化而来，对贵州菜的发展有过一定的影响。

侗族菜秉承了百越先民的山林遗风，最大特色是：(1)无料不腌。从鸡鸭鱼肉、螺蚌蛇虫，到块姜薯芋、瓜蔬山果，皆入酸坛。(2)腌法妙巧。先制浆水，加盐煮沸，下料续煮，入泡菜坛，拌酒糟、芝麻黄豆粉等，密封深埋。瓜菜类存放1～2年，禽鸟菜存放3～5年，鱼肉菜存放10～20年，非有庆典不启封。(3)凡菜皆酸。著名的“酸味全席”，10多道形形色色的食馔，“无往而不见酸者也”，体现出“侗不离酸”的特殊风情。所以清人有诗赞道：“吹彻芦笙岁又终，鼓楼围坐话年丰。酸鱼糯饭常留客，染齿无劳借箸功。”

侗族菜的代表品种有：五味姜、龙肉、酯鱼、牛别、酸笋、糟鹅、腌鸭肉酱、腌龙虱、腌蜻蜓、腌芋头、腌葱头、重阳三大粑、黑米饭、油茶、豆茶、牛角酒、苦酒等。

白族菜

中国主要的民族菜种之一，有2000余年的历史。主要流传在云南大理以及贵州毕节、四川凉山、湖南桑植等地，食用人口约165万。它由古代的滇僰菜、白蛮菜、大理菜等演化而来，保留有“大理文化”的特异风情。

白族菜植根于素有“动物王国”、“植物王国”之称的滇西，食料异常丰富，“怪馔”甚多。烹调方法大体上与滇菜相同(参阅“滇菜”菜)，口味偏好酸、辣、甜、麻，喜爱生冷、鲜脆和清淡。善于腌制火腿、香肠、弓鱼、猪肝鲊、油鸡棕、螺蛳酱等腊菜；还有雕梅、炖梅等绝技，古人称其是“小小青梅上指尖，巧手翻作玉菊兰，蜜糖浸渍多甜美，疑是仙花落人间”。

白族菜的代表品种有：大理砂锅鱼、大理饵丝、乳扇、冰糖螺豆腐、松木甑蒸粉蒸鱼、油炸仙人花、盐炖罐子肉、柳蒸猪头、牛奶煮弓鱼、酿雪梨、煮梅、桃仁夹沙乳扇、鲜炒香椿芽、生皮、鱼鲊、烧百合、豆汤、东坡肉、南瓜蜜饯、姜花蜜饯、糖饭、饵块、汽锅饭、稍俄奈(盐巴、花椒、辣子烹煮母牛下犊后的初奶)、刨花茶、烤茶、三道茶等。

京族菜

中国主要的民族菜种之一，有300余年的历史。主要流传在广西防城县的“京族三岛”上，食用人口约2万。它与越南菜同出一源，在中南半岛上评价较高。

京族菜多用海产品作为主料，善于使用“鲶汁”(小鱼洗净，分层加盐装缸压实，密封数月后浸出的红色鱼汁，呈酱油状，香气浓郁，滋味鲜醇)。并有主副食合烹的习惯，爱用鱼汤调味下饭。食馔带有南海渔村的鲜明特色，古朴、粗犷。

京族菜的代表品种有：螺蟹米粉汤、烩沙虫、烤鱼汁芝麻糍粑、烧大虾、烤生鱼片、鱼露、蚌肉羹、烧石花鱼、炖海龟、清炒海龟蛋、烩海味全家福等。

黎族菜

中国主要的民族菜种之一，有2000余年的历史。主要流传在海南省的五指山区，食用人口约120万。它由古代的百越菜、美孚菜等演化而来，是琼菜的重要组成部分(参阅“海南菜”条)。

黎族菜的用料多为山珍野味和粮豆薯芋，昆虫占有一定的比重。烹调方法较为古朴，有热带雨林的饮馔特色。如火烤的兽肉干，水煮的山菜(山笋、山芭蕉心、山芋头之类)，以及用青蛙、田蟹、蚂蚱、四脚蛇、禽畜剁烂加盐密封沤烂的“南杀酱”等。其餐具多为竹筒、椰壳碗、竹筷、葫芦瓢和芭蕉叶(做桌布用)，清新自然。

黎族菜的代表品种有：水饭、竹筒饭、野味香饭(用山栏米、山猪、山鸡、鹧鸪、鹿肉、南蛇等混合炊制)、牛饭、烤兽肉片、煮山笋、煨山芋、焖山芭蕉心、年猪肉、南杀酱、醉鸡、烧松鼠、烤坡鼠、祭祖鱼、烩南蛇、酒蜜、山栏酒、五指山茶、槟榔片等。

高山族菜

中国主要的民族菜种之一，有1000余年的历史。主要流传在台湾省，食用人口约50万。它由古越菜、琉球菜、平埔菜等演化而来，是台湾菜的重要组成部分（参阅“台湾菜”条）。

高山族菜的食料多取自本岛所产的山珍、海错、禽畜与蔬果，习用大米、芋头、香蕉混合炊饭，以竹筒烤制。长于蒸、烤、煮、烧、腌、拌等法，口味偏好酸香肥糯，带有热带雨林风情。年节食品和祭祀食品较多，重视菜名的吉祥寓意，如鸡表示“发家”，蚶表示“发福”，芥菜表示“长年”，鱼丸表示“团圆”等。高山族风味小吃与闽南小吃一脉相承，有许多奇特的品种，如蚵仔煎、棺材板等。

高山族菜的代表品种有：三元及第、芥菜长年、香烤墨鱼、萝卜缨菜、干贝烘蛋、芋头肉羹、蒜苔熬鱼、黄笋猪脚、金玉满堂、木瓜烧肉、南瓜汤、发家鸡、九龙盘盒、合家大团圆、家运兴叿、发财发福、小米饼、小米花仁兽肉树叶卷、蚵仔煎、鱼丸汤、鳝鱼面、担仔面、大肉粽、中秋饼、筒仔米糕、碗粿、棺材板、蚵子汤、面线等。

中点流派

京式面点

中国面点的三大风味流派之一，有2000余年的演化历史。它以北京为中心，旁及天津、山东、山西、河北与河南，还传播到东北、西北等地。因其流传区域主要是在黄河中下游的华北大平原，故又称为“华北面食”或“北方面食”。

京式面点多以小麦粉作主料，擅长调制各种面团，尤精于手工制作面条，有抻面、刀削面、小刀面、拨鱼面等“四大名面”传世。其风味特色是：面团多变，馅心考究，造型古朴，成熟方法多种多样；以质感柔滑、柔韧筋抖、鲜咸香美、软嫩松泡著称。

京式面点的代表品种有：北京的龙须面、小窝头、炒疙瘩、豌豆黄、艾窝窝和肉末小烧饼；天津的狗不理包子、耳朵眼炸糕、十八街麻花和蜜饯三刀；山东的蓬莱小面、盘丝饼、高汤水饺和蜜煒红薯；山西的刀削面、头脑、拨鱼儿和莜面栲栳；河北的杠打馍、饶阳金丝杂面、一篓油水饺和杏仁茶；河南的沈丘贡馍、博望锅盔、勺子馍和武陟油茶；辽宁的马家烧麦、松塔麻花、萨其玛和焖子；陕西的牛羊肉泡馍、海味葫芦头、石子馍和甑糕；内蒙古的哈达饼、奶炒米、莜麦面和奶疙瘩等。

苏式面点

中国面点的三大风味流派之二，有1800余年的演化历史。它以江苏为中心，旁及上海、浙江、安徽等地，还包括江西、湖北和湖南。因其流传区域主要在长江中下游的平原与湖区，故又称为“华东面食”或“江南面食”。

苏式面点是米面与杂粮兼作，擅长调制糕团与茶点、船点，造型精巧，富于生活情趣。苏式面点有宁沪、苏锡、淮扬、越绍、皖南、湘鄂等支系，其共同的风味特色是：重调理，口味厚，色深略甜，馅心讲究掺冻，名称秀丽，形态艳美，精巧玲珑。

苏式面点的代表品种有：江苏的淮安文楼汤包、扬州富春三丁包、苏州糕团、无锡太湖船点、黄桥烧饼、东台鱼汤面、翡翠烧梅、蛋炒饭和藕粉饺；上海的南翔馒头、排骨年糕、小绍兴鸡粥和开洋葱油面；浙江的虾爆鳝面、宁波汤圆、五芳斋粽子和西湖桂花藕粉；安徽的黄豆肉馃、乌饭团、苧叶馃和笼糊；江西的黄元米果、信丰萝卜饺、包面和酒酿；湖北的老通城三鲜豆皮、荆州散烩八宝饭、黄州东坡饼和秭归清水粽；湖南的火宫殿臭豆腐、和记牛肉米粉、姊妹团子和南岳凉粉等。

广式面点

中国面点的三大风味流派之三，有1600余年的演化历史。它以广东为中心，包括广西、海南、香港、澳门、福建、台湾等地。因其流传区域主要是珠江流域和东南沿海，故又称为“华南面食”或“闽粤面食”。

广式面点善用薯芋和鱼虾作为坯料，大胆借鉴西点工艺，选用欧美的新型食品添加剂，富有南国的文化情韵，茶点与席点久负盛名。它们的风味特色是：讲究形态、花式与色泽，一年四季多变化，油、糖、蛋、奶的用料重，馅心晶莹，造型小巧，清淡鲜滑。

广式面点的代表品种有：广东的叉烧包、虾饺、沙河粉、艇仔粥、娥姐粉果和莲茸甘露酥；广西的马肉米粉、蛤蚧粥、太牢烧梅、靖西大年粽和月牙楼尼姑面；海南的竹筒饭、海南粉、云吞和芋角;香港和澳门的水饺面、马拉糕、椰茸饼和巧克力蛋糕;福建的鼎边糊,米酒糊牛肉、土笋冻和蚝仔煎;台湾的棺竹板、虱目鱼粥、蛤子烫饭和椰丝糯米团等。

京式糕点

中国糕点的八大帮式之一。

起源于隋唐五代时期的华北农村。后受蒙古族"白食"、回民开斋节"节点"和"供享神祇、祭祀宗庙、内廷殿试、外藩筵宴"的"满洲饽饽"的影响;融会江浙南果铺、保定与通州京果铺、以及御膳点心之所长;历经辽、金、元、明、清5朝而孕育成型。其中,建于明末清初的"正明斋"糕点铺,新近恢复的老字号"祥聚公",都以生产正宗京式糕点而著称。现今京式糕点已流传到京津、华北、东北和西北城乡的广大地区,是人们四时八节走亲访友和宴宾待客的名品。

京式糕点的风味特色是:重糖、重油酥,清甜甘醇,外观精美;多用模具成型,按类配套包装,庄重、典雅、气派,民族情韵浓厚。名品有:京八件、萨其玛、红白月饼、杏仁干粮、桂花棋子、姜汁排叉、茯苓饼、状元饼、鲜花藤萝饼、蜜三刀、喇嘛糕、枣泥方、双麻、油糕、炒面、火纸筒、干蹦、江米条、套环、盐水烧饼、油糕、切边缸炉、馕饼、酥盒子、百果蛋糕、炸苹果酥、核桃薄脆、吧啦饼、酒皮八件等。

苏式糕点

中国糕点的八大帮式之二。

兴起于隋唐,形成在宋元;明清时期已有品种130多种,分为炉货、油面、油氽、水镬、片糕、糖货与印板7个大类,在28个节俗和祭仪中广为运用。对此,《姑苏志》、《苏州府志》、《吴门表隐》和《清嘉录》,均有翔实记载。现今,苏式糕点已恢复名特品种16个,传统品种88个,推出创新品种70多个,影响到上海、浙江、安徽等地。

苏式糕点主要的风味特色有四:(1)充分利用当地的特产资源(如玫瑰花、桂花、枣泥),着色生香,突出乡味,从不使用合成色素与香料。(2)配方科学,注重进补,有较好的健身作用。像松子枣泥麻饼之类,都有润五脏、健脾胃的功能。(3)糖多,花卉多,蜜饯多,水油面团工艺独到,很少使用生物疏松剂。(4)季节性强,春饼、夏糕、秋酥、冬糖号称"四季茶食",轮番供应,现产现销。

其名品有:苏式月饼、枣泥饼、八珍糕、四色片糕、猪油松子酥、千层酥、玫瑰白麻酥糖、椒盐黑麻酥糖、文饺、干菜饺、苔菜巧果、枇杷梗、酒酿饼、癞团酥、糖年糕、巧酥、薄荷糕、绿豆糕等。

广式糕点

中国糕点的八大帮式之三。

起源于唐,曾称"唐饼";两宋时出现"茶食",有"天下风流笋饼餤,人间济楚荤馒头"的诗句传世。明代岭南"嫁女务以资妆糖果粉饵相高","妇女以各色米面造诸样果品,极为精巧,馈送亲朋,谓之送钉"。至清,已有行业的明确分工,还引进西点,兼收并蓄,工艺更上层楼。现已影响广西、海南、香港、澳门、福建、台湾等地,不少产品还打进北方市场,像中秋前后的广式月饼,就曾风靡中华。

广式糕点主要的风味特色是:(1)选料多用岭南的特产,如椰丝、榄仁、叉烧、腊肠之类,包括蜜饯、籽仁、肉品、蛋品、乳品五大系列。(2)皮薄馅大,常呈2与8之比,多用莲蓉馅与肉馅,成型的难度较大。(3)重糖轻油,五味纷呈,富含醇、醛、酮、酯等物质,常具有特殊的芳香。(4)花式多,色彩艳,小巧玲珑,颇耐观赏。

名品有:广式月饼、鸡仔饼、盲公饼、煎堆、烧鸡粒、和味酥、蛋白椰挞、蛋奶光酥、皮蛋酥、椰丝冰肉粒、叉烧甘露、卷蛋糕、淮山鲜奶饼、莲蓉酥角、伦教糕、香蕉糕、加头凤凰烧鸡月饼等。

川式糕点

中国糕点的八大帮式之四。

始于战国时期,汉魏时已推出包馅造型的馒首。唐宋形成重糖重油的特色,并有明皇饼、香山蜜饼、胡麻饼、红棱饼、芙蓉酥等名点问世。明清时在门类、品种、规格、花式上走向完备,仅《成都通览》便收有138个品种。现在的川式糕点,品种多达千余,影响云、贵、藏等地。

川式糕点主要的风味特色是:(1)甜肥,软糯,香酥松脆。即是重糖重油,滋润滑口,松散易化。(2)讲究本色、本味和本香,不用人工合成的色素、香料和甜味剂,观之赏心悦目,食后余味悠长。(3)甜馅中适量加盐,油馅中适量添粉,有甜而适口、油而不腻的和谐口感。(4)米制品多,糕饼的花式多，不论板扎或松酥，都以香脆取胜。

名品有：椒盐桃酥、梓橦酥饼、香山蜜饼、鲜花活油饼、龙凤糕、烘糕、八宝蛋炸食、水晶饺、泸州葡萄仿、糯米苕丝糖、香油米花糖、五通桥叶儿粑、合川桃片、白米酥、冬菜饼、玉带糕、红皮金瓜、枣泥佛手、新都桂花糕、红糖麻饼、凤尾酥、雪枣、花根、薄脆、赖桃酥等。

闽式糕点

中国糕点的八大帮式之五。

始于汉初，出现“切糕”和“礼饼”；唐宋之际，又盛行“灶糖”与“灶饼”。降及明清，水陆轩、宝来轩、谢万丰、美且有等饼店相继开业；并推出“命名溯自戚南唐(戚继光)，创始原充将士粮”的“光饼”，声誉大振。鸦片战争后，兴隆等饼店大胆采用咖喱等调味品，研制出不少新品种。现今，闽式糕点更为繁盛，影响到台湾、香港等地。

闽式糕点主要的风味特色是：(1)选料重用当地特产的香菇、冬笋、建莲、肉松、桂圆、虾干、冬紫菜、浒苔、芝麻、糯米酱和老酒，地方风情浓郁。(2)水油皮面团二次加水，油酥面团双破筋；还有添花芋泥制坯和片糕吸潮等特殊工艺。(3)肥美软糯，甜中带咸，口感不同于其他糕点。(4)节令糕点和喜庆糕点名目繁多，深受侨胞的喜爱。

名品有：福建礼饼、桂圆月饼、果心饼、光饼、花纹糕、食珍桔红糕、什锦肉糕、包袱酥、咖喱牛肉饺、宝来轩猪油炒米、南轩村麻芝，雪蛋、开口笑、菜头饼、八果饺、蒜良枝、藕筒糕、软生卷、亦丰有咸南炒米、剃头糕、水浊轩椒盐真酥等。

扬式糕点

中国糕点的八大帮式之六。

发源在江苏省扬州市，已有2000余年的历史。入唐后，推出荷叶夹、鲥鱼卷、荸荠饼等数十种花色，鉴真和尚曾带胡饼、蒸饼、薄饼东渡日本。由宋至清，“维扬细点”多作贡品敬献朝廷，因而蜂糖糕又有“通京”的别名。现今全年可以交替生产400多个品种，不少技术传播到镇江、南京、苏北和皖北。

扬式糕点主要的风味特色是：(1)工艺精湛，手法细巧。像茶馓可制成菊花型、葫芦型、木梳型和折扇型；花茶点可捏出花卉、人物图案；董糖可以包芯折叠；嵌桃麻片可仿拟山水景物等。(2)入口酥脆，馨香浓郁。雪片糕、玉兰片、桃酥、小麻饼等，无不如此。(3)有喜庆品种、工艺品种、常年品种之别，可分别用于不同的场合，妆点气氛。(4)按季节上市，春有眉公饼，夏有水晶糕，秋有重阳糕，冬有蜂糖糕，琳琅满目。

名品有：五仁双麻饼、荤糖月饼、眉公饼、糖江脐、蝴蝶酥、桂花京果粉、大京果、方蛋糕、重阳糕、嵌桃麻糕、八珍参糕、茶馓、玉兰片、董糖、桂花牛皮糖、格子酥、素枣糕、揉糖馒头、运司糕、鲥鱼卷、蚌蠍饼、荷叶夹、荸荠饼等。

宁绍式糕点

中国糕点的八大帮式之七。

诞生于浙江省的宁波市和绍兴市。春秋时的越国，曾有“小工糕”的生产。到了明代，出现专营作坊，品种日益丰富。清朝咸丰年间，是宁绍糕点的全盛时期，有“四大家”与“八小家”竞长争高，精品迭出，如“玉露霜”、“天花粉”、“苔菜月饼”、“水蒸豆糕”等等。现今其影响直达杭州和上海，部分名品还远销香港及南洋。

宁绍式糕点主要的风味特色是：(1)宁式糕点多为米制品，专长于炊糕，习以苔菜(海产藻类，色青绿，味香美)配馅，咸中带甜透鲜，重糖轻油，淡雅疏松。(2)绍式糕点也以大米为主料，爱拌桂花与潮粉，椒盐品种多，四季轮换上市，口感清鲜。

名品有：松仁糕、百果糕、水蒸豆糕、苔菜生片、苔菜月饼、苔菜油占子、苔菜千层酥、盒子酥、枣仁酥、饶阳酥、桂花炒米糕、烧蛋糕、印糕、酒香月饼、太子饼、玉露霜、天花粉、绍式大夹沙、吉饼、祭灶果、水绿豆糕、玉荷酥、朝笏香糕、酥糖饺、水晶团子、五香片等。

高桥式糕点

中国糕点的八大帮式之八。

起源于上海市浦东区高桥镇一带的农村，至今已有百余年的历史。最早为过年、走亲戚时用的“塌饼”，后增添“千层饼”、“一捏酥”、“薄脆”等品种。其中的“千层饼”松酥爽口，又名“松饼”，是高桥糕点的代表品种之一。20世纪30年代，改用机器生产，很快风行上海。现今工艺不断更新，不仅畅销全国，在海外亦受欢迎。

高桥式糕点主要的风味特色是:(1)米制品居多,主配料筛选严格,有鱼米之乡的情韵。(2)广集京点、苏点、广点、川点、闽点、扬点、越点之所长,制作考究,有“海派饮食文化”的风格和浓郁的现代化大都会色彩。(3)外形美观,包装科学,清香酥脆,油而不腻,香甜爽口,糯而不粘。(4)配方比较注意营养调剂,符合当代国际上的饮食潮流。

名品有:松糕、猪油年糕、粉蒸蛋糕、粽子、青团、一口酥、鲜肉月饼、高桥薄脆、巧果、水桃酥、细沙定胜糕、玫瑰印糕等。

北京小吃

中国小吃的地方风味流派之一。始萌于隋唐,辽金得以发展;至元已经著称,有正饼、仓馒头、炒黄面等问世。明季,宫中盛兴节食,花色繁多;入清,又吸收满点,日趋丰实。现今它包括汉民风味小吃、回民风味小吃和宫廷风味小吃3大系列,品种有荤素、甜咸、干湿、冷热之分,共300余种,集中在隆福寺、西四、大栅栏、天桥一带供应。

北京小吃主要的风味特色是:(1)应时当令,适应节俗。春有艾窝窝、黄米面炸糕、驴打滚、豆腊糕;夏有奶酪、杏仁豆腐、漏鱼、凉粉;秋有江米藕、栗子糕、糖茶菜、烤白薯;冬有盆糕、羊肉杂面、白汤杂碎、年糕。(2)用料广博、品种丰富。像豆类有小豆、芸豆等近10种,烧饼有一品烧饼、马蹄烧饼等10多种,常用的配料、佐料有100余种。(3)技法多样,工艺精巧。如1500克面团可抻出4096根2米以上的细条,500克新磨的玉米面可捏出100个小窝头;擀、包、捏、卷,因品而定,煎、烤、爆、炒,各随人意。(4)有不少别具一格的奶茶铺,专门供应奶酪、奶干、奶卷、奶饽饽、奶棋子等奶制品,奶香馥郁。

代表品种有:汉民小吃多以猪的内脏为主料,品种专一,如都一处三鲜烧麦、天仙居炒肝、馄饨侯馄饨、合义斋灌肠、景泉居苏造肉、小陈肠卤煮小肠,以及祥瑞饭馆的褡裢火烧、鼓楼小吃店的片丝火烧等。回民小吃擅长制作油炸食品,讲究荤素、咸甜、干湿配套。如老豆腐配火烧、豆腐脑配芝麻烧饼、馅饼配小米粥、焦圈配吊炉烧饼、豆汁配咸菜、薄脆配牛舌头饼;还有蜜麻花、奶油炸糕、炸年糕坨、半焦馃子、炸荷包、炸嘎渣盒等。宫廷小吃讲究配方与造型,以精巧细腻著称,有小窝头、豌豆黄、芸豆卷、栗子糕、肉末烧饼等,见“北京宫廷御点”和“满族祭相饽饽”条。

天津小吃

中国小吃的地方风味流派之二。孕育于宋元,成熟在明清,随天津卫的兴盛而兴盛。民间初年还出现了五个小吃群:南市“三不管”、乌市、河西谦德庄、河东地道外以及南开新“三不管”,异常红火。

天津小吃主要的风味特色是:(1)面食品占多数,选料广而精,小吃资源雄厚,四时品种不同。(2)五方杂处,“路通各省”,广集南北各地小吃技艺之精华,制作细且严。(3)档次分明,各味兼备,北国风味浓郁,有着滨海食肴的特殊气质。(4)经营方式灵活,网点成片,早市、午市和夜市兴隆,“南市食品街”驰誉全国。

代表品种有:狗不理包子、桂发祥大麻花、耳朵眼炸糕、虾籽豆腐脑、嘎巴菜、炸蚂蚁、肉火烧、煎焖子、熬鱼、杨树糕干、棒槌果子、白记水饺、捶鸡汤面、五香驴肉、贴饽饽熬小鱼、泡腊八蒜、王记剪子股麻花、陆记烫面炸糕、石头门坎素包、炸银鱼、全羊汤、什锦烧饼等。

山东小吃

中国小吃的地方风味流派之三。始萌于汉,有赵歧流落北海时卖饼的记载。北魏时的《齐民要术》,又介绍了众多的小吃品种。唐宋,技艺进一步发展,出现樱桃馅、五色饼、汤中牢丸、诸色包子。明清形成体系,蒲松龄对它有“霍罗(饸饹)压如麻线细,扁食(饺子)捏似月牙弯,上盘薄脆连甘露,透油飞果有套环,油馓霜熟兼五味,糖食酥饼亦多般”的赞词。现今它的品种多达数百,包括民间小吃、肆食小吃、筵席小吃三大系列。

山东小吃主要的风味特色是:(1)大多源自民间,与人们的生产劳动、节气时令、风俗习惯及物产资源有关。(2)技法多样,有蒸、煮、烤、烙、煎、炸、炒、焖、烩、贴多种,各种面团齐备,馅心形形色色。(3)物美价廉,城乡随时可见。制作时明堂亮灶,常以精妙的绝活吸引路人。

代表品种有:周村酥烧饼、武城暄饼、荷叶饼、油馓、潍县杠子头火烧、饸饹、煎饼、糖酥煎饼、高汤小饺、锅贴、煎包、开花馒头、汆子面、金丝面、蛋酥炒面、蓬莱小面、福山拉面、鸡肉糁、甜沫、大柳面、状元饺、草包包子、八批果子、小刀面、盘丝面、博山石蛤蟆饺子、潍坊朝天锅、单县羊肉汤、吊炉烧饼、鱼肉饺子等。

山西小吃

中国小吃的地方风味流派之四。始自汉唐，中兴于宋元，明清进展极快，有"世界面食在中国，中国面食在山西，山西面食在太原"之说。现今包括晋式面点、面类小吃和山西面饭三大系列，有500多个品种，其花样之繁，功力之深，为全国之冠。

1. 晋式面点。注重色味质感，讲求看好吃香，调配考究，做工精细。传统品种有：金丝一窝酥、麻仁太师饼、天花鸡丝卷、火腿萝卜饼、雪花蘑菇糕、九龙玉面饺、三丝春卷、百花烧麦、芙蓉糕、闻喜饼、玫瑰饼、茶食等100余种。

2. 面类小吃。品种多样，季节性强，有黄土高原的地方特色。精品有：荞麦灌肠、荞麦凉粉、太谷饼、葱花脂油烧饼、莜面搓鱼、硬面盖帽、鸡蛋旋、红枣粟米切糕、大头麻叶、葱花烙饼、砂子饼、豌豆澄沙糕、石头巴饼、烫面油糕、水煎包、豆面瞪眼、猪肉旋饼、羊肉蒸饼等100余种。

3. 山西面饭。此乃山西小吃之精华，集中国面食之大成。特色有四：(1)米麦豆薯，皆可制面，面团多达20余种。(2)花式繁多，技法奇绝。有拉面、削面、拨鱼、搓鱼、流尖、蘸尖、握溜溜、擦圪蚪等100余种手法。(3)成熟方法多种多样，煮、炒、炸、焖、蒸、煎、烩、煨，各随人愿。(4)浇头有7大类，100余种，还讲究面码和小料，因面而变，四季新鲜，消沾利品，增添食欲。像太谷流尖菜饭、吕梁山药合冷、雁北莜面角子、昔阳扁食头脑、长治蒜辣揪片、汾阳酸汤削面、晋中小米盒子饭、太原拌疙瘩、晋南"胡子"等，均不同凡响。

山西小吃中还有不少其他地方少见的品种，如漏面、栲栳、搓碗、滑垒、漂抿曲、油柿子、卷卷、帽盒、砂锅烩面、奶油烤面、豆角焖面、南瓜焖鱼种种。现今当地还推出蜚声海内外的"太原全面大席"，供不应求。

此外，山西喜庆礼馍(参见该条)，蕴藏着深厚的黄河文化风情，亦为人称道。

上海小吃

中国小吃的地方风味流派之五。始自南宋，最早出现的是节令品种，如春玺、栗粽。降及明初，工艺日渐精美，有了纱帽形的烧麦。清季，由于城市发展，商业畅达，小吃进步极快，推出薄荷糕、南翔馒头等名品。现今已育成城隍庙小吃、高桥糕饭和葛派点心(参见"上海葛派花点"条)3大系列，在国内外享有较高声誉。

上海小吃主要的风味特色是：(1)品种繁多，兼具南北风味。品种多达700余种，涌现出一批名店名品。如乔家栅的粽子、鲜得来的排骨年糕、小绍兴的鸡粥、杏花楼的月饼。(2)选料严谨，制作精细。像制作桂花薄荷糖油馅心有近10道工序，而火腿粽子只有拇指大小。(3)应节适令，因时更变。春有汤团，夏有冷面，秋有蟹粉小笼，冬有羊肉煮面。(4)供应方便灵活，摊点密布，"小吃群"林立，各种档次兼备，丰俭任凭挑选。

代表品种有：重油酥饼、火腿金瓜丝酥饼、蟹壳黄、枣泥酥饼、粢饭糕、南翔小笼馒头、生煎馒头、蒸拌冷面、阳春面、开洋葱油拌面、擂沙圆、百果馅酒酿圆子、鸽蛋圆子、猪油百果松糕、油氽排骨年糕、鲜肉猫耳朵、咸豆浆、面筋百页、糟田螺、油氽鱿鱼、白切羊肉、小绍兴鸡粥、鸡鸭血汤、虾茸馄饨、八宝酥盒、一捏酥等。

江苏小吃

中国小吃的地方风味流派之六。起源于吴越，历经百代而不衰，自古便有"金陵小食，脍炙人口"，"姑苏糕团，齿颊留芳"、"扬郡面馆、美甲天下"的定评。它工艺精细，格调高雅，支系众多(含扬州富春茶点、南京夫子庙小吃、苏州观前街小吃、无锡太湖船点、苏州糕团、南通美点等等)，品种多达千计，宛如工艺精品。

1. 扬州富春茶点。"发酵面最佳，手捺不盈半寸，放松隆然而高"，馅心配制精妙。它以富春茶社为中心，播及扬州、镇江、淮阴、淮安一线。精品有三丁包、文楼汤包、淮安茶馓、淮饺(小馄饨)、五丁包、煮干丝等，见"扬州富春茶食"条。

2. 南京夫子庙小吃。以永和园茶社为轴心，由57家饮食店和200多种小吃构成。特色是：历史老、工艺精、款式新、风味奇。精品有油炸干、豆腐脑、五香回卤干、五香茶叶蛋、蛤蟆酥、乌龟子(小元宵)、小刀面、素菜包、鸭油酥烧饼、蒸儿糕。

3. 苏州观前街小吃。形成于清末，操作精，造型美，富有姑苏园林的风情。精品有梨膏糖、酒酿圆子、油氽排骨、什锦莲子、藕粉圆子、赤豆糊、千张包子、白汤大面、鸡酥豆糖粥、海棠糕、酱螺蛳、盐金花菜、油渣豆腐浆、喜蛋。

4. 无锡太湖船点(参见该条)。始于吴越，源远流长。以混合米粉做坯染色，馅心用百果子、枣泥、玫瑰等调制，仿瓜果禽兽成型，每盘10件，娇小可爱。因系舟厨所创，多在画舫上食用，故名。精品有仿制的南瓜、白菜、葫芦、茄子、番茄、白兔、雏鸡、金鱼、螃蟹、小猪等。

5. 苏州传统糕团(参见该条)。以“黄天源”所出最佳，为南米制品中的佼佼者。吃口软松糯韧，香甜肥润。精品有猪油年糕、松子百果蜜糕、荤油大方糕、松子枣泥拉糕、定胜糕、五色大麻糕，以及桂花元宵、萝卜丝团、五色汤团、南瓜团等。

6. 南通小吃。1000年前即有渊源，工艺新颖。选料爱用青蒿、柳芽、枸杞、荷叶，馅心取自紫苏、青梅、橄榄、香橼，成型工细，四时供应。精品有藿香饺、珍珠笋、西瓜冻、文蛤饼、烤山芋、青蒿团、蟹包、蛋饼。

四川小吃

中国小吃的地方风味流派之七。始于汉魏，兴于唐宋，成熟在明清，是西南风味小吃的典型代表，在海内外评价较高。它包括成都、重庆、自贡、乐山、江津、绵阳诸支系，以花色齐全、风味别具、经济实惠而驰誉南北。

四川小吃主要的风味特色是：(1)用料广泛。从米麦豆薯到鸡鸭鱼肉，从蛋奶蔬果到山肴野味，无不取之。其中特别是豆、薯的利用，卓有创造。(2)技法全面，品种多样。技法有10余种，品种有数百，包子与锅盔均有10多种花色，还有独一无二的“燃面”。(3)注重传统工艺。像赖汤圆、小笼蒸牛肉、波丝油糕、叶儿粑，都是一丝不苟。(4)以善调多种复合味著称，与川菜异曲同工。小吃的味型多达数十种，品尝之时，满口馨香。(5)讲究吃的艺术，有零吃、套餐、小吃席种种，专营店打出老字号的招牌，极富吸引力。总之，是“四胜”：以味取胜(清鲜醇浓并重，善用麻辣)；以汤取胜(讲究制汤，以汤佐味)；以优取胜(强调质量和信誉，保持传统风味)；以廉取胜(价格适中，贫富咸宜)。

代表品种有：赖汤圆、龙抄手、钟水饺、马红苕、韩包子、担担面、鲜花饼、蛋烘糕、缠丝酥、叶儿粑、蒸蒸糕、鸡汁锅贴、珍珠圆子、川北凉粉、宜宾燃面、玻璃烧麦、崇庆冻糕、芝麻圆子、大竹醪醩、小笼蒸牛肉、五香牛肉干、火边子牛肉、苕茸香麻枣、炒米糖开水、鸡蛋熨斗糕、顺庆羊肉粉、青城白果糕、广汉三合泥、灯影牛肉等。

广东小吃

中国小吃的地方风味流派之八。起源于唐宋，元明有大的发展，清代昌盛，20世纪初蔚为大观。皮有四大类23种，馅有3大类47种，成熟方法主要是4种，产品包括油品、糕品、粉面品、粥品、甜品和杂食6个大类，共有各种花式点心2000余种。它们常在茶楼、酒家、大排档上供应，并构成“食在广州”的一大特色。

广东小吃主要的风味特色是：(1)糖、油、蛋、奶下料重，酥点居多。(2)微生物发酵与化学剂催发并用，质地异常松软。(3)馅料重用鱼虾鸡鸭和花卉果珍，味鲜且香。(4)依据节令上市，四季界限分明。(5)款式新颖，型制纤巧，名贵高档。(6)命名典雅，多为5字，富有画意诗情。

代表品种：有8个系列。一是常期点心，全年上市。如蚝油叉烧包、薄皮鲜虾饺。二是四季点心，轮换供应。如春有百花雀巢蛋，夏有生磨马蹄糕，秋有蟹黄灌汤饺，冬有腊肠糯米鸡。三是星期美点。首创于20世纪20年代，由金菊园茶社率先推出，福来居、陶陶居、陆羽居竞相仿效，一时蔚成风气。其制是每周推出成双成对(如6甜6咸、8甜8咸)的新品种，要求“三点(汤点、饭点、茶点)俱全”，兼用各色面团、馅心、型制与成熟方法，中西皆备，而且每款5字，用词不可重复。如枣茸草叶角、凤肝擘酥盒之类。四是席上点心，主要是点缀席面。要求娇小精美，咸甜并重，点与菜配合，餐具秀丽。如绿茵白兔饺、彩蝶弄娇花。五是节日点心，应节上市。如煎堆、马蹄糕。六是旅行点心，可以随身携带。如伦教糕、皮蛋酥。七是早茶点心，充作晨餐。如煎酿鸭掌、肠粉。八是招牌点心，竞争扬名。如陶陶居月饼、沙河粉等。

此外，成珠鸡仔饼、冰肉千层酥、大良膏煎、蜂巢芋角、粉果、沙翁、及第粥、艇仔粥、沙湾姜汁撞奶、干蒸烧麦、荷叶饭、广式月饼、大良双皮奶等，也有名气。

湖北小吃

中国小吃的地方风味流派之九。始萌于战国时期，《楚辞》中已有粔籹、怅惶等记述。进入汉魏，《荆楚岁时记》介绍了众多的节令小吃。由唐至元，五祖寺斋点和东坡饼等破土而出。降及明清，又推出孝感糊汤米酒、荆州八宝饭、云梦鱼面、沙市牛肉抠饺子等精品。现今它已形成汉沔小吃、荆南小吃、襄郧小吃、鄂东小吃、恩施小吃等五大系列，共有500多个品种，在长江中下游一带享有盛誉。

湖北小吃主要的风味特色是：(1)主料多为米、豆、莲、藕，米粉面团和米豆混合磨浆烫皮的制品较多，质感糍糯香滑，豆皮、豆丝名闻全国。(2)工艺讲究，以精取胜。如汤包讲究一个"包"字，豆皮讲究一个"煎"字，八宝饭讲究一个"烩"字，瓦罐鸡汤讲究一个"煨"字。(3)因时而异，轮换上市。春有春卷，夏有凉面，秋有油炸干子，冬有排骨煨藕，常吃常新。(4)早市红火欢腾，形成"神州一奇"——"武汉人过早"的民俗景观。不论冬夏晴雨，食摊鳞次栉比，人流蜂攒蚁聚，街巷为之堵塞，吸引了众多的中外游客。

代表品种有：老通城三鲜豆皮、四季美汤包、东坡饼、黄州甜烧梅、红安瓮子粑、沙市牛肉抠饺子、圆豆汤泡糯米、宜昌夹货、冰凉糕、热干面、苕面窝、扯糍粑、云梦炒鱼面、张三口羊肉面、老谦记枯炒牛肉豆丝、谈炎记水饺(馄饨)、桃花面、孝感糊汤米酒、糊汤米粉、归元寺什锦豆腐脑、马悦珍锅盔等。

湖南小吃

中国小吃的地方风味流派之十。始萌于战国时期，《招魂》中已见记载；长沙马王堆汉墓中还出土了大量的米面实物。唐宋元明，推出众多的市肆小吃；清末的三湘方志中又收录了数十款节令美食，并以火宫殿小吃群驰名于世。现今湖南小吃包括湘中丘陵地区小吃、湘西南山区小吃和洞庭湖区小吃3个类别，有400余种。

湖南小吃主要的风味特色是：(1)湘中小吃用料广泛，组配讲究，做工精细，花样繁多，蒸制品色白暄软，炸制品松酥焦脆，煮制品汤汁鲜香，油炸臭豆腐回味无穷，牛肉米粉醇烂香浓。(2)湘西南小吃多为米、面、豆、薯调制的糕饼，色泽红黄，经济实惠。(3)洞庭小吃善于利用肉杂、鱼虾和淀粉，成品软、嫩、鲜、滑，食法多系干湿搭配。(4)同湘菜一样，具有山乡渔村饮食文化特色。

代表品种有：社饭、虾饼、糍粑、脑髓卷、姊妹团子、鸳鸯酥、糯米藕饺饵、湖南和记牛肉米粉、八宝龟羊汤、龙脂猪血、罐子鸡、长沙火宫殿臭豆腐、健米茶、芝麻豆子茶、排楼汤圆、馓子、糯米灌辣椒、凉粉、神仙钵饭、三角豆腐、八宝果饭、牛角蒸饺、红烧蹄花、狗肉馓子、什锦湘莲、枸杞银耳、清炖龟鞭、菊花烧麦等。

安徽小吃

中国小吃的地方风味流派之十一。始源于汉唐，有肥东龙灯节的美食"示灯粑粑"传世。入宋，又有"大救驾"推出。由元至清，相继形成皖南山区小吃、沿淮小吃和沿江小吃等三大系列，皆以香美的风味、浓郁的乡情和优美的传闻而脍炙人口。

安徽小吃主要的风味特色是：(1)皖南小吃古朴典雅，以蒸煮见长，多选糯米、籼米制粉磨浆，木模成型，秀丽端庄。(2)沿江小吃咸鲜略甜，火功独到，不论蒸、炸、烤、煮，均有酥、糯、软、香的美感。(3)沿淮小吃精于烤、炸，每一品种的主辅料甚多，重视咸鲜复合之味，颇耐品尝。(4)不在市场出售的民间小吃众多，其乡土情味浓郁，多用作礼品馈赠亲朋，或在年节和红白喜庆之时宴享宾客。

代表品种有：大救驾、示灯粑粑、徽州饼、牛肉煎饼、黄豆肉馃、小红头、苎叶馃、混汤酒酿元宵、正福斋汤团、三河米饺、小笼渣肉蒸饭、豆皮饭、酥鸭面、蝴蝶面、蒸卤面、腊八粥、深渡包袱、乌饭团、荠菜团子、清明馃、虾籽面、鳝鱼面、江毛水饺、肖家桥油酥饼、烤山红、干菜包、臑汤、五仁油茶、鸡血糊、蚕蛹酥、包河藕粥、毛豆腐、小花狮头、八公山豆腐脑、糊、霸王酥、酥笏牌、冬菇鸡饺、蟹黄汤包等。

浙江小吃

中国小吃的地方风味流派之十二。起源于汉唐，南宋是其发展高峰，当时的蒸作面行、馒头店、粉食店、菜羹店、茶肆、酒楼等，都有小吃供应，品种多达百余(见《梦粱录》)。入明，名医陈实功又创造出疗补点心"八珍糕"，影响甚大。清代至今，浙江小吃已形成杭嘉湖小吃、宁绍小吃、浙西山丘小吃、沿海海鲜小吃等众多系列,更显得绚丽多姿。

浙江小吃主要的风味特色是:(1)杭嘉湖小吃和宁绍小吃习以米、豆作主料,善于制作糕团饭粥,讲究甜、糯、松、滑。(2)浙西山丘小吃习以麦类、杂粮作主料,善于制作饼粿饺面,讲究咸、香、松、脆。(3)沿海海鲜小吃习以鱼虾、菌藻作主料,善于制作汤羹杂食,讲究鲜、咸、醇、浓。(4)节令食品众多,四季调排有序,且与风俗人情相结合,有着中国传统饮食文化的深厚底蕴。

代表品种有:吴山酥油饼、八珍糕、金华干菜酥饼、马蹄酥、葱包桧儿、丁莲芳千张包子、清明艾饺、幸福双、侯口馒首、重阳栗糕、白糖肥肉松糕、龙凤金团、雪团、嘉兴五芳斋鲜肉粽子、诸老大粽子、虾爆鳝面、片儿川、湖州大馄饨、鱼肉皮子馄饨、猫耳朵、宁波汤团、豆腐圆子、菜卤豆腐、糯米素烧鸡、虾饺、苔菜千层饼、雪球鱼汤、桂花鲜栗羹、八宝酿猪肚、西湖藕粉、糖霜粿、鸡肉线粉、十景(什锦)糕、糖年糕等。

福建小吃

中国小吃的地方风味流派之十三。起源于汉唐,《闽小记》中已有"闽人以糯稻酿酒,其余揉粉,岁时以为团粽馃糕之属"的记载。经过宋元明清的演化,到了民国初年已出现"糅篮漆盒、交错于道","馈赠亲友、彼往此来"的盛况。现今福建小吃包括糍粿、麦豆薯小吃、海鲜小吃三大系列,各有殊风别韵。

福建小吃主要的风味特色是:(1)糍粿小吃是其主体,又细分为糍、粽、馃、糕四类,多系米、油、糖制成。其中,糍形圆,有空心、实心之别;粽形扁,皮薄肉实;馃为多角形;糕松软而富弹性。(2)麦豆薯小吃醇香、甜润,习加中药材与香料,滋补功效好。(3)海鲜小吃鲜香而富于营养,有干稀、冷热等众多品种。(4)重视芥辣酱、芝麻酱、花生酱、辣椒酱、番茄酱、酸梅酱、沙茶酱、萝卜酸、蒜泥、香菜、荞头、酱油、乌醋、桔汁等味料的使用,百味俱陈,食之溢香。

代表品种有:蛎饼、光饼、薄饼、蠘卷、马蛋、芋包、芋馃、蚝煎、韭菜盒、四方饺、炒面线、手抓面、小长春、油葱馃、土笋冻、鼎边糊、花生汤、包心鱼丸、五香捆蹄、水烫花螺、汀州豆腐干、桔红糕、白糖碗糕、油糍、糯米饹、麻糍、米烧馃、锅边、蚂丸等。

台湾小吃

中国小吃的地方风味流派之十四。始于宋元。郑成功收复台湾后,当地民间小吃与大陆小吃逐步融合,形成特异的"闽台风味"。后来又受到日本食风的影响,推出噌汤、天妇罗、寿司和生鱼片等。1949 年以后,大陆小吃一度风行全岛;60 年代开始,又相继引入西餐洋点,因此而构成一个多元化的小吃体系。现今台湾小吃以台北为中心,向基隆、新竹、台中、花莲、台南、台东、高雄、鹿港、北港、嘉义、澎湖等地辐射,独具妍色。

台湾小吃主要的风味特色是:(1)原料以米麦豆薯和禽畜海鲜为主体,重视沙茶、芥辣、酸梅、乌醋等味料的使用,口味嗜好上与福建小吃有些近似。(2)吸收了大陆各省市以及荷兰、日本、韩国、美国等域外小吃的精华,内涵丰富,体系庞杂。(3)档次上包括"吃饱"与"吃巧"两大类,前者价廉物美,后者工艺精细,可以充分满足不同消费群的需要。(4)近年来又增添不少方便食品,充实了小吃的阵容。

代表品种有:五彩润饼、金钱虾饼、红鲟米糕、棺材板、虱目鱼粥、八宝芋巢、天妇罗、金瓜米粉、芋屯、酥炸高渣、度小月担仔面、鳝鱼伊面、方便面、方便粉、蛤子烫饭、爊肉饭、鲁肉饭、切仔面、清粥、虾仁肉羹、豆签羹、八宝冬粉、雪锦冰、蚵仔煎、炒生螺、烧醉虾、大饼包小饼、贡丸、肉丸、太阳饼、凤梨酥、蜜豆冰、虾猴、凸饼、鸡干饭、凤眼糕、豆腐干等。

河南小吃

中国小吃的地方风味流派之十五。起源于商周,发展在汉魏,兴盛于宋元,成熟在明清。特别是北宋,可谓河南小吃的黄金时期,仅《东京梦华录》所记,就有品种近 400,其中可以辨认、并流传至今的市食小吃便有 100 余种,像梅花包子、史家瓠羹、曹婆婆肉饼、丁家素分茶,古今擅名。现今的河南小吃包括郑州小吃、开封小吃、洛阳小吃、商丘小吃、南阳小吃、信阳小吃、新乡小吃、安阳小吃、平顶山小吃等众多支系,在华北地区饶有名气。

河南小吃主要的风味特色是:(1)历史古老,百代相承,不少名小吃保留有岁月的烟尘,是研究中国面点史的珍贵资料。(2)以面制品为主体，面团和馅心的调制功力深厚，善于蒸、烙、煮、烤，造型大方、质朴。(3)讲究原汁原味，素而不淡，荤而不腻，甜咸适中，档次符合士农工商的不同需求。(4)信守传统，不盲目模仿，始终重视中州大地的乡土特色，古朴而又丰满。

代表品种有：八宝馒头、白糖焦饼、小焦杠油条、枣锅盔、粘面墩、鸡蛋布袋、荆芥面托、瓠包、凤球包子、开封第一楼小笼包子、勺子馍、顾家馍、鸡丝卷、豌豆馅、绿豆糊涂、血糕、武陟油茶、沈丘贡馍、烫面角、小菜盒、羊肉辣汤、江米切糕、油酥面蛹、双麻火烧、劈柴块锅盔、僧帽双瓤烧饼、吊卤面、浆面条、莲叶稀饭、茶汤、豇豆麦仁汤、夫子酒烩汤圆、碎金饭、黄米粽、杏仁茶等。

陕西小吃

中国小吃的地方风味流派之十六。起源于先秦，推出了“石子馍”和“甑糕”。汉唐时从西域传入“胡饼”，长安有了专营小食的“馄饨曲”、“饽饦店”，《烧尾宴食单》中出现花色名点10多款。宋元之际又兴盛蒙、回等民族的小吃；明清即形成众多的小吃市场。现今的陕西小吃包括关中小吃、陕南小吃、陕北小吃和仿唐小吃4大体系，品种多达数百。

陕西小吃主要的风味特色是：(1)以面粉为主料，兼用米豆蛋奶和果蔬；配料重用火晶柿子、薄皮核桃、黑米、槐花等名特物产，乡土气息浓厚。(2)成型工艺以叠、卷、盘、擀为主，多用烙、烤、煮、浸等法，料重味浓，火候足到，口味偏好酸、辣、咸、厚，以香取胜。(3)经济实惠，粗犷豪放，如宽如腰带的面条，大如锅盖的锅盔，用“捞碗”盛装的泡馍等，都是其反映。(4)大多为私人店铺所经营，出现许多“老字号”，各以绝活招徕顾客，小吃市场兴旺繁荣。

代表品种有：石子馍、甑糕、黄桂稠酒、牛羊肉泡馍、海味葫芦头、油泼面、苦荞饸饹、黄桂柿子饼、槐花蒸面、乾州锅盔、胡麻饼、泡泡油糕、歧山臊子面、酿皮子、金线油塔、烩麻食、黑米稀饭、榆林炸豆奶、老童家腊羊肉、王家核桃烧饼、镇川干酪、汉中盐薄脆、窝窝面、西安百花饺子宴、水晶龙凤糕等。

城隍庙小吃群

中国著名的小吃市场之一，由数十家小吃摊点组合而成。位于上海市南市区，紧邻古建筑园林——豫园。其特色是：众多小吃店以城隍庙为轴心，向四周辐射；各店都有“拳头产品”，争相招徕顾客；与风景名胜结合，日流量大，销售额高；不仅上海人经常光顾，外地人来沪也必一游。

1912年前后，城隍庙是上海旧城的商业中心，手工作坊密集，茶馆酒楼林立；加上拜佛求神者众多，异常热闹，因此许多食摊相继来此设店经营，广开财源。抗战期间、1956年工商业改造、以及“文革”10年，城隍庙小吃一度都曾衰落。80年代初期至今，随着改革开放政策的推行和旅游观光业的昌盛，城隍庙小吃很快复苏，并且发展极快，超过了历史上最繁盛的时期，成为海内外知名的小吃城。现在上海市政府又有了扩建城隍庙游览区的宏伟规划，在不久的将来，它的小吃市场将更加兴旺。

城隍庙小吃群主要由以下名店名小吃组成：经营面筋百页、小笼馒头的松盛点心店；经营锅贴、馄饨、煎面、鸡鸭血汤的豫新饮食店；经营枣泥酥饼、三丝眉花面、萝卜丝酥饼、蛋奶包的绿波廊餐厅；经营微型粽子、鸽蛋圆子的桂花厅；经营小笼馒头的南翔馒头店；经营百果酒酿圆子、八宝饭、甜酒酿的满园春；经营重油酥饼、葱油拌面的湖滨小吃店；经营素菜包、素面的春风松月楼等。

玄妙观小吃群

中国著名的小吃市场之二，由固定的小吃店、荷担的摊贩和挎篮叫卖的食贩3部分构成。位于江苏省苏州市闹市中心的观前街，紧邻道教名刹玄妙观。其特色是：小吃群如同长藤牵瓜般地集中在方圆数百米的一个小区内，有特、高、中、低的不同档次；以姑苏风味为主体，还有金陵、淮扬、无锡、徐海等地的一些品种，能展示江苏小吃的精华；花色品种众多，四季轮换上市，构成姑苏旅游的一个景观。

玄妙观原名庆真道院，创建于晋代咸宁年间，观中的3尊三清像，均系南宋遗物。后来香火冷清，到清末才形成商贩林立的集市、姑苏小吃的汇展窗口。近年来经过大力整治，修复了不少名店，更为繁华，成为苏州旅游的一个重要景点，每年接待大批中外游客。

玄妙观小吃群主要由以下名店名小吃组成：经营梨膏糖的文魁斋；经营油氽排骨的五芳斋；经营千张包子的乐口福；经营白汤大面的枫城小吃店；经营酒酿圆子、藕粉圆子、八宝饭、炸酥豆糖粥、香粥的小有天；经营什锦莲子、八宝甜饭、赤豆粥、南塘鸡头汤、鸡鸭血汤的升美斋；经营鸡酥豆糖粥的泰福元；经营素馒头的净素斋；经营鳝丝面条、鳝糊面条、虾仁面条、焖肉面条、葱油开洋面、葱油蹄筋面、虾蟹面的观振兴；以及食贩销售的喜蛋、海棠糕、油渣豆腐浆、油氽瓷饭糕、盐金花菜、酱螺蛳、油氽黄豆、腌黄连头、油氽臭豆腐、油氽三角粽等。

夫子庙小吃群

中国著名的小吃市场之三，由永和园茶点社等数十家历史名店组成。位于江苏省南京市秦淮河畔，紧邻孔庙(即夫子庙)。其特色是：历史久远，从晋至今绵延1600余年，长盛不衰；夫子庙小吃随着儒学的昌隆而昌隆，光顾者多为仕子和文化人，品位较高；供应品种多达数百，以金陵风味为主，兼收江苏各地的名小吃，如同江南的“小吃长廊”；营业额大，有“日进斗金”之说，游客蜂攒蚁聚，在海内外享有盛誉。

夫子庙的前身是东晋所立的太学，宋代扩建成为建康府学，是读书人云集之处。明清两朝继续扩建，成为江南的祭孔圣地。解放以后将它作为名胜古迹保留，更为繁华。自晋代起，夫子庙一带便是著名的“食廊”，到清末已有饮食店57家。由于占尽天时、地利与人和，所以这里的小吃名闻四海，历朝方志均有记载。

夫子庙小吃群主要由以下名店名小吃组成：经营酥烧饼、小笼包饺、千层油糕、各色汤面、什色点心的永和园茶点社；经营素干丝、素菜包、鸭油酥烧饼、豆沙包、牛肉馄饨、烧麦的奇芳阁；经营葱油饼、豆腐脑的六凤店；经营牛肉蒸包、鸭油烧麦、牛肉锅贴、牛肉汤的蒋有记；经营煮面、鲜肉馄饨、小笼包、糍粑、油炸干的沁园小吃店；经营乌龟子(小元宵)、赤豆酒酿元宵、麻团、汤圆的莲湖甜品店等。

火宫殿小吃群

中国著名的小吃市场之四，由数十家小吃摊点组合而成。位于湖南省长沙市坡子街口，紧邻风景名胜火宫殿。其特色是：因“火”而昌，因“神”而盛，是民间火神崇拜的“附产品”；小吃品种多达百余，清一色是咸香酸辣、油重色浓的湘味；多为个体摊贩经营，并以业主之名给小吃命名；不少品种老、精、新、奇，在其他地区罕见。

火宫殿原是一座祭祀火神的庙宇，始建于1747年。每逢拜火谢神，游人云集，热闹非凡。食贩们趁机而入，久之形成小吃市场。民国年间，庙宇被焚；1941年，民间集资重建神殿时，在庙外构建木屋48间，集各种小吃于市，始成规模。1958年、1984年和最近，政府又拨巨款扩建小吃城，成为石山玲珑，曲径回廊的园林式酒家群。现今火宫殿各店铺经常爆满，日营业额高达数十万元，是长沙市饮食业中的创利大户，信誉良佳。

火宫殿小吃群以火宫殿饮食店为龙头，由众多店铺、摊贩组成。其名食主要有姜二爹臭豆腐、姜氏女姊妹团子、张桂生馓子、李子泉神仙缽饭、胡桂英猪血、邓春香红烧蹄花、罗三米粉，以及荷兰粉、三角豆腐、八宝果饭、牛角蒸饺等。近年来还创制出不少新品种，如脑髓卷、菊花烧麦、羊肚丝、玫瑰汤圆。其中滋补系列的清炖龟鞭、八宝龟羊汤、枸杞银耳和什锦湘莲，馓子系列的鸡丝馓子、牛杂馓子、心肺馓子和狗肉馓子，经常供不应求。

北京宫廷御点

中国著名的特色细点之一，诞生于清代宫廷，共历时268年。此点是在周、秦、汉、唐、宋、元、明宫廷御点的基础上，融合满洲饽饽、蒙古“白食”、回民节点、晋鲁面食和江南细点之长，逐渐演化而成。清廷灭亡后，它以“仿膳”的形式继续存在，现今在北京的仿膳饭庄、听鹂馆餐厅、御膳饭店等处仍有供应。

宫廷御点由清宫的“掌关防处”负责督办，“内饽饽房”和“外饽饽房”分别制作。其中，内饽饽房主要承制帝后嫔妃日常及节日食用的各式饽饽和供佛斋点；外饽饽房主要承制宫廷宴会和各种供桌所需的各色面点。从品种看，主要有面条(口蘑鸡丝卤面、葱椒羊肉面、鱼生面、燕窝八仙面、素攒丝面、鸡汁面)、馄饨(猪肉馅绉纱馄饨)，饺子(鸭肉馅临清饺子、羊肉馅煮饽饽、猪肉烫面饺、炸角子)、馒首(竹节卷小馒首、澄沙馅馒首、象眼小馒首、苹果馒首)、包子(猪肉芥菜馅包子、羊肉胡萝卜馅合手包子、糊油包子、螺蛳包子、韭菜篓包子、梅花包子)、卷子(如意卷、佛手卷、莲花卷、鸡蛋卷)、盒子(炸煎饼盒、韭菜猪肉烙盒子)、烧饼(肉末烧饼、五色藩馅饼、绣花火烧、响饼、松饼、涿州饼)、窝窝(小米面窝窝、小窝头)、糕(苏糕、甑儿糕、八珍糕、孙泥额芬白糕、敖尔布哈糕、老米面糕、栗子糕、苜蓿糕、匙子饽饽红糕、炉花糕)、印子(蜂蜜印、鸡蛋印)、馓子(红白馓子),以及月饼、重阳糕、寿桃、粽子等节食,花色多达数百。

宫廷御点的制作特色主要表现在以下五个方面:(1)用料十分广泛,但不追奇逐异。它们多是粮豆禽畜果蔬蛋奶,而很少使用山珍海错与名菌异果。(2)面团多种多样,成熟方法齐备。冷水面、发酵面、油酥面、烫面、炝面都有,煮、蒸、烤、烙、煎、炸、炒、贴灵活运用。(3)成品型制精巧,质量标准规范。宫廷御点注重造型,突出吉祥图案,用料有严格规定,大小都有讲究,从不越雷池一步。(4)满族风味为主,兼顾其他之长。如小米面制品多,重用猪羊肉、奶油和果仁,口味鲜咸香甜,都是满族食风所致;同时也有北京的豌豆黄、江南的苏糕、山东的临清饺子、回民的节食之类。(5)名称朴实易懂,不见雕琢痕迹。它的命名多为写实法,而不像传闻的那般花哨。

山西喜庆礼馍

中国著名的特色细点之二。诞生于黄河流域,已有2000余年的传播历史。它又称"花馍"、"喜馍"、"福供"、"喜供"、"寿供"、"面人"、"面羊"或"面塑造像",是劳动人民创造的一种象形工艺馒头。广泛运用于民间的婚寿喜庆典礼,也作为农家四时八节祈祷祭祀的供品,还是馈赠亲邻和奖赏孩子的礼物。其造型,古代多为面人、面羊、面牛、面猪、面果、面蔬、龙凤龟麟、松竹梅菊、和合二圣与福禄寿三仙;现今则是寿桃、寿杖、喜鹊、鲤鱼、金蟾、元宝、武松打虎和八仙过海之类,带有浓郁的北方农村生活气息和中国传统文化的审美风韵。

许多研究者认为,中国礼馍的根系,是女娲用黄土和水塑造万物生灵的远古神话,以及原始农业文明中的图腾信仰;中国礼馍的枝干,是民间重客好礼的纯朴风尚和种族蕃衍的希望寄托;中国礼馍的叶蔓花果,是北方面点工艺的升华,还有农家婆姨的慧心巧手及其对美好生活的执着追求。

除了青海的化隆,甘肃的临洮,宁夏的吴忠,陕西的米脂、蓝田、郃阳与临潼,河南的沈丘,山东的烟台和高密,河北的怀柔及密云等地之外,山西全境可谓中国礼馍的主要传播中心,对此,《中国地方志民俗资料汇编·华北卷》有详尽记叙。特别是临汾、侯马、运城、晋城、长治、襄垣、五台山等地,礼馍更为精绝。其型制有太极图馍、阴阳八卦馍、日月灯烛馍、百子葫芦馍、虎头娃馍、娃头鱼馍、彩蛋馍、龙馍、凤馍、牛虎合型馍、玄鸟燕子馍、母子蜘蛛馍、蝙蝠馍、蛤蟆馍、羚牛馍、刺猬馍、狮子盘绣球馍、狗馍、猴馍、鼠馍、鹿馍、鸡馍、金瓜馍、南瓜馍、石榴馍、茄子馍、牡丹花馍、佛手馍、花篮馍、如意馍、宫灯馍等数百种。凡动物,四肢肥胖,憨态可掬;凡植物,根茎叶蔓,丝丝不乱;凡器皿,惟妙惟肖,寓意吉祥,都具有北方民间工艺品浑厚、拙朴、变形夸张的特点。

礼馍技艺带有家庭传承性,亦在亲眷中切磋,一般不传外人。会做礼馍者,常有"好婆姨"、"巧媳妇"、"俊闺女"的名声。礼馍制作还有很强的季节性,多在麦收之后与中元节之间,成品可以存放1～3月。除了祭祀、馈赠和宴宾,礼馍还可以作为老人与儿童的营养品。现今山西各旅游景点多有礼馍出售,中外游客无不购买几只留作纪念。

苏州传统糕团

中国著名的特色细点之三,南米制品中的佼佼者。诞生于文化名城苏州,有2000余年的演化历史。它秉承战国时期荆楚美食"粔籹蜜饵"、"粮饵粉糍"的工艺传统,吸取南宋糕团食品的调制方法,在明初结出硕大的花蕾,历经500年至今依然大放光华。曾多次在国际食品博览会上获奖,现今真空包装,用飞机运送欧美等国销售,供不应求。

苏州传统糕团包括糕、团两个大类。其中,糕多用糯、粳米粉按7∶3或6∶4的配比蒸制而成。甜咸皆备,甜品居多。甜味有玫瑰、白糖、薄荷、豆沙、枣泥等馅心;咸味有椒盐、葱猪油、鲜肉、虾肉、炒肉等馅心。或用模具定型,或蒸好后改刀成型。名品如大小方糕、定胜糕、斗糕、圆松糕、松子糕、八珍糕、赤豆糕、猪油年糕、百果蜜糕种种。

团则是手工捏制成型，又分3类。一为汤团。系用糯、粳米粉按8：2的配比，用水磨磨浆，吊干成粉，包馅熟制而成，其色雪白。二为青团。系清明的节食。用麦叶或青菜取汁，加水与石灰搅拌，沉淀后取清汁调拌纯糯米粉，内包豆沙猪油馅心蒸制而成，其色碧绿。三为油氽团。系以纯糯米粉包鲜肉馅心油炸而成，其色金黄。名品如桂花元宵、青团、萝卜丝团、南瓜团、五色汤团、炸肉团等。

苏式糕团全部采用生物色素和天然香料，有“绿色食品”之誉；同时形如牙雕玉器，艳丽夺目，又被称作“工艺食品”，历来评价甚高。

无锡太湖船点

中国著名的特色细点之四。诞生于太湖的游舫之上，有800余年的演化历史。其源可以上溯到春秋时期吴越的船宴，五代时期后蜀的浣花溪船宴，以及南宋时期临安的西湖船宴。明初，太湖水上旅游昌盛，不少船家随船准备各式茶点，以供长途泛舟的游客充饥，它才颖脱而出，以“船点”命名。后来历代名师不断对其研究改进，大胆地用鱼虫鸟兽、花卉瓜果的形态造型，才形成小巧玲珑、栩栩如生、既可观赏、又可食用的特色。现今的太湖船点制作更精，且与船菜配套，一盘10件，型制各异，号称“什锦美点”，是江南米制品小吃中的奇葩。

太湖船点以混合米粉作坯皮，加麦叶汁等色素染色，内包荤、素、甜、咸馅心，仿飞潜动植形态成型，入笼蒸制而成。其馅料有豆沙、玫瑰、枣泥、芝麻、火腿、鸡丝、萝卜丝、葱油、桔子、香蕉种种；品状包罗南瓜、白菜、葫芦、番茄、西瓜、茄子、小兔、雏鸡、小鸭、小鸟、金鱼、螃蟹之类；每件重10～25克，外观看去，酷似小面人或瓷塑，姿态万般，可在案头清玩。

无锡太湖船点与山西喜庆礼馍异曲同工，都具有工艺精湛、形态肖似、口感柔和、色调自然的特色。它们南北辉映，分别展示出黄河与长江流域的饮食文明。

扬州富春茶食

中国著名的特色细点之五。诞生于扬州的茶肆，约有1200多年的演化历史。它兴于唐宋，发展在元明，至清蔚为大观，获得“扬州茶肆，甲于天下”的美誉。由于它的供应中心，是位于扬州市得胜桥街，1885年开业，以经营三丁包子、翡翠烧麦、千层油糕、双麻酥饼著称的富春茶社，故习惯以“富春茶食”命名。

扬州富春茶食具有三大特色：

第一，网点密布，环境优美。像乾隆年间，扬州茶肆便有数十家，二梅轩、文杏园、天福居、双虹楼、小秦淮、文兰天香等等，便是其中的代表。这些茶社，“楼台亭舍，花木竹石”，“占湖山之胜”，“杯盘匙箸，无不精美”。现今的富春茶社，秉承古风，亦是以园林之美取胜，可以逗撩诗情。

第二，茶点精致，服务周全。“扬州好，茶社客堪邀。加料干丝堆细缕，熟铜烟袋卧长苗，烧酒水晶肴。”这是清代扬州茶肆风光的写照。现今的富春茶点，选料讲究，制作精细，有各种面团、各种馅心、各种成熟方法的细点200余款，三丁包、蟹黄包、荠菜包、雪笋包、生肉包、豆沙包、枣泥包、干菜包等名传遐迩。而且服务配套成龙，接待热情规范，是江南著名食府之一。

第三，名士相邀，品茗论艺。扬州茶肆的常客多为读书人，文化品位较高。即便是市民来此聚饮，也都是文质彬彬的。这种氛围，赋予了富春茶食的清新气质，使之更具情趣和魅力。

上海葛派花点

中国著名的特色细点之六。诞生于本世纪80年代的上海，以首届全国烹饪名师技术表演鉴定会的“白案状元”、上海市东亚饭店技术顾问、全国旅游系统劳动模范葛贤萼命名。

葛贤萼，女，1942年生，浙江平湖人。1958年考入上海饮食职业学校，在梅龙镇酒家随名师傅连贵学艺。1960年在上海市饮食业首次技术比武会上，荣获点心项目第一名。1964年调入上海饮食服务学校任教后，技艺又突飞猛进。1983年参加首届全国烹饪名师技术表演鉴定会，荣获全国“最佳点心师”称号。1988年和1993年两次担任全国烹饪技术比赛评委。1990年，上海市为她主办了中国第一个展示个人技艺的“葛贤萼点心艺术展”，正式推出“葛派花点”。

葛派花点选料精博，格调高雅，造型新潮，口味丰腴，充分体现了兼收并容、博采众长、趋时应世、精益求精的海派风格，被列为“海派菜”的八大组成部分之一。其代表品种有:灌汤虾球、上海灌汤包、鸽蛋圆子、蟹粉烧麦、金丝香酥饼、一品珍珠卷、西施猫耳朵、鸿运酥、鸳鸯馄饨、多味莲茸包、奶油蛋黄包、双菇素菜包、硕果满篮、沪式船点等等。它们大都被收入《中国小吃·上海卷》中,成为新时期中国点心的精品而传留后世。

广州星期美点

中国著名的特色细点之七。诞生于20世纪的20~30年代之交的广州,是广东点心的系列组合方式。它以一周为期,每周更换一组点心品种,多在著名的酒家茶楼挂牌供应,故名。

20世纪初叶,广州饮食市场异常繁荣,茶楼酒家竞争激烈。为了更好满足市民、商贾们"三餐两茶"的生活需要,广州陆羽居茶楼的郭兴,率先把每月更换一次点心品种的期限,缩短到一周,名曰"星期美点",引起了轰动效应。但起初较为粗糙,也无一定的规格。后经广东点心"四大天王"(禤东凌、李应、余大苏、区标)的不断改进,方始定型。接着,金菊园、福来居、金轮、陶陶居等茶楼争相仿效,不久便风靡羊城,成为中国面点史上一件大事,并受到美食家的好评。

星期美点具有4个特色:(1)应时当令。原料、口味、型制都随气候的变化而变化。(2)成双成对。每周不少于6咸6甜或8咸8甜,最多时可以达到12咸12甜,以求吉祥。(3)花色各别。如有饭点、汤点、茶点之分;蒸、煎、炸、炕、焗、烤之别;方、圆、角、筒之异;还讲究变料、换味、拼色等。(4)五字命名。要求字不雷同,词有韵味,响亮动听。如第24期的星期美点的命名是:甜点——生磨马蹄糕、椰酱焗蛋盏、雪花凤凰球、沙湾原奶挞、枣茸草叶角、岭南菠萝批;咸点——百花酿椒子、鲜虾荷叶饭、陈皮鸭水饺、碧绿琵琶虾、凤肝擘酥盒、鸡丝拉皮卷。

杭州灵隐斋点

中国著名的特色细点之八。诞生于杭州市西北灵隐寺,有1600余年的演化历史。自从东晋咸和初年建寺以来,这里的香火一直鼎盛,号称"东南第一佛国"。由于善男信女众多,寺内常备茶点接待,奠定了好的基础。到了吴越王钱俶主政时期,灵隐寺已有了可供3000僧众进餐的香积厨,施主亦可在此享受"香饭",斋点已初具规模。后来又为香客和游方僧人开放山房和斋堂,提供食宿,斋点便更上层楼。该寺的斋厨陈兰生和钟贞相,还应聘去上海功德林素菜馆传艺授徒。1980年,灵隐寺斋堂对外开放,占地1200平方米,可设600余张客位,排出200~2000元的全素席,斋点也脍炙人口。

灵隐斋点属于"清素"类型,素质、素形、素名,不掺荤腥料物,不模仿禽兽图形,不用动物命名。其面团多种多样,水调面、水油面、油酥面、浆皮面、发酵面、米粉面兼备;馅心有甜、咸之分,多用瓜蔬、果仁、豆泥、糖浆制作;成型有手工捏制和压模两种,主要是几何图案与花果形态;熟制是烘烤烙、蒸煮汆、煎炸、炒爆并用,以玲珑小巧、滋味芬芳、清新秀美著称,在海内外佛教界中有较高的评价,前来品尝者络绎不绝。

灵隐斋点的代表品种有:年糕、汤团、艾饺、青团、小香粽、绿豆糕、乌米饭、千层糕、豆沙月饼、重阳栗糕、冬至面、腊八粥、苋菜饺、冬瓜饺、糯米藕节、西湖藕粉、西湖莲子汤、八宝玉带糕、百果酥、麻仁饼、灵隐馒头、地菜包子等。

回民开斋节点

中国著名的特色细点之九。流传在信奉伊斯兰教的860多万回族同胞中,有700余年的演化历史。其代表品种是被视为圣物的"油香"(包括发面甜油香、烫面油香、馅油香、粘油香等);以及桂花蜜枣、馓子、甜咸卷果、用面炸制的带馅点心、散布撒、炸肉火烧、甜咸排叉、咯炸盒、开花豆、一品山药、凉糕、豌豆黄、艾窝窝种种。它们带有圣洁的理性和浓郁的清真色彩,是回、维、哈等10个少数民族对中国饮食文化的一大贡献。

按照伊斯兰教教规,每年回历九月为"斋戒月",亦称"把斋"或"封斋"。届时成年的穆斯林(病人、孕妇、产妇、经期的妇女、外出旅行者可延缓),都应静性寡欲,白天禁饮食,日落后方可就餐。目的在于陶冶性情、锻炼意志,体会饥馑之苦,赈济贫困之人。斋月结束后,便是盛大的"开斋节",去清真寺参加节日会礼,宰牲分肉,款待亲朋,并炸制圣洁的"油香",作为节食。

炸制油香者,事先要沐浴净身,并在厨房焚香驱秽,态度极为虔诚。然后将上等面粉加盐与温水合匀饧透,揪成挤子,擀作饼状,用油炸黄,出锅后切作数瓣,堆码在盘中即成。此点可以互相赠送、招待宾客或自己享用，其味香鲜。有些油香还可以添加白糖、鸡蛋、羊肉末、葱花、果仁、花卉，变出不同的花色；还有些油香可用发酵面团、油酥面团制作，风味各各不同。

满族祭祖饽饽

中国著名的特色细点之十，又称清东陵祭点或满洲饽饽。流传在信奉萨满教的980多万满族同胞中，有800余年的演化历史。它由满族的传统主食——饽饽（包括豆面饽饽、搓条饽饽、苏叶饽饽、菠萝叶饽饽、牛舌饽饽、年糕饽饽、水煮饽饽等）发展而来；经过改进，变作了御膳的栗子面窝窝头（俗称小窝头）、萨其玛等名点，以及清朝皇帝在东陵（位于河北遵化马兰峪西，埋葬着清代5帝、15后、141个妃嫔）祭祖时的供品。

早年的满族祭祖饽饽，有果馅厚酥饽饽、鱼儿饽饽、匙子饽饽、菊花饽饽、糊面饽饽、炸高丽饽饽、江米糕、黄米糕、七星饼、鸡蛋糕、杞奶子糕、山葡萄糕、山梨面糕等几十种，多用粘黄米、小黄米、粘高粱、粘玉米磨粉制作，形似汉民的馒头和糕点，特点是一粘二凉三甜。后来传入民间，成为节日点心，分为两类，即每500克八块的"东陵大八件"和每250克八块的"东陵小八件"。它们都呈圆形，表皮有红有白，馅瓤味道各异；包括太师饼（色白、沾芝麻、包澄沙馅）、松饼（色白、嵌核桃仁、包白糖松仁馅）、玫瑰饼（色红、捏出6朵花瓣、包白糖玫瑰馅）、龙凤饼（色红、印龙凤图案、包白糖香蕉玫瑰馅）、山楂桃（尖红下绿、呈桃形，包山楂馅），以及无馅的七星点子、八裂饼、核桃酥、到口酥种种。

此外，祭祖饽饽中还有油酥饽饽、墩饽饽、猪油饽饽、芙蓉糕等近百个品种，构成了一个精美的点心系列。

内蒙草原白食

中国著名的特色细点之十一。流传在信奉喇嘛教的480万蒙古族同胞中，有800余年的演化历史。"白食"在蒙古语中叫"查干伊德"，专指奶面食品，因其味香可口、洁白如玉而得名，是该族的主食之一；包括牛奶、羊奶、马奶、骆驼奶、酸奶、奶茶、马奶酒、奶酪、奶酥、奶油、奶皮、奶疙瘩、奶豆腐、哈达饼、奶炒米、奶炒面、奶面条、奶包子等等，多用于宴请宾客、祭祀神祖。

白食中最著名的是醍醐、酥酪和马奶酒组成的"塞北三珍"。醍醐俗称纯酥油、马思哥油或"夏日陶斯"。它是从牛羊奶中提炼出酥油，再将酥油精炼而成的，其色枯黄，油质细腻，甘香味美，爽口宜人。古时有"醍醐灌顶"之说，常作为食疗佳品。酥酪又叫湩、桌黑或"欧日莫"，系指没有提取酥油的奶子，营养丰富，味道鲜美。用它可制成"水乌他"、"奶乌他"或"酥酪蝉"，被列为"迤北八珍"。马奶酒也叫玄玉浆或元玉浆，是将马奶6蒸6酿后精制而成的。它不仅味似甘露，还可滋脾养胃、利便消肿、除湿气，消痞积，对治疗肺病有奇效。马奶酒疗法，是蒙医中的七大疗法之一，历来受到赞誉。

"白"在蒙古族心目中，有圣洁、纯净的含义，所以他们对于白食十分珍视。不仅有"马奶节"、"白节"（相当于汉民的春节），而且还创作了许多讴歌白食的文学艺术作品，表现出这个"马背上的民族"的理念和情操。

藏胞标花酥点

中国著名的特色细点之十二。流传在信奉喇嘛教的460多万藏族同胞中，有1400余年的演化历史。它以藏式标花大酥糕——"推"为代表；还有酥油、白面和糖炸制的"喀赛"，酥油雕的羊头形的"隆过"，酥油、糌粑拌糖炒麦粒的"契玛"，以及点缀酥油、用珍异的人参果等调制、名曰"五谷牛"的"切玛"等等。

"推"用奶杂子、酥油、糌粑和糖作原料，调和加热后放入木模中压制成形，再用各色酥油点缀其上，绘出龙、凤和"扎吉德勒"（吉祥如意）的图案，被称为"藏式大蛋糕"。宴请贵宾时，"推"摆放在桌子正中，左边放春笋状的奶制品"那拉"，右边放粉蛋糖油炸制的"卡布塞"，前面摆牦牛肉制成的"夏干布"，后面摆人参果和酥油制成的"玛折斯"，另外再加上酥油茶和青稞酒，壶上系有象征吉祥和丰收的装饰品。有时还配耳朵形的"苦过"、条形的"那夏"、麻花形的"大东"、圆盘形的"布鲁"等酥油制品，异常丰盛。

此外，青海河曲地区的藏民，还善于用面粉、牛奶、胡麻油和盐制作发酵的"河曲大饼"（藏名叫"卡饪"），此饼小者2.5千克，大者可达100多千克，外脆里绵，便于保存。藏族新媳妇回娘家必带此物，或自己背，或用牛马驮，构成雪原沃野上的一幅风俗画。

藏胞标花酥点表现出藏民特有的“奶食文化”风采，具有较高的审美价值。

海外菜点流派

高丽菜式

世界烹饪风味流派之一，流传在朝鲜、韩国、中国东北、日本以及欧、美的一些都会，播布地域约25万平方公里，食用人口近7000万。其食风深受高丽文化和佛教、儒教、天道教的影响，带有东亚山岛之国和温带季风气候的特异风情。

高丽菜由主食、甜点、大菜、汤品、泡菜和饮料等六大部分构成。谷食以大米、糯米为主；蔬食以家蔬、山菜为主；肉食以牛、狗、海味为主；饮品以茶、酒为主。制菜常用口小、盖紧的铁锅，擅长生拌、生渍和生烤，习以辣椒、胡椒、芝麻油、香醋、葱姜调味，口味偏好鲜香脆嫩、麻辣酥爽。“高丽烧烤”、“狗肉汤锅”、“沉藏泡菜”、“刚钉甜点”和“滋补药膳”，是其“五绝”，素来享有盛誉。高丽菜中还重视大酱和清酱的使用，生冷菜式的比重较大；宴会习用矮而宽平的炕桌，妇女多系中馈能手。家庭烹调重视祖传的技艺，市肆烹调强调民族传统，从不盲目地趋赶潮流，努力保持自身固有的鲜明特色。

高丽菜的代表品种有：冷面、打糕、豆粥、刚钉、药饭、饵块、松糕、锅巴茶、苹果梨泡菜、辣酱南沙参、酱腌紫苏叶、生拌牛肉、生拌明太鱼丝、梅云汤、补身炉、水卵大虾、药串炙、蒸蛤蜊、烧地羊、头蹄冻、虎眼肉、烤山鸡、炸牛扒、人参鸡、整蒸猪、大酱汤、饺子汤、柿饼汁、三亥酒、清泉水、甘酒等。

日本菜式

又称东洋料理，世界烹饪风味流派之一，流传在日本、各国日侨聚居区和一些大的都会，播布地域约40万平方公里，食用人口近1.3亿。其食风深受大和民族文化和神道教、佛教的影响，带有东亚群岛之国和湿润温和海洋性气候的特色，兼具现代饮食文明的许多气质。

东洋料理是和食（大和民族传统菜）、汉食（自隋唐以来引入的中华菜）、洋食（20世纪引入的欧美菜）的有机统一体，讲究营养、科学与规范。其食料多为五谷、百蔬、禽畜、山菜和海味；善于生切、凉拌、清蒸、煎焗与烧烤；口味偏好鲜美清淡、微油小辣、略带甜酸；喜欢用熟芝麻、紫菜末、生姜丝、白酱油佐餐。

日本料理的最大特色是重视规程。如菜色要求春绿、夏朱、秋白、冬玄、配黄；菜味要求春苦、夏酸、秋滋、冬甜、调涩；技法要求区分生、烧、炸、煮、蒸；盛器要求春碗、夏皿、秋盘、冬钵，菜点分装，不可串味和混色；筵席要求按“谱”排菜，宁缺不滥等。这都是日本民族作风谨严、自信、自立、自强精神的体现。

此外，东洋料理归厚生省（卫生部）管理，常以现代科学技术作指导，强调食规、食礼和“食法”，重视营养卫生，确保国民的身体健康。

东洋料理的代表品种有：寿司、五目饭、三色米团、樱叶点心、澄沙包子、小豆羊羹、刺身、天妇罗、酒香蒸石斑鱼、鲈鱼生鱼片、酱汁煮金枪鱼丁、蛋黄烤大虾、生拌海参、酿螃蟹、蛙肉田不拉、炸麻雀、成吉思汗烤肉、牛肉火锅、木鱼汤、豆腐四喜、乌龙茶、清酒、矿泉水等。

印度菜式

世界烹饪风味流派之一，流传在印度、各国印侨聚居区和一些大的都会，播布地域约为285万平方公里，食用人口近8亿。其食风深受印度斯坦族文化和印度教、伊斯兰教、基督教、佛教、锡克教的多种影响，带有南亚次大陆和热带湿热气候的特色。

印度菜的特异之处主要有三：第一，由于建国历史长，民族多，宗教多，外来影响也多，食性相当繁杂，爱好与忌讳各别，有“十里不同食，百里不同味”之说。但彼此相安，互不干扰，展示出饮食文化的巨大包容性。第二，一辣（普遍爱用咖喱和辣椒佐味）、四多（豆制品多、香料多、蔬菜多、奶食多），既适应热带气候的特点，又符合膳食平衡的要求。其中，郁金花入馔、椰子制菜、丁香佐味、重用咖喱，都为他国所罕见。第三，素食主义的影响较大，整个菜系都是偏向清淡，注重节俭，即便是流传千年的王侯菜和现代上层人士的宴飨菜，都不是那么豪华奢侈，实为难得。

印度菜的代表品种有：印度烙饼、煮山芋、红豆粥、香米饭、土豆丸子、豆沙包子、咖喱鸡、烤炉鸭、炒鸡蛋、咖喱泡菜、糖醋鱼、豌豆汤、奶饼、奶酥、奶酪、奶糕、马萨拉茶、椰子汁、芒果包、菠萝蜜等。

此外，印度人的餐具多为黄铜或银制的“他利”圆盘，饮茶习用舌舔，吃饭多为手抓。

印度尼西亚菜式

世界烹饪风味流派之一，流传在印度尼西亚和东南亚一些大的都会，播布地域约190万平方公里，食用人口近1.8亿。其食风深受爪哇文化和伊斯兰教影响，带有赤道地区“万岛之国”和热带雨林气候的风情。

印度尼西亚菜是爪哇民族菜、荷兰菜和伊斯兰清真风味等的融合体，既有热带土著的饮食文化传统，又有西餐洋食的成分，还蒙上一层“清真”的宗教色彩，内涵丰实而深沉。它习以大米、热带果蔬、牛羊鸡鸭和海产品为主料；多用烤、炒、煎、爆等法；爱用咖喱、胡椒、辣椒、虾酱制菜；口味偏好清淡、辣麻、甜酸与酥香。筵宴是爪哇式、荷兰式、中餐式、清真式并重，既用箸匙，又用刀叉，还习惯于手抓。其餐具多取自芭蕉叶、竹筒、椰壳、贝壳等天然物，古朴而又别致。

印度尼西亚菜的代表品种有：炒米饭、清真大饼、香酥鸡、干烧鱼、红焖羊肉、锅烧全鸭、烹大虾、烤海鱼、虾酱牛肉、辣子鸡丁、咖喱羊肉、酥炸胗肝、青椒肉片、百合鸽、辣味兔、椰子包、香蕉泥、木瓜汁、腌菠萝、核桃仁馅饼、洋挑羹等。

土耳其菜式

世界烹饪风味流派之一，又称“阿拉伯式厨房”，是清真菜的典型代表，流传在土耳其、沙特阿拉伯、阿富汗、巴基斯坦、伊拉克、埃及等40多个信奉伊斯兰教的国家和地区，播布地域约近500万平方公里，食用人口有数亿。其食风深受奥斯曼帝国文化和伊斯兰教的影响，带有阿拉伯半岛和亚热带地中海式气候的特质。

土耳其菜源自14世纪奥斯曼帝国的宫廷饮膳，当时的首都君士坦丁堡能供应各种饭食近万种，有“食都”之誉。现今的土耳其菜仍是清真风味的正宗，全羊席、抓饭席脍炙人口。该国菜品选料精严，信守伊斯兰教规；长于烤、炸、煎、炖；口味偏好鲜咸、清香、软烂、爽口。其中的骆驼菜、羊肉串、烤大饼、蚕豆泥很有名气；用柠檬汁、橄榄油、薄荷、芥末、花生粉、野生香料增香提味，也是一个创造。另外，土耳其人爱吃也会吃，对“食道”深有研究，为世界所公认；土耳其菜常与中国菜、法国菜并称，誉为“三大美食”。

土耳其菜的代表品种有：阿拉伯烤肉串、炸全羊、炸羊肝、转烤羊肉、羊肉大米汤、柠檬炖鸡、土耳其式烤鸭、扒驼掌、炒驼峰丝、五香牛肉、洋葱拌胡萝卜、酸奶拌黄瓜、鞑靼少司、扁豆大米粥、阿拉伯春卷、桃仁糖面饼、果仁蜜酥点、蚕豆泥、阿拉伯大饼、基别饼、萨里布萨饼、荷木司、塔布利、酸牛奶冷汤、罐焖核桃鸡、烤鱼、牛肉焖豌豆、烤羊腿、绿豆饼、黄油米饭等。

俄国菜式

又名“罗宋菜”，世界烹饪风味流派之一，西餐的重要支系。流传在俄罗斯、独联体、东欧各国和美澳的一些大的都会中，播布地域约450万平方公里，食用人口近3亿。其食风深受俄罗斯文化和东正教的影响，带有北亚、东欧和寒温带气候的特质。

俄式大菜秉承了帝俄宫廷的美食传统，还吸收了法国菜、波兰菜、意大利菜的有益成分，体系庞杂。它通常由大菜、小吃、汤品、粥类和餐厅服务五大部分构成，达到了较高的水准。其菜料多取自米面、肉奶、海味与蔬果；擅长烩、煮、煎、炸；习以酸奶油、鱼籽酱、白脱油、奶渣、酸黄瓜、小茴香、柠檬、洋葱、香叶佐味；口味偏好鲜咸、软烂、油腻、腥酸。重视发热量高、口味重的食肴，饭菜的量大，讲求丰满、充实。腌制食品较多，生食的蔬果亦多，冷盘小吃精细，以珍果、茶点为贵。俄式餐厅服务的特色是快，食品预制时便分割，整齐码放在宽平的银盘中，服务人员按件分送，上菜时逆时针环行，收盘时顺时针清台，衣袖不沾食物，手脚轻盈敏捷。

俄国菜的代表品种是：大菜有黑鱼籽酱、开夫鸡、煎牛排、土豆烧牛肉、铁钎烤羊肉、焗羊排、炭烤酿馅笋鸡、奶油色拉黄瓜、凉拌番茄和醋渍蘑菇；小吃有肉菜菇蛋大馅饼、黑鱼籽酸奶果酱饼、奶渣饼、土豆面疙瘩、抓饺和牛肉煎包；汤品有罗宋汤、酸模青菜汤、黄瓜肉汤、三鱼汤、冷杂烩汤、红芸豆泥汤和牛奶啤酒冷汤；粥品有土豆粥、黑豆粥、栗子粥、洋葱粥等，多是加牛奶、奶油、香料熬成。

德国菜式

又名“日耳曼菜”,世界烹饪风味流派之一,流传在德国、各国德侨聚居区和一些大的都会,播布地域约40万平方公里,食用人口近8000万。其食风深受日耳曼民族文化和天主教的影响,带有中欧和温带海洋气候的色彩,以丰盛实惠、朴实无华著称。

德国菜特别注重含热量以及营养成分的调配;肉品多,土豆多,啤酒多;常用红烧、油焖、煎炸、烘烤、煮炖等方法调制;口味偏好甜酸肥浓,以咸中带酸、浓而不腻为特征。不少菜式爱用啤酒烹调,别具一格。还重视冷饮,爱喝红茶,喜欢水果,讲究菜式与啤酒的配套,每种菜都有特定的刀叉,规程谨严。该国盛产灌肠,多达1450种,常用生鲜蔬菜配食。其中,“一锅杂烩”和“柏林猪蹄”有“国菜”之誉;“德式酸牛肉”、“酸菜煮猪肉”、“生牛肉扒”、“汉堡肉扒”,都是驰誉欧美的名食。

德国菜的代表品种还有:熏猪扒、腌火腿、诺尔曼猪排、苹果焗猪肉、肉什锦酥盒、煎猪肝、肉沙拉子、鸡肉巴利米汤、德式青鱼、大豆小肠汤、芝士香肠、猪肉咖喱香肠、蒜茸香肠、牛仔肉香肠、酸菜、生椰菜、黄瓜土豆沙拉子、烤计司葱头汤、番茄大米汤、栗子排、炸土豆条、豌豆汤、酸黄瓜、生鸡蛋、德式啤酒烩牛肉、德式啤酒火腿、德式蛋花面包汤等。

英国菜式

又名“英格兰菜”,世界烹饪风味流派之一,流传在英国、英联邦各国、美国和一些大都会,播布地域约250万平方公里,食用人口近1亿。其食风深受英伦三岛民族文化和基督教的影响,带有西欧岛国和海洋性温带阔叶林气候的特色。

英国菜素以“家庭美肴”著称,由英式早餐和大陆式早餐、居家午餐和庄稼人午餐、被窝茶和下午茶、烛光晚餐等不同餐制的菜式组成。它不像法国菜那么考究,配料相对简单,习惯煎、炸、焗、烩,较少使用油、酒、香料或浓酱,力求清淡、甜酸、鲜嫩、微辣与焦香;菜量少而精,注重花色变换,讲究色、香、味、形、器。菜上桌后,各人再用盐、胡椒粉、芥末酱、番茄酱、色拉油和各种少司自由调味,所以同是一道菜,各人吃的口味都不一样。

英国人进餐时讲究“绅士风度”,在仪容服饰、言谈举止、吃饭动作与公众礼仪等等方面都有规范的要求。这常被视为英国的饮食文明,与英国菜相辅相成。

英国菜的代表品种有:伦敦杂扒、左口鱼、煎牛仔肝、奶酪焗鳜鱼、焗羊肉盅、柠檬鸡、生菜大虾、英式鱼饼、烟肉、牛排腰子布丁、水蒸布丁、约克郎布丁、苏格兰小肚、康瓦尔馅饼、麦片粥、火腿、灌肠、咸猪肉、酸黄瓜、茶点圆面包、松饼、红茶、杜松子酒、唐尼克汽水、果汁冻等。

法国菜式

又称“巴黎菜”,世界烹饪风味流派之一,西餐的主体。流传在法国和五大洲的100多个国家和地区,播布地域约1000万平方公里,食用人口有数亿。其食风深受法兰西传统文化和天主教的影响,带有西欧平原和海洋性温带阔叶林气候的特质。

法国大菜是在瑞典皇家菜和罗马宫廷菜的基础上发展起来的,经过路易十四、路易十六几代国王的倡导,更是精益求精。法国人珍爱醇酒和美食,甚至有“发明一道新菜,要比发现一颗新星给人类造福更大”的说法。所以不仅将巴黎造就成闻名全球的“花都”、“衣都”和“食都”,还通过数以百计的马克西姆餐厅、福雄食品店的连锁店,将法国大菜推向世界。法国的国家烹饪艺术中心,法国的烹饪研究生院,法国的烹饪学术刊物《米希南指南》,法国的“三星名厨”,都在世界上享有崇高的威望。中国菜与法国菜东西辉映,是人类饮食文明中的“双璧”。

法国大菜选料考究,调味细腻,工艺规范,注重营养、配器和食礼,向有丰盛、典雅、高贵、珍异的定评。其特色是:(1)选料多用生猛、鲜嫩的鹅肝、蜗牛、奶酪、乳猪、肥犊、羔羊、火鸡、名鱼、肉肠、蚯蚓、鲜蛋、菌笋、马兰以及佳蔬、美果、良谷、珍酒,特别注重原料的档次。(2)习用烤、炸、汆、煎、烩、焖诸法,急火速烹,断生即可,以求最佳的口感。烤牛排、烧野鸭等,都是大半熟即起锅,异常香嫩。(3)多用大蒜、柠檬、香料、少司佐味,尤为重视葡萄酒,因菜下酒,用量很大,醇香浓郁,故又有“鼻子菜”的雅称。(4)以素辅荤,注意营养平衡,肉品多以洋葱、芹菜、胡萝卜、土豆、干果、鲜果、嫩玉米、夏威夷果作为配料,菜型亦是鲜花带绿叶状,外观甚美。(5)首重在鲜,生食菜多,口味以咸甜、酒香为主,佐以肥浓、鲜嫩,并且不同的菜与不同的酒配食,吃法相当讲究。

法国大菜的代表品种有:烤鹅肝、焗蜗牛、鸡色拉、肺腑米云、柠檬生蚝、鲁昂带血鸭子、拿破仑红烩鸡、鹅肝酱黑酿鱼、春天沙律、龙虾冻、海鲜大拼盘、野菌烩牛腰、大花蟹、丁香血肠、红烧兔子、拌蚯蚓、烤火鸡、奶油鲮鱼、普鲁旺斯鱼汤、牛肉菠菜汤、猪血清汤、棒形大面包、罗克福特奶酪、白兰地、各色高档葡萄酒等。

意大利菜式

世界烹饪风味流派之一,流传在意大利、西欧、东欧、美洲、大洋洲以及亚洲、非洲的部分地区,播布地域约500万平方公里,食用人口有数亿。其食风深受古罗马文化和天主教的影响,带有南欧半岛和亚热带地中海式气候的风情。

意大利菜直接源自古罗马宫廷,有着浓郁的文艺复兴时代佛罗伦萨的膳食情调,素称"欧洲大陆烹饪之母",享有盛誉。其选料多系海鲜与禽畜;专长煎炸、红烩、红焖与小炒;爱用番茄酱、柠檬、葡萄酒、玫瑰玛丽、帕米森计司、蒜茸与干辣椒佐味;多是六七成熟,以醇浓、香鲜、断生、原汁、微辣、硬韧为特色。名菜有佛罗伦萨牛排、罗马魔鬼鸡、那不勒斯烤龙虾、巴里甲鱼、奥斯勃克牛肘肉、扎巴格龙沙拉、卧鸡蛋肉米少司等。

意大利菜中最著名的是面条、薄饼、米饭、肉肠与饮料。其面条俗称"粉",有线状、颗粒、中空和实心等花式,系用面粉添加鸡蛋、番茄、菠菜等不同配料机械加工而成,白、红、黄、绿各异,如马卡罗尼粉、蚬壳粉、蝴蝶结粉、鱼茸螺蛳粉、青豆汤粉、茄酱粉等。这些粉煮得较硬,有咬劲,多配火腿、腊肉、蛤蜊、鱼丝,虾仁、奶酪、蘑菇、鲜笋、洋葱和青豆食用,馨香可口。其薄饼又叫"碧莎"(亦作比萨),系将油酥面坯置于"碧莎铁盘"中,添加猪肉、牛肉、黄瓜、茄子等烘成,并用干酪和番茄酱提味,上缀橄榄仁和鸡蛋丁。该国出售此饼的连锁店有2400余家。其米饭称为"沙利托",这是将牛肉、洋葱和大米同煮,下葡萄酒吸干;或用豌豆、青菜与肉汤将大米焖熟。其肉肠叫"莎乐美",形似擀面杖,外有一层白霉,切开后嫣红欲滴,香气四溢。其饮料包括软饮料、低度酒、兴奋饮料、营养饮料四个大类,制作考究,注重名牌。

总之,意大利菜是西餐中的重要台柱,常与法国大菜、罗宋菜并称,风行世界。

希腊菜式

世界烹饪风味流派之一,流传在希腊和欧洲,播布地域约50万平方公里,食用人口近3000万。其食风深受古希腊文化和东正教的影响,带有巴尔干半岛和亚热带地中海式气候的特质。

希腊菜源自有"欧洲文化摇篮"之称的文明古国希腊的宫廷,历史悠久,古朴庄重。其食料多系小麦、玉米、禽畜、鱼虾和蔬果;习用烤、炸、煮、烩等法;调味品中重视橄榄油、柠檬汁、香料和各色计司;喜好油腻,口味偏向咸、鲜、腥、酸。菜肴多制成黄、绿、红、蓝等色,餐室常用橄榄树、马蹄铁、大蒜头、石榴枝等吉祥物装饰,保留有原始宗教信仰膜拜的痕迹。

希腊人爱吃也会吃,有"美食国"的"君子之风"。嗜好烟、酒、咖啡与小吃,经常举办酒节,稍醉微醺被视作社交的风范,信守"以食示礼"、"以食传情"的古老传统。这都与希腊菜相辅相成,构成特异的饮食文化景观。

希腊菜的代表品种有:烤乳猪、烤火鸡、煮羊头、熗大虾、鱼籽冻、计司排、柠檬鸭、大拼盘、炒栗子、冬瓜糖、油酥饺、通心粉、盐水花生、南瓜籽、核桃仁饼、蜜饯蛋糕、希腊浓咖啡、白葡萄酒、冰水等。

埃及菜式

世界烹饪风味流派之一,主要流传在埃及、北非和西亚,播布地域100万平方公里,食用人口近5500万。其食风深受古埃及文化和伊斯兰教的影响,带有北非川原和热带沙漠气候的特殊气质。

埃及菜中有埃及民族菜、古阿拉伯菜、古希腊菜、英法菜、清真菜的多种成分,系许多饮食文化的复合体。虽然经历了数千年的沧桑,目前基本上还保存着古朴、苍劲的本色。它多用粮豆、牛羊、鸡鸭、蛋奶、薯芋和蔬果制菜,坚持伊斯兰教清真、纯净的本质。常见的烹调方法是烤、煮、炸、烧;用盐、胡椒、辣椒、咖喱、番茄酱、柠檬汁及孜然调味;口感偏重,喜爱焦香、麻辣、浓郁和软滑。其主食多为饭、粥、糊、饼,民间小吃卓有创造;还爱吃水果和冷饮制品,嚼咖特叶,饮红茶、酸牛奶、啤酒与凉开水。

埃及菜的代表品种有:烤全羊、烤鸭、炸鸽子、牛肉豌豆、茄汁鱼、番茄沙拉、洋葱拌辣椒、荷木司、塔布利、穆塔巴利亚、烤羊肉串、烤小鱼、素丸子、焖蚕豆、通心粉、烤玉米、烤白薯、古斯古斯、哈里维亚特、姜黄饭、埃及面包、扁豆大米粥、香蕉肉糊、炸糖酥饼、花生杏仁饺、烤粟米、木薯粉粥、淡咖啡、红茶、咖特叶等。

中非菜式

世界烹饪风味流派之一,流传在中非、西北非、东南非的许多黑人部族中,播布地域约 80 万平方公里,食用人口近 600 万。其食风深受黑人饮食文化和非洲原始宗教的影响,带有中非内陆和亚热带草原气候的风情。

中非菜古朴而又粗放,保留了史前时代的许多原始烹调方法,有"人类饮食博物馆"之称。其食料多为木薯、杂粮、芭蕉、肉畜、野兽和虫蛇;习以烤、煮法烹制,生食菜的比重较大;爱用棕榈油、花生米、食盐、辣椒、野生香草、奎宁树皮等调味;口味偏好咸鲜、腥辣、生香和酸甜。不少菜式制法奇异,如"木薯粽子",是将木薯浸泡去毒,晒干后磨粉,用树叶包裹煮熟后切片蘸野蜂蜜食用;"高高叶",是将一种野生爬藤植物的叶片切丝水煮,用棕榈油、花生米、辣椒和盐拌食;"岗达",系将葫芦泥、豆泥、木薯叶、烤白蚁、肉末、干熏鱼等捣烂混匀,加盐、辣椒、花生酱捏作扁团,用芭蕉叶裹紧,先煮后烤而食。

中非菜的代表品种还有:木薯团、小米团、玉米团、炖菜、炖肉块、煮鱼、烩毛虫、炒鸟蛋、烤山雀、熏象鼻、煮蛇片、烧猴鼠、牛肉酸汤、烤羊肉、烩驼肉等。

美国菜式

世界烹饪风味流派之一,流传在美国和一些欧、美、亚、非国家,播布地域约 1200 万平方公里,食用人口近 3 亿。其食风深受美洲新大陆文化和基督教的影响,带有北美中部川原和温带海洋性气候的风情。

美国菜是在英国盎格鲁——撒克逊人民族菜式的基础上,杂合印第安人菜、黑人菜、法国菜、意德菜、中日菜等融汇而成,是一个广收博采、推陈出新的独特饮食文化体系。其食料异常广泛,各国的名特物产都敢大胆引进;擅长煎炒、焗烤和铁扒,多是用不带头尾、骨脏的精料下锅;调味品亦多种多样,喜清淡,重香热;多用水果镶配肉食,咸中透甜。

美国菜的代表品种有:苹果烤鸭、哥伦比亚牛排、紫葡萄焖野味、芝加哥奶油汤、烤八宝火鸡、煎明虾、焗蜗牛、菠萝焗火腿、桔子烧野鸭、弗吉尼亚史密斯菲尔德农家火腿、酥炸生蚝、果料牛奶、蜂蜜胡萝卜、螃蟹杯、花旗大虾、奶汁计司菜花、苹果黄瓜沙拉子、生菜色拉、海鲜酱、煎肺脷、椒盐小面包、蚯蚓饼干、巧克力热狗、糖油煎饼夹火腿、南瓜馅饼、玉米羹、玉米面包、鸡蛋酒、螃赤汁等。

美国菜中还有许多方便食品,构成了一个特殊的系列。该国一年生产奶酪 35 亿磅,消费啤酒 208.7 亿升,喝方便汤 100 亿碗,吃巧克力 1.08 亿磅,有各式方便食品连锁店近 5 万家,美国人 45%的食馔都取自于斯。这说明美国菜已向现代食品工业的方向迈进,领导着世界饮食的新潮流。

墨西哥菜式

世界烹饪风味流派之一,流传在墨西哥、美国和南北美洲、欧洲、大洋洲的一些都会,播布地域约 250 万平方公里,食用人口有 1 亿多。其食风深受印第安人文化和天主教的影响,带有北美山地和热带雨林气候的特质。

墨西哥菜是在印第安人传统食馔的基础上,吸收西班牙烹调技术之长而发展起来的,后来又受到英法菜式的影响,显得宽博、深沉而又特异、奇绝。它与众不同之处主要有四:第一,墨西哥是玉米的故乡,世界主要的玉米生产国和消费国,故而形成了玉米饼、玉米糊、玉米粉、玉米汤、玉米粽子、玉米冷饮、玉米花、玉米啤酒等八大玉米食品系列,名冠全球。第二,特别嗜爱辣椒,几乎到了"无菜不辣"的程度,其嗜辣的程度超过了任何国家,国菜中也以"辣酱炖火鸡"挂头牌。第三,珍视昆虫食品,花式多达百余种,其食虫之风也堪称"世界之最",并有"无虫不食"、"百虫百吃"的定评。第四,善于利用仙人掌和龙舌兰制菜、酿酒和炊饭，展示出印第安人的聪明才智，增添了世界食品的花色品种，在野生资源的开发与利用上做出了贡献。

墨西哥菜的代表品种有：辣酱炖火鸡、红烩龙舌兰蚜虫、苍蝇玉米饼、蚂蚁炒洋葱、墨西哥鱼籽酱、香烹狗肉、托尔蒂利亚玉米饼、阿托莱糊、波索莱汤、皮诺莱粉、塔马尔粽、豆瓣酱炒菜豆、烤松鼠、烤蜥蜴、烤海龟、红焖仙人掌、图纳汁、清炒龙舌兰、特基拉酒、骷髅糖等。

秘鲁菜式

世界烹饪风味流派之一，流传在秘鲁、南美和其他洲的一些大都会，播布地域约200万平方公里，食用人口近5000万。其食风深受印第安人传统文化和天主教的影响，带有南美山国和热带雨林气候的风情。

秘鲁菜直接源自古印加帝国的宫廷，是印第安人食肴的正宗。后来受到西班牙菜、英法菜、中菜的一些影响，融进了许多外来成分，显得丰富多彩。其食料多为玉米、海鲜、禽畜和蔬果；以烤见长，包括以利马为代表的沿海地区辣味菜和以库斯科为代表的中部山区甜味菜两大体系。它有4个鲜明的民族特色：(1)秘鲁人是土豆最早的培育者和食用者，至今仍以其为"国菜"。该国可用土豆制出百余种风味名肴，脍炙人口。(2)以"太阳子孙"而自豪的秘鲁人，历来视黄色为神圣，所以食品都以黄色为主色，重视黄土豆、黄甘薯、黄南瓜、黄辣椒、黄玉米、黄奶酪、黄梨、黄香肠等的入馔。(3)精于古老的石烹法，常用炽热的炭条烤烫卵石，然后用卵石焐熟海鲜、牛羊肉或谷豆，其香味独特。(4)举国上下都有豪饮之风，并大嚼富含可卡因的"古柯叶"，喜欢浓茶与咖啡。

秘鲁菜的代表品种有：鳃尾切、安蒂库乔渍烤鱼片、蒜炒鸡、椒杯鱼、皮克奥辣味海鲜套菜、肉禽白兰地火锅、牛肉烩甘薯香蕉、干煎土豆、丘佩肠、羊头汤、甜包子、甜玉米嫩饼、杏仁栗子饼、石烤海鲜、石烤牛羊肉、石烤蚕豆、契契酒、皮斯科酒、古柯叶汁等。

澳大利亚菜式

世界烹饪风味流派之一，流传在澳大利亚、新西兰和大洋洲的一些岛国，播布地域约800万平方公里，食用人口近2000万。其食风深受英国移民文化和基督教的影响，带有澳洲大陆沙原和滨海复杂气候的特质。

澳大利亚菜可以说是英法菜在大洋洲的翻版，但又融合进澳大利亚大陆和塔斯马尼亚群岛的气候、物产、口味等新的因素，具有与英法菜不尽相同的风貌。其食料除肉畜海鲜外，还多了袋鼠、蛇虫等野味；烹调方法中除煎、炸、焗、烩外，还多了烧烤与生拌；口味嗜好方面基本未变，只是更为注重焦香与鲜嫩；佐餐的调味品比原来更丰富，增强了鱼露、棕榈油等。因此，它应是英法菜的"变种"，在移植过程中有所创新。

澳大利亚菜的代表品种有：牛排、熏鱼、奶油焗鳜鱼、炸大虾、焗羊肉盅、海鲜大拼盘、软煎鸽脯、烤火鸡、烤袋鼠、烤全猪、煎蛋、英式火腿、法式奶酪、脆皮鸡、糖醋鱼、咕咾肉、水蒸布丁、澳洲计司、水果冷盆、烧田鸡、石烤芋头、石烤南瓜、棕榈叶包鱼片、卡瓦酒、杜松子酒、芒果汁、柠檬汁等。

爱斯基摩人食馔

世界烹饪风味流派之一，流传在格陵兰、美国、加拿大、俄罗斯等国的边境，播布地域约20万平方公里(从西伯利亚、阿拉斯加到格陵兰的北极圈内外)，食用人口约20万。其食风深受爱斯基摩民族文化和原始宗教、萨满教的影响，带有北极圈地区渔猎生活色彩和高寒气候的特质。

爱斯基摩人又称因努伊特人，是北极地区的土著民族，属于蒙古人种中的北极类型。其先祖在5000年前从亚洲中北部迁徙到白令海峡两岸，尔后逐渐向东扩散，分群定居于北极圈内外的格陵兰、美国、加拿大、俄罗斯等国。他们有自己的语言和原始宗教，居住在半埋于地下的木屋、石屋、雪屋之中。养狗、驯鹿，使用雪橇，以雪原渔猎为生计，生活中保留着相当浓郁的原始气息，十分特异。

爱斯基摩一词的本义就是"吃生肉者"。由于他们的体内缺乏用于产生基本营养物质——脂肪酸的酶，所以需要从猎获的海豹、海象、鲸鱼、冷水鱼、麋鹿、麝牛、野兔、孤鸟中大量补给。其中，海豹眼、海象肠、鲸鱼肝、麋鹿角髓最为贵重，通常只奖赏优秀的猎手和宴请贵宾。他们的烹调一般只有"刀工"，即将猎物分档切割，然后一片片削下生食，肌肉和内脏都如此；只有特别硬、啃不动的部位才烧煮，但也不过是断生而已。因为长年吞食生肉，他们的齿牙特别锐利，皮下脂肪厚，能耐酷寒，也不患北极圈中易患的坏血病，身体十分壮实。

不仅如此，爱斯基摩人的其他生活资料也大都取自于猎物。如用其皮毛制衣，用其油脂照明，用其角牙作工具或武器，用其革囊盛放物品等。所以爱斯基摩文化也可称为“渔猎文化”、“雪原文化”或“生食文化”。这是特定历史条件和环境背景下的特定产物，有其认识价值。

（十五）酒茶饮料

中国名酒

中国酒

酒是用含糖分的谷物、果类、乳汁或草木作为原料，经过发酵制成的一种含乙醇（酒精）的带刺激性的饮料。它是人类物质文明的标志之一，在经济生活和社会生活中有着较大的影响。

早在六七千年前，中国就有酒了。中国酿酒，经历过“猿酒”（野生酵母菌自然发酵的果酒）、“奶酒”（乳汁天然发酵而成）、“稠酒”（用米酿制）、“秫酒”（有谷物糖化和酒精发酵两个过程）、“果酒”（主要是葡萄酒）、“烧酒”（即白酒）、“露酒”（配加香料）、“药酒”（配加中药材）等不同阶段，积累丰富的经验；并推出茅台、汾酒、董酒、西凤、五粮液、剑南春、泸州大曲、古井贡酒、洋河大曲、青岛啤酒、竹叶青、女儿红等名酒，在世界上享有崇高的声誉。

由于中国酒（尤其是葡萄酒、啤酒和黄酒）中含有较多的糖分、维生素、有机酸、氨基酸、酯类、甘油及矿物质等，因此它不仅有较高的营养价值，还有许多特殊的生理功能（如开胃、增进食欲、减肥或增胖），广泛地应用在医药与烹调之中，还可以储藏食物。

更重要的是，在中国，酒与神话、与政治、与经济、与军事、与艺术、与民俗、与社会、与饮食、与筵宴，都有十分密切的关系；由酒派生而出的酒史、酒艺、酒功、酒德、酒典、酒文、酒事、酒人、酒名、酒具、酒令、酒筵、酒歌、酒俗、酒趣、酒政、酒乘、酒祸、酒禁、酒市、酒评、酒乐、酒诗等等，构成了中国特异的“酒文化”。它几乎涉及到中华传统文明的各个方面，从古到今都具有无穷的魅力。

目前，中国酒大致上可以分为白酒、黄酒、葡萄酒、啤酒、果酒、露酒、药酒、中制洋酒等8个系列，有数以千计的酒厂和酒种，年产量很高。在中国成年人中，男子嗜酒者高达60%，女子嗜酒者也不低于30%，是一个很大的消费群。又由于中国自古便有“无酒不成席”、“无酒不待客”之说，因此在餐馆饭店中酒与菜点总是联系在一起的，如何进行酒水服务则成为餐饮服务人员的基本功之一。

中国酒的分类

中国酒的分类方法较多，常见的主要是以下四种：

1. 按照生产工艺分类，有蒸馏酒（原料发酵后用蒸馏法制酒）、发酵酒（原料发酵后用提取法或压榨法制酒）、配制酒（在成品酒或食用酒精中添加一定的糖分、香料或中药材制成）。

2. 按照酒精含量分类，有高度酒（酒精含量多在40%以上）、中度酒（酒精含量一般在20%～40%之间）、低度酒（酒精含量常在20%以下）。

3. 按照酒的特色分类，如按酒色分为白酒、黄酒、金酒、红酒、绿酒、黑酒；按酒味分为醇厚型、柔和型、绵甜型、爽净型；按酒香分为浓香型、清香型、酱香型、米香型、果香型、复香型。

4. 按照商业经营习惯分类，有白酒（俗称烧酒、蒸馏酒）、啤酒（可按麦汁浓度、颜色深浅、是否杀菌和包装再分类）、葡萄酒（酿造酒）、果酒（也是酿造酒）、黄酒（中国特有的传统饮用酒）、露酒（加香料的配制酒）、药酒（加中药材的配制酒)等。

中国酒名

中国酒的名称,丰富多彩,有许许多多的命名方法。

早期的酒名,主要根据酒的特点而定。像周代的酒便按清浊程度分为“五齐”(泛齐、醴齐、盎齐、缇齐、沈齐)。后世的酒,命名方式趋于多元化。主要有以下8种方法:(1)按特点命名,如烧酒、白干;(2)按产地命名,如茅台酒、绍兴酒、青岛啤酒、鄯善葡萄酒;(3)按原料命名,如五粮液、高粱酒、鹿龟酒、黑米酒;(4)按酒色命名,如红酒、白酒;(5)按口味命名,如丹阳甜酒、三冬蜜酒;(6)按酒曲命名,如大曲酒、小曲酒;(7)按酿造工艺命名,如老窖酒、加饭酒;(8)按使用场合命名,如社酒、寿酒、清酒(祭祀之酒)等。

此外,中国酒还有不少雅称,多为寓意。包括:(1)泛称。即统称,像酒浆、酒醴、酒醪、酒醅。(2)类称。即指代酒的风格,如露酒、果酒、汽酒、黄酒。(3)特称。突出某一种酒的个性,像唐代酒名多带“春”字,现代酒名多带“液”字,还有竹叶青、状元红、郎官清、燕潮酩、扳倒井、稻花香、兰桥风月、骑驴擒奸酒等。(4)代称。用与酒相关的物象来指代,如浮蚁、渌蚁、壶中物、杯中缘。(5)喻称。对酒形象化的比喻,诸如魔浆、祸泉、美禄、狂药、红友、福水、曲道士、钓诗钩、忘忧物、扫愁帚、破闷将军、祛愁使者、官场润滑剂、后门通、公关使者之类。

中国酒的质量鉴别

中国酒的质量鉴别主要有两种方法。一是仪器鉴别法,即通过仪器与试剂进行化学分析,检验酒中各种物质的含量,判定其中对人体有害的成分是否超过国家规定的卫生标准。二是感官鉴别法,即通过人的感觉器官(眼、鼻、舌等)对酒液的质量进行评判,认定它在酒色、酒香、酒味、酒体方面达到何种标准。

在餐厅服务工作中,酒的质量一般只能通过感官鉴别法来鉴别。例如,好的清香型白酒应当是酒气清香芬芳,醇厚绵软,甘润爽口,酒味纯净,有乙醇、乙酯和乳酸乙酯的主体香味;好的浓香型白酒应当是香气艳郁,甘绵适口,回味悠长,有乙酯及丁酸乙酯的主体香味;好的酱香型白酒应当是香而不艳,低而不淡,香气幽雅,回味绵长,杯空香气犹存;好的米香型白酒应当是蜜香清柔,幽雅纯净,入口绵甜,回味怡畅,有乳酸乙酯、乙酸乙酯与高级醇的混合香味。再如优质黄酒,应当是浅黄澄清(即墨老酒除外),无沉淀物,香感浓郁,醇厚稍甜,无酸涩味;优质啤酒应当是酒液透明有光泽,无悬浮物和沉淀物,入杯即有泡沫升起,洁白细腻,挂杯可达3分钟以上,有强烈的酒花香气与麦芽苦而爽口的口感;优质葡萄酒应当是液体通明,不浑浊,具有果气与醇香,酸甜适度,无过大的酒精味等。

为了深入了解不同酒的鉴别方法,本书附录7中收有“中国优质白酒、黄酒、果酒、啤酒、香槟酒、白兰地酒质量鉴别指标”,可供参阅。

中国酒的保管

许多餐饮服务行业采购酒水往往是成箱成批的,而销售时大多论瓶,因此不少酒都需要妥善保管一段时间。由于不同的酒具有不同的酒性,所以在保管中应当“因酒而异”。

1.白酒的保管。

整瓶的酒应置放在干燥处,防止瓶盖生锈和商标霉变;散装的酒要用干净的容器盛装,盖严,防止酒色混浊和在空气中挥发。这两种酒都须经常检查,避免损耗。另外由于白酒中酒精的含量较高,特别要注意防火。

2.黄酒的保管。

一般应存放在5~25℃、相对湿度为60%~70%的阴凉通风处,不与有异味的商品和易燃易爆物搁置在一起,不用金属器皿盛装。暂时不销售的酒不要启封;启封后则应尽快饮用。

3.啤酒的保管。

一般应存放在15℃以下的室温中,鲜啤酒的存放温度不可超过10℃,要避免阳光直射和高温、受冻。饮用时间不能超过储存期(鲜啤酒为5~7天;熟啤酒中的低浓度酒为10天左右,中浓度酒为90天左右,高浓度酒为180天左右),否则有碍健康。另外,由于啤酒中含有大量气体,搬运时应轻抬轻放,避免过度震荡,防止出现“炸瓶”现象。

4.葡萄酒与果酒的保管。

宜存放在8~25℃、相对湿度为70%~75%的环境中,防止热、冻、震、潮,避免日光直射,不与有异味的商品放在一起。根据安全保存期销售,不可以大批量积压。

5.配制酒与药酒的保管。

盛器要洁净、无破损,瓶盖要密封,储存在无阳光或强光照射,低温、通风、凉爽的室内。先进先销,储藏不可超过安全保存期。一旦发现酒液中有霉变物质,应当停止销售。

中国白酒

中国传统饮品,又称烧酒、白干或老白干,与白兰地、威士忌、劳姆酒、伏特加、金酒并称为世界著名的6大蒸馏酒。它以谷物及薯类等富含淀粉的农作物为原料,经过糖化、发酵、蒸馏而成。其酒精含量多在30%～65%之间,酒液清澈透明,质地纯净,无混浊,芳香浓郁,醇和柔绵,刺激性强,饮后余味悠长。中国各省区均产,以晋、川、黔等地所出为优。1988年产量近470万吨,在中国酒中居于首位。

中国白酒系由黄酒演变而来的一种高度蒸馏酒。关于它的起源时间,目前有东汉说、宋金说和元代说3种不同的观点,历史在770～1970年之间,相当悠久。古代酿造白酒多系人工操作,在作坊中进行,工艺精细,但产量不高。中华人民共和国成立后,大多转为机械生产,但许多名酒的关键工序仍旧依循古法,从而构成特殊口味。

中国白酒可按不同方法进行分类。(1)按原料划分,有粮食白酒、薯干白酒和其他原料(如米糠、甘蔗、橡子、蕨根之类)白酒。原料不同酒的风味亦不同,并有"高粱香、玉米甜、大米净、大麦冲"之说。(2)按酒曲划分,有大曲法白酒、小曲法白酒、麸曲法白酒以及大小曲合制白酒。其中,多数名酒系用大曲法酿造。(3)按发酵工艺划分,有固态发酵法白酒与液态发酵法白酒。此外,有些白酒是用食用酒精与香料等物质勾兑而成。(4)按香型划分,有酱香型白酒、浓香型白酒、清香型白酒、米香型白酒以及其他香型白酒,如凤香型的西凤酒、药香型的董酒、芝麻香型的景芝白干、豉香型的豉味玉冰烧、兼香型的白云边、特香型的四特酒等。(5)按酒精含量划分,有高度白酒(51～67度)、低度白酒(38～50度)。

中国白酒的名品众多,1952年、1963年、1979年、1984年和1988年,分别举行过5次全国评酒会。其中5次名列金榜的,有茅台、汾酒和泸州老窖特曲;4次名列金榜的,有五粮液、古井贡酒、董酒和西凤酒;3次名列金榜的,有剑南春、洋河大曲和全兴大曲;2次名列金榜的,有双沟大曲、特制黄鹤楼酒和郎酒;1次名列金榜的,有宋河粮液、沱牌曲酒、武陵酒和宝丰酒。它们都在色泽(清澈透明)、香气(含溢香、喷香、留香)、滋味(纯正、醇厚、甘洌、回甜等)等方面有独到之处。

茅台酒

酱香型大曲法白酒,因产于贵州省仁怀县茅台镇的茅台酒厂而得名。它又称茅台烧、回沙茅台或回沙大曲,有"空瓶香"和"国酒"的美誉;曾在国内外的名酒考评中连获13块金牌,被称为"世界三大白酒之一"。

茅台酒有280余年的生产历史,酿法独特。它以精选的高粱为原料,优质小麦制成高温曲,每年重阳之际开始投料,经过9次蒸馏、8次发酵、7次流酒,分型入库,长期贮存之后,将各次所取的酒再精心勾兑而制成。其独特之处在于用曲量超过原料量,酒精含量虽然高达53%～55%,却没有烈性刺激的感觉。其酒液清亮透明,醇香馥郁,回味悠长,余香绵绵,空杯能留芳不绝,饮后不昏头。

茅台酒之美,得助于好山、好水、好工艺。茅台镇位于贵阳市西北280公里处,背靠大青山,面临赤水河。赤水河集天然水与山泉水于一体,经过硃砂土壤的反复过滤,纯洁清甜;这里海拔400多米,群山怀抱,气候湿热,空气中弥漫着因2000多年酿酒而密集的微生物群落。加之当地所产优质糯高粱皮薄,颗粒硕壮,又沿用古老的"白水曲"(制曲全部选用优质小麦,不加任何辅料),以及独特的"回沙工艺"(酒料多次蒸煮、堆积、下窖、发酵);制酒周期长达1年之久,精心勾兑后用密度疏松、易于氧化的陶瓶盛装,贮存3年以上才出厂,这都保证了它的绝妙品质。

茅台酒的产量不高,1984年仅1319吨。物以稀为贵,它一直是市场上抢手的名牌。

汾酒

清香型大曲法白酒,因产于山西省汾阳县杏花村的山西杏花村汾酒厂而得名。它又称晋汾、百泉佳酿或宝泉盖,是中国名酒中的鼻祖,我国久负盛名的“八大名酒”，都与它有着十分亲近的血缘关系。汾酒在历次全国评酒会上都名列金榜，在巴拿马万国博览会上也备享殊荣。

汾酒有1500余年的生产历史，工艺炉火纯青。它以优质高粱为原料，用大麦和豌豆分别制成青茬、红心、后火3种曲，经独特的地缸发酵法（蒸透的原料加酒曲放入埋在土中的陶缸里）发酵后取出蒸馏，得头渣酒和二渣子，后者再次加曲发酵，蒸馏后得二渣酒；两种酒分别贮存1～2年，精心勾兑而成。其酒液晶莹透亮，清香优雅，纯正柔和，回甜爽口，酒精含量在53%～65%之间，亦有38%的低度酒。入口绵柔、甘冽，余味净爽，号称“色香味三绝”。1989年产量为3万吨。

汾酒的酿造工艺有7大秘诀：“人必得其精，粮必得其实，水必得其甘，曲必得其明，器必得其洁，缸必得其湿，火必得其缓。”尤其是它所用的“一把抓”高粱和“古井佳泉”水，更是得天独厚。对于这种“液体宝石”，古今文士大力讴歌。唐人杜牧写道：“清明时节雨纷纷，行人路上欲断魂；借问酒家何处是？牧童遥指杏花村。”今人郭沫若写道：“杏花村里酒如意，解放以来别有天。白玉含香甜蜜蜜，红霞成阵软绵绵。特卫樽俎传千里，缔结盟书定万年。相共举杯酹汾水，腾为霖雨润林田。”

泸州老窖特曲

浓香型大曲法白酒，因产于四川省泸州市的泸州老窖酒厂而得名。它又称泸州大曲、老窖佳酿或麻坛香，有“衔杯却爱泸州好”、“隔壁千家醉，开坛十里香”的美誉；曾在国内外多次夺得名酒金奖，常常供不应求。

泸州老窖特曲有400余年的生产历史。它以四川特产的糯高粱为原料，用优质小麦制成大曲，沿用传统的混蒸连续发酵法，经陈年老窖发酵，缓火蒸馏，按质滴酒，分级贮存1～2年后，精心勾兑、调味而成；有38度、52度、60度等类型。其特色是酒色晶莹清澈，酒香芬芳飘逸，酒体柔和纯正，各味协调适度，具有“醇香浓郁、饮后尤香、清洌甘爽、回味悠长”的特殊风韵。

泸州老窖特曲之成功，主要在于“窖龄”之长。这里最早的窖池建于1605年，距今已有392年了。由于筑窖必须选用粘性好、含氮磷丰富的肥沃泥土，以宜于酵母菌的繁殖，所以窖龄的时间越长，微生物越多，酒糟发酵越好，酿出的酒就越香。特别是老窖泥中含有多种酸性杆菌，在它们的作用下，能使酒液芳香的主要成分——乙酸乙酯大量增加，故酒质上乘。泸州的老窖，不仅用来酿酒，还用来贮酒。其酒经过发酵、蒸馏装入陶质大“麻坛”后，还要在有300年窖龄以上的“老窖府塌”中存放2～3年，再加以勾兑、调味，方才包装出厂，这样自然美仑美奂。

泸州老窖特曲1990年的产量已经超过万吨，外销50多个国家和地区。

西凤酒

凤香型大曲法白酒，因产于陕西凤翔县柳林镇的陕西省西凤酒厂而得名。凤翔古称西府，有“凤鸣歧山”和“吹箫引凤”的掌故传世；苏轼在此任府尹时，曾将“柳林酒、东湖柳、妇人手（手工艺品）”，列为“西府三宝”。西凤酒在4次全国评酒会上都获金奖，好酒知酒的俄罗斯人称它“胜过伏特加”。

凤翔县有2400余年的酿酒历史，西凤酒的兴盛则在明朝万历年间。此酒以上等高粱为原料，用大麦和豌豆制曲，经五甑续渣混蒸，土暗窖发酵14～28天，缓火蒸馏得酒后，按质分等贮藏于“酒海”（详后）中，3年后精心勾兑而成。它有39度、55度、65度等不同类型，酸甜辣苦香五味俱全，甘润挺爽，回味舒畅。

西凤酒之奇，一在“酒海”，二在“五味不出头”。这种“酒海”用荆条编织，内壁用麻构纸裱糊，又以鲜猪血、豆腐、鸡蛋清、蜂蜡、熟菜籽油等反复涂刷，是一种相当古老的贮酒器。愈陈愈无血腥气味，品质愈佳。它可促使酒质老熟，使之更为芳香醇厚。

所谓“五味不出头”，是指酸而不涩、甜而不腻、苦而不粘、辣不刺鼻、香不干喉；如果“出头”了，则会酸过则涩、辣过则暴、甜过则腻、香过则厌、苦过则滞留舌根。西凤酒之妙，不仅是五味协调，它还能将18种酸、35种酯、15种醇和6种醛的含量配兑得比较适当，以乙酸乙酯为代表的低级酯和以异戊醇为代表的高级醇组合成为主体香，并集清香、浓香与一身，独创出别具一格的“凤香香型”。

五粮液

浓香型大曲法白酒，产于四川省宜宾市的宜宾五粮液酒厂，因是以高粱、粳米、糯米、玉米和小麦5种粮食为原料酿制而得名。五粮液的前身是北宋名酒"荔枝绿"（宜宾元曲），现被誉为"天府五朵酒花"之一（另4朵为泸州老窖特曲、剑南春、全兴大曲、郎酒），在第二次全国评酒会上得分最高，此后又屡屡摘桂夺标。

五粮液酒用小麦制成"包包曲"作为糖化、发酵剂，经具有600年以上历史的老窖发酵，然后缓火蒸馏，按质滴酒，贮存老熟后，精心勾兑而成。酒度有30度、39度、52度、60度等类型，有着喷香浓郁、清冽甘爽、入口甘美、入喉净爽、各味协调、恰到好处的独特风格。

五粮液之美，得助于宜宾市得天独厚的地质、气候、资源、技术等酿酒条件。这里气候温和，空气湿润，水质清冽，地下水位与干湿度适宜于酵母菌的生长繁殖；同时粘性黄泥广布，土质厚而肥沃，适于修建酒窖；还有皮薄、营养全面、易于糊化的糯高粱及优质小麦，以及长达1300余年的酿酒历史与精湛工艺，这都是孕育名酒的温床。所以，行家们称赞此酒："吸取五谷之菁英，蕴积而成精液，其喷香、醇厚、味甜、干净之特质，可谓巧夺天工，调和诸味于一体。"还有人吟诗赞颂："五粮精液气喷香，浓郁悠久世无双，香醇甜净四美备，风格独特不寻常。"

更可贵的是，五粮液的酿制，还运用了数学家华罗庚的优选法，做到了酒度变化而质地不变。

古井贡酒

浓香型大曲法白酒，产于安徽省亳州市古井镇（古称减店集）的安徽省亳州古井酒厂；因酿酒取水的井为北魏时期（386～534）所建，此酒在明朝万历年间（1573～1620）曾作为贡品进奉朝廷，故名。它的古名是曹操指导下酿造的"九酿春"，现今的低度酒亦称"曹操酒"，曾连续四次评为国家名酒，并获巴黎博览会"金夏尔奖"。

古井贡酒有1000余年的生产历史，系以高粱为原料，用小麦、大麦、豌豆按比例制成高温曲，用传统的老五甑操作法，续楂配料，混蒸混糟，双轮底提香，老窖陈酿，缓火蒸馏，按质滴酒，长期贮存后精心勾兑而成。酒度分38度、55度、60度等几种类型，酒液清如水晶，浓香馥郁，放香持久，香纯如幽兰，入口醇和甘美，回味经久不息。

古井贡酒中的"古井"，还有一段传闻。据《亳州志》记载，公元532年，北魏派独孤将军攻打南梁的谯县（今亳县），独孤惨败，一怒之下将金锏投入井中，此即"古井"。从此井水清澈透明，甘甜爽口。有意思的是，今人取其井水化验，发现它含有多种矿物质，pH值为0.75，属中性，硬度为13.4，总碱度16.6，氯根为58。很显然，这系上乘的酿酒用水。

此外，明清两代，亳州有"酒国"之誉。当时的减店集有数十家酿酒作坊，其中的"公兴糟房"相传9代之久，积累了丰富的经验。古井贡酒现今年产万余吨，行销四海五洲，决非偶然。

全兴大曲

浓香型大曲法白酒，产于四川省成都市的四川省成都全兴酒厂。其前身是成都府大曲，早在乾隆年间（1736～1795），就以酒香醇甜、爽口尾净而闻名于世。道光四年（1824），全兴老字号酿酒作坊建立，所酿之酒即称为"全兴大曲"，具有窖香浓郁、醇和协调、绵甜甘冽、落口爽净的独特风格。中华人民共和国成立后，全兴大曲秉承传统工艺，愈酿愈精，曾3次评为国家名酒，风靡海内外。

全兴大曲以上等高粱为原料，用优质小麦制成酒曲，经陈年老窖发酵60天，缓火蒸馏，取酒时掐头去尾，仅用中段酒为成品酒，然后分坛入库储存1年以上，再经勾兑后加浆调整酒度而制成。其酒度有38度、52度、60度等不同类型，酒液清澈透明，酒香芬芳浓郁，曲香突出，酒味醇和协调，绵甜，落口净爽，一举杯即能感受到其独特风韵。

正因如此，它被列为"天府酒花"，还有"到了成都不喝全兴，等于白来一趟"的说法。

董酒

药香型大小曲合制的白酒，产于贵州省遵义市的董酒厂，因其创制者是20世纪初叶遵义城郊的董公寺酒坊而得名。该酒4次评为国家名酒，并荣获国家优质产品金质奖章。

董酒以高粱为原料，配以小麦、大米及多味名贵中草药，制成大曲（又称麦曲、产香曲）和小曲(又称米曲);以固体发酵、小曲酒工艺制取酒醅,串蒸经大曲发酵所取得的香醅;酒醅和香醅一次串蒸而得酒;再分段滴酒,分级贮存2～3年,精心勾兑,精心包装而成。该酒有38度、58度等几种类型,微有药香,回甜带酸,窖底浓香长,余香持久,回味悠长,在我国白酒香型中独树一帜。

董酒1985年的产量已达1000吨。

剑南春

浓香型大曲法白酒,产于四川省绵竹县的绵竹剑南春酒厂。早在唐代,绵竹一带就盛产名酒;唐代的酒习以"春"字命名,绵竹又是当年剑南道的一个大县,"剑南春"由此得名。相传李白曾在此"解貂续酒";苏轼也为它留下"三日开瓮香满城"、"甘露微浊醍醐清"的佳句。

剑南春以优质高粱、糯米、粳米、玉米、小麦为原料,用小麦制成酒曲为糖化、发酵剂,运用回沙发酵、双轮底发酵的方法,经老窖低温发酵60天后,缓慢蒸馏,去头截尾,分段取酒,贮存老熟后再精心勾兑而成。酒度为52度或60度,具有"无色透明,芳香浓郁、醇和回甜、甘冽爽净、余味悠长"的特点,系国家名酒之一。

洋河大曲

浓香型大曲法白酒,产于江苏省泗阳县洋河古镇的江苏洋河酒厂。该酒是我国古老的四大名酒之一,早在唐代就享有盛誉。另据《宿迁县志》记载,乾隆第二次下江南时喝了此酒,曾留下"酒味香醇,真佳酿也"的题词。还有词人形容它是:"闻香下马,知味停车;酒味冲天,飞鸟闻香化凤;糟粕入水,游鱼得味成龙;福泉酒海清香美,味压江南第一家。"它曾3次评为国家名酒,在巴拿马国际博览会上获金奖,在南洋国际名酒赛上获"国际名酒"之称号,蜚声于海内外。

洋河大曲以高粱为原料,用大麦、小麦、豌豆制成高温曲为糖化、发酵剂,按老五甑工艺规程,并结合运用现代科学技术老窖发酵45天,原酒分级贮存,陈酿老熟后精心勾兑而成。它有38度、48度、55度、62度、64度等不同类型,以甜为主,香甜交错,质地细滑,酒味调和,具有"甜、绵、软、净、香"的独特风格。

洋河镇酿酒已有300多年的历史。这里不仅积累了丰富的经验,还有著名的"美人泉"。据查,此泉之源为黄河古道,砂质土壤,泉水中含有多种芳香元素,甘冽清香。洋河大曲用此泉酿制,风味自然非同一般。同时这里所用的酒窖泥,含有丰富的芽孢杆菌微生物,有利于形成酒液中的主体香。此外,该酒还运用了超低温发酵新工艺,这对于酒品的质量也有明显的提高。

双沟大曲

浓香型大曲法白酒,产于江苏省泗洪县双沟镇的双沟酒厂。泗洪酿酒已有近千年的历史。250年前晋阳酒师贺民路来此落户,办"全德糟坊",创制出双沟大曲。此酒在国内名酒评审会上曾多次获奖,远销20多个国家和地区。

双沟大曲以当地优质高粱为原料,用小麦、大麦和豌豆制成大曲,用水取自淮河,采用续糟混蒸的传统工艺,经人工老窖低温慢发酵,缓火蒸馏,分段取酒,分级贮存,勾兑调味而成。它有39度、46度、53度等类型,1984年产量已达8500吨。其酒液清澈透明,窖香浓厚馥郁,酒味绵顺甜润,甘冽协调,甜而爽净,饮后回味悠长。古人评价它是"水为酒之血,曲者酒之骨;惟此风骨高,名家盖可奇。"

特制黄鹤楼酒

清香型大曲法白酒,产于湖北省武汉市的武汉酒厂,以风景名胜古黄鹤楼命名。武汉酿酒始于汉代,至清末已有酒坊百余家,推出冰桔烧、桂花烧、竹叶青、汉汾酒等名品。1915年,罗恒仁作坊的汉汾获国货名优奖;1929年,德泰源作坊的汉汾又获国货金奖。中华人民共和国成立后,此酒精益求精,于1984和1988两年,分别评为国家名酒。行家对它的评论是:"数江边胜迹,看龟蛇两山,无意修仙阁;论海内风物,推武汉一厂,有酒驰芳品。"

特制黄鹤楼酒以优质高粱为原料,用豌豆、大麦、小麦踩制成具有"清茬、红心、后火"特点的大曲,作为糖化、发酵剂,采用传统的两次清工艺,经固态地缸发酵,缓慢蒸馏,分段滴酒,分级入库,长期贮存,精心勾兑调味而成。此酒有39度、54度、62度等不同类型,酒液清澈透明,酒质清香纯正,具有入口醇厚绵软、后味爽口干净、余韵悠长的特点,系中南地区唯一列为"国家名酒"

的珍品。

郎酒

酱香型大曲法白酒，产于四川省古蔺县二郎滩的四川省古蔺郎酒厂，因地得名。此酒与茅台并称为“赤水河畔姐妹花”，曾在国内外多次折桂夺金。

郎酒以上等高粱为原料，用纯小麦制成高温大曲为糖化、发酵剂，以郎泉水为酿造水，酿造工艺类似茅台而又独具特色。它须经2次投粮、8次堆积糖化发酵、9次蒸煮、7次蒸馏取酒的9个月的生产周期取得原酒，再在天保洞内贮存3年，精心勾兑而成。郎酒有39度、53度两种类型，1984年的产量仅500吨。酒液呈微黄色，酱香浓厚馥郁，优雅细腻，酒体丰满，入口绵柔，醇厚净美，回味甜长，饮后不上头，空杯隔夜留香。

郎酒之美，有两大要素。一是工艺传承历史长，经验丰富。早在汉代，古蔺便有酿酒业；清初，这里的小曲酒已很知名。乾隆年间，随着“川盐入黔”，二郎滩酒坊大盛。1904年，荣昌人邓惠川来此开办絮志酒厂，首先推出“回沙郎酒”。1933年，当地人雷绍清创办集义酒坊，聘用仁怀名酒师郑银安酿出新型郎酒。此后两处酒坊合力，使郎酒更上层楼。

二是物华天宝，环境优越。普云山麓的郎泉，穿山过隙，蜿蜒流经数十公里，泉水清凉爽口，甘美纯净，含有多种微量矿物质。天保洞是个上下两层、占地8000多平方米、常年气温在18～22℃的天然岩洞。用它存酒，可以促进酒体柔软、香化、老熟。对此，行家称为“郎泉水酿琼浆液，天保洞藏酒生香”。

武陵酒

酱香型大曲法白酒，产于湖南省常德市的武陵酒厂，以常德的古称“武陵”来命名。武陵一带自古善酿，五代时的“崔家酒”闻名遐迩。宋时所出的白玉泉酒，已有“武陵桃源酒”之美称。中华人民共和国成立后，扩大组成常德市武陵酒厂，该酒在1988年的全国评酒会上获得金质奖。

武陵酒以优质高粱为原料，高温小麦大曲为糖化、发酵剂，崔婆井中的甘泉水为酿造水，原料经整粒浸渍、清蒸清烧、凉堂堆积、地窖发酵后，采用8次蒸料、7次取酒的传统工艺，贮存3年以上，勾兑而成。此酒为48度、55度，色泽微黄，酱香突出，幽雅细腻，醇厚爽洌，余味绵绵，留香持久。

宝丰酒

清香型大曲法白酒，产于河南省宝丰县的宝丰酒厂，以地命名。宝丰古属汝州，唐时善酿“碧芳酒”。宋代道学家程明道曾监酒于宝丰，留下“酒务春风”的佳话；元代诗人元好问酷爱宝丰佳酿，写下“春风着人不觉醉，快卷还需三百杯”的好诗。1988年在全国评酒会上，宝丰酒荣获金质奖章。

宝丰酒以优质高粱为原料，用小麦、大麦、豌豆制成大曲为糖化、发酵剂，采用传统的“清蒸二次清”工艺，经地缸发酵、清蒸清烧、甑桶蒸馏、量质滴酒、陶缸存储，勾兑而成。有38度、54度、63度等类型，酒液无色清亮，纯净绵柔，甘润爽口，清香芬芳，回味悠长，饮后口感舒适。

宋河粮液

浓香型大曲法白酒，产于河南省鹿邑县枣集镇的鹿邑酒厂，因该厂位于古宋河之滨而得名。

鹿邑是道教始祖——李耳(老聃)的故乡，酿酒已有两千余年的历史。相传孔子问礼于聃，“一入圣地，即闻异香”，便对子路说：“岂有旨酒乎？汝往沽之！”师生两人顿时喝得烂醉，事后孔子留下“惟酒无量，不及乱之”的名言。中唐时玄宗皇帝数次到鹿邑太清宫谒祭老子，指名用枣集镇的美酒上供，号称“皇封祭酒”。后来的宋真宗也照此办理。1988年，宋河粮液获国家金质奖章。

宋河粮液以高粱为原料，用小麦、大麦和豌豆制成中温大曲为糖化、发酵剂，采用传统老五甑续糙混蒸工艺，经老窖泥池发酵，分层蒸馏，按质取酒，定级贮存，勾兑调味制成。它有38度、54度两种类型，酒液无色透明，窖香浓厚馥郁，馨香扑鼻，入口绵长，甜味明显，尾子干净，回味悠长。此外，此酒还能提神助兴，舒筋活血，温胃祛寒，被誉为“开坛十里香、醉煞过路人”的“中州茅台”。

沱牌曲酒

浓香型大曲法白酒，产于四川省射洪县柳树沱镇的射洪沱牌曲酒厂。杜甫曾有“射洪春酒寒仍绿”的名诗；明人谢东山在此酿制过醉人的“谢酒”。1943年，李吉安建立吉泰祥糟坊，在“谢酒”的基础上推出沱牌曲酒。1988年，此酒在日内瓦获尤里卡发明奖。

沱牌曲酒以优质高粱、糯米为原料，用小麦、大麦制成大曲为糖化、发酵剂，采用传统的浓香型白酒工艺，经老窖低温发酵60天，双轮底增酯，续糟配料，分层蒸馏，量质摘酒，贮存陈酿，勾兑调味而成。它有38度、54度等类型，酒液无色透明，芳香浓郁，进口醇甜，清冽爽口，饮后有回甘，尾净余长，尤以甜、净二字脍炙人口。

白云边酒

优质白酒之一，湖北省松滋县的白云边酒厂生产。此厂坐落在松江河畔，为古代由陆路去洞庭湖的要道。唐代诗人李白路过此处时曾饮酒赋诗曰：“南湖秋水夜无烟，耐可乘游直上天，且就洞庭赊月色，将船买酒白云边。”1974年这里酿成此名酒后，即以李白诗意命名。

白云边酒以上等糯高粱为原料，以小麦制成高温大曲为糖化、发酵剂，以甘美的八眼泉水作酿造水，在继承唐宋传统工艺的基础上，吸收多种名酒的酿制技术，勾兑精细。其酒度为38度、58度，色清透明，醇厚甜香，清香中有酱香，入口为浓香，回味是酱香，风味别具一格。1979年评为全国优质酒，1984年获轻工部金杯奖。

四特酒

优质白酒之一，江西省清江县樟树镇的四特酒厂生产。因其具有“亮似钻石透如晶，芬芳扑鼻迷逗人，柔和醇甘无杂味，滋身清神类灵芝”的4大特色，故名。樟树酿酒有近3000年的历史，元明时期的“望津楼”系闻名的酒肆，以标有4个“特”字的高粱酒为金字招牌。1933年此酒产量已达20万公斤，远销四海；1984年便荣获轻工部银杯奖。

四特酒选用肥硕大米或糯米、高粱为原料，以优质小麦制成大曲为糖化、发酵剂，采用伏曲，经地窖发酵、醅香蒸酒、摘取酒身、贮存老醇、老酒心底、精心勾兑、调味装瓶等工序制成。它以清、香、醇、纯，回味无穷的风格见长，能给人以心旷神怡之快感。

宁城老窖

优质白酒之一，内蒙古自治区宁城县的八里罕酒厂生产。有“草原玉液”、“牧民之友”和“塞外茅台”的美称，1984年获轻工部酒类质量大赛金杯奖。

宁城老窖以优质高粱为原料，多种产酯酵母和河内白曲为糖化、发酵剂，采用“人工老窖”的工艺精酿而成。这种高度酒无色透明，窖香浓郁，甘洌绵甜，尾子爽净，回味悠长，在蒙古国、俄罗斯及西亚地区颇受欢迎，经常供不应求。

孔府家酒

优质白酒之一，山东省曲阜市的曲阜酒厂生产，酒度为39度。曲阜酿酒已有2000余年历史，北宋开始，即专为孔府酿造向皇帝进贡和招待，馈赠亲友的名酒，声誉颇高。

孔府家酒以高粱、小麦、大麦和豌豆为原料，属曲香型酒。它的装潢古朴典雅，酒液清澈明亮，窖香浓郁，酒味纯正，入口甜绵爽冽，诸味谐调，回味悠长。

孔府家酒的出口量多年来一直占出口白酒中的首位。它连获国家质量评比的金银奖，还在布鲁塞尔名酒博览会上夺冠。

桂林三花酒

优质白酒之一，广西桂林市饮料厂生产，1984年获轻工部银杯奖，多次评为国家优质米香型白酒。三花酒之名，相传始于清末，因此酒需蒸熬三次，又以摇动酒液的方法以观察酒液起花的多少和时间长短来鉴定酒质，故称“三熬堆花酒”，简称“三花酒”。

此酒以上等大米为原料，用当地香酒药草制成的传统酒药为糖化、发酵剂，用漓江上游的优质江水为酿造水，采取独特工艺发酵，以陶瓷缸密封，陈贮在条件优越的象鼻山岩洞内，再经精心勾兑而成。其酒度为56～57度，清亮透明，蜜香优雅，入口香醇柔绵，落口爽冽，饮后留香持久。

丛台酒

优质白酒之一，河北省邯郸市的邯郸酒厂生产。因厂址坐落在战国时代的赵国丛台（数座连聚在一起的土筑高台，用于习武）附近，故名。邯郸酿酒,久负盛名,战国时的"赵酒"曾被列为珍品。1977年推出的丛台酒,系以华北特产的红高粱为原料,用小麦制曲,稻皮为辅料,在"赵酒"工艺的基础上,吸收国内名酒的生产经验,采取高温制曲、清蒸辅料、回醅发酵、回酒发酵、分批蒸烧、缓慢蒸馏、分级摘酒、分质贮存、精心勾兑等程序制成。此酒无色透明,芳香浓郁,入口绵软,落口甜净,回味悠长,属浓香型。它在1979年评为全国优质酒,远销京、津、华北及东北各地。

口子酒

优质白酒,有两种牌号。一种是濉溪牌口子酒,产于安徽省淮北市的口子酒厂。它选用优质高粱为原料,以小麦、大麦、豌豆制成的中火曲与高温香曲为糖化、发酵剂,精酿而成。无色透明,芳香浓郁,入口柔绵,清洌甘爽,属浓香型。它有54度、60度等类型,1979年评为国家优质酒,1984年获轻工部金杯奖。另一种是口子牌濉溪口子酒,产于安徽省濉溪县的口子酒厂。它选用清澈古泉水、优质高粱和上等陈曲等精酿而成,具有色清、浓馨、甘美、口味延绵等特色,也在1984年获轻工部金杯奖。

龙滨酒

优质白酒之一,黑龙江省哈尔滨市的龙滨酒厂生产,1963年评为全国优质酒。

此酒选用黄壳高粱为原料,用小麦中、高温曲为糖化、发酵剂,采用"清蒸5次清"的工艺,长期发酵,陈酿而成。其酒度为60度,酒液微黄,清澈透明,醇香浓郁,纯正绵和,回味悠长,余香不息。它属于酱香型,具有浓醇清烈的特殊风格,深受地处高寒气候的东北群众喜爱,在俄罗斯亦畅销不衰。

中国黄酒

中国特有的酿造酒,又名老酒、米酒或清酒。它以粳米、籼米、黍米或玉米为原料,蒸熟后加入专门的酒曲或酒药,经糖化、发酵后压榨而成;因其色泽黄亮或黄中带红,故名黄酒。这种酒的酒度一般为8～20度,质地优异,风味独特;酒液中主要含有糖分、糊精、甘油、有机酸、氨基酸、维生素、微量高级醇等成分,具有较高的营养价值。它还具有行药势、通血脉、厚肠胃、润皮肤、和血益气、扶肝除风等功能,所以中医常用以作为"药引",成为中药的重要辅料。此外,它也有去腥提味的作用,在烹调鱼肉等荤菜时多作为"料酒"使用。

黄酒实际上是中国最古老的饮料酒,早在四五千年前的大汶口文化时期已经问世。到了周代,便创造出边糖化边发酵的酿造工艺,有了仪狄、杜康等造酒名师。南北朝时,已广泛用大米、小米酿造黄酒;入宋,又学会利用红曲造酒。明代,人们多用黄酒浸泡中草药,开辟出中华药膳的新领域;至清,长江下游一带已成为优质黄酒的主要产区。到1989年,黄酒的产量超过92万吨,仅仅次于白酒。

还须指出的是,中国黄酒不仅造福于华夏,还造福于世界。早在两千年前它就传到日本和朝鲜,日本著名的清酒便是在黄酒酿造技术的基础上发展起来的。后来它又传到东南亚其他国家,成为世界推崇的养生补品。

中国黄酒可按多种方法分类。(1)按原料和酒曲划分,有酒药和麦曲糖化发酵的糯米及粳米黄酒,麸曲糖化发酵的黍米黄酒,米曲加酵母糖化发酵的大米清酒,红曲糖化发酵的红曲黄酒。(2)按生产方法划分,有淋饭法黄酒、摊饭法黄酒与喂饭法黄酒。(3)按口味和含糖量划分,有含糖分10%以上的甜型黄酒,含糖分5%～10%的半甜型黄酒,含糖分0.5%～3%的半干型黄酒,含糖分0.5%以下的干型黄酒。(4)其他分类法。如按颜色划分的元红酒(琥珀色)、竹叶青(浅绿色)、黑酒(暗黑色)、红酒(红黄色);按产地划分的绍兴酒(浙)、即墨酒(鲁)、兰陵酒(鲁)、汾黄(晋)、清酒(吉)、五月红(闽)、封缸酒(赣);按加工工艺划分的加饭酒、老廒酒、沉缸酒、香雪酒、窨酒;按包装和特殊用途划分的花雕酒、女儿红、状元红等。目前中国黄酒的著名产地主要是绍兴、福州、丹阳和兰陵。

绍兴黄酒

浙江绍兴地区所产黄酒的总称,又称绍酒或老酒。它是一种不经蒸馏的发酵酒,以精白糯米、大米、黄皮小麦等为原料,以鉴湖水为酿造水,通过酒药及麦曲中不同种类的霉菌、酵母等的发酵而酿成。其酒液橙黄清澈,香气馥郁芬芳,滋味鲜甜醇厚,越陈越香,久藏不坏,有"长者之风"的美誉。

绍兴酒又是中国名酒中最古老的品种，已有2300余年的历史。《吕氏春秋》记载："越王之栖于会稽（绍兴古称）也，有酒投江，民饮其流而战气百倍。"南朝的《金镂子》说："银瓯贮山阴（绍兴古称）甜酒，时复进之。"宋代的《北山酒经》认为："东浦（绍兴市郊的一个村）酒最良。"清人梁章钜在《浪迹续谈》中更有一段精辟的分析："今绍兴酒通行海内，可谓酒之正宗。……盖山阴会稽之间水最宜酒，易地则不能为。"20世纪30年代，绍兴酒坊已达2000余家，有"黄酒城"之称。1910年，绍兴酒在南洋劝业会上得金牌；1915年，在巴拿马博览会上得一等奖；1924年和1925年，又在国内外连续夺冠。中华人民共和国成立后，此酒中的"加饭酒"不仅3次评为国家名酒，还在马德里、巴黎等许多国际博览会上折桂。

绍兴黄酒有众多的品种：

1.加饭酒。又称陈绍兴酒、鉴湖绍兴酒或绍兴加饭酒；因在一定的水米比例中，再增加糯米饭用"摊饭法"酿制而得名。其酒液深黄带红，透明晶莹、芳香突出，风味醇厚；酒度为18度左右，总酸在0.45%以下，糖分约2%，属半干酒类。它因加饭量的多少，又有单加饭、双加饭和特加饭之分。饮前须用沸水烫温，配合凉菜浅酌慢饮；若将陈年加饭酒、元红酒、新加饭酒勾兑饮用，风味更为特异。

2.元红酒。又称状元红或元红；因酒色橙红、酒坛外涂有朱红色标记而得名。它也用"摊饭法"酿成，发酵完全，含残糖少，具有独特的酒香，酒味略苦，需陈酿1～3年才出售；酒度为16度左右，总酸在0.3%～0.5%之间，糖分约0.2%～0.5%，属干型酒。如加乌枣浸泡，则可健脾；吃鸡鸭时烫温饮用，口感最佳。

3.善酿酒。又称双套酒；系以陈年元红酒代水落缸发酵，用"摊饭法"酿制而成，贮存2年以上才出厂。其酒液深黄，糖分较多，酒质醇厚，芳香馥郁，属甜型酒，是绍兴酒中的佳品。酒度为14度左右，总酸在0.55%以下，糖分约6%，最宜温烫后就食甜味菜肴。

4.鲜酿酒。因酿酒期较短、香味形成较快而得名。它用"淋饭法"酿制，除加入陈年元红酒外，尚需加入部分淋饭酒半成品的上层清液及少量浆水（即含有大量乳酸链球菌的浸米水）。其特点是酒度不高，比善酿酒更甜，适合一般消费者的口味。

5.香雪酒。先用"淋饭法"酿成甜酒，拌入少量麦曲，再用40～50度的糟烧酒代水，落缸发酵而成。其色如琥珀，酒度和糖分都在20%以上，具有古老绍兴酒的风格。若与白酒兑饮则酒劲很大，若加汽水冲饮便醇淡可口。此酒不宜温烫，饭前或饭后酌饮少许可助消化。

6.花色酒。在绍兴黄酒煎酒灌坛时，添加花卉、果实、中药材或其他物料的浸制溶液，改变其原有风味的黄酒，如福桔酒、桂花酒、花红酒、鲫鱼酒之类。它因变化的品种而署名。

7.竹叶青。花色酒中的名品，系用高度糟烧浸出当年采摘的嫩竹叶的色素，配酒而成。其酒液浅绿，有嫩竹之清香。

8.花雕酒。又称远年花雕。它因将加饭酒贮存很长时间、并在酒坛上绘有民族风格的五彩浮雕而得名；其品质更为醇美。

9.女儿红。花雕酒中的名品。因在女儿出生时酿制、女儿出嫁时饮用而得名；储存时期一般都在15年以上，风味特好。

10.土绍酒。以粳米为原料酿制的元红酒，酒质略差。为保持元红名酒的声誉，特加区别。

福建黄酒

中国著名的黄酒之一，包括评为全国名酒的龙岩沉缸酒，评为全国优质酒的福建老酒、连江元红酒和苜莉青酒等。

福建黄酒中的名酒多以糯米为原料、普通酒多以粳米为原料；酒曲均用大米制成，有红、白之分。红曲中的红曲霉能产生红色素，白曲中的根霉与毛霉有较高的糖化能力。当地酿酒常是两种曲混用；如果分开糖化、发酵，成酒后也要以2/3的红曲酒与1/3的白曲混合调配。其酒气味芬芳，口感醇和柔润。

1.龙岩沉缸酒。产于福建省龙岩县的龙岩酒厂，有160余年的历史。它以上等糯米为原料，采用古田红曲和特别小药曲为糖化、发酵剂；在冬酿时加入米烧酒冲缸，酒醅三沉三浮，最后使醅渣沉落缸底（此即酒名之来源），陈酿3年而成。酒液如鲜艳的琥珀，香由红曲、国药、米酒三者融混而来，纯净自然不带邪气，糖分虽高达27%但无粘稠感，酒度为14.5度，诸味和谐，同时呈现，常饮有滋补健体之功。

2.福建老酒。产于福建省福州市的福州酒厂。早在宋代,它就以“夜倾闽酒赤如丹”而被称颂。此酒选料严格,除优质古田糯米和古田红曲外,还配以60多味中药合制的白露曲,用传统的分缸发酵法,冬酿春成。发酵后,再经抽渍、榨取、澄清、杀菌等工序方为成品,成品经多年陈酿才能出厂。酒液黄褐透明,醇香浓郁,甜度爽适,余味绵长,酒度为14.5～17度,糖分约4.5%～7%,为半甜型黄酒的佼佼者,深受台胞欢迎。

山东黄酒

我国北方黄酒的典型代表,有1000余年的历史。其用料多为粘黄米、麦曲、固体酵母和优质水;酿造特点是投料前将麦曲烘焙(60℃),以除去邪味和杀灭杂菌,增加香气;同时还在原料糊化时将米煮成干粥状;其酵母也是熬好的米与焙好的曲各半,加适量白酒制成圆坯。山东黄酒酒液浓郁,清香爽口,其中的即墨老酒与兰陵美酒久享盛名。

1.即墨老酒。产于山东省即墨市的黄酒厂,多次评为全国优质酒。其色泽紫黑,晶明透亮,微有沉淀,久放不混浊,酒香浓郁,具有焦糜的特殊香气,入口醇香,甘爽润喉,饮时微苦而余韵不绝,回味悠长。酒度为12度左右,陈酿1年以上质量更佳。古人评述此酒是“其色黑褐透明,其液盈盅不溢,其味醇和郁馨,其功舒筋活血”。特别是对腰腿痛、关节炎、胃病和产妇复原有显效,被视作“回春灵药”。

2.兰陵美酒。产于山东省苍山县兰陵镇的兰陵美酒厂,曾在巴拿马国际博览会上获金奖。唐代诗仙李白也为它写出“兰陵美酒郁金香,玉碗盛来琥珀光,但使主人能醉客,不知何处是他乡”的华章。此酒以当年黍米为原料,用小麦和豌豆制曲,经过黍米浸洗、入锅糊化、出锅撒冷、加曲糖化、入坛加优质高粱酒(兰陵大曲)、封存陈酿、抽酒过滤、配酒包装等工序制成。其酒度为28度,总酸0.2%以下,糖分约14%,黍米香与白酒香相兼,饮之沁人肺腑,有补肾养血、延年益寿之功能,可谓“名驰齐鲁千年酒,味压浙闽一品香”。

东江牌黑糯米酒

贵州著名的新兴甜黄酒,原系该省惠水县摆金、雅水等高寒山区苗人的传统饮料,后经惠水县酒厂整理研制,才于1979年推向市场。此酒用高山苗寨特产的黑糯米为原料,以古法酿制,酒液晶莹透明红亮,酒香幽雅悦人,酒味酸甜爽口,酒体甘美谐调,风格独特。这种醇厚的低度酒,富含蛋白质、多种氨基酸、脂肪、糖类、多种维生素与钙、磷、铁;有补中益气、暖脾胃、补肾、乌发等功能,主治虚汗、盗汗、多汗、烦渴不止、食欲不振、消化不良、食积不化、慢性肾炎、尿频诸症;被视作药食兼用、补治并举的上乘“黑色食品”。

中国啤酒

啤酒是中国各类饮料酒中最年轻的酒种,仅有近百年的发展历史。它亦称麦酒或清凉饮料,系以大麦为主要原料,经过麦芽糖化,加入啤酒花(蛇麻花),利用酵母发酵制成。其酒精含量一般在2%～7.5%之间(大多为3.4%～5%),含有11种维生素,17种氨基酸和大量的二氧化碳,是一种高热量、易被人体吸收和消化的健康饮料。啤酒的酒液清亮透明,富有光泽,有较强的起泡力,入口醇厚、柔和、清爽,具有啤酒花与大麦芽的香味,不仅可以清凉解渴、健胃利尿,而且其苦味亦有增进食欲的功能。1升啤酒所产生的热量,相当于10个鸡蛋,或500克瘦肉,或200毫升牛奶,所以又有“液体面包”之誉。1972年第九次世界营养食品会议上,将其确定为营养食品。

啤酒最早出现在8000多年前的美索不达米亚平原(现属伊拉克),系用大麦面包屑、椰枣汁、香料、蜂蜜等酵制而成。15世纪,德国巴伐利亚州的修道士开始用啤酒花酿酒后,才使用啤酒这一名称(德文称Bier,法文称Biere,英文称Beer)。啤酒生产大发展是20世纪的20～30年代开始的,其中德、美两国发展最快。1900年,俄国人在哈尔滨建立中国第一家啤酒厂;其后,德、英、捷克、日本又相继在东三省、津、沪、京、鲁等地建厂。中国啤酒业的大发展是在中华人民共和国成立之后,如1986年全国的啤酒厂就有500余家,1989年的总产量便超过700万吨,现今的生产中心主要在青岛、北京、上海、武汉、沈阳等地。

啤酒可以按多种方法分类。(1)按麦芽汁的浓度划分，有浓度为7%～8%、酒精含量为2%的低浓度啤酒；浓度为11%～12%、酒精含量为3.1%～3.8%的中浓度啤酒；浓度为14%～20%、酒精含量为4.9%～5.6%的高浓度啤酒。(2)按酒液颜色划分，有黄中带绿的浅色啤酒，以及呈咖啡色或黑色的浓色啤酒。(3)按是否杀菌划分，有未杀菌的鲜啤酒（生啤酒）和已杀菌的熟啤酒。(4)按是否含有酒精划分，有含酒精啤酒与无酒精啤酒。此外，国外习惯以传统风味划分，如拉戈啤酒、爱尔啤酒、司都特啤酒、跑特啤酒、包克啤酒、多特蒙德啤酒、慕尼黑啤酒等。

我国著名的啤酒有青岛啤酒、特制北京啤酒、特制上海啤酒、特制五星啤酒、雪花啤酒、特制西湖啤酒、武汉行吟阁啤酒等。

青岛啤酒

中浓度淡色熟啤酒，产于山东省青岛市的青岛啤酒厂，迄今已有近百年的生产历史。它以江浙等地的二棱大麦为原料，配以自产的优质啤酒花，用崂山矿泉水酿造，传统工艺精湛。其酒精含量为3.5%，麦汁浓度在12度以上，二氧化碳气超过0.3%。酒液呈淡黄色，清澈透明有光泽，二氧化碳气充足，泡沫洁白、细腻、厚实，挂杯持久，有显著的啤酒花香与麦芽清香，口味柔和而清爽，略含苦味，余味令人愉快、舒适。青岛啤酒在历次国家评酒会上都名列前茅，获得的奖项数十个。1954年开始出口，现已行销到40多个国家和地区，有“中国啤酒之王”的美誉。

特制上海啤酒

12度浅色熟啤酒，产于上海市的上海啤酒厂，迄今已有近90年的生产历史。它选用优质麦芽和精白大米为原料，配以一级新疆啤酒花，采用电渗析、离子交换以及活性碳处理后的纯化酿造水与精心培养的健壮酵母发酵酿制而成，操作工艺严谨。其酒精含量为3.5%，原麦汁浓度在12度以上。酒液呈淡黄绿色，清澈透明，富有光泽和明显的酒花香气，口感柔和，香味浓郁，爽而杀口，泡沫洁白细腻，高而挂杯持久。此酒在多次评比中均获金奖，1985年又被列入国家名酒，出口量大，在美国、加拿大、意大利和日本等国声誉颇高。

特制北京啤酒

淡色中浓度啤酒，产于北京市的北京啤酒厂，迄今已有56年的生产历史，1959年颖脱而出。它以优质大麦和啤酒花作原料，用纯净的水酿制，工艺规程严格。其酒精含量为3.5%以上，麦汁浓度12度。酒液色泽淡黄，清亮透明有光泽，二氧化碳含量充足，泡沫丰富、洁白、细腻，挂杯时间长，酒花香气馥郁，麦芽清香怡人，口感柔和，清爽微苦而杀口。此酒两次评为国家优质酒，一次评为国家名酒，经常用于国宴，在消费市场上亦受欢迎。

特制五星啤酒

中浓度淡色熟啤酒，产于北京市的北京双合盛五星啤酒厂，迄今已有86年的生产历史。它以上等麦芽、大米和啤酒花等为原料，采用捷克斯洛伐克的传统啤酒工艺精心酿制而成，质量要求严格。其酒精含量为3.5%以上，原麦汁浓度为12度。酒液呈淡黄色，清亮透明，二氧化碳气充足而稳定，泡沫既洁白细腻又持久挂杯，有浓郁的啤酒花香和麦芽香气，饮时口感纯正、杀口力强，带有舒适的微苦味。此酒曾被评为国家优质酒，经常用于国宴，在京、津和华北地区评价较高。

中国葡萄酒

中国著名的传统营养酒，又称蒲桃酒或果酒，系以葡萄为原料酿造而成。其主要成分除酒精（8%～22%）以外，还含有多种糖类、酸类、无机盐、甘油、树胶、氨基酸和维生素，可以增进食欲、帮助消化、促进人体新陈代谢、抗御病毒。其酒液清亮，有浓郁的果香与酒香，口感清快爽口，醇而不烈，甜而不腻，是宴会上很受欢迎的健康饮品。

早在9000年前，西亚已经栽种葡萄。6000年前，埃及人学会酿造葡萄酒。4000年前，巴比伦制定了葡萄酒买卖的法律。2600年前，葡萄酒技术传入欧洲；不久，又传入其他地区。中国是葡萄属植物的起源中心之一，古名蘡薁，也叫野葡萄，西周时已普遍种植。汉武帝建元三年（公元前138年），出使西域的张骞引入西方的葡萄酒酿造技术后，它就在中华大地扎根落户，成为一代名饮。《史记》、《册府元龟》、《析津志》、《本草纲目》,对中国葡萄酒的演变历史均有翔实记载。1892年,华侨张弼士在烟台创办中国第一家规模较大的近代化葡萄酒厂;不久,太原、青岛、北京、通化也相继建厂,发展速度很快。现今中国的葡萄酒厂多达百余家,中国葡萄酒多次在国际上获奖,各种名品远销世界各地。

葡萄酒可按多种方法分类。(1)按加工方法划分,有酿造葡萄酒(天然酵母发酵)、发泡葡萄酒(二次发酵,以香槟酒为代表)、加香葡萄酒(添加香料与药草,如味美思)。(2)按酒液色泽划分,有红葡萄酒(含宝石红、棕红、鲜红)、白葡萄酒(含淡黄、麦秆黄、黄中带绿)、桃红葡萄酒。(3)按含糖量划分,有含糖量0.5%以下的干葡萄酒,含糖量0.5%～1.2%的半干葡萄酒,含糖量1.2%～5%的半甜葡萄酒,含糖量5%以上的甜葡萄酒。(4)按配方划分,有仅用葡萄汁发酵的天然葡萄酒,添加白兰地或酒、糖发酵的加强葡萄酒。(5)按是否含有二氧化碳划分,有静酒、汽酒或泡酒。(6)按饮用习惯划分,有开胃葡萄酒、佐餐葡萄酒、起泡葡萄酒、待散葡萄酒。(7)按国际标准划分,有佐餐葡萄酒、含气葡萄酒、强化葡萄酒、加味葡萄酒等。

烟台红葡萄酒、中国红葡萄酒、青岛白葡萄酒、长城干白葡萄酒、民权白葡萄酒、王朝半干白葡萄酒、北京桂花陈酒、吉林长白山葡萄酒、吉林中国通化葡萄酒、江苏丰县半干白葡萄酒,均是中国的著名葡萄酒。

烟台红葡萄酒

甜型红葡萄酒,原名玫瑰香红葡萄酒,产于山东省烟台市的张裕葡萄酿酒公司,迄今已有107年的生产历史。此酒以烟台名产玫瑰香葡萄为主要原料,以玛瑙红、梅鹿辄、解百纳等20余种色、香、味各有所长的葡萄为辅料,分别经甜酒发酵和干酒发酵等工艺精心酿制后,贮藏2年以上,再按标准调配,包装出厂。酒度为15度～16度,含糖量12%左右,总酸度0.7%上下。其酒鲜艳如红宝石,透明似水晶,玫瑰果香明显,陈皮似的酒香浓郁,口味醇厚,酸甜适口,微涩而又柔和,美而不腻。它曾在巴拿马万国博览会上夺冠,4次评为国家级名酒,荣获孙中山先生题写的"品重醴泉"的奖匾,畅销于欧美和东南亚各国。

中国红葡萄酒

甜型红葡萄酒,产于北京市东郊的北京夜光杯葡萄酒厂,早在60年代便颖脱而出。它选用优质酿酒葡萄品种佳醴酿、法国蓝、解百纳、龙眼等为原料,经过发酵、陈酿以后,再用贮存2年以上的优质葡萄原酒、葡萄白兰地及杂色葡萄原酒调配而成。酒度为16度,含糖量12%,总酸度0.65%左右。酒液如澄清透明的红宝石,有明显的葡萄果香和浓厚的酒香,口感醇和,微涩,酒香持久、协调。1963和1979年,两次评为国家级名酒,1983年获国家金质奖,1984年获轻工部金杯奖。

青岛白葡萄酒

甜型白葡萄酒,产于山东省青岛市的青岛葡萄酒厂,迄今已有82年的生产历史。此酒选用山东大泽山所产的优质龙眼葡萄为原料,采取皮、汁分离发酵的方法加工后,再经冷处理和长期陈酿而制成。酒度为13度,含糖量12%,总酸度在0.6～0.7之间。其酒液呈淡黄色,清亮透明,清香幽郁,甜酸适口,余香清晰,回味绵长。曾两次评为国家优质酒,一次评为国家名酒,产品畅销国内外。

长城干白葡萄酒

绝干型白葡萄酒,产于河北省怀柔县的中国长城葡萄酒有限公司,迄今已有40余年的生产历史。此酒以优质龙眼葡萄为原料,取自流汁,澄清处理后,接入纯种酵母进行低温发酵,然后陈酿2年以上,再经勾兑、过滤后制成,装瓶后贮存半年以上方能出厂。酒度为16度,还原物0.4%。酒液是淡黄中略显微绿,清亮有光,果香悦人,香美如鲜果,酒香浓郁,口感柔和,圆润爽适,爽而不涩,醇而不酽,怡而不滞。它于1977年问世后即好评如潮,不仅多次评为国家优质酒和名酒,还在伦敦、马德里、巴黎等地分获金、银奖,轰动欧洲,被誉为"东方美酒"。

民权白葡萄酒

甜型白葡萄酒,产于河南省民权县的民权葡萄酒厂,迄今已有36年的生产历史。此酒以黄河古道地区栽培的甜水葡萄(红玫瑰、白羽等品种)为原料,经分选、破碎、分离发酵、贮存、配制及后加工处理而成。酒度为12度，含糖量10%，总酸度0.6%。酒液呈麦秆黄色，清澈透明，有鲜果的清香和优美的酒香，诸香协调而醇柔，甜酸适口，怡爽轻快，余味绵长，风格别具。它自1964年推出后，很快占领了市场，1968年出口英、美、德、日、荷兰等国，1979和1983年先后评为国家名酒和国家优质酒。

王朝半干白葡萄酒

半干型白葡萄酒，产于天津市的中法合资王朝葡萄酿酒有限公司。此酒以我国优质麝香葡萄品种为原料，采用国外引进的先进设备，运用低温发酵、隔氧操作、恒温贮存等工艺，精心酿制而成。酒度为10～13度，含糖量0.41%～1.2%，总酸度0.6%～0.75%。酒液呈禾秆黄色，清亮透明，果香浓郁，酒味醇厚，丰满协调，微酸适口，清爽舒适。1981年投放国际市场后，即受到消费者的欢迎；1983年评为国家级名酒；1984年获轻工部金杯奖，并在莱比锡国际博览会上，以色、香、味俱佳而冠于群雄之首，荣获“著名新产品”金质奖。

长白山葡萄酒

甜型红葡萄酒，产于吉林省吉林市的长白山葡萄酒厂。此酒以长白山野生山葡萄为主要原料，发酵分3个阶段进行，并在葡萄汁中加糖发酵，以调节糖分与酒度；又根据酒质成熟较慢的特点，采取人工老熟工艺，使酒质完善，风味突出。其酒度14.2度，含糖量15%，总酸度0.6%。酒液紫红，艳丽透明，具有山葡萄特有的清香和醇香，味感醇柔，甜酸协调，清爽利口，余味绵香，风格独特，在第二届、第三届全国评酒会上被评为国家优质酒。

中国通化葡萄酒

甜型红葡萄酒，产于吉林省的通化市葡萄酒厂，迄今已有60年的生产历史。此酒以山葡萄为原料，采取陈酿和人工老熟的酿造方法，以提高酒质。酒度为15度左右，糖分15%上下，总酸度0.5%～0.7%。酒液晶红明亮似宝石，果香与酒香浓郁，酒质醇厚，酸甜适度，微涩，爽适，余香绵延，风格独特。1955年起，即远销亚、欧、美三大洲，声誉日隆；在第二届全国评酒会上评为国家优质酒。

中国果酒

中国传统饮品之一，又称甜酒或色酒，以各种植物的果实为原料酿成。其主要成分是水、酒精、醇类、酸和酸性盐、糖、色素、甘油、胶质、芳香油、矿物质与维生素，酒精含量在12%～24%之间，酒液中带有原料果的色泽及香味，酸甜适口，协调醇厚。

中国古籍中有关果酒的记述甚多，如椰子酒、石榴酒、荔枝酒、杨梅酒、桑椹酒、山楂酒、草莓酒、香梨酒等等，享有较高的声誉，多用于喜庆场合及闺阁之中。

果酒的分类方法也多。(1)按所用的果实品种划分，如苹果酒、猕猴桃酒、广柑酒、杏酒。(2)按酒的含糖量分，有甜型果酒与干型果酒。此外，按属性而言，葡萄酒应是果酒中的一种，但是它往往自成一个系列。

中国著名的果酒甚多。在1963、1979以及1985年的全国评酒会上，名列前茅的有沈阳三杯牌山楂酒、红梅牌中国熊岳苹果酒、渠江牌红桔酒、红梅牌紫梅酒(草莓酒)、福建漳州荔枝酒等。

沈阳山楂酒

浓甜型果酒，产于辽宁省沈阳市的沈阳酿酒厂，1957年推出。它以东北出产的优质山楂果为原料，经过分选、破碎、浸泡、加糖发酵、贮藏、调配等工序制成。酒度为14度，糖分25%，总酸度0.7%～0.9%。酒液红艳晶亮，光亮炫目，果香突出，酒质醇厚，酸甜协调，爽口怡人，回味深长。在第二届、第三届全国评酒会上被评为全国优质酒。

此酒中含有丰富的维生素B_1、B_2、C以及尼克酸、钙、磷、铁等营养物质，适量饮用有消积、补脾、开胃等功能。

熊岳苹果酒

甜型果酒，产于辽宁省盖县的熊岳苹果厂，迄今已有43年的生产历史。该酒选用辽东半岛望儿山特产的国光苹果为主料，辅以红玉苹果增香，经破碎、榨汁、渣液分离和汁液灭菌，加入从果皮中分离并经培养的酵母进行低温发酵，贮藏后以不同酒龄的原酒、配加苹果白兰地调配而成。酒度14.5～15.5度(玻璃瓶包装的)或15～16度(陶瓷瓶包装的),糖分14%左右。酒液金黄,清澈透明,有特殊的清香与醇香,香气协调,酒味醇厚,酸甜适口,香爽怡人。1958年起开始外销,在第二届、第三届全国评酒会上被评为国家优质酒。

荔枝酒

甜型果酒,产于福建省漳州市的漳州酒厂,1955年开始生产。它以当地特产的优良荔枝(半透明凝脂状,多汁,味甘美,有芳香,每500克含糖分45克、维生素C115毫克、磷109毫克)果汁与陈酿米烧酒为原料配制,再以红曲调色而成。酒度为21度,色泽棕红,澄清透明,具有鲜荔枝的清香,酒质醇厚,味甜适口。它还有补脑健身、开胃益脾、治疗瘰疬疔肿、补元养气的功能。在第二届全国评酒会上被评为优质酒,畅销东南亚,被国际友人誉为“中国的香槟酒”。

紫梅酒

甜型果酒,产于黑龙江省尚志县的一面坡葡萄酒厂,迄今已有40余年的生产历史。此酒以当地特产的黑豆果(学名黑醋栗,外国叫黑加仑籽,俗称黑豆,成熟后呈深紫色,富含维生素B、C等营养成分)为原料,经过前、中、后3个阶段的低温发酵,再陈酿3年,然后精心配制而成。酒度为15.5度,糖分为22.5%,总酸为0.6%。酒液紫红浓郁,有鲜果的自然香气,香气清雅悠长,味甜微酸,柔和醇厚,越饮越觉得香味深沉,余味不尽。在1979年第三届全国评酒会上,它以醇、爽、甘、酸、柔、绵、雅、愉的独特风格被评为国家优质酒,1984年又获轻工部金杯奖。

红桔酒

甜型果酒,产于四川省的渠县果酒厂。它以当地特产的红桔(皮薄,色鲜,味甜,汁多,每百克果汁中含维生素C54毫克)为原料,经去皮、取筋、去核、取汁、低温发酵后,再加香、密封、陈酿半年以上,然后再调配、陈酿1年以上,过滤包装而成。调配所用的白糖、蜂蜜和酒精,均经过净化处理,故酒质十分纯净。其酒度为17度,糖分为27.5%,总酸为0.48%。酒液色如鲜桔果肉,鲜亮透明,桔香突出而自然,甜酸适口,口味醇厚,柔和优美,后味悠长。1979年被评为全国优质酒。

中华猕猴桃酒

甜型果酒,产于湖北省随州市的随州果酒厂,1981年开始生产。它以桐柏山麓盛产的优质猕猴桃(成熟度在70%以上)为原料,采用人工催熟的方法使之成熟,再经破碎、榨汁、低温控制发酵而酿成。其酒度为12～13度,含糖量为18%～20%,总酸0.8%～0.9%。酒液黄亮,澄清透明而有光泽,果香浓郁,柔和爽口,酸甜适度,余味不绝。它还可以“止暴渴、解烦热、压丹石、下石淋”,有一定的医疗价值。此酒曾于1983年被农牧渔业部评为优质产品。

中国露酒

中国传统的配制酒之一,又名花式酒,系以发酵原酒(黄酒、葡萄酒)或蒸馏酒(食用酒精、白酒)作酒基,加入一定量的香料、糖料或色料配制而成的酒。配制方法主要有:(1)泡制法:将各种香料或物料投入稀释的酒精或白酒中浸泡。(2)预制香料法:将各种香料预先制成后,再与酒基、糖料等按比例配合。(3)直接配制法:将酒基、香料、糖料、色料等直接按比例调配而成。

中国露酒不仅具有特殊的风味,还有一定的营养价值。其酒精含量一般在20%～40%之间,糖的含量一般在15%～30%之间,色泽鲜亮,香气浓郁,口感醇和,有的有辅助治疗作用,可与国外的鸡尾酒比美。

中国露酒历史悠久。古代文献中关于露酒的记载十分丰富,桂酒、酴糜酒、茉莉酒、蔷薇露等,均是古代露酒中的精品。现代生产的露酒,品目亦多,著名的有莲花白酒、桔子露酒、玫瑰汾酒、陈年香杏、云雾茶酒、人参露酒、园林青酒、菠萝酒等。

园林青酒

名优露酒之一,产于湖北省潜江市的园林青酒厂,1974年开始上市。它以清香型高粱大曲酒为酒基,配加冰糖、白糖、檀香、丁香、当归、砂仁等10余味名贵中药材调制而成。酒度为40度,酒液金黄透明,药香浓郁,醇和绵柔,酒体协调,回味悠长。长期坚持适量饮用，有润肝、健脾、疏气、养血之效。1980年以来，连续6次荣获湖北省优质产品称号；1984年获轻工部银杯奖；1985年在第四届全国评酒会上荣获优质产品金质奖章。

玫瑰露酒

名优露酒之一，产于云南省昆明市的昆明瓶酒厂，1958年投产问世。它采用昆明湖畔特产的玫瑰花（*原种系荷兰引进，其香自然，久闻不闷头*），将花瓣浸入特制酒精内制成花卤；再以精白糯米酿成的上等粮食白酒为酒基，经调配陈酿等特殊加工方法制成。酒度为45度，糖分7%。酒液浅红而清澈透明，芳香醇厚，优美的玫瑰馨香突出，酒体甜绵柔和，回味香甜可口，后味较长，给人以欢快、舒适之感。从1964年至今，它曾多次获得省、部优质产品的称号。

云雾茶酒

名优露酒之一，产于江西省九江市的庐山酿酒厂，1970年推出。它选用优质庐山小曲酒为基础酒，配以云雾茶浸泡的浓厚卤汁，并调以蜂蜜、甘油、冰糖、蛋清与“一滴泉”泉水等精心配酿而成。酒度为28度，酒液呈黑褐色，晶莹透亮，香气馥郁，酒质纯正，香甜适口，快人朵颐。此酒兼有名茶之长，适量饮用，可以活血行气、壮神御寒、避邪逐秽。它在露酒中具有独创性，被视作是中国酿酒工业中的一大发明，号称“庐山一绝”，深受中外游客欢迎。

人参露酒

名优露酒之一，产于吉林省通化市的通化葡萄酒厂，1950年代投产，1969年开始出口。它以优质高粱白酒为酒基，每瓶中浸泡一棵完整的长白山上等人参，清新醒目，货真价实。其酒度为39度，酒液呈深黄色，清亮透明，酒质醇厚，参香突出，独树一帜。此酒还有滋补、强身、抗癌的功效，久服可以益寿延年。1979年至今，人参露酒多次获得省、部级的优胜奖章；用野生人参浸泡的露酒，每瓶售价几千元，在国际市场上供不应求。

中国药酒

中国传统的配制酒之一，又名酒剂，系以白酒或黄酒作酒基，配加不同的中药材，酿造或浸泡而成。药酒的主要功能是疗治疾病和补养身体，通常分为两个大类：一类是补性酒，着重于滋补，如参元补酒、十全大补酒、鹿龟酒、五茄皮酒、红花补酒、百岁酒等；另一类是疗治酒，着重于治疗，如鸿茅药酒、风痛药酒、参茸虎骨酒、冯了性药酒、异远真人跌打酒、三七酒等。

药酒是中医学中的一项伟大创造，已有数千年的发展历史。《韩非子》、《史记》、《盐铁论》、《三国志》和《千金要方》、《本草纲目》等经籍中，均有这方面的记载。目前中国药酒仍在蓬蓬勃勃地发展，不仅造福于12亿中国人，还行销五大洲的100多个国家及地区，被誉为“长寿饮品”。

药酒的生产主要有酿制法、浸制法和渗漉法，并有内服类药酒与外用类药酒之别。在食品店出售的，多为滋补酒；在中药房出售的，多为疗治酒。由于药酒讲究“对症”，因此服用前一定要确切了解其性能、功效与禁忌，注意剂量；某些特殊的药酒的服用，必须严遵“医嘱”，防止产生副作用。

竹叶青

名优药酒之一，产于山西省汾阳县杏花村的山西杏花村汾酒厂，历史悠久。它以高度(70°)汾酒作酒基，冷浸竹叶、陈皮、香山奈、公丁香、香排草、当归等12种名贵中药材的浸出液，再加冰糖配制而成。酒度为45度，糖分为10%。酒液呈金黄色，微绿，口感甜绵，略苦，酒香、药香与甜味和谐一致，有一种药草形成的独特的悦人芳香，无刺激感。此酒有舒气、养血、降火、消炎、解毒、润肝、开胃、化食、健体等功效，深受国外消费者的喜爱。它在1963、1979、1985年3次被评为国家名酒，还多次荣获国家优质产品奖和金杯奖，远销欧美和东南亚地区。

莲花白酒

名优药酒之一，产于北京市的北京葡萄酒厂，已有400余年的“酒龄”。它原系明宫秘制的保健酒，因用万寿山下白莲池中的莲花酿造而得名。1959年，北京葡萄酒厂搜集到此酒的御制秘方，按传统工艺仿制出来。它以优质高粱酒为酒基，加入五加皮、广木香、川芎、黄芪、当归、肉豆蔻、砂仁、首乌、丁香、白莲花等20多味中药材，进行蒸炼，再用白糖调制，入坛密封陈酿而成。酒度为50度，糖分为8%。酒液清澈透明如水晶，药香与酒香协调而悦人，口感醇厚且甜润，柔和不烈；有滋阴补肾、健脾和胃、舒筋活血、祛风避瘴等功效。1979年被评为全国优质酒，畅销港澳台等地，有“酒中之冠”的美誉。

十全大补酒

名优药酒之一，产于浙江省的湖州制药厂。以党参、黄芪、肉桂、熟地黄、白术、白药、当归、川芎、茯苓、甘草等10味药材和白酒浸泡调制而成，具有气、血双补的功能。

十全大补酒源自宋代医书《太平惠民和剂局方》中的“十全大补汤”。它们所用的10味中药完全一样，并将党参、甘草、茯苓、白术称为“四君子”，将当归、川芎、茯苓、地黄称为“四物”；所不同者，一个是药膳、一个是药酒而已。日本国益全株式会社副社长赵枫先生在首届中国饮食文化国际研讨会上，发表了题名为《药膳》的论文，对“十全大补酒”和“大全大补汤”的评价甚高，认为它们都是非常好的补品。

三蛇药酒

名优药酒之一，产于广东省广州市的广州制药厂。它被誉为“岭南四大药酒”之首，原为“蛇王满”餐馆生产，已有近80年的历史。此酒采用华南特有的眼镜蛇（饭铲头）、金环蛇（金脚带）和过树榕蛇的蛇肉，经过特殊工艺处理，用酒浸渍后，配以当归、千年健、黄精、独活等10多味中药材及砂糖等，以优质白酒作基础酒，精心调配而成。酒度为38～40度，糖分约为1.8%。酒液呈深茶色，透明，芳香醇和，略带苦味，具有蛇肉及药料浸出物所形成的特殊芳香。驱风活血的功能显著，在国际市场上享有盛名。

龟鹿酒

名优药酒之一，产于吉林省通化市的通化葡萄酒厂，生产历史悠久，1969年开始出口。此酒以优质高粱大曲酒作酒基，选用龟板、鹿筋、鹿茸、人参等10多味名贵中药材，精细加工，陈酿而成。酒度为38～39度，糖分为8%。酒液呈深金黄色，酒质醇厚，药香适口，具有龟板、鹿茸、人参形成的特殊风味。它是一种高级滋补强壮剂，具有补肾、补虚、明目的功效，对气血虚弱、神经衰弱、津液不足、疲劳过度、腰酸腿痛均有疗效，常饮可以颐养天年。此酒多次获奖，颇受国际市场欢迎。

至宝三鞭酒

名优药酒之一，产于山东省烟台市的张裕葡萄酿酒公司；1964年依据古代名医秘方“三鞭酒”开始研制，1968年正式投产，现系驰名海外的“中国八大名药酒”之一，多次荣获省、部级的金质奖章。它以优质高粱大曲酒作为酒基，选用海狗鞭、广狗鞭、梅花鹿鞭以及人参、鹿茸、海马、蛤蚧等40余味名贵中药材，以特定工艺进行酿制，经过理药、粉碎、浸泡、分离、配制、贮陈、澄清、过滤、装瓶而成。其酒呈浅红色，晶亮透明，药香与酒香协调，醇厚爽口，余味绵长。它可以“有病治病，无病延寿”，长期饮用，对诸虚亏损、未老先衰、神经衰弱、贫血头晕、畏寒失眠、腰背酸痛等症有显效。

蛤蚧大补酒

名优药酒之一，产于广西梧州市的龙山酒厂，历史悠久，早已远销欧美和东南亚的40多个国家和地区。此酒选用鲜活蛤蚧（俗称大壁虎或仙蟾，背紫灰，有赤斑，喜夜间活动，系补肾壮阳的著名中药材），配以鹿茸、党参、杞子、桂圆肉、黄精、淮山、黑枣、锁阳、当归、北芪、肉苁蓉等名贵药材，用纯正米酒泡制而成。酒度为36～38度，酒液棕色透明，酒质香醇，酒味谐调，酒体纯净，肉香、药香与酒香自然交融。它可以辅助治疗虚劳喘咳、脚冷膝软、阳痿早泄、小便频数、神经衰弱诸症，有益于中老年人的身体健康。

鸿茅酒

名优药酒之一，产于内蒙古自治区凉城县的鸿茅酒厂。它在乾隆四年（1739）由榆次商人王天吉开办的隆盛永缸坊所首创，因凉城古名“鸿台”，盛产茅草而得名。此酒配方在1971年发掘出来后，又恢复生产。它选用人参、麝香、豹骨、红花、砂仁、山芋、熟地等70多味上乘药材，用陈酿高粱酒加红糖、冰糖溶化，经蒸煮浸提精制而成。酒度为36度，糖分14%～16%（出口酒为8%～

10%）。香气芬芳，酒的酯香与药的清香协调，酒体绵甜柔和，药力平和。可辅助治疗风寒湿痹、筋骨疼痛、脾胃虚弱、肾亏腰酸以及妇女气虚血亏等症，能促进新陈代谢，延年益寿。它曾多次荣获区、部的优质产品奖，在华侨中声望较高。

中制洋酒

即中国仿制的西洋酒或东洋酒，如烟台张裕酿酒公司生产的金奖白兰地，北京葡萄酒厂生产的威士忌，青岛葡萄酒厂生产的金酒，广州啤酒厂生产的朗姆酒，天津葡萄酒厂生产的伏特加，中国酿酒厂生产的味美思等。

中制洋酒出现在20世纪初叶，现今已形成一定的规模。由于仿制工艺精湛，注重产品质量，中制洋酒的国际声望较高。如1915年，烟台生产的“金奖白兰地”，就在“庆祝巴拿马运河开航太平洋万国博览会”上获最高的“甲等大奖章”。此外，在中国的国家级名酒中，亦有不少中制洋酒，如味美思、雷司令半干白葡萄酒等。

金奖白兰地

名优中制洋酒，白兰地之一，产于山东省烟台市的张裕葡萄酿酒公司，1906年问世，1915年获巴拿马博览会甲等大奖章；建国后又连续4次评为国家名酒，获金质奖章。此酒以优质葡萄发酵蒸馏的原白兰地酒为主，加入部分葡萄皮、甘蔗、红糖等发酵蒸馏的加料白兰地酒，再调进特制的白兰地香料，精心配制，然后在橡木桶中陈酿2年以上，经处理后包装出厂。酒度为40度，酒液呈金黄色，晶莹透明，有浓郁而幽雅的醇香，口味醇厚、细腻、甘冽，余味绵长，风格独特。

中国白兰地

名优中制洋酒，白兰地之一，又称特制白兰地，产于北京市的北京夜光杯葡萄酒厂。1960年问世，1963年在第二届全国评酒会上被评为国家名酒。此酒以优质葡萄品种为原料，经发酵、蒸馏、储存、加香、调配等工序酿制而成。酒度为40度，酒液呈褐黄色，金亮透明，香气浓馥而协调，口味甘润柔和，并有长期贮存形成的自然醇厚味。由于与国际知名的法国白兰地风味接近，因而深受消费者的喜爱。

烟台味美思

名优中制洋酒之一，产于山东省烟台市的张裕葡萄酿酒公司，曾于1915年获巴拿马博览会金质奖章，在一、二、三届全国评酒会上都被评为国家名酒。此酒以大泽山龙眼葡萄等为原料，取自流汁和第一次榨汁进行发酵，经处理后得原汁酒，贮存2年以上；出厂前半年，加藏红花、豆蔻、丁香、肉桂、龙胆草等数十种中药材的浸出液，并加入原白兰地酒和糖浆、糖色等，以调整酒度、口味与色泽，包装出厂前还须进行冷冻法处理。其酒度为17.5～18.5度，酒液呈棕褐色，清亮透明，有葡萄酒的酯香和特有的药香，香气浓郁协调，微甜带酸，爽适稍苦，醇和优美，有滋补身体的作用。

雷司令半干白葡萄酒

名优中制洋酒之一，产于山东省烟台市的张裕葡萄酿酒公司，1915年获巴拿马博览会金质奖章，1984年获轻工部金杯奖。经专家品评，它的质量可以和德国莱茵河流域所产的“雷司令葡萄酒”相媲美。此酒用名贵的“雷司令葡萄”为原料，经低温发酵等新工艺酿造而成。酒度为12度，糖分为0.5%，总酸度为0.5%。酒液清亮透明，果香浓郁，酒味怡人，微酸爽口，风格高雅，尤宜于吃鱼虾菜时饮用。

外国名酒

外国酒

外国酒是除中国酒外，世界上其他国家饮料酒的总称。由于酿造工艺和饮用习惯不同，它们的体系相当庞杂，下面只能按照大略的分类予以简要介绍。

1.外国蒸馏酒。

即通过酒精发酵和蒸馏取得的酒，主要有3类。第一类是谷物蒸馏酒，名品如苏格兰威士忌、爱尔兰威士忌、加拿大威士忌、美国波本威士忌、荷兰金酒、俄罗斯伏特加、北欧的阿夸维特酒等。第二类是葡萄蒸馏酒，名品如法国的干邑酒和岩马纳酒、意大利的布顿白兰地、西班牙的芬达岛白兰地、德国的尚待雷白兰地、日本的大黑白兰地等。第三类是果杂蒸馏酒，名品如牙买加朗姆酒、法国诺曼底果酒、墨西哥特吉拉酒、瑞士威廉梨酒、法国龙胆酒、匈牙利杏酒等。

2.外国酿造酒。

其原料多系果汁,以葡萄酒为最多;此外还有粮食酿造的,如日本的米酒之类。其中,葡萄酒有红葡萄酒、白葡萄酒、香槟酒、玫瑰葡萄酒、葡萄汽酒等系列,并有干型、半干型、半甜型和甜型之分,以及无泡酒、起泡酒、强化酒(加白兰地)、香料酒(加香料)的区别;名品有法国布尔戈尼葡萄酒和波尔多葡萄酒、法国妙目大香槟酒、意大利巴罗咯红酒、匈牙利爱真霞白酒、德国贝恩卡斯特勒白酒、美国卡帕奶红酒、西班牙阿尔塔红酒、雪利酒、味美思等。日本米酒中的名品,主要是呋醂、屠苏酒及清酒。

3.外国配制酒。

又称合成酒,即用蒸馏酒或酿造酒添加其他成分调配而成。按照饮用习惯通常分作如下三类。第一类是开胃酒,又叫餐前酒,名品有意大利马天尼味美思、法国诺丽·普拉味美思、意大利康巴利、法国杜宝奶、法国茴香酒等。第二类是甜食酒,上甜菜时饮用,名品有葡萄牙克罗夫特砵酒、西班牙天杯雪利酒、马德拉酒、马尔萨拉酒等。第三类是利口酒,又叫餐后酒或消化酒,名品有乔利梳果实利品酒、金标利药草利口酒、荷兰蛋黄种子利口酒等。

4.外国啤酒。

名品主要有慕尼黑啤酒、多特蒙啤酒、比尔森啤酒和司陶特啤酒。

5.外国鸡尾酒。

由两种或两种以上的酒按一定的比例、相应的装饰物调制而成。它有世界标准配方和名称,论杯出售。名品有马丁尼、曼哈顿、大吉利、螺丝钻、伏特加金甘柠、混合威士忌、金酒汤力水、朗姆可口可乐等。

6.外国混合酒。

即酒与果汁、冰块、香料、蛋白、蛋黄等冲兑,一般较鸡尾酒淡,带酸味,多作餐后饮料。名品有呈司令、金飞七、汤姆考等。

7.外国多色酒。

又称雨虹酒,即将不同色泽和比重的酒注入一个杯中,如用石榴红糖酒→绿色薄荷酒→深红色樱桃白兰地→白色甜酒→青色茴香酒→白兰地顺序兑制的“五色酒”。

举凡外国酒,一般都有下述的特点:

1.配餐饮用。

饮用时往往不是论瓶,而是论杯,一餐饭要喝许多杯不同的酒,并与上菜程序和菜品配套,因此酒水服务相当纷繁。

2.饮用前再次调制。

如开胃酒加苏打水、金酒加托力水、朗姆酒加可乐、威士忌加冰等。

3.注有陈酿标记。

商标上的“☆☆☆”表示3~5年,“VO”表示10~12年,“VSO”表示15年,“VSOP”表示20年以上,“XO”表示40年等。

4.保管和贮藏方法较为特殊。

它们对温度、阳光、湿度均有不同要求,有的平放,有的竖放,有的怕震荡,有的忌摇动,都应按有关说明认真处置。

苏格兰威士忌

世界著名的谷物蒸馏酒,英文为Scotch Whiskey,来源于苏格兰高地人民的口语。英国法律规定,只有伊果士地区(苏格兰所辖,面积约8万平方公里,首府在爱丁堡)用麦芽生产的蒸馏酒,才允许使用这一名称。

此酒以大麦、玉米为主要原料,经糖化发酵、蒸馏酿制、勾兑贮存而成。酒液中带香的麦芽威士忌和味淡的谷类威士忌约占60%~70%,一般要在橡木桶内贮存6年(不能贮存过久,超过20年则酒质变坏),经酿酒师品尝合格后方可装瓶出售(一旦装瓶,不论存放多长时间其酒质不会变)。

此酒酒度在40~50度之间,通常是勾兑饮用。色泽金黄或赤黄,澄清、透明、晶亮,具有浓郁谐调的麦芽香气和陈厚的橡木香气,回味中有悦人的烟熏香,香气清雅细腻,滋味清快爽利,醇和绵软,具有清快怡爽、香味谐调的独特风格。

由于伊果士地区有高地、低地、伊士拉岛和刚倍尔城等四个主要产酒区,各区的气候、水质、原料和酿造工艺有所差异,因此苏格兰威士忌的品牌众多。其中最著名的3个品牌是“皇家芝华”、“海格”与“尊尼获加黑牌”;其次为“尊尼获加红牌”、“风笛100”、“百士波德”、“女王安妮”、“珍品”、“皇家礼炮”、“兰利斐”、“白马”、“格莲格兰”、“威廉朗摩亚”、“高地公园”和“女神”等。

爱尔兰威士忌

世界著名的谷物蒸馏酒，英文为 Irish Whiskey，产于爱尔兰。它是以大麦、燕麦及其他谷物为原料酿制的，经过2次蒸馏并在橡木桶内陈贮至少5年方可出售。由于其原料麦芽未经泥炭火烘烤，因此它没有苏格兰威士忌的那种烟熏味道。其酒度为40度，酒味也较醇和、适中。

此酒的饮用法主要有三：一是加冰直接饮用；二是配成鸡尾酒；三是配加热浓咖啡和鲜奶油制成著名的"爱尔兰咖啡"。

由于爱尔兰的面积较大(7万多平方公里)，高原、山地、平原兼有之，故此酒的品牌亦多，著名的是"吉姆逊父子"、"波威尔"、"老不殊苗"、"吐拉摩"和"皇家圣乔其"等。

美国波本威士忌

世界著名的谷物蒸馏酒，英文为 Bourbon Whiskey，原产于美国肯塔基州的波本地区，后来波本威士忌成为美国威士忌的一个类别的总称。它的主要原料是51%以上玉米成分的芽浆，蒸馏后注入橡木桶内陈酿至少2年时间(大多是4年，最多不超过8年)，装瓶时要兑入适量的蒸馏水以稀释至43.5度。美国市场上的威士忌，大多是纯威士忌与其他烈酒的混合物(其中纯威士忌占20%，其他烈酒占80%)；但牌子上标明为"经混合"的波本威士忌，则波本威士忌的成分占51%以上。名牌波本威士忌主要有"四玫瑰"、"老爷爷"、"吉姆·宾"、"野火鸡"、"哈帕"、"奔腾马"、"士鉴七冠"等。

加拿大威士忌

世界著名的谷物蒸馏酒，英文为 Canadian Whiskey，在加拿大政府管理下进行生产。它以玉米、小麦、黑麦和大麦芽为主要原料蒸馏出酒，在橡木桶中蕴藏2年以上，再与各种烈酒混合，装瓶后又贮存6年以上。此酒酒性温和，品味芬芳，质量介入苏格兰威士忌和美国波本威士忌之间，是加拿大酒中的佼佼者。它的品牌亦多，著名的是"加拿大俱乐部"、"加拿大之雾"、"加拿大士鉴皇冠"、"加拿大士鉴特醇"和"西格兰姆斯"等。

日本威士忌

世界著名的谷物蒸馏酒，工艺较为特异。它采用本国余市、仙台等地所产的优质麦芽，加入进口的高级咖啡颗精酿而成。

此酒属于特级威士忌，酒精含量为43%，装瓶容量760毫升。酒液透明清亮，酒体爽口柔和，具有丰润可口的浓香，可与苏格兰威士忌相媲美，在国际超级市场上颇为畅销。

日本威士忌的名品主要是 KINGS LAND 牌。

荷兰金酒

世界著名的谷物蒸馏酒，又称荷式金酒、杜松子酒或毡酒，英文为 Bols 或 De Kuyper，始创于荷兰，原料成分一向保密。

此酒是一种2次蒸馏的烈酒，酒精含量通常为40%。它先用大麦芽发酵制成啤酒，蒸馏后将杜松子(一种芳香的坚果)、荽子、白芷、甘草、橙皮、豆蔻、肉桂等浸泡在酒液中，再蒸馏1次而成。其酒液无色、澄清、透明、晶亮、味甜，具有愉快的杜松子香气和纯净的酒精香，酒体洁净，醇和温雅。它是调配鸡尾酒的主要酒基之一，名品有"波尔斯"、"波克马"等。

此外，英国也产不甜的金酒，如"博士"、"比费特"、"戈登斯"。

英国金酒

世界著名的谷物蒸馏酒，又称英式金酒、杜松子酒、毡酒或干金酒，英文为 gin，产于英伦三岛。

此酒通常以稞麦、玉米为原料，经过糖化、发酵后，放入连续式蒸馏酒器中，蒸馏出酒精度很高的酒液之后，再加入杜松子和其他香料，然后放入单式蒸馏酒器中蒸馏而成。其酒液无色透明，气味奇异清香，口感醇美爽适，既可单独饮用，又能用于调酒。

英国金酒的名品有"哥顿"、"将军"、"布多斯"和"坦卡里"等。

俄罗斯伏特加

世界著名的谷物蒸馏酒，又名俄得克，英文为 Vadka，起源于俄国，在前苏联有"国酒"之称。

这是一种纯正的中性酒精饮料，出售前多以软水稀释，酒精含量常在50%～55%之间。其酿造原料主要是小麦、黑麦、大麦、马铃薯或玉米，生产成精馏酒精，再经桦木炭和活性炭处理，兑水稀释，有时还加入天然植物性香料、砂糖及着色剂，变换花色品种。其酒液透明、晶莹而清亮，口味凶烈，具有桦木的清香，风格独特。

此酒深受东欧、北欧寒冷地区人民的喜爱，名品有“波尔斯卡亚”、“莫斯科伏斯卡亚”和“哥锐尔卡”等。

法国干邑酒

世界著名的葡萄蒸馏酒，英文为Cognac，产于法国西南部夏朗德省的干邑地区。按照法国的有关规定，只有夏朗德省的产品，并获得“黄牌金奖”者，才可以称为“干邑酒”。干邑酒习以星号多少和字母作为贮陈年限的标志，如三星表示在木桶内已贮陈5年，四星已贮陈6年，五星已贮陈7年，VO已贮陈10年，VSO已贮陈15年，VSOP已贮陈20年，XO已贮陈40年等。

作为优质的白兰地，干邑酒的特点十分独特，其酒体呈琥珀色，清亮有光泽，口味精细考究。在中国销售的名牌产品有“人头马”、“轩尼诗”、“干邑爱之喜拿破仑白兰地”、“干邑爱之喜20年陈白兰地”、“威特威40年陈干邑”、“马爹利”等。

法国阿玛亚克白兰地

世界著名的葡萄蒸馏酒，英文为Armagnar，又译作阿尔马涅克酒，产于法国西南部的热尔省。当地的砂质土壤中盛产著名的“比克布尔(白福儿)葡萄”，用它蒸馏出来的酒味道细致。其酒液呈琥珀色，但发黑、发亮，香气袭人，醇厚浓郁，比法国干邑酒浓烈，酒精含量为43%，而且余味好，留杯悠长。

按照法国的《酒法》规定，凡是热尔省生产的白兰地，统称为“阿玛亚克白兰地”。

亚美尼亚白兰地

世界著名的葡萄蒸馏酒，产于前苏联亚美尼亚共和国的阿依皆万酒厂和布拉斯坦酒厂。其生产方法主要是，先将新出的白兰地酒精通过橡木蒸馏釜蒸馏，然后将这种酒精贮存起来老熟，最后再勾兑成名牌白兰地。每逢重大节日或纪念日，他们都要推出一种新牌号的白兰地以示庆祝。如十月革命20周年前夕推出“纪念白兰地”，亚美尼亚苏维埃成立20周年前夕推出“亚美尼亚白兰地”，十月革命50周年前夕推出“纳依丽白兰地”和“阿赫塔马尔白兰地”等。其中，“纳依丽白兰地”最为精美。

葡萄牙白兰地

世界著名的葡萄蒸馏酒，产于葡萄牙。

该国大量生产白兰地是为生产甜葡萄酒服务的，因为他们的主要酒品是甜葡萄酒。当葡萄汁液发酵到只剩下9%～10%的葡萄糖时，就必须将白兰地兑入；而兑入的白兰地数量一定要使红葡萄酒中的酒精含量达到21%～22%。这样，发酵过程即可停止，再经贮藏8～10年就能产出香美的红葡萄酒。

因此，葡萄牙政府1925年颁布了一道法令：生产甜葡萄酒的产区不准生产白兰地，生产白兰地的产区专门生产白兰地，二者各得其利。由于葡萄牙的白兰地质量甚好，故而在世界酒市场上也占有一席之地。

牙买加朗姆酒

世界著名的果杂蒸馏酒，英文为Rum，产于盛产甘蔗的牙买加。此酒是制糖业的一种副产品，以甘蔗提炼制成。其工艺与大多数蒸馏酒相似，经过原料处理、酒精发酵、蒸馏取酒之后，大都要在橡木桶中贮陈1～3年，以浸出橡木中的“抽提物”，与酒液起物理、化学变化，使酯类有所增加，木香味显著，形成其特殊香型和突出的风格。

牙买加朗姆酒颜色很深，酒度一般为40～43度，饮时没有冲刺的口味，杯中留有余香。它主要用于调酒，常同菠萝汁、可口可乐等混合饮用。其代表品种有“摩根船长朗姆酒”、“美雅淇淋朗姆酒”等。

墨西哥特吉拉酒

世界著名的果杂蒸馏酒，英文为Tequila，系墨西哥的特产。它是以龙舌兰(与剑麻同类，一种经济作物和观赏植物，其品种多样，用途广，嫩叶可做菜，汁液能制酒)为原料制成的烈性酒。酿酒取龙舌兰的球状果实，先劈开放入蒸馏器中蒸馏，再放在滚压机上压碎，浇上温水，放入酒母发酵，再次蒸馏取汁液，用木桶陈化。其酒液呈琥珀色，香气奇异，口味浓烈，饮用时需添加少许细盐和柠檬汁。

特吉拉酒的名品有“特吉拉安乔”、“欧雷”、“玛丽亚古”和“索查”等。

瑞士威廉梨酒

世界著名的果杂蒸馏酒，英文为 Williams，主产于瑞士。

此酒以优质香梨为原料，糖化、发酵以后蒸馏而成，再经过多年的陈酿与勾兑，装瓶出售。

其酒度为 43～45 度，酒液无色透明，清亮而有光泽，梨香分外突出，甘神怡口。

此外，法国也出产另一种威廉梨酒。

法国香槟酒

世界著名的含汽葡萄酒，英文为 Champagne，1670 年发明，产于法国北部的香槟地区，并因此得名。

香槟地区包括兰斯山地、马尔尼谷地、白葡萄坡地 3 大部分。这里只有 3 个葡萄品种(Pinot noir、Pinot Meunier、Chardonnay)可以酿造香槟酒。虽然 300 多年来世界各国都有仿制品，但它们无论多么名贵、制造过程如何复杂，都只能称为有汽葡萄酒而不能称为香槟酒。这是因为，法国人酿造香槟酒的历史，该酒所用的葡萄品种，该国种植这种葡萄和酿酒的地区，以及传统工艺流程，都受到法国法律和国际酒法的保护。

香槟酒是用去皮、带籽的紫葡萄和白葡萄酿造的。由于果汁在发酵过程中产生大量的气体，故而酒液中的二氧化碳气体是天然形成的，独具一格。其酒度为 11 度左右，含糖 6%，饮用温度以 4～8℃为宜。酿造此酒一般需要 3 年时间，以 6～8 年的陈酿最受欢迎。它大多是以生产者的名字命名，著名的品种有“莫埃武当”、“宝林歇”、“佩里埃·汝爱”、“查理·海德西克”以及“妙目大香槟酒”、“兰斯香槟酒”等。

香槟酒的酒液金黄透明，微甜酸，有特殊的香味(葡萄的芳香和酒的醇香)，饮用时有爽口舒适的感觉。因为二氧化碳的含量较多，瓶内压力大，开瓶时木塞会脱瓶而飞，并伴有清脆悦耳、令人欢快的“呼呼”响声，许多泡沫向四面八方喷洒，所以带有极好的声、视效果，常在喜庆或体育比赛得奖时饮用，以烘托气氛。

香槟酒是世界上最富有吸引力的名酒。无论哪个国家、哪种人，都把它当作最高级的含酒精饮料，称之为“葡萄酒之王”。

由于香槟酒的特殊性，因此保管和饮用时须注意：(1)平稳地存放于低温、干燥的环境中，防止阳光照射，防止剧烈振荡；(2)饮用前可在冰水中存放两小时，使二氧化碳稳定于瓶中，这样，开瓶时酒液不致溢出，也清凉爽口；(3)掌握正确的开瓶方法和倾倒方法，同时开瓶前要提醒周围的人注意，以防意外。

法国夏布里葡萄酒

世界著名的酿造酒，英文为 Chablis，产于法国勃艮第地区的夏布里镇，是在法国《名酒名称监制制度》中注册的优质白葡萄酒。按照 1935 年 7 月 30 日颁布的《酒法》规定，它受到国家法律的保护，并有国家认可、全世界承认的印有“名称监制”印记的专用商标。

勃艮第地区是法国最有名的葡萄酒产区，已形成“勃艮第名酒酒系”。该地区的夏布里镇，早在 9 世纪就以盛产美酒而出名。12 世纪时，由于住在庞弟尼附近的芦苇教派僧侣的精心养护，当地的葡萄种植业兴旺，白葡萄酒的质地更好。17 世纪时，欧洲人大兴吃蠔(牡蛎)之风，夏布里葡萄酒又成为佐蠔的最佳饮料，富者每日享受，穷者节假日和喜宴必备。这样，此酒的名声愈来愈大，很快畅销各国。

夏布里干白葡萄酒酒液澄清、透明，无色或淡黄，风味清辛，几无暇疵，不甜，果香浓郁，爽口锐利。它分 4 种：

1. 一等酒。酒品细致浓厚，品质最纯，燧石风味明显，酒度为 11 度以上，贮存期 5～10 年，印有“一级品”的荣衔，大都外销。

2. 二等酒。酒度为 10.5 度以上，已有 20 多个国家仿制，并注明产地和“二级品”。

3. 夏布里葡萄酒。酒度为 9.5 度以上，大多是成桶出售，标签上无其他说明。

4. 小夏布里葡萄酒。产于该镇郊区，酒度为 9.5 度以下，多以桶装。

法国拉斐堡酒

世界著名的红葡萄酒，产于法国古老的酒城

——拉斐堡，其历史已有760余年。

1234年，大庄园主宫班德·戴·拉斐在此投巨资建造葡萄酒作坊，以生产红葡萄酒为主。由于他的家族苦心经营，到了14世纪，这里的酒便有了名气，畅销法国及邻近各国。17世纪末，酒坊主人变成戴·西古，他已拥有大片的葡萄园和几十家酒厂，号称"葡萄酒王子"，并被封为公侯。目前，拉斐堡占地3万平方米，其中的2/3为葡萄园，是法国的大型企业。

拉斐堡酒酒质轻柔，如丝似缎，香味细致，有浓厚的紫罗兰花香，色泽华丽而深沉，颇具"贵妇人"的风韵，酒度在12.5度以下，法国人引以为骄傲。

德国莱茵葡萄酒

世界著名的葡萄酿造酒，英文为Rhein，产于德国的莱茵河流域，已形成"莱茵名酒系列"。

莱茵葡萄酒生产历史悠久，酿造工艺精细，酒品质量高，外销量大。它包括白葡萄酒（*酒度一般为11度左右*）、红葡萄酒（*酒度一般为13度左右*）、玫瑰红葡萄酒和葡萄汽酒4个大类。名牌产品有Johannisberger、Hochheimer等12个品种。

意大利马尔萨拉葡萄酒

世界著名的酿造酒，英文为Marsala，产于意大利西西里岛上的马尔萨拉港。此酒属于白葡萄酒，色泽浅黄而晶莹透明。其酒精度通常为15度，高的可达20～22度，含糖0.13%，总酸为0.9%，灰分为0.17%。它具有水果般的清香，并有陈酒的醇香，滋味新鲜、柔和、清淡、爽口，圆润协调，回味余香，令人欢悦。

由于马尔萨拉港是地中海上著名的观光城市，欧美游客众多，所以此酒异常畅销，有时甚至供不应求。

匈牙利多加意酒

世界著名的甜型酿造葡萄酒，产于匈牙利的多加意城。因为质量极佳，享誉欧美，故有"葡萄酒女皇"之称。

匈牙利的识布南地区属于海格阿拉亚丘陵地带，遍布达特拉火山的喷发物，尤宜栽种葡萄。特别是达尔惹而村的麦惹马尔葡萄园，出产一种香味极为细致的胡尔曼葡萄。用它酿制的名饮即是多加意酒。

此酒多在10月底用已经晾干脱水的胡尔曼葡萄酿造，不仅香甜，还有一种特殊的风味。其酒度一般为13～25度，含糖10%～20%，最高者可达21.6%，所以分外甘美。

葡萄牙波特酒

世界著名的酿造红葡萄酒，英文为Port，主产于葡萄牙。

这是一种强化葡萄酒，在酿造过程中加入了白兰地，故酒度高达17～21度。除红葡萄酒外，还有少量的干白波特酒。按照生产工艺的不同，它又有陈酿波特、酒后波特、宝石波特和茶色波特之分。其中，干白波特多作开胃酒，茶色波特多在食奶酪时饮用。

葡萄牙波特酒的名品主要是"克罗夫特"、"圣地门"和"泰勒"。

葡萄牙包尔德酒

世界著名的强化浓醇葡萄酒，英文为Pore Wine，因产于葡萄牙杜洛河畔的奥包尔德市（O-pore）而定名。

此酒的生产工艺一直保密，其他国家难于仿制。它有红、白两种。红葡萄酒酒液棕红透明，芳香浓郁，醇厚清爽，甜酸可口，回味绵延，属于酒度较高的甜型酒。白葡萄酒酒液淡黄而清澈透明，香、味均与红葡萄酒相同。

这种酒多在餐后或在吃点心、甜食时饮用，故又称点心酒或散葡萄酒。它的需求量很大，每年为葡萄牙换回许多外汇。

马德拉酒

世界著名的甜食酒，英文为Madeira Wine，产于大西洋中的马德拉岛。

此酒系用该岛所产的葡萄酒和蒸馏酒精心勾兑而成。酒精含量在16%～18%之间，酒色有淡琥珀色的，也有暗红褐色的，味型有干型，也有甜型。

其名牌产品是"舍西亚尔"，多作开胃酒饮用，慕名而求者甚多。

日本味淋

世界著名的混合酿造酒，已有1250年左右的历史，由优质糯米酒与精制酒精调合而成。其酒精含量通常为23%，糖分为20%，总酸含量为0.4%～0.6%，杂醇油含量为0.17%。

据有关资料考证，日本孝谦时代(750年前后)，中国唐代高僧鉴真东渡日本时，带去了豆腐、馒头、糯米酒等生产技术。日本人在米酒的基础上创造出了味淋，畅销全国。此酒淡黄或褐红，清亮，无悬浮，无沉淀物，香气醇郁芳香，纯净自然而不带邪气，入口醇厚。其糖度虽高，但无一般甜黄酒的黏稠感，糖、酒、酸的配合恰到好处。它还有舒筋活血、提神健体的功能，不仅可以配制药丸、药丹与药酒，还能作为调味品使用。

意大利味美思酒

世界著名的配制合成酒，英文为Vermouth，首创于意大利的吐莲。"味美思"的原意是苦艾植物，故此酒又称苦艾酒或威末酒，是开胃酒中最为流行的一种。

味美思多以白葡萄酒作为酒基，加以各种配制香料(如苦艾、金鸡纳树皮、小茴香、豆蔻、龙胆、丁香、陈皮、茵陈、当归、肉桂、胡荽、薄荷之类)，多至40余种，配方严格保密。为了调和滋味，还要再加入冰糖、调色的焦糖、食用酒精或蒸馏酒，然后搅匀、浸泡、冷澄、过滤、装瓶。酒度一般为15度，大多色红，味甜。

意大利味美思酒品类甚多，名牌有"马天尼"、"仙山露"、"都灵"、"干霞"等。

意大利米兰比特酒

世界著名的配制合成酒，英文为Bitter，产于意大利的米兰，著名品牌是"金巴利"、"康巴利"和"西娜尔"。

比特酒是从中世纪的古药酒演化而来，有药用和滋补的功能。它通常以葡萄酒或食用酒精为酒基，再掺兑草药精配制而成。其酒精含量为16%～40%，酒液呈棕红色，药味浓郁，口感微苦(苦味来源于金鸡纳霜或桔皮)，有的是清香型，有的是浓香型。

法国茴香酒

世界著名的配制合成酒，英文为Anises，产于法国，著名品牌有"里卡尔"、"培诺"和"白羊倍"。

茴香酒是用茴香油与食用酒精或蒸馏酒配制的酒。茴香油中含有大量的苦艾素，能给人以舒适之感，它多从八角茴香或青茴香中提炼而出。由于浓度为45%的酒精可以溶解茴香油，所以此酒中不见油花。

茴香酒的酒度通常为25度左右，有无色与有色之分，酒液光泽好，茴香味浓郁，味重而有刺激，口感不同寻常。其中，配制八角茴香油的酒多是开胃酒，配制青茴香油的酒多是餐后甜酒。

葡萄牙砵酒

世界著名的强化配制葡萄酒，英文为Port，产于葡萄牙道武河流域的上游，著名品牌有"Vinhos"、"Croft"、"Sandeman"、"Taylors"、"Fonseca"、"Silva"等。

砵酒是用葡萄原汁酒与葡萄蒸馏酒勾兑而成。其酿制方法是，先将葡萄捣烂、发酵，待糖分在10%左右时，添加葡萄蒸馏酒中止发酵，但注意保持酒的甜度，再经过2次剔除渣滓工艺，然后陈化、贮存2～10年，最后按配方调出不同类型的砵酒。

葡萄牙砵酒的酒度通常为20度，糖分为7%，酒液深红，酒味浓郁而醇香，大多是作为香甜的餐后酒饮用。

西班牙雪利酒

世界著名的葡萄酿造酒，又名雷茨酒，因为深受英国人喜爱，常以"sherry"(王子之恋)称呼。此酒产于西班牙的加的斯省雷茨市，以当地所产的葡萄酒勾兑白兰地制成，其陈酿时间长达15年，风味特异。

西班牙雪利酒还有天然酒与高浓度酒之分。前者以马慈尼诺酒和阿蒙提那多酒为代表，酒液淡黄而明亮，给人以清新之感；后者是在天然酒中加糖或酒精，糖分有时高达20%～25%，酒液深褐而透明，芳香扑鼻，它直接饮用较少，大多是作为调和酒，或用于制菜。

西班牙雪利酒的名品是"天杯"、"潘马丁"、"圣地门"等。

美国雪利葡萄酒

世界著名的烤香型酿造酒，英文为Sherry，产于美国加利福尼亚州。它以特种高糖兼酸的成熟葡萄为原料，采用生物老熟法或特殊的人工老熟法进行老熟。酒精度为15～17度，酒液无色透明，不甜，有一种独特的酒香，饮后齿颊留芳，回味无穷。

美国雪利葡萄酒有3种类型：

一是生物老熟型。将葡萄酒贮藏在木桶中陈酿，并使部分酒与空气长期直接接触。此系正宗雪利酒的独特工艺。

二是非生物老熟型。即用人工老熟法使酒产生特殊的芳香。

三是中间方法型。即上述二法混合运用，出酒较快。

外国利口酒

利口酒(Ligueurs)常被称为餐后酒，因为它多是在饭后喝咖啡时饮用。此酒一般是以食用酒精或其他蒸馏酒等烈酒作为酒基，再掺入各种香料和糖分配制而成。其制作方法有蒸馏法、浸泡法和渗入法3种，酒型分为水果酒型与植物酒型；它含糖分普遍较高，因而也被称为甜酒。其酒度多为35～45度。

由于配方和工艺的不同，利口酒的名品甚多，主要产于法国、意大利、爱尔兰、牙买加和墨西哥，例举如下：

1. 法国君度酒(Cointreau)。在白兰地中加入橙皮、草莓制成，酒液无色透明。

2. 法国茴香甜酒(Anisette)。参阅“法国茴香酒”条。

3. 法国修士酒(Benedictine)。以葡萄蒸馏酒作为酒基，配加海索草、当归、芫荽、丁香、肉豆蔻、桂皮等27种草药调香，再掺兑糖液与蜂蜜，经过提炼、冲沏、浸泡、勾兑等工序制成，酒液橙黄而清澈透明。

4. 法国杜林标酒(Drambuie)。以威士忌作为酒基，再加蜂蜜、香草酿成，酒液呈明亮的金黄色。

5. 法国金万利酒(Grand Marnier)。在干邑白兰地中加入橙皮制成，酒液呈金黄色，味甜。

6. 意大利杏仁甜酒(Amaretto)。以德基拉酒为酒基，添加甜杏仁与香草制成，酒液呈浅琥珀色。

7. 意大利香蕉酒(Galliano)。以食用酒精浸泡香蕉、香草与糖料制成，酒液呈晶莹的明黄色。

8. 爱尔兰百利酒(Bailieys Irish Cream)。制作工艺分3段，首先将一部分可可豆直接蒸馏提取酒液，将另一部分可可豆粉碎浸入食用酒精中；然后将这两种酒液勾兑；最后加入香草及奶乳等配料。酒液呈浅咖啡及乳色，口味香甜。

9. 牙买加添万利酒(Tia Maria)。以朗姆酒为酒基，加咖啡与糖制成；呈咖啡色。

10. 墨西哥甘露咖啡酒(Kahlua)。以朗姆酒为酒基，再加入烘焙粉粹的咖啡豆进行浸制和蒸馏，然后勾兑、加糖制成；呈淡咖啡色。

此外还有西印度群岛的可口甜酒以及法国的薄荷甜酒等。

外国名啤酒

外国名啤酒主要产于德国，其次是法国、英国、荷兰、丹麦、日本及美国。它的特色、酿造工艺及分类，大体上同于中国啤酒(参阅“中国啤酒”条)，但历史较中国悠久、质地较中国优异、品牌较中国驰名。

外国名啤酒众多，下举4例：

1. 慕尼黑啤酒。

原麦芽汁浓度为12%，色泽较深，具有浓郁的焦香麦芽味，泡沫多而持久，口感醇厚而甜润，苦味轻，饮后使人愉悦，在世界上牌头最为响亮。慕尼黑一年一度举行啤酒狂欢节，影响巨大。

2. 多特蒙啤酒。

原麦芽汁浓度为13%，色泽较浅，酒精含量稍高，苦味很轻，口味醇美而爽口，糖与蛋白质的含量多。

3. 比尔逊啤酒。

原麦芽汁浓度为11%～12%，色泽略浅，泡沫丰富、洁白而持久，酒花的香味甚浓，苦味虽重但不长，口味醇爽，品位高。

4. 司陶特啤酒。

普通产品的原麦芽汁浓度为12%，高档产品的原麦芽汁浓度为20%；色泽深褐而晶亮，酒精度含量高，酒花的苦味重(焦麦芽的苦味很明显)，泡沫洁白、细腻、挂杯持久，口味清甜而醇美。

外国鸡尾酒

鸡尾酒是一种色、香、味俱全的艺术酒品。它的定义甚多，按照美国《韦氏辞典》的权威解释是：它是两种以上的酒水混合配制、量少而用冰镇的饮料。鸡尾酒通常以朗姆酒、威士忌或其他烈酒作酒基（有时亦可用葡萄酒、香槟酒、利口酒），再配以果汁、鸡蛋、糖、比特酒等其他材料，以搅拌法或摇荡法调制，最后以柠檬片或薄荷叶等作为装饰（参阅“鸡尾酒的定义”条）。

美国酒品鉴定专家厄思勃先生认为，好的鸡尾酒应当具备如下特色：(1)增添食欲，有滋补作用。(2)使人兴奋，创造热烈气氛，恢复疲劳，增进友情。(3)口味卓绝，风韵特异，一朝品尝，终身难忘。

鸡尾酒大多由3种成分来构成：

一是基酒。又称酒底，可用烈酒，如威士忌、白兰地、金酒、朗姆酒、伏特加；也可用其他酒，如葡萄酒、香槟酒、利口酒；还能用不含酒精的软饮料，如橙汁、菠萝汁、柠檬汁、红石榴汁、雪碧汽水等。

二是辅酒。主要是各种名果汁（如西柚汁、柠檬汁），各种再制水（如苏打水、干姜水），各种雪碧及可乐；有时也用少量的开胃酒或甜酒，但份量都较少。

三是配料及装饰物。诸如盐、糖、糖浆、蜜糖、红石榴汁、青柠汁、鲜牛奶、淡奶、咖啡、忌廉、鸡蛋、可可粉、丁香、咸橄榄、小洋葱、豆蔻粉、辣椒油；以及红绿樱桃、柠檬片、橙、菠萝、苹果、洋桃、香蕉、黄瓜、西芹、鲜薄荷叶和小花伞、小旗之类。

世界上的鸡尾酒多达数千种，各有专名。其调制方法主要是兑和法、调和搅拌法、摇和振荡法与搅和法。它的具体内容请参阅本书上卷“餐厅服务技艺”篇中的“调酒”部分。

下面按照酒基分类法，对世界上著名的鸡尾酒品名作些简要介绍：

1. 金酒鸡尾酒。名品有马天尼、布朗士、红粉佳人、天使、香港长衫、卡仙奴、嗿臣、吉列特等30余种。

2. 威士忌鸡尾酒。名品有曼哈顿、印第安河、黑鹰等20余种。

3. 伏特加鸡尾酒。名品有黑俄罗斯、血玛丽、莫斯科骡子、螺钻等30余种。

4. 朗姆鸡尾酒。名品有巨浪、蓝山、红衣主教、自由古巴等20余种。

5. 白兰地鸡尾酒。名品有亚历山大、车旁、蜜意浓等20余种。

6. 利口鸡尾酒。名品有天使之吻、玛格丽特、草蜢等20余种。

7. 香槟鸡尾酒。名品有含羞草、古典香槟等10余种。

8. 葡萄鸡尾酒。名品有红毯、红灯、百慕大布兰等10余种。

此外，还有一种多层次的彩虹鸡尾酒，如王子、烟火、千层糕、安琪儿之恋等。

最后，关于鸡尾酒的起源，传说很多。有的说是餐前小饮，有的说是公鸡翎毛，不一而足，难有定论。请参阅“鸡尾酒的由来”条。

外国混合酒

又称混合饮料，它们多是一种少量的酒与较多的软饮料（如柠檬汁、苏打水、奎宁水等）混合，在餐后的下午或晚间饮用，其味带酸，用水杯盛装，冬、夏各不相同。它们也有许多花色与品名，例如杜松子酒与柠檬汁的调配，就有如下不同的方法：

1. 呈司令。70%的杜松子酒与30%的柠檬汁混合，加入少许白糖和几块碎冰以后，再用奎宁水冲和稀释，放上一片柠檬即成。

2. 呈立干。70%的杜松子酒与30%的柠檬汁混合，加入少许白糖和几块碎冰以后，再用苏打水冲和稀释，放上一片柠檬即成。

3. 汤姆考。70%的杜松子酒与30%的柠檬汁混合，加入少许白糖和几块碎冰以后，再用苏打水冲和稀释即成。

4. 新加坡呈司令。60%的杜松子酒与30%的柠檬汁混合，加一点白糖与碎冰，先用苏打水冲和，然后再加10%的樱桃白兰地，放一片柠檬即成（不要搅拌）。

5. 金飞七。70%的杜松子酒与30%的柠檬汁混合，加少许的蛋黄、白糖与碎冰后略加摇动，最后用苏打水冲和稀释即成。

外国多色酒

又称雨虹酒，即将色泽和比重不同的酒，依次斟注在一个酒杯中，使之层次分明，色彩艳丽，增加品味时的情趣。

多色酒有三色与五色之分。配制的关键一是色彩调配要协调，二是注意不同酒的比重。所谓比重，主要是指酒中的含糖度，含糖度越高比重越大。调配时先倒含糖度最高的，再倒次高的，最后倒较低的。这样色彩的对比就比较明显。

例如，五色雨虹酒的斟倒次序是：(1)石榴红糖酒；(2)绿色薄荷酒；(3)深红色樱桃白兰地酒；(4)白色甜酒；(5)青色茴香酒；(6)白兰地酒。

三大名饮

世界三大名饮

世界三大名饮是指茶、咖啡和可可。

茶是山茶科常绿灌木。叶革质，长椭圆状披针形或倒卵状披针形，边缘有锯齿。秋末开花，花1～3朵，生于叶腋，白色，有花梗。蒴果扁球形，有三钝棱。性喜湿润气候和微酸性土壤，耐阴性强。用种子、扦插或压条繁殖。其叶富含咖啡碱、茶碱、鞣酸和挥发油等，有兴奋大脑和心脏的作用，主要充当饮料，还可以制药与做菜。

中国是茶叶的原产地，大约在4700年前被发现和利用，作为药材、饮料和祭神供品。中国人工栽培茶树至少也有2000年的历史，大量饮用，则在汉代。唐代，饮茶甚为普遍，陆羽还写出世界第一部关于茶的专著——《茶经》。后来，世界各产茶国都直接或间接地从中国引进过茶叶、茶树或茶籽；各国现代语中的“茶”字，也几乎都是从中国茶字的普通话、广东音或厦门音转化而来。例如，公元5世纪时，茶叶经土耳其商人通过“丝绸之路”传到阿拉伯地区；不久，茶叶又随着佛教进入朝鲜半岛；公元805～806年，日本高僧最澄与海空相继从中国带走茶种；1168年，另一日本高僧荣西又将茶种带回国栽种；1559年，威尼斯学者著文介绍茶树；1610年，荷兰船队将茶叶运到欧洲；1618年，茶叶从陆路输往俄罗斯；1660年，茶叶又转运到美国；后来，荷兰和英国从中国购买茶籽在南亚试种，这样茶在1780年传到印度，在1893年传到斯里兰卡，接着传到印度尼西亚西，成为全世界人民共同的财富。

目前，饮茶的人口至少也有25亿，主要集中在东亚和南亚，次为欧美。

咖啡是茜草科常绿灌木或小乔木。高4～15米，树皮灰白色或暗褐色。叶对生，稀有3片轮生，革质，长卵形而尖。花单生或为腋生的花束，一年开花二三次，白色，花萼四或五齿裂，花冠4～8粒。浆果椭圆形，深红色，内藏种子2粒。有小果咖啡、中果咖啡、大果咖啡等品种。其种子焙炒、研细后即为咖啡粉，是世界著名的饮料，也可入药。

咖啡原产于东非埃塞俄比亚的咖法省，咖啡一词正是“咖法”的谐音。咖法省的阿高族人在高原上种植咖啡，距今已有4000年的历史。到了13～14世纪，来此经商的阿拉伯人才将咖啡种子带回家乡，首先在也门试种成功。此后，逐渐传到麦加、麦地那等伊斯兰教圣地。到16世纪，已广泛传播到中东。17世纪，又传入欧洲，不久，便引种到南亚、东南亚、拉丁美洲和大洋洲，很快风行全球。

目前，饮用咖啡的人口至少也有15亿，主要集中在欧美，次为亚非和大洋洲。

可可是梧桐科常绿乔木，高达12米。叶长椭圆形，顶端骤尖。花萼红色，花瓣黄色，簇生于树干或主枝上。果长卵圆形，红、黄或褐色，果壳厚而硬，5室，每室有种子12～14粒，种子卵形，扁平。其种子焙炒、粉碎后即为可可粉，主要充当饮料，也可制作巧克力或入药，有强心、利尿等功能。

可可的故乡在拉丁美洲，“可可”一词源于印第安人的语言。考古学家认为，居住在现今墨西哥哈帕斯东南端的玛雅人，最早从野生可可树中选择并培育了可可树，后来由阿兹蒂克人传播到中美洲的广大地区，其历史也十分悠久。15世纪末，美洲大陆发现后，古代印第安人培育的可可，成为殖民者争夺的财富。16世纪末，欧洲人学会了在焙干的可可粉中添加白糖与香兰草，它那妙不可言的芳香与提神解倦的功效，才为人们所赏识。接着，南美大面积种植可可，并于1660年引进到的非洲的圣多美岛和斐南多波岛。这两个岛屿是可可树的“理想乐园”，经过一个世纪的辛勤耕耘，这里成了可可的集中产区，还拓展到几内亚湾的沿岸各国。17世纪后，可可引种到菲律宾及东南亚诸国；20世纪20年代，它又落户到中国的台湾与广东、海南，成为与茶叶、咖啡齐名的世界三大饮料。

目前，饮用可可的人口至少也有15亿，主要在非洲和欧美，其次为亚洲。

中国茶

茶是茶树和它的鲜嫩茎叶及其加工制品的统称。中国不仅是发现茶树和利用茶叶最早的国家，而且也是植茶大国和饮茶大国。中国创造了彪炳世界文明史册的茶文化，并以茶品的数量和质量而著称。1986年，中国产茶46.1万吨，出口17.2万吨，贡献卓著。

中国茶一般分为绿茶、红茶、乌龙茶、白茶、黄茶、黑茶、紧压茶、花茶、萃取茶、果叶茶、药用保健茶和含茶饮料等12类（详见附录8《中国茶叶分类简表》），此外还有为数众多的代用茶，是一个庞大而有序的饮品系列，可以多方面多层次地满足不同人群的需求。

中国茶主要有江南、江北、华南、西南四大茶区，重要的产茶省区多达17个（皖、浙、赣、川、苏、鄂、湘、闽、滇、粤、桂、琼、豫、鲁、贵、陕、台），茶树的品种数百个，名茶几近千种（详见附录9《中国各产茶省区主要名茶品目》），这也是世界罕见的。

中国茶的制作工艺精细，包括粗加工、精加工和再加工等3大阶段的几十道工序。仅以初制工艺而论，它便有着不同的流程：

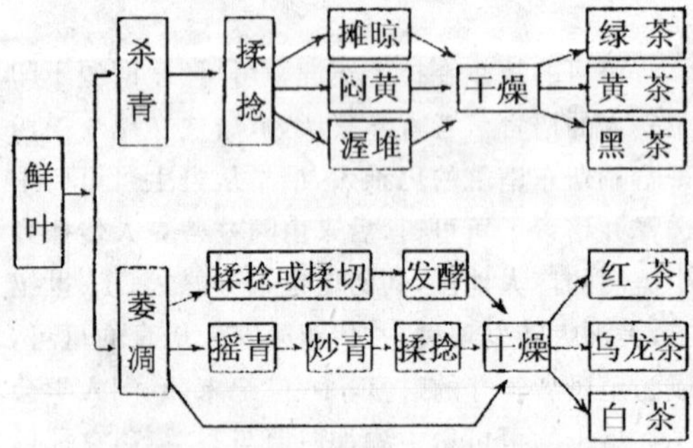

制作出上述各种“毛茶”后，再通过筛分、风选、拣剔、复火等技术处理，精制成不同规格的“筛号茶”（半成品茶），然后按商品茶的品质规格要求，拼配成不同花色和等级的成品茶——此为精加工。

如果是紧压茶、花茶、速溶茶或保健茶，还须再加工，或压制，或窨制，或炼制，或配制（添加具有保健作用的中药），最后还要分级、调配，方能包装出厂。

至于饮茶方法，古今不同。唐宋时期，是将茶叶碾成碎末，加油膏与米粉制成团饼，饮用时捣碎，配加葱、姜、桔皮、薄荷、枣、盐、芝麻等煎煮。元代伊始，变为直接用焙干的茶叶煎煮，不加任何辅料。明初至今，则多是用沸水直接冲泡茶叶。从混合熬茶到大火煎茶到沸水泡茶，反映出中国人饮茶技术的进步。

在饮茶习惯上，各地区各民族也不相同。汉人常饮清茶，藏胞爱喝酥油茶，蒙古族喜欢奶茶，彝族习惯吃咸茶。北方各省花茶畅销，长江流域重视绿茶，闽台嗜好乌龙茶，岭南偏重红茶。此外，福建讲究工夫茶，湖南偏爱芝麻豆子茶，广西欣赏打油茶，滇西大多喝“烤茶”，还有麦茶、虫茶、擂茶、糖茶、药果茶、蜜饯茶、肉骨茶、熏豆茶、八宝茶、三炮台茶等等，构成了特异的华夏饮茶风情。

在餐饮服务业中，“进门一杯茶”已成为待客常规。如何选茶、泡茶、献茶、斟茶，不仅是服务人员的一项重要基本功，而且也是礼仪的表现形式，展示出中华传统文化的高尚品味。

中国茶文化

中华民族创造的与茶相关的物质财富与精神财富之总和，包括茶史、茶艺、茶法、茶经、茶名、茶具、茶会、茶令、茶市、茶坊、茶食、茶礼、茶诗、茶话、茶俗、茶事、茶政、茶典、茶评、茶歌、茶舞、茶道、茶禅、茶筵、茶点、茶菜、茶品、茶业、茶类、茶性、茶技、茶药、茶联、茶谚、茶画等等。

在中国，茶不仅是一种流传4000多年，波及30多个省、市、自治区，被56个民族的12亿人广泛饮用的普通饮料，可以补充营养、有益健康、解腻生津、止渴消食与明目益思，常见于婚聘、娱乐、交际、待客的许多场合；而且在中华文明史上，茶与礼仪制度、茶与财税收入、茶与边关贸易、茶与宗教信仰、茶与中医食疗、茶与饮食筵宴、茶与人生社会、茶与文学艺术、茶与风土民俗、茶与农业生产，都有着千丝万缕的联系，包藏着极为丰富的文化底蕴。

特别重要的是，茶还超越了自身固有的物质属性，进入精神领域，成为一种道德修养、一种人格力量、一种超凡脱俗的艺术境界：诗词、书法、绘画、音乐，依赖它激发创作灵感；佛道修行、名物珍藏、旅游观光、宾朋雅集，凭借它提高文化层次，并有“酒是筵宴的酵母、茶是聚会的触媒”之说。正因如此，历代名士、高僧、贤媛、俊杰，大都与茶结下了不解之缘；诞生、婚嫁、寿庆、丧葬，也多以茶为礼进行点缀。茶是一种文化生活，属于人们的精神需要。

中国茶的命名

中国茶的命名方法很多，归纳起来，主要是以下5个方面：

1. 依据产地或产地的山川名胜来命名。前者有滇红、屯绿、余杭径山茶、桂平西山茶、蒙顶黄芽、武夷岩茶、闽烘青、六堡茶等；后者有庐山云雾、普陀佛茶、神农奇峰、鹤林仙茗、苍山雪绿、井冈翠绿、西湖龙井、灵岩剑峰等。

2. 依据品种或茶叶的外形特征来命名。前者如水仙、乌龙、肉桂、铁观音、白牛茶、雷电茶等；后者如雀舌、瓜片、秀眉、松针、剑毫、墨菊、碧螺春、绿牡丹等。

3. 依据香味或茶叶的成品颜色来命名。前者如苦茶、甜茶、兰花茶、枇杷茶、荔枝红茶、柠檬红茶、猕猴桃茶、玳玳花茶等；后者如绿茶、红茶、黄茶、白茶、黑茶、青茶、褐茶、银茶等。

4. 依据采摘季节或制造工艺来命名。前者如春茶、夏茶、秋茶、新茶、陈茶、明前茶、雨前茶、白露茶等；后者如炒青、烘青、晒青、蒸青、花茶、砖茶、发酵茶、紧压茶等。

5. 依据包装销售或茶品功能来命名。前者如袋泡茶、盒装茶、罐装茶、小包装茶、内销茶、边销茶、外销茶，出口茶等；后者如减肥茶、戒烟茶、明目茶、清火茶、美容茶、降压茶、化食茶、止咳茶等。

中国茶的鉴赏

中国茶的鉴赏包括茶叶的品质鉴定、用茶方法和品茗赏析3个方面。

(一)茶叶的品质鉴定

1. 感官指标。

一看外形。在形态上，条索茶应紧结、匀齐而挺直；扁叶茶应紧扁、细嫩而匀整；圆珠茶应紧实、细圆而光滑。在色泽上，绿茶应是嫩绿且光滑；红茶应是乌黑且油润；乌龙茶应是铁灰且明净。在净度上，应当是叶片与嫩茎较多，老梗、茶籽、碎末及沙尘很少。在重量上，重实坚硬者为佳，松泡轻浮者不好。

二看内质。在香气上，以清高、浓烈而持久者为上。在汤色上，绿茶应为嫩绿、清澈、透明而洁净；红茶应为红艳、鲜浓、澄清而明亮；乌龙茶应为橙红、清澈而光亮。在滋味上，绿茶优在醇香而鲜，红茶优在馥郁而浓，乌龙茶优在深厚而美。在叶底(泡过的茶叶)上，绿茶应是纯绿匀齐，红茶应是红亮规整，青茶应是边缘朱红、中部淡绿、主色为青灰。

2. 理化指标。

首先，茶叶中所含的水分一般应为3%左右，过低则易于碎裂，过高则不易运输、保管。其次，茶叶中的灰分(非茶叶类杂物)应当是越少越好。第三为茶末，如果过多，不仅降低品质，而且会使茶汤混浊。最后是含梗量，青砖茶中不能超过15%，散茶中则应更少。

(二)用茶方法

1. 茶具。

茶炊最好是铜炊，茶壶与茶杯最好的是紫砂陶或细瓷，塑料杯及金属杯效果都较差。同时，“茶色白，宜黑盏”，“茶色黑，宜白盏”；老人的茶具色宜深，青年的茶具色宜浅。每次用毕都要洗刷干净，再用时须以沸水冲荡。

2. 水质。

关键是洁净、甜美。一般认为，山泉最好，雪水也甚佳，江水次之，活井水又稍次。自来水冲茶前必须静置一段时间，让其中的异味气体散尽。封闭的湖水或塘水不宜泡茶。

3. 茶叶。

可根据季节、地点、宾客嗜好与经济条件灵活选定。通常是春宜新茶，夏宜绿茶，秋宜花茶，冬宜红茶；老者宜条茶，少者宜碎茶，女士宜花茶或乌龙茶；早宜清茶，午宜浓茶，晚宜淡茶。

4. 冲泡与斟兑。

沸水冲茶时，动作须轻快，八分满即可。1分钟后倒掉杯面的浮液泡沫，再兑进相当的沸水。客人饮去一半或2/3时，要及时斟水。按照中国的习惯，斟水至多3次。如果要继续清谈，就得另泡新茶。

(三)品茗赏析

1. 观器。

茶具务求洁净、清雅；并且是壶、杯、盘的色泽、质地、图案、风格相统一。愈古老的茶具愈有风韵，愈拙朴的造型愈有情趣，愈名贵的茶具愈有品味。

2. 议茗。

主要是审议茶名，从而联想到它的产地、栽种、制作、特色与掌故。以此增添谈资，丰富知识，构造一种文化氛围。这就要求赏茶者广见博识，有较高的文艺修养。

3.辨形。

茶叶冲泡后，很快会展现出天生丽质，如旗，如枪，如芽，如叶；或红，或绿，或橙，或黄。并且在浸泡过程中不断变化，给人增添无限的情趣，赏心悦目。

4.品汤。

即领略香气与滋味，使鼻、舌获得快感。其中的要诀是“品”，要掌握节奏，仔细赏析；切忌暴饮猛啜、囫囵吞枣。福建的工夫茶，讲究的正是一个“慢功”。

5.知用。

要了解不同茶的不同功用，从而选择最适合自己的一种，做到“品茗养生”。

中国茶的贮藏

茶叶既是一种干燥的食品，同时也是一种易于变性的食品。如果包装、贮藏、保管稍有不当，就会在很短时间内失去原有的风味。而且越是名茶，越难保管。因此科学地贮藏茶叶，相当重要。

造成茶叶变质的原因，主要是茶叶中某些化学成分在贮存过程中会发生变化。如叶绿素的变化会失去鲜翠的绿色；茶多酚的氧化与聚合会使滋味变劣；维生素C的减少会降低营养价值；类脂物质的水解和胡萝卜素的氧化会使汤质败味；氨基酸的变化会失去鲜爽度；香气成分的变化会使陈味显露等。

从环境条件看，影响茶叶变质的主要是4个因素：一是温度。温度每升高10℃，茶叶色泽褐变的速度就要增加3～5倍。因此茶叶存放在10℃以下为好，在－20℃的条件下则最为理想。二是水分。当茶叶中水分含量超过6%时，会使化学变化加剧。所以茶叶应置于干燥环境中，使其水分含量稳定在3%左右。三是氧气。由于氧气能与茶叶中的许多元素相化合，促使其质变。故而茶叶必须密封，不可与空气接触。四是光线。茶叶最怕光线照射，因为这可以促使色素与脂质的氧化。因此茶叶应当贮藏在暗处，防止光线的直射。

贮藏茶叶，首先要注意包装。不论运输包装、内外包装、礼品包装，还是普通包装、真空包装、无菌包装、除氧包装，都要求做到严实。除箱、桶、罐、盒外，至少内面应有1～2层薄膜，若是条件允许，3～5层更好。至于外部装潢，厂家大多已有精心设计（如突出民族色彩和地方文化、重视人的情感与愿望、含蓄使人产生遐想、强调意境及情趣等），在贮藏过程中应注意保护，以便展示其风韵。

大批量的茶叶一般采用石灰块保藏法、炭贮法或抽气充氮保藏法；小批量的茶叶可密封在瓦坛、砂罐、塑料袋或热水瓶中。此外，将不同品种的茶叶适当地搭配在一起贮藏，也能收到一定的保鲜作用。

中国茶的药理功效

根据科学家测定，中国茶中存在着33种物质元素（包括绝大多数的生命物质元素），以及300余种化学成分（主要是茶多酚、生物碱、蛋白质、糖类、有机酸、多种维生素和芳香成分），因而不仅具有较高的营养价值，还有明显的药理作用。

按照中医的说法，“茶为万病之药”，有“二十四功”。即：(1)少睡；(2)安神；(3)明目；(4)清头目；(5)止渴生津；(6)清热；(7)消暑；(8)解毒；(9)消食；(10)醒酒；(11)去肥腻；(12)下气；(13)利水；(14)通便；(15)治痢；(16)去痰；(17)祛风解表；(18)坚齿；(19)治心痛；(20)疗疮治瘘；(21)疗饥；(22)益气力；(23)延年益寿；(24)其他，包括避蚊去蝇、治口烂、治三阴疟、治月经不通、治痘疮作痒等等。

按照西医的说法，茶的疗效作用也有近20种，即：(1)兴奋提神；(2)利尿；(3)止痢和预防便秘；(4)防龋齿；(5)助消化；(6)明目；(7)抗衰老；(8)减轻吸烟对人体的毒害；(9)消炎灭菌；(10)醒酒；(11)对重金属毒害的解毒；(12)防辐射；(13)降血压；(14)降血脂和抗动脉粥样硬化；(15)降血糖和疗治糖尿病；(16)抗癌、抗突变；(17)其他。还包括预防胆结石、肾结石和膀胱结石；作为支气管炎和感冒时的发汗药以及增进呼吸作用的药物；预防痛风和消除人体中有害的盐类及毒素的累积；治疗瘰病；防治各种维生素缺乏症；治疗贫血症；预防粘膜、牙床及眼底出血；预防浮肿和甲状腺功能亢进；预防晕车和晕船；

减轻妊娠反应等等。正因如此,茶叶拥有几个雅号,一是"万用灵丹",二是"长寿汤",三是"原子时代的饮料"。

当然,任何事物都不是十全十美的,饮茶也有其弊端。(1)胃寒的人,不宜过多饮茶,特别是绿茶,否则等于是雪上加霜,越发引起肠胃不适。(2)神经衰弱和失眠症患者,睡前不宜饮茶,尤其是浓茶,不然会加重症状。(3)不可用茶水服药,以免降低药效。(4)哺乳期的妇女要少饮茶,因为茶对乳汁有收敛作用。

所以,应当提倡合理饮茶、适量饮茶、对症饮茶,兴利除弊,促进健康。

中国茶俗

指中华民族在植茶、采茶、制茶、售茶、贮茶、赠茶、献茶、饮茶、斗茶、品茶、玩茶等活动中形成的风俗习惯与礼仪规范。它表现在茶书、茶名、茶具、茶道、茶禅、茶筵、茶歌、茶舞、茶诗、茶画、茶谚、茶语、茶人、茶事、茶令、茶戏、茶痴、茶阵等等方面;反映出茶与神话传说、茶与宗教祭祀、茶与政治经济、茶与典章制度、茶与社会生活、茶与民族习尚、茶与人生仪礼、茶与雅集欢庆、茶与文学艺术、茶与食疗保健、茶与工艺美术、茶与市场营销的密切关系。

中国自古就有一条不成文的礼制:"客来敬茶。"但是,敬什么茶?如何饮用?各民族的习俗全然不同。如汉族是清茶,维吾尔族是奶茶与香茶,藏族是酥油茶,蒙古族是咸奶茶,傣族和拉祜族是竹筒香茶,纳西族是盐巴茶与"龙虎斗"茶,傈僳族是雷响茶,布朗族是酸茶,白族是三道茶,土家族是擂茶,苗族和侗族是油茶,回族是罐罐茶与八宝茶,俄罗斯族是煮茶,东乡族是三香茶,撒拉族是麦茶,瑶族是虫茶,壮族和仡佬族是打油茶等等。至于各地区的茶俗,也是流光溢彩的。如陕南的瓦罐熬茶,宁夏的三炮台茶,苏州的菜香茶,太湖的熏豆茶,浙北的笋干盐茶,湖南的蜜饯茶,东北的甜花茶,闽南的肉骨茶,厦门的工夫茶,潮汕的女子茶,四川的盖碗茶、滇西的咸烤茶之类,都有其独特的文化底蕴。

以上茶俗归纳起来,大致是 3 种类型:一为清雅怡和型,多见于文化艺术界和汉族家庭。它寻求的是茶的固有之味,重在意境,从"清饮"中领悟人生,与我国古老的"清静"观念相吻合。二为奔放潇洒型,多见于山区、边陲和少数民族家庭。其特点是在茶中调配不同的佐料,追求交混回响之美。这种茶俗重在浓厚的乡韵和炽热的情感,与山民、边民和少数民族的豪放性格有关联。三为娱乐享受型,多见于城镇的茶坊、茶社与茶馆、茶楼。它常将饮茶与歌舞、音乐、戏曲、书画、聚餐等结合在一起,多层次、多形式地品味生活的乐趣,借以调适身心,开启智慧。商品经济的氛围相当浓厚,茶文化的特色十分鲜明。这 3 种类型的茶俗,昭示出了中国五彩缤纷、兼收并蓄、内涵深厚、活力永存的饮茶历史。

茶是中华的"国饮",茶俗最能表现出中国人的传统品德与精神。这就是"酸甜苦辣调太和、掌握迟速量适宜"的中庸之道;"朴实古雅去虚华、宁静致远隐沉毅"的行俭之德;"奉茶为礼尊长者、备茶浓意表情谊"的明伦之礼;"饮罢佳茗方知深、赞叹此乃草中英"的谦和之行。所以,中国茶俗不仅超越了自身固有的物质属性,进入精神境界,化成品德修养和人格力量,而且还是中华民族优秀文化遗产的重要组成部分,具有历史功能、教育功能、传授知识的功能和娱乐功能。

中国绿茶

即加工过程中鲜茶叶不经氧化的茶,又称不发酵茶,因干茶绿、汤色绿、叶底绿、香清味浓而得名。中国绿茶的生产历史之久,产量之高,品种之多,质量之好,影响之大,都居于世界首位。

中国绿茶的生产,始于汉魏时期,距今约有 2000 年。它是将鲜嫩的茶叶,经过杀青、揉捻、干燥、风选、分级、包装等工序,精心制作而成的。

绿茶有两种分类方法:一种是按工艺分为蒸气杀青绿茶和锅炒杀青绿茶(又有炒青、烘青与晒青之别)。另一种是按品质分为特种绿茶和大宗绿茶。前者只摘一芽一叶或一芽二叶为原料,比较鲜嫩;后者则摘一芽三叶或一芽四叶为原料,比较老韧。

绿茶的制作方法通常是四种:

1. 蒸青法。以高温蒸汽为杀青手段制茶。由于鲜叶被蒸汽包围,水分及青叶醇、青叶醛不易散发,故成品莹绿美观。其茶大多制成针条状,清鲜爽口,略带青涩。但此法易于破坏酶的活动,成茶叶后香气差、滋味也淡。我国只有少量生产,如玉露茶、煎茶等。

2.炒青法。以锅炒为杀青手段,然后炒干。其特点是外形(有条形、圆形、扁形、卷曲形、针形等)紧结平伏,色泽银灰而透绿润,有焦糖香气。我国大量生产,如西湖龙井、碧螺春等。

3.烘青法。以锅炒为杀青手段,然后烘干。它又分两种:一是普通烘青,主要是制作窨制花茶的茶坯;二是特种烘青,即直接制作成品名茶。烘青茶的特点是:条索长直带扁,芽叶较为完整而呈深绿色,汤色与叶底黄绿,香气清鲜幽雅,味醇和,耐冲泡。我国生产亦多,如黄山毛峰、六安瓜片等。

4.晒青法。以锅炒为杀青手段,然后晒干或阴干。它主要是作紧压茶的原料,特点是色泽墨绿或黑褐,汤色橙黄,带有日照气味。我国生产较多,如鄂青茶、湘青茶等。

中国绿茶的种类甚多,名品主要有西湖龙井、黄山毛峰、洞庭碧螺春、太平猴魅、庐山云雾、六安瓜片、信阳毛尖、顾诸紫笋、蒙顶甘露、南京雨花茶、敬亭绿雪、平水珠茶、雁荡毛峰茶、惠明茶、桂平西山茶、普陀佛茶、恩施玉露茶、峨嵋峨蕊茶、华顶云雾茶、五盖山米茶、婺源珍眉茶、都匀毛尖茶、涌溪火青茶等。参见以下各条。

西湖龙井

中国著名的扁形炒青绿茶,又称龙井,产于浙江省杭州市西湖周围的狮子峰、龙井、五云山、虎跑、梅家坞等地,史称“狮、龙、云、虎、梅五杰”。1965年后统称西湖龙井,包括狮峰龙井、梅坞龙井和西湖龙井三大品牌。1985年的产量为275吨,曾多次荣获国家优质产品金奖和世界名茶评比大奖。

龙井茶的最早记载,见于唐代陆羽的《茶经》。入宋,此茶列为贡品,苏轼为它留下“从来佳茗似佳人”的赞词。元明清三朝,举凡茶书,无不将其列为“上品”,文人墨客的颂诗多达数百。近代,它又成为“中国绿茶之首”,特别是“龙吉43”优良品种的问世,又将它推向新的高峰。

西湖龙井采用摊青、炒青、回潮、烨锅等特殊工艺精制而成。其特点是:干茶扁平挺直,大小长短匀齐,色泽绿中透黄,酷似新春嫩柳与兰花之瓣;冲泡后茶芽直立成朵,宛如旗枪交映,摇荡碧波;茶汤清高鲜爽,饮时有茉莉初展的清香和新鲜橄榄的回味,沁人心脾。行家称之为“色绿、香郁、味甘、形美”四绝。

龙井茶的优异,取决于3大条件。其一是自然环境优越。杭州西湖四周,山峦重叠,林木葱郁,既能阻挡北方干旱气流的入侵,又能留住夹带大量水蒸汽的暖流,使茶区上空经常笼罩着轻纱般的云雾;与此同时,这里的砂质土壤肥沃,富含钙、磷、镁等微量元素,十分有利于茶树的生长。故从清明前到霜降后,全年可采叶30轮左右,这在其他茶区是不可能的。

其二是采摘技术精工。龙井茶的采叶有严格要求:仅采一芽叫“莲心”,采一芽一叶叫“旗枪”,采一芽二叶叫“雀舌”,采一芽三叶叫“鹰爪”,清明节前采的叫“明前茶”,谷雨节前采的叫“雨前茶”。由于采摘“一早、二嫩、三勤”,故都系好叶。通常制作1公斤特级龙井,需要采摘7~8万枚细嫩芽叶。

其三是炒制手法娴熟。鲜叶在室内薄摊10小时后,就须在一口特制的光滑铁锅中温火精炒。炒时用手操作,有“抖、搭、搨、捺、甩、抓、推、扣、压、磨”等10种手法,依据需要,灵活加以变化。待重量减少30%时即要回潮,使叶片水分重新分布均匀,最后烨锅,作用是整形与干燥,使成品美观,分别达到13个等级的不同要求。

黄山毛峰

中国著名的条形烘青绿茶,又称黄山云雾茶,特级品产于安徽黄山的松谷庵、云谷寺、丞相源和桃花峰等地;普通品产于黄山周围的汤口、冈村、杨村和芳村一带。它是中国毛峰茶中的极品,海内外评价甚高。

早在明朝中叶,黄山茶就有了名气。到了清代光绪年间,歙县人谢静和创办谢裕泰茶庄,登高山名园,采肥嫩芽尖,精细炒焙,才推出“黄山毛峰”。此茶的特级品形似雀舌,匀齐壮实,峰显毫露,色如象牙,鱼叶金黄;清香高长,汤色清澈,滋味鲜浓、醇厚而甘甜;叶底嫩黄,肥壮成朵。其中,“金黄片”与“象牙色”,是其两大特异之处。

自古以来,名山秀水出佳茗。黄山毛峰也得益于集五岳之大成的壮奇黄山。这里山势雄峻,林木丛生,溪泉清沏,气候温和,雨量充沛,云海雾天,土壤肥沃,特别适宜于茶树的生长,能育出香高、味醇、芽叶细嫩而又多毫的名品。同时茶农采茶也有一手硬功夫,分等分级相当认真。如一个采茶能手,采普通茶,一天可达50多公斤,采特级茶,一天最多也只1公斤。该茶的制作,有3大工序。一是杀青。用直径半米的桶锅,火温先高后低,每锅的投叶量,特级鲜叶仅为250克左右,翻炒相当精细。二是揉捻。要求速度慢,压力轻,边揉边抖,以保持芽叶完整,白毫显露,色泽绿润。三是烘焙。采用温度为90℃、80℃、70℃、60℃的4只烘笼,轮番供火,要求"慢功出细活",然后按特、一、二、三的4个等级分别检测包装。

洞庭碧螺春

中国著名的卷曲形炒青绿茶,又称"碧螺春"或"吓煞人香(即香煞人)",产于江苏省吴县太湖边上的洞庭山区;因主要产于洞庭山的碧螺峰,碧如翡翠、形似田螺而得名。清末的震均在《茶说》中讲:"茶以碧螺春为上,不易得。"从明代起,此茶饮誉华夏600余年,堪称名茶之珍。

碧螺春经杀青、揉捻、干燥等工序精制而成。其采摘,重早、重嫩、重净,通常只采1.6~2厘米长的一芽一叶嫩尖,炒制500克的高级碧螺春需6.8~7.4万个芽头,最高级的需要9万个。鲜叶采回后还要拣剔,挑去鱼叶和杂物,通常拣剔1公斤鲜叶,需2~4小时。一般是5~9时采,9~15时拣,15~19时炒,不炒隔夜茶。炒制时讲究手不离茶,茶不离锅,揉中带炒,炒中有揉,炒揉结合,连续操作,起锅即成。

正因如此,碧螺春品质优异。其条索纤细,卷曲似螺,满身披毫,银白隐翠,香气浓郁,滋味鲜醇甘厚,汤色碧绿清澈,叶底嫩绿明亮,有"一嫩(芽叶)三鲜(色、香、味)"之称。当地茶农对它的描述是:"铜丝条,螺旋形,浑身毛,花果香,鲜生津。"

此茶在品饮时多用高级透明玻璃杯,先冲开水后放茶,水温70~80℃即可。1分钟后茶即沉底,瞬时间"白云翻滚,雪花飞舞",清香袭人,还能欣赏到"雪浪喷珠"、"春染杯底"、"绿满晶宫"的3种奇观。头酌色淡、幽香、鲜雅;二酌翠绿、芬芳、味醇,三酌碧清、香郁、回甘。

蒙顶甘露

中国著名的条形炒青绿茶,又称蒙顶茶,产于四川省邛崃山脉之中的蒙山;相传它可治百病,有返老还童之功,故而得名。对其古人有"扬子江中水、蒙山顶上茶"(白居易),"若教陆羽持公论、应是人间第一茶"(黎阳王)的评价。

蒙顶茶已有2000余年的历史,最早的7株茶树为西汉末年的甘露寺普慧禅师所植。唐宋时它已驰誉大江南北,岁岁入贡,直至清末。相传采贡茶时县令率全山72寺的高僧顶礼膜拜,仅采顶尖好芽360枚,制好后贮于银盒,专供皇上祭天敬祖。故而诗云:"万紫千红袅佛音,春报细品味独新,银毫金光冠全球,叶凝琼香胜仙茗。"

蒙顶茶采制于春分之后,鲜叶经过摊青和独特的3揉3炒工序加以杀青,然后烘焙、干燥,再经过匀小堆、复烘、定级匀堆等程序才能装箱。其特色是条索紧卷、叶嫩芽壮,色泽嫩绿匀润,密披银白茸毫,汤色与叶底皆黄绿明亮,香味芬芳馥郁,醇爽甘厚,回味清美,故有"蒙茸香叶如轻罗"、"露芽云液胜醍醐"、"圣场花"、"吉祥蕊"之说。

蒙顶茶中的名品甚多,除蒙顶甘露外,尚有蒙顶黄芽、蒙顶石花、万春银针、玉叶长春、雷鸣、雾钟、雀舌、鸟嘴、白毫、米芽、龙团、凤饼等等。它在1957年被评为全国名茶之一,现今的特级蒙顶甘露每公斤高达数千元,仍然供不应求。

顾渚紫笋

中国著名的条形烘青绿茶,主要产于浙江省长兴县顾渚山,因其叶色紫亮、形似竹笋而得名。唐代的长兴属湖州府,故又名湖州紫笋。1979年以来,历届评茶会上它都被评为部级或省级优质名茶。

顾渚紫笋兴盛于唐代。茶圣陆羽在《茶经》中有"蒙顶第一、顾渚第二"的评价,并向朝廷推荐,列为"贡茶",一直延续到清代顺治年间。从唐大历五年(770)开始,湖州刺史便在山上设立贡茶院,由州官监制;70年后,进贡量便高达9000公斤。为了确保贡茶质量,刺史从立春到谷雨都住守在山上,指挥百余所烘焙工场的千余名制茶工和3万多名采茶工精心制茶。出茶后还要和专泡此茶的"金沙泉"水一起,在10天之内送到2000公里外的长安,名曰"急程茶",以便在清明节前祭祀宗庙。"凤辇寻春半醉回,仙娥进水御帘开。牡丹花笑金钿动,传奏湖州紫笋来",便是贡茶进宫时情景的生动描述。

制作紫笋茶,有杀青、炒干整形、烘焙等工

序，1公斤茶需要芽叶7万多个，先摊放5～6小时，待含水量降至72%左右时才炒制，最后的含水量不得超过5%。由于工艺精细，所以茶叶细嫩，芽条紧裹，色泽绿翠，白毫显露，冲泡后汤色明亮，芽叶只只成朵，形似兰花，香气馥郁，清高持久，回味带甜。

紫笋茶之好，主要在于地利。顾渚山方圆6公里，东临太湖，西北靠山，土地肥沃，泉水奔流，云雾蒸腾，冬无严寒，夏无酷暑，方才育出这"人间尤物"。

桂平西山茶

又称棋盘仙茗，中国著名的条形炒青绿茶，产于广西桂平县西山棋盘石、乳泉井、观音岩下，古人评述它是"矮株数植，根吸石髓，叶映朝暾，故味甘腴而气芬芳，杭湖龙井未能逮也"。由于年产量仅有600公斤左右，更显珍贵，两次全国评比，两次出国参展，都是摘金夺冠，故有"香满神州海外驰"的美誉。

西山茶是一种云雾茶，主要采自海拔700米的西山峰顶的数百株老茶树。由于地势较高，石间土壤中含水量极少，茶树的生长主要靠茶的叶片从云雾中吸收水分，故而茶香浓烈；再加之山高坡陡，采摘十分艰难，所以又有"一分汗水一片叶"之说。此茶还须用西山乳泉井的水冲泡方能显出特殊的风味，故当地山民向游客出售茶叶时，也同时奉送一瓶乳泉井水。

西山茶的制作，有摊青、杀青、揉捻、初炒、烘焙、复炒等工序；1公斤茶叶中，有8万多个芽叶。其条索紧结，纤细匀整，呈龙卷状，黛绿银尖，茸毫盖锋梢，幽香持久，滋味醇和，回甘鲜爽，汤色碧绿清澈，叶底嫩绿明亮。它特别经饮耐泡，续水3次仍鲜香如初。另据医学化验报告，西山茶有健脾壮身的作用，故而在市场上十分紧俏。

壮族诗人多有佳作歌咏此茶。如黄勇宗诗："乳泉水温西山茶，又像蜜糖又像花；天下名茶我尝过，如今只爱这一家。"马斯云诗："香蔽高岭不是花，乳泉新煮绿春茶；闲来愿得杯常满，每倚亭台到日斜。"

太平猴魁

中国著名的尖形烘青绿茶，产于安徽省黄山市太平县的猴坑一带；因其外形魁伟、品质极好、堪称尖茶魁首，又主产于太平县的猴坑。系茶农王魁成精心选育而得名。1912年和1915年它分别在南洋劝业展和巴拿马万国博览会上获大奖，此后又多次被评为中国优质名茶，向有"茗中极品"之称。

此茶分为猴魁、魁尖、贡尖、天尖、地尖、人尖、和尖、元尖、亨尖9级，从采摘到加工都异常严格。采摘时一魁山（云雾笼罩的高山和阴山），二拣丛（树势茂盛的高大茶株），三拣枝（粗壮挺直的嫩枝），四拣尖（一芽带二叶的尖头）；而且还讲究"八不采"（芽叶过大、过小、瘦弱、弯曲、色淡、发紫、对夹叶、病虫叶均不采）。制作包括杀青、毛烘、足烘、复焙4道工序，一般是上午采，中午选，下午制，经过头烘、二烘、三烘，趁热装入锡罐，晾凉后加盖密封。人们形容它是"两刀夹一枪"，"二叶抱一芽"，"尖茶两头尖，不散不翘不亏变"，"头泡香高，二泡味浓，三泡四泡幽香犹存"。

太平猴魁之美与特殊的地理环境有关。猴坑一带是黄山的"山中之山，山上之山"，三面环绕陈村水库，土质又系千枚岩、花岗岩风化而成的乌沙土，加之四周遍生兰草，采茶季节正值兰花盛开，花香逸熏，故而品质卓然不群。其条索挺直壮实，碧绿光润，茶叶柔嫩，泡后成朵，茶汤绿茵明澈，香味持续良久，不少茶痴往往千金相求。

庐山云雾

中国著名的条形炒青绿茶，产于江西省庐山汉阳峰、五老峰、小天池、大天池、含鄱口、花径、天桥、修静庵、莲花洞等地的云雾山峦中。它是中国优质名茶之一，除了供应大陆和台、港，还远销日本、韩国、德国、英国、美国和澳大利亚等地。

庐山云雾茶始创于明代，但其渊源可以追溯到汉。《庐山志》载："东汉时佛教传入我国，当时梵宫寺院多至三百余座，僧侣云集。他们攀危岩，冒飞泉，竟采野茶以充饥渴。后来各寺亦有于白云深处劈岩削谷，栽种茶树，培植茶叶，名云雾茶。"20世纪70年代后，这里的茶园扩大到5000亩，庐山茶随着旅游业的昌盛而声名远播。

此茶的制作，有采青、杀青、抖散、揉捻、初干、握条、做毫、烘干等工序，与其他著名绿茶的生产基本一样。但由于特殊的地理环境所致，庐山云雾茶含茶多酚为28%左右，含水浸出物约48%，茶叶中生物碱及维生素C的含量也高于一般茶，故滋味浓厚，有“色香幽细比兰花”的美誉。

庐山云雾茶的质量标准是：芽壮叶肥，外形条索紧结重实，饱满秀丽；色泽碧嫩光滑，白毫显露；香气芬芳、高长、锐鲜，清幽如兰；汤色绿而透明，似同翡翠；滋味爽快，浓醇鲜甘；叶底嫩绿微黄，柔软舒展；连续冲泡3次，其味不淡。故能以“香馨、味厚、色翠、汤清、耐泡”而著称于世。

六安瓜片

中国著名的片形烘青绿茶，产于安徽省六安、金寨、霍山3县毗邻的齐头山蝙蝠洞一带；因为这3县古属六安府，其茶叶呈片状，形若瓜子，故名。此茶问世于1905年前后；有较优的内山茶区和稍次的外山茶区；它是在大茶的基础上，吸取兰花茶和毛尖茶制作技术之精华而创新的。

六安瓜片的产区位于大别山东北麓，属于淮河流域，年平均气温为15℃，年平均降水量1200～1300毫米，土壤pH值6.5左右，多系黄棕壤，质地疏松，土层深厚，茶园多在山坡冲谷的云雾之中，生态环境优越。

此茶的采摘在谷雨以后，以对夹二三叶和一芽二三叶为主。其特异处是“扳片”——即将芽尖、第一片叶、第二片叶、第三片叶、嫩茎一一分开，分别加工成“银针”、“提片”、“瓜片”、“梅片”与“针把”。与此同时，它的炒制，有生锅、熟锅、毛火、小火、老火5道程序。生锅锅温100℃，熟锅稍低，两锅的投叶量均是100克左右，翻炒1～2分钟杀青。然后毛火每笼投叶1.5公斤，小火每笼投叶2.5公斤，老火每笼投叶3.5公斤，慢慢煨烘，来回翻腾60次以上，工艺相当精细。这在名茶制作技术中都是独树一帜的。

六安瓜片的外形自然平展，叶缘微翘，色泽宝绿，大小匀整，不含芽尖与茶梗，清香高爽，鲜醇回甘，汤色清澈，叶底嫩绿，尤耐冲泡。在质地上，提片最佳，瓜片次之，梅片又次之。

惠明茶

中国著名的圆形炒青绿茶，产于浙江省景宁县赤木山惠明寺周围的畲族居住区。它始于唐代，历史悠久。《景宁县志》说：“茶叶各区皆有，惟惠明寺及漈头村出产尤佳。民国四年得美利坚合众国巴拿马万国博览会一等证书及金质奖，生产激增，全邑输出额岁达四五万斤。”

自古以来，“高山名寺出好茶”。惠明寺一带海拔630～1500米，层岩叠嶂，峦接云霄。山上林木葱茏，云山雾海，气象变化万千。每当春朝秋夕，登山远眺，但见山上山下茫茫烟霞，经久不散，颇有“严冬常借玉为容”之感。加之土壤以酸性砂质黄壤土和香灰土为主，土质肥沃，雨量充沛，便孕育出适宜制作惠明茶的大叶茶、竹叶茶、多芽茶、白芽茶和白茶等优良茶种。

惠明茶的鲜叶以一芽二叶初展的为主，采回后进行筛分，使芽叶长短、大小一致。制作有摊青、杀青、揉条、烨锅等工序，规范严谨。成茶外形紧结，颗粒饱满，略呈圆形，叶质厚实隆起，持嫩性很强；色泽翠绿有神，茶毫布满全身；汤色清澈明净，滋味醇和爽口，茶底绿中泛黄，坚实挺拔，杯中悬浮如朵朵旗枪；特别是花香诱人，“一杯茶在手，满屋皆香馨”。

此茶最宜用惠明寺旁的南泉水冲泡，有“惠明茶、南泉水”之说。因其“一杯淡，二杯鲜，三杯甘醇，四杯韵犹存”，所以独具中国名茶的神采。

平水珠茶

中国著名的珠形炒青绿茶，主产于浙江省绍兴市的平水镇，旁及嵊县、萧山、诸暨、上虞、余姚、天台、奉化、鄞县和东阳等地。最高的年出口量曾达1000多吨，每磅售价10先令6便士，因有“绿色的珍珠”之誉。书法大家沙孟海先生称其为“金蕾珠蘖”，1984年在马德里的世界优质食品评选会上，荣获“金质大奖”。

此茶的前身是唐代的日铸茶（因产于会稽山日铸岭而得名）。至宋，《青箱杂记》载：“越州日铸茶为江南第一。日铸茶芽纤白而长，味甘软而永，多啜宜人，无停滞酸噎之患。”入清，它又名“熙春”或“贡熙”，即是敬献给康熙皇帝的贡品之意。由于其形似珠，英译名为Gunpowder，即“枪用火药弹”之意，在海关上常被误认为是“军火”，闹出许多笑话。现今我国的珠茶厂和珠茶经销人员，仍有这样的戏称。

珠茶的采摘多系一芽一叶，初制时要杀青、揉捻和干燥，精制时要生取、炒车、净取与匀装。手炒一锅茶需要10小时，故有“天不怕，地不怕，只怕6月做珠茶”，“斤茶斤汗淌脚跟，一季茶落瘦煞人”之说，可见名茶之“名”来之不易。

平水珠茶外形浑圆紧结，呈颗粒状，色泽绿润，身骨重实，落盘有声，确似“铅弹”，比较易于辨认。它的香味浓醇，经久耐泡，回味甘美，在茶市上一枝独秀，很有竞争力。

敬亭绿雪

中国著名的舌形烘青绿茶，主要产于安徽省宣城县的敬亭山。其前身是唐代的珍茗“瑞草魁”，杜牧曾有诗曰“山实东吴秀，茶称瑞草魁”。明代，绿雪茶问世，梅庚赞颂它是“持将绿雪比灵芽，手制还从座客夸；更着敬亭茶德颂，色澄秋水味兰花”。

至于这一茶名的由来，有3种传说。一是有个心灵手巧、善于用嘴摘茶的少女叫绿雪，一次在悬岩采茶时不幸失足身亡。后人为了纪念她，即将敬亭舌茶称为绿雪。二是此茶冲泡后，杯中雾蒸霞蔚，浮起团团祥云，既似雪片飞落，又像天女散花，相传这便是绿雪姑娘在“显灵”。三是茶汤冲出后，杯中茶朵垂直下沉，伴随着白毫翻滚，有一种“绿荫丛中大雪飞”的奇观。这些说法都清新高雅，增添了绿雪茶的魅力。所以当一度失传的绿雪茶解放以后重获新生时，郭沫若写诗热情赞美道：“百花齐放百年鸣，名茶艺苑景象新。敬亭山上飘绿雪，杯中又添一派春。”

绿雪茶的采摘有“三要六不采”的要求，大体上同于太平猴魁。其制作有杀青、做形、烘干等工序，手势讲究“轻——重——轻”、“快——慢——快”，做一次茶长达三四天，十分精细。其成品茶形似雀舌，挺直饱满，色泽翠绿，身披白毫，而且汤色清澈明亮，香气清鲜持久，滋味醇和爽口，叶底嫩绿成朵。对此，人们常用一首小诗来概括：“形似雀舌露白毫，翠绿匀嫩香气高，滋味醇和沁腑肺，沸泉明瓷雪花飘。”

南京雨花茶

中国名茶中的“后起之秀”，1958年为纪念革命志士而创制，因首先产于南京市中山陵园和雨花台而得名。现今已扩展到“三郊”（雨花、栖霞、浦口）和“五县”（江宁、江浦、六合、溧水、高淳），年产量约8吨。这种针形烘青绿茶，1961年以来先后数次荣获省优、部优产品称号，被列为全国名茶之一，深受日本和东南亚各国茶友的喜爱。

雨花茶制作精细，通常有采摘、杀青、揉捻、搓条、烘焙、分级等多道工序。采摘时间多在谷雨或清明，要求一芽一叶，长2～3厘米，每公斤茶叶需要芽叶9万个左右。然后铺成2～3厘米厚，摊放3～4小时，使之散发水分，促使茶多酚等物质的轻微变化。杀青多用120～140℃的锅温，采用“嫩叶老杀、老叶嫩杀、嫩而不生、老而不焦”的原则。接着是整形干燥，最后通过圆、抖、飘、筛，分清大小、长短、粗细、轻重，按特、一、二、三、四的5个级别包装出厂。制作此茶，劳动量甚大，每锅仅能炒制新茶0.25公斤。

紧、直、绿、匀，是雨花茶的品质特色。它形似松针，条索紧直而浑圆，两端略尖，锋苗挺秀，茸毫隐露，色呈墨绿，香气浓郁而高雅，滋味鲜醇爽口，汤色清绿、晶莹，叶底嫩匀明亮。沸水冲泡后，芽芽直立，上下沉浮，犹如翡翠，香气清幽。品饮后，沁人肺腑，齿颊留芳。故有诗云：“雨花茶，雨花茶，甘露一杯香千家，不是醍醐可灌顶，不是琼浆醉流霞，三盏能解百日困，千盏成仙乐无涯。”

信阳毛尖

中国著名的针形炒青绿茶，主要产于河南省信阳市的车云山、集云山、天云山、震雷山、云雾山、黑龙潭、白龙潭等地。此茶外形挺秀，遍布茸毛，有紧、细、直、圆、光之说，故取名“毛尖”；而且冲泡时茶汤清亮，滋味鲜醇，有一股熟板栗般的香气，因而又有“茶香味醇，难比毛尖”的定评。它被评为全国十大名茶之一，屡屡在海内外摘金夺银。

早在盛唐，史书中就有“信阳上贡品有茶”的记载。宋代著名的品茶专家苏东坡，也留下“淮南茶，信阳第一，色、香、味俱美，品不在浙闽以下”的评语。清代光绪年间，信阳有8大茶社，茶园面积超过22万平方米。1985年以后，它又在我国的出口茶中占有较大的份额。特别它是我国北方唯一的名茶，因此更令人感到珍贵。

信阳毛尖一般在4月中下旬开采，每2～3天采一次，可采20～25批次，以1芽1叶为特级。其帚炒杀青借用六安瓜片的制法，其理条整形又出自西湖龙井的技巧。从采摘到包装，每一工序它都坚持分级，所以质量能够保证。特别是龙潭茶叶总场生产的龙潭牌特级毛尖茶，虽然数千元1公斤，仍然供不应求。

信阳毛尖的质量标准是：外形细直圆滑而多毫，色泽翠绿油润，内质香气清高，纯正而又持久；冲泡杯中，汤色明净，叶底嫩绿，滋味鲜醇，熟板栗香扑鼻而来，饮后回甘，续水 4 次后香、色、味仍不减；还有明目清心、散热解渴、去腻提神、化食健脾、利尿解毒等功用。

仙人掌茶

中国著名的掌状炒青绿茶，产于湖北省当阳县千年名刹玉泉寺附近，因其叶片奇绝如佛掌而得名。对此，诗仙李白有一首长诗纪其事："尝闻玉泉山，山洞多乳窟。仙鼠白如鸦，倒悬清溪月。茗生此中石，玉泉流不歇。根柯洒芳津，采服润肌骨。丛老卷绿叶，枝枝相接连。曝成仙人掌，以拍洪岩肩。举世未见文，其名定谁传？宗英乃禅伯，投赠有佳篇。清镜独无盐，顾惭西子妍，朝坐有余兴，长吟播诸天。"诗中描述的是玉泉寺中孚禅师亲自培育仙人掌茶的情况，以及李白为其命名的逸事。

早在战国时期，玉泉山就被誉为"三楚名山"。这里乳窟暗生，云雾弥漫，泓泉喷涌，林木森茂，是茶树生长的"福地"。仙人掌茶的鲜叶要求一芽一叶，芽长叶短，遍生白毫；然后经由蒸汽杀青、炒青做形、烘干定型 3 道工序精制而成。其间的手法有"抖"、"带"、"抓"、"按"多种，讲究"慢工出细活"；总产量虽不高，但质量上乘。

仙人掌茶外形扁平似掌，色泽翠绿，白毫披露，观之令人心旷神怡。冲泡之后，芽叶舒展，嫩绿纯净，似朵朵莲花挺立水中，有几分超凡脱世的"仙风道骨"；汤色嫩绿，清澈明亮，有山中古泉的天然芬芳；茶香清幽淡雅，沁入腑肺，鲜醇爽口，初啜清淡而回味甘甜，继之醇厚馥郁，弥留于齿颊之间；三饮物我皆忘，有飘飘飞升之感。故而历代茶痴对其有"还童振枯、扶人寿也"的 8 字评语。

中国红茶

即加工过程中鲜茶叶充分氧化的茶，又称全发酵茶，因叶红、汤红而得名。红茶产量约占我国茶叶总产量的 1/4，而其出口量却占茶叶总出口量的1/2以上，在对外贸易中举足轻重。

中国红茶是从乌龙茶中的武夷岩茶演化而来的，生产历史约 240 年。它最早出现在福建崇安，后传到安徽的至德、祁门及贵溪一带；不久，粤、赣、湘、鄂、滇数省也相继生产。1936 年后，又从印度学回红碎茶的制法。目前，全国已有 16 个省区生产红茶。

红茶是将鲜茶叶经过萎凋、揉捻、发酵、干燥等工序精制而成的。由于发酵促进了酶的活动，使茶多酚充分氧化，故而茶叶的香、味都有很大的变化。其特点是：干茶呈黑色，茶汤与叶底呈红色，味醇厚，有水果的芳香。

中国红茶按制作工艺划分，包括 3 种：

1. 工夫红茶。由长短不一的条茶按一定比例拼配而成，是中国独有的传统产品，因制作精细、品尝讲究而得名。它要求条索坚实匀称，色泽乌黑光润，汤色红亮明净，滋味浓郁甘醇，香气高扬持久。此茶多以产地命名，如祁（安徽祁门）红、闽红（包括政和工夫、白琳工夫、坦洋工夫）等。

2. 小种红茶。福建省的特产，集中在崇安等县。它以武夷外山茶中没有焙干的毛茶为原料，经过堆积发酵、入锅炒干制成。"小种"一词意味着精品，始见于 1717 年崇安县令陆廷灿所著的《续茶经》："武夷山在山上者为岩茶，水边者为洲茶……其最佳者名曰工夫茶，工夫之上又有小种，则以树名为名，每株不过数两。"崇安县星村所产的"正山小种"，又是优中之优。它与工夫茶不同之处在于：烘干时使用纯松木明火熏制，以增添茶叶的松烟香味；与此同时，其茶形紧结圆直，汤色金黄，富有刺激性但又不苦涩。

3. 红碎茶。适度萎凋、多次揉切筛分、轻度发酵、高温快速一次烘干的茶。它要求碎茶呈颗粒、末茶似砂子、片茶有皱折、叶茶须完整；干茶乌黑，汤色深红，滋味具有"浓、鲜、强"之特色。如云南大叶种红碎茶。

我国红茶中的名品还有滇红、川红、宜红、宁红、湖红、越红、坦洋小种、政和小种、古田小种、四川大叶种红碎茶、湖南中小叶种红碎茶等。

祁红

中国著名的条形红茶，主要产于安徽省祁门县及其附近地区。它与印度的大吉岭茶、斯里兰卡的高山茶并称为"世界三大高香茶"，向以"清高、味醇、形美、色艳"四绝驰名于世。祁红作为中国十大传统名茶之一，曾多次在海内外的大奖赛上夺冠。1931 年出口 50 公斤祁红，卖价高达 360

两白银;英国人多将它作为"午后茶"中的珍品泡饮,誉为"王子茶"、"群芳最"和"茶中英豪"。

清朝光绪年间之前,祁门一带不产红茶,而产与六安瓜片相仿的、名曰"安绿"的绿茶。后来在从福建罢官回籍经商的余干臣、本地茶商胡元龙以及浮梁(今江西景德镇北、属于祁红茶区)茶商江智甫等人的积极推动下,试制红茶获得成功。由于祁门一带地理环境特别优越,茶叶品质好,余干臣等不断改进制茶工艺,在不长时间内,内质香气独树一帜的"祁红",不仅与早已走红的"闽红"、"宁红"齐名,而且还遥遥领先,1911年的产量即达300万公斤,占当时全国红茶总产量的1/3以上。现今祁红仍保持着旺盛的增长势头,每年出口均在285万公斤左右。

祁红品质的优异得助于两大要素。一是自然条件好。在东西90公里、南北80公里的茶区内,90%为海拔600米左右的山丘河谷,日照时间短,早晚温差大,常有云雾缭绕,并且砂质土壤中腐殖质含量高,容易酿成祁红的特殊芳香。二是栽制加工细。祁红多用品质好、产量高的槠叶茶、柳叶茶制作,高档茶以一芽二叶为主,普通茶以一芽三叶和对夹叶为主,春茶采6～7批,夏茶采6批,少采或不采秋茶。制茶采用规范的机械,工艺严格,科学分级,每一道工序都有严格的质量检测指标。

祁红中的极品叫做"工夫红茶"。它条索严秀,长短整齐,锋苗好,含有多量的嫩毫和显著的毫尖;色泽乌黑泛灰光,俗称"宝光";内质香气浓郁高长,既似蜜糖香,又蕴含有兰花香;汤色红艳,滋味醇厚,回味隽永;叶底嫩软红亮,匀整美观。它可以单独品饮,也可以加入砂糖、牛奶调饮,香气不变。

目前,祁红主要销往英国、荷兰、德国、丹麦、瑞士、瑞典、法国、澳大利亚、加拿大、爱尔兰、芬兰、日本、意大利、新加坡、美国等国。

滇红

中国著名的条形红茶,主要产于云南省澜沧江流域的凤庆、昌宁、临沧、云县、双江、腾冲、勐海等县。云南虽是世界茶叶的原产地,"茶叶之路"的起始点,但滇红问世仅有60年的历史。1938年首批试制的2.5万公斤滇红运抵伦敦,便以每磅800便士的高价销售一空。相传英国女王将其置于水晶器皿中,作为珍贵的宝物。此后在国内外的大奖赛中,滇红连登金榜,屡有好评。

滇红的原料主要采自植株高大、叶长如掌、茶多酚含量丰富的云南大叶种茶树。由于注重分级采摘、适度萎凋、揉捻发酵和高温干燥,严格控制温度、水分与叶片的变化,故而质量上乘。滇红与其他红茶相比,有两个明显的特征:一是茸毫显露奇异,春茶为淡黄色,夏茶为菊黄色,秋茶为金黄色;二是内质香郁味浓,带有花香,产于滇南者滋味浓厚,刺激性强,产于滇西者回味鲜爽,刺激性弱。此外,它的春茶身骨重实,净度好,秋茶身骨则轻,净度较低,差异也很明显。

滇红包括工夫茶与红碎茶两大品类。工夫茶即红条茶,主要供出口,远销日本、中东与欧美。其外形条索肥大,色泽乌润,滋味浓厚,金毫显露,冲泡后汤色红艳,香气馥郁。红碎茶又称分级茶,是1958年以后推出的新品种,其外形均匀,色泽乌润,冲泡后汤色红亮,金圈突出,滋味鲜爽,加糖与牛奶调饮更佳,目前已跻身于世界著名红碎茶之林。

宁红

中国著名的条形红茶,主要产于江西省的修水、武宁等县;因为这一带古属义宁州,故名。宁红是我国最早的工夫红茶之一,始创于清朝道光年间。到了1892～1894年,年输出量即达30万箱(每箱25公斤);售给俄国茶商,每箱为100两白银,获得"茶盖中华、价甲天下"的美誉。解放以后,此茶参加全国评比,连获14块奖牌。中国茶叶学会名誉理事长吴觉农为之题词:"宁红祁红并称世界之首。"

宁红茶的产区在幕阜山、九宫山的峻岭高岗中。这里山深林密,云凝雾锁,气候温和湿润,土质深厚肥沃,故而茶芽丰硕,叶肉软厚,内含的化学成分众多,奠定了宁红工夫优良的自然品质。

宁红的品质特征是:外形条索紧结圆直,锋苗挺拔,略显红筋;色泽乌红而光润;内质香高持久,可与祁红比美;滋味醇厚甜和;汤色红亮,叶底红匀。宁红中的精品叫"宁红金毫",其条索紧细秀丽,金毫显露,锋苗甚多,色泽乌润,香味鲜嫩醇爽,汤色红艳,叶底红嫩而多芽。

宁红中除条茶外,还有独特工艺加工而成的束茶——龙须茶。此茶身披红袍、叶条似须,每枚干重7.8克左右，形如红缨枪的枪头，外用五彩花线捆扎，冲泡后宛如一朵鲜艳的菊花，故有“杯底菊花掌上枪”之称。在出口的优质宁红茶箱中，每箱的箱面都要放5～24个龙须茶束，作为彩头和标记，十分美观，颇有艺术观赏价值。

宜红

中国著名的条形红茶，主要产于湖北省的宜昌、恩施、蒲圻等地，还有湘西的石门、桑植、慈利、大庸数县。因过去大多是由宜昌转运武汉出口，故名“宜红”。现今年产量为500万公斤左右，是我国重要的商品茶之一。

湖北宜昌是我国古老的茶区之一，茶圣陆羽曾将宜昌茶列为“山南茶”之首；宋人欧阳修在此为官时也写下“雪消深林自剐笋、人响空山随摘茶”的诗句。清朝道光年间，这里开始生产红茶；1888年由汉口口岸出口量达4300万公斤，约占当时出口茶叶总量的40%，其中主要是红茶，在海外有“金宜红”之誉。

宜昌茶区主要在神农架一带。这里山林茂密，河川纵横，谷地甚多，年平均气温为13～18℃，年降雨量750～1500毫米，无霜期220～300天，土壤多为微酸性黄红砂壤，特别适于茶树的生长，故能育出珍品宜红。

宜红工夫茶的品质特征是：条索紧细带有金毫，色泽乌润，香甜纯高长，味鲜爽醇厚，汤色红亮，叶底红亮柔软。其茶汤稍冷后会产生“冷后浑”现象，比较容易识别。

川红

中国著名的条形红茶，主要产于四川省的宜宾、内江、达川、南充、自贡和重庆市的万县、涪陵等地，包括川东南和川东北两大茶区。川红诞生于20世纪的50年代，是中国红茶中的后起之秀。现年产量约为200万公斤，1979年每吨售价7320美元，高于国内同类同级的其他红茶；主要销往俄罗斯、法国、英国、德国、罗马尼亚。

四川是我国茶树的发源地之一，产茶历史悠久。四川盆地的温热湿润气候，一望无垠的山地黄泥及紫色砂土，巴蜀丰富的劳动力资源，还有川人智慧的头脑和灵巧的双手，都是川红成功的保证。

与其他红茶相比，川红有几个不同之处：一是条索肥壮圆紧，内质香气清鲜带有枯糖香，汤色浓亮，叶底厚软红匀；二是出口早，每年4月即可进入国际市场，以早、新取胜；三是全年采摘期长达210天以上，秋茶产量约占全年的26%～30%，份额较大。

川红中的珍品叫“早白尖”，有早、嫩、快、好四大特点，在国际市场上更是抢手货。

闽红

中国著名红茶，产于福建，有政和工夫、坦洋工夫、白琳工夫3大系列。

1.政和工夫。

主要产于闽北的政和和松溪，又分两类：一是用大白茶制成的“大茶”，系闽红中的上品，条索紧结肥壮多毫，色泽乌润，内质汤色红浓，香气高而鲜甜，滋味浓厚，叶底肥壮尚红。二是用小叶种茶制成的“小茶”，条索细紧，香似祁红，但欠持久，汤色较浅，味醇和，叶底红匀。高级政和工夫常用大茶与小茶拼配，体态匀称，毫心显露，香味俱佳。

2.坦洋工夫。

主要产于福安县的坦洋村，还有拓荣、寿宁、周宁、霞浦等地。此茶外形细长匀整，带白毫，色泽乌黑有光，内质香味清鲜甜和，汤液鲜艳呈金黄色，叶底红匀光滑。它的年产量比政和工夫高10倍，为40万公斤。

3.白琳工夫。

主要产于福鼎县太姥山白琳、湖林一带。这是小叶种红茶，早期的白琳工夫外形条索紧结纤秀，含有大量的橙黄白毫，具有鲜爽愉快的毫香，汤色与叶底均艳丽红亮，被美称为“桔红”，在国际市场上很受欢迎。现今的白琳工夫，外形条索细长弯曲，茸毫多呈颗粒绒球状，色泽黄黑，内质汤色浅亮，香气鲜纯有毫香，味清鲜而甜和，叶底鲜红带黄，也有其独特的风韵。

小种红茶

中国著名红茶，仅只产于福建，有“正山小种”和“外山小种”之分。“小种”即是“精品”之意，它之特异在于用松木明火熏制，有松烟香味；茶形紧结圆直，汤色金黄，富有刺激性但又不苦涩（参阅“中国红茶”条）。

1.正山小种。

主产于崇安县星村乡桐木关一带，又叫“星村小种”或“桐木关小种”。“正山”者，是指“高山地区所产”之意。此茶外形条索肥实，色泽乌润，冲泡后汤色红浓，香气高长带有松烟味，滋汁醇厚，酷似桂圆汤，加入牛奶后茶香味不减，形成糖浆状奶茶，品味更佳。目前它的年产量仅有100万公斤左右，在市场上供不应求。

2.外山小种。

又称“人工小种”、“烟小种”或“假小种”，包括“坦洋小种”、“政和小种”、“古田小种”、“东北岭小种”等等，产于政和、福安、古田、屏南、北岭、沙县等地。它是仿照“正山小种”的工艺而生产的；“外山”者，是指“非高山地区所产”之意。由于质量难以保证，目前的“外山小种红茶”大多数都被淘汰。

鉴别“正山小种”与“外山小种”，主要是看产区。一般来说，武夷山区的高山区所产者，大都较好；武夷山区的低山区和其他地方所产者，大都较差。

红碎茶

中国积极研制的新型优质红茶，约有30余年的生产历史，产区主要是云南勐海、广东英德、四川新胜、湖北芭蕉、湖南瓮江、江苏芙蓉、广西百色的几个茶厂。它有叶茶、碎茶、片茶、末茶4种花色规格，多用传统制法，转子制法，C、T、C制法或L、T、P制法制作，目前批量较小，在国际上还未形成很大的竞争能力。

中国乌龙茶

即加工过程中鲜茶叶不充分氧化的茶，又称青茶或半发酵茶，因其色泽乌黑、条索极似鱼(龙)而得名。它是我国独有的茶种，主要产于福建、广东和台湾。

乌龙茶系由宋代武夷山的贡茶“龙团”、“凤饼”演化而来。明代洪武二十四年(1391)，当地茶农将贡茶中的团饼茶改作散茶，鲜叶蒸熟后直接焙干，不久又改蒸为炒，制成了乌龙茶中的名品——武夷岩茶。到1880年，福州出口此茶已达4000余万公斤，蜚声世界。

现今的乌龙茶主要是经萎凋、摇青、炒青、揉捻、干燥等工序制成。其特色是干茶呈青褐色，茶汤金黄，叶底为“绿叶红镶边”或“七分绿三分红”，既含红茶的浓香，又不乏绿茶的清鲜，有一股诱人的兰花气味，耐冲泡，品饮后齿颊留芳。

在中国茶叶中，乌龙茶的加工方法最为精巧。其技术关键是杀青之间，要把握好萎凋与做青工序。因萎凋后鲜叶的发酵程度不同，它一般又分为四个品种：一是以武夷茶为代表的闽北乌龙茶(含广东凤凰水仙等茶品)；二是以铁观音为代表的闽南乌龙茶(含广东潮汕一带的茶品)；三是以台湾乌龙为代表的红乌龙；四是台湾的包种。这四类茶因原料和做青程度的不同，多酚类变化的深浅也不同，茶的色、香、味、营养上也有一定的差异。

乌龙茶一般以茶树的品种或产地命名。佼佼者有武夷岩茶、安溪铁观音、闽北水仙、凤凰单丛、白毛猴、黄金桂、色种、奇兰、玉桂、佛手、毛蟹、大红袍、铁罗汉、白鸡冠、水金龟、本兰、梅占、浪菜、包种等等。

在品饮用具与方法上，乌龙茶也较特异。闽粤一带有一种特备的茶具，名曰“烹饮四宝”，由玉书碨(烧水壶)、潮汕风炉(烧水炉)、孟臣罐(小茶壶)和若琛瓯(小茶杯)组成。它们多系宜兴陶制品，精致而又小巧，玉书碨的容量为100毫升，孟臣罐为40～60毫升，若琛瓯仅10～15毫升。泡茶有多道工序，先选用沸水冲淋茶具，再在孟臣罐中放30～45毫升的乌龙茶，塞紧，注入沸水后刮去浮沫，接着加盖以沸水冲淋；3分钟后先在各个杯中注入一半，再按顺时针和逆时针的顺序缓缓加至80%，使每杯茶的汤汁均匀。饮时先趁热闻香，再浅啜细品，其精细处胜过评酒。

武夷岩茶

中国著名的条形乌龙茶，主要产于福建省崇安县南的武夷山岩崖之间。它是我国传统的十大名茶之一，号称“乌龙茶中的明珠”。此茶问世于明末清初，300多年间风华茂盛，“臻山川精英秀气所钟，品具岩骨花香之盛”，堪称中华茶文化中的瑰宝。

武夷山方圆60公里，全山36峰、99名岩，岩岩产茶。因产地的不同，又有正岩茶(武夷山岩中心地带所产)、半岩茶(武夷山岩边缘地带所产)和洲茶(武夷山岩两岸所产)之分，品质依次下降。武夷岩茶的命名，较为规范，习惯上分为名种、正岩奇种、单枞奇种、名枞奇种4类。名种系由半岩茶或洲茶制作，仅具岩茶的一般标准，档次较低。正岩奇种系由正岩茶制作，品质在一般标准之上，档次较高。单枞奇种系由正岩茶中若干丛优质茶树制作，品质又高一筹，档次更高。名枞奇种系由正岩茶若干优质茶树中挑选最佳的一丛或几丛制作，品质绝伦，档次最高，如“武夷四大名丛”便是如此。其中的“大红袍”产于天心岩九龙窠的峭壁之上，只有几株，古时采摘它时需要焚香礼拜、设坛诵经，每年的成茶不过 0.25 公斤，“一啜便欲乘风飞”，号称“茶中之圣”。“铁罗汉”产于慧苑岩的内鬼洞中，仅为两株，每年的成茶也只 0.25 公斤，品质与“大红袍”相仿佛。“白鸡冠”产于火焰峰下的外鬼洞，也只几株，每年的成茶不到 0.5 公斤，相当珍贵。“水金龟”产于兰谷岩上的牛栏炕，仍只几株，每年的成茶约为 0.5 公斤，人们不惜千金相求。

武夷岩茶之出名，得益于“有声欲静三三水，无势不奇六六峰”。这一带年平均气温为18.5℃，相对湿度为 80.1%，土壤系酸性岩石风化而成，茶农利用岩凹、石隙、山缝沿边砌筑石岸，构筑“盆栽式”茶园。再加之派人精心守护，日夜看管，所以能得到大自然的特殊恩惠，可以“采摘新芽献地仙”。

武夷岩茶的采摘也很讲究。春茶多在立夏前开采，夏茶多在芒种前开采，秋茶多在处暑前开采，而且都是从朝雾初散、阳光照射时开始。名品的岩茶一般只取二叶和三叶的新梢以及较嫩的驻芽叶，采回后还要认真挑选，将不符合标准者一一淘汰。

此茶的制作有晒青、晾青、做青、杀青、揉捻、复炒、复揉、毛火、扇簸、摊凉、拣剔、复焙、炖火等十三道工序。其中做青是形成“绿叶底红镶边”的关键，要用双手不停地回旋和翻动，使叶缘反复摩擦，出现“三分变红七分绿”的奇观。

武夷岩茶的品质特征是：外形条索肥壮匀整，紧结卷曲，叶背呈蛙皮状小白点（此名“蛤蟆背”），色泽青褐润亮带“宝光”，内质香气馥郁隽永，滋味醇厚回甘，润滑爽口，虽浓饮而不见苦涩，汤色澄黄透亮，叶底“绿叶红镶边”，冲泡 3 次香美如故，冲泡 7 次仍如“梅之馥兰之馨”。

该茶的冲泡也别具一格。“杯小如胡桃，壶小如香橼，每斟无一两，上口不忍嚎咽，先嗅其香，再试其味，徐徐咀嚼而体贴之，果然清芬扑鼻，舌有余甘”（袁枚《随园食单》）。

铁观音

中国著名的卷曲形乌龙茶，主产于福建省安溪县，现已拓展到永春、南安、晋江、龙溪等地。其名称来源有 4 说：一指同名的茶树品种；二指其“身骨沉重似铁”；三指观音娘娘所赐；四指乾隆皇帝赐名。它诞生在清朝雍正年间，现为中国十大传统名茶之一，又有“减肥茶”、“健美茶”的美誉，在国际市场上与武夷岩茶齐名。

铁观音生长在“四季有花常见雨、一冬无雪却闻雷”的云雾山峰中，枝条披张，叶质绿厚。每年在立夏、夏至、大暑、白露采摘 4 次；多取顶芽开展，新梢带四五叶的嫩条。然后经晒青、摇青、晾青、杀青、初揉、初烘、包烘、复烘等工序，用一昼夜制成新茶。其工艺与武夷岩茶基本相同，这便是“溪茶遂仿岩茶样，先炒后焙也不差”的说法。

此茶外形条索紧结，有的形如秤钩，有的状似蜻蜓头，有的又像螺蛳壳，身骨沉重；由于咖啡碱随着水分蒸发，在表皮形成一层白霜，名为“砂绿起霜”；色泽上是“青蒂绿腹，红镶边，三节色”；内质香气清高持久馥郁，滋味醇厚甘鲜，有天然的兰花香，俗称“观音韵”；冲泡后异香扑鼻，乘热细啜，满口生津；初品微苦，瞬即回甘，带有蜜味；可以续水多达 7 次，仍不忍释杯。

此茶的冲泡亦同于武夷岩茶，也是壶小、盏小、茶多、汤浓、细品、慢啜，讲究“未尝甘露味、先闻圣妙香”的情韵，好友相聚，三盅足矣。

凤凰单丛

中国著名的卷曲形乌龙茶，主产于广东省潮安县凤凰山区，兼及饶平、丰顺、焦岭、平远数县。此茶源自南宋，已有 900 余年的生产历史。它是闽粤名茶“凤凰水仙”中的一个最珍贵的品种；“单丛”系指那些经过多年品试后鉴定为具有各种不同自然花香味的特选茶株，在收获时分别不同的植株和风味，进行单株烘干、分级销售的特级名茶。其命名多因香气而定，如“黄栀香”、“芝兰香”、“桃仁香”、“玉桂香”、“杏仁香”、“花生香”等。1986 年被评为中国名茶。

凤凰单丛一定要在春季晴朗而又凉爽的午后 13 时至 16 时采摘，然后分株晾放、分株制作。

工序有晒青、晾青、做青、炒青、揉捻、烘焙等等；优者为“单丛”，次者为“浪菜”，再次者为“水仙”，检验十分严格。

此茶向有“形美、色翠、香郁、味甘”之誉。其茶条挺直肥大或壮实卷曲，叶色浅黄带嫩红，与鳝鱼皮色相近，并且油润有光，泛朱砂红点；冲泡后汤色橙黄清澈，沿碗壁显示出金黄色彩圈；叶底肥厚柔软，边缘朱红，叶腹黄亮，片片皆是“绿叶红镶边”；滋味醇爽回甘，具有不同的天然花香，润喉生津；尤耐冲泡，续水10余次仍余韵不散，甘味犹存。

台湾乌龙

中国著名的卷曲形乌龙茶，主产于台湾的南投、新竹、苗栗、台北等地。这是乌龙茶中发酵程度最重的一种，其儿茶素氧化程度达50%～60%，已经接近红茶。其中以南投的“冻顶乌龙”最为名贵，在国际市场上被誉为“香槟乌龙”或“东方美人”。品饮时多要在茶中加上一滴白兰地酒，风味更为别致。

南投所在的阿里山茶区，在地理与气候条件方面与武夷山差不多；南投的茶种，也多是八闽移民从大陆带来；台湾乌龙茶的采摘与制作，基本上也是秉承的武夷岩茶和铁观音茶的方法。所不同者，只有鲜叶标准为一芽二叶、炒青后有“回软”处理、揉捻时间较短等几项，这是因地制宜、因茶制宜的结果。

优质台湾乌龙茶芽肥壮，条形卷曲，条索较短，白毫显露；以铜褐色为主，带红、黄、白斑纹，特别鲜艳绚丽；汤色如琥珀，澄红晶亮；叶底淡褐有红边，叶基部呈淡绿色，叶片完整，叶芽连枝；滋味纯正，有天赋的浓烈果香；较为耐泡，3～5续水后香、色、形、味如故。

在1895～1919年的24年间，台湾乌龙茶的出口量均在1400～1500万磅之间，主销美国。现今它仍是台湾的主要出口茶之一，在国际市场上颇受欢迎。

台湾包种

中国著名的卷曲形乌龙茶，产于台湾全境，阿里山区较多。因此茶系150多年前福建安溪茶商王义程在台北所创、成茶用方纸包作长方形而得名。它在台湾茶品中产量最高，以文山包种为代表，另外还有冻顶乌龙茶、铁观音、金萱茶、松柏长青茶等名品。

台湾包种的发酵程度在乌龙茶类中为最轻，儿茶素的氧化程度仅在7.5%～32%之间，比较接近于绿茶。它的茶种主要是青心乌龙，此外还有黄心乌龙、红心乌龙、大叶乌龙、木栅铁观音、金萱等等。此茶的采制分为春、夏、秋、冬四季，分别在3月中旬至5月上旬、5月下旬至8月中旬、8月中旬至10月下旬、10月下旬至11月中旬，这是比较少见的。其中，春茶、秋茶和早冬茶品质较好。它的选叶标准是新梢顶芽开面采二三叶，分种、分时、分级制作。工序包括日光萎凋与加温萎凋、做青、炒青、揉捻、烘焙等等。

此茶在乌龙茶中别具一格。名品的茶条索紧卷绉曲而稍粗长，外观为深绿色，带有蛙皮般的灰白点，干茶具有兰花的清香。冲泡以后茶香芬芳扑鼻，汤色黄绿清澈；滋味圆滑甘润，余韵长久，以“香、浓、醇、韵、美”五绝著称。又由于它清香、舒畅而幽静，因此也常被称为“清茶”。

中国白茶

即加工过程中仅仅通过萎凋便直接将鲜茶叶干燥的茶，因干茶色白如银而得名。这一特种茶大多产于福建的政和、福鼎、永吉、建阳等县；茶性温凉，健脾利胃，主要销往东南亚一带，作为消暑清凉的上等饮料和药料。

白茶是采自大白、水仙白及小白茶等良种茶树的幼嫩芽尖，经过自然的萎凋和慢火焙烘等工艺制成。其特点是：(1)既不揉捻，又不发酵；(2)不像绿茶那样苍翠，不像红茶那样乌红，也不像乌龙茶那样紫褐，而是色白如银；(3)干茶芽毫显露，满披白色茸毛，有的略呈卷状，有的细长如针，冲泡在杯中后芽芽挺立，上下交错，蔚为大观；(4)茶汤微黄，香气清鲜，滋味醇和，毫香显，毫味重，清芬甘凉。

中国白茶按其产品鲜嫩程度的不同，分为银针（或称银针白毫）、白牡丹、贡眉（寿眉）等。其中尤以银针最为名贵，此茶按茶树品种又分为大白、水仙白、水白3种，其中以大白肥壮多毫为极品。

银针白毫

中国著名的芽形白茶，又称银针白牡丹或白

毫银针，主要产于福建省的福鼎县和政和县，始于清代嘉庆初年，因其纤细似针、色白如银而得名。早在1881年，此茶就已出口，行销德国、法国与爱尔兰；1915年的产量已达10万余公斤；1982年被评为全国名茶，在30种名茶中排名第二。

此茶多取自大白茶良种茶树，春茶嫩梢萌发一芽一叶时即采下；并有雨天不采、露水未干不采、细瘦芽头不采、紫色芽头不采、风伤芽头不采、人伤芽头不采、虫伤芽头不采、开心芽头不采、空心芽头不采、有病弯曲芽头不采等“十不采”的规定。随后将芽、叶剥开，分别制作“银针”与“寿眉”。

其制法仅有萎凋与烘焙两道工序，虽较简单，但不易掌握。它要求薄摊、微烘，防止霉烂，火大则香味欠鲜爽，火不足则香味平淡，还须拣出梗、片、蜡叶等杂质，趁热装箱。

银针白毫分为南北两路。北路主产于福鼎，芽肥壮，茸毛厚，富光泽，汤清澈，色杏黄，香清淡，味醇和；南路主产于政和，芽瘦长，茸略薄，光稍差，但香气清鲜，滋味浓厚。

此茶冲泡时间宜长。一般是每3克纯茶注入200毫升沸水，用无花无色透明玻璃杯。开始茶芽上浮，5分钟后即半沉半浮，条条挺立，上下交错，望之若石钟乳，煞是好看。10分钟后茶质泄出，茶汤泛黄，便可啜饮。欧美茶客习惯在泡红茶时添加几枚银针白毫，一则增强观赏感，二则表示名贵。

白牡丹

中国著名的芽形白茶，1922年创始于福建的建阳水吉，现已拓展到政和、松溪、福鼎等县。它包括大白茶种制作的“大白”、菜茶种制作的“小白”、水仙茶种制作的“水仙白”3个品种；由于其绿叶夹银色白毫芽形似花朵，冲泡后宛若蓓蕾初开，而得此美名。

此茶的原料要求白毫显露、芽叶肥嫩，因此多采春茶第一轮嫩梢的一芽二叶，要求都披满白色茸毛，是为“三白”。其制作大致上同于银针白毫，工艺精细。

白牡丹两叶抱一芽，外形不成条索，却似花瓣，叶脉微黄，叶张肥嫩呈波纹隆起，叶芽连枝，汤色杏黄，叶底浅灰，汤味鲜醇。

此茶主要销往东南亚，供退热祛暑用。

贡眉

又称寿眉，中国著名的优质白茶，主要产于福建建阳，还有建瓯及浦城等地。它以菜茶有性群体茶树的芽叶制作，“贡眉”为上品，“寿眉”稍次。其名称中既包含好的意思，又形容其形态如白眉，还暗喻着恭祝老人福寿康宁之意。

贡眉多用一芽二叶或一芽三叶的肥嫩春梢制作，初制与精制工艺大体上同于白牡丹。其品质要求是：毫心显而多，色泽翠绿，汤色橙黄或深黄，叶底匀整、柔软而鲜亮，叶张主脉迎光透视呈红色，味醇爽，香鲜纯。

此茶主要销往港、澳，多作为老人的祝寿礼品。

中国黄茶

加工过程中通过杀青、闷黄等方法使鲜叶发生非酶性氧化的茶，因干茶、茶汤与底叶均黄而得名。它的生产历史悠久，主要产在湖南岳阳、四川蒙顶、安徽寿州、湖北远安、浙江泰顺、广东韶关等地。

黄茶属于轻发酵茶类，基本工艺近似绿茶，但多了一个闷黄工序。按照叶芽的嫩度，它又有黄芽茶、黄小茶和黄大茶之分；总的特点是：干茶黄、汤色黄、叶底黄、香味清悦醇和。

我国的不少名茶都系黄茶，如君山银针、蒙顶黄芽、霍山黄芽、北港毛尖、鹿苑毛尖、沩山白毛尖、温州黄汤、皖西黄大茶、广东大叶青、海马宫茶等。

君山银针

中国著名的针形黄茶，产于湖南省岳阳市洞庭湖中方圆5公里的君山小岛上。它即是《红楼梦》中所描述的“老君眉茶”，系中国传统的十大名茶之一，1956年在莱比锡国际博览会上被誉为“金镶玉”，其售价也创我国当今名优茶之最。

君山银针始于唐代，有“玉镜嵌君山，银盘托青螺”、“试把雀泉烹雀舌，烹来长似君山色”等美称。《巴陵县志》云：“君山贡茶自清始，每岁贡十八斤。谷雨前，知县邀山僧采一旗一枪，白毛茸然，俗呼白毛茶。”袁枚在《随园食单》中也讲：“洞庭君山出茶，色味与龙井相同。”

此茶在清明前3天开采，仅取肥壮多毫、长不过3厘米的首轮嫩芽，每公斤需要芽头5万个。经杀青、摊晾、初烘、再晾、初包、复烘、复包、焙干等工序，70多小时方能制成。其中的“包”是用牛皮纸包紧茶叶在箱中放40～48小时，使之闷黄，并形成特有的香味。

此茶芽头肥壮，条索纤秀，茸毛覆盖，芽身金黄，汤色澄黄明净；冲泡时，芽头三起三落，竖起如群笋出土，下落似雪花坠地，芽光水色，浑然一体，堆绿叠翠，妙趣横生，同时芽叶间常常夹有气泡，名曰“雀舌含珠”，颇耐赏玩。此情景其他名茶中少见，故是鉴别君山银针真伪的常用方法。

为了防止受潮变质，君山茶箱中多置烧熟捣碎的石膏粉末。只要适时更换石膏，其品质可经久不变。

蒙顶黄芽

中国著名的芽形黄茶，产于四川省名山与雅安之间的蒙山五顶上。这一带，“仰则天风高畅，万象萧瑟，俯则羌水环流，众山罗绕，茶畦山径，异石奇花，足称名胜”。特别是“蒙山之颠多秀岭，恶草不生生淑茗”，因此“蒙茸香叶如轻罗，自唐进贡入天府”。

这一名茶采摘于春分时节，当茶树上有10%左右的芽头鳞片展开时立即开园。所选的均是肥壮匀齐、一叶一芽的嫩尖，每公斤成茶约需2万个。为了保证质量，紫芽、病虫芽、露水芽、瘦芽、空心芽均不采；然后及时摊放和加工。它的制作有杀青、初包、复炒、复包、三炒、堆积摊放、四炒、烘焙等8道工序，与君山银针大同小异，只不过它是用草纸包。它的加工时间相加仅有110～140分钟，中间还要翻包搅拌；但其堆积的时间却长达24～36小时，同样可以达到“闷黄”的目的。

蒙顶黄芽外形扁直，色泽微黄，芽毫毕露，甜香浓郁，汤色黄亮，滋味鲜醇回甘，叶底全芽，嫩黄匀齐，堪称名茶之珍。宋代文学家文同赞誉道：“蜀土茶称圣，蒙山味独珍”；另一文学家文彦博也有佳评：“旧谱最称蒙顶味，露芽云液胜醍醐。”

鹿苑茶

中国著名的条环形黄茶，产于湖北省远安县云门山的鹿苑寺一带。它起始于唐，宋时发展很快，明清即作贡品，曾被乾隆封为“好淫茶”（使人神轻气爽之意）。高僧金田还为它写了一首绝句：“山精石液品超群，一种馨香满面熏；不但清心明目好，参禅能伏睡魔军。”

此茶采于清明前后半月，要求一芽二三叶，不带鱼叶、老叶与茶果。摘回后将嫩尖与单片、茶梗分开，通过杀青、二青、闷堆、拣剔、炒干等工序制成。

其外形条索呈环状（名曰“环子脚”），白毫显露，色泽金黄，略带“鱼子泡”，香郁高长，滋味醇厚回甘，汤色黄净明亮，叶底嫩黄匀整。

中国黑茶

即加工过程中通过杀青、并在干燥前（或后）进行渥堆处理、使鲜茶叶发生非酶性氧化的茶，因干茶墨黑而得名。它主要产于湖南、湖北、四川、云南和广西等地，其年产量仅次于绿茶与红茶而居于第三位。因它是边销（销往边陲的少数民族地区）为主，内销为辅，外销较少，所以习惯上又把黑茶及其再制品——紧压茶，称为边销茶。

黑茶属于后发酵茶类，为我国所特有，生产历史悠久，花色品种众多。早在北宋熙宁年间（1068～1077），我国已有绿毛茶做色变黑的记载。此后，除了普洱茶、六堡茶、湖南黑茶、老青茶、四川边茶等个别品种外，黑茶主要是用于制作紧压茶的原料。

普洱茶

中国著名的条形黑茶或圆形、方形、饼形、沱形、砖形黑茶，产于云南省思茅、西双版纳的六大茶山（易武、倚帮、悠乐、曼洒、曼庄、革登），因集中到普洱一带外销而得名。

早在盛唐，云南就产好茶。入宋，出现普洱茶的名称。明代，将其制成团茶。清季，列为贡品，并被曹雪芹命名为“女儿茶”，写进《红楼梦》中。1981年，它获国家银质奖章，远销50多个国家和地区；因为可以醒酒、消食、化痰、治痢、降压、减肥和美容，亦有“窈窕茶”、“健美茶”、“益寿茶”等美称。

此茶用云南大叶种制作，3～11月都可采摘，名品取一芽二叶，普通品取一芽三四叶或单片叶。它属于亚发酵青茶，加工有杀青、初揉、初堆发酵、复揉、再堆发酵、初干、再揉、烘干等8道工序。毛茶精制后即是条形散茶；再加工蒸压成型后，依形状和原料嫩老配比，则制成紧压茶，如沱茶、紧茶、饼茶、七子饼茶、小方砖茶等。

就条形散茶而言，普洱茶“香于九畹芳兰气”，香气高锐持久，香型独特，滋味浓醇而富有刺激性；经久耐泡，续水5～6次后仍有香味，茶汤橙黄浓厚；芽壮叶肥，叶色黄绿间带有红斑，条索粗壮结实，白毫密布。就沱形紧压茶而言，它色泽乌润，滋味醇爽回甜，知名度更高。

六堡茶

中国著名的条形黑茶或圆柱形紧压茶，主要产于广西苍梧县六堡乡恭州村与黑石村，有200多年的历史，年产量最高时有1500余吨，大多销往广西、广东、香港、澳门、新加坡等地，以特异的“三槟”（槟榔香、槟榔味、槟榔汤色）为显著标志。

苍梧地方志记载：“恭州村所产的茶叶，其地崇山峻岭，树木翳天，所植茶树得水已足，且在高山得雾独多，每当午后，太阳不能照射，则蒸发少，故其茶嫩且厚而大，其味独浓而香。黑石村所产之茶，其山俱为黑石与得水亦足，而茶叶亦大而厚，味亦浓。”

六堡茶的制作分为毛茶与蒸制两个过程。先采摘一芽四五叶的新梢，日晒萎凋后翻炒杀青，再分两次揉捻，堆积24小时发酵。接着烘干，始成毛茶。毛茶精制变作条形散茶；另一部分蒸软挤压成圆柱形，便是紧压茶。

六堡散茶条索长整尚紧，色泽黑褐光润，汤色红浓，香茶醇陈，滋味甘醇爽口，叶底呈铜褐色，并带有松烟味和槟榔味。

六堡紧压茶条叶粘接成块，色泽黑褐光润，间有黄色菌类孢子（又名“发金花”），可以分泌多种酶，使茶中物质加速转化，形成特殊风味与药效（消暑祛湿、明目健心等）；茶汤呈深紫红色，清澈明亮，叶色红中带黑而有光泽，味醇适口，有槟榔之香。

要注意的是，一般茶叶皆以新茶为贵，而六堡茶则是以陈茶为佳（主要是菌类孢子多），而且越陈越名贵，售价越高。

湖南黑毛茶

中国著名的黑色散茶，主要产于湖南安化，兼及桃江、沅江、汉寿、宁乡等地。它始于明朝嘉靖三年，已有470余年历史，现今产量超过2500万千克，大多制成黑砖茶、花砖茶、茯砖茶和湘尖，销往西北少数民族地区。

此茶经杀青、初揉、渥堆、复揉、干燥等工序制成。一级品条索紧卷而圆直，叶质较嫩，色泽黑润；二级品条索尚紧，色泽黑褐尚润；3级品条索欠紧，呈泥鳅状，色泽纯净呈竹叶青色带紫油色或柳青色；四级品叶张宽大粗老，条松扁皱折，色黄褐。

它们总的内质要求是：香味醇厚，带松烟香，无粗涩味，汤色橙黄，叶底黄褐。

湖北老青茶

中国著名的黑色散茶，主要产于湖北的蒲圻、咸宁、通山、崇阳、通城等县。清朝同治十年开始生产，多装在篾篓中（每篓2.5公斤）运往北方，故又称“炒篓茶”。

它也大多用来压制青砖茶，有精细的面茶和粗放的里茶两类。根据采割形式、茎梗皮色和加工程度，一般分为3级：一级品（又称洒面）条索较严，稍带白梗，色泽乌绿；二级品（又称二面）叶子成条，红梗为主，叶色乌绿嫩黄；三级品（即里茶）叶面卷皱，红梗，叶色乌绿带花，茶梗以当年新梢为度。

中国紧压茶

以精制后的茶叶（黑茶最多，老青茶与绿茶、红茶次之）为原料，通过蒸熟、模压和干燥等工序制成的再制茶；它包括砖茶、沱茶、圆茶、饼茶、方茶等类型，其质地坚实，久藏不易变质，运输方便，主要销往山野、边陲的少数民族地区。

紧压茶是一种加工复制茶，也是中国最古老的茶。早在2000年前，《广雅》中已有“荆巴间采（茶）叶作饼”的记载；此后，唐代的蒸青团饼茶，宋代的龙凤团饼茶，都属于紧压茶。明清时期，茶马交易大兴，为了便于互换，当时的紧压茶都有固定的重量，以“块”为计量单位。中华人民共和国成立后，四川、云南、湖南、湖北、广西等地都建成机械化的紧压茶厂，总产量在4万吨以上，可以充分满足边贸和少数民族生活的需求。

我国目前生产的紧压茶，主要有沱茶、普洱方茶、竹筒茶、米砖茶、湘尖茶、黑砖茶、花砖茶、茯砖茶、青砖茶、康砖茶、金尖茶、方包茶、六堡茶、紧茶、圆茶、饼茶、固形茶等，以普洱方茶最为知名。

从销售对象看，青砖茶和黑砖茶大多销往内蒙古；茯砖茶销往维吾尔族地区；米砖茶销往哈萨克族地区；康砖茶和紧茶销往西藏；方包茶和茶砖销往四川阿坝藏区；沱茶销往川、滇的山寨；花砖茶和湘尖茶销往晋、陕、甘一带；茯砖茶和黑砖茶销往宁夏回民区等。这些少数民族饮茶大多袭用古法——配加佐料熬煮。

沱茶

中国著名的碗型紧压茶，包括两类，一是用晒青绿毛茶蒸压而成的绿茶沱茶，通称为云南沱茶；一是用普洱茶蒸压而成的黑茶沱茶，通称普洱沱茶。它们有50克、100克、250克3种规格，主要产于云南下关等地。

沱茶创始于明代，原产于云南景谷县，故称“谷茶”；1902年前后，主产地转到下关。沱茶之名有三说，一是它由古代的团茶转化而来；二是形状似圆碗，好像一坨；三是主要销往四川沱江一带。

此茶是按照紧压茶的基本方法制成，在紧压茶中也最有名气，曾于1985年获国家银质奖，1986年获巴塞罗那世界食品汉白玉金冠奖，1989年获全国名茶称号，享有殊荣。

云南沱茶呈碗型，外径8厘米，高4.5厘米，外观显毫，色泽暗绿，香气馥郁，滋味醇厚，喉味回甘，汤色澄黄明亮，若是煎煮，其香更浓。

普洱沱茶形态及大小基本同前。外形紧结端正，色泽褐红，有独特的陈香，滋味醇厚回甘，汤色红浓明亮；它还可以降低血脂，深受欧美市场欢迎。

近年来，四川为了满足本省的需求，先后在宜宾、乐山、达川等地加工沱茶。其方法与产品规格与云南沱茶、普洱沱茶基本相同，只是所用原料不尽相同。现在四川沱茶的产量已超过云南。重庆沱茶1983年在第22届世界优质食品评选大会上也荣获金质奖。

竹筒香茶

中国著名的紧压形绿茶，200多年前由茶农杨春吉创制，现产于西双版纳州的勐海县、文山州广南县的底圩村以及腾冲县的外坝等地；因茶香、金竹香、糯米饭香“三香合一”，并用竹筒包装而得名。

此茶的制作方法有两种：一是鲜叶置于糯米饭上蒸软，再装入竹筒慢慢烤干；二是将杀青、揉捻后的茶叶装入打孔的竹筒直接烤成。其外观呈圆柱形，直径3～8厘米，高8～20厘米，柱体表面光滑，茸毫较多，绿或深褐色，“三香”馥郁，滋味鲜爽回甘，汤色黄绿清澈，叶底肥嫩黄亮；可以连竹筒贮藏。

它的品饮方法是直接冲泡沸水饮用。

各式砖茶

中国常见的紧压茶之一，因形状似砖块而得名。有些紧压茶虽然呈圆形、饼形、圆角枕形、面条形、方形或带柄的心脏形，但因其制法、饮法与功用与砖茶相似，也常以砖茶称呼之。它们主要有普洱方茶、米砖茶、黑砖茶、花砖茶、伏砖茶、湘尖茶、青砖茶、康砖茶、金尖茶、方包茶、圆茶、饼茶、紧茶和固形茶等14种；尽管不像西湖龙井、祁红、武夷岩茶、银针白毫、君山银针、普洱茶那样著名，但与广大群众(特别是少数民族)的生活关系密切，在饮食市场和家庭中也常见到，因此很有必要介绍。为了节省篇幅，也便于对照说明问题，下面用“中国主要砖茶概览”的表格形式将其简述于后：

中国主要砖茶概览

茶名	名称由来及年产量	创制年代及主产区	茶类及茶基	主要的品质特征	牌号、包装、形态、规格及重量	集散地及销售地区
普洱方茶	以云南普洱为集散地而得名；数百吨。	创制于1940年；西双版纳勐海茶厂及昆明茶厂。	晒青绿茶类；茶基为“滇青”。	外形平整，酷似一块方方正正的小瓷砖；白毫显露，香味浓厚甘和。	牌号为“普洱方茶”，反面压有中茶商标图案，规格为10×10×2.2厘米，每块重250克。	集散地在普洱和昆明；主销滇、京、沪、穗和海外。

(接下页)

茶名	名称由来及年产量	创制年代及主产区	茶类及茶基	主要的品质特征	牌号、包装、形态、规格及重量	集散地及销售地区
米砖茶	以洒面茶末和里茶末制作而得名;1000余吨。	创制于1873年;湖北赵李桥茶厂。	红茶类;用鄂、湘、赣、皖的片末红茶。	外形美观,砖模棱角分明,纹面图案清晰秀丽;色泽乌亮,内质汤色红浓,香纯和,味醇厚,叶底均匀色红暗。	五角星牌楼商标为正品,火车头商标为副品,规格为23.7×18.7×2厘米,每块重1.125公斤,每篓48块。	集散地在蒲圻;主销张家口、包头、新疆、俄罗斯、西欧与美国。
黑砖茶	因色泽乌黑、砖形规范而得名;5000吨。	创制于1939年;湖南安化白沙溪茶厂。	黑茶类;用三级、四级黑毛茶制作。	砖面端正,四角平整,商标模纹清晰;砖面色泽黑褐,内质香气纯正,滋味浓厚微涩,汤色红黄微暗,叶底老嫩尚匀。	压印"黑砖茶"、"湖南安化"及五角星图案;规格为35×18×3.5厘米,每块重2公斤。	集散地在兰州;主销甘肃、宁夏、青海和新疆等省区。
花砖茶	因四边压印斜条花纹而得名;最高时有3万多块。	1958年由卷筒形改为长方形;主产区同于黑砖茶。	黑茶类;用优质黑毛茶作原料。	正面四边有美丽的斜条花纹;砖面色泽黑褐,内质香气纯正,滋味浓厚微涩,汤色红黄,叶底老嫩匀称,较黑砖茶为优。	压印"中茶"商标图案和"安化花砖"字样,规格为35×18×3.5厘米,每块重2公斤。	集散地在太原;主销晋东、晋北、内蒙古等地区。
伏砖茶	因在伏天加工而得名,故又称"伏茶";2万吨。	创制于1860年;湖南益阳茶厂与临湘茶厂。	黑茶类;用三级、四级黑毛茶制作。	特制品砖面色泽黑褐,内质香气纯正,滋味醇厚,汤色红黄明亮,叶底黑褐尚匀。普通品砖面色泽黄褐,叶底黑褐粗老。	牌号为"中茶",标明湖南所产,规格为35×18.5×5厘米,每块重2公斤;特制品中"金花"颗粒大,有黄花清香。	集散地在兰州;主销甘肃、宁夏、青海、新疆和西藏。
湘尖茶	因其中的"天尖"、"贡尖"曾作贡品而得名;数百吨。	创制于清代;湖南安化白沙溪茶厂。	黑茶类;用一、二、三级黑毛茶分别制作。	湘尖一号外形色泽乌润,内质香气清香、滋味浓厚,汤色橙黄,叶底黄褐。湘尖二号次之,湘尖三号又次之。	为篓装紧压茶,规格为58×35×50厘米,一、二、三号每篓分别重50、45、40公斤。	集散地在西安;主销陕西(特别是关中)、河南、河北、山西、山东。
青砖茶	用老青茶作茶基而得名;5000吨以上。	创制于1890年;湖北蒲圻赵李桥茶厂。	黑茶类;以湖北老青茶为原料制作。	外形为长方砖形,色泽青褐,香气纯正,滋味尚浓无青气,汤色红黄尚明,叶底暗黑粗老;有清心提神、暖胃御寒、杀菌收敛之功效。	砖面压印文字,规格为34×17×4厘米,每块重2公斤(里茶占87.5%,洒面与二面各占6.25%)。	集散地在张家口和包头;主销内蒙古、西北和前苏联等地。
康砖茶	因主要行销康定一带而得名;近万吨。	创制于11世纪;雅安、宜宾等茶厂。	黑茶类;多用级外晒青茶等制作。	外形色泽棕褐,香气纯正,滋味醇和,汤色红浓,叶底花杂较粗;品质优于下面的金尖。	表面压印文字,圆角枕形,规格为17×9×6厘米,每块重0.5公斤。	集散地在康定;主销四川西部和西藏的藏民区。
金尖	由历史上的金玉、金仓等茶名转化而来;近万吨。	创制于11世纪;江津、万县等茶厂。	黑茶类;多用级外晒青茶等制作。	外形色泽棕褐,香气平和,滋味醇和,水色红亮,叶底暗褐粗老;品质次于上面的康砖茶。	表面压印文字,圆角枕形,规格为24×19×12厘米,每块重2.5公斤。	集散地在康定;主销川西牧区和西藏牧区。
方包茶	将茶筑压在方形篾包中而得名;数百吨。	创制于清代;四川省灌县茶厂。	黑茶类;多用黑毛茶等制作。	外形篾包方正,四角稍紧;色泽黄褐,稍带烟焦气,滋味醇和,汤色红黄,叶底黄褐;含梗量不超过60%。	用篾包装载,规格为66×50×32厘米,每包重35公斤;每匹马可驮两包,故又名"马茶"。	集散地在松潘;主销阿坝州、甘孜州、甘肃、青海和西藏。
圆茶	因形而得名,由于每筒装7块,又叫"七子饼茶";近百吨。	创制于清代;云南易武、勐海、昆明等茶厂。	黑茶类;以3~8级滇青毛茶制作。	外形圆整如大饼,洒面均匀显毫,色泽黑褐油润,有特殊的陈香味,浓醇而可口。质量优于饼茶。	每筒7块,每块重357克,合重2.5公斤;规格为直径20厘米,中心厚2.5厘米,边缘厚1.3厘米。	集散地在思茅;主销滇、粤、港、澳以及越南、老挝、缅甸、印尼。
饼茶	因形而得名,每筒4块,每件75筒;近百吨。	创制于清末;云南下关茶厂。	黑茶类;以5~10级黑毛茶制作。	质地大致上同于圆茶。	每块直径11.6厘米,中心厚1.6厘米,边缘厚1.3厘米,重125克;4块装一筒,75筒装一件,总重37.5公斤,用63×30×60厘米的竹篓包装。	集散地在丽江;主销滇、川、藏毗邻的少数民族地区。
紧茶	因压制甚紧而得名,又称"云南砖茶";近百吨。	创制于清末;云南景东、景谷、勐海、下关等茶厂。	黑茶类;以2~5级滇青制作。	从前是带柄的心脏形,现今为长方形;砖形端正,色泽黑褐,香气浓正,滋味醇和,汤色橙红。	规格为15×10×2.2厘米,每块重250克;每筒4块,30筒为1件,重30公斤;用48×27×16厘米的竹篓包装。	集散地在丽江;主销西藏、四川和云南,为藏民所喜爱。
固形茶	因碎茶末中加有粘合剂而得名;数十吨。	创制于现代;各地茶厂都在研制。	绿、红、花茶均有;主要利用碎茶末。	品质随所用的茶种及级别而定;呈面条或粉丝状,冲泡后条索不断,茶中的有效物质很快溶出。	一般长约1~2厘米,断面有圆形和三角形的两种,直径0.10~0.15厘米,多系散装。	主销山东等地;是一种充分利用茶资源的科研新品种。

中国花茶

即以精制后的茶叶(绿茶、红茶、乌龙茶等)和香花(茉莉、珠兰、玉兰、柚子、玳玳、玫瑰、蔷薇、木樨、栀子、木香、蕙兰、桔花、桂花等)作原料,通过窨制工艺制成的再制品茶;它又称香片、窨花茶、熏花茶或香片茶,因干茶中点缀着许多碎小的干花瓣而得名。

中国以花窨茶的记载,最早见于南宋人赵希鹄所著的《调燮类编》,其工艺与现今大同小异。到了清代,花茶发展很快,出现福州、苏州两大生产中心;到19世纪30年代,年产量已达500多万公斤。目前,花茶的产区已遍及闽、苏、浙、湘、徽、川、粤、鄂、赣、桂等10多个省区,品种多达近百个,主要销往北方。

花茶也是我国特有的茶类,它利用花卉香气挥发性强和干燥茶叶吸附性强的特点,使花香渗入茶叶之中,从而制出茶叶、花香两合一的新茶种。制作花茶必须注意:(1)所选的香花对人体无毒害作用;(2)花香与茶香应当互相协调;(3)窨制时要掌握好鲜花处理、拌和、散热、分离、干燥等工序的操作要领;(4)普通花茶窨1～2次,高级花茶窨3～4次。其中,将花与茶坯(原茶)搅拌在一起,叫做“窨花”;适当翻动,降低温度,保证花香吸附均匀,叫做“通花”;待花香散尽,筛出花渣,叫做“起花”;经过烘焙,再用少许鲜花复窨一次,提高表面香气,叫做“提花”。花茶中配花的数量,因茶坯等级、鲜花种类和窨花次数而异;在通常情况下,每100公斤茶坯,多则需用鲜花60公斤,少则需用鲜花10公斤。其比例务必适当。明人顾元庆在《茶谱》中说:“花多则太香而脱茶韵,花少则不美而不尽美。”

花茶作为大宗商品出现。大约有100年的历史。由于它既不失浓郁爽口的茶味,又有芬芳诱人的花香,还有很好的药理作用;加之茶汤杏黄凝绿,犹如置身于春光明媚的百花园中,因此令人乐趣横生,心旷神怡。

花茶常用香花或产地命名。其名品有茉莉花茶(以茉莉大白毫、天山银毫、茉莉苏萌毫为优)、珠兰花茶(包括米兰花茶在内)、桂花茶(含桂花烘青、桂花乌龙、桂花红碎茶)、金银花茶、白兰花茶、玫瑰花茶、玳玳花茶,以及名贵的梅花茶等。其中产量最大的是烘青绿茶与茉莉鲜花合制的“茉莉烘青”。

茉莉花茶

中国著名的窨花绿茶,主要产于福建省福州市,已有数百年生产历史,清朝咸丰年间就已畅销华北各地。现被评为全国优质名茶,尤受北方茶客的欢迎;它还远销到40多个国家和地区,口碑良佳。

茉莉花茶系精选各地优质绿茶用茉莉鲜花熏制而成的。主要包括两个大类:一是茉莉烘青,以茉莉毛峰、茉莉银毫、茉莉闽毫为代表,销量大;二是茉莉炒青,以茉莉龙井、茉莉大方、茉莉旗枪、茉莉碧螺春为代表,销路较小。在闽产的茉莉花茶中,又有两个极品:一是产于福州的茉莉大白毫,用福鼎大白茶等良种的早春嫩芽作茶坯,以单、双瓣茉莉花交叉重窨,“七窨一提”精制而成;二是产于宁德的天山银毫,选用高级天山烘青绿茶与三伏优质茉莉花窨制而成;此外还有雀舌毫茉莉花茶、明前绿茉莉花茶等精品。

优质茉莉花茶的品质特征是:富有芬芳馥郁、鲜灵甘美的茉莉香型,且以香气浓长而鲜灵为上品;滋味要求浓醇鲜爽,汤色明亮,叶色碧绿,冲泡三四次仍有余香。

此外,苏州也产茉莉花茶,以“茉莉苏萌毫”为代表。它是“六窨一提”,成茶外形条索紧细匀直,色泽绿润显毫,香气鲜灵持久,汤色黄绿明亮,滋味醇厚鲜爽,叶底嫩黄柔软,属于“清香型花茶”的风格。

茉莉花茶还可用红茶作为茶坯,这便是茉莉红茶,如茉莉祁红茶、茉莉滇红茶等。

珠兰花茶

中国著名的窨花绿茶,主要产地在安徽省歙县(此外还有漳州、广州、浙江、江苏、四川等地)。它是以清香幽雅、鲜爽持久的珠兰(金粟兰科金粟兰属)和米兰(楝科米仔兰属)的花瓣为原料,选用高级黄山毛峰、徽州烘青、老竹大方等优质绿茶作茶坯,混合窨制而成。它一般要储藏3～4月,使花的香气分子充分挥发、茶叶对香气完全吸附,然后冲饮,才能更加沁人心脾。

普通的珠兰花茶外形条索紧细匀整,色泽墨绿油润,花粒黄中透绿,香气清纯隽永,滋味鲜爽回甘,汤色淡黄透明,叶底黄绿细嫩,受到北方茶客的普遍欢迎。

高级的珠兰花茶(如“珠兰黄山芽”),外形条索紧细,锋苗挺秀,白毫显露,色泽深绿油润,花干整枝成串,一经冲泡,茶叶徐徐沉入杯底,花如珠帘在茶汤中悬挂,妙趣横生。细品慢啜,既有兰花特有的幽雅芳香,又具高档绿茶鲜爽甘美的滋味,尤受高层女士的青睐,夏令饮用更佳。

桂花茶

中国著名的窨花茶,精品有广西桂林的桂花烘青(绿茶)、福建安溪的桂花乌龙、四川北碚的桂花红茶。特别是桂花烘青,近年来畅销日本和东南亚,卖价超过质量上乘的乌龙茶,更显得头角峥嵘。

桂花茶的熏香料,大多取自金桂、丹桂、银桂或四季桂的花朵,其中以金桂、银桂为佳。

不同的桂花茶有不同的品质特征。

1.桂花烘青。外形条索紧细匀整,色泽墨绿而油润,花如叶里藏金,色泽金黄,香气浓郁持久,汤色绿黄明亮,滋味醇香适口,叶底嫩黄明亮。产量最多,主销东南亚。

2.桂花乌龙。条索粗壮重实,色泽褐润,香气高雅隽永,滋味醇厚回甘,汤色橙黄明亮,叶底深褐柔软。多用当年或隔年的夏、秋茶制作,主销港澳、东南亚和西欧。

3.桂花红碎茶。外形颗粒紧细匀整,色泽乌润,香味浓郁,甜爽适口,汤色红亮,叶底红匀;加工后的袋泡茶香韵尤为绵长。主销美国和法国,被视为“天然芳香茶”中的佼佼者。

玳玳花茶

中国著名的窨花绿茶,各地均有批量生产。它一般用头年的中档绿茶作茶坯,与玳玳(亦称回青橙,芸香料柑桔属,春夏开花两次,香高味醇而持久)的“扑头花”(含苞欲放的花)窨制。由于它兼有开胃通气的药理作用,因此被誉为“花茶小姐”,在东北、华北、华东一带十分畅销。

玳玳花茶是花茶家族中的新秀。因为玳玳的花瓣厚实,芳香油必须在较高温度下才易于散发,所以此茶常是加温热窨。这在花茶工艺中是比较特殊的一种。

中国再制茶

又称固体和液体茶饮料。它是本世纪60年代起,我国茶叶和食品饮料科学工作者,利用食品和饮料的通用设备,研制和开发出来的茶饮新品种,如速溶茶、袋泡茶、茶可乐、茶汽水、多味茶、百利宝、茶康乐、罐装茶饮料、茶叶冰棒、茶酒、茶露等等。

这些再制茶中,都含有较多的茶成分,不失茶品的基本风貌。它们均采用天然的原料和科学的配方,通过合理的加工与精美的包装,以不同的品味、特色及作用推向市场,受到消费者的欢迎。这些各成系列的新茶品的问世,扩大了茶叶的消费面,加速了茶制品生产的发展,利国利民。

袋泡茶

一种新型的碎末茶,用特制的绵纸袋包装,每袋2～3克。饮用时放入茶杯中,用沸水一冲即可。它能在较短时间内,浸出较高浓度的茶汤;不但既卫生又方便,而且能适应现代快节奏生活的需要,因此在宾馆、饭店、餐厅和家庭中得到了广泛的运用。

袋泡茶多用红茶、绿茶、乌龙茶或花茶制作,档次有高有低,分量有多有少。通常是10袋或20袋装一小纸盒,若干小纸盒装一箱,可以按需要选购。

速溶茶

又叫可溶茶、结晶茶。它是以成品茶、半成品茶、茶叶副产品或鲜茶叶作原料,通过提取、过滤、浓缩、干燥等工艺过程,加工成一种易溶于水而又无茶渣的颗粒状、粉状或小片状的新型饮料;具有冲饮携带方便、不含农药残留等优点;主要品种有速溶红茶、速溶绿茶、速溶保健茶等。

速溶茶出现在本世纪70年代,最早在上海、长沙、杭州试制,现已逐步推广。它主要采用真空浓缩、膜浓缩的方法,有利于保护茶叶的品质和卫生。

罐装茶

这是一种用易拉罐装的纯茶饮料,目前大部分是乌龙茶,少量是绿茶。它于20世纪80年代中期出现在福建,到1987年已向日本出口120吨,目前销路行情看涨。

罐装乌龙茶的加工工艺,一般分为浸提、过

滤、调制、加热、装罐、充氮、密封、灭菌、冷却等工序。浸提时优质乌龙茶与无离子纯水之比为1：100，水温80～90℃，3～5分钟；原液过滤浓缩后，加入碳酸氢钠，将PH值调至6～6.5；再加抗坏血酸钠防止氧化，加热到90～95℃装罐；最后充氮封罐，置于高压锅中在115～120℃内灭菌7～20分钟，冷却后即成。

茶可乐

用红茶与糖、酸、增味剂、增色剂、增香剂等调制而成的新型饮料。它香味浓醇，酸甜适宜，杀口感强，呈琥珀色，澄清透明无混浊，具有可乐型饮料的外观与风味。特别是茶可乐的营养含量丰富。其中茶多酚含量16～20毫克/100毫升，氨基酸总量17～22毫克/100毫升（其中对人体有益的八种氨基酸含量占37%），维生素C含量为4毫克/100毫升，钾与锌离子含量分别为251.3ppm和0.793ppm；尤其是添加果糖与植物增甜剂后，提高了营养价值，卫生指标与食品添加剂含量也符合国家的有关规定。

这一产品自1986年推出后，市场反映良好，目前正在扩大生产规模。

中国混合代用茶

又称为“非茶之茶”，即用茶树之外的其他植物的茎叶，或某些食品饮料作为茶叶来饮用。它们大致包括两类：一类叫保健茶或药茶，如杜仲茶、桑芽茶，主要是用来预防或治疗某种疾病，达到强身健体之目的；另一类叫点心茶或消闲茶，如青豆茶、元宝（鸡蛋）茶，主要是用来待客或充饥，展示某种饮食民俗。

混合代用茶虽然不是真正的“茶”，但又不能视作“假茶”，因为在人们的习惯中，早已将它们当成茶家族中的“成员”来对待，并且公开以“茶”的名义生产、销售和饮用，取得了带茶字的商标，为社会所公认。更重要的是，有许多混合代用茶能起到绿茶、红茶、乌龙茶等不能起到的药理作用或消闲作用，可以弥补真茶的不足；同时不少混合代用茶的制作方法与饮用方法，又与真正的茶相同或相近。这样，不少茶书、茶典便将它们作为“广义的茶”予以介绍；有些餐厅酒楼也用这样的茶（如菊花茶）招待客人。所以，本书也从中选择若干个代表品种加以介绍。

混合代用茶中的保健茶或药茶主要有：绞股兰茶、杜仲茶、松针米茶、罗布麻茶、人参茶、菊花茶、桑芽茶、纯金银花茶、纯桂花茶、薄玉茶、刺五加茶、虫屎茶、柿叶茶、老姜茶、红枣茶、竹叶茶、玉米须茶、车前草茶、丹参茶、胖大海茶、番泻叶茶、钩藤茶等。

混合代用茶中的点心茶或消闲茶主要有：青豆茶、玄米茶、锅巴茶、老鹰（樟科植物）茶、元宝茶、甜酒茶、蜜饯茶、肉骨茶等。

人参茶

这是用人工栽培的人参鲜叶，仿照绿茶的制作方法，经过杀青、揉捻、烘干等工序而制成的烘青型代用保健茶。由于其中含有较多的人参皂甙，有抗疲劳、镇静、壮阳的作用，因而比较适合中老年人饮用。

此茶初入口时苦中带有药味，尔后回味甘醇。还可以添加少许蜜糖调饮，使之芬芳可口。

还有一种人参茶是将干人参切片泡饮。其功效与烘青人参叶片茶相仿，但售价要高得多。

菊花茶

用“杭白菊”制成的保健饮料，主要功能是健胃、通气、利尿解毒、明目、发汗、医治感冒。它多在夏令饮用，尤其受东南亚一带华胞的欢迎。

杭白菊是宿根草本植物菊花中的一个著名品种，主要产于浙江省的桐乡县与湖州市。它的香气芬芳浓郁，滋味爽口，回味甘醇，早已入药。杭白菊还可制成菊花晶、菊花可乐，很有开发前途。

代用菊花茶的泡饮方法与普通茶叶相同。

金银花茶

用金银花（又名忍冬花）配加少许绿茶制成的保健饮料，有解毒、消炎、杀菌、利尿、止痒、疗疮等等功用，尤宜于盛夏饮用，对老人、儿童的好处更多。

金银花茶有两种：一种是新鲜的金银花与少量绿茶混匀，按花茶的工艺窨制而成；另一种是烘干的金银花与绿茶混合而成。前者花蜜的香气重，后者药用的功效更好。

胖大海茶

用胖大海的干果添加少许白糖冲泡的保健饮料，有宣肺、利咽、清热的作用，主治感冒、咳嗽、音哑、咽喉肿痛、慢性咽炎等症。

胖大海又名大洞果，系梧桐科落叶乔木，树干高达30～40米。其干果椭圆形或倒卵形，长2～3厘米，种皮薄而脆，浸水后即膨大成海绵状，内含有丰富的粘液质、半乳糖及胖大海素，服用后可以改善粘膜炎症。

调制胖大海代用茶，每杯放胖大海3～4枚，白糖10～20克，可以续水3～5次，直到汤色转淡、药质全部浸出为止。

老姜茶

用15克去皮老姜、20克红糖和250～300毫升清水煮制的保健饮料。这种代用茶中含有较多的姜烯、姜酮、姜醇和姜辣素，以及挥发油、树脂、淀粉等物质，对口腔粘膜及胃粘膜有刺激作用，能促进消化液分泌，可以抑制肠道异常发酵及促进积气排除，兴奋呼吸中枢与血管运动中枢，促进血压升高和发汗；因而有解表祛寒、回阳通脉的作用，可以辅助治疗感冒、头痛、鼻塞、腹胀、喘咳、呕吐等症。

虫茶

又名虫屎茶、龙珠茶，广西桂林龙胜和湖南城步等地苗、瑶、侗等族的特产，《城步乡土志》中有载。当地群众将野藤、茶叶和换香树枝叶混合堆放，引来许多体圆、无毛、乌黑、有光泽的小虫。数十天后，虫子吃光枝叶，化蛾飞去，筛出虫子粪便炒干，5份干虫屎配1份蜂蜜、1份茶叶混合再炒，即成虫茶。将它冲水泡饮，有高雅的熟香，味浓而略带甘甜，口味醇厚，汤色乌深，连饮数杯，可令人清心益智，情绪昂扬。

经卫生检验，这种代用茶不仅无毒无害、不臭不脏，而且还有提神健胃、明目益思、散淤止痛、解毒消肿、止泻降压等功效。故而200多年前它曾是朝廷催索的贡物。

青豆茶

用烘青豆（嫩大豆或蚕豆加盐煮熟后烘干）与细切的兰花豆腐干、盐渍过的桔皮和桂花、晒制的胡萝卜干、炒熟的芝麻及紫苏籽等，添加沸水后冲泡而成的农家饮料，主要见于浙江的杭嘉湖地区，已有上千年的饮用历史。

这是一种五彩缤纷、七味交呈的“代用茶”，不仅口感鲜美清香，而且“汤色”与“叶底”都异常美观。它既可以解渴生津，又能补充营养，四季通用，贫富咸宜，很能体现江南鱼米乡的饮食风情。

八宝茶

宁夏等地回族同胞习饮的混合健身茶，已有1000余年的历史。它有多种组配形式：(1)茶叶中添加干果与糖的，叫“红糖茶”、“白糖茶”“或冰糖窝窝茶”；(2)茶叶与冰糖、桂圆同泡的，叫“三香茶”；(3)三香茶中又配加杏干、葡萄干的，叫“五香茶”；(4)五香茶中再加核桃仁、枸杞、甘草、芝麻、红枣、花生仁、柿饼等物的，叫“八宝茶”。

此茶习用茶杯、茶盖、茶托配套的组合茶具，因而又名“三炮台茶”。

这种代用茶风味别具，茶香、果香、糖香、药香四美并陈，可以续水3～5次，颇有情韵。现今已被许多餐馆酒楼引进，风靡南北。

外国茶

外国茶主要产于东南亚、西欧、中南非与南美；以印度大吉岭茶、斯里兰卡高山茶、英国红茶、摩洛哥茶、秘鲁古柯茶、巴西马黛茶等作为代表。此外，日本、朝鲜、南韩、印度尼西亚、缅甸、巴基斯坦、伊朗，伊拉克、俄罗斯、美国等国，也产茶叶或制茶。

外国的植茶与制茶技术，多是从中国传过去的，但在某些茶品的生产方面也有所创新，如红碎茶和再制茶。在饮茶习俗上，它们与中国有同有异：同的是注重文化情趣，注重品味艺术；异的是有些国家形成了自己的民族茶俗，如日本的茶道、英国的下午茶等。了解外国茶的一些知识，也有助于接待外宾，做好餐饮服务工作。

印度大吉岭茶

世界著名的三大高香红碎茶之一，主要产于喜马拉雅山麓的大吉岭山脊。它包括小喜马拉雅山地和达赖平原，面积约3000平方公里，其自然条件非常适宜植茶。自从1835年中国茶种传到印度阿萨姆邦（紧邻大吉岭）后，当地便开始小种红茶的制作。到了1876年，便正式生产红碎茶。现今印度是生产和出口红碎茶最多的国家，包括叶茶、碎茶、片茶、末茶4种规格。

大吉岭茶的外形有的成条，有的是颗粒状，有的如木耳片，有的似砂子，重实匀齐，色泽纯润，茶汤特别红艳，香气尤为浓郁，单泡与加放牛奶、方糖调饮，均为适宜。印度人将茶称为“贾艾”，一年四季都在街头巷尾销售。他们饮茶多是装入凹盘中舔吸，较为特异。

斯里兰卡高山茶

世界著名的三大高香红碎茶之一，主要产于该国中部及中南部的广大山区高地。它是斯里兰卡的大宗出口商品，约占出口物质总量的33%。

由于这一山区具有得天独厚的自然环境，因此高山茶叶片肥厚，品质优良，采摘时间很长，产量甚高。用高山茶为原料生产的成品茶，也是以红碎茶为主，其规格与质地同印度大吉岭茶基本相似。再加上国家扶植茶叶经济，给予不少优惠政策，所以此茶在国际市场上有很强的竞争能力。

朝鲜清凉茶

世界著名的代用茶品之一，包括两种类型。

一种是“花凉茶”。即在蜂蜜水(或糖水)中浸泡五味子，再放入切成小片的水果和花叶，投进一些去壳的松仁，置于阴凉处，几日后便可饮用。若是夏天，饮用时再加冰块，更为清凉沁齿。

另一种是“柿饼汁茶”。即将生姜与蜂蜜加水煮沸，再放入柿饼、桂皮粉和松仁，略加浸泡即成。其主料除用柿饼外，还可用梨、桃、石榴、桔子等替代。此茶已有悠久的历史，多在元旦待客，其味道微辣，带有果香，爽口生津，香甜清凉。

伊拉克煮红茶

世界著名的茶品之一，其制法是：先将红茶加水煮沸，待茶汤呈浓黑色时，滤去茶渣，直接饮用或加糖饮用。如果细分，它又有5种不同的饮法：一是大火煮开即饮的清红茶；二是文火慢熬的醇红茶；三是久煮成为黑糊状的浓红茶；四是在浓红茶中兑入一半开水的淡红茶；五是加入大量白糖的蜜红茶。

与此同时，他们品茶方式也较奇特。有人是边呷茶边舔白糖；有人是望着糖罐喝苦茶；还有人是口中说糖、心中想糖而喝苦茶。后两种人不是无钱买糖，而是追求一种“品苦思甜”的情味。

摩洛哥薄荷甜茶

世界著名的混合茶品之一，其制法是：将绿茶和鲜薄荷叶加水放在特制的铁壶中煮沸，待到茶汤稠浓时加进方糖即成。它的香气特别馥郁，沁人心肺。

摩洛哥是个肉食为主的国家，“不可一日无茶”。每人每天早、中、晚都须饮茶，每次2～4杯。他们平时大多是喝绿茶，只是在招待亲友时才煮珍贵的薄荷甜茶。

英国茶

世界著名的红茶之一，主要产于北部和西部的山地丘陵地带。由于地处海洋性温带阔叶林气候，多雨雾，所以茶的质地优异；再加上加工精细，检测严格，故近年来在世界茶叶市场上锋芒毕露，咄咄逼人。

据英国东印度公司的交易资料记载，英国1644年才有茶的记录。从那时至今的350多年间，茶就像一种“神奇的魔水”，席卷英伦三岛，使之举国“恋茶若狂”，形成与中国、日本截然不同的“英国茶文化”。

第一，茶在英国饮料中占有45%的比率，在10岁以上的成年人中，每天至少要喝三杯半茶，总计全国每天要喝茶两亿杯。

第二，英国人喝茶习惯于加配料，或是茶卤兑开水加方糖(此名红茶)，或是红茶兑牛奶加糖(此名奶茶)，或是茶卤兑开水加糖与柠檬片(此名柠檬茶)；清饮者极少。

第三，英国有特殊的饮茶传统。如“茶娘”(管家太太)奉茶的模式；工厂老板在中午和下午为工人专门安排“喝茶时间”，供应部分茶点；英国绅士(上层社会的贵族和文化人、企业家等)每天下午4～5时相聚在一起喝“下午茶”，消闲聊天；1864年以后在全国各地遍设“茶馆”，经久不衰；创造出独特的“茶舞”、“茶歌”等。

第四，上层社会的嫁娶和交际应酬中，名茶和茶具是必备的馈赠物。

这些习俗还影响到澳大利亚、新西兰等地。

美国速溶茶

世界著名的混合茶品之一，即是将茶叶、柠

檬汁与白糖混合,经喷雾干燥或在真空中冰冻结晶升华而成"茶精",饮用时直接冲入沸水即成。

美国速溶茶有多种饮法。除了直接冲入沸水外,还可再调入蜂蜜,或者是牛奶;若是盛夏饮用,则再放入冰块,使香、苦、涩、酸、甜、鲜、凉七味纷呈,展示出一种"怪味"。

在美国,饮用速溶茶的家庭超过半数。它是世界上速溶茶消费量最大的国家。

巴西马黛茶

世界著名的代用茶品之一,产于巴西南里约格朗德州,是当地的少数民族——高乔人的传统饮料,已有数百年的历史。

马黛茶树是一种灌木,长着青翠欲滴的长圆形叶片,开香茶扑鼻的小白花。其叶、花烘烤后便可泡饮。据说它能清热解暑,止渴生津,消除疲劳,提神醒脑,被誉为"长生不老药"。

高乔人泡茶习用葫芦,上面开一小口,沏茶后插一小管慢慢啜饮,细细品味清香。如果来客较多,则按年岁大小和尊贵程度依次吮吸,以此表示友谊和礼节。

秘鲁古柯茶

世界著名的代用茶品之一,产于南美洲安第斯山区。其树高1～3米,叶片中富含可卡因,有麻醉作用,可以减缓对寒冷和饥饿的感觉。当地印第安人常用古柯叶泡水,当做茶叶饮用。

另外,古柯叶还可以直接咀嚼,充饥御寒。

印第安人视古柯叶为珍宝,不仅将其作为婚姻的聘礼,还用来占卜命运的吉凶。

巴巴多斯莫比茶

世界著名的代用茶品之一,产于加勒比海小安的列斯群岛的最东部热带雨林中。它是用一种名叫"莫比"的树叶泡制而成的,带有鲜薄荷的特殊清凉味。

当地卖茶的方式非常奇特。黑人姑娘手拿若干个茶杯,头顶着装有莫比茶的10多公斤重的茶桶,沿街叫卖。她们一边倒茶,一边侃侃而谈,动作相当娴熟,给四方游客留下难忘的印象。

澳大利亚舞茶

世界著名的茶品之一,保留在该国的偏僻乡村。它的奇异不在于茶(只是普通的红茶),而在于特异的冲泡方法(跳舞)。

当大铁壶中的水烧得吆吆作响时,牛仔就将一大包红茶倒入壶内,盖紧壶盖。然后伸出强壮的右臂,迅即抓住壶柄,将茶壶绕着身子顺势舞动,越来越快。由于向心力的作用,满壶热茶可以滴水不漏。3分钟后,牛仔放慢速度,最后停止舞动。这时茶已完全泡开,温度也不烫嘴,主人便向客人一一奉茶,随上各式奶酪、果酱和黑麦面包,欢快地品茗谈心。

咖啡

英文Coffee的译音,由咖啡的种子磨粉制成。它是世界三大名饮之一,也是消费量最大的一种饮料,比可可大两倍,比茶叶大一倍。

咖啡的原产地在非洲埃塞俄比亚。它是茜草科的常绿灌木或小乔木,高4～15米;树皮灰白色或暗褐色。叶对生,稀有三片轮生,革质,长卵形而尖。花单生或为腋生的花束,一年开花二三次,白色;花萼4或5齿裂,花冠4～8裂。浆果椭圆形,深红色,内藏种子(俗称咖啡豆)两粒。主要生长在海拔1000～2000米的热带高原地带。

咖啡树一般种植2～3年开花结果,从10月绽苞,至翌年5月成熟。优质的咖啡豆多是从6～10年树龄的高大树干上采摘的,一年可收获2～3次。每1万平方米通常可收获干咖啡果1125公斤左右,高者可达1500公斤。

咖啡有多种分类方法。按籽实的大小,可分为小果咖啡、中果咖啡和大果咖啡;按品种的特性,可分为蓝山咖啡、摩卡咖啡、巴西圣多咖啡和曼特林咖啡,分别偏向于酸、甘、苦、醇、香等不同味道;按主要的产区,可分为巴西的桑多斯咖啡和里奥咖啡,印尼的阿拉伯种咖啡和摩加咖啡,中国的兴隆咖啡、琼丰咖啡和云南咖啡等。

目前,世界上的咖啡主要产自巴西、哥伦比亚、印度尼西亚、新几内亚和越南。其中,巴西的产量和出口量名列世界前茅,素有"咖啡王国"之称。

最早发现咖啡具有提神、健胃作用的是阿拉伯人,咖啡供人类饮用也有1000多年的历史。咖啡中富含脂肪、蛋白质、碳水化合物、无机盐、多种维生素、咖啡因、单宁酸、芳香油等成分;饮之能振奋精神、消除疲劳、除湿利尿、帮助消化。但是，高血压、动脉硬化、糖尿病、胃病患者不宜多饮；孕妇及哺乳期的妇女应尽量避免饮用。

饮用咖啡，要讲究煮调方法。

第一，了解并掌握水、盛具、时间及浓淡方面的基本要求。(1)水中不可含有过量的碱和铁质，不可有油垢；水温控制在80～90℃之间，煮㸆的时间应在13分钟以内。(2)盛具以陶瓷和玻璃器皿为佳，不能使用金属制品。(3)大火煮3分钟后，再用微火㸆10分钟，煮好的咖啡放置时间不能超过30分钟。(4)咖啡与水之比一般应为1∶15，500克咖啡煮50～60杯较为合适。如果想喝浓的，比例可调整至1∶(10～12)；如果想喝淡的，比例可调整至1∶(18～20)。

第二，掌握两种基本冲调法。一是水滴式，即将咖啡粉末倒入过滤袋中，以开水徐徐注入，反复3～5次。二是塞风式，即使用塞风式咖啡壶，按规范操作。成品咖啡有速溶咖啡与煮制咖啡两种，前者适宜于水滴式的冲，后者适宜于塞风式的煮。此外还有纸过滤冲调法、意大利式冲调法等。

目前，宾馆饭店供应的咖啡品名很多，主要的煮调方法有以下10种：

1.法式咖啡。咖啡煮好后，另配鲜牛奶、炼乳或砂糖，由宾客自己调配。

2.清咖啡。咖啡加糖煮成；或咖啡单煮，另配方糖，由宾客自己调配。

3.鲜牛奶咖啡。煮好的鲜奶或炼乳同煮好的咖啡(可加糖或不加糖)配制而成。其中之一叫“贵夫人咖啡”，系用半杯咖啡、半杯牛奶与砂糖配成，较为风行。

4.柠檬咖啡。在煮好的咖啡中加柠檬片、糖(或不加)配制而成。

5.葡萄酒咖啡。用煮好的咖啡加葡萄酒、奶油、糖等配制而成。其中的名品是“皇家咖啡”，即将煮好的热咖啡倒入杯中，1块方糖置入茶匙上，糖上淋满白兰地酒，点火燃烧一会，再倒入杯中与咖啡搅匀。

6.奶油咖啡。用煮好的咖啡与鲜奶油配制。

7.奶油巧克力咖啡。咖啡煮好后，加入鲜奶油、糖、可可粉和鲜牛奶搅匀，然后撒一层巧克力粉末即成。

8.冷奶油咖啡。煮过的咖啡冷冻后加鲜奶油和糖配制而成。

9.冷咖啡冰凌。冷咖啡加冰凌后配奶油，上放一枚樱桃便可。还有一种“墨西哥冰咖啡”，是先在杯中放冰块，倒入七成冰咖啡，再盖一勺冰淇淋，放一个蛋黄，最后淋入薄荷酒30毫升。饮用时由客人自己搅匀。

10.冷咖啡。咖啡煮好，加糖搅匀，冷冻后续加奶油与樱桃即成。

咖啡易于受潮(在相对湿度80%的条件下放置25天左右，其中的水分可增加50%)，造成发霉变质。因此一定要严加密封，并保藏在干燥通风的环境之中。

摩加咖啡

世界著名的咖啡品牌。“摩加”不是指的产地，而是以前阿拉伯咖啡输出港的港名。现在阿拉伯咖啡的贸易输出港虽然移到南部亚丁湾的亚丁(在民主也门境内)，但人们仍然习惯于以“摩加”称呼。

摩加咖啡是阿拉伯种，主要是用也门高原地带出产的咖啡豆加工制成。其法是：取出豆果曝晒三周后，将果肉与壳分开，取出豆粒，随后粉碎过筛分级即成。

摩加咖啡品质优良，咖啡因等有效物质含量高，但是总产量不高。现在其他地方种植的咖啡，也打出“摩加”的牌号，要注意识别。

印尼咖啡

世界著名的咖啡品牌，主要产于印度尼西亚的苏门答腊岛、爪哇岛和西里伯斯岛，16世纪末开始种植，咖啡豆由荷兰殖民者征收。最先是种的阿拉伯种，不久因其抗病力弱而淘汰；后来改种罗布斯塔种，不仅产量较高，还有一种独特的浓郁香味。

印尼咖啡常与摩加咖啡按一定比例混合出售，据说这样的口感更好。

越南咖啡和我国的兴隆咖啡、琼丰咖啡、云南咖啡，也多是从印尼引种而来，故而属于罗布斯塔种。

巴西咖啡

世界著名的咖啡品牌，其产量约占世界总产量的3/4。它在1727年开始引种，主要产区集中在北部的圭亚那高原和东部的巴西高原，通常按照输出港的名称命名。如：

1.桑托斯咖啡。质量可与摩加咖啡媲美。

2.里奥咖啡：香味特别，刺激性强，仅适合于特殊人的口味。

3.维多利亚咖啡。有一种泥土味，炒过后口感比较柔和。

4.巴西亚咖啡。质地上乘。

巴西咖啡来自许多品种，上述品名均是由不同品种的咖啡按一定比例混合而成的。

兴隆咖啡

中国著名的咖啡品牌，产于海南省万宁县的兴隆农场，由印尼归国华侨在1953年引种成功，到1958年便蜚声东南亚。

兴隆咖啡以色美、味醇、馨香而著称。它尤为讲究加工。焙炒时每15公斤咖啡豆，则配白糖5公斤、奶油或猪油500克、食盐150克；并按咖啡豆、盐、油、糖的顺序入锅。用小火焙炒2～2.5小时后，及时吹风散热凉透再磨粉，然后密封包装出厂。

此外，海南省大丰农场出产的“琼丰咖啡”，云南省怒江地区出产的“潞江一号咖啡”，也因品质优秀而有一定的竞争能力。

可可

世界三大名饮之一，问世已有2000余年。此词源于印第安语，原意是“神的食品”。它最早由墨西哥恰帕东南端的玛雅人发现并栽培；后来由阿兹蒂克人传播到中美洲的广大地区，并用可可粉与玉米粉合制成一种兴奋型饮料，这便是含义为“苦水”的最早的巧克力。

哥伦布发现美洲新大陆后，殖民者异常喜爱这种奇特的饮料，将其比喻成“绿色的金子”和“黑色的补品”，并在英语中称其为CoCoa。随着欧洲殖民主义势力向非洲推进，可可树于1660年引入圣多美岛和马西埃岛这个“理想的乐园”。100年后，大规模的可可种植园就遍布几内亚湾沿岸各国。17世纪后，可可引种到菲律宾和东南亚，本世纪初，我国的台湾和广东也大面积种植。

现今赤道两侧的40多个国家和地区都在种植可可树，主产区是加纳、中非及南美。美国的纽约是世界可可贸易中心，美国是它的最大买主。美国与俄罗斯加工可可豆最多，巴西和美国对可可的消费量最大。而瑞士对巧克力的消费，则为“世界之冠”。

可可是梧桐科的常绿乔木，高10～14米。叶长椭圆形，顶端骤尖。花萼红色，花瓣黄色，簇生于树干或主枝上。果长卵圆形，有红、黄、褐三色。果壳硬且厚，5室，每室有种子12～14粒。种子卵形，扁平。此树全年开花，生长到第3、第4年时开始结果，第8年是结果的鼎盛期，到第40年时每年仍可收获两次，此后便转入衰老期。

可可的种子经加工炒熟研磨后，便是可供饮用的可可粉。它含有50%的脂肪、10%的蛋白质、10%的碳水化合物，还有磷、维生素A与B、可可碱等营养成分。不仅有强心、利尿的作用，可以入药；而且还香浓可口，能够增加热量、兴奋神经中枢、健强体质，因此被广泛用来制作糖果、糕点、巧克力、麦乳精以及各种饮品。

可可味苦，作饮料时大多要配加糖或牛奶。目前宾馆、饭店供应的可可类饮品甚多，主要的冲调方法有以下数种：

1.可可汁。55克可可粉、300克糖与250克水搅匀烧开后，用文火熬5分钟即成。这是制作可可饮品的“母液”。

2.热可可。可可汁加糖、鲜热牛奶、鲜热奶油等调配而成。

3.冷可可。冷可可汁配冷牛奶调成。

4.牛奶可可。50克可可汁与250克鲜牛奶混匀煮沸后倒入杯中即可。

5.可可冰淇淋。在冰淇淋上浇一层可可汁即成。

6.冰淇淋可可。由冰淇淋球、可可汁、鲜牛奶等配制而成。

7.水果圣代。在冰淇淋可可中，再加什锦水果块或樱桃即成。

可可粉同咖啡一样，极易受潮霉变，因此应当密封存放在干燥、低温、通风处。

其他饮品

软饮料

软饮料系指不含乙醇（酒精）的饮料，如鲜桔汁、矿泉水、豆奶、可口可乐之类。因其既能满足人的生理需求，提供多种营养，口感好，又不会产生不良影响,所以深受消费者(特别是老人、妇女、儿童、病人和脑力劳动者)的欢迎。

软饮料有多种分类方法。

按形状分,有液体(直接饮用)的、糊状(稀释后饮用)的、固体颗粒状的或片块状(按一定比例兑水后饮用)的。

按功能分,有能量型(如健力宝)的、矿物质补充型(如矿泉水)的、维生素补充型(如果汁)的、平衡营养型(如蛋奶制品)的。

按成分与特点分,有碳酸饮料(内含二氧化碳,包括果味型汽水、果汁型汽水、可乐型汽水等)、果汁饮料(以水果汁液制成,包括天然全果汁饮料、部分果汁饮料、果浆饮料、果粒饮料,浓缩果汁饮料等)、乳品饮料(以乳品制成,包括乳饮料、发酵乳饮料、乳酸菌饮料等)、菜汁饮料(用瓜菜汁制)、矿泉水饮料(包括天然矿泉水饮料,人工矿泉水饮料)、维力饮料(选用传统的多种植物滋补成分,用特殊工艺制成)。

另外,茶叶、咖啡与可可,也属于软饮料的范畴,具体内容详见本书中“三大名饮”的相关条目。

天然饮料

天然饮料是直接从自然界中提取的饮料,除了其自身所具有的营养物质外,一般不再增添其他方面的辅助料。天然饮料强调真、纯、净、美,号称“绿色食品”,这是当今饮料消费中的主潮流。

天然饮料主要包括茶叶、咖啡、可可、乳汁、豆汁、果汁、蔬菜汁、矿泉水、纯净水等等。目前,最走俏的是各种纯净水和矿泉水,以及麦饭石浸液等。

矿泉水

矿泉水是来自地下深部循环的天然露头水或经人工开采的深部循环的地下水;它以含有一定量的矿物质或微量元素及二氧化碳气体为特征,分为天然矿泉水和人工合成矿泉水,或者是咸味矿泉水与淡味矿泉水,含气矿泉水和不含气矿泉水,都要求不含杂质,没有污染。

目前我国通过国家测定的矿泉水,已达300多处,大多已经开发利用。如青岛崂山矿泉水、北京玉泉山矿泉水、可赛矿泉水、石泉矿泉水、九洞矿泉水、大力矿泉水、江河源矿泉水、岳口矿泉水、星河矿泉水、麒麟山矿泉水、龙川矿泉水、佛宝矿泉水、云台山矿泉水、笔架山矿泉水、华帝山矿泉水、太阳神矿泉水、乐百氏矿泉水、汤岗子矿泉水、龙川矿泉水等。

国际上有名的矿泉水主要产自法国。其中巴黎皮埃尔矿泉水是全世界独一无二的天然含气矿泉水,价格昂贵,有“矿泉水中的香槟”之誉。法国的依云矿泉水味淡,不含气体,但水质纯净,矿物质含量丰富而均衡,是世界上销售量最大的矿泉水。法国的维琪矿泉水质量也属上乘。还有德国的阔伯无气矿泉水,含锶较多,属于偏硅酸的重碳酸钙钠镁型饮料,也有较高的声誉。

崂山矿泉水

中国著名的天然矿泉水,水源为青岛市东部崂山风景区的深山洞泉中,已有90余年的开采历史,主要由青岛汽水厂生产,年产量超过20万箱,系山东省的名优产品,除了供应国内,还远销日本、泰国、新加坡和美国等地。

此水清澈透明,清凉甘冽,含有大量的重碳酸盐,以及苏打、氯化钠、石膏、硫化氢、硫化镁、铁等物质。经常饮用,可以强心抗病,促进新陈代谢,调整内分泌腺和促进末梢血管舒张,对糖尿病、肥胖症、高血压、肠胃病、风湿病等有一定的疗效。行家认为,它在质量上可与著名的法国维琪矿泉水媲美。

此水有咸、淡两种。咸宜净饮;淡的多用来调酒,增其香味。

龙川矿泉水

中国著名的饮疗矿泉水,品牌为“珠江”,有浓味、淡味、原味3种,1965年开始生产。其水源取自广东省龙山县黎嘴乡梅子坑的大石洞中;水温高达33℃,内含重碳酸根离子、钠离子和游离二氧化碳等有益于人体的成分,而没有任何致病菌及有害物质,有“天然苏打汽水之誉”,可与国际上著名的法国维琪矿泉水相媲美。

实验证明,此水对胃溃疡、十二指肠溃疡、慢性胃炎等消化系统疾病有显著疗效;对冠心病、血脂过高症、高血压、神经官能症、神经衰弱症以及肠胃手术愈合等也均有辅助治疗作用。

蒸馏水

蒸馏水是用蒸馏的方法取得的净水，它清洁而不含杂质，多用于医药和化学工业。

饮用的蒸馏水除了不含杂质外，还不含糖分、不含矿物盐，是至清至纯的饮品，能有效地补充人体中的水分，可以解渴与调整体温。

目前我国生产蒸馏水的厂家较多，比较著名的是广东省深圳市蛇口区深圳龙环饮料有限公司生产的"怡宝"牌蒸馏水，比较适宜运动员和餐客饮用。

纯净水

又叫"纯水"、"自然水"、"太空水"或"活力水"，是用高科技方法取得的净水，它有效地剔除了各种杂质，杜绝了一切可能的污染，高度纯净与安全，有益于环境保护和人体健康。

目前，我国生产纯净水的厂家，大多是采用国外先进的水处理专利技术和进口的精良设备，因而成本较高。代表品种如沙市达发饮品有限公司生产、香港阳光一代饮品有限公司监制的"活力超级纯水"。

另外，上海市近年来利用特殊的管道，将纯净水直接送到部分家庭，这是一件有利于国计民生的大好事。

碳酸饮料

碳酸饮料系指含有二氧化碳的软饮料，因开瓶后有气泡涌出，所以俗称"汽水"；又因为它是清朝同治年间最早从荷兰传入我国的，因此又被称为"荷兰水"；20世纪20年代初，上海才有外商经营的"正广和汽水"、"屈臣氏汽水"出售，价格昂贵。

碳酸饮料主要有果味型、果汁型、可乐型3种。人体饮用这种饮料后，碳酸受热分解，发生吸热反应，吸收人体的热量，当二氧化碳经口腔排出体外时，一部分热量也随之排出，因此给人以清凉感。同时，二氧化碳对胃壁还有轻微的刺激作用，能加速胃液分泌，帮助消化，因此，它是一种较好的清凉饮料。

碳酸饮料一般由冷开水(或过滤水)、白糖(或其他甜味剂)、柠檬酸(或其他酸味剂)、柠檬香精(或其他增香剂)、柠檬黄(或其他食用香精)、药用小苏打、食用防腐剂等调配而成。由于原料构成和功用的不同，所以又有许多品牌。如：

以桔子汽水、菠萝汽水、柠檬汽水、橙汁汽水、苏打水、汤力克水、奎宁水、托力水等为代表的大众型的果味型饮料。

以桔汁汽水、苹果汁汽水、橙宝汽水、新奇士橙汁汽水等为代表的高档果汁型(含清汁与混汁两类)营养性饮料。

以可口可乐、百事可乐、天府可乐、少林可乐、雪碧、七喜等为代表的具有浓香、含草药浸出物特有风味的新潮可乐型滋补饮料等。

特级鲜桔汽水

中国著名的果味型汽水，上海汽水厂生产，已有多年的历史，1983年被评为全国优质饮料，主要销往华东地区。

这种汽水采用新鲜的汕头蜜桔浓缩原汁，加过滤水、二氧化碳、砂糖等原料，经净化处理等工序制成。它的含糖量适中，乳浊度均匀，色彩鲜艳，香味醇和，具有天然鲜桔子的风味和一定的营养，是一种价廉物美、适应性较广的大众化消暑饮品。

珠江牌鲜橙汁汽水

中国著名的果汁型汽水，广州汽水厂生产，已有数十年的历史，1983年被评为全国优质饮品，主要销往华中南地区。

这种汽水是用鲜橙汁配以适量的蔗糖、柠檬酸、食用色素以及鲜橙的天然香料，再充以适量的二氧化碳制成的。其色泽鲜艳，味好气足，具有纯正的原果香味(因其鲜橙原汁多达5%以上)，酸甜适度，味美爽口。饮后生津开胃，去热解暑；还有助消化、解疲劳的功效，是中档清凉饮料中的佳品之一。

可口可乐

世界著名的可乐型汽水，1886年由美国著名的药剂师约翰·彭伯顿博士在亚特兰大城配制成功。其中的特殊成分是古柯叶(Coca)和古拉果(Cola)，前者的汁液具有独特的滋味，后者长得像咖啡果，里面含提神作用的咖啡因。当时这种健脑智能饮料，被称为"特许专买配剂"。后来，彭伯顿的助手罗比森建议，将它命名为CocaCola，即"可口可乐"，既标明了主要原料，又悦耳动听。

到了20世纪初叶，为了消费者的健康，可口可乐中剔除了含有可卡因(麻醉剂)的古柯，但其魅力仍持久不衰。它的配方至今仍是保密的，我国的崂山可乐、天府可乐、少林可乐等都是其仿制品。

乳品饮料

乳品饮料是指以牛乳或牛乳制品为原料，经过加工处理制的液状或糊状的不透明饮料。它一般包括乳饮料、发酵乳饮料和乳酸菌饮料3大类，如冷牛奶、热牛奶、咖啡乳、酸牛奶、果奶、麦乳精等。

由于牛奶中含有丰富的能供给人体热量的蛋白质、脂肪、乳糖、钙、磷及多种维生素，尤其是牛奶中的乳蛋白属于完全蛋白质，含有8种人体所必需的氨基酸，所以不仅营养丰富而且消化率极高，极易为人体所吸收，是一种很好的滋补品，有着广阔的开发价值。

鲜奶

鲜奶是各种哺乳类动物乳腺分泌的乳汁，它们含有丰富的营养成分，参见下表：

不同哺乳类动物乳汁的化学成分

类别 \ 含量% \ 化学成分	水分	固形物						
		固形物总量	蛋白质			脂肪	乳糖	无机盐
			干酪素	白蛋白	总量			
乳用山羊乳	86.68	13.32	2.87	0.89	3.76	4.07	4.64	0.85
绵羊乳	83.57	16.43	4.17	0.98	5.15	5.59	4.73	0.96
印度水牛乳	82.16	17.84	4.26	0.46	4.72	7.51	4.77	0.84
牦牛乳	86.13	13.87	—	—	3.03	4.80	5.34	0.70
骆驼乳	87.13	12.87	3.49	0.38	3.87	2.87	5.39	0.74
美洲骆驼乳	86.55	13.45	3.00	0.90	3.90	3.15	5.60	0.80
鹿乳	67.20	32.80	8.38	1.51	9.89	17.90	3.52	1.49
马乳	90.58	9.42	1.30	0.75	2.05	1.14	5.87	0.36
驴乳	90.12	9.88	0.79	1.06	1.85	1.37	6.19	0.47

除此而外，鲜乳中还含有维生素A、B_1、B_2、C、D和PP，酶(过氧化物酶、还原酶、过氧化氢酶)，磷脂，胆固醇，免疫物(抗毒素、凝集素、调理素)，以及二氧化碳、氮、氧等等，是一个营养宝库。

绝大多数鲜奶都有其固有的色泽、气味、滋味和酸度，还带有不同程度的细菌，因此必须消毒、煮沸后方能饮用。为了便于运输，多用玻璃瓶或塑料瓶灌装。在运输途中，时间一般不宜超过20小时；如果是短期贮藏，也应置于5℃左右的低温中，不可超过两天。否则，易于变质，给人体带来危害。

鲜奶可以单饮，也可以兑加白糖、咖啡、鸡蛋等调饮，口感均好。

木瓜牛乳

台湾60年代中期开始风行的健康饮料，由"高雄木瓜牛乳大王"钟文梁创制，现有数十家联营店，成为台湾著名的旅游食品之一。

木瓜是蔷薇科落叶灌木或小乔木，我国广有栽培。其果秋季成熟，长椭圆形，长10～15厘米，色淡黄，味酸涩，有香气，可以防治筋脉拘挛、腰膝酸重、脚气湿痹等症。钟文梁先生以木瓜果为主料，配加牛奶、柠檬、西瓜、葡萄等物，制成色、香俱佳，风味独特的新型饮料，30多年来旺销不衰。

麦乳精

麦乳精是以乳粉、炼乳、蛋粉和麦精为主体，并添加可可粉、砂糖、葡萄糖、奶油、柠檬酸、维生素等成分，经真空或喷雾干燥而制成的一种速溶性含乳饮料。

优质的麦乳精应当是：(1)松散多孔状颗粒，并混合部分细粉；(2)棕色，略带光泽；(3)具有可可、牛奶、麦精的正常香气;(4)用沸水冲调,3分钟后可全部溶化;(5)汤色呈浅棕可可色的乳状液;(6)入口芳香浓郁,甜度适中;(7)溶解度不低于90%,比容为940~1050毫升/454克,水分不高于2.5%,脂肪10%~14%,蛋白质7%~9%,总糖量65%~70%,灰分1%~2.5%,磷脂0.3%~0.6%;(8)不含致病菌,每1克中杂菌数不超过1万个,0.1克中无大肠杆菌。

果菜汁饮料

果菜汁饮料是以新鲜水果或蔬菜为主要原料制成的饮料,包括天然全果菜汁饮料、部分果菜汁饮料、果菜浆饮料、果菜粒饮料、浓缩果菜汁饮料等等。它们色泽鲜艳,果菜香味宜人,含有多种营养成分(特别是矿物质与维生素、微量元素众多),容易被人体消化吸收,具有明显的医疗效果,因而是一种很理想的滋补型饮品,有着很大的开发潜力。

果菜汁饮料有鲜榨、罐装、浓缩等类型;名品有橙汁、苹果汁、葡萄汁、菠萝汁、甘蔗汁、番茄汁、西柚汁、黑加仑汁、柠檬汁、各式果茶、沙棘汁、椰子汁、槲果香、红枣饮、白桦树汁、酸梅汤、余甘果汁、红果汁、摩奇系列饮料、口维可固体饮料等。

酸梅汤

中国著名的传统消夏饮品,系将青梅熏黑做成乌梅,配加白糖、玫瑰花、木樨花和泉水,冰镇而成。它色如琥珀,汤质清醇,浓稠挂碗,花香芬芳,酸甜凉爽,消暑去热,退火解毒,沁人心脾。其主要产区在北京,现已风行日本、南韩和东南亚等国。

早在仰韶文化时期,先民“若作和羹,尔惟盐梅”,已经知道用梅子提取酸味。到了商周,又调理梅汁作为饮料,名字叫“醷”。屈原《招魂》中的“琼浆”,业已初具酸梅汤的雏型。三国时期,出现“望梅止渴”和“青梅煮酒论英雄”的掌故,说明梅子的利用正在发展;进入宋元,便出现“卤梅水”和“白梅汤”了。《本草纲目》介绍,明人常将青梅熏黑做成乌梅,加糖煮汁冰镇饮用。清兵入关后,酸梅汤中又添加玫瑰、木樨,其凉振齿,成为“清宫异宝”。是时,“(北京)市中敲铜盏卖梅汤者,与卖西瓜者铿聒远近”(《春明岁时琐记》),以致于“炎伏更无虞暑热、夜敲铜盏卖梅汤”,成为京师一景。当时的信远斋、九龙斋和西单牌楼邱家制作梅汤的功夫卓绝,在南洋劝业会和巴拿马赛会上两次夺冠。慈禧太后逃难到西安后,对于北京的酸梅汤总是念念不忘,到了盛夏还专程派出马队到太白山深岩中限时取冰,“夜内凿之声如錾石”,黎明匆匆驰归。

现今的酸梅汤多用机械生产,易拉罐包装,以北京市康乐饮料厂和信远斋的质量为优。

杏仁茶

中国传统的夏令饮料,用甜杏仁、白糖、泉水等加工制成。其法是:甜杏仁200克在沸水中浸泡10分钟,搓去皮膜,用小石磨带水少许磨成浆汁(或用小石臼捣烂亦可),用细纱布滤出纯汁后倒入不锈钢锅中;加入白糖0.6公斤和清泉水1.75公斤煮沸,晾凉即成。若加入适量的牛奶,则成杏仁奶茶。

此茶营养丰富,能够消暑解渴、调剂口味,多饮有助于身体健康。

沙棘汁

用沙棘果的原汁添加白果等原料配制而成,1984年由内蒙古和林格尔县酒厂研制成功。这种新型营养保健饮料上市后,市场反映良佳。

沙棘又名酸刺、酸柳,胡颓子科落叶灌木或小乔木。枝灰色,常有刺;雌雄异株,花极小,带黄色;生长在川、滇、陕、冀和内蒙一带,常作为固沙植物。其果橙黄色或桔黄色,味酸甜。每100克中含维生素C388~400毫克(是桔汁的100倍),还有众多的总糖、总酸、氨基酸与其他维生素。它有生津止渴、清热止泻、止咳祛痰、补脾健胃、活血散淤等作用,常饮可以促进人体新陈代谢,增强体质活力。

和林格尔有沙棘林16667平方米,每年可以收获大量沙棘果;而此果的出汁率高达65%,极富经济价值。

山楂饮

山西晋城蛋厂推出的创新系列饮料,包括山楂草决明粉、山楂滋补粉、山楂荷叶粉、山楂枸杞子粉等。它们都以山楂果为主料,分别添加适量的黄芪、党参、当归、枸杞子、白芍、荷叶、草决明、枣仁、白糖、蜂蜜等营养滋补成分，经过混合喷雾或混合造粒制成；饮用时冲入沸水即可。

山楂系列饮品酸甜可口，具有补气养血、开胃健脾、养心安神等功效，还有降血压、降血脂、降低胆固醇的作用。1980年获轻工部科研成果奖，产品畅销海内外。

枸杞茶

宁夏化工研究所于80年代初期研制成功的新型保健饮料。曾在广州出口商品交易会上被抢购一空。

宁夏枸杞子俗称“河套红宝”。它粒大肉厚、色艳味甘、品质优异，历来为滋补佳品。据分析，枸杞叶的化学成分与枸杞子相仿，也有补益作用。枸杞茶即是以鲜枸杞叶为主要原料，精心加工制成。

此茶含有多种氨基酸、维生素、多酚、单糖等有益成分，冲泡后，色真味醇，甜美可口，畅神清心；还可以清热、减肥、保肝、降血压、降血糖及强化机体，具有一定的免疫功能。

白桦树汁

用大兴安岭出产的白桦树汁和优质矿泉水作主料，经科学的方法精制而成。它原是生活在内蒙古呼伦贝尔盟和黑龙江呼玛、逊克、爱辉、嘉萌等地的鄂伦春人的传统民族饮料，后经黑龙江参美白桦饮料集团公司改进后推出，1990年曾获轻工部博览会铜奖，现已远销新加坡、马来西亚等国。

白桦是桦木科落叶乔木，高的可达27米，喜光，抗寒，是绿化造林的先锋树种。其树皮可提炼白桦油，树汁中含有16种人体所需的微量元素和多种有机成分。长期饮用，可以滋润皮肤、润颜美容、抗痨祛病，延年益寿；特别是具有补铁功能，有利于妇女和儿童的健康，故被称为“神树魔水”。

椰奶

又名椰子汁，利用椰子的原汁深加工而成，是海南省海口罐头厂开发的新型天然饮料，1989年获国家星火计划一等奖、首届中国食品博览会金奖，现已风靡全国，并且远销亚、欧、美的几十个国家和地区。

椰子系棕榈科的常绿乔木，高25～30米，生长在热带地区，我国的海南省资源丰富。其果肉中的汁液乳白、清醇，具有浓郁的天气椰香味，内含脂肪、蛋白质（包括17种氨基酸）、锌、铁、钙、锰等元素，可治疗神经性皮炎诸症，同时口感协调柔和，甜度适中。加工后的椰奶，不加任何香精、糖精和防腐剂，是一种纯真的绿色食品，很受消费者欢迎。

罗莎草莓汁

台湾省台北市国春食品有限公司研制的夏令保健饮料，曾获台湾食品品鉴会饮料类质量特优“金牌奖”。

此品以新鲜草莓精制而成，系台湾最高级的纯净果汁。不仅含有细细的果肉纤维，而且含有丰富的维生素C和矿物质，对养颜、美容、减肥、化食都有明显的功效。同时，其味甜酸，冰镇后更为醇美，是爬山、郊游、开会、聚餐、看电视、聊天时的最佳饮品。

罗莎草莓汁用易拉罐装，在台湾各地随时都能买到。近年来它已销往大陆，也深受妇女、儿童和老人的欢迎。

强化饮料

强化饮料又称营养合成饮料。它是按照老人、儿童、病人、孕妇以及特殊体质体能者的不同生理需要，用合成或添加的方法在可食性饮料中补充相关的营养物质制成；目的是疗疾治病、健体强身、开发智能、诱发身体活力。

强化饮料包括能量型（如健力宝）、矿物质补充型（如人工合成矿泉水）、维生素补充型（如果珍）、平衡营养型（如娃哈哈），应当根据不同的需要“对症”选用。像健力宝等能量型饮料，是为运动员补充体力而研制的，就不太适宜患多动症的儿童和“胖仔”们饮用。

运动饮料

强化饮料的一种，又称“高能饮料”。它是为运动员恢复疲劳、补充在运动中失去的水分和热能、以便处于竞技的最佳状态而设计、研制的一种新型饮料，如健力宝、强力宝、宝矿力、红牛饮料、中国秘宝之类。

这类饮料一般具有4个特点：(1)含有较多

的营养物质，如氨基酸、碳水化合物等，可以源源不断地补充人体内热能与水分的消耗；(2)含有少量的有特殊理疗功能的中药材或其他物质，能够提高人体免疫力，激发青春活力，延缓衰老；(3)不含激素，不会使运动员在生理上发生某种变异；(4)符合运动比赛中的有关规定，不会影响运动员参加比赛等。

健力宝

中国著名的系列运动饮料，由广东健力宝集团研制，20世纪80年代推出。该产品是我国首创的含碱电解质运动饮料，符合运动饮料富含营养物质、激发青春活力、没有激素等要求，而且口感好，有特色，所以一问世就声誉鹊起，经久不衰。它不仅覆盖了95%以上的国内饮料市场，还远销香港、日本、新加坡、俄罗斯、美国、加拿大等20多个国家和地区。

1988年，健力宝荣获国家科技进步二等奖(这是建国以来饮料行业首次获得的最高奖励)、国家优质产品奖、全国体育科技进步一等奖、首届北京国际博览会金奖。1986～1989年，又连续评为全国最受消费者欢迎的饮料；是第23届、第24届奥运会中国体育代表团的首选饮料。

宝矿力

这是台北市味王股份有限公司与日本大塚制药株式会社技术合作，在台湾设厂大量生产的一种碱性滋补饮料。它的味道清爽怡人，甘醇可口而自然；其中加有维生素C，但不含人工色素、糖精及防腐剂，也没有二氧化碳，不仅滋润解渴，而且有益于健康。

台湾地处亚热带，气温偏高。人们出汗较多，尤以户外活动和体力劳动者为甚。常导致人体失去水分和电解质，产生喉干、疲乏、头晕、厌食等不适。因宝矿力属于碱性，故能帮助体液维持平衡，补充消耗的水分及盐分，使体力迅速复原。

此种饮品有250克、355克等不同规格，均用易拉罐包装。

滋补饮料

强化饮料的一种，主要着眼于矿物质、维生素、氨基酸或其他营养物质的补充，以及某些有特殊生理功能或疗治作用的中药材的适量配给。它的总体要求是“有益无害”，能适应绝大多数人的体质要求。

目前这类饮品甚多。如竹蔗茅根精、维灵康、当归红枣汤、宝宝福、还童茶、美滋乐、莲子营养粉、寿翁素、健尔茗、保灵蜜、济生健美晶、八仙茶、虫草金钱龟精、凯复春、维多思果汁、燕麦片、三蛇胆饮料、益力宝等。它们不仅进入各类家庭，还频频出现在各种筵宴上。

竹蔗茅根精

广东省普宁县炼乳厂推出的传统滋补饮料。它用竹蔗(一种甘蔗)的尾部和茅(白茅莓)根作主料，用科学的配方及工艺制成。冲水饮用，不仅清凉解渴，甜美清香，还可以滋润呼吸道、清理肠胃，特别是对于预防感冒，常有奇效。

竹蔗茅根精的前身是竹蔗煎茅根，这是当地民间治疗肝炎诸症的常用偏方。经过科学验证，此方还有去湿热、防感冒的功用。所以被挖掘出来，改造成为滋补饮品。现今它已销往美国、英国、法国及东南亚的20多个国家和地区，为更多的人群造福。

当归红枣汤

湖南省湘潭市制药厂于80年代初期推出的新型滋补饮料，目前在港澳和台湾市场上十分畅销。

这一饮品是用35%的优质当归、15%的上乘红枣和50%的绵白糖精制而成的。成品为固态颗粒，10小包为1盒，每包用100毫升沸水冲化后即可品饮，携带方便。

此品可以补血活血、调经止痛、镇静并调节子宫的活动，对于妇女有特殊的滋补作用。与此同时，它还能辅助治疗风湿痹痛、跌打损伤，健脾益胃、益气养身，对于男子也有较好的调养功能。

虫草金钱龟精

这是在著名的传统药膳——虫草金龟汤的启示下，由广西梧州制药厂于80年代初期试制成功的高档滋补饮料。近20年来，产品一直畅销港澳，供不应求。

此品系以冬虫夏草和金钱龟为主料，配加党参、北芪、杜仲、巴戟等名贵中草药，用现代的科学方法精制而成。它有去湿解毒、滋阴补肾、提神健体等功用，可以辅助治疗热气湿痹、筋骨疼痛、久咳不愈、虚劳咯血、年久痔瘘诸症，故是养生益寿的大补之品。不论男女老幼，四季皆宜。

维灵康

福建省浦城营养食品有限公司研制和生产的新型滋补饮料。它以家蚕蛹、蜂蜜、玫瑰茄花萼、白糖、泉水等为主要原料，采用生物化学工艺精制而成。

由于该产品中含有丰富的维生素、矿物质、微量元素和人体必需的多种氨基酸，且无任何毒副作用，所以适于人们四时饮用。它的突出优点有三：一是可以增强儿童的智力和血色素，刺激食欲，促进生长发育；二是可以延缓衰老，有助于病弱者健强体质；三是对劳动过度、体力和精力消耗过大的人，能较快地恢复疲劳，故而用“维灵康”命名。

保灵蜜

浙江省杭州市牛奶公司于80年代初期研制成功的营养滋补饮料。它以蜜源花粉和优质纯净蜂蜜为主要原料，以科学的方法精细加工而成。产品经200多名运动员和学龄前儿童试用，结果表明，保灵蜜具有增进食欲、促进睡眠、消除疲劳、改善心肺功能、提高免疫抗病能力、增强体质及耐力、提高血色素和健脑益智等多种功能，是一种较为理想的“绿色食品”。它曾被国家体委定为运动员滋补饮料，不少外商纷纷订货。

乳酸饮料

乳酸饮料是采用先进的酿造工艺发酵制成的新型保健饮料，如喜乐、活力康、多维健、多维乐等。

乳酸饮料多用大豆植物蛋白或优质脱脂奶粉作为发酵基，并且配加人体所需要增补的一些营养物质（如碳水化合物、脂肪、氨基酸、矿物质、维生素及某些微量元素），口味大多酸甜，呈乳汁状，经过灭菌处理，一般都能在常温下保存30～90天。

这种饮料近年来风靡食品市场，不仅成为儿童的宠物，老人与妇女也爱饮用，还有些进入了筵宴，成为一种新的“酒水”。

喜乐

新型的乳酸菌营养饮料，由广东省喜乐食品有限公司生产，曾获首届轻工部博览会金奖和全国食品博览会金奖。

喜乐采用国际上最先进的酿造工艺发酵制成，含有蛋白质、多种氨基酸、脂肪、碳水化合物、多种维生素与矿物质，以及丰富的乳酸等。成品酸甜可口，具有色、香、味纯正的国际流行风味。

此品除了补充营养、增强体质外，还能促进肠胃道的消化吸收，对便秘、慢性肠炎、消化不良诸症有一定的疗效。尤宜于老人、儿童饮用，在京、津、沪、渝等大都会销路看好。

活力康

新型的葡锌乳酸奶营养饮品，由广东省东莞市石排镇美味饮料食品厂生产，近年来走红于岭南和华北。

它也是采用国际上最先进的酿造工艺发酵制成。其最大特点是富含人体所必需的重要微量元素——锌；在儿童发育阶段、妇女怀孕阶段缺锌时，能够迅速地补给。

此外，活力康还可以加速肠胃蠕动，促进肝功能的活力与抗癌细胞的生长，具有全面调节、恢复及维持人体正常功能的作用，能够辅助治疗食欲不好、消化不良、偏食、厌食等症状，常饮有益于健康。

清凉饮料

它有3个含义：(1)夏天饮用的饮料，如汽水、矿泉水；(2)有清火解毒作用的饮料，如绿豆汤、甘草金银花茶；(3)添加冰块或置于冰箱冷冻后的饮料，如冰淇淋、雪糕。因此，清凉饮料包括的范围很广，许多天然饮料和强化饮料只要经过低温处理，便有防暑降温的作用，能够归于这一范畴，像冰镇豆奶、冰镇可口可乐、冰镇健力宝、冰镇杏仁茶等。

清凉饮料一般分为两大系列。一是传统清凉饮料，如酸梅汤、赤豆汤、王老吉凉茶、薄荷露之类。它们大多不须加冰冷却，而是凭借原料自身的药理功能来调节人的生理活动，达到“清凉”健身的目的。二是新型清凉饮料，如奶昔、三得、苹果汁炒冰、五味酒宾治之类。它们多是营养补充型，为了使之清凉沁齿，常常加冰调制，取得“人工降温”的作用。

由于传统清凉饮料的成本较低，烹调方法简易，效果明显，有“药疗”作用，所以现今许多家庭仍然珍爱它。而新型清凉饮料的成本较高，需要一定的设备和原料，花色品种富有现代生活气息，又有可观的效益，故而大多由食品工厂、冷饮店或宾馆饭店制作。

介于传统清凉饮料和新型清凉饮料之间的，还有一种家庭制作的现代清凉饮料。它往往采取两种方法：复杂一点的是购回各种固体速溶饮料，用开水冲匀后置于冰箱冷冻；简单一点的是购回各种罐装或瓶装成品饮料，直接放在冰箱中。它们都可以随饮随取，既方便实用，又有新科技时代的特色。

绿豆汤

中国传统的清凉饮料之一。制法有两种：一种是绿豆、白糖加水煎煮至糜烂，晾凉后饮用；另一种是绿豆煮烂后压茸过滤，再加白糖稍煮，冷却后加冰（或冷冻）饮用。

绿豆含有蛋白质、脂肪、碳水化合物、钙、磷、铁、胡萝卜素、维生素 B_1 与 B_2、尼克酸、磷脂等营养物质。中医认为，它的性味甘、凉，有清热解毒、消暑利水的作用，可以辅助治疗暑热烦渴、水肿、泻痢、丹毒、痈肿诸症，能够解热去毒。所以夏令用绿豆汤防暑降温，在中国已有数千年的历史，家喻户晓，南北咸宜。

华东的一些地区用赤豆汤取代绿豆汤，功用大体上相近。

西瓜汤

中国传统的清凉饮料之一，用西瓜、蜂蜜、川贝粉、白糖、碎冰块等制成。

首先选好一个 6～8 公斤的良种西瓜，在瓜蒂处横切一刀，将瓜瓤搅成汁汤状，尽量拣出瓜籽；然后加入蜂蜜 100 克、川贝粉 5 克和白糖少许，再搅拌均匀；最后加入适量的碎冰块（或置于冰箱中冷冻 20 分钟），加盖，即可食用。

此品可以解渴利尿、消肿除炎、润肺止咳、滑肠通便；还能补贫血、降血压、滋补神经、保护肝脏，辅助治疗咽炎、喉炎、食道炎诸症，是食、疗兼备的上乘清凉饮品。

薄荷饮

中国传统的清凉饮料之一，有下述多种不同的配方及制法与功用：

1. 薄荷 9 克与 500 克清水一起煮沸后晾凉饮用；可以解表，散风热。

2. 薄荷 10 克与荆芥 5 克置入大杯中，用 500 克沸水冲泡盖严，晾凉后饮用；极香，可以散风热，清火，消除头痛目眩。

3. 鲜薄荷叶与甘草各 4 克加水 250 克共煮 5 分钟，过滤后晾凉，加适量的白糖与冰块调饮；可以去火败毒，解表散风。

4. 西红柿汁 100 克、苹果汁 30 克，薄荷糖浆 20 克、柠檬糖浆 20 克与碎冰块少许一起在大杯中搅匀，将苹果 1 块挂在杯边即可；可以防暑降温、刺激食欲、帮助消化。

5. 牛奶 150 克煮沸晾凉，加入香子兰糖浆 30 克、薄荷糖浆 10 克和碎冰块少许搅匀，即可品饮；能清热去毒，增添活力。

6. 杏汁 150 克、柠檬汁 20 克、薄荷糖浆 10 克与碎冰块少许一起在大杯中搅匀，杯边挂一片杏肉即成；可以去火降温，清心益智，增加食欲。

7. 柠檬汁 180 克、柠檬糖浆 10 克、薄荷糖浆 10 克与碎冰块少许一起在大杯中搅匀，杯边挂一片柠檬即成；可以生津解渴，清热去暑。

8. 鲜薄荷叶 20 克、鲜藕汁 20 克和蜂蜜 20 克、甘草 20 克一同浸入 1000 克的温开水中，加盖存放 2 小时后饮用；可以散热清火，明目益智，剔除烦虑。

王老吉凉茶

中国传统的清凉饮料之一，诞生在 100 多年前的广州，现今不仅风靡岭南，还随着华侨的足迹传到东南亚等地。

这种饮品的创始人是药农王老吉。他经常将白云山的草药背到广州出售，为人治病，还开了间凉茶店，专门出售用多种中药材配制的药茶。此茶能够清热解表、驱暑祛寒，防治感冒风寒、肠胃积滞，加之价格低廉，口感又好，因而深受工农大众的欢迎，名声愈传愈响，愈传愈远。

现今的王老吉凉茶更胜当年，配方更为合理。它是选用大青叶、板兰根、连翘、拳参、薄荷、甘草、金银花、杭白菊等 10 多种中药材精心配制而成。

泰国冰茶

泰国传统的清凉饮料之一。其饮法是:滚烫的热茶与盛满冰块的盘子同上餐桌,由客人将冰块一一投放在茶杯中,然后慢慢啜饮。茶温的高低和茶汁的浓淡,随着冰块的增加而变化,客人可以根据嗜好自行掌握,另有一种悠闲自得的情趣。

由于泰国气候炎热,所以当地人不仅饮茶加冰,喝其他饮料(如可口可乐、柑汁、啤酒、咖啡)也喜爱加冰。更有趣的是,他们吃西瓜、菠萝等水果时,不仅加冰块,还要佐以盐末和辣椒粉,既开胃畅怀,又解渴生津。这种甜、冰、咸、辣四味交呈的特殊饮品,确实是别开生面。

墨西哥龙舌兰汁

墨西哥传统的清凉饮料之一,有"炎夏沙漠之泉"的美誉。

龙舌兰是石蒜科多年生草本植物,盛产于热带美洲。茎短,肉质的叶丛生,长而尖,顶端有褐色的硬尖刺,基部边缘有钩刺,花茎高大,顶生淡黄绿色花束。一株高大的龙舌兰茎干,一次可以取出一桶原汁液。此汁液洁白稠浓如奶,甘甜可口似蜜,沁人心肺,能够防暑降温。游客盛夏在沙漠上跋涉,可随时掘取这种"水源";如果是到印第安人家中做客,他们必奉以这种"甘泉",殷勤相待。

在墨西哥,遍地丛生的龙舌兰被视作"天神的赐物",从古到今一直流传着许多有关龙舌兰的美丽传说。

冰淇淋

又名冰激凌,前一个"冰"字是取英文的意,后两个字"淇淋"是这种冷饮主要原料奶油的译音。它是一种半固体的冷饮食品,用牛奶汁、鸡蛋、白糖、玉米粉、香精、色素、水果等原料制成。其品类甚多,如荔枝冰淇淋、香草冰淇淋、咖啡冰淇淋、可可冰淇淋、巧克力冰淇淋、白兰地冰淇淋、奶油冰淇淋、火烤冰淇淋、冰淇淋苏打、巧克力圣代、冰淇淋菠萝圣代、冰淇淋蜜桃圣代、鲜草莓圣代、鲜柠檬圣代、鲜桔子圣代、鲜芒果圣代、果汁汽水冰淇淋、英国三得、法国巴菲等等。

早在13世纪以前,中国就有了类似冰淇淋的配方(见于1940年4月15日出版的日本医学杂志《日新话疗》),后来马可·波罗将其带回意大利,呈献给王室。保密300年后,传到法兰西王朝。1774年,法国人用硝石、冰雪、果汁混合冷冻,首次制出现代的冰淇淋。不久,这一方法传到伦敦,英国人改用牛奶、鸡蛋为主料,佐以白糖、香料和各种色素,使之日臻完美。1777年,纽约的报纸首次刊登冰淇淋的广告,从此这一清凉饮料便风靡世界。冰淇淋重回"娘家",大约是在清末,有个外商在上海开办了"老清记"冰淇淋厂;1926年,中国人自己生产的冰淇淋方才问世。

下面介绍几种冰淇淋的制法:

1. 普通冰淇淋。牛奶加白糖用火熬开,倒入鸡蛋液与玉米粉搅匀后稍熬,晾凉后边搅拌边冷却,使其凝结即成。

2. 巧克力圣代。在冰淇淋四周摆上各色罐装水果,上面挤奶油花,均匀撒上巧克力粉,再放一枚樱桃即成。

3. 火烤冰淇淋。又叫魔鬼冰淇淋,将冰淇淋置于容器内,上盖一层蛋清糊稍烤至焦黄,然后淋入少许白兰地酒,点燃即成。

4. 法国巴菲。又名法式圣代,将甜酒或糖浆置于高脚玻璃杯中,上面放入各种冰淇淋,再淋上鲜奶油即成。

5. 奶昔。将冰淇淋、鲜牛奶、糖浆、水果、冰块等原料投入搅拌机或其他有盖容器内,猛烈搅拌,使冰淇淋与牛奶产生泡沫,变为流质,即可饮用。

6. 果汁汽水冰淇淋。在冰淇淋中加入适量的果汁或汽水,摇匀即成。

雪糕

又称冰棒、棒冰,系以牛奶、白糖、淀粉(或米粉)作主料,配加香精、果汁、果肉、色素与清水,在雪糕机中搅拌均匀,置于模具中冷冻,包装制成。

由于原料、配方、工艺、形态与风味的不同,它的花色品种甚多。最著名的是香草雪糕、巧克力雪糕、咖啡雪糕、椰子雪糕、栗子雪糕;其次是芒果雪糕、桃雪糕、杏子雪糕、草莓雪糕、葡萄雪糕、菠萝雪糕、香橙雪糕、柠檬雪糕;还有较为奇特的胡萝卜雪糕、开心果雪糕、豆浆雪糕、红小豆雪糕以及胡椒薄荷雪糕等。

果汁冰

又叫炒冰、刨冰,它的主要原料多系果肉、水果汁、砂糖、鲜蛋白、果冻粉、柠檬片、香料、色素及清水之类,但制法多种多样。有的是用炒冰机炒,有的是用冷藏机冻,有的是凝成冰柱后用刨冰机刨,有的是仿照雪糕的制法用模具铸,还有的是先制成果汁冰丁,然后配加汽水、可乐之类。总之其成品中都有晶莹透亮的果汁冰凌,口味多为酸甜。

果汁冰的品种亦多,如苹果果汁冰、柠檬果汁冰、菠萝果汁冰、芒果果汁冰、香蕉冰、杨梅冰、草莓炒冰、甜杏仁炒冰、橙汁刨冰、山楂刨冰等。

宾治

英文 Punch 的译音,原意为"冰冻的五味酒",后来演变成用果汁、果品、糖浆、苏打汽水和冰块等 5 种原料制成的多味清凉果汁饮料,其特色是色彩斑驳、果香袭人、冰凉可口、开胃畅神,有明显的防暑降温功能。

举凡水果,都能调制宾治。其代表品种主要是丰收宾治、杂果宾治、荔枝宾治、桂圆宾治、菠萝宾治、桔子宾治、白桃宾治、杏子宾治、梨宾治、李宾治,以及命名奇妙的鸡尾西红柿汁、果汁美露、冻乐口福、飘香、维纳斯的梦等。

(十六)筵席菜单

筵席概述

筵席

又叫酒席、宴席,即宴饮活动时食用的整套肴馔及其台面的统称。它既指按一定规格和程序编排起来,数量较多、门类较齐、档次较高的一套菜品;又指多人围坐聚餐、聊欢共乐、并且展示礼仪与民俗的一种饮膳方式;历来被称为"菜品的组合艺术",是烹调工艺的集中反映,饮食文明的生动体现。

中国筵席萌芽于虞舜时代,已有 4000 余年的历史。它是在中国烹饪发展到一定程度、菜式较为丰富的前提下,受先秦祭祀、礼俗、宫室、起居诸因素的影响而诞生的。"筵"、"席"二字最早是指竹、草编织的铺在地上供人们"跽坐"(双膝跪在地上、臀部落在脚后跟上的一种坐姿)时的一种座具,同时也充当承具来搁放餐具酒菜,后来才演变为酒席的专称。中国筵席的发展,经历过先秦、秦汉魏晋南北朝、隋唐五代宋金元、明清 4 个阶段;现今它又依据时代潮流的变化,不断吐故纳新,改革完善。

从现象看,筵席是人们精心编排和制作的一整套菜点,是菜品的艺术组合。无论操办什么筵席,都应选择丰富而优质的原料,运用多样而精湛的烹饪工艺,制作出色、香、味、形、质俱佳的菜点,配上香茶、美酒和佳果,辅以隆重的礼节和周到的服务,表达主人待客的情谊。因此这一桌食品充实、精美,既能集中体现一个地区、民族或家庭的饮食文化,又能给予宾客很好的物质享受和精神享受。

从实质看,筵席中的这套菜点,还与欢聚目的、办宴规格、待客礼仪有着内在的联系。举凡请客治宴,都有明显目的,主人不会无缘无故地请客,客人不会不明不白地赴宴,这便是筵席的功利性。与此同时,筵席规格的高低,还受主人的经济力量、办宴的目的以及客人(特别是主宾)的身份诸因素的制约。如果主人富裕、主宾显赫、办事紧要,筵席规格自然就高;否则,其档次相应会降低。至于饮宴礼仪,每个赴宴者都应遵守,所谓"设宴待佳宾,无礼不成席",指的正是这个意思。历代的席礼、酒礼、茶礼,均由此而来。由此可见,功利性、规格化和礼仪,都是筵席的重要内涵。

中国筵席还有自己独特的特征、环节、规格、要求、分类、名称、礼仪、习俗、结构、程序、营养配给、审美心态、排菜法则与成本核算方法,对此后文将列专条逐一介绍。

所以,筵席的定义可以这样归纳:筵席是人们为着某种社交目的的需要而隆重聚餐,并根据接待规格和礼仪程序精心编排与制作的一整套菜品。它既是菜品的组合艺术，又是礼仪的表现形式，还是人们进行社交活动的工具。

中国筵席在世界上享有很高的声誉，它是“烹饪王国”的瑰宝，已被愈来愈多的人享用、重视和研究。

宴会

又叫燕饮、筵会、会饮或酒会，是因民间习俗和社交礼仪的需要而举行的宴饮聚会，是饮食、社交、娱乐相结合的一种高级饮宴形式，包括国宴、专宴、便宴、家宴种种。由于宴会上必备筵席，两者的性质与功能相近，因而常常被合称为“筵宴”。

宴会的成因、沿革、特征、要求、规格、接待、服务、命名、审美等等，基本上同于筵席；但有中餐宴会与西餐宴会之分，两者的文化底蕴存在着明显的差异。

宴会尤为注重社交功能和接待礼仪，因此宴会设计是其核心。详情可参阅本书“餐饮宴会接待”和“礼宴接待”部分所列各条，以及“宴会设计”、“宴会服务”等部分的内容。

筵席的起源

中国筵席大约出现在4000年前的虞舜时代。早期农业的发展和烹调技术的草创，是其诞生的物质基础；新石器时代晚期的祭祀、礼俗、宫室和起居，是其问世的先决条件。

1.筵席诞生的物质基础。

在原始社会末期和奴隶社会初期，我国早期的农业生产已有一定的规模，中华饮食文明也从生食、熟食进入烹饪阶段。据出土文物、后世史籍的追记和相关的神话传说推断，当时先民饮食的大致情况是：食物原料多系渔猎所获的野物和水鲜，也间有驯化的禽畜、采集的草果和试种的五谷及蔬菜作为补充，虽然不很富裕，但基本上能维持温饱。炊制器皿主要是陶质的鼎、甑、罐、釜和火塘、砖灶，燃料为柴草；烹调方法是火炙、石燔与水煮、汽蒸并重，还较多地保留着生食的习惯，技术较为粗放；调味品以盐为主，间或也有梅子、苦果、香草或野蜜，能制出一定数量的粗具形、味的食品。尽管此时先民进行烹调，仅仅出自求生的需要，对饮食与健康的关系认识朦胧，但是，原始的审美意识已经出现，通过食馔美化生活的愿望也日见强烈。这样，筵席诞生的物质技术条件就基本成熟，先民便有可能出于某种目的将一些食品汇集起来进行简单的聚饮。

2.筵席问世的先决条件。

(1)祭祀。

新石器时代，生产水平低下。先民对许多自然现象和社会现象无法理解，久之便产生天神旨意、祖宗灵魂等观念，出现原始的祭祀活动。要祭祀，先得有物品表示心意，于是祭品和陈放祭品的礼器应运而生。先秦时期，最隆重的祭品是牛、羊、猪三牲组成的“太牢”，其次是羊、猪组成的“少牢”，此乃王室祭奠天神和祖宗用的；至于民间祭礼，一只猪蹄、一条狗便可以了。礼器包括木制的豆、瓦制的登、竹制的笾，以及青铜制的尊、俎、鼎、簋等。每逢大祀，还要击鼓奏乐、诵诗跳舞，宾朋云集，礼仪隆重。祭祀完毕，若是国祭，君王则将祭品分赐臣下；若是家祭，至亲好友就和家人一起将祭品分享。这样，祭品转化为筵席菜品，礼器转化为筵席餐具，筵席便粗具雏型。

(2)礼俗。

礼俗的熏陶在筵席的成因中也很重要。先秦的礼俗甚多，各有说道。如国事方面，商周有敬事神鬼的“吉礼”，祈禳凶荒的“凶礼”，朝聘过从的“宾礼”，征讨不服的“军礼”，王室婚嫁的“嘉礼”。按照规定，行礼必奏乐，乐起要敬酒，敬酒须备菜，否则便是礼节上的不恭；轻者受到耻笑，重者引起争端。在家事方面，春秋以来，男子成年行“冠礼”，女子成年行“笄礼”，嫁娶行“婚礼”，添丁行“洗礼”，生辰行“寿礼”，辞世行“丧礼”。这都要置酒备菜，敦亲睦邻。显然，它们在筵席的滥觞中，也起到了推波逐澜的作用。

(3)宫室。

古代筵席多在室内举行，设宴自然要受居住条件的影响。秦朝以前，房屋建造大多坐北朝南，前面是行礼的“堂”，后面是住人的“室”，两边是堆放杂物的“房”。房屋建在高台上，台下有“阶”，四周围以矮墙或篱笆。古人宴客时“降阶而迎”、“登堂入室”等礼节的出现，与这种宫室格局不无关系。夏商周三代，先民还保持着原始人“穴居”遗风，习惯把竹、草编织的“筵”、“席”铺在地上供人就坐。按照古时的风习，堂上的座位以南为尊，室内的座位以东为上。古时的席大的可坐2～3

人,小的仅坐1人,故先民治宴,最早为1人一席,也取决于起居条件。室内座具除席以外,还有筵。两者的区别是:筵大席小;筵长席短;筵粗席细;筵铺在地面,席铺在筵上。有时单铺筵,有时单铺席,若是筵与席同铺,一示富有,二示对客人尊重。从"筵"、"席"二字由座具引申为饮宴场所、再由饮宴场所转化为酒菜的代称来看,宫室在筵宴的形成过程中关系重大。

(4)起居。

先秦的家具中尚无桌椅,只有床、几。河南信阳长台关楚墓出土的木床,高仅19厘米,只供眠息。几也矮,有多种,其中的一种是作为老人"踞坐"(解释见"筵席"条)时的依凭之物。还有,古时的餐具多为陶罐、铜鼎,形似香炉,体积甚大,有的一次可煮肉数公斤乃至数十公斤;端放食物的托盘叫"案",木制,长方形,有足,仅能放一鼎,两人抬着搁放在筵上。因此,先民赴宴,实际上是"踞"在"席"上、对"案"面"鼎"而食。由此所制约,菜点不多,一般是一人一鼎,德高望重的老人或贵族,才能3~5鼎,帝王才能7~9鼎。若想摆出"陈馈八簋"的席面,势必"席前方丈"。直至汉魏时期,在西域座具——马扎子(折叠凳)的启发下造出简单的桌椅,并使用精致小巧的漆质餐具后,先民才可以三三两两"正襟危坐",用较多的菜点从容宴客了。

《礼记·王记》记述过虞舜时代的"养老之礼"——敬老狗肉席。《诗经》中的《良耜》、《载芟》、《公刘》和《宾之初筵》记述过商周的筵宴。《周礼·春官·大司乐》和《礼记·乐记》记述过早期筵席的乐曲和礼仪。这些史料都有助于我们对筵席起源的了解。

筵席的发展

中国筵席的发展,大体上经历了4个不同特点的历史时期。

1.先秦时期。

根据《周礼》等书的记载,虞舜时代已出现了"燕礼"。这是一种敬老席,每年举行多次,慰问本族耆老和外姓长者。其形式是先祭祖,后围坐,吃些狗肉,饮几杯米酒,较为简朴。进入夏朝,敬老之风尚存,还增添了"飨礼"。它的菜品稍多,但酒仍有限制,依然体现尊贤的传统。夏启袭位后,还在钧台(今河南禹县)设宴招待各部落酋长,扩大了筵席规模。夏桀当政,追逐四方珍异,筵席渐开奢靡之风。

殷商,"殷人尊神,率民以事神,先鬼而后礼",筵席借助祭祀向前发展。殷人嗜酒,喜好群饮,菜品已较前丰盛。那时的餐具多按1~3人一席设计,除了碗、勺、杯外,其余都是共用,并且盘、豆、盆、钵的圈足与器座高度,正与席地而坐者的位置相一致,是一个进步。纣王当政,荒淫无道,搞起"酒池肉林"大宴,"使男妇倮,相逐之间,为长夜之饮",首开冶游夜宴的先河。

周代,"事鬼敬神而远之",筵席名正言顺为活人而设,出现"大射礼"、"乡饮酒礼"等诸多名目,祭祀色彩有所淡化。特别是接受夏、商亡国的教训,对饮酒加以节制;同时周公制礼作乐,严格按等级制确定筵席的规格,酒会较前正规多了。不过,周天子也相当奢侈,每餐饭须准备6种主食、6种牲肉、6种饮料、8种珍馐、120种菜和酱品。诸侯请士大夫赴宴,也有正菜33道和加菜12道,这即是以菜品数量衡定筵席等级的始源。至于"乡饮酒礼",乃系敬老古宴的发展,3年举行一次,60岁者享用3道菜,70岁者享用4道菜,80岁者享用5道菜,90岁者享用6道菜;其程序包括谋宾(确定名单)、戒宾(发柬邀请)、陈宾(布置餐厅)、迎宾(降阶恭候)、献宾(敬酒上菜)、作乐(唱诗抚琴)、旅酬(挽留客人)、无算爵与无算乐(连续欢宴)、送宾(列队奏乐)以及次日客人登门答谢等。

进入春秋,礼崩乐坏,士大夫也敢"味列九鼎",席面的限制不那么严格了。这时诸侯有筑台宴乐的风气,筵会常是通宵达旦。此时陈宴重视布景,如坐席有莞席、藻席、次席、蒲席和熊席之分,扶几有玉几、雕几、彤几、漆几和素几之别等。

降及战国,宴乐更甚。《招魂》、《大招》中招祭亡灵所用的菜单,客观上反映出楚地筵席的盛况。《招魂席》中列主食4种、菜品8种、点心4种和饮料3种;《大招席》中列主食7种、菜品18种和饮料4种。它们组合适宜,衔接自然,在席面设计上跃上了新的台阶。湖北随县曾侯乙墓出土的青铜冰鉴、炙炉、九鼎八簋和髹漆食具箱,还有众多的金质酒器,都是与著名的65件大编钟配套的宴飨实物。从其典雅精美的程度可以看出,2400多年前的中国筵席餐具已经具有很高的审美价值。

2.秦汉魏晋南北朝时期。

秦朝时间虽不长，筵席亦有发展。特别是汇集天下12万豪富的咸阳和巴蜀，饮食市场繁荣，民间的婚寿喜庆酒宴都操办得较为热闹，乡村的社日聚餐也相当红火。

汉初休养生息，筵席较为简朴。后来国力殷实，宴乐又蓬勃张扬。此时习惯在高堂上敷设帷帐，酒筵摆在锦幕之中。餐饮器物也由厚重趋向轻薄，多以漆器为主体。从出土的汉代画像砖及“庖厨俑”上还可以看到，那时仍是两三人席坐对饮，有侍者斟酒布菜，有乐伎表演歌舞。至于民间，礼乐宴请之风颇盛，对此，《盐铁论》中有所记载。两汉有不少名席传世，如“鸿门宴”、“大风宴”、“柏梁宴”、“梁园宴”等。

魏晋时期，以晋武帝为首的西晋士族集团生活奢华，甚至有“食必尽四方珍美，一日之供，以钱二万”的人。像“金谷园宴”，就受到后世的批评。此时筵席中的一个新气象是“文酒之风”勃兴，曹操筑铜雀台，曹丕筑建章台，曹植宴平乐观，虽都出自以文会友、网罗人才的目的，但这类文会的雅境、雅情、雅菜、雅趣，对中国筵席的发展有着积极而深远的影响。像“曲水流觞”、“浮李沉瓜”、“竹林酣饮”、“把酒东篱”等筵席掌故，至今仍被人津津乐道。

到了南北朝，筵席演变又呈现出3个特征：一是有了类似矮桌的条案，改善了宴聚环境与卫生条件；同时朱墨相间的漆质餐具大放光华，不仅能控制菜品分量，还可以进行台面美化，使筵席逐步趋向小巧雅丽。二是筵席的名目增多，像登基宴、封赏宴、省亲宴、游猎宴、汤饼宴、团年宴、凌虚宴、明月宴之类，均有不同的特色，这对中国筵席品类的多样化是一个促进。三是随着佛教的流行，信徒茹斋成风。在此基础上，京畿地区和江南孕育出早期的素席，充实了中国筵席的内容。再加上西域一带少数民族酒宴的传入，年节文化食风的演播，使得中国宴俗日益丰富多彩。

3.隋唐五代宋金元时期。

隋代仅有二世，筵席承上启下，只留下“云中宴”、“龙舟宴”等席单，反映出隋炀帝骄奢淫逸的生活，在筵席史上只作为一个过渡阶段。

唐及五代，由于封建经济飞速进展，科学文化相当发达，对外交往频繁，国力空前强盛，筵席又有了新的变化。第一，出现高桌和交椅，铺桌帷，垫椅单，开始使用细瓷餐具。从《韩熙载夜宴图》看，贵族聚饮仍是2～3人一席，有丝竹佐饮，肴馔济楚，陈设雅丽，礼食的情韵较前浓厚。第二，宴址讲究借景为用，妙趣天成。像唐玄宗在长春殿举行的“临光宴”，白居易在水上举行的“游篓宴”，以及“樱桃宴”、“红云宴”等，或观灯，或赏花，或泛舟，或玩月，注重情感愉悦和心理调适，追求一种高雅的格调。第三，在科举制度推动下，长安的曲江风景区成了文士的宴乐中心，“鹿鸣宴”、“探花宴”等千古流芳。唐中宗时还出现大臣拜官后向皇帝进献的“烧尾宴”，菜品多达60道以上，为宋、清超级大宴的调排奠定了基石。第四，筵席用料已从山珍扩大到海味，由禽畜拓展到异物，烹调工艺日益精细，菜肴花色推陈出新，像“不乃会”、“圣啇席”、“郇公宴”、“胡姬酒肆席”，都以殊风别韵脍炙人口。第五，乡土筵席层出不穷。孟浩然的襄阳村宴，李白的安陆乡宴，杜甫的长安家宴，后蜀主孟昶的成都船宴，均以特殊的情采和浓郁的乡味取胜。第六，孕育在春秋、演化在汉魏的酒令，在此时发展很快，士农工商无不都以这种佐饮助兴的词令和游戏为乐，使得筵席的气氛更为欢乐。

两宋时期，名席更多。举其要者，便有宋仁宗大享明堂礼、宋太宗玉津园盛宴、天基圣节大席、皇后归谒家庙席等。此类大席，很重铺排，像集英殿举行的宋皇寿筵，仅摆设就有帘幕、屏风、绣额、书画等10多种，以饮9杯寿酒为序，上20多道菜点，演10多种大型文艺节目，动用数千人张罗。再如清河郡王张俊接待宋高宗及其随员，便按职位高低摆出6种席面，不仅皇帝享用200多道菜点，就连侍卫也是“各食五味”，另加羊肉0.5公斤、馒头50个、好酒1瓶。这时在饮食市场上，还出现承包筵宴服务的“四司六局”，分工合作，任凭呼唤，有利于筵席的商品化。此外，由古时的“饤饾”演变而来的“看盘”，也出现在市场酒席上，为席面增色不少；并且在汴京、临安的“正店”（高级酒楼）中宴客大都使用清一色的银器或名瓷餐具，气派非凡。

西夏、辽、金、元的筵席，则染上了浓郁的游牧射猎色彩和北方山林草原气息，并以“头鹅宴”、“貔狸馔”、“妳担离”、“大茶饭仪”等新颖的称谓命名。其特色有三：一是菜品多为羊馔和奶制品，辅以其他荤素料物，技法也以烧烤为主，崇尚鲜咸。像元代大型烤肉席、迤北八珍席都是如此。南方的酒席尽管重视鱼鲜,但羊、奶菜式仍占较大的比重。二是烈酒用量甚大,多用特制的“酒海”盛装,其容量常是数百公斤乃至上千公斤。当时的官绅赴宴,经常夜以继日,不醉不休,还有连续欢宴3天、7天乃至数十天者。三是在两宋“看盘”的启迪下,筵上增设小果盒、大香炉、花瓶等饰物,使摆台技术又进了一步。元人还特别重视祭筵,宫廷所用的祭品常由得力大臣亲率猎队,专门捕获纯马、红牛、白羊、黑猪和黄鹿上供,敬献6蒸6酿的马奶酒,庄严肃穆。此外,元代的“诈马宴”甚为特异。它由宫廷或亲王在盛大节庆时举行,摆全羊大菜,用象舞助兴,欢聚数日。与宴者和侍从都必须穿皇帝赏赐、由回族工匠特制的同色“质孙服”,一日一换,故又称“衣宴”。

4. 明清时期。

中国筵席发展到明清,已日趋成熟。它主要从下述4个方面展示出封建社会晚期的饮食民俗和文化风情。

第一,餐室布置富丽堂皇,进餐环境雅致舒适。明代红木家具问世之后,八仙桌、大圆台、太师椅、鼓形凳,都被用到酒筵上来;而且桌披椅套缝制讲究,不少都是丝绸锦缎绣品。为了便于调排菜点、攀谈和祝酒布菜,此时安位多为6人席、8人席或10人席的格局,主宾、随从、陪客和主人的座位有种种讲究。明代有对号入座的“席图”,清代在主宾席背后陈放雕漆螺钿屏风,其正面摆放大穿衣镜,以示尊重。设席地点大多是春在花榭、夏在乔林、秋在高阁、冬在温室,追求“开琼筵以坐花、飞羽觞而醉月”的情趣。在台面装饰上,已由摆设装饰物发展成洋洋洒洒的“看席”,隆重的还是“看席”与“吃席”并列。像乾隆的除夕家宴,仅摆台就分8路,用了各色玉碗58个。至于酒楼,盛行一字排开的“四扎碟”,置于首座对面的桌沿上以壮观瞻。这时的筵席餐具强调成龙配套,常是一桌席面用一色器皿。如孔府的“满汉宴·银质点铜锡仿古象形水火餐具”,全套计有404件,可上196道菜点;慈禧太后的宁寿宫膳房里,也有酒筵用的金银餐具1500余种,均为稀世珍品。

第二,筵席设计注重气势、套路和命名。明代万历年间北方的乡试大典,席面分为上马宴和下马宴两种,每种又有上、中、下之别,84桌各成格局。清宫光禄寺置办的国宴,有祀筵、奠筵、燕筵、围筵4类,每类也分若干个等级。像头等燕筵的菜单便是用面60公斤制作满洲茶点,有红白馓支3盘、饼饵20盘又加2碗、干鲜果品18盘、熟鹅1只,其他菜品若干;2～6等席面则依次递减。市场筵席也常以碗碟之多寡来区分档次,既有高档的16碟8簋4点心,也有低档的“三蒸九扣”、“十大件”,还有双八席、重九席、四喜四全席、五福六寿席等,各有例则,自成体系。从筵席结构看,一般分作酒水冷碟、热炒大菜、饭点茶果3大层次,好似军旅中的前锋、中军和后卫,分别由主碟、座汤和首点统领;而指挥这支筵宴大军的主帅,则是头菜,头菜是何规格,筵席便是何种档次。从筵席命名看,有时借用数字(盖州三套碗、巩昌十二体),有时突出头菜(燕窝席、熊掌席),有时巧嵌成语典故,寄寓诗情画意(混元大席、蝴蝶会),有时宣扬门第家风和地方风味特色(孔府宴、洛阳水席)。广州商人正月请春酒,菜单上全是金钱、元宝、富贵发财等字眼;而扬州的诗文之会,则是每人一套文房四宝和两个食盒,酒菜吃完诗稿就得交卷,偷懒不得。

第三,各式全席脱颖而出,制作工艺美仑美奂。全席一般可分为主料全席(如全藕席)、系列原料全席(如海味全席)、技法全席(如大烧烤席)、风味全席(如谭家菜席)、多元全席(如楚乡百鱼图)5类。目前所见到的资料,清代的全席便有全龙席、全虎席、全凤席、全麟席、全羊席、全牛席、全鱼席、全鸭席、全蟹席、全素席等数十种类别。大多数全席从头至尾只准使用一种物料为主料,可变的仅是辅料、技法与味型,难度较大。在所有的全席中,全羊席号称“屠龙之技”,满汉燕翅烧烤全席誉为“无上上品”。前者是选用羊体的各个部位分别制菜,少则用羊1头,有10多款菜,多则用羊20头,可制出108种名珍。后者是扬州酒肆为接待随同乾隆南巡的百官创制的,菜品多达130种。后来各地加以仿制,款式变化甚多。由于满汉全席通常以燕窝、鱼翅、烧猪、烤鸭4大名菜领衔,汇集了四方异馔和各族珍味,分为3日9餐吃完,故被视作中国古典筵席之冠。

第四,少数民族筵席蓬勃发展,各自展现不同的民族礼俗和文化风情。仅据《清稗类钞》一书的介绍,就有满、蒙古、哈萨克、回、藏、苗等族的丰盛席面10多种;如果再将明清有关笔记小说和地方志书辑录的席单加进去,便多达百余例。其中,"满洲贵家大祭食肉会"、"蒙人宴会之带福还家"、"西藏噶伦卜的乡宴"、"青海番族之宴会"、"柯尔克孜人抓肉酸奶宴"、"鄂伦春人会猎宴"、"彝人咂酒宴"、"苗人馈肉宴"、"白人剁生宴"、"壮人米酒宴"、"瑶人银肉互酬宴"、"高山人秋米登场宴"、"晚清迤南诸族民宴"等,都有汉族筵席中不曾见过的许多新东西,是研究民族史、宗教史、民俗史、烹饪史和筵宴史的珍贵资料。

此外,鸦片战争前后,随着列强的入侵和"门户开放",西菜、西点和西式筵席宴会陆陆续续也被介绍进来。这不仅增添了筵席的款式,还为中国筵席提供了借鉴的依据。像"清末公司菜"、"清末西式筵会"、"晚清改良宴会"、"英式下午茶"等,都是中国筵宴发展史上的一些花絮。

(关于辛亥革命之后的中国筵席梗概,请参阅"筵席改革"条。)

筵席的特征

筵席的特征表现在聚餐式的形式、规格化的内容和社交性的作用3个方面。

所谓聚餐式,是指中国筵席历来是在多人围坐、亲密交谈、欢快共食的气氛中进行的。它习惯于用圆桌,8~12人一席,实行合餐制。赴宴者通常由4种身份的人组成,即主宾(筵宴的中心人物)、随从(主宾带来的客人)、陪客(主人请来的陪宴者)和主人(东道主)。他们须按尊卑顺序依次入座,互相敬酒、布菜、交际、攀谈,"礼食"的气氛甚浓。

所谓规格化,是指菜品成龙配套、应时当令、制作精美、调配均衡、食具雅丽、仪程井然、服务周到热情。并且整个席面上,冷碟、热炒、大菜、甜食、汤品、饭食、茶酒、点心、水果、蜜饯,均需按一定质量和比例,分类组合,前后衔接,依次推进,形成某种格局和规程。与此同时,还要讲究场景装潢、宴会节奏、席单书写和菜名修辞,显示出一定的档次。

所谓社交性,是指筵席的功能。它要求通过欢宴,聚会宾朋、敦亲睦谊、纪念节日、欢庆盛典、洽谈事务、开展公关;在品尝佳肴饮琼浆、促膝谈心交朋友的过程中,疏通关系,增进了解,加深情谊,解决一些其他场合不容易或不便于解决的问题,从而实现社交的目的——"酒食所以合欢也"。

由这些特征所决定,中国筵席历来隆重、典雅、精美、热烈,并形成一套传统规范,作为礼俗固定下来,世代相传。

筵席的环节

中国筵席例由3个环节构成。

一为筵席编排,属于设计环节。它多由餐厅主任、厨师长(主厨)和宴会设计师配合完成。其主要任务是:根据客人要求和餐馆条件,拟定筵席的主旨和总体规划,编排菜点名单和接待服务程序,审议餐厅布置方案和花台装饰,选定主厨和安排其他人员。凡此种种,都要简明扼要地记入席单,将它作为"筵席施工示意图"下发给有关部门分头执行,并督促检查,一一落实。

二为菜点制作,属于生产环节。由烹调师、面点师共同负责。主要考虑原料的择用、烹调的技法、菜点的风味、餐具的配套、上菜程序的衔接、宴饮节奏的掌握以及成本核算等等。至于各项协调工作,则由厨师长负责。他应按照席单的要求,安排好采购、炉子、案子、碟子和面点5个方面的人员,逐一落实任务,保证每一道菜点都能按质、按量、按时地送到席上,不误大事。

三为接待宾客,属于服务环节。由宴会设计师和餐厅服务员负责。它考虑的是餐室美化、餐桌布局、席位安排、台面装饰、接待规程和服务礼仪;要求做到衣饰整洁、仪容端庄、语言文雅、举止大方、态度热情、反应敏捷,主动、热忱、细心、周到,能够展示餐厅的文明风貌和经营管理水平。

上述3个环节相辅相依,缺一不可。其中任何一环出了差错,都会影响全局。因此必须协调一致,配合默契。

筵席的规格

筵席的规格又叫档次,这是就其等级而言的。现今我国的筵席一般分作特、高、中、低4档,衡量的标尺主要是:(1)菜点的数量;(2)菜点的质量;(3)原料的贵贱;(4)烹制的难易;(5)主厨的级别;(6)餐馆的等级;(7)餐室的设备;(8)接待的规格。其中,关键是菜点的质量,它直接决定着筵席规格的高低。

1.普通筵席。

用料多为猪肉、羊肉、普通的水产品、四季蔬菜和粮豆制品，常有10%左右的低档山珍海味充当头菜。肴馔以乡土菜式为主，制作简易，讲求实惠，菜名朴实。它多用于民间的婚、寿、喜、庆以及企事业单位一般的公关活动，目前的售价大多不超过600元。

2. 中档筵席。

用料以鸡、鸭、猪、牛、鱼鲜、蛋奶、时令蔬果和精细的粮豆制品为主，可配置20%左右的山珍海味作为头菜。多由地方名菜组成，取料较为精细，重视风味特色。餐具整齐，席面丰满，格局较为讲究，经常用于较为隆重的庆典或公关宴会，目前的售价多在600～1500元以内。

3. 高级筵席。

用料多为动植物原料中的精华，山珍海味约占40%左右。常配置知名度高的风味特色菜品，花色彩拼和工艺大菜占有较大的比重，调理精致，味重清鲜。餐具华美，命名雅致，文化气质浓郁，席面丰富多彩，多用于接待社会知名人士和台胞、华裔及外宾，礼仪隆重，目前的售价多在1500～5000元以内。

4. 特等筵席。

用料多为著名的土特产品，山珍海味高达60%左右，常配置全国知名的佳肴，工艺菜比重很大，并且常以全席(如满汉全席、花卉全席、红楼精品宴、名贵药膳席)的形式出现，菜名典雅，盛器名贵，席面跌宕多姿，雄伟壮观，多接待显要人物或贵宾，礼仪至隆，目前的售价多在5000元以上。

上述规格的划分，只是大致的标准，没有绝对的界限。为了清楚显示筵席的等级，认真贯彻“按质论价”的销售原则，在我国，筵席的档次通常是用售价(或成本)来表示，既简洁明了，又方便实用(参阅“餐饮成本核算”等条)。

不过，筵席售价(或成本)也只能是相对体现筵席的规格。因为，各地的烹调技术、物价指数和消费水平高低不一，各种餐馆所定的毛利率也有高有低，故而同样的一桌筵席，其售价常常不一致，差幅有时是几十元，有时甚至几百元。此外，淡旺季的差异，物价的波动和企业出于竞争需要的调价，也时常影响筵席价格的浮动。因此，用售价表示筵席等级，必须考虑具体的时间及环境；只有在同一时间和地域内，当毛利率一致时，筵席规格用售价表示才较准确。

筵席的要求

了解筵席的环节，把握筵席的结构，只是设计与制作筵席的基础，要调排好筵席，还必须符合以下的6大要求：

第一，主旨的鲜明性。

筵席不是菜点的简单拼凑，而是一系列食品的艺术组合。首先，它要求主旨鲜明，即在筵席中分清主次，突出重点，发挥所长，显示风格。分清主次指主行宾从，格调一致，第一、第三组菜品要视第二组菜品的需要而定。突出重点是全席菜品中应突出热菜，热菜中应突出大菜，大菜中又应突出头菜，使其用料、工艺与质地都明显地高出一筹，带动全席。发挥所长即施展技术专长，避开劣势，充分选用名特物料，力求振人耳目。显示风格便是亮出名店、名师、名菜、名点的金字招牌，展示饮食民俗，加深食客印象。

第二，配菜的科学性。

包括3方面：(1)菜肴质与量的配合。应遵循“按质论价、优质优价”的原则，考虑时间、地点、客人需求诸因素。菜肴数量的多少，原料的高低贵贱，取料的精细程度，主辅料的搭配比例，都应当视筵席规格而定。(2)菜肴外在感观的配合。要利用原料、刀口、烹制、味型、菜式的相互调配，使整桌筵席的色、香、味、形、质、器俱佳，并做到配比均衡和多样化。(3)菜肴营养的配合。要求原料无毒无害无污染；整桌菜品要能提供人体所需要的热能和多种营养素；各组食品均应有利于人体的消化吸收。与此同时，还要克服重荤轻素、菜量过多、营养过剩的弊端。

第三，工艺的丰富性。

一桌筵席通常都有10多道菜点，尤需注意显示出各自不同的个性。如原料可有鸡、鸭、鱼、肉、豆、菜、果的配用，刀法可有块、段、片、条、丝、丁、茸的组合，色泽宜有赤、橙、黄、白、青、绿、紫的变换，技法应有炒、烩、蒸、烤、炖、拌、卤的区别，口味要有酸、甜、苦、辣、咸、鲜、香的层次，质感要有酥、脆、软、嫩、糯、肥、爽的差异，器皿要有杯、盘、碗、碟、盅、盂、钵的交错，品种要有菜、点、羹、汤、酒、茶、果的衔接。唯有这样，筵席才富于节奏感和动态美，不枯燥，不呆板，不阻滞，不僵化，不死气沉沉。

第四，形式的典雅性。

筵席是吃的艺术和吃的礼仪，需要处理好美食和美境的关系。形式的典雅可以多方面来体现，如使用园林式或民族式餐厅；点缀古玩、字画、花草、灯具和古色古香的餐具及家具；选用应时应景的吉祥菜名，穿插成语典故；安排适量的工艺菜，展现技巧等。总之，在物质享受的同时给人以精神享受，使纤巧之食与大千世界相映成趣。

第五，准备的周密性。

周密的准备，是筵席成功的保证。从接到筵席任务之日起，马上就应制定方案、编拟菜单。重要的筵席，方案应有两套，以便在意外时替补。然后分工合作，逐一落实。开席前，方方面面都应检查，如有疏漏，及早解决，以免临时慌乱，误事失礼。厨师长是筵席制作的指挥者与组织者，应当立足炉案，眼观餐室，驾驭整个宴会的进程。

第六，接待的礼仪性。

中国筵席素有“礼席”之称，现今更应强化礼的内涵。诸如发送请柬，车马迎宾，门前恭候，问安致意，敬烟献茶，专人陪伴，入席彼此让座，斟酒杯盏高举，布菜“请”字当先，退席“谢”字出口；还有仪容的修饰，衣冠的整洁，表情的谦恭，谈吐的文雅，气氛的和谐，相处的真诚；以及餐室布置、台面点缀、上菜程序、菜品命名、嘘寒问暖，尊老爱幼、优待女士、照顾伤残等等，都应从尊重客人、爱护客人、方便客人出发，充分体现中华民族待客以礼的传统美德。

筵席的分类

中国筵席品目众多，体系纷繁，通常可以采用3种方法进行分类。

1.教材分类法。

一是中国传统筵席，包括宴会席（含国宴、专宴、外宾宴、归侨宴、宗教宴、民族宴、地方风味名席等）与便餐席（含家宴、和菜、便席、团体包餐、会议桌菜等）。

二是中西结合酒席，包括瓶酒会、招待会、茶会、自助餐小宴、冷餐酒会、鸡尾酒会、仿拟的海外筵席等。

2.行业分类法。

一是按地方风味分，如京菜席、苏菜席、沈阳席、重庆席、天水席、潮州席等。

二是按菜品数目分，如七星席、八八席、六六大顺席、九九上寿席等。

三是按头菜名称分，如燕窝席、海参席、鳜鱼席、猴头席、袋鼠席、牛蛙席等。

四是按烹制原料分，如山珍席、海错席、湖鲜席、蔬果席、菌耳席、全面席等。

五是按主要用料分，如全羊席、全牛席、全狗席、全藕席、全鸡席、全蛋席等。

六是按时令季节分，如元日宴、花朝宴、端午宴、中秋宴、重阳宴、腊八宴等。

七是按办宴目的分，如婚席、寿席、开业席、乔迁席、敬师席、祝捷席等。

八是按主宾身份分，如冠军筵、桃李筵、授衔筵、功臣筵、国宴、专宴等。

3.情采分类法。

一是以风景胜迹分，如长安八景宴、西湖十景宴、洞庭君山宴、苍山洱海宴。

二是以文化名城分，如荆州楚菜席、开封宋菜席、洛阳水席、成都田席。

三是以少数民族分，如赫哲族鳇鱼宴、蒙古族全羊席、白族乳扇宴、侗家酸菜席。

四是以名特物料分，如长白山珍宴、黄河金鲤宴、广州蛇宴、太湖茶宴。

五是以社会名流分，如东坡席、谭家席、孔府席、大千席。

六是以山珍海错分，如山八珍席、水八珍席、禽八珍席、草八珍席。

七是以工艺彩碟分，如喜庆宫灯席、金杯闪光席、龙凤呈祥席、岁寒三友席。

八是以筵宴场景分，如船宴、车宴、竹楼宴、帐篷宴等等。

席名

筵席的定名与筵席的分类关系密切。在不同的时代、地区、民族和阶层之中，席名有着不同的情趣，表现出不同的历史烙印、文化气质与审美风格。

先秦时期尊祖重神，强调礼制，席名多系“侑祭”、“御祭”、“乡饮酒礼”、“公食大夫礼”之类。

汉魏六朝时人际交往频繁，则出现“长亭宴”、“拜将宴”、“曲水流觞宴”、“横槊赋诗宴”等。

隋唐宋元时文化昌盛，各民族交融，又有了“鹿鸣宴”、“烧尾宴”、“迤北八珍席”、“大茶饭仪”

等名目。

明清时期烹饪高速发展，筵宴精益求精，于是“百事大吉茶筵”、“三汤五割宴”、“千叟宴”、“满汉全席”便破土而出。

辛亥革命至今，席名逐步趋于规范，常见的定名法则主要是下述8种：(1)借用吉祥数字，如“天津八碗四大扒”、“沔阳三蒸九扣席”；(2)突出主要原料，如“两淮长鱼全席”、“中山小榄菊花筵”；(3)巧嵌成语典故，如“八仙过海席”、“五子登科席”；(4)点明地方特色，如“富春茶宴”、“天山雪莲宴”；(5)宣扬门第家风，如“大帅府席”、“组庵特菜”；(6)颂扬锦绣山川，如“潮州八景宴”、“青岛风光宴”；(7)仿拟古代宴风，如“仿膳宴”、“红楼宴”；(8)创造时代新意，如“中华世纪之宴”、“天地宫美食长廊”等。

中国席名的缤纷多彩，主要是4个原因所促成。第一，中国是个文明古国，壮美的山川、纯朴的民风、英雄的业绩、灿烂的文化，随时随地都给席名提供取名的思路。第二，自古以来，许多文艺大师与茶酒饮宴结下不解之缘，积极参与过席名的创作。第三，不少名席产生于宫廷、官衙、华宅与军营，帝王将相和豪绅名士喜欢按照自己的审美情趣对席名加以美化。第四，餐厨人员长期生活在社会底层，同三教九流接触频繁，见多识广，了解老百姓的喜怒哀乐，常巧借席名寄托他们的理想和志趣。正因如此，中国席名不仅注重文学色彩和心理效应，强调广告宣传功能，而且还能形象生动地反映时代社会生活，展示民俗和礼仪，有着较高的认识价值。

席名修辞

席名修辞即是文学中的修辞手法在席名上的运用，它可以对筵席加以美化，使之更具魅力。席名的修辞手法较多，主要有：

1. 拟色。如“蓝筵”、“偷青”、“红云宴”、“驻颜十二花”；

2. 摹形。如“蝴蝶会”、“大理风花雪月宴”、“香碟十三松”、“中西合璧串串席”；

3. 比喻。如“磨盘会”、“浇手”、“洛阳水席”、“吃滚蛋包子”；

4. 夸张。如“神仙炉”、“状元席”、“朝阳一品宴”、“吉林山海大会”；

5. 重叠。如“六六寿”、“四红四白”、“黄山八碗八”、“台湾花痴花吃”；

6. 借代。如“咬春”、“肥套”、“媒八嘴”、“渡坎儿”等。

有的席名还有意制作悬念，吊起食客的胃口，如“鬼饮”、“审老虎”、“吃鞋杯”、“洞天瓶”；有的还从诗情画意上点染，使之文采焕灿，高雅脱俗，如“曲水流觞”、“岁寒三友宴”、“百事大吉茶筵”、“佛光普照花素大席”；有的则镶嵌吉祥的数量词，抢一个好的“彩头”，如“八八大发席”、“十字带彩席”、“美心酒家五梅宴”、“中意粉食十二钗”；有的却借题发挥，巧妙比附，向宾客表示美好的祝愿，如“龙凤呈祥席”、“山盟海誓席”、“比翼双飞席”、“花好月圆席”等。

凡此种种，都有较高的审美价值。

席名掌故

席名中的历史故事或民间传说，一般有3个来源渠道。一是史籍记载。它多有真名真姓和相关的历史背景，可靠可信。如“酒池肉林宴”、“鸿门宴”、“金谷园宴”、“滕王阁宴”、“烧尾宴”、“头鹅宴”、“诈马宴”、“千叟宴”之类。二是古代的民间传说。它往往与某些名人的逸闻趣事联系在一起，故事编得有头有尾，能唤起客人的遐想悠思。如“易牙八盘五簋宴”、“文君宴”、“刘伶醉酒宴”、“隋炀帝龙舟宴”、“炼珍堂宴”、“赤壁泛舟宴”、“梁山泊菊花会”、“唐伯虎闯宴”等。三是今人比附历史故事而设计的仿古酒筵。它大都以某个历史人物、某部文学作品或某个民间故事为依托，运用丰富的想象力再现古时的筵宴场景，抒发某种情愫。由于它采用的是浪漫主义与现实主义相结合的创作手法，“旧瓶装新酒”，并有一定的品玩价值，所以也常能够得到食客的认同。如“昭君宴”、“红楼宴”、“随园宴”、“乾隆宴”、“沈阳八仙宴”、“太湖船宴”、“竟陵文士美食宴”、“文登七真人膳”等。

此类席名掌故，可以增加筵席的情趣，提高筵席的知名度，开展饮食教化，培养民族性格和民族心理，使食的艺术、食的科学与食的文化更好地统一起来。

筵席制作

即根据席谱上排出的菜品及其质量要求，由厨房各部门分头选料、切配、烹调、装盘，按规定的份数和时间送到餐室中，由服务员依照上菜程序有节奏地提供给客人品尝。筵席制作分工情况大致是：冷菜由碟子房制作；热菜由案子师傅和炉子师傅配合制作；饭点由白案房或点心房制作；辅食(茶酒之类)由服务人员准备。上述食品原料一般是统一采购，分头领取，各自记账，分别核算，集中定价。

筵席制作中要注意：(1)弄清菜品的品种、分量以及共需多少份；(2)了解菜品的制作方法、风味特色及质量要求；(3)知道用什么器皿盛装和如何盛装；(4)掌握相关菜点的配套关系(如烤鸭带薄饼、大葱、甜面酱)；(5)熟悉上菜程序，安排好各道菜品的制作顺序；(6)注意原料的综合利用，料尽其用。

由于筵席制作人员基本上都不和宾客直接见面，因此对菜品质量的评价往往是通过服务人员"反馈"的。这就要求服务人员充当好厨师和宾客之间的"中介"，及时传递信息，从而使肴馔制作的质量有所保证。

筵席成本

即筵席所耗费用与原材料支出的总和。它包括：构成菜品主料、辅料、配料、调料的成本；原料的合理损耗；外地原料的运输费；保管原料的储存费；原料包装的材料费；生产中耗用的燃料费；器物设备的折旧费；服务人员的劳务费；使用的水电费；其他应列支的费用等。

筵席成本要对以上费用或支出进行考核计算，这就是筵席的成本核算。在通常情况下，筵席的主要成本——菜点制作费用有一定的内部结构比例。如西餐筵席，面包与小吃一般约占总成本的10%，冷菜约占15%，热菜与汤菜约占60%，水果、点心及饮料约占15%。中餐筵席，冷盘约占10%～15%，热炒约占20%，大菜约占50%～60%，饭点约占10%～15%。

由于餐饮业通常是每月盘存一次，即按月(而不是按每桌筵席)进行成本核算，所以上述比率往往只是一个"参考值"，不是十分准确的。现今餐饮业采用的多是宏观的成本核算方法，即本月产品总成本＝月初原材料结存总值＋本月使用的原材料总值－月末原材料结存总值＋燃料费。

(参阅本书"成本管理与餐饮成本构成"、"餐饮原料净料率及其运用"、"餐饮成本核算"、"筵席宴会成本结构"、"餐饮成本差异分析"、"餐饮成本控制"诸条。)

筵席价格

即筵席销售时的合理定价。

由于筵席必须伴随着一定的服务效用才能与顾客发生交换关系，这就决定了筵席价格具有3大特征：(1)复杂性。档次多，种类多，进餐场所不一，服务程序不一，技术难度与耗费的工时存在着许多差异。(2)灵活性。菜点的成本和服务格局有较大的随机性，原材料的耗用和劳务方式也各各不同，常常可以在一定范围内上下浮动。(3)时令性。不同时令的原材料和不同鲜活程度的原材料，成本不相同；有一部分鲜活产品，批发与零售、早市与晚市也存在着价格上的差异。

在筵席价格中，包括从生产到销售的全部成本费用以及各个环节的利润及税金，具体可以分作生产成本、销售成本和服务成本3大部分。但是，由于筵席中的各种菜品在生产和销售过程中的各种支出(生产费用、销售费用及服务费用)分开核算有许多实际困难，所以长期以来，人们在核算筵席价格时只把原材料成本和燃料费作为成本要素，将总的生产经营费用、利润、税金等合并在一起，称为"毛利"，这两者相加，便等于筵席的价格。即：

筵席价格＝菜品成本＋毛利

其中，毛利与筵席销售价格或毛利与菜品成本之间的比率，称为"毛利率"(前者叫销售毛利率，后者叫成本毛利率)。通过毛利率，可以准确反映筵席的商品特色。如售价1000元一桌的酒席，如果销售毛利率定为40%；那么它的菜品成本便是600元，经营费用、利润和税金共计400元(参阅"餐饮毛利与毛利率"等条)。

筵席科学

筵席科学主要指中国筵席中的3大核心要素，即五味调和的美食观；养生食治的营养观；因人、因事、因时、因地制宜的膳食平衡学说。

首先，强调调味是五味调和的基础，阴阳平衡是人体健康的必备条件，重视时序，提倡适口者珍。

其次，认为气足、精充、神旺是人身的"三

宝”;为了保正气、除邪气、使性味归经,故而重视药膳的配制,无病者养生,有病者疗疾。

第三,提倡“五谷为养、五果为助、五畜为益、五菜为充”,努力做到营养成分全面、配比合理、酸碱平衡与氨基酸平衡。

此外,筵席科学中还包括奇正互变的菜点烹调技巧、畅神悦情的餐饮心理需求等。

筵席艺术

中国筵席艺术包括宴会设计艺术、席谱编制艺术、台面装饰艺术、菜品味觉艺术、菜品造型艺术、菜品命名艺术、服务人员着装艺术、餐饮器物配置艺术等等;它们经常与饮食民俗、待客礼仪、宗教信仰、民族心理、养生食疗、社交应酬相结合,具有典型性、审美性、实用性的特征,属于综合艺术的范畴。

筵席艺术能通过艳丽的色调、诱人的香气、多变的味感、美观的形态、精致的食具、响亮的名称、应时的物料、健身的效果、舒适的环境、规范的礼仪、周到的服务和浓烈的亲情,给人以美的享受,使宾客感受到生活的温馨和世界的美好,引起遐思,陶冶性灵。

筵席改革

鸦片战争之后,随着时代浪潮的冲击和西方文化的影响,中国筵席的面貌悄然地发生着变化。一是随着西菜西点的传入,西餐筵席逐步在沿海口岸立足,其中的部分食品和食礼慢慢向中国筵席中间渗透。二是封建知识分子中的有识之士(如袁枚、徐珂等社会名流),日益发现中国筵席中的某些积弊,对其加以针砭,发出改革筵席的呼声。三是清末的一些留学生回国后,从卫生、实用的观点出发,推出了“视便餐为丰而较之普通筵会为简”的改良筵席模式,受到社会欢迎。四是随着清王朝的灭亡,许多超级大宴(如千叟宴、满汉席)逐步销声匿迹,人们需要新的席谱取而代之。在这种背景下,筵席改革问题经过100多年的酝酿思考,终于提上了议事日程。

1.筵席改革的原因。

中国筵席源远流长,体系纷繁。它们大多具有下述6个特点:(1)席面大,菜点多,以动物性原料为主体,重视选用山珍海错和名蔬佳果。(2)工艺精湛,讲究火候与调味,因时、因地、因人、因事、因情、因景而设,以某一风味或情趣取胜。(3)重视气势与文采,精心铺排,强调礼仪,餐室雅丽,餐具华美,服务周到,有一股庄重、华贵的气质。(4)耗费众多的人力、物力与财力,成本高,时间长,主要消费对象是上层集团,适应面不是很宽。(5)受封建礼教熏染,常被作为政治斗争和社会应酬的工具,功利作用和教育作用突出。(6)膳食配伍不尽科学,有些烹调技法不符合营养卫生的要求,存在着形式主义的倾向。

显然,这里面有可资借鉴的成分,也有应当扬弃的东西,要仔细分辨,决定取舍。例如,谨严选料,细致调理,认真操作,菜点与酒水巧妙组合,餐具配套,强调食礼和食趣,注重环境气氛的调适,发挥“酒食所以合欢也”的作用,今天仍然有用,需要继承和发扬。但是,通过酒筵斗富、铺张浪费、搜奇猎异、暴殄天物、编排过分雕琢、烹制故弄玄虚、忽视营养卫生以及不雅的席规和余兴之类,则应剔除。1949年至今,随着新的社会制度的建立和意识形态的改变,中国筵席尽管有了明显改进,但仍然存在着许多不尽人意之处。特别是近年来因诸多原因所促使,酒筵再度恶性膨胀,产生了5大弊端:(1)片面追求奇珍异馔,大量捕食国家明令保护的珍稀生物;(2)过分讲究风光排场,“千金买醉”,酒海肉山;(3)营养比例失调,带来了一些疾病;(4)浪费现象严重,影响了社会风气;(5)许多权贵大量动用公款吃喝,人民群众反映强烈。所有这些,都使筵席改革更显得迫切。

2.筵席改革的方向。

中国筵席必须改革。改革中应当把握4项基本原则:(1)不能失去聚餐式、规格化、社交性的本质特征;要注意风格的统一性、工艺的丰富性、配菜的科学性、形式的典雅性、接待的礼仪性和审美的教育性。只能是在借鉴中扬弃、在继承中创新;如果把中国筵席的合理内核都抛掉,那就不成其为筵席了,广大群众也难以接受。

(2)要兼顾我国的礼仪传统和风俗习惯,使筵席保持一定的规格和气氛,能显示待客的真诚和友情的分量,表达出对客人的敬意。如果筵席过于简陋,千篇一律都是“四菜一汤”;或者是“全盘西化”,不看条件、对象都实行“分餐制”,那就有违民意,不可能见到实效。(3)必须承认市场上的筵席具有商品属性,应当按经济规律办事。公款请客应当限制,私人正常的吃喝则不应干预,对于外宾、归侨、台胞的特殊要求,还须尽可能满足。只有灵活看待这一特殊“商品”,才能繁荣餐饮业、适应第三产业发展的需要。

(4)筵席改革要与餐饮业体制改革、烹调工艺改革、服务规程改革同步进行。换言之,要从根本上动“大手术”,而不能只是在小处修补。如果注意力仅在席谱编排和进餐方式上,恐怕难以解决问题。目前一些地区的筵席改革走了过场,就是明证。因此,改革筵席,只能是引导而不可限制。“引而不发,跃如也”,应当是其指导方针。

筵席改革的总体要求应当是:从中国现阶段的国情、民情出发,顺应社会潮流,科学地指导与调整食物消费,切实保证营养卫生,注重实际效果,努力树立时代新风尚。具体来讲,应当使中国筵席朝着小、精、全、特、雅的方向发展,保留它的东方饮食文化风采,强化它的科学内涵和时代气息。

“小”。指筵席的规模与格局。私宴应注意席面的精致、小巧,使之更有吸引力;公宴则可制定必要的条文,从赴宴人数、席面等级、承担费用上加以限制,有效遏止筵宴中的不正之风。

“精”。指菜点的数量与质量。新式筵席既应适当控制菜点的数量和分量,防止堆盘叠碗的现象,又需改进传统的烹调工艺,重视口味与质地,使食肴精益求精,防止粗制滥造的流弊。

“全”。指用料广博,荤素调剂,营养配伍全面,菜点组合科学。在多种原料的择用、绿色食品的配置和滋补筵席的格局上,都应广辟途径,大胆创新,提供更多的科学化的席谱,活跃饮食市场。

“特”。指地方风情和民族特色。不能从东到西、由南至北都是一个“味”。对待外地宾客,在兼顾其口味嗜好的同时,还应注意安排本地名馔,发挥技术专长,显示独特风韵,力求出奇致胜。

“雅”。指讲究卫生,注重礼仪,尊重客人的宗教信仰和风俗习惯。同时还要强化酒筵情趣,提高服务质量,完善设备和设施,把餐室作为社会主义精神文明的窗口,能够陶冶情操,净化心灵。

此外,关于进餐方式,可采用每客一份的单上式,可采用配置公筷的合餐制,还可采用听从客便的自选式,不必强求一律。另一方面,大件整份菜的传统办席方式,10人一桌的服务程序,也都应当有所突破。

3.筵席改革的深化。

经过10余年的实践,目前筵席改革已初见成效。各地推出不少新席,受到社会舆论的欢迎。特别是仿古宴、拟外宴、原料开发宴、民族风情宴、旅游观光宴、地方小吃宴的勃兴,给筵席市场注入了新的活力。但是,改革的宽度、深度和力度都还不够,发展也不平衡。这就要求动员全社会的力量投入。(1)应对传统筵席进行深入系统的研究,总结出一些可供参考的经验,古为今用。(2)整理出一批现今仍有生命活力的民间传统席谱,供应市场,迎合“返归自然”的思乡情结。(3)创制一批款式新、营养好、规格多、成本低的新潮席谱,满足广大工薪阶层的迫切需要。(4)组织烹饪学家、食品学家、营养学家、社会学家、民俗学家、经济学家通力合作,建立有中国民族特色的筵席理论体系,用以指导筵席改革实践。

只有这样,中国筵席才能迎来百花齐放的又一个春天。

筵席结构

筵席的构成

筵席通常是由3大板块——酒水冷碟、热炒大菜、饭点茶果构成的。不论何种筵宴,其内部结构基本上都是相同的。这3大板块均需有计划、按比例地依次推出,前呼后应,相互衔接,梯次分明。

对于筵席的结构,古时有“龙头、象肚、凤尾”之说。其中,酒水冷碟由大型工艺彩拼领衔,要求开席见“彩”,如龙头般地威武雄壮;热炒大菜由精美的高档座汤带队,要求美食纷陈,如象肚般地丰满充实;饭点茶果由小巧别致的首点压阵,锦上添花,如凤尾般地绚丽多姿。而统率这3组食品的则是最为出色的定格头菜,此乃全席的统帅和灵魂,要求虎鸣九皋,百兽回应,能体现筵席的规格和风韵。所以,一桌筵席实际上是由头菜这根大梁,彩拼、座汤、首点这3根立柱,支撑起酒水冷碟、热炒大菜、饭点茶果这3大板块,从而成为一个坚实的整装构件的。

至于各类筵席的差异,不是内部结构的区别,而在于“设计思想”、“建筑材料”和“组装工艺”的不同。如高特档筵席,是每一部分菜多、质量好、编排精细;地方风味和民族风味筵席,是突出地方名菜、民族名菜以及与之相关的食俗;国宴与专宴,是更为重视规格与礼仪;乡宴和家宴,是多了一些人情味与宽松祥和的气氛。

筵席结构的合理与否,取决于3大板块的内部比例。在通常情况下,普通筵席之比为10%：80%：10%;中等筵席之比为15%：70%：15%;高级筵席之比为20%：60%：20%;特档筵席之比为25%：50%：25%。换言之,酒水冷碟在全席成本中约占10%～25%,热炒大菜约占50%～80%,饭点茶果约占10%～25%,中间的这一板块(热炒大菜)始终居于主导地位。因而筵席的结构安排应当把握“三突出”的原则——在全席菜品中突出热菜,在热菜中突出大菜,在大菜中突出头菜;努力做到组合合理,衔接有序,稳重大方而又有节奏。

筵席第一组食品

此乃筵席的前奏曲,主要包括冷菜、饮料,有时还辅以手碟、开席汤、面塑、裱花大蛋糕或香烟。它们都要求小巧精细,开席见“彩”,诱发食欲,引人入胜。

筵席的第一组食品时常被简称为“酒水冷碟”,低中档筵席较为简单,高特档筵席较为复杂。其肴馔总数量可在2～18道之间,以5～9道为多见,其组配方式可参见“手碟”、“首汤”、“面塑”、“裱花大蛋糕”、“什锦拼盘”、“主碟带围碟”、“单碟、双拼、三相”、“酒水”、“香烟”各词条。

酒水冷碟亦可用来摆台,装饰席面。对此行业中习称“亮席”,极富观赏价值。

手碟

又称“手干”、“到奉”、“茗叙”、“进门点”、“高摆”、“铺垫”、“茶食”或“果席”,是筵席正式开始之前接待宾客的配套小食,一般由香茗、水果、蜜饯、糕饼、瓜子、糖果、甜碗(如莲子羹、杏仁豆腐之类)等灵活组配而成。如川式满汉全席中的毛目瓜子和白大扁豆;广式满汉全席中的蟹肉片儿面和咸甜点心四式;鄂式满汉全席的三茶(银耳茶、龙眼茶、毛尖茶)、二点(一口酥、翡翠烧梅);晋式满汉全席中的四高摆(白瓜子、葵瓜子、黑瓜子、杏仁);吉林全羊席中的四铺垫(青梅、冰糖、桔饼、瓜饯);内蒙古全牛大席中的四酥仁(脱袄花仁、琥珀桃仁、紫衣榛仁、玻璃杏仁)之类。现今餐馆举办婚宴、寿宴、满月席、团年宴时,席前每桌摆放一些瓜子、糖果、香烟与清茶;家庭年节便宴中端出一些水果、蜜饯、糕点及烟茶,招待早来的客人,也属于这一类型。

筵席中的手碟要求质精量少,干湿配套。它可供宾主品茗谈心、稍解饥渴;还能松弛开席前焦急等待迟到客人的烦躁心理,使守时的宾客得到应有的补偿和礼遇。

现今设计的一些高档创新筵席(如红楼宴、仿膳宴、昭君宴、随园宴),也多配置手碟来“亮席”。它们一般是分设茶果台与酒菜台两个台面,相继使用,以之展示筵席的规格及气势。

首汤

又称“开席汤”、“餐前汤”或“爽胃汤”,多用海米、虾仁、鱼丁等鲜嫩原料用清汤煮制而成,略呈羹状。其口味清淡,鲜腴香美,多用于餐前清口润喉,取用多少,悉听客便。

对于首汤,目前有两种看法。一种意见认为,它开胃提神,刺激食欲;另一种意见认为,它稀释胃液,不利于消化。不过,由于长期的饮食习惯所致,岭南地区(如香港、广东、广西、海南)的筵席一直坚持配置首汤;内地许多宾馆、饭店为了照顾台、港、澳宾客的嗜好,也照此办理。目前尚无充分的科学依据判定首汤的利或弊,故而筵席中是否设置首汤也不强求一律。

面塑

又称“福供”、“喜供”、“面人”、“花馍”、“彩糕”或“面塑造像”,是寿席、婚席中装饰性的大型食品摆设,包括面塑、糕塑、糖塑、油塑、食雕、冰雕等等。它虽系食品原料制作,但使用了较多的化学添加剂和撑架底座,大多又不经过熟制,故而一般只供观赏而不供食用。

面塑的图案大致可分4类:一是民间喜爱的飞潜动植,如龙、凤、虎、麟、松、竹、梅、菊;二是雄奇秀丽的自然风光,如山、水、涧、石、亭、台、楼、阁;三是吉祥的民间工艺纹饰,如福、禄、寿、喜、万字、方胜、八卦、回纹;四是受人敬仰的英雄人物,如八仙过海、桃园结义、武松打虎、钟馗捉鬼之类,带有鲜明的东方文化审美风情。

面塑在古代主要用于祭祀筵席和大典，造型多为面牛、面马、面车、面轿，以及福禄寿三仙与和合二圣；现今多见于高档的人生仪礼筵席，如婚席上的龙凤呈祥、喜鹊登梅、麒麟送子、五子登科，寿席上的寿桃、寿面、寿龟、寿烛之类。

配置面塑应与办宴目的相契合。其制作者须有较深的文学艺术修养和雕塑功底，作品要求气韵生动、肖似传神。

现今有些烹饪大赛中，也习惯于用面塑造像装饰展台，以烘托气氛，显示技艺。像第三届全国烹饪技术大赛中，湖北省宾馆联队的《楚风》展台上，就有“双龙戏珠”、“金凤腾飞”、“楚姬献舞”等大型雕塑，吸引了众多观众。

裱花大蛋糕

又称“彩花蛋糕”或“生日蛋糕”，有中式蒸制蛋糕和西式烤制蛋糕两类。在西式蛋糕中，又有小蛋糕与大蛋糕之别。其中，小蛋糕包括奶油蛋糕、千层蛋糕、卷筒蛋糕、酒醉蛋糕、玻璃蛋糕、核桃蛋糕、冬至蛋糕、黄酒蛋糕、水果蛋糕、香草蛋糕、夹心蛋糕等，每个约重25～100克，可作筵席点心；大蛋糕包括糖粉蛋糕、蛋白蛋糕、琼脂蛋糕、奶油蛋糕4种，均系在糕坯外裹粉、浇盖、裱花制成，上有花卉图案和中英祝颂文字，一般重约750～2500克，有的为平面式，有的为立体式，造型或圆、或方、或花篮、或草帽、或树桩、或书册、或雪橇、或木屋，带有欧陆风情。

裱花大蛋糕用于中国筵席，是受欧美习俗的影响，始于鸦片战争前后，由社会上层逐步流传到民间。大蛋糕上席，多见于庆婚、祝寿、名人专宴或圣诞酒会，上面写有祝颂词语（如“新婚幸福”、“生日快乐”、“圣诞之夜”、“桃李芬芳”之类），并插上燃烧的彩烛，待宾主致词（或唱歌、奏乐）后切块分食。配置蛋糕的多为中档筵席，一般为1000克左右，要求图案清秀，造型别致。它可以增添喜庆气氛，突出办宴宗旨；还能调整筵宴的营养构成，提高蛋、奶、糖、面粉的供给比例。

现今有些儿童生日筵席，常用裱花大蛋糕取代冷菜，效果较好。

什锦拼盘

又称“花色大拼”、“九子攒盒”、“大拼盘”或“大围盘”，系将多种类别、味型和色彩的熟料与可食生料，拼装在一个大器皿中的花色冷盘。其图案有“风车形”、“扇面形”、“葵花形”、“梅花形”、“塔基形”、“轮轴形”等，以刀面精细、构图匀称为佳。其盛器多为瓷盘、漆盒或不锈钢大盘，可圆、可方，或呈多边形。什锦拼盘通常须选用4～10种原料，色泽、口味与质地要尽量错开；拼装时或是中轴对称，或向四周辐射；它的所有原料原则上应切成同样的刀口，分量也要大体均衡，并构成规整的几何图案。

什锦拼盘多见于中档筵席，可以替代主碟、围碟、单碟或双拼等。

主碟带围碟

筵席中冷菜组合的形式之一，大多见于中高档的席面之中。它常由一个大碟和若干个小碟配合，形成“众星捧月”之势。

1.主碟。又叫“花碟”、“彩拼”、“工艺大碟”或“看盘”。它是挑选烹调好的熟料或可食的生料，运用刀技造型与装饰艺术，在14英寸以上的圆盘、方盘、鱼盘、条盘、菱盘或异形盘中，镶拼山水、花鸟、建筑、器物或图案。主碟的设计，牵涉到立意、命名、题材、风格、选料、构图、定形、设色诸方面，须与办宴的意图一致。像庆婚多用“鸳鸯戏水”，贺寿多用“松鹤延年”，中秋多用“故乡月明”，团年多用“吉庆有余”，迎宾多用“满园春色”，祝捷多用“金杯闪光”，开业多用“大鹏展翅”，添丁多用“富贵金锁”。主碟还必须符合营养卫生，原料的高下与工艺的繁简应视筵席档次而定；同时构图应有新意，注意分宾主、讲虚实、重疏密，有节奏，提倡空、淡、雅、活，形似与神似兼顾；并且通过自然景观的寓意，表现厨师的理念和情操，使食客共鸣。

2.围碟。又叫“配碟”、“辅碟”、“刀面碟子”或“食碟”。这是主碟的陪衬，用料须是精华部位，有荤有素；其组装应按主碟的要求定弧度、划经纬、确定点线面体和曲直方圆，或摆出整齐划一的刀面，或制成小巧写意的花鸟，使之相辅相成。围碟多用4～7英寸的桃叶碟、月牙碟、椭圆碟、云纹碟或异形碟作盛器，每碟的净料不超过100克为宜。

3.主碟和围碟的配套。通常情况是：中档筵席是一主碟带4～5个围碟，高档筵席是一主碟带6～8个围碟，特档筵席是一主碟带9～24个围碟。主碟与围碟在图案上也应配套，如主碟若为牡丹花，围碟则宜是不同的蝴蝶，此组冷菜便叫“蝶恋花”；主碟若为大凤凰，围碟则宜是各种小鸟，此组冷菜便叫“百鸟朝凤”。如果主碟只供观赏而不食用，那么，主碟带围碟就变成为“看盘带食盘”的形式，看盘做得比较“虚”，食盘做得比较“实”，大带小的规则基本同前。

评判主碟带围碟的标准是：选题得当，图案新颖，寓意鲜明，用料丰富，刀工精细，搭配合理，色调和谐，造型生动，滋味多变，清洁卫生，食量合宜，能形成“主行宾从”之气势，有整体美。

单碟、双拼、三相

统称“独碟”，是筵席中冷菜组合的又一种形式；其特点是不论盘子多少，大小尺寸均相同，区分规格的高低，一是看用了多少个盘子，二是看每个盘子中用了几种物料（其中，一盘一料的叫单碟，一盘双料的叫双拼，一盘三料的叫三相）。如果盘子多，物料也多，档次则高；相反便低。其常见形式有四单碟（4个碟子，每碟1料），六单碟（6个碟子，每碟1料），八单碟（8个碟子、每碟1料），四双拼（4个碟子，每碟2料），五双拼（5个碟子，每碟2料），四三相（4个碟子，每碟3料）、六三相（6个碟子，每碟3料）。

1. 单碟。系指一种原料拼装成的冷菜，其图案有“元宝形”、“馒头形”、“平围形”、“弓桥形”、“条形”、“菱形”、“金字塔”、“一颗印”等，一般使用5～7英寸圆盘或条盘盛装，主要应突出规范的刀面。各个单碟之间，应当交错变换，避免用料、技法、色泽和口味上的重复。至于荤素搭配，一般为2∶1（如3荤1素、3荤2素、4荤2素、5荤3素）。单碟多用于低档或中档偏下的酒席，可上4～9道，东南方习用双数，西北方习用单数。在中档偏上和高档酒筵中，可上单碟11～13道，每碟的净料应控制在100克以内。

2. 双拼。又称“对镶”、“阴阳碟”或“文武碟”，系指两种原料拼装而成的冷菜。这两种原料在数量、刀口和色泽上都应协调，还须讲究口味与质地的错综。味型丰富、配色和谐、刀面一致、质地多变，是双拼最基本的工艺要求。拼制双拼，通常选用7～8英寸的腰盘，盛器规格统一。每盘约有150克净料，一般是一荤一素，也可同时使用两种荤料；但是在一组双拼中，素料总量不得低于1/3。例如六双拼中，可用4素8荤或5素7荤。双拼通常是4～6道一组，用于中高档筵席。

3. 三相。又称“三拼盘”，系指三种原料拼装成的冷菜，同样要突出刀面。制作三相，腰盘、圆盘均可，多为8～9英寸。每盘的净料应控制在200克以内，三者大体均衡。三相取料精，档次高，更讲究色、香、味、形、器的配合。它们多为4～6道一组，用于高特档筵席。

此外，古时还有一种“四配”，即用4种原料拼装而成的冷菜，用9～10寸大碟装载，每盘的净料控制在250克以内，四者大体均衡。它们多为4～6道一组，用于特档筵席。

不论单碟、双拼、三相或四配，都不许搁置染色的萝卜花，也不可另外配置味碟；因为前者有碍卫生，后者易于串味。特别是味碟一上，有些没有经验的客人喜欢端起味碟朝各个盘子中轮番一淋；这样业已调好味、配好色的各个冷菜碟就会变成一个味、一个色，厨师的劳动便会前功尽弃，客人的口感也会是雷同了。

酒水

筵席中所用饮料的总称，主要指酒类（含白酒、黄酒、果酒、露酒、药酒、啤酒、汽酒和洋酒），还有清凉滋补的软饮料（一般包括能量型、矿物质补充型、维生素补充型、平衡营养型4种）。

由于酒水的类别甚多，客人喜好各有不同，因而筵席配用时的随意性较大。过去筵席用酒，多由厨师选定，目的是与菜点配套；其价款计入筵席之内，酒与冷菜同时上席。现今筵席用酒，一是客人自带，二是在酒柜上选点，大多不与菜点配套；其价款单独列支，不计入筵席之内。

根据这一情况，目前设计筵席是较难考虑酒水配套问题的。但是，“菜跟酒走”是办席的基本原则之一。酒水是筵席中的“兴奋剂”和“指挥棒”，开展社交活动的媒介物，不考虑酒水是否合适的筵席，收效也很难见佳。解决这一矛盾的方法有二：一是订席时由客人确定酒水的品种与数量，餐厅事先准备，按酒水的属性配菜（如白酒多配汤、啤酒少配汤之类），届时依据饮用的多少与菜点一并计价；二是按照现今春夏普遍爱饮啤酒、冬春普遍爱饮白酒、四季搭配红酒与果汁的习惯，以及本餐厅经常供应的酒水排菜，虽不十分准确，但也不会相距太远。此外，服务人员应为顾客当好参谋,主动告知他们本桌筵席饮用什么酒水比较合适,本地名酒的特色及其补养功能;只要讲得有道理,客人一般会乐于采纳。

香烟

筵席中的辅佐食品,古代多用旱烟、水烟或鼻烟,现代一般用卷烟。其中,文化人和中老年人多爱云烟,商人和青年人多爱洋烟,还有不少地方则欣赏本地名烟。

烟在筵席中有5种功能:(1)以敬烟、点烟为媒介,互相介绍认识,提供攀谈机会,开展公关活动。(2)在布菜敬酒的间隙适当上烟,可以调节宴会节奏,使肠胃略事休息,让宾主吃得舒服、熨帖。(3)饭后上烟有助于肠胃的蠕动,加快消化,减缓膨胀感,留下美好的回味。(4)对于吃相不雅或言行过于粗俗的客人,通过敬烟予以暗示,使之适当注意席规酒礼而不致于太煞风景。(5)筵席中出现某些不愉快的争执时,也可通过敬烟缓解双方的情绪,使聚饮始终保持祥和的气氛。

筵席第二组食品

此乃筵席的主题歌,全由热炒、大菜等热菜组成,有时还可带入点心或小吃。它们属于筵席的躯干,质量要求较高;排菜应当跌宕变化,好似浪峰波谷,逐步将宴会推向高潮。

热炒有单炒、双炒、三炒等形式,排在冷菜与大菜之间,起承上启下的过渡作用。它们多系"抢火菜",以色艳、味美、鲜热爽口者为佳,量不宜多,一般配4～6种。

大菜是筵席的台柱,一般包括头菜、荤素大菜、甜食和汤品4类,大多按头菜、烤炸菜、二汤、热荤菜、中汤、甜菜、素菜、鱼菜和座汤的顺序编排。其品种多,规格高,制作精,分量大,在筵席中具有举足轻重的作用,筵席的档次和质地主要由它来体现。

热炒

又称"小炒"、"快件"、"行件"、"溜炒"、"镶炒"或"配菜",是筵席中冷菜与大菜之间的过渡菜品;有"单炒"(只炒1种)、"双炒"(炒两种再拼装)、"三炒"(炒3种再拼装)之别,常见形式是"四单炒"、"四双炒"、"四三炒",分别用于低、中、高、特等不同档次的席面,起一种承上启下、蓄势待发、孕育筵席高潮的作用。

热炒在制作工艺上大多具有4个特点:(1)原料多为鱼鲜、禽畜或蛋奶、果蔬,主要取其质脆鲜嫩的部位,刀口小,多为片、丁、丝、条,有时还须剞出麦穗花刀或菊花花刀。(2)制法主要是煎、炒、爆、熘、炸、烹、贴,对汁调味,要求旺火热油,快烹速成,即熟即食,一热三鲜,脆美爽口,色艳味佳。(3)不造型,不分盘,不带点心或小吃,大多是在30～120秒内一道工序成菜;吃完后盘中应是见油不见芡,"菜完汁干"。(4)每盘所用净料多为300克左右(其中主料200克,辅料100克),用8～9英寸的腰平盘盛装,一般多为4～6盘一组,连续推出。

热炒可以"合上",即上完冷菜后将其顺序推出,待其全部上完再上大菜,此法多见于东南方;也可以"分上",即是先上冷菜,再上大菜,将热炒化整为零尾随在不同的大菜之后入席,这在西北方较为普遍。无论合上还是分上,各道热炒要注意衔接顺序。如果分上,则质优者先,质次者后,突出名贵物料;如果合上,则清淡者先,浓厚者后,防止味的互相压抑。例如,猪肉、鸡丁、虾仁和蟹粉,其鲜味是递增的,所以上菜应是一猪、二鸡、三虾、四蟹,如果次序颠倒,食用效果必差。

至于热炒在筵席成本中所占的比例,一般可掌握在15%～25%之间,即低档筵席略高,高档筵席略低。下面是低、中、高、特4种席面的热炒菜配置示例,可供参考:

第一组,低档筵席的四单炒:

宫保鸡丁,青豆虾仁,
焦熘肉片,蒜爆墨鱼。

第二组,中档筵席的六单炒:

油爆肚尖,炸凤尾虾,
醋熘腰片,酸辣鱿筒,
太极黄菜,清炒香菌。

第三组,高档筵席的四双炒:

雪花鲍片——麻酱莴笋,
绣球干贝——花酿冬菇,
油爆菊红——茄汁鱼饺,
小煎鸡塔——鸽蛋吐司。

第四组,特档筵席的四三炒:

美人鸡肝——辣子鸡丝——玉兰鸡脯,
火燎鸭心——软炸鸭肫——香爆鸭肠,
金丝鱼卷——红油鱼饼——松仁鱼米,

芝麻肉排——枸杞肉丁——腰果肉片。

大菜

又称“大件”、“正菜”、“主菜”、“行菜”或“柱子菜”，筵席中的当家菜品，通常由头菜、荤素大菜（含山珍菜、海味菜、肉奶菜、禽蛋菜、水鲜菜、蔬果菜、粮豆菜）、甜食、汤品（含二汤、中汤、座汤）等组成，可排5～18道（通常为6～9道），因筵席的档次和需要而定。其成本约占全席总成本的45%～70%，有着举足轻重的地位。

大菜在制作工艺上大多具有5个特点：(1)原料多为山珍海味或鸡鸭鱼肉、粮豆蔬果中的精华部位，一般是用整件（如全鸡、全鸭、全鱼、全膀）或大件拼装（如10只对虾、12只芙蓉蛋），置于大盘、大盆、大碗、大盅之中，菜式丰满、大方、壮观。(2)制法主要是烤、炸、蒸、炖、烩、焖、烧、扒，须经多道工序、持续较长时间方能制成，要求香酥、爽脆、鲜嫩、肥美，在质与量上都超过其他菜品。(3)一般都需造型，名贵一点的多采用“各份”的形式分上，可以随带点心、小吃（咸带咸、甜带甜）或味碟乃至热炒，具有一定的气势。(4)每盘下料多在750克以上，有的可达2千克甚至20千克（如烤全羊），餐具也常在1英尺以上，有的则用长达1米的大托盘，配以银托、红木座或髹金雕漆盒。(5)根据技法、作用与要求，分为头菜、炸烤菜、二汤、热荤、中汤、甜菜、素菜、鱼菜和座汤等细别，上菜有一定的程序，菜名也较讲究。

下面摘要介绍头菜、辅佐大荤、甜菜、素菜和汤品五种。

定格头菜

头菜又称“首菜”、“帅菜”、“定格菜”或“镇席菜”，即是整桌筵席中原料最好、质量最精、名气最大、价格最贵的菜肴。它通常采用烤、扒、蒸、烩等方法制成，排在所有大菜的最前面，统帅全席。按照传统习惯，不少筵席根据头菜来命名。如头菜是红扒驼峰，就称“驼峰席”；头菜是葱爆海参，就称“海参席”。而且头菜的等级高，热炒和其他大菜的档次跟着也高；头菜低，其他菜也低。故而审视筵席规格常以头菜为基准。

鉴于头菜的特殊地位，配置时要注意3点：(1)原料应选山珍海味或常用料物中的优良品种，其成本应占热菜成本的20%～35%。如一桌成本为300元的低档筵席，热菜成本约为225元（按75%计算），头菜成本则应在45～75元之间。头菜成本过高或过低，都会影响其他菜肴的配置。(2)头菜作为“帅菜”，应与宴会的性质、规格、风味协调。标明是鲁菜席，头菜必须选用山东名菜；规定为高档酒筵，头菜必须用山珍海味中的精品；注明什么季节，头菜必须应时当令；用于什么筵席，头菜名称必须与之吻合。此外，头菜应当首先照顾主宾的口味嗜好，并与本店的技术专长相结合。(3)头菜出场应当醒目，盛器要大，装盘要满，造型要大方，服务人员要重点加以介绍，主人要趁机掀起宴会的高潮。如果头菜一旦失手，不仅浪费钱财，还会使整桌筵席黯然失色，影响食兴。

辅佐大荤

又称“热荤”或“造型大菜”，系大菜中的主要支柱，每席常有2～5道，多者可达6～12道，例由鱼虾菜、禽畜菜、蛋奶菜以及山珍海味菜组成。它们常与甜食、素菜、汤品联为一体，共同辅佐头菜、烘托头菜，并构成整桌筵席的主干。

配制辅佐大荤，首先应处理好它与头菜的关系。热荤的用料，应视筵席的规格而定；但是，不论档次如何，都不可超越头菜。如头菜为“葱㸆裙边”，热荤可用鳜鱼、鲜贝，而不能用鱼翅、鲍脯；头菜为“芙蓉鸡片”，热荤可用鸭掌、猪蹄，而不能用鱼肚、猴头菇。

其次，各道热荤之间也要搭配合理，原料、口味、质地与技法，彼此协调。既要避免重复，又要考虑成本核算。在热荤的编排上，通常是将炸烤菜安排在头菜与二汤之间，二汤后再安排山珍海味菜和禽蛋畜奶菜；中间穿插甜菜和素菜，然后上鱼鲜菜，用座汤收尾。

第三，每道热荤菜的制作，可灵活选用烧、焖、蒸、炸、汆、扒、烩等法。其汤汁一般较宽，要用较大的器皿。有些热荤还须配置相应的跟味碟，如蒸菜多配姜、醋，炸菜多配花椒盐、辣酱油，烤菜多配大葱、甜面酱和面饼。

此外，热荤的分量也要相称。通常情况下，每份用净料750～1250克；整形的热荤菜，由于是以大取胜，故用量一般不受限制，像烤鸭、烧鹅，越大越显得气派。在主辅料的搭配上，也应突出主料；至于辅料的比率，则随席而异。

甜食

包括甜汤、甜羹或甜菜，泛指筵席中一切的甜味菜品。其品种多，有干稀、冷热、荤素、高低的不同，需视季节和席面而定，并结合考虑成本因素。

甜菜的用料多选果蔬菌耳或畜肉蛋奶，其中，特档的如冰糖燕窝、夹沙果子狸，高档的如冰糖甲鱼、清炖哈什蚂，中档的如散烩八宝、拔丝蛋液，低档的如什锦果羹、蜜汁莲藕；哪怕是土豆、红薯、地瓜、荸荠，只要制作精细，同样可以入席。

甜菜的制法有拔丝、蜜汁、挂霜、糖水、蒸烩、煨炖、煎炸、冰镇等。它们用于筵席，可以改善营养、调剂口味、增加花色、解酒醒醒，很受欢迎。

素菜

此乃筵席大菜中不可缺少的品种，戏称为“特保儿”，包括纯素菜与花素菜两类。纯素菜指主料、辅料和调料均为植物，不沾任何荤腥，例如植蔬四宝、清炒菜薹；花素菜指主料为植物，辅料和调料（含高汤）可以兼及荤腥，例如开水白菜、肉末豆腐。可做素菜的原料甚多，其中既有名贵品种（如竹荪、芦笋），也有普通蔬食（如豆芽、菠菜）。素菜入席，一须应时当令，二须取其精华，三须精心烹制，四须适当造型。素菜的制法也要视料而异，炒、焖、烧、扒、烩、酿均可。

大菜中合理地安排素菜，可以改善筵席的营养结构，调节人体的酸碱平衡，去腻解酒，变化口味，增进食欲，促进消化。

汤品

筵席中的汤菜，种类很多。按用料规格分，有特档汤菜、高档汤菜、中档汤菜和低档汤菜；按汤的质地分，有毛汤和高汤；按汤的属性分，有浓汤、奶汤和清汤；按汤的口味分，有咸汤、酸汤、甜咸汤和酸辣汤；按养生作用分，有滋补汤和食疗汤；按筵席整体结构分，有首汤、二汤、中汤、座汤与饭汤。其中，用做大菜的，只有二汤、中汤及座汤 3 种。

1. 二汤。定名于清季。由于满人酒席的头菜多为烧烤，为了爽口润喉，头菜之后往往要配一道汤菜，因其在大菜顺序中排列第二，故名。行业中常称它为“半汤菜”，如清汤燕菜、推纱望月之类。二汤多用清汤制成，用头号碗盛装。如果头菜为烩菜，二汤就可省去；假若头菜是烩菜，二菜上了烧烤，那么二汤就后移到了第 3 位。

2. 中汤。又名“跟汤”。酒过三巡，菜吃一半时，穿插在辅佐大荤后的汤即为中汤。中汤主要冲消前面的酒菜之腻，开启后面的佳肴之美。对于中汤，多数地区习惯于鲜咸味，少数地区则爱清淡的甜羹。其规格不可超过二汤和座汤。

3. 座汤。又称“大汤”、“主汤”、“尾汤”或“收席汤”，是大菜中最后上的一道菜，也是筵席中最好的一道汤，故行话又叫“压座汤”或“镇席汤”。座汤的规格一般都高，在大菜中仅次于头菜。有时可用整只鸡鸭鱼肉制作，如四禽会、鮰鱼汤；有时可加名贵的辅料，如虫草炖金龟、五元神仙鸡。制作座汤时，清汤、奶汤、浓汤（如排骨煨藕汤）均可；为了不使汤味重复，若二汤为清汤，座汤就用奶汤，反之亦然。座汤习用品锅或鐽子盛装，冬季多用火锅代替。由于历来有“见汤收席”的厨谚，所以安排筵席大菜时，应当确保座汤的规格，给热菜一个完美的结尾。

至于汤品的配置原则，通常是：低档筵席仅配座汤；中档筵席加配二汤；高档筵席再加配中汤；特档筵席则可多配几道中汤。总之，汤品越多，档次越高；汤品越精，越受欢迎。所以有“唱戏靠腔、做席靠汤”、“无汤不成席”、“宁喝好汤一口，不吃烂菜半盘”、“厨师就怕汤来磨”等说法。苏州松鹤楼、成都荣乐园的名席都以汤取胜；而“洛阳水席”更是以汤来命名。

筵席第三组食品

此乃筵席的伴奏乐队和尾声，包括饭菜、饭汤、饭食、席点、筵席小吃、果品、蜜脯、冷饮和茶品等等。它们重视花色调配，如同精巧的“小摆设”，目的是使筵席锦上添花，余音绕梁不绝。

筵席第三组食品通常简称为“饭点茶果”。由于它排在酒水冷碟和热炒大菜之后，上席时宾主腹中已有七八分饱，因此量不宜大，而应以“奇”致胜。还由于豪饮之故，宾主此时大多呈醉态或半醉态，所以解酒醒醒的果品、蜜脯、冷饮与茶食就显得相当重要，务必精心调配，能够“立竿见影”。最后，散席前宾主的激情往往被充分调动出来，有许多话要说，故而几碟精致的茶点大可助长谈兴，使筵席善始善终。

饭菜

又称“小菜”或“香食”，它与前面的冷碟、热炒、大菜等下酒菜相对，专指饮酒后下饭(含面点)的菜肴。饭菜多由名特酱菜、泡菜、腌菜、糟菜、风腊鱼肉以及部分炒菜组成，如乳黄瓜、小红方、洗澡泡菜、玫瑰大头菜、腌椿芽、榨菜炒肉丝、虾鲊、风鱼等。它们在座汤之后入席，2～4道一组，多见于中档以上的酒筵。不过，有些丰盛的筵席，由于菜肴较多，席点和小吃亦多，宾客很少用饭，也常取消饭菜；而一些简便的筵席，因为正菜较少，又只备米饭、光面，这时也可以用饭菜充当“佐餐小菜”或“面码”。饭菜习用4～5英寸碟，以素为主，兼及荤腥，有清口、解腻、醒酒、佐饭等功用。

饭汤

指筵席即将结束时，与饭点、饭菜配套的汤品，如红白豆腐汤、酸辣鱿鱼汤、肉丝粉条汤、虾米紫菜汤之类。此汤档次较低，多用普通原料，调味偏重，以酸辣、麻辣、咸辣、咸鲜味型居多，制法有汆、煮、烩等。饭汤在一般筵席中不多见，但古代的民俗酒席和现今的民族酒席中则很受欢迎。

合理运用饭汤，可以弥补正菜之不足，刺激疲倦的口舌，起到压酒、下饭的作用。

饭汤仅配一道，用二号汤碗盛装，置于饭菜之后、饭点之前。

饭食

这是筵席中第三组食品的主体，多系粮豆制品，由面点师制作。它们主要补充糖类，协调冷菜与热菜，使筵席的营养结构平衡，全席食品配套成龙。

1.米饭。分为白米饭和油炒饭。白米饭有10多个品种，大米饭最常见，还有麦米饭、小豆饭、小米饭、高粱饭、薯芋饭等。配置米饭多是低档筵席，须用好米，不可蒸得太硬，用品碗上席，每人一份。油炒饭是在米饭中配加鸡蛋、虾仁、火腿、干贝、笋丁、葱花等炒成，配料是什么，就叫什么炒饭，如银鱼炒饭、鸡丝炒饭之类。它多用于中档以上酒席，以大盘或大盆盛装，各人分取食用。

2.粥品。有光粥与花粥之分。光粥纯用粮食煮制，不加任何辅料与调味品，只要求稀稠适度、柔糯香滑。花粥是在光粥中添加有关配料煮成，如绿豆粥、皮蛋粥、神仙粥、八宝粥等。粥品多供老人和孩子食用，一般筵席不多见；中档以上的特色酒筵配粥，多为药粥，像苡仁粥、甘蔗粥、竹叶粥、莲子粥、麻仁苏子粥、红枣糯米粥、桂圆白果粥、高粱螵蛸粥之类。它们可以缓解口味，调节体液平衡、疗疾强身，在盛夏尤受欢迎。

3.面食。包括馒头、花卷、烙饼、蒸糕、汤团、米粉、蒸面、煮面、炒面、凉面、包子、饺子、馄饨、烧麦等等，各类筵席都可配用，只是品种、规格与数量不同而已。筵席中配用当地的著名面食，能展示乡土气息和民族情韵。我国的面食品种特多，仅以面条而论，就有山西刀削面、山东蓬莱小面、河南金丝穿元宝、河北杠打面、北京龙须面、兰州牛肉拉面、新疆托克逊炒面、西安油泼面、四川担担面、武汉热干面、福建八珍面、广东鹅面、扬州三鲜大卤面、桂林月牙楼尼姑面等数百种花色，颇耐品尝。配置面食，一要少而精，二须用名品，三应请行家认真制作。

席点

又称“细点”、“花点”、“茶点”、“造型点心”或“工艺点心”，是面点中的一个大类、筵席第三组食品的主干。其特色是：注重款式和档次，讲究造型和配器，玲珑小巧，观赏价值高，由特设的点心房精工制作。

席点常是2～4道一组，随大菜一起编入席谱之中。品种有糕、团、饼、酥、卷、角、皮、片、包、饺、奶、羹等，常用制法多为蒸、煮、炸、煎、烘、烤。它一般不超过25克，愈小愈精，需要造型，并按照形态分为鸟兽点心、时果点心、花草点心、器皿点心、图案点心数类，要求精细、灵巧，具有较高的审美价值。其中，领衔挂帅的首点还须出类拔萃，更为漂亮和香美。

上席点的顺序可按各地习惯而定：或是化整为零，逐一穿插于大菜之间；或是聚零为整，全部排在座汤之后。配置席点时，还须考虑口味、质地以及季节的协调，通常情况下，咸味大菜配咸点，甜味大菜配甜点；汤菜配饺子，烤炸菜配软饼；甜汤配糕，拔丝菜配羹；夏秋配糕团，冬春配饼酥。

下面是高特档筵席的点心组合格式举例：

1.两甜两咸式。两甜(椰茸晶饼、牡丹大包)、两咸(翡翠烧麦、四喜蒸饺)。

2. 四甜四咸式。四甜(脆皮菠萝球、莲子签方脯、水晶鲜奶冻、桂芯栗粉糕)、四咸(蟹肉海棠果、绿茵白兔饺、鸡肉拉皮卷、酥炸鲈鱼条)。

筵席小吃

筵席小吃全国各地都有,乡土性强,风格迥异。普通筵席一般不配小吃,但四川等地则很重视。小吃大多排在大菜之后,替代面饭,充当主食。配置小吃,也应当是当地的名特品种,一般2～4道,咸甜、干稀、冷热兼顾。

小吃和主食、席点可以交错使用,并有许多套路。如:

1. 系列式。同系列,不同花型。诸如四面点(刀削面、龙须面、小刀面、泼鱼面)、四御点(小窝头、芸豆卷、莲子糕、豌豆黄)、四酥点(佛手酥、马蹄酥、螃蟹酥、龙虾酥)、四西点(碧莎饼、汉堡包、咖喱冻、冰淇淋)。

2. 插花式。品种与花型都不同。如四甜点(奶酪、糖酥、花糕、豆包)、四咸点(春卷、虾饺、烧梅、油香)。

3. 装饰式。只安排在筵席的头尾以壮观瞻,如开席时用面塑造像或裱花大蛋糕,收席时用四点心、二小吃。

4. 交错式。即小吃与席点穿插入席。如大菜中分别带2～4款甜咸点心,随饭菜中安排2～3道风味小吃。

5. 递进式。顺序分层推进,不断掀起高潮。如川式满汉全席中,第一组排到堂点(奶皮如意卷、冰汁杏闹汤);第二组排中点(五仁葱油饼、虾仁米粉汤);第三组排席点(那玛米糕、荞菜烧麦、芝麻烧饼、桐川软饼);第四组排茶点(炸玻璃油糕、烧茨菇鲜饼、煎水晶包子、烤玫瑰棋饼、杏仁茶)。

6. 一统式。即全部由小吃组成筵席。如四川小吃席、北京小吃席之类。

果品

席用果品分类较细,有鲜果(如苹果、鸭梨)、水果(如红菱、雪藕)、酸果(如酸杏、梅子)、瓜果(如西瓜、哈密瓜)、干果(如核桃、板栗)、果干(如柿饼、大枣)、果仁(如瓜子、松子)、果汁(如椰子汁、甘蔗汁)等。筵席配果比较讲究,各有说道。像寿席宜配佛手、蟠桃、百合、银杏;婚席宜配红枣、桂圆、莲子、花生;喜庆筵席宜配苹果、香蕉、金橙、鸭梨;女宾和孩子较多时宜配酸果、瓜果;男宾和老人较多时宜配果仁、干果之类。低档筵席一般配1～2种,中档筵席一般配2～3种,高档筵席一般配4～6种,特档筵席一般配7～8种。均需选择个大、色艳、质好的时令佳果以及著名品种。

过去果品上席一般只需洗净、擦干、削皮、去核、切片、插签、摆作图案;现今则时兴水果切雕。所谓水果切雕,即是运用多种刀具,按一定的艺术构思,将瓜果原料加工成具有观赏价值和象征意义的食用工艺品,并进行文学命名,如"一帆风顺"、"百事可乐"、"故乡月明"、"春满华堂"之类。瓜果切雕常用的原料有仁果(如苹果、木瓜)、核果(如樱桃、李子)、浆果(如草莓、脐橙)、水果(如柠檬、芒果)、瓜果(如黄金瓜、白兰瓜)等。其中,块形大的多作为切雕的坯料,块形小的多作为拼摆时的部件或点缀物。常用工具有切刀、刨刀、刻刀、戳刀、砧板、清洁布、牙签及杯、盘、盆和成型模具。通过构思、命名、布局、选料等步骤,用立雕、平雕、刻画、镂饰、拼摆诸方法造型,最后配器拼装。在水果切雕中,所用的原料一般是4～6种,1000～2000克,图案大多简练,构思多有新意,命名也雅致含蓄,常为筵席增色。

蜜脯

包括南蜜(如话梅、九制陈皮、蜜汁榄仁、无花果)和北脯(如苹果脯、海棠脯、冬瓜糖、甜藕片),都系水果的再制品。两者的区别在于:蜜饯主产于南方,以广东、福建、台湾为优,块片较小,有时带核,系用糖、蜜和中草药腌制,多有黏汁,呈甜咸味或药味;果脯主产于北方,以北京为中心,块片较大,多用糖水熬煮后烘干,上有糖霜,不带黏汁,呈甜酸味。

入席时,北客以果脯为好,南客以蜜饯为好(有时也可反相配置,以异取胜)。两者均需用2～3英寸碟盛装,4道一组,用于收席后(也有用在开席前的)。普通筵席一般不配,中档至特档筵席可酌情配置4～12种,以牙签取食。

茶品

筵席用茶,实有3类。一是纯茶,如绿茶、青茶、乌龙茶、红茶、花茶等。茶叶要好,茶具要雅,冲泡之水要洁净、煮沸。二是混合茶,即在茶中添加相关配料煮熬，如药茶、糖茶、盐巴茶、香草茶、薄荷茶、奶茶、酥油茶、芝麻豆子茶等。三是代用茶，又称“茶食”，它有茶之名而无茶之实，如油茶、杏仁茶、桦汁茶、桂圆茶、咖啡茶、鸡蛋元宝茶、米酒桂花茶等。茶的配置，通常只选一种，有时也可数种齐备，凭客选用；开席前和收席后都可以上，一般都是在休息室品用。

上茶的关键一是注意茶的档次，二是尊重宾客风俗习惯。一般而言，华北多用花茶，东北多用甜茶（茶中添加白糖），西北多用盖碗茶，长江流域多用青茶或绿茶，闽台等地和侨胞多用乌龙茶，岭南一带多用红茶或药茶，少数民族地区多用混合茶，江南农村和高档筵席多用代用茶。文化人重视“清饮”，讲究名品（如绿茶中的西湖龙井和太湖碧螺春，乌龙茶中的安溪铁观音和武夷岩茶，红茶中的祁红和宜红，黑茶中的普洱茶和六堡茶，黄茶中的君山银针和蒙顶黄芽，白茶中的白毫银针和寿眉，花茶中的玉兰花茶和玳玳花茶）；民间喜爱“调饮”，讲究情趣（如新疆的五香茶，宁夏的八宝茶，贵州的豆茶，广西的打油茶，四川的盐巴茶，港澳的冰茶）。详见相关条目。

至于接待外宾，东亚、西亚和中非宜用绿茶；东欧、西欧、中东和东南亚宜用红茶；美国和比利时宜用花茶；日本宜用乌龙茶，并待之以相应的茶道之礼。

冷饮

又称“冷冻饮品”，主要包括冰淇淋圣代、巴菲、牛奶冰淇淋、冰淇淋苏打汽水、刨冰饮品、炒冰饮品、果汁加冰淇淋、冰淇淋加甜酒、冰砖、棒冰、纸杯冰淇淋等。

冷饮主要用于西式筵席或自助餐筵席中，可配 2～4 种，每人一份。现今夏天的中式筵席中，也有配上冷饮的，如冰咖啡、冰可可、冰茶、冰淇淋之类；讲究一些的，则上水果宾取（如杏子宾取、雪梨宾取）或刨冰饮品（如赤豆刨冰、桔子刨冰）。

在通常情况下，冷饮可以替代茶品。目前，这种配置方法在青年、妇女、儿童或商界、文化界中很受欢迎。

菜单编制

菜单

又称“席单”、“宴单”、“席谱”或“宴谱”。“单”或“谱”是按事物类别或系统编成的供人学习及参考的文字或图画形式，如药单、货单、戏单、账单和画谱、曲谱、棋谱、拳谱之类；菜单及席谱则是按照筵宴的结构和要求，将酒水冷碟、热炒大菜、饭点茶果等 3 大组食品按一定比例和程序编成的完整记录。编制菜单，在餐饮行业中习称“开单子”或“定菜单”，这一工作通常由主厨或宴会设计师担任。菜单既是设计者经验、功力、心血和智慧的结晶，技术水平和管理水平的标志，又是采购原料、制作菜点、接待服务和核算成本的依据；还是反映筵宴规格和特色、宣传筵宴和指导消费的广告，以及可供纪念与玩赏的收藏品。

菜单包括提纲式菜单、表格式菜单、框架式菜单、工艺式菜单、图片式菜单、掌故式菜单、修辞式菜单、书画式菜单、营养式菜单、电脑式菜单多种，其用途有四：

1. 作为筵席施工的示意图，供烹调师、面点师和其他有关人员遵循；

2. 作为宴会服务的运行表，供餐厅服务人员按规定顺序上菜和进行席间服务；

3. 作为宾客赴宴的纪念卡，可置放在餐桌上陈列，并带走观赏及收藏；

4. 作为餐厅经营管理的资料库，具有查阅、研究和教学参考价值。

菜单的重要性还在于：

第一，对厨师有指导作用。人们经常看到这样的情况：同样的原料、同样的规格、同样的售价，如果菜单设计者的功力不同，席面往往高下悬殊：好的使人大快朵颐，差的使人难以下箸。故而菜单是一份检验真才实学的综合考卷，能对司席者的水平进行全面审核。这是因为菜单是一张“设计图纸”，举凡选料、调配、烹饪和上菜程序，都要在它上面反映出来。菜单编制的好坏，不仅直接影响到食用效果，还关系到整个企业的效益。所以不少厨师对于菜单总是慎之又慎，精益求精，一经审定便严格执行。有些厨师讲，用自己的菜单得心应手，用别人的菜单总是别扭。这也可以从一个侧面说明菜单的指导意义。

第二，菜单是别开生面的广告。在筵宴销售方面，菜单经常充当赴宴者的向导。通过菜单，客人可以了解整桌筵席的梗概，知道原料、刀工、色泽、形态、技法、口味、质感、盛器、营养等方面的简况，还知道菜点的数量、上菜的程序、筵席的规格和宴会的节奏，思想上有所准备，行动上能够配合。所以善于经营的餐馆酒楼，特别重视菜单的编排、书写、印刷或分发，尽量扩大其影响；有些精美的菜单，客人往往精心收藏，不时翻阅，借以唤起美好的回忆。

第三，可以通过菜单研究筵席。现今人们研究筵席，探寻其规律，也多从菜单入手。通过数量不等、规格各异、特色鲜明的一份份菜单，可以察知整个席面所包含的文化素质和民俗风情，大致上看出那个时代、那个地区、那个民族的烹调工艺体系和饮馔文明发展程度。而且许多师傅传授技艺，许多企业改善经营，许多地方创制新席，也都是以传留的旧菜单作为依凭，对其加以改造，除旧布新。现今不少名店都建有“菜单档案库”，目的也在于此。

所以，烹调、面点、餐厅服务3个工种的高级工、技师和高级技师，都必须闯过中高档筵席菜单编制这一关。只有这样，技艺的飞跃才能指日可待。

排菜原则

编制菜单是一项严谨的技术设计工作，其中的关键是掌握排菜的原则和方法。所谓“排菜”，即是筵席中菜点的安排。它牵涉到售价成本、规格类别、宾主嗜好、风味特色、办宴目的、时令季节诸种因素，需要通盘考虑，平衡协调。

筵席菜单中的排菜原则是：

1.按需排菜，参考制约因素。这里的需，指宾主的要求；这里的制约因素，指客观条件。两者有时统一，有时又有矛盾，应当互相兼顾。忽视任何一个方面，都会影响筵席效果。

排菜时应有5个方面的考虑。一是宾主的愿望，二是筵席的类别和规模，三是货源的供应，四是设备条件，五是自身的技术力量。这5个方面是既制约又相依的，必须兼顾。

2.随价排菜，讲究品种调配。这里的价，指筵席的售价。随价排菜，即是按照“质价相等、优质优价”的原则，合理选配筵席菜点。一般来说，高档筵席，菜多质精；低档筵席，菜少质粗。如果聚餐的人数较少，出价又高，则应多选精料好料，巧变花样，推出工艺复杂的高档菜；如果聚餐的人数较多，而出价又低，则应安排普通原料，上大众化菜品，保证每个人吃饱吃好。总之，售价是排菜的依据，既要保证企业的合理收入，又不能使顾客吃亏。排菜时，调配品种有许多方法，如：(1)选用多种原料，适当增加素料的比例；(2)名特菜式为主，乡土菜式为辅；(3)多用成本低廉而又能烘托席面的有掌故的菜肴；(4)适当安排技法独特或造型艳美的“亮席菜”；(5)巧用粗料，精烹细调，变废为宝，降低成本；(6)合理安排边角余料，物尽其用，使筵席增加丰盛之感。

3.因人排菜，迎合宾主嗜好。这里的人，指就餐者。因人排菜，就是根据宾客（特别是主宾）的国籍、民族、宗教、职业、年龄、体质以及个人的嗜好与忌讳，灵活安排筵席菜式。

我国幅员广阔，民族众多，不同地区有着不同的口味要求。随着改革开放的逐步深入，食俗不同的赴宴者会愈来愈多。排菜者只有分别情况，区别对待，“投其所好”，才能充分满足宾客的多方面需求。

排菜时，一旦涉及到外宾，首先应了解的便是国籍。国籍不同，口味嗜好常有差异。譬如日本人喜清淡，嗜生鲜，忌油腻，爱香甜；意大利人要求醇浓、香鲜、原汁、微辣、断生并且硬韧。在国内，最须注意的是就餐者的民族和宗教信仰。例如回民信奉伊斯兰教，“禁血生，忌外荤”；蒙古族信奉喇嘛教，禁鱼虾，不吃糖醋菜。凡此种种，都要了若指掌，相机处置。至于汉民，自古就有南甜、北咸、东淡、西浓的口味偏好；即使生活在同一地方，假若职业、体质不同，其饮食习尚也有差异。如体力劳动者爱肥浓，脑力劳动者喜清淡，老年人喜欢软糯，年轻人喜欢酥脆，孕妇想吃酸食，病人爱喝光粥等，能照顾时都照顾。还有当地传统风味以及宾主指定的菜点，更应注意列入。办宴既然是愉情悦志，就应当使客人皆大欢喜。

4.应时排菜，突出名特物产。这里的时，指季节、时令。应时排菜，即菜单要符合气候转换的要求，像原料的选用，口味的调排，质地的确定，色泽的变化，冷热干湿的搭配等，都须体现出时令的特征。

首先,要注意选用应时当令的物料。原料都有生长期、成熟期和衰老期;只有成熟期上市的物料,方才滋汁鲜美,质地细嫩,营养丰富,带有自然的鲜香,最宜烹调。譬如淡水鱼类的食用佳期,鲫、鲤、鲢、鳜是2～4月,鲥鱼是端午前后,鳝鱼是小暑,甲鱼是6～7月,草鱼和鲶鱼是9～10月,螃蟹是"九尖十团",乌鳢则为冬季。其次,要依照节令变化调换口味。"春多酸,夏多苦,秋多辛,冬多咸,调以滑甘",夏秋偏重清淡,冬春趋向醇浓。与此相关连,冬春筵席习饮白酒,应多用烧菜、扒菜和火锅,突出咸、酸,调味浓厚;夏秋筵席习饮啤酒,应多用炒菜、烩菜和冷碟,偏重鲜香,调味清淡。最后,注意菜肴滋汁、色泽和质感的变化,夏秋气温高,应是汁稀、色淡、质脆的菜居多;冬春气温低,应是汁浓、色深、质烂的菜为主。

5.以酒为纲,席面贵在变化。我国是产酒和饮酒最早的国家之一,素有"酒食合欢"之说。设宴用酒,始于虞舜时代,现今的筵宴更是离不开它。人们称办宴为"办酒",请客为"请酒",赴宴为"吃酒",总之,"无酒不成席"。至于宾主间互相祝酒,更是中华民族的传统礼节。由于酒可以刺激食欲、助兴添欢,筵席又始终是在"畅饮琼浆品佳肴"的欢声笑语中进行的,因此,历来都注重"酒为席魂"、"菜为酒设"的排菜法则。从筵席编排程序看,先上冷碟是劝酒,跟上热菜是佐酒,辅以甜食和素菜是解酒,配备汤品和果茶是醒酒,安排主食是压酒,随上蜜饯是化酒。考虑到饮酒时吃菜较多,故筵席菜的分量一般较多,调味一般偏淡,而且利于佐酒的松脆香酥菜肴和汤羹占有较大的比重;至于饭点,常是少而精,仅仅起到缓解的作用而已。既促使人高兴地喝酒,活跃气氛,又不让人昏醉伤身,不欢而散,这就是筵席中的"辩证法",它在很大程度上制约着菜点的调排。

在注意酒与菜的关系时,还不可忽视菜品之间关系的协调。筵席既然是菜品的艺术组合,理所当然须讲究席面的多变性。要使筵席丰富多彩,新颖奇特,赏心悦目,在菜与菜的配合上,务必注意冷热、荤素、咸甜、浓淡、酥软、干稀的调和。具体地说,要重视原料的调配,刀口的错落,色泽的变化,技法的区别,味型的层次,质地的差异,餐具的组合与品种的衔接。其中,口味与质地最为重要,应在确保口味与质地的前提下,再考虑其他因素;至于菜肴的色泽和外形,只能作为参考。不能本末倒置,为求形式而忽视内容。

6.营养平衡,强调经济实惠。饮食是人类赖以生存的重要物质。人们赴宴,除了获得口感上、精神上的享受之外,更主要的是,借助筵席补充营养,调节人体机能。筵席是一系列菜品的有机构合,完全有条件组成一组平衡的膳食。所谓"膳食平衡",即人们从膳食中获得的营养物质与维持正常生理活动所需要的物质,在量和质上基本一致。筵席排菜,要多从宏观上考虑整桌菜点的营养是否合理,而不能单纯累计所用原料营养素的含量;还应考虑这组食品是否易于消化,是否便于吸收,以及原料之间的互补效应和抑制作用如何。例如单独食用大豆,其营养价值有限,若同时食用10%的牛肝,那么蛋白质的生物学效价便会陡增到89%,而超过等量的牛肉。在理想的筵席膳食中,脂肪含量应占17%～25%,碳水化合物含量应占60%～70%,蛋白质含量应占12%～14%,成人每餐摄取的总热量应在800～1200千卡之间。与此同时,筵席膳食还要提供相应的矿物质、丰富的维生素和适量的植物纤维。当今世界时兴"彩色营养学",要求食物种类齐全,营养素比例适当,提倡"两高"(高蛋白、高维生素)、"三低"(低热量、低脂肪、低盐)。而我国传统筵席往往片面追求重油大荤,忽视素料;过分讲究造型,忽视营养素的保护和均衡。所以,科学排菜,应当适量增加植物性原料,使之保持在1/3左右;而合理地配备豆类、笋类、菌类、蔬菜与水果,则有利于整桌菜肴的营养平衡。此外,在保持筵席风味特色的前提下,还须控制用盐量,清鲜为主,突出原料本味,以维护人体健康。

排菜方法

掌握了筵席的排菜原则后,还应掌握正确的排菜方法。其要点有三:

1.合理分配筵席成本。

排菜有两个步骤,一是选出合适的菜点,二是将它们按一定顺序排列起来。怎样选择菜点呢?要使其与筵席规格相符。先应明确菜点的取用范围,如菜品的类别、每类菜品的数量、各道菜点的等级等。所有这些,无不与筵席档次(通常用售价或成本表示)密切相关。每类菜、每道菜的成本大体上定下来了,选什么菜心中就有数了。

例如，一桌成本为600元的中档酒席，通常情况下，冷碟、热菜与饭点的成本比为15%：70%：15%，分别应为90元、420元和90元。冷碟若排六单碟，则每碟平均成本15元(首碟应略高)；若排四双拼，每盘平均成本22.5元(首盘也应略高)。热菜中可考虑采用四热炒和七大菜的格局；每盘热炒平均成本为20元，合计80元；头菜成本140元，座汤成本50元，素菜成本20元，甜菜成本20元，3道热荤成本共110元，合计320元。饭点中可安排席点、小吃与主食共4道，共50元(其中首点成本为20元)；果盘1道，成本20元，茶品1道，成本20元。以上共计菜肴21～23道，较为丰盛。至于140元成本的头菜、50元成本的座汤，平均为37元成本的3道热荤，40元成本的素菜与甜菜等7大主菜该配什么，也就不难选择了。

2. 核心菜点的确立。

核心菜点是整桌筵席的"主力队员"；没有它们，全席就不能纲举目张，枝干分明。哪些菜点是核心，各地看法不尽相同。一般来说，头菜、主碟、座汤、首点，是筵席的"四大支柱"；甜菜、素菜、果盘、茶品是筵席中的"特保儿"，都应重视；还有双拼、热炒、热荤、其他饭点等，也要与席面相称。仍以上席为例，在600元的总成本中，"四大支柱"共占用240元左右，4个"特保儿"共占用80元左右，其他的13～15道菜共占用280元左右，可以看出是突出重点、统筹兼顾的。其所以应如此，是因为头菜是全席的"主帅"，主碟是全席的"门面"，座汤是全席最好的汤品，首点是全席最好的点心；甜菜与素菜往往"一枝独秀"，果盘与茶品分外引人注目；而双拼、热炒、热荤和其他饭点则有填平补齐、充实阵容的作用，都得占据一定的份额。

在确立核心菜点时，除了成本因素外，还应当多考虑风味特色与知名度。如鄂式庆筵，则要尽可能排进清蒸武昌鱼、荆沙鱼糕、桔瓣鱼圆、排骨煨汤、三鲜豆皮、宜昌脐柑等名食；若是四川小吃席，必须要有钟水饺、龙抄手、韩包子、赖汤圆、担担面、叶儿粑、夫妻肺片、广汉三合泥等"名角"出场。

3. 辅佐菜点的配备。

对于核心菜点而言，辅佐菜点主要是发挥烘云托月的作用。核心菜点一旦确立，辅助菜点就要"兵随将走"，归于"建制"，使全席形成一个完整的美食体系。

配备辅佐菜点，在数量上一定要注意"度"，既不能太少，也不能过多，它宜与核心菜点保持1：2左右的比率。在质量上要注意"相称"，其档次可以低于核心菜点，但不能相差悬殊。如果过于悬殊，全席就不均衡，会显得杂乱无序、精芜混置。

配备辅佐菜点还须弥补核心菜点之不足。像客人点要的菜，能反映当地食俗的菜，本店的拿手菜，应时当令的菜，烘托气氛的菜，便于调配花色的菜，都应尽量安排进去，使全席丰满、多姿。

待到全部菜点确定、形成席谱之后，还要进行审核。主要是再考虑一下是否符合办席的要求，所用原料是否合理，整个席面是否富于变化，质价是否相当。不理想的菜点，应及时更换；重复多余的部分，坚决删掉。总之，排菜时多尽一份心，办宴时就会少花费许多气力。

上菜程序

即筵席菜点食用顺序的编排及调度。它在编制席谱时就已经规定下来，一般不得轻易变更。这是因为，筵席菜点款式虽多，但在菜式选用和排列组合上不是随意的。从食序看，几乎都是一酒二菜三汤四点五果六茶；从菜点地位看，又是相继突出热菜、大菜和头菜；从程序编排看，多是以酒为导引，遵循"因酒布菜"的进食原则。

与此同时，上菜程序又是控制筵席节奏的手段，上菜的时机与速度，须按筵宴进程与主人要求灵活掌握。通常情况下，吃得快则上得快，吃得慢则上得慢。既须防止上菜脱节、菜盘空空、宾主尴尬的情况；又要避免一拥而至、堆盘叠碗、变相逐客的弊端。服务人员应当与主人、厨师默契配合，做到成竹在胸，运转自如。

至于肴馔入席的顺序，应按菜单规定进行。基本原则是先酒后菜、先冷菜后热菜、先咸菜后甜菜、先干菜后汤菜、先厚味菜后清口菜、先名特菜后一般菜、先荤菜后素菜、先酒菜后饭菜、先菜肴后点心、先水果后香茶、先蜜脯后冷饮。由于筵席不断变化，目前上菜又有旧式、新式两种规程：

旧式规程一般是：水果——冷碟——热炒——头菜——热荤——二汤带咸点——热荤——鱼菜——甜菜(甜汤)带甜点——素菜——

座汤——饭菜带面饭——茶品——蜜脯。

新式规程一般是:开席汤——冷碟——热炒——头菜——烧烤菜——二汤带咸点——热荤——甜菜(甜汤)带甜点——热荤——素菜——热荤——鱼菜——座汤带咸点——饭菜带面饭——水果——蜜脯——香茗——冷饮。

还有些款式特殊的筵席,上菜程序也较特殊,这在少数民族地区筵席和近年来的一些创新筵席中较为多见。

此外由于中国筵席排菜格局深受古代礼仪和各地习俗的影响,带有明显的地域特征,所以各地的上菜程序也存在着一定的差异,详见“北方型上菜程序”、“西南型上菜程序”、“华东型上菜程序”、“华南型上菜程序”各条。

北方型上菜程序

包括东北、华北、西北的大部分地区,其主要形式是:冷荤(或带果碟,多为单数)——热菜(以大件带熘炒的形式组合)——汤点(面食为主,亦可跟在大件之后)。像沈阳鹿鸣春饭店的外事筵席、张作霖50大寿席、北京全聚德烤鸭店便席、西安八景宴等,均系如此。北方型的酒筵格局和上菜程序比较朴实,菜名一目了然,数量也是因需而定,讲求实效,不一定追求吉数和强调单双。这反映了松辽平原、中原大地和黄土高原饮食文化的特质:古朴、自然、大方、庄重。

例如,北京听鹂馆的“仿膳延年益寿席”:

1.冷荤(11道):

人参二龙戏珠彩拼带十围碟(姜菜河蟹、五香酱鸭、干贝香酥、陈皮牛肉、桂皮大虾、丁香泡菜、红根黄瓜、炸芥兰酥、虾籽荠菜、天麻发菜)。

2.热菜(5道):

“延”字茯苓梅花银耳;“年”字当归甲鱼;“益”字首乌山鸡;“寿”字虫草鹌鹑;“席”字丁香烤鹿腿。

3.汤点(9道):

双汤(百合芦笋汤、枸杞莲子汤);

七点(栀子窝头、莲容喜字饼、茯苓豆沙寿桃、小枣石榴包、桃仁海棠果、杏仁佛手卷、栗子京米粥)。

西南型上菜程序

主要是云、贵、川三省的多数地区和藏北,其基本形式是:冷菜(彩盘带单碟)——热菜(一般不分热炒和大菜)——小吃(1~4道)——饭菜(以小炒和泡菜为主)——水果。像重庆颐之时饭店的展销筵席、成都天府酒家的高级筵席、云南的鸡棕席、香港的锦江春川菜馆的高级筵席,都循此例。西南型的酒筵格局和上菜程序往往带有浓厚的民间生活气息,菜名简洁醒目,突出名特物产,价廉物美,颇耐品尝。

例如,解放前的“自贡特级盐场席”:

1.冷菜(13道):

糟醉鸡片、葱烧鲫鱼、龙须牛肉、菊花脆肚、姜汁鸭掌、桂花鹅卷、陈皮仔鸡、糖醋蜇丝、卤汁桃仁、盐水笋尖、松花皮蛋、金钩玉牌、三丝发卷。

2.热菜(12道):

鸽蛋燕菜、烤奶猪、莲花鲜鲍、红烧熊掌、虫草鸭舌、干贝竹荪、家常甲鱼、干煸鸽脯、蟹黄八南丝瓜、宫保田鸡腿、子荪什锦银耳羹、枸杞鸡鸭丝汤。

3.小吃(7道):

虾仁烧麦、缠丝牛肉焦饼、豆沙米头、萝卜丝饼、鸡丝银丝面、珍珠蟹黄包、鸡丝抄手(馄饨)。

4.饭菜(4道):

素烧葵菜、虾米芹黄、炝炒银芽、四镶泡菜。

5.水果(4道):

云南菠萝、泸州桂圆、内江金钱桔、内江蜜樱桃。

华东型上菜程序

如上海、江苏、浙江、安徽,还有江西、湖北、湖南的大部分地区,其常见形式是:冷碟(多系双数或主碟带围碟)——热炒(也为双数)——大菜(含头菜、二汤、荤素大菜、甜品与座汤)——饭点(米面兼备)——茶果(1~5种)。像南京玄武湖白苑餐厅全鱼席、上海扬州饭店酒筵、杭州楼外楼迎宾席、长沙风味酒席,都是这样编排的。华东型的酒筵格局和上菜程序,比较注重情趣和文采,菜式秀丽,讲究层次,突出鱼米之乡特色,并时常融入诗情画意与典故传闻。

例如,武汉商业服务学院烹饪系集各地风味名菜编成的“教学示范筵席”:

1.冷碟(7道):

一彩盆(拼比翼双飞),带六围碟(拌芝麻芹菜、冻蜜汁湘莲、卤夫妻肺片、熏瓦块龙鱼、炸核桃酥饼、炝如意肚丝)。

2.热炒(4道):

炒松仁鱼米、爆芙蓉鸡丁、熘金菇兰片、煎番茄虾饼。

3.大菜(7道):

扒四喜海参、烩玻璃鱿鱼、蒸珍珠双圆、烤八珍酥鸭、酿敦煌蟹斗、烧鸳鸯鳜鱼、炖龙凤瓜盅。

4.饭点(2道):

烫牛肉豆皮、烘椰蓉软糕。

5.水果(2道):

切月湖红菱、汁桂林马蹄。

6.茶食(3道):

泡君山银针、拼北京果脯、配台湾蜜饯。

华南型上菜程序

主要见于广东、广西和海南,香港、澳门、福建及台湾也受影响,其常见形式是:开席汤——冷盘——热荤——大菜——饭点——时果。像广州泮溪酒家筵席、澳门的潮州风味菜席、桂林的外事筵席、福州的风味全席等,大体上都属于这一类型。华南型的酒筵格局和上菜程序,与热带滨海气候的要求相适应,菜名艳美,用料珍奇,席面精巧,档次一般偏高,很讲究"吉言"、"进补"与时序,服务更系上乘,商品经济的色彩最为鲜明。

例如,广西梧州的"高档除夕珍错宴":

1.开席汤(1道):

玉液海参羹。

2.冷盘(5道):

蝴蝶大拼盘(主碟)、薹菜拼美鲍、菠萝拼火鹅、冬菇拼腊肠、露笋拼叉烧(以上为四双拼)。

3.热荤(4道):

五彩炒蛇丝、干煎明虾碌、油泡响螺片、大地鹌鹑脯。

4.大菜(7道):

蟹黄烧鱼翅、梧州纸包鸡、金针扒鸽蛋、红扣果子狸、时鲜西瓜盅、蒜子珧柱脯、蛤蚧炖鹰龟。

5.饭点(4道):

韭黄鸭丝面、马肉香米粉、莲子鲜奶露、桔羹小元宵。

6.时果(4道):

容县沙田柚、南宁木菠萝、大石山葡萄、百色黄皮果。

菜单设计

菜单设计包括两方面的内容,一是菜单的编排(含排菜原则、排菜方法、上菜程序等),前文分别有所介绍;二是菜单的式样(含菜单的种类、材质、版式、色泽、印刷及书写等),下面略加说明。

从菜单的种类看,目前大概有10种。其中最为常见的是提纲式;其次是工艺式和表格式;再次是图片式、修辞式和掌故式;较少的是框架式、营养式和电脑式;最为珍贵的是书画式。这10种菜单的编排要求和特色分析,请具体参阅"提纲式菜单"、"表格式菜单"、"框架式菜单"、"工艺式菜单"、"图片式菜单"、"掌故式菜单"、"修辞式菜单"、"书画式菜单"、"营养式菜单"、"电脑式菜单"等条。

从菜单的材质看,以较为硬挺的道林纸为多,还有打字纸、宣纸制的,乃至照片。近年来有些高特档筵席菜单使用的材质甚为讲究,如有的写在扇面上,有的裱在条幅上,有的刻在竹屏上,有的烧在瓷盘上,还有的精印在纪念册上,无不美仑美奂,极富收藏价值。

从菜单的版式看,大多为卧式,少量为立式。一般是长方形,单折、双折、3折或4折;也有些设计为扇面形、月牙形、双环形、半圆形、梯柱形、正菱形、梅花形、宝塔形、蝴蝶形、金鱼形或其他形状。特别是衬装在有机玻璃支架中的镜框形,既醒目,又别致。

从菜单的色泽看,主要是与筵席的风格一致。如北京御膳饭店的满汉全席菜单用明黄色,突出宫廷情调;来今雨轩的红楼宴菜单用粉红色,突出淑女风采;清真席菜单用淡绿色,突出宗教氛围;团年宴菜单用大红色,突出喜庆气息。

从菜单的印刷和书写看,国宴和专宴以及大型招待会、冷餐会的菜单,多是胶印的,上面有国徽或相关的标识;一些中、高档筵席的菜单,多是打印的或复印的,往往一式多份;大多数低档筵席的菜单,常是复写的,餐桌上一般不放置;个别特殊筵席的菜单,则是毛笔书写的,其字体飘洒,带有餐厅民间书法家的特殊韵味。

提纲式菜单

又称简式席单,出现较早,至少已有1300余年的历史。唐代韦巨源的《烧尾宴食单》可以算是其雏型。这种席单须依据客人要求和筵席规格，按照上菜程序依次列出各类肴馔的名称，清晰醒目地分行整齐排列(竖排或横排)，至于所要进购的原料及其他说明，则往往有一附表(有经验的厨师通常将此表省略)作为补充。这种菜单好似生产任务通知单，常常要复制多份，分发给财会室、采购组、红案房、白案房、碟子房和餐厅服务部，以便各部门按指令计划执行。它文字简练，便于传阅，适用于低、中档筵席，在行业中流传广泛。书写、印刷、装帧精美的提纲式菜单，有时还搁置在餐台上，每席1～2份或每客1份，作为一种装饰品和纪念品；有时主人还索取多份，连同请柬送给客人，显示一种规格与礼仪。

例一，人民大会堂国宴菜单：

菜单
冷盘
翡翠玉米汤
鲍脯三鲜
珍珠虾排
酱爆烤鸭
冬菜豆腐脑
豆瓣牛脯
油淋草鱼
点心
水果
杏仁豆腐
冰淇淋

例二，广州市泮溪酒家八仙宴菜单：

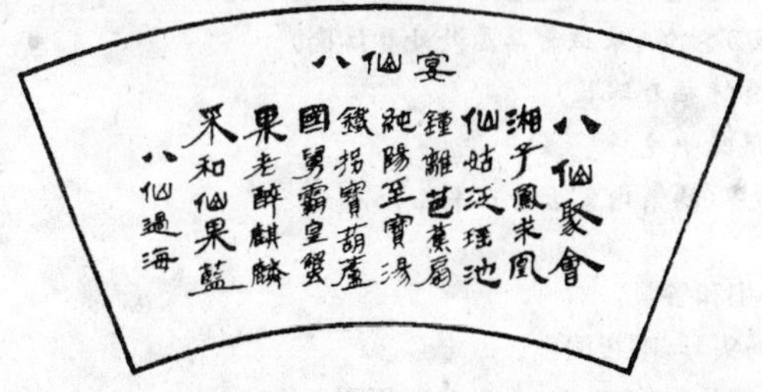

表格式菜单

又称繁式席单，出现在20世纪70年代，率先由上海等地推出。它是以图表的形式，将酒筵格局、菜品类别和上菜程序，菜名及主辅料的用量，刀工成型要求，烹调技法，成菜色泽、口味与质感，餐具的尺寸、型制和花饰，还有成本及售价等等，有选择地加以列出，筵席的3大部分及“柱子菜”也剖析得明明白白，如同一张详备的施工图纸。外地客人一看，不仅知道吃些什么，还知道是怎样做出来的，如何吃，品尝的兴趣会更浓；当班厨师一看，清楚如何下料，如何用火调味，如何装盘上席，减少了随意性，使筵席趋于规范；服务人员一看，知晓酒筵的进程，能提前做好准备，可以按菜单要求提供良好的服务；仿制的人一看，也明白怎样入手，重点与难点在何处，怎样变通；烹饪教师一看，可以有的放矢地进行讲授，学生也能较快地掌握全席的精髓与编制方法；研究的人一看，便能通过全席的格局，检查它是否体现了当地的饮食民俗和烹调特色，了解它有何审美价值与推广意义。

表格式菜单弥补了提纲式菜单的许多不足，适用于高、特档筵席。它用计划性代替了随意性，将每道菜品的质量要求都一一“量化”，科学、准确、清晰，不仅有利于制作和评审，而且有利于筵席准备工作的检查与企业成本核算。虽然它在设计与绘制时要多花费一些精力，但从企业的科学管理角度看，这种投入是值得的。

参见“四川冬令高档鱼翅席设计表”：

四川冬令高档鱼翅席设计表

格式	类别	菜品名称	主料	烹法	口味	色泽	造型
冷菜	彩盘	熊猫嬉竹	鸡鱼等料	雕塑	咸甜	彩色	立体
	六单碟	灯影牛肉	牛肉	腌、烘、蒸、炒	麻辣	红亮	方片形
		红油鸡片	鸡肉	煮、拌	微辣	白中透红	长片形
		葱油鱼条	鱼肉	炸、蒸	鲜香	棕红	条状
		椒麻肚丝	猪肚	煮、拌	麻香	白中带青	丝状
		糖醋菜卷	莲白	腌、拌	酸甜	白中有绿	卷状
		鱼香凤尾	笋尖	焯、拌	清鲜	绿色	条状
正菜	头菜	红烧鱼翅	鱼翅	红烧	醇鲜	琥珀	排翅状
	热荤	叉烧酥方	猪肉	烤	香酥	金黄	四方形
	二汤	推纱望月	竹荪、鸽蛋	氽	清鲜	棕白相间	圆珠
	热荤	干烧岩鲤	岩鲤	干烧	醇鲜	红亮	全鱼
	热荤	鲜熘鸡丝	鸡肉	熘	鲜嫩	玉白	丝状
	素菜	奶汤菜头	青菜头	煮烩	清鲜	白绿相衬	条状
	甜菜	冰汁银耳	银耳	蒸	纯甜	玉白	花朵状
	座汤	虫草蒸鸭	虫草、鸭子	蒸	醇鲜	橘黄	全鸭
饭菜	四素菜	素炒豆尖	豌豆尖	炝	清香	青绿	网状
		鱼香紫菜	油菜头	炒	微辣	紫红	条形
		跳水豆芽	绿豆芽	泡	脆嫩	玉白	针状
		胭脂萝卜	红萝卜	泡	脆嫩	白中带红	砣状
水果	两种	江津广柑、茂汶苹果					

框架式菜单

这也是提纲式菜单的扩充与发展，多用于以吉言隽语命名的创新筵席。其特色是：(1)整个菜单是一个图解式框架结构，标明几个组成部分及其包容的菜品，层次谨严，隶属关系分明，有高屋建瓴之势。(2)每一菜名之后或简要列出所用的原料、技法或风味，或附以照片，或对菜名及其寓意加以诠释，力求清晰醒目。(3)注重饮食文化色彩与民族乡土情韵，席名与菜名都经过精心的修饰，表现出设计者的审美风格与志趣理想。(4)带有广告宣传属性，常与旅游观光相结合，席面编排与菜品设计多有新意，在饮食市场上有较强的竞争能力。

参见“内蒙古昭君宴框架式菜单设计表”：

内蒙古昭君宴框架式菜单设计表

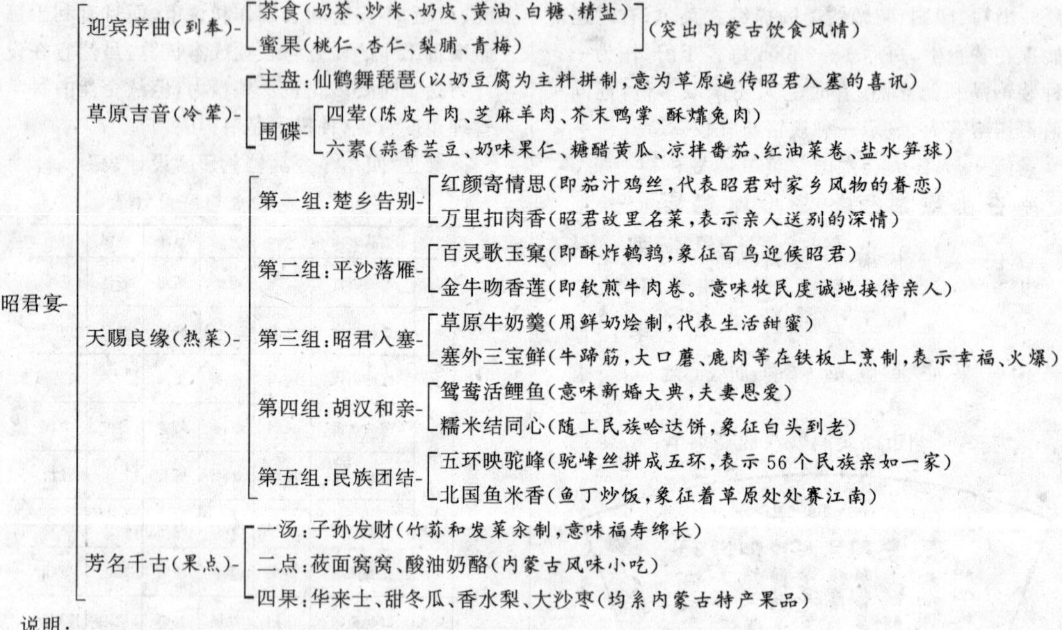
昭君宴
- 迎宾序曲(到奉)
  - 茶食(奶茶、炒米、奶皮、黄油、白糖、精盐)
  - 蜜果(桃仁、杏仁、梨脯、青梅)
  - (突出内蒙古饮食风情)
- 草原吉音(冷荤)
  - 主盘：仙鹤舞琵琶(以奶豆腐为主料拼制，意为草原遍传昭君入塞的喜讯)
  - 围碟
    - 四荤(陈皮牛肉、芝麻羊肉、芥末鸭掌、酥熥兔肉)
    - 六素(蒜香芸豆、奶味果仁、糖醋黄瓜、凉拌番茄、红油菜卷、盐水笋球)
- 天赐良缘(热菜)
  - 第一组：楚乡告别
    - 红颜寄情思(即茄汁鸡丝，代表昭君对家乡风物的眷恋)
    - 万里扣肉香(昭君故里名菜，表示亲人送别的深情)
  - 第二组：平沙落雁
    - 百灵歌玉窠(即酥炸鹌鹑，象征百鸟迎候昭君)
    - 金牛吻香莲(即软煎牛肉卷。意味牧民虔诚地接待亲人)
  - 第三组：昭君入塞
    - 草原牛奶羹(用鲜奶烩制，代表生活甜蜜)
    - 塞外三宝鲜(牛蹄筋，大口蘑、鹿肉等在铁板上烹制，表示幸福、火爆)
  - 第四组：胡汉和亲
    - 鸳鸯活鲤鱼(意味新婚大典，夫妻恩爱)
    - 糯米结同心(随上民族哈达饼，象征白头到老)
  - 第五组：民族团结
    - 五环映驼峰(驼峰丝拼成五环，表示56个民族亲如一家)
    - 北国鱼米香(鱼丁炒饭，象征着草原处处赛江南)
- 芳名千古(果点)
  - 一汤：子孙发财(竹荪和发菜汆制，意味福寿绵长)
  - 二点：莜面窝窝、酸油奶酪(内蒙古风味小吃)
  - 四果：华来士、甜冬瓜、香水梨、大沙枣(均系内蒙古特产果品)

说明：

1. 餐室设在大草原的蒙古包或大帐篷内，用蒙古式餐桌、座垫和餐具。
2. 由蒙古族男女青年着民族服装侍宴，献哈达、捧银碗，弹马头琴，唱祝酒歌。
3. 席间表演蒙古族歌舞、摔跤和骑射技艺，宾客着牧民服装骑马(或白骆驼)在敖包前摄影留念。
4. 席后每客赠送一张席卡、一袋奶茶粉、一个蒙古族银碗和一把蒙古族工艺刀具，作为纪念品。

工艺式菜单

这是近年来编制家庭席谱或年节席谱以及某些高难度席谱时常用的一种方法。其特点是不仅开列整桌筵席的菜品类别和菜名，而且对每道菜的用料和烹调方法都简明扼要地加以介绍。它的优点是：便于初学者掌握和同行仿效，突出了工艺要领；缺点是文字多，篇幅长，要花费较多的气力。目前不少烹饪书报杂志，在春节、端午、中秋等“老三节”和元旦、五一、国庆等“新三节”都登载有这方面的菜单，以供读者选用。此外一些创新席谱，如“营口九龙宴”、“长安八景宴”，由于菜形构图复杂，设计者多配图片并铺以制作工艺说明。下以“广东团年宴菜单”为例作一介绍。

广东团年宴工艺式菜单：

“1. 金玉满堂。

原料：湿冬菇300克，净塘蒿500克，红萝卜改成寿字花8片，油味料适量。

制法：用油起镬，将塘蒿放在镬中，注入滚水，滚至近焓，压干水分。用油起镬，将塘蒿放回镬内，用精盐、味精调味，炒匀后，放入碟中。将冬菇放入镬内，注入滚水，用精盐、味精、白糖调味，老抽(酱油)调金黄色泽，撒上少许胡椒粉，用湿粉打芡，加些包尾油和麻油和匀，扒在塘蒿面上，将浸熟的红萝卜排放在碟边四围即成。

2. 发财就手。

(原料和制法略,下同。)

3. 蚬蚧煀子鸡。

4. 菜选腰花爽肚。

5. 会(烩)罗汉斋。

6. 椒盐竹节虾。

7. 剑花煲猪肉。

8. 当红脆皮猪。

9. 炒蚝豉丁。"

对于不大熟悉粤菜而又想学习粤菜的人,这种菜单无疑是个极好的老师。它不仅告诉你如何制菜编席,还介绍了粤菜中的一些特殊术语(如镬、烩、老抽、包尾油之类),可以增长一些知识。由于工艺式菜单实质上是提纲式菜单和菜谱的结合体,故有人将它称之为"菜谱式席单"。

图片式菜单

这是菜单中的新秀,即是将菜单中开列的全部菜点或主要菜点一一拍照,然后合在一起排版印刷,制成彩色图片,其尺寸通常是 24×9 厘米、或 21×11 厘米、19×12 厘米,大多是单折,亦有对折、3 折或 4 折的,漂亮美观。如近年推出的"仿唐宴图片式菜单"、"随园宴图片式菜单"、"长城宴图片式菜单"、"太湖宴图片式菜单"之类。

图片式菜单实际上是一组菜照。其优点是用菜品实物替代了文字说明,具体而形象,有很强的"视觉冲击力",便于食客领悟;同时由于印制精美,上了档次,颇有收藏价值,能发挥广告宣传效应。缺点是制作难度大,成本高,一般的酒楼不可能采用。

掌故式菜单

又称人文席谱,系在提纲式菜单的基础上,融汇菜品的典故传闻演变而来。它出现在 20 世纪的 80 年代,由广州、香港等地率先推出。其特点是:(1)按照提纲式菜单的形式编排,但每道菜名后面有 30～150 字的简要说明,介绍原料、技法、风味和菜品的由来;其中的重点是菜品掌故,或引经据典,或摘录诗文,或演绎民间故事,大多生动有趣,可以助长谈资。(2)大多见于仿古拟古筵席,席名火爆,菜名典雅,有着比较丰富的文化内涵,能够吸引人品尝。(3)菜单印制精美,广为散发,实际上是餐饮行业的促销广告,有扩大酒楼知名度的作用。

修辞式菜单

即用文学修辞手法美化过的菜单,其形式主要有吉数镶嵌和成语借用两种,各举一例:

1. 湖北吉数镶嵌的年年有余席菜单:

独占鳌头(鳖裙鱼肚),
双龙戏珠(双鲫汆圆),
三阳开泰(鳜鱼三吃),
四季发财(四宝乌鳢),
五福天降(五彩鱼面),
六合同春(炉烤春鱼),
七巧相会(桔瓣鱼汆),
八珍赛宝(山海樊鳊,即珍错武昌鱼),
九九连环(红烧鮰鱼),
十全十美(什锦鱼糕);
百子拜寿(石榴大包),
千云祥集(千层松糕);
万象更新(龟山春茗),
亿兆太平(银杏桂圆)。

2. 成语借用的创新庆婚席菜单:

一彩拼:游龙戏凤(像生冷盘);
四花摆:天女散花(花卉水果切雕),
月老献果(干果蜜脯造型),
三星高照(荤料什锦),
四喜临门(素料什锦)。
十热菜:鸾凤和鸣(琵琶鸭掌),
麒麟送子(麒麟鳜鱼),
前世姻缘(三丝蛋卷),
珠联璧合(青豆虾仁),
西窗剪烛(火腿瓜盅),
东床快婿(冬笋烧肉),
比翼双飞(香酥鹌鹑),
枝结连理(串烤羊心),
美人浣纱(开水白菜),
玉郎耕耘(玉米甜羹)。
一座汤:山盟海誓(大汤全家福)。
二花点:五子献寿(豆沙糖包),
四女奉亲(四色豆皮)。
二珍果:榴开百子(胭脂红石榴),
火爆金钱(良乡炒板栗)。
二茶食:元宝开花(糖水泡蛋),
大展宏图(祁门红茶)。

由上不难看出,修辞式菜单极富情采,有很

强的文学魅力。它能使席面欢腾、火爆,活跃宴聚的气氛。可惜的是此类菜单目前尚不多见,主要是厨行中缺乏一批“捉刀”的“秀才”。

书画式菜单

即以书法、绘画的形式制成的菜单,多见于古今文艺界知名人士的家宴之中,其中的典型代表可推世界著名的国画大师张大千先生。

国画大师徐悲鸿先生曾说:“大千,蜀人也,能治蜀味,性酣高谈,往往入厨作羹飨客。夜以继日,令失所忧,能忘此世为20世纪。”著名画家谢稚柳先生也讲:“大千的旁出小技是精于烹饪,且亦待客热诚,每每亲入厨房,弄菜奉客。”故而“大风堂(张大千先生的画室兼会客室之名)酒席”蜚声中外。

不仅如此,每有贵客或知己造访,他便在画案上裁下一幅宣纸,饱蘸浓墨,健笔写下留客菜单,叫人送入厨房,令夫人、儿媳和家厨照单烹制,这便是有名的“大千菜单”。有些菜单不仅笔走龙蛇,如行云流水,如果兴起,还顺手勾勒几笔花草虫鱼,分外活泼生动。因此常去张府赴宴之人,往往“争抢”菜单,成为画坛一大韵事。

1981年元宵后一日,大千先生在台北的摩耶精舍住所设宴招待张学良夫妇,并请张群等人作陪。席上共有16道菜。在他亲自书写的菜单上,还有一小序:“是日小园垂丝,海棠盛开,宾主欢忭。汉兄(指张学良)命识于食单之后。”翌年4月,张学良将军将多年收藏的“大千菜单”装订成册,特在前面留下空白纸,来请张大千书题留念。大千“戏图数笔博笑”,画了白菜、萝卜和菠菜,题名“吉光兼美”,并写诗云:“萝菔生儿芥有孙,老夫久已戒荤腥,脏神安坐清虚府,哪许羊猪踏菜园。”当时在场的张群,也应邀在此页题词:“大千吾弟之嗜馔,苏东坡之爱酿,后先辉映,佳话频传。其手制之菜单及补图白菜莱菔,亦与苏东坡之《松醪赋》异曲同工。虽属游戏文章,而存有深意,具见其奇才异能之余绪,兼含养生游艺之情趣。”现今,大千的书画菜单散见于世界各地,保存者都视为绝品,求购者往往出资数十万美金。

由此可见,书画式菜单比较稀罕,若是出自名人之手,更为珍异。当代书法家、画家若能在这方面留下一些墨宝,诚乃子孙后代之幸事。

营养式菜单

按营养配膳的要求设计的席单。随着筵席改革的深入,各地都在这方面进行探索。其中较为成功的是北京民族饭店1991年对外推出的中英文对照“南宋名菜席”,全谱如下:

冷 菜 Cold dishes

炙骨头 Grilled pork ribs
芥辣虾 Curry shrimps
冬瓜鲊 Pickled winter melon
山家三脆 Boiled tamboo shoots and dried mushroom with the fruit of chinese wolfberry in village
百果彩盘 Water melon and lychees

热 菜 Hot dishes

瓜 齑 Braised seasoned cucumber and chicken bamboo shoots
南炒鳝 Braised eels
江瑶清羹 Scallop custard
蜜炙鸽子 Grilled pigeon with honey
抹肉笋签 Steamed bamboo shoots with chopped meat
两熟鱼 Fish cooked in two styles
鳖蒸羊 Steamed mutton with soft-shelled turtle
虾圆子 Shrimps ball

点 心 Desserts

荔枝花篮 Fresh lychees jelly on fritters
焦 锤 Fried lotus seed in rice roll

本餐每人摄入的营养素含量

Nutritive Value of the Menu

营养素名称 Nutrient			数量 Amount
热量	Energy	(kcal)	1698.2
蛋白质	Protein	(g)	147.4
脂肪	Fat	(g)	63.3
糖	Carbohydrate	(g)	135.1
纤维素	Fiber	(mg)	6.8
钙	Calcium	(mg)	384.3
铁	Iron	(mg)	17.3

营养素名称 Nutrietn			数量 Amount
胡罗卜素	Carotene	(mg)	2.5
维 A	Vitamin A	(iu)	676.1
维 B_1	Vitamin B_1	(mg)	1.2
维 B_2	Vitamin B_2	(mg)	2.1
维 PP	Vitamin PP	(mg)	22.8
维 C	Vitamin C	(mg)	32.1

热能分配比例 Energy Distribution

蛋白质	Protern	(34.7%)
脂 肪	Fat	(33.5%)
糖	Carbohydrate	(31.8%)

这一菜单有3点引人注目:(1)它是一桌仿古宴,最早由杭州八卦楼等餐馆研制,后被北京引进。其菜名在宋代菜谱《山家清供》等书中均见记载,所用的原料和烹调方法也基本上遵循古制,有一股历史的烟尘,能反映"山外青山楼外楼、西湖歌舞几时休"的临安饮馔风貌。(2)菜单采用中英两种文字对照的形式,其食客对象也以倾慕中华饮食文化的外宾为主,针对性强。(3)通过测算,标明了每位客人用餐后各种营养素的平均摄入量(即一桌原料按10人消费计算),比较科学。虽然在热能分配比例中还不是十分理想,但比以往的筵席毕竟是进了一大步。

据了解,北京民族饭店为这份菜单投入了大量的人力、物力与财力,令人欣慰。它说明筵席改革是大势所趋、民心所向的。

电脑式菜单

这是现代最新科技成果在菜单中的运用。即预先将有关数据输入电脑,再根据季节、原料、营养、工艺、价款和客人需要等因素,由电脑自动排出科学的菜单,送给客人审阅。如不满意,可以调换重排,直至符合要求为止。其优点是科学、便捷,能充分兼顾筵席中的各种情况,可以变化出成千上万个不同的菜单,展示出人力难以企及的智能,使餐厅的经营管理手段现代化、操作工艺规范化。

目前,北京、四川等地已经研制出相应的电脑软盘(包含药膳筵席软盘),迈出了可喜的第一步。遗憾的是,普及推广工作做得不够,很少有餐厅正式使用这种菜单。

菜单收藏

中国民间收藏活动之一,主要是收藏古今中外各类筵席的菜单。它首见于上海,并在1991年11月成立了上海收藏欣赏联谊会饮食文化专业委员会,举行了上海市饮食文化民间收藏首展。展品中除了琳琅满目的近千张菜单外,还有紫砂壶、胡椒粉瓶、微型食具摆件、食具、艺术面塑、瓷酒瓶、瓷壶、石壶、餐具、筷子、调羹、调羹制作品、酒样、海洋贝螺、饮食报刊、菜谱、烟标、粮票、酒标、餐饮筹码、菜肴照片、菜肴火花等等,异常丰富。

菜单收藏,不仅可以弘扬中华传统文化,传播烹饪知识,进行食礼和食俗教育,还能陶冶人的情操,培养健康的业余爱好,广交朋友,进行学术研究,是件一举多得的好事。

古今名席

古典名席

系指从虞舜到清末的4000多年间各朝各代代表性的名席,本书从宫廷、官府、民间的不同角度遴选出76例,以供参阅。由于历史久远,其中有些名席的菜单不详,有些菜单又很长,故而在编写例条时,为了节省篇幅,我们主要着眼于时代背景和筵席特色的介绍,而在其他方面则尽量省略。

之所以介绍这些名席,出于两种考虑:一是充实中国筵席发展史的内容,将其作为"筵席的起源"、"筵席的发展"、"筵席改革"诸条的补充,扩大餐饮服务人员的知识视野。二是为后面将要介绍的现代各种名席作好铺垫,以便看清其中的继承、发展关系,从而加深对筵席菜单理论的领悟,并为设计新席打下较为扎实的基础。

虞舜时代的燕礼

4200年前以虞舜为首领的部落联盟为年老退职的卿士举办的敬贤宴。据史籍记载,有虞氏养国老(退休的卿大夫)于上庠(贵族大学),养庶老(退休的士)于下庠(贵族小学),饮宴用“燕礼”,穿白衣,祭祀时戴皇冠(一种画有羽毛的帽子),目的是“慰安”。其程序较为简单,即举行“一献之礼”后,老人们脱鞋坐在席上,一面饮点米酒,一面品尝些狗肉。

燕礼每年举行多次,有时以族宴的形式出现,有时接待外姓的耆老。这种定期宴享老年贤人的礼制,古时称为“养老”。

燕礼同时也是我国最早的狗肉席(后世美称为“地羊席”)。

夏代的飨礼

夏代的宫廷宴会,“飨礼”即宴享佳宾之意。据《史记》等书记载,此宴较为特异:“体荐而不食(菜肴虽多但基本上不下箸),爵盈而不饮(酒杯盛满但基本上不喝),立而不坐,依尊卑为献(按官职高低顺序上菜),数毕而已(酒菜上完为止)。”显然,这只是一种形式。不过,在宴请来朝的诸侯国主、夏王亲戚以及朝聘的诸侯大臣、戎狄使节、守边军官和老人孤儿时,可以尽兴欢娱。

其中,宴请耆老是虞舜时代“燕礼”的延续,设宴地点多在“东序”或“西序”(皆为养老的学校),祭祀时戴“收冠”,饮宴时间长,“以酒醉为度”,表示出对贤达老人的尊敬。

大飨礼

又称“大享明堂礼”,系古代帝王祭祀昊天上帝和五帝、配享祖宗的盛大筵礼。其制始于远古,终于明末,延续4000多年。关于“明堂”,历代礼家说法不一,汉代的蔡邕、晋代的纪瞻等认为:明堂、太庙、清庙、太室、太学和辟雍都是一回事,即帝王宣明政教之处。凡是朝会、祭祀、庆赏、选士、养老、教学诸大典,均在明堂举行。周代的明堂,9室8牖,36户,以茅草盖顶,上圆下方;后世的明堂,有5堂或和9室12堂的,规制不一。大飨之礼,在周、唐、宋、明4朝最为讲究。像明世宗嘉靖年间奉行的“大礼仪”,便是一岁4祭天:除冬至在圆丘郊祀,孟春祈谷和孟夏雩坛外,季秋的明堂大飨,就是一个高潮。

酒池肉林宴

殷纣王举办的冶游夜宴,反映出商代奴隶主贵族穷奢极欲、荒淫无耻的生活。据司马迁在《史记·殷本纪》中的描述,这种宴会是“以酒为池,悬肉为林,使男女倮,相逐其间,为长夜之饮。”也就是说,在地上挖个大池子,里面盛满美酒;四周栽上树木,挂上香喷喷的烤肉,让赤身露体的男男女女在里面追逐嬉戏,通宵饮宴淫乐。殷纣王的骄奢淫侈和昏愦残暴,直接导致了商朝的灭亡;败坏社会风气的“酒池肉林宴”,也受到后世的严厉批评。

汉武帝时也有此宴。《三辅决录》云:“汉武帝自以功大,更广秦之酒池肉林,以赐羌胡,而酒可泛舟”;“(武帝)行赏赐,酒池肉林,令外国客遍观各仓库府藏之积,见汉之广大”。

周代八珍席

见于《周礼·天官》,原文是“凡王之馈,食用六谷,膳用六牲,饮用六清,馐用百有二十品,珍用八物,酱用百有二十瓮。”其中的“六谷”指稻、黍、稷、粱、麦、豆;“六牲”指马、牛、羊、猪、狗、鸡;“六清”指水、浆、醴、醇、酱、酏;“珍用八物”指淳熬(肉酱油浇大米饭)、淳母(肉酱油浇黄米饭)、炮豚(煨烤炸炖乳猪)、炮牂(煨烤炸炖雌羔)、捣珍(烧牛羊鹿里脊)、渍(酒糟牛羊肉)、熬(五香酱卤牛肉)、肝膋(烤网油包狗肝)。

“珍用八物”即周代八珍席。它是目前发现的最早的完整筵席菜单,由六菜二饭组成,专供周天子享用,在后世名气很大,由清至今,演化出许多“八珍席”菜单。

春秋时期的正馔席与加馔席

据《仪礼·公食大夫礼》、《仪礼正义》、《论语·乡党》等书的记载,春秋时期的筵席有“正馔”与“加馔”之别,二者进行组合。正馔的菜式一般有六簋(黍、稷等)、六豆(韭、菁等)、七俎(牛、羊、猪、鱼等)、三铏(牛、羊、猪),以及昌本、鹿臡、大羹、醓醢之类。加馔的菜式一般有两簠(稻、粱)、三炙(牛、羊、猪)、三胾(牛、羊、猪),以及鱼脍、牛脚、芥酱、羊臐之类。少则10多品,多则40余品。它反映了王室衰朽、礼崩乐坏、士大夫“僭越”、大搞“陈馈八簋、味列九鼎”之史实。不过,从筵席的进步来看,正馔与加馔的配置,既灵活、主动,又充实了菜单的阵容。

春秋时的野兔席

见于《诗经·小雅·都人士之什·瓠叶》，描述一个贵族将猎获的野兔制成各种菜肴，辅以鲜嫩的瓠瓜叶和香美的甜米酒，热情接待好友的情景。这一筵席的主菜是野兔，主要将它"炮之燔之"、"燔之炙之"、"燔之炮之"，即或用黄泥裹着烤，或在火上直接烧，或切小片文火炙，请朋友"酌言尝之"、"酌言献之"、"酌言酢之"、"酌言酶之"。宾主开怀痛饮，一致称赞野兔肉是一种佳肴（"有兔斯首"）。

这种一料多烹的野兔全席，主要仰仗烹调工艺的腾挪变化，并以不同菜式的风味取悦宾客，以达到聊欢共乐的目的。

郑灵公甲鱼宴

公元前605年，楚国送了一只肥美的特大甲鱼给郑灵公。郑灵公随即命厨师精心调治，赐赏群臣。当时唯独没有请子公赴宴。子公怒气冲冲地闯入，用食指在锅中蘸了一点汤汁尝尝，觉得其味鲜美无比，然后大摇大摆离开，并发誓说："他日我若能飞黄腾达，一定要美美地吃上一顿甲鱼汤。"

后来由《左传·宣公四年》中记载的这一历史故事，生发出"染指"、"染鼎"、"食指动"、"子公怒"等成语；以及"管窥那见豹，指染仅尝鼋"（陆游诗）、"盘餐登异味、指动已先知"（范成大诗）等名句，成为中国筵席史上的一段掌故。

淳于髡讽谏宴

淳于髡是战国时期齐国的大臣和学者，经常借题发挥规劝齐威王戒掉长夜之饮，亲理政事，改革法制，振作图强。一次，齐威王设宴招待他，席间问他的酒量如何？淳于髡说："我喝一斗酒也醉，喝一石酒也醉。"齐王不解其意，淳于髡便讲了自己的体会："大王赏我喝酒，面对朝臣及御史，心中害怕，一斗也就醉了。父亲宴客，我奉陪敬酒，喝不到二斗人便不行了。好友相聚，说说笑笑，情绪松弛，大约能喝到六斗。如果乡里欢宴，男女混杂，眉目传情，我可以喝到八斗。若是继续喝到深夜，女人解开衣襟，香气扑鼻，自己便能喝下一石，但此时什么糊涂事都会干，这叫物极必反。"齐威王听后醒悟，从此不再通宵狂饮。

易水壮别宴

即荆轲刺秦的故事。荆轲是卫国人，喜好读书击剑，机智与勇力均过人，游说诸侯，来到燕国。他与善于击筑的高渐离结成挚友，日夜酣歌于酒肆之中，旁若无人。此时，作为人质的燕太子丹刚从秦国逃回，四处寻找剑客，欲报秦王侮辱他的仇恨。经田光介绍，认识了荆轲，以上宾之礼待之。经过一番充分准备，荆轲择定赴秦日程。"太子及宾客知其事者，皆白衣冠以送之。至易水之上，既祖，取道，高渐离击筑，荆轲和而歌，为变徵之声，士皆垂泪涕泣。又前而歌曰：'风萧萧兮易水寒，壮士一去兮不复还！'复为羽声慷慨。士皆瞋目，发尽上指冠。于是荆轲就车而去，终已不顾。"（《史记·刺客列传》）

楚国招魂宴

"招魂"是人刚死时，亲属召唤亡灵复归肉体、企盼起死回生的一种古老仪式。楚怀王被骗到秦国后，久久不归，爱国诗人屈原思念故主，特写下《招魂》诗，盼望他能早早回到故国，励志图强。这首诗中，借用巫神的口气，极力描写上下四方的险恶，以及故乡的宫室、饮膳、音乐之美，召唤怀王归来。其中的饮膳部分便是一桌精美的楚宫大宴，其席谱是：

主食：大米饭、小米饭、新麦饭、高粱饭。

菜肴：烧甲鱼、炖牛筋、烤羊羔、烹天鹅、扒肥雁、卤油鸡、烩野鸭、焖大龟。

点心：酥麻花、炸馓子、油煎饼、蜜糖糕。

饮料：冰甜酒、甘蔗汁、酸辣汤。

全席菜式共19种，由主食、菜肴、点心和饮料4大部分构成。所用原料以水鲜和野味为主，技法有烧、烤、煨、炖、卤、炸、煎、烹多种，调味偏重于酸甜，带有鲜明的江汉平原鱼米之乡气息。它不仅席面编排规整，注意到谷、果、蔬、畜的养助益充作用，配膳比较合理，而且烂熟的牛蹄筋、鲜香的羊羔肉、油亮的焖大龟、醇美的天鹅脯，都达到了较高的工艺水平。这一菜单反映了楚人的饮食审美风尚，是现代筵席的鼻祖，其基本格式至今仍在南北各地沿用。

楚王食单

此席见于《楚辞·大招》，也是以招魂的形式出现，背景同上。但菜点多达28道：

主食：大米饭、糯米饭、新麦饭、高粱饭、小米粥、豆米粥、菰米粥。

荤菜：炸黄莺、烧青鸽、烹天鹅、豺狗羹、油焖龟、酱卤鸡、猪肉酱、苦味狗肉、烤乌鸦、蒸野鸭、氽鹌鹑、煎鲫鱼、炒麻雀。

素菜：炒蒿蒿、炒苤蓝、炒蒌蒿、莼菜汤。

饮料：楚国乳浆、吴地酸汁、楚国清酒、吴地白谷酒。

其特点是：主食的比重大，不配点心；野禽的用料多，突出水生野菜；饮料均为楚、吴的名品，强调地方特色。从某种意义上讲，它应是早期的江南湖区水鲜席。

鸿门宴

秦末名宴，见于《史记·项羽本纪》。它的经过始末是：秦末群雄并起，楚怀王心与诸义军首领约定："先破秦入咸阳者王之。"公元前206年，刘邦率军10万先进咸阳，秦王子婴投降。刘邦派兵扼守函谷关，不许其他义军进入。又传说，刘邦已将秦宫珍宝据为己有，自立为王。此事激怒了迟到一步的西楚霸王项羽，随即率军40万进驻鸿门(今陕西临潼)，以示威胁。由于兵力对比悬殊，刘邦只好先请项伯(项羽的叔父)调解，说明自己并无野心；随后清早带领张良等人前往鸿门请罪。项羽见其卑躬屈节，弄清封关原委之后消了气，亦设宴相待。"项王、项伯东向坐，范增南向坐，刘邦北向坐，张良西向侍"，仍很骄横。宴会上，项羽的谋臣——范增不愿放虎归山，遂命项庄舞剑，伺机刺杀刘邦；为了保护儿女亲家，项伯亦拔剑对舞，用身体掩护刘邦。情急之中刘邦的妹夫——猛将樊哙带剑执盾闯宴，以大嚼生猪肉、大饮烈性酒的气势震慑住项营将士；刘邦便在张良的谋划下，以上厕所为名乘机骑着快马逃脱。此后，"鸿门宴"就被视作杀机四伏的谈判宴，变成"宴无好宴、会无好会"的代名词。

由于司马迁是从政治斗争的角度来描述此宴的，因而对宴会的陈设、肴馔及礼仪几乎未作什么介绍，所以鸿门宴的菜单和程序至今仍是一个难解之谜。

垓下宴

这是项羽兵败垓下、身陷重围、与虞姬诀别时的军营家宴。当时项羽高唱慷慨悲壮的《垓下歌》，声泪俱下，故名。

公元前202年，项羽兵退垓下(今安徽灵璧)，刘邦会合各路劲旅，实施铁壁重围。项羽兵少粮尽，夜间又听到四面楚歌，以为汉军已攻占了全部楚地，无颜再见江东父老，心绪异常悲凉。于是，在大营设宴，虞姬陪侍，酒酣兴起，唱起《垓下歌》："力拔山兮气盖世，时不利兮骓不逝。骓不逝兮可奈何！虞兮虞兮奈若何！"连唱数遍，夫妻应和，众将啜泣，场面悲壮。不久，虞姬和项羽在乌江边血战突围未果，两人洒泪赠马，双双自刎，走上英雄末路。

大风宴

汉高祖刘邦的省亲敬祖大宴，因席间有120名小童高唱《大风歌》而得名。《史记》载，公元前195年，"高祖(东讨淮南王英布)还归，过沛，留。置酒沛宫，悉召故人父老子弟纵酒，发沛中儿得百二十人，教之歌。酒酣，高祖击筑，自为歌诗曰：'大风起兮云飞扬，威加海内兮归故乡，安得猛士兮守四方。'令儿皆和习之。高祖乃起舞，慷慨伤怀，泣数行下。谓沛父兄曰：'游子悲故乡。吾虽都关中，万岁后吾魂魄犹乐思沛。且朕自沛公以诛暴逆，遂有天下，其以沛为朕汤沐邑，复其民，世世无有所与。'沛父兄诸母故人日乐饮极欢，道故旧为笑乐。"

大风宴气魄宏大，立意深沉，李白故有"按剑清八极、归酣歌大风"的评语。

长乐宫礼宴

刘邦登基后大会群臣，设宴庆祝。但部下大都不懂上层礼法，平时随便惯了，加上恃功居傲，筵席上大呼小叫，拔剑击柱，闹得刘邦十分扫兴。于是他命儒臣叔孙通制定朝仪，教习群臣。公元前188年，长乐宫落成，举行了首次礼宴。

拂晓时分，宫内外整齐排列着卫士和车马，刀枪闪亮，旗帜飘扬。礼官导引群臣依次入宫，文东武西，肃立两厢。殿前司仪层层传报，刘邦乘辇升殿，侍臣交声传警，群臣分班叩见。由于气氛威严庄重，人人震恐肃敬。礼毕摆宴，群臣按官职高低依次捧杯上寿，然后蹑足归席。酒巡九遍，司仪传命"罢酒"。其中有人不习惯于新的宫宴酒规，一有差错即被监察御史带走。故而宴会从始至终,秩序井然,没有人敢说笑喧闹、进退失礼。看到这种情景,刘邦踌躇满志,宣称:“我今天才知道做皇帝的尊贵了。”

长乐宫礼宴是我国历史上第一个按照规范的朝仪举办的皇家大宴,为后世的宫廷礼宴提供了借鉴的蓝本。其重要意义在于它将筵宴与皇家礼法首次结合,并在王宫大宴的铺排及程序上开辟出一条新路。这一格式在封建社会中沿袭了2000多年,直到辛亥革命才结束。

汉代楚地王府盛宴

见于枚乘《七发》。《七发》是篇汉赋,作者用为“楚太子”治病的名义,极力铺陈楚地的绮丽风光和楚王府的舒适生活,其中有一段写的即是宴席,其主要的美食有:

大菜:牛肉笋蒲、石花狗羹、芍药熊掌、叉烤兽脊、紫苏鱼片、清炒锦鸡、白露菜心、红焖豹胎。

饮料:兰花美酒。

饭食:楚乡粳稻饭、雕胡珠米粥。

这是一桌相当精美的华筵。菜品虽然不多,调理却极为细腻。无论菜品选用和荤素搭配,还是烹调技术和装饰造型,它都跃居到新的高度,开创了“雅宴”的先河。

横槊赋诗宴

魏王曹操在蒲圻赤壁的长江水寨上举行的誓师大宴,见于《三国演义》:“时建安十三年(208年)冬十一月十五日,天气晴明,平风静浪。操令:‘置酒设乐于大船之上,吾今夕欲会诸将。’天色向晚,东山月上,皎皎如同白日。长江一带,如横素练。操坐大船之上,左右侍御者数百人,皆锦衣绣袄,荷戈执戟。文武众官,各依次而坐。操见南屏山色如画,东视柴桑之境,西观夏口之江,南望樊山,北觑乌林,四顾空阔,心中欢喜,谓众官曰:‘吾自起义兵以来,与国家除凶去害,誓愿扫清四海,削平天下,所未得者江南也。今吾有百万雄师,更赖诸公用命,何患不成功耶!收复江南之后,天下无事,与诸公共享富贵,以乐太平。’文武皆起谢曰:‘愿得早奏凯歌!我等终身皆赖丞相福荫。’操大喜,命左右行酒。”饮到深夜,曹操酒酣耳热,又发狂言:“吾今新构铜雀台于漳水之上,如得江南,当娶二乔,置之台上,以娱暮年,吾愿足矣!”接着,取槊立于船头,以酒奠江后满饮三爵,吟出著名的《短歌行》:“对酒当歌,人生几何!譬如朝露,去日苦多。慨当以慷,忧思难忘;何以解忧?唯有杜康。青青子衿,悠悠我心。但为君故,沈吟至今。呦呦鹿鸣,食野之苹。我有嘉宾,鼓瑟吹笙。明明如月,何时可掇?忧从中来,不可断绝。越陌度阡,枉用相存。契阔谈宴,心念旧恩。月明星稀,乌鹊南飞,绕树三匝,无枝可依。山不厌高,水不厌深,周公吐哺,天下归心。”向天下的俊杰和官员发出了一份“求贤举士令”。后来乐极生悲,他在醉态中刺死破坏自己雅兴的谋臣刘馥,猛然醒悟,方才罢宴。

横槊赋诗宴常被后人津津乐道。它将军事、政治、文学、情爱、宴乐与奸雄曹操的抱负、品德及个性有机地交织在一起,展示出三国时代群雄逐鹿的壮阔历史画面。

平乐宴

见于魏诗《名都篇》。这是曹操之子——陈思王曹植为首的魏国贵族子弟田猎归来在洛阳西门外平乐观举行的冶游大宴。

据诗中描写,席上喝的是贵重的名酒,数千文钱方能买到一杯(“美酒斗十千”);吃的是珍奇名菜脍鲤鱼、煎鲋鱼、烧甲鱼和烤熊掌(“脍鲤臇胎虾,炮鳖炙熊掌”)。这在并非鱼米之乡和深山老林的洛阳来说,谈何容易!他们吃饱喝足就大喊大叫,放浪形骸,丝毫不受酒筵礼法的约束,参加者都是意气风发的豪门少年,文武双全,壮志干云(“鸣俦啸匹侣,列座竞长筵”)。

这种日掷千金、仅买一醉的贵族游宴,对后世影响也颇深。

竹林七贤宴

见于《世说新语·任诞》。魏晋时期,风流潇洒、旷放不羁的阮籍、稽康、山涛、向秀、刘伶、阮咸(阮籍之侄,又叫小阮)和王戎感情友善,气味相投。他们经常聚会于郊外的竹林之中,饮酒赋诗,兴会飙举,时人称为“竹林七贤”。相传他们饮宴时,或脱衣裸形,醉后便酣卧在妇人之旁;或佯装糊涂,不理睬朝廷派来的官员;或高歌狂呼,顷刻间写出美诗数篇。元代画家郭敏据此绘成《竹林七贤图》:在高低错落的竹林中,散置酒果樽罍和笔墨纸砚，七贤随意席地而坐，把酒临风，吟哦长啸，四童子烹茶烤肉，来回忙碌，艺术地再现了“乐哉苑中游”、“寄心在知己”的竹林酣饮情景。

金谷园宴

西晋大臣石崇在金谷别墅（在洛阳西北金谷涧中）举办的昼夜游宴。石任荆州刺史时，拦劫四方贡使和客商，致成巨富。他曾与晋武帝的母舅王恺斗富，极尽豪奢之能事。石崇常在华丽的金谷园宴客，“尽夜游宴，屡迁其坐，或登高临水，或列坐水滨；出时载有琴筑，道路并作。及佳，令鼓吹迭奏，遂各赋诗”。金谷园宴不仅酒菜精美，还要求宾客当场作诗，以叙中怀。如果写诗不成，就要罚酒三杯。后来《世说新语·品藻》便把饮宴时罚酒三杯，称为“金谷酒数”。李白在《春夜宴从弟桃李园序》中也引用此典：“如诗不成，罚依金谷酒数。”

曲水流觞

又名“祓禊”，是古人在三月三日于水边举办的民俗野宴。这里的“曲水”指环曲的溪流或渠港；“觞”指有底托带耳的木制或陶瓷制酒杯；“流”指酒杯顺着流水飘行。所谓“曲水流觞”，就是宾客环坐在溪流两岸，盛酒的杯从上游缓缓飘来，停在谁的面前谁就取饮，彼此相与为乐。在饮宴的同时还在水边洗濯，以此祓除不祥。

东晋永和九年（353 年）上巳节，大书法家王羲之邀约谢安、孙绰、支遁等 41 位名士，会聚在山阴（今浙江绍兴）兰诸亭下，行曲水流觞之戏，各人作诗纪此盛会，“虽无丝竹管弦之盛，一觞一咏，亦足以畅叙幽情”，被传为文坛佳话。

陆纳茶宴

东晋吴兴太守陆纳接待卫将军谢安的小席。《晋中兴书》记载，陆纳的侄子陆俶听说谢安将要前来作客时，埋怨叔父不认真准备，但又不敢去请示，便暗中备好一桌丰盛的酒席。谢安进门后，陆纳只用几道茶果点心待客。而陆俶擅自做主，端出了山海八珍大席，陆纳无可奈何。客人走后，他将陆俶打了 40 大棍，愤愤地说：“你既不能给叔父增光，为什么却要玷污我一贯的清廉？”

按照《晋书》和《食檄》的记叙，东晋时的茶宴，一般是先敬香茶，冲饮 3 杯；然后再上一碗蔗汁、木瓜、元李、杨梅、五味、橄榄、瓠、葵合制的羹，就可以了。

斜川游宴

南朝宋国永初二年（421 年）正月，田园诗人陶渊明和村邻同游斜川（今江西昌都附近的湖泊）时的便宴。对此，陶渊明写了《游斜川》诗并序：“辛酉正月五日，天气澄和，风物闲美，与二三邻曲，同游斜川，临长流，望曾城（庐山之江南岭），鲂鲤跃鳞于将夕，水鸥乘和以翻飞。彼南阜（庐山）者，名实旧矣，不复乃为嗟叹……悲日月之遂往，悼吾年之不留（当时诗人 57 岁）……”接着在诗中又写了“提壶接宾侣，引满更献酬；未知从今去，当复如此不？中觞纵遥情，忘彼个载忧；且极今朝乐，明日非所求”的欢乐及感慨。

斜川游宴对后世影响较大，不少墨客骚人都加以仿效。

南齐凌虚宴

南朝齐国文宣帝高洋在宫中创办的独味素席——香菇大宴。“凌虚”指升入空际，有超凡脱俗、羽化登仙的含义。如曹建的《节游赋》：“建三台于前处，飘飞升以凌虚”；阮籍的《咏怀诗》之十九：“寄颜云霄间，挥袖凌虚翔”。此处用“凌虚”作为席名，一方面是突出菜品的清奇、淡雅，一方面还具有一定的“出世”思想，这与南北朝的“江南四百八十寺”、佛教盛行的背景有关。

北魏朝宴

这是北魏孝文帝元宏在洛阳宫廷举办的鲜卑族风味筵席，以烤羊肉和奶酪粥等为主菜。关于这一宴会还有一段掌故。南齐人王肃投归北朝以后当了镇南将军。由于不习惯“胡食”，只爱鲫鱼羹与清茶，喝起茶来其量惊人，故有“漏卮”的雅号。几年后饮食习惯有所改变，参加“朝宴”时也能大吃羊、酪。孝文帝问道：“以卿之见，羊肉与鱼羹、茗饮与酪浆，何者为上？”王肃道：“羊是陆产之最，鱼为水族之长，都系珍品。如果以味而论，羊好比齐、鲁大邦，鱼则是邾、莒小国。茗最不行，只配给酪作奴。”这一段献媚取宠的高论，引得孝文帝大笑，此后在北魏，茶就得了个“酪奴”的贬称，朝贵们皆耻而不饮。

隋炀帝龙舟宴

隋炀帝游幸扬州的途中，在大运河的龙舟上举办的盛宴。隋炀帝即位不久，便征集百万民丁，开凿沟通海河、黄河、淮河与长江4大水系的大运河，建造3层龙舟和杂船数万只，率领后妃嫔娥、文武百官、歌伎乐工和护驾军卒20余万人，浩浩荡荡向江南进发。所过州县都得“献食”，有的州一次就献食100多台(席)，山珍海错、奇馔异食应有尽有。隋炀帝在龙舟上日夜酣饮游乐，吃不完的食品就地掘坑一埋了事，时间一久，运河两岸都是“食冢”，臭气熏天，奢靡之风历然。《隋唐·食货志》载，炀帝东巡，后宫侍臣从者数十万人，沿途所食用的水陆珍品，朝令夕办，指的就是这件事。

曲江宴

唐代朝廷赐赏百官和新科进士的园林宴会，因在长安著名的曲江风景区举办而得名。

曲江宴的名目众多，如中和宴、上巳宴、重阳宴、杏园宴、裙幄宴、百官宴、进士宴等，杜甫的《丽人行》，便是其写照。举凡宴庆，帝王将相多设席于紫云楼，翰林学士则设席于彩舟，其他官员则聚集在亭台楼榭或锦帐绣帘之中。为了与民同乐，特许长安商贾、缙绅、僧道乃至妓女、乐工在园中设宴游赏，让官办酒楼和胡姬酒肆大做生意。尤其是进士宴更为热闹，官员趁此与进士互叙年齿身世，结拜干亲；商人趁机展销奇珍异物，牟取大利；“长安士女，倾都纵观，车马填咽；公卿之家率以是日择婿矣”。

临光宴

唐玄宗在宫中举行的元宵节灯宴。每逢正月十五，玄宗都带嫔妃宫娥在长春殿摆宴赏月。殿前点起“白鹭转花”、“黄龙吐水”、“金凫银燕”、“浮光洞”、“攒星阁”等南北花灯，乐队奏《月分光曲》，同时抛撒闽江锦荔枝千万颗，让宫女抢拾，拾得多者赏以“红圈绿晕被”。

这是我国有记载的最早的灯宴。它以赏月游乐为主，酒肴酬酢为辅，重在节日余兴，别开生面。后世的元宵观灯宴多是以此为蓝本，并从宫廷拓展到民间。

桃李园宴

唐代诗仙李白及其兄弟春夜在桃李盛开的名园举办的家宴。

此乃中国名宴之一。其所以有名，一是与宴者是大诗人李白及其才华出众、个个都像神童谢惠连一样的弟兄。二是燕饮选在月光皎洁的春夜、桃李芬芳的名园，诗情画意，佳肴与美文相辅相成。三是李白为它写下著名的《春夜宴桃李园序》，留下“夫天地者，万物之逆旅也，光阴者，百代之过客也”；“阳春召我以烟景，大块假我以文章，会桃李之芳园，序天伦之乐事”；“开琼筵以坐花，飞羽觞而醉月，不有佳作，何伸雅怀”等佳句，对后世赏景文会影响深远。

游囊宴

唐代诗人白居易举办的特异船宴。

白居易晚年退居洛阳香山，自号香山居士，以诗酒咏佛、文友唱和为乐事。他在履道里的住宅中有一个很大的湖塘，四周遍植花木，可以泛舟游玩。一天，他在船上请客，舱中并未携带酒菜、炉灶和餐具，更无厨役。日近中午，他却传呼开宴，僮仆不曾上岸，却有美酒、炙肉等100多道肴馔依次呈送上来，相当精致。客人们感到惊奇，纷纷出舱探望。原来船的四周系着许多密封的油篓，“悬酒炙于水中，随船而行，一物尽则左右又进之”。这实际上是将整桌筵席预先掩藏在水里，开席后给客人一个“意外的惊喜”。

烧尾宴

唐代名席，指士子初登金榜或大臣升官后向皇帝进食以及为朋僚举办的宴会。“烧尾”一词有多种说法，如老虎变人前须烧掉其尾，新羊入群前须烧掉其尾，鲤鱼跳过龙门后天火会烧掉其尾等，其中都有通过“洗礼”，取得社交身份的含义。

唐朝前期“献食”之风很盛。打了胜仗、封了大官、金榜题名、亲朋欢庆，均有宴请之举，皇帝也乐于接受臣下的孝敬。对此，《旧唐书》、《辨物小志》、《封氏闻见记》、《涌幢小品》均见记载。有意思的是，进士们凑钱在曲江亭宴请皇上还有人专理此事，“须待纳足，始肯置宴”。

唐中宗时，弄臣韦巨源官拜尚书令左仆射，向皇帝敬献了一桌极为丰盛的筵席，这便是著名的《烧尾宴食单》。其中主要的58道菜点被记载下来，流传至今。里面有雪婴儿、金铃炙、凤凰胎、八仙盘、贵妃红、白龙臛、小天酥、箸头春、天花饆饠、光明虾炙、汤浴绣丸、冷蟾儿羹、御黄王母饭、遍地锦装鳖、素蒸音声部、同心生结脯、金银夹花平截、暖寒花酿驴蒸、蕃体间缕宝相肝、生进二十四气馄饨等珍异名食，令人叹为观止。

虽然烧尾宴的举办者是为了献媚取宠于皇上，结党营私于同僚，同时也标榜自己；但这种菜品超过百余的大宴，在中国筵席史上具有很重要的意义。它不仅是盛唐发达的饮食文化的反映，而且对宋、元、明、清各代超级大宴的调排都有启迪。

炼珍堂宴

唐穆宗时的丞相段文昌的精细家宴。据陶谷《清异录》载："段文昌丞相特精食事，第中庖所榜曰'炼珍堂'，在途曰'行珍馆'.家有老婢掌其法，指授女仆凡四十年，阅百婢嗣法止九婢。文昌自编食经五十卷，时称《邹平公食宪章》。"

还相传，段家这位老婢艺烹陆海，四方风味无所不精，被人尊称为"膳祖"。段家的"炼珍堂"中还总结出"物无不堪吃，唯在火候，善均五味"的著名治炊法则。段文昌之子段成式亦是一位美食家，他在《酉阳杂俎》中介绍过隋唐时期的南北名食数百种，为后世留下了珍贵的饮馔资料。

胡姬酒肆宴席

唐代长安、洛阳等地由西域胡人开办、西域少女（胡姬）侍宴，以"胡风烹饪"作为特色的风味筵席。

这类酒肆多铺有红色毛织地毯或壁毯，悬挂西域乐器和兵器，使用西域风格的餐具，用"胡风歌舞"侑食。其菜式主要有胡羹、胡饼、饆饠、搭纳、饹饦、古搂子、五福饼、貊盘、羊馔、胡炮肉、驼峰炙之类；饮料则为葡萄酒、龙膏酒、三勒浆、奶茶等，带有浓郁的"丝绸之路"文化风情。

胡姬酒肆的常客多系王侯子弟，"五陵少年金市东，银鞍白马度春风，落花踏尽游何处，笑入胡姬酒肆中。"此外，李白、岑参等风流文人，也爱在此畅饮。

不乃会

唐代华南少数民族以"不乃羹"（鼻饮的肉羹）作首汤的特殊筵席。不乃羹系用猪、羊、鸡、鹿的肉、骨一起熬制，滤出浓汁后调以葱姜五味，盛于盆中，随带容量约为一升的弯把"嘴银勺"率先上席。按例是主人先饮——浓汁注入"勺"中，"弯嘴"插入鼻内，仰首缓缓饮吸；然后根据长幼尊卑依次轮饮。每人各饮一升后，才上其他饭菜，程序不得错乱。

不乃会的流行区域，在今湖南、广东以及越南一带。此事见于《岭表录异》和《溪蛮丛笑》。

浣花溪船宴

后蜀主孟昶及其爱妃花蕊夫人在成都浣花溪上举办的游宴。《蜀梼杌》载："是时蜀中百姓富庶，夹江皆创亭榭游赏之处。都人士女，倾城游玩，珠翠绮罗，名花异香，馥郁森列。昶（孟昶）御龙舟，观水嬉，上下十里，望之如神仙之境。"花蕊夫人的《宫词》中也多次描绘船宴的盛况："厨船进食簇时新，侍坐无非列近臣，日午殿头宣索脍，隔花催唤打鱼人"；"半夜船游载内家，水门红蜡一行斜，圣人正在宫中饮，宣使池头旋折花。"

浣花溪船宴兴于汉唐，活跃在五代十六国，延及两宋，繁胜过近千年。它那"画船叠鼓临芳溆，彩阁扬波泛羽卮，霞景渐曛归棹足，满城欢醉待旌旗"的情景，曾令无数诗人陶醉。

小四海宴

宋初，吴越国王钱俶的小舅子、节度使孙承祐的豪华家宴。

据明人李日华的《紫桃轩杂辍》和清人褚人获的《坚瓠集》等书记载，风流浪子孙承祐饮食生活极为奢靡，常常是"一宴杀物命千数"。他喜欢在酒席上自夸："今日坐中，南之蝤蛑，北之红羊，东之虾鱼，西之果菜，无不毕备，可谓富有小四海矣！"后来，人们便将孙家的斗富筵席称作"小四海宴"。

不仅如此，为了亮富炫俗，他还命人"用龙脑煎酥，制小样骊山（唐代行宫，在今陕西临潼），水、竹、屋宇、桥梁、人物，纤悉具备"。这较之西晋的石崇与王恺，有过之而无不及。

春秋大宴

两宋时期朝廷在春、秋两季举办的例行宴会。按照规定,“大宴率于集英殿,次宴紫宸殿,小宴重拱殿,若特旨则不拘常制。凡大宴,有司预于殿庭设山楼排场,为群仙仪仗、六番进贡、九龙五凤之状;司天鸡唱楼于其侧。殿上陈锦绣帷帘,垂香毬,设银香兽前槛内,籍以文茵,设御茶床、酒器于殿东北楹间,群臣酰罕于殿下幕屋。”王公大臣坐殿上,四品以上官员坐朵殿,其他人等分坐两庑。座具有绣墩与二蒲墩之别,餐具是“殿上纯金,廊下纯银”,并辅以“镂漆碗碟”。菜肴百味俱陈,并设有“看食”与“看盘”。宴会上还有教坊小儿歌舞助兴,“宴退,臣僚皆簪花归私第”,风光异常。

张俊接驾宴

南宋绍兴二十一年(1151年)十月,清河郡王、枢密使张俊在家宴请宋高宗赵构的筵席,共计菜点250道,是我国历史上规模最大的酒筵。《武林旧事》有所记载。

此席分为两部分。第一部分是“看席”,以干果蜜饯为主,包括“绣花高饤一行八果垒”、“乐仙干果子叉袋儿一行”、“缕金香药一行”、“雕花蜜饯一行”、“砌香咸酸一行”、“脯腊一行”和“垂手八盘子”等7大类别,计有各式花碟72种。它以先声夺人之势,开席见彩,显示规格,渲染气氛,并供客人观赏。

第二部分是“吃席”,以冷热肴馔为主,包括“切时果一行”、“时新果子一行”、“雕花蜜饯一行”、“砌香咸酸一行”、“珑缠果子一行”、“脯腊一行”、“下酒十五盏”、“插食”、“劝酒果子库十番”、“厨加酒十味”、“细垒四桌”、“又次细垒二桌”、“对食十盏二十分”等13大类别,计有食肴178道。其中,果点全系江南佳品,有30余种;菜肴是水鲜占多数,鱼米之乡的特色鲜明。

此外,张俊还为伴驾、护驾而来的千余名大臣和将士准备了5种不同规格的席面。最高的一桌(秦桧专用)有菜点106道;最低的一桌(传呼中官享用)也有菜点10道,每人1瓶好酒、1斤羊肉和50个馒头。

这等大宴难免“耳餐”、“目食”之类的形式主义弊端。但是,一个家庭能操办1000多人的不同格局的大宴,这在800多年前的宋代不能不算是一个奇迹。

西夏礼宴

西夏是党项族建立的地方政权,在今银川一带,存在了194年。它的礼宴参用宋制,凡吉凶、嘉宾、宗祀、燕享均改九拜为三拜,废五音定一音。其宴会带有游牧生活气息,主菜系生熟牛羊肉,以犀利的西夏刀自割自食。配菜有河西肺、河西米汤粥、乳汁、乳酪、乳脂、乳渣、乳饼、酥油茶以及从汉民区传入的干饼、花饼,还有葡萄酒、奶酒之类。宴席中还有一部分鲜香的野菜,如苁蓉苗、野韭、鼓子蔓、小芜荑、地黄叶、沙葱之类,并上当地特产的青白盐及蜂蜜等。

头鹅宴

辽国皇帝每年春天在长春州鱼儿泊(今吉林大安)捕获第一只鹅祭神与荐庙之后举办的祝贺酒席。辽代契丹人有驯养海冬青捕鹅的生活习俗,每当江河解冻、鹅雁北归时,君臣们便要围猎骑射,群臣遍插鹅毛为乐,擒鹅救鹰者有重赏。宋人姜夔的《契丹歌》:“一春浪荡不归家,自有穹庐障风雨,平沙软草天鹅肥,胡儿千骑晓打围”,写的即是这一情景。

辽穆宗耶律述律尤爱食鹅,“庚午获鹅,甲申获鹅,皆饮达旦”。有时捕不到鹅,便要杀人。因为这不仅延误了“春捺钵”(春季出猎时的行帐)的庆典,被视作不吉利,而且还影响到国王的威望(天神不支持他),使之难以号令藩国和众臣。

头鱼宴

这也是辽代契丹人的风俗习惯,即凿冰取鱼、君臣欢宴同乐。根据史书记载,每年正月,辽帝要在松花江一带设置“春捺钵”(春季出猎时的行帐),然后凿冰捕鱼。捕得第一尾大鱼后即大张酒宴,与群臣和来朝的各族酋长同乐,名曰“头鱼宴”。

例如天庆二年(公元1112年)就有这样的盛会:“二月丁酉,如春州,幸混同江钓鱼。界外生女真酋长在千里内者,以故事皆来朝。适遇头鱼宴,酒半酣,上临轩,命诸酋次第起舞。”

这种“头鱼”多系鲟、鳇之类的大型冷水鱼,重达数百斤,故可以同时宴享百余人。

貔狸馔

即辽代宫廷的黄鼠宴。"貔狸"是达瑚尔黄鼠的契丹名称。它长约20厘米,"味如豘子(乳猪)而脆",而且"性能糜肉,一鼎之肉,以貔一脔投之,旋即糜烘"。这种鼠足短,极肥;契丹人"以为殊味,穴地取之,以供国王之膳"。辽国还规定,"自公相以下,皆不得尝",并且"置官守其处(巢穴),人不得挖取"。为了保证宫廷的需要,每年指定专业民户捕捉一定数额,交由御厨以牛羊奶饲养,待其肥壮宰杀,或风干,或盐渍,或熏制,或冷炙,制成济楚的"貔狸馔",侍奉君王。

此外,宋臣出使契丹时,辽帝的回礼常是锦盒装的10只貔狸。

混同江金主御宴

金朝初年,金太祖完颜阿骨打及其臣僚在混同江(黑龙江与乌苏里江会合处)畔举办的大宴,见于《钦定满洲源流考·国俗》。其制为"金主聚众将共食,则于炕上,用矮台子或木盘相接,人置稗子饭一碗,加匕其上;列以齑韭、长瓜,皆盐渍者;另以木碟盛猪、羊、鸡、鹿、兔、狼、麂、獐、狐狸、牛、马、鹅、雁、鱼、鸭等肉,或燔或烹,或生脔以芥蒜汁清沃,陆续供列。各取佩刀,脔切荐饭。食罢,方以薄酒传杯而饮,谓之御宴者亦如此。"

这一宴会带有东北地区少数民族早期游牧射猎生活的粗犷气息,食品虽多,但不甚讲究,还保留着某些生食习惯。到了金朝后期,饮食文化有长足进步,与宋宫的差异就不是很大了。

金代女真享全羊

金代东北地区女真人(满族的先祖)的著名乡宴。《松漠纪闻》载:"金人旧俗,凡宰羊但食其肉,贵人享重客间,兼皮以进曰全羊。"这里的"兼皮以进",显然指烤;它与周代的"炮牂"、战国时的"特羊之飨"、汉魏六朝的"貊炙"、隋唐的"过厅羊"与"浑羊殁忽",均有亲缘承袭关系。

女真人设置全羊宴时,宾客尽携亲友前来,左邻右舍也不召而至。客人进屋落座,主人站立侍奉,直到欢宴接近尾声,主人才入席陪饮数杯。宾客告辞时,主人垂首退身,连连呼"喏",跪右膝,蹲左膝,再拱手摇肘,动止于三,态度十分恭谨,展示出民风的纯朴。

过盏

金代女真人的社交宴席。不论宰臣百官生日,还是民间婚嫁添丁,乃至迎接使节和长官,都要准备酒果,大宴宾客。席上,"乃有币帛、金银、鞍马、珍玩等诸物以相赠遗,主人乃捧其酒于宾,以相赞祝祈恳,曰过盏",以此结恩释怨,不这样做便被视为不知礼。

每逢"过盏",宾客乃携亲友上门,左邻右舍也不请自来,或轻或重,都有一份礼品恭贺。客人坐着吃喝,主人站立侍候;客人酒足饭饱之后,方请主人就坐。吃肉是一盘接着一盘,喝酒是一杯连着一杯,直到有人醉倒或逃席为止。这种筵会的主旨是敦亲睦谊,一直延续到清代。

诈马宴

元朝皇帝或亲王在重大政事活动时举办的国宴或专宴。它又名"质孙宴"、"马奶宴"、"衣宴"或"跑等",主要因为赴宴的王公大臣和侍宴的卫士乐工都必须穿皇帝赏赐的同一颜色的"质孙服"而得名。其中,"诈马"是波斯语 jaman——外衣的直译;"质孙"是蒙古语 jisun——颜色的直译;"跑等"是满语赛马的意思;"马奶宴"是此宴多以白马奶、烤全羊和"迤北八珍席"(参见该条)作为主菜的缘故。至于"质孙服",是用回、维吾尔等族工匠织造的织金锦缎和西域珠宝缝缀而成,其式样类似今天蒙古族的礼袍。它不在市场上出售,而由皇帝论功赏赐;由于诈马宴通常是举行3~7天,质孙服一天一换,获赏多的人便可天天凭服饰赴宴,获赏少的人难免会因没有同色的礼服而被拒之门外。因此,被赏赐质孙服和参加诈马宴,在元代是皇帝的恩宠与臣僚的地位的象征。

关于诈马宴的盛况,国史院编修周伯琦在《诈马行》诗序中有详尽介绍:"国家之制,乘舆北幸上京,岁以六月吉日(初三),命宿卫大臣及近侍,服所赐质孙珠翠金宝衣冠腰带,盛饰名马,清晨自城外各持彩杖,列队驰入禁中;于是上(皇帝)盛服御殿临视,乃大张宴为乐。惟宗王、戚里、宿卫大臣前列行酒,余各以所职叙坐合欢。诸坊奏大乐,陈百戏,如是者凡三日而罢。其佩服日一易,太官用羊二千皦,马三匹,他费称是,名之曰质孙宴。质孙,华言(汉语)一色衣也,俗称为诈马宴。"另据其他史料记载,这种超级大宴常在可容数千人的广场上举行,王公贵胄的家眷均可参加;食馔由宣徽院和光禄寺操办,司厨者和侍宴者都以纱绢罩住口鼻,防止污染食物;菜式有红(牛羊马肉及禽兽)、白(奶面制品)两大系列,烈酒多用可容数百斤乃至上千斤的玉质或银质"酒海"盛装;宴会上常有骑射、摔跤等余兴,以及银器、宝马、华服的赏赐。

元朝是我国历史上第一个由北方游牧民族建立的君临天下的封建政权。由于蒙、汉、回、女真、契丹等各族的相互影响,南北风习的彼此渗透,各种宗教的并存,以及中外科学技术与物质文化的广泛交流,故而当时的中国社会既延续了农业文明的主流,又呈现出其他影响的多元性。凡此种种,就孕育出奇特而又壮观的诈马大宴。

宴上烧肉事件

元代蒙、回等族的大型烤肉宴,有烤全羊和烤各式野味菜25道,记入《居家必用事类全集》之中。

它的用料有羊、黄羊、獐、鹿、黄鼠、沙鼠、兔、野鸡、鹌鹑、水扎、野鸭、川雁等多种;烤法有炉烤和签烤两个大类;调料以油、盐、酱、酒、醋、葱花、姜末等为主;有的是整件烤,有的是分档或切片烤。

这种宴席多在野外狩猎之后进行,带有粗犷的塞外草原野炊色彩。

迤北八珍席

元代北方蒙古王公的高级酒筵,由醍醐(奶酪的精制品)、麈沆(小獐脖颈肉)、野驼蹄(七宝羹)、鹿唇(实为犴达罕唇,俗称麒面)、驼乳糜(驼奶肉米粥)、天鹅炙(烤天鹅)、紫玉浆(可能是种紫羊的奶)、元玉浆(黑马湩)等8种名珍组成,由宫廷御厨"博尔赤"制作。

迤北八珍席可单独食用,也可配置在六月三日的诈马宴或八月的马奶子宴中。它既是御膳,有时也赏赐亲王贵胄或有功之臣。入清之后,蒙古王公将其献给巡幸的皇帝,表示敬意;清宫也以此款待过入觐或在京任职的蒙古王公、额附、台吉、大喇嘛等人,以示宠幸和笼络。

野老欢会

元代田园野趣的"打平伙"文会,见于杂剧家关汉卿的《(南吕)四块玉·闲适之二》:"旧酒投,新醅泼。老瓦盆边笑呵呵,共山僧野叟闲吟和。他出一对鸡,我出一个鹅,闲快活。"

这是诗人和山僧、野老一次凑分子的聚餐,有的出鸡,有的出鹅,不论新酒、旧酒,都倒进大瓦盆中,轮着圈喝,搜词求句,图的是轻松自在、无拘无束。这种乡野文会虽然既无李太白式"烹羊宰牛且为乐、会饮一须三百杯"的豪放,也无陶令公式"一觞虽自进,杯尽壶自倾"的静穆;但有作者"铜豌豆"般潇洒豁达的个性,有山乡野老毫不作态的质朴。它表现了挚友间的真情和返归自然的异趣,令人耳目一新。

宫眷内臣品蟹会

明代嫔妃宫娥和太监在中秋节举办的盛大蟹宴,见于刘若愚的《酌中志》:"(中秋)供月饼瓜果……凡宫眷内臣吃蟹,活洗净,用蒲包蒸熟,五六成群,攒坐共食,嬉嬉笑笑,自揭脐盖,细细用指甲挑剔,蘸蒜以佐酒。或者剔蟹胸骨,八路完整如蝴蝶式者,以示巧焉。食毕饮苏叶汤,用苏叶等件洗手,为盛会也。"

这段文字简练传神,不仅介绍了品蟹会的全过程,还描述出参加者的音容笑貌,将内廷的中秋宴逼真地展示出来。若将它与《天启宫词》:"海棠花气静霏霏,此夜筵前紫蟹肥,玉笋苏汤轻盥罢,笑看蝴蝶满盘飞"联读,感受更为真切。

乡试典礼大看席

乡试是明清时期每3年一次在各省省城举行的科举考试,应试者为秀才,考中者称举人,不仅具备做官的资格,还可进京参加进士的考试,谋求更大的升迁。正因如此,每次乡试礼仪都相当隆重,并举行盛大宴会。像万历年间北方的乡试大典便有上马宴与下马宴,各有上、中、下席与加桌,共84桌,耗银233两。

在乡试大典中,接待礼部官员和主考官的首席尤为丰盛,常常配置烘托席面、渲染气氛的"看席",如下例:

"饼锭八个;斗糖八个、糖果山五座、糖五老五座、糖饶饼五盘;荔枝一盘、圆眼一盘、胶枣一盘、核桃一盘、栗子一盘;猪肉一肘、羊肉一肘、牛肉一方、汤鹅一只、白鲞二尾、大馒头四个、活羊一只;高顶花一座、大双插花二枝、肘件花十枝、果罩花二十枝、定胜插花十枝、绒戴花二枝;豆酒一尊。”

这一席面，主要是供观赏和显示筵宴的等级；至于宾客用餐，则另备华筵。“看席”是现今筵席摆台艺术——花台的前导；而先秦酒筵上的“饤”，汉魏六朝的“画卵”与“雕卵”，唐宋元时期的“看菜”、“看盘”与“大茶饭仪”中的台面饰物，又是“看席”的先声。到了清季，宫廷除夕大宴的“摆台”，共用饰物、餐具及点心100多种，更是气派非凡。过去有人讲，宴会摆台艺术是从西方传入的，显然是种误解。

文士蟹会

明末文学家张岱与其友人和兄弟在深秋品尝湖蟹的雅会，见于《陶庵梦忆·蟹会》，其宴单是：

主菜：清蒸大河蟹(每客6只)。

佐餐：肥腊鸭、牛乳酪、醉蚶、鸭汁煮白菜、兵坑笋。

酒品：玉壶冰。

饭品：新余杭白。

果品：谢桔、风栗、风菱。

茶品：兰雪茶。

共计12道肴馔，组合精妙，调理工细，深得美味甘旨之真谛，后世的蟹席难以比照。

钱塘观潮宴

明代杭州富豪之家八月中旬在钱塘江口观潮时举办的盛宴。田汝成《西湖游览志余》载：“郡人观潮，自八月十一日始，至十八日最盛……是日，郡守以牲醴致祭于潮神，而郡人士女云集，僦倩幕次，罗绮塞途，上下十余里间，地无寸隙。伺潮上海门，则泅儿数十，执彩旗，树画伞，踏浪翻涛，腾跃百变，以夸才能。豪民富客，争赏财物。其时，优人百戏，击球关扑，渔鼓弹词，声音鼎沸，盖人藉看潮为名，往往随意酣乐耳。”

由于观潮时间颇长，达官显宦和缙绅士子多是事先选好景点，或占据楼台亭阁，或搭盖绣帘锦帐，置备酒食于其中，饮宴助兴。也有店家在江畔开炉，佳肴美酒，接待游客。所以观潮宴是世代相承的。瞿佑的《观潮词》中，曾多次写到燕饮，下看3例：

“炉火酒美劝人尝，紫蟹初肥绿桔香；店妇也知非俗客，奚奴背上有诗囊。”

“沙河塘上路歧赊，扶醉归来日已斜；怪底香风来不断，担头插得木樨花。”

“步入重门小院偏，金猊飞袅夜香烟；家人笑问归何晚，已备中秋赏月筵。”

明季商界特席

即以40个香碟铺底，以烹龙肝、炮凤髓、煮猩唇、烧豹胎4大件领衔的高档商务全席，见于《金瓶梅》。

这一特席的场面是：“屏开孔雀，褥隐芙蓉。盘堆异果奇珍，瓶插金花翠叶。炉焚兽炭，香袅龙涎。器列象州之古玩，帘开合浦之明珠。白玉碟高堆鳞脯，紫金壶满贮琼浆。煮猩唇，烧豹胎，果然下箸了万钱；烹龙肝，炮凤髓，端的献食品满座。梨园子弟，簇捧着凤管鸾箫；内院歌姬，紧捧定银筝象板。进酒佳人双洛浦，分香侍女两嫦娥。正是：两行珠翠立阶前，一派笙歌临座上。”

对于文中提到的龙肝、凤髓、猩唇、豹胎，历来有虚指和实指两种说法。虚指者是文学夸饰之词，极言其美，以珍奇怪异取胜，实际上并不存在这些菜式。实指者认为实有其物，虽然有的是真料，有的是代用品，但它们屡见于正史或野史，不可否定。例如龙肝，古代多指“白牡马之卵”，《明宫史》有内臣十月吃此物的记载。凤髓，古人多指五彩雉、孔雀或飞龙鸟的脑髓，这类原料无疑是可以入馔的。猩唇有两说，一指猩猩之唇，见于《吕氏春秋·本味》，唐诗亦有“妄食猩猩唇”之句；一指活羊之唇，见于文兰若的《大彭烹事录》。豹胎也有两说，真货是母豹腹中的胎胚，见于唐人小说《游仙窟》；假货则为牝猪的未生胎，民国初年的徐州兴廉园便有供应。

由上所述，《金瓶梅》描述的这4道特异主菜及其席面应是可信的。

《西游记》斋席

这是“唐太宗”为取经归来的“唐僧”接风洗尘的“天厨御宴”，菜果共计36品：

菜品：烂煮蔓菁、糖醋香竽、甜美蘑菇、清奇海菜、姜辣鲜笋、蜜调冬葵、面筋椿芽、木耳腐衣、石花鲜茶、蕨粉干薇、花椒莱菔、芥末瓜丝。

果品：核桃、柿饼、龙眼、荔枝、宣州茧栗、山东大枣、江南银杏、兔头脆梨、榛松、莲肉、葡萄、榧子、瓜仁、菱米、橄榄、林禽、苹果、沙果、慈姑、嫩藕、脆李、杨梅、蒸酥、蜜食。

这实际上是明宫全素席的“神话”再现。

外蕃宴

清朝皇帝赏赐蒙古王公及诸国朝贡使节的盛宴，分为两类。

一类是赐蒙古王公之宴，除夕设席于保和殿，其就位、进茶、馔爵、行酒、乐舞、谢恩等仪式，与元旦大宴百官相同。若是接待与清室联姻的蒙古王族，则设席于正大光明殿，由一二品大臣陪伴，礼仪更为隆重。

另一类是赐诸国朝贡使节之宴，设席无有定址，多在丰泽园、紫光阁、避暑山庄等处。此宴常演奏各族、各国器乐和歌艺杂技，并有重赏。

外蕃宴实际上是清廷的外交礼宴。其间对蒙古王公的特别恩宠，主要与蒙满王室联姻、借助蒙古的强大兵力维持政权有关。

千叟宴

清廷为年老重臣和贤达耆老举办的高级礼宴，因与宴者都系年过花甲的男子，每次大都超过千人，故名。从康熙到嘉庆的 80 年间，此宴共举办 4 次，最多时达 3056 人，颇负盛名。

千叟宴例由礼部主办，光禄寺供置，精膳司部署，准备工作冗繁。首先要逐级申报赴宴人员，最后由皇帝钦定，行文照会，由地方官派人护送到京，然后接回，前后折腾近一年。其次要筹办大量的物质，包括炊具、餐具、原料、桌椅、礼品等等，耗费大量钱财。第三是进行礼仪训练和场景布置，以及安排警卫、服务人员，一般每次都要动用万余人。

千叟宴也分等级。一等席面接待王公、一二品大臣、高寿老人和外国使节，设在大殿与两廊。菜式有铜火锅、银火锅、猪肉片、煺羊肉片各一道；鹿尾烧鹿肉、煺羊肉乌叉、蒸食寿意、炉食寿意各 1 盘；荤菜与螺丝盒小菜各 2 种，肉丝烫饭一份。二等席面安置三至九品官员和其他老人，摆在丹墀、甬路和广场的蓝布凉棚中。菜式略低于前。

此宴仪程烦琐，前前后后多达数十道，需要不停地奏乐、叩拜、敬酒、感谢皇恩浩荡。宴毕因人而异，各有赏赐，如恩赉诗刻、如意、寿杖、朝珠、貂皮、文玩、银牌之类。

千叟宴的有关史料现今完整地藏于故宫博物馆，可供查阅。

清宫素席

见于乾隆二十八年(公元 1763 年)四月七日的御膳房记单：“皇后用供一桌，素菜十三品：面卷果三品，面筋三品，卷签二品，山药糕三品，豆腐干二品。”是一种小型的祭祀全素席。

此席例由清宫御膳房中专设的“素局”烹制，要求清秀典雅，符合格局，鲜香软嫩，上口即化，不沾一点荤腥料物，并且是素名、素形，用素色餐具或礼器盛装，祭祀神祖之后立即掩埋。

吃肉大典

清代东北地区满族上层家庭以“享人”形式“娱神”的特殊酒宴。此处的肉即“福肉”，系将猪肉切大块白水煮成。《梵天庐丛录》说：“清代新年朝贺，每赐廷臣吃肉。其肉不杂他味，煮极烂，切为大脔，臣下拜受，礼至重也。乃满州皆尚此俗。”

另据《清朝野记·满人吃肉大典》的介绍，满族富户每逢大祭或喜庆之事，则设“食肉之会”。无论满人、汉人，不管认识与否，皆可前往。是日，院中搭棚铺席，席上铺红毡，毡上设座垫。客至，向主人半跪道贺，即盘膝自由落座。8～10 人一围，厨师将一方十多斤的白煮肉用大铜盘端上，再端一大铜碗的肉汤(碗内放一铜勺)。每人面前放一小铜盘作为餐具。浓烈的高粱酒倒在大瓷碗中，每席一碗，轮番捧饮。此外再无任何菜肴与调味品。客人自己带着锋利的小刀，边饮酒边片肉吃。吃得越多，主人越高兴；若是大呼添酒添肉，主人必定作揖致谢，认为这是“神灵”高兴的征兆。酒醉肉饱后，客人抬腿便走，不用道谢，因为神灵享受人间烟火后是不会客套的；更不可以擦嘴，因为这是对神灵的不敬。

总之，客人不请自来，堂而皇之吃喝，席上大呼大叫，吃毕潇洒而去，这都被认为是“神灵”的意志。它是萨满教食风的一种表现形式，也反映出满人的纯朴与天真。

一品会

康熙年间京都官宰举办的雅宴，因席上只备一道穷极巧丽的大菜争奇斗妍而得名。宋小茗《耐冷谭》载：“康熙初神京丰稔，笙歌清宴达旦不息，真所谓车如流水马如龙也。达官贵人盛行一品会，席上无二物，而穷极巧丽。王相国胥庭熙当会，出一大冰盘，中有腐如圆月，公举手曰：'家无长物，只一腐相款，幸勿莞尔。'及动箸，则珍错毕具，莫能名其何物也，一时称绝。至徐尚书健庵，隔年取江南笋来燕，负土捆载至邸第，春光乍丽则之而挺爪矣，直会期乃为煨笋以饷客，去其壳则为玉管，中贯以珍馐，客欣然称饱。"

据文中所述，这两道菜分别是"八宝酿豆腐"和"笋筒酿珍错"，设计都是独具匠心。

河道宴席

清代河工道(督治黄淮水利的衙门)总督府及其下属厅署的豪奢酒筵。

河道总部曾先后设在开封和清江浦，道员众多。清廷每年下拨数百万两白银，但真正用于治水的不到 1/10，其余全被这批昏官挥霍掉了。在河道宴席上，豆腐菜有 20 余种，猪肉菜有 50 多味。如制猪脯肉，是将猪闭锁空屋，众人执竿追打，待猪累倒，仅取里脊肉一片，杀 10 头猪才能制一盘菜。又如制鹅掌，每席用鹅近百只；制驼峰，每席用驼 3 匹。此外还有残忍古怪的猴脑菜、炙活驴菜等等。由于终日花天酒地，用钱如流水，故当时有"肥宰相不如瘦河道"之说。

孔府官宴

清代曲阜孔府接待朝廷官员的礼席，有上、中、下 3 等。上席接待钦差和一二品大员，排菜 62 道；中席接待信使和三至七品官员，排菜 50 道；下席接待随员、护卫和八九品属官，排菜 24 道，等级森严。下面是上席中的一种谱单：

茶。龙井或碧螺春。

四干果碟：白瓜子、黑瓜子、花生、松仁。

四鲜果盘：苹果、雪梨、蜜桔、西瓜。

十二冷盘：凤翅、鸭肫、鹅掌、蹄筋、熏鱼、香肠、白肚、蜇皮、皮蛋、拌参丝、火腿、酱肉。

十六热炒：熘腰花、炒鸭腰、软炒鸡、炒鱼片、鸭舌菜心、熘虾饼、熘肚片、爆鸡丁、火腿青菜、芽韭肉丝、香菇肉片、炒羊肝、肉丝蒿菜、肉丝扁豆、鸡脯玉兰片、海米炒春芳。

四点：焦切、蜜食、小肉包、澄沙枣泥卷。

珍珠鱼圆汤随上。

另沏清茶。(以上为第一轮次)

二海碗：清汤紫菜、清蒸鸡。

四大碗：红扒鱼翅、红烧鱼、红烧鲍鱼、鹿筋海参。

六中碗：扒鱼皮、锅烧虾、红烧鱼肚、扒裙边、拔丝金枣、八宝甜饭。

二片盘：挂炉猪、挂炉鸭。

露酒一坛。

主食：馒首、香稻米饭。

海参清汤随上。

小菜：府制什锦酱菜。(以上为第二轮次)

孔府洞房花宴

清代山东曲阜孔府的喜庆大席之一，在衍圣公大婚时使用，席面风光而红火：

四喜果：花生、栗子、桂圆、红枣。

四香鲜：石榴、香蕉、桔子、香橼。

四双拼：凤尾鱼拼如意卷、翡翠虾环拼白玉糕、水晶樱桃拼绣球海蜇、金丝蛋松拼太阳松花。

四大件八行件二点二汤：凤凰鱼翅(带芙蓉干贝和炸鸡扇)；八宝鸭子(带桃花虾仁和鸳鸯松)；单麻饼跟银耳汤各份；烤火攒鳜鱼(带桂花鱼饼和金钱香菇)；带子上朝(带冰糖百合和炒口蘑)；百合酥跟桂圆汤各份。

四压桌：蝴蝶海参、罗汉豆腐、鸳鸯钎子、福禄肘子。

水绘园名士羊唇宴

清初风流才子冒辟疆在水绘园别墅宴请天下名士的羊唇大席。相传冒辟疆买回秦淮名妓董小宛后，意满志得，决定办一次大宴庆贺。事前从京师请到一位著名的厨娘，询问如何备料。厨娘说："席有 3 等，各需用羊 500 只、300 只和 100 只。"冒一听大惊，只好硬着头皮答道："上等太贵，下等太简，就用中等的吧！"羊买回后，只见厨娘高坐指挥，她带来的 100 多个助手来回忙碌，顷刻之间将羊宰好，每只仅取 1 斤唇肉，其余的全部丢弃。冒辟疆又是一惊，厨娘说："羊之美全萃于唇，其他皆腥膻不足用也！"最后，用 300 对羊唇办了盛席，赴宴的名士们个个咋舌，以后谁也不敢再烦劳厨娘的大驾了。

蝶蝶会

又名"壶碟会"，清代朋友之间郊游聚饮的一种便席。梁绍壬《两般秋雨盦随笔》载："今同人携酒一壶，肴二碟，醵饮，名之曰蝴蝶会。匪仅谐声，亦以象形也。颇雅，可入吟咏。"

这是说出游之前每人准备一个食盒，内置一壶酒、两碟凉菜、一双筷子、一个酒杯、一块布单。三五相聚到野外后，则铺开布单，在上面将酒壶、酒杯、菜碟、筷子等物件拼成蝴蝶的形状，然后玩景赋诗，猜拳行令，消磨时日，乐在其中。

扬州文会

清代扬州文士以诗文会友的酒会，见于李斗《扬州画舫录》："扬州诗文之会，以马氏小玲珑山馆、程氏筱园及郑氏休园为最盛。至会期，于园中各设一案，上置笔二（支）、墨一（锭）、端砚一（方）、水注一（个）、笺纸四（张）、诗韵一（部）、茶壶一（把）、碗一（个）、果盒、茶食盅各一（件）。诗成即发刻，三日内尚可改易重刻，出日遍送城中矣。""每会酒肴俱极珍美。一日共诗成矣，请听曲。邀至一厅甚旧，有绿琉璃器，又选老乐工四人，均没齿秃发，约八九十岁矣！各奏一曲而退。倏忽间，命启屏门，门启则后二进皆楼，红灯千盏，男女乐各一部，俱十五六岁妙年也。"

清代扬州满汉席

满汉席又称大烧烤席或满汉燕翅烧烤全席。是清代中叶兴起的一种气势宏大，礼仪隆重，接待程序繁复，广集各民族各地区肴馔精华，以满洲茶点和燕窝、鱼翅、烧猪、烤鸭4大菜为龙头的特级酒筵。200多年来，它流传到南北重要都会，各式菜单数十种，其组成肴馔通常都在100种以上，堪称中国古典筵席之冠。

满汉席的资料，散见于《扬州画舫录》、《桐桥倚棹录》、《随园食单》、《清稗类钞》等10多种古籍中；关于它的始源，目前有"宫廷说"、"官场说"、"市厨说"等等说法，尚无定论。但它完整的菜单，最早出现在乾隆年间扬州"上买卖街前后寺观"的"大厨房"中，是为接待伴驾南巡的百官而专门操办的，菜品分为5组，共130道。

清代扬州满汉席的特点是：(1)由海错、山珍、畜禽鱼鳖、满洲烧烤及白煮、其他辅助食品等5个系列菜式构成。(2)以江浙名菜为主，满洲烧烤为辅，汇集全国各地各族美食。(3)江浙地区官府饮膳的色彩浓郁，极力展示富贵豪奢之风。(4)它上承古代八珍席，下启后世各种名宴，在中国筵宴发展史上留下光辉的一页，在海内外评价甚高。

关于该席的详尽菜单，请参阅李斗《扬州画舫录》或《中国筵席宴会大典》一书。

清代成都小满汉席

这是满汉席的简化格式，见于李劼人摘抄的《旧账》，是道光年间成都官员杨海霞的子孙为杨办丧事时送给"点主官"李西沤的，共计食肴37道和钱物若干，它们包括：

正菜：燕窝、鱼翅、刺参杂烩、鱼肚、火腿白菜、鸭子、红烧蹄子、整鱼。

热吃：鱼脆、冬笋、虾仁、鸭舌掌、玉肉、鱼皮、百合、乌鱼蛋。

围碟：瓜子、花生米、杏仁、桃仁、甘蔗、石榴、地梨、桔子、蜜枣、红桃沾、红果、瓜片、羊羔、冻肉、桶鸡、火腿。

附送食品和钱物：烧小猪1头、哈尔巴、大肉包1盘、朝子糕1盘、绍兴酒1坛；淡青会绫2匹、孝布2匹、门包2两。

清代兰州全羊席

全羊席是以羊为主料制成的著名筵席，号称"屠龙之技"。它有两种类型：一是将全羊烧烤或煮焖，随带味碟和点心整件入席，由客人自由片食；二是用1～20只肥羊的各个部位，添加相应的辅料，分别制菜，再仿照满汉全席编排，其谱单多达百余种。

清代兰州全羊席见于《清稗类钞》："甘肃兰州之宴会，为费至巨。一烧烤席须百余金（银两），一燕菜席须八十余金，一鱼翅席须四十余金，等而下之为海参席，亦须银十二两，已不经见。居人通常所用者，曰全羊席。盖羊值（价）殊廉，出二三金可买一个，尽此羊而宰之，制为肴馔；碟与大小之碗，皆可充实，专味也。"

淮安全鳝席

"名厨之乡"淮安，位于苏北水网地带，自古盛产鱼虾，尤精于鳝席。《清稗类钞》说："同、光间，淮安多名庖，治鳝尤有名，胜于扬州之厨人。且能以全席之肴，皆以鳝为之，多者可至数十品。盘也，碗也，碟也，所盛皆鳝也，而味各不同，谓之曰全鳝席。号称一百有八品者，则有纯以牛羊豕鸡鸭所为者合计之也。”另外，《中国烹饪》1983年第7期介绍过民间流传的咸丰年间的“两淮长鱼(即鳝鱼)全席”的谱单，该席共分“四度”(4个层次)，由36道鳝菜组成，其中的“叉烧长鱼方”、“乌龙抱蛋”、“一声雷”、“大烧马鞍桥”，都达到了很高的工艺水准。

小榄菊花筵

相传南宋末年，一群中原难民历尽艰辛逃到岭南一个野菊盛开的荒谷时，已经饥肠辘辘，奄奄一息。为了活命，抓来野菊就吃，一连几天都是如此。慢慢地难民的身体逐渐康复，还增添了不少气力，大伙醒悟过来，知道这是菊花之功。于是就在荒谷安家，广植菊圃，耕织教读，形成了小榄镇(今属广东中山市)。他们逃到荒谷的那年正是甲戌。为了教育子孙不忘这段历史，牢记菊花的恩情，便立下乡规族约：谷中的居民世世代代养菊、爱菊、食菊，每逢甲戌的中秋都举行菊花盛会，开展“斗菊大赛”，操办“菊花大筵”，款待四方宾朋，尤以清季为盛。

700多年过去了，小榄镇的菊花盛会举办过10多次，菊花越种越好，菊菜越做越精。现今的小榄菊花筵，大体上延续清代的格局，菜式多在15道左右，其基本菜式如下：

饮料：菊花酒、菊花茶。

菜肴：菊花肉丸、菊花鱼丸、菊花鸡球、菊花雀窠、油炸菊瓣、菊花火锅。

点心：菊花饼、菊花糕、菊花羹、菊花酥卷、菊花汤团、菊花鱼片粥。

替补菜点：菊花球、菊花滑鸡柳、菊花五蛇羹、菊花鲈鱼球、菊花鲮鱼汤、菊花虾饼、菊花鲈鱼杯、菊花冰肉筒、菊花啫喱、菊花鸳鸯糕、菊花龙虎凤等。

辽东三套碗席

清代中叶以后在辽东满族聚居的城镇(主要是盖县、新宾、岫岩一带)流行的红白庆筵。它一般由16款冷碟、3款大件和12款熘炒菜、汤烩菜组成，由于主要肴馔分别用怀碗、中碗和座碗盛装，故名。如盖县三套碗席菜单是：

四干果：瓜饯、桔饼、榛仁、桃仁。

四鲜果：菠萝、白梨、葡萄、香蕉。

八凉碟：水晶鸡、水晶肚、酥鱼、水晶肘子、凤眼肠、拌海螺、鸡丝扎菜、小香肠。

大件一：三丝翅子(头菜)。

头道点：澄面饺子、金丝饼。

四怀碗：清汤银耳、清汤口蘑、清蒸虾仁、烧龙鱼肠。

大件二：虾籽海参。

二道点：鸡蛋卷、喇嘛糕。

四中碗：芙蓉干贝、清蒸加吉鱼、烧双冬、烩什锦水果。

大件三：清蒸琵琶肘子。

三道点：佛手酥、柿子包。

四座碗：汆丸子、木梳背肉、鸡蛋焖子、汆鸡丝冻粉汤(座汤)。

三套碗席的共同特点是：(1)点心与冷碟多用6寸细瓷平盘，大件用豆绿或兰色花边的1尺坑盘，怀碗用6寸坑盘，中碗用7寸坑盘，座碗用8寸坑盘，一套比一套大。(2)原料多系本地特产，重视季节性，灵活多变，很少有纯肉菜，乡土气息浓郁，满族食风明显。(3)菜单的变化甚多，编排考究，是辽东官场、商界和文士社交中的高档席面。

巩昌十二体

明清流传下来的传统筵席格式，活跃在甘肃陇西(古称巩昌)一带，全席例由12道菜式(即十二体)组成，即：

(1)下马点心。(2)什锦拼盘。(3)清鸡。(4)黄焖里脊。(5)清汤杂烩。(6)清汤肘子。(7)酸辣炖蛋。(8)肉丝拌粉片。(9)龙眼肉。(10)四盘果蔬时令菜(如夏用鲜椒肉丝、蘑菇肉片，冬用过油肉片、红烧丸子)。(11)八宝酿饭。(12)起席汤(三鲜汤、肚丝汤或菠菜豆腐汤均可)。

席中菜品可酌情掉换，档次亦能上下调整。这是古时官场接风饯行的一种礼宴，以“十二”命名是取吉庆之意。

晚清改良宴会

系无锡留美学生朱胡彬等人所创，见于《清稗类钞》，其菜单是：

酒：每客一小壶绍兴酒。

四深碟：芹菜拌豆腐干丝、牛肉丝炒洋葱头丝、白斩鸡、火腿。

十大菜：鸡片冬笋片蘑菇片炖蛋、冬笋片炒青鱼片、海参香菌扁豆尖白炖猪蹄、冬笋片炒菠菜、鸡丝火腿丝冬笋丝鸡汤火腿汤炒面、冬笋片炖鱼圆、栗子葡萄小炒肉、豆衣包黄雀（内有猪肉油煎金针木耳）、青菜、江珧柱炒蛋。

三汤点：鸡汤、汤团、莲子羹。

二饭菜：白腐乳、腌菜心。

一果：福桔（或蜜桔）。

要求餐桌上覆盖白布，每客配置1个酒杯、2双筷子（其中1双是公筷）、3个食碟、3把汤匙、1块餐巾。这些器具在进餐中要更换4次。席后才敬烟献茶。

这一席面“视便餐为丰而较之普通筵会则俭”，卫生、实用。

后来又推出更为简易的夏令便席：

一汤：火腿鸡丝冬瓜汤。

四肴：荷叶包粉蒸鸡、清蒸鲫鱼、炒豇豆、粉丝豆芽蛋炒猪肉。

一点：黑枣蒸鸡蛋糕（或虾仁面）。

一果：每人一枚。

分设公筷公匙与私筷私匙。

清末公司菜

清末从欧美传入的西餐筵席的一种格式，即是菜单由西餐馆按价排定，顾客不可任意调换。其中的“公司”两字有两种解释：一是结成团体共同谋事，二是专供洋行接待客商之用。徐珂在《清稗类钞》中对此有所说明：“公司菜，西餐馆有之，肴馔若干品，由馆中预定，客不能任意更易，宜于大宴会，以免客多选肴之烦琐也。谓之公司者，意若结团体而为之也。”

下面是当时一例高档的公司菜菜单：

色拉火腿芦笋、奶油鲍鱼汤、焗蜗牛、童子鸡、葡萄布丁、牛油、果酱、面包、计司、牛奶、咖啡、水果。

西藏噶伦卜欢会

“噶伦卜”指清代西藏地方政府长官，他们经常举办饶有民族风情的筵会。《西藏志》载：

“岁时令节郡王（即噶伦卜）亦知宾客，或在家，或于各柳林中。正中铺方褥数层，郡王自坐。前设矮方桌一二张，上摆面果，长尺许；生熟牛羊肉、藏枣、藏杏、藏核葡萄、冰糖、回回果、焦糖等类，各一二盘。其焦糖乃果糖同酥油熬成者，长尺余，宽三四寸，厚一指。牛羊肉，或一腿，或一大方……或两人一席，或一人一席，随从人等各就席后地坐，每人给果实一大盘……先饮油茶，次以土巴汤，再以奶茶、抓饭。（抓饭）乃缠头回民（即维吾尔族）所作，有黄白色二种，用米作饭，水淘过，入砂糖、藏杏、藏枣、葡萄、牛羊肉饼等物，盘盛手抓而食，经饮蛮酒。”“遇大节会筵，乃选出色妇女十余人，戴珠帽，穿彩服，行酒歌唱，近有能唱汉曲者。又有八九十二三岁小童十数名，穿五色锦衣，带白布围帽，腰勒锦条，足系小铃，手执钺斧，前后相接。又设鼓十数面，其司鼓者装束亦同，每进食一巡，相舞之于前，步趋进退与鼓声相合。”“食毕肉果等物，俱各携去不留。”

现代名席

系指辛亥革命至今的近90年间中华各地区、各民族、各阶层、各宗教中流传的有影响的筵席，本书节选出174例。这里的“名”，不仅仅是指席面大、传播广、技术性强、知名度高的概念，还包含着“山不在高、有仙则名，水不在深，有龙则灵”的寓意；与此同时，我们还考虑到代表性，力争涵盖34个省、市、自治区、特别行政区，56个民族，以及不同的阶层、档次、宗教及家庭。其所以这样安排，一方面是充实筵宴文化知识，扩大餐厅服务人员的“应知面”；一方面是给厨师提供借鉴，有助于他们广收博采，创制新席；还有一方面的原因是增强本书的系统性和趣味性，为广大烹饪爱好者和食客提供较多的饮馔资料，以提高鉴赏能力。

满洲小八炒

伪满时期东北满汉全席中的一组菜（即一个小席面），它包括御府八宝酱、御府干贝菜心，御府掐菜辣子、御府椿鱼、御府鸭掌、御府酱鱼丁、御府铁雀（麻雀）、御府铁花里脊（雪里蕻炒肉丝）等八道菜式。

满洲小八炒属于“御府菜”系列。而“御府菜”又是后人对清兵入关前建都盛京（今沈阳）时宫廷菜和王府菜的统称。因此，满洲小八炒既是清宫菜的源流之一，也是一种特殊形式的仿膳宴，现今在沈阳、大连、长春、哈尔滨等地仍有供应。

黑龙江全鹿十宝宴

选取梅花鹿(或马鹿)身上的10个部位各制一道菜,组合而成的高档滋补席。如:

1.五香酱鹿头(可补气益精);

2.油爆鹿蹄筋(可舒筋壮骨);

3.箭笋炒鹿唇(可温中和气);

4.焦炸鹿髓排(可益阴润燥);

5.火腿扒鹿膝(可疗劳治伤);

6.清蒸鹿胎盘(可补虚生津);

7.豆腐烧鹿血(可强肾补血);

8.三鲜烩鹿掌(可祛湿去痹);

9.花菇炖鹿鞭(可健身壮阳);

10.什锦鹿尾羹(可温膝暖腰)。

由于上述诸料补力均大,每种主料只可用少许,再加相应辅料灵活调制。

鄂伦春族狍子宴

以狍肉为主菜的庆婚筵席,狍子最好是婚礼当天捕获的活体,雌雄各一。宰杀后在篝火上直接烧烤,再配上獐子、野猪、野鸡、野兔、山鼠、刺猬等野味。该族认为,用狍子宴庆婚,可使新人白头偕老、儿孙满堂。

狍子宴上,还有鄂伦春族其他的民族风味食品,如老考太粘粥、烧面、晒鱼干、生狍肝、炸饼、面疙瘩汤、油茶面、苏米逊稀饭、面包饺子、卡布沙嫩饼、高鲁布达面片、阿苏木菜糊、马奶酒、桦树汁饮料等等,甚为丰盛。

赫哲族鳇鱼宴

有"鱼皮部"之称的赫哲族,世世代代在黑龙江一带捕鱼为生,积累了丰富的食鱼经验。他们擅长用鳇鱼(属鱼纲鲟科,一般重约50～150公斤)调制出精美的全席,款待贵宾:

冷盘:熏烤鳇鱼片、盐渍鳇鱼段、糟切鳇鱼肚、凉拌鳇鱼鳍、五香鳇鱼松、红油鳇鱼鼻、一品鳇鱼籽、生食鳇鱼丝。

热菜:油焖鳇鱼丸、红烧鳇鱼方、油炸鳇鱼饼、焦香鳇鱼排、粉蒸鳇鱼筒、清炖鳇鱼骨。

其中,鳇鱼籽(含鱼籽酱)、鳇鱼鳍(鱼翅)、鳇鱼骨、鳇鱼鼻、鳇鱼肚,均为食中珍品,可与燕窝、鲍鱼比美,被老饕们孜孜而求。

长白山珍宴

长春市长白山宾馆近年推出。它汇集了长白山区名特物料之精华(如雪蛤、飞龙、铁雀、人参、猴头、松籽、薇菜),庖制工细,1981年赴香港展销时,曾引起轰动。

该席的菜单是:

花摆:金鹿梅花。

大菜:松花熊掌福禄寿、荷花家鳞戏野凤、仙香兰花醉金猴、天池雪蛤红莲花、多喜人参长寿鱼、长白飞龙鲜香锅、松鹤延寿、葱油薇菜、烤烧白玉兔、野凤如意卷。

点心:雪衣豆沙、四喜烧梅等。

抚松山蔬席

抚松位于吉林省东南部的松花江上游,紧邻长白山自然保护区。这里山峦起伏,植被茂密,生长着蕨菜、薇菜、荚果蕨(黄瓜香)、嫩刺芽(楤木芽)、苏叶蒲棒、苜蓿、野苋菜、猴头蘑、松茸蘑、元蘑、榆蘑、榛蘑、红松籽等名贵的山蔬。当地餐馆就地取材,精心调制出清秀淡雅的山蔬小席,常令游客为之倾倒。

下面是抚松山蔬宴的一种菜单:

陈皮蕨菜卷、椒油拌薇菜、鸡茸黄瓜香、白扒猴头蘑、锅煽嫩刺芽、蒲棒吐司饼、榛鸡烧元蘑、五彩野苋捆、梅花苜蓿盒、松茸烩松籽、鹿茸三珍汤。

朝鲜族风味筵

朝鲜族生活在长白山下、海兰江畔,其筵宴常由小菜、凉菜、热菜和样饭构成,有单人席与多人席之别。宴客多用低矮的小方桌,席地而座,餐具为深铜碗、小瓷杯,菜肴特色是鲜香脆嫩、辛辣爽口。下面是一桌多人席的菜单:

小菜:白菜咸菜、苹果梨泡菜。

凉菜:生拌鱼、生拌牛肉、头蹄冻子、九节盘。

热菜:辣人参鸡、水卵大虾、菊花脑瓤、焖鲤鱼、炸麻雀丸子、煎串肉、烤牛肉、煎青椒、酿海参、龙凤汤、烤肉饼、蒸猪肉、拔丝鱼段、神仙炉。

样饭:打糕、豆馅饺子、片糕、紫菜饭。

沈阳八仙宴

沈阳市近年推出的创新筵席。它选用五彩缤纷的菜式,演义"八仙过海、各显神通"的故事,表现今天百川畅流、能人辈出的生活,兴观群怨,妙趣横生。其菜单是：

主碟：琼阁仙境。

围摆：四荤四素八彩花碟。

正菜：铁拐成仙、钟离芭蕉、果老仙斋、仙姑莲花、采和散花、洞宾牡丹、湘子玉笛、国舅槽板。

座汤：八仙闹海。

席点：神仙果、碧云糕、如意"饼、长寿面。

其中，冷菜烘托环境，正菜紧扣"八仙"，座汤交待"闹海"，席点寓意"得道"。

太清宫斋筵

太清宫坐落在沈阳市西顺城街，是道教龙门派的一大道观。其斋筵具有3个特征：(1)不食喘气之物(即禁荤)，重现"混元大菜"，但不排斥"素质荤形"的菜式，素馔可用动物命名，如"辣子鸡"、"樱桃肉"、"三鲜鱼"、"爆海参"之类。(2)做菜食料先要上供。天然原料(如苹果、竹笋、白薯、菠菜)叫"先天供"，人工食料(如素鸡、素蛋、面点、米饭)叫"后天供"。饽饽每个重达0.5公斤，从生到熟须经9人之手，名为"九九归一，功德圆满"。(3)斋席格局仿照"辽东三套碗席"，有"荤有一样，素也有一样"之说，突出脂滋多咸、汁宽芡亮、焦酥脆嫩、形佳色艳的奉天地区饮馔色彩。

野意火锅宴

东北地区满族风味的冬令传统筵席，见于《奉天通志》。其制法为：在锅中添足底汤，将烧红的木炭投入炭筒，随即将嫩鹿肉片、嫩狍肉片、嫩野鸡片、嫩野鸭片、嫩野羊肉片、嫩黄鼠肉片，以及发好的鹿筋与蛤士蟆等徐徐入锅汆煮；并配加海参、对虾、干贝、鱿鱼、猪肉片、羊肉片、鸡脯、大冷水鱼片各料逐一涮熟。吃时用芝麻油、芥末、酱油、香醋、腐乳汁、韭菜花、粉片丝、菠菜叶等佐味提香。

野意火锅是火锅中的上品，清代曾风靡宫廷。其档次的高低主要取决于投料，投料愈多愈名贵便愈有吸引力。

白肉火锅席

东北地区满族风味的冬令传统筵席。其制法为：在特制的铜质(或白铁质、铝质、不锈钢质)大火锅内用酸菜丝垫底，周围摆放海米、冰蟹、瘦猪肉片、蛎黄与咸香菜，再将切得极薄的熟猪肋肉片整齐码在锅面上(也可将白肉片卷筒摆在盘内，连同粉丝盘置于火锅两侧，由食者自下)，然后浇入调味的肉汤或鸡汤，盖盖，将烧红的木炭夹进炭筒中，煮沸后稍煨即可入席。火锅上桌时还须带粉丝碟、韭菜花碟、辣椒油碟、酱油碟、腐乳碟等，供客人配食。

火锅宴的人数可多可少，还可以边吃边加肉片涮煮，丰俭随意。

接待泰戈尔的晚宴

1924年，诺贝尔文学奖获得者、著名的印度诗人泰戈尔访华，我国诗人林长民在北京法源寺双栝庐设专宴接待，留下一份"度身定制"的精美菜单，共计肴馔15品：

汤品：珍珠豆腐汤。

荤菜：醋熘黄鱼、红烧鱼鲭(鱼翅)、炒小牛肉、火腿鸡丝方饺、清蒸鸭。

素菜：炒油菜花、炒花芥蓝、焖豌豆、炒小白菜、香菇虾米烧笋。

甜食：枣泥馅饼、杏仁酪、水果、咖啡。

此席之妙有二：一是将中、印、欧3种食馔自然组合，符合诗翁的口味嗜好；二是精而不杂，雅而不俗，于大处见礼仪，于小处见功力。

宴请美国总统尼克松的席单

1972年2月美国总统尼克松访华，周恩来总理在人民大会堂设宴接风，席谱如下：

冷盘：黄瓜搓西红柿、盐封鸡、素火腿、酥鲫鱼、菠萝鸭片、广东腊肉、腊鸭、腊肠、三色松花蛋。

热菜：芙蓉竹荪汤、三丝鱼翅、两吃大虾、草菇芥菜、椰子蒸鸡、杏仁酪。

点心：豌豆黄、炸春卷、梅花饺、炸年糕、面包、黄油、什锦炒饭。

水果：哈密瓜、桔子。

酒水：茅台酒、红葡萄酒、青岛啤酒、桔子水、矿泉水、冰块、苏打水、凉开水。

钓鱼台药膳宴

1991年，日本首相海部俊树访华。依其请求，钓鱼台国宾馆根据他的体质状况，专门安排了一桌精致而名贵的药膳，其谱单是：

凉菜：当归凤爪、罗布麻芹菜叶、蜜汁人参、明目鲍鱼、山楂兔肉。

热菜：参芪鹿鞭、玄驹（蚂蚁）球、炸全蝎、虫草乌鸡、八珍甲鱼、爱妃三丝、灵芝蛤士蟆、桃仁鹿排、姜石猴头、首乌木耳、乌鸡白凤丸、川贝燕菜汤。

面点：四喜蒸饺、御用油茶。

此席档次甚高，可以算是中国药膳席中之极品。

大汉千秋龄席

这是满汉全席的一个“变种”，流传在民国年间，有着雍容华贵的气质以及众多精巧的菜式，主要用于贺寿。其菜单为：

四珍——

龙飞凤舞（大型彩拼）；

五岳朝天（紫驼献宝）；

百鸟翔集（德禽加冠）；

四海上寿（鲤跳龙门）。

六全——

玉钗飞燕（珍珠燕窝）；

金钱蝶舞（金钱双蛋）；

南极星辉（酱烤熊掌）；

兰田种玉（汤汆猩唇）；

孔雀开屏（鸽换红袍）；

叶底鸳鸯（鸳鸯卷舌）。

八合——

岱宗浴日（芙蓉锦鸡）；

君山翡翠（翡翠螺球）；

五丁护秦（五牛吐金）；

二水分鱼（烧柳翠鱼）；

凫临瑶池（白凫戏水）；

麟吐玉书（醉饮甘霖）；

紫微火枣（金浆玉醴）；

国色天香（八仙斗宝）。

四喜——

琥珀上寿（琥珀莲子）；

王母蟠桃（五子桃包）；

绣幕牵丝（什锦寿面）；

如意鸳鸯（长春寿卷）。

双庆——

云盖红绫（红绫酥盒）；玉蕊齐开（玫瑰蛋糕）。”

仿膳饭庄宴单

北京市北海公园内的仿膳饭庄，是我国最早经营清宫菜的特色风味餐馆，迄今已有70余年的历史。它主要为外宾和归侨服务，宴单具有宫廷菜的余韵。例如：

四干果（因时因客选排）。

四蜜饯（同上）。

十一冷荤：盐水鸭、麻辣牛肉、芝麻鱼片、炝青椒、桶鲍鱼、芥末鸭掌、怪味鸡、糖醋海蜇、盐水牛肉、三色蛋糕、辣白菜。

清汤燕菜、黄焖鱼翅、灯笼虾、扒鹿鞭龙须、金鱼鸭掌、红烧干贝、核桃鸭子、松鼠鳜鱼、松籽猴头、炒鸡末、冷热花点各2式、核桃酪、水果2色。

菜式高档而席面编排朴实。

全聚德烤鸭席

北京市著名的特色风味筵席，特点有四：(1)以烤鸭为主菜，辅以舌、脑、心、肝、肫、肠、翅、掌、脯等制成的冷热菜式和点心，“盘盘见鸭，味各不同”。(2)上菜程序多为冷菜——大菜——炒菜——烩菜——素菜——烤鸭——汤菜——甜菜——面点——软粥——水果的格式，与众有别。(3)以北京菜和山东菜为主，兼有宫廷风味和清真风味，还吸收了南方各省的烹调方法，包容广泛，丰盛大方。(4)常常作为中国筵席的代表，在海内外知名度甚高，有“不吃烤鸭席，白来北京城”之说。

大型的烤鸭全席（25道菜）的宴谱如后：

冷菜：芥末鸭掌、盐水鸭肝、酱汁鸭膀、水晶鸭舌、如意鸭卷、五香熏鸭。

大菜：鸭包鱼翅、鸭茸鲍盒、珠联鸭脯、芝麻鸭排。

炒菜：清炒肫肝、糟熘鸭三白、火燎鸭心、芫爆鸭胰。

烩菜：烩鸭舌。

素菜：鸭汁双菜。

烤鸭：挂炉全鸭（带薄饼、大葱、甜面酱）。

汤菜：鸭骨奶汤。

甜菜：拔丝山药。

点心：鸭子酥、口蘑鸭丁包、鸭丝春卷、盘丝鸭油饼。

稀饭：小米粥。

水果："春江水暖鸭先知"诗意图案切拼。

北京全奶席

北京市牛奶公司新近推出的奶制品全席，其特点是古今相承，中西贯通，现代气息浓郁，颇有"新潮感"。其11道菜式是：

1. 奶品拼盘（酪干、奶卷、奶饽饽等）；
2. 水晶乳（三色三味）；
3. 双皮奶（上缀两粒葡萄干）；
4. 杏仁豆腐（配加奶汁，细腻松软）；
5. 果料奶酪（用南北名果调制）；
6. 奶油奶酪（类似元代的蒙古族醍醐）；
7. 杨梅奶豆腐（加杨梅、鲜奶制）；
8. 可可豆腐（用可可、奶粉等制）；
9. 膨松奶油（类似高级的膨松雪糕）；
10. 奶油桔子（仿拟西点）；
11. 奶油菠萝（仿拟西点）。

豆花饭庄豆品席

北京市广渠门外豆花饭庄推出的民俗筵席，其谱式甚多，下面是一桌简易的便席：

九色豆品攒盒、过江豆花、豆腐鱼、麻婆豆腐、金钱豆腐、一品豆腐、菱角豆腐、八宝豆腐、火锅豆腐、炸豆腐圆子、冰汁豆花。

豆品席的餐室设计别开生面：茅室竹帘，蓑衣草笠，木犁石磨，红椒满壁，川味十分浓郁。再加上身着蜡染土布花褂的巴蜀侍女穿行其间；足登草履、头缠白布的茶博士来回献茶，不由使宾客唤起峨眉山月、嘉陵烟雨的情思，韵味悠长。

津门燕翅大席

天津市著名的珍错筵席，传统谱单如后：

凉盘：桂花鸭围月季花、油焖笋围松花、盐水虾围鲍鱼、陈皮牛肉围羽毛菠菜。

热鲜：清汤燕菜（抱碗）、冰糖银耳、红扒鱼翅（带炸春卷）、炸三样（纸包鸡、奶油鸡卷、雷蘑鸡）、白扒犴鼻、红烧大乌参、清蒸八宝鸡、烩五鲜（鱼肚、鱼骨、鱼唇、干贝、口蘑）、水晶菠萝拼水晶西瓜（带奶油方糕）、雪炒飞龙、汆五珍（竹荪、猴头菇、鸡棕、龙须菜、鸡茸球）。

饭点：小站米饭、火锅珠饺。

这一席面现今售价多在2万元左右，较少供应。

鸿宾楼全羊大菜

全羊席问世后，同治、光绪年间大盛，各地争奇斗艳，相继推出100多款的超级大筵。后来由于全羊席过于奢费，食用者愈来愈少。为了适应市场潮流，天津市鸿宾楼便对其加以筛选，只用羊舌、羊眼、羊耳、羊脑、羊肚、羊腰、羊脊髓、羊蹄等八种原料，运用煨、㸆、炸、爆、烹、扒等不同技法，制成独脊髓、炸蹦肚仁、单爆腰、烹千里风、炸羊脑、白扒蹄须、红扒羊舌、独羊眼等八道著名羊馔，合装在八格的髹漆大攒盒中，供客品尝。由于此席量少质精、醇厚鲜美，很快风靡津门。

三阳开泰宴

天津地区创制的吉祥筵席，汇集南北名肴，每道菜都用3种以上原料制作，以"三"命名：

三丝海蜇花（配鱿鱼、猪肚、金针菇）；

糟熘鸭三白（鸭的脯、掌、肝）；

三鲜腐竹卷（香菇、冬笋、荸荠做馅心）；

三笋烧鱼圆（芦笋、莴笋、玉米笋烧鱼圆）；

大烤羊三样（羊的脊髓、脑花、眼球）；

三菇守劲节（平菇、草菇、蘑菇烩冬笋）；

三瓜海米粥（冬瓜、丝瓜、瓠瓜烩海米）；

猴头鹿三宝（鹿的鞭、筋、茸烹猴头菇）；

巧烹三套鸭（家鸭、野鸭、菜鸽）；

三虾豆腐羹（虾籽、虾脑、虾仁烧豆腐）；

米豆三合泥（糯米、籼米、黄豆混合炒泥）；

三香烫豆皮（猪肚、猪心、猪口条作馅料）。

内蒙古驼峰席

驼峰是骆驼背上高耸的营养贮存器，有单峰与双峰两种，一般可贮存脂肪20～40千克。凡两峰驼，前峰优于后峰，肉质发红半透明之"雄峰"优于肉质发白而韧老的"雌峰"。驼峰早已列入"古八珍"，内蒙古一带擅长用它调制"五峰大席"：

看盘：瀚海之舟。

四独碟、四熘炒：相应配置。

五驼菜：红扒驼峰、峰丝翅针、鸡茸峰丁、奶烩峰片、清炖驼乳糜。

二道点、二鲜果、二饭菜、一香茗：相应配置。

此席档次较高，当地非有佳宾不设。

蒙古族乌查宴

乌查又称秀斯或羊背子，即煮全羊，是鄂尔多斯草原的传统喜宴。它是将一只小口绵羊羔治净，分成头、颈椎、羊背（带肋骨和羊尾）、四肢等7大块，加上心、肝、肚、肠，用白水煮熟，加盐调食。入席时取一长方漆盘，先放四肢，中间放内脏，前方放羊头和颈椎，上面覆盖羊背，复原成整羊趴卧的形状，羊头上刻出象征吉祥如意的“十”字，由两名壮汉抬上桌，羊头朝向主宾。厨师上场用蒙古刀顺序划割羊肉，边唱祝词。这时主人高举银碗，向宾客敬献洁白的鲜奶，祭天、奠地之后，按长幼尊卑顺序敬让羊肉。其间陆续上蒙古包子、糕点、肉汤与蒙古面条，痛饮烈酒，弹奏马头琴，唱歌，跳舞，欢闹几个小时。

山海关海带宴

海带系褐藻门游孢子纲海带目海带科海带属的海生植物，富含碘质，有特殊的健身作用。海带不仅可以制菜，而且再制品繁多，可以编出富有渤海湾风情的煌煌大宴：

蜜脯：话梅海带片、海带酥心糖。

冷碟：海灵糕、海带松、麒麟海带丝、鲜辣海带片。

小炒：里脊小葱炒海带、银鱼笋丝熘海带、鸡脯海带炸吐司、鸭掌鸭舌爆海带。

大件：山海八珍烩海带、虎皮蹄膀扣海带、海带油焖加吉鱼、香菇海带烧飞龙、蜜汁海棠酿海带、焦熘三丝海带卷、昆布裙带烩海白、冬瓜海带鲫鱼汤。

点心：海带小馒头、海带金丝面。

饮料：海带茶、海带冰淇淋。

热河裘翠楼名宴

清代热河避暑山庄有一座“神仙留玉佩、公卿解金貂”的名店——裘翠楼，乾隆常常易服醉饮于此，题过“名震塞外三千里、味压江南十二楼”的条幅。后来此楼毁于兵火，1985年按原样重建在承德市闹区，专门供应避暑山庄中的清宫传统菜式，一时又声名大噪，荣获“塞外第一楼”的美誉。下面是该店的一桌仿膳宴菜单：

热河十珍：驼蹄羹、葵花海参、清蒸圆鱼、人参鹌鹑、蒲棒鹿肉、麻仁狍排、花篮黄羊肉片、核桃山鸡卷、蜜三宝、野意热锅。

饽饽四绝：南沙饼、麻仁饼、澄沙饼、水晶饼。

洛阳水席

洛阳历史名宴。“水”字含义有二：一是当地气候较为干燥，民间进膳多用汤羹，此席的汤品较多；二是24道肴馔顺序推进，连续不断，如同流水一般。相传此席始萌于唐代的洛阳寺观，是僧道承应官绅的花素大宴，后被官衙引进，并流传到民间，形成荤素参半的格局。它的美称甚多，因其头菜系用特大萝卜仿制的牡丹状燕窝，风味奇美，博得武则天的赏识，故名“牡丹燕菜席”；还由于当地的“真不同饭店”供应此席50余年，技高一筹，亦称“真不同水席”；再加上洛阳士庶均用此席操办人生礼仪大事，所以又叫“豫西喜宴”。

洛阳水席例由八冷盘（荤素各半）、四大件、八中件、四压桌组成，冷热、荤素、咸甜、酸辣兼备。其中，冷盘习称“酒菜”；一大件带二中件名曰“带子上朝”；热菜多用汤盆或汤碗；最后的一道汤叫“送客汤”，表示菜已上毕。下面是“真不同水席”的一份菜单：

四冷荤：杜康醉鸡、酱香牛肉、虎皮鸡蛋、五香熏蹄。

四冷素：姜香脆莲、碧绿菠菜、雪花海蜇、翡翠青豆。

四大件：牡丹燕菜、料子全鸡、西辣鱼块、炒八宝饭。

八中件：红烧两样、洛阳肉片、酸辣鱿鱼、炖鲜大肠、五彩肚丝、生氽丸子、蜜汁红薯、山楂甜露。

四压桌：条子扣肉、香菇菜胆、洛阳水丸子、鸡蛋鲜汤。

开封八生涮锅席

以8种生荤片为主料，配加多种味碟，由客人随意涮食的火锅小席。它源自两宋的生涮兔肉——拨霞供，迄今已有800余年历史。其制法是：选取8种荤料（如鸡脯、猪里脊、对虾、肚尖、猪腰、鱼片、鸭肫、鸡肝之类），切片分置于小盘；再将香菜、雪里蕻、蒜苗、韭黄切碎，与糖蒜、腌韭菜等也分装碟中;配好精盐、料酒、酱油、虾油、辣椒油、芝麻酱、芝麻油、腐乳汁、胡椒粉、香醋、味精、葱花、姜丝等佐料,分盛入小碗;连同烧沸的涮锅一起入席。客人各取所需,边涮边饮,生片可以陆续添加,直至兴尽为止。食毕用余汤氽煮绿豆面条,充当主食。若在秋令食用,则配清香的白菊花,变作"八生菊花火锅"。

胶东对虾席

对虾又叫大虾或明虾,系甲壳动物门十足目对虾科对虾属虾类的统称,因渔民多系大小成对出售而得名。对虾有28个现存种,胶州湾是其主产区。此虾个大、色白、肉多、脑肥,有补肾壮阳、益气通乳的功用,青岛、烟台等地多用它调制喜庆大席:

冷菜:什锦花盘带六拼碟。

一大件:煎烹对虾(带爆双脆,干烂鱼条)。

二大件:活鱼两吃(带宫保鸡丁、炸里脊)。

三大件:香酥鸡(带海米蒲菜、拔丝金枣)。

四饭菜:芹菜炒肉丝、把子肉、海米炒绿豆芽、奶汤菜花。

两面点:焖米饭、家常饼。

青岛渔家宴

用胶州湾所产的各式海鲜编制而成的渔家庆筵。它有春、夏、秋、冬4套席谱,每套均包括八菜、八佐(行件)、六面、四粥,故又称"八八六四渔家宴"。其中可供选用的海水鱼大菜有50多种,行件菜有20多种,面与粥品30多种,腾挪的天地较为广阔。像酸辣生鱼、清蒸大蟹、火烤八节、活烤蒜茸海螺、翡翠西施舌、酒醉活虾、老板拳头、野菜包、土豆丝饼、小豆腐、鲜米渣粥、燕麦片汤、氽金蛤蜊等,皆以"土"、"鲜"、"廉"三字取胜。而且它的简化席面(10多道菜),售价一般不超过600元,这在当今来说就更为难得了。

青岛萝卜会

始于元代的青岛市北区传统庙会。每逢会期,各种名特萝卜(如济南青圆脆、烟台红丁、潍县大萝卜、蓬莱春萝卜、石家庄白萝卜。北京心里美)汇集南山市场,形成特异民俗。当地居民家家买上一些,生食熟烹,图个"来福(莱菔)报吉";餐馆也大开"萝卜宴",以求"利市发财"。萝卜宴款式甚多,大都系大众档次,朴实简易,如:

素菜:香辣萝卜丝,珊瑚萝卜条、多味萝卜丁、双冬萝卜卷。

荤菜:金钩烧萝卜、肉蒸萝卜夹、羊肉炖萝卜、鲫鱼氽萝卜、清汤仿燕菜。

饭点:油煎萝卜丝饼、蜜饯萝卜条。

果盘:青岛萝卜会(造型)。

阳谷乡宴

位于鲁西平原的古城阳谷,民风淳朴,乡宴讲究。当地流传的顺口溜:"茶食果子先打底,递酒安席三二一,三碗四扣八铃铛,琉璃丸子露绝技,文腹武背有讲究,鸡头鱼尾大吉利",则是此宴形象的概括。

"茶食果子先打底"说的是到奉茶点。小宴是一杯清茶、两道进门点;大宴则摆出四干碟(西瓜子、花生仁、南瓜子、葵花子)、四鲜碟(桃、杏、李、藕之类)、四果碟(4样花色点心)。至于寻常人家,还可用水饺、面条代替,为的是压饥垫肚,防止醉酒。

"递酒安席三二一"指6杯敬客酒。宾主起立先连干3杯,这叫"桃园三结义";然后坐下小叙,略品一点菜肴后又连干2杯,这叫"好事要成双";稍后再干1杯,这叫"一心要敬你"。6杯落肚,方可狂吃大嚼。

"三碗四扣八铃铛"指菜式组合。三碗即三大件,多为整鱼、整肉、整鸡鸭。四扣为四蒸碗,一般是酥鸡块、酥肉块、酥鱼块、酥丸子,都系扣蒸而成。八铃铛指六行件二汤:乡村多为醋熘土豆丝、烧白菜条、扒羊肉白菜卷、红烧羊肉条、姜丝肉、炸藕夹、蒜泥豆角等家常菜;城镇则是鸡丝掐菜、烧蒜泥肥肠、扒白菜卷、钻肉丸子、蒜爆里脊片等功夫菜;汤是咸(灌汤丸子或糁汤)、甜(蜜汁水果或果羹)各一,咸汤上在四扣碗后,甜汤上在六行件后。

"琉璃丸子露绝技"指阳谷厨师的绝活。当地有一条不成文法的规定:会做琉璃丸子的,方可操办乡宴;这一道菜如果做砸了,3年之内不得操刀办席。

"文腹武背有讲究"讲上菜礼节。上大鲤鱼时,文士相聚则鱼腹朝向主宾,武士相聚则鱼背朝向主宾。据说这是不使文客产生"文人相轻"(相背)的错觉,也防止武客产生"鱼腹藏剑"(心存歹意)的误会。如若不是这样,文客会拂袖而走,武客会拔刀相见。

“鸡头鱼尾大吉利”指三大件的顺序,即鸡鸭开头、猪肉居中、鲤鱼收尾。鸡者,吉也,开席报喜;鲤者,利也,收席见财,故而祥和开泰,皆大欢喜。

阳谷乡宴是齐鲁风情和饮食文化的生动体现,如同陈年佳酿,甘美醇厚。

再回首乡宴

近年推出的齐鲁民间便筵。其肴馔是祖辈传承的家常小食,包括饼子、煎饼、地瓜干、窝窝头、煮花生、苞米棒子、芋头、咸鲅鱼、虾酱、大葱、大蒜、大豆腐等。其目的是在充满现代气息的高消费生活中,有意识让都市人感受一下逝去岁月里的口味,满足食客“返归自然”、“思念故土”的心态,宣扬童真情愫的田园饮食文化。

该宴菜点制作全依古法,“土里土气”,不加任何粉饰,保留粗犷色彩。上市后很快爆响,成为一种新的餐饮潮流。

太原全面席

中国名特筵席之一,由太原市太原面食店推出,全席菜面、饮料共计56种,洋洋大观:

(一)茶食:四果碟、四蜜脯、一香茗。

(二)亮席:

第一组,冷食:

主盘:十八罗汉香辣凉面;

围碟:水晶肘子、辣油灌肠、蒜汁肚丝、蓑衣黄瓜、红油鸡片、姜汁兰豆。

第二组,热食:

花式面菜(皆为造型菜,以各式面条托底):迎宾花篮面、香酥大虾面、锦绣展翅面、三色草菇面、霸王鲤鱼面、什锦老面饭。

中汤:乌蛇汽锅面(各吃)。

点心:夹沙一窝酥、脂油葱花饼。

(三)高潮:

风味面品:精粉削面、莜面饽饦、玉手揪片、豆面剔尖、红面擦尖、小猫耳朵。

浇头:清蒸羊肉、生煎猪肉、番茄鸡蛋、五香醋卤、什锦炸酱、乳汁排骨。

十三太保菜码:各色佐料碟13个。

尾汤:一品羊汤面(各吃)。

果盘:喜庆水果拼(造型)。

(四)酒水:

每桌晋汾1瓶、竹叶青1瓶、扎啤10杯、水蜜桃汁10听。

席间参观刀削面、揪片、剔尖表演。

全席展示出“世界面食在中国、中国面食在太原”、“味压九州美食乡、山珍海味难比鲜”的神韵。

晋中十蒸碗席

山西省太原、榆次、忻州、阳泉等地以蒸菜为主的民间酒席,多由酱梅肉、樱桃肉、喇嘛肉、米粉肉、坛子肉、小酥肉、扒丸子、肘子、肉条、清蒸鱼等组成。它以咸香为主,甜酸为辅,酥烂柔口,肥而不腻,富有黄土高原的泥土气息,与四川成都的“田席”、湖北沔阳的“三蒸九扣席”有异曲同工之妙。

此席在“厨师之乡”的寿阳一带调制最精。这里的餐馆和家庭常以“十蒸碗”飨客,并可变出不少花样(如有的加配“头脑八珍汤”,有的跟上五花八门的面饭,有的点缀吉庆的礼馍),被称为山西传统宴俗的典型代表。

上党双八席

山西上党古城——长治市供应的传统酒筵。所谓双八,系指八道主食和八道菜肴,并有上八八、中八八、下八八之分。现今的双八席多由下列食品构成:

主食:锅贴、饺子、馄饨、拉面、炒饼、花卷、鸡蛋炒米饭、千层荷叶饼。

菜肴:炒肉蛋、炒肉片、辣子鸡、炒腰花、烧肉、酥肉、丸子、肘子。

其中,(红)烧肉、(黄焖)丸子、(清蒸)酥肉、(珍珠)肘子,是上党府八县的“四大名菜”,以味轻口淡、色泽光亮、肥而不腻、下酒鲜香而著称。

长安八景宴

即是将华岳仙掌、骊山晚照、灞柳风雪、曲江流饮、雁塔晨钟、咸阳古渡、草堂烟雾和太白积雪等古长安的八大胜迹形象地再现于菜盘之中,融口福、耳福、眼福于一炉,为席面增辉添色。其菜单是:

(一)古城十三花冷盘:

主盘：雁塔晨钟。

四荤：烧鸡、凤尾鱼、香肠、酱牛肉。

四素：红、白、黄、绿四色生蔬拼制。

四花：牡丹叉烧、荷花蛋白、菊花葱丝、梅花鸭舌。

(二)八珍大菜：

华松扒熊掌、晚霞映牛舌、灞柳雪花鸡、曲江雏鹑饮、金枣晨钟糕、渭水团鱼汤、草堂烧八素、雪山氽金鱼。

(三)四味鲜点和鲜果。

仿唐重九百官宴

西安烹饪研究所仿制的唐代重阳节赏赐文武众臣的席面，共配置发掘出的"仿唐菜"28道：

果品：红枣、石榴、板栗、脆梨。

开口汤：鸡米清汤。

凉菜：五生盘(用猪、牛、羊、鹿、驼五种肉脯拼制)。

饮料：红茶、米酒、白水杜康酒。

热菜：分装蒸腊熊(驼掌替代)、热洛河(鹿血鹿肠制)、同心生结脯(牛肉制)、乌雌鸡、醋芹(芹菜制)、雪婴儿(石鸡替代)、缕子脍(鲫鱼鲤鱼制)、六一菜。

羹汤：卯羹(野兔制)、酉羹(母鸡制)。

面点小吃：百花糕、赐绯含香粽、石鏊饼(石子馍)、长生粥、五福饼。

龙凤饺子宴

著名的西安饺子宴的席单之一，由27～36道不同形色的饺子组成。它以龙凤为主题，给人以蓬勃向上的朝气，民族文化的气韵深厚：

油酥寿桃饺、恭喜发财饺、慈禧乐饺、佛开口饺、鱼翅蒸饺、海三鲜饺、御膳墨珠饺、樱桃芙蓉饺、香菇玉兰饺、金钱鱼肚饺、五彩缤纷饺、家常鱿鱼饺、到口酥饺、白银墨玉饺、燕窝汤(以上为第一梯次)；明庭鱼云饺、鳝鱼蒸饺、苜蓿蒸饺、游鱼戏虾饺、四鲜溢香饺、板鸭酥饺、花边莱菔饺、香酥鸡饺、冬笋山鸡饺、鱼香蒸饺、银线葫芦饺、干贝蒸饺、相公帽饺、碧海藏珍饺、麻酱蒸饺、螃蟹献黄饺、童鸡双味饺、水晶饺、一品水饺、金鱼火锅饺、水果盘(以上为第二梯次)。

长安蝎子宴

西安市名厨刘凤凯等研制的高档养生全席，以蝎子为主料，有息风、镇痛、攻毒、散结、通络等药理功能，还可以抗惊厥、防风湿、降血压、治肿瘤，社会反响较好。其席单之一是：

饮料：全蝎灵芝枸杞酒。

冷菜：珊瑚全蝎带八味围碟(酱牛肉、松花皮蛋、香肠、熏鱼、白焯莲菜、凉拌番茄、醋渍黄瓜、甜辣蛰丝)。

热菜：虾茸酉羹(开席汤)、山虾荷叶鸡、箱内藏宝、钳蝎竹鸾凤珠、一品鱼糕、蝎蟹同居、钳蝎戏沙龙、全蝎竹板鱼。

点心：胡麻饼、窝窝面、鸡肉酥饼、蒸饺。

每席约用全蝎80～120支，"山虾"、"钳蝎"等都系蝎的别称。

泾阳乡宴十三花

陕西泾阳农村的红白喜庆大席，因其中的九行菜和四座菜为全席的台柱，故名。

八道喝酒凉菜。第一组为酿合、挣肘、熟鸡块、酱牛肉，皆荤；第二组为炝莲菜、凉拌三丝、豆腐干、盐水花生米，皆素。

九行菜：海味杂烩、蒸黄焖鸡、肉三鲜、蒸条子肉、糖醋里脊、四喜丸子、荷叶粉蒸肉、醋熘白菜、蒸八宝甜饭。

四座菜：烧豆腐、炒黄豆芽、生氽丸子、酸辣肚丝汤。

三道馍：其中压卷和碎馍在席间品尝，每客4个包子带回家去散给老小。

黑色食品聚珍

陕南地区近年来推出的高档保健筵谱，全由黑色食品制成。不仅营养丰富，带有天然的黑色素，有较好的食疗滋补功能，而且"全席一片黑"，又称为"黑旋风"，相当新潮：

茶食：开胃黑橄榄果、蜜渍乌梅。

菜肴：黑芝麻里脊卷、黑鱼炒紫菱片、冬瓜炖甲鱼裙、黑麦面包吐司、凤冠绣黑木耳、大葱熻乌骨鸡、黑枣莲子米羹、冬虫夏草玄龟汤。

饭点：黑米饭、黑豆粥。

饮品：黑米酒、老亲娘黑枣汁。

兰州金鲤宴

兰州市出产一种金光亮霞的龙门鲤，与松江

鲈鱼、兴凯湖大白鱼、鳜鱼并称为“中国四大淡水名鱼”。当地用此鱼调制的金鲤宴,蜚声中外,其菜单组成如下:

(1)鱼跃龙门(随带鱼体各部位拼制的六围碟)。(2)花篮鲤鱼(随上瓜姜鲤鱼、珍珠鱼圆)。(3)柴把鲤鱼(随上百合鲤鱼、韭黄鱼卷)。(4)糖醋鲤鱼(随上金钱鲤片、芙蓉鱼羹)。(5)宫灯鲤鱼(随上软熘鲤块、茄汁鱼饼)。(6)拔丝鲤鱼(带四喜鱼饺)。(7)银芽鱼汤(带鲤鱼烧麦)。

全席菜点23道,用12公斤(其中1公斤重的全鲤有6尾)龙门鲤制成。

敦煌宴

敦煌市旅游行业新近推出的观光筵席。它以甘肃名产驼峰、金鲤、鸽子鱼、金钱肉、羊肚菌、团鱼、无花果、黄金瓜等作为主料,采用多种技法,调制不同味型而制成。其命名多有新意,具有特殊的魅力。

主要菜式有:雪山驼铃、飞燕游古城、月泉春色、鸣山大枣、敦煌烤鸭、清蒸鸽子鱼、糖醋金鲤、荷花羊肚菌;辅佐菜式有:紫果羊肝、胡羊肉、酱渍湟鱼、百合鸡丝、黄金瓜羹、清汤野鸡卷、兰草芙蓉扒乳鸽;配套小吃有:一捆柴、石子锅盔、窝窝面、兰州牛肉拉面;消食瓜果有:白兰瓜、黄金瓜、李广杏、冬果梨、临泽枣等。

裕固戴头筵

甘肃一带裕固族家庭姑娘出嫁前夕的庆贺酒席。所谓“戴头”,就是将一副缀有银牌、玉石、珊瑚、玛瑙、海贝、珍珠的头面,系在她的发辫上。届时要唱《戴头歌》:“启明星儿闪闪发光,心爱的姑娘把头面戴上;送亲马队威武雄壮,美丽的姑娘要远嫁他乡。”由舅舅领唱,亲友应和,感情缠绵悱恻。姑娘戴头后移坐到另立的一顶新帐篷中,舅舅、亲友与代表姑娘的歌手,又要对歌。其内容多为倾诉亲情、祝颂幸福,直唱到迎亲队伍到来。双方互送哈达和礼品,品尝由碗茶、碗菜、馓子、糖食、羊肉、酸奶、面片、肉包等组成的喜筵,然后簇拥着新娘欢快地上路。

东乡告毕筵

甘肃省东乡族村庄在婚寿、添丁、盖房或其他喜庆活动时举办的祝颂酒筵。“告毕”即讲话、致词或答问。该族习俗,每逢大宴,必须选择一位德高望重、思路敏捷、口齿伶俐的老人“告毕”。届时宾客中一人提问,“告毕”者即席回答。既有生动的比喻,贴切的说理,又有优美的文采、娓娓动听的祝福。“告毕”时主、宾站立,洗耳恭听,听完后方可上炕入席就餐。

“告毕筵”上的饭菜,可以是“宰鸡娃”(即以一只肥鸡做主菜),也可以是“古隆伊杰”(即以面食为主的便餐),大多经济实惠。

西塞野味全席

利用甘肃一带山林、草场、沙漠、湖沼出产的山珍野味调制的地方风味特席。其谱式甚多,下面是20道菜式组成的一个高档席面:

花盆:西塞狩猎图。

围碟:梅花鹧鸪、五香云雀、糖汁知了、透味灰鼠、拌南雁丝。

熘炒:果味鸽松、五彩兔片、油煎獐排、滑熘元宝(鹌鹑蛋)。

大件:清蒸围子(野猫)、姜汁地猴(田鼠)、酸辣湟鱼、串烤雪鸡、虫草野鸭、高丽角麂。

汤品:刺猬党参煲汤。

点心:地菜春卷、雀肉大包。

茶食:八宝香茗。

青海发菜席

发菜是蓝藻门念珠藻科念珠藻属中的可食野生种植物,学名叫发状念珠藻,俗称头发菜、地毛、旃毛菜或仙菜,主产于亚洲腹地荒漠及半荒漠的草地,青海一带较多。发菜口感柔脆,具有藻类的清香,可以助消化、解积腻、降血压,被视为“戈壁之珍”和“青海三宝”之一。还因为它谐音“发财”,在粤、港、澳、台和华侨中视作吉祥物,系赠礼的佳品。

青海发菜席的菜单通常如下:

菜肴:金鱼发菜(头菜)、虫草雪鸡、香酥岩羊、蜂尔里脊、筏子肉团、猴头驼峰、红蒸湟鱼块、清炖牛肉汤。

小吃:焜锅馍、泡油糕、甜醅、马杂碎。

西宁特席

一般由15道地方风味名肴组成。即:

菜肴:猴头驼峰、蛋白虫草鸡、蜂尔里脊、红蒸湟鱼块、香酥岩羊、金鱼发菜、筏子肉团、虫草炖雪鸡。

小吃：焜锅馍、泡油糕、干板鱼、马杂碎、甜醅、碗豆羹、蕨麻籽粥。

席中使用了青海名产猴头菇、发菜、冬虫夏草、枸杞、草原绿豌豆、蕨麻籽(人参果)、雪莲花、驼峰、河曲马、牦牛、岩羊、湟鱼、雪鸡等等，是一桌难得品尝的青藏高原野味席，足可与“长白山珍宴”竞美。

青藏虫草小品

虫草的全称是冬虫夏草，属真菌门子囊菌亚门核菌纲球壳目麦角菌科生物，系冬虫草菌的子座与寄生蝙蝠蛾幼虫的混合体，主产于青藏高原的草地中。该物富含虫草酸和冬虫夏草素，有多种药理功效，历来被视为珍品。早在清代，便有虫草煮老鸭的偏方。现今制菜，其用量也甚少，仅只是“小品”而已。例如：

冬虫夏草药酒1瓶。

五味特馔：虫草炒草原嫩豌豆、虫草烧祁连白蘑菇、虫草烹青海湖湟鱼、虫草炖阿尔金血雉、虫草蒸蕨麻八宝糕。

以上仅用虫草30～40支，有极为浓郁的青藏高原风情，一般人难有此口福。

土族麦草席

因其席面常设在庭院宽敞之处，下铺麦草，上撑长条木板搁置食馔，宾客一律坐在麦草上就餐而得名。麦草席的主要菜点有哈力海(荨麻卷饼)、沓呼尔(白面薄饼)、仁布(野胡萝卜馅包子)、噶仁布(北沙参)、海流(油面团)、烧麦、盘馓、孔果、蒸鸡、烧肉、羊肠、羊肚、手抓羊肉、手抓大肉(猪肉)和酩流酒(用羌活泡制)、酥油茶等。客人进门敬3杯，名曰“吉祥如意三杯酒”；客人辞行敬3杯，名曰“上马平安三杯酒”。展示出湟水和大通河两岸土族村寨草原生活与田园生活的特殊氛围。

撒拉经名筵

青海一带撒拉族为新生儿命名时操办的家宴，多在婴儿出世的1～7天内举行。“经名”须请清真寺阿訇或本族长者择定，可用伊斯兰教教典中先贤、圣人或父母的名字，也可用吉祥物的名称；不论次序辈份，只要好听、出众便可。如男孩多叫“哈桑”、“阿里”、“尤素甫”、“侯赛因”；女孩多叫“法蒂玛”、“阿以莎”、“买力叶”、“努哈雅”。其意义在于小孩一出生，就将其从清真寺外召唤到清真寺内，从此成为一个虔诚的穆斯林。取“经名”时要举行宗教仪式，亲友须送贺礼，主人家要炸制油香和馓子，宰羊，准备清真席宴宾。

宁夏八宝宴

利用宁夏地区的8种特产调制的风味名席，极富魅力：

1. 枸杞鱼肚(用“红宝”中宁枸杞制)；
2. 金银发菜(用“黑宝”同心发菜制)；
3. 五味酥鸡(用“黄宝”盐池甘草制)；
4. 手抓羊肉(用“白宝”鄂尔多斯滩羊制)；
5. 鹌丝蕨菜(用“褐宝”泾源蕨菜制)；
6. 什锦瓜羹(用“金宝”海原华莱士金瓜制)；
7. 清蒸鸽子鱼(用“青宝”中卫鸽子鱼制)；
8. 珍珠香饭(用“银宝”叶盛大米制)。

河套民俗席

宁夏回族自治区境内银川、吴忠等地的乡土筵席，其名目有“五罗(同上5种炒菜)四海(4道带汤汁的海碗菜一起端出)”、“九魁十三花”(9冷碟13道热菜)、“十五月儿圆”(15道碗菜)种种；当家菜式是如意发菜、枸杞炖牛肉、甘草霜烧牛肉、家常鸽子鱼、脆皮鲤鱼、红烧驼掌、羯羊脖肉炖黄芪、羊肉枸杞芽、烩腰柱、吴忠白水鸡、羊肉焖肚饭、粉汤饺子、馍夹羊肉、炒糊脖之类。

其特色有三：一是严格遵循伊斯兰教食规，保持清纯真切的本色。二是重视选用宁夏特产，显示“天下黄河富河套”的丰饶。三是突出烤、烩，口味偏咸、偏酸、偏辣，以料真、量足、盘大为美。

伊斯兰教席

回、维吾尔、哈萨克、柯尔克孜、塔吉克、塔塔尔、乌兹别克、东乡、撒拉、保安等10个民族的传统筵席。其基本特征是“戒外荤、禁血生”，持斋，不用左手触摸食品，饭前净手和禁烈酒等。其席面朴实、自然，下看2例：

例一，牛肉丝拌粉皮、水晶鸡冻、海米拌莴苣、酱牛肉；红煨牛肉、蒜爆羊肉、红扒鸡、炒三样、扒羊肉条、炸紫盖、黄焖鱼、冰糖莲子。

例二，牛肚、三色萝卜丝、麻酱白切牛肉、盐水鸭、白切鸡、燥京葱、卤牛犍肉、开洋拌芹菜；炸凤尾大虾、芙蓉鱼片、烤羊肉串、手抓羊肉、扒牛肉条、清水白菜、鸡酥；雪菜鸭块汤；牛肉焦包、奶茶；哈密瓜。

回民八碗菜

回族节日喜庆筵席。其制是每席8碗正菜，4荤4素与5荤3素均可。荤菜以牛羊肉为主，讲究一些的配上鸡鸭，常见的是清炖羊肉，扒羊肉条、红烧牛肉、清蒸牛口条、牛羊肉丸子、清蒸鸡、清炖鸭、小鸡炖蘑菇、红烧鸡之类。其中如果配鱼，可全鱼整烧，可斩段清炖；此菜在8碗之外，属于加菜，故称"九碗多鱼"。素菜以干菜为主，农区则配新鲜蔬菜，如各种蘑菇、黑木耳、黄花菜、发菜、大蒜、洋葱、胡萝卜、土豆、番茄、豆腐之类。它们可以单做，也可与荤菜合烹，如烩三鲜银耳、烧虎皮豆腐、它似蜜、清水白菜等。主食一般为馒头、米饭或油香。不配酒。

九碗三行席

回族家庭正宗的宴客便席之一。它是指全套菜肴都用9只一样的碗盛装，并且每边3碗摆成"田"字形。这样，无论从哪个方向看，都是整整齐齐、有边有角的，显得大方气派。该席上菜也有讲究，一般是先上4个角的角菜，名为"角肉"；再上4个边的菜，其中对边的两碗菜名称应一样，叫做"门子"，如东边可用羊肉丸子，西边可用牛肉丸子，使之名同而实异，有错综美；最后上中间那碗菜，一般是凉盘，讲究一点的用火锅。此席的制法主要是蒸、煮、拌，一般不炸。正菜入席前先上小麻花、油果、方块糖；正菜吃完后上花卷、馍馍、米饭或油香(办喜事不用油香)。9碗正菜先做好，一声"传菜"，一两分钟便全齐。

吐鲁番葡萄宴

近年来推出的全料风情大席，共计17道菜：

花拼：火山绿洲(多料酿配)。

围盘：炸羊排、茄汁鱼块、琉璃葡萄、雪莲牛肉、葡萄雪鸡、生香马肠。

热菜：葡萄羊腿、葡萄鱼、葡萄鸡丁、葡萄鹌鹑、丝路明珠、鸡油双素。

点心：葡萄馕、烧麦抓饭。

饮料：葡萄原汁、葡萄清酒。

其中，用名闻全国的马奶子葡萄和无核葡萄作主料的菜式高达75%，特别是葡萄羊腿、葡萄鱼、葡萄鸡丁和葡萄鹌鹑四道主菜，别致新颖，填补了我国果菜系列中的一个空白。

库尔勒香梨宴

用新疆巴音郭楞州特产的库尔勒香梨制成全席菜式30道，带有浓郁的丝路风情：

彩盘：梨乡锦鸡带八围碟(香梨泡菜、雪焗香梨、元宝牛肉、盐水白鸡、红油肚丝、菊花香梨、姜汁菜心、果味酱鸭)。

热菜：香梨枸杞鞭花、烤南疆羊腿、茄汁香梨羹、鱼米香、香梨附片羊肉、椒麻全鸡、鱼香梨糕、香梨鸡丝、煎牛排、拔丝香梨、清汤鸡球。

点心：香梨酥塔、香梨排、盘丝饼。

主食：梨脯抓饭、小油馕、莲花卷、曲曲汤。

水果：库尔勒香梨、哈密瓜、无花果。

连环晚宴

新疆维吾尔族男青年在漫长冬夜的娱乐聚饮，因其是轮流作东，并延续较长时间，故名。它推选一位"汉子头领"主持，安排好日程，然后主人略备薄酒和茶点、糖果，邀请众人前往。10多个小伙围坐，弹琴、唱歌、下棋，说古道今，饮酒行令。输者则吃葱、喝凉水；犯规者，则"拓影"——脱光上衣，平举双臂，贴墙站立，众人用冷水向四周喷洒，在墙上显出一个干燥的"人影"形状，逗得众人大笑。然后为其擦拭全身，灌下几杯"暖身酒"，结束欢会。该族青年身体健壮，极少因此而闹病的。有人为了显示"英雄本色"，领略一下挨淋的滋味，常常故意犯规。据说，"拓影"过的青年，才能斗风雪，战酷寒，成为真正的男子汉。

哈萨克马驹全席

新疆巴里坤草原哈萨克族牧民夏令最珍贵的迎宾酒筵。全桌菜肴都用膘好、无病的1岁马驹的肉、脏制成，相当不易。因为马是哈萨克人的翅膀，马驹更是宝贵的财富，他们爱马，极少杀马，只有贵客光临，才破格礼待。

举办此席有4道程序。一是"巴塔"，即请客人审看马驹、示意允诺，宾主互相祝福。二是按伊斯兰教圣训宰杀和烹制，肉切大块清煮，肠灌馅料烹熟。三是品尝茶点,如奶茶、糖果、油炸果、奶油、奶疙瘩等;同时观看民族歌舞,畅述友情。四是品尝煮马驹肉、焖马驹肠和速成的马奶酒。其中,大腿肉和颈脖肉最为贵重,必须献给来宾中的尊长。

塔吉克礼席

新疆一带的塔吉克族谦恭有礼,客至,导入上位,主人下陪,其余成员按辈份排列。主人致欢迎词:"吼肖玛地(高兴您来)。"客人答谢:"抱力卡劳(非常荣光)。"接着铺上洁净的台布,端出"卡提根恰依"(奶茶)、"吉格依"(奶干)、"布拉马克"(奶糊)、"修拉"(奶子面)、"修尔泊"(清汤羊肉)、"显尔该仓起"(牛奶煮米饭)、"显尔台力提"(牛奶煮烤饼)、"旦日提"(糖油馕)、"艾兰瓦"(奶油馕)、"哈克斯"(油茶)等民族食品,赤诚相待。宴毕,撤下食具,客人行礼致敬:"奥劳,阿克巴尔(真主伟大)!"主人谦恭还礼:"后希(再见)。"随后主人右手抚胸躬身,主妇双手抚胸躬身,送客出门。

西迁节庆筵

西迁节又名杜因拜专扎坤节、四月十八节或娘娘会,是锡伯族人民纪念先祖从东北远迁新疆的盛大民族庆会。据史籍记载,1757年清廷平定伊犁的准噶尔部后,为了加强西北的边防,并且屯垦开发,于1764年农历四月十八日,从盛京(今沈阳)等17个城市征调了锡伯族官兵1018人(连家属共3275人),从该族家庙(今沈阳太平寺)出发,经过19个月才到达伊犁。在此后的230多年间,他们在西陲生根发芽,为保卫边疆、建设边疆做出了巨大贡献。锡伯族后代每到西迁纪念日,都要举行唱歌、赛马、射箭、叼羊等大型活动,并且家家做蒸肉,吃鲜鱼,到野外踏青聚餐,讲述先辈的事迹,庆贺幸福的今天。

俄罗斯族圣诞晚宴

新疆一带信奉东正教(基督教的一支)的俄罗斯族家庭,在圣诞节(一般定在12月25日,东正教因历法不同则在1月6~7日)之夜联合举办的节庆筵会。届时准备"圣诞树"和"圣诞礼物",还请来"圣诞老人"和"白雪姑娘"。俄罗斯式的火炉上坐着飘散香气的红铜茶炊,老奶奶用银盘给全家人和邻居分送土豆烧牛肉、铁钎烤羊肉、开夫鸡、奶油色拉黄瓜等美食。孩子们分食蛋糕,大人们玩着纸牌游戏,欢声笑语,通宵不绝。

上海福寿筵

近年推出的药膳名席,有低、中、高、特4种款式,每一款式均由艺术造型的冷盆画屏领衔,再配6~8个小碟、7~8个大菜、2~3个点心和应时果品。例如:

神农百草花篮大艺盘;沪江六小碟(雪花玉珠、玉竹响螺、黄精鸭片、枸杞嫩笋、益气鸡膀、海蜇芹菜);七大菜(虫草海参、双补鸡丁、翠竹鱼唇、荷香乳鸽、参茸玉球、寿星素烩、八仙上寿);三茶点(宝花蛋糕、福寿蒸饺、绿荷饮);二果品。

此席将中药学、药理学、烹调学、营养学巧妙结合,并注意菜式的形式美及文采美,有延缓衰老、降低血脂、调节血糖和增强免疫功能等作用。

红楼养生筵

红楼雅宴中的特殊类型。它以中医食疗养生学说作指导,以《红楼梦》所记食馔为依凭,以江南水乡食风定基调,筛选而成:

十冷盘:大观艺拼(主碟)带八小碟(纤腰素腿、健步鹌掌、银丝豆芽、姜汁鸭条、开胃香干、糊涂鸡、补肾核桃仁、金银双钩);续上神农百草花篮(内配甘草等物)。

八热菜:黛玉卷帘、老蚌怀珠、嫩绿鸡片、翡翠干丝、银枸鸽蛋、麻皮包子、天麻鲜蛤、参麦圆鱼。

四点心:山药寿桃、珍珠汤团、玉肤琼冻、参枣仙粥。

功德林花素席

上海市的功德林素菜馆是我国著名的素菜研制中心。它有古、今、僧、俗素菜近400种,以罗汉全斋、功德火腿、八宝全鸭、鸳鸯鱼丝、五丁蛋饺、天坛冷盘、醋熘黄鱼、五香烤麸等名肴传誉南北。

功德林花素席以淮扬风味为基础,不断吸取佛道斋食和各地食肆素菜的精华,按照上海人的口味爱好进行创新,将宗教色彩与现代气息相结合,故而显得风姿绰约,成为"海派菜"的一个重要分支。

著名爱国人士沈钧儒、邹韬奋、李公朴、沙千里、史良、章乃器、王造时等，都对功德林花素席有过赞扬。

浦东全鸡宴

以浦东特产的狼山鸡作主料，按海派江南风味调制，共计菜式12道：

1.冷菜5道：葱油狼山鸡、五香卤肫肝、酥炸雪菜鸡、鲜柿冻皮鸡、掐菜拌鸡丝。

2.松杞滑鸡米（炒菜之一）；

3.乌鸡赛鸽松（炒菜之二）；

4.荷花芙蓉鸡（炒菜之三）；

5.炸网油鸡卷（炒菜之四）；

6.昆仑藏鸡魂（炒菜之五）；

7.三味炸春卷（点心之一）；

8.凤肉烩龙丝（炒菜之六）；

9.油炸香酥鸡（大菜之一）；

10.开洋鸡汤面（点心之二）；

11.翅爪大血汤（大菜之二）；

12.应时双拼果（苹果、香蕉各10只）。

上海热炒小席

上海人口密集，寸土寸金，居民的红白喜宴多在餐馆操办。每逢好日子，面积本来不大的餐厅常常爆满。为了提高接待能力，许多餐馆控制进餐时间，在便席排菜中增多快捷的热炒，并改一桌10客为12客，于是便诞生了简易的热炒小席。例如：

一什锦大拼。

十热炒快菜：笋炒虾仁、三丝鱼卷、油爆肚尖、鸡油豆板、京葱竹鸡、枸杞肉丁、糖醋排骨、蟹粉蹄筋、雪菜香菇、清蒸鲥鱼。

一应时鲜汤带二点一果。

共计15道菜，干脆利索。尽管售价较低，但海派菜的特色不减。

金陵四鸭席

用水晶鸭、烧鸭、酱鸭、盐水鸭和鸭四件（翅、掌、肫、肝）调制的南京风味名席。

金陵鸭馔，古今擅名。其鸭多从邵伯、高邮等地收购，数百只一群，浩浩荡荡渡江东下，精心豢养百日便长至极肥。其中，“杀而去其毛鬻诸市谓之水晶鸭，举叉火炙皮红不焦谓之烧鸭，涂酱于肤煮使味透谓之酱鸭”；而用炒熟的精盐、花椒、五香粉反复揉擦，再置于清卤缸中浸渍，悬挂晾干的，则是无上佳品盐水鸭。用它们可以调制荷叶米粉蒸鸭、鸭卷鱼唇、鸭包鱼翅、裹炸鸭子、虫草鸭子、松籽卷鸭、珍珠鸭子、瓤儿鸭舌、美人肝、腐皮烩鸭腰等百多款名菜，任意编组成席。

马祥兴清真全牛席

南京市马祥兴菜馆是一所著名的清真餐厅，它有着南路清真菜的鲜明风格，席面精约，烹调工细，尤其是鹑蛋牛筋、香酥牛肉、黄焖牛尾、白扒牛脯和莼菜牛肉汤，更是清真风味与金陵厨艺的完美结合，深受欢迎。

下面是该店的13味全牛小席：

冷盘：五香牛肉、凉拌肚丝、盐水口条、牛肉蛋卷。

热炒：香爆肚岑、五彩牛丝、糖醋里脊、松籽牛心。

大菜：鹑蛋牛筋、香酥牛肉、黄焖牛尾、白扒牛脯。

汤品：莼菜牛圆汤。

仿随园宴

依据清代烹饪鉴赏家袁枚的《随园食单》所载的典范菜例，仿照清代南京饮食习俗和筵宴规程编制的特色风味筵席，现在南京金陵饭店等处供应。

该宴主要菜式有传统肴馔蒸鸭、挂卤鸭、捶鸡、黄菜芽煨火腿，以及创新肴馔鸡粥、萝卜丝煨鱼翅、酱炒水鱼、雪梨山鸡、清汤鹿筋、煨鳗等，共计近百款。

仿随园宴的特色是突出袁枚的饮食审美观，突出清代官府菜和文士菜的风格，努力做到“一物各献一性，一碗各成一味”、“味要浓厚，不可油腻，味要清鲜，不可淡薄”，能有一些“历史的烟尘”。

石城野蔬十二钗

用南京市郊区12种野生蔬菜（马兰头、豌豆荚、茭儿菜、香椿、芦蒿、苋菜、蕹菜、地耳、菊花脑、茭白、菱角、荠菜）编制的绿色食品特席。其谱单如下：

冷菜：什锦马兰头、盐水豌豆荚、开洋茭儿

菜、豆腐拌香椿。

热菜：芦蒿山鸡脯、苋菜大口蘑、辣椒蕹菜梗、地耳木樨肉、玉板菊花脑、干贝烧茭白、咖喱鲜菱鸭、荠菜鱼馄饨。

此席虽以野蔬作主料，但风味特异，符合当今的菜品流行潮，每席售价不菲，故有“石城十二钗”之誉。

秦淮八绝

南京市风味名点小吃套餐，在夫子庙秦淮河一带集中供应。每套2～3种，均系一些名店的“拳头产品”，其谱单是：

第一绝：夫子庙清真奇芳阁的传统名品“麻油干丝”与“鸭油酥烧饼”。

第二绝：秦淮河永和园茶社的招牌点心“开洋干丝”与“蟹壳黄烧饼”。

第三绝：夫子庙泮池边魁光阁清真茶社的考棚名食“五香蛋”、“五香豆”与“雨花茶”。

第四绝：夫子庙六凤居餐厅的创店名小吃“豆腐脑”与“葱油饼”。

第五绝：清真奇光阁的拳头产品“什锦菜包”与“鸡丝交面”。

第六绝：夫子庙贡院西街清真蒋有锅贴店的回民小食“牛肉锅贴”与“牛肉汤”。

第七绝：秦淮河边中华路瞻园餐馆的特色套点“薄皮小笼包饺”与“熏鱼银丝面”。

第八绝：夫子庙清真莲湖糕团店的节令美食“桂花夹心小元宵”与“五色小糕”。

值得注意的是，“秦淮八绝”中清真小吃就占有5套。它可说明清真菜在南京的深远影响以及回族点心师的特殊贡献。

苏州菊花蟹筵

重阳尝蟹，历来是墨客骚人的一件雅事。苏州文士吃蟹，桌上要供奉菊花，并用菊花瓣泡水净手，这便是“菊花蟹筵”的由来。当地最著名的蟹筵须选用阳澄湖特产的每只重达200克以上的大闸蟹，地址多在名园狮子林中的菊廊。其典型的谱单是：

主菜：透味醉蟹（随上菊花水1盆）。

辅食：香炸蟹球、菊花蟹斗、鸳鸯虾蟹、蜜蟹拥剑、清炒蟹粉、异香蟹卷、仙桃蟹黄、鲃鱼蟹肉、鲃蟹同池、蟹粉清汤、蟹末鱼肚、蟹黄船点、四喜蟹饺、菊花蟹卷。

这一席面至少要用大蟹12公斤，售价高达数千元，系姑苏的传统名席之一。

太湖船宴

无锡市太湖风景区上的旅游筵席，相传始于先秦，历代一脉相承。此宴设在画舫上，主要编排用水鲜原料制作的船菜与船点，突出鱼米之乡风情，“以宴导游，以游辅宴”。

太湖船宴的常见谱单是：四双拼、二小炒、二汤羹、五大菜、四粉点、四面点、四饭菜，共计25道。主要的菜式有：八宝鸭、西瓜鸡、鸡汁排翅、荷叶粉蒸肉、云林鹅、鱼翅蟹粉、镜箱豆腐、冰红菱、素面筋、咸菜百页、桂花烧芋艿、春笋蚕豆、菜花甲鱼、菊花蟹、别味湖鲜、宫灯虾球、干炸银鱼、无锡排骨、莲荷童鸡、百合汤、莲子羹、热炉月饼、象生什锦粉面船点（有数十种花式，如小兔、小鸡、南瓜、白菜之类）。

南通无刺刀鱼全席

刀鱼学名刀鲚，雅称凤尾鱼，属硬骨鱼纲鲱形目鳀科，长约12～35厘米，通体银白，形似尖刀，在江湖中洄游生活，春令时骨刺变软，肉质最佳。南通市擅长调制刀鱼全席，如：

四冷盘：火腿刀鱼、油鸡刀鱼、油爆刀鱼、卤蛋刀鱼。

四热炒：芙蓉刀鱼片、古钱刀鱼、荔枝刀鱼、脆皮刀鱼。

五大菜：肚吞刀鱼、裹烧刀鱼、双边刀鱼、刀鱼豆腐羹、嵌仁鱼圆汤。

二点心：兰花刀鱼饺、梅花鱼烧麦。

一甜品：拔丝夹沙刀鱼。

富春花园茶社宴单

这是1983年6月扬州市烹饪学会为“维扬烹饪艺术诗画活动会”展示的工艺特席：

象形冷盘：逸圃花篮、缠贯骑鹤、蝴蝶穿花、虹桥修禊、文昌魁阁。

围碟：水晶鸭舌、金钱冬菇、龙穿凤翼、紫香虎尾、熏烧素鹅、五香鹌鹑、膏里凤尾、糖醋青椒。

热菜：乌龙哺子、绿扬虾仁、荷叶蒸鸡、金鱼鸽蛋、元鱼瓜盅、清蒸鲥鱼、淮鱼干丝。

甜菜：樱桃雪蛤。

面码：鸡火锅面带盐味青豆、佛手芽姜、葱油银苗、螺丝头菜。

维扬细点：三丁小包、干菜小包、翡翠烧麦、千层油糕、双麻酥饼、冬瓜蒸饺。

扬州红楼宴

依据《红楼梦》研制的情趣筵席，计有：

盖碗枫叶茶（带五香豆腐干、法制紫姜、菱粉糕、内造瓜仁油松瓤月饼）。

大观一品：福寿绵长。带四味碟（野山椒、萝卜头、甜面酱、虾籽油）；四果碟（多味果子、天下一梅、蜜汁橄榄、九制陈皮）；家常四碟（姜米鹅掌、水晶肴蹄、麻辣青笋、上素脆鳝）；二饮料（屠苏酒、合欢花浸酒）。

宁荣大菜：稀嫩野鸡、炒枸杞芽儿、油肉酿茄、建莲红枣汤（带如意糕）、雀窠鹌鹑、雪底芹芽、河蚌斩肉、火腿鲜笋汤（带香粳珠米饭）。

怡红细点：藕粉桂花糖糕、松瓤鹅油卷儿、梅片雪花洋糖、奶油炸什锦小面果子。

水果：朱桔、黄橙、鸡头、槟榔。

宝应慈姑宴

江苏宝应盛产慈姑（泽泻科多年水生草本植物的肥硕地下球茎），当地则以之成席：

四冷盘：麻辣鸳鸯姑、四喜慈彩丁、响脆慈姑片、香味燕尾草（慈姑的别名）。

四炒菜：慈姑翠带虾、茄汁慈姑圆、八宝酿姑盒、高丽慈夹火。

四大件：什锦慈姑粥、太极慈姑泥、仿麒麟鳜鱼、慈姑烧野鸭。

一座汤：富裕团圆汤。

二点心：慈姑香油饼、慈姑小米饭。

这一小筵充分利用乡土原料，物美价廉，售价仅在150元左右，经济实惠。

徐州地羊席

徐州市古称彭城，是膳祖彭铿的故里。这里饮食文化发达，古今名宴甚多，向为食界所称道。其中的地羊席，即全狗大席，相传为汉高祖刘邦的大将、妹夫樊哙所创。全席菜品多达20余道，每道菜中都有狗肉，但每道菜均不带狗字。如它的五大件就分别取名为七宝全、坐地锦、五关通、双门会和四柱顶天。名士王诗徐曾为地羊席赋诗一首："谁言狗肉难登桌？汉帝还乡着意多；不是篱间饶此味，何来慷慨《大风歌》？"现今徐州一带调制的狗肉菜与狗肉大席，仍然冠甲全国。

江浙蚕蛹小席

蚕蛹是昆虫纲鳞翅目家蚕蛾科的蛹，可食的有家蚕蛹、柞蚕蛹和蓖麻蚕蛹。其干体内富含蛋白质、脂肪和维生素 B_2 以及人体所需的18种氨基酸，并能提炼蛹油和激素，制菜风味佳美。

我国的江苏、浙江农村历来植桑养蚕，抽出茧丝后乡民喜爱用新鲜蚕蛹入馔。它的吃法多种多样，大快朵颐。下面是一份农家蚕蛹小席，菜虽然仅有八道，但配置合理：

油炸蚕蛹、酥熏蚕蛹、黄焖蚕蛹、锅煽蚕蛹、清炒蚕蛹、粉蒸蚕蛹、拔丝蚕蛹、汤氽蚕蛹。

西湖十景宴

仿拟西湖胜迹设计的外事筵席，菜单是：

西湖十景大拼。在10个花碟中分别重现苏堤春晓、平湖秋月、花港观鱼、柳浪闻莺、双峰插云、三潭印月、雷锋夕照、南屏晚钟、曲院风荷、断桥残雪的秀姿。

十名菜：西湖醋鱼、东坡肉、龙井虾仁、油焖春笋、叫化童鸡、荷叶粉蒸肉、干炸响铃、蜜汁火方、咸件儿、西湖莼菜汤。

四名点：幸福双、马蹄酥、万莲芳千张包子、嘉兴五芳斋鲜肉粽子。

五茶果：虎跑龙井茶带黄岩蜜桔、镇海金柑、塘栖枇杷、超山梅子。

此宴由楼外楼菜馆推出，在海外游客中评价甚高，称之为"袖珍西湖图"。

杭州仿宋席

根据宋代笔记《梦粱录》和宋代食书《山家清供》的资料仿制，其谱式如下：

第一组：蟹酿橙、莲房鱼包、红熬鸠子、蜜炙鹑子、酒蒸石首、酒蒸鸡、鳖蒸羊、银丝肚、三脆羹、荔枝白腰子。

第二组：水晶脍、炉焙鸡、抹肉笋签、肫掌粉、螃蟹清羹、虾蒸假奶、炙骨头、姜虾米、瓜齑、虾圆子。

该席不仅都是仿宋菜，而且餐室装潢、宴桌陈设、饮食器皿、服务人员着装也都仿拟南宋式样，给人以亦真亦幻之感。

灵隐寺市肆素席

著名的市肆花素筵席之一，在杭州灵隐寺周边一带供应。主要菜式有素鸡、素鸭、素鱼、素牛肉、素火腿、素大肠、龙井素虾仁、干炸素黄雀、象牙雪笋、茄汁鲜藕、樱桃冬菇、植蔬四宝、五香面筋、清炒双菇、油焖笋尖、荷花总盘、冬菇莼菜、雪梨素鱼片、蘑菇炖豆腐、素什锦、罗汉斋等100余品，可以排出200～2000元的多种席面。

灵隐寺素席一法一式，一品一味，以清淡、鲜嫩、香醇、味正、形雅为准则，并且盛器清丽秀洁、古朴精致。

湖州百鱼宴

浙江省西北部的湖州市，紧傍苕溪，濒临太湖，自古就有“鱼国”之称。当地厨师开发出八大类500多种淡水鱼菜，能够排出10大套和数十种款式的鱼席。其中的名品（如千瓜黑鱼片、烩虾肉鲚鱼卷、葱油核桃鱼卷、藏心鱼圆、红烧划水、铁板鱼条、拔丝鱼块、火爆鳝花、锅贴鱼片、火腿鱼丝），在国内外传媒中早见报道，令食界流连。

湖州百鱼宴之美，一是鱼菜阵容壮观，口味兼通南北，有很大的适应性；二是形成了“全鱼席系列”，划分不同的档次，高低贵贱均能应客所需；三是数十年来不断充实发展，频繁推出新菜和新席，可以顺应食品潮流之变化。

温州干贝席

干贝是软体动物门瓣鳃纲动物闭壳肌干制品的泛称，包括干贝（扇贝科栉孔扇贝制）、江珧柱（江珧科栉江珧制）、带子（扇贝科日月贝制）、海蚌柱（蛤蜊科西施舌制）、海蚌筋（砗磲科砗磲属贝制）、面蛤扣（海菊蛤科面蛤制）、车螯肉柱（帘蛤科大帘蛤制）、珠柱肉（珍珠贝科珠母贝制）、蛤丁（帘蛤科杂色蛤仔等制）。温州毗邻的东海是干贝的重要产区，当地擅长调制干贝筵席。其菜式有三丝干贝、桂花干贝、红扒干贝、花酿干贝、瓜球干贝、花鼓干贝、葱扣干贝、双味蟾蜍、清蒸蛏把、干贝烩鲜菇、干贝炖田鸡、干贝冬瓜球、干贝烩葵菜种种，大快朵颐。

海宁七星席

海宁市位于杭州湾北岸、沪杭铁路线上。当地肴馔轻油、轻浆、轻糖，突出原汁本味，具有清新爽脆、淡雅细腻的特色，常以土特产品和时令鲜货展示乡土情韵。

七星席是一种精雅小巧的名席，正菜仅有7道（三丝发菜、燕球、鸡黄肉海参、鱼羹、八宝饭、八宝鸭、金银蹄），再适当佐配冷碟、小炒、面点与茶果，总数多在15～18道之间；也有只用7道正馔宴客的，暗合北斗七星之意，带有佛道神魔的色彩。

七星席虽小，售价不菲，旧时常在宴请贵客时点用，或请名厨来家制作。

兰溪乡宴

富春江畔的兰溪，历来繁华，有“小小兰溪赛苏杭”之说。这里的乡宴多是8菜、10菜或12菜的格式，并有3大特色。其一，席上没有全鸡、全鱼等整形菜，也不上汤，所用的菜式多为素烧鹅、山粉肉圆、馒头夹肉、煎豆腐、烧鱼块、白斩鸡之类，平易朴实。其二，讲究荤素搭配，突出豆制品，并且炸菜少，蒸、煮、煎、焖、炒的方法多，口味清淡。同时酒也用自家酿制的糯米水酒，几坛一抬，尽兴方休。其三，席间必定猜拳，意在愈闹愈发。猜拳的规矩是从首席开始，统堂响应。其开头语是双方互相作揖后高呼“拳福寿、福寿拳”，然后拼搏酒量。席终时，宾客须向主人说上一句“讨彩话”，方可离去。

畲族上十饭

浙江景宁等地畲族家庭为老人置办的寿席。该族从50岁起，无论男女，每逢“十”的生年，即称“上十”（如60、70、80），全村要在新年为其做寿，各户也要请寿星去吃一餐酒饭，这便是“上十饭”或“上十酒”。寿宴中除了鸡鸭鱼肉茶酒瓜果，必须有“白馃”（糍粑），畲族将此称之为“大人生日一白馃、小人生日一双蛋”。

此外，该族正月八日祭祖，也称“上十日”。这一天同姓同祖的男女老幼都要盛装去宗祠祭祀盘瓠，相聚一起吃“太公饭”。这与敬老的上十饭，也有一定的内在联系。

黄山八碗八

黄山市民俗酒筵，因席面多由8盘乡土特产

和八碗徽州传统菜组成而得名：

八盘黄山土特产：

四咸盘：透明似玉的皮蛋，鲜美可口的鸡杂，金黄香脆的花生，乌黑发亮的瓜子。

四甜盘：梅花形的苹果瓣和黄安蜜桔瓣，宝塔形的水晶甘蔗段和白嫩荸荠片。

八碗徽州传统菜：

油豆腐黑木耳冬笋炖鸡、大蒜冬笋炒肉片、菠菜鲜肉圆子、大花脸(红烧肉)、蜜枣白糖煮白木耳、干腐干丝炒肉丝、肉片肚、红烧全鱼。

其特点是：平实、简易。

八公山下豆腐筵

八公山位于安徽淮南市西，是著名的淝西之战的遗址，曾留下八公山上"风声鹤唳、草木皆兵"的典故。又相传淮南王刘安与8位友人在此炼丹，无意中得到豆腐，又被视作"豆腐的故乡"。这里的豆腐洁白如雪，细嫩如脂，质量堪称一流，故而用它制作的乡宴名播海内外。其谱单是：

花拼：寿桃豆腐带四围碟(香椿豆腐、海米豆腐、熏豆腐、咸鸭蛋豆腐)。

大菜：炒桂花豆腐、裹炸豆腐、浮油豆腐、豆腐凤尾三球、雪月银球、拔丝葫芦豆腐、葡萄豆腐、三鲜豆腐盒、清汤白玉饺。

此席现今的售价不过百余元，颇受欢迎。

浔阳鱼席

浔阳是九江市的古称，坐落在长江南岸和庐山脚下。它紧傍鄱阳湖，淡水鱼鲜甚为丰富。其鱼席秀雅充实，颇具神韵，如：

四冷碟：万年青、酥鲫鱼、鱼松堆、盐水虾。

四热炒：煎鱼饼、花棍鱼、卷筒鱼、芙蓉鱼。

六大菜：金钱鱼肚、绣球鳜鱼、网油青鱼、冰糖鱼脆、明月鳡鱼、红酥荷包红鲤。

一座汤：双色鱼圆。

其间的替补菜式还有督府鱼片、白椒熊鱼头、银鱼藕丝、米粉鱼、蝴蝶鱼饺、小炒鱼、大烧甲鱼、红烧青鱼肚档、双鱼过江等等，浓而醇香，油而腴润，辣而畅神。

庐山石鸡小席

石鸡与石鱼、石耳并称"庐山三石"，是享誉海内的著名特产。石鸡即棘胸蛙，又称石蛙、石鳞、石蹦、蛔冻或棒棒鸡，属于两栖纲无尾目蛙科。其肉质细嫩洁白、鲜美爽口，历来被视作上乘野味。庐山一带长期食用石鸡，形成了一套完整的制菜方法，并可调理出相当精美的小席，如：

香炸石鸡腿、云雾熏石鸡、白果炒石鸡、花菇烧石鸡、红蒸石鸡脯、三杯醉石鸡、鹌蛋酿石鸡、五元烩石鸡、大烤石鸡串、三石(石鸡、石鱼、石耳)喜相逢。

此席深受中外游客青睐，常常供不应求。

萍乡煤矿四平八稳席

此处的"四平"指四双拼盘(香肠拼火温皮蛋、猪舌拼香糟鹅肉、猪肝拼酱卤顺风、腰子拼酸辣猪心)；"八稳"指八大热碗(海参、全鸡、鱿鱼、蹄花、鱼肚、冰糖莲子、红白肚尖、全鱼)。

旧社会里萍乡煤矿生产事故较多，工人下井提心吊胆，家属也惴惴不安。于是他们经常求神拜佛，企望山神土地保佑。在这种心理支配下，他们处处趋吉避凶，就连亲朋聚饮，也想有个好的彩头。当地餐馆针对矿工的安全愿望，将传统的"四盘八碗席"加以充实改进，便演化出这一带有历史陈迹的喜庆席面。

赣州霉香菜席

江西省赣州等地近年创制的新型乡味便席。其特点是从当地特产的霉豆子(大豆泡煮发酵后晒干制成)中取汁，调制各式菜肴，成菜后滋味鲜美，异香扑鼻，生津开胃，化腻消食。现今该地已成功地研制出"霉香菜式"数十种，从中加以筛选组编，即成霉香菜席。如：

八品霉香小席：

霉香兔片、霉香猪手(蹄)、霉香乳狗、霉香鲋鱼、霉香果子狸、霉香百花豆腐、霉香皇鸽、霉香一品羹。

华中全藕席

藕生食甜脆，熟食粉糯，可以加工成不同的形态，运用多种技法制出百余道菜式。湖北、湖南等省是我国主要的产藕区，有众多的乡土风味藕席传世，例如：

花拼：金鱼闹莲。

围盘：五仁藕夹、三味藕丁、一品藕虾、冰镇藕花。

热炒:牛肉藕排、桔瓣藕饼、脆熘藕蟹、元宝藕圆。

大菜:藕会八珍、藕酿鳜鱼、莲藕蛋饺、藕蒸排骨、海米蟹丸、蜜汁莲藕。

汤品:蹄膀炖藕。

点心:水晶藕冻、莲蓉酥皮。

十字开花见彩席

湖北喜庆酒筵,六小件和四大菜全用吉言喜语命名,连成从一到十的美词,象征着国泰民安、风调雨顺、家和人兴、福禄寿喜俱全,寄寓着老百姓们的良好企盼:

一龙盘柱——清蒸鳝龙,喻中华腾飞;

二凤朝阳——黄焖鸡块,喻荆楚崛起;

三元夺魁——三鲜奎圆,喻三科高中;

四喜满堂——四喜肘子,喻四时平安;

五肚生辉——凉拌肚丝,喻五谷丰登;

六合有余——脆皮全鱼,喻六畜兴旺;

七星高照——七彩香肝,喻贵人引路;

八宝献佛——八宝甜饭,喻神祖保佑;

九九花红——粉蒸五花,喻福寿双全;

十全大发——十补藕汤,喻财宝盈门。

老大兴鮰鱼全席

武汉市老大兴园是一座有160多年历史的鮰鱼专营店,涌现过三代"鮰鱼大王",以调制精美的鮰鱼全席而享誉华夏。其席谱甚多,如:

四热炒:芙蓉鮰鱼片、三丝鮰鱼袍、豌豆鮰鱼茸、茄汁鮰鱼丁。

七大菜:印花鮰鱼肚、虾籽鮰鱼羹、三菇鮰鱼丝、粉蒸鮰鱼段、八宝鮰鱼方、金钩鮰鱼唇、灯笼鮰鱼球。

一咸汤:奶汁氽鮰鱼。

二点心:庆有余香糕、翡翠鱼茸饺。

鮠鱼学名长吻鮠,土称江团、肥沱或肥王鱼,属硬骨鱼纲鲤形目鲇亚目鮠科鮠属。其肉多刺少,脂肪肥厚,自古就是鱼中上品,历代文人为它留下不少赞美诗文。

黄州东坡筵

北宋文豪苏轼曾在湖北黄州谪居4年,留下了许多饮食掌故和名馔,当地加以挖掘整理,编出《东坡三十二味》特筵,席单如下:

冷盘:东坡赤壁(造型)。

围碟:东坡卤牛肉、东坡煮猪头、东坡炝笋、东坡蒸拌元修菜。

饮料:东坡蜜酒、东坡压茅柴酒。

小炒:东坡炒三脆、东坡爆墨鱼、东坡炸野鸡、东坡煎春鸠、东坡炙鲫鱼。

点心:东坡饼、东坡玉糁羹。

大菜:东坡烹河豚、东坡红烧肉、东坡氽鮰鱼、东坡焖狗肉、东坡蒸鳊鱼、东坡煨羊腿、东坡扒鲍鱼。

座汤:东坡炖火腿。

甜品:东坡蜜汁糯米藕。

饭粥:东坡二红饭、东坡小豆粥。

饭菜:东坡腌藠头、东坡烧豆腐。

蜜果:东坡马蹄、东坡银杏。

香茗:东坡桃花茶。

上述菜品在东坡诗文或相关的笔记小品中均有记述或涉及,其中一半以上的菜都有传说故事,是研究"东坡菜"的重要资料。

麻城三道面饭

见于湖北麻城市,菜式共计25道,格式破除常规。它不是按凉菜——大菜——面点的通例编排,而是由3道面饭(烧麦、烫面饺、发糕)带领围盘与大菜,分作3组依次推出。而且每吃完一组食品(8～9道),就离席休息片刻,服务人员送上热毛巾和茶水,三五聚谈,然后重新入席,开怀畅饮,如是者三。其中借鉴了满汉全席的某些礼仪,程序别开生面。

麻城三道面饭的席单如下:

第一道面饭:烧麦。

四围盘:糖醋猪肝、蜜烩腰花、扒细山药、冰糖莲子汤。

三大菜:银鱼小烧(或蛋丝洋菜)、鲜鱼海参肉糕、鱿鱼细小炒。

(撤台、小憩。)

第二道面饭:烫面饺。

四围盘:煨卤口条、酸辣顺风、香肠花片、蘑菇鲜蛋汤。

三大菜:清蒸蓑衣肉丸、清炖整鸡(或清炖蹄膀)、红烧羊肉(或清蒸米粉肉)。

(撤台、小憩。)

第三道面饭:发糕。

四围盘：凉拌细肚、糖醋肥肠、烧烤肉片、雪花银耳汤。

四大菜：烧全鱼、莱花网油卷、大包心鱼圆、油炸扣肉。

（共饮开心酒，散席。）

咸宁四分八吃席

湖北咸宁一带民间纳福散喜筵席。当地婚寿吉庆，主家习惯于采用送料加工的形式委托酒楼置办12道（四分菜、八吃菜）的便筵。此席8人一桌，各带盛食餐具。开宴后先上四分菜，通常是麦酱宝塔肉、油炸三鲜圆、干烧酱鸭块、糖醋瓦块鱼。都是用正料制成，每盘32大块；客人从每盘中各取4块置于自带的食具中，带回家去由老小分享，意谓“散喜纳福”。接着上八吃菜，如干菜红烧肉、什锦杂合菜、脆炸小鲫鱼、烧烩猪肚肠、猪血烧豆腐、干笋炒肉丝、排骨煨莲藕、猪肠炖萝卜之类。都是用次料制成，赴宴者当场享用，饮上几杯水酒，名曰“香辣现吃”。这种“请一人，吃全家”的筵宴形式，流行了几百年，主客皆大欢喜。

荆州裙边席

裙边是鳖（又名甲鱼、团鱼、水鱼或元鱼）背甲四周富含胶原蛋白的软组织，肥糯、油润、鲜美、甘口。早在北宋，荆州就有“新粟米炊鱼籽饭、嫩冬瓜煮鳖裙羹”的名食传世，明清时期裙边又列入“八珍”之林；至今荆州裙边席仍是无上上品，向为食家所称道，其席谱是：

六冷碟：白切鸡、鱼皮卷、红鱼丝、双黄蛋、素火腿、炝芹菜。

四热炒：清炒鱼丝、鲜茄鱼丁、芝麻鱼排、双黄鱼片。

五鱼菜：冬瓜鳖裙大羹、油焖山海樊鳊、梳子盛昌鳜鱼、粉蒸龙舟青鱼、香煎荷包鲫鱼。

三配菜：三姑守节、拔丝鱼条、奶汤鮰鱼。

二点心：江陵油登、散烩八宝。

洪湖野鸭席

野鸭是一种迁徙性的候鸟，春夏在北方繁殖，秋冬到南方栖息。湖北省洪湖市有千亩以上的大湖22个，每年常有众多的赤麻鸭、翘鼻鸭、针尾鸭、绿翅鸭、斑嘴鸭、赤膀鸭、毛眉鸭、琵琶鸭、秋沙鸭等来此越冬，其中尤以青头鸭与八搭鸭的肉质最佳。当地厨师精于烧烹野鸭，常用香美的野鸭全席迎待宾客，如：

菊花鸭心、蒜拌鸭脯、怪味鸭丝、五香鸭肫；荷包野鸭圆、青豆鸭丁、纸包野鸭脯、琵琶鸭腿、银球鸭块、焦熘野鸭片、水晶冻鸭（夏天用）、野鸭火锅（冬天用）；鸭肉大包、花酿鸭掌汤（共计13品）。

巴东全菱席

菱又名芰或水栗，有南湖菱、馄饨菱、元宝红、蝙蝠红、雁来红、畅角青、大弯菱、凸肚菱等优良品种，湖北的巴东等地是其主要产区之一。个大质脆、糖多水足的两角家菱，除了生食和制粉，还可以调制济楚的全菱席：

花摆：红菱青萍。

素碟：盐水菱片、椒麻菱丁、蜜汁菱丝、酸辣菱角。

荤炒：虾仁红菱、鸭掌菱花、里脊菱茸、财鱼菱片。

大菜：鱼肚菱粥、酥炸菱夹、鸡茸菱片、肉蒸菱角、拔丝菱段、红烧菱鸭、菱膀炖盆。

点心：菱花酥饼、莲米菱羹。

茶食：菱荷香茗。

三蒸九扣席

江汉平原村镇岁时佳节、红白喜庆、建造新屋时的酬宾筵席。全席仅有12道菜——拌三丝、全家福、清蒸鱼、香酥鸭、八宝饭、粉蒸鸡、烧羊肉、珍珠圆、炒千张、红扣肘、蒸菱角和鱼圆汤；不带冷碟、热炒、饭菜、点心与茶果，结构单纯凝练。它以蒸、扣两种菜式为主（共计7道），适当配用炒菜、烧菜、烩菜与煮菜，风味鲜明。它的炊具主要是大锅、大笼，菜肴预制好后码碗置入笼中保温，随用随取，简便快易，与成都的《田席》有相似之处。席名中的“三”与“九”是极言其多的意思；明清两代也曾有过实实在在的“三蒸碗”、“九扣碗”的席面，风味更为纯净。

荆楚农家十圆席

江汉平原农家的团年酒宴。它选用10种荤素原料，排剁成茸，运用炸、蒸、煎、烩、烧、氽等不同技法，做成10道味型与色泽各别的“圆子菜”，组合成席，表达“十全十美、事事圆满”的寓意。其席单是：

1.酥炸红苕圆；　2.软煎小虾圆；
3.椒盐莲藕圆；　4.红油笋丁圆；
5.黄焖大肉圆；　6.红烧面筋圆；
7.焦熘萝卜圆；　8.清蒸糯米圆；
9.什锦豆腐圆；　10.火锅小鱼圆。

以上菜式中如因物料缺乏不能制作时，还可用香菇圆、荠菜圆、元宝鸡蛋、什锦元宵、金包银圆、银包金圆、蒸白圆、牛肉圆子等替补。

武当山混元大席

武当山是道教全真派的发源地，饮食上禁忌荤腥，习以天地之气的"混元"给斋菜命名，素席的造诣很深，在海内外享有盛誉：

主菜：混元大菜(类似佛门中的罗汉斋)。

十八热件：三仙猴头、百花香菇、箭笋干丝、芝麻山药、金钱藕夹、茶叶春卷、魔芋豆腐、萝卜圆子、松菌面筋、鲜蘑豆瓣、盐煎苦瓜、碟酿银耳、八宝茄盒、清炒紫菱、软掩桑椹、蚕豆莴苣、红绿鹦哥、金银豆芽。

双汤：银杏桂花羹、首乌人参汤。

八斋点：佛手包、长生果、雪花糕、莲茸饼、西瓜酪、琼脂冻、百家饭、五味粥。

四山果：宜昌脐橙、十堰猕猴、河口福桔、老营刺梨。

双茶：苦丁茶、天柱茶。

土家族咂酒会

湖北长阳、五峰等地土家族的节日盛筵，因以香醇的咂酒宴客、且仪典隆重而著称。对此，清代长阳土家族诗人彭淦有诗纪其事："蛮酒酿成扑鼻香，竹竿一吸胜壶觞，过桥猪肉莲花碗，大妇开坛劝客尝。"其中的"蛮酒"指糯米酒；"竹竿"即吸管，用一米长的通节细竹制成；"过桥猪肉"是小米粉蒸熏腊猪肉，块片长大，超出碗沿；"莲花碗"指一号青花瓷粗碗；"大妇"即主妇，负责开坛，她须运足长气猛吸一口，然后取半碗开水徐徐补入坛中，正好不歉不溢，酒满坛口，然后按长幼尊卑顺序依次"轮咂"，边饮边补清水，也要不歉不溢。吃饱喝足之后，"蛮歌俚曲，欢然而散"。

组庵特席

"组庵"是晚清进士、湖南督军、南京国民政府主席、行政院长谭延闿先生的字。谭先生同时又是一位美食家，特聘湘菜名师曹敬臣主理厨务。在他们多年合作下，研制出享誉三湘四水的"组庵特菜"和"组庵特席"。下面便是20年代谭延闿宴请宾客时的"乳猪鱼翅席"菜单：

四冷碟：云威火腿、油酥银杏、软酥鲫鱼、口蘑素丝。

四热碟：糖心鲍脯、番茄虾仁、金钱鸡饼、鸡油冬菇。

八大菜：组庵鱼翅、羔汤鹿筋、麻仁鸽蛋、鸭淋粉松、清蒸鲫鱼、组庵豆腐、冰糖山药、鸡片芥兰汤。

席面菜：叉烧乳猪(随上双麻饼、荷叶夹)。

四随菜：辣椒金钩肉丁、烧菜心、醋熘红菜苔、虾仁蒸蛋。

席中点心：鸳鸯酥盒。

席尾水果：安江香柚、黔阳冰糖橙、洞庭枇杷、零陵杨梅。

组庵特席之精美表现在4个方面：(1)用料珍贵，多为熊掌、鹿筋、燕窝、鱼翅、鱼唇、紫鲍、乳猪、鸽蛋、火腿、鲫鱼、虾仁、湖蟹之类。(2)讲究长时间的煒炖，不少菜常需4～6个小时方能制成。(3)习用清鸡汤提味，许多著名的炖菜中途都要换几次汤。(4)席面堂皇富丽，有一股官府大宴的庄重气质。

巴陵全鱼席

巴陵是岳阳市的古称，位于洞庭湖畔。这里的淡水鱼鲜之多、之好、之便宜，全国知名，故而"无鱼不成席"已成为巴陵的燕饮传统，历代均有精美的全鱼席推出。

巴陵全鱼席的正规席面多是一花碟、四双拼、四炒菜、八大菜、一座汤、四点心和四随菜，"无往而不见鱼者也"；便席多排菜8～12道，也是"无鱼不登盘"。其用料广泛，有鮰鱼、鳜鱼、银鱼、鳊鱼、鳢鱼、鲫鱼、青鱼、甲鱼、鳝鱼、龟蟹等20余种，兼及菱、藕、荷、笋、菇、茶之类；口味以熏腊、咸辣、酸香为主，注重造型，盛器多为醴陵精瓷和竹筒，流露出三湘四水的灵气，体现了湘菜中滨湖流派的独特气质。

常德熏腊蒸煨全席

以烟熏、风腊、清蒸、红煨等洞庭湖区菜式组

成的民间高档筵席,其菜单是:

彩拼:德山经幢(造型)。

围碟:熏腊肚片、金银炙肝、酸辣藠子、焦麻炸肫、盐焗牛肉、蒜仁红椒、葱烤斑鸠、冬菇荸荠。

热炒:芹菜腊肠、熏肉冬笋、嫩姜鸭条、辣子鸡丁。

大菜:腊味合蒸、笔筒鱿鱼、虾仁参丁、红煨腊羊、腊肝菜菇、红烧地羊。

汤品:口蘑泡肚。

点心:二咸(鸳鸯酥盒、珍珠油饼)、二甜(双喜米糕、芙蓉糍粑)。

果盘:菱角、莲藕、杨梅、湘桔。

茶食:黄豆芝麻姜盐茶各盏。

侗家挑花筵

湘、黔、桂毗邻的渠水河侗乡的婚庆酒席,因为8道正菜都用红纸花盖住,必须歌手用歌词"挑"开方能享用而得名。

是日,厨师飞刀做菜,姑娘巧手剪花,新人手托红漆茶盘给亲友敬茶,亲友以歌酬答,此曰"吃新人茶"。然后,挑花筵揭幕。先由一名俊俏后生手捧"书子"(请帖),依次恭请亲友入席。先请送亲的首席代表——"皇客",恭施一礼,亮嗓唱道:"一封书子四四方,搁在茶盘正中央;今日满园百花开,先请牡丹花中王。"再请新娘大舅:"一封书子闪红光,敬请舅公坐中堂;今日得吃鸳鸯酒,舅公恩德比天长。"就这样尊卑长幼一一请完,客人鱼贯进入堂屋。

堂屋门口,早有一位练达的老者迎候,此为"掌席公"。他是全寨德高望重、熟谙礼仪且又能讲擅唱的高手,客人该坐哪一席、哪一个位子,统统由他唱歌调排。皇客和大舅等贵宾在"上八位"落坐后,其他人也各得其所。由于侗家有"以歌敬酒"的风俗,所以每席安排一名歌手代替主人侍宴。按规定,每唱一支歌,歌手仅喝1/3杯,而被敬者须喝光。故歌手也常是酒中豪客,若他能灌醉几个客人,不仅自己荣耀,主人家也倍增光彩。

接着鼓乐齐鸣,4道下酒凉菜上席。掌席公玉杯高擎,代表主人致词:"佳偶玉成,搭赖亲朋,淡酒一杯,略表寸心。请——"于是众人同干。掌席公又给皇客、大舅、媒人等一一敬酒,喜歌吉言满堂回绕。酒兴正浓之际,传来一声吆喝:"价嘛(侗语:上菜)!"只见厨师在前,帮忙者跟后,每桌托上8碗盖着红纸花的荤菜,这叫"八喜八发,万事通达",掀起婚宴高潮。这时皇客须代表大家起立唱《谢厨歌》:"巧手办出十样锦,艺高算得第一名,吃在口里生百味,多谢厨师一片心。"厨师与皇客对饮3杯后,也要唱歌回敬:"我的手艺实在差,做出菜来像团麻,咸的咸来淡的淡,酸的酸来辣的辣。主人替我来遮丑,剪朵红花碗上插。我笨手笨脚不会取,敬请皇客揭开它。"

这既是谦虚,又是挑战。因为侗家盖有纸花的菜是不可以随便动筷子的,必须用歌词"挑"开方能吃。好在皇客也是女方百里挑一的歌才,从容应对:"一朵牡丹红鲜鲜,主人盖在碗中间,我用筷子挑开去,一挑挑到神龛前。拿个花瓶来养起,发富发贵开百年。"接着供好鲜花,洒酒祭奠,退回席上招呼大家快吃扣肉。一盘吃光,皇客又唱:"这朵好花我再揭,揭开莲花美味鲜;满桌好菜慢慢尝,八洞神仙(指每席坐的8位客人)听油盐(品尝之意)。"这样又挑开一碗,满堂喝彩。

在连续"挑"菜的过程中,掌席公与侍宴的歌手都要有意"作梗",出些难题,皇客边应战边反诘,双方通过赛歌斗智,极力烘托喜庆气氛。唱到动人之处,主客相和,甚至鸣炮放鞭助兴,热闹异常。

挑花筵往往要从早吃到晚,兴致不尽不散席。所以,"以歌侑酒添豪兴,家家扶得醉人归",在金秋八月的侗寨是随处可见的风俗画面。

厦门生意兴隆席

厦门一带用吉庆菜名组合而成的商务筵席。它有两种谱式:一种是菜名全系吉语,不加任何注解,上一道菜就是一句恭喜发财的美词,席面甚为火爆,不懂烹调者不知吃的是什么东西,但在心理上已得到最大的满足。如:

1.文武皆进爵; 2.华筵祝春厘;
3.恭迎春展翅; 4.喜气鸾凤鸣;
5.发财大好市; 6.财源滚滚来;
7.万众笑哈哈; 8.事事得应手;
9.胜算掌上握; 10.意语显吉祥。

另一种是先用吉语,后加注解,指明是何种菜肴,菜单上文字相对较多,能使食客心中有数,它既能欢悦情绪,又能说明宴况,更受市场欢迎。如:

1.金珠满华堂(鸿运乳猪大拼盘);

2.发财大好市(发菜大蚝豉);

3.富贵金银盏(烧云腿拼三花象拔蚌);

4.凤凰大展翅(红烧鸡丝大生翅);

5.生财抱有余(福禄蚝皇鲜鲍片);

6.捷足占鳌头(清蒸海青斑);

7.彩雁报佳音(原盅枸杞炖蚬鸭);

8.红袍罩丹凤(梅子香蜜烧鸡);

9.生意庆兴隆(生炒五色糯米饭);

10.随心可所欲(上汤煎粉果);

11.鸿运连翩至(汤团红豆沙);

12.双喜又临门(甜咸双美点)。

泉州牡蛎特席

牡蛎又叫蚵、蚝、蛎黄或海蛎子,系软体动物门瓣鳃纲牡蛎科属动物的总称。其肉质细嫩,营养丰富,有"海底牛奶"之誉。早在新石器时代,先民就已采食牡蛎;降及明清,它已成为海鲜品中的主角。泉州一带是牡蛎的重要产区,多用鲜蛎、蛎干(即蚝豉)和蚝油(牡蛎汤的浓缩物)制菜,并可编出精致小巧的牡蛎特席:

冷盘:芥末活牡蛎。

热菜:炸蛎黄、炒蛎干、金银蛎、芙蓉蛎、一品桂蠘抱蛎、烤蛎子、煀蛎子。

羹汤:蛎羹、清氽牡蛎。

点心:蚵仔炸、蚵仔煎。

南普陀寺素席

福建厦门的南普陀寺,是个号称"十万香客"的海滨佛国。这里的素席师承百家,又有独特的个性。(1)不动荤腥,不掺假,彻底摒除"意杀"之念,始终坚持素质、素形、素名,保持桑门斋食的纯真。(2)选料精严,刀功细腻,造型取法大自然,在摹拟花卉草木、山水涧石、亭台楼阁方面重视神似,有着较为浓郁的画意诗情。同时工艺质朴无华,调味与火候都甚讲究。(3)肴馔命名注重文采,四字一组,雅致隽永,如南海金莲、菇园小竹、雪映银浪、白璧青云、香泥藏珠、彩丝金钮之类。郭沫若曾为之题诗道:"我自舟山来,普陀又普陀。天然林壑好,深憾题名多。半月沉江底(指素菜当归面筋汤),千峰入眼窝。三杯通大道,五老意如何?"

闽西八大干

福建西部山区8种特产的干货原料(永定县的菜干、永安市的笋干、上杭县的萝卜干、连城县的地瓜干、长汀县的豆腐干、明溪县的肉脯干、武平县的猪胆干、宁化县的老鼠干)调制而成的小型乡土酒席。

上述原料均有较多的营养物质和独特风味,以之入馔,大快朵颐。像连城地瓜干红心薄皮,金黄香甜,不仅可以作蜜饯与点心,还能切块拖糊油炸,淋冰糖屑作为甜菜,每年大宗出口;而宁化老鼠干系用田鼠、山鼠蒸煮后腌渍风熏而成,价同火腿,将它与猪肉、冬笋、大蒜同烹,常用来款待海外返乡的贵客。

台北小满汉席

此席出现在80年代,仅有11道粤菜,其售价相当于一辆台湾生产的高级小轿车:

大红片皮乳猪全体。

玻璃明虾玉球(用100克以上的对虾制)。

生猛响螺片(每500克螺肉仅取精华30克)。

原炖克鸡大排翅(用鱼翅王"天九翅"制)。

豉油皇乳鸽(用纯种大王鸽制)。

蒜子珧柱脯。

红烧双冬水鱼(用2000克以上的水鱼制)。

蚝汁双头大网鲍片(用250克的海王鲍制)。

清蒸游水双立鱼或老鼠斑(极为珍贵)。

冰花炖金蟾舌(用癞蛤蟆之舌肉制)。

太极鸳鸯饭(火腿、明虾、蟹油、鸡蛋等配料烤制)。

台湾茶肴

台湾饮茶之风很盛,各种茶艺馆遍及城乡。当地不仅喜爱品茶,讲究茶道,而且还善于将茶叶配加各种食料及味料,制成许多可口的肴馔宴请宾客。下面是8道茶肴组成的雅席:

(1)东方美人酒(白毫鹈茶、碎冰糖与金门高粱酒调制)。(2)铁观音炖鸭(铁观音茶配黑枣、栗子与冰糖)。(3)香茶沙拉(文山包种茶、鲔鱼和土豆制)。(4)冻顶豆腐(配加冻顶茶、肉末及香菇)。(5)坪林红鲷(配加熏香片、火腿与红辣椒)。(6)碧螺春碧莎饼(碧螺春茶配鲜肉、香肠和虾仁)。(7)祁门鸡丁(配祁门红茶及青红椒)。(8)茶元宝(坪林茶、猪肉馅、白菜、面粉、饺子皮制)。

此席还有一股亦中亦洋的情味。

组编大陆乡味宴

台湾近年出现的火爆筵席,即从大陆各省的名肴中挑选若干精品按照传统宴单组合而成。它表现出台胞的思乡念祖情愫以及多元化的饮食新潮流。其席单之一是:

四冷盘:昆明椒麻鸡块、沈阳肉丝拉皮、南京盐水炝虾、福州酱汁青蛤。

二热炒:成都宫保鸡丁、广州茄汁眩胱。

四大菜:天津大烩海参、济南燕窝奶羹、北京松鼠黄鱼、潮州蒜子瑶柱。

二咸点:荆沙珍珠圆子、大理锅贴乌鱼。

二甜品:长沙冰糖莲子、开封拔丝山药。

四小菜:重庆泡菜、延边辣萝卜干、凤阳拌豆腐、长治腌黄豆。

二饭粥:汉中黑米饭、海南椰奶粥。

高山族围炉

台湾高山族新年宴俗。除夕守岁时,家家要在聚餐的大圆桌上放置一个火炉,上面架起火锅,四周撒放钱币多枚。然后全家老小围坐,品尝水酒与佳肴,以图来年吉庆祥和。围炉宴的每道菜都有讲究,注重“彩头”。如鱼丸、肉丸、虾丸、豆腐丸等,象征团圆;长茎蔬菜不切断,连根煮食,象征长寿;萝卜叫“彩头”,意谓好运将至;吃鸡叫“发家”,意谓家业兴旺;吃蚶表示发财发福;油炸食品表示人丁兴盛。凡参加围炉者,每样菜都得下筷,并要喝酒。如果家中有人外出未归,则空出一个席位,放上他的衣物,还摆好碗筷倒上酒,表示思念。散席后,桌上钱币分给小孩“压岁”。

欢送英国女王盛宴

1986 年 10 月英国女王伊丽莎白二世访华后途经广州回国,广东省府在白天鹅宾馆用岭南传统的“九大簋”盛宴为之送行,宴单为:

月映仙兔(以绿茵白兔饺为主的四式美点拼成吉祥图案)。

双龙戏珍珠(大龙虾和大明虾拼成双龙);

乳燕入竹枝(燕窝、竹笋等拼成竹林);

凤凰八宝鼎(鲍鱼和珧柱制,寓意为有凤来仪);

金皮化乳猪(即金龙脆皮乳猪);

锦绣石斑鱼(一鱼两吃);

清香荷叶饭(小笼精制);

淋杏万寿果(南杏和木瓜加冰糖清炖);

一帆风顺(哈密瓜造型,内置冰冻果粒)。

岭南蛇宴

又名龙宴,系以万蛇、金蛇、灰鼠蛇、三锦索蛇和乌梢蛇等的肉、皮、肝作主料,配加鸡鸭鱼肉、山珍海错以及蔬果药材,调制出多种蛇馔,组合成席,在广东、广西、海南、香港一带很受欢迎。广州与南宁都有不少蛇餐馆,秋令经常是宾客盈门。

下面是一份蛇宴的菜单:

菊花龙虎会、红烧南蛇脯、京葱爆蛇丁、什锦五蛇羹、五彩蛇丝(带荷叶饼)、凤肝蛇片、百花蛇脯、酿蛇蛋(带蛇粒花卷)、酥炸蛇卷、焦熘蛇段、清炖蛇块、龙凤呈祥、龙戏珠、三蛇球、蛇丝伊锅面、红茶各盏(带蛇茸酥)(共计 19 品)。

花城花市花筵

广州市近年开发的迎春花卉全席,多在除夕供应,接待逛花会的游人。它共计 17 道佳肴,每道配用一种花卉,并以花卉命名,给人以暖融融的春意,与花城花市花节斗彩争妍:

迎宾:长寿菊花茶。

亮筵:花篮大拼盘。

热荤:花香衬马蹄、花好人儿圆。

主菜:菊花鲈鱼羹、桂花麒麟鸡、牡丹鸳鸯鸽、红棉嘉积鸭、橙花锅肉蟹、椒花蟠龙鳝。

点心:咸式(春花吐艳、百花齐放)、甜式(新年花蛋糕、迎春玉兰酥)。

饭果:香粮八宝饭、玫瑰珍珠露、岭南佳果盆。

潮州八景宴

依据乾隆年间进士郑兰枝的《潮州八景诗》仿拟而成的观光风物特席,分 3 大部分,共 20 道肴馔,其谱单于后:

冷盘:凤凰喜来仪主盘带五荤三素八小围碟。

八大菜:鳄水鸿运裙(仿“鳄渡秋风”景),韩祠过门香(仿“韩祠橡木”景),松山鹧鸪王(仿“金山古松”景),锦凤山海会(仿“凤凰时雨”景),北阁日月盏(仿“北阁佛灯”景),湘桥聚八仙(仿“湘桥春涨”景),龙轫玉笋塔(仿“龙秋宝塔”景),西湖沉金钩(仿“西湖渔筏”景)。

风味小食:择时按需选配 3 道。

三水百雀宴

广东省三水县以当地特产禾花雀作主料制成的单料野味全席;因每桌需要百只肥雀配菜而得名。该席使用了炆、烧、焗、炸、煎、酿、炖、煀等烹调方法,菜式有百鸟戏金凤、姜汁蒸花雀、柠汁花雀脯、焗酿禾花雀、酥炸黄胸鹀、柱侯禾花雀、泰酱串烧禾花雀和越式香茅串烧禾花雀等,将岭南风味与东南亚风味相融合,独树一帜。

禾花雀又名寒雀、黄胆或黄胸鹀,属鸟纲雀形目雀科。它们在东北或新疆繁殖,秋季南迁越冬,三水附近的羚羊峡一带是其主要栖息区。因其啄食谷物,农民多用网捕,每网常是数百只。禾花雀骨松脆,肉细嫩,佐酒下饭均佳,粤人甚为喜爱。

东莞荔枝宴

荔枝自古就是南国佳果,我国现有糯米滋、桂味、妃子笑、香荔等 100 多个品种。除鲜食外,它还能制成米荔炖肉鸡、荔荷炖大鸭、荔汁熏香鱼、荔枝煎肉脯等数十道名肴,东莞一带的酒楼更善于将它们调排成风味特席:

二热荤:香荔滑鸡球,荔簪田鸡腿。

七大菜:珧柱鲜荔羹、荔枝焗乳鸽、荔肉煎鹅脯、荔荷炖大鸭、荔枝煎封鲳鱼、五彩炒荔枝、荔椰西瓜盅。

这桌珍果筵填补了我国全席中的一个空白,在东南亚侨裔中的评价也较高。

驻颜十二花

用 12 种花卉调制的药膳小席,见于深圳。主要功能是艳容驻颜,延缓衰老,颇有雅韵:

1. 玉兰花——香脆玉兰片;
2. 兰花——兰花肚丝;
3. 白菊花——杞菊虾仁;
4. 腊梅花——清蒸梅花鲑鱼;
5. 芙蓉花——雪霞豆腐羹;
6. 夜来香花——笋衣夜藏香;
7. 樱花——樱花冬瓜盅;
8. 桂花——蜜汁桂花莲子;
9. 玫瑰花——玫瑰草菇;
10. 南瓜花——里脊酿花球;
11. 栀子花——端木煎;
12. 茉莉花——茉莉双冬鸡片汤。

观音送子席

为男性不育症患者设计的药膳谱,见于珠海。旨在温肾壮阳、填精益髓。其菜单仅有数款,但配方讲究,调制极精。下看 4 例:

例一,仙茅酒(干仙茅泡制)、虫草童子鸡、韭菜炒鲜虾、核桃枸杞粥。

例二,蛤蚧酒(大蛤蚧泡制)、软煎猪肾球、三味羊肉羹、麻雀松籽粥。

例三,龟胶酒(龟胶板泡制)、枸杞炖牛鞭、杜仲炒腰花、莲子银杏粥。

例四,鹿血酒(鲜鹿血兑制)、五子争投胎(胎盘和复盆子、菟丝子、枸杞子、车前子、五味子制)、五花肉烧甲鱼、羊肾萝卜粥。

打边炉

广东冬令火锅筵席,因系姓边的厨师所创而得名,已有数百年历史。其食法,略如北京之生火锅,但又有自身特色。一是汤底多样,除清水汤底外,还有上汤汤底、沙嗲汤底、豉汁汤底、咖喱汤底、酸甜汤底、鱼骨汤底、蛇骨汤底、炊汤汤底等。二是涮料五花八门,有海鲜边炉、四季边炉、观鱼边炉、自助边炉、七彩蛇边炉、潮汕风味边炉、鸳鸯边炉、罗汉斋边炉、滑鸡边炉种种,飞潜动植皆可利用。三是档次悬殊。既有三五知己休闲的低、中档,又有接待豪绅大贾的高、特档,每次消费可达数千元,这在内地十分罕见。

西沙珊瑚岛蟹席

驻守西沙群岛珊瑚岛海防部队创制的军营野宴,用以接待游客、记者、作家、首长、新兵和退伍老兵,相当便易。一旦决定举办蟹宴,连长哨子一吹,在营房休息的官兵便提上水桶、网袋,来到退潮后的礁盘上,翻的翻,掏的掏,不到 1 小时就满载而归。接过活蟹,炊事班以及自愿前来帮厨的战士就忙乎开了,这个洗,那个剁,铁锅油花直冒,蒸笼热气沸腾,大约 45 分钟,各色各样使人馋涎欲滴的蟹菜——清拌蟹仔、糖醋蟹丝、鲜蘸蟹鳌、金桂蟹黄、炸蟹、炖蟹、炒蟹、蒸蟹等等，便在椰林中一溜排开。官兵和客人们一道，面对夕阳，迎着海风，大口吃蟹，大碗喝酒，弹奏出军营生活的乐章。

广西全席

从桂菜4大流派(桂北风味、桂东南风味、滨海风味、民族风味)中精选菜式组合而成的特殊筵席。全席共计菜肴16种、点心4种、瓜果4种和香茗2种，品尝一次，就可以大致领略广西菜善于变化、注重品香、讲究配菜、粗料细做的主体风貌。

其菜单如下：

(一)菜肴4组：

1.桂北菜(桂林、柳州风味)：红扣果子狸、双冬烧竹鼠、蛤蚧炖山鸡、五彩黄獠丝。

2.桂东南菜(南宁、梧州、玉林风味)：梧州纸包鸡、邕城醉子鹅、串烧金钱鸽、蚝油柚皮鸭。

3.滨海菜(北海、钦州风味)：春梅红烧海参、葵花扣鲜鱿、花衣趸皮、芍药虾扇。

4.民族菜(壮、侗、苗、毛南等族风味)：清蒸豆腐圆、巧酿南瓜花、酸笋炒牛皮、竹板烤斑鸠。

(二)点心2组：

1.太牢烧麦、马肉米粉。

2.老友面、炒粉虫。

(三)瓜果2组：

1.罗汉果、沙田柚。

2.恭城月柿、田阳芒果。

(四)香茗1组：

金秀甜茶、横县南山白毛茶。

桂林重九桂花宴

桂林市以桂花为增香料调理而成的特色风味酒筵，多在重阳前后上市，以应节景。考虑到它的食用对象多系中外观光客，故而肴馔亦是古今中外融合，不拘一格。

其宴单如下：

西菜2款：桂花水果鸭梨沙拉、桂花枣泥鸡蛋布丁。

中菜6款：桂花葱头肘棒、桂花木耳干贝、桂花香菇烤鸭、桂花什锦素烩、桂花枸杞鲫鱼、桂花芦笋鸡汤。

点心2款：白果广寒糕、茱萸红烛饼。

酒水2款：桂花酒、桂花茶。

壮族鱼花宴

广西浔江壮族渔村在七月二十日鱼花节时置办的庆丰酒席。席上菜式大多取自水鲜，有干鱼、鲜鱼制作的10多种肴馔，以酸水煮鲫鱼、蛤蚧炖鹰龟、鲤鱼生、竹筒烤鱼最负盛名。其宾客主要是乡友亲邻，谈话的主题也是渔业(诸如鱼种、鱼汛、捕鱼器具、鱼市行情、鱼馔烹调等等)。鱼菜多，象征丰收；鱼菜好，说明主人家会过日子，待人真诚；客人吃得高兴，则是对主人家的辛勤和热情的肯定。鱼花宴至少也有数百年的历史，每到是日，欢乐的渔村胜过新年。

毛南三酸宴

广西环江山区毛南族特色风味酒筵，因其以“毛南三酸”——腩腥、瓮煨、索发为主菜，故名。“腩腥”是将猪、牛肉切片拌盐、加熟米粉腌制的酸肉；“瓮煨”是用藠头、黄豆加盐发酵制成酸汤，再以此汤腌渍肉、菜，使之脆化发香的酸食；“索发”是碎猪肉骨头和螺蛳制成的螺蛳酸。除此而外，该席上还往往配置鸭血酱、生牛血、水涮牛肉、蒜头酸水、米蜂仔、毛南饭和甜红薯；并且重视烟、酒、茶与辣椒，因为当地有“菜不酸不香，肉不酸无味，不吃辣椒上不得高坡”的民谚。

瑶族龙肠宴

以瑶族名菜“水龙肠”为主菜的乡土风味筵席，流行于广西巴马等地。水龙肠的制法是：杀小猪或阉羊时以盆接血，加盐少许，朝一个方向搅拌，使其色泽鲜红而不凝固；另将猪、羊内脏煮熟剁碎，投入血浆及姜、葱、蒜等配料，稍加开水，搅匀后熬煮，凝结成“合血浆”；小肠洗净晾干，灌入合血浆扎紧再煮，熟透即可入席。先将长约两米的水龙肠用盘端上，主人持刀切断，按长幼顺序分敬宾客，每人一节(包括厨师和主人)。然后饮酒，再上“羊粉汤”、“乌酢”、“干笋焖鸡”、“酸菜蒸鲫鱼”、“干巴”、“花饭”、“打油茶”等，较为丰盛。

仡佬吃虫筵

广西隆林仡佬族聚居区六月初二的传统民俗酒席。当天人们欢聚在甲娘庙前(甲娘是古代一位教育百姓吃虫防灾的能干女子)，载歌载舞，预祝丰收。然后成群结队在田间巡走，一边捉虫，一边在田头地角插上洒有鸡血的小旗，以之纪念甲娘，“镇慑害虫”。出嫁的姑娘在这一天也要早早地起床，到父母的田中捕获害虫，作为回门的礼物。傍晚家家摆开吃虫筵，有油炸蝗虫、腌酸蚂蚱、甜炸蝶蛹、虾米泥鳅、焦熘竹虫、干烹蝎子、蒸酿天牛、油渍知了等众多美味。

京族唱哈会

唱哈即唱歌，系歌舞游宴之意，流行于广西防城的“京族三岛”上，节期多在正月、六月、八月。节前一日须将本村信奉之神接入“哈亭”，下午宰肥猪祭祀。然后成年男子按家产地位入亭就坐，在高低不同的台阶上设宴饮酒，并且欣赏“哈哥”(1人)和“哈妹”(2人)的“哈歌”，欢庆3日3夜或7日7夜，祈求渔业丰收和人畜兴旺。每年唱哈，各户轮流做“哈头”——主持者。他须杀一头肥猪，办一桌酒，准备八大碗菜肴；就餐者还须自带各种酒菜参加，并在会上轮流唱歌。

海南椰子宴

用海南岛特产椰子作主料调制的特味全席。可供选配的菜式甚多，如：

饮料类：椰子鲜汁、椰奶、椰露醇、椰奶酪、椰子水酒。

高档菜：银椰鱼翅羹、椰奶燕窝盅、琼岛椰子盅、冰糖雪蛤椰子杯、椰蓉焗乳鸽、椰丝烩八宝、椰肉龙虎斗、椰香老鼠斑。

中档菜：椰茸焗子鸡、椰液香酥鸭、椰汁东山羊、椰子百花盒、海南椰奶鸡、椰汁咖喱鹌鹑、椰味水晶鹅、椰子砂锅鸡。

低档菜：脆炸椰奶、椰汁扒菜胆、嫩椰炒鸭片、椰子豆腐、南天椰奶香、椰汁什锦羹、椰肉烧芋艿、椰肉炒腰果。

点心小食类：海南椰叶馃、椰香糯米卷、椰茸水晶饼、椰奶冻糕、像生椰子果、椰奶千层酥、椰奶软糕盏、群鸟归椰窠、果子椰丝条、椰丝蛋糕夹、椰丝栗花酥、椰丝小面包。

上述椰子菜式可以按席面规格及人数，以及宾客要求与时令特征相应筛选，调排出不同的款式，展现出琼岛的风俗民情。对此，散文大师秦牧曾有一段嘉评：“椰汁真如玉液琼浆，以之调和百馔，无不精美。海南之有椰子宴，犹珠海之有蚝宴、汕头之有鱼宴、北京之有全鸭席、西安之有饺子宴，是顺理成章、值得发扬的美事。”

五指山竹筒筵

海南省通什市五指山宾馆推出的新颖筵席。其主要特色是：(1)主要菜式均以竹笋为辅料，用竹筒烹制，并以“竹”或“竹筒”命名，如“龙凤竹筒汤”、“山城百花竹”、“油浸竹筒蛇”、“美果竹筒船”、“黎家香竹鱼”、“椰丝竹筒饭”。(2)餐具清一色为竹器，如盅、盂、罐、槽、筒、角、盘、船之类。它们与餐室中的竹椅、竹桌、竹栏、竹屏风，餐室外的竹林、竹涛交相辉映，“无往而不见竹者也”，有超凡脱俗之清趣。(3)黎族山寨“竹食文化”的内涵深厚，粗犷而又豪放，质朴而又清新，古老而又时髦。

黎寨绣面筵

海南黎族少女的成年礼宴会。绣面又称文面，即在面部用针笔刺出花草禽虫的图饰，涂上颜色，以之为美。它多在15岁前后进行，绣面之后才能婚配，故而典仪隆重。现今绣面之俗虽已废除，但绣面宴却被保留下来。女儿到了“及笄”年龄，父母将其精心打扮一番，梳理发髻，佩戴首饰，换上筒裙。然后置办一桌酒菜，请来亲友乡邻，将女儿介绍给社会，为其出嫁作好准备。绣面宴上的食肴都是纯正的黎寨风味，以“南杀”、“野味香饭”、“烤兽肉”、“煮野笋”、“山栏酒”、“五指山茶”等为主体。

京香楼恭贺新禧席

香港京香楼酒家设计的团年喜宴，全席11道菜，皆用5字命名，11个首字组成“恭贺新禧京香楼同人鞠躬”的贺词，颇有巧思：

1. 恭迎众嘉宾(宫保带子)；
2. 贺年到京香(京香排骨)；
3. 新春齐祝颂(银芽春段)；
4. 喜气溢洋洋(锅焗鱼片)；
5. 京华攀丹桂(桂花鱼翅)；
6. 香誉满家声(鱼香茄子)；
7. 楼阁宴亲朋(上汤官燕)；
8. 同醉玉琼浆(醉鸡肴肉)；
9. 人人庆有利(五香鸭脷)；
10. 鞠身迎盛意(如意鲜鲍)；

11.躬请再光临(宫保虾球)。

澳门西味鲍鱼席

其主料多选用九孔鲍、耳鲍或半纹鲍，上市多在“七月流霞鲍鱼肥”的盛夏，全席仅有5道大菜，仿欧美口味调制：

1.茄汁八宝鲍鱼(配加冬菇、春笋、火腿、鸡蛋、杏仁、莲子、生菜、洋葱)。

2.酒汁鲍鱼(配加干白葡萄酒、煮土豆、熟青豆、煮胡萝卜块)。

3.英式生菜鲍片(配加生菜、马乃司、柠檬、胡萝卜、芹菜、葱头、香叶、萝卜花)。

4.美式鲍鱼杯(配加蟹黄、番茄、大蒜、鲜姜、辣酱油、白酸葡萄酒)。

5.奶油鲍鱼汤(配加奶油、烤面包丁等)。

四川鸡冠花席

鸡冠花是苋科一年生草本植物，因夏秋开花时穗状花序呈鸡冠状而得名。花冠中富含蛋白质、脂肪、多种氨基酸与维生素，去籽后加以烹调，鲜嫩滑美，丰腴可口。20世纪40年代，西南地区就有鸡冠花席，祝贺抗日战争的胜利；80年代，中国女排“五连冠”后，四川也曾以此席接待巾帼英雄。鸡冠花全席可丰可俭，调排便易，下面是一份家宴谱单：

鸡冠花炒肚片、鸡冠花烧青鱼、鸡冠花蒸排骨、鸡冠花烩虾仁、鸡冠花炖母鸡、鸡冠花豆沙包、鸡冠花开心果、鸡冠花煮馄饨、鸡冠花冲青茶。

自贡盐场高级全牛席

自贡是著名的盐都，过去从井水中提取盐卤全靠犍牛拉动绞盘，牛老之后则食其肉，故而当地积累了制作牛菜的丰富经验，调排全牛大席也相当考究。如解放前的一份高级席谱：

冷碟：灯影牛肉、拌嫩牛肝、陈皮牛肉、红油千层、冻牛糕、五香口条、金钩芹黄、芥末萝粉。

热菜：一品牛掌、锅烧牛脯、竹荪鸽蛋、葱烧牛筋、干烧牛唇、火爆牛肚梁、水煮牛肉、牛馅全鱼、珍珠银耳羹、枸杞牛尾汤。

小吃：牛肉小包、牛肉丝饼、牛肉抄手。

饭菜：姜汁豇豆、甜拌海椒、鱼香茄条、香油泡姜。

绵阳牛掌席

以牛掌作头菜的涪江流域风味筵席。它用价格相对低廉而营养、风味并不差的黄牛(或牦牛、水牛)掌，取代禁止食用的熊掌以及南方人不大适应的驼掌，具有很大的启迪性。其中档菜单(19品)如后：

六单碟：盐水仔鸡、葱烧酥鱼、软炸肫肝、糖醋蜇卷、油酥花仁、白油冬笋。

十三热品：大蒜烧牛掌(头菜)、樟茶鸭子(配荷叶饼)、清汤葵菜、脆皮鲜鱼、生烧鸡腿、宫保肉丁、蘑菇烧菜心、核桃泥、番茄牛尾汤、奶油素烩(配翡翠水饺)、菊花汤锅(配腰片、鸡片、鱼片、肫片、菠菜)。

宜宾竹笋席

宜宾市所属的长宁县，有一片方圆几十公里的竹海，四季笋菜不缺，山民大饱口福。近年来随着旅游业的兴盛，当地推出“竹海百笋宴”，深深吸引着众多游客：

冷菜：宣腿笋片、发菜笋卷、玉笋脆肚、酱卤笋丁、拖炸冬笋、虾仁笋花。

彩盘：竹海风光。

热菜：金钱竹荪、锅贴冬笋、笋燕鲜贝、吉庆鱼花、冬笋凤翅鱿鱼卷、糖醋冬笋、玉笋鸭卷、五彩笋丝、脆笋果羹、酸辣笋衣。

小吃：宜宾燃面、午时粑、叙府发糕、千层饼。

饭菜：笋烧白、鱼香笋丝、烧拌冬笋、碎米雪笋。

田席

始于清代中叶的四川农村喜庆酒席，因多在田头院坝设席而得名。其特征是：就地取材，不尚新异，肥腴香美，朴实大方，以蒸扣的民间菜式为主，突出麻辣香浓。下看3例：

例一，“广汉九斗碗”(低档)：

大杂烩、红烧肉、姜汁鸡、烩明笋、粉蒸肉、咸烧白、夹沙肉、蒸肘子、蛋花汤。

例二，“温江十一盘”(中档)：

三色拼盘、清蒸杂烩、红烧羊肉、白汁蛋卷、岷笋烩肉、五香蒸肉、跑油烧白、夹沙蒸肉、扣鸡、鱼香肘子、虾羹汤。

例三，“达川杂烩席”(高档)：

水八块、凉肚片、卤牛肉、炸排骨、清蒸杂烩、红烧鱼、荷叶蒸肉、扣鸡、龙眼烧白、蒸肘子、白糖羊尾、炒野鸡蕻、虾米汤、两杂菜。

巴蜀魔芋全席

魔芋亦名鬼头或鬼芋，即天南星科植物蒟蒻。其块茎富含果胶，药食兼用，被广泛运用于面条、粉丝、蛋糕、面包、冰淇淋等食品的制作中，充当增稠剂、稳定剂、分散剂、防腐剂或营养补充剂。魔芋制菜，始于宋代；经过历代厨师的开发，现已形成魔芋菜系列。巴蜀盛产此物，并可编成全席，供糖尿病、高血压、胆结石、动脉硬化，癌症等患者食用。

其菜单之一是："魔芋三丝、魔芋四丁、软炸魔芋、魔芋香酥、魔芋凤翅、魔芋烧鸭、魔芋炖蛋、魔芋里脊、魔芋豆腐、魔芋蜜桃果、魔芋雪梨羹、泡青菜烩魔芋、魔芋八宝菜、魔芋松松糕、魔芋担担面。"

天府小吃席

国内著名的小吃筵席，重庆与四川各都会均有供应。它以巴蜀名特小吃为主体，有时亦可编入少量大菜。其特色是：价廉物美，方便实用，容易满足外乡人尝新好奇、求全求美的饮食心理；丰富多彩，格调清新，且与天府的风土人情相融合。下看2例：

例一："夫妻肺片、鲜花饼、钟水饺、片儿饽、鸡汁锅贴、玫瑰糍粑、赖汤圆、蛋烘糕、如意春卷、金丝面、川北凉粉、波丝油糕、牛肉焦包、米粉汤。"

例二："灯影牛肉、荷叶饼、龙抄手、韩包子、芝麻烧饼、菠萝冻、郭汤圆、蒸蒸糕、鸡冠花卷、担担面、三友凉粉、南瓜蒸饺、萝卜丝饼、土鸡汤。"

毛肚火锅小吃宴

毛肚火锅为主、四川小吃为辅的新式筵席，由重庆市会仙楼率先推出。该宴以煤油炉为能源，每席4～22人，分别配置1～3炉和方桌、圆桌、大长桌，有浓麻辣、淡麻辣和清鸡汤3种底汤。毛肚火锅系主菜，一般都上毛肚、鲫鱼、鳝鱼、鳅鱼、鱿鱼、墨鱼、海参、猪肝、牛腰、脑花、食用菌、粉条、菠菜等10多种涮料；高档的则加配对虾、鳜鱼片、猴头菇、田鸡腿之类，让客人尽兴吃够。席间还插花上小吃10多种，如八宝绿豆沙、花生浆、芝麻糊、莲米羹、小汤圆、清汤抄手、开洋年糕、三鲜烧麦、鸭参粥之类，咸甜交错，荤素调配。最后上水果、蜜饯及茶，去腥解腻，醒酒化食。

青城山道席

四川青城山是道教正一派的圣地之一。这里的道人不仅不忌荤腥，而且强调"天地万物，为我所用"，重视食补与食治，讲究膳食的烹调，有许多名肴传世。

青城山道席主要由山麓的建福宫供应。其主肴是"青城四绝"(贡茶、泡菜、洞天乳酒、白果炖鸡)；然后配置用茅梨(中华猕猴桃)、银杏、慈笋等山产制成的燕窝蟠寿、玫红脆饯、仙桃肉片、韭菜肉丝、翡翠羹等，一般在20道左右，售价200～400元。

青城山道席之特异，一是重视药理功能，有较好的健身作用；二是道人认为吃补品(不论荤素)也是"茹斋"，可以早日飞升仙界。

羌族小年宴

流传在四川松潘等地，节期在十月初一。届时用面团做成牛、羊、猪、鸡，祭祀天神和先祖；并请端公跳神，在祭坛前敬神，将供物分给各户。

此宴的主菜有熏烤的"猪膘"，填灌的"血肠"，腌制的"瓤肚"，荞麦与猪血合制的"血馍馍"，青稞与大麦酿造的"咂酒"；配食有煮雪山大豆，大米与玉米混蒸的"金裹银"和"银裹金"，玉米糙制的"面蒸蒸"，玉米面煮青菜的"面汤"，玉米面制的"锅焗子"等。亲友欢聚，唱酒歌，跳"锅庄舞"，共庆丰收。

彝寨松毛席

云、贵、川、桂等地彝族村寨的传统酒席。《九种志》载：彝族先民"饥食荞麦饼，婚姻以牛羊为礼，酒席铺松毛于地，盘足坐松上，男女分席。系牛羊剥皮，猪用火烧半割碎和蒜菜，谓之叱牲。饮泡咂酒，木碗、木杓即其器皿，食肉以行签为箸"。《九夷志》亦说：其先祖"种青稞、圆根为食，以酥煎菜为美，燕会杀牛，沃咂酒，烧猪羊肉，半生食之……饮食以荞面作饼，以菜作羹，燕会撒松毛铺地，盘膝坐。杀猪用火烧去其毛，以生肝蘸椒盐食之，泡咂酒饮之。器用木碗、木勺，箸用竹签。婚姻以牛马羊为聘”。

贵州抓饼席

抓饼是贵州的一种名特风味小吃,其制法与烫春卷皮近似,但烙熟后要回笼蒸软。它的吃法主要是包裹“菜丝”卷成筒状,也可卷筒后再炸制。黔人嗜好抓饼,便创造出这种特异的席面。其格式通常是:

“主食:抓饼。

普通筵席:配加四冷盘、六大菜、八盘丝菜、一清汤。

高级筵席:在普通筵席的基础上再加四水果、四点心,并提高菜、汤的档次。

不论何种筵席,夏秋食用时要配置绿豆稀饭和四小碟素菜或酱腌菜。”

抓饼席的主菜是抓饼和丝菜,其他食肴可相应调排。

云贵鼠宴

云南、贵州等地的苗、布朗各族山寨以鼠肉作主料的特味筵席。可供选用的有田鼠、家鼠、竹鼠、仓鼠、沙鼠、跳鼠、麝鼠、鼢鼠和黑线姬鼠等等,调制方法多样,席面的构成一般是4～6道鼠馔,多则达12道:

“凉碟:腊田鼠、鼠肉香肠。

热菜:百花酿松鼠、乌豆焖仓鼠、甜酱烧麝鼠、红扒黑姬鼠、香麻煎竹鼠、莲子百合煲荞鼠、花酿大沙鼠、淮杞炖跳鼠。

点心:鼠肉大包、鼠肉香粥。”

此席风味别致,脍炙人口,颇不易得。

苗岭吃牯脏

又称祭鼓节,系贵、滇、川、桂等地苗族同胞隆重的祭祖活动,每隔3～13年举办一次,常在农历十月至十一月的乙亥日进行。届时要杀一头牯牛,跳芦笙舞,祭祀象征先祖的神鼓。然后操持家宴,款待至爱亲朋。吃牯脏的食肴丰盛,有烧牛肉、薏仁米焖猪脚、红烧独鼠、蒸糯米肠、炖金嘎嘎鸟、腌酸鱼、腌蚯蚓、腌蛇虫、血肠粑、大块肥猪肉、辣骨汤、乌米饭等等。最别致的是咂酒与万花茶;后者是将冬瓜、南瓜、桔子雕花后浸以石灰汁煮得返青,续用白糖和蜂蜜浸泡晒干,需用时以沸水冲饮,分外甘口畅神。

布依族狗肉席

自古以来,黔南的布依族同胞便珍爱狗肉,并有“黑狗扫寨镇病魔”、“肥羊抵不上瘦狗”、“狗肉能化解怨仇”、“狗肉敬客礼最重”等说法。清人莫与俦对该族的全狗席曾有这样的描绘:“朴厚民风属四乡,一家春酒几家尝;屠犬烹猪成欢会,酩菜坛开十里香。”

布依族狗肉席的菜式较多,著名的有关岭县的花江清炖狗肉、贵定县的盘江黄焖狗肉、以及遍布布依山寨的狗肉火锅与狗肉灌肠等。他们吃狗肉时多饮狗骨泡的药酒,并佐以狗肉稀饭,风味独特。

水族借霞祭

又译作“拜霞”或“敬霞”,贵州等地水族祈雨时的原始宗教宴俗,大都在插秧后盼雨的五六月之酉日举行。借霞多系几个村寨合办,由德高望重的老人主持,陈列仪仗和乐队,摆放鱼肉供品,在特定的祭堂中顺序轮班行礼。有些地区祈雨时还有戏谑性场面,如溺猫、抬活母猪、投掷污泥、谩骂权贵、在水田摔跤等,旨在活跃气氛、娱乐神灵。祭毕,各寨各宗族各支系至各户派代表到祭坛内聚餐;宴毕用酒浇洒水神头像。据说这是为了使霞神酣醉2～6年或13年,不再管事,以确保风调雨顺、年岁丰稔。

过端

“过端”是黔东南柳江畔水族兄弟的新年,意在用酒肉欢庆丰收、款待亲朋。水族各部落过端的时间不尽相同,多在农历八月至十月,前后延续49～61天。节前的一天是祭祖,按习俗必须吃素,但不忌水中动物,还要用鱼作贡品。节日当天开始,家家轮流作东,宴请亲友乡邻。席上的主菜有猪牛羊肉、“满工”(清蒸鱼干)、煮活鱼、蔬菜、豆腐、瓜果、糯米饭以及特异的“鱼包韭菜”(鱼腹填塞韭菜等9种配料清炖或清蒸)、“九阡酒”(糯米和药材酿制)、“肝胆酒”(米酒中调入猪的肝胆汁)。女客告辞时要“扎包扎”,即送一份鸡鸭翅腿与糍粑或粽子,这是带给她孩子的礼物。

云南紫米大筵

紫米又称墨米、血糯或紫稻,素有“黑珍珠”、

"珍贡米"之誉。它颗粒细长，外黑内白，铁质含量高，有补血、健脾、理中、接骨和治疗神经衰弱之效，故而又称"药米"、"月家米"（产妇用）或"接骨米"。主产于墨江、西双版纳等地，有数百年的栽培历史。当地习惯用紫米制菜，并可调排新颖的全席：

紫龙望月彩拼。紫米锅巴海参、八宝紫米鸡、乳饼紫米球、金钱紫米饼、紫米雪香鸡、紫米葡萄串、如意紫米卷、什锦紫米盒、牡丹紫米环、明月映乌珠、梅花紫米墩、捶料紫米鸡饺。

昆明鸡棕席

鸡棕又名伞把菇、豆鸡菇或白蚁菇，属担子菌纲伞菌目口蘑科蚁窝菌属食用菌，生长在云贵等地。它体壮肉厚，色泽洁白，香鲜甜美，脆嫩滑润，自古就是食中珍品，有"菌香烟雨外，异味滇海闻"的美评。明代翰林杨慎还为它写过一诗："海上天风吹玉芝，樵童睡熟不曾知，仙翁近住华阳洞，分得琼英一两枝。"

昆明厨界善于调制鸡棕菜，上市的席谱甚多，下举1例：鸡棕凤凰拼盘、软炸鸡棕、滑炒鸡棕丝、汽锅烩鸡棕、套炸鸡棕盒、核桃鸡棕、鸡棕果羹、五彩鸡棕、鸡棕虎皮鸽蛋、鸭掌烧鸡棕、三色鸡棕汤。

朝阳一品宴

云南建水名厨世家刘家贵祖孙创制的高档官府名席。清季，建水是滇南重镇，又是临安府的所在地。这里商贾往来，权臣云集，酒楼众多，筵宴精致，朝阳一品宴便是其中的佼佼者。此宴菜式共有3套，每套8种，含24款；由于吃完一套便撤席换台，前后需要铺排3次，故又名"三叠水席"。席上所用的菜品，有滇味名珍（如红烧鸡棕、汽锅甲鱼、清蒸围子、炒鹿肉片、虎掌三丝菌、虾仁鸡油菌、小锅卤饵块、鳝鱼凉米线、摩登粑粑、鸡片凉卷）；也有刘家祖传名菜（如乌鱼夹火腿、鸡茸白云花、珍珠福寿鸭、酸辣杂碎），融汉民风味和少数民族风味于一体，曾经风靡多年。

大理风花雪月宴

该席主要选用云南大理州的名特物料，菜式仿拟大理州的自然景观，烹调突出白、傣等族的饮食口味，注意与旅游观光结合，力图展示滇南的风土人情。菜单如下：

1. 七味冷拼。

主盘：吉祥金鸡（兆示风调雨顺）。

围碟：蒙化丝瓜饼（小青瓜制）、鹤庆焦肝（白族名食）、水晶鱼冻（洱海黄壳鱼制）、炝螺蛳（洱海小玉螺制）、炸地参（缩根草制）、凉拌豆粉（彝族名食）。

2. 四道造型主菜。

风——风干牛肉（回族名食）。

花——百花酥鸡（土鸡制，配云腿）。

雪——玉洱银苍（海参、蛋糕、冬菇制）。

月——碧海映月（白族螺豆腐作主料）。

3. 过中小吃。

三鲜饵块（配豆尖、鸡片、清汤）。

4. 四色珍馐。

大理砂锅鱼（洱海弓鱼制，配山海八鲜）。

五丝炒乳扇（白族名食乳扇制，配五色料）。

辣椒烧鸡棕（用名贵的鸡棕菌制）。

八宝酿雪梨（配松仁、桂圆、莲子等）。

5. 开胃饭菜。

青椒石蹦（石蹦即石蛙）。

6. 压席饭汤。

竹荪腰片（用名贵的竹荪菌制）。

以上共计18品，属于云南的高档席面。

白族苍山洱海宴

云南大理推出的创新民族风味酒筵，受到中外观光客的热列欢迎。

全席菜品12道，各有寓意。先以"苍山雪"、"洱海月"、"天生古桥"、"茶花争艳"和"金玉碟羹"5道造型大菜，表现苍山洱海的风、花、雪、月、泉五景；接着用"南诏火把"、"望夫云彩"和"鱼跃龙门"3道寓意菜，分别展示南诏时期白族妇女对爱情的坚贞和白族男儿敢于向邪恶势力作斗争的故事传闻；最后用"龙凤呈祥"、"桔瓣乳扇"、"五彩鲜虾"和"八宝香酥"4道风味菜肴，讴歌新时代白族人民的幸福生活，祝宾客们吉祥如意，旅游愉快。全席纵贯古今，巧造山川风物，颇有魅力。

傣式餐厅迎宾席

云南西双版纳州首府景洪市推出的傣式高档迎宾席，其席单如后：

拌牛蹄筋、酿青椒、炒酸菜、蒸芭蕉叶包鸡、油炸苦菜、油炸茄子、油炸水牛皮、油炸芭蕉、烤牛肉丝、烤猪肉块、香茅草烤鱼、香茅草烤鸡、臭菜炒蛋、酸笋炖鸡块、炖鲜鱼汤、南瓜青菜汤、糯米饭、紫米饭、炒米线、毫诺索(芭蕉叶包年糕)、菠萝、香蕉、啤酒、米酒。

席间有傣族少女身着民族服装巡回服务，还表演傣族歌舞。演完节目，演员走到餐桌前，用绿树枝蘸水，轻轻洒在客人身上，表示"泼水"祈福。

哈尼资乌都

资乌都是哈尼语"全寨同饮团结幸福酒"的意译，流行于滇南，春节后3天下午举行。届时全村分为3组轮流操办酒席，每天1组，每户1桌菜。开宴时将酒席顺序排在村中长长的篾笆桌上，有时竟达百余米，赴宴者为各户的男性家长。聚齐后公推一德高望重的老者主持，举杯念颂吉祥的祝词，随即在锣鼓声中手摇棕扇踏歌起舞，其他人则互相祝酒庆祝。大家品尝竹筒鸡、熏腊肉、酸笋炒麂子、石蹦炖蛋、蜂蛹酱、荷包蛋、煮蛇圆子、清汤橄榄鱼、油炸泥鳅干、笋饺等美味，彼此学习厨艺，以之密切村邻关系，搞好宗族团结。

纳西温泉宴

金沙江上游滇、川、藏交界区的纳西族人正月初五在温泉洗浴后举行的野炊。

纳西族信奉东巴教、喇嘛教和天地山水等自然神。每逢春节，除了祭祀神祖外，还要到泉边用圣洁的仙水洗去身上的污垢和"晦气"，以求得新的一年百事顺遂，这即是温泉宴的由来。所以从正月初五开始，各寨的男女老幼都要带上活鸡、活鸭、猪膘肉与烟、酒，到温泉边搭起帐篷，一边祭祀水神，一边纵情沐浴。晚上就地燃起篝火，宰牲做饭，歌舞野餐，一连数天，乐而忘返，直到兴尽归家，以旺盛的精力投入备耕。

布朗山抗筵

云南等地布朗族传统的敬老筵会，时在四月十五。事前打扫卫生，沐浴更衣。至期凌晨，青年妇女向寨中的老人赠送糯米粑、芭蕉、春茶和烟，报答养育之恩。接着举行盛会，表演武术、器乐和歌舞。每家出一包糯米饭和一碗菜，共吃"团结饭"。汇集起来，饭有七八样，菜有三四十种，如血鲊肉、骨头生、拌黄笋、烤竹鼠、烧斑鸠、春螃蟹、酸鱼、酸肉、蝉酱、蚁卵、油炸花蜘蛛、竹筒茶，翡翠酒等等。老人坐上席，谈今说古；妇女四处察看，暗中"偷艺"。吃到高兴处，齐唱《祝酒歌》，预祝山寨日益昌盛。

独龙剽牛祭天仪

滇西独龙族村寨传统的年节祭仪。所剽之牛有时是一家献出，有时是全村凑钱购买。至期由一权威老人将牛牵到村边草坪上，由一少女给牛披上麻毯，挂上串珠，摆好祭品，点燃松明。接着老人面向东方祷告："把牛献给山神，希望山神赐给我们猎物，保佑全寨人人平安，庄稼年年丰收。"念毕，取下麻毯和串珠，由一父母双全的青年猎手，在震耳欲聋的铓锣声中，凭借酒力和技巧，用竹矛将牛刺死。接着现场将牛解剖，牛头奖给猎手，内脏架锅煮熟由众人分食，带皮毛的牛肉均分给各家各户，制菜办酒，众人载歌载舞，酣饮至醉。

鸡肉烂饭筵

云南等地佤族家庭的乡土酒筵，用滇西南林区特产的茶花鸡和佤山名产旱谷红米等料调烹而成。先将鸡治净，用山泉水在铜锅煮熟后撕碎，用盐巴、生姜、八角、花椒、胡椒、辣椒、草果和砂仁等拌匀，略加腌渍；再把旱谷红米与糯米下到鸡汤中煮沸，待米心开花，投入鸡碎肉、香菌丝、酸笋丝和大蒜汁，用温火煎熬，焖至半干时撒葱花少许，即可起锅入席。此饭鲜香滑润，营养丰富，有明目养肝、滋阴降火之效，深受佤族兄弟欢迎，有"不吃鸡肉烂饭不算赴宴"之说。

藏式传统酒宴

通常由奶茶、蕨麻籽米饭、灌汤包子、手抓羊肉、大烩菜、酸奶等6道食品以及青稞(裸大麦)酿制的低度酒组成。其食品原料主要是绵羊、牦牛、黄羊、岩羊、马、蕨麻籽、面粉、大米；调味品仅用盐、野葱、野韭、防风等有限的几种；烹调方法多系烤、炸、煎、煮；口味偏好于油润、醇浓与香、酥、甜、脆。宴客场所习惯选在帐篷或柳树丛生的草地及水边，餐具是藏式木碗、木盘及镶银器皿。酒宴不分桌次，常是席地围坐，主人陪同，主妇服务，进餐时间较长。有些酒宴还有歌舞器乐助兴，宾主赤诚相待，情绪欢洽。

罗布林卡酸奶宴

西藏地区传统的年节酒席，藏历七月初一至初五举行。吃酸奶的藏语叫“雪顿”，其起源与喇嘛教的戒律有关。17世纪前，每逢入夏，禁止喇嘛出门，开禁后方许下山，藏民纷纷施舍酸奶子，久之成俗。后来，汤东杰布创立藏戏，也在金秋时节会演，于是便与雪顿节相融合，变成“藏戏节”。每届节期，藏民携带帐篷、畜群蜂拥而来，在草地上围成大圆圈，一边欣赏藏戏，一边饮酒喝茶吃酸奶。西藏拉萨达赖喇嘛的夏宫——罗布林卡，常是藏戏节和酸奶宴的中心会场，人海人山，笑语喧天。

珞巴年

西藏珞瑜地区珞巴族村寨的传统年节酒席。有的在藏历十二月十五日，称为“洞更谷乳木节”；有的在藏历二月，称为“旭独龙节”。过节前夕，人们忙着舂米、酿酒、杀猪、捕鱼、捉鼠、打猎，缝制新衣；并依照史前氏族公社制时代集体分享劳动果实的传承遗俗，将自家的牲肉砍成若干块，分送同族的人。到了节期，屋内悬挂牛的头盖骨，手舞沾满各色羽毛的木棍，沿街跳舞，全村人带着酒、肉欢聚在一起，男女老少席地而坐，饮酒、吃肉、对歌，欢声笑语不断。老人赞颂本民族的光荣历史和个人创业的辛劳，年轻人则倾诉心中的爱情。

（十七）营养卫生

营养与配膳

营养

营养指生物体摄取、消化、吸收和利用食物或养料，以维持其正常生理功能的过程。人体营养则是指人类摄取食物以满足自身生理需要的必要生物学过程。这是人体从食物中吸取适量的有益物质而避免吸取有害物质、以谋求养生的行为或作用，而不能把它简单地理解为“养分”。但是，人们习惯上常用“营养”二字表示食物中营养素含量的多少或者是质量的好坏，例如说某种食物“有无营养”或者是“富于营养”。

营养与人体健康的关系甚为密切。合理的营养可以增进健康，有助于机体正常生长发育、益智健体、抗衰防病和延年益寿。营养失调，便会引起一些疾病。营养严重不足引起的疾病，称为“营养缺乏症”，如脚气病、坏血病、干眼病、佝偻病等。若是长期轻度缺乏，尚无明显的临床症状时，则称为“营养不足症”；若是营养过剩或者失去平衡，也会引起疾病，如肥胖症、高血压、冠心病、糖尿病等。随着物质生活水平的日益提高，人们的饮食观念逐渐由满足于温饱向追求营养和品尝美味方面转变，普遍关心营养与优生、发育、智力、衰老、精神等的关系。

1. 营养与优生。计划生育是我国的一项基本国策，少生、优生是其重要的内容。影响优生的因素很多，但主要是遗传因素和环境因素，而环境因素对遗传因素又有着十分重要的作用。在环境因素中，母体营养显得尤为突出。据世界卫生组织统计，新生儿死亡率及死产率较高的地区，妊娠妇女的营养不良比较普遍，所产婴儿的体重一般都较轻。近年来许多研究还证明，某些先天性畸形与母体的营养状况关系密切。妇女在妊娠期间，膳食中缺锌，过量摄入维生素A都可能引起胎儿畸形。胎儿在发育的过程中，需要母体供给数量充足、种类齐全、比例恰当的各种营养素。

2. 营养与发育。胎儿从出生到逐渐长大成人，这个时期处于生长发育阶段。人体的生长发育表现在很多方面，其中身高和体重的变化是一个很重要的方面。不同性别、不同年龄阶段的人在生长发育上，都相应有一个比较理想的身高和体重标准；这种理想标准的实现与否，与膳食营养的关系甚为密切。据统计，第二次世界大战结束后的20年中，日本人的膳食结构发生了很大变化，每人每年平均食用动物性食物的量大幅度提高，其身高平均增长5～10厘米。我国在解放以后，少年儿童的生长发育也有同样的变化。据近年来调查和收集到的资料，我国9个地区城区儿童的身高和体重与同地区解放前或解放初期相比较，都有较为明显的增加。而这些地区的人种、地理环境、气候条件等都没有大的改变，只是人民的生活水平，尤其是饮食水平显著提高了。

3.营养与智力。人的聪明和智慧主要决定于后天的学习和训练，但与从胚胎期就开始形成的物质基础——脑的结构，仍然是密不可分的。现代的研究证实，在人的一生中，脑发育的最关键时期是胎儿期（妊娠5个月至胎儿降生）和婴儿期（胎儿出生至半岁）。在此关键时期，如果妊娠妇女和乳母营养不良，对婴儿喂养不善，尤其是蛋白质或热能缺乏，就会导致孩子的大脑发育难以正常进行，长大后的脑细胞和大脑皮质沟回的数量都会较正常人为少，从而影响到智力。在南美、中美、亚洲和美国的某些地区，都看到了这样的现象：孕妇由于营养不良，其子女在学习时的领会能力明显地受到不利的影响。这些孩子不仅智力较低，而且抵挡不住疾病的侵袭。

4.营养与精神。健康的机体是旺盛精力的保证。现代科学意义上的"健康"，是身体与自然环境和社会环境的动态平衡，在身体上、精神上和社会上都趋于一种完满的状态。事实上绝大多数人在不同程度上都处于不完全健康状态，即虽然没有患上明显的疾病，但在学习、生活和工作中均感精力不济，医学上把这种介于健康和疾病之间的状态称之为"第三状态"。该状态的存在，会大大降低人在社会劳动中的潜力。要改变这种状态，除了充足的休息、适当的运动、健康的心理之外，合理的饮食调养也是相当重要的。

5.营养与衰老。人类从胚胎到出生，经生长、发育、成熟、衰老直至死亡，才完成生命的全部过程。"衰老"，亦称老化，是指在生命过程中，当机体生长发育达到成熟后，随着年龄的增长，机体的结构和功能方面出现各种衰退现象以及这些变化不断发展的过程。一般人到45岁以后进入"初老期"，65岁以后才算"老年期"；如果在45岁以前便出现衰老现象，医学上称之为"早衰"。人类长生不老是不可能的，但防止过早衰老则完全有可能。古往今来，人们从生活起居、运动锻炼、饮食习惯、兴趣爱好等方面对摄生进行了有益的探讨，自然也涉及到滋补药品、抗衰老药品之类的研究。大量的实践证明："药补不如食补。"近年来，采用食物保健来防止衰老，引起了一些老年学家的特别关注。很多食物都具有抗衰老作用。据日本科学家研究，蜂王浆对防止早衰有效；对高加索一代长寿区的食品分析发现，花粉也能使人延年益寿；我国早在古代就已经知道用芝麻等食物来防止衰老了。因此，合理营养又是健康长寿的有效手段之一。

营养学

营养学是研究营养的科学。在我国它有两大理论体系，即传统营养学和现代营养学。它们都以人类饮食与健康的关系为主要研究对象，但在理论基础和研究手段上则有着明显的区别，二者可以相互借鉴和补益。

1.传统营养学，或称"中医营养学"。它以我国传统的中医学理论作基础，研究如何应用食物来保养生命，强壮身体，预防疾病，使人体健康长寿。它源自我国"药食同源"的传统，其知识的积累源远流长，从3000年前起，就有了食医，《黄帝内经》和各家医学著作对饮食有所论述，各种食物本草对食物也有所考察。《黄帝内经》中的"五谷为养，五果为助，五畜为益，五菜为充"学说，从养、助、益、充4个方面精辟概括了我国传统的膳食结构，这便是传统营养学的核心。该观点与现代营养学的基本思想有异曲同工之妙。传统营养学注重营养方法，强调社会实践性，对中华民族的繁荣昌盛起了重要的保证作用。近年来，许多外国人不仅对它的理论笃信不疑，而且还身体力行。欧美一些国家和地区就风行吃蚯蚓、蜗牛、花粉、蜂王浆、芦笋、山药、海藻、香椿、紫苏、白芥子……等中医习用的补药和补食。当今传统营养学已经形成了比较完整的体系，出现了食养、食补、食疗、食忌、药膳等众多分支：

"食养"。也称饮食调养或饮食养生，即通过食物来补养人体的精、气、血和津液，调整机体的活动功能，达到增强体质、提高抗病能力，以及抗衰益寿的目的。

"食补"。通过食物来补充人体精、血、气和津液等的不足，以增强体质。

"食疗"。也称"食治"，即根据病情运用饮食来进行治疗或调整生理功能。

"食忌"。也称"忌口"或"忌嘴"，即根据养生或治疗的需要，或慎食或忌食某些饮料或食物。因养生而忌食者称“忌食养生”，因治疗而忌食者称“忌食疗病”。

“药膳”。即根据治疗、强身和抗衰老的需要，将中草药与某些具有药用价值的食物相配伍，制成的食品。

2.现代营养学，简称“营养学”。这是以人类摄取食物满足自身生理需要的必要生物学过程及其有关的因素和措施为主要研究对象的一门现代科学，是生物科学的分支学科之一。它既从生物科学的角度研究人体对营养的需要，又具有很强的社会实践性。其研究范围相当广泛，主要包括：(1)人体对食物的需要(量和质)；(2)食物的营养价值、营养素之间的相互关系；(3)不同年龄、生理状态以及不同环境条件下的营养需要和食物的合理供给量；(4)提高人民营养水平的途径和综合措施。与此同时，它还将普及现代营养科学知识以及人们平衡膳食的需要，与食品生产、加工、储藏和供应的合理规划结合起来，以达到不断提高营养水平、增进人体健康、延年益寿的目的。从目前营养学的研究动态看，其分工越来越细，范围越来越广。现今已经形成的主要营养学分支学科就有：基础营养学、公共营养学、分析营养学、临床营养学、妇幼营养学、老年营养学、运动营养学等等；此外还有许多研究专题，例如营养与免疫、营养与肿瘤、营养与智力、营养与长寿、营养科学知识的宣传和普及等。不久的将来，营养学还会出现更多的分支学科，对人类的健康长寿将会作出更大的贡献。

营养素

即食物中含有，能被人体消化吸收，可以维持正常生理功能以及生长发育和劳动力所必需的物质。人体基本营养素主要有碳水化合物(也称糖类)、蛋白质、脂肪、维生素、无机盐(也称矿物质)和水6种。现在还有人把膳食纤维称为第七种营养素。至于氧气，也是人的生命所必需，但在一般情况下，它的来源是空气而非食物，获得并不困难，故往往不列于营养素之中。

凡是食物，都含有一定量的营养素；但是不同种类的食物，所含营养素的种类和数量有着很大的差异。如畜禽肉、水产品，以及蛋奶类，含蛋白质就比较丰富；而蔬菜和水果则含有较多的维生素和无机盐；粮食则以含碳水化合物为主。

营养素一般通过食物进入人体，经消化吸收后，一部分转变为机体的体液和细胞成分，一部分则转变为热能，满足机体的需要。它们在人体内各司其职，其生理功能是构成躯体，修补组织；供给热能，补偿消耗；调节生理机能等。见图示：

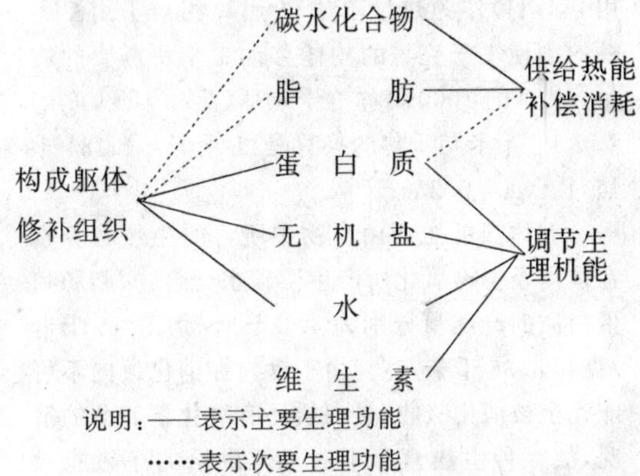

说明：——表示主要生理功能

……表示次要生理功能

从生理功能上看，营养素可以分为生热营养素和非生热营养素。碳水化合物、脂肪和蛋白质是“生热营养素”，它们在人体内可氧化生热，供给机体所需的热能。维生素、无机盐和水在体内都不能生热，是“非生热营养素”。

按人体的需要量划分，营养素可分为常量营养素和微量营养素。存在于体内且每日需要量在十分之几克至1克以上的，称为“常量营养素”，如脂肪、水、蛋白质、某些无机盐等。机体每日的需要量在百万分之几克(微克)至千分之几克(毫克)的，称为“微量营养素”，如维生素、某些无机盐等。人体需要量的多或少，并不能作为衡量营养素重要性的依据，因为很多微量营养素对于人体营养都是绝对必需的；一旦供给不足，就会患上营养缺乏症。

热能

在营养学里，热能是指人类维持生命和从事各种活动所需要的能量。它以化学能的形式存在于食物所含的碳水化合物、脂肪和蛋白质这3种营养素的分子里。它们在人体内经生物氧化后可将能量释放出来，用于生命活动的各种过程，包括内脏器官的化学活动和物理学活动、肌肉活动、体温的维持以及生长发育等。如果从食物链追溯生命能量的来源，它最初是从太阳中衍生的。植物通过光合作用利用和储存太阳热能；动物则从植物中获取热能。动植物中储存的能量都可以为人类所利用。

衡量热能的单位为卡(Cal),它是指1毫升水升高1℃所需要的热量。在营养学的实际应用中,以卡为单位太小,使用不方便,故常以千卡(kCal)取而代之。1千卡等于1000卡。国际上还用焦耳(J)作为热量单位,1焦耳相当于用1牛顿的力使1千克重的物体移动1米所需要的能量。焦耳的1000倍称为千焦耳(简称千焦,用kJ表示)。千卡与千焦的换算是:1千卡=4.184千焦,1千焦=0.239千卡。

人体热能主要由食物中所含的生热营养素在体内经生物氧化所产生。碳水化合物、脂肪和蛋白质的产热量分别为4.1千卡/克、9.45千卡/克和4.35千卡/克。由于食物在消化道内不可能完全被消化吸收,蛋白质还有氧化不完全的情况,故3种生热营养素对机体供给的净热能只有:碳水化合物为4千卡/克,脂肪为9千卡/克,蛋白质为4千卡/克。此乃生热营养素的"生热系数"。此外,酒精也可以提供热能,其生热系数是7千卡/克。

人类为了维持生命和从事各种活动,每天必须从食物中获取一定的能量,以满足机体的需要。事实上,不仅从事体力活动时需要能量,就是机体处于安静状态(如睡眠)时,也需要一定的能量,如心脏跳动、血液循环、肺部呼吸、腺体分泌等都要消耗能量。一般情况下,健康成人从食物中摄取的能量应与所消耗的能量经常保持着平衡,否则就会引起体重的减少或增加。人体热能的需要总是与其热能的消耗相一致的;无论需要还是消耗,都由3方面构成,即:能量的需要等于基础代谢、体力活动、食物特殊动力作用所消耗的能量之和。对于儿童,还应增加生长发育所需要的能量。

1.维持基础代谢所需的能量。"基础代谢"就是机体处于清醒,神经和肌肉完全安静,在空腹状态下,应用能量于内在的或细胞的工作(呼吸、循环、腺体活动和维持体温)。它包括除食物消化、吸收以外体内的所有活动。这是维持生命最基本活动的能量需要。基础代谢受身体大小的影响,并且与性别、年龄等因素有关。一般情况下,成年男子每千克体重每小时的基础代谢约消耗1千卡能量;妇女比男子低2%~12%,老年人比中年人低10%~15%,儿童比成人高10%~12%。

2.从事体力活动所消耗的能量。除基础代谢外,体力活动是机体能量消耗的最主要方面。在活动中,人体本身的重量首先就是一种负荷,需要肌肉及其他组织作功来带动,因此需要消耗大量的能量。肌肉活动越剧烈,其热能消耗也越多。据此,在我国现行的营养素供给量建议中,规定了从事体力劳动的男子其劳动强度应按5级分类,即极轻、轻、中等、重和极重劳动;女子应按4级分类,其中没有极重劳动。

3.食物特殊动力作用所消耗的能量。食物特殊动力作用,又称"食物生热效应",是指人体由于摄取食物所引起的一种额外的热能消耗,它约相当于人体每日基础代谢的10%。不同的营养素在食物特殊动力作用上所消耗的能量也有所不同,摄入蛋白质时,多消耗自身所产生热能的30%左右;摄入碳水化合物时,只多消耗自身所产生热能的5%~6%;摄入脂肪时消耗最少,仅为4%~5%。

在中国营养学会1989年10月修订的我国人民每日膳食中营养素供给量(参见附录1)中,18~45岁成年男女的热能供给量如下表。(每日热能供给综合考虑了基础代谢、体力活动强度和食物特殊动力作用3个方面的热能消耗。孕妇每日再加200千卡,乳母每日再加800千卡。)

成年人每日膳食中的热能供给量

	劳动强度	热能供给量	
		(kCal)	(MJ)
成年男子	极轻劳动	2400	10.0
	轻劳动	2600	10.9
	中等劳动	3000	12.6
	重劳动	3400	14.2
	极重劳动	4000	16.7
成年女子	极轻劳动	2100	8.8
	轻劳动	2300	9.6
	中等劳动	2700	11.3
	重劳动	3000	12.6

(注:1000kCal=4.184MJ)

蛋白质

蛋白质是一类以氨基酸为基本构成单位，经不同排列组合而成，结构极为复杂的高分子化合物。它主要由碳、氢、氧、氮4种元素组成；此外大多数含有硫，有一些含有磷，少数含有铁、铜、锰、锌、碘等。各种食物中蛋白质的含氮量虽然不尽相同，但是差别不大，平均在16%左右。测定食物中蛋白质的含量时，实际上所测的是含氮量，将含氮量乘以6.25(这是“蛋白质系数”，不同的蛋白质略有差别)，便可得出蛋白质的量。蛋白质是人体氮的唯一来源、机体的主要组成物质，也是生命活动的重要物质基础。

1.分类。根据不同的需要，蛋白质有多种分类方法，其中比较普遍的是按其化学组成分为“单纯蛋白”(也称“简单蛋白”)和“结合蛋白”两类。前者仅由氨基酸组成，如清蛋白、球蛋白、谷蛋白、醇溶蛋白、精蛋白、组蛋白和硬蛋白；后者的分子构成除氨基酸之外，还有其他成分，如色蛋白、磷蛋白、糖蛋白、脂蛋白、核蛋白等。在营养学中，常按蛋白质的营养价值分类，将其分为“完全蛋白”、“部分完全蛋白”(也称“半完全蛋白”)、“不完全蛋白”3类。(1)完全蛋白含有种类齐全、数量充足、比例恰当的人体必需氨基酸，既可维持生命，又可促进生长，如酪蛋白、鸡蛋蛋白质等。(2)部分完全蛋白所含的必需氨基酸数量和比例不完全适合人体的需要，只能维持生命，不能促进生长，如一般谷类蛋白质。(3)不完全蛋白质所含的必需氨基酸种类、数量和比例都不适合人体需要，既不能维持生命，又不能促进生长，如胶原蛋白、弹性蛋白等。

2.主要生理功能。(1)供给机体生长和修补组织的材料。人体在生长发育阶段，以及在治愈外伤、体能消耗和妊娠期间，都需用蛋白质来形成新的组织。正常成人体内蛋白质处于一种动态过程中，一般每日的更新量为400克。在此过程中，有小部分蛋白质被排除到体外，需要摄入一定量的蛋白质来补充损失，以保持体内的氮平衡。(2)制造重要的生理活性物质。人体中催化代谢过程的酶，调节代谢状态的激素，以及保护机体免受细菌和病毒侵害的抗体等，均是由蛋白质及其衍生物组成的。(3)调节渗透压和酸碱平衡。细胞和体液中的蛋白质具有调节作用。正常人的血浆和组织液间的水分总在不停地交换，血浆中蛋白质含量的多少决定着血浆胶体渗透压的高低，从而改变它们之间的水平衡状态。蛋白质具有缓冲作用，控制着人体的酸碱平衡，尤其是细胞内体液的平衡。(4)运输体内物质。蛋白质具有运输功能，在血液中起一种载体作用。如血红蛋白能运输氧，脂蛋白能运输脂质，运铁蛋白能运输铁等。(5)供给机体热能。蛋白质只是在体内其他生热营养素满足不了机体的热能需要时，才作为热能来源使用的。每克蛋白质可供给4千卡热能。如果人体每日所需热能的10%～15%取自膳食中的蛋白质，就比较合理。

3.营养价值。食物蛋白质的营养价值取决于3个因素：(1)蛋白质的含量，它决定着能否满足机体所需要蛋白质的数量。(2)蛋白质的消化率，它反映其在机体酶的作用下分解的程度，消化率愈高，愈有利于机体的吸收和利用。(3)蛋白质的利用率，它反映其经消化吸收后被利用的程度，这取决于人体必需氨基酸的种类是否齐全，数量是否充足，比例是否接近人体蛋白质的组成。营养学中反映蛋白质的营养价值常用以下4个生物学指标：

$$\text{蛋白质的消化率}=\frac{\text{食物氮}-(\text{粪氮}-\text{粪代谢氮})}{\text{食物氮}}\times 100$$

$$\text{蛋白质的生物价}=\frac{\text{氮储留量}}{\text{氮吸收量}}\times 100$$

$$\text{蛋白质的净利用率}=\text{生物价}\times\text{消化率}$$

$$=\frac{\text{氮储留量}}{\text{食物氮}}\times 100$$

$$\text{蛋白质的功效比值}=\frac{\text{增加的体重(克)}}{\text{食入蛋白质的量(克)}}$$

4.营养不良。由于某种原因使机体处于负氮平衡状态时，可以导致蛋白质营养不良。其主要症状是：体重减轻、易感力乏、抵抗力下降、伤病康复缓慢、发生贫血、水肿等。儿童对蛋白质的缺乏比较敏感，轻者生长发育迟缓、智力发育不良，严重者可发生恶性营养不良(水肿型或消瘦型)，死亡率很高。造成蛋白质缺乏的原因主要有：长期摄入量不足，消耗量增加，消化吸收不良，肝脏合成蛋白质障碍，偏食及其他不良饮食习惯等。

氨基酸

氨基酸是分子中含有氨基和羧基的一类有机化合物，系构成蛋白质的基本单位。蛋白质在人体内经消化形成氨基酸后才能被吸收利用。天然的氨基酸绝大部分为α－氨基酸，其通式为：

$$\begin{array}{c} \alpha \\ | \\ \text{R—CH—COOH(羧基)} \\ | \\ \text{NH}_2\text{(氨基)} \end{array}$$

组成食物蛋白质的氨基酸主要有20种,按其化学结构,可分为脂肪族氨基酸、芳香族氨基酸、杂环氨基酸和杂环亚氨基酸;按其营养功用,可分为必需氨基酸和非必需氨基酸。

"人体必需氨基酸"是指维持人体氮平衡所必需,但在体内又不能合成或者合成速度远不能适应机体需要,而必须由食物供给的氨基酸。现在已知的成人必需氨基酸有如下8种:异亮氨酸、亮氨酸、赖氨酸、蛋氨酸、苯丙氨酸、苏氨酸、色氨酸和缬氨酸。对婴幼儿来说,组氨酸也是必需氨基酸;以前还认为精氨酸也属于此类,现已证实它不是人体必需氨基酸。除此以外的其他氨基酸,在人体内均可以合成,属于"非必需氨基酸";但是胱氨酸和酪氨酸可以分别由蛋氨酸和苯丙氨酸转变而成,所以当膳食蛋白中这两种非必需氨基酸充裕时,可以节约蛋氨酸和苯丙氨酸的需要。

机体在合成蛋白质的过程中,既要利用必需氨基酸,也要利用非必需氨基酸;从饮食营养的角度看,前者更为重要。食物蛋白质中含有的必需氨基酸,种类是否齐全,数量是否充足,比例是否恰当,是反映其营养价值的重要指标,因为它直接影响到蛋白质的利用率。在正常情况下,每种必需氨基酸的所需数量均有一定的范围,而且在利用时各种必需氨基酸之间存在着一定的比例关系。世界卫生组织(WHO)提出了比较理想的暂定蛋白质的氨基酸记分模式(见后表),若某种蛋白质或膳食混合蛋白质中必需氨基酸的含量及比例能达到或接近此模式时,则所有的氨基酸均能被充分利用;按膳食蛋白质供给量标准进食,便可满足人体的生理需要。在所有食物蛋白质中,鸡蛋蛋白质最接近该模式,故人们常以它作为衡量标准。与鸡蛋蛋白质相比较,有些蛋白质中的有些必需氨基酸则明显不足;人体只能以该氨基酸的量为基准,按上述模式中的比值利用,从而使该蛋白质的利用率大打折扣。

将其他食物蛋白质与世界卫生组织提出的氨基酸模式或鸡蛋蛋白质的氨基酸模式相比较,其中最感不足的必需氨基酸称为"限制氨基酸"。这是因为它限制了其他必需氨基酸的利用而得名。若有两种氨基酸不足,则依其不足程度由大到小的顺序称为第一和第二限制氨基酸,如在小麦蛋白质中,赖氨酸为第一限制氨基酸,蛋氨酸为第二限制氨基酸。

蛋白质的必需氨基酸含量及模式表

必需氨基酸	WHO记分模式		鸡蛋蛋白质	
	含量(mg/g)	比值	含量(mg/g)	比值
色氨酸	10	1.0	16.1	1.0
苯丙氨酸+酪氨酸	60	6.0	56.3+41.7	6.1
赖氨酸	55	5.5	56.2	3.5
苏氨酸	40	4.0	52.3	3.2
蛋氨酸+胱氨酸	35	3.5	34.1+23.9	3.6
亮氨酸	70	7.0	92.5	5.8
异亮氨酸	40	4.0	50.3	3.1
缬氨酸	50	5.0	68.2	4.2

碳水化合物

碳水化合物,亦称"糖类",也系一类有机化合物,是多羟基醛、多羟基酮以及它们的缩合物和某些衍生物的总称。它由碳、氢、氧3种元素组成,一般可用通式 $C_n(H_2O)_m$ 表示;也有例外的,如脱氧核糖 $C_5H_{10}O_4$、鼠李糖 $C_6H_{12}O_5$ 等。碳水化合物虽与蛋白质、脂类同为生物界3大基础物质,但碳水化合物在自然界里最丰富,主要存在植物之中。它是人体维持生命活动所需热能的主要来源,我国人民膳食中总热能的60%~70%,便是由碳水化合物提供。

1.分类。天然碳水化合物种类繁多,仅食物中就有数十种,按水解情况可将它们分为单糖、低聚糖和多糖3类。"单糖"为不能水解的碳水化合物,根据分子中碳原子的数目,可进一步分为戊糖、己糖、庚糖等。食物中较重要的是"己糖"(含6个碳原子),常见的有D-葡萄糖、D-果糖等。"低聚糖",又称"寡糖",为彻底水解后可生成2~10个单糖分子的碳水化合物。根据分子中单糖残基(缩合糖类中的单糖组分)的数目,可进一步分为双糖、三糖等。食物中较重要的是"双糖",常见的有蔗糖、麦芽糖等。"多糖",又称"多聚糖"或"高聚糖",为彻底水解后生成10个以上单糖分子的碳水化合物。多糖的种类亦多,其分子中含有单糖残基数目一般在60～3000之间不等，它们在人体内的消化率有很大差别。淀粉、糊精、糖元等属于可消化多糖；而纤维素、半纤维素、琼胶、果胶等则不能消化。

2.主要生理功能。(1)供给热能。碳水化合物是人体最主要、最易获得，也最经济的热能来源。它在体内消化、吸收和利用都比蛋白质和脂肪更迅速、更完全，即使是在缺氧条件下，仍能为机体提供热能。(2)构成组织。碳水化合物在人体内主要以糖元的形式参加肝、肌肉等组织的构成，此外还参加细胞、结缔组织、神经组织等的构成，如细胞膜中的糖蛋白，结缔组织中的糖蛋白，神经细胞组织中的糖脂等。人体内储存糖的量是很有限的(干重的2%左右)，多余的将转变成脂肪储存。(3)维持心脏和神经系统的正常功能。心脏活动所需热能主要靠体内的磷酸葡萄糖和糖元供给。大脑活动所耗热能主要来源于体内的血糖，一般每日约消耗110～130克葡萄糖，要维持神经系统的正常功能，必须保持血糖水平的稳定。(4)保肝解毒。摄入充足的碳水化合物，可增加机体肝糖元的贮备，从而增强肝功能，在一定程度上能保护肝脏免受有害因素的损害，维持肝脏的正常解毒功能，葡萄糖醛酸直接参与其解毒作用。(5)维持脂肪正常代谢。机体缺乏碳水化合物时，所需的热能大部分由脂肪供给，从而会破坏脂肪的正常代谢，造成脂肪的不完全氧化，生成酮体(一类酸性物质)。酮体在体内积存过多时，则会引起酸中毒。(6)节约蛋白质。在代谢过程中，碳水化合物与蛋白质有密切关系，当碳水化合物摄入充足时，可避免耗用蛋白质作为机体的能量来源，有利于它发挥更重要的生理功能。(7)维持体内水和盐的平衡。如果膳食中没有最低量的碳水化合物(约40～60克)，机体便会感到疲劳，水和盐会加速损失，蛋白质会分解加强。至于这是什么原因，目前尚在研究之中。

膳食纤维

膳食纤维指存在于食用植物的细胞壁中，不能被人体消化吸收的一类物质；主要是碳水化合物与其他物质构成的复合物，包括纤维素、半纤维素、果胶质、木质素、树胶、藻胶等。食物中的营养成分，经消化吸收后大多被机体利用；而膳食纤维则基本上形成“渣滓”，随粪便被排除体外。因此，它在人体营养上的功用，以前一直没有得到应有的重视。20世纪60年代以后，一些流行病学调查资料表明，某些非传染性疾病(如糖尿病、心血管疾病、结肠癌等)的发病与膳食构成有关；饮食愈精，发病率愈高。有些学者在此基础上提出一种假设，这类疾病的增多是膳食中缺少不易为人体消化吸收的“粗糙”物质所致，并且提出了“膳食纤维”的概念。大量的医学研究，证实了它在人体营养上的多种重要生理功用，现在人们则承认它是“第七种营养素”。

1.主要生理功能。(1)缓解胃肠兴奋和抗腹泻作用。能够分散于水并具有胶凝和增稠作用的粘性纤维(如树胶、果胶等)，可使消化道的兴奋区镇静(尤其在粘液表面)，起到抗腹泻作用。治疗腹泻的常用药之一，就是果胶和粘土(高磷土)的混合物。(2)有助于结肠癌的预防。一些权威研究结果表明，结肠癌发病率与膳食纤维摄取量呈负相关，这是因为膳食纤维可刺激肠的蠕动，加速食物的通过，从而减少致癌物与肠壁接触的时间；同时它吸收水分，增加粪便的体积和重量，能相对降低肠内容物中致癌物的浓度；并且它可以抑制大肠内厌气菌的活动，促进嗜氧菌的生长，不利于肠腔内致癌性胆酸代谢物的产生。(3)有利于心血管疾病的预防。研究发现，某些膳食纤维能降低血液中的胆固醇和脂肪的浓度。这是因为在肠内，果胶、藻胶等能结合脂类(主要是胆固醇和脂肪)，木质素能结合胆酸，促使胆固醇和胆酸随粪便排出的量增加，从而减少人体内胆固醇的含量。(4)治疗糖尿病。膳食纤维的另一生理特性是延长食物在胃内的停留时间，从而降低葡萄糖的吸收速度，使餐后血糖上升缓慢。富含纤维的膳食可减弱对胰岛素分泌的刺激作用，使糖尿病情缓解。(5)治疗习惯性便秘。通过膳食纤维对结肠的刺激来预防和治疗便秘，是人们早已熟知的。值得注意的是，在用膳食纤维治疗便秘时，需要饮用大量的水和能吸水膨胀的食物，使粪便软化，平滑地通过结肠，否则，膳食纤维也会形成坚硬的干便。

2.摄取量。膳食纤维的摄入不足对人体健康不利；但摄入量过多会妨碍某些营养素的吸收利用，而且还会产生胀气、粪便量增大等腹部不适现象。膳食纤维的主要食物来源是粗杂粮和蔬菜水果，其含量与食物的品种、成熟度和部位等有关,例如叶菜高于果蔬、菜帮高于菜心、果皮高于果肉等。各国还没有规定膳食纤维的每日供给量的标准。如果能在日常饮食中适当选用蔬菜、水果和粗杂粮,不偏食挑食,一般就不难满足生理需要。若有特殊需要,则可适当增加蔬菜、水果和粗杂粮的每日摄入量。

脂肪

脂肪,又称"中性脂肪"或"真脂",是由甘油和脂肪酸构成的甘油三酯;脂肪和类脂统称"脂类"(或"脂质")。其营养功用由脂肪在人体内经消化生成的脂肪酸所体现。

1.脂肪酸。即天然脂肪分子中所含有,均为偶数碳原子的直链脂肪酸;有饱和脂肪酸与不饱和脂肪酸两类。凡脂肪酸碳链中没有双键存在的,称为"饱和脂肪酸",以丁酸(酪酸)、十六碳酸(软脂酸)、十八碳酸(硬脂酸)较为重要。凡脂肪酸碳链中含有双键(1个或1个以上)的,称为"不饱和脂肪酸",以9－十八碳一烯酸(油酸),9、12－十八碳二烯酸(亚油酸),9、12、15－十八碳三烯酸(亚麻酸),5、8、11、14－二十碳四烯酸(花生四烯酸)较为重要。不饱和脂肪酸较之饱和脂肪酸具有更为重要的营养学意义;在人体内不能合成而必须从食物中摄取的"必需脂肪酸"都是不饱和脂肪酸。目前已经肯定的必需脂肪酸只有"亚油酸"。一般认为亚麻酸和花生四烯酸也具有必需脂肪酸的活性;但是亚麻酸对人体营养的作用,目前还没有完全弄清楚,花生四烯酸可由亚油酸合成。

2.脂肪分类。脂肪习惯上分为植物脂肪和动物脂肪。"植物脂肪"有果肉脂肪和种子脂肪之分。前者的主要脂肪酸是软脂酸和油酸,并往往有亚油酸。后者的主要脂肪酸为软脂酸、油酸、亚油酸或亚麻酸。"动物脂肪"有水产动物脂肪、陆生动物脂肪等。水产动物脂肪中,不饱和脂肪酸含量很大,种类很多,饱和脂肪酸仅含少量。陆生动物脂肪中,主要脂肪酸是软脂酸和油酸,并往往含有硬脂酸。植物脂肪和动物脂肪的主要区别是:(1)植物脂肪含必需脂肪酸较多,故营养价值较高(仅就脂肪本身而言);(2)植物脂肪的不饱和程度较高;(3)植物脂肪不含胆固醇。

3.主要生理功能。(1)供给热能。脂肪是人体热能的最好来源,每克脂肪在体内可提供热能9千卡,在3种生热营养素中居于首位。它在体内的主要存在形式为贮备脂肪,如皮下脂肪、内脏周围脂肪等,在机体缺乏能量时可以被动用,以维持正常的能量代谢。(2)保护机体。脂肪的导热性低,皮下脂肪可防止体温外散;体内脂肪常作填充衬垫,能保护和固定重要器官,避免机械摩擦并能承受压力。(3)提供必需脂肪酸。人体必需脂肪酸由膳食脂肪提供,具有多种生理机能,例如促进生长发育,维持皮肤和毛细血管健康,与精子形成、前列腺素合成和胆固醇运转都密切相关,还能减轻射线造成的皮肤损伤等。以植物油为主要烹调用油者,一般不会缺乏必需脂肪酸。(4)促进脂溶性维生素的吸收。维生素A、D、E、K等都不溶于水,只溶于脂肪或其他脂溶性溶剂,称为"脂溶性维生素"。膳食中的脂肪可作为它们的溶剂,促进其吸收。(5)改善膳食感官性状。食物的美味少不了香气和香味,直接左右着食欲,而食欲好坏又影响某些营养素的消化率。脂肪本身无色无味,但它可以吸收和保留食物的香味,使其有味,而且,脂肪与其他营养素相作用,还可改善食品的质地。另外,脂肪还具有推迟胃的排空,维持饱腹感的作用。

4.膳食脂肪供给量:摄入脂肪不足或过剩都对健康不利。随着人们物质生活水平的日益提高,脂肪缺乏症一般很少发生,而是脂肪过剩往往则成为问题。近年来研究表明,高血脂症与此有关。一般认为脂肪的供给量按热能计,以占人体所需总热能的20%～25%为宜,世界卫生组织建议以30%为最高限量。

胆固醇

胆固醇,亦称"胆甾醇",是类脂中的甾醇类化合物。人体中的胆固醇,来源于食物供给和体内合成两个方面,其中绝大部分由肝脏合成并储存于胆囊里。含胆固醇较多的食物主要有肉类、脏器、脑、贝类、乌贼、鸡蛋黄等。

一提起胆固醇,中老年人往往谈虎色变。其实,胆固醇并非对人体有害无益,它具有重要的生理功能。例如:可作为合成类固醇激素的材料,尤其是性激素,缺少它将影响生殖繁衍;可作为合成维生素D_3的材料,缺少它会使骨骼组织不能正常发育;可作为合成胆酸的材料,缺少它脂肪的消化吸收就发生障碍。人类在常规饮食中,一般不会缺乏胆固醇；相反，胆固醇过量带来的危害，现今则成为人们极为关注的健康问题之一。

大量的流行病学调查和有关研究结果已经证实：血液中胆固醇的含量与心血管疾病的发生有很大关系，浓度愈高就愈容易发病。但是，随着对胆固醇研究的不断深入，一些学者又发现，造成心血管疾病的原因除胆固醇之外，还与在血液中运载胆固醇的蛋白质有关，而后者更为关键。胆固醇是一种脂溶性物质，在血液中需要与蛋白质结合，形成可以分散于水的物质，才能在体内正常运转。现已发现，人体血液中有两种“胆固醇－蛋白质”结合物，分别称为“高密度脂蛋白”和“低密度脂蛋白”。如果胆固醇以低密度脂蛋白的形式运转，则易造成心血管疾病。因此，用人为减少血液中低密度脂蛋白或增加高密度脂蛋白的方法来预防冠心病，成为当今医学界中十分时髦的课题。有迹象还表明，高密度脂蛋白虽然是防止心血管疾病的一个安全因素，但又可能是引起癌症的一个危险因素。所以目前对于心血管疾病的预防，控制膳食中胆固醇的含量仍然是较为常用的方法之一。

食物胆固醇主要来源于动物性食品。自由胆固醇可以被小肠粘膜上皮细胞直接吸收；而结合态胆固醇酯，则需要经过胰胆固醇酯酶水解成自由胆固醇后才能被吸收。引起心血管疾病的重要因素是血液中胆固醇的浓度。它一般不会直接受到胆固醇进食量的影响，只有长期进食高含量的食物以及含饱和脂肪酸较多的油脂，才有可能使其升高。如果改食胆固醇含量低的食物，适当多食不饱和脂肪酸含量高的食物，适当增加食物中膳食纤维的比例，则有助于降低血液中胆固醇的浓度。

常见食物中胆固醇的含量(食物100克)

食物项目	食部(%)	胆固醇(mg)
猪肉(肥)	100	109
(瘦)	100	81
(奶脯肉)	100	98
猪脑	100	2571
猪肝	100	288
猪肺	98	290
猪耳	100	92
猪肚	98	165
猪大排骨	71	165
猪大肠	98	137
猪舌	94	158
猪肾	91	354
猪蹄	60	192
猪蹄膀	69	145
猪心	95	151
猪血	100	51
狗肉	80	62
火腿	100	120
牛肉(瘦)	100	58
牛肉(肥)	100	133
牛肝	100	297
牛肚	100	104
牛肾	90	295
牛心	94	115
兔肉	84	59
牛脑	100	2447
羊肝	100	349
羊脑	100	2004
羊肉(肥、瘦)	88	92
鹌鹑	58	157
鹅	59	74
鹅肝	100	285
鸡	62	106
鸡翅	69	113
鸡肝	100	356
鸡心	100	194
鸡爪	60	103
鸡肫	100	174
鸭	65	94
鸭肠	53	187
鸭血	100	95
黄油	100	296
牛乳(鲜)	100	15
鹌鹑蛋	87	515
鸡蛋	89	585
鸡蛋黄	100	1510
鸭蛋黄	100	1576
鳜鱼子	100	494
鱼子酱	100	486
虾子	100	896
蟹黄	100	466
猪油(炼)	100	93

维生素

维生素，旧称“维他命”，是维持机体健康所必需的一类微量有机化合物，也是在物质代谢中起调节作用的重要营养素。它与人体健康和发育关系密切，大部分不能在体内合成，或者合成速度满足不了机体的需要，而必须由食物提供。人体对维生素的需要量尽管不大(每日需要量只能以毫克或微克计算)，却必须予以满足，否则便引起代谢紊乱和特异性病变。

食物中微生素的含量甚微，有些维生素在食物贮存和加工中极易遭致破坏，所以稍不注意，人体便会发生供给不足或缺乏，产生不适，甚至病变。人体组织中维生素正常储备量下降时，并不一定有临床症状，但会出现劳动效率下降，对疾病的抵抗力减弱等现象，这叫做“维生素不足症”。若继续缺乏，随之会出现生化缺陷和生理功能异常，进而引起组织学上的改变，导致各种临床症状，这叫做“维生素缺乏症”。引起维生素缺乏的原因有原发性和继发性两种，膳食中含量不足所引起的缺乏属于“原发性”的；由于吸收和储备发生障碍，或者在体内破坏加速及生理或病理上对维生素的需要量增大而引起的缺乏，属于“继发性”的。合理的膳食维生素供给量不仅要求能预防缺乏症的发生，更重要的是要能不断增进人体的健康水平。

维生素的种类很多，但已确定为人体所必需的只有微生素A、B_1、B_2、B_6、B_{12}、C、D、E、K，以及尼克酸、叶酸等。根据其溶解性的不同，一般分为脂溶性和水溶性两大类。维生素A、D、E、K等属于“脂溶性微生素”，需要溶解于脂肪才能被人体吸收，它们的排泄率不高，摄入过多时在体内蓄积，以至会产生有害影响。维生素B_1、B_2、B_6、B_{12}、C，尼克酸、叶酸等属 于“水溶性维生素”，它们容易被人体吸收，排泄率较高，通常不会在体内蓄积，就是大量摄入也不会产生毒性。

不同的维生素存在于不同的食物之中，具有不同的生理功能，人体的需要量也不尽相同。只要注意膳食的多样化，保证膳食中的供给量，并减少在食物加工中的损失，一般就可以基本满足人体需要。有时为了补充膳食中某些维生素的不足，在加工食品过程中添加一定量的提纯品或合成品，此乃“维生素的强化”。但是务必注意脂溶性维生素的强化切忌过量。

重要的维生素

类别	名称	主要生理功能	缺乏症	食物来源
脂溶性维生素	维生素A (又名视黄醇)	(1)维护人的夜视功能。 (2)维护上皮细胞组织的健康。	夜盲症和毛囊角化过度症。	肝、乳及乳制品、鱼肝油、鱼卵、蛋黄等。
	维生素A原 (一类在体内能转变成维生素A的类胡萝卜素)	(1)维护人的夜视功能。 (2)维护上皮细胞组织的健康。	夜盲症和毛囊角化过度症。	胡萝卜、辣椒、菠菜、豌豆尖、冬寒菜等有色蔬菜。
	维生素D (又名抗佝偻病维生素，包括维生素D_2、D_3)	促进钙和磷的吸收，骨骼组织钙的沉淀，使钙和磷最终成为骨质的基本结构。(维生素D必须先经代谢转化，才能具有此生理作用)	儿童易患佝偻病，成人则引起骨质软化病(或称骨质疏松症)。	肝脏、禽蛋、鱼肝油等。
	维生素E (又名生育酚)	(1)对人体生殖功能有影响，但目前尚无足够证据。 (2)维持骨骼肌、心肌、平滑肌及外周血管系统的结构和功能所必需。	肌肉营养不良、大细胞性溶血性贫血。	小麦、黄豆、豌豆、玉米油等。

类别	名称	主要生理功能	缺乏症	食物来源
水溶性维生素	维生素 B_1 (又名硫胺素、抗脚气病维生素)	在体内参与构成脱氢酶的辅酶,参加糖的代谢。	脚气病(有干性、湿性和急性、恶性之分)。	谷类、豆类、酵母、干果、硬果;动物内脏及肌肉、蛋类。
	维生素 B_2 (又名核黄素)	在体内构成黄酶的辅酶,参加物质代谢。	唇炎、舌炎、口角炎、阴囊炎、脂溢性皮炎、睑缘炎、角膜血管增生等。	肝、肾、心脏、乳类、蛋类;绿色蔬菜、豆类等。
	尼克酸 (又名维生素 PP、抗癞皮病维生素)	在体内构成脱氢酶的辅酶,主要是辅酶Ⅰ和辅酶Ⅱ。	癞皮病(呈皮炎、腹泻和痴呆症状)。	肝、酵母、花生、全谷、豆类等。
	维生素 C (又名抗坏血酸)	(1)防治坏血病。 (2)保护细胞膜及解毒。 (3)促进铁的吸收。 (4)促进胆固醇的排泄,防止其在动脉内壁沉积。 (5)提高机体的应激能力。 (6)预防感冒、抗癌等。	坏血病。	新鲜蔬菜和水果。

无机盐

无机盐,旧称"矿物质"或"灰分"。它在营养学中,并不是指无机化合物中的盐类,而是指人体所必需的某些化学元素,是人体内除碳、氢、氧、氮之外的其他各种元素的统称。共约 50 余种。其中含量较多的有钙、镁、钾、钠、磷、硫、氯 7 种,约占人体总灰分的 60%～80%,称为"大量元素"或"常量元素";其他元素含量很少,有的甚至只有痕量(在人体中的含量只能以 mg/kg 甚至 μg/kg 计算),故称为"微量元素"或"痕量元素"。在微量元素中,已知为营养所必需的有铁、锌、铜、碘、锰、钼、钴、硒、铬、镍、锡、硅、氟、钒共 14 种。

无机盐在人体体重中的总量尽管仅占 4%～5%,却是构成机体组织和维持正常生理功能所必需的,缺乏时便会导致疾病乃至死亡。其主要生理功能是:(1)构成机体的重要材料,如钙、磷、镁是骨骼和牙齿的重要成分;磷、硫是组成蛋白质的成分。(2)保持体内正常状态,如钠、钾、氯与蛋白质一起维持体液的渗透压;酸性、碱性无机离子的适当配合,加上重碳酸盐和蛋白质的缓冲作用,维持机体的酸碱平衡。(3)维持原生质的生理状态,如在组织液中保持一定比例的钾、钠、钙、镁离子,可维持神经、肌肉的兴奋性。(4)参与体内的生物化学变化,是很多酶系统的活化剂、辅因子或组成成分。

无机盐不能在人体内合成,并且由于新陈代谢,每天还有一定数量的无机盐会通过各种途径排出体外,因而必须经常通过膳食补充。但若摄入过量,也会引起中毒。无机盐在食物中分布很广,一般都能满足机体需要。从实用营养的观点看,比较容易缺乏的只有钙和铁;在特殊地理环境或其他特殊条件下,也可能会出现缺碘、缺锌或缺硒的问题。

食品中的重要无机盐

名称	主要生理功能	缺乏症	食物来源
钙	(1)构成骨骼和牙齿的成分。 (2)维持肌肉神经的正常兴奋性。 (3)参与血凝过程。 (4)对体内多种酶有激活作用。	血钙浓度低于 9～11mg/100ml 达一段时间,会出现神经肌肉抽搐。 儿童的骨骼和牙齿发育迟缓,严重者出现佝偻病。 成人发生骨质软化症,老人出现骨质疏松症。	食物中均含钙,以乳类及其制品最好。 骨粉、蛋壳等可作为儿童和青少年的钙补给源。
磷	(1)构成骨骼和牙齿的成分。 (2)参与构成组织细胞中的很多重要成分,如核酸、磷脂、某些酶等。 (3)参与体内许多重要物质代谢过程。 (4)对能量的转移和酸碱平衡的维持都有重要作用。	一般不易缺乏。	广泛存在于各种食物中。
铁	(1)参与氧的转运、交换和组织呼吸过程。 (2)合成机体血红蛋白的原料,构成肌红蛋白、细胞色素酶系统、过氧化氢酶等的成分。	缺铁性贫血。	动物肝脏、豆类、某些蔬菜,以及动物血、乌鱼、虾仁、黑木耳、海带、芝麻、南瓜子、淡菜等。
碘	组成甲状腺的重要成分。	地方性甲状腺肿。	海带、紫菜、发菜等海产品,以及加碘的食盐。
锌	(1)人体中多种酶的组成成分,是 DNA 聚合酶的必需成分。 (2)参与唾液蛋白质的构成。 (3)参与维生素 A 还原酶和视黄醇结合蛋白的合成。 (4)促进性器官正常发育和性机能正常。 (5)保护皮肤健康。 (6)维护免疫功能。	儿童和青少年对缺锌较为敏感,主要表现为:发育停滞,骨骼发育障碍,形成侏儒状态;第二性特征发育不全,性功能低下,无月经;另外,自发性味觉减退,伤口愈合不良,皮炎,嗜异癖等。	动物性食物最好,其次为豆类、谷类和发酵制品。
铜	(1)维持正常的生血机能。 (2)维护骨骼、血管和皮肤的正常。 (3)维护中枢神经系统的健康。 (4)保护毛发的色素和结构正常。 (5)保护机体细胞免受过氧化物基的毒害。	骨质疏松易碎、易发生血管瘤和血管破裂,皮肤病变;运动失调、发育停滞、嗜眠;毛发角化、卷曲等。	谷类、豆类、硬果、动物肝、肾、贝类等含铜丰富。
硒	(1)参加谷胱甘肽过氧化物酶的组成,起抗氧化作用。 (2)对人的生长有一定作用。 (3)保护心血管和心肌的健康。 (4)机体中重金属的解毒剂。 (5)保护视器官的健全功能。	克山病。	海产品、动物肝、肾、肉类。谷类的含硒量随地区土壤的含硒量而异。

水

水,人体中含量最丰富的成分,约占成人体重的 60%,分布在各种组织、器官和体液中。水是维持机体正常生理功能的重要物质，在人体中的含量是相对稳定。如果损失10%左右，机体的许多正常生理功能将会受到严重影响，若损失达20%，则会危及生命。

1.主要生理功能：(1)细胞和体液的重要组成部分。人体中水分的2/3左右存在于细胞内，构成"细胞内液"，有助于各类生物化学反应的进行；其余1/3存在于细胞外，构成"细胞外液"(组织间液和血浆)，是细胞赖以生活的液体环境。(2)各种生理活动得以实现的必要条件。水对于食物的消化、营养素的吸收、体内物质的运输和废物的排泄都起着十分重要的作用。(3)对人体的某些器官起润滑作用。如人体的关节、肌肉、体腔等都需要一定的体液作为润滑剂，这样才能使其生理功能顺利进行。(4)人体温度的调节剂。水的比热和蒸发热都较大。机体吸收较多热量而本身温度升高不大，蒸发少量汗水却能带走大量热能，这都可以有效地将体温维持在36.2～37.2℃的正常范围之内。

2.来源和需要量：在正常情况下，人体中的水分会随着大小便及皮肤蒸发、还有肺呼吸不断向外排出，所以机体需要不断从外界摄取水分，以保持体内正常的水平衡。

正常成人每日水的出入量

入　量(毫升)		出　量(毫升)	
饮　水	1200	肾脏排尿	1500
食　物	1000	皮肤呼吸	500
		肺呼吸	350
代谢水	300	粪便排出	150

人体水主要来源于食物和饮料中所含的水分。许多食物，尤其是蔬菜和水果，含有大量水分，是人体水分的良好来源。饮料，包括茶水、咖啡、牛奶、各种汤类，是人体水分的另一重要来源。

人体对水的需要量因年龄、体重、气候、体力活动强度等而异。正常成人每日需水量为每公斤体重40毫升。婴儿及青少年的需水量各年龄阶段亦不相同，年龄越大，每公斤体重的需水量相应减少，到成年后则稳定下来。气温高、空气干燥、体力活动强度较大时，人体需水量也增大；反之，则减少。在正常情况下，由食物和饮料中获取的水分就足以满足机体需要，一般不会缺水。

膳食结构

膳食结构系指一日三餐为主的食物构成。根据人体对营养素的需要，深入研究合理的膳食结构，是营养学的一个重要内容。许多国家的实践证明，制定符合国情、科学而合理的膳食结构，实行营养指导，不仅是社会文明的显著标志，也是提高民族营养水平和身体素质的重要保证。

国情不同，民众的食物消费水平和食物类型构成也有所不同。因此，各种食物的摄取量以及提供给人体的各种营养素的比值会存在着较大的差异。随着各国经济状况的改善，膳食结构总是处在不断调整的状态之中。从当今世界的现状看，大致有3种类型的膳食结构模式：(1)欧美模式。包括北美、西欧以及大洋洲等以消费动物性食物为主的国家，其膳食结构的特点是"高热量、高脂肪、高蛋白"，属于"热能过剩型"。这些国家的人民普遍发生肥胖病、心脏病、动脉粥样硬化等病症，就与此模式密切相关。(2)日本模式。日本继承了东方国家重视摄入谷物的传统，也吸取了欧美国家多吃动物食品的特点，人均年消费谷物110公斤左右，动物食品135公斤左右，基本上属于"平衡膳食型"。目前欧美国家都很重视日本的饮食方式。(3)发展中国家模式，包括亚、非、拉的绝大多数地区。发展中国家人民由于物质生活水平不高，不少地区连温饱都成问题，基本上属于"营养不足型"。据营养学家估计，目前这些国家有2/3的人处于营养不良状况，尤其是学龄儿童营养不良表现得极为明显，主要原因在于膳食中热能和蛋白质供给不足。印度就是其中的典型代表。

我国是一个人口众多的农业大国，长期以来人民的膳食结构以植物性食物为主，其中粮谷类占摄入食物总量的60%～80%，占总热量的80%左右；而动物性食物所提供的热量仅占8%。这种"高谷类膳食"或"高碳水化合物型膳食"，也属于发展中国家模式；虽然它具有某些优点，但是存在的缺陷和不足仍然相当明显。目前随着物质生活水平的提高，我国膳食状况有所改善，但还是存在着三大营养素比例不合理、维生素A明显缺乏、营养性贫血较为普遍，以及核黄素、钙缺乏等带有普遍性意义的营养问题。因此，需要结合我国的国情与民情，借鉴国外好的经验，改进目前传统的食物结构。

我国膳食营养的改进方向应当是：(1)逐步改变主要依靠粮食供给人体热能和营养素的现状。在基本保持膳食热能来源以粮食为主这个基本特点的前题下，降低粮食在膳食热能中所占的比例，提高动物性食物和蔬菜水果的数量。(2)充分发挥我国食物资源的优势，大力发展与合理利用大豆及其他豆类，发展以大豆为原料的各式加工制品和肴馔，逐步提高动物蛋白和大豆蛋白在膳食中的比例，改善膳食的营养质量。(3)发展食草类家畜和家禽，改变肉食品主要依靠猪肉的单调状况，以避免因食用过多的肥肉而摄入过多的脂肪，同时加强蛋类和乳类产品的供给，这对提高膳食的营养水平也是极为重要的。

到21世纪初，我国欲想达到“小康型膳食结构”，应以实现下列目标为宜：即每人每日膳食总热量为2500千卡，谷类食物占总热量的60%～65%，蛋白质摄入量70克，其中大豆蛋白占20%，动物蛋白占25%。根据有关专家预测，这样的膳食目标是可能实现的。以一个中等体力活动强度的成人为例，每日摄入粮食400～500克，肉类100～150克，干大豆30～50克，食糖10～25克即可，当然还需要足够量的蔬菜或水果。15岁以下的儿童和60岁以上的老人，最好每日再增加250克鲜奶。在此膳食构成的基础上，还可继续提高动物性食物和油脂的摄入量，使动物蛋白逐步达到蛋白质供给量的30%～40%。

平衡膳食

平衡膳食，也称“合理膳食”或“健康膳食”，这是指全面达到科学的营养素供给标准的膳食。它由多种食物构成，不但要求提供足够数量的热能和各种营养素，以满足人体的正常生理需要，而且还要求保持各种营养素之间的数量平衡，以利于它们的吸收和利用。这样才能实现合理营养，从而使人体保持健康的身体状况和旺盛的工作精力。

膳食的“平衡”，具体是指4个方面的平衡：(1)氨基酸平衡。即食物蛋白质中的必需氨基酸的比值与人体所需要的比值相接近(见“氨基酸”条)。(2)生热营养素平衡。通过动物实验和对机体的观察，一般认为碳水化合物与蛋白质、脂肪之比为(5～6)：1：(0.7～0.8)比较合适。这样它们在体内经过生理燃烧，提供给机体的热能则分别占60%～70%、10%～15%和20%～25%，较为合理。(3)各种营养素平衡。生热营养素在膳食中的比例是否适当，对维生素、无机盐也有影响，它们之间存在着错综复杂的关系，应当统筹兼顾。(4)酸碱平衡。正常情况下人的血液的pH值应保持在7.3～7.4之间。只有在膳食中注意控制酸性食物和碱性食物的比例，才能使人的血液的pH值保持在正常值之内。

衡量一种膳食是否达到平衡膳食的要求，首先应当了解进餐者的年龄、性别、生理状况、从事什么工作、属于哪种体力活动强度；然后对照国家提出的这种人群的营养素供给量标准，进行综合评价。其理论上的评价是依据膳食中热能或营养素含量占供给量标准的百分比，即：

$$\text{每人每日摄取营养素占供给量标准\%} = \frac{\text{每日该营养素消耗总量}}{\text{每日该营养素供给量标准}} \times 100$$

当然，各种营养素的摄取量不一定必须完全达到供给量标准，因为所订的标准往往比一般平均需要量会略高一些。一般认为，热能的摄取量为供给量标准的90%以上属于正常，低于80%即为摄入不足，超过100%便是摄入过量。其他营养素的摄取量只要达到供给量标准的80%以上，一般就可以保证大多数人不会营养缺乏；如果长期低于这个水平，就可能使一部分人体内该营养素贮量降低，出现营养缺乏症；若低于60%，则可视为营养相对严重不足。当然，人体对各种营养素的需要量存在着相当大的个体差异，即使是吃同样的膳食，有的会发生某种营养缺乏症，有的则完全正常。此外，还要注意平衡膳食的其他基本指标：(1)膳食摄入量充足，食物品种多样。一般的轻体力劳动者，建议每日膳食摄入量应为1200～1500克，最好由20种以上的各种颜色食物组成，这样才能较好地保证各种营养素的需要量。对此，国外称为“彩色营养学”。(2)热能来源比例合理。一般建议谷类提供的热能应占供给量的60%～70%，薯类应占5%～10%，豆类应占5%以上，动物性食物应占20%～25%。豆类和动物性食物提供的热能总和不得低于30%。(3)蛋白质来源比例合理。一般建议植物性蛋白质摄入量应占供给量的75%(其中谷类为50%，豆类为5%)，动物性蛋白质占25%。(4)脂肪来源比例合理。一般建议植物性脂肪摄入量应占供给量的60%,动物性脂肪占40%,并且动物性脂肪中饱和脂肪酸所产生的热量应占总热量的10%以下。(5)生热营养素摄入量比值合理,即要注意3大生热营养素的平衡。

平衡膳食又可以分为普通的和特殊的两大类型。"普通的平衡膳食"是对大多数的健康人群而言的。这是指天然食物经过科学搭配和合理烹调后,能保证5～7日内连续摄入的食物所含的各种营养素的量在供给量标准的±10%之内,并可做到比例平衡的膳食。"特殊的平衡膳食"是针对一些特殊人群(特殊生理阶段、特殊工种、某些病人等)而言的。对他们应根据生物化学和病理生理的原理,采用现代食品加工技术和制药技术,制备出特殊的营养类型的平衡膳食。

平衡膳食构成

人类的日常膳食是由多种食物组成的,而平衡膳食则要求各种食物在膳食中都应占有适当的比重。根据现代营养学中平衡膳食的理论和我国传统的"五谷为养,五果为助,五畜为益,五菜为充"的饮食保健观点,一种平衡膳食必须包括粮谷类、动物及豆类、蔬菜水果类和食用油脂类4大类型的食物。它们各具营养特点,只有适当配合,方可达到营养平衡。

1. 粮谷类食物。这是我国人民的主食,主要供给人体热能,此外,它们还是B族维生素和无机盐的主要来源。虽然粮谷类食物中蛋白质的含量不高,仅为8%～15%,但是由于进食量大,所以也是蛋白质的主要来源。每人每日进食多少粮谷类食物,一般依人的年龄、身体、生活及劳动情况而定。通常从事中等体力劳动的成年人,每天约需500～600克。

2. 动物及豆类食物。包括各种畜肉、禽肉、野味、昆虫、蛋类、奶类、水产品和黄豆及其制品。它们在平衡膳食中的主要作用是供给优质蛋白质,以弥补粮谷类蛋白质的质量缺陷。此外,它们还是一些脂溶性维生素和无机盐的重要来源。从事中等体力劳动的成年人,一般每天应供给50～100克瘦肉,一个鸡蛋和50克黄豆。此类食物可根据具体情况,在品种上进行调配。50克瘦肉所含蛋白质的量相当于一个鸡蛋(或100克嫩豆腐,或50克豆腐干,或250克鲜奶)。

3. 蔬菜水果类(含花卉)食物。品种繁多,营养价值各异。从总的方面看,它们是多种维生素(尤其是维生素C和类胡萝卜素)与无机盐的主要来源。此外,它们还供给具有特殊营养功用的纤维素。从事中等体力劳动的成年人,每天至少要进食500克蔬菜,其中最好能有一半是绿叶蔬菜,有条件的可用适量水果调换。

4. 食用油脂。主要指烹调用油,包括动物脂肪和植物油脂。它们属于高热能食物,主要供给热能、必需脂肪酸和一些脂溶性维生素,能促进脂溶性维生素的吸收。按平衡膳食的食物构成,每人每日的摄入量应为25～40克。

国外有时将不同类型的食物划分为7类,称为"七类食品方案"。第一类是绿色和黄色蔬菜;第二类是柑桔、番茄、葡萄、柚、生甘蓝或做色拉用的蔬菜;第三类是马铃薯、其他蔬菜和果实;第四类是牛奶及乳制品;第五类是肉、禽、蛋或干蚕豆、豌豆、坚果仁、花生酱;第六类是面包、面粉和谷类制品;第七类是黄油和强化人造黄油。并且认为,凡是合理的能达到平衡的膳食,每天都应包括这7类食物,并且它们之间应有适当的比例。

合理配膳

合理配膳,即"营养配餐",也就是"平衡膳食的设计"。具体来说,就是根据不同生理阶段和不同体力活动强度人群的各种营养素的生理供给量标准以及平衡膳食的各项指标,推算出一日三餐所需的主食、副食,以及蔬菜、水果的种类和数量。其目的是使每日膳食能满足机体对营养素的正常生理需要,并且改善营养不足或缺乏、营养障碍、营养过剩等营养不协调的状况。

合理配膳的基本要求是:首先,必须掌握各种食物(尤其是常用食物,如谷类、肉类、蛋类、豆类、新鲜蔬菜、水果等)的营养特点和品质特征;其次,应当熟悉不同烹调方法对各种营养素的影响,做到合理烹调,使食物能充分发挥营养功效;再次,还要了解进餐者的生理特点、营养状况和经济条件,并兼顾其民族食俗、宗教信仰和饮食习惯;最后,还应了解食物原料的上市季节、出产地域和市场供应情况。

1. 集体食堂配膳原则(供应一日三餐)通常是:(1)以一周为一个周期,在不同季节,根据食物供应情况设计出5～7天的食谱，在一定时间内可以循环使用。(2)热能供给量按主体进餐者确定，平均每人每日的热能摄入量在供给量标准上±50千卡比较理想。(3)蛋白质的每日摄入量基本上要求在供给量标准上±2克，或每邻近两日的平均值能达到这个水平。(4)维生素B_1、B_2、C的每日摄取量应基本达到供给量标准。(5)维生素A、胡萝卜素及无机盐(钙、铁等)，每日的摄入量要求不限制，只要在一周食物中能给足7日的总量即可。

2.商业性餐馆酒楼配膳原则(主要指主副食搭配的快餐与套餐)通常是：(1)热能和各种营养素的供给量，选择轻体力劳动强度成年男子的供给量标准较为合适，不可选择特殊人群的供给量标准。(2)一餐膳食(以午餐计)中所提供的热能和蛋白质的量应占全天的40%，即1040千卡热量左右；还应有30克蛋白质，其中动物蛋白和豆类蛋白约占50%。(3)一餐膳食中所提供的无机盐和维生素应占全日供给量的50%。(4)一餐膳食中应包括6～7种以上的食物。

3.家庭配膳原则通常是：(1)两名成人和一名学龄前儿童的三口之家，可按轻体力劳动强度成年女子的热能和各种营养素供给量标准配膳。另可给儿童提供一定量的鲜奶，以补充在托幼机构中摄取之不足。(2)两名成人和1～2名青少年之家，以青少年的热能和各种营养素供给量标准配膳。其他成员可酌情增减配食量。(3)由老人、成人和学龄前儿童组成的家庭，以老人和学龄前儿童的热能及各营养素供给量标准配膳(老年人与5～7岁的儿童的供给量标准相近)，并考虑其饮食特点。其他成员只要将主、副食的量酌情增加一些即可。(4)家庭中有孕妇、乳母或特殊工种、体力活动强度的人员时，必须充分考虑他们的热能及各种营养素的供给量标准和饮食特点，在其他成员配膳的基础上，有针对性地增加食物的质和量，并单独制作。

中国居民膳食指南

1997年4月25日，中国营养学会公布了向社会推荐的《中国居民膳食指南》，共有8条：(1)食物多样，谷类为主；(2)多吃蔬菜、水果和薯类；(3)每天吃奶类、豆类或其制品；(4)经常吃适量的鱼、禽、蛋、瘦肉，少吃肥肉和荤油；(5)食量与体力活动要平衡，保持适宜体重；(6)吃清淡少盐的膳食；(7)如饮酒应限量；(8)吃清洁卫生、不变质的食物。其详细内容请参阅本书附录2“中国居民膳食指南”。

新华社在发布这一消息时指出：《膳食指南》公布实施意义重大。它将帮助12亿中国人民把一日三餐纳入科学轨道，并对发展我国膳食文明，提高中华民族健康素质起重要作用。

营养食谱编制

食谱是将一日各餐主、副食品的名称、数量等等，按一定方式列成的表格。反映一日三餐的食谱，称为“一日食谱”；反映一连7天的食谱，称为“一周食谱”。通过对食谱的营养评价可以论证膳食质量的好坏。

根据一定的热能及各种营养素供给量标准以及合理配膳原则，编制的达到平衡膳食各项指标的食谱，称为“营养食谱”。它是具体实施合理配膳的重要手段。在营养食谱编制中，常用易行的有以热能供给量为基准和以主食摄入量为基准的两种计算方法。

1.以热能供给量为基准编制营养食谱。(1)根据用餐者性别、年龄和体力活动强度，对照中国营养学会推荐的每日膳食中营养素标准，查表确定每人每日的热能供给量，如从事轻体力劳动的成年女子每日应供给热能2400千卡。至于由多种类型人员组成的集体，应首先根据实际情况确定主体用餐者，再确定其热能供给量。(2)根据平衡膳食中生热营养素的合理构成比例，即碳水化合物提供总热能的60%～70%，脂肪20%～25%，蛋白质10%～15%，分别计算出它们的摄入量。若每人每日保证提供2400千卡热能，那么则应摄入：

碳水化合物：2400千卡×68%÷4千卡/克=408克；

脂　　　肪：2400千卡×20%÷9千卡/克=53克；

蛋　白　质：2400千卡×12%÷4千卡/克=72克。

(3)根据蛋白质的摄入量(72克)推算出各类主要食物的摄入量。平衡膳食中蛋白质来源的合理构成比例为谷类蛋白50%，豆类蛋白5%，蔬菜及水果类蛋白20%，动物蛋白25%。据此计算可知,72克蛋白质分别应来自谷类36克,豆类4克,蔬菜及水果14克,动物性食物18克。18克动物蛋白又应划分为肉或鱼25%,即4.5克,蛋类35%,即6.3克,鲜乳40%,即7.2克。再根据上述食物中蛋白质的平均含量,即可推算出这些食物的摄取量,如:谷类含蛋白质8%~15%,摄入量为36克÷10%=360克(为便于配餐取350克);蔬菜及水果含蛋白质1%~3%,摄入量为14克÷2%=700克;大豆含蛋白质35%~40%,摄入量为4克÷38%=10克;肉或鱼含蛋白质10%~20%,摄入量为4.5克÷15%=30克;蛋类含蛋白质13%~15%,摄入量为6.3克÷14%=45克(大约为1个鸡蛋);鲜乳含蛋白质3.5%左右,摄入量为7.2克÷3%=240克。这样就基本形成了营养食谱的框架:即一名轻体力劳动的成年女子每日应摄取食物的种类和数量应是:

谷类	350克	(配2~3种)
蔬菜	450克	(配3~4种)
水果	250克	(配1~2种)
肉或鱼	30克	(配1种)
蛋及蛋制品	45克	(配1种)
鲜乳	240克	(配1种)
豆类	10克	(配1种)
另加:调料	适量	(配4~5种)
植物油	15克	(配1种)
菌藻类	适量	(配1种)
硬果类	适量	(配1种)

(4)选配好上述各类食物的具体品种,并根据各种营养素的供给量标准加以适当调整。按以上设计,热能及生热营养素可以基本上达到平衡,但无机盐及维生素的含量还需要调整。这种调整只需在各类食物量已大致确定的前提下,在小范围内进行,如常需的无机盐主要由蔬菜、水果及硬果提供,故可适当增加一些硬果,并将蔬菜、水果在品种上进行搭配。再如核黄素及维生素A主要由动物内脏提供,故可每周选食1次。(5)按比例分配一日三餐。一日食物量确定后,只有三餐合理分配,才能有效利用其中的营养成分。一般情况下可按全天总热能分配,即早餐占25%~30%,午餐占40%,晚餐占30%~35%。在食物品种的选择上,早餐应尽量选择体积小,能引起食欲,又富含热量的食物,一般不用大量的新鲜蔬菜;午餐可以选择富含蛋白质和脂肪的食物;晚餐不宜过量摄入难于消化的富含蛋白质和脂肪的食物,而应多吃些蔬菜及含碳水化合物的食物。

2.以主食摄入量为基准编制营养食谱。(1)根据食用者类型确定每人每日热能及各种营养素供给量。(2)根据饮食习惯确定每日主食的供给量(一般在500克左右)。然后查阅常用食物一般营养成分表,并计算主食所提供的热能及各种营养素的量,将结果记录下来。(3)对照供给量指标,根据热能和蛋白质的不足,参考经济条件和当地当时的物质供应情况,确定豆类及动物性食物的数量,二者所含的蛋白质宜占全天蛋白质供给量的30%以上。然后查阅常用食物一般营养成分表,并计算出每一种副食品的热能及营养素的量,将结果记录下来。(4)对照供给量指标,根据无机盐和维生素的不足,确定蔬菜和水果的数量。一般每人每日应供给500~750克,其中绿色蔬菜最好能占一半;还要注意选用黄色、橙色和红色蔬菜。有条件的,水果可占果蔬供给量的40%,蔬菜品种则是越多越好。查阅常用食物一般营养成分表,并计算各种蔬菜和水果的热能及营养素的量,将结果记录下来。(5)将各种食物所含的热能及各种营养素的量逐项相加,与供给量标准逐项比较,±10%以内均为合适,否则便作适当调整,也可以在一周食谱内达到平衡。(6)进行一日三餐的合理分配。

餐制

餐制,也称“膳食制度”,是指把全天的食物按一定的次数、一定的时间间隔及一定的数量和质量分配到各餐中去的一种用餐制度。合理的餐制可以使膳食中的营养素得到充分的消化、吸收和利用,发挥更大的功效。因此,应该根据人体的生理特征,尤其是消化器官的活动规律以及生活、劳动的特点适当安排餐制。

每日的进餐次数和时间间隔,主要应以胃的功能恢复和食物从胃内排空的时间来确定。根据我国人民的膳食习惯,正常成人一般每日三餐,两餐之间大约相隔5小时。这是符合人体的生理状态的,因为一般混合膳食在胃内的停留时间为4~5小时,若两餐之间的间隔时间过长,容易饥饿,影响工作效率;若过短则不利于消化器官功能的正常发挥,影响食欲和对食物的消化。

每日三餐食物的数量和质量主要依据人的生活及工作需要来分配，有时也要考虑机体的生理状况，通常以热能的分配形式来体现。就一般情况而言，早餐占全天总热能的25%～30%，午餐占40%，晚餐占30%～35%，也就是通常所说的“早饭要吃好，午饭要吃饱，晚饭要吃巧”，这是比较科学的。因为午餐前后都是工作和学习的主要时间，必须保持良好的精神状态和旺盛的体力。早餐供给机体足够的热能，才能满足上午工作和学习的需要。午餐既要补足上午的热能消耗，又要为下午的工作和学习储备充足的能量，故所提供的热能比早晚两餐都多。晚餐供给机体的热能不宜过多，因为夜间睡眠时热能消耗不大，如过量摄入则影响睡眠，造成身体发胖，对中老年人还会导致动脉硬化，诱发冠心病、高血压、糖尿病等。

良好膳食制度优越性的体现必须以合理的三餐配膳作保证。在配膳时除了考虑热能分配之外，还要顾及一些其他方面，如早晨起床后一般食欲差，所以早餐应尽量选择一些热量高但体积小，又能激发食欲的食物，且需干稀搭配；中午人易感饥饿，所以午餐应选择体积较大又有饱腹感的食物；晚上往往吃饭后离睡觉的时间不长，所以应选择容易消化吸收的食物。

绿色食品

绿色，为生命之色，给人以明媚、清新、鲜活、自然的感觉。于是，人们形象地把在自然界生长，没有污染，不含任何合成化学成分的食品，称为“绿色食品”。食品前冠以“绿色”二字，并非是指此类食品的颜色，而是指它在化学组成上保持了自然本色，不会因合成化学物质的混入而对人体健康构成危害。近年来，食品生产经营者特别推崇绿色食品，往往在商品包装上醒目注明其字样；食品消费者也表现出对绿色食品的格外青睐，不惜重金相求。究其原因，一方面是受回归自然的饮食心态所驱使，另一方面则是随着物质生活水平的提高，人们更加注重食品的营养和安全，厌恶含非自然成分的食品。

绿色食品，通常也称为“天然食品”、“全天然食品”或“纯天然食品”；是否含有合成化学成分是其与非绿色食品相区别的首要标志。在没有污染的环境中，农、林、牧、副、渔各业生产的各种初级产品，一般都应属于绿色食品。它们通常未经加工，保持着生物体的天然化学属性，如新鲜的水果和蔬菜；鲜活鱼类和虾蟹等。但对于植物性食品而言，仅靠农家肥(有机肥料)生长而不用化肥、农药的才算绿色食品。或者它们仅经过少量的加工，但没有使用任何化学添加剂，如经碾磨加工而成的大米和面粉。对于可以食用的动物而言，一方面生长环境(包括饵料)要洁净，另一方面屠宰、加工和储运中，没有受到污染，才能叫绿色食品。在国外，蜂蜜、红糖、受精卵等，均是备受青睐的绿色食品。至于加工食品，没有添加人工合成的色素、香精、保藏剂、乳化剂、抗氧化剂等化学添加剂的，才能属于绿色食品之列。因为合成食品添加剂大都会对人体构成一定的危害，所以食品卫生标准中对于其使用有严格的限量，不得超标。

对绿色食品的推崇，虽然有利于将食物中的有害因素降低到最低限度，尤其是人为所致的有害因素；但也要注意避免把人类的饮食引入另一个误区，即完全回归自然，排斥一切非绿色食品。像强化食品中所用的食品营养强化剂，虽然有些属于化学添加剂之列，但是这种“强化”是人类营养所必需的。一些绿色食品热衷者主张饮用生牛奶，实际上这是冒着患布鲁氏菌病(波状热)和结核病的危险，而这些致病菌只有在牛奶烧沸后才可以被杀灭。

黑色食品

黑色食品是指颜色为墨黑、灰乌、深褐、紫红的各种食品，有天然的和人工的两大类型。“天然黑色食品”是指自然生长的外表呈深色的食品，如黑米、黑豆、黑芝麻、黑木耳、香菇、紫菜、海带、黑鱼、乌骨鸡等。“人工黑色食品”是指经过适当加工而呈现出深色的食品，如黑枣、乌梅、豆豉、食醋(发酵醋)、酱油、桂圆干、皮蛋等。近年来，国内外食品行业掀起了一股黑色食品潮，凡带黑色的食品，不论其品味如何，皆受宠幸，一概身价百倍。在中国，黑芝麻糊、黑八珍、黑木耳、黑豆豉等，颇受消费者青睐。在欧洲，黑色食品风靡市场，黑面包、黑鱼子酱、紫菜、海带等随处可见。在美国，黑蘑菇、黑橄榄、黑米饭、黑豆粥等都堂而皇之地登上了大饭店的餐桌。黑色食品之所以风行世界，一方面受时装界“黑色旋风”的感染，是追求新奇和赶时髦的心理所致;另一方面则是由于人们生活水平的提高,消费者日益重视食物的营养保健功能,而黑色食品正好能满足人们的这种需求。

黑色食品营养素含量丰富,构成合理,还有调节人体生理功能的作用,是一种比较理想的天然保健食品。例如,黑芝麻,含蛋白质21.9%,脂肪61.9%,每100克含铁50毫克,在各种食物中名列前茅,维生素E的含量更居植物性食品之首;黑豆,最突出的优点是蛋白质含量高,质量好,每100克中高达45~50克,还含有丰富的不饱和脂肪酸,以及钙、磷、铁和胡萝卜素、B族维生素;黑木耳,含铁量为猪肝的7倍多,并含有天然滋补剂——植物胶质;乌骨鸡,含有丰富的优质蛋白质,不饱和脂肪酸也占优势,是一种药食兼用的珍禽。科学家通过对黑豆与白豆、青豆和黄豆、黑木耳与白木耳,以及黑米与白米的营养对比分析表明,食品的颜色与营养之间有着密切的关系,对于同一属类的食品,往往是颜色愈深,其营养素的含量就愈丰富,构成也愈合理。

临床实践证明,经常食用黑色食品可以较好地调节人体生理功能,刺激内分泌系统,促进唾液分泌,有益于胃肠消化和增强造血功能,提高血红蛋白的含量,并有滋肤美容与乌发、延缓衰老之功效。传统医学认为:黑为水,入肾,肾主藏精,为生命之源,与人体生长、发育及衰老密切相关。我国早已将许多黑色食品列为补品,并有“逢黑必补”之说,如黑芝麻、黑豆、黑木耳、乌骨鸡等。现代医学研究不仅证实了很多黑色食品的保健功效,而且还发现了一些黑色食品的抗病治病功用,如黑香菇具有良好的抗癌作用;黑木耳可预防动脉粥样硬化、高血压和冠心病的发生;乌龙茶对高血压、血脂过高和冠心病等均有一定的辅助治疗作用。

我国是世界上黑色食品的主要产地之一,拥有相当丰富的黑色食品资源,因而市场前景广阔。近年来,各地利用本地资源,积极研制、开发和生产黑色食品的热潮正在形成。品种越来越丰富的黑色食品,对于日趋注重营养和保健的国人来说,无疑是一个很大的福音。

我国常见的黑色食品如下:黑米、紫糯、荞麦、燕麦、红高粱、黑大豆、黑豌豆、黑豆豉、黑芝麻、黑枣、乌梅、黑橄榄、黑桑椹、紫葡萄、李子、桂圆干、芋艿、紫菱、紫茄子、荸荠、红花菜、红菜苔、黑香菇、黑木耳、干豆角、鸡棕、猴头、石耳、血耳、发菜、蕨菜、薇菜、紫菜、海带、香椿、黑猪、黑狗、黑毛驴、黑山羊、牦牛、深色驼、乌骨鸡、黑麻鸭、皮蛋、墨鱼、乌鳢、黑鲩、黑鲢、黑鲤鱼、鳝鱼、泥鳅、海参、紫鲍、青虾、大龙虾、田螺、螃蟹、甲鱼、乌龟、蛇、虫草、蝎子、蚂蚁、蚕蛹、田鼠、鹌鹑、红糖、发酵醋、酱油、黑辣椒、黑胡椒、茶叶、黑啤酒、可口可乐等。

食品污染与中毒

食品污染

食品污染是指食品及其原料在生产、加工、贮存、运输、销售等环节中,受到外来有害或有毒物质的侵袭,以致降低食品的卫生质量,对人体健康造成危害的现象。食品污染中的有害或有毒物质称为“污染物”。在一般情况下,食品本身不含有害有毒物质,或者含量极少,基本符合卫生质量要求,只有在污染物的含量超过规定的卫生标准时,才算是食品污染。食用受污染的食物将直接危害人体健康;严重的可引起食物中毒,造成残废甚至死亡。

食品污染按其污染物的性质可分为3类:(1)生物性污染。由微生物、寄生虫及昆虫等造成。①微生物污染主要有细菌、真菌及其毒素的污染。食品中的细菌包括能引起食物中毒、人畜共患传染病,以及其他以食品为传播媒介的“致病菌”;还包括仅能引起食品腐败变质,并可作为食品受污染的标志的“非致病菌”。②寄生虫及其虫卵污染。多是由病人、病畜的粪便通过水源、土壤来间接污染食品的,或者是直接对食品造成污染。③昆虫污染。主要由粮食中的甲虫、螨虫、蛾类以及动物性食品中的蝇蛆等引起。(2)化学性污染。涉及范围较广,情况复杂,主要有:①生产或生活环境中各种有害化学物质的污染。如残留在动植物食品中的农药造成的污染;食品加工过程中产生的有害物质的污染。②工业“三废”(废气、废水、废渣)中有害物质的污染。③质量不符合食品卫生要求的容器、器械、包装材料、运输工具、器具表面涂料中有害物质的污染。④食品添加剂中可能含有的有害物质的污染。⑤食品在加工、贮存中产生的有害物质的污染。虽然这些污染与食品污染在概念上有所区别，但从食品卫生学来看，仍然都属污染之列。(3)放射性污染。主要来自3个途径，即：①非天然放射性核素，由核爆炸试验产生的放射性；②应用放射性核素时核废物的不合理排放；③意外核泄漏或地下核试验冒顶等事故。它们先污染大气、土壤和水域，进而污染动植物，最后对人体产生危害。其中，尤其是半衰期较长的放射性核素产生的污染，更为严重。

食品污染的程度常常取决于环境污染的状况。人类生活在自然环境之中，其食物取自于自然环境，当大气、水域、土壤以及依附于它们生活的各种动植物受到工业“三废”、化学农药、生活污水以及放射性核素污染时，人类的食物势必要受到污染。当环境污染物沿着生物链由低等生物向高等生物的逐次转移的过程中，每经过一种生物体，其浓度就有一次明显的增大，有时生物体内污染物的浓度可以达到环境中污染物浓度的数千倍甚至是上万倍。也就是说，轻微的环境污染如果不注意整治，就会造成严重的食品污染。人类以动植物为食物，位于整个食物链的顶端，所受环境污染的危害程度，也就不言而喻了。

食品腐败变质

从商品学意义上讲，食品的腐败变质，是指食品失去其商品价值的一系列变化，主要表现在感官质量的明显降低；从食品卫生学意义上讲，食品的腐败变质则泛指在以微生物为主的各种因素作用下，食品的食用价值降低、甚至完全失去的一切变化(包括蛋白质的细菌性分解，脂肪的水解和氧化，碳水化合物的酵母性酵解和真菌性霉变，微生素的氧化性破坏等)。食品腐败变质有多种表现形式，肉、禽、蛋、鱼等富含蛋白质，它们经微生物作用会产生大量的胺类及硫化物，出现明显的臭味，这叫“腐败”。食用油脂和含脂肪丰富的食品，会因脂肪氧化产生[illegible]味，这叫“酸败”。蔬菜、水果等经细菌分解会出现组织溃烂，这叫“腐烂”。粮食受真菌作用会长霉，这叫“霉变”。食品的腐败变质，表面上看是食品感官性状的恶变，实质上却是食品所含营养成分在微生物等因素的作用下发生了变化。这些变化不仅会导致食品的营养价值降低，而且可能产生毒性，人体摄入后会引起中毒。

微生物在食品中生长、发育、繁殖，需要一定的营养物质和相适应的酸碱度、水分活度、温度以及渗透压、空气、食品的组织状态等环境因素。所有这些，也是造成食品腐败变质的原因。

1.食品的主要原料来自动植物。它们提供给人体的营养物质，同时又是微生物的作用对象。不同的微生物往往带有不同的分解酶，对不同化学组成的食品具有一定的选择性。见下表：

分解三大营养素的微生物

微生物种类	营养物质		
	蛋白质	碳水化合物	脂肪
细菌	需氧芽胞杆菌属 假单胞菌属 变形杆菌属 梭菌属	需氧芽胞杆菌属 淀粉梭菌 酪酸梭菌	荧光假单胞菌
酵母菌	只有少数酵母，如红酵母属	绝大多数酵母	解酯假丝酵母
霉菌	青霉、曲霉、根霉、毛霉、木霉	木霉	黄曲霉、黑曲霉、烟曲霉等

2.食品的酸碱度(即pH值)对微生物有着重要影响。食品原料的酸碱度，一般是pH<7，有些pH=2～3。pH值在4.5以上者属于非酸性食品，如蔬菜、鱼、肉、乳类等；pH值在4.5以下者属“酸性食品”，如所有水果。不同的微生物可以在不同的pH值条件下生长，如pH>4.5时，适于细菌生长，pH<4.5时，有利于霉菌和酵母生长。所以，能够引起酸性食品和非酸性食品腐败变质的微生物类群，是有所不同的。

3.食品中的水分是微生物生长繁殖的又一

个必要条件。一般含水量多的食品，易于微生物繁殖，反之，生长就困难。食品的水分含量与水分活度（食品中水分的自由程度）有一定关系，对于同一种食品，水分含量高，则水分活度大。水分活度以 Aω 表示，其值在 0～1 之间。不同的水分活度适合于不同的微生物生长，细菌为 Aω＝0.94～0.99，酵母为 Aω＝0.88～0.94，霉菌则能在更低的 Aω 范围内生长。一般在 Aω＜0.64 时，任何微生物的生长都会受到抑制。

4. 温度是影响微生物繁殖的关键。在 0℃ 以下或冻结状态中，微生物基本上停止生长繁殖，即或是水分含量高的食品，也能保存很久时间而不腐败变质。不同的微生物，生长繁殖的适宜温度也有所不同，据此可分为 3 类：嗜热（＞40℃）微生物、嗜冷（＜10℃）微生物和嗜温（25～30℃）微生物。在 25～30℃ 的温度下，各种微生物都可以大量繁殖，促使食品腐败变质加据。见下表：

不同温度范围内微生物活动的主要类群

温 度	微生物类群		
低温 10＜℃	霉菌	酵母（少数）	细菌（少数）
中温 25～30℃	霉菌	酵母	细菌
高温＞40℃			细菌

5. 不同的微生物，其生长繁殖对氧气的充足与否也有一定的要求，据此可分为“需氧微生物”和“厌氧微生物”两类。在有氧的情况下，霉菌、酵母和细菌都可以在食品中大量繁殖，致使食品腐败变质；同时，由于对氧气的大量消耗，可以造成厌氧环境。在无氧的情况下，只有酵母和细菌能引起食品腐败变质。

6. 不同的微生物对食品渗透压的适应程度也不一样。它们中的绝大多数能生活在低渗透压的食品中；而在高渗透压状态下（如糖渍、盐腌），绝大多数细菌难以生长或生长期很短。不过，多数霉菌和少数酵母则对高渗透压有较强的耐受性，有的甚至能继续生长繁殖。

7. 食品本身的组织状态也是影响其腐败变质的因素之一。组织溃破、细胞膜破裂等，为微生物侵入食品提供了条件，从而会加速腐败变质，如蔬菜、水果溃破后易于腐烂；花生、豆子破皮后易生霉；完整的动物肌肉表面有一层很薄的保护膜，可以防止或减缓腐败，但是一经切碎它就容易变质了。

食品污染变质的表现

食品被生物性污染、化学性污染和放射性污染之后，由于内部组织结构的变化，其外部经常会出现一些征兆；有时通过这些感官性状的变化，可以将良质食品与变质食品区分开来，从而防止误食，起到一种自我保护作用。

食品污染变质的主要表现是：

1. 腐败。即在腐败微生物（如枯草杆菌、肉毒杆菌、香肠杆菌、大肠杆菌、变形杆菌、土豆杆菌、霉菌）分泌的蛋白酶作用下而引起的蛋白质分解过程。在缺氧条件下，被腐败的动植物原料常常带有毒性和臭气，一般容易识别，如腐败的鱼肉和豆制品之类。

2. 霉变。这是霉菌在食品中生长繁殖以后，致使食品改变了原有的外观、滋味和品质。它最明显的特征是，食品外部出现青霉、毛霉、根霉或曲霉等菌类生成的有色“霉斑”或“霉粉”，一看便知。

3. 酸败。在微生物作用下，食品中的脂肪被水解为甘油和脂肪酸，脂肪酸又氧化生成酮酸，酮酸再失去 CO_2，而形成低分子酮的过程，叫酸败。它的突出标志是食品中有一股很强的“哈喇味”，这常见于贮存很久的油脂中。

4. 变色。此乃细菌在食品中产生色素的结果。如嗜盐性细菌会使咸鱼变红，荧光假单孢菌会使食品变黄，黑色假单孢菌会使肉的表面变蓝等。

5. 发光。如磷光发光菌可使鱼肉产生磷光，萤光杆菌可在晚间使鱼产生萤光。

6. 粘液化。如粘液产碱杆菌、枯草芽孢杆菌、荤状芽孢杆菌等，都会使米饭、面包等食品粘液化（即表层出现粘液或粘丝）。

7. 被膜。这是接合酵母菌等在酱油或酸菜水的表面生成的有色“薄膜”，可以轻轻揭起。被膜常是食品变质的先兆。

8. 红斑。如赤酿母中的神灵芽孢杆菌在肉品上繁殖后会出现红斑。

9. 黑斑。腊叶芽枝霉可在冷冻肉上繁殖，使之表层出现黑斑。

10. 发酸。此乃火腿变质的行业术语。即由于嗜冷性或耐盐性细菌的寄生，先在火腿中分解出无臭味的朊，使其腐败后再产生可厌的硫醇、硫化胺和吲哚，令人难闻。

11.油臭。这是曲霉和青霉浸入存放在空气中的火腿后，促使其中的脂肪分解，所产生的强烈臭味。

12.败坏。如耐高糖酵母造成糖浆与蜂蜜的败坏，耐高浓度酒精酵母造成酒精的败坏。

13.腐烂。霉菌、酵母或其他细菌侵入表皮破损的蔬菜水果之后，能够迅速繁殖，分解有机物，从而导致菜果腐烂。

14.发酵。如水中菌在蛋、鱼、贝类中发酵，土壤菌在畜肉中发酵，空气菌在熟食制品中发酵，都会致使食品变质，并产生一些令人讨厌的气味。

总之，当食品中出现以上各种“异常症状”时，都要警觉，不可以盲目地继续食用了。

食品保藏

这是防止食品腐败变质，延长食品食用期限，改善食品风味，便于食品运输携带，而对食品进行处理加工的一种控制措施。从食品卫生学的角度看，其根本目的是防止食品腐败变质。食品保藏的基本原理是通过改变食品的温度、水分、pH值、渗透压或采用其他抑菌杀菌措施，将食品中的微生物杀灭或使其生长繁殖能力减弱。若按食品保藏原理分类，现有的食品保藏技术大致上可以划分为4类：(1)维持生物体的最低生命力，在较长时间内保持其天然免疫性。如低温贮藏新鲜蔬菜、水果。(2)抑制食品中微生物及酶的活动，延缓食品腐败变质。如冷冻、干制、盐腌、糖渍、烟熏、添加防腐剂。(3)通过发酵培养有益的微生物，抑制腐败菌的生长繁殖。如泡菜、制酱。(4)将食品中腐败菌减少或杀灭到长期贮藏所允许的最低限度，并维持这种状态。如热处理、微波处理、紫外线照射、过滤。

食品经过保藏仍然会发生一定的质量变化，其变化程度随保藏手段和方法的不同而异。我国劳动人民在长期生活实践中，积累了丰富的食品保藏经验，发明了不少保藏方法；其中有些不仅简便易行，而且颇有科学道理，故能流传至今。随着现代科学技术的发展，人们在不断改进传统方法的同时，还创造了多种新技术和新方法，大大提高了保藏食品的质量。

常用的食品保藏方法有：

1.低温保藏。此乃最常用的方法，有冷藏和冷冻两种方式。“冷藏”的温度一般控制在－4～4℃，适合短期保藏食品。“冷冻”的温度一般控制在≤－20℃，可以长时间保藏食品。低温保藏温度的高低，要依据食品性质和保藏时间而定。

2.高温灭菌。利用高温杀灭食品中的微生物，破坏食品自身的各种酶，使食品易于保藏。加热方法包括烹煮、煎炒、油炸、烘烤、熏蒸等。如要长期保藏、还需结合使用密封、冷冻、真空诸法。此外还有加热温度在100℃以下的“巴氏消毒法”。此法主要用于不宜于高温灭菌的食品，如鲜牛奶、酱油、啤酒；但它不能完全灭菌，只适合于食品的短期保藏。

3.脱水干燥。古老的食品保藏方法。通过日晒、晾干或烘干等干制处理，使食品大量脱水，含水量降到微生物生长繁殖所必需的量以下，从而预防食品腐败变质。干制食品应贮存在干燥的环境中，一般要求环境湿度在70%左右。脱水干燥若能与密封相结合，则效果更佳。

4.盐腌糖渍。利用提高渗透压杀灭或抑制食品中微生物，抑制食品中酶的活性，以达到长期保藏食品的目的。其中的“盐腌”，食盐浓度需达到10%以上，并注意卫生条件；“糖渍”，主要用于保藏水果类食品，食糖浓度需达到60%～65%，但这仍不能完全抑制霉菌和酵母的活动。

5.酸渍保藏。传统的保藏方法。即提高食品中氢离子的浓度，抑制一些微生物的生长繁殖，改善食品风味，防止食品腐败变质。它多用于保藏蔬菜。常见的是利用乳酸菌发酵，如泡菜、酸菜。另一种方法是直接在食品中加入一定量的食用醋酸，如醋渍黄瓜、醋渍蒜头。要注意的是，酸渍食品仍然需要置于低温中。

6.烟熏处理。一般是将盐腌过的动物性食品用熏料燃烧时产生的烟熏制。烟中含有微量的木馏油酚、甲醛等，沾附于食品表面，可起到防腐作用；加之在熏制过程中食品部分脱水，更有助于防止腐败变质。烟熏有“冷熏”和“热熏”两种，前者温度不超过22℃，后者一般为35～50℃，有些可达60～110℃。烟熏食品仍有霉变的可能；如果熏料选择不当，还会受到多环芳烃类物质(具有致癌作用)的污染。

7.辐照保藏。食品保藏的物理方法。用电离辐射对食品进行照射处理，抑制其发芽、杀灭微生物及昆虫，延缓后熟，从而延长食品贮存期。它可以大大减少食品中化学防腐剂的使用，并且对人体不会产生慢性中毒和致癌作用。

食物中毒

食物中毒是指由进食含有致病菌、生物性或化学性有毒物质以及动植物天然毒素的食品而引起，以急性感染或急性肠胃炎为主要临床特征的一类疾病。它不包括因暴饮暴食引起的急性肠胃炎以及经口腔长期连续或一次性摄入引起的以慢性毒害为主要特征的其他疾病。

食物中毒具有流行病学的6个特点：(1)一般潜伏期短，病势急剧，往往在食后几十分钟至几小时内可有大量病人同时出现，常为集体暴发，很快形成高峰(有时也有个体散在)。而且所有病人均有类似的临床表现，多有恶心、呕吐、腹痛、腹泄等急性肠胃炎症状。(2)病人在相近的时间内都吃过同样的食物，发病范围局限在食用过该种有毒食物的人群中；停止食用这种食物后，发病立即停止。(3)没有传染性，中毒病人对健康人不直接传染。发病曲线呈现突然上升又迅速下降的趋势，一般没有传染病流行时所表现的"拖尾"现象，依此可与肠道传染病相区别。(4)食物中毒的发生，常因自然条件和饮食习惯的不同而具有流行特点。我国发生的食物中毒，从中毒件数和人数看，主要为细菌性食物中毒，其中以沙门氏菌中毒占首位。(5)有明显的季节性。气候温暖的夏秋，发生率较高。因为该时期气温高，利于微生物生长繁殖和产生毒素。而且许多有毒动植物的生长、采集或捕获也常在此时期。(6)具有地区性，如肉毒梭菌毒素引起的中毒在我国大部分地区极为少见，90%以上发生在新疆；河豚鱼毒素引起的中毒多集中在长江中下游及沿海；变质甘蔗中毒多发生在北方。这都与地区间的食物构成差异有关。

食物中毒的病因类型可分为细菌性食物中毒、霉菌毒素中毒、化学性食物中毒、有毒动植物中毒4类。

细菌性食物中毒

据国内外的资料统计，各类食物中毒事件中，细菌性食物中毒最为多见，国外约占70%～80%，国内约占50%～60%。细菌性食物中毒全年都可发生，夏秋较多。引起中毒的食品主要是营养丰富、酸碱适度的肉、鱼、蛋、奶及其制品，也有一些植物性食品(如剩饭、糯米凉糕等引起葡萄球菌肠毒素中毒，豆制品、酵面制品等引起肉梭菌毒素中毒)。导致中毒的原因大多是由于食品被致病菌污染以后，在适宜的温度、水分、pH值和营养条件下，细菌大量繁殖，加之食用前不经加热或加热不彻底，使食品带有大量活的致病菌或它们产生的毒素。细菌性食物中毒，根据病原的区别，可分为感染型和毒素型两类，前者由病原菌所致，后者为细菌产生的毒素所致。根据临床表现的不同，又可分为胃肠型和神经型两类，前者在临床上比较常见，其特点为潜伏期短，集体发病，大多伴有恶心、呕吐、腹痛、腹泄等急性胃肠炎症状；后者主要是肉毒梭菌毒素中毒。

常见细菌性食物中毒情况如下：

1. 沙门氏菌属食物中毒(多发生在夏秋两季)。

中毒食品：家畜肉、家禽肉、蛋类、奶类及其制品。

主要临床表现：潜伏期一般为12～14小时，短约6～8小时，长达48～72小时。

胃肠炎型(最多见)：病初寒战，头晕、恶心、痉挛性腹痛，随后呕吐、腹泄、发热、全身酸痛，大便呈黄绿色、水样便、恶臭，少数有粘液或血，一日7～8次或更多，体温在38～40℃，重症者不及时救治可致死亡。

预防措施：加强屠宰卫生管理；严禁采购或食用病死畜禽；搞好烹饪卫生管理；充分加热；生熟食品严格分开；低温贮存。

2. 葡萄球菌肠毒素食物中毒(多发生于夏秋两季)。

中毒食品：牛奶、肉、鱼、蛋及其制品，奶油点心及淀粉类食品，如糯米凉糕、凉粉、米酒、剩饭等。

主要临床表现：潜伏期一般为2～4小时，最短1小时，最长6小时。

恶心、唾液多、剧烈反复呕吐、上腹剧烈疼痛、腹泄、水样便、体温正常或低烧，严重者头痛、出汗、虚脱、血压下降。儿童发病率高。

预防措施：保持食品加工人员的个人卫生和手的清洁；带菌者彻底治愈前不可接触熟食；剩饭剩菜加热后低温存放不宜超过4小时；100℃

加热 2 小时。

3.变形杆菌食物中毒(全年发生,夏秋两季较高)。

中毒食品:水产类及其他动物性食品、凉拌菜、剩饭菜及豆制品。

主要临床表现:急性胃肠炎型:潜伏期一般为 10~12 小时,短约 2 小时,长达 30 小时。恶心、呕吐、头晕、头痛、乏力、阵发性剧烈腹痛、腹泄;水样便,伴有粘液、恶臭,一日 10 余次。过敏型:潜伏期一般为 0.5~2 小时。上身皮肤潮红、头晕、头痛,有荨麻疹。混合型:以上二者均有。

预防措施:食品加工人员保护手的清洁;严格执行生熟食及其用具分开;加强除蝇灭鼠。

4.副溶血性弧菌食物中毒(仅发生于 5~11 月,7~9 月为高峰期)。

中毒食品:海产鱼、虾、蟹、贝类;肉、禽、咸菜、凉拌菜。

主要临床表现:潜伏期一般为 10~18 小时,多为 10 小时左右,短 3~5 小时,长达 24~48 小时。上腹阵发性绞痛、呕吐、腹泄,血水便转脓血便,回肠部压痛明显,体温一般为 37.5~39.5℃。

预防措施:加强对海产品的卫生管理;低温贮存食品;100℃加热 30 分钟;醋渍灭菌。

5.肉毒梭菌毒素食物中毒(全年发生,冬春两季最多)。

中毒食品:家庭自制发酵食品,如臭豆腐、豆豉、豆酱等。还有肉类及其制品。

主要临床表现:潜伏期一般为 1~4 天,短 6 小时,长 8~10 天,个别达 60 天。病初全身乏力,头晕、头痛,食欲不振,走路不稳,少数有胃肠炎症状;继之眼睑下垂,视力模糊,复视,瞳孔放大;同时声音嘶哑,语言障碍,咀嚼、吞咽和伸舌困难,口干,颈软,面无表情,上肢无力,严重者会死亡。

预防措施:选料新鲜,清洗彻底;低温、通风贮存食品;80℃加热 30 分钟或 100℃加热 10~20 分钟;破伤的皮肤不可接触可疑食品。

6.蜡样芽孢杆菌食物中毒(夏秋两季发生)。

中毒食品:剩饭及肉类、豆制品为主。还有奶制品、凉拌菜等。

主要临床表现:呕吐型胃肠炎:潜伏期一般为 0.5~2 小时,最长 5~6 小时。恶心、呕吐、头晕、四肢无力、口干、寒颤、胃不适、腹痛,少数腹泄、腹胀,但体温正常。腹泄型胃肠炎:潜伏期平均为 10~12 小时。以腹痛、腹泄为主,偶有呕吐、发烧。

预防措施:做好防蝇、防鼠、防尘工作;食品应低温短时间存放;熟食应彻底加热,一般是 100℃加热 20 分钟。

7.韦氏梭菌食物中毒(又称产气荚膜杆菌食物中毒)。

中毒食物:肉类和水产食品为主。也有蛋类、蔬菜和罐头。

主要临床表现:A 型:潜伏期 8~12 小时。腹痛、腹泄,水样便,偶混粘液或血液。C 型:潜伏期仅数小时。呕吐、腹痛、腹泄、粘血便、脱水,病死率达 40%。

预防措施:控制食品卫生质量;从业人员身体检查;低温贮存食品;剩的饭、菜食用前加热。

8.致病性大肠杆菌食物中毒。

中毒食物:受污染的各种食品及水源。

主要临床表现:急性胃肠炎型:潜伏期一般为 10~24 小时,短 4 小时,长 48 小时。食欲不振、呕吐、腹泄,水样便,伴粘液,体温 38~40℃,少数有剧烈腹绞痛。急型菌痢型:腹痛、里急后重、腹泄、黄色水样便,伴粘液脓血,体温 37.8~40℃,持续 3~4 天,有些患者呕吐。

预防措施:同于变形杆菌食物中毒的预防。

9.酵米面黄杆菌毒素食物中毒(酵米面食物中毒)(发生于 6~8 月)。

中毒食物:酵米面(亦称臭米面,我国北方农村居民家庭自制的一种食品)。

主要临床表现:潜伏期多在 12 小时以内,少数在 1~2 天以上。病初胃部不适、恶心、呕吐、腹胀、腹痛,一般不发烧,偶见腹泄,呕吐物多为咖啡色,严重者出现黄疸、肝肿大、少尿、血尿、便血、昏迷、谵妄、抽搐,多因呼吸衰竭,血压下降,呈现中毒性休克而死亡,病死率为 40%~100%。

预防措施:不制作和不食用酵米面;注意粮食保管,严防潮湿、霉烂变质。

霉菌毒素中毒症

霉菌是真菌中的一个类,是在营养基质上丛生绒毛状(或蜘蛛网状、絮状)菌丝体的丝状菌的俗称。有些霉菌在食品中生长繁殖时所产生的代谢物或使食品成分转变的物质,可使人和动物产生某些疾病或异常生理作用,这便是霉菌毒素。由霉菌毒素引起的中毒,统称为霉菌毒素中毒症。还有些霉菌毒素具有致癌作用,如黄曲霉毒素 B_1、B_2、G_1、M_1,可导致肝、肾等癌变;杂色曲霉毒素,可导致肝癌和皮下肉瘤。

产毒霉菌广泛分布于土壤、空气、水和生物体内外,只要条件适宜,都可以在多种食品中生长繁殖并产生毒素。其毒素能耐高温,常规烹调一般不易破坏。目前已发现的霉菌毒素约150种,不过在食品中天然存在的只有10余种,但是,食品中包含了毒性和致癌性最强的黄曲霉毒素 B_1、杂色曲霉毒素等。因此,防止霉菌毒素对人民生命安全的危害,是食品卫生学的任务之一。

霉菌毒素中毒症与细菌性食物中毒的区别

比较项目	霉菌毒素中毒症	细菌性食物中毒症
食品感官	有霉变	大部分无感官性状的变化
中毒食品	霉变食品	受污染的各种食品
潜伏期	一般为0.5~2小时	一般为2~4小时
临床症状	对实质器官有损	以胃肠症状为主
愈　后	除赤霉烯酮中毒外,一般愈后不良	愈后大都较好
治疗方法	无特效疗法	有特效药物

霉菌毒素中毒症主要有4种。

1.黄曲霉毒素中毒。黄曲霉毒素为黄曲霉和寄生曲霉中产毒菌株的代谢产物,现已分离出的有黄曲霉毒素 B_1、B_2、G_1、G_2、M_1、M_2、P_1 等十几种,其中以 B_1 的毒性最强,有很强的致癌性。它属于剧毒的物质,其毒性比氰化钾大10倍,为砒霜的68倍。对人体的急性损伤主要在肝脏,如出血、肝细胞变性、坏死及胆管增生等;其次是肾脏和肾上腺。如果持续少量摄入,会造成慢性中毒。从某种意义上讲,黄曲霉毒素对人体的慢性损伤比急性损伤更具危害性。黄曲霉毒素主要污染粮油及其制品,如花生、花生油、玉米、大米、棉籽等。为了防止黄曲霉毒素中毒,在食品贮藏时,应当控制温度和湿度,改善通风条件,或者是采取其他措施,防止食品霉变;如果食品已经霉变,应采取去毒措施,如拣弃霉变花生仁、磨筛去掉玉米的胚芽及皮等。

2.黄变米中毒。稻谷由于霉菌污染,使米粒呈现黄色,这类变质米称为“黄变米”,在我国又称“黄粒米”或“沤黄米”。米粒变黄是霉菌的有色代谢产物渗入大米胚乳所致。经过实验证实,这些代谢产物不仅对生物具有毒性,而且还能引发肝癌,因此,对黄变米中毒的研究日益受到重视。根据病原菌的不同,黄变米可分为3种:(1)黄绿青霉黄变米。内中含有可侵入中枢神经,导致脊运动神经麻痹,最后呼吸停止而死亡的黄绿青霉素。(2)桔青霉黄变米。内中含有能引起肾慢性实质性病变的桔青霉素。(3)岛青霉黄变米。内中含有会引起动物肝硬化和肝癌的黄天精和岛青霉毒素。防止黄变米中毒的最好办法是坚决不食黄变米。

3.霉变甘蔗中毒。此类食物中毒国外迄今未见报道,我国于1972年3月在河南郑州首次发现,近几年有所增多,已发生160多起,大多为3~16岁的儿童和少年。据研究可能是由于甘蔗贮存不当或未成熟的甘蔗含糖量较低,易受节菱孢霉污染发生变质所引起的,但未定论。霉变甘蔗中毒表现为发病急,潜伏期最短只有10分钟,也有长达17小时的。潜伏期越短,症状就越严重,而且愈后越不良。发病初期症状为呕吐、头晕,继之出现眼球偏向(大多向上)凝视、视力障碍。重症病人在1小时左右出现阵发性抽搐、昏迷、瞳孔散大、大小便失禁。抽搐时头向后仰,牙关紧闭,四肢关节屈曲或伸直、内旋,手呈鸡爪状,这说明脑干为其主要受损部位。若不及时救治,会因昏迷而死亡。幸存的重症病人,留有类似乙型脑炎的后遗症。为了预防霉变甘蔗中毒,应当大力宣传此类中毒知识;严禁销售和食用变质甘蔗;甘蔗贮藏时不要大批挤压堆放,不要受潮,时间不宜过长;春季的甘蔗最好随割随运、随到随卖,随买随食。

4.霉烂甘薯中毒。甘薯(又名红薯、甜薯、地瓜或红苕)如果贮存不当,可受霉菌污染,表面出现褐色斑块,味苦,发硬,这叫“黑斑病”,食后可以引起中毒。此类中毒可能为茄病腐皮镰刀菌或甘薯长喙壳菌的污染以及它们产生的毒素所致。潜伏期一般为数小时至1天,长的可达10～30天。主要中毒症状是食欲减退、胃部不适、呼吸困难及肠胃炎症状,严重者肌肉颤抖、痉挛、神志不清、昏迷、瞳孔放大,3～4日后体温升高,于数日内死亡。霉烂甘薯中毒还会引起肝脏病变、间质性肺炎,造成肾脏慢性坏死。预防霉烂甘薯中毒须注意两点,一是做好贮藏工作,防止霉变;二是已发生霉变或黑斑者,禁止食用。

有毒动植物食物中毒

包括动物性自然毒中毒和植物性自然毒中毒。有3种情况:(1)多数是某些动植物虽然外形上与可食的安全食品相似,但内中含有天然有毒成分,人们因误食而引起的中毒,如河豚鱼中毒、毒蕈中毒。(2)某些日常食用的动植物,因保存不当或外来污染而带有毒性,不慎引起中毒,如蜂蜜中毒、发芽马铃薯中毒、鱼类组胺中毒。(3)某些虽然含有少许毒素但仍可食用的动植物,因加工处理不当或食用量过多而引起中毒,如四季豆中毒、豆浆中毒、动物肝中毒。植物性自然毒中毒的流行有着明显的季节性和地区性,多是散在发生,发病率较高,死亡率随有毒植物的种类、食入量,以及食用者的个体差异而不同。动物性自然毒中毒的规律与前者基本相似,只是地区性特点更为突出一些。

(一)常见有毒植物引起的食物中毒:

1.毒蕈中毒。

中毒原因:采集的野生鲜蕈,购买时混杂于干蕈中而误食。

有毒成分复杂,往往一种毒蕈中会含多种毒素,一种毒素又存在于多种毒蕈之中。

中毒表现:(1)肝肾损害型。潜伏期6～72小时,24小时内发病多见。病初上腹及脐部剧烈疼痛,恶心、呕吐、腹泻(大便呈淘米水样),1～2天后消失;经1～3天假愈期,出现急性中毒性肝病症状的内脏损害现象。脑、心等组织受损者,头痛、眩晕、精神不振,重者谵妄、烦躁不安、抽搐、昏迷等。并且占毒蕈中毒死亡的95%以上。(2)神经精神型。潜伏期10～120分钟,主要为精神兴奋、精神错乱、精神抑制及幻觉。典型症状为腺体分泌亢进、流涎、流泪、多汗,而后瞳孔缩小、脉缓,部分患者有胃肠反应。(3)胃肠炎型。潜伏期0.5～6小时。恶心、呕吐、腹痛(以上腹部或脐区为中心,阵发性)、剧烈腹泻(水样便,有粘液)。(4)溶血型。潜伏期1～2天,病初腹胀、腹痛,继而剧烈呕吐、腹泻、头痛、倦怠、肝脾大、肝区疼痛、黄疸、血红蛋白尿等,严重者心律不齐、谵妄、昏迷或抽搐,甚至导致死亡。

预防措施:广泛宣传毒蕈中毒的危险性,提高对于毒蕈的识别能力;严防毒蕈混购、混销;干燥食用菌应洗净,煮沸5～7分钟,弃去汤汁后再食用。每次进食量最好不超过250克。

2.含氰甙植物中毒。

中毒原因:含氰甙类植物主要有薯和苦杏仁、桃仁、枇杷仁、樱桃仁、李子仁、苹果仁、杨梅仁、亚麻仁等,如果食用不当可引起中毒,并有致命危险。其中,苦杏仁和木薯中毒较多。

中毒表现:苦杏仁中毒:潜伏期一般为1～2小时,短约30分钟,长达12小时。早期有粘膜刺激症状及口中苦涩、流涎、恶心、呕吐等症状,伴有头晕、头痛、全身无力、心悸,随之呼吸急促、胸闷、不同程度呼吸困难。严重者躁动不安、瞳孔散大,光反射消失,牙关紧闭,血压下降,体温上升,发生强度痉挛以及紫绀,最后死亡。

木薯中毒:潜伏期一般为6～9小时,短约2小时,长达12小时。主要表现为中枢神经系统症状,开始时呕吐中枢、呼吸中枢、迷走神经、扩瞳肌及血管运动中枢兴奋,以后抑制、麻痹,其中毒症状与苦杏仁中毒相似。

预防措施:向群众宣传苦杏仁的毒性,不吃苦杏仁、苦桃仁等。食用甜杏仁必须加热熟透。木薯不要生吃,食用前一定先除皮,切片、反复水浸和蒸煮以去毒,不宜用铜锅烹煮,汤汁不可以食用。不宜空腹吃,一次进食量不要太多。

3.发芽马铃薯中毒。

中毒原因:含有龙葵素,尤其是未成熟的绿色马铃薯和发芽马铃薯中含量较高。

中毒表现:潜伏期0.5～3小时,咽部及口腔粘膜有刺痒烧灼感,上腹部不适,恶心、呕吐、腹痛、腹泻,严重者出现意识障碍、瞳孔散大、抽搐、呼吸困难,甚至死亡。

预防措施:在低温、干燥、避阳光的地方贮藏,防止发芽。生芽过多或皮肉变绿者不要食用。生芽少者,应将芽及芽基部剔除,浸漂煮熟,烹调时务必加些醋。

4.四季豆中毒(主要是菜豆、洋扁豆等)

中毒原因:烹调时未熟透,或贮存过久。有毒成分尚未十分清楚,可能是皂素或植物血凝素。

中毒表现:潜伏期一般为2～4小时,恶心、呕吐、腹痛、腹泻、头晕、头痛,部分病人胸闷、心慌、手脚发冷、出冷汗、四肢麻木、畏寒,但体温一般正常。

预防措施:烹调中烧熟煮透。

5.鲜黄花菜中毒。

中毒原因:含秋水仙碱。

中毒表现:潜伏期一般为0.5～4小时,主要为恶心、呕吐、腹痛、腹泻、头昏、口痛、口渴喉干。

预防措施:最好食用干制品;鲜食须用水浸泡或开水烫泡后弃汁烹调。

6.苦瓠子中毒。

中毒原因:毒物尚未确定,可能是苦瓠子甙。

中毒表现:潜伏期10～120分钟,头晕、胃部不适、恶心、呕吐、腹泻。

预防措施:弃之不食。

7.豆浆中毒。

中毒原因:可疑病因为皂素、植物血凝素、抗胰蛋白酶等。

中毒表现:恶心、呕吐、腹胀、腹泻,有的还头晕、无力等。多数当天可恢复。

预防措施:煮沸后再煮数分钟。

8.魔芋中毒。

中毒原因:中毒成分不详,大多是生食所致。

中毒表现:潜伏期0.5～3小时,病初咽喉及胃肠有烧灼感,继之流涎、恶心、呕吐、腹痛、语言不清、惊厥,甚至可死亡。

预防措施:煮沸3小时以上食用。

9.荔枝病

中毒原因:毒性成分不详,多是超大量食用鲜荔枝所致。

中毒表现:发病突然,头晕、出汗、面色苍白、皮肤厥冷、疲乏无力及心悸。严重者昏迷,阵发性抽搐、瞳孔缩小,皮肤紫绀,甚至血压下降,呼吸困难。

预防措施:不要连续数日大量食用。

(二)常见有毒动物引起的食物中毒:

1.河豚鱼中毒。

中毒原因:含河豚素、河豚酸、河豚卵巢毒素、河豚肝脏毒素等有毒物质,往往为误食所致;也有贪其味美而舍命一试者。

中毒表现:潜伏期一般为0.5～3小时,初起手指、唇和舌有刺痛感、麻木感;然后出现胃部不适、恶心、呕吐、腹泻或有腹痛;进而四肢无力,并有眩晕、发冷,口唇、指尖和肢端出现麻痹,重者瞳孔及角膜反射消失,四肢肌肉麻痹,以致身体摇摆、共济失调,甚至全身麻痹、瘫痪;之后言语不清、紫绀、血压和体温下降,呼吸先迟缓浅表,后渐困难,以至呼吸麻痹;脉搏先行亢进,渐次细弱不整,最后死于呼吸衰竭。

预防措施:广泛宣传河豚鱼的毒性和危害,防止误食。加强管理,防止河豚鱼流入市场。对非法出售河豚鱼牟利者,予以坚决打击。

2.含大量组胺鱼类中毒(属过敏型食物中毒)。

中毒原因:引起中毒的鱼类主要是,青皮红肉海产鱼类,如鲐鱼、鲣鱼、鳄鱼、金枪鱼、沙丁鱼、秋刀鱼等。这些鱼的肌肉中富含组胺酸,在条件适宜时,受细菌污染,组氨酸脱羧而形成组胺,误食则引起中毒。

中毒表现:食后10分钟,最长3小时发病,具有发病快、症状轻、恢复快的特点。主要表现为:面部、胸部乃至全身皮肤潮红,眼结膜充血,头痛、头晕、脉频、心悸、胸闷、呼吸促迫、血压下降;有时还出现荨麻疹、口渴、喉烧灼感、唇水肿等;少数患者伴有恶心、呕吐、腹痛、腹泻或发生口舌及四肢发麻、全身乏力、烦燥等现象。体温一般不升高,多在1～2日内恢复。

预防措施:腐败变质的鱼不销售、不食用。青皮红肉鱼类初加工后最好用清水浸泡数小时,宜于红烧、清蒸、炖焖,不宜于油煎或油炸。过敏体质者不可食用青皮红肉鱼类。

3.鱼类胆毒中毒(即鱼胆中毒)。

中毒原因:引起中毒的鱼类主要是青鱼、草鱼、鲢鱼、鳙鱼、鲤鱼、鳊鱼等常见淡水鱼,其胆汁不论生熟都有毒。

中毒表现:潜伏期5～12小时,最短0.5小时,初起恶心、呕吐、腹痛、腹泻,随之出现肝肾损害症状(黄胆、少尿、尿蛋白等),重者出现循环系统及神经系统症状,由中毒性休克及昏迷而死亡。中毒轻重多与摄入量有关。

预防措施:普及鱼胆有毒知识,如需用鱼胆

治病,应遵医嘱,切勿过量。忌用鱼胆泡酒。

4.贝类中毒(亦称麻痹性贝类中毒)。

中毒原因:贝类(又称软体动物)由于摄食有毒藻类而具毒性,人类食用此种贝类即引起中毒。中毒成分多种,统称贝类麻痹毒(PSP)。

中毒表现:潜伏期一般为0.5～3小时,短者5分钟,长则4小时。初起唇、舌、指端麻木乃至刺痛,随之言语不清,四肢发麻且无力,头晕、头痛、嗜睡,步态不稳,并伴以恶心、呕吐、腹痛、腹泻等。重者昏迷,呼吸困难,甚至因呼吸麻痹而死亡。如24小时后能存活,一般愈后良好。

预防措施:及时了解PSP的监测情况。

食用前应清洗漂养,除去肝及胰脏,采取水煮捞食弃汤的烹调方法。

5.有毒鱼卵中毒。

中毒原因:鱼卵中含鱼卵毒素,此类鱼约70种,如湟鱼(青海湖裸鲤)、马鱼(云南光唇鱼)、鲶鱼(淡水河川鱼)等。

中毒表现:潜伏期0.5～3小时,呕吐、腹痛、腹泻、头痛、面色苍白,严重者抽搐、昏迷以至死亡。一般轻症者多。

预防措施:在产卵季节不要食用鱼卵。鱼卵有毒的鱼加工时应将卵沏底清除。

6.动物肝脏中毒。

中毒原因:主要为狼、狗、海豹、北极熊、鲨鱼等的肝脏,是因为通过它们导致大量摄入维生素A而引起急性中毒。

中毒表现:头痛、皮肤潮红、恶心、呕吐、腹部不适、食欲不振等,继之会脱皮。一般可以自愈。

预防措施:不要过量食用可能富含维生素A的动物肝脏,其他动物肝脏最好不要一次摄入量过大。

7.有毒蜂蜜中毒。

中毒原因:有毒成分不详,多是有毒植物的蜜腺和花粉混入蜂蜜中所致。

中毒表现:潜伏期1～2天,最短的一至数小时,长的达5天以上。早期头痛、头晕、恶心、呕吐、低热、乏力,四肢麻木。轻者仅口发苦、口干、唇舌发麻,重者有肝、肾损害现象,如肝肿大、肝功能不全、尿频或少尿、血水、蛋白尿、腰痛等。

预防措施:防止毒蜜流入市场。

学会鉴别。有毒蜂蜜一般色泽较深,多呈棕或褐色,带有苦或涩味。最终确认应经理化检验。

化学性食物中毒

这是由于摄入了一定量的含有有毒化学物质的食品原料及其制品而引发的中毒。食品的化学环境最为复杂,其本身除了个别含天然毒素之外,一般都无害无毒,只有在被有毒物质大量污染后才可能引起中毒。造成化学性食物中毒的原因,主要是一些有毒的金属、非金属以及它们的化合物对食品的污染。从食物中毒的调查结果看,有毒化学物质主要沿着以下4条途径进入食品:(1)故意使用有毒化学物质,如食品的伪造、掺假;蓄谋投毒;使用不符合卫生质量要求的化学添加剂。(2)因将有毒化学物质误当作食品原料,而造成过失性的混入。(3)食品在生产、加工、贮存和运输过程中,遭受工具、管道、容器等所含有毒化学物质的污染。(4)被有毒化学物质毒死的动物变为有毒的食物。化学性食物中毒往往发病急、病程长、症状严重、死亡率较高,需要引起足够重视。

常见的化学性食物中毒情况如下:

1.亚硝酸盐中毒。

中毒原因:叶菜类蔬菜大多含有较多的亚硝酸盐和硝酸盐,并且随着腐烂程度的增长而迅速提高。腌菜不透时其含量会特别高。

此外,饮用含亚硝酸盐的井水(味苦)、笼锅水等也会导致中毒。

中毒表现:潜伏期,纯亚硝酸盐中毒为10分钟,大量食用青菜则为1～3小时,有时长达20小时。口唇突然青紫,指甲及全身皮肤呈紫黑色或蓝褐色,并有头晕、头痛、心率加快、呼吸急促、嗜睡、烦躁不安、恶心、呕吐、腹胀、腹痛、腹泻等,严重者可发生心率减慢、心律不齐、神志不清、痉挛抽搐、昏迷,常死于呼吸衰竭。

预防措施:妥善贮存蔬菜,严禁食用腐烂变质者;煮熟的蔬菜应当低温存放,不要存放过久;腌制蔬菜要透,至少20天以上;不要在一个时期内大量食用叶菜类蔬菜,消化不良者更应少吃;不可饮用苦井水和过夜笼锅水;妥善保管亚硝酸盐,严防误食。

2.铅中毒。

中毒原因:含铅合金的生产设备及器皿污染食品。劣质陶瓷和搪瓷器皿的含铅釉料污染食品。含铅的包装材料如罐头内层的镀锡和焊锡、印刷油墨等污染食品。含铅食品添加剂和食用色素的过量使用。

中毒表现:慢性中毒较常见,轻者多呈现神经衰弱症候;重者可出现铅麻痹、铅中毒性脑炎。

急性中毒:口内有金属味流涎,口腔粘膜变白,剧烈恶心、呕吐(乳汁状带血)、阵发性腹绞痛、便秘或腹泻(呈黑色)。病情发作时面容苍白、头晕、头痛、极度乏力、冷汗淋漓。严重者因脑水肿而出现谵妄、惊厥、昏迷、循环衰竭,甚至可能导致死亡。

预防措施:严格控制饮食品中的铅含量。不用含铅容器或含铅涂料的盛器盛放油类及酸性食品。减少及控制环境及机械设备中铅污染的来源。改善铅作业人员的膳食,给予较多的维生素B、C、D和蛋白质,多吃蔬菜及牛奶。

3. 锌中毒

中毒原因:含锌器皿与酸性食品接触。

中毒表现:潜伏期一般为15分钟,短者数分钟,最长不超过1小时。口内有烧灼感,恶心、持续性呕吐、痉挛性腹痛、腹泻、血便。严重者可伴有休克、穿孔性腹膜炎而致死亡。因镀锌器皿而致中毒者,一般病情较轻。

预防措施:禁止使用镀锌器皿盛放或加工酸性食品。保管好锌化合物,防止误食。

食品安全的黄金定律

食品安全的"黄金定律",是1989年初世界卫生组织向各国人民提出的确保食品安全的10项建议。权威的专家认为,只要照章办事,就会防止食品的污染及中毒,大大减少食品传播的疾病,有益于人体的健康。

这10项建议是:

1. 食物一旦煮好就立即吃掉。因为食用在常温下已存放4～5小时的煮过的食物最危险,许多有害细菌正是在这时"乘虚而入"的。

2. 不食未经烧煮的肉品和奶品。因为许多生肉和生奶都带有可诱发疾病的病原体,只有彻底煮熟(指所有的部位至少应达到70℃),才能对人体无害。

3. 要选择已经加工处理过的食品。如消过毒的牛奶、紫外线照射过的鲜肉及冻肉。因为它们中的许多有害菌已被杀灭。

4. 煮熟后没有吃完的食物,应在高温(接近或高于60℃)或低温(接近或低于10℃)下保存,但保存时间一般不要超过5小时。如果将大量的尚未冷却的食物立即放入冰箱,由于食物内部的温度通常还在10℃以上,细菌仍然可以繁殖传播。

5. 存放过的熟食必须重新加热到70℃以上才能食用。

6. 不能将未煮过的食品与已煮熟的食品互相接触。这种接触无论是直接的或间接的,都会使煮熟的食品重新带菌,造成危害。

7. 保持厨房清洁。烹饪用具都要用净布揩擦,这种布每天必须用沸水蒸煮一次。

8. 处理食品之前必须洗手。如果手上有伤口,应用绷带包扎,避免与食品接触。

9. 安全保管食物,不与鼠、昆虫或其他动物接触,防止致病的微生物传染。

10. 饮用水和烹饪用水必须纯洁干净;如果对水质有怀疑,应当煮沸或消毒后才用。

这10项建议,实质上是"食品卫生须知"。它主要是把住"病从口入"这一关,简明而又具体,有很大的指导意义。称之为"黄金定律",是说明它有着极为重要的价值。

食品及烹调卫生

合理选配烹饪原料

中国烹饪历来注重食品原料的选择和搭配。实践证明,原料选择和搭配得合理与否,对菜点的营养价值有着直接的影响。选配得当,可以通过营养素之间的相互作用,使原料营养价值充分体现,甚至获得较大提高;选配失当,则会降低人体对营养素的消化吸收,原料营养价值便会大打折扣。

合理选择烹饪原料是进行原料科学搭配和提高肴馔营养价值的前提。中餐原料的种类成千上万,在营养上各有特点。要做到合理选择,首先要认识各类原料的营养特点,包括其所含营养素的种类、数量,以及对其他营养素不利影响的因子(即抗营养因子);其次要了解各类原料各部分营养素的分布情况,尽可能选择营养素含量丰富的可食部分。合理选择原料是使古老的中国烹饪技艺科学化的第一步。

科学搭配烹饪原料是在考虑人们饮食习惯和营养需要，以及营养素之间相互作用的基础上，合理搭配主食和副食、荤食和素食、酸性食物和碱性食物，达到充分发挥原料营养价值和平衡膳食的目的。我国习惯以米、面等为“主食”，谷类原料所含蛋白质皆为不完全蛋白质。利用蛋白质互补作用的原理，若将不同的谷类混合食用，或者是将谷类与含蛋白质丰富的动物性食物、大豆及其制品等混合食用，则可提高谷类蛋白质的营养价值。“荤食”，即动物性食物，绝大部分的蛋白质为优质蛋白质；“素食”，即植物性食物，除大豆外的其他素食的蛋白质质量都不如荤食。荤食中的钙、磷、铁及脂溶性维生素等均优于素食；而素食中的不饱和脂肪酸、水溶性维生素（尤其是维生素C）、胡萝卜素、膳食纤维等又优于荤食。荤素原料混合食用，可以达到营养素之间的相互平衡。食物在体内完全分解代谢后所余的无机盐，有的呈酸性，有的呈碱性，不同的食物所含无机盐的种类也大不相同，因此有酸性食物和碱性食物之分。常见的烹饪原料中，粮食、肉类、禽类、水产品、蛋类、花生、核桃等，多为“酸性食物”；而大豆及其制品、根茎类蔬菜、粮食、水果、牛奶、栗子、杏仁等，则多为“碱性食物”。一般情况下，酸性食物在饮食中容易过量。注意酸性食物和碱性食物的合理搭配，便能控制酸性食物在膳食中的比例。这对于保持人体生理上的酸碱平衡和保证营养素的充分利用，也是非常必要的。

粮谷类营养卫生

粮谷类食品主要为大米和小麦粉，其次为称作杂粮的玉米、高粱、小米、荞麦等。此类食品在我国人民的膳食构成中占有突出地位，通常称为“主食”。一般人每日摄取热能的60%～80%和蛋白质的50%～70%，都来自粮谷；同时有些无机盐和B族维生素也主要由粮谷提供。

1.粮谷的营养价值。(1)碳水化合物。主要形式为淀粉，含量高达70%以上，大多集中于胚乳部分，其利用率在90%以上，是人体理想而经济的热能来源。此外还有一些低聚糖、单糖，以及不能被人体消化吸收的纤维素、半纤维素等；粮谷碾磨得越精细，纤维素和半纤维素的含量就越少。(2)蛋白质。含量一般为7%～16%，不同地区、不同品种的粮谷，蛋白质含量有一定差异。其中，燕麦较高，为15.6%；其次为青稞、小麦，为10%左右；稻米和玉米较低，均在8%左右。稻米中蛋白质的含量虽然不多，但质量略高于其他粮谷。粮谷蛋白质的营养价值大多不是太高，一般都程度不同地以赖氨酸为第一限制氨基酸，以苏氨酸（玉米为色氨酸）为第二限制氨基酸；只有通过强化或与其他食物蛋白质混食，才可以得到改善。(3)脂肪。含量很低，一般为1%～2%，玉米、小米含量稍高，也只占4%，主要集中于糊粉层和胚芽部分。胚芽油（如糠油、玉米油）是一种营养价值很高的食用油，具有降低血胆固醇、防止动脉粥样硬化的作用；另据报道，粮谷脂肪还有一定的抗运动疲劳的作用。(4)维生素。粮谷是膳食中B族维生素的主要来源，尤其是硫胺素和尼克酸比较丰富。它们大部分集中在糊粉层和胚芽部分，所以粮谷碾磨得越精细，维生素含量也就越低。玉米中的尼克酸主要以结合型存在，不容易被人体利用。粮谷类不含维生素C、D和A；只有黄玉米和小米才含少量的类胡萝卜素。(5)无机盐。含量一般为1.5%～3%，分布常与纤维素平行，主要集中于谷皮和糊粉层。其中，磷(P_2O_5)约占粮谷总灰分的50%～60%，在粮谷类食品中多以植酸盐的形式存在；此外还含有少量钙和铁，以及铜、钴、锌、硒、锰、钼、镍、铬等微量元素。植酸盐含量多的粮谷，所含无机盐的吸收会受到不良的影响。

2.粮谷类食品卫生。粮谷类的主要卫生问题是霉变、虫害、异物夹杂和有害化学物质的污染。粮谷本身受潮，或环境的温度、湿度较高时，易发生霉变。必须注意的是，霉菌增殖有可能产生毒素，从而影响人体健康。仓储害虫（如损害面粉的粉螨、损害稻谷的螟蛾）不仅能将粮谷蛀蚀一空，而且还会在粮谷上排泄大量粪便和分泌物，促使粮谷发热霉变。粮谷的异物夹杂，一般为有害植物种子、泥土、砂石及金属等，其中有毒种子误食后可以引起急性食物中毒。用生活污水及某些工业废水灌溉农田，或者大量使用农药，也会使有害物质污染粮谷。此外，粮谷陈化（颜色陈旧、籽粒变形、重量减轻等），虽然不致于危害人体健康，但会使加工食品的质量下降。

3.粮粒的感官卫生要求。优质粮粒应当是颗粒完整，大小均匀，坚实丰富，表面光滑，具有各种粮粒固有的色泽和气味，无异味，无霉变，无虫蛀，无铁屑、泥砂、煤渣、鼠屎等杂质。

4.面粉的感官卫生要求。优质面粉应当呈细腻的粉末状，色泽纯正(富强粉白净，标准粉淡黄白)且均匀一致，麸皮碎片少，无霉味、酸臭味等异味，滋味微甜，无虫害和结块，手握面粉松开后容易散开。

豆类营养卫生

豆类包括大豆、豌豆、蚕豆、绿豆、豇豆、小豆和芸豆等等，其中大豆(主要为黄豆)及其制品食用较为广泛。在植物性食品中，豆类营养价值较高，而大豆更为突出。大豆含有丰富的蛋白质，为35%～40%，此外还含15%～20%的脂肪，25%～30%的碳水化合物，以及较多的钙和硫胺素。大豆蛋白质是优质植物蛋白质，含赖氨酸较为丰富；若与粮谷类蛋白质混合食用，具有理想的互补作用。大豆油脂含不饱和脂肪酸高达85%(其中亚油酸达50%以上)，亦是少有的优质食用油。不过，大豆所含的碳水化合物中约有一半是人体不能消化吸收的棉籽糖和水苏糖，故而在计算大豆的营养价值时，碳水化合物应折半计算为宜。其他豆类，蛋白质含量均在20%左右，脂肪含量很少，碳水化合物与粮谷相近，其他营养素和大豆相近。

1.大豆制品的营养价值。(1)豆浆。1∶8的豆浆(1kg大豆出8kg豆浆)含蛋白质4.4%，利用率可达90%，每100克豆浆中含铁2.5毫克(是牛奶含铁量的25倍)。(2)豆腐及豆腐干。1∶5.5的豆腐(1kg大豆出5.5kg豆腐)含蛋白质5%，消化率可达92%～96%；因加入了石膏或卤水，故钙和镁的含量也大为增加。豆腐干以及与此相仿的百页等，比豆腐含水量少，蛋白质含量达20%以上。(3)腐竹及豆油皮。含蛋白质50%左右，脂肪25%左右，是高蛋白、高热量的优良食品。(4)豆芽。黄豆芽维生素C含量为每100克中8毫克(绿豆芽为6毫克/100克)，是维生素C的良好来源。(5)发酵豆制品。包括豆酱、豆豉、腐乳、臭豆腐等。由于在发酵中产生多种有机酸、醇、酯等风味物质及氨基酸，更容易激起食欲，有助于营养素的消化吸收。更重要的是此类豆制品中，维生素B_{12}的含量也增加了。

2.大豆制品的卫生。豆制品通常含有大量的水分和丰富的蛋白质，在生产、运输和销售过程中容易遭致微生物污染而引起食物中毒及肠道传染病，因此必须注意卫生。如豆制品的销售和保存应有防尘、防蝇设备，使用的器具、衡器、包装物等应保持清洁；发粘、发酸、发霉、有异味和受污染的豆制品应当禁止购入、加工和销售；豆腐和豆浆的贮存温度应在8～10℃以下，最好及时加工食用；豆芽生长中禁止使用尿素等化肥；豆浆一定要煮开后食用；发酵豆制品要特别注意防止霉菌和肉毒杆菌的污染。

主要豆制品的感官质量鉴别情况如下：

1.豆腐。

良质：无豆渣，无石膏脚，不粗，不红，刀口整齐，不碎，外形饱满。

次质：无豆渣，无石膏脚，面上起红，刀口整齐，不碎。

变质：发酸，有异味。

2.千张(百页)。

良质：无石膏脚，外形完整，质感紧实。

次质：不成整张，面上略发粘。

变质：粘滑，起糊，有酸臭味。

3.豆腐干。

良质：手摸表面不发毛，内质紧实，有弹性，切口挤压不出水。

次质：表面略发粘，略有酸臭味，或切口挤压有水流出，但无异味。

变质：严重粘滑，发糊，内部有酸臭味。

4.油豆腐。

良质：皮薄软，内有空洞，黄橙发亮。

次质：表面色暗，中心较硬。

变质：有哈喇味，表面发滑粘手。

5.豆腐衣。

良质：不破碎，不粘连，有光泽，柔软，无霉点。

次质：破碎，色泽较暗，有轻度异味。

变质：有严重霉变和霉味。

6.素肠。

良质：不出水，表面光洁，质感坚韧。

次质：质不坚韧，表面稍粘手，但无异味。

变质：表面发粘，有酸馊味。

7.素鸡。

良质：肉质紧实，切口光亮，无裂缝，无破皮，无碱味。

次质：切口可见较多裂缝，质松碎，有碱味。

变质：表面发粘，有严重酸臭味。

8. 黄豆芽。

良质：芽身挺直，颜色洁白。

次质：豆瓣有轻斑，豆芽末梢略带浅棕色。

变质：霉烂出水，有腐烂气味。

9. 绿豆芽。

良质：双芽率不超过 10%，无红眼，芽脚不软，无烂豆，白净，有主根和须根。

次质：双芽率超过 10%，芽脚软萎，有少量烂豆。

变质：豆芽全枝萎软，出水，有异味。

果蔬类营养卫生

果蔬，即水果和蔬菜，是人们重要的食品，膳食中维生素和无机盐的主要来源。并且还含有较多的纤维素、果胶质和有机酸，能刺激胃肠蠕动和消化液分泌，可增进食欲、帮助消化。但是，它们的蛋白质和脂肪含量普遍不高。

1. 果蔬的营养价值。(1)碳水化合物。主要包括糖、淀粉、纤维素和果胶质。因种类和品种不同，其所含碳水化合物的种类和数量也有很大差异。如蔬菜类含糖量较多的只有胡萝卜、西红柿、南瓜等数种；而水果含糖普遍丰富。有些蔬菜(如芋类、薯类、藕等)，所含碳水化合物主要是淀粉。纤维素和半纤维素在果蔬中分布甚广，含量高，是膳食纤维的主要来源。(2)维生素。除维生素A、D之外，其他维生素都广泛存在，其中以维生素C和类胡萝卜素最为丰富。我国膳食中维生素C和A绝大部分来源于蔬菜。日常食用的水果中，含维生素C最丰富的是鲜枣，其次为山楂、柑桔。蔬菜中，绿色的叶菜类、茎菜类和花菜类等含维生素C都较丰富，深绿色的青辣椒、菜花及雪里蕻等最为突出。类胡萝卜素在各种绿色、黄色及红色蔬菜中含量均多，尤以深绿色叶菜为甚，而水果中一般含量较少。(3)无机盐。水果和蔬菜都含有较为丰富的无机盐，如钙、钾、镁、钠、铜等。但蔬菜中含有的铁易受食物中一些因素的干扰，吸收率很低。某些蔬菜(如菠菜、蕹菜、牛皮菜等)，含有较多的草酸，对钙、铁等元素的吸收均有不利的影响。

2. 蔬菜水果的卫生。水果和蔬菜贵在新鲜，而新鲜的果蔬含水量大，组织脆弱，生命活动仍很旺盛，因此容易腐烂变质。由于其组织脆弱，轻微的机械作用便会导致损伤。其组织受损后，呼吸作用增强，利于微生物侵入，因而腐烂变质会加速。新鲜果蔬含亚硝酸盐的量较少，当腐烂变质时，其含量会明显增加，轻者加速果蔬衰老，重者会对食用者产生危害。果蔬容易沾染肠道致病菌和寄生虫卵；如果污水灌溉或大量施用农药，还会受有害化学物质的污染。因此，在贮存、运输、加工及销售的各个环节中，必须严格把关。

3. 蔬菜的感官卫生要求。优质蔬菜，鲜嫩，无黄叶，无伤痕，无病虫害，无烂斑。次质蔬菜，梗硬，老叶多且枯黄，有少量病虫害、烂斑和空心，必须挑选、采择后方可食用。变质蔬菜，严重霉烂，有腐臭气味，或者是严重虫蛀，大量空心，不可食用。

4. 水果的感官卫生要求。优质水果，皮色光亮，肉质鲜嫩、清脆，有固有的清香味。次质水果，表皮较干，光泽较差，不够丰满，肉质鲜嫩度差，清香味减退，略有小烂斑和虫伤，但除去腐烂、虫伤部分后仍可食用。变质水果，严重腐烂、虫蛀和变味，不可以食用。

畜禽类营养卫生

畜禽类食品主要由蛋白质及脂肪组成，并含有一些无机盐和维生素。这些营养成分的含量和分布，随畜禽的种类、年龄、肥瘦程度以及部位的不同而有显著差异。如肥瘦程度不同的畜禽肉中，蛋白质和脂肪的含量变动较大；一般畜禽内脏(心、肾、肝等)含脂肪较少，而富含蛋白质及一些维生素。畜禽肉经过适当烹调加工，滋味香美，具有热能高、饱腹作用强和消化吸收好的特点，是膳食中优质蛋白质的主要来源。

1. 畜禽类的营养价值。(1)蛋白质。大部分存在于肌肉组织中，内脏中也不少。肌肉组织中的蛋白质可分为肌浆蛋白质(占 20%～30%)、肌原纤维蛋白质(占 40%～60%)、间质蛋白质(占 10%～20%)3 类。前两种蛋白质中，人体所需的各种必需氨基酸都较充足，是利用率很高的优质蛋白质；间质蛋白质则为不完全蛋白质。(2)脂肪。多积聚于皮下、肠网膜、心肾周围以及肌间等部位，其含量因畜禽种类、肥瘦程度的不同而有很大差别。畜类脂肪多含饱和脂肪酸，熔点较高，其胆固醇的含量，在瘦肉中为每 100 克含 70 毫克左右；而肥肉中则高达瘦肉的 2～3 倍；内脏中更高，为瘦肉的4～5倍；脑中最高，每100克中可达2000～3000毫克。禽类脂肪随种类不同亦有差别，水禽类含量较多，其熔点较畜类脂肪高，营养价值也较畜类脂肪为好。(3)无机盐。含量一般为0.6%～1.2%。在畜类食品中，一般瘦肉比肥肉多，内脏又比瘦肉多，主要为铁和磷，也有一定量的铜。禽肉及内脏也是铁与磷的良好来源。畜禽类所含的铁主要为血红素形式的铁，吸收利用率好。(4)维生素。畜肉及内脏含有多种维生素，通常以B族维生素为主，维生素A等其他维生素亦不少，尤其是核黄素和尼克酸的含量明显高于植物性食品。畜肉脏的维生素含量一般高于肌肉组织，以肚脏更为突出。禽类与畜类很相似，通常是脯肉所含的尼克酸高于一般肉，暗色肉的维生素B_2和B_1高于白肉。(5)碳水化合物。含量很低，一般仅为1%～5%，且与畜禽的营养状况和健壮情形有关，它主要以糖元形式贮存于肌肉和肝脏中。

2. 畜禽类食品卫生。(1)畜禽宰杀后，会经历僵直、成熟、自溶和腐败4个阶段。成熟阶段的肉最适于烹调，质软芳香，且安全卫生。从自溶期开始，微生物污染逐渐加重，直至腐败变质。(2)牲畜可患多种疾病，其中炭疽、布氏杆菌病、口蹄疫等对人体均有污染性，故称为"人畜共患传染病"。有些疾病(如猩瘟、猪丹毒等)，虽不感染人，但这种病畜肉食用后会引起食物中毒。(3)囊虫病是常见的"人畜共患寄生虫病"。患有此病的猪，通常会在其舌肌、咬肌、臂肌、深腰肌及横隔肌等部位，出现肉眼可见的、白色的、黄豆类大小的、呈半透明状的水泡状包囊。此类肉通常称为"米(粒)猪肉"，切忌食用。

鲜肉的感官质量鉴别

质量	色泽	粘度	弹性	气味	肉汤	处理
良质肉	肌肉有光泽，红色均匀，脂肪洁白。	外表微干或微湿润，不粘手。	指压后凹陷立即恢复。	具有鲜肉的正常气味。	透明澄清，脂肪团聚于表面，具有香味。	可以食用。
次质肉	肌肉色稍暗，脂肪缺乏光泽。	外表略湿，稍粘手。	指压凹陷恢复慢，且不完全恢复。	略有氨臭味或略带酸味。	稍有浑浊，脂肪浮于表面，稍有哈喇味。	削去变质表层部分，切块高温烧煮或盐腌后可食。
变质肉	肌肉无光泽，脂肪呈灰绿色。	外表发粘，起腐，粘手。	指压凹陷不能恢复，留有明显痕迹。	有臭味。	混浊，有絮状物，并带臭味	不可食用，可为工业用或做肥料。

肉制品的感官质量鉴别

品名＼质量	良质	变质
火腿	肌肉呈桃红色，脂肪白净，有光泽，肉质致密结实有香味(用竹签或木签插入肌肉中，拔出后闻气味)。	肌肉切面呈酱色，上有杂色斑点，脂肪呈褐黄色，无光泽，肉质疏松，有腐败味、哈喇味或酸味。不可食用。
腊肉	色泽鲜明，肌肉暗红色，脂肪呈半透明状乳白色，肉干燥，肉质紧实，有腊肉的固有香味。	肌肉灰暗无光，脂肪呈黄色，有霉点，肉质松软，带粘液，呈哈喇味或其他异味。不可食用。
咸肉	肌肉呈红色，脂肪呈白色，肉质紧实，具有咸肉的固有气味。	肌肉呈暗红色或灰绿色，有霉斑，有虫蚀异味和腐败酸臭味(骨骼周围明显)，哈喇味严重。不可食用。

禽类的感官质量鉴别

质量	感官性状
鲜活禽肉	眼球饱满，有光泽，因品种不同而呈淡黄、淡红、灰白或黑色等；肌肉切面有光泽，外表微干或微湿润，不粘手；指压后凹陷恢复快，有明显弹性；具有鲜禽肉的正常气味；肉汤澄清，脂肪聚于表面，有特殊香味。
新鲜冻禽	解冻前，母禽和较肥的禽，其皮色乳黄，公禽、新禽、瘦脊禽则皮色微红；解冻后，除母禽和较肥的禽外，皮色由微红色减退为黄白色，切面干燥，肌肉微红。
变质禽肉	外表呈灰白色，发粘，并有不正常气味。严重变质时，皮肤呈青灰色、粘滑，放血的刀口呈灰黑色，肉质松软，无弹性，不可食用。（变质一般在冷冻前或解冻后，系保存不当而引起。）

水产品营养卫生

水产品通常是淡水鱼、咸水鱼、洄游鱼以及虾、蟹、贝，乃至海藻类等的统称，一般是以鱼品为主。鱼类肉质细嫩，滋味鲜美，营养丰富。其所含营养成分与畜禽肉大致相似，是人体摄取完全蛋白质、多种无机盐和一些B族维生素的良好来源。其他水产品中，有一些的营养价值也超过了畜禽肉。

1. 鱼类的营养价值。(1)蛋白质。含量一般为15%～20%，间质蛋白质较少，利用率高达85%～90%；若与畜禽肉比较，营养价值相近，但色氨酸含量较低。(2)脂肪。含量一般在1%～10%，有些鱼品高达15%以上，集中分布在皮下及内脏组织中，以不饱和脂肪酸为主，容易为人体消化吸收。鱼类的胆固醇含量一般低于畜肉。(3)无机盐。含量为1%～2%，大都比畜禽肉高，其种类丰富，尤其是钙的良好来源，海水鱼类则富含碘，这是其他肉品无法比拟的。(4)维生素。鱼类含核黄素和尼克酸的量都比畜肉高，肝脏中还含丰富的维生素A和维生素D。值得注意的是，某些鱼肉含有硫胺素酶，生吃或在生的状况下长久存放，可使硫胺素损失。

2. 其他常见水产品的营养价值。虾和蟹大多鲜食，贝类多作成干制品。(1)蛋白质。含量较高，氨基酸组成全面，虾蟹肉中游离氨基酸较多，贝类中的肌蛋白以非蛋白氮含量高为特征。(2)脂肪。一般含量不高，且主要集中分布于肝脏内，其胆固醇含量均高于各种肉类。(3)无机盐。一般都含有丰富的钙、磷、铁、钾，干制的虾皮中每100克含钙高达991毫克。生蚝和牡蛎还富含铜，每100克含铜10毫克左右。(4)维生素。主要是含维生素A和维生素B_2。

3. 水产品食品卫生。与畜禽肉相比较，水产品的组织较松散，组织中酸的活性较强，不饱和脂肪酸含量多，组织的pH值较高，故更容易腐败变质。因此，选食水产品应以鲜活为好。就鱼类而言，死后有僵直、自溶和腐败3个阶段的变化，但是鱼类的僵直期来得较快，短的死后十几分钟就发生，而且僵直期较短，常见鱼类多在数十分钟左右，环境温度较高时，持续时间更短，很快便转入自溶阶段。鱼类在自溶的同时往往伴随着腐败的发生。冷藏可以延长僵直期，但仍会出现“干损”、脂肪酸败等质量变化。

鲜鱼的感官质量鉴别

质量	新鲜	次新鲜	变质
表面	有光泽，有一层清洁透明的粘液，鳞片完整不易脱落，具咸水鱼或淡水鱼的固有气味。	光泽较差，覆有混浊粘液，鳞片较易脱落，稍有异味。	暗淡无光，覆有污秽粘液，鳞片脱落不全，有腐败臭味。

质量	新鲜	次新鲜	变质
眼	眼球饱满、凸出，角膜透明。	眼球平坦或稍陷，角腊稍浑浊。	眼球凹陷，角膜浑浊。
鳃	色鲜红，清洁。	色淡红、暗红或紫红，有粘液。	灰褐色，有污秽粘液。
腹部	坚实，无胀气，无破裂现象，肛孔白色、凹陷。	发软，但膨胀不明显，肛孔稍凸出。	松软，膨胀，肛孔鼓出，有时破裂流出内脏。
肉质	坚实，有弹性，骨肉不分离。	稍软，弹性较差。	软而松弛，弹性差，指压凹陷不恢复，骨肉分离。
处理	可供食用。	除去变质部位后，经油炸或干烧可以食用。	不可食用。

4.其他水产品的感官卫生要求。(1)鲜虾。体形完整，外壳光亮透明；体表呈青白色或青绿色，清洁；须足无损，蟠足卷体；头胸节与腹节紧连，肉体硬实、紧密而有韧性，断面半透明，内脏完整，无异常气味。(2)鲜蟹。能爬行，动作灵活，善行翻身，腹面甲壳较硬，腹盖与蟹壳之间突起明显，外表清洁有光亮，蟹壳呈青褐色，剥开甲壳观察，鳃丝清晰，颜色正常，脐上无“胃印”(因胃内容留物腐败而在蟹体腹面脐部上方形成的黑印)，蟹黄凝固不流动。死蟹不可食用。(3)贝蛤类。包括牡蛎、蚶、蛏等，外壳紧闭或微闭，不易揭开，微张者触之立即闭合，剥开后体肉饱满，有各种贝蛤类固有的气味。死贝蛤切不可食用。

蛋类营养卫生

蛋类通常指各种禽类的卵，主要有鸡蛋、鸭蛋、鹅蛋、鸽蛋、鹌鹑蛋等。其中鸡蛋产量最大，食用最为广泛；鸭蛋次之，一般都加工成咸蛋或皮蛋(松花蛋)。

1.蛋类的营养价值。各种禽蛋的结构都相似，可食部分分为蛋清和蛋黄两部分，体积比约为2∶1，二者的营养成分组成有较大区别。

蛋品各部分的主要营养成分(%)

主要营养成分	全蛋可食部分	蛋清	蛋黄
水分	75	87	50
蛋白质	12～14	10～12	15～17
脂肪	12	微量	33
无机盐	1	0.6	1.7

(1)蛋白质。含有人体需要的各种氨基酸，并且必需氨基酸的组成与人体组织蛋白质所需的模式十分相近，几乎能被人体全部吸收利用(生物学价值达95以上)。因此，蛋类蛋白质是天然食物中最理想的优质蛋白质；在进行各种食物蛋白质的营养评价时，多以蛋的全蛋白质作为参考蛋白质。(2)脂肪。绝大部分集中在蛋黄内，呈乳融状，易于被人体消化吸收。蛋黄中含胆固醇较高，每100克中一般含量高达1500毫克，有的则在2000毫克以上。(3)无机盐。主要集中在蛋黄内，含有丰富的钙、磷、铁，还有镁、硫、铜、锌、氟等。铁的含量虽多，但因与磷蛋白结合，故吸收率仅为3%左右。加工成咸蛋和皮蛋后，钙的含量则明显增加。(4)维生素。大部分集中在蛋黄内，含维生素A、D及B_2丰富，维生素B_1和尼克酸相对较少。维生素A的含量多少与蛋黄的颜色深浅没有对应关系。

2.蛋类食品卫生。鲜蛋易受微生物污染，其途径有二：一是产前污染，即禽的生殖器官已被微生物污染，在蛋的形成过程中即侵入卵黄中；二是产道污染，由于外界某种影响，蛋在产出过程中或产出后，其表面会受到微生物污染，菌体可透过蛋壳上的气孔或裂缝而侵入蛋内。蛋在贮存过程中，如果环境温度变化较大，蛋壳上有水凝结或有机械损伤，污染会更严重，致使严重变质。鲜蛋变质会相继出现气室增大、蛋黄移位、蛋黄散开(“散黄蛋”)、蛋黄贴壳(“贴壳蛋”)、蛋清与蛋黄混为一体(“浑汤蛋”)等现象。至此，由于蛋白质分解形成了硫化氢、胺类、粪臭素等物质而具有恶臭。鲜蛋如果遭受霉菌侵入，在一定条件下，可以形成黑斑(“黑斑蛋”)。已经腐败变质的蛋类不可食用。为了有效地防止鲜蛋腐败变质，应注意轻拿、轻放，以免碰破蛋壳，破损者不要存放；暂时不用的蛋勿用水洗，以免损害蛋壳表面的胶质薄膜；保存温度以1～3℃为宜，以防温度过高导致蛋壳表面有水凝结。

3.鲜蛋的感官卫生要求。新鲜的蛋，蛋壳洁净，无裂纹，有鲜亮光泽，表面有一层胶质薄膜，并附有白色或粉红色霜状粉粒，用手触摸有粗糙感；摇晃无响水声，手颠有沉甸甸感，打开后蛋黄呈隆起状，无异味。用灯光透视法检验时，新鲜蛋呈微红色，蛋黄不见或略见阴影，气室固定不移动，且大小正常（约7～10毫米）。人们常用此法检验破损蛋、陈次蛋和其它各种劣质蛋。

奶类营养卫生

奶类通常指家畜的乳汁及其再制品，食用最普遍的是牛奶，其次为羊奶，还有马奶、驼奶等。奶类营养成分齐全，组成比例合适，容易消化吸收，是婴幼儿理想的母乳替代品，也适合于病人和老年人食用。

1.奶类的营养价值。一般情况下，奶类中各种营养成分的组成比较稳定；不过，因产乳动物的品种、泌乳期、畜龄，以及饲料、季节、挤奶情况等因素的影响有时也会有所变化。其蛋白质中，含有人体所需的全部必需氨基酸，尤以赖氨酸和蛋氨酸为多，生物学价值为85，消化吸收率达87%～89%，均高于一般肉类。其脂肪，熔点较低，颗粒较小，呈高度分散状态，故消化率亦高。其碳水化合物，仅为乳糖，有助于肠道乳酸菌的繁殖，可以抑制腐败菌的生长；但有些人偶食牛奶后会有腹泻等症状，称为“乳糖不耐症”。其无机盐，以钙、磷、钾等为多，但铁含量很少；牛奶中钙的含量高达114毫克/100克，且吸收率高。其维生素，品类丰富，含量随产乳动物的饲养条件及产乳季节而变化，一般而言，牛奶是核黄素的良好来源，但是维生素C含量很少。

人奶与主要家畜奶的营养成分组成（每100克）

营养成分(单位)	人奶	黄牛奶	羊奶	马奶	水牛奶
水分(%)	87.6	89.8	88.9	90.6	82.2
蛋白质(克)	1.5	3.0	1.5	2.1	4.7
脂肪(克)	3.7	3.2	3.5	1.1	7.5
碳水化合物(克)	6.9	3.4	5.4	5.8	4.8
钙(毫克)	34	104	82	5.8	4.8
磷(毫克)	15	73	98	5.8	4.8
铁(毫克)	0.1	0.3	0.5	5.8	4.8
维生素A(微克)	75	24	84	5.8	48
硫胺素(毫克)	0.01	0.03	0.04	5.8	48
核黄素(毫克)	0.04	0.14	0.12	5.8	48
尼克酸(毫克)	0.1	0.1	2.1	5.8	48
抗坏血酸(毫克)	6	1	—	5.8	48

2.奶类食品卫生。刚挤出的奶含有乳素，能抑制细菌生长，但这种抑菌作用保持的时间有限，之后便易于腐败变质。鲜奶的腐败变质主要是由乳房腔、乳头管、挤奶人的手以及外界微生物引起的，会带来多种致病菌。刚挤出的奶都有可能含有许多微生物，因此应当及时低温冷藏，煮沸消毒后再食用。

3.奶类的感官卫生要求。(1)鲜奶。为乳白色或略带微黄色的均匀胶态流体，无沉淀，无凝块，无杂质，具有牛奶的香味和滋味，无臭味。(2)炼乳。一般由牛奶浓缩而成，有甜炼乳和淡炼乳两种，应为淡黄色、均匀、粘度适中、无凝块、无霉斑、无脂肪上浮、无异味的粘稠液体。(3)奶粉。包括全脂奶粉和加糖奶粉。“全脂奶粉”应为淡黄色、粉状、颗粒均匀、无结块、无异味的干粉。(4)复合奶。用脱脂奶粉和无水黄油按一定比例混溶,再与50%的鲜奶搅匀而成。其感官应为乳白色或稍带微黄色的均匀胶态流体,无沉淀,无凝块,无杂质,具有混合消毒牛奶的香味和滋味,无其他异味。

调味料营养卫生

调料,即调味的原料,通常称其为"调味品",主要是指用于调配菜点风味的一类烹饪原料。其种类异常丰富,目前我国所用到的就达600余种,包括"调味料"(调配菜、点滋味)、"调色料"(调配菜、点色泽)和"调香料"(调配菜、点香气)3类;另外还包括用数种调料加工混合而成的具备多重功能的各种"复合调料",如火锅汤底调料、咖喱粉之类。

调料一般含有较少的营养成分,加之在菜点中的添加量有限,以至有些人认为它实际上没有什么营养意义。这一看法并不正确。调料无论多寡,其营养成分都是存在的,尤其是下文列举的5种常用调料,不仅可以调配菜点风味,还具有一定的营养价值。特别是调料可以改善食物的感观质量(由色、香、味、形、质等感官性质构成),从而激起人的食欲。旺盛的食欲又可以促进消化腺的分泌,增强人体的消化活动,这无疑有利于人体对食物中营养成分的消化、吸收和利用。从这个意义上讲,调味料也具有特殊的营养生理学意义。

调味料的主要卫生问题,是受微生物及一些有害物质或其他杂质的污染。因此,如何防止污染,如何鉴别主要调料的品质和真伪,相当重要。

1.食盐。根据来源的不同,有海盐、湖盐、井盐、矿盐之分;按加工方法的不同,又通常分为粗盐和精盐等;此外,还有碘盐之类的"强化食盐"。食盐一般含氯化钠在95%以上,还有少许的钡、镁、碘及氟等的化合物。我国食品卫生标准规定:食盐中,镁≤0.5%、钡≤20毫克/千克、氟≤2.5毫克/千克(矿盐则为≤5),方为合格。优质食盐色泽洁白,为六面体结晶,且晶粒较大,整齐而规则;具有正常咸味,无苦味、涩味和异臭,无可见的外来杂物。

2.酱油。按生产工艺的不同,大致分为微生物发酵酱油、半微生物半化学酱油和化学水解酱油3类。通常所说的"酿造酱油"仅指用微生物发酵法酿制的调味液。过去常用化学水解法生产酱油,因其中含有对人体有害的物质,现已停止生产。优质酿造酱油应呈红褐或棕红色,鲜艳有光泽,不发乌;浓度较高,粘稠性较大,不浑浊,无沉淀,无霉花浮膜;酱香和酯香味浓厚,滋味纯正,鲜美,柔和味长,无苦、酸、涩等异味和霉味。

3.食醋。有酿造醋和化学醋之分。"酿造醋"是以粮食为原料,利用醋酸杆菌进行有氧发酵酿造而成的醋酸溶液。"化学醋"是用冰醋酸兑制或其他化学方法生产的,因其有害,目前我国已禁止生产销售。优质酿造醋颜色棕红、深褐或无色透明,带光泽,有熏香、酯香或醇香,酸味柔和,微带甜味,不涩,回味绵长,浓度适当,不浑浊,无悬浮物及沉淀物,无霉花浮膜。

4.味精。学名谷氨酸一钠,国际上将其列为食品添加剂,我国则习惯上作为调料。市售的味精有粉末状和晶粒状两种,包装上印有99%、95%、90%、80%等字样,以标明谷氨酸一钠的含量;含量高者,鲜味较强。优质味精色洁白,有光泽,质松散。谷氨酸是人体的一种营养物质,味精食用后96%可被机体吸收,一般用量不存在毒性问题;除非空腹大量食用,则会有头晕现象发生,这是体内氨基酸暂时失去平衡所致,若是与蛋白质或其他氨基酸一起食入则无此现象。1988年FAO/WHO食品添加剂专家委员会第十九次会议,结束了世界各国对味精安全性长达多年的争论,宣布取消对味精的食用限量,确认其是一种安全可靠的食品添加剂;会议还同时取消了对未满12周的婴儿服用的限制。

5.食糖。主要指含蔗糖的甜味剂,通常有白砂糖、绵白糖、赤砂糖、红糖粉、方糖、冰糖等。质量上好的食糖应当是:白糖洁白明亮,红糖红亮;晶粒大小均匀一致;甜味纯正;不含杂质。

食用油脂营养卫生

食用油脂是指无毒无害、富含营养、可供食用的油脂。根据来源,它可分为植物油脂和动物油脂两大类。"植物油脂"有种子油和果肉油之分,我国以食用种子油为主,如菜油、豆油、花生油、芝麻油、棉籽油、葵花籽油等。"动物油脂"包括畜禽类体脂,如猪油、牛油、羊油、鸡油;还有乳脂(如黄油)以及海洋鱼类油脂。食用油脂在烹饪中应用广泛,是制作菜点不可缺少的重要佐助原料。

食用油脂的化学组成复杂，它乃多种脂溶性物质的混合物。其主要成分是由多种脂肪酸与甘油构成的脂肪，此外还有游离脂肪酸、磷脂、甾醇、维生素、色素、嗅感成分等，其中多为人体所需要的营养成分。食用油脂的营养价值在于：供给人体热能，提供人体必需脂肪酸，促进脂溶性维生素吸收，产生较强的饱腹感等。

食用油脂的保管相当重要。在长期保存时，如贮存条件不适宜，容易因氧气的作用而发生自动氧化，出现酸败味，致使感官性质产生不良变化。由于这种变化中有酸生成，故常称之为“油脂酸败”。发生酸败的油酯，所含必需脂肪酸会遭到严重破坏，维生素也随之失去活性并在烹调中损失。深度酸败的油脂还会产生对人体有害的物质，引起食物中毒。现在人们更为重视油脂氧化产物与肿瘤的关系。控制油脂的水分含量，提高纯度，密闭低温贮藏，避免金属器皿盛装，加入抗氧化剂等，均可以有效防止油脂酸败。经高温作用后的油脂（即煎炸过食品的油脂）已经引发自动氧化，不能长期存放。这是因为，食用油脂经高温长时间或多次反复作用后，会改变油脂的本来性质和食用价值，并形成毒性物质的聚合体。高温油脂营养价值的降低表现为必需脂肪酸、脂溶性维生素的破坏，进入人体中的热能转化率较正常油脂降低1/3左右。动物实验还表明，高温油脂中形成的毒性物质聚合体，会导致动物生长停滞、肝脏肿大、肝功能受损，喂养数月后即出现胃溃疡及乳头状肿瘤，并有肝瘤、肺癌、淋巴肉瘤及乳腺瘤出现。与此同时，受高温作用的油脂，所含甘油会脱水生成丙烯醛，并混杂于油烟中，人们长期呼吸这种油烟，对呼吸道粘膜有强烈的损害作用。避免煎炸食品的油温超过200℃，避免高温加热时间过长或反复多次加热，经常兑入一些新鲜油脂，可以防止油脂的高温劣变。

烹饪加工卫生要求

烹饪加工过程中卫生质量的好坏，直接关系到菜品的优劣。膳食制作的卫生要求包括两个方面：一是最大限度地减少污染；二是保护食物原料的营养素。具体要求如下：

1. 对准备加工的食物原料（包括半成品）必须进行感官检查，必要时进行理化检验；不符合国家卫生标准的，一律不能烹调加工。

2. 冻结的食物原料应当完全解冻后再烹调，解冻后的原料不得二次冻结，以免影响质量。

3. 烹制时应使原料均匀受热，烧熟煎透，防止外熟里生。半生半熟食物不得过夜；加热后不立即食用的菜点，须迅速冷却或保持在63℃以上，并妥善存放。

4. 在烹制过程中，要防止将食物烧焦烤糊，致使化学性污染物形成；如不慎烧焦，应除去烧焦部位。

5. 严格执行生熟食物隔离的制度，防止交叉污染。

6. 尽量缩短菜点的加工时间，防止环境污染，并做到以销定产，随制随销；有些隔夜制品必须充分加热杀菌消毒后才食用。

7. 做好烹饪加工场地和用具的清洁消毒工作；保持室内空气新鲜，防止尘土飞扬；熟食存放应加罩，防止微生物污染；盛放熟食制品的用具，要使用一次消毒一次。

8. 食物装盘前，盛器必须消毒；操作人员的手指必须保持清洁且不可接触食物；装盘要适量，防止菜肴或卤汁外溢；如果溢出盛器外，不准用抹布揩擦，而应另换盛器。

9. 对已打开的罐头食品，以及冲制的蛋、乳制品，调制的浆糊和调味汁，要一次用完；如有剩余，应置冰箱保藏，以防变质。

10. 从事烹饪加工的操作人员要有良好的职业道德，自觉遵守各项食品卫生法规，注意保持操作场所的环境卫生和良好的个人卫生。

另外，烹饪加工中如方式方法不恰当，也会大大降低食物原料应有的营养价值。因此，烹饪操作人员在制菜过程中，除了严格保证卫生质量外，还应在各个环节上注意防止食物原料中营养素的损失，进行合理的初加工、刀工处理、原料搭配、烹制和调味，尤其应当注意选择合理的烹调方法。

食物营养损失

这是指食物原料中的营养素在烹饪加工中因加工方法的不当而遭致损失，使其原有的营养价值降低。营养素的损失，包括流失和失活两个方面。

“流失”。是指由于食物组织失去完整性，在某些物理因素的作用下（如淘洗、浸漂、腌渍、挤汁），使其所含营养素渗出或溶解于水中而被抛弃。发生流失的主要是一些水溶性营养成分，包括水溶性碳水化合物、蛋白质、多肽、氨基酸、无机盐、维生素等。其中，水溶性无机盐和维生素的流失最为可惜。

"失活"。是指由于对食物原料的保管不善或加工方法不当，在物理、化学或生物因素的作用下，致使所含的营养素发生分解、氧化或钝化而失去原有的生理活性。在日晒或热空气作用下，食物原料会因水分大量蒸发、脂肪外溢而干枯，在此过程中维生素C的破坏程度最为严重。在高温条件下烹调（如油炸、油煎、熏烤或长时间炖煮等），会使耐热性差的营养素被破坏，如油炸食物，维生素 B_1 会损失约30%，维生素 B_2 会损失约40%，尼克酸会损失约50%，维生素C的损失几乎为100%。食物受热面积越大，受热时间越长，对某些营养素的破坏性就越大。若配菜不当，如将含鞣酸、草酸较多的食物原料与含蛋白质、钙较多的原料一起烹制或分烹同食，则会形成鞣酸蛋白、草酸钙等难被人体吸收的物质，从而降低食物的营养价值。同时，烹调过程中不恰当地使用食碱，会破坏食物中的B族维生素和维生素C；食用油脂和食物中的脂肪在光和热的作用下会发生氧化酸败，不仅失去食用价值，还会破坏所含的脂溶性维生素；食物受自身生物酶的作用和外界微生物的侵袭，也会造成食物营养价值的改变等。

营养成分变化

这是指食物原料在烹饪加工过程中会因切割、清洗，以及水、油、空气、温度和各种调料等因素的影响，而发生一系列的物理、化学变化。认真、恰当地把握这些变化，可以有效防止食物原料中营养素的损失，烹饪出味美可口的肴馔。

（一）蛋白质的变化。主要有四：

1. 凝固作用。蛋白质受热后（一般从60℃开始）会逐渐发生变性凝固。如果温度上升较慢，并且保持在稍低于100℃时，肉类及蛋类中的蛋白质凝固较慢，且质地不是很紧实、硬、韧，处于一种容易消化的状态。若是在沸水或高温油中加热时间较长，则蛋白质会发生深度变性，形成硬实的质地，此时则较难消化。

2. 降解作用。蛋白质变性凝固后若继续在水中加热，其中一部分便会逐步水解，生成多种水溶性氨基酸及"含N浸出物"，这是肉汤滋味鲜美的重要原因之一。若是加热温度超过130℃，则部分蛋白质便会发生分解，生成多种挥发性氮化物、硫化氢、硫醇化合物等低分子物质，从而使这部分蛋白质失去营养价值，甚至产生毒性。要是加热温度超过190℃，还会产生能致癌的杂环胺类等。

3. 胶凝作用。动物性原料中含有的胶原蛋白质在水中长时间加热（一般在80℃以上），能水解生成胶原质，如白明胶。胶原质可分散于热水中，使汤汁变稠（此乃粘度增加所致）。当达到一定浓度时，将其冷却到室温，含胶原质的汤汁就发生胶凝作用，变为有一定弹性的半透明凝胶。如再加热，胶原质凝胶又会恢复原来的溶胶状。

4. 水化作用。蛋白质分子表面存在着大量的亲水基因，能够集聚很多水分子形成"水化层"。肉类上浆，以及调制鱼圆、鱼糕、肉圆、肉糕等，都是利用了蛋白质的这一水化作用。

（二）脂肪的变化。主要有三：

1. 水解作用。用油炸制含水分的食物原料时，少量脂肪会发生水解，生成游离脂肪酸以及其他物质。脂肪酸对脂肪的水解具有催化作用。

2. 乳化作用。脂肪具有疏水性，若置少量油脂于沸水中，脂肪在沸水不断翻腾的作用下，一部分便会分离成非常微小的脂肪滴而均匀分布于水中，这将使脂肪的水解更易于发生。如果有乳化剂存在时，油和水均匀分布的状态会长期稳定地保持。

3. 高温氧化。在高温（200℃以上）下或在正常煎炸温度（180℃左右）下反复加热，脂肪会因氧化而进一步发生"分解反应"和"聚合反应"。分解反应会导致油脂的发烟点降低、着色力增强。聚合反应会引起油脂的起泡性提高，油损耗加大。被氧化后的脂肪，营养价值明显降低，有时甚至对人体有害。

（三）碳水化合物的变化。主要有二：

1. 淀粉糊化。淀粉的天然存在状态是淀粉粒。在一定的温度下，淀粉粒会充分吸水溶胀，体积明显增大，甚至发生解体，此过程称为"淀粉的糊化"。糊化后的淀粉与水的结合能力增强，具有很大的粘性，所形成的胶体具有一定的透明性，且容易被人体消化吸收。

2.褐变作用。碳水化合物在高温下会经一系列复杂的变化,最终形成深褐色,这就是被称之为“焦糖色素”的物质。烹饪中调制糖色一般是用蔗糖作原料,经焦糖化作用而得到。如果碳水化合物为“还原糖”,同时又有氨基化合物存在,加热时主要经羰氨反应途径产生深褐色色素(常称为“黑色素”)。在烹饪加工中,“羰氨反应”较焦糖化作用更为普遍,此乃食品在高温下表面易于上色的主要原因。

(四)无机盐的变化。

食物原料中含有的无机盐,在烹饪加工中一般不会发生化学变化;它主要是溶解于水,并随原料中水分的溢出而流失。酸性溶液会导致无机盐的流失量增大。原料天然组织的破损程度,切割块形的大小,与水接触时间的长短、水流动与否、水量的多少、水温的高低等,都会对原料中无机盐的流失量有明显影响。蔬菜剁碎后挤汁,并将菜汁弃之,造成的无机盐损失非常严重,此法切不可取。

(五)维生素的变化。

在烹饪加工中,食物原料中所含的各种营养素以维生素最容易受到破坏和损失,尤其是各种水溶性维生素的受损程度更为严重。详见下表:

维生素对各种影响因素的敏感性

维生素	水溶性	影响因素					附注
		热	氧	光	酸	碱	
维生素A	—	—	++	++	—	—	有氧时对热敏感
维生素D	—	—	—	+	+	—	
维生素E	—	—	++	++	—	—	
维生素K	—	—	++	++	++	++	
维生素B_1	++	+	++	—	—	++	酸性条件下能耐热
维生素B_2	++	—	+	++	—	++	有碱和氧时对热敏感
烟酸	++	—	—	—	—	—	
维生素B_6	++	—	+	++	—	—	
泛酸	++	++	—	—	++	++	加热时对氧和碱尤为敏感
叶酸	++	++	—	++	—	—	酸性条件下对热敏感
生物素	++	—	++	++	—	—	
维生素B_{12}	++	—	++	++	—	—	
维生素C	++	++	++	++	—	++	有氧时对热敏感;有重金属存在时可以被氧化

注:++敏感;+较敏感;—稳定

N-亚硝基化合物

N-亚硝基化合物,是一类在食品加工中可以形成,并对人体具有强致癌作用的化学物质。按其基本结构的不同,可以分为亚硝胺类和亚硝酰胺类。它们对人体的危害(尤其是致癌性),日益得到医学界的重视。国内外一些流行病学调查结果表明,人类的某些癌症,可能与亚硝胺有关。我国太行山南麓是食管癌的高发区之一,河南林州尤为突出。当地居民爱吃酸菜,喝酸菜水,作为主食的玉米面和薯干等常常也是发霉的。实验证明,酸菜中含有大量的硝酸盐、亚硝酸盐和一定量的亚硝胺。以酸菜提取液和酸菜汤汁浓缩液喂养大鼠,肿瘤发生率分别达19%和11.1%;而对照组中却未发现肿瘤。伊朗食管癌高发区的调查也发现,当地居民自酿的苹果酒中,有50%的样品可以检出1～10μg/kg的二甲基亚硝胺。哥伦比亚3个胃癌高发区的饮水、土壤和绿色鲜菜中,硝酸盐的含量也都较高,当地居民尿中硝酸盐氮平均浓度为10.7mg/kg,而低发区居民仅为3.0mg/kg。

对人体健康构成危害的主要是N-亚硝基化合物；而广泛分布于蔬菜中的硝酸盐和亚硝酸盐，畜肉和鱼类中存在的胺类化合物（谷物和烟草中也含有一定量），则都是形成N-亚硝基化合物的前体。传统的烹饪加工工艺中（包括腌制、煎炸、烟熏和烘烤），如果条件控制不当，也较容易生成此类有害物质。因为硝酸盐和亚硝酸盐在人体内可以转变为亚硝胺，从而产生危害。

1.腌制工艺中生成的途径。腌制的蔬菜中含有亚硝酸盐。一方面，新鲜蔬菜本身就含有一定量的硝酸盐和亚硝酸盐；另一方面，在腌制过程中，硝酸盐在亚硝基化细菌的作用下，被还原为亚硝酸盐，又使亚硝酸盐含量增高。亚硝酸盐的生成量通常与食盐浓度、温度和腌制时间有关。一般情况下，气温较高而食盐浓度又为5%时生成量较多，10%时次之，食盐浓度达15%时已无明显影响。从腌制时间看，一周以后亚硝酸盐含量增加，两周以后达到高峰；温度在10℃以下时亚硝酸盐的较高含量状态大约维持3周，一般4周以后食用则比较安全。鱼品和肉品中均含有氨基酸、肽类、肌酸、磷脂等化合物，腌鱼、肉时使用的各种调料中往往也混杂有亚硝酸盐。它们在腌制过程中相互结合，可以生成具有致癌性的亚硝胺或亚硝酰胺。

2.煎炸工艺中生成的途径。腌制的鱼肉中含有大量的亚硝基脯氨酸。虽然该物质没有致癌性，但在煎炸时经高温作用，则可失去羧基而转化为致癌的亚硝基吡咯烷。实验表明，煎炸温度在185℃时加热10分钟，生成的亚硝基吡咯烷最多；而在100℃以下即使加热20分钟或者在250℃以上加热，却很少甚至不产生亚硝基吡咯烷。用微波炉烹调，基本上不会产生致癌物。

3.烟熏工艺中生成的途径。烟熏制品中已明确发现有亚硝胺，这主要是熏料燃烧时产生的一氧化氮，会与食品表面的仲胺直接作用而形成亚硝酸盐，最后生成N-亚硝基化合物。鱼肉熏制品中，亚硝酸盐的含量平均提高四倍，硝酸盐提高一倍。美国学者曾测定生墨鱼中二甲基亚硝胺含量为4μg/kg，若经硝酸盐或亚硝酸盐处理，再通过烟熏，亚硝胺含量可增至20～26μg/kg。近年来还发现以锯末为燃料烟熏肉品，会产生一种新型的亚硝胺——亚硝基噻唑烷，该物质也具有毒性。

4.烘烤工艺中生成的途径。现已发现，在烘烤的麦芽或面制品中能形成亚硝胺。生成的原因是由于高温的作用，氧和氮反应生成一氧化氮和二氧化氮的混合物，这些气态氮氧化合物可以与麦芽中的酪氨酸作用，经亚硝基化生成亚硝胺。以火源直接烘烤时，生成的亚硝胺的量大于间接烘烤的量。

预防食品中N-亚硝基化合物对人体的危害，应当从食品生产、烹饪加工和抑制亚硝胺在体内的合成等方面综合采取措施。首先应选用新鲜的、质量好的食物原料，尽量采用低温短时间贮藏，防止腐败变质，以控制食物中硝酸盐、亚硝酸盐、胺类等的含量。腌制鱼肉制品最好不用硝酸盐和亚硝酸盐。煎炸腌腊制品时，要注意控制油温，避免咸肉与脂肪组织长时间作用，防止亚硝酸吡咯烷的形成。提高维生素C的摄入量，多吃新鲜蔬菜和水果，可以阻断亚硝胺在体内的合成，防止出现癌症；但是当亚硝胺已经合成后，维生素C便无预防肿瘤的作用了。曝晒受污染的食品和水，可使所含的亚硝胺在紫外线及可见光的照射下，发生光解反应而被破坏。

多环芳烃物质

多环芳烃是指两个以上苯环组合起的各种芳烃化合物及其衍生物。目前已发现200多种，其中3环以下的没有致癌性，而4、5、6、7环的，已证明大都有致癌性以及致突变性。人们研究最早、目前资料最多、且致癌性最强的多环芳烃是苯并(a)芘。它也是食品中的重要污染物。致癌性的多环芳烃在食品生产或烹饪加工中均能形成。

苯并(a)芘在自然界分布较为广泛，食物原料中普遍含有。在正常情况下，食物原料中苯并(a)芘的含量甚微；有些原料之所以含量较高，主要是因为环境污染，尤其是工业废水、废气及烟尘的污染。工业生产炭黑、炼油、炼焦、合成橡胶、烧沥青、喷洒沥青等作业的废水、废气中，均含有大量的苯并(a)芘。煤炭、木炭、汽油、柴油、香烟等的不完全燃烧，亦可产生大量的苯并(a)芘，附着在烟尘中。它们通过对空气、水和土壤的污染，进而污染植物乃至动物。有资料表明，工业区附近种植的小麦、莴苣中，苯并(a)芘的含量比农业区种植的约高3.5倍；菜籽中苯并(a)芘的含量要高80倍之多。近年来还有报告认为，植物中微量的苯并(a)芘是由植物本身及细菌作用形成的，它们对植物生长有促进作用。

食物原料在烹饪加工过程中，会因烟熏、烘烤、煎炸而使苯并(a)芘的含量增加。烟熏时，食物与熏烟直接接触，可使苯并(a)芘含量明显增加。所污染的苯并(a)芘最初集于食物表层，深度不超过1.5毫米，占总量的90%；随着存放期的延长，会逐渐向里层侵透，存放40天后的熏制食品，里层的苯并(a)芘可达总量的40%～45%。实验表明，烟熏对食物的污染程度，与熏料的种类、发烟量、发烟条件、烟熏温度等因素有关。在烹饪加工过程中食物原料本身所含的有机成分可因高温作用而发生分解，经环化热聚形成苯并(a)芘。正常情况下，虽然用油煎炸的温度为180～200℃，烘烤温度可达400℃左右，但污染并不严重；只有在食物发生焦糊，甚至炭化时，苯并(a)芘含量才会显著提高。

烹饪加工中控制苯并(a)芘对食物的污染，主要在于改进加工工艺。熏烤食物时应选用发烟少的燃料，如煤气和木炭就比木柴、稻糠、煤炭、锯末等燃料的发烟量少得多。烘烤食物时，用电热可有效地控制苯并(a)芘的增加；如果必须用发烟燃料烘烤，最好不要让食物与燃烧的产物直接接触，烤炉上应装上烟熏洗涤器。国外有资料表明，用了烟熏洗涤器后，制品中苯并(a)芘含量可减少70%左右。与此同时，高温烹制食物还要掌握好加热温度和时间，防止焦糊和炭化。

对于苯并(a)芘含量较高的食物，可采用如下方法去毒：(1)一般食物适合用日晒、紫外线照射或用臭氧等氧化剂处理去毒；(2)食用油脂适合用吸附剂处理去毒；(3)烟熏食物表面污染的烟油应及时揩去；(4)食物的焦糊和炭化部分要全部刮去。

粮食初加工与烹调卫生

粮食以大米和小麦面粉为主，是人体热能的主要来源，也是膳食中B族维生素的主要来源。但是粮谷类所含的维生素和无机盐多存在于胚及麸皮中，在碾磨过程中容易损失；碾磨越精细，营养素损失就越多。如果减少碾磨次数，虽然可以保留较多的营养素，但是大量的麸皮会使粗纤维和植酸含量较高，从而影响蛋白质、无机盐等营养素的吸收和利用。所以，1953年国家对稻谷的出米率和小麦的出粉率做了规定，以此为“标准米”和“标准粉”。随着人们生活水平的提高，喜食精米白面的人越来越多，营养素不足或缺乏的可能性也随之增多了。因此，在主食加工过程中注意保护营养素具有重要的现实意义。

1.淘米要恰当。稻米在烹制前需要淘洗。这使得某些水溶性营养素会随水而流失，米粒表面的某些不溶性营养素也会因搓洗或搅拌而失掉。国内资料表明，淘米导致的部分营养素损失情况为：维生素$B_1$30%～60%、维生素B_2和尼克酸20%～25%。日本学者还报告，淘米可损失无机盐70%、蛋白质15.7%(表层)、碳水化合物2%。为了减少损失，对未被霉菌污染的大米应当尽量减少淘洗次数(最多不超过3次)，淘洗时水温不宜过高，不要使劲搓，不要用流水冲，也不要浸泡较长时间。

2.制作方式要合理。捞饭，即把米放在水中煮至半熟时将米捞出蒸熟，米汤弃之。从营养学的观点看，这是一种不合理的煮饭方式，它所造成的营养素损失大大超过蒸饭。见下表：

捞饭与蒸饭营养成分比较(0.5kg)

营养成分	捞饭	蒸饭	捞饭营养成分损失率(%)
脂肪(g)	0.5	2.5	80.0
碳水化合物(g)	128.0	136.0	5.9
磷(mg)	215.0	455.0	42.7
铁(mg)	2.0	5.0	60.0
维生素B_1(mg)	0.1	0.2	50.0
维生素B_2(mg)	0.05	0.1	50.0
尼克酸(mg)	1.5	2.5	40.0

3.用碱要适量。加工面条(水碱面)、煮稀饭(粥)、发酵面团时,加碱不宜过多。碱多了会严重破坏粮食中的维生素,同时也影响制品的外观和口味。

4.烹调要得法。制作主食常用的烹调方法有蒸、煮、烤、炸等,它们对营养素的影响程度是不同的,尤其是对维生素 B_1、维生素 B_2 和尼克酸的影响最大。这些方法中,蒸(不弃汤汁)、烤最好,水煮其次,高温油炸最差。高温油炸可使维生素 B_2 和尼克酸损失50%,维生素 B_1 则几乎全部丧失。

蔬菜初加工与烹调卫生

蔬菜,尤其是绿色蔬菜,含有比较丰富的维生素和无机盐,是我国人民膳食中这两类营养素的主要来源;烹饪加工中注意对它们的保护,非常重要。

新鲜蔬菜在烹调前,一般应遵循先洗后切、切后即烹的原则,这可以有效地减少维生素及无机盐的损失。如果切后再洗或切后久泡,水溶性营养成分会从切口处流失;切得越碎,冲洗次数越多,浸泡时间越长,损失就越严重。其中,损失最大的是维生素C。

如果将蔬菜先用沸水稍烫,再捞出挤去菜汁进行烹调,几乎会损失蔬菜中的绝大部分维生素。如白菜切后用沸水烫2分钟,然后捞出挤汁,菜中维生素C的损失会高达77%。另外,炒菜时加水过多,吃菜时弃汤,维生素也会大量损失。

新鲜蔬菜(主要指叶菜类)常用的烹调方法有炒、煮、焯、凉拌等;其中以旺火、热锅、快速成菜的“炒”法,保存的维生素最多。这是因为旺火急炒,一则可以缩短成菜时间,减少热能对维生素C的破坏;二是可以在短时间内利用油的高温破坏菜中氧化分解酶的活性,减少酶对维生素C的破坏作用;三则可以减少菜中水分外溢,既可保持蔬菜色鲜质脆,又能防止维生素和无机盐随水流失。

此外,烹调时减少蔬菜营养素损失的措施还有:适当放醋,这对B族维生素和维生素C有保护作用;避免用铜制炊具炒菜,因铜会加速维生素C的破坏;在菜起锅之前才放盐及酱油,以免菜汁大量溢出;炒好的菜不可久放,因为维生素C的损失率会随放置时间的延长而增大。

新鲜蔬菜还常用凉拌方法成菜。此法能较好保存营养素。但需指出,由于目前的凉拌工艺一般没有杀菌程序,故对原料要仔细清洗,严格消毒,同时注意操作者的个人卫生,防止肠道传染病、微生物、寄生虫卵的污染和传播。

肉类初加工与烹调卫生

这里“肉类”泛指新鲜的畜、禽、鱼类等原料。它们都含有营养价值很高的蛋白质,可以采用多种烹调方法成菜。

肉类加工时,首要的是选择后熟期的原料。然后根据不同的肉类和部位,进行洗、切、配,最后烹调成菜。需要洗涤的肉类应当先洗后切,洗时不宜过分揉搓,更不要切后长时间浸漂,以防止部分营养成分的损失、鲜味的减退,以及大量酶的溶出而使肉质发硬。对于新鲜干净的鲜活原料以及在墩子上分档取用的原料(如腿肉、鸡脯肉、鱼肉等),可以不用洗涤,直接切配烹调。这样可以防止含氮有机物、脂肪、无机盐、维生素及酶等随水流失,使肉质比较软嫩,汤味更加鲜美。但是对于被污染的原料,则必须先清洗干净或消毒处理之后,再切配烹调。

上浆挂糊,是烹调前对鲜嫩肉类原料的预处理工序,目的是使肉质细嫩多汁。“浆”和“糊”多用鸡蛋(常为蛋清)、淀粉、清水、调料等调制而成,均匀裹于原料表面,遇热即形成固态外壳,对原料有保护作用。它具体表现为:(1)减少原料中水分、含氮有机物、呈味物质以及脂肪的溢出,避免一些水溶性营养素随水进入汤汁。(2)使原料内部缓慢、均匀、稳定地受热,成菜后味鲜质嫩。(3)减少原料中易氧化分解的营养素与氧气直接接触的机会,起到良好的保护作用。(4)防止原料中蛋白质因骤遇高温而变老、变焦。(5)浆糊成分与原料营养素配合在一起,可以使营养成分互相补充。

肉类的烹调方法大致上可分为短时加热、长时加热和高温加热3种类型。其中短时加热对原料营养素的损失最小,高温加热对营养素(尤其是维生素)的破坏最大。烹调加工方法对营养素的影响是一个极其复杂的问题,这不仅受原料所含营养素本身性质的影响,还与多种外界因素有关,如刀口大小、加热时间长短、加热温度高低、原料搭配情况、烹调方法选择、个人技术差异等。

分析烹调方法对肉类原料营养成分的影响时，应尽量把相关因素都考虑进去，务必根据原料所含营养素的特点，选择最合适的烹调方法。

热菜制作卫生

热菜虽然进行过加热处理，但仍有些耐热细菌难以彻底杀灭(尤其是高温短时间加热成熟的菜肴)；如果温度过高或加热时间过长，又会导致食物原料的营养成分损失或者产生有害的化学性污染物；加上成菜后的再污染；这些卫生问题都不可忽视。把握热菜的卫生质量，一般需要注意以下几个问题：

1.认真检查食物原料，不符合国家卫生标准的坚决不用。

2.采用炒、爆、炸、熘、煎、涮等加热时间较短的烹调方法时，注意使原料受热均匀，烧熟煎透，彻底杀菌灭卵。

3.大块原料的烹调加工，要防止外熟里生，应使原料中心达到灭菌所需要的温度。

4.制菜不可加热过度，严防焦糊，以免破坏食物原料的营养成分，产生化学性污染物。

5.油脂温度应尽量控制在200℃以下，还要避免长时间或反复加热使用。

6.烹调好的菜肴必须趁热食用。若是缓慢冷却，或者保存温度不适当，极易遭受微生物再污染；即使第二天食用前给予一般加热，也有可能引起食物中毒。

7.操作中尝味须用固定的小匙，切勿以嘴直接接触炊具，以防止口腔中葡萄球菌等病原菌的侵入。

8.盛器须经消毒，不要带生水，不要用不洁的抹布擦拭。

冷菜制作卫生

冷菜既是营养丰富的食馔，又是绚丽多彩的观赏品，还是中国烹调技术、烹饪营养学和应用美学的和谐统一。由于冷菜往往是低温装盘，刀工讲究，制作时容易受到手、器具、水、空气等多方面的污染，故而经常带有多种细菌。它们主要是引起食品发粘变质的微球菌属、芽孢杆菌属、假单胞菌属、产碱杆菌属，以及致病性的沙雷氏菌属、埃希氏菌属、肠细菌属、志贺氏菌属、沙门氏菌属、变形杆菌属、葡萄球菌属等。因此，控制污染是冷菜制作中首要的卫生问题。

首先，把好选料关。冷菜的原料必须选用新鲜而无污染的，这对于冷制凉食类冷菜显得尤为重要。

第二，把好清洗关。冷菜原料必须清洗干净，最好用流动水清洗，这不仅可以洗去泥土等污物，而且还能冲掉寄生虫及虫卵，甚至很多细菌。对于冷制凉食的虾、蟹、贝类，还要用清水活养1～3日，使之吐尽腹内污物。

第三，把好消毒灭菌关。冷制凉食类冷菜原料可用药物、焯水、腌制等方法消毒。用药物杀菌的要掌握好药物浓度和消毒时间，一般蔬菜用3/4的漂白粉上清液浸泡3分钟，瓜果的浸泡时间应稍长一些；还可以采用0.5%～1.0%的盐酸溶液浸泡，清除果蔬表面的砷和铅，其有效率可达89%～99%。对于热制凉食类冷菜原料除加热之外，一般不需要消毒，但是要注意煮熟蒸透。冷菜装盘后最好能用紫外线照射3～5分钟，作最后消毒。

第四，严格执行生熟隔离制度。生原料与半成品及熟食品要分开存放；生熟食品的加工间要分开，所使用的一切用具、容器等不能混用或串用。这可防止熟食被生料上的细菌、寄生虫卵、寄生虫、化学农药等交叉污染。

第五，拼摆好的冷菜应尽快食用，如需存放必须低温保藏。冷制凉食类冷菜不可以存放过夜；热制凉食类冷菜如果当天未食，第二天必须重新加热消毒，发现变质者切不可食用。

饮料配制卫生

饮料很多，常见的有乳品、酒类、冷饮冷食等。饮料配制中，也存在着特殊的卫生问题。

1.乳品类饮料配制卫生。乳类是营养丰富、易于消化的食物，同时也适宜多种类群的微生物生长繁殖，容易腐败变质。此类饮料的配制首先应当注意乳品原料的品质，变质品不得使用；其次应当现配现饮，如需存放应低温保藏，但时间不宜过长。乳品原料通常有鲜乳、奶粉、炼乳等供配制使用。(1)鲜乳，即新鲜的生乳，正常的pH值为6.5～6.7，存放阶段随着生物的作用，pH值会逐渐降低，导致凝固。这种凝固乳可用少许食用碱中和而逐渐恢复到原来的“正常”状态。(2)消毒乳，经过消毒灭菌的鲜乳。乳类消毒常以杀灭结核菌的有效温度和时间为依据，以便能在最大限度地消灭致病菌的同时，使营养成分的损失降低到最低值。一般采用“低温巴氏消毒法”和“高温巴氏消毒法”。当消毒乳出现脂肪聚粘表层而呈液化态，乳蛋白呈微小颗粒状，或煮沸试验中有悬浮小颗粒和小絮片时，应判为不新鲜，不可饮用。对呈现絮状或凝固块，并有酸臭味者，应定为腐败变质，加以销毁。(3)全脂奶粉。这是鲜乳经脱水形成的粉末。它在贮藏中如发生变质，会因蛋白质变性而造成溶解度下降。国家卫生标准规定，在保藏期内奶粉的深解度不得低于97%。奶粉的保质期多依包装而定，一般金属罐装为1年，玻璃瓶装为9个月，塑料袋装为4个月。全脂甜奶粉中蔗糖含量不得超过奶粉的20%。(4)淡炼乳。系将全脂乳真空浓缩，脱出部分水分后进行高温灭菌而制成。一般金属罐装的保质期为9个月，玻璃瓶装为3个月。

2.酒类配制卫生。配制酒以成品酒(一般蒸馏酒)或食用酒精为主要原料，加水、糖、食用色素、食用香精等配制而成；也有用几种酒或非酒精饮料配制的鸡尾酒。配制酒的用水，应符合《生活饮用水卫生标准》；各类食品添加剂的使用，应符合《食品添加剂使用卫生标准》；盛酒容器洗刷消毒后方可使用；不得饮用变质酒(一般高度酒不易变质，而低度发酵酒若保藏不善会变质而呈现酸味)。

3.冷饮冷食类制作卫生。冷饮冷食是指不含酒精的饮料和冷冻食品。随着人们生活水平的提高和饮食习惯的变化，其品种日趋丰富。最常见的有矿泉水、汽水、果汁、冰糕、冰激凌、食用冰块、绿豆汤等。由于冷饮类多含奶、蛋、糖及淀粉，比较适合细菌的繁殖增生，且食用前不再加热，因此在加工、贮藏以及销售过程中容易受到致病菌的污染，引发肠道传染病。故而在制作时必须确保以下卫生要求：(1)所使用的原材料，必须符合卫生质量要求。不得采用腐败变质、霉变虫蛀和对人体健康有害的原材料。水果使用前应清洗干净并彻底灭菌。乳和蛋品原料应作必要的检验和消毒。(2)配制饮料的用水，应采用过滤后的自来水或经软化处理的水，并经过煮沸或采用其他方法消毒灭菌。(3)饮料配制人员，必须经过健康检查，身体合格者方可上岗。传染病患者、病原体携带者，以及其他有碍食品卫生工作的疾病患者，一律不准从事冷饮冷食的制作和销售工作。(4)器具必须事先进行清洗消毒。(5)制作场地必须有相应的卫生设施，防止蝇虫侵袭。

餐饮卫生管理

食品卫生法规

即国家立法机关或政府部门制定或批准的各项有关食品卫生工作的法令、条例、规程等法律性文件的统称。它是体现统治阶级意志，并受国家强制力保证执行的行为规范；餐饮企业卫生管理及食品卫生质量鉴定等食品卫生工作所必须遵循的工作准则。

我国的食品卫生法规体系以宪法为母法，由食品卫生法及其派生性法规所构成。宪法是我国一切法律的母法；而作为其子法的食品卫生法，在食品卫生法规体系中，又是其他食品卫生法规的母法。它主要派生出两方面的法规：一为社会规范性法规，即食品卫生法实施细则和单项食品卫生管理办法；一为技术规范性法规，即食品卫生标准。1995年10月30日由第八届全国人民代表大会常务委员会第16次会议通过，并颁布实行的《中华人民共和国食品卫生法》，是中国在食品卫生方面的第一部较为完整的法律。它既标志着中国食品卫生监督管理工作进入了法制管理时期，又标志着中国食品卫生法规体系的真正形成。在我国的食品卫生法规体系中，除了全国性法规外，根据工作需要或条件允许，还制订有主管部门或地方性的标准法规、暂订或试行标准法规以及相关的实施细则等。

在世界范围内，由于进入国际贸易的食品日益增多，出现了食品国际贸易中卫生方面的许多争议。20世纪60年代初期，联合国粮农组织(FAO)和联合国世界卫生组织(WHO)联合成立了食品法规联合委员会。该委员会的任务是制定和颁布世界范围的国际食品卫生标准，或者制定和颁布某个地区或某几个国家范围的国际食品卫生标准。我国已于1984年正式加入该食品法规联合委员会，并在相关的方面接受并执行它所制定的食品卫生标准。

食品卫生标准

食品卫生标准是食品卫生法规的一个部分。它是食品卫生法的具体技术规定，具有法律的属性。它包括3方面内容：即食品卫生的技术性指标、检验方法和管理办法。新中国建立以来，我国食品卫生科技人员进行了大量的食品卫生质量调查、鉴定和毒性试验研究，取得了近50万个试验数据和大量的资料，并于1978年5月1日颁布了我国第一套比较系统的《中华人民共和国食品卫生标准(试行)》。其内容包括：(1)粮、油、调味品、乳及乳制品、肉及肉制品、水产品、蛋及蛋制品、酒类、冷饮、茶叶、糕点、豆制品等食品的卫生标准；(2)黄曲霉毒素、汞、六六六及滴滴涕、放射性物质等污染物的限量标准；(3)食品包装容器、用纸、陶瓷及铝制食具和容器、食品添加剂和食品营养强化剂等使用的卫生标准；(4)相关的食品卫生检验方法和食品卫生管理办法。随后又对所制定的食品卫生标准不断进行修订、补充。过去食品卫生管理办法从属于专项标准，每发布一类食品的卫生标准，就有一套相应的卫生管理办法。自从颁布《中华人民共和国食品卫生法》后，食品卫生管理工作从单纯的技术指导过渡到了法制管理；单项食品卫生管理办法与实施细则也归属于社会规范。

食品卫生标准对食品的卫生质量要求，具体体现在各项指标上。各类食品可能存在着各种不同的卫生问题，因而有着不同的卫生质量指标。食品的卫生质量指标按其卫生意义，一般分为4类：第一类是严重危害人体健康的指标，如致病菌和某些有毒物质(黄曲霉素B_1、汞氰化物、有机氯、甲醇等)，前者通常规定为不得检出，后者则规定为一定的允许含量。第二类是表示食品被污染的可能性或被污染程度的指标，如菌落总数、大肠菌群最近似数、挥发性盐基氮、总酸和一定程度的感官性状变化等。这些指标说明食品卫生质量不好，有危及人体健康的可能，但并非一定会造成损害。第三类是间接反映食品卫生质量可能发生变化的指标，如粮食、奶粉和油脂中的水分含量。水分含量增高，会降低食品的耐藏性，使食品可能发生腐败变质和质量降低。第四类是食品的商品规格质量指标，如酒类中的乙醇含量、奶粉中的蔗糖含量等。大部分商品规格质量指标与食品卫生质量并无直接关系，可由食品生产部门自行制订；少数与食品卫生质量有关者，则应由生产部门和卫生部门联合制订。

除了国家统一制定的食品卫生标准之外，仍有一些食品还没有相应的标准，则可根据需要制订暂行标准、试行标准或地方标准。因此，这种食品卫生标准只具有暂时性或局部性意义。

食品卫生监督

国家实行食品卫生监督制度。所谓食品卫生监督，系由国家授权的食品卫生监督机构，依照《中华人民共和国食品卫生法》，对辖区内一切从事食品生产经营的单位和个人实施卫生监督权，对违反食品卫生法规的行为采取行政措施，并依法追究当事人的法律责任。

我国食品卫生法规定，县级以上地方人民政府卫生行政部门在管辖范围内行使食品卫生监督职责。铁道、交通行政主管部门设立的食品卫生监督机构，行使国务院卫生行政部门会同国务院有关部门规定的食品卫生监督职责。

食品卫生监督的职责主要是：

1.进行食品卫生监测、检验和技术指导；

2.协助培训食品生产经营人员，监督食品生产经营人员的健康检查；

3.宣传食品卫生和营养知识，进行食品卫生评价，公布食品卫生情况；

4.对食品生产经营企业的新建、扩建或改建工程的选址和设计进行卫生审查，并参加工程验收；

5.对食物中毒和食品污染事故进行调查，并采取有力的控制措施；

6.对违反食品卫生法的行为巡回监督检查；

7.对违反食品卫生法的行为追查责任，依法进行行政处罚；

8.负责其他食品卫生监督事项。

县级以上人民政府卫生行政部门设立食品卫生监督员。他们由合格的专业人员担任，由同级卫生行政部门发给证书，代表所属的食品卫生监督机构执行卫生监督的具体任务。

食品卫生监督员在执行业务时应着规定的服装，佩带证章，并出示证件。必须秉公执法，忠于职守，不得利用职权谋取私利。要在食品生产经营企业的法定负责人陪同下进行检查和调查，了解情况，索取资料，按照规定无偿采样，认真记录现场情况，生产经营者不得拒绝或者隐瞒。对违法行为的行政处罚，应按照《食品卫生法》第八章“法律责任”中的有关规定进行。

食品卫生质量鉴定

即检验食品中是否存在着威胁人体健康的有害因素，以及这些有害因素的种类、来源、性质、作用和含量水平的全部工作。它一般应由食品卫生监督机构进行。国务院和省、自治区、特别行政区、直辖市的卫生行政部门，也可以根据需要，在食品卫生监督机构之外确定具备条件的单位，进行食品卫生检验并出具检验报告。

1.检验步骤与方法。一般情况下采用的步骤是：(1)感官检查；(2)有害因素的快速检验或常规理化检验；(3)微生物学检验；(4)简易动物毒性试验。在特殊情况下，检验步骤可能会较为复杂。检验方法应当以国家，甚至国际统一规定的标准分析方法为准。如果统一规定的方法中未包括所需鉴定的项目和所采用的方法时，可以参照比较通用的分析方法，必要时还可以自己建立分析方法；但是必须这种方法报请相关的领导机构审批，并且在检验结果中予以注明。

2.鉴定结论及食品处理。通过标准的鉴定步骤和检验方法对食品进行了卫生质量鉴定之后，必须作出明确的鉴定结论：即食品中是否存在有害因素，有害因素的来源、种类、性质、含量、作用和危害，食品可否食用的具体技术条件等。对所鉴定食品的处理，基本上可分为3种情况：(1)正常食品(也称良质食品)。该食品具有良好的感官性状，符合相应的食品卫生质量标准，可以食用。(2)条件可食食品。该食品存在一定的卫生质量问题，但是采取可靠有效的措施处理之后，可以消除危害，仍然可以供人食用。所采取的处理措施常依据食品特性而定，如混掺稀释、加工复制、高温处理、物理除害等。经无害化处理的食品需要再一次检验，并根据具体情况作出限期销售或限定供应对象的规定；如果确证已符合正常食品要求，则不必限制销售。(3)不可食食品。此类食品中包括：①明显腐败变质、霉变生虫、污秽不洁的食品；②含有有毒有害物质，或者所含致病性微生物、寄生虫及微生物毒素超过限定标准的食品；③病死、毒死或者死因不明的畜、禽及水产动物等。这些食品都有可能对人体健康造成危害，应当禁止食用，或销毁或作为非食品工业的原料。

餐厅公共卫生的要求

餐厅公共卫生的特点是范围大、分工细、涉及的技术内容广泛，需要不间断地清扫整理，各方面要求严格。具体来说，它有10个子项：

1.要及时清洁整理、吸尘或擦拭里里外外所有的地面(包括大堂、小厅、酒吧、茶座、咖啡厅、卡拉OK厅以及庭院、走道、花坛、草坪、停车场、平台等)。

2.清洁、擦拭所有的服务设备，如沙发、茶几、餐桌、餐椅、服务台、酒柜、空调机、电视机、暖气、窗户、花盆架、广告牌，以及需要保持光亮的金属门扶手、玻璃、镜子等。

3.清洁并保养好所有的炉具、灶具、炊具、冷柜、餐具、水具、茶具、酒具之类，其中有一些还要定期消毒。

4.清洁电梯的内壁、地面和梯门；保养楼梯间；洗涤地毯；打蜡并磨光地面。

5.清洁全部通风管道，保证空气新鲜流畅；及时更换废旧灯具，保证照明的光亮度。

6.清洗和熨烫各种织物用具，如窗帘、门帘、台布、椅套、餐巾、垫巾等。

7.随时清扫洗手间和公共厕所，要求无水迹、无异味、无蛆虫。

8.消灭鼠虫和蚊蝇，定期进行室内消毒。

9.种花植草，绿化园林。

10.及时清理各种生产垃圾等。

这些工作，除了餐厅全体工作人员分工负责外，还须有专职的清洁队主理，并设置卫生监督员进行检查、管理。

餐厅公共卫生的质量标准

餐厅公共卫生有许多质量标准，下面仅就空气质量、微小气候质量、采光照明质量、环境噪声限制、通风换气质量等方面予以说明。

1.空气卫生质量标准。主要有四：(1)一氧化碳含量每立方米不得超过10毫克。(2)二氧化碳含量不得超过0.07%。(3)细菌(杂菌)总数每立方米不得超过2000个。(4)可吸入的灰尘每立方米不得超过0.15毫克。

2.微小气候卫生质量标准。夏季室温宜为

22～24℃，湿度宜为50%，风速宜为0.1～0.15米/秒；冬季室温宜为20～24℃，湿度宜为40%，风速不得大于0.25米/秒；其他季节室温宜为23～25℃，湿度宜为45.5%，风速宜为0.15～0.2米/秒。

3.采光照明卫生质量标准。一般应在50～100勒克司之间，大厅可以略高一些。

4.环境噪声限制卫生标准。一般餐厅不得超过50分贝(A)，卡拉OK厅和歌舞餐厅不得超过75分贝(A)。

5.通风换气量卫生质量标准。凡是全密封结构的餐厅，每人每小时所需的换气量不得少于40立方米。

以上数据都可以用科学手段来检测，是衡定一个餐厅环境质量水平的重要依据。

烹饪加工场所卫生

烹饪加工场所系指厨房及其配套设施。厨房是制作菜点的场所，有条件的厨房通常包括初加工间、切配间、洗涤间、烹调间、点心间、主食间、冷碟间等；还须有足够的食物贮藏室、餐具洗刷消毒室等配套设施。它们的卫生状况如何，直接影响到厨房工作人员的身体健康，也对菜点的卫生质量有直接影响。因此，厨房的选择、建造、布局及辅助设施的设置等，均应有明确的卫生要求。

1.厨房选址的卫生要求：

(1)厨房选址必须符合城乡规划的有关卫生要求。

(2)厨房应置于地势较高处，以利于污水排放。

(3)应当远离垃圾场、废渣场、粪便处理场、公共厕所、饲养屠宰场等卫生上最危险的环境。

(4)靠近市政设施(如自来水道、污水排放通道等)，以保证水源清洁，水量充沛，污水排放无污染。

(5)靠近交通要道，方便原料运输和顾客登门；又应与公路有一定距离，以免扬尘污染。

(6)最好不要设在地下室内，因为接近地面的空气往往含有较多的尘埃和微生物。

(7)尽可能紧靠餐厅，既有利于提高工作效率，又有利于保证菜点质量。

2.厨房建筑设计的卫生要求：

(1)厨房朝向以南北向为好，排烟出口最好朝南。这有利于自然通风、排烟排气，冬季不会蒸汽弥漫，夏季不会闷热难耐。

(2)面积配比。旧时餐厅占地面积一般是等于厨房与辅助间的面积之和；现在由于各种烹饪设备的增添，餐厅、厨房、辅助间应以1∶1∶1为宜，这可保证有宽敞的生产劳动空间。

(3)通风换气。无论是自然通风还是人工通风，都应保证足够的换气量，以排除生产性蒸汽、烟尘及人体呼出的二氧化碳，从而使空气清新。为了确保自然通风，窗户面积应为地面面积的1/5左右。

(4)采光照明。充足的光线是提高工作效率、保证工作质量和搞好烹饪卫生的重要条件。建筑设计时应充分采纳自然光线，只有自然采光不足时，才用适度的人工照明辅助。

(5)厨房高度。厨房的内空不可太低，否则给人以压抑感，也影响自然通风。常见的高度应为3.6～4米，南方炎热地区则不应低于5米。

(6)墙壁和屋顶。力求平滑，无裂缝，无凸凹，无暴露的管道，以防积油积尘和滋生菌虫。墙壁最好用不渗水的材料铺贴，也可只铺贴至离地2～3米处，但以上部分要定期粉刷抗滴水漆。天花板以平顶式为好，涂料以不易脱落、能承受厨房湿度的为佳。

(7)厨房地面。铺贴材料要求耐磨损、不吸水、不吸油腻、便于清扫，即使很湿也不滑。地面还要有一定的坡度，以利冲洗排水。

(8)排水沟道。初加工间、洗涤间和烹调间的地下均应设排水阴沟，下水口置于低处，以利于排水；沟要有适当的深度和坡度，防止水倒流；出口处应安装防止鼠虫侵入的装置。初加工间水道的下水口应安放细孔金属网，阻挡渣滓入沟。

3.厨房平面布局的卫生要求：

(1)要求做到从原料到成品的流水作业线不发生交叉污染；垃圾、炉灰不进入厨房(尤期是烹调间)；没有无关人员在厨房中穿行或停留的条件。为此厨房布置应以烹饪原料→仓库→生菜加工间→烹调间→配餐间→餐厅→食具洗刷消毒室为主轴线，形成3条分线(主食加工一条线，副食加工一条线，食具洗刷消毒一条线)；并有4条通道出入口(食物原料入口，垃圾污物出口，工作人员出入口，进餐人员出入口)；努力做到3分开

(生熟食分开,主副食分开,动物性原料与蔬菜分开)。

(2)贮藏室均应开两个门,一个进原料,另一个与相应的准备间沟通:即主食原料贮藏室与主食、点心间相通,副食调料贮藏室与生菜加工间相通。严格执行生熟食分开、动物性原料与蔬菜分开的规定。条件不具备的厨房无生菜加工间时,生料的清理洗涤必须在厨房外搭建顶棚进行。动物性原料和蔬菜加工如果不能分间进行,至少也得分池清洗,分案操作。

(3)烹调间布置要求:①其设置应注意厨房内的空气流向,以安置在生菜加工间的下风向(以夏季经常的风向为准)、主食间及点心间的上风向(以冬季经常的风向为准)为好。这可避免夏季高温影响生菜加工间、冬季蒸汽弥漫整个烹调间。②炒菜灶应置于天窗下方,以利于形成由灶台直冲天窗的上升气流带,避免油烟扩散。无天窗的烹调间必须安装抽油烟机,灶台上方要设帽形排气罩。灶台正面墙壁要铺贴瓷砖,以便清洗。烧煤的烹调间应设隔离灶,与烧火间分开,以免炉灰污染。③烹调间的下水道应安装除油器(即油脂分离装置),用来回收油污,防止沟道堵塞,避免油污污染环境。

(4)备餐间布置的要求。备餐间是饭菜成品暂时存放的场所,应设两个门各与烹调间和食具洗刷消毒间相通。面对餐厅的一方,下端装置玻璃墙与餐厅隔绝并供就餐者观察饭菜制作情况。供应的窗洞不宜过大,只要饭菜递出方便即可,这可以减少就餐者说话唾沫的污染。备餐间的门及玻璃墙上端至房顶部位须装置网眼纱,既通风又可以防蝇防尘。要设置脚踏式流水洗手池,专供备餐间工作人员操作前洗手消毒用。如果条件许可,还可以装置空调设备,夏季防止饭菜变质,冬季保暖。

(5)卫生通过室。一般设置在烹饪加工间的入口附近,包括流水冲洗式厕所、浴室、更衣洗手间、休息室等。卫生通过室的空气严禁流入厨房;厕所应与主副食加工间相隔一定的距离。

(6)厨房必须设置足够数量的水池,水龙头数应相当于最多上班人数的1/4。各种机械设备、搁架、贮柜、冰柜等设施的安置,互相之间应有一定的间距,以便操作和打扫卫生。所有搁架和贮柜的设计还应考虑让鼠虫无藏身之处。

食物贮存室卫生

食物贮存室是厨房的必备配套设施,主要有常温室和冷藏室两种。其建筑设计除了应严格遵照食品车间的卫生要求外,还要注意以下一些卫生问题。

常温食物贮存室朝北向为好,要安装防光窗帘,以免光线直接照射食物原料,防止变质。应选择干燥地点修建,注意防潮设计,如空间适当宽敞、安装通风设备等,因为很多食物易从空气中吸收水分而加速变质。要保持室内温度和湿度的基本恒定,有条件者可安装温湿度调节装置,经常观测、记录和调节室内的温湿度,防止低温食物遇热后表面凝结水滴而导致变质。常温贮存室内还应设置单间或隔离室,以便贮藏容易吸附异臭而遭致风味变坏的食物。要将不同类别的食物原料依其性质分别存放,如原料与半成品及成品分开放、散发特异气味的食物(如海产品、香辛料)与易吸附气味的食物(如鸡蛋、面粉、茶叶、饼干)分开放。经常打扫,保持室内清洁卫生,严防油脂外溢或漏洒而污染地面;还要注意预防和清除虫害(尤其是苍蝇、蟑螂)和鼠害等。室内不得存放药物及其他非食品,防止发生食品污染或导致差错事故。

低温冷藏是一种使用最普遍的食物保藏方法,不少餐饮店中都建有冷藏室。其建筑设计和使用都有不同于常温贮存的特殊卫生要求。冷藏室应设置预冷间,让大块的食物原料预先冷透,然后再冷藏,因为温度较高的食物骤入冰点以下的环境,其中心无法及时冷却,到了夏季就容易腐败变质。室内温度要保持恒定,变化幅度控制在±1℃为宜。冷藏室应设双重门窗或设防风门斗,库门开启不要过于频繁。食物原料在冷藏前必须新鲜、没有污染,否则不得入库。入库的食物应标明生产日期、批号和类别,以便控制冷藏的期限,其取用一般应遵循先进先出的原则。长期冷藏的食物要定期检查,着重检查有无脂肪酸败变质现象(如猪肉脂肪组织变黄等),易于变质的食物原料要经常检查。冷藏室还须定期消毒,最好每年两次。还应注意墙壁、地面、器具、门窗内侧等部位是否受到霉菌等微生物的污染,如发现异常应当及时进行卫生处理。此外,入库食物原料不得直接着地,库内严禁存放药物及其他杂物。

餐饮设备用具卫生

餐饮设备和用具大致可分为5大类，即切配加工用的设备及厨具；烹调用的设备及炊具；食物冷藏设备；清洁消毒设备以及食物存放输送设备。它们都必须达到相应的卫生要求。

1.切配加工用的设备及厨具。包括厨刀、菜墩、案板、切菜机、绞肉机、和面机，以及各种盆、筐、盘等。它们多与生料直接接触，受微生物污染的可能性较高，因此使用后都要彻底清理干净。尤其在炎热的夏季，残留在设备及厨具上的杂物极易腐败变质，会对后面加工的食物原料造成污染。有些厨具还用于加工熟料，如厨刀、菜墩、盆、盘、筐等。为防止生料与熟料的交叉污染，一定要做到生、熟料厨具绝对分开。加工熟料的厨具更要仔细清洗，坚持定期消毒。

2.烹调用的设备及炊具。主要指炉灶、炒锅、炒勺、烤炉、烤箱等。它们在使用中极易沾染油污，再次烹制食物时便会产生大量油烟及不良气味，既污染厨房环境，又影响饭菜质量，因此用后必须清理干净。特别是炒锅、烤箱和烤炉等，如果不注意清理油垢和残渣，往往会致使厨房内油烟弥漫。此类设备和炊具如果长期未用，重新使用前必须用热碱水刷洗干净，以防铁锈和酸败油脂污染食物。

3.食物冷藏设备。即冷藏箱和冷藏柜。它们只能短期放置食物，并不是万无一失的保险箱。由于某些微生物在低温环境下仍能生长繁殖，因此，食物存放时间过长，同样会腐败变质。所以必须重视冷藏箱和冷藏柜的使用卫生。要根据各类食物的性质控制冷藏温度和贮存时间，冷藏期间温度不可忽高忽低。生熟食物要分别冷藏，并按品种分开存放，堆码整齐。熟食要凉透后再放入；鲜活原料需要初加工并洗净，有血水的放下面，无血水的置于上方。定期清理抹洗，夏季微生物繁殖旺盛，应半个月清洗一次，冬季一个月清洗一次便可。定期除霜，以保持较好的制冷效果，除霜时不要让融解水滴落在食物上。

4.清洁消毒设备。包括洗碗机、洗杯机、洗涤池等。不少人认为洗涤时使用了清洁剂和消毒剂，这些设备就必然清洁卫生了；其实，使用过的机器及水池上沾染的污物和食物残渣，往往是一些微生物生长繁殖的场所。只有首先做到洗涤机械及设备的清洁卫生，才能确保所洗涤食具的清洁卫生。所以，此类设备每次用完后都要彻底清理干净。

5.食物存放和输送设备。如橱柜、物品架、推车等。它们虽然不与食物直接接触，却与盛装食物的餐盆、碗碟等食具接触。如果不经常进行卫生消毒、保持清洁，也能间接地传染疾病，甚至引起食物中毒。

食具洗涤与消毒

食具包括各种餐具、水具、茶具与酒具，用于盛装或取用直接入口的菜点及饮料，有些在用餐过程中还与嘴发生频繁接触。它们是引起多种疾病传染的媒体之一，因此必须认真洗涤和消毒。一般来说，食具表面无污垢只能称为“清洁”；只有当食具上所带病菌被清除到不致引起疾病传染的程度时，才能称得上“卫生”。而洗涤与消毒，则是使食具既清洁又卫生、确保饮食安全的重要手段。

食具洗涤与消毒在餐厅服务工作中占据着极为重要的位置。其准确含义，应当包括食具清洗、食具消毒、食具保洁3个方面；其中，清洗是消毒的基础，保洁是消毒的保证，如果清洗不净、保洁不好，消毒的作用也就难以实现。

食具的洗涤与消毒必须做到无油腻、无水迹和无细菌。少量食具可以人工洗涤消毒，注意坚持“一刮、二洗、三过、四消毒”的操作程序。“刮”，即在洗涤前刮去餐具中剩余的食物；“洗”，即将餐具置热水中(常放清洁剂)洗去油污；“过”，即将洗净的餐具置于清水中冲洗；“消毒”通常采用煮沸法、汽蒸法或药物法。当需要洗涤与消毒的食具数量较多时，最好用洗碗机或洗杯机进行，这样既节省人力，又更能保证清洁卫生。如果使用的是自动洗碗机，则应严格按如下步骤操作：洗涤前刮去残留食物；上机前预先清洗一次；把盘子叠好送入机内(注意不要超量)；把碗、杯倒扣于机内；将银质餐具置于单独的机层；检查清洁剂是否充足；检查水温(洗涤时不得低于60℃，消毒时不得低于82℃)。不论采用何种方法洗涤消毒，已经清洁卫生的食具都要置于干净的专用贮柜中保管，不得用手过多地接触，更不能用抹布揩擦，以免重新污染，这叫“保洁”。

不同质料的食具，在洗涤消毒中有着不同的要求。瓷器的用量最大，以洗碗机洗涤为好；对一些难于洗净的瓷器，则可将一般清洁剂改用超高效浓缩机用餐具清洁剂洗涤，效果甚佳。玻璃器皿的洗涤一般较为困难，应尽量先洗，或者配备专用的洗杯机洗涤。清洗玻璃杯时应先检查一下杯口是否有唇膏或其他化妆品的印迹，化妆品往往较难除去，应先用手工擦净。银质或不锈钢餐具的洗涤消毒方法，又有别于瓷器和玻璃器皿。首先应将它们放在加有清洁剂的热水中预泡一下，主要是为了去掉食物残渣（因为用刮的方法容易留下划痕）。如果用洗碗机，银质餐具应放在单独的一层中洗涤，消毒后用热空气进行干燥。银质餐具必须细心洗擦，精心保养，妥善保管。

完成食具的洗涤消毒后，放食具的桌子、洗碗机及其水管、碗槽、碗筐等附件，都要进行清洗，所有的存水均应放尽，机器内外都要擦抹干净，以保证其良好的清洁状态和环境卫生。

目前餐厅餐具常用的消毒方法主要有：(1)煮沸消毒法；(2)蒸汽消毒法；(3)干热消毒法；(4)高锰酸钾溶液消毒法；(5)漂白粉溶液消毒法；(6)红外线消毒法；(7)紫外线消毒法；(8)新洁尔灭消毒法等。

除此而外，近年来在餐厅中还广泛使用“84”消毒液。这是一种高效、速效、广谱、无毒、去污力强的新型消毒剂，能够快速杀灭甲型肝炎、乙型肝炎、艾滋病、脊髓灰质病毒和细菌芽胞等各类致病菌。

此外，餐具消毒工作还须遵守4项原则：

1.合理组织，加强领导，密切协作，发动群众。最好是每隔一段时间集中进行一次，全面调配劳力，指定承包区域，统一配制药剂，限定时间完成，并逐一检查落实。

2.注意选择适宜的消毒方法。餐厅和食具中需要消毒的物品甚多，性能各各不同，应当根据消毒对象正确选择消毒方法，以求实效。

3.认真操作，保证质量。认真操作包括消毒液的配制、消毒时间的掌握、消毒对象的确定、消毒后的保洁、防止再污染等方面。其中，尤其是消毒液的配制，务必准确，注意安全。还由于消毒效果难以用肉眼进行现场鉴定，因此切切不能敷衍了事，满足于走过场、闹虚名，造成遗患。

4.形成制度，持之以恒。应当有必要的规章制度作保证。

进餐环境卫生

餐厅是宾客进餐的场所。进餐环境通常由餐厅的四周环境、建筑外观、内部装饰、家具陈设、色彩光照、音乐声响，以及台面的布置、食具的造型、空气的清新、环境的卫生、服务员的大方热情等等构成。其中的许多因素都会影响进餐者的高级神经活动，从而促进或妨碍人体对食物的消化。因此，它们也均应有相应的卫生要求。

1.餐厅选址及布局的卫生要求。餐厅周围的环境是进餐环境的一个部分。确定餐厅位置时，应从饮食卫生的角度充分考虑其周边环境是否符合要求。应利用一切可以利用的优良自然条件，如充沛的阳光、明媚的山水、清新的空气、优美的绿化、安静的环境等；要避开一切不利的因素，如噪声、有污染的工厂等，为就餐者营造一个基本舒适的场所。超标准的噪音污染会使进餐者烦躁、食欲大减；来自工厂的有害气体，不仅会有异臭味影响进食，还会对人体健康构成危害。

至于餐厅的平面布局，应注意餐厅与厨房及其辅助间面积上的配比合理，现今多以1：1：1为宜；餐厅应与烹调间直接相连，尽量缩短菜点上桌的距离，减少不良空气及尘埃对食物的污染；最好设置备餐间，菜点由专人从烹调间传递到备餐间，再由餐厅服务员从备餐间窗口接出并送往顾客桌上；还应设置餐具洗消室，使其紧连餐厅，使用过的食具，洗涤消毒之后再进入厨房。

2.餐厅的清洁卫生要求。餐厅的地面、墙壁、天花板、门窗、家具、用具，甚至灯具、各种装饰品等，都是构成进餐环境的重要因素。保持它们的清洁卫生，是为就餐者提供舒适环境的需要。此外，还不应忽视备餐间及公共区域的清洁卫生，使清洁卫生工作做到经常化、制度化、规格化和责任化。

餐厅地面，应天天清扫，保持洁净。大理石地面还须定期打蜡上光。木地板应用油墩布擦拭，定期去旧蜡，上新蜡，并磨光。地毯每天应吸尘2～3次，如发现有菜肴汤汁造成的污渍，应立即用抹布沾上清洁剂和清水反复擦拭，直到干净为止。

墙壁和天花板，应当定期除尘，若贴有壁纸，还要定期用清水擦拭，保持其清洁美观。门窗玻璃应保持洁净，至少每周擦拭1次；如遇雨天或刮风，更应及时擦拭。灯具和各种壁挂装饰品也要每周进行1次清扫或擦拭。

餐厅的家具要天天擦拭，保持清洁明亮。餐用台布及餐椅套须保持清洁，无破损；台布每餐一换，椅套每周更换洗涤。餐桌用具开餐前都要用干净抹布认真擦拭，调味架要餐餐清洗，调味瓶上不能有渍印，花瓶中的水应天天更换。服务桌（也称接手桌）在开完餐后要认真清理，做到桌面干净，备餐用具摆放有序，并经常更换垫布或垫纸，特别注意消灭蟑螂。

备餐间要经常打扫，餐餐整理，保持备餐调料柜和家具柜的干净整洁。餐厅的公用区域（含附近的休息室、走廊等）也要天天打扫。

餐厅的日常清洁卫生应当是每天3次，坚持不懈，大扫除可每周1次。还要注意厅堂布置的整洁划一，餐桌和餐椅的摆放，水杯、调味架、烟缸、花瓶等用具的摆放，都应当是横竖一条线，给人以整洁感。

3.进餐条件的卫生要求。人体生理学告诉我们，人的食欲往往受到精神状态、身体状况、进餐环境及食物感官性质的影响。因此，创造良好的进餐条件，是不容忽视的前提。

餐厅的光照声色对人的食欲影响极大。实验表明，照射到餐桌上的灯光应为柔和的白色，并且要求亮度适中，产生的阴影较少。这样能真实展现菜点的本来面目，进餐者乐于接受，有利于刺激食欲。如果换用其他色彩的灯光，菜点的色彩就会变调，有的甚至变得人们无法忍受，令人大倒胃口。偏暖的灯光还勉强可以，偏冷的灯光就万万不可。餐厅装饰所用的色彩也会影响食欲。国外一些研究发现，若将餐厅布置成以淡雅的蓝色调为主，进餐者会感到心情平静、愉快，用餐速度会减缓，并且餐后还久久不愿离去；当改成以桔黄色为主调后，进餐者会食欲大振，用餐速度加快，餐后便立即离去。

餐厅的音乐声响对进餐者的情绪也有重要影响，一般以旋律优雅、节奏适中的轻音乐和民乐比较适宜。它可以使人们在轻松、愉快的情趣中就餐，食欲较为旺盛。要是换用节奏很强很快的乐曲（如摇滚乐），会令人过分激动，从而抑制消化活动，致使食欲下降。音乐播放的音量也应当略偏低一点，以不影响进餐者之间交谈为佳。如果音量过高，就会成为令人心烦的噪音。

最后还有餐厅的装饰风格。对大堂来说，以典雅大方为好，它比较适合大多数人的需要。如果装饰过分豪华，会使很多人望而却步；就算勉强进来了，也会产生紧张的情绪，使食欲下降。对小厅而言，可以装饰成各种不同的风格，或清新悦目，或富丽堂皇，或有民族宗教色彩，或有田园牧歌情调，或现代派十足，或古色古香。不同风格的进餐环境，有利于就餐者充分选择，使之能在最适合自己的环境中用餐，轻松愉快，食欲旺盛。

餐厅消毒

餐厅消毒是预防传染病和食物中毒的重要措施，目的是杀灭各种有害物与病原微生物，切断其传播途径，保证宾客的身体健康。

目前消毒的方法一般可分为3个大类：一是物理消毒，包括以灭菌煮沸、蒸焖、干热（烧灼、干烤）、红外线照射、微波与电离辐射以灭菌；日晒、紫外线照射与超声波以消毒；净化的冷冻、干燥；机械过滤、机械吸尘、水的冲刷、风的吹选等以除菌。二是化学消毒，包括漂白粉、次氯酸钠、次氯酸钙、氯胺T等含氯消毒剂；过氧乙酸、过氧化氢等过氧化物消毒剂；乙醇、异丙醇、乙二醇等醇类消毒剂；新洁尔灭等季胺盐类消毒剂；以及醛类消毒剂、酚类消毒剂和杂环类气体消毒剂等。三是生物消毒，如通过污水处理，利用在缺氧条件下厌氧微生物的生成，来阻碍需氧微生物的生长；或者是养猫捕鼠，防止老鼠携带有害细菌的传播等。

餐厅（含饭店）通常使用的消毒方法，则包括湿热消毒、干热消毒和化学消毒。如：

1.煮沸消毒法。即将洗净的餐具置于100℃的沸水中煮15～30分钟以灭菌。

2.蒸汽消毒法。即将洗净的餐具置于热蒸笼中焖蒸15分钟以灭菌。

3.高温灭菌法。即将部分食品在100℃的水锅中或105℃的蒸锅中制熟以灭菌。

4.巴氏消毒法。即将鲜奶、果汁或酱油在80～90℃的环境中存放30～60秒，然后立即降温以灭菌。

（以上4种属于湿热消毒。）

5.烧灼。即将金属置于火焰上烧灼10～60秒钟以灭菌。

6. 干烤。即将被消毒的物品置于金属柜中放进消毒室,在120℃的温度下烤30分钟灭菌。

7. 紫外线消毒。多用于碟子房的空气消毒。即每10～15平方米安装30瓦灯管一支,距地面2.5米左右,每次照射2小时。

(以上3种属于干热消毒。)

8. 高锰酸钾溶液消毒法。将5克高锰酸钾溶于5公斤温水中,将洗净的玻璃餐具浸泡5～10分钟以灭菌。

9. 漂白粉溶液消毒法。将5克新鲜漂白粉溶于10公斤温水中,将洗净的陶瓷餐具浸泡5～10分钟以灭菌。

10. 氯胺T(氯亚明)消毒法。将15克氯胺T粉溶于5公斤温水中,将洗净的各类餐具浸泡5分钟以灭菌。

11. 新洁尔灭消毒法。将2克新洁尔灭溶于10公斤温水中,将洗净的各类餐具浸泡5分钟以灭菌。

12. 二氯异青尿酸钠(优氯净)消毒法。主要用于饮水消毒。每10公斤饮水中投放100克优氯净,搅拌后静置20～40分钟即可。

13. 新消净消毒法。应用范围是餐具、水具、酒具、双手和一些器物的表层消毒,使用含量为0.5%～1%,可以迅速灭菌。

14. 洗消净(优安静、消毒灵)消毒法。主要用于洗手间和空气消毒,其有效含量为5%,使用浓度为0.5%～1%。

15. 次氯酸钠消毒法。主要用于洗手间和空气消毒,其有效含量为10%,使用浓度为0.3～0.5%。

16. 来苏水消毒法。主要用于餐厅、备餐室或休息室消毒,配制浓度为5%～10%。

17. 过氧乙酸(过醋酸)消毒法。主要用于生吃的蔬菜水果消毒,配制浓度为2%～10‰,可以浸泡、擦拭、喷洒或喷雾。

18. 乙醇(酒精)消毒法。主要用于服务工具消毒,用94.58%的酒精80毫升,加水20毫升,可配成75%的酒精溶液擦拭工具。

(以上11种属于化学消毒。)

餐厅除害

餐厅除害是指餐厅中应当全力消灭传播疾病、污染食品与环境、危害人体健康的一些生物。它们主要是老鼠、蟑螂、蚊、蝇、黄棕蚁和白蚁。至于具体的杀灭方法,详见后续的“灭鼠”、“灭蟑螂”、“灭蚊蝇”、“灭黄棕蚁”、“灭白蚁”各条。

餐厅除害是一项十分艰巨的任务。其重要的原因是:这类有害的生物繁殖力极强,且无孔不入,一次打灭后,往往又“卷土重来”;再加上其体积小,分布广泛,有一些还很灵敏,且具“抗毒性”,因此常常难以根除。愈是如此,愈是要加大扑灭的力度,持之以恒;还要尽量采用最新的科学方法,使之见到成效。

灭鼠

鼠是哺乳纲啮齿目部分动物的通称,繁殖迅速。其中的家鼠多生活在家庭或餐厅中,盗吃食物。它能传播鼠疫、流行性出血热、钩端螺旋体病等病原,并且啃啮家具与织物,形象可憎,是人类剿灭的“四害”之一。

灭鼠的方法主要是两类。

一为器械灭鼠。如吊砖、翻板、电子猫、地箭、石板砸、碗扣之类;餐厅常用的是鼠夹和鼠笼,效果不太明显。

二为药物灭鼠。多用5/万敌鼠钠盐毒饵或2～5/万杀鼠灵诱饵,用少量沸水溶解后,加温水与面粉、香料搓成5克大小的细丸,每间餐厅投放5～10粒,逐日检查,吃完多少补多少,连补3～4天,第5～7天则出现死鼠高峰,有效期达10天,作用显著。

(如果误食上述鼠药中毒,可注射维生素K解救。)

灭鼠注意事项:

1. 以防为主。收藏好食物,毁掉鼠窝,堵塞鼠洞,饲养家猫,都有一定的作用。

2. 无论何种灭鼠法,都应在完全断绝鼠粮和饮水的情况下进行,促使其吞食毒饵。

3. 器械与药物要常更换,不可仅用一种。因为老鼠嗅觉特灵,极易识别。

4. 鼠夹一经沾染老鼠血污,要立即清洗和火燎,除去血腥味后方可继续使用。

5. 鼠笼使用后要消毒,清除死鼠残留的气味和警戒素,才能继续诱捕新鼠。

6. 专人照管,明确职守。

灭蟑螂

蟑螂是蟑螂目昆虫的通称。它喜爱在厨房、餐厅觅食食物残渣，并且栖息在地板、橱柜、墙壁、地毯的缝隙中，传播病菌，其形象令人生恶，因此要尽力杀灭。

1.敌敌畏杀灭。用0.2%～0.5%的敌敌畏溶液，在室内喷洒，利用它的熏蒸作用，杀死躲在缝隙中的蟑螂。每隔一月喷洒1次，连续进行2～3次，基本上可以杀死卵荚孵化出来的幼虫。喷洒时要关闭门窗60～90分钟，方才有效。

2.杀虫剂杀灭。常用的有“敌杀死”、“黑旋风”、“蛙将军”、“大力神”等，其方法基本同上。

3.条状带喷洒。可用灭蟑螂药笔，也可用2.5%的溴氰菊脂20克兑水3.5～5公斤，或者是0.3%的二氯苯醚菊脂，在蟑螂经常出没的地方喷洒出一条封锁带，使之难以生存。

4.施放毒饵。即将蟑螂片研碎，拌入少许香麻油，放在蟑螂经常出没之处。

5,诱捕蟑螂器(即蟑螂胶)诱杀。此胶宜应放在墙角、柜脚、洗碗池、垃圾箱四周，有效期为3～4周，当胶上粘满蟑螂之后，挖坑深埋或用火焚烧。

6.火烧或开水烫。将打扫的废弃物及食物残渣，用火烧过或沸水烫过后再倒掉，这可以杀灭蟑螂所产的卵荚。

灭蚊蝇

蚊和蝇都是昆虫纲双翅目的有害动物，不仅污染食物和吸血，还分别传播疟疾、丝虫病、流行性乙型脑炎，是伤寒、霍乱、结核、痢疾等病的病原菌，是全国剿灭的“四害”。它们经常聚居在人群活动的地方，餐厅尤为集中。

消灭蚊蝇应当“标本”兼治，“防治”结合。首先要控制它们的孳生条件，管好垃圾，处理好餐厅废料，缸罐加盖，封闭明沟，清除杂草，不让其生存。其次应有防蚊蝇的设备，如门有帘，窗安纱，排气孔加罩，防止它们通过这些孔道进入餐室之内。

至于具体的杀灭方法，一般可以采用：

1.蝇拍扑打。餐厅各处应置蝇拍，便于人们随手消灭。

2.悬挂粘蝇纸。其地点以苍蝇经常出没、而人们不易拍打、不便拍打的处所为佳，如厨房的案板上空和备餐室等地。

3.点放驱蚊香、驱蚊片、驱蚊灯，傍晚时分的效果最好。

4.使用药物。如：

(1)关闭门窗1小时，用0.2%～0.5%的敌敌畏溶液在室内喷洒。

(2)关闭门窗30分钟，用“敌杀死”、“黑旋风”等杀虫剂喷雾杀灭。

(3)用1‰的敌百虫溶液设诱蝇盘加以诱杀。

(4)用2.5%的溴氰菊脂20克兑水3.5～5公斤，喷洒家具和墙壁，药效可维持数周。

(5)用0.1%～0.5%的敌敌畏溶液在清明前后喷洒地下室，消灭越冬蚊蝇。

灭黄棕蚁

黄棕蚁是昆虫纲膜翅目蚁科昆虫中的一种，经常通过墙壁或门窗的隙缝进入餐厅，觅食散碎的食物。它们往往成群结队四处蠕动，既影响观瞻，又不利于卫生。

消灭黄棕蚁的方法主要有：

1.清扫室内环境，用水泥、石灰堵塞墙缝，杜绝蚁群的出入通道。

2.寻找蚁窠，用沸水或0.5%的敌敌畏溶液灌注。

3.用杀虫剂经常在墙缝和地面上喷洒。

4.用“红蚁净”在餐室中诱杀。

5.清理干净餐室，不留食物残渣等。

灭白蚁

白蚁是昆虫纲等翅目昆虫的统称，亦称“螱”，其品种多达2000余种，主要分布在热带和温带，北方寒冷地区则很少发现。它们喜欢群栖，生活于隐藏的窠居中，每群通常由母蚁和众多的雄蚁、工蚁、兵蚁组成。常能建造巨大的蚁窠，可达数米，称为“白蚁冢”；它们以木材、菌类和半腐性叶片为食，危及枕木、桥梁、房屋和堤防。

南方餐厅中常见的白蚁为家白蚁和散白蚁，是必须消灭的大害虫。防治经常采用砷酸粉喷射、熏蒸剂熏蒸，并探寻白蚁主窠，切断其吸水线。如果发现房屋蛀蚀或家具蛀蚀，一时难以消灭，要请白蚁防治所的人员专力扑杀。

生活饮用水卫生

水是地球上的宝贵财富，生命的泉源。任何一个生态系统都离不开水，没有水任何生物均不能生存。水与人类的生活密切相关；无法想象，没有水，世界将会是怎样一种可怕的景象。然而，人类在生产和生活中大规模使用水的同时，由于工业三废、生活废弃物以及不适当地大量使用农药、化肥，同时也造成了水体的污染，进而影响人体健康。因此，保证供给人民群众量足质佳的生活饮用水，至关重要。

所谓水污染，系指水体接纳大量未经处理的工业废水、生活污水及各种废弃物后，导致的水质恶化。它对人体健康的危害是十分严重的。在一定限度内，天然水体可通过物理、化学及生物的自净作用清除污染；如果超出了水体的自净能力，便会引起危害。受污染的水体是传染病和寄生虫病的传播媒介，当人们饮用或接触污染水体时，就可能感染多种传染病，如霍乱和副霍乱、伤寒和副伤寒、痢疾、传染性肝炎、传染性结膜炎等；还可能引起血吸虫病、钩虫病、钩端螺旋体病、线虫病、蛔虫病等寄生虫病。当人们饮用受到含毒工业废水及农药污染的水体时，能够造成急性和慢性化学性中毒，如有机汞污染引起的水俣病、镉污染引起的骨痛病，以及砷中毒、铬中毒、铅中毒等。

水有“软水”和“硬水”之分，经常用硬度来表示。水的硬度取决于水中钙、镁等离子的含量，其单位为“度”。我国规定，1 升水中含有相当于 10 毫克氧化钙的钙、镁离子量，称为 1 度（即 1°）。低于 8°时为软水，8°～16°为中等硬水，16°～30°为硬水，30°以上为极硬水。雨水属于软水。地面水的硬度随所流经地区的地质条件而异，一般不会太高。当有硬度较高的工业废水混入时，可使水的硬度迅速提高。有机物分解产生的二氧化碳也可以使土壤中的钙、镁盐类溶解于水中，从而提高水的硬度。生活饮用水的硬度标准规定不应超过 25°。水的硬度过高，尤其是工业污染所致的极硬水，对人体健康很不利；但也不能过低，长期饮用软水的人，其血管容易受到损害，且水质越软，心血管病的死亡率也越高。

生活饮用水直接关系到人民的生活和健康，因此必须满足一定的卫生要求。首先要保证流行病学上的“安全”，即要求生活饮用水不含病原体和寄生虫卵，没有引起“介水传染病”的危险。其次要保证毒理学上的“可靠”，即要求生活饮用水中所含物质无损于人体健康，不会引起急、慢性中毒，不影响后代的健康成长。第三还要具有良好的感官性状，即要求生活饮用水必须无色、无臭、无异味、透明清亮。为了满足上述卫生要求，需要对生活饮用水进行卫生流行病学调查、水源环境卫生调查、水质检验等综合性评定，鼓励饮用自来水（经净化、消毒后集中供给的生活饮用水）。

生活饮用水水质标准(GB5749—85)

项目		标准
感官性状和一般化学指标	色	色度不超过 15 度，并不得呈现其他的异色
	浑浊度	不超过 3 度，特殊情况下不超过 5 度。
	臭和味	不得有异臭、异味
	肉眼可见物	不得含有
	pH	6.5～8.5
	总硬度（以碳酸钙计）	450mg/l
	铁	0.3mg/l
	锰	0.1mg/l
	铜	1.0mg/l
	锌	1.0mg/l
	挥发酚类（以苯酚计）	0.002mg/l
	阴离子合成洗涤剂	0.3mg/l
	硫酸盐	250mg/l
	氯化物	250mg/l
	溶解性总固体	1000mg/l

项目		标准
毒理学指标	氟化物	1.0mg/l
	氰化物	0.05mg/l
	砷	0.05mg/l
	硒	0.01mg/l
	汞	0.001mg/l
	镉	0.01mg/l
	铬(六价)	0.05mg/l
	铅	0.05mg/l
	银	0.05mg/l
	硝酸盐(以氮计)	20mg/l
	氯仿	60μg/l
	四氯化碳	3μg/l
	苯并(a)芘	0.01μg/l
	滴滴涕	1μg/l
	六六六	5μg/l
细菌学指标	细菌总数	100个/ml
	总大肠菌群	3个/l
	游离余氯	在与水接触30分钟后,应不低于0.3mg/l。集中式供水除出厂水应符合上述需求外,管网末稍水不应低于0.05mg/l。
放射性指标	总α放射线	0.1Bq/l
	总β放射线	1Bq/l

餐饮废弃物排放卫生

餐饮废弃物(包括菜帮、老叶、鳞毛、骨渣、残汤、剩菜、泔水、包装袋、用过的废瓶、煤渣等等),多属容易腐败变质的有机物质,尤其在春、夏、秋,温暖的气候更易促使其腐败。腐败后的餐饮废弃物往往会散发难闻的酸臭气味,并且特别招惹苍蝇,是蝇蛆孳生的温床。如果不合理排放或处理不当,必然严重影响餐饮环境的卫生,大大增加食品污染的危险性。因此,必须重视餐饮废弃物的排放卫生问题。

对餐饮废弃物的排放和处理,应当符合以下卫生要求。

1.要有健全的污水、污物处理系统,包括污水排放、废水处理、食品垃圾或煤渣处理等,并且经常维修,使之正常运转。

2.污水排放要做到畅通无阻,不得让它横溢。盛泔水的容器必须加盖,要求不漏水。所盛的废水要及时清除,不得让其发酵变馊,招惹苍蝇。

3.食品垃圾应有专人负责清理,及时清扫并运送到指定的场所,或倒入垃圾箱以待处理。垃圾箱必须带盖,并置于合适的地点,做到当日垃圾当日清除,以防因腐烂恶臭而使蚊蝇孳生。

4.用煤作燃料的餐饮企业,煤堆不应置于职工或顾客必须经过的地方,以免把黑煤灰带进厨房或餐厅,影响地面卫生。煤渣要及时清除,清除时应当泼水,避免灰尘四散。

洗手间卫生管理

餐厅一般都有洗手间,里面通常设置厕所。洗手间的卫生是餐饮环境卫生的重要组成部分,也是反映一个餐饮企业卫生状况的重要方面。如果忽视洗手间的卫生管理,不仅会有令人厌恶的臭气四处弥漫,影响环境美,而且易于传播由寄生虫卵及致病菌所引起的疾病。因此,餐饮场所洗手间的选址和设计必须符合卫生要求,管理必须加强。

小型餐饮企业的洗手间大都建在室外。它至少应距离餐厅和厨房25米乃至更远;同时不得处于餐厅、厨房和食物贮藏室的上风向,还要求比较干燥。建在室内的洗手间,则应该与餐厅、厨房和食物贮藏室间隔较长的距离,以不会受到臭气影响为度。

洗手间里的厕所应设计成流水冲洗式;便池的下水道应有U字形水封,以防止下水道内的臭气向上扩散;下水道应有直接通往室外的单独阴沟。厕所还应当尽量考虑自然通风设施,注意向室外排风,尽可能避免间接采光。洗手间墙壁应用瓷砖(或其他材料)铺贴墙裙,地面应铺设防滑地砖或水磨石子,以便清洗。洗手间出入口皆应安置合乎卫生要求的洗手设备,并备有洗手消毒剂。厕所应安置足够数量的便坑和小便池,以适应最大人流量的需要。

洗手间应加强卫生管理,安排1～4名专职卫生员,每天至少清扫2～3次,保持经常性的清洁卫生。还要防止便池堵塞,保证流水冲洗设备完好,如有损坏应及时修理。同时经常消毒,放置除臭剂或喷洒香水,使之空气清鲜。

餐饮人员个人卫生

从事餐饮工作的人员包括厨师、餐厅服务员、调酒师、酒吧服务员等。他们通常都直接接触食物和餐具,直接或间接地与顾客打交道,如果不注意个人卫生,就会引起食物和餐具的污染,在交际中传染疾病,从而危害顾客的健康,乃至会危害自己和同事的健康。所以,他们的个人卫生是整个餐饮环境卫生中不可分割的组成部分,至关重要。

经验表明,餐饮人员的个人卫生状况不佳主要表现在3个方面,即:(1)工作人员患有传染性疾病;(2)个人卫生习惯不良;(3)工作中操作方法不当。因此,要搞好餐饮环境卫生,首先应该加强对员工的职业卫生教育和个人卫生规范执行情况的管理;作为员工,则必须自觉地认真履行餐饮业的个人卫生规范。

管理者应当经常对员工进行职业卫生教育,使他们懂得基本的健康常识,知道什么疾病属于传染病,鼓励他们随时、主动地向主管人员报告自己及他人的胃肠不适情况和任何呼吸道传染病;并养成良好的个人卫生习惯,掌握卫生的工作方法。新招收的员工必须进行上岗前的体检,对确认患有传染性疾病者不得录用。对原有职工应该定期进行健康检查,至少每年1次。确认的传染病患者或传染性病毒携带者,应当调离工作岗位,进行治疗,安排休息,使他们尽快康复,重新体检合格后才能恢复工作。要向员工提供必要的清洁卫生设施,如更衣室(配备衣柜)、洗澡间、洗手设备(配备肥皂、卫生纸或空气干燥机)等,还要向员工提供合适的工作服装,并且要有洗衣服务。以上是确保个人卫生的前提。

餐饮工作人员的个人卫生规范是:

1.具有卫生意识,懂得基本的健康知识,保证睡眠充足,保持身体健康,以饱满的精神状态投入工作,完成工作后不觉得过度劳累。

2.及时向主管人员报告自己及他人呼吸系统的不正常情况(如感冒、咽喉炎、扁桃体炎、支气管疾病、肺部疾病等),以及肠胃不适情况(如呕吐、腹泻等)和皮肤发疹、生疖等疾病;还要报告受伤情况,包括刀具及其他利器割伤、烧伤等。

3.个人清洁卫生做到"五勤",即:(1)勤洗澡,每天1次,并要用除臭剂;(2)勤理发,至少应半月理1次发,男员工做到发不过耳,脸无胡须,女员工做到发不过肩,清爽飘逸;(3)勤剪指甲,每周修剪1～2次,并注意保持整洁;(4)勤刷牙,养成早晚刷牙,工作前和吃饭后嗽口的良好习惯,保持牙齿的美丽洁白;(5)勤换衣,做到任何时候的穿着都整洁合体。

4.每次上岗前都应认真做好卫生准备工作:梳理好头发,戴好帽子或发网(女服务员用),但不得佩带耳环和头饰;穿干净的工作服和清洁舒适的鞋子,笔不要放在较浅的口袋中;将个人物品存入个人衣柜,切勿放在卫生间或厨房;用肥皂和热水洗手,注意清洁指甲,洗后需用卫生纸擦干或用空气干燥机吹干,勿涂指甲油。

5.在进行以下行为之后都必须用热水和肥皂洗手:(1)上厕所以后;(2)用手或手帕掩着咳嗽或打喷嚏以后;(3)抽烟以后;(4)搬运货物及其他不干净的物件以后;(5)触摸生的动物性食物原料以后;(6)接触钱及其他不卫生的东西以后。

6.工作中要杜绝不良的习惯动作。不用手抓头皮及身上其他部位、搓脸、揉眼睛、掏耳、抠鼻子、梳理头发;不打哈欠;不剔牙;不嚼口香糖;不用抹布擦脸或手臂;不在厨房和服务场所抽烟、吐痰;不要毫无顾忌地咳嗽或打喷嚏,尤其要避免对着食物和顾客。

7.拿取餐具、食物要采用卫生的方法。不要用手接触餐具上宾客入口的部位,有柄餐具要拿柄,玻璃杯要拿底部,服务时留心不要将手指伸入盘子或碗中。品尝食物时,每次都要使用清洁的叉、匙;对流质食物应先盛一些放入盘中或小碟小碗里再品尝。不能用手直接抓取食物,如果非用手不可时,则必须戴好清洁卫生的胶手套。

(十八)膳补食疗

中医基础理论

中医

中国传统医药学的简称。它有许多别名,如相传黄帝及其大臣歧伯都会治病,合著过《内经》,被奉为医家之祖,后来便以"歧黄"代指中医学术;古代医家既行医又卖药,常常在门前高挂一个药葫芦或药壶,故常以"悬壶"表示行医,称颂医生为"悬壶济世";又相传名医华佗被曹操杀害之前,曾将一个装满医书的青囊交给狱史,使许多重要医籍得以保存,后人便以"青囊"指代医术;还有三国名医董奉,隐居庐山,他治病不取酬金,只要求治愈者栽植杏树,数年后,他的庭院周围"得杏树十万余株",人们便以"杏林"称颂中医界的圣手。

中医至少也有5000余年的历史。它不仅为中华民族造福,还传播到日本、韩国、越南、新加坡、法国、美国等数十个国家或地区,在国际医学界评价甚高。这是因为,同现代医学(西医)相比,它具有5大优势和特点:

1.早已形成了整体的医学模式。一方面它的病因学涉及到自然、心理和社会的诸多方面;另一方面它又有一整套生理和心理疗法,形成一个严密的网络。

2.有独特的理论体系。它包括阴阳五行、五运六气、藏象经络、精神气血津液、病因病机、四诊八纲、四气五味等等学说,能够科学地指导各种疾病的预防和治疗。

3.灵活的辨证方法。中医治病的辨证方法是多样化的,既有六经辨证、卫生营血辨证和三焦辨证,又有八纲辨证和脏腑辨证,辨证处理的方法也是因证因人因时因地制宜。

4.特殊的治疗手段。除内服汤药外,中医还采取针灸、推拿、按摩、气功、导引、捏脊、割治、刮痧、拔罐、熏洗、蒸浴、敷贴、情志相胜等方法,能使某些比较棘手的疑难病症取得较好的疗效。

5.科学的药物配伍。同药异量或同药同量而药物炮制工艺不同时,则功能和主治与原方也完全不同。祖祖辈辈积累下来的众多"本草"和"方剂",是一笔宝贵的财富。

近年来许多国家的医学界对中医刮目相看,还有几个重要原因:

一是二次世界大战后,感染性疾病由于抗生素的发现和大量应用于临床而得以控制或减少,免疫性、遗传性、代谢性疾病相对增多,现代医学目前尚缺少合适的治疗方法,而中医中药对其却有一定的疗效。

二是化学合成药的副作用所导致的"药害"屡有报道,令公众望而生畏。但中药多取自天然的植物、动物或矿物,且经过长久岁月的验证,一般说来勿庸担心其有药害问题。

三是公众对医疗要求的多样化,企望能有更多更好的安全可靠的方法改善或增强其体质等心理,这也都成为重新评价中医的动力。

四是中医独特的理论体系、灵活的辨证方法、特殊的治疗手段和科学的药物配伍,也逐步被现代科学技术成果所证实。它开始脱下"神秘的外衣"而展露出"自然的真实"。

目前,中医学正在健康地发展,并同西医学互相学习、互相借鉴、互相结合。在不久的将来,它还会取得更大的成就。

中药

与西药相对而言,一般指中药典籍上有记载、中药房里有出售,并为中医经常使用的药物及其加工品。它有广狭二义:狭义的中药仅指汉药(即汉民族使用的传统药物);广义的中药除汉药外,还包括一些少数民族使用的传统药物,如藏药、蒙古药、彝药、西夏(党项)药、维吾尔药、傣药、靺鞨(满族先祖)药、契丹药等等。

中药具有5个特点:(1)完全取自天然的植物、动物或矿物,而非化学合成剂;(2)大多是复方,即按君臣佐使的要求相配伍;(3)药材的选用讲究产地、季节和炮制;(4)药方的诀窍一在药物的种类多少,二在每种药的剂量多少;(5)用药、熬药与服药均有特殊要求。

本草

中药的古称和统称。由于中药完全取自天然的植物、动物或矿物,其中又以草类为多,故名。因此也有人将其解释为"以草药治病为本(主体)的经验"。

本草一词在公元前1世纪的《汉书·郊祀志》中就已出现,当时的宫廷中曾设有"本草待诏(掌管医药的官吏)"。后来的中医药典籍也习惯于用"本草"二字命名,如《神农本草经》、《本草经集注》、《食疗本草》、《食性本草》、《食物本草》、《证类本草》、《本草纲目》、《日用本草》、《救荒本草》、《本草从新》等等;研究中药学的学科,也通常称为"本草学"。

方书

中医学上指记述各种病症与食疗方、医药方的典籍以及相关的著作,数量甚多。其中与膳补食疗有关的,可分5类:

1.食物专著。如周代师旷的《禽经》,唐代陆羽的《茶经》,宋代苏轼的《酒经》,明代徐光启的《甘薯疏》,清代袁枚的《随园食单》。

2.食疗论述。如晋代葛洪的《神仙服食方》,唐代孙思邈的《千金食治》,元代忽思慧的《饮膳正要》,明代宁原的《食鉴本草》,清代王士雄的《随息居饮食谱》。

3.其他本草。如东汉的《神农本草经》,晋代嵇含的《南方草木状》,唐代李珣的《海药本草》,宋代苏颂的《图经本草》,明代李时珍的《本草纲目》。

4.医药方剂。如春秋时的《扁鹊方》,魏国吴普的《华佗方》,宋代严用和的《济世方》,宋代王怀隐的《太平圣惠方》,明代刘松石的《保寿堂经验方》。

5.其他古籍。如汉代成书的《黄帝内经》,梁代陶弘景的《名医别录》,元代陈直的《养老奉亲书》,明代高濂的《遵生八笺》,清代的《沈氏养生书》等。

医食同源

又称"药食同源",系指医药与食馔都是在古代原始人类寻找食物的过程中出现的,它们有着共同的渊源。

医食同源的产生有4个原因:(1)中医里的许多药物都是可以作为食品原料的动植物,既有药用价值,又有食用价值,药与食可以兼用。(2)先民在学会用火、发展熟食的漫长岁月中,常用烹调食物的方法(如切片、焙烤、煎熬)炮制药物,使两者关系密切。(3)先秦时的宫廷医生常常是一身二任,既负责为君王治病,又负责为君王配膳,加深了药与食之间的沟通。(4)早期出现的不少医籍均是药、食兼论,后来又创造出独具中华文化特色的"药膳",使食与医的结合更为紧密。

中医饮食保健学

中医饮食保健学是在中医基础理论的指导下,研究人类通过摄取食物,以满足机体正常生命活动所需要的营养物质,并达到防治疾病目的的一门医疗与养生相结合的实用性较强的科学。在长期的发展过程中,它逐渐形成两门既相对独立、又紧密结合的分支学科,即中医食养学和中医食疗学。

中医饮食保健学具有4大特点:

1.以阴阳学说为理论基础。其中包括以阴阳平衡为中心的生理观,以阴阳平衡为核心的病理观,以调整阴阳为根本的食疗食养观。这实质上是其哲学思想。

2.以五脏为中心的整体观。其中包括以五脏为中心的机体自身的完整性,以及强调饮食是协调机体自身的整体性及其与自然界的统一性的重要因素。

3.以辨证(体)施食为食疗食养的基本原则。既强调"证同治同,证异治异",又区分"同病异膳,异病同膳",因证因体因时因地而采用不同的方剂。

4.以调理脾胃为主的饮食营养观。即:饮食营养机体,以脾胃纳运为本;饮食为患,首伤脾胃;饮食有节,首葆脾胃。总之,重在消化吸收,重在固本保元。

中医食养学

主要是研究正常人体的饮食营养和养生之道，包括：(1)各个生理阶段（如孕妇、产妇、乳母、婴幼儿、少年、青年、成年、老年）人群的饮食营养和养生；(2)各种不同职业（如脑力劳动、体力劳动、高空或水下作业、污染环境作业）人群的饮食营养和养生；(3)病后体虚者的饮食营养康复等。

由于食养重在饮食调理，故又常称“食补”或“膳补”。它是通过研究正常人合理的饮食规律，使生命活动的营养物质基础得到保证，能量消耗得到合理补充，最终使各类人群的饮食都能达到防病强身、增强体质的目的。

中医食疗学

主要是研究各个病体的各种不同疾病在各个病程中的营养饮食和治疗饮食，习称“饮食疗法”、“食疗”或“食治”。其主要理论依据是：病体不同，疾病不同，病程不同，其病理状态也不一样，因此需要不同的饮食营养；其目的是以食祛除病邪，尽早康复。

如果说中医食养学是重视养生，那么中医食疗学则是重视治病。为了治病，它又常常是食物补养、食物疗治与食物禁忌三者并重，交互见功。与此同时，为了治病，它还将食物与药物巧相配伍，制成药膳或补品，起到辅佐的作用或直接的作用。

脏腑学说

中医里研究人体脏腑活动规律及其相互关系的学说。它认为人体是以五脏（心、肝、脾、肺、肾）、六腑（胆、胃、大肠、小肠、三焦、膀胱）、奇恒之府（脑、髓、骨、脉、胆、女子胞）为中心，以气、血、精、津液为物质基础，通过经络使脏腑之间密切联系，外连五官九窍、四肢百骸，构成一个有机的整体。其要点有四：(1)说明脏器组织的分类与作用。如五脏主藏精气，六腑主藏传化物。(2)脏腑之间有表里配合的关系，如肝配合胆，肾配合膀胱。(3)阐述脏器组织的生理功能及特性，如肺主气，外合皮毛，开窍于鼻，能通调水道。(4)论证脏器组织的病理变化，如膀胱气化失常则导致小便不利。总之，它强调整体观念，具有高度概括性，是中医基础理论之一，对临床治疗有指导意义。

经络学说

中医指人体内部气血运行的通道为经络。其中，纵行的干线叫经脉，横行的支线叫络脉，包括十二经脉、奇经八脉、十二经别、十五络脉、孙络、十二经筋、十二皮部等。它们纵横交叉，循行于人体内外，组成一个内属脏腑、外络肢节、联系全身、运行气血的通道；对于调节、维持人体的各种机能具有非常重要的作用。经络学说与脏腑学说等相结合，奠定了中医生理、病理学的基础。

从现代医学的观点来看，经络可能包括神经、血管及内分泌等系统及其某些功能；但又不能与这些系统的结构及功能完全等同。因此，关于经络的本质目前尚在深入研究之中。

阴阳学说

中国古代解释宇宙间一切事物的一种哲学思想。一般地说，凡是热的、动的、兴奋的、强壮的、明亮的、清纯的、向上的、向外的、雄性的、刚猛的等现象都属阳；反之则属阴。后来它被引申为事物相互对立的两个方面，并从春秋战国时期开始应用到中医药学里面。

中医里的阴阳学说大致上有4个要点：

1. 指代脏腑、组织、部位等的属性。如脏为阴，腑为阳；血为阴，气为阳；腹为阴、背为阳；内为阴，外为阳等。

2. 阐明生理功能和病理变化。如在生理功能上，认为阴血主要是濡润和滋养组织，阳气主要是温养和固卫肢体，两者相互依存，名曰“阴阳互根”。在病理变化上，阴邪内盛或阳气虚衰表现出寒证，阳邪盛实或阴液耗伤表现出热证，二者在一定条件下可以转变，名曰“阴阳转化”。

3. 指导诊断和治疗。前者如在表、里、寒、热、虚、实等证候中区别阴证和阳证；后者如用补阴的方法以制阳热，用温阳的方法以消阴寒，这叫“阴阳制约”。

4. 区分药物的性能。如将温性热性药或有辛甘发散作用的药称为阳；凉性寒性药或有酸苦涌（催吐）泄（泻下）作用的药称为阴。

以上均是说明脏腑、经络的生理、病理现象的。它具有朴素的唯物论和自发的辩证法思想，是中医的基础理论之一。

五行学说

五行本指木、火、土、金、水5种物质及其运动中的相生相克关系,它滥觞于殷商时代,是古代用以解释宇宙间一切事物的一种哲学思想。到了春秋战国,被应用于中医里,用以说明脏腑的属性及其相互关系。其要点是:(1)以五行的属性来区别脏腑的特性。如肝属木,心属火,脾属土,肺属金,肾属水。(2)用相生相克理论解释内脏之间的关系。如肝制约脾,称为木克土;脾生养肺,称为土生金。(3)用以说明治疗。如肝病犯脾,采用抑肝扶脾的治法,叫做抑木扶土;肾虚及肝,采用补肾养肝的治法,叫做滋水涵木。总之,五行学说贯串于中医的各个方面,是古代行医的经验总结,中医理论的重要组成部分。

精气神

在中医中,"精"指人体生命活动的基础,"气"指人体生命活动的动力,"神"指人体生命活动的体现;所以,将聚精、养气和存神称为"摄生三要",并有"天有三宝日月星,地有三宝水火风,人有三宝精气神"之说。医家还认为,五脏藏精,精为神之宅舍,有精才能有神,积精可以全神,精伤则神失守;精又为气母,精虚则无气,人无气则死;气可生精,使精充沛有力。换言之,即精气神三位一体,不可分离,存则俱存,亡则俱亡;精足、气充、神全者,自然可以祛病延年。

精气神在运动锻炼中也被视为一种"功夫"。保健、养生、气功和武术中都重视它,使之与食养食疗相辅相成。

六淫

又称六邪,系指风、寒、暑、湿、燥、火等6种不正常的气候变化易于使人致病。其中包括生物病原体(如细菌、病毒)以及物理、化学因素对人体的危害,是中医的病因学说之一。其规律是:(1)季节性明显。如风邪多见于春,寒邪多见于冬,暑邪多见于夏至以后,湿邪多见于长夏,燥邪多见于秋。(2)六邪既可单独致病,又可数种同时致病。如风寒湿三邪杂至为痹,湿热蕴蒸为黄疸。(3)六邪在发病过程中有时可以相互转化。如寒可化热、热可化寒。(4)六邪致病有多种途径,或肌表,或口鼻,或直中内脏,或几路同时侵入。六淫说将自然界气候、病因及机体反应三者结合起来研究,有很大的临床指导意义。

五运六气

中医的病因学说之一,又称运气学说,简称运气。它专门研究气候规律与人类发病的关系。唐代王冰补入《素问》的7篇大论已载,宋代广为流行。

其中,"五运"指木、火、土、金、水五行的运行;"六气"指风、热、湿、火、燥、寒6种气象的流转。具体的方法是:据甲、乙、丙、丁、戊、己、庚、辛、壬、癸10天干以定运;以子、丑、寅、卯、辰、巳、午、未、申、酉、戌、亥12地支以定气。根据运气相临的逆顺情况,结合阴阳相反相成和五行相生相克的理论,推测每年气象特点及气候变化的周期性,进而探讨气候对发病因素和人体的影响,概括出疾病发生的一般规律。

七情

在中医学里,七情是指喜、怒、忧、思、悲、恐、惊7种情志的总称。它是人体对外界事物的反映,一般属于生理活动范围。如果过度、持久或失调,则可导致内功能失常、气血不调而致病。如喜则气缓,而致神不守舍,心气涣散;怒则气上,而致烦燥暴跳,阴虚阳亢;悲则气消,而致形体憔悴,毛发枯萎;恐则气下,而致伤肾失精,坐卧不安;惊则气乱,而致神昏谵妄,目窜口噤;思则气结,而致心悸不宁、健忘失眠等等。

由于七情源自人的思想情感,多带来内伤疾病,故又称之为"内伤七情"。七情常会危害脏腑的阴阳气血,造成气机的逆乱,所以中医的病因说中对它甚为重视。

五劳七伤

也写作"五痨七伤",中医的病因学说之一。"五劳"之说,见于汉末医学家张仲景所著的《金匮要略》,指的是五脏劳损,即心劳、肝劳、脾劳、肺劳、肾劳。"七伤"之说,见于隋朝太医巢元方等所撰的《诸病源候论》,指的是五脏和志(精神)、形(躯体)受到伤害,即忧愁思虑易伤心,大怒气逆易伤肝,饮食过度易伤脾,体寒冷饮易伤肺,强力举重和久坐湿地易伤肾,恐惧而不节制易伤志,风雨寒暑侵袭易伤形。

五劳七伤中既有外因(六淫),又有内因(七情），其直接损害的则是脏腑。临床实践证明，它含有科学道理。

四诊

中医学的传统诊断方法，系望诊、闻诊、问诊和切诊的合称。其中：

望诊是运用视觉观察病人的神色、动态、舌苔、大小便和其他分泌物，获取与疾病有关的辨证资料。它一般以神色和舌诊为重点，兼顾其他。

闻诊包括听声音和嗅气味两方面。前者凭听觉了解病人的语言、呼吸、咳嗽、呻吟等声音的变化；后者凭嗅觉嗅闻病人的口气、体气和排泄物的气味变化。

问诊是通过问答了解患者以往的病史、起病原因、发病和治疗经过、现在的自觉症状、生活习惯、饮食喜恶等，作为诊断病情和处方时的重要参考。

切诊又称拿脉或把脉，包括脉诊和按诊。是医生运用手和指端的感觉，对病人体表的某些部位进行触摸按压的诊断方法。其检查内容有脉象的变化、胸腹的痞块、皮肤的肿胀、手足的温凉、疼痛的部位等。

四诊的提法最早见于《史记・扁鹊仓公列传》，相传是春秋时期的名医扁鹊（秦越人）创立奠基的。它们在临床运用时，虽然具有各自独特的作用，但又必须互相结合，彼此参照，同时运用“八纲”等理论，才能作出正确而全面的病情诊断，为治疗提供可靠的依据。

八纲

又称八纲辨证，即阴、阳、表、里、寒、热、虚、实8类证候的总称，是中医学辨证的基本纲要和方法。其中，阴阳指疾病的类别，表里指病变部位的浅深，寒热指疾病的性质，虚实指邪正双方的消长盛衰。八纲中又以阴阳两纲为总纲，具有统领其他六纲的意义。

当医生通过“四诊”掌握病情的具体材料之后，就要根据人体正气的盈亏、病邪的性质及其盛衰、疾病所在部位深浅等情况，进行综合分析，从而确定治疗的法则，开出相应的药方。这是一个复杂的逻辑推理过程，也是考察一个医生水平的关键之处。由于四诊与八纲是连续进行的，故又经常合称为“四诊八纲”。

辨证施治

又称辨证论治，中医临症普遍应用的一种科学诊治方法，即将理、法、方、药具体运用于临床。所谓辨证，是指运用四诊八纲、脏腑、病因、病机等中医基础理论学说，对病人表现出来的症状、体征，进行综合分析，探求其致病原因与发病原理的普遍性与特殊性，于同中求异，异中求同，最后作出诊断。如病因辨证、六经辨证、卫气营血辨证、三焦辨证、脏腑辨证、经络辨证等。所谓施治，就是根据辨证的实际结果，针对病情，确定相应的治疗法则，选择恰当、具体而又有效的治疗方法。

所以，辨证是决定施治的前提和依据；施治是治疗疾病的手段和方法。

八法

中医学名词，是汗、吐、下、和、温、清、消、补8种治疗方法的总称。它们的作用各不相同：

1.汗法。开泄腠理，解除表邪。

2.吐法。涌吐痰涎、胃中食积及毒物。

3.下法。通便除积，荡涤实热，攻逐水饮。

4.和法。和解表里，理气和中，扶正祛邪。

5.温法。回阳救逆，温中祛寒，温通血脉。

6.清法。清热解毒，清气凉血。

7.消法。消食导滞，消瘀散结，化痰化湿。

8.补法。补益精血，培补元气。

八法有时单用一种，有时合用数种，须视病情而定。

理法方药

中医基础理论的重要内容，也是辨证施治原则的系统化和具体化。其中，“理”指中医学原理，包括脏腑经络、营卫气血的生理病理，以及发病因素和病情发展变化的机理；“法”指中医诊断和治疗法则，包括八纲辨证、八法施治，以及扶正祛邪、标本缓急、虚实补泻、正治反治等治疗法则；“方”指中医方剂的组成、配伍、作用及适应证等；“药”指中药的性味、功用和主治等。

这些基础理论一直指导着中医的临症实践。系统掌握和正确运用“理法方药”，不仅是中医诊疗疾病的基础和前提，而且也是配制药膳的基础和前提。

君臣佐使

又称主辅佐引，系中医方剂的组成法则。此乃古代医家假借封建王朝君、臣、佐、使之间的互相统驭关系，以说明方剂中各种药物之间的组织配伍原则的一种学说，它最早见于《庄子·徐无鬼篇》和《素问·至真要大论》。

其中，"君"药是方剂中治疗主证、起主要作用的药物，按照需要可用一味或数味；"臣"药是协助主药或加强主药功效的药物；"佐"药是协助主药治疗兼证或抑制主药毒性、作反佐药用的药物；"使"药是引导各药直达病所或起调和作用的药物。如"麻黄汤"（治疗伤寒表证的方剂）中，麻黄是发汗解表的君药，桂枝是协助解表的臣药，杏仁是辅助麻黄平喘的佐药，甘草是调和诸药作用的使药。

丸散膏丹

指中药里的4种剂型。

丸。依据配方将若干药物混合后研成细末，加适宜的粘合剂（如糖、蜂蜜、水、药汁）做成的圆形小颗粒，多为内服。

散。将有关药物锉成粗末或研作细粉，可外敷，亦可内服。

膏。有两种。内服的是将饮片煎熬多次，去渣浓缩取汁，加冰糖或蜂蜜等收膏；外用的是将药物加油类煎炼去滓成膏，涂敷或摊制膏药，贴在患处。

丹。原指用金、石药炼制的成药（如硫化汞等炼制后升华的晶体）；后世把部分精制的丸、散、锭等亦称为丹。

这4种剂型功用各异，须按病情选用。

养益充助

中国古代的平衡膳食学说，首见于《黄帝内经》："五谷为养，五畜为益，五菜为充，五果为助。"其意为：人的机体主要靠五谷杂粮养育，还需要鱼肉禽蛋来增加营养，用蔬菜补充消耗，以瓜果助其不足。

养益充助说中强调：(1)中国人的食物构成应当以植物性食品为主体；(2)在植物性食品中，又应以粮食为大宗，同时辅以蔬菜与水果；(3)为了使营养供给全面，还需要吃一些动物性的食品，使人体得到补益。

这一学说经过后世医家的补充发挥，又增加了新的内涵，如食物与机体关系密切、食物能够维持生理功能、提倡辨证施食、提倡以食治病养体、营养不可偏废、"心为饮食主宰"等。

四气五味

又称四性五味，是中药对食物（药物）属性的认识。"四气"指寒、热、温、凉4种药性，它是从食物（药物）进入人体后所发生的反应及其疗效上归纳出来的。如寒性或凉性的食药物能治热性疾病，热性或温性的食药物能治寒性疾病；此外还有性质平和的平性食药物。"五味"指辛、酸、甘、苦、咸五种药味。中医认为，药味不同，药理作用也不同。如辛味能散能行，酸味能收能涩，甘味能补能缓，苦味能泻能燥，咸味能软坚润下；此外还有一种味道不太显著的淡味。

四气五味说是食与药的统一，养与治的统一，即"五味入口，存入肠胃。味有所存，以养五气；气和而生，津液相存，神乃自生"。

食物的升降浮沉

中医里指食物进入人体后产生的4种作用。其中，"升"指上升或升提，如补气升阳以止泻止痢；"降"指下降或降逆，如降逆以止呕；"浮"指外浮或发散，如发汗以解表；"沉"指收敛或泻利，如泻利以去里邪。升与降、浮与沉是彼此相对的，它们相互协调平衡就构成了机体的生理过程。如果升降不当、浮沉逆反，就会破坏平衡而出现病患。

食物的升降浮沉与其本身的性、味密切相关。一般来说，有升浮作用的食物，大多性属温热，味属辛甘，如葱、姜、花椒；有降沉作用的食物，大多性属寒凉，味属涩咸酸苦，如杏子、莲子、冬瓜。此外，食物的升降浮沉还可通过炮制或烹调来改变，如酒炒则升，姜汁炒则散，醋炒则收敛，盐多则下行等。

食物的归经

食物的归经即是把食物的作用范围或选择性与人体脏腑经络联系起来，以明确指出某些食物对于某些脏腑经络所起的主要（或特殊）作用。如梨能止咳，归肺经；山药能止泻，归脾经；龙眼能安神开窍，归心经；全蝎能治口苦搐搦，归肝经;鹿茸能固精壮阳,归肾经。

食物归经说的理论基础是中医的脏腑经络学说,它说明某些食物对相应的脏腑经络有着特殊的选择性或亲和力。究其本质,这仍与食药物的“四气五味”相关。如紫苏辛则入肺,大枣甘则入脾,乌梅酸则入肝,黄连苦则入心,牡蛎咸则入肾。另外,食物的归经也与食物的升降浮沉有关。因此,只有将食物的各种性能综合考虑,才能达到理想的养、疗效果。

以脏补脏

又称以形治形、以形补形、以脏治脏或脏器疗法,即是用动物的脏器来补养或治疗人体相应的脏腑器官,如以猪肝来补养人肝,以羊肾来补养人肾,用鹿筋强健筋骨,用牛鞭固元壮阳之类,对此,民间有“吃啥补啥”的通俗说法。

这是因为,动物的脏器在外部形状、解剖结构、生化特性、成分构成以及生理功能方面,都与人体相应的脏器相似或相近,可以为人体提供各种有效成分;而且动物脏器都属于“血肉有情之品”,其食疗食养作用均在“草木之品”之上。故而现今也用它制成生化药品,用于临床。

但是,以脏补脏时还应具体分析。如猪的肾上腺(小腰子)和甲状腺(栗子肉)就对人体有害,若食用不当,则会中毒。

营养食物

根据补益作用的不同,中医通常将其分为11个大类和数十个小类,主要品种如下:

1.补养类食物。包括4小类:

(1)补气类。如人参、山药、土豆、香菇、大枣、栗子、鸡肉、猪肚、猪肾、牛肉、鳜鱼、鳝鱼、泥鳅、粳米、糯米、扁豆、豇豆、蜂蜜。

(2)补阳类。如虫草、韭子、核桃、麻雀、羊肉、狗肉、黄狗肾、鹿尾、鲃鱼、河虾、海参、牛鞭、鹿血。

(3)补血类。如胡萝卜、菠菜、龙眼、荔枝、葡萄、花生、何首乌、猪肝、猪心、猪蹄、阿胶、鹿筋、墨鱼。

(4)补阴类。如黄精、银耳、百合、枸杞、松子、葵花子、乌骨鸡、鸡蛋、鸭肉、猪肉、猪脑、牛奶、乌龟、甲鱼、鲍鱼、鳗鲡、鱼肚、牡蛎、蛏子、淡菜、干贝、蛤士蟆、黑芝麻。

2.温里类食物。如韭菜、辣椒、鲢鱼、鳙鱼、草鱼、肉桂、干姜、花椒、茴香、红砂糖。

3.理气类食物。如独蒜、芜菁、桔子、荞麦、刀豆、豌豆、木香、玫瑰花、茉莉花、白梅花。

4.理血类食物。包括两小类:

(1)止血类。如小蓟、藕、空心菜、马兰、茄子、黑木耳、猪肠、槐花。

(2)活血类。如甜菜、红油菜、慈菇、桃仁、河蟹、醋、草红花。

5.消食类食物。如萝卜、山楂、鸡内金、猪脾、麦芽、谷芽、锅巴。

6.祛湿类食物。包括3小类:

(1)利水渗湿类。如冬葵叶、茯苓、茵陈、荠菜、南苜蓿、金针菜、莴苣、冬瓜、鲤鱼、鲫鱼、乌鳢、赤小豆、薏苡仁。

(2)芳香化湿类。如砂仁、白豆蔻、草果、草豆蔻。

(3)祛风湿类。如海棠、五加皮酒、鸿茅药酒、鹿蹄、金环蛇。

7.清热类食物。如水芹、椿叶、菘菜、莼菜、苋菜、马齿苋、蒲公英、茭白、苦瓜、黄瓜、西瓜、香蕉、甘蔗、橄榄、河蚌、粟米、绿豆、豆腐、金银花、茶叶。

8.化痰止咳平喘类食物。包括两小类:

(1)化痰类。如桔梗、野雪里蕻、龙须菜、紫菜、昆布、海蜇头、荸荠、芋、笋、丝瓜、芥菜、梨、冬瓜子。

(2)止咳平喘类。如甜杏仁、银杏、枇杷、罗汉果、柿饼、猪肺。

9.解表类食物。包括两小类:

(1)辛温解表类。如紫苏叶、荆芥、香薷、芫荽、姜、葱白、白芷。

(2)辛凉解表类。如桑叶、菊花、薄荷、葛根、淡豆豉。

10.收涩类食物。如山茱萸、莲子、芡实、酸石榴、乌梅、鸡肠、猪尿胞、浮小麦。

11.其他类食物。如槟榔、南瓜子、香榧、使君子、酸枣仁、小麦、旱芹、蚯蚓、大蒜、甘蓝、白饭豆等。

保健药物

它们多在药膳中使用,有的偏重于养,有的偏重于治,有的是养治结合。根据其药理性能,中医通常将之分为18类，主要品种如下：

1.补气药。如人参、西洋参、党参、太子参、五味子、黄芪、白术、山药、白扁豆、大枣、甘草。

2.补血药。如当归、鸡血藤、熟地、阿胶、何首乌、枸杞、龙眼、桑椹。

3.补阴药。如北沙参、南沙参、麦冬、天冬、百合、玉竹、黄精、石斛、女贞子、旱莲草、龟胶、蛤蟆油。

4.补阳药。如鹿茸、鹿角胶、鹿鞭、海狗肾、黄狗肾、九香虫、海马、山茱萸、补骨脂、巴戟天、淫羊藿、仙茅、杜仲、锁阳、肉苁蓉、沙苑子、菟丝子、续断、狗脊、骨碎补、虫草、蛤蚧、紫河车、雪莲花。

5.祛痰止咳药。如川贝母、瓜蒌、半夏、苦杏仁、昆布。

6.芳香化湿药。如藿香、佩兰、白豆蔻、砂仁、草豆蔻、草果。

7.消食药。如鸡内金、建曲、谷芽、麦芽、山楂、隔山消。

8.理气药。如木香、陈皮、香附子。

9.温里药。如附子、干姜、肉桂、小茴香、丁香、高良姜。

10.平肝药。如天麻、白芍、牡蛎。

11.安神药。如柏子仁、酸枣仁、菌灵芝。

12.利湿药。如茯苓、薏苡仁、泽泻、慈姑、通草、玉米须。

13.祛风湿药。如白花蛇、乌梢蛇、脆蛇、蝎子。

14.止血药。如三七、艾叶、侧柏叶、白茅根、白芨、鸡冠花。

15.活血祛瘀药。如红花、丹参、川芎、益母草。

16.收涩药。如白果、芡实、浮小麦、桑螵蛸、莲子。

17.清热药。如黄连、金银花、仙人掌、鱼腥草、银柴胡、地黄、胖大海、荷叶。

18.解表药。如紫苏、菊花、桑叶、薄荷等。

偏嗜八戒

偏嗜者，系指饮食上某些过分的嗜好。它会使人拒绝不喜欢的食品，贪求喜欢的食品，致使营养失调，损害健康。对此，历代医家针对性地提出了许多戒律，归纳起来，主要有8个方面，习称“偏嗜八戒”。即一戒“以补求寿”；二戒“偏食异味”；三戒“暴食暴饮”；四戒“嗜细求精”；五戒“偏好甘肥”；六戒“饮酒挡寒”；七戒“以汤泡饭”；八戒“餐不定食”。《黄帝内经》说：“谷肉瓜菜，食尽用之，无使过之，伤其正也。”《寿世保元》说：“极滋味之美，穷饮食之乐，虽肌体充腴，容色悦泽，而酷烈之气，内蚀脏腑，精神虚矣！安能保合太和，以臻遐龄？……人之可畏者，衽席饮食之间，而不知以为戒，过也。”

调味五禁

古代医家研究“四气五味”与脏腑病理的辩证关系后形成的一种观点。它的推理过程较为复杂，简言之即是：味道过酸会伤脾，致使皮肉增厚，因而“脾病忌酸”；味道过咸会伤肌，致使肤色变黑，因而“肌病忌咸”；味道过甜会伤肾，致使骨节疼痛，因而“肾病忌甜”；味道过苦会伤胃，致使毛发脱落，因而“胃病忌苦”；味道过辣会伤筋，致使指甲枯萎，因而“筋病忌辣”。

还有些医书将五禁解释为：“肝禁辛，心禁咸，脾禁酸，胃禁甘，肺禁苦。”

不论说法如何，它们都是要求“气味合而服之，以补精益气”，有一定的临床指导意义。

十八反

中药配伍中的禁忌。“反”即“相反”，是指两种药物同用，会产生剧烈的毒性反应或副作用。据文献记载，有18种药物相反，分为3组：

1.甘草反大戟、芫花、甘遂、海藻；

2.乌头反贝母、瓜蒌、半夏、白蔹、白芨；

3.藜芦反人参、丹参、沙参、苦参、玄参、细辛、芍药。（其中的玄参为李时珍在《本草纲目》中增加的，故实有19种。）

上列相反的药物，一般都不在同一个方剂中使用，为的是安全。

十八反仅是古人经验，可供临床用药时参考。

十九畏

中药配伍中的禁忌。“畏”即“相畏”，是指一种药物受到另一种药物的抑制，会减低其毒性或功效，乃至完全丧失功效。据文献记载，有19种药物相畏，分为9组：

(1)硫黄畏朴硝； (2)水银畏砒霜；

(3)狼毒畏密陀僧；　(4)巴豆畏牵牛；
(5)丁香畏郁金；　(6)牙硝畏三棱；
(7)川乌、草乌畏犀角；(8)人参畏五灵脂；
(9)肉桂畏赤石脂。

上述相畏的一组药物，一般都不在一个方剂中同时使用。但在某些古方中也有配合用的，目的是用相畏牵制其偏性。这均系前人实践经验的记述，也可供临床用药时参考。

食物配伍宜忌

根据中医食疗的观点，不同类型的食物往往具有不同的保健医疗性能；对此，常用“性”、“味”和“归经”予以描述和归纳。食物有四性五味。四性，亦称四气，即寒、热、温、凉，一般分为温热、寒凉和平性3类。“寒者热之，热者寒之”，是中医食疗的基本原则。五味，即辛、甘、酸、苦、咸。辛味，具有发散、行气、和血、开胃等作用，但多食则气散；甘味，具有和缓、补养作用，能养阴和中，但多食则壅塞、滞气；酸味，具有敛汗、止泻、涩精等作用，但多食则痉挛；苦味，具有清热泻火、止咳平喘、泻下等作用，但多食则滑泻；咸味，具有软坚润下作用，故能散结，但多食则令血凝。并且，“五味各归所喜”，一般认为：辛味食物归肺经；甘味食物归脾经；酸味食物归肝经；苦味食物归心经；咸味食物归肾经。但是，同一性味的滋补食物，甚至同一种食物，往往也有补肺、补脾、补肾等的不同（详见“四气五味”、“食物的归经”等条）。

保健医疗食物，为了增强其营养保健作用和食疗效果，常常要用不同的食物适当搭配组成。食物之间或食物与药物之间通过搭配组合（即配伍），由于相互影响而使原有性能有所变化，可产生不同的效果，如同本草学中所说的相顺、相使、相畏、相杀、相恶和相反的配伍关系等。从饮食保健医疗的具体情况出发，可以将上述各种食物配伍关系概括为相顺相使、相畏相杀和相恶相反3个方面。它们在实际应用中时常决定着食物（包括药膳）配伍的宜与忌。

1. 相顺相使。即性能基本相同或某一方面性能相似的食物相互配合，能够不同程度地增强原有的食疗保健功效，同时提高其可食性。如“当归生姜羊肉汤”中，羊肉温补气血，当归补血止痛，二者配伍可增强补虚、散寒、止痛之功效，再加以生姜，既可增强温中散寒的效果，还可消除羊肉中的腥膻味。再如“菠菜猪肝汤”中，菠菜和猪肝均能养肝明目，二者配伍可增强补肝明目之功效，长于治疗肝虚目昏、夜盲症等。相顺、相使的食物配伍关系，能够增强食物的功效，这正是保健食疗所希望达到的效果。因此，食物配伍必须重视相顺相使关系。

2. 相畏相杀。即当两种食物同用时，一种食物的毒性或副作用会被另一种食物降低，甚至消除（参阅“十九畏”条）。在这种相互作用的关系中，前者对后者来说是“相畏”，而后者对前者来说则是“相杀”。本草记载及民间流传的相畏相杀配伍实例很多，如大蒜可防治蘑菇中毒；橄榄可解河豚、鱼、蟹引起的轻微中毒；蜂蜜、绿豆可解乌头、附子毒等等，这都有待进一步研究证实。在某种意义上讲，食物的相畏、相杀也是一种相宜的配伍，因为它可以解毒，但是这种配伍不如相顺相使的配伍常用，更不可滥用。

3. 相恶相反。这是食物配伍之忌。“相恶”，即两种食物同用后，由于相互牵制，而使原有的功能降低，甚至丧失。具有这种配伍关系的食物，其性能基本上是相克的，如食羊肉、牛肉、狗肉之类温补气血食物的同时，又食绿豆、鲜萝卜、西瓜等具寒凉性的食物，前者的温补功能会相应减弱。“相反”，即两种食物同用时，能产生毒性反应或明显的副作用（参阅“十八反”条）。食物（包括可食性药物），在配伍中的相反有两种形式，即“药食相反”和“食物相反”。据前人记载，其实例有：

(1)猪肉反乌梅、桔梗、黄连、胡黄连、苍术、百合；忌荞麦、牛肉、马肉、羊肝、鸡蛋、鲫鱼、黄豆、龟肉、鳖肉、鳝鱼。

(2)猪血反地黄、何首乌。

(3)猪心反吴萸。

(4)猪肝忌鱼脍、鲤鱼肠子、荞面、豆酱、雀肉。

(5)猪肺忌花菜。

(6)羊肉反半夏、菖蒲。

(7)狗肉反商陆；畏杏仁；恶蒜；忌菱。

(8)兔肉忌鸡肉、獭肉。

(9)鳖肉反芥子、薄荷；恶矾；忌兔、鸭、猪肉、苋菜、鸡蛋、鸭蛋。

(10)鲫鱼反厚朴、麦冬；忌砂糖、猪肉。

(11)鲤鱼反砂仁;忌狗肉。

(12)鸡肉反芥米、李子;忌胡蒜、糯米、狗肉、鲤鱼、兔肉。

(13)鸭蛋反李子、桑椹子;忌鳖肉。

(14)雀肉反白术、李子;忌猪肝。

(15)龟肉忌酒果、苋菜。

(16)鲜肉忌狗血。

(17)蜂蜜忌生葱。

(18)柿忌蟹等。

从人们长期的饮食经验来看,食物配伍中的相反关系,是极为少见的,其中的很多问题均有待进一步研究证实。此外,做菜时常加生姜、葱、胡椒、花椒、辣椒等,如果佐料与食物的性能相反,也不能一概作为相恶配伍论。因为佐料一般用量较少,对主料性能的影响通常不会很显著,而且可以起到很好的开胃、增进食欲的作用。

古人对食物的相恶相反,多是用五行相生相克的理论来解释的,并且在临床实践上有所运用。尽管其中既有合理的成分,也有糟粕,但其目的仍是谋求最佳的食品组合方案,有积极的意义。应当注意的是,前人留下的食物相恶相反方例,切不可以盲目照搬,必须经过科学实验验证,正确的则予以承认,不正确的应当推翻。

饮食禁忌

简称食忌,俗称"忌口",即在某段时间内某些人因某种原因不能吃某些食物。它大约包含以下7类:

1.病因禁忌。多指某种食物会成为直接的病因或诱因,如民间所说的"发物"。

2.病理禁忌。指病中能加重病理状态的食物,如咽喉肿疼者忌辣椒。

3.服药禁忌。指能消弱药效或加重药物副作用,以及引起其他不良反应的食物,如服中药时大多忌用茶水。

4.食物相忌。即食物的相畏相杀和相恶相反,参阅"食物配伍忌宜"、"十八反"、"十九畏"等条。

5.体质禁忌。指能加重某种虚弱体质或过敏体质的食物禁忌,如儿童不宜食用野山参。

6.妊娠食忌。即孕妇"忌嘴"。

7.时令禁忌。因地区而异。

这些食忌都不仅仅是凭经验所得,而是有一定的规律可循。它常是依据病症的寒热、虚实、阴阳偏胜,结合食物的四气、五味、升降浮沉及归经等特性而加以确定的。不仅在"食疗"时讲究"忌口",而且在"食养"时也讲究"忌口",应用得甚为广泛。

我国的中医根据文献记载、民间习俗和临床实践,一般将饮食禁忌分为温燥类食物、生冷食物、油腻食物、荤腥食物、"发物"、调味品、烟酒茶等7个大类,一一与忌食的病症相对照,列出下面的"一般的食忌食物表",以供人们参阅:

一般的食忌食物表

食物分类	食物举例	忌食病症
温燥类食物	牛、羊、犬、鹿、枣、栗、姜、桂、红糖、烟、酒等	热症、燥症、阴虚阳亢或火旺实症、热盛阴液受劫者湿热痰热明显
生冷食物	瓜、果、冷饮、冷食、凉拌及生拌菜等	寒症、脾胃虚寒或体质虚寒者、阳虚者及易感风寒者
油腻食物	肥肉、油炸菜、含脂肪多的食品、生猪油做的食品等	热症、食滞、湿热蕴积、黄疸、痰湿甚者
荤腥食物	鸡、鸭、鱼、肉、蛋、奶等荤菜,以及奶酪、巧克力等	肥胖者、痰湿甚者、食滞、脾胃虚弱、新发疮疡者
"发物"	鸡头、猪头肉、海鲜、河鲜、葱、姜、蒜、椒、烟、酒等	禀赋不足易发宿疾者、新发疮疡、肿毒斑疹、热湿毒盛者

食物分类	食物举例	忌食病症
调味品	葱、姜、蒜、椒、辛辣调味品、醋、糖、盐等	热症燥症忌辛辣，消渴忌糖，水肿忌盐，新疾外邪炽盛忌调味
烟酒茶	卷烟、旱烟、水烟、茶、咖啡、可可、各种酒等	咳嗽者忌烟，不眠和便秘者忌茶，脾胃虚弱者忌茶酒，心火旺者忌烟酒

饮食有节

即是提倡饮食适量，不要过饥过饱。这是中医养生学说中的一个重要观点，它大体上包含以下5个方面的内容：

1.饮食不加节制是许多疾病的病因，会直接影响人体的健康；

2.饮食有节首先应体现在膳食组成的合理性与完整性上，要防止营养配比失调和偏嗜；

3.饮食有节要注意提高食品的质量，力求做到"三餐多变，五味调和"；

4.饮食有节要重视时令与寒温的变化，"春夏养阳，秋冬养阴"，少吃冷食；

5.饮食有节须与食治相结合，"为医者当洞晓病源，知其所犯，以食治之，食疗不愈，然后命药"等。

饮食所宜

即人体应当根据地域、节令、年龄、体质、病症、养生等方面的需要，选择合宜的食品。它包括的内容甚多，多以格言的形式出现，如：

"食宜早些，食宜缓些，食宜少些，食宜淡些，食宜暖些，食宜软些。"

"心宜甘，肺宜辛，肝宜酸，脾宜苦，肾宜咸。"

"量腹而受，量体裁衣。"

"厚味伤人无所知，能甘淡薄是吾师；三千功行从此始，淡食多补信有之。"

"人之当食，须去烦恼。"

"五脏不定，饮食则呕。"

"莫强食，莫强酒。"

"怒时哀时莫食，倦时闷食莫食。"

"大渴不大饮，大饥不大食。"

"太饥勿饱，太饱勿饥。"

"食欲数而少，不欲顿而多。"

"每食不用重肉。"

"热食伤肝，冷食伤肺；热食灼唇，冷食痛齿。"

"春不食肝，夏不食心，秋不食肺，冬不食肾，四时不食脾。"

"务洁清，务熟食，务调和，不侈费，不尚奇，食品不多，忌品不少，有调有节，有益有损，遵生颐养，以和于身。"

"人愿寿长安，要减晚来餐。"

这些养生格言，从不同的角度论述了"食饮之道"，值得借鉴。

膳食卫生

中医历来强调膳食卫生，并且作过认真研究，总结出许多有益的经验，这主要是：

1.防止病从口入，不吃腐败变质的食物；

2.重视食品的收藏保管，创造出不少简易可行的方法，如盐腌、糖渍、烟熏、酒喷；

3.建立了"食物中毒"学说，提出了饮食相反和饮食禁忌的理论；

4.完善了饮食制度，确立了餐制；

5.强调"治之之要，惟洁惟宜"，要求食物的烹制必须卫生；

6.提倡饮食有节，"无使过之"；

7.形成了系统的"食养"、"食治"理论，开发出众多有效的方剂；

8.注重饮食卫生知识的宣传和普及等。

养生

又名摄生，即是对身体的保养和对长寿的追求。中国的养生术源远流长，博大精深。它具有5大特点：(1)以人为中心，是人本思想的反映；(2)主张道法自然，符合生命演化的规律；(3)强调主观能动性，要求调养得法；(4)重视颐养，讲究起居之道、饮食之道、房中之道、精神之道、医药之道和为人之道；(5)实践性强，要求在"忌"、"宜"二字上持之以恒。

中国养生术有儒、道、医三大体系。其内容大致包括饮食有节、起居有常、劳逸结合、房室卫生、运动锻炼、按摩保健、呼吸吐纳、情志调摄、食养药饵等9个方面。养生之道留下了许多珍贵的古籍,需要继承发扬。

长寿之道

又称摄生学,即是抗老益寿的研究及其实施。中医的摄生学有3个要点:

1.如果“法于阴阳,和于术数”,人可以“终其天年,度百岁乃去”,肯定了人类的正常寿命应当超过100岁。

2.用肾气变化的观点,来解说各个年龄段人体形态和功能的变化,明确指出肾气的盛衰是生命活动的本质。

3.运用阴阳五行学说,并结合四时环境变化,总结出精神旷达、常动不衰、饮食有节、起居有常、清心寡欲、药物补治等行之有效的“长寿之道”。其中,“心宽、气爽、常动、节食”8字又是重中之重。

药膳调治要则

药膳

药膳,是根据治病疗疾、强身健体或延缓衰老的需要,在中国传统医药理论的指导下,将一部分中草药与某些具有药用价值的食物原料巧相配伍,并采用中国独特的药物炮制技术与烹调加工技术以及现代科学方法,制作而成的既有一定补养作用或疗治功效、又具有色、香、味、形的美食。

药膳是中国药物与食物相结合的产物,也是中国医药学的一个重要组成部分。它在药膳理论、药膳配药、药膳炮制、药膳烹调、药膳药物和食物、药膳服用、药膳企业经营管理等方面,都已形成比较系统的知识体系,数千年来,为中华民族的繁荣昌盛作出了卓越的贡献。

药膳简史

很早以前,我们的祖先就开始注意卫生保健问题。原始人学会用火,开始熟食;营造房屋,实行定居;缝制兽皮,抗御严寒;歌舞跳跃,舒筋壮骨,均系卫生保健意识的始源。先民在出猎和采集的过程中,长期与动植物接触,对其性能逐步加深理解,慢慢知道什么能吃,什么不能吃,什么可以治病,学会了开辟与利用食源及药源。

从夏到秦,医药学发展较快。甲骨文中已有头病、腹病等记载;《周礼》中有春有痟首疾、夏有痒疥疾、秋有疟寒疾、冬有嗽上气疾的说法;名医医和曾用“六气致病说”来解释病因;《黄帝内经》便主张用汤液、醪醴等药膳来治病。这时还出现“食医”(营养卫生)、“疾医”(内科医生)、“疡医”(外科医生)的分工,建立起医政组织,并根据疗效审核医生的水平。尤其是酿酒行业的发展和陶器的普遍使用,为药膳的孕育奠定了坚实的基础。

秦皇和汉武派太医、方士四处寻找“长生不老之药”,促进了药膳的研究。《神农本草经》载药365种,其中上品中的大枣、人参、枸杞、茯苓,中品中的生姜、葱白、当归、鹿茸,下品中的附子等,已开始用于药膳。华佗曾用葱姜蒜醋汁治愈寄生虫病,北魏的刘休还写出较为系统的《食方》。这都标志着药膳研究正在逐步深入。

药膳的正式形成是在唐代,以药王孙思邈的《千金食治》为标志。继后,又有孟诜的《食疗本草》、陈士良的《食性本草》推出,使药膳的理论、治则和方剂日益完善。入元,药膳又有一个飞跃,其成果是吴瑞的《日用本草》、贾铭的《饮食须知》和忽思慧的《饮膳正要》联袂问世;特别是后者,有我国第一部营养卫生学和药膳专著之称。

明清两朝,药膳向纵深发展,几乎涉猎到医科的各个门类。李时珍的《本草纲目》、卢和的《食物本草》、宁原的《食鉴本草》、陆观约的《食用本草》,均有新的建树。尤其是《古今图书集成·医部全录》和徐春甫的《古今医统》,对古代药膳进行了较为系统的总结。

辛亥革命至今,主要是用现代科学技术对传统的药膳进行验证。在已出版的近百种药膳专著中,彭铭泉主编的《中国药膳学》和冷方南等主编的《中国临床药膳食疗学》,又达到了新的高度。

药膳的理论依据

中国药膳的理论依据是中医学中的阴阳学说、五行学说、脏腑学说、性味学说和时序学说等,其要点有三:

1.味、形、气、精的五脏相关学说。包括饮食与形体、元气、精气的密切依存关系,五味和五脏的亲和性与排斥性，饮食与大自然的相适性等。

2.饮食有节与五味调和学说。包括饮食数量的节制，饮食质量的调节与五味调和，膳食组成的合理性与完整性，饮食与季节的调适等。

3.医疗与食养相结合的学说。这便是唐代药王孙思邈所讲的："若能用食平疴、释性遣疾者，可谓良工。长年饵老之奇法，极养生之术也。夫为医者，当需先洞晓病源，知其所犯，以食治之；食疗不愈，然后命药。"换言之，即药食一体化，治疗与补养并举。

其中，特别是药物和食物的配伍组方，完全按照中医方剂学的组方原则，针对临床表现的各种证型，依据药物与食物的性能有规则地进行选择、调配，组合成各种药膳方，以所用药物与食物之偏性来矫正脏腑机能之偏，使之恢复正常，或是增强机体的抵抗力和免疫功能。与此同时，还需考虑季节、气候、地理环境和机体的不同情况，在辨证的基础上有针对性地施以药膳；并讲究春宜清补、秋宜平补、冬宜温补等变化。

药膳的特色

中华药膳遵循中医学的基础理论，重视本草学的灵活运用，强调保护胃气，体现出综合性营养，注意药与食的调配忌宜，形成了4大特色：

1.以中医药的理论体系作指导，讲究辨证施治，因病配食，药膳的配料严格遵循中医方剂学的组方原则，科学性强。

2.药膳是一种特殊的食品，由药物、食物和调味料组成。它是取药物之性，用食物之味和养，发挥调味料之香美，食借药力，药助食威，两者相辅相成。

3.制作方法独特，是中国药物炮制加工技术与中国菜点烹调技术以及现代科学技术的统一体。它必须具有中药师与烹调师(面点师)两个方面的专长，方能制作。

4.药膳除了补充营养、调和口味之外，还有治病、强身、抗衰老的作用；特别是它可以扶正固本，增强人体生理功能，促进新陈代谢，激发生命活力。

对此，宋代名医陈直在《养老奉亲书》中有一段很好的论述："主身者神，养气者精，益精者气，资气者食。食者生民之天，活人之本。故饮食进则谷气充，谷气充则气血盛，气血盛则筋力强……若有疾患，且先食医之法，审其疾状，以食疗之；食疗未愈，然后命药，贵不伤其脏腑也。"

药膳的流派和类型

中华药膳包容许多流派。如以消费对象划分，有宫廷贵族药膳和平民家庭药膳；以不同民族划分，有汉族药膳和蒙、藏、满、回、傣、白、彝、维等少数民族药膳；以风味特色划分，有鲁、苏、川、粤四大菜系药膳和其他地方菜种药膳；以宗教信仰划分，有儒教、道教、佛教、伊斯兰教等药膳；以地方习俗划分，有34个省、市、自治区、特别行政区药膳；以食品性状划分，有药膳菜肴、药膳米面食品、药膳饮料、药膳汤羹、药膳精汁、药膳糕点、药膳糖果、药膳蜜饯、药膳罐头等。

中华药膳，又可以归分为4大类型：

1.特制滋补药膳。它选用的药物约500种，食物约2000种。其特点是完全按药方要求来制食，功用独特。如补血的当归羊肉汤、补气的人参三元茶等。

2.食疗饭食点心。品种多达数千。其特点是以食为主，可配药物也可以不配药物，但都有一定的疗疾作用，如山药面、桂花粥等。

3.食疗药膳菜谱。其特点介于前两种之间，既以食为主，又重药物配方，以菜肴的形式出现，如虫草炖金龟、五元神仙鸡等。

4.食疗药膳饮料。其特点同于第三种，但是以汤、饮、酒、茶、浆、乳、露、汁等形式出现，如蛤蚧酒、甘草金银花茶等。

药膳学

中华药膳学，是在中医药学基础理论的指导下，运用烹饪学、中药炮制学、营养治疗学、营养卫生学等有关知识，研究药物与膳食科学结合的一门古老而又年轻的科学。它的主要任务是通过对药膳发展史、药膳配制理论与方法、药物和食物的性能以及药膳企业经营管理等的研究，使传统的"食疗"不断改进和提高，并加以推广，成为社会化、工业化、商品化的药膳，使之更有效地为人民的保健、医疗事业服务。

药膳学是中华民族宝贵的文化遗产，具有很强的实践性。目前已在中华大地蓬蓬勃勃发展，并引起海外科学家的高度重视，掀起了一股"药膳热"。

药膳学分类方法

有3个不同的体系：

1. 按研究内容划分，约有5类：

(1)药膳配药研究。即以中医药理论为依据，根据药物和食物的偏性，按照确立的治法，选用一定的药物和食物组合成各种药膳方剂，用以治疗疾病，强壮身体。如对气血不足者，用熟地、白芍、当归、川芎、黄芪、肉桂、党参、白术、茯苓、甘草加上猪肉、猪肚、墨鱼、调味料等，配成"十全大补汤"。

(2)药膳炮制研究。即烹调前对药物与食物进行炮制加工，目的是制其太过，扶其不及，提高疗效，适应需要。如川贝酿梨在烹调之前，要对梨子削皮去核、用稀白矾水浸泡。

(3)药膳烹调研究。即根据药膳配方，将炮制过的原料按药膳制作工艺的要求进行烹调，做到色、香、味、形俱美、又有一定的疗效。如鹿鞭粥、五神汤等。

(4)药膳药物和食物研究。主要是介绍药膳基本原料的来源品质、成分药理、性味归经、补治效用及药膳方选。如何首乌及灵芝的研究，紫菜与鲤鱼的研究等。

(5)药膳企业经营管理研究。主要是阐明其目的、特点、原则与方法，以适应药膳社会化、工业化、商品化的需要。

2. 按药膳食品性状划分，约为10类：即药膳菜肴、药膳米面食品、药膳饮料、药膳罐头、药膳汤羹、药膳精汁、药膳糕点、药膳糖果、药膳蜜饯和其他药膳制品。

3. 按药膳作用划分，约为3类：

(1)滋补强身类药膳。主要供体弱或病后体虚者食用，旨在调理脏腑器官的组织功能，增强体质，恢复健康。如人参虾茸馄饨、茯苓豆沙包子等。

(2)治疗疾病类药膳。主要是治病祛邪。如凉拌马齿苋治痢疾，荸荠豆浆治便后出血，丁香鸭子治性功能低下，紫河车炖猪蹄治产后乳少。

(3)保健抗老类药膳。主要是针对老人、妇女和儿童的生理、病理特点，而制成的平和补宜食品。如燕窝汤、银耳羹、小儿八珍糕、乌鸡白凤汤等。

药膳学发展方向

随着社会的发展，药膳的生产和经营将会以崭新的形式出现。因此，药膳学的研究必须加强。其发展方向有四：

1. 建立药膳研究机构，下设药膳研制中心、检验中心和培训推广中心，用中西医相结合的方法，有组织地、系统地深入开展药膳研究，培训药膳专门人员，使药膳知识和技术得以普及和推广。

2. 努力开办更多的正规的药膳餐馆，有条件的医院和企事业单位可附设药膳食堂。在中医的指导下，对病人、老人和体弱者施以药膳治疗或调理，使药膳有效地发挥治病、强身、抗衰老的作用。

3. 发展机械化生产，使某些药膳的生产实现现代化。力争有更多的药膳罐头、药膳糕点、药膳糖果、药膳蜜饯、药膳饮料供应市场，满足国内外人民不断增长的营养、保健需求，丰富群众的物质文化生活。

4. 建立药膳情报网，不断收集有关药膳的资料和发展动向，以及市场对药膳的需求等情况，还可以创办《中国药膳》杂志，开展学术讨论，广泛地交流药膳食品的生产、经营的经验，建立药膳科学体系。

五脏证治

五脏证治是中医辨证施膳的又一个重要组成部分。它是运用脏腑学理论，对所收集到的心、肝、脾、肺、肾的症状进行分析归纳，辨明其病因、性质、正邪斗争情况，然后采用相应的药物或药膳予以治疗的全部过程。例如：

在心病方面，心气虚者宜服用莲子龙眼汤，心阳虚者宜服用参杞羊头，心血虚者宜服用当归猪心汤，心阴虚者宜服用心枣汤，心火上炎者宜服用灌藕方。

在肝病方面，肝血不足者宜服用红杞田七鸡，肝火上炎者宜服用菊花粥，肝气郁结者宜服用金桔饮，肝阳上亢者宜服用菊楂决明饮。

在脾气方面，脾不健运者宜服用山药肉麻丸，脾气下陷者宜服用黄芪蒸鸡，脾不统血者宜服用归脾鸡汤，脾阳虚者宜服用壮阳狗肉汤，寒湿困脾者宜服用砂仁粥，脾胃湿热者宜服用茅根猪肉羹。

在肺病方面，肺气虚者宜服用冰糖百合饮，肺阴虚者宜服用百合蜂糖饮，风寒束肺者宜服用姜糖饮，风热犯肺者宜服用丝瓜花蜜饮，燥热伤肺者宜服用饴糖豆浆。

在肾病方面，肾阳虚者宜服用双鞭壮阳汤，肾阴虚者宜服用女贞鳖鱼汤，肾不纳气者宜服用核桃五味炖蜜糖，肾气不固者宜服用羊脊粥等。

药膳八法

即中医八法（汗、吐、下、和、温、清、消、补）在药膳中的运用（参阅“八法”条）。但药膳八法的内容与“八法”略有不同，它们是汗法、下法、温法、消食法、补法、理气法、祛湿法和清法，治则各各不同。

1. 汗法药膳。亦称解表法药膳，即疏散外邪，解除表证。如辛温解表多用姜糖饮，辛凉解表多用桑菊竹叶饮。

2. 下法药膳。主要是通大便，排除肠内积滞，荡涤实热。一般的血虚润下多用桑椹糖，老人便秘润下习用桑椹膏。

3. 温法药膳。即温中祛寒，适用于治疗脾胃虚寒症，膳方有砂仁炖牛肉等。

4. 消食法药膳。目的是消除食滞，治疗胸脘痞满、腹胀时痛。方剂多为三消饮。

5. 补法药膳。适用于虚证，旨在改善机体虚弱状况，一般是气虚补气、血虚补血、阴虚滋阴、阳虚壮阳。如补阴的枸杞肉丝，补阳的双鞭汤，补气的人参鹿尾汤，补血的红杞田七鸡，气血双补的八宝神仙鸡。

6. 理气法药膳。主要是疏畅气机，调理气分。可以行气，亦可以降气；前者如五香槟榔，后者如蜜饯双仁。

7. 祛湿法药膳。主要是祛除湿邪。如用陈皮鸡块燥湿化浊，用苡仁土苓粥清热除湿，用苡仁粥利水渗湿。

8. 清法药膳。旨在消除热邪。如用西瓜汁清气分热，用西瓜番茄汁清营凉血，用冬瓜苡米汤清脏腑之热等。

脏器疗法

脏器疗法是中医辨证施膳常用的方法之一。它是指当人体内脏功能发生病变时，可以用相应的动物脏器来治疗，或单独使用，或配伍使用，或作为治病，或作为补益，往往能收到较好的效果。中医称此为“同气相求”，其原理请参阅“以脏补脏”条。如下例：

用槐花直肠丸治疗肠风脏毒（痔疮便血）；

用五香肚粥治疗反胃吐食；

用猪肾煨附子治疗肾虚遗精；

用杏仁萝卜猪肺汤治疗结核与咯血；

用猪脾羹治疗脾胃虚弱；

用蒸肝汤治疗疳积萎黄；

用参归心子治疗心虚自汗失眠等。

四因施膳

即因证、因时、因地、因人配制药膳。这是中医“四因施治”原则的具体运用。

1. 因证施膳。即药膳在治疗、补益方面，应以中医理论作依据，按照不同的体质与症状，配制不同的药膳。

2. 因时施膳。即在组方施膳时，要注意四季气候变化，及其对人体生理、病理变化的影响，适当调配药物与食物。

3. 因地施膳。即地区不同，气候条件、生活习惯、生理活动与病变特点也会不同，用药配方时要有所差异和针对性。

4. 因人施膳。即要考虑体质强弱之殊、男女老少之异，不同的人配用不同的药膳，以求发挥最佳的功效。

药膳配药的特点

药膳配药与药方配药不尽相同。就药方论，它只考虑治病，而不考虑食味与营养；而药膳，就必须两者兼具，更为强调其“食品”的属性。因此，药膳配药有两个特点：

1. 以中医药理论为指导，并按中药的性味功能，与适宜的食物相配合，使之成为与人体脏腑阴阳、气血盛衰、寒热虚实等相适应的多种形式的药膳，以分别满足人们抗疾治病、调补虚损、健强体质、益寿延年的需要。

2. 必须选用适宜的调味品，矫除某些药物和食物中的不良气味，从而使药膳色、香、味、形俱佳，能提高食欲、补充营养、促进消化吸收。显然可见，药膳较之单纯的药物或食物，制作的工艺难度无疑要大得多。

药膳加工技艺

药膳加工技艺包括药用原料的炮制和药膳菜点的烹调两个方面。前者主要是借助中药炮制法,后者主要是借助中菜烹调法。

从药膳的加工看,主要有4个步骤。即:(1)调配。包括主要治疗原料(含药物与食物,下同)的调配、辅助治疗原料的调配、滋补强化原料的调配、预防保健原料的调配等。(2)软化。含冷热水浸润、米泔水浸润、奶汁浸润、米汤浸润、碱水浸润、酒液浸润等。(3)切制。分割成块、段、片、条、丝、丁、粒、茸等品状,以便炮制、加热和调味。(4)炮制。有炒制、煮制、蒸制、煅制、药汁炙等,通过粉碎法、分离提取法或浓缩法,提取需要的药物。目前,许多药用原料的炮制,可以由中药房代理,故能节省不少时间和人力,又可保证质量。

从药膳的烹调看,一般都是遵循中国烹饪的技术规范,要掌握好选料与组配、刀工与造型、施水与调味、加热与烹制4个前后衔接的工艺环节。现今制作药膳一般有两种方法,一是药物与食物同烹;二是先将药物制成剂型,再混入食物中制作。至于具体的成熟方法,主要有氽、熬、烩、炖、焖、烧、煮、蒸、卤、炸、拌等;在中药师的指导下,大多数烹调技师与面点技师都能完成。药膳和普通菜点的区别,主要在于有无药性;而药性的恰当发挥,则需要严格控制剂量、炮制方法和成熟度。所以烹调师与面点师改做药膳,必须经过系统训练和反复实践。

从食用效果看,药膳的最大弊端是其"药味"。因此在加工与烹调中,都是尽量使之消除或减弱。目前常用的方法有:(1)在不影响药性的前提下,尽量减小药物的剂量。(2)尽量选用异味或苦味不甚明显的药物,或口味舒适的药物。(3)通过原料的巧妙配伍,减少药味,或呈现出特殊风味。(4)适当加热或调味,使异味消除或减少到最低限度。

从药膳外形看,目前有两种。一种是见药型药膳,即菜中能明显看到药物。如作为配料投入的人参、枸杞、虫草、大枣;作为缀料投入的竹叶、梅花、灵芝、钩藤。另一种是不见药型药膳。即药物的汤液、粉末等完全溶混于菜点中,如茯苓豆沙包子、浮小麦鸡蛋汤之类。相比而言,前者更受欢迎,因为它看得见、摸得着;而后者则易于给人以"不实之感"。

药物的炮制

炮制又称炮炙,原指中药材在制成饮片和各种剂型之前,经过各种不同加工处理的过程。由于药膳中的不少药物也需要炮制,故而它也是制作药膳的重要工序之一。

药物炮制的目的是:(1)降低或消除药物的毒性或副作用;(2)转变药物的性能,使之有选择地发挥作用;(3)提高药物的功效;(4)分开药物的不同部位,各用其长;(5)矫正药物的苦味、臭味或其他异味,增强药膳的香鲜;(6)除去杂质和异物,保证药膳的纯净;(7)保证药膳的质量,有利于工业化生产;(8)便于运输、贮藏、计量和使用。

药物炮制的方法甚多。明代名医缪希雍在《炮炙大法》一书中将其归纳为17种,即炮、炙、煨、炒、煅、炼、制、度、飞、伏、镑、摋、𣋉、曝、露、爁、煿,合称"炮炙十七法"。现今通常将其分作3类,即:(1)火制法,包括煅、炮、煨、炒、炙、烘、焙等;(2)水制法,包括洗、漂、泡、渍、水飞等;(3)水火合制法,包括蒸、煮、淬等。

至于药膳中药物的炮制方法,一般分为净选、浸润、切制、炮炙4类,详见后续的"净选"、"浸润"、"切制"、"炮炙"各条。

净选

即是选取药物中的可用部分,剔除杂质和非药用部分,以适应药膳组方的要求。

其处理方法主要是:

1.挑选或筛选。目的是去除泥沙、杂质、虫蛀、霉变品等,如筛选绿豆。

2.刮拭。去掉表面的粗皮和附生的杂物,如杜仲和肉桂要刮掉老皮。

3.火燎。使药物表面绒毛焦化以后再刮掉,如鹿茸火燎刮毛。

4.去壳。或砸破硬壳,或剔去蹄瓜,如白果去壳取仁、乌梅去核取肉。

5.碾磨。去掉外表非药用的部分,如苍耳子炒碾去刺、人参磨粉之类。

浸润

即水制法,如洗、泡、润、漂、焯。由于药物中的许多成分都溶入水,因此要处理好除污与保持药效的关系，掌握住“度”。

1.洗。用清水或温水快速洗净药物表面的泥土或其他不洁之物。

2.泡。将质地坚硬的药物泡软。一般是粗大者宜多泡，细小者宜少泡，气温低时宜长泡，气温高时宜短泡，要注意分寸。

3.润。通过水润使之软化，有浸润、淋润、伏润、露润、干货涨发等。

4.漂。主要是漂除毒性或异味，漂时应当勤换水，勤察看。

5.焯。即用沸水微煮，以便搓去种皮，或去掉腥、膻、臭、哈喇等味。

切制

指初加工或细加工，即将药物根据烹调和发挥药性的要求，切成一定规格的“刀口”，如片、丁、丝、条等品状。

切制的基本要求是：

1.适合烹调的需要。如爆、炒等“抢火菜”刀口宜小，煨、炖等“耗火菜”刀口宜大。

2.掌握刀工技巧，成型后应当粗细均匀，厚薄一致，长短相等，大小均衡，整齐划一，确保菜型的美观。

3.刀口清爽利落，不要“藕断丝连”、相互粘结、缺角短边。

4.保持刀具和砧板、盛器的清洁。

炮炙

方法甚多，基本上可以分为4类：

1.炒制。包括清炒法(含炒黄、炒香、炒焦)、麸炒法、米炒法、盐炒法、砂炒法等。

2.煮制。要掌握时间的长短和水量的多少，如略煮、久煮、单煮、合煮等。

3.蒸制。可以蒸至透心或规定的要求，有时蒸1次，有时要续蒸数次。

4.炙制。即将药物或食物和液体辅料共同加热，使辅料进入药物或食物内部。如炼蜜与药物拌合加热炒制的蜜炙法；酒液与药物拌匀稍焖的酒炙法；盐水与药物拌匀吸干稍炒的盐炙法；药物用油烹炸的油炙法；辅料与药物熬煎的药汁炙法；醋液与药物煮焖的醋炙法等。

方便药膳露

即为调配药膳而预制的浓缩药液。它们大多具有选择性(有效成分能最大限度地提取)、稳定性(一般不易发生化学变化)、经济性(价廉物美而易得)、安全性(对人体无毒且不易燃烧)和方便性的特点；多是将药物与水、乙醇或其他有机溶剂混合后，用提取法、过滤法、浓缩法或精制法制成(详见后续各条)。

方便药膳露的品种较多，主要有：

1.益气露。可以强身补气增力；用党参10克、黄芪10克、甘草5克和水75克配成。

2.补血露。可以养阴补血；用当归10克、熟地10克、鸡血藤15克和水65克配成。

3.养心露。可以益气安神养心；用太子参12克、麦冬10克、酸枣仁6克和水72克配成。

4.平肝露。可以疏肝潜阳解郁，用白菊花6克、枸杞10克、白芍10克和水74克配成。

5.健脾露。可以健脾开胃，用茯苓10克、山药12克、白术10克、陈皮4.5克和水63.5克配成。

6.润肺露。可以润肺养阴止咳，用沙参10克、麦冬10克、杏仁4.5克和水75.5克配成。

7.补肾露。可以补肾壮阳健腰膝，用熟地12克、杜仲10克、仙灵脾6克和水72克配成。

8.生津露。可以养阴生津止渴，用生地12克、玄参10克、玉竹6克和水72克配成。

9.还少乌发露。可以养阴补血乌发，用首乌6克、熟地10克、黄精6克和水78克配成。

10.祛风露。可以祛风清热，用生地12克、忍冬藤10克、川芎5克和水73克配成。

提取法

方便药膳露的制取方法之一，包括4种：

1.煎煮。将药物切片或粉碎后加水煎煮，可以是直火加热，也可以是蒸气加热；最好不用铁器，以陶瓷器皿为佳。

2.渗漉。溶液通过渗漉筒将药物的有效成分提出。操作时先使药物润湿，再装填于筒中，然后松开螺旋夹，以适宜的速度进行。

3.蒸馏。利用蒸汽加热药物，使所含的挥发性有效成分随蒸汽一起蒸馏而出。它多使用烧瓶和去离子水，药液质量较高。

4.回流。采取乙醇、石油醚、苯、氯仿、乙醚等有机溶剂加热，提取药物的有效成分。它通常在烧瓶、冷凝管、水浴锅中进行，效率高，速度快，溶剂原料的用量较省。

过滤法

方便药膳露的制取方法之二，即选用适宜的多孔性器材，使混悬药液中的固、液体物质分离，滤取悬浮渣和沉淀渣后获取澄明药液。

过滤法亦有多种，如常压过滤法、减压过滤法、加压过滤法、瓷质漏斗抽滤法、自然减压过滤法、助滤法等，要相物而施。

过滤法中的主要设备是漏斗、纱布、滤袋、滤包、搅拌棒、抽气管、安全瓶、无水氯化钙瓶、接受瓶、抽滤瓶、滤纸、出口管、滑石粉、纸浆等等；其装置有的简单，有的复杂，要依据具体需要而配置、选用。

浓缩法

方便药膳露的制取方法之三。从药物提取或过滤得到的溶液，一般都是量多而有效成分含量较低，因此需要浓缩，以便精制。

常用的药液浓缩法有两种：

1. 蒸发浓缩。含直火蒸发、水浴蒸发、蒸汽蒸发3类。它们都是通过加热使溶液中的水分挥发一部分乃至大部分，从而提高药液的浓度。它简便易行，适用于有效成分不挥发、且加热后不破坏药性的药液。

2. 蒸馏浓缩。在蒸馏器内加热药液使溶剂汽化，再冷凝回收溶剂、使药液浓缩。它又分常压蒸馏和减压蒸馏2类；这适用于有机溶剂的提取液，成本较低。

精制法

方便药膳露的制取方法之四。药物的提取液中，除有效成分外，通常还含有鞣质、蛋白质、淀粉、粘液汁、果胶、树脂、色素等，会影响药效。因此需要在提取液中加进某些试剂，使上述杂质沉淀，以获取有效成分，这便是精制。

常用的精制法有两种：一是水提取液乙醇沉淀法，二是乙醇提取液水沉淀法。它们有各自不同的工艺流程和检测指标；最后得到的精液中，除了有效的药物成分之外，一般都还保留着生物碱、甙、氨基酸、水溶性有机酸等营养成分，对人体健康有利。

药膳烹调的要求

药膳烹调不等同于一般菜点的烹调，它有着自身独特的要求：

1. 从事药膳制作的人员，必须既有中医、中药的理论知识和炮制技术，又是精通中国烹饪工艺、会制多种菜点的通才。

2. 药膳烹调，必须在炮制合格的药物（如方便药膳露）和精选的食物原料的基础上，按照规范的工艺制作，并有相应的质量检测指标。

3. 药膳烹调必须注意清洁卫生，从选料、配方到制作、上桌，每一环节都应严格把关，否则，便可能会造成危害。

4. 药膳烹调必须按照综合利用、提倡节约的原则，做到既保证药膳的质量，又能充分利用原材料，尽量降低成本。

药食结合的方法

药膳是药物与食物按一定的法则结合制成的。二者怎样结合，学问很大。目前通常采用的方法主要有两种：

1. 药食共烹。即将药、食同时下锅烹制，简便易行。这是传统的药膳工艺，可使药、食直接进行化学反应，相互发生作用，达到"食借药力、药助食威"的目的。它又包括菜中见药（如虫草鸭子）和菜中不见药（如八宝鸡汤）两种情况，各有所长。

2. 药食先分制后合成。即将药、食分别炮制与烹调，然后将药液（如方便药膳露）在食物烹调前、烹调中或烹调后加入。这是现代的创新工艺，其优越性是剂量准确、质量稳定、服用方便、制法科学，如首乌肝片、杜仲腰花等。

药膳的烹制工艺

药膳的烹制工艺同一般菜点的烹制工艺大同小异。其菜式多以羹汤为主，口味偏重于鲜咸。其基本技法如下：

炖。含清炖、浑炖。

焖。含红焖、黄焖、酒焖、酱焖、醋焖。

煨。含白煨、汤煨、酒煨。

蒸。含粉蒸、包蒸、裹蒸、封蒸、扣蒸、清蒸、汽锅蒸。

煮。含白煮、汤煮。

熬。含罐熬、红熬、白熬。

炒。含生炒、熟炒、滑炒、干炒、煸炒。

卤。含红卤、白卤、清卤。

炸。含清炸、干炸、软炸、酥炸、包炸。

烧。含红烧、白烧、软烧、干烧、葱烧等。

药膳餐厅

又称药膳堂、药膳馆,系专门生产和销售药膳产品的餐饮企业。有的是著名的中药店附设的,有的是从一般餐厅转轨而来的,还有的是普通餐厅中辟出若干餐室,专门供应药膳。

药膳餐厅具有3个特征:(1)既有中药材经营管理,又有餐饮服务管理;(2)既有商业属性,又有工业或手工业属性;(3)既要考虑经济效益,又要考虑怎样健强人民体质。正因如此,药膳餐厅的开业,往往要经工商管理部门和卫生管理部门同时审批;除烹调师和面点师外,还须配备营养师和中药师。

此外,药膳餐厅工作人员的职责以及成本核算与价格制定,也有一些特异之处。

因人因时进补

食补

又称膳补或进补,系指饮食对人体的补益作用,一般用于人体的虚弱之症(包括正常人的体质虚弱,人的特殊生理阶段——如怀孕、哺乳——对营养物质的某种特殊需要,病后的正气不足,或虚弱性的病症等)。它所选用的饮食主要在于补虚扶正,而不是考虑食物的祛邪治病作用;因此,其绝大部分内容属于中医食养学的研究范畴。如果病中用食补扶正以祛邪,主要目的在于治疗疾患,此时的食补实际上就是食疗了。

我国创造了许多卓有成效的进补食品,如茯苓饼、杏仁霜、桂花膏、人参糖、银耳羹、赤豆汤、山楂肉干、果仁排骨、鸡头拌羊脊、龙马童子鸡等。

食补法则

中医食补的法则由中医学的基本理论而来,主要包括如下几个方面:

1.扶正祛邪。即扶助正气、祛除邪气。只有“正气存内”,才能“邪不可干”。扶正便是以食健强体质,通过补气、补血、补阴或补阳,从而抗御病邪,做到邪去正安,疾病康复。

2.调整阴阳。即保持或促进机体阴阳的平衡。唯其“阴平阳秘”,方可“精神乃治”。用食补调整阴阳,可以是泻其偏盛(含清泻阳热与温散阴寒),也可以是补其偏衰(含滋补养阴、温补助阳与阴阳双补),从而“以平为期”。

3.调整脏腑功能。即增强脏腑功能及促进脏腑之间相互关系的协调;或纠正脏腑功能的异常以及相互关系的失调。只有这样,脏腑才能正常运转,人体的精、气、神才能旺盛。

4.调理气血。即在以食扶正(含补气、补血)的基础上,达到行气、活血或止血的目的。这便是“疏其血气,令其条达,而致和平”之说。其中,调畅气血多用温热性食物,止血多用寒凉性食物。

5.因异制宜。包括因时制宜、因地制宜、因人制宜等。即根据季节气候、地理区域以及个体体质、性别、年龄的不同,区别对待,服用不同的进补食物。

五宜五补

古代医家在长期的行医实践中,不仅知道食物具有“四气五味”,还认识到五味各有不同的作用,与五脏关系密切,总结出“五味归五脏”的学说,即“酸入肝、辛入肺、苦入心、咸入肾、甘入脾”。不仅如此,五时(春、夏、长夏、秋、冬)、五成(生、长、化、收、藏)、五色(青、赤、黄、白、黑)、五谷(麻、麦、粟、稻、豆)、五菜(韭、薤、葵、葱、藿)、五畜(犬、羊、牛、鸡、猪)等,与五脏也有相应的协调关系;食补中还有升补、清补、淡补、平补、温补之别。这都统称为“五宜五补”。彭铭泉先生在其主编的《中国药膳学》中,将这些关系列成“五属五宜五补表”(见下),可供理解和参阅:

五属五宜五补表

五行	木	火	土	金	水	备注
五时	春	夏	长夏	秋	冬	

五行	木	火	土	金	水	备注
五成	生	长	化	收	藏	
五脏	肝(胆)	心(小肠)	脾(胃)	肺(大肠)	肾(膀胱)	
五色	青	赤	黄	白	黑	五色入五脏
五味	酸	苦	甘	辛	咸	五味入五脏
五谷	麻	麦	秫米	稻	豆	五脏宜食
五菜	韭	薤	葵	葱	藿	五脏宜食
五果	李	杏	枣	桃	栗	五脏宜食
五畜	犬	羊	牛	鸡	猪	五脏宜食
五补	升补	清补	淡补	平补	温补	

表中的最后一栏通常又称为“四季五补”。

季节进补说

即依据不同的季节采用不同的进补方法。其理论依据是:气候和环境不同,人的生理机能和新陈代谢会随之变异;病症和体质不同,四季补品的种类和数量也应加以区别。对此,《饮膳正要》有一段很好的论述:

“春三月,此为发陈。”万物复苏,人体舒畅发放。由于“春气温,宜食麦以凉之”,故应“禁温饮食及热衣服”。这时的体弱者,要选用增益元气的“升补之品”,如人参、红枣、鸡蛋、桂圆。

“夏三月,此为蕃秀。”草木繁茂,人体消耗也大。由于“夏气热,宜食菽以寒之”,故应“禁温饮食、饱食、湿地、濡衣服”。这时健身要选用去热解暑的“清补之品”,如绿豆、赤豆、瓜果、苡仁。

“秋三月,此为容平。”谷物成熟,人体生理平衡。由于“秋气燥,宜食麻以润其燥”,故应“禁寒饮食、寒衣服”。这时老人儿童宜用“平补之品”,如莲子、百合、银耳、燕窝。

“冬三月,此为封藏。”风雪弥漫,人体食欲旺盛。由于“冬气寒,宜食黍以热性治其寒”,故应“禁寒热饮食、温炙衣服”。这时各种人都需要补充营养,可用“大补(又称温补)之品”,如羊肉、狗肉、蹄髈、牛奶。

此外,古人还有“春发散宜食酸以收敛,夏解缓宜食苦以坚硬,秋收敛宜食辛以发散,冬坚实宜食咸以和软”;“春宜凉,夏宜寒,秋宜温、冬宜热,此时之宜,不可不顺”;“圣人春夏养阳,秋冬养阴,以从其根”等观点,可作佐证。

春补

按照中医学的观点,春季阳气初生,万物萌发,肝气旺盛。春属木,其味酸,其气温,通于肝,主发泄,风邪当令,故宜于升补养阳。饮食的原则应当以养阳益肝、减酸养脾、补中下气、爽胃利膈为主。具体来说,应少吃一些酸性的食物,多吃一些具有升浮性和发散性、帮助消化开胃、提高人体能量和免疫功能的食品,为全年健康打下良好的基础。

春补的适宜食品是:

1.清补养肝类食品。如春笋、芹菜、荠菜、菠菜、枸杞叶、荸荠、海带、鸡蛋、瘦猪肉、鲤鱼、山药、动物肝脏、桂圆、大枣。

2.通利肠胃类食品。如萝卜、海蜇、黄瓜、香蕉、荞麦、马齿苋等。

夏补

按照中医学的观点,夏季天气炎热,万物繁茂,心气旺盛。夏属火,其味苦,其气热,通于心,主长养,暑邪当令,故宜于清补以养心。饮食的原则应当以清热解暑、健脾利湿、益气生津为主;还须增强食欲,不要偏嗜生冷之品,防止肠胃感染和食物中毒。

夏补的适宜食品是:

1.清热解暑类食品。如金银花、菊花、绿豆、赤小豆、苦瓜、冬瓜、紫菜、西瓜、椰子汁、白扁豆、茄子、胡萝卜。

2.益气生津类食品。如山药、茯苓、番茄、葡萄、菠萝、乌梅、鸭子、咸蛋、兔肉。

3.消暑利湿类食品。如薏苡仁、马齿苋、荷花、藕、菱、豆腐等。

秋补

按照中医学的观点,秋季天高气爽,万物成熟,肺气旺盛。秋属金,其味辛,其气燥,通于肺,主收敛,燥邪当令,故宜于平补养阴。饮食的原则应当是甘寒滋润,避忌辛热香燥及炸、熏、烤、煎诸物,以利于生津润燥、滋阴润肺、防治肺痨。

秋补的适宜食品是:

秋梨、甘蔗、苹果、甜杏仁、银杏、栗子、莲子、银耳、百合、山药、芝麻、松仁、蜂蜜、花生、燕窝、荸荠、豆制品、茭白、牛奶、鸭子、瘦猪肉、甲鱼、鲫鱼、鲤鱼、虾、蟹,以及黄精、枸杞、川贝、麦冬、沙参、虫草、早梅、五味子等药材。

冬补

按照中医学的观点,冬季风寒侵袭,万物封藏,肾气旺盛。冬属水,其味咸,其气寒,通于肾,主收藏,寒邪当令,故宜于温补阳气。饮食的原则应当是宜食“血肉有情之品”——动物,宜用炖、焖、煨法,宜热性食物,以便补益肾精,利于脾胃运化吸收;不可以贪食生冷或寒性、滑利食物,防止损伤肾阳。

冬补的适宜食品是:

羊肉、狗肉、牛肉、鹿肉、鸡肉、龟肉、蛇肉、火腿、乌鸡、鳗鲡、猪蹄、甲鱼、海参、蛤蚧、海马、鹿茸、鲍鱼、各类鞭品、牛奶、人参、虫草、蘑菇、黑豆、核桃、板栗、芝麻、山药、龙眼、甜橙、香柚、附子、灵芝、阿胶、冬藕等。

地域进补说

即依据不同的地域采用不同的进补方法。这是中医学中因地制宜养生法则的体现。其要旨是:地域环境不同,气候与水土均有差异,人的生理机能与防病抗病能力也有差异,故应当因地制宜,补食各自所需的食品,以健强体质、益寿廷年。

《黄帝内经》曾谈到地理环境对人的生理和食性的影响:东方为鱼盐之地,“其民食鱼而嗜咸”;西方凌居而多风,“其民华食而脂肥”;南方水土弱,“其民嗜酸而食胕”;北方地势高,“其民乐野处而乳食”;中部平又湿,“其民食杂而不劳”。这些习俗与食俗,有其利也有其弊,也需要通过食补“扶正祛邪”,使之阴阳平衡、脏腑协调、气血相通、减少五劳七伤对机体的损害。

北人食补

我国北方地区大多地势较高,严寒、干燥、少雨,故而人体中阴寒偏盛,津液偏亏。不仅风湿痹症、咳喘患者受寒邪的引发易患燥症,而且还有些地区流行瘿病、氟骨病。所以北人食补应当着重在温补阳气、滋润生津;不宜过多食用寒性或香燥类食物,以免损伤阳气或津液。

北人食补适宜的食品是:

1.温补阳气类食品。如人参、核桃、羊肉、狗肉、鹿肉、海参、麻雀、虫草、胡荽、鹿肉、牛肉、猪蹄、甲鱼、对虾、香菇。

2.滋润生津类食品。如银耳、黑芝麻、松仁、蜂蜜、牛奶、甜杏仁、百合、西瓜、山药、苹果、葡萄、乌梅、番茄等。

南人食补

我国南方大多地势低洼,炎热、潮湿、多雨,故人体易为湿热所困,引发缠绵难愈的湿热病症。所以南方人食补应当重在清热利湿,饭食宜清淡,忌肥甘油腻、忌滋补太过、忌过食热性食物,以免助生湿热和助热动火。

南人食补适宜的食品是:薏苡仁、绿豆、赤小豆、金针菜、茯苓、砂仁、苦瓜、冬瓜、金银花、菊花、马齿苋、紫菜、鲤鱼、蛏肉、田螺、豆腐、菱、藕、荷花等。

体质进补说

即依据不同的体质采用不同的进补方法。它是中医食养学中“因异制宜”法则的运用,其要点是“因人制宜”,“各补所需”。这是因为,不同的年龄、性别、体质的人,生理和病理特点也不相同。故而应“因体施膳”,以适应不同人群的保健养生需要,提高饮食进补的效果。

体质进补涉猎到的问题很多,本书只能摘要列出“儿童食补”、“儿童辨证辨体施食”、“经期食补”、“孕期食补”、“产期食补”、“产后及哺乳期食补”、“成人食补”、“老人食补”、“老人的美食”等9个条目,以供参阅。

儿童食补

儿童包括初生儿、婴儿、幼儿、幼童和学童，一般划到14周岁为止。他们的脏腑嫩娇，形气未充，机体和生理功能均未成熟完善，特别是脾胃未健，故而饮食调养尤需谨慎。

儿童食补宜用瘦肉、肉汁、乳类、蛋类、豆制品、水果、蔬菜以及适量的补气养胃的鱼品。同时要注意4个控制：(1)不宜过多食用油炸食品和肥腻之物，防止生火助痰；(2)不宜过多食用糖果、糕饼、煎炙之物，防止壅气停积、有损脾胃；(3)不可暴饮可可、咖啡，防止助火生湿；(4)严禁辛辣食品和烟酒，防止扰乱小儿生理机能。

至于具体的食补之法，主要有三：

一是补气健脾。宜多食山药、茯苓、大枣、莲子、芡实、豇豆、扁豆、猪肚、鲫鱼、粳米等物。

二是补肾益精。宜多食海参、淡菜、牡蛎、鳆鱼、黄精、牛奶、鸡蛋、猪肉、核桃仁、黑芝麻等物。

三是防治肠道寄生虫病。宜多食治蛔虫的槟榔、榧子、花椒；治钩虫的榧子、槟榔、乌梅、大蒜；治绦虫的南瓜子、槟榔；治蛲虫的葵花子、榧子；治姜片虫的槟榔、椰子、石榴皮等物。

总之，儿童食补要求食物有滋养，供给的质与量要与其年龄相称；要合理烹调、重视荤食、少吃多餐；忌生冷寒凉、忌辛热苦伐；防止恣意饮啖、甘肥肆进、寒温失度、五味不调；严禁辛辣腥臊等异味。

儿童辨证辨体施食

有些儿童由于先天或后天的各种因素所致，其体质上常有偏胜或偏缺的情况，因而需要辨证辨体施食，予以补治。

1.脾肺不足、表卫失固型。此类儿童易于伤风感冒、纳食不佳、剧烈咳喘，应当健脾养肺，鼓舞卫阳；多食蚌肉、鹌鹑、鸡蛋、燕窝、鲍鱼、兔肉、银耳、蜂蜜、黑木耳、向日葵、豆腐、饴糖、土豆、竹笋、蚕豆、慈姑、豆豉、丝瓜、柑桔、橄榄、枇杷、木瓜等物。

2.脾胃虚弱、健运失司型。此类儿童易于消化不良、腹泻便秘、瘦弱乏力，应当健脾养胃，理气实肠；多食鳜鱼、胎盘、鳗鲡、麻雀、公鸡、羊肉、芝麻、糯米、荞麦、芡实、香醋、红曲、大蒜、草菇、黑豆、茄子、萝卜、生姜、莲子、佛手、石榴、杨梅等物。

3.体胖痰盛、湿浊内壅型。此类儿童易于皮肤生疾、分泌旺盛、咳嗽多痰，应当化痰祛湿，疏通内壅；多食牛奶、河鱼、海蜇、蛋黄、瘦肉、猪肝、豆油、米汤、锅巴、玉米、豆浆、清茶、苜蓿、莴苣、冬瓜、发菜、豆芽、海带、山楂、草莓、脆藕、无花果等物。

4.秉赋不足、脾肾亏虚型。此类儿童易于发育不良、智力迟钝、体质较差，应当健脾补肾，温补气血；多食狗肉、羊肉、墨鱼、家鸽、骨髓、鳝鱼、糯米、高粱、小米、荞麦、豆腐、芝麻、淮山、芋艿、蘑菇、海藻、南瓜、韭菜、核桃、红薯、香蕉、龙眼等物。

经期食补

月经是女性成熟期的一种特殊生理现象，主要表现是胞宫周期性的出血，每月1次，从11～12岁起，到45～48岁止。

经期的饮食应当是“三宜一忌”，即宜甘淡不宜肥浓，宜甘平不宜辛热过寒，宜多饮水，忌酸涩类食物。其食补的重点是：

1.补肾益精。多食海参、麻雀肉、虫草、乌骨鸡、墨鱼、鳆鱼、鱼鳔、枸杞和淡茶。

2.养肝疏肝。多食海参、墨鱼、猪肝、驴肉、阿胶、大枣、枸杞、黑木耳、黑芝麻、玫瑰花、白梅花、茉莉花、麦芽、薄荷和陈皮。

3.补脾益气。多食牛肉、鸡肉、鳜鱼、粳米、人参、山药、茯苓、大枣、莲子等。

孕期食补

妇女的孕期一般为40周，包括早期妊娠(12周)、中期妊娠(16周)、晚期妊娠(12周)3个阶段。这40周的饮食实际上是“一人吃两人饭”，故而十分重要。它讲究粗细粮搭配，少食多餐；宜甘平不宜辛热，多补给动物性食品，常饮水；早期要清淡，中期要滋补，晚期要控盐；忌讳活血类、滑利类和大辛大热类食品；禁绝酒类与昆布、麦芽、槐花、鳖肉等。

至于具体的食补方法，则是：

一要补肾安胎。多食海参、鹌鹑、鸡肉、人参、莲子、栗子、山药、核桃。

二要补脾益胃。多食牛肉、猪肚、鲫鱼、鳝鱼、鲤鱼、蜂蜜、糯米、莲子、赤小豆、冬瓜、山药、大枣、茯苓、生姜、陈苏、砂仁、紫苏叶。

三要滋养阴血。多食牛奶、鸡蛋、猪肝、墨鱼、阿胶、胡萝卜、枸杞、黑芝麻等。

对此，古医书的论述较多。如“儿之在胎，与母同体，得热则俱热，得寒则俱寒，病则俱病，安则俱安，母之起居饮食，尤当慎密”(《千金要方》)。“儿在母腹之时，赖血以养”(《妇人规》)。“妇女受孕之后，最宜调饮食、淡滋味、避寒暑，则胎元完固，生子无疾”;“若喜啖酸辛煎炒肥甘生冷之物，脾胃受损，胎则易堕，寒热交杂，子亦多疾”(《会约医镜》)。“怀胎忌香、忌活血。胎前忌热”;“清肠之槐花，去寒之姜、桂，利湿之米仁……皆为犯胎之品”(《医学心传全书》)等。

产期食补

妇女的产期指分娩前2周至分娩。此时的饮食调节，对于增强产妇体力、加速产程、缩短分娩过程、减少分娩痛苦、防止难产及并发症，进而使胎儿顺利出生，保护母婴安全，都有积极的意义。在产窍和胎儿基本正常的情况下，临产食补应当注意：

1.补气养血，增强产力。多食海参、猪肉、墨鱼、蛋白、西洋参、龙眼肉、山药、大枣、茯苓、枸杞、黑芝麻、蜂蜜。特别是体质虚弱者，尤为重要。

2.利窍滑胎，减少产痛。多食牛奶、蜂蜜、兔脑、兔血、慈姑、苋菜、蕹菜、冬葵叶、马齿苋、海带、芋头、薤白、麦芽、豆腐皮、赤小豆等。

产后及哺乳期食补

产后指胎儿娩出至产妇生殖器官恢复正常的6～8周。此时的饮食宜温补不宜寒凉，宜清淡不宜肥腻，宜稀软不宜香燥；要多进肉品，少吃多餐；避忌酸涩收敛、辛辣发散、渗利小便之物。其中，一要补气养血，多食海参、淡菜、鸡肉、蹄膀、鸡蛋、红糖、牛奶、藕粉；二要活血化瘀，多食山楂、莙达菜、菜薹、黑木耳、韭菜、甘薯、藕、粟米等。

哺乳期一般需10～12月。此时的饮食要以提供充足的乳汁为前提。一要养血增乳，多食猪蹄、牛奶、鲫鱼、鸡蛋、黑芝麻、花生、大枣、胡萝卜；二要疏肝通乳，多食鲤鱼、桔梗、丝瓜、陈皮、白梅花、玫瑰花等物。还须忌食生冷寒凉酸涩食品，以及麦芽、花椒、啤酒等回乳的食物。

成人食补

成年人的体质，一般可分为正常质、气虚质、阳虚质、血虚质、阴虚质、气郁质、瘀血质、痰湿质和阳盛质9种类型。故其食补又有温补、清补与平补之别。

1.温补。它强调食品的含热量和补益性，对气虚、阳虚、畏寒、乏力、易出汗、记忆力欠佳、精力不足、易于疲倦、食欲不振、胃寒腹痛、性功能差者最为合宜。其中，多食牛肉、大虾、海参、党参、虫草、核桃、菟丝子，可以补肾壮阳；多食猪肚、河鱼、鹌鹑、牛肉、蚕豆、肉桂、韭菜、莲子，可以助阳暖胃。

2.清补。适用于体形偏肥、血压偏高、血脂过高、怕热多汗、咽干口燥等体况，对糖尿病、冠心病、阴虚阳亢、肝气旺盛、便秘赤尿、肺阴不足、久咳无痰、久病体虚者很为适宜。其中，多食鲜贝、鸡脯、海参、西洋参、山药、莲子、枸杞、菊花，可以安心养神；多食燕窝、海蜇、青鱼、甲鱼、荸荠、百合、石斛、麦冬，可以滋阴润肺。

3.平补。此乃正常人的平衡饮食，适合于肥瘦适中者食用；对健康欠佳、阴阳两虚、气血两亏、寒热交错、半表里证患者，也有一定的效用。其中，多食猪肉、鲳鱼、鸡肉、草菇、豆腐、青椒、番茄、山楂，可以健脾益气；多食虾仁、鸡脯、猪肉、鸽蛋、香菇、面粉、花粉、甘草，可以养胃补肾。

老人食补

生、长、壮、老、死，是人类生命的自然规律。按照科学推算，人类生存的年寿可以达到百岁以上。但是受诸多因素的影响，许多人提前进入衰老期。因此目前一般以60～79岁为老年期，80～89岁为高龄期，90岁以上的为长寿老人，活过100岁的则被称作“人瑞”。

进入老年期后，人的生理特征会有显著变化。如内分泌机能减退，胃液减少，牙齿脱落，味觉器官反映迟钝，心肌萎缩，血管硬化，血流阻力加大，呼吸功能减弱，新陈代谢功能减慢，性欲衰退，机体抵抗力降低，免疫功能衰弱，行走不便，智力和体力都不如前，等等。对此，西医学认为是核酸变化与代谢功能失调所引起的生理功能失常与退化；中医学认为是脾、肾二脏的虚衰而影响到培本、固元与气血调和。

由于生理特征的变化，老年人的营养需求也

与其他人不同。例如热量每天一般只需1500～2000千卡;生物价高的完全蛋白质应占蛋白质摄入量的50%以上,并且要以植物蛋白为主;在碳水化合物中更适于果糖;脂肪的补充须有节制;保证食物中有足够的钙、铁、碘,并减钠;较多地饮水;大量供应维生素A、B_1、B_2、C、E。与此同时,还需注意"六忌":忌肥甘厚味,忌偏嗜独食、忌过辣过咸,忌过冷过热,忌暴饮暴食,忌烟酒刺激。

根据这些变化,老年人的"摄生之道"可采用多种方法,如精神调摄、适当运动、起居有常、劳逸结合、气功引导、按摩推拿、药物补治、饮食有节之类。其中,食补不仅是最常见的,而且也是最根本的;因为其他的养生方法,都需要建立在食补的基础之上。只有食补,方能培本、固元、调和气血。如通过以食养肾,蕴藏精髓,扶固真气,强先天之根,使之骨壮;通过以食养脾,接受水谷之精气,补后天之本,使之肉实。老年人能够有"骨"有"肉",肾脾充盈,做到阴阳平衡,营卫畅达,精髓足以强中,水谷充以御外,自然就会身心愉悦、益寿延年了。

老年人的食补,还须重在补肾、健脾、养肝等方面,以药膳为主体,以抗衰老为目的。老人的药膳,应当性味和平,易于消化,不过于偏寒、偏热,属于平补之列,图以缓功,不可急于求成。象山药粥、莲米粥之类的粥剂;银耳羹、鸽蛋汤之类的汤羹剂;人参枸杞酒、山楂核桃茶之类的药饮;百仁全鸭、枸杞牛鞭之类的药菜;枣泥金糕、豆沙包子之类的药点,都应当成为老人的优选食品。

此外,老年人的饮食还应"七宜":宜煮食不宜炸食;宜软食不宜硬食;宜清淡不宜油腻;宜用淡粥调养;宜少荤多素;宜少寒多温;宜少食多餐。

老人的美食

可供人类选用的食物甚多,各有不同的营养价值与风味。由于在老年人的生理机能变化中,自由基和游离基的氧化和过氧化物增加,神经系统中单胺递质的减少,免疫功能的衰退和降低,以及体内微量元素含量的降低,所以选择食物应多从这些因素考虑。中医学认为,以下5类食物对老人的健康尤为有益,需要首先选用。

1. 硬壳果类食物。如花生、芝麻、核桃、松子、葵花子、南瓜子、西瓜子等。它们含有优质蛋白质,其氨基酸组成与世界卫生组织建议的比例近似;还含有大量的无机盐与维生素,发热量高。常食可以补脑益智、强肾养肝、健腰壮筋、固精缩尿、定喘润肠。

2. 食用菌和蔬菜水果。如香菇、猴头、木耳、豇豆、柿椒、土豆、芹菜、韭菜、萝卜、番茄、香蕉、苹果、葡萄、西瓜等。它们大多含有丰富的蛋白质、多种微量元素、维生素与粗纤维,可以抑制血液中胆固醇增加、降低血压和抗癌,延缓衰老。

3. 蜂蜜及其制品。它们的主要成分为葡萄糖和果糖,还有蛋白质、淀粉、苹果酸、脂肪、酶、芳香物质、各种维生素与磷、钙、铁等60多种矿物质。常食可以润肺补中、润燥滑肠、清热解毒、健脾益胃和缓中止痛,并且促进代谢,增强活力。

4. 大豆类食品(包含其他豆类及其再制品)。它们多系完全蛋白质,消化率可达90%,富含卵磷脂,无胆固醇,可以养血、平肝、除热、止汗、降低血糖,并且解毒。其中的豆腐、豆芽、豆浆、腐竹,在药膳学中历来评价均高,有"仙品"之誉。

5. 海鲜类食品。包括海参、海蜇、大虾、鲍鱼、鲳鱼、带鱼、海带、紫菜以及贝蚌种种。它们富含蛋白质、不饱和脂肪酸、磷、钙、铁、碘、锌等,被视作老人的"营养库"。用它们制作的笋烧海参、海狗肾酒、海蜇蛋汤、牡蛎猪肚、墨鱼炖鸡、淡菜煮韭菜、鸽蛋熗大虾,都系药膳中的名品。

在中国,还流传着一首《老人美食歌》,说明了上述食品的不同功能:

谷物蔬菜养身宝,四气五味任烹调。
盐醋防毒可消炎,韭菜补肾温膝腰。
萝卜化痰消胀气,芹菜能降血压高。
胡椒驱寒又除湿,葱辣姜汤治感冒。
大蒜抑制肠炎发,绿豆解暑最为妙。
香蕉通便清虚火,健胃补脾吃红枣。
番茄补血美容颜,海鲜益智营养高。
花生能降胆固醇,瓜果消食又利尿。
生津治蛔数槟榔,润肺乌发赖核桃。
蜂蜜润燥又益寿,葡萄悦色令人娇。
香菇猴头能防癌,常嗑瓜子老来俏。
米酒淡茶亦有益,牛奶鸡蛋不可少。
粗粮更比细粮美,身轻如燕步步高。

保健食品

保健食品，亦称保健医疗食品，一般是指那些能增进健康、预防疾病、康复身体，乃至具有治疗疾病功效的食品。在我国，它时常特指具有中国传统保健医疗特色的膳食，往往与药膳、寿膳等同义。此类保健食品一般都是由食物和部分食医共用的天然中草药相配伍，经特定方法炮制而成。从中医营养学的理论来看，食物与药物之间没有绝对的界限，仅只是相对而言的，“食物”注重供给人体必要的营养素，并要求能激起人的食欲，一般没有严格的剂量限制；而“药物”则注重其药性，有一定的剂量要求，并不刻意追求良好的感官性状。若是根据中医营养学的理论将它们恰当地组合在一起，并加以炮制，则可产生相应的保健食疗功用。

保健食品的种类很多，按性状的不同，可分为鲜汁、饮、汤液、速溶饮料、补酒、醋制品、蜜膏、粥、米面食品、羹、菜肴等；按功能的不同，又可分为保健（如美容、减肥、健脑、明目、益寿、健力等的食品）、预防（如预防流感、麻疹、中暑、肠炎等的食品）、治疗（如治疗各类疾病的食品）和康复（如补气、养血、滋阴、壮阳等的食品）4 大类型。

保健食品虽然功效显著，但忌滥用。必须遵循营养脾胃、适合五脏、顺应四时、因人制宜、因地制宜的原则。否则轻者功效下降，重者产生副作用。下面介绍餐花谱、昆虫方、长寿粥、保健茶、滋补酒、瓜果汁等 6 类保健美食。

餐花谱

在中国古代，花卉被视作“日精月华”，相传是神仙服食的美馔。自从屈原吟出“朝饮木兰之坠露兮，夕餐秋菊之落英”的佳句后，经过武则天在花朝之日采集百花和米炊糕，调食花卉便成为墨客骚人的韵事。在中医的典籍里，花卉入馔也多见记载，是药膳中的重要组成部分。科学实践证明，作为植物的雄性生殖细胞的花粉，集中了植株的营养精华。其中含有丰富的蛋白质、酶、激素和抗衰老物质，具有提高人体免疫功能、调整代谢、增强应激、延年益寿等良好作用。可食的花卉甚多，如梅花、菊花、桃花、杏花、荷花、桂花、槐花、兰花、玉兰花、栀子花、牡丹花、玫瑰花、茉莉花、金银花、芙蓉花、凤仙花、鸡冠花、木槿花、玉米花、南瓜花、文冠花、白梨花等等。下面列举 2 例花卉保健食品。

其一，梅花银耳羹：

新鲜梅花 10 朵洗净，干银耳 50 克泡开去杂，陈皮 5 克泡软切丝。锅中加水 500 克，先放银耳、陈皮和白砂糖 50 克煮 30 分钟，然后投入梅花稍焖即成。

可以疏肝解郁，益胃生津，诱发食欲。

其二，槐花糯米散：

含苞槐花 100 克与糯米 50 克混匀，炒黄研末，每日早晚空腹各服 15 克，连服 5 日。

可以散结凉血，疗治瘰核。

昆虫方

又称虫药或虫蚁之品，主要指药用昆虫（如蛤蚧、全蝎、九香虫、冬虫夏草）和其他科属的一些小型动物（如水蛭、地龙、乌梢蛇、穿山甲）配制的治疗方或食补法，历代医书中均见记载，并受医家推崇。

昆虫方主要的补疗效果是：(1)活血祛瘀，攻坚破积。如水蛭、生大黄、牵牛配制的“夺命散”，可治跌打损伤、瘀血凝阻、心腹胀痛、二便不通。(2)熄风定惊，解痉止痛。如全蝎、蜈蚣配制的“止痉散”，可治急慢抽风。(3)搜风通络，和血除痹。如白花蛇、地龙（蚯蚓）配制的“龙蛇散”，可治类风湿性关节炎。(4)解毒消痈散肿。如用斑蝥配制的“斑蝥素片”，可治原发性肝癌等。要注意的是，使用虫药时务必辨证明确，选药恰当，尤须注意配伍、剂量、疗程及炮制方法，对毒性较大的斑蝥、蟾酥等更要审慎，避免产生毒副作用。

昆虫方亦可入馔，下看 2 例：

其一，油酥九香虫：

九香虫适量，治净后用菜油炒熟炙酥嚼食，每天 2 次，每次 5～10 只，空腹食用。

可以治疗肾虚、阳痿、尿频。

其二，蛤蚧羊肺汤：

羊肺 100 克炖汤，熟后加进 6 克蛤蚧粉搅匀，酌加食盐，饮汤食肉。连服 3～5 剂。

可以治疗身体虚弱，肺劳咳嗽。

长寿粥

又称药粥，系用谷豆蔬果同中药材配合煮成。因其配方的不同，功效也不相同。如绿豆粥解热毒，止烦泻；栗子粥补肾气，益腰脚；竹叶粥止渴清心；葱豉粥发汗解饥等。由于它简便易行，安全可靠，能将中药材的疗治作用与谷豆蔬果健脾胃、益中气的补养功效有机地结合起来，寓药疗于食养之中，有祛病邪而不伤正气的特点，故而从古到今应用广泛。

制作药粥，主要方法有五：即药米同煮法、药汤煮粥法、药末渗入法、药汁勾兑法、原汁拌和法。举凡煮粥，宜用砂锅、瓦罐或搪瓷缸，武火烧开，文火慢炖，一般不宜添加油、盐、糖、葱花等调味料，以保持原汁原味，使药效得以充分发挥。下看2例：

其一，山药蜜酥粥：

60克生山药去皮轧成糊状，与30克酥油、30克白蜂蜜炒匀后晾凉捣碎。60克籼米加水适量煮成粥后，放入30克红糖与山药等物搅匀，充当早餐。

可以补肾精，固肠胃，辅助治疗腰酸时痛、遗精、带下、食欲不振、大便不实诸症。

其二，苡仁扁豆粥：

100克白扁豆、100克薏苡仁和100克糯小米淘净后，用温水泡1小时，共同熬煮至成熟糜烂即可，随时服用。

可以健脾益胃，补肺清热。

保健茶

茶叶中含有300多种化学成分，其中的鞣酸可消炎杀菌，茶酚和维生素C可强心和增强血管弹性，生物碱可加速新陈代谢，芳香化合物可溶解脂肪，这都对健康有利。所以中国人不仅把茶当饮料、做菜吃，还用之入药，形成独具特色的“茶疗”。

茶疗有4种类型：单方型（仅用一种茶叶）、复方型（茶配药材或食物）、以茶送药型、以药代茶型。其制剂也分四种：即汤剂（如葱豉茶）、散剂（如五倍子茶散）、丸剂（如驱虫茶丸）、袋剂（如午时消食茶）。它们可治疗数百种疾病（如内科、外科、妇科、儿科、皮肤科、五官科、肿瘤科等），有数千种方剂，为人类造福无穷。下举2例：

其一，返老还童茶：

将18克槐角、30克何首乌、18克冬瓜皮和15克山楂肉用少许清水煎煮20分钟，滤出药汁后再煮沸，冲泡3克乌龙茶即可。每日1～2次，连饮1～3月。

可以滋肝补肾，润须乌发，消脂减肥，延年益寿。

其二，乌梅抗癌茶：

先将25克乌梅与5克甘草加清水800克熬煮10分钟，再放入绿茶2克煮1分钟，取汁饮用。饮完再制，长期不懈。

可以消炎祛痰，辅助治疗鼻咽癌。

滋补酒

亦称药酒或酒剂，用药物与酒配制而成，具有较好的疗疾和补身作用。其种类繁多，按功效分，有祛风湿类药酒和滋补类药酒；按使用方法分，有内服类药酒和外敷类药酒；按炮制工艺分，有酿制酒、浸制酒和渗漉酒。其操作程序大多是按配方先将药物适当粉碎或与谷米一起酿制，或直接加入白酒中浸渍、渗漉，制出酒剂，再经过静置、澄清、过滤、分装而成。有些药酒还须配加冰糖或蜂蜜调味，改善口感。药酒的机理主要是使药物之性借助酒的力量遍布到身体的各个部位，它对于风湿痹痛以及气滞血瘀之证多有良效。下举2例：

其一，鹿血散寒酒：

新鲜鹿血200克注入酒坛，兑入白酒1000克搅匀，静置24小时后取上层清液在温水中烫热饮用。早晚各1次，每次25～50克。

可以补虚弱，理血脉，散寒邪，止疼痛。

其二，对虾还春酒：

新鲜大对虾2只（约重150克）和白酒250克一起装入瓷罐，密封浸泡1周，澄清后饮汁（对虾可以取出另外做菜）。每日饮用50克，连续1～3月。

可以治疗性机能减退和阳痿诸症。

瓜果汁

在我国的药膳方剂中，瓜果也大有用武之地。尤其是甘甜、清香的纯净瓜果汁，不仅营养丰富，碳水化合物、维生素、矿物质众多，而且含有一些特殊的化学成份，能辅助治疗不少病症，因此，医书中多见记载。

与其他药膳方相比，瓜果汁有4大长处：(1)品类繁多，取用方便。像梨、桃、樱桃、香蕉、葡萄、柿子、荔枝、乌梅、桑椹、橄榄、无花果、椰子瓤、柚、芒果、林檎、西瓜、猕猴桃、石榴、荸荠、甘蔗等等，供应充沛。(2)调制简易，一学即会。绝大多数瓜果汁既不需要炮制，又不需要烹调，只配一架榨汁机即可，宜于家庭使用。(3)口感好，极少毒副作用。特别适合儿童、妇女、老人和厌恶“药味”者服用。(4)成本低廉，可以在城乡普遍推广应用。

下举4例：

其一，青柿汁：

青柿子4枚捣烂，滤出汁水1杯。早、中、晚各饮1杯，坚持1月。可治高血压。

其二，椰子汁：

先饮椰子汁，后吃椰子肉，每次1个，清早空服，连服7～10天。可治姜片虫、绦虫。

其三，西瓜汁：

西瓜滤汁，加少许白糖调饮。每日1～3杯，连服3日。可治乙型脑炎抽风。

其四，石榴汁：

石榴子榨汁，加白糖或冰糖制成糖浆，用以含嗽或内服，持续数日。可治口腔发炎。

对症配方食疗

食疗

又称食物疗法，食养疗法或饮食疗法，即是以中医理论为指导，以临床经验为基础，选用既可药用、又可食用的动植物原料，制成饭菜羹汤，用膳食的方式防治疾病和养生保健的方法。其中，有单用食物的(如糊辣汤)，有单用药物的(如人参)，有药、食共用的(如黄芪乌骨鸡)，方剂甚多，应用极广。

我国幅员辽阔，物产丰富，到处都有药食兼用的飞潜动植。它们的根、茎、叶、花、果和皮、肉、骨、脂、脏，按照其性味和药理适当组合，在烹调中加以利用，就既可满足食欲，滋补身体，又能疗疾祛邪，养生延年。故而一举两得的食疗方，不仅受到医学界推崇，而且在民间有很高威望。像用动物肝脏治疗夜盲症，用糠皮治疗脚气病，用新鲜水果治疗坏血症，用菠菜治疗贫血症，用鸡内金治疗消化不良症，用海藻泡酒治疗甲状腺肿，用含钙食品治疗佝偻病，无不都是常用常灵。

发展食疗应当坚持中西医相结合的方针，古为今用，洋为中用，推陈出新；加强科学研究，普及食疗知识，提高补治效果，达到新的水平。同时应尊重“辨证论治”的原则，结合新的发现，逐步制订出较为完整的综合治疗方案，建设系列工程，变一方一药治一病为多方多药治一病。还要加强药膳的研究，不仅继承古方，还须从营养素、微量元素、生化反应、药理作用、内分泌影响、神经精神系统影响等方面深入探索，设计出新的食疗方，造福于全社会。

食疗方剂

“方”，指医方；“剂”，是药剂；“方剂”，指根据临床诊断和药物配伍原则，用若干种药物组成的药方。它们是古代医家在临床实践中发展而成的，也是中医治疗法则的具体体现。

“食疗方剂”，则是指药、食有机地组成，用于治病强身的方剂，习称药膳或食疗菜谱。它有广狭二义。广义来说，所有的菜点都有补治作用，均可称为食养方剂；狭义来说，只有充当方剂的菜点，才能叫做食疗菜谱，如羊馔、鱼脍、鸡汤、奶食、葱齑、药酒、药茶、虫品之类。

下面摘要介绍治疗不同病症的61类食疗方剂。

感冒食疗方

感冒是最常见的外感病，即感受风邪，它以鼻塞、流涕、喷嚏、咳嗽、头痛、恶寒、发热为特征，应当根据风寒、风热、风湿、暑湿等不同症状，施食治疗。

1.风寒证感冒。发热轻，恶寒重，无汗，头痛，鼻塞，咽痒，流涕，咳嗽，舌苔薄白，脉象滑紧；重在辛温解表。食疗方可用葱姜红糖汤(带须葱白、生姜与红糖共煮)或紫苏姜糖饮(紫苏叶、生姜与红糖共煮)。

2.风热证感冒。发热，微恶风寒，头痛，咳嗽，咽痛，目赤，舌尖红，流黄涕，脉象浮数；重在辛凉解表。食疗方可用菊花粥(菊花与粳米合煮)、或牛蒡冰糖粥(牛蒡子、冰糖与粳米合煮)。

3.风湿证感冒。发热头痛，头重如裹，鼻塞身疲，困倦乏力，纳减欲呕，舌苔白腻，脉象濡滑；重在祛风化湿。食疗方可用香薷厚朴扁豆散(以上三物炒黄研碎混匀后，以沸水冲泡，在保温杯内温泡1小时，代茶频饮)。

4.暑湿证感冒。又叫热感冒。身热，微恶风，微出汗，肢体酸重，心烦口渴，小便短赤，大便溏薄，苔薄黄腻，脉象濡数；重在辛散解表，清暑祛湿。食疗方可用香薷扁豆粥（香薷、扁豆与粳米合煮）或银花香薷汤（银花、香薷与扁豆合煮）。

中暑食疗方

中暑指暑热外袭或夹湿伤人而带来的高热、出汗、嗜睡、神昏或躁扰抽搐等症状，它主要是人体不能适应外界的高温变化所致。

1.中暑阳证。发热、汗出、烦燥、口渴、多饮、溲赤、兼见恶寒；重在清热解毒去暑。食疗方可用绿豆丝瓜花汤、西瓜汤、石膏竹叶粥、冬瓜柚核饮、柠檬汁或菱粉糊。

2.亡阴亡阳证。身热汗出，精神衰惫，四肢困倦，胸满气短，不思饮食，大便溏泄；重在益气固脱。食疗方可用清汤鳝鱼、生脉糖浆、韭菜汁或参附膏。

3.暑热蒙心证。高热，烦燥，汗出，胸闷，猝然闷倒神昏，不省人事，舌质红绛，脉象洪数；重在清心开窍。食疗方可用菖蒲石膏饮或竹沥粥。

4.肝风内动证。即在暑热入营神昏的情况下，引动肝风，致使抽搐、痉挛；重在滋阴熄风。食疗方可用鲜地黄汁、牡蛎蛋花汤、绿豆汤或西瓜汁等。

秋燥食疗方

秋燥是秋令感受燥邪之气，而引发的发热、咳嗽（少痰）、口干、鼻燥等肺系症状的外感性疾患，常有不同类型，食疗方亦有别：

1.温燥伤肺证。发热，头疼，少汗，微恶风寒，咽鼻干燥，口渴；重在宣透肺卫，润燥生津。食疗方可用冰糖白梨、薄荷大枣粥、鲜枇杷糕、凉拌石花菜或咸杏仁炒黄瓜。

2.凉燥犯肺证。发热，恶寒，头痛，无汗，鼻塞，咽干，唇燥，口渴，咳嗽稀痰；重在宣肺化痰润燥。食疗方可用豆豉杏仁、紫苏桔汁饮、挂浆芭蕉或梅苏饮。

3.燥气化火证。身热，咽干，鼻燥，口渴欲饮，干咳无痰或咯血，气逆而喘，胁痛胸闷，大便燥结，小便短赤；重在清肺润燥，宣透肺卫。食疗方可用柑汁饮、凉拌黄瓜、银耳羹、玫瑰枣糕或砂糖拌白藕。

4.燥伤肺胃证。身热渐退，咽干鼻燥，全身乏力，干咳，大便燥结；重在滋阴润脏，清热生津。食疗方可用玉露糕、天花粉粥、甘蔗玉竹粥、沙参心肺汤或石斛花生米等。

疟疾食疗方

疟疾是感染疟原虫后寒热往来、休作有时的一种疾病，南方多于北方。中医认为这是外感疟邪或瘴湿毒气，舍于营气，伏藏于半表半里，随经络而内搏五脏，横连募厚，盛虚更替，与卫气相聚则发病，离则病休。它有6种不同的病状，需要辨证施食。

1.正疟型。寒战壮热，休作有时；重在祛邪截疟，解表生津。食疗方可用马兰糖饮、葱蒜豉粥、冬瓜常山汤或青蒿醪。

2.温疟型。热多寒少，汗出不畅，骨节酸痛；重在清热生津。食疗方可用马鞭草饮、生芦根粥、凉拌蜜黄瓜或马兰头茶。

3.寒疟型。寒多热少，胸胁痞满，神疲肢倦；重在温中散寒。食疗方可用乌贼骨酒、生姜粥、狗肉羹或羊肉臑饼。

4.瘴疟型。壮热不寒，面红耳赤，烦渴饮冷，小便热赤，大便秘结，神昏谵语，胸闷呕吐；重在清热生津，清心除烦，化浊开窍。食疗方可用葛根汁、西瓜汁、竹叶汤粥、糯米煮散方、菖蒲苍术饮、藿香姜糖水或草蔻羊肉刀削面。

5.劳疟型。倦怠乏力，短气懒言，寒热时作，形体消瘦；重在益气养血。食疗方可用羊肉甲鱼汤、甲鱼猪油汤、盐卤鸡蛋饼、八宝鸡、牛奶粥或粉蒸鲩鱼头。

6.疟母型。在胁下有症块，扪之有形，寒热往来，时发时止，纳少乏力；重在攻补兼施，消痞软坚。食疗方可用红烧龟肉、鳖鱼槟榔汤、鳖胶羹或猕猴桃汁。

咳嗽食疗方

咳嗽是常见的肺部疾病，多由风寒、风热引起，特征是肺气上逆，咳出痰液。它分为两类，一是受六淫侵袭的外感咳嗽，有风寒证、风热证和燥热证3种；二是脏腑功能失调引起的内热咳嗽，有痰湿证、痰热证、肺阴亏虚证和肺气虚寒证4种。

1.风寒证咳嗽。咳嗽痰湿，鼻塞流涕，头痛身楚，恶寒发热；重在疏风散寒，宣肺止咳。食疗方可用生姜陈皮红糖饮（以上3物沸水浸泡后热饮),或姜杏粥(生姜、粳米与杏仁合煮食用)。

2.风热证咳嗽。咳嗽气粗,嗓音嘶哑,咽痛口渴,痰稠色黄;重在疏风清热,止咳化痰。食疗方可用梨杏汤(白梨、甜杏仁与冰糖煮食)或枇杷粥(枇杷、西米与白糖煮食)。

3.风燥证咳嗽。干咳痰少,咽涩鼻燥,头痛微寒,苔薄脉细;重在疏风清肺,润燥止咳。食疗方可用双参桂圆膏(党参、沙参、桂圆与蜂蜜等煎制),或杏仁粥(甜杏仁、粳米与冰糖煮制)。

4.痰湿证咳嗽。咳嗽痰多,质稠色白,食少纳呆,胸闷脘痞;重在健脾燥润,化痰止咳。食疗方可用桔皮粥(桔皮与粳米合煮),或砂仁萝卜散(砂仁与萝卜研末冲服)。

5.痰热证咳嗽。咳嗽声粗,痰黄带白,气促胸满,尿黄舌红;重在清热肃肺,化痰止咳。食疗方可用雪羹汤(海蜇与荸荠煮制),或罗汉果炖肉(罗汉果、瘦猪肉与冰糖久炖至化,趁热食用)。

6.肺阴亏虚证咳嗽。长久干咳,盗汗低热,手足心热,舌红少苔;重在滋阴润肺,止咳化痰。食疗方可用心肺参竹煲(猪心、猪肺、玉竹与沙参煲熟后,加盐调食),或虫草全鸭(冬虫夏草与雄鸭肉蒸制)。

7.肺气虚寒证咳嗽。久咳无力,痰多清稀,畏风自汗,神疲懒言;重在温补肺气,化痰止咳。食疗方可用黄芪人参鸡(炖好后用柠檬汁调味),或萝卜生姜羊肉汤(久炖后食用)。

哮喘食疗方

哮喘是支气管的一种病症,临床表现为呼吸迫促,胸部憋闷,喉间哮鸣有声,烦燥不安,张口抬肩,汗出如雨,不能平卧,反复发作。它一般可以分5种类型,须对症施治:

1.风寒闭肺哮喘。发作喘急,发热恶寒无汗,舌苔薄白而舌质淡红,脉象浮紧;重在宣风散寒。食疗方可用葱白生姜粥,煮至熟烂,趁热服用。

2.热郁肺胃哮喘。咳嗽喘憋,发热烦燥,面赤气粗,舌红脉数;重在泻肺清胃。食疗方可用冬瓜冰糖饮,二者合蒸,取汁饮用,3～4次即愈。

3.痰饮阻逆哮喘。痰涎壅盛,胸闷脘痞,舌苔厚腻,脉象弦滑;重在化痰逐饮。食疗方可用杏仁霜、莱菔粥或文旦鸡(乌骨鸡治净置于文旦柚的瓤中,外敷黄泥烤熟食用)。

4.脾肺气虚哮喘。气短息促,声低息微,面色无光,自汗脉弱;重在益气固肺。食疗方可用山药薏米柿霜粥(山药与薏米捣碎煮烂,调柿饼渣混匀食用)。

5.肾不纳气哮喘。久喘不愈,不能平卧,张口抬肩,呼吸急促;重在纳气平喘。食疗方可用人参核桃饮(二者煎汤,日服2次,久用有效)。

肺痨食疗方

肺痨即肺结核,主要症状为咳嗽、咳血、潮热、盗汗、胸痛和消瘦;中医认为是正气不足,精气耗损,抗病力弱,痨虫乘虚浸入肺脏所致。它有4种类型,食疗方各不同:

1.阴虚肺热证。干咳少痰,痰质白粘或带血,形体消瘦,午后潮热,手足心热,面赤颧红,神疲倦息,胸闷隐痛;重在杀虫滋阴,润肺清热。食疗方可用鳝鱼油、鳝鱼汤、凉拌鱼腥草、糖醋鲤鱼或虫草乌骨鸡羹。

2.肺肾阴虚证。骨蒸潮热,盗汗,腰酸耳鸣,心烦失眠,男子遗精,女子经闭,体瘦骨立,干咳气急,痰黄稠或带血;重在补益肺肾,滋阴降火。食疗方可用燕窝羹、子鸡粥、白芨肺片或雪梨保肺汤。

3.气阴两虚证。潮热盗汗,动则汗出,气喘神疲,声低言微,咳嗽无力,痰清或间有血丝;重在益气养阴,培土生金。食疗方可用豆浆粥、双参蜜耳饮、白果海参母鸡汤或椰子燕窝饮。

4.阴阳两虚证。潮热不除,面色皖白,手足不温,食少便溏,面浮肢肿,腰酸耳鸣,男子阳痿,女子经少,兼见咳逆喘息,少气不续,痰白带暗紫色血块;重在滋养肺阴,温煦肾阳。食疗方可用乌龟甲鱼香菇母鸡汤、母鸭虫草煲鹌鹑蛋、肺片火锅、油白果、蒜泥黄瓜、茶鸡蛋或菠菜银耳汤等。

呕吐食疗方

呕吐是胃脘中食物或痰液等随胃气上逆而出的病证,多乃外感六淫、内伤七情、饮食不节、劳倦过度所致。它有虚实之分,邪气侵入为实证,胃虚不降为虚证。

1.外邪犯胃证。突然恶心呕吐,脘腹胀闷痞满,伴有发热恶寒,头身疼痛;重在疏邪解表,芳香化浊。食疗方可用麦面生姜糊、姜糖饮或醋浸生姜汁。

2.饮食停滞证。呕吐酸腐,嗳气厌食,脘腹痞闷,大便秘结或秽臭;重在消食化滞,和胃降逆。食疗方可用蜜饯萝卜、山楂桔子水或荸荠汁。

3.痰饮内阻证。呕吐清水痰涎,时泛恶,脘腹中水声漉漉,头眩心悸;重在温化痰饮,和胃降逆。食疗方可用生姜枇杷叶粥、干姜陈皮散或丁香桔饼。

4.肝气犯胃证。呕吐物酸苦,心绪异常时加剧,精神抑郁,心烦易怒;重在舒肝和胃,降逆止呕。食疗方可用砂仁粥、桔茹饮或萝卜玫瑰红糖水。

5.脾胃虚寒证。呕吐时作时止,饮食稍有不慎则犯,面色晄白,大便溏薄;重在温中健脾,和胃降逆。食疗方可用罂粟粥、半夏棋子粥、姜韭牛奶羹或干姜山药饮。

6胃阴不足证。呕吐反复发作,干呕多,口燥咽干,心烦,饥不欲食;重在养阴益胃,降逆止呕。食疗方可用姜汁羊乳饮、柠檬汁或芦根绿豆粥等。

胃痛食疗方

胃痛主要指上腹部胃脘处疼痛,多因饮食不调、情志刺激、脾阳素虚、感受外寒,胃失和降所致。它有6种表现,食疗方亦有别:

1.胃寒证。面白肢凉,胃脘部绵绵疼痛,得热痛减,遇寒加重,舌苔薄白,脉象弦紧;重在温中散寒。食疗方可用狗肉粥、煮麻雀、饴糖水、茴香粥或姜糖饮。

2.气滞证。胃脘胀痛,恶心恶食,噫气臭如败卵,进食后症状加剧,舌苔腐腻,脉象沉滑;重在疏肝理气,消食导滞。食疗方可用陈皮粥、玫瑰花茶或莱菔山楂鸡内金饮。

3.胃热证。胃脘灼痛,烦燥易怒,口干舌苦,大便干结,舌红苔黄,脉象弦数;重在清胃泄热,和胃止痛。食疗方可用甘蔗粥、粟米粥、芝麻油拌生黄瓜或紫菜蛋花汤。

4.瘀血证。胃疼屡发如针刺,痛位固定,受压加剧,或有吐血便血,舌质紫暗,脉象细涩;重在活血化瘀,通络止痛。食疗方可用桃仁粥或山楂汤。

5.虚寒证。胃脘隐痛,进食则缓,胃部喜按喜暖,不时泛吐清水,四肢不温,体倦乏力,大便溏薄;重在温中健脾。食疗方可用生姜羊肉汤或鲩鱼蔻砂汤。

6.阴虚证。胃脘灼痛,口燥咽干,大便干结,舌红苔光剥,脉象弦细;重在滋阴养胃。食疗方可用土豆蜂蜜饮,或天生复脉汤(甘蔗去皮榨汁饮用)。

泄泻食疗方

泄泻是脾胃和肠道疾病,多系湿邪或脾虚失运所致。它有4种类型:

1.寒泻。肠鸣腹痛,畏寒肢冷,大便清稀,舌淡苔白,脉象沉迟;重在温中散寒。食疗方可用羊肉薏米羹(二者烂煮,酌加生姜、花椒、八角与精盐)。

2.湿泻。脘腹胀满,大便如水,头晕纳呆,面黄沉困;重在祛湿止泻。食疗方可用扁豆山药糕(内配红枣、陈皮与饴糖诸料,每次食用50~100克,日食3~4次,连食3天)。

3.热泻。便泻如注,大便黄绿臭浊,肛门灼热,时有发热,舌苔黄腻;重在清热利湿解毒。食疗方可用浓茶饮(茶汁煎至浓苦黑乌,日服3~4次)。

4.伤食泻。大便稀粘,酸臭不化,腹胀厌食,舌苔厚腻,脉象沉滑;重在消食导滞,健脾和中。食疗方可用萝卜粥(萝卜与大米同煮,熬至酥烂,趁热服用)。

便秘食疗方

便秘是一种常见病,系指大便次数减少,甚至间隔数日,或者是便干坚硬、排泄困难的一种症状;它是因肠胃积热、血虚肠燥、脾肾虚寒、大肠传导功能失常所致,有热秘、虚秘和冷秘3种,须对证施食。

1.热秘。大便干结,面红身热,兼有腹胀、口干、心烦、苔黄和舌红,脉象滑数;重在清热润肠。食疗方可用清炒菠菜、白菜煮粥或绿葵叶制汤,较有效验。

2.虚秘。大便秘结,头眩,心悸,面白无华,或大便不畅,便后疲乏,汗出短气、唇舌暗淡;重在养气、养血、润肠、润燥。食疗方可用双麻炖大肠(黑芝麻和升麻装入大肠内,加盐、酒煨炖),或芝麻粳米粥、胡萝卜蜂蜜汤及黑芝麻粉等。

3.冷秘。大便艰涩,排泄困难,腹部冷痛,面色晄白,小便清长,舌淡苔白,脉象沉迟;重在温里通便。食疗方可用桃仁蜜(核桃仁捣烂加蜂蜜调食)，或韭菜炒核桃仁(少用盐等调味料)。

黄疸食疗方

黄疸是一种以身面目睛黄染、小溲黄赤为主要特征的常见病。中医认为，它多因感受时气疫毒、湿热风寒诸邪，以及酒食不节、劳倦内伤而造成肝、胆、脾、肾功能失调，胆汁外溢于肌肤所致。

黄疸有“阳黄”、“阴黄”、“急黄”“瘟黄”之别，食疗方亦有差异：

1.阳黄。多乃湿热所致，表现为身热口渴，胸脘痞闷，全身发黄如桔皮，小便不利，舌苔黄腻，脉象滑数；重在清热利湿。食疗方可用水果汁、西瓜汁、蔬菜汤、菊花脑汤或茵陈红枣饮(内加红糖)。

2.阴黄。多因湿热蕴结后湿多于热，表现为身目发黄，但色晦暗，四肢发凉，伴有腹泻，舌质淡白，脉象沉细；重在温中化湿。食疗方可用茯苓大米粥或茵陈干姜红糖饮。

3.瘟黄。多乃疫毒疠气所致，表现为高热抽搐，神昏烦燥，呕吐频仍，皮下斑疹，通体发黄，舌苔浊腻，脉象弦数；重在清肝解毒，泄火退黄，凉血救阴。食疗方可用五味消毒饮(金银花、野菊花、紫花地丁、蒲公英与紫背天葵合煮)，或黄连解毒汤(绿豆、黄连、黄芩、黄柏与栀子合煮)。

传染性肝炎食疗方

传染性肝炎是一种常见的肝胆疾病，其急性期辨证为湿热、湿热郁滞、蕴而为黄；迁延或慢性期则属肝郁脾肾亏虚，或气滞血瘀。治则均以清热利湿、疏肝除郁、健脾理气、活血化瘀、散积利水等为主。

在急性期，针对发热、恶心、肝痛、黄疸等症状，可食醋梨汁、兰菊饮、刺儿菜汁、金针芦笋、瓜蒌藕粉羹、茅根茵陈肉汤、鸡骨草红枣汤或田基黄煮猪肝。

在迁延或慢性期，针对厌食、乏力、多汗、腹胀、肝痛等症状，可食泥鳅炖豆腐、山药米仁粥、海带银耳羹、大蒜鲫鱼汤、五味大枣汤、雪梨荸荠煲老鸭、扁豆核桃炖牛肉或当归黄精甲鱼汤。

肝硬化食疗方

在中医里，肝硬化属于“膨胀”、“单腹胀”、“症瘕积聚”等病型，它分为早、晚两期，主要症状为脾肿大、肝掌、蜘蛛痣、腹水、皮肤粘膜出血、齿衄、呕血、肝昏迷等。

1.气滞湿阻型。胸腹胀满，嗳气不舒，呕恶便溏，小便短少；宜食鸭炖肝、米仁粥、茴香肚丝、瓜渣赤豆汤或金针红枣汤。

2.热郁血瘀型。腹胀膨大，胸胁疼痛，黄疸尿赤，有蜘蛛痣；宜食银花双耳羹、双金芦笋、麦芎鲫鱼汤、陈皮淡菜汤或当归菊花鸭。

3.脾虚湿停、肝肾兼亏型。纳呆神倦，腹胀尿少，面色萎黄，消瘦虚弱；宜食玉须汤、穿山甲蛋、龙眼甲鱼、黑鱼冬瓜汤、茯苓米仁粥或金钱草煲猪蹄等。

胆石症食疗方

胆石症系指胆囊、胆管发生结石的疾病，多由情志不畅、寒温不适、饮食不节或虫积所致。它有肝胆气滞、肝胆郁热、肝胆湿热、肝胆浓毒等不同证候，大都可以用食疗法辅助治疗。

胆石症常见的食疗方甚多，如鲜土豆汁、茵陈玉芦饮、清肝果菜汁、橄榄汁、芦笋莱菔汁、荸荠茶、荠菜鲫鱼羹、金钱草大枣汤、杞麦海参羹、茴香饼、芦根汁、玉米须白茅根汤、金钱草金银花炖瘦肉或淡炒青萝卜等。

胆石症的食疗方重在清热化湿、泻火解毒、疏肝理气、养阴健脾；同时应当禁忌动物内脏、蛋黄、肥肉、乳酪、油炸食品，以及芹菜与笋类等食料。

淋证食疗方

淋证是以小便频繁数短涩，滴沥不止，尿道刺疼，或痛引脐腹为特征的一类疾病；有石淋(出石)膏淋、劳淋、热淋、血淋、气淋等类型；多见于泌尿系统感染、泌尿系统结石、肾盂肾炎、膀胱癌、前列腺疾病以及乳糜尿等病；主要是肾虚和膀胱热所致，可分3大类，食疗方不相同：

1.湿热下注型。小便涩痛，淋漓而下，小便黄赤，舌苔黄腻，脉象滑数；重在清热利湿。食疗方可用鲜藕、白菜、芹菜、荠菜、马兰头、赤小豆、绿豆、西瓜汁及冬瓜汤，或者是葵菜、葱白、大米与豆豉合煮浓粥。

2.小肠热盛型。小便短涩，尿色黄或赤红，心烦不寐，舌尖偏红；重在清心凉血。食疗方可用鲜藕、鲜茅根与车前草煮汁清饮。

3.肾虚不固型。小便频数或淋漓不绝，疲劳后更甚，腰腿酸软，面色黄暗，尿色清淡，舌质淡，脉细；重在补肾固涩。食疗方可用山药、土豆、蛋品、甲鱼、猪羊脊髓、栗子及木耳，或者是大米芡实粥。

阳痿遗精食疗方

阳痿指阴茎不能勃起或举而不坚，难以完成性交过程；遗精指精液自流，包括梦交而遗的梦遗和白昼自流的滑精。中医认为此乃肾阴亏损、精神过度紧张，或手淫、早婚、房事过频、恣情纵欲等原因所致；有肾气不足、肾阳虚弱、阴虚火旺、肾精不固、湿热下注等不同证型，需要辨证施食疗治。

阳痿遗精的食疗方亦多，如杜仲猪腰汤、雌鸽木耳汤、鲳鱼蚕茧汤、芝麻炸麻雀、海参炒黄鱼片、红烧狗肉、川断煲猪尾、枸杞炖牛鞭、巴戟煲鸡肠、韭菜炒羊肝、虫草炖鸭子、虫草炖胎盘、鲜虾炒韭菜花、鸽蛋百合莲子汤、芡实煲老鸭、金樱根炖鸡、补骨脂煲羊脬、车前薏米粥、凉拌水芹或肉苁蓉羊肉粥等。

腰痛食疗方

腰痛指腰部一侧（或两侧）持续（或间断）地固定（或不固定）作痛，并伴有酸、重、冷、热、木、胀、拘急等感觉。其中，外感风寒湿热、阻滞经络者为实证；内劳伤脾、气血化源不足、纵欲无度，或久病失养、年老肾衰者为虚证。并有风寒湿腰痛、湿热腰痛、痰湿腰痛、瘀血腰痛、肾虚腰痛之区别。

腰痛的食疗方亦多，诸如乌头粥、苡仁粥、香桔粥、桃仁粥、酒虾蛤、狗肉汤、羊脏羹、鹿血酒、五加皮醪、清炖乌蛇、韭菜根汤、月季花汤、肉苁蓉粥、桂蒸鳝段、桑椹蛋糕、茴香炖猪肾、党参鹿肉汤、附片羊肉汤、蘑菇羊肾汤、竹叶苡仁糊、浮石逐痰汤、桔皮栗子羹、当归牛肉汤或十全大补汤等。

水肿食疗方

水肿是由人体津液代谢障碍而引起，以眼睑、头面、四肢乃至全身性浮肿为特征的一类常见病。中医根据其发病机理和临床表现，有“风水”、、“涌水”、“溢饮”、“石水”、“水胀”等不同的命名。其基本治则为“开鬼门（汗孔）”、“洁净府（膀胱）”、“去宛（郁）陈（久腐）莝（斩草）”；也就是发汗法、利尿法和攻下法。食疗则分4类：

1.风水相搏型。风邪犯肺，肺失宣降，致使头面浮肿，恶风无汗，或咳或喘，苔薄白，舌淡红，脉浮；重在宣肺利水。食疗方可用鲤鱼汤、车前子粥或葱白粥。

2.脾虚水泛型。肿胀呈中等程度，肚腹胀满，面色苍黄，胃纳减退，带有腹泻，舌质淡，脉细；重在健脾利水。食疗方可用青鸭羹、鸭汁粥、鲤鱼汤或者是陈蚕豆与冬瓜皮煮汁饮、白茯苓粉与粳米煮粥。

3.湿热壅盛型。水肿，发热，尿赤，舌质红，舌苔黄腻，脉数；重在清热利湿消肿。食疗方可用赤小豆煮鲤鱼汤。

4.下元虚寒型。肾阳虚衰，面白肢凉，水肿明显，小便不利，舌质淡白，脉象沉迟；重在温阳利水。食疗方可用黑豆鲤鱼汤。

荨麻疹食疗方

荨麻疹是由于变态反应引起的皮肤粘膜血管扩张和通透性增加的局部水肿症，其特征是皮肤搔痒，有红色疹块，融合成片，时出时消，反复发生。中医称之为“瘾疹”，认为乃风湿热所致，主张祛风、利湿、清热。

荨麻疹的食疗，首在脱敏，即不吃致敏性食物，如鱼、虾、奶、蛋、菌、笋、番茄、蚕豆、蒜、葱、草莓、香榧、巧克力之类。若能判断准确，一停食则病愈。

其次，还可以辅以食疗方剂。如赤小豆冬瓜皮汤、绿豆百合汤、盐酒烹乌梢蛇、冬瓜子荸荠粉羹、马齿苋乌梅地龙（蚯蚓）饮、红枣山楂山药汤、茵陈郁金大枣饮、地肤子生地煮黄花菜肉片以及清炒荸荠等。

脚气食疗方

脚气是脾肾亏虚、水湿内侵引起的内科常见疾病，主要症状是两脚软弱无力、足胫肿胀，麻木不仁。本病有湿脚气、干脚气、脚气冲心3种证候，多因饮食失调、脾胃受伤、肾精亏虚、水湿内侵所致。

脚气病患者应多食粗粮、杂粮等维生素 B_1 含量丰富的食物；少食或不食乳酪、醇酒、肥甘厚腻之品，以免助湿困脾，壅阻经络；同时还应多摄取豆、蛋、肝、果、蔬，增加营养。

其食疗方有：黑豆酒、苏子粥、豆仁粥、豆豆饭、甲鱼汤、竹叶粥、鲤鱼羹、麸皮饼、肉桂包子、麦糖炊饼、石膏玄枳粥、桂心茶叶蛋、面包槟榔酱、桂心薏仁粥、米糠荸荠饼、茯苓砂锅鱼、吴茱萸木瓜粥以及生地水牛角粥等。

惊悸怔忡食疗方

惊悸怔忡系病人自觉心中悸动不安或心胸筑筑然跳动，甚则不能自主，或脉现叁伍不调的一种症证。它多由情志刺激、心血不足、心阳虚衰，或水饮内停，痰浊扰心，瘀阻心脉所致；在诸多病因中，又以体质素虚为关键。其中，惊悸多由外因而引起，或受惊恐，或太过烦劳，病情较轻；怔忡多由内伤而成，终日心中惕惕，躁动不安，病情较重。

1. 气血不足型。心悸不宁，面白少华，夜眠不安，胆心善惊，倦怠懒动，舌质淡白，脉搏细弱；重在补气养血。食疗方可用桂圆加莲子煮粥常服。

2. 痰火上扰型。心中时而动悸，烦躁不眠，平时多痰，头晕喜呕，舌苔黄腻，脉象滑数。食疗方可用蚌肉烧豆腐之类。

3. 阴虚火旺型。心悸而烦，咽干或痛，手足心热，夜寐不安，伴有盗汗，舌质红，少苔，脉细数；重在育阴清热。食疗方可用沙参麦冬饮；或龙眼肉、西洋参与白糖蒸成膏状，每次1匙，坚持服用多日。

胸痹食疗方

胸痹是相当于冠心病绞痛一类的疾病，表现为胸中痹塞不通，伴有胸痛或心痛。中医认为其病机是"阳微阴弦"，乃痰饮阻逆、气郁不舒、瘀血阻络之所致，故而祛邪应以通阳宣脾为要，扶正应以温阳益气为要，饮食上宜用宣化辛温、行气活血之品。

1. 痰饮凝聚型。胸背引痛，胸中痞塞，体肥多痰，舌苔腻浊，脉象弦滑；重在化痰开痹。食疗方可用杏仁霜，或莱菔蜂蜜膏（莱菔子研末，以蜂蜜调制，每次3克，日服3～4次）。

2. 气郁不舒型。胸中痞痛，自感气塞，常爱叹息，以呼出为快；重在行气开郁。食疗方可用薤白粥。

3. 瘀阻心脉型。痛如刀割，发作有时，痛处固定不移，指唇青紫，舌质紫暗，脉象沉涩或拮代；重在活血化瘀，益气通脉。食疗方可用无花果、核桃肉、蜂蜜、黑木耳汤，或者是山楂红糖饮及桃仁大米粥。

不寐食疗方

不寐即失眠，表现为难以入睡，彻夜不眠，睡而易醒，时睡时醒，还伴有头晕、怔忡、健忘、木呆、神疲倦怠、进食不香等症状；多系六淫邪气侵入，情志不舒、劳倦损伤心脾、心肾不交、心胆虚怯、肝阳偏亢、胃中不和等病因所致，故而临床食疗也分为多种类型。其总的治则是：燮理阴阳，安神镇静。

不寐食疗方主要有：神曲茶、樟茶鸭子、安神梨甑、阿胶佛手羹、竹叶莲桂羹、枣竹灯心粥、莲子茯苓糕、人参桂圆醴、龙眼枣仁饮、龙眼莲子汤、茯苓蜂蜜糕、龙眼洋参饮、猪心夹砂肉、桑椹茉莉汤、龙眼薄荷茶、山楂入寐饮、竹沥贝蔻饮或苦丁肉茶等。

汗出异常食疗方

汗出异常是指人体不是由于气候炎热，衣被过厚、剧烈活动、情绪紧张、热食热饮等原因而出汗过多的一种病证。其中又有自汗（白昼出汗，动辄益甚）、盗汗（睡眠出汗、醒后自止）之别，多系营卫失调、表虚不固、阳气衰微、阴气火旺、湿热内蕴所致。

汗出异常的食疗方法主要是：

1. 益气固表法。以玉屏风散（黄芪、白术与防风）为主方，辅以补中益气汤（黄芪、白术加党参、当归、陈皮与甘草等），或者是丹溪止汗汤（玉屏风散加牡蛎粉与麻黄根），黄芪母鸡汤；这适用于畏寒喜暖，神疲乏力的自汗者。

2. 滋阴清热法。主要服用六黄汤（当归、黄芪、黄柏、黄芩、黄连、生地或熟地）；这适用于五心烦热、午后低烧的盗汗者。

3. 调和营卫法。主要服用桂枝汤（桂枝、白芍、生姜、大枣加甘草）；这适用于病后失调、体质虚弱的多汗者。

4. 清热化湿法。主要服用三仁汤（杏仁、白蔻仁、薏苡仁加半百夏、厚朴、通草、竹叶）；这适用于肢体沉重、胱酸痞闷、溲赤便溏、苔腻脉濡的多汗者。

5.固涩止汗法。主要服食乌梅、山萸肉、五味子或山药等物;这适用于心慌气短、夜眠不实的自汗、盗汗者。

此外,还可用黄连、牡蛎、贝母、米粉、煅龙骨与赤石脂等混匀研粉扑身,也有一定的功效。

癫狂食疗方

"癫"指精神抑郁、表情淡漠、沉默痴呆、语无伦次、静而少动;"狂"指精神亢奋、狂燥刚暴、喧扰不宁、毁物打骂、多动而怒。两者都属于精神失常,其病因多与情志内伤有关,从而导致脏腑失调、阴阳失衡。

对于痰气郁结、寡言呆滞、神情迷茫、行动恍惚者;可服用糖桔饼、调味槟榔、茯苓陈皮饼或菖蒲郁金饮。

对于痰气扰心、语言杂乱、骂詈叫号、狂暴行凶者;可服用生铁落饮、清心茶、连翘竹沥饮或竹叶瓜蒌粥。

对于阳明实热、幻视幻听、奔走无常、面红目赤者;可服冬葵菜汤、决明子粥、生拌萝卜丝或枳实玄明散。

对于瘀血内阻、妄思离奇、恼怒多言、终日奔突者;可服桃仁粥、红莲饮、蜜饯双仁或排骨炖藕汤。

对于阴虚火旺、狂病日久、形瘦颧红、五心烦热者;可服蛋黄豆浆、鳖甲焖鸭、双耳莲心汤或猪心芹菜麦冬饺。

对于气血两虚、心悸易惊、思维贫乏、病势稍缓者、可服仙人粥、糖渍龙眼、八宝桑椹饭、参芪首乌精或归参鳝鱼羹等。

头痛食疗方

头痛包括风寒头痛、风热头痛、风湿头痛、肝阳头痛、气虚头痛、血虚头痛、肾虚头痛、痰浊头痛、瘀血头痛等等类型,证分虚实,均与外邪内伤相关,可以通过食疗扶正祛邪。其中,外感所致者饮食宜清淡,多食疏风散邪之物,慎用补虚之品;内伤所致者,宜食滋肝补肾、补益气血之物,慎用温燥伤阴、生冷碍脾之食。两者均忌肥甘厚味、辛辣烟酒。

下面的部分食疗方可供选用:葱豉粥、薄荷糖、都梁茶、猪脑羹、人参汤、桔红糕、川芎花茶、参附鸡汤、枸杞蒸蛋、黄精蒸鸡、桑菊薄竹饮、人参核桃煎、天麻煮鱼头、杞菊地黄粥、参杞蛤士蟆、半夏山药粥、姜葱炒螃蟹、芎归炖山甲以及天麻陈皮煲猪脑等。

眩晕食疗方

眩晕以视物昏花、旋转动摇、头晕欲倒为主要临床表现;它多见于高血压病、美尼尔氏综合症、神经官能症或晕动病。在中医里,认为眩晕多由4种原因造成,其食方也不一:

1.风邪上扰型。头晕恶风或身热咳嗽,病情发展较快,脉脬;重在疏散风邪。食疗方可用紫苏叶煮粥或鲜芦根煎水饮服。

2.肝阳上亢型。头晕眼花,心烦急躁,口渴面赤,胸胁作痛,舌质红,脉象弦数;重在干肝降火。食疗方可用陈皮、金桔叶加茶叶煎水饮服。

3.痰饮上扰型。头晕而胀,胸脘痞闷,恶心欲呕,心悸苔腻,脉象弦滑;重在化痰逐饮。食疗方可用玉米须和杏仁煎汁饮服,每日1～2次,1～3天可以好转。

4.气血亏虚型。面白少神,食减便溏,不时眩晕,表虚自汗,苔白质淡,脉大无力,或心烦少寐,夜眠多梦;重在补益气血。食疗方可用白木耳加瘦猪肉炖红枣,或者是猪脑1个,每日炖食1次,连服7日。

高血压食疗方

高血压是指40岁以下的成年人收缩压大于20kPa,舒张压大约12kPa者;40岁以上者,每增10岁,收缩压可增高1.3kPa,但舒张压的正常标准不变。高血压分为原发性和继发性,主要症状是:头晕、烦躁、心悸、失眠、气急、疲劳、耳鸣、目糊、腰腿酸软,乃至偏瘫、失明、心力衰竭、氮质血症。其诊治主要是平肝潜阳,补肾养阴。

其食疗方多为:鲜芹汁、芹渣饮、花蜜饮、菊花茶、天麻鱼头、杜仲鸡片、醋泡花生、珍菊鲜贝、麦地水鱼、红杞子鸡、玄参鱼肚、萝卜海蜇、杞菊里脊、麦冬芹笋、银杞干贝羹、条参鱼翅羹、莴苣番茄汁、香油炒菠菜、罗布麻炖鸭块、芹菜拌鸭丝或补肾降压蛋糕等。

冠心病食疗方

冠心病是冠状动脉粥样硬化性心脏病的简称，包括隐匿型、心痛型、心肌梗塞型、心肌硬化型、猝死型等类；其主要症状是心痛、心脏增大、心律失常、心衰，或者是胸骨后疼痛、发热、休克等。中医认为，此乃正气亏虚，导致气滞血瘀、脉络痹阻所致；因而应当以扶正固本、强心活血、通络祛瘀为主要治则。

冠心病食疗方多为：双玉粥、乐和茶、玉楂鱼片、归芪蒸鸭、降脂素烩、玉麦莲腿、杞椹虾仁、温心鱼汤、薤白海参、参芪牛乳、生脉嫩鸡、保元强心汤、三七牛肉汤或益心宽胸酒等。

中风食疗方

中风是对中老年人有严重危害的常见病和多发病，它常以猝然昏仆、不醒人事、口眼㖞斜、半身不遂为主要特征。

1.痰热内结型。昏厥已苏，声出口开，惟喉中有痰鸣，语言蹇涩，舌强苔腻，脉滑有力；重在泄热涤痰。食疗方可用萝卜汁、竹沥膏或粳米粥。

2.肝火炽盛型。苏醒后气粗息高，躁扰不宁，头胀耳鸣，巅顶作痛，舌边尖红，脉象弦数；重在清肝降火。食疗方可用猪胆汁与绿豆粉拌匀晾干研末，日服两次，每次6克。

3.正气欲脱型。目合口开，声嘶气促，舌短面青，手足逆冷，二便失禁，舌质淡，脉细；重在滋阴益气。食疗方可用牡蛎与麦麸(或麦粒)磨粉，以红参汤汁冲服。

4.半身不遂型。半边身躯瘫痪，口眼歪邪，言词不清，两便失禁；重在保养。食疗方可用黄牛肉煮成肉糜后再熬成膏，温服，每次1小杯，逐渐加量。

其它食疗方还有：黄芪、大枣、当归、枸杞和猪瘦肉煮汤；松叶洗净煎汁出渣后与白酒混合；干地龙(蚯蚓)、红花、赤芍、当归、川芎、去皮核桃仁、玉米粉、小麦粉加白砂糖等混匀炊糕；向日葵花盘与鹌鹑蛋煲汤食用等。此外，须忌辛辣温热之品和油腻甘浓之品。

痛风食疗方

痛风是嘌呤代谢紊乱引起的病患，病情特点是高尿酸血症、痛风性急性关节炎反复发作、关节畸型、痛风石等，在中老年人中较为多见，发病时关节红、肿、热、痛，坐立卧行均不便，冬春尤甚。

本病的食疗主要在于增强尿酸的排泄、减少尿酸的形成。所以饮食中应当尽量减少嘌呤的含量，限制蛋白质的摄入，控制总热量，增加维生素B_1和C，多吃多碱少酸的食物，少吃盐，多饮水，忌讳辛辣刺激之物。

常见食疗方有百合汤、百合粥、蒸慈姑、热牛奶、富强粉面包、鸡蛋炒番茄、黄瓜木耳汤、虾米炒白菜、粉蒸南瓜、清炖胡萝卜、凉拌莴苣以及什锦蛋羹等。

虚损食疗方

虚损又称虚劳或劳损。在中医里，久病体虚谓之“虚”，久虚不复谓之“损”，损极不复谓之“劳”。这都是指在内外病因的侵蚀下，人体内的气虚、血虚、阴虚或阳虚等症状。按照“虚则补之”的原则，重在滋补，兼以治疗。

1.气虚型。倦怠乏力，动则喘促，面色苍白，常自汗出，舌质淡，脉细弱；应当健脾益气。食疗方可用人参、山药、茯苓、大枣、莲子、扁豆、土豆、牛肉、鸡肉、鳜鱼或粳米等为之；如人参粥、薯蓣鸡蛋黄粥、土豆烧牛肉，或母鸡、人参、火腿、玉兰片与香菇同烹。

2.血虚型。面色苍白，唇指色淡，头晕目花，腰酸耳鸣，心悸不安，少寐多梦，舌色淡白，脉沉细；应当补阴养血。食疗方可用大枣、葡萄、龙眼、花生、猪肝、墨鱼、荔枝或何首乌等为之；如龙眼大枣粥、菠菜猪肝汤、墨鱼烧猪肉，以及阿胶糯米粥。

3.阴虚型。体形消瘦，皮肤干涩，面色苍暗，手足心热，夜寐不安，骨蒸潮热，夜有盗汗，舌质红，少苔，脉细数；应当滋阴清热。食疗方可用梨、百合、鸡蛋、牛奶、银耳、猪肉、鸭肉、乌骨鸡、山药、龟肉、松子、海参及燕窝等为之；如冰糖炖梨、鸭肉粥、清炖龟，或地黄加饴糖蒸乌鸡。

4.阳虚型。面色苍白，精神衰少，喜暖畏寒，手足逆冷，自汗，小便清长，舌质淡，脉沉细；应当温肾暖脾。食疗方可用羊、狗、鸡、麻雀、韭菜、核桃、海参、虾与虫草等为之；如虫草炖鸡、雀肉粥、韭菜炒虾仁，或羊脊骨、肉苁蓉、草果与毕拨熬汤，下面条加葱白调食之。

消渴食疗方

消渴以多饮、多食、多尿，身体消瘦，或尿浊、尿有甜味为特征，相当于西医中的糖尿病；其病因多为过多食用肥甘及醇酒厚味，伤肺损胃，或五志过极化火耗精，或恣情纵欲，泄精累肾，终极阴虚燥热所致。消渴有上消、中消、下消之分；以及肺燥、胃热、肾虚之别。

1. 上消型。烦渴多饮，口干舌燥，尿频量多，舌边尖红，苔薄乏津，脉象洪数；重在生津止渴，清热润肺。食疗方可用枇杷根饮、玉竹粥、瓜蒌羹、菠菜银耳汤或沙参玉竹煲老鸭之类。

2. 中消型。多食善饥，形体消瘦，喜饮尿频，大便干燥，舌红苔黄少津，脉滑而有力；重在清胃泻火，养阴生津。食疗方可用山药鸡蛋面、葛根粥、石膏粳米粥、知母人参茶、香菇烧豆腐或玉竹乌梅茶。

3. 下消型。分为两类：

一是肾阴亏虚。尿频量多，混浊如脂膏，或尿甜，口干唇燥，舌红少苔，脉沉细数；重在滋阴固肾。食疗方可用双耳汤、一品山药饼、枸杞鸡蛋糕，芡实煮老鸭或软炸白花鸽。

二是阴阳两亏。小便频数，混浊如膏，手足心热，咽干舌燥，面容憔悴，耳轮干枯，面色黧黑，腰膝酸软，肢倦乏力，形寒畏冷，阳痿不举；重在温阳滋肾，补脾固涩。食疗方可用鲜奶玉露、海参粥、高粱枸杞粥、韭菜煮蛤蜊、姜附烧狗肉、烤对虾或核桃鸡丁等。

贫血食疗方

贫血多因饮食失调、劳倦内伤、慢性失血、虫积、情志所伤、阴血暗耗等所致，是“血虚”、“萎黄”、“虚劳”之类的虚证。从辨证论治看，一般可以分为3种类型进行食疗：

1. 脾胃虚弱，生化不足型。面色无华或萎黄，唇甲色淡，食少纳呆，饮食无味，疲倦乏力，心悸失眠，头晕目眩，手足麻木，女子经少或闭经，舌质淡，脉沉细无力；重在健脾益气，养血生血。食疗方可用粳米小枣红糖粥、珠玉粥、参芪炖乌鸡、健脾补血包子、豆腐烧猪血、莲子猪肚、鹅血酒或鸡血汤。

2. 肝肾不足、精血亏损型。面色无华，眩晕耳鸣，健忘多梦，爪甲不荣，肢体麻木或有虫行感，口奇渴，腰膝酸软，五心烦热，妇女经少或经闭，舌质淡，脉细；重在补中益脾，滋补肝肾。食疗方可用小米红枣饴糖粥、小米粥、仙人粥、茴香肝片、枸杞叶爆炒腰花、桑椹米酒、鸡血藤煲鸡或猪肝汤。

3. 脾肾阳虚、气血亏耗型。面色㿠白，神疲体倦，肢冷畏寒，腰膝酸软，心悸，少气懒言，纳差或腹胀，便溏，自汗，便血或经血不止，舌质淡胖，苔白水滑，脉象沉细无力；重在偏补脾肾阳气，养血健脾。食疗方可用光参汽锅乌鸡、补肾壮阳虾酥、三鲜水饺、羊骨汤面、胡桃小米粥或参归黄鳝等。

血证食疗方

血证系指各种出血证候，诸如吐血、衄血、咳血、尿血、便血等。中医认为，其原因多是血热则迫血妄行；气郁和气逆则肝不藏血；脾气虚弱则脾不统血；瘀血阻络则血离经脉所致。因此主张“宜行血，不宜止血；宜补肝，不宜伐肝；宜降气，不宜降火”，这便是著名的“吐血三要法”。体现在食疗上则是：出血期禁食辛辣厚味及烟酒；止血后可多吃肝、蛋、鸡、排骨、牛奶、豆浆或山药等食物。

1. 出血型。血出如涌，其色鲜红，口渴烦躁，尿赤便干，舌红脉数；重在凉血止血。食疗方可用鲜藕、鲜茅根及黄花菜加水煎汁服用，有一定的作用。

2. 气逆型。呕恶呃逆，胸胁满闷或疼痛，血如泉涌，舌质暗红，脉弦有力；重在降气平逆。食疗方可用金桔叶和三七粉加水煎服，每日2～5次。

3. 气不摄血型。形色憔悴，气短声怯，食欲不振，惊悸失眠，舌淡脉弱；重在益气摄血。食疗方可用黄芪、莲子、龙眼、大枣及红糖加水煎服，每日2～3次。

4. 瘀血阻络型。血色暗晦，常见血块，伴有疼痛，痛有定处，舌紫暗带瘀斑；重在活血祛瘀止血。食疗方可用银耳、黑木耳、三七粉配红糖加水煎服，每日2～3次。

血吸虫病食疗方

血吸虫病是血吸虫寄生于人体门静脉系统所致的地方性疾病，多见于水网地区。中医认为这是疫水毒邪，由皮毛侵入肺卫，波及气营，下涉肠道的结果；如果蛊毒入脏，留着于肝脾，阻塞脉络，则会血瘀水停而加重病情。其治法，都以杀虫解毒为主，初期辅以解表清里，慢性期和晚期则要顾复脏腑阴阳气血，扶正祛邪。

血吸虫病常用的食疗方有：

紫苋粥、狗肉粥、化痞膏、鲫鱼粥、培本羹、玫瑰茶、合欢皮膏、水红花膏、马齿苋粥、南瓜籽糕、香醋腌青蒿、健胃化症糕、羊奶鳖甲饮、赤豆消痞粥、杞菊地黄粥、双甲煲猪肚、羊肉拌蒜泥、茵陈煮大枣、阿胶葫芦巴饮、赤小豆炖甲鱼以及半夏生姜红糖饮等。

肿瘤诸症食疗方

肿瘤（含食管癌、胃癌、大肠癌、肝癌、乳腺癌、膀胱癌、肺癌、鼻咽癌、肾癌、白血病、红斑狼疮、恶性淋巴瘤等）是严重危害人体健康的重大疾病，它与饮食有密切关系。如果食品受致癌物质的污染、食品添加剂中有致癌物质、烹调理化变化中产生致癌物质、或营养素组合不当，都有引发癌症的可能。

治疗肿瘤，除药物之外，还很强调食补与食治。(1)多吃有益之食。如扶正的薏苡仁、山药、山楂、萝卜、白扁豆、赤豆、大枣、鲤鱼、牛肉、甲鱼、猪蹄、蜂蜜、松子、核桃、芝麻、生姜、韭菜、黄鳝、鳗鱼、羊肉和狗肾；祛邪的香菇、蘑菇、猴头、草菇、金针菇、银耳、黑木耳、猕猴桃、花椰菜、卷心菜、大蒜、海蜇、海带、紫菜、鲍鱼、发菜、海参、莼菜、芋艿、荸荠、茄子、慈姑、螃蟹、柠檬、金桔、蛇胆、芦根、苦瓜和冬瓜之类。(2)因证忌口。如症瘕积聚者要忌牛肉、海藻、苋菜和萝卜；瘿证者要忌鸡和鱼；瘰疬者要忌肥猪和狗肉；热证者要忌鳗鱼、黄鳝、大蒜和韭菜；寒证者要忌螺蛳、鸭子、黄瓜和生梨；邪实者要忌肉品、蜂王浆、龙眼和荔枝等。

食疗方也应当因证而异。如扶正益元，可服虫草甲鱼、山海双参、猴头鹌鹑、豆蔻乌鸡、健脾鲤鱼汤、银耳香菇羹、参芪酥鸭或莲肉薏米糕；祛邪抗癌，可服葵心茶、芋艿馄饨、菱肉鲍鱼、夏枯草猪肉汤、麦楂蒸鳗、萝卜生姜丝、金茄干丝或米仁慈姑羹等。

美容食疗方

健康的容颜是每一个人（尤其是年轻女性）所追求的。中医营养学认为，容颜的健康程度是通过皮肤的颜色、光泽、粗细、枯润、形态、表面分泌物等因素表现出来的，它能反映出人体的整个健康水平。容颜的病态，实际上是机体内部阴、阳、气、血失调的表现。因此，要想经常保持美好的容颜，让青春常驻脸庞，或者治疗某些皮肤疾病，就不能单纯从颜面这一局部出发，而应当以调整整个机体内部各脏腑的功能入手。美容食疗方便是通过调整脏腑功能，使过盛或过衰的阴、阳、气、血失调现象得以平衡，从而达到容颜靓丽的目的。

常用美容食疗方举例：

1. 笋烧海参

水发海参 200 克，鲜竹笋或水发竹笋 100 克，瘦猪肉汤 500 毫升，食盐、白砂糖、酱油、黄酒和湿淀粉少许。

海参改长条，竹笋切片，入锅稍煸炒，加肉汤和调料煨炖，熟透后勾芡淋油即成。

其中，海参滋阴养血，猪肉滋阴润燥，竹笋清除内热；三者配伍，经常佐餐，便可以逐步使面部皮肤细腻、光润。

2. 香椿拌豆腐

鲜香椿叶（或水发盐腌香椿叶）100 克，嫩豆腐 2 块，食盐、味精和香油适量。

香椿叶切碎，与豆腐及调料拌匀即可。

其中，香椿清热解毒、健脾利湿，豆腐调脾和胃、清热解毒；二者相配，有健脾、利湿、解毒、健肤之功效，经常佐餐，可以缓解粉刺（即青春期痤疮）。

3. 马齿苋炒黄豆芽

鲜马齿苋 100 克，黄豆芽 250 克，食盐、味精、香油和湿淀粉适量。

马齿苋洗净，切段；黄豆芽用香油煸炒，再加水少许焖烧，至七成熟时加入马齿苋炒熟，然后加调料，勾芡淋香油即成。

其中，黄豆芽健脾利湿、健肤除疣，马齿苋清热解毒；二者匹配，经常佐餐，对各种疣（俗称瘊子）皆有较好的疗效。

美发食疗方

头发健美与否，不仅与人的容貌密切相关，而且还与健康有一定联系。中医营养学认为，头发虽小却与脏腑相连，气血阴阳的荣盛虚衰，皆可以从发质上反映出来。发质失健，通常表现为变黄、变白、干枯、梢裂、变细、脱落等。其原因除遗传、疾病、放射性损伤、化学物品伤害等因素之外，大都是心、脾、肝、肾等的功能失调所致。

中年人头发变黄、变白、稀疏、脱落等，一般是因精血不足，肾阴亏虚所致，并且常伴有腰腿酸软、足跟疼痛、性功能障碍、小便清而频、目暗头晕等症状。青少年头发粗壮变白或者虽脱发但余发粗壮者，一般为血热或虚火所致，并且常伴有唇舌红嫩、口渴、烦躁、遗精或月经提前、手心和足心发热等症状。青壮年头顶脱发而胡须旺盛者，多因心脾经耗伤血分，心脾经火盛所致，并且常伴有心悸、失眠、多梦、口腔溃疡、舌痛、食多、小便赤热等症状，而以脑力劳动者居多。头发突然呈斑剥状脱落，多为血热、血燥生风所致，并且常伴有低热、烦躁、口渴、便秘、尿赤等症状。头发变细或枯燥者，一般属于阴血不足之故，通常伴有潮热、恶心烦热、消瘦、口渴、烦躁、头晕目黑、尿少、便秘、舌红苔少、月经滞后等症状。

因此，为了使头发保持健康美丽，饮食上要根据个人体质情况或不同症象，选择补肾填精、调肝养血、滋阴降火、活血祛风等类型的食品。

美发食疗方举例：

1. 美发果冻

龙眼肉、荔枝肉和葡萄干各50克，黄精、麦冬、桑椹、金樱子、复盆子和山茱萸各10克，白砂糖适量，琼脂（琼胶或冻粉）200克，食用香精少许。

龙眼、荔枝、葡萄干和各种药材洗净，冷水浸泡回软，入砂锅用小火煮沸后，每30分钟取煎液1次，加水再煮，共取煎液3次。将煎液过滤，置砂锅或不锈钢锅内，浓缩至1000毫升左右，加入琼脂煎成粘稠的液体，调入白砂糖和食用香精，倒入小碗或模具中冷却成形即成。

其中，龙眼、荔枝、葡萄干和黄精补养心、脾、肾；麦冬既滋心、脾、肾之阴，又可清热、降虚火；金樱子、复盆子和山茱萸则补肾，收摄精气。诸物相配，补虚泻实，有美发之功效；经常食用，可防治毛发早白、脱发，对腰腿酸软，性功能失调（阳痿、早泄、遗精、不孕等）者，尤为适宜。

2. 三豆米糕

蚕豆、黑豆和赤小豆等量，糯米和蜂蜜适量。

3种豆品先以冷水泡发（蚕豆去皮），加水置砂锅中，用小火炖煮，熟烂后，压碾成泥，加蜂蜜调成泥馅，备用。糯米淘洗干净，蒸熟成饭。将米饭和豆泥馅分层摊放，压平，切成小块即成。各层和糕面上还可缀加糖桂花、青梅丝、果脯等。

其中，蚕豆和黑豆补肾、清热、涩精；赤小豆健脾利湿、清热解毒；蜂蜜益气润燥；糯米补中益气。多料相合，可以乌发、润发、清利；经常食用能防治须发早白、枯燥、梢裂等，对青少年因虚热、湿热、毒热等所致的头发质变尤有效验。

痛经食疗方

痛经是指月经来潮前后的小腹疼痛或腰腿疼痛，多系脏腑、经络、气血等功能失调所致。调治痛经，除了温经、清经、调经、通经、益经、摄经诸法之外，还应当重视食疗。

1 肝郁气滞型。经前乳房胀甚，胸肋胀痛，烦闷不舒，行经前小腹疼痛，色紫，周期后错，舌质暗，脉弦；重在疏肝解郁，调血通经。食疗方可用佛手、生姜加白糖煮汁清饮；或者是桔皮、枳实与生姜煎汤服用。

2. 寒湿凝聚型。经期后错，经期或经前小腹冷痛，得热则减，或腰腿酸痛，四肢不温，面色发白，舌质淡紫，脉沉紧或沉弦；重在温经散寒。食疗方可用桂皮、山楂肉加红糖煎煮，在经前服用。

3. 热邪郁结型。经期前错，色黑而紫，杂有血块，经期小腹胀痛下坠，烦热不安，或有低 热，脉弦数，舌红苔黄；重在清热解邪。食疗方可用鲜藕煎侧柏叶清饮。

4. 气血亏虚型。经血量多，或月经后小腹隐隐作痛，按之稍缓，全身乏力，面色萎黄或苍白，脉弱无力，舌质淡；重在补益气血。食疗方可用当归、生姜加羊肉煲汤。

此外，对于崩（月经量过多）、漏（月经量过少而淋漓）者，如属脾虚，则食扁豆炖猪肚；如属肾虚，则食山药炒腰花拌藕粉泥；如属 血热，则食生地黄粥；如属血瘀，则食大米桃仁粥，均有一定的效验。

带下食疗方

带下指妇女阴道排出的较多粘液，中医称之为“带下病”。因病证的不同，还有青带、赤带、黄带、白带、黑带之分。由于此病常见，故又有“十女九带”之说。其病因多系风寒湿邪侵入胞门，传入脏腑，或七情内伤，或经产劳伤，或房事太过，或伤于膏粱厚味所致。

1. 白带型。少量白色粘液如涕如唾，绵绵不断，伴有腥臭味或带血色，主要是因脾虚盛，多由于生殖器官感染或阴道滴虫等引起；应当健脾化湿。食疗方可用山药、薏米、扁豆、蚕豆或核桃等为之；如白扁豆炒淮山药片，或者是白果仁剁茸塞入鸡蛋孔内蒸食。

2.黄带型。少量的浅黄色粘液常有，稠粘而淋漓不断，间或微有腥臭，主要是湿热下注引起；应当清热利湿。食疗方可用鲜鸡冠花、鲜藕汁和白糖粉制散，每日3次，每次10克，以沸水冲化，炖服；或者是用鲜马齿苋加鸡蛋清蒸服，每日2次，连服7天。

此外，还可服用"完带汤"、"参苓白术散"、"龙胆泻肝汤"、"三妙丸"、"丹栀逍遥散"、"金锁固精丸"以及"清带汤"等；并要求饮食清淡，多喝汤水，禁忌辛辣与温热之食品。

产后缺乳食疗方

产后缺乳是指分娩后1周以上或产褥期中乃至更长时间内，乳汁分泌不足或乳汁排出受限。其主要原因是：(1)产时大出血、气随血脱；(2)多孕累产津血内耗；(3)炎热之季过汗耗液；(4)产后操劳过早，使脾肾两伤；从而造成气血虚弱、化源不足，或气机不畅、气血失调、经脉涩滞，导致乳汁不下。下面介绍两种症状的食疗方：

1.气血两亏型。产妇面色苍白，胃纳欠佳，气短乏力，便溏，乳房柔软，无胀痛感，舌质淡少苔，脉细弱；重在补养气血，通络催乳。食疗方可用鸡汁粥、人参汤、蹄髈汤、鲫鱼汤、乌鸡汤、羊肉粥；或者是取虾米净肉，以黄酒热服。

2.肝郁气滞型。产妇乳汁不行，乳房胀满，疼痛或有肿块，胸胁满闷，食少呃逆，舌质暗红，脉象弦滑；重在疏理气机，通络催乳。食疗方可用玫瑰花茶；或者是鲜刀豆烹烧茭白(内加甜面酱及生姜等)。

此外，还可服用通乳丹(人参、猪蹄、黄芪、当归、麦门冬、木通加桔梗制)，加味四物汤(天花粉、猪蹄、当归、川芎加白芍、生地、木通、王不留行制)，蛋花汤圆米酒以及羊肉小米粥等。

妇女更年期综合症食疗方

妇女更年期综合症系指妇女在更年期(45～50岁)出现的与绝经有关的一些症候，如头晕、耳鸣、烘热、出汗、心悸、失眠、烦躁易怒、潮热，或面目下肢浮肿、纳呆、便溏、月经紊乱、情志异常等等。其病因主要是肾气渐衰，冲任二脉益弱，天癸渐竭，生殖能力消失，以及素体差异及生活环境影响，使阴阳失衡、脏腑气血不相协调。

妇女更年期综合症的食疗方宜用以下诸品：燕窝汤、鲜百合汤、虫草全鸭、附片鲤鱼汤、枸杞羊肾粥、二仙烧羊肉、清蒸杞甲鱼、枸杞炒肉丝、生地黄精粥或枣汁饮料等。

健脑食疗方

健脑，也称增智或益智，古代医书中指增强思维和记忆能力。2000多年前成书的《神农本草经》就记载过"不迷"、"不忘"、"养精神"、"益智"的食物和药物。

自古以来，健脑类营养食品不仅应用于临床，治疗儿童弱智，青中年记忆力衰退，以及老年性痴呆等症，而且也常供生长发育期的正常青少年以及从事脑力劳动的成年人服食，使之保持旺盛的精力，增强记忆和开发智能。

根据中医营养学的观点，智能的产生及保持，与脏腑功能有关。"神"、"魂"、"魄"、"意"、"志"，这些思维能力的表现，皆为五脏所主。如长期从事脑力劳动的人常因思虑过度而损伤心脾，气血不足；同时，也容易耗伤脑髓以及因久视而伤血，进而引起肝肾不足。因此，健脑保健就应该注意脏腑调摄，选用补益气血、养心安神的食物及药物(如黄芪、党参、西洋参、龙眼肉、淮山药、首乌、枸杞子、百合、灵芝、莲子、松子仁、柏子仁、大枣或牛奶等)，重点对心、脾、肾进行补养。

常用健脑食疗方举例：

1.冰糖莲子

莲子300克，冰糖200克，白糖200克，京糕25克，桂花适量。

莲子去皮，通心，洗净入碗，加水浸没，蒸50分钟。锅中放清水750克，煮沸加冰糖和白糖。将蒸好的莲子捞入碗中，京糕切丁撒其上，加桂花，浇糖汁即成。

其中，莲子补脾益胃、涩肠固精、养心安神；配以补中益气、和胃润肺、生津清热的冰糖，便有清心安神、健脾补肾之功效。

2.健脑粥

粳米100克，核桃仁25克，干百合10克，黑芝麻20克。

粳米淘净，加核桃仁、干百合、黑芝麻和适量清水，小火炖煮，熟透即成。

其中，粳米补脾强智，核桃补肾健脑、补心益智，黑芝麻补肝肾、增脑髓；三者配伍，可以补虚滋阴、健脑益智，对思维迟钝、记忆力减退，兼具肾虚腰酸疼和低热者，最为适用。

3.山药墨鱼卷

墨鱼500克，山药150克，姜、葱、蒜、胡椒和香菜各少许。

墨鱼洗净剞麦穗花刀，焯水成形；山药切长方片。炒锅放素油少许，烧热，下葱、姜、蒜煸香，随下墨鱼卷翻炒，加山药片及调料，勾芡淋油即成。食前酌加胡椒粉及香菜末。

其中，墨鱼益气强智，山药健脾，固先天后天之本，姜、葱、蒜、胡椒及香菜皆可辛散通窍；诸料相配，能补气强智、行气通窍。经常佐餐，对脾肾虚弱、食欲不振、腰腿酸疼、记忆力减退者，有调补作用。

健力食疗方

健力，也称强力或增力，指的是增强体力劳动能力。饮食中注意健力，对于从事体力劳动或体育运动的人，尤为重要。如何通过饮食增强体力（包括爆发力、耐力等）呢？现代营养学认为，应供给体力劳动者充足的热能，多食用一些发热量高的食物，如肉类、蛋类、脂肪和含糖类丰富的食物等；同时通过合理烹调，变化膳食品种，增进食欲，增加饭量。中医营养学强调，还须从增强身体素质和调整阴、阳、气、血功能着手，进行膳食调配。并且认为，同为气力不足，但有体质差异，补法亦应不同，如乏力兼见气短、心悸者，为气虚，重在益气；无力兼见目黑、眩晕者，为血虚，重在养血；无力兼见口渴，烦热者，为阴虚，重在滋阴；无力兼见肢冷、畏寒者，为阳虚，重在助阳。另外，在劳动用力前后，选用补物也应区别。一般而言，用力前宜用益气助阳类食物，用力后则宜用养血滋阴类食物。

常用健力食疗方举例：

1.鹤草红枣蜜膏

仙鹤草（脱力草）200克，红枣400克，蜂蜜适量。

仙鹤草和红枣浸泡发透后煎煮；每20分钟取煎液1次，加水再煎，共取3次；随后合并煎液，以小火煎熬、浓缩成稠膏，再加同量的蜂蜜调匀，至沸停火，晾凉装瓶备用。

其中，仙鹤草补虚强力，红枣益气养血、蜂蜜益气滋阴；三者相配，补虚增力，在劳动前后饮用，每次1汤匙（约50克），温开水冲服。

2.人参鹑蛋

红人参10克，鸡汤1000克，鹌鹑蛋10个，湿淀粉、白糖、食盐和味精适量。

红人参置砂锅中用冷水泡发4小时，再加鸡汤和去皮熟鹌鹑蛋，小火煨炖1小时，加调料，勾芡煮至汤汁透明稠厚则成。

其中，红人参性温味甘，益气助阳，鹌鹑蛋益气强力，鸡汤益气温中；三物相配，益气、助阳、健力，适合肢冷畏寒的阳虚型体质者在劳动前后食用。

麻疹食疗方

麻疹是以发热、咳嗽、喷嚏、泪水汪汪、皮肤出现麻粒大小的红色疹子为主要特征的儿童急性传染病；它是外感麻疹病毒，侵犯肺脾二经，肺卫失和，热毒外发肌肤所致。其中，经过初热、出疹、疹回3个阶段者，为顺证；出现麻毒闭肺或攻喉者，为逆证；有内闭外脱者，为危证。后两种，应用药物抢救；前一种，可用食疗与药疗兼治。

1.初热（前驱）期。发热，流涕，咳嗽，喷嚏，目赤畏光，泪水汪汪，两颊粘膜有麻疹斑点，舌苔薄白或微黄，舌质红，脉浮数；重在辛凉透表。食疗方可用银花、薄荷、荠菜、香菇、芫荽、紫苏叶、荸荠、葛根或牛蒡根等物为之；如荠菜汤、芫荽汤之类。

2.出疹期。高热不退，咳嗽加剧，皮肤出疹（由耳后起，渐至头面、胸背、四肢），由稀疏而稠密，疹色红活，口干引饮，舌红苔黄，脉象洪数；重在清热解毒透疹。食疗方可用银花、荸荠、竹笋、甘蔗、胡萝卜、绿豆、丝瓜及鲫鱼等为之；如竹笋煮鲫鱼、荸荠芫荽胡萝卜汤之类。

3.疹回（恢复）期。皮疹顺序消退，皮屑如糠脱落，留下棕色斑迹，热退身凉，精神爽快，咳嗽减轻，胃口好转，舌红苔少，脉象细数；重在养阴清热。食疗方可用梨、藕、甘蔗、荸荠、百合、白木耳、山药或鸡蛋等为之；如百合鸡蛋黄汤、甘蔗汁之类。

湿疹食疗方

湿疹是冬春常见的过敏性皮肤病，主要表现为红色点状丘疹、粟样皮疹或疱疹，伴有渗出液，干燥后结痂，有剧烈搔痒，易感染，多见于小儿。它常在身体各部位对称分布，有急性与慢性两类，常可发作。

湿疹的食疗，应多吃富含维生素 B_6 的食物，如干酵母、土豆、鸡肉、牛肝、猪肾、香蕉、核桃、香榧、葵花子、茶叶、苹果、豆奶、胡萝卜、瘦肉及蛋品之类。

其次是用食疗方剂，如茶水、鲜地瓜泥、鲜芦根汁、赤小豆糊、绿豆甘草汤、绿豆百合汤、赤豆米仁汤或米仁荸荠汤等。

百日咳食疗方

百日咳是5岁以下小儿冬春易患的阵发性痉挛性咳嗽，以咳毕有鸡鸣样回吼声为特征。它由百日咳嗜血杆菌引起；中医认为是素体不足、内蕴伏痰、外感风寒、痰浊互结、阻逆气道、肺失宣降所致。“百日”之意，指病程较长。

1.初咳期。微热咳嗽，痰白而稀，鼻塞流涕，舌苔薄白，脉象浮紧；重在宣肺化痰。食疗方可用生姜、薄荷、杏仁、菊花、桔梗、陈皮或紫苏叶等为之；如紫苏汤、杏仁粥。

2.痉咳期。咳嗽剧烈，咳毕有回吼声，反复不已，入夜尤甚，痰多而粘，咳甚时面赤目肿，咯血，痰出咳减，烦躁面赤，舌红苔黄，脉数有力；重在清热泻肺，化痰止咳。食疗方可用荸荠、杏仁、梨、萝卜、马齿苋、橄榄、冬瓜子、罗汉果或枇杷等物为之；如罗汉果炖柿饼、萝卜汁调薄荷霜。

3.恢复期。咳嗽渐减，咯痰减少，回吼声消失，形体虚弱，精神疲倦，自汗或盗汗，舌红苔薄，脉象细弱；重在益气养阴，补肺健脾。食疗方可用扁豆、大枣、鸡蛋、银耳、山药、百合、黄精、茯苓或何首乌等为之；如梨膏糖、珠玉二宝粥（山药、薏米加柿霜饼）、大蒜粥、首乌甘草汤、冰糖炖麻雀以及蚱蜢散等。

此外，用新鲜牛胆汁、淀粉加白糖合蒸；或鸡苦胆汁调白糖冲饮；或红萝卜煮红枣饮用；也见效验。

疳积食疗方

疳积包括“积滞”（饮食失节、停滞不化）和“疳证”（积滞日久、耗损正气）；专指小儿脾胃虚损，运化失常，吸收功能长期障碍，脏腑失养，气液干涸，形体虚弱羸瘦，影响生长发育，病程较长的一种慢性疾患。中医认为是哺养失调、护理不当或虫积所致；西医称之为慢性消化不良或小儿厌食症。它有5种类型：

1.积滞伤脾型。形体消瘦，面色萎黄，毛发稀疏，精神不振，不思饮食，脘腹胀满；重在消滞健脾。食疗方可用萝卜粥、鸡内金山楂散或猪肚蒸山楂。

2.脾虚气弱型。面黄肌瘦，发结如穗，精神萎靡，目无光彩，纳呆厌食，睡眠露睛，大便不化，尿如米泔；重在益气健脾消积。食疗方可用茯苓粥、珠玉二宝粥（山药、薏仁加柿霜饼）、大枣煲鹌鹑或锅巴散。

3.气血两虚型。面色㿠白，唇干口渴，头大颈细，骨瘦如柴，皮肤干枯皱折，腹部凹陷如舟，发育迟缓，哭声无力；重在补气养血健脾。食疗方可用人参大枣粥、胡萝卜粥、藕粉冲鸡蛋或牛奶煮猪肝。

4.蛔疳型。因蛔虫寄生而引起，症状大体同上；重在祛蛔健脾。食疗方可用驱蛔糖，或者是猪肝烹使君子肉。

5.兼证型。包括眼疳（肝疳）、疳肿胀、齿衄等；重在养肝明目，或温阳利水、益气摄血。食疗方可用鸡肝汤、胡萝卜粥，或鲤鱼汤、蚕豆炖牛肉、花生大枣汤、藕粉粥，以及炸蟑螂、田鼠羹、炒蚕蛹等。

遗尿食疗方

遗尿又称尿床，系指3岁以上小儿在睡眠中小便不自觉排出的一种病证；它多系肾气不足、脾肺气虚、膀胱不能制约水道所致。

1.肾气不足型。睡中遗尿，小便清长频数，面色㿠白，肢冷畏寒，舌质淡，苔薄白，脉沉细；重在温补肾气，固摄缩泉。食疗方可用煨羊肾、鸡肝桂心汤、核桃炖狗肉、炸麻雀、海参烧莲子或芡实莲子汤。

2.脾肺气虚型。睡后遗尿，神疲乏力，食欲不振，大便溏薄，易出汗，易感冒，舌质淡，脉缓或沉细；重在补中益气，佐以固涩。食疗方可用鸡肠饼、鸡内金饼、莲子炖猪肚、黑豆煲狗肉、大枣人参粥或芡实白果汤等。

小儿寄生虫病食疗方

小儿寄生虫病，南方多为蛔虫、姜片虫、钩虫作祟，北方多为绦虫作祟。此外还有蛲虫作祟，但多以外治法为主，亦可食疗。

1.蛔虫病。脐周阵发性疼痛，食欲不良营养亦不良，面色萎黄或起白斑，形体消瘦，嗜食异物，大便不时下虫；重在驱蛔。食疗方可用炒使君子肉、米醋饮、香榧子散、乌梅川椒生姜汤或蜂蜜调熟南瓜子粉。

2.姜片虫病。轻度腹痛或腹泻，恶心呕吐，面色不华，精神不振，腹胀浮肿；重在打虫。食疗方可用槟榔汤、椰子汁、石榴皮煮水或驱虫糖。

3.钩虫病。面色萎黄无华，肢体浮肿，神疲力乏，小腹阵痛，大便溏薄，嗜食生米、茶叶、生豆及泥土，唇舌色淡；重在除虫。食疗方可用生姜蜂蜜饮、葱白麻油汁、冰糖炖黄精、生大蒜、马齿苋汤或槟榔汁。

4.绦虫病。腹胀隐痛，偶有肛门作痒，不时排虫，面黄肌瘦，食欲不振，头晕无力；重在灭虫。食疗方可用焦香花椒粉、槟榔汤、鲜山楂肉生吃、南瓜子散或石榴皮煮汁。

5.蛲虫病。肛门搔痒，夜间尤甚，影响睡眠，食欲不良，脾气急躁多哭，消瘦，伴有腹痛；重在杀虫。食疗方可用生向日葵仁嗑食，生南瓜子仁研碎调服，以及石榴皮加槟榔和红糖用水煎服等。

皮肤瘙痒症食疗方

皮肤瘙痒症是仅有皮肤瘙痒、而无原发皮损的外科疾病，多因湿热内蕴、外感风邪、搏于肌肤、素体血热、生风作痒、血虚风燥、肌肤失养等所致。它有血热生风与风寒外袭两种类型，多见于老年人中；正治之法应是凉血熄风，固卫御风，宜食清淡的蔬菜和镇静安神之品，忌讳辛辣厚味及发腥动风之物。

皮肤瘙痒症的常用食疗方主要有：蕹菜卷、菠菜汁、豆腐脑、莲子汤、绿豆藕片、椒盐驴肉、芥末猪肚、清炒油菜、银花枇杷露、黄芪枣肉包、山鸡姜丝肉、牡蛎煲百合或凉拌茄子丝瓜等。

健忘食疗方

健忘是一种常见的老年病，与大脑皮质功能弱化、神经衰弱、脑动脉硬化、脑软化等疾患相关；主要是思劳过度、劳伤心脾、肾精不足、脑失所养所致。其表现多系记忆力差，容易忘事；还拌有头晕耳鸣、腰酸乏力、心悸怔肿、心烦多梦、纳少、话语不清等症。

其中，心脾两虚者，宜服用桂圆枣粥、柿干桂圆蜜饯、百合双仁红枣蜜、萱草合欢莲子汤、莲子山药粥、黑豆小麦莲子汤、黑豆圆肉芡枣汤或黄芪猴头汤；血瘀痰阻者，宜服山楂决明荷叶汤、丝瓜豆腐瘦肉汤、豆腐兔肉紫菜汤、莲子龙须瘦肉汤、枣参三七煲母鸡或凉拌海蜇莴苣丝；肾虚神衰者，宜服山楂枸杞饮、核桃菊花饮、桂圆桑椹汤、核桃炖羊肉、狗肉枣杞汤、山药炖猪脑、红枣煲鸡蛋或桑麻丸等。

疝气食疗方

疝气是睾丸、阴囊肿胀疼痛，或牵引小腹疼痛的一类疾病；多与素体阳虚、久居湿地、禀赋不足、年老体弱有关。有5种症状：

1.寒湿凝滞型。阴囊肿硬而冷痛，肢体不温，畏寒喜暖，苔薄白腻；重在温经散寒，行气利湿。食疗方可用荔核小茴粥、乌药红糖饮、胡椒羊肉汤或桂枝茯苓桔络饼。

2.湿热搏结型。阴囊红肿而疼痛，皮肤破损出黄水，小便短赤，舌苔黄腻；重在泄热利水。食疗方可用冬瓜苡仁汤、白糖西瓜瓤或鱼腥草煮绿豆汤。

3.肝郁气滞型。阴囊肿胀偏疼，小腹结滞不舒，痛无定处，以胀为主，舌淡苔薄；重在疏肝理气。食疗方可用桔核荔核饮、郁金玫瑰膏或佛手粥。

4.气虚下陷型。阴囊肿胀偏痛，反复发作，遇劳更甚，小便短涩不畅，舌质淡，边有齿痕，脉弱无力；重在益气补虚。食疗方可用黄芪糯米粥、人参冰糖饮或大枣升麻鸡。

5.痰结血瘀型。阴囊肿大粗厚，坚硬重坠，麻木不知痛痒，舌质紫暗，苔白腻或黄腻，脉沉弦或弦数；重在消肿散结，行气利湿。食疗方可用桔络双仁羹、红绿豆海带汤、山楂茯苓陈皮散、冬瓜桃仁粥或荸荠汁等。

痔瘘食疗方

痔瘘又称痔疮，包括内痔、外痔、混合痔、血栓、肛胀、肛瘘、直肠脱垂等肛门(或直肠)的病变;多系饮食不节、长期腹泻或便秘、妊娠多产、以及久坐所致,从而造成肛门周围血脉不畅、气血郁滞或筋脉血络的曲突弛张。此病较为常见,有“十人九痔”之说,可以通过饮食来预防和辅助治疗。

1. 肠风下血型。肛门灼热、疼痛,大便带血;应当清热止血。食疗方可用槐花(或马齿苋)灌猪大肠蒸透;或者服食绿豆汤、蜂蜜及黑木耳。

2. 风热肠燥型。肛门肿痛,大便尚未带血;重在祛风清热润肠。食疗方可用银耳、黑木耳和白糖煎汤;或者是食用香蕉、荸荠、马兰头、苋菜、无花果蜜饯及鸡蛋黄油等。

耳聋耳鸣食疗方

耳聋耳鸣是指耳内不时鸣响或听觉障碍的一类疾病,乃外因邪毒侵袭、内因脏腑功能失调所致。它分实、虚二类,有肝火上炎、痰气壅结、脾胃虚弱、肾精亏损、气滞血瘀等证候;总的治则是“虚则补之,实则泻之”。

其中,肝火上炎者,可服山茶饮、菊花菖蒲饮、舒肝通窍粥或菊花荸荠粉茶;

痰气壅结者,可服姜糖片、荸桔薄荷饮、消痰下气凉菜或凉拌姜桔萝卜丝;

脾胃气虚者,可服莲子大枣汤、参芪菖蒲粥、术枣菖蒲饼或人参酒;

肾精亏损者,可服猪肾粥、响铃草茶、杞地人参酒或羊肾黑豆杜仲汤;

气滞血瘀者,可服山楂汤、盐水桃仁、花生米或郁金陈皮糖之类。

夜盲食疗方

夜盲亦称雀盲,系指白昼目力如常而夜间(或光线不足处)则视物不明,多见于老人。中医认为是先天禀赋不足、劳倦酒色过度、肝肾亏损、血不上注、水失济承所致;西医认为主要因维生素A的缺乏而造成。

1. 血不养目型。面色苍白,头昏眼花;重在养血明目。食疗方可用猪肝炒菠菜、荠菜煮羊肝、胡萝卜炖牛肝、桔子汁、西红柿、烤红薯或煮黄玉米。

2. 肝肾亏虚型。腰酸膝软,头晕耳鸣,记忆力衰退,心烦易怒,舌质红,脉弦数;重在补益肝肾。食疗方可用羊肝、谷精草和白菊花煮汁;或者是以米粉、山药、核桃、栗子、桂圆加枸杞炊糕。

老年性白内障食疗方

老年性白内障是年老体衰后眼球晶状体的退行性病变,逐渐由透明变为混浊,故而视物模糊,或如隔薄雾轻烟,或有重影相串,晚期常常失明。中医认为,此乃肝肾亏损、精血虚衰、脾胃虚弱、气血不足,生化之源亏乏,不荣清窍、眼目失养等所致;故应补治并举、滋肝养肾、生精明目、益气健脾、明目退翳。

老年性白内障的食疗方主要有:烤红薯、参芪鸡、人参膏、决明茶、杞菊饮、菊苗粥、羊肾羹、芡实粥、桑椹酒、蒺藜茶、雀儿药粥、枸杞肉丝、珍珠母汤、夜明砂粥、五味子酒、磁石肾羹、仙灵脾鸡汤、沙苑煲母鸡、枸杞羊肾粥以及鸡肝明目汤等。

补肾壮阳食疗方

此类方剂多用于男女性功能衰退、阳萎、不育和不孕症。中医认为,上述病症多因过度疲劳、情志失调、体虚而引起的精气亏耗、肾虚阳衰所致;故而应当补肾壮阳,养心安神,滋肾固精,多吃核桃、芝麻、桂圆、荔枝、莲子、芒果、黑豆、韭菜、鳗鱼、黄鳝、海马、海参、鲍鱼、大虾、鹿、牛、羊、狗、鸡、雀、牛鞭、海狗肾、甲鱼、乌龟、鸽子、鹌鹑以及牛脊髓等补益之物。

1. 温补肾阳型。食疗方多用玄珠补鸽、韭菜鳝丝、茴香鹌鹑、桂地鹿肉、二仙香鳗、苁蓉腰片、参茸海参或海马子鸡。

2. 滋补肾阴型。食疗方多用玄女嫩鸡、玉麦鱼丁、鳖甲蹄筋、萸地团鱼、双冬肉片、杞菊虾仁、桑椹鸡片、淮杞仙龟或壮阳灵等。

前列腺增生食疗方

前列腺增生是老年男子易患的一种隐袭性疾病,以尿频、尿淋漓、尿痛为主要特征。其病因多系肾气虚亏、阳气疲惫、复感寒湿之邪所致,有多种症状:

1. 湿热蕴积型。小便不畅,尿流变细,排出无力或点滴不净,尿色黄赤或带血,茎中灼热刺痛,小腹胀满,大便燥结,烦躁不安,口苦口粘,渴不欲饮;重在清热利湿,通利小便。食疗方可用葵髓茶、赤小豆粥、三鲜茅根饮或凉拌嫩藕片。

2. 瘀毒内结型。小便不利或点滴不畅，下腹坠胀，大便干结，便次增多，里急后重，腰腹或下肢疼痛，夜不能寐，行动艰难，口干舌燥，伴有低热；重在生瘀消肿，软坚散结。食疗方可用龙蛇甲鱼、丝瓜海参汤、蛇草苡仁粥或丹参卫茅茶。

3. 气血两虚型。小腹胀满，时欲小便而不得或量少不畅，神疲乏力，头目眩晕，心悸气短，虚烦不眠，腰身皆痛，下肢虚软，面色皖白，羸瘦如柴；重在补气生血，养心益脾。食疗方可用归参炖母鸡、当归补血粥、龙眼花生粥或芪杞煲乳鸽。

4. 肾阳不足型。尿意频数，夜尿增多，尿流变细，排出无力，缓慢不畅甚或点滴不爽，腰膝酸冷无力，畏寒喜热，口渴而不欲饮，神气怯弱，行动倦怠；重在补肾温阳利水。食疗方可用附子蒸鸡、桃仁薜荔粥、杜仲炖羊肾或赤豆煲猪腰之类。

减肥食疗方

肥胖病(症)是现今发达国家普遍关注的一个问题。一般认为体重超过标准体重(身高的厘米数减去105，单位为公斤)的15%～20%才算肥胖。患肥胖病者，倦怠、乏力、气短、喘息、嗜睡、虚肿、行动迟缓；患糖尿病、高血压、肾脏病、胆结石和关节病变的人，也比正常体重者为多。造成肥胖的原因较复杂，主要是饮食过量或热能营养素摄取过多所致。中医学认为，肥胖主要是由“湿”、“痰”、“痰饮”或“水气”等形成。对于预防肥胖和减肥，现代营养学主张正确控制饮食，减少含热量多的食物，保证蛋白质充分摄入，进食足量的水果和蔬菜。而中医学则认为，肺主一身之气；脾主水湿运行；肾为元阳，主一身之动力；三焦为水之通道。因此，控制肥胖和减肥应当以宣肺化痰，健脾利湿，温肾利水和通利三焦为主。肥胖者可按自己的体质和症状，辨证用膳，这样才会取得比较满意的减肥效果。

常用减肥食疗方举例：

1. 盐渍三皮

西瓜皮200克，冬瓜皮300克，黄瓜400克，食盐和味精少许。

西瓜皮去腊质外皮，冬瓜皮去绒毛外皮，黄瓜去瓤心，洗净分别用不同火候略煮，捞出晾凉，改切成条，用食盐和味精拌匀，腌渍12小时即成。

菜中的西瓜皮、冬瓜皮和黄瓜均具有清热利湿、畅通三焦的作用；三料相配，有利湿减肥协同之功效。对小便不利、头面及四肢浮肿者功效尤显。

2. 茼蒿炒萝卜

白萝卜200克，茼蒿100克，素油100克，花椒20粒，鸡汤、食盐、味精和湿淀粉少许。

萝卜切条，茼蒿切段；素油烧热，下花椒炸至焦黑，捞出，续加萝卜煸炒，烹入鸡汤并翻炒至七成熟，再加茼蒿、调料，熟透后勾芡淋油即成。

其中，白萝卜化痰下气，消积宽中，茼蒿(茎)养脾肺、化痰利气，花椒温阳下气；诸物相配，可以祛痰、宽中、减肥。对痰多、喘息、胸腹胀满之虚胖者尤宜。

3. 参芪鸡丝冬瓜汤

鸡脯肉200克，党参3克，黄芪3克，冬瓜200克，食盐、味精和味精少许，水500克。

鸡脯切丝，与党参、黄芪一同入砂锅，加清水，小火炖至八成熟，汆入冬瓜片，加入调料，熟透即可。

其中，党参、黄芪和鸡肉能补中益气，冬瓜能健脾利湿、消肿轻身；四料配伍，有健脾补气、轻身减肥之功效，经常佐餐，可补体虚、减肥胖，对倦怠、嗜睡、食少、溏便、四肢浮肿、头面虚胖者尤为适宜。

益寿食疗方

生、老、病、死，是人类的自然规律。尽管人的生命最终会衰亡，但是，注意养生保健，增强抗病能力，及时消除病因，保持机体功能协调，就可以延缓衰老，使“延年益寿”成为可能。长期以来，人类对延缓衰老的理论和方法进行了不懈的探索和追求。祖国医学也十分重视养生之道，在衰老原因，抗老措施和老年病防治方面，都积累了丰富的经验，并形成独特的理论，尤其是在饮食调理方面，更有卓绝的贡献。

中医学认为，人体衰老有内外二因，内因又是主要的。在内因里，肺、脾、肾三脏的虚衰与衰老尤为相关，其中脾、肾二脏更显重要。脾，是气血生化之源，为后天之本；肾，藏元阴元阳，为先天之根。若是二脏不足，则会引起生命基本物质的减少和生理机能的减退，从而导致慢性病和老年病的发生，加速人体衰老。如果先天之肾和后天之脾的生理活动互相协调，阴阳平衡，营卫畅达，精髓足以强中，水谷充以御外，自然会益寿延年。因此，要强健身体，延缓衰老，主要应从补益脾、肾入手。此外，在饮食调养时还要注意因时、因地、因人而异，做到辨证用膳。

益寿食品中，补脾类的有生薏苡仁、豌豆、小米、山药、扁豆、大枣、龙眼和芋头等；补肾类的有黑大豆、栗子、核桃、芡实、黑芝麻、淡菜和海参等；防病延缓衰老类的有山楂、海带、荸荠、紫菜、芹菜和萝卜等。各人可以根据体质情况，选择食用。同时还须注意多种食品的互相配合，采用多种烹调方法，制成不同食肴。益寿膳食最适宜于体质较差的中老年人，坚持服用，有益无害。

常用益寿食疗方举例：

1. 仙人粥

何首乌 10 克，粳米 100 克，红枣 10 枚，红糖适量。

粳米淘净，入砂锅，加何首乌、红枣和适量的水小火煮粥，食前加红糖。

其中，何首乌补肝肾、益精血；红枣健脾益气；粳米和养脾胃、益精强志；红糖补血。诸料相配，能补肾养脾，抗衰防老。老年人食用，也易于消化吸收。每日早餐食用一碗，持之以恒，还能兼治贫血、毛发脱落及早白诸症。

2. 栗子炖猪蹄

猪蹄两只（约 1000 克），栗子 500 克，黄酒、酱油、食糖、食盐和生姜等适量。

猪蹄洗净，去毛和爪角壳，用刀划口，放入砂锅中，加栗子和适量水，小火煨炖，七成熟时，加调料，再炖至熟烂即成。

其中，猪蹄滋阴养血，栗子补肾强筋和补脾健胃，生姜行散开胃；诸料配合，具有抗衰防老的功效，是延年益寿之佳品。既可延缓衰老，还能止血和补血。

（十九）饮食民俗

民俗与食俗

民俗

又叫民风、土风、遗风、风尚、风习、风俗、土俗、方俗、流俗、成俗、遗俗、习俗、习惯、习性、风土习俗、风土人情、乡风民俗、民间礼俗、风俗习惯或民俗事象，即民间社会生活中传承文化事象的总称。这些事象，既蕴藏在人们的精神生活传统里，又反映在人们的物质生活传统中，并经常通过人民群众的语言、行为和心理表现出来。像北方人睡炕、南方人睡床、吃年饭、过端午节、清明扫墓、重阳登高、放风筝、划旱船等传统习俗，都是中国民俗的表现形式。

民俗出现很早，原始社会中已有它的许多痕迹。后来，历代的风物志、风土志、风俗志、风俗诗、风俗画、风俗谣、地方志、行业志，以及正史、野史、笔记小说和文学艺术作品中，对此均有生动的记载。民俗存在于社会生活的各个方面，对一个时代、一个国家、一个地区、一个民族心理、性格和文化传统的形成，起着十分重要的作用。

按性质归类，民俗可分 4 大类型：

1. 生产消费民俗。表现在物质生产、商业贸易、交通运输、建筑园林、饮食消费、服饰消费、居住消费、旅游消费等方面。

2. 社会风情民俗。表现在乡里社会、家族亲族、人生礼仪、恋爱婚姻、家庭构成等方面。

3. 精神信仰民俗。表现在原始信仰、人为宗教、俗信迷信、岁时节令等方面。

4. 文艺游乐民俗。表现在口承语言、民间乐舞、民间游艺、民间竞技、民间杂艺、民间工艺等方面。

民俗的内部特征是民族之间的区别、阶级之间的差异和全人类的某些共通性；它的外部特征是历史性、地方性、传承性和变异性。由于民俗产生于人类征服自然、发展自己的过程中，并且始终受到一定的社会条件和自然条件的制约，因此在其孕育和演化的各个阶段，必不可免地会打上时代、阶级与地域的烙印，使之民主性的精华与封建性的糟粕并存。据此，民俗的属性也是多元化的，大致包括下述5种类型：

1.良俗。即对社会发展和人民生活有积极影响，在历史上起过进步作用，至今仍对经济建设有利的习俗。如冰灯、花会、敬老扶贫、除夕团年之类。

2.俗信。从原始信仰膜拜或古代封建迷信中转化而来的合理习俗，它们一般有益无害。如三月三吃鸡蛋、五月五赛龙舟、六月六接姑姑、九月九蒸花糕等。

3.迷信。因为相信星占、符咒、巫蛊、风水、命相、鬼神等愚昧活动而诱发出来的某些习俗，它们都是反科学的。算命、卜卦、孕妇不准吃兔肉、船家把帆叫"抹布"之类，均属于这一类型。

4.陋俗。主要指背离时代精神、损害民族形象、阻碍社会进步的一些腐朽习俗。像旧社会妇女缠小脚、抹牌赌博、办婚事讲排场、筵席上无休止地闹酒均是。

5.恶俗。系指严重摧残或伤害人身、毒化人们思想、败坏社会风气、破坏社会治安的种种习俗。如江湖义气喝血酒、聚众斗殴抢码头、卖淫嫖娼、贩毒吸毒等。

正因如此，民俗也要改革。应当继承其民主性、科学性的精华，剔除其封建性、愚昧性的糟粕，发扬良俗，引导俗信，破除迷信，改革陋俗，废止恶俗，从而达到美化人民生活、陶冶民族情操、净化社会风气、培养良好品德、推动时代进步的目的。

由于民俗大多是人类创造的物质文明成果和精神文明成果的积淀，起着承继民族文化纽带的作用，因此它还具有4大社会功能：

1.历史认识功能。民俗的孕育呈现出明显的时代层次，好似不同时期的历史文物埋藏在同一地点的不同地层之中。因此它是活的社会"化石"，生动的历史"录像带"，人类文明史上的"特写镜头"。通过这一功能，人们可以记录、了解、研究社会发展史。

2.思想教育功能。民俗有深厚的群众基础，其产生大都含有一定的功利目的。丰富多彩的民俗事象，不仅可使本民族了解自已祖先创造的文化，还可以通过潜移默化，进行传统教育，增强民族自豪感和民族自尊心，形成良好的民族心理和民族性格。

3.传授知识功能。不少民俗事象，是与生产活动、生活知识相伴而生的，如上梁习俗与盖房技能、求子习俗与优生知识等等。再如玩龙灯，先要学会扎龙灯；迎秋社，先要学会算历法。通过这些习俗，人们可以学习许多技能和知识，了解社会，认识世界。

4.娱乐身心功能。大多数民俗既被广大群众所创造，又被广大群众所享用。它们常与社交、欢聚、游乐、竞技相结合，带有浓厚的娱乐性。特别是年节民俗、仪礼民俗和少数民族民俗，多以社群形式出现，展示了本地的文化传统，洋溢着欢快活泼的情调，能够娱乐身心。

总之，民俗是"历史之学"、"文化之学"和"百科之学"；作为人类文化意识中的一种现象，它将与人类社会共存亡。

民俗学

研究和阐述民间社会生活中文化传承事象的人文科学。1846年创立于英国。早期的含义是指关于民众知识或智慧的科学，内容包括风俗习惯、信仰禁忌、神话故事、歌谣谚语等。随着时代的发展和学科研究的深入，当前一些国家民俗学研究已拓展到全部社会生活和文化领域，从经济基础到上层建筑，从文化意识到心理活动，从生产技艺到行业风习，从"乡村民俗"到"都市风俗"，从民俗事象本身到民俗的科学理论，课题相当广泛。

从学科属性看，民俗学既是一门独立的科学，有着特定的理论基础、研究对象、研究方法和学科体系，设置了高等教育专业和研究机构；同时又是一门边缘科学和综合科学，涉及到人类学、社会学、民族学、宗教学、语言学、文化学、历史学、地理学、经济学、法律学、心理学、伦理学、文学、工艺美术学、哲学、美学等诸多领域，内容深厚而广博。还由于各国学者对民俗内涵理解的差异和研究方法的不同，它有众多学派，如用人类学观点研究民俗的"人类学派"；从文学和美学角度观察与研究传统口承文艺的"文学学派"；用社会学观点研究现存社会多种行为模式与规范的"社会学派"；运用心理学中精神分析法研究民俗的"心理学派"；运用结构主义分析民俗现象深层结构的"结构学派"等。

中国民俗文化丰富多彩，自古以来便重视民俗研究。不仅经、史、子、集和笔记中保存了大量的民俗资料，还有《山海经》、《风俗通义》、《风土记》、《荆楚岁时记》等众多专著刊行。清末民初张亮采的《中国风俗史》出版后，民俗研究日趋活跃。周作人、刘半农、顾颉刚、江绍原、钟敬文等学者在这方面各有建树。1950年成立了中国民间文艺研究会，1983年成立了中国民俗学会。广大民俗专家充分运用“田野作业”、“采风调查”、历史比较法或结构分析法，对世代传承、与国计民生关系密切的民俗事象进行多学科的综合研究，取得了新的成绩。《民俗研究》杂志创办；《中国民俗学》、《民俗学概论》、《中国民俗与民俗学》相继问世。1990年上海辞书出版社出版的《中国风俗辞典》，标志着中国民俗学已进入一个大发展的新时期。

食俗

亦称食风、食尚、食性、食规、饮食习惯或饮食民俗，系指有关食物和饮料，在筛选、组配、加工、销售与食用过程中形成的风俗习惯。这种在一定环境条件下经常反复出现的群体性的饮食行为方式，既是一个国家悠久而普遍的历史文化传承，又是一个民族约定俗成的社会审美标准，还是一个地区言行、心理上的日常生活惯制。

在民俗学中，食俗隶属于生产消费民俗（又叫经济民俗）的范畴，是诸多民俗中最古老、最持久、最活跃、最有特色、最具群众性和生命力的一个重要分支。同时，中国食俗事象又极为丰富，波及到社会生活的许多方面。为了便于研究，专家们通常将其分为4个既有联系又各成体系的类型，即：(1)年节文化食俗；(2)地方风情食俗（含居家饮膳食俗、人生仪礼食俗、饮食市场食俗、省区乡土食俗）；(3)宗教信仰食俗（含原始宗教信仰食俗、现代宗教信仰食俗）；(4)少数民族食俗。

食俗是伴随着人类社会的产生而产生、伴随着经济文化的发展而发展、伴随着科学技术的进步而进步的。它的成因主要是：

第一，经济原因。食俗虽然是一种文化现象，但其孕育和演变无疑会受到社会生产力发展水平的制约。换言之，有什么样的物质生产基础，便会产生相应的膳食结构、肴馔风格和饮食习惯。像元谋猿人茹毛饮血，北京猿人火炙石燔，山顶洞人捕食鱼鲜，河姆渡人烹煮五谷，周代天子钟鸣鼎食，汉朝王侯珍爱漆器，明清时期火锅兴盛，现今风行电器炊具，均系如此。

第二，政治原因。食俗经常受政治形势的支配，尤其是当权者的好恶和施政方针，往往会左右民间食俗风尚的兴衰。像唐代一度禁食鲤鱼，元代羊菜遍及全国，明代时兴八仙桌宴客之风，清代王公以吃到御赐的“福肉”和烤鸭为荣，上行下效，一时都蔚成风气。再如古代崇奉山珍海错进补，现今流行绿色食品、黑色食品、花卉食品和昆虫食品，也都与政策的引导不无关连。

第三，地缘和气候原因。食俗对自然环境有很强的依附性。地理条件、气候差异和农业生产布局的不同，常常造成食性上的区别。像北人重麦，南人重稻，西北迎宾用牛羊，东南待客上鱼虾；还有东淡、西浓、南甜、北咸的地域口味嗜好，以及春酸、夏苦、秋辛、冬咸的季节调味规律，均与就地取食、因时制菜的生存习性相一致。

第四，宗教和民族原因。“民族是退化的宗教”，不少食俗正是从原始信仰膜拜或现代宗教的某些教义、仪式演化而来。同时，民族起源和英雄传说的影响，民族生活和生产方式的制约，民族礼仪和文化艺术的积淀，民族性格和心理感情的表露，又会使许多食俗带有鲜明的“个性特征”，显得多彩多姿。像大乘佛教徒茹斋，穆斯林严守饮食“五禁”，蒙古族以白马奶为贵，壮族新年喝泉水，傣寨中的缅寺“过午不食”，满族祀神举办“大祭食肉会”，土家族过“赶年”，汉族团年饭重饺子和全鱼等等，皆源于此。

第五，语言文字原因。语言文字既是人们交流思想的工具，又是食俗世代传承的媒介，还是民俗事象的表现形式之一。像饮食业行话，店名、菜名与席名，饮馔歌谣与名师雅号，菜点和筵宴中的传闻掌故，还有涉馔的文学艺术作品以及活跃在社会各阶层的各种饮馔语汇，无不具有这一属性。随着这类语言文字的广泛传播，它所体现的食俗自然深入人心。

食俗的内部特征和外部特征均同于民俗，但具体反映在物产的限定、地域的差别、民族的共融、家庭的传承、信仰的规约、权威的倡导、社交的媒介、迎宾的礼仪、年节的自娱和传闻的教育等等方面。而且上述特征并非孤立地、静止地存在，而是互相常有联系，或纵向承袭，或横向播布，或彼此兼顾，或相辅相成。所以，对待纷纭万状的食俗食象，需要多方位、多层次地进行剖析，方能弄清来由，理解内涵，正确评价，融会贯通。

在分析中国食俗的特征时，特别要注意它与中国烹饪的密切关系。在中国烹饪中，不仅烹调原料的开发，膳食结构的调配，炊饮器皿的择用，工艺技法的实施，养生食疗的落实，筵席宴会的铺排，风味流派的孕育和烹调理论的建立，会受到中国食俗的左右；而且烹调意识中的人情味，厨房布置里的乡土情，酒楼的商招，厨师的行话，还有乡规民约、社交礼仪、民族食风、饮食忌宜，以及四时八节的大菜与小吃，各地佳肴的品味，席名与菜名的审美，也都有食俗的"酵母"在其中发生作用。掌握了这些关系，有利于更好地开展中国食俗学和中国烹饪学的研究。

总之，食俗是构成中国饮食文化的要素，餐厅的经营管理人员、厨师和餐饮服务人员必须具备的基础知识。掌握并运用它，可以发展烹饪技艺，培养多能厨师；可以改革筵席，提高接待水平；可以灵活经营，促进饮食市场繁荣；可以科学地指导与调整国民的膳食结构，使我国人民的饮食逐步达到民族化、地域化、季节化、风味化、精细化和科学化的新高度。

饮食民俗学

研究各种食俗事象及其规律的一门人文科学，有"饮食文化之学"、"饮食百科之学"等美称。它是民俗学的重要分支，也是大专院校中国烹饪专业筵席服务接待规程方面主要的专业理论课，更是餐饮服务专业业务培训和素质考核的基本内容之一。

饮食民俗学以菜点生产和消费过程中的民俗事象为研究重点，内容涉及到本地饮食的民俗结构；土特产原料及其利用中的风俗习惯；日常饮食、节令饮食和礼仪饮食中的民俗惯制；食俗中的有关语汇；饮食禁忌与特殊的食物敬畏；筵席宴会如何尊重宾客的风俗习惯及宗教信仰；以及饮食市场的民俗标识，等等。

饮食民俗学的研究方法，主要有三：一是田野作业法。即广泛开展调查研究，搜集、整理和评述民间的食俗现象，进而判定其真伪和功过，发扬良俗，引导俗信，破除迷信，改革陋俗，废止恶俗。二是历史研究法。即是细心查阅各种历史文献，弄清一些食俗事象的来龙去脉，分析它的历史作用和现实意义，确定对其是继承，是扬弃，还是改造。三是比较研究法。即是将各地食俗、各族食俗、各国食俗、各代食俗放在一起进行对照性研究，从中找出它们之间的承袭、创新或借鉴、移植的关系，并总结出其演变规律，古为今用，洋为中用，人为我用。

饮食民俗学的研究刚刚起步。陈光新在首届中国饮食文化国际研讨会（1991 年，北京）上发表的《中国饮食民俗初探》，是这方面第一篇比较系统的学术论文；杨文祺的《中国饮食民俗学》，是这方面第一部初奠基石的专著。其他的研究成果还有：鲁克才、陈秀如等合编的《中华民族饮食风俗大观》；殷海山主编的《中国烹饪百科全书·食俗分支》；陈光新编著的《食俗礼节》（《烹饪专业高级工技术培训教材》之一）；陈光新主编的《中国食经·食俗篇》，以及散见于饮食、烹饪、民俗期刊中的有关文章等。

年节文化食俗

年节文化食俗

年节文化食俗又称节庆食俗，专指年节期间具有文化色彩的节庆食品和饮宴风尚。它的涵盖面大，类型多。如以时代划分的传统节庆食俗和现代节庆食俗；以民族划分的汉族节庆食俗和少数民族节庆食俗；以季节划分的春、夏、秋、冬节庆食俗；以属性划分的历法推定食俗、农事调适食俗、宗教起源食俗、祖灵祭祀食俗、历史纪念食俗、民族传说食俗、社交娱乐食俗等。

年节是有固定庆贺时间、有特定主题与活动方式、有较多人群参加、世代传承的社会活动日（参阅附录 11《中国传统年节简表》）。年节文化是围绕年节产生的复杂社群文化现象，包括节日期间的信仰、心理、传说、礼仪、游艺、习俗、物资、食品、社会控制与调适之类。像年节的时间、地点、内容及意义；年节与生产、生活的关系；特殊节日的文化背景；相关的祭祀、纪念、庆贺、社交、游乐、休整活动；以及掌故、信仰、食风与禁忌等，均是它的体现。年节文化又是沿着物质流、精神流、媒介流广为传播的，它常使某个时代或地区孕育出特异的文化气质，反映出人与自然、人与社会、人与人、人与心境的关系，以及一个民族的价值观念、思维模式、伦理道德、行为规范和审美情趣，衍生出年节文化食俗。

从历史渊源看，年节文化食俗的成因有六：(1)农事活动的调适。古时年节的划定，多以一个完整的农事活动为周期，春种、夏作、秋收、冬藏，有很强的节奏感。一些大的农事活动之间常有长短不等的休整，人们便因时制宜，安排某些节日和节食，用以调剂生活，像尝新节便是这样产生的。(2)祭祀典礼的传承。祭祀系指供奉神鬼、精灵、图腾或先祖的仪式(如壮族三月三祭神农)，目的是缅怀英烈，乞求保护，维系家族势力，使良好的祖风长传。祭品常以"纳福"的名义由与祭者分享，久之则转化成食俗。(3)宗教活动的熏染。举凡现代宗教，都有特定的教团、法器、仪仗、教服、执事人员和节日(如浴佛节、开斋节)，有时还备有食品，按教规享用。随着时间的推移，约定俗成，也形成食风。(4)神话传说的积淀。神话传说是先民对世界起源、大自然、社会生活的原始认识。它多借助丰富的想象将自然力拟人化，表现人们对理念的执着追求。许多神话及其派生的年节中，都涉及到饮食，像"冬至馄饨"即为一例。(5)英雄人物的追念。各代都有一批保国忠良、抗暴豪杰、文艺大师和能工巧匠，深受后人崇拜。像云南通海地区蒙古族工匠四月初二纪念祖师鲁班，届时焚香礼拜，通宵宴乐，世代相袭也成食俗。(6)社交游乐的需要。社交游乐包括访亲会友、歌舞择偶、走街逛会、游山玩水、竞技搏击、娱乐杂兴等，多在农闲进行。为了使之名正言顺，古人也敷演成节日，并推出相应的食品。傣族泼水节吃"毫火"(烤炸甜粑片)，即是如此。

年节文化食俗的特征，表现为五性。一为历史性。即源流漫长。像腊月祭灶就是从先民学会用火并发明炉灶的史实中脱衍而出，是火神崇拜遗痕的再现。二为准时性。即严格遵守历法和有关规定，无论社日聚餐、寒食禁火，还是端午食粽、重阳品糕，各地皆按统一时刻表过节，不约而同。三为全民性。标志是波及面宽，参与人多，动机与方式完全一样，祖辈相传，子孙承袭。像春节的规模与气势，正是如此。四为多样性。表现在年节五光十色、节食百种千名、传说丰富多彩、食礼七彩纷呈等方面。如腊八节的起源有10多种说法，腊八粥的配方多达百余。五为传说性。传说、日期与食品，是年节文化食俗的三大构成要素。传说不仅是介绍食俗的缘起，还须论证其存在的"合法性"。像端午节的20多种传说，均与相应的节食(粽子、雄黄酒、咸蛋、龟肉汤等)有关。

春节食俗

春节又称元日、元旦、元正、元辰、元朔、岁旦、岁首、岁朝、新正、首祚、三元或年，为夏历新年的第一天。这是我国历史最悠久、活动内容最丰富、礼仪最隆重、场景最壮观、食品最精致的一个传统节日。除去藏、白、傣族，53个民族都要举行盛大的家宴或族宴庆贺，故又名"元日大庆筵"。

春节在唐虞时叫"载"，夏代叫"岁"，商代叫"祀"，周代才叫"年"。年的本义指谷物生长周期，谷子一年一熟，所以春节一年一次，含有庆丰的寓意。又有人说，春节源于原始社会末期的"腊祭"。当时每逢腊尽春来，先民便杀猪宰羊，祭祀神鬼与祖灵，祈求新年里风调雨顺，免遭祸灾。他们用朱砂涂脸，身披鸟羽，唱跳吃喝，热闹非凡。至于拜年宴请，则起自汉初，《通典》有载。

历代春节食俗大同小异。东汉崔寔《四民月令》称："正月之朔，是为正日。躬率妻孥，洁祀祖祢。及祀日，进酒降神毕，乃家室尊卑，无大无小，以次列于先祖之前，子妇曾孙，各上椒酒于家长，称觞举寿，欣欣如也。"南朝梁人宗懔《荆楚岁时记》称："正月一日……长幼悉正衣冠，以次拜贺。进椒柏酒，饮桃汤。进屠苏酒、胶牙饧，下五辛盘"，还有画蛋、燃爆竹、悬索、乞如愿等游戏。

由唐至清，春节食俗中的礼仪成分加重。《嘉泰会稽志》云："元旦男女夙兴，家主设酒果以奠，男女序拜，竣乃盛服，诣亲属贺，设酒食相款，曰岁假，凡五日而毕。"《帝京岁时纪胜》云，对于前来拜年者，"纵非亲厚，亦必奉节酒三杯。若至戚忘情，何妨烂醉！俗说谓新正拜年，走千家不如坐一家。而车马喧阗，追欢竟日，可谓极一时之胜也矣。"

春节食俗，还具有浓厚的民族特色。汉族地区是以年糕、饺子、糍粑、春卷、荷包蛋、大肉丸、全鱼、美酒、福桔、苹果、花生、瓜子、糖果、香茗等节食为主；并伴有放鞭炮、点旺火、烧香烛、敬祖宗、拜年、闹社火、走亲戚、上祖坟等众多活动，曲尽天伦之乐。

少数民族春节食俗又是一番景象。蒙古族是围坐火塘吃"扁食"，酒肉剩得越多越好，意味着新的一年富余。达斡尔族是将馍馍、肉块扔进火堆,使之哔剥爆响,烈焰腾空,象征新一年人畜兴旺。彝族是吃“坨坨肉”,喝“转转酒”,互赠美食,以示大方豪爽,亲密无间。普米族是三声号炮为令,家家在火塘边用肉、粑、酒祭祖,不忘先辈恩德。壮族是包制长近1米、重数公斤的大粽粑,从初一吃到十五,表示富裕和勤劳。侗族是芦笙队大会串,演到哪村哪村摆宴,重在联络亲族感情,为青年择偶提供机会。仡佬族是杀鸡、宰猪、酿酒、做豆腐,用豆豉点缀在糍粑上供奉祖灵,纪念先人创业之艰难。纳西族是全家吃素上坟,但用米饭肉块喂狗,感谢从天宫盗回金谷的义犬。黎族是初一闭门团年,初二迎宾宴客,并用年糕犒劳禽畜,乞求五谷丰登。布依族是凌晨到野外“汲春水”,全天吃米糕,意在“增长智慧”、“步步登高”。高山族是全家围炉吃“长年菜”和鸡、芥,祝福老人康宁,“大吉起家”。

近年来春节食俗又有新变化。一是时兴到酒楼吃年饭;二是餐馆准备“新年套餐”,送货上门;三是青年人兴办“家庭冷餐会”,自乐自娱;四是亲朋各带食品,集中到某家过年;五是出外旅游观光,品尝天下名食;六是千里探亲访友,异地团聚。这说明年节文化食俗也是随着时代的更新而不断更新的。

元宵节食俗

元宵节又名上元节、元夕节或灯节,时在正月十五之夜。这是我国民间盛大的传统节日之一,已有2000余年历史,在50多个民族中广为流传。其节俗主要是观灯赏月、猜谜杂兴和合家欢宴,前后延展3～10天。

元宵节的起源说法较多。一为公元前180年,周勃、陈平戡平诸吕叛乱,迎立刘桓登位时正值上元。为了庆贺,以后每年此夜汉文帝都出宫与民同乐,并定为节日。二为汉明帝时,蔡愔从印度求来佛法,于是敕令上元之夜在宫廷、寺院“燃灯表佛”,命士族庶民家家挂灯,随后演化为节。三为道教的仪轨。该教将正月十五、七月十五、十月十五分别定为上元、中元和下元三节,隆重祭祀。四为礼拜东皇太一神,见于唐人徐坚《初学记》。正式定上元为灯节,多数史书认为是唐玄宗先天元年(712)的事。

古代的元宵节异常热闹。《北史·柳彧传》说:“正月望夜,充街塞陌。鸣鼓聒天,燎炬照地。人戴兽面,男为女服。竭资破产,竞此一时。”《隋书·音乐志》说:“每当正月,万国来朝,留至十五日于端门处建国门内,绵亘八里,列为戏场。百官起棚夹路,从昏达旦,以从观之,至晦而罢。其歌舞者多为妇人服,鸣环佩饰以花毦者,殆三万人。”《明皇杂录》说:唐玄宗以丝绸“建灯楼二十间,高一百二十尺,饰以珠玉,微风一至,锵然成韵。其灯如龙凤虎豹踊跃之状。”宋代出现灯谜,“有以绢灯剪写诗词,时寓讥笑,及画人物,藏头隐语,及旧京诨语,戏弄行人。”明清的灯节延至10天,“灯球灿彩,游人如蚁”,“村里社鼓,队队喧阗”,一番“谈笑嬉游乐事频,千门儿女闹芳辰”的太平景象。

元宵节的节食主要是元宵。它古名汤团、汤丸、圆子或浮圆子;因犯忌讳,1913年被窃国大盗袁世凯更名为“汤圆”。这都是取其形、音,暗寓团圆、吉利之意。它的前身是南北朝时的“豆糜油膏”,后演化作唐代的“油䭔”,大量上市当在两宋,古人称誉它是“团团秫粉,点点麻霜,浴以沉水,清甘且香”。后来元宵制作分为吊浆汤圆和摇元宵南北两大流派,以宁波汤团、上海鲜肉汤团、潮州四式汤团、成都赖汤圆为最佳。清季元宵宴常以元宵为主食,大都摆在灯棚下或戏楼前,故又称“看灯酒”,经常吃到月上三更。

各地的元宵食俗,情趣不尽相同。齐齐哈尔盛行冰灯宴。许多人家不仅置冰灯于庭院,好似琉璃世界,而且节食皆为冰果、冰点、冻鱼、冻肉,“无往而不见冰者也”。故金韬诗云:“元宵佳节试新灯,姊妹街头笑语应;却是谁家争新巧,老人星挂一条冰。”

广州则有妇女偷青。《广州府志》曰:“(正月)十六夜完灯,妇女走百病,撷取园中生菜,曰采青。”并有“天青青,月明明,玉兔引路去偷青;偷了青葱人聪明,摘了生菜招财灵”的歌谣。偷来的菜要拌以糕饼煮食,据说可以预卜佳兆。菜园主人这一夜也概不设防,欢迎“窃者”光临。台湾待字闺中的少女也有此举,当地的说法是“偷得葱,嫁个好老公;偷得菜,嫁个好女婿”。

至于贵州的布依族,则是以正月十五为界,之前为玩年期,之后为劳作期。节前上山给祖坟亮灯,向先人拜年;大放河灯,占卜吉凶;鼓乐齐鸣,打花鼓,跳狮子,舞龙灯,放爆竹;合家欢宴,吃鸡肉稀饭、枕头二块粑、花糯米饭、腊肉和血豆腐，喝“格当酒”及“转转酒”，吃够玩好，尽情欢乐。节后立即下地劳动，或出外打工，兢兢业业，不敢懈怠。

清明节食俗

清明节是我国汉、壮、朝鲜、苗等数十个民族的共同节日。它有节气和节日两个含义。

从节气说，它是二十四节之一，时在4月5日前后。《岁时百问》说：“万物生长此时，皆清洁而明净，故谓之清明。”由于清明较准确地反映出气温、降雨、物候等方面的变化，所以古今农民定在此时春耕。北方“清明忙种麦，谷雨种大田”，南方“清明谷雨两相连，浸种耕田莫迟疑”，皆源于此。

从节日说，清明是寒食节的演变。寒食节的由来是，春秋时期晋文公流亡列国，随侍大臣介子推曾割下腿肉为其充饥。文公复国后，子推不求利禄，与老母隐居绵山。文公难以寻觅，便放火烧山逼他出仕。谁知子推矢志不移，抱树而死。为了悼念他，文公下令在他殉节这天(清明前一日或两日)全国寒食禁火，此后演化成节。也有学者认为，寒食源于原始氏族社会的“改火”习俗，以及由此而来的奴隶社会的“火禁”制度。其证据是唐人韩翃的《寒食诗》：“日暮汉宫传蜡烛，轻烟散入王侯家”，以及现今一些少数民族依然保留的每年“取新火”风俗。由于两节相近，不少节庆活动相重，久之寒食与清明不仅没有严格区分，还被后者所取代。

清明节的主旋律是寒食、扫墓；“和声”有农夫春耕、文人踏青、仕女郊游、儿童戴柳，以及斗鸡、拔河、打马球、荡秋千、放风筝等文体活动，纷纷亲近大自然。在饮食方面则是吃冷菜，喝凉粥，用面团制成“枣锢飞燕”插在门楣(此名子推燕)，互相赠送“画卵”(雕刻上色的鸡蛋)，并举行野宴，品尝青精饭、桃花粥、子推饼、醴酪、馓子、糗粉、凌饧等节令食品。下看2例：

《东京梦华录》：“清明节，寻常京师以冬至后一百五日为大寒食，前一日为之炊熟，用面造枣锢飞燕。柳条穿之，插于门楣，谓之推燕……寒食第三日，即清明节矣，凡新坟皆用此日拜扫，都城人出郊……四野如市，往往就芳树之下或园囿之间，罗列杯盘，互相劝酬。都城之歌儿舞女，遍满园亭，抵暮而归……轿子即以杨柳杂花装簇顶上，四垂遮掩。”

《剪灯新话》：“每年春，宣徽(即宣徽院，宫内主持郊祀朝会宴飨供账事宜的机构)诸妹、诸女，邀院判、经历宅眷，于园中设秋千之戏，盛陈饮宴，欢笑竟日。各家亦隔一日设馔。自二月末至清明后方罢，谓之秋千会。”

现今清明习俗依然，但变化有四：一是不再“寒食”、“禁火”；二是清明及其前3天和后4天，主要是上坟扫墓；三是野宴多以“春游”的形式进行，时间上与扫墓错开；四是宴谱多为方便食品，如香肠、烧鸡、咸蛋、面包、啤酒、矿泉水之类。

浴佛节食俗

浴佛节又称浴佛会、龙华会、放生会、灌佛节、佛诞节、成道节、乌饭节、求佛水或舍缘豆，是汉、傣、藏、彝、苗、壮、朝鲜、蒙古等数十个民族的佛教徒，为纪念释伽牟尼生日和成道日(四月初八)而举办的盛大宗教庆典，由汉至今流传于全国各地城乡。浴佛会上寺庙置备的款待香客的斋席则叫“浴佛宴”。

所谓“浴佛”，即是用洁净的香水洗浴佛像。《清朝野史大观》载：“四月初八日，浴佛日。由礼部具奏，是日于坤宁宫请佛亭至堂子，将大内所备红蜜及诸王所备之蜜贮黄瓷浴池内，以净水搅匀，请佛于浴池内浴毕，以新棉垫座，安奉亭中，仍请入宫。”至于寺庙和民间，浴法与此大同小异，有时在庙中，有时在泉池，有时在河边，水里大都增放香料。

浴佛之风，其源甚久。4000年前古印度婆罗门教就有“浴象”之举，意在使人精神高洁。后来佛教里又有悉达多太子在兰毗尼园无忧树下降生时九条金龙口吐香水为之洗身的传说，内有“求福灭罪”的宗教涵义。中国的浴佛东汉时仅限于寺院，曹魏时拓展到宫廷和仕宦之家，南北朝时才流传到民间。起初各地时间不一，宋代在十二月初八，元代改为四月初八，并延续至今，节庆活动和食俗事象丰富。

汉魏六朝的浴佛主要是作龙华会和吃乌饭。《荆楚岁时记》载：“荆楚以四月八日诸寺各设斋，香汤浴佛，共作龙华会，以为弥勒下生之征也。”这是浴的弥勒沸，相传他出生后坐在龙华树(树形似龙)下得道，故将浴佛仪式称为“龙华会”。

《后汉书·陶谦传》说:“(笮融)大起浮屠寺……每浴佛,辄多次设饭,布席于路,其有就食及观者且万余人。”此饭即为“乌饭”,系用梧桐叶液染米,使饭青亮有光而得名。它不仅供吃,还可带走馈赠亲友,意在分享佛恩,祛病延年。岳丈家常用乌饭、小鸡款待新婿,旨在添福添寿。现今江、浙、闽、台一带吃乌饭之俗也由此而来。

隋唐宋元时浴佛增添了求佛水、放生、占卜谷价、赛社治虫等内容。《东京梦华录》说:“十大禅院,各有浴佛斋会。煎香药糖水相遗,名曰浴佛水。”“浴佛既毕,观者并求浴佛水饮漱也。”据称它可以“包治百病”。《武林旧事》说:“是日西湖作放生会,舟楫甚盛,略如春时,小舟竞买龟鱼螺蚌放生。”这是爱惜生灵,积善行德。农家则以这天的风向占卜谷价,有“南风吹佛面,有收也不贱;北风吹佛面,无收也不贵”的说法。乡民习在此日赛社神,剪彩纸作龙舟,插花旗于田野,敲锣打鼓,穿行不停,旨在防治害虫。

明清时浴佛又有求子、戏水、舍缘豆、禁屠宰、施斋饭等名目。《宛署杂记》云:“俗传四月八日娘娘神降生,妇人难子者宜以是日乞灵,滥觞遂至倾城妇女,无长少竟往游之。各携酒果音乐,杂坐河之两岸,或解裙系柳为围,妆点红绿,千态万状,至暮乃罢。”这是指妇女的求子戏水欢会。《帝京岁时纪胜》云:“街衢寺庙搭苫棚座,施茶水盐豆,以黄布帛为悬旌,书曰‘普结良缘’。禁屠宰。都人多于悯忠寺游玩,施斋饭僧,讲经于经堂,听讲者甚夥。”这又是行善修德,以成正果了。

此外,历代浴佛都要供花、供馔。这即是《百丈清规》中所讲的“降诞令辰,率比丘众,严备香花灯烛茶果珍馐以申供养”。这些花、馔,事毕也可施散给信徒。

浴佛节食俗在某些少数民族中则有变异。如彝族将四月八当作“跳宫节”,操练武艺,大张酒宴;壮族在这天过“牛王节”,用乌饭和腊肉饲牛,人也改善生活。

端午节食俗

端午节又称端节、蒲节、重五节、端阳节、天中节、天长节、五月节、女娲节、龙子节、诗人节、女儿节、娃娃节、龙船节、香包节、菖蒲节、沐兰节、白赏节、解粽节或粽包节,时在农历五月初五(唯温州为纪念明代忠臣刘璟受害而定在五月初四);并有“小端阳”(五月初五)与“大端阳”(五月十五)之分。“端”为初的意思,“午”指阴阳交逆,“阳”乃奇数;古人按地支推算将五月写作“午月”,将双午视为“重午”,将初五写成“端午”,将午时写成“阳辰”,再加上许多故事传说和功利目的,于是便有了众多相异的节名。

端午节的起源说法颇多。一是纪念爱国诗人屈原。这可以唐文秀《端午诗》作代表:“节分端午自谁言?万古传闻为屈原。堪笑楚江空渺渺,不能洗得直臣冤。”二是纪念各族英雄人物。包括替父雪耻的伍子胥,安贫守节的介子推,为操练水军而创设龙舟竞渡的勾践,威震西域的伏波将军马援,反对朱棣篡位的谏臣刘璟,投江祭父的孝女曹娥,大理白族坚贞的白洁夫人,西双版纳神勇的傣族王子岩洪甏,苗家屠龙英雄保儿,采集百花降病魔的藏族少女莲花,岁暮捉鬼的钟馗,忠于爱情的蛇仙白娘子等。三是原始宗教的植物(黍稷)崇拜,这便是《诗经》中“与其黍稷,以享以祀”的记载,以及《风土记》中“仲夏端午,烹鹜角黍”的由来。四是先秦的兰浴风俗。道教定此日为“地腊”,要香汤沐浴,驱除瘴气,祭奠神祖,以保平安。五是吴越先祖的图腾祭。他们断发文身,以“龙子”自居,每逢端午都赛龙舟、抛筒粽娱神,以求部落昌盛。以上诸说长期并存,没有定论。

实际上,古人认为五月是个“恶月”,“阴阳争,血气散”,因此自古便有端午避恶去毒的礼俗。《夏小正》提倡“蓄采仙药”,《后汉书》主张“朱索五色柳桃印为门户饰,以止恶气”,《荆楚岁时记》也肯定了“采艾以为人,悬门户上,以禳毒气”的做法。因此后世端午节的许多习俗与食俗(诸如挂钟馗像,贴午时符;采集蟾酥和草药,悬挂菖蒲、艾草、石榴花、大蒜头和龙船花;祛除蝎子、毒蛇、壁虎、蛤蟆与蜈蚣;饮雄黄酒、硃砂酒和菖蒲酒;小儿涂雄黄、佩香袋、挂药包、系五彩丝;赐扇、沐浴兰汤;熙游避灾,露天饮宴;赛龙舟,比武;吃咸蛋、粽子、龟肉汤等),无不出自避兵鬼、驱瘴疠、止病瘟、强身体之目的。从这个意义上讲,端午节应当是个卫生保健节。只是为了使其有情趣,在传承过程中溶进了祝福、纳吉、游戏、竞技、踏青、美食等内容。

正因如此,自从宋朝追封屈原为忠烈公、正式定五月初五为端午节、传谕全国纪念之后,历代都保留了上述习俗,并强调以食辟恶和药膳进补，将药酒、龟肉汤、豆沙粽、马齿苋等作为节食。对此，晚清湖北道员胡凤丹在《楚中端阳杂咏》中有生动的描绘："家家遍贴赤灵符，道士忙书纸上朱"；"小草（指菖蒲）休言无用处，悬门也许引年长"；"欲求益智岂无方？黍米和酥制最良"；"一樽美酒泛雄黄，家家团圞喜共尝"。

更有意味的是，许多端午宴均用药物或避邪的语词命名。如《东京梦华录》记载的"艾人宴"，《武林旧事》记载的"禳禬宴"，《胜饮篇》记载的"菖蒲宴"，《岁时广记》记载的"解粽宴"，均可作为端午辟恶的佐证。

此外，回、藏、苗、彝、白、畲、纳西、锡伯等20多个民族也过端午节，其习俗也是采草药、挂香包、灭鼠虫、饮药酒、赛龙舟、赶花山、鼓舞弦歌之类。

尝新节食俗

尝新节又称吃新节、吃信节、吃新谷、新米节、六月六、六月场、六月桥、六月街、六月节、六月年或姑姑节，是汉、侗、壮、瑶、苗、白、哈尼、仡佬、基诺、景颇、阿昌等众多民族共有的庆丰节庆，食俗很接近，只是时间、称谓、活动内容与信仰上略显差异。

汉族称其为"姑姑节"，并有"六月六，接姑姑，新麦子馍馍熬羊肉"的谣谚。它源自春秋时期晋国宰相狐偃向女婿、女儿认错的故事；选在六月是因为新麦登场，羊羔肥壮，便于操办酒席。现今北方农村每到是日，各家都要请已经出嫁的老少姑娘回来，大摆宴席，团聚几天后再用车马送她们返回夫家。

贵州苗寨，多在六月第一个卯日舂新米，捕鲜鱼，祭田神，大欢聚。唯有合江县的苗寨，"吃新"定在七月的戊日，因为戊日又叫"信日"，所以称作"吃信节"。

侗族尝新，有的在六月六，有的在六月十二，有的在七月初一，主要因新谷的成熟期而定，故名"新米节"。届时用鸡鸭、茄豆与禾穗供祖，人也改善生活。

哈尼族尝新，多在六月二十四日前后。哈尼语称"苦扎扎"，意为"预祝五谷丰收"，一般称作"六月场"、"六月街"、"六月桥"或"六月年"。节期3～6天，白天荡秋千、摔跤、歌舞；夜晚燃点松明火把，在屋内"扫荡"邪魔；宰牛谢神，聚饮欢乐。

仡佬族有"七吃龙（七月第一个辰日）、八吃蛇（八月的巳日）"之说，节期较迟。届时各家到田里摘新谷，不分彼此，新米与鸡鸭猪牛合煮成菜，祭祀祖先，祈求更大丰收。

白族尝新也在夏秋之交，但多与"火把节"同时进行，以六月二十四五最盛。入夜地头遍插火把，消灭虫害；接着举行篝火晚宴，歌舞跳跃，欢庆丰收。

基诺族的节期不定，多在六月下旬到七月上旬之间。其特异处在于各家要背着鸡笼去田间请回谷神，然后宰牲献酒，祭神享人。

景颇族"吃新谷"大都选在八月的龙日。要准备野菜、新酒和鼠肉干；还须将新谷炒干后舂成米，与陈米混匀磨碎烙粑粑，以喻新粮、旧粮接续不断，年年有余。饭前先喂请回谷神的恩狗，洒些酒菜到田间献给"地鬼"，再敬操劳一生的老人，最后全家围坐，"吃新米，讲旧话"，总结农事经验，表扬勤快的后辈，制订来年的丰收计划。

阿昌族的吃新在八月十五，是纪念一位教人选种、织布而累死在新米登场之际的老婆婆。人们用新米饭、新布衣献在老人灵前。会餐时都讲"家有一个老，胜过宝中宝"的古话，对后辈进行尊老敬贤的教育。

此外，还有土家族的"六月年"，布依族的"过小年"和"敬盘古"，云南苦聪人的"六月节"，壮族的"吃新节"等。

乞巧节食俗

乞巧节又叫女儿节、七夕节、双七节、香桥会或巧节会，是流传全国各地的传统文化节日，时在七月初七之夜。相传该夜牛郎织女在银河相会，妇女向其求取巧智，故而得名。

乞巧节源自远古的天象崇拜。《夏小正》已有"七月，初昏，织女正东向"的记载；《古诗十九首》中写到了牛郎织女的爱情故事；《淮南子》还有乌鸦架桥渡织女的传说。入晋，盛行向牛、女二星祈福的仪式，到南北朝时便形成"乞巧之礼"。从隋唐始，贵家结乞巧楼，民间搭乞巧棚，街衢有乞巧市；相继产生男孩祀神、化生之礼、七娘会、水上浮、种谷板、乞双七水、听私语、接牛女泪、香桥会、染红指甲、看天河、送健绳等习俗，为时人所重视。特别是临风理线、背后穿针、分辨蛛丝、飘浮花针、比赛巧果等游戏，常可以锻炼智慧，深为少女喜爱。

乞巧节的食俗主要体现在"巧果筵"上。此筵多由花糕、花点和花瓜、花果组成。前两种又称"乞巧果子",用粮面塑制,皆呈飞禽走兽、奇花异果、珍宝玩物的形态,五光十色,玲珑剔透;后两种即"瓜果切雕",在各种时鲜瓜果(如紫菱、金瓜、蜜桃、脆藕)上镂刻吉祥图案或祝颂文字,点缀节日气氛。巧果筵主要是祭神,当夜陈列在庭院中,既表示敬意,又展示巧艺。祭毕,供品可以自食,也可敬奉父母、馈赠小姐妹和亲属。

历代有关乞巧节的记述甚多,均有浓郁的饮食文化色彩,如:

《梦粱录》:"其日晚晡时,(临安)倾城儿童女子不论贫富,皆着新衣。富贵之家,于高楼危榭,安排筵会,以赏节序。又于广庭中设香案及酒果,遂令女郎望月瞻斗列拜,次乞巧于女、牛。或取小蜘蛛,以金银小盒盛之,次早观其网丝圆正,多为得巧。"

《岁时广记》:"(乞巧棚)内摆五色彩剪成的仙楼,刻牛郎织女像及仙人等于其上,以乞巧。小儿则置笔砚纸墨于牵牛位前,书曰'某乞聪明';女孩则致针线箱笥于织女位前,书曰'某乞巧'。"

《中华全国风俗志》:"广州风俗,綦重七夕,实则初六夜也。诸女士每逢是夕,于广庭设鹊桥,陈瓜果,焚檀楠,爇巨烛,锦屏绣椅,靓妆列坐,任人入观不禁,至三更而罢,极一时之盛。"

《吃巧巧饭》:枣庄、诸城一带妇女,乞巧节时三五成群,挨户讨取米面杂粮,去野外拾柴炊饭,内杂顶针、线头等物。边吃边唱:"鱼儿鱼儿来喝汤,给我留个针线筐";"踏东崖,望东海,王母娘娘送巧来,不要多,不要少,要你七十二样巧"。

中元节食俗

中元节又称鬼节、祭祖节或盂兰盆节,是佛、道两教共有的祭祀祖灵和亡魂的节日,时在七月十五。在佛教中,盂兰盆是梵语的音译,意为"救倒悬",源于释伽牟尼的弟子目连置办百味饮食、供养十方僧众、为在地狱的母亲解脱苦难的故事。在道教中,称七月十五为中元,这一天是"地官考校之元日,天人集聚之良辰"。由于地官掌管赦罪,故道众集会讲诵《道德经》,朝拜上供,为罪孽忏悔。时间一长,两教仪式融合,变成为追荐先祖的节庆。

据《佛祖统记》所载,此节始于梁武帝时,唐宋时香火兴盛。《东京梦华录》曰:"以竹斫成三脚,上织灯窝,谓盂兰盆,买素食,擦米饭,享先,以告报秋成。"《帝京岁时纪胜》曰:"中元祭扫,尤胜清明……街巷搭苫高台,鬼王棚座,看演经文,施放焰口,以济孤魂。锦纸扎糊法船,长至七八十尺者,临池焚化。点燃河灯,谓以慈航普渡。"

中元节期间,各地还有一些较为特异的食俗。像五台山,家家捏"面人"宴客,并互相馈赠。节前,能干的妇女大显其能。她们夜以继日盘坐炕上,先将面团发酵揉好,再用剪子、木梳、锥子制成羊、兔、虎、鱼、桃、梨、瓜、柿、大头娃娃等物象,以红豆点嘴、黑豆安眼,用山丹花、玫瑰花片装饰其身,蒸熟涂以红、黄、绿、紫诸色,即大功告成。而且赠送颇有讲究,晚辈敬长辈,多系梨、桃,以祝健康长寿;大人送小孩,多系虎、鱼,表示长命百岁;同辈互赠,多系羊、瓜,目的是增进友情;恋人相遗,多系鸳鸯、石榴,暗藏求亲、允婚之意。这一食俗与"告报秋成"相关,实际上是神、鬼、人、祖共享的"收获祭","面人"也因此而被誉称为"喜馍"、"礼馍"。

再如云、贵、桂等省区的壮、布依各族,则在此时操办"祭祖席"。席分3个阶段。第一阶段是"接祖灵",即在初七杀鸡奠酒,迎接先祖亡灵归家。第二阶段是"供祖灵",从初八到十四白天,每日早晚两次焚香备酒杀牲祭奠。第三阶段是"送祖灵",即十三夜或十四晨,杀鸡宰鸭,祭祖后"烧包"。"包"中装纸金、纸银、纸钱、纸牛、纸马、纸船之类,外包红纸,写上某祖名字,在铁锅中烧掉,表示"送冥礼"。将祖灵送至村外后,全家才吃团圆饭;在外的家庭成员,不论多远,都得赶回。此外,十四夜还须到村外交叉路口另烧一个"封包",泼上三杯酒,这是给那些不能进屋的"野鬼"用的,"以济孤魂"。

南方还有些地区以此日为"敬孤节",争相给孤寡老人送钱、送米、送衣物,接他们到家中吃饭,认"干亲",表示敬意,积善行德。

中秋节食俗

中秋节又名月夕、秋节、追月节、玩月节、拜月节、女儿节、团圆节、八月节或八月会,是流传于许多民族之中的传统文化节日,时在八月十五。因其正值三秋之半,故名。此夜月球距地球最近，月亮最圆最大最亮，所以古今都有清宴赏月之俗。回娘家的媳妇是日必返夫家，以寓吉庆之意。宁波、台州、舟山将节期定在十六，这与方国珍占据此地时，为防范元兵和朱元璋的袭击而改“正月十四为元宵、八月十六为中秋”有关。香港过中秋后兴犹未尽，还要在十六夜再狂欢一次，名为“追月”。

中秋节是远古天象崇拜——敬月习俗的遗痕。周代已有“秋分夕月(拜月)”的活动，入汉又在是日养老，奉糍粑饼。两晋时亦有人赏月，唐代将中秋与嫦娥奔月等神话故事结合起来后，玩月之风才大兴。

中秋正式定为节日是在北宋，并出现“小饼如嚼月、中有酥和饴”的节食。《梦粱录》说：“此际金风荐爽，玉露生凉，丹桂香飘，银蟾光满。王孙公子，富贵巨室，莫不登高楼，临轩观月；或开广榭，玳筵罗列，琴瑟铿锵，酌酒高歌，以卜竟夕之欢。至于铺席之家，亦登小小月台，安排家宴，团圆子女，以酬佳节。虽陋巷贫窭之人，解衣市酒，勉强迎欢，不肯虚度。此夜天街买卖，直至五鼓，玩月游人，婆娑于市，至晓不绝。”《新编醉翁谈录》还说“倾城人家子女不以贫富能自行至十二三，皆以成人之服服饰之，登楼或中庭焚香拜月，各有所朝：男则愿早步蟾宫，高攀仙桂……女则愿貌似嫦娥，圆如皓月。”

明清时赏月，盛行不衰。各家都设“月光位”，“其祭果饼必圆”；还推出“烧斗香”、“走月亮”、“放天灯”、“树中秋”、“点塔灯”、“舞火龙”、“曳石”、“卖兔儿爷”等节庆活动。至于食俗，以宫廷最为精雅。如明宫时兴品蟹赏月，佐以酒醋，食毕饮苏叶汤，并用之净手；宴桌四周，摆满鲜花、大石榴和各式时珍，扮演神话戏剧。清宫习用鸡冠花、毛豆枝、芋头、花生、萝卜、鲜藕、糕点、瓜果作陪衬，中置一个特大的月饼。祭月完毕，按皇家人口将饼切作若干块，每人象征性地尝一口，名曰“吃团圆饼”。清宫月饼之大，令人难以想象。仅末代皇帝溥仪赏给总管内务大臣绍英的一个月饼，便是“径约二尺许，重约二十斤”。

少数民族的中秋食俗，亦是五彩纷呈。壮族习惯于在河中的竹排房上用米饼拜月，少女在水面放花灯，演唱《请月姑》民歌，以求一生幸福。朝鲜族则用木杆和松枝高搭“望月架”，先请老人上架探月，然后点燃望月架，敲长鼓，吹洞箫，合跳《农家乐舞》，会餐庆丰。仡佬族是在节前的一个“虎日”，全寨合宰一头公牛，将牛心留至中秋夜祭祖灵，迎新谷，他们称为“八月节”。侗族则在此时让青年郊游、欢会，名曰“赶坪节”。第一天演芦笙，第二天对歌。小伙子都要化妆，向心上人表达情意，馈赠美食。傣族则是对空鸣放火枪，然后围坐饮酒，品尝狗肉汤锅、猪肉干巴、腌蛋和黄鳝干，谈笑望月。黎族称中秋为“八月会”或“调声节”。届时各集镇山村篝火歌舞聚会，每村由一“调声头”(即领队)率领男女青年参加。人员汇齐之后，彼此互赠月饼、香糕、甜粑、花巾、彩扇和背心，成群结队，穿流不息。入夜便聚集在篝火旁，烤食野味，痛饮米酒，开展盛大的调声对歌演唱，未婚青年趁机挑寻未来的伴侣。

重阳节食俗

重阳节亦称九月九、重九节、女儿节、敬老节、长寿节、登高节、菊花节、茱萸节、持螯节或花糕节，时在九月初九。因为《易经》中有“以阳爻为九”之语，九为阳数，两九相重，故为“重九”；日月并阳，两阳相重，故为“重阳”；九九谐音“久久”，体现敬老之意，故为“长寿”。是日各族有登高野游、赏菊聚餐、骑射打围、祭天敬祖、消灾避祸、养老尊贤、迎出嫁女、文会、插茱萸、蒸花糕、吃螃蟹、做九黄饼、啖栗粽、饮菊花酒等节庆活动。另外，还有“小重阳”之说，即九月十日或九月十九日再聚宴一次。

重阳之俗始于战国时代，正式定为节日是在中唐。它的起源一般有四说。第一，《长安志》载，古长安近郊有一高台，每逢重九都人即登台赏景，是为登高之始，后来相沿成习，便有桓温聚会龙山的故事传世。第二，《续齐谐记》载，东汉桓景拜仙人费长房为师，费告诉他，某年重九将有大灾，须插茱萸登高山饮菊花酒以消祸。桓景照办，果然平安无事。此后世代仿效，辗转成节。第三，出自中原先民的拜天古礼。古人认为，“山是通天之路”，“异石有神奇魔力”，都系神灵的住所，本族发祥地的山林更为“圣地”。由于拜天之礼多在秋高气爽时于高山举行，久之成节。第四，与道教的“趋吉避邪”思想有关，是远避尘世、入山求仙心态的展露。所以，重阳节的本源应是上古的自然崇拜，后被赋予避邪、长寿的主题，现今转化为敬老节后，仍然带有神佛色彩。

历代歌咏重阳的诗文甚多,脍炙人口。如王维《九月九日忆山东兄弟》:“独在异乡为异客,每逢佳节倍思亲。遥知兄弟登高处,遍插茱萸少一人。”岑参《行军九日思长安故园》:“强欲登高去,无人送酒来;遥怜故园菊,应傍战场开。”白居易《重阳席上赋白菊》:“满园花菊郁金黄,中有孤丛色白霜。还似今朝歌舞席,白头翁入少年场。”李清照《醉花阴》:“薄雾浓云愁永昼,瑞脑销金兽。佳节又重阳,玉枕纱橱,半夜凉初透。东篱把酒黄昏后,有暗香盈袖。莫道不销魂,帘卷西风,人比黄花瘦。”

重阳节食俗更具情采,下看4例:

1. 持螯会。见于《北京风俗杂咏》:“忆京都,秋早快持螯。大嚼尖团随意足,开筵赏菊兴尤豪。”此俗也见于江浙,绍兴有“九月九,湖蟹过老酒”的民谣;六合诸县在此日均有亲朋相邀、斗菊赛蟹的风俗。

2. 啖栗粽。见于《福州府志》:“九日,登高饮茱萸菊酒,啖栗粽(糯米、板栗、猪肉包的粽子)。”《五杂俎》也说:“九日作糕,自是古制……闽人乃以是日作粽。”

3. 茱萸会。见于《风土记》:“以重阳相会,登山饮菊花酒,谓之登高会,又云茱萸会。”

4. 花糕宴。见于《帝京景物略》:“面饼种枣栗其面,星星然,曰花糕。糕肆标纸彩旗,曰花旗糕。”“此乃重阳节物。”以之备宴,表示“百事俱高”的企盼。

冬至节食俗

冬至节又称交冬、亚岁、一阳节、贺冬节或长至节,时在十一月,民间有“冬至大如年”之说。所谓“冬至”,是指冬季到了极点。这一天阳光直射南回归线(南纬23.5°),北半球白昼最短,黑夜最长;其后阳光直射位置北移,白昼增长,故有“吃了冬至面,一天长一线”的俗谚。古人认为此日为阴极之至,阳气始生,视作二十四气的起点,是个吉日,所以祭祖先、祭忆窑神、赶庙会、喝米酒、吃长线面、吃冬至肉、吃冬至团、吃馄饨,相互拜贺。

冬至之俗,始见于周。《周礼》定其为祭神日,汉代列为令节。到魏晋,皇帝是日“受万国及百僚朝贺”;降及南北朝,又有拜父母、吃赤小豆避邪等礼俗。唐宋,“京师最重此节,虽至贫者,一年之间,积累假借,至此日更易新衣,备办饮食,享祀先祖。官放关扑,庆贺往来,一如年节。”明清,帝王亲至圜丘举行郊天大祭,庙宇不许鸣钟,居民不许放鞭,以示敬肃;同时,“人家更速燕饮,谓之节酒”,军队整休,边塞闭关,商旅停业,相互作客,过一个“安身静体”的节日。

冬至节的食俗亦多,主要有:

1. 吃冬至肉。这是南方过节扫墓后同姓宗族祠堂按人丁分发“胙肉”的古老习俗。肉有生、熟两种,分有许多规矩。如区别学历高低,清有童生、秀才、举人、进士4级,民国有高小、中学、大学、留学4级,以示鼓励;分清职务大小,清代依据“品级”,民国时文官分委任、荐任、简任和特任,武官分尉、校、将,以示荣耀;优先照顾老人,在50、60、70、80、90年龄段,数量依次递增,以示敬重。此肉用祠堂公积金或富人家捐款购置,族长主理其事。

2. 献冬至盘。这是苏州一带节前亲邻互赠的一种食盒,内置冬至肉、冬至团、细肉馅角儿、鱼鲜、美酒诸物,可供一席便筵之用。取名“冬至盘”,是与“春盘”相对,但其内容远为丰富,体现出“肥冬瘦年”的民俗风情。由于此盘甚大,故需筐装篮提,在当时被视为一份厚礼。

3. 供冬至团。也见于江南。它是以糯米粉为面团,内包肉、菜、糖、果、豇豆、红豆沙、萝卜丝等蒸成。主要充作供品,亦可馈赠亲邻或待客,是冬至亚岁宴上的主食之一。

4. 馄饨拜冬。此系北方习俗。《燕京岁时记》云:“(冬至)民间……唯食馄饨而已。”《帝京岁时广记》云:“预日为冬夜,祀祖羹饭之外,以细肉馅包角儿(即馄饨)奉献。谚所谓‘冬至馄饨夏至面’之遗意也。”之所以选用馄饨拜冬,是因为“夫馄饨之形有如鸡卵,颇似天地浑沌之象,故于冬至日食之”。

此外,在陕北佳县,冬至日家家饮稠酒,吃羊肉或羊头,称作“羊肉熬头”。

腊八节食俗

腊八节亦称腊八祭、腊日祭、王侯腊或佛成道日。原系古代欢庆丰收、酬谢祖先和神灵(如门神、户神、宅神、灶神、井神)的祭祀仪式;后演化为纪念佛祖释伽牟尼成道的节日。夏代称其为“嘉平”,商代称“清祀”,周代称“大蜡”;因在十二月举行,故称该月为腊月,称腊祭这天为腊日。先秦的腊日在冬至后第三个戌日，南北朝时才固定在腊月初八。

腊八节的缘起有3种说法。第一，驱寒。按照《风俗通义》的解释，腊月属阴，大寒将至，所以要用“主温气”的戌日去引“腊”驱寒。第二，祭神。《玉烛宝典》云：“腊者，猎也，猎取禽兽以祭先祖，重本始也。”这是说古人常在岁末以野味祭祖，由于腊、猎在古时同义，因而猎祭转化为腊祭。第三，辞旧迎新。《风俗通义》讲：“腊者，接也，新故交接，故大祭以报功也。”其意为通过腊祭欢庆丰收，迎接新春。对此，民间有一形象的概括：“腊鼓鸣，春草生。”

关于腊祭，古书记载翔实。《说文》：“腊，冬至后三戌，腊祭百神。”《荆楚岁时记》：“村人并击细腰鼓，戴胡头，及作金刚力士以逐疫。”唐宋，此节蒙上了神佛色彩。相传释迦牟尼成道前，绝欲苦行，饿昏倒地。一牧羊女以杂粮掺以野果，用清泉煮粥将其救醒。释迦牟尼在菩提树下苦思，终于在十二月八日得道成佛。因此佛门定此日为圣节，诵经纪念，相沿成习。降及明清，敬神供佛取代了祭祀祖灵、驱疫禳灾和欢庆丰收，而成为腊八节的主旋律。其食俗主要是熬煮、赠送、品尝腊八粥，举行和乐家宴。

腊八粥有五味粥、七宝粥、乳糜粥、香粥、佛粥或长生粥等多种叫法；系用各种米（糯米、大米、黄米、玉米、高粱米、黑米）、各种豆（芸豆、赤豆、绿豆、大豆、豇豆、扁豆）、各种干果（大枣、板栗、杏仁、花生、核桃、百合、桂圆、莲子、芝麻、青红丝），杂以豆腐、薯芋、肉品、蔬菜等熬煮而成。它主要在寺庙供佛斋僧，也分送亲友和善男信女，并施舍给贫民、灾民或流民。此粥在流传过程中，各地出现很多配方（见《鸡肋篇》、《武林旧事》、《金瓶梅》、《明宫史》、《清嘉录》、《红楼梦》、《燕京岁时记》等书），表现出劳动人民的智慧和对美食孜孜不倦的追求。

相对而言，官府和寺庙的腊八粥比较讲究。像山东衍圣公府重视其事，有专人掌管，配方多达20余种，一熬就是数锅。除了款待曲阜一带的儒生外，还四设粥棚，赈济灾民。清代北京雍和宫则专为宫廷熬制腊八粥。原料由内廷拨给，并派王公大臣监制。届时用直径2米的6口大锅同时熬煮，除了献佛进贡，还需封寄给边关大臣，散给京城百姓。

从营养功效看，腊八粥具有健脾、开胃、补气、安神、清心、养血之功效，并有御寒作用，是冬令的滋补佳品，故能传承百代而不衰。

灶王节食俗

灶王节又叫谢灶节、辞灶节、祭灶节或灶神节，大都定在腊月二十三、二十四两天，是个幽默、别致、媚神、嘲神的特殊节日。民间相传灶王是玉皇大帝的女婿，老实、忠厚而又倔强、丑陋，不讨老丈人的欢心，被贬到凡间掌管家政，专司厨务。每年岁末要上天“探亲”和“述职”，汇报各家情况。如果属实，有过之人要折寿100～300天，故而家家不敢懈怠。人们为它烧香，叩头，换神像，献豚酒；供上鱼鲜、箕豆、糖瓜、花果与五色米食；还要以胶牙糖粘其嘴，用酒糟抹其脸；使这位终年烟熏火僚的尊神最后尝点甜头，以便“上天言好事，回宫报吉祥”，带有几分敬而远之、畏而嘲之的味道。

谁是灶神？说法不一，有炎帝、祝融、苏吉利、张禅、美女、老妪等等。事实上，祭灶源于先民对火的崇拜，灶神即是楚人的先祖、黄帝的火正、大名鼎鼎的祝融。通过祭灶，清扫厨房，检点火烛，整修炉灶，含有饮食卫生、安全用火、住宅平安、人丁兴旺等深意，因此灶王节应当是一个“人宅安全节”。

祭灶之俗，至少也有3000余年。春秋“五祀”包括祭灶，汉代多用黄犬作祭品。《淮南子》有“灶神晦日上天，白人罪”的说法，《后汉书》有阴子方因祭灶“暴为巨富”的故事。唐时祭灶仅是“一盏清茶一缕烟，灶君皇帝上青天”；宋代“都人至夜请僧道看经，备果酒送神，烧合家替代纸钱。贴灶马于灶上，以酒糟涂抹灶门，谓之醉司命。夜于床底点灯，谓之照虚耗”。明清时祭灶则重在驱妖求贤，祭品有糖剂饼、黍糕、枣栗、胡桃、炒豆，并有“男不拜月，女不祭灶”之说。

祭灶之俗，各地也不尽相同：

北京：“糖为大宗……糖之外有茶、草料、皮豆、白面、火烧等件。”“祭时必使炉火炽盛，以糖饼置炉口，亦有缘而涂之者。相传，灶君朝天，白人家善恶于玉帝，以行赏罚；置糖炉口，则粘不复能语。故焚神纸时必曰：好话多说，不好话少说。祭毕，以糖果与家人食，自是日以后则预备过年矣。”

山东："在祭灶之夜撒草豆，置清水于门外，意为饲神马，以供灶神乘之升天。"

浙江："以饴糖拌米粉成锭状，名曰糖元宝；以米粉裹豆沙馅为饵，名曰谢灶团。僧尼分贴檀越灶经，填写姓氏，焚之，俗说可禳灾。穿竹筋作杠，为轿，抬神上天，焚之门外。"

福建："二十三夜祭荤灶，以鱼肉美酒作供品，请灶神一醉方休。二十四夜祭素灶，以瓜果、花生、金针、香菇、木耳、荸荠、炒豆和糕饼作为供品，请灶神既吃饱又清醒，以防上天胡说，加罪主人。"

内蒙古："名曰年火日。先送火神爷上天，然后吃团圆饭、喝团圆酒。"

云南双江布朗族：却是在四月"送火神"。用鸡肉、稀饭祭祀后，每家分得鸡肉一块、稀饭一碗，全家人分食，意谓可防火患。

除夕食俗

除夕又称除日、除夜、岁除、岁暮、岁尽、暮岁、大年夜或年三十，是众多民族的传统文化节日，流行于全国各地。"除"乃旧岁将尽、至此而除之意，具体指农历腊月的最后一天。到了子夜，去旧迎新，便是春节降临，所以古人有"一夜连双岁、五更分二年"的说法。

除夕守夜，源远流长。周代即有"岁终驱傩"之礼，《后汉书》也有是日"逐疫"之记载。至于"除夕"二字，最早见于东汉人应劭的《风俗通义》；到了两晋，便出现"馈岁"、"别岁"、"分岁"、"守岁"等风习。进入南北朝，家家留存宿岁饭、试奠五辛盘。及唐，又增添饮宴、庭燎、铜刀刻门、点水盆灯等节庆内容。直到赵宋，庆贺除夕才成为大事。是日，不论士庶，户户洒扫门庭，换门神像，挂钟馗图，贴春牌与挂千，祭祀祖宗，迎神供佛，欢乐通宵。降及明清，又有了撒岁、散岁、踩岁、烜岁、接灶神、烧松盆、吃分岁酒、给压岁钱、食赤豆粥、吃荤素馅水饺、挂年画、贴春联等活动名目，将佳节气氛烘托得红红火火。

除夕守岁的内容尽管很多，但其中心仍然是吃年夜饭、饮屠苏酒。年夜饭又称团年饭、宿岁饭、年根饭、隔年陈、合家欢、合欢宴、万年粮或安乐菜席。其中，北方必有饺子，称作"更年饺子万万顺"，南方必有年糕，称作"万事顺遂年年高"；再加上缀以金钱和枣栗诸果、遍插松柏的金银米饭，以及全鱼、肉丸、嫩鸡、肥鸭之类，大都在10个盘碗以上。有的地方年菜是越多越好，象征"年年有余"。屠苏酒是一种药酒，用大黄、蜀椒、桔梗、桂心、防风、白术、虎杖、乌头等药材泡制，据称可以祛除瘟疫。所以《肸粹篇》中有"屠者屠绝鬼气、苏者苏醒人魂"之说。关于除夕守岁的盛况，唐宋诗词、元曲和《金瓶梅》、《红楼梦》中都有详尽描述。

蒙古、朝鲜、满、鄂温克、鄂伦春、达斡尔、赫哲、土家、壮、畲、哈尼、拉祜、苗、侗、高山等少数民族，也习惯于除夕守岁。像布依族妇女在该夜炒米花，煮冻肉，人们用酒肉祭祖，合家围坐火塘守岁。蒙古族要向长者敬献"辞岁酒"，全家团坐吃扁食、下棋、玩羊骨头游戏、听艺人说书，往往通宵不眠。达斡尔族是点燃烟火祭天供祖，后辈向长辈敬酒祝寿，长辈祝后辈幸福欢乐；同时观看银河星际与风向，以测年景丰歉。

近年来，由于现代物质文明的渗入和人们思维方式的转化，除夕守岁中增添了许多新的节庆活动，如亲朋互相邀约去酒楼吃年夜饭；全家人收看中央电视台的春节联欢晚会；小青年操办"新春卡拉OK沙龙"；老人们外出旅游，在飞机、轮船、火车上度过难忘的"除夕之夜"，等等。

地方风情食俗

地方风情食俗

地方风情食俗是以风土人情作为显著标志，流传在某一区域内的饮食风俗习惯。它在气候环境、物质生产、文化传统和烹调惯制的影响下产生，其特色往往通过特异的食料、食具、食技、食品、食规、食趣和食典展示出来。这一食俗中，又包括活跃在千家万户的居家饮膳食俗，依附于生死婚寿的人生仪礼食俗，植根于茶楼饭庄的饮食市场食俗，以及孕育在四面八方的省区乡土食俗，体系较为纷繁。地方风情食俗与餐饮业的关系最为密切，也是风味流派的成因之一，在烹饪理论和筵席设计中占有重要位置。

地方风情食俗经常从下述8个方面来展示。

(1)土特原料。如湖北的鄂城团头鲂和洪山紫菜薹，北京的玉泉山蒲鸭和良乡大板栗，甘肃的河西走廊发菜和兰州白兰瓜，福建的宁化老鼠干和安溪铁观音茶。(2)特异食具。如云南的陶瓷蒸煮锅(汽锅鸡),河南的铁质古烤碗(铁锅蛋),贵州的楠竹大烤筒(竹筒饭),上海的细砂红炖钵(砂钵鱼头)。(3)风味名食。如四川的麻婆豆腐和红油水饺,山西的头脑和刀削面,江西的三杯鸡和桂花茶饼,陕西的牛羊肉泡馍和黄桂稠酒。(4)乡土筵席。如辽宁的“盖州三套碗”和“白肉火锅宴”,湖南的“组庵特菜”和“熏烤腊全席”,山东的“青岛渔家宴”和“泰安豆腐席”,新疆的“库尔勒香梨宴”和“吐鲁番葡萄宴”。(5)宴客礼仪。如突出聚餐式、规格化和社交性的筵席特征,重视餐厅装潢和餐台美化,讲究席位编排与上菜程序,严格服务规程和接待礼仪。(6)饮馔掌故。如安徽的“大救驾”和“李鸿章杂烩”,天津的“狗不理包子”和“十八街麻花”,福建的“佛跳墙”和“半月沉江”,浙江的“东坡肉”和“西湖醋鱼”。(7)酒楼字号。如苏州的“松鹤楼”和“得月楼”,广州的“大三元”和“蛇王满”,成都的“姑姑筵”和“哥哥传”,杭州的“楼外楼”和“山外山”。(8)名师雅号。如湖北的“豆皮大王”和“鮰鱼大王”,北京的“抓炒王”和“馄饨侯”,四川的“鸡火状元”和“高豆花”,福建的“双强”和“斋菜一枝花”。

通过这些展示,使地方风情食俗带有鲜明的人文特色,既不同于举国皆然、定期出现的年节文化食俗,又不同于戒律森严、修真养性的宗教信仰食俗,还不同于古朴粗犷、各成体系的少数民族食俗,它是因地而异,因事而异,因情而异,因店而异,受气候环境制约,突出乡土气息,具有“五里不同风、十里不同俗”的本质属性,能反映中国饮食文化的广博和精深。正因如此,地方风情食俗一方面以“乡情土味”使当地人依恋,一方面又以“殊风别韵”使外地人陶醉。

居家饮膳食俗

指家庭的日常饮食习惯和节庆饮食习惯。包括三餐调配、四季食谱、祖传名菜、养生古法、口味偏好与中馈执掌等等方面;均与各自不同的经济来源、文化素养、家风家教、居住环境和生活惯制相关。

家庭是家族的组成形式,构成社会的基本细胞。它有多种类型,如按血缘关系划分的一代家庭、两代家庭、三代家庭或四代家庭,按姻缘关系划分的单一家庭和复合家庭等。它们对内负责维持共同生计和家族的延续,维系成员的感情融合,管理全体成员;对外向社会提供劳动力、智力与财力,承担扶养孤、寡、老、弱的义务,发展社会关系,并影响和制约社会。

现阶段,我国约有3亿个家庭,遍布广大农村、集镇和都市。其构成一般是3～5人,两三代同居者为多数。各个家庭由于家世、家风、家教、家法、家财、家务、家庆和家讳不同,还有籍贯、民族、性别、年龄、职业、经历、信仰、嗜好以及文化上的差异,其生活方式也林林总总的。尽管如此,我国的居家饮膳仍然存在着共同属性,有明显的食俗特征。

第一,日定三餐,素食为主。

以餐制看,由于多数家庭秉承“日出而作、日入而息”的古训,还不习惯夜生活,故而一日三餐为全国通制。当然也有例外,像山区和西北农村两餐制为多,朝鲜族四季皆为四餐,淮阳等地习惯两干一稀,广州时兴三餐两茶,裕固族为三茶一饭,藏胞餐不定时等。餐制常被生产和生活方式所左右,其存在均有一定的合理性。至于穆斯林斋月白昼禁食,小乘佛教徒“过午不食”,那只是个别现象。

从膳食结构看,我国家庭基本上沿习“三多三少”的传统。即主副食组合中,谷食多,菜食少;菜食的用料上,蔬菜多,肉品少;肉品的选用上,猪肉多,其他少。这与我国农业生产模式和中医“得谷者昌”理论有关。故而植物性食料为主体,是中国居家食俗的显著特征之一。

从饮食开支看,它约占家庭总支出的40%,但城镇高于乡村。相对而言,对于吃,东部比西部讲究,南方较之北方舍得花钱。

第二,主妇操持,全家协同。

我国自古便有妇女主持中馈的传统,这一状况现今并无多大改变;只是由于绝大多数主妇参加了工作或协助务农,将“专厨”变成“兼厨”而已。主妇兼厨一般多为采购、定食谱和掌勺,扮演着“厨师长”的角色。而其他家庭成员则在主妇指挥下,干着力所能及的辅助活,如男子担水、砍柴,老人和孩子清场、洗涮。这种协同能充分利用各个成员的空闲时间,相应减轻主妇的负担,还可彼此照应,增强情感的交流。这是中国家庭凝聚力大的一个重要原因。

第三,洁净精细,统筹兼顾。

家庭饮膳，历来注重洁净。厨房常扫，灶台勤抹，盘碗多吃，饭菜卫生，并且大都养成良好的饮食习惯，极少发生食品中毒现象。

家庭饮膳，还很注意应时当令，主辅调配。粗料细做，综合利用，肴馔尽管不多，却很精致。不少能干的主妇，还擅长调制方便小菜；有些大家庭，更不乏祖传的名食。它们都以浓郁的亲情加深着成员对家庭的依恋。

家庭饮膳，历来是“人人平等”。这种平等也不是绝对平均主义，而是常有额外照顾。通常情况下，老小优先；特殊情况下，那就要区别对待，像孕妇、产妇、病人、来客、新媳妇、新女婿、为家庭赢得荣誉的成员，都会得到犒劳。这又是运筹学在家庭关系中的生动运用。

第四，天伦之乐，情文稠叠。

家庭聚餐，有一种宽松自由的气氛。大家辛苦做，快活吃，爱坐哪里坐哪里，想吃什么吃什么，丝毫不受烦文缛节的束缚。

家庭聚餐，还有彼此谦让的心态。成员到齐才开饭，不挑不拣不抱怨。互相敬让，彼此照顾，洋溢着暖融融的骨肉之情。

岁时佳节若有亲朋造访，全家定会热情接待。老敬烟，少倒茶，男斟酒，女上菜，道不完的家常，叙不完的欢情。在家庭这缸陈年美酒中，家宴正是它精纯的酵曲。

家庭日常食俗

即家庭一年四季、一日三餐的饮食惯制。它主要表现在膳食调理的指导思想、膳食结构的合理安排、家庭烹调的技术常规、以及家庭聚餐的浓郁亲情上。

第一，膳食调理的指导思想。

中国家庭日常膳食，受中国农业生产模式、民族性格特征、文化素养和审美风尚，以及阴阳五行思想、儒家伦理道德、道教服食摄生、中医养营学说的影响很大；有“民以食为天”、“食法自然”、“养助益充”、“医食相通”、“辨证施食”、“饮食有节”、“以味为本”、“食取称意”、“家常饭好吃”种种说法。其中最突出的是：(1)强调平和、持中、均衡、稳定，注意长效，注意节俭，量入而出，细水长流。(2)谷蔬为主，食医结合，重视食疗偏方和药膳保健，讲究博食、熟食、精食、养食、礼食和趣食。(3)强调家庭氛围，主张自己动手烹调，把日常饮食作为维系家族纽带、增强骨肉亲情的重要手段。(4)靠山吃山，靠水吃水，饭食带有明显的地域特征和季节特征，并且因家而异。与西方日常食俗有着明显的区别。

第二，膳食结构的合理安排。

中国家庭日常食俗，一贯以“五谷为养、五果为助、五畜为益、五菜为充”为宗旨，很注意日定三餐、熟食为主、食有定量、荤素搭配、四时变换、丰俭结合。这主要体现在饮食的配套上，如饮与食配套、荤与素配套、冷与热配套、生与熟配套、甜与咸配套、干与稀配套、菜汤饭点配套、烤煮蒸炒配套、常餐与节食配套、正餐与零食配套、宴宾与自享配套、食养与食疗配套、一日三餐配套、一年四季配套、丰与俭配套、新与陈配套、传统菜与引进菜配套、大碗菜与小碟菜配套、现烹食品与方便食品配套、流行食品与传统食品配套，等等。这样，北方面食可以“三百六十天，一天一个样”，南方菜食可以“赤橙白黄绿，餐餐不重色”，使人常吃常新，永不厌腻。

第三，家庭烹调的技术常规。

中国烹调包括市场烹调和家庭烹调两个体系。与酒楼饭庄相比，家庭制菜有4个不同：一是多用粮豆瓜蔬和鸡鸭鱼肉，很少购买山珍海错和名菌异果，因而成本低。二是方法简易，一般只有煮、蒸、烧、炒、炖、烩数种，调味品亦不多，省工省时。三是菜肴自然成型，不搞装饰美化，菜名大方朴素，盛器也不贵重，都重本色。四是不讲究席面排菜的系列化，通常是2～5件一组，较为随意、自然，注重实效。它不仅节约，还便于掌握，口感往往更好，更令人喜爱。

第四，家庭聚餐的浓郁亲情。

家庭饮膳主要是供家庭成员日常食用，故而它既是家族摄生、人丁兴旺的保证，又是家庭和睦、感情深挚的象征；不仅具有宽松自由的气氛，谦让爱护的心态，而且似交响诗，如风俗画，多人情味，有向心力。每到家庭吃饭的时刻，男女老少围坐，欢声笑语迭起，一股人间至爱真情回荡在房舍之中，天伦之乐温暖襟怀。这种浓郁亲情是任何高档宴会上都难见到的；哪怕是萝卜白菜，也比龙肝凤髓都香。这即是家庭日常食俗的魅力所在。

家庭节假日食俗

普通家庭在假日、节日以家宴形式出现的饮食习俗,包括比较简单的假日聚餐和比较隆重的节日宴请两种类型。它除具备家庭日常食俗的4个特征(详见"家庭日常食俗"条)之外,还多了3个要素:(1)节庆食品(含祭祀食品、宴客食品、馈赠食品);(2)宴客常规(含请客、迎客、待客、送客);(3)赴宴礼俗(含仪表、守时、赠礼、言谈)。凡此种种,都体现在家宴的置办及其蕴含的文化品味上面。

家宴通常指家中举行的中式传统便宴,也包括近年兴起的家庭自助餐、家庭火锅宴以及在饭店请客等形式。其内涵有4个方面:家长主持;家庭操办;用居家饮膳和族规家礼接待宾客;具有某种纪念意义。所以,凡不具备商品属性的非社团活动的便宴,均可归入这一范围。

饮食文明的进步,社会交际的需要,起居条件的促成,是家宴产生的大前提。年节文化食俗中的节日团聚,地方风情食俗中的人生仪礼,宗教信仰食俗中的饮食忌宜,少数民族食俗中的特殊民情,是家宴产生的小前提。中国酒筵中,家宴是个独立的系列。其播布区域极广,适应面很宽,传承年代甚长,为群众喜闻乐见,有着旺盛的生命力,是居家饮膳食俗中一个响亮的音符。

家宴历史可追溯到数万年前。从记载看,夏商的"飨礼"和"食礼",春秋时的奴隶主族宴,秦汉民间欢宴,魏晋的石崇斗富宴,隋唐的文士乡宴,两宋的"张约斋赏心乐事",元代的官府"八珍宴",明代的商家中秋宴,清宫的除夕团年宴,近代的东北军张大帅家宴,现代的婚席等,都是它发展历程中的轨迹。

与市场筵席相比,虽然家宴的设施相对简陋,肴馔较为朴实,档次一般不高,礼仪不甚繁琐,但是它有许多长处(如意境与气氛和谐、情意与爱心深厚、精神与言行舒展、品味与审美欢畅);特别是较为节省,自办共食,诸事不仰仗于人,这都是市场筵席不能比拟的。所以很多人家每逢家庆或年节,宁可麻烦一点,也愿在家中操办筵席。而且在人们心目中,家中宴客比餐馆宴客的情分更重一些。

作为一种食俗形式,家宴的特色鲜明。诸如赴宴者的亲友身份,办宴时的家庭氛围,宽松的心态,温馨的气息,无拘无束的谈话,体贴入微的接待,小锅小灶的风味,祖传名菜的情思等。它们概括起来便是5句话:

敦亲睦谊的宗旨;
全家心血的凝聚;
乡情土味的食馔;
不拘一格的形式;
聊欢共乐的情趣。

所以,家宴及其代表的家庭节假日食俗,既是家庆和年节的显著标志,又能体现风土人情,还可以沟通人际关系,表现中华民族的文化传统和道德风尚,是饮食民俗学中一个永恒的研究课题。

人生仪礼食俗

人生仪礼(或称个人生活仪礼)为社会风情民俗之一。它是指人的一生中,在不同生活与年龄的重要阶段所举行的相应仪式和礼节。人生仪礼均需通过一定的形式告知社会,让亲友知晓,共同庆贺,这叫"通过仪礼";届时的宴聚活动、饮食调理和有关的风俗习惯,则是人生仪礼食俗,它包括诞生礼食俗、成年礼食俗、婚嫁礼食俗、寿庆礼食俗和丧葬礼食俗5种不同的类型。

人生仪礼食俗源于古代的"生命轮回说"。先民认为,灵魂与肉体可分可合,神鬼与凡人能互相转化;肉体虽死,灵魂不灭,经过一段轮回,可以借另一个躯壳再成新人。据此,可以绘成如下的"生命轮回曲线圆":

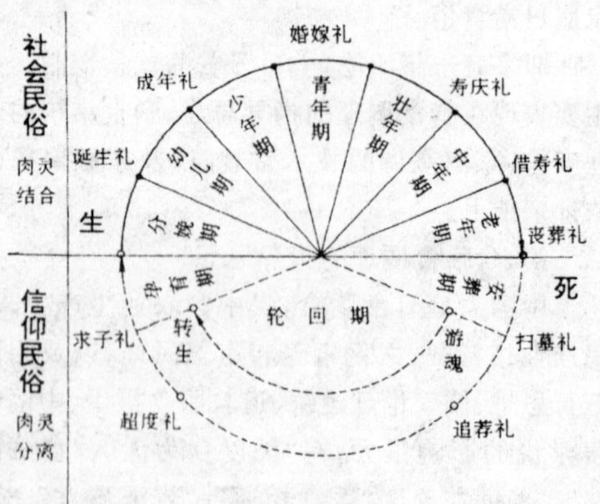

古代生命轮回曲线圆

从图中看,古人重生轻死,并把重要人生仪礼放在诞生、成年、婚嫁、寿庆和丧葬5个方面,有一定的时间间距和演变规律。这是对人生的分阶段小结,并注入了种族繁衍、家世兴旺、万古恒昌的深刻内涵。

人生仪礼食俗的共同属性是：

第一，遍邀至亲好友参加。至亲包括父系血亲和母系姻亲中的主要人物，如祖父母、外祖父母、伯叔婶姑、舅姨表亲；好友包括三辈中平素交往密切者，当事人的上司、同僚及下属，过从频繁的街坊乡邻，以及有某种特殊关系的人员（如产婆、启蒙老师、媒人等）。

第二，宾客必备盛礼祝贺（或悼念）。礼品包括钱、物，视关系的亲密程度而定厚薄，视不同仪礼而定品种。举凡行礼，宾客应着礼服、戴标帜，并有相应的心态和语言。有时主人家还有回赠，如礼馍、红蛋、喜糖、寿糕之类，意为"传喜"、"纳福"。

第三，主家循例大张筵宴。或在家搭棚设席，或包租餐馆宴客。席单编排有讲究，像喜事成双、丧事排单、庆婚重八、贺寿尚九；菜名也要应时应景，注重口彩和忌讳，习用"全家福"、"喜相逢"、"麒麟送子"、"瑶池赴会"之类；餐具强调色泽，婚席多用红，丧席多用白，洗儿宴用明黄，敬老宴用金边粉彩；按长幼尊卑排定座次，母系家族的客人往往置于显要位置；饮酒有酒规，上菜有程序；不可打破碗碟或安排"犯忌"的食品。

第四，举行相应纪念仪式。主角是当事人，习称"寿星"、"娇客"或"本主"；主持者多选聘德高望重的耆老或组织能力强的人；场所按礼仪主旨装潢美化；各色人等均有明确的职责分工；仪程沿用传统规范，大多配置器乐与鞭炮烘托气氛；其间适当穿插娱乐、杂兴；注重整个仪典的教育功能。

总之，人生仪礼食俗寓礼于乐、寓教于食，以欢腾、热闹为前提，以红火、风光为满足。它在性质上属于"俗信"，只要适量控制，一般有益无害。同时在诸多食俗中，它出现的频率较高，参与的人群较多，沿续的时间较长，经费开支也较大，因而需要认真对待。

诞生礼食俗

又称人生开端礼食俗或童礼食俗，系指从求子、保胎到临产、三朝、满月、百日直至周岁的整个阶段内的饮食风习。由于它是人生第一大礼，关系到母婴健康和血统延续，加之时间长达两三年，经历许多有趣的环节，所以食俗事象丰富，特征鲜明。(1)由于产育的生理特殊性及婴儿出生信仰禁忌等原因，此礼多在较小范围内进行，其食俗兼有祝吉、驱邪的双重含义，带有神秘色彩。(2)从重男轻女和天地阴阳观念出发，传统诞生礼既重男女之生，又重男女之别。许多食俗生子时讲究，生女时相对简略，娘家、婆家均系如此。(3)贺的仪礼、忌的俗信以及求祝长命百岁的企盼，都渗透到食俗中去，以保证产妇平安、婴儿健壮，长大后事业有成，光宗耀祖。凡此种种，在现今的诞生礼中都有痕印。

诞生礼食俗可分为4个阶段。

1.求子食俗。如：(1)向神求子。祭拜观音菩萨、碧霞仙君、百花神和尼山神等，供献福礼，披红挂匾。(2)送食求子。吃喜蛋、喜瓜、莴苣、子母芋头之类，促其受孕。(3)送物求子。送灯、送砖、送泥娃娃、送麒麟盆，作为得子之兆，主家以酒菜答报。广州的"偷瓜送子"，四川的"抢童子"，仫佬族的"补做风流"，土家族的"喝阴阳水"，均由此来。

2.保胎食俗。古时是食养与胎教并重，还有"催生"之俗。食养上强调"酸儿辣女"，"一人吃两人饭"，重视荤汤、油饭、青菜与水果，忌讳兔肉、生姜、麻雀和凶禽猛兽。胎教上要求孕妇行坐端正，多听美言，诵读诗书、欣赏乐曲；不可胡乱走动、与人争吵和过度劳累，要节制房事。催生的名堂最多。湘西是娘家送来2～5道菜，分别称作"二龙戏珠"、"三阳开泰"、"四时平安"和"五子登科"，必须一次吃完，意谓"顺生"。浙江是送蛋、枣、桂圆和红漆筷，祈愿"早生贵子"。

3.临产食俗。包括添丁报喜和产妇调养。像土家族的"踩生酒"，是宴请第一个进门的外人，并有"女踩男，龙出潭，男踩女，凤飞起"之说。畲族的"报生宴"，是婴儿之父带一只雄鸡、一壶酒和一篮鸡蛋向岳母报喜。如生男，则在壶嘴插朵红花；如生女，则在壶身贴一"喜"字。汉族的"贺当朝"，是亲友带着母鸡、鸡蛋、红糖、米酒等物前来祝贺，主人家开"流水席"接待。至于产妇调养，即"坐月子"，要避风寒，少劳作，一方面补身，一方面开奶，有"饭补"与"汤补"之说。食物多为小米稀饭、肉汤面、鲫鱼汤、炖蹄膀、煨母鸡、荷包蛋、甜米酒之类，一日4～5餐，持续月余。

4.育婴食俗。做三朝，姥娘须送喜蛋、十全果、挂面和香饼，并用香汤给婴儿"洗三"，念诵

"长流水,水流长,聪明伶俐好儿郎"的喜歌。满月时,生父应携糖饼请长者取名(这叫"命名礼"),用供品酬谢剃头匠(这叫"剃头礼");尔后小儿与亲友见面,设宴祝贺。婴儿要行"认舅礼",亲朋须送"长命锁"。"过百日",是祝长寿的仪式,贺礼必须以百计数,鸡蛋、礼馍、烧饼、挂面均可,体现"百禄"、"百福"之意。并有"三朝看相,百天看长","过了百日关,一辈子有吃又有穿"等说法。周岁亦称"试儿"、"抓周",是预测幼儿性情、志趣、前途与职业的纪庆仪式,届时亲朋都要带着贺礼前来观看、祝福。周岁宴上菜重十,须配长寿面,菜名多为"长命百岁"、"富贵康宁"之类,要求吉庆、风光。至此,诞生礼结束,以后就转为成年礼和寿庆礼。

成年礼食俗

又称丁礼食俗或冠礼食俗,系指从入学启蒙到成年订亲的整个阶段内的饮食风习。由于此礼是童子转成大人的重要标志,要取得家族和社会的承认,所以也相当热闹,特征鲜明。(1)成年礼源自氏族社会的"成丁礼"。由于通过此礼后即取得氏族公社正式成员的"身份证",享有成年人的权利,受乡规族礼约束,并承担相应的社会义务,所以行礼都选在吉日,有盛大筵会和一些特殊食品。(2)成年礼是婚嫁礼的前奏,它的许多仪式(如启蒙礼、割礼、十岁礼、生肖一巡礼、冠礼、笄礼、穿裤礼、换裙礼、染齿礼、文身礼、盘髻礼、上头礼,还有开锁、拔袋、庆号、还愿、度戒、过劫等),都是使孩童逐步脱离"奶腥味"而向"大人"靠拢,并为谈婚论嫁作好准备,因此其食俗具有喜庆色彩,寓意深刻。(3)为了培养成年人素质,不少成年礼带有"考验"的作用。如让其离开家庭和部落,独处森林或荒野,经历磨难,学会谋食(捕鱼、打猎、垦荒等)。因此这一食俗既有神秘气氛,又具教育功能。(4)由于社会变革等原因所致,汉族的成年礼如今仅存启蒙礼和十岁礼,少数民族的成年礼是一部分保留、一部分扬弃,一部分改造,加进了新的内涵。

下面介绍几种主要的成年礼食俗。

1.开蒙酒。即小儿入学的庆贺筵席。据《浙江风俗简志》记载,此席要准备猪肝、小鲤鱼、汤团等"十味发菜",名曰"十魁",由新、老学生共食。然后跪拜孔圣人和塾师,上供送礼,家长另设盛筵款待蒙师和族长。

2.割礼宴。信奉伊斯兰教的回、维吾尔族在男儿7~12岁时为其割除阴茎包皮的典仪。它多在春、秋两季择吉举行,主人家宰羊、杀鸡、炸油香,冲好"三炮台茶",款待阿訇、行礼的长者和亲友乡邻。

3.庆十岁。又叫"剪尾巴"、"小成年",有"过九不过十"之说,意谓早过十岁早长大,以便领悟世情。其席面多为"十大碗"的格局,习惯上什锦菜、什锦汤、什锦果与什锦点,现今还配彩烛标花大蛋糕,小寿星坐上席,接受长辈和小朋友的祝福和礼物。

4.生肖一巡礼。即过12岁生日。在内蒙古东部,这一天孩子要"扎红"(穿红背心、红裤衩),剃"跳姑圈头",接受亲友赠送的钱帛、衣物或佩件,"乞福"、"避灾"。家宴在草地或蒙古包举行,以羊馔为主。

5.冠礼席和笄礼席。前者是古代汉族男子20岁时的束发戴帽仪式,后者是古代汉族女子15岁时的盘头插簪仪式。这都表示孩子长大,可以议定婚事,成家立业了。届时父母大张筵宴,遍享亲朋。历代宫廷也有此俗。

6.穿裤换裙礼。这是普米、纳西等族的成年礼,在13岁前后举行。届时男孩着"丁裤",女孩着"丁裙",换装"成人"。庆贺酒宴各各不同。普米族是吃猪膘肉,喝骨头汤,分猪心猪肝,表示"骨肉至亲,心肝相连";纳西族是在火塘边摆宴,先由巫师祭祖、诵念祝词,然后受礼者向长辈敬酒奉肉,叩拜养育之恩。

婚嫁礼食俗

又称庆婚食俗或红喜事食俗,系指说亲、相亲、定亲、娶亲和婚礼周年纪念时的饮食风情。由于我国出现过群婚、对偶婚、一夫一妻制婚等婚姻制度;婚礼程序中有纳采、问名、纳吉、纳征、请期、亲迎等"六礼";少数民族中存在抢婚、偷婚、拉婚、闭门迎婿、入赘、姑表舅婚、转房婚、试婚等特殊习俗,并开放择偶;加之婚姻作为成家立业、传宗接代的"终身大事"而受到重视,所以,其食俗事象五光十色,情趣盎然。

从时间看,它持续很长,从择偶到回门一般都需两三年,若能举行"花烛重圆宴",那便是整整一个甲子了。其间的各阶段,都有名目众多的食俗。如相亲的"换盅酒",定亲的"传红酒",定亲后的"追节礼",嫁女前的"花夜宴",迎娶的"催妆宴",洞房的"暖房筵",新婚次日的"新亲宴",回门的"回门酒",新婚一月的"会亲席"等。淮北一带婚嫁常是八道程序,每一程序均须媒人作中介,男女两家都宴请,故而当地媒人有一雅号——"媒八嘴"。这仅是谢媒,若再加上敬祖、宴宾、酬谢乡邻,一次婚礼须办席20多次,所以民间早有"无宴不成婚"、"无酒不嫁女"之说。

从形式看,各族庆婚食俗可谓百花齐放。哈尼族是一个鸡蛋一瓶酒提亲;东乡族则由会唱歌的厨师陪伴新郎上门;侗族娶媳妇是吃腌制十多年的酸草鱼,蒙古族却是让姑爷去啃羊喉结取乐;鄂温克族习以犴脯、狍腿、羊心、鹿奶作主菜;土族则是"男婚女嫁全村喜,吃罢正席吃旁席,人人都带九分醉,围着篝火舞罗衣。"门巴族婚席上舅家必须借"故"大闹,新郎家曲意奉承,以此提高女家地位;土家族女儿出嫁,娘俩边吃边哭边唱,从傍晚直到天明。这反映了不同的婚姻观和生活审美观,有着积极向上的意义。

从情绪看,这一食俗大多幽默、诙谐、欢腾、火爆,有"不闹不发"之说。如宋代江浙多女之家最小之女嫁出后举办的"倒(意为转让)箱(指嫁妆)会",既自豪又自嘲,表现出封建时代重男轻女的思想烙印。湖北黄陂新婿上门,"谒外舅,铺红毡,毡下必实以三角形瓷瓦等物以戏之",饷客"汤圆必重油,馅必重糖,使难于下咽以为讪笑"。江苏奉贤新妇回门,必邀媒人同行赴宴,此宴名曰"赶狗酒",媒人则是"贪食狗",形象狼狈。再如北方农村的"偷筷生子宴"。就餐时,伴郎不断偷筷,岳母不断补筷,合演一段"双簧"。新娘上喜车后,伴郎用调笑的方法将筷子巧妙塞入她的怀中;进了洞房,新娘又瞒过婆家人将筷藏于枕下。这一游戏,演绎的是"瓜瓞绵绵"的永恒主题。

从忌宜看,它的讲究甚多。第一,席菜应为双数,最好是扣八、扣十,如四喜四全席、六六大顺席、八八大发席、十全十美席。第二,菜名宜用吉语。如鸳鸯戏水(双鲫鱼氽汤)、鹊度银桥(鹌鹑丝炒绿豆芽)、凤入罗帏(网油烤母鸡)、早生贵子(红枣莲子桂圆花生羹),烘托喜庆气氛,寄寓美好祝愿。第三,餐具应用红色、金色的盘碗,配红桌布和红漆筷,上红色果酒;忌讳打破餐具,不得使用有裂纹的杯盘。第四,水果宜上干果,如核桃、花生、桂圆、红枣,或者是石榴、甘蔗、杨梅、蜜桃,这都是庆婚的佳果,有好的彩头。千万不能上梨(与"离"同音)与桔子(须一瓣瓣分开),以及"霸王别姬"、"三姑守节"等菜。

寿庆礼食俗

又称贺寿食俗或生日食俗,系指诞生纪念日庆贺活动中的饮食风情。诞生是人生旅途的起点,生日纪庆是一段路程的小结,因此,人们喜爱"做寿",尤其是对幼儿和老人。一般来说,30岁以上逢十的大寿比较重要,但实际做寿时并非整岁,而是提前一年,这便是"做九不做十"之说,避讳"十全为满,满则招损"。此外,民间还认为,36岁、49岁、55岁、66岁、73岁、84岁、99岁是些寿命关口,为了"渡坎儿",在这些年龄段常举行求福禳灾或子女"借寿"(求神佛折己寿、增父母寿)的庆仪。

古时将福、禄、寿、喜、财列为"五吉",其中寿最重要;没有寿,其他都不存在了。人们一直在寻求长寿之道,探索长寿之术,还创造出"寿星"这位喜神;编出"秀添慈竹、荣辉萱花"、"云山风度、松柏气节"等对联;制成寿桃、寿面、寿龟、寿果、寿匾、寿烛、寿伞、寿杖等贺礼;调排"而立席"、"不惑席"、"天命席"、"花甲席""古稀席"、"耄耋席"、"期颐席"等酒宴,供祝寿用,反映出中华民族敬老尊贤的优良传统。

汉族的贺寿食俗大多带有强烈的摄生意识,期盼通过祝寿而增寿。如:(1)普佛寿。富贵人家以请僧道作"道场"的方式操办的寿庆仪典,其饭菜为素食,亲友参加叫"随喜"。(2)积善寿。乐施好善之家以"放生"方式操办的寿庆仪典,待鱼、鸟返归大自然后,宾主共品斋菜相娱。(3)合木庆寿。旧时陕北农村通过做棺木的形式操办的寿庆仪典。届时新棺合拢,寿星穿上寿衣坐在棺前接受下辈的祝福,大张筵宴3天,唱戏酬宾。(4)双亲共寿。为同庚的父母联合操办的贺寿仪典。孙辈献上红蛋4枚或枣汤两碗,并以寿桃、礼馍回赠乡邻,名曰"散喜纳福"。

少数民族的贺寿食俗比较注重养老敬老,且带有原始宗教遗痕。如:(1)古稀庆。朝鲜族为七旬老人举办的礼宴。所有近亲子孙及其配偶都要向寿星献礼、叩头、敬酒,场面壮观。(2)贺寿摸顶。土族为年过半百的老人举办的喇嘛教祝寿仪式。届时请喇嘛念经,请活佛为寿星摸顶祝福,亲朋送9个桃形馒头和衣物,子孙置酒宴客。(3)假粮添寿。侗族祝寿食俗。亲友从四面八方挑米赶来,名为“卖”实为送。然后主家办席,酬谢大家运粮的辛劳。此米存放老人屋中,以备饥荒。(4)上十酒。畲族祝寿食俗。即从50开始,每过10年为老人做寿一次,送礼称“送十”,拜寿称“拜十”。届时全村各户都要宴请寿星,愈老愈受尊重。

举凡寿席,都须讲究忌宜。一是营养调配上要注意“三低”(糖、盐、脂肪)、“两高”(蛋白质、粗纤维),烩菜与汤菜的比重应略大,下酒菜适当减少,力求软烂适口,容易消化吸收。二是须配寿桃、寿面、云片、冰糖、白果、松子、红枣、佛手、大蛋糕、燕窝粥等应景果点,烘托气氛。至于鱼菜,一般不宜多上,一者容易上火,二者会使老人产生“多余”的联想,心情不快;而西瓜盅、冬瓜盅之类,也是犯忌的,因为“盅”与“终”谐音。三是席面最好采用“九冷九热”的格局,体现“久久上寿”之意;菜名也要选用“瑶池赴会”、“八仙过海”、“松鹤延年”、“五子献寿”之类,以示吉庆。四是须将好友、孙辈与寿星夫妇安排在一席,增添欢乐的气氛。老人的某些偏好,也不必过多干涉,以免破坏祥和、安宁的情趣。现今一些酒楼为寿诞设计的“三蒸九扣席”、“六合同春席”、“九九瑞庆席”、“十八罗汉席”,都象征着康乐和永恒,故而深受欢迎。

丧葬礼食俗

又称“闹丧”食俗或白喜事食俗,系指丧礼、葬礼、服孝礼期间祭奠死者、约制亲属和酬谢宾客的饮食习惯。作为人生旅途终结的标志,丧葬礼是人们对死者进行殓殡、哀悼、祭奠、评价的仪式。由于其中有沐浴、停灵、报丧、奔丧、招魂、吊唁、殡仪、送葬、守孝、扫墓等众多环节;尸身的处理又有土葬、火葬、天葬、水葬、塔葬、瓮葬、蒿葬、腹葬、高架葬、悬棺葬、洞穴葬、复合葬、集体葬等方式;居丧又有“三日不怠,三月不懈,期悲哀、三年忧”的礼制;须在七七、百日、忌辰、小祥、大祥、从吉等时间行礼,因此其食俗事象纷纭繁复,表现出人类特有的信仰心态和生活轨迹。

与其他的人生仪礼食俗相比,丧葬礼食俗的最大特点是悲与喜、静与动、素与荤、人与鬼的巧妙结合。因为在民间观念中,死对生者是悲痛的,但对死者却意味着解脱。故而办丧事越热闹越好,并有“白喜事”之说。这固然与欢娱亡灵、解除亲属的恐惧、显示亲情和孝心、表现门第家风有关,但更重要的是出于对生老病死这一客观规律的认识,里面既有封建迷信,又有朴素唯物主义的因素。

丧葬礼食俗主要表现在4个方面:

1.祭祀亡灵食俗。如大殓成服后早晚两次的“朝夕奠”;一日三次去土地庙“送浆食”;出殡日的“遣奠”;做七时的“斋七”;用食品陪葬的“饱食坛”;第三夜为亡灵归家准备的“回煞席”;亲友上坟的“封山酒”;周年焚烧礼单的“周年祭”;哈萨克族的“马祭”;水族的“控腊”;瑶族的“砍牛祭”;毛南族的“肥谱”等。它们多是摆冥席,供清酒,陈放素点、瓜果、倒头饭与白花;少数供奉三牲。祭毕,供品或倒掉,或由亲友分食。

2.酬劳匠夫食俗。如苏南的“回杠饭”;湖北的“冲晦酒”;湖南的“待殇夫”;川东的“赶驼子会”;彝族的“出殡宴”;哈尼族的“葬礼席”;土族的“格茶”;傣族的“礼佛”等。这些酒筵多为大鱼大肉,一是酬谢辛劳,二是冲掉因接触尸身而带来的“晦气”,三是表示对神佛和亡灵的虔诚。

3.答谢亲友食俗。如山东的“如意席”;四川的“开丧酒”;青海的“骨主宴”;河湟的“攒三祭”;回族的“吃丧饭”;维吾尔族的“乃孜尔”;羌族的“劝丧席”;瑶族的“长桌祭丧饭”等。这些席面多为“七星式”,6菜1汤,少荤腥,忌讳酱油与辣椒,多上豆腐白菜和清汤素馍,一般也不饮酒;餐具常用白、兰、绿、黄色,摆竹筷;更无猜拳、闹酒之余兴,气氛低沉。也有例外者。如哈尼族的“莫搓搓”,就是为亡灵置办的歌舞筵会,不但宰牛饮酒,唱歌跳舞,还让青年谈情说爱。

4.家属致哀食俗。如陕西的“送食垒”;上海的“豆腐饭”;布依族的“慰亲饭”;黎族的“饮孝酒”;畲族的“孝子饭”,仡佬族的“帮丧酒”等。它一方面要求家属自律,“三日不食,三月不沐,三年不衣”,节饮食,戒荤腥,忌烟酒,以示哀悼;一方面亲友又送饭食,减轻丧家负担,力劝孝子节哀进食,支撑身体将丧事办得圆满,让亡灵放心。至于忌讳,各各不同。如汉族忌食面条,黎族忌食米饭,傈僳族忌食葱蒜,苗族忌食辣椒,普米族忌饮酒,塔吉克族忌举火做饭等。

丧葬礼食俗中最别致的,一是闹丧,二是吃

白食。前者指出殡前夕通宵欢唱娱乐的酒筵，目的是调节数日来的悲伤情绪，表示丧事热闹，让亡灵在家渡过欢快的最后一夜，放心地奔向“天国”。后者是非亲非故前来看热闹、混吃混喝：“戚引戚来宾延宾，主人不识是何人；促席卷波复叫号，孝堂拇战暄四邻。”对于此辈，主人亦不敢怠慢，小心侍候，曲尽礼仪。

饮食市场食俗

饮食市场食俗即菜点生产与销售、餐饮接待和服务、饭店经营及管理、菜系成因和特色等方面的风情世象，包括酒楼装饰食俗、行话交际食俗、风味特色食俗、招牌产品食俗、经营方式食俗种种。这是中国饮食文化的又一个重要方面，有着长达数千年的食俗事象的积淀。

饮食市场是菜点的生产、销售场所，包括供应饭食的酒店、饭铺、茶楼、食摊，以及提供食宿的宾馆、旅社、驿站及邸店等。它们在原始社会末期才出现，为的是满足流动人口和城镇居民的生活需求。饮食市场隶属于商业，又不同于一般的商业，具有3个鲜明特征：(1)同时提供物质生产劳动和服务性劳动，经营服务过程与消费过程统一，兼具加工生产、商品销售和消费服务3大职能，常与交通运输业、旅游观光业和消闲娱乐业结合。(2)主要依靠手工操作，单件或小批量生产，花色品种多，季节性分明，形成许多风味流派，技术传承性强，有手工作坊的属性。(3)注重经营之道，常以名料、名菜、名点、名席、名师、名店作为竞争的手段，讲究服务程式和接待礼仪，地方色彩与民族色彩鲜明，多以食街、食肆的形式出现，是城市繁华的标志之一。更重要的是，饮食市场的菜点是商品，有其价值和使用价值，须用货币交换来体现，故而极为重视档次、调理、风味和服务，强调经济效益和社会效益。凡此种种，便决定了饮食市场食俗不仅要以地方风情作为灵魂，还有浓烈的商品经济色彩，注重“市场形象”，突出乡土风味。

饮食市场食俗主要表现在4个方面：(1)醒目的行业标志，如酒招、行话、工装。(2)经营的竞争手段，如网点相对集中，经营分级划类，早市夜市兴隆，食贩串街走巷，承揽服务项目，重视接待礼仪。(3)突出六名(料、菜、点、席、师、店)和一优(优质服务)，以产品质量和服务质量取胜。(4)以地方风味作旗帜，用“六名一优”烘托，用店堂装饰陪衬，用乡土人情熏染。

在饮食市场食俗中，有两个异常活跃的因子——菜种与菜系(参见相关词条)。菜种是流行在某一区域或阶层，亲缘关系密切、风味特色相近的肴馔的统称，如江西菜、谭家菜、白族菜之类。菜系系指中国烹饪的风味流派，即品类齐全、特色鲜明、在海内外有较高声誉的系列化的菜种，包括家族菜系(宫廷菜、孔府菜)、民族菜系(朝鲜族菜、傣族菜)、宗教菜系(佛道素菜、中国清真菜)、地方菜系(鲁菜、苏菜、川菜、粤菜)四大类型。二者有同、有异、有联系，都在饮食市场这块沃土上生长发育；饮食市场食俗也常通过它们的特色来显示。如四川菜以锦绣天府城乡市场作温床，巴蜀食风则通过“川味”表现出来。

酒楼装饰食俗

主要表现在餐厅的建筑风格、艺术装潢和行业标帜上。这些“文化包装”虽非饮食本身，但可以烘托餐饮气氛、渲染餐饮情趣、反映餐饮特色，所以也常作为一种食俗事象来看待。

第一，餐厅的建筑风格。

我国餐厅建筑风格主要有宫殿式、园林式、庭院式、民族式等类型(参阅“餐厅格局”中的相关词条)。它们都是通过餐厅式样及其文化内涵来展现不同的饮食习惯与审美风情。像宫殿式餐厅，以朱墙碧瓦、飞檐斗拱、雕梁画栋为特色，美在气势恢弘、富丽堂皇，能产生思古幽情和猎奇联想，置身其间恍如“帝王”。又如民族式餐厅，多设计成蒙古包、吊脚楼、桦皮房式样，以奇异的民族器具和工艺饰物体现鲜明个性，并通过民族礼仪烘托食俗，常使观光客陶醉。

第二，餐厅的艺术装潢。

这是实用工艺美术的生动运用，通常着眼于4个方面：(1)空间布局。实体空间与虚拟空间结合，“因形施艺”与“境由心造”并举。(2)器物配置。各色用具大小相宜，多少恰当，造型力求工巧，有吉祥寓意，起居舒适。(3)色彩调缀。以同一性原则为起点，用连续性原则调整，以对比性原则画龙点睛。(4)采光照明。利用不同的光度、照度以及同一空间明暗对比，使餐室景色多彩多姿。这样就可以“开琼筵以坐花，飞羽觞而醉月”，诱发食欲，欢悦情绪，将人导入美食之乡。

第三，餐厅的行业标志。

1.店名。即字号招牌，作用是介绍店铺性质、装饰门面和吸引顾客。汉唐店名多取自店主姓氏、开业地点或经营品种；宋元则向三方面演化，或显示等级，或突出环境，或选用吉言。明清店名日趋雅丽或火爆，现今是注重广告宣传，出奇致胜。像“陶陶居”、“玉壶春”、“白天鹅”、“姑姑筵”之类，无不颇具魅力。而且不少店名都是重金延聘书法大师和社会名流题写，增添知名度和艺术观赏价值。“全聚德”、“松鹤楼”这类百年老店的金字招牌，本身就是街市一景，文化含量甚高。

2.联语。即匾额对联，极富文学色彩。匾额有“杜康故里”、“太白遗风”、“杏花在望”、“千金一醉”；对联有“闻香下马，知味停车”，“人游千里外，兴在一杯中”，“佳酿竟传云梦泽，珍肴共赞武昌鱼”，“美酒可消愁，入座应无愁里客，好山真似画，倚栏都是画中人”。这都是绝妙的饮馔广告，在饮食心理和民俗审美上均具匠心。

3.商招。即饮食市场上的物品标帜，可分5类。一为实物幌。当街悬挂鸡鸭鱼肉，陈列果碟卤菜，或摆放油锅面案，现场操作。刺激感官，促其品尝。二为菜单幌。用水牌开列酒菜品种和筵席套路，明码实价，悬挂门前，以供比较和选择。三为旗帘幌。又称酒招或酒旗，用织物缝制，上书斗大的“酒”字，高高挑起，迎风招展，分外醒目。四为灯具幌。用各式宫灯、彩灯、霓虹灯或发光天棚，横陈街心，灯上或写店铺字号，或缀酒器图案，光华璀璨，衬托夜市的红火气象。五为隐语幌。主要见于东北，系用藤篾和棉布扎成红（表示汉民餐馆）、蓝（表示回民餐馆）箩圈，下垂粗长穗条，营业时挂出，歇业时收回，依据其形状、大小和数目，可指示店铺的特色和规模。此外，葫芦、酒瓶和笊篱，也属隐语幌。

4.工装。即餐厨人员工作服。其中厨帽较为特异，或高如烟囱，或矮似蘑菇，或扁如瓜皮，或方似小斗，白色，无沿，收放自如，为餐饮业所专用。有些地区还以厨帽的高低大小显示技术等级，相当有趣。

行话交际食俗

即饮食市场食俗的语言表现形式。行话作为一种社会交际工具，既是厨师（服务员）之间、厨师（服务员）和顾客之间交流思想的媒介，又是饮食市场食俗传承的载体，别有情味。

餐饮业交际语言可分两类：一是饮馔语汇，专指与餐饮有关的成语、谚语、歇后语、俚语、谜语及方言。它们中既有稳固性强、能产量高、全民通用的基本语汇，又有含义丰富、因时而变、使用灵活的特殊语汇，能够增强汉语词汇的表现力，反映许多食俗，在社会交际中发挥积极作用。另一类即行话，又称隐语或拟称，属于社会习惯语的范畴，具有专业性、特指性和隐蔽性等属性。行话常将表达的意思不明说出来，而是借用其他词语替代。它最早是封建帮会、宗教社团和秘密组织内部使用的一类特殊语汇；由于餐饮业多与社会上的三教九流接触，受其影响，也编出不少行话。这种行话一般不受地域限制，只要是同行，大都可以听懂，并能凭借它交流技艺、沟通信息、展示食俗。

餐饮业行话涉及到店铺招牌、工种划分、原料别名、工序拟称、经营术语、服务用词、菜名美称、名师雅号，以及人生哲理、社会阅历诸方面，生动形象，风趣幽默，有其特定的美学价值。例如，“开堂”指挂牌营业，“饭口”指客流高峰，“冷堂”指生意清淡，“打烊”指关门休息。卤菜工种叫“碟子”，切配工种叫“红案”，烹调工种叫“炉子”，面食工种叫“白案”。“穿衣”指挂糊上浆，“摆台”指布置席面。“免红”是不搁辣椒，“带青”是加放蔬菜，“提黄”是面条煮得稍硬，“重浇”是多给一些卤汁之类。

至于烹调原料，行话更多。以猪为例，眼叫“金灯”，耳叫“顺风”，舌叫“口条”，脑叫“天花”，嘴叫“拱叉”，颈叫“项圈”。清代官场的全羊大席，共计108道肴馔，用20只肥羊分档取料制成，而菜名清一色是拟称：如龙门角、凤头冠、犀牛眼、猩猩唇、五关锁、八宝袋、百子囊、千层草、红叶含霜、明开夜合……从头到尾，不见一个“羊”字。

菜点的美称亦如此，多用修辞手法点缀，成为又一类特殊的行话。一为拟色，冠以芙蓉、翡翠、琥珀、金银等词。二为摹形，将造型菜称作麒麟、牡丹、琵琶、绣球之类。三为镶嵌吉数，如一品、双珍、三元、四喜、五福、六宝、七星、八仙、九色、什锦。四为诗情画意点染，将工艺冷拼命名为满庭芳、神骏图、岁寒三友、百鸟朝凤之类。五为比喻，讲求口彩，像步步高（年糕）、万万顺（饺子）、时来运转（翻烤鲥鱼）、春风得意（拔丝马蹄)。六为移就,即借题发挥,如山盟海誓(什锦大烩)、长生不老(油酥花生)、母子大会(禽蛋合烹)、三姑守节(冬菇、金针菇、猴头菇烧春笋)等。

还有些"准行话",十分俏皮。如饮馔成语中的"牛刀小试"、"残汤剩水";饮馔谚语中的"要得甜,加点盐","戏子的腔,厨子的汤";饮馔歇后语中的"荷叶包鳝鱼——开溜","阎王的妈吃大饼——鬼做";饮馔俚语中的"炒鱿鱼"、"温吞水";饮馔谜语中的"苏小妹三难新郎——考夫(烤麸)","筷子夹骨头——光棍";饮馔方言中的"杠子头火烧"、"子孙饽饽"等。这都反映了厨师(服务员)的聪明才智和喜怒哀乐,既是他们在繁重劳动中的心理调适,也是纷纭万状的食俗事象的生动展示。

风味特色食俗

风味特色系指一个地区在气候环境、食物来源、历史变革、风土人情、烹调工艺、肴馔属性等因素制约下,形成的饮食嗜好与口味倾向。它既表现在菜点做法与品味上,也表现在进食习惯和餐饮气氛中,还与"以食风定向、以口性定性"的菜系(或菜种)相关。由此构成的饮食市场食俗事象,即是因时因地而异的风味特色食俗。

第一,风味特色食俗的表现形式。

主要是季节口味变化和地域口味偏好。前者如"春多酸,夏多苦,秋多辛,冬多咸,调以滑甘"。这是季节转换对人生理机能的影响所致。再如春食鲜笋,夏食嫩藕,秋食板栗,冬食韭黄,这又是名曰"尝新"的季节进食风尚。后者如"南甜、北咸、东淡、西浓、中和"。晋、豫、陕、甘、宁的人嗜酸,云、贵、川、湘、鄂的人爱辣,沪、苏、浙、闽、粤的人喜甜,黑、吉、辽、京、鲁的人重咸,这又是气候、地域、农事活动与居民习性育成。这一特色正是各地肴馔的区别之所在。

第二,风味特色食俗的构成要素。

主要是味觉反应、味的美感和味的调理。

中国烹饪历来重味,素有"舌头菜"的美誉。味来自味觉;味觉又是能溶于水的呈味物质作用于舌苔乳头味蕾所引起的知觉反应。而人们常说的"味",又远比单纯的味觉复杂。它实际包含味觉(咸、甜、苦、酸)、嗅觉(香、臭)、触觉(辣、涩以及酥、泡、绵、硬等质感)3类;还有物理味觉、化学味觉、生理味觉、心理味觉中的变异现象。同时呈味物质既有调味品,又有原料自身,成因较为复杂。

味的美感,习称"吃道"或"品味",即细细领略菜点的风味、气质和神韵,对其高下优劣进行审评。如大刀阔斧施用酸辣调料,刺激强烈、增进食欲的辛异之美;浓郁、凝腻、甜蜜、香美,齿颊留芳的深厚之美;俏利、清醒、鲜腴、淡雅,心旷神怡的爽利之美;阳刚般醇浓,阴柔般清丽,陶醉食乡的和谐之美等。建立在食欲基础上的味觉审美,既是人的生命本能的伴生物,又是感性知识的积淀和理性知识的升华,属于一种文化现象。

在味的调理上,古时有"时序说"、"适口说"和"本味说",现今重视新颖、刺激、开胃与畅神。根据"口之于味,有同嗜焉"的饮食审美普遍法则,历代名厨主张鲜咸为主,少用佐料,物尽天然,返朴归真,努力呈现食料的天生丽质,崇尚清淡;根据"物无定味,适口者珍"的饮食审美特殊要求,各地巧师又灵活运用水、火、味、料等烹饪要素,对菜点施加积极影响,使之入乡随俗,"一菜一格",达到"百菜百味"的极致。

第三,风味特色食俗的强化手段。

1.用"六名一优"烘托。例如在川菜名店"荣乐园"、"颐之时",都是名料、名菜、名点、名席、名师和优质服务配套成龙,突出了风味特色。其"四川小吃席"亦是如此,集中展示巴蜀食风。

2.用店堂装饰陪衬。像长春的长白山宾馆、杭州的楼外楼菜馆、鄂尔多斯的帐篷饭店,西双版纳的竹楼餐厅,都是按当地起居习惯设计,按当地审美风尚装饰,用当地著名工艺品点缀,用当地传统服饰打扮服务员。这样,店堂风情能引来丰富联想,造成很好的进餐气氛。

3.用乡土人情熏染。乡土人情包括山川、风物、名胜、古迹、特产、乡音、传闻以及服饰、器皿、礼仪、称谓、酒令、席规等。将其巧妙"入食",效果奇佳。在武汉东湖游舫上吃"清蒸武昌鱼",在西安骡马市吃"牛羊肉泡馍",在北海公园吃"慈禧小窝头",在广州大排档吃"炒田螺",景、情、趣、味交融,美的感受更深,道理即在于此。

招牌产品食俗

即通过名菜美点的魅力展示出来的民俗风情。它一方面源自菜品的特异属性,另一方面又须借助饮食市场扩大其知名度。

第一,菜品的特异属性。

菜品是食品的重要分支,系供三餐食用的手工食品的统称,包括饭、菜、羹、汤之类。它的花色品种叫"菜式",系列组合称"菜种",菜种的佼佼者即为"菜系"。菜品可按不同的标准分类,如古代菜和现代菜,正宗菜和移植菜,家常菜和饮宴菜,低档菜和高档菜等。菜品是一个庞大的"家族",总数多达数万,具有食品的共性、商品的特性和自身的个性。

从食品的共性看,菜品必须符合安全卫生、富于营养、感观良好三大要求;应当是一种富含营养成分,人体消化吸收后可产生热量,能促进肌体组织生长、修复或调节的生命必需物质。

从商品的特性看,多数菜品要进入市场,受价值规律支配,被竞争机制约束。因此要按饮食潮流的变化,不断改进和美化自身的"形象",使之具有永恒的魅力。

从自身的个性看,菜品与其他食品有6个不同之处:(1)用手工单件或小批量生产,工艺较为精细;(2)虽有配方但不固定,虽有规程但不拘泥;(3)花色品种繁多,四时三餐常变;(4)民族性、地区性、家庭性和个人嗜好性的色彩鲜明;(5)生产、销售、服务一条龙,一般不存在包装、储存和运输环节;(6)与乡风民俗紧密结合,饮食文化情韵浓厚。

第二,"六名一优"的展示。

1.我有你无、天生丽质的名料。食品原料是烹调的物质基础,名馔生存的要素。龙井虾仁、麻婆豆腐之所以出名,得助于西湖龙井茶和郫县豆瓣的优异。更重要的是,许多名料都有掌故(如讴歌武昌鱼的诗词便多达百余首),这便形成不少情趣盎然的食俗故事。

2.工艺奇绝、快人朵颐的名菜。名菜常有特殊的原料、技法和风味,易于形成难忘的"美食形象"。像"三套禽"是将家鸭、野鸭、乳鸽分别整料出骨,逐一相套,用砂锅炖成,新颖别致,名传遐迩。久而久之,它也就成为淮扬地区特定食俗的典型代表。

3.殊风别韵、价廉物美的名点。多以浓郁的乡情、特异的风味、较低的档次和众多的食客取胜。人们可以通过"狗不理包子"联想到津门食风,通过"刀削面"联想到三晋民情。这就是名点的文化内涵,以及招牌产品食俗的社会效应。

4.自成一体、聊欢共乐的名席。筵席是菜点的艺术组合。许多名席不仅编入名菜名点,还编入乡土人情,在"土里土气"中展示食俗。像辽宁的"盖州三套碗",甘肃的"巩昌十二体",河南的"洛阳水席",湖南的"巴陵鱼席",都是不同食俗的体现。

5.雄居闹市、举旗领军的名店。名店是名珍玉食的橱窗,名声响,牌头硬,问世时间长,厨师阵容齐整,设施完善,服务上乘。它是饮食市场的排头兵,市场食俗的擎旗者。其一举一动对社会都有影响。像"广州星期美点",就是由"陶陶居"等名店推波助澜而形成的。

6.身怀绝技、开帮立派的名师。举凡名师,都有绝活,是一些帮口、流派的掌门人。许多名菜、名点、名席、名店都因他们而声名远播,有时甚至影响着一个地区的饮食风气。不少名师还有雅号(如天厨星、豆皮大王),博得食迷的崇敬,拥有"追星族",成为饮食市场食俗中的闪光点。

7.优质的餐饮接待服务。这既取决于餐厅的形象(含建筑风格、艺术装潢、行业标帜),又取决于服务人员的形象(含仪容服饰、文化素质、操作技能、职业道德)。这些"物"与"人"既展现当地的风情世象,又构成餐饮业的经营之道;其中的"人情味",往往能为饮食市场食俗增光添彩。

经营方式食俗

即饮食市场食俗在餐饮业经营管理方式上的反映。它常通过网点相对集中、经营分级划类、早市夜市迎客、食贩串街走巷、承揽服务项目、重视接待礼仪等策略,展示餐饮业的特殊属性,激发菜点的竞争活力,多方位、多层次地表现饮食市场的民俗风情。

第一,网点相对集中。我国城镇建设大多遵循分区布局的原则。不论平川上建造的规整古都,还是山麓水畔依势形成的商埠,其饮食网点都是相对集中的,产生了许多酒肆和食街。这不但类比鲜明,竞争激烈,而且便于管理。与此同时,高级酒楼多在长街闹市、水陆码头和风景游乐区,是餐饮业布局的又一特色。像北京大栅栏、苏州虎丘等处的酒楼,都特别雅致,常为同行羡慕和仿效,不仅能起到示范作用,还成为饮食市场食俗的聚光镜。

第二,经营分级划类。既有档次上特、高、中、低之分，又有风味上鲁、苏、川、粤之分，还有店堂风格上古、今、中、外之分，以及经营品种上多、广、精、纯之分。这就可以形成多元化的饮食市场体系，使各类酒店、餐馆并存。它一可充分满足各阶层的需要，把生意做活；二可使不同水平的厨师都有谋生之处，发挥所长；三可使大小老板均能投资开店，有利可图；四可使饮食市场风情多彩多姿，展现城镇的饮食文化魅力。

第三，早市夜市迎客。饮食业的早市，自古有之；至于夜市，则出现在北宋。不论早市、夜市，都具有店铺多，营业时间长，分布地段广，以若干名店为轴心向全城区幅射，以品类齐全和物美价廉的地方小吃为主体，点缀市民生活，繁荣城镇市场等特点。像武汉人"过早"，天津食品街"早集"，羊城大排档"夜市"，重庆朝天门码头"夜集"，都是以饮食业为主体的繁荣商业活动，体现出当地特殊的饮食习俗。

第四，食贩串街走巷。我国饮食市场中，除了茶楼酒肆，还有众多的食贩。他们或是择地设点，高声叫卖，或是挑担推车，串街走巷，构成一个无处不到的饮食网络。食贩经营有4个长处：一是供应的品种充足；二是节令食品推销及时；三是网点密布，全天营业；四是服务态度主动热情。他们不仅创造出美妙的"市声"，还将一些小吃提高了知名度。像"担担面"、"艇仔粥"、"土笋冻"、"甑糕"等名食，都是经由食贩而声名远播的。

第五，承揽服务项目，重视接待礼仪。许多店家为了不被淘汰并占领市场，在拟定店名、装修门面、更新餐具、聘用名师、改革筵席、提高技艺、推出新菜、广告宣传、价格浮动、承揽业务、礼仪接待、挂牌服务等等方面，都不遗余力，使整个饮食市场虎虎而有生气，食俗事象更为绚丽夺目。像宋代专门承包筵席的"四司六局"，清代时兴的"出堂下灶"，近代的"来料加工"，现今的"厨师出租"，都是如此。特别是一些城市，"饮食与旅游搭台，经贸和文化唱戏"，举办各种节庆，接待四方佳宾，为饮食市场食俗增添了新的景观。

省区乡土食俗

指受经济地理、风土物产、历史变迁和文化传承等因素影响，在较大的自然区域（或行政区划）内形成的饮食风情。依据我国省、市、自治区、特别行政区的沿革和现状，这一食俗大体上可以划成东北、华北、西北、华东、华中南、华西6个大片。

省区乡土食俗研究往往是从宏观入手，提纲挈领地剖析区域化、倾向化的饮食习性与忌宜。它一般是抓住主要的食俗事象，画出粗线条的分区轮廓，着重概观印象。由于省区的划分，历来沿着山水走向，并兼顾气候和经济特点，所以这种食俗与经济地理关系密切。再加之自元代设置行省起，行政区划虽有多次调整，但大的轮廓基本未变，人们的衣食住行习惯在一个大范围内是相对稳定的，因此上述6片可以总结出相对一致的代表性食风。

更重要的是，了解这一食俗对于餐饮服务来说，有较强的实用性。因为6个大区的人的外部特征（包括仪容、服饰、肤色、身材、脸型、口音、气质等）比较容易区分；一旦基本确定顾客的籍贯后，就能按其居住区域的食俗灵活接待，能将餐饮服务做得更为细致、周全。

此外，我国55个少数民族的分布，有大杂居、小聚居、交错居的特点。但若按6个大区来划分，以渔猎耕牧为生的满、朝鲜、蒙古等7个民族则主要集中在东北和华北；以耕牧结合为生的回、维吾尔、俄罗斯等14个民族则主要集中在西北；以农副兼作为生的藏、苗、傣等25个民族则主要集中在华西；以耕渔林副为生的壮、土家、黎等9个民族则主要集中在华中南和华东。这样，民族分布与6大区的划分自然协调，较易了解相邻民族之间的饮食文化交流情况，对领会少数民族食俗也有好处。

最后，省区乡土食俗常受饮食文化气质和美学风格的熏陶。从前者看，我国有黄河流域麦畜作饮食文化、长江流域稻鱼作饮食文化、辽河流域豆粱作饮食文化、珠江流域薯芋作饮食文化、蒙新青藏牧区肉乳作饮食文化、云贵桂粤山区虫菌作饮食文化、东南沿海滩涂海鲜作饮食文化、西北边陲雪原野味作饮食文化等。从后者看，有中原大地的雄壮之美和宫廷饮膳美学、江南园林的优雅之美和文士饮膳美学、华中湖区的清秀之美和农夫饮膳美学、西南山林的质朴之美和山民饮膳美学、华南沃土的华艳之美和商贾饮膳美学。凡此种种，都与6大区食俗有一定的对应关系。将它们联系起来，有助于加深对各种食俗事象的认识。

东北地区食俗

东北地区史称“关东”，包括辽宁、吉林、黑龙江3省，面积约80万平方公里，人口近1亿。除汉族外，还有满、朝鲜、蒙古、赫哲、鄂伦春、鄂温克、达斡尔等族。这里是我国重工业基地和粮仓，有哈尔滨、长春、沈阳、大连等都会和海港。

东北山川壮美，物产丰饶。东有长白山，北有小兴安岭，西有大兴安岭，南有千山；东北部和中部是辽阔的三江平原和东北平原，其中有辽河、松花江、嫩江、黑龙江、乌苏里江、鸭绿江等贯通。除了兴凯湖、镜泊湖、五大连池等湖泊外，还紧傍渤海，尽取渔盐之利。全区属寒温带大陆性气候和温带大陆性季风气候，夏短冬长，夏季湿润多雨，冬季寒冷干燥，春秋凉爽宜人。这里的烹调原料极为丰富，大田作物有大豆、小麦、玉米、高粱，园林作物有苹果、葡萄、沙果、松子，山珍有狍、鹿、飞龙、林蛙，水鲜有大马哈鱼、哲罗鱼、对虾、鲍鱼等，人们称它“北有粮仓，南有渔场，西有畜群，东有果园”，四季常吃常新。

该地区一日三餐，杂粮和米麦兼备，高粱米饭和粘豆包最具特色。还爱吃窝窝头、虾饺、蜂糕、冷面、豆粥和面包；满族茶食久享盛名。蔬菜以白菜、土豆、大豆、菌耳为主，近年引进不少南北鲜菜，供应充裕。爱吃白肉、海鱼和野味，嗜肥浓，喜腥膻，口味重油偏咸。制菜习用豆油与葱蒜，或紧烧、慢煮，使其酥烂入味，或盐渍、生拌，取其酸脆甘香。由于重视珍错，故而筵席大菜档次偏高，各式火锅尤见功力。喝花茶爱加白糖，抽水烟或关东烟，喜饮白酒和啤酒，量大。好友相聚小酌，多为红肠、扒鸡、花生米、茶叶蛋。由于过去山东人“闯关东”的多，鲁菜在此有较大的市场；再加上“白俄”、日本、南韩的影响，罗宋菜、日本料理与高丽烧烤也播及到一些城市。

在民族风味中，朝鲜族和满族的烹调水平较高；回民的清真菜亦受欢迎。鄂伦春族的“狍子宴”和赫哲族的“鳇鱼席”独具情采；蒙古族的“白食”与“红食”，鄂温克族的“驯鹿奶”和“烤犴肉”，达斡尔族的“稷子米饭”和“手把肉”，都有不同的特色。

东北地区名食甚多。菜肴有白肉火锅、李记坛肉、鸡丝拉皮、猴头飞龙、红油犴鼻、冰糖雪蛤、冬梅玉掌、镜泊鲤丝；小吃有萨其玛、包、马家烧麦、李连贵熏肉大饼、老边饺子、参茸馄饨、羊肉饸饹、刨花鱼片；饮料有桦汁茶、参花茶、三鞭酒、汤岗矿泉水；筵席有关东全羊席、大连海珍席、沈阳八仙宴、九龙宴等。

该地餐馆多以红、蓝穗箩圈作为标帜；保留着大祭食肉会、点面灯等祭祀古风；使用桦皮碗、铜碗、琥珀杯、骨筷等特色餐具。居民对饮食的要求是丰盛、大方，以多为敬，以名为好；喜欢迎宾宴客，豪爽、直朴、热诚。

华北地区食俗

华北地区史称“中原”，包括内蒙古、北京、天津、河北、河南、山东（山东省行政区划归华东，河南省行政区划归中南，但饮食习俗更接近华北，故划分过来。下文划入中南地区的福建亦如此）及山西，面积约178万平方公里，人口2.8亿。居民以汉、蒙两族为主体，兼有其他民族。这里经济发达，人文荟萃，有首都和天津、石家庄、呼和浩特、郑州、济南、太原、青岛、烟台、秦皇岛等重要都会与旅游区。

华北地形颇像一个三角状的绞轮，东为大兴安岭，北为内蒙古高原，西为祁连山，西南为太行、大别诸山组成的环形山廊，东为渤海和黄海，中为黄河、海河、大运河贯通的华北大平原，有利于农、林、牧、副、渔的全面发展。全区属寒温带大陆性气候和温带大陆性季风气候，冬冷夏热，四季分明，光照充足，雨量适中，宜于动植物生长，食物资源丰富。主产小麦、玉米、谷子、豆类、牛、羊、马、驼、猪、狗、鸡、兔、板栗、核桃、磨盘柿、大枣、带鱼、梭子蟹、墨鱼、石花菜；还有著名的口蘑、黄鼠、蒲鸭、对虾、小站稻、黄河鲤鱼、苹果、大葱、党参和陈醋，菜篮子充盈。

华北民风俭朴，饮食不尚奢华，讲求实惠。多数地区一日三餐，面食为主，馒头、面条、烙饼、玉米粥是其常餐。其中，山西“面食”冠绝全国。京、津、鲁、豫的小吃，蒙古族“白食”和回民“面摊”也有盛誉。农村盛面习用特大“捞碗”，指缝夹葱蒜或饼馍，习惯在“饭场”中蹲食，形成一“景”。蔬菜食用量小，过冬有“贮菜”习惯。肉食中猪、羊、鸡、鸭并重，淡水鱼少，海鲜多。在烹调技法方面，这里是鲁菜的“势力范围”，长于烤、涮、扒、熘，喜好鲜咸醇浓口味，葱香突出，善于用汤，火候很足，菜品大多酥烂；装盘丰满，菜名朴实，敦厚庄重。

由历史原因所致，蒙古、回、满食风在此有较深影响；宫廷菜、官府菜亦引人注目。

华北名菜已成系列，常以北京烤鸭、涮羊肉、官烧目鱼、扒驼蹄、葱烧海参、道口烧鸡、五香卤驴肉、试量集狗肉等为代表；小吃中的佼佼者是小窝头、芸豆卷、狗不理包子、哈达饼、福山拉面、一篓油水饺、刀削面、贡馍等。饮料以花茶和烈酒为主，二锅头、晋汾、宁城老窖、奶茶全国知名。北京的“仿膳宴”，山东的“孔府宴”，河南的“水席”，山西的“面席”，均有浓厚的饮食文化底蕴。

华北地区的名店甚多，全聚德、登瀛楼、厚德福、心佛斋，名传遐迩。这里的象牙筷、景泰蓝果盘、银碗、蒙古餐刀、淄博瓷器、铜火锅，流光溢彩。当地宴客情文调叠，有一套又一套的酒令与席规，至诚大方，注重礼仪。近年来受中外饮食文化交流的影响，又系“首善之区”，许多食俗都开风气之先。不仅引进巴黎大菜、罗宋小吃、东洋料理和南韩烧烤，不仅汇集鲁、苏、川、粤等各地风味，而且傣家菜、蒙古族菜、知青饭店、球迷饭店都破土而出，整个饮食市场如同百川汇流，充满了朝气与活力。

西北地区食俗

西北地区史称“西疆”，包括陕西、甘肃、青海、宁夏和新疆，面积约 296.6 万平方公里，人口 0.8 亿。居民中汉族虽多，但 14 个少数民族分布得相当集中，尤其是 10 个信奉伊斯兰教的民族基本上都聚居于此，形成了浓烈的清真习俗。古都西安是世界知名的旅游胜地，兰州、西宁、银川和乌鲁木齐均为边塞重镇。

西北地区主要由渭河平原、黄土高原、天山草场、戈壁大沙漠、柴达木盆地、昆仑山、秦岭等构成；有九曲黄河、汉江等水系贯通，还有青海湖等内陆高原湖群。全区气候复杂，温带季风气候、中温带和暖温带大陆性气候、大陆性干旱气候兼而有之，冬季漫长寒冷，夏季短暂温热，降雨量少，“早穿皮袄午穿纱，怀抱火炉吃西瓜”是其形象的写照。这里亦不乏名特物产，如秦川牛、白牦牛、河曲马、伊犁马、小毛驴、奶山羊、细毛羊、八眉猪、乌鸡、雪鸡、马鹿、香獐、湟鱼、鸽子鱼、虫草、发菜、蕨麻籽、水晶柿、白兰瓜、哈密瓜、李广杏、无花果、大瓣蚕豆、草原豌豆、黑米、孜然等，为西北食馔增添了许多亮色。

与其他大区相比，西北食风古朴、厚实、粗犷而自然。主食是玉米和小麦并重，也吃其他杂粮，小米饭香甜，油茶与饸饹古色古香。家常食馔多为汤面辅以蒸馍、烙饼或是芋豆小吃，粗料精做。食用青菜甚少，农家用膳常是饭碗大而菜碟小，有油泼辣子、细盐、浆水和蒜瓣足矣。在饮食风味上，清真菜占主导地位，大小餐馆多达数十万家。值得称赞的是，汉民和穆斯林都互相尊重饮食习惯，各取所需。这里制菜，羊、鸡为大宗，间有山珍野蔬，淡水鱼和海鲜甚少，果蔬亦不多。其技法多为烤、煮、烧、烩，嗜酸辛，重鲜咸，喜爱酥烂香浓。饮白酒，喝花茶、奶茶及乳汁，多抽旱烟与莫合烟，有抓食的遗风。

西北名食较多，如陕西的葫芦鸡、牛羊肉泡馍和“仿唐宴”；甘肃的百合鸡丝、牛肉拉面和“金鲤席”；青海的人参羊筋、焜锅馍和“烤全羊席”；宁夏的丁香肘子、炒胡饽子和“开斋节席”；新疆的八宝酿香梨、抓饭和“葡萄宴”等。此外，这里的西凤酒、枸杞酒、奶茶、三炮台八宝茶，黑米饮料、哈密瓜汁，均系名品。

受历史原因、经济基础和消费水平的制约，西北地区的大餐馆不多，影响较大的只有西安饭店、景阳楼、鸿春园、清真第一餐厅等。在餐具中，耀州精瓷、岚皋藤编、酒泉夜光杯、天水雕漆碗、昆仑彩石筷架、维吾尔式餐刀，都颇有工艺价值。当地人夏喜凉食，冬好进补，待客情意真，筵宴时间长，常有歌舞器乐助兴，“一家请客百家忙，进屋即是座上宾”。

华东地区食俗

华东地区史称“江南”，包括上海、江苏、浙江、安徽和江西，面积约 49.6 万平方公里，人口 2.1 亿。居住民族以汉为主，还有畲、回、满、苗、瑶等。这里景物秀丽，号称“鱼米之乡”、“桑茶之乡”、“园林之乡”、“旅游之乡”和“人间天堂”，有我国最大都会上海，以及南京、杭州、苏州、扬州、无锡、绍兴、景德镇、合肥、南昌、九江、安庆、芜湖、徐州、连云港、宁波、温州等一大批历史文化名城，令人向往。

华东地形颇像一只“高跟靴”，主要由长江中下游平原、大别山、幕阜山、武夷山、雁荡山、黄山、长江、淮河、钱塘江、新安江、鄱阳湖、太湖等构成，还濒临黄海与东海。全区属暖温带半润湿季风气候和亚热带湿润气候，占尽地利和天时。食物资源丰盈，有太湖猪、金华猪、上海水牛、湖羊、狼山鸡、泰和鸡、麻鸭、白鹅、鲈鱼、鲥鱼、闸蟹、祁蛇、香稻、贡面、莼菜、薹干、笋干、石耳、香菇、蜜桔、砀山梨、龙井茶、碧螺春、毛峰、剑毫、洋河大曲、绍兴酒等知名物产，能够调制众多名食。

华东群众习以大米为主食，擅长炊制糕团。日习三餐，干湿、荤素搭配。瓜蔬四时皆有，鱼肉每月不缺，嗜好海鲜与野味，还有吃零食的习惯。口味大多清淡，略带微甜，一般不吃辣椒、大葱、生蒜和老醋，有生食、冷食的古风，炝虾、醉蟹、煮毛蚶、生鱼片都受欢迎。水果多，小吃多；习饮黄酒，爱喝花茶或绿茶；卷烟大都平和，以滇产的为贵；喜食糖果、糕点、蜜饯和冷饮。家庭饭菜丰盛，常是4菜1汤2主食，饭碗小而菜盘大，食量较少，大多不胜酒力。这一带烹调水平高，苏菜跻身“四大菜系”，浙菜风行南宋，徽菜传遍千山万水，沪菜后来居上，头角峥嵘。制菜技法全面，以烧、炒、蒸、炖见长，调理鱼鲜和禽畜均见功力，尤以色调的秀雅、菜形的清丽以及菜品中蕴含的文化气质和科技成分而著称。

华东美食如林，各省市均有精品。如上海的八宝鸭、贵妃鸡、排骨年糕和“福寿宴”；江苏的松鼠鳜鱼、清炖蟹黄狮子头、大煮干丝和“红楼宴”；浙江的东坡肉、龙井虾仁、宁波汤圆和“仿宋席”；安徽的毛峰熏鲥鱼、凤阳酿豆腐、乌饭团和“黄山游宴”；江西的三杯鸡、石鱼炒蛋、酒酿和“全鱼席”。本区所产的洋河大曲、古井贡酒、女儿红、封缸酒，还有龙井茶、碧螺春等，亦快人朵颐。

华东名店也多，梅龙镇、老正兴、松鹤楼、富春茶社、楼外楼、知味观、奎元馆、同庆楼的牌头都很响亮；有城隍庙、夫子庙、观前街、西湖等著名的食肆。不仅餐具秀丽（如景德镇瓷器、宜兴紫砂陶、扬州漆盒、蚌埠玉杯），还有许多美丽的饮食掌故（如一品肉、戚公饼、宋嫂鱼、东坡肉等），给人以精神享受。

总之，华东尚美食，重养生，肯在饮食上花钱，追求“冰盘牙箸、美酒精肴”，“疏泉叠石、清风朗月”的雅韵，创造出别具一格的文士饮食文化，食俗中透露出浓郁的“书卷气”和“翰墨香”。

华中南地区食俗

华中南地区史称“湖广”或“岭南”，包括湖北、湖南、福建、台湾、广东、广西、海南、香港和澳门，面积约99万平方公里，人口2.7亿。主要居民是汉族和壮族，还有黎、瑶、土家、高山各族等。有武汉、荆州、宜昌、长沙、岳阳、广州、深圳、珠海、海口、南宁、桂林、福州、厦门、台北、高雄、香港、澳门等一批知名都会，得改革开放的风气之先，经济异常活跃，经常“领导饮食新潮流”。

华中南拥有长江中游湖区，珠、闽二江水系，台、琼两个海峡和漫长的海岸线；有巫山、武陵山、苗岭、南岭等众多山脉；有江汉平原、珠江三角洲、潮汕平原和台南平原。全区属亚热带湿润季风气候、热带湿润季风气候和热带海洋气候，物阜年丰。出产宁乡猪、陆川猪、中堡牛、富川牛、黑山羊、广马、河田鸡、桃源鸡、金定鸭、狮头鹅、武昌鱼、鮰鱼、石斑鱼、虱目鱼、扇贝、泥蚶、蕲蛇、山瑞、龙虾、海龟、蛤蚧、墨米、宜桔、湘莲、凤梨、桂圆、芒果、木瓜、猴头菇、玉兰片、君山茶、铁观音茶、椰子汁等，烹调原料之全领先全国。

当地主食为大米，亦吃杂粮。鄂、湘、闽、台、粤、港的小吃以精巧多变取胜；壮、黎、瑶、苗、土家等族的粉丝、粽粑、竹筒饭更具特色。食性偏杂，有“飞潜动植无不入馔”之说。每天必吃新鲜蔬菜，肉品所占比重较高，尤爱淡水鱼品和生猛海鲜。饮食开支大，烹饪审美能力强。制菜多为蒸、煨、焗、煲、煎、炒、糟、拌；湘鄂两省喜好酸甜苦辣，其他地区偏重清淡鲜美，以纯正、平和、爽口为佳。追求珍异，喜爱新奇，依时而变，崇尚潮流，常出高招，是中国烹饪的主导地带之一。多饮青茶、红茶、乌龙茶和药茶，爱吃热带水果和蜜饯，酒量、饭量都不大，喜爱洋烟、奶糖、糕饼及饮料。有早茶及夜宵之俗，一日多餐。

本区名食甚多，菜肴有清蒸武昌鱼、腊味合蒸、佛跳墙、咪噜羊排、烤乳猪、三蛇龙虎凤大会、琼岛椰子盅、麻鲍烤海参；小吃有三鲜豆皮、火宫殿臭干子、土笋冻、棺材板、马肉米粉、蛤蚧粥、马拉糕、云吞面；筵宴有“年年有余席”、“组庵特菜”、“蛇宴”、“海珍宴”、“椰子宴”、“漓江宴”、“黄金宴”、“满汉全席”；饮料有宜红、虫茶、岩茶、鹿龟酒、草莓汁、海南咖啡等。

华中南地区尚食之风甲于全国，广州、台北与香港被誉为“东方食都”，武汉和长沙被誉为“中华食乡”。不仅名店多，名师多，餐具精美，酒楼豪华；而且饮食观念开放，易于接受“四面来风”,大胆吸收欧美饮食文化,积极借取四方食馔精华,巧妙移植各民族的风味食品,食俗事象广博、深厚、新颖而又别致,在全国独树一帜。目前,“南风劲吹,席卷华夏”,以岭南市场食俗为代表的华中南饮食文化更为海内外所关注,有关专家认为,它可能是21世纪中华食风的发展方向。

华西地区食俗

华西地区又称“西南”,包括重庆、四川、贵州、云南和西藏,面积约231万平方公里,人口1.8亿。居民以汉、藏两族为主体,还有彝、羌、苗、白、傣、侗、布依、哈尼等族。重庆、成都、自贡、贵阳、昆明、拉萨是其重要都会;这里还是个自然风光雄奇、民俗事象丰富、带有几分神秘色彩、有待积极开发的风水宝地。

华西地形有4大特色,一是拥有号称“世界屋脊”之称的广袤高原群;二是长江、珠江等水系的数十条大川急流纵横切割全境;三是峻岭深谷间形成众多宜于农耕的“坝子”;四是1000多个咸淡水湖泊点缀其间,风景绮丽。全区兼有亚热带润湿季风气候、温带和亚热带高原气候、亚热带和热带高原型湿润季风气候,有“一山分四季、十里不同天”之说。这里号称“动物王国”和“植物王国”,有荣昌猪、德昌牛、牦牛、黔西马、铜羊、金黄鸡、三穗鸭、雅鱼、岩鲤、弓鱼、抗浪鱼、螺黄、虫草、桃花米、接骨米、青稞、黑糯、魔芋、鸡棕、乳扇、人参果、香茅草、竹荪、芒果、藏红花等一大批名产,烹调资源取用不竭。

当地重视大米和糯米,兼食小麦和杂粮,米制品小吃很有名气,米线鲜香,糍粑特异,荷叶包饭用于待客。四季都吃蔬菜,或鲜炒,或腌渍;肉食在年节时消耗量大;野生草木利用充分,擅长粗料精做;膳食结构较为合理,吃得香美而不奢靡。菜路广,佐料多,家庭治膳大多济楚,以小炒、小煎、干烧、干煸和麻辣香浓的民间菜点著称于世,有“料出云贵、味在四川”的定评。这一带流行川菜,普遍嗜辣,大多喜酸,注重调味,有平民饮食文化色彩。华西还出产云烟、贵酒、川果、藏药;不仅有茅台、五粮液、泸州特曲、剑南春等名酿,就是少数民族山寨,每户每年都要酿酒几大缸,豪饮之风全国知名。

华西美食繁多。重庆和四川有毛肚火锅、樟茶鸭子、龙抄手、担担面和“田席”;贵州有竹香青鱼、盐酸煮肉、肠旺面、苦肠粑和“酸鱼全席”;云南有红烧鸡棕,大理砂锅鱼、过桥米线、牛干巴和“紫米全席”;西藏有赛蜜羊肉、火上烧肝、酥油茶、青稞酒和“藏北三珍席”。其中,藏菜古色古香,傣族虫菜和侗族腌酸菜独步中华食坛。在荣昌工艺陶、成都攒盒、建水汽锅、藏刀等特色餐具映衬下,民间宴客更有至诚之情。

与其他大区相比,华西食风有四大特色:第一,由于地形参差、气候殊异、物产丰寡不均和少数民族众多等原因所致,促成了食俗事象的多样性。第二,由于山川阻隔、交通不便的影响,又出现食俗风情的局部封闭性,不少古老食事得以保存,好似活的“化石”。第三,在一些原始宗教祭祀风习和中世纪佛教禁欲主义的长期桎梏下,不太容易接受外来的影响,有时限制了饮食文化的交流。第四,由于“辣”味的盛行和肴馔的物美价廉,川菜大举“北伐”、“东征”和“南下”,积极抢占各地的饮食市场,显示出蓬勃的生机。

宗教信仰食俗

宗教信仰食俗

宗教信仰食俗是在“万物有灵”思想或教义教规约制下,在教徒内部或信仰者中形成的饮食生活习惯。这一食俗在行为上多有某种手段或仪式,在心理上多有某种影响精神意识的力量,在语言文字上多有某种语汇或戒律;而且波及面宽,渗透到教徒和信仰者的日常生活中去。是否遵循它,已成为对宗教是否虔诚的标志之一。

宗教信仰食俗多从信仰约制、宗教约制、俗信约制、禁忌约制演变而来,具有6个鲜明的特征:

1.群体性与民族性。前者指崇奉者多为一个集体,或宗族,或行业,而不是个人或少数人的行为,如广东商人正月供奉财神“请春酒”。后者指它与某一民族的历史渊源和文化传统相关,像遵守伊斯兰教食禁就是回族860万人的共同行为准则。

2.自发性与自觉性。前者指这一食俗的传播是无人组织的,信奉者不约而同地参加,如汉族地区的清明扫墓给祖灵奠酒。后者指参与者都出于自觉自愿,虽无人督促与检查也能持之以恒,像旧时老人在神佛面前许愿之后数十年坚持不懈“吃花斋”。

3.神秘性与法规性。前者指人们对这一食俗的成因与仪典的解说常常回避,使人感到莫测高深,如苗族亲人去世后一月内禁食辣椒。后者指它大多出自宗教教义或经传典籍,有极强的约束力,违背者视为离经叛道,给予处罚,像武当山道观对于食荤者便有许多惩罚条文。

4.祭祀性与禁忌性。前者指这一食俗常与祭典仪礼紧密结合,祭毕由与祭者以“纳福”形式分享供品,如鄂伦春族的猎熊、祭熊、食熊仪典。后者指不可食用圣物、脏物或危险之物,如若犯禁,则遭大祸。像旧时孕妇不准吃生姜、兔肉、麻雀肉之类。

5.功利性与选择性。前者指追求实惠,表现出一种立竿见影的渴望。如祭灶媚神,就是使之“上天言好事,回宫报吉祥”。后者指崇奉者也常考虑这一食俗是否适应需要,往往是判定必要性与可能性后再定取舍。如少林寺武僧为练武需要就不禁荤腥。

6.复杂性与渗透性。前者指其既有迷信又有俗信,形式生动活泼,构成原因多种多样,如端午节饮雄黄酒用以避邪。后者指它具有综合交叉和多层结构的属性,多种食俗事象并存,彼此借鉴与影响,像纳西、景颇、阿昌等族都是“八月十五先喂狗”。

宗教信仰食俗包括原始宗教信仰食俗和人为宗教信仰食俗,前者是是远古的痕印,后者是人为的轨迹。二者有同有异。同者:都崇拜一种精神偶像,有一定的祭奠仪式,与宗教传闻并存,有年节文化的属性,被较多的信奉者自觉遵守,波及到一定的地域,世代传承和约定俗成。异者:从影响看,前者不及后者;从渊源看,后者不及前者;并且在食俗的规约、主持人、活动场所以及遵循意识的强弱上也有区别。(详见附录13“世界主要宗教简况及其饮食戒律表”)

原始宗教信仰食俗

因崇拜自然、崇拜生物、崇拜图腾、崇拜祖灵而形成的饮食风俗。它与自然宗教同时产生,年代久远;中经变异,来龙去脉复杂;古时的波及面甚宽,现今只剩少许痕迹,仅体现在汉族和一些少数民族的年节饮食生活及其他的宗教生活、社会生活中。

第一,自然崇拜方面的食俗。

1.天象崇拜食俗。天象指日月星云、风雨雷电等自然现象,古人认为这都由天界诸神所主宰,故而礼拜甚勤。如爱晖地区的满族“煮粥祭天”、以卜吉凶的习俗。

2.大地崇拜食俗。先民认为“地载万物”,系生养一切之母;对其深恩,多用“福礼”来报答。像布依族在六月六日用猪、牛“祭地母”,同时也过小年。

3.山石崇拜食俗。有些民族视山为通天之路,视石为守护大神,朝拜频繁,礼仪隆重。像鄂伦春族称山神为“白拉查”,首猎的鹿、犴、野猪,必做“牺牲”。

4.水火崇拜食俗。水与火既是大自然恩赐给人类的宝物,有时又酿成灾祸。为了趋吉避凶,圣水圣火也受先民崇拜。如苗族二三月杀羊屠狗“祭火星”,众人分食,以消火患。

第二,生物崇拜方面的食俗。

在地球上,生物与人类共存,还为人类提供衣食之源。由于多种原因,人们对某些生物,或尊敬,或畏惧,或感戴,或厌恶,演化成习,也孕育出不少食俗。

1.动物崇拜食俗。其中有白族的“百鸟会”,饲鸟之后在篝火旁歌舞聚餐;傣族的“彩蛋节”,娃娃兜挂熟鸡蛋,意谓长命百岁。

2.植物崇拜食俗。壮族认为百花司掌人间生育,每逢二月十九,妇女聚餐专为“花王”祝寿;哈尼族崇奉“莱神”,习惯于用水芹菜、鱼腥菜、紫花菜祭奠。

第三,图腾崇拜方面的食俗。

图腾是印第安语,原意为“他的家族”,系某个部落或氏族的标记。先民认为,每个家族都与一种生物(或无生物)有亲缘关系,故常将此物视作该家族的象征着或保护神,于是产生图腾、图腾崇拜和相关食俗。或禁食图腾,使其繁衍昌盛,以保佑本族的兴旺,如怒族保护蜂,拉祜族敬重虎;或大吃图腾,让人吸收它的精气,变得像图腾一样勇猛、聪慧,如鄂温克族猎熊,布朗族捕食竹鼠。

第四,祖灵崇拜方面的食俗。

古人相信人死灵魂不灭,而灵又分恶灵、善灵、神灵与仙灵。祖灵对于子孙有荫庇作用,经常供奉，则可逢凶化吉，遇难呈祥。因此各地祭神，无不备有盛馔，并形成一些特异食俗。例如蒙古族四月二十三纪念成吉思汗，必伴以大型游乐活动与野宴；藏民四月纪念格萨尔王，妇女要为射箭比赛的优胜者献酒，并举行歌舞筵会。

萨满教食俗

萨满教是原始宗教的晚期形式，并兼有人为宗教的早期特征。我国先后信奉过此教的有满、蒙古、维吾尔、哈萨克、柯尔克孜、赫哲、鄂伦春、鄂温克、达斡尔等族。该教形成于原始社会末期，具有氏族部落宗教的特征，相信“万物有灵”和灵魂不灭，人兼有生命、思想和转生三魂；认为宇宙分为三界多层，上界是住神的天堂，中界是住人的尘寰，下界是住魔鬼和祖灵的阴间；神灵赐福，魔鬼布祸，宇宙万物都被其主宰；萨满是神的化身，奉神之命保护族人，应敬重萨满，虔诚供神。

萨满教尚无共同的经典、神名和统一组织，故信教各族的宗教节日、祭神仪式和食规礼俗也不一样。像满族是举行“大祭食肉会”，主菜为白肉，以享人的形式娱神，客人不请自来，食毕抬腿便走，不用道谢；蒙古族是祭奠“敖包”，以人代神抢夺羊肉、奶酪、美酒等祭品，越热闹越高兴；达斡尔族所敬的神祇名曰“巴尔肯”，福礼换作猪、羊、酒、果；鄂温克族则注重“求鸟麦(灵魂)”，经常宰杀驯鹿供奉“神偶袋”，以求荫庇。

东巴教食俗

东巴教是原始宗教的晚期形式，也兼有人为宗教的早期特征。它的经书叫《东巴经》，巫师称“东巴”，仅有纳西族信奉。该教也有多神，崇拜日月星辰和山水风火，奉神话人物丁巴什罗为始祖，没有寺庙和统一组织。

在东巴教影响下，纳西族饮食生活别具风情。它们盛夏“担雪出售”，平时“椰瓢芦被，煨芋餐芝”，爱吃“猪膘肉”和“月米酒”，精于制作丽江粑粑、杂锅菜、米灌肠、鸡豆凉粉、吹肝和八宝三美梨，常以“八大碗”、“三碟水”和苏尼玛酒、咣当酒待客。在食礼方面，他们拜年时须向长辈敬送猪膘肉、茶叶、酒、糖；过小年(十一月十一日)要送给牧童一只猪前蹄、两条助骨、鸡蛋、糖果表示慰问；初五开始，男女青年带上活鸡、活鸭、猪膘肉和烟、酒到温泉洗澡后野炊；当地还有“二月八，鸡蛋擒妖魔”和“新米节，先喂狗”等习俗。此外，他们吃肉例由长辈执勺均分，并忌马肉。

印度教食俗

印度教有4000余年发展历史，系由古印度吠陀教、婆罗门教演变而来。现有信徒5亿，主要分布在印度和各国的印侨聚居区。该教没有共同的信义和教条，仅有婆罗门(祭司)可以统一其精神。他们相信“再生”和轮回说，如何轮回则取决于个人的修行。还给境遇悲惨者以希望——脱离生死轮回，进入“涅槃”的极乐世界。该教也崇拜多神，鼓励古印度种姓制度，主要经文是《摩诃婆罗多》、《吠陀经》、《奥义书》与《往世书》。

在饮食方面，印度教认为：精灵是一切生物的核心，故不可伤害任何动物；特别视牛为圣物，禁食其肉；虔诚的正教徒则终身茹素。还有些教徒不吃猪肉(一者惜生，二者嫌脏)，不吃家禽、蛋类以及爬行动物；回避洋葱、大蒜、芜菁和蘑菇，忌讳容易使人联想到鲜血的红扁豆与番茄。该教还宣扬，印度酥油、牛奶、椰子果是圣洁的食品。高级教士应吃这类食品或是不经烹调的生冷食品；尤其是斋戒期，或回避熟食，或完全禁食。此外，神殿是诸神的住所，应当经常献祭。

印度教食俗对中国佛教的影响较大，特别是大乘佛教。

佛教食俗

佛教是世界三大宗教之一，公元前5世纪由古印度迦毗罗卫国王子悉达多·乔答摩创立。其初衷针对婆罗门教，反对拜佛；结果事与愿违，他被教徒奉为释迦牟尼(圣人)，戴上“先知先觉”、“大彻大悟”的光环，也变成神威最大的如来佛。该教现有信徒2.5亿，主要分布在斯里兰卡、朝鲜、中国、日本和美国。

佛教的发展经历过4个阶段。第一阶段是原始佛教，由释迦牟尼师徒传教布道；第二阶段是小乘佛教，分裂成18部和20部；第三阶段是大乘佛教，有中观和瑜伽两大学派；第四阶段是密教(即喇嘛教)，系大乘中的部分派别与婆罗门教相结合，以秘密传授经典为特色。

汉哀帝元寿元年(公元前2年)佛教传华，后来演化出天台宗、律宗、净土宗、法相宗、华严宗、禅宗、密宗和三阶教等派系。其中，北传者为大乘佛教，有汉、白、壮、拉祜、布依、侗、畲、纳西、彝、羌、满、朝鲜等族信仰；南传者为小乘佛教，有傣、德昂、阿昌、布朗、佤等族信仰；西传者为密教，分为红、黄、白、花、黑诸派，有藏、门巴、蒙古、土、裕固、纳西、怒、羌、普米、锡伯、柯尔克孜、鄂温克、达斡尔等族信仰。

佛教的教义主要是：将现实人生断定为"无常"、"无我"、"苦"；其根由不在超现实之梵天，不在社会环境，而在于人自身之"惑"（即贪、瞋、痴等烦恼）和"业"（即身、口、意等活动）。以此为因，造成生死不息之果，并且依据善恶，轮回受到报应。欲想摆脱痛苦，唯有依循经（佛经）、律（戒律）、论（经文的解说）这"三藏"，修持戒（用以防非止恶的戒规）、定（专注一境的精神状态）、慧（通达事理的心态与才能）这"三学"，以出家方式脱离红尘，闭门修行，早成正果。其教理是多达4200余种、23000余卷的《大藏经》，对中国传统文化影响甚大。

从饮食戒律看，由于佛教3派的教义教规不同，其忌讳也不一样。

第一，大乘佛教食俗。

"只吃朝天长（指植物），不吃背朝天（指动物）。""不吃喘气之物。"不杀生，禁荤腥，忌食葱、姜、蒜等辛香类蔬菜，仅吃粮豆、蔬果和菌笋。还需摒弃"意杀"之念。至于信徒内部，又有"胎内素"（一出生就厌弃荤腥）和"出家素"（度戒后才吃素），"吃长斋"（一年四季茹素）和"吃花斋"（在特定时间内茹素），僧尼与居士，文僧与武僧，凡僧与圣僧（济公和尚之类），清和尚与花和尚等区别，茹素情况出入很大。并且从素食的程度分，有纯素性质的寺院素菜与宫廷素菜，以及花素性质的民间素菜和市场素菜，饮食风味亦有差异。

第二，小乘佛教食俗。

小乘佛教与宣传大慈大悲、普渡众生、建立佛国净土的大乘佛教不同，它只要求信徒在宗教道德修养上自我完善，着眼于个人解脱，因此食禁较宽："只要不杀生，也不禁荤腥。"无论短期出家的孩子，还是终身皈依佛门的老僧，都是清晨托钵沿门化斋，施主给啥吃啥，不得挑剔。他们还遵循"过午不食"的清规，但允许饮茶、喝果汁；还要坚持"赕佛"（向佛祖敬献美食）。此外，这一教派的善男信女大多不吃羊肉。

第三，喇嘛教食俗。

喇嘛是藏语，意为"上师"。此教崇奉大日如来尊神，传教由轨范师暗授，教化带有威慑指令性，宗教艺术也别具一格。他们也是"既不杀生也不禁荤"的。不过，仅吃牛、羊、鹿、猪等偶蹄动物；不吃被视作恶物的奇蹄动物（马、狗、驴、兔）、五爪禽（鸡、鸭、鹅、鸽）以及龙王的子孙——鱼虾蚌贝；还有些信徒不吃肥猪肉，戒酒。教徒每餐饭前须用手指蘸酒（或奶、酥油茶、净水）对空连弹3次表示礼佛，还要用酥油、酥油花、净水、水果等供奉佛祖。

神道教食俗

该教简称"神道"，即"神之道路"的意思。它起源于6世纪日本古文化开端时期，最初以自然精灵崇拜和祖先崇拜为主要内容，后来吸收佛教和儒教的某些精义融汇而成；有神社神道、教派神道、民间神道3大系统。明治维新以后曾以神社神道作为国教，提倡"神皇一体"、"祭政一致"。现有信徒约6000万，几乎全是日本人和海外的日侨日裔。

该教崇拜多神（有80万神、800万神、1500万神等说法），特别信奉视为太阳精灵的日照大神，将之定为祖神。原先强调以日本为中心，建立以该教教义为统治思想的世界秩序；现在主张全球和平与兄弟团结。它没有主要经文，也无预言启示。礼拜多在神社进行，包括祈祷、合掌、净化与默祭；家中设有木制神龛，供奉先祖牌位，四时八节上供。

神道教虽受佛教的影响较深，但无很特殊的食物戒律，只是视牛奶为脏物，而把蛋糕作为圣品。乡村信徒的饮食多系干素品，偶有鱼、鸡，爱吃海鲜与大米饭。该教在亲人去世第50天禁忌赴宴，供佛用过的食品不许给女孩子吃（怕长大以后婚姻不合），提倡食用欢庆丰收和祝福仪式上使用过的食物。

道教食俗

道教是中国土生土长的宗教，源于远古巫术和秦汉时的神仙方术，其前身是"黄（帝）老（子）之道"；东汉的张陵创立"五斗米道"，以《老子道德经》作为经典后，方才始见雏型。后来又经张角、葛洪、陶弘景、寇谦之、陆修静、唐太宗、宋真宗、邱处机、万历皇帝等人的倡导，才发展成一个大教。该教在古代有天师、太一、茅山、上清、灵宝、紫阳、丹鼎、符箓诸派;现分为正一、全真两大支系。其信徒约3000万,主要在中国和东南亚。

道教的主要教义是:认为"道"是"虚无之系,造化之根,神明之本,天地之元","万象以之生,五行以之成",宇宙、阴阳、万物皆由它化生而出。其最高神是由"道"人格化的"三清"(玉清原始天尊、上清灵宝天尊、太清道德天尊);修炼方法有服饵、导引、胎息、内丹、外丹、符箓、房中与辟谷,强调静思,清除欲望与激情,与世间万物协调地生活。宗教仪式为斋醮、祈祷、诵经和礼忏,相信来世存在天堂和地狱;经典为长达1400余种、5000多卷的《道藏》,试图用它解释世界。道教对中国传统文化的影响深远。

第一,正一派食俗。

此派主要奉持《正一经》,崇拜鬼神,画符念咒,驱魔降妖,祈福禳灾。它的道徒可以结婚与吃荤,因此其食俗与常人几无差异。不仅如此,它还强调"天地万物,为我所用",重视饮食养生,故而肴馔甚为精洁,烹调达到相当水平。像四川青城山道观就素以美食、佳茗、珍酒闻名于世。

第二,全真派食俗。

此派不尚符箓,不事烧炼,主张道、释、儒三教合一,要求道徒出家,严守清规戒律。因此其食俗与大乘佛教基本相似:重清素,戒杀生,不沾荤腥,有三厌(天厌雁,地厌狗,水厌鸟鱼)、五禁(韭、薤、蒜、芸薹、胡荽)之说;特别重视"荤酒回避,斋戒临坛",对于破戒者严惩不贷。还由于他们崇奉"混元",其著名斋食也常冠以此词,如"混元大菜"(类似佛门中的"罗汉斋")。至于香火道人、云游道人、食忌要少一些。湖北武当山的道观,便属于这一类型。

此外,道教普遍重视摄生,都希望通过炼丹、服食或辟谷、胎息,以求长生不老。

儒教食俗

儒教又称儒家学派,系在孔孟之道基础上发展起来的特殊形式的宗教。它始萌于春秋战国,经过汉代的"罢黜百家,独尊儒术",有很大的发展,隋唐时即与释、道并称为"三教",到宋代形成完整体系。儒教以中国封建伦理"三纲"、"五常"为中心,吸收佛教、道教的宗教思想和修养方法,提倡"存天理,去人欲",使宗教社会化,把俗人变成僧侣,将宗教生活、僧侣主义、禁欲主义、蒙昧主义、偶像崇拜等等渗透到每一个家庭。它崇奉天地君亲师,以孔子为教主,但无天堂、来世等教义,也不受任何神学仪式的束缚。其节日主要是祭祖、祭孔和会考,现今其影响已经衰微。据《美国食品百科全书》估计,该教现有信徒2.76亿,主要是中国和东南亚读过私塾的人和一部分老知识分子。

儒教虽有"君子远庖厨"之说,但无任何特殊的食物禁忌。只是不许虐食动物,反对奢靡和浪费粮食;注重气节,不吃"嗟来之食";强调饮食洁净,提倡"食不厌精,脍不厌细";重视食礼,讲究品味,欣赏饮食中的情韵。儒生祭孔时须用三牲"福礼";学童发蒙时要吃"状元糕";中举后要省亲扫墓、祭奠先祖;守孝期间不得动用荤酒。此外,与儒教的传播相关,我国还有不少节日与掌故(如寒食节、腊八节、关公磨刀、读书人晒经),其中也有一些较为特殊的食品和食俗传世。

犹太教食俗

犹太教是世界各地犹太人的宗教,有4000余年发展历史。它尊"雅赫维"(意为永存者)为唯一的真神,认为犹太人是其"特选子民";经典为《律法书》,教规通过"摩西"(即祭司)传授。它主张教徒的生活应以经文的圣训作指导,要对自己的言行负责,善于识别正误;强调生命有价值,个人作用很重要;禁止偶像崇拜,盼望"弥撒亚"(救世主)早日到来。该教还规定星期五日落到星期六日落为"安息日",要求教徒闭门修真养性;男孩出生第8天行"割礼",信徒每天到教堂去做3次礼拜。犹太教在古代曾经传华,称为"一赐乐业教"或"挑筋教",开封还保留有明代的犹太教碑。此教现有信徒1432万,散见于世界各地,其中以以色列、美国、独联体居多。

犹太教的《膳食法令》极为严格:禁食血液和动物体内的脂肪,禁食自死的动物,禁食牛胴体后部的某些筋腱,禁食不洁之物(包括猪、马、骆驼、带翼昆虫、爬虫、爬行动物、鼠、肉食的禽类、贝、鳗等),一餐之中不可同时食用肉品和乳制品。因此,教义允许的可食动物,仅有牛、羊、鱼等有限的数种。同时宰牲须有"拉比"(主持宗教仪式的人)监督,执刀者应有执照,必须飞速一刀,准确地使动物猝死,放尽余血,凉水浸漂,晾干洒盐，冲净后方可烹调。而且烹调还得遵照“特里法”，即不能判定是否洁净的原料不做，烹调方法不正确的菜点不吃；符合规定的则以“U·K”作为认可标志。

该教的节令美食有蜂蜜、蛋糕、干酪、鸡蛋、牛羊肉、烤鱼、果馅酥饼、糕点、马铃薯饼、甜味菜、胡萝卜、约翰面包、坚果、水果、葡萄干、葡萄酒等。

犹太教食俗对基督教和伊斯兰教的影响都大，尤其是伊斯兰教。

基督教食俗

基督教是以基督耶稣为救世主的各教派之统称，包括天主教(罗马公教)、希腊正教(东正教)、新教(耶稣教)3大派别和一些小的支系。它在公元1世纪由犹太人耶稣创立于巴勒斯坦，后来流传罗马帝国全境，演化成世界3大宗教之一。现有信徒14.5亿，遍及5大洲的100多个国家和地区。

基督教在唐太宗贞观九年(635年)传华，时称景教，唐末被禁；元初又传，元末中断；明清再传，发展很快。洪秀全在其影响下，创立拜上帝会，领导了太平天国起义。后来该教被帝国主义列强利用，作为侵略工具。解放以后，我国独立办教，现有信徒约800万，分布在傈僳、怒、苗、景颇、佤、彝、白、拉祜、哈尼、傣、羌、壮、布依、侗、水、畲、京、满、朝鲜、汉等20多个民族之中。

基督教的教义主要是：信仰天主(上帝)创造并主宰世界。认为人类从其始祖开始就有罪孽，所以子孙后代受苦；只有信仰上帝及其儿子耶稣，方可获得解救。它要求教徒爱上帝、爱别人，不断对过失进行忏悔，这样灵魂便能得到宽恕，死后可进天堂。它的圣经是《旧约全书》(承袭犹太教的《律法书》)和《新约全书》，有圣诞节、复活节、感恩节等众多节日，举行宗教活动在教堂，司理人员有主教、牧师、神父、教士等。

该教食禁不严，平时同于常人，只是在特定时间内有若干规定。例如，“封斋”期间禁止肉食和娱乐；天主教徒和正教徒星期五“行小斋”减食，不吃肉；受难节和圣诞节的前一日“守大斋”，一天只许一餐吃饱；做“弥撒”时，接受牧师分发的“圣体”(面饼)和“圣血”(葡萄酒)，用圣盘、圣杯享用，名曰“领圣餐”；每餐饭前做祷告，划十字，求主赐福；出于《圣经》中“最后的晚餐”的故事，忌讳星期五聚餐和13人围桌吃饭等。

此外，新教中有两个小教派的食俗较为特异。一是摩门教，鼓励食用谷物、水果和蔬菜，提倡节约用肉，忌讳酒精饮料、茶、咖啡、烟草等刺激品。二是安息日会，禁食鱼、肉、禽、干酪、茶、酒与咖啡；不吃糖多、盐多、含香料的菜和细碾的谷物；提倡食用蛋、奶、坚果、豆类与全粒谷物。

伊斯兰教食俗

伊斯兰教是阿拉伯语，意为顺服，即顺服唯一的神——安拉(也译作阿拉、胡大、胡达、真主、真宰)的旨意。此教是由出身于麦加古来什部落哈申家族的穆罕默德于7世纪初以“安拉”的名义在阿拉伯半岛上创立的。8世纪初即发展到欧、亚、非3洲，成为世界3大宗教之一。在历史上，它有哈瓦利吉、穆尔太齐额、苏非等支系，现分为逊尼和什叶两派；其宗教圣地是麦加、麦地那和耶路撒冷，以新月作为标帜。目前约有7亿信徒，主要分布在中东、非洲和东南亚。

该教在唐高宗永徽年间(650～655年)由阿拉伯商人经由陆上“丝绸之路”和水上“香料之路”传华，旧称回教、清真教或天方教。它们进行宗教活动的地方叫清真寺，教徒自称穆斯林(驯服者)，执掌教仪的叫阿訇(教师)。我国信奉此教的有回、维吾尔、哈萨克、乌兹别克、塔吉克、塔塔尔、柯尔克孜、撒拉、东乡、保安等10个民族，共计1600万人，属于逊尼派。他们在各地建有清真寺23000余座，宗教活动中心主要在银川、乌鲁木齐和北京。

伊斯兰教的教义主要是：(1)六信。信奉安拉；信奉诸天使；信奉《古兰经》(穆罕默德传教言论辑录)为天启经文；信奉穆罕默德为封印使者；信奉死后复活和末日审判；信奉世间一切皆由安拉前定。(2)五功。即念功(念清真言)炼心；拜功(一天5次做礼拜)炼身；斋功(自觉自愿持斋戒)炼性；课功(自愿缴纳天课)炼财；朝功(创造条件朝拜圣地麦加)炼命。(3)行善。惩治奸邪，赈济贫民，善者升天堂，恶者入地狱。(4)为“安拉之道”征战，为教义献身。其中，《古兰经》是其立法的依据，道德的规范和思想学说的基础。

该教在饮食上有众多戒条。首先，它认为饮食是为了养身和养性，必须吃佳美(清洁、可口、有营养）、合法（以正当手段获取、符合教义规定）的食品，强调“洁净的受欢迎，污浊的须禁止”。其次，提出“五禁”：禁吃自死的动物；禁吃动物的血液；禁吃脏物（如猪、狗、驴、骡）、凶物（如熊、狼、鹰、鹞）、丑物（如蝙蝠、乌鸦）、恶物（如贝、蟹），以及无鳞鱼、无鳃鱼，这类动物的图像也不允许出现在餐室中；禁吃未奉真主之名屠宰的牲畜；禁吃烈酒、一切麻醉品及毒品。而且对于教义允许食用的食草的温顺反刍动物（如牛、羊、驼、鹿）、食谷家禽（如鸡、鸭、鹅、鸽）、有鳞有鳃鱼（如鲤、鲫、草、鲢）之类，还必须是经由阿訇或教民念清真言后方可快刀宰杀，否则也不能吃。以上概括起来，便是“忌外荤、禁血生”6字。其三，在回历九月的“斋月”，成年人无特殊情况者，白天必须禁食禁水，违者受罚。目的是使教徒不论贫富都体验挨饿的滋味，从而完美情操。

伊斯兰教食规虽然苛严，但它对特殊情况下无法持斋者，也有相应的变通办法。例如《古兰经》在许多章节中都明确指出：“凡为势所迫，非出自愿，且不过分的人，（虽吃禁物）毫无罪过。”孕妇、产妇、病人在斋月里白天允许适当进食，待身体复原后再补行斋戒。有些地区因传统膳食习惯和食源所限，某些食物亦可变通食用。像哈萨克教徒就不禁马肉，沿海回民可吃一些海鲜，有些高山区教徒能吃山羊，节假日可以少量喝点啤酒。凡此种种都说明，该教的食禁是严肃规范的，执行又是合情合理的，体现出对教徒的信任、爱护、教育与关怀。

在这种食规陶冶下，伊斯兰教食品颇有造诣。就中国清真菜（含清真点心、清真小吃、清真饮料）的选料来说，北路主要是牛羊麦薯，南路主要是鸡鸭米豆，淡水鱼鲜和蔬果菌笋都广为利用，并且爱奶嗜茶。其烹制方法以熘、爆、烤、涮见长，冷热分开，生熟分开，甜咸分开，口感清鲜脆嫩或酥烂香浓，并以全羊大席、鸭馔、抓饭、油香、涮羊肉、牛羊肉泡馍等驰誉食坛，形成传播深远的清真菜系，受到中外美食家的称颂。此外，它的3大节（开斋节、古尔邦节、圣诞节）食品，也有浓郁的宗教风情和鲜明的民族特色，是我国西北、华北、东北地区风味小食的重要组成部分。

最后还要说明的是，伊斯兰教有着良好的饮食卫生习惯。使用白色餐巾，盘碗多次冲刷，饭前净手，不用左手触摸食物，各人都有专用餐具和茶具，餐室洁净无尘。这都是文明教养的生动体现。

少数民族食俗

少数民族食俗

少数民族食俗即各有师承、缘由与情采，分别流传在55个少数民族内部的特殊饮食习惯。这一食俗相当复杂。一方面我国少数民族众多，近1亿人口零散分布在500万平方公里的区域内，他们的族源与名称、历史与演变、居住区环境与居住情况、生产方式与生活习俗、语言与文字都不一样，各有独自的膳食结构、烹调体系、饮食好恶及食礼食风，“个性”分明；另一方面，少数民族食俗又常同年节文化食俗、居家饮膳食俗、人生仪礼食俗、饮食市场食俗、省区乡土食俗、宗教信仰食俗，以及某些海外食俗交叉，彼此存在着相通之处。同时，有些民族（如满、回、壮、土家）长期与汉族杂居，在食俗上互相熏染；有些民族（如朝鲜、蒙古、俄罗斯、京）与边境邻国的民族同出一源，在食俗上有一致之处。还因为少数民族有大杂居、小聚居、交错居的特点，故而相邻近的民族食俗接近，较分散的民族其内部的膳食差异也很大（如内蒙古的蒙古族和云南的蒙古族）。再加之有些民族食俗历史烙印深，有些民族食俗现代成分多，有的食俗稳固，有的发生变异，所以很难用一个统一模式对其进行分析和归纳。

万物皆有缘起。少数民族食俗的成因集中表现在民族起源和英雄传说的影响、生产方式和生活习惯的制约、宗教信仰和民族礼俗的促使、文化艺术和心理感情的熏陶这4个方面。像柯尔克孜族常用“手抓肉”款待说唱民族史诗的草原歌手，就出自对民族英雄玛纳斯的敬慕；黎族世代居住在蛇、虫甚多的五指山区，其名食“南杀”便是用青蛙、田蟹、蚂蚱与蛇制成；哈尼族注重邻里关系，逢年过节将数十家饭桌结成“长龙”，户户倾其所有与大家共享，这是礼俗所致；藏胞多才多艺，“酥油花”是其工艺品，经常在宴会上陈列，这又是文化艺术熏染的结果。

再从情采来看，少数民族食俗又可概括成8个方面。(1)千方百计巧辟食源。如鄂伦春族饮桦树汁，维吾尔族采食“孜然”(生长在戈壁滩的野茴香)。(2)食料选用各有禁忌。如满族不食狗肉，壮族忌吃牛肉。(3)因地制宜安排餐制。如朝鲜族一日四餐，裕固族三茶一饭。(4)烹调方法各擅其长。如怒族会做“石板粑粑”，瑶族会做“鸟酢”。(5)餐具食器灵活简便。如哈萨克族用马革缀桶酿马奶酒，傣族用芭蕉叶替代桌布。(6)茶酒奶汤琳琅满目。如彝族的盐巴茶，土家族的油茶汤。(7)民风食俗水乳交融。如仫佬族女儿回娘家常以一袋害虫作礼物，布依族“撵山”时猎手与围观者平分猎物。(8)宴宾待客情文稠叠。如白族有“迎客三道茶”，东乡族有“主人不上席，全家恭迎宾”之俗，等等。

至于少数民族的食馔类型，有人将其分作肉食、奶食、米食、面食、菜食、酒食、祭食、养食8大系列；有人将其划为平原型、草原型、海涂型、高山型；还有人将其分成东北及内蒙片、西北片、西南片、华中及东南片，力求从中找出规律性，这都是有益的探索(详见附录10“中国少数民族饮食风情一览表”)。

最后还须说明的是，近一二十年来，由于时代的急剧变革，物产交换，人员流动，科学技术传播，文化素质提高，少数民族地区出现翻天覆地的变化，食俗方面也是仪态万方，风情千种。有些古老食俗因旅游观光的需要而被强化(如蒙古族“毡房宴”、傣家“竹楼宴”)，有些落后食俗逐渐被淘汰(如生食牛羊肉、祭祀大典)，有些新食俗被引进(如早茶、夜市)，这都说明少数民族食俗也处在一个吐故纳新的运动状态之中。

鄂伦春族食俗

鄂伦春族约7000人，主要分布在呼伦贝尔盟和大兴安岭，以狩猎、育林、采集、捕鱼和农耕为生，因此被称作“林中百姓”。他们崇拜诸神，信奉萨满教，以熊、虎为图腾；保留原始公社制残余，民选氏族酋长，过着团结互助的生活。男子娴于骑射，以猎犬、猎马、猎刀为“三宝”；女子能歌善舞，擅长制作兽皮服和桦木器物。他们住在“仙人柱”内，终日生火，用于取暖和熟食。

鄂伦春人的食源来自大森林。主食多系山兽、野禽和冷水鱼，副食有野菜、野果以及粮豆瓜蔬，膳食结构较为平衡。他们夏食三餐，冬食二餐，厨务例由妇女主持。餐具除铁锅外，都是自制，如兽皮袋、犴骨筷、桦皮碗之类。其烹调方法多为白煮、生烤、生拌、腊熏、煎炒爆熘和蒸煮炕煨，有烤丹核(动物睾丸与奶核)、生拌肝、灌血肠、烧焦肉、吊锅粥、兽肉饺子、老考太粘粥等风味名食。

该族注重食礼。客人来家酒肉接待，临走馈赠山货特产；走亲访友，要送肉干和野果山菌；出门拜年自带酒壶、酒碗，见人敬斟一杯；猎手归来，常给鳏寡病残人家分送猎物。他们爱饮“椰柿酒”和马奶酒，喝桦树汁和“花叶茶”(用黄芹叶、牙格达叶、玫瑰花和达紫香花泡制)，经常祭祀祖宗神、天神、火神、山神、雷神、太阳神、月亮神和北斗七星神。

鄂伦春人食忌甚多。如忌食狗、马；忌用刀子叉肉；忌食熊头；妇女不可吃熊上半身的肉，经期和产期不吃动物的头肉与心脏。妻子怀孕后，丈夫不许捕杀交配的野兽、哺乳的雌兽和孵卵的飞禽。忌讳向篝火堆泼水，忌讳用刀、棍夹取篝火上的烤肉。大野兽开膛时不许将心、舌割断，忌讳去猎户人家购买心、舌与肠、肚。吃饭与喝酒时都要先祭山神(方法是割3块小肉抛上天空，用手指沾酒上弹3次)，否则即是大不敬。长晚辈可以同桌吃饭，但不准同桌饮酒；吃饭时必须老人先动刀、筷，先端酒杯，座次也有讲究。

鄂温克族食俗

鄂温克族约2.6万人，主要分布在内蒙古和黑龙江，从事狩猎和牧耕。他们信奉萨满教、喇嘛教或东正教，崇拜灰鼠、水鸭、小雀等生灵，以熊为图腾。住“撮罗子”或“希楞柱”，善于饲养驯鹿，套马技术高，以独具一格的“桦树皮文化”著称于世。他们勇敢、勤劳、纯朴，有“路不拾遗、夜不闭户”的古风。

该族饮食包括3种不同的类型。

1. 牧区。忙时三餐，闲时二餐，牛羊肉奶为主食，麦米杂粮为辅食。爱吃奶面制品与肉粥，烹调方法多为烤、腌、煮、熏。名食有拉布萨(羊肉煮切面)、比力尼(薄饼卷野菜肉丝)、克力特尔(面包夹野果酱和兽肉)、卡拉其(油、蛋、糖和酱制成的酥饼)。

2. 猎区。日食三餐，以大兴安岭的山珍为主食，辅以米面和野果；在过去，熊掌、犴鼻、飞龙、冷水鱼均是待客佳肴。做菜多系煮、烤和熬汤，仅加盐与野葱调味，火候都不用“老”，重视“嚼劲”。还爱生食兽肝和兽肾，用以明目清心。名食有生狍犴、生野猪肾、串烧飞龙、烤雪兔、腌灰鼠、手把肉、木耳鹿筋、草莓蜜饯等。

3.农牧猎兼作区。日习三餐，以玉米、小米为主食，家蔬、野果、牛羊、猎物为辅食。爱吃柳蒿、蘑菇、山丁子和稠李子等野菜，烹调方法同于汉民。名食有清炖鱼、驯鹿奶、煮狍腿、野果酱、腌野葱、清蒸哈什蚂等。

该族饮料多为桦树汁、野果酒、驯鹿奶、红茶、稷子米面奶茶和肉末奶茶；餐具有犴骨筷、鹿角盅、桦皮桶等。特别是用犴胃盛水煮肉，可称得上是“华夏一绝”。

鄂温克人忌食狗肉和死牲畜、死野物；从前吃熊时有一套严格的祭祀程序和礼仪。他们非常敬火，饭前要用酒、肉祭火，不准用刀拨火，不准用水浇火，不准将污物扔进火中。二月初二不准用菜刀，不准用吃过鸭肉的手抚摸幼鹿。

该族还习惯将兽肉、干粮或饮料存放在林中的大树杈上，从不上锁和看守。过路人缺食时可以任意取用，无须经过主人同意，只要日后如数归还即可。

赫哲族食俗

赫哲族仅有4300余人，居住在东北三江平原的沿江地带，在历史上有“鱼皮部”、“使犬部”的美称。他们大多信奉萨满教，有原始公社制残余，敬老尊长，乐施好善，具有渔猎经济文化特征和东北边陲的世象风情。

他们“夏捕鱼作粮，冬捕貂易货”，日食二三餐。主食多系鲟鳇、大马哈鱼之类的冷水鱼，副食有山菜、山果与粮豆瓜蔬。其饭食大致包括4种类型。一是生食的杀生鱼、刨花鱼片、鱼干、拌大马哈鱼籽之类。二是半生食的烤鱼片、腌杂鱼、鱼肝等。三是熟食的炒鱼毛、柳蒿芽炖鱼、葱烧鲶鱼尾、煎鱼籽等美味。四是混烹的饭菜，如莫温古饭（鱼、兽肉、小米与白菜等合煮），拉拉饭（黄米、鱼片与糖等合煮），托花样饭（荞饼与狍肉等同炒），鱼肉芹菜饺子。

赫哲人直朴憨厚，以美食馈赠客人为乐。十分珍贵的鳇鱼骨、鳇鱼筋和鳇鱼籽，均是他们表达情意的礼品。来客后，春上开江生鱼片，夏上柳蒿芽炖鱼，秋上大马哈鱼丸子，冬上刨花鱼片；如果赶上鳇鱼汛，则上洋洋洒洒的“鳇鱼大宴”，数十个盘碗一流水推出，足可与燕翅参鲍大席比美。他们还有“逢宴必上酒、无酒不待客”的古规，先弹酒敬祖，然后或是轮大襟（一人一口轮着转），或是互敬饮（宾主对干），务求尽兴。

该族不爱喝茶，或饮清泉，或将小米炒焦沏水喝，或用野玫瑰花叶和柞树花泡汁喝。婚席上必有两道吉庆菜：一是两条头尾相依的鲤鱼，取“鱼水和欢”之意；一是猪头和猪尾，表示“永不分离”。还有些家庭用禽畜为死者殉葬，为的是让亡灵在阴间也有一个温饱。

该族食忌亦多。不准跨越火堆，不准蹲在火堆旁。做饭的柴草必须码放整齐，从梢烧到根部。忌捕投室之雀，忌射误闯到门前的小兽。晚辈不可与长辈同桌就餐，鱼头应当献给长者。吃整条鱼时，只能说“划过来”，不可以说“翻过来”，原因是怕江中行船遇到风险。

达斡尔族食俗

达斡尔族约12万人，主要分布在内蒙古、黑龙江和新疆，经济文化具有多元性的特征。他们信奉萨满教和喇嘛教，保留有原始公社制的残余，是个勤劳智慧，互帮互助，敢同恶势力作斗争，保家卫国的英雄民族。

该族膳食结构以植物性原料为主体，辅以家畜、野兽，忙时三餐，闲时二餐，烹调技术较为发达。

他们的谷食多为稷子米，通常是先蒸后烤制成“熟米”，再焖饭、煮粥；有时也研磨成“生米”，炒熟后拌黄油、白糖食用。他们亦吃荞麦、燕麦、小米及芸豆，可制成“阿拉莫巴达”（蒸饭）、“达勒巴达”（鸡汤面）、“哈因特尔”（粉）和“豆饭”。

他们的肉食一般是煮、炖、烤、腊。最著名的是蘸韭菜花、就咸肉汤食用的“阿尔厄”（手把肉），以及酽如牛乳的“飞龙汤”和别有风味的“苏蒂切”（肉奶米茶）。

他们的菜食包括园蔬和野菜，或腌，或炒，如野葱、黄花、木耳、蘑菇之类。“稷子米干饭昆米日菜（柳蒿），阿尔厄迎接贵客来”，即是该族的宴筵格局。

他们的果食多加面粉配制。如山丁子作馅心的“乌力热瓦特”，稠李子作馅心的“梅乐瓦特”。

达斡尔人称春节为“阿涅”，食俗丰富多彩。

像手把肉要按部位分割，分别接待贵宾和常客；包饺子时要包入白线和铜钱，象征长寿和富裕；宴毕祭祖，用“希日厄勒”（发面油饼）、“霍日乐格”（糖油小米酥饼）、“巴特瓦特”（苏子猪油白糖饼）宵夜，歌舞玩乐。

该族杀牲，都要选出一部分好肉分送乡邻。渔猎归来，见者亦有一份。腊八节做血肠，村中有多少家便做多少碗，交流技艺，表示情谊。

达斡尔人的食忌相对较少，仅有小孩不吃猪尾巴和动物脑髓，出麻疹期间家中不准炒菜数项。这是他们思想较为开放所致。

朝鲜族食俗

朝鲜族有192万人，是17～19世纪相继从朝鲜半岛迁入定居的，主要分布在东北，延边是其聚居中心。他们信奉儒教、道教和大乘佛教，以鸡、鹤为图腾，尚白、尚洁、尚礼，文化素质高，有“素衣民族”之称。

该族饮食分为家常便饭和特制小吃，前者包括米饭、汤品、肉食、蔬菜，后者包括冷面、打糕、药饭、糖果。食料中山珍海味比重大，泡菜每餐必备。吃大米，重肉食，喝烧酒，饮凉水，嗜辣味，爱生冷，日定四餐，珍视大酱与清酱。不爱羊肉、肥猪肉、鸭子、淡水鱼、花椒和过甜的菜；喜欢狗肉、牛肉、瘦猪肉、海鲜和山菜。焖饭常用底深、口小、盖紧的铁锅，用水和用火讲究，一次可做出质地不同的双层米饭或多层米饭。制菜擅长生拌、生渍和生烤，习以辣椒、胡椒、芝麻油、香醋、葱姜调味，口味偏好鲜香脆嫩、辛辣酥爽。餐具多为铜器和瓷器，筒径较深；餐桌较小且矮，仅可围坐数人。妇女主厨，多为中馈能手。

朝鲜族名食甚多，如冷面、打糕、苹果梨泡菜、辣酱南沙参、酱腌紫苏叶、生拌牛肉、生拌明太鱼丝、梅云汤、补身炉、水卵大虾、头蹄冻、虎眼肉、蒸蛤蜊、炖地羊（狗）、烤牛排、紫菜饭、豆馅饺、药饭、片糕，以及三亥酒、耳明酒、马利格酒等。

该族十分注重人生仪礼。婚席上必有一只口叼大红辣椒的大公鸡，表示红火兴旺；新郎饭碗中藏3枚鸡蛋，他吃一半，另一半喂给新娘，表示恩爱体贴。寿席上也有大红辣椒大公鸡，糕点做成鸟兽形，另备寿桃，菜点均做两套，以示隆重、大方。日常宴客，则以狗肉为主体，冷盘、热炒、大菜、羹汤，“无往不见狗者也”，表现出特殊的情致。

该族忌讳父子同席。抽烟时幼者不可以向长者借火。年节和婚丧大事不准杀狗。青年人不能使用单人餐桌。酒席上须按年庚依次斟酒，年长者举杯后其他人等方可动筷。

满族食俗

满族现有982万人，主要分布在东北三省和京、津，史称“引弓之民”，现从事多种职业，文化素质较高。他们信奉萨满教、大乘佛教和儒教，重视教育，崇尚理学，家法严，守礼节，有着特殊的饮食习俗。

该族主食是高粱、小米、玉米和糜子，间有面食与米饭。日常食用米豆混合饭、酸汤子、饽饽和金丝糕，爱吃小米饭、豆包、蜜果子与萨其玛。主食的特点是粘、凉二字，并且讲究季节性，年节重视饺子。蔬菜多为萝卜、豆角，过冬有贮菜习惯，习用豆油、猪油和苏子油。善于养猪，爱吃白片肉、血肠和猪肉酸菜烩粉条，除夕吃手扒肉，新春吃“福肉”。嗜好野味，多为烤制，口味以鲜咸为主，亦有甜酸、麻辣、酸辣、香鲜等变换。

满族男女普遍吸烟，习饮加糖的热黄酒与奶汁。每逢喜庆筵会，必备八大碗的“满洲席”。盛宴风格是多烧煮，用特牲（整畜、整禽），重茶食（即满族茶点），勤换台（一席清台数次）。客人在炕头上坐，男主人相陪，妇女侍候，以示尊重。大碗斟酒，垂首奉劝，宾客鲜有不醉者。

该族食俗事象异常丰富。如“吃菜包”、“点面灯”、“烧饭供”、“祭佛托妈妈”、“木杆挑肉喂喜鹊”、“高粱酒浇洒女儿头”等。其中，仅庆婚食俗便有10多种，如用干果填塞被絮四角，名曰“喜果儿”；新人在洞房吃“子孙饽饽”，名曰“多子多孙”。至于丧葬，有“锄食”、“喝汤”、“烧饭”、“祭筵”种种讲究。还有特异的“大祭食肉会”，客人不请自来，主人迎而不陪；因为是代表神来赴宴，故而可以放开肚皮吃喝而不道一个“谢”字，食毕扬长而去；主人处处谦恭小心，为的是讨取“神”的欢心。

此外，满族不准杀狗，禁食狗肉；忌讳射猎喜鹊与乌鸦。晚辈不可以与长辈同桌进餐。祭祖仪典隆重，要杀纯黑的猪，准备打糕、水团和豆馅饼等，态度极为虔诚。

蒙古族食俗

蒙古族有481万人,主要聚居在内蒙古自治区,从事畜牧业和农副业。他们信奉萨满教和喇嘛教,崇奉青狼和白鹿,尚蓝、爱黄、忌黑,善骑射,喜摔跤,有"黄金家族"和"马背上的民族"等美称。

该族的农区主食为农作物,辅食为畜产品,食风与当地汉民差别不大。牧区的膳食则分红、白两大系列。"白食"指奶面制品,包括谷食和饮料,蒙语叫"查干伊德",意为圣洁、纯净;有奶皮、奶酪、奶酥、奶糕、奶干、奶豆腐、奶茶、奶酒、奶炒米、奶馅饼、鲜奶、酸奶、包子、饺子、面片等众多品种,敬祖祭神和宴客送别必备,一日三餐不缺。"红食"指畜兽制品,多为牛羊驼鹿,也含黄鼠、野兔、飞龙、狍犴等山珍,一般都是带骨斩大块,或烤或煮,蒙语叫"乌兰伊德",意为"血食",如手把肉、羊背子、烤羊尾、扒驼蹄之类。口味要求酥烂、咸鲜、油多、色深、块大、量足。他们的果蔬较少,以土豆、白菜、口蘑、蕨菜为主,大都是简单炒炒。爱饮烈酒和砖茶,食量大,用膳时间长。其历史名馔"塞北三珍"(醍醐、酥酪、马奶酒)和"迤北八珍席"、"诈马宴"等,在中国烹饪史上影响较大。

该族待客真心实意。先献奶油、奶酪、奶油和哈达饼,再用银碗敬酒,唱酒歌,献哈达。接着上手抓羊肉或整羊,按民族礼俗分割。用肉待客规矩多,如胸骨肉敬给老人和姑娘,喉管肉分给新婿。"沙恩吐(迎亲)宴"都要调笑新郎,或赛歌,或罚酒,或在羊肉中插小木棍,红火欢腾。其祭筵虔诚,往往倾其所有,祭毕分享祭物,还可以"带福(肉)还家"。

蒙古族忌讳鱼虾和海味,多数人不吃肥猪肉和鸡鸭内脏;不爱米饭、青菜、油炸菜、带汁菜、糖醋菜和辣味菜;不喜欢将肉切得很小以及菜形过分雕琢。服丧期间不准饮酒作乐;不准在火盆上烤脚。主人献茶时应弓身双手接取;割肉时刀锋不可指向他人;看望老人时须带烟酒糕饼做礼物。

俄罗斯族食俗

俄罗斯族约1.4万人,系18～20世纪初叶陆续从俄国迁入定居的,主要分布在新疆和黑龙江。他们原属欧罗巴人种,生活习俗与俄罗斯人相近。信奉东正教,喜蓝、忌黄,回避星期五和13;文化素养和生活水平高,性情开朗,说话幽默,民族自尊心强。

该族饮食基本属于西餐的罗宋菜体系。日食三餐,早晚简单,中午丰盛,多为一菜一汤一甜食。面食为主,爱吃黑面包、馅饼、蜜糖饼干与馕;土豆疙瘩、抓饺、鱼籽酸奶果酱饼、甜饺子亦有特色。辅食包括果蔬肉奶,善于制作奶酪、奶油、果酱与果丹皮。制菜多系焖、煮、烩、煎、烤、炸,习以酸奶油、鱼籽酱和香料调味,偏好鲜咸腥酸、软烂油腻。家常食品以比罗什哈(牛肉米饭面饼)、苏波(元白菜、羊肉、番茄等煮汤)为特色风味;宴会佳肴有黑鱼籽酱、开夫鸡、土豆烧牛肉、焗羊排、炭烤肝串、醋渍蘑菇、奶油色拉黄瓜等。

该族重汤、重粥、重饮料。汤有罗宋汤、牛奶啤酒冷汤、红菜汤、三鱼汤之类;粥有黑豆粥、栗子粥、土豆粥、洋葱粥,均是加牛奶、奶油长时间熬煮;饮料有伏尔加酒、格瓦斯酒、毕瓦酒、柠檬汁、矿泉水、咖啡和牛奶等。特别爱用大铜壶熬煮浓红茶,加糖饮用。

俄罗斯族节庆筵席具有欧陆风情。如赴宴须洗澡、刮脸或化妆,男穿西服打领带,女穿长裙着皮靴,奉行"女士优先"的原则。主人迎宾,最重的礼仪是敬奉面包与盐。婚宴上新人要在来宾"苦啊、苦啊"的欢呼声中频繁拥抱和接吻。复活节前一周茹素,过节当天家家准备"比切尼"(糕点)和五颜六色的熟鸡蛋,玩"碰蛋"游戏。其中,高30多厘米的圆塔形彩花蛋糕精美绝伦。

该族忌食马肉和驴肉,少数人不吃猪肉和狗肉。吃饭时不可嚼出声响,使用刀叉和饮酒应依循东欧传统的规范。

锡伯族食俗

锡伯族有17.2万人,主要分布在新疆、辽宁和吉林,从事猎、耕,有"金弓银锄"的美誉。他们信奉萨满教和喇嘛数,供奉"喜利妈妈",注重家教,执行族规,讲究礼仪,是一个能歌善舞的民族。

该族一日三餐,米面为主,亦有高粱、玉米、谷子和豌豆,爱吃面条、饽饽、韭菜盒子、水饺、抓饭和烤馕。辅食多系牛、羊、猪,还有黄羊、野兔之类,以及家禽、园蔬、冷水鱼和奶茶、酥油,比较丰富。烹调方法是煎、炖、腌、烤,习用胡麻油炒菜,口味偏好咸香酸辣。吃肉多为白煮,特别注意火候,大块装盘,自带小刀片割,蘸盐、葱、蒜佐食。吃鱼多为腊腌,风味别致。其名食有南瓜饺子、甜面酱、发面饼、肉汤面和腌野菜。都爱喝茶、饮酒与吸烟。茶为红茶、奶茶、糊米茶;酒为葡萄酒和烈酒;烟为莫合烟或关东烟。

该族民风纯朴。不论谁家宰牲,近邻都可分取一份,主人不记账,亦不收钱。年前备好一月的食物,亲朋戚友互相宴请,其乐融融。该族又幽默风趣,七月半扫墓祭祖后,互相抹花脸以之“避邪”;至于“丁巴(迎亲的小伙)闹婚宴”,16名青年男女对歌对饮,取笑逗乐,可以使整个村寨沸腾一天一夜。

该族还有“吃大盘肉”、“订亲磕头宴”、“杜因拜专扎坤”(西迁节庆筵)等食俗礼仪,大多喜欢在野外聚众举行。

锡伯族忌吃狗肉与马肉,不许在农历正月里烹制熟食,严禁跨越火盆。“吃大盘肉”时不得在席上将骨头砸碎,不得将刀尖指向他人,不得将筷子架在碗上。吃“发勒赫俄分”(面饼)时,必须“天面”朝上,“地面”朝下,整齐切作4瓣摆在桌沿的一边。吃饭时不可站立、行走或蹲在门坎上,严禁用筷子敲打饭桌。该族坐席以西为上位,父子、翁媳不可以同桌进餐。

裕固族食俗

裕固族约1.23万人,主要分布在祁连山北麓的红湾寺一带,以畜牧为生,兼营猎、耕。他们信奉喇嘛教,属于格鲁派,有些风俗习惯与藏民接近,乐观而又俭朴。

该族饮食模式是:米面为主,野菜为辅,重视奶茶,适量用肉,每日三茶一饭,重视宴客仪礼。每天清晨,他们用净水或沸茶浇洒房舍四周,表示新的一天开始。然后喝第一次茶。此茶用茯茶、姜片、草果、花椒、食盐、鲜奶、酥油、奶皮、奶疙瘩、炒面、沙枣等熬得很稠,含热量高。中午喝第二次茶,佐以炒面或烙饼。下午喝第三次茶,加上酸奶、小米煮成的“楚扎克汤”。傍晚才用正餐,或是面片、拉条子、锅盔;或是手抓羊肉、羊背子、羊盘肠、羊杂碎汤;或是猪肉、鸡肉、驼肉等,佐以大蒜、酱醋,饮上几杯青稞酒。他们很少食用蔬菜,多以野韭、地耳、鲜蘑等替代。奶食花样多,有甜奶、酸奶种种。还擅长制作冻饺子、花米饭、奶馃子,草原风情浓郁。

裕固族热情好客,有“先茶后酒送羊背”之风俗。贵客进门,早茶中必卧一个炸鸡蛋,以示尊敬;正餐全家轮流劝饮,有“双脚进帐房,不可喝单杯”之说。如果确实不胜酒力,只要诚恳致谢道歉,主人同样高兴。他们最讨厌虚情假意,一旦识破,便不予理睬。盛宴后还要向宾客赠送“羊背子”,留待路上食用。

该族筵会还饶有情味。像正月的“酥油灯花会”,男女老幼盛装拜佛,喇嘛戴假面具跳舞,大家分享手抓肉和炸馃子。再如“点格尔汗(天神)祭”,“宗喀巴(格鲁派创始人)法会”,为一岁马驹举办的“剪鬃歌筵”,婴儿3个月操办的“剃头长命礼”,女儿出嫁前的“戴头宴”,新婚第一天的“开龙酒”等,都有鲜明的民族、宗教特色。

该族忌食尖嘴及圆蹄动物,如大雁、地鹌、鱼、虾、马、驴、骡、狗等。用餐时不可站立或随意走动。

土族食俗

土族有19.2万人,主要聚居在青海省的互助、民和、大通3县,从事农牧业,擅长园艺。他们信奉喇嘛教和道教,其习俗既与汉、藏、蒙古、回等族存在着相通之处,又有自己在高山区和川水区生活的特色。

该族日食三餐。早餐以煮土豆或糌粑粉为主;午餐有饭有菜,通常是薄饼、花卷、面疙瘩、干粮辅以肉奶;晚餐简单,仅吃面片或面糊糊。其名食有:麦面、清油、盐水制成的烤饼“沓呼日”;麦面、清油、葱花烙制的酥饼“哈流”;荨麻叶、青稞粉、清油、葱花煎成的面饼“哈力海”;花样各异的油条“薄适左”;野胡萝卜馅包子“尕仁布”;生食的北沙参“噶仁布”;插有酥油花的炒面盒子“西买日”;用草木灰烘制的“烘锅馍”;自酿的青稞酒“酩醪子”;以及手抓大肉、手抓羊肉、蒸鸡、烧麦(油炒面包子)等。

土族尊老重礼,忠实守信。对过路人一概热情接待,有“客来了,福来了”的说法。先敬“临门三杯酒”,次敬“吉祥如意三杯酒”,最后敬“上马三杯酒”,中途辅以迎宾茶、手抓肉和“起程面”。能饮者要求喝光,不能饮者可对空弹酒3下替代;筵间“以歌代言”,互相称颂,以酣畅淋漓为快。

土族筵会亦别具一格。像二月二“雷台会”，大家上台唱“花儿”是对手，下台吃酒肉是朋友；四月八“鸡蛋会”，人们彼此赠送红蛋，抢食高空抛下的五色果点，名曰“禳解雹灾”。婚庆方面，迎亲须用“羊头献客”；新嫁娘三朝下厨，要做出“薄如纸、细如线、下到锅中团团转”的“待亲面”。他们还爱在腊八节食冰和豆面搅团，强身健体；在过年吃“麻哈方子”(白煮大块猪肉)，补充营养。特别是“麦草圈圈席”，客人围坐胡麻草上，使用木雕餐具，一般不动荤，节制饮酒，席后赠送“薄适左”，表现出简洁、明快、实惠、古朴的民风。

该族忌食马、驴、骡肉，忌用有裂缝的碗上茶，忌讳在厨房吐痰、擤鼻涕。

回族食俗

回族现有860万人，主要分布在宁夏、甘肃、青海、新疆和北京，经济文化生活具有多层次、多结构的特点。他们信奉伊斯兰教，无任何偶像崇拜，简朴、和善、团结、爱美，对生存环境有很强的适应能力。

回族食风中的“清真”色彩极浓。他们日食三餐，北重面食，南重米食，都兼食杂粮；品种有面条、馒头、包子、烙饼、米饭、糕团；油香与馓子是其节日小吃。菜食也因地而异，南方多食鲜蔬，与汉民相似；北方土豆、白菜、腌菜较多，四季“酸浆水”不断。肉食亦为两路，北是羊牛驼兔，南是鸡鸭鱼虾，喜爱油炸、熘爆、煮焖或烤炙，口味偏好咸鲜、酥香、软烂和醇浓，强调生熟、冷热、咸甜分开，保证肴馔的清纯。他们创造的“清真菜”驰誉全国，涮羊肉、烧羊羔、水爆肚仁、手抓羊肉、香酥鸡、桂花鸭、兰州拉面、马家烧麦和牛羊肉泡馍等名食，有口皆碑。

该族一般不饮白酒，但是重茶。除奶茶、油茶、茯茶、绿茶外，最著名的是用“三炮台”(托、盅、盖配套)茶具上的“八宝茶”，内含花茶、冰糖、枸杞、核桃仁、芝麻、红枣、桂圆、葡萄干等物，有提气补虚、强身健胃之功效。

回民好客，特别亲爱本民族的乡邻，有“十家回民九家亲，天下回民是一家”的说法。进了回民的家，不论识否，只要你能按照穆斯林的传统礼仪和宗教习俗，正确使用语言和手势，均会受到友好接待。他们的宴席注重口彩，有“五罗四海”、“九魁十三花”、“十五月儿圆”、“二十四盘”等名目，并且要唱《谢厨歌》，生动有趣。

他们十分重视开斋节、古尔邦节和圣纪节，节庆食俗多彩多姿。先要沐浴净身，精心制作油香和馓子；再挑选体态端正、无缺损的牛羊宰杀，肉分三份，一份施舍给穷人，一份送亲友，一份自食，要欢庆1～3天。

他们的食规很严(参见“伊斯兰教食俗”)，除了“五禁”和“持斋”，还有一些要求。如馕和蒸馍只能一片片撕吃；就餐时不可开玩笑；借来的锅火烤之后才能使用；不准说“辣椒红得像血”、“杀”、“肥”等字；饭前用流水洗手；碗筷专用；不准左手触摸食物等。

维吾尔族食俗

维吾尔族有721.4万人，大多聚居在新疆的南部和北部，从事绿洲灌溉农业和园艺业，具有热情、奔放、幽默、好客的性格和多元化的文化气质。他们原来信奉萨满教、摩尼教、袄教、景教和佛教，后来改信伊斯兰教。

该族日食三餐，主要是面食和牛羊肉小吃，喜爱水果、蔬菜、奶制品与茶点心，多饮红茶与葡萄酒，食量大。饭食大多制成烤馕、各式抓饭、烤包子、馄饨、辣椒丝炒面节、羊肉桃仁粥、塔儿糖、鸡蛋银丝面、羊油面粉甜搅团、杏干面糊、米肠、面肺之类；吃菜必须见肉，习用胡椒、孜然、洋葱、辣椒配制，辅以黄油、蜂蜜、果酱、奶汁增味提香，如烤全羊、串烤肉、羊肉丸子、烤南瓜、无花果酱、羊杂碎汤等。此外，他们的马奶酒、沙枣酒、哈密瓜汁和莫合烟，也颇有特色。

维吾尔族有许多宗教节日，食风有同有异。同者，都要宰牲宴客，家庭聚餐；异者，节食不尽一致。如“宰牲节”吃抓饭、油果子、手抓羊肉、瓜果；“开斋节”吃馓子、粉汤。在人生仪礼方面，有婴儿出生40天举办的“洗礼宴”，男孩7岁左右举办的“割礼宴”，婚嫁宴，寿庆宴以及服孝期的“乃孜尔”祭仪。在社交游乐方面，有“香妃墓会”、“谒水节野餐”、“娱雪宴”、“冬夜连环晚宴”、“努鲁斯迎春野宴”、“偎郎”等。这些筵会都有规程，如安席上座，流水净手，由长者领作“都瓦”(祈祷)，不可在碗中留下剩食，不可将已取出的食物再放回盘中，不可吐痰与擤鼻涕，不可随便到锅灶前面去，不可随意拨弄盘中的食品等。

他们严格遵循伊斯兰教食规，饮食忌讳大体

上同于回族。此外，该族不吃鸽肉、马肉、骆驼肉；忌讳用鼻子嗅食物；多数人不吃酱油；有专用茶杯；吃抓饭前要洗手3次；馕只准正面平放；尤为重视饮用水的清洁。

哈萨克族食俗

哈萨克族有111万人，主要聚居在新疆的伊犁、塔城、阿勒泰、巴里坤等地，史称“白天鹅”、“勇敢大胆的自由人”。他们早期信奉萨满教，后来改信伊斯兰教，仍保留许多原始宗教的痕迹。歌与犬是这个游牧民族的“两只翅膀”，羽缨帽则表达出他们奔放浪漫的性格。

该族主要食用面粉、牛羊马肉和奶制品，偶尔吃点葱头、沙葱或野菜。制食方法相当别致，如“克木斯”（马奶酒）是将鲜奶放在“沙巴”（马皮缝的革囊）中发酵酿成；做好的酥油经常储存在干净的羊胃里；“索古姆”（冬肉）系将畜肉切条卤好，再用松枝熏烤晾挂，随时可以食用；“腊马肠”是将马肉切碎调味灌于马肠中烤干，然后煮焖。至于“包尔沙克”（油馃子）、“库吉”（米麦奶疙瘩肉粥）、“那仁”（羊肉拌面条）、“塔米”（熟小米拌酥油）等，也是他们的创造。

该族筵会具有浓郁的民族文化气质，《清稗类钞·哈萨克人之宴会》中有详尽描述，如“系羊马于户外，请客觇之，始屠以饷客”，“每食，净水盥手，头必冠，倪事急遗忘，则以草一茎插头上，方就食，否则为不敬”。他们重视“羊头敬客”，客人先割一片颊肉献给长者，再割一块耳朵送给小孩，然后方能自吃。他们的祖训是，筵宴重在一个“礼”字，待客贵在一个“诚”字，“如果太阳落山的时候放走了客人，那就是跳进大河也洗不清的耻辱”。所以，“客至门，无识与不识，皆留宿食。所食之肉，如非新割者，必告之故”，从而获得“哈萨克人朴诚简易，待宾客有加礼”的定评。

在饮食忌讳方面，他们基本上同于回族和维吾尔族，严格遵循伊斯兰教食规。此外，他们还不准用手背擦摸食物，不准乱丢食物，不准坐在食物箱上，不准跨越和踩踏餐布，不准乱倒泔水，不准青年人坐上席，不准将自己碗中的食物分拨给别人，不准逼近饭菜嗅闻，不准吃饭时伸懒腰、打哈欠，等。

柯尔克孜族食俗

柯尔克孜族约14.1万人，大多聚居在帕米尔高原的喀什噶尔河谷，主营牧业，兼营农业和手工业。他们早期信奉萨满教，后来改信伊斯兰教或喇嘛教，崇拜红色、烈火、太阳与雪山，称山为父，称水为母，以雪豹和牛为图腾，有“柯尔克孜人的金子是友谊与热情”的民谚。

该族日习三餐，早餐常是馕与奶茶，中晚餐为面食品和马牛羊肉。还吃驼肉、青稞、大路蔬菜与花样繁多的奶制品，四季不离奶茶。民族风味食品很多，如“库尔达克”（锅烤羊肉块）、“那仁”（手抓羊肉烧土豆）、“克缺”（麦豆肉奶油粥）、“建贴克塔拉坎”（小麦青稞沙枣酥油饭）、“乌麻什”（青稞麦面羹）、“西仁古鲁西”（奶油甜米饭）、“皮特尔”（薄皮羊肉包子）、“贝吉”（羊肉灌肠）、“库衣安吾普阔”（灌肺），以及添加羊油和马髓的“马奶酒”，金黄色的家酿“孢孜酒”等。其中最珍贵的是“马驹肉”和“驼羔肉”，非有贵宾光临不设。

该族年节食俗极富情趣。如“诺劳孜节”（新年）的黎明即在房中燃起松明烟雾，让人畜从中通过以求平安；日出后摆出各式美味，款待拜年的亲友。他们拜年至少是7家，所以赴宴至少也是7次。这一天从早到晚，“灶里不熄火，路上不断人”，客人越多的家庭越荣耀。再如金秋的“玛纳斯歌会”，四方歌手云集，帐篷星罗棋布，形成“草原牧城”。人们白天听歌，晚上宴乐，持续一周或半月。荣获“玛纳斯大师”的歌手，要去各个帐篷作客，受到英雄般的接待。

柯尔克孜族的食禁基本遵循伊斯兰教教规，但不似回族严格。到他们帐房作客，饭前要洗手（余水不可乱甩，须用净布擦干），主人让吃时客人才能吃。男客不可以从女主人手中直接接取食物，以示男女内外之别。客人应将碗中食物吃净，切忌将剩饭倒在地上。吃饭时不可揭开厨房门帘偷看，食毕要背朝门慢慢退出。

塔吉克族食俗

塔吉克族有3.35万人，主要分布在新疆的塔什库尔干一带，游牧为生，被称为“帕米尔高原的雄鹰”。他们早期信奉佛教，后来信伊斯兰教，属于不封斋、不朝觐的伊斯玛仪派。民风诚朴，有“君子国”古风，法院长年无案件，以助人敬人为荣、为乐。

该族的食源有3类，一是牛、羊、驼、鸡、鸭、鱼等肉类;二是奶油、奶干、酥油、奶饼等奶类;三是青稞、豌豆、小麦、玉米等粮食;很少食用蔬菜水果。主食花样较多,有大米奶粥、牛奶面片、奶面糊、酥油面糊、酥油泡馕、牛奶肉块面条、酥油馃子、奶干、奶茶等,与蒙古族的"白食"有异曲同工之妙。他们吃肉多是切大块清煮,食时蘸盐,如有名的"西尔鸟"。至于猎获的黄羊、野兔,多用于烤,常与亲友分享。该族还善于调制李子酱、青仁酱和酥油面酱;接待贵客用绛紫色羊肝和雪白的羊尾巴油。他们一般不忌烟酒,但反对酒后做出违背教规的事情。

塔吉克人的食饮,男人多不插手。在地毯上铺好饭单后,长辈上坐,其他人围坐,食品按座次先后递送。若有客来,有羊者宰羊,无羊者尽其所有。进餐时先上羊头,客人割取一块后将羊头奉还主人;主人呈上夹有羊尾油的肝片,再请客人分割全羊;这时客人须谦让,同请主人主刀;主人均匀分作数份,大家享用。食毕宾主一起祈祷,然后散席。若是婚宴,则热闹3天,亲友送羊、馕和衣物首饰,上洒面粉兆示吉祥。第二天全村举行娱乐筵会,第三天才迎亲,届时有歌舞表演、刁羊游戏和更隆重的家宴。至于丧葬,事主家3天不动烟火,饭食由亲邻供送。

该族食禁大体上同于回族。另外还忌讳男女同席,不许用脚踏食盐和动物,刀口不可指向他人,成年男子不可食用未经屠宰而死亡的动物(妇女和儿童不受此限),星期三和星期日不许买卖牲畜。

乌孜别克族食俗

乌孜别克族有1.45万人,主要分布在天山南北,从事农牧业或手工业。他们早期信奉袄教和佛教,后来皈依伊斯兰教,重绿尚白,有着良好的族风与家风。

该族饮食文化较为发达,食馔分为3大类型。(1)主食。面食为大宗,花色品种繁多,尤长于烤馕和抓饭。馕有油馕、肉馕、薄片馕、窝窝馕、小圆馕、葱馕、玉米面馕多种;抓饭称为"朴劳",包括菜朴劳、肉朴劳、蛋朴劳、甜朴劳、酸牛奶朴劳、包子朴劳等不同类型,注重原料配比和疗效,故有"十全大补饭"之称。(2)副食。多为肉奶禽蛋和蔬果,尤爱糖浆与蜂蜜,奶制品四时常备。他们的羊肉酸奶面片、米肠子、串烤羊肉疙瘩、土豆炖牛羊肉、鸡蛋羊肉菠菜面片、蛋清白糖羹,以及抓肉,在新疆都有盛名。(3)饮料。包括红茶、茯茶、奶茶、牛奶、羊奶、马奶、酸奶、小米酒、葡萄酒、汽水与果汁等,相当丰富。其中,加放羊油、酥油、牛奶、胡椒和精盐的奶茶,香辣、鲜咸、油润、醇美,可口而又耐寒。

该族日习三餐,灵活调配。长者居上位,妇女与儿童往往单坐一席。宴客时除了饭菜,还重水果,西瓜、苹果、葡萄、香梨、石榴与无花果等,往往要摆上十多公斤,故又有"无果不宴客"之说。"肉孜节"家家宰牲;春季以村为单位举行"苏麦莱克"(田间宴会)时,每户自带最好的食料,投放在一口大锅中共同熬煮,人们唱歌跳舞,自由取食,预祝全年风调雨顺,人畜两旺。

乌孜别克族的饮食禁忌,大体上同于回族和维吾尔族,清真色彩相当鲜明。此外,他们就餐时还严禁脱帽,严禁不洗手,严禁胡言乱语,严禁开玩笑;不许长幼混坐,不许有擤鼻涕、吐痰、放屁、打哈欠等不礼貌的行为。还由于生活环境的制约,他们一般都不吃鱼虾贝蟹等水产品。

塔塔尔族食俗

塔塔尔族约4800余人,主要聚居在新疆的伊宁、塔城和乌鲁木齐,经营多业。他们信奉伊斯兰教,能歌善舞,有"新疆各族文艺明星"之称。

该族日食三餐,早晚为茶点,中午是正餐。食馔以面、肉、奶为主体,也吃大米、蔬菜与水果。其妇女多为中馈能手,善制烤饼和糕点。风味名食有面粉、大米加奶酪、鸡蛋、奶油、葡萄干和杏干烤制的"古拜底埃";羊肉与大米混合烤制的"伊特白里西";面粉与鸡蛋、奶油、砂糖、鲜奶、可可粉及苏打制成的"去买西";牛肉、土豆、大米、鸡蛋、盐和胡椒制成的"卡特力特"(抓饭);以及"帕拉马西"馅饼,带土豆泥的油煎饼,还有饺子、拌面、油煎肉等。他们的饮料也较特殊,如用蜂蜜发酵制成的啤酒"克儿西麻";用野葡萄、砂糖和淀粉酿制的"克赛勒";用茶叶、枸杞、杏干加冰糖泡的"五香茶",以及马奶等。

该族用餐很重礼节。全家围坐,每人面前一块揩嘴的餐巾。饭前净手,刀叉专用。主妇端送食物,先长后幼,秩序井然。吃饭时不可有失礼行为,不能剩饭剩菜,饭毕要做"巴塔"(祈祷),并向女主人致谢。

他们的节庆食俗丰富多彩。如新人共饮糖水，表示生活甘甜；婴儿出生40天行"水礼"，由亲友从四面八方的清泉中汲回40瓶净水给其洗澡，寓意是"沐浴四海水，享有百岁龄"，然后大张筵宴，请歌手唱歌祝福。再如初春的"撒班节野宴"，农民用犁头铲除田间杂草后，穿上节日盛装，到风景优美的地方举行赛马、拔河、摔跤等游艺，接着歌舞聚餐，十分热闹。这是将除草灭虫、预祝丰收、春游度假、迎新纳福融为一体，反映出活泼乐观的民族性格。

塔塔尔族的饮食禁忌，基本上同于回族、维吾尔族和哈萨克族，也带有伊斯兰教鲜明的清真风格。

东乡族食俗

东乡族有37.4万人，因世代居住在甘肃的东乡县而得名，主要务农，擅长养羊。他们信奉伊斯兰教，内分众多教派；重视"阿哈交"（宗族）观念，大事均由"当家"决定，"性谆笃，循礼义"，善唱"花儿"，经常举办"花儿会"（对歌）。

该族主食是小麦、青稞、玉米、豆子、荞麦、胡麻和沙甜肥大的"东乡洋芋"，辅食为牛、奶、鸡、蛋、蔬、果与鲜嫩醇香的"栈羊"。一日三餐，饭菜合一，多料混做，如"索索"、"散饭"、"搅团"、"罗婆粥"之类。其中特别喜食洋芋，几乎每餐不离，或焐，或烤，或炒，或拌，百吃百变。每家都有一副精巧的小石磨，用以加工谷物。

他们的肉食制品也自成章法。如吃羊，全羊下锅清煮，内脏切碎拌调料笼蒸（此称"发子"）。先上内脏后上全羊，有"发子香过全羊"之说。上全羊时，是各个部位依次入席，肉汤最后。再如吃鸡，习惯分成13块，长辈吃大块，小辈吃小块，贵重的鸡尖则献给客人。

每逢节庆，则摆"古隆伊杰筵"，意为吃面食。食馔有炸油香、酥馓、白面馍、刀切面、蛋奶馅饼、荞麦煎饼、牛羊肉泡馍等。客人上炕，主人下陪。席前由长辈致颂词，此名"告毕"；然后众人边吃边聊，此名"论"。食兴与谈兴愈高，主人愈高兴，这说明面食精美，待客热情。到了冬闲，乡邻则有"打平伙"之举。除一人做东不出钱外，其他人摊份子买只羊到东家去吃饭。东家负责烹调，还要准备油香、馒头、八宝茶待客。食料均分，也是边吃边"论"，不论时间多长，东家都要服侍到底。大伙轮流做东。它表现出农户寻求友谊与支持的心理，以及平等合作的愿望。

东乡族的饮食禁忌与信奉伊斯兰教的其他各族大致相同。突出之处在于注重礼仪。如来了客人，一家之主要率全家成员出门迎候；倒茶端食均是双手呈送。老人坐炕必居上方；老人未食，晚辈不可以动筷。小辈不可在长辈面前抽烟喝酒；媳妇送菜必须躬身出入等。

撒拉族食俗

撒拉族约8.77万人，主要聚居在青海省的循化县，务农为主，兼营他业。他们信奉伊斯兰教，有独特的组织形式——尕长制，敬重舅亲，讲礼好客。

由气候物产和宗教信仰等因素所决定，撒拉族长期形成以面粉、蔬菜和牛、羊、鸡为主体的膳食结构，擅长用蒸、煮、烙、烩等法调制四时三餐的民族风味食品。其中的"控青稞"（嫩青稞穗烤熟），"麦索尔"（麦仁烤熟磨粉，拌菜油、蒜泥、油泼辣子、细盐与菠菜制成），"雀舌面"（面团揪成雀舌状煮），"麦仁粥"（以嫩麦穗作主料），"古古麻麻"（油炸小方块面团），"比利买亥"（清油、面粉配红糖煮糊），都见特色。其肉食主要是手扒羊肉、羊肉火锅、牛杂碎汤及煮鸡之类，做法与当地回民差别不大。

该族饮料则较特殊。除酸奶、奶茶、茯茶外，还有少见的甜醅、麦茶和果叶茶。甜醅系用青稞、玉米与小麦混合酿制，待酒味透出便将麦粒捞出晒干贮藏，饮用时稍加凉水浸泡，其味如初。麦茶是将麦粒炒至半焦，捣碎为末，再加盐熬煮，色如咖啡，饮用时兑入牛奶和杏仁粒，香鲜可口。此茶可健胃化食，不会上瘾伤身，誉称"健美神茶"。果叶茶则是将新鲜梨叶、杏叶、葡萄叶或核桃树叶采下晒干，炒至半焦，用沸水冲泡饮用。为了饮茶，家家备有陶罐、火壶与盖碗，纹饰讲究。

撒拉族食礼常因事而异。如佳节上肥美的羊尾，订婚给舅家送"羊背子"，对贺喜者分发"羊份子"，丧葬吃"麦仁饭"。像他们的迎宾宴，通常由六盘干果、三炮台五香茶、大馓子、碗菜、主食、礼馔（手抓羊肉）、压席面、冻酸奶组成，朴实无华，反映出一种至诚俭朴的民风。

在饮食禁忌方面，撒拉族遵循伊斯兰教教规，与回族、维吾尔族基本上一致。

保安族食俗

保安族仅1.22万人，大多聚居在甘肃省的积石山区，经济文化是山地麦作农耕类型。他们信奉伊斯兰教，有老教与新教之别，是个“没有歌声就不能生活”的快乐民族。

该族食源主要是麦豆玉米、土豆青稞、牛羊肉奶和禽蛋鱼鲜，蔬菜甚少，仅吃胡麻与韭菜等有限的几种。嗜爱酸辣，每餐不离老醋、浆水和油泼辣面。主食偏重面制品，以炕锅馍馍、麦麦包子、河州包子、鸽肉稀饭最为知名。副食喜爱纯肉制品，与蒙古族“红食”较为接近。除手抓羊肉、碗菜、麦仁杂碎汤、大块清水鸡、清煮全鸭外，全羊席声誉甚高。这是选用2龄左右的肥羊，治净煮熟，按肋条、脊背、前后腿、髋、脖、尾分档切割，带骨剁成一指厚、手掌大的块，各装一盘，带佐料顺序上席。他们习饮茯茶、砖茶、沱茶、陕青茶或春尖，来客则上“五香茶”，以示敬重。

保安族食俗中最欢腾的要数“闹婚宴”。娶亲马队来到女家时，请阿訇先念证婚词，接着将“喜果”抛散院中，让人争抢，烘托红火气氛。然后进房食用羊羔肉。此时女方的小伙拥入，争要“规程钱”，娶亲者若不能满足，则被涂成大花脸。据说这样一闹，未来的外甥就会同舅家格外亲热。当送亲队伍快到男家时，男方的小伙又千方百计阻拦内兄抱新娘进门，双方斗智斗力，洋相百出，围观者轰笑为乐。新娘“委委曲曲”进门后，婆家即用手抓羊肉、河州包子答谢送亲人。但新娘不可入席，她新婚3日之内的饭食全由娘家送来，表示不忘父母养育之恩。入夜，主人在院中点燃篝火，烤上羊肉，煮浓茯茶。亲友们自由围坐，痛快吃喝，赞美新娘漂亮，祝福主人吉祥。小伙子边向火堆撒五色米粮，边唱《宴席曲》，姑娘们翩翩起舞。主人不断端出食盘敬客，笑笑闹闹直到夜深。

保安族的食禁基本上同于回族。

彝族食俗

彝族现有657万人，主要聚居在四川凉山、云南楚雄和贵州毕节等地，主营农耕，兼顾猎牧。他们信仰精灵和鬼神，有自然崇拜和祖灵崇拜遗习，崇奉黑色，以虎为图腾，推崇“情深礼重勇为先”，刚毅，深沉。

该族多以荞麦、玉米、土豆、燕麦为主食，爱吃包子、油饼与面条，嗜好酸辣，每餐不离盐巴。肉食多为“两只脚”的鸡鸭和“四只脚”的猪牛羊，大块煮、烤，断生即可。名食有坨坨肉、粉蒸乳饼、灌血肠、肝胆生、麂子干巴、油炸蚂蚱、锅巴油粉、面糊酸肉、威宁荞酥、彝味兔之类。吸旱烟，饮烤茶和“盐巴茶”；尤为重视“秤秤酒”，有“人错是酒错、人和是酒和”之说。饮酒多不用菜，席地围坐，持碗轮饮，号称“转转酒”。还有“打（杀）鸡敬客”、“打（杀）羊敬客”、“主左客右”、“有敬必受”等食礼；习用牛羊肝待客，表示“肝胆相连”，并将羊髈、猪头送给客人带走。

他们烹调务实戒奢。如荞粑微苦、耐饥，对积食、盗汗和炎症均有显效。用哈拉克树叶、穆库树根和切批切克草等煮出的坨坨肉，奇香肥润而又开胃畅神。

该族餐具多用马樱花树和红椿木制成，分无漆和有漆两种，有碗、盘、勺、杯等多种型制，大中小成套，有高脚与平底之别。其漆是内外彩绘，以黑为底，用红、黄勾勒纹样，古色古香。还有牛羊角蹄镂空、以鹰爪镶配杯脚的酒具，堪称华夏一绝。

彝族酒宴名目众多。如“跳公酒”、“神龛祭”、“星回节宴”、“插花礼筵”、“松毛席”、“咂酒”、“耗子节宴”、“剽羊宴”等，都展示出他们特异的民族风情。

该族习用白色禽畜祭祖，饮鸡血酒结盟。忌食狗肉、马肉及蛙蛇。不许跨越火塘，不许踩踏锅灶，不许乱堆柴草，不可拒绝主人敬献的酒肉。宰牲时忌讳外人观看，忌讳未经允许带走食物。部分彝人不食大蒜。

羌族食俗

羌族有19.8万人，主要分布在四川的茂汶、汶川、松潘和甘孜，大多务农。少数人皈依道教、大乘佛教或喇嘛教，多数人崇奉原始宗教，信仰多神，膜拜自然、祖灵与图腾，喜白恶黑，避“十”，以“白石”代表神灵。

该族农闲二餐，农忙三餐，主要食料为杂粮、猪羊、园蔬和蘑菇、蜂蜜，烹调多系煮、蒸、烙、烤、卤、拌，口味偏好酸辣香咸。主食花样多，有玉米蒸蒸、金裹银、银裹金、玉麦汤圆、酸汤面、炒面、羌馍、荞面条等。肉食则较单纯，如猪膘、砣砣肉、血馍馍、血肠、瓤肚、血豆腐、猪肚骨头之类。他们还重视药膳，羊肉当归汤、猪肉炖杜仲等，均有较好的疗效。其饮料多系咂酒(醪醩)、蒸蒸酒(玉米酒)、“杯杯酒”(外来白酒)和“白羊茶”、“老叶茶”，一般不饮牛奶和奶茶。

羌族十至腊月间过“大小年”，喝“收成酒”，吃三叉莜面饺，内包腊肉与豆腐；同时杀猪，做禽畜形礼馍，祭祀先祖和天神。除夕宴备菜5～16种(总数不可为10)，吃米饭，食品应有剩余，预兆来年富裕。还用美食喂狗，狗先吃什么，则兆示来年此物最为贵重。然后全寨跳“锅庄”，迎接新年日出。初一吃酸汤面，不动刀砧，闭门娱乐。初二至初四，各带食礼到平坝“出行祭天”，举行野宴。然后宰羊杀猪做蒸饼，聚会亲朋。

他们还有“祭山会”、“喇嘛会”、“哑巴会”、“领歌会”、“吊狗封山”、“杀替罪羊”等信仰食俗；以及“开口酒”、“插香酒”、“女花夜”、“谢客礼”等喜庆食俗，文化内涵深厚。

羌族食忌亦多。如不许践踏和跨越锅灶，不许挪动支锅石与支锅架，不许掏火灰和朝火上泼水。不吃马肉和牛肉。产妇不吃母猪肉、羊肉和生姜，儿童不吃猪尾和猪蹄。办席的菜数不可为十(因“十”、“石”谐音，触犯了白石神)。招待客人和帮工者、换工者不可小气，否则会被乡邻嘲笑。

藏族食俗

藏族现有459万人，主要分布在西藏、青海、甘肃、四川与云南，从事高原农牧业，善于种植青稞和驯养牦牛。他们早期信奉本教，后信喇嘛教，禁止僧人婚配，实行活佛转世制度，有着圣洁的理性和刚毅的性格。

藏族的食源主要是青稞、豌豆、玉米、小麦和牛羊肉奶，也有珍奇的雪鸡、虫草、人参果、松茸与鲑鱼。由于日照时间长、气候干寒和劳动强度大，大多日食3～5餐。他们膳食花样不求多，但求丰美适口、热量大，以五类食品为主角。(1)酥油茶。用砖茶、清水、酥油加食盐制成，习惯于边喝边添，可以连饮数碗。(2)青稞酒。用青稞酿成，日常必备，待客讲究“三口一杯”。(3)糌粑。青稞与豌豆炒熟磨成，加酥油捏团食用，可以变换出“麻粑”、“土粑”或“粑杂麻古”等品种。(4)奶品。有酸奶、奶饼、奶块、奶渣及酥油种种，可制出“辣子朵勺”、“切玛”、“隆过”、“扒擦磨古”、“萨干察门”或“河曲大饼”等名食。(5)牛羊肉类。如“赛蜜羊肉”、“风干牛肉”、“氽灌肠”、“林芝烤猪肉”、“油炸虫草”与“火上烧肝”之类。其中，推(藏式花酥糕)、酥油花、藏北三珍(夏草黄芪炖雪鸡、赛夏蘑菇炖羊肉、人参果酥油米饭)，均系绝品。

该族宴客多在柳林或河滩，分餐制，无饭菜小吃之分，大都按足玛(蕨麻籽)饭——肉脯——猪膘——奶酪——血肠——酸奶的顺序排菜，席间一般不饮酒。米饭表示吉祥，酸奶表示圆满，主客非食不可；其他肴馔则各随人意。吃饭讲究食不满口、嚼不出声、饮不作响、取食不越盘；不用筷，木碗和割肉小刀随身自带，保留抓食古风。

藏民食器古色古香。常以喜马拉雅山特产的软石凿锅，铁三角架为灶，干牛粪饼当燃料；茶酒具多系铜制；藏木碗漆成红、黄、橙色，并且包银；藏刀银饰，刻龙凤图案；食盒用彩竹编成。还有别致的酥油茶筒，揉糌粑的小皮袋，以及名贵的玉石碗、玉石壶等。

藏族食俗受喇嘛教影响很深(参阅“佛教食俗”)，有着浓郁的神佛色彩。此外，他们还忌用有裂纹的餐具，忌讳倒扣餐具和打碎餐具。不许脚踏锅台，不许焚烧破旧鞋袜等不洁之物。男女不可在同一碗中揉糌粑。对于上门求助者，必须施舍食品。

门巴族食俗

门巴族有7500人，主要分布在西藏的门隅地区，务农为主，兼营牧、猎、林业。他们信奉喇嘛教和原始本教，实行“僧差”制度(二子须送其一入寺当喇嘛)，节庆大体上同于藏族，饮食文化具有浓郁的神佛色彩。

该族日食三餐，以玉米、鸡爪谷、荞麦、青稞或高粱为主食；猪、牛、羊、奶及萝卜、辣椒等为辅食；还吃棕心粉、野薯根、野果、山菜和香獐、野牛、野猪、野羊。代表性食物有荞麦饼、散(糌粑糕)、杂粮饭、菜糊糊、肉干、炖肉、烤肉、鸡爪谷酒及酥油茶等。

他们饮食生活中保留不少原始公社制的遗习。狩猎自愿结伙，公推首领，首先击中猎物者分双份肉，其余人分一份肉。如果猎物较多，则在高处点火为号，召集村民接应，分一部分给全村人聚餐。路遇行人，无论识否，也馈送一份，这预示着下次狩猎会交好运。

每逢年节，互相邀请。客至，全家携酒至村口为之洗尘。开席前，主人将每样饭菜都尝一口，名曰“验毒”，再请客人享用。主妇侍立一侧，不断斟酒布菜，保证杯碗常满。更具情趣的是，一家有客，邻里同贺，背酒上门，添欢助兴。客人告辞，主人执酒送至村外，临别再敬3杯，恭祝吉祥如意。

门巴族除了遵守喇嘛教食规之外，还有众多的食禁。如每月的五、十、十五、二十五、三十日为“丧葬日”，不许杀生；六月四日为“忌耕日”，也不准杀生。三月三日为“难朵日”，全村共买一头猪(或牛)宰杀，每户领回一份做肉粥吃。杀猪当天不可吃肉，认为肉旁有鬼，须等一日鬼魂走后才能烹调。产妇在一段时间内不能吃辣椒、白菜和烂肉。这都与原始宗教信仰有关。

珞巴族食俗

珞巴族约2300人，主要分布在西藏东部的珞渝地区，以农牧、狩猎为生。他们崇拜鬼神，相信万物有灵，保留父系氏族社会的残余，喜爱歌舞宴乐。

该族主要食用玉米、龙爪粟、青稞、荞麦、高粱、杂豆、土豆、南瓜、辣椒、芜菁和猪、牛、羊的肉奶；同时以野生植物块根和禽兽作为补充。常餐是玉米搅团、荞麦饼、糌粑、土豆糊、奶渣、烤肉和酥油茶。无论男女，都特爱烟酒与辣椒，烹调方法和饮食口味与藏族大体上相似。山区的珞巴人多用特异的“石锅”炊煮饭菜，慢火久炖，其味特别鲜香。

该族食饮也有原始公社制的积习。不仅均分猎物，过“珞巴年”宰牲也要切块分送族人。还有“氏族集合”的古制，村民自带酒肉欢聚，尽兴娱乐。而且其食俗大多蕴含鬼神崇拜的因素，古朴而又率真。像“农祭”，多在选地、砍伐、耕种、除草、收割和归仓诸日举行，有村祭与户祭之别。在田野搭祭台，请巫师卜鸡肝卦，宰牲献给各路精灵；祭毕欢宴，歌舞跳跃。次日禁止下地干活和外人进村。又如为远行男子举办的平安祈祷仪式——烧希日枝祭酒，远行者集体向天神献供，焚烧名叫希日的树枝，向火堆抛撒美酒、酥油、糌粑与奶食，乞求一路顺风。家属们互相宴请，馈赠食品，彼此盟誓，关怀照应。远行者还要宴请乡邻，托咐家事，全村好像过年一般。

他们忌讳类似藤科状植物的菜果，不吃一部分肉食。

苗族食俗

苗族有740万人，包括82种支系，主要聚居在黔东南、湘西、鄂西、云南文山、四川涪陵和广西柳州等地，多数务农。他们信仰多神和基督教，崇拜祖先，以龙凤为吉祥物，以枫树为图腾，诚实憨厚，重情守信。

该族主食是杂粮，兼食稻谷，最爱糯米，经常混合做饭，如面面饭、桐叶粑、乌饭团之类。还善于用豆品和米汤制成菜豆腐或酸汤，开胃化食。肉品多来自禽畜，偶有野味，尤嗜狗肉，有“苗家的狗、彝家的酒”之说。偏好酸苦，“无椒不成菜”，习用茶油与菜油，口味较重。有瓦罐狗肉、薏仁米焖猪脚、红烧竹鼠、油炸飞蚂蚁、龟凤汤以及腌蚯蚓等名食；用各式酸菜组成的“苗寨酸宴”，快人朵颐。饮料多为油茶、万花茶、酸汤汁、泡酒及窨酒，每逢喜庆，常是“油茶三杯连渣饮”、“吹笙置酒以为乐”。

该族岁时食俗常有特殊的理念情愫。如过“苗年”要抱大红公鸡去村边迎接祖灵，并给牛鼻子抹酒以示慰问。过“姊妹节”蒸五彩糯米饭，姑娘盛装迎接四方的对歌小伙，并给看中的人藏物示意，如竹钩表示继续交往，椿芽表示托人求亲。“砍火星节”是集众商讨乡规和山寨大事，“值年者”(任期1年的民选村长)请大家喝“同心酒”，并将鸡头献给继任者。信仰食俗有祭神鼓的“吃牯脏”，求子嗣的“架桥宴”，灭鼠害的“耗子年”，求雨水的“杀鱼节”等。礼仪食俗最重视饮酒对歌，有“拦路酒”、“进门酒”、“转转酒”和“双杯酒”种种名目，如果主客都是海量，歌须唱足99首。他们还有村寨集体互访的“芦笙同年”，两寨数百人欢聚3日，“男客女陪，女客男陪”，歌声、舞步和酒肉香味片刻不息。

苗族一般不吃面条、羊肉和牛肉，龙姓苗人不吃鸡。忌狗上灶，忌在屋中煮蛇肉，忌打青蛙与癞蛤蟆，忌射燕子，忌在深潭打鱼超过三网，忌摘独枝椿芽，忌砍枫、樟、椿等古树，祭祀“雷鬼”时忌供食盐。父母和同村人去世，1月内禁食辣椒；父母去世，3年内不吃狗肉、泥鳅和鳝鱼。婚宴上不得打破碗筷；切菜刀忌讳刀口朝上，更不可用刀锋指人。认为这都会触犯“精灵”，招致灾祸。

水族食俗

水族现有34.6万人，分布在“像凤凰羽毛一样美丽”的贵州月亮山下，经济文化属于稻作农耕类型。他们相信万物有灵，尤为崇拜自然物、祖先与鬼神，以“铜鼓”作为神灵的象征，喜爱青、蓝、绿色。

该族日习2～3餐，有便餐与客餐之别。前者多系米饭、酸汤菜、焖南瓜或烧豆腐之类；后者则以糯食、鱼包韭菜、醅鱼及九阡酒等为主角。其膳食特色有四：(1)重视糯食。祭祖、待客都用它，不仅吃，还要送，“扎包礼”中必有糍粑之类。(2)嗜食酸辣。家家备有酸汤、糟辣和盐酸菜，四香不断。饭食与肉食多带酸辣味。(3)爱吃鱼鲜。可以酸煮、盐腌、酱烧或干蒸，以“鱼包韭菜”最为知名。他们认为鱼虾不属荤菜，故可用于丧葬和祭祀。(4)恋酒。他们待客，“酒重于肉，烟重于茶”。如果席上无酒，则不成敬意。最贵重的是糯米、中药材和野生植物酿制的“九阡酒”，味似蜂蜜，香味馥郁，有助兴提神、舒筋活血之效用。

水族食俗五彩纷呈。如“苏念喜节”祭祀掌管生育的王母娘娘，儿童手提竹笼，挨户讨取象征长寿的红糯饭和红鸡蛋，由妇女主祭。又如12年一次的“借霞节”，水族与其他民族相聚，推选12名代表共饮“交杯酒”，表现“亲如一家”的主题。若迎接贵客，则要杀猪，用苦胆煮猪肝，滴其浓汁于酒中进献，名曰“肝胆相共”。而且一家来客，全寨做东。或是操办“见面席”，请客人挨家“各饮一杯茶、各吃一口菜”；或是众人带酒肉到主人家集中，围成一圈，陪着客人谈笑吃喝。

水族饮食也多忌讳。如待客不能杀白鸡，猪仔肉不能送岳父，狗崽肉不能待女婿。祭祖不可用禽畜和动物油做菜，器皿必须洗刷多次，不带油腻。人死后亲友茹素，过罢三朝才开荤。开荤前或杀一只鸡，取活血冲水漱口；或杀一只小狗，吃一块狗肉。举行了这些仪式后，才能再吃其他肉品。

布依族食俗

布依族有254.5万人，主要聚居在黔南、黔西南和安顺地区的山坝子中，从事犁耕农业。除少数人信奉天主教外，其他人多无固定的宗教信念，仅只膜拜鬼神与祖灵，重视家训族规，是个性温、意善、情深的勤劳民族。

该族闲时二餐，忙时三餐，以大米、玉米为主食，还吃麦豆与杂薯。多以木甑、鼎罐炊饭，有二合饭、苞谷粑、米线、饵块、豌豆粉及米凉糕等花样。其中，糯米制的汤圆和芝麻油团最为知名，多用于祭祖或待客。肉品多为禽畜，还捕食松鼠或竹虫。烹调常是烧、煮、炸、腌，极少生食。名肴有青苔冻肉、糯米穿肠、炒螺蛳、炸竹虫、香椿蝌蚪、酸芭蕉心，猪血杂或盐酸菜之类。他们嗜狗，有“肥羊抵不上瘦狗”的说法，讲究“头黄二黑三花斑，白狗肉味最平淡”，花江狗肉驰誉一方。该族还擅长调理糟辣、面辣、豆豉与泡菜；其饮料有土酒、甜酒、黑糯酒与刺梨酒等。

他们的年节食俗，有些同于汉民，如端午、中秋；有些则是专有，如地蚕会节、祭盘古。其中，正月初九“煮生食”，三月三“吃苞谷花”，四月八“吃四色糯饭”，六月六“吃煮鸡”，大都和民族起源的传说相关。

该族重礼好客。贵宾到来，必有进门酒、交杯酒、格当酒、转转酒、千杯酒和送客酒等六道酒礼，并敬献美食，如鸡头象征吉祥如意，鸡翅表示腾飞，鸡腿表示脚踏实地。席上还唱《祝酒歌》和《宵夜歌》，前者是殷殷劝酒，后者要将桌上所有食品及物品一一道出，表现出他们的心智和才华。

对于这种欢宴，清人莫与俦在《黔中竹枝词》中备加赞赏：“朴厚民风属四乡，一家春酒儿家尝。屠犬烹猪成欢会，醅菜坛开十里香。”“九名九姓独山州，南郊紫泉北石牛。年年四八牛王节，家家花饭摆门楼。”

仡佬族食俗

仡佬族有43.8万人，主要聚居在贵州西部的道真、务川两县，从事山区农业和副业。他们信仰原始宗教，崇拜祖先和大树、巨石等自然物，信巫鬼，有“送鬼”遗俗，民歌声情并茂，人生仪礼简朴。

该族主食是苞谷及大米，也吃其他杂粮。日习三餐，早吃稀饭或酸汤烫饭，午与晚吃干饭；嗜好酸辣，以糯食为贵，有名的糯米粑多配蜂蜜、白糖、芝麻及苏子食用，香馨柔口。其玉米饭一磨、二蒸、三晒、四洒水、五回蒸两次，异常松软。他们还善于制作酸腌菜，辣椒的吃法亦多。肉品多为禽畜，除了做大菜和熏腊肉外，还可以调制“辣椒骨”，百吃不厌。该族嗜爱狗肉，但不可用于祭祖。

仡佬人善酿能饮，用玉米、高粱、毛稗和稻谷酿制的“爬坡酒”，系馈赠佳品；著名的茅台酒就是在该族古酿“牂柯酒”的基础上精制而成的。他们擅长“即席作歌”，“歌为酒魂”，不但人人有海量，还别出心裁地用苞谷酒煮枕头粑待客。

仡佬族酒筵颇有特色。不论年节祭祀，还是婚嫁寿庆，均按自己的民族心理和审美观念加以调排，达到“寓教于食”、“寓礼于食”的目的。如六月初二“吃虫宴”人们先在甲娘庙焚香礼拜，然后在田间插上洒有鸡血的小旗，“镇慑害虫”，同时出嫁之女这一天回娘家帮父母捉虫。傍晚各家摆开各式虫菜，预祝丰收。再如“花甲狗肉筵”，女儿要带回新谷 250 克，肥狗花猫各 1 只，一条扁担和两个红布袋；女婿背来盛满米酒的竹筒；乡邻赠送肥鸡、米酒与新谷；儿孙准备烟茶和酒菜。祝寿时先在扁担两头挂上红布袋，宾客倒进新谷，意味着给老人增粮添寿，并嘱咐花猫看好口袋，不让老鼠偷吃。然后寿星回赠红糍粑，象征纳福。最后杀狗聚餐，举杯畅饮。因为该族重视以狗祝寿，所以每家都养有许多狗，美称为“口粮担”。

侗族食俗

侗族约 251.4 万人，主要分布在贵、湘、桂 3 省区毗邻的苍山翠谷中，主要从事山坝农业。他们信仰多神，崇拜自然物，“三鱼共头”是其图腾，以至高无上的女神——萨麻(大祖母)为至尊。

该族饮食文化自成一体，可用杂(膳食结构)、酸(口味嗜好)、欢(筵宴氛围)3 字来概括。

杂者，食料多达 500 余种，飞潜动植，无不取用。如香禾糯、稻花鲤、饱饭果、桑树皮、四脚蛇、土蜂蛹、松香猪及鸡丝菌之类，一一列入食谱。像油茶、苦酒、抟饭和鱼羹，都是独辟蹊径创制的美食。

酸者，既指口味嗜好，又指菜肴类别。“侗不离酸”，“三天不吃酸，走路打倒串”。侗家菜中，带酸味的占半数以上，还有“无菜不腌，无菜不酸”的说法。他们的酸食用料范围广，腌制方法巧，保存时间长，像腌鱼竟可存储 20～30 年，非有大庆不开坛。

欢者，有首侗谚可作证：“糯米饭最香，甜米酒最醇，腌酸菜最可口，叶子烟最提神，酒歌最好听，筵席最闹腾。”迎宾设置“歌卡”，走一路唱一路喝一路；入席换酒交杯，有“鸡头待客”、“油茶待客”、“酸酸菜待客”及“醅鱼待客”等名目。酒歌诙谐逗趣，令人捧腹。

此外，侗族敬重厨师，席上客人与厨师经常对歌，互相致意。有一首《谢厨歌》是这样唱的：“厨师师傅多操心，睡半夜来起五更，坐了几多冷板凳，烧手烫脚费精神。扣肉堆成鲤鱼背，萝卜切成绣花针；内杂小炒加木耳，猪脚清炖拌香葱；蛋调面粉做酥肉，蜂糖小米大火蒸。巧手办出十样锦，艺高算得第一名。吃在口里生百味，多谢厨师一片心。”

侗族的饮食禁忌不是太多。主要是不可坐在门坎上吃饭，忌讳看别人吃东西，正月初一不生火，祭祀期间不许外人入寨；丧葬期孝子忌荤吃素，但是鱼虾不限，等。

独龙族食俗

独龙族现有 5800 余人，主要居住在滇西北贡山下的独龙河谷，从事农耕、采集和渔猎。他们相信万物有灵，崇拜风雨雷电、高山大川和怪树巨石；粗犷刚健，真挚纯朴，有“路不拾遗”、“物归其主”的古风。

该族食饮具有两个鲜明的文化特征。第一，就地择料，因势制食。其食源一为农田所获，如谷子饭、苦荞粑；二是采集野生植物，用董棕、葛根等弥补主粮之不足；三是种植园蔬，用辣椒、盐巴煮食洋芋、南瓜之类；四系收集山菜野菌，竹笋、白参、鸡棕及栗菌大量入馔；五为猎取野兽，用野牛、岩羊、鸟蛋或蜂雏改善生活。其炊具多系石板及土锅，烹调方法简单，偏好麻辣酥脆，饭菜朴实无华。像酒焖鸡、烧大肠、臭竹笋和煮芋头，都系如此。

第二，实行“主妇管仓制”和“主妇分食制”，平分猎物，原始的“共食思想”浓厚。该族至今还过着原始共产制式的大家庭生活，儿孙结婚不分家，只加盖一间房、增设一个火塘而已。每家都有公有的大仓房和私有的小仓房，分别由婆母和儿媳掌管，食品随意取用。儿媳轮流做饭，婆母掌勺分食，无论男女老少，人均一份，公平无私。如婆母去世，则由长媳接替，依次类推。每天吃什么和怎样吃，男子从不过问。猎物平分；互相帮工种地，只须一瓶土酒便尽了心意。这种不分彼此、和衷共济的饮食观念，一直是支配独龙人思想意识的主流。

该族的“剽牛祭天宴”、“木束邀客宴”、“射猎宴”及“喜宴”，均系如此。哪怕是治丧酒，也是每样食品都分给死者一份，表示“永远在一起，灵肉不分离”。至于平时宰牲或待客，从不忘记邻里，不是分送份肉，就是请来小聚。一家有事，众人相帮，甚至打开自己的仓房，由事主家随意取用粮食。

傈僳族食俗

傈僳族约57.5万人，主要聚居在滇西北的怒江州及其邻近四县，主要务农，用自然历。他们相信万物有灵，崇拜神鬼，少数人皈依基督教，祈求上帝；社会生活中保留着许多原始公社制的遗习，民风古朴。

该族日食三餐，习惯饭菜一锅煮，吃时拌以漆油、核桃仁、辣椒、水豆豉、盐或腊肉、野味，如苞米粥、阴玉米饭之类。蔬菜多为煮食，水果多为生吃，肉品一般烤制。名菜有烤小猪、排骨鲊、焐煮肉、焖麂子、猪蹄珍珠粥、漆油炖鸡、蜜渍蜂蛹及天雄米粑等。其饮料也较别致，有麻籽炒香加糖冲泡的“麻籽茶”，白酒与漆油混煮的“漆油酒”；爱抽兰花烟，喜欢嚼槟榔。

他们最重“阔什节”(过年)。前一月按属相准备食物，如猪日和鼠日春出13天要吃的米，兔日杀猪煮酒，龙日蒸天雄米粑。过年当天有4道食礼：首先用一碗饭、一块肉和两块饼喂狗，感谢它从天下偷回谷种；其次用饭、肉、酒和粑粑祭祀门、三角架诸神，求其庇护；再次祭祀先祖和早夭的姐妹，企盼人畜兴旺；最后给婴儿喂奶，全家聚餐，共享天伦之乐。初三，全寨集体祭山神，举行射箭比赛。初七和初九分别禁止女、男背水做饭。初一、初九和十三必须吃干饭，兆示风调雨顺。过年的13天中亲友互送热饭和蹄、舌、耳、肝，表示亲密无间。有些地区还去温泉沐浴，做红糯饭，举行野宴，少男少女谈情说爱。

在一些场合，傈僳族还有禁食某种食物的习俗。如家中孩子死得多，大人不可吃羊肉和葱蒜，认为这样可以讨好鬼神；产妇坐月子，门口要挂酒杯，防鬼进来。生孩子后，不能吃白、灰色的鸡，还忌母猪、母牛和爆玉米花，据说这对孩子成长不利；祭鬼时肉未吃完，禁止外人进屋，防止触犯精灵；父母或同村人去世，一月之内不可食辣椒，谁不守禁，谁就是死者的仇敌等。

布朗族食俗

布朗族约8.23万人，主要分布在云南的西双版纳、思茅和临沧，大多务农。他们既笃信小乘佛教，又崇拜自然物，相信万物有灵；神多鬼多祭祀亦多，特别崇拜竹鼠、蛤蟆等小动物，保留着原始公社制的残余。

该族日习三餐，稻米为主，辅以杂粮，以糯食为贵，用于待客。竹筒饭与粑粑，十分香美。蔬菜品种较多，还爱吃蕨菜、苦笋、芭蕉花和野荞菜，调味品中突出芝麻、辣椒、大蒜及香草。肉品多为畜禽，喜食鱼虾与昆虫，多是串烤和草混合煨，名食有猪骨糁、烤竹鼠、酸蚁卵、拌黄笋、血鲊肉、酸鱼、春螃蟹以及竹筒发酵生牛肉等。

布朗人“有酒必饮，饮酒必醉”。精糯酿制的“翡翠酒”，最受青睐。其茶有3种：一是炒晒的“散茶”；二是烤制的“竹筒茶”；三是煮熟后发霉、再装筒深埋的“酸茶”。妇女边饮酸茶边吸草烟，是当地的一种风俗画。此外，该族妇女怀孕后常吃一种红土，据说可以止吐：平时则嚼名为“该割”的树皮，内杂石灰与草烟，用以护齿和清除口臭。

该族喜爱竹制餐具。如青篾编的马蹄形圆桌，形似小鼓的竹凳，竹制的碗、盆、杯、勺等。他们习惯用篾盘盛饭，以芭蕉叶代碗，小葫芦剖开作瓢，竹筒当酒器，用右手抓食。

他们的民俗酒宴多与小乘佛教的仪轨有关。如“堆沙节会餐”、“大敬献赕佛”、“赕什拉祭灵”、“桑刊庆娱佛”等。其中最具特色的是“竹鼠宴”。捉到两三公斤的竹鼠后，戴花游寨，然后将鼠头献头人，碎肉分给各户。各户受肉后对着火塘、三角架叩拜3次，表示迎回“谷魂”，然后烹食。

他们还有一些食忌。如不许在葱郁的“神林”中狩猎；傣历四月初八和九月十五为忌日，分别祭神3天；进佛寺不许吸烟；忌讳跨过火塘、脚蹬三角架、触动火塘侧的中柱等。

傣族食俗

傣族有102.5万人，主要分布在云南的西双版纳、德宏、临沧、思茅、楚雄、大理和丽江等地，务农为主，兼营林果。全民信奉小乘佛教，存在着原始宗教残余，男孩自小出家，缅寺即是学校，自觉行善，助人为乐。

其膳食生活有5大特色:(1)食源异常丰富,从粮豆到薯芋,从畜禽到昆虫,从蔬果到山菜,从茶酒到槟榔,洋洋洒洒千余种,膳食结构复杂。(2)炊饮器皿特异。一是神圣的火塘与铁三角架,二是竹制杯盘,三是"芭蕉桌布手当筷,敬酒多用竹筒灌",朴实而又率真。(3)擅长调制糯食。如竹筒饭,加花生与芦叶包的扁粽,用芝麻和蕉叶等裹蒸的"毫诺索",拌红糖与蛋黄做的"毫崩"等。(4)喜爱昆虫食品。其虫料之广,制作之巧,口味之殊,足可与"食虫王国"墨西哥比美。(5)嗜好酸苦香辣。名馔有腌酯、酸鱼、苦汁牛肉、狗肉汤锅、凉拌白蚁蛋、生吃竹虫、烤煎青苔和烧猪脑花等。

民俗酒筵可分两类。一类与祀神赕佛相关,如小儿入寺的"升和尚",祭寨神的"丢拉曼";另一类与婚恋社交相关,如春浴择偶的"狗肉汤锅宴",情人以食传言的"赶摆焖鸡"。由于风味特异,近年来被酒楼餐厅改造移植,以"傣家菜"的形式推入市场,风行南北;香茅草烤鱼、螃蟹喃咪布、菠萝爆肉片和刺猬酸菜肉等席菜,颇受欢迎。

傣族食禁较宽,具体可参阅"佛教食俗"条。此外,他们大多不吃羊肉,忌讳从火塘上跨越,不许踩熄燃烧的柴草。来客后男女分别接待,不许同坐一席,不许男主人陪女客和女主人陪男客。妇女生孩子的五天之内,不能吃油、盐,一月之内不能吃牛肉、鱼、毛花鸡、苦菜及各种辣酱。五天之后才允许进食鸡蛋、纯毛鸡、猪肉、烤糯米饼和小白菜等。在傣家竹楼作客,须在楼口脱鞋,走路要轻,不可随意触摸主人家器物,不可挑食。

白族食俗

白族有159.5万人,主要聚居在云南大理、昆明、元江、南华等地,大多从事农业。他们奉祀"本主"(村社神),盛行佛教;道教、洞经会、天主教和耶稣教也拥有部分信徒,有"妙香古国"或"佛国"之称。

该族日习三餐,农忙或节庆时则增加一次早点或午点。平坝多吃米面,山区多吃杂粮,一般制成干饭、米线、饵块或软粥。每餐都有鲜蔬,爱吃咸菜、豆豉与面酱,用洱海特产的海菜花制成的海菜炒火腿等菜,别具一格。肉食以猪为主,兼有牛羊鸡鸭和鱼鲜,善于腌制火腿、腊肉、吹肝、饭肠和螺蛳酱,"乳扇"是当地一绝。炒菜方法多,偏好酸辣,有大理砂锅鱼、冰糖螺豆腐、油炸仙人花、盐炖罐子肉、柳蒸猪头、鱼茸乳扇、毛驴汤锅及破酥糍粑等一批美食。民间筵会,有"八大碗"、"四盘五碗"等席面,菜式丰富。

该族嗜酒爱茶。酒有窑酒、干酒与甜酒;茶有清茶与添加蜂蜜、桃仁与花椒的"刨花茶"。他们每日饮茶两次,早茶烤焦冲泡名为"清醒茶",午茶加米花、乳扇名为"解渴茶"。若来客,则上牛奶、盐巴、花椒和辣子共煮的"稍俄奈",表示敬重。女孩善于制作菊花雕梅、蜜饯和雪水炖梅等果点,调理"洞房果宴"。有诗赞道:"小小青梅指上尖,巧手翻作玉菊兰。蜜糖浸渍味鲜美,疑是仙葩落人间。"

他们注重节庆,几乎每节都有应景食品,如春节吃叮叮糖和斋饭,三月街吃蒸糕和凉粉,尝新节吃新豆和嫩瓜,冬至节吃炒荞粒和羊肉汤,生活过得有滋有味有节奏。至于婚寿和祭祖,除八碗热菜外,都要敬献三道茶,讲究"头苦二甜三回味";而且"酒盅要粗糙,茶杯要精巧","酒满敬人,茶满欺人",说法颇多。散席后每客回赠一包槟榔,丰盛又不奢侈。

白族也有一些食禁。如大年初一不用铁刀,主妇做饭应悄无声息,要去井边"汲新水",不能吹火。人死后其家做饭,一律清煮清炒,不能用红色食料,不可做红色菜肴。进餐时长辈上坐,晚辈侍奉。火把节之夜,岳父不能留女婿在家过节,等。

纳西族食俗

纳西族约27.8万人,主要分布在云南丽江、中甸、宁蒗和维西等地,大多务农或从事畜牧业。信奉原始多神的东巴教,认为万物有灵,祭祀频繁。社会生活中还保留母系氏族制的残余,盛行暮合晨分的"阿注婚"。

他们日食三餐,早为馒头、水焖粑粑、炒洋芋、白菜汤、酥油茶、奶渣或糌粑之类;午晚常有炒菜或咸菜,多吃牛肉汤锅与干巴。每家都会腌酱菜,嗜好酸辣。肉食以猪为主,兼及牛羊鸡鸭和野味,腌制的"琵琶猪"名传遐迩,还有清蒸虫草鸭、猪血米灌肠、丽春铜火锅、八宝三美梨、四扇松茸和吹肝等美食。爱饮"苏尼玛酒"、"咣当酒"、"月米酒"和"窨酒";铜制的锅、盆、勺、杯以及镶银木碗,古色古香。

纳西族饮食文化深受东巴教影响(见"东巴

教食俗”)。他们禁食马、狗、猫、蛙,朔日和望月不得杀生,日蚀和月蚀时不许吃饭。烹茶时不可以水溅火塘,大年初一早餐禁荤,家有属猪之人猪日不得杀猪,均与此有关。在礼祭方面,神灵甚多。如春秋各1次、集体大祭与各户小祭同时进行的“每毕”(天神);“年年春二月,户户祝三朵”的“玉龙雪山祭”(本族保护神);朝拜狮子山的“干木古”(生育女神);高唱庆丰歌的“请哦美(五谷神);为新生儿祝福的“拜太阳”(日神)等,无不寄寓着五谷丰登、人丁兴旺的祝愿。

在宴乐方面,也蕴藏他们的理念和情操。像旧时青年男女反抗包办婚姻而自尽前的最后一次聚餐——游无;定婚典礼上的喜酒——三叠水席;用圣洁泉水荡涤污垢后的野餐——温泉欢会;酬谢牧童四季辛劳的赠食——“劲德”;亲友小聚的果席——敬素八样,均系如此。更可贵的是,该族尊贤敬老,平时吃肉由男性长辈平分;逢年过节要给老人送猪膘肉、茶酒和糖;赴宴时都是老人上坐,众人环侍。老人动了哪盘菜,众人才吃那盘菜;老人停筷,众人也停筷,颇有教养。

景颇族食俗

景颇族有11.9万人,主要分布在云南德宏州的陇川、盈江五县与畹町镇,大多务农。他们普遍崇信万物有灵,举凡大事都要请巫师宰牲祭鬼,还有少数人信仰基督教。保留原始公社残余,实行幼子继承制。

该族闲时二餐,忙时三餐,主食为大米,副食有豆薯、蔬果和山菜,除祭鬼外,平时很少吃肉。制菜多用盐与辣椒烧煮,很少油炒;偏好酸辣酵臭,不用碗筷,常以蕉叶裹食。白酒多系外地运来,爱嚼槟榔及草烟。主食的烹调方法简易,大多只是蒸、煮,而且现舂现吃,不留“隔夜粮”。制菜非煮即腌,酸菜开胃爽口。做肉品有3法:一是风干抹盐与辣椒以后再烤,二是先烤再剁细拌和味料,三是包以草叶在火塘上焐。还有奇趣的是,他们的茶是用竹筒煮成的。

景颇族食风有4异:(1)分餐共食。家中吃饭,家长均分;邻里走动,亦可留下用餐;一家盖房,全村送米送菜;来了客人,不论识否,都殷勤接待。在他们的理念中,“吃独食可耻”,“慢待客人,是最不体面的事。”(2)赠送礼篮。礼篮用藤篾编成,内装一竹筒白酒、一竹筒甜酒、两包熟鸡蛋、两包糯米饭团,由身着盛装的主妇赠给客人,表示“亲如一家,平安康乐”。(3)尊舅献食。景颇人以舅为大,四时八节要送礼问候。外甥通常要娶舅舅之女;外甥女出嫁也要送舅舅一条“根底”牛;母亲去世亦要送舅舅一条“火炭”牛,这都秉承着“人种出舅家”的古训。(4)以食传言。小伙爱上姑娘,就在食品中分别包上树叶(表示话很多)、树根(表示思念)、大蒜(表示求婚)、火柴(表示坚决)、辣椒(表示火热)等物送去。姑娘如有意,退回原物;需要考虑,便加放奶浆菜;拒绝,则添进火炭。接着小伙又在食物中放合拢的嫩树叶(表示希望共同生活)、粮豆(表示早日成婚)再送去。姑娘同意,便回赠烟草;坚决拒绝,则将树叶扭成背靠背,退回。这样几来几往,许多有情人终成眷属。

在该族山寨作客时,主人敬酒布菜后必须要先回敬主人;包饭菜的树叶不可倒着使用,否则会被认为是不友好的表示。

哈尼族食俗

哈尼族约125.4万人,主要分布在云南的红河、玉溪、思茅、西双版纳和楚雄五州,善于种稻和植茶。他们信仰多神和崇拜祖先,以圣洁的“神树”作为本民族的保护神,还崇拜布谷鸟,祭龙。

该族日食二餐,大米为主,玉米为辅,爱吃干饭、米线、粑粑和豌豆凉粉,以及五香杂粮肉粥。饭甑多用攀枝花木或泡桐木制成,剩饭隔夜不变馊。紫糯调制的饭、粥、鸡、蛋,已构成完整的药膳系列,有补血益气、收宫强身等功效。他们创制的“谷花鱼”、“煮蛇圆子”、“蜂蛹酱”、“吮螺蛳”、“香柳拌生肉”、“螃蟹炖蛋清”、“笋饺”和“五香芭蕉花”等,都以酸辣鲜香取胜。其中有“哈尼味精”之称的豆豉,吃法甚多,用其调制的“雀肉松酱”,美不可言。

他们的酒各有用途。如辣酒“吉宋”祭祖,米酒“吉白”祀农神,水酒“吉巴”自用,“焖锅酒”待客,“欢喜酒”上婚宴,“蚂蚱酒”用于“吃虫节”。其茶多为带枝老叶茶,现采现烤现煮,煮1次饮1次,可连煮3次,其味不淡。此外,该族还喜爱嚼槟榔。

哈尼人视火为家庭的生命,小心保护火种,虔诚敬奉火塘。每家都有几个火塘,不仅烟火长燃,而且专塘专用,有的煮饭,有的炒菜,有的煮猪食。火塘上空悬吊硬篾编成的“火课”，用以熏炙食物。祭祖时要同时祭火塘。

该族节庆礼仪食俗甚多。如祭“神林”的族宴“艾玛突”，青年人的恋爱歌筵“阿巴多”，告别情人的宴会“然密莪机多”。其中最为壮观的是全寨同饮团结酒的“资乌都”，它又名“祭龙比菜”或“街心酒宴”。届时全村各户分为3组轮流做东，各家置办一桌丰美酒菜，连同桌椅一起抬出，从村口的竹棚一直摆到街心，连成长达百余米的一字长蛇阵。赴宴者为各户男性家长，公推一位长者当主持人。先念吉祥的祝词，再祭龙，手摇棕扇踏歌起舞，众人祝酒互贺。然后随意入座，品尝菜肴，老人讲古，儿童打闹，男女调笑，充满祥和亲密的气氛，平时的隔阂无形中被消除。

德昂族食俗

德昂族约1.5万人，主要分布在云南的德宏州以及镇康、耿马等县，大多务农，善于植茶和养蚕。他们保留父系大家庭公社的残余，信仰小乘佛教，也崇拜鬼神；经常祭祀寨神、龙神、地神、天神、山神、房神和“谷娘”。

该族以大米为主食，也吃杂粮，善于调制年糕、汤圆和豌豆粉。鲜笋大多腌制，鲜蔬一般制成酸爬菜；肉品多系炖、烧，口味是酸辣带鲜，如拌挑手鱼、木瓜煮牛肉、春鱼腥草、拌桑麻朴、腐卤及竹筒捣菜之类。

他们爱饮浓茶和嚼食“酸茶”(茶叶加槟榔密封发酵制成)，煮茶是用楠竹筒“煨”。求婚、贺喜、亲朋见面、调解纠纷，都离不了茶，“茶到意到，百事顺遂”。古歌曾这样唱到：“茶叶是德昂族的命脉，有德昂人的地方就有茶山；德昂人由茶树叶子变成，他们的生活中飘散着茶叶的芬芳。”

他们的传统节日食俗多与宗教信仰相关。如“泼水节”做米粑，“关门节”做年糕，祭祀社神煮汤圆，祭祀“蛇树”吃素菜。尤其是僧侣统归村寨集体奉养，小和尚的斋饭由各户轮流布施。每天清晨各家给寺庙送一个饭团，中午则由各家轮流供饭。

还由于德昂族信奉的是小乘佛教中的左底教派和多列教派，教规甚严，有“八戒”之说，故而他们一般不养禽畜(公鸡与牛例外)，也不杀生，讲究“见杀不吃”、“闻声不吃”。哪怕是鸟兽危害庄稼，也不能打死，只可赶走。公鸡与牛老了可以出售，但忌讳自己吃肉。所需肉食多从市场上购买。此外，他们还忌讳践踏、跨越锅庄(火塘)，忌在上面倒水和抛洒食品，忌用刀削筷子，忌置刀于米、谷之上。

该族还有一种奇特的“祭龙泄愤酒宴”，在求龙降雨时举行。在龙潭边用酒肉祭祀水龙以后，众人开怀畅饮，趁醉将平时的不满全都发泄出来，任何人都不许劝说阻止，直到有怨结的双方精疲力尽，在“龙王”面前和解为止。第二日酒醒，彼此主动陪礼道歉，往事一笔勾销。

拉祜族食俗

拉祜族有41.1万人，主要分布在云南的思茅、临沧、西双版纳、红河和玉溪等地，经济文化属于湿热地带锄掘农耕类型。崇拜大自然和祖先，以天神“厄萨巴”为保护神，还有人信奉大乘佛教、天主教或基督教。

该族日食二餐，主食多为大米和玉米，用土锅蒸焖。爱用瓜菜、菌子和血、肉熬稀饭，以“鸡肉稀饭”为贵。包谷糕蘸糖(或蜂蜜)食用，细糯香甜。鲜蔬丰富，多系配肉在竹筒中煮焖；还可以腌食。肉品有猪、鸡、竹鼠、马鹿之类，或烤炙，或熏腊，或裹以芭蕉叶煨。该族还有生食古风，如饮“护心血”、“剁细生”。他们亦善于利用野生植物块根制粉或酿酒；喜饮药酒，抽草烟和兰烟，用竹木、葫芦餐具。松鼠干巴、香茅草烤牛肉、干鯵、血鲊、炖蛇和煎蛹，都系风味名食。

拉祜人最重过年的“团结饭”。入秋后男子便上山狩猎，进腊月则杀鸡烤肉，除夕夜舂粑粑，大的象征太阳和月亮，小的象征星星与谷粒。初一凌晨，小伙到泉边“抢新水”，然后全寨会餐。先到头人家祭祀天神祖灵，吃喝一顿后又到铁匠家聚餐，目的是维系宗族内部的血缘关系，互相扶持。此外，他们的“退喜神”婚筵也别开生面：新娘一到婆家即与新郎同跪在松毛席上，磕3个头，杀1只公鸡，被人喷3口酒和3口水后，两人立即抢进洞房，然后设宴待客。据说这样“退”走喜神后，小两口就能静下心来养儿育女，成家立业；否则可能因情潮泛滥而生外心，招致婚姻破裂。

拉祜人食禁甚多。(1)忌食狗肉，嗜狗者不许进门。(2)不准触动向家神敬水献饭的专用竹筒。(3)祭祀和早饭前，不能吹口哨，弹弦琴，高声谈笑。(4)外人不准随意拨动火塘，更不准从上面跨过。(5)主人杀鸡待客时,宾客不可主动取鸡头吃;如主人敬献鸡头,客人必须接受,切不可嫌弃或转送他人。(6)送"房子鬼"当天,邻居禁止舂米。(7)亲友吊丧送的猪、鸡,要用木棍打死,掷于坟前,禁止给活人吃。(8)主人煮白鸡待客时,表示断交,客人应当立即退出。

基诺族食俗

基诺族现有1.8万人,主要聚居在云南西双版纳景洪县的基诺乡及其四邻的热带山区,从事农业、手工业、饲养业或狩猎业。他们盛行祖先崇拜,相信万物有灵,一切活动都要占卜,特别崇奉圆月与诸葛亮,社会生活中保留许多古风,长老"卓巴"有较大的权力。

该族日习三餐,早上是糯米饭团,中午是蕉叶饭或竹筒饭,晚间是米饭配菜肴。大米吃新,玉米吃青;家蔬、野菜、禽畜、山珍和果品都广为利用,有"山上绿的都是菜、动的都是肉"之说。烹调主要是火烤水煮,油煎方才伊始,酷爱辣酸香咸,菜式具有热带山野风味。如白旺(生血拌熟肉)、酸笋煮狗肉、油炸飞蚂蚁、格里罗果酱、芭蕉肉、竹筒鸡及松鼠汤之类。他们酿酒爱加梅叶,其色浅绿;喝茶多用老叶,其色深红。有些老妇嗜食胶泥,每日不断。

基诺人的年宴叫"特毛且",将祭祖敬老放在首位,并举行"剽牛"。一方面用最好的肉敬祖,一方面将杂碎和飞鼠干巴送给邻寨寨王,剩下的肉献给本寨长老,并平均分配到各户。此宴具有过年与祭祀结合、人与神有福共享、敦亲睦邻、扶贫济穷、生分熟吃等特色,表现出诚笃、朴实、谦让的族风。

该族食忌亦多,尤其是对妇女限制苛严。除了祭过寨神的食物必须在社长门前煮食;祭过山神的食物只能在野外煮食;婴儿满月后其父烤只小鸡独食;违反村规的人"以酒代罚"(轻者10碗,重者几十公斤)之外,许多都是针对妇女的。如妇女不可吃黄牛、飞鼠、虎、豹、狗、鹰的肉,不可吃动物的头,不可吃生牛血;孕妇不吃花羽、花毛的动物,如花鸡、彩禽、斑鹿、杂毛狗之类;孕妇不可吃鼠类、不可吃麂子、熊、猴的血;产妇的食品只能用竹筒煮,不可动用金属锅;产妇的主食必须是茅叶、野菜和鱼虾之类。这可能与该族原始的"优育"、"优生"观念相关。

怒族食俗

怒族约2.7万人,主要分布在云南怒江州的碧江和福贡等县,务农为生,还打猎、捕鱼和养蜂。他们保留较多的原始宗教残余,相信万物有灵,奉行自然崇拜,敬畏龙、蛇,以蜂、虎为图腾,还有人信奉喇嘛教、道教、天主教或基督教,民俗事象丰富。

该族日习二餐,主食多为玉米或青稞,喜欢做成爆米花、咕嘟饭、包谷粥和石板粑粑,也饮酥油茶,吃糌粑。蔬菜较多,佐料主要是葱蒜与辣椒,还采食竹笋、百合与蕨类。禽畜多在年节或宗教活动时宰杀,平常的肉食则依赖渔猎所获,如岩羊、野猪、山鸡和细鳞鱼之类。制菜习用煮焖、烧烩、凉拌、捣舂或熏炙,突出香酸咸辣,名食有漆油焖鸡、腊山鼠、烧羊肚和火炙细鳞鱼等。饮料较为特殊,有咕嘟饭加蜂蜜酿成的"咕嘟酒",以及漆籽油加桃仁、芝麻、盐、茶共煮的"漆油茶"。

怒族食俗中保留着许多古朴的礼仪。如7个伴娘送嫁,夫家要准备"迎风酒"和"告辞酒";祭谷神后众人将自带的美食倒入大簸箕中拌匀,随意抓食。他们的团年宴——"吉佳母"更是高洁、纯善。一进腊月,家家洒扫庭院,清除火塘余灰,用松枝装饰门窗,地面及器物上铺满绿松毛。除夕之夜,"饮必醉,醉必歌",酣态陶然。初一凌晨,小辈争打"吉祥水",为长辈请安祝福,长辈以好酒食款待。然后互相拜年送礼,宴聚娱乐。连耕牛与猎狗也有一份美食——面饼与肉汤。牛不吃荤,主人就掰开双唇下灌,以尽慰问之情。

该族儿童禁食虎肉、熊肉与豺肉,以及鸡爪、鸡血。妇女在40岁以前不可吃动物的心、肺。还忌讳拒绝别人赠送的食物,严禁在"神林"中砍伐、采集和狩猎。

阿昌族食俗

阿昌族有2.8万人,主要分布在云南德宏州的陇川、梁河两县,经济文化属于热带亚热带森林地区采集狩猎类型。保留原始宗教遗迹,信仰万物有灵和崇拜祖先,尤重"色曼"(寨神)和"版清"(太阳神),还有部分人崇奉小乘佛教,尚武,尚黑。

该族日习三餐,以大米、玉米或豆薯为主体,通常做成米饭、米线、饵丝或凉粉;蔬菜充盈,还采集酸芭、蕨菜与黄蜡头，鲜食或拌腌；豆腐与豆粉的质地好。肉品包括禽畜、水鲜和野味，或煮焖烧烩，或拌冻捣舂，口味偏好酸辣糯香与生冷鲜嫩。名食有火烧生猪、阿昌狗肉、春南瓜尖、冷冻猪头爪与苤蓝根、酸炬菜、蛇汤、酸辣谷花鱼及苏子粑等等。他们还爱嚼槟榔、饮米酒。

阿昌人的节令食品较为丰盛，如"泼水节"吃8碗鸡肉菜，"火把节"吃过手米线，"窝罗节"吃香糯芋头，"热露节"吃净水斋饭。其信仰食俗复杂，有10余种不同的祭仪。如祭"色曼"或荤或素，各有所本；祭"版清"习用饭团与芭蕉；祭农业女神用熟鸡和新米饭；祭管仓神婆用鲜蛋和玉米；祭祖用芋头和芋茎；祭榜(财神)用玉米杆和果品等。祭祀神鬼的同时，人也改善生活，其食馔多用祭品烹制。

阿昌族的人生仪礼食俗中，最具喜剧色彩的是"闹婚席"。它一般安排以下5个风趣的"节目"：(1)挟肉喂亲家，挟蛋喂媒人。前者是优待，后者是戏耍。(2)新女婿用1.6米长的细竹筷进餐。给的食物是花生米、粉丝、豆腐、米饭之类，"技术难度"很高，笑料自然不少。(3)新人互递饭碗同时进餐，不可用筷。要求配合默契，事前反复演练。(4)接饭盒时捉迷藏。该族习俗，婚宴结束前，新郎要到村外去取新娘女友送来的小饭盒，时间有严格限制。女友四处藏躲，新郎急于到手，时常出现欢快的"插曲"。(5)娘舅必送外家肉——带猪尾的后腿肉一方，不多不少整整2250克，目的是让新娘不忘外婆家的恩德。送肉时，娘舅坐首席，经常故意"刁难"婆家，善意取笑。

普米族食俗

普米族有2.97万人，主要分布在滇西北的兰坪、丽江、维西、永胜数县，以农耕和饲养禽畜为主业。存在浓厚的自然崇拜和多神信仰习俗，以"丁巴刺木"(白母虎神)为图腾，以白为善、美，还有人信奉喇嘛教。

该族日习三餐，早吃面点、酥油茶或盐茶，午晚有肉食和饭菜。主食多系玉米和燕麦之类，多制成面面饭、肉菜粥、土豆糌粑团与燕麦炒面拌黄酒；家蔬与山菜并重，长于用核桃、麻籽及苏子榨油。肉品中既有禽畜又有鸟兽，口味偏好辛辣香甜酸苦，以多为敬；名食有红烧琵琶肉、醉鸡、乳饼、鲜牦牛肉、烤麂子、面肠、蜂蜜苦荞粑及洋芋煮蚕豆等。

其茶有酥油茶、化油茶(加猪油)、盐茶与米花茶，自备茶罐，早、中、晚和睡前各饮1次。其酒有白酒、黄酒以及龙胆草与百合草酿制的苏里玛甜酒，用竹管咂饮，不醉不休。其烟有旱烟、卷烟与鼻烟，逢人必敬。其餐具有金边木碗、木勺、木盆，实行"主妇分食制"。他们还擅长将羊胃掏空装水后置羊肉在火塘上烧煮；木桶盛水及食物，投入烧红的石子煮熟；将稀泥糊在鸡蛋、土豆上，用热火灰烘焙；先将大卵石烧烫，外裹面团烤饼。

普米人重视过年。年前要将猪膘肉切下3大块，一块敬送家族中的长辈，一块留给远出未归的亲人，一块带给出嫁的女儿。除夕，各寨燃放3个火炮，吹响海螺，家家用3斤肉、3块粑、3杯酒在火塘边祭祖；然后分食猪膘肉和酥油糯米饭，并以3个饭团喂狗。大年初一做好饭菜在路边迎客，不论是谁，碰上即为贵宾，请到家中热情接待，临走还有厚赠。这预示着"万事如意，财源茂盛"。如果无客，便转请寨中德高望重的老人。

他们也有不少食禁。如不吃花狗、水牛、马、驴、骡的肉；丧期孝子戒酒，不宰牲；妇女不可打猎，取蜂蜜；四至八月的封山期不能采集山菜山果；铁三角架代表灶神，不能跨越和触摸；男人要坐在火塘之左，女要要坐在火塘之右；茶饭前须向火塘敬献一点酒食；老人床头的储食柜，儿孙不得动用等。

佤族食俗

佤族有35.1万人，主要聚居在云南西盟、沧源、孟连、耿马等县的山区，从事农耕、狩猎和采集。他们崇拜自然，笃信精灵，膜拜"西野"(天神)和"梅其"(地鬼)，重视占卜；还有部分人皈依大乘佛教、小乘佛教或耶稣教，创造出特异的"竹文化"。

该族日食二至三餐，主食多为大米、薯豆和荞麦，通常做成有名的茶花烂饭、鸡肉烂饭和牛苦肠烂饭。蔬果与野菜互为补充，生拌、腌醅或烧炒；有"无辣椒饭不香、无盐巴菜无味"的说法。肉食主要是禽畜，亦捕食鼠类和昆虫，做菜习用煮、烤、煎、炸，喜欢浓厚及酸辣。名食有火烧蛇肉、青豌豆炒蚂蚁蛋、五加皮鸡焖饭、鼠肉干巴、红生和香辣狗肉等。爱饮杂谷酿制的"布莱酒"，喝极浓的"苦茶"，人人喜嚼槟榔，吸旱烟。炊饭多用竹筒，主妇坐在火塘主位，均匀分食；饭菜“见者有份”，猎兽及宰牲时均同。

佤族重视节庆，皆有相关的食礼。如佤年、播种节、接新水节及“拉木鼓”，都蕴藏神圣的理念，准备丰美的食品。其酒礼亦多种多样，贵在一个“诚”字。尤其是“解冤洗手酒”，更具人情味。届时矛盾的双方整队参加，由共同信任的第三寨头人和“大魔巴”(祭司)主持。首先彼此敬酒，各自诉说被伤害的情况，并对自己的过失认错；继而互赠牛肋骨和穿孔的黄蜡，表示今后同心、通气；接着主持者倒水，双方洗手，就地栽一块巨石表示世代友好；同时理亏的一方赔偿一定的财物；最后共同“剽牛”，吃肉喝酒，以资庆贺，积怨从此化开。

该族大多忌食鸡蛋，不用辣椒作馈赠之物。禁止践踏剽猪石，禁止手抹神灶，禁止带生姜进屋，禁止在“神林”中狩猎。客人进寨子要经过允许，并赠送酒肉与甘蔗；客人进屋后，只可在外屋的火塘上煮饭烧水；主人杀鸡，客人须劝阻；主人献鸡，客人要回敬鸡头。

土家族食俗

土家族有 570 万人，主要分布在湘西、鄂西、川东和黔东北等山区，务农为主，兼事渔猎和采集，手工业较为发达。崇拜多神，敬仰祖先，祭祀“八部大王”，还有人信奉道教。重道义，贵正直，尚礼让，讲团结。

该族日常三餐，忙时四餐，闲时二餐。主食是大米和豆薯，多制成包谷饭、金包银、合楂或豆饭，年节吃糯米团馓、炸粑与社饭。家蔬和野菜都较充裕，除炒食外，多腌成酸菜。肉品也是禽畜与鸟兽并重，既嗜酸香，又有“辣椒当盐”之说。不少菜品都上档次，如小米年肉、凉拌麂丝、凤姜鸭、煨白猥、清蒸天麻鸡及燕麦粉蒸肉之类。夏饮清泉，冬喝熬茶，还有酥茶月饼与八宝油茶汤等茶食，五彩纷呈。

其节庆食风，受汉族影响较大，如端午食粽，重阳送粑。特异之处有三：一是四月八“牛王节”享牛，家家扯竹笋下酒，名为“助力”；二是注重栽秧，有“栽秧一天，吃饭一年”的古训，用腊肉、米酒犒劳做田人；三是每年过 3 次年，六月是“小年”，腊月二十八是“赶年”，除夕是“胜利年”，后面两个年是古代逃避兵荒战火的遗俗，旨在教育后人居安思危。

该族更重祭祀，福猪重达 200 多公斤，酒缸高与人齐。享祭的有梅山神(狩猎神)、土地神、四官神(禽畜保护神)、五谷神、阿密妈妈(儿童保护神)、祖灵和野鬼等等，仪礼古老，规模巨大，态度虔诚。

他们也好客。客到“进门三杯酒”，客走“上马三杯酒”，无酒难以成欢会。“万颗明珠共一瓯，王侯到此也低头；五龙捧着擎天柱，吸尽长江水倒流”，便是迎宾“咂酒会”的写照。

该族食禁甚严。正月初一早餐前，不准哭泣、吵架和说犯忌的话；除夕忌杀生，不可到水井挑水，吃年饭不准以汤泡饭。平日忌讳将死鸟带回家中，不可端碗在人背后吃饭。禁食狗肉，未婚青年忌食猪蹄，儿童忌食鸡爪和猪鼻，成年人忌食猪尾巴；一般都不吃敬过神的供品。火塘、三角架及鼎锅都是“神物”，禁止任何人跨越和践踏；也不可将鞋袜衣裤和脏物放在灶上。严禁用狗等五爪动物和自死动物来祭神；七月有蛇、蛙、大虫进屋，只可赶走，不能打死。办酒席的菜只能是 7、9、11 等单数；因为 8 碗是“叫花子席”，10 与“死”同音，对客人不尊重。

瑶族食俗

瑶族现有 213.4 万人，主要分布在桂、湘、粤、贵、滇、赣 6 省区的山峦河谷中，务农为生。信仰道教，崇拜多神，祭祀创世英雄密洛陀、部落英雄盘瓠、执掌生育的花婆神和祖灵。“一家有事百家帮”，民风淳厚。

该族日习三餐，多吃杂粮，间有米麦，热吃少，冷食多。蔬菜丰盛，野菜充盈；肉食也是禽畜与鸟兽兼具，膳食结构均衡。制菜多系腌、焖、煮、烤，素菜清淡，荤菜油润，嗜酸辣，喜香甜，“鲊”与“腊肉”是其双绝。名食还有油茶、粽粑、荷包扎、水龙肠、干笋焖鸡、苦马菜汤、酸菜蒸鲫鱼、香烹山蚂腿、活血浆和菇芋鸭等。他们还擅长加工蔗糖、蜂糖及薯糖，用桂皮和山姜煎茶。

瑶族酒宴颇具情采。在祭神祀祖方面，有开流水席的“波扎特”；酬谢生育神的“还花”；宴乐数日的“耍歌堂”；大跳铜鼓舞的“达努庆”。在社交婚恋方面，有劲歌狂舞、欢宴择偶的“放牛出栏”；合拢种爱地、吃欢饭的“浪结希”；婚礼上斗智展才念“彩语”的“大舅吃猪腿”；简便而有人情味的离婚告别宴“破竹筒”。在迎宾宴客方面，有号称“瑶家三礼”的“敬茶、洗澡、接风酒”；全寨公宴贵宾的“碗酒串肉”；调解民事纠纷的“上门挂红酒”；宣布断交的“炒豆煮蛋”。尤其是“笑酒”别开生面。好友相聚，酒喝到五六成时，“笑星”辈出：有的讲令人喷饭的笑话，有的“揭露”某人一段狼狈的遭遇，有的善意调笑他人的“弱点”，有的开个不轻不重的玩笑，还有人唱《笑酒歌》，吟《笑酒诗》，选“笑酒英雄”，总之，逗大伙开心。被戏弄者当场不可恼怒，事后不许报复；宽怀大度，一笑了事者，会赢得更多的朋友。

崇拜盘瓠的瑶人禁食狗肉和龟肉；崇拜密洛陀的瑶人禁食母猪肉和老鹰肉；湘西南辰溪的瑶人七月初五前禁食黄瓜；绝大部分瑶人禁食猫肉和蛇肉；产妇分娩后头几天禁食猪油；祭神忌用猫、狗及蛙、蛇；猎取的鸟兽必须先祭莫山神才可以分割食用。此外，对重婚纳妾、通奸或不婚而孕者，都有各种酒食处罚规则。

仫佬族食俗

仫佬族约 15.9 万人，主要聚居在广西的罗城、忻城、宜山、柳城等县，大多务农，兼事打铁、烧窑和采煤。他们崇拜自然，信仰多神，还有人皈依佛教与道教，求神禳鬼时多请梅山教的法师。

仫佬人日食三餐，喜欢冷食、喝生水。其主食多为大米和薯豆，用煤渣和白沙特制的“煤矿罐”炊饭。蔬菜习惯于白煮后用油盐拌，吃鱼多为油煎，吃牛肉多为单炒，吃其他肉品则是白汆后再加佐料，口味偏好酸辣或生冷。名食有辣椒骨、糯花饭、烟熏竹虫、甜炒蝶蛹、虾米泥鳅、仫佬豆腐和仫佬肉串等。

该族节庆较多，逢节必食。如大年初一吃水圆，元宵玩灯捣糍粑，春社包粽子，四月初八蒸糯饭，六月节吃虫，七月半做酸鱼，中秋节吃鸭等。特别是庆丰收、保人畜的“依饭节”大聚餐，3～5年举行1次。届时家家剉猪、宰鹅、包粽粑，用芋头做成水牛，用红薯做成黄牛；以糯米花饭、甜酒等12色香料食品为“素祭”，猪心、酸鱼等12色肉类食品为“荤祭”，表示五谷丰登、六畜兴旺。“师公”唱歌做法后众人喝酒吃肉，共享“神”的恩赐。

该族还有一种交亲的“折蔗宴”，古风犹存。至期男女两家的长辈共劈甘蔗，表示结成甜蜜的姻亲。接着新娘之舅和新郎之父共劈甘蔗，表示舅家认可这门亲事并承担责任。折蔗时还要互送“封包”，其中，盐巴和茶叶代表“海誓山盟”，槟榔和钱票代表“天圆盼金”。亲友须送精巧玲珑的“走亲箩”，内装各色美食。新婚次日凌晨，新娘要去河边挑一担“过门水”，给灶中添一把新柴，以示家庭红火、兴旺。

他们一般禁食猫肉和蛇肉，吴氏宗族不吃狗肉和动物内脏。外出经商时，忌讳煮夹生饭和打破碗碟。此外，祭神费用由大家均摊，祭品也要按户平分，名曰“拈份”。

京族食俗

京族现有 1.9 万人，是 16 世纪以后陆续从越南涂山等地迁入定居的，主要聚居在广西防城江平乡的污尾、巫头、山心三岛上，以海为生，从事海洋渔业。他们崇拜祖先，信仰多神，少数人皈依佛教、道教或基督教。

该族日食二至三餐，平常吃浓粥，出海吃干饭。大米为主，海产品为辅，兼有薯芋、瓜果、家蔬与野味，膳食结构合理。特色食品有小鱼治净，加盐贮缸，数月后渗出红色味汁“鱼汁”；大米粉蒸成特大的圆薄饼，撒芝麻晒干后再烤的“风吹糭”；干米粉与海螺、海蟹合煮的“糭丝螺蟹汤”；糯米团包糖馅的“白薯糭”；名闻岭南的“糯米糖粥”和“四方粽”；滋味鲜香的“生鱼火锅”；以及独步中华食林的“龙虾王”、“炖海龟”等。此外，妇女们爱嚼槟榔。

他们最隆重的节庆是“唱哈”。此节原系娱神（镇海大王），后演化成渔民自娱。每到一、六、八月的节期，建造起供神的“哈亭”，宰猪祭祀。然后一位“哈哥”操三弦琴，二位“哈妹”敲梆板轮唱，内容多为叙事史诗，富含人生哲理。每年唱哈，各户主轮流当“哈头”（主持者）；他须准备丰盛的酒席，款待乡邻。

京族人结婚，也是有歌有酒。先由媒人选定良辰，男方请最有威望的头人帮助准备“礼盘”，内装槟榔、红枣、冰糖、茶叶和喜庆印饼，请一对男女歌手送去。女方亦请一对歌手接盘，双方以歌代言，你唱我答。次日迎亲，女家大门紧闭，路上设三重彩楼名曰“关卡”，分由善唱歌的儿童、青年和老人把守。迎亲队伍以“歌”闯关，才能进入女方家中。入席后双方歌手又有几个回合的

“较量”,男方若胜,才可将头戴面纱的新娘接走。

京族的食忌多与捕鱼相关。如请人装鱼箱时,忌煮生食、焦饭;不许将碗倒扣,不许脚踏灶上;新网下海,要到海边祭神等。

毛南族食俗

毛南族约 7.2 万人,主要分布在广西西北部以茅难山为中心的环江县上南、中南、下南一带,经济文化属于稻作和杂谷农耕类型。信奉道教和巫教,相信万物有灵,以鸟为图腾,崇拜养牛尊神“三界公”。

毛南人日食三餐,以大米和玉米为主,杂粮为辅,爱吃红薯及南瓜。菜肴多系鲜蔬,偏好酸辣,有“不吃辣椒上不得高坡”之说。肉品常是禽畜,强调“鸡生鸭熟”,喜欢拌食生羊血。多饮浓茶,上路则以野石榴或青辣椒解渴,嗜烟酒,常将食品入歌。

该族菜品较为特异,下举数例:(1)米蜂仔。大米或玉米磨浆煨热,加石灰水搅拌,筛成蜂蛹状,用青椒和番茄酱拌食。(2)甜红薯。大红薯日晒夜露 20 余天,移于地窖使之糖化后再蒸食。(3)毛南三酸。包括熟糯米腌拌猪牛肉的“腩腥”;藠头、黄豆发酵的酸汤腌青菜(或肉骨)的“瓮煨”;碎猪骨和螺蛳腌的“索发”。还有鸭血酱、豆腐圆、草药粽粑及灌木叶包五色糯米饭等。

该族的一些食俗,还带有图腾崇拜的遗痕。如元宵节的“放鸟飞”,系用菖蒲叶编成各种空心禽鸟,内填香糯豆泥馅心,煮熟后或挂在檐前,或令孩童提着玩耍。入夜收回“百鸟”再煮一次,众人分食,次日鸣炮春耕。又如从前猎虎以后的“审老虎”。一人扮虎,众人扮陪审员,责问老虎为何伤害人畜、四处作恶,最后判处“死刑”。乡邻们平分其肉,猎手们共饮“虎胆酒”。以此教育后代惩治奸恶,危险时冲锋在前,享乐时不忘大众。

他们逢节必宴,逢宴必歌,不少歌词使筵宴生辉,节庆添彩。如“阿伯家清早摆宴台,鸡鸭酒肉压得台脚歪;头道菜未完,二道菜又来。毛南饭儿香,鸭血酱儿美,红煨狗肉滚三滚,引得三山五岳客人来。”

壮族食俗

壮族现有 1548.9 万人,是我国人数最多的一个少数民族,主要聚居在广西的南宁、百色、河池、柳州等地,务农为主,兼营工商各业。他们信仰多神,崇拜巨石、高山、古树、蛇鸟和祖先;少数人皈依道教、巫教、佛教、天主教或基督教。

该族日习三至四餐,喜爱甜食,常吃五色糯米饭、玉米饼、醪糟、南瓜粥或面团;重达数十公斤的壮粽,堪称中华美食之最。鲜蔬四时不缺,野菜随处可见,多系拌煮或炝渍。以猫、狗和蛇、虫为珍味,也吃禽蛋、猪鱼和野味,擅长烤、炸、炖、卤,麻酸鲜辣,酥爽香嫩。名菜有清炖破脸狗、烤辣子水鸡、洋瓜根腊肉、子姜烹野兔、龙泵三夹、酸水鲫鱼、辣白旺、盐凤肝、鱼生及烧肠之类;以及特殊的鸡胆酒、蛇胆酒、猪肝酒等。来客奉以米花糖,“敬人红纸包槟榔”。

壮族节礼讲究,食风各有章程。如“过年不吃团结圆(肉馅豆腐丸),喝酒嚼肉也不甜”;“元宵偷青煮瓜菜,主人不恼反高兴”;“歌节巧烹花糯饭,五色彩蛋迎宾客”;“十情节里办喜事,杀鸡蒸馍上鱼鲜”,都表现出他们的理念、情操和审美观。

壮族社交食俗注重情采,不仅一家来客,全寨做东,而且一家杀猪,宴请全村。像“歌节”赶圩的聚饮,男女走访对歌的“阿播”,娶亲嬉闹的“花轿酒”,宾主轮饮的“磨酒会”等,均系如此。其中的不少筵会,还多以“全席”的形式出现,展示出高超的烹调水平。像以野鸡、鹌鹑、禾花雀、鹧鸪和斑鸠为主菜的“五鸟会”;“吃的八宝米,喝的是圩茶,专饮那郎酒,只尝邱北辣,三七来炖鸡,八角来煨鸭”的“文山名珍席”;浔江北岸壮族渔村十多个盘碗组成的“鱼花宴”;煎、炒、爆、熘等十八般武艺全上、五味俱全的“壮乡地羊(狗)席”等,都是脍炙人口的。

该族大多忌食牛肉、蛙肉、死鸟和死在笼中的鸡;不得在祖宗神位前吃狗肉和野味。忌讳筷子落地,忌讳筷插饭上,忌讳用嘴将饭吹凉。不许脚踩锅灶,不许在屋中煮狗肉。他们称猪肝为“猪湿”,猪舌为“猪利”,避开“干”、“赊”等不吉利的语音。大年初一不准舂米、砍柴、吹火和外借炊餐具;二月二祭龙山时,不准狩猎和采集野生动植物。

黎族食俗

黎族有 111 万人,主要聚居在海南省的琼中、白沙、昌江、东方、通什和三亚等地,从事稻作犁耕农业。崇拜祖先和自然，个别部落以芭蕉、番薯作图腾，利用道教的名称、法器和形式占卜祭鬼，经常剽牛杀鸡。

该族日习三餐，“爱稀不爱干”，多用大米、玉米、薯类杂合肉、菜煮粥，连饮水也是米汤。只有年节和宴客才烤竹筒饭，“一家饭熟，全寨皆香。”鲜蔬较少，常用野菜补充。肉食以猪、牛为主，兼取鸡、狗和鸟、虫，见鼠无不觅之。烹调方法粗放，或烤，或煮，或腌，加盐及野辣椒拌食。风味菜点以野味竹筒饭和“南杀”（野兽和家畜合腌）为代表；还有烤黄猄、鼠肉干、烧芭蕉心及鱼虾煮雷公根之类，口味偏好酸香、咸辣与脆生。其饮料有五指山茶和山栏酒，爱嚼槟榔；餐具多为木勺、竹铲、葫芦瓢、椰壳碗及藤筐，富有野趣。

黎人宴客情趣盎然。男客是先酒后饭，女客是先饭后酒，往往是各占一边，彼此相对。喝酒的第一阶段叫“斧昂”，意为谈心抒情，即“话在肚子里，用美酒把它引出来”。第二阶段叫“痹熬”（饮醉酒），此时要用最香美的酒替代最甜蜜的话，每人每次连喝两碗，表示好事成双。第三阶段叫“卓吞丘”（对歌），可长达数小时，甚至通宵达旦，一片欢腾。按照黎寨的规矩，有没有菜，都在其次；只要酒足，便是以礼相待。而且主人敬的酒必须一干而尽，主人挟的肉也要笑纳。如果饭菜动得很少，主妇会受到长者的责备，说她无能。

该族宴客，不可将筷子交叉摆在碗上（这是有情绪的表示），更不可将筷的头尾颠倒放在碗上（这被视作抬棺材的竹杠）；如果出现上述情况，客人可以将碗倒扣，上搁一筷（代表坟墓），以示抗议。倒扣酒杯，也是犯忌的。此外，饭后客人要自己洗碗筷，并放回原来的位置，这是一种赴宴礼节。

他们丧葬期间，忌食米饭；但可以用猪、牛招待亲友，家属也只能以肉下酒，吃些杂粮。

畲族食俗

畲族现有63万人，主要分布在浙江的景宁以及闽、赣、粤、皖等省的山区，务农为生。他们崇拜祖先，信仰鬼神，以盘瓠和三公主（高辛帝之女）夫妇为尊祖。

该族日习二至三餐，主食多为玉米或大米，并有“辣椒当油炒，番薯丝吃到老”之说。除了糕、馃、粉干、烤饼、乌饭、麻糍、杂粮糊及牯角粽之外，还能“一甑蒸出三样饭”：白米捞饭待客，米薯杂合饭留给老小，薯丝饭由青壮年吃。辅食有蔬菜、“豆腐娘”、卤咸菜和10余种腌笋；肉品中最多是猪，也有禽蛋和野味。他们喜吃热食，菜锅架在火塘上保持温度，筵席亦是如此。其饮料主要是绿曲酒和烘青茶，敬茶都是两次。迎亲则用“卵茶”（荷包蛋冲茶），宾客要送“卵茶包”（赏钱）。

他们注重节庆和时补。春节吃麻糖糍粑，元宵吃长寿面条，三月三吃乌饭，除夕吃糯米饭。还保留平分食物的古风，祭品亦是分食，连婴儿也有一份（由乳母代吃）。

该族人生仪礼食俗较多，如允婚酒筵“吃银饭”，迎亲喜剧“宴亲家伯”，新生儿出世的“落地酒”，为老人贺寿的“上十饭”等。其中，娶亲时的“考赤郎”最为风趣。赤郎是男方聘请的总管，由懂烹调、会唱歌、善应对的机敏男性充当，其任务是挑彩礼、对歌以及在女家点火开厨。届时女家厨房早已“坚壁清野”，空空如也，需要赤郎用歌声把炊具等物一件件“唱”出来。开席时，桌上不置一物，饭菜也要“唱”出来。宴毕，又要将餐具和剩菜一一“唱”回厨房去。唱时有讲究，既要排除女方亲友的“干扰”，又得用“吉言”，讲分寸。只有赤郎“考场”得胜，新郎才能“帽儿光光”地喜进洞房。

他们的食禁主要是忌讳狗肉，这与盘瓠（神犬）的民族起源传说有关。不但不吃狗肉，还要在除夕、新年和正月初八盘瓠生辰时，用佳肴美食享狗。此外，他们打猎前须供香火，孕妇忌吃兽肉。

高山族食俗

高山族约50万人（内含10万已经“汉化”的平埔人），主要分布在台湾台东山、玉山、阿里山和雪山四周的12个县，经济文化是山区稻作农耕兼渔猎类型。普遍信奉万物有灵和祖先崇拜，祭礼纷繁，以百步蛇等作图腾，盛行占卜、巫术和厌胜，保留母系氏族社会残余。

该族日习二至三餐，食源以大米、薯芋及杂豆为主，辅以野味、鱼鲜和山菜。不用陈粮，爱用树叶包裹小米、花仁和兽肉蒸食。其中，阿美人喜以朝天椒就饭，布农人多煮小米糊，雅美人爱吃薯芋，平埔人常用“香米”炊饭。配菜有猪肉、兽肉、南瓜及土豆，爱吃芥菜，象征长年。排湾人的

“石烹肉”,雅美人的“生吞河豚”,泰雅人的“辣椒姜水”,布农人的“希诺叶包花饭”,都较别致。

他们祭仪甚多,有播种祭、平安祭、飞鱼祭和抛舟祭等70余种,应用在社会生活的各个方面。如男孩成年礼要用长矛刺猪,现场分肉和米糕;新船下海要祭神,用芋头和鱼肉款待工匠及乡邻;播种时酬神祈丰,举行捕鼠及捕虫仪式;射耳祭上比赛箭术,分享晒干烘熟的猎物。他们还有竞选酋长的传统酒会——帕巴太,以及过年全寨平分猪肉的古老习俗——“分养共飨”,表现出淳厚的民风。

到了除夕,家家置火炉,架铁锅,四周撒满铜钱,全家围坐聚饮。为求吉庆祥和,每道菜都讲“彩头”。如鱼丸、肉丸、鸡丸或豆腐丸,象征“团圆”;长茎蔬菜不切碎,连根带叶烹煮,象征“长寿”;萝卜叫“菜(彩)头”,意谓好运将至;吃鸡叫“发家”,意谓家业兴盛;吃蚶表示“发财发福”;油炸馃子表示“人丁旺盛”。每样菜都得下筷,并且喝酒。如果有人未归,则空出一个席位,放上他的衣物,摆放餐具斟满酒,以示思念。席后,铜钱散给小孩作压岁钱,再围炉“说古”。

他们一般不吃羊肉和马肉,忌讳动物的头、尾。萨斯将地区的孕妇忌食山猫、云豹和穿山甲等兽肉。丧葬期间,亲属禁止饮酒吃肉,不能打猎、跳舞和赴宴。

海外食俗

海外食俗

即世界各国(地区)的饮食风俗习惯。它涉及到亚、欧、非、美、澳五大洲的40多亿人口和200多个国家及地区;其食物来源各有所本,烹调工艺互不相同,席规酒礼与嗜好忌讳更是相当复杂。

从成因看,海外食俗主要是受四方面的影响所致:(1)地域环境。包括地理位置、领土构成、地形地貌、气候类型等,它直接决定各国人民的食性。(2)物质生产。这里面有谋生方式、经济结构、土特产品,以及科学技术和食品工业的发展程度,它左右着各国人民的食源。(3)历史渊源。诸如族源、居民构成、建国久暂、政治变迁等情况,它与各国的烹调体系有着密切的内在联系。(4)文化传统。如宗教信仰、伦理道德、心理性格、审美风尚、文化素养、民族艺术之类,其综合反映就是饮食文化观念,它是各国食俗的灵魂。而且海外食俗,也是和生活习俗、礼仪习俗、宗教习俗、年节习俗、婚姻习俗、丧葬习俗、民族习俗、地方习俗等紧密结合在一起的,同样多彩多姿。

从表现形式看,海外食俗在食源的利用、炊具的创制、烹调技法的取舍、肴馔风味的展现、席面的铺陈、饮料的择用以及餐制安排与年节食品的点缀上,均有各自的特色。其中,普遍爱吃面包、薯芋、番茄、黄瓜、辣椒、咖喱、鸡蛋、牛肉、奶酪、海鱼、家禽、昆虫、果品和兴奋型饮料;大多擅长烤、煎、煮、腌、炸、烩、拌、熏等烹调技法;喜欢汤菜、快餐 、茶点、方便食品和野宴;习惯使用刀、叉、杯、盘或抓食;实行分餐制,吃饭时间长,饭量酒量大,多有音乐侑食等,带有普遍性。

从烹饪流派看,除了中华菜式之外,日本菜式、印度菜式、土耳其菜式(清真风味)、欧美菜式(包括西餐的主体英法菜、西餐的支系苏俄菜、西餐的面食代表意大利菜、西餐的创新格式美国菜和澳大利亚菜等),可以说是海外食坛上的四杆大旗。其影响遍及五洲四海,对绝大多数国家的肴馔都有冲击。此外,非洲的黑人,美洲的印地安人,北极地区的爱斯基摩人,亚欧的一些少数民族,大洋洲的土著,至今仍保持先祖的饮食遗风,古朴、纯净、、粗犷,自成体系。

最后从饮食文化看,自古以来就存在东方箸匙文化和西方刀叉文化两大体系,现今依然旗帜鲜明。他们对饮食的认识、菜品的审美、筵宴的设计、营养的追求,都分别受到不同的文化传统制约,都有自己的膳食健身理论以及烹饪模式。有些方面,二者可以统一;有时它们的分歧又很大。因此,我们不能用中华民族的饮食审美观来鉴赏或褒贬其他各国的食俗;而应当尊重对方的饮食文化传统,实事求是地加以科学的评价。

海外食俗涉及的国家(地区)甚多,限于篇幅,本书不可能一一列专条介绍。下面只重点叙述40个国家的食俗,以斑窥豹。

蒙古国食俗

蒙古国位于亚洲东部,是个内陆国家,面积约156.7万平方公里,人口201.5万。多为蒙古族,喀尔喀人占3/4,用蒙古语,信奉喇嘛教、东正教、天主教或伊斯兰教。全境多系高原，属大陆性温带草原气候，畜牧业较为发达。

该国食俗和我国的蒙古族近似（参阅“蒙古族食俗”条）。其主食多为牛羊肉奶，辅食有面粉、小米、禽蛋和野味。肉品切为大块白煮，熟后自己用刀片割，再蘸盐吃，如煮羊肉、手把肉之类，口味偏咸，注重鲜嫩。如有客人造访，一般是上羊背子，重则上煮全羊；有迎客、问候、待客、送客等程序，其间要献哈达，用银碗献鲜奶，唱酒歌，表演舞蹈。

他们还爱吃牛肉干、脆皮鸡、烤鸭、青葱炒蛋、羊肉包子、饺子、馅饼、奶酪、奶皮、奶豆腐、奶渣和奶炒米；喜爱甜瓜、杏仁与核桃仁；多饮马奶酒、烈酒、奶茶及红茶；抽烟斗，向人敬奉鼻烟壶。

蒙古国人以红为幸福、蓝为坚贞、黄为恭敬、白为纯洁，不吃象征不幸的黑色食品。他们忌讳生人依坐在自己的蒙古包上，忌讳客人带鞭子或棍杖进毡房，帽子不可朝门放，双脚不能朝里伸。不能用熄了火的烟斗敬客（这意味诅咒），忌讳客人一口口地吮吸酸马奶（这意味挑剔），忌讳卖掉牲畜的乳汁（这意味贫穷）。他们不爱吃米饭、面食和青菜；不喜欢将肉切得很小；不爱吃加糖、加醋、过辣、油炸或带汁的菜；大多回避猪肉、鱼虾、海味和三鸟（鸡、鸭、鹅）的内脏。

朝鲜食俗

朝鲜位于亚洲东部的朝鲜半岛上，是个海洋国家，面积约22.2万平方公里，人口6406万。全部为朝鲜族，通用朝鲜语；无神论者占60%，泛灵论者占16%，少数人信奉佛教、儒教和天道教，国花为木槿花，崇拜太阳神。全境多山多岛，属温带季风气候，主要种植水稻，有苹果、高丽参等特产。

该国膳食包括6大系列，自成一体。(1)主食。多由大米炊制，发酵制品甚多，如打糕、蒸糕、甲皮饼、松饼、冷面、豆粥、莴苣饭、紫菜饭、药饭、饵块之类，或甜，或咸，或酸，或辣。(2)甜点。主要是民间小吃，也作待客点心。像用麦芽糖、油蜜果和糯米炸成的“刚钉”，人人喜爱。(3)菜肴。如整蒸猪、人参鸡、烤牛肉、生拌鱼、神仙炉、烧地羊、蒸蛤蜊、药串炙、水卵虾之类，口味与我国的朝鲜族近似，都是鲜香脆嫩，辛辣爽口。(4)汤品。该国重汤，有“无汤不吃饭”之说。汤有地羊汤、牛肉饺子汤、豆芽豆腐汤、大酱汤、美美汤、炖汤、鱼汤、鸡汤种种，形成了特异的“汤文化”。由于经常喝汤，讲究匙子，不少匙子用银精制，典雅秀美。(5)腌菜。亦称“沉藏泡菜”，凡鲜蔬皆可为之，有名的是苹果梨泡菜和辣酱南沙参，享誉世界食坛。(6)饮料。包括花茶、柿饼汁、三亥酒、清酒、甘酒、泉水、锅巴茶等。其中，最爱的是山泉水，寒冬亦照饮不误。

该国十分注意保存独自的烹饪传统。家庭厨艺通常是母传女或婆传媳，直到技艺精熟，方才能领到食物贮藏室的钥匙，掌握持家的“大权”。他们就餐，讲究礼仪。儿媳做好饭菜后，要将小饭桌齐腰捧起，低头鞠躬，轻轻跪下，小心挪至长者面前。再揭开碗盖，请老人享用，并频频地盛饭夹菜，认真侍候。

他们不爱羊肉、鸭子和油腻之物，不吃加糖和花椒的菜，不喝开水。饮酒须分辈份，小辈不可在老人面前抽烟。切忌从厨房或里间进入外间；外人不得擅入厨房；男子不可以用头顶水、顶物。生活中特别回避“四”字（因为与“死”同音），宴会没有第四桌，上菜没有第四盘，喝酒没有第四杯。在丰鱼祭、祈谷祭、插秧祭、香山祭、水神祭等仪式上，要遵循祖法，不可冒犯神灵。

韩国食俗与朝鲜国基本相同。

日本食俗

日本是亚洲东部太平洋上的群岛国家，由本洲、北海道、九州、四国4个大岛以及3000多个小岛构成，面积约37.8万平方公里，人口1.22亿。除少数阿伊努人外，全为大和民族，通用日语，多数信仰神道教和佛教；国花是樱花，国岛是绿雉。山地占76%，属温和湿润的海洋性气候，主要种稻，盛产水果，捕鱼业发达。该国重礼仪，多敬词，自信、自立、自强。

日本膳食中存在着和食（民族菜）、华食（中华菜）、洋食（欧美菜）3大体系。随着经济发展与文化交流，目前提倡3系合流，统称“日本料理”。其主食为大米，兼吃麦豆薯芋，多做成米饭、面包、粉团、烤饼、馒头或饸饹。副食品爱吃猪、牛、狗、鸡、蛋、奶、鱼、蟹、鲜蔬及山菜；忌油腻，不爱肥猪肉、羊肉、鸭子与禽畜内脏。制菜多用生切、凉拌、清蒸、煎焗、烧烤等法，嗜好鲜美清淡、微油小辣、略带甜酸的口味；还喜欢用熟芝麻、紫菜末、生姜丝、白酱油佐餐。

日本烹调讲究规程。一是注重五色(春绿、夏朱、秋白、冬玄、配黄),要求色彩和线条搭配;还讲究形器摆设,如春用瓷碗,夏用玻璃皿,秋冬用漆盘,在"◇"形盘中菜点各占一角,以免混色和串味。二是注重五法(生、烧、炸、煮、蒸),肉品须去骨刺,一料提倡多吃,工序和味型往往单一。强调质感,主要是用视觉与触觉去感知食物,而将果腹、品味放在第二位。选料重视鲜活,突出原形、原色、原汁、原味。三是注重五味(春苦、夏酸、秋滋、冬甜、调涩),多是低糖、低盐和低油,不用浓酱,不吃发酵的调味料,要求单纯、明净,丽质天成。四是注重席面,什么筵席配什么菜,均有定规,宁缺不滥。像季节性的桐席、松席、竹席、梅席,走菜时虽有先付、前菜、先碗、生鱼片、煮物、烧物、炸物、合肴、酢物、止碗、御饭、香物、果物等程序,但是每一程序中上什么菜都规定明确,决不胡乱凑合。

日本名食众多,如天妇罗、酒香蒸石斑鱼、鲈鱼生鱼片、酱汁煮金枪鱼丁、刺身、蛋黄烤大虾、生拌海参、酿螃蟹、蛙肉田不拉、炸麻雀、成吉思汗烤肉、牛肉火锅、木鱼汤、豆腐四喜、寿司、五目饭、三色米团、樱叶点心、豆沙馒头、大福饼、甜煮黑豆、小豆羊羹、栗子白薯蓉等。他们多喝乌龙茶,爱饮烫热的清酒,抽烟者不多。

他们忌讳"四"、"九",因与死、苦同音;忌讳随地吐痰。绿色意味不祥,紫色代表悲哀,荷花用于丧事。在饮食上,尤为注意5点:(1)忌配公筷;用筷时不准出现舔、迷、移、扭、插、掏、跨、剔八种动作。(2)盛饭不可太满,不能仅吃一碗,不准敲碗筷和留剩饭,更不准将菜饭泼在地上。(3)不能在糕上撒盐,不能撕扯着吃糕,不准在红豆饭上浇酱汤,不能含着食物讲话或站立。(4)正月里忌食杂食,不得在锅盖上切东西,祭祀菜忌讳腥味,祭品不可以给女孩吃。(5)忌讳吃饭与喝汤时口里没有声响,赴宴不讲令人悲伤的话,不可说长道短,中途退场严禁大声张扬。

柬埔寨食俗

柬埔寨位于亚洲中南半岛西南部,面积约18.1万平方公里,人口768万。80%为高棉族,用高棉语,信奉佛教。该国多山,号称"印度支那屋脊",属热带和亚热带季风气候,主要务农,捕鱼业发达。

该国以大米为主食,辅以鱼虾、青菜。主食多为饭、粥、糕、团;辅食常制成鱼干、鱼酱或鱼露,慢慢取用。多吃生辣椒、葱、姜、蒜等富有刺激性的蔬菜,爱喝酸鱼汤;口味较为清淡,偏爱辣、甜、酸味。名食有熏鱼、卤水牛肉、笋丝鱼条、芙蓉蛋、青椒鸡丝、滑蛋虾仁、菜选牛肉、素菜等。

和尚二餐,凡夫三餐,席地而坐,以手抓食。饭菜未吃之前用布罩住,饭后嗽口洗手。他们饮酒普遍,水果亦可作下酒之物;男子爱抽烟,女子嚼槟榔。至于住在山区的上等人,则喜食红米饭、野菜与兽肉,吃香蕉,饮井水;还有些王族及富商,嗜爱中国菜、越南菜、法国菜和方便食品。

该国受小乘佛教食规(参见"佛教食俗"条)制约,许多人养成"过午不食、尊重鸟兽"的习惯。一般都不杀生,很少食用肉品(但可食鱼、虾、鸡、牛)。他们忌讳孔雀和白色,大多不在"黑色的星期六"宴聚,禁止左手接触食品。

泰国食俗

泰国处于亚洲中南半岛的中南部,面积约51.4万平方公里,人口5315万。40%为泰族,35%为老挝族,通用泰语,佛教是国教。国花为睡莲,国树为桂树。多系低缓的山地高原,属热带季风气候,主要务农和捕鱼。

泰国主食是大米和糯米,辅食有鱼虾海鲜、羊肉鸡蛋和蔬菜瓜果。早晨多用西餐,午、晚爱吃中餐。其调味品多为辣椒酱、鱼露、咖喱、果酱、黄油、香菜和豆蔻;大多爱辛辣,求清淡,重鲜嫩。该国人普遍爱吃6种食品:一是大米、鱼肉和椰酱等调制的咖喱饭;二是用糯米及椰酱制成的竹筒饭;三是桄树叶包裹的椰汁甜棕;四是洒盐的炸香蕉;五是加冰块的热茶、咖啡与果汁;六是用盐与辣椒拌食的西瓜及菠萝。北部的清迈地区有"秉烛夜宴"的古风,席地而坐,乐舞助兴,用右手抓食。此外,他们还习惯将槟榔切片,拌以丁香和甘蜜草泡茶待客,辅以小蛋糕、干点心的茶宴,也有情韵。

该国一般不吃红烧菜和甜味菜,忌讳鲜牛肉和海参,极少使用酱油,禁止左手取食。孕妇不可钓鱼和杀生;食谱忌用红笔书写(这意味着死亡)。该国男子一生之中要当一次和尚,少则数月,长则几年,在饮食上恪守小乘佛教戒律(参见

“佛教食俗”条)。他们的僧院有227戒,涉及到食饮的有:戒杀生,戒饮酒,戒化缘时四处张望,戒吃东西发出声响;过午不食、赕佛,等等。

新加坡食俗

新加坡位于亚洲马来半岛的南部,面积约618平方公里,人口262万。多数系华人血统,还有马来人与印度人;马来语、华语、英语都通用,信奉民间宗教、伊斯兰教、佛教与基督教,卓锦·万代兰为国花。该国是个岛国,属热带雨林气候,航运和旅游业发达。

受经济地理和文化传承的影响,新加坡的膳食体系比较复杂。一方面绝大多数人爱吃中餐,饮食习惯同我国东南沿海地区相似,广东菜比较吃香;另一方面欧美菜点在此也有一定的市场,“洋食”亦受欢迎,方便食品流行。与此同时,各种宗教都对饮食加以渗透,不同的信徒有着不同的食规。具体来说,该国以米饭为主,兼吃面食,喜欢牛羊鸡鱼和鲜蔬时果,爱用香菜、胡椒、咖喱调味。口味比较清淡,偏好微甜;讲究吉利用餐,讲究饭食营养。他们还爱饮鹿茸酒、人参酒、葡萄酒和桔子汁;吃热带水果和各种果仁。每年4月17日是该国的食品节,人们纷纷选购各国美食置办家宴,款待至爱亲朋。

新加坡人忌讳“七”、忌讳乌龟、忌讳“恭喜发财”等话语,忌讳左手接触食物;穆斯林不吃猪狗驴骡,许多人不爱吃馒头,佛教徒斋期忌荤腥。他们喜爱吉祥字画,对宴席上的“喜”、“福”、“吉”、“鱼”很感兴趣;还用苹果和荷花代表“和平”,蝙蝠代表“幸运”,嫩竹代表“文明”,梅花代表“春天”,食品中多用它们作点缀。在餐具方面,以红色为贵,象征着蓬勃向上。

印度食俗

印度地处南亚次大陆,面积约279.4万平方公里,人口7.6亿。46%为印度斯坦族,还有孟加拉、锡克等数十个少数民族。主要信奉印度教,次为伊斯兰教、基督教、佛教和锡克教;多数人相信预兆,妇女爱点吉祥痣,讨厌白色。国花是荷花,国鸟是孔雀,国兽是牛。高山气候、季风型亚热带森林气候以及季风型热带草原气候兼而有之,主要务农,盛产热带经济作物,食源充裕。

印度是个文明古国,民族多,宗教多,外来影响也多,食性相当复杂,爱好与忌讳各别。如北方是面食为主,南方是米食为主;中上层习用西餐,下层保持民族饮食风貌;印度教徒多茹素,少吃荤,爱吃羊,忌牛肉;穆斯林恪守教规,讲“五禁”,过“斋月”;基督教徒有小斋、大斋、封斋之举;拜火教徒的宗教仪式中更有神秘的饮食戒条;部分居民回避带壳的动物和四条腿生物;多数人崇拜蛇,不吃爬行动物。至于不吃蘑菇、笋、木耳和面筋;不吃肥猪肉和油腻菜;忌讳在同一盘中取食;不吃他人接触过的食品;忌用左手上菜;不习惯敬酒;饮食中回避1、3、7等数字;男女大多不同席等,更有普遍性。凡此种种,就构成印度食俗的本质特征——忌讳多,差异大,不同的食风并存而互不干扰。

不过,不同的印度人毕竟是在一个统一国家中生活了几十个世纪,长期的耳濡目染,其饮食也存在着“一辣四多”的共通性。所谓“一辣”,就是制菜普遍爱用咖喱和辣椒佐味,经常使用烤、炸、烧、烩、煮、腌诸法,菜品质感重在生鲜、清淡、香辣、柔糯或滑润,其名食咖喱鸡、烤填鸡、煮山芋、印度饼、糖醋鱼及豌豆汤等,均系如此。而以金色郁金花入馔,更是一绝。所谓“四多”,一是豆品多。有大豆、绿豆、蚕豆、豌豆、扁豆、红小豆和三角豆种种,在膳食中比重大,可以弥补动物蛋白摄取之不足。二为香料多。诸如生姜、大蒜、丁香、肉桂、姜黄、茴香、芫荽、阿魏及豆蔻都广为使用,作为辣味的辅佐,像咖喱鸡的17种调味料中,香料几近一半。三系蔬果多。如番茄、洋葱、菜花、茄子、白菜、菠菜、芒果、椰子、香蕉和菠萝处处皆是,餐餐必备,这在副食品上也是很好的调剂。四乃奶品多。印度人不吃牛肉但喝牛奶,并制成奶酪、奶酥、奶油、奶糕、奶饼或奶渣之类,既增添了食品花色,也有利于营养平衡。“一辣四多”的实质就是素食为主,喜好香辣,热带风情浓郁。

印度人喝饮料也别具一格。如红茶是煮沸后加糖、奶;马萨拉茶是添配生姜与小豆蔻。他们饮水是从上面滴下来用嘴接,饮茶是倒入盘中用舌舔。此外,其餐具多为铜制品,喜欢分餐制,习惯于右手抓食。

印度尼西亚食俗

印度尼西亚位于亚洲东南部,地跨赤道,由13600多个岛屿组成,面积约190.5万平方公里，人口1.73亿，有100多个民族，主要是爪哇人、巽他人、马都拉人和华人等。使用印度尼西亚语，信奉伊斯兰教，以茉莉为国花。各岛多山，属于热带雨林气候，物产充沛。

该国多以大米为主食，辅以鱼类、肉类、蔬菜和瓜果。爱吃牛、羊、鸡的内脏，多用烤、炒、煎、爆诸法；常见的调料是咖喱、胡椒、辣椒和虾酱，口味偏好清淡、酸甜和酥香。名食有香酥鸡、辣子鸡丁、虾酱牛肉、咖喱羊肉、酥炸胗肝、烹大虾、干烧鱼、红焖羊肉、青椒肉片、锅烧全鸭及炒饭之类。爱饮红茶、咖啡、可可和鲜桔汁；爱吃洋桃、巴梨、木瓜、菠萝、香蕉、椰子和核桃仁。他们的筵宴是西餐与中餐并重，除了官方聚会使用刀叉匙筷之外，一般都习惯于用右手抓食。

该国食风繁杂。普遍崇拜蛇，忌讳乌龟和老鼠。穆斯林严守伊斯兰教食规，不吃猪肉、鱼肚、带骨菜和带汁菜。巴厘人2月28日过新年，当天只许吃干粮，不许升火做饭。巴兑人信奉印度教，不抽丁香烟，吃饭不用盘碟而用蕉叶，喝水不用玻璃杯而用椰壳，忌讳种稻、养羊和养鱼，而只允许养鸡和养狗。伊班人家庭生小孩时，丈夫不可虐待或屠宰牲畜。布鲁岛上的妇女分娩后，要与亲属及外界隔离，食物只准从门缝中递进去。达尼人用猪油涂抹客人，表示友善；巴布亚人则用欢呼跳跃的方式迎宾，捧出最珍贵的“烤猪肉”表达心意。

巴基斯坦食俗

巴基斯坦位于南亚次大陆印度河流域，面积约79.6万平方公里，人口9910万。以旁遮普、帕坦、信德、俾路支等民族为主体，通用乌尔都语和英语，国教为伊斯兰教，国花是素馨花。境内有山丘有平原，靠海，属于亚热带草原和沙漠气候，农作物多，盛产烟、茶。

该国主食为米、麦，尤爱粗面烙饼，嗜食生菜与辣椒，重视菜泥和豆制品。肉品以牛、羊、鸡、鸭、鱼、蛋、奶为大宗，常是煎、炸、烩、涮，用桂皮、小茴香、胡椒、丁香、鲜姜、咖喱、黄油、辣酱等提味，喜清淡，爱甜辣，讲究菜肴质量，注重营养功效。名食有干烧鳜鱼、咖喱鸡、香酥鸭、手抓羊肉、栗子甜露、鸭丝炒鲜奶、煎牛排、葱头羊肉末、胡萝卜泥、土豆羊肉丸子、羊肉饭和牛肉饼等。

巴基斯坦膳食以欧式西餐为主体，喜欢边吃饭边饮冷水。每日三餐两茶。晨饮“被窝茶”；早餐吃鸡蛋、面包、黄油、红茶与咖啡；午餐吃咖喱牛羊肉或咖喱鸡、带烙饼；下午茶配小点心、咖啡或红茶；晚餐也是肉菜和面食等唱主角。他们禁酒，凡带酒精的饮料一律不许出售；但嗜茶，尤其是添加阿月浑子和巴旦杏的“克什米尔茶”，色如玫瑰，清香可口。此外，他们还爱嚼槟榔，嗑瓜子，吃芒果、荔枝、香蕉及菠萝等水果。

甜食在该国食饮中占有重要的地位。不仅品种繁多，而且还是婚嫁中的媒介。举凡求婚、订婚和结婚，男女双方都要互赠和分发大量的甜食。女方是否接受男方的甜食，是是否应允亲事的标志。所以在巴基斯坦，女孩不可以随便接受男孩赠送的甜食。

该国严守伊斯兰教规，禁食猪肉和使用猪制品；忌食田鸡、水鱼、海狗、螃蟹、禾花雀等野生动物；妇女不得吃海参和鱼肚。还忌讳餐厅服务人员着黄色服装，认为“13”、“420”等数字不吉祥；不允许用左手传递食物。

阿富汗食俗

阿富汗地处亚洲中西部，是个内陆国家，面积约65.2万平方公里，人口1811万。40%为普什图族，30%为塔吉克族，用普什图语和波斯语，信奉伊斯兰教。全境多山多高原，大陆性气候，以农牧业为主要生计。

该国平民以面粉为主食，上层人士以大米和牛羊肉乳为主食。爱吃鱼、鸡、蛋品以及番茄、洋葱、菠菜、茄子、胡萝卜及土豆等蔬菜；爱用羊油、辣椒、番茄酱、柠檬汁、葱、蒜、盐等调味。口味偏好清淡、微辣，讲究菜肴花式，注重肴馔质量。名食有烤全羊、烤羊腿、肉丸子、土豆烧羊肉、牛肉汤、羊肉泡馍、羊油饼、羊肉米饭、阿富汗大饼及牛奶粥之类。

阿富汗膳食中，最著名的是抓饭。它有许多品种，如奇罗抓饭(里面埋羊肉块和鸡肉块)，喀布尔抓饭(加葡萄干、胡萝卜、杏仁和阿月浑子)，沙布吉抓饭(加菠菜)，马双抓饭(加豌豆)，雅克尼抓饭(加羊肉丁)，利什塔抓饭(加鸡蛋)，磅西亚抓饭(加茄子丝)，莫克抓饭(加鸡肉丝)，纳兰吉抓饭(加陈皮和糖)，兰迪抓饭(加牛肉干)，卡拉帕切抓饭(加羊头、羊眼和羊腿肉)，托尔奇抓饭(加各色咸菜)等。吃抓饭时先要净手3次，左手执盘,右手抓取送入口中。

该国很重茶礼,盛夏时爱坐茶馆。他们的茶,有绿茶和红茶,最好的是"无籽葡萄茶"。每家都有以茶待客的习俗,往往一敬就是3杯。第一杯为止渴,第二杯表示友谊,第三杯是礼节性的。他们也抽烟,有香烟、旱烟和水烟种种。还有一种硕大的烟斗,有许多吸嘴,可供四五人同时使用,比较有趣。

阿富汗人热情好客,乐善好施。有钱者常用食物赈济贫民与灾民。特别是年节期间,他们常常把不能回乡的外地人请到家中,好饭好菜殷勤招待。

该国遵循伊斯兰教食规,严格禁酒。也忌讳猪肉和一切奇形怪状的生物,如螃蟹、虾、海鱼之类。回避"13"、"39"等不吉利的数字。一般不太爱吃纯蔬菜制品。

沙特阿拉伯食俗

沙特阿拉伯位于亚洲西南部的阿拉伯半岛上,面积约214.9万平方公里,人口1248万。88%为沙特人,用阿拉伯语,定伊斯兰教为国教。境内有高原、平原与沙漠,属热带沙漠气候,经济是半农半牧型。

该国素以米面、菜豆、水果为主食,辅以牛羊鸡驼;制菜多用煎、烤、炸法,以番茄酱、胡椒粉和盐佐味,喜爱清淡、悦目及鲜嫩。其饭食多用大米配加肉、油、盐、奶、葱、桂皮、葡萄干等制成焖饭;阿拉伯大饼颇有名气,如"基别饼"中加鱼肉,"萨里布萨饼"中加桃仁粉、花生粉、糖与柠檬汁;他们还爱吃通心粉、麦片粥、甜点心、面包和浇橄榄油的扁豆大米粥。其菜食偏酸,有时是肉品单做,有时加配料合烹,如烤全羊、烤鸡、鸡蛋肉饼、羊肉土豆排、罐焖羊肉菠菜、柿汁羊肉菜花、羊肉白菜卷、羊肉酿茄子、油炸丸子、柠檬拌茄泥及麦片肉粥之类,有浓郁的清真风味。其中,"羊眼"最为珍贵,多用来招待贵宾。

该国日习二餐,一般家庭早餐是"弗瓦勒"(高粱糊)调奶油;晚餐为抹上奶油、蜂蜜的烙饼。他们还爱吃"泡馍"——高粱饼掰碎,浇上鲜奶、奶油与糖。至于阿西尔人,则以小麦和奶油为主食,肉品只用于年节和宴客;而贝都印人却是喜欢红茶与咖啡,主食为椰枣及驼奶,待客用羊肉抓饭。此外,他们都偏爱水果,哈密瓜、香蕉、橄榄、草莓、樱桃、西瓜及甜杏,常常供不应求。

沙特阿拉伯人严守伊斯兰教食规(参见"伊斯兰教食俗"条),禁食猪肉以及一切外形丑陋和不洁之物,如甲鱼、螃蟹之类。若是国外进口的牛、羊、鸡、鸭,也须盖有清真寺认可的印记,方能食用。他们严格禁酒,市场上不准出售。如果违犯,要受严刑制裁。该国还禁烟,禁止在餐室张贴偶象,禁止男女同席,禁止用左手传递食物,禁止客人闯入女主人房间,禁止用餐时大声喧哗和说笑。

土耳其食俗

土耳其地跨欧亚两洲,面积约78万平方公里,人口5139万。80%是土耳其族,用土耳其语,大多信奉伊斯兰教,国花为郁金香。境内多系高原,属亚热带地中海式气候;出产小麦、烟草、柑桔、橄榄、葡萄、长角豆、土豆和安哥拉羊,居民有以大蒜预卜吉兆的习俗。

土耳其烹调系阿拉伯地区的典型代表,其菜式是世界3大风味流派之一(另两个为中国菜、法国菜)。它选料精严,完全遵从伊斯兰教教规;善于利用可食的牛、羊、鸡、鸭、蛋、奶、鱼、虾、粮、豆、菌、笋、蔬、果调制美馔。长于烤、炸、煎、炖,突出鲜咸及清香,软烂、爽口。名食有阿拉伯烤肉串、烤全羊、炸羊肉肝、柠檬炖鸡、土耳其式烤鸭、洋葱拌胡萝卜、酸奶拌黄瓜、鞑靼少司、穆扎拉达(扁豆大米粥)、布拉克(春卷)、库纳福(桃仁糖面饼)、古斯古斯(炖羊肉浇小米饭)及哈里维亚特(果仁蜜酥点)等。其中,阿拉伯大饼的牌头最响;配加鱼肉的基别饼,加桃仁粉、花生粉、柠檬汁和白糖的萨里布萨饼,都令人齿颊留香。土耳其人还善于用面粉、牛奶、蜂蜜、白糖、榛仁或可可调制各式民族茶点;用柠檬制的哈穆特饮料款待佳宾。他们的"全羊席"、"抓饭席"享誉世界,被美食家评为清真风味的正宗。

土耳其人多是虔诚的穆斯林,其饮食戒律参见"伊斯兰教食俗"条。

瑞典食俗

瑞典位于北欧斯堪的纳维亚半岛东南部,面积约45万平方公里,人口834万。90%为瑞典人,通用瑞典语,以基督教瑞典教会为国教,国花是白菊、睡莲及孪生花,国鸟是乌鸫。全境多系高原和平原，属温带针叶林气候，农产品丰富，肉乳制品多。

该国膳食归于西餐体系。以面食为主，也吃米饭，重视西饼和奶油蛋糕。爱吃猪、牛、鹿肉，以及禽蛋、水鲜、野味和各式蔬菜；常用拌、炒、烧、㸆、炸、烤诸法，习用辣椒、胡椒、番茄酱、芫荽、丁香、糖、醋、盐等调味；偏好清淡及甜辣，重视肴馔的滑嫩、焦香与浓郁。其名食有瑞典牛肉丸子、斯摩葛博什锦大拼盘、大龙虾、果汁牛扒、松子鱼、白切鸡、烤酿洋白菜卷、熏鱼、冻肉、麋鹿大菜和什锦香肠等。他们爱饮冰镇啤酒、牛奶和香片花茶，喜吃草莓、西瓜、花生米和葡萄干。宴客时多将主宾置于主人的左位，特别注意餐室、餐具和食品的洁净。

瑞典是个半禁酒的国家，酒不可以作为礼品送人。他们忌讳黄、蓝色组的颜色，回避“13”。一般不食用鸟类与猫、狗等动物，不喜欢油腻太大的食品，还有人不吃鸡蛋。他们讨厌在公众场合随便吸烟，不允许赴宴中出现擤鼻涕、吐痰、抠鼻孔、搔头皮等动作。投亲会友时，必须带一束鲜花或一盒巧克力；筵席上要按长幼尊卑的顺序敬酒，主人未说“请”字前不能贸然碰杯，宴毕须向主人致谢。

芬兰食俗

芬兰位于北欧，面积约33.7万平方公里，人口493万。93%为芬兰人，6%为瑞典人，用芬兰语和瑞典语，信奉基督教，国花为铃兰、绣球菊。全境多丘陵、多湖泊，属温带针叶林气候，农林牧渔业都较发达。

芬兰人多吃西餐。早为牛奶、面包、鸡蛋、火腿及麦片粥；中餐仅有一道菜和一道汤，再加面包、黄油、生菜与甜点；晚餐丰盛，有各式风味热菜，如海鲜、牛羊肉、猪肠、熏鱼、家禽、野味、酸菜及乳制品等。制菜多用焖、烤、烩法，口味较清淡，偏好甜、香、脆、嫩和微辣。酒爱白兰地，茶重香片，喜食枇杷、草莓、菠萝、荔枝、桔子和花生米。

芬兰人的膳食中有4点比较突出：

一是鱼品多，鱼菜多。不仅鲜食，而且腌制。像有名的“鲜腌大马哈鱼”，就是圣诞节必备的佳肴之一。

二是野味多，山菜多。名食有烤鹿肉、果冻鹿舌酱、草莓酱果及黑莓果汁之类，带有浓郁的山林风情。

三是馅饼美。像萨阿馅饼，是用裸麦粉和鱼肉、猪肉烤制；卡累利阿馅饼，是用裸麦粉和米饭、鸡蛋烤制，抹黄油吃。

四是喝浓汤。经常在汤中添加蔬菜、水鲜、山货、肉品、牛奶与黄油熬炖，汁稠浓，味香醇，含热量大，有滋补功效。

此外，该国还有独特的投蛋比赛，曾创下96.9米投接鸡蛋的世界记录。

芬兰人买卖成交后，常用长时间的宴会和“蒸汽浴”庆贺。应邀赴宴，必须准时到达，并给女主人送花；花忌双数，5或7朵最好。他们忌讳“13”和星期五，不在这些日子里宴客。在宴会上，不可以交叉式握手或交叉式谈话，不可彼此贴得很近，不可在敬酒前先品尝食物。他们一般不吃稀奇古怪的海产品，不吃动物的内脏，也不吃生姜和香菜。

俄国食俗

俄罗斯地跨欧亚两洲。通用俄语。不少人信奉东正教、伊斯兰教、犹太教或喇嘛教。平地、低地占3/5，山地高原和北极圈内领地各占1/5，属温带、寒带气候，农林牧副渔各业发达。

俄罗斯人以面食为主，爱吃肉奶与蔬果，擅长烩、煮、煎、炸，习用酸奶油、鱼籽酱和香料调味；嗜好鲜咸、软烂、油腻、腥酸的口味、食量与酒量均大，用餐时间长。他们重视早、午餐，晚餐比较简单；冷盘小吃讲究，以珍果及茶点为贵。爱饮伏尔加酒、啤酒、柠檬汁、矿泉水、红茶、咖啡或牛奶，抽雪茄烟；对生食的番茄、黄瓜、白菜、萝卜、生菜与元葱尤感兴趣，吃水果一般不削皮，喝茶时多配西式小点心。

俄式大菜又名“罗宋菜”，是西餐的重要分支，影响遍及东欧。它的大菜、小吃、汤品、粥类和餐厅服务，都有较高水准。如大菜有黑鱼籽酱、开夫鸡、煎牛排、土豆烧牛肉、铁钎烤羊肉、焗羊排，炭烤酿焰笋鸡、炭烤肝串、奶油色拉黄瓜、凉拌番茄和醋渍蘑菇；小吃有肉菜菇蛋大馅饼、鱼籽酸奶果酱饼、肉包子、油炸饼、奶渣饼、土豆面疙瘩、抓饺、甜饺子和牛肉煎包；汤品有罗宋汤、酸模青菜汤、酸白菜汤、黄瓜肉汤、三鱼汤、冷杂烩汤、红菜汤、乌拉尔菜汤、红芸豆泥汤和牛奶啤酒冷汤；粥品有大豆粥、黑豆粥、粟子粥及洋葱粥，多用大米、牛奶、奶油、香料等熬成。俄式餐厅服务的特色是快,食品预制时便分割,整齐码放在宽平的银盘中,服务人员按件分送,上菜逆时针环行,收盘顺时针清台,衣袖不沾食品,手脚敏捷轻盈。

俄罗斯人重茶,家家都有红铜茶具,并在俄式火炉上烹调食物,香飘满室。

至于食禁,由于疆域大,民族多,宗教杂,情况各不相同,要具体情况具体对待。一般情况是:吸烟要征得主人同意,让烟要递上整盒,点烟一根火柴只能点一支;8月1日伊利节忌讳摘食苹果;赴宴不可只顾自己吃,要回敬食物给主妇;他们豪爽大方,切忌别人说待客小气,等。

德国食俗

德国位于欧洲中部,面积约35.7万平方公里,人口7744万。95%是德意志人,通用德语,主要信奉天主教,国花为矢车菊,国鸟为白鹳。境内兼有山地、高原与平野,属温带海洋气候,农牧业发达,酿酒业兴盛。

日耳曼人实事求是,饮食亦以经济实惠为本;加之喜爱爬山、滑雪及足球等强度高的运动,故而食量大,特别能吃肉,灌肠、土豆与啤酒每餐不缺。其口味偏好甜酸肥浓,不喜咸辣;食料多系猪、牛、鸡、蛋、土豆、葱头、青菜与水果,用红烧、油焖、煎炸、烘烤、煮炖等法调制。一般不吃鱼虾、海味和核桃,不爱牛奶;忌讳红色、茶色及深兰色餐具。重冷饮,爱红茶,喜欢水果;早午餐丰盛,晚餐简单。吃什么菜用什么刀叉,喝什么酒用什么酒杯;厨房一尘不染,炊具摆放整齐,饮食生活很有规律。

德国很讲究食物的含热量和营养,曾创造过人年平吃肉90公斤的纪录。其名菜也多系肉制品,如汉堡牛排、熏猪扒、腌火腿、德国猪手、诺尔曼猪排、苹果焗猪肉、肉什锦酥盒、煎猪肝、肉沙拉子、鸡肉巴利米汤、德式青鱼、大豆小肠汤等。其中,"一锅杂烩"(用肉块、香肠、土豆、面片、豌豆和青菜熬成)和"柏林猪蹄"有"国菜"之称。灌肠的知名度亦高,多达1450余种,细如筷,粗似桶,冷吃的芝士香肠、猪肉咖喱香肠和纯猪肉香肠,多配酸菜;热吃的蒜茸香肠、牛仔肉香肠和杂肉香肠,则辅以生椰菜。此外,该国亦不乏植物性食品,如黄瓜土豆沙拉子、烤计司葱头汤、番茄大米汤、栗子排、炒土豆条、豌豆汤,以及豆泥、果茸与瓜干之类。

德国还是啤酒的故乡,有酒厂近千家,约占世界的1/3,主要集中在巴伐利亚一带。它有许多啤酒节;慕尼黑号称"啤酒城",年产啤酒3.5亿升,还开办有可以授予啤酒博士学位的啤酒酿造学院。该国人年平消费啤酒150升左右,系世界之冠。他们喝啤酒颇有章法,餐前喝哪种,席间喝哪种,饭后喝哪种,什么菜配什么啤酒,都有约定俗成的规矩。

近年来为了防止文明病,该国有500万人坚持素食。此外,对于孤老,社会福利局每天用专车送饭,名曰"车轮膳食"。

瑞士食俗

瑞士地处欧洲中部,是个内陆国家,面积约4.13万平方公里,人口650.4万。65%是德意志人,18%是法兰西人,11%是意大利人,通用德、法、意语,信奉天主教和耶稣教,国花为火绒草。全境为山地高原,多冰川湖泊,属温带气候,畜牧业发达。

瑞士烹饪向以精美高雅著称于世。正规的瑞士名菜做法相当复杂,可与巴黎大菜比美;家常便饭则较简便,符合实际生活的需要。与其他的欧洲国家相比,瑞士膳食中有6个十分鲜明的特色:

1.习惯使用油炉涮锅。这种锅口大肚小,置入油炉之上,待锅中的橄榄油烧开以后,再将小块生牛肉"涮"(实为炸)熟,立即取出放在盘中,拌各色调料食用。

2.善于调制蛋焖饭。即按适当比例,在大米中添加清水、牛奶、生蛋黄及糖、盐拌匀,用文火煮开后再倒入蛋清糊焖,熟后米饭金黄,奇香扑鼻。

3.特别爱吃土豆。花色品种繁多,有炸土豆条、炸土豆团、烙土豆饼和煮土豆糊种种,可以添加不同味料,因人而异。

4.奶酪是公认的美食。有100余种,分为白、褐、淡黄、深黄诸色,有淡、咸、辣、臭各味,小如花生米,大似烙饼。其中的"方堆"(将特制奶酪——计司化开,加白酒与克什酒拌匀,蘸面包吃),久负盛名。

5.威廉牧师酒蜚声四海。此酒产于阿尔卑斯山河谷的西昂市,甘美醇香,回味力强,滋补强身,是世界著名的"健美神饮"。

6. 伯尔尼的"葱头节"经常吸引众多的海外游客。此节在每年11月的第四个星期一举行。届时整个城市用各色葱头装饰起来,人们竞相购买葱头编织的工艺品,品尝各种葱头小吃,观看刀切葱头比赛,举办葱头大宴。

此外,该国还有菠萝鸡、牛肉扒、计司排、梭子鱼、烤鹿肉及焗鲈鱼等名食;人年平消费巧克力8公斤,创世界纪录。

瑞士人忌讳"13"和星期五,忌讳猫头鹰,不愿议论减肥和节食等问题。他们不喜欢吃辣味过重的菜,不愿听到餐具碰撞和咀嚼食物的声音,不可以在餐厅中晾挂衣服。赴宴时切不可给女主人送红玫瑰(尤其是3枝),因为这带有一股说不清的朦胧的浪漫色彩。

英国食俗

英国位于西欧,在大西洋不列颠群岛上,由英格兰、苏格兰、威尔士、北爱尔兰以及众多小岛组成,面积约24.4万平方公里,人口5616万。80%是英格兰人,通用英语,居民多信基督教,国花为玫瑰和蔷薇,国鸟是红胸鸲与知更鸟。全国地形复杂,属海洋性温带阔叶林气候,农产品和海产品都较丰富。

英国人习惯三餐两茶,素以"家庭美肴"著称。早餐又分英式早餐和大陆式早餐,前者有麦面粥、煎咸鱼(或鸡、肉)、烤面包、桔子酱及咖啡、茶,比较丰盛;后者多是果酱、炸麦片、面包卷、烤面包干和咖啡,清淡一些。上午茶在10时左右,吃点饼干或点心,配茶或咖啡。午餐居家者讲究,外出者简便(戏称"庄稼人午餐"),多为奶酪、面包、黄油、番茄、莴苣、芹菜、酸黄瓜及沙拉等方便食品。下午茶多在4时,有绅士风度的英国人对此相当重视。常以烤圆饼、松饼、发面圆饼或茶点圆面包配上好茶,款待至亲亲朋,促膝长谈。晚餐一般在8时,有汤品、沙律、主菜(多为肉类)、甜食、水果及饮料等,调理精细。

英国菜配料比较简单,习惯煎、炸、焗、烩,极少使用油、酒、香料或浓酱,力求清淡、鲜嫩、甜酸、微辣、焦香;少而精,注重花色品种,讲究色、香、味、形、器。菜上桌后,各人再用盐、胡椒粉、芥末酱、番茄酱、色拉油和各种少司调食。所以同一道菜,每人吃的口味并不一样。它的名食亦不少,有伦敦杂扒、左口鱼、煎牛仔肝、奶酪焗鳜鱼、焗羊肉盅、柠檬鸡、生菜大虾、英式鱼饼、烟肉、牛排腰子布丁、水蒸布丁、约克朗布丁、苏格兰小肚、康瓦尔馅饼及麦片粥等。

英国人多不吃带汁的菜和辣味菜。夏爱冰淇淋,冬爱布丁,四季爱水果。饮料中尤为重茶,人平每年消费3.5公斤;讲究茶叶、茶具、茶点与茶礼;下午茶其浓如血。其他饮料有各式啤酒(苦的、淡的、黑色的、烈性的)、杜松子酒、唐尼克汽水和果汁冻,以及配加柠檬汁与糖的奶茶,均有特色。

英国人尤为讲究进餐礼仪。若是宴会,必须准点到达,男修面,女化妆,都着礼服,向女主人献花(不可是象征死亡的百合花)或赠送巧克力。主人要逐一介绍来宾,并请大家点菜。坐位讲次序,用刀叉有规定。正式晚餐上,宾主要一起做餐前祷告,祝女王陛下身体健康。宴会上要注意小节,举止大方,谈吐文雅,不可议论宫廷事务和国政(英国人家中不谈公事,也从不邀请公事交往的人到家吃饭)。在茶会上,碟子内吃尽,杯子内喝完,才会再添。在宴会上,一般是先饮啤酒、葡萄酒,再饮冰冻威士忌苏打、香槟酒;从年尊显要的女宾处首先上菜。不吃东西时,双手要放在膝上;未经允许,不可吸烟。吃菜时应用叉子牢牢扎住,忌讳食物跌落盘中;喝汤时应用匙子平舀,不可将汤盘倾斜倒出。食毕道谢,次日打电话给女主人致意。

法国食俗

法国地处欧洲西部,面积约55.2万平方公里,人口5551万。法兰西人占93%,通用法语,天主教徒占3/4,国花为百合、玫瑰及鸢尾花,国鸟为公鸡。中南部系高原,西北部为平原,海洋性温带阔叶林气候和亚热带地中海式气候兼而有之,农林产品丰富。

法国是个文明古国,建筑、绘画、音乐、服装、化妆品、烹饪举世闻名。法国人性格开朗,喜欢讲话,重视社交,热爱宴游,追求个人自由和生活舒适;并以能讲纯熟的法语为荣,商品和菜谱都要用准确的法文书写。他们认为黄色表示不忠诚,黑桃图案不吉利,墨绿色意味纳粹侵略军,仙鹤代表蠢汉和淫妇,孔雀是祸鸟,菊花象征丧事,核桃、杜鹃花与纸花都主凶,唯独大公鸡才代表光明。该国妇女大都受过高等教育，生活忌讳更多。

醇酒美食，是法兰西传统文化重要组成部分，巴黎大菜常与中国烹饪并称。法国菜是在瑞典皇家菜和罗马宫廷菜基础上发展起来的，经过路易十四、路易十六几代国王的倡导，更是精益求精。它选料考究，调味细腻，工艺规范，注重营养、配器和食礼，向有丰盛、典雅、高贵、珍异的定评。其特色有四：(1)用料多为鹅肝、蜗牛、奶酪、乳猪、肥犊、羔羊、肉肠、名鱼、蚯蚓、火鸡、鲜蛋、马兰和佳蔬美果，以烤、炸、汆、煎、烩、焖等法调制，注重菜品的档次。(2)因菜选用料酒，下酒甚重，醇香浓郁，故有"鼻子菜"的雅称。像红烩用红酒，白烩用白酒，清汤牛肉用厘酒，纽砕龙虾用白兰地，皆有定规。(3)以素辅荤，注意营养平衡。肉品多以蒜头、洋葱、芹菜、胡萝卜、干果、鲜果、丁香或香草作配料，菜型也是鲜花带绿叶状，外观甚美。(4)首重在鲜，生食菜和断生菜多，口味以咸甜、酒香为主，佐以肥浓、鲜嫩，并且不同的菜与不同的酒配食(如烤腰子串配红葡萄酒，猪血腊肠配白葡萄酒)，吃法也相当讲究。

法国名食众多。大菜类有烤鹅肝、焗蜗牛、鸡色拉、肺脷米云、柠檬生蚝、鲁昂带血鸭子、拿破仑红烩鸡、鹅肝酱黑酿鱼、春天沙律、龙虾冻、海鲜大拼盘、野菌烩牛腰、大花蟹、丁香血肠、红烧兔子、拌蚯蚓、烤火鸡和奶油鲮鱼。汤品类有普鲁旺斯鱼汤、葱头大虾汤、牛肉菠菜汤以及猪血调制的10多种清汤。点心类有脆酥饼、奶油圆蛋糕、多味巧克力、布丁，以及长达75厘米、粗如手腕、色泽金黄的棒形大面包。奶酪类分为软干酪、压制干酪、煮熟压制干酪、冻制干酪和霉干酪五种，有400多个花色品牌。其中的罗克福特奶酪，内有一种神秘的霉菌，吃时使人喉管发痒而舍不得吞咽，堪称一奇。饮料类有各种葡萄酒和啤酒，以及白兰地、杜松子酒、可口可乐、红茶、咖啡、可可、牛奶、果汁及矿泉水等，多系高档名品，论杯出售。

此外，法国人大多不吃无鳞鱼、禽畜内脏和辣味菜，讨厌逊色的食品。他们忌讳别人讲蹩脚的法语，进餐时不饮咖啡，不在两道菜之间抽烟，不使用公用的餐巾，不将双肘搁在桌上。忌讳黄和墨绿色桌布，还讨厌别人在饭前喝苏格兰威士忌和马丁尼酒。这都视为不文明。

特别要指出的是，法国十分重视饮食文化和烹饪传统的继承。报刊头版经常登载烹饪新闻，各地设有烹饪艺术馆，严格评审"三星名厨"。全国有烹饪技校250所，烹饪中专30所，烹饪大专15所，烹饪学院4所，国家烹饪艺术中心和研究生院各1所，颁发烹饪硕士学位。在国际大赛中获奖的名师由总统接见，并有重奖。在该国，最光荣的职业就是厨师。

西班牙食俗

西班牙位于欧洲西南部伊比利亚半岛，面积约50.5万平方公里，人口3900万。主要是西班牙人，用西班牙语，以天主教为国教，国花是石榴花。高原占60%，山地占29%，余下是平原，兼有海洋性温带阔叶林气候和亚热带地中海式气候，林产品和水产品众多。

该国习用西餐，也喜爱中菜。重视午餐，早、晚餐则较简便。以面食为主，也吃米饭；爱吃家畜、火鸡、鱼虾、蜗牛与火腿，以及洋葱、辣椒、番茄、鲜蘑、土豆及豌豆等青菜。制菜多用煎、炒、烧、炸，习以橄榄油、辣椒和胡椒调味；偏好清淡与酸辣，讲究食品的营养成分。名食有炒杂烩、炸龙虾、脆鳕鱼、炸雏鸡、烩猪肉、烩牛舌、炒鸡蛋及西班牙煎鱼之类。

该国饮食中亦有不少特异之处，如一年四季爱喝冷汤；餐间须配杜松子酒、水果片与冰块；把加里西亚出产的葡萄美酒放在背上斟满敬客；油条长达6米，卷曲如蛇、切段售卖，并配牛奶、咖啡及豆酱食用；每年12月的最后一个星期日，西部的瓜拉特村例行举办"百鸡宴"，6名小伙手持利剑历数鸡的"罪恶"，开庭"审判"后处死，烤熟会餐，等。

西班牙人每月都有节食，如1月吃米饭、鳗鱼馅饼和熏香肠；2月吃蜜糖面包卷、薄饼、苹果酒和牛奶；3月吃蜗牛和沙丁鱼；4月吃烤乳猪和烧羊肉；5月吃苹果；6月吃焖牛肉；7月畅饮葡萄酒；8月吃螃蟹和火鸡；9月吃草莓和葡萄；10月吃煎鱼、焖鸡和肉饭；11月吃油炸饼、烤猪肉、香肠和野味；12月吃蒜瓣汤，可以称之为"美食之国"。

该国还有些别致的食礼。如他们吃东西时，总会请在场者分享；但切忌接受，因为那是无教养的表现。新年钟声敲响后，每人要吃下12粒葡萄，这意味着全年诸事如意。他们还忌讳大丽花和菊花，回避“13”和星期五，餐桌上不可议论政治、宗教和就业问题；宴会多在晚间11时至1时之间举行。

意大利食俗

意大利地处欧洲南部，面积约20.1万平方公里，人口5700万。绝大多数是意大利人，用意大利语、法语或德语，90%的居民信奉天主教，国花为紫罗兰、雏菊和玫瑰。山地丘陵占4/5，温带大陆性气候和亚热带地中海式气候兼而有之，食源较为充足。

意大利菜直接源自古罗马宫廷，有着浓郁的文艺复兴时代佛罗伦萨的膳食情调，素称“欧洲大陆烹饪之母”，享有很高声誉。它选料多系海鲜，专长炸煎、红焖、红烩与小炒，微辣，爱用蒜茸与干辣椒佐味，多是六七成熟，以醇浓、香鲜、断生、原汁、微辣和硬韧为特色。这都体现在佛罗伦萨牛排、罗马魔鬼鸡、那不勒斯烤龙虾、巴里甲鱼、米列斯特通心粉、奥斯勃克牛肘肉、扎巴格龙沙拉以及卧鸡蛋肉米少司等名菜中，游客趋之若鹜。

与大菜相比，意大利的面条、薄饼、米饭、肉肠和饮料更具魅力。意大利面条俗称“粉”，有线状、颗粒、中空和实心4种花式，系用面粉添加鸡蛋、番茄或菠菜等不同配料机械加工而成的，白、红、黄、绿各异，最著名的是通心粉、蚬壳粉、蝴蝶结粉、鱼茸螺蛳粉、青豆汤粉和茄酱粉。这些粉煮得较硬，有咬劲，多配火腿、腊肉、蛤蜊、鱼丝、虾仁、奶酪、蘑菇、鲜笋、洋葱、青豆和各色佐料食用，馨香盈口。意大利薄饼又叫“碧莎”(亦译作比萨)，系将油酥面坯置于“碧莎铁盘”中，添加猪肉、牛肉、黄瓜或茄子等烘成，并用干酪和番茄酱提味，上缀橄榄仁和鸡蛋丁。该国出售此饼的快餐店有2400余家。意大利米饭叫“沙利托”，这是将洋葱、牛油与大米同烹，或用豌豆、青菜与肉汤焖熟的。意大利肉肠叫“莎乐美”，形似擀面杖，外有一层白霉，切开后嫣红欲滴，香气四溢。意大利饮料包括软饮料(桔子汁、可口可乐)、低度酒(葡萄酒、啤酒)、兴奋饮料(咖啡、茶)，以及营养饮料(牛奶、强化饮料)等，制作考究，很注重名牌商标的信誉。

意大利人请客，星期天与节日多在家中，平时则是去餐馆。其程序是开席喝香槟，上海鲜大拼盘，再饮葡萄酒。正菜一般有4组：一是什锦菜汤、炒米饭(或通心粉)及干酪；二是牛排、鱼虾或各式鸡菜、生菜；三是水果和冰淇淋；四是甜点及蛋糕。饭后饮消化酒与咖啡。富裕之家，节日正菜多达七组，还有开胃的苦艾酒。赴宴时，客人应向主人送鲜花、巧克力或上好的葡萄酒。

该国最忌菊花(因它用于葬礼，不吉利)；送花时喜单数，忌双数，要回避“13”。不可拒绝午餐或晚餐的邀请，不可在宴会上谈论美国的橄榄球和政治；不可去打扰别人家中除夕之夜的狂欢宴乐。忌讳13号和星期五赴宴。饮茶时应加方糖和鲜柠檬汁；吃通心粉时不可切作小段，而应当用叉子搅成小团送入口中。

罗马尼亚食俗

罗马尼亚位于欧洲巴尔干半岛东北部，面积约23.8万平方公里，人口2333万。多为罗马尼亚族，用罗马尼亚语，信奉东正教，国花为白玫瑰和圣灵花。平原、高原、山地各占1/3，属大陆性温带阔叶林气候，耕地多，主产玉米、小麦、甜菜、向日葵和水果。

该国以面粉为主食，爱吃土豆；重视午餐，要求量多质好，早、晚餐则可简略。喜好西餐，食馔多系冷食，如冷火腿计司、沙拉蜜、香肠、黄油、黑面包及黑、红鱼籽酱之类。喜清淡，忌油腻，偏重酸辣，爱吃酸牛奶、酸菜、生葱、大蒜和辣椒；一般不吃肥猪肉，较少食用蔬菜、海味与鱼虾。最著名的民族菜是：(1)默默利古察(玉米糕)，系将玉米面加盐煮成；(2)灌尔玛鲁察(酸白菜卷)，内包猪肉末、酸白菜丝、腌五花肉片、番茄、大米及胡椒、盐等在烤箱中制成；(3)土豆烧牛肉，添加芥末等调味；(4)盐煮老玉米。

该国四季都喝冷水，陈年白兰地和桔子汁等也习用冰镇。其餐具多为历史悠久的民间陶器，造型独特，图案精美，色彩绚丽。此外还有木雕的瓢、匙、杯、盘，古色古香。

罗马尼亚人好客重礼。哪怕是素不相识者登门拜访，也会受到热情接待。人们赴宴，送花多为单数；但祝贺生日，又是以双数为敬。他们忌讳星期五和“13”；不喜欢在吃饭时打开两面的窗户(这叫“过堂风”，易伤人)，议论政事；讨厌黑色的食品。

希腊食俗

希腊位于欧洲巴尔干半岛南部，面积13.2万平方公里，人口995万。95%为希腊人，用希腊语，信奉东正教，国花为橄榄。境内多山，岛屿纵横，属亚热带地中海式气候，农林牧渔产品众多。

希腊是个文明古国，有“欧洲文化摇篮”之称，也是世界文明的发祥地之一，饮食文化的历史悠久，食品丰盛，食俗事象五彩纷呈。

该国食源主要是面粉、玉米、牛羊肉和烟酒，还爱吃鱼虾、火鸡、通心粉和橄榄油。烹调主要是烤、炸、煮、烩，口味趋向咸、鲜、腥、酸，喜好油腻。名食有煮羊头、烤火鸡、炸大虾、计司排、炒栗子、冬瓜糖、油酥饺和大拼盘等。

希腊人特别爱吃零食，如盐水花生、南瓜子、核桃仁或蜜饯之类，在这方面开支较大。他们还喜欢将金属钱币置于大蛋糕中烤熟，切开后谁得到了，谁就是幸运儿。他们更爱烟、酒与咖啡，每日不可缺乏。男女老幼都抽烟，成人一天一包是常事。一年四季都饮冰水。起床后的第一件事就是喝咖啡。咖啡煮得极浓，一杯可以品上一个小时，然后洗脸漱口。酒多为白葡萄酒，中午和晚上都要喝，稍醉微醺被视作社交的风范。各地经常举办酒节，人人开怀畅饮，如痴如狂。希腊人喜欢午睡和夜生活，下午2～5时是“不设防时间”，举国休息；华灯初上则去茶楼酒馆进行社交或办理事务，兼带娱乐。

希腊人待客真诚，分外豪爽慷慨。家中的烤乳猪或烤火鸡若是受到称赞，他们会整只相送，如果客人不接受，他们则会暴怒，因为这伤害了他们挚朴的感情。他们认为橄榄树是和平与智慧的象征，马蹄铁是灵验的护身符，常用此作为房间或餐室的饰物。他们喜爱黄、绿、蓝等色，经常出现在菜肴和餐具之中。他们尊老敬贤，宴会上常将这些人置于首位。

该国喜爱大蒜和石榴，餐室中也装饰蒜头串和石榴枝。同时崇拜蛇与狼，视盐为圣物，常用于祭祀。他们忌讳“13”、星期五和猫，认为进餐时打喷嚏不吉利，一般不吃有甜汁的菜肴，只喝酒而不品尝小食品被认为是失礼的表现。

埃及食俗

埃及地跨亚非两洲，面积100.2万平方公里，人口5046万。全系埃及人，说阿拉伯语，以伊斯兰教为国教，国花是莲花。90%的地区是沙漠，属热带沙漠气候，出产小麦、玉米、洋葱和甘蔗。喜欢绿色和白色，视蓝黑色为恶魔、黄色为不幸，忌讳烈酒。

埃及人多吃面粉；添加蜂蜜、维生素和味料机器制的发酵面饼，为各阶层所喜爱；政府对其发放补贴，其售价比面粉还低。大米定量分配，极少，多制成姜黄饭与扁豆大米粥。还吃木薯粉粥、小米粥、烤粟米、香蕉肉糊、炸糖酥饼、粉丝糖糕和花生杏仁饺。民间小吃亦多，著名的是烤羊肉串、烤小鱼、素丸子、焖蚕豆、通心粉、烤玉米、烤白薯、古斯古斯(炖羊肉浇小米饭)和哈里维亚特(果仁蜜饼)。

他们的菜料多选用牛、羊、鸡、鸭、蛋、奶、豌豆、洋葱、南瓜、茄子、卷心菜与土豆；习用盐、胡椒、辣椒、咖喱、番茄酱、柠檬汁和孜然(野茴香)调味；口感偏重，喜爱焦香、麻辣、浓郁与软滑。名食有烤全羊、烤鸭、炸鸽子、牛肉豌豆、茄汁鱼、番茄沙拉、洋葱拌辣椒、荷木司(橄榄豌豆泥)、塔布利(麦粒芹菜番茄泥)以及穆塔巴利亚(蒜茸黄油烤茄子)等。

其饮料多为红茶、不加糖的咖啡、酸牛奶、果子汁、啤酒与凉开水；爱吃桔子、西瓜、瓜子、花生、核桃、白桃与香蕉；苹果在当地异常珍贵。还爱吃雪糕之类的冷饮制品，嚼咖特(一种有兴奋作用的木本植物的叶片)，以之提神健脑，逗撩谈兴。他们用餐不置桌椅，仅在草地上铺一块白布，席地而坐，以右手抓食。

该国严格遵守清真食规(参见“伊斯兰教食俗”)；喝热汤及饮料时禁止发出声响，食物入口不许复出。忌讳吃饭时谈话，把浪费粮食(特别是耶素——埃及面包)视作一种罪过。一般不爱红烩或带汁的菜，不爱刚刚断生的菜；饮食中要回避“13”这个数字。

摩洛哥食俗

摩洛哥位于非洲西北端，面积约45.9万平方公里，人口2301万。多为阿拉伯人和柏柏尔人，用阿拉伯语和法语，信奉伊斯兰教。全境多山，亚热带地中海式气候和热带沙漠气候兼而有之，以农牧为主业。

摩洛哥由于受西方社会的影响较大，其饮食文化中既有阿拉伯文化色彩，又有欧陆风情。主食以面粉为主，多制成“摩洛哥式面包”(类似“耶素”)；辅食多为牛羊肉奶、蔬菜及盐渍橄榄果，爱吃橄榄油与洋葱；其口味近似阿尔及利亚，喜爱辛辣鲜香和清淡脆嫩。待客佳肴多为烤全羊、烤鱼虾、古斯古斯和珍果之类。

该国“宁可一日无食，不可一日无茶”。茶是他们朝夕不可缺少的饮料。泡茶用长嘴、大肚的银壶或铜壶，先放绿茶，冲入开水，倒掉，再冲沸水，加放许多鲜薄荷叶与白糖，焖几分钟后饮用。每天要饮四五次，每次的饮量都很大。来客必奉此茶，而且献茶三巡；饭后亦饮3杯。客人若不喝，则是失礼。他们的一日三餐，除了必备的摩洛哥面包，还有白糖薄荷茶与盐渍橄榄果，因此被称作“饮食三宝”。甚至在鸡尾酒会上，也允许以茶代酒。

摩洛哥人的宴会袭用西餐格局，常在晚上9时举行。客人聚齐后，宾主先交谈一会，然后上白糖薄荷茶和几色西点以“垫底”。开宴后第一道菜多是烤全羊；第二道菜常为烤鸡，一个大盘内通常放6只，鸡腹塞有杏仁、葡萄干、蜜枣、橄榄仁或核桃肉；第三道菜叫“古斯古斯”，系用小米粉、豆品、南瓜、各式干果、洋葱、鸡肉或牛羊肉等混合蒸煮而成的抓饭；第四道菜是水果大拼盘。鱼虾、海味、鸡蛋、内脏和蔬菜一般都是不上席的，吃完一道，端走一盆，再上一道，桌面上始终是单盆，整洁清爽。该国宴会多有民间艺人助兴，表演阿拉伯音乐舞蹈，气氛欢快而热烈。

摩洛哥人严守伊斯兰教教规(参阅“伊斯兰教食俗”条)，禁食猪肉和一切不洁、可憎之物；一般都不饮酒，也很少抽烟；不爱吃红烩的或带汁的菜肴。他们忌讳“13”和白色；妻子当着丈夫的面吃鸡蛋，被视作伤风败俗的事，会受到社会舆论谴责。

中非食俗

中非位于非洲大陆中央，是个内陆国家，面积约62.3万平方公里，人口270万。班达人占34%，巴亚人占27%，通用桑戈语和法语，多数人信奉原始宗教，少数人信奉基督教或伊斯兰教。境内有盆地和高原，属亚热带草原气候，主产杂粮和牲畜。

该国主食是木薯，辅以高粱、玉米、小米、芋头和芭蕉；食用棕榈油。肉品中，有牛、羊、驼、鸡，也有羚羊、蟒蛇、飞禽、白蚁、猴鼠与爬虫，可烤，可煮，也可以熏干保存。蔬菜常是木薯叶、高高叶(一种野生爬藤植物)、野菠菜、瓜叶、地豆角和葫芦，多用辣椒与花生米配制。吃饭时，席地围坐一圈，中放一盆木薯团(或玉米团、小米团)，一盆菜(木薯叶或高高叶)，或者是炖肉块、鱼块、菜肉杂烩，以右手抓食。

该国的食品制作方法古朴而又粗放。如“木薯团”，是将木薯浸泡3天去毒后剥皮，切块，晒干，碾粉，入沸水中搅煮而成。“木薯粽子”，粗加工方法同上，然后用树叶包裹煮熟剥开切片。“炖菜”，将芭蕉、芋头或鱼、肉切块，加棕榈油、辣椒、盐及花生酱等用文火煨烂。“高高叶”，系将叶片切丝水煮，用花生米、棕榈油、辣椒与盐等拌食。“岗达”，是将葫芦泥、豆泥、木薯叶、烤白蚁或肉末、干熏鱼等捣烂混匀，加盐、辣椒与花生酱捏作扁团，用蕉叶包好煮熟，食前略烤。“棕榈酒”，则是用棕榈叶和带奎宁味的树皮酿制。

至于中非的俾格米人，饮食相当简陋。他们常是采集野生块茎、高高叶、野蘑菇、蜂蜜、白蚁或毛毛虫等混煮；或用猎物换取芭蕉、木薯和食盐。如获鸟蛋、幼雀、蜂窠或大象，则聚众野餐，饮料是蜂蜜兑水煮成。

中非人不吃图腾动物，俾格米人禁食猩猩。妇女不吃蛇肉和豹肉，孩子不吃豹肉，多数人不吃狗肉。男女不可围坐吃饭，男孩子小时跟母亲吃，长大后跟父亲吃。家中宴客，也是男女分开，同姓男女可以在同一房间分两摊吃，异姓男女必须分开在两个房间，哪怕是女婿和岳母、公公和媳妇也不例外。

苏丹食俗

苏丹位于非洲东北部，面积约250.6万平方公里，人口2283万。苏丹人占39%，黑人占30%，土著占31%，全国有部族570余个，居民情况十分复杂。通用阿拉伯语和英语，信奉拜物教和伊斯兰教。尼罗河纵贯南北，各种地貌兼具，属于热带气候，农作物和畜产品尚多。

苏丹人习惯于东欧式的西餐，也爱中餐。面粉和谷子是其主食，多制饼或煮糊；肉品有牛、羊、驼、鸡和蛋奶，喜食番茄、洋葱、土豆、黄瓜与豌豆；调料以炒藜为主，还有辣椒、胡椒和芝麻，口味偏好酸辣。名食有牛肉卷、炸八块、煮驼肉、清炖鸡、烤羊肉串、炒秋葵荚、腌肉脯与辣子汤等。一般不饮酒，只喝咖啡、浓茶、酸牛奶或冷开水；爱吃西瓜、蜜桃、香蕉、腰果、花生米和核桃仁。

由于民族众多，贫富不均，该国食俗有明显的阶层差异和地区区别。像上层社会的饮食大多“西化”，基本上同于欧陆。希庐克人傍河而居，常以高粱为主食，或与鱼、菜同煮，或磨碎熬粥，或酿酒自饮。努尔人以游牧为生，视牛为宝，吃牛肉，喝牛奶，用牛皮制碗碟，用牛角制汤勺。贝贾人主食为烤肉，喝牛奶及不加糖的咖啡。还有些部族有啥吃啥，甚至“茹毛饮血”，生活极端艰苦。

多数苏丹人不吃海鲜和动物内脏，不爱红烩带汁的菜。穆斯林禁食猪肉、烈酒和肮脏的生物。贝贾人不吃鱼虾和鸡蛋。希庐克人不吃蛇虫。大多数人都忌讳左手接触食品；妇女都不挤牛奶；不许用狗作为食品商标。

埃塞俄比亚食俗

埃塞俄比亚位于非洲东北部，面积123万平方公里，人口4390万。加拉人占40%，阿姆哈拉人占36%，用阿姆哈拉语，大多信奉基督教或伊斯兰教。全境毗领红海，属热带雨林气候，主产杂粮、果品、牛羊及鱼鲜。

该国以面食为主，爱吃薄饼；肉品中重牛羊、鱼虾和禽蛋；蔬菜喜食辣椒、洋葱、黄瓜、茄子、胡萝卜、卷心菜、番茄和土豆；调味品多用辣椒、胡椒、奶油与糖、盐。饭菜多是烤、炖、焖、烩，口味偏重，嗜好辛辣。除社交宴会使用刀、叉、匙外，一般习惯抓食。

他们的民族食品丰富多彩。(1)“英吉拉”。苔麦粉和大麦粉调糊发酵，烙烤而成，直径达45公分，略酸，蘸汁酱吃。(2)“汁酱”。用牛羊肉、土豆、胡萝卜、卷心菜及洋葱等熬出。(3)“瓦特”。即咖喱牛肉，配料有羊汤、鸡汁、蛋糊、辣椒与香料等。(4)“菲特菲特”。牛、羊、鸡切小块，加奶油、辣椒及香料焖成。(5)“生牛肉”。鲜嫩牛肉切小块，片薄，蘸辣椒粉吃。(6)“塔拉”。近似啤酒，用大麦和盖朔树叶酿制。此外还有香蕉煮肉糊、牛肉南瓜饼以及台的治酒等。

该国吃饭先须洗手，然后席地围坐在芦苇编成的大篓子周围抓食。马斯卡尔节，家家宰牲，女儿带丰盛食品回娘家看望双亲；婚丧大事，则举办“生牛肉大筵”，招待来客。

他们每周三、五为斋日，还有70余个强制性的斋日，守斋期间不许动荤。忌讳黄色和“13”，忌讳左手传递食物。但是在复活节前40天内，可以吃鱼虾。

坦桑尼亚食俗

埋桑尼亚位于非洲东部，面积约94.5万平方公里，人口2819万。在130个部族中，主要是贝努埃——刚果人，用斯瓦希里语，信奉基督教或伊斯兰教，国花为丁香。全境多高原，属热带草原气候，主产咖啡、丁香、茶叶、椰子、木薯、杂豆和腰果。

坦桑尼亚人主食为面粉，喜爱香蕉，其中，甜蕉当水果，芭蕉做菜，菜蕉炊饭；还常用玉米面加糖和椰子油制成“乌伯瓦伯瓦手抓饭”，配牛肉咖喱葱头番茄汤食用。其辅食多为羊肉，可制成烤全羊、串烤羊肉或羊肉大米饭；也吃豆板鱼、辣汁鱼和咖喱牛肉、咖喱鸡。蔬菜中爱吃茄子、番茄、葱头、黄瓜与辣椒；饮料重视啤酒、咖啡、可可、酸奶与绿茶；还爱吃芒果、木瓜、香蕉、菠罗、杏仁与腰果。

由于该国曾是英国的殖民地，因此在上层社会中不少人习用西餐，欣赏欧陆饮食。

坦桑尼亚的食俗古朴而又奇异。如元旦将爆玉米花撒在各个角落“镇邪驱妖”；将玉米菜豆饭摆在房前供路人食用，“积善行德”。已婚的男人不可以挑水、做饭或剥香蕉；除穆斯林禁食猪肉和不洁之物以外，多数人还忌酒、忌食飞禽和昆虫，忌食鸡和蛋。马赛人把羊奶和生牛血当饮料；齐古人则为初次来月经的姑娘举办歌舞筵会；克拉依人常用“蛇饭”招待贵宾。这是将一条红花蛇放在谷粉中蒸熟，客人必须一次吃完。蛇表示“幸福”，蛇饭表示“友谊”。如果客人嫌弃或仅吃几口，立即便会成为“不受欢迎的人”，被撵出家门。

南非食俗

南非位于非洲最南端，面积约122万平方公里，人口3400万。其中，非洲土著黑人占70%，白人移民占17%，以印度人为主体的亚洲人占13%。多信原始宗教，用英语和南非荷兰语。境内地形复杂，为热带气候，畜牧业发达。

由居民结构和宗教信仰所决定，该国膳食很

自然地分作3个板块：

1.白种人膳食体系。主要指荷兰血统和英国血统的人。他们基本保持着荷兰、英国的饮食习惯，全部吃西餐。详情可参阅“英国食俗”条。

2.黄种人膳食体系。主要指东部沿海的87万印度人和一部分混血人，大多食用羊肉、禽蛋、米饭和一种叫“罗蒂”的面包。其中，印度教徒忌牛肉，穆斯林忌猪肉和一切不洁之物。他们吃饭先安排老小，次为青壮年男子，最后是妇女，多用右手抓食。

3.黑种人膳食体系。里面情况各别，总的特色是：大多食用面食、奶汁和肉品；喜用玉米、高粱煮粥或烤饼；善于从牛奶中提取奶油，做奶渣；善于用高粱酿造风味独特的啤酒；爱吃香蕉、椰子等水果。其中，巴卡人重视用牛、羊祭祖；洛奇人善于捕捞，爱吃鱼干。

加拿大食俗

加拿大位于北美洲北部，面积约997.6万平方公里，人口2596万。多系英、法移民的后裔，少量为印第安人土著；用英、法语，信奉天主教，国花为枫叶。各种地貌兼有，属寒带苔原气候和大陆性温带针叶林气候，农牧业发达，多渔场。

由于长期受到英、法、美等国的影响，加拿大膳食基本上属于西餐体系。他们早上吃牛奶、烤面包和麦片粥；午、晚吃肉食和加放豆、菜的汤。口味偏重清淡，喜欢甜酸；菜中极少加佐料，而由各人在桌上自行调味，喜食煎牛排、炸鱼虾、糖醋鱼、香酥鸡、咕咾肉或洋葱土豆片等菜式。饮料多为可口可乐、啤酒、金酒、威士忌苏打、红白葡萄酒、蜜酒、樱桃白兰地、香槟酒和果汁；点心爱好苹果排与香桃排；水果中重视柠檬、荔枝、番石榴、香蕉、苹果、雅梨、松子、葡萄干及花生米等。

由于气候严寒和喜爱剧烈运动，该国普遍嗜爱肉食，尤其是烤制的嫩牛排，成为上肴。对于冷水鱼品，他们也感兴趣，特别珍爱肥大的鲟鳇鱼，多用以待客。北极圈内的因纽特(爱斯基摩)人，爱吃鹿肉和生鱼，食俗特异。每年的10月的最后一夜为儿童嬉闹节，小孩们妆成鬼怪，挨家收罗糖果和钱币，也饶有情趣。

该国忌讳“13”、星期五和白色百合花；女士不欢迎服务员递送擦脸香巾。许多人不吃虾酱、鱼露、腐乳及臭豆腐等食品，不吃辣味菜，不吃动物内脏和脚爪。

美国食俗

美国地处北美洲中部，面积约937.3万平方公里，人口2.44亿。居民多为欧洲移民的后代，白人占83%，还有黑人、印第安人与华人等。通用英语，大多信奉基督教，国花为玫瑰。南北有山，东西是海，中为5大湖平原，气候类型多样，资源丰饶，食品自给有余。

美国人性格开朗，不保守，喜新奇，重实利，爱讲话，自由平等观念强，以不拘小节著称。他们怕孤独，喜社交，爱活动，“见面熟”，不受家庭的约束，划分等级的标准只是财产。同时也忌讳他人打听自己的私生活，男女老少都追求自尊、自信、自立、自强。由此所决定，其饮食文化也有多元性的特征：追求时尚，并善于吸收其他国家的烹调技艺和菜品为已所用，故而食馔和食风五光十色。

美国是个移民国家，也是世界美食汇展的橱窗。中国的馄饨，日本的鸡素烧，泰国的春卷，伊朗的波斯干果，意大利的通心粉，法国的奶酪，葡萄牙的盖浇饭，墨西哥的玉米粽子，在这里都拥有众多食客。而且他们评价食品，往往是一阵风，“只要有营养，便敢舍身一试”。猕猴桃、鹰嘴豆、防风根、基隆葱、倭瓜、芦笋、苜蓿和芜菁，在美国都曾风靡一时。这便构成美国食俗的第一大特色——食性兼杂，追求时髦，饮食赶潮流，多变化。

其二，美国人吃饭很随便，家庭烹调技术一般不高，故而大多依赖方便食品，而且消费量大。他们的一日三餐，多是见啥吃啥，有啥吃啥；家宴出奇地简单，哪怕仅有一道菜，也敢大发请柬。大打电话，甚至要求客人自带酒菜光临。据统计，美国人每天至少要吃一餐方便食品，约占饮食开支的40%。它的肯德基炸鸡店有4700家，意大利饼店有2400家，伯格·金快餐店有1600家，汉堡包店有3700家。该国一年生产奶酪35亿磅，消费啤酒208.7亿公升，喝方便汤100亿碗，吃巧克力1.08亿磅。以供应军队快餐食品出名的肉商“山姆大叔”，现已成为美国的别称。

其三，美国市肆菜兼取法、意之长，结合本国国情演化，也达到一定的水准。其口味是咸中带甜，一般不用大蒜、辣椒和醋调味，多是瓜果配肉品，喜清淡，重香热。烹调时，肉要去骨，不吃内脏;鱼要去刺,砍掉头尾;虾要剥壳,蟹要拆肉,果要去皮去核。煎炒、焗烤和铁扒,都有一定的功力。名食有苹果烤鸭、哥伦比亚牛排、紫葡萄焖野味、芝加哥奶油汤、烤八宝火鸡、煎明虾、菠萝焗火腿、桔子烧野鸭、弗吉尼亚史密斯菲尔德农家火腿、酥炸生蚝、果料牛奶、蜂蜜胡萝卜、螃蟹杯、花旗大虾、奶汁计司菜花、苹果黄瓜沙拉子、生菜色拉、海鲜酱与煎肺脷;以及椒盐小面包、蚯蚓饼干、巧克力热狗、糖油煎饼夹火腿、南瓜馅饼、玉米羹、玉米面包、爆玉米花、鸡蛋酒和螃赤(用桔子汁、葡萄酒、萝卜罐头调制)等。

美国人重视餐具,每人每餐配置不下20种,式样齐全。它的圣诞节与感恩节同时也是食品节,美味山积。近年来因道德、禁欲和营养等原因,兴起“素食主义”,许多人坚持食用蔬菜、瓜果与粮豆,渐成风气。此外,肥肉、粘骨、禽皮、虾酱、臭豆腐、爪趾、蒜、辣椒、海味、山珍、蒸菜、烧菜和茶,美国人也多不喜爱。

该国还有一些特殊的食忌。如一年之中只有带“R”字母的月份才可以吃蛇,其他月份(如5、6、7、8月)都不能吃。忌用珍贵动物的头部作为商标图案,更不准出现在食品包装袋上。在公共场所吸烟,只能在规定的吸烟区。对奇异的汤菜和胶状菜普遍反感。

墨西哥食俗

墨西哥位于北美洲西南部,面积约197.3万平方公里,人口8296万。印欧混血人种占55%,印第安人占29%,白人占15%;通用西班牙语,居民多信天主教;国花为仙人掌和大丽菊,国鸟是长脚鹰。境内多高原山地,属热带雨林气候,主产玉米、辣椒和菜豆。

墨西哥食馔是在印第安菜的基础上,吸收西班牙烹调技术之长发展起来的,具有绚丽的北美风情。其味以辣为主,鲜咸中略带酸甜,较为清淡,专长煎、炒、炸法;玉米、菜豆和辣椒是3大基本食料,还爱吃特异的昆虫、仙人掌和龙舌兰。

墨西哥是玉米的故乡、世界主要的玉米生产国和消费国。它的玉米食品有八大系列:(1)玉米饼。有的包裹菜肉、奶酪和辣椒;有的加番茄酱与鸡蛋炒;有的烤后拌黄油与菜豆吃;有的以甜品与奶酪作馅用油炸,吃法多达十几种。(2)玉米糊。加牛奶煮成。(3)玉米粉。常拌桂皮、可可与糖吃。(4)玉米汤。配猪肉片煮。(5)玉米粽。内夹肉馅,外包玉米叶。(6)玉米冷饮。发酵后加可可与糖调饮。(7)玉米花。用蜜饯配味料火爆。(8)玉米啤酒。添加香料酿制。

菜豆在当地叫“弗里霍尔”,既可炒食、煮食,也可腌食、制酱。

辣椒有绿、甜两种,辣味强烈,可制酱亦可佐餐。“辣酱炖火鸡”是该国国宴的主菜。

墨西哥人爱吃昆虫。常食的有蚂蚱、蚂蚁、黄蜂、苍蝇、蚊子、臭虫、白虱、蜻蜓、蝴蝶、蚜虫及蝌蚪等50余种;可炒,可炸,可烩,可磨粉,有“百虫百吃”之说。像红烩龙舌兰蚜虫、苍蝇玉米饼及蚂蚁炒洋葱,都是其他国家难以品尝的美味。

墨西哥又称“仙人掌之国”,品种多达千余。炒仙人掌和炒仙人球是他们的居家常菜。状如鸭蛋的仙人果的果汁稠浓馨香,赛过西瓜与菠萝;该国常用它制成果汁、干酪或饮料,还可以代饭。

至于龙舌兰,与剑麻同类,叶可制菜,汁能酿酒。著名的普尔格酒、梅斯卡尔酒、科米特酒和特基拉酒,均由它而来。

墨西哥人不爱食用牛油和鸡油;忌讳黄色花(意味死亡)和红色花(带来晦气)。

此外,当地追念亡灵多以“骷髅糖”作祭品;情侣相爱,也习以此糖互相赠送。在圣·安东尼节,人们把大大小小的面包圈套在“节神”(由选出的贤人扮演)的颈脖上,欢乐通宵,别开生面。

古巴食俗

古巴位于加勒比海西北部,由1600多个岛屿组成,面积约11万平方公里,人口1035万。白人多,黑人次之,还有混血人种,用西班牙语,约半数人信基督教,国花为姜黄色百合花。境内平坦,属热带雨林及草原气候,主产甘蔗、烟草、杂豆和薯类。

该国主粮是大米、小麦、豌豆和木薯;用鸡、番红花焖制的“黄米饭”,深受居民喜爱。菜食多为禽畜、海鲜和蔬果;调味品重视橄榄油、番红花、千里香、桂皮粉、咖喱、胡椒、芫荽和大蒜。口味虽浓,但不像墨西哥菜那样辛辣猛烈。最著名的大菜叫“阿希亚科”,系用猪腊肉、君子兰、芋头、山药、香蕉、南瓜、玉米加香料调配而成的,声誉较高。其他菜有柠檬汁烧鱼、蔬菜烧笋鸡、烧鳖鱼、黑豆烩板肉、肉闵士饭、介贝肉大米饭、小面包夹肉与板肉白豆汤等。他们的菜通常炸得很透,加很多的蒜、辣椒与糖,注重香醇。

该国盛产水果,多将芒果、木瓜、菠萝或柑桔等切块后拌糖吃;饮料有果汁、咖啡、木瓜酒与啤酒,“郎姆酒”世界知名。其年节美食主要有烤小猪、鸡饭、苹果焗火鸡、糖炒栗子、爆玉米花及煮黑豆等,因时而异。

古巴人忌讳“13”和星期五;赴宴时不可以戴帽子。特别重视菜肴的色彩(其中,红色表示洁净,绿色表示希望和庄重,黄色表示思念和期待);必上有“国果”之称的菠萝。否则宾主胃口不好,情绪不佳。

秘鲁食俗

秘鲁位于南美洲西部,面积约128.5万平方公里,人口2072万。印第安人占41%,混血人种占39%,白种人占19%;用西班牙语,信天主教,国花为向日葵,国树为金鸡纳树,国兽为骆马。全境多山,属热带雨林气候,主产甘蔗、大米和土豆,捕鱼业发达。

秘鲁膳食可以分为两大体系:

一是以利马为代表的沿海地区辣味菜。它们多以鱼虾、海味、禽蛋及土豆做主料,以大蒜、辣椒、胡椒、洋葱、柠檬汁和橄榄油为佐料,做法常是凉拌、清蒸或烧烤。像生鱼片、墨斗鱼丝加味料生拌的“鳃尾切”;用腌鱼片、渍鱼块串烤的“安蒂库乔”;蒜茸爆炒小鸡的“蒜鸡”;鲜鱼块酿填黄椒煸炒的“椒杯鱼”;以海鲜作主料的成套辣味菜“皮克奥”;鸡鸭、肉排、腊肠用蕉叶包好入锅,加白兰地文火煨炖的“大火锅”,都系如此。食用这些菜时,多配土豆焖米饭、玉米饼或柠檬糕点。

二是以库斯科为代表的山区甜味菜。它们习以牛羊肉和土豆作主料,多用炖、烩、煎法,调味偏甜。如牛肉、黄甘薯、黄芭蕉烩成的“桑科恰多”;土豆干煎成的“丘纽拉瓦”;甜咸风味的“丘佩肠”;滋味鲜香、有补益作用的“羊头汤”,以及甜包子、甜玉米嫩饼、杏仁及栗子饼等。

秘鲁人的食馔还有4个鲜明的民族特色:

其一,秘鲁是土豆最早的培育者和食用者,至今仍以其作为“国菜”。他们可以用土豆制出上百种风味各异的菜肴与糕点,迎宾大宴上总有几款烧、烤、煎、煮的土豆风味菜。克丘亚人还有生食土豆之俗。

其二,以太阳子孙而自豪的秘鲁人,历来视黄色为神圣,因此多数食品都以黄色为主色,并选用黄土豆、黄甘薯、黄南瓜或黄辣椒来制作。他们每年6月24日祭太阳神,更是供奉“黄色食品”(如奶酪、黄梨、玉米饼及番薯片之类),点燃玉米酿制的“契契酒”作为圣火,请神享用,态度极为虔诚。

其三,秘鲁人长于古老的“石烹法”。他们常用火红的炭条将鹅卵石烤烫,然后用热卵石焐烤海鲜或牛羊肉。食用玉米和豆品,亦是如此,其香味独特。

其四,秘鲁人有豪饮之风。不但爱喝烈性的“契契酒”和“皮斯科酒”,以及葡萄酒、啤酒、甜酒,而且喜欢浓茶及浓咖啡,每天午饭后都围坐一起大嚼“古柯叶”(古柯是种灌木,叶片富含可卡因,有麻醉作用),追求温暖感和舒适感,乐此不疲。

每年9月,印加印第安人要过“驱魔节”。秋分后月圆的第一天,全体禁食。晚上各家聚会,烤制一种掺有小孩鲜血的玉米饼。人们洗浴后,用此饼擦拭身体的各个部位和门槛,认为这样就可以消除病痛。

秘鲁人忌讳“13”、星期五和乌鸦、忌讳以刀剑做礼品。不吃海参之类奇形怪状的食料。基巴罗人在婚宴上不能食用自己亲手捕获的任何一只飞禽走兽。

巴西食俗

巴西位于南美洲东部,面积约851.2万平方公里,人口1.42亿。白人占45%,还有黑白混血人、印欧混血人、黑人和印第安人;用葡萄牙语,信天主教,国花为兰花。全境多高原和平原,属热带及亚热带雨林气候,主产咖啡、可可、甘蔗和稻米,畜牧业发达。

巴西有“世界人种最复杂的国家”之称,居民多从欧、亚、非3洲移来,所以各地饮食的差异很大。像南部的圣卡塔利娜州就受法国烹饪的影响,圣保罗州受意大利烹饪的影响;东北部的巴伊亚州是黑人居住区,以海味、木薯和黑豆为主食,有非洲膳食的属性;其他地区主食多为面包、大米和杂豆,爱吃肉品及蔬菜;此外还保留有印第安人的饮食风情。

烤肉、煮黑豆和咖啡,是巴西饮食中的“3个支撑点”,特色相当鲜明。

1.烤肉。巴西人食肉量大,富者吃牛肉,穷者吃猪肉。家家都备有烤炉,用以宴宾或自烹。其中,南里约格朗德州的烤牛肉最美,宴客时先上大腿肉,次上前臀尖和后臀尖,最后上牛排、牛峰,以带血的“比卡纳”为极品。吃烤牛肉时,还辅以大香肠、烤鸡腿或烤猪里脊,异常丰盛。在巴西,烤肉既是“一品国菜”,又是家常食品,声誉甚高。

2.煮黑豆。吃法有两种:一是煮成“黑豆饭”;二是配加猪蹄或杂碎,在砂锅中熬成香浓的“烩豆”。后者是巴西的又一“国菜”,人人爱吃,还用来接待外宾。

3.咖啡。巴西的咖啡产量居世界首位,人年平消费6公斤。他们宴客多是用玲珑的套装杯具盛满名贵的“小咖啡”(咖啡尼奥)请客人细细品尝,以此显示情谊。

此外,该国还有猪里脊米饭、糖盐辣椒煮南瓜、虾排、焖鸡及嫩玉米汤(配南瓜秧和卷心菜)等名食。亚马孙河原始森林中的尼亚瓦人善于调制“鳄鱼尾”;印第安人土著还喜欢用见火就扑的苏库鲁蛇泡制“蛇骨酒”强身。他们还爱吃香蕉及各式甜点心;饮甘蔗酒、葡萄酒、甜酒与红茶;吃菠萝、柑桔、腰果和杏仁。

巴西人忌讳“13”、紫色和棕黄色;不吃奇形怪状的水产品、两栖动物和牛油点心;宴会上不可议论政事,讨厌递送共用的香巾。

阿根廷食俗

阿根廷位于南美洲南部,面积约277.7万平方公里,人口3150万。白种人占97%,用西班牙语,多信天主教,国花为赛波花,国鸟为棕灶鸟。东是平原,西是山脉,南是高原,属亚热带和温带海洋性气候,以农牧为主业。

阿根廷人习用西餐。食源中有米面,有肉畜,有禽蛋,有水鲜,有蔬果,有茶酒,比较均衡。其特异之处有四:

1.酷爱牛肉菜。该国的人年均食用量仅仅低于美国,而居世界第二位。该国的肉用牛用科学方法精心培育,以肉嫩味鲜、营养丰富而驰誉全球。牛肉按不同部位分为几十个等级,然后因料施艺,调理出桃梨烩牛肉、牛肉南瓜盅、烤牛肉、煎牛排、番茄烧牛肉或土豆炖牛肉等众多名菜。其中烤牛肉最为名贵,有“没有烤牛肉就不能称为阿根廷”之说。

2.特异的“马背焐肉术”。这是潘帕斯草原高卓人牧民的创造发明。清晨牧民出发前,将生肉切成薄片用洁布包好,垫入马鞍座下,扎紧,然后骑马远行放牧。经过一天的骑乘颠簸,马背上摩擦产生的热能,就慢慢地将肉片焐熟。傍晚归家,取出肉片拌调料食用,分外可口。

3.印第安人猎宴。多在捕获美洲狮、驼鸟、骆马或斑鹿等大型野兽后举行。先每人平均分配一份好肉,留待回家食用;剩余部分则架起篝火或烧烤,或焖煮,大家畅饮葡萄酒或土酒,劲歌狂舞,欢乐通宵。

4.珍爱马黛茶。马黛茶树是阿根廷的特产,高大挺拔,花白似雪,叶片宽厚,茶汁浓香。饮此茶须有3件宝具:一是翠绿香嫩的马黛叶;二是银质或铜质的马黛壶;三是长约20厘米,顶端是吸嘴,末端有过滤圆球的吸管。主人敬献此茶后,客人应当边吸边咂嘴唇,表示领略了口福。马黛茶既是友谊的纽带(一起喝茶便是亲人),又是爱情的媒介(男女献茶等于定情),客人临走,主人还赠以茶叶和吸管,以作为永久性的纪念品。

该国忌讳“13”、星期五、灰色、菊花和送手帕;一般不吃海参及鳝鱼等异物。在宴会上不议论政治或宗教问题;讨厌衣冠不整、举止轻浮的客人。

澳大利亚食俗

澳大利亚在太平洋和印度洋之间,包括澳大利亚大陆和塔斯马尼亚等岛屿,面积约768.2万平方公里,人口1610万。95%系英国移民后裔,还有土著16万。通用英语,多信基督教;国花为金合欢,国树为桉树,国鸟是琴鸟,国兽是袋鼠和树袋熊。沙漠多,珊瑚礁群多,气候复杂,农牧渔业都较发达。

该国食品素以丰盛著称。每日摄取的动物蛋白仅次于美国和新西兰,啤酒消费量居世界第二。其口味嗜好大致同于英国,习惯三餐两茶,菜须清淡,不喜酸辣,偏爱焦香和鲜嫩,多用煎、炸、焗、烩等法调制。欣赏煎蛋、炒蛋、冷盆、火腿、大虾、鲜鱼及牛肉,不论什么场合,都要自己边吃边调味。西菜爱吃牛排、熏鱼、软煎鸽脯、奶油焗鳜鱼、炸大虾、焗羊肉盅、海鲜大拼盘、水蒸布丁或烤番茄;中菜爱吃脆皮鸡、油爆虾、糖醋鱼和咕咾肉。爱饮红茶,讲究茶礼,以拥有一套精美茶具而自豪。还爱饮葡萄酒、杜松子酒、白兰地、威士忌、牛奶与果汁;水果特多,每餐必备。

该国土著民族生活清苦。男的捕食野兽,女的采集野果、草根、青蛙、蜥蜴、蛇与昆虫,杂混充饥。他们还撕嚼蜂窠,吞食蚂蚁,围捕袋鼠与袋熊,度日艰难。

该国的交易活动大多在酒馆进行,务必记住哪顿饭该由谁付账,这是一种习惯。付钱过于积极或忘记付钱,都被视作不友好的行为。

新西兰食俗

新西兰位于太平洋西南部,面积约26.8万平方公里,人口335万。绝大多数是欧洲移民的后裔,土著毛利人仅占9%;用英语,多信基督教,国花为银蕨,国树为四翅槐,国鸟为几维鸟。全境多山地,多冰川,多湖泊,属海洋性温带阔叶林气候,畜牧业较发达。

由于生活环境和文化传统的不同,新西兰的饮食明显分为两个截然不同的层次:

一是欧洲移民后裔的食风。基本上保持着先祖(英国人、法国人)的遗习,习用西餐,酷爱吃肉,和澳大利亚食风比较近似(参阅“英国食俗”、“法国食俗”和“澳大利亚食俗”),可以归入欧陆膳食体系。

二是土著毛利人的食风。他们习以甘薯和鱼干作为主食,用野生植物块茎、椰子、香蕉、面包果、猪、羊、鸡、鸭、狗、飞禽、海龟、螯虾、芋头或南瓜等等作为补充,有贮藏食物的雕花库房。毛利人习惯在露天做饭,或是利用地热蒸制牛肉、羊肉及马铃薯,或是利用烧烫的石块、石板烘烤芋头、南瓜及鱼片,口味偏好甜酸与微辣。其食具多为棕榈叶编成,有抓食的古风。他们还擅长从胡椒根中提取汁液,酿制黄绿色微苦的“卡瓦酒”,用芋头和面包果制作“布丁”。

新西兰人忌讳“13”,不吃带粘汁或过辣的菜肴。他们把当众剔牙和嚼口香糖、当众大口喝水与吃东西,都视作失礼的举止;一般不在宴会上议论政治、宗教或种族等问题。

汤加食俗

汤加位于南太平洋西部,由3个群岛组成,面积697平方公里,人口9.95万。主要为汤加人,用汤加语和英语,大多信奉基督教。全境岛屿纵横,属热带雨林气候,务农为主,出口椰干和香蕉。

汤加虽小,食俗风情却举世闻名。这里面包括催肥的薯块、特异的全猪宴、神圣的卡瓦酒等等。

汤加人的主食是薯类的块茎,还有椰子和香蕉。由于经常食用富含淀粉的优质薯类,所以该国上下大都肥胖,并且以胖为美,以胖为荣,以胖为贵,愈胖愈受尊重。

汤加人平时很少吃肉,也不喝牛奶。如遇大典,则在王宫举行盛大的全猪宴。届时广场上摆放着许多棕榈叶编成的大条案,条案上堆放25头烤猪、30只烧鸡、几十只硕大螯虾和成堆的蔬菜。赴宴者席地而坐,用手撕着肉菜大咀大嚼。进食时不可讲话,否则便是失礼。此宴吸引了众多的观光客,声名远播。

“卡瓦”是一种胡椒科灌木的树根,将其晒干捣碎浸出的汁液,即为“卡瓦酒”。它虽不含酒精,但有浓烈的辛辣味,会使舌头麻木。此酒可以健肾降压,并且越喝越上瘾。汤加人敬献卡瓦酒时,常有礼节严谨的神圣仪式,带有原始宗教的遗痕。

汤加人也忌讳“13”,不许吃饭时说话,还忌讳以鲜花当礼品送人。该国以身材苗条为丑陋,宴会上切不可涉及节食、减肥等内容。

(二十)饮食文化

饮食文化类型

饮食文化

饮食文化(又称食文化、食品文化、饮馔文化、烹饪文化、厨艺文化、餐饮文化、养生文化或美食文化),系指饮食、饮食加工技艺、饮食营养保健,以及以饮食为基础的科学技术、文化艺术、思想观念与哲学体系之总和。它既是人类在烹饪与饮食的历史实践中创造和积累的物质财富与精神财富,又是世界文化遗产中重要的组成部分,对每个民族的形成和每个国家的发展都具有决定性的意义和作用。对此,中国古代将其概括为8个大字:"夫礼之初,始诸饮食。"

饮食文化的内容宽泛,可以按国家、按民族、按宗教、按食源、按烹调工艺、按炊饮器皿、按消费层次、按文化品位等等进行分类;如中国饮食文化、法国饮食文化、印第安人饮食文化、爱斯基摩人饮食文化、佛教饮食文化、伊斯兰教饮食文化、酒文化、茶文化、水烹饮食文化、油烹饮食文化、骨石器饮食文化、陶瓷器饮食文化、帝王饮食文化、平民饮食文化、公关饮食文化、厨行饮食文化,等等。

开展饮食文化研究,可以提高餐饮业和食品业广大从业人员的文化素质,改善生产服务和经营管理;可以充实中国食品(含菜点)的文化含量,增强在国际市场上的竞争能力;可以推动食品科学研究,造就一批新型人材;可以满足人民群众的生活需要,造福社会;可以继承与发扬中国烹饪的优秀传统,为重振"烹饪王国"的雄风作出贡献。

世界饮食文化体系

由于历史地理、食物资源、经济结构、宗教意识、文化传承、风俗习惯诸多因素的影响,目前世界饮食文化通常分为3个自成体系的地域类型,即:

1.东方饮食文化体系(又称中餐饮食文化体系或中国食文化体系);

2.西方饮食文化体系(又称西餐饮食文化体系或法国食文化体系);

3.阿拉伯饮食文化体系(又称清真餐饮食文化体系或土耳其食文化体系)。

除此而外,还有3个较有特色的民族饮食文化体系和5个较为奇异的宗教饮食文化体系。

3个较有特色的民族饮食文化体系是:

1.北美、中美和南美等地的印第安人饮食文化体系;

2.北极圈一带的爱斯基摩人饮食文化体系;

3.北非、东非、西非、南非和中非的黑人饮食文化体系。

5个较为奇异的宗教饮食文化体系是:

1.印度教饮食文化体系;

2.犹太教饮食文化体系;

3.耆那教饮食文化体系;

4.锡克教饮食文化体系;

5.琐罗亚斯德教饮食文化体系。

上述8种饮食文化体系大都只流传在一定的范围内,人数不是太多,其影响远远小于东方、西方和阿拉伯饮食文化体系。

还有人认为,崇尚时髦、饮食潮流经常变化的美国,也可以单独构成一个饮食文化体系。

东方饮食文化体系

又称中餐饮食文化体系或中国食文化体系,因活跃在东半球而得名,其主要特征是:

1.主要植根于农、林业经济,以粮、豆、蔬、果等植物性食料为基础,膳食结构中主、副食的界限鲜明;猪肉在肉食品中的比例较高,重视山珍海错和茶,喜爱异食(如昆虫、花卉、食用菌、野生草木等)。

2.以中国菜点为中心,还包括高丽(南北朝鲜的古称)菜、日本菜、泰国菜、新加坡菜等等;烹调方法精细复杂,菜品多,流派多,筵宴款式多,重视菜式的艺术装潢和菜名的文学修辞;以传统的中国医药学作指导，强调季节进补与食疗药膳；习惯于合餐制，箸食，讲究席规与食礼。

3. 受儒教、道教、佛教、神道教等的影响较深，历史文化的积淀多；以味为核心，以养为目的，以悦目畅神为满足，讲究博食、熟食、精食、养食、礼食及趣食；现代科学技术的含量相对较少，具有农业文明的本质特征。

4. 主要流传在东亚、东北亚及东南亚，影响到 20 多个国家和地区的 16 亿人口；其中的中国有"烹饪王国"的美誉，"日本料理"也有一定的知名度，汉城、香港、台北、曼谷与新加坡的餐饮业昌盛，是旅游业的重要基石。

西方饮食文化体系

又称西餐饮食文化体系或法国食文化体系，因活跃在西半球而得名，其主要特征是：

1. 主要植根于牧、渔业经济，以肉、奶、禽、蛋等动物性食料为基础，膳食结构中主、副食的界限不分明；牛肉在肉食品中的比例较高，重视海水鱼、奶酪、咖啡与名贵果品，在酒水的调制与品饮上有一套完整的规程。

2. 以法国菜为主干，以罗宋菜（即苏俄菜）和意大利面点为两翼，还有德国菜、英国菜、瑞士菜、希腊菜、波兰菜、加拿大菜、巴西菜、澳大利亚菜、新西兰菜等；烹调方法较为简练，口味以咸甜，酒香为基调，佐以肥浓或清淡，菜式、流派与筵席均不是太多，但质精，规格高，重视宴会中的文明修养。

3. 受天主教、东正教、耶稣教和一些新教的影响较深，有中世纪文艺复兴时代的文化遗存；重视运用现代科学技术，强调营养卫生，是欧洲工业文明的产物；注重筵宴格局和社交礼仪，酒水与菜点配套规范，习惯于分餐制，叉食，餐室富丽、餐具精美。

4. 主要流传在欧洲、美洲和大洋洲，影响到 60 多个国家和地区的 15 亿人口；其中的法国巴黎号称"世界食都"，莫斯科、罗马、法兰克福、伦敦、伯尔尼、渥太华、巴西利亚、悉尼等著名都会均有美食传世。

阿拉伯饮食文化体系

又称清真餐饮食文化体系或土耳其食文化体系，因诞生于阿拉伯半岛、与伊斯兰教同步发展而得名，其主要特征是：

1. 主要植根于农林牧渔相结合的经济，植物性食料与动物性食料并重，膳食结构较为均衡；羊肉在肉食品中的比例较高，重视面粉和软饮料（主要是乳品、茶叶和冷饮），喜好香料及野菜，不尚珍奇。

2. 以土耳其菜为中心，还包括巴基斯坦菜、印度尼西亚菜、伊朗菜、伊拉克菜、科威特菜、沙特阿拉伯菜、巴勒斯坦菜、埃及菜等等；烹调技术古朴粗犷，长于烤、炸、涮、炖，嗜爱鲜咸、浓香，要求醇烂、爽口，形成"阿拉伯式厨房"的风格；习惯于席地围坐抓食，辅以餐刀片割，待客情意真挚。

3. 受伊斯兰教和古犹太教《膳食法令》的影响较深，选择食料、调理菜点和进食要求都严格遵循《古兰经》的规定，"忌血生，戒外荤"，"过斋月"，特别讲究饮食卫生，食风严肃，食礼端庄。

4. 主要流传在中亚、西亚、南亚和中北非，影响到 40 多个国家和地区的 7 亿人口；；其中的土耳其被誉为"穆斯林美食之乡"，伊斯兰堡、雅加达、德黑兰、巴格达、科威特、利雅得、耶路撒冷、开罗的肴馔，也都以"清"、"真"二字著称。

黑人饮食文化体系

黑人主要指非洲撒哈拉以南的居民以及 16 世纪起被掠卖到美洲为奴的非洲人后裔。它们属于尼格罗人种（赤道人种中的一个主要支系），具有黑肤、卷发、宽鼻、厚唇等体质特征。这一人种又分苏丹、尼罗特、班图、尼格利罗、布须曼等地方性的种族类型；包括尼日尔——科尔多凡语系、尼罗——撒哈那语系、科伊桑语系等各族。除美国、加拿大、古巴、巴西等美洲的几千万黑人后裔外；其他的大多数黑人主要分布在尼日尔、加纳、中非、苏丹、刚果、扎伊尔、坦桑尼亚和南非等国。

由于现今的黑人基本上分住在美、非两洲，因其生活环境和经济基础的不同，饮食文化也有明显的差异。美洲黑人因为已定居于美洲近 400 年，他们的饮食文化中一部分保留着黑人原有的属性，一部分又受居住国白人饮食文化的影响，带有多元化的特征，如接受西餐洋食、重视面包冷饮、遵循基督教食规、食性偏杂之类。但这已不是黑人饮食文化的主旋律了。

黑人饮食文化的主旋律仍然是在撒哈拉以

南的几十个国家和地区内。一般来说，他们继承了尼格罗人的传统饮食习俗，并且具有热带或亚热带非洲的地理风情。他们有的食用面食、奶汁与肉品，有的捕获野兽及采集野生草木；普遍爱吃香蕉、椰子等水果，喜用玉米、高粱及杂麦煮粥或烤饼，善于提取奶油和酿造啤酒，嗜好蛇鼠与昆虫；还有些黑人在死亡线上挣扎，糠菜难抵半年粮。他们的食俗多有原始宗教的神秘气息，食具大都简陋，烹调方法粗犷。

印第安人饮食文化体系

印第安人是美洲土著民族(属蒙古人种)的总称，“印第安”原是哥伦布对这些土著的讹称，后演化成为正式族名。它现有3500万人，主要由克丘亚人、艾马拉人、图皮—瓜拉尼人、阿劳干人等组成，大多散居在拉丁美洲或墨西哥、秘鲁，以采集、狩猎、渔业、畜牧业和农业为生，教育水平较低，生活贫困。

他们的饮食文化受传统的玛雅文化和印卡文化的影响较大，保留着许多图腾崇拜的遗痕。其主食多为玉米、土豆和亚热带山区荒漠的野生草木，喜爱番茄、菜豆与辣椒，珍视昆虫、仙人掌果和龙舌兰汁液，习惯食用向日葵油。烹调方法大多拙朴、简易，至今还保留着古老的“石烹”，在制作玉米菜式和土豆菜式上多有绝活。口味是以辣为主，鲜咸中略带酸甜，饭食习以“黄色”为贵，这是他们崇奉太阳，以黄色为神圣的原因所致。印第安人的饮料多是直接取自大自然，如仙人掌果汁、龙舌兰茎液、古柯树(一种富含可卡因的灌木)的叶片；他们的昆虫菜肴多达数十种，在世界上也很有名气。

印第安人多祭祀，相信“万物有灵”，祭仪古老而神奇、隆重而丰盛；食礼也是古朴、率直的，豪爽、大度并且纯真。

此外，这一土著的制陶、纺织、编织、印染、绘画、雕刻等工艺精湛，经常用于餐室装潢和餐具美化方面，闪射出夺目耀眼的光华，为印第安人饮食文化增加了丰富的内涵。

爱斯基摩人饮食文化体系

爱斯基摩人又称因努伊人，是北极地区的土著民族，属于蒙古人种的北极类型。现有人口约10万，主要聚居在格陵兰、美国、加拿大和俄罗斯的边地。他们多信奉原始宗教或萨满教，以陆地和海上狩猎为生，生活较为艰辛，与外界交往不多。

由于恶劣的地理、气候环境以及4000～5000年比较封闭的生活习惯的影响，他们的饮食文化基本上处于生食向熟食的过渡阶段之中。其主要特点有六：(1)以海鱼、海豹等猎物为主食；(2)保留有生食的遗风；(3)利用天然冰库贮存食物；(4)烹调方法极为简单，菜式变化很少；(5)喜爱肥浓腥膻口味；(6)炊饮器皿也较原始、古朴。

犹太教饮食文化体系

犹太教是世界各地犹太人的宗教，有4000余年的发展历史。这是一个禁止偶像崇拜、企盼救世主降临、强调生命价值和个人作用、清规戒律苛严的特殊宗教，现有信徒1432万，百分之百都是分布在以色列、独联体、美国、加拿大等数十个国家内的犹太人。

该教的饮食文化集中体现在它的《膳食法令》中。根据这一法令，他们有“五不食、一遵从、一禁止”的戒律。“五不食”是：不食动物的血液(因为这是动物的“生命所在”)；不食自死的动物(因为血未放尽，味不可口)；不食牛羊胴体后部的某些筋腱(因为犹太人先祖与天使角力时曾伤及腿筋)；不食猪、兔、马、驼、龟、蛇、虾、贝、带翼昆虫与爬虫、跳鼠和凶禽猛兽(因为它们脏、丑、凶、恶)；一餐饭中不可同时食用肉品与乳品(因为有违节俭的美德)。“一遵从”是烹调必须遵从“特里法”，即不能断定是否洁净的原料不做，烹调方法不正确的菜点不吃；符合规定的食品必须有“U.K”的符号。“一禁止”是安息日(星期五日落至星期六日落)不可举火做饭，以便摒除一切杂事“修真养性”；这一天的食物要提前一天备妥。

这样，该教可食的原料只有粮豆、蔬果、牛羊鹿、有鳞有骨鱼及禽蛋；节日美味是蜂蜜、鸡蛋、蛋糕、果馅酥饼、干酪、牛羊肉、烤鱼、甜食、佳果和葡萄酒；收获节、收藏节、逾越节、除酵节等既是宗教庆典，又是美食汇展。总之，宗教理念是他们饮食文化的基石。

参阅“犹太教食俗”条。

印度教饮食文化体系

印度教又称新婆罗门教,有4000多年的发展历史。它是在古印度吠陀教、婆罗门教的基础上,吸收佛教、耆那教等教义和民间信仰演化而成的。现有信徒5亿,大多分布在南亚次大陆,以印度人和各国印侨为主体。

印度教是古印度多种宗教体系和精神文化现象的混合物。马克思说它"既是纵欲享乐的宗教,又是自我折磨的禁欲主义的宗教;既是林加(指男性生殖器)崇拜的宗教,又是札格纳特(指保护神)的宗教;既是和尚的宗教,又是舞女的宗教"(《不列颠在印度的统治》)。由此所决定,它的饮食文化突出表现在宗教祭仪频繁、饮食忌讳甚多以及信仰所鼓励的食品等3个方面。

印度教的祭仪多达百余种,凡祭都要置备众多的美食,用以敬神、媚神或悦神。如敬祖的"供养祭"与求子的"受胎礼",都是祭神与享人相结合,这样他们的饮宴常常被笼罩上一层"神圣的光环"。

该教的食忌一多二严,并都有戒律作为依据。他们禁食牛肉;不少教徒不吃猪肉、爬行动物、蛋品和家禽,回避洋葱、大蒜、红豆及番茄,讨厌油腻的食品与酒,因而带有"花素"色彩。

至于信仰鼓励的食品,主要是印度酥油、牛奶及椰子,还有粮食与蔬菜。所以他们的膳食基本上是由"三品"(豆品、果品、奶品)构成的;而且嗜辣,喜爱生鲜、清淡、爽脆或柔润的口味,并有著名的"马萨拉茶"(加姜等料)传世。

参阅"印度教食俗"条。

耆那教饮食文化体系

耆那教是产生和流传在南亚次大陆的一种宗教,约有2500余年的发展历史。现有教徒225万,主要集中在印度西部的3个邦,总部设在孟买,对上层社会影响较大;另外,斯里兰卡、阿富汗、英国和德国等地也有部分信徒。

该教奉创始人筏驮摩为"大雄",基本教义是反对种姓制度,反对婆罗门的神灵崇拜,宣扬业报轮回、灵魂解脱、非暴力和苦行主义。他们主张"五戒"(不杀生、不妄语、不偷盗、不淫、无所得);提出正智、正信、正行等"三宝",作为个人解脱的道路;并且不参加一切战争以及其他任何伤害生灵的活动与职业;重视发誓,严格禁欲,提倡苦行(如单腿长时间独立、睡有刺的床,拔尽须发、乞食等)。

由此所决定,该教的饮食文化便是以"苦行主义"或"禁欲主义"为基调。他们不仅严格实行素食,不吃任何动物性食品,而且要用白布罩口,以防小虫入口遭到伤害。他们还回避某些水果、蜂蜜、酒以及外皮上带有小虫的根茎类蔬菜,不喝没有滤净的水;以乞食度命,每天只准吃一顿饭,还提倡绝食至死,以成其道。不仅如此,连走路都特别小心,要用神圣的金雀花扫除路上的虫蚁,或者是以羊毛扇清除坐椅上的小生物,以示信教的至诚。

锡克教饮食文化体系

锡克教是奉那纳克为教祖、信众自称"门徒"(即锡克之意)、准军事集团的特异宗教,在南亚次大陆有400余年的发展历史;现有教徒100万,主要集中在印度的旁遮普邦和泰米尔纳德邦,印军中约有20%的官兵是该教教徒,加尔各答的汽车司机几乎全都加入了此教。

此教是在印度教虔诚派的基础上,摄取伊斯兰教苏非派的神秘主义因素融汇而成。它主张一神说,反对种姓制度、偶像崇拜及烦琐祭仪;既不赞成伊斯兰教的排斥异教和歧视妇女,又批判苦行主义和消极遁世的态度。它提倡平等、友爱、劳动的尊严与非暴力,主张业报轮回和潜心修行,认为个人灵魂只有与神结合才能从苦海中解脱,宣扬在神面前人人平等。

此外,该教崇尚武力,组织有"锡克教徒军",经常同政府军、英军和其他教派进行战斗,在国际社会中颇具影响。

在饮食文化方面,此教深受印度教和伊斯兰教的影响,这两大宗教忌讳的食物锡克教徒几乎都忌讳;因此对他们来说,似乎没有什么食物是受到鼓励的。特别是该教徒发誓不抽烟、不饮酒,杜绝了许多生活嗜好,过得相当清苦。至于为什么如此?他们讳莫于深,极少解说,有一股神秘的气息。

近世以来,由于现代文明的冲击,有些教徒的食饮有所变化;故而该教的"呼神派"又大声疾呼:要求恢复该教的原始教义与固有习俗,反对教徒们过奢侈生活。

琐罗亚斯德教饮食文化体系

琐罗亚斯德教又称袄教、拜火教，公元前6世纪由古波斯(今伊朗)宗教改革者、预言家琐罗亚斯德在大夏(今阿富汗的巴尔赫)创建。现有教徒27万，主要集中在印度的孟买、伊朗的耶斯德和巴基斯坦的卡拉奇等地。

此教主张善恶二元论。认为火、光明、清净、创造、生是善端，由智慧之神主宰；黑暗、恶浊、污秽、破坏、死是恶端，由凶恶之神操纵。在善恶两端的争斗中，人有自由选择的意志，也有决定自己命运的权利。崇敬贤者、礼拜“圣火”为大善；说谎、做坏事是大恶。善恶到头终有报，通过“末日审判”和“裁判之桥”，分别进入天堂或地狱。因此要求信徒从善避恶，弃暗投明，在“圣火”的兆示下，实现“善思、善言、善行”的道德箴言。

由此而来，该教的饮食文化神秘而圣洁。(1)要求信徒用火烹调时，态度必须虔诚，严禁对火的亵渎，厌弃不洁的、黑暗的烹调方法，提倡干净、明亮的食品。(2)进餐前后要洗涤身上的裸露部分，对餐具与食品的洁净度要求很高。(3)该教的经典《波斯古经·驱魔书》中有许多饮食卫生条律，不少学者认为它是近代医学问世之前世界上最完备的食品卫生法规。(4)鼓励耕种土地，栽培谷物和果树，善待牲畜，进行种子祭祀活动。这实践上是重视食源的开发与利用，提倡用劳动美化饮食。无论当时、现在和将来，都有积极意义。如果剥去其神秘的宗教外衣，琐罗亚斯德教的饮食文化还是相当进步与合理的。

中国饮食文化

中国饮食文化是世界饮食文化的一个重要组成部分，是一种历史悠久、知名度高、影响面大的区域文化。它包括传统烹饪文化和现代食品文化两大系统，其定义应当是：中华各族人民在数十万年的生产和生活实践中，在食源开发、食具创造、食物调制、营养保健和饮食审美等等方面创造、积累并影响周边国家和世界的物质财富及精神财富。

从沿革看，中国饮食文化绵延了170多万年，分为生食、熟食、自然烹饪与科学制食4个发展阶段，繁荣昌盛；

从内涵看，中国饮食文化涉及到食品的生产及消费、餐饮的服务与接待、餐饮业的经营和管理诸多课题，深厚广博；

从外延看，中国饮食文化可以从时代与技法、地域与经济、民族与宗教、食品与餐具、消费与层次、民俗与功能等角度进行分类，展示出不同的特色。

中国饮食文化，既有民族之间的区别、阶层之间的差异，又有历史的传承性、地域的转化性；并且播及到农业开发、手工业生产、商业贸易、城镇交通、工艺美术、中医食疗、文学艺术、娱乐杂兴、语言文字、人际交往、伦理道德、社会风气、宗教信仰、民族关系、文化交流诸多方面，形成一个涵盖面极大、纵横立体交叉、多门类科学互相渗透、多专题彼此交融的知识系列。

中国饮食文化的沿革

饮食是人类肌体与其生存环境进行基本物质交换的一种生活现象。自从劳动创造世界、神州大地出现最早的直立人群——元谋猿人后，中华食文化就拉开了序幕。这一文化体系根基深厚，源流漫长，沿续了170多万年，可以分为生食、熟食、自然烹饪与科学制食4个发展阶段。

1.生食阶段饮食文化。

这一阶段约有120万年，从170万年前出现元谋猿人开始，到50多万年前出现蓝田猿人为止。这一阶段处于旧石器时代的早期，先民的饮食生活极为艰苦。他们依托山林洞穴，与兽为伍，筚路蓝缕，以处草莽，在十分恶劣的自然条件下凭借着简陋的石器，过着集体狩猎、均分食物的生活。饮食上的显著标志是“茹毛饮血，活剥生吞”。此为中华食文化的孕育期。

2.熟食阶段饮食文化。

这一阶段约有50万年，从50多万年前北京猿人学会用火开始，到1万年前发明烹饪术为止。这一阶段处于旧石器时代的晚期和中石器时代的过渡时期，先民的生活条件略有改善，可以用火化冰取水、烘干洞穴、照明取暖、防卫身体、捕获野兽、烧烤食物，逐步由蒙昧野蛮进入开化文明。饮食上的显著标志是“火炙石燔，炮生为熟”。此为中华食文化的诞生期。

3.自然烹饪阶段饮食文化。

这一阶段有9000余年，从1万年前发明陶器、用盐梅调味开始，到1840年前后西学传入为止。这时相继进入新石器时代、奴隶社会和封建社会，先民的生活以农业为基础的自然经济作依托，衣食住行逐步有了基本保障。饮食上的显著标志是：(1)盛行陶烹、铜烹与铁烹，手工制取食品；(2)烹调意识强烈，重视美食营养与筵宴礼仪；(3)创造出流光溢彩的祭祀菜、宫廷菜、官府菜、商贾菜、寺观菜、养生菜、民族菜、民间菜、仿外菜和市肆菜，形成众多风味流派；(4)出现一大批饮馔典籍、饮馔诗文、饮馔语汇和饮馔文物，奠定东方饮食文化体系的坚实基石。此为中华食文化的发展期。

4.科学制食阶段饮食文化。

这一阶段约有160年，从鸦片战争前后“西学东渐”开始，到今天餐饮体制改革、现代食品工业勃兴为止。这时的世界步入电器时代，中国也由半封建半殖民地社会转为社会主义社会的初级阶段，初步解决了温饱问题，并且通过改革开放，振兴经济，向21世纪腾飞。饮食上的显著标志是：(1)大力推行新食料、新炊具、新工艺、新食品，用现代科学技术武装传统烹饪；(2)科学地指导与调整国民的食物消费，建立适合国情与民情的新的膳食结构；(3)探寻中式传统风味餐与中式方便快餐相结合的理想模式，实现家务劳动社会化；(4)积极发展现代食品工业，与国际饮食新潮流接轨；(5)继承与发扬优秀的传统饮食文化，创造和丰富现代的新型饮食文化。此为中华食文化的成熟期。

这一沿革说明，中国饮食文化经历了从粗放到精细、从简陋到华美、从盲目到科学、从封闭到开放的历程；并且在维系中华民族昌盛、推动社会进步方面起过巨大的作用。

中国饮食文化的内涵

中国饮食文化贯通古今，内涵丰富。为了便于理解和研究，可以将其概括成如下13个方面的内容：

1.食源的利用，能源的开拓，炊饮器皿和食品机械、冷藏设备的研制；

2.烹调技术、食品加工技术以及与之相关的各种生产活动；

3.形形色色的菜品、食品及其消费、销售规律；

4.传统的中医摄生食养食疗学和洋为中用的营养卫生保健学；

5.饮食市场竞争机制与餐饮业、食品厂的经营管理；

6.丰富的饮食民俗事象和东方的饮食审美观念；

7.筵席的调排，宴会的设计，聚餐时的心理活动和娱乐杂兴；

8.酒楼建筑、餐室装潢、服务规程和接待礼仪；

9.菜谱、食经、烹饪著述与食品工业研究成果；

10.有关饮食的语言文字和文化艺术作品(含民间文艺)；

11.饮食心理规律和烹饪中的哲学思想；

12.饮食在国民经济、民族发展和社会进步中的地位及作用；

13.中外饮食文化交流，等等。

中国饮食文化的外延

中国饮食文化有一个庞大的外延体系，可以从不同的角度对其进行科学分类。

1.以时代特征和主要烹制方法区分，有旧石器时代晚期的火烹饮食文化、陶器时代的水烹及汽烹饮食文化、铜铁器时代的油烹饮食文化、电器时代的机械化烹及自动化烹饮食文化等。

2.以地域特征和农业生产布局区分，有黄河流域麦畜作饮食文化、长江流域稻鱼作饮食文化、辽河流域豆粱作饮食文化、珠江流域芋果作饮食文化、蒙新青藏牧区肉乳作饮食文化、滇黔桂粤山区虫菌作饮食文化、东南沿海滩涂海鲜作饮食文化、西北边陲林原野味作饮食文化等。

3.以民族习性和宗教戒律区分，有汉族饮食文化、少数民族(如满、朝鲜、蒙古、回、维吾尔、俄罗斯、彝、藏、苗、侗、傣、白、土家、黎、京、瑶、高山等)饮食文化；以及大乘佛教饮食文化、小乘佛教饮食文化、喇嘛教饮食文化、道教饮食文化、儒教饮食文化、伊斯兰教饮食文化、基督教饮食文化、萨满教饮食文化、东巴教饮食文化、各种原始宗教饮食文化等。

4.以食馔品种和炊饮器皿区分，有珍错文化、筵宴文化、小吃文化、快餐文化、药膳文化、优育文化、素食文化、养生文化、茶文化、酒文化、乳文化、豆文化、酱文化、醋文化、盐文化、糖文化、食竹文化、食花文化、食虫文化、食菌文化、保健饮品文化、运动滋补文化;以及骨石器饮食文化、竹木器饮食文化、箸匙器饮食文化、钟鼎器饮食文化、髹漆器饮食文化、陶瓷器饮食文化、金银玉牙器饮食文化、现代金属化工制品饮食文化等。

5.以消费对象和层次方位区分,有神鬼饮食文化(祭祀)、帝王饮食文化、官绅饮食文化、商贾饮食文化、士子饮食文化、耕农饮食文化、匠夫饮食文化、市民饮食文化、军卒饮食文化、僧道饮食文化、杏林饮食文化、梨园饮食文化、游侠饮食文化、江湖饮食文化、车船饮食文化、流民饮食文化等。

6.以民俗风情和社会功能区分,有居家饮食文化、燕宾饮食文化、年节饮食文化、交游饮食文化、寿庆饮食文化、婚嫁饮食文化、丧葬饮食文化、祭奠饮食文化、仿古饮食文化、拟外饮食文化、社团饮食文化、公关饮食文化、茶坊饮食文化、厨行饮食文化等。

中国食品工业文化体系

食品工业是对农产品、畜产品、水产品等食用原料进行加工制造的轻工业部门。它主要包括:肉类、奶类、鱼类、禽类、蛋类的加工;食用油脂、罐头食品的制造;以及碾米、磨粉、制盐、制糖、制酱、制茶、酿酒、卷烟、制冰、冷饮等工业。在通常情况下,食品工业是与信息时代、高科技成果、营养卫生学、现代化工业大生产、通畅的产销渠道、现代包装技术、饮食潮流及健身要求、口味变化等等联系在一起的,因而它的文化体系中科技的含量较高,比较“新潮”。

中国食品工业文化体系与世界食品工业文化体系有相似的一面,如积极运用现代科技的最新成果,采用机械化自动化电子化生产,讲究产品的营养价值与保健功能,重视广告宣传和营销网络,不断变化花色品种,科学地引导消费等等。也有相异的一面,如因原料的不同,重点发展的项目也不同;因嗜好的差异,食品的风味特色也有差异;因经济基础比较薄弱,发展速度不快规模也不大;因起步较晚和财力有限,所以生产装备和经营管理也较落后;因消费习惯和生活水平的制约,市场的占有额也不大(*在发达国家的食品总量中工业食品可占70%,而中国仅占30%左右*)等。

由上可知,中国食品工业文化体系存在着不少缺欠,跟不上时代发展的步伐。

欲改变这一现状,就应从3个方面入手,多做工作。第一,充分认识食品工业在国民经济中的重要地位和作用。首先,它对农业的发展起着最直接的促进作用,有助于调整农业的产品结构、改良品种、改进技术、增加产品中的有效成分,促使农业现代化。其次,食品工业是配套性很强的工业,其产品是综合各种技术的结晶。它要求冶金、机械、化工、电子、仪表等部门提供更好的设备和添加剂;要求商业、外贸、餐饮等部门广开市场,疏通销售渠道;要求科研、教育部门提供各类人才;要求基础材料工业、包装业、印刷业提供更好的材料。所以它可以一业带百业,一业促百业。

第二,运用发展的观点,分析食品工业的发展趋势,加强管理。当前突出要抓的是两点,一是基础原料生产薄弱,经常不能保证生产的需要;二是综合利用、多种经营搞得不深、不广,影响经济效益。与此同时,还应根据市场出现的“高档、多样、方便、营养、疗效”的趋势,注意发展优质名牌产品,增加花色品种,积极研制方便食品,开辟营养保健食品,生产旅游食品,扩大出口食品。

第三,加强对食品工业的行业管理。主要是改变条块分割、分类管理的落后模式;加强政策指导,科学制订价格;建立统一、高效的食品工业院校和食品科研部门,对全行业实行“归口抓总”,完善现代食品工业的行业管理机制,促使它持续、稳定、协调的发展。

食品工业文化体系建立在强大的食品工业基础之上,只有源头活水滚滚不绝,才有江河的汹涌波涛和壮丽景色。我们相信,经过几代人的不懈努力,中国食品工业文化体系必将广博、精湛而又充实。

烹饪文化遗产

中国烹饪文化遗产

中国烹饪文化遗产是中华各族人民在长达万年的烹饪实践活动中创造、积累并保存下来的宝贵物质财富和精神财富。它集中展示在烹饪典籍、涉馔著述、膳补食疗学说、烹饪文物、饮食风习、饮食市场文化、饮馔语汇、饮食业行话、反映饮馔的文学艺术作品、涉馔的人文掌故等10个方面,具有很高的历史认识价值和社会文化价值。

1.烹饪典籍。包括菜谱食单和饮馔论述,独立成书的约200种、300万言。其中最著名的是《吕氏春秋·本味》、《齐民要术》、《饮膳正要》和《随园食单》等。

2.涉馔著述。多系经史方志和农书医籍中的部分章节,分别介绍烹调原料、食疗方剂、饮食市场或名人食事,代表作有《菌谱》、《千金食治》、《梦粱录》、《馔史》等。

3.膳补食疗学说。是中国传统医学理论的重要组成部分,主要是提倡养益充助的营卫论,强调季节进补和因地制食,重视辨证施治与以食代药,注意代谢均衡及膳食卫生。

4.烹饪文物。指出土的古代菜点实物、古代炊饮器皿、古代饮馔书画、庖厨画像砖石及陶塑木俑等。涉及到各个年代,分布在各个地区,总数超过万件,不少是"稀世之珍"。

5.饮食风习。包括酒令、茶会、席礼、食俗等方面。它们是古代饮馔生活留下来的"活化石",其中有一些至今还活跃在社会的各阶层中,极富情趣。

6.饮食市场文化。突出反映在商招(幌子)、店名、匾额对联和厅堂装饰上,是饮馔文学和实用工艺美术的创造性运用,构成一幅特异的"市井风俗画",文化气息浓厚。

7.饮馔语汇。如饮馔成语、饮馔谚语、饮馔歇后语、饮馔俚语、饮馔方言、饮馔谜语之类。它们大都形象生动,幽默风趣,表意力强,丰富了中国的语言文字宝库。

8.饮食业行话。涉及到店铺招牌、工种划分、原料别名、工序行话、经营术语、服务用词、菜点美称、名师雅号以及人生哲理、社会阅历各方面,充满行业语的特殊魅力。

9.反映饮馔的文学艺术作品。包括诗词、歌赋、曲艺、散文、小说、谣谚、音乐、舞蹈、绘画、雕塑、民间文艺等等,将烹饪与饮馔艺术地再现于文化厅堂中。

10.涉馔的人文掌故。一类是见诸史籍的饮馔故事,一类是民间流传的菜名沿革。它们除了广告功能外,还偏重于饮食教化,宣扬儒家伦理道德观念,培养民族心理和性格。

上述事例说明,中国烹饪是文化、科学、技能与艺术的统一体,是中国社会近万年经济、政治、文化诸因素综合作用的产物。它的文化遗产特征,还可以具体地归纳为"六性":

1.选配的科学性。用料广博,组配合理,重视菜点的营养平衡和食疗效用,应时当令,因地而异,具有保健食品的特色。

2.造型的艺术性。刀技高超,形态逼真,餐具雅致,成龙配套,色泽秀丽,赏心悦目,具有实用工艺美术的某些属性。

3.烹制的技能性。调味精深,火工神妙,技法细腻复杂,操作规程严谨,一菜一格,百菜百味,形成独特的民族食品工艺体系。

4.命名的文采性。店名、菜名与席名简洁秀雅,融注诗情画意与典故传闻,陶冶性灵,寓教于食,符合生活审美的法则。

5.菜式的丰富性。花色品种繁多,流派帮式各别,地方特色鲜明,乡土情味浓厚,素有"烹饪王国"的美称。

6.师承的民族性。广收博采,源远流长,溶56个民族和主要宗教的食中精萃于一炉,开展中外饮食文化交流,不断进行吐故纳新,在世界食品频繁变革的大潮中能够游刃有余,并永葆美妙之青春。

所以,悠久、优秀的中国烹饪是文化遗产的地位,不容置疑。

烹饪典籍

它们是各代行厨经验的累积与总结,由司厨者、膳官、文人或医家记录、整理而成。其中既有食单、菜谱,又有饮馔论述,独立成书的约计200种,不下300万言。

中国的烹饪著述滥觞于春秋战国。诸子文论中,多有饮膳方面的见解;早期中医学里,也有以食养生的记述。《周礼》和《礼记》辨原料优劣,讲饮宴仪礼,保留了珍贵的烹饪史料;《吕氏春秋·本味》论"鼎中之变",言"天下之美",开创了食饮研究的先河。

到了汉魏六朝,《淮南王食经》、《太官食方》、《食珍录》、《四时食利》、《安平公食学》和《食论》相继问世,进入菜谱编纂的初级阶段。北魏的高阳太守贾思勰汇集古代食书之大成,写成煌煌巨构《齐民要术》,是烹调理论演进史上的一块丰碑。

隋唐宋元时期,烹调研究的视野扩大。其间,《谢讽食经》赞隋炀帝美食,《韦巨源食单》写官场"烧尾宴",杨晔记膳夫的临灶心得,陶谷集南北的清异之食,林洪谈《山家清供》,陈达叟撰民间《蔬食谱》,倪瓒定《饮食制度》,贾铭论《饮食须知》,李杲编《食物本草》,无名氏留下《居家必用事类全集》,呈现出百花齐放的态势。待到元代宫廷饮膳太医忽思慧的《饮膳正要》刊行,又开辟出食医结合的研究新领域,使烹调理论的根基更为深厚和广博。

明清两代,中国古典烹调理论体系基本形成,大学者袁枚在《随园食单》中提出的"二十须知十四戒"是其发展的高峰。这时,关于珍馐佳肴,有《群物奇制》、《天厨聚珍妙馔集》可供查阅;关于地方风味,有《调鼎集》、《清稗类钞·饮食》可以浏览;关于居家饮膳,有《中馈录》、《宋氏养生部》可作参考;关于养生之道,有《遵生八笺》、《随息居饮食谱》可为依据。此外,还有《易牙遗意》、《食宪鸿秘》、《海味索隐》、《养小录》、《闲情偶寄》、《粥谱》、《本草纲目》等书作为饮馔指南,烹调研究空前活跃。

很明显,中国烹调理论的发展,以《吕氏春秋·本味》、《齐民要术》、《饮膳正要》和《随园食单》为标志,自然地分成先秦、汉魏六朝、隋唐宋元、明清4个阶段,源流分明。它们的主要成果是确立了如下的饮膳原则:看料做菜,择选严格;拼配奇巧,结合食疗;刀工精细,强调审美;调味多变,讲究风韵;制法灵活,注重火候;盛器华美,重视配套;筵席精致,突出礼仪。

中国烹饪典籍的主要书目如下:

1.北魏贾思勰的《齐民要术》(第六十三至八十九篇);

2.宋代林洪的《山家清供》;

3.元代无名氏的《居家必用事类全集》;

4.明代宋诩的《宋氏养生部》;

5.明代高濂的《遵生八笺》;

6.清代袁枚的《随园食单》;

7.清代顾仲的《养小录》;

8.清代无名氏的《调鼎集》;

9.近代徐珂的《清稗类钞·饮食》;

10.近代薛宝辰的《素食说略》。

涉馔著述

涉馔著述是指散见于经史方志、游记随笔、农书医籍、诗文小说中有关烹饪、美馔、饮宴、食俗的片断章节。从内容上区分,大体上包括烹调原料、食疗方剂、饮食市场、饮食掌故和饮馔诗文5大类别。其中,烹调原料多见于历代农书;食疗方剂常在各朝"本草"中出现;饮食市场则记载于经史方志和各种笔记之中;饮食掌故比较零散,许多书中不时可见三言两语;饮馔诗文一般收进文学大家的专集,有些小说戏曲里也有片断。

下面分类介绍一些重点书目。

1.烹调原料方面。大田作物类有宋代曾安止的《禾谱》和明代徐光启的《甘薯疏》;茶酒类有唐代陆羽的《茶经》和宋代苏轼的《酒经》;果蔬类有宋代陈仁玉的《菌谱》和明代王世懋的《瓜蔬疏》;禽畜类有晋代张华的《师旷禽经注》和清代张万钟的《鸽经》;水鲜类有宋代傅肱的《蟹谱》和清代陈鉴的《江南鱼鲜品》。

2.食疗方剂方面。大多集中在孙思邈的《备急千金要方·食治》、昝殷的《食医心鉴》、孟诜的《食疗本草》、陈士良的《食性本草》、陈宜中的《奉亲养老新书》、忽思慧的《饮膳正要》、贾铭的《饮食须知》、李杲的《食物本草》、李时珍的《本草纲目》和王世雄的《随息居饮食谱》中;其中的《本草纲目》最具权威性,影响海内外数百年。

3.饮食市场方面。唐代以前这类资料不太集中,只在《两都赋》、《西征赋》、《荆楚岁时记》、《洛阳伽蓝记》中有零星介绍。唐代开始,《酉阳杂俎》、《东京梦华录》、《梦粱录》、《武林旧事》、《辍耕录》、《帝京景物略》、《逸游事宜》、《桐桥倚棹录》、《扬州画舫录》、《成都通鉴》、《广东新语》、《清稗类钞》、《金陵物产风土志》、《汉口竹枝词》等书,比较翔实地记述了各代都城和商埠的饮食市场情况,很有参考价值,向为史学研究者所珍视。

4.饮食掌故方面。这类资料大多散见于经史子集之中,后人经过辑录,也有专书问世。像元代无名氏的《馔史》,晚清的《幼学故事琼林·饮食篇》。其中,资料较为丰富的是清初排印的《古今图书集成·食货典》52卷,里面汇编了从春秋战国到清朝雍正年间的2500余年饮馔史料,它的"汇考"、"纪事"、"杂录"和"外编"中,收录了众多的食饮掌故，可资参阅。还有民国初年出版的《清稗类钞》，又补充了从雍正到溥仪的清代200多年间的食饮掌故，相当充实。

5.饮馔诗文方面。既广又多，在诗词歌赋、戏曲小说中俯拾即是。《诗经》、《楚辞》、《诸子散文》、《汉赋》、《六朝民歌》、《唐诗》、《宋词》、《元曲》、《明清小说》中，都有关于饮馔的生动描绘；《古今图书集成·食货典》的"艺文"部分，也是这类作品的荟萃。青岛出版社推出的《中国饮食诗文大典》则汇辑了古代饮馔诗文1500余篇。

膳补食疗学说

中医中药是中国传统文化中很重要的组成部分，在世界上享有盛誉。自古以来我国就有"医食同源"的传统，烹饪与医药关系密切。中国烹饪在发展过程中多方面地受到中医学的影响，久之，健身益寿的膳补食疗学说便成为烹调理论的基石之一，指导厨师操作，使中国烹饪的学术文化色彩也相当浓厚。

首先，古代医家重视摄生养命，讲究辨证施治和以食代药，创立了养营保健与饮膳疗疾学说。在"食饮必稽于本草"的思想引导下，历代厨师注意烹调原料的"四气五味"和平衡调配，重视菜点对不同体质和病症的忌宜作用，强调季节进补和年节食品的调养功能，努力做到药食结合、医膳一致。

其次，古代医籍在论述病因、方剂和预防措施时，常从"偏嗜八戒"、"调味五禁"、"食物相反"的角度，评价饮膳配伍的得失和烹调方法的优劣，编出不少简便易行、卓有成效的保健食谱。厨师从中汲取养分，不断改进组配方法与制作工艺，使饮膳的针对性、实用性及科学性逐步增强。

第三，古代药物学很重视动植物药理性能的研究，提出了"五谷为养、五畜为益、五菜为充、五果为助、气味合而服之、以补精益气"的独到见解，并且总结出一整套炮制药物的经验。在这些论述的启示下，厨师一方面"以医为镜"，注意博食、熟食、养食与调食；一方面"以药为镜"，将药物的炮制方法用于烹饪，创造出许多技法与新菜，使不少苦涩的汤剂转化为鲜香的饭菜。

第四，古代不少医家还直接"介入"过烹饪。他们谈食论菜，评判优劣，编制食单，开列方剂，提出医嘱，强调"忌嘴"，留下许多经典论述。像元代延佑年间饮膳太医忽思慧所著的《饮膳正要》，就是一本帝王专用的营养保健食谱。还有明人高濂的《遵生八笺》，也系官绅之家医食养生经验之荟萃。这不仅大大丰富了中国的烹饪文化遗产，而且还填补了烹饪理论研究中的某些空白，使食与医的结合、烹与药的沟通更为紧密。

第五，古代医书中对饮食卫生的许多论述（如饮食有节、餐必定食、不吃腐败的食物、醉卧不可当凉风、食不共器、当食不叹、食物利害、食物相反、养生避忌、四时所宜、慎用补品、厨房洁净等等），都被作为行厨准则，借用到食书中去。像顾仲的《养小录》就说：只有"务洁清，务熟食，务调和，不侈费，不尚奇，食品不多，忌品不少，有调有节，有益有损，遵生颐养，以和于身"，方可称为饮食之"上品"。

因此，从广辟食源到平衡膳食，从精心烹制到力忌偏独，从补治并举到饮食有节，从崇尚卫生到健身益寿，食医结合的膳补食疗学说把烹调工艺从维系生命的手段提到民族昌盛的高度，其意义也就远远地超出了"温饱"二字。故而它的文化遗产属性，更值得肯定。

烹饪文物

文物是指历代遗留下来的在文化发展史上有价值的东西，如古建筑、古碑刻、古代工具、古代武器、古代生活器皿和古代各种艺术品之类。对烹饪文物来说，它主要是指出土的古代菜点实物、古代炊饮器皿、古代饮馔书画、庖厨画像砖石和陶塑木俑；并且涉及到各个年代，分布在各个地区，总数超过万件，其中不少是价值连城的"稀世之珍"。

1.古代菜点实物。目前已发现多处：像湖北随州曾侯乙墓中保存的战国初年的"梅炙鲫鱼"残骸和九鼎八簋中的食品残物；湖南长沙马王堆一号汉墓中出土的近百件食品残迹，据检测其中包括牛、鹿、猪、犬、兔、鸡、鱼、鸟、蛋、豆、菜、果与花椒、桂皮、豆豉、生姜等；新疆吐鲁番唐墓中保存完好的"偃月形饺子"。

2.古代炊饮器皿。数量最多，包括炊具、食具、酒具、茶具、盥洗具、冷藏具种种，有竹、木、石、骨、陶、瓦、瓷、漆、铜、铁、金、银、玉、牙等不同质地，其历史年代长的近万年，短的也有百余年，发掘地区遍及全国各省市区乃至海外。其中不少是震惊世界的文化珍宝,具有极高的学术研究价值和工艺鉴赏价值。

例如,夏代的蛋壳陶酒具,商代的司母戊大方鼎,周代的龙爵,宜昌出土的春秋战国竹筷,秦汉时的青瓷盘,魏晋南北朝的髹漆鸳鸯盒,唐宋的越窑、邢窑、定窑、官窑、汝窑、钧窑、哥窑、建窑、耀州窑和吉州窑精瓷,元代的容量超过1吨的玉质"酒海",明清的金杯、犀角象牙筷和"满汉宴银质点铜锡象形仿古水火餐具"(共404件),都是无价之品。特别是曾侯乙墓出土的青铜冰鉴、九鼎八簋、炙炉和内装金质餐具的髹漆食具箱,典雅精美;它们与65件的特大宴享器乐——编钟配套,生动地证明了中国烹饪文化的博大精深。

3.古代饮馔书画。除了知名度很高的《韩熙载夜宴图》、《清明上河图》、《重华宫小宴图》、《夜宴图》、《盛世滋生图》、《宋文会图》之外;还有《闲居坐食图》、《营中饮宴图》、《熙春堂家宴图》、《乾清宫千叟宴图》、《祭祀图》、《玩月宴图》、《杏园宴图》、《民间饮宴图》、《郊宴图》以及日本保存的《唐土名胜图会》等等。它们使古代饮食市场和冶游宴聚形象地再现。

4.庖厨画像砖石。汉魏和辽宋的作品较多。如两汉的庖厨画像砖中,有宰牲、切肉、烤肉、揉面、烧火、做食、提壶等画面;魏晋的画像石上,有杀牛图,宰猪图和婢女烫洗家禽图;辽代的画像砖上,有揉面、进食等画面;宋代的画像砖中,有蒸炊图,进食图以及高级厨娘临案操作的绰约风姿。这些作品对古代厨师的劳动情景刻画得相当细致,有助于今人了解当时的厨艺概貌。

5.庖厨陶塑木俑。如山东章丘普集镇出土的汉代绿釉陶治鱼厨俑,山东高唐东固河出土的汉代绿釉陶切面厨俑,安徽亳县隋墓出土的炊事俑等,都系文物考古中的重大收获。

饮食风习

饮食风习是中国烹饪文化遗产的又一种表现形式,主要包括酒规、茶会、席礼和食俗等。对此,有人称之为酒文化、茶文化、筵宴文化与食俗文化,是古代饮膳生活中传留下来的"活化石"。

1.酒规。主要是指酒令——古代宴会上佐酒助兴的词令或游戏。与宴者通过投壶猜枚、联诗对句、拆字测签、划拳叫令以及下棋射箭、击鼓传花、猜谜语、说笑话等形式进行比试,胜负由令官仲裁,违令者和输家罚酒,有时也可以全桌共饮。饮酒行令是先民对古代酒礼的变革与发展,目的是活跃欢聚气氛,掀起宴会高潮,促进宾主之间心灵的沟通和感情的交流。中国酒令萌芽于春秋时代,由周到唐,朝廷和官府都有专门监督饮酒礼仪的官员,并逐步向民间普及。随着岁月的推移,酒令越来越丰富,典雅、俊俏与俚俗、粗放并存,活跃在社会各阶层,构成一种"奇俗"。不少善于词令、懂得多种饮酒知识、颇有海量的"饮材",都借此展示才智,使宾主同乐陶然。后汉人贾逵的《酒令》和清人愈敦培的《酒令丛钞》,汇编了古今8大类酒令,有一定的文化价值。

2.茶会。包括茶话、茶宴、茗饮、清饮、汤社或茗社,即以茶和果点(含蜜脯、糖碗)接待宾客。其中,茶话指品茗清淡;茶宴指茶食迎宾;汤社和茗社指茶友定期聚会;茗饮和清饮指仅备茶果与少许酒菜。从历史沿革来看,茶会一般有4种形式:(1)品茗会。纯粹品饮,不附果点。它始于五代,历经宋代"斗茶"和明清品茶,传承至今。(2)茶果宴。茶水兼有果点。始于东晋,历经宋元"茶食",盛于清代的"攒茶"。(3)分茶宴。品茶后备有茶餐。始于两宋,盛于清季。(4)茶话会。形式与茶果宴近似,始于民国,现今广泛采用。茶会是茶文化的主要表现形式,它是一种高雅、文明的社交活动,一种积极、健康的休闲娱乐,一种陶冶情操、增加知识的品德修养,历来被视为有"君子之风"的中国"国饮"。

3.席礼。中国传统的礼仪礼节在筵宴中的反映,也是中国食礼(参阅"餐饮服务礼仪"中的有关条目)的主要组成部分。席礼是人们在宴请活动中应当遵循的社会规范与道德规范,它要求席中藏教、席中藏乐、席中藏情、席中藏礼。其间包含着礼宴的筹划、宾客的邀请、场景的布置、器物的准备、菜点的制作、席间的服务、做客的修养、迎宾的礼仪诸项内容;它们都有约定俗成的要求以及丰富的物质产品与精神产品,有助于纯净社会风气、造就一代新人。

4.食俗。即饮食民俗(参阅"饮食民俗"中的有关条目)。它是指有关食物和饮料,在筛选、加工、烹调和食用过程中所形成的风俗习惯与礼仪常规。由于食俗对良好的民族心理和民族性格的形成起着重要的作用;可以弘扬民族文化,丰富人民群众的物质生活与精神生活；并且传授社会知识、生活经验与烹调技术，帮助青少年学会自立，因而也具有文化属性，成为中国烹饪的丰富遗产之一。

饮食市场文化

饮食市场文化是一种特异的商业文化和市井文化。它往往通过餐饮业的商招（幌子）、店名、匾额对联与厅堂装饰，烘托出一种特异的文化氛围，展示出"商业风俗画"和"市井风景线"，表达出人们对生活美的企求。

1. 商招（幌子）。这是饮食市场上鲜明的物品标识，包括实物幌、菜单幌、旗帘幌、灯具幌、图案幌、隐语幌种种。(1)实物幌。即是当街悬挂鸡鸭鱼肉，陈列果碟卤菜，或者是摆放油锅面案，现场操作。使人一看就明白，并且通过肴馔的感官刺激，促其品尝。现今有些饮食店门前搁置水族箱或山兽笼，打出"生猛海鲜"或"山肴野味"的旗号，作用也在于此。(2)菜单幌。是用水牌或彩纸大书当天的供应品种和筵席规格，明码实价，悬挂或张贴于门前，使人一看心中有数，便于比较和选择。(3)旗帘幌。又称酒招、酒旆、酒旗、酒幌、酒帜、酒标、酒望、酒帘、青旗、杏旗、青帘、招子、望子或幌子，用布、绸缝制，大多呈等腰三角形，上书斗大的"酒"字，当街高高挑起，迎风招展，老远便能看到，分外醒目。旗帘幌在历史上曾起过积极的作用，被许多诗词所描绘。(4)灯具幌。多用于夜市，常用灯笼、玻璃灯、彩灯、霓虹灯充当，灯上或写店铺字号，或缀酒器图案，光华璀灿，耀眼夺目。它可映衬出夜市的红火气氛，给顾客以温暖感或愉悦感。(5)图案幌。即店徽店标，尽管风格各异但都有各自不同的文化韵味，既体现出本店的经营性质，又是一幅绝妙的艺术广告（详见"店标"条的解说）。(6)隐语幌。多见于东北地区，系用藤篾和棉布扎成灯笼形的箩圈，下垂粗长的穗条，红色表示汉民餐馆，蓝色表示回民餐馆，挂一个是小店，挂两个是中型店，挂4个是大店，开业时挂出，停业后收回，十分别致。还有些酒店门前悬挂葫芦、笊篱，放置特大的茶壶和茶杯，这也有提示行人的作用，是幌子的又一种形式。

2. 店名。即饮食市场上的字号招牌。其功能是介绍店铺性质、装璜门面、吸取顾客和便于找寻。店名的演变，经历过4个时期。汉唐的店名多取自店主的姓氏、开业场所或经营品种，如"庚家粽子"、"永昌坊茶点"之类。宋代开始，向3个方面演化，或是显示等级（高级的叫"正店"，中档的叫"分茶），或是突出环境（如"园宅正店"、"快活林酒家"），或是选用吉言（像"长庆楼"、"丰乐楼"）。降及明清，店名日趋雅丽或火爆，前者如"玉壶春"、"陶陶居"，后者如"大三元"、"小洞天"。发展到近代，则是注重广告宣传，出奇致胜。像"姑姑筵"、"哥哥传"、"三六九"、"仔公道"，均是庄谐雅俗结合，更具魅力。不仅如此，许多店牌都是重金延聘社会名流或书法大师精心题写，目的在于增添知名度和艺术观尝价值。现在，"全聚德"、"都一处"、"松鹤楼"、"知味观"这类百年老店的金字招牌，如同著名商标一样，本身就是社会效益和经济效益的生动体现。

3. 匾额对联。这是店名的陪衬之物，往往极富文学色彩。像武汉的璇宫饭店，店名的含义是"深藏美玉的殿堂"，故而它各个餐厅的匾额除了提示经营品种的风味特色外，都巧妙地带上一个"玉"字和与"宫"相呼应的建筑名称，如"引玉庐"、"百珍苑"、"环瑛廊"、"楚琦轩"、"川珠阁"、"粤瑞馆"，显得文彩纷华，流光溢彩。再如古时常用的匾额"杜康故里"、"太白遗风"、"杏花在望"、"河阳风月"之类，也往往带来丰富的联想，余韵不绝。还有对联，更独具匠心，像"座中客常满，杯中酒不空"，"铁汉三杯软脚，金刚一盏摇头"，"画栋前临杨柳岸，青帘高挂杏花村"，"有同嗜焉从吾所好，不多食也点尔如何"，在饮食心理的探寻和烹饪审美的追求方面都是相当成功的。

4. 厅堂装饰。这是指进餐环境的美化。无论"开琼筵以坐花，飞羽觞而醉月"的朱楼，还是"白板凳铺宾客坐，须篱笆用棘荆编"的茅舍，都反映出一种文化气质、一种艺术品味。特别是一些精心设计的雅座，大都置有高大的玻璃转门，多层的窗帘屏风，淡雅的灯具墙饰，飘逸的名人字画，别致的案头摆设，名贵的奇花异草，漂亮的桌披椅套，古朴的茶缸烟具；做到了整洁、明亮、高雅、大方，能够陶冶身心，敦睦教化，欢悦情绪，诱发食欲，发挥酒筵聚餐式、规格化、社交性的作用。厅堂装饰属于实用工艺美术，自然也应列入传统文化的范畴。

饮馔语汇

饮馔语汇系指与饮馔有关的成语、谚语、歇后语、俚语、方言及谜语等。它们中既有稳固性强、能产量高、全民通用的基本语汇，也有含义丰富、因时而变、使用灵活的特殊语汇。其共同点都是形象生动、幽默风趣、表意力强，在社会交际中能发挥积极的作用。饮馔语汇是汉语言文字中的一个系列，其文化遗产的属性自然也在不言之中。

1.饮馔成语。成语是一种意义完整、结构凝固、修辞简练、隐含掌故、相沿成习的特殊词组；其中，直接来源于古人膳食生活或烹调技术、反映饮食市场民生面貌的那一部分，则是饮馔成语。它们有的涉及炊饮器皿(如牛刀小试、釜底抽薪)，有的涉及烹调原料(如山肴野蔌、酒池肉林)，有的涉及工艺技法(如炮凤烹龙、炊金馔玉)，有的涉及名菜美点(如山珍海错、陈馈八簋)，有的涉及御膳华筵(如食前方丈、一饭千金)，有的涉及食规酒礼(如解衣推食、举案齐眉)等。还有些饮馔成语直接反映穷苦百姓的生活，象饭糗茹草、食毛践土；或者是揭示某种哲理，象看菜吃饭、亡羊补牢。凡此种种，都概括、逼真、精炼而深刻地说明了饮食与人生的关系，可以认识社会，启迪性灵。

2.饮馔谚语。谚语是人们口头流传、通俗易懂、含义深刻的固定语句，常常反映阶级斗争、生产斗争、生活经验与人生哲理，有"格言式的成语"之称。谚语中有一部分与饮馔密切相关，如"民以食为天，食以味为先"，"开门七件事，柴米油盐酱醋茶"，"巧妇难为无米之炊"，"冬吃萝卜夏吃姜"，"酒逢知己千杯少"，"天底下没有不散的筵席"、"戏子的腔，厨子的汤"，"要得甜，加点盐"，"靠山吃山，靠水吃水"，"吃人嘴软，拿人手短"等等。它们用质朴的语言和形象的比喻，以浅显的事物揭示深刻的道理，能够发人深省，得到教益。

3.饮馔歇后语。歇后语是由近似谜面、谜底两部分组成的带有隐语性质的口头常用语。它们生动风趣，带有嘲弄或讽刺色彩，为群众喜闻乐见。餐饮业职工十分偏爱这类语汇，不仅经常挂在嘴边，还不断创造，使之常用常新、多彩多姿。其中，喻意性的如"一个指头和面——硬捣"，"阎王的妈吃大饼——鬼做"，"荷叶包鳝鱼——开溜"，"温水烫鸡毛——难扯"，秤砣掉在炒勺上——砸锅"，"萝卜丸子上酒席——充数"，"一锅米饭煮三年——难得熬"，"千只麻雀一盘菜——尽是嘴"。谐音性的如"酒盅吃饭——靠天(添)"，"六月鱼汤——不动(冻)"，"茶铺里招手——胡(壶)来"，"瞎子上灶台——乱吵(炒)"，"干菜拌豆腐——有言(盐)在先"，"八宝饭上撒把盐——又添一位(味)"，"顶着大风烧刨花——和(合)气生财(柴)"，"吃稀饭泡米汤——亲(清)上加亲(清)"。善于使用歇后语，体现出厨师的聪明才智，这也是他们在繁重劳动中的心理调适。

4.饮馔俚语。俚语又称俗语、惯用语或"通俗化的成语"，大多是民间流传的俏皮话。它一般由3字组成，表意简明生动，其表面文字往往是个比喻，而内在含意则需要细加琢磨。餐饮业中俚语不少，如"打牙祭"、"糊肚皮"、"捞油水"、"吃独食"、"灌猫尿"、"啃骨头"、"老油条"、"半瓶醋"、"夹生苕"、"气包子"、"吃豆腐"、"装洋蒜"、"大锅饭"、"铁饭碗"、"翻烧饼"、"上台盘"、"闭门羹"、"大杂烩"、"吊胃口"、"一刀切"、"吃黑枣"、"炒鱿鱼"、"泡蘑菇"、"油抹布"等等。其中各有所指，寄寓着厨师的喜怒哀乐。它们出现的历史尽管不长，生命力却很旺盛，传播极快，脍炙人口。

5.饮馔谜语。谜语是一种隐语性质的文字游戏。它通常采用比喻、谐音或分合字形的方式，暗射某一事物或文字供人猜测，借以斗智或取乐。制谜者先须用简明通俗的话语或者是诗词、顺口溜设置谜面，然后提示谜底范围让人竞猜。有关饮馔的谜语也多，有雅有俗。高雅的如"清明时节雨纷纷(满汉细点)"，"苏小妹三难新郎(烤夫)"，"酒逢知己千杯少(同是长干人)"，"猴子身轻站树梢(荔枝)"，"玉堂春(白酒)"，"相思又一年(四季豆)"。粗俗的如"阿谀奉承拍马屁(熘三样)"，"烹羊宰牛且为乐，会须一饮三百杯(白吃白喝)"，"渤海翻起三尺浪(咸水花生)"，"睡在土里也不老实(长生果)"，"蚕茧进缫房(厨师)"，"筷子夹骨头(光棍)"。此外，餐饮业中还有一种特殊的诉词谐音谜，象旧时跑堂师傅传报菜名时经常吆喝的"一盘开张大——"、"两家年年有——"、"三个穿绸摆——"、"四瓶天长地——"等半截话，就分别影射鸡(吉)、鱼(余)、蛋(缎)、酒(久)等菜品，听来意趣横生，令人捧腹。

6.饮馔方言。也有情味。像四川的"担担面"，广东的“艇仔粥”,山东的“杠子头火烧”,辽宁的“子孙饽饽”,北京的“炒疙瘩”,湖北的“皮条鳝”,陕西的“江米甑糕”,湖南的“姊妹团子”,清真菜中的“牛干巴”,素菜中的“罗汉斋”等。它们一可以补充通用饮馔术语里缺少的某些特定语汇,二可以显现原料或肴馔的地方特色,三可以较好地展示当地奇异的食俗,从而逗撩起食客的仰慕心情,提高知名度。

饮食业行话

行话又称隐语或暗号,在语言学中它属于社会习惯语中行业语的范畴,具有专业性、特指性、隐蔽性的属性。作为一种拟称,行话把需要表达的意思不用社会公认的语词明说出来,而是借用别的话语替代,与谜语或“密码”有点类似。它最早是封建帮会、宗教团体和秘密组织内部使用的一类特殊语词;由于餐饮业多与社会上的三教九流接触,受其影响,后来也创造出不少自己的行话。饮食业行话一般不受地域、帮派的限制,只要是同行,大都可以听懂,并且能凭借它交流技艺,沟通信息,表述思想感情,成为朋友。

饮食业行话涉及到店铺招牌、工种划分、原料别名、工序行话、经营术语、服务用词、菜点美称、名师雅号,以及人生哲理、社会阅历、思想情感诸方面,大都生动形象、通俗平易、诙谐幽默,充满文学语言的魅力和餐饮业的行业色彩。

例如,挂牌营业叫“开堂”,客流高峰叫“饭口”,顾客稀少叫“冷堂”,关门休息叫“打烊”;冷菜工种叫“碟子”,切配工种叫“案子”,烹调工种叫“炉子”,面点工种叫“白案”。“穿衣”指代上浆、勾芡、拍粉、挂糊;“摆台”指代设计席面、折叠餐巾、摆放食具、搁置桌椅;“过桥”表示调味品与菜点分装,由顾客自己配食;“戴帽”意味主菜装盘之后,再覆盖一层高档的辅料。“免红”是不搁辣椒,“带青”是加放蔬菜,“提黄”是将面条煮得稍硬一点,“重浇”是多给一些臊子、卤汁。

至于烹调原料,行话最多。以猪为例,眼叫“灯笼”,耳叫“顺风”,舌叫“口条”,脑叫“天花”,嘴叫“拱叉”,颈叫“项圈”,尾叫“金钱鞭”,还有“五花”、“前夹”、“里脊”、“座臀”、“香肚”、“腰子”、“天梯”、“虎丹”之类,五花八门。水产品中的拟称亦不少,如鲤鱼叫“毛子”,青蛙叫“蹦蹦”,甲鱼叫“王八”,江豚叫“江猪”,藕叫“莲菜”,菱叫“两头尖”,海贝叫“带子”,海带叫“裙布”。

清代官场上有种全羊大席,共计108道肴馔,全由20只肥羊从头到尾制成。其菜名全部都是别致的雅称,冷盘、小菜、大菜、饭菜中均不见一个“羊”字,堪称一绝。例如:

玉珠灯(羊眼)
采灵芝(羊鼻)
落水泉(羊舌)
开秦仓(羊耳)
金鼎炉盖(羊心)
彩虹子箭(羊肺)
吉祥如意(羊髓)
青云登山(羊蹄)
芙蓉鹿鞭(雄羊的阴茎)
红炖豹胎(雌羊的子宫)
香炸天花(羊脑)
冰雪翡翠(羊尾)

此外还有“龙门角”、“凤头冠”、“百子囊”、“八宝袋”、“香糟猩唇”、“山鸡油卷”、“满堂五福”、“受天百禄”、“朝天一柱香”、“狮子滚绣球”、“哈达喇嘛瓜”、“八仙聚东海”等,美不胜收。

反映饮馔的文艺作品

包括诗词歌赋、散文小说、曲艺谣谚、音乐舞蹈、绘画雕塑、民间文艺等等。它们将烹饪与饮馔艺术地再现,提高了文化品位,充实其内涵。

在中国文学艺术史上,存在着一个很有研究价值的现象:许多文学艺术大师都与烹饪颇有缘分,许多文学艺术作品都用大量篇幅描绘过饮馔。从第一部诗歌总集《诗经》开始,楚辞、汉赋、六朝乐府民歌、唐诗、宋词、元代小令,赞颂烹饪的诗句比比皆是;先秦诸子、竹林七贤、李白、陆游、李渔、袁枚、张大千,评价饮馔的论述头头是道。司马迁留心胃脯小业,为食疗名医立传,对西汉饮食市场有详尽的描述;苏东坡仕途坎坷,寄情诗酒,同斋厨和酒店老板广交朋友,留下东坡肉、东坡饼等数十道佳肴。枚乘的《七发》、束皙的《饼赋》、左思的《蜀都赋》,记下汉魏六朝的众多名食;关汉卿的《窦娥冤》、乔梦符的《扬州梦》、郑廷玉的《看财奴买冤家债主》,赞颂了金元时期鸭菜和羊馔的鲜香。至于长篇小说中,《红楼梦》写官府饮食,《金瓶梅》写商贾饮食,《西游记》写僧侣饮食,《水浒传》写江湖饮食,《三国演义》写军旅饮食,《儒林外史》写文士饮食,都有许多精彩的章节;而顾闳中的《韩熙载夜宴图》、张择端的《清明上河图》、仇英的《春夜宴桃李园图》,则通过视觉形象,将古代的酒楼、宴会描写得绘声绘色。

在歌舞器乐方面,同样可以开列出一份长长的清单,如《燕乐》、《雅乐》、《周代宫廷乐舞》、《汉代宫廷乐舞》、《杯盘舞》、《隋代宫廷乐舞》、《十二和》、《七德舞》、《初夏舞宴》、《陈百戏》、《十六天魔舞》、《明代宫廷宴会乐舞》、《丹陛大乐》、《清宫燕乐》、《中和韶乐》、《清代宫廷宴会乐舞》、《酒戏》、《蒙古族筷子舞》、《采茶歌》、《沙林舞春》、《坐堂歌》、《敬酒歌》、《筚篥蹉》、《国宴迎宾曲》、《婚宴进行曲》种种,这也都是民族传统文化的积淀,对生活的礼赞。

不仅如此,许多文学艺术大师还善于治庖,有着司厨的亲身体验。像司马相如开过酒店,夫妻双双上灶;曹植为了交结诗友,亲手烹过香美的驼蹄羹。陶渊明隐居庐山,三餐自己料理;祖父任过"膳部郎中"的杜甫,对于烹调也是内行。苏轼从小学习厨艺,经常"自煮花蔓菁";陆游红白两案都懂,以巧烹"金齑玉脍"驰名。曹雪芹的拿手好菜是"老蚌还珠",张大千的家宴更是享誉画坛。既然是这样,所以他们不仅能用文艺的手法赞燕饮,还能以鉴赏的眼光编菜谱。李渔的《闲情偶寄·饮馔部》、袁枚的《随园食单》,都是这样问世的。

通过文艺大师的描绘、介入和评述,通过文艺作品的宣传、美化和推动,中国烹饪不仅大大提高了知名度,也使中国饮馔中的文化气息更为浓厚。与此同时,绚丽的烹饪之花,以其奇香异彩,给了文艺大师高质量的艺术营养,成为其创作源泉之一,并促进了文学艺术的繁荣与进步。

涉馔的人文掌故

烹饪中的人文掌故甚多,本书的"菜品审美"部分已经精选出242例菜名作了解说。这里再从文化遗产的角度,分成两类进行介绍。

第一类人文掌故是见诸史籍的饮食故事。它们多有真名真姓,一般是真实可信的。如陈平分社肉,均匀公平,被乡亲父老器重;邱嫂刮饭锅,变相逐客,讨厌吃白食的刘邦;周穆王用白米换回秕谷,表达出对百姓的一片爱心;曹植七步成诗,用煮豆燃豆萁作为比喻,规劝其兄不要骨肉相残;殷纣王昏庸荒淫,大搞酒池肉林,自取灭亡;范仲淹安贫好学,经常煮粥画块充饥,最后功成名就;烤鹅香美,酒肉和尚光谦盼望鹅能长出四个肥掌;甲鱼鲜醇,好吃的苏东坡竟想让一鳖长出两裙。还有"莼鲈之思"、"望梅止渴"、"以书换鹅"、"嗟来之食"、"琼厨金穴"、"染指之试"、"弹铗求鱼"、"庖丁解牛"、"借箸代筹"、"味如鸡肋"、"金谷酒数"、"调鼎之臣"、"廉颇强饭"、"灌夫骂座"、"乐不思蜀"、"美人绝缨"、"力士脱靴"、"旗亭画壁"、"孟嘉落帽"以及"周公吐脯"等等。

第二类人文掌故是民间流传的菜名沿革。它们一般没有历史记载,可以称之为"民间菜名文学"。这类掌故多是关于一些名菜名点来历的解说,它往往与某些名人的逸闻趣事联系在一起,揉合进去老百姓的喜怒哀乐,故事编得有头有尾,带有民间传说的性质。一旦传开,家喻户晓,便深入人心,人们在饭前茶后谈起来津津乐道。像名菜的掌故有"玉凤还朝"、"红娘自配"、"李公杂碎"、"宫保鸡丁"、"麻婆豆腐"、"太极芋泥"、"宋嫂鱼羹"、"钟祥蟠龙"、"霸王别姬"、"沔阳三蒸"、"佛跳墙"、"东坡肉"、"怀抱鲤"、"叫化鸡"、"潘鱼"和"烤鸭"之类;名点的掌故有"大救驾"、"小窝头"、"油炸桧"、"重阳糕"、"伊府面"、"状元饺"、"黄州烧梅"、"黄桥烧饼"、"散烩八宝"、"老婆月饼"、"粽子"、"光饼"、"荷月"、"煎堆"、"狗不理包子"和"张三口羊肉面"之类;名料的掌故有"洪山菜苔"、"云南鸡枞"、"无锡油面筋"、"山西老陈醋"、"哈密瓜"、"罗汉果"、"洋县黑米"、"明水香稻"、"松江四鳃鲈"、"天门义河蚶"、"笔架鱼肚"、"天山雪鸡"、"金华火腿"、"西安腊羊肉"、"贵州茅台酒"和"武夷大红袍"之类;名席的掌故有"乡饮酒礼"、"封禅大席"、"垓下宴"、"大风宴"、"铜雀台宴"、"曲水流觞"、"龙舟宴"、"琼花宴"、"烧尾宴"、"九老会"、"赤壁泛舟宴"、"托事爱民酒"、"诈马宴"、"头脑酒"、"千叟宴"和"蝴蝶会"之类。

这些人文掌故除了介绍原料、菜品、筵宴,告诉人们如何鉴赏美食外,还往往偏重于饮食教化,宣扬儒家的伦理道德观念,注意培养民族性格和民族心理,以食来陶冶情操,美化心灵。它的手法与目的,都基于文化;它们流传百代而不朽,也与文化的继承性相关。

烹饪文化遗产的地位

中国烹饪是文化遗产，一方面表现在烹饪典籍、涉馔著述、膳补食疗学说、烹饪文物、饮食风习这些历史财富里，另一方面又表现在饮食市场文化、饮馔语汇、饮食业行话、反映饮馔的文艺作品、涉馔的人文掌故这些社会文化中。因此，它的内涵极为丰富，对中国社会的影响巨大。

与此同时，中国烹饪文化从起源到发展的10000年中，又始终是与中国物质文明和精神文明紧密依存的。例如，发达的古代农业为它提供了丰富的原料，兴盛的手工业为它准备了众多的炊饮器皿和调味品，繁盛的商业为它开辟了广阔的饮食市场，建树卓著的中医学武装了膳补食疗，出神入化的工艺美术影响着菜点造型，5000年的礼仪教化指导着燕饮筵会，勤劳智慧的中华民族造就出名厨巧师，妙笔生花的文艺大师描绘和评述饮馔。这都是孕育中国烹饪文化的肥沃土壤，使之根深枝壮，叶茂花红。另一方面，中国烹饪文化的兴旺发达，又推动了农业、手工业、商业、中医学、工艺美术和文学艺术的发展，提高了中华民族的人口素质，增强了它自立于世界民族之林的能力。所以，中国烹饪文化是整个中华民族文化的折射，其地位应当充分肯定。

肯定中国烹饪文化遗产的关键，在于对它正确的继承与发扬。对于民族文化遗产，历来有3种截然不同的态度，烹饪中的情形亦是如此。

第一种态度是，“言必称伊尹(商代厨奴出身的开国宰相，被后人尊为‘烹饪之圣’)”，对遗产全部照搬，一味要求“复古”，不论及时代、地域的情况变动如何。现今个别酒楼原封不动地模拟“满汉全席”、要求服务员跪式服务，便流露出这种倾向。

第二种态度是妄自菲薄，全盘“西化”，认为从古到今中国都是“技不如人”，烹饪文化遗产中没有什么可继承的，需要推倒重来。所谓“西湖龙井只配洗手”、“麦当劳与肯德基万岁”等荒谬的言谈，则是这种民族虚无主义思想的展露。

第三种态度是全面评价中国烹饪文化遗产的作用，正确认识它的地位，剔除其封建性的糟粕，吸收其民主性的精华，在批判中继承，在创新中发展。现今推出的“药膳”和“孔府菜”，则是这一指导思想下结出的硕果，具有很大的生命力。

很显然，第一、二种态度有失偏颇，第三种态度才是可取的。只有正确地对待烹饪文化遗产，它的地位才能够得到保证。抽刀不能断水，历史不能割裂。发展烹饪也好，振兴餐饮业也好，提高服务水平也好，都必须从960万平方公里的国土、12亿人口的消费、5000年的饮食习惯和文化积淀这个实际出发。没有昨天就不会有今天，把握不住今天就很难创造出明天。

所以，确认中国烹饪文化遗产的地位，正确地对待膳食体系的继承、批判与创新，至关重要。

饮食文化研究

饮食文化研究现状

由于改革开放的深入、国民经济的全面发展、人民物质文化生活的提高、中外交往的扩大与频繁、学术空气的空前活跃以及食品业、餐饮业、旅游业发展的迫切要求，近年来饮食文化的研究相当红火。参与者不仅有食品学家、烹饪学家、中医学家、营养学家，还有文化学家、历史学家、民俗学家、经济学家，以及政界、企业界、文学艺术界和教育科技界中的一些热心人士，形成一股热流。

从研究课题看，有筵宴文化、珍错文化、肉食文化、素食文化、养生文化、药膳文化、小吃文化、快餐文化、酒文化、茶文化、乳文化、豆文化、盐文化、糖文化、酱文化、醋文化、食竹文化、食花文化、食菌文化、食虫文化、保健饮品文化、运动滋补文化、地区饮食文化、民族饮食文化、宗教饮食文化、年节饮食文化、仿外饮食文化、拟古饮食文化、居家饮食文化、婚寿饮食文化、饮食市场饮食文化、食品工业饮食文化、食品包装饮食文化、食品广告饮食文化、箸匙文化、钟鼎文化、陶瓷器文化、髹漆器文化、食品机械文化、食品保鲜文化、菜肴装潢文化、菜肴命名文化、酒楼建筑文化、餐室装修文化、餐饮业经营管理文化、旅游业饮食消费文化、膳食结构研究、食源开发研究、营养卫生研究、美容健身研究、食品潮研究、课间餐研究、饮食心理研究、饮食美学研究等等。仅1991年《首届中国饮食文化国际研讨会论文集》选编的144篇论文中，就涉及到了近60个门类或专题。

从研究方式看，有个人，有集体，有国家或省、部、委、办下达的项目，也有企业、学校、科研单位自定的选题，还有海外华人、海外社团、海外教育科研部门的介入。在自然科学方面，大多是结合具体的原料、产品或工艺进行单项性研究，注重成果的实用性，直接为国计民生造福；在人文科学方面，大多是进行宏观的探讨，或从时间上或从空间上对某一饮食现象进行分析及评说，注重成果的理论性和指导意义。比较而言，后者显得更为活跃。

从研究成果看，主要是6个方面：(1)发表了大量的论文，出版了众多的专著，编印了不少的工具书，形成了一些教材。(2)推出了数十种以饮食文化为主旨的报刊，其发行总量当在100万份以上，为研究者提供了发表成果的园地，为爱好者提供了学习饮食文化知识的场所。(3)由各级政府主管部门或行业管理机构牵头，组织了近百次学术研讨会或论文报告会，并有一部分成果在国际上进行交流。(4)有些科研成果被企业采用，直接转化为社会效益及经济效益，增添了食品(含菜点)的花色品种，丰富了人民群众的生活。(5)其中有些成果被政府采纳，成为制定某些政策的依据，对国民经济的发展有促进作用。(6)其中有些成果引起国际学术界的重视，对世界饮食文化的研究热也有推动。

从研究意义看，它肯定了中华食文化在中国总体文化和世界饮食文化中的地位；从理论与实践的结合上说明了研究中华食文化对发展餐饮业和食品工业具有极为重要的作用；证明了历史悠久、博大精深的中华食文化应当继承发扬，并须在借鉴外国食文化的过程中充实创新。同时这种研究对于增强民族自豪感，增强历史使命感，增强中华民族的亲和力与凝聚力，增强中外饮食文化交流，增强改革开放的深广度和力度，增强食品、餐饮和旅游系统从业人员的素质，增强食品院校和食品研究机构的作用，也都具有重要的意义。

目前的饮食文化研究也有不足，主要是缺乏统筹规划，缺乏专门人才，缺乏相应的资金、设备和资料，缺乏必要的组织机构。因而这种“研究热”大都是自发的，带有一定的盲目性。如不及时加以正确引导，便难以维持长久，会造成不应有的损失。

膳食结构研究

膳食结构又叫食物构成，是指各类食物原料在三餐四季的膳食中所占的比例，或者是人类的食品是由哪些原料构成的。其中有荤食为主的，有素食为主的，有荤素结合的，有科学配置的；这主要由农业生产布局和物产资源而定，同时也受饮食习惯、经济实力、体质状况、科技发展水平和营养卫生观念的制约。

任何国家都是把建立适合国情的膳食结构作为一项基本国策，要求科学地指导与调节食物消费，我国也不例外。因为它关系到国民经济的发展、社会的稳定和人民群众的健康，不可以掉以轻心，失去控制。

我国的膳食结构研究一直都在认真地进行。由于人口多、耕地少、农产品不太富裕、底子较薄，所以在膳食结构的调排上必须从实际出发，既要保证12亿人的营养需要，又要考虑到国家的承受能力。在七届人大会议上，政府曾提出本世纪末食物消费的具体指标，即每人每年消费粮食230公斤、肉品25～30公斤、蛋品10～15公斤、奶品15～20公斤、水产品15公斤、蔬菜瓜果200公斤；这样，每人每天就可以供给蛋白质73～77克，脂肪56～62克，热量2400～2700千卡。最近，中国营养学会又发布了《中国居民膳食指南》，提出了8项要求，即：(1)食物多样，谷类为主；(2)多吃蔬菜、水果和薯类；(3)每天吃奶类、豆类或其制品；(4)经常吃适量的鱼、禽、蛋、瘦肉，少吃肥肉和荤油；(5)食量与体力活动要平衡，保持适宜体重；(6)吃清淡少盐的膳食；(7)如饮酒应限量；(8)吃清洁卫生、不变质的食物。这就进一步地将12亿中国人的一日三餐纳入科学的轨道，对发展我国的膳食文明、提高中华民族健康素质有积极意义。

特别要说明的是，上述指标和要求是符合中国的膳食传统的，符合国民经济发展纲要的，符合现代饮食潮流的，因而也是可信可行的。它承袭了我国“素食为主、荤食为辅、日定三餐、馔分四时”的饮膳传统，与中医学的“五谷为养、五畜为益、五菜为充、五果为助”的膳食平衡理论相一致，反对暴殄、偏嗜和滥补，突出了三低(糖、盐、脂肪)和两高(蛋白质、粗纤维)，容易使肴馔达到地域化、民族化、季节化、多样化、精细化、风味化的水准。

烹饪原料研究

烹饪原料研究即新兴的烹饪原料学。这是一门研究烹饪原料的种类、性质、功能及应用价值的科学，目前已在烹饪院校中普遍开课，并列入厨师、服务师培训及晋级考核的内容。

烹饪原料研究的课题较多，如：

烹饪原料的品种、数量与分类，以及地理分布、生产状况、名特产品和供应情况；

烹饪原料的组织结构和性质，烹饪应用的性能、特点、质量和用途、用法；

烹饪原料的成分及功能，加工成食物后的作用同效果；

烹饪原料的发展历史、现状及变化趋势，新型烹饪原料的开发与利用，等等。

其中，烹饪原料的性质和功能，以及食用效果与作用，应是研究的重点。

烹饪原料是烹饪中的“材料工程”、一切烹饪活动的物质基础，十分重要。由主配原料、调味原料、佐助原料组成的中国烹饪原料，多达万种(常用者在3000种左右)，是一个庞大的系列。它选用广泛、品种多样，精工再制、特产丰富，综合利用、物尽其利，追求美食、讲究养生，形成了独有的特色。这对于广大研究者来说，是一个大有用武之地的领域。

由于烹饪原料学刚从食品原料学中独立出来，它的学科框架仅仅是个雏型，很不完善，因此还需做更艰巨的工作。诸如，如何对它进行分类，如何使其体系科学，如何体现中国烹饪的特点，如何对某些有争议的原料进行正确评价，都应列入重点课题。

肉食文化研究

肉食文化即是与肉食相关的各种文化现象，或者是以肉食品为中心的文化体系。目前我国承担这方面研究工作的，主要是中国肉类食品综合研究中心。

中华民族的膳食结构虽然是以素食为主体，但食肉的历史也相当悠久。从生食到熟食，从熟食到烹饪，我们的祖先一直重视肉食资源的开发及利用，可以食用的动物多达数千种，各种风味特色的肉菜至少也有20000种；并形成腌腊品、酱卤品、熏烤品、干制品、油炸品、肠制品、腿制品、罐头品等9大工业门类，1990年的肉类总产量已达2857万吨，人均肉品占有量是25.2公斤。

中国肉食文化有其自身的特色：(1)古代的肉食消费带有明显的等级界限，上层肉山酒海，下层难见荤腥。(2)佛教、道教和伊斯兰教对信徒的食肉观念影响很大，有的是全禁，有的是部分禁止。(3)由于经济结构的制约，各民族对肉食的依赖性也不一样，农耕民族食肉较少，游牧民族食肉较多。(4)在肉食品的制作与风味上也有明显的地域特征，如北咸、南甜、东淡、西浓之类。

所以，中国肉食文化作为中国饮食文化史上光彩夺目的一章，它的产生与发展同中国社会经济与文化的进步一脉相承，它同时也是中华民族5000年灿烂丰富的物质文明与精神文明的一个生动展现。今天我们应当进一步发展肉食文化，并用世界上先进的科学技术和思想观念将它武装起来。

乳文化研究

乳文化是中国饮食文化中的重要部分，里面凝聚着游牧地区人民在长期的生产与生活实践中创造并积累的物质财富和精神财富。中国乳文化至少也有万余年的发展历史，经历过萌芽(旧石器时代晚期至龙山文化时期)、形成(齐家文化时期至汉)、发展(魏晋至宋)、发展高峰(辽金西夏至元)、缓慢发展(明至民国)、蓬勃发展(1949年至今)6个阶段，各有不同的社会背景与特色。

在中国，乳文化与祭祀、与宗教、与医药、与养生、与少数民族的生活关系异常密切。我国历来不仅重视乳资源的开发和乳制品的加工，创造过著名的“塞北三珍”(酥酪、醍醐、马奶酒)，在世界上首先推出“雪糕”，积极进行中外乳文化的交流，而且还给乳文化蒙上一层神秘、圣洁的色彩，在宗教、祭祀、文艺与民俗诸方面都注意用它展现社会生活风貌和民族心理感情。特别是信奉喇嘛教的藏族与蒙古族，信奉伊斯兰教的维吾尔族与哈萨克族，信奉萨满教的满族与鄂伦春族，都重视用乳品体现礼俗、充实筵宴，并留下众多的歌咏乳品的文艺作品，在中国食文化中独领风骚。

现今的乳文化研究除了承继传统之外，重点多放在乳品的深加工上。内蒙古轻工乳品科学研究所、甘肃轻工业科学研究所和北京市牛奶公司在这方面都有成功的尝试。如推出“全奶宴”、“袋装奶茶冲剂”等。从而使乳文化由神秘到科学，由供奉神灵到为人类造福，真正使乳品成为生命力之源泉，摄生之灵药。

食虫文化研究

食虫文化是人类在采集、饲养、食用昆虫(包括幼蝉)的历史实践中，相继开发的美味食品，不断总结的制食经验，以及与此相关的文化现象和饮食审美观念。食虫文化具有3个特征：(1)强调药食同源，寓医于膳，疗养相通；(2)变害为益，维系生态平衡，保证农业丰收；(3)扩大食源，增加筵宴菜点和保健食品的花色品种，为人类的健康服务。

世界上的昆虫约有100万种，约占动物总数的4/5。经科学家研究认定，目前至少有8大类、63属、373种昆虫是可以食用的。我国古代就盛行过虫菜，曾用蝎子、禾虫、蝉猴、蚕蛹、蚂蚁、蝗虫、竹虫、龙虱、蔗虫、蜜虎、蚱蜢、黄蜂、蜈蚣、蜘蛛、棕蛆及田鳖等等调制出许多可口的美味；现今的墨西哥、美国和我国西南地区的傣、壮、苗、侗诸民族，也以善于制作虫菜而享誉世界。

目前，不少发达国家都在致力于昆虫食品的开发，创立“昆虫资源学”，培养“工程蝇”。1996年10月在华中农业大学召开的“全国首届昆虫资源产业化发展研讨会”上，100多名昆虫专家还摆出了12道以蝇蛆等为原料制成的“昆虫宴”，轰动海内外。这是一个信号，它说明食虫文化研究开始进入实际操作阶段。

大规模地利用昆虫作食料目前还存在3大难题：即昆虫的密集养殖、昆虫食料初加工，还有食客的心理障碍。这些难题一旦解决，人类便可增加又一种重要的动物蛋白资源，食虫文化研究便可进入一个更为广阔的天地。

素食文化研究

素食文化研究主要是探寻植物性原料(包括粮豆、蔬果、野生草木等)的开发利用以及与之相关的宗教观念、营养观念、饮食审美观念和哲学观念等等文化现象。

关于素食，本书在“中餐烹调”、“菜品审美”、“风味流派”、“筵席菜单”、“饮食民俗”等栏目中，从不同角度都进行过介绍，可以参阅。这里只着重说明当前素食文化研究的状况及重点课题：

1.研究素食的概念，弄清它的内涵与外延，将其准确“定位”，不在研究中产生歧义。

2.研究素食的起源及其与宗教(含大乘佛教、道教全真派)的关系，还有相关的政治背景与社会背景，正本清源。

3.研究素食的保健作用和长期“茹素”的利弊，探讨素食对不同人群、不同体质、不同病症的适应性与不适应性，从而寻找出一些科学的进食方案。

4.研究素食与“激活”饮食市场的关系，在有条件的地方增设素菜馆，并研制出一批适合当今饮食潮流的新素菜。

5.研究素食与旅游业发展的关系，在一些名寺古刹恢复“香积厨”，增添人文景观，满足观光客的心理需要。

6.研究素食的机械化生产问题，将其中一部分转化为快餐食品或工业食品，在食用菌、花卉等的利用上开创出新路。

目前这些研究都取得了一些成果，课题也正向纵深领域拓展。

豆文化研究

中国是大豆的故乡，也是豆腐等豆制品的发源地。2200多年来，中国的豆制品技术传遍亚洲、欧洲和北美洲，中国的豆文化也举世瞩目。20世纪60年代以来，随着豆制品的风靡世界，许多国家和地区都举办过“豆腐文化节”或“豆品学术研讨会”，形成一股“研究热”。

中国的豆文化主要体现在5个方面：

1.通过大豆的再加工创造出近百种豆制品，然后再通过烹调使之转化为数千种菜品，又通过现代食品工业使之变成几百种营养保健食品。这在食源的开发利用上，是对人类的一个极其伟大的贡献。

2.大豆再加工后其消化吸收率可达92%～96%，它的蛋白属于完全蛋白，含有人体必需的8种氨基酸，又不含胆固醇。具有益气和中、生津润躁、清热解毒等功效，可治疗不少疾病，是世界公认的营养健康食品。

3.豆腐的发明导源于炼丹术，而炼丹术又是现代化学工业的前驱。豆文化对于人类科学技术的进步也有一定的推动作用。

4.古代的文人创作了大量的豆制品诗文，充实了中国古典文学的宝库。

5.中国有许多“豆腐之乡”，如安徽淮南、湖北黄冈、山东泰安、广西桂林、江苏扬州，这是构成“历史文化名城”的重要因素之一。

目前中国的豆文化研究主要是致力于生产的机械化和自动化、管理的科学化与标准化、产品的多样化及包装化上，争取在世界豆品业的竞争中居于领先地位。

食竹文化研究

食竹即是食笋，系指禾本科多年生常绿木本植物竹的新芽或嫩鞭。笋的古称叫苍、菌、竹萌、竹芽、竹胎或竹箨，我国的食用历史至少也有8000余年；并在中国特殊的人文背景下，形成了独具一格的食竹文化。

古代的食竹文化研究主要表现在3个方面：一是五光十色的竹笋菜式，如油焖冬笋、兰花春笋、熠(㸃)冬笋、炣(煨)冬笋、黄泥烤笋、蒸酿冬笋之类，有“味冠素食”之誉。二是大量的笋诗，有人估计历史上的食笋诗多达千余首，以宋代为最，梅尧臣、黄庭坚、文同、张耒、李纲、陆游、范成大、杨万里等名家均有佳作传世，最有名的便是苏轼的“无肉令人瘦，无竹令人俗”了。三是竹笋的药用，它可以消渴、利水、益气、清肺、化痰、助消化、去积食、防便秘；对浮肿、腹水、久泻、脱肛、麻疹、风疹和水痘诸症都有一定的疗效；特别是竹笋中富含天冬素，对人体有滋补作用，因而药膳中用得较多。

现代的食竹文化研究则着重于竹笋的综合利用。中国有竹22属200余种，可以采笋食用的主要是毛竹、桂竹、刚竹、石竹、楠竹、方竹、麻竹、绿竹等。除了鲜笋做菜、入药外，还能加工成玉兰片、笋干、笋衣、笋丝、酸笋、糖酸笋、火笋、盐笋及各种笋罐头等。实践证明，积极开发利用笋资源，不仅可以扩大食源，优化膳食结构，强身健体，而且还能繁荣山区经济，科技扶贫，绿化河山，是有益于子孙万代的大好事。

食菌文化研究

食菌即食用菌，指的是可供人类食用的真菌，我国有300种以上，其中的1/6归于烹调中的高级配料。它们大都属于担子菌亚门，如蘑菇、香菇、草菇、北风菌、牛肝菌、口蘑、银耳、黑木耳、猴头菌、珊瑚菌、鸡棕及竹荪；少数属于子囊菌亚门，如羊肚菌、马鞍菌和黑包块菌等。由于它们的子实体蛋白质含量高，有多种人体必需的氨基酸及维生素，还有些含有双链核糖核酸，可以增强抗病毒的能力，故而自古以来就得到广泛的利用。特别是猴头菌、血耳、竹荪、冷香菌、松蕈、虎掌菌、鸡油菌与大口蘑，都曾入列过“草八珍”，可与海参、鱼翅、驼峰、雪蛤媲美。

我国食菌文化研究起步较早，现今各地的食用菌研究所多达数十家。目前的研究重点主要是：(1)食用菌的营养价值与食疗作用；(2)挖掘整理古代食用菌食品的制作技术；(3)大规模地养殖食用菌，建立生产基础；(4)搞好深加工，推出食用菌保健食品系列；(5)扩大出口，占领国际市场。

目前世界上食用菌的消费量逐年递增。以1982年为例，香港人均消费4.8公斤，法国4.5公斤，加拿大3公斤，德国和瑞士都为2.5公斤，比利时2公斤，美国1.5公斤，而我国仅为0.14公斤，差距很大。因此，为了缓解当今世界性粮食危机，开辟新的食物资源，改善我国人民的膳食结构，提高人民的营养水平，抗御癌症等重大疾病，我们应当加强食菌文化研究，做出更好的成绩。

食花文化研究

食花古代称为“餐芳”，是文人墨客、僧道隐士孜孜追求的美食。自从屈原吟出“朝饮木兰之坠露兮，夕餐秋菊之落英”的佳句后，调食花卉便成为一件韵事。唐代，菊花糕、木香花粥、桂花鲜栗羹，都系席上名珍；宋人的《山家清供》，也收录了蟹酿橙、广寒糕、锦带羹等10余种花卉菜点。特别是清代的《养小录》，专列“餐芳谱”一章，分述了牡丹、迎春、玉兰及梅花等众多名花的调食方法。据不完全统计，古代的花卉食品至少也在500种以上，构成了一个奇特的系列。

古人认为，花卉是“日精月华”，常服者可以长生不老。现代科学家认为，花卉是个“神奇的营养宝库”。花粉中含有35%的蛋白质，其中一半以易于被人体吸收的游离氨基酸形式存在，还有众多的碳水化合物、脂肪、无机盐、微量元素、维生素以及某些抗衰老激素和抗菌素等，有着很大的开发价值。

目前食花文化研究方兴未艾。除了大量试做花卉菜点，编制花卉筵席（如“菊花宴”、“鸡冠花宴”、“桂花宴”、“腊梅花宴”），出版花卉菜谱之外；主要是研制花卉保健食品以及特殊行业（如宇航、潜水、登山、滑雪）的滋补膳食。还有些食品厂，也以花卉作为高档配料，添加在名贵的糕点、糖果及饮料中，以“绿色食品”作为广告，大量推销。

花卉大都清淡、芳馥、色艳、形美，而且口感好，有一股特异的气质，是一种不可多得的珍贵食料，很快便会风靡起来。

油文化研究

油又称食用油，系指动植物体内所含的固态或液态脂肪，经过加工提炼，可以作为烹调原料使用，改善菜品的口感与风味，给人体补充营养物质。此外，有些油脂还有润肠、通便、解毒、治疗烫伤、治疗螯伤、治疗风疮的功效；并在化工工业中也能派上许多用场。

中华民族食油的历史，也是一部食源开发史、手工艺发展史和中外饮食文化交流史。我国最早使用的是易于提取的动物油，古称“膏脂”，如牛油、羊油、猪油、狗油之类。不久，又扩充进鸡油、鸭油、鱼油、奶油等。汉代从西域引进芝麻后，才开始使用芝麻油。后来又有了菜油和豆油。元明两朝，棉花和花生传入，接着出现棉籽菜和花生油。此外，我国还创造性地提炼出向日葵油、茶油、漆油、核桃油、糠油、玉米油、杏仁油、榛子油、松子油、文冠果油、香榧油、花椒油、乌榄油、椰子油、车梁木油、油瓜油等；此外，厨师还能根据制菜要求，配制出许多“调味油”，如葱油、蒜油、糟油、菌油、豉油、辣油之类。

因此，中华油文化也是积淀深厚、异彩纷呈的。现今我国的食用油生产多为机械化、大批量。不仅恢复了许多传统品种，而且致力于油品的精炼。一方面努力排除食用油中对人体有害的物质，一方面又注意在食用油中补充对人体有益的物质，增加花色品种，重在“健康油”的开发。我国各地相继建立了食用油脂研究所，正在用现代最新的科学技术武装传统的油文化领域。

盐文化研究

盐文化研究的对象，是作为调味品的盐以及一切与盐有关的事物，如盐业、盐务、盐法、盐政、盐税、盐艺、盐俗等等，内涵相当丰富。对此，古代的朝廷十分重视，现今的学者也将其列为一个重要的课题。

首先，盐是人类生存的必需品，是人体内部机能正常运转不可缺乏的要素。它不仅促进了人类自身的进化发展，还是人类史前文明的“催生婆”。人类文明的发源地，许多就在产盐区及其附近。这一点应当充分认识。

其次，由于盐与人类生活关系密切，历史上因盐产生过不少战争。许多统治者用盐来增加财政收入，发展社会经济，活跃城镇商业，巩固国家政权。有“渔盐之利”者兴，无“渔盐之利”者衰。

再次，千百年来因盐而产生了众多的民风习俗和文学艺术，并且推动了现代化工工业的发展。如盐在俄罗斯族是迎接贵宾的重礼，盐在维吾尔族婚礼中是吉祥物，盐与《红楼梦》中贾府的关系，盐在化工、医药中的重要作用等。

最后，盐是中国烹调工艺中的“主将”，是一切美味的基石。中国菜肴调味技术的精深，在很大程度上取决于盐的使用是否恰当，故有“本味论”与“好厨一把盐”之说。如果没有盐，中国烹饪就难以存在了。

所以，盐文化研究必须加强。既重视它的经济价值，又重视它的文化底蕴，建立起结构谨严的盐文化学科体系，采用多学科综合研究的方法，使之获得更多的成果。

酱文化研究

酱是以大豆或麦面、米粉、蚕豆、肉品、蔬果等为原料，经过蒸罨发酵，加盐、水等辅佐物制成的糊状鲜咸味（或酸甜味、咸甜味、麻辣味、五香味等）调料。它有一个庞大的家族，如豆酱、面酱、米酱、肉酱、鱼籽酱、果酱、辣酱、蚕豆酱、番茄酱、芝麻酱、腐酱、黑酱、虾米酱、牛肉酱、火腿酱、沙茶酱、椰子酱、草莓酱及蚁卵酱等。

我国是世界上较早生产酱品的国家，至少已有近4000年的历史。历朝都将酱品列为美食，周天子的食单中便有“酱120品”的记载。《礼记》、

《急就篇》、《齐民要术》、《山家清供》、《本草纲目》、《调疾饮食辨录》等古书中，都有翔实的酱品资料。我国的肉酱、菜酱、面酱、豆酱生产技术还远传印度尼西亚、越南、日本等东南亚国家，被称为“东方特产”或“味素之宗”。

从文化的角度来考察，中国酱品有四个方面值得重视：(1)它属于烹调原料的深加工技术，其中包含着众多的物理化学和生物发酵知识，既是中华民族聪明才智的体现，又反映出历代手工业高度发展的水平。(2)酱品是中国烹调中精湛的调味技术里面的一根“魔棒”。有了它，中国菜点才能展示出“五味调和”的神韵，征服古今中外的众多食客。(3)有关酱品的文献资料，是中国饮食文化中的重要组成部分，有很大的借鉴、参考价值。(4)现代制酱工业的崛起，不仅丰富了人民群众的“菜篮子”，还对国民经济的振兴有促进作用。

醋文化研究

中国是世界上谷物酿醋最早的国家，醋的发明与发展是和中国酿造科学技术的发明与发展分不开的。龙山文化时期中国醋已经问世，到了北魏，《齐民要术》便总结出酿醋法22种，在世界上遥遥领先。元代，醋被“榷沽办课”，成为国税的收入之一；到了清代，山西清源、江苏镇江、四川保宁、福建永春等地已成为名闻遐迩的“醋乡”。

作为一种重要的调味品，醋的文化价值体现在许多方面。(1)它可以调出酸味、香味和鲜味，并且能解腻、去腥或除膻，还能够抑制和杀灭细菌、保持菜肴的脆嫩或焦酥，保护维生素C不受破坏，是许多食品特色风味的构成要素。(2)醋在中医中有散瘀、止血、解毒、杀虫、治产后血晕、疗痈疽疮肿、防治流感、降低血压、开胃健脾、清心益神以及治疗风湿等等功用，在食疗方剂中广为应用。(3)在一些自然环境比较恶劣的地区（如山西），醋对人体有一定的保护作用，如帮助消化、防止皮肤干燥、中和碱性大的饮用水、减少煤气之危害等。(4)醋是不少地区的经济支柱，促进了农产品的深加工，开办了不少乡镇企业，既富了群众又增加了地方财政的收入。(5)以醋为主旨，出现了许多与之相关的诗文、语汇、歌谣与习俗，文化内涵深厚，形成特异的“乡土文化”。

目前醋文化研究正向更新的领域拓展。如开发保健醋和醋酸饮料，增加保健食品的花色品种；研制农用醋，防治病虫害，促使农作物早熟丰产等。

糖文化研究

食糖是用甘蔗、甜菜或其他原料制成的食品，除了制成糖果、糕点、饮料、罐头、果脯蜜饯以及各种儿童食品之外，在烹调中主要是调制甜味。制作菜点所用的糖大多是饴糖、甘蔗汁、蜂蜜、红糖、白糖或冰糖，风味各各不同，能调制出各类甜味菜近千种。此外，糖还有药用价值与其它价值。

中国是世界上用谷物制作饴糖最早的国家；至于甘蔗制糖，也有近2000年的历史；只有甜菜制糖出现较迟，是在1906年以后。鸦片战争之前，我国不仅是世界主要的产糖国，也是食糖的重要出口国，台湾早就有“糖岛”之称。后来由于国家的贫弱和列强的入侵，制糖工业发展迟缓，才处于落后状态。

中国的糖文化，和盐文化、酱文化、油文化、醋文化、酒文化、茶文化、乳文化、豆文化一伴，也有浓郁的民族文化色彩和东方审美风格。例如出土的制糖文物，宋代著名的《糖霜谱》，历朝讴歌食糖的诗文，中医中用糖配制的药膳，中菜中五光十色的甜味菜，生育中用糖作为产妇的补品，民间交往中用糖作为馈赠礼物，以及与糖有关的民间文艺和社会风习等等。因此有人将糖文化比喻成“甜美的乐曲”和“幸福的画卷”。

现在的糖文化研究重点主要是糖资源的开发、糖品种的增加、糖质量的提高和糖的深度利用方面。在烹饪上则是探讨用糖量的多少与菜肴风味、人体健康的关系，以便推出更符合时代风潮和甜味菜。

酒文化研究

酒文化是人类创造的与酒相关的物质财富与精神财富之总和。中国酒文化历史悠久，内容丰富，包括酒史、酒艺、酒功、酒德、酒典、酒文、酒事、酒人、酒名、酒具、酒令、酒筵、酒歌、酒俗、酒趣、酒政、酒乘、酒祸、酒禁、酒市、酒旗、酒馆、酒评、酒乐、酒诗等等。

因为在中国，酒与神话、与政治、与经济、与军事、与外交、与文学、与艺术、与民俗、与社会、与宗教、与伦理、与礼仪、与教育、与饮食、与筵宴，都有十分密切的关系；酒文化的领域，也几乎涉及到中华文明的各个方面。古代的酒文化不仅留下了炎黄子孙辛勤创业的足迹，而且至今还具有无穷的魅力；当代的酒文化不仅继续参与人类文明的新创造，而且自身也在发生着巨大而深刻的变化。

现今的酒文化研究，主要突出两个方面，一是研究新的酿造工艺，二是研究新的营销策略。从前者看，重点是新原料(含配方)、新设备、新工艺，目的是提高原有酒品的质量，推出更多更适应现代社会需求的新酒；从后者看，重点是开展广告攻势，尽量抢占市场，扩大销售网络，获取经济效益。此外，还有人研究酒史、酒典、酒事和酒俗，撰写出一些有价值的论文，或出版了有见解的专著。

与其他饮食文化研究不同的是，酒文化研究多由实力雄厚的酒厂作后盾，明显带有“文化促销”的性质。

茶文化研究

茶文化是人类创造的与茶相关的物质财富与精神财富之总和。中国是“茶的故乡”，发现茶树、利用茶叶、种植茶叶、向外传播植茶技术和品茶方法都最早，故而茶文化的根基更为深厚，建树更为卓绝。

中国茶文化包括茶史、茶艺、茶法、茶经、茶名、茶具、茶会、茶市、茶坊、茶食、茶礼、茶诗、茶话、茶俗、茶事、茶政、茶典、茶评、茶歌、茶舞、茶道、茶禅、茶筵、茶点、茶菜、茶品、茶疗、茶养等等。在中国人的心目中，茶素有“国饮”之誉。它不仅是一种流传4000多年、营养丰富、有益健康、解腻生津、止渴消食、明目益思和去倦解乏的常见饮料，还被应用在婚聘、娱乐、交往、待客的许多方面；而且它还超越自身固有的物质属性，进入精神领域，成为一种道德修养、一种人格力量、一种文化品味、一种超凡脱俗的艺术境界。诗词、书法、绘画、音乐，都依赖它激发灵感；佛道修行、名物珍藏、旅游观光和知音聚会，也要凭借它提高文化档次。

当今的茶文化研究，仍有很浓的“书卷气”与“翰墨香”。一方面是学者们认真探讨茶文化的真谛，另一方面是企业家努力挖掘古茶艺。它们都未离开中国民族文化的传统，显得清纯、高雅。其目的都是在于重振“茶王国”的雄风，促进茶业的发展。

目前不少都会中出现了一批“高级茶坊”，其中良莠不齐，有的的确是在弘扬茶艺，有的不过是牟取暴利的手段而已。

筵宴文化研究

筵宴文化是人类在筵宴的历史实践中创造和积累的物质财富与精神财富。它既包括设计和制作筵宴的生产活动，如精致高超的烹调技艺，林林总总的席菜与宴谱，餐厅部署装潢和摆台技巧，以及成龙配套的服务规程；又包括品尝和研究筵宴的众多精神产品，如筵宴著述、筵宴艺文、筵宴语汇、筵宴礼俗、筵宴余兴，筵宴养生理论等。

至于筵宴文化研究，当前着重探讨的是筵宴改革与宴筵创新问题。

在筵宴改革方面，已召开过多次学术研讨会，普遍强调易风移俗、兴利除弊，声讨“公款吃喝”，反对铺张浪费，要求“营养配膳”和“文化包装”，提倡优质服务，面向工薪阶层。具体的改革要求，大都倾向于从5个方面入手：一是“小”，指筵宴的规模与格局；二是“精”，指菜点的数量与质量；三是“全”，指用料广博、荤素调剂，营养配伍全面，菜点组合科学；四是“特”，指有地方风情和民族特色；五是“雅”，指讲究卫生，注重礼仪，强化酒筵情趣，提高服务质量。

在筵宴创新方面，主要是设计新的席谱和宴会程式，以适应时代的变革和群众多方面的需要。近年来推出的新席谱和新宴会不少，北京走在全国的前面，受到市场的欢迎。相比之下，其他地区改革的幅度不大，其中既有思想障碍，又有技术问题。它们的症结是：

1. 筵宴的规模究竟控制在什么幅度较为合适？以10人一桌为例，是4菜1汤还是8菜1汤，或者是12菜2汤4点？每人每餐应摄入的各种营养素是按常规配给还是适当地多一些？其中荤、素食的比例如何安排？采用何种制法为宜？目前尚无较好的方案出台。

2. 合餐制还是分餐制？大件菜还是小件菜？如果一律采用小件分餐制，势必会造成筵宴工艺的巨大变革，如原料的筛选分割，烹调方法的改变、餐具增加和台面扩大、成本增加和售价提高之类，对此，酒楼、厨师、服务人员和顾客是否都能承受？

3.中国筵宴聚餐式、规格化、社交性的特征如何保留？西餐和医院营养餐是否适应中国的国情？中国烹饪优秀遗产怎样继承？等等。

总之，筵宴改革还须深化，筵宴文化研究还须具体解决一些关键问题。

珍错文化研究

“珍错”一词是山珍海错（即山珍海味）的缩写，是稀有、珍贵烹饪原料（或菜品）的统称。在古代，它又名“八珍”，并有“周代八珍”、“行帐八珍”、“龙凤八珍”、“参翅八珍”、“山水八珍”、“烧烤八珍”、“琼林八珍”、“清真八珍”、“香积八珍”、“混元八珍”等等名目；入“珍”者多系龙肝、凤髓、麒面、虎丹、狮乳、豹胎、牦腰、雀舌等珍雅、怪诞的原料，反映出古代豪门贵胄搜奇猎异、亮富比阔的饮食心态，以及借此补体疗疾、延年益寿的热望。

由于国家颁布了珍稀生物保护法令，现今的珍错文化研究的主旨已不再是觅食大熊猫、金丝猴之类的“国宝”了；但是，有些人对独具魅力的“珍错”二字仍未放弃，而是转向于与此能挂上勾来其他3个方面。即：(1)大力开发燕窝、龙虾、鱼翅、鲍鱼、海参、鱼肚、鳖裙、乌龟等高档菜品；(2)积极引进海外的袋鼠、驼鸟、火鸡、海狸、王鸽、孔雀、黑鱼籽、鹅肝等名特原料；(3)在前两条的基础上研制“新满汉全席”或推出高达数十万元一桌的“豪门宴”。这些“珍错”前几年频频在市场上“亮相”，社会舆论多有批评。因为它不符合中国现阶段的国情，容易造成奢靡腐化的社会风气。

珍错文化是否需要研究？如何研究？应当开展认真的讨论。作为中国烹饪文化遗产的一个部分，对它进行搜集整理、分析研究，是可以的；但若将它作为中国现今饮食文化的一个追求目标，恐怕不合时宜。

小吃文化研究

小吃文化是一种以平民饮食习俗为主要特征的饮食文化。它以正餐和主食之外，用于早餐、过中、夜宵、小酌或临时充饥消闲的米面肉菜等制品为品尝对象，讲求民族特色、乡土情韵和经济实惠，反映了普通老百姓的饮食心理和审美标准；并以流传时间长、播布地域宽、群众基础深厚、点缀年节气氛、能将部分家务劳动社会化作为5个基本特征。

目前的小吃文化研究，主要着眼于传统小吃的挖掘、创新小吃的研制以及小吃席的组合配套；不少地方努力恢复传统的饮食夜市和发展新的小吃摊群，还推出一些“小吃城”、“美食宫”，将小吃“精品化”，成为城市的新景观和“民俗风景线”。

小吃文化研究中也存在着一些认识问题。其一，有些地区忽视了小吃的本质属性应当是：荤素兼备，每份量大，大路品种，档次偏低，摊贩制作、街头销售，风味朴实，顾客众多；而是不适当地将其“拔高”，抛弃了它原有的“乡情土气”。其二，一些小吃进入装修豪华、现代气息浓厚的“小吃城”或“美食宫”后，很快由“平民”上升为“贵族”，离开了它赖以植根的市井，脱离了支持、热爱它的老百姓，显得“落落寡欢”、“萎靡不振”。其三，有些酒楼不适当地改变了某些小吃的制作工艺，“似是而非”，使之失去原有的魅力，变成名存实亡的东西，最终而被淘汰。

所以，研究小吃如同仿制文物，应当“扑返归真”，保持它的天然风貌和泥土气息。

快餐文化研究

快餐是一种配膳合理、制作规范、简洁明快、食用方便的食品，包括“洋快餐”、“土快餐”、“中式新快餐”等不同的系列。“洋快餐”出现在20世纪30年代，以汉堡包、麦当劳、肯德基、碧莎饼等为代表；“土快餐”指传统的大饼油条和现今的盒饭之类，品名甚多；“中式新快餐”是目前中国正在研制的一种快餐，它集古今中外快餐之长，要求工业化生产、连锁式经营和现代化管理，试点项目是天津的狗不理汤包、兰州的马保子清汤牛肉面和宁波的五芳斋汤团。

快餐是现代高科技、多信息、快节奏社会生活的产物，在发达国家中占有很大的市场份额。如1984年，美国有肯德基店4700家、碧莎饼店2400家、汉堡包店3700家、其他快餐店4700余家，美国人每天必有一餐饭是快餐，占饮食开支的20%～40%。这股风潮同样席卷了法、英、德、意、加、澳、日等国，并向不发达国家袭来。例如我国目前由外资开设的快餐店已突破1000大关，也有星火燎原之势。

80年代以来，我国积极开展中式新快餐的研制，确定了质量第一、价格低廉、清洁卫生、周到服务为四项基本原则，还要求具有民族文化特色、符合群众饮食习惯、膳食配伍科学、能够与洋快餐相抗衡。内贸部等主管部门曾多次召开中式快餐研讨会，并拟定出《中国快餐发展纲要》；有些食品工厂也拿出了研制的新品种，行动步伐比较快。估计到下世纪初叶，中式新快餐连锁店就会破土而出，成为新的饮食文化景观。

仿古饮食文化研究

仿古饮食文化研究是近年来为了适应旅游业、餐饮业发展的需要，以仿古菜和仿古宴的研制为中心的一个特殊专题。它以古色古香的饮食文化色彩和风味特异的“仿真”肴馔作为基本特征，主要为外宾、归侨、港商、台胞及国内的政界、企业界、文化艺术界人士服务，大都取得了成功。

仿古饮食文化研究有两种类型：

一种是以历史文献、档案材料、古典名著章节或古代食书作为根据，按照“古为今用、推陈出新”的原则进行的，如西安“仿唐宴”、杭州“仿宋宴”、内蒙古“新诈马宴”、北京“红楼宴”之类。其特色有三：(1)菜品多有历史依据，尽量再现原貌，仍用古名；(2)筵宴一律“复古”，使客人有进入“时间隧道”之感；(3)大多经过专家论证，以科研成果的形式向市场有偿转让。

另一种是以故事传闻、风物名胜、诗词佳句或商业广告为依托，根据经营需要运用“创作”的手法进行的，如无锡“西施宴”、沈阳“八仙宴”、青岛“风光宴”、宁夏“八宝宴”之类。其特色也有三：(1)所选菜式古籍大都不载，是今人“想象”出来的；(2)筵宴广收博采，古今结合，“旧瓶装新酒”的痕迹较浓；(3)不求专家认可，只要市场欢迎。

总之，仿古饮食文化研究的目的在于勾起历史的烟尘，牵来怀旧之意绪，迎合部分高消费层的“返祖”情结和“文化饥渴”心态，作为新的文化景观。

宗教饮食文化研究

宗教饮食文化研究是宗教学中的一个重要专题，它主要探寻宗教约制，信仰约制、禁忌约制、俗信约制对宗教教徒和信奉者饮食生活的影响，以及相关的宗教文化现象。在我国，这一研究主要涉及到佛教(含大乘、小乘、喇嘛三教)、道教(含正一、全真两派)以及伊斯兰教(涉及到10个少数民族)。

由于宗教信仰本身就是对人的一种强力约制，所以与之相适应的宗教饮食文化便具有六个鲜明的特性：(1)群体性与民族性。它们不是个人或少数人的行为，而是涉及到一个宗族、民族、行业或地带，影响面较大。(2)自发性与自觉性。信奉者不约而同地遵守食戒，乐此不疲，持之以恒，心满意足。(3)神秘性与法规性。即对某些食忌的原因常常回避，令人莫测高深，并在经传典籍中有明文规定。(4)祭祀性与禁忌性。与祭典的仪礼紧密结合，不可食用某类圣物、脏物、恶物或危险之物。(5)功利性与选择性。即与信徒的利益密切相关，有立竿见影的强烈渴望，根据必要性与可能性决定取舍。(6)复杂性与渗透性。封建迷信色彩与“合理的内核”并存，形式生活活泼，各种宗教饮食文化经常互相影响，彼此借鉴。

我国的宗教饮食文化研究成绩斐然。其主要成果是建立了中国佛道斋菜、中国清真菜的完整体系，并且在道教服食养生、儒教精食养生方面也取得了许多收获。这种研究，对于落实党和国家的宗教政策、开展中外宗教文化交流都有补益。

民族饮食文化研究

民族饮食文化研究是通过对55个少数民族膳食体系、烹调方法、奇异菜点和饮食风习的考察，将他们的传统酒宴加以移植或改造，从而推向市场，以“朦胧”的情味吸引食客，掀起餐饮新潮。这种研究一旦成功，往往走红，近年来风靡南北的朝鲜族菜、傣族菜、满族菜都系如此。

由于较为特异的历史沿革、居住环境、生产方式、宗教习俗、性格心理和饮食习俗所致，少数民族的菜品往往具有下述8个特色：即千方百计巧辟食源，原料选用各有忌宜，因地制宜安排餐制，烹调方法各施其长，炊具食器奇特简便，茶酒奶汤百态千姿，民风食俗别具一格，宴宾待客情文稠叠。这样，推出的民族菜往往会使人耳目一新，迎合了食客“搜奇猎异”的心理，能够在市场竞争中获胜。

许多研究者在研制民族菜时视野比较开扩。除了每一道菜品尽量保持"原汁原味"、避免失真走形之外，他们还注意到相关民族的住室、服饰、语言、礼仪、歌舞器乐和工艺品等，并且将他们一起"搬来"。为此，他们不惜资财仿盖民族式餐厅，进行民族式的装修，制作少数民族服装，购买少数民族餐具，聘用少数民族职工，演出少数民族歌舞，使用少数民族语言，赠送少数民族工艺品，并按少数民族礼仪接待宾客。总之，在"外包装"上是花了气力的，因而构筑出一种"民族文化村"式的氛围。当然也有些酒楼"金玉其外，败絮其中"，三两个回合便败下阵来，这也不足为怪。

年节饮食文化研究

年节饮食文化是围绕着年节在饮食方面产生的复杂社群文化现象，包括节日期间的信仰、心理、伦理、道德、传说、礼仪、文艺、习俗、物质、服饰、食品、筵宴等等。它反映在祭祀、纪念、庆贺、社交、游乐、休整、调养、聚餐诸方面、涵盖面很大。

年节饮食文化研究涉及到人与自然、人与人、人与心理的三重关系；还必须深入到天文历法、先民的生产活动与生活习俗、重大的历史事件中去；并同宫廷礼制、都城建设、人口迁徙、食贩活动等等联系起来；从物质流、精神流、媒介流方面进行剖析；因而存在着相当大的难度，不易把握。

目前的年节饮食文化研究主要体现在年节文化食俗上。现在已基本弄清了春节、元宵、清明、端午、中秋、重阳、冬至和祭灶等节日的由来；了解了饺子、元宵、大麦粥、粽子、月饼、九黄糕、馄饨及饴糖等节令食品的沿革和象征意义；许多酒楼餐馆还推出了与之相关的年节家宴或文化套餐，显得生气蓬勃。

不论科学技术如何发展，社会文明如何进步，人们对包括年节饮食在内的民族传统文化的依恋是不会改变的。因此年节饮食文化的研究大有前途，课题甚多。比如说，一些濒临失传的年节食品怎样去恢复？一些流传千载的年节食品怎样去改进？一些新的年节食品怎样去创造？传统的年夜饭怎样才能吃得更有情味？外国的某些年节和节食怎样去引进？年节饮食文化知识怎样去普及等。

烹饪营养研究

营养是人类摄取食物，满足生长发育的需要，修补和构成组织，调节生理机能，供给机体热能的一个生理过程。营养学即是以这种生理过程及其有关的因素和措施为主要研究对象的一个生物学科分支。烹饪营养学则是运用营养学的基础理论、基本原理和基本实验手段来研究烹饪工艺过程中的营养问题及其对人体健康影响的一门学科，它也是中国饮食文化的一个重要组成部分。

烹饪营养学的重点课题有三：(1)研究烹调原料的营养价值及其特点；(2)研究在烹调工艺过程中如何更加有效地减少营养素损失和最大限度地保存与利用食物中的营养素；(3)根据人体不同的生理特点和劳动需要，研究如何通过烹饪手段提供合理的平衡膳食。因此它与其他的应用营养学有着不同的特色。目的是使厨师和有关人员掌握相应的饮食营养知识后，能够在烹饪中合理地选料、加工、切配、烹调，使肴馔既富营养，又具风味特色。

我国的烹饪营养研究起步于本世纪的 70 年代，并相继在烹饪技校、职中、中专和大专中开设了有关的课程，同时也在厨师、服务师的晋级考核中提出了这方面的要求。目前烹饪营养研究普遍受到重视，营养知识教育逐步普及，传统名菜的营养成分开始分析鉴定，各种烹调的优劣正在进行综合评价，烹调工艺努力做到标准化和规范化，符合合理营养要求的营养配餐和新式筵宴逐步推出，烹饪营养研究的热潮即将到来。

烹饪卫生研究

烹饪卫生是饮食卫生的一个重要文面。它以烹饪卫生质量的要求和变化及其与人体健康的关系为主要研究对象；其立足点是从烹饪实践出发，由烹饪卫生管理入手，为人类提供安全的食物。这一研究通常包括 7 项内容：

1. 烹饪卫生与食物安全(影响烹饪卫生的因素，食物安全性评价程序等内容)；

2. 烹饪原料卫生(包括卫生质量要求、卫生标准和贮藏卫生)；

3. 烹饪工艺卫生(探讨各种工艺对生物性污染物和化学性污染物的影响及卫生问题)；

4.食物中毒及其预防(阐明中毒的病因、表现及流行特点,提出预防原则和措施);

5.肠道传染病和寄生虫病及其预防(阐明病原特性、流行特点、主要症状以及防护原则);

6.烹饪环境卫生(含环境的清洁、劳动条件的改善);

7.烹饪卫生管理(建立卫生法规、经常督促检查,完善规章制度)等。

由此可见,烹饪卫生研究强调的是"预防为主",对烹饪这种制食手段起安全保证作用。其重点"监控"的范围是烹饪原料、烹饪工艺和烹饪环境,并与食品卫生学、环境卫生学、卫生防疫学等关系密切。

我国对烹饪卫生研究一贯重视,近50年来取得了许多成绩。不仅颁布了十多种食品卫生法规,还逐级建立卫生防疫部门,经常对餐厅卫生和烹饪卫生进行督促检查,确保了12亿人的饮食健康。

药膳文化研究

药膳文化是中医学的瑰宝。它是我们祖先在"食医同源"、"膳药结合"的历史实践中总结出来的有效经验。药膳文化不仅包括药膳的制作与食用,还包括与此相关的药理分析、科学的配方比例、规范的炮制要求、服用的注意事项,以及药膳筵宴、药膳诗文、药膳习俗、药膳掌故、药膳评述等等方面,科学性、文化性、实用性及针对性都较强。

目前的药膳文化研究主要是探寻以药代食、化药为食、药食调和、膳食借药的科学方法,进行机械化生产,开展服食咨询等。其主要成果可以归纳为如下几个方面:(1)挖掘整理出古代遗留下来的确有效验的食疗方剂,研制出一批新的食疗方剂;(2)在一些地方设立"药膳堂"或"食疗餐厅",小批量地推广、试用某些药膳菜点;(3)将一些疗效近似的药膳菜点组编成为小型药膳席,向不同的适用对象推荐;(4)发表了一批论文,出版了一些菜谱或专著,有些院校还开设出相关的课程。

近年来药膳文化热在国内时起时伏,各地的反响不一。它有一些问题需加改进:(1)药膳的制作除厨师外,必须要有中医药剂师的指导,严格按照处方要求调制;(2)每间药膳堂应当有有经验的中医师坐堂咨询,根据食客的病症和体质开列菜单,而不能是顾客随意点菜;(3)药膳席一般不宜见客就推销,因为一桌客人情况各别,所配的菜点很难一一"对症";(4)医药卫生和工商管理部门要加强督促检查,严防一些"假药膳"或副作用很大的药膳菜上市。

保健食品文化研究

保健食品分为两种:"一般的保健食品"是指能增进人体健康、改善身体素质、防止疾病发生的食品;"积极的保健食品"则是补充某种营养物质、治疗某种疾病、有明显滋养作用的食品。中国的保健食品源远流长,史籍和医书中记载甚多,在世界上享有殊荣。

由于保健食品既具有普通食品的特征又优于普通食品,其天然原料的组合和调制过程均是以药理为依据,与一般药物的"偏性"区别明显,是介于普通食品和药物之间的"边缘科学",因此,各个国家对它的研制既大胆积极又小心谨慎。像日本便成立了保健食品对策室、健康食品协会;美国重视保健食品的研制,产品多达15000余种;东欧各国有46个科研单位对保健食品进行分工协作。

我国也十分重视保健食品的开发:各省都有重点投资企业,相关高校都设置了这一专业,许多研究所都有战略攻关的课题。目前已推出蜂王浆、花粉、山楂、猕猴桃、罗汉果、茯苓、枸杞、人参及黑米等数十个系列的滋补茶酒、保健饮料、益智食品和抗衰老食品,受到社会的好评。特别是广东的"健力宝",四川的"天府可乐",河北的"力士加能",河南的"西施美",湖北的"红桃K",广州的的"亨氏米粉"等名优产品已走出国门,在世界保健食品市场上留下了很好的形象。我们应当继续加强保健食品的研究,带动整个食品工业的发展,为弘扬中国饮食文化和振兴民族经济作出新贡献。

烹饪化学研究

烹饪化学研究是中国饮食文化中的一门新兴学科,它主要是研究食品成分(水分、无机盐、蛋白质、糖、脂肪、维生素、纤维素等)在烹调加工过程中的变化规律,其要点是:

1.食品物质成分的重要性质,它在烹饪中的

物理化学变化及其原理,它的营养价值和其他功能;

2.在烹饪加工中食品物质成分的相互作用规律以及利用、控制的方法;

3.菜点色、香、味、形的由来,以及特色风味的形成和保持知识;

4.如何提高营养成分的使用价值,如何减少营养素的损失,如何确定合理的烹调方法,如何选定最佳的烹调方法等。

烹饪化学研究属于应用性的自然科学。它十分强调实验的手段,依赖仪器、设备和试剂,要求具有较强的动手能力。像液态食品比重的测定、油脂皂化值的测定,蔗糖转化度的测定,凝胶性质的测定,以及蛋白质起泡性和稳定性研究、乳状液的制备和性质、温度对蔬菜中维生素C含量的影响、淀粉性质分析等等,都是要通过确凿的数据来说明问题的,所以必须认真、精细、准确。

烹饪化学也是边缘科学,它要以化学、生物化学、食品化学等方面的知识作基础,还须保持自己的相对独立性。目前这方面已有一些研究成果,但重大的建树不多。这主要是实验手段比较落后、科研人员和经费不足等原因所致。

烹饪设备研究

烹饪设备研究也是中国饮食文化研究中的全新课题,包含着丰富的内容,如烹饪原料初加工机械、热加工设备和冷藏设备的使用技术及管理;厨房的设备选型和系统布置的设计要领;烹饪设备的发展方向;烹调原料在机械加工中结构力学性质的变化及其对烹调质量的影响,等等。

烹饪设备包括器具和设备(含机器与装置),一般可以分为初加工机械(如切菜机、和面机)、热加工设备(如炉灶、蒸锅)、冷藏设备(如冷柜、电冰箱)、厨房通用设备(如升降机、空调)、餐厅营业设备(如配餐车、保温柜)、手动工具(如打蛋器、模具)等6个大类。它们要求耐磨损、耐腐蚀、小型多功能、便于清洗,易于维新。

烹饪设备是现代工业革命的产物,只有较短的历史。它的出现同时又意味着烹调工艺的飞跃,在传统饮食文化中增加了高科技的含量。正确地使用烹饪设备,既是时代发展的要求,又是中国烹饪革故鼎新的要求,因此对它进行系统的研究,十分必要。

由于现代烹饪设备种类多、造价高、更新快,我国目前的烹饪设备三化(标准化、通用化、系列化)水平较低,故而将它作为研究重点,更显得迫切。目前我国家用的厨房电器小设备已经在逐步普及,但是餐馆用的电器大设备则较薄弱。因此应当集中力量攻关,或引进,或改制,或创制,使之很快地完善起来,发挥效益。

箸匙文化研究

箸匙是中华民族近万年来一直在使用的主要进食工具。箸匙文化是箸匙中所反映的文化现象以及与箸匙相关的各种社会活动。"箸匙文化"与"刀叉文化"时常并称,分别指代东、西方的饮膳(或筵宴)体系。这是以餐具作为基本特征,形象地概括不同的饮食文化属性;它同考古学中的"石器时代"、"铜器时代"有些相似。

中国使用箸匙源远流长。从原始的骨筷、角匙到后世的牙筷、金匙和木筷、瓷匙,尽管它们的名称、材质和制作工艺不断变化,但其基本形态和作用仍如古时。中国人如何用筷,如何用匙,有种种讲究,并由此连带产生出许多研究课题。诸如:

箸匙的型制设计及其对十指、大脑智能的锻炼;

箸匙的制作工艺与历代手工业、实用工艺美术的关系;

箸匙的取食功能与中国烹饪刀工、刀口的巧妙配合;

箸匙的广泛使用及其反映的吉庆心理与民间歌舞、故事;

箸匙的象征意义和历史事件、名人掌故;

箸匙的时代特征和文物考古、文物收藏等。

目前各地报刊上发表的箸匙文章不少,大多是些知识性的介绍,很少有权威性的学术论文,还没有把这"五指灵活使用筷子的艺术审美活动"提到应有的高度去认识,显然是一个很大的不足。应当在"饮食器具学"中专设一章,进行充分论述。

钟鼎文化研究

钟鼎文化是奴隶社会上层集团饮膳(或筵宴)文化的别称,主要指夏商周三代用铜(或铁)

铸成的宴享器皿与侑食器乐——钟、鼎,及其蕴含的饮食礼仪及典章制度。其中,"钟"是敲击乐器,常与玉磬配合使用;形似香炉的"鼎"最早是炊食共用器,后来做过祭祀神祖的礼器、象征王权的重器、惩治罪犯的刑器和观赏珍藏的弄器。古代的钟与鼎往往是成龙配套的,并且镂刻精美的图案及文字(即著名的"金文"),像曾侯乙墓就同时埋藏着稀世奇珍"九鼎八簋"和65件大编钟。

我国现已出土的4000余件商周青铜器物中,绝大多数都系钟、鼎,它们有很高的认识价值和审美价值,因而在考古学中占有极其重要的位置,被视作是中华民族的瑰宝,我国的第二代食具。通过它们,不仅可以研究当时的烹调工艺和饮燕状况,还可以研究古代的冶金工艺、文字变迁、礼仪制度和政治历史,以及音乐歌舞、工艺美术等等方面的成就,所以有人讲:"发掘出一件商周时期有代表性的钟、鼎,等于是揭开了中国社会发展史上重要的一页。"

对于钟鼎文化的研究,从古至今我国都未中断。现今从中央到地方的历史研究所、考古研究所、博物馆、文化馆,都有专人负责这项工作,国家也投入了众多的物力与财力。在钟鼎文化研究上,我国已居于世界领先的地位,许多有关的考古报告和研究论文,在国际上都有很高的评价。因此这是中国饮食文化研究领域中的一个强项和"亮点"。

陶瓷器文化研究

陶瓷器是陶器和瓷器的统称。其中,陶器是用黏土烧制的器皿,质地较为松脆,有吸水性,包括瓦陶、彩陶和釉陶3种;瓷器是用高岭土等烧制的器皿,质地较为坚硬,无吸水性,包括青瓷、白瓷、彩瓷等。由于瓷器的远祖是彩陶,近亲是釉陶和青釉器皿,我国习惯上把陶瓷看做一家,并称"陶瓷"。

中国的陶瓷制品,很多都是充当餐、炊具。在中国炊饮器具发展史上,质朴无华的陶器出现最早,单独使用过近6000年,配合其他食具使用过4000年,是我国的第一代食具;风姿特异的瓷器使用过近2000年,至今还没有任何一种现代金属、化工器皿可以取代它的位置,是我国的第四代食具。由此所决定,在中国饮食文化中,陶瓷器历来享有殊荣。到了现代,江西、山东、广东、湖南、江苏、河南等地,都设有陶瓷工业研究所,使这一"国粹"继续得到发扬光大。

陶瓷器文化研究主要有以下课题:

1.研究中国陶瓷器的沿革及其在考古学上的重要意义;

2.研究中国陶瓷器的外传及其对人类社会进步的伟大贡献;

3.研究陶瓷器与烹饪、筵宴的关系,及其在中国饮食文化中的特殊地位;

4.挖掘古代的制陶、制瓷工艺,仿制著名的古陶(如蛋壳陶)、古瓷(如钧瓷);

5.根据时代的需要,创制新的陶品和瓷品,为工农业生产、人民生活和出口创汇服务;

6.解决陶瓷业生产的现代化问题等。

髹漆器文化研究

漆器是将漆树所产的生漆,添加熟漆、桐油、颜料和其他配料,均匀涂抹在各种器物上的一种实用工艺品。最早的漆器是在木质坯料上直接涂抹。后来又创造出用木、麻作内胎,涂漆后加金银铜箍的"扣器";用木骨泥做底胎,外贴麻布后涂漆,再打掉底胎的"夹纻造像";胎面上用金银薄片装饰纹样,上漆后打磨推光的"金银平脱";上一层漆刻一层花纹,反复多次制成的"剔红";用贝壳、玉石装饰漆面,使之珠光宝气的"螺钿"等。

髹漆器曾是我国的第三代食具。它始萌于虞夏,发展在商周,汉魏六朝是其大展芳华的黄金时代。它上承陶器、铜器,下启瓷器、金银器,在中国风靡了700余年。唐宋之后,随着制漆工艺的日益精美,其身价也越来越高,除了少数名酒楼、仿古祭仪以及御膳房外,一般餐馆和平民百姓就用不起它了。

漆器之美,主要在于工艺观赏价值。像荆州汉墓出土的"鸳鸯豆"、"蛇卮",堪称无价之宝,在中国和世界工艺美术上都占有一席之地,其文化内涵难以估量。

漆器之美,还在于它的认识价值。通过一件代表性的漆器,人们可以了解它所在年代的经济、政治、文化、社会状况,特别是艺术风尚和手工业的发展水平。

现在的髹漆器文化研究大多是在文化遗产的继承与创新上面下功夫,不断地推出精品,不断地充实工艺品市场，为旅游观光业和出口贸易服务。

饮食心理研究

饮食心理研究即餐饮心理学，主要是研究在餐饮活动中，消费者及餐饮服务人员的心理活动及其变化规律，以及餐饮服务活动心理现象的相互关系；它也属于饮食文化研究领域的范畴。

从饮食消费心理来讲，影响它的有社会（含政治、经济、文化、家庭、团体）和自然（含地理、年龄、性别、健康）诸因素；消费者对饮食的心理要求是安全性和富于营养、工艺性和品种多样、乡土性和知名度高、方便性和经济实惠；而且消费者的心理表现有习惯型、慎重型、价格型、冲动型、感情型、疑虑型和不定型等等，这均与他们的能力、气质、性格等个性心理特征相关。

从餐厅服务心理来讲，一方面各种食俗和餐厅形象、特色风味形象、服务人员形象对就餐者心理有所影响；另一方面服务人员的心理品质培养也相当重要。在主体生理因素、主体心理因素、营业环境因素、组织管理因素、社会环境因素的综合作用下，服务人员的能力品质、情感品质、意志品质往往有所差异，表现出各种行为类型（如独立型、被动型、活跃型、沉静型、顺从型、精细型、急躁型等）。因此就应当加强心理品质的培养、分析心理欲求，正确引导，掌握个性特征，发挥所长，置于复杂环境，加强锻炼，宣传职业道德，启迪觉悟，改善工作条件，舒畅心境，提高福利待遇，按劳付酬。

所以，饮食心理研究的课题很多，应当予以重视，并开展起来。

饮食美学研究

美学是研究自然美、社会美、生活美、艺术美的一门学科；饮食美学（或称烹饪美学）是美学中的一个分支，具体研讨进餐环境设计、炊饮器皿造型、菜点装饰美化、宴席编排技巧、接待服务礼仪诸方面的美、美感、审美意识、审美活动、美育等美学理论问题。这是一门年轻的科学，目前刚刚起步。

饮食美学的最大优点，是它的综合性与实用性。所谓综合性，是指它融建筑、装潢、音乐、绘画、文学、语言、工艺、技术、仪礼、伦理、华食、丽服诸美于一体，需要全面考察，综合评价；所谓实用性，就是看得见，摸得着，闻得到，吃得香，能够很快引起生理上的快感和心理上的快感，不仅畅神悦情，还能强身健体，有明显的美感体验。

所以，饮食美学一方面要研究菜品色、香、味形、器、名、时、疗等美的形态，另一方面也要研究人的体力、智力在菜品中的形象反映这一美的本质；一方面要研究厨师制作菜品和服务员文明服务中的审美意识，另一方面要研究食客品尝美味和筵宴社交中的审美活动，其视野相当广阔，知识的底蕴也十分丰富。

目前有些院校开设了饮食美学的前导课程——烹饪工艺美术，大多是从实用工艺美术基础知识、冷菜造型、热菜造型、餐厅装潢、筵宴设计、礼仪服务等方面讲授一些基本理论和基本方法。这是必要的，但不能以此为满足。饮食美学的研究层次还须更高一些，直接进入高雅的艺术殿堂。

饮食企业管理研究

饮食企业管理学是管理科学中的一个分支，也是中国饮食文化中新的内涵。这门科学是随着我国有计划的商品经济的发展，随着第三产业的兴盛和饮食业的飞跃而形成的。它要求企业家按照市场经济的客观规律，合理地组织饮食企业的经营活动，将管理这一无形资源转化为有形的财富。

饮食企业管理学以饮食企业经济活动过程中的管理关系及发展变化规律作为研究对象，对企业管理理论、管理原则、管理形式、管理方法、管理制度等进行整体探讨。如人力、物力、财力的协调；生产、经营、服务各环节的衔接与均衡；计划、组织、控制等手段；指挥、监督和调节的管理活动等。

饮食企业管理研究的任务主要在于揭示其客观规律性，弄清人、财、物三大要素的组合形式、比例和相互关系，保证产、供、销活动的正常进行，以最小的劳动耗费，获取最好的经济效益与社会效益。

饮食企业管理包括市场调查、市场预测、经营决策、计划管理、组织管理、原材料管理、生产加工管理、销售管理、服务管理、质量管理、价格管理、财务管理、劳动管理、经济核算与经济效益诸方面，有许许多多的课题可供深入钻研。目前这种管理存在着不同的模式，并因三资、国营、民营体制上的差异而各有侧重。

饮食企业管理研究意义重大，目前普遍受到经济学界的关注。

餐饮服务技艺研究

餐饮服务技艺包括的内容很多，如神态动姿与端托、餐桌布局与安位、口布造型与摆台、艺术插花与切雕、佐料配制与调酒、敬茶斟酒与上菜、分菜撤盘与巡台、结算送别与清场等等。由于它们直接关系着服务质量，近年来日益受到重视，并有人认真进行研究。

餐饮服务技艺研究的重点，可以概括为新、快、准、熟4字。所谓"新"指服务方式上的大胆突破，如一些地方的服务员配着外国的、古代的、民族的服饰，有着新颖的情调；有些酒楼将"杯花"改为"盘巾"，革除了餐巾折花中不卫生的弊端。所谓"快"，即是简化一些不必要的服务程序，快速上菜，节省顾客的时间。如各地纷纷推出的火锅自助餐；配有多种冷菜的送货车在餐厅中巡回，由客人自由选取。所谓"准"，就是从点菜到传菜、上菜、结算没有差错，将纠纷降低到最小的程度。如有些饭店重新恢复"报菜价"制度，不少服务员能一口说清盘菜中主辅料的数量，这就容易换来顾客的信任感。所谓"熟"，不仅指技艺精熟，还要求服务员能记住"回头客"的相貌、姓名或职业，第二次一见面就主动上前招呼、迎接，给顾客以宾至如归的感受。这一招往往有奇效，能使不少餐厅"人气"旺盛。

餐饮服务技艺研究目前还未广泛铺开，不少酒楼只是看见别人做得好时自己才跟着学，而很少开创出"新道道"。同时对一些新的服务技艺从理论上评述也少，鲜见论文发表。这都需要进一步加强。

餐饮技术考评研究

餐饮技术考评包括厨师、服务师的晋级考核和技术比赛中的成绩评定，这也应属于中国饮食文化的研究范畴。

技术考评多从两方面进行，一是考核基本功（如端托），一是考核具体的菜点。近年来各地的技术考评进行过多次，取得了不少经验，也暴露许多问题。除了不正之风的干扰、长官意志的支配之外，矛盾的症结集中在考法、命题、评分标准以及评委的资格论证上，因此不少人撰文就此进行过探讨。

从考法看，现今是重"手试"、轻"笔试"，忽略了考生文化素质的检测，不利于"跨世纪人才"的培养，也难以敦促餐饮企业人员去学习科学技术知识。从命题看，不是偏浅、偏窄，就是偏深、偏怪，有时只做一两个自选菜，很难反映出考生的真实水平。还有些地区不论何种级别，都是同一份卷子，误差就更大了。从评分标准看，往往比较笼统，偏重于"印象"而缺乏"参数"，故而评委打分常常高低悬殊，不太公平合理，没有权威性。从评委看，称职的有，不称职的也有；而且绝大多数是厨师，很少有专家学者、美食家、企业家以及经验丰富的业务干部，因此带有一定的片面性；再加上某些评委素质和技术都很低而又无回避制度，这样，评分常出偏差，和考核的本意相悖。

实际上，餐饮技术考评是一门很深的学问。应当组织专家对其研究，像体育比赛、文艺比赛那样订出若干章程，并拿出一个易于操作的方案，先试行，后推广。

烹饪高等教育研究

1983年至今，我国陆续在不同类型的高校中开办了近30个烹饪专业系、科，已培养出大专生近万名，社会反映良好。随着第三产业的发展，这类专业需要扩大；于是怎样办好烹饪大专便成为教育学界一个关注的课题，许多方面都需进行深层次的研究。诸如：

学校的发展方向是普通高校还是职业高校？

招生对象是文科生还是理科生？

培养目标是厨师还是餐饮业技术人才？

学制是3年还是4年、5年？

是招收高中毕业生有利还是招收烹饪中专（含职高、技校）的优秀毕业生有利？

究竟应当开设哪些课程？

共同课与专业课、理论课与实习课应当控制在什么比例？

需要不需要同时获得双证书（指大专毕业证和技术毕业等级证）？

毕业生的去向如何定位？

可否继续开办烹饪本科或研究生班，等。

这些问题议论了十多年，目前大都还没有比较满意的说法，因此使不少办学者感到困惑。诚然，烹饪大专是个新生的事物，有一个实践——认识——再实践——再认识的过程；但是，在干的过程中也须不断总结经验教训，使之逐步完善。法国也是以民族美食著称的国家，它的烹饪高等教育体系就比较规范；还有日本，它的烹饪职业教育网络也较为完整，都可以借鉴。总之，只有烹饪高等教育搞好了，中国饮食文化研究才有一支强大的后备军。

饮食文化研究对策

从某种意义上讲，饮食文化研究就是从全新的角度对传统烹饪工艺和现代食品工业重新进行理论建构。这不仅可以引导饮食实践，还能维系民族昌盛、促进经济繁荣、美化人民生活，推动社会进步。

当前由于科学技术的发展和饮食潮流的变化，中国烹饪和中国食品正面临着新的挑战。如何继续保持中国烹饪的领先地位？如何改善和调整国民的膳食机构？如何使中国食品工业快速崛起？如何满足12亿人日益增长的物质文化需求？如何使传统的饮食文化与现代高科技相结合？如何使中华美食在经济建设中发挥积极作用？如何提高整个餐饮业和食品工业从业人员的文化素质？如何使中国烹饪和中国食品进入国际市场为全世界人民服务等等，都是重大而迫切的课题，需要开展系统而深入的研究。这是历史赋于我们这一代人的光荣使命，应当全力以赴，挑起这个重担。

饮食文化研究的对策必须抓纲张目，既要把握全局，又须切实可行。

第一，要有一个长远的总体规划和近期的奋斗目标，对20年或50年内的任务提出明确要求。研究什么，如何研究，由谁研究，须有全面部署，然后落实到单位或个人。

第二，集中一批人才（包括学术文化界的有关专家、烹饪理论工作者、食品工程师、长期从事餐饮业和食品工业经营管理工作的干部、文化素质较高的厨师和美食家等），拟出具体的课题，分工协作。

第三，建立必要的机构（如学会、协会之类），挂靠在相应的部门，提供一定的财力和物力，建设情报资料中心和实验设备通联网络，做为开展科研工作的保证。

第四，发行期刊，定期举行饮食文化学术研讨会，出版各类论文集或专著，向社会介绍研究成果，有偿地向企业转让，充分发挥其经济效益。

第五，从现在起，要更加重视饮食文化的普及工作。一方面在烹饪、食品院校和技术培训站中相应增设饮食文化课程；另一方面在从业人员的业务晋级考核中也分档次地提出饮食文化知识的要求，双管齐下，逐步达到预期的目的。

附 录

附录1 中国营养学会推荐的每日膳食中营养素供给量及其说明

中国营养学会推荐的每日膳食中营养素供给量的说明

(1989年10月24日中国营养学会常务理事会通过)

每日膳食中营养素供给量(以下简称供给量,见948页)是作为保证正常人身体健康而提出的膳食质量标准,供作设计和评价群体膳食的依据,并作为国家和地方制定发展食品经济计划和指导食品加工的参考。营养素供给量与营养素需要量不同。需要量是指维持身体正常生理功能所需要的数量,低于这个数量将对身体产生不利影响。供给量则是在正常生理需要的基础上,还须考虑群体中存在的个体差异,以确保群体中的绝大多数人都能得到所需的营养素。显然,供给量要比需要量充裕。所以用供给量评价某群体的膳食质量时,如果摄取的营养素平均值低于供给量,仅表示群体中的一些个体可能有营养素摄入不足;相差愈多则摄入不足的人数比例愈大。对于个人而言,由于供给量已保证绝大多数人的营养需要,故极少可能发生个人的需要超出供给量标准。因为供给量高于需要量,在应用于个人时,应该考虑作适当调整。但是,如果个人长期地摄入营养素量过低,也将有营养缺乏的危险。

供给量标明"每日"是为了使用方便,并不表示必须每日按量进食。当某日摄食不足,可以在以后数日的进食中补偿。在正常情况下,人体有一定的必需营养素的储存,能够动用以维持正常的生理功能。机体也有很好的调节机制和适应能力,在短期食物摄入不足时,体内仍有保存储备、减少消耗的本能调节。但较长期的摄入不足,必将耗尽体内的储存,导致营养缺乏病发生。

制定供给量时考虑到我国的膳食特点,即以谷类食物为主,动物食品消费量少。有的营养素吸收利用低,如铁;有的营养素在烹调中极易损失,如抗坏血酸;又如蛋白质的质量差等。所以规定的供给量较高。实践证明,这些数值是能够达到的。有些营养素的食物来源不丰富,如钙、核黄素,规定的供给量已能满足生理需要,但不易达到。希望在调配膳食时尽量选取多种食物,以求达到供给量标准。

一、能量

人体需要能量以供代谢、生长、泌乳、维持体温和从事体力活动等的消耗,制定能量的供给量主要是依据体力劳动的强度。对于儿童、青少年、孕妇、乳母则要保证其生长、发育等的生理需要。

能量供给量不同于营养素供给量,它是根据不同劳动人群和不同年龄人群的平均能量需要制定的;而营养素供给量则是不同人群需要量的高限,以保证绝大多数人的营养需要。这是因为能量摄入超出身体需要时,将能以脂的形式储存于体内导致超重或肥胖。当摄入的能量不足时,又将消耗体脂成分导致消瘦。所以体重应是评定膳食能量摄入适当与否的重要标志。

在正常情况下,人体的能量需要与其食欲相适应。正常食欲得到满足时,其能量需要一般地也可以满足。成人的体重可以维持不变,儿童、青少年的生长发育正常。

每日膳食中营养素供给量表

类别	体重(kg)		能量(kcal 或 MJ)		蛋白质(g)		脂肪(脂肪能量占总能量的百分比,%)	钙(mg)	铁(mg)		锌(mg)	硒(μg)	碘(μg)	视黄醇当量(μg)	维生素D(μg)	维生素E(mg)	硫胺素(mg)		核黄素(mg)		烟酸(mg)		抗坏血酸(mg)
婴儿	男	女	不分性别				不分性别	不分性别	不分性别		不分性别	不分性别	不分性别	不分性别	不分性别	不分性别	不分性别		不分性别		不分性别		不分性别
初生~6个月	6.7	6.2	120/kg体重		2~4/kg体重		45	400	10		3	15	40	200	10	3	0.4		0.4		4		30
7~12个月	9.0	8.4	100/kg体重				30~40	600	10		5	15	50	200	10	4	0.4		0.4		4		30
儿童			男	女	男	女																	
1岁~	9.9	9.2	1100(4.6)	1050(4.4)	35	35		600	10		10	20	70	300	10	4	0.6		0.6		6		30
2岁~	12.2	11.7	1200(5.0)	1150(4.8)	40	40		600	10		10	20	70	400	10	4	0.7		0.7		7		35
3岁~	14.0	13.4	1350(5.7)	1300(5.4)	45	45		800	10		10	20	70	500	10	4	0.8		0.8		8		40
4岁~	15.6	15.2	1450(6.1)	1400(5.9)	50	45		800	10		10	40	70	500	10	6	0.8		0.8		8		40
5岁~	17.4	16.8	1600(6.7)	1500(6.3)	55	50		800	10		10	40	70	750	10	6	0.9		0.9		9		45
6岁~	19.8	19.1	1700(7.1)	1600(6.7)	55	55		800	10		10	40	70	750	10	6	1.0		1.0		10		45
7岁~	22.0	21.0	1800(7.5)	1700(7.1)	60	60	25~30	800	10		10	50	120	750	10	7	1.0		1.0		10		45
8岁~	23.8	23.2	1900(8.0)	1800(7.5)	65	60		800	10		10	50	120	750	10	7	1.1		1.1		11		45
9岁~	26.4	25.8	2000(8.4)	1900(8.0)	65	65		800	10		10	50	120	750	10	7	1.1		1.1		11		45
10岁~	28.8	28.8	2100(8.8)	2000(8.4)	70	65		1000	12		15	50	120	750	10	7	1.2		1.2		12		50
11岁~	32.1	32.7	2200(9.2)	2100(8.8)	70	70		1000	12		15	50	120	750	10	8	1.3		1.3		13		50
12岁~	35.5	37.2	2300(9.6)	2200(9.2)	75	75		1000	12		15	50	120	750	10	8	1.3		1.3		13		50
少年									男	女							男	女	男	女	男	女	
13岁~	42.0	42.4	2400(10.0)	2300(9.6)	80	80	25~30	1200	15	20	15	50	150	800	10	10	1.6	1.5	1.6	1.5	16	15	60
16岁~	54.2	48.3	2800(11.7)	2400(10.0)	90	80		1000	15	20	15	50	150	800	5	10	1.8	1.6	1.8	1.6	18	16	60
成年	男	女	男	女	男	女	不分性别	不分性别	男	女	不分性别	不分性别	不分性别	不分性别	不分性别	不分性别	男	女	男	女	不分性别		不分性别
18~	63(参考值)	53(参考值)																					
极轻劳动			2400(10.0)	2100(8.8)	70	65		800	12	18	15	50	150	800	5	10	1.2	1.1	1.2	1.1	12	11	60
轻			2600(10.9)	2300(9.6)	80	70		800	12	18	15	50	150	800	5	10	1.3	1.2	1.3	1.2	13	12	60
中			3000(12.6)	2700(11.3)	90	80		800	12	18	15	50	150	800	5	10	1.5	1.4	1.5	1.4	15	14	60
重			3400(14.2)	3000(12.6)	100	90	20~25	800	12	18	15	50	150	800	5	10	1.7	1.6	1.7	1.6	17	16	60
极重			4000(16.7)	—	110	—		800	12	—	15	50	150	800	5	10	2.0	—	2.0	—	20	—	60
孕妇(4~6个月)				+200(+0.8)		+15		1000		28	20	50	175	1000	10	12		1.8		1.8		18	80
孕妇(7~9个月)				+200(+0.8)		+25		1500		28	20	50	175	1000	10	12		1.8		1.8		18	80
乳母				+800(+3.3)		+25		1500		28	20	50	200	1200	10	12		2.1		2.1		21	100
老年前期																							
45~																							
极轻劳动			2200(9.2)	1900(8.0)	70	65		800	12		15	50	150	800	5	12	1.2		1.2		12		60
轻			2400(10.0)	2100(8.8)	75	70		800	12		15	50	150	800	5	12	1.2		1.2		12		60
中			2700(11.3)	2400(10.0)	80	75		800	12		15	50	150	800	5	12	1.3		1.3		13		60
重			3000(12.6)	—	90	—		800	12		15	50	150	800	5	12	1.5		1.5		15		60
老年																							
60岁~																							
极轻劳动			2000(8.4)	1700(7.1)	70	60	20~25	800	12		15	50	150	800	10	12	1.2		1.2		12		60
轻			2200(9.2)	1900(8.0)	75	65		800	21		15	50	150	800	10	12	1.2		1.2		12		60
中			2500(10.5)	2100(8.8)	80	70		800	12		15	50	150	800	10	12	1.3		1.3		13		60
70岁~																							
极轻			1800(7.5)	1600(6.7)	65	55		800	12		15	50	150	800	10	12	1.0		1.0		10		60
轻			2000(8.4)	1800(7.5)	70	60		800	22		15	50	150	800	10	12	1.2		1.2		12		60
80岁以上			1600(6.7)	1400(5.9)	60	55		800	11		15	50	150	800	10	12	1.0		1.0		10		60

注:1. 推荐的每日膳食中营养素供给量是依据我国目前的膳食模式拟定的,即膳食中动物性食品供给的能量约为总摄入能量的10%左右,动物性食品和大豆供给的蛋白质约为总摄入蛋白质的20%左右

2. 1~18岁儿童、青少年体重,引自《中国九市儿童青少年体格发育调查研究资料汇编》1985,九市儿童体格发育调查研究协作组,首都儿科研究所

3. 能量单位为kcal,括号内数字的单位为MJ. 1000kcal=4.184MJ

(一)劳动强度　由于现代生产工具的不断革新和机械化、自动化程度的日益增长,确切地划分劳动强度等级比较困难。以下概括地举例说明某些工作大概属于何级劳动。在实际分级时,还应按当时的具体情况进行划分。

极轻劳动　以坐着为主的工作,如办公室工作、组装和修理收音机与钟表等工作,业余可有一定的文体活动。

轻劳动　以站着或少量走动为主的工作,如店员售货、一般实验室操作、教员讲课等。

中等劳动　如学生的日常生活、机动车的驾驶、电工安装、金工切削等。

重劳动　如非机械化农业劳动、炼钢、舞蹈、体育运动等。

极重劳动　如非机械化的装卸、伐木、采矿、砸石等劳动。

(二)生理状况

儿童和青少年正在生长发育时期。身高、体重和劳动量皆与日俱增。所以能量的供给量应随之增高才能满足其生长发育的需要。中年以后,基础代谢率逐渐下降,活动量逐渐减少,因而能量供给量应适当降低,避免发胖。

孕妇和乳母的能量供给量是在其当时的劳动情况下适当增加。孕妇增加200kcal,以保证胎儿的正常发育。乳母所增加的能量供给是补偿分泌乳汁所需的能量。

本表列出1～12岁儿童的体重供营养工作者参考,以评价儿童的膳食能量摄入是否适宜。

(三)气候和体型

由于衣着和居住条件的改善,一般认为气候对人体能量需要的影响不大;只有在较长时期地处于寒冷和酷热气候中才需要作适当调整。

体型不同的人,其基础代谢率不同;同时,活动时相应地要增加其能量消耗。为了避免超重(肥胖)或低重(过瘦)的偏差,应以在一定身高时的体重正常与否为准。

二、蛋白质

1985年FAO/WHO/UNU的报告认为,成年人不分男女性别蛋白质的需要量为每日每公斤体重0.75g。这是按优质蛋白质,如乳和禽蛋而言的。我国膳食以植物为主,蛋白质质量和消化率稍差,故仍规定较高,在1.0～1.2g的范围。如果膳食中由动物食品和大豆提供的蛋白质达到总摄入蛋白质的40%以上,则蛋白质的供给量可以减少。

目前尚没有充分的证据表明蛋白质的需要量受劳动强度的影响;但当膳食能量摄入增高时,蛋白质的摄入量必然增高。本表的蛋白质供给量,按能量计算,占总能量的11%～14%,其中儿童和青少年为13%～14%,以保证膳食中有充足的蛋白质供给生长发育的需要;成年人为11%～12%,可以确保维持正常生理功能。极重体力劳动者的能量补充,主要来自谷类食物,蛋白质所占的能量比例相对较低。但仍可达到总能量的11%。

食物蛋白质的氨基酸组成和人体的蛋白质需要量有密切关系。成年人的必需氨基酸有赖氨酸、蛋氨酸、色氨酸、苏氨酸、亮氨酸、异亮氨酸、苯丙氨酸、缬氨酸等八种。对于婴儿,除上述八种外,还须增加组氨酸。现将FAO/WHO/UNU(1985)提出的资料列入表1。

表1　不同年龄者每日每公斤体重必需氨基酸需要量的估计值(mg)

氨　基　酸	婴儿(3～4个月)	学龄前儿童(2岁)	学龄儿童(10～12岁)	成年人
组氨酸	23	?	?	〔8～12〕*
异亮氨酸	70	31	30	10
亮氨酸	161	73	45	14
赖氨酸	103	64	60	12
蛋氨酸+胱氨酸	58	27	27	13
苯丙氨酸+酪氨酸	125	69	27	14
苏氨酸	87	37	35	7
色氨酸	17	12.5	4	3.5
缬氨酸	93	38	33	10

*已有实验表明成人也需要组氨酸

1岁以内婴儿的蛋白质供给量定为每公斤体重2～4g。以母乳喂养者为每公斤体重2g蛋白质，以牛乳喂养者为3.5g，混合喂养者为4g。实验证明，以优质蛋白质喂养婴儿，每公斤体重2g蛋白质即可满足婴儿的氨基酸需要。

三、碳水化合物、脂肪和膳食纤维

碳水化合物、脂肪和蛋白质是膳食能量的来源。我国人民的膳食以谷类为主，碳水化合物提供的能量在70%以上。能量消耗大的人，由碳水化合物供给的能量可高达80%以上。合理的膳食能量分配，除蛋白质能量应占总能量的10%～15%外，碳水化合物的能量以在60%～70%为宜，其余由脂肪提供。脂肪能量不宜超过30%，以避免食入油脂过多。膳食脂肪除供给能量外，还提供人体必需的脂肪酸、亚油酸，并能携带脂溶性维生素。一般含有脂肪的食物，即使含量很低，都含有必需脂肪酸，因而不易缺乏。据估计由亚油酸提供的能量达总能量的1%～2%时，即可满足人体的生理需要。

膳食纤维是指不能为人体利用的碳水化合物，是植物食物中的一种成分。它没有营养功能，但研究表明它对人体健康有益。它促使排便，可使一些有害代谢物较快排出体外。但过多的膳食纤维也将影响矿物质的吸收。

四、矿物质和微量元素

（一）钙　此次修订将成年人（包括老年前期和老年）的钙供给量由每日600mg提高到800mg。根据FAO/WHO1962年的报告，成年人每日需钙400～500mg。我国人民的膳食为低水平。营养调查资料表明，成年人的钙摄入量为500～600mg。鉴于近年来对骨质疏松的研究发现，骨骼中钙的损失可在40岁或更早即开始发生。影响骨质疏松的膳食因素甚多，如钙、磷、维生素D不足，蛋白质、植酸、纤维食入过多等。但高钙摄入的人其骨的密度也高。因之，在逐渐进入老年时可延长骨骼中钙损失的时间，而不易发生骨折。

（二）铁　此次修订提高了少女和成年妇女的铁供给量。孕妇和乳母增加更多。

食物中铁的吸收率低。食物中含铁化合物分为血红素铁和非血红素铁。前者的吸收率约23%，后者仅3%～8%。我国的膳食中，血红素铁的含量低。估计膳食铁的吸收率约10%。成年男子每日排出约1.0mg铁。妇女的月经失血，按月计算平均每日约损失铁0.5mg。乳汁中的铁不多。平均每日分泌铁0.5～1.0mg。以铁吸收率10%计，成年男子每日需铁10mg，成年妇女15mg，乳母25mg。修订的铁供给量较此值稍高。

据研究，孕妇在妊娠期总共需铁1000mg，平均每日3.5mg。再加上每日1.0mg的排出量，共须摄入铁40mg以上。美国1980年的RDA也认为孕妇每日需铁30～60mg。在一般膳食中不可能达到。产后为了补偿已丢失的铁，还应继续补充2～3个月的铁。应在医师的指导下，额外补充铁剂，以预防缺铁性贫血。

表2　每日膳食中微量元素和电解质的安全和适宜的摄入量(mg)

	镁	铜	锰	氟	铬	钼	钠	钾	氯
婴儿									
初生～6个月	50	0.5～0.7	0.5～0.7	0.1～0.5	0.01～0.04	0.03～0.06	115～350	350～925	275～700
6～12个月	70	0.7～1.0	0.7～1.0	0.2～1.0	0.02～0.06	0.04～0.08	250～750	425～1275	400～1200
儿童									
1岁以上	150	1.0～1.5	1.0～1.5	0.5～1.5	0.02～0.08	0.05～0.10	325～975	550～1650	500～1500
4岁以上	200	1.5～2.0	1.5～2.0	1.0～2.5	0.03～0.12	0.06～0.15	450～1350	775～2325	700～2100
7岁以上	250	2.0～2.5	2.0～3.0	1.5～2.5	0.05～0.20	0.10～0.30	600～1800	1000～3000	925～2775
青少年									
男11岁以上	350～400	2.0～3.0	2.5～5.0	1.5～2.5	0.05～0.20	0.15～0.50	900～2700	1525～4575	1400～4200
女	300	2.0～3.0	2.5～5.0	1.5～2.5	0.05～0.20	0.15～0.50	900～2700	1525～4575	1400～4200
成年									
男	350	2.0～3.0	2.5～5.0	1.5～4.0	0.05～0.20	0.15～0.50	1100～3300	1875～5625	1700～5100
女	300	2.0～3.0	2.5～5.0	1.5～4.0	0.05～0.20	0.15～0.50	1100～3300	1875～5625	1700～5100
孕妇	+150								
乳母	+150								

(三)锌、硒、碘　在1981年修订的供给量说明中,曾列有"每日膳食中微量元素和电解质的安全和适宜的摄入量"表,并指出:由于缺少制定供给量的依据,不能将这些元素列入"供给量标准"。在我国这三种微量元素缺乏较多,根据近年来的研究报导,在此次修订供给量时,确定了锌、硒、碘的供给量。对于其他微量元素仍列入表2作为参考(见950页)。

五、维生素

(一)维生素A(视黄醇)　维生素A的食物来源有二:一为动物食品(奶油、蛋黄、肝脏)中的视黄醇;另一为植物食品中的β—胡萝卜素。后者在人体内转变为视黄醇发挥其生理作用。在计算膳食中总视黄醇的量时,必须将β—胡萝卜素折算为视黄醇。因此,本供给量的单位称"视黄醇当量",以kg计,表示是两种来源之和。其计算为:

1μg视黄醇当量=1μg视黄醇=6μgβ—胡萝卜素

1μgβ—胡萝卜素=0.167μg视黄醇当量

1IU维生素A=0.3μg视黄醇

此次修订的维生素A供给量,除5岁以下幼儿和孕妇、乳母外,皆有减少。我国膳食中维生素A的来源主要是胡萝卜素。据全国营养调查,全国平均摄入的胡萝卜素为580μg视黄醇当量,而视黄醇的食入量仅75μg。两者合计在600～700μg当量视黄醇。但我国少见有维生素A缺乏流行。供给量定为800μg视黄醇当量应是适宜的。此数值也与FAO/WHO的一致。

(二)维生素D　维生素D有两种形式。一是麦角钙化醇(维生素D_2),是植物中的麦角固醇经紫外线照射而形成。另一是胆钙化醇(维生素D_3),是动物皮肤内的7—脱氢胆固醇经紫外线照射而形成。对于人体,两者的生理功能是相同的。

人体的维生素D的供给量,国际上皆定为400IU。FAO/WHO建议以胆钙化醇表示,折合为10μg胆钙化醇。常用食物中的维生素D含量不丰。由于日光直接照射皮肤产生胆钙化醇,所以经常在户外活动较多的人不易发生维生素D缺乏。但是日照时间短的地区或大气污染较重的地区皆可因日光中的紫外线照射不足,以致不能合成足够的胆钙化醇。

(三)维生素E　维生素E指生育酚类。包括α、β、γ、δ生育酚和生育三烯酚。其中以α—生育酚的生理活性最高。其余的生理活性仅及alpha-生育粉的1%～50%。所以通常将维生素E指作alpha生育酚。维生素E的作用与生育有关。引起人们兴趣的是维生素E为天然的极好的抗氧化物,能防止体内多不饱和脂肪酸的氧化,保护细胞膜不受损伤。现已知食入不饱和脂肪酸多的动物,其维生素E的需要量也多。富含多不饱和脂肪酸的植物油中含有的维生素E也多,所以极少发生维生素E不足。

(四)硫胺素、核黄素、烟酸　硫胺素、核黄素和烟酸的供给量都随能量供给量而改变,按每4.18MJ(1000kcal)表示,成人的硫胺素及核黄素供给量都是0.5mg,烟酸是5mg;儿童和青少年的硫胺素及核黄素供给量是0.6mg,烟酸是6mg。

在食物加工(如磨粉、脱水干燥、放射性照射保存等)和烹调过程中,食物中的硫胺素和核黄素将有不同程度的损失。另外,谷类(如玉米)中的烟酸多为结合型式。此种结合型的烟酸,除非将食物特殊处理(如加碱)使烟酸释放出来,否则不能被人体利用。这些情况,在评价膳食中营养素供给量时应给予考虑。

(五)抗坏血酸　各国颁布的膳食抗坏血酸供给量差异较大,成年人每人每日最低为30mg,最高为75mg,我国的抗坏血酸供给量是适中的。

已知人体必需的营养素还有很多。由于资料不足(如人体的需要量和食物中的含量)未能列出其膳食供给量。因此,在计划膳食时应考虑从多种食物来达到供给量标准。从而使其他尚未规定供给量的必需营养素也能得到充分的供应。强化食品或纯营养素制剂只宜供特殊需要时使用。

参考文献

1. 第三届全国营养学术会议。每日膳食中营养供给量(1981年5月修订)。生理科学进展1982;13 1:69～27

2. 九市儿童体格发育调查研究协作组,首都儿科所。中国九市儿童青少年体格发育调查研究资料汇编1985

3. 中国预防医学科学院营养与食品卫生研究所编印。1982年全国营养调查总结。

4. FAO/WHO/UNU. Energy and Protein Requirements, Report of a Joint FAO/WHO/UNU Ex-

pert Consultation, 1985 Technical Report Series no・724

5. The National Research Council. Recommended Dietary Allowances. 9th ed. 1980 National Academy of Sciences, Washington DC, USA

附录2 中国居民膳食指南

——平衡膳食、合理营养、促进健康

(1997年4月10日中国营养学会常务理事会通过)

1. 食物多样、谷类为主

人类的食物是多种多样的。各种食物所含的营养成分不完全相同。除母乳外,任何一种天然食物都不能提供人体所需的全部营养素,平衡膳食必须由多种食物组成,才能满足人体各种营养需要,达到合理营养、促进健康的目的。因而要提倡人们广泛食用多种食物。

多种食物应包括以下五大类:第一类为谷类及薯类:谷类包括米、面、杂粮,薯类包括马铃薯、甘薯、木薯等,主要提供碳水化合物、蛋白质、膳食纤维及B族维生素。第二类为动物性食物:包括肉、禽、鱼、奶、蛋等,主要提供蛋白质、脂肪、矿物质、维生素A和B族维生素。第三类为豆类及其制品:包括大豆及其他干豆类,主要提供蛋白质、脂肪、膳食纤维、矿物质和B族维生素。第四类为蔬菜水果类:包括鲜豆、根茎、叶菜、茄果等,主要提供膳食纤维、矿物质、维生素C和胡萝卜素。第五类为纯热能食物:包括动植物油、淀粉、食用糖和酒类,主要提供能量。植物油还可提供维生素E和必须脂肪酸。

谷类食物是中国传统膳食的主体,随着经济发展,生活改善,人们倾向于食用更多的动物性的食物。根据1992年全国营养调查的结果,在一些比较富裕的家庭中动物性食物的消费量已经超过了谷类的消费量。这种“西方化”或“富裕型”的膳食,提供的能量和脂肪过高,而膳食纤维过低,对一些慢性病的预防不利。提出谷物为主是为了提醒人们保持我国膳食良好传统,防止发达国家膳食的弊端。

另外要注意粗细搭配,经常吃一些粗粮、杂粮等。稻米、小麦不要碾磨太精,否则谷粒表层所含的维生素矿物质等营养素和膳食纤维大部分流失到糠麸之中。

2. 多吃蔬菜、水果和薯类

蔬菜与水果含有丰富的维生素、矿物质和膳食纤维。蔬菜的种类繁多,包括植物的叶茎、花苔、茄果、鲜豆、食用蕈藻等,不同品种所含营养成分不尽相同,甚至悬殊很大。红、黄、绿等深色蔬菜中维生素含量超过浅色蔬菜和一般水果,它们是胡萝卜素、维生素B_2、维生素C和叶酸、矿物质(钙、磷、钾、镁、铁)、膳食纤维和天然抗氧化物的主要或重要来源。

有些水果维生素及一些微量元素的含量不如新鲜蔬菜,但水果含有的葡萄糖、果糖、柠檬酸、苹果酸、果胶等物质又比蔬菜丰富。红黄色水果如鲜枣、柑桔、柿子和杏等是维生素C和胡萝卜素的极好来源。我国近年来开发的野果如猕猴桃、刺梨、沙棘、黑加仑等也是维生素C、胡萝卜素的丰富来源。

薯类含有丰富的淀粉、膳食纤维以及多种维生素和矿物质。我国居民近十年来吃薯类较少,应当鼓励多吃些薯类。

含丰富蔬菜水果和薯类的膳食,对保护心血管健康、增强抗病能力、减少儿童发生干眼病的危险及预防某些癌症等方面起着十分重要的作用。

3. 每天吃奶类、豆类或其制品

奶类除含丰富的优质蛋白质和维生素外,含钙量较高,且利用率也很高,是天然钙质的极好来源。我国居民膳食提供的钙普遍偏低,平均只达到推荐供给量的一半左右。我国婴幼儿佝偻病的患者也较多,这和膳食钙不足可能有一定的联系。大量的研究工作表明,给儿童青少年补钙,可以提高其骨密度,从而延缓其发生骨质疏松的年龄;给老年人补钙也可能减缓其骨质丢失的速度。因此,应大力发展奶类的生产和消费。豆类是我国的传统食品，含丰富的优质蛋白质、不饱和脂肪酸、钙及维生素 B_1、维生素 B_2、烟酸等。为提高农村人口的蛋白质摄入量及防止城市中过多消费肉类带来的不利影响，应大力提倡豆类，特别是大豆及其制品的生产和消费。

4. 经常吃适量鱼、禽、蛋、瘦肉，少吃肥肉和荤油

鱼、禽、蛋、瘦肉等动物性食物是优质蛋白质、脂溶性维生素和矿物质的良好来源。动物性蛋白质的氨基酸组成更适合人体需要，且赖氨酸含量较高，有利于补充植物蛋白质中赖氨酸的不足。肉类中铁的利用较好，鱼类特别是海产鱼所含不饱和脂肪酸有降低血脂和防止血栓形成的作用。动物肝脏含维生素 A 极为丰富，还富含维生素 B_2、叶酸等。但有些脏器如脑、肾等所含胆固醇相当高，对预防心血管系统疾病不利。我国相当一部分城市和绝大多数农村居民平均吃动物性食物的量还不够，应适当增加摄入量。但部分大城市居民食用动物性食物过多，吃谷类和蔬菜不足，对健康不利。

肥肉和荤油为高能量和高脂肪食物，摄入过多往往会引起肥胖，并是某些慢性病的危险因素，应当少吃。目前猪肉仍为我国人民的主要肉食，猪肉脂肪含量高，应发展瘦肉型猪。鸡、鱼、兔、牛肉等动物性食物含蛋白质较高，脂肪较低，产生的能量远低于猪肉。应大力提倡吃这些食物，适当减少猪肉的消费比例。

5. 食量与体力活动要平衡，保持适宜体重

进食量和体力活动是控制体重的两个主要因素。食物提供人体能量，体力活动消耗能量。如果进食量过大而活动量不足，多余的能量就会在体内以脂肪的形式积存即增加体重，久之发胖；相反若食量不足，劳动或劳动量过大，可能由于能量不足引起消瘦，造成劳动能力下降。所以人们需要保持食量与能量消耗之间的平衡。对于脑力劳动者和活动量较少的人应加强锻炼，开展适宜的运动，如快走、慢跑、游泳等。对于消瘦的儿童应增加食量和油脂的摄入，以维持正常生长发育和适宜体重。体重过高和过低都是不健康的表现。可造成抵抗力下降，易患某些疾病，如老年人的慢性病或儿童的传染病等。经常运动会增强心血管和呼吸系统的功能，保持良好的生理状态、提高工作效率、调节食欲、强壮骨骼、预防骨质疏松。

三餐分配要合理，一般早、中、晚餐的能量分别占总能量的 30%、40%、30%为宜。

6. 吃清淡少盐的膳食

吃清淡膳食有利于健康，即不要太油腻，不要太咸，不要过多的动物性食物和油炸、烟熏食物。目前城市居民油脂的摄入量越来越高，这样不利于健康。我国居民食盐摄入量过多，平均值是世界卫生组织建议值的二倍以上。流行病学调查表明，钠的摄入量与高血压发病呈正相关，因而食盐不宜过多。世界卫生组织建议每人每日食盐用量不超过 6 克为宜。膳食钠的来源除食盐外还包括酱油、咸菜、味精等高钠食品及含钠的加工食品等，应从幼年起就养成吃少盐膳食的习惯。

7. 如饮酒应限量

在节假日、喜庆和交际场合人们往往饮酒。高度酒含能量高，不含其他营养素。无节制地饮酒，会使食欲下降，食物摄入减少，以致发生多种营养素缺乏，严重时还会造成酒精性肝硬化。过量饮酒会增加患高血压、中风等危险，并可导致事故及暴力的增加，对个人健康和社会安定都是有害的。应严禁酗酒，若饮酒可少量饮用低度酒，青少年不应饮酒。

8. 吃清洁卫生、不变质的食物

在选购食物时应当选择外观好、没有污泥、杂质，没有变色、变味并符合卫生标准的食物，严把病从口入关。进餐要注意卫生条件，包括进餐环境、餐具和供餐者的健康卫生状况。集体用餐要提倡分餐制，减少疾病传染的机会。

附录3 中华名特之乡

(一)中华瓜果花木之乡

西瓜之乡——北京大兴、海南各县
白兰瓜之乡——甘肃兰州
哈密瓜之乡——新疆哈密
苹果之乡——山东烟台、辽宁大连、陕西眉县、河南灵宝
香梨之乡——天津、河北定县、北京门头沟、山东阳信、安徽砀山、新疆库尔勒
水蜜桃之乡——上海宝山、浙江奉化
樱桃之乡——四川广汉、山东烟台、安徽太和
槜李之乡——浙江桐乡、福建永泰
美杏之乡——河北承德、北京门头沟、新疆英吉沙
大枣之乡——山西稷山、山东济阳、新疆哈密、河南灵宝
金丝小枣之乡——河北沧州、北京密云、山东乐陵
葡萄之乡——新疆吐鲁番、吉林长白山、河北宣化、山东平度
中华猕猴桃之乡——陕西商南、湖北武当山
石榴之乡——山西临猗、安徽怀远、陕西临潼
磨盘柿之乡——北京平谷
无花果之乡——新疆喀什
山楂之乡——山东莱西、辽宁辽阳
核桃之乡——陕西商洛、北京郊县
板栗之乡——河北迁西、河南鸡公山
枇杷之乡——江苏洞庭、安徽三潭
杨梅之乡——浙江萧山、江西井冈山
香榧之乡——浙江诸暨、安徽黟县
佛手之乡——浙江金华
话梅之乡——广东罗岗
柑桔之乡——浙江黄岩、四川江津、广东潮州、江西南丰、湖北宜昌
芦柑之乡——福建漳州
脐橙之乡——湖北秭归
龙眼之乡——广西大新、台湾台南
荔枝之乡——广东增城、福建龙海
香柚之乡——广西容县、福建华安
芒果之乡——广西田阳、云南景谷
香蕉之乡——广东高州、台湾南投
菠萝之乡——广西防城、海南文昌
菠萝蜜之乡——海南三亚
椰子之乡——海南文昌
橄榄之乡——福建福州
槟榔之乡——海南琼中
果脯之乡——北京怀柔
蜜饯之乡——广东、福建、香港、台湾
花卉之乡——广州、北京丰台、成都、昆明
牡丹之乡——河南洛阳、山东菏泽
玫瑰之乡——山东平阴、江苏汉王、甘肃永登苦水
兰花之乡——广东陈村、福建漳平
君子兰之乡——吉林长春
蝴蝶兰之乡——台湾兰屿
梅花之乡——湖北武汉东湖梅园、杭州西湖
琼花之乡——江苏扬州
桃花之乡——广东石马
菊花之乡——浙江杭州和桐乡、安徽滁州
桂花之乡——湖北咸宁、广西桂林
水仙之乡——福建漳州、上海崇明
茉莉之乡——福建闽侯
山茶之乡——浙江温州
杜鹃之乡——贵州黔西、江西井冈山
葵花之乡——内蒙古五原
红豆之乡——广西桂林
相思树之乡——台湾台南
苏铁之乡——台湾台东
神木(红桧)之乡——台湾阿里山
红松之乡——黑龙江伊春
落叶松之乡——内蒙古大兴安岭
华山松之乡——陕西留坝
水杉之乡——湖北利川

杉木之乡——湖南会同
枧木之乡——广西逐卜
珙桐之乡——湖北神农架
刺桐之乡——福建泉州
泡桐之乡——河南商丘和兰考
名竹之乡——浙江安吉、湖北咸宁和蕲春
葵树之乡——广东新会
白杨之乡——新疆伊犁、陕西关中
白桦之乡——黑龙江全省
罗布麻之乡——新疆塔里木河
白麻之乡——山西作疃
胡麻之乡——内蒙古西北部
苎麻之乡——湖北阳新、江西瑞昌
芦苇之乡——内蒙古鄂温克旗
坝漆之乡——湖北毛坝
油桐之乡——湖南武陵山、湖北来凤
柞蚕之乡——辽宁岫岩、河南鲁山
蚕桑之乡——江苏富安、浙江杭嘉湖平原
优棉之乡——湖北枝江、新疆棉区
烤烟之乡——云南玉溪、贵州贵定、河南平顶山、辽宁凤城、福建永定
水烟之乡——甘肃兰州
黄草之乡——上海嘉定

(二)中华珍禽异兽之乡

兰孔雀之乡——云南西双版纳
朱鹮之乡——陕西洋县
金丝燕之乡——海南万宁
仙鹤之乡——黑龙江扎龙
飞龙鸟(榛鸡)之乡——吉林兴安岭
雪鸡之乡——新疆天山、西藏雪原
鸳鸯之乡——福建屏南
金凤蝶之乡——台湾兰屿
枯叶蝶之乡——四川峨眉山
文昌鱼之乡——福建同安、海南文昌
美人鱼(海牛)之乡——广西合浦
白鳍豚之乡——长江中下游、武汉东湖
白海豚之乡——香港
绿毛龟之乡——湖北蕲春
山瑞之乡——广西西林
水獭之乡——吉林长白山
紫貂之乡——黑龙江大兴安岭
中华鲟之乡——湖北宜昌
江豚之乡——江苏镇江
金丝猴之乡——湖北神农架、陕西秦岭
大熊猫之乡——四川成都、秦岭
大象之乡——云南西双版纳
白色动物之乡——湖北神农架
犴达罕之乡——内蒙古大兴安岭
梅花鹿之乡——吉林东丰
麋鹿之乡——江苏大丰
东北虎之乡——哈尔滨太阳岛虎园
双峰驼之乡——内蒙古阿拉善盟
天马(野马)之乡——新疆昭苏
广马(矮马)之乡——广西隆林
河曲马之乡——青海河南、甘肃玛曲
白牦牛之乡——青海高原、四川昌都
恐龙之乡——四川自贡
桃花水母之乡——湖北宜昌

(三)中华名特食品之乡

东北粮仓——松辽大平原、北大荒
苏南鱼米之乡——江苏常熟
赣北鱼米之乡——江西鄱阳湖一带
江汉鱼米之乡——湖北荆州
高产粮之乡——甘肃张掖
金谷之乡——天津小站
御米之乡——吉林通化江甸子
优质小米之乡——山西沁县、陕西延安
黑米之乡——陕西洋县
墨米之乡——广西东兰
接骨米之乡——云南景谷
贡米之乡——江西万年
桥米之乡——湖北京山
大豆之乡——吉林榆树
白蚕豆之乡——上海嘉定
绿豆之乡——安徽明光
绿色草原豌豆之乡——青海草原
土豆之乡——甘肃渭源
山药之乡——河南怀庆、江西瑞昌、内蒙古卓资、甘肃东乡
葛仙米之乡——湖北鹤峰
蕨麻籽(人参果)之乡——青海、西藏
粉条之乡——山东招远、黑龙江方台

鱼面之乡——湖北云梦
大白菜之乡——山东胶州、北京郊区
棚菜之乡——河北流满、胶东平原
荷藕之乡——江苏宝庆、湖北浠水
白莲之乡——福建建宁、湖南洞庭、湖北洪湖、江西广昌
油菜之乡——湖北武穴
红菜薹之乡——湖北武汉洪山
豆腐之乡——安徽八公山、山东泰安、湖北石牌、湖南长沙
豆皮之乡——湖北武汉和沈河
豆腐乳之乡——广西桂林
干丝之乡——江苏扬州
薹干之乡——安徽涡阳
香椿之乡——安徽太和
芋头之乡——广西荔浦、江苏扬州
慈姑之乡——江苏宝应
荸荠之乡——广西桂林
笋干之乡——浙江天目山、安徽宁国
韭黄之乡——江苏铜山夹河乡
萝卜之乡——北京、青岛
海带之乡——辽宁大连、河北秦皇岛
黄花菜之乡——湖北天门、四川渠县
食用菌之乡——福建古田、河南卢氏
香菇之乡——浙江庆元、湖北房县
口蘑之乡——河北张家口
鸡纵之乡——云南各地
石耳之乡——黄山、庐山
蕨菜之乡——辽东各县、黄山
薇菜之乡——黑龙江省山区
莼菜之乡——太湖、杭州西湖
蒲菜之乡——河南陈州
猴头菇之乡——长白山林区、湖北神农架
发菜之乡——宁夏荒漠
酱菜之乡——北京、山东济宁、江苏扬州、陕西潼关、河北保定
榨菜之乡——四川涪陵、浙江斜桥
泡菜之乡——四川成都、吉林延边
玫瑰大头菜之乡——云南昆明、湖北襄樊
养猪之乡——湖南宁乡、江苏东台
火腿之乡——浙江金华、江苏如皋、云南宣威、湖北恩施、江西安福
黄牛之乡——内蒙古哲里木盟、陕西关中
奶牛之乡——上海川沙、黑龙江双城
牛肉之乡——山西平遥、四川自贡
藏羊之乡——青海玉树、西藏
滩羊之乡——宁夏河套
乳扇之乡——云南洱源
名驴之乡——山东德州、河南泌阳、陕西关中、新疆塔城
名狗之乡——江苏沛县、贵州山区、北京、拉萨
养鸡之乡——陕西高陵、海南文昌
乌鸡之乡——江西泰和
烧鸡之乡——河南道口、山东德州、安徽符离集
三黄鸡之乡——广西贺县
蛋品之乡——福建琅岐
蒲鸭之乡——北京玉泉山
板鸭之乡——江苏南京、江西大余
野鸭之乡——湖北洪湖
皮蛋之乡——江西宜春、湖北黄石
狮头鹅之乡——广东潮州
白鸽之乡——广东大槐
水产之乡——湖北荆州、江苏吴县
武昌鱼之乡——湖北鄂州梁子湖、襄樊汉水
银鱼之乡——江苏太湖
鲈鱼之乡——江苏响水、上海松江
长吻鮠之乡——湖北金口和石首
鱼肚之乡——湖北石首
鲤鱼之乡——甘肃兰州、河南开封
湟鱼之乡——青海湖
养虾之乡——河北柳赞、广东海涂
闸蟹之乡——江苏阳澄湖、河北白洋淀
甲鱼之乡——湖北宜都、湖南岳阳
乌鳢之乡——湖北汉川、广东
海珍之乡——山东青岛、福建连江、北部湾
对虾之乡——天津、辽宁大连
龙虾之乡——广东西沙群岛
梭子蟹之乡——山东烟台和蓬莱
石斑鱼之乡——海南铺前、台湾沿海
膏蟹之乡——广东桑田
鳇鱼之乡——黑龙江和乌苏里江
大马哈鱼之乡——黑龙江抚远
贝蚌之乡——舟山群岛、渤海湾
石蛙之乡——江西庐山和景德镇
牛蛙之乡——福建秦溪
林蛙之乡——长白山和大小兴安岭

辣椒之乡——甘肃甘谷、陕西宝鸡、四川成都、吉林延边、河南永城
花椒之乡——甘肃陇原、四川雅安和汉源
大葱之乡——山东章丘
大蒜之乡——山东金乡、甘肃民乐、广西玉林
生姜之乡——福建金山、河南
香茅草之乡——云南德宏州
八角之乡——广西山区
孜然之乡——新疆戈壁滩
陈醋之乡——山西清徐
香醋之乡——江苏镇江、四川保宁
啤酒花之乡——新疆准噶尔盆地
芝麻油之乡——河南南阳和信阳
蔗糖之乡——台湾、广西、福建仙游、四川内江
狼牙蜜之乡——甘肃两当
麻糖之乡——湖北孝感
瓜子之乡——安徽芜湖、甘肃兰州
名酒之乡——贵州赤水河、山西杏花村、四川宜宾、浙江绍兴、山东青岛、北京、江苏洋河、陕西凤翔
名茶之乡——安徽歙县、浙江杭州、福建武夷山、江苏苏州、江西庐山、湖北蒲圻、四川蒙山、云南勐海、湖南君山
油茶之乡——江西宜春
咖啡之乡——台湾云林、海南澄迈

(四)中华珍贵药材之乡

人参之乡——吉林抚松
党参之乡——山西长治、湖北恩施、甘肃文县、贵州威宁
枸杞之乡——宁夏中宁、河北巨鹿
当归之乡——甘肃岷县
黄芪之乡——内蒙古武川、山西浑源
田七之乡——广西靖西
茯苓之乡——湖北罗田、安徽岳西
巴戟天之乡——福建和溪
罗汉果之乡——广西永福
仙人脚之乡——湖北房县
百合之乡——甘肃兰州、浙江湖州
辛夷之乡——河南南召
何首乌之乡——广东德庆、江苏滨海
金银花之乡——山东平邑、河南五指岭
枳壳之乡——江西漳树
黄连之乡——湖北利川
甘草之乡——宁夏盐池、甘肃戈壁滩、新疆塔里木河
白果之乡——湖北随州、浙江长兴、江苏邳县、广西兴安
蕲艾之乡——湖北蕲春
三七之乡——云南文山
半夏之乡——湖北江陵
麻黄之乡——内蒙古赤峰
五味子之乡——辽宁本溪
龙胆之乡——吉林长白山
羌活之乡——四川阿坝、青海玉树
桂皮之乡——广西平南、湖北咸宁
天麻之乡——陕西秦岭、贵州毕节
牛黄之乡——陕西陕北和关中
杜仲之乡——贵州山区
阿魏之乡——新疆阿勒泰
红花之乡——西藏、新疆、青海
雪莲花之乡——新疆天山、西藏喜马拉雅山
金头蜈蚣之乡——湖北古老背
蝎子之乡——山东沂蒙山、河南淅川
虫草之乡——西藏山南、青海玉树
蛤蚧之乡——广西梧州
蕲蛇之乡——湖北蕲春
麝香之乡——秦岭、喜马拉雅山
鹿茸之乡——辽宁西丰、黑龙江哈尔滨
蛤什蚂之乡——张广才岭和抚顺
药材之乡——河北安国、江西樟树
医药之乡——吉林通化

(五)中华矿产珠宝之乡

井盐之乡——四川自贡
石膏之乡——湖北应城
石材之乡——四川宝兴
石英砂之乡——福建平潭
瓷土之乡——江西星子
矿冶之乡——湖北黄石
稀土之乡——江西龙南、内蒙古包头
黄金之乡——山东招远、江西瑞昌、河南三门峡
焦煤之乡——山西介休
煤铁之乡——山西长治

珍珠岩之乡——河南信阳
大理石之乡——云南大理、北京房山、江苏宜兴、湖北京山
水泥之乡——浙江江山、湖北黄石
建材之乡——内蒙古乌海
建筑之乡——江苏通州和启东、福建才溪、山东桓台
地热之乡——西藏
温泉之乡——广东从化、湖北英山、新疆河湾
矿泉之乡——山东青岛崂山、黑龙江五大连池、四川华蓥山、陕西甘泉
化石之乡——山西榆社、山东临朐
玉石之乡——新疆和田、陕西兰田、辽宁岫岩
雨花石之乡——江苏南京
水晶石之乡——河南卢氏
钻石之乡——山东沂蒙山
南玉松香之乡——广东信宜
玛瑙之乡——辽宁阜新
琥珀之乡——河南西峡、辽宁抚顺
金箔之乡——江苏江宁
珍珠之乡——广西北海、海南三亚
珊瑚之乡——台湾龟山岛、海南沿海
樟脑之乡——江西吉安

(六)中华轻工工艺之乡

不锈钢制品之乡——江苏新桥、上海
玻璃钢之乡——山东武城
玻璃之乡——山西闻喜、大连
琉璃之乡——山东淄博
眼镜之乡——江苏丹阳
灯具之乡——河北古城
塑料之乡——台湾、广州郊县
卫生洁具之乡——广东佛山
刀剪之乡——北京、杭州、芜湖、保定、佛山、新疆英吉沙、内蒙古呼和浩特
衡器之乡——河南董村
纸业之乡——安徽泾县、四川夹江
灯彩之乡——江西吉安和吉水、四川自贡
花炮之乡——湖南浏阳、江西万载、广东东莞、陕西马村
古陶之乡——安徽淮南上窑镇
陶瓷之乡——景德镇、唐山、佛山、醴陵、淄博、宜兴
铜火锅之乡——山西大同、武汉
石锅之乡——西藏喜马拉雅山
砧板之乡——广西龙州
牙刷之乡——江苏杭集
斗笠之乡——湖南桃花坪
皮鞋之乡——江苏丹徒
丝网之乡——河北安平
丝绸之乡——苏州、杭州、长沙、成都
蜡染之乡——贵州安顺
刺绣之乡——苏州、上海、成都、长沙、宁波、陕西周至
苏绣之乡——江苏吴县
花边之乡——江苏常熟、浙江萧山
抽纱之乡——广东潮汕
丝毯之乡——江苏东台、天津、北京
壁毯之乡——新疆乌鲁木齐和伊犁
壮锦之乡——广西南宁
纺织之乡——上海、青岛、武汉、南通
服装之乡——江苏王市、福建石狮、香港
夏布之乡——江西宜春和万载
裘皮之乡——河北枣强、新疆、内蒙古
羽绒制品之乡——江西共青城
苏扇之乡——苏州
玩具之乡——扬州、广州
风筝之乡——山东潍坊
宝剑之乡——浙江龙泉
唐三彩之乡——河南洛阳
兵马俑之乡——陕西临潼
景泰蓝之乡——北京
刻葫芦之乡——甘肃兰州
漆器之乡——福州、扬州、成都、江西宜春
泥塑之乡——天津、江苏惠山、湖北黄陂
盆景之乡——苏州、扬州、广州、成都、上海、安徽歙县、北京、武汉
剪纸之乡——河北蔚县、江西瑞昌、福建漳浦、江苏扬州、东北农村
牙雕之乡——北京、广州
玉雕之乡——北京、广州、河南镇平
翡翠玉雕之乡——云南腾冲
石雕之乡——河北曲阳、浙江青田、河北承德、福州、福建惠安
木雕之乡——浙江东阳、江西余江

竹雕之乡——上海嘉定、四川长安
椰雕之乡——海南海口
贝雕之乡——山东青岛、湖北洪湖、辽宁大连
砖雕之乡——安徽歙县
竹编之乡——浙江嵊县、四川道明、湖北武穴、广西苍梧
草编之乡——山东郯城、上海嘉定、山东青岛
柳编之乡——陕西榆林、河北固安、山东临沭
藤编之乡——陕西岚皋、云南腾冲
竹席之乡——湖南益阳
舒席之乡——安徽潜山
草席之乡——江苏仪征
国画之乡——江苏常熟、北京、广州
年画之乡——天津杨柳青、山东杨家埠、苏州桃花坞、四川绵竹
木画之乡——福建福州西园
铁画之乡——安徽芜湖
内画壶之乡——河北衡水、北京
竹帘画之乡——四川梁平
民间绘画之乡——陕西安塞、湖北黄州
农民画之乡——江苏邳县、陕西户县
儿童画之乡——江苏睢宁
小商品市场之乡——武汉汉正街、浙江义乌、广州高第街

(七)中华文化体育之乡

儒学之乡——山东曲阜
才子之乡——江西临川
教授之乡——湖北蕲春
将军之乡——湖北黄州
能工巧匠之乡——浙江青田、湖北黄陂
厨师之乡——河南长垣、江苏扬州
理发师之乡——扬州、哈尔滨、湖北黄陂
美人之乡——湖南桃江、江苏苏州、湖北秭归、陕西米脂
长寿之乡——广西巴马、湖北钟祥
佛国之乡——浙江普陀山、安徽九华山
鬼神之乡——四川丰都
伊斯兰教文化之乡——宁夏银川
喇嘛教文化之乡——西藏拉萨
侨乡——海南文昌、福建厦门、湖北天门
苗乡——贵州凯里
牌坊之乡——安徽歙县
编钟之乡——湖北随州
楚文化之乡——湖北荆州
东巴文化之乡——云南丽江
方志之乡——四川各县
写稿之乡——江苏盐城
成语之乡——河北邯郸
时髦语之乡——香港、广州
毛笔之乡——浙江吴兴、河北衡水、江西进贤
名墨之乡——安徽歙县
端砚之乡——广东肇庆
宣纸之乡——安徽泾县
歌舞之乡——河南信阳、吉林延边、云南西双版纳、新疆乌鲁木齐
民族音乐之乡——广西妖皇山、陕西延安
山歌之乡——广东梅州、广西桂林
拉花之乡——河北井陉
大秧歌之乡——陕北、东北、河北、山东
二人转之乡——沈阳、长春、哈尔滨
信天游之乡——陕北、甘肃、宁夏东北部
茶歌之乡——福建安溪和崇安
号子之乡——大三峡和小三峡、黄河
酒歌之乡——回、瑶、壮、苗等民族居住区
丧歌之乡——彝、土家等民族居住区
广东音乐之乡——珠江三角洲
评弹之乡——江苏苏州
唢呐之乡——江西于都
黄梅戏之乡——湖北黄梅、安徽安庆
采茶戏之乡——江西赣南
越剧之乡——浙江嵊县
小戏之乡——广东揭阳
京剧之乡——北京、湖北
豫剧之乡——河南开封和洛阳
昆曲之乡——江苏昆山
川剧之乡——四川成都
秦腔之乡——陕西同州、西府和西安
汉剧之乡——江汉平原
评剧之乡——河北滦县、迁安和宝坻
木偶之乡——江苏如皋
杂技之乡——河北吴桥
安代舞之乡——内蒙古库伦旗
盅筷舞之乡——内蒙古鄂托克旗
长鼓舞之乡——瑶、朝鲜等民族居住区

锅庄舞之乡——西藏拉萨、四川康定
扇子舞之乡——云南红河哈尼族居住区
芦笙舞之乡——贵州苗族居住区
体育之乡——广东安铺
武术之乡——河北沧州
气功之乡——湖南大庸
少林拳之乡——河南嵩山
武当剑之乡——湖北均武
滑雪之乡——黑龙江玉泉
秋千之乡——吉林延边
农民篮球之乡——江苏丹阳
排球之乡——广东台山、海南文山
足球之乡——广东梅州、辽宁大连
曲棍球之乡——内蒙古莫力达瓦旗
飞毛腿之乡——台湾雾台、辽宁大连
围棋之乡——江苏张家港、北京
旅游之乡——皖南、苏杭、北京、云贵
千瀑之乡——贵州赤水
冰灯之乡——黑龙江哈尔滨
山水之乡——广西桂林、长江三峡、四川九寨沟、湖南张家界
影视城之乡——河北涿州、江苏无锡
民俗文化村之乡——北京、广东深圳
探险旅游之乡——新疆罗布泊、西藏雪原

(八)中华经济名都会

华北煤都——山西阳泉和大同
江南煤都——江西萍乡
华东煤都——安徽淮南
西南煤都——贵州六盘水
华中有色金属之都——湖南郴州
西北有色金属之都——甘肃白银
东北石油之都——黑龙江大庆油田
华北石油之都——山东胜利油田
华中石油之都——湖北江汉油田
西北石油之都——新疆哈密油田
西北天然气之都——陕西神木
长江水电之都——湖北宜昌
东北钢都——辽宁鞍山
华东钢都——上海宝山
华中钢都——湖北武汉
华东铜都——江西贵溪
西南高原铜都——云南东川
锡都——云南个旧、广西大厂
钼都——陕西金堆
钨都——江西赣南
镍都——甘肃金昌
汞都——贵州万山
汽车工业之都——吉林长春、湖北十堰、上海、天津、广州、武汉
摩托车之都——重庆
拖拉机之都——河南洛阳
电子工业之都——西安电子城
航天工业之都——四川绵阳和西昌
农业科学之都——陕西杨陵
内陆盐都——四川自贡
渤海盐都——天津长芦
盐海膏都——湖北应城
中华瓷都——江西景德镇
青白瓷都——福建闽清
十里陶都——湖南铜官
宁夏煤都——石嘴山
地下煤海——内蒙古伊克昭盟
造船之都——上海、大连、武汉
石化之都——兰州、上海、扬州
丝路之都——新疆喀什
绸都——江苏盛泽
酒都——四川泸州、贵州茅台镇
烟都——云南玉溪
家电之都——广东、江苏、山东
高等教育之都——北京、上海、武汉、西安、成都
银行之都——香港、北京、上海
股票之都——香港、上海、深圳
乡镇企业之都——江苏无锡、广东东莞
小吃之都——上海、南京、杭州、广州、北京、天津、成都、西安、武汉、苏州
航空运输之都——北京、上海、广州
内河航运之都——武汉、重庆
铁路运输之都——北京、郑州、沈阳

(九)中华经济名乡镇

桔乡名城——浙江黄岩城关镇
穗南侨乡——广东新会古井镇
江南水乡——江苏常熟西张镇

鄂南名乡——湖北通山燕厦乡
湘西名乡——湖南龙山石羔乡
桂南宝地——广西合浦公馆镇
乌金王国——山西阳城润城镇
南岭明珠——广西钟山望高镇
高山绿洲——湖南绥宁黄桑坪苗族乡
湘北桃源——湖南临湘詹桥镇
关中绣乡——陕西周至哑柏镇
笔乡新秀——湖南汨罗川山坪镇
陶瓷名城——河北邯郸彭城镇
东海新城——福建东山陈城镇
生态福地——湖南长沙脱甲乡
金冠宝石——黑龙江呼兰康金镇
南海之星——广东遂溪草潭镇
脱贫奔富——湖南桑植洪家关白族乡
武陵胜地——湖南大庸天子山镇
古城新貌——安徽凤台城关镇
海国画廊——广东阳春春湾镇
大佛之光——四川犍为罗城镇
建材之都——湖南祁阳黎家坪镇
鱼米之乡——江苏海安沙岗乡
醴泉常青——湖南醴陵渌江乡
渔农两旺——广东阳江东平镇
塞外名镇——内蒙古通辽木里图镇
王屋之路——河南济源济水镇
工农两旺——河北冀县冀州镇
文明之镇——湖南望城城关镇
老树新枝——广西融水融水镇
洞庭之春——湖南沅江草尾镇
汞都之光——贵州万山特区万山镇
治理有方——湖南岳阳广兴镇
新潮水乡——浙江绍兴湖塘镇
秀揽天下——湖南衡阳南岳镇
神秘宝地——吉林桦甸桦树林子乡
湖湘新秀——湖南石门二都乡
京华门户——北京丰台卢沟桥乡
北国之春——黑龙江双城周家镇
海南骄子——海南琼山三门坡镇
雏凤展翅——江苏海门余东镇
洪泽新景——江苏泗洪半城镇
龙脉再旺——辽宁新宾永陵镇
车城之星——湖北丹江口六里坪镇
湘西古镇——湖南沅陵沅陵镇
岳麓秀色——湖南望城坪塘镇
皖中商埠——安徽巢湖柘皋镇
三角金星——福建同安新店镇
郎酒之乡——四川古蔺二郎镇
苏杭都会——浙江丽水碧湖镇
闯出国门——江苏赣榆黑林镇
东方渔港——福建霞浦三沙镇
工商福地——福建莆田西天尾镇
发奋图强——湖北兴山水月寺镇
猿人故乡——北京房山周口店地区
人杰地灵——江苏淮安淮城镇
甲骨之乡——河南安阳西郊乡
银乡金都——山东招远蚕庄镇
饶东古埠——江西上饶沙溪镇
闽北名镇——福建顺昌洋口镇
柳编之乡——山东临沭白旄乡
中原雅镇——河南偃师缑氏镇
古镇新曲——四川巴中巴州镇
三晋明珠——山西运城解州镇
五岳之冠——湖北丹江口武当山镇
美人之窝——湖南桃江桃花江乡
黄河礼赞——山西芮城大禹渡乡
神州日出——湖南韶山韶山乡
湘水钟灵——湖南韶山清溪镇
陕北江南——陕西延安南泥湾镇
洪湖渔歌——湖北洪湖瞿家湾镇
淮海名镇——安徽淮北烈山镇
内通外联——浙江象山爵溪镇
城乡融合——安徽合肥七里塘镇
农工一体——湖北钟祥胡集镇
经贸腾飞——安徽界首光武镇
工业明星——江苏张家港塘桥镇
开放硕果——江苏海安双楼乡
齐鲁之秀——山东牟平宁海镇
城乡之桥——四川温江柳城镇
湘中金凤——湖南临澧修梅乡
晋阳名花——山西榆次郭家堡乡
亦城亦乡——湖北武昌金口镇
碱滩新城——山东寿光大家洼镇
渤海春潮——山东莱州莱州镇
文明之花——湖南醴陵浦口镇
风物竞秀——湖南靖州渠阳镇
花炮重光——湖南浏阳城关镇

(十)中华经济名字号

荣宝斋——中国书画艺术殿堂
朵云轩——木刻水印书画艺苑
十竹斋——南京书画名店
周虎臣——湖水名笔之庄
胡开文——百年徽墨名店
邹紫光阁——著名的文房四宝商店
来薰阁——北京古籍之窗
通化市工艺美术厂——松花砚之府
银川工艺美术厂——贺兰砚之府
都锦生——杭州丝织名店
葛德和——陶器世界之秀
沈绍安——脱胎漆器之珍
中艺绣品商店——中国名绣之库
芜湖工艺美术厂——铁冶丹青之炉
王星记——上海著名扇庄
朋街——上海服装名店
培琪——兰州西服名店
千秋——上海童装名店
内联升——北京著名鞋店
瑞蚨祥——北京绸布名店
谦祥益——武汉和青岛绸布名店
长发祥——西安纺织品名店
华联——上海等大都会著名商厦
劝业场——天津百年名店
开开——上海著名百货公司
秋林公司——哈尔滨百年老店
雪豹——上海著名皮革行
恒孚——苏州百年银楼
亨得利——武汉等都会钟表名店
精益——上海等都会眼镜名店
张小泉——杭州等都会刀剪名店
得利——上海著名车行
广州酒家——南国美食中心
聚春园——福州闽菜名店
全聚德——北京烤鸭名店
荣乐园——成都川菜名店
松鹤楼——苏州苏菜名店
聚丰德——济南鲁菜名店
仿膳——北京宫廷风味名店
孔膳堂——北京孔府风味名店
杏花楼——上海粤菜名店
厚德福——台湾豫菜名店
功德林——上海素馔食名店
梅龙镇——上海海派风味名店
恩义成——包头著名酒楼
真不同——洛阳著名酒楼
悦宾楼——兰州京菜名店
西安饭庄——西安秦菜名店
鸿春园——乌鲁木齐川菜名店
老通城——武汉鄂菜名店
永和园——南京苏菜名店
富春茶社——扬州淮扬菜名店
泮溪——广州粤菜名店
楼外楼——杭州杭菜名店
咸亨酒店——绍兴绍菜名店
同庆楼——芜湖徽菜名店
又一村——长沙湘菜名店
大中华——武汉著名鱼菜馆
鹿鸣春——沈阳辽菜名店
登瀛楼——天津津菜名店
中和轩——石家庄著名清真饭庄
晋阳饭店——太原著名酒楼
万国——南宁著名酒楼
德鑫园——昆明过桥米线名店
华泰——台湾著名大饭店
东銮阁——香港著名酒楼
味苑——重庆著名川菜馆
东来顺——北京涮羊肉名店
北来顺——哈尔滨涮羊肉名店
马祥兴——南京清真名店
清和元——太原清真名店
第一楼——开封小笼包子名店
李连贵——四平著名熏肉大饼铺
火宫殿——长沙风味小吃群
同盛祥——西安牛羊肉泡馍名店
德发长——西安著名饺子馆
狗不理——天津著名汤包馆
起士林——天津西餐名店
莫斯科餐厅——北京俄式西餐名店
天鹅阁——上海著名西菜社
莲香楼——广州月饼名楼
冠生园——上海等都会著名食品公司
五芳斋——宁波著名小吃店

黄天源——苏州糕团名店
乔家栅——上海著名食府
老鼎丰——哈尔滨著名南味糕点厂
桂发祥——天津著名麻花公司
魏洪兴——南京板鸭名店
马豫兴——开封烧鸡名店
陆稿荐——苏州熟肉名店
辇止坡老童家——西安著名腊羊肉加工厂
六必居——北京酱菜名店
老锦春——武汉著名酱品厂
胡玉美——安庆酱菜名店
正兴德——天津百年茶庄
茅台——贵州名酒
杏花村——山西名酒
五粮液——四川名酒
西凤——陕西名酒
洋河——江苏名酒
女儿红——浙江绍兴名酒
青岛啤酒——山东名酒
红塔山——云南玉溪名烟
龙井——浙江名茶
碧螺春——江苏名茶
铁观音——福建名茶
王开——上海照相名馆
大北——北京照相名馆
大上海——西安著名美发厅
铭新池——济南著名澡塘
意姆登——兰州著名洗染厂
同仁堂——北京著名药店
胡庆余堂——杭州著名制药厂
保安堂——成都著名药店
天元堂——广西中药名店
福林堂——昆明百年老药铺
黄庆仁——南京著名药栈
陈李济——广州著名制药厂
王麻子——哈尔滨著名膏药诊所
张恒春——芜湖著名国药号

——据有关资料和书刊综合整理

附录4 各省、市、自治区名特食料、名菜、名小吃、名饮、名席、名特餐具和名店一览表

地区	名特食料	名菜	名小吃	名饮	名席	名特餐具	名店
黑龙江	哈尔滨白猪、东北民猪、细毛羊、黑白花奶牛、白鸡、麻鸭、籽鹅、大马哈鱼、鳇鱼、翘嘴红鲌、白鲑、细鳞鱼、犴、狍、鹿、蛤士蟆、人参、大豆、松子、山菜、猴头菇	金蟾红油犴鼻、冬梅玉掌、酒醉彩云猴头黄瓜香、鸳鸯戏水游巨龙、白扒鹿筋、糖醋蜈蚣大马哈鱼、镜泊鲤丝	刨花鱼片、稷子米饭、阿玛尊肉、羊肉馅饹、玫瑰酥饼、黄米切糕、白鱼水饺、椒盐饼、炸三角	桦汁茶、龙滨酒、鹿尾补酒、松花江啤酒、可可麦乳精	狍子席、鳇鱼宴、龙江山珍宴、知青返乡宴、冰灯宴、赫哲族生鱼宴	桦木碗、牛角杯、磁化杯、哈尔滨水晶器皿	北来顺、江南春、福泰楼、三八饭店、龙江饭店
吉林	草原红牛、乌鸡、飞龙鸟、松花江白鱼、明太鱼、蛤什蚂、铁雀、鹿、人参、猴头菇、黑木耳、榛蘑、元蘑、榆蘑、松蘑、蕨菜、红松籽、山葡萄、白瓜籽、椴树蜜	鹿茸三珍汤、鸡茸蛤士蟆油、人参乌鸡汤、白扒松茸蘑、白肉血肠、清蒸白鱼、铁锅里脊、神仙炉、补身炉、脆皮蕨菜卷、砂锅老豆腐、抽刀白肉、烤明太鱼	李连贵熏肉大饼、三杖饼、杨家吊炉饼、打糕、冷面、米肠、人参馄饨、药饭、豆馅饺子、苹果梨泡菜、片儿糕	参花茶、天池矿泉水、通化葡萄酒、参茸三鞭酒、红人参酒	长白山玲席、朝鲜族全席、长春鞭掌席、抚松山蔬宴、神仙炉、肉蛋双上礼	朝鲜族铜碗、松花石盘、草编托盘、木质食案	李连贵风味酒楼、长白山宾馆、大盛园、长春饭店、新兴园
辽宁	对虾、海参、鲍鱼、文蛤、扇贝、魁蚶、梭子蟹、沙蚬、海胆、香螺、大黄鱼、海带、裙带菜、海蜇、绒山羊、大骨鸡、昌图豁鹅、飞龙鸟、蛤士蟆、苹果、山楂、猴头菇、山菜、感王韭菜、海城大蒜	兰花驼掌、鲜贝原鲍、灯笼海参、红梅鱼肚、珍珠大虾、扒三白、碧波龙舟、红娘自配、宫门献鱼、麒麟送子、桃花香扇、鸡丝拉皮、坛肉、猴头飞龙、白肉火锅、鸡锤海参	义县伊斯兰烧饼、老山记海城馅饼、老边饺子、王麻子锅贴、马家烧梅、奶油马蹄酥、双酥月饼、萨其玛、焖子、松塔麻花、杨家吊炉饼鸡蛋羹、杜记馄饨棋子火勺	玳玳花茶、汤岗矿泉水、熊岳苹果酒、八王寺汽水、鹿茸酒、棒棰岛啤酒	全羊席、盖州三套碗、九龙宴、八仙过海宴、大连海鲜席、满族风味筵、冷食宫冰宴、新春福肉宴	琥珀杯、玛瑙壶、墨玉盘、贝质工艺酒具	鹿鸣春、那家馆、群英楼、宫廷风味餐厅、冷食宫、大连海鲜城

地区	名特食料	名菜	名小吃	名饮	名席	名特餐具	名店
内蒙古	大尾肥羊、黄牛、青山马、骆驼、马鹿、犴达罕、黄鼠、飞龙鸟、铁雀、大口蘑、发菜、蕨菜、胡麻籽、猴头菇、葵花籽、卓资山药、小茴香、杏仁、黄花菜、马铃薯、莜麦	烤全羊、奶豆腐两吃、金铰驼掌、滑炒驼峰丝、凤尾扒发菜、乳汁软炸口蘑、烤羊腿、手把羊肉、枸杞菊花牛鞭、清汤牛尾、软熘鱼茸牛蹄筋、大炸羊、烤牛肉、炉烤带皮整羊	哈达饼、鲜奶螺旋酥、马铃薯卷糕、玻璃羊肉饺、蒙古馅饼、白焙子、奶炒米、王小二大饼、莜面窝窝、奶疙瘩、鲜奶果脯包、散质糕、蜜酥	奶茶、沙棘汁、宁城老窖、麦饭石茶、醍醐、昭君酒、马奶酒、红豆酒	全羊席、全牛席、昭君宴、蒙古包游宴、乌查宴、马奶节宴	镶银木碗、蒙古刀、银碗、金龙茶托、描花食盅	德顺园、青城餐厅、乌兰饮食店、迎宾酒家、星星酒家
北京	北京鸭、黑白花奶牛、黑猪、油鸡、良乡板栗、京西大扁（杏仁）、门头沟大核桃、磨盘柿、密云金丝小枣、妙峰山玫瑰花、大白菜、心里美萝卜、北京果脯、六必居酱菜、鹿、鲤鱼、冬菜、蒲鸭、板栗	北京烤鸭、涮羊肉、砂锅通天鱼翅、烤肉、酱汁活鱼、潘鱼、白肉片、烟肘、锅塌鲍鱼盒、烩鸭四宝、糟熘鸭三白、三不沾、桃花泛、翡翠羹、核桃酪、琥珀莲子、罗汉大虾、它似蜜、三元牛头、八宝豆腐、炸鹿尾、烧羊肉、冰糖肉	小窝头、豆汁、龙须面、爆肚、炒疙瘩、艾窝窝、芸豆卷、豌豆黄、焦圈、都一处烧梅、茶汤、油炒面、炒肝、灌肠、肉末烧饼、褡裢火烧、墩饽饽、包、奶油炸糕、苏造肉、白羊头肉、凉粉、水乌它	柿叶茶、酸梅汤、补肾养肝茶、五星啤酒、二锅头、莲花白、信远斋酸梅汤、人参山楂酒、干白葡萄酒、灵芝补酒	烤鸭席、仿膳席、谭家菜席、红楼宴、满汉全席、全羊席、涮锅席、京味小吃席	象牙筷、雕漆餐具、景泰蓝餐具、宫廷餐具、精塑餐具、石窝、汉白玉盘	全聚德、东来顺、丰泽园、都一处、烤肉季、致美斋、仿膳饭庄、北京饭店
天津	小站稻、天津雅梨、天津黄瓜、对虾、大黄鱼、银鱼、鲤鱼、梭子蟹、海带、紫菜、青麻叶大白菜、卫青大萝卜、黄皮葱头、火腿肠、玫瑰肠、冬菜、卫韭、葡萄、板栗、兔、蚂蚱、银鱼、驴肉	官烧目鱼、挣蹦鲤鱼、酥鲫鱼、高丽银鱼、熥羊三样、扒海羊、玉兔烧肉、七星紫蟹、锅巴菜、琵琶大虾、玛瑙鸭子、海蟹羹、鸡茸菠菜、翠珠鸭舌、扒全菜、麻栗野鸭、炒青虾仁	嘎巴菜、煎饼馃子、煎焖子、狗不理汤包、桂发祥麻花、耳朵眼炸糕、芝兰斋糕干、五香驴肉、白记水饺、贴饽饽熬小鱼、炸蚂蚱、炸银鱼、羊肉粥	茉莉花茶、五加皮、长城啤酒、津沽大曲、资寿酒	津味小吃席、塘沽海鲜席、津门华夏宴、天津罐头席、清真筵、天津素八碗、八碗菜	刻花水具、工艺搪瓷、精塑餐具、不锈钢餐具、贝壳餐具	登瀛楼、畅观楼、燕春楼、狗不理包子店、小吃一条街

地区	名特食料	名菜	名小吃	名饮	名席	名特餐具	名店
河北	承德肉牛、武安山羊、白洋淀松花蛋、湖蟹、对虾、红小豆、京东板栗、口蘑、阜平大枣、宣化葡萄、涉县花椒、沧州冬菜、酸枣、保定酱菜、金丝杂面、红果、桃	金毛狮子鱼、抓炒鱼、群龙戏珠、白玉鸡脯、王大山爆肚、芙蓉鸡片、扒酿口蘑、蜜汁鲜桃、坛焖肉、肉丝炒如意菜、改刀肉、杨先生豆腐、两吃大虾、承德涮羊肉	饶阳金丝杂面、郭八火烧、缸炉烧饼、油酥饽饽、混糖锅饼、棋子烧饼、口袋饼、驼油丝饼、一篓油水饺、老二位饺子、中和轩包子、杠打面	杏仁茶、还童茶、酸枣露、燕潮酩、八珍御酒、长城白葡萄酒	承德山庄宴、北戴河游宴、石家庄面席、裘翠楼名宴、石家庄迷宗席、三烤四抓八大扒	唐山陶瓷、山海关琥珀杯、固安柳编、保定菜刀、不锈钢真空杯、曲阳大理石盘、定瓷	中和轩饭庄、鸿宴饭庄、榆园餐厅、马家鸡铺、裘翠楼
山西	平遥牛肉、晋祠大米、山西驴、沁州黄米、巴公大葱、高平白萝卜、应县紫皮蒜、平顺花椒、临猗石榴、山西党参、平陆百合、晋中老陈醋、鹌鹑、晋羊、大枣、五台山蘑菇	过油肉、捶鸡饼、红焖猴头、黄芪柏子羊肉、茴香焖羊肉、鹌鹑茄子、栗子烧大葱、长治腊驴肉、金钱台蘑、扒羊腿、金丝吊葫芦	礼馍、刀削面、揪片、拨鱼儿、栲栳、头脑、帽盒、卷卷、溜尖、漏面、擦蝌蚪、搓碗、荞面碗托、茶食、油面、油柿子、猫耳朵、羊杂饹	沙棘汁、山楂茶、竹叶青、汾酒、菖蒲酒、桑落酒、保健醋	太原面宴、五台山礼馍席、晋中十蒸碗席、梅香春迎宾宴、乔家大院席	大同铜火锅、侯马蝴蝶杯、精致醋壶、酒葫芦、桔杆盘	晋阳饭店、清和元饭店、认一力饺子馆、风陵渡饭店、太原面食店
山东	鲁西黄牛、德州驴、崂山猪、寿光鸡、小尾寒羊、海参、鲍鱼、对虾、大黄鱼、扇贝、蝎子、鲤鱼、梭子蟹、海带、紫菜、烟台苹果、莱阳梨、肥城桃、乐陵小枣、章丘大葱、苍山大蒜、明水香稻、胶东白菜、泰安豆腐、加吉鱼、赤鳞鱼	葱爆海参、糖醋鲤鱼、锅煬豆腐、奶汤蒲菜、拔丝金枣、九转大肠、德州扒鸡、青岛三烤、清蒸加吉鱼、清氽赤鳞鱼、各吃原壳鲍鱼、燂大虾、油炸青州全蝎、氽黄管脊髓、奶汤鸡脯、清汤燕菜、博山烤肉、泰安烧豆腐、爆双脆、拔丝山药、甏肉、酥海带	周村酥烧饼、武城暄饼、蓬莱小面、福山拉面、开花馒头、煎包、油旋甜沫、状元饺、伊府面、潍坊朝天锅、盘线饼、杠子头火烧、氽子面、蛋酥炒面、鸡肉糁、糖酥煎饼、荷叶饼	康寿茶、阿胶补浆、即墨老酒、孔府家酒、孔府宴酒、青岛啤酒、崂山矿泉水、青岛葡萄酒、张裕葡萄酒、兰陵美酒、味美思、秦池酒	孔府宴、泰安三美席、全羊席、青岛渔家宴、烟台海鲜席、曲阜鸡宴、张家灌村宴、青岛萝卜席、四大件席、状元菜	淄博陶瓷、烟台草编、青岛贝器、莱州玉杯、博山玻璃器皿	汇泉饭店、燕喜堂饭庄、青岛饭店、春和楼饭店、聚丰德饭店、烟台海味馆、孔膳堂、心佛斋素菜馆

地区	名特食料	名菜	名小吃	名饮	名席	名特餐具	名店
河南	确山黑猪、南阳黄牛、郏县红牛、泌阳驴、正阳鸡、固始鹅、黄河金鲤、大冠蚌、宋城大蒜、尉氏青豆、凤仙台大米、小磨香油、灵宝苹果、汴梁西瓜、蒲菜、洛阳牡丹、狗、甜杏仁	酒煎鱼、紫酥肉、牡丹燕菜、琥珀冬瓜、铁锅蛋、道口烧鸡、清蒸白鳝、八生涮锅、炸八块、兰花豆腐、固始皮丝、试量集狗肉、软熘黄河鲤鱼焙面、无黄彩蛋、玉珠双珍、清汤荷花莲蓬鸡、马豫兴桶子鸡	枣锅盔、武陟油茶、开封第一楼包子、八宝馒头、绿豆糊涂、鸡蛋布袋、白糖焦饼、沈丘贡馍、小菜盆、羊肉辣汤、烫面角、勺子馍、血糕、瓠包、荆芥面托、粘面墩	信阳毛尖茶、南阳茶、民权葡萄酒、杜康酒、宝丰酒、玫瑰酒、宋河粮液	洛阳水席、开封仿宋席、郑州金鲤席、豫味小吃席、鲁山八碗八、开封八生涮锅席	钧瓷、唐三彩餐具、镇平玉盘、鹿邑草编、南阳烙花筷、水晶石杯	少林餐馆、水上餐厅、九华园、又一新、真不同、开封宾馆、厚德福
陕西	关中黑猪、汉中白猪、秦川牛、关中马、关中驴、奶山羊、同羊、略阳乌鸡、安康鸭、洋县黑米、香米、秦川麦、镇安板栗、商洛核桃、临潼石榴、火晶柿、潼关酱菜、槐花	酿金钱发菜、奶汤锅子鱼、葫芦鸡、商芝肉、带把肘子、三皮丝、老童家腊羊肉、樊记腊汁肉、枸杞炖银耳、煨鱿鱼丝、口蘑桃仁氽双脆、温拌鸡丝、遍地锦装鳖、虢对西子、茄汁牛舌、烧鱼梅	牛羊肉泡馍、海味葫芦头、油泼面、甑糕、石子馍、黄桂柿子饼、乾州锅盔、泡泡油糕、金钱油塔、岐山臊子面、烩麻食、榆林炸豆奶、黑米粥、苦荞饸饹、槐花蒸面	太白茶、甘泉矿泉水、黑米饮料、黄桂稠酒、西凤酒、西安特曲	仿唐宴、西安饺子宴、牛羊肉泡馍席、仿汉宴、西安八景宴、陕北荞面小吃席、十全花	耀州瓷器、榆林柳编、岚皋藤编、张良庙木筷、仿唐餐具	西安饭庄、东亚饭店、曲江春、同盛祥、老童家、清雅斋
甘肃	天祝白牦牛、双峰驼、高山细毛羊、发菜、薇菜、蕨菜、民乐大蒜、李广杏、陇原洋芋、陇南甜柿、甘谷辣椒、康县木耳、白兰瓜、羊肚菌、湟鱼、百合、鸽子鱼、野鸡、鲤鱼	胡羊肉、紫果羊肝、梱子肉、螃蟹鱼肚、荷花羊肚菌、酱渍湟鱼、百合鸡丝、金盏玉兔、酿孛荠鼓、清汤野鸡卷、珊瑚羊肉、白兰瓜羹、兰州烤小猪、金鱼发菜、清蒸鸽子鱼、罗锅鱼片	一捆柴、石子锅盔、油锅盔、窝窝面、兰州牛肉拉面、搅团、羊杂碎汤、高担酿皮、泡儿油糕	奶香茶、当归酒、陇南春、天泉酒、临夏黄酒	巩昌十二体、兰州金鲤席、敦煌宴、开龙酒、撒拉族迎宾宴、鸡尾宴	酒泉夜光杯、天水雕漆碗、兰州酒葫芦、核桃杯、牛角杯	悦宾楼、景阳楼、马保子牛肉面馆、兰州宾馆、华联大厦

地区	名特食料	名菜	名小吃	名饮	名席	名特餐具	名店
宁夏	滩羊、青羊、盘羊、岩羊、八眉猪、固原鸡、马鹿、獐子、枸杞、发菜、蚕豆、西瓜、大青葡萄、宁夏山杏、骆驼、鸽子鱼	翡翠蹄筋、扒驼掌、羊羔美酒、清蒸鸽子鱼、丁香肘子、凤凰暖雏、烧蹄花、五香羊肉汤	饨馍馍、炒胡饽子、白水羊肉、烩羊杂、羊肉夹馍、涮羊肉、牛羊肉煮馍	三炮台茶、八宝茶、枸杞袋泡茶、枸杞酒、银川白酒	全羊席、开斋节席、宁夏全羊锅子、吴忠乡味宴、回族茶礼	回民茶具、青铜峡柳编、贺兰石碗、木盘	银川宾馆、五一餐厅、迎宾楼饭店、吴忠饭店
青海	牦牛、藏羊、河曲马、骆驼、雪鸡、斑头雁、青海湟鱼、冬虫夏草、柴达木枸杞、绿色草原豌豆、青海大蚕豆、小油菜、人参果(蕨麻籽)、循化苹果、白蘑菇	红蒸湟鱼块、蜂尔里脊、蛋白虫草鸡、香酥岩羊、金鱼发菜、筏子肉团、虫草雪鸡、猴头驼峰、人参羊筋、糖醋鲤鱼、酱鸡	焜锅馍、泡油糕、甜醅、干板鱼、马杂碎汤、般凉粉、羊肉炒面片、河曲大饼	酥油茶、奶茶、枸杞药饮、昆仑山头曲、互助大曲	烤羊宴、野味席、西宁特宴、麦草席、妈妈会	昆仑彩石筷架、藏式木碗、藏式小刀、铜杯	青海宾馆、西宁饭庄、和平餐厅、柴达木餐厅
新疆	细毛羊、伊犁马、新疆毛驴、新疆鹅、鸡、香稻米、哈密瓜、无籽西瓜、马奶子葡萄、香梨、巴旦杏、石榴、无花果、雪鸡、雪莲、甜菜、洋葱、胡萝卜、土豆、孜然	烤全羊、手抓羊肉、带泡生烧肉、香酥羊腿、八宝酿香梨、绣球雪莲、烤雪鸡、哈密瓜盅、曲曲海参	馕、薄皮包子、帕尔木丁、那仁、面肺、米肠、黄面、爆炒面、烤羊肉串、羊肉抓饭、奶皮子	哈密瓜汁、白葡萄酒、伊犁特曲、果露酒、天池特曲	哈密瓜宴、葡萄宴、天山大宴、烤全羊席、库尔勒香梨宴、柳条节野宴	和田玉杯、新疆小刀、红铜大茶壶、骨质筷	新疆饭店、清真第一餐厅、鸿春园、伊犁春
上海	上海水牛、崇明白山羊、浦东鸡、银鱼、四鳃鲈、鳗、凤尾鱼、鲥鱼、香粳稻、青角薄稻、嘉定白蚕豆、黄狼南瓜、芦笋、水蜜桃、香芋、嘉定白蒜	虾籽大乌参、烟鲳鱼、八宝鸭、桂花肉、清炒鳝糊、贵妃鸡、松仁鱼米、油酱毛蟹、生煸草头、红烧肚裆、瓜姜鱼丝、下巴划水、灌汤虾球、真如羊肉	蟹壳黄、小绍兴鸡粥、鸽蛋圆子、南翔馒头、阳春面、擂沙圆、油氽排骨年糕、咸豆浆、面筋百页、白切羊肉、鸡鸭血汤	清音茶、三花减肥茶、上海啤酒、十全大补酒、特加饭黄酒	福寿宴、菊花蟹席、上海鸭翅大席、开明酒会、浦东年节酒	水晶水具、精塑餐具、不锈钢餐具、银质餐具、玻璃杯	梅龙镇、老正兴、绿波廊、功德林素菜馆、杏花楼、扬州饭店、法而雅

地区	名特食料	名菜	名小吃	名饮	名席	名特餐具	名店
江苏	太湖猪、狼山鸡、高邮双黄蛋、太湖银鱼、阳澄湖闸蟹、四鳃鲈鱼、文蛤、南京板鸭、太仓肉松、高沟捆蹄、莼菜、臺干、香芋、血糯、藕粉、水蜜桃、茶干、香肚、荸荠、红菱、鲥鱼、干丝、慈姑、肥藕、刀鱼、鲥鱼	梁溪脆鳝、沛公狗肉、叫化鸡、松鼠鳜鱼、大煮干丝、美人肝、水晶肴蹄、霸王别姬、三套鸭、清蒸鲥鱼、清炖蟹粉狮子头、羊方藏鱼、拆烩鲢鱼头、镜箱豆腐、南京盐水鸭、鲃肺汤、双皮刀鱼、虾仁珊瑚、炖菜核	黄桥烧饼、太湖船点、苏州糕团、三丁包子、文楼汤包、鱼汤面、五香茶叶蛋、淮安茶馓、文蛤饼、青精饭、藕粉圆子、王兴记馄饨、蟹黄养汤烧梅、枫镇大面、金钱萝卜饼	碧螺春、云雾茶、雨花茶、阳羡贡茶、苏州花茶、洋河大曲、双沟大曲、丹阳封缸酒	松鹤楼席、红楼宴、茶席、太湖船宴、南京四鸭席、秦淮河游宴、新半斋吉言名菜席、富春花园茶宴	宜兴紫砂陶、张诸竹筷、扬州漆盒、浒墅关草编、宜兴大理石盘	松鹤楼、大三元酒家、富春茶社、太白酒楼、菜根香、第一鲜海味馆
浙江	金华乌猪、湖羊、绍兴麻鸭、江山白羽乌骨鸡、萧山鸡、浙东白鹅、鲥鱼、天目笋干、斜桥榨菜、西湖藕粉、湖州雪藕、西湖莼菜、黄岩蜜桔、螃蟹、甲鱼、虾仁、鳗、鲩鱼、河虾	龙井虾仁、干菜焖肉、东坡肉、干炸响铃、西湖醋鱼、锅烧鳗、冰糖甲鱼、双味蝤蛑、泥焗童鸡、蜜汁火方、油焖春笋、宋嫂鱼羹、荷叶粉蒸肉、糟蛋、一品南肉、蟹酿橙、西湖莼菜汤、白鲞扣鸡、清汤鱼圆	吴山酥油饼、虾爆鳝面、宁波汤圆、湖州大馄饨、清明艾饺、幸福双、千张包子、五芳斋粽子、藕粉、重阳栗糕、龙凤金团、金华干菜酥饼、鱼肉皮子、馄饨	龙井茶、青顶茶、惠明茶、紫笋茶、平水珠茶、绍兴女儿红、桂花酒、虎跑矿泉水	西湖游宴、仿宋宴、湖州全鱼席、西湖十景宴、海宁七星席、兰溪乡宴、宁波十大名肴席、绍兴酒会	西湖天竺筷、龙泉青瓷、变色釉瓷、浙江竹编、宁波草编、黄杨木雕筷架、青田石雕盘、东杨木雕碗	楼外楼、太子楼、知味观、天香楼、奎元馆、咸亨酒店
安徽	鲥鱼、回王鱼、琴鱼、冰鱼、三河麻鸭、祁蛇、砀山梨、太和樱桃、猕猴桃、大别山木耳、枞阳大萝卜、黄山石耳、石鸡、蕨菜、竹笋、黟县香菇、涡阳臺干、屯溪绿茶、春笋、毛豆腐	砂锅鲥鱼、屯溪臭鳜鱼、无为熏鸡、清蒸鹰龟、金雀舌、软炸石鸡、凤阳酿豆腐、问政山笋、方腊鱼、奶汁肥王鱼、李鸿章杂烩、清炖马蹄鳖、石耳炖鸡、符离集烧鸡	大救驾、徽州饼、示灯粑粑、小红头、苎叶馃、深渡包袱、渣肉、贡面、乌饭团、蝴蝶面、豆皮饭、腊八粥、三河米饺、黄豆肉馃、牛肉煎饼	屯绿、祁红、黄山毛峰、天柱剑毫、敬亭绿雪、古井贡酒、口子酒	黄山游宴、八公山豆腐宴、九华山斋席、黄山八碗八、歙县诗谜宴、合肥特宴、绩溪一品锅	界首陶瓷、宁国紫砂陶、蚌埠玉杯、芜湖小刀、苍山磨刀石、灵璧大理石盘	同庆楼、迎江寺茶楼、耿福兴菜馆、合肥饭店、屯溪饭店
江西	玉山黑猪、泰和鸡、荷包红鲤、鄱阳湖银鱼、南安板鸭、安福火腿、葡萄豆豉、兴国生姜、盐水方头、龙牌贡面、万年贡米、玉山青豆、南丰蜜桔、竹笋、石鸡、石鱼、石耳、香菇、名茶、贡米	小乔炖白鸭、水浒肉、小炒鱼、三杯鸡、双鱼过江、清炖武山鸡、兴国米粉鱼、蝴蝶鱼饺、炒双层肉、绣球鱼圆、石鱼炒蛋、金丝甲鱼、鸡火蹄燕、泥鳅钻豆腐	信丰萝卜饺、虾仁海棠饼、清汤泡糕、珍珠圆子、猪血汤、包面、酒酿、黄元米果	云雾毛尖茶、九龙茶、婺源绿茶、四特酒、茶酒、沉缸酒	十碗三个头、浔阳鱼席、萍乡四平八稳席、赣州霉香菜席、九江茶宴、井岗山乡宴	景德镇瓷器、铅山竹编、井岗山竹筒碗、宜春漆器、尖峰水竹编	新雅餐厅、东方红餐厅、蛋黄麻花店、庐山宾馆、九江宾馆

地区	名特食料	名菜	名小吃	名饮	名席	名特餐具	名店
湖北	武昌鱼、鮰鱼、春鱼、桃花水母、断板龟、蕲蛇、金剑蚶、胭脂鱼、香肠鱼、宜都王鳖、石头鱼、江鳗、黄石鳜鱼、巴河藕、藜蒿、红菱、洪湖莲子、黄孝鸡、野鸭、沙湖双黄蛋、黄石皮蛋、葛仙米、猕猴桃、香菇、黑木耳、黄花菜、紫菜苔、沙市独蒜、咸宁桂花、白猕、刺猬、麂子、太子米、桥米、香糯、脐橙	清蒸武昌鱼、油焖槎头鳊、红烧鮰鱼、桔瓣鱼圆、荆沙鱼糕、钟祥蟠龙、散烩八宝、千张肉、楚天第一膀、沔阳三蒸、冬瓜鳖裙羹、鸡泥桃花鱼、荷花笔架鱼肚、夹沙肉、炸藕夹、瓦罐鸡汤、珊瑚鳜鱼、虫草八卦汤、母子大会、菜苔炒腊肉、清炖金剑蚶	东坡饼、黄州甜烧梅、三鲜豆皮、热干面、炸面窝、印子粑、清水粽、云梦鱼面、什锦豆腐脑、枯炒牛肉豆丝、糊汤米粉、孝感米酒、江米藕、冰凉糕、四季美汤包、武汉煨汤、牛肉抠饺子、藕圆子、臭香干	宜红、玉露茶、仙人掌茶、东湖毛尖、行吟阁啤酒、白云边酒、金奖黄鹤楼、宜昌稻花香、园林春	楚乡全鱼席、沔阳三蒸席、仿楚宴、汉味小吃席、黄石皮蛋席、东湖游宴、鄂东大围席、汉川年年发财席、襄樊三蒸九扣席	沙市玻璃器皿、不锈钢真空杯、武穴竹编、土家人餐具、仿楚髹漆餐具、黄石大理石筷架	大中华、老会宾、聚珍园、卧龙饭店、东坡酒楼、好公道酒家、楚游宫、东湖宾馆、三五酒店
湖南	宁乡猪、黑山羊、桃源鸡、溆浦鹅、杂交鲤鱼、鮰鱼、长沙鳖、细鳞斜颌鲴鱼、蛇、金龟、乌鳢、湘莲、玉兰片、生姜、辣椒、油茶、金桔、藕、菱、永丰辣椒酱、松花皮蛋、香米、苡仁米、香菇、红菱、藕粉	红烧寒菌、粉蒸白鳝、麻辣仔鸡、组庵鱼翅、腊味合蒸、发丝牛百页、东安鸡、花菇无黄蛋、洞庭鮰鱼肚、芙蓉鲫鱼、五元神仙鸡、红椒酿肉、冰糖湘莲、红煨羊蹄花、一鸭四吃、走油豆豉扣肉	社饭、虾饼、糍粑、火宫殿臭豆腐、姊妹团子、牛肉米粉、糯米灌椒、团馓、凉粉、八宝龟羊汤、龙脂猪血、罐子鸡、脑髓卷、糯米藕饵饺	君山白眉茶、古文毛尖、银峰茶、湘波绿、状元红、龟蛇酒、芝麻豆子茶	组庵全席、熏烤腊全席、岳阳全鱼席、桃花江茶席、张家界游宴、资水河乡宴、株州宴	醴陵瓷器、长沙瓷器、墨晶石雕杯、益阳竹编、祁阳草编、浏阳菊花石壶	又一村、银花、玉楼东、德园、岳阳宾馆、火宫殿餐厅
福建	河田鸡、金定鸭、海蚌、扇贝、鲍鱼、泥蚶、牡蛎、紫菜、枇杷、龙眼、文旦柚、凤梨、橄榄、甘蔗、香菇、瓶栽银耳、凤尾菇、猴头菇、芦柑、闽笋、蜜饯、宁化老鼠干、名茶	佛跳墙、鸡汤氽海蚌、龙身凤尾虾、醉糟鸡、荔枝肉、东璧龙珠、红焖通心河鳗、八宝芙蓉鲟、白炒香螺片、香油石鳞腿、太极芋泥、吉利虾、七星丸、烧桔巴、沙茶焖鸭块、桔汁加力鱼	光饼、马蛋、芋包、土笋冻、蚝煎、鼎边糊、兴化米粉、蟛蜞酥、汀州豆腐干、包心鱼圆、水烫花螺、手抓面、四方饺、五香捆蹄、花生汤、韭菜盒、油葱粿、小长春、芋包	武夷岩茶、铁观音、大红袍、福州茉莉香茶、沉密酒、荔枝酒、三蛇胆饮料、八仙茶	佛跳墙宴、海鲜席、回归故土宴、闽西八大干席、石狮商事筵、闽西客家饭	脱胎漆器、德化瓷器、精塑餐具、寿山石雕壶、贝壳餐具	聚春园、新南轩、无我堂、福建旅社、绿岛饭店
台湾	虹鳟、石斑鱼、鳗、牡蛎、虱目鱼、苗栗蜕贝、鱼酱、乌鱼籽、脱水蔬菜、甘蔗、姜仔、香菇、香蕉、凤梨、芒果、板栗、芋头、白色肉鸭	火把鱼翅、五味九孔、四菇临门、东门当归鸭、苦瓜封、松茸牛肉、八宝布袋鸡、咪噜羊排、苦珍珠、翡翠官燕、一品海参、蜜汁鹅肝、香芒奶酪、畏公豆腐	虱目鱼粥、蛤子烫饭、摊仔面、棺材板、芋屯、八宝芋巢、金瓜米粉、度小月担仔面、鳝鱼伊面、天妇罗、五彩润饼、红鲟米糕、酥炸高渣	高山茶、鹤岗红茶、冻顶乌龙茶、罗莎草莓汁、芦荟酒、木瓜牛乳	团年围炉宴、怀乡宴、台味小吃席、台北月宴、日月潭游宴、金门梅花宴	蔺草饭篮、竹筒碗、精塑餐具、银质餐具、金杯	苏杭小馆、华泰大饭店、亚都饭店、圆山饭店

地区	名特食料	名菜	名小吃	名饮	名席	名特餐具	名店
广东	三黄胡须鸡、潮汕狮头鹅、万宁燕窝、蛇、鼠、鲜蚝、海龟、青蟹、龙虾、基围虾、马坝油占米、柳叶菜心、英德蕨菜、肇庆芡实、洋塘慈姑、潮柑、槟榔、东莞腊肠、罗岗话梅、石硖龙眼、禾花雀	烤乳猪、龙虎斗、狗肉煲、烧鹅、蛇羹、冬瓜盅、炖禾虫、鼎湖上素、生炊龙虾、红烧大裙翅、护国菜、白云猪手、盐焗鸡、蚝油牛肉、咕咾肉、大良炒牛奶、爽口牛肉丸、柱侯乳鸽、白斩鸡、炸禾花雀、豉汁蟠龙鳝、蒜子瑶柱脯	煎堆、广式月饼、叉烧包、沙河粉、艇仔粥、椰子糕、娥姐粉果、虾饺、云吞面、杏仁饼、肠粉、及第粥、伦教糕、蜂巢芋角、蟹黄灌汤饺、干蒸烧麦、星期美点	九峰白毛茶、凤凰茶、英德红茶、王老吉凉茶、长乐烧、三蛇药酒、健力宝、龙川矿泉水	蛇宴、荔枝宴、黄金宴、豪门宴、春酒、百雀宴、菊花宴、吴川民宴	石湾陶瓷、广州牙筷、枫溪陶瓷、银质餐具、金杯、精塑餐具、织金彩瓷	广州酒家、泮溪酒家、蛇餐馆、陶陶居、莲香楼、菜根香、野味香
广西	广马、中堡黄牛、富川水牛、陆川猪、霞烟鸡、果子狸、青蟹、石斑鱼、没六鱼、油鱼、嘉鱼、蛤蚧、蛇、沙田柚、桂皮、桂圆、桂林马蹄、木薯、东兰墨米、桄榔粉、芒果、菠萝、香蕉、海贝、山瑞鳖、荔枝、竹鼠	纸包鸡、龙凤荔枝、银耳炖山甲、马蹄炖北菇、南宁狗肉、花雕醉鸡、荔芋扣肉、蚝油柚皮鸭、挂绿爽肉果、双冬烧竹鼠、葵花扣鲜鱿、蛤蚧炖鹰龟、手撕鸡、巧酿南瓜花、邕州鱼角、清蒸豆腐圆	太牢烧梅、米粉饺、马肉米粉、月牙楼尼姑面、蛤蚧粥、大肉粽、糯米豆饭、炒粉虫、老友面、牛肉丸、锅烧米粉	六堡茶、桂平西山茶、凌云白毫、虫茶、蛤蚧酒、三花酒、五龙药酒	漓江游宴、壮乡宴、蛇宴、梧州喜筵、百色美食宴、五鸟会、毛南三酸宴、壮族鱼花宴	坭兴陶器、合埔砂煲、龙州砧板、毛南族篾盒、乌石小刀、龙州菜刀、环江草编	万园酒家、南宁蛇餐馆、朝阳饭店、八桂饭店
海南	大龙虾、石斑鱼、海龟、燕窝、蛇、海蜇、田螺、田蟹、东山羊、海贝、海参、椰子、腰果、玉米笋、香蕉、木瓜、菠萝蜜、番薯、巴蕉心、山牛、山笋、山芋、文昌鸡	白切文昌鸡、白切加积鸭、白汁东山羊、清蒸和乐蟹、海南椰奶鸡、火锅狗肉、明炉羊肉、瓦罐焗海龙凤、琼州椰子盅、椰茸焗仔鸡、龙虾大拼盘、黎家竹香肉	竹筒饭、海南粉、年糕、海南煎饼、燕馃、九层油糕、海南煎堆、海南煎粽、海南椰茸月饼	五指山茶、椰汁、咖啡、海蛇药酒、糯米陈酒、鹿龟酒	海鲜宴、三亚游宴、黎寨乡宴、海南椰子宴、竹筒宴、绣面宴	椰碗、缅茄雕刻杯、黎族竹器、贝质餐具、三亚海螺杯	琼州宾馆、海口饭店、天涯酒家、黎族餐厅
港澳	天九翅、海王鲍、一品燕窝、果子狸、王鳖、王鸽、老鼠斑、海狸鼠、鹅肝、黑鱼籽酱、大龙虾、蜗牛、火鸡、乳猪、鳜鱼、鲥鱼、鲈鱼、银鱼、大对虾、狮头鹅、珍珠米、黑米、腰果、夏威夷果、西芹、紫甘蓝、玉米笋、绿花菜、芒果、柠檬、大香蕉、琥珀莲、竹荪、羊肚菌、发菜、金针菇	一品燕菜、海鲜大拼盘、金龙脆皮乳猪、西味烤鹅肝、太极素菜羹、清蒸石斑鱼、麻鲍烤海参、玫瑰茶皇鸡、菊花五蛇羹、海陆亨通大展翅、南海游龙、腊田鼠、清水芥菜汤、红烧山瑞、菊花鲈鱼羹	水饺面、马拉糕、高汤粉果、椰茸饼、巧克力蛋糕、银耳炖万寿果、海皇炒饭、富贵百花球、英式茶点、意大利通心粉、双喜伊面、鱼翅灌汤饮、翡翠如意白肉卷	特制茅台、特制五粮液、绍兴女儿红、金奖白兰地、特级龙井、特级铁观音、崂山矿泉水	满汉大席、海珍全席、粤港全席、葡澳全席、港岛追月宴、什锦暖锅宴、澳门春茗宴	金质餐具、银质餐具、水晶餐具、仿宫廷餐具、景德镇精瓷、精塑餐具	金城假日酒店、东銮阁潮州酒家、沪江大饭店、海霸王海鲜酒家、新世界酒楼

地区	名特食料	名菜	名小吃	名饮	名席	名特餐具	名店
重庆与四川	荣昌猪、德昌牛、建昌马、四川牦牛、铜羊、麻鸭、雅鱼、岩鲤、中华倒刺鲃、江团、建昌板鸭、剑门火腿、桃花米、大白豆、海椒、花椒、鲜笋、大蒜、榨菜、魔芋、鱼腥草、豆瓣、豆豉、芽菜、竹荪	宫保鸡丁、麻婆豆腐、河水豆花、樟茶鸭子、毛肚火锅、鱼香肉丝、回锅肉、干烧岩鲤、清蒸江团、水煮牛肉、开水白菜、虫草鸭子、家常海参、锅巴肉片、豆渣猪头、缠丝兔、干煸牛肉丝、棒棒鸡、豆瓣鱼、魔芋烧鸭、八宝素烩、推纱望月、竹荪干膏	龙抄手、担担面、赖汤圆、钟水饺、五香牛肉干、川北凉粉、夫妻肺片、红苕鸡腿、鸳鸯叶儿粑、蛋烘糕、宜宾燃面、广汉三合泥、灯影牛肉、顺庆羊肉粉、大竹醪糟、玻璃烧麦、鸡蛋熨斗糕、荷叶蒸饼	蒙山茶、南路边茶、峨眉毛峰、五粮液、全兴大曲、泸州特曲、青城苦丁茶、九洞矿泉水、文君酒、梦酒	田席、四川小吃席、毛肚火锅席、川味特席、姑姑筵、自贡盐场席、蜀南竹海宴、川江船工水八块、彝族松毛席、羌族小年宴	荣昌工艺陶、会理绿陶、成都漆器、天府竹编、彝族酒具、罗汉竹餐具、四川草编	荣乐园、味苑、颐之时、幸福餐厅、锦江宾馆、保安堂药膳厅、品鱼楼
贵州	香猪、关岭黄牛、黔西马、沿河山羊、三穗鸭、金黄鸡、威宁火腿、香菇、竹荪、黑木耳、银耳、香禾、黑糯米、榕江西瓜、党参、独山腌酸菜、铜仁绿豆粉	酸汤鱼、腌鱼、捣鱼、奢香玉簪、烘杂烩、金钱肉、软犇鱼、爆竹鱼、辣子酱、盐酸干烧鱼、酸菜小豆汤、镇远道菜、八宝娃娃鱼、竹香青鱼、宫保魔芋豆腐、竹荪银耳汤、盐酸蒸肉	冲冲糕、遵义鸡蛋糕、荷叶糍粑、绵菜粑、丝娃娃、夜郎面鱼、威宁荞酥、刷把头、肠旺面、雷家豆腐圆子、豆茶、饦饦肉、酸汤菜	遵义毛峰、羊艾毛峰、都匀毛尖、湄江茶、茅台酒、董酒、天麻酒、郎酒	苗寨酸鱼席、黔珍宴、贵州抓饼席、吃牯脏、水族吃瑞、仡佬族三么台、侗寨挑花筵、牛王节宴	牙舟陶器、大方漆器、荔波草编、玉屏竹编、思州石筷架	贵阳饭店、河滨饭店、黄果树宾馆、遵义宾馆
云南	宣威火腿、抗浪鱼、弓鱼、裂腹鱼、竹鼠、竹虫、鸡棕、青苔、香茅草、象牙芒果、接骨米、紫米、竹米、竹荪、虎掌菌、竹笋、玫瑰大头菜、曲靖韭菜花、乳扇、卤腐、蛎黄、飞蚂蚁、花蜘蛛	汽锅鸡、蜜汁云腿、鲜蚕豆泥、清蒸围子、炒麂肉片、红烧鸡棕、爆炒松茸、虎掌三丝卷、太极干巴菌、红油牛肝菌、北风雪塔、虾仁鸡油菌、清蒸金线鱼、酸辣螺黄、酿小瓜、小胖子烧鸭、油炸竹虫、清蒸竹鼠、大理砂锅鱼、烧烤花蜘蛛	过桥米线、米浆粑粑、牛干巴、饵块、滇味炒面、抓抓粉、米凉虾、玫瑰洗沙荞粑、烧豆腐、摩登粑粑、鳝鱼凉米线、开远小卷粉	滇红、滇绿、普洱茶、沱茶、春蕊、玫瑰老卤酒、烤茶、竹筒茶	紫米全席、鸡棕席、傣家虫宴、朝阳一品宴、迪庆藏年祝福席、布朗山抗宴、云龙三巡酒、三叠水席、摆果酒、哈尼族资鸟都	剑川木雕碟、建水汽锅、个旧锡火锅、东川斑铜盆、大理石盘、腾冲玉杯、大理草编、傣族竹碗	映江楼、德鑫园、昆明饭店、版纳餐厅
西藏	西藏瘦肉型猪、亚东奶山羊、牦牛、雪鸡、青稞、酥油、亚东鲑鱼、人参果(蕨麻籽)、西藏苹果、拉萨大蒜、冬虫夏草、藏红花、豌豆、天麻、犏牛、藏绵羊	蒸牛舌、炸灌肺、汆灌肠、香煮油脾、火烧蕨麻猪、夏河蹄筋、爆焖羊羔肉、吹肝、野鸡扣蘑菇、赛蜜羊肉、油松茸、火上烧肝、风干生牛羊肉	校果馍馍、推、卡什茨、片儿汤、糌粑、人参果拌酥油大米饭、野菜糌粑粥、切玛、契玛、河曲大饼、辣子朵勺、隆过	酥油茶、青稞酒、牛奶、酸奶、雪水	藏北三珍宴、柳林宴、西藏分餐制筵席、嘉戍酒会、拉萨竹叶火锅、门巴族洛沙宴	加查石锅、藏腰刀、糌粑袋、小木碗、石锅	西藏饭店、拉萨宾馆、日喀则酒家

附录5　中国菜系构成情况简表

类别	名称	起源与传播	分支构成	风味特色	代表品种
地方菜系	鲁菜	起源于春秋时期的齐国和鲁国，从鲁西北平原向胶州湾推进，影响京津、华北、关外和黄河中上游的部分地区，在江南一些重要都会也见踪迹	1.由济宁（曲阜）、济南（含德州、泰安）、胶东（含福山、青岛、烟台）三支构成； 2.济南菜、青岛菜、烟台菜； 3.济南风味、胶东风味、孔府风味	鲜咸、纯正、葱香突出； 重视火候，善于制汤和用汤，海鲜菜尤见功力； 装盘丰满，造型大方，菜名朴实； 敦厚庄重，有官府饮膳气质	德州脱骨扒鸡、葱烧海参、糖醋鲤鱼、九转大肠、清汤燕菜、奶汤鸡脯、油爆双脆、清蒸加吉鱼、青州全蝎、博山烤肉、泰安豆腐
	苏菜	起源于春秋时期的吴国，滥觞在宁镇丘陵和苏南平原，拓展到苏北一带，波及京、沪、华东和长江中下游部分地区，对岭南也曾有过影响，不少菜式传到海外	1.由京苏风味（又称京苏大菜）、淮扬风味（含扬州、镇江、淮阴、淮安）、姑苏风味（含苏州、无锡）、徐海风味（含徐州、连云港）四个分支； 2.金陵菜、扬州菜、姑苏菜、徐海菜	清鲜、平和、微甜； 组配谨严，刀法精妙，色调秀雅，菜形清丽； 因料施艺，四时有别，筵宴水平高； 有园林文化色彩和文士饮膳气质	松鼠鳜鱼、大煮干丝、清炖蟹黄狮子头、三套鸭、清蒸鲥鱼、水晶肴蹄、梁溪脆鳝、拆烩鲢鱼头、镜箱豆腐、将军过桥、金陵桂花鸭、炖菜核
	川菜	起源于秦汉时期的巴蜀，川西盆地是其基地，波及整个天府，还拓展到云贵高原和藏北、甘南、鄂湘陕边界以及京、沪等都会，在海外也有知名度	1.高级筵席菜式、三蒸九扣菜式、大众便餐菜式、家常便餐菜式和民间小吃菜式； 2.成都菜和重庆菜； 3.以成都菜、重庆菜为主体，还有自贡、江津、合川、绵阳、南充等风味	清鲜醇浓并重，以善用麻辣著称； 选料广泛，粗料精做，工艺有独创性，菜式适应面广； 雅俗共尝，物美价廉； 平民生活气息浓烈	毛肚火锅、宫保鸡丁、樟茶鸭子、麻婆豆腐、清蒸江团、干烧岩鲤、河水豆花、开水白菜、家常海参、鱼香腰花、水煮牛肉、干煸牛肉丝、峨眉雪魔芋

类别	名称	起源与传播	分支构成	风味特色	代表品种
地方菜系	粤菜	起源于秦汉时期的南越，珠江三角洲和潮汕平原是其根据地，影响到整个岭南、港澳和京、沪，还被介绍到东南亚和欧美各国	1. 广州菜（含韶关、肇庆、湛江）、潮州菜（含汕头、海丰）、东江菜（客家家）； 2. 以广州菜为代表，包括潮汕、东江、海南诸风味； 3. 传统粤菜和新潮粤菜	生猛、鲜淡、清美； 用料奇特而又广博，技法广集中西之长，趋时而变，勇于创新； 点心精美，大菜华贵，有浓郁的商贾文化色彩和热带风情	三蛇龙虎凤大会、金龙脆皮乳猪、红烧大裙翅、鼎湖上素、盐焗鸡、蚝油网鲍片、大良炒牛奶、白云猪手、烧鹅、炖禾虫、咕咾肉、南海大龙虾
	浙菜	起源于春秋时期的越国，活动中心在杭州湾沿岸，波及浙江全境和京、沪等地，还影响过岭南。宋代的"南食"曾称誉天下	1. 杭州菜、宁波菜、绍兴菜； 2. 杭州风味（以西湖菜为代表）、宁波风味、绍兴风味、温州风味和仿宋风味	鲜嫩、软滑、精细，注重原汁原味，鲜咸合一； 擅长调制海鲜与河鲜，富有鱼米之乡风情； 掌故传闻多，旅游文化色彩浓郁	东坡肉、叫化鸡、龙井虾仁、一品南肉、冰糖甲鱼、蜜汁火方、干炸响铃、芥菜鱼肚、双味蛸蝉、西湖醋鱼、西湖莼菜汤、敦煌蟹斗、蟹酿橙
	闽菜	起源于秦汉时期的闽江流域，以闽侯县为中心向四方传播，影响京、沪和台湾，不少菜式流传到东南亚和欧美，在港澳市场上亦受欢迎	1. 福州菜（含闽侯）、闽南菜（含泉州、厦门）、闽西菜（山乡客家风味）； 2. 以福州菜为代表，还有闽南、闽西风味和南普陀素菜	清鲜、醇和、荤香、不腻； 重淡爽，尚甜酸，善于调制珍错； 汤路宽广，佐料奇异； 有海峡两岸饮食文化交流的历史烙印和渔业文化特色	佛跳墙、七星丸、龙身凤尾虾、太极芋泥、芙蓉鲟、烧桔巴、通心河鳗、梅开二度、四大金刚、玉兔睡芭蕉、鸡汤氽海蚌、淡糟香螺片
	徽菜	起源于汉魏时期的歙州，中心在歙县，因商而彰，餐馆遍及三大流域的重镇。明清两朝发展极快，有"徽州会馆遍天下、徽州厨师走南北"之说	1. 皖南菜（含歙县、屯溪、绩溪）、沿江菜（含安庆、芜湖、合肥）、沿淮菜（含蚌埠、宿县）； 2. 以皖南古徽菜为主体，还有合肥等地的沿江风味菜和蚌埠等地的沿淮风味菜	重油、重色、重火功，原汁原味； 擅长制作山珍野味，精于烧炖、烟熏和糖调； 山乡风味浓郁； 有着徽商文化的特殊情味	无为熏鸡、清蒸鹰龟、屯溪臭鳜鱼、八公山豆腐、软炸石鸡、毛峰熏鲥鱼、和县炸麻雀、酥鲫鱼、金雀舌、葡萄鱼、椿芽拌鸡丝、红烧果子狸

类别	名称	起源与传播	分支构成	风味特色	代表品种
地方菜系	湘菜	起源于春秋时期的楚国，以古长沙为中心，向三湘四水辐射，影响到京、沪等重要都会，部分菜式流传到台湾、港澳和一些东南亚国家	1. 湘江流域菜（含长沙、湘潭、衡阳）、洞庭湖区菜（含常德、岳阳、益阳）、湘西山区菜（含吉首、怀化）； 2. 以长沙菜为主体，有湘江菜、洞庭菜和湘西山区菜三个分支	咸香酸辣，油重色浓，姜豉突出，丰盛大方； 以熏腊原料为主体，多用烧、炖、腊、蒸诸法； 山林与水乡气质并重，古朴凝重	腊味合蒸、组庵鱼翅、冰糖湘莲、麻辣仔鸡、潇湘五元龟、翠竹粉蒸鮰鱼、红椒酿肉、牛中三杰、发丝牛百页、霸王别姬、五元神仙鸡、芙蓉鲫鱼
	京菜	起源于金、元、明、清四朝的御膳、官厨和食肆，受鲁菜、满蒙菜和清真菜的影响较大，波及天津和华北，近年来已推向日本、东南亚和欧美	1. 本地乡土菜作基础，借鉴蒙满、清真、山东、江南诸风味融汇而成； 2. 市肆菜、宫廷菜、谭家菜； 3. 齐鲁风味、民族风味、宫廷风味、市食风味和斋菜风味	酥脆鲜嫩、汤浓味足，形质并重； 选料考究，调配和谐，以烤、爆、涮、扒见长； 菜路宽广，集全国美食之大成； 有浓郁的宫廷美食风格	北京烤鸭、涮羊肉、三元牛头、黄焖鱼翅、一品燕菜、八宝豆腐、潘鱼、三不沾、烤肉、翡翠羹、罗汉大虾、它似蜜、桃花泛、扒鸡、腌椿芽
	鄂菜	起源于春秋时期的楚都郢城，孕育在荆江河曲，汉魏六朝曾影响整个长江流域和岭南，现今部分菜品传播到相邻省区以及北京、香港和台湾	1. 以武汉菜为代表，包括汉沔、荆南、襄郧、鄂东南和鄂西五个分支； 2. 武汉菜、荆沙菜、襄樊菜、黄石菜、宜昌菜和土家族菜； 3. 长江流域菜和汉水流域菜	水产为主，鱼菜为本； 擅长蒸、煨、炸、烧、炒，习惯于鸡鸭鱼肉粮豆蔬果蛋奶合烹； 汁浓芡亮，口鲜味醇，重本色； 楚文化的内涵深厚	清蒸武昌鱼、红烧鮰鱼、沔阳三蒸、夹沙肉、楚天第一膀、冬瓜鳖裙羹、钟祥蟠龙、散烩八宝、菜薹炒腊肉、瓦罐鸡汤、荆沙鱼糕、桔瓣鱼圆、清炖蕲龟
	沪菜	起源于清代中叶的浦江平原，后受东南西北十五个帮口的影响和西餐的影响，形成海派菜，波及华东和北京，近年来在海外享有较高的声誉	1. 海派江南风味、海派北京风味、海派四川风味、海派广东风味、海派西菜、海派点心、功德林素菜和上海点心； 2. 上海本帮传统菜和移植创新的海派菜	油浓酱赤、汤醇卤厚、鲜香适口，重视原味； 精于红烧、生煸和糟炸，工艺谨严而富于变化； 有鲜明的海派文化特色	八宝鸭、虾籽大乌参、松仁鱼米、炒青蟹粉、生煸草头、真如牛肉、鱼皮馄饨、灌汤虾球、下巴划水、贵妃鸡、葫芦鸭子、红烧鮰鱼

类别	名称	起源与传播	分支构成	风味特色	代表品种
地方菜系	津菜	起源于明代,得助于水陆交通之利和城市经济的发展,后吸收鲁菜、宫廷菜、官府菜之长,到清代蔚为大观,现今在全国大赛中锋芒毕露,展示出蓬勃的活力	1.汉民菜、清真菜和素菜; 2.津门传统风味菜和移植创新的津派菜; 3.民间菜、市肆菜、民族菜、寺观菜和外来菜	咸鲜清淡为主,味型富于变化; 以勺扒、软熘、清炒和熗烧见长,烹调工艺卓有创造; 注重时鲜,海味菜功底深厚; 有天津卫的文化特色	官烧目鱼、高丽银鱼、扒海羊、熗羊三样、七星紫蟹、软硬飞禽、软熘鱼扇、扒通天鱼翅、挣蹦鲤鱼、鸡丝银针、炒青虾仁、芙蓉蟹黄、玉兔烧肉
	辽菜	起源于辽金时期的女真部落,植根在辽河流域,后受鲁菜影响,逐步成熟。其传播领域遍及东北三省,不少菜式被介绍到北京、广州以及日本和韩国	1.沈阳菜、大连菜、御府菜和帅府菜; 2.在本地汉民菜、满族菜的基础上,融合清真菜、借鉴山东菜演化而成	肥浓,香鲜,润口; 选料突出山珍海味,大菜名贵; 脂滋多咸,汁宽芡亮,焦酥脆嫩,形佳色艳; 富有关东的饮食审美情趣	兰花大掌、红梅鱼肚、鸡锤海参、猴头飞龙、游龙戏凤、红鲷戏珠、白肉火锅、李记坛肉、荷包里脊、鸡丝拉皮、桃花香扇、红烧大马哈
	秦菜	起源于周秦时期的关中平原,随着古长安的兴盛而兴盛,活跃在渭水两岸,延展到陕南陕北,对晋、豫和甘、青、宁、新数省区的食风均有影响	1.官府菜、商贾菜、市肆菜、民间菜和清真菜; 2.以西安为代表的关中菜是其主体,汉中菜和榆林菜为南北两翼	以香为主,以咸定味; 料重味浓,原汤原汁,肥浓酥烂,光滑利口; 质朴无华,经济实惠; 有汉唐文化的遗韵	奶汤锅子鱼、遍地锦装鳖、金钱酿发菜、龙井氽鸡丝、薇菜里脊丝、清炖牛羊肉、带把肘子、温拌腰丝、葫芦鸡、商芝肉、氽双脆、牛羊肉泡馍
	豫菜	起源于商周时期的黄淮平原,以安阳、洛阳、开封三大古都为依托,向中原大地延展,波及京、杭,台湾和港澳也有其名菜流传	1.郑州菜、开封菜、洛阳菜; 2.以开封菜为主体,还有洛阳、郑州、南阳、新乡等风味; 3.宫廷菜、官府菜、市肆菜、民间菜、清真菜	烹必适度,不欠火,不过火; 调必匀和,无畸形,无异味; 鲜咸微辣,四时分明; 菜式大方朴实,小吃丰富; 具有北宋时代的饮食风韵	软熘黄河鲤鱼焙面、铁锅蛋、清蒸白鳝、试量集狗肉、道口烧鸡、烧酿七星蛋、琥珀冬瓜、炸八块、固始皮丝、烧臆子、氽芙蓉黄管脊髓、假燕菜

类别	名称	起源与传播	分支构成	风味特色	代表品种
地方菜系	滇菜	萌芽于周秦，发育在汉魏，兴盛于唐宋，定型在明清。它是多民族、多层次、多方位饮食文化的结晶，内涵丰富，现今在台湾、日本具有一定的声誉	1. 以昆明菜为中心，包括滇东北、滇西、滇南三大分支； 2. 汉民菜和西南各少数民族菜； 3. 滇本土菜和移植改造的外来菜	飞潜动植皆可入馔； 味型各异，偏好酸辣微麻和鲜香清甜，重视原汁原味； 以烤、腌、冻、舂、焐见长； 滇文化的特色鲜明	汽锅鸡、蜜汁云腿、三夹象鼻、清蒸围子、红烧鸡㙡、爆炒松茸、酸辣螺黄、小胖子烧鸭、鲜蚕豆泥、酿小瓜、鸡丝炒草芽、太极干巴菌
宗教菜系	中国清真菜	起源于唐，由阿拉伯商人经丝绸之路传入，原名"胡食"。元代大盛，降及明清，它将伊斯兰教教义与中国烹饪完美结合，方形成完整的体系	以银川和乌鲁木齐为中心，由西路(含兰州、西安)、北路(含北京、天津、济南、沈阳)、南路(含南京、昆明)三个分支构成。其食客多为回、维等十个少数民族的穆斯林	严守清真食禁； 本味为主，清鲜脆嫩与肥浓香醇并重，讲究菜形和配色； 注重饮食卫生，餐室明净； 习用白、绿色餐具和饰物	涮羊肉、砂锅羊头、芫爆散丹、羊蹄哈尔巴、清炒驼峰丝、牛羊肉泡馍、盐水鸭、清炖鹿肉、它似蜜、鸡棕里脊、烤全羊、白露鸡、红烧黄河鲤鱼
	中国佛道素菜	在先秦时期以粮豆蔬果为主体的膳食传统的基础上，融合佛、道二教的教义，在汉魏时初见雏型。后由花素向清素发展，明清时基本完备	由大乘佛教斋食和道教全真派观菜构成，包括清素的寺观素菜与宫廷素菜、花素的民间素菜和市肆素菜四个分支。目前以市肆的花色素菜为主体，寺观的清纯素菜为辅	禁用动物原料和辛香类菜蔬； 刀工精细，善于仿形； 重视养生，强调食疗； 佛、道文化气质浓厚，在世界上享有较高的声誉	罗汉斋、混元大菜、鼎湖上素、半月沉江、桑门香、金银藕圆、芝麻山药、六宝拼盘、炒豆腐脑、冰糖白莲、菜叶春卷、冬笋干丝、三菇六耳神仙汤
民族菜系	朝鲜族菜	有200余年历史，与现今的南韩菜、朝鲜菜同出一源。在台湾、华北和日本、东南亚、俄罗斯有一定的影响，尤以"烧烤"著称	主要流传在吉林延边、辽宁丹东和京、津一带，食用人口约200万，包括朝鲜族居民家常菜和市肆菜两个分支，以冷面馆、狗肉馆和朝鲜泡菜驰誉华夏	普遍爱吃狗肉和海鲜； 生冷菜式众多，擅长烧烤； 泡菜风味特异； 重视山菜和药材入馔； 辛辣爽口，鲜香脆嫩	辣酱南沙参、苹果梨泡菜、生渍黄瓜、生拌牛肉丝、头蹄冻、蒸蛤蜊、神仙炉、烧地羊、生烤鱼片、冷面、打糕、药饭、豆馅饺子、水卵大虾

类别	名称	起源与传播	分支构成	风味特色	代表品种
民族菜系	满族菜	有400余年的历史，系由古代的肃慎菜、靺鞨菜、女真菜演变而来。明末已见雏型，至清蔚为大观，对清宫御膳和清代食风影响较大	主要流传在东三省和京、津，食用人口约1000万，包括满族民间家常菜和市肆菜两个分支，以满洲茶点和烧烤、火锅擅名。现今在日本、南韩和东南亚也有较高的评价	爱好白肉、野味和烧烤；饽饽与茶点自成系列；受萨满教影响大，有众多的祭祀食俗；是满汉全席的重要组成部分	阿玛尊肉、白肉血肠、酸汤子、烤鹿肉、手把肉、野意火锅、塔不剌鸭子、萨其玛、芥末墩儿、包、洒糕、苏叶饽饽、净水饭、柿糕、子孙饽饽
	蒙古族菜	有800余年的历史，与现今蒙古国的食馔同出一源。宋代始萌，元代大盛，明清继续充实，在独联体、南韩和西亚诸国有着深远的影响	主要流传在内蒙古，兼及东北、华北、西北和云南，食用人口约500万，包括蒙古族民间家常菜和市肆菜两个分支，有"红食"与"白食"两大系列，以及宴享菜同家常菜之分	"红食"即肉品，多斩大块，或烤或煮，除盐外，很少用其他调味品；"白食"即奶品和米面食品，以醍醐、酥酪、马奶酒为珍；受喇嘛教文化的影响甚大	烤全羊、手把肉、烤羊尾、炖羊肉、羊肉火锅、红烧驼峰、烤黄鼠、烤野兔、成吉思汗铁板烧、奶炒米、哈达饼、奶皮子、酸奶、奶茶
	回族菜	有600余年的历史，元代最为昌盛，后随着伊斯兰教而传播四方，是中国清真菜的主体。在亚非两大洲影响较大，为全世界穆斯林所喜爱	主要流传在西北五省区，兼及国内大小城镇和交通线两侧，食用人口约900万。其分支构成大体上同于中国清真菜，银川、乌鲁木齐、北京、南京等地调制最精	特别擅长调制牛羊和鸡鸭；严格遵循伊斯兰教食规；开斋节等节食丰盛；油香等面制品自成一格；特别讲究饮食卫生	烤全羊、清蒸羊肉、炸羊尾、涮羊肉、清炖牛肉、香酥鸡、咸水鸭、糖醋鲤鱼、红烧鹌鹑、牛肉拉面、牛羊肉泡馍、油香、艾窝窝、豌豆黄
	藏族菜	有1400余年的历史，系由唐代的吐蕃菜演化而来，至今仍保持古朴粗犷的雪原特色，在印度、尼泊尔、锡金等国有一定的知名度	主要流传在西藏，兼及川、青、蒙、甘等省区，食用人口约500万，包括藏民家常菜和市肆菜两个分支，以及宴享菜与家常菜两大系列，拉萨、西宁等地调制较精	严格遵循喇嘛教的食规；爱吃生肉、冻肉、风干肉和灌肠，口味偏重咸浓，断生即可；糌粑与酥油茶地位重要；有"藏北三珍"传世	生牛肉、手抓羊肉、油炸虫草、火上烧肝、氽灌肠、竹叶火锅、烤雪鸡、人参果抓饭、油松茸、糌粑、酥油茶、推、河曲大饼、辣子朵勺

类别	名称	起源与传播	分支构成	风味特色	代表品种
民族菜系	傣族菜	有800余年的历史，系由古代的百越菜、南诏菜、大理菜演化而来，与现今的泰国菜、缅甸菜有一定的亲缘关系，在东南亚一带较受欢迎	主要流传在云南的西双版纳、德宏一带，食用人口约100万，包括傣族民间家常菜和市肆菜两个分支，近年来经过改造的“傣家菜”风行大江南北，为食客所喜爱	米饭多用竹筒烤，特香； 肉品习惯于腌渍，重在酸、辣； 虫菜独树一帜，可与“食虫王国”墨西哥比美； 受小乘佛教文化的影响深	苦汁牛肉、烤煎青苔、五香烤傣鲤、菠萝爆肉片、鱼虾酱、猪顶剁生、香茅草烧鸡、刺猬酸肉、蚂蚁酱、蜂房子、烧烤花蜘蛛、田鸡干巴、狗肉火锅
	壮族菜	有3000余年的历史，系由古代的百越菜、僮菜演化而来，现今在越南等国有较大的影响，粤菜、桂菜、琼菜等都吸取过它的精华	主要流传在广西，兼及粤、滇、湘数省，食用人口约1600万；包括桂北、桂东南、滨海、山区等四个分支，南宁、桂林、柳州、梧州、北海、钦州等地调制较精，以猫、狗、蛇、虫菜式最为擅名	食源博杂，以猫狗蛇虫为珍味，麻辣酸香，酥脆爽口； 米制品小吃丰富多彩； 食疗菜较多，工艺独到； “酒肴”别具一格	辣白旺、火把肉、盐凤肝、彗星肉、白炒三七鸡、壮乡龙虎斗、破脸狗肉、烤辣子水鸡、酸水煮鲫鱼、马肉米粉、团结圆、五彩蛋、脆熘蜂儿、油炸沙蛆
	土家族菜	有2000余年的历史，系由古代的土丁菜、乌蛮菜演化而来，至清形成体系，曾对川菜、湘菜、鄂菜有过积极的影响，现今已被饮食市场看重	主要流传在川、湘、鄂三省交界的山区，食用人口约600万，包括土家族民间家常菜和市肆菜两个分支，还因居住区的不同，呈现出不同的地方特色，如川味土家菜、鄂味土家菜等	食源广博，喜爱多料合烹，嗜好酸辣，重视山珍和异食； 米制品小吃众多； 爱饮咂酒，歌舞侑食； 受原始宗教的影响甚深	小米年肉、合楂、清蒸天麻鸡、凤姜鸭、香菇野鸡汤、血豆腐、凉拌麂丝、红烧螃螃、酢包儿、坨子肉合菜、团馓、酥茶月饼、土腊肉、油茶汤
家族菜系	仿膳菜	由夏、商、周、秦、汉、唐、宋、元、明、清的宫廷菜演化而来，1925年挂牌推出，以北京为正宗，现已风靡华夏，在归侨和外宾中威望甚高，也常用于国宴	主要在北京的仿膳饭庄、御膳酒楼和听鹂馆供应，食客多为归侨、外宾和上层文化界人士，有仿制的清宫菜和创新的宫廷菜两个分支，大都突出清宫帝王的饮食文化情韵	选料苛严，遍集四海名珍； 遵循清宫传统规范，力求“仿古象古”，注重清、鲜、酥、嫩； 造型工巧，席面豪华； 有宫廷饮膳的恢弘气质	金银鹿肉、凤凰扒窝、罗汉大虾、龙须驼掌、寿星鹌鹑、芙蓉燕菜、清汤鱼翅、八宝奶猪、锅烧鸭子、肉丁黄瓜酱、小窝头、芸豆卷、栗子糕、肉末烧饼

类别	名称	起源与传播	分支构成	风味特色	代表品种
家族菜系	孔府菜	源自北宋曲阜的孔府，七十七代一脉相传。1947年停炊后，70年代后期又挖掘整理，不久推向市场，不仅在曲阜、济南、北京设店，还介绍到东南亚，评价较高	此乃中国古代最著名的官府菜，包括家常菜品和宴会菜品两个分支，目前主要是以“孔府宴”的形式配套销售，多为中、高档的格局。其中、北京琉璃厂的孔膳堂调制较精	选料名贵，调配精细，菜品门类齐全，筵席铺排规范； 以山东风味为主，兼取各派之长； 肴馔精洁，讲究养生； 儒家饮食文化的内涵深厚	孔府一品锅、八仙过海闹罗汉、御笔猴头、诗礼银杏、怀抱鲤、带子上朝、一卵孵双凤、玉带虾仁、神仙鸭子、一品豆腐、烧秦皇鱼骨、百子葫芦、八宝罗汉斋
面点流派	京式面点	有2000余年的历史，以黄河流域文化为依托，汇集长安、开封、洛阳、太原、北京、济南等名都重镇的面食工艺而成，现已传播全国及海外，是中国面点的主干之一	以北京为中心，旁及天津、山东、山西、河北与河南，还辐射东北及西北等地，江南各省也受其影响，有抻面、刀削面、小刀面、拨鱼面等四大名面以及众多风味小吃传世	多以小麦作主料，擅长调制面团； 坯料多变，馅心考究，造型古朴，成熟方法多样； 以质感柔滑、韧实筋抖、鲜咸香美、软嫩松泡著称	龙须面、小窝头、炒疙瘩、狗不理包子、十八街麻花、盘丝饼、高汤水饺、刀削面、头脑、莜面栲栳、杠打馍、金丝杂面、贡馍、锅盔、马家烧麦、石子馍
	苏式面点	有1800余年的历史，以长江流域文化为依托，汇集南京、苏州、扬州、杭州、长沙、荆州等名都重镇的米食工艺而成，现已传播全国及海外，是中国面点的主干之二	以江苏为中心，旁及上海、浙江、安徽、江西、湖北、湖南乃至四川，北方和华南各省也受其影响，有汤圆、松糕、年糕、糍粑、粽子等名点传世，科技含量高，在面制品方面亦有特殊的造诣	多是米面与杂粮兼作，擅长调制糕团与茶点、船点，造型精巧； 口味厚，多变化，色深略甜，馅心讲究掺冻，名称秀丽； 有江浙园林文化的气质	苏式月饼、文楼汤包、富春三丁包、茶馓、苏州糕团、太湖船点、藕粉饺、南翔馒头、葛派花点、宁波汤圆、五芳斋粽子、乌饭团、三鲜豆皮、火宫殿臭干子、叶儿粑、姊妹团子
	广式面点	有1600余年的历史，以珠江流域文化为依托，汇集广州、潮州、南宁、桂林、海口、福州、台北等名都重镇的点心工艺而成，现已传播全国及海外，是中国面点的主干之三	以广东为中心，旁及广西、海南、港澳、福建和台湾，北方和华中各省也受其影响，有各式点心及杂粮小吃传世，在工艺方面善于借鉴西点之长，科技含量高，富有时代气息	多以薯芋和鱼虾作坯料，选用新型添加剂和炉具，讲究形态、花式和色泽； 油、糖、蛋、奶用料重，馅心晶莹，口感清淡、鲜滑、香甜； 有岭南商贾文化的特色	广式月饼、叉烧包、虾饺、沙河粉、艇仔粥、马肉米粉、蛤蚧粥、尼姑面、竹筒饭、马拉糕、椰蓉饼、鼎边糊、蚝仔煎、棺材板、虱目鱼粥、蛤子烫饭、椰丝糯米团

附录6 历届评酒会评出的名酒(或金杯奖)

评酒会名称	评出的名酒(或金杯奖)				
	白酒类	黄酒类	果酒类	露酒类	啤酒类
全国第一届评酒会(1952年在北京举行)(共评出8种)	茅台酒 汾酒 西凤酒 泸州大曲酒	绍兴酒	味美思 玫瑰香葡萄酒	金奖白兰地	未评
全国第二届评酒会(1963年在北京举行)(共评出18种)	茅台酒 五粮液酒 古井贡酒 泸州老窖大曲酒 全兴大曲酒 西凤酒 汾酒 董酒	绍兴加饭酒 福建沉缸酒	红玫瑰葡萄酒 山东味美思酒 山东白葡萄酒 中国红葡萄酒	金奖白兰地 特制白兰地 山西竹叶青	青岛啤酒
全国第三届评酒会(1979年在大连举行)(共评出18种)	茅台酒 汾酒 五粮液 剑南春 古井贡酒 洋河大曲 董酒 泸州老窖特曲酒	绍兴加饭酒 龙岩沉缸酒	烟台红葡萄酒 中国红葡萄酒 沙城白葡萄酒 民权白葡萄酒	烟台味美思 金奖白兰地 山西竹叶青	青岛啤酒
全国第四届评酒会(1984年在太原举行)(共评出13种)	茅台酒 汾酒 五粮液 洋河大曲 剑南春 古井贡酒 董酒 西凤酒 泸州老窖特曲酒 全兴大曲酒 双沟大曲酒 黄鹤楼酒 古蔺郎酒	未评	未评	未评	未评

评酒会名称	评出的名酒（或金杯奖）				
	白酒类	黄酒类	果酒类	露酒类	啤酒类
轻工业部酒类质量大赛（1984年在北京举行）（共评出52种）	口子酒	九江封缸酒	中国红葡萄酒	中国白兰地	上海啤酒
	六曲香酒	丹阳封缸酒	通化葡萄酒	竹叶青	佳凤啤酒
	双沟大曲酒	江苏老酒	白羽白葡萄酒	金奖白兰地	青岛啤酒
	双沟特液	龙岩沉缸酒	龙眼干白葡萄酒	莲花白	特制上海啤酒
	白云边酒	即墨老酒	赤霞珠干红葡萄酒		特制五星啤酒
	古井贡酒	绍兴元红酒	味美思		特制北京啤酒
	平坝窖酒	绍兴加饭酒	香干白葡萄酒		特制西湖啤酒
	宁城老窖	福建老酒	特制山楂酒		雪花啤酒
	汤沟特液		烟台红葡萄酒		
	西凤酒		紫梅酒		
	汾酒		雷司令半干白葡萄酒		
	宝丰酒				
	武陵酒				
	茅台酒				
	洋河大曲				
	低度洋河大曲				
	高沟特曲				
	特制黄鹤楼酒				
	特酿龙滨酒				
	董酒				
	濉溪口子酒				

附录7　中国优质白酒、黄酒、果酒、啤酒、香槟酒、白兰地酒质量鉴别指标

(一)中国优质白酒质量鉴别指标

项目	酱香型	清香型	浓香型	米香型	其它香型
色	无色透明,无悬浮物,无沉淀物	无色透明,无悬浮物,无沉淀物	无色透明或微黄,无悬浮沉淀物	无色透明,无悬浮物或沉淀物	无色透明或微黄,酒精无杂质
香	酱香突出,优雅细腻,空杯留香持久	清香纯正,具有清雅协调的香气	窖香浓郁,香气纯正	蜜香清雅	具有本酒品舒适的独特香气
味	酒体醇厚丰满,酱香显著,回味悠长	口感柔和,绵甜爽净,自然谐调,饮后有余香,口味长,无异味	甜、绵、爽、净,香味谐调,余味悠长	入口绵甜,落口爽净,回味怡畅	香味谐调,醇和味长
风格	具有本酒品香浓而雅的独特风格	在清香纯正的基础上,突出清爽、甜、绵、净的风格	饮后使人感到浓而不艳的独特风格	具有本酒品米香的特有风格	具有本酒品独特的风格
病态酒	酒色黄,酒液混浊,有悬浮物和沉淀物,酱香不突出,口味淡薄,酒体不协调,有异味,不具备酱香型白酒风格	酒液混浊,有悬浮物和沉淀物,有糟香或浓香等异香,酒味欠醇和,回味淡,典型性差	酒液混浊,有沉淀物和悬浮物,酒色呈异色,窖香不足,香气不协调,酒味淡薄有杂味,风格不突出	酒液有异色,混浊,有悬浮物,蜜香差,有异味,口感淡薄,欠绵甜而味苦,酒体不协调,无典型性	酒液色泽较深,香气不协调,有异杂味,回味短,酒液混浊,有杂质,无本酒品的独特风格

(二)中国优质黄酒质量鉴别指标

项目	品种	酒质标准
色	干、半干、半甜、甜型	酒液橙黄至深褐色,清亮透明,允许有正常的坛(瓶)底聚集物
香	干、半干、半甜、甜型	具有黄酒特有的米香以及米香中的窖香、甜香或鲜香等香气
味	干	醇和爽口,无异味
	半干	醇和爽口,无异味
	半甜	醇厚,鲜甜适口,无异味
	甜	味甜醇厚,酒体协调,无异味
风格	干、半干、半甜、甜型	各种黄酒均具有本酒品独特的风格
病态酒	干、半干、半甜、甜型	酒液光泽差,混浊,米香和醇香不明显,有异香气味,酒液淡而无味或有醋味感及异杂味,有明显的白酒味

(三)中国优质果酒质量鉴别指标

项目	酒质标准
色	酒色鲜明、协调、光泽,无褪色或变色现象
酒液	酒液澄清沏亮,无沉淀,无悬浮物,无失光现象
香	每种酒均具有本酒品的果香,酒香柔和,浓馥持久,无异味
味	酒味纯正,完美协调,柔美爽适,有余香,无异味
风格	各种酒均有各自的独特风格
病态酒	酒色不正,脱色,混浊有浮游物,无光泽,无果香,异香重,无余香,有异味,无典型风格

(四)中国优质啤酒质量鉴别指标

项目	黄啤酒	黑啤酒
色	淡黄带绿,不呈暗色	黑红或黑棕色
泡味	泡沫高,持久(8~15℃时),5分钟不消失,泡沫洁白	泡沫高,持久(8~15℃时),5分钟不消失,泡沫洁白或微黄
味	口味纯正,爽口,醇厚而杀口	口味纯正,爽口,醇厚杀口
香	有明显的酒花香气,新鲜清爽	有明显的麦芽香气

项目	黄啤酒	黑啤酒
病态酒	酒色暗,呈褐色,有沉淀物,酒色失光泽,泡沫持续时间短而不挂杯,有异香或怪味,甜味重,爽口力差	酒色浅或红棕色,酒液有沉淀物及悬浮物,泡沫持续时间短而不挂杯,有酸味或酱油味,麦芽香不明显而有异味,酒液淡而无味,爽口力差

(五)中国优质香槟酒质量鉴别指标

项目	酒质标准
色	酒色鲜明协调,澄清,晶莹光亮,酒液无沉淀物,无悬浮物,不失光泽
香	酒香和果香柔和,无异味,具有独特香气
味	酒味纯正协调,柔美清爽,香馥,爽口,余香无异味
风格	各种香槟均具有本酒品的典型风格
二氧化碳	酒内充气足,斟入杯中有气泡升起,泡沫小而成串持久,开启时声音清脆响亮
病态酒	酒液无光泽,混浊有杂质,无果香,酒香有异味,爽口力差,开启时无气泡涌出,无各自的独特风格

(六)中国优质白兰地酒质量鉴别指标

项目	酒质标准
色	酒色呈深黄或金黄色,酒液澄清晶亮
香	酒中(水芹醚香、橡木香)香气谐调,浓郁清香,余香较长,清香稳定而不飘
味	酒味醇厚甘冽,细腻绵长,回味甘爽无杂味,加冰或水后不变味
风格	酒中无调入香感,诸味和谐幽雅,饮后有浓厚、甘醇及香馥感。
病态酒	无特有的酒色,酒液混浊,无水芹及橡木的特殊混合香味,各香不协调,稀释后酒液淡而无味

附录 8　中国茶叶分类简表

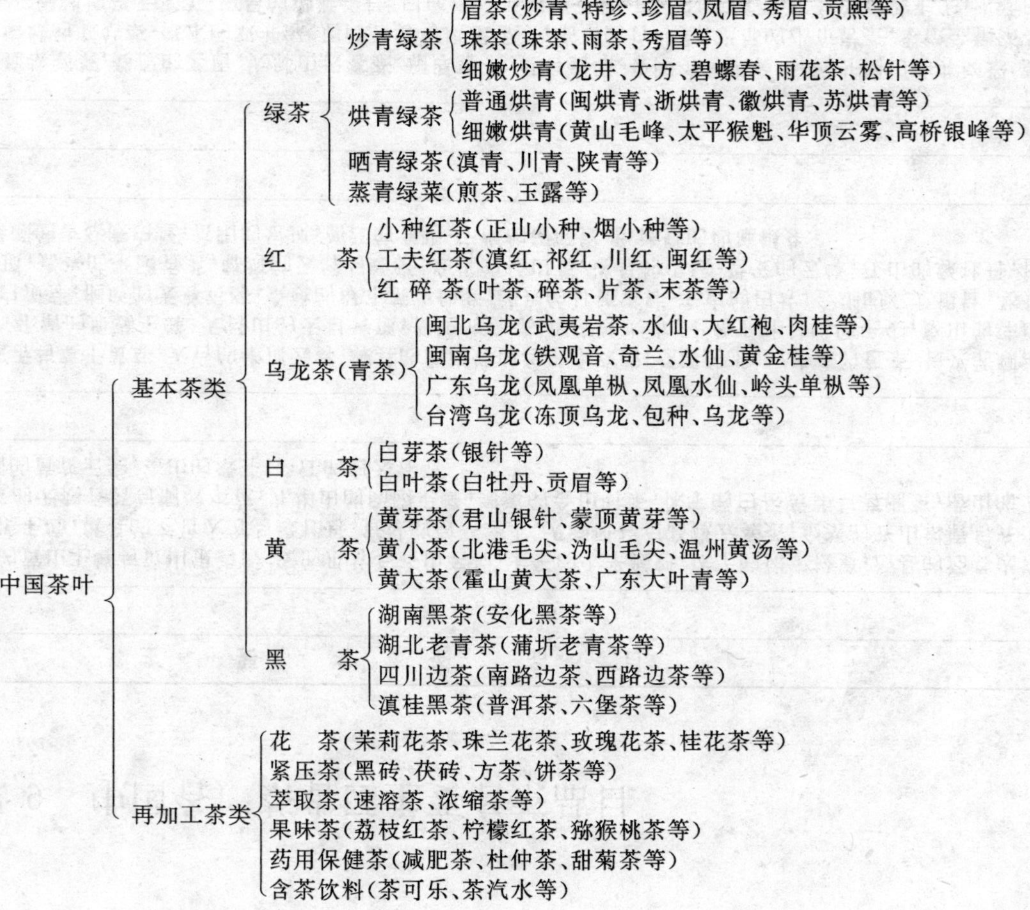

- 中国茶叶
  - 基本茶类
    - 绿茶
      - 炒青绿茶
        - 眉茶(炒青、特珍、珍眉、凤眉、秀眉、贡熙等)
        - 珠茶(珠茶、雨茶、秀眉等)
        - 细嫩炒青(龙井、大方、碧螺春、雨花茶、松针等)
      - 烘青绿茶
        - 普通烘青(闽烘青、浙烘青、徽烘青、苏烘青等)
        - 细嫩烘青(黄山毛峰、太平猴魁、华顶云雾、高桥银峰等)
      - 晒青绿茶(滇青、川青、陕青等)
      - 蒸青绿菜(煎茶、玉露等)
    - 红　茶
      - 小种红茶(正山小种、烟小种等)
      - 工夫红茶(滇红、祁红、川红、闽红等)
      - 红 碎 茶(叶茶、碎茶、片茶、末茶等)
    - 乌龙茶(青茶)
      - 闽北乌龙(武夷岩茶、水仙、大红袍、肉桂等)
      - 闽南乌龙(铁观音、奇兰、水仙、黄金桂等)
      - 广东乌龙(凤凰单枞、凤凰水仙、岭头单枞等)
      - 台湾乌龙(冻顶乌龙、包种、乌龙等)
    - 白　茶
      - 白芽茶(银针等)
      - 白叶茶(白牡丹、贡眉等)
    - 黄　茶
      - 黄芽茶(君山银针、蒙顶黄芽等)
      - 黄小茶(北港毛尖、沩山毛尖、温州黄汤等)
      - 黄大茶(霍山黄大茶、广东大叶青等)
    - 黑　茶
      - 湖南黑茶(安化黑茶等)
      - 湖北老青茶(蒲圻老青茶等)
      - 四川边茶(南路边茶、西路边茶等)
      - 滇桂黑茶(普洱茶、六堡茶等)
  - 再加工茶类
    - 花　茶(茉莉花茶、珠兰花茶、玫瑰花茶、桂花茶等)
    - 紧压茶(黑砖、茯砖、方茶、饼茶等)
    - 萃取茶(速溶茶、浓缩茶等)
    - 果味茶(荔枝红茶、柠檬红茶、猕猴桃茶等)
    - 药用保健茶(减肥茶、杜仲茶、甜菊茶等)
    - 含茶饮料(茶可乐、茶汽水等)

附录9　中国各产茶省区主要名茶品目

省区	茶类	主要名茶品目
安徽	红茶	祁门的祁红
	绿茶	休宁和歙县的屯绿；黄山的黄山毛峰与黄山银钩；六安的瓜片与齐山名片；太平的太平猴魁；休宁的休宁松箩；泾县的泾县火青与泾县特尖；青阳的黄石溪毛峰；歙县的老竹大方与绿牡丹；宣城的敬亭绿雪、天湖风片与高峰云雾茶；金寨的齐山翠眉与齐山毛尖；舒城的兰花茶；桐城的天鹅香茗与桐城小花；九华山的闵园毛峰；绩溪的金山时茶；休宁的白岳黄芽与茗洲茶；潜山的天柱剑毫；岳西的翠兰；宁国的黄花云尖；霍山的翠芽；庐江的白云春毫
	黄茶	皖西的黄大茶
浙江	绿茶	杭州的西湖龙井、莲芯、雀舌与莫干黄芽；天台的华顶云雾；嵊县的前岗烨白与平水珠茶；兰溪的毛峰；建德的苞茶；长兴的顾渚紫笋；景宁的金奖惠明茶；乐清的雁荡毛峰；天目山的天目青顶；普陀的佛茶；淳安的大方、千岛玉叶与鸠坑毛尖；象山的珠山茶；东阳的东白春芽与太白顶芽；桐庐的天尊贡芽；余姚的瀑布茶与仙茗；绍兴的日铸雪芽；安吉的白片；金华的双龙银针；婺州的举岩与翠峰；开化的龙顶；嘉兴的家园香茗；临海的云峰与蟠毫；余杭的径山茶；遂昌的银猴；盘安的云峰；江山的绿牡丹；松阳的银猴；仙居的碧绿；泰顺的香菇寮白毫；富阳的岩顶；浦江的春毫；宁海的望府银毫；诸暨的西施银芽
	黄茶	温州的温州黄汤
	红茶	杭州的九曲红梅
江西	绿茶	庐山的庐山云雾；遂川的狗牯脑茶；婺源的茗眉、大鄣山云雾茶、珊厚香茶、灵岩剑峰、梨园茶与天舍奇峰；井岗山的井岗翠绿；上饶的仙台大白与白眉；南城的麻姑茶；修水的双井绿、眉峰云雾与凤凰舌茶；临川的竹叶青；宁都的小布岩茶、翠微金精茶与太沾白毫；安远的和雾茶；兴国的均福云雾茶；南昌的梁渡银针、白虎银毫与前岭银毫；吉安的龙舞茶；上犹的梅岭毛尖；永新的崖雾茶；铅山的苦甘香茗；遂川的羽绒茶与圣绿；定南的天花茶；丰城的罗峰茶与周打铁茶；高安的赣州黄檗茶；永修的攒林茶；金溪的云林茶；安远的九龙茶；宜丰的黄檗茶；泰和的蜀口茶；南康的坑窝茶；石城的通天岩茶；吉水的黄狮茶；玉山的三清云雾

省区	茶类	主要名茶品目
江西	红茶	修水的宁红
四川及重庆	绿茶	名山的蒙顶茶、蒙山甘露、蒙山春露、万春银叶与玉叶长春；雅安的峨眉毛峰、金尖茶、雨城银芽、雨城云雾与雨城露芽；邛崃的文君绿茶；峨眉山的峨芯与竹叶青；雷波的黄郎毛尖；达川的三清碧兰；乐山的沫若香茗；重庆的巴山银芽、缙云毛峰与大足松茗
	红茶	宜宾的早白尖工夫红茶；南川的大叶红碎茶
	紧压茶	重庆的重庆沱茶
江苏	绿茶	宜兴的阳羡雪芽与荆溪云片；南京的雨花茶；无锡的二泉银毫与无锡毫茶；溧阳的南山寿眉与前峰雪莲；江宁的翠螺与梅花茶；苏州的碧螺春；金坛的雀舌、茅麓翠峰与茅山青峰；连云港的花果山云雾茶；镇江的金山翠芽
湖北	绿茶	恩施的玉露；宜昌的邓村绿茶、峡州碧峰与金岗银针；随州的车云山毛尖、棋盘山毛尖与云雾毛尖；当阳的仙人掌茶；大梧的双桥毛尖；红安的天台翠峰；竹溪的毛峰；宜都的熊洞云雾；鹤峰的容美茶；武昌的龙泉茶与剑毫；咸宁的剑春茶、莲台龙井、白云银毫与翠芯；保康的九皇云雾；蒲圻的松峰茶；隆中的隆中茶；茶山的长冲茶；麻城的龟山岩绿；松滋的碧涧茶；兴山的高岗毛尖；保康的银芽
湖南	绿茶	长沙的高桥银峰、湘波绿、河西园茶；东湖银毫与岳麓毛尖；郴州的五盖山米茶与郴州碧云；江华的毛尖；桂东的玲珑茶；宜章的骑田银毫；永兴的黄竹白毫；古丈的毛尖与狮口银芽；大庸的毛尖、青岩茗翠与龙虾茶；沅陵的碣滩茶与官庄毛尖；岳阳的洞庭春与君山毛尖；石门的牛抵茶；临湘的白石毛尖；安化的安化松针；衡山的南岳云雾茶与岳北大白；韶山的韶峰；桃江的雪峰毛尖；保靖的保靖岚针；慈利的甑山银毫；零陵的凤岭容诸笋茶；华容的终南毛尖；新华的月芽茶
福建	乌龙茶	崇安的武夷水仙、大红袍与肉桂；安溪的铁观音、黄金桂与包种；建瓯的龙须茶；永春的佛手；诏安的八仙茶
	绿茶	南安的石亭绿；罗源的七境堂绿茶；龙岩的斜背茶；宁德的天山绿茶；福鼎的莲心茶
	白茶	政和及福鼎的白毫银针与白牡丹；福安的雪芽
	花茶	福州的茉莉花茶；还有茉莉银毫、茉莉春风与茉莉雀舌毫
	红茶	福鼎的白琳工夫；福安的坦洋工夫；崇安的正山小种

省区	茶类	主要名茶品目
云南	红茶	风庆及勐海的滇红工夫红茶与云南红碎茶
	黑茶	西双版纳及思茅的普洱茶
	紧压茶	下关的云南沱茶
	绿茶	勐海的南糯白毫、云海白毫与竹筒香茶；宜良的宝洪茶；大理的苍山雪绿；墨江的云针；绿春的玛玉茶；牟定的化佛茶；大关的翠华茶
广东	乌龙茶	潮州的凤凰单枞、凤凰乌龙与凤凰水仙；还有岭头单枞、石古坪乌龙与大叶奇兰
	红茶	英德的英德红茶；还有荔枝红茶与玫瑰红茶
	绿茶	高鹤的古劳茶；信宜的合箩茶
广西	绿茶	桂平的西山茶；横县的南山白毛茶；凌云的凌云白毫；贺县的开山白毫；昭平的象棋云雾；桂林的毛尖；贵港的覃塘毛尖
	花茶	桂北的桂花茶。
	红茶	广西红碎茶
海南	红茶	南海、通什及岭头的海南红茶
河南	绿茶	信阳的信阳毛尖；固始的仰天雪绿；桐柏的太白银毫
山东	绿茶	日照的雪青与冰绿；青岛的崂山绿茶
贵州	绿茶	贵定的贵定云雾；都匀的都匀毛尖；湄潭的湄江翠片与遵义毛峰；大方的海马宫茶；贵阳的羊艾毛峰；平坝的云针绿茶
陕西	绿茶	西乡的子午仙毫；南郑的汉水银梭；镇巴的秦巴雾毫；紫阳的紫阳毛尖与紫阳翠峰；平利的八仙云雾
台湾	乌龙茶	南投的冻顶乌龙；台北和花莲的包种茶

——摘自《中国茶经·现代名茶》

附录10 中国少数民族饮食风情一览表

<table>
<tr><th rowspan="2">族名</th><th rowspan="2">人口分布</th><th rowspan="2">宗教信仰</th><th rowspan="2">饮食特色</th><th colspan="7">风味食品</th><th rowspan="2">特色餐具</th><th rowspan="2">食忌</th></tr>
<tr><th>谷食</th><th>肉食</th><th>蔬食</th><th>饮料</th><th>节日食品</th><th>祭祀食品</th><th>保健食品</th></tr>
<tr><td>鄂伦春族</td><td>约0.7万人，主要聚居在呼伦贝尔盟和大兴安岭林区，以狩猎为生</td><td>萨满教</td><td>靠山吃山，多吃走兽、飞禽、冷水鱼和山菜，擅长拌、煮、熏、烤，口味鲜咸，喜好焦香，食风古朴，带有猎人风情</td><td>手拉面片
老考太粘粥
圈火烧
兽肉饺子
烤土豆</td><td>烤丹核
烧焦肉
灌血肠
晒肉干</td><td>生拌野葱
煮松蘑
腌香菜
炒山芹
柳蒿芽</td><td>桦树汁
花叶茶
稷子米酒
榔柿酒
马奶酒</td><td>手把肉
五味子炖肉
煮哲罗鱼
山葱炒犴丝
熏野猪</td><td>烤狍肉
山丁子果
血筋肉
烹天鹅</td><td>肉拌脑浆
草莓酱
吊锅肉粥</td><td>犴骨筷
兽皮袋
桦木碗
猎刀</td><td>不吃狗肉与马肉
产妇忌食兽头兽心
忌用刀子叉肉
长晚辈不可对饮
忌去猎人家购买兽心</td></tr>
<tr><td>鄂温克族</td><td>约2.6万人，主要聚居在内蒙古东北部，以及黑龙江和新疆，从事林牧业</td><td>萨满教
喇嘛教
东正教</td><td>以山珍野蔬和五谷为主要食源，习惯熬、烤，火候都不用老，保持硬韧，多用盐与野葱调烹，讲究原汁原味</td><td>卡拉其饼
拉布萨面
炸馃子
面包夹果酱
比力尼饼</td><td>奶皮子
手把肉
清炖鱼
烤雪兔
灌血肠</td><td>腌野葱
烩野木耳
野果酱
煮黄花菜</td><td>桦树汁
野果酒
驯鹿奶
肉末奶茶
红茶</td><td>串烧飞龙
煮全羊
草莓蜜饯
烤兽脊</td><td>犴脯
烤灰鼠
腌狍方</td><td>生兽脊
生兽肝
熊油
拌柳蒿
木耳烧鹿筋</td><td>桦皮餐具
鹿角盅
犴角杯
鹿皮袋</td><td>忌食狗肉与死兽
忌食熊的内脏
不准用刀刃拨火
火中不准扔污物</td></tr>
<tr><td>赫哲族</td><td>约0.43万人，主要聚居在完达山余脉和三江平原的沿江地带，擅长捕鱼</td><td>萨满教</td><td>主食多系冷水鱼和山兽，辅以野生蔬果和粮豆，喜爱生食或半生食，烹调方法古朴，以向客人赠送美食为乐事，宴风别致</td><td>莫温古饭
拉拉饭
苞米糙粥
包子
花卷</td><td>烤鱼片
氽鱼丸
炒鱼毛
熏狗肉
烤獐子</td><td>柳蒿芽汤
腌野菌
炒土豆</td><td>泉水
焦炒米茶
柞树花汁
玫瑰花汁
土制酒</td><td>杀生鱼
刨花鱼片
生拌鱼籽
腌白鱼</td><td>鱼干
托花样饭
生鱼片
鳇鱼筋
荞麦饼</td><td>鱼肉芹菜饺
貉獾油
大马哈鱼籽</td><td>桦皮碗
兽皮袋
角杯</td><td>忌捕食投室之雀
忌射杀迷路小兽
长晚辈不可同桌吃饭
鱼头不可以给小孩吃</td></tr>
</table>

族名	人口分布	宗教信仰	饮食特色	风味食品							特色餐具	食忌
				谷食	肉食	蔬食	饮料	节日食品	祭祀食品	保健食品		
达斡尔族	约12万人，主要聚居在嫩江边的莫力达瓦旗，少数在新疆，从事多种经营	萨满教 喇嘛教	谷食为主，肉食和蔬食为辅，烹调技术较为发达，习惯于鱼肉菜果合烹，口味趋向鲜咸香浓，膳食结构平衡，年节食品众多	稷子米饭 荞麦粥 燕麦饭 豆饭	飞龙汤 手把肉 烤野兔 烹水鸭	腌芸豆 炒南瓜丝 柳蒿汤 昆米日菜 蘸韭菜花	奶米茶 土酿酒 牛羊奶 酸奶	稠李子包子 瓦琪肉 发面油饼 奶面片	糖油米酥饼 猪血肠 熬苏木饭 烤野鸡	苏子猪油饼 蘑菇炖鸡 奶泡饭 西哲英	桦木餐具 陶瓷器 民族刀具	小孩不吃猪尾巴 幼儿不吃动物脊髓 出麻疹期间不可炒菜
朝鲜族	约192万人，主要聚居在吉林省的延边，其他散居各地，以农耕为生	儒教 道教 大乘佛教	吃大米，重肉食，喝烧酒，饮凉水，嗜辣椒，爱生冷，日定四餐，餐餐不离大酱和清酱，以狗肉为贵，冬令火锅尤见特色	冷面 打糕 药饭 豆馅包子 紫菜饭	生拌明太鱼 梅云汤 生拌牛肉 烧地羊 婴鸡汤	苹果梨泡菜 生拌桔梗 酱腌紫苏 生渍黄瓜	泉水 烧酒 三亥酒 耳明酒 清酒	水卵大虾 蒸哈蜊 烤牛排 美美汤 狗杂碎冷盘	头蹄冻 虎眼肉 片糕 生拌牛百页	药饭补身炉 辣酱南沙参 参芪狗肉汤	深铜碗 红木盘 小口铁锅	忌讳父子同席 婚丧大事不杀狗 青年不可使用单人餐桌 斟酒须按年岁顺序
满族	约982万人，主要聚居在东北三省和京、津，其他散居全国，多数务农，亦从事其他行业	萨满教 大乘佛教 儒教	主食多为饽饽之类，一粘二凉；肉食重猪，习惯白煮片切；嗜好野味，多为烧烤；茶食讲究，祭仪繁多，食俗事象丰富多彩	炸糕 净水饭 豆面饽饽 饺子 蜂糕	白片肉 血肠 猪肉酸菜粉条 酱肘子 鲫鱼汤	白菜包 芥末墩儿 拉皮 豆腐盒	加糖热黄酒 奶汁 高粱酒	手扒肉 白肉血肠 萨其玛 苏叶饽饽 拉拉饭	福肉 阿玛尊肉 烤小猪 金丝糕 酱鸭	打糕 栗面窝窝头 蜜果子 合喜面 白肉火锅	解手刀 大铜盆 瓷盘 红木案	禁食狗肉 忌捕喜鹊与乌鸦 长晚辈不可同桌吃饭
蒙古族	约481万人，主要聚居在内蒙古，次为吉林、云南等地，从事畜牧业	萨满教 喇嘛教	分为白食（奶面制品）、红食（畜兽制品）两大系列，重酥烂，喜咸鲜，油多，色深，块大，量足，用膳时间长，有豪饮之风	奶糕 奶炒米 包子 面片汤 奶酥	手把羊肉 炖羊肉 大炸羊 发菜蹄筋 羊杂碎汤	烩白菜 炖口蘑 炖豆腐 腌蕨菜	奶茶 烈酒 马奶酒 鲜奶 沙棘汁	烤羊尾 扒驼蹄 滑炒驼峰丝 烤全羊	哈达饼 成吉思汗烤肉 烤黄鼠 华莱士瓜	奶豆腐 飞龙汤 奶酪 羊肉汤	银碗 木碗 蒙古刀 龙茶盅	遵循喇嘛教食规 忌讳鱼虾和海味 一般不爱米饭、青菜，不吃带汁菜与辣味菜 服丧期间禁宴乐

族名	人口分布	宗教信仰	饮食特色	风味食品							特色餐具	食忌
				谷食	肉食	蔬食	饮料	节日食品	祭祀食品	保健食品		
俄罗斯族	约1.35万人,主要聚居在伊犁、塔城、乌鲁木齐和哈尔滨等地,从事农林牧副各业	东正教	饮食基本上属于西餐中的罗宋菜体系,但带有新疆风情,面食为主,肉奶并重,嗜好鲜咸、软烂、油腻和腥酸,食量大,用餐时间长	黑面包 馅饼 馕 土豆疙瘩 小茶点	土豆烧牛肉 焗羊排 罗宋汤 炭烤肝串 烤羊肉	腌酸菜 生黄瓜 炸土豆条 苏波汤 辣白菜	红茶 伏尔加酒 格瓦斯酒 柠檬汁 矿泉水	比罗什哈饼 鱼籽酱 开夫鸡 醋渍蘑菇 抓饺	肉饼 葡萄酒 果酱排 面包配盐	三鱼汤 黑豆粥 比切尼糕 熟鸡蛋	红铜茶饮 水晶杯 细瓷餐具 银餐刀 钢叉	忌食马肉与驴肉 少数人不吃猪、狗肉 吃饭不可嚼出声响,使用刀、叉应规范
锡伯族	约17.2万人,主要聚居在新疆、辽宁、吉林和黑龙江等地,兼营多业	原始宗教 萨满教 喇嘛教	谷食为主,家畜为辅,食源较为丰富,专长煎、炖、腌、烤,喜用胡麻油烹调,口味偏好鲜香咸辣,大块装盘,自带小刀片食	米饭 饽饽 韭菜盒子 抓饭 水饺	手把肉 烤野兔 炖鸡块 炸鱼条 羊肉汤	腌咸菜 甜面酱 洋葱炒鸡蛋 烧土豆	红茶 奶茶 糊米茶 葡萄酒 家酿酒	发面饼 南瓜饺子 烤黄羊 红烧蹄膀	烤羊羔 腊野鸭 大盘肉	酥油 豆面饽饽 抓饭	锡伯小刀 桦木碗 瓷餐具	忌食狗肉与马肉 正月不烹制熟食 不可用刀尖指人 严禁跨越火盆 父子、翁媳不同桌吃饭
裕固族	约1.23万人,主要聚居在祁连山北麓的肃南和酒泉等地,世代放牧和狩猎	喇嘛教	先后经历过熟杂食、肉奶为主、肉茶相辅、粮肉调剂等阶段;现今是米面为主、野菜为辅、重视奶茶、适量吃肉,每天三茶一饭	炒面 烫面 烙饼 锅盔 奶饼	手抓羊肉 风干牛羊肉 羊血灌盘肠 熏羊肉条 羊杂碎汤	炒地耳 炖鲜蘑 腌沙蒜	酥油咸奶茶 青稞酒 酸奶 甜奶汁	整烤野羊 抓饭 奶疙瘩 奶馃子 焖羊羔肉	羊背子 冻饺子 花小米饭	烤驼肉 酥油 油炸鸡蛋 清炖鸡	小木碗 角骨杯 土陶具	遵守喇嘛教食规 忌食尖嘴和圆蹄动物 用餐不可站立 吃饭不许走动
土族	约19.2万人,主要聚居在青海省的互助、民和和大通三县,农牧并重,擅长园艺	道教 喇嘛教	日食三餐,早煮土豆或糌粑粉;中午有饭有菜,晚多吃面食。烹调技术古朴,重质不重形,讲求热量,以大方丰实为美	糌粑 面糊糊 沓呼尔饼 盘散 油搅团	手抓羊肉 羊肉汤 羊方 炖鸡	北沙参 熬胡萝卜 腌荨麻叶	酩馏酒 咸茯茶 酥油茶	蒸鸡 烧麦 烘锅馍 麻哈方子	手抓大肉 酩醪子 煮羊头 酥油花盒 千层饼	红鸡蛋 豆油搅团 薄适左油条 冰块	木盘 酥油碗 土族餐刀	遵守喇嘛教食规 忌食马、驴、骡肉 忌用有裂缝的碗 忌讳在厨房吐痰

族名	人口分布	宗教信仰	饮食特色	风味食品							特色餐具	食忌
				谷食	肉食	蔬食	饮料	节日食品	祭祀食品	保健食品		
回族	约860万人，主要聚居在宁夏、青海、新疆、河南、河北、山东、辽宁、云南和北京等地	伊斯兰教	清真色彩极浓，日食三餐，北麦南米，爱吃牛羊肉与淡水鱼，喜好咸鲜、酥香、软烂与醇浓，强调生熟分开、咸甜分开和冷热分开	面条 馒头 米饭 锅盔 饸饹	手抓羊肉 水爆肚仁 香酥鸡 桂花鸭 油烹大虾	烧豆腐 炒洋葱 腌酸菜 烩大白菜	奶茶 油茶 绿花茶 八宝茶 五香茶	油香 馓子 羊肉水饺 涮羊肉	大鲤鱼 烤全羊 羊背子	蜜馃子 油炒面 牛羊肉泡馍 牛干巴	三炮台茶具 白瓷餐具 小铁锅	遵守伊斯兰教食规 禁食动物的血液 禁食自死的牲畜 禁食脏物、恶物 禁食烈酒和毒品
维吾尔族	约721.4万人，主要聚居在新疆南北，少数分布在湖南和北京等地	伊斯兰教	以面食和牛羊肉小吃为常餐，喜食水果、蔬菜、奶制品与茶点心，爱喝熬煮的奶茶及红茶，习饮葡萄酒，食量大，多抓食	馕 炒面 薄皮包子 胡修粥 米肠	羊肉丸子 羊肉羹 羊杂碎汤 洋葱炒肉 黄焖鸡	烤南瓜 胡萝卜酱 葡萄酱 无花果酱	奶茶 茯茶 红茶 葡萄酒 哈密瓜汁	羊肉抓饭 葡萄干抓饭 烤羊肉串 烤全羊 炮仗子	塔儿糖 卡瓦甫烤肉 马奶酒	羊肉桃仁 烤疙瘩羊肉 曲曲馄饨 面肺 沙枣酒	维族小刀 白台布 玉石杯 细瓷器	基本同于回族 忌用鼻子嗅食物 不可乱用茶杯 饭前必须洗手 饮用水务必洁净
哈萨克族	约111万人，主要聚居在伊犁、塔城、阿勒泰、巴里坤、昌吉和阿克苏等地	伊斯兰教	主要食用面粉、牛羊马肉和奶品，偶尔食用葱头和野菜，制食方法古朴别致，用马皮袋酿酒、净羊胃藏酥油，游牧生活情调浓郁	库吉粥 羊肉拌面条 酥油小米饭 烤饼 油馃子	手抓羊肉 烤羊腿 煮马肉 索古姆肉	炒洋葱 腌沙葱 拌野菜	马奶酒 奶茶 低度葡萄酒 酸奶子	腊马肠 奶皮子 烤羊头 茶点心 醺酪	酥油 酥奶酪 小马驹	奶豆腐 抓饭 奶疙瘩	铜壶 马皮袋 净羊胃 民族小刀	基本同于回族 不可用手背擦食物 不准坐在食物箱上 不准乱倒泔水 不准青年人坐上席
柯尔克孜族	约14.1万人，主要聚居在帕米尔高原喀什噶尔河谷的克孜勒苏州	伊斯兰教	一日三餐，早为馕和奶茶，午晚餐是面食和马牛羊肉，重视蔬菜和奶制品，一年四季不离茶，以马驹肉和驼羔肉著称于世	馕 纳红面 牛奶煮稷子 面粥 羊肉包子	贝吉灌肠 羊肉汤 灌肺 手抓羊肉 驼肉汤	煮土豆 炒洋葱 烩胡萝卜	奶茶 孢孜酒 酸奶 加尔玛酒	巧巴拉馄饨 马驹肉 皮特尔包子 那仁 库依马克饼	驼羔肉 奶油甜米饭	锅烤羊肉 克缺饭 乌麻什粥 油馃子 马奶酒	民族小刀 白台布 粗陶具	基本同于回族 饭前必须洗手 碗中不可留剩饭 切忌在地上倒饭菜

族名	人口分布	宗教信仰	饮食特色	风味食品							特色餐具	食忌
				谷食	肉食	蔬食	饮料	节日食品	祭祀食品	保健食品		
塔吉克族	约 3.35 万人，主要聚居在新疆的塔吉克、莎车、泽普、叶城和皮山等地	伊斯兰教	主食花样多，常用奶、米、面混做，吃肉多是大块清煮，蘸盐食用，善于调制果酱，习以烤野兽待客，一般不禁烟酒，但不可过量	面粉糊 酥油泡馕 大米奶粥 牛奶面片 那仁汤	手抓羊肉 西尔乌肉 羊杂碎汤 烤鸡	李子酱 青仁酱 酥油面酱 野菜	奶茶 果汁 家酿酒	紫色羊肝 羊尾巴油 烤黄羊 雪鸡汤 烤驼肉	酥油馃子 奶饼 烤羊头	奶干 青稞糊 酥油	民族小刀 白台布 铜铁炊具	基本同于回族 忌讳男女同席 不许脚踩动物 刀口不许指向他人
乌孜别克族	约 1.45 万人，主要聚居在新疆的巴楚、阿克苏、伊宁、喀什和乌鲁木齐等地	伊斯兰教	以面粉为主食，馕的花样甚多，副食有牛羊鸡鸭，爱吃糖浆与蜂蜜，重视奶制品，烹调水平较高，节庆食品丰盛，待客豪爽真诚	纳仁面片 肉馕 抻面 烤包子 薄饼	米肠子 土豆炖羊肉 蛋清白糖羹 烤羊疙瘩 抓羊肉	莱朴劳 西瓜 香梨 奶豆腐	奶茶 红茶 牛奶 小米酒 果汁	烤全羊 羊肉饺子 甜朴劳 米饭	肉焖饼 馓子 羊背子	朴劳抓饭 蛋炒饭 油沓子 玉米面馕	民族小刀 白台布 瓷碗	基本同于回族 吃饭时严禁脱帽 严禁长幼混坐 严禁胡言乱语 大多不吃海味
塔塔尔族	约 0.48 万人，主要聚居在伊宁、塔城、乌鲁木齐、奇台和吉木萨尔等地	伊斯兰教	该族妇女以擅长烹饪而著称，烤饼与糕点全疆驰名，用餐重视礼节，节庆食俗丰富多彩，婚宴更是情文稠叠	古拜底埃饼 卡特力特饭 去买西糕 帕拉马西饼 拌面条	油煎肉 烤羊腿 焖鸡 煎蛋	土豆泥 炖胡萝卜 炒洋葱 腌野葱	五香茶 马奶 蜂蜜酒 野葡萄酒 杏汁	肉蛋抓饭 小糕点 羊肉饺子	烤全羊 蜂蜜 烤饼	克赛勒酒 烤饼	民族小刀 不锈钢叉 瓷碗	基本上同于回族、维吾尔族和哈萨克族
东乡族	约 37.4 万人，主要聚居在甘肃省河州的东乡县，大都务农为生	伊斯兰教	饭菜合一，多料混做是其最大特色，尤为偏爱土豆制品，肉食多系清煮，吃鸡分作十三块，鸡蛋面饼用以待客	刀切面 米面窝窝 芽尝 油花馒头 荞麦煎饼	清煮羊头蹄汤 烤鸡 炒鸡蛋	焐土豆 韭菜搅团 油辣子 咸菜 油蒜	奶茶 青稞酒 八宝茶	炸油香 酥馓 羊肉发子 仲卜拉馍	罗婆粥 煮全鸡 肋条肉	困锅子饼 牛羊肉饱馍 胡麻炒面	东乡刀 红木案 粗陶具	基本同于回族 敬茶不可用单手 长辈必须坐上方 饮宴不可无礼仪

族名	人口分布	宗教信仰	饮食特色	风味食品							特色餐具	食忌
				谷食	肉食	蔬食	饮料	节日食品	祭祀食品	保健食品		
撒拉族	约8.77万人,主要聚居在青海的循化、甘肃的积石山和新疆的乌鲁木齐等地	伊斯兰教	膳食结构以面粉、蔬菜和牛、羊、鸡为主体,精通蒸、煮、烙、烩,尤重甜醅、麦茶和果叶茶,宴客多用羊背子和碗菜	馍馍 花卷 烙饼 面片 搅团	手抓羊肉 羊肉火锅 牛杂碎汤 煮鸡	炒土豆 焖白菜 烧胡萝卜 洋葱	麦茶 果叶茶 甜醅 冻酸奶	羊背子 碗菜 羊肉包子 羊油炒饭	大馓子 全羊 甜醅	麦仁饭 雀舌面 羊肉汤	陶罐 火壶 盖碗 撒拉刀	遵循伊斯兰教食规,基本同于回族和维吾尔族
保安族	约1.22万人,主要聚居在甘肃省的积石山区,经济属于山地麦作农耕类型	伊斯兰教	主食为麦、豆、杂粮,重视牛羊肉奶和禽蛋、鱼鲜,嗜爱酸辣,每餐不离老醋及油发辣面,全羊席闻名遐迩,五香茶快人朵颐	炕锅馍馍 青麦包子 河州包子 鸽肉稀饭 浆水面	手抓羊肉 麦仁杂碎汤 爆鸡块 羊肉粉条	炖粉条 熬萝卜 腌韭菜 炒洋葱	春尖茶 三香茶 五香茶 浓茯茶 牛羊奶	碗菜 清水鸡 煮全鸭 臊子面	清煮全羊 羊油糖包 五色米饭	蕨麻籽炖鸽 冰心包子 炒肉面	红木食盘 保安刀 白台布	基本上同于回族和维吾尔族
彝族	约657万人,主要聚居在四川凉山、云南楚雄、贵州毕节和六盘水等地	原始宗教 道教 佛教	杂粮为主体,嗜好酸辣,每餐不离盐巴,肉食多为"两只脚"的鸡鸭和"四只脚"的猪牛羊,大块煮、烤,断生即可,尤为重酒	荞粑 粉蒸乳饼 包子 油饼 面条	灌血肠 粉蒸羊肉 羊皮煮肉 煮猪头 麂四件	煮豌豆 腌辣椒 芫荽叶 焖土豆	烤茶 盐巴茶 秆秆酒 鸡血酒	坨坨肉 油炸蚂蚱 锅贴乳饼 彝味兔 生炸土海参	麂子干巴 白水煮小猪 猪肝鲊 威宁荞酥	肝胆生 面糊酸菜肉 锅巴油粉 巍山焦肝	马樱花树碗 红椿木杯 牛蹄杯 鹰爪杯 彝族小刀	忌食马、狗及蛙、蛇 不许跨越火塘 宰牲忌讳外人观看 不可未经允许带走食物 有人不吃大蒜
羌族	约19.8万人,主要聚居在四川的茂汶、汶川、松潘、甘孜等地,主要务农	大乘佛教 喇嘛教 原始宗教 道教	主食花样多,口味偏好酸辣香咸,肉食较为单纯,重视药膳,饮食忌讳较多,饮宴频仍,虔诚祭祀,常以歌舞侑食	玉米蒸蒸 金裹银 银裹金 玉麦汤圆 酸汤面	坨坨肉 血肠 瓤肚 烧羊肉 猪肚子骨头	油炸洋芋片 血豆腐 炒圆根菜 烩蘑菇	咂酒 蒸蒸酒 杯杯酒 白羊茶 老叶茶	荞面条 羌馍 炒面 煮全鸡	猪膘 血馍馍 美酒	羊肉附片汤 羊肉当归汤 猪肉炖杜仲 黄芪炖鸡 山药面	羌族小刀 巨形竹筷 土陶器	不吃马肉和牛肉 产妇不吃母猪肉、羊肉 儿童不吃猪的尾、蹄 办席菜数不可为十 不许践踏锅庄

族名	人口分布	宗教信仰	饮食特色	风味食品							特色餐具	食忌
				谷食	肉食	蔬食	饮料	节日食品	祭祀食品	保健食品		
藏族	约459万人，主要聚居在西藏，次为青海、甘肃、四川和云南等地，放牧为主	本教 喇嘛教	膳食花样不求多，但重精美、适口、富含热量，以酥油茶、青稞酒、糌粑、奶制品和牛羊肉为五大主角，餐不定时，饮宴多在草地或林间举行	糌粑 麻粑 土巴 人参果抓饭 肉粥	手抓羊肉 盐拌牛肉 赛蜜羊肉 火上烧肝 肉脯	油松茸 烩野蘑 煮土豆 炒黄豆	酥油茶 青稞酒 酸奶 清泉水 牛羊奶	辣子朵勺 粑杂麻古 萨干察门 河曲大饼 竹叶火锅	酥油花 推 隆过 扒擦麻古 烤雪鸡	切玛 猪膘 奶酪 血肠 氽灌肠	藏刀 糌粑袋 小木碗 石锅 藏式竹盒	遵守喇嘛教食规 不吃奇蹄动物、有爪动物和鱼鲜 不用有裂纹的餐具 忌讳打碎餐具
门巴族	约0.75万人，主要聚居在西藏的门隅地区，农林牧猎兼作，手工艺发达	喇嘛教 本教	日食三餐，以玉米、青稞、高粱为主食，家畜肉奶和蔬食为辅，爱吃野兽和山菜，烹调方法古朴，保持原始公社的平分食物制度	荞麦饼 糌粑糕 混合饭 煮野薯根	肉干 炖肉 烤野猪 血肠 风獐肉	菜糊糊 腌山菜 炖蘑菇	鸡爪谷酒 酥油茶 酸奶 泉水	炖羊肉 竹叶火锅 雪鸡汤	散 烤牛肉 猪膘	达谢 奶酪 血肠	竹编盒 草席 木碗 门巴刀	基本同于藏族 丧葬日不许杀生 忌耕日不许杀生 产妇不吃辣椒
珞巴族	约0.23万人，主要聚居在西藏的珞渝地区，经营粗放农业和狩猎业	原始宗教	谷豆和野生植物块根兼食，家畜和野兽并重，嗜烟酒及辣椒，烹调方法古朴，习惯用石锅做饭，有原始社会的共食遗风	玉米面团 鸡爪谷团 荞麦饼 糌粑 大米饭	奶渣 烤肉 风干牛肉	煮南瓜 炖白菜 炒土豆 烩芜菁	酥油茶 酸奶 青稞酒 泉水 玉米酒	猪膘 手抓羊肉 大米饭	梭白巴牛 酥油 奶酪	獐子肉 奶粥 石锅焖肉	石锅 珞巴刀 银杯 竹盘	禁吃类似藤科状植物的蔬果
苗族	约740万人，主要聚居在黔东南，次为湘西、鄂西、云南文山和广西百色等地	原始宗教 基督教	主食为杂粮，最爱糯米饭，肉品多来自禽畜，尤重狗肉，习用茶油，口味偏重，有“无菜不酸”之说，苗家酸宴闻名全国	面面饭 桐叶粑 高粱饭 玉米羹 荞麦饼	辣骨汤 血肠粑 猪肉酸 鲊鱼	连渣汤 菜豆腐 酸汤 萝卜酸 芋头酸	油茶 万花茶 甜酒 泡酒	乌饭团 糯粑 香茅草烤鱼 油炸飞蚂蚁 瓦罐狗肉	酸鱼 红烧竹鼠 虫酯 煮公鸡 五彩糯米饭	龟凤汤 炖金嘎嘎鸽 百果茶 桐叶粑	银碗 竹筒 吊罐	一般不吃面条、牛羊肉 龙姓苗人不吃鸡 忌狗上灶 忌在屋中煮蛇肉 守孝期忌食辣椒

族名	人口分布	宗教信仰	饮食特色	风味食品							特色餐具	食忌
				谷食	肉食	蔬食	饮料	节日食品	祭祀食品	保健食品		
水族	约34.6万人，主要聚居在贵州的三都，经济文化属于稻作农耕类型	原始宗教	日食2～3餐，有便餐与客餐之别，大米为主，重视糯食，嗜食酸辣，盐酸菜别具风味，爱吃鱼鲜，特别恋酒，礼仪食俗五彩纷呈	大米饭 糯米粑 菜粥 杂粮饭 红薯饭	酸水煮鱼 酯鱼 腌螺蛳 腊肉 煮鸡	水煮萝卜 焖南瓜 炒豆角 烧豆腐 酸汤	大米酒 糯米酒 杂粮酒 甜酒	鱼包韭菜 粽子 鸡鸭翅腿 盐酸菜 苦胆煮猪肝	鱼虾菜 红鸡蛋 糍粑 瓜果	九阡酒 风干鱼 糯米粑	石盘 草编 银杯	待客不可杀白鸡 猪仔肉不能送岳父 狗崽肉不能待女婿 祭祖不能用动物油 人死后守孝忌荤三天
布依族	约254.5万人，主要聚居在黔南、黔西南和安顺地区，从事犁耕农业	天主教 原始宗教	习用木甑和鼎罐炊饭，多是米豆混做，除去禽畜，爱吃竹鼠和竹虫，一般不吃生食，善于调制糟辣、豆豉和泡菜，有"肥羊抵不上瘦狗"之说	焖饭 二合饭 苞谷粑 米线 饵块	糯米穿肠 炒螺蛳肉 猪血杂 腊肉 狗灌肠	烩楠竹笋 酸芭蕉心 豆豉 泡菜 糟辣	土酒 甜酒 黑糯米酒 花溪刺梨酒	青苔冻肉 香椿蝌蚪 炸竹虫 米凉糕 全鸡	糯米汤圆 花饭 芝麻油团 血米鸡粥 烤竹鼠	活血 花江狗肉 烤炖狗肉 烧松鼠 腌浸肝	牙舟陶器 石盆 竹编 木甑 鼎罐	大都没有特殊的食忌
仡佬族	约43.8万人，主要聚居在黔西的道真、务川两县，大多从事山区农业	原始宗教	主食为苞谷和大米，以糯食为贵，喜欢腌酸菜和吃辣椒，人人嗜爱狗肉，善酿能饮，并有著名的"百虫宴"，寓教于食	酸汤烫饭 玉米饭 荞粑 小米粥 高粱糙子	辣椒骨 腊肉 香肠 咸蛋 烧鱼	酸辣菜 腌香椿 扣肉底菜 辣油鲊 烧豆腐	爬坡酒 牂柯酒 苞谷酒 清茶	狗肉 香香果盘 扣肉 枕头粑	糯米粑 猪头	糖蜜芝麻粑 炖鸡 烧猫肉	仡佬刀 红布米袋 竹木器	狗肉不可以祭祖
侗族	约251.4万人，主要聚居在黔、湘、桂三省区毗邻的苍山翠谷之中	原始宗教	饮食文化自成一体，具有杂（膳食来源）、酸（口味爱好）、欢（筵宴气氛）的特色，多在风雨楼迎宾和宴客，不醉不休	白米饭 花米饭 饭团 粑粑 光粥	草鱼羹 吮棱螺 烧山鼠 烧鸭 烹泥鳅	栎木果豆腐 腌酸菜 五味姜 炒花生仁	油茶 茶泡汁 苦酒 米酒 果汁	糍粑 火烤稻花鲤 酸螃蟹 侗粑 黑珍珠饭	香稻抟饭 酯草鱼 腊肉 松香鸡	粽子 炖鸡 烧石蛙 风麂肉	侗刀 吊锅 葫芦瓢 藤篮	不可坐在门坎上吃饭 忌讳看别人吃东西 正月初一不生火 祭祀期不许外人入寨 孝子忌荤吃素

族名	人口分布	宗教信仰	饮食特色	风味食品							特色餐具	食忌
				谷食	肉食	蔬食	饮料	节日食品	祭祀食品	保健食品		
独龙族	约0.58万人，主要聚居在滇西北贡山下的独龙河谷，有基础农业，重视采集和渔猎	原始宗教	一为农耕为主，采集和渔猎为辅，就地择食，因势制食；二是实行“主妇管仓制”和“主妇分食制”，平分猎物，原始的共食思想浓厚	石块粑粑 炒面 谷子饭 苦荞粑 三合饭	烧猪大肠 卤鸟蛋 煮细鳞鱼 灌肠	臭竹笋 荨麻煮芋头 煮豆荚 煨土豆 煮干巴菌	家酿酒 野果汁 山茶	烤鱼 蜂蜜 烤岩羊 糯稗粑 烧鸡棕	酒焖鸡 风腊野牛 甜荞粑	炸蜂雏 硬稗饭 风干鹿肉	兽角杯 兽骨筷 兽皮袋 独龙刀 竹石锅	大都没有特殊的食忌
傈僳族	约57.5万人，主要聚居在滇西北怒江州及其邻近四县，务农为主业	原始宗教 基督教	习惯于饭菜一锅煮，食时拌以漆油、桃仁、辣椒、豆豉或野味；蔬菜煮食，野果生食，肉品烤食，抽兰花烟，嚼槟榔	苞米粥 荞粑 阴玉米饭 爆玉米花 漆油饭	排骨鲊 红烧方肉 焐煮肉 咸水蜂蛹 腊肉	珍珠木瓜 水豆豉 煮芋头 煮薯根 凉拌三丝	麻籽茶 漆油酒 酥油茶 杂粮酒	清煮小猪 黄焖麂子 蜜渍蜂蛹	烤小猪 红糯饭	漆油炖鸡 漆油甜酒蛋 天雄米粑粑	木盘 竹编 傈僳刀	小孩夭折，家长忌羊 产妇不吃白灰色鸡、母猪和母牛 同村人去世，一月内忌食辣椒
布朗族	约8.23万人，主要聚居在西双版纳、思茅和临沧，主要务农和植茶	小乘佛教 原始宗教	大米为主，糯米为贵，蔬菜多，野菜食用量大，肉食品杂，注重酸香，有不少特异食物，有酒必饮，饮酒必醉，孕妇爱吃“红土”	竹筒饭 粑粑 玉米粥 煮豌豆 荞子饼	炒鲊肉 蚂蚁卵 酸鱼 舂螃蟹 腌肉	炒菜瓜 烧茄子 炒芭蕉花 腌蕨菜 煮木耳	普洱茶 竹筒茶 酸茶 翡翠酒	烤田鼠 烧鸡棕 猪骨糁 拌黄笋	蝉酱 烤竹鼠 鲊肉	筒酵生牛肉 油炸花蜘蛛 五彩粑	竹编 铜锅 土锅 木甑 竹筒	遵守小乘佛教食规 禁在“神林”狩猎 忌讳跨过火塘 不可触动三角火架
傣族	约102.5万人，主要聚居在西双版纳、德宏、临沧、思茅、楚雄、大理和丽江等地	小乘佛教 原始宗教	特色有五：一为食源丰富、奇异；二为炊饮器皿古朴纯真；三为擅长调制糯食；四为喜爱昆虫食品；五为嗜好酸苦香辣	竹筒饭 扁粽 糯米油果 糯米卷 白粥	油煎干蝉 盐煎竹蛆 牛撇皮凉盘 苦汁牛肉 火烧鱼	煮青苔 烧苦瓜 酸粑菜 腌笋干	普洱茶 香茅草水 甜米酒	毫诺索粑 菠萝爆肉 木瓜焖鸡 烧猪脑花 串烤金丝鸟	毫崩粑粑 香茅草烤鸡 火烧肉米线 鱼剁生	腌牛头 狗肉火锅 象牙粑粑 田鸡干巴 黄焖鸡	竹篮 铁三角架 芭蕉叶桌布 粗陶器 竹筒	遵守小乘佛教食规 大多不吃羊肉 忌讳跨越火塘 男女不可同席

族名	人口分布	宗教信仰	饮食特色	风味食品							特色餐具	食忌
				谷食	肉食	蔬食	饮料	节日食品	祭祀食品	保健食品		
白族	约159.5万人，主要聚居在云南大理，多数务农，兼营他业，经济文化发达	佛教 道教 天主教 耶稣教 原始宗教	主食一般蒸作干饭，以便携带，肉食以猪为主，善于腌制火腿、香肠和乳扇，炒菜方法多，口味偏好酸辣，有“八大碗”等民俗酒席	粑粑 饵块 汤圆 米线 糖饭	腊肉 猪肝鲊 盐炖罐肉 粉蒸肉 酥肉	咸菜 豆瓣酱 豆豉 海菜豆腐 油炸仙人花	沱茶 窑酒 刨花茶 稍俄奈茶 雪水蜜茶	海菜炒火腿 吹肝 油鸡棕 牛奶煮弓鱼 酿雪梨	乳扇 大理砂锅鱼 生皮丝 柳蒸猪头 破酥糍粑	毛驴汤锅 大理饵丝 冰糖螺豆腐	大理石盘 大理刀 竹盘 木碗	大年初一不用铁刀 新年不可用陈水 守孝期不做红色饭菜 进餐必须长幼分坐
纳西族	约27.8万人，主要聚居在云南丽江，大多务农，畜牧业和手工业亦有发展	东巴教	食性较杂，山林万物皆入盘餐，名食多，民族风情浓郁，餐具古色古香，宴客情文稠叠，受东巴教文化的影响较大	馒头 水焖粑粑 奶楂 糌粑 杂粥	酿猪肺 吹肝 杂锅菜 腊肉 煮鱼	炒土豆 白菜汤 卤腐 四扇松茸 香蘑	酥油茶 苏尼玛酒 咣当酒 月米酒 窖酒	猪血米灌肠 丽江烤粑 八宝三美梨 猪膘肉 大肉丸	干巴肉 琵琶猪 雪莲花拼盘	牛肉汤锅 清蒸虫草鸭 天麻贝母鸡 野鸡烩木耳	铜器 竹编 镶银木碗 粗陶 骨叉	坐席不可乱辈份 禁食马、狗、猫、蛙 朔日和望月不杀生 大年初一早餐忌荤 烹茶时不可水溅火塘
景颇族	约11.9万人，主要聚居在云南德宏州的五县一镇，农耕为生，善种水稻	原始宗教 基督教	主食为大米，副食有豆薯菜果，较少吃肉，制菜多加盐与辣椒烧煮，口味偏好酸辣、酵臭，不用碗筷，常用芭蕉叶裹食	大米豆菜粥 米饭 杂豆饭 烤土豆	盐巴烤肉 春鳝鱼 竹筒烤鱼 螺蛳汤	水豆豉 酸竹笋 腌茄子 臭豆 煮芋头	竹筒煮茶 白酒 米酒 野果汁	糯米饭团 熟鸡蛋 酸笋烧鱼 螃蟹尖	烤麂子 马鹿干巴 白米饭	软米铜锅饭 砂锅炖竹鼠 油炸知了丸	竹餐具 景颇刀 芭蕉叶 铜锅	芭蕉叶不可倒着用 主人献食后不可独食
哈尼族	约125.4万人，主要聚居在云南的红河、玉溪、思茅、西双版纳和楚雄五州	原始宗教	食物资源广博，名珍异味特多，口味偏向酸辣鲜香，节令宴庆丰富多彩，其中的街心酒筵长达百余米，为华夏一绝	干饭 粑粑 米线 卷粉 豌豆凉粉	谷花鱼 蜂蛹酱 吮螺蛳 苤菜根炒肉 螃蟹炖蛋清	面笋 柴花 五色芭蕉花 腌香蓼	吉巴酒 焖锅酒 蚂蚱酒 煨酽茶 新谷酒	紫米饭 煮蛇圆子 竹筒鸡 石蹦炖蛋 笋饺	火熏腊肉 香柳拌生肉 吉宋酒 吉白酒	紫米汽锅鸡 紫米药糖粥 酸菜烧麂子 油炸蜂子 雀肉松酱	泡桐木饭甑 火课熏篮 哈尼刀 粗陶具	专用火塘不可混用 小心保护火种 不可践踏火塘

族名	人口分布	宗教信仰	饮食特色	风味食品							特色餐具	食忌
				谷食	肉食	蔬食	饮料	节日食品	祭祀食品	保健食品		
德昂族	约1.5万人，主要聚居在云南的德宏州，以及镇康和耿马等县，多数务农	小乘佛教 原始宗教	主食多为大米和豆薯，肉食多从市场购置，制菜常是蒸焖煮烤，口味是酸辣中带咸鲜，祭祀频繁，常向缅寺献食	苞谷饭 焖薯芋 豌豆粉 粑粑 汤圆	姜叶炖鱼 拌挑手鱼 炖鸡 炒肉	酸笋 酸粑菜 竹筒捣菜 春鱼腥草 拌桑麻朴	酸茶 竹筒煨茶 白酒	年糕 木瓜煮牛肉 炖鸡	汤圆 猪头 新米饭 全鸡 茶叶	酱烧鱼 糯粑 水果	德昂陶器 竹筒 木甑 民族刀具	"见杀不吃"、"闻声不吃" 忌讳践踏锅庄 忌用刀削筷子 忌置刀于米谷之上
拉祜族	约41.1万人，主要聚居在思茅、临沧、西双版纳、红河和玉溪等地，从事农耕	大乘佛教 天主教 基督教	日食两餐，习用土锅或竹筒蒸焖，经常菜粮混做，肉品主要是煨烤和熏腊，有生食遗风，饮烤茶，抽草烟，注重"团结饭"	包谷糕 大米饭 杂粮粥 焖薯根 菜合饭	血鲊 炖蛇汤 油煎蜂蛹 炖鸡 煮鸡蛋	烩白菜 腌卤腐 腌酸笋 腌豆豉	烤茶 药酒 董棕酒 清泉水	鸡肉稀饭 蕉叶煨麂子 松鼠干巴 腊马鹿	熏竹鼠 香草烤牛肉 野猪肉	护心血 剁细生 干惨	土锅 竹筒 芭蕉叶 葫芦用具	忌食狗肉 不许触动敬神竹筒 祭祀前不可谈笑 外人不许拨动火塘 客人不可主动吃鸡头
基诺族	约1.8万人，主要聚居在云南景洪县的基诺乡，从事山地农业、手工业和副业	原始宗教	不少食源取自山林，有"绿的东西都是菜，动的东西都是肉"之说，烹调主要是火烤水煮，酷爱酸、辣、香、咸，饮食具有热带山野风味	糯米饭团 椒蕉叶饭 竹筒饭 煮青玉米 新谷饭	蝴蝶肉 竹筒鸡 烤蜘蛛 煮鱼汤 炸蚂蚁	格里罗果酱 草生汤 甜笋酱 蕉花野菜 煨山药	老叶茶 梅叶酒 野果汁	竹鼠粥 苦刺果牛肉 蒸蟹 炖鸡	芭蕉肉 腊野猪 新谷饭	白旺 酸笋煮狗肉 酸荞蚁蛋汤	竹筒 芭蕉叶 葫芦用具 土锅	妇女不吃牛、狗及野物 孕妇不吃花毛动物 产妇煮食不可用铁锅 女孩不吃鼠类
怒族	约2.7万人，主要聚居在云南怒江州和迪庆州的五个县，务农为主，兼营渔猎和养蜂	喇嘛教 道教 天主教 原始宗教	日食两餐，喜食玉米，平时多素食，年节有畜兽，突出香酸辣咸，"以蜜代糖"和"漆油制菜"是其两大特色，饮食中还保留着许多古朴礼仪	咕嘟饭 爆米花 包谷稀饭 石板粑粑 糌粑	烧羊肚 火炙细鳞鱼 腊肉 烤野禽 炸竹虫	煮百合 腌竹笋 焖南瓜 拌辣椒	酥油茶 咕嘟酒 荞米白酒	漆油焖鸡 面饼 烤野猪 蜂蜜	腊山鼠 大肥猪 烤山鸡 蜂蜜	漆油烤羊肉 砂锅煮鸡酒 风熏麂子	怒家刀 竹编 薄石板 葫芦瓢	儿童忌食熊、虎、豺肉和鸡爪、鸡血 妇女40岁前不吃心肺 不可拒绝赠送的食物 禁在"神林"狩猎

族名	人口分布	宗教信仰	饮食特色	风味食品							特色餐具	食忌
				谷食	肉食	蔬食	饮料	节日食品	祭祀食品	保健食品		
阿昌族	约2.8万人，主要聚居在德宏州的陇川和梁河两县，以采集狩猎为生	原始宗教 小乘佛教	以大米、玉米、豆薯为主食，爱吃狗、蛇及野味，口味偏好酸辣糯香和生冷鲜嫩，嚼槟榔，饮米酒，节令食品五光十色	米饭 饵丝 凉粉 稀豆粉汁 菜粥	酸辣谷花鱼 蛇汤 烧牛肉 萝卜煮肉	腌黄蜡头 酸芭蕉 香菜 烧豆腐 凉拌芹菜惨	米酒 野果汁 泉水 土茶	过手米线 猪后腿肉 春南瓜尖 酸炬菜	苏子粑粑 火烧生猪 五脏煮猪血 芭蕉	阿昌狗肉 红鸡蛋 蛇汤	阿昌刀 藤器 竹筒 粗陶器	不同的祭仪有不同的食规 遵守小乘佛教食忌
普米族	约2.97万人，主要聚居在滇西北的兰坪和丽江数县，务农和饲养畜禽为生	原始宗教 喇嘛教	食源丰富，飞潜动植皆可入馔，口味偏好辛辣香甜酸苦，保留有古老的石烹法、泥烤法和脏器熟物法，待客以多为敬，重视过年	米饭 面面饭 烤饼 酒拌燕麦粉 土豆糌粑团	猪灌肠 清炖鸡 面肠 烤野味	烩木耳 拌番茄 焖南瓜 烧野菌 腌苦菜花	酥油茶 盐茶 化油茶 米花茶	肉菜饭粥 腌蕨菜 红烧琵琶肉 烤麂子 香椿酸辣汤	荞米牛头饭 乳饼 蜂蜜苦荞粑 苏里玛酒	醉鸡 鲜牦牛肉 野鸡羹	竹餐具 漆盘 金边木碗 木勺 羊胃袋	不吃花狗、水牛、马、驴、骡肉 丧期孝子忌饮酒 妇女不可取蜂蜜 不可跨越铁三角灶具
佤族	约35.1万人，主要聚居在云南西盟、沧源和孟连等县的山区，务农为生	大乘佛教 小乘佛教 耶稣教 原始宗教	重视米、豆、菜、肉混做，“没有辣椒饭不香，没有盐巴菜无味”，爱吃鼠、狗和昆虫，重视节庆，有“主妇分食”的遗风	大米饭 玉米粥 红米饭 荞粑 豆饼	豌豆蚂蚁蛋 烧牛肉 烤竹蛹 油煎柴虫	碎辣椒 煮山薯 腌野菜 烹山果	布莱酒 苦茶 泉水	茶花烂饭 火烧蛇肉 香辣狗肉 蜜蛹汤	鸡肉烂饭 鼠肉干巴 壮牛犊 布莱酒	牛苦肠烂饭 红生 鸡肉烂饭	银餐具 藤编 竹筒 粗陶钵	忌食鸡蛋 禁止践踏剽猪石 禁止手抹神灶 禁在“神林”狩猎 禁止带生姜入屋
土家族	约570万人，主要聚居在湘西、鄂西、川东和黔东北等地，多数务农	原始宗教 道教	习惯于粮豆混做，以糯食为贵，家畜和野味并重，既嗜酸香，又有“辣椒当盐”之说，节庆食风受汉族影响大，祭仪虔诚	米饭 包谷饭 金包银 合楂 豆饭	煨白猥 盖面肉 连刀肉 红烧螃螃 五香油茶蛋	炸土豆片 烧豆叶皮 杂合菜 烩豆腐 酸菜	清泉水 熬茶 咂酒 野果汁	凤姜鸭 八宝油茶汤 酥茶月饼 自猕子汤 腊肉	小米年肉 烤小猪 糍粑 糯米团馓	清蒸天麻鸡 燕麦粉蒸肉 竹笋 社饭	瓦陶 木碗 竹编 葫芦瓢 红木盘	吃年饭时不许汤泡饭 禁食狗肉 不吃供过神的饭，菜 儿童不吃鸡爪、猪鼻 办酒席不可用八个碗

族名	人口分布	宗教信仰	饮食特色	风味食品							特色餐具	食忌
				谷食	肉食	蔬食	饮料	节日食品	祭祀食品	保健食品		
瑶族	约213.4万人,主要聚居在桂、湘、滇、粤、贵、赣六省的山峦河谷之间	道教 原始宗教	主食多为杂粮,热食少,冷食多,家畜与野味并重,常是腌、焖、煮、烤,菜食淡,肉食浓,嗜酸辣,喜香甜,鲊与腊肉是其双绝	粽粑 竹筒饭 煨红薯 烤玉米棒 糊饭	鲊 腊肉 干笋焖鸡 酸菜鲫鱼 清汤脆肚	炒马蹄 煮芭蕉心 飞花菜 酸笋 棕衣包	油茶 米酒 桂皮山姜茶 清泉水	烧香菇 菇芋鸭 猪腿 碗酒串肉 马蹄蒸肉丸	鸟鲊 五色糯米饭 兽肉干巴 蜂糖	活血浆 水龙肠 苦马菜汤 油炸葛藤虫	银餐具 葫芦 竹木器 粗陶器 骨叉	禁食狗肉与龟肉 禁食鹰与母猪 禁食猫、蛇 七月初五前忌吃黄瓜 产妇禁猪油
仫佬族	约15.9万人,主要聚居在广西的罗城,多数人务农,或打铁、烧窑、采煤	原始宗教 佛教 道教	日食三餐,四季爱冷食,喝生水,习用"煤矿罐"炊饭,肉品多是白氽后加佐料,口味偏好酸味,逢节必食,祭神隆重	硬饭 软粥 烙饼 团子 杂粮菜粥	酱卤天牛 蚵米泥鳅 炒牛肉 水煮猪肉	腌豆角 腌芋蓬 腌藠头 腌大蒜 仫佬豆腐	清泉水 山茶 白酒 果汁	糯米饭 辣椒骨 甜炒蝶蛹 粽子	仫佬肉串 猪头 糍粑	烟熏竹虫 烤鹅 药粥	仫佬刀 煤矿罐 竹木餐具 葫芦碗	禁食猫、蛇 吴姓仫佬人忌狗 忌讳煮饭不熟 忌讳打碎盘碗
京族	约1.9万人,主要聚居在广西防城江平乡的三个岛上,以海为生,善于捕捞	原始宗教 佛教 道教 基督教	大米为主,海产品为辅,尤爱鱼鲜,习以鱼汁调味,口味偏向鲜咸腥冷,可调制出海鲜全席,"唱哈节"热闹非凡,节食甚多	风吹糌 白薯糌 大米饭 薯芋粥	螺蟹汤 干鱼 油烹干贝 蒸鸡	酥海带 紫菜汤 海白菜 腌菜	白酒 米酒 红茶 水果汁	四方粽 印饼 清蒸梭子蟹 大米饭	龙虾王 鱼汁 全猪 红黑枣	生鱼火锅 炖海龟 糯米糖粥	贝器 骨器 木石器 剖鱼刀	忌煮生鱼 忌烧焦饭 不许将碗倒扣 不许践踏炉灶
毛南族	约7.2万人,主要聚居在桂西北茅难山的环江县,属于稻作和杂谷栽培农耕类型	道教 巫教 原始宗教	日食三餐,偏好酸辣,有"不吃辣椒上不得高坡"之说,强调"鸡生鸭熟",喜饮牛血,节令食品奇异,注重歌舞侑食	毛南饭 米蜂仔 甜红薯 玉米粥 南瓜羹	鸭血酱 牛肉丸 煨鸭 猪骨酱 涮牛肉	豆腐圆 煨南瓜 蒜头酸水 山菜	浓茶 牛血 野石榴汁 青辣椒汁	毛南三酸 牛肉套菜 白切鸡	烤香猪 五色糯饭 糟鸟 粉蒸猪肉 牛干巴	红煨狗肉 草药粽粑 生羊血	竹编 铁刀 石磨 灌木叶	大都没有特殊的食忌

<table>
<tr><th rowspan="2">族名</th><th rowspan="2">人口分布</th><th rowspan="2">宗教信仰</th><th rowspan="2">饮食特色</th><th colspan="7">风味食品</th><th rowspan="2">特色餐具</th><th rowspan="2">食忌</th></tr>
<tr><th>谷食</th><th>肉食</th><th>蔬食</th><th>饮料</th><th>节日食品</th><th>祭祀食品</th><th>保健食品</th></tr>
<tr><td>壮族</td><td>约1548.9万人,主要聚居在广西的南宁、百色、河池和柳州等地,多数务农</td><td>原始宗教
道教
巫教
佛教
天主教</td><td>主食丰富多彩,尤爱甜食和数十公斤重的大壮粽,以猫、狗、蛇、虫为珍味,口味偏好麻辣鲜酸、酥爽香嫩,饮料奇绝,筵宴欢腾</td><td>米饭
浓粥
玉米饼
面团
南瓜糊</td><td>壮家酥鸡
鱼生
五彩蛋
盐凤肝
烧鱼</td><td>豆腐肴
马脚杆
辣白旺
烧芋头
邱北辣</td><td>虫茶
醪糟汁
鸡胆酒
蛇胆酒
猪肝酒</td><td>不乃羹
状元柴把
清炖破脸狗
龙泵三夹
米花糖</td><td>五色糯米饭
烤乳猪
皮肝生
蕉叶糍粑</td><td>白切狗肉
脆熘蜂儿
子姜野兔
白炒三七鸡
洋瓜根腊肉</td><td>枇杷叶
竹器
芭蕉叶
糍粑缸</td><td>忌食牛、蛙
不在神位前吃狗肉
忌讳筷插饭上
忌讳筷子落地
大年初一不舂米</td></tr>
<tr><td>黎族</td><td>约111万人,主要聚居在海南省的七县二市,从事犁耕农业和山区副业</td><td>原始宗教
道教</td><td>日食三餐,“爱稀不爱干”,鲜蔬少,野菜多,重视山兽,尤爱鼠类,烹调方法粗放,多以盐、椒拌食,口味偏好酸香、咸辣、脆生</td><td>大米菜粥
番薯粥
玉米羹
竹筒饭
木瓜粥</td><td>烩百虫
鱼虾雷公根
蛇汤
烧鸡</td><td>炒野芹
腌笋
腌山芋
烧芭蕉心</td><td>稀米汤
鱼茶
肉茶
五指山茶
山栏酒</td><td>南杀酱
糯米饼
大虾饼
五香牛肉</td><td>烤黄猄
熏山鸟
牛饭
清泉水</td><td>鼠肉干
炖狗肉
南杀酱</td><td>独木餐具
竹器
藤器
椰碗
草编</td><td>丧葬期忌食米饭
不可将筷子交叉摆放
不许倒扣酒杯</td></tr>
<tr><td>畲族</td><td>约63万人,主要聚居在浙江的景宁,经济文化属于山区农耕类型</td><td>原始宗教</td><td>爱吃糕粑,可以一甑蒸出三样饭,爱热食,重视火锅,讲究茶礼,保留平分食物的遗习,婚礼上有“赤郎”(厨师)对歌</td><td>白糕
粉干
高粱烤饼
杂粮糊
麻糍</td><td>烧角蛙
炸泥鳅
炒肉片
炖鸡
香酥鸭</td><td>豆腐娘
卤咸菜
扑笋
腌山菜</td><td>惠明茶
白酒
糯米酒
绿曲酒
卵茶</td><td>红糕
薯丝饭
野味火锅
长寿面</td><td>乌饭
青精饭
烤角雉
猪头</td><td>枯角粽
年糕
绿曲酒</td><td>火笼
竹器
木甑
粗陶具</td><td>忌食狗肉
孕妇忌食野兽肉
打猎前必须供香火</td></tr>
<tr><td>高山族</td><td>约40万人,主要聚居在台湾山区的十二县49乡,经济文化是山区稻作农耕类型</td><td>原始宗教</td><td>不吃陈粮,饭团习用树叶包裹,肉品多是烤制,有石烹遗风,祭仪甚多,态度虔诚,现场分发祭品,过年围炉欢聚,菜名强调“彩头”</td><td>糊小米
黄糕
面饼
杂豆饭
红薯饭</td><td>石烹肉
生吞河豚
鱼丸
鸡丸
肉丸</td><td>芥菜
辣椒姜水
烧芋头
豆腐丸
炖萝卜</td><td>泉水
米酒
山茶
野果汁</td><td>滋粑
腊鹿腿
长命菜
发家鸡
团圆丸</td><td>香米饭
鼠肉干
年猪</td><td>杂合肉
希诺叶花饭
虫菜
豆腐肴</td><td>陶罐
竹餐具
藤篮
兽角杯
骨叉</td><td>不吃羊肉和马肉
忌食动物的头、尾
孕妇忌食山猫、云豹
丧期禁止饮酒吃肉</td></tr>
</table>

附录11 中国传统年节简表

节　名	时　间	过节民族	节日习俗
春　节	正月初一	汉等53个民族	辞旧迎新,团年饭,包饺子,办社火
立　春	2月4日前后	汉族	打春牛,喝春酒,吃春盘
元宵节	正月十五	汉等多民族	观灯,庙会,聚餐,吃元宵
塔尔寺灯节	正月十五	西宁藏族	祈愿法会,纪念宗喀巴,欢庆,聚餐
调年会	正月十五	湘西土家族	送旧迎新,跳摆手舞,祭祖
古龙坡会	正月十六	广西苗族	赛芦笙,踩堂,斗马,舞狮,欢宴
木脑盛会	正月十五后双日	景颇族	跳舞迎春,品尝红枣糯米粑
铜鼓节	正月初三至三十	广西木柄瑶	挖出铜鼓猛擂,捧起土酒痛饮
填仓节	五月廿五左右	北方汉民	即女娲补天日,吃小米干饭杂面汤
春龙节	二月初二	汉族	龙抬头,焚香,水畔祭龙神
社　日	立春后第五个戊日	汉族	祭祀社稷,此为春社,聚餐,还有八月秋社
赶鸟节	二月初一	瑶族	青年赶会对歌,老人做粑饲鸟
插花节	二月初八	云南彝族	谈情说爱,争戴鲜花,预祝丰收,聚餐
刀杆节	二月初八	云南傈僳族	打包头,佩长刀,跳火海,习武功,聚餐
陇端节	二、三月间	云南壮族	到河畔唱歌,上集市看戏,聚餐
清明节	4月5日前后	汉等多民族	扫墓,踏青,放风筝,吃冷粥,野宴
上巳节	三月初三	汉族	又名拔禊,洗涤污浊,消除灾邪,野宴
歌　节	三月初三	广西壮族	男女欢聚,以歌择偶,野宴
花炮节	三月初三	侗族	燃放花炮,争抢夺标,野宴
三月三	三月初三	浙江畲族	谷米的生日,蒸乌饭祭祖
干巴节	三月初三	云南兰靛瑶	狩猎节,平分猎物会餐
姐妹节	三月十五	贵州苗族	招待亲友,吃姐妹饭,游方,对歌
三月街	三月十五至二十	大理白族	又名观音市,赶集,游乐,欢会
诺劳孜节	三月廿二日	柯尔克孜族	该族的新年,团聚欢宴
赶坳会	多在立夏日	黔、湘的侗族	即玩山,唱歌会友,寻找知心人,野宴
塔吉克年节	三月	塔吉克族	该族的新年,家家制火粑,夜宴

节名	时间	过节民族	节日习俗
花儿会	四月八、六月六	土家、东乡、保安、撒拉等民族	歌手献技，青年郊游，老人串亲，聚餐
跳宫节	四月初八	彝族	练武，狂欢，饮宴
牛王节	四月初八	壮族	又名开秧节，用乌饭和腊肉饲牛
四月八	四月初八	贵州苗族	纪念英雄格波绿，赛歌献舞，聚餐
泼水节	四月中旬	傣族	赛龙舟，驱火魔，泼水，丢包，聚餐
沙格达娃节	四月十五	藏族	释伽牟尼成道日，有盛大法会，聚餐
迁移节	四月十八	锡伯族	由东北迁居新疆的纪念日，聚餐
绕三灵	四月二十三	大理白族	逛园林，游春，野宴
端午节	五月初五	汉等多民族	赛龙舟，吃粽子，抗恶月，健身
采花节	五月初五	陇南藏族	又名女儿节，纪念药姑莲花，聚餐
庙节	五月	毛南族	供奉神农氏，对歌，欢会，聚餐
洗澡节	立夏以后	湖南侗族	采草药，配米酒与盐巴洗澡
达努节	五月二十九	瑶族	即祖娘节，纪念先祖母，欢宴
米阔勒节	五月下旬	鄂温克族	牧民比武，大显骑技，欢宴
夕九节	五月二十九日	桂西瑶族	又称泣九，该族的除夕，欢宴
弹唱会	盛夏	哈萨克族	由阿肯弹唱民族的历史，欢宴
磨秋节	五月	哈尼族	即五月年，欢会，祝丰收
六月六	六月初六	汉等多民族	请姑姑回娘家，熬羊肉，吃新馍
查白歌节	六月二十一日	黔西布依族	纪念忠贞的查郎、白妹夫妇，筵庆
爬坡节	六月十九日	贵州苗族	爬山，游方，对歌，野宴
吃新节	六月第一个卯日	贵州苗族	吃新米，庆丰收
唱哈节	六月初十	广西京族	祭祖，斗牛，欢会，聚餐
火把节	六月二十四	滇西彝族	田埂插火把烧虫，举办篝火宴会
苦扎扎节	六月二十四	哈尼族	祝贺丰收，宰牛祭神，尽情欢乐
新米节	六月	基诺族	背鸡篓请谷魂，备酒菜敬神灵
七夕节	七月初七	汉等多民族	花果乞巧，临风穿针，乞求智慧，筵庆
中元节	七月十五	汉等多民族	又称鬼节，做法事，祭奠亡灵，吃素
望果节	七月	藏族	祝贺丰收，欢会，郊宴
雪顿节	七月初	藏族	即酸奶子节，演藏戏，斋喇嘛
赶秋节	立秋之日	苗族	打秋千，唱情歌，演武术，聚餐
族年	七月初一	川东土家族	即该族夏年，守岁，放炮，欢宴

节　名	时　间	过节民族	节　日　习　俗
七月会	七月中旬	青海土族	集体"献供",互相敬歌,欢庆丰收,聚餐
赶歌会	七月二十	贵州侗族	歌舞升平,男女幽会,聚餐
中秋节	八月十五	汉等多民族	吃月饼,尝新酒,玩月,赏月
丰年祭	丰收之后	高山族	跳拉手舞,凿齿,篝火宴会
赶坪节	八月十五	贵州侗、苗族	赶集,对歌,芦笙会,演侗戏,欢宴
那达慕大会	八月前后	蒙古族	摔跤,骑马,歌舞,娱乐,欢宴
八月节	八月十五至二十	仫佬族	迎新谷,分牛心,族宴,欢会
重阳节	九月初九	汉等多民族	登高,赏菊,吃重阳糕,敬老,欢宴
端　节	八至十月	水族	即该族新年,赛马,赛歌,赛舞,欢宴
芦笙会	九月	苗、侗等族	芦笙踩堂,男女狂欢,斗牛,赛歌,欢宴
熬　露	九月	阿昌族	赶集,逛庙会,休整,聚饮
晃露盛会	九月十五	傣族	舞象,赶摆,物质交流,聚饮
牛王节	十月初一	仡佬族	慰问耕牛,同时改善生活
倒稿节	十月十六	江华瑶族	庆贺秋禾上场,村民开始小秋收,聚饮
年　节	十月	畲族	该族新年,守岁,留火种,上春酒
密枝节	冬月初十	彝族	祈求丰年,在蜜林里祭神祖,聚饮
祭土地节	冬月三十	纳西摩梭人	祭祀天地山水,请"达巴"念经,聚饮
卡雀哇	冬月至腊月	独龙族	该族新年,跳锅庄,剽牛,庆丰收,改善生活
诺格利	冬月卯日	苗族	庆丰年,以酸鱼宴待客
腊八节	腊月初八	汉等多民族	腊祭,供佛,吃腊八粥
苗　年	十至腊月	苗族	游方走寨,饮酒对歌
打铁节	腊月	基诺族	歌颂铁匠,向其献老鼠肉,改善生活
冬至节	冬月中旬	汉等多民族	用馄饨祭祖,冬至大如年,欢宴
灶王节	腊月二十三	汉等多民族	祭灶君,扫厨房,供饧牙糖、米食,欢宴
过小年	腊月二十四	汉等多民族	举办小年宴,开始忙年
除　夕	腊月三十	汉等多民族	吃年夜饭,辞旧迎新

附录12 201个国家(或地区)的美称、吉祥物和饮食避讳

(括号内的动植物和矿物均系该国特产,具有国花或国树、国鸟、国兽、国石的属性,但未正式命名,一般都看作是吉祥物。)

国(地区)名	国名源义	美称	国花	国树	国鸟	国兽	国石	饮食避讳
中国	天下之中,万象包容	龙的传人	牡丹、梅花	银杏	(孔雀)	大熊猫	(珍珠)	民族众多,各地食忌不一
日本	日出之国	樱花之国	樱花		绿雉		水晶石	忌添筷、扭筷和在盘中挑食
朝鲜	朝日鲜明	白衣民族	木槿花	(高丽参)	(鸡、鹤)			忌羊、鸭及油腻的食物
蒙古	我们的火	黄金家族			(雄鹰)	(白马、白驼)		忌食鱼虾海味和鸟禽内脏
越南	瓯越、雒越等部落合并	竹子之邦		(槟榔)				不爱辣味、豆芽、羊肉与甜食
老挝	人类	万象之邦	塔树花	(安息香)		(象)		禁止猎鹿与食用图腾动物
柬埔寨	山地之王	佛国乐土	水稻花	菩提树		(象)		忌杀生、大多不吃肉食性动物
泰国	自由之国	千佛之国	睡莲、稻花	桂树		大象	(红玉、青玉)	忌食牛肉、海参,不爱吃香蕉
缅甸	坚强的民族	礼佛之邦	东亚兰花	柚木	妙声鸟			不爱猪肉、内脏及四条腿动物
马来西亚	黑暗的土地	清真之国	扶桑、朱槿	橡胶树				禁酒,大多遵循伊斯兰教食禁
新加坡	狮子之岛	星岛	卓锦、万代兰			(狮)		不爱馒头、斋期忌荤
菲律宾	木杵		茉莉花	纳拉树			珍珠	大多遵守伊斯兰教食规
印度尼西亚	印度群岛之国	千岛之国	茉莉花		(鹰)			大多遵守伊斯兰教食规

国(地区)名	国名源义	美称	国花	国树	国鸟	国兽	国石	饮食避讳
文莱	安乐世界	东方威尼斯						遵守佛教或伊斯兰教食规
东帝汶	东方			(紫檀木)				
印度	源自印度河名	佛土圣境	荷花、罂粟	菩提树	兰孔雀	牛	珍珠(钻石)	忌食牛肉或猪肉,大多不吃蘑菇
巴基斯坦	清真之国	圣洁的地方	素馨花	(巴旦杏)				严格遵守伊斯兰教食禁
孟加拉国	源自孟加拉族名		睡莲	悬铃木				遵守伊斯兰教食规
尼泊尔	中间的国家	羊毛之国	杜鹃花			黄牛		一般不吃猪肉,忌油腻食品
锡金	新地方	稻米之谷						一般不吃猪肉,忌油腻食品
不丹	高地	神龙之国						一般不吃猪肉,忌油腻食品
斯里兰卡	光明富饶的土地	宝石之国	兰花、荷花	菩提树	黑色原鸡	(象)	(宝石)	忌食猪肉和饮酒
马尔代夫	宫殿之岛	花环群岛						
阿富汗	山上的人	热风之国	小麦花				(青金石)	大都遵守伊斯兰教食规
伊朗	富裕	产马之地	玫瑰花			(马)		严格遵守伊斯兰教食禁
土耳其	突厥人的国度	清真菜中心	郁金香、康乃馨		(大鹏鸟)	(安哥拉羊)	(黑陨石)	严格遵守伊斯兰教食禁
塞浦路斯	来自黎巴嫩的柏树			(柏)				
叙利亚	高地	白衣大食	玫瑰花					恪守伊斯兰教食禁
伊拉克	血管或陡岸	黑衣大食	玫瑰花	椰枣树	雄鹰			恪守伊斯兰教食禁
黎巴嫩	白色的山国	重视彩礼之国		雪松				恪守伊斯兰教食禁
约旦	源自约旦河名	渡河之人						恪守伊斯兰教食禁

国(地区)名	国名源义	美称	国花	国树	国鸟	国兽	国石	饮食避讳
巴勒斯坦	游牧者、低地	三大宗教发源地		(桔柑)			(黑陨石)	遵守伊斯兰教食规
以色列	天神的战士							严格遵守犹太教食规
科威特	堡垒	石油之国						遵守伊斯兰教食规
沙特阿拉伯	幸福的沙漠	礼仪之邦	乌丹玫瑰	海枣树		(单峰驼)		遵守伊斯兰教食规
卡塔尔	源自族名						(珍珠)	
巴林	两个海							遵守伊斯兰教食规
阿联酋	羚羊之父					(羚羊)		遵守伊斯兰教食规
阿曼	宁静的土地		(茉莉花)			(牛)		忌用左手抓饭吃
阿拉伯也门	幸运的土地	乐园			雄鹰			遵守伊斯兰教食规
埃及	辽阔的国度	棉花之国	莲花	草棉		猫	橄榄石	遵守伊斯兰教食规
苏丹	黑人的国家	树胶之国		(橡胶树)		(野牛)		遵守伊斯兰教食规
利比亚	白人居住的地方	石油出口之国		石榴				遵守伊斯兰教食规
突尼斯	源自首都名	橄榄之邦	金合欢	油橄榄树				基本同上
阿尔及利亚	群岛	阿拉伯古城				(水蛇)	珊瑚石	杜勒格人不可面对妇女吃东西
摩洛哥	休养胜地		(橄榄果)	栓皮槠			珊瑚石	待客不可缺少鲜薄荷绿茶
埃塞俄比亚	晒黑了的人的居处		马蹄莲					忌食存放过久的牛肉
索马里	源自族名							恪守伊斯兰教食规
吉布提	沸腾的蒸锅	非洲凹地						
肯尼亚	源自山脉名	鸟兽乐园	肯山兰	(剑麻)	雄鸡	狮、象		高粱酿制的啤酒只准老者享用

国(地区)名	国名源义	美称	国花	国树	国鸟	国兽	国石	饮食避讳
坦桑尼亚	由两地合成	丁香之国	丁香	(腰果)			(金刚石)	遵守原始宗教食忌
乌干达	源自沙丘	千丘之国			皇冠鹤			
卢旺达	居民自称	丘源之国				(驼驼)		禁食狗肉和羊肉
布隆迪	源自族名	谚语之国						饮酒忌用杯、碗，只可用茎管
塞舌尔	源自塞舌尔子爵	海椰之乡	凤尾兰	海底椰		海龟		
毛里塔尼亚	黑皮肤的人	阿拉伯与黑非洲之桥						遵守伊斯兰教食规
西撒哈拉	源自沙漠名	瀚海明珠						遵守原始宗教食忌
塞内加尔	独木舟			(巨木)				吃饭忌用左手
冈比亚	源自河流名	花生之乡	(花生)			狮		
尼日尔	源自河流名	沙中之国						
尼日利亚	源自河流名	非洲石油库		(红白坚木)				大都遵循伊斯兰教食禁
喀麦隆	龙虾	非洲枢纽				(龙虾)		
几内亚	黑的、魔鬼	西非门户		可乐树			(金刚石)	
赤道几内亚	源自赤道	可可之乡		(芭蕉、可可)				遵守原始宗教食忌
几内亚比绍	源自首都名	热带水乡		(棕榈)				
圣多美和普林西比	绿色的太子岛			(可可树)				
布基纳法索	尊严的土地							忌食图腾物
贝宁	奴隶							
多哥	水边			(木薯)				严禁捕食蝙蝠

国(地区)名	国名源义	美称	国花	国树	国鸟	国兽	国石	饮食避讳
加纳	统治者的尊称	可可之乡	海枣花	(可可树)			(金刚石)	
科特迪瓦	大量的象牙	象牙海岸		(红木)		象	(金刚石)	禁食某些图腾物
利比里亚	自由	矿石之国	龙葵	胡椒			(金刚石)	禁食某些图腾物
马里	力量巨大的河马	花生之国				(驼)		
塞拉利昂	狮子之山					狮	(金红石)	遵守原始宗教食忌
佛得角	绿角			(香蕉树)				
乍得	大片的水地							
中非	以地理位置得名	乳香之邦				(牛)	(绿柱石)	多数人不吃蛇肉、狗肉、豹子肉
扎伊尔	大河	世界原料仓库		(乌木)		象		部分人不吃猪肉和忌酒
刚果	大河两岸的地方	木材之国	香桃花心木	(红檀木)				
加蓬	外套	森林之国	苞萼木	(奥堪美木)				
莫桑比给	光明来到了	太阳之国		(铁木)				禁食某些图腾物
马拉维	阳光下的湖面似火焰	水乡之国					(蓝晶石)	
赞比亚	大河	铜矿之国			雄鹰		铜矿石	遵守原始宗教食禁
安哥拉	源自国王名	森林之国				(兔)	(金刚石)	
津巴布韦	石头城或石屋	鳄鱼之乡		(烟草)	津巴布韦鸟	羚羊、鳄鱼		
博茨瓦拉	源自族名	钻石之国					(钻石)	遵守原始宗教食禁
纳米比亚	源自沙漠名	紫羔之乡				(羊)	钻石	
南非	位于非洲最南端	世界金库					钻石、黄金	印度教徒忌食牛肉

国(地区)名	国名源义	美称	国花	国树	国鸟	国兽	国石	饮食避讳
斯威士兰	竿或棍子	石棉之乡					(石棉)	禁食某些图腾物
莱索托	低地	羊毛出口国				(羊)		
马达加斯加	马尔加什人的国家	石墨之乡	旅人蕉			狐猴	孔雀石、石墨	不吃箭猪和牛膝,禁食刺猬
科摩罗群岛	源自拜月习俗	香料群岛		(香木)				
毛里求斯	源自荷兰总督之名	甜岛		(甘蔗)	多多鸟			接受洗礼前数日不可食肉
留尼汪	联盟、团结							
圣赫勒拿	源自罗马皇后之名							
独联体	多民族的自由联合	十月革命的故乡	葵花	(白桦)	(云雀)		(黄金)	有些人忌食海味、猛兽和禽脑
波兰	波兰人的平原居地		三色堇		雄鹰	(美人鱼)		忌讳海味、酸辣菜和清蒸菜
捷克斯洛伐克	源自族名		玫瑰花、石竹	欧洲椴木				忌讳油腻
匈牙利	十个部落		郁金香					忌讳海味、异食和带骨刺的菜
德意志	人民的土地	香肠之国	矢车菊	爱支栎	白鹳		琥珀	忌食核桃、鱼品、辣味与油腻菜
卢森堡	小要塞、坚固的城堡	钢铁之国	玫瑰花		戴菊莺		(铁矿石)	
奥地利	东方的边区	绿色之国	火绒草、椿花		家燕		贵蛋白石	
瑞士	焚烧奶酪场	守时之人	火绒草	(红杜鹃树)			水晶石	忌讳谈论减肥和节食
列支敦士登	源自大公家族名	邮票之国						大都遵守天主教食规
芬兰	芬兰人居住的美丽土地	湖沼之国	铃兰、绣球菊					一般不吃香菜、生姜和动物内脏

国(地区)名	国名源义	美称	国花	国树	国鸟	国兽	国石	饮食避讳
瑞典	亲属	千湖之国	白菊、睡莲、李生花	(林奈木)	乌鸫		水晶石	有些人不吃鸡蛋、禁酒
挪威	通往北方的航道	万岛之国	帚石南	(挪威云杉)	河鸟			遵守福音信义会食规
丹麦	沙滩族的国家	童话王国	红三叶草	冬青、山毛榉	云雀			赴宴中有严格的敬酒规矩
法罗群岛	绵羊之岛					(绵羊)		
冰岛	冰上的陆地	冰川之国			白隼	(驯鹿)		忌讳进餐给小费
阿尔巴尼亚	多山的国家	山鹰之国		胭脂虫栎	(山鹰)			忌食猪肉和海参,不爱中国菜
罗马尼亚	从罗马来的人的国家		白玫瑰、圣灵花				琥珀	忌油腻,一般不吃猪肉
南斯拉夫	源自族名		铃兰、桃花	(欧洲椴木)			珊瑚石	遇丧事不可生火做饭
保加利亚	源自族名	玫瑰之乡	玫瑰花			(黄狮)		基本遵守东正教食规
希腊	希伦人的居地	酒仙之国	橄榄花	橄榄树		(蛇)	蓝宝石	喝酒必须稍醉微醺
意大利	小牛生长的乐园	小吃之国	雏菊、紫罗兰	五针树		(狼、牛)	珊瑚石	赴宴不可给主人送菊花
梵蒂冈	占卜之地	天主教圣地	白百合花					严格信守天主教食规
圣马力诺	源自石匠名	邮票王国	仙客来					
马耳他	避风港	地中海的心脏						遵守天主教食规
西班牙	野兔的乐园	旅游之国	石榴花、玫瑰	(油橄榄)	(鹰)	(兔、健牛)	绿宝石	午餐必须全家聚齐,否则不吉利
葡萄牙	温暖的港口	软木之国	熏衣草、雁来红	(栓皮栎)				讲究饮酒的次序与方法
安道尔公国	石楠丛生之国			(石楠)				遵守天主教食规

国(地区)名	国名源义	美称	国花	国树	国鸟	国兽	国石	饮食避讳
直布罗陀	大石块							
英国	盎格鲁人的土地	约翰牛	玫瑰花、蔷薇		红胸鸲、知更鸟	独角兽	钻石、金刚石	不爱带汁菜和辣味菜
爱尔兰	西边的国家		萨姆劳克花		蛎鹬			基本同上
荷兰	森林之国	风车之国	郁金香		琵鹭	(奶牛)	钻石、金刚石	咖啡不可倒满、忌讳赠食品
比利时	勇敢的人	沼泽之地	虞美人		红隼			不爱油腻菜
法兰西	源自古代部落名	自由国土	百合、玫瑰、鸢尾花		公鸡	(狗)	珍珠	忌讳吃饭时抽烟、喝咖啡
摩纳哥	因神象而来	安全之国	石竹			(象)	珊瑚石	大都遵守天主教食规
加拿大	由棚子组成的村落	枫叶之国	(糖槭)	枫树		(驯鹿)		一般不爱辣味
格陵兰	绿色的土地	世界第一大岛				(北极熊)	(冰晶石)	
美国	移民者的乐园	山姆大叔	玫瑰花	(山月桂)	白头海雕	兔	蓝宝石	不吃肥肉、粘骨，不吃烧、蒸菜
百慕大	源自帆船名	群魔之岛				(龙虾)		
墨西哥	战神指定的地方	金银王国	仙人掌、大丽菊	(龙舌兰)	长脚鹰		黑石、银	不吃牛油、鸡油做的菜
危地马拉	树林之地		五月兰	(红木)	克沙尔鸟			遵守天主教食规
洪都拉斯	无底的深水	香蕉之乡	康乃馨	(香蕉)				
伯利兹	河流							大多不吃图腾物
萨尔瓦多	救世主	火山国	丝兰花					遵守天主教食规
尼加拉瓜	森林之国		白兰花					

国(地区)名	国名源义	美称	国花	国树	国鸟	国兽	国石	饮食避讳
哥斯达黎加	富庶的海岸	长春之国	卡特兰					大斋期间必须食用凉拌棕榈树心
巴拿马	蝴蝶很多的地方	蝴蝶之国	鸽子兰花	巴拿马草		(蝴蝶)	(珊瑚石)	大都遵守天主教食规
古巴	用领袖名字命名	世界糖罐	姜黄色百合花	(甘蔗)				
海地	多山的地方	剑麻之国		王棕(剑麻)				大都遵守天主教食规
多米尼加	星期天、安息日	世界游乐场		桃花心木	鹦鹉			
开曼群岛	鳄鱼、海龟	海绵之乡				(海龟)		遵守原始宗教食规
牙买加	泉水之岛		生命之木花			(龙虾)		
波多黎各	富庶的港口							
瓜德罗普岛	清水之岛			(甘蔗)				遵守原始宗教食忌
维尔京群岛	贞女	观光胜地						禁食某些图腾物
马提尼克岛	哥伦布命名的岛			(红木)				同上
安圭那	形如黄鳝	盐国						
安提瓜	年高望重							
巴布达	哥伦布命名的国家	猎手天堂						禁食某些图腾物
巴巴多斯	长胡子			(无花果树)	鹈鹕			同上
巴哈马	浅滩	新大陆之始			红鹳			
特立尼达和多巴哥	三位一体	鲁宾逊之梦			蜂鸟			
格林拉达	城市、石榴	香料之岛		肉豆蔻				禁食某些图腾物

国(地区)名	国名源义	美称	国花	国树	国鸟	国兽	国石	饮食避讳
圣卢西亚	哥伦布命名的国家							
圣文森特和格林纳丁斯	源自民族节日	火山之国		(葛)			(火山岩)	遵守原始宗教食规
圭亚拉	才智出众的人	铝土之乡					(金刚石)	
苏里南	源自河流	铝矿之国	法贾鲁比花				(铝矿石)	
委内瑞拉	小威尼斯	木筏之乡	五月兰		拟椋鸟		(珍珠)	
哥伦比亚	哥伦布之国	咖啡之国	卡特莱兰花	(咖啡)			(绿宝石)	遵守天主教食规
厄尔多尔	赤道	海产博物馆	白兰花	(香膏木)	大秃鹰	(大蜥蜴)		
巴西	红木	咖啡王国	卡特兰	咖啡树				待客不可缺少咖啡
秘鲁	玉米之仓	多山之国	印加魔花、向日葵	金鸡纳树		骆马		遵守天主教食规
玻利维亚	源自民族英雄	世界锡都	印加魔花	(巴尔萨木)			(锡矿石)	不可在餐盘中残留食物
巴拉圭	源自河流		番茉莉	(硬木)				遵守天主教食规
乌拉圭	彩鸟翔集的河	牛羊遍地的国家	桃红山楂花	海红豆		(牛、羊)	水晶石	
阿根廷	白银	地球冷藏库	赛波花	海红豆	棕灶鸟		(白银)	遵守天主教食规
智利	寒冷的土地	铜的王国	可比爱花		山鹰		青金石、铜	
福克兰群岛	源自英国海军大臣的姓名							遵守原始宗教食忌
澳大利亚	南方的大陆	幸运的国度	金合欢花	桉树	琴鸟、鸸鹋	(袋鼠、树袋熊)	(金红石)	忌食辣味和酸味、嗜肉忌鱼
新西兰	新的海中陆地	畜牧之国	银蕨	四翅槐	几维鸟	(牛、羊)	玉石	基本同上

国(地区)名	国名源义	美称	国花	国树	国鸟	国兽	国石	饮食避讳
巴布亚新几内亚	卷头发的人	世界鳄鱼之都			极乐鸟	（鳄鱼）		
波利尼西亚	两个词合成	多岛之邦						不吃鸡蛋
中途岛	源自航线							
威克岛	用船长命名	太平洋中踏脚石						忌讳某些图腾
约翰斯顿岛	用船员命名							
西萨摩亚	禁制的鸡	航海者之岛		（椰树）	（驼鸟）			忌讳某些图腾
汤加	神圣的岛	友谊之岛		（木薯）				大都不爱吃鸡鸭和鱼
库克群岛	源自人名	菠萝之国		（菠萝）			（珍珠贝）	
纽埃岛	野人的居所							忌讳某些图腾物
皮特克恩岛	以探险者命名							同上
社会群岛	纪念学术活动	学会群岛						
土阿莫土群岛	群岛之云	珍珠之岛					（珍珠）	忌讳某些图腾物
富图纳群岛	村庄							同上
瓦利斯群岛	源自航海家的姓名	木薯之乡		（木薯）				
图瓦卢	八岛之群	椰子之乡		（椰子）				
基里巴斯共和国	以船长之名命名							遵守原始宗教食规
密克罗尼西亚	小岛群岛	台风之源						同上
马里亚纳群岛	源自传教士	珊瑚之岛					（珊瑚石）	

国(地区)名	国名源义	美称	国花	国树	国鸟	国兽	国石	饮食避讳
加罗林群岛	花园之岛							忌讳某些图腾物
马绍尔群岛	好公园							同上
关岛	水	散步者的乐园						
瑙鲁	源自族名	(磷酸盐之国)					(磷酸盐矿石)	
斐济	源自土人名	无癌之国	扶桑、木槿花	(香蕉、杏树)			(金)	不可拒绝饮用卡瓦酒
所罗门群岛	黄金宝库	森林之海		(珍贵巨木)				遵守原始宗教食忌
瓦努阿图	海上长出的岛	火山之国		(白檀木)			(火山岩)	
新喀里多尼亚	森林地区						(镍矿石)	
诺福克岛	源自人名							禁食某些图腾物

附录13 世界主要宗教简况及其饮食戒律表

名称	传播地区	沿革	教义	节日	饮食戒律	提倡的食品
印度教 标志： 信徒： 475937600人 支系： 古代有毗湿奴教、湿婆教和性力派等支系； 近代有梵社、印度教大会、雅利安社、罗摩克里希拉教会等	主要是印度和各国的印侨聚居区； 主要圣地是恒河及恒河三条支流的发源地； 贝拿勒斯是该教教徒朝拜的中心	无创始人，约有5000年的发展历史； 其前身是古印度的吠陀教和婆罗门教； 4世纪前后，由婆罗门教吸收佛教、耆那教等教义和民间信仰演化而成； 八九世纪间，经商羯罗改革，逐渐形成现代的雏型	主要经文是《吠陀经》，包括《罗摩衍那》、《奥义书》、《薄伽梵歌》和其他许多著作。 没有共同的信条和教义； 鼓励古印度的种姓制度； 婆罗门是联系广大教徒的精神支柱； 崇拜代表婆罗门的诸神； 相信“再生”和轮回之说； 如何轮回取决于个人的修行； 使处境悲惨的人抱有希望； 脱离轮回的极乐世界叫“涅槃”	婆罗室伐底工 好利节 洒红节 除十节 黑天生日节 沐浴节 乘车节	精灵是一切生物的核心，故不可伤害任何动物。 特别视牛为圣物，禁食其肉。 虔诚的正教徒应当终身茹素。 还有些教徒不吃猪肉(一者惜生，二者嫌脏)； 有人不吃蛋类、家禽及爬行动物； 回避洋葱、大蒜、芜菁和蘑菇； 忌讳容易使人联想到鲜血的红扁豆与番茄； 斋戒期要回避熟食，或完全禁食	印度酥油、牛奶和椰子果是圣洁的食品； 高级教士应吃这类食品和未经烹调的生冷食品； 神殿是诸神的居所，应当经常去献祭

注：本表所列的信徒人数据《大英百科年鉴》(1980年)，其依据不详。

名称	传播地区	沿革	教义	节日	饮食戒律	提倡的食品
佛教 标志： 信徒： 254840550人 支系： 有大乘佛教、小乘佛教和喇嘛教三大支派； 中国佛教中又有天台宗、律宗、净土宗、法相宗、华严宗、禅宗、密宗以及三阶教等区分	为世界三大宗教之一； 主要分布在东南亚、斯里兰卡、朝鲜、日本、中国和美国等地； 被泰国、不丹等国奉为国教； 著名圣地有古印度的那烂陀寺，斯里兰卡的佛牙寺，泰国的大理石寺，柬埔寨的吴哥寺，中国的少林寺、灵隐寺、雍和宫、布拉达宫等	公元前5至6世纪由古印度迦毗罗卫国(在今尼泊尔南部提罗拉科特附近)王子悉达多·乔答摩(即释迦牟尼)创立； 发展分为四期：一是原始佛教，前6至前4世纪，由释迦牟尼师徒传教；二是部派佛教，又称小乘佛教，前4至1世纪分裂为许多教团；三是大乘佛教，1至7世纪形成中观学派和瑜伽行派；四是密教，7世纪后大乘的部分派别同婆罗门教混合形成。13世纪后，佛教在印度本土趋于消失	主要经文是《大藏经》，包括4200余种，23000余卷。 基本教义是： 将现实人生断定为“无常”、“无我”、“苦”； 其根由不在超现实之梵天，不在社会环境，而在于人之惑(即贪、瞋、痴等烦恼)与业(即身、口、意等活动)； 以此为因，造成生死不息之果，并且依据善恶，轮回受到报应； 欲摆脱痛苦，唯有依循经(佛经)、律(戒律)、论(经文的解说)这“三藏”，修持戒(防非止恶的戒规)、定(专注的精神状态)、“慧(通达事理的心态和才能)这“三学”； 以出家方式脱离红尘，闭门修行，早成正果； 彻底转变世俗欲望、超出生死轮回范围的境界，称为“涅槃”或“解脱”	涅槃节 佛诞节 浴佛节 花节 盂兰盆节 中元节 成道节 吠舍法节 维莎迦节 驱鬼节 灯节 丝邦节 跳神节 暖佛节 转法轮节 普桑节 佛牙节	大乘佛教： “只吃朝天长，不吃背朝天”。“不食喘气之物，禁止“意杀”之念。不杀生，忌荤腥，禁食葱、姜、蒜等辛香类蔬菜。发誓戒酒 小乘佛教： “只要不杀生，也不禁荤腥”； 清晨托钵沿门化斋，施主给啥吃啥，不得挑剔； “过午不食”； 多数信徒不食羊肉 喇嘛教： “既不杀生也不禁荤腥。” 不吃视作恶物的奇蹄动物(马、狗、驴、兔)、五爪禽(鸡、鸭、鹅)以及龙王的子孙(鱼、虾、蟹、贝)； 还有人不吃猪肉； 戒烈酒； 禁食毒品	大乘佛教： 应吃粮豆、蔬果、菌笋等植物性食品； 饮食从简 小乘佛教： 长老分配食物； 坚持“赕佛”(向佛祖敬献美食)； 下午可以饮茶、喝果汁； 鼓励种稻和引入新的粮食作物 喇嘛教： 应吃牛、羊、鹿等偶蹄动物； 饭前用手指蘸奶或水、茶、青稞酒，对空连弹三次表示礼佛； 用酥油和酥油花供奉佛祖

名称	传播地区	沿革	教义	节日	饮食戒律	提倡的食品
犹太教 标志： 信徒： 14318020人 支系： 历史上有法利赛人、撒都该人、奋锐党人、艾赛尼人等派别； 现今分为正统犹太教、改革犹太教、保守犹太教等	主要分布在以色列、德国、俄罗斯、美国、中国等地，以欧洲为中心活动区； 宗教圣地为库姆兰、耶路撒冷等地； 使用犹太教历，另有纪元	这是世界各地犹太人的宗教，开始于公元前1800年的亚伯拉罕时期； 前2世纪至后2世纪出现"后期犹太教"，宗教活动分散到各地会堂中； 中世纪出现"拉比文学"，在各地广泛流传； 从古罗马时期到德国纳粹时期，犹太教徒都受到过迫害； 现今普遍认为：该教是一种文化遗产	主要经文是《律法书》，包括基督教《圣经·旧约全书》的开头五篇和《犹太法典》 基本教义是： 奉雅赫维为"唯一真神"，认为犹太人是雅赫维的特选子民；教义与教规系由雅赫维通过摩西传授而来； 其生活应以经文的圣训作指导，要求对自己的言行负责，善于辨别正误，决定行动； 强调生命有价值，个人的作用很重要，生活有其神圣的目的； 禁止偶像崇拜； 每天三次礼拜，盼望弥撒亚——救世主早日到来； 定星期五日落到星期六日落为安息日，修真养性	逾越节 除酵节 五旬节 住棚节 普林节 修殿节 安息日 安息年 禧年 赎罪日 光节 犹太新年	该教的《膳食法令》极为严格，有"六禁"的规定： 禁食自死的动物； 禁食动物的血液； 禁食动物体内的脂肪； 禁食牛胴体后部的某些筋腱； 禁食不洁之物，包括猪、马、骆驼、带翼昆虫、爬虫、爬行动物、鼠、肉食的禽类、贝、鳗等； 禁止一餐饭中同时食用肉品和乳制品； 烹调必须遵照"特里法"，即不能断定是否洁净的原料不做，烹调方法不正确的食品不吃；符合规定的则以"U·K"作为认可标志	教义允许食用的动物仅有牛、羊、鱼等有限的几种； 宰牲须有"拉比"(主持宗教仪式的人)监督，执刀者应有执照，必须飞速一刀，使其猝死，放尽余血，凉水浸泡，晾干洒盐，冲洗干净之后方可烹调 该教的节令美食有： 蜂蜜、蜂蜜蛋糕、胡萝卜、甜味菜、霍利什克、果馅酥饼、马铃薯饼、马铃薯克鲁格尔、圣约翰面包、水果、坚果、葡萄干、糕点、葡萄酒、干酪煎饼、干酪三角饺、鸡蛋、不发酵的面包(薄饼)等

名称	传播地区	沿革	教义	节日	饮食戒律	提倡的食品
基督教 标志： 信徒： 998773640 人 支系： 包括天主教(罗马公教)、东正教(希腊正教)、新教(耶稣教)等三大派别和一些小的支系	为世界三大宗教之一； 主要分布在欧洲、南北美洲、大洋洲等地； 被意大利、希腊、瑞典、挪威、哥伦比亚、丹麦、秘鲁、巴拿马、阿根廷等 22 个国家奉为国教； 宗教圣地有拿撒勒、伯利恒、耶路撒冷、加利利等	公元 1 世纪 30 年代由巴勒斯坦地区拿撒勒人耶稣创立。相传其母玛利亚是童贞女，经圣灵而受孕；其养父约瑟为木匠，忠厚本分； 耶稣以上帝之子的名义四处传教，很快影响到罗马帝国全境，四世纪时成为罗马国教； 欧洲中世纪时，基督教是封建社会的支柱； 1054 年，东西教会大分裂，直至 16 世纪方形成天主教、东正教和新教三大支系； 近代该教曾被西方资本主义国家利用，作为侵略工具	主要经文是《圣经》，包括《旧约全书》和《新约全书》 基本教义是： 信仰天主创造并主宰世界。因为人类从其始祖开始就有罪孽，所以子孙后代在罪中受苦；只有信仰上帝及其儿子耶稣，方可获得解救； 要求教徒爱上帝、爱别人，不断对过失进行忏悔，这样灵魂便能得到宽恕，死后可进天堂 具体言之，即四信和十诫： “四信”：信奉三位一体的上帝；信仰原祖、原罪；信仰基督救赎；信仰灵魂不灭和世界末日 “十诫”：除上帝外不拜别的神；不许制造和敬拜偶象；不许妄称耶和华的名讳；每周第七天的安息日为圣日；孝敬父母；不许杀人；不许偷盗；不许作伪证；不许贪恋他人的财物；不许奸淫	降临节 圣诞节 显现节 圣母领报节 大斋节 主显圣容节 受难节 复活节 耶稣升天节 基督圣体节 圣母圣诞节 谢肉节 感恩节 东正教十二大节 平安夜	该教食禁不严，平时同于常人，只是在特定时间内不同的教派有某些特殊规定： 天主教和东正教： “封斋”期间禁止肉食和娱乐； 星期五“行小斋”，须减食，不吃肉； 受难节和圣诞节前一日“守大斋”，一天只许一餐吃饱； 忌讳星期五聚餐和 13 人围桌吃饭。 摩门教(新教之一)： 忌讳酒精饮料、茶、咖啡、烟草等刺激品。 安息日会(新教之一)： 禁食鱼、肉、禽、干酪、茶、酒、咖啡； 不吃糖多、盐多、含香料的菜和细碾的谷物	做“弥撒”时，接受牧师分发的“圣体”(面饼)和“圣血”(葡萄酒)，用圣盘、圣杯享用，名曰“领圣餐” 每餐饭前做祷告，划十字，求主赐福 摩门教： 鼓励食用谷物、水果和蔬菜； 提倡节约用肉。 安息日会： 提倡食用蛋、奶、坚果、豆类与全粒谷物； 发展植物蛋白食品

名称	传播地区	沿革	教义	节日	饮食戒律	提倡的食品
伊斯兰教 标志： （☪） 信徒： 587335400 人 支系： 历史上有哈瓦利吉、穆尔太齐额、苏菲等支系； 现在分为逊尼和什叶两大派	为世界三大宗教之一； 主要分布在西亚、北非、中亚、南亚和东南亚等地区； 被伊朗、伊拉克、巴勒斯坦、科威特、约旦、巴基斯坦等 17 个国家定为国教； 宗教圣地是麦加、麦地那和耶路撒冷； 宗教活动中心在阿拉伯地区	此教是公元 610 年前后，由出身于麦加古来什部落哈申家族的商人穆罕默德，以安拉的名义在阿拉伯半岛上创立的； 到 622 年，在麦地那建立政教合一的宗教公社；不久即统一阿拉伯半岛，对外进行征服战争； 8 世纪初，进一步发展成地跨欧、亚、非三洲的世界性宗教； 从此它一直是各政教合一的封建国家和近代伊斯兰国家统治的精神支柱	主要经文是《古兰经》及其以前的《讨拉特》、《则逋尔》和《引支勒》 基本教义是： 顺服和信赖唯一的真神——安拉（亦译作胡大、真主）； 信奉诸天使； 信奉《古兰经》（穆罕默德传教言论辑录）为天启经文； 信奉穆罕默德为封印使者； 信奉死后复活和末日审判； 信奉世间一切皆由安拉前定； 坚持念功（念清真言）炼心，拜物（一天五次做礼拜）炼身，斋功（自觉持斋戒）炼性，课功（自愿纳天课）炼财，朝功（朝拜麦加）炼命； 惩治邪恶，赈济贫民，善者升天堂，恶者入地狱； 为“安拉之道”征战，为教义献身	开斋节 肉孜节 宰牲节 古尔邦节 圣纪节 阿术拉节 登霄节 圣忌节 命运之夜节 圣会节	饮食是为了养身和养性，必须吃佳美（清洁、可口、有营养）与合法（以正当手段获取，符合教义规定）的食物；强调“洁净的受欢迎，污浊的须禁止” 提出“五禁”： 禁吃自死的动物； 禁吃动物的血液； 禁吃脏物（猪、狗、驴、骡），凶物（熊、狼、鹰、鹞），丑物（蝙蝠、乌鸦），恶物（贝、蟹）以及无鳞无鳃鱼； 禁吃未奉真主之命屠宰的牲畜； 禁吃烈酒和一切麻醉品及毒品 自觉持斋戒： 在回历九月的“斋月”期间，无特殊情况者，白天必须禁食禁水 “凡为势所迫，非出自愿，且不过分的人，（虽吃禁物）毫无罪过。”（《古兰经》）	温顺的反刍动物（牛、羊、驼、鹿等）； 食谷的家禽（鸡、鸭、鹅、鸽等）； 有鳞有鳃鱼（鲤、鲫、青鱼、草鱼等）； 五谷杂粮（稻、麦、豆、薯等）； 瓜果蔬菜； 凡是食用动物，都必须由阿訇或教民念清真言后用快刀迅速宰杀，使之排尽余血； 特殊情况下，某些食物也允许适当食用，如哈萨克穆斯林不禁马肉，沿海回民可吃海鱼，有些高山区的教徒可吃山羊等

名称	传播地区	沿革	教义	节日	饮食戒律	提倡的食品
道教 标志： 信徒： 31287000人 支系： 全真派和正一派	主要流传在中国、南朝鲜和一些东南亚国家； 圣地有中国的青城山、龙虎山、终南山、罗浮山、武当山、白云观、长春观等	中国土生土长的宗教，源于远古巫术和秦汉时期的神仙方术； 其前身系黄老之道，东汉张陵创立"五斗米道"、以《老子五千文》作经典后，才见雏型。后经葛洪、陶宏景、邱处机等人的倡导，成为大教；历史上有天师、茅山、上清、灵宝、符篆诸派	主要经文是《道藏》，包含有1400余部、5000多卷 基本教义是： "道"是虚无之系、造化之根、神明之本、天地之元； 其最高神是"道"人格化的"三清天尊"； 修炼方法有服饵、导引、胎息、房中、符篆、内丹、外丹与辟谷； 与世间万物协调生活； 相信来世存在天堂和地狱	老君圣诞 玉皇圣诞 吕祖圣诞 蟠桃会 燕九 鬼节 道教厨会 上元节 中元节 下元节	正一派： 其食俗与常人几无差异，可以吃荤与饮酒 全真派： 与大乘佛教近似； 重清素，戒杀生，不沾荤腥； 有"三厌"(天厌雁、地厌犬、水厌鱼乌)，"五禁"(韭、薤、蒜、芸薹、胡荽)之说； 强调"荤酒回避，斋戒临坛"； 一般不饮烈酒	正一派： 强调"天地万物，为我所用"，重视饮食养生，肴馔精洁 全真派： 重视素食； 喜欢植物性原料烩煮； 以"混元大菜"为贵； 重视摆供用过的食品
儒教 标志： 信徒： 158136550人	主要流传在中国、朝鲜等国的旧知识分子中； 山东的孔府、孟府是其圣地	以公元前5世纪孔子的哲学思想为基础发展起来，后来作为中华传统文化的基石，亦称"儒家学派"； 此后各代儒学大师对其精义作了阐述和宣传	主要经文是《论语》和后世辑成的《四书五经》。 基本教义是： 重视伦理道德，提倡仁、义、礼、智、信，并以仁爱作核心； 崇奉天地君亲师和孔子； 无天堂、来世、神等教义，不受任何神学仪式的束缚	先师诞 丁祭 文昌宫会酒 释奠礼 释菜礼 科举会考	虽有"君子远庖厨"之说，但无任何特殊的饮食戒律； 食品来路应正当，不吃"嗟来之食"； 祭孔须用三牲福礼，配置专用的礼器，举行隆重的仪式； 丧葬期间禁荤酒	提倡"食不厌精，脍不厌细"； 逢年过节要给老师奉送美食； 爱惜粮食； 灾年应施舍贫民； 重视美食的赏鉴，有"三代做官，学会吃穿"之说

名称	传播地区	沿革	教义	节日	饮食戒律	提倡的食品
神道教 标志： 信徒： 57155200人 支系： 神社神道、教派神道和民俗神道	简称“神道”，即“神的道路”之意； 主要流传在日本以及各国的日侨之中； 以伊势神宫、靖国神社、明治神宫为圣地	起源于6世纪日本古文化的开端时期； 最初以自然崇拜和祖灵崇拜为主要内容，后吸收佛教和儒教的某些精华融汇而成； 明治维新后，以神社神道作为国教，提倡“神皇一体”、“祭政一致”； 现转为民间宗教，强调世界和平与兄弟团结	没有主要经文 基本教义是： 崇拜多神，特别信奉视为太阳精灵的日照大神，尊其为祖神； 皇统即神统，天皇即天子； 曾鼓吹以日本为中心，建立以该教为统治思想的世界秩序； 没有预言启示； 礼拜多在神社进行，主要仪式是祈祷、合掌、净化与默祭； 家中设有神龛供奉祖灵	纪元节 大尝祭 新尝祭 雏祭节 中元节 七夕节	一般没有特殊的饮食戒律； 但视牛奶为脏物； 亲人死后的第五十天禁忌赴宴； 供佛用过的食品不可以给女孩子吃； 祭祀菜忌腥味； 正月里忌食杂食，不得在锅盖上切食物； 忌配公筷，不可以将饭菜泼在地上	爱好海味、米饭； 蛋糕宜作供品，摆放在神殿之中； 鼓励与庆祝丰收和祝福仪式相联系的食物； 乡村信徒饮食趋向干素，提倡食用鱼、鸡和山菜； 饮食调理重视规程，讲究五色、五味、五法和席面的规范
锡克教 标志： 信徒： 1000000人	主要流传在印度的旁遮普邦； 以金寺为圣地； 东非诸国和泰国、英、美、加拿大均有信徒	16世纪由那纳克创立于南亚次大陆； 锡克意为“门徒”，尊那纳克为祖师； 教徒须蓄长发，加髻梳，上衣至膝，佩剑，男称“狮子”，女称“公主”； 19世纪英国占领印度后，受到很大破坏	主要经文是《格兰特·沙哈卜》。 基本教义是： 在印度教虔诚派的基础上，摄取伊斯兰教苏菲派的神秘主义因素； 主张业报轮回，提倡修行； 反对祭司制度、偶象崇拜和烦琐祭仪； 消极遁世，提倡苦行	阿南德普尔锡克教徒大会纪念日	教徒起誓不抽烟、不饮酒； 几乎没有任何食物受到鼓励； 食俗中有印度教和伊斯兰教的禁忌烙印	越简便越好； 提倡禁食、节食

名称	传播地区	沿革	教义	节日	饮食戒律	提倡的食品
耆那教 标志： 信徒： 2250000人 支系： 天衣派和白衣派	流传于南亚次大陆等地； 主要集中在印度西部	公元前6世纪由筏驮摩那王子在印度创立； "耆那"是筏驮摩那的称号，意为"胜利者"、"大雄"； 4至13世纪在印度广泛流行，曾获得不少君王支持； 17世纪后影响逐步衰微	无主要经文。 基本教义是： 业报轮回； 灵魂解脱； 强调非暴力，不伤生； 苦行主义，严格禁欲； 重视发誓； 不承认有至高无上的神； 人道主义和博爱； 不许参加战争和任何伤害生灵的活动	筏驮摩那纪念日	由于该教强调对所有的生命非暴力，所以禁止食用任何有生命的生物（动物）； 还戒忌某些水果、蜂蜜、酒与外皮带有虫类的根茎类蔬菜； 用神圣的金雀花扫除路上的昆虫，以免伤生	严格的素食； 用化缘碗化斋，表示苦行主义和"无我"
琐罗亚斯德教 标志： 信徒： 264000人	又称祆教、火教、拜火教； 流传于古代波斯和中亚等地； 现今伊朗南部的耶斯德和格尔孟，巴基斯坦的卡拉奇仍有人信奉	公元前6世纪由波斯预言家琐罗亚斯德创立； 3至7世纪成为萨珊王朝的国教； 7世纪后向印度西海岸发展，目前的孟买地区仍有教徒10余万人	主要经文是《波斯古经》 基本教义是： 相信至高无上的唯一真神——阿胡拉·玛兹达； 主张善恶二元论，火与清净是生的善端，黑暗与恶浊是死的恶端，要求从善驱恶； 人有自由选择的意志，决定命运之权力； 礼拜圣火，善思，善言，善行	新生礼 大祭祀日	该教没有特别的饮食限制； 但是尤为注重饮食卫生。《波斯古经》中的《驱魔书》，是近代医学出现之前的一部很好的食品卫生条律； 厌恶黑暗、恶浊、不洁的烹调方法	鼓励耕种土地、种植谷物、栽培果树以及善待牲畜； 喜爱与光明、清净、创造相联系的食品； 喜爱烤食； 宗教仪式上重视豪麻草饮料； 洁净、可口的食品

附录14　世界民俗节庆简表

节名	时间	过节国家	节庆习俗
风筝节	佛历一月上弦十五日	柬埔寨	源于敬奉置于忉利天中的佛发舍利塔，是日夜间放飞带灯的风筝，请居士诵经，祭拜神灵，祈求五谷丰登
滑雪节	1月下旬	罗马尼亚	上万个家庭带着孩子来到普列德阿尔山区，化装成神话故事中的各种人物，参加滑雪比赛，锻炼智力和体魄
同龄节	1月份最后一个星期天	法国（维勒弗朗舍市）	源于19世纪中期的抽签征兵制，届时年满20、30、40岁的男性公民汇集市政府载歌载舞游行，然后会餐和跳舞
黑白狂欢节	1月5～7日	哥伦比亚（纳里尼奥省）	源于种族团结的乡邻聚会，届时白人化妆成黑人，黑人化妆成白人，簇拥彩车嬉闹街头，相互拥抱跳舞
谢肉节	东正教大斋节前3天	俄罗斯	纪念耶稣传教前在旷野守斋祈祷40昼夜。由于大斋期间不娱乐、禁肉食，故信徒提前欢宴，跳假面舞，举行火把游行
主显节	1月6日	意大利	纪念耶稣显灵。是时家长买回装着各种礼物的长筒袜，悄悄放在壁炉上，次日黎明送给孩子，鼓励他们听话上进
海神节	2月2日	巴西	纪念海神伊曼雅。人们从四面八方涌入萨尔瓦多城的神庙前，贡献玫瑰花和香水，并跟着献礼船在大海上游乐一天
冬季狂欢节	每年2月份的第一个周末起，玩乐10天	加拿大（魁北克城）	推选一位“冬季狂欢之王”主持盛典，届时全城装饰一新，用雪垒成一座城堡，举行冰雕、滑雪、划船、雪撬等比赛
化妆节	1～3月	保加利亚	源于祈愿新年幸福和农业丰收。届时城乡男女老少化妆成奇形怪状的飞禽走兽，挨家挨户拜年，主人饷以美酒甘食
情人节	2月14日	英格兰和各国	源于百鸟发情择偶的传说和牧神节抽签定情的故事，是日少男少女互赠红玫瑰、情人卡、巧克力或花手帕，谈情说爱
大狂欢节	2月的第二个星期四，连续6天	德国（莱茵区科隆市）	源于古埃及的神牛节和古希腊的酒神节，后被天主教接受。是日举行狂欢活动，妇女可以为所欲为，嬉戏打闹
沙丁鱼葬礼节	2月	西班牙	在该国沙丁鱼是不吉之物，届时人们身着丧服，哭笑喊叫为其送葬，沿途抛洒食品，表示趋吉避凶
桑巴节	2月中下旬，为期3天	巴西（里约热内卢）	源于非洲黑人的祭神仪式，届时人们举行“桑巴化装游行比赛”，有“地球上最伟大的表演”之称

节 名	时 间	过节国家	节 庆 习 俗
太阳节	2月22日 10月22日	埃 及	源于对埃及法老拉姆西斯二世的崇拜,是日人们守候在阿布辛拜勒神庙前,迎接旭日,唱赞歌,跳肚皮舞,献祭物
捕鱼节	2月	尼日利亚 (阿尔贡古区)	各地的数千名穆斯林渔民参加捕获"河鲈"的比赛,优胜者中大奖,可免费朝觐圣地麦加
军事狂欢节	2月29日	墨西哥 (普韦布拉州)	纪念1826年反抗法国入侵的战斗胜利,届时人们装扮成墨、法军队,相互"格杀",鼓乐震天,欢声不息
丰收节	2月底	赞比亚	青壮年男子身着戎装,身披兽皮,提刀宰杀狂奔的牛群,然后豪饮药酒,分食牛肉,欢庆抗御外侮的胜利,祈求丰收
成人节	1月15日	日 本	庆贺年满20岁的青年成人,向其赠送礼品,设宴祝福。从此要肩负成家立业的重任,变成国家公民
洒红节	2～3月	印 度	印度教中正义战胜邪恶的节日,源自祭祀黑天神的仪式,也祈祷丰收。人们点篝火,撒红粉,跳舞唱歌
葡萄节	2～3月	阿根廷 (门多萨省)	选举"葡萄女王",彩车游行,进行大型露天歌舞演出,大家分享葡萄酒,庆贺丰收并祈愿来年更大丰收
天地节	2～5月	印度尼西亚 (巴厘岛)	每百年举行一次,祭祀婆罗门教中的凶神鲁德那,除灾去病。届时在海边迎神祭祀,奉献福礼,跳古典舞,欢宴
女孩节	3月3日	日 本	亦称雏祭、偶人节或桃花节,每家设5～7阶的偶人供坛,举行欢宴,吃艾草年糕,向女儿祝愿终身幸福
玩偶节	3月12～19日	西班牙 (帕伦西亚市)	源于中世纪的宗教祭仪,现已成为世界知名的工艺模拟像汇展的艺术节,最后一天人们聚集广场,载歌载舞到深夜
跳火节	伊朗历最后一个星期三	伊 朗	源于古代的拜火教仪典,届时城乡各地点起无数火堆,人们在火上跳跃,迎接新年,并彼此祝福消灾祛病、益寿延年
含羞花节	花开季节	南斯拉夫 (亚里里亚海沿岸)	人们采折含羞花,沿着海岸行进,沿途彩旗招展,妇女在路边煎着小鱼,用面包和葡萄酒款待远来观光的游客
努鲁兹节	3月21日	伊 朗	相当于中国的春节,家家准备7种新食品,高歌欢宴,迎新辞旧,还有守岁、给孩子压岁钱等习俗
樱花节	3月15～4月15日	日 本	人们成群结队来到樱林,摆放米团、美酒,吹拉弹唱,谈笑风生,尽情欢乐,迎接春天的到来,祝愿民族昌盛
盲人节	3月28日	扎伊尔	纪念盲人学校的创办者——前总统夫人安东尼乃特,旨在广泛吸引国际舆论对盲人问题的注意,推动盲人参加社会生活
开斋节	回历十月一日	信仰伊斯兰教的国家	纪念先知穆罕默德的传教活动和斋月的结束,其仪典庄重而又热烈,信徒聚礼礼拜,宴请亲朋,并且赈济贫民

节名	时间	过节国家	节庆习俗
惠风节	4月上旬	埃及	意为沐浴春风，届时全家去郊外踏青，吃彩蛋，并举行“碰蛋比赛”，迎接春天的到来，互相祝愿幸福
愚人节	4月1日	欧美国家	人们在这一天彼此开玩笑，说谎话，恶作剧，连报刊也发布假新闻，寻求开心，因此上当者被称为“四月傻瓜”
泼水节	4月中旬	缅甸	源自古老的神话传说，是时人们用洁水沐浴佛像，并互相泼撒，并大做善事、放生，以去除秽气，行善修德
烤糕节	佛历三月	老挝	源自佛教故事，人们烤制撒盐、涂蛋黄的糯米饭团，布施僧侣，然后参加诵经说法，修行养真
花篮节	花开季节	葡萄牙（托马尔城）	由兄弟会发起，两年一次，身着白衣、腰缠红带的少女头顶花篮游行，一则庆贺丰收，二则筹款救济贫民
恒河沐浴节	4月14日	信仰印度教的国家	12年一次，信徒云集恒河两岸，诵经后下河沐浴3次，膜拜太阳，然后向祭司布施，以此涤除罪恶的灵魂
书节	4月23日	西班牙	纪念大文豪塞万提斯的忌辰，届时人们踊向各种书摊，每人买一朵玫瑰和一本好书，送给心爱的人
火节	4月13日	墨西哥	源自远古的圣火崇拜，每52年举行一次，届时人们聚集神秘的祭台，举行“取新火”仪式，迎接光明降临
献羊节	丰收时节	摩洛哥	源自伊斯兰教的古老传说，届时家家准备一只肥羊，宰杀后迅速背到清真寺，然后鸣炮祈祷，欢宴亲友，祈求丰收与和平
鼓节	耶稣受难日	西班牙（卡兰达镇）	缅怀旧事和欢庆新生。是时人们身着紫缎长袍，背着鼓具拥向教堂，正午，2000面大鼓齐奏，举行声势浩大的彩车游行
迪波里节	4月的最后一周	科特迪瓦（阿比吉人）	庆祝光明战胜黑暗、新生代替腐朽。节庆气氛神秘，用祭仪征讨恶鬼，人们献上雏鸡和大薯，在科波隆湖畔狂欢
捕鹿节	4～5月	加纳（埃夫图人）	组织民族猎队，前往山区捕鹿。头鹿得手后祭祀欧图神，为来年好运祝福，然后为观光者表演歌舞，敬奉美食
复活节	俄历3月22日至4月25日	俄罗斯（东正教信徒）	纪念耶稣殉难。主要节庆活动有：行圣餐礼、洗脚式、配制圣油、鸣钟、燃烛、祈祷、滚鸡蛋、吻圣像和十字架、聚餐等
岳母节	农忙季节	喀麦隆（玛卡人）	酬谢前来帮忙的岳母和其他女眷，酒菜丰盛。席间，岳母等可以尽情调笑女婿和其他男人，一直欢闹到太阳落山
主升天节	复活节后第40天	比利时（布吕赫市）	纪念耶稣升天，届时市民化妆成古代武士和僧侣，举行“圣血游行”，表演《圣经》中的神话故事，接受主教的祈祷
宋干节	4月13～15日	老挝、泰国	即小乘佛教中的新年节，有浴佛、听经、斋僧、布施、放生、筑沙塔、游神、泼水、拜年、辞旧迎新等活动

节 名	时 间	过节国家	节 庆 习 俗
戴帽节	4月30日	芬 兰	为哈维斯·阿曼达裸女铜像戴帽,大学生们在广场欣赏音乐,歌舞宴乐,戴着白帽狂欢到深夜
春天节	5月1日	英 国	在广场中央树立"五月花柱",选举"五月皇后",在教堂举行加冕典礼,然后表演歌颂绿林英雄罗宾汉的戏剧,欢乐终日
立竿节	5月初	捷克斯洛伐克	人们在村中树起"五月树杆王",举行爬杆比赛,小伙子向心爱的姑娘赠礼,用歌舞和啤酒罐表达爱情
男孩节	5月5日	日 本	源于端午避邪的习俗,是日家家供奉"五月武士偶人",升起鲤鱼形风幡,吃糯米豆沙饼,为男孩子祝愿幸福
木偶节	5月9日	英 国	纪念木偶戏祖师尊庞奇的诞辰,人们头戴面具游行,在考文特公园举行木偶戏义演,给孩子赠送小木偶玩具
母亲节	5月的第二个星期天	美 国	人们给母亲赠送节日卡、鲜花与礼品,旨在以母爱消除家庭分裂、人间仇恨和战争创伤,祈求幸福与安宁
水牛节	5月14或16日	菲律宾	人们用花环、彩带、气球装饰水牛,拖着披着香蕉叶的牛车,到教堂去酬谢神恩,举行游艺及竞赛活动
抛猫节	5月第二个星期天	比利时(西弗兰德省)	青年人爬上高楼,抛下象征不祥的绒猫,谈论各种猫的趣闻,簇拥彩车,歌舞游行,以此作为耶稣升天节的尾声
燃带节	5月14～20日	葡萄牙(科英布拉大学)	有700余年历史,届时大学生们焚烧彩带,表示毕业前的喜悦和对新生活的憧憬,打开香槟酒喷洒,将气球升向天空
烙薄饼节	基督教忏悔日	英 国	这是大斋节前最后一个可以宴乐的日子,妇女手持放有烙饼的滚烫平底锅,边奔跑边翻饼,中途翻饼三次,优胜者获奖
鲱鱼节	5月最后一个星期六	荷 兰	有500余年历史,庆祝鲱鱼丰收。无数渔船张灯结彩,渔民身着民族服装,歌舞欢腾,最后用鲱鱼宴接待宾客
五月花节	5月	菲律宾	人们汇聚教堂,由女孩向圣母献花环和撒花朵,并扮演凯伦娜女皇,在铜管乐队前导下,簇拥花车游行,喜庆丰收
收获节	5月	马来西亚(沙巴州)	庆祝水稻丰收,向稻神敬献糯米和甜酒,村民跳"苏马造"舞蹈,高呼吉语,家家备宴,款待至爱亲朋
熊 节	春、秋各一次	俄罗斯(尼夫赫人)	过节时将熊拴在桩上,杀狗祭祀,旨在请熊神送来更多的野兽,祭毕,将熊射死,架锅烹熟,众人按祖传的规矩享用各个部位
逾越节	犹太教历的一年之始	以色列	源自《旧约圣经》中的神话故事,纪念天使对以色列人的保护,届时祭仪虔诚,领受"摩西十戒"
五旬节	五六月间	以色列	全国放假,人们用花叶装饰房舍,在阳台上搭起祷告小屋,虔诚礼拜,并举行以奶、蜜为主要食品的家宴,庆贺新生

节 名	时 间	过节国家	节 庆 习 俗
玫瑰节	6月初	保加利亚	是日,人们从四面八方汇集"玫瑰谷之都"——卡赞勒克市,选购有"液体金子"之誉的玫瑰油和香水,评选"玫瑰女王"
御耕节	佛历六月下弦第四日	柬埔寨	国王在选定的"圣田"上举行祭火仪式,扶犁撒种,并在银桌上摆放七种农作物,牛吃某一种,则预示该种作物丰收
城市节	6月下旬	葡萄牙	各城市纪念替人民做过好事的人物,家家户户焕然一新,人们身着盛装,观看彩车游行,并举行阅兵式
父亲节	6月第三个星期天	美 国	纽约举行"美国父亲"颁奖大会,表彰贡献杰出的父亲,各家向父亲赠送节日卡、礼物和一枝红玫瑰(对已故父亲则用白玫瑰)
仲夏节	6月24日	瑞 典	原为纪念基督施洗者约翰的生日,后演变成为北欧地区的"白昼节"和青年人的"择偶节",是时一片花的海洋、歌的世界
正阳节	阴历五月初五	越 南	源自中国的端午节,届时人们吃糯米酒、洋桃、椰汁和雄黄酒,佩戴五色符以驱邪,并出售各种中草药
斯布特卡节	6月23日	波兰(克拉科夫人)	纪念爱国的娃妮坦公主,人们将花环投掷河中,点放河灯,少男少女围着篝火跳舞,表述爱情
太阳节	6月24～30日	秘 鲁 (库斯科城)	源自古代印加人的日月崇拜,届时人们汇聚萨克萨瓦曼古堡,扮成远古的先民,向太阳神敬献福物,表演古代歌舞
龙 节	6月底	法 国 (达拉斯克)	纪念制服尼罗河怪兽的圣女马尔泰,有滚球会、舞会、自行车赛、小母牛赛跑、赛马、焰火晚会和宴会等节庆活动
甘蔗节	6～7月	巴巴多斯	簇拥甘蔗车队游行,选举"甘蔗女王",互赠花边和手帕,焚烧坏工头哈丁的模拟像,并玩抢猪、击棒等游戏
足球节	6月24和28日	意大利 (佛罗伦萨)	届时球员分作白、兰、红、绿四队,用足球与橄榄球相结合的方式比赛,观者如潮,欢声如雷,已流传数百年
赛马节	7月2日和8月16日	意大利 (西亚纳市)	源于1260年的城市保卫战,选手代表17个区参赛,优胜队通常要举行数千人参加的庆功宴会
酒 节	7～8月	希 腊	在各大公园举行,纪念酒神奥尼塞斯和宣传葡萄酒,各酒厂大做广告,免费酬宾,全城人都成了"酒仙"
七夕节	阴历七月初七	朝 鲜	源自中国的乞巧节,妇女须做100种食品祭祖,供奉七星神,家家吃霜花饼,并且晒书、晒衣物
奔牛节	7月6～14日	西班牙 (班布龙那)	举行盛大的斗牛比赛,商店24小时营业,人们狂欢、纵酒,游客如潮,并且瞻仰海明威的雕象,购买他的著作
七月节	7月中旬	波利尼西亚	源于原始宗教的祭祀仪式,入夜后男女半裸祭祀海神,举行独木舟竞赛、掷镖、编织椰叶、选美、欢宴和举行篝火晚会

节名	时间	过节国家	节庆习俗
摔跤节	7月	多哥（卡布列人）	这是该族的成年礼，历时一周，少年扮成各种动物，奋力拼搏，连续参加三年赛事者，方可成家立业，夺冠者享有殊荣
血的狂欢节	7月18～28日	秘鲁	人们诱捕雄健勇猛的兀鹰，与力大无朋的公牛相斗，以此纪念不屈的印第安人先祖反侵略斗争的伟大胜利
那达慕节	7月21日	蒙古	原系该族男子三项竞赛（摔跤、骑马和射箭）的古老游艺活动，现成为该国国庆盛典的重要组成内容，届时举国欲狂
宰牲节	回历十二月十日	信奉伊斯兰教的国家和民族	又称古尔邦节或阿祖哈节，意为"牺牲、献身"，纪念先知易卜拉欣的虔诚，届时聚礼宰牲，馈赠亲友，举行家宴
登霄节	回历七月廿七日	沙特阿拉伯	纪念穆罕默德的升天之行，穆斯林举行礼拜、祈祷，求真主赐福，保佑合家康宁，牛羊兴旺
伊斯通卡节	秋收之后	索马里	源自远古的祈丰仪式，人们模拟古代的战争游戏，从此庆贺五谷丰登，并祈求来年风调雨顺
盂兰盆节	8月15日前后	日本	源自中国的中元节，以祭祀祖先亡灵为主要活动内容，摆贡物，焚香烛，人们回家省亲，子女向父母赠送礼物
忠诚节	6月17或8月28日	埃及	又名尼罗河娶妇节，历史久远。向河神敬送美女（多为石膏象）和美食，鼓乐欢庆，祈求不闹水灾，确保农业丰收
佛牙节	7～8月	斯里兰卡	原为纪念反侵略战争的胜利，现今是举行佛牙大游行，是时人们着古装，驱象群，舞火把，戴面具，举城狂欢，彻夜不息
红花节	8月	斐济	此为该国的国花（木槿）节，人们高举花束，评选各地选送的"红花皇后"，在广场上载歌载舞，资助社会慈善机关
牧羊节	7月	阿富汗（哈扎拉人）	欢庆牧业丰收，是时人们赛马、射箭、摔跤、劈木桩、唱歌跳舞，表演曲艺节目，是草原上的一大盛会
幸福节	8～9日	巴布亚新几内亚	人们乘坐独木舟出海，举行美女竞选，化妆游行，歌舞达旦，纪念远古一对为爱情而献身的渔村恋人
敬老节	9月15日	日本	始于1951年，举国举行尊老、爱老、敬老活动，慰问演出，馈赠礼品，15～21日为老人福利周，老人享有种种优惠服务
赛船节	9月第一个星期天	意大利（威尼斯）	始于1247年，比赛在贯穿全城的大运河上举行，风雨无阻，从不间断，旨在训练青年的技能，丰富五洲游客的观光内容
食品节	9月中旬的星期天	美国（纽约）	举行全世界美食展和各国移民的传统服饰展，各大公司组织广告彩车游行，鼓乐欢腾，吸引众多游客
黑妈妈节	9月	厄瓜多尔（拉塔孔加）	纪念梅塞德圣母，游行队伍由一名"黑妈妈"带领，众多小丑和戴假面具者跟从，沿街摆满供品，鼓乐震天

节 名	时 间	过节国家	节 庆 习 俗
女神节	9月	尼泊尔	印度教的节庆，以童女作为圣洁的象征，“女神”十年遴选一次，届时出巡，国王和臣民恭迎，极为虔诚
雏菊节	9月27日	埃塞俄比亚	源于基督教对十字架的敬奉，届时家家户户插满黄菊，男子手持火把，妇女制作“罗格苗”(名菜)，全家欢庆
啤酒节	9～10月	德 国 (慕尼黑)	全城展示名特啤酒，免费酬宾，举行啤酒桶大游行，互相敬酒宴乐。青年谈情说爱，称为“啤酒恋人”
黑基督节	10月21日	巴拿马 (波尔托贝洛)	基督教的节庆，纪念驱疫除灾的黑基督，是时信徒聚集在圣殿举行弥撒仪式，施放焰火，彻夜游乐
犀鸟节	收获之后	马来西亚 (伊班人)	是时，男扮武士，身披甲胄，女着纱笼，肩带花环，先用猪祭神，然后举行斗鸡和龙舟赛，入夜歌舞狂欢
玉米粽子节	7月最后一个星期	墨西哥	此乃印第安人的遗风，各地举行玉米粽子比赛，互相宴请，交流种玉米和包粽子的经验，欢庆丰收
玩闹节	10月31日	加拿大	由苏格兰移民和爱尔兰移民带来，孩子们化妆成各种“精灵”，到各户收罗钱和糖果，尽情玩耍，大人应当全力满足他们的要求
万圣节	10月31日	美 国	源于爱尔兰移民的神话传说，商场装饰南瓜灯和假面具，儿童穿上奇形怪状的衣服，人们争讲荒诞离奇的故事，以之为乐
施僧节	佛历十月十五	老 挝	又称抽签节或抓阄节，源自佛教，是时人们准备各种礼品施舍佛寺，由僧尼抽签取用，同时还赈济贫民
抓鱼节	当地历法十月二十	印度尼西亚	这是“公主鱼”的汛期，渔民捕捞它庆贺丰收，同时举行“相亲”活动，青年喜结连理，带有神话色彩
灯 节	10～11月	印 度	印度教的重大节日，由婆罗门祭司主持，届时燃点佛灯，分发福物，并迎接财神，用光明战胜邪恶
亡灵节	11月1～2日	墨西哥	类似中国的清明节，悼念先祖，家家户户带祭品上坟，迎接“亡灵”归来享用，入夜墓地一片灯海，不少人家守墓到天明
水灯节	11月	泰 国	源于婆罗门教对水神的祭祀仪式，水灯做成各种形状，漂游3日，同时点放烟火，敬佛斋僧，人们合家团聚宴乐
民俗节	11月第一周	秘 鲁 (普诺人)	纪念印加古国的缔造者——卡帕尔的诞辰，是时人们按照古礼立身处事，并上演有关卡帕尔的戏曲，出售有关他的图书
洋葱节	11月最后一个星期一	瑞 士 (伯尔尼)	有500余年历史，实为该城的节庆集市，以洋葱玩具和洋葱食品为主体，宣传当地的特产洋葱和洋葱文化
莲花节	11月14日	泰 国	纪念古代泰人、孟人、老人3部族和睦共处的业绩，是时采摘莲花，乘坐大船，各民族聚会，畅叙友情

节名	时间	过节国家	节庆习俗
感恩节	11月26日	美国	纪念印第安土著对早期英国移民的无私援助，至期，化装游行、戏剧表演、体育比赛，并且吃火鸡、吃玉米糖
大象节	11月第三个周末	泰国	象是该国的国兽，和平吉祥的象征。是时举行赛象大会，表演捕捉野象的技艺，举行宗教仪式，祈祷国富民安
霍顿戈节	冬令	非洲帕尔族人	当地最为壮观的牲畜交易集市大会，膘肥体壮的牛羊马驼成群接受检阅，并举行羊群表演，观者如潮
雪的艺术节	11～3月	加拿大	渥太华等城市都点缀着雪人、冰雕，举行冰上运动会，出售冰雪食品，各国艺术家来此会演，狂欢数月
登城节	12月12日	瑞士 (日内瓦)	纪念17世纪初的日内瓦保卫战，市民化装游行，购买“备战食品”和“武器”，围着篝火欢宴，激发爱国热情
光明女神节	12月13日	瑞典	祭祀美丽、善良的露西亚女神，是日各家由最小的女孩扮作女神，向父母送早餐，向邻居送咖啡，迎接光明
跳火节	回历年最后一个星期三	伊朗	源自古代的拜火教习俗，全国各地燃点火堆，男女老少跳跃而过，意在辞旧迎新和消灾祛病，健强体魄
圣诞节	12月25日	信奉基督教的国家和民族	纪念耶稣诞辰，城乡装饰一新，到处布满圣诞老人和白雪公主画象，人们聚餐祝贺新年，一般放假5～10天
撒哈拉狂欢节	12月的雨季	撒哈那杜兹镇	人们用棕榈树搭盖凯旋门，邀请游客品尝椰枣和羊奶，驱车在大漠急驰，参加各种惊险游戏，并观看马队阅兵式和驼队婚礼
幸运使者节	12月除夕	英国	除夕夜第一个进门拜年的客人，被称为“幸运使者第一脚”，如果此人年轻、英俊、健康、快乐而富有，则兆示全年吉庆
敲钟节	农历除夕	日本	午夜寺庙香烟缭绕，钟声连敲108下，象征着烦恼尽除。钟声响过，人们入寺烧香，祈求一年好运。近年来不少日本人到苏州寒山寺过此节

附录15 世界通行的见面礼节

类别		礼节形式
介绍称呼类	招呼礼	见面打招呼，辅以点头、招手或微笑。如：熟人多用“小王”、“老李”；生人多用“您好”、“早安”；佛教徒称“阿弥陀佛”；穆斯林称“愿真主保佑”；日本人则常说：“初次见面，请多关照”
	介绍礼	由第三者介绍宾主双方认识，或是各人自我介绍。首先须了解双方是否有结识的愿望。然后说明双方的姓名、身份、单位、国籍。介绍时应礼貌地以手示意，不可指指点点；被介绍人一般应起立、微笑或点头、鞠躬 介绍的顺序是—— 将身份低的介绍给身份高的； 将年轻的介绍给年老的； 将男士介绍给女士； 将内宾介绍给外宾
	称谓礼	对客人使用尊称，一般是：男称“先生”，女称“女士”、“小姐”、“夫人”或“太太”，都可以冠以姓氏、职称与职衔；官员可加“阁下”，国王与王后可加“陛下”，亲王、王子与公主可加“殿下”，有爵位者加爵位，如公爵、男爵；军人加军衔，学者加学位，社会主义国家加“同志”；工商界可加“经理”、“董事”、“老板”、“总裁”；小孩可称小朋友或者直呼其名
	名片礼	双手递送自己的名片，至对方胸前；对方应用双手承接，并仔细观看，诵读一遍，表示感谢
	招手礼	右手高举过头顶，用目光热情示意，面带笑容；对方亦应以同样的方式回答
	拱手礼	即中国古代的作揖。双手抱拳，举至下巴处上下前后左右摇动数次；对方同样回礼
	点头礼	一面点头微笑，一面举起右手摆动示意，象征着鞠躬和致意。这多是在行进中进行的
	鞠躬礼	双脚并立，两手下垂，上身弯曲成15度、30度、45度、60度或90度，毕恭毕敬，多见于学生和日本人
握手致敬类	握手礼	有问候、致敬、感谢、慰问、祝贺、鼓励、交流感情等含义。其主动权在主人、长者、领导和女士。握手时要精神集中，双目对视，微笑亲切，松紧适度，时间一般是1～3秒。如果是握的时间长、双手加握并用力摇动，则显示亲切和尊重
	提裙礼	一手提裙，一手下垂弯腰，慢慢后退，表示敬意
	万福礼	双后相握，置于右部的腰下，两腿半蹲，头部低垂。多系中国古代妇女使用
	握帽礼	右手握住帽沿，左手下垂立正，上身前倾15度
	摇头礼	流行于南亚地区，即亲切友好地向左摇动头部，表示尊重、赞同或致意
	弹手礼	尼日利亚礼节，一边握手，一边用另一只手的拇指在对方的手背上轻弹几下，表示友好
	拍手礼	中非礼节，先将两手紧握，再置于胸前点头，最后互相拍掌，表示请安问好

类别		礼节形式
握手致敬类	马步礼	双脚分开,一前一后,上身下垂,两臂张开(也是一前一后),表示虔诚的敬意。见于藏、蒙古等族
	举手礼	多见于军人,有直伸、上伸、斜上伸和举两指、举三指、举五指等形式,表示对首长或宾客的尊敬
	脱帽礼	欧美传统礼节,男士摘帽向对方点头示意后再戴上,动作潇洒、刚劲,是武士的遗风
	抚胸礼	西南亚礼节,右手半握拳举于额前,左手抚胸,上身前倾,互致敬意
	叩指礼	流行于港澳地区,弯曲右手手指轻轻叩响桌面,向献茶上菜的侍者表示谢忱
	伸舌礼	尼泊尔礼节,先双手合十致意,再各自伸出舌头连弹几下,表示赤诚
	饮茶礼	中东礼节,喝茶不超过3杯,饮毕转动杯子,回递主人,意谓谢谢盛情款待
	合十礼	即合掌,佛教礼节。双手在胸前对合上举,掌尖与鼻尖取平,手掌外倾,头略低,口宣佛号,目光低垂
	膝行礼	泰国礼节,在叩见国王或尊长时,先跪下,双膝爬行数步,然后膝行后退
	跪拜礼	中国旧式礼节,包括双腿轮换下跪的互跪礼,两腿久跪于地的长跪礼,双手加于额上双膝跪拜的膜拜礼,双手、双肘、双膝落地的匍匐礼,以及五体投地呈十字形的顶礼等
拥抱接吻类	拥抱礼	双臂互相抱拥,通常3次(先右、后左,再右),熟人稍紧,生人稍松,同性稍紧,异性稍松,有时拥抱后还继以拍背、拍肩的动作,流行于欧美
	接吻礼	表示亲昵与爱抚,长辈与下辈之间互吻额头;同辈之间,互吻脸颊;夫妻和情人之间互吻嘴唇1～2次。其时间可长可短,视双方情感而定
	吻手礼	英法礼节。贵族妇女上身端坐,伸手下垂,男子轻提指尖,迅速吻其手背。若女方身份甚高,男士还须支屈一腿作半跪式吻之,女方可以不脱手套
	飞吻礼	伸出右手,掌心轻贴自己的嘴唇,然后向外作抛洒式,多被演员或运动员用来对观众作为感谢的意思
	碰额礼	沙特阿拉伯礼节,相互以鼻子触碰对方的额头,然后拥抱,以示诚挚(一般只用于男子之间)
	贴面礼	欧美礼节,男女之间或老幼之间用脸颊互相稍贴,左右各一次,多见于朋友见面或运动会颁奖等场合
	嗅气礼	印度礼节,好朋友久别重逢,双方把嘴和鼻子紧贴在对方脸上,用力吸气
	吻脚礼	印度教礼节,丈夫出门,妻子双手合十,弯腰吻其脚面,以示最高敬意
	跪吻礼	也门礼节,下辈跪于地上,频繁地亲吻上辈的大腿、小腿和脚背,表示孝心
	挽手礼	朋友见面,互挽手臂,并肩前行;或者是互抱肩膀或腰部,边走边谈,以示亲热
	祝愿礼	阿富汗穆斯林礼节,先相互拥抱,然后以右手抚胸,频频点头说:“愿真主保佑你。”

类别		礼节形式
外事礼仪类	郊迎礼	派出外交部礼宾司官员到边境线上迎候国宾的到来
	护航礼	战斗机或军舰列队，迎送国宾的专机或专舰至国境线或领海线
	鸣炮礼	有21响、19响、17响3种规格
	升旗礼	在机场、港口、首都升起对方的国旗
	献花礼	可用花束、花环，由儿童或少女敬献国宾夫妇(但须注意不同国家的花语)
	阅兵礼	检阅三军仪仗队，同时升国旗、奏国歌
	红毯礼	在贵宾经过的主要通道上，铺放红地毯
	引见礼	介绍双方随从人员和前来迎接的有关国家外交使节
	陪车礼	主人陪同贵宾同乘一车，经过夹道欢迎的人群
	欢迎礼	贵宾车队经过之处挂彩旗，扎门楼，悬标语，唱歌跳舞呼口号，列队迎候
	宴请礼	举行盛大国宴或招待酒会，表示敬意
	会见礼	两国领导人互相拜访、看望、晤谈，讲究对等原则
	谒墓礼	贵宾向所在国已故领袖墓或烈士碑敬献花圈
	纪念礼	双方互赠纪念性礼品(多为名贵工艺品或珍禽异兽)
	访游礼	陪同贵宾参观游览名胜古迹和工厂农村或部队学校
	授勋礼	主人向客人或客人向主人授予荣誉勋章或学位、头衔
	招待礼	举办专场的大型文艺演出等

附录16 涉外旅游宾馆、饭店星级划分标准

(一)一星级

(1)饭店的建筑物:饭店的建筑物要求结构良好,内外装修采用普通建筑材料。

(2)前厅:有一定面积的前厅。设有与饭店规模、星级相适应的总服务台。

(3)客房

·客房数:至少有20间可供出租的房间。

·标准客房装修、家具、面积:客房装修良好,有软垫床、桌、椅、床头柜等配套家具,具有一定室内活动面积,灯光照明充足。

·客房卫生设备:75%的客房有卫生间,装有抽水恭桶、面盆、淋浴或浴缸,均配有浴帘,采取有效的防滑措施,12小时供应冷、热水。客房中没有卫生间的楼层应设有间隔式的男、女公用卫生间各一个,卫生洁具配备不少于每10个床位一个喷头、一个面盆,每6个床位一个厕位。

·室温及通风条件:根据当地气候,客房有暖气或冷气设备,通风良好。

·窗帘:客房内均应有遮光窗帘。

(4)餐厅:有与客房接待能力相适应的餐厅。

(5)厨房设施

·墙面瓷砖不应低于两米,应用防滑材料满铺地面。

·冷菜间与热菜间分开,并有充足的冷库。洗碗间位置合理。厨房间内不应堆放垃圾。厨房温度适宜,有充足的排风措施。厨房与餐厅之间,有起隔音、隔热和隔气味作用的进出分开的弹簧门。

(6)公共区域设施和设备

·停车场:为客人提供回车线或停车场。

·电梯:四层以上的客房设客用电梯。

·空调:(度假村不要求一定设中央空调)根据当地气候条件,公共区域有暖气或冷气设备。

·公共电话:每个楼面设有通过交换机可接通市内的公用电话,配备市内电话簿。

·公共卫生间:在公共场所应设供男、女宾使用的卫生间。

·照明应急措施:在突然停电时,应备有蜡烛或手电照明。

·商店:设小卖部。

(7)服务项目

·行李:有供客人使用的行李推车,必要时服务员送行李到房间。有小件行李存放服务。

·总服务台

a.有中英文标志,24小时有工作人员候命,提供接待、问讯和结账服务,提供留言服务。

b.结账要求:可分次结账。

c.外币兑换:定时提供外币兑换服务。

·值班经理:饭店设值班经理,可16小时接待客人。

·语言要求:能用英语提供服务。

·宣传资料:服务台提供饭店服务项目宣传品、饭店价目表,并出售本市交通图。

·客房

a.清扫客房和卫生间:客房、卫生间每天全面清扫整理1次,隔日更换床单及枕套。

b.饮用水:24小时保证冷热饮水供应。

·客房文字宣传品:有饭店服务指南、价目表、住宿规章。

·餐饮

a.咖啡厅:咖啡厅营业时间不少于12小时。

b.服务人员语言要求:餐厅主管、领班能用英语服务。

·邮电服务:代售邮票、代发信件。

(二)二星级

(1)饭店的建筑物:饭店的建筑物要求结构良好,内外装修采用较好的建筑材料,布局基本合理。

(2)前厅:有与接待能力相适应的前厅,有饭店气氛。设有与饭店规模、星级相适应的总服务台。

(3)客房

·客房数:至少有20间可供出租的房间。

·标准客房装修、家具、面积:客房装修良好,有软垫床、桌、椅、床头柜等配套家具,具有一定的室内活动面积,灯光照明充足。

·客房卫生设备:95%的客房有卫生间,装有抽水恭桶、面盆、梳妆镜、淋浴或浴缸,均配有浴帘。采取有效防滑措施。16小时供应冷、热水。

·室温及通风条件:根据当地气候条件,客房有暖气或冷气设备,通风良好。

·通讯设备:50%的客房有电话。

·视听设备:客房有电视。

·防噪音和隔音:有防噪音和隔音措施。

·窗帘:客房内均应有遮光窗帘。

·客房内的文具用品:设有与饭店本身星级一致的文具用品。

(4)餐厅:有与客房接待能力相适应的餐厅和咖啡厅(或西餐为主的便餐厅——下同)。

(5)酒吧:有提供酒吧服务的设施。

(6)厨房设施

·墙面瓷砖不应低于两米,应用防滑材料满铺地面。

·冷菜间与热菜间分开,并有充足的冷库。洗碗间位置合理,厨房内不应堆放垃圾。厨房温度应适宜,有充足的排风措施。厨房与餐厅之间,有起隔音、隔热和隔气味作用的进出分开的弹簧门。

(7)公共区域设施和设备

·停车场:为客人提供回车线或停车场。

·电梯:四层以上的楼房设客用电梯。

·空调:(度假村不要求一定设中央空调)根据当地气候条件,公共区域有暖气或冷气设备。

·公共电话:在大厅及每个楼面设有通过话务员可接通市内的公用电话,配备市内电话簿。

·公共卫生间:在公共场所应分设供男、女宾使用的卫生间。

·照明应急措施:在突然停电时,应备有蜡烛或手电照明。

·商店:设小卖部。

·理发室:设理发室。

(8)服务项目

·行李:有供客人使用的行李推车,必要时服务员送行李到房间。有小件行李存放服务。

·总服务台

a.有中英文标志,24小时有工作人员候命,提供接待、问讯和结账服务。提供留言服务。

b.结账要求:可分次结账。

c.外币兑换:定时提供外币兑换服务。

d.预订客房、餐饮服务:可接受国内客房预订。

·贵重物品保存:设可由客人自行开启的物品保管箱。

·值班经理:饭店设值班经理,可16小时接待客人。

·语言要求:能用英语提供服务。

·宣传资料:服务台提供饭店服务项目宣传品,饭店价目表,出售本市交通图、本市旅游风光名胜点介绍、《中国日报》(英文版)和《中国旅游报》。

·客房

a.清扫客房和卫生间:客房、卫生间每天全面清扫整理一次,隔日更换床单及枕套。

b.饮用水:24小时保证冷热饮水供应。

·电话服务的语言要求:能用英语为客人接通长途电话。

·洗衣:提供一般洗衣服务。

·送餐服务:应客人要求可提供送餐服务。

·客房文字宣传品:有饭店服务指南、价目表、住宿规章、本市旅游风景点介绍。

·餐饮

a.餐厅服务:能提供中餐和西式早餐,限定时间进餐,晚餐营业时间最后叫餐一般不超过20点。

b.咖啡厅:咖啡厅营业时间不少于12小时。

c.服务人员语言要求:餐厅主管、领班能用英语服务。

·商品服务:出售旅游日常用品。

·邮电服务:代售邮票、代发信件、代办国内行李托运。

(三)三星级

(1)饭店的建筑物:饭店的建筑物要求结构良好,内外装修采用较高档的建筑材料,布局基本合理,外观具有一定的特色或地方民族风格。

(2)前厅:应有与接待能力相适应的前厅,内外装修美观、别致。设有与饭店规模、星级相适应的总服务台。

(3)客房

·客房数:至少有50间可供出租的房间。

·标准客房装修、家具、面积:室内装修良好美观。有梳妆台或写字台。有衣橱及衣架、软垫床、座椅或简易沙发、床头控制柜、台灯、床头灯等配套家具。室内满铺地毯,或为木地板。室内采用区域照明,且目的物照明度良好。室内面积较宽敞。

·客房卫生设备:每间客房有卫生间,装有抽水恭桶、梳妆台,并配备面盆、梳妆镜、浴缸(带淋浴喷头),均配有浴帘。采取有效的防滑措施。卫生间采用较高级建筑材料装修地面、墙面,色调柔和,目的物照明度良好。有良好的排风系统或排风器、110/220伏电源插座。24小时供应冷、热水。

·室温及通风条件:有能保证室温适宜的分离式或中央空调,通风良好。

·通讯设备:每间客房有市内直拨电话并可通过总机挂通国内和国际长途电话。电话机旁备有说明及市内电话簿。

·视听设备:客房内装有彩色电视机、音响设备。

·防噪音和隔音:具备有效的防噪音及隔音措施。

·窗帘:客房内均应有遮光窗帘。

·套房:有套房。

·单人间:有适量的单人间。

·客房内的文具用品:设有与饭店本身星级一致的文具用品。

(4)餐厅:有与客房接待能力相适应的中餐厅、西餐厅、咖啡厅和宴会厅(或多功能厅兼用的宴会厅)。

(5)酒吧:有正式酒吧。

(6)厨房设施

·墙面满铺瓷砖,应用防滑材料满铺地面。

·冷菜间与热菜间分开,有充足的冷库。洗碗间位置合理。厨房内不应堆放垃圾。厨房温度应适宜,有充足的排风措施。厨房与餐厅之间,有起隔音、隔热和隔气味作用的进出分开的弹簧门。

(7)公共区域设施和设备

·停车场:为客人提供回车线或停车场。

·电梯:三层以上的楼房设充足的客用电梯。

·空调:(度假村不要求一定设中央空调)公共区域有中央空调。

·公共电话:在大厅内设可拨通市内的公用电话,配备市内电话簿。

·公共卫生间:在公共场所应分设供男、女宾使用的卫生间。

·照明应急措施:有应急供电专用线,并在公共区域设有应急照明灯。

·残疾人设施:门厅有残疾人出入坡道,有专为残疾人服务的客房,该房间内设备能满足残疾人生活起居的一般要求。

·舞厅:有舞厅。

·按摩室:有按摩室。

·商店:设小商场。

·理发(美容)室:设理发室。

·公共休息阅览处:设公共休息阅览室。

·书店:有售书柜台。

·会议场所:设有适量的会议场所。

·多功能厅:有多功能厅。

(8)服务项目

·门卫应接:设门卫应接员,16小时迎送客人。

·行李:有专职行李员、专用行李车,24小时为客人搬运行李到房间。设小件行李存放处。

·总服务台

a.有中英文标志,分区段设置接待、问讯、预订、结账,24小时有工作人员候命提供服务。提供留言服务。

b.结账要求:能提供简便快速的结账服务。

c.外币兑换:12小时提供外币兑换服务。

d.预订客房、餐饮服务:有完整的预订系统,可及时接受国内、国际客房预订。

·贵重物品保存:设由服务人员和客人同时开启的贵重物品保险箱。

·值班经理:饭店设值班经理,24小时接待客人。

·大堂经理:设大堂经理,18小时在前厅服务。

·寻人服务:提供寻人服务。

·出租汽车:提供代客预订和安排出租汽车服务。

·为残疾人服务:为残疾人提供特殊服务。

·语言要求:能用一种以上外语(英语为必备语种)服务。

·宣传资料:总服务台提供饭店服务项目宣传品、饭店价目表、中英文的本市交通图、出售全国旅游交通图、本市和全国主要风景点介绍、飞机及铁路时刻表、《中国日报》(英文版)和《中国旅游报》。

·信用卡服务:可接受中国银行指定种类的信用卡。

·客房

a.清扫客房和卫生间:客房、卫生间每天全面清扫一次,更换床单和枕套,把客用品和消耗品补充齐全。

b.开夜床服务:提供开夜床服务,放置晚安卡。

c.饮用水:24 小时保证冷热饮用水及冰块供应并免费提供茶叶。

d.客房内微型酒吧:客房内设微型酒吧(包括小冰箱),提供充足饮料,并在适当位置放置烈性酒,备有饮酒器具和酒单。

e.会客服务:客人在房间会客,可应要求提供加椅和茶水服务。

·电话服务的语言要求:能用两种外语(其中一种是英语)为客人接通国内、国际长途电话。

·洗衣:提供干洗、湿洗、熨烫服务。

·叫醒服务:提供叫醒服务。

·送餐服务:备有送餐菜单、饮料单、18 小时提供中式、西式早餐或便餐送餐服务,并有可挂置门外的送餐牌。

·闭路电视:有闭路电视演播,并备节目单,播放内容应符合中国政府规定。有两个闭路频道,每日不少于两次播放,晚间结束播放时间不早于12点。

·擦鞋服务:能提供擦鞋服务。

·客房文字宣传品:有饭店服务指南、价目表、住宿规章、本市旅游风景点介绍、本市旅游交通图、《中国日报》(英文版)及《中国旅游报》。

·餐饮

a.餐厅服务:能提供中餐和西餐,限定时间进餐,晚餐营业时间最后叫菜不超过 20:30。

b.酒吧服务:有酒吧服务,晚间营业时间一般至 24 时。

c.咖啡厅:咖啡厅营业时间不少于 16 小时。

d.自助餐:能提供自助早餐。

e.风味餐、宴会:提供风味餐和中西式宴会服务。

f.服务人员语言要求:餐厅主管、领班及主要服务人员能用英语服务。餐厅能提供不少于两种外语的服务。

·医疗服务:必要时为客人提供就医方便。

·商品服务:出售旅行日常用品、旅游纪念品、工艺品等商品。

·邮电及商业服务:代售邮票,代发信件、电报、电传,代办行李托运、冲印胶卷、日常用品修理。

(四)四星级

(1)饭店的建筑物:四星级饭店的建筑物要求结构良好,内外装修采用高档建筑材料,布局合理,外观独具风格或有鲜明的地方民族风格。

(2)前厅:有与接待能力相适应的前厅,内外装修风格鲜明,气氛高雅。设有与饭店规模、星级相适应的总服务台。

(3)客房

·客房数:至少有 50 间可供出租的房间。

·标准客房装修、家具、面积:客房装修豪华。有豪华的软垫床、梳妆台、衣橱及衣架、茶几、座椅或沙发,有床头多功能控制柜、台灯、床头灯、落地灯等高级配套家具,室内满铺高级地毯,或为优质木板,采用区域照明,且目的物照明度良好,室内面积宽敞。

·客房卫生设备:每间客房有卫生间,装有低噪音抽水恭桶,梳妆台(配备面盆、梳妆镜)、浴缸(带有淋浴喷头),均配有浴帘、晾衣绳。采取有效的防滑措施。卫生间采用高级建筑材料装修地面、墙面,色调高雅、柔和,目的物照明度良好。有良好的排风系统或排风器、110/220 伏电源插座、电话副机。24 小时供应冷、热水。

·室温及通风条件:有中央空调,客人可自行调节室温,通风良好(平房式建筑或度假村不要求必备)。

·通讯设备:每间客房均装有可直拨市内并可通过总机挂通国内和国际长途的电话,并有拨号说明。电话机房备有电话说明及市内电话簿。

·视听设备:客房有彩色电视机,有闭路电视系统和可供选择的调控音响系统。

·防噪音和隔音:具备十分有效的防噪音及隔音措施。

·窗帘:客房内均应有内窗帘及外层遮光窗帘。

·套房:有适量的套房及有特色的豪华套房。

·单人间:有适量的单人间。

·客房内的文具用品:设有与饭店本身星级一致的文具用品。

(4)餐厅:有与客房接待能力相适应的布局合理、装饰高级的中餐厅、西餐厅、咖啡厅、大宴会厅。

(5)酒吧:有布局合理、装饰高雅、具有特色的酒吧。

(6)厨房设施

·墙面满铺瓷砖,应用防滑材料满铺地面。

·冷菜间与热菜间分开,并有充足的冷库。洗碗间位置合理。厨房内不应堆放垃圾。厨房温度适宜,有充足的排风措施。厨房内与餐厅之间,有起隔音、隔热和隔气味作用的进出分开的弹簧门。

(7)公共区域设施和设备

·停车场:有停车场。

·电梯(平房式建筑除外):有与接待能力相适应的高质量客用电梯,轿箱装修高雅,并有服务电梯。

·空调(度假村不要求一定设中央空调):公共区域有中央空调。

·背景音乐:公共区域有背景音乐系统。

·公共电话:在公共区域的适当位置设店内直通电话及可拨通市内的公共电话,配备市内电话簿。

·存衣处:公共场所应设存衣处。

·公共卫生间:公共场所应分设供男、女宾使用的卫生间。

·照明应急措施:有应急供电专用线和自备发电系统。

·残疾人设施:门厅有残疾人出入坡道,有专为残疾人服务的客房,该房间内设备能满足残疾人生活起居的一般要求。

·舞厅:有舞厅。

·健身房:有健身房。

·按摩室:有按摩室。

·桑拿浴室:有桑拿浴室。

·游泳池:一般要有游泳池。

·商店:设小商场。

·理发(美容)室:设装饰高级的理发室和美容室(两者可兼用)。

·商务设施:城市旅游商业型饭店设商务中心。

·公共休息阅览处:设公共休息阅览处。

·书店:设小书亭或书店。

·鲜花店:一般要设小型鲜花亭或鲜花店。

·会议场所:设有适量的会议场所。

·多功能厅:有多功能厅。

(8)服务项目

·门卫应接:设门卫应接员,24小时迎送客人。

·行李:有专职行李员、专用行李车,24小时为客人搬运行李到房间。设小件行李存放处。

·总服务台

a.有中英文标志,分区段设置接待、问讯、预订、结账,24小时有工作人员候命提供服务。提供留言服务。

b.结账要求:能够提供一次性总账单服务(商品除外)。

c.外币兑换:16小时提供外币兑换服务。

d.预订客房、餐饮服务:有高级全套的预订系统,可通过电话等设备24小时即时直接接受国内和国际的客房、宴会预订,并能代客预订国内饭店客房。

·贵重物品保存:设由服务人员和客人同时开启的贵重物品保险箱。

·值班经理:饭店设值班经理,24小时接待客人。

·大堂经理:设大堂经理,24小时在前厅服务。

·寻人服务:提供寻人服务。

·出租汽车:提供代客预订和安排出租汽车服务。

·为残疾人服务:为残疾人提供特殊服务。

·语言要求:能提供两种以上的外语(英语为必备语种)服务。

·宣传资料:总服务台提供饭店服务项目宣传品、饭店价目表、中英文的本市交通图,出售全国旅游交通图、本市和全国主要旅游风景点介绍,出售飞机及铁路时刻表、《中国日报》(英文版)和《中国旅游报》。

·信用卡服务:可接受中国银行指定种类的信

用卡。

·客房

a.清扫客房和卫生间:客房、卫生间每天全面清扫整理一次,更换床单和枕套,客用品和消耗品补充齐全,并应客人要求随时进房清扫整理,补充客用品和消耗品。

b.开夜床服务:提供开夜床服务,放置晚安卡。

c.吹风用具:应客人要求提供吹风用具,并说明使用方法。

d.饮用水:24小时保证冷热用水及冰块供应并免费提供茶叶。

e.客房内微型酒吧:客房内设微型酒吧(包括小冰箱),提供充足饮料,并在适当位置放置烈性酒,备有饮料器具和酒单。

f.会客服务:客人在房间会客,可应要求提供加椅和茶水服务。

·电话服务的语言要求:能用三种或三种以上外语(其中一种是英语)为客人接通国内、国际长途电话及电话服务。

·洗衣:提供干洗、湿洗、熨烫、修补服务,可24小时内交还客人。

·叫醒服务:提供叫醒服务。

·送餐服务:备用送餐菜单、饮料单、24小时提供房内送中西式早餐、正餐服务,正式菜式不少于10种,饮料品种不少于8种,甜食不少于6种,并有可挂置门外的送餐牌。

·闭路电视:有闭路电视演播,并备节目单,播放内容应符合中国政府规定。有两个闭路频道,每日不少于两次播放,晚间播放结束时间不早于24点。

·擦鞋服务:能提供擦鞋服务。

·客房文字宣传品:有饭店服务指南、价目表、住宿规章、本市旅游风景点介绍、本市旅游交通图、《中国日报》(英文版)及《中国旅游报》。

·餐饮

a.餐厅服务:能提供两种以上风味中餐和高级西式正餐,晚餐营业时间最后叫菜不超过21点。

b.酒吧服务:有酒吧服务,晚间服务时间一般至凌晨1点。

c.咖啡厅:咖啡厅24小时营业。

d.自助餐:能提供自助早餐和自助正餐。

e.风味餐、宴会:提供不少于两种风味餐和中式宴会服务、西式鸡尾酒会、冷餐会及宴会服务。

f.服务人员语言要求:餐厅主管、领班及服务员能用流利的英语服务。餐厅能提供不少于三种外语的服务。

·医疗服务:设有小型医务室。

·商品服务:出售旅行日常用品、旅游纪念品、工艺品等商品。

·邮电及商务服务:除有三星级饭店所述的各项服务项目外,城市旅游商业型饭店还应提供复印、打字、翻译等服务。

·票务服务:能提供代购交通、影剧、参观等票务服务。

·旅游服务:提供市内观光服务。

·代客照顾儿童服务:提供代客照顾儿童服务。

(五)五星级

(1)饭店的建筑物:五星级饭店的建筑物要求结构良好,内外装修采用高档、豪华建筑材料,布局合理,外观风格特异,或有突出的地方民族风格。

(2)前厅:有与接待能力相适应的前厅,内外装修具有独特风格和豪华气氛。设有与饭店规模、星级相适应的总服务台。

(3)客房

·客房数:至少有50间可供出租的房间。

·标准客房装修、家具、面积:客房装修豪华。有豪华的软垫床、梳妆台、衣橱及衣架、茶几、座椅或沙发、床头多功能控制柜、台灯、床头灯、落地灯等高级配套家具,室内满铺高级地毯,或为优质木地板,采用区域照明,且目的物照明度良好。室内面积宽敞。

·客房卫生设备:每间客房有卫生间,装有低噪音抽水恭桶、梳妆台(配备面盆、梳妆镜)、浴缸(带淋浴喷头),均配备浴帘、晾衣绳。采取有效的防滑措施。卫生间采用豪华建筑材料装修地面、墙面,色调高雅柔和,目的物照明度良好。有良好的排风系统或排风器、110/220伏电源插座、电话副机、配有吹风机(附使用说明)和体重秤。24小时供应冷、热水。

·室内通风条件:有中央空调,客人可自行调节室温，通风良好(平房式建筑和度假村不要求必备)。

·通讯设备：每间客房均装有可直拨市内并可通过总机挂通国内、国际长途电话，备有拨号说明。电话机旁备有电话使用说明书及市内电话簿。

·视听设备：客房有彩色电视机，有闭路电视系统和可供选择调控的音响系统。

·防噪音和隔音：具备十分有效的防噪音及隔音措施。

·窗帘：客房内均应有内窗帘及外层遮光窗帘。

·套房：有适量的套房及有特色的豪华套房。

·单人间：有适量的单人间。

·客房内的文具用品：设有与饭店本身星级一致的文具用品。

(4)餐厅：有与接待能力相适应的、布局合理、装饰独具风格的中餐厅、西餐厅、咖啡厅、大宴会厅。

(5)酒吧：有布局合理、装饰高雅、具有特色的酒吧。

(6)厨房设施

·墙面满铺瓷砖，应用防滑材料满铺地面。

·冷菜间与热菜间分开，并有充足的冷库。洗碗间位置合理。厨房内不应堆放垃圾。厨房温度适宜，有充足的排风措施。厨房与餐厅之间有起隔音、隔热和隔气味作用的进出分开的弹簧门。

(7)公共区域设施和设备

·停车场：有停车场。

·电梯(平房式建筑除外)：有与接待能力相适应的高质量客用电梯，轿厢装修高雅，并有服务电梯。

·空调：(度假村不要求一定设中央空调)公共区域有中央空调。

·背景音乐：公共区域有背景音乐系统。

·公用电话：在公共区域的适当位置设店内直通电话及可拨通市内的公用电话，配备市内电话簿。

·存衣处：公共场所应设存衣处。

·公共卫生间：在公共场所应分设供男、女宾使用的卫生间。

·照明应急措施：有应急供电专用线和自备发电系统。

·残疾人设施：门厅内有残疾人出入坡道，有专为残疾人服务的客房，该房间内设备能满足残疾人生活起居的一般要求。

·舞厅：有舞厅。

·健身房：有健身房。

·按摩室：有按摩室。

·桑拿浴室：有桑拿浴室。

·游泳池：有游泳池。

·网球场：一般要有网球场。

·商店：设小商场。

·理发(美容)室：设装饰高级的理发室和美容室(两者可兼用)。

·商务设施：城市旅游商业型饭店设商务中心。

·公共休息阅览处：设公共休息阅览处。

·书店：设小书亭或书店。

·鲜花店：一般要设小型鲜花亭和鲜花店。

·会议场所：设有适量的会议场所。

·多功能厅：有多功能厅。

(8)服务项目

·门卫应接：设门卫应接员，24 小时迎送客人。

·行李：有专职行李员、专用行李车，24 小时为客人搬运行李到房间。设小件行李存放处。

·总服务台

a.有中英文标志，分区段设置接待、问讯、预订、结账，24 小时有工作人员候命提供服务。提供留言服务。

b.结账要求：能提供一次性总账单结账服务(商品除外)。

c.外币兑换服务：18 小时提供外币兑换服务。

d.预订客房、餐饮服务：有高级全套的预订系统可通过电传等设备，24 小时即时直接接受国内和国际的客房、宴会预订，并能代客预订国内饭店客房。

·贵重物品保存：设由服务人员和客人同时开启的贵重物品保险箱。

·值班经理：饭店设值班经理，24 小时接待客人。

·大堂经理：设大堂经理，24 小时在前厅服务。

·寻人服务：提供寻人服务。

·出租汽车:提供代客预订和安排出租汽车服务。

·为残疾人服务:为残疾人提供特殊服务。

·语言要求:能提供两种以上语言的(英语为必备语种)服务。

·宣传资料:总服务台提供饭店服务项目宣传品、饭店价目表、中英文的本市交通图,出售全国旅游交通图、本市和全国主要旅游风景点介绍、飞机和铁路时刻表、《中国日报》(英文版)和《中国旅游报》。

·信用卡服务:可接受中国银行指定种类的信用卡。

·客房

a.清扫客房和卫生间:客房、卫生间每天全面清扫,整理一次,更换床单和枕套,客用品和消耗品补充齐全,并随时进房清扫整理,补充客用品和消耗品。

b.开夜床服务:提供开夜床服务,设置晚安卡、鲜花或赠品。

c.饮用水:24小时保证冷、热饮用水及冰块供应,并免费提供茶叶。

d.客房内微型酒吧:客房内设有微型酒吧(包括小冰箱),并在适当位置放置烈性酒,备有饮酒器具和酒单。

e.会客服务:客人在房间会客,可应要求提供加椅和茶水服务。

·电话服务的语言要求:能用三种或三种以上外语(其中一种是英语)为客人接通国内、国际长途电话及电话服务。

·洗衣:提供干洗、湿洗、熨烫、修补服务,可24小时内交还客人。

·叫醒服务:提供叫醒服务。

·送餐服务:备有送餐菜单、饮料单,24小时提供房内送中西式早餐、正餐服务,正式菜式不少于10种,饮料品种不少于8种,甜食不少于6种,并有可挂置门外的送餐牌。

·闭路电视:有闭路电视演播,并备节目单,播放内容应符合中国政府规定。有两个闭路频道,每日不少于两次播放,晚间结束播放时间不早于12点。

·擦鞋服务:能提供擦鞋服务。

·客房文字宣传品:有饭店服务指南、价目表、住宿规章、本市旅游风景点介绍、本市旅游交通图、《中国日报》(英文版)及《中国旅游报》。

·餐饮

a.餐厅服务:能提供三种以上风味中餐和多种西式正餐,晚餐营业时间最后叫菜一般不超过22点。

b.酒吧服务:有酒吧服务,晚间营业时间一般至凌晨2点。

c.咖啡厅:咖啡厅24小时营业。

d.自助餐:能提供自助早餐和自助正餐。

e.风味餐、宴会:提供不少于两种的风味餐和中式宴会服务、西式鸡尾酒会、冷餐会及宴会服务。

f.服务人员语言要求:餐厅主管、领班及服务员能用流利的英语服务。餐厅能提供不少于三种外语的服务。

·医疗服务:设小型医务室。

·商品服务:出售旅游日常用品、旅游纪念品、工艺品等商品。

·邮电及商务服务:除有三星级饭店所述的各项服务项目外,城市旅游商业型饭店提供复印、打字、翻译等服务。

·票务服务:能提供代购交通、影剧、参观等票务服务。

·旅游服务:提供市内观光服务。

·代客照顾儿童服务:提供代客照顾儿童服务。

(六)一至五星级宾馆饭店的其他必备条件

(1)饭店安全

每间客房都在明显的位置放置安全疏散示意图。

每个楼层和公共场所必要时都有显示安全疏散通道和出口的明显标志。

所有安全疏散通道和出口都必须常年保持畅通。

(2)环境卫生要求

饭店要时常保持整洁卫生,严禁有垃圾死角。

从客房外观看,饭店院内及屋顶要整洁、美观。

饮水和食品必须符合《中华人民共和国食品卫生法》的规定。

客房、餐厅、厨房及室内公共场所必须采取

有效的防蚊蝇、老鼠、蟑螂等虫害措施。三星级以上的饭店要求基本做到无“四害”。

(3)服务态度、工作人员着装、仪容仪表要求

全体工作人员的工作服应符合工作需要(不搞华而不实),着装整洁、挺括,个人卫生良好,仪容仪表给人以健康和精神焕发之感。

附录17 国营大中型酒家(饭庄)国家二级企业标准

(1989年1月起实施)

国营大中型酒家(饭庄)国家二级企业标准(一)

考核指标		国家二级
一、食品质量和技术力量		1.要有特级厨师主持高级菜点的生产。 2.二级以上(包括二级)厨师占厨房生产人员的15%以上(包括15%)。 3.有公认的风味特色的菜点十种以上(包括十种),常年供应。
二、服务质量	(一)人员素质	1.要有一级以上(包括一级)餐厅服务师组织高级宴会的设计和接待工作。 2.涉外单位,要有30%的一线服务员,能用一种日常业务外语接待外宾。
	(二)卫生合格	被区评为卫生先进单位。
	(三)设备完好率	100%
三、经济效益	(一)年人均利税	≥4 500元
	(二)年人均劳效	≥24 000元

说明:

一、本标准(一)适用于企业综合毛利率在44%以上(包括44%),符合本标准各项考核指标要求的国营大中型酒家(饭庄)企业,均可按本标准申报。

二、本标准(一)主要考核:食品质量和技术力量、服务质量和经济效益。这三项指标是评审企业上等级的主要依据,具有否决权,必须全部达到,缺一不可。同时,还必须考核企业的管理工作、服务规范和安全工作。

企业管理,要全面贯彻执行(88)商管字第四号文"关于商业企业升级的管理工作要求"。服务规范执行商业部颁发的《大中型酒家(饭庄)接待服务规范》的要求。

三、计算公式

$$年人均利税=\frac{利润总额+税金}{年平均职工人数}$$

$$年全员人均劳效=\frac{营业收入}{年平均职工人数}$$

$$\left(年平均职工人数=\frac{上年年末职工人数+本年各季末职工人数}{5}\right)$$

四、指标解释:

1.营业收入、税金、利润总额,指1988年7月执行的"国营商业会计制度"中"饮食服务企业利润表"的第一、五、十五项。

2.年平均职工人数,指由企业支付工资的各种人员包括固定工、合同工、临时工和各工种计划外用工。

3.设备完好率,要求做到随坏随修,保证设备完好。

4.有公认的十种以上菜点,指被国家、部、省、市评为优质产品或由行家鉴定认可(出据证明)的菜点。

5.厨房生产人员,包括配菜、选料、切配、烹制,不包括采购进货、专职验收及粗加工人员。

6."一线服务员"包括:迎宾员、餐厅服务员、话务员,不包括卫生员。

7.关于"卫生合格"问题,未评卫生先进的地区,可由企业上级主管部门会同市区卫生部门检查评定,取得卫生合格证书。

8.经济效益主要考核1988年数字。

五、供销社系统的大中型酒家(饭庄),可参照上述标准执行。

六、本标准自正式下达之日起执行，原标准同时作废。

国营大中型酒家（饭庄）国家二级企业标准（二）

考核指标	国　家　二　级
一、食品质量和技术力量	1. 要有一级厨师主持高级菜点的生产。 2. 三级以上厨师占厨房生产人员的 15%以上（包括 15%） 3. 有公认的风味特色菜点六种以上（包括六种）常年供应。
二、服务质量	1. 要有二级以上（包括二级）餐厅服务师组织领导宴会的设计和接待服务工作。 2. 被区评为先进卫生单位。 3. 设备完好率 100%。
三、经济效益	1. 年人均利税≥3 500 元。 2. 年人均劳效≥19 000 元。

说明：

一、制定本标准（二），主要考虑目前国营大中型酒家（饭庄）中，中档名店、专业店较多，社会效益好、服务面广，不少企业菜点风味特色鲜明，技术力量较强，在行业中占有重要地位，为了促进这类企业提高素质，特制定本标准。

二、本标准（二）适用范围：企业综合毛利率在 44%以下（不包括 44%），达标而管理先进的企业，均可按本标准申报。

三、本标准（二）主要考核：食品质量和技术力量、服务质量和经济效益。这三项指标是评审企业上等级的主要依据，具有否决权，必须全部达到，缺一不可，同时，还必须考核企业管理、服务规范和安全工作。

企业管理，要全面贯彻执行（88）商管字第四号文"关于商业企业升级的管理工作要求"。服务规范，执行商业部颁发的《大中型酒家（饭庄）接待服务规范》的要求。

四、计算公式：

$$\text{年人均利税}=\frac{\text{利润总额}+\text{税金}}{\text{年平均职工人数}}$$

$$\text{年人均劳效}=\frac{\text{营业收入}}{\text{年平均职工人数}}$$

$$\left(\text{年平均职工人数}=\frac{\text{上年年末职工人数}+\text{本年各季末职工人数}}{5}\right)$$

五、指标解释：

1. 营业收入、税金、利润总额，指 1988 年 7 月执行的"国营商业会计制度"中"饮食服务企业利润表"的第一、五、十五项。

2. 年平均职工人数，指由企业支付工资的各种人员包括固定工、合同工、临时工和各工种计划外用工。

3. 设备完好率，要求做到随坏随修，保证设备完好。

4. 有公认的六种以上菜点，指被国家、部、省、市评为优质产品或由行家鉴定认可（出据证明）的菜点。

5. 厨房生产人员，包括配菜、选料、切配、烹制，不包括采购进货、专职验收及粗加工人员。

6. 技术等级要按照分级考核的规定，以相应的专业技术考评委员会考核的技术等级为准。食品质量，要保持本店鲜明的风味特色，保质保量，常年供应。

7. 经济效益主要考核 1988 年数字。

8. 关于卫生问题，未评卫生先进的地区，可由企业上级主管部门会同市区卫生检查评定，取得卫生合格证书。

六、供销社系统的大中型酒家（饭庄），可参照上述标准执行。

七、本标准（二）自正式下达之日起执行。

附录18 酒家(饭庄)和酒店(饭店)分等定级标准

(中华人民共和国国家标准)

(国家技术监督局1992.2.19批准,1992.5.1实施)

1 主题内容与适用范围

本标准规定了酒家(饭庄)(下称酒家)和酒店(饭店)(下称酒店)的分等级原则及评定办法。

本标准适用于各行各业开办的各种经济成分的酒家、酒店。

2 酒家和酒店分等定级管理原则

2.1 凡正式开业一年以上的饮食店、餐馆、酒家、饭庄、饭馆、酒吧、各种风味馆、专营店以及酒店、饭店、宾馆、旅店等,均按本规定进行分等定级。

正式开业不满一年的企业,给予预定等级。没有预定等级的企业,一律按地方级定价。

2.2 酒家、酒店管理分五个等级,分别是国家特级、一级、二级、三级和地方级。

2.3 等级的评定,按分级管理原则,由相应的等级评定机构予以评定。

2.4 酒家、酒店的等级评定后,由国务院饮食服务业行政主管部门统一等级标志,谁评定、谁制发。并将等级标志挂于企业明显的位置。预评企业只评等级不制发标志。地方级企业不制发标志。

2.5 酒家、酒店等级评定有效期四年,到期后企业要向相应的等级评定机构重新申请等级,经批准后继续悬挂相应的标志。

2.6 酒家、酒店实行分等定级管理后,饮食业的综合毛利率和旅店业的收费标准,按等级重新核定。国家级企业由行业主管部门按照国家规定的综合毛利率和收费标准幅度具体定价。地方级企业按低于国家三级店的综合毛利率或收费标准定价。

2.7 本标准发布实施后,各地现有各种等级标准停止使用。所有评定等级的企业,都要按现评等级标明标志。

3 分等分级依据和标准

3.1 酒家、酒店分等定级依据,是企业的设备设施(建筑、装潢、设备、设施、维修保养等)、技术力量、服务质量、餐饮质量、管理水平、清洁卫生。

3.2 酒家、酒店分等定级的具体要求,按附录A和附录B执行。

4 等级的评定方法

4.1 酒家、酒店分等定级按附录A、附录B的规定,对企业进行全面考核综合打分评定。

4.2 酒家、酒店评上等级后,需要取消相应等级要求中所规定的服务项目,或停用某些设施、设备,如果不影响等级的评定,必须经相应的等级评定机构确认;如果影响企业等级的评定,必须向相应的等级评定机构申请予以评定;如果企业改造内部设施提高了档次,可以向相应的等级评定机构重新申请予以评定。

4.3 一个企业执行一个等级标准,评定一个等级。企业所评上的等级,反映该企业所有建筑物、设施设备、技术力量、餐饮质量、服务质量的综合水准。

如果企业内由若干不同条件的部门或建筑物组成,等级评定机构将按标准综合评定。

如果企业由若干分店或附属店组成,等级评定机构将分别按每个分店或附属店的实际情况评定等级。

5 等级评定权限和程序

5.1 酒家、酒店等级评定的权威机构是国务院饮食服务业行政主管部门。等级评定机构的设置:

国务院饮食服务业行政主管部门设全国酒家和酒店等级评定机构,负责组织领导。

省、自治区、直辖市饮食服务行业主管部门分别设地方的酒家和酒店等级评定机构，履行辖区内相应等级的评审或推荐的职责。

5.2 酒家、酒店的等级评定，采取企业申请、分级管理的办法。企业向辖区内地方的等级评定机构申请，由等级评定机构按以下评定权限审批或推荐。

国家特级店、国家一级店由全国酒家和酒店等级评定机构评审和公布。

国家二级店、三级店由省、自治区、直辖市酒家和酒店等级评定机构评审和公布，评定结果报全国酒家和酒店等级评定机构备案。省、自治区、直辖市等级评定机构负责向全国酒家和酒店等级评定机构推荐国家特级店、国家一级店的企业。

不具备国家三级店要求的企业，都属地方级。地方级企业由各地行业主管部门自行分等管理。

6 监督检查

6.1 分等定级管理实行检查员制度。检查员由合格的专业人员担任，分国家级检查员和地方级检查员。

国家级检查员由全国酒家和酒店等级评定机构聘请并发给证书。

地方级检查员由省、自治区、直辖市的等级评定机构聘请发给证书。

6.2 检查员的职责

a.国家级检查员负责国家特级店、国家一级店评定前的审查，评定时的综合打分和评定后的检查工作，并对其他各等级的企业抽查工作。

b.地方级检查员负责辖区内相应等级评定前的审查、评定时的综合打分和评定后的检查工作，并对除特级店以外的各等级企业进行抽查工作。

c.及时向相应的等级评定机构反映监督、检查、评估的情况。

d.执行相应等级评定机构交付的任务。

6.3 检查员要秉公办事，严格执行规定和纪律，如滥用职权、徇私舞弊，要取消检查员资格，并将按国家有关规定给予处分。

6.4 酒家、酒店有责任向检查员提供企业情况和资料，为检查员提供工作便利。检查员要及时向相应的等级评定机构反映情况，如发现企业经理管理、设备设施、餐饮质量、服务水平、清洁卫生达不到相应的等级要求，检查员有权做出如下处理：口头提醒、书面警告、限期扭转。措施不力，达不到标准的，相应的等级评定机构有权作出如下处理：通报批评、降低甚至取消等级、收回等级标志。

附录A 酒家(饭庄)分等定级的划分

（补充件）

A1 特级酒家(饭庄)

A1.1 总则

特级酒家是国内外享有很高声誉、有涉外接待服务能力、设施设备华贵、环境幽雅、技术力量雄厚、服务水平一流、管理规范化的企业。

A1.2 设施设备

A1.2.1 房屋建筑

酒家的建设物结构良好，内外装修采用优质建筑材料，门面有独特的风格，字号牌匾庄重醒目。前厅装饰高雅，与接待能力相适应。

A1.2.2 餐厅

a.总营业面积(包括雅座单间)不小于500平方米。

b.具备同时接待100人以上宴会的条件和相应的设施。能承办高级宴席、鸡尾酒会、冷餐酒会。

c.有不同规格、各具风格的餐厅。

d.餐厅布局合理，装饰高雅、环境幽静，灯具别致，光线适宜，地面满铺地毯或为优质木地板或高级建筑材料装修，有高级桌椅、沙发或座椅、音响设备、空调、配套家具、用具、字画、盆景、装饰花瓶等陈设。圆桌席配有优质转盘。使用布料桌布、口布和高档成套的餐具、酒具、用具。

e.有与接待能力相适应的宾客休息处。

A1.2.3 厨房

a.厨房宽敞、布局合理、与餐厅营业面积相适应，地面满铺防滑材料，墙面满铺瓷砖，温度适宜，光线明亮，上下水道畅通，有充足的排风设施和良好的通风口，与餐厅之间有隔音、隔热、隔气味设施。

b. 红案、白案、开生间分开，有符合卫生的冷荤间、配备充足的冷藏设备。

c. 全部使用不锈钢或铝合金工作台、灶台、橱柜和优质炊具、设备、用具。

d. 洗碗间位置合理，有足够的洗刷、消毒设施。

A1.2.4 公共区域设施和设备

a. 有停车场或回车线。

b. 四层楼以上的营业餐厅、有与接待能力相适应的高质量客用电梯。

c. 每个楼层分设供男、女宾客使用的卫生间。卫生间要与接待能力相适应。用高级洁具和高档材料装修，有自动干手器、洗手盆、半身镜、卫生纸、香皂等必备品。有专人负责清扫，随时保持洁净。

d. 在每个楼层适当位置有供顾客使用的可拨通市内的电话。

e. 有更衣、防蝇、防鼠、存放垃圾的设施。

f. 有较完善的环境保护设施。

A1.3 技术力量

A1.3.1 由特级烹调师任厨师长，烹调、面点至少各有特级烹调师一名顶岗操作。

A1.3.2 烹调：二级以上(含二级，下同)烹调师占厨师红案制作人员的40%以上。

A1.3.3 面点：二级以上面点师占白案制作人员的35%以上。

A1.3.4 餐厅服务

a. 有特级宴会设计师组织日常的接待服务工作。

b. 二级以上餐厅服务师不少于餐厅服务人员的20%。

c. 所有服务人员都受过系统的专业培训，技术熟练。

A1.3.5 管理人员：主要负责人有丰富的酒家管理工作经验及较高的文化水平，受过酒家管理知识的专业培训，并取得合格证。

A1.3.6 营养卫生：有专职的菜点营养分析人员和食品卫生管理人员。

A.1.4 菜点质量

A1.4.1 酒家至少经营一大菜系或者具有明显地方风味特色。

A1.4.2 有社会公认的或权威机构认可的名菜名点12种以上，并常年供应。至少有一种菜点在全国评比中获奖。

A1.4.3 菜点有明确的质量标准、投料标准，严格按标准执行。

A1.4.4 菜点色、香、味、形俱佳，符合应有的营养要求。

A1.5 服务质量

A1.5.1 服务在全国同行中是一流水平。设备设施完好率保持100%。

A1.5.2 有一套完备的接待服务规范和管理规范。

A1.5.3 有承办店外宴会、酒会、代叫出租汽车、预约订餐等服务项目。

A1.5.4 有印制精美的酒家简介和宴席菜单。

A1.5.5 前厅：设专职迎宾员，负责迎送宾客；设值班经理接待宾客。

A1.5.6 服务人员

a. 按季节、岗位着不同色彩的服装，款式新颖。

b. 行为、举止、用语文明礼貌、精神饱满。

c. 讲普通话，懂一些方言。50%的服务人员能流利地用外语接待外宾。

d. 熟练掌握服务规范，服务热情周到，服务程序准确无误，通晓本店的风味菜点特色。

A1.5.7 服务人员与餐桌的比例恰当，圆桌席至少配备一名服务人员。

A1.5.8 实行全服务到桌，餐后结账。

A1.6 安全卫生

A1.6.1 有安全操作规范，按规范严格执行。

A1.6.2 卫生环境好，严格执行《中华人民共和国食品卫生法》。

A2 一级酒家(饭庄)

A2.1 总则

一级酒家是在国内享有较高声誉、有涉外接待服务能力、技术力量强、设施设备良好、实行规范服务、规范管理的企业。

A2.2 设施设备

A2.2.1 房屋建筑

酒家的建筑物结构和房屋质量良好，门面和内外装修有鲜明的特色，牌匾字号庄重醒目，前厅新颖典雅。

A2.2.2 餐厅

a. 总营业面积不小于250平方米。

b.有不同规格、各具特色的餐厅。能够承办宴会。

c.餐厅布局合理,装饰别致,环境幽雅,就餐条件舒适,地面、墙面采用高级材料装修。配有优质桌椅、空调、布料桌布、口布、较高档的成套餐具、酒具、用具,陈设工艺品。圆桌席配有优质转盘。

A2.2.3　厨房

a.布局合理、与餐厅营业面积相适应,地面使用防滑材料,墙面满铺瓷砖,光线充足,上下水道畅通,有效果良好的排风设施和通风口,与餐厅之间有隔油烟、气味的设施。

b.红案、白案、开生间分开,有符合卫生标准的冷荤间、配备充足的冷藏设备,使用不锈钢或铝合金工作台、橱柜和较好的炊具、设备用具。

c.洗碗间位置合理,有良好的洗刷、消毒设施。

A2.2.4　公共区域设施和设备

a.有停车场或回车线。

b.四层楼以上的营业餐厅、应有与接待能力相适应的客用电梯。

c.有分设供男、女宾客使用的卫生间。卫生间与接待能力相适应,至少采用瓷砖(满铺)材料装修,有洗手盆、卫生纸、香皂、干手器等必备品。有专人负责清扫,随时保持洁净,无异味。

d.在适当位置有供顾客使用的通市内的公用电话。

e.有更衣、防蝇、防鼠、存放垃圾的设施。

f.有较完善的环保设施。

A2.3　技术力量

A2.3.1　烹调:至少有一名特级烹调师在一线常年主持生产,顶岗操作。二级以上烹调师占厨房红案制作人员的30%以上。

A2.3.2　面点:至少有一名一级面点师在一线常年主持生产,顶岗操作。二级以上面点师占厨房白案操作人员的25%以上。

A2.3.3　餐厅服务

a.有一级以上餐厅服务师组织高级宴席的接待工作。

b.三级以上餐厅服务师不少于餐厅服务人员的30%。

c.所有服务人员都受过系统的专业培训。

A2.3.4　管理人员:主要负责人具有较高的文化水平,受过专业酒家管理知识的培训,并取得合格证,有丰富的酒家管理工作经验。

A2.3.5　营养卫生:有专职或兼职的菜点营养分析人员和食品卫生管理人员。

A2.4　菜点质量

A2.4.1　酒家至少经营一种菜系或者具有明显的地方风味特色。

A2.4.2　有社会公认的或权威机构认可的名菜名点10种以上,并常年供应。

A2.4.3　菜点有明确的质量标准、投料标准,严格按标准执行。

A2.4.4　菜点色、香、味、形俱佳,符合应有的营养要求。

A2.5　服务质量

A2.5.1　服务在全国同行中比较突出。设备设施完好率保持100%。

A2.5.2　有完备的接待服务规范和管理规范。服务人员与餐桌的比例合适。圆桌席至少配有一名服务员。

A2.5.3　前厅设专职迎宾员和值班经理,热情迎送宾客。

A2.5.4　服务人员懂礼节,有礼貌,熟练掌握服务规范,服务态度热情周到,服务程序准确无误,通晓本店的风味菜点特色。

A2.5.5　服务人员按不同岗位着不同款式的服装,仪容仪表美观大方,举止文明,讲普通话,懂一些方言,主要岗位服务人员能用外语接待外宾。

A2.5.6　有上门服务,代叫出租服务,预约订餐服务。

A2.5.7　印有酒家简介和宴席菜单。

A2.5.8　实行全服务到桌,餐后结账。

A2.6　安全卫生

A.2.6.1　有安全操作规范,按规范严格执行。

A2.6.2　卫生环境好,严格执行《中华人民共和国食品卫生法》。

A3　二级酒家(饭庄)

A3.1　总则

二级酒家是在当地有较高声誉、技术力量较强、设施设备条件较好、实行规范服务、规范管理的企业。

A3.2　设施设备

A3.2.1 房屋建筑

酒家的建筑物结构和房屋质量较好，内外装修采用较好的建筑材料，门面有特色，字号牌匾醒目。

A3.2.2 餐厅

a.餐厅装修雅致，环境优美，地面、墙面采用较好材料装修。桌椅配套，座位舒适，通风良好，使用布料桌布、口布或餐巾纸，服务设施齐全，圆桌席配有转盘。有冷暖设备。

b.有雅座间，能承办中高档筵席，装修有特色，配有空调、烟缸、字画和舒适的桌椅、布料桌布、口布。

c.有成套的餐具、酒具、用具。

A3.2.3 厨房

a.厨房面积与餐厅营业面积相适应，整洁卫生，上下水道畅通，墙面满铺瓷砖，有效果良好的排风设施。

b.红案、白案、卫生间分开，有符合卫生标准的冷荤单间、配有较好的冷藏设备，使用全套不锈钢或铝合金工作台、橱柜和较好的厨具、设备、用具。

c.洗刷、消毒设施齐全，设施良好。

A3.2.4 公共区域设施和设备

a.有分设供男、女宾客使用的卫生间，卫生间要与接待能力相适应。至少采用瓷砖材料装修，有洗手盆等必备品，随时保持洁净，无异味。

b.在适当位置有供顾客使用的通市内的电话。

c.有更衣、防蝇、防鼠、存放垃圾的设施。

A3.3 技术力量

A3.3.1 烹调：有一级以上烹调师在一线常年主持生产，顶岗操作。二级以上烹调师占厨房红案操作人员的15%以上。

A3.3.2 面点：三级以上面点师占厨房白案操作人员的25%以上。

A3.3.3 餐厅服务：必须有一级餐厅服务师负责日常的接待服务工作，三级以上餐厅服务师不少于20%以上，所有服务人员都经过岗前培训。

A3.3.4 管理人员：有丰富酒家管理工作经验。经理经过专业酒家管理知识培训，并取得合格证。

A3.3.5 营养卫生：有专职或兼职的菜点营养分析人员和食品卫生管理人员。

A3.4 菜点质量

A3.4.1 菜点有明显的地方风味特色，有地方菜系的代表菜。

A3.4.2 有公认的风味特色的菜点10种以上，常年供应。

A3.4.3 菜点有明确的质量标准、投料标准，严格按标准执行。

A3.4.4 菜点色、香、味、形和营养符合要求。

A3.5 服务质量

A3.5.1 服务水平在当地比较突出。设备设施完好率保持100%。

A3.5.2 有接待服务规范和管理规范，严格按规范服务。

A3.5.3 印有酒家简介和宴席菜单。

A3.5.4 前厅设专职迎宾员和值班经理，热情迎送宾客。

A3.5.5 服务人员着装统一整洁，仪容仪表美观大方，精神饱满，服务周到，讲普通话，懂一些方言。

A3.5.6 有上门服务、送餐服务、预约订餐服务等项目。

A3.5.7 实行服务到桌，餐后结账。

A3.5.8 卫生环境良好，严格执行《中华人民共和国食品卫生法》。

A4 三级酒家（饭庄）

A4.1 总则

三级酒家是在当地有一定声誉、技术力量较强、设施设备齐全、实行规范服务和规范管理的企业。

A4.2 设施设备

A4.2.1 房屋建筑

酒家的建筑物结构和房屋质量较好，内外装修采用优良建筑材料，店堂门面整洁，字号醒目。

A4.2.2 餐厅

a.环境舒适，通风较好，装修雅致，地面、墙面采用较好材料装修，配有成套优良的桌椅、布料桌布、餐巾纸、窗帘，以及冷暖设备，圆桌席配有转盘。

b.服务设施配套齐全，能承办中档酒席。

c.有成套的餐具、酒具、用具。

A4.2.3 厨房

a.厨房干净明亮、墙面满铺瓷砖，排风设施良好，上下水道畅通，炉灶、厨具、用具安排合理，使用不锈钢工作台和质量较好的橱具、货架、有冷藏设备。

b.红案、白案、开生间分开，有符合卫生标准的冷荤间。

c.洗刷、消毒设施齐全。

A4.2.4 公共区域设施和设备。

a.有分设供男、女宾客使用的卫生间，至少采用瓷砖材料装修，配有洗手盆等必备品，随时保持洁净，无异味。

b.在适当位置有供宾客使用的通市内的电话。

c.有更衣、防蝇、防鼠、存放垃圾的设施。

A4.3 技术力量

A4.3.1 烹调：一级以上烹调师在一线常年主持生产，顶岗操作。三级以上烹调师占厨房红案制作人员的15%以上。

A4.3.2 面点：三级以上面点师占厨房白案制作人员的15%以上。

A4.3.3 餐厅服务：有二级以上的餐厅服务师负责日常的接待服务工作。所有服务人员都经过专业培训上岗。

A4.3.4 管理人员：有多年的实际工作经验，经理经过专业的酒家管理知识培训，并取得合格证。

A4.3.5 营养卫生：有专职或兼职的食品卫生管理人员。

A4.4 菜点质量

A4.4.1 菜点品种多样，色、香、味、形和营养符合要求。

A4.4.2 有公认的风味特色菜点6种以上，常年供应。

A4.4.3 菜点有明确的质量标准，投料标准、严格按标准执行。

A4.5 服务质量

A4.5.1 服务深受顾客好评。设备设施完好率保持100%。

A4.5.2 有接待服务规范和管理规范，主动迎客，礼貌用语，站立服务。

A4.5.3 门厅设专职迎宾员，热情迎送宾客。

A4.5.4 服务人员着装统一，工作服、帽整洁、举止文明，讲普通话。

A4.5.5 服务人员热情介绍菜点特色，当好顾客参谋。

A4.5.6 印有酒家简介和菜单。

A4.5.7 有上门服务，送餐服务，预约订餐服务。

A4.5.8 实行全服务到桌，餐后结账。

A4.5.9 卫生环境良好，严格执行《中华人民共和国食品卫生法》。

附录B 酒店(饭店)分等定级的划分

(补充件)

B1 特级酒店(饭店)

B1.1 总则

特级酒店是在国内外享有较高声誉、有涉外接待服务能力、设施设备华贵别致、服务水平一流、管理规范化的企业。

B1.2 酒店的建筑物

结构良好，房屋保温、隔热、隔音条件好，内外装修采用高档建筑材料，位置适宜，布局合理，外观具有鲜明的特色或地方民族风格。

B1.3 前厅

B1.3.1 前厅：有与接待能力相适应，与可供出租的客房比例恰当的前厅。装饰高雅，风格突出，灯具别致，气氛幽静，配有高级沙发、音响设备、时区钟、绿化、工艺品装饰和可拨通市内的公用电话。

B1.3.2 总服务台：位置适宜，与酒店规模相适应，与大厅格调相一致，有中英文标志，分区段设置接待、问讯、预订、结账、外币兑换处。

B1.4 客房

B1.4.1 客房数：可供出租的客房100间以上。

B1.4.2 全部客房带卫生间。

B1.4.3 客房面积、装修、家具：客房宽大，面积不小于16平方米(不包括卫生间面积)。照明良好，装修高档，满铺高级地毯或优质木地板。有精致的梳妆台、衣橱、衣架、软垫床、沙发或扶手椅、茶几、台灯、床头灯、落地灯、床头控制柜、遮光窗帘等配套家具、用具。

B1.4.4 客房卫生设备用品：有高级抽水马桶、面盆、梳妆台、梳妆镜、浴帘、晾衣绳、统一酒店标志的面巾、浴巾、垫脚巾、小手巾、客用品和消耗品,浴缸带淋浴喷头。用高级材料装修地面,采取有效的防滑措施。色调柔和,有良好的照明度和排风系统,24小时供应冷、热水,有电源插座。

B1.4.5 室温及通风条件:能保证适宜温室的中央空调,通风良好。

B1.4.6 视听及通讯设备:客房有彩色电视机、闭路电视系统和可供选择的调控音响系统。闭路电视每日不少于两次播放,晚间结束时间不早于24点。有市内直拨电话,卫生间内设副机,并可通过总机挂通国内、国际长途电话,电话机旁备有说明。

B1.4.7 客房内的文字宣传品:有统一酒店标志的信封、信纸、笔、酒店简介、价目表、住宿须知、安全疏散示意图、闭路电视节目单、服务指南、本市旅游风景点介绍和旅游交通图,至少备有一种报纸。

B1.4.8 有适量单人房和特色套房,配有国际直拨电话。

B1.4.9 主要客房和特色套房中有冰箱和微型酒吧。

B1.5 餐厅

B1.5.1 有与酒店接待能力相适应的中、西餐厅、宴会厅(或多功能厅)、咖啡厅。中餐厅规格不一,各具风格。

B1.5.2 餐厅布局合理,装饰高雅,环境幽雅,光线适宜,地面满铺地毯或高级材料装修,配有中央空调,舒适桌椅、高档成套的餐具、酒具、用具、字画或工艺品,使用布料桌布、口布。

B1.5.3 咖啡厅环境宜人,配有音响设备、成套家具用具、艺术品等陈设。

B1.6 厨房

B1.6.1 墙面满铺瓷砖,地面满铺防滑材料。

B1.6.2 红案、白案、开生间分开,有符合卫生标准的冷荤间,有充足的冷库。温度适宜,有足够的排风设施。

B1.6.3 使用不锈钢或铝合金工作台、灶台、橱柜及优质厨具、用具。

B1.6.4 厨房与餐厅之间,有隔音、隔热、隔气味设施。

B1.7 公共区域设施和设备

B1.7.1 停车条件:有回车线或停车场。

B1.7.2 电梯:三层以上的楼房分设客用电梯和工作电梯。客用电梯与客房数相适应。

B1.7.3 空调:公共区域有中央空调。

B1.7.4 供电应急措施:有应急供电专用线,在公共区域设应急照明灯。

B1.7.5 有背景音乐。

B1.7.6 有自动消防报警装置。

B.1.8 综合服务设施

有酒吧、舞厅、商品部、医疗室、会议室、美容中心、商务中心。

B1.9 技术力量

B1.9.1 客房:有特级旅店服务师;三级以上(含三级,下同)旅店服务师不少于20%。

B1.9.2 厨房:有特级烹调师、一级面点师顶岗操作;三级以上烹调师、面点师不少于厨房制作人员的40%。

B1.9.3 餐厅:有一级服务师;三级以上餐厅服务师不少于餐厅服务人员的25%。

B1.9.4 营养卫生:有专职的菜点营养分析人员和食品卫生管理人员。

B1.10 服务要求

B1.10.1 规范:有一套完备的服务规范和管理规范,服务人员训练有素,执行规范准确无误,服务热情周到,动作快速敏捷。

B1.10.2 语言:所有服务人员讲普通话,50%的服务人员能流利使用一种外语(英语为必备语种)服务,语言亲切和蔼,使用礼貌用语。

B1.10.3 仪表举止:着装整洁,款式新颖,按岗位着不同色彩的服装。举止文明,站立服务,精神饱满。

B1.10.4 安全:有安全操作规范,按规范严格执行。

B1.10.5 服务人员与客房的比例合适。设备设施完好率保持100%。

B1.11 前厅服务

B1.11.1 门厅迎宾:设门厅迎宾员,20小时迎送宾客。

B1.11.2 行李:有专职行李员,专用行李车,24小时为宾客搬运行李到房间,设小件行李存放处和贵重物品保险柜。

B1.11.3 大堂副理:设大堂副理,20小时在前厅服务。

B1.11.4 迎宾员:语言亲切,动作迅速,应变能力强。

B1.12 总台服务

B1.12.1 24小时有工作人员提供接待、问讯、预订、结帐服务。

B1.12.2 接待:热情接待宾客,礼貌应答。

B1.12.3 预订:及时受理客房、餐饮预订,有完整的预订系统。

B1.12.4 外币兑换:16小时提供外币兑换服务。

B1.12.5 结账要求:有电脑网络,提供一次性简便快速的结账服务。

B1.12.6 宣传资料:提供酒店服务项目、宣传品、酒店价目表、中英文本市交通图、全国旅游交通图、本地及全国主要旅游风景点介绍、飞机、火车、轮船时刻表、《中国日报》(英文版)。

B.1.13 客房服务

B1.13.1 清扫:客房、卫生间每天全面清扫整理一次,随脏随清扫,每天更换床单、被套、枕套,客用品和消耗品补充齐全。

B1.13.2 饮用水:24小时保证冷、热饮用水供应,免费提供茶叶。

B1.13.3 会客服务:客人在房间会客,提供茶水服务。

B1.13.4 提供跟踪服务。

B1.13.5 提供开夜床服务。

B1.13.6 提供叫醒服务。

B1.13.7 提供干洗、水洗、熨烫服务。

B1.14 其他有关服务

B1.14.1 提供医疗服务。

B1.14.2 提供出售商品服务,有日常用品、旅游纪念品、工艺品等。

B1.14.3 提供信用卡服务,可接受中国银行指定使用的信用卡。

B1.14.4 提供代售邮票,代发信件、电报,代办车船机票,代办行李托运服务,代客预订和安排出租汽车服务。

B1.14.5 提供电传、传真、复印等服务。

B1.14.6 提供贵重物品保管服务。

B1.15 餐饮

B1.15.1 餐厅服务:提供中西早餐、正餐和夜宵服务,及两种以上菜系的中式筵席、西式冷餐会和宴会服务。

B1.15.2 菜点质量

a.菜点有明显的地方风味特色,色、香、味、形俱佳,符合应有的营养要求。

b.有权威机构认可的名菜名点10种以上,常年供应,至少有一个菜点在全国评比中获奖。

c.菜点有明确的质量标准、投料标准,并严格按标准执行。

B1.15.3 卫生环境好,严格执行《中华人民共和国食品卫生法》。

B2 一级酒店(饭店)

B2.1 总则

一级酒店是国内享有声誉、有涉外接待服务能力、设施设备良好、服务质量高、管理规范化、宾客感受舒适的企业。

B2.2 酒店的建筑物

结构良好,内外装修采用较高档的建筑材料,房屋保温、隔热、隔音条件好,具有鲜明的特色。

B2.3 前厅

B2.3.1 前厅:与接待能力相适应,与可供出租的客房比例恰当,面积有80平方米以上。装修美观,风格独特,配有优质沙发、时区钟、绿化、工艺品装饰和可拨通市内的公用电话。

B2.3.2 总服务台:与酒店规模相适应,有中英文标志,分区段设置接待、问讯、预订、结账、外币兑换处。

B2.4 客房

B2.4.1 客房数:可供出租的标准客房100间以上。

B2.4.2 全部客房带卫生间。

B2.4.3 标准客房面积、装修、家具:面积宽敞,不小于16平方米(不包括卫生间)。装饰良好,满铺地毯或优质木地板,有软垫床、梳妆台、优质沙发或座椅、床头控制柜、衣橱、台灯、床头灯、落地灯、双重窗帘等配套家具,照明充足。

B2.4.4 客房卫生设备用品:客房卫生间装有抽水马桶、梳妆台、梳妆镜、面盆,浴缸带淋浴喷头,配备浴帘、面巾、浴巾、垫脚巾、客用品和消耗品,16小时供应热水。色调柔和,有良好的照明度和排风设施。

B2.4.5 室温及通风条件:客房有空调,能保持适宜的温度和良好的通风。

B2.4.6 视听和通讯设备:客房有彩色电视机、闭路电视系统、可供选择的调控音响设备。闭路电视每日不少于两次播放,晚间结束时间不早于

24点。电话通过总机可挂通国内、国际长途。

B2.4.7 文字宣传品:有统一酒店标志的信封、信纸、笔、酒店简介、价目表、住宿须知、安全疏散示意图、闭路电视节目单、服务指南,必备一种报纸。

B2.5 餐厅

B2.5.1 有与接待能力相适应的不同规格的特色餐厅。

B2.5.2 餐厅布局合理,环境幽雅,就餐条件舒适,地面、墙面为高级材料装修,配有空调设备、优质桌椅、布料桌布、口布,较高档的成套餐具、酒具、用具,圆桌席配备优质转盘,能承办宴会。

B2.6 厨房

B2.6.1 厨房宽敞整洁,墙面满铺瓷砖,地面使用防滑材料。

B2.6.2 红案、白案、开生间分开。有符合卫生标准的冷荤间,足够的冷藏设备。洗碗间位置合理,有相应的洗刷、消毒设施。厨房温度适宜,有效果良好的排风设施。

B2.6.3 使用不锈钢或铝合金工作台、橱柜,及优良橱具、用具。

B2.6.4 厨房与餐厅之间有隔音、隔热、隔气味设施。

B2.7 公共区域设施和设备

B2.7.1 停车条件:提供回车线或停车场。

B2.7.2 电梯:四层以上楼房分设客用电梯和工作电梯。客用电梯与客房数相适应。

B2.7.3 空调:根据当地气候条件,公共区域有空调或冷暖设备。

B2.7.4 照明应急措施:公共区域内设应急照明设施。

B2.7.5 有自动消防报警装置。

B2.7.6 有背景音乐。

B2.8 综合服务设施。

有商品部、医疗室、会议场所、商务中心。

B2.9 技术力量

B2.9.1 客房:酒店有一级以上旅客服务师主持日常的接待服务工作;三级以上旅店服务师不少于15%。

B2.9.2 厨房:有一级以上烹调师、二级以上面点师常年顶岗操作;三级以上烹调师、面点师不少于厨房制作人员的30%。

B2.9.3 餐厅:三级以上餐厅服务师不少于餐厅服务人员的20%。

B2.9.4 营养卫生:酒店有专职或兼职的菜点营养分析人员和食品卫生管理人员。

B2.10 服务要求

B2.10.1 规范:有一套完备的服务规范和管理规范。服务人员懂礼节,有礼貌,服务态度热情文雅,执行规范准确无误。

B2.10.2 语言:所有服务人员讲普通话,主要岗位的服务人员能用一种外语提供服务。语言和蔼亲切,使用礼貌用语。

B2.10.3 仪表举止:着装整洁,款式新颖,按不同岗位着不同色彩的服装。举止文明,站立服务,精神饱满。

B2.10.4 安全服务:有安全操作规范,按规范程序执行。

B2.10.5 服务人员与客房的比例合适。设备设施完好率保持100%。

B2.11 前厅服务

B2.11.1 门厅迎宾:设门厅迎宾员,16小时迎送宾客。

B2.11.2 行李:设行李存放处和贵重物品保险柜。

B2.11.3 大堂副理:设大堂副理,18小时在前厅接待宾客。

B2.11.4 总台服务

a.24小时有工作人员提供接待、问询、预订、结账服务。

b.接待:热情接待宾客,礼貌应答。

c.预订:及时受理客房、餐饮预订。

d.外币兑换:12小时提供外币兑换服务。

e.结账要求:提供简便快速的结账服务。

f.宣传资料:提供酒店服务项目、酒店简介、价目表、本市交通图、旅游风景点介绍、《中国日报》(英文版)等。

B2.12 客房服务

B2.12.1 清扫:客房、卫生间每天全面清扫整理一次,随脏随清扫,隔日更换床单及枕套,客用品和消耗品补充齐全。

B2.12.2 饮用水:24小时保证饮水供应。

B2.12.3 提供跟踪服务。

B2.12.4 提供开夜床服务。

B2.12.5 提供叫醒服务。

B2.12.6 提供干洗、水洗、熨烫服务。

B2.12.7　会客服务：客人在房间会客，可应要求提供茶水服务。

B2.13　其他有关服务

B2.13.1　提供商品服务，出售旅行日常用品、纪念品。

B2.13.2　提供医疗服务。

B2.13.3　提供电传、传真、复印服务。

B2.13.4　提供免费物品保管服务。

B2.13.5　代售邮票，代发信件、电报、电传，代办车船机票，代为安排出租汽车。

B2.14　餐饮

B2.14.1　餐厅服务：提供中西早餐、正餐、夜宵服务，能承办中、高档筵席和冷餐会。

B2.14.2　菜点质量

a.菜点有明显的地方风味特色，有公认的名菜名点6种以上。

b.菜点色、香、味、形俱佳，符合应有的营养要求。

c.菜点有明确的质量标准，投料标准，并严格按标准执行。

B2.14.3　卫生环境好，严格执行《中华人民共和国食品卫生法》。

B3　二级酒店(饭店)

B3.1　总则

二级酒店是在当地有较高声誉、设施设备较好、服务质量高、实行规范服务、规范管理的企业。

B3.2　房屋建筑

结构良好，内外装修采用优良的建筑材料，外观有特色、能保温、隔热、隔音。

B3.3　前厅

B3.3.1　前厅宽敞，装修美观，风格独特，配有优良沙发、时钟、绿化、工艺品装饰和可拨通市内的公用电话。

B3.3.2　总服务台与酒店规模相适应，分区段设置接待、问讯、结账服务，并有明显标志，24小时有工作人员提供服务。

B3.4　客房

B3.4.1　客房数：可供出租的标准客房50间以上。

B3.4.2　带卫生间的客房不少于客房总数的40%。

B3.4.3　客房面积、装修、家具：标准客房面积宽敞，装修良好，满铺地毯或优质木地板。所有客房光线充足，有软垫床、衣柜、写字台、优良沙发或座椅、床头柜、台灯、床头灯、双重窗帘等配套家具。

B3.4.4　客房卫生设备用品：标准客房卫生间，装有抽水马桶、梳妆台、面盆、浴缸带淋浴喷头、配备客用品和消费品，8小时供应热水。没有卫生间的客房，每个楼层分设男、女宾客使用的公用卫生间和公共浴室，配有相应数量的卫生洁具。

B3.4.5　室温及通风条件：根据当地气候条件，所有客房有降温取暖设备，保持适宜的温度，良好的通风。标准客房有空调。

B3.4.6　视听和通讯设备：客房有彩色电视机和电话。电话通过总机可挂通国内长途。

B3.4.7　文字宣传品：有统一酒店标志的信封、信纸，有价目表、住宿须知、安全疏散示意图，标准客房必备一种报纸。

B3.5　餐厅

B3.5.1　有与接待能力相适应的餐厅。

B3.5.2　餐厅布局合理、就餐条件舒适，墙面、地面采用较好材料装修，桌椅配套，通风良好，有布料桌布、口布或餐巾纸，成套的餐具、酒具、用具。

B3.6　厨房

B3.6.1　厨房整洁，墙面满铺瓷砖，地面铺设防滑材料。

B3.6.2　红案、白案、开生间分开，有符合卫生标准的冷荤间，有足够的冷藏设备、排风设施、洗刷和消毒设施。厨房温度适宜，使用不锈钢或铝合金工作台、橱柜及优良厨具、用具。

B3.6.3　厨房与餐厅之间有隔音、隔热、隔油气味的设施。

B3.7　公共区域设施和设备

B3.7.1　提供回车线或停车条件。

B3.7.2　电梯：五层以上楼房有与客房相适应的客用电梯。

B3.7.3　室温：根据当地气候条件，公共区域有降温取暖设备。

B3.7.4　照明应急措施：公共区域内设应急照明设施。

B3.8　综合服务设施

有商品部、医疗室、会议场所。

B3.9 技术力量

B3.9.1 客房：有一级以上旅店服务师主持日常的接待工作；三级以上服务师不少于10%。

B3.9.2 厨房：有二级以上烹调师、面点师常年顶岗操作；三级以上烹调师、面点师不少于厨房制作人员的20%。

B3.9.3 餐厅：三级以上餐厅服务师不少于餐厅服务人员的10%。

B3.9.4 营养卫生：有专职或兼职的菜点营养分析人员和食品卫生管理人员。

B3.10 服务要求

B3.10.1 规范：有服务规范和管理规范。服务人员态度和蔼亲切，执行服务规范准确熟练。

B3.10.2 语言：所有服务人员讲普通话，使用礼貌敬语。

B3.10.3 仪表举止：着装整洁，款式新颖，按不同岗位着不同色彩的服装，举止文明，站立服务，精神饱满。

B3.10.4 安全：有安全操作规范，按规范程序执行。

B3.10.5 设施设备完好率保持100%。

B3.11 前厅服务

B3.11.1 门厅迎宾：设门厅迎宾员，16小时迎送宾客。

B3.11.2 行李：设行李存放处和贵重物品保险柜。

B3.11.3 大堂副理：设大堂副理，16小时在前厅服务。

B3.11.4 总台服务

a.24小时有工作人员提供接待、问讯、结账服务。

b.接待：热情接待宾客，顾客查询，礼貌应答。

c.预订：及时受理客房预订。

d.结账要求：简便迅速。

e.宣传材料：提供酒店服务项目、酒店简介、价目表、本市交通图和车、船、飞机时刻表等。

B3.12 客房服务

B3.12.1 清扫：客房和卫生间每天全面清扫整理一次，床单、枕套、被单一客一换，长住旅客三天一换，随脏随换。

B3.12.2 饮用水：24小时保证饮水供应。

B3.12.3 提供跟踪服务。

B3.12.4 提供开夜床服务。

B3.12.5 提供叫醒服务。

B3.12.6 提供洗衣服务。

B3.13 其他有关服务

提供医疗服务，提供商品服务，出售旅行日常用品。代售邮售、代发信件、代办车船票。

B3.14 餐饮

B3.14.1 提供早餐、正餐服务，能承办酒席，可以预订餐。

B3.14.2 菜点有明显的地方风味特色，有公认的名菜名点供应。

B3.14.3 菜点有明确的投料标准、质量标准，并严格按标准执行。

B3.14.4 菜点色、香、味、形适合，符合应有的营养卫生要求。

B3.14.5 卫生环境良好，严格执行《中华人民共和国食品卫生法》。

B4 三级酒店(饭店)

B4.1 总则

三级酒店是在当地有一定声誉、设施设备条件较好、服务质量高、实行规范服务、规范管理的企业。

B4.2 房屋建筑

结构较好，采用优质建筑材料装修，房屋能保温、防热、隔音，外观有特色。

B4.3 前厅

B4.3.1 门厅与酒店规模相适应，装修有特色，配有沙发、时钟、盆景和可拨通市内的公用电话。

B4.3.2 总服务台分区段有接待、问讯、结账等标志。

B4.4 客房

B4.4.1 客房数：可供出租的客房50间以上。

B4.4.2 客房面积、装修、家具：卫生间的客房占客房数的10%以上。客房面积宽敞，有软垫床、桌椅、台灯、壁灯、床头柜、热水瓶、茶具、窗帘等，采光较好。标准客房装修良好，地面满铺地毯或采用优良建筑材料装修，有沙发或软椅、茶几、衣柜、衣架。

B4.4.3 客房卫生设备：标准客房卫生间，有抽水马桶、梳妆台、面盆、淋浴或浴缸、面巾、浴巾、卫生纸、香皂、污物桶，6小时供应热水。酒店有公共浴室。每个楼层分设男、女宾使用的公用卫生间,配有相应条件和数量的卫生洁具。

B4.4.4 室温及通风条件:根据当地气候条件,客房有降温取暖设备,通风良好。

B4.4.5 视听和通讯设备:客房有电视、电话,标准客房有彩色电视机。

B4.4.6 文字宣传品:有酒店标志的信封、信纸、有酒店简介、价目表、住宿须知。标准客房必备一种报纸。

B4.5 餐厅

B4.5.1 有与接待能力相适应的餐厅。

B4.5.2 餐厅布局合理,就餐条件舒适,墙面、地面采用较好的材料装修,桌椅配套,通风良好,有成套的餐具、酒具、用具。

B4.6 厨房

B4.6.1 厨房整洁,墙面满铺瓷砖,地面铺有防滑材料。

B4.6.2 红案、白案、开生间分开,制作冷荤的要有符合卫生标准的冷荤间,有冷藏设备和洗刷、消毒设备,有排风设施。

B4.6.3 有良好的工作台、橱柜、厨具、用具。

B4.7 公共区域设施和设备。

B4.7.1 提供必要的回车线条件。

B4.7.2 五层以上的楼房有与客房数相适应的客用电梯。

B4.7.3 室温:根据当地气候条件,公共区域有降温取暖设备。

B4.7.4 照明应急措施:公共区域内设应急照明设施。

B4.8 综合服务设施

有商品部,医疗室。

B4.9 技术力量

B4.9.1 客房:有三级以上旅店服务师主持日常的接待工作。

B4.9.2 餐厅:有等级烹调师、等级服务员。

B4.9.3 卫生:有专职卫生管理人员。

B4.10 服务要求

B4.10.1 规范:有企业服务规范和管理规范。

B4.10.2 语言:所有服务人员讲普通话,使用礼貌敬语。

B4.10.3 仪容举止:服务人员着装统一,仪表自然,精神饱满,动作敏捷,态度主动热情周到。

B4.10.4 安全:有安全操作规范,按规范程序执行。

B4.10.5 设备设施完好率保持100%。

B4.11 前厅服务

B4.11.1 门厅迎宾:设门厅迎宾员,12小时迎送宾客。

B4.11.2 行李:提供行李存放服务。

B4.11.3 总台服务

a.18小时有工作人员提供接待、询问、结账服务。

b.接待:热情接待宾客,宾客问询,礼貌应答。

c.预订:及时接受客房预订。

d.结账要求:简便迅速。

e.宣传资料:提供酒店简介、价目表、车、船、飞机时刻表,出售本市交通图。

B4.12 客房服务

B4.12.1 清扫:客房和卫生间每天全面清扫整理一次,床单、枕套、被套一客一换,长住旅客三天一换,随脏随换。

B4.12.2 饮用水:24小时保证饮用水供应。

B4.12.3 提供叫醒服务。

B4.13 其他有关服务

提供医疗服务,提供商品服务,出售旅游日常用品。代售邮票,代发信件。

B4.14 餐饮

B4.14.1 提供早餐、正餐服务,能承办酒席。

B4.14.2 菜点有明确的质量标准、投料标准,并严格按标准执行。

B4.14.3 菜点色、香、味、形适合,符合应有的营养要求。

B4.14.4 卫生环境良好,严格执行《中华人民共和国食品卫生法》。

附加说明:

本标准由中华人民共和国商业部饮食服务业管理司提出。

本标准由中华人民共和国商业部饮食服务业管理司组织起草。

本标准由中华人民共和国商业部饮食服务业管理司负责解释。

附录19 商业部制订的中西餐服务专业业务技术等级标准

(一)中餐服务专业

特一级宴会设计师

1.熟悉国内主要菜系的风味特色和名菜名点,能熟练地编制富有特色的高级筵席菜单。

2.熟悉外宾和国内各民族的饮食习惯,具有丰富的服务知识和经验,能熟练地使用外语接待外宾。

3.具有系统的专业理论和有关科学知识,能熟练地担任各种规格的大型或国际性宴会、酒会的设计工作,了解国内外接待服务工作情况,指导服务水平的提高,在全国同行业中享有较高声誉。

4.胜任大专院校餐厅服务专业的教学和有关研究工作,能培养高级餐厅服务师。

特二级宴会设计师

1.能按照高级店的服务规程接待宾客。熟悉各种筵席、宴会的摆台程序和餐厅布置要求,合理安排人力,使接待服务工作有条不紊地进行。

2.熟悉我国各民族的饮食习惯,做好接待服务工作;懂得接待外宾的知识,对世界主要地区外宾的饮食习惯有一定了解,能较熟练地使用国内主要地区的方言和外语接待外宾。

3.具有丰富的专业理论和一定的美学修养,能熟练地担任各种规格的大型宴会和高级筵席的组织设计工作,在全国同行业中享有声誉。

4.能编写专业教材,胜任中专以上学校餐厅服务专业的教学工作,有培养餐厅服务师的能力。

一级餐厅服务师

1.通晓餐厅服务工作的全部业务和有关知识,服务技艺高,并有全面领导餐厅服务工作的能力。

2.懂得有关烹调知识,熟悉时令菜、传统风味特色菜的口味特点,能鉴别菜点质量以及酒类的特色,能根据宾客需要推销菜点,编制高级筵席菜单。

3.能按照高、中级店的服务规程,熟练地组织接待服务工作。

4.熟悉国内少数民族的饮食习惯,能用外语接待外宾。

二级餐厅服务师

1.熟悉并掌握餐厅服务的全部知识,有组织餐厅服务工作和协助企业改善经营管理的能力。

2.熟悉某一菜系风味特色菜点的制作过程和口味特点,能帮助宾客点配饭菜,并能编制中档筵席菜单和调配酒水。

3.能按照中级店的服务规程,较熟练地组织接待服务工作。

4.懂得国内少数民族的用餐习惯和接待礼节。

5.胜任餐厅服务员的培训工作。

三级餐厅服务师

1.熟悉餐厅服务知识,能按照服务规范要求为宾客服务,并能及时妥善地处理接待服务工作中发生的问题。

2.熟悉本企业各种菜点的制作过程和口味特点,能根据宾客需要配备菜点,能编制一般筵席菜单。

3.了解国内少数民族的用餐习惯,并能用简单外语接待外宾。

4.熟悉高级餐具、设备的使用、保管及维护方法。

5.能收集宾客意见,配合厨房改进技术,增加花色品种,适应消费者需要。

6.有全面辅导餐厅服务员进行工作的能力。

一级餐厅服务员

1.熟悉一般筵席的摆台程序和上菜规则。能同时接待三四桌散座宾客,并能迅速准确地进行服务。

2.熟悉一般菜点的规格质量、主副配料、食用方法及制作特点。

3.在接待散座服务工作中，能按不同宾客心理要求，主动帮助点配饭菜、开单、结账，准确迅速。

4.能做好班前准备和班后收尾工作。

二级餐厅服务员

1.熟悉餐厅一般服务规程，能独立接待二三桌散座宾客，并能较熟练地进行服务。

2.熟悉一般菜点的名称、规格、价格和口味特点，并能根据不同宾客的需要介绍适宜品种，服务周到，算账准确。

3.懂得常用餐具、设备的使用、保管及维护方法。

4.熟悉并执行食品卫生制度和《食品卫生法》，使各项卫生符合规定要求。

(二)西餐服务专业

特一级西餐服务师

1.精通西餐主要菜式的风味特色和代表性菜点，能根据各国宾客的饮食习惯，用外文编制高级筵席菜单。

2.掌握法、英、美、俄式等各种服务形式和程序，精通其中两种以上的服务规程，了解其古典式、现代式摆台要求，有丰富的服务实践经验。

3.熟练掌握服务专业外语，具有听、说、读、写的能力，能熟练地用外语接待外宾。

4.具有系统的专业理论和有关科学知识，能熟练地主持和设计各种规格的大型或国际性宴会、酒会，了解和吸收国内外餐厅服务工作的有益经验，并指导本企业服务水平的不断提高，在全国同行业中享有较高声誉。

5.胜任中专以上学校西餐服务专业的教学和研究工作，有培养高级西餐服务师的能力。

特二级西餐服务师

1.熟悉国外主要菜式的服务形式和程序，并熟练掌握其中一种以上的服务规程，具有丰富的摆台知识和经验。

2.熟悉国外名酒的特点、产地、度数、贮藏方法及国外流行的鸡尾酒、混合饮料的调制方法。

3.熟悉西餐主要菜式的风味特色，并能用外文编制高级筵席菜单。

4.掌握服务专业外语，能熟练地用外语接待外宾。

5.具有丰富的专业理论和一定的美学修养，能熟练地担任各种规格的大型宴会、酒会、冷餐会和鸡尾会的组织设计工作，在全国同行业中享有声誉。

6.能编写西餐服务专业教材，胜任中等专业学校的教学工作，有培养西餐服务师的能力。

一级西餐服务师

1.通晓餐厅服务工作的全部业务和有关知识，服务技艺高，能组织和设计各种宴会、酒会和冷餐会，有全面领导餐厅服务工作的能力。

2.熟知有关西餐菜点的制作方法和口味特点，能鉴别菜点质量，能根据宾客需要选配菜点，并用外文编制宴会菜单。

3.掌握酒类知识，懂得鸡尾酒和混合饮料的调制主料和主酒。熟悉酒吧、咖啡厅的服务程序和操作规程。

4.掌握较大型菜肴(如火腿、火鸡、整羊等)的分菜方法和切割技艺，落刀部位准确，动作迅速、利落，质量和分量符合要求。

5.能按照高、中级店的服务规程，熟练地进行接待服务工作，能及时妥善解决服务工作中出现的问题。

6.熟悉国外主要地区外宾的饮食习惯，能熟练地用外语接待外宾。

二级西餐服务师

1.有较全面的西餐服务知识和操作技艺，有组织餐厅服务工作和协助企业改善经营管理的能力。

2.掌握一般宴会和餐前酒会的台型布局、摆台方法、宾客座次，能摆设一般花台，熟悉服务规程，并能进行规范化服务。

3.掌握西餐主要菜式的制作工艺和特色，并能按照不同消费标准开列早、中、晚餐的外文菜单。

4.掌握一般菜肴的分菜方法(如整鸡、整鱼等)，落刀部位正确，动作干净利落，分量均匀。

5.能较熟练地用外语接待外宾。

6.胜任西餐服务员的培训工作。

三级西餐服务师

1.熟悉餐厅服务知识，能按照服务规范要求为宾客服务,能够妥善处理服务工作中出现的问题。

2.熟悉本企业供应菜式品种的制作过程及其风味特色,能根据宾客需要选配菜点,并掌握不同品种的核算方法。

3.有一定的酒类知识,了解一般鸡尾酒和混合饮料的调制主料和主酒。

4.熟悉高级餐具、杯具、设备的使用、保管及维护方法。

5.能用外语接待外宾。有全面辅导西餐服务员进行工作的能力。

附录20 国家旅游局关于宴会厅服务员技术等级培训考核的要求

(一)宴会厅高级服务员

一、培训要求

1. 懂得较多的与本工种有关的科学知识,精通宴会厅服务工作的全部技术;

2. 了解中点、中菜及主要客源国的名菜、名点,会编制高级中西宴会、酒会的菜单;

3. 有一定的宴会厅经营管理知识,能组织管理宴会厅工作。

4. 能熟练地运用一至二种外语会话。

二、培训时间

培训时间250课时,其中宴会厅服务的理论知识150课时,实际操作100课时。

三、培训内容

(一)大型宴会前的思想动员

(二)大型宴会中的指挥

1. 掌握菜点的烹制与上菜时间;

2. 控制宴会的进餐速度(宴会时间);

3. 掌握宾主讲话与宴会各个程序(宴会准备、上菜、上汤、上水果等)的衔接;

4. 全场巡视,及时处理出现的问题。

(三)服务技能与技巧

1. 解决宾客投诉的原则及典型事例;

2. 处理特殊情况的原则及典型事例。

(四)成本核算知识

1. 宴会成本的构成要素;

2. 宴会成本的核算。

(五)专业外语知识

宴会厅服务用语会话训练(第二外语)。

(二)宴会厅中级服务员

一、培训要求

1. 掌握宴会、酒会的摆台、上菜、上酒规则及宴会厅的布置技术;

2. 正确使用高级餐具、用具、并会妥善保管;

3. 具有一定的烹调知识,了解中、西菜点的特点,能编制各种宴会、酒会的菜单;

4. 具备较丰富的饮食卫生和防病知识;

5. 具备一定的宴会厅经营管理常识;

6. 基本掌握一门外语,并能会话。

二、培训时间

培训时间300课时,其中宴会厅服务的理论知识100课时,实际操作200课时。

三、培训内容

(一)中、西餐宴会的设计与布置

1. 厅堂布置;

2. 环境布置;

3. 台型设计;

4. 台面布置;

5. 主宾位置的安排。

(二)服务员的合理使用与分工。

(三)餐前检查

1. 安全卫生检查;

2. 餐具、用具等的检查;

3. 厅堂设备的检查。

(四)中、西餐菜点知识

1. 国内各大菜系的风味特点及烹调知识,主要烹饪原料的产地、营养价值等知识;

2. 主要客源国菜点、酒水知识。

(五)编写菜单知识。

(六)高级餐具、用具的正确使用及保管知识。

(七)专业外语知识

1.宴会厅服务用语会话;

2.用外文编写菜单。

(三)宴会厅初级服务员

一、培训要求

1.懂得宴会厅服务工作程序及接待宾客常识;

2.具备宴会厅服务员的素质,能独立工作;善于体会宾客的心意,提供相应的服务,其服务周到迅速;

3.熟悉宴会厅设备、餐具等的用途、保管及使用方法;

4.了解本店日常经营的中、西菜点,具备一般的酒水知识;能按宾客的需要点菜配饭,结账及时、准确、熟练;

5.了解饮食环境卫生常识,掌握餐具、茶具、酒具等的消毒技术;

6.具有一定的旅游知识;

7.基本上掌握一门外语,并能进行简单的会话。

二、培训时间

培训时间450课时,其中基础理论知识150课时,实际操作300课时。

三、培训内容

(一)宴会知识

1.宴会及其演变过程;

2.宴会的分类;

3.各种宴会的适用范围。

(二)宴会厅服务员的素质

1.宴会厅服务员的着装仪表;

2.宴会厅服务员的服务用语;

3.宴会厅服务员的举止;

4.服务技巧(含应变能力)。

(三)饮食卫生知识

1.食品卫生法;

2.餐、茶、酒具的消毒方法及操作;

3.各种水果的消毒方法及操作;

4.服务员个人卫生标准。

(四)宴会服务

1.餐前准备;

2.餐中服务;

3.餐后工作。

(五)便饭服务

1.引座;

2.盯桌;

3.跑菜;

4.结账;

(六)菜点、酒水知识

1.我国主要菜系的风味特点及代表菜肴的烹调知识;

2.本店经营的西餐代表菜的特点;

3.本店常用酒水的名称、产地、规格、口味等知识。

(七)主要客源国的生活忌宜,宗教信仰等知识。

(八)专业外语知识

1.中、西菜点及常用酒水的外文名称;

2.宴会厅服务用语会话。

附录21 国家旅游局关于调酒员技术等级培训考核的要求

(一)酒吧高级调酒员

一、培训要求

1.懂得较多的与本工种有关的科学知识,精通调酒的全部技术,并能创新具有特色的新品种;

2.能设计、主持大型鸡尾酒会和中式酒会;

3.有一定的酒吧经营管理知识,能组织管理酒吧工作,并能有效的推销商品;

4.能熟练地运用一至二种外语会话。

二、培训时间

培训时间300课时,其中基础理论知识200课时,实际操作100课时。

(一)理论知识

1.营养、食品卫生知识;

2.中外酒品、饮料知识。

(二)操作技术

1.调酒技巧;

2.按著名配方调制鸡尾酒;

3.创新鸡尾酒新品种;

4.设计、主持大型鸡尾酒会;

5.设计、主持中式酒会。

(三)经营管理知识

1.酒吧经营管理常识;

2.酒品推销技巧。

(四)专业外语知识

日常用语会话(第二外语)。

(二)酒吧中级调酒员

一、培训要求

1.具备较丰富的酒品知识;

2.能调制多品种的鸡尾酒,并能按宾客的要求,调制多品种的鸡尾酒,所调的酒品度匀、味纯、色正;

3.正确地进行成本核算;

4.能设计、组织中型鸡尾酒会和一般中式酒会;

5.懂得酒吧经营管理;

6.基本上掌握一门外语,并能会话。

二、培训时间

培训时间400课时,其中基础理论知识200课时,实际操作200课时。

三、培训内容

(一)酒水理论知识

1.酿酒的基本原理及世界主要名酒的生产工艺;

2.鸡尾酒制作技术的帮系及技术特点;

3.各种酒类(如葡萄酒、蒸馏酒,配制酒、混合酒、啤酒)的特点;

4.世界主要名酒的储藏、保管知识及有效时间。

(二)操作技术

1.品酒技巧;

2.按游客的饮食习惯及其对酒品的嗜好调制鸡尾酒;

3.按著名配方调制鸡尾酒,要求在50种以上;

4.设计、组织中型鸡尾酒会。

(三)管理基础知识

1.酒吧经营管理基础知识;

2.了解酒吧管理的重要性。

(四)专业外语知识

1.专业外语;

2.日常用语会话。

(三)酒吧初级调酒员

一、培训要求

1.了解鸡尾酒的起源,掌握配制佐料,装饰物技术;

2.能调制一定数量的鸡尾酒和混合酒,所制的酒品要符合质量要求,调酒姿态正确;

3.能设计和组织小型鸡尾酒会;

4.掌握酒吧设备、用具、器皿的性能、用途及使用、保养方法;

5.具有一定的饮食卫生常识,能对酒具、器皿进行清毒;

6.具备一定的酒水和旅游知识;

7.具备一定的酒品推销技术;

8.熟知本店规章制度,能准确、熟练地进行结账;

9.基本上掌握一门外语,并能进行简单的会话。

二、培训时间

培训时间500课时,其中基础理论知识200课时,实际操作300课时。

三、培训内容

(一)酒类基础理论知识

1.酒的起源及分类知识;

2.鸡尾酒的传说及调制工艺;

3.国产名酒、世界名酒知识(酒的口味、产地、浓度、制作原料、储存期、价格知识等);

4.无酒精饮料知识(饮用水类、果汁、蔬菜汁、咖啡、茶、冲剂等知识)。

(二)操作技术

1.调酒姿态训练;

2.配制佐料、装饰物;

3.酒水与食物的搭配;

4.调制本店日常经营的鸡尾酒;

5.设计组织小型鸡尾酒会;

6.酒吧厅服务规则。

(三)设备知识

酒吧主要设备、用具、器皿的正确使用与保养。

(四)卫生知识

1.食品卫生法;

2.酒吧酒具、器皿的卫生消毒。

(五)管理知识

1.酒吧成本的构成要素及核算;

2.本店的收费程序;

3.酒品推销技术。

(六)旅游知识

主要客源国的风俗、礼节、宗教信仰、饮食习惯等。

(七)专业外语

1.酒吧专业术语的外文名称;

2.进口原料酒水的外文名称;

3.日常用语会话。

附录22 中华人民共和国职业技能标准（餐厅服务员部分）

编制说明

为了适应社会主义市场经济的发展，加强劳动力的社会化管理，提高劳动者素质，建立和完善我国职业技能标准体系，促进职业技能开发和劳动力市场的发展，劳动部在有关部门的支持下，组织有关专家和名师，制定了饮食服务业中式烹调师等八个通用的国家职业技能标准（以下简称《标准》）。现就《标准》和编制说明如下：

一、制定《标准》的指导思想

为了适应社会主义市场经济体制的建立和企业转换经营机制的需要，政府劳动部门要加强劳动力的社会化管理，建立职业技能标准体系和完善职业技能鉴定制度，以促进劳务市场的发展。劳动部培训司选择一些通用性强、覆盖面广、技能要求高、涉及产品质量和广大消费者利益以及具有我国传统技艺和满足国际技术、劳务交流合作需要的职业（工种），分批制定国家职业技能标准，逐步建立和完善我国职业技能标准体系。

二、制定《标准》的原则

1.合理可行

标准的水平，是以饮食服务业多数企业技术装备、劳动力管理水平和职工文化、技术业务素质的现时状况为基础，使《标准》符合客观实际情况，具有可操作性。

2.科学规范

标准的内容，是在划分和确定职业（工种）等级的基础上，对劳动者达到某等级要求掌握的技术理论知识和实际操作技能所规定的具体准则。专家通过对职业（工种）的分析与评价，系统和完整地提出对知识和技能及其构成的要求，并严格区分各等级的程度和水平，作为确定标准中各等级内容的基本依据。

3.先进实用

标准的水平，反映了当前企业技术进步、设备更新、工艺改革、产品更新换代和劳动组织改善等方面的客观要求和今后一定时期内技术和管理水平的发展趋势。同时，考虑职工文化和技术业务素质的潜力因素，使标准水平建立在多数职工经过一定时期的努力而能够达到标准的要求，以保持标准在一定时期内的相对稳定性和时效性。

三、《标准》包括的内容

本标准包括饮食服务业中式烹调师、西式烹调师、中式面点师、西式面点师、餐厅服务员、美容师、美发师和按摩师等八种通用工种，并对每个职业（工种）标准都做了具体地描述和说明。

每个职业（工种）标准，从横向来看，知识要求（应知）一般包括了文化基础知识、技术业务基础知识、工艺技术知识、工具设备知识、经营管理知识、质量标准知识、安全防护知识、法规知识和相关知识。技能要求（应会）一般包括了实际操作能力、应用计算能力、工具设备使用维护和排障能力、应付和处理事故能力、经营管理能力和语言文字能力。从纵向来看，初级标准达到了基本独立上岗操作的水平；中级标准达到熟练掌握本工种的业务技术水平；高级标准达到精通本工种的技术业务，并掌握相关工种的基本技术业务，及具备一定的组织指导生产技术或经营的能力。

四、使用《标准》的有关问题

1.本标准是根据《中华人民共和国工种分类目录》，由劳动部制定的第一批社会通用的国家职业技能标准。

2.各地区、各部门须严格执行本标准，不得自行改变标准的内容和水平。

3.各地区、各部门在执行本标准的过程中，如有问题，请向劳动部反映。

4.随着我国经济、科学技术和社会的发展，劳动部将根据实际需要，对本标准适时予以修订和补充。

劳动部培训司

1993年8月

餐厅服务员

工种定义：为就餐宾客安排座位、点配菜点，提供各项餐饮服务；进行宴会设计、装饰、布置等。

适用范围：饭店、宾馆、游船等场所的宴会厅、餐厅、酒吧。

等级线：初、中、高。

学徒期：2年，其中培训期1年，见习期1年。

(一)初级餐厅服务员

知识要求：

1.具有初中文化程度或同等学历。

2.了解餐厅服务接待知识，掌握不同年龄、职业、不同就餐目的的宾客的饮食要求。

3.了解世界主要国家、地区和国内少数民族的风俗习惯、宗教信仰和饮食习俗。

4.了解所供应的各种菜点的口味、烹调方法和制作过程以及售价。

5.了解所供应的各种酒类、饮料的名称、产地、特点及售价。

6.了解销售过程中的各道手续及要求。

7.懂得各种单据的使用和保管知识。

8.了解食品营养卫生知识，熟悉《中华人民共和国食品卫生法》。

9.了解餐厅内常用布件、餐具、酒具和用具的使用以及分类保管知识。

10.掌握托盘、摆台等技能所需的技术及动作要求。

11.掌握散座和一般宴会的服务规程。

12.掌握各种菜点、酒类、饮料的适用范围及食用方法。

13.掌握各种菜点所需的佐料及其特点。

14.具有服务心理学的基础知识。

15.了解本岗位的职责、工作程序及工作标准。

16.掌握安全使用电、煤气及消防设施的知识。

17.了解餐厅内常用设备、工具的使用及保养知识。

18.懂得基本化妆知识和一般社交礼仪、礼节。

技能要求：

1.能判断宾客心理，并能及时推销各种菜点及酒类、饮料。

2.能按照菜单要求正确配置和摆放餐具。

3.能按照服务规程接待散座客人与一般宴会。

4.能熟练地进行托盘、折花、摆台、斟酒、上菜、分菜等工作。

5.能根据宾客需要，介绍、推荐菜肴、点心和酒类、饮料。

6.能准确迅速地计算售价。

7.能正确使用和保养常用的机具、设备。

8.能独立处理接待过程中的一般问题。

9.会讲普通话，语言简练、准确，并能用外语进行简单的工作会话。

10.能指导徒工工作。

(二)中级餐厅服务员

知识要求：

1.具有高中文化程度或同等学历。

2.熟悉某一菜系的特点及名菜、名点的制作过程和口味特点。

3.熟悉餐厅服务各项工作的工作流程，餐厅各岗位的设置、职责、人员配备及要求。

4.掌握餐厅布局知识。

5.具有促销和班组管理知识。

6.掌握餐厅内各项操作技能标准。

7.掌握高、中级宴会的服务知识和要求。

8.掌握餐厅所供应菜肴、点心、酒类和饮料的质量标准。

9.掌握与餐饮业相关的主要商品知识。

10.掌握各种佐料的配制及应用知识。

技能要求：

1.能比较准确地判断宾客心理。

2.能根据宾客要求编制一般的宴会菜单。

3.能对高级宴会进行摆台，会铺花台。

4.能鉴别菜肴、点心、酒类、饮料的质量优劣。

5.能组织一般宴会的接待服务工作。

6.能根据宾客要求，布置各类餐厅，设计和装饰各种台型，掌握插花技艺。

7.能调制鸡尾酒、配制佐料，表情自如，动作优美。

8.能正确使用和保养餐厅内家具、餐具、布件以及视听等设备。

9.能对餐厅出现的特殊情况和宾客投诉作出正确判断，找出原因，提出解决措施。

10.具有一定的知识管理和语言表达能力。

11.能培训和指导初级餐厅服务员。

（三）高级餐厅服务员

知识要求：

1.具有高中以上文化程度或同等学历。

2.掌握消费心理学和服务心理学及国内外各种节日的知识。

3.掌握部分疾病患者的特殊饮食要求和食疗的基础知识。

4.有较丰富的烹饪基础知识，掌握主要菜系的风格及名菜、名点的制作过程和特点。

5.精通餐饮业管理知识，掌握市场营销及成本核算知识。

6.掌握各种类型宴会（包括鸡尾酒会、冷餐会）的设计和装饰能力。

7.掌握餐厅内常用空调、视听等设备的原理、使用及保养知识。

8.具有预防、判断和处理食物中毒的知识。

9.掌握与餐饮服务有关的法规、政策和制度。

技能要求：

1.能准确判断宾客心理，迅速领会宾客的意图，及时满足宾客的需要。

2.能根据宾客需要，编制高级宴会菜单和连续多日的团体包餐菜单。

3.具有大型高级宴会的组织、设计和指导工作的能力。

4.能收集宾客意见，配合厨房改进技术，增加花色品种，适应消费者需要。

5.具有餐饮成本核算的能力。

6.及时发现并排除餐厅内照明及常用机具、设备的一般故障。

7.能妥善处理宾客的投诉和突发事故。

8.具有语言艺术表达能力和应变服务技巧，能熟练地用外语接待外宾。

9.能培训和指导中级餐厅服务员。

附录23 中华人民共和国职业技能鉴定规范
（餐厅服务员部分）

劳动部
国内贸易部 **文件**

劳部发〔1994〕350号

关于颁发中式烹调师等八个工种《国家职业技能鉴定规范》的通知

各省、自治区、直辖市劳动（劳动人事）厅（局）、商业厅（局）、旅游局，国务院有关部委、直属机构劳动管理部门，解放军总参谋部军务部、总后勤部司令部、生产管理部：

根据劳动部《关于制定〈国家职业技能鉴定规范〉的通知》（劳部发〔1994〕185号）精神，按照劳动部1993年颁布的中式烹调师、中式面点师、西式烹调师、西式面点师、餐厅服务员、美容师、美发师、按摩师等八个工种的《中华人民共和国职业技能标准》，劳动部、国内贸易部联合组织制定了上述八个工种的《国家职业技能鉴定规范》，经审定，现颁发试行。各地在试行中有什么问题，请及时与我们联系。

劳动部　　国内贸易部
（章）　　（章）

1994年8月15日

初级餐厅服务员

一、申报条件

（一）在本工种连续工作2年以上；

（二）在本工种学徒期满；

（三）经正规初级餐厅服务员技能培训，取得毕（结）业证书。

具备上述条件之一，可申报初级餐厅服务员职业技能鉴定。

二、鉴定方式

按照标准参照型要求考核（也称水平考核）。知识要求和心智技能要求采取闭卷笔试。笔试题型及配分为：填空题20%，判断题20%，选择题20%，简答题20%，综合分析题20%。

技能要求采取实际操作考核和成品考评。操作考核试题结构为：操作项目，考核时限，考核要求，使用设备、工具，考核配分。

三、考核场地及设备要求

（一）正式餐厅；

（二）餐桌十人台面，餐椅10把；

（三）餐具、酒具、用具；

（四）台布、口布。

四、考核评分

（一）理论知识考试每10名考生配备1名监考人员；理论知识考试按标准答案和试卷规定配分评定得分；

（二）实际操作现场考核每5名考生配备一名考评员，按实际操作规程配分评定得分；

（三）成品考评配备5～7名考评员，并同时打分，取平均分评定得分；

（四）笔试和实际操作考核评分均采用百分制，两项均达到60分以上为合格，均达到80分以上为良好，均达到90分以上为优秀。

五、考评时限

（一）笔试规定时限为90分钟，不得超时；

（二）实际操作考核规定时限为20分钟。可延超时限为5分钟，每延超1分钟从总得分中扣减1分。

六、知识和技能要求

初级餐厅服务员知识要求

<table>
<tr><th>项 目</th><th>考核内容及要求</th><th>配分比例</th><th>相关知识</th></tr>
<tr><td>中餐接待服务</td><td>一、零餐服务
(一)零餐服务的特点
(二)早餐服务程序
1.餐前准备 2.问位开茶 3.开餐服务
4.结账收款 5.清理台面
(三)午、晚餐服务程序
1.餐前准备 2.接待宾客 3.接受点菜
4.上菜 5.看台 6.结账送客 7.清理台面
二、团体包餐服务
(一)团体包餐的特点
(二)团体包餐的服务程序
1.早餐服务程序 2.午、晚餐服务程序
三、茶市、舞厅、卡拉OK厅服务
(一)茶市服务的特点与程序
(二)舞厅服务的特点与程序
(三)卡拉OK厅服务的特点与程序</td><td>25%</td><td>礼仪、计算、菜肴、茶类、酒类、民俗、音像知识</td></tr>
<tr><td>西餐接待服务</td><td>一、西餐基本知识
(一)西餐的特点
(二)西餐与中餐的区别
二、零餐服务
(一)零餐服务的特点
(二)零餐服务的程序
三、酒吧、咖啡厅服务
(一)酒吧服务程序与技巧
(二)咖啡厅服务程序与技巧</td><td>25%</td><td>礼仪、计算、风俗知识和各国饮食习惯、酒类知识、咖啡知识、西菜知识</td></tr>
<tr><td>物品卫生与安全</td><td>一、常用物品的正确使用与保管,如木器、银器、玻璃陶瓷器皿、地毯等。
二、卫生知识
(一)食品卫生
(二)餐具消毒
(三)个人卫生
(四)操作环境卫生
(五)食品卫生“五·四”制
三、安全知识
(一)安全用电、用煤气
(二)防火知识
(三)财产安全</td><td>10%</td><td>《中华人民共和国食品卫生法》、消防知识</td></tr>
<tr><td>菜点酒类饮料知识</td><td>一、中国菜肴和西餐菜肴的主要特点
二、菜单的作用与种类
三、中国酒的分类与特点,认识中国名酒
四、外国酒的分类与特点,能够区分不同种类
五、各种非酒精饮料的特点与味道</td><td>20%</td><td>中国饮食文化知识、西方饮食文化知识</td></tr>
</table>

(接下页)

项　目	考核内容及要求	配分比例	相关知识
饮食习惯	一、掌握我国东北、冀晋、江浙、湘赣、闽粤等地区人们的饮食习惯 二、掌握我国回、维、藏、蒙、朝等民族的饮食习惯 三、日、英、法等国家人们的饮食习惯 四、不同年龄、职业、就餐目的宾客的饮食习惯与要求	20%	中外地理知识 各国风俗特点

初级餐厅服务员技能要求

项　目	考核内容及要求	配分比例	相关知识
餐巾折花	一、熟练掌握叠、折、卷、穿、攥、翻、拉、掰、捏等餐巾折花的基本技法 二、根据宴会的性质、规模、规格、季节、宗教信仰和风俗习惯、宾主席位等因素选择适用的餐巾花的花型 三、餐巾花的插放与摆设的艺术性和协调性 四、餐巾的种类与作用	10%	对色彩的理解和对餐巾花花型的鉴赏
托盘	托盘按所托重量分别考核 一、轻托(胸前托) (一)理盘:达到无菌、整洁、美观,避免盘内物品滑动 (二)装盘:按次序装盘,盘内物品排放整齐,重量分布适宜 (三)托盘:掌握轻托的基本技巧和手法,托盘优美平稳 二、重托(肩上托) (一)理盘:因所托物以菜点盘碟为主,要注意擦洗、去油、消毒 (二)装盘:物品分布均匀摆稳,其间留有一定的间隔 (三)托盘:掌握重托的基本技巧与手法,做到平稳轻松,行走自如	10%	礼仪知识与形体训练知识
中餐摆台	一、根据客人人数和构成选用适宜餐桌 二、台布铺放与餐桌相配,并与餐厅整体协调一致 三、掌握餐酒具摆放的规则与技巧 四、餐桌美化要符合客人的风俗与习惯	20%	整体设计与审美知识
西餐摆台	一、掌握西餐摆台的基本要领和规则 二、根据客人所食菜肴和所饮酒水摆放相应餐具、酒具及用具 三、根据选用餐桌的形状摆放花插或花瓶的数量	20%	涉外风情习俗与审美知识
斟酒	一、做好斟酒前的准备工作,掌握不同酒类的开起方法 二、做到最佳斟酒姿势,选择最佳斟酒位置 三、掌握适宜的斟酒量和合理的斟酒顺序 四、掌握中餐斟酒与西餐斟酒的不同要求与特点	10%	酒类知识 形体知识

(接下页)

项　目	考核内容及要求	配分比例	相关知识
上菜	一、中餐上菜 (一)掌握中餐上菜的程序规则 (二)几种特殊菜肴的上菜方法 (三)了解带头尾菜肴的地区摆放习惯 (四)各种菜肴的摆放位置要讲究造型、整齐美观 二、西餐上菜 (一)掌握西餐上菜的规则和技巧 (二)法式上菜程序 (三)俄式上菜程序 (四)英式上菜程序 (五)美式上菜程序	10%	原料知识、烹饪知识、形体知识、涉外礼仪知识(该项内容可在闭卷笔试中考核)
分菜	一、中餐分菜 (一)分菜工具的使用方法和分菜顺序 (二)做好分菜前的准备工作 (三)掌握桌上分让式、二人合作式、旁桌分让式 (四)掌握几种特殊中餐的分菜方式 二、西餐分菜 (一)掌握西餐分菜工具及其握法 (二)各种西餐菜肴的分菜要求与技巧 (三)掌握国际式分菜的一般程序技巧	10%	礼仪知识和菜肴知识 (该项内容可在闭卷笔试中考核)
撤换餐具	一、中餐工具撤换 (一)撤换小毛巾与口布 (二)撤换骨碟、小汤碗 (三)撤菜盘 (四)撤换烟灰缸 (五)收拾台布 二、西餐工具撤换 (一)撤换口布 (二)撤换餐具、饮具 (三)撤换烟灰缸 (四)收拾台布	10%	卫生知识 基本功能要求

七、样题题型举例

初级餐厅服务员知识考试试题

一、填空题(每空1分,共计20分)

如摆台操作时,要(　)手托盘,(　)手摆餐具。

二、判断题(每题2分,共计20分)

如餐巾花的种类,以不同的造型可分为(　)

A杯花类　动物类　静物类

B杯花类　动物类　盘花类

C植物类　动物类　静物类

D杯花类　盘花类　静物类

三、选择题(每题2分,共计20分)

如下列酒中哪一种是烈性酒(　)

a.加饭酒　b.桂花陈酒　c.古井贡酒

d.长城干白萄葡酒

四、简答题(每题5分,共计20分)

如简述中餐零餐服务程序。

五、综合分析题(20分)

如餐厅走进一对抱小孩的夫妇。男士口

音是广东人，女士口音是四川人，你应当如何为他们提供服务？

初级餐厅服务员技能操作考核试题

一、考核内容：中餐摆台（10人台）

二、考核时限：规定时限为20分钟。

三、使用设备工具：正式餐厅；餐桌十人台面及必备的椅、餐具、酒具、台布、口布。

四、考核要求

（一）餐具摆放整齐一致，方便用餐，便于服务并具有艺术性；

（二）台面整洁卫生，餐具用具齐全；

（三）动作准确迅速，整体效果好。

五、考核配分

（一）规范化程度 10%

（二）准确程度 20%

（三）应用过程 20%

（四）成品效果 50%

中级餐厅服务员

一、申报条件

（一）具有高中以上（含高中）文化程度或同等学历，并在本工种连续工作四年以上；

（二）取得本工种初级《技术等级证书》后，在本工种连续工作二年以上；

（三）取得本工种初级《技术等级证书》后，经正规中级餐厅服务员技能培训，取得毕（结）业证书。

具备上述条件之一，可审报中级餐厅服务员职业技能鉴定。

二、鉴定方式

按照标准参照型要求考核（也称水平考核）。知识要求和心智技能要求采取闭卷笔试。笔试题型及配分为：填空题20%，判断题20%，选择题20%，简答题20%，综合分析题20%。

技能要求采取实际操作考核和成品考评。操作考核试题结构为：操作项目，考核时限，考核要求，使用设备、工具及原材料，考核配分。

三、考核场地及设备要求

（一）正式餐厅；

（二）餐桌十人台面，餐椅十把；

（三）餐具、用具、酒具；

（四）台布、口布；

（五）整鱼一条，做法不限

四、考核评分

（一）理论知识考试每十名配备一名监考人员；理论知识考试按标准答案和试卷规定配分评定得分；

（二）实际操作现场考核每五名考生配备一名考评员，按实际操作规程配分评定得分；

（三）成品考评配备5～7名考评员，并同时打分，取平均分评定得分；

（四）笔试和实际操作考核评分均采用百分制，两项均达到60分以上为合格，均达到80分以上为良好，均达到90分以上为优秀。

五、考评时限

（一）笔试规定时限为90分钟，不得超时；

（二）实际操作考核规定时限为20分钟。可延超时限为5分钟，每延超1分钟从总得分中扣减1分。

六、知识和技能要求

中级餐厅服务员知识要求

项　目	考核内容及要求	配分比例	相关知识
宴会知识	一、宴会的种类、目的和意义 二、宴会服务的基本环节 三、宴会服务应注意的问题	20%	一般的宴会组织、协调与指挥知识
插花知识	一、餐厅艺术插花的特点与要求 二、延长插花花期的措施与方法 三、切花技巧 四、如何根据用途设计花型	10%	审美知识、色彩知识

（接下页）

项　目	考核内容及要求	配分比例	相关知识
餐厅管理知识	一、餐厅组织结构与所设岗位 二、餐厅的布局及人员物品配备(中餐厅、西餐厅) 三、宴会厅的布局与人员物品配备(中式宴会厅、西式宴会厅) 四、服务质量标准与内容 五、培训初级服务员	20%	管理程序及协调知识
设备保养知识	一、清洁器具:吸尘器、打蜡机、洗衣机、洗碗机、消毒柜 二、制冷设备:电冰箱、制冰机 三、空调器具:空调器、电风扇、加湿机、除湿机 四、视听器具:电视机、音响、卡拉OK设备	15%	一般的电器知识
酒类知识	一、酒的分类、特点与保管 二、中外名酒的区分与认识 三、鸡尾酒知识 (一)鸡尾酒的特点与类别 (二)调制鸡尾酒的原料 (三)调制鸡尾酒的方法	15%	谷类和果类造酒原理
营销心理知识	一、顾客就餐心理分析、树立推销意识 二、对不同性格的顾客采用不同的服务方式 如:急躁型、活泼型、稳重型、忧郁型 三、人际交往的形式、特点和原则 四、投诉原因的分析与处理方法 五、树立餐厅服务中的公关意识	20%	社会学、心理学的一般基础知识

中级餐厅服务员技能要求

项　目	考核内容及要求	配分比例	相关知识
中餐宴会	一、中餐宴会餐桌的安排,要有针对性地选择台面 二、中餐宴会的宾主位次 三、中餐宴会的铺台 四、中餐宴会的上酒程序 五、中餐宴会的上菜程序 六、中餐宴会的分菜程序	25%	管理基础知识 中餐基本知识 中餐宴会特点
西餐宴会	一、西餐宴会的餐桌安排 二、西餐宴会的宾主位次 三、西餐宴会的铺台摆位 四、西餐宴会的上菜、上酒程序 五、西餐宴会的分菜程序 六、西餐法式、俄式、美式服务程序	25%	管理基础知识 西餐基本知识 西餐的特点
分鱼技术	一、分鱼十份 二、鱼头、中骨、鱼尾要求是整体,不挂鱼肉	15%	菜肴分割知识

(接下页)

项　目	考核内容及要求	配分比例	相关知识
拟定菜单	一、中餐菜单： (一)零餐菜单 (二)团体包餐菜单 (三)宴会菜单 二、西餐菜单： (一)零餐点菜:早餐、午晚餐 (二)配套餐:甲、乙、丙 (三)宴会菜单	15%	宴会和筵席知识
菜肴特点	一、京、粤、川、苏等主要菜系的特点与名菜、名点 二、法、英、美、意等主要西菜的特点与名菜、名点 三、中餐佐料的应用与配制 四、西餐中各种沙司的应用与配制	20%	中餐烹饪知识 西餐制作知识

七、样题题型举例

中级餐厅服务员知识考试试题

一、填空题(每空1分,共计20分)

如分鱼用的工具是(　　),分丝状菜肴的工具是(　　),分汤用的工具是(　　)。

二、判断题(每题1分,共计20分)

如茅台酒属于米香型的白酒(　　)

三、选择题(每题2分,共计20分)

如鸡尾酒包括(　　)

a.混合酒　b.软饮料　c.彩虹酒　d.烈性酒

四、简答题(每题5分,共计20分)

如请写出中餐宴会服务程序。

五、综合分析题(20分)

如客人用餐后未付款即走出大门,你发现后应当如何处理?

中级餐厅服务员技能操作考核试题

一、考核内容:拟定一份中餐宴会菜单

二、考核时限:规定的考核时限为20分钟

三、使用设备、工具及原材料:正式餐厅,10人台面必备的桌椅,餐酒用具,台布、口布,整鱼1条。

四、考核要求

(一)菜单上的菜点应是色、香、味、形、器俱佳,能满足宾客需要;

(二)品种、数量、质量、价格要适量、适度、合理;

(三)符合成本核算原则;

(四)营养价值全面。

五、考核配分

准确程序　70%

成品效果　30%

高级餐厅服务员

一、申报条件

(一)在本工种连续工作7年以上;

(二)取得本工种中级《技术等级证书》后,在本工种连续工作3年以上;

(三)取得本工种中级《技术等级证书》后,经正规高级餐厅服务员技能培训,取得毕(结)业证书。

具备上述条件之一,可申报高级餐厅服务员职业技能鉴定。

二、鉴定方式

按照标准参照型要求考核(也称水平考试)。知识要求和心智技能要求采取闭卷笔试。笔试题型及配分为:填空题20%,选择题20%,简答题25%,综合分析题35%。

技能要求采取实际操作考核和成品考评。操作考核试题结构为:操作项目,考核时限,考核要求,使用设备、工具及考核配分。

三、考核场地及设备要求

(一)正式餐厅

(二)餐桌餐椅

(三)餐具、酒具、用具

(四)台布、口布

(五)插花用具

四、考核评分

(一)理论知识考试每10名考生配备1名监考人员;理论知识考试按标准答案和试卷规定配分评定得分;

(二)实际操作现场考核每5名考生配备1名考评员,按实际操作规程配分评定得分;

(三)成品考评配备5～7名考评员并同时打分,取平均分评定得分;

(四)笔试和实际操作考核评分均采用百分制,两项均达到60分以上为合格,均达到80分以上为良好,均达到90分以上为优秀。

五、考评时限

(一)笔试规定时限为90分钟,不得超时;

(二)实际操作考核规定时限为30分钟。可延超时限为5分钟,每延超1分钟从总得分中扣减1分。

六、知识和技能要求

高级餐厅服务员知识要求

项目	考核内容及要求	配分比例	相关知识
食品营养	一、人体需要的主要营养素和各种食物所含营养素 二、合理营养素的概念与基本条件 三、特殊宾客的膳食特点:如老人、幼儿、妇女等 四、常见疾病患者的饮食特点 如高血压、冠心病患者;胃病患者;肝炎患者;贫血患者;肾脏病患者;糖尿病患者;结核病患者 五、不同国家的膳食营养结构特点	25%	营养学、病理学一般知识
食品卫生	一、食品污染的不同类型及其对人体的危害 二、食物中毒的特点与分类 三、各类食品的卫生条件和贮藏要求,谷类、豆制品、蔬菜、水果、肉与肉制品、水产品、蛋类、奶类、食用油脂 四、各类食品容器的卫生要求	20%	食品卫生法知识
烹饪知识	一、饮食业内部专业分工状况 二、烹饪与饮食服务的关系 三、各种菜肴采用的原料和加工程序 四、各种菜肴烹调的过程 五、名菜、名点的制作过程	20%	烹饪技能和原理知识
设备保管	一、常用设备的工作原理和维修保养规则 如照明设备、制冷设备、视听设备、运行设备 二、常用设备的保管制度	15%	电工学知识、保管知识
营销知识	一、市场营销的概念体现在服务之中 二、掌握市场竞争的策略 (一)价格竞争;(二)商品竞争; (三)服务竞争;(四)声誉竞争 三、营销策略的运用 四、市场占有率的分析	20%	市场学、营销学一般知识

高级餐厅服务员技能要求

项目	考核内容及要求	配分比例	相关知识
宴会组织	一、高档宴会的布置、人员配备与分工职责 二、普通宴会的布置、人员配备与分工职责 三、素食宴会的布置、人员配备与分工职责 四、清真宴会的布置、人员配备与分工职责 五、冷餐会(自助餐)、鸡尾酒会、茶话会的布置、人员配备与分工职责 六、中餐宴会的分菜程序 七、中西餐宴会花台摆设 八、插花技术	20%	宴会和食俗知识
成本核算	一、饮食产品价格的构成 (一)成本利率和销售利率 (二)纯利率和毛利率 二、饮食产品价格的计算 (一)成本毛利率(外加法) (二)销售毛利率(内加法) 三、饮食产品毛利率的确定 (一)毛利率与价格政策 (二)确定毛利率的原则 四、饮食产品毛利率的换算	20%	数学计算知识
应变能力	一、准确判断顾客心理,迅速领会客人意图 二、及时收集客人意见,起到餐厅与厨房间的沟通作用 三、妥善处理服务过程中突发事件 四、能协调员工之间、上下级之间、员工与顾客之间的关系	20%	心理学知识 管理知识
培训能力	一、能将具体的餐厅服务程序、规则进行条理性讲授 二、能培训和指导中级餐厅服务员进行技术练习 三、能独立带领初、中级服务员开展工作	20%	教学和培训知识
公关能力	一、服务中有明确的公关意识 二、能将上级的营销策略融入具体的服务过程 三、对新顾客采取不同的接待方式	20%	公关知识 礼仪知识

七、样题题型举例

高级餐厅服务员知识考试试题

一、填空题(每空1分,共计20分)

如六大营养素为(　　)、(　　)、(　　)(　　)、(　　)、(　　)。

二、选择题(每题2分,共计20分)

如炸鱼一盘,用料规格是黄鱼1000克(6.40元)、鸡蛋2只(0.50元),面包粉100克(0.40元),太太沙司150克(0.66元),面粉、油等调料为0.5元。内扣毛利率为55%,售价应是(　　)元。

a.18.80　b.5.45　c.20.45　d.25.45

三、简答题(每题5分,共计25分)

如简述烹饪与饮食服务的关系。

四、综合分析题(35分)

如请在一个长20米,宽15米的大餐厅内进行冷餐会布局(用图表示),并配备服务人员(指明分工),开出所需餐具、用具清单、菜单和酒单。

高级餐厅服务员技能操作考核试题

一、考核内容：西餐宴会花台摆设

二、考核时限：规定考核时限为30分种

三、使用设备、工具与原材料：正式餐厅、桌椅、餐酒用具、口布台布、插花用具

四、考核要求：

(一)能根据不同台形设计宴会台面和进行总体布局；

(二)台面摆设整齐艺术；

(三)具有较高水平的插花技术。

五、考核配分

(一)应用过程　50%

(二)成品效果　50%

附录24 餐厅服务员管理规范

1.**仪容仪表** 餐厅应当加强服务员仪容仪表管理。其操作规范要求是：

①仪容。仪容指服务员容貌修饰。面部保持清洁，不使眼睛疲倦，休息时眺望远方。保护皮肤，美化眼框眉毛。不得有口臭，饭后10分钟刷牙，不宜多吃甜食。发型美观，适时理发，发型得体，男服务员发际线不得盖住耳朵、衣领，不准留大鬓角，发际线要清楚，头发要整齐干净。女性服务员不准梳披肩发。男性服务员每天刮脸，保持面部清洁。经常剪指甲，不允许使用指甲油，保持手指细嫩。不得使用有异味的化妆品，化妆原则是淡雅自然适合灯光下色调，不准浓妆艳抹。不得戴耳环、手镯、项链等华丽显眼的装饰品，不得佩戴餐厅规定以外的装饰用品。

②仪表。仪表是指服务员精神面貌和服饰的要求。服务员必须穿着规定的工作制服上岗，上岗前班组长要检查。裤长要合适(至脚面)，裙子不可过短，裤子在裤线消失前更换，不许有破绽，衣袋不放无关物品，工号卡端正别在胸前。衬衣要按餐厅要求式样穿着，每天换洗，不得有异味或衣领衣袖有污痕。领带、领结不过粗、过细，领带大头垂到裤腰处为最标准，随时保证戴正，脏了要洗烫，破了要换。鞋，要穿黑色皮鞋或布鞋，皮鞋要经常擦拭，布鞋要保证清洁无破损。工作岗位上不允许穿旅游鞋、球鞋或雨鞋等。鞋跟不得高于5厘米，不能带钉子。

③卫生，不随地吐痰，不随便丢弃废物，勤洗手、脸，勤换衣服。保持牙齿整洁。

2.**礼节礼貌** 礼节礼貌是优质服务的重要体现。其操作规范主要包括：

①礼节礼貌。餐馆服务人员要有较高的礼貌修养。礼貌是建立在互相尊重的基础上，礼貌不是虚伪的客套，而是发自内心的，表里如一。

②问候礼节。接待宾客，初次见面应主动向客人打招呼，态度亲切热情，并以礼貌的语言配合，根据不同时间，问早上好、中午好、晚上好、您好等。对熟悉或不熟悉的客人使用不同的语言，措词得体而又谦虚，分别时道再见，欢迎再次光临，征求意见。对一些特定的人员(如代表团、文艺演出团体等)，应根据不同情况给予祝贺或祝愿。在一些特定的时节(节日)，祝贺节日，如拜年、祝圣诞快乐等。

③称呼礼貌。服务员对不同客人分别称呼先生、小姐、太太、同志。知道职衔的要称呼其职务，如局长、处长、经理、董事长、阁下、医生、教授、法官、律师、博士、主席、将军(军衔)、老师等。

④应答礼节。服务员应答时要起立，语气温和而耐心，双目注视对方的眼鼻三角区，集中精神倾听以示尊重。有不明白之处应礼貌地询问，不能不懂装懂。处理问题语气要婉转，打断对方说话时要先表示歉意。当别人赞扬时，应表示谦虚。当别人表示感谢时应回答不必谢。

⑤迎送礼节。欢迎客人要笑脸相迎。对老弱客人要主动搀扶。迎客要走在客人前面，送客要走在客人后面，为客人开门，挥手致意。

⑥操作礼节。任何时间在工作中都要保持环境安静，不允许大声喧哗、聚众开玩笑、哼歌曲等。操作时不允许有餐具的撞击声。应答客人招呼时不能高声回答。距离远时可点头示意领会。宴会中有电话或有人找时，应走到客人面前轻声呼其出场。任何时候遇到客人要点头示意。对举止特殊、穿着奇特的客人不可以指指点点，乱发议论，不能老盯着别人。服务员在工作时不能抓头、剔牙、挖耳，保持端庄。

⑦礼貌服务。要热爱本职，热心助人，方便宾客，有高尚思想品德，有责任心和荣誉感。关心、体贴每一位宾客。无论工作顺利还是遇到困难，都要精神饱满、乐观，全心全意为宾客服务。

3.**服务语言** 主要包括以下方面：

①语言准确、恰当。讲究语言艺术，说话力求语言完整，讲究语调，讲话注意场合，应答得体，同时语言要简练、清楚。服务员与宾客对话时，应

礼貌文雅。客人在思考问题时，或在与别人讲话时，要在客人允许的情况下，才能与客人讲话，不能粗鲁打断别人讲话。吐字清楚，声音悦耳，给人以亲切感。

②语言、表情和行为要协调一致。要注意面向宾客，笑容可掬，眼光不可游移不定，左顾右盼，心不在焉。讲话时两手自然下垂，距客人1米左右为宜。讲话时不要倚靠他物，举止要温文，态度和蔼，能用语言表达清楚的尽量少用手势。要进退有秩。事毕时先要后退一步，然后再转身离开，以示对客人的尊重。

4. 形体动作 形体动作直接影响服务质量。其操作规范要求是：

①站立。要直立站好，从正面看，身体重心线应在两腿中间，穿过脊柱及头部，防止重心偏左或偏右。重心放在两个前脚掌，要领是挺胸、收腹、梗颈、双肩保持水平、放松，肌肉线条伸长，人体两侧对称器官向正中线用力，眼睛平视，环顾四周，嘴微闭，面带徽笑，双臂自然下垂或在体前交叉，右手放在左手上，双脚与肩同宽，女士双脚可呈V字型，膝部和脚后跟靠紧，应保持随时向客人提供服务的状态。

②行走。行走时身体重心稍向前，落在前脚的大脚趾和二脚趾上。行走的线迹是脚正对方向所形成的直线，脚跟要落在这条直线上。上体正直，抬起头，眼平视，行走轻而稳，面带微笑，切忌晃肩摇头，臀部不要后坐，两臂自然摆动，肩部放松。不可多人并排行走，不得跑步，超过客人时转身应向被超越者致意道歉。

③就座。入座时走到坐位前，转身后右脚向后撤半步，轻稳就座，两脚要并齐。女士用手把裙子向前拢平。坐时人体重心垂直向下，腰部挺起，脊柱向上伸直，胸前挺，双肩平正放松，躯干与颈、髋、腿、脚正对前方。服务员应坐椅子的2/3，不可只坐在边沿上。手自然垂放，双膝并拢，嘴微闭，面带笑容。站起时右脚先后收半步，向前起立并走一步，再转身退出房间。

④手势。为顾客指引方向时，要把手臂伸直，手指自然并拢，手掌向上，以肘关节为轴，指向目标。上身稍前倾，以示尊重。谈话时手势不易过多，幅度不宜过大。

⑤应禁止出现的举止。禁止在顾客面前打喷嚏、打哈欠、伸懒腰、挖耳鼻、剔牙、打饱嗝、搓泥垢、挖眼屎、修指甲等。坐时在椅子上前俯后仰、摇腿脚都属于不礼貌姿态。女士不可翘二郎腿。交往时不随地吐痰，不随地扔果皮纸屑，不随地扔烟头或其他废物。雨雪天不要把泥土带进房间，进门擦一下鞋底，雨具要放在门外或门厅不影响别人行动的地方。

5. 安全操作 主要包括以下方面：

①安全操作的要求是：坚持预防为主、主管负责、专群结合的方针，制定适合本餐馆的各岗位、各部门安全操作规程和制度，配备消防设施、报警系统、监控装置，餐厅和通道应有必要的保安防盗设施。加强安全操作的教育，员工上岗前进行必要的培训并经考核后上岗。做好日常安全工作，检查隐患，维护设备。发生事故后配合有关部门，做到及时查破案件，调查原因，总结教训，改进工作，杜绝再次发生。

②消防安全操作。配备足够的灭火器材：干粉灭火器用于扑灭油火、天然气和电器设备的初起火灾。8公斤喷射8～14秒，射程4.5米；1221灭火器用于扑灭油类、化工原料、易燃液体及电器等初起火灾；二氧化碳灭火器用于电器设备初起火灾、油类酸类火灾，使用时因低温不可触摸金属导管，以免冻伤。消火栓安装在消防柜中，经常充有带压力的水，用于灭火，自动喷淋头装在墙壁上，当发生火灾、温度达54℃以上时，自动喷淋头即会喷水灭火。破拆工具有消防斧、铁铣、火钩等，灭火时用来破拆建筑物、门窗、地板、屋顶等，以便打开通路进行灭火或疏散物资，防止火势蔓延。

③消防安全防范。餐厅内装饰灯具如采用可燃材料，灯泡功率不得超过60瓦，桌椅不得过于拥挤而堵塞必要的通道。厨房内的易燃气体管道、法兰接头、仪表、阀门必须定期进行检查。发现易燃气体跑漏现象，首先要关闭阀门，及时通风并严禁明火。厨房内的绞肉机、切菜机、和面机等电气机械设备不得超载运行，并防止电气设备和线路受潮。油炸食品时，锅内的食品不得放得太满，以防食油溢出，遇明火燃烧。工作结束后，操作人员及时关闭厨房所有阀门，切断气源、火源和电源后方能离开。主要电气设备、移动电器、避雷装置和其他设备的接地装置，每年进行一次绝缘及电阻测试。

6. 服务纪律 为保证餐厅服务质量，在服务纪律方面应坚持以下规范要求：

①熟悉本企业"员工手册"的全部内容，严格遵守员工与企业签订的合同，严格遵守本企业本岗位的各项纪律要求。

②按时考勤，按要求和程序请假。服从上级的命令，工作时集中精力。

③上班时间内不会见客人、亲友或闲谈。上班时间内不接听私人电话和打私人电话。

④准时交接班。在接班人员未到之前不应先行下班或离开工作岗位。

⑤不可因私人情绪不佳而影响自己的工作。处理事项应及时请示上级，不要独断独行，与同事相处要有信用，共同合作解决问题。

⑥上班不携带过多金钱。不偷听、传递客人谈话，在客人面前不说不需要的话，不做傲慢的动作。

⑦当客人有醉酒或不礼貌行为时要特别处理。不可出现有失礼貌的动作和言辞。

⑧发现客人遗失物品要及时上交，并做好登记保管工作。

7. 职业道德　主要包括以下方面：

①热情友好，宾客至上，做到微笑服务，文明礼貌。把宾客放在首位，一切为客人着想，努力满足宾客的合理、正当要求，避免冷淡、粗暴、懒散等不良行为。

②真诚公道，信誉第一。以对国家、对客人负责的精神，认真维护客人利益，不欺骗顾客，坚持质量标准，买卖公平货真价实。不允许变相涨价、克扣顾客、侵犯顾客的不良行为。

③文明礼貌，优质服务。服务过程中举止端庄，说话和气，态度友好，服务周到，满足客人合理要求。

④不卑不亢，一视同仁。对各种顾客，不论国籍、肤色、职业、年龄、性别，都要礼貌友好，谦虚尊重，热情服务，尽职尽责。接待中自尊自爱，端庄稳重。任何傲慢自大、盲目崇拜、厚此薄彼、低三下四等不良行为都应当予以纠正。

⑤团结协作，顾全大局。为共同目标搞好同事之间、部门之间、企业与行业之间的团结，摆正个人、集体、国家三者关系。个人利益服从集体利益，局部利益服从整体利益，眼前利益服从长远利益。建立起团结、友爱、平等、互助的社会主义新型关系。

⑥遵纪守法，廉结奉公。廉洁清正，秉公办事，自觉遵守国家的法律、法令，认真执行行为规范，坚决与一切贪污浪费、损公肥私、循私违法行为作斗争。抵制要回扣、套换炒卖外汇、索取小费、礼品等不正之风，维护企业声誉和促进良好社会风气。

⑦钻研业务，提高技能。努力钻业务，丰富知识，提高职业技能，这是每位员工义不容辞的道德义务。高标准，严要求，干一行专一行，提高服务水平。对不思进取、不求上进的现象要在职业道德建设中加以克服。

8. 总体协调　搞好整体协调才能全面提高服务质量。其操作规范要求是：

①每位员工明确自己的岗位在本企业中的位置，明确自己对谁负责，自己下属是谁，明确谁是自己的平级部门，明确自己的职权范围。

②每位员工在自己的职权范围内工作，对于超越自己职权范围的工作和事项应事先向自己的主管上级报告，由组织出面联系解决。

③对于需要横向联系的工作在各自征求自己主管上级批准的情况下，直接与横向单位联系解决，但事后必须将结果报告给自己的上级主管。

④每位员工要有全局观点，应当能主动协调各部门关系，能主动配合其他部门工作，为了整体利益，有自我牺牲的精神。

（摘自《中国旅游服务质量等级管理全书》）

笔画检索

说 明

一、条目按第一字笔画分先后，笔画相同的按起笔笔形一（横）、丨（竖）、丿（撇）、丶（点）、フ（折）为序进行排列。

二、第一字相同的条目，再按第二字的笔画和起笔笔形排列。以下类推。

三、首字为西文的条目全部列入一画中。

一 画

二 画

三　画

〔一〕

〔丨〕

四画

〔丨〕

〔丿〕

五　画

〔一〕

〔丨〕

〔丿〕

〔、〕

〔乛〕

六　画

〔一〕

〔丨〕

〔丿〕

〔、〕

七　画

〔一〕

〔丨〕

〔丿〕

〔丶〕

〔フ〕

八 画

〔一〕

〔丨〕

〔フ〕

九 画

〔一〕

〔フ〕

十画

〔一〕

〔フ〕

十一画

〔一〕

（丨）

〔乛〕

十二画

〔一〕

〔丨〕

〔丿〕

〔フ〕

十三画

〔一〕

〔丨〕

十四画

十六画

〔丿〕

〔丶〕

十七画以上

主要参考书目

1.《毛诗正义》 毛亨传,郑玄笺,陆德明音义,孔颖达疏
2.《周礼注疏》 郑玄注,陆德明音义,贾公彦疏
3.《仪礼注疏》 郑玄注,陆德明音义,贾公彦疏
4.《礼记正义》 郑玄注,陆德明音义,孔颖达疏
5.《论语注疏》 何晏集解,邢昺疏
6.《楚辞》 王逸章句,洪兴祖补注
7.《史记》 司马迁撰
8.《四民月令》 崔寔撰
9.《风俗通》 应劭撰
10.《西京杂记》 刘歆撰
11.《博物志》 张华撰
12.《世说新语》 刘义庆撰,刘孝标注
13.《洛阳伽蓝记》 杨衒之撰
14.《荆楚岁时记》 宗懔撰
15.《隋书》 魏征、长孙无忌撰
16.《酉阳杂俎》 段成式撰
17.《云仙杂记》 冯贽撰
18.《朝野佥载》 张鷟撰
19,《清异录》 陶谷撰
20.《东京梦华录》 孟元老撰
21.《岁时广记》 陈元靓撰
22.《梦粱录》 吴自牧撰
23.《武林旧事》 周密撰
24.《宋稗类钞》 潘永因编
25.《元氏掖庭记》 陶宗仪撰
26.《南村辍耕录》 陶宗仪撰
27.《帝京景物略》 刘侗、于奕正撰
28.《陶庵梦忆》 张岱撰
29.《酌中志》 刘若愚撰
30.《本草纲目》 李时珍撰
31.《广东新语》 屈大均撰
32.《燕京岁时记》 富察敦崇撰
33.《清嘉录》 顾禄撰

34.《扬州画舫录》 李斗撰
35.《帝京岁时纪胜》 潘荣陛撰
36.《清稗类钞》 徐珂编
37.《随园食单》 袁枚撰
38.《成都通览》 傅崇榘撰
39.《中国大百科全书·中国历史卷》 侯外庐等编,中国大百科全书出版社 1994 年 7 月版
40.《中国大百科全书·民族卷》 包尔汉等编,中国大百科全书出版社 1986 年 6 月版
41.《中国大百科全书·语言文字卷》 季羡林等编,中国大百科全书出版社 1988 年 2 月版
42.《中国大百科全书·哲学卷》 胡绳等编,中国大百科全书出版社 1987 年 10 月版
43.《简明不列颠百科全书》 刘尊棋、(美国)吉布尼等编,中国大百科全书出版社 1985 年 6 月版
44.《中华全国风俗志》 胡朴安编
45.《中国烹饪辞典》 萧帆主编,中国商业出版社 1992 年 3 月版
46.《中国饮食辞典》 杨吉成编,台湾常春树书坊 1989 年 6 月版
47.《中国烹饪百科全书》 姜习主编,中国大百科全书出版社 1992 年 4 月版
48.《中国烹调大全》 高启东、曾纵野主编,黑龙江科技出版社 1990 年 4 月版
49.《中国厨艺文化大观》 徐智明、李超驹主编,中国国际广播出版社 1992 年 12 月版
50.《中国酒文化辞典》 朱世英、季家宏主编,黄山书社 1990 年 10 月版
51.《中国茶经》 陈宗懋主编,上海文化出版社 1993 年 3 月版
52.《中国菜肴大典》(六卷) 王子辉主编,青岛出版社 1995 年 5 月版和 1997 年 5 月版
53.《中国面点史》 邱庞同著,青岛出版社 1995 年 5 月版
54.《中国米面食品大典》 李正权主编,青岛出版社 1997 年 5 月版
55.《中国筵席宴会大典》 陈光新编著,青岛出版社 1995 年 5 月版
56.《中国饮食诗文大典》 熊四智主编,青岛出版社 1995 年 5 月版
57.《宗教词典》 任继愈主编,上海辞书出版社 1981 年 12 月版
58.《中国宫廷知识词典》 何本芳主编,中国国际广播出版社 1990 年 11 月版
59.《旅游辞典》 该书编委会编,陕西旅游出版社 1992 年版
60.《中国历代名人辞典》 该书编委会编,江西人民出版社 1984 年 7 月版
61.《中国园林艺术辞典》 张承安主编,湖北人民出版社 1994 年 4 月版
62.《中国商业百科知识》 叶全良等主编,湖北人民出版社 1988 年 11 月版
63.《中国著名乡镇文化研究》 何畏等编,华夏出版社 1991 年 5 月版
64.《中国名特之乡》 严金海、朱纪平主编,湖北辞书出版社 1994 年 5 月版
65.《中国经济名都名乡名号》 马洪主编,中国发展出版社 1992 年 9 月版
66.《中国土特产大全》 马成广主编,新华出版社 1986 年 8 月版

67.《中华神秘文化》 王玉德等著,湖南出版社1993年6月版

68.《中华礼仪全书》 王景海等主编,长春出版社1992年4月版

69.《礼仪全书》 于明主编,国际文化出版公司1994年7月版

70.《中国名胜词典》 文化部文物局主编,上海辞书出版社1986年12月版

71.《生活与博物丛书》 上海古籍出版社编,该社1993年6月版

72.《生活名物史话》 俞松年等编,上海人民出版社1988年8月版

73.《中国旅游服务质量等级管理全书》 魏子安主编,经济管理出版社1995年10月版

74.《中国风俗辞典》 叶大宾、乌丙安主编,上海辞书出版社1990年1月版

75.《中华民族风俗辞典》 唐祈、彭维金主编,江西教育出版社1988年5月版

76.《中国古代礼俗辞典》 许嘉璐主编,中国友谊出版公司1991年6月版

77.《社会风俗三百题》 胡申生主编,上海古籍出版社1992年4月版

78.《中国地方志民俗资料汇编》 (东北、华北、西北、中南卷)丁世良、赵放主编,书目文献出版社1989年版

79.《常用典故辞典》 于石等编,上海辞书出版社1985年9月版

80.《实用人体工程学》 (日本)小原二郎著,复旦大学出版社1991年8月版

81.《中国饮馔史》(第一部) 曾纵野著,中国商业出版社1988年11月版

82.《中国烹饪史简编》 周光武著,科学普及出版社广州分社1984年5月版

83.《中国烹饪史略》 陶文台著,江苏科技出版社1983年2月版

84.《中国烹饪史话》 陈光新著,湖北科技出版社1990年3月版

85.《中国饮食谈古》 王仁兴著,轻工业出版社1985年11月版

86.《中国饮食史论》 赵荣光著,黑龙江科技出版社1990年3月版

87.《满族食俗与清宫御膳》 吴正格著,辽宁科技出版社1988年6月版

88.《中国历代御膳大观》 周三金编著,文汇出版社1996年1月版

89.《中国饮食文化》 (日本)中山时子著,中国社会科学出版社1992年5月版

90.《饮食与中国文化》 王仁湘著,人民出版社1994年8月版

91.《中国饮食文化研究》 王子辉著,陕西人民出版社1997年10月版

92.《中国饮食文化》 马宏伟著,内蒙古人民出版社1993年1月版

93.《中国区域文化》 李勤德著,山西高校联合出版社1995年6月版

94.《中国文化辞典》 施宣圆等编,上海社会科学出版社1987年11月版

95.《中国馔食文化》 陈诏著,上海古籍出版社1991年10月版

96.《中国交际文化》 李学颖著,上海古籍出版社1991年10月版

97.《中国名食百科》 杜福祥、谢帼明编,山西人民出版社1988年6月版

98.《中国名菜大观》 郭希廉、何荣显编,辽宁科技出版社1990年3月版

99.《中国的食品》 黎莹编,人民出版社1987年5月版

100.《菜篮子和全家福》 陈光新等主编,中国商业出版社1990年10月版

101.《三口之家美食谱》 东文编著,武汉出版社1995年8月版

102.《烹饪原料学》 崔桂友主编,中国商业出版社1997年6月版

103.《烹饪原料知识》 孙一慰主编,高等教育出版社1995年4月版

104.《名特原料与烹饪运用实例》 燕龙主编,中国商业出版社 1994 年 11 月版

105.《烹饪基础化学》 陈文生主编,中国商业出版社 1989 年 11 月版

106.《烹饪化学》 梁旭升等编写,中国商业出版社 1990 年 4 月版

107.《烹饪营养学》 刘铭主编,中国商业出版社 1990 年 4 月版

108.《烹饪卫生学》 崔生发主编,中国商业出版社 1990 年 4 月版

109.《烹饪设备与器具》 宿敏等编写,中国商业出版社 1992 年 1 月版

110.《现代家庭厨艺大全》 舒池编,湖北辞书出版社 1995 年 12 月版

111.《家庭厨房百科知识》 何承传主编,上海文化出版社 1991 年 12 月版

112.《绿色食谱》 朱海涛、耿越主编,山东科技出版社 1995 年 10 月版

113.《黑色食谱》 朱海涛,耿越主编,山东科技出版社 1995 年 11 月版

114.《百花汇》 袁君等编,中医古籍出版社 1993 年 9 月版

115.《豆经》 余京主编,农村读物出版社 1992 年 10 月版

116.《吃的艺术》 刘枋著,文化艺术出版社 1991 年 7 月版

117.《菜肴、典故、传说》 尤晓斌编著 黄山书社 1991 年 6 月版

118.《中国名食掌故》 田玉堂编著,中国商业出版社 1994 年 9 月版

119.《中国酒文化故事百则》 姚伟编,湖南出版社 1991 年 12 月版

120.《知堂谈吃》 钟叔和编,中国商业出版社 1990 年 12 月版

121.《学人谈吃》 韦君编,中国商业出版社 1991 年 2 月版

122.《老凤谈吃》 聂凤乔著,华夏出版社 1996 年 3 月版

123.《首届中国饮食文化国际研讨会论文集》 大会秘书组编,1991 年 7 月

124.《亚太地区保健营养美食研讨会论文集》 大会秘书组编,1994 年 8 月

125.《烹饪理论与实践》(首届中国烹饪学术研讨会论文选集) 中国商业出版社 1991 年 6 月版

126.《中国烹饪走向新世纪》(第二届中国烹饪学术研讨会论文选集) 中国烹饪协会编,经济日报出版社 1995 年 1 月版

127.《中华食苑》(1～10 集)(论文集) 北京中国饮食文化研究会编,经济科学出版社 1994 年 1 月版和中国社会科学出版社 1996 年 12 月版

128.《烹饪基础》(烹饪概述、筵席设计、食俗与礼节、烹饪工艺美术 4 部分) 陈光新等著,中国商业出版社 1994 年 12 月版

129.《中国食物史研究》 (日本)筱田统著,中国商业出版社 1987 年 1 月版

130.《中国饮食文化探源》 姚伟钧著,广西人民出版社 1989 年 8 月版

131.《中国食品科技史稿》 洪光柱著,中国商业出版社 1984 年 8 月版

132.《中国烹饪古籍概述》 邱庞同著,中国商业出版社 1989 年 5 月版

133.《中国筵席八百例》 陈光新等编,湖北科技出版社 1987 年 3 月版

134.《迎宾乐》 (美国)弗吉尼亚·科尔顿著,武汉大学出版社 1989 年 7 月版

135.《西餐烹调技术》 郭亚东主编,高等教育出版社 1991 年 4 月版

136.《西菜烹饪技术》 上海市徐汇区饮食公司编,福建科技出版社 1985 年 1 月版

137.《西餐烹饪知识》 李子厚、李京生编,中国旅游出版社 1987 年 8 月版

138.《世界烹饪知识》 王光慈、陈宗道编,中国旅游出版社 1995 年 5 月版

139.《西式烹饪》 国家旅游局人事劳动教育司编,高等教育出版社 1992 年 10 月版

140.《西式面点》 国家旅游局人事劳动教育司编,高等教育出版社 1992 年 12 月版

141.《西餐风味》 袁洪业、李荣惠编,青岛出版社 1995 年 4 月版

142.《世界风味菜肴与小吃》 张志华等编,天津科技出版社 1994 年 1 月版

143.《西餐烹饪指南》 林承步著,科学普及出版社 1994 年 9 月版

144.《日本菜谱》 程清祥、邹志源编,轻工业出版社 1983 年 11 月版

145.《西式烹调师》 职业技能鉴定教材和职业技能鉴定指导编委会编,中国劳动出版社 1995 年 9 月版

146.《烹饪技术与餐厅服务》 孙世信主编,中国标准出版社 1993 年 12 月版

147.《餐饮服务教程》 倪桂荣等编,辽宁科技出版社 1994 年 8 月版

148.《餐饮服务技艺》 郑传韬等编,湖北科技出版社 1994 年 5 月版

149.《餐厅服务工艺》 曾凡琪等编,中国商业出版社 1994 年 11 月版

150.《餐饮服务》 陈修仪主编,高等教育出版社 1995 年 4 月版

151.《餐厅服务指南》 陈光新等编,湖北科技出版社 1994 年 11 月版

152.《餐厅服务》 高永学主编,中国商业出版社 1994 年 8 月版

153.《餐厅服务规范》 沈群、董守信编著,金盾出版社 1996 年 3 月版

154.《宾馆餐饮工作手册》 尹顺章等主编,轻工业出版社 1993 年 10 月版

155.《饭店宾馆优质服务知识》 蔡万坤主编,航空工业出版社 1993 年 9 月版

156.《旅馆餐饮服务与运转》 南京金陵旅馆管理干部学院主编,科学技术文献出版社 1991 年 12 月版

157.《宾馆服务》 劳动人事部培训就业局组织编写,中国劳动出版社 1993 年 3 月版

158.《饭店服务》 张润生主编,高等教育出版社 1987 年 5 月版

159.《宴席服务常识》 王新权编著,中国旅游出版社 1990 年 1 月版

160.《餐厅服务员》 职业技能鉴定教材和职业技能鉴定指导编委会编,中国劳动出版社 1995 年 7 月版

161.《饭店装饰布置艺术》 张明、王曾亮编,高等教育出版社 1992 年 4 月版

162.《餐厅摆台技艺》 李建美、龚礼贤编,中国商业出版社 1991 年 11 月版

163.《餐巾折花》 姜松龄、祝宝钧编,浙江人民出版社 1980 年 5 月版

164.《餐巾折花 120 款》 孙忠主编,金盾出版社 1991 年 12 月

165.《餐巾折花 200 例》 李芬、萧长广编,中国旅游出版社 1991 年 11 月版

166.《餐巾折花 246 例》 该书编写组编,中国商业出版社 1995 年 7 月版

167.《餐桌布置与餐巾折花》 大连市人民政府交际处编,辽宁科技出版社 1994 年 4 月版

168.《插花世界》 何孝永编,上海科技文献出版社 1994 年 8 月版

169.《插花艺术问答》 王莲英等编,金盾出版社 1993 年 6 月版

170.《实用插花艺术》 胡纪衡等编译,高等教育出版社 1992 年 8 月版

171.《调酒艺术》 匡家庆编著,科技文献出版社 1993 年 3 月版

172.《调酒》 国家旅游局人事劳动教育司编,高等教育出版社 1995 年 4 月版

173.《调酒 888 技法》 张昌美编著,世界图书出版公司 1990 年 12 月版

174.《中外鸡尾酒》 郁华等著，广东科技出版社 1996 年 12 月版
175.《鸡尾酒调制技法》 陈浩编著，金盾出版社 1993 年 12 月版
176.《港台鸡尾酒调制》 郁华等编，广东科技出版社 1996 年 12 月版
177.《世界鸡尾酒调酒大全》 何淑玲译，台湾宏理出版社出版
178.《酒谱》 郭其昌等编，轻工业出版社 1989 年 2 月版
179.《世界葡萄酒和蒸馏酒知识》 孙云勋编著，轻工业出版社 1993 年 2 月版
180.《西洋酒大观》 桂祖发等编，上海文化出版社 1996 年 6 月版
181.《中外酒水知识》 黄尚建等编，湖北科技出版社 1994 年 4 月版
182.《调酒师手册》 陈浩编著，轻工业出版社 1994 年 9 月版
183.《调酒师必读》 胡永强编著，中国经济出版社 1995 年 12 月版
184.《宴会厅服务》 国家旅游局人事劳动教育司编，高等教育出版社 1994 年 8 月版
185.《宾馆应用美学》 贾纵云主编，湖南地图出版社 1993 年 6 月版
186.《公共关系学》 何慧星、王敏彦主编，警官教育出版社 1996 年 8 月版
187.《饭店公共关系》 国家旅游局人事劳动教育司编，旅游教育出版社 1994 年 11 月版
188.《公关言语艺术》 曾毅平编著，暨南大学出版社 1996 年 7 月版
189.《社交·服务必读》 刘裔远、王国章编著，立信会计出版社 1994 年 2 月版
190.《社交大全》 刘忠信编著，吉林大学出版社 1994 年 11 月版
191.《现代饭店礼貌礼仪》 张四成编著，广东旅游出版社 1997 年 3 月版
192.《心理学》 张厚粲等编，中央广播电视大学出版社 1986 年 6 月版
193.《简明心理学辞典》 杨清主编，吉林人民出版社 1985 年 3 月版
194.《商业心理学》 杜本然编，中国商业出版社 1986 年 3 月版
195.《旅游服务心理学》 屠如骥著，上海科技出版社 1985 年 9 月版
196.《饮食消费心理学》 王新权著，中国旅游出版社 1993 年 12 月版
197.《饮食心理学》 王洪宝著，中国财政经济出版社 1989 年 1 月版
198.《餐厅服务心理学》 佟国恩编，中国财政经济出版社 1993 年 9 月版
199.《美感心理研究》 彭立勋著，湖南人民出版社 1986 年 11 月版
200.《实用美学 100 题》 程国安著，湖北教育出版社 1991 年 3 月版
201.《饮食企业管理学》 向家方主编，中国商业出版社 1990 年 12 月版
202.《旅游饭店管理》 邓观利主编，中国旅游出版社 1987 年 2 月版
203.《饭店管理知识大全》 张宗道编著，广东旅游出版社 1988 年 12 月版
204.《餐饮服务与管理》 国家旅游局人事劳动教育司编，高等教育出版社 1994 年版
205.《旅游饭店餐饮管理》 吕建中等著，浙江摄影出版社 1991 年 7 月版
206.《餐厅与酒吧服务》 (美国)卡罗尔等著，浙江摄影出版社 1991 年 8 月版
207.《旅游饭店厨房管理》 傅水根编，海洋出版社 1993 年 11 月版
208.《酒店设备管理》 赵平建编著，中国商业出版社 6 月版
209.《旅游概论》 李光坚编著，高等教育出版社 1995 年 3 月版
210.《中国旅游揽胜》 刘友如主编，上海人民美术出版社 1991 年 4 月版

211.《现代汉语》 黄伯荣、廖序东主编，甘肃人民出版社 1981 年 10 月版

212.《服务学》 （日本）前田勇著，工人出版社 1986 年 2 月版

213.《职业道德》 全国高等职业学校职业道德课教材编写组编，武汉工业大学出版社 1995 年 6 月版

214.《营业员的职业道德》 万典武主编，中国商业出版社 1987 年 6 月版

215.《宾馆的服务教育》 （日本）石仓丰著，东北师范大学出版社 1987 年 7 月版

216.《饭店服务必读》 国家旅游局教育司编，中国旅游出版社 1988 年 5 月版

217.《营养与食品卫生学》 刘志诚等主编，人民卫生出版社 1981 年 7 月版

218.《食物与营养百科全书》 （美国）A. H. 恩斯明格等著，农业出版社 1989 年 6 月版

219.《食物成分表》（全国代表值） 中国预防医学科学院营养与食品卫生研究所编著，人民卫生出版社 1992 年 7 月版

220.《饮食营养学》 黑龙江商学院烹饪系编著，黑龙江科技出版社 1993 年 12 月版

221.《饮食卫生学》 黑龙江商学院烹饪系编著，黑龙江科技出版社 1992 年 9 月版

222.《今日营养与健康》 赵法伋编著，金盾出版社 1985 年 6 月版

223.《中华临床药膳食疗学》 冷方南等主编，人民卫生出版社 1993 年 2 月版

224.《中国食疗大典》 姚海扬编，天津科技出版社 1994 年 5 月版

225.《中国养生大成》 方春阳主编，吉林科技出版社 1992 年 1 月版

226.《中国药膳学》 彭铭泉主编，人民卫生出版社 1985 年 10 版

227.《中医饮食保健学》 路新国、鞠兴荣编著，上海科技出版社 1992 年 5 月版

228.《中医学三百题》 该书编委会编，上海古籍出版社 1989 年 11 月版

229.《食补与食疗》 翁维建著，科学普及出版社出版

230.《中医食疗》 庄礼兴编著，广东旅游出版社 1995 年 7 月版

231.《保健食品 1001》 何长风主编，中国青年出版社 1995 年 5 月版

232.《华夏药膳保健顾问》 王仙舟等编，华夏出版社 1990 年 6 月版

233.《药膳与健康》 孟仲法、顾燕敏主编，上海医科大学出版社 1992 年 12 月版

234.《中国烹饪》杂志（北京）

235.《国际食品》杂志（北京）

236.《中国食品》杂志（北京）

237.《东方美食》杂志（济南）

238.《美食》杂志（南京）

239.《四川烹饪》杂志（成都）

240.《烹调知识》杂志（太原）

241.《饮食天地》杂志（香港）

242.《吃在中国》杂志（台湾）

243.《中国烹饪研究》学报（扬州）

244.《中国烹饪信息》（北京、扬州）

245.《人民日报・海外版》（北京）

246.《中国食品报》（北京）

247.《饮服时报》(杭州)
248.《南方周末·消费广场》(广州)

后　记

一、本书由武汉商业服务学院烹饪系、服务系和培训处的部分教师合作编写。其中，服务技师曾凡琪负责餐饮服务技能、餐饮服务规程和餐饮宴会接待部分；副教授魏峰负责营养卫生部分；高级讲师向家方负责餐饮企业管理部分；教授陈光新负责其他部分；文枫做协助工作。全书由陈光新教授任主编，负责审编和总纂。

二、本书在编写过程中，得到了武汉商业服务学院的领导徐志虔、吴玉梅、黄仁才和张志勇，烹饪系领导王智元和鲁永超，服务系领导邹汉贞，教育处领导汪振国和熊正安，以及姚禔、贺习耀、万玉梅、方元发、崔智群、王秀敏、刘美兰、郭陆军、陈阳春和张新等众多同志的大力支持与协助，谨致以衷心的敬意和谢意。

三、本书在编写过程中，曾参阅过数百种书籍和杂志，其中主要的有248种（详见书后所附的《主要参考书目》）。这些书中重要的研究成果、有价值的图表与资料，都给我们很大的教益。其中有一些或被本书吸收，或被本书征引，或被本书借用，特向有关出版社和作者致以诚挚的敬意和谢意。

四、感谢钟意先生为本书进行装帧设计；感谢责任编辑郭东明先生亲临武汉审稿，提出许多有益的建议，并对全书认真地编辑与审校；感谢冷增福先生为本书绘制了插图；感谢青岛出版社为我们提供了一次极好的出书机会，为餐饮服务行业和全社会造福。

五、由于中国饮食文化研究现在仍是一块正在开垦的处女地，因此，在搜集、整理、分析、归纳中国古今餐饮服务资料方面，本书虽然广集近40年的学术成果，耗费了我们的大量心血，它还是一本筚路蓝缕之作。其中的差错和问题肯定不会少，恳盼广大读者和专家不吝教正。

编著者

1998年9月18日于武汉墨水湖畔

鲁新登字 08 号

图书在版编目(CIP)数据

中国餐饮服务大典/陈光新主编. —青岛:青岛出版社,1999.7
(中华饮食文库)
ISBN 7-5436-1772-2

Ⅰ.中… Ⅱ.陈… Ⅲ.饮食业-商业服务-中国-指南 Ⅳ.F719-62

中国版本图书馆 CIP 数据核字(98)第 13689 号

责任编辑 郭东明
装帧设计 钟 意

中华饮食文库
中国餐饮服务大典
陈光新 主编
*
青岛出版社出版
(青岛市徐州路 77 号)
邮政编码:266071
新华书店北京发行所发行
青岛新华出版照排公司排版
胶南市印刷厂印刷
*
1999 年 8 月第 1 版 1999 年 8 月第 1 次印刷
16 开(787×1092 毫米) 75.75 印张 4 插页 2350 千字
印数 1—600
ISBN 7—5436—1772—2/TS·161
定价:248.00 元